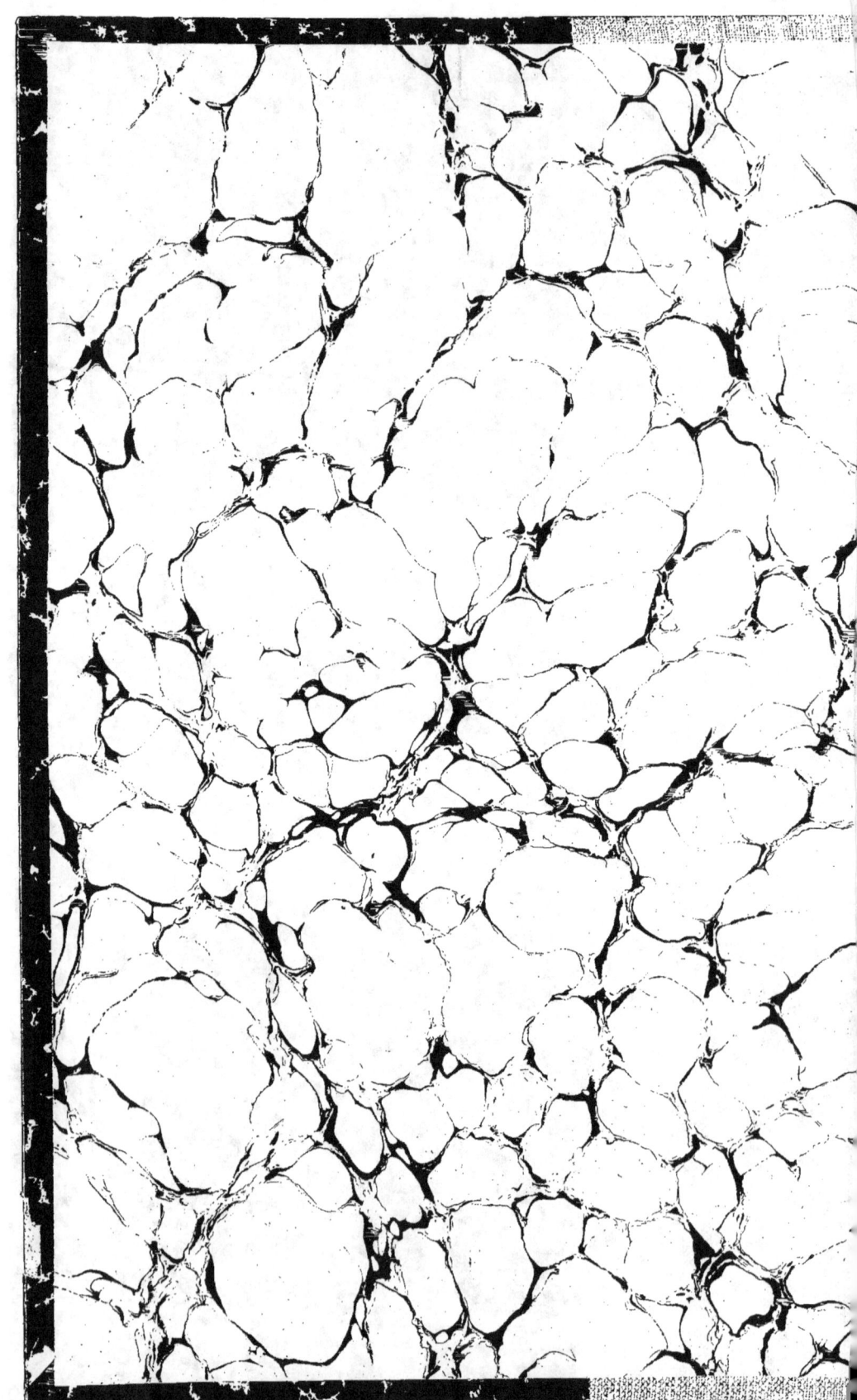

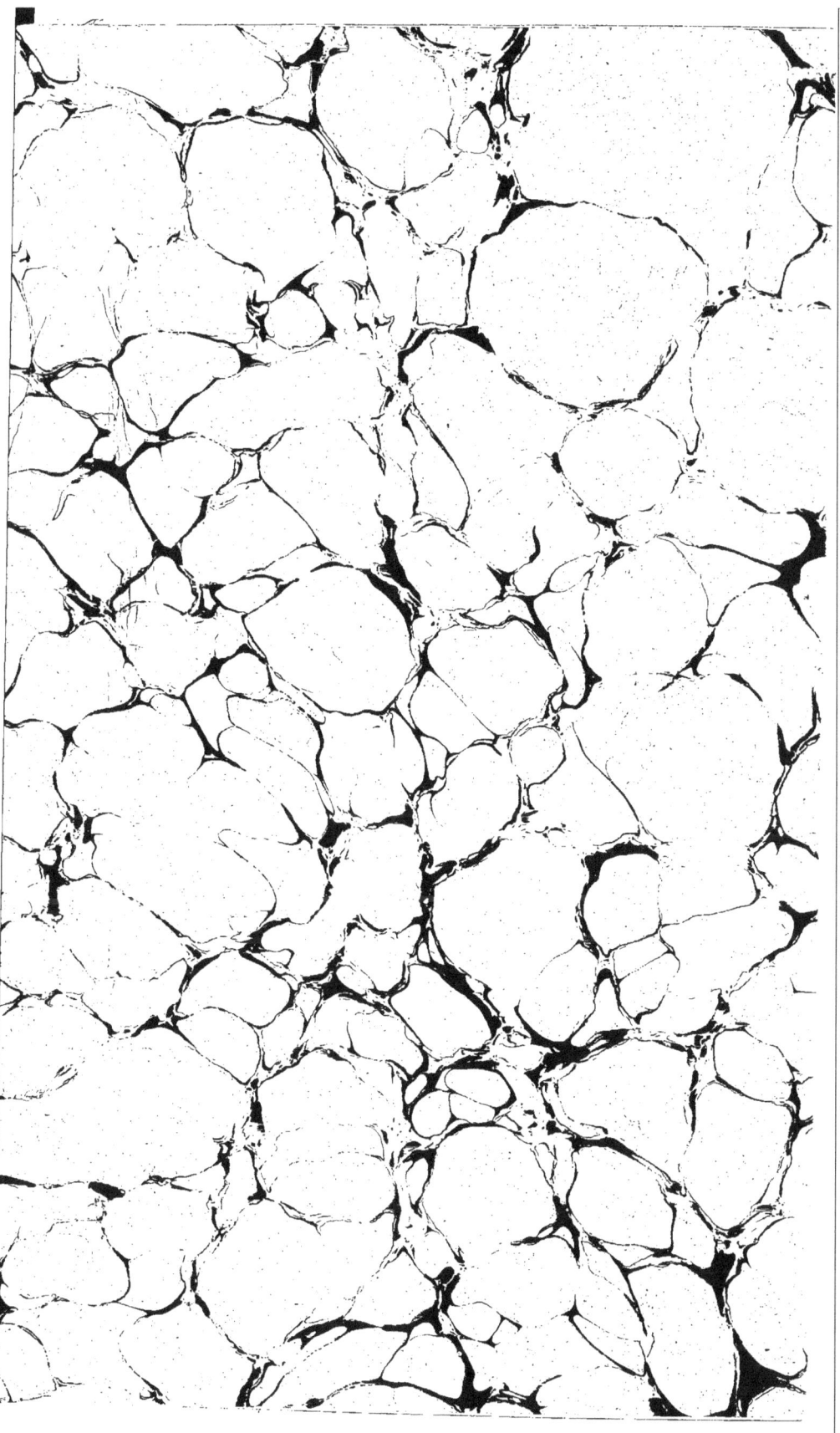

OEUVRES

DE

# H. DE BALZAC.

TOME QUATRIÈME.

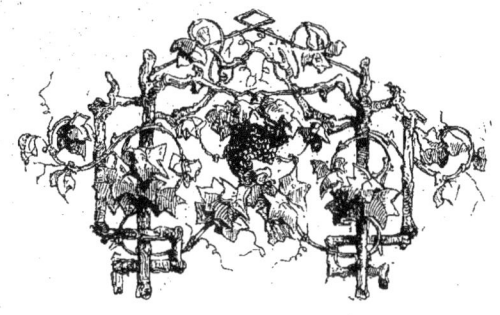

Bruxelles,

MELINE, CANS ET C<sup>ie</sup>, LIBRAIRES-ÉDITEURS,

| LIVOURNE, | LEIPZIG, |
|---|---|
| MÊME MAISON. | J. P. MELINE. |

1852

# OEUVRES

DE

# H. DE BALZAC.

Ⓒ

# OEUVRES

DE

# H. DE BALZAC.

TOME QUATRIÈME.

Bruxelles.

MELINE, CANS ET Cⁱᵉ, LIBRAIRES-ÉDITEURS,

| LIVOURNE, | LEIPZIG, |
|---|---|
| MÊME MAISON. | J. P. MELINE. |

1852

# PROLOGUE.

Va, cours, douce et folle imagination, le charme de ma vie, la source de tous mes plaisirs! vole, papillonne, cours; récompense-toi d'un moment de captivité! Va, ma fille, je ne te retiens plus; badine, voltige à gauche, à droite, au centre, par monts et par vaux; deci, delà; aval, amont; à l'orient, au nord; dans les cieux, chez les morts, ici-bas!... partout!... Oui, tout est ton domaine, depuis le passé jusqu'au présent : tu peux même embrasser le néant, et dessiner tes tableaux fugitifs sur le voile qui cache l'avenir! O ma tendre amie, la seule fidèle malgré ton inconstance, ne te garde que d'une seule chose, d'un seul écueil funeste..... le bon sens!...

Hélas! n'y brise pas notre légère nacelle si chargée de mousse, de vent et de fictions riantes! D'aussi loin que tu verras cette île de la raison et de la vérité, ce rocher si désert habité par cinq ou six hommes de génie, fuis!... fuis d'une aile rapide comme la pensée; enfin, fuis avec la vitesse du vulgaire et des grands; mais sois plus charmante et plus originale en ta fuite, tournoie dans les airs comme le fils de Dédale... Hélas! ne péris pas en tombant; j'ai besoin de ton délire, ne souffre pas que les feux de la vérité t'enlèvent jamais tes ailes diaprées... De même que le monde, je préfère une brillante illusion à de tristes réalités : charme donc mes soucis! couvre d'un voile menteur le passé, l'avenir, et tresse une couronne de fleurs pour embellir la minute présente.... Que tout me sourie, je le veux! enivre-moi, j'aime l'ivresse de l'âme et le trop de plaisir!... Lecteur, tout à moi!...

De l'aimable Momus je saisis les grelots;
Beau Juif, sors de ta presse et loin de nous les sots.

O mon petit livret, livret mon ami, qui m'as fait passer tant d'heures cruelles, puisses-tu procurer une heure de plaisir à qui te lira! je serai content!

# CLOTILDE DE LUSIGNAN.

## I.

> O mon fils! que tes jours coûtent cher à ta mère!
> Racine. *Andromaque.*

> Jamais rien de plus beau ne parut sous les cieux,
> Et seule elle ignorait le pouvoir de ses yeux;
> Elle entrait dans cet âge, hélas! trop redoutable,
> Qui rend des passions le joug inévitable.
> Voltaire, *Henriade; variantes du ch. IX.*

La féodalité, qu'il ne m'appartient pas de juger, attendu que je suis vilain au premier chef, a semé la France de monuments dont l'ensemble, vraiment romantique, excite une foule de souvenirs. On éprouve en les voyant le charme qui saisit le captif lorsqu'il visite la prison où jadis il s'était presque habitué. Ces anciens châteaux offrent les lieux des plus belles scènes du drame que la France joue depuis longtemps, sans pouvoir arriver à un dénouement qui plaise au parterre, comme aux loges et aux acteurs souvent sifflés!..... Et qu'ils ne s'en fâchent pas!.....

> C'est un droit qu'au budget on achète en payant.

Ces châteaux, dis-je, sont pour l'histoire du sol français ce que les *quipos* sont pour les Péruviens : aussi, par toutes ces raisons et une foule d'autres qu'il vous plaira suppléer, je ressens une peine infinie quand j'apprends qu'ils disparaissent sous le marteau des spéculateurs. J'avouerai même, à ma honte, que j'aimerais à posséder un de ces tombeaux de l'ancienne France, pourvu qu'il fût bien et dûment entouré d'un millier d'arpents de terres, loués cinquante francs l'arpent, et ce, par un bon bail notarié. Hélas!... je ne serais pas effrayé de la charge d'en rendre hommage au suzerain d'aujourd'hui; mais à la condition qu'il ne changera pas trop souvent. Je me trouverais, dans ce vaste monument, mille fois plus à l'aise que dans nos petites maisons de campagne étriquées : je crois même que je deviendrais plus qu'*ultra* dans le manoir d'un ancien baron chrétien! et qui sait si je ne finirais pas par redevenir noble, et partant remplir un rôle très-comique! enfin monter avec audace sur le premier bâton de l'échelle des dignités, en me faisant nommer maire!... Alors, qui serait assez ennemi de lui-même pour borner ma carrière, dans un siècle où l'on récompense toute espèce de talent?... Munito, malgré sa fidélité pour son maître, n'a-t-il pas acquis une brillante fortune?...

Ce mélange de réflexions canino-historiques m'est inspiré par le trépas du château dont vous avez à subir la description, et je rends grâce aux Camaldules de la Provence de n'être pas restés oisifs, à dater du jour où ils en firent l'histoire.

J'ignore quand cedit castel fut démoli; mais ce que je sais parfaitement bien, et ce qui doit vous suffire, c'est qu'en 1440 la Provence s'enorgueillissait du château de Casin-Grandes, et certes ce n'est pas sans raison!... Soyez-en juges, chers et précieux lecteurs; surtout, ne vous endormez pas! ou dormez si vous gardez le titre de juges.

Il existe sur les côtes de Provence, et ce, près de Jonquières, un endroit qu'heureusement l'on n'a pas pu détruire : vous irez le voir si c'est votre bon plaisir. Il est assez curieux par la singularité des récifs et des falaises que la capricieuse nature y plaça de ses mains. L'on présume qu'ils sont les débris de quelque volcan éteint, et les grottes souterraines de la côte en donnent une espèce de preuve. Ces écueils forment trois promontoires dont celui du milieu présente une plate-forme charmante ; à sa droite et à sa gauche s'élèvent les masses imposantes des deux autres, qui sont arides et montueux. L'espace de côte rempli par ces trois berges est inabordable, à cause des écueils qui se prolongent dans la mer : son onde ne laisse jamais le chemin libre en bas des falaises ; et elles sont tellement inégales et rocailleuses qu'elles offrent au voyageur les moyens de prouver son courage.

On ne connaît encore qu'un seul homme,... un enragé chimiste qui, depuis cette époque, s'y soit hasardé ; ce fut pour démontrer que ces rocs contenaient de la lave semblable à celle du Vésuve. Que ne peut l'amour des sciences ! allez-vous dire... Pas du tout : il n'avait pas un sou, et cette démonstration lui valut une place qu'il sollicitait.

Le promontoire à droite est plus élevé que celui de gauche, et il porte le nom de *la Coquette*. Dans cette étroite vallée, qui se trouve entre eux, c'est-à-dire, sur l'esplanade formée par la berge du milieu, un habile architecte construisit le château de Casin-Grandes, par l'ordre de Guy de Lusignan. Ce fut en 1303, lorsque Hugues XIII de Lusignan, son frère, donna par testament le comté de la Marche à Philippe-le-Bel, pour en frustrer Guy. Ce dernier défendit son héritage, mais la force l'emporta. Casin-Grandes devint alors l'apanage de ceux de la famille de Lusignan qui ne régnaient pas en Chypre. Leur race s'éteignit bientôt, et Casin-Grandes appartint aux rois de Chypre, qui gouvernèrent ce domaine par des intendants.

La façade du côté de la mer est d'un genre très-noble, et lorsqu'un vaisseau passe elle rappelle aux marins les magnifiques palais de la reine amphibie de l'Adriatique. Deux vastes ailes du château longent et dominent les deux montagnes dont elles ne sont séparées que par un sentier d'environ vingt pieds de large ; et ce sentier est fermé du côté de la terre par deux masses de granit qui servent d'embellissement, tant leur disposition est extraordinaire et pittoresque ; elles ont l'air de deux énormes pierres tombées des mains des géants quand Jupiter les foudroya. Cette habitation, ainsi défendue par la nature, est inexpugnable du côté de la terre, au moyen d'un fossé de quarante pieds de largeur et par des tours crénelées placées de cinquante en cinquante pieds. Elles décorent très-bien la façade d'entrée et donnent à cette demeure un air de puissance qui, du temps du roi Charles VII, imposait encore assez pour que les vilains, mes confrères, n'osassent pas remuer. Le portail, de forme ogive, passait pour un des plus beaux morceaux de l'architecture féodale. Une allée majestueuse, plantée par Guy de Lusignan, conduit au pont-levis. A droite et à gauche, les deux montagnes finissent en pente douce, et cette pente est garnie d'oliviers, de romarins, de palmiers, de safran, d'orangers, de myrtes et d'autres arbres remarquables par leur beauté. Le parc se trouve donc de chaque côté du fort et le précède. Appuyé sur ces deux roches, ce château centenaire s'élève majestueusement au milieu de ce site romantique, en ayant, d'un côté, la vue de l'immensité de la mer, et de l'autre celle des gais accidents de la Provence. En effet, la vallée est riante ; une route la traverse et par delà cette route, on a l'aspect des terres qui dépendent de ce fief. Le charme de ce paysage unique résulte principalement de l'opposition que présentent la mer, ce château l'ouvrage des hommes, ces arides falaises ouvrage du hasard, les bois du parc, la verte prairie et les villages au loin. Mais ce charme est doublé par la transparence du ciel et le délicieux climat de cette Italie de la France.

Une femme seule animait alors par sa présence ce gracieux vallon... La disposition de sa chevelure et ses vêtements étrangers annoncent une Grecque. Il règne dans sa personne un désordre portant une trop forte empreinte d'habitude, pour être l'effet du hasard. Cette femme, d'une maigreur presque hideuse, roulant des yeux hagards, le visage sillonné de rides venues avant le temps, et produites sans doute par son rire forcé, conservait encore sur sa figure des vestiges de jeunesse et de beauté.

Tel est le portrait de la nourrice de Clotilde, la fille unique de Jean II de Lusignan, roi de Chypre, détrôné pour le moment comme tant d'autres, et réfugié dans le château de Casin-Grandes, avec tous les trésors qu'il put dérober aux mains rapaces des Vénitiens, ses vainqueurs.

La sueur inondait les joues creuses et pâles de la nourrice, mais sa fatigue et la chaleur ne l'empêchaient pas de continuer son travail. Elle creuse une fosse. De temps en temps ses yeux égarés, en errant sur la campagne, paraissent redouter des témoins de son œuvre funèbre ; et tantôt, posant un pied sur sa bêche, elle rit aux éclats, ou verse une larme arrachée par l'horreur, en contemplant un tronc d'arbre dont la disposition originale ressemblait assez à un cadavre.

— Va !... mon fils !.... tu ne seras pas sans sépulture ! Pauvre enfant ! je t'ai nourri de mon lait...

Hélas!... les douleurs de l'enfantement durent toute la vie!.... Mais poussant un grand éclat de rire, elle ajouta : Te voilà bien drôle!..

Pour comprendre ces mots, il faut dire que Marie Stoub perdit la raison en voyant percer son fils d'un coup d'épée, lorsque les Vénitiens emportèrent d'assaut Nicosie, la capitale du royaume de Chypre. C'est ce qui la fit surnommer *l'Innocente*. Sa folie avait cela de particulier, qu'aussitôt qu'elle fixait la princesse, Marie, songeant à l'enfance de Clotilde, se rappelait celle de son fils. Alors une lueur de raison lui faisant sentir son malheur, elle pleurait, en gardant un silence plus terrible que le gai bavardage de sa folie, souvent touchante.

Après avoir regardé ce tronc d'arbre avec l'expression de la douleur devant laquelle toutes les autres se taisent, celle d'une mère qui pleure son fils, elle reprit son travail avec une effrayante activité. La tombe était presque finie, lorsque sur le haut d'une petite éminence, appelée *la colline des Amants*, parut une jeune fille en jupon court, car de tout temps les Provençales en ont porté. Cette enfant, à la taille souple et déliée comme un jonc, tient un mouchoir à la main, et les douces et gracieuses ondulations qu'elle lui imprime trahissent de tendres adieux. A cet instant le bruit d'un cheval galopant en deçà de l'éminence se fit entendre, et l'Innocente, ayant promptement levé la tête, aperçut la jeune fille balançant encore son mouchoir. Alors la figure de cette femme prit une expression de finesse malicieuse, elle mit en souriant son doigt sur ses lèvres; mais, voyant la Provençale se retourner et venir, elle se pencha sur sa bêche, en feignant de ne pas l'apercevoir.

Cette jeune enfant, nommée Josette, était la fille de l'intendant que le roi de Chypre avait envoyé régir le domaine de Casin-Grandes. Hercule Bombans, son père, succéda dans cette charge à un intendant, prétendu concussionnaire, qui fut tellement noirci dans l'esprit du roi de Chypre *Janus*, que ce prince crut faire un acte de clémence, en se contentant de lui donner un successeur. Cet intendant destitué se trouvait par hasard un homme intègre, il était chéri des habitants; aussi le comte de Provence le nomma bailli de Montyrat... Ce passage prouve évidemment qu'il exista des délateurs dans les temps de la chevalerie!... Consolons-nous donc!...

Quoi qu'il en soit, Hercule Bombans, le père de la gentille Josette, exerçant depuis vingt ans cette place lucrative, ne fut pas épargné par l'envie, qui s'attache aux fonctionnaires publics, et sous les coups de laquelle son prédécesseur avait succombé. Cependant, malgré ses détracteurs, il réussit, à l'arrivée du prince fugitif, à faire nommer sa fille demoiselle de la princesse, et les méchants osèrent publier qu'on ne la promut à cette dignité que parce que Josette Bombans se trouvait la seule en état de servir Clotilde!... Mais peut-on empêcher la médisance?...

La jeune et jolie Provençale arriva, rouge comme une grenade, près de l'Innocente; et l'accostant d'un air assez embarrassé :

—Comment, lui dit-elle, avez-vous fait, ma pauvre Marie, pour vous échapper du château?...

— Comme toi!... quand tu as quitté ta maîtresse pour aller courir l'aiguillette!...

— Il n'y a rien de bon à gagner avec les fous, murmura tout bas Josette, dont l'incarnat était devenu plus vif. Mais que creusez-vous là? reprit-elle tout haut, en s'asseyant sur le tronc de l'arbre.

—Mauvaise!... respect aux morts!... Tu t'assieds sur la poitrine de mon fils!... Mon fils!... mon cher fils... Jean, que fais-tu là? Pourquoi ne te relèves-tu pas comme les roseaux, après avoir plié?...

La jeune fille, épouvantée des cris de l'Innocente et de l'expression de son visage, se leva précipitamment.

— Tiens, continua-t-elle, vois comme *ils* l'ont blessé! En prononçant ces mots, elle montrait à Josette une fente rouge, où la sève de l'orme avait coulé. Mais, reprit-elle, j'ai retrouvé son corps!... *Ils* l'ont laissé là... sans le couvrir d'un peu de terre! Elle se tut un moment, une larme roula dans son œil, et montrant à Josette ce bois informe, que sa tendre pensée animait, elle ajouta d'un ton qui faisait mal : Ma fille!... tu l'aurais aimé, si tu l'avais connu!... tu le pleurerais au moins!... Et moi, qui l'ai porté dans mon sein et perdu... je vis!... Elle se tordit les bras, puis poussant un éclat de rire à gorge déployée, elle se mit à sauter et danser autour de la tombe.

Josette, émue de pitié, laissa couler une larme. L'Innocente la vit, et lui serrant la main avec force elle lui dit d'un ton de voix qui partait du cœur : *Tu seras mère!...* Puis, revenant à sa folie, elle lui prit avec adresse son mouchoir, et imitant la pose de la jeune fille, elle l'agita comme elle, en ayant l'air de la narguer.

En ce moment, Josette seule aperçut au bout de l'avenue d'ormes la princesse Clotilde, entourée de quelques personnes. La nourrice n'en continua pas moins sa danse grecque, avec toute la frénésie d'une Bacchante que le vin a momentanément privée de sa raison; elle chantait des vers grecs; et ne s'inquiétant pas du désordre de ses vêtements et des lambeaux qui s'en détachaient, elle prit Josette et voulut la faire danser.

Le cortège de la fille de Jean II se réduisait à quatre hommes, les seuls grands personnages dont son père ait voulu se voir accompagné dans sa fuite. Il laissa dans son royaume une foule de partisans qui brûlaient du désir de le suivre, car il était adoré de ses sujets. Le langage qu'il tint en leur ordonnant de rester en Chypre est trop rare de nos jours pour n'être pas rapporté.

« Un citoyen, s'écria-t-il en quittant son palais « ensanglanté, doit préférer sa famille à lui-même; « son prince à sa famille; mais rien ne peut se pré- « férer à la patrie, si ce n'est le genre humain. Ne « quittez donc pas votre pays et comptez qu'en le « servant, même sous les Vénitiens, c'est me servir « moi-même : votre courage y brillera bien plus que « dans un exil qui ne convient désormais qu'à votre « prince... Il ne doit pas habiter les lieux témoins « de sa chute... Adieu donc... »

Jean II, presque aveugle, ne put voir les larmes dont les yeux furent inondés à son départ. Un monarque ainsi détrôné peut être sûr de régner toujours... Il ne put même empêcher quelques seigneurs de venir le rejoindre.

Les quatre personnages auxquels Lusignan accorda les honneurs de son exil, accompagnaient Clotilde dans sa promenade. Cette charmante princesse paraît, au milieu d'eux, comme une jeune fleur pleine de coloris et d'élégance, qui se trouve entre des ronces et des arbustes dépouillés de feuilles. Naïve comme l'enfance, simple comme la nature, il résidait en elle un charme inexprimable, qui la rendait un spectacle ravissant pour la vieillesse, et pour les jeunes un sujet d'extase. De beaux yeux bleus tout humides et fendus en amande semblent loger l'amour et dire : Esclaves, protégez moi ! Une bouche de corail, sur laquelle se jouent le plus charmant sourire et des nichées d'Amours, attire le baiser... Sa figure et son organe sont doux comme ceux d'une sirène, et ses mouvements pétillants de grâces comme ceux d'un jeune cygne, dont elle possède la taille élégante, les voluptueux contours, la démarche, l'éclat et la blancheur; certes, elle n'avait pas besoin, pour séduire, de sa délicieuse parure. Vêtue à la grecque, elle portait sur une robe blanche comme la neige une précieuse tunique bleue, terminée par des glands d'argent; une espèce de cothurne rouge chausse un pied mignon large de deux doigts; ses cheveux noirs sont retenus par des bandelettes blanches, qui, mêlées à ses tresses, en font valoir l'ébène.

Pour se garantir du soleil, Clotilde avait entouré sa tête charmante d'une gaze légère, qui lui donnait cette grâce aérienne que notre imagination prête aux divinités mythologiques. La nature avait dit pour elle : Faisons un chef-d'œuvre !... Il fut complet : les attraits de Clotilde n'étaient que la divine enseigne d'une âme plus divine encore !... Enfin, belle de cette beauté rêvée chez toutes les nations, ignorant l'amour et s'ignorant elle-même, elle ressemblait à la rose vierge encore des baisers du zéphire, ou plutôt à cette admirable statue égyptienne qui, pour résonner, attendait une caresse du soleil.

. . . . . . . . . . . . . . . . . . . . . . . . .

J'avoue que, pour mon usage personnel, je regrette, ainsi que vous, lecteur, que Clotilde ne soit qu'une cendre égarée dans la nature... et, comme vouloir la retrouver... c'est tenter *la chose impossible* de La Fontaine, il faut nous contenter de nos femmes !... hélas !

---

## II.

Oui, princesse, l'Éternel a fait le nez des Parias pareil à celui des Bramines, il n'a pas distingué entre eux.... Pourquoi l'homme ne l'imite-t-il pas ?...

SAADI, *trad. de* M. L....

L'amour qui naît subitement est le plus long à guérir.

LA BRUYÈRE, *du Cœur.*

Clotilde, apercevant sa pauvre nourrice, se dirigea de ce côté. Pendant qu'elle s'avance, examinez un peu, je vous prie, à quatre pas derrière la princesse, un farouche soldat qui marche en silence. C'est un homme court, trapu, d'une figure africaine : lèvres épaisses, bouche fendue, et nez dont soufflant le feu. Son œil annonce la férocité; sa barbe touffue, la force; sa démarche, l'homme qui n'a jamais peur; et ses traits grossiers, une origine commune. Pour toute arme défensive, il avait un casque sur la tête; mais il portait à sa ceinture un sabre turc très-recourbé, dont il caressait souvent la brillante poignée. — Castriot l'Albanais fut, de la garde du prince, le seul qui survécut à la prise de Nicosie. Elle mourut dans le palais, et chaque soldat gardait de son corps la place assignée par le chef. — Ils ne dirent point dans les rues de Nicosie : *Nous périrons pour la défense du roi !* — Ils moururent ! On leur fit, dans la suite, un magnifique service par les soins de Monestan, le premier ministre, que vous allez bientôt connaître.

Castriot peut servir de modèle aux fanatiques présents et à venir. Sa cervelle albanaise n'enfanta qu'une seule idée sans cesse présente : elle consistait à lui faire anéantir tout ce qui nuisait ou qu'il supposait devoir nuire à son prince et à sa fille. Ce dévouement, fils de sa reconnaissance, était tout son code et sa religion.... A genoux, ingrats ! à genoux devant Castriot !...

Entre Castriot et la princesse, un homme grand,

sec, maigre, chauve, à nez aquilin en forme de lame de couteau, gémissait en lui-même d'aller à pied. — Ce personnage était le connétable comte Kéfalein; il n'avait pas encore pu se consoler de la perte de ses chevaux, dont il ne sauva que Vol-au-vent, son favori.—Certes, Vol-au-vent méritait bien cette faveur! Je croirais volontiers qu'il était un de ceux qui jadis ont charrié le soleil dans les cieux, et qui revinrent sur la terre lorsque les faux dieux et leurs équipages disparurent devant la croix. Parmi les regrets de Kéfalein, il faut compter celui de ne plus commander la cavalerie cypriote. En outre, ce digne chevalier aimait assez à raconter ses anciens exploits. Pour achever son portrait, nous aurons le courage de dire qu'on l'accusa toujours de manquer de bon sens, et l'on présume que Kéfalein fut un sobriquet ironique qui lui resta... enfin il vola le baptême.

Mais la belle Clotilde est entre deux personnages beaucoup plus importants. Celui de droite était le comte Ludovic de Monestan, ministre de Jean II. Ce vieillard à cheveux blancs, simple et doux, avait une bonhomie rare, même chez un ministre; une éloquence naïve, chose encore plus rare; et un cœur droit qui l'eût rendu le phénix des ministres, s'il n'eût pas été dominé par un zèle démesuré pour la religion; tandis que le second, Hilarion d'Aosti, l'évêque de Nicosie, l'aumônier du prince, possédait toute l'ardeur d'un jeune guerrier, la ruse d'un diplomate et la science ministérielle. Sa figure altière respirait les combats, et ne pouvant satisfaire cette envie dans les camps, il s'en dédommageait, pour le moment, dans la polémique: aussi, lorsque la princesse fut aperçue par Josette, une grave discussion se débattait entre Hilarion et Monestan.

— Je le répète, disait ce dernier, nous n'avons perdu le royaume que parce que les préceptes de la religion mis en oubli, les mœurs dissolues, nous ont fait retirer la protection de l'Éternel.

— Ah! monsieur, répondait l'évêque, *si nous avions eu trente mille hommes* de bonnes troupes, l'Éternel aurait été pour nous!... il aime les gros bataillons; les croisades qui nous ont donné Chypre et Jérusalem le prouvent bien.

— Monsieur, avouez cependant qu'on négligeait le service divin?

— M. le comte, Nicosie n'était pas assez bien fortifiée!...

— Oui!... contre les mauvaises doctrines qui nous ont envahis bien avant les Vénitiens, interrompit le ministre; c'est la religion qui forme les bons soldats en les rendant pieux et soumis au prince, et si les églises avaient été pleines nous n'eussions pas succombé; le Dieu fort nous aurait accompagnés.

— Non, monsieur, permettez; nous succombâmes parce qu'il nous manquait *trente mille hommes*, voilà le fait... Monsieur, *trente mille hommes* sont la base nécessaire de toute résistance, de toute oppression, de toute entreprise, de tout royaume à défendre, à envahir, à conserver... ensuite depuis longtemps l'on négligeait les relations diplomatiques avec les états européens. Que cela nous serve d'exemple à l'avenir; n'est-ce pas, madame?...

A cette interrogation du prélat vindicatif, Clotilde garda le silence, en faisant la plus jolie petite moue qu'il fût possible de voir, et elle s'avança plus rapidement vers sa nourrice et sa demoiselle d'honneur.

Monestan, se trouvant attaqué gravement, saisit l'évêque par sa ceinture, et, tout en doublant le pas pour suivre la princesse, il dit au prélat avec la chaleur de l'innocence accusée:

— M. l'évêque, trente mille hommes ne peuvent rien là où les mauvaises mœurs ont abâtardi le courage; trente mille hommes sans religion ne valent pas la légion thébaine; et quant aux relations diplomatiques, qui vous dit qu'elles n'ont pas été entretenues? Pensez-vous à vos paroles? pour en parler connaissez-vous bien l'état de l'Europe? Quel secours pouvions-nous attendre du roi de France qui, dans ce moment même, a la moitié de son royaume à conquérir? et comment a-t-il conquis la première moitié? C'est avec l'envoyée du Seigneur, cette vierge dont la force vient d'en-haut et qui a rempli sa mission en sacrant son roi: elle n'est morte que parce que Dieu l'a rappelée, voulant laisser faire les hommes. — L'Angleterre pouvait-elle penser à nous, quand elle ne conserve pas ses conquêtes attaquées, et que des factions s'apprêtent dans son sein et servent la France plus puissamment que le courage de Dunois? Le roi René, dont nous habitons le comté, ne soutient-il pas une guerre ruineuse en Italie avec l'Aragon? L'Aragon lui-même est en guerre avec les Maures, ainsi que le Portugal: et, de tous ces malheurs, le plus grand, et que vous ignorez sans doute, c'est l'état de la cour de Rome.... A peine remise des secousses éprouvées au concile de Constance, elle a vu chasser le véritable pape!... le vicaire de Jésus-Christ! Eugène IV!... Les Turcs attaquent l'Allemagne, déjà attaquée par les Hussites; Constantinople est aux abois; Jérusalem a succombé!..... Le tombeau de Jésus est aux infidèles!... Au milieu de ces chocs des masses premières, lorsque les grandes puissances croulent, se reconstruisent de leurs débris, pour crouler encore et s'entre-déchirer; lorsque Dieu, pour punir la terre, a déchaîné son ange exterminateur, quel secours l'Europe pouvait-elle donner à un petit royaume attaqué par une petite république? Quand on ne fait pas attention au siége de Constantinople, devait-on regarder Chypre? lorsque les lions se battent, s'arrêtent-ils pour séparer les écureuils? Attendez la pacification générale, et l'on nous rétablira!......

L'évêque, atterré par ce discours *ab irato*, resta quelques moments sans répondre : mais vous connaissez bien peu la persévérance sacerdotale si vous le croyez abattu.

— Si la Pucelle triompha, répondit-il, elle avait presque *trente bons mille hommes* que l'originalité du chef d'armée fanatisait... Ici, continua-t-il en regardant Monestan d'un air goguenard, il faut rendre justice à la haute politique de la cour de France, et je suis bien fâché d'ignorer le nom de celui qui trouva ce nouvel expédient pour ranimer l'ardeur des soldats..... Mais brisons là-dessus, ajouta-t-il en voyant l'effroi de Monestan; je persiste à dire que si nous avions *trente mille hommes*, cela nous vaudrait mieux que d'attendre votre pacification, et je réponds qu'en les faisant débarquer sur la pointe orientale de Nisastro, car c'est la partie la plus faible de l'île que j'ai observée plusieurs fois, on viendrait à bout des Vénitiens.

— Hélas, dit Kéfalein, nous fûmes vaincus parce que nous n'avions pas assez de cavalerie.

— Et vous, Castriot, demanda la princesse en riant, que pensez-vous?.....

— S'il y avait eu deux mille hommes comme moi, vous seriez encore à Nicosie. Au reste, il ne s'agit plus de savoir comment on a perdu Chypre, mais bien comment on la reprendra.

— Tu as raison, Castriot, dit l'évêque, tu es le modèle des soldats : courage et dévouement.

— C'est vrai, reprit Monestan; mais il manque de religion.

— Voilà ma croyance et mon Dieu, s'écria le soldat en tirant à moitié son sabre; hors mon service, ma tête et le dedans ne regardent personne.

Ainsi, chacun parlait sa langue en voulant la faire parler aux autres, et cette toute petite cour avait encore ses intrigues : partout où se trouveront trois hommes et un pouvoir, vous en verrez!...

En ce moment la princesse arriva près de sa nourrice et de Josette. Aussitôt que l'Innocente l'aperçoit, elle cesse ses extravagances, sa figure se contracte, elle est muette et pleure!....

— Pourquoi donc avoir quitté le château, ma bonne Marie? vous savez que j'aime mieux vous y voir que dans la campagne, où il peut vous arriver malheur.

L'Innocente, ses petits yeux noirs fixés sur Clotilde, pleura plus fort en entendant cette voix dont elle eut les prémices : elle se tut, et marchant lentement, elle s'alla mettre à côté de Castriot qu'elle recherchait volontiers par reconnaissance. Il défendit son fils!...

— Josette, dit la princesse d'une voix douce, vous m'avez quittée?..... je n'ai qu'à vous louer si ce fut pour veiller sur Marie; cependant, comment lui laissâtes-vous faire cette fosse?.....

Josette rougit et balbutia : Madame!...... je..... j'y....

— Écoutez, mon enfant, vous avez tort de vous promener seule; quoique vous soyez du pays, il est en proie à des brigands qui ne vous en tiendront pas compte, car ils ne sont d'aucun pays. Vous devez savoir que le comte Enguerry-le-Mécréant court la campagne et la pille, ses soldats se permettent tout!.....

Josette rougit encore davantage; et la princesse, en examinant cette rougeur croissante au nom d'Enguerry et de ses soldats, devint toute pensive..... Alors la folle chanta deux vers grecs d'une chanson moderne dont voici le sens :

> Je la vis sur la montagne
> Embrasser son tendre amant,
> Puis revenir tristement
> Au travers de la campagne.

La princesse, entendant ces vers, regarda sa demoiselle avec un air inquisiteur, qu'elle eût voulu rendre grave, comme si une jeune fille pouvait l'être!..... Clotilde avait parlé d'Enguerry-le-Mécréant; alors l'aumônier lança son dernier trait au comte de Monestan en lui disant :

— Il faudra songer à nous fortifier contre ce furieux qui lève des contributions, pille, massacre et profite pour faire trembler la Provence de ce que le fils de René-le-Bon n'est pas encore arrivé.

— Il n'a ni foi ni loi, ne croit ni à Dieu ni au Diable, répondit le comte. — Castriot s'avança et dit avec un affreux sourire : « Quand il en sera temps, qu'on me dise : Va... et vous ne le craindrez plus. » Il fit avec sa main un geste qui indiquait énergiquement son dessein.

— Nous n'assassinons personne, reprit Monestan d'un ton grave; la loi divine.....

— A-t-il de la cavalerie? demanda Kéfalein.

— On dit son château très-bien fortifié, repartit l'évêque.

— Je gage qu'il n'y a pas de chapelle, s'écria Ludovic.

Le groupe s'était arrêté pour attendre que Clotilde continuât sa promenade : en ce moment la folle, voyant sur la colline une belle tête d'homme, se prit à rire en indiquant du doigt la place où Josette avait fait ses adieux. L'on eut beau y regarder, on n'y aperçut rien. On prit cela pour un trait d'extravagance, ce qui fâcha Marie, et elle se mit à murmurer. Tout à coup l'on entendit le bruit des pas d'un homme courant avec vitesse; tous les yeux se tournèrent vers l'endroit où la route faisait un coude avec la colline des Amants et d'où le bruit partait; alors Castriot se mit en avant, la main sur son sabre.

Un sentiment mixte qui tient le milieu entre l'inquiétude et la curiosité rendit chacun immobile; le bruit s'approcha par degrés et le pauvre fugitif ne tarda pas à paraître. C'était un jeune homme enveloppé d'un manteau. Quand il se montra, l'on vit au-dessus de sa tête, et dans le ciel, une lueur rougeâtre dont l'éclat sinistre effaça celui du jour, une fumée noire, des étincelles et des pailles enflammées, voltigeant dans les airs, indiquaient un grand incendie, et tout, excepté l'Albanais et l'Innocente, fut saisi de terreur. L'inconnu s'avançant toujours, Castriot tira son sabre et se mit sur la défensive. L'étranger ne se trouva bientôt plus qu'à cinquante pas de la princesse de Chypre. Objet de tous les regards inquiets, il fut examiné avec l'attention qu'il est bien naturel d'avoir lorsqu'on rencontre un étranger, et qu'il peut donner des éclaircissements sur ce qu'on ignore. On remarqua donc ses cheveux bouclés, noirs comme du jais, et rendus plus éclatants par une peau très-blanche; son visage annonçait un grand effroi, et ses vêtements en désordre, une fuite bien précipitée. A la faveur de ce désordre, chacun, et principalement Clotilde, admira les belles proportions de l'étranger. Il tenait à la main un mauvais bonnet vert appuyé sur son cœur, où il pressait en même temps son manteau, avec lequel il semblait cacher quelque chose. Certes, la beauté est un avantage qui prévient toujours en faveur des gens qui en sont doués, et il n'y avait au monde que Castriot ou un gendarme du 19e siècle capables d'arrêter sur une route un beau jeune homme, par ces mots prononcés d'un ton brusque.

— D'où venez-vous?
— De Montyrat.
— Où allez-vous?
— Ici.
— Pourquoi?
— Regardez cette lueur....
— Hé bien?... demanda la princesse effrayée.
— Ce beau village est brûlé.....
— Est-il du domaine? interrompit Monestan.
— Non, monsieur, il dépend de l'apanage de Gaston II, fils du comte de Provence. J'y avais une modeste demeure, elle est détruite et je fuis le terrible Enguerry-le-Mécréant. Hier, il vint demander les contributions qu'il imposa la veille. On fut dans l'impossibilité de le satisfaire. Il marqua le village d'une croix rouge, et depuis ce matin ses soldats le pillent. Ces flammes annoncent que tout est terminé. Je suis sans patrie et sans asile! on ne m'en refusera pas un chez Jean de Lusignan!...
— Et pourquoi? demanda Kéfalein qui parut sortir d'un songe.
— Parce qu'il connaît le malheur!.....

Les accents de cette voix enchanteresse furent pour Clotilde la plus délicieuse musique qu'elle eût entendue. Elle était sous le charme, immobile, et regardait l'inconnu de toutes les forces de son œil; elle se sentait entraînée vers lui par une attraction sympathique si violente, qu'on ne peut la comparer qu'à cette fascination qui contraint l'oiseau à s'avancer lentement vers le serpent. De son côté l'étranger ne regarde qu'elle et ses yeux avides semblent dévorer ses attraits; ils errent sur le sein blanc et ferme de la princesse avec tant d'ardeur, que l'intellect de Castriot en fut chiffonné. S'indignant de ce qu'un étranger eût l'audace de prendre du plaisir à l'aspect de la princesse de Chypre, il lui dit brutalement.

— Pourquoi ne parles-tu plus?
— Parce que l'admiration est muette!... répondit-il d'une voix entrecoupée.
— Mon cher, dit cavalièrement le prélat, malgré vos phrases vous sentez que l'on ne peut pas accueillir un inconnu sans savoir...
— Ah! monsieur l'évêque, reprit le ministre, vous avez bien peu de charité!...
— Voyons, qui es-tu? lui cria Castriot. — L'étranger ne répondait rien, l'Albanais commença à brandir son sabre. La princesse n'entendait rien; et Josette, que toutes les soubrettes devront avoir devant les yeux, si elles veulent briller dans leur carrière, remarqua fort bien l'émotion de sa maîtresse.
— Qui que vous soyez, dit enfin Clotilde, je puis, sans être démentie par mon père, vous accorder un asile dans ses États. Quant à savoir qui vous êtes.... son hospitalité perdrait tout son prix : les mesures de sûreté ne regardent que ses ministres.

Lorsque Clotilde eut fait connaître sa bienveillance, on s'approcha de l'étranger et chacun s'apprêtait à le féliciter, quand il répondit avec la voix de l'âme:
— Que les hommes aient une étoile aux cieux, la mienne est désormais sur la terre!... O ma bienfaitrice!... ma reconnaissance seule suffira-t-elle?... Je me consacre à vous, comme au culte d'une déesse. Vous fûtes aujourd'hui ma Providence, soyez-la toujours!... En finissant avec énergie ces paroles exaltées, il voulut tendre ses mains à la princesse, et par ce mouvement il laissa tomber le manteau protecteur dont il était couvert. Le groupe recula d'épouvante comme si la foudre eût tombé, et cette clameur terrible fut unanime.

— Un juif!... Le seul Monestan dit: Un damné!...

Le taciturne Albanais décrivit avec son sabre une courbe turque qui aurait promptement fait voler la tête du vil animal, si, plus prompte encore, la princesse effrayée n'eût crié : Castriot !... Son accent disait tout ; le damas s'arrêta à deux lignes du beau col de l'Israélite, et Clotilde s'évanouit dans les bras de Josette et de Monestan. Kéfalein et l'évêque la soutinrent, en montrant une vive inquiétude.

Ce qui produisit ce mouvement de dégoût, c'est qu'en lâchant son manteau, le malheureux découvrit la roue de drap jaune, de la largeur d'un blanc tournois, que les juifs étaient forcés de porter sur le côté gauche de leur habit, par l'ordonnance de Louis X ; de plus, on aperçut sur son bonnet vert les deux cornes rouges que l'arrêt de Philippe-le-Hardi y plaça.

Le Juif, immobile et pâle, ressemblait à la statue d'un Lapithe pétrifié par la tête de Méduse. Les restes infortunés de cette nation éternelle, que l'on croyait alors écrasée sous le poids de la colère céleste, étaient repoussés par toutes les justices et toutes les religions. La pitié ne les regarda jamais, ils furent les *parias* de l'Europe..., eurent le monde pour patrie, le déshonneur pour cachet, l'injure et les avanies pour nourriture, la lèpre et l'indignation générale pour compagne, les supplices pour consolation ; ils eurent le courage de s'envelopper froidement dans leur infortune et de tenir à la vie, par cela même qu'à chaque instant le dernier des vilains pouvait la leur ôter sans rien craindre. Courbés sous le faix de l'exécration publique, les restes de leur vertu succombant à ce poids, force leur était de se rendre nécessaires à leurs tyrans par des richesses acquises dans une usure si âpre, qu'elle justifiait en quelque sorte la haine de la terre. Contraints de déguiser leur opulence, ils inventèrent les lettres-de-change et les billets ; de manière que, semblable à Bias, un juif portait en tous lieux une invisible fortune. Bannis sous le règne précédent, ils venaient de rentrer en France, pour y pressurer les grands obérés par la guerre, au risque de tout perdre et d'être encore chassés et torturés, au moindre prétexte plausible.

Lorsque l'Albanais se fut assuré que la princesse objet de tous les regards reprenait ses sens, il dit au Juif brièvement, comme s'il eût eu de la répugnance à lui parler.

— Ton nom ?
— Nephtaly Jaffa.
— Ton pays ?
— Venise.
— Juif et Vénitien, c'en est trop !... meurs.
— Je ne veux pas que l'on égorge un homme devant moi !... s'écria la princesse ; la présence des rois ne doit pas être fatale !...

— Est-ce un homme ? demanda l'aumônier.
— J'espère qu'il est moins qu'un cheval, dit Kéfalein.

L'Innocente se mit à rire et à sauter autour du Juif, comme un cannibale devant sa victime, en criant : J'ai fait sa fosse, Castriot mon ami, tuons !... brûlons cet ennemi de Dieu !...

— Marie ! dit Clotilde avec douceur.

La nourrice resta la bouche béante : — Puis-je prononcer le mot tuer ?... Mon ami, dit-elle au Juif, nous nous ressemblons, nous sommes hors de l'humanité, viens dans ma loge, je t'y soignerai !...

Castriot guettait le moment où Clotilde se retournerait, pour débarrasser le beau Juif de sa tête ; mais Clotilde, regardant toujours l'Israélite à la dérobée, ne lui en laissa pas le loisir. Celui-ci, sans faire un seul pas pour se garantir du sabre de l'Albanais, faisait briller une joie pure dans ses yeux noirs, en voyant les roses succéder aux lis sur les joues de sa bienfaitrice.

— Fuis donc, au moins ! s'écria l'aumônier d'une voix colérique, retourne d'où tu sors ! Va te faire pendre ailleurs !... Déicide, rebut des hommes, ne salis plus notre vue, ne souille plus notre air. *Vade, Satana !...*

— Vous pourriez le lui dire avec plus de douceur ! dit le comte Ludovic.

— Et va-t-en à pied, ne déshonore pas un cheval ?... continua le connétable sur le même ton que l'évêque.

— Messieurs, reprit Clotilde, je vous prie de ne plus tourmenter ce... cet...

— Cet animal bipède, dit Kéfalein.

— Je le prends sous ma protection, continua la princesse. Qu'il reste en ces lieux, jusqu'à ce que j'aie demandé à mon père de lui permettre d'habiter ses domaines ; si mon père me refuse, alors il les quittera. Mais qu'on ne le maltraite pas !... Et, s'apercevant du dessein de Castriot, elle ajouta : Gardez-vous de lui faire aucun mal !

— C'est bien votre volonté ? demanda le farouche Albanais.

— Je vous le commande.

— Soit... Vis donc, animal immonde ! Et le soldat remit avec humeur son sabre dans le fourreau, en lançant un regard très-équivoque au Juif. L'Albanais lui montra la terre du doigt, en fronçant de gros sourcils noirs de manière à lui faire comprendre qu'il eût à remercier la princesse.

Cette pensée ne fut pas assez clairement exprimée pour que l'infortuné la conçût. Alors Castriot, le jetant par terre d'un vigoureux coup de poing, lui cria : « A genoux, Judas, et baise la poussière de ses pas !... »

Clotilde gémit et se retourna promptement, comme

pour ne pas être témoin d'une chose pénible. Marie poussa les petits cris d'un enfant auquel on prend un joujou, quand Josette lui arracha le bonnet vert et rouge du Juif, dont elle s'amusait.

— Tiens, Juif!... dit la soubrette en tendant les deux cornes rouges à l'Israélite immobile. Et voyant qu'il ne faisait aucun mouvement pour le reprendre, elle le lui jeta au nez.

— Allons, venez, Marie, ajouta-t-elle en emmenant l'Innocente, qui ne cessait de regarder Nephtaly en lui faisant des grimaces.

— Et c'est un juif!... dit involontairement Clotilde en s'éloignant suivie de son cortége.

— On pourra lui imposer des contributions, s'il est riche, répondit l'évêque.

— Et le tuer s'il ne les paie pas, répliqua Castriot.

— L'on essaiera de le convertir, dit le premier ministre.

Josette, s'étant déjà retournée pour examiner l'Israélite, observa très-judicieusement à sa belle maîtresse, qu'il gardait toujours la même posture, et qu'il baisait la marque du cothurne de Clotilde, en la suivant d'un œil enflammé!...

— C'est un juif!... répliqua Clotilde; et le préjugé agissant dans toute sa force, alors qu'elle ne voyait plus la figure suave de l'Israélite, elle eut un léger frisson, en songeant qu'elle venait d'approcher de trois pas un être aussi immonde. . . . . .

. . . . . . . . . . . . . . . . . . . . . . . .

———

Je dois donner des renseignements exacts sur les héros et les faits historiques qui forment la base de cet ouvrage, car bien des personnes pourraient croire qu'ils sont imaginaires ou crayonnés à dessein pour représenter des personnages du temps présent.

Le roi Jean II est effectivement le dernier des rois de Chypre et de Jérusalem, l'*augustule* des empires créés par les croisades. Voici l'époque de la fondation du royaume de Chypre.

Lorsque la grande croisade suscitée par Richard-Cœur-de-Lion et Philippe-Auguste eut lieu, le trône de Jérusalem, fondé par Godefroi-de-Bouillon, était vacant. Deux compétiteurs se présentaient. L'un, Guy-de-Lusignan, comte d'Ascalon et de Joppé, se prétendait roi par Sybille de Montferrat, sœur de Baudouin IV. L'autre était Henri, comte de Champagne, qui avait épousé Isabelle, deuxième fille d'Amaury I<sup>er</sup>, un des premiers rois de la Terre-Sainte.

Ce dernier l'emporta. Mais Richard-Cœur-de-Lion, qui soutenait Guy-de-Lusignan, le couronna roi de Chypre, après avoir tué Isaac Comnène, dernier roi latin de cette île. Quelques auteurs prétendent que Richard-Cœur-de-Lion vendit cette couronne. Je laisse à deviner quelle est la véritable version.

Ainsi, Guy-de-Lusignan fut, en 1192, le premier roi de Chypre. Voici la liste de tous les rois qui réunirent souvent le trône de la Judée à celui de la Chypre :

Amaury, 1194.
Hugues, 1205.
Henri I<sup>er</sup>, 1219.
Hugues II, 1253.
Hugues-le-Grand, 1267.
Jean I<sup>er</sup>, 1284.
Henri II, 1285.
Hugues IV, 1324.
Petrin, 1369.
Jacques, 1382.
Janus, 1398.

Auquel notre roi Jean II succéda en 1432.

Ce fut en 1439 que les Vénitiens firent la conquête de Chypre, sous le doge Foscari. On ne sait où se réfugia le roi Jean II, qui, alors, n'avait plus pour héritier qu'une fille.

En 1458, Charlotte et Louis de Savoie furent reconnus, en Europe seulement, rois de Chypre, car en 1459 le soudan d'Égypte s'en empara.

Mais en 1464 Jacques II fut rétabli. Ce Jacques II était la postérité de la fille de Jean II.

En 1473, Jacques III lui succéda, et en 1489, les Vénitiens rentrèrent dans la possession de l'île de Chypre, qui ne tarda pas à leur être enlevée par les Turcs.

Tel est le sommaire de l'histoire cypriote, à laquelle il ne manque qu'un habile historien pour la rendre intéressante. On y trouverait, comme dans toutes les histoires du monde, le jeu des passions humaines, des traits de courage, des actions infâmes, et toutes les richesses de la politique, déployées pour la possession de l'île de Chypre, comme pour celle de la France.

Le caractère du roi Jean II n'est point une fantaisie ; d'après les recherches que j'ai faites dans les historiens qui parlent de lui, il était à peu près ce que je l'ai peint.

Le connétable Kéfalein n'est pas nommé dans les historiens, mais il paraît que ce fut par l'impéritie d'un général que Chypre fut conquise. — Du reste, si quelque critique prétendait que les caractères de Monestan, de l'évêque et de Kéfalein sont forcés, je consigne ici l'aveu que notre siècle en offre les originaux.

Celui de Michel l'Ange est le portrait exact d'un ministre des sourdes vengeances d'un prince qui s'est rendu célèbre dans nos annales, Charles-le-Mauvais.

———

### III.

Sire, grâce!..... grâce!....
(*Opéra du Condamné.*)

Allons, donne-moi ton or!.....
(Shakespeare.)

L'Amour, par tyrannie, obtient ce qu'il demande;
S'il parle, il faut céder ; obéir, s'il commande ;
Et ce dieu, tout aveugle et tout enfant qu'il est,
Dispose de nos cœurs quand et comme il lui plaît.
(Corneille, *Trag.*)

Jusqu'ici, lecteur, l'usage étant de se ranger du côté de la majorité, nous sommes forcés de laisser le beau Juif à la colline des Amants, et de suivre les sept personnages qui s'en retournent au château.

La belle princesse était pensive, et la route se serait achevée en silence, si le guerroyant évêque n'eût dit à Monestan :

— Je prétendais donc que rien n'est plus facile que de reprendre l'île de Chypre, et voici comme...

Alors il s'engagea une conversation très-animée, dont le lecteur doit savoir le résultat, c'est-à-dire, que Nicosie ne fut pas reprise, malgré la cavalerie de Kéfalein, les trente mille hommes de l'évêque, et les étendards que Monestan faisait bénir par le Saint-Père.

La princesse, toujours préoccupée, ne disait mot, et tant qu'elle fut sur la route, elle marcha très-lentement, sans toutefois se retourner.

Arrivée près de l'avenue, elle s'arrangea pour pouvoir, en y entrant, donner un coup d'œil sur l'endroit où était Nephtaly. Josette se trouva par malheur à ses côtés... Jamais la pauvre soubrette ne sut comment Clotilde avait pu faire un faux pas sur un sable uni comme une glace; et surtout pourquoi la princesse, en s'appuyant sur elle, la poussa avec tant de violence.

Quoiqu'alors la fille de Jean II n'eût lancé sur le Juif qu'une fugitive œillade, elle n'en vit pas moins ce dernier embrasser un gland détaché de sa tunique et le mettre dans son sein....

Ce que la vérité historique force à dire, c'est que du moment qu'il fut impossible à la princesse d'apercevoir Nephtaly, elle s'avança vers le château avec trop de rapidité pour que Monestan, l'évêque et le connétable, pussent la suivre.

Sa course s'interrompit par un obstacle. Cet obstacle était la rencontre d'un petit homme gros et court, dont le centre, c'est-à-dire le ventre, se présentait avant l'homme même, tant cette partie semblait, par son volume, faire un être à part. Il sortit de cette machine vêtue de noir, une petite voix clairette comme celle d'un flageolet.

— Madame, la colonne d'air atmosphérique aurait-elle attaqué votre système nerveux ? je vous trouve la figure altérée ! Ah ! vous aurez trop pensé. Je le répète pourtant assez, les émotions du cœur et de l'esprit sont les plus grands fléaux de la santé ; *moi, par exemple*, si je me porte bien, c'est que je ne pense jamais... La vie est tout, et chacun la gaspille...

— Mais je vous assure, maître Trousse, que mon système nerveux, répondit-elle en souriant, n'a pas souffert de ma promenade.

— Alors, madame, mes fonctions de médecin cessent, et je vais m'acquitter de celles d'huissier du roi, en vous prévenant qu'il m'envoie savoir quel accident vous retarde si longtemps dans votre promenade : et comme on ne sait ni qui vit ni qui meurt, je m'étais chargé de mes instruments de chirurgie, en cas de malheur ; car, *moi*, je prévois tout et j'opère fort bien, et c'est bien naturel, j'ai étudié à Grenade...

Cette observation fit marcher Clotilde encore plus vite : elle laissa son cortège en chemin. Josette, Castriot et la nourrice, seuls, la suivirent. — Au moment où elle entra, l'Albanais voulut s'esquiver. Ayant fourré dans sa cervelle, pendant la route, qu'il commettait un crime de lèse-majesté, en laissant vivre un Juif vénitien, coupable d'avoir regardé la princesse avec concupiscence, il courait le tuer. Castriot, semblable à cette bête féroce apprivoisée par Androclès, ne connaissait que Clotilde et son père ; il eût assassiné Monestan, tout le premier, s'il se fût imaginé que le prince en était mécontent. La princesse le rappela, il vint à pas lents et la tête baissée.

— Castriot, dit-elle, jurez, par ma vie, que vous respecterez celle de Nephtaly Jaffa. L'Albanais, comme un renard pris au piège, prononça le serment en rechignant. Ce serment était solennel pour lui, il le tenait avec la même fidélité que les dieux d'Homère, celui du Styx.

Ainsi rassurée, la belle Clotilde traversa les cours, aux sons du cor, et au milieu de la haie respectueuse formée par la foule des domestiques et des Cypriotes de la maison. Son passage peu fréquent donnait lieu à des acclamations et à des cris de joie. Plusieurs lui parlèrent ; contre son ordinaire, elle ne leur répondit rien, et ces pauvres gens furent étonnés de ne pas entendre sa douce voix et les mots pleins de bienveillance qu'elle leur adressait toujours.

Parvenue à la dernière cour et au corps-de-logis dont la façade donnait sur le bord de la mer, elle monta avec empressement aux appartements du roi.

Jean de Lusignan, ayant choisi pour demeure le premier de cette somptueuse façade, s'y trouvait entouré d'une magnificence royale. Une vaste salle des gardes, bâtie par Guy pour contenir ses chevaliers, impose par son air guerrier. Elle est ornée de trophées, d'armures et de tous les portraits des rois de Chypre sauvés du pillage de Nicosie par Kéfalein ; le salon d'audience vient après, il est décoré par des étoffes précieuses du Levant, et un dais rouge et le trône y brillent malgré les autres meubles précieux qui les garnissent, la balustrade du trône est en or pur. Le cabinet royal vient ensuite ; puis, la chambre du monarque se trouve la dernière : elle est ornée d'un tapis de Perse et d'un mobilier gothique, mais éclatant par un rare travail. La chaise grossière de la fameuse Mélusine forme par sa présence un contraste assez singulier.

Le prince, vêtu d'une dalmatique garnie de menuvair, mais encore mieux décoré par ses vénérables cheveux blancs, qui rendaient plus touchant l'air de bonté répandu sur son visage, était alors dans cette chambre. Rassemblant les forces de sa vue éteinte, il fatiguait ses yeux paralysés en cherchant à découvrir sa fille, dans le groupe qu'il entrevoyait comme une masse dans les cours.

Tout à coup le vieillard quitte sa fenêtre, prête l'oreille, et comptant sur son reste de vue, se dirige vers la porte, en heurtant tous les meubles qu'il rencontre. Clotilde n'est encore que dans le salon rouge, et déjà ce bon père entend les pas légers de sa fille. Sa figure presque morte s'anime de tout l'incarnat qui peut nuancer la pâleur de la vieillesse, et lorsque Clotilde entre, elle trouve son père qui lui tend les bras.

— C'est vous, ma fille, je ne vous ai pas encore vue d'aujourd'hui!... Et le vieillard l'embrassa sur le front, sans se tromper. — Vous êtes émue, car j'entends battre votre cœur, qu'avez-vous?... Est-ce le bonheur ou d'autres infortunes qui causent votre trouble? y a-t-il de mauvaises nouvelles?... Enguerry aurait-il connaissance de nos trésors?... Ces derniers mots furent prononcés à voix basse.

— Non, mon bien aimé père; si je suis émue, c'est que je viens implorer la bonté du roi, sans être sûre de réussir.

— Vous êtes donc du complot, ma fille? L'on veut me faire croire que je règne toujours!...

— Hélas, mon père, je vous présente la requête d'un pauvre Juif...

— Un Juif!... s'écria le monarque; ma fille, un Juif vous aurait-il approchée?... Il s'en trouverait dans mon royaume!... que dis-je?... dans mon domaine!... Oubliez-vous que Henri Ier a péri de la main d'un de ces ennemis du Sauveur?...

Clotilde fut presque heureuse de ce que son père ne put voir la rougeur de son front.

— O mon père, reprit-elle en caressant le vieillard et en prenant les plus douces inflexions de sa voix, si vous connaissiez ses malheurs, vous en seriez touché. Enguerry-le-Mécréant a brûlé, ce matin, sa demeure, il est sans asile, et ne demande que d'habiter votre domaine. Voici la première fois que je vous implore.... me refuserez-vous?...

— Petite sirène, un rocher s'attendrirait à votre voix!... où est-il ce protégé?

— A la colline des Amants!... Il y est peut-être encore!... ajouta-t-elle entre ses dents.

— Comment savez-vous qu'il y est resté, reprit Jean II dont l'ouïe, par sa finesse, compensait la cécité.

Clotilde embarrassée garda le silence.

— De quel pays est-il?...

— De Venise, répondit-elle en tremblant.

— O ma fille!... c'est admettre un serpent! s'écria le méfiant vieillard; Venise, continua-t-il avec cette chaleur guerrière, apanage des Lusignans; Venise ne l'a-t-elle pas chargé de détruire une dynastie qui, tant qu'elle existera, ne la laissera pas tranquille dans sa possession?... Je ne tremble que pour vous, ma fille!... Un Lusignan, trop vieux pour reconquérir le trône qu'il a perdu, peut se regarder comme dans la tombe!...

— Il mourra donc, l'infortuné!... Le vieillard s'émut. — Le Mécréant le fera périr!... ajouta la jeune fille. — Alors le monarque chercha sur sa table d'ébène son sifflet d'or : l'empressée Clotilde l'eut bientôt poussé sous sa main, et Jean remua la tête, en signe de mécontentement, pendant qu'il siffla deux coups. — Bientôt l'on entendit les pas pesants de maître Trousse.

— Faites venir Hercule Bombans.

L'intendant ne tarda pas à montrer sa figure soucieuse. Si l'avarice n'y avait pas éclaté, par les protubérances si savamment décrites par Gall, ses habits hors d'âge l'eussent certainement indiquée. Toutes les fois qu'il paraissait devant le prince, sa visible anxiété n'annonçait pas une conscience très-nette. Il se rassura donc en entendant ces paroles :

— Allez à la colline des Amants, vous y trouverez un Juif : dites-lui, que Jean de Lusignan lui accorde un asile, à la condition qu'il n'approchera jamais du château; si on le trouve à dix pieds de distance il sera pendu... L'intendant frémit involontairement à ce mot.

— Avertissez, continua le prince, Castriot et les gens de cette circonstance. Bombans sortit.

— Êtes-vous contente? dit le vieillard à sa fille.

Pour toute réponse, elle embrassa ses yeux privés de lumière; elle tint compagnie au bon vieillard, joua du luth toute la soirée, chanta des romances du temps, en choisissant de préférence celles qui parlaient d'amour; enfin elle donna mille petits signes d'une joie intérieure, dont Lusignan ne comprit pas le motif... Je le crois, la jeune fille l'ignorait encore!... mais elle était contente!...

L'intendant, monté sur un vieux cheval qui lui fut donné par un fermier arriéré, s'empressa d'exécuter les ordres du roi, en essayant de faire trotter le pauvre animal vers la colline des Amants, et par habitude il regardait autour de lui, comme s'il eût craint les voleurs.

Au milieu de l'avenue, il se mit à réfléchir combien il devenait de plus en plus difficile de faire les comptes; qu'il serait prudent de mettre en sûreté son petit trésor, en quittant le service du prince.... N'avait-il pas, lui Bombans, gagné loyalement son argent?... Il est vrai qu'il interpréta toujours les choses en sa faveur; mais le système interprétatif n'est-il pas admis?... L'argent que j'ai en ma possession, tant qu'on ne me prouve pas qu'il n'est pas à moi, est à moi!... Il le comptait et recomptait déjà dans sa pensée, lorsqu'une voix retentissante, des cris de guerre et le pas d'une cavalerie se font entendre.

— Chargez... xi, xi, mes amis, courage, voilà l'ennemi!...

A ces mots terribles, l'intendant ne doute pas qu'Enguerry ne soit en embuscade. Il s'écrie : « Monseigneur, ayez pitié de moi !... *J'avais bien dit qu'il m'arriverait malheur !...* Grâce !...

— Ferme !... xi... xi , xi !

— Hé bien, continua Bombans, je vous donnerai mille besans de rançon. Hélas, ils ne sont pas à moi, je n'ai rien à moi... mais je les emprunterai...

— Xi, xi, allez mes amis, ferme en selle...

L'intendant, abattu par la peur, se coule à bas de son cheval et se met à genoux : Grâce ! reprit-il... Sa frayeur fut vive mais courte, car il vit passer Kéfalein qui, monté sur Vol-au-vent, faisait manœuvrer sept à huit chevaux, afin de créer au prince une cavalerie provençale.

— Hé bien, Bombans, ce n'est pas l'heure de matines...

— Monseigneur, je suis tombé de cheval.

— Mauvais écuyer !... A ces mots prononcés avec le ton du plus souverain mépris, le connétable s'éloigna au grand galop.

L'intendant remonta sur sa pauvre bête et continua son chemin. Une idée vint l'illuminer d'un trait de feu, et s'applaudissant de son génie, il pressa son cheval et fut bientôt près du Juif. On va voir si Hercule Bombans s'entendait en finance.

— Êtes-vous Juif? demanda-t-il brusquement à un homme, dont les yeux étaient attachés sur les tours de Casin-Grandes.

— Hélas oui !... répondit Nephtaly de sa douce voix.

— Eh bien, misérable ennemi du Sauveur, le prince t'accorde un asile à deux conditions : la première, que tu n'approcheras jamais à plus de dix pieds du château ; si l'on te trouve à neuf, tu seras immédiatement pendu. Ici la voix de Bombans s'altéra, car jamais il ne prononçait ce mot bien distinctement. La seconde condition, reprit-il, est que tu vas lui payer par les mains de son intendant, et ce, sans quittance aucune, mille livres tournois, pour son secours et sa protection qui ne te manqueront jamais... Paie et entre sur nos terres !...

— Comment les donnerais-je?... répondit le Juif d'un ton lamentable, j'ai été pillé ce matin, et je n'ai plus rien !...

— Sangsue, veux-tu vite les compter !... Ce ne sera qu'une restitution de tes usures... Ce n'est pas que je condamne l'usure.... mais, vous autres Juifs, vous en prenez trop et gâtez le métier... Ainsi paie !...

— Il faut donc quitter ces lieux !... Et Nephtaly fit un pas.

L'intendant, embarrassé par les ordres du prince, et craignant qu'il ne s'en allât, s'efforça de le retenir par ces terribles paroles : « Tu veux donc mourir en prison ? Monseigneur m'a ordonné de t'y mettre, en cas de refus, et tu auras toujours un asile préférable à celui d'Enguerry ; car il te tuera sans rémission au lieu de t'écouter. »

— O Salomon !... Le Juif s'arracha les cheveux... Israël !.... on me tue !..... Dieu de Jacob !..... on me tue !..... l'on m'assassine !.....

— Jure, mais paie..... Et la figure de Bombans s'épanouit en entendant l'Israélite continuer ses imprécations, ce qui annonçait que sa bourse allait se délier..... En effet, Nephtaly, comme saisi d'un trait de lumière, défit lestement (ce qui est un miracle pour un Juif) la doublure de son manteau et il présenta un billet à Bombans.

— Tenez ! je n'ai que cinq cents livres, dit-il d'un ton piteux, c'est un billet sur le trésorier du roi René-le-Bon, comte de Provence.

— Scélérat, paie mille francs.....

— Je ne les ai pas !.....

— Paieras-tu ?.....

— Je ne les ai pas !...

— Je m'en vais prendre ton manteau ! s'écria Bombans d'une voix terrible.

— Tenez, le voici ! dit l'Israélite.

Cette manœuvre hardie en imposa à l'intendant ; il ne crut pas un homme capable de céder son trésor avec un tel sang-froid. Nephtaly lui paraissait comme impatienté, et la soumission juive l'abandonnait déjà.

Alors Hercule Bombans se contenta des cinq cents livres en ajoutant, moitié souriant de ce qu'il touchait et moitié chagrin de ce qu'il croyait perdre :

— Tu solderas le reste plus tard !

Ici le Juif, fixant ses beaux yeux noirs sur l'intendant lui dit :

— C'est mon tour !.... Maître intendant, je puis faire savoir au prince que, vous, qui êtes parti de Chypre nu comme un ver, possédez maintenant pour cent mille livres de biens dans le Dauphiné, sur les terres du comte Gaston le fils du roi René.... Vous avez bombé vos comptes, M. Bombans.

L'intendant consterné ne souffla mot, sa triste figure indiqua le plus violent combat qui se soit livré dans le cœur d'un avare : nul doute que ces paroles tendaient à lui faire opérer une restitution...

— *J'avais bien dit qu'il m'arriverait malheur !....* Nephtaly devina la pensée de l'intendant.

— Rassurez-vous, Bombans, lui dit-il avec des yeux brillants de désirs, je vous abandonne les cinq cents livres si vous voulez m'indiquer en quel endroit donnent les croisées de la chambre où repose la princesse Clotilde....

Une femme entre son devoir et son plaisir ; un auteur entre l'argent sans gloire, et la gloire sans argent ; un gastronome entre deux plats ; un ministre forcé de chanter la palinodie, n'éprouvent pas un choc aussi violent que Bombans... Malgré la pensée que ce Juif pouvait avoir de mauvais desseins, d'après le ton impérieux qu'il prenait en ce moment, le démon de l'avarice l'emporta, et il répondit avec une espèce de rage :

— Oui!... Et il piqua des deux. Mais Nephtaly, arrêtant par la bride la pauvre bête (je veux dire le cheval), s'écria d'une voix menaçante : « Hé bien?... » — L'intendant, faisant la grimace, répondit :

— La chambre de la princesse fait l'angle de la façade du côté de la mer, une de ses fenêtres donne sur la Coquette, et l'autre sur le bord de l'eau....

Ayant dit ces mots, avec une rapidité qui permet de croire qu'il craignait d'user sa langue, Bombans serra fort attentivement le billet, tout en s'enfuyant comme s'il eût commis un crime... « Au surplus, se dit-il, du diable *s'il peut m'en arriver malheur!* La Coquette est, dans cet endroit, comme une muraille de cinquante pieds de haut!... c'est inabordable!... et puis, s'il en approche!... on le pend! » Ayant ainsi rassuré sa conscience, l'intendant poursuivit sa route [1].......

Le soir vint.... Clotilde se retira chez elle. Josette fit son service accoutumé; et lorsqu'après avoir allumé une lampe d'huile parfumée, la jolie fille de Bombans se fut éloignée, la princesse, au lieu de se coucher, se mit à la fenêtre du bord de la mer, pour contempler la beauté de la nuit.... A l'aspect de l'immensité de cette mer alors silencieuse, et de la muette éloquence du ciel étoilé, dont la lumière vive et scintillante contrastait avec le terne de la mer et ses pâles reflets, la princesse resta longtemps plongée dans une tendre mélancolie dont jusqu'alors elle avait ignoré le charme... Des pensers inconnus vinrent agiter son cœur.... Un léger bruit la tira de cette douce rêverie... ce bruit partait de la Coquette.. Le cœur de la jeune fille battit avec force.... non qu'elle eût peur, mais ce bruit avait quelque chose de soyeux et de délicat... enfin, il coïncidait tellement avec sa pensée, qu'elle courut à l'autre fenêtre; et, tirant brusquement deux riches rideaux verts fabriqués en Perse, et que le commerce des Vénitiens répandait en Europe, elle aperçut.... le Juif, suspendu sur l'abîme par une pointe de rocher de trois pieds de large, qui se trouvait au milieu de la muraille formée par la Coquette.... Il lui parut incompréhensible qu'un homme eût assez de courage pour aller se placer sur cette faible inégalité d'un roc droit comme le mur d'un bastion...

« Et dans quel motif? »... se dit-elle... Au milieu de l'effroi dont elle était saisie, je ne sais quel sentiment involontaire lui fit admirer ce beau Juif, couché dans une position pleine de tant de grâce, qu'on l'aurait crue en effet méditée par Phidias... La douce clarté de la lune l'entourait d'un léger nuage de lumière, qui donnait un charme extraordinaire à ses attraits. Clotilde vit briller un bijou sur son sein... Elle reconnut le gland de sa tunique!... Nephtaly, presqu'à deux doigts du bord de l'inégalité du rocher, contemplait la croisée de la princesse avec des yeux pleins d'ivresse et de bonheur, et le calme de sa belle figure annonçait la douce harmonie de ses pensées.... Une heure s'écoula, rapide comme un songe, et sans son horloge d'eau, Clotilde aurait cru n'avoir passé qu'un léger instant. S'arrachant alors à cette fatale contemplation, la princesse sortit de sa rêverie, et songeant aux paroles de son père, elle s'écria tout bas : « Il est trop beau pour être criminel!... »

La jeune fille, émue au dernier point, s'endormit au milieu du murmure gracieux des flots, et de l'importune agitation de la raison sévère... Au moment où le sommeil s'empara de ses sens, elle voyait encore l'ovale délicat, la blancheur et la beauté des traits de cette figure juive.........

---

## IV.

*...... Quid non mortalia pectora cogis,*
*Auri sacra fames?...*
(VIRG., Énéid., liv. III.)

Que ne peut l'infernale soif de l'or!...
(TRAD.)

Entendez-vous le son du cor?
Il retentit encor
A mon oreille.
(THIBAUT, Egl. X.)

Pendant que tout le monde dort au château de Casin-Grandes, je prie mon aimable lectrice de prendre, si cela ne la fatigue pas trop, le chemin de la colline des Deux-Amants... Ah! madame, puissiez-vous ne jamais éprouver le malheur qui la fit nommer ainsi! Je vous le raconterai quelque jour, si mon style vous plaît... Pour le moment, ne vous arrêtez pas à cette jolie colline, et veuillez continuer la route pendant huit milles; alors vous vous trouverez au milieu du malheur et de la désolation, c'est-à-dire au milieu du pauvre bourg de Montyrat.

Depuis le matin il était en proie à toutes les hor-

---

[1] Les lacunes que l'on rencontrera quelquefois sont dans le manuscrit des R. P. Camaldules. (*Note de l'Éditeur.*)

reurs d'un pillage... Et quel pillage, grand Dieu !... Sur la grande place et devant l'église, un homme à cheval commande, avec un rare sang-froid, les plus affreuses cruautés. Il est assez bien fait, sa figure même est douce, mais son œil a quelque chose de faux, comme celui du chat, et de barbare, comme celui du tigre. Ses cheveux, qui ne frisèrent jamais, ont cette couleur rouge que l'on prête à ceux de Caïn. Il voyait tranquillement et de l'air le plus innocent du monde, toutes les portes des maisons enfoncées et ses soldats en tirer de force les malheureux habitants, qui n'avaient pas eu le temps de fuir dans les bois. On les amenait devant lui, et ils s'y tenaient dans la contenance la plus humble. Les cris des jeunes filles et leur silence; le bruit des portes secrètes que l'on brisait, et les jurements des soldats; la défense imprudente des jeunes et la résignation des vieillards; les cadavres et le sang répandu formaient un tableau dont le spectacle aurait arraché des larmes de compassion, à tout autre qu'au sire Enguerry-le-Mécréant.

Sur une table grossière, dont les supports chancelaient sous le poids, les soldats apportaient scrupuleusement l'argent et l'or ravis aux malheureux qui, pour comble de barbarie, étaient spectateurs de ce monceau de leurs dépouilles. Le curé du lieu gémissait sur les vases sacrés, en levant au ciel ses yeux pleins de larmes; mainte jeune fille, encore toute rouge, regrettait, en réparant le désordre de sa toilette, ses croix d'or et tous ses petits bijoux..... Le visage des vieillards portait l'empreinte de cette douleur concentrée qui leur est propre.... Enfin les soudards ne cessaient de charger cette table, jusqu'à ce que la somme exigée par Enguerry fût complète... Le reste du butin devait leur appartenir.

Les soldats furetaient avec une avidité sans égale; cependant, une certaine inquiétude régnait dans leurs recherches : tout à coup, ils jetèrent des cris de triomphe, et le Mécréant daigna porter ses yeux sur la maison la plus apparente de Montyrat, d'où partait le bruit. — C'était la demeure du plus riche du village, en un mot, de l'intendant calomnié, que Janus destitua et que le comte de Provence nomma bailli.

A ces clameurs soudaines, les habitants se retournèrent aussi, et ils frémirent, en voyant leur bienfaiteur indignement traîné par les soldats, qui le découvrirent au fond d'un puits, où il s'était caché. Son fils se trouvait, par malheur, à côté d'Enguerry, et celui-ci remarqua la défaillance du jeune homme, quand il aperçut son vieux père couvert de boue, maltraité, menacé par les soldats, qui l'amenèrent devant le Mécréant. Le vieillard, au milieu de ce péril, avait l'air calme que le poëte lyrique signale comme l'enseigne de l'homme vertueux.

— Ah ! le voilà, dit Enguerry, séditieux personnage, qui persuades à tes subordonnés de résister à l'autorité !... Avoue où sont tes trésors, et tu auras la vie !...

Le vieillard, immobile, resta muet.

— Réponds au chef ! s'écria un soldat, en le frappant avec un bâton.

— Tu dois être riche, reprit Enguerry, tu as assez volé dans ton intendance, concussionnaire infâme !

A ce reproche, le vieillard s'anime et s'écrie : « Dieu m'est témoin !... »

— Témoin ?... Tu vas le savoir, si tu ne déclares où sont tes trésors ?

— Cherche-les ! lui répondit le bailli, ils ne sont pas loin ! — Un brutal soldat lui appliqua un violent coup de plat d'épée sur la figure, en lui disant : « Parle avec plus de respect au chef !... » Le vieillard ne s'émut en rien.

— Tes trésors, hérétique ? répéta Enguerry avec un ton qui ne souffrait pas de réplique.

— Les voici ! dit le bailli de Montyrat en montrant les habitants; tous leurs cœurs sont à moi..... prends-les si tu peux ....

— Certes, je le puis... » Ce mot fit trembler les paysans. « Ah ! tu plaisantes, vieux pécheur ! songe à toi !... Je ne t'interroge plus qu'une fois. Pense bien à ta réponse !.. Où sont tes trésors et ceux de la commune ?... » En disant cela, le Mécréant tira son épée et jeta un coup d'œil malicieux sur le fils du bailli. Le courageux vieillard resta toujours muet, en montrant un visage tranquille, au milieu de la forêt d'épées dont les pointes se tournaient vers lui.

— Vieillard !... songe que tu l'as voulu !... Et sur-le-champ, le Mécréant trancha d'un coup d'épée la tête du fils, il la prit et la posant sur la table à trois pas du vieux bailli, il lui dit froidement : « Répondras-tu ?... »

Le bonhomme, stupéfait et blême, murmura faiblement : « Mon fils !... » et il tomba roide mort. A ce spectable horrible, les habitants se serrèrent les uns contre les autres.

— L'imbécile, s'écria Enguerry, il meurt sans dire où est son argent !... que le diable l'emporte !.. Le Barbu, cherche sa femme.

— Le Barbu n'y est pas, répondit un soldat.

— Où est-il ?

— Nous n'en savons rien !...

— Il aura affaire à moi !... Nicol, dit Enguerry à un autre de ses lieutenants, cherchez la femme de ce bailli de malheur !

Le corps de l'infortuné jeune homme était tombé sur sa fiancée; elle le retint entre ses bras, en laissant couler le sang sur elle; car elle contemplait d'un œil sec et égaré cette tête chérie posée sur la table, où elle souillait les besans d'or, les croix et les vases sacrés : elle semble chercher un regard, dans ses yeux que l'absence de la vie rend effrayants.... Les plus courageux tremblèrent à l'idée de ce qui pouvait leur arriver, si le Mécréant venait à se mettre en colère ; alors un horrible silence régna dans le village, et dans ce moment, l'on aperçut sur les montagnes d'alentour les têtes de quelques fugitifs se hasardant à regarder leur patrie.

Les soudards ne tardèrent pas à revenir, en traînant avec peine une femme dont les cheveux gris échevelés, les vêtements déchirés, et les bras nus, auraient annoncé la résistance, si le visage en sang des ravisseurs ne l'avait pas énergiquement attesté. On l'amena au milieu du cercle formé par les soldats, autour de la table devant laquelle est Enguerry.

A l'aspect du corps de son mari, le parchemin ridé de ses joues maigres se contracta et une voix criarde sortit de sa bouche démeublée.

— Brigand!... tu recevras le salaire de tes crimes!... Infâme, si notre bon roi René n'était pas à Naples, tu serais déjà pendu! n'importe, son fils Gaston ne peut tarder, et ta dernière cravate se file!... Que j'en paierais volontiers le chanvre, assassin!... hérétique, qui renie Dieu!....

— Il ne s'agit pas de moi!... dit froidement Enguerry, en remuant, avec la pointe de son épée sanglante, les richesses accumulées sur la table... Ce mouvement fit apercevoir à la vieille la tête de son fils. Elle resta comme une statue : un cri plaintif sortit de son gosier.

— Tais-toi, vieux registre ! dit un soldat, le chef te parle....

— Il s'agit, continua le Mécréant, de nous dire où sont tes trésors et ceux de la commune !...

La vieille ne répondit rien.

— M'entends-tu? reprit Enguerry. — Les yeux toujours fixés sur la tête de son cher fils, la vieille ne souffla mot.

— Le Barbu ?... le scélérat n'y est pas !... Nicol, donc, fais chauffer l'huile !

Les soldats, à la voix d'Enguerry, s'empressent d'apporter des meubles, ils les allument, dressent une immense chaudière et l'emplissent d'huile. Pendant que l'huile s'échauffa, ils continuèrent à fouiller les maisons, à rudoyer et tuer ceux qu'ils trouvaient cachés ; et le terrible Mécréant, séparant chaque chose du bout de son épée, s'amusa à compter de l'œil ce que pouvait valoir son butin. Les habitants avaient la fièvre, en voyant apprêter l'affreux supplice de la vieille, qui, veuve de tout ce qu'elle chérissait, restait immobile en se repaissant de la vue de cette tête.

Nicol eut bientôt et trop tôt planté un poteau au-dessus duquel il mit un morceau de bois en travers, qu'il fixa par une corde... L'huile bouillait...

— Allons, vite ! dit Enguerry, dépêchons!...

Alors Nicol saisit la vieille, l'attache par les aisselles au bout de la poutre, qui s'avance au-dessus de la chaudière ; et, prenant la place du soldat, qui la haussait à trois pieds de l'huile enflée par des bouillons jaunâtres, il attendit l'ordre du chef insensible...

— Parleras-tu maintenant, vieille sorcière? s'écria Enguerry.

La pauvre femme, quoique suspendue dans les airs au-dessus de la chaudière, regardait la tête chérie de son enfant, avec l'égarement d'une mère au désespoir... Elle ne voyait qu'une chose... cette tête!...

— Où sont tes trésors? répéta Enguerry, les yeux étincelants de colère.

La vieille ne lui répondit qu'en croisant son index droit sur l'index gauche, et en faisant des gestes ironiques, qui nous prouvent que la chanson de *On vous en ratisse* est de la plus haute antiquité... Le visage de la vieille se plissa, et elle poussa un rire fanatique.

Cette plaisanterie féminine mit Enguerry en fureur.

— Plonge, Nicol ! — Et la vieille fut plongée, à moitié, dans la chaudière, et relevée presque aussitôt.

Un cri d'horreur s'éleva parmi les paysans ; mais Enguerry les regardant d'un air farouche, ils se turent et restèrent cois.

— Vieille infernale ! où sont tes écus ?... La baillive recommença ses gestes ironiques.

— Plonge, Nicol, et laisse-l'y.

La vieille obstinée resta dans la chaudière, et tout en poussant un hurlement terrible, l'œil sec et regardant son fils, elle nargua le Mécréant jusqu'à son dernier soupir. — A ce spectacle, un des habitants mourut de douleur.

— *De profundis*, dit le soldat qui le vit tomber.

Enguerry, furieux, massacra une dizaine de paysans, et donna l'ordre de brûler le village. Le feu fut mis par Nicol. Lorsque la flamme fut générale, et qu'au milieu des tourbillons de cendre, de brandons et de fumée, les toits tombèrent, un faible cri, plaintif et unanime, s'échappa du groupe consterné ; quelques-uns s'écrièrent : Au feu ! au secours !... de l'eau !... par instinct et sans savoir ce qu'ils disaient.... Heureusement pour eux, leurs voix se perdirent dans l'épouvantable craquement de l'incendie...

— Ça n'a pas rendu ! dit Enguerry en chargeant un cheval de tout son butin ; mais, ajouta-t-il en se retournant vers les paysans, la somme est complète : je vous donne la vie....

— Direz-vous merci? cria Nicol aux paysans, muets à cette largesse.

— Vive monseigneur !... s'écrièrent-ils en chœur.

Au moment où le Mécréant montait à cheval, la jeune fille qui devait épouser le fils du bailli, s'étant saisie de l'épée de Nicol, voulut percer le Mécréant au défaut de sa cotte de mailles. Malheureusement l'arme glissa, et Enguerry se retournant la prit par la taille, et la plongea lui-même dans la fatale chaudière. Elle y mourut en tenant entre ses bras la main de son bien-aimé.

Les soldats n'en continuèrent pas moins à chercher avec ardeur dans les cendres des chaumières; ils y firent un ample butin dans les murs; et les cendres des meubles où les paysans avaient resserré leur or, le chaume des toits, les bois de lits creusés, découvrirent des cachettes antiques et des monnaies enfouies depuis longtemps.

Un des soldats, enfonçant une huche oubliée dans une basse-cour, y vit une pauvre femme à qui il demanda : Que fais-tu là? — Je me promène, dit-elle. Que ne peut l'épouvante !

Tant que les soldats restèrent, les habitants n'osaient ni pleurer ni remuer. Enfin, au son du cor d'Enguerry, les soudards revinrent un à un. Des charrettes emportaient les moissons, les fourrages et les huiles... Le bourg n'offrant plus rien à prendre, ces brigands n'y laissèrent que le désespoir, la rage, et les habitants dénués de tout.

— Mes amis, leur dit en partant Enguerry d'une voix doucereuse, vous êtes miens, et je vous l'ai prouvé : or, désormais ma protection vous est acquise et vous accompagnera toujours ; je vous défendrai envers et contre tous, pourvu que le tribut s'acquitte fidèlement; une autre fois arrangeons-nous à l'amiable.

— Vive monseigneur ! s'écrièrent les paysans.

Enguerry s'approcha du poteau qui était à l'entrée du bourg, effaça sa croix rouge, et en mit une blanche. — Sa troupe se rangea en bataille, et prit le chemin du château. Le Mécréant suivit l'escadron.

Aussitôt qu'il fut parti, les paysans se regardèrent en pleurant et la mort dans l'âme. Des plaintes, ils passèrent aux murmures, et finirent par se reprocher mutuellement leurs torts, chacun rejeta le malheur public sur son voisin en l'injuriant.

— Vieil avare! tu as caché ton argent... que ne le donnais-tu?

— C'est toi, Lancy, qui le premier as refusé la contribution.

— Moi, non, c'est Jehan.

— Avare !... Etc.

Bref, ils se battirent et déchargèrent sur eux-mêmes la fureur que leur ruine avait allumée..... Ce fut bien pis quand les fuyards revinrent des bois!.... Image de bien des États !

Cependant Enguerry continuait sa route, et chaque personne qui de loin apercevait la branche de cyprès que tout soldat du Mécréant portait à son casque, s'éloignait au plus vite, ou sinon faisait d'humbles salutations aux terribles brigands.

A moitié route, un cavalier bien armé, galopant à toute bride, attira l'attention du sire Enguerry.

Le cavalier l'eut bientôt rejoint.

— Ah ! te voilà, le Barbu, d'où viens-tu ?.... de Casin-Grandes, je parie?....

— Non, monseigneur.

— Prends garde à ce que tu dis, il y va de ta tête ; d'où viens-tu?...

— Monseigneur, je n'ai été que jusqu'à la colline des Amants, où j'ai poursuivi des fuyards.

— Tu mens, double chien ! tu avais un rendez-vous avec quelque fillette du château de Casin-Grandes..... Crois-tu que j'ignore tes pas?.... Le Barbu, mon ami, un soldat amoureux, ne le fût-il que depuis quinze jours, est un mauvais outil, et je le casse.

— Je ne dis rien que je ne prouve, monseigneur, et voici la preuve, répondit l'imperturbable le Barbu.

— En achevant ces mots il ôta son casque et en tira un sac d'or. — Tenez, ajouta-t-il, j'ai rencontré un Juif, qui courait lestement, je l'ai poursuivi, et lorsqu'il s'est senti près d'être atteint, le castor m'a lâché sa peau.

— Allons, le Barbu, ta paix est faite; garde le sac pour toi, et va te mettre à la tête de la troupe ; par le tranchant de mon épée je t'aurais tué, si je t'eusse trouvé amoureux. Gorgez-vous dans le pillage; mais, morbleu! rien de sérieux, ou l'on n'est pas mon fait !..

— Par le ventre de défunt ma pauvre chère mère, je jure, capitaine, que je ne songe pas au mariage !...

On arriva au château fort d'Enguerry, situé sur une hauteur : c'était une de ces positions imprenables tant que le canon ne fut pas connu ; on pouvait y braver la colère de tous les rois, pourvu qu'on eût des vivres, et c'est ce dont Enguerry avait soin. Cette position lui donnait son assurance, car jamais il ne déguisait ses desseins !... la force est toujours franche...

Les soudards partagèrent fidèlement entre eux le butin fait à Montyrat ; ils se mirent à boire, chanter et rire sans nul souci de la justice divine et humaine, impuissante dans ces temps-là... Enguerry monta dans son appartement et serra soigneusement sa contribution en un trésor habilement caché dans les murs épais de ce château... Il le contempla un moment, en mesurant de l'œil la quantité qui n'était pas encore assez considérable pour qu'il pût entreprendre de vastes desseins dont l'époque justifiait la hardiesse... Il ne tendait rien moins qu'à la conquête d'une principauté, dont l'héritière chassée par ses sujets serait forcée d'accepter la main d'Enguerry..... On n'a jamais su quelle était cette princesse, attendu que ce dessein fut le seul sur lequel Enguerry garda le silence.

Se trouvant fatigué, le Mécréant se disposait à se coucher, lorsque la sentinelle placée sur la tour d'observation sonna du cor.

## V.

*D'animaux malfaisants c'était un très-bon plat.*
(La Fontaine, Fables.)

*Il y a des héros en mal comme en bien.*
(La Rochefoucauld, 190e maxime.)

*Et gavisi sunt et pacti sunt pecuniam illi dare.*
(Ev. sec. Lucas, Ch. XXII, v. 5.)

Ils se réjouirent, convinrent du prix, et la perte de l'innocence fut résolue.
(*Trad. libre.*)

Mon cher lecteur, je trouve dans les manuscrits de ces bons Camaldules une note que je m'empresse de vous communiquer: ayant pris la charge de vous translater ces manuscrits de latin en français, en les ornant de quelques détails que la narration sèche de ces bons pères ne contient pas, je dois ne rien négliger pour votre instruction. Or, il résulte de cette susdite note que le personnage du sire Enguerry est parfaitement historique, en ce sens qu'ils ont voulu peindre Louis d'Anjou, oncle de Charles VI, dont ces braves moines avaient à se plaindre... Ceci prouve qu'il ne faut jamais déplaire aux prêtres. — Vous me permettrez, en conséquence, de passer une foule de petites notes marginales, où il est dit à chaque prouesse d'Enguerry :... *C'est comme fit monseigneur d'Anjou*, etc.

Nous avons laissé Enguerry prêt à se coucher, tout à coup le Barbu entre précipitamment en lui disant :

— Monseigneur, un inconnu demande à vous parler.

— Quel est-il?

— C'est, m'a-t-on dit, un fort joli garçon.

— Que veut-il?

— Il se prétend ambassadeur.

— D'où?

— De Venise.

— Fais-le attendre dans la salle basse, j'y suis dans un instant.

Le Barbu descendit et trouva l'étranger dans la cour s'amusant à considérer les groupes de tous les soldats, jouant l'argent de leur butin, buvant le vin qu'ils avaient pillé, et mangeant, plus pour manger que par besoin.... Toutes ces figures farouches éclairées par la lune et par des torches exprimaient une foule de passions et de caractères, jusqu'aux sentinelles, qui du haut des tours, gémissaient de ne pas avoir été de l'expédition.

— Nicol, s'écria le Barbu, mets ce cheval aux écuries! Puis regardant l'étranger : « Par le ventre de défunte ma pauvre mère, vous ressemblez furieusement à un homme à qui j'ai grand sujet d'en vouloir pour certain coup!...

— Est-ce un honnête homme? demanda l'étranger en riant.

— Je veux que le diable m'emporte si je le sais !...

— Alors, reprit l'inconnu, comment veux-tu que je sache si c'est moi?...

— Allons, honnête homme ou coquin, suivez-moi. Et le Barbu alluma une lanterne.

— Me mènes-tu donc à la cave?

— Non...

Le Vénitien fut introduit par le Barbu dans un vaste salon lambrissé tout en chêne uni, pavé avec de grandes dalles de marbre blanc et noir, à croisées ogives garnies de petits carreaux de couleur, et sans autre ornement que des fauteuils de bois de noyer; seulement, au milieu de cette pièce, un morceau de bois noir, travaillé en forme du dessus d'une de nos chaires d'église, surmontait un fauteuil de drap rouge élevé sur une estrade. A côté était une table d'ébène.

L'inconnu se mit à examiner les armures attachées de distance en distance à la boiserie, et il en demanda l'usage au Barbu qui allumait deux grosses chandelles de cire jaune.

— Ce sont les armures que monseigneur donne à ceux qui se distinguent.

— C'est donc ici qu'il reçoit?

— Jamais autre part.

A ces mots Enguerry entra et fut s'asseoir sur son fauteuil rouge, en disant à l'étranger : « Soyez le bienvenu.... » et faisant un signe au Barbu; le soldat resta près de la porte.

— Est-ce au comte Enguerry que j'ai l'honneur extrême de parler? dit l'Italien.

— A lui-même, répondit le Mécréant, en jetant un coup d'œil scrutateur sur l'étranger.

— Monseigneur, ce que j'ai à vous dire est de la plus haute importance et veut que nous soyons seuls.

— Je n'ai de secret pour personne, ce que je médite tout le monde le sait...

— Monseigneur, croyez...!

2*

— Suffit. — Le Barbu, sors, et dis à ceux qui jouent sous les fenêtres de s'en aller plus loin! place une croix rouge à la porte de la salle, pour qu'on ne nous interrompe pas. En achevant ces paroles le Mécréant mit un doigt en l'air... Ce signe signifiait apparemment de rester en dehors, car cinq minutes après, on entendit dans la galerie le bruit du sabre de l'honnête lieutenant.

— Monseigneur, dit l'Italien, c'est assez inutile de se flatter; je vous préviens donc sans façon que je suis le fameux Michel l'Ange, au service de quiconque a des ennemis, de l'or et la force de me protéger; je suis Vénitien et j'ai le bras très-agile; tel que vous me voyez, j'ai déjà eu l'honneur d'expédier pour le troisième hémisphère deux ou trois princes, après toutefois m'être fait donner l'absolution....

— M. l'Ange, vous moquez-vous de moi?...

— Permettez, monseigneur.... Le personnel de l'ambassadeur expliqué, et possédant tant de droits à votre bienveillance, j'en viens à ma mission. Foscari, doge de Venise, fort honnête homme en son particulier, mais obligé de commettre de petits crimes par son état de doge, m'a chargé d'une ambassade dont vous êtes l'objet.

— Très-flatté suis-je, M. Michel-l'Ange, d'obtenir l'attention de la République, répondit Enguerry ne sachant à quoi s'en tenir, d'après le visage riant de l'envoyé.

— Vous devez cet honneur à votre courageuse scélératesse...

— Maître l'Ange! dit le Mécréant en mettant la main sur son épée.

— Là, là, monseigneur, calmez-vous; l'on n'a pas l'argent et la bonne mine des joueurs; on n'est pas honnête homme et brigand tout ensemble; il faut opter en ce bas monde!... L'enfer, pour un péché mortel ou pour cent, on va toujours rôtir avec le diable; nous n'y serons pas seuls!... La compagnie sera bonne, nous y aurons plus d'un prince... Le brigandage a son beau côté, et comme la vérité n'est pas une injure,... apaisez-vous!

— Vous le prenez sur un ton...

— Plaisant, monseigneur; les choses de ce bas monde le sont, la vie comme la mort; c'est, j'espère, tout comprendre, soyons donc toujours joyeux!...

— Enfin quel est l'objet de votre mission? dit Enguerry s'impatientant de l'air léger, de la figure doucement perfide et des retards de l'Italien.

— Une bagatelle pour vous.... comme pour moi à cet égard-là!... Il s'agirait (à ce mot l'Italien parla à voix basse), il s'agirait de s'emparer de la respectable personne de Jean II, roi de Chypre, et de celle de sa jolie fille Clotilde... Le conseil des Dix vient d'apprendre qu'ils sont réfugiés ici près. Or vous pensez bien, seigneur, qu'il est impossible à l'honorable république de laisser exister ces deux personnages, quand leur vie l'empêche d'être légitime souveraine de l'île de Chypre, qu'elle leur a prise l'année dernière. Concevez-vous, seigneur, ce que c'est que la légitimité *de droit et de fait des choses et des personnes*? et voyez-vous d'ici comment par un peu de poison, Venise, reine illégitime de Chypre, deviendra reine très-légitime, quand les Lusignans auront été voir leurs ancêtres? Au surplus, c'est leur rendre service; ils iront droit en paradis, car j'ai pour eux un bref *in articulo mortis*; et l'absolution d'un digne cardinal pour vous et pour moi; je suis, vous le voyez, un homme de précaution.

— Vous raisonnez en vrai diable, maître l'Ange, répondit le Mécréant embarrassé des deux petits yeux verts de l'Italien qui le fixait avec obstination; mais pour vous répondre avec votre encre, me direz-vous si dans le monde vous trouverez, hors le tigre et vous, un brigand qui fasse le mal pour le plaisir de le faire?... Par combien de besans d'or cet honnête Foscari appuie-t-il sa proposition et ses raisonnements?

— Ici, je me flatte, monseigneur, que vous vous apercevrez que la République est libérale et connaît le tarif.... Que souhaitez-vous?

— Cinq cent mille francs.

— Elle en donne le triple; un million pour vous, le reste à moi...

— Le Barbu!... cria le Mécréant dont la figure se dilata.

— De plus, monseigneur, la République accorde un asile dans ses États, et un excellent voilier pour fuir; il est à Marseille d'où je viens...

— Le Barbu!.. le Barbu! Ce dernier parut.

— Apporte-nous de ce bon vin d'Orléans que nous avons pris à ces coquins d'Anglais.

Le vin arriva bientôt.

— Buvons, M. Michel l'Ange, et montrez-moi vos cédules, reprit Enguerry avec un sourire diabolique.

Le digne Vénitien ne se fit pas prier, et il chercha dans sa ceinture.

— Cependant m'expliquerez-vous, mon ami, pourquoi votre République se sert de moi?

— Parce qu'elle a appris votre adresse et votre courage, et qu'elle ne voulait pas se mettre à découvert, en envoyant ses troupes assiéger Casin-Grandes. Tenez?... Alors l'Italien montra le billet du Doge, qui n'était acquittable qu'en plein conseil des Dix, et qui portait la mention expresse de la translation à Venise du prince détrôné et de sa fille...

— Buvons!.... Certes, dit Enguerry, vous êtes un admirable homme, M. l'Ange, et vous n'aurez pas affaire à un ingrat.. En vérité, je ne comprends pas que pour un million il n'y ait que deux personnes à occire! Mais, j'ai un petit scrupule. Jean-sans-Peur, ce brave duc de Bourgogne, que Dieu veuille avoir son âme! professait un principe dont il ne s'écarta jamais quelle que fût son envie d'amasser ce métal précieux, qui nous rend honnêtes gens de scélérats que nous sommes ; ce qui fut certes bien prouvé par le célèbre Jean Petit, honnête cordelier aimant fort l'argent, et qui lui fit voir, moyennant bonne somme, comment le duc de Bourgogne eut raison de tuer le duc d'Orléans, et ce, sans crime aucun.... Or ce principe de mon cher maître, principe qui l'aida puissamment à consentir et ordonner même une foule d'exécutions, que l'on a nommées assassinats, parce que le public ne comprend rien à la politique des grands, dont la seule différence avec nous c'est qu'ils sont criminels sans l'avouer....

— Et que nous l'avouons, monseigneur ; mais votre principe, de grâce ?...

— Ce principe, continua le Mécréant en tâchant de percer l'enveloppe du cœur de l'Italien, est de n'attaquer personne sans cause.... Alors on n'est plus un brigand, on se venge, comprenez-vous?

— Oui...

— Or, l'envie de gagner loyalement un million ne suffit pas pour que j'aille tuer de braves gens, de plus souverains, que, du reste, je me proposais bien d'aller visiter...

— J'admire, seigneur, répondit l'Italien avec le rire de Satan, votre philosophie profonde et votre philanthropie : mais, nous avons de ces dilemmes diplomatiques qui rendent les hommes d'État bien rares, et qui sont tout le secret de la haute politique qui consiste à s'emparer de tout ce qui nous convient. Moi qui vous parle, seigneur, je suis connu dans l'Europe pour cette espèce de talent ; les papes me paient pension ; plusieurs princes sont en marché de m'avoir ; j'ai fait trois apologies à Charles-le-Mauvais et je suis l'auteur des manifestes de tous ceux qui se prétendent rois de Naples..... Or voici, continua le cauteleux Italien, ce que je vous propose..... Allez à Casin-Grandes !....

— Buvons un coup, interrompit Enguerry, car il y a un petit bout de chemin.

— Votre vin est délicieux !.... Arrivé à Casin-Grandes, vous ne commettez aucun mal, et... vous demandez en mariage la belle Clotilde... On vous la refuse.

— Certainement ils auront cette indignité-là! s'écria le Mécréant.

— Tant mieux, sire chevalier ; car alors vous vous mettez dans une colère furieuse, et vous jurez la mort de ceux qui vous outragent ; vous ravagez le château.

— Certes, je le ravagerai !...

— Oui.... Mais ceci demande d'autant plus de célérité, ajouta l'Italien en prenant un ton confidentiel pour dire son mensonge, que je vous apporte l'avis charitable que nous avons rencontré cent chevaliers bannerets et mille hommes d'armes cinglant vers la Provence, où Gaston, le fils du roi de Naples, leur a donné rendez-vous. Il a quitté la Palestine l'année dernière ; il s'est même trouvé à Chypre lors de la prise de Nicosie ; c'est là que son père lui envoya l'investiture de ce beau comté de Provence... Je ne crois pas qu'il vous laisse en repos : un asile et de l'argent, c'est ce qu'il vous faut au plus vite, et je vous offre tout cela !....

— Corbleu! quoique j'aie l'un et l'autre ici, et que je défie cet amoureux transi, qui court après le parfait amour jusque dans l'Asie... et ce... sans le trouver... Le Mécréant s'arrêta, parut réfléchir, mais, serrant la main du Vénitien, il s'écria : « Morbleu!... allons, tu es un brave garçon, Michel l'Ange!... »

— Je le sais certes bien !... et maint seigneur que j'ai délivré de ses ennemis ou de ses oncles trop riches, me l'a dit plus d'une fois ; surtout lorsqu'il n'était pas vengé ; car après le paiement, ils sont aussi ingrats que des grands peuvent l'être... ; mais, s'il leur arrive de me mépriser, je ne suis pas en reste avec eux !...

— Tu es aussi habile que Jean Petit le cordelier! s'écria Enguerry consterné par la nouvelle du retour de Gaston II.

— Mais, monseigneur, c'est tout simple : nous autres gens à talent, nous jugeons le monde et la vie ce qu'ils valent. Quand on monte sur le pinacle, que l'on nomme *pouvoir*, on ne voit l'homme qu'en masse ! alors, qu'est-ce qu'un homme isolé, lorsqu'il s'agit de sauver les grands troupeaux que l'on nomme nations ? Par saint Marc, le salut de l'État est une bien bonne raison ! et, j'en ai bien souvent profité pour l'acquit de ma conscience... comme le font les potentats qui sont des géants, ils écrasent les hommes, comme les hommes écrasent les fourmis en marchant.... et le plaisant, c'est qu'on se plaint !...

— Buvons un coup, maître l'Ange, et vivons bien ! j'ai grand' peur que nous ne mourions pas de maladie !...

— Seigneur, nous en comptons une de plus que le reste des hommes : on l'appelle *potence*, *jugement*, *corde*, car nos médecins varient... On se sert même du mot *gibet* !... Gibet, soit ! Être écrasé par un chêne, ou y mourir accroché, c'est tout un... Il n'y a que la différence du public qui nous voit... et moi, j'ai toujours aimé la compagnie ! aussi, j'ai préféré l'enfer où j'irai, joyeux comme durant ma vie. Après tout, nous sommes ici-bas aussi passagers qu'un éclair ! une minute de plus, une minute de moins ; être une comète désolante, ou une paisible étoile ;... ce fut de tout temps l'histoire de chaque homme. Spartacus, Alexandre, Jean de Bourgogne, Viriate, Sylla, Procuste et autres brigands nos chefs de file, valent bien les bons bourgeois qui se lèvent à huit heures et se couchent à neuf, à côté d'une femme qu'ils aiment et qui s'inquiète d'un péché véniel !

— Il me semble que nous blasphémons un tant soit peu ?... car enfin, la vertu....

— Eh ! monseigneur, j'ai l'absolution. Écoutez ! nous autres savants, nous expliquons tout : vous ne vous doutez pas que vous servez la vertu ? si les coquins comme nous n'existaient pas, comment saurait-on que cette vertu si rare existe !...

— Oh ! oh !...

— Ma foi, monseigneur, j'ai la science du crime, je m'y adonne tout entier, je l'ai aimé dès le bas âge !... Hé quoi, le marchand trompe pour gagner son argent ! le maltôtier ne prend-il pas la sueur des malheureux ? le militaire n'assomme-t-il pas de pauvres malheureux à prix fixe, et moyennant mes dilemmes qu'il ignore ?... Nous autres, au moins, nous ne tuons que par-ci par-là... et nous gagnons bien notre argent en loyaux corsaires; corbleu ! vive la corde !... C'est la panacée universelle, elle guérit de tous les maux ; ma foi, vogue la galère !...

— Vous avez raison, mon ami l'Ange ; nous prenons l'état de brigand par instinct, et les autres prennent le leur au hasard !...

— Tout cela est bel et bon, monseigneur, mais revenons à notre sujet.

— Buvons donc, maître l'Ange ?

— Nenni. Convenons de nos faits ? Consentez-vous à servir la République ?

— Je jure, s'écria le Mécréant en se levant, d'exterminer les Lusignans, moyennant un million cependant, dit-il en baissant le ton ; je le jure par les mânes de Jean-sans-Peur, mon cher maître, honnête brigand s'il en fut... Mais il était couronné; je ne le suis pas, et si Jean-Petit l'accompagne, le cordelier est capable d'en imposer au Père éternel. Dites un peu un *De profundis* pour lui.

— Dix, si vous voulez, répliqua Michel l'Ange, car c'est très-utile à ceux qui ne sont plus rien !.... Quant à moi, monseigneur, je jure par le lion de Saint Marc....

— Que jures-tu, mon ami ?..

— Tout ce que vous voudrez.

Le Mécréant sentit la force de cette réponse et l'inutilité de faire jurer le Vénitien, alors il s'écria : « Buvons par là-dessus, mon cher l'Ange ! » Et Enguerry versa une ample rasade à son digne compagnon.

Le Mécréant, en donnant si souvent à boire au Vénitien, avait de bonnes raisons : c'était de le faire expliquer sur certaines choses qui le tracassaient. *In vino veritas !*.... Mais, Michel l'Ange n'était pas un homme à qui l'on cachât une pensée, et il eut soin de boire à grands coups pour conserver son entendement. Feignant, quand Enguerry buvait, de lui exposer un raisonnement, il lui arrêtait le bras, de manière à ce qu'il fît trois coups d'une rasade, pendant que lui Michel n'en faisait qu'une et laissait son verre à moitié plein.

L'on n'a jamais su quelle était l'intention de Michel l'Ange, en voulant enivrer le Mécréant ; quant à ce dernier, il manifesta promptement la sienne, alors qu'il fut entre deux vins.

— Mon cher ami l'Ange, dit-il en tournant ses yeux brillants sur l'Italien, j'ai un certain doute que je vais t'exposer avec franchise, car je suis franc !... ah franc ! comme un Franc !... ton diable de conseil des Dix, avec sa clause d'acquittement, me chiffonne ; si l'on se servait de moi pour tirer les marrons du feu ?... On ne lâche pas facilement un million !.. On pourrait fort bien m'envoyer au pont des Soupirs !... et toi t'en tirer !... tu m'entends, mon loyal ami ?...

— Ah seigneur !..

— Mon ami l'Ange, ne m'appelle pas seigneur !.. je suis un franc vaurien comme toi ! et mon comté !..

— Que dites-vous, monseigneur ?

— Drôle !... je suis un brave soldat et pas plus ; mais quand on a cinq cents hommes d'armes, on est tout ce qu'on veut....

— Eh ! comment avez-vous fait ?

— Mon ami, buvez donc !... Voici comment : après avoir été lieutenant des ducs de Bourgogne, je devins celui du comte Enguerry... à la bataille d'Azincourt, il fut pris par les Anglais, je ne sais même pas si je n'y ai pas contribué !... Je sauvai sa compagnie et m'en vins par ici, me disant son frère... Dieu veuille qu'il reste en Angleterre le plus longtemps possible !.. C'est mon bienfaiteur, et je soigne ses domaines en véritable ami !..

— Ne craignez-vous pas ses parents ?.. — Le geste horizontal par lequel le Mécréant répondit, équivalait au *vixerunt* de l'orateur romain.

— Et vos soldats doivent savoir ?...

— Rien. J'ai eu soin de les mettre, un à un, aux postes les plus dangereux, et ... j'ai eu le malheur de les perdre !... *De profundis !* et il se signa... Vive Dieu ou le diable !

— Je suis pour le diable, observa l'Italien.

— Vive le diable donc !... Ceux que j'ai maintenant sont de rudes coquins que j'ai choisis de tous les pays... Mais ce sénat, mon ami ! je disais que ce sénat....

— Le sénat est le sénat, répliqua l'adroit Vénitien.
— Je le sais morbleu bien; mais quelles sont vos précautions contre ce sénat?...
— Les quinze cent mille francs sont en main tierce.
— Et à qui la main-tierce est-elle dévouée?
— A moi.
— A toi!... s'écria le Mécréant, qui, malgré son ivresse, parut illuminé d'une soudaine lumière.
— Aimeriez-vous mieux que ce fût au sénat?
— C'est bien... M. l'Ange, allons nous coucher! je réfléchirai au mariage que vous me proposez.
— Mais ce n'est pas un mariage...
— Ah! ce n'est pas un mariage... Tu me démens, double coquin!... s'écria Enguerry tirant son épée.

L'Italien, voyant la fureur du Mécréant, répondit doucement: « Mon cher hôte, allons nous coucher? »
— Mon ami... vous... avez raison. Nicol... le pendard!... le Barbu! veux-je dire?... — Le Barbu parut.
— Conduis cet honnête garçon à la chambre rouge, et qu'on le respecte à l'égal de moi-même; il est tout aussi respectable, l'ambassadeur!... et il a de plus tout l'esprit de Jean-Petit *de cordelière mémoire!*... — Ce vin d'Orléans est bon, pas vrai notre féal!... Et il frappa rudement l'épaule de l'Italien cauteleux, très-occupé à réfléchir... — Il fallait que sa figure eût quelque chose de sinistre, car le brave soldat eut encore peur, en le conduisant. — Bientôt le calme le plus grand régna dans cette enceinte, et ces brigands dormirent tout aussi bien que les vertueux habitants de Casin-Grandes, dont la perte venait d'être jurée!... Qu'on dise maintenant que les criminels ont des remords!

## VI.

*Voir ce qu'on aime est un premier bonheur!*
(*Poëme de Moïse sauvé.*)

Les manies sont aux vrais goûts que la nature nous a donnés, ce que les ifs taillés, les décorations de buis des jardins du 17e siècle étaient à la beauté des champs et des forêts.
(MIRANDOL, VIe livre.)

Les grands croient être seuls parfaits, et sont jaloux de leurs prérogatives.
(LA BRUYÈRE.)

Qu'à ce monstre à l'instant l'âme soit arrachée,
Apaisons par sa mort et la terre et des cieux.
(RACINE, *Esther, acte III, scène VI*.)

On ne s'avoue que bien tard son amour.
(Le comte MAXIME ODIN.)

Depuis une heure le soleil dorait les tours de Casin-Grandes, et l'aurore trouva l'intendant montant éveiller sa fille, pour qu'elle fût prête au réveil de la princesse.
— Bien, mon enfant! lui dit l'avare en la voyant levée, il ne faut jamais être en retard auprès des princes; ne manque pas d'arriver au coup de sifflet de la princesse: elle récompensera ton zèle.
— Ah! elle l'a déjà fait, répliqua l'imprudente Josette en montrant une riche bourse.
— Donne, donne, mon enfant! s'écria Bombans en ouvrant de grands yeux et prenant un ton paternel, tu n'as pas besoin de cet argent!... je le ferai valoir; et quant à la bourse, je la vendrai: elle est trop riche pour nous.
— O mon père! laissez-la-moi! c'est un souvenir!...
— Elle vaut vingt angelots! Et l'intendant la remit avec peine à sa fille.... *Je t'avais bien dit* que la princesse était généreuse.
— Et bonne, douce, point difficile à servir...
— Mais, Josette, dis-moi, comment es-tu avec elle?...
— Comme me voilà, mon père.
— Ce n'est pas cela. A-t-elle de l'amitié pour toi? te rudoie-t-elle? est-elle franche, confiante?
— Mon père, nous sommes comme deux amies!...
— Bien, bien!... deviens sa favorite... elle nous soutiendra contre l'envie.
— Vous parlez toujours de malheur! que craignez-vous? n'êtes-vous pas honnête homme?
— Oui, répliqua l'intendant embarrassé, mais tâche d'en convaincre la princesse? les grands croient aussi difficilement le bien, qu'ils croient facilement le mal!... Surtout, ma fille, ne va pas me ruiner en habits somptueux: depuis quinze jours, tu as mis deux robes différentes; nous ne sommes pas riches: je me suis ruiné au service du prince!... Allons, va dans l'antichambre de ta maîtresse.

La jolie Provençale sortit, et son père fouilla toute la chambre, pour voir si Josette ne lui avait pas caché quelque ducaton, ayant également peur d'en trouver et de n'en trouver pas! La recherche fut inutile; aussi s'en alla-t-il gronder les gens et les faire hâter...

Josette, en entrant chez la princesse, éveilla le farouche Castriot qui, couché en travers du seuil, dormait à la porte de la chambre de Clotilde. L'Albanais calculait sa reconnaissance: « En effet, se disait-il, que dois-je faire? Empêcher la race de Lusignan de finir: or, on peut tuer le prince!... c'est un très-grand malheur sans doute; mais le malheur serait irréparable si la princesse mourait, puisque tout périt avec elle... » Clotilde était donc l'objet de tous ses soins grossiers, mais empreints de la plus vive reconnaissance..... Il avait soin d'ouvrir la porte des appartements du prince; et alors il pouvait veiller en même temps sur le père et la fille, car la salle des gardes n'était séparée de l'antichambre de Clotilde que par le péristyle d'un escalier tout en marbre.

— Allons, Castriot, levez-vous! s'écria Josette, il est temps que je vous remplace.

— C'est vous, belle enfant, dit l'Albanais en faisant une affreuse grimace qu'il prenait pour un sourire; et il s'en alla, en remettant son sabre dans le fourreau.

Les pas de l'Albanais fidèle éveillèrent Clotilde... Sa première pensée fut pour le beau Juif : au moins, c'est ce qu'on peut présumer d'après sa promptitude à sauter hors de son lit pour courir à sa fenêtre... Sa jolie petite et blanche main entr'ouvrit bien légèrement les rideaux ; et son tendre cœur agita le simple vêtement qui couvrait à peine deux trésors d'amour, quand elle aperçut les beaux yeux noirs du Juif appliqués à la croisée, avec une telle avidité qu'on aurait cru qu'il admirait Clotilde !... Mais Nephtaly, voyant le soleil s'avancer dans les cieux, fit les mouvements d'un homme qui songe à la retraite avec chagrin.

La princesse fut curieuse de voir comment il sortirait du péril inouï dans lequel il s'était engagé, pour savourer la vue de l'appartement habité par sa bienfaitrice.

En cet endroit, le pic de la Coquette avait la roideur perpendiculaire d'une muraille de soixante pieds de haut : peut-être l'ai-je déjà dit, mais pardonnez-moi cette répétition !

Qu'on se figure donc, au milieu de ce mur bâti par la nature, c'est-à-dire à trente pieds du haut comme du bas, une pierre rocailleuse dont la saillie offre trois pieds de large.

Or, l'angle solide, que forme la Coquette du côté de la mer, ayant la roideur de l'angle d'un bastion ; et la falaise, qui longe la Méditerranée, étant beaucoup trop rapide et trop dangereuse pour qu'on eût la pensée de s'y hasarder, il semblait que Nephtaly n'avait pu parvenir à cette rocaille que par le haut du pic; car l'on doit se rappeler que le seul côté accessible de la Coquette, celui qui s'en allait en mourant vers la terre, lui était défendu puisqu'il faisait partie du parc. Aux premiers mouvements que le Juif osa se permettre sur un si petit espace, la princesse trembla de tous ses membres.

Ce dernier, ne sachant pas qu'il est vu, saisit de ses deux mains une corde remplie de nœuds que Clotilde n'avait pas aperçue. . . . preuve que le beau Juif attirait toute son attention ! Cette corde était fixée sur le piton de la montagne : tout à coup Nephtaly s'élança, et posant, en forme d'arc-boutant, ses deux pieds sur le rocher, il se trouva horizontalement suspendu, par rapport au fossé, et parvint, en faisant manœuvrer ses pieds avec adresse, à gagner la première crevasse de la falaise. Bientôt la princesse, immobile de frayeur, le vit sur le haut du pic détacher sa corde et disparaître au milieu des aspérités, des pointes de rocher et de l'écume de la mer, qui blanchissait les crevasses en s'y glissant. . . .

Il régna, dans tous ces mouvements du beau Juif, une grâce dont la nature gratifie au hasard certains êtres. La force, l'élégance, l'adresse et toutes les beautés de Nephtaly, parurent aux yeux de la curieuse princesse, qui savourait l'espèce de plaisir que l'on éprouve à l'aspect des dangers d'autrui. Involontairement, sans doute, elle imitait les mouvements de Nephtaly, et, lorsqu'il atteignit la plage, elle fit un cri de joie, auquel Josette accourut.

— Qu'avez-vous, mademoiselle?...

— Rien, rien, Josette..... répondit Clotilde toute tremblante; je ne vous appelais pas, pourquoi donc êtes-vous entrée?....

— J'ai cru vous entendre jeter un cri.... redoutant quelque malheur, je suis vite accourue.

En effet, Josette était émue, et l'inquiétude se peignait sur ses traits.

La princesse lui lança quelque petit sourire d'amitié, comme pour la remercier ; mais je suis fâché d'avoir à dire qu'il entra dans ce sourire quelque chose de trop distrait pour ne pas dévoiler une méditation profonde.

Josette, trop habile pour ne pas le remarquer, respecta la rêverie de sa maîtresse, et fut ouvrir la fenêtre du côté de la mer; puis elle en vint à celle qui donnait sur la Coquette : Ah!... s'écria-t-elle.

— Qu'avez-vous ? dit Clotilde effrayée.

— Ah! madame, les belles fleurs!...

Clotilde, en un centième de seconde, fut auprès de Josette. Elle vit sur la fenêtre des fleurs tout récemment cueillies, elles contenaient même encore des gouttes de rosée, semblables à des perles orientales... ces fleurs sentirent très-bon pour la jeune Provençale; mais pour la fille des Lusignans, ce lui fut un parfum céleste !.. Les fleurs annonçaient une pensée dominante par leur gracieuse simplicité, et la disposition de leurs couleurs.... Clotilde, craignant de la comprendre, osait à peine les regarder.

— Madame !.. A ce mot, Josette s'arrêta, car, se tournant vers sa maîtresse pensive, elle lui trouva une expression qui n'avait jamais animé sa belle figure ; alors la Provençale se mit aussi à réfléchir. Néanmoins, comme il serait peu convenable que deux jeunes filles restassent plus de dix minutes sans parler, Josette se hâta de sauver l'honneur du sexe.

— Madame, répéta-t-elle, que faut-il faire de ces fleurs?...

— Comment sont-elles venues?... s'écria Clotilde. Et la princesse prenant, par un mouvement machinal, une rose d'églantier, en savoura l'odeur fugitive avec une espèce d'avidité.

— Madame désire les conserver? demanda Josette en voyant l'action de sa maîtresse. Cette observation fit naître sur les joues de Clotilde l'incarnat de la honte; elle aperçut rapidement les conséquences de la conservation de ces fleurs, et s'écria : « Vous pouvez les jeter. »

— Oh! madame, c'est dommage!... Et néanmoins, la soubrette d'un coup de main les fit voler vers la terre. D'après le mouvement que Clotilde laissa échapper, la soubrette put conclure que c'était un grand sacrifice pour la princesse, et cependant Clotilde lui dit :

— Josette, nous avons eu raison de les ôter! regardez ! elles se sont effeuillées en chemin !.. Puisse l'espérance se dissiper ainsi... le sylphe n'en apportera plus !...

Après ces paroles qui tombèrent une à une, Clotilde s'habilla dans le plus grand silence, elle prit son ouvrage de tapisserie, Josette le sien, et, de temps en temps, elles regardèrent la fenêtre.......

———

Au-dessous de la salle des gardes, se trouvait une vaste galerie voûtée et garnie des petites colonnes assemblées qui distinguent l'ordre gothique; une de ses portes de forme ogive donnait sur la plateforme large de près de cinquante pieds, qui séparait le château des vagues mugissantes; et l'autre porte offrait une sortie sous le péristyle de l'escalier de marbre qui menait aux appartements du prince... Cette salle, messieurs du centre, était la salle à manger... trois fois salut !... En ce moment, les trois ministres, finissant de déjeuner, quittaient une table ornée de plusieurs pièces d'argenterie massive, et ils achevaient une conversation très-sérieuse, avant de livrer cette salle à l'appétit des officiers de seconde classe, pour le service desquels on retirait les pièces d'argenterie.

— Enfin, monsieur le connétable, disait Monestan, de quoi pourrons-nous entretenir le roi?... Le conseil d'aujourd'hui sera sans intérêt ! Depuis deux mois que nous sommes à Casin-Grandes, nous avons tout expédié : notes secrètes à nos émissaires, instructions à nos partisans, envois d'argent, affaires intérieures et extérieures... tout est épuisé.

— Il est vrai que la cavalerie et les armées ne peuvent pas nous fournir de grands sujets de conseil... Nous n'en avons plus! A ce mot le grand Kéfalein poussa un soupir de regret.

— Et, continua Monestan, nous ne recevons aucune réponse de nos envoyés dans toutes les cours de l'Europe!...

— Est-ce que vous pensez que Venise les aura laissés parvenir? dit l'évêque en haussant les épaules.

— Que va donc devenir le roi ? s'écria Kéfalein.

— On pourrait, reprit le prélat, lui forger une dépêche fort importante.

— Oh! monsieur, dit Monestan, faire un mensonge, et se jouer du prince !...

— M. le comte, répondit Hilarion, on ignore le mot de mensonge dans la haute politique; et du reste, si le prince s'en aperçoit, nous ferons pendre le courrier qui sera censé apporter la dépêche.

— Il est écrit : *tu ne mentiras point!...* s'écria le pieux ministre.

— Cependant monsieur le comte, répliqua l'évêque, tous les jours un général invente un stratagème pour battre l'ennemi : il envoie de prétendus espions qui se laissent prendre, et qui, pour avoir leur grâce, font de faux rapports sur le nombre, etc. Notre ennemi c'est l'ennui du prince, et pour tuer le temps, on peut bien...

— Grand Dieu ! se permettre une chose indigne de la majesté du souverain!... interrompit le premier ministre; pour qui prenez-vous le roi Jean II ? C'est de nous tous le plus sage, le plus religieux, et le plus politique...

— Au reste, reprit l'évêque en affectant un air de mépris pour le ministre, une affaire importante est bientôt trouvée. Ne peut-on pas concerter le plan à suivre pour reprendre l'île de Chypre? mais... le prince a la manie de l'initiative! il veut toujours avoir parlé le premier des choses et les proposer!...

— Vous pensez juste, monsieur, répondit Monestan; n'ayant plus rien qui s'applique au présent, il faudrait pouvoir s'occuper de l'avenir, et faire voir au prince les abus qu'il devra détruire en entrant dans son royaume.

— Mais nous nous occuperons d'abord des moyens de reprendre ce royaume?... s'écria l'évêque.

— Soit, dit Monestan; je conviens que c'est le plus essentiel : et après, la religion sera...

— Messieurs, interrompit Kéfalein, je vous laisserai tenir le conseil sans moi : tirez-vous de cette difficulté, vous avez plus de talent que moi pour les discussions; mais s'il s'agissait d'une charge de cavalerie comme celle que je fis à Édesse!... Ah! quel combat! messieurs.... Il allait entamer le récit de la bataille où il fut fait connétable et où il sauva l'État, quand il aperçut Castriot; aussitôt il courut vers l'Albanais.

— Je crois, dit l'évêque avec un sourire et un

geste contempteur, qu'il ne nous serait pas grandement utile... ce pauvre général!... *quid nobis ?*

— J'avoue, monsieur, que le connétable n'est pas un aigle, mais l'Éternel a ses raisons en distribuant aux hommes leurs divers talents, et Kéfalein est brave, il a sauvé l'État.

— Il vous l'a bien assez répété pour que vous le sachiez!...

— M. l'évêque, la religion nous ordonne de souffrir les défauts des autres, parce que nous en avons tous; et que sans cette tolérance, l'amour fraternel qu'elle recommande n'existerait plus... Si vous n'estimez que les grands capitaines, Kéfalein n'estime que ceux qui montent à cheval; Trousse, ceux qui se portent bien et ne pensent pas; Bombans ne juge un homme que sur sa richesse, et que de gens comme lui!... chacun sa marotte! l'indulgence est une des premières vertus du vrai chrétien!...

Kéfalein et Castriot sortirent ensemble, accompagnés des quinze chevaux que le connétable exerçait : il avait le chagrin de n'avoir pu trouver que dix personnes en état de les monter; aussi s'occupait-il à faire des recrues dans le domaine!...

Le chef et le soldat cheminèrent quelque temps sans rien dire; seulement, le connétable retournait sa petite tête longue pour examiner comment ses néophytes équestres s'en tiraient.

Enfin Castriot, comprenant que le devoir lui dictait au moins une interrogation, risqua la suivante :

— Monseigneur, une difficulté m'a toujours occupé; lorsqu'on fait une charge de cavalerie doit-on tenir son sabre en l'air ou en ligne droite?

— Castriot, c'est une grave question! répondit le joyeux connétable, en arrêtant Vol-au-vent. Si tous les gouvernements avaient des hommes exercés comme toi dans l'art de se servir du sabre des Turcomans, on devrait le tenir sans cesse prêt à décrire une courbe rapide; mais remarque que l'objet de la cavalerie n'est pas précisément de tuer les soldats ennemis, elle les dissipe; voilà pourquoi les charges de cavalerie décident le succès d'une bataille, comme à celle d'Édesse, où je sauvai l'État par une charge brillante, que je vais te représenter :... Ici,... continua Kéfalein en montrant un champ de blé, ici se trouvaient les bataillons ennemis presque entamés; et dans cette position-là (il indiquait un champ d'avoine) nos soldats les attaquaient avec courage. L'ennemi pressé tente un dernier effort, et fond sur les nôtres; à cette furieuse irruption nos soldats étonnés s'enfuirent....

— C'étaient des lâches! interrompit Castriot en colère.

— Soit : mais posté depuis longtemps à un millier de pas avec ma cavalerie, je me disposais à donner; lorsqu'un vieux soudard, qui, par parenthèse, fut tué, me dit : « Monseigneur, ils ne sont pas encore assez en désordre, vous risqueriez d'être abîmé... » Je suivis ce conseil, et lorsque leurs rangs commencèrent à se rompre je fondis...

A ce mot Kéfalein pressant les flancs de son cheval, Vol-au-vent partit au grand galop; les autres chevaux suivirent cette impulsion par instinct en cherchant à se devancer; de manière que, lorsque le connétable se trouva dans le champ de blé, il aperçut sept de ses cavaliers sur dix, étendus par terre et criant comme des aveugles sans bâton.

— Cette manœuvre sauva l'État, dit-il tristement à Castriot, le seul homme qui fût à ses côtés. Comment, bélîtres, s'écria-t-il quand les maladroits revinrent chercher leurs chevaux, après douze leçons vous vous laissez désarçonner?... Jamais, non jamais, le roi n'aura de cavalerie dans ce maudit pays!...

— Coquins!... continua Castriot, vous devez savoir monter à cheval puisque monseigneur le veut! sachez-le demain, ou sinon!... Il leur fit une affreuse menace avec son sabre.

— Il faut convenir cependant qu'un bon cavalier est une chose rare, répondit le connétable en ramenant vers la tête de son cheval ses deux longues jambes en fuseau, qui lui donnaient l'air d'une paire de pincettes; et il força son beau cheval arabe à caracoler. Après cette manœuvre, il regarda ses gens avec l'air de supériorité d'un acteur qui rentre dans la coulisse, au bruit des applaudissements.

Les cavaliers, honteux, remontèrent en silence sur leurs chevaux, et l'escadron continua sa route à travers les domaines.

Pendant ce temps-là, les deux ministres, fort embarrassés de ce qu'ils allaient dire à leur souverain, traversaient le péristyle : au bruit de leurs pas la garde du prince, c'est-à-dire, trois Cypriotes qui jouaient aux dés, saisirent leurs hallebardes et prirent une position semi-militaire. Les deux ministres entrèrent au salon, en se dirigeant vers le cabinet royal, lorsque le docteur Trousse, une verge d'ébène à la main, les arrêta.

— Messeigneurs, le roi n'est pas encore visible.

— Serait-il indisposé, maître Trousse? demanda Monestan.

— Un roi sans royaume se trouve toujours malade, monseigneur; *moi*, je prétends qu'il ne s'en porte que mieux. Mais vous, messeigneurs, votre santé doit toujours être chancelante, car les affaires de l'État emportent une somme considérable de vos idées, et plus nous en perdons, plus la maladie a de prise sur nous. *Moi*, vous le savez, je crois que les nerfs sont la cause immédiate de nos douleurs; et les nerfs, visibles ou invisibles, étant les agents immédiats de la pensée, la pensée les détériore et cause nos maladies et notre mort. Nos pères, qui pensaient peu, se portaient bien ; et de nos jours les maladies augmentent avec les sciences !... Ah! les médecins dans quatre cents ans auront de la besogne !... moi...

A ce mot favori du docteur-huissier, un léger bruit se fit entendre dans le cabinet, il y transporta sa ronde et lourde petite machine, en pensant le moins possible.

— Sire, dit-il, vos ministres se présentent pour avoir l'honneur...

— Vous pouvez faire entrer.

— Messieurs, répéta Trousse en s'inclinant, le roi m'a dit : « Vous pouvez faire entrer. » Trousse se tapit respectueusement contre la porte, en criant d'une voix clairette : « M. le comte de Monestan et M. l'évêque de Nicosie. » — On pourrait croire, d'après la fidélité avec laquelle Trousse rendait les paroles du roi, qu'il avait lu Homère !...

Monestan seul salua profondément Jean II, qui était assis dans un fauteuil de bois doré, près d'une table ronde couverte d'une étoffe verte et de papiers. — L'évêque entra d'un air très-cavalier.

— Sire, nous attendons vos ordres ! dit Monestan.

— Messieurs, je vous permets de vous asseoir à cause de votre grand âge...

Ces paroles, depuis trois ans, servaient de prélude à toute espèce de conseil. — Un assez long silence suivit cet ordre, et les deux ministres se regardèrent, comme pour se demander : Qu'allons-nous faire ?...

— Eh bien ! messieurs, dit le prince avec le geste d'un homme accablé de travail, de quoi s'agit-il aujourd'hui ?...

— Sire, répliqua l'évêque qui ne doutait de rien, parce qu'il se croyait la plus forte tête du conseil ; nous pourrions nous occuper de la marche à suivre pour reconquérir l'île de Chypre ?...

— En avons-nous déjà parlé ? reprit fièrement le monarque aveugle en se retournant plus loin que l'endroit où se trouvait le prélat ; c'est à nous seuls à juger quand et comment il conviendra de le faire...

— Si je proposais cette chose, c'est que je présumais, d'après quelques paroles de monseigneur, que tel était son dessein.

— Ce fut toujours le nôtre ! reprit Jean II avec orgueil ; mais nous ne pensons pas qu'il soit temps.

— Vous avez raison, monseigneur, ajouta Monestan... Avant-hier, sire, à l'occasion de votre ambassade au Très-Saint Père, n'avez-vous pas parlé d'envoyer l'un de nous à Venise, afin de...

— Nous y renonçons, répliqua le monarque fâché de ce simulacre de conseil, et de ce qu'on n'attendait pas ses ordres.

— Monseigneur a-t-il appris que le comte Enguerry-le-Mécréant s'est approché jusqu'à Montyrat ? demanda l'évêque.

— Croyez-vous que nous ignorions quelque chose ? nous le savons !...

— Hé bien ! sire, n'est-ce pas un grand sujet...? continua Hilarion.

— Oui.... interrompit le monarque avec colère, c'est sur ce dangereux voisinage que nous voulions attirer votre attention : mais, ne pensez pas, messieurs, nous persuader que nous régnons encore ; à chaque instant, les circonstances nous le rappellent assez énergiquement ; néanmoins, il nous semble que le caractère indélébile que nous portons, réclame toujours un peu de respect ? et nous saurons, dans notre adversité, conserver une plus grande pruderie de royauté que si nous étions à Nicosie. Ne croyez donc pas qu'il nous faille chaque jour un conseil ! désormais, nous vous manderons lorsque les secrets de l'État nous feront désirer de consulter votre expérience.

L'évêque voulut dire un mot. — Paix !... s'écria le roi.

— Sire, reprit Monestan, vous connaissez notre dévouement ; jamais nous n'avons eu l'intention d'ajouter aux peines de votre exil...

— Nous vous rendons justice. Et Jean II serra la main de son vieil ami.

— Sire, je ne suis pas seul ici !... s'écria Monestan. Le roi se leva, fut à l'évêque, et lui dit : « Nous vous avons accordé les honneurs de la fidélité, en vous amenant dans cette retraite ; cette distinction vaut plus que vous ne pensez, quoique l'on ne croie pas à l'amitié des rois. — Le vieillard croisa sa dalmatique, revint à sa place avec une dignité que sa cécité rendait touchante, et les deux rivaux furent attendris de la bonté de leur souverain.

— Monestan, dit le monarque, quelle est votre opinion sur les mesures à prendre contre Enguerry ?..

— Sire, je pense qu'il n'est pas digne de la majesté d'un roi de Chypre et de Jérusalem, d'aller au-devant d'un tel brigand ; s'il a cinq cents hommes d'armes, vous avez ici deux cents personnes qui mourraient pour vous, si le château de vos ancêtres n'était pas inexpugnable. — Le vieux roi tressaillit.

— Et vous Hilarion ? dit-il tout ému.

— Monseigneur, je crois au contraire qu'il serait important de vous concilier le cœur de ce compagnon valeureux de Jean-Sans-Peur. Il est grand capitaine, et ses invincibles soldats seraient un commencement des *trente mille hommes*...

— En nous associant à un tel homme, interrompit le ministre, nous perdrions notre dignité aux yeux des habitants de ce pays, qui attendent avec impatience l'arrivée du prince Gaston II, pour en être délivrés, et du reste, sa troupe pervertirait l'enfer !..

— M. le comte, reprit l'évêque, dans l'état actuel

de la France, un rebelle heureux, quand il a cinq cents hommes d'armes et un château-fort imprenable, n'est jamais en danger ; il partage ses trésors avec le prince, quand il est lâche ; et quand il est brave, il lasse sa patience...

— Le connétable est donc absent?.. demanda le roi.

— Oui, sire...

— Il faut donc attendre son retour, puisque vous êtes d'opinion différente... Il se fit un moment de silence. Nous avons, reprit le roi, dont la figure exprimait le contentement; nous avons à vous entretenir d'une chose beaucoup plus importante...

Les deux ministres se regardèrent et prêtèrent une oreille attentive.

— Notre bien-aimée fille arrive à l'âge où l'on se marie, et sa beauté, ses droits au trône, peuvent nous procurer un allié puissant; mais le généreux chevalier qui nous sauva la vie, quand les Vénitiens envahissaient notre palais, nous dit en nous conduisant au vaisseau qu'il nous procura : « Vous avez une fille ! » Alors son émotion nous prouva qu'il avait vu Clotilde ; et ces mots semblent annoncer que son bienfait ne sera pas gratuit...

— Ah ! sire, ne l'accusez pas d'un tel calcul, le *Chevalier Noir* est trop brave pour être déloyal !..

— Nous ne l'accusons ni ne nous en plaignons, reprit le prince ; ce serait s'emporter contre l'arbre qui nous écrase ! mais il n'est point venu réclamer Clotilde, et nous pouvons, je crois....

A ces paroles un grand bruit de chevaux se fit entendre dans la cour et le roi s'arrêta.

— Quel est ce tumulte?... demanda-t-il.

Monestan s'avança vers la croisée. — Le connétable amène un jeune pâtre garrotté, répondit le ministre; nous allons être instruits.

En effet Kéfalein, sachant l'embarras de ses collègues, apportait la matière d'une discussion.

— Sire, dit-il en entrant avec le jeune pâtre contenu par Castriot ; nous venons de saisir ce braconnier, assez audacieux pour poursuivre un chevreuil jusque dans le parc et le tirer : il est, du reste, très-bon archer.

— Connétable, répondit le roi d'un air sévère, nous ne vous avons pas fait appeler ! oublierez-vous toujours les choses les plus ordinaires ? retirez-vous !..... Jean prit son sifflet et Trousse parut au son de l'instrument.

— Maître Trousse, sur quel ordre avez-vous laissé pénétrer le connétable?....

— *Moi*, sire, j'étais occupé à démontrer que les cordes trop serrées allaient faire périr le coupable, car ses nerfs se trouvaient tellement attaqués que sans *moi*.....

Le monarque interrompit Trousse, en permettant au connétable de reprendre sa place. Jean II, malgré son désir de conserver sa dignité, tout en satisfaisant le plaisir qu'il trouvait à tenir ses conseils, manifesta cette fois sa joie, à l'aspect de ce surcroît de besogne.

Le beau pâtre était debout ; sa figure ronde et spirituelle n'annonçait pas la crainte ; et son œil furtif semblait chercher une autre personne. La hardiesse du jeune criminel indisposa l'évêque.

— Est-il vrai, lui dit le roi, que vous ayez commis le crime dont on vous accuse?...

— Oui, monseigneur, répondit-il avec franchise.

— En ce cas, il mérite la mort, s'écria l'évêque.

— C'est juste, dit Kéfalein en levant sa petite tête oblongue.

A ces mots Monestan pâlit et répliqua : « Sire, vous m'avez toujours vu frémir à l'idée de la destruction d'un être, tel chétif qu'il fût : mais ici, quelle cruauté l'on exercerait en faisant mourir un homme pour un plat de gibier ! La religion de Jésus défend une telle doctrine ; elle met la vie d'un homme à un plus haut prix que celle d'une perdrix.

Kéfalein s'écria : C'est vrai !....

— Sire, reprit l'évêque, il convient d'imprimer à ces misérables l'idée de votre puissance; trop de bonté nuit aux princes !...

— Que pensez-vous, monsieur le connétable ? demanda le prince.

— M. l'évêque a raison, répondit-il.

— Hé quoi ! répliqua Monestan, n'est-il aucune circonstance atténuante ? Si c'était pour soutenir son vieux père qu'il aurait chassé ce chevreuil ? cette légère faute deviendrait une belle œuvre. Sire, lorsqu'un homme arrive à vingt ans, la nature a décrété qu'il vivra ; et l'homme ne doit pas s'opposer à l'Éternel...

— C'est vrai, je me range à l'avis de M. le comte, ajouta Kéfalein.

— Si l'on tue aujourd'hui les chevreuils du parc sans être puni, demain que n'oseront-ils pas ? observa le vindicatif prélat.

— Alors il faut le pendre pour assurer notre tranquillité, dit le connétable.

— Sans l'entendre ? répliqua Monestan.

— Entendons-le pour la forme ! répondit le sage Kéfalein.

— Parle donc ! s'écria Castriot, qui crut que le geste de son souverain signifiait de frapper rudement le beau chevrier. Ce dernier se retourna brusquement, mais il réprima son mouvement d'indignation trop vite pour que l'on s'en aperçût.

— Par quel motif avez-vous tué ce chevreuil ? lui demanda le roi.

— Sire, répondit le jeune pâtre en souriant, un

chevalier vient d'aborder à l'instant dans les récifs, il mourait de faim et je n'ai pu résister à sa prière.
— Quel est ce chevalier?
— Je l'ignore. Il a grand soin de dérober sa figure aux regards; la visière de son casque est baissée; ses armes sont d'un acier bruni; la barque et le vaisseau qui l'ont amené portaient le pavillon anglais; ils disparurent dès qu'il fut sur la plage.
— *Serait-ce mon bienfaiteur?* murmura le prince.
— Frivole excuse! dit l'évêque; les lois veulent la mort de ce jeune rebelle, les lois sont au-dessus de tout, et Dieu, monsieur le comte, exécute celles qu'il s'est tracées!...
— Je suis de cet avis, observa Kéfalein.
Monestan, gémissant de voir ce jeune homme périr pour si peu de chose, essaya de ramener Kéfalein à son opinion, en lui disant:
— Monsieur le connétable, on pourrait faire de ce jeune pâtre un très-bon cavalier.
L'évêque, prenant un malin plaisir à l'emporter sur Monestan, l'interrompit: « Monsieur le comte, s'écria-t-il, ce serait compromettre notre sûreté en l'admettant... »
— Ce n'est pas à nous à prononcer un arrêt, interrompit à son tour le roi qui se retira tout pensif dans son appartement.
Le pâtre fut donc condamné: les ministres s'en allèrent en causant de l'émotion que le roi avait manifestée lorsque le pâtre dépeignit le chevalier.
Le chevrier fut remis entre les mains du docteur Trousse, qui le conduisit à la loge de Marie, en se promettant bien de le disséquer, afin de prouver son système aux incrédules; et il eut la bonhomie de le dire au prisonnier.
— Allons, Marie, levez-vous, et faites place à ce condamné!
La folle grogna comme un jeune chien.
— C'est un de tes malades qui ressuscite, Trousse mon ami! Je n'en veux pas chez moi, ma réputation en souffrirait!...
— Tes nerfs seront donc toujours attaqués!....
— Aussi longtemps que ton cerveau, docteur du diable; rends-moi mon fils!
— Mais *moi!*
— Mon ami, dit l'Innocente au jeune pâtre, je plains ta mère!..
Aussitôt le jeune pâtre incarcéré, Trousse s'en fut au plus vite à son poste.
L'Innocente resta près de la grille. « Mon enfant, dit-elle au captif, personne ne te consolera!... si j'avais la clef je te délivrerais... mais tu es un scélérat... ils me battraient!... et puis, mon fils ne reviendra jamais de dessous terre!.. »
— Madame, dit le pâtre, si vous pouvez me faire parler à l'intendant.... — Elle se mit à rire. — Cela me sauverait peut-être. — Elle rit encore plus fort.

Le jeune homme, voyant l'inutilité de sa demande, ne dit plus rien; mais l'Innocente n'en resta pas moins assise sur une pierre, à côté de la grille...

Heureusement pour le condamné, sur le soir, Bombans arriva suivi d'un aide de cuisine qui portait le dernier repas du chevrier.
— Êtes-vous l'intendant du château? demanda le captif.
— Oui, pour le moment...
— J'ai besoin de vous parler, reprit le chevrier en faisant sonner de l'or.
— Va-t'en, drôle, dit l'intendant au petit marmiton.
— De quoi s'agit-il? continua Bombans qui pensa que le condamné voulait racheter sa vie, ainsi que les lois de ce temps-là le permettaient.
— Il s'agit, s'écria le pâtre en saisissant l'intendant par son vieil habit, il s'agit de me délivrer!..
L'intendant resta immobile parce qu'il prévit que sa résistance lui coûterait un habit; il s'y opérait déjà certains craquements qui l'inquiétaient fort; il se contenta donc de crier au secours!...
Mais le chevrier lui glissa son poing si fort à propos dans la bouche, que force fut à Bombans de se taire: Économie de parole!..... dut-il penser.
— Si tu ne te sers pas de la princesse Clotilde pour obtenir ma grâce, je déclare au roi Jean, avant de mourir, que tu as pour cent mille francs de biens dans les terres de monseigneur Gaston II.
— Tout le monde le sait donc? s'écria l'intendant pétrifié.
— Vilain cancre! dit la folle en riant aux éclats et montrant à Bombans une basque qu'elle avait détachée de son habit en en mordant l'étoffe...
— Je suis ruiné!... cria Bombans, un habit de trois marcs!
— La même corde nous servira, maître Hercule, ajouta le chevrier.
A cette sage réflexion du malin pâtre, Bombans fit un signe de consentement, non pas à la pendaison, mais à la précédente proposition du captif.
— Songe toujours que ma mort sera la tienne!... lui cria ce dernier en le voyant se diriger vers la cour des appartements royaux. — Bombans obtint de sa fille qu'elle parlât sur-le-champ à la princesse. Aussitôt Clotilde se rendit chez Jean II, qui se laissa séduire par sa fille chérie; mais il lui déclara que cette grâce serait la dernière qu'il accorderait à sa prière, en ajoutant qu'il n'entendait pas qu'elle se mêlât des affaires de l'État.

Rentrée chez elle, la princesse attendit avec assez d'impatience que Josette en fût sortie... : à peine la jeune Provençale eut-elle fermé la porte en jetant un dernier coup d'œil à cette fenêtre que la princesse avait regardée toute la journée, que Clotilde courut en entr'ouvrir les rideaux; elle revit le beau Juif déjà placé sur sa rocaille. La lune étant couverte d'un nuage, il cherchait vainement à distinguer si ses fleurs ornaient la fenêtre de sa bienfaitrice; la princesse attentive devina cette pensée et fut touchée de compassion, lorsqu'un faible rayon de lune, perçant le nuage, fit voir à Nephtaly ses fleurs gisant à terre. Il regarda douloureusement la fenêtre, des larmes sillonnèrent son beau visage, et le chemin qu'elles y laissèrent fut brillanté par les doux feux de Diane.

Clotilde voudrait bien ouvrir la fenêtre, sans être aperçue, afin d'être plus rapprochée du Juif.....; un verre est bien peu de chose! dira-t-on, mais encore c'est un obstacle, et ceux qui ont aimé comprendront pourquoi la princesse était gênée par cette importune croisée! Elle parvint à l'ouvrir sans bruit aucun; et elle étendit légèrement le rideau sur tout l'espace de la fenêtre, en s'y ménageant une place pour son œil... Alors elle respire avec délices l'air qui s'engouffre, en pensant que cet élément vient d'effleurer le corps de son protégé. L'air est un messager fidèle; cet air est le même qu'aspire Nephtaly; enfin l'air ne les sépare point; tout à coup l'air modulé transmit les paroles suivantes, prononcées avec l'accent de la plainte.

— Dieu n'écoute pas toujours nos prières, il en faut beaucoup pour le fléchir!.. La croisée fermée, Clotilde aurait-elle reconnu l'organe enchanteur de Nephtaly? Ces paroles pleines d'une mélancolie gracieuse remplirent l'âme de Clotilde d'une volupté suave comme l'odeur de la rose du matin.... Le calme de la nuit répandait un grand charme sur ce religieux et muet hommage de l'Israélite; et ce culte de la reconnaissance émut tellement la jeune fille, qu'elle aperçut, à l'oscillation de son sein, le danger qu'elle courait à cette douce contemplation.... Elle eut la force de se réfugier dans son lit; elle ne le gagna qu'à pas lents!...

Il est, entre la veille et le sommeil, un état mixte où notre âme réfléchit encore, mais nos pensées pâles et comme fantastiques n'offrent, pour ainsi dire, que l'ombre des pensées; ce fut pendant cette rêverie vaporeuse que Clotilde examina quel sentiment elle portait au beau Juif.....

« Je le protège!..... se disait-elle, il est reconnaissant... S'il vient toujours, je serai contente!... ce bonheur me suffira... car je ne puis l'aimer!... Cependant, qui pourrait savoir le secret de mon cœur?... personne.... » Elle s'endormit néanmoins, sans convenir avec elle-même qu'elle aimât le beau Juif.

Le lendemain, un faible souvenir de cette pensée fugitive s'offrit à Clotilde, elle s'en indigna, elle courut à sa croisée, et... l'Israélite à genoux frappa ses regards; sa contenance semblait dire : « Je ne veux que de l'espoir... Ne tuez pas mon bonheur!... grâce!.. » — Le courroux de la jeune fille se dissipa comme un nuage fugace. Aussitôt Nephtaly retiré, Clotilde ouvre elle-même la fenêtre, y voit des fleurs nouvelles; en respire l'odeur délicieuse, les touche, et les jette, afin que Josette ne les aperçoive pas. — « Nous verrons s'il aura de la constance!.. » — se dit-elle. Et, sans achever, elle se remit au lit en sifflant Josette... La curieuse Provençale accourut et ne manqua pas d'ouvrir la fenêtre de la Coquette la première.

— Madame, il n'y a plus de fleurs aujourd'hui!... s'écria la suivante.

— Probablement ce sont des oiseaux qui les apportèrent hier pour commencer leur nid.

Josette fit un sourire d'incrédulité, sans cependant concevoir pourquoi, s'il s'en était trouvé la veille, il ne s'en trouvait plus le lendemain; elle douta par instinct.

A ce moment le jeune chevrier fit réclamer, par Bombans, la faveur de remercier la princesse.

— Madame, dit le pâtre avec des manières et un son de voix qui n'annonçaient pas la rusticité d'un vilain du quinzième siècle, qu'il me soit permis de vous témoigner ma reconnaissance!... Il s'arrêta presque interdit de la beauté de Clotilde; cet embarras est la louange qui flatte le plus; aussi la princesse sourit.

— Madame je vous souhaite, continua-t-il, le seul théâtre digne de vos charmes, une cour brillante. J'ai vu celles de l'Europe!... partout, je vous assure, vous auriez la palme de la beauté. Adieu madame. *Raoul* cherchera quelque jour à s'acquitter : puisse l'occasion se présenter bientôt!...

— Ne m'aviez-vous pas dit que c'était un chevrier?

— Oui, madame!..

— *Raoul!* s'écria la princesse pensive, quel est ce nom? . . . . . . . . . . . . . . . . .

———

Pendant six jours le beau Juif ne cessa de venir, chaque soir, contempler la croisée de Clotilde, et chaque matin, les fleurs les plus belles et les plus rares l'embellirent; chaque matin, elles furent jetées sans aucune pitié...

Le soir du sixième jour, Nephtaly, les voyant encore dédaignées, chanta la romance suivante, au moment où Clotilde allait s'endormir, après avoir contemplé le Juif pendant deux heures entières, en croyant toujours ne le regarder qu'un moment.

Je me fais un devoir de copier cette romance telle qu'elle est dans les manuscrits des Camaldules, sans chercher à la rajeunir; c'est une des plus fameuses chansons d'un spirituel troubadour de Provence.

> Je ne fay rien que requérir,
> Sans acquérir
> L'aueu d'amoureuse liesse,
> Las!... ma maytresse,
> Dictes quand est-ce
> Qu'il uous plaira me secourir;
> Ne fay rien que le requérir.
>
> Vostre beaulté qu'on uoit flourir,
> Me fayct mourir;
> Ainsy j'ayme ce qui me blesse;
> C'est grand' simplesse,
> Mais grand' liesse,
> Pourueu que me ueuillez guarir.
> Ie ne fay rien que requérir.

La pureté du chant de Nephtaly, la douce mélancolie de l'air, la naïveté des paroles, le murmure gracieux de sa voix flexible et les accords de son luth, plongèrent la princesse dans une extase ravissante. Le beau Juif avait cessé, que Clotilde crut entendre errer dans les airs des restes de cette mélodie enchanteresse... Au tendre refrain de l'Israélite, elle se reprocha sa cruauté, et résolut de ne plus jeter les fleurs...

— Mais à quoi cela servira-t-il?... se dit-elle, à lui donner de l'espoir... Que d'idées ce mot entraîne à sa suite....! Ne suis-je pas sûre de mon cœur...? Quelle distance entre nous!... Sa qualité de Juif est le marbre funéraire de tout sentiment excepté ma pitié... mais...

Une jolie gondole, tourmentée par les vents étésiens, est une image fidèle de l'âme de Clotilde... Elle s'endormit pour ne plus réfléchir. Qu'a-t-elle décidé...? D'accepter les fleurs et de *laisser faire aux Dieux*.

Un négociant, au milieu d'une foule de spéculations, à la veille de proclamer sa banqueroute, source de fortune, ne sachant ni ce qu'il a, ni ce qu'il doit, tenant encore à l'honneur, tremble de se convaincre et prolonge son incertitude!... ainsi de Clotilde!................

## VII.

> L'air siffle, le ciel gronde et l'onde au loin mugit,
> Les vents sont déchainés sur les vagues émues,
> La foudre étincelante éclate dans les nues,
> Et le feu des éclairs et l'abîme des flots,
> Montraient partout la mort......
> (VOLTAIRE, *Henriade*, chant I$^{er}$.)
>
> La terre est le grand cercueil que nous prépara la nature.
> (*Anonyme.*)

Au petit jour, Clotilde se lève... incertaine, elle n'ose approcher de la fenêtre... Sa conscience lui reproche chacune de ses pensées, l'état de son cœur, et de n'être plus auprès de son père; à peine paraissait-elle un instant le soir! Il est vrai qu'elle chantait au bon vieillard des tensons et des ballades où l'amour jouait un grand rôle, et que Jean II trouvait, dans la voix de sa fille, un charme extraordinaire... Était-ce assez?... Abandonner son père pour contempler l'endroit où se pose un Juif!... Mais le monarque ne s'apercevait pas de l'absence de sa fille!... Des conseils se tenaient fréquemment, et Clotilde ignorait que son mariage en fût l'objet!... Ainsi parlait la voix de sa conscience..... et Clotilde n'en hésitait que davantage; elle attend que cette voix secrète se taise, pour ouvrir un peu le rideau.

— Tu vas faire un pas, criait-elle toujours; ce pas te mène vers le *don d'amoureuse liesse*, de même que le premier pas de la vie mène vers la mort... En prenant les fleurs tu proclames que ton cœur n'est plus vierge!... Attends au moins qu'il soit parti!....

*Maugré cettuy sage aduertissement, la pucelle feit ung male pas. Elle se délibéra de tirer le rideiet moult doulcettement, et, par le pertuiz, vist le soulas de son cueur : elle gorgia ses oeilz de ce Juif, qui l'affoloyt, en l'esguardant ores-cy ores-là..... tant, qu'on l'auroyt cuydé incongneu à la bachelette..... Ce repast d'amour paracheué, son cueur se mollifia, adonc sa conscience, qui douloyt, se tinst mute et quoye (coie), ung aultre appetist occyt ses clamours...* Les bons Camaldules ne disent pas quel est cet appétit.

Au moment où le beau Juif s'élançait sur la crevasse protectrice, après avoir salué la fenêtre d'un geste plein de mélancolie, le bruit de la croisée, bien qu'ouverte avec précaution, retentit légèrement, et le fit retourner sur-le-champ; l'attention le rendit immobile... La princesse se rejeta dans sa chambre, et n'osa pas revenir, de peur d'être aperçue......

Attirée cependant par une force invincible, elle s'approche à petits pas et s'arrange de manière à ce qu'un seul de ses yeux lance un regard fugitif..... Nephtaly se trouvait toujours sur la crevasse périlleuse; et sans voir de la mer atteignait son pied, tout entier à l'espoir, il attendait, avant de partir, s'il se réaliserait..... Deux heures se passent..... il est encore là.... L'imprudent oublie l'heure du départ!..... Que n'oublierait-on pas, pour jouir de l'aspect de sa *bienfaitrice!*...

Les fleurs sont sur l'appui gothique de la fenêtre ogive; Clotilde les dévore de l'œil et brûle de les tenir, par cela même qu'elle ne le peut pas. Elle tâche d'en aspirer l'odeur délicieuse!... de temps en temps une secrète œillade lui découvre la constance de Nephtaly... Tout à coup, elle songe que Josette va venir et verra les fleurs qu'elle a décidé de ne plus flétrir.

O génie féminin, nous devons te rendre les armes!..... Lecteur, cet aveu devient précieux, car il échappe à des moines... Clotilde s'habille elle-même à la hâte; elle ordonne à Josette de la suivre; et les deux jeunes filles se rendent sur la petite plateforme qui régnait au bas du château, du côté de la mer. Clotilde veut y respirer l'air frais du matin et cueillir des fleurs; Clotilde aime les fleurs; elle en désire chez elle, et ne conçoit pas qu'elle s'en soit passée jusqu'ici! Ne lui faut-il pas garnir deux magnifiques vases de cristal qui sont sur son prie-Dieu? Josette trouve ce goût bien subit; néanmoins, elle aide la princesse, et Clotilde remonte avec un charmant bouquet, en éloignant toutefois la suivante, sous un prétexte quelconque.

Elle rentre, et, pleine de dépit, jette dans la mer les fleurs qu'elle vient de cueillir; l'onde les emporte en les balançant..... Nephtaly, du haut de sa falaise, a vu la blanche main de Clotilde lancer les fleurs: il se plonge dans la mer pour saisir ce trésor!.... La princesse court à l'autre fenêtre, s'empare avidement des fleurs de l'Israëlite, et les sent avec une sorte de délire. A la voir, on dirait qu'il existe pour elle une odeur de plus dans la nature!...

— Il n'y est plus, s'écria-t-elle en jetant un regard furtif sur la crevasse.

A peine a-t-elle prononcé ces mots, que Nephtaly, mouillé par l'onde amère, reparaît le bouquet à la main; il en secoue l'eau salée, le met au soleil levant; il se tourne vers la fenêtre qu'il aperçoit à peine, la salue par son refrain; et son attitude toujours respectueuse, semble dire: J'ai plus que je n'espérais!... Tous ses gestes exprimèrent la joie d'un cœur en délire: cette joie n'offensa point Clotilde, parce qu'elle était joyeuse sans savoir pourquoi...

La douceur de ces petits riens, qui sont de grands événements d'amour, répandit un tel charme, que la princesse ne songea point combien le hasard l'avait compromise. «Peut-être, lui dit sa conscience, que le Juif n'a pas vu que ses fleurs étaient acceptées!.... l'honneur est encore sauf!.... »

Clotilde regardait toujours cette crevasse, maintenant déserte; et le reste de l'innocente volupté qui saisissait son âme l'empêcha d'entendre que Josette avait exécuté ses ordres; enfin, elle revint à elle, et Josette revêtit sa maîtresse de la même parure qu'elle portait le jour de la rencontre du beau Juif, en observant toutefois qu'il manquait un gland à la tunique.

Clotilde rougit.... Pourquoi rougir?... *Qui aime le diel*...

— Madame, continua Josette, il y a huit jours que vous n'êtes sortie...

— C'est vrai..... Mettez de l'eau dans les vases de cristal...

— Madame sortira-t-elle?.....

Cette question fit penser à la princesse qu'elle n'avait pas encore parcouru les périlleuses falaises que le Juif affrontait chaque jour pour arriver à cette rocaille, où le diable seul parviendrait, si des hommes passionnés ne valaient pas mieux que le diable.... Elle résolut donc d'aller visiter les chemins que prenait l'Israëlite, et répondit: « Oui, je sortirai.... »

Josette fit une jolie petite moue, que je traduirais volontiers ainsi:

« Peste soit du service des princes! on a un
« rendez-vous et l'on ne peut y courir. Les rendez-
« vous sont la vie d'une Provençale; faut-il m'en
« priver!.... Vivre sans amour, c'est mourir d'a-
« vance!... »

Alors la soubrette se hasarda à demander:

— Madame aurait-elle la bonté de me permettre d'aller voir un de mes oncles à Montyrat?

— C'est bien loin pour vous. Vous êtes d'une hardiesse!... Quelqu'un vous accompagne-t-il?

— Oui, madame, répliqua l'amoureuse Josette.

— Si le comte Enguerry vous rencontrait?

— Que voulez-vous qu'il me prenne?...... La princesse ne dit mot. Mais, se souvenant de l'embarras et de la rougeur de Josette, au seul nom des soldats d'Enguerry, le jour de la rencontre de Nephtaly:

— Josette, répliqua-t-elle en se saisissant de sa main, vous avez des secrets et vous me les cachez!..

— Madame, s'écria la fille de l'intendant, par grâce, ne les demandez pas! demain, je vous ouvrirai mon cœur. Permettez que j'aille à Montyrat; mon père me remplacera pendant votre promenade.

— Mon enfant, répondit Clotilde émue des pleurs de Josette, va partout où tu voudras.... Votre cœur ne m'appartient pas, et la pensée est la seule chose qui soit hors du domaine des rois.

— Ah! madame, dit Josette en se tordant les mains, mon cœur est bien à vous; Dieu du ciel! en doutez-vous?.... je vous aime comme *lui*!..

Heureusement pour la Provençale, Clotilde se trompa sur le sens de ce dernier mot, et Josette ne jugea pas à propos de la tirer de son erreur, en l'instruisant de ses amours avec le Barbu.

Aussitôt son service fini, la jeune suivante mit son jupon rouge, son joli corset, et courut à Montyrat avec toute l'ardeur des filles de ce pays de: amours.....

Les ministres, occupés à tenir conseil, ne puren accompagner Clotilde. Alors, le docteur Trousse

Castriot et l'intendant, reçurent l'ordre de suivre la princesse de Chypre.

Hercule Bombans, jugeant qu'il était en grande faveur, ne voulut rien négliger pour s'y maintenir. Clotilde aimant la toilette, il se revêtit d'un pourpoint à gros boutons, tout neuf depuis deux ans; il mit ses belles braguettes, découpées et garnies de ferrets d'argent; il sortit de son coffre des bas pers et de riches souliers à la polonaise, qui, depuis, furent appelés à la poulaine, et une fraise brodée par sa fille. Il s'alla promener fastueusement dans les cours, en jouant avec sa médaille et son bâton de majordome, aux armes de Chypre; ayant soin de se faire voir aux gens, afin de leur imprimer du respect; il fut même, à ce sujet, un peu plus hargneux que de coutume; il regarda le temps avec anxiété, et ne se rassura qu'à l'aspect de l'azur du ciel.

La princesse ne tarda pas à passer, suivie de Castriot et du docteur Trousse. Elle avait à la main deux des fleurs les plus rares, apportées par le beau Juif; et, de temps en temps, elle les sentait avec un visible plaisir.

— M. l'intendant est d'une somptuosité!...... s'écria Clotilde en apercevant Bombans.

— Ah! madame, je dois encore le prix de cet habillement, répondit l'avare effrayé.

— Il faut acquitter vos dettes...

— Cela lui attaque les nerfs!... observa Trousse.

— Hélas! quand on est pauvre... L'intendant se tut, parce qu'il prévit un orage, d'après les regards de l'Albanais.

Clotilde prit à travers le parc et se mit à gravir le pic de la Coquette; son pas léger, animé par le désir, était trop rapide et fatiguait horriblement le pauvre Trousse, dont le ventre pouvait passer pour un second lui-même; pour ne pas déplaire, il souffrit en silence.

La princesse, parvenue au sommet, put juger des difficultés inouïes que le beau juif avait à surmonter, pour arriver seulement à la crevasse, qui altérait la pureté de l'angle droit formé par le coin de la Coquette; la pente rapide de la falaise ne laissait, pour tout chemin, que de rares inégalités et des sables mouvants, dont les éboulements annonçaient les pas de Nephtaly... après un quart de lieue de cette côte, on apercevait alors un chemin moins dangereux, car le bord de la mer offrait des déchirements de terre, des anfractuosités et des grottes curieuses, parmi lesquelles on distinguait le *rocher du Géant*, dont le sommet avait l'air d'une immense tête d'homme courbée vers la mer; ce caprice de la nature effrayait la vue par sa bizarrerie; jusque-là l'on ne découvrait aucune trace humaine..... quelques plantes maritimes, des mousses, des algues et des coquillages diminuaient, par un simulacre de végétation, le jaune foncé des rochers et l'horreur de ces lieux sauvages.

La princesse remarqua les vestiges des pieds et des mains de Nephtaly. L'idée d'essayer à courir le même danger que le Juif, lui sourit; mais lorsqu'elle la manifesta, Trousse et l'intendant se récrièrent:

— Madame, c'est risquer d'attaquer vos nerfs très-fortement par la peur de la mort que vous allez affronter à chaque pas; et *moi*, comme médecin, je m'y oppose; songez donc que *moi*, gros comme je suis, je ne pourrai jamais descendre.

— Tu rouleras, dit Castriot.

— Madame, observa Bombans, mon habit......

Un regard terrible de l'Albanais glaça le visage jaunâtre de l'avare.

— Un désir de la princesse est un arrêt du destin pour nous! — Ayant dit, Castriot s'élança après Clotilde, qui, légère comme un faon, sauta d'inégalités en inégalités, en imprimant la marque de son joli pied sur les traces de celui de Nephtaly. La princesse ayant un peu froissé les deux fleurs qu'elle tenait à la main, les mit dans son sein, prévoyant qu'elle s'aiderait de ses mains, pour suivre le chemin du Juif.

Trousse et l'intendant, effrayés, restèrent sur le haut de la falaise, à se regarder l'un l'autre, pour se donner du courage.

— On risque de tomber à la mer! s'écria le médecin.

— Si ce n'était que cela... répondit tristement Bombans, mais mon habit, mes souliers!.... *J'avais bien dit qu'il m'arriverait malheur!*

— *Moi!*..... je suis trop gras pour dégringoler; la masse totale de mes nerfs m'emportera jusqu'au fond de la Méditerranée, mais vous!

La princesse et Castriot riaient de l'embarras des deux poltrons. — Descendrez-vous? cria l'Albanais, puisque cela plaît à madame: descendez, ou je remonte!

— Oui!... répondit le docteur, plus effrayé de la menace que du danger; *moi*, je descends! Et le pauvre Trousse, recommandant ses nerfs à l'Éternel, roula comme une boule, sans s'inquiéter des déchirures de son pourpoint noir. Heureusement Castriot le retint, car il eût dégringolé jusqu'au fond de la mer.

Pour l'intendant, il s'aida de ses pieds et de ses mains, en ayant soin que ses habits ne fussent pas souillés; mais il ne put empêcher que la moitié de la collerette ne se déchirât, et qu'une des pointes de ses souliers ne restât, pour échantillon, sur un caillou maudit.

C'était un curieux spectacle de voir ces quatre

personnes errer au-dessus des flots : Bombans et Trousse marchaient comme sur des charbons ardents; la peur leur donnait des vertiges; mais le cœur de la princesse battait de joie...... Elle voulut aller jusqu'à ce qu'elle ne vît plus de traces de la marche du Juif. Pendant qu'ils s'avançaient vers le rocher du Géant, où les guidaient les pas de l'Israélite, un immense nuage noir envahissait les cieux : il semblait qu'une déesse malfaisante étendît un crêpe funèbre marqueté de ces petits nuages blancs, que l'on nomme fleurs d'orage. Quand Clotilde et sa suite aperçurent le jour cesser derrière eux, les flots de la mer s'agiter par des mouvements intestins, et bouillonner, en enfantant de grosses vagues qui, semblables à des moutons bondissants, couraient les unes après les autres, ils se retournèrent, et l'effroi les saisit!..... Castriot lui-même trembla pour sa maîtresse, parce que tout courage devenait inutile ; nul doute que les torrents de pluie allaient rendre la falaise impraticable et les entraîner dans la mer. Chacun se regarda avec cette muette horreur que cause la vue de la mort; ce silence fut rompu par ces trois phrases qui partirent en même temps :

— Sauvons au moins la princesse!... dit Castriot.
— Et moi !... s'écria Trousse.
— Mon habit !... dit l'intendant.
— Voilà donc, murmura Clotilde, les dangers qu'il affronte pour m'apporter ses fleurs!...

A ces mots, les éclairs se succèdent, un bruit horrible s'étend au loin, et l'orage éclate avec une furie sans exemple; le ciel et la mer semblent ne faire qu'un et se déchaînent en se menaçant l'un l'autre; l'eau ruisselle par torrents, et siffle en tombant. Castriot se dépouille de ses vêtements, s'accroche à des cailloux pointus et tâche de former un abri pour la tête de Clotilde..... Aussitôt le vent l'emporte, l'Albanais jure !...

La mer s'enfle par degrés, et son onde paraît vouloir atteindre le haut des falaises : les lames menaçantes arrivent déjà jusqu'aux pieds des spectateurs imprudents, tandis que l'eau qui se précipite du haut de la côte, forme des torrents partiels qui creusent le sable et l'entraînent. La petite plate-forme où est Clotilde se trouve sur le chemin de l'un de ces ruisseaux. Le caillou protecteur ne résiste pas longtemps, et la princesse, mouillée, tremblante de froid, tombe, en mettant sa main sur l'endroit de son sein où sont les fleurs qu'elle veut préserver; elle resta, passive comme le rocher qui la reçut durement.

En la voyant étendue, et l'eau se diviser sur sa tête en détachant ses noirs cheveux qu'elle emporte, l'Albanais se mit à pleurer et à écumer de rage; il s'enfonça dans le sable jusqu'à mi-corps pour retenir la princesse mourante, et, tirant son sabre, il essaya de renvoyer l'eau qui les envahissait graduellement.

L'intendant, cramponné sur deux cailloux, ne disait mot, tant sa douleur était grande, en apercevant l'eau qui dégouttait de ses vêtements en absorber la couleur, et la grêle couper les ferrets d'argent qui garnissaient les découpures de ses braguettes. Son œil, suivant cette couleur fugitive qui devenait la proie de la mer, ne se tourna pas une seule fois sur la pâle Clotilde, dont Castriot protégeait la tête au moyen de son casque.

Trousse, ne s'inquiétant ni de ses habits, ni de personne, roulait son gros petit corps à travers les écueils et les ruisseaux, sans s'occuper de la commotion de ses nerfs; animé par l'amour de la vie, il cherchait à atteindre le rocher du Géant, dont le flanc ruiné promettait un asile.

Il n'est rien de tel qu'un égoïste en danger, ce qu'il trouve pour lui sert aux autres. Trousse, en arrivant à cette roche salutaire, s'écria :

— *Moi* je suis à l'abri !... Ce mot fit tourner la tête à Castriot ; il se dégage du sable, prend Clotilde dans ses bras; et rapide comme l'éclair qui sillonna la nue dans ce moment, il franchit les obstacles, et parvint heureusement à la roche, car le tonnerre tomba au même endroit où était Clotilde. Les brusques mouvements de l'Albanais dégagèrent de sein de la princesse une des fleurs du Juif : au milieu de son épouvante elle en gémit, une larme roula dans son œil quand elle vit cette tendre fleur emportée par l'onde furieuse.

Restait l'intendant, qui, séparé de tout, et presque envahi par la mer, s'écria douloureusement :

— On m'abandonne !... *j'avais bien dit qu'il m'arriverait malheur!..* mon habit est perdu; vingt-cinq marcs jetés à l'eau ! Je suis mort ! au moins, mon enterrement et mon cercueil ne me coûteront rien...

Ayant dit, il chercha à gagner le rocher du Géant ; Castriot lui tendit le fourreau de son sabre, et il aida l'intendant à grimper sur le récif; mais, dans cette opération salutaire, les deux souliers à la poulaine et la médaille d'or restèrent sur des cailloux, et Bombans les montra du doigt sans rien dire, lorsque la mer les emporta.

— *Moi* je n'ai rien perdu, répondit Trousse à ce mouvement de l'avare, seulement mes nerfs sont agacés ; et les vôtres, madame?... La princesse, presque morte de froid, ne répliqua rien.

Cependant la mer en furie menaçait de son onde blanchissante les endroits qu'on aurait crus les plus inaccessibles, l'eau tombant du haut rocher du Géant, se réunissait dans la grotte, plus basse que sa plate-forme qui saillait dans la mer. A mesure que l'onde s'avance, Clotilde et sa suite, entrant par la petite ouverture de la caverne, se retirent vers le fond... Tout à coup un horrible éclat de tonnerre se fait entendre, il est suivi d'un craquement effroyable, et la masse informe, cette tête du rocher, qui se penchait vers la mer, se détache et ferme l'entrée de la caverne..... Un cri terrible s'élance dans les airs, et l'on aurait pu distinguer l'inévitable *moi* de Trousse. Il servit d'oraison funèbre ; un affreux silence succéda... Cette porte fut la pierre tumulaire de ce sépulcre, ouvrage du hasard et de la nature..., et pour que le *ci-gît* n'y manquât même pas, au-dessus du rocher fendu par la foudre, un jeune et gracieux arbuste lutte contre la furie du vent, au milieu de trois troncs d'arbres déracinés.

. . . . . . . . . . . . . . . . .

Dès le commencement de l'orage, Raoul s'est élancé vers le château ; mais comment trouvera-t-on les victimes ?....

Le ciel se nettoie, l'azur reparaît, les oiseaux chantent, et la nature a repris sa suavité pittoresque; la mer est calme, et les chèvres de Raoul se suspendent sur les rochers !. . . . . . . . . .

## VIII.

Il monta sur son palefroi,
Prêt à semer l'effroi,
Le carnage et la guerre
Par toute l'Angleterre.
(*Ballade de Nicopleuc.*)

Il ne faut pas croire que Sacripanti ne prenait pas ses précautions.
(*Histoire de Sacripanti.*)

N'oublions pas le sire Enguerry le Mécréant. Après huit jours de réflexions, il résolut de partir pour le château de Casin-Grandes ; Nicol et le Barbu reçurent le commandement de la forteresse, et l'ordre de veiller sur Michel l'Ange, et surtout de ne pas le laisser approcher de la chambre d'Enguerry. Le Barbu tint l'étrier et le Mécréant prit la route de l'asile du roi de Chypre, en pensant : 1° que si le roi de Chypre lui donnait sa fille, il hériterait du royaume, qu'alors ses desseins s'accompliraient ; et qu'il livrerait Michel l'Ange. 2° Qu'au cas contraire, il serait toujours le maître du cauteleux Vénitien en gardant chez lui le prince et la princesse et ne les délivrant qu'à bonnes enseignes, c'est-à-dire, en recevant le million promis ; qu'alors les difficultés qu'il avait trouvées dans les cédules de l'Italien disparaîtraient et qu'il serait le maître du sénat vénitien.

3° Que puisque Gaston II ne s'était pas montré en Provence, depuis huit jours que le Vénitien avait annoncé son arrivée, il pouvait assiéger Casin-Grandes en toute sûreté, s'il éprouvait un refus.

Alors, il donna un grand coup d'éperon à son cheval, et galopa vers Casin-Grandes, en ôtant toutefois de son casque la branche de cyprès qui l'eût fait reconnaître...

Au bout d'une lieue, l'orage, fatal à la pauvre Clotilde, arrêta la marche du Mécréant, et il se réfugia dans une hôtellerie située à l'endroit où la route d'Aix rejoignait celle de Casin-Grandes....

## IX.

La mort a des rigueurs à nulle autre pareilles,
On a beau la prier,
La cruelle qu'elle est se bouche les oreilles,
Et nous laisse crier.
(MALHERBE.)

Ie suys ung paoure diable,
On m'écrase à plaisir,
C'est bien espouventable
Si vous venez à me trahir.
(*Romance du Lépreux.*)

At regina gravi jam dudum saucia cura
Vulnus alit venis.
(VIRG., livre IV.)

La masse de lave qui formait la porte éternelle de la grotte du Géant, ne joignait pas le haut du rocher assez hermétiquement, pour ne pas laisser pénétrer un peu de jour ; mais cette fenêtre légère, en jetant une faible lumière, ne servait qu'à rendre l'obscurité plus affreuse et à faire évanouir tout espoir de salut.

L'humidité de la grotte et la pluie dont les vêtements de Clotilde sont chargés, ont pénétré jusque dans ses veines ; son sang s'est glacé, elle est pâle et froide... Castriot cherche en vain à la ranimer !...

— Trousse !... Trousse !... s'écrie-t-il.

Mais le docteur ne l'entend point ; il est occupé à fureter, comme une souris poursuivie, s'il n'est pas quelque fente, quelque trou qui puisse le sauver de la mort inévitable.

— Trousse ! répéta Castriot d'une voix formidable.

Celui-ci, pour s'excuser, lui répondit : « Le prince a la bonté de m'appeler maître Trousse. »

— Le malheur nous rend égaux, répliqua le farouche soldat ; arrive donc et vois ce qu'éprouve la princesse !

Le docteur se dirigea vers Clotilde qui était étendue sur une pierre aussi froide qu'elle; Castriot, soulevant la tête endolorie de sa bienfaitrice, l'appuya sur ses genoux, en cherchant à rétablir l'ordre parmi ses longs cheveux noirs souillés par le sable et parmi ses vêtements.

— Ses nerfs sont trop faibles pour de pareilles émotions, s'écria le docteur en lui tâtant le pouls; je le crois bien, car *moi*, je sens que les miens ne sont pas en trop bon état, de semblables pensées sont trop fortes, l'âme n'a qu'une somme d'énergie, et....

— Imbécile! reprit Castriot, pense-t-elle maintenant?

— Non ....

— Alors elle devrait bien se porter selon ton jargon.

— Aussi, *moi*, je prétends que les morts se portent comme il faut.

— Serait-elle morte? s'écria l'Albanais; et ses yeux étincelants effrayèrent Trousse, qui se hâta de répondre:

— Je ne dis pas cela, mais moi !

— Il ne s'agit pas de toi, guéris la princesse.... ou sinon.... Il caressa son sabre.

— Comment voulez-vous que je la guérisse si le sang est figé dans les divers coins où il est distribué pour toujours!... et d'ailleurs, Castriot, voyez cette prison! C'est notre tombeau : moi comme vous, nous allons y mourir..... Grand Dieu, mourir !.... aucun espoir!.... Savez-vous ce que c'est que la mort?

— Et toi, le sais-tu ?..

— Que trop, dit le tremblant médecin.

— Et tu penses vivre!... s'écria le soldat, lâche!.. Si quelque chose est rien, la mort est encore moins.

— C'est bien facile à dire, mais vivre est notre plus beau patrimoine, et notre père commun fut juste, car...

— Lâche ! interrompit encore Castriot.

— Qu'a de plus que moi le plus grand roi du monde?... Dans le vivre, je ne le cède qu'à Dieu!.... Lui !.... il vit toujours.

— Lâche! répéta Castriot en caressant son sabre.

A ce moment, un léger bruit se fit entendre, et le docteur tressaillit d'espérance pour lui-même.

— Serais-je sauvé !... dit-il.

L'Albanais s'écria : « Pourrait-elle l'être !... » en ne pensant qu'à sa bienfaitrice. Ils prêtèrent une oreille attentive : mais c'était l'intendant qui secouait ses habits, en pressait l'eau, tâchait de les sécher et de les brosser, en se servant alternativement de chacune de ses manches; il comptait combien il lui manquait de ses ferrets d'argent...

— Au moins, murmurait-il, je ne craindrai plus la corde !.... je mourrai de ma belle mort; et, encore, vivrai-je au moins trois jours sans rien dépenser !...

Castriot, tout en colère, réchauffait la princesse en répétant : Le lâche !... Enfin, un rayon de soleil, perçant le voile épais des nuages, fit voir au fidèle Albanais Clotilde ouvrant ses deux beaux yeux bleus affaiblis par la souffrance !...

— Où suis-je?.... dit-elle d'une voix douce.

— Hélas ! madame, *je* suis rayé de la liste des vivants ! répondit le docteur.

— Tais-toi, vieux radoteur ; lâche! n'effraie pas les autres. Madame, dit l'Albanais en se tournant vers Clotilde, nous sommes en danger. . . . . mais vous vous sauverez peut-être. . . .

— Et comment? s'écria Trousse ; les morts n'ont jamais levé leur marbre funéraire ! . . .

A ces mots, Clotilde leva les yeux sur les flancs rougeâtres de cette espèce de tombe, et chacun l'imita. Cet aspect lugubre n'attrista point la princesse. . . . . En général, la jeunesse, insouciante et gaie, ne conçoit pas la mort ; au printemps de la vie on ne voit partout que des roses ! . . .

— C'est un bienfait du ciel . . . murmura-t-elle ; que de malheurs cette mort m'évite ! *Ah! je sens que je l'aurais aimé !* . . . . . . Je meurs au moment de goûter le festin de la vie ! . . . . . N'importe, je me retire enivrée ! oui, si l'existence réside en l'usage, j'aurai vécu huit jours pleins ! huit siècles !... *et je serai pleurée !...*

A cette pensée, elle tire de son sein la fleur de l'Israëlite et la sent avec délices ; pour elle, cette fleur possède un charme rare, elle semble cueillie sur les bords du Léthé, car Clotilde oublie le danger présent, et son âme, toute en proie à des voluptés idéales, déguise l'horreur de cette tombe, en brodant de fleurs le suaire dont s'enveloppe son amour sans espoir.

— Madame, murmura le docteur, quelle horrible situation pour un homme qui n'a pas gaspillé sa vie de la perdre par un tel événement !...

— Mon pauvre maître Trousse, je sens combien je suis coupable ; j'ai causé votre perte ; j'en suis au désespoir !...

L'intendant, se rapprochant de Clotilde, s'écria : « *J'avais bien dit qu'il m'arriverait malheur !...* » Puis, il s'assit sur une pierre avec une résignation morne.

Le silence régnait dans la grotte, comme si personne ne l'habitait ; et ces malheureux se jetèrent des regards désespérés ; la princesse seule avait sur ses lèvres pâlies le doux sourire des amours ; sûre de mourir, elle se livrait tout entière au charme de s'avouer sa flamme innocente, et ses yeux brillaient de joie......... Elle repassa dans sa mémoire les moindres événements de ces huit jours, et s'environna de tous les enchantements de l'amour...

Castriot pleurait de rage en voyant le visage gracieux de sa maîtresse.

— Elle a plus de courage que moi!... se disait-il, et voilà les Lusignans perdus!...

Il se lève, et suivi de ses compagnons d'infortune, ils se hissent près de la fente du rocher, et s'écrient à la fois, avec toute la force du désespoir : — Au secours! Ils entendirent les sons de leur voix s'étendre sur la vaste plaine des eaux, et les échos des montagnes les prolonger.... Point de réponse!...

Trois fois ils crièrent, et trois fois l'imperturbable silence de la nature leur signifia qu'ils devaient mourir!...

Alors la rage s'empara de leurs cœurs, ils assemblèrent leurs forces contre le rocher, et semblables à ces enfants qui frappent la pierre dont ils sont blessés, ils déchargèrent leur fureur sur cette masse de lave, en cherchant vainement à l'ébranler : le destin n'est pas plus inflexible!.... Castriot, tirant son sabre, essaya de miner la fente légère, mais il s'aperçut que ce rocher de granit userait son sabre, avant d'avoir laissé place pour le passage d'une souris.

Le découragement se glissa dans leurs âmes et en consuma la force, aussi rapidement que le feu dévore un toit de chaume. Ils revinrent prendre leurs places et l'attitude du désespoir; leurs yeux fixes regardèrent la terre en paraissant craindre l'aspect de ce groupe de douleur faiblement éclairé..... Cette lueur fugitive, ce rayon fluet était l'image du peu de vie qui leur restait!... les plus tristes réflexions vinrent errer dans leur imagination et le silence de la mort régna par avance!...

Oublieuse du danger et toujours suspendue dans un monde idéal, la princesse en fut tirée par la vue de la douleur morne de ses compagnons. « Mes amis, leur dit-elle sans que sa voix enchanteresse fît impression sur leurs âmes, car nul mets n'a de goût pour un condamné; mes amis, pourquoi nous attrister, si notre douleur ne change pas l'arrêt du destin?... Vivons toute notre vie! la dernière heure est quelquefois la plus suave; il est un charme dans les adieux!..

— Ah! madame, vivre est tout! s'écria le docteur.

— Si cependant on gagnait à mourir!... dit l'intendant.

— Peut-être!... répliqua Castriot; après tout, les mortels se passent le flambeau de la vie les uns après les autres; dans quel but?... nous l'ignorons....

A ce mot, le silence de la vie ne fut plus interrompu . . . . . . . . . . . . . .

(Il y a dans le manuscrit une lacune.)

Trousse s'écria : J'ai faim! . . . . . . .

La voix de l'égoïste avait une expression qui faisait frémir.

— Et vous, madame? demanda l'Albanais à Clotilde.

— Je souffre et je me tais!... répondit-elle d'une voix altérée.

— Entends-tu?.... dit l'Albanais au docteur avec un regard de reproche. — Les boyaux de la jeune fille retentirent de ce bruit qui précède l'extrême faim!

A cet avertissement, Castriot, fronçant ses noirs sourcils, jeta de temps en temps des regards avides sur Hercule Bombans et le docteur Trousse, en les comparant l'un à l'autre.

Le pauvre docteur ne les comprit que trop, et l'Albanais n'avait pas besoin d'y ajouter, pour commentaire, cette caresse habituelle qu'il faisait à la poignée de son sabre.

— Moi!... je ne suis pas très-gras, observa Trousse en tremblant, et ces événements, en agaçant mes nerfs, auront rendu ma chair très-coriace, car j'ai soixante ans!... ajouta-t-il en se vieillissant de vingt ans.

— J'en ai soixante-dix! s'écria Bombans effrayé.

— Cela ne changera pas ma résolution, dit l'impitoyable Castriot; aussitôt que la princesse ressentira la faim, je tuerai Trousse, comme le plus gras; l'intendant après Trousse, et moi-même après l'intendant!...

— Qu'entends-je? s'écria Clotilde. Castriot, j'aime mieux cent fois périr!...

— Non, madame,... dit l'Albanais avec l'accent immuable du destin.

— Castriot, je vous ordonne,... répliqua-t-elle en pleurant.

— Madame, dit-il en tirant son sabre, je suis le maître, et...

A ces mots la princesse s'évanouit... Castriot, croyant que c'était de besoin, brandit son sabre..... Trousse et l'intendant, se comprenant par un regard, se jetèrent sur l'Albanais furieux, pour lui arracher son arme... Un combat s'engagea sur le cadavre de Clotilde...

La lutte ne fut pas longue; Castriot, se reculant de trois pas, abattit d'un coup violent l'intendant, qui tomba par terre; et roulant des yeux animés par la rage, il levait son sabre sur le col de Trousse, lorsque la princesse, se relevant, arrêta son bras en s'écriant d'une voix déchirante : « Je n'ai plus faim!... »

A ce moment, un horrible craquement retentit; et son bruit semblait annoncer de nouveaux malheurs; le fond de la grotte parut se mouvoir; la princesse fut joyeuse, en pensant qu'ils allaient tous mourir d'un coup. L'intendant, malgré sa résignation, et le pauvre Trousse, tremblèrent comme les feuilles en novembre, et Castriot éleva ses mains pour soutenir la voûte au-dessus de la tête de Clotilde!...

Le flanc de la grotte se retira comme par enchantement, une lumière vive illumina ce théâtre d'horreur, et, du milieu d'un palais souterrain, l'on aperçut, comme un Dieu protecteur, le beau Juif, environné d'un nuage de lumière et d'une auréole céleste!... Soudain un cri de joie frappa la voûte, rendue moins sonore par les ornements de tout le luxe de l'Orient. En effet, les étoffes les plus précieuses, plissées avec élégance, forment un dais de pourpre et descendent en tapissant les parois volcaniques de la grotte. Tous les plis ondulés de l'étoffe se rattachent, au milieu de la voûte, à une rosace d'or du plus beau travail, et de cette rosace pend une lampe d'argent, remplie d'huile odorante; un magnifique tapis de Perse déguise le sol poudreux; tout à l'entour de cet appartement règne un divan en bois d'ébène enrichi d'or; des coussins moelleux et à glands de soie y sont à profusion; aux quatre coins, s'élèvent des colonnes brisées; elles supportent des trépieds d'or d'un goût exquis, d'où s'échappe la fumée bleuâtre des parfums de l'Arabie; des vases précieux, des pierreries, des curiosités, des livres, embellissent cette délicieuse retraite!...... L'étonnement a saisi chacun, et l'intendant reste la bouche béante devant tant de richesses..... Ce coup d'œil fut l'affaire d'un moment!...

— Madame!...... dit l'Israélite aussitôt qu'il parut; je n'hésite pas à vous découvrir un asile devant lequel, depuis deux cents ans, ma famille vit expirer la haine de la terre et le pouvoir des rois!... Je sais, qu'en vous sauvant, je perds tout, car l'intolérante persécution et la haine n'ont point de mémoire dans le cœur.... Lorsqu'on nous poursuivra, ce refuge, fruit de la prudence de mes ancêtres, ne sera plus impénétrable, et nos richesses seront la proie de nos persécuteurs. Mais j'éprouve une douceur extrême à tout sacrifier pour votre vie!... elle vaut tous les biens de la terre et tous les Juifs qui l'habitent!...... Venez, ô ma bienfaitrice! venez, je vais vous rendre au jour...... Quel que soit le faible luxe qui décore ces parois, rien n'est beau que le ciel, et vous croirez, comme moi quand je sors, assister au premier jour de la création....

Il aurait pu parler cent ans.... cent ans Clotilde l'eût écouté!.... N'en croyant pas ses yeux, elle contemple le beau Juif d'un œil affamé...... Elle le quitte un instant pour parcourir d'un regard curieux cette demeure qui recèle Nephtaly. Sur une table d'ivoire et d'or, elle remarque son bouquet placé dans un vase murrhin et tout près d'un luth précieux dont elle entendit naguère les tendres accords......

A cette vue, une joie céleste s'empara de son âme, et Castriot attribua l'oscillation de son sein à la surprise de devoir la vie à un Juif.

Avant que l'on entrât, le bel Israélite s'élança, et la princesse inquiète le vit se diriger vers sa place habituelle; il ôte, avec une soigneuse précipitation, le gland de la tunique qui se trouvait, comme une relique d'amour, posé sur un coussin précieux; songeant que ce talisman pourrait être reconnu, il le cacha sous son luth.

Cette délicatesse de sentiment toucha plus Clotilde, que le soin qu'il avait eu de lui sauver la vie; elle comprit que cet homme l'aimait pour elle-même, et que la vanité cédait à l'amour.

Aussi, quand il revint, Clotilde tirant de son sein sa fleur chérie, la sentit, en souriant de ce doux sourire produit par la seule volupté de l'âme..... En reconnaissant la fleur qu'il apporta le matin, le beau Juif change de couleur, il pâlit et s'écrie :

— Ah! je sens que l'on peut mourir de plaisir!...... quand on a sauvé sa bienfaitrice, ajouta-t-il en remarquant l'œil ardent de l'Albanais........ Ai-je besoin de dire que Clotilde le comprit?

Ces mouvements furent rapides et incompréhensibles pour les trois spectateurs, qui, du reste, ne se lassaient pas d'admirer ce lieu qui semblait le trône du roi des Gnômes.

— Je suis lasse et veux me reposer un moment...... dit la princesse en courant s'emparer avec avidité de la place que le froissement des coussins indiquait être celle du bel Israélite; elle s'y pose complaisamment, étale ses bras d'ivoire en foulant la pourpre; et regarde les riches ornements, le luth, les vases, surtout les fleurs qu'elle jeta le matin dans les flots... et qui semblaient l'amulette protecteur du Juif.

La douceur des parfums, la gracieuse recherche de ce lieu tout plein de Nephtaly, sa présence, le souvenir du danger qu'il venait de prévenir, et, plus que tout cela, la correspondance secrète de leurs âmes embellissaient ce moment d'un charme inexprimable : la princesse ne pouvait s'empêcher de porter fréquemment sa vue sur Nephtaly, qui fit asseoir ses hôtes sur les coussins, et leur présenta de l'hypocras et du vin de Chio... Quant à lui, il resta debout dans une humble contenance.

Gracieux Raphaël! toi seul pourrais rendre la molle langueur des regards du Juif et de la princesse, et cette attitude extatique qui dévoile l'amour...... Mille pensées, légères comme les bizarreries d'un songe, voltigèrent dans leur imagination, et ces pensées leur furent communes. Si Nephtaly rêva des baisers imaginaires savourés sur la bouche de rose de Clotilde,... Clotilde retint Nephtaly dans ses bras; elle le pressa, posa cette tête charmante sur son sein palpitant.... et son chaste cœur ne devina pas de plus suaves voluptés!...

Ce sont ces idées involontaires qui, retenues captives par la pudeur, font briller nos yeux du feu de Prométhée. En vain Clotilde veut les chasser; un malin démon les enfante à plaisir, et, quoiqu'elle détourne souvent ses regards de dessus le Juif immobile, ce démon la pousse à lever ses yeux plus souvent encore..... enfin elle s'écrie d'une voix enchanteresse :

— Nephtaly!.... Autant elle eut de joie en prononçant ce nom, autant en ressentit le Juif en s'entendant nommer par Clotilde....... Nephtaly, je vous donne l'assurance que votre asile sera respecté : j'oublierai, *s'il se peut*, de l'avoir vu !.... Quant à ces gens, soyez sûr de leur discrétion..... Leur silence sera semblable à celui de la mort dont vous les avez sauvés !...

Le Juif, les yeux toujours attachés sur la fleur avec laquelle la princesse badinait, resta muet, et Clotilde comprit son silence.

— C'était un bien honnête homme! dit tout bas l'intendant en se promettant bien de lui redemander les cinq cents livres qu'il croyait lui être dues. Trousse savourait la vie, et ne répondit rien... mais Castriot se lève, s'approche de Nephtaly, lui saisit la main et tire son sabre :

— Mon ami, tu n'es plus Juif pour moi, puisque tu viens de te dévouer pour sauver ma bienfaitrice : songe que Castriot et ceci te défendront contre tous tes ennemis, lorsque le salut et l'intérêt du prince ne s'y opposeront pas !..... Et vous, ma bienfaitrice, je sais que vous m'avez recueilli, tenu lieu de mère, que j'ai mangé votre pain de bienfaisance, il me fut délicieux, madame! dit-il d'un ton plus grave, je crois m'acquitter de tout, en taisant que vous avez été dans la tanière d'un Juif!... du reste, mon silence sera comme mon dévouement..... éternel !...

La princesse le remercia par un de ces regards qui donnent la vie et qui font naître dans le cœur des ouragans de désirs.

— Vous,... reprit Castriot en s'adressant à Trousse et à Bombans qui buvaient toujours, s'il vous arrive d'en lâcher une parole et de nuire au Juif Nephtaly..... toi, Bombans, je déclare au prince que tu possèdes....

— Chut !... dit l'intendant, j'obéirai !

— Et toi, continua l'Albanais en faisant voir de près son sabre à Trousse, si tu n'oublies pas cet asile, je te trousse..... Tu aimes la vie ?...

— Moi...

— Silence ! s'écria Castriot, si tu veux vivre !

La princesse et Nephtaly, se dévorant l'un l'autre des yeux, n'entendirent pas ce colloque.

— Si je pouvais l'aimer.... ma vie serait une extase perpétuelle... mais un Juif... le dernier des hommes !.... Ainsi pensait Clotilde !... — Qu'elle dise, *je t'aime*, et je meurs content !..... Ainsi pensait Nephtaly : et leurs regards trahirent leurs pensées, car les trois quarts de ce qui se dit en amour s'exprime par l'œil... Aussi Clotilde s'écria-t-elle tout bas :

— L'air de ces lieux est mortel pour mon bonheur !... Nephtaly, continua-t-elle à voix basse, en lui montrant le divan pour qu'il vînt s'y asseoir, si vous avez un sentiment généreux pour Clotilde,... promettez-moi de ne plus venir sur la Coquette.....

Une grosse larme humecta l'œil du Juif et la princesse sentit tressaillir le plus profond de son cœur.

— Madame, répondit-il à voix basse, ma vie vous est consacrée ; lorsque vous me direz : *meurs !...* je mourrai... Toutefois, sachez que c'est me l'ordonner que de me faire renoncer à votre aspect; l'endroit que vous habitez est pour moi tout l'univers ! et le reste... l'autre monde !

— Nephtaly, combien de fois faudra-t-il donc que vous voyiez *votre bienfaitrice*... Voulez-vous que...?

Elle s'arrêta de peur d'en trop dire.

— Madame, vous venez du bord de la mer ; si vous en avez compté les grains de sable, vous aurez marqué combien d'années vivra ma *reconnaissance*.

Clotilde soupira.

— Hélas! je sais tout ce que me dit ce soupir.....

Malheureux, s'écria-t-il en déchirant sa précieuse dalmatique, peux-tu donc oublier que tu es un animal immonde, rebut de la terre qui te dénie les droits de l'homme !... Depuis le jour que je vous vis, madame, mon cœur m'a convaincu de l'injustice de la terre !... O Judas ! que de malheureux tu as faits !...

— Nephtaly, quel est donc votre espoir ?...

A son tour il soupira.

— Que devenir ?...

A ce mot l'Israélite leva ses yeux et sa main droite vers le ciel comme pour lui redemander, par ce geste, l'égalité de la nature, puis il revint tristement puiser la vie dans l'aspect de la princesse.

— Songez-vous, Nephtaly, que le ciel ne peut rien et que vous devez...

A la contenance du Juif il était facile de voir qu'il allait répondre : « L'amour ennoblit tout, et le temps tire de l'urne du destin les arrêts les plus bizarres.... Si vous deveniez orpheline !..... pauvre, abandonnée !... cette retraite...

La princesse le comprit et s'arrêta... Et comme l'homme espère jusqu'au tombeau, Clotilde, écartant tout ce qui pourrait troubler sa pensée, crut entrevoir une ombre d'espérance, que la réflexion devait détruire ; mais, pour le moment, elle s'y livra tout entière et la prudence s'envola en gémissant.

La modeste retenue du beau Juif qui n'exigeait rien, son culte silencieux émurent le cœur de la princesse, et le donnèrent à jamais à l'Israélite; cette minute décida de l'âme de Clotilde, sans que la jeune bachelette s'en aperçût, car elle avait encore un reste de fierté qui l'empêchait de se l'avouer à elle-même.

Castriot, regardant une magnifique clepsydre, s'écria : « Madame, il est bien tard et le roi doit être au supplice!... »

Clotilde se leva précipitamment; alors l'Israélite furieux brisa l'horloge importune en mille pièces; bien en fut-il récompensé par un regard d'amour!... Ce fut à regret qu'il guida ses hôtes à travers un labyrinthe d'escaliers et de grottes ménagées dans l'intérieur du rocher du Géant. Bientôt Clotilde se trouva dans le cratère d'un volcan éteint... Nephtaly leur montra la falaise et dit à Clotilde un « Adieu madame!... » qui fit tressaillir jusqu'au terrible Castriot. La princesse salua son libérateur par un geste de main plein de mélancolie; et plus pensive que jamais, elle s'en fut à pas lents!... En sortant de cette rêverie, elle remarqua que ses vêtements étaient souillés, que sa chevelure en désordre couvrait son sein d'un voile noir, qui, laissant des interstices, rendait plus éclatante la blancheur de sa peau satinée : sa tunique mouillée, les algues et les mousses qui ornaient sa tête, lui donnaient l'air d'une naïade; et l'amour avait jeté sur cette scène un tel charme, que le Juif ne s'en était pas plus aperçu qu'elle... Clotilde se retourna pour admirer la beauté pittoresque des rochers du Géant, bouleversés par l'orage... Alors elle vit le bel Israélite, qui, plongé dans une extase profonde, la suivait de ses regards; il ressemblait, par son immobilité, à Niobé près de devenir rocher.

L'air purgé par l'orage était suave et la mer apaisée; les fleurs exhalaient leurs plus doux parfums; le chant des oiseaux avait quelque chose de voluptueux; enfin la nature semblait solliciter l'attention de Clotilde par cette amoureuse coïncidence... mais non! La jeune fille ne voit rien de tout cela.... son pied léger foule à peine la terre; et elle paraît dédaigner le ciel, tant elle est heureuse et tant son cœur est chargé de pensées nouvelles!... Le bonheur nous rend presque athées... les infortunés seuls regardent les cieux!

Ce fut alors que Clotilde conçut la vie!... et semblable à l'athlète qui vient pour la première fois aux jeux olympiques, elle admira l'étendue du cirque : l'espérance, aux doigts fragiles, en ouvrit la barrière et son imagination le parcourut semé de fleurs, de même que l'athlète croit à victoire!..... Mais que d'anxiétés dans l'amour!... Pauvre Clotilde!...

## X.

*Et l'on verra venir sur un beau destrier*
*Un étrange inconnu, de plus bon écuyer,*
*Beau, bien fait, amoureux, ayant tout le courage*
*Des fils aimés des cieux, et des rois le lignage!...*
(*Prédictions de Merlin, mises en vers par un anonyme.*)

*Les plaisirs près de moi vous chercheront en foule.*
*Le bonheur des méchants comme un torrent s'écoule.*
(RACINE, *Athalie*.)

*Si les plaisirs peuvent se comparer à des fleurs, la joie d'un père est un lis d'une pureté, d'une blancheur éclatante.*
(ANONYME.)

Malgré tout le plaisir que l'on éprouve à suivre cette charmante Clotilde, l'abrégé des perfections humaines, il nous faut revenir à cette hôtellerie située au coin de la jonction de la route d'Aix et de celle qui conduit au château de Casin-Grandes.

Le sire Enguerry rongea son frein en entendant son éloge, fait de main de maître par plusieurs paysans ruinés; il s'impatienta!... Une femme impatientée ouvre la bouche et ne la referme que pour prononcer indistinctement les mots que lui souffle la colère, mais un homme... se promène sans rien dire. C'est ce que fit le Mécréant. Il marcha de long en large, notant du coin de l'œil les paysans qui le maudissaient, et à chaque fois qu'il arrivait à une mauvaise fenêtre qui se trouvait contre la porte de l'hôtellerie, il regardait si l'orage cessait, ce qui ne tarda pas; mais il fallait encore attendre que les eaux fussent écoulées; alors il prit le parti de s'asseoir au coin d'une vaste cheminée.

Une jeune et jolie fille vint aussi chercher un asile dans l'hôtellerie; ses pieds n'avaient aucune tache de boue et ses vêtements étaient à peine mouillés. C'est cette circonstance qui la rendit l'objet de l'attention générale lorsqu'elle entra; chacun tâchant de deviner comment il se pouvait que cette petite sorcière eût reçu l'averse sans se crotter la jambe... mais ce n'était pas là le plus extraordinaire de son aventure!...

— Vous voilà, mademoiselle, dit l'hôtesse, en allant au-devant d'elle avec un certain respect; approchez-vous du feu! faites-lui place, vous autres!... Je croyais que votre service auprès de la princesse vous prenait tout votre temps. Que se passe-t-il au château?... Que vous êtes heureuse d'être avec la fille d'un roi! Comment se porte M. Hercule Bombans votre père?...

A ces mots les paysans ne pensèrent plus mal de la fille de l'intendant, et Josette répondit :

— Très-bien madame!...

— Est-il toujours soucieux?...

— C'est un bien honnête homme!... s'écria un paysan dont le terme du fermage approchait.

— Et d'où venez-vous, sans curiosité?... demanda l'hôtesse.

— De Montyrat, répondit Josette en rougissant jusque dans le blanc de ses yeux.

La jeune Provençale était tout en émoi ; ses joues pâles, ses cheveux dérangés, et ses yeux fatigués annonçaient qu'elle venait de faire une bien grande course!... et, je crois, en vérité, qu'il n'existe pas dans la vie, hors la minute qui précède la mort, une traversée plus longue que celle de Josette, telle courte qu'elle puisse sembler..... Josette n'osait presque lever les yeux ; cependant elle trouva moyen de lancer sur l'assemblée des coups d'œil plus savants que ceux du matin : ses œillades friandes avaient ce feu qui distingue les yeux du midi ; je ne sais quel épanouissement régnait sur la figure animée de Josette : quand on a bu de l'ambroisie, il en reste toujours une certaine odeur!... Cet état, que toute femme devine, n'échappa donc pas à l'hôtesse qui trouva l'ample matière des discours du lendemain... Alors il courut les bruits les plus étranges sur la fille d'Hercule Bombans..... mais j'affirme, sur mon honneur, qu'elle était innocente!... sans cependant affirmer qu'elle eût conservé ce dont on est épris en France et ce qu'on méprisait à Sparte!...

— Vous êtes donc du château de Casin-Grandes ? demanda le Mécréant.

— Oui, monsieur.

— Vous êtes fille de l'intendant?...

— Oui, monsieur.

— Alors vous savez si la princesse Clotilde...!

A ce mot, Enguerry fut interrompu par l'arrivée d'un autre personnage extraordinairement intéressant. Il venait de la route d'Aix, capitale de la Provence, et il allait prendre celle de Casin-Grandes, lorsqu'en passant devant l'hôtellerie, il entendit prononcer le nom de la princesse de Chypre. Or rien ne fut si facile, car il laissait marcher négligemment son cheval, dans le moment où Enguerry parla de Clotilde ; je dis dans ce moment-là ; car, le destrier étant couvert d'écume, cela suppose une marche très-précipitée. Or, à ce compte, il y aurait contradiction dans la conduite de l'étranger ; mais, les Camaldules ont tout expliqué... voici comme.

*Les grands chagrins*, disent-ils, *produisent à la longue une mélancolie qui se fait sentir dans les moindres actions de ceux qui sont attaqués de cette langueur morale...*

Ainsi le cheval d'un mélancolique sera forcé de galoper une lieue, et d'aller au pas l'autre lieue, selon les distractions de son maître...

Néanmoins, les mêmes Camaldules avouent *que ce personnage n'avait pas de chagrin... mais il n'é-* *tait pas joyeux non plus :* la mélancolie est peut-être la moyenne proportionnelle entre ces deux quantités morales.

*... Une âme forte et grande surmonte la fortune, bonne ou mauvaise ; une âme basse penche vers le crime ; il n'appartient donc qu'aux gens d'un caractère tranquille, d'un esprit tant soit peu superstitieux, et d'une imagination disposée à la rêverie de devenir mélancoliques...*

Eh bien, foi d'auteur ! le personnage dont il est question possède une âme magnanime, il est brave, bel homme ; point superstitieux, pour rêveur ? je n'en répondrais pas.

*... Les injustices de l'amour, la perte de ce qui nous est cher sont les principales causes de cet état qui n'est ni maladie, ni défaut, ni perfection de l'âme...*

Or je déclare, moi, lord Rhoone, que ce cavalier n'a rien perdu d'essentiel, soit dans sa famille !..... hélas, que dis-je ?... il a perdu sa mère !... cependant, comme elle mourut en le mettant au monde, il ne l'a pas connue et partant ne peut avoir aucun sentiment pour elle. Je reprends donc... qu'il n'a rien perdu de ce qui nous est cher ; et qu'alors il est très-apte à fournir une longue carrière, sans que son cheval bronche. Il n'est point marié, n'a point d'enfants, et conséquemment il ne peut ressentir aucune des grandes peines de l'humanité, puisque son père vit encore !... et cependant, disent les Camaldules..... *Il est mélancolique......*

Le serait-il de caractère ? qu'a-t-il enfin ?... demandons plutôt ce qu'il n'a pas ?...

En commençant par ce qu'il a, car c'est le plus visible, nous viendrons peut-être à trouver ce qui manque à son bonheur !... je gage que toutes les femmes qui me liront l'ont déjà deviné !...... néanmoins elles ne savent pas ce que je vais dire :

Il a d'abord un très-beau casque d'acier bronzé, surmonté de belles plumes noires, son gorgerin est noir, sa cuirasse est noire, ses brassards, sa cotte de mailles, le fourreau de sa large épée, ses cuissards, ses gants, le harnais de son beau cheval noir, tout est noir ; son écusson n'offrait aucune marque héraldique, si ce n'est un tournesol privé de l'astre qui lui donne la vie, et l'on lisait (ceux qui savaient lire), en lettres noires : *dueuil à qui n'est pas aimé...*

Il régnait, dans les mouvements de ce cavalier, une grandeur simple et naturelle, un air dégagé, sans apprêt, qui dévoile les hommes au-dessus du vulgaire, car sans démentir l'épigraphe de ce livre, on distingue l'allure d'un pauvre auteur et d'un homme de peine, de celle d'un gros banquier ; cela ne prouve pas néanmoins que nous ne sommes pas égaux !... tous les chênes sont chênes, mais il en est de gros, de fluets, de tortus, de droits !...

Ce chevalier, sur lequel les Camaldules appellent

toute notre attention, était sans doute un de ces paladins, grands redresseurs de torts et servant les princes opprimés, un fils de famille allant chercher, à cheval, les aventures que de nos jours nos jeunes gens cherchent en poste, sous prétexte de s'instruire : enfin un de ces preux, comme cette époque en fournit encore quelques-uns ; hélas! ce furent les derniers! et ce beau temps, l'âge d'or de l'Europe, ce temps où les hommes se battaient sur les grands chemins pour les dames, espérant sans doute que quelque jour elles se battraient pour nous ; cette époque où, pour un bien, arrivaient mille maux; enfin ce règne de l'adresse individuelle disparut devant l'invention déloyale du canon : l'*ultima ratio regum*, la logique éternelle!...

Ce qui prouve que ce cavalier noir était un homme au-dessus du commun, c'est qu'il sentit qu'il devait dire quelque chose en entrant : aussi demanda-t-il d'un air de curiosité :

— Quelle est la route qui mène à Casin-Grandes?... Mais sa curiosité jalouse se portait plus particulièrement sur le Mécréant, auteur de la question sur Clotilde ; ce qui peut faire présumer qu'il connaissait Clotilde, car je veux tout expliquer, pour éviter les commentateurs, si, par hasard, cet ouvrage ne meurt pas en huit jours.

L'hôtesse indiqua le chemin... certes on indique un chemin du doigt en disant : « Le voici : » mais l'hôtesse prit le chemin de Lafontaine quand il allait à l'Académie :

— Monsieur, s'écria-t-elle d'une voix criarde, ah! vous voulez savoir la route de Casin-Grandes! mais elle est faite depuis longtemps, c'est vous dire qu'elle n'est pas en trop bon état et qu'elle doit être impraticable ; si vous attendiez, j'ai du vin d'Orléans ; et voici la fille de l'intendant du château qui s'en retourne dans une minute, elle vous tiendra compagnie, et certes elle est gentille et dans ce pays nous avons assez généralement de l'esprit et les Provençales sont de bonne compagnie et..., etc., etc.

Qu'il vous suffise d'apprendre qu'elle parla pendant cinq minutes, et que ce qu'elle débita remplirait de vide vingt bonnes pages.

Le cavalier noir et le sire Enguerry s'examinaient avec l'attention farouche de deux rivaux, mais le Mécréant ne put en aucune manière voir le visage de l'étranger, sa visière était baissée et les jours si serrés que l'on n'apercevait rien au travers.

— La princesse Clotilde n'est pas mariée? dit le Mécréant en reprenant sa conversation interrompue par l'arrivée de l'inconnu.

— Non, monsieur, répondit Josette avec un petit air d'importance.

— C'est bon, s'écria-t-il, car mon voyage serait fini....

A ce mot le cavalier noir se tourna brusquement vers le Mécréant avec un air d'étonnement mêlé de dédain qui semblait dire : « Qui es-tu pour prétendre au parangon des femmes?... à une reine?... »

Ces pensées furent arrêtées par l'interrogation suivante faite par l'hôtesse à l'étranger :

— Monsieur vient d'Aix...?
— *Peut-être*, répondit-il.
— Dit-on, demanda le Mécréant, que le prince Gaston soit arrivé d'Asie, de Chypre, du diable!... avec je ne sais combien de chevaliers bannerets?
— *On l'ignore*, répliqua le taciturne chevalier.
— Tant mieux, répondit Enguerry ; sans doute il soupire auprès de quelque pièce de satin, pour savoir si le contenu d'icelle l'aime ou ne l'aime pas, plutôt que de régner! Au surplus tant mieux.... Mon bel ami, continua-t-il enchanté de cette nouvelle, si vous allez à Casin-Grandes nous ferons route ensemble!...

Pendant ce discours l'étranger donna quelques signes de colère en grattant la terre avec la pointe de son épée et en frappant du pied.

Enguerry se leva et le cavalier noir l'imita sans rien dire.

— Allez avec eux, mademoiselle, dit l'hôtesse à Josette, la nuit s'approche.

— Nenni, répondit Josette, et ma réputation?....
— Bon s'il n'y en avait qu'un?.... mais deux!
Malgré ce profond raisonnement de l'hôtesse, Josette attendit et les suivit de loin.

— Dirait-on pas qu'elle a grand' chose à perdre? s'écria l'hôtesse aussitôt qu'elle fut partie... Ce blasphème étonna les paysans, et il s'entama une dispute ; le défenseur de l'honneur des Bombans fut le fermier qui n'avait pas encore payé son terme. Laissons-les se quereller, car je n'aime que les raccommodements.

Le Mécréant et l'inconnu cheminèrent quelque temps, sans que ce dernier desserrât les dents. Enguerry, toujours occupé de ses intérêts, songea, d'après l'encolure de ce cavalier et la manière dont il se tenait à cheval, que ce serait une excellente acquisition pour sa troupe, d'autant plus qu'il était mécontent de le Barbu son lieutenant ; il dit donc à l'inconnu :

— Beau sire, il paraît que vous avez guerroyé?....
— *Beaucoup.*
— En France!...
— *Non.*
— Tant mieux, dit en lui-même le Mécréant, je gage, continua-t-il, que vous êtes brave!...
— L'ennemi le sait.
— Comment se fait-il qu'un bon soldat comme vous coure après une viande aussi creuse que l'amour, ainsi que le dit votre devise?

— Chacun son faible, répliqua le taciturne étranger.

— Croyez-moi, renoncez à cette chimère.

— Chimère!... O Dieu du ciel! s'écria l'étranger en colère, n'as-tu pas rendu l'amour un allégement des misères de cette vallée de passage! et le cœur d'une femme qui nous chérit réellement n'est-il pas la source du bien, l'antidote du mal?... Oui, qui ne se plaît pas au doux servage, je le tiens félon ou prêt à le devenir.

— Eh! l'ami, vous brillez dans les orémus... chansons que tout cela. L'amour n'existe pas.

— Cela peut se dire... mais alors on ment par sa gorge! — Le ton de l'étranger avait un tel ascendant, une telle conscience de supériorité, qu'Enguerry ne voulut point batailler; il était même enchanté de cette ardeur.

— Et quand on le prouve?... répondit-il.

— Cela est impossible, dit l'inconnu se radoucissant.

— Beau sire, reprit le Mécréant, avez-vous aimé?...

— Oui, répliqua le chevalier noir en soupirant, et sans l'être jamais; mon rang ou mon abaissement, ma fortune ou ma pauvreté, ma laideur ou ma beauté, tout fut obstacle.

— C'est déjà prouver en ma faveur!... Continuons.... Aimez-vous?...

— Oui, pour la dernière fois!...

— Bon : dans quel but?...

— D'être heureux, c'est notre cause finale.

— Ah! mon cher soldat, est-ce de l'amour que d'aimer pour soi seul!.. Avouez que l'on ne cherche que son plaisir? et partant, l'on aime l'objet qui nous en donne le plus, si par *amour* l'on entend le *plaisir*, je suis d'accord.

— Hérétique, Mécréant!

— Aussi le suis-je. Mais convenez encore que si vous cessiez d'aimer votre maîtresse, il vous serait bien difficile de l'aimer une seconde fois! Vîtes-vous jamais jeune fille amoureuse d'un vieillard; car pour ce qui est des vieilles femmes, elles ne valent pas un zeste d'orange.

— Vous n'avez donc pas de mère?

— Si fait; mais, avouez que l'on ne cherche que son plaisir; qu'alors les formes et la beauté sont nos points cardinaux. En France, on nous aime plutôt par vanité que par ardeur amoureuse. Paris est un pays de femmes glaciales : en Italie, on aime tout ce qui est homme; en Espagne, on nous aime un à un, en nous chérissant beaucoup, car elles veulent contenter le corps et l'âme; chaque pays, chaque mode; mais la mode éternelle, c'est l'intérêt.... L'amour est donc un besoin comme le boire, et l'on ne boit pas toujours! dont bien nous fâche...

— Sire chevalier, répondit l'inconnu, laissez-moi mon erreur; elle m'est trop douce; je veux encore croire un moment à ce sentiment qui n'embrasse que la perfection de l'âme, à cet amour exquis, pur comme la neige qui n'a pas touché la terre, suave comme l'odeur d'une rose, et dans lequel on est certain que notre belle maîtresse ne pense qu'à nous, comme on ne pense qu'à elle; enfin, que l'on est une même âme. Se reposer sur le sein d'une telle femme, c'est une jouissance du paradis!...

— Ce n'est plus de l'amour!... car si vous ne cherchez que ce point, l'imagination peut vous fournir, comme aux faiseurs de vers, une maîtresse idéale... J'en reviens à mon dire, qu'amour est une petite rage.... Ainsi pensait Jean-Sans-Peur...

— Il tenait cependant à l'honneur de sa femme, car il fit assassiner le duc d'Orléans à ce sujet.

— Vous vous trompez! il fut, au contraire, très-content de ce prétexte pour tuer le duc, *j'en sais quelque chose...*: Ainsi pensait-il, ainsi je pense, ainsi pensèrent les grands capitaines, ainsi le veut la nature; et je n'en permets pas plus à mes soldats; l'homme et la société firent le reste...

— Et pourquoi sommes-nous donc au monde, si ce n'est pour aimer et jouir!...

— Jouir!... Certes, répliqua le Mécréant, donner de bons horions sans en recevoir, boire, rire, régner, se battre sans se soucier des robes et du dessous qui met mortel en tête aux amoureux transis; voilà ce qui doit occuper les hommes, et ce que je vous offre...

— Comment cela? demanda le cavalier.

— Écoutez!... vous me semblez bon compagnon, *je suis Enguerry le Mécréant.*

A ce nom, le chevalier noir fit un mouvement involontaire en regardant le Mécréant, qui lui dit :

— Auriez-vous peur?

— Peur! répondit l'étranger; quel est ce mot? Est-il anglais? je ne le connais pas; que signifie-t-il, je vous prie?...

— Bon!..... s'écria le Mécréant, en voyant la colère du chevalier, il me faut beaucoup de soldats comme vous. Venez avec moi! vous aurez l'occasion de faire fortune : si mes desseins réussissent, je vous promets un comté comme celui de Provence; en attendant, nul souci ne vous talonnera; le bon vin, la bonne chère, les filles des vaincus, ne vous manqueront jamais...... Tenez, incessamment nous pillerons ce château de Casin-Grandes et tous les trésors de ce bon roi Jean.

— Comment cela? interrompit le chevalier en cachant sa curiosité.

— Je viens demander la princesse; et, si l'on fait la sottise de me la refuser, je saccage tout...

— Vous prétendez à la main de Clotilde?

— Certes!....

— Et avez-vous beaucoup de soldats?
— Sept à huit cents chevaux....
— Et vous êtes Enguerry?... s'écria l'étranger avec mépris.
— En chair et en os.
— En ce cas, votre chair et vos os n'ont guère de prudence de dévoiler les secrets qu'ils contiennent.
— L'ami, le pouvoir est franc, et le lion ne déguise rien.
— Le pouvoir !..... Pour qui prenez-vous le souverain de ces lieux? s'écria l'étranger d'une voix fière et retentissante; ne croyez-vous pas à sa vengeance?...
— Ne savez-vous pas que je m'appelle Mécréant, et de fait ne croyant ni à Dieu ni au diable..... Est-ce que je connais les rois? ajouta-t-il avec un air de mépris.
— Vous ne les connaîtrez que trop tôt!... murmura l'étranger.
— Baste! ne m'avez-vous pas dit que Gaston était toujours à chercher des aventures?
— Il reviendra!...
— Au surplus, qu'il revienne, je m'en bats l'œil : je le défie. Ma retraite est un abri contre la vengeance des rois; elle en a vu périr plus d'un, aux pieds de ses remparts : on ne peut s'en emparer que par une certaine poterne, mais elle est toujours bien gardée.
— La foudre tombe partout, répondit brièvement le chevalier.
— Soit.
— Ce Gaston, reprit l'étranger, n'est donc pas brave, puisqu'on le redoute si peu?...
— Soudard!... dit Enguerry avec respect, le prince est une bonne lame, et je réponds pour lui. C'est me vanter que d'assurer que je le vaux. Allons, mon ami, voulez-vous mener la vie joyeuse d'un enfant sans souci?...
— Comte Enguerry, répliqua d'une voix sévère le chevalier noir, avez-vous regardé mes éperons?...
— Non, mon ami.
— Je m'en suis aperçu plus d'une fois..... Voyez-les donc! ils vous apprendront que j'ai fait les serments d'un loyal chevalier : Dunois les a reçus; ce serait me perdre d'honneur que d'être un de vos soudards, tous gibiers de potence!...
Ce mot fut comme le signal d'une tempête : en effet, une grêle de coups tomba : le Mécréant ayant détaché sa hache et le chevalier noir la sienne, ils se battirent à outrance. Josette, qui les suivait de près, admira quelques instants la vigueur d'Enguerry, l'adresse et le courage de l'étranger; puis, elle s'enfuit à Casin-Grandes, en pensant que ces chevaliers avaient une valeur intrinsèque au moins égale à celle de son cher Barbu.

Les deux adversaires luttèrent comme deux lions, mais le chevalier noir asséna sur le chef du Mécréant un si vigoureux coup, que le cimier du brigand en fut brisé. La nuit ne leur permettant plus de continuer :
— Bien, chevalier, s'écria le Mécréant étourdi du coup; Dunois se connaît en hommes; je suis bien sot de m'être fâché d'une vérité.... Touchez là, dit-il en lui présentant sa main.
L'inconnu, faisant semblant de ne pas entendre, piqua des deux, et le Mécréant, déconcerté, l'imita. L'avenue de Casin-Grandes se trouvant illuminée par des torches, les deux adversaires ne surent que penser de cette circonstance.
Ici, il faut nous reporter au moment où le pâtre, rapide comme la foudre, entra dans les cours de Casin-Grandes, en s'écriant : *Au secours!... Madame est en danger!...*
Ces mots retentirent et plongèrent le château dans un désordre presqu'aussi grand que celui dans lequel il se trouva, lorsque les pierres, la chaux, le sable, les charpentes qui devaient le former gisaient pêle-mêle.... Chacun s'ébranla, s'arma; tout, jusqu'à Marie, comprenant le danger, se précipita, en formant un groupe inquiet, dont les murmures frappèrent les airs très-inutilement...
Le chevrier arriva au conseil du prince, au moment où l'on venait de décider, au grand regret du jaloux évêque, que Monestan irait en ambassade à la cour de Naples, vanter la beauté de la princesse, assez adroitement pour enflammer le bon roi René, veuf depuis longtemps, et l'inciter à épouser l'héritière du royaume de Chypre; et sinon s'adresser à *Gaston II, son fils...*
Raoul raconte comment il a vu la princesse se promener sur le bord de la mer, comment la tempête a fait grossir et monter les vagues à une hauteur prodigieuse, et comment il n'a plus vu Clotilde!..... A ce récit, le prince et ses trois ministres sont comme frappés de la foudre!... Kéfalein parla le premier, en s'écriant :
— A cheval! vite, ma cavalerie!..... et il s'élança, suivi du pâtre.
— Grand Dieu, dit Monestan, en levant les mains au ciel, l'auras-tu protégée!...
— Tous nos projets s'évanouissent; plus de guerre, si la princesse est morte! continua l'évêque; Chypre est à jamais perdue!...
— Morte!... répéta le prince machinalement. Il se leva; mais la douleur le fit retomber sur son siège : Ma fille!... ma fille!...
Il descendit, soutenu par ses deux ministres, et voulut aller sauver sa Clotilde.
Ce fut un touchant spectacle que de voir le cortège de ce père désolé; entouré de tous ses gens, il se dirigea vers les falaises.

Les visages inquiets, la stupeur de chacun ne servaient qu'à prouver combien était grande la douleur du roi... La belle tête de ce vieillard, dénuée des couleurs vitales, portait l'empreinte d'une tristesse funèbre, quelques larmes s'échappaient de ses yeux privés de lumière, et son silence, plus morne que le silence du cortège, inspirait la terreur plutôt que les larmes. On alluma des torches; on se précipita vers la mer, et, malgré son grand âge, le roi, marchant avec la vigueur que donne le désespoir, se trouvait à la tête de cet escadron de fidèles serviteurs.

Vol-au-vent fut digne de ce nom. En peu de temps Kéfalein eut parcouru le haut de la falaise; il était guidé par Raoul. Le connétable s'étonnant de voir le pâtre aussi savant que lui dans l'équitation, tout en courant, lui criait:

— Bon cavalier!... Mon ami, la lieutenance de ma cavalerie est à toi : tu es digne de commander; je suis sûr que la charge que je fis à Édesse n'est pas plus...!

A ces mots il s'arrêta, car ils aperçurent la princesse; et Kéfalein revint, avec la rapidité de l'éclair, rassurer le monarque.

— Sire, elle existe!... s'écria-t-il en caressant Vol-au-vent couvert d'écume.

— Ah!... Ce monosyllabe fut toute la réponse de Jean II. Il s'arrêta en s'appuyant sur Monestan pour ne pas succomber à sa joie. Les rides du prince disparaissent, son front s'éclaircit, et, sans qu'il sourie, son visage offre les traits du bonheur; il dirige sa main vers le connétable, lui prend la sienne, et, la mettant sur son cœur, il fait entendre à Kéfalein qu'il battait un peu pour lui.

A ce geste, la plus belle des récompenses, le connétable regarda ses deux collègues avec orgueil, et s'écria :

— Que l'on dise que la cavalerie ne sert à rien!...

L'attitude du prince, la larme de joie qu'il laissait couler sur les traces de ses larmes de chagrin, émurent tous les cœurs.

— Ma fille!..... dit-il, en entendant son pas et le bruit soyeux de ses vêtements encore humides.

— Mon père!...

Ils sont dans les bras l'un de l'autre!..... A ce spectacle, à ces mots déchirants par leur accent, chacun, comme dans le conte de la Belle au bois dormant, garda sa même pose, tant on savourait le bonheur peint dans ce vivant tableau : les suaves caresses de la jeune épouse sont gracieuses, mais le baiser d'un père qui retrouve une fille qu'il croyait perdue, porte un caractère admirable : c'est la sainteté du sentiment, une volupté toute à part!....Le front large et majestueux, les cheveux argentés, le visage sévère et ridé de Jean II contrastent avec la blancheur, la naïveté, la douceur et la taille svelte de Clotilde..... elle est dans les bras de son père, comme une rose qui s'épanouit dans le creux d'un vieux chêne.

— Ma fille!..... te voilà donc?..... Il semblait à Jean II qu'un siècle se fût écoulé.

— Mon père! j'ai pensé ne plus vous revoir!.....

— C'est *moi* qui l'ai sauvée!... s'écria Trousse.

— Lâche! tais-toi, dit Castriot.

— J'y ai perdu dix de mes ferrets d'argent, mes souliers et ma médaille, observa Bombans.

— Je vous en donnerai d'autres, répliqua le monarque.

— J'ai presque acquitté ma dette!... dit modestement le jeune chevrier.

— Chacun a fait son devoir, s'écria le prince, et, dans son ivresse, il tira sa bourse, et l'offrit au beau Raoul.

— Monseigneur, je suis payé, répondit-il avec finesse.

— Ouais!... s'écria l'intendant qui poussa le coude du chevrier, accepte toujours!...

— Ce drôle a de l'honneur, observa l'évêque.

— Voilà l'effet des bons principes, dit Monestan en caressant la joue du pâtre.

— Jeune homme, reprit Jean II, je vous offre une place d'écuyer.

— Il monte à cheval comme moi; vous devinez les talents des hommes, dit Kéfalein, car c'est à Édesse que vous me fîtes conné...

— Sire, je ne puis l'accepter, interrompit le jeune chevrier; et, sans attendre de réponse, il s'élança dans les montagnes...

La troupe s'étonna seule de ce désintéressement; car pour le prince et Clotilde, ils nageaient dans un fleuve de joie céleste.

On forma à la hâte une litière avec des branches, et l'on y porta en triomphe le monarque et sa fille. Les cris de joie font retentir les airs; le bon prince, environné de cette petite foule bruyante, se croit encore à Nicosie; ses deux ministres, de chaque côté du palanquin, figurent sa cour; Kéfalein, avec ses quinze chevaux, forme escorte; et Josette s'est glissée sans rien dire derrière sa maîtresse.

Cette marche triomphale, éclairée par des torches, s'avançant dans l'avenue aux cris de : « Vive Jean II, vive Clotilde!... » était ce qui causa l'étonnement d'Enguerry-le-Mécréant et du chevalier noir; aussitôt ils piquèrent des deux pour s'y joindre....

## XI.

*Un fantôme élégant se forma dans les airs.*
(Le Comte Maxime Odin.)

*Un bienfaiteur peut-il être
Difficile à reconnaître?*
(Perrault.)

*Et lui frappant le col d'un coup de cimeterre,
L'envoya sur-le-champ goûter de la poussière.*
(Poëme de Jonas.)

En arrivant près du château, la curiosité de chacun fut fortement excitée par un phénomène miraculeux.

La lueur incertaine des torches fit apercevoir, à dix pieds de terre, un grand fantôme blanc, d'une forme aérienne, qui se débattait dans les airs, en jetant des sons inarticulés comme ceux des sibylles; une auréole entourait sa tête prophétique, et le bruit infernal des chaînes servait d'accompagnement à ses cris.

On s'arrête, en regardant ce phénomène avec les yeux de la peur, qui se glissa dans l'âme des plus courageux.

— C'est une vapeur formée par les exhalaisons des fossés, dit l'évêque.

— Monsieur, répondit Monestan, la sainte Écriture enseigne que le Seigneur fait souvent des miracles pour avertir les hommes.

Hilarion haussa les épaules par un mouvement imperceptible.

Cependant Monestan parut avoir raison, car l'on entendit distinctement ces paroles qu'une voix rauque lança dans les airs:

« Courage, prince, courage! Chypre sera reprise!...... Mais les malheurs et l'adversité ne sont pas à leur terme!..... Je vois ton ennemi le plus cruel s'approcher: le voilà; le serpent est à tes côtés; le vois-tu?.... Regarde l'ange de bonté, le défenseur, le vaillant, le fort des forts!... Courage, et rendez le sang versé; me.....

Le bruit des chaînes empêcha d'entendre le reste... On s'examina mutuellement, et la stupeur fut au comble, quand on aperçut, à dix pas du prince, les deux chevaliers qui parurent tombés du ciel; car chacun, le nez en l'air, ne les avait pas vu venir.

— C'est Marie!.... s'écria Kéfalein revenant du portail; elle déraisonne à cheval sur les chaînes du pont-levis où elle a grimpé!....

En effet, l'Innocente, les cheveux épars, descendit et se jeta aux pieds du prince en criant lamentablement:

— Sire, mon fils! rendez-le-moi!...

— Pauvre folle!... dit le monarque, en trouvant au milieu de sa joie une infortune que toute la puissance des rois ne pouvait adoucir. Cependant un regard de Clotilde fit taire Marie.

Castriot tournait autour des deux inconnus, en brandissant son sabre, avec l'air hargneux d'un chien de ferme lorsque deux pauvres y entrent.

Monestan, ne sachant pas si les deux cavaliers n'étaient point des anges descendus du ciel, leur dit, avec toute la douceur qu'annonçait sa figure aplatie, et sa contenance abbatiale:

— Seigneurs, qui êtes-vous et que demandez-vous?...

— Beau cher sire, répondit le Mécréant, nos talons prouvent que nous sommes chevaliers, et je ne sache pas que l'on nous ait jamais refusé l'hospitalité dans aucun château.

— Voilà de bien beaux chevaux! s'écria le sage Kéfalein.

— Connétable!... interrompit le roi d'un air imposant; ce seul mot fit taire Kéfalein. Messieurs, continua le prince, les rois de Jérusalem ont créé l'ordre des Hospitaliers, c'est assez vous en dire! notre château sera toujours ouvert aux chevaliers: soyez les bien-venus.....

— D'autant plus, répliqua le Mécréant, que nous avons à parler à vous!...

Le chevalier noir ne cessait de regarder la princesse: protégé par la sombre clarté des torches, il s'approcha le plus qu'il put de Clotilde, et l'on s'avança vers le pont-levis, au milieu du murmure général causé par les conversations dont l'apparition des chevaliers était le sujet. Castriot ne perdit pas de vue ces deux inconnus.

La princesse, en proie aux souvenirs d'un moment à peine écoulé, ne pensait point au désordre de ses vêtements et encore moins aux survenants...

Depuis deux mois que le prince habitait Casin-Grandes, il n'avait pas encore eu l'occasion de recevoir........ Il fut donc au comble de la joie, en pensant au simulacre de grandeur qu'il allait déployer; il se félicita que la circonstance eût rassemblé tout son peuple autour de lui, lors de l'arrivée des deux chevaliers, et il ne cessa de donner des ordres à Dombans.

A dix pas du château, le roi quitta son palanquin, et Clotilde fut transportée à son appartement afin d'avoir le temps de s'habiller; la jolie Provençale l'aida dans les apprêts d'une toilette bien simple!... la fille de Lusignan n'était plus jalouse que d'un seul suffrage!...

Arrivé sous le portail, le roi dit à ses deux hôtes, en les confiant aux soins de ses trois ministres: « Le château, tout grand qu'il est, se trouve trop petit, même pour les restes de notre splendeur presque éclipsée; si nous étions en Chypre, vous seriez mieux reçus.... »

— Sire, répondit l'inconnu, votre bonté, votre franchise décorent mieux votre hospitalité que tout le luxe des cours.

A ces paroles, le prince tressaille, son cœur s'émeut, il rassemble les vestiges de sa vue, afin d'apercevoir le chevalier...... il ne le peut; un geste trahit son impatience, et il se retire tout rêveur!....

Castriot, sur un mot du prince, s'empressa de grossir la garde royale par les dix apprentis-cavaliers du digne connétable; il se mit à leur tête, et tâcha, par sa contenance, de donner un air martial et grandiose à la salle des gardes.

Le monarque passa sa dalmatique doublée d'hermine; il se décora de tous les attributs de son pouvoir, et vint presser les valets de pied, les serviteurs fidèles qui se dépêchaient d'ôter la housse de la balustrade d'or, de découvrir les meubles, d'allumer les torches de cire que contenaient des candelabres d'or appelés *torchères*.

Bombans, de son côté, pour rendre le souper digne d'un monarque, se concertait avec le fameux cuisinier Taillevant, qui, depuis, fut au service du roi de France, et qui nous laissa même un précieux traité sur la cuisine. Le souper convenu, l'intendant employa plusieurs Cypriotes affidés pour sortir la vaisselle du trésor.

Pendant ces apprêts, les trois ministres promenaient les deux chevaliers dans les cours. Le grand écuyer, c'est ainsi que l'on nommait le palefrenier en chef, vint chercher les deux destriers.

— Ayez-en bien soin, Vérynel! s'écria Kéfalein.

Sur un message secret de Jean II, Monestan dit aux inconnus :

— Si vous vouliez monter au palais, sires chevaliers? il ne fait pas assez jour pour examiner les fortifications.

L'évêque ne se tenait pas de joie, en voyant Enguerry s'occuper de la forteresse en guerrier savant; il discutait guerre et combats avec le Mécréant, et il le prit en amitié par un secret penchant.

Sur l'observation du comte de Monestan, ils s'acheminèrent vers le perron de l'aile de Hugues, et le sire Enguerry-le-Mécréant admira la beauté du portique et l'escalier de marbre.

Dans la salle des gardes, Castriot disposa ses quinze soldats tout contre les trophées, de manière qu'ils parurent en plus grand nombre.

— Ce sont les chefs de nos compagnies d'ordonnance!... dit l'évêque au Mécréant, pour lui faire concevoir une haute idée de la puissance guerrière du prince; il n'ajouta pas que les compagnies manquaient : ce mot produisit son effet. Enguerry crut le monarque entouré de mille hommes au moins.

— Je croyais le prince sans soldats!...

— Sans soldats?... reprit l'évêque avec un geste de hauteur; lorsque le reste de *nos trente mille hommes* sera disposé, Chypre nous appartiendra... A ces mots ils se dirigèrent vers la salle du trône.

— Le roi de Chypre est visible, sires chevaliers, leur dit Trousse en grand costume de maître des cérémonies; et, prenant par la main les deux étrangers, il les introduisit dans le salon rouge, tout brillant de dorures, de pierreries et de choses précieuses. Jean II était assis sur son trône, dans une attitude majestueuse et calme; les trois ministres se rangèrent debout à côté du trône, deux vieux serviteurs qui servaient de pages, et six hobereaux de l'île de Chypre, trois musiciens, deux écuyers du prince, Vérynel le grand écuyer, le commandant des chasses, grand louvetier, le curé subalterne qui disait la messe, et cinq ou six autres personnes, formaient une espèce de cour : leurs habits somptueux et leur contenance firent croire au Mécréant que c'étaient des princes.

— Vous devez être fatigués, sires chevaliers, dit le monarque; nous vous prions de vous asseoir.

Alors les deux pages, âgés d'une quarantaine d'années, apportèrent des escabelles garnies de coussins. A ce moment Clotilde se présenta, suivie de Josette : les deux étrangers se levèrent; et le Mécréant, profitant du charmant usage de ce temps féodal, baisa Clotilde à la bouche, tandis que l'inconnu lui prit la main et y déposa un respectueux baiser.

A ce geste, Clotilde frémit d'une terreur secrète, et pâlit en reconnaissant, à l'éclat des lumières, le chevalier noir qui sauva son père de la fureur des Vénitiens, et le transporta dans un navire anglais, avec tous ses trésors!... Les soins de ce chevalier mystérieux lui revinrent en la mémoire!... Nul doute qu'il n'allait réclamer sa main. Comme elle achevait cette parole en elle-même, une chouette, placée dans la vaste cheminée de ce salon, fit entendre des cris lugubres et plaintifs. — « Quel augure!... » se dit-elle en s'asseyant à côté de son père, qui, toujours intrigué de la présence de l'étranger, écoutait tous ses mouvements.

— Pâque Dieu! qu'elle est belle!... s'écria très-involontairement Enguerry.

— Désirez-vous quitter vos armes? leur demanda le prince.

— Un vœu me force de toujours garder les miennes, répondit l'inconnu.

— Il aura commis quelque crime! murmura l'évêque.

— Le ciel en ait pitié! dit Monestan, cherchant à se rappeler la tournure du chevalier dont il reconnaissait les armes.

— Quant à moi, reprit Enguerry, je garde volontiers les miennes par habitude.

Alors l'intendant, revêtu momentanément de la haute dignité de maître-d'hôtel, parut, orné de la dalmatique de Kéfalein; mais sa face jaunâtre, ses traits régulièrement grossiers et ses gros vilains sourcils, en annonçant son avarice, prouvèrent qu'un roturier ne joue jamais bien le rôle d'un grand!... Avis aux anoblis!...

— Sire, dit-il, vous souperez quand il vous plaira!...

A ce mot, le chevalier noir, qui n'avait pas cessé de regarder Clotilde, s'élança pour lui présenter une main tremblante d'amour, et l'on descendit à la salle du festin.

Là commença le triomphe du prince et de l'intendant.

Sur un dressoir en vermeil, on aperçut une douzaine de grands plats d'argent, des aiguières, des drageoirs et des bassins en argent; au milieu de ce buffet brillait une grande nef, ou navire, octogone tout en or, représentant en bosse les douze pairs du temps de Charlemagne, ladite nef supportée par huit lions massifs, aux armes du prince; un baquet en or soutenu par quatre sirènes, des flacons et une foule d'aiguières, d'hydres, de quartes à contenir le vin, en même métal; enfin des tasses en vermeil, douze salières en or, trente cuillers d'argent, autant de fourchettes, et des hanaps, des coupes, etc.

La table du festin, en bois d'ébène, ornée d'une lame d'argent très-épaisse, et sur laquelle on sculpta une vigne, était couverte d'une nappe peluchée, mise de manière à laisser ce chef-d'œuvre d'orfévrerie à découvert.

Cette salle immense, voûtée et décorée par de petites colonnes gothiques en pierre et à base de marbre, avait aux quatre coins des torchères en argent, garnies de grosses chandelles de cire; et, pour plus de luxe, sept valets magnifiquement habillés, tenaient des torches dans leurs mains, en mettant leur gloire à ne pas remuer. — Le haut bout de la table était orné d'un dais rouge, et dans cet endroit Enguerry remarqua une autre nef d'or soutenue par des centaures, et contenant, selon l'usage, la serviette brochée d'or du prince, sa salière, son hanap, son couteau, son sifflet, et à côté, la quarte dorée renfermant son vin particulier.

A la place de chaque convive se trouvait un hanap d'or (espèce de vase semblable à un calice) et un pot à boire de même métal, plein de vin d'Orléans; les viandes qui surchargeaient la table étaient disposées en pyramide dans de magnifiques plats d'or; on avait parsemé la nappe de feuilles de roses, et deux chandeliers d'or, symétriquement placés, éclairaient la table et les mets du temps; Taillevant nous en a donné le détail : c'étaient des poulets dorés avec des jaunes d'œufs, des chapons à l'huile, des gelées aux armes du prince, des pâtés de gibier et des prunes confites à l'eau de rose, etc., etc.

Sur une vaste cheminée, remplie de feuillage et de fleurs, il y avait une horloge d'Orient, et du manteau de la cheminée pendait une bande de taffetas vert découpée en dents de loup, et sur laquelle les armes du prince étaient brodées. Le Mécréant désira bien ardemment qu'on lui refusât la princesse, en contemplant toutes ces richesses avec un œil d'envie.

Clotilde s'avança gracieusement, et présenta aux deux chevaliers une aiguière remplie d'eau parfumée; ils s'y lavèrent les mains, et la princesse leur donna une serviette peluchée pour s'essuyer.

Cette cérémonie faite, l'évêque prononça négligemment le *benedicite*, et chacun s'assit sur un banc de bois de cèdre sculpté, sur lequel il n'y avait de coussins qu'à la place du monarque et de sa fille. Ces derniers se placèrent sous le dais rouge, dans le haut bout de la table : personne ne se mit à côté de Clotilde; si ce n'est que le chevalier noir, ne voulant point manger, se posa doucement sur une escabelle, à l'angle de la cheminée; il prit sa tête dans sa main droite, et, l'appuyant sur un de ses genoux qu'il croisa sur l'autre, il parut plongé dans une rêverie profonde!... A gauche du monarque était Monestan, venait ensuite l'évêque, puis le Mécréant, qui s'assit derrière le riche dressoir, en ayant le connétable à sa gauche.

Le reste de la cour se tint debout, dans une attitude respectueuse.

Clotilde aidait son père à manger, en lui poussant avec adresse chaque chose sous sa main; elle lui versait à boire, coupait son pain, et tous ces soins délicats étaient empreints de trop d'amour filial, pour ne pas faire penser qu'elle serait une tendre épouse... Certes le monarque avait besoin de ces attentions, car il ne s'occupait que du chevalier noir, et lorsqu'il eut bu, laissant la moitié de son vin dans le hanap :

— Présentez le reste au chevalier! dit-il à sa fille.

Clotilde le lui donna; l'étranger s'arrangea pour toucher les doigts de Clotilde en le prenant, et il les pressa tout doucement; la jeune fille rougit.

— Sire!... s'écria l'étranger, c'est trop d'honneur et trop de plaisir; en vous voyant, on se croit à la table des dieux, et servi par Hébé. Il rendit le hanap en tremblant, et Clotilde remarqua ses yeux briller à travers la visière serrée!... Un froid mortel se glissa dans les veines de la jeune vierge, en pensant que le beau Juif mourrait de chagrin en apprenant son mariage!... Le chevalier reprit sa position mélancolique.

Après le premier moment de silence qui sert de

préface à tous les repas, l'évêque fit la demande suivante au Mécréant :
— Dans quels pays avez-vous porté vos armes ? sire chevalier.
— En France seulement, répondit Enguerry.
— C'est un très-beau métier! continua l'évêque.
— Hélas ! dit Monestan, on désole la terre, au lieu de la cultiver !... Les hommes vont mourir en des pays qui ne les virent point naître !... que de larmes ont coulé !... que de larmes couleront encore dans cette vallée où la guerre les sème à chaque combat !
— Monestan, reprit le roi, la guerre est nécessaire; c'est une maladie de la race humaine, et une maladie salutaire : la guerre est juste quelquefois! lorsqu'on dépouille un prince, ne doit-il pas chercher à reconquérir son royaume ?
— Puis, dit l'évêque, si tous les hommes vivaient, la terre ne pourrait les contenir.
— Croyez-vous, s'écria Monestan, que le Seigneur ne l'ait pas prévu ? la terre est assez fertile !...
— Ou plutôt les combats assez fréquents, dit Enguerry, en vidant son hanap.
— Oui, continua l'évêque, en soutenant le Mécréant pour lequel il avait un faible.
— C'est un point douteux, reprit le prince, et vous avez tort tous les deux : les combats n'ont pas toujours déchiré le monde, et alors la terre suffisait aux besoins des hommes, et ce, par le moyen des maladies contagieuses et partielles, dont l'Éternel laissa le germe chez nous : une profonde sagesse préside à nos maux comme à nos biens.
— C'est autoriser la guerre, dit Enguerry.
— Je ne le pense pas, répondit le prince.
— Cependant l'Éternel est appelé *le dieu des armées*, observa l'évêque.
— Non pas dans l'Évangile, répliqua prestement Monestan.
— Cela ne prouve rien, reprit le prince ; Dieu n'a jamais autorisé la guerre, et si les rois étaient tous prudents, ce fléau n'existerait pas.
Les trois ministres se turent, et firent un signe au Mécréant prêt à répondre. En effet, on aurait parlé de faire de la toile, le bon prince eût été le meilleur tisserand ; de cavalerie, c'était le meilleur cavalier; de politique, de guerre, de religion, il connaissait tout à fond; se fâchait de ne pas parler le premier, et contredisait chaque raisonnement, en croyant avoir convaincu lorsqu'on se taisait par respect.
C'est une maladie commune à tous les grands, à tous les rois, et j'ai vu beaucoup d'hommes qui sont empereurs sur cet article...
— Comment avez-vous trouvé notre forteresse? demanda l'évêque.

— Que trop fortifiée, répondit le Mécréant avec humeur.
— Un château ne l'est jamais assez, dit le prince.
— Sire, il l'est toujours trop pour ceux qui l'assiégent!.. observa le Mécréant, en achevant, pour la seconde fois, de vider sa quarte de vin d'Orléans.
— Au contraire, continua le monarque, plus un castel est fort, plus il y a de gloire à l'emporter; et si nous avions bâti ce château, nous l'aurions encore mieux défendu, surtout du côté de la mer.
— Mais, monseigneur, répliqua le Mécréant, il n'y a pas besoin de fortifications, précisément à cet endroit.
— C'est vrai, dit l'évêque.
— En effet, observa Kéfalein.
Clotilde était offensée des regards effrontés du Mécréant, et elle le fixa de manière à lui faire baisser les yeux. « Elle ne m'aimera pas, » pensa-t-il, et il se consola de cet échec, en buvant.
Le roi, comme accablé par l'approbation générale donnée au comte Enguerry, reprit en ces termes : Vous vous trompez, messieurs; vous n'avez donc pas étudié le mouvement de l'eau sur notre globe? Dans cent ans l'on abordera peut-être à Casin-Grandes aussi facilement que dans une rade, si la mer se retire, comme je le crois, ou plutôt y apporte des sables; il faut tout prévoir...
— Sire, vous avez raison, dit Kéfalein.
L'évêque haussa les épaules, mais la princesse lui lança un coup d'œil de reproche.
— Vites-vous les fossés? continua l'aumônier.
— Certes, répondit Enguerry.
— Et l'épaisseur des murs ?
— Ils sont indestructibles.
— Croyez-vous qu'il y ait un côté faible?...
— Non...
— Si, messieurs, reprit Jean II ; et rien n'est plus facile que de prendre...
Enguerry prêta l'oreille. A ce moment, le chevalier noir, dégageant sa tête, fit quelque bruit avec les plumes de son casque ; Clotilde se retourne, et le chevalier, craignant que le prince ne trahît sa détresse, dit à voix basse :
— Cet homme est Enguerry.....
Clotilde laissa tomber sa fourchette d'or, et Monestan la vit pâlir.
..... Et rien n'est plus facile, observait le monarque, que de prendre Casin-Grandes.....
A ce mot, la princesse fit un signe au comte de Monestan ; ce signe signifiait : *Méfiez-vous d'Enguerry !...* Le premier ministre le comprit heureusement........
..... Hélas ! continuait toujours Jean II, si nous pouvions avoir assez de soldats pour défendre la façade d'entrée, ce château serait inexpugnable !.....

— Que dites-vous, sire? interrompit brusquement l'évêque en achevant de vider son hanap, et confus de ne plus paraître un guerrier d'importance, et de ce que l'étranger allait découvrir qu'il en avait imposé ; sire, vous oubliez donc les quinze compagnies d'hommes d'armes dont les chefs vous servent de gardes-du-corps.

— Hilarion, répondit tristement le prince, je les avais en Chypre, mais nous n'y sommes plus !..... et je crois qu'excepté Castriot, il serait difficile de trouver ici...

A ce mot funeste, Clotilde réitéra un signe de tête et d'yeux à Monestan, pour lui donner à entendre qu'il fallait soutenir l'évêque dans ses assertions, et l'empêcher de parler au Mécréant.

...... De trouver ici d'autres soldats, acheva le prince.

— Monseigneur ne veut pas que l'on connaisse ses forces, dit l'évêque à l'oreille du comte Enguerry.

Monestan se mit à tirer Hilarion par sa soutane, pour qu'il ne causât pas avec l'ennemi, mais l'opiniâtre Hilarion donna, par-dessous la table, de petits coups sur les doigts de Monestan, afin de défendre sa soutane ; il en résulta un combat intestin, le premier qu'ait soutenu l'évêque, et il continua de dire au Mécréant :

— Nous avons aussi des raisons d'État pour les lui cacher à lui-même.

Ici Monestan remporta la victoire et l'évêque en gémit. En effet, Monestan avait tiré si fort la soutane, que force fut à l'aumônier de se retourner pour voir les signes du premier ministre.

En toute autre circonstance, Clotilde eût ri de cette bataille.

Malheureusement la nature mit une telle douceur dans les yeux bleus et la figure anodine de Monestan, que l'évêque n'y comprit rien ; et il se mit à parler de nouveau à l'oreille du Mécréant.

Tout ceci fut l'affaire d'un moment.

— Sire, s'écria alors Monestan, vous ignorez donc que vous avez trois cents hommes dans le château, deux cents à Marseille, cinq cents à Aix !... une armée !...

— Une armée !..... répéta le roi dans un profond étonnement.

— Oui, mon père, dit Clotilde.

Le Mécréant ne savait que penser.

— Et de plus, une cavalerie ottomane que je vous ai créée, ajouta Kéfalein ; il est vrai que ces Provençaux ne veulent pas devenir habiles....

— De la cavalerie ! dit Jean II.

— Oui, monseigneur, s'écria l'évêque au comble de la joie de se voir soutenu, vos armées jusqu'à présent ne vous ont rien coûté. Notre dévouement, dût-il encourir votre disgrâce, les a préparées pour vos succès ; et habilement disséminées dans divers endroits, elles attendent le moment où l'on s'embarquera pour aller reconquérir l'île de Chypre, et dès que nos *trente mille hommes* seront complets, vous n'aurez plus qu'à vous mettre à leur tête ; et, débarquant à Nisastro, vous volerez jusqu'à Nicosie de victoire en victoire ; nous y entrerons entourés de drapeaux vénitiens, aux acclamations du peuple, et les Lusignans brilleront d'une gloire nouvelle !..... on pourra même peut-être reprendre Jérusalem.

En disant ces derniers mots l'évêque n'était plus sur le banc ; il se remuait dans sa soutane, en brandissant son hanap comme un sabre.

— Certes, on le pourra, dit Kéfalein, car je formerai un corps de Mamelucks, pour ne plus avoir à craindre la redoutable cavalerie des Turcs de l'Asie.

Le prince, ne pouvant deviner les motifs de cette conspiration, s'écria tout en colère :

— Que signifie cette multitude de soldats que vous me donnez si libéralement, lorsque vous savez notre détresse ? avons-nous dix hommes d'armes au château ?... Oubliez-vous qui nous sommes, pour plaisanter ainsi ?...

— Ah ! sire.... répondirent à la fois les trois ministres, excités par les coups d'œil de Clotilde effrayée.

— Silence, messieurs, répliqua sévèrement le monarque, nous n'avons pas d'armée.... mais nous en aurons une, le jour que cela nous plaira..... Lorsqu'on possède nos trésors, on peut espérer tout ; et supposé que nous eussions les bataillons que vous nous créez, vous nous auriez donc abusé, lorsque vous confessiez notre dénument, le jour où, d'après mes ordres, l'on discuta les mesures à prendre contre le fléau du pays, cet infâme scélérat.....

— Mon père ! interrompit Clotilde, qui pressentait une catastrophe ; mon père, votre vin se renverse !....

— Contre ce traître Enguerry-le-Mécréant, acheva le prince.

— Traître !..... répéta le Mécréant échauffé par le vin, jamais le comte Enguerry n'a trahi personne !

— Ciel !.... le plus grand brigand !... dit le prince.

— Vous en avez menti par votre gorge. Et le Mécréant, se dressant, leva sa visière et s'écria : C'est moi qui suis Enguerry !...

A ce mot, l'épouvante est dans la salle ; chacun est debout ; la figure altière de l'évêque est animée, Kéfalein met la main sur son épée, en regardant, avec ses yeux à fleur de tête, le terrible Mécréant ; Clotilde, comme évanouie, penche sa belle tête sur le dos du banc.....; le chevalier noir reste impassible ; la figure de Monestan indique une sainte horreur; et, au milieu du tumulte, Bombans effrayé cache sous sa dalmatique les pièces de vaisselle les plus précieuses, et les reporte au trésor, en semant l'alarme..... Le prince s'écria d'un accent guerrier :

— Mânes de mes ancêtres qui planez dans cette salle, vous indignez-vous assez de mon affront, et de voir votre descendant aveugle et sans épée... pour se venger!...

— Se venger!.... répéta Enguerry d'une voix retentissante, de quoi? Ne suis-je pas comte? Ai-je déshonoré votre table? Qui m'a déclaré félon et déloyal?

— Tes actions!.... dit le roi avec l'accent d'une rage concentrée.

— Je n'ai jamais tiré mon épée que pour me venger!... et j'avais, selon la maxime de Jean-sans-Peur, de bonnes raisons, et prenez garde de m'en donner une!..... Mais je m'explique, et vais déclarer le dessein qui m'amène...... Je demande en mariage la princesse Clotilde!....

A ce mot, la jeune fille s'évanouit, à l'aspect de la barbe rousse du Mécréant, et à l'idée d'être la femme de ce monstre d'iniquité : Monestan se signa, et Bombans emporta de nouvelles pièces d'argenterie.

— Voûtes, écrasez-nous donc!... s'écria le prince... Kéfalein, Castriot! Castriot, armez-vous! votre prince est insulté... Heureux que vous êtes de ne pas voir ce Mécréant!... La figure de ce vieillard en cheveux blancs était sublime de dépit et de colère!...

Kéfalein tira son épée et le Mécréant la sienne.

— Le combat est inégal, dit l'évêque, le connétable est sans armure.

Le prince se lève, cherche sa fille et la prend dans ses bras, en lui demandant où est l'autre chevalier.

— Ah! si notre libérateur était en ces lieux! demanda Jean II.

A ce mot, l'étranger saisit le bras du prince.

— C'est lui! dit le roi, nous en étions sûr!...

A cet instant, Castriot, qui s'était entendu nommer par le monarque, franchit les escaliers ; il entre, voit le prince et sa fille dans les bras du chevalier noir, l'épouvante sur tous les visages, et l'imprudent Kéfalein près d'être percé par l'épée du Mécréant. Les yeux de l'Albanais lancent des éclairs ; il n'hésite pas, et décharge un tel coup de sabre sur la nuque du sire Enguerry, qu'il alla faire connaissance avec les dalles de marbre qui pavaient la salle, puis Castriot s'en alla sans rien dire. A cet instant Bombans avait emporté la dernière pièce d'argenterie.

— Il est mort, aussi vrai que moi je vis! s'écria Trousse survenant : il est mort!...

A ce mot fatal, toute l'indignation de Jean II cessa, il réfléchit aux suites de sa colère, et le politique Monestan lui dit :

— S'il existe, nous sommes perdus ; s'il est mort, monseigneur, c'est une tache à votre mémoire.

— Sire, dit le chevalier noir, le comte Enguerry-le-Mécréant était votre hôte ; vous avez violé les lois de l'hospitalité.

Pour toute réponse, le prince, reconnaissant tout à fait son libérateur, le serra dans ses bras : « Ma fille, c'est lui!... » dit-il.

— Je le savais, mon père!... Et Clotilde vit tressaillir le chevalier à ce mot, qu'il crut dicté par l'amour... « Pauvre chevalier, pensa-t-elle en voyant ce mouvement de joie, je ne puis t'aimer!...

— Et vous ne me l'avez pas dit, cruelle! répondit le prince à sa fille. Enfants, dit-il en se tournant vers sa cour, parez de fleurs ce château ! appelez les musiciens! que l'on apprête un plus beau festin, et que l'on répande nos vins les plus précieux! brûlez des parfums, et que tout respire la joie ; notre libérateur est en ces lieux!... Il a sauvé votre prince!...

En ce moment, Enguerry se releva en s'écriant : « Vengeance!... l'on m'a fait grandement outrage!.. on m'assassine quand je crois manger le pain de l'hospitalité!... c'est une félonie ! »

## XII.

Mon âme avec plaisir vous destine ma fille ;
Il faut la mériter!.... Quelle est votre famille?...
(Anonyme.)

Ah! que je suis à plaindre!
Je ne sais qu'espérer, et je vois tout à craindre.
(Corneille, le Cid.)

Ung grand effroy se respandit souddain,
Guerre!..., guerre!...
(Ronsard.)

Lecteur, le prince était bien en faute ; car, selon l'usage admirable de ce temps antique, on pouvait bien se venger de son ennemi, mais l'on attendait, pour le faire avec décence, qu'il fût dehors ; et les jésuites ne vivaient pas à cette époque!... Je le dis, car la race future sera si méchante, qu'elle leur attribuera cette subtile distinction.

Dans sa joie, le monarque se tourna vers le Mécréant, sans cependant quitter la main du chevalier noir, qu'il pressait sur son cœur, et il dit au comte Enguerry, d'une manière touchante, quoique pleine de majesté :

— Nous ne voulons pas que les voyageurs secouent la poussière de leurs pieds à la porte de notre châ-

4.

teau sans y entrer. Sire chevalier, notre intention est que nos hôtes soient reçus avec toute la dignité que leur donne momentanément leur caractère sacré ; le malheur est susceptible, et si vous songez à ce que nous fûmes et ce que nous sommes, vous verrez que l'on peut passer beaucoup à qui souffrit beaucoup. Les rois ne sont pas plus exempts que les autres hommes du joug des passions et de l'erreur ; et plus grand est leur mérite quand ils le reconnaissent....

Ce fut tout ce que la dignité royale et la politique permirent au bon Jean II de dire, pour ne pas ensanglanter la fête causée par le retour de son libérateur.

— Vous fûtes toujours moult bon, vaillant et généreux !... s'écria le chevalier noir.

— Sire, répondit Enguerry, vous pouvez encore mieux réparer le mal ; je vous réitère la demande de la main de votre fille. C'est à vous de m'entendre : demain matin, j'attendrai votre réponse, sinon je partirai !...

— Seriez-vous fatigué ? dit le prince à son libérateur, en le sentant tressaillir aux paroles d'Enguerry.

— Oui, sire....

Alors Trousse conduisit le Mécréant à l'appartement qu'on lui destinait ; le monarque voulut guider lui-même le chevalier noir vers le sien ; la princesse monta à son appartement, et les ministres au salon rouge, pour discuter sur les événements importants qui venaient d'avoir lieu.... L'on en causa même dans les cuisines, dans les écuries, dans les cours, partout, et le calme, un instant troublé, se rétablit.

Suivons d'abord le prince et son libérateur. Arrivés à l'appartement des hôtes de distinction, Jean II tout ému l'introduisit en lui disant :

— Que j'ai de joie à vous posséder ici ! j'espère que vous resterez longtemps avec nous ?...

— Impossible, sire !...

— Hé quoi !...

— Monseigneur, aujourd'hui même je me suis convaincu qu'il est urgent que demain je parte dès l'aurore ; il s'agit de choses importantes pour le salut de mes.... de ma patrie, et peut-être pour votre tranquillité même...

— Je ne vous reverrai donc plus ? s'écria le prince avec douleur.

— Ah ! sire, il est un aimant qui me fera sans cesse revenir vers vous !...

— Je le devine, répondit le monarque en soupirant, Clotilde !...

— D'où le savez-vous ? dit le chevalier en déposant son casque.

— L'amour est-il un sentiment que l'on puisse cacher ? entre tous les hommes on voit un amant, de même qu'entre les femmes on distingue une mère !...

— Eh bien ! oui, sire, j'aime votre fille ; que dis-je? j'aime !... j'adore, j'idolâtre, et cette passion n'est point guérie ; je pensais que l'absence la ferait mourir faute d'aliment. Ah ! le souvenir est dans les amours plus puissant que la présence ; celui de Clotilde m'assiège sans cesse, et depuis le jour où je réussis à vous embarquer sur un de mes vaisseaux, j'éprouvai des malheurs....

— Des malheurs !... répéta péniblement le prince avec un air de bonté touchante, ont-ils cessé?...

— Oui, sire, des tempêtes assaillirent notre flotte ; les chevaliers, qui me firent l'honneur de me choisir pour chef, et mes soldats furent séparés de moi ; je n'en ai point encore de nouvelles, et j'en suis d'autant plus inquiet, que j'ai pensé périr dans un naufrage. Un navire anglais nous sauva, mon écuyer et moi, lorsque nous allions être victimes des flots. Hé bien ! au milieu de ces maux, j'y fus insensible, tant je pensais à votre fille ; et presque enseveli dans l'onde, mon amour brillait au fond de mon cœur, comme un feu que rien ne pouvait éteindre, pas même le danger....

La voix du chevalier n'avait plus l'accent rude et guerrier ; elle était douce, pénétrante, et Jean II se sentit ému.

— Mon ami, dit-il, je sais que la reconnaissance m'oblige à vous donner ma fille..., c'est tout ce que j'ai pour m'acquitter.

— Donner !... interrompit le chevalier, sire, vous m'estimez bien peu en croyant qu'un homme, digne de ce nom, vous sauva par intérêt !..... donner !.... je n'exige rien, sire ; je ne veux devoir Clotilde qu'à elle-même, qu'à mon amour ; il faut que je lui plaise, qu'elle m'aime ; dès aujourd'hui je commence à me déclarer son servant d'amour !...

— Mais, sire chevalier, Clotilde ne doit épouser que des princes !.. A la manière dont Jean II se débarrassa de ces paroles, on pouvait s'apercevoir qu'elles lui coûtaient beaucoup à dire ; aussi le chevalier répondit en soupirant, et d'une voix sonore et presque ironique :

— Monseigneur, croyez que je puis aspirer à elle ! et quand je me découvrirai, vous serez satisfait du sang qui coule dans mes veines ; c'est le plus noble de toute la chrétienté, il ne peut qu'honorer les Lusignans ; tout rois qu'ils sont, ils furent vassaux de mes ancêtres !....

— Ils ne furent vassaux que des rois de France !.... dit fièrement Jean II, et ils les firent trembler. Mais, seigneur, cette question ne peut vous déplaire : vous vous couvrez d'un voile mystérieux qu'un père doit lever.

— Il est vrai, sire, mais on ne le peut encore ; il faut attendre...

— Serait-ce un bâtard? pensa le monarque en frissonnant à cette idée.

— En me découvrant à vous, continua l'étranger, je ne me perdrais pas seul, car mes desseins enferment le bonheur de bien du monde, et votre propre salut.

— Comment? s'écria le roi.

— Je ne m'explique point, mais soyez persuadé que je vous prouverai mon dire.

— Chevalier, dit le prince avec l'accent de la plainte, votre courte apparition est en quelque sorte douloureuse; c'est me montrer le plaisir pour me le faire regretter; si du moins vous vous étiez découvert plus tôt, bien que mon cœur vous devinât, j'aurais pu vous recevoir avec plus d'éclat.

— A quoi sert-il !...

— C'est vrai, la véritable fête est dans mon cœur.... Vous ne voulez donc pas la prolonger ?

— O mon vénérable ami, mon père ! croyez qu'il faut de grands motifs pour me faire quitter ces lieux avec tant de précipitation; ne contiennent-ils pas tout ce que j'aime !....

Le roi lui serra la main avec attendrissement ; cette muette réponse, empreinte de l'éloquence du cœur, toucha le chevalier. Que de choses disait cette douce pression : ne pouvant voir son libérateur, le prince remplaçait l'expression de ses yeux par le tact amical de sa main généreuse. Après un moment de ce silence compris des grandes âmes,

— Prince, s'écria l'étranger, je suis venu réclamer un serment.

— Demandez, chevalier !... vous êtes sûr d'obtenir....

— Jurez-moi donc que votre fille ne sera l'épouse d'aucun autre, tant que j'aurai l'espoir de lui plaire . . . . . et de l'épouser.

— Je le jure, dit le prince avec calme.

— Me voilà tranquille ! . . . . . Adieu, sire...

— Pourquoi cet adieu ?...

— Je pars demain dès l'aurore...

— Vous ne passerez donc qu'une nuit sous le toit le votre père !...

— Les princes doivent savoir faire des sacrifices...

— Adieu donc ! Et ils s'embrassèrent : une larme du vieillard coula sur la joue de l'étranger. Adieu... Mais revenez ! dit encore le monarque en fermant la porte ; et il entendit le chevalier pousser un soupir.

— Je ne lui ai pas offert mes trésors, pensa le bon Jean II. Il rentra donc.

— Sire chevalier, si vos entreprises exigeaient les secours d'argent, je puis vous être utile, car, pour des soldats, *je suis détrôné !*.. ( Le prince soupira) : dans ce moment, je regrette mon trône doublement.

— Sire, vous êtes trop bon !... et je vous remercie.

Alors le monarque s'achemina vers son salon rouge. A son approche les ministres se levèrent et ôtèrent leurs toques.

Le roi, les trouvant occupés à discuter, se hâta de dire en arrivant, de crainte qu'on ne lui enlevât la parole :

Messieurs, nous nous trouvons dans de graves circonstances : Enguerry nous demande notre fille et, d'un autre côté, le chevalier noir vient de réclamer sa main. Il est nécessaire de réfléchir à la conduite que nous devons tenir, et de la rendre conforme à notre dignité...

Tous tombèrent d'accord qu'il était impossible de donner Clotilde au Mécréant.

— Messieurs, nous avons engagé notre royale parole, de ne point marier notre bien-aimée fille avant que le chevalier noir ait renoncé à elle....

— Sire, observa l'évêque, l'on ignore ce qu'est le chevalier noir, et le comte Enguerry n'est pas tant à dédaigner : il a huit cents hommes d'armes, et des trésors, du courage; il est noble....

— Oubliez-vous qu'il nous insulta? Oubliez-vous aussi que vous nous avez souverainement déplu ? Messieurs, dit sévèrement Jean II, nous ne savons pas à quoi tient que nous ne vous bannissions de notre présence; nous honorons votre repas en y venant prendre part, et vous avez l'audace de nous contredire, de nous rendre ridicule aux yeux de deux étrangers, en nous donnant des armées que nous n'avons pas : il ne nous manquait plus pour dernier outrage, que d'être insulté par nos propres sujets !...

— Sire, dit Monestan en tortillant sa toque entre ses doigts, et retenant l'évêque qui frappait du pied ; j'avoue que nous sommes coupables ; mais ces assertions étaient une ruse innocente pour inspirer au Mécréant une idée imposante de votre puissance et vous mettre à l'abri de ses desseins.

Le roi ne répondit rien.

Son silence à la réponse de ses ministres équivalait toujours à l'aveu d'un tort, ce qui n'arrivait pas souvent; cette fois, il y ajouta un mouvement circulaire de la main gauche, qui semblait dire : « Vous aviez raison... » Mais il s'écria sur-le-champ :

— Pourquoi ne nous avez-vous pas prévenu de cette circonstance ?

— Sire, vous ne pouviez pas voir nos signes, répondit Kéfalein.

Le roi se tut de nouveau.

Rien n'était plus facile aux ministres que de profiter de ce moment de triomphe, mais ils eurent la générosité de laisser le champ libre au roi.

— Messieurs, reprit-il, encore faut-il que nous donnions une réponse au comte Enguerry.

— Et qui ne le choque pas, dit l'évêque.

— Qui la lui portera? demanda Monestan.

— Moi, si cela plaît à monseigneur, répondit le connétable.

— On pourrait s'en dispenser, observa le comte Ludovic.

— Nous préférons ce parti pour l'honneur des Lusignans; un Enguerry ne doit pas....

— Sire, continua Monestan, le Mécréant nous a dit que, faute de réponse, il partirait demain matin après l'avoir attendue; il faut le laisser partir.

— Admirable, s'écria Kéfalein; je n'aurais jamais trouvé cet expédient.

— Nous y accédons, dit le monarque, et c'est notre bon plaisir. Messieurs, que Dieu vous ait en sa garde!

Les ministres s'inclinèrent, et sur ce mot, Jean II se retira dans son appartement, car les émotions de cette journée l'avaient un peu fatigué.

— Votre ambassade à Naples est finie, dit l'évêque à Monestan d'un air de triomphe.

— Dieu veuille que le Mécréant ne se trouve pas offensé!... répondit le premier ministre.

— Quel mal y aurait-il à le combattre? répliqua le guerroyant Hilarion.

Kéfalein les regardait gravement.

Si l'on avait voulu les peindre, on aurait très bien représenté le groupe de la douceur, de l'orgueil et de la naïveté..... L'évêque en soutane affectait une supériorité sur ses deux collègues; Monestan avait les yeux baissés avec humilité; Kéfalein était dans une pose unique, il jouait avec la plume de sa toque, en contemplant l'évêque d'un œil effaré, et son immobilité seule suffisait pour dévoiler le peu de complication qui régnait dans ses pensées......

— Pourvu *qu'il n'arrive pas de malheurs*, messeigneurs, s'écria l'intendant qui venait recouvrir les choses précieuses, et notamment la balustrade; ce Mécréant regardait le dressoir avec un œil de convoitise, oh! je m'y connais!......

Les ministres laissèrent Bombans et ses valets s'acquitter de leur devoir.

Revenons à la princesse. Aussitôt que Clotilde eut regagné son appartement, elle s'assit pour réfléchir à ses malheurs: « Quelle journée!... se dit-elle, j'oubliais trop promptement que les filles des rois ne doivent point avoir de cœur! l'obéissance est le seul sentiment qu'elles connaissent; pourquoi suis-je fille d'un roi!... pauvre Juif!... ce soir ton amour a reçu le coup de la mort!... »

Elle n'eut pas le courage d'aller à sa fenêtre!...

« Pourquoi l'entretenir dans son espérance? se dit-elle, quand le chevalier noir me demande peut-être à mon père?... et peut-il me refuser? moi-même, puis-je résister?... je suis la rançon de mon père!... il s'acquitte à mes dépens!... hélas! épouser l'étranger, ou je ne sais quel prince que j'ignore, n'est-ce pas toujours là mon destin!... pauvre Juif!... » Elle entendit du bruit sur la Coquette: « Il y est, le malheureux!... » dit-elle; et la jeune fille reçut un coup terrible!... A ce moment Josette entra:

— Madame doit se trouver bien fatiguée?...

— Ah beaucoup, Josette!...

— Madame aurait-elle du chagrin?...

— A quoi voyez-vous cela?...

— Vous avez pleuré, madame!...

— Je ne m'en apercevais pas!... Josette, dit Clotilde pour changer de conversation pendant que la jeune Provençale la déshabillait, n'avez-vous rien à me dire sur vos secrets? vous voilà revenue...

— Hélas, madame!... j'ai peur de vous déplaire...

— Non, ma fille!... laissez mes cheveux, reprit Clotilde, ils n'ont plus besoin d'être si bien arrangés *maintenant!*... Ces mots furent dits avec l'accent de la plainte.

— Mais, madame, ils sont gâtés et remplis de sable et de mousses, il faut les nettoyer.

— Ne jetez rien à terre, s'écria Clotilde, mettez sur ma table ces faibles débris! ils me rappelleront le danger que j'ai couru... comment je me suis sauvée!... et... continuez votre récit!...

— Vous me renverrez de votre service si je parle!...

— Pouvez-vous le craindre? à moins d'une grosse faute.

La Provençale se tut, une larme brilla sur sa joue.

— Mon enfant, reprit Clotilde, vous vous trouvez donc bien coupable?... allez, dites toujours, je suis indulgente... que trop!... même pour moi...

— Madame, je ne suis point coupable; mais, je sais que j'aurais plutôt dû vous parler ce matin; car ce soir, dit-elle en pleurant, je n'en ai pas le courage!...

— Suis-je donc si redoutable?... donnez-moi mon missel, reprit Clotilde, en montrant de son doigt un livre de prières; je veux y mettre cette fleur afin de la sécher pour la conserver toujours!...

Clotilde tira de son sein la fleur du beau Juif; et, ce ne fut pas sans chagrin qu'elle la fana, en la pressant dans le vélin monastique; alors elle pensa que la religion réprouvait son amour; mais aussi qu'elle lui offrait des consolations: « c'est comme si je consacrais mon amour à Dieu!... » se dit-elle, et elle ferma le missel en soupirant.

— Vous pleurez aussi, Josette!...

## CLOTILDE DE LUSIGNAN.

— Madame, cet Enguerry doit vous être en horreur!
— Pourquoi?... je suis sûre que mon père n'accueillera pas sa demande, aussi...
— Hé bien, je vais vous ouvrir mon pauvre cœur!...
— Bon, mon enfant, je vous écoute!...

Onze heures sonnèrent à l'horloge du château.

— Madame, nous devons toutes...
— Auparavant, dit la princesse en se levant, je veux voir à ma fenêtre si le ciel est calme...

Clotilde, ne pouvant résister à l'envie de contempler son bel Israélite avant de se mettre au lit, courut entr'ouvrir son rideau : le temps était chargé de gros nuages noirs et l'obscurité la plus profonde régnait; mais les yeux de l'amour sont perçants et Clotilde crut entrevoir sur la rocaille une masse brune qui tranchait avec le flanc blanchâtre de la Coquette.

— Il y est sans doute! se dit-elle, et la lune ne nous éclaire pas ce soir!... pauvre Juif, la nature elle-même nous dénie son assistance, adieu pour toujours!...

A ce moment la chouette cria de ce cri lent, clair, plaintif et funèbre, qui jette dans l'âme le froid de la mort qu'il annonce!... A ce son lugubre, à l'aspect du voile noir des cieux, au silence imposant de la nuit, au pressentiment de son cœur glacé, Clotilde laissa tomber le rideau, revint toute tremblante, comme si la mort l'eût désignée par un mouvement de sa faux!...

— Voilà deux fois que j'entends la chouette!... il mourra de douleur, ajouta-t-elle à voix basse, et moi... peut-être aussi!...

Josette soutint sa maîtresse qui se mit au lit presque évanouie, ses joues n'étaient plus que faiblement rosées!... et le vague qui régnait dans son âme apparut sur son visage.

— Madame, qu'avez-vous?... s'écria la jeune Provençale effrayée.
— Rien, c'est le cri de la chouette!... continuez!...
— Madame, vous ne vous fâcherez pas?...
— Non...
— Hélas, reprit la jeune fille, notre destin est d'aimer!...
— Malheureusement pour nous, Josette!...
— Mais, madame, le comble du malheur c'est que nous ne sommes pas maîtresses de notre cœur, un je ne sais quoi l'emporte en un instant : M. Trousse nomme cela *sympathie*.
— *Sympathie*, Josette!...
— Oui, c'est ce qui fait que l'on aime des gens malgré soi, des gens que quelquefois nous ne pouvons pas... La fille de Bombans se mit à pleurer.
— Josette, je t'entends!... et des larmes inondèrent le visage de Clotilde : il régna un moment de silence, pendant lequel les deux jeunes filles se regardèrent; et la princesse, entendant un léger bruit sur la Coquette, tressaillit et pleura plus fort.

— Madame, je serais bien malheureuse, reprit Josette, si j'aimais un prince; car, je ne pourrais pas l'épouser! je serais bien malheureuse aussi si j'aimais un Juif...
— Josette... n'achevez pas!... Et la princesse se couvrit la figure de ses deux mains.
— Ah! madame, ce n'est pas un Juif que j'aime! s'empressa-t-elle d'ajouter avec un accent de triomphe qui fit trembler Clotilde; mais cependant je n'ose vous dire qui je chéris!...
— Ne craignez rien, ma fille, rien n'est impossible à l'amour, et vous, vous pouvez aimer en liberté.
— Si c'était un soldat d'Enguerry?... Et la Provençale épia le visage de sa maîtresse.
— D'Enguerry!... répéta Clotilde.
— Mais ce n'est pas un soldat, madame, c'est son premier lieutenant!.... Le grand mot était lâché.
— Il vous aime donc bien, Josette?...
— Ah! madame, j'en ai la plus grande preuve!... En disant cela, la Provençale, rassurée, badinait avec une croix d'or qu'elle avait au col.
— Quelle?.... demanda Clotilde.
— Vous saurez donc, madame, que ce vilain Mécréant défend à ses soldats de se marier sous peine de mort; il dit que cela les rend lâches!.....
— Eh bien?
— Eh bien, madame, ce matin... je me suis mariée avec le lieutenant, à Montyrat... Elle frémit dans l'incertitude où elle était de la réponse de Clotilde, qu'elle regardait avec anxiété.
— Heureuse fille!... s'écria la princesse, je voudrais être toi!... Et elle contempla la Provençale étonnée, avec des yeux remplis de larmes et d'envie.
— Ah! madame, dit-elle d'un air fin, j'ai bien vu que ce chevalier noir vous aimait!...
— Que trop, Josette!...
— Est-ce que vous croyez ne pas pouvoir l'épouser?...

La princesse, à cette idée, laissa tomber les larmes qu'elle retenait, sans chercher à tirer Josette d'erreur; seulement elle lui dit :
— Josette, l'amour est toute notre histoire, il fait notre malheur ou notre bonheur.
— Ne craignez donc rien, madame, continua Josette en parlant à voix basse et prenant un air mystérieux; lorsque le roi s'enferma dans la chambre de l'étranger, je passais dans la galerie; j'ai tout entendu : votre père a promis votre main au chevalier noir... La jeune fille fut surprise de voir la terreur se peindre sur le visage de Clotilde.

— Dites-vous vrai ?.... grand Dieu !.... plus d'espoir !... Allez-vous-en, Josette, votre bonheur me fait mal !....

— Adieu, madame !...

— Allez dormir pour nous deux !.. mais donnez-moi sur ma table le vase de cristal où sont les fleurs de ce matin ?.... La jeune fille les apporta en silence.

— Elles se fanent..., dit Clotilde, et elle les respira avec une jouissance indicible.

Josette s'éloigna en ne sachant que penser de l'état de sa maîtresse ; cependant, le bonheur qu'elle ressentait d'avoir instruit Clotilde, chassa bien vite ses tristes réflexions. En sortant, elle trouva Castriot avec un renfort de deux gardes, qui veillaient à la porte¹................

. . . . . . . . . . . . . . . . .

Aussitôt que l'aurore lança le char du soleil dans les campagnes du ciel, le chevalier noir sella lui-même son cheval et sortit du château ; ce fut Marie qui lui baissa le pont-levis en souriant.

— N'êtes-vous pas la nourrice de la princesse ?... lui dit-il.

— Oui.

— Tenez !... Et l'étranger lui donna une magnifique chaîne d'or ; rappelez-vous le chevalier noir, et présentez-le quelquefois au souvenir de Clotilde.

A ces mots, il s'éloigna si rapidement que son cheval semblait voler. L'Innocente resta muette et retourna cette chaîne en la regardant avec insouciance.... Elle eut la constance de la remuer ainsi pendant deux heures entières.... L'arrivée du Mécréant la tira de son absorbement ; elle regarda Enguerry tracer une grande croix rouge à l'une des colonnes gothiques qui supportaient l'ogive du portail, et précisément au-dessous des armes des Lusignans, que l'architecte avait sculptées dans la pierre.

— Ma mie, dit-il à l'Innocente, vous pouvez annoncer qu'avant trois jours on aura de mes nouvelles,... et je serai vengé du mépris que l'on a pour moi !... Puis il disparut.

— C'est un vilain !... il ne me donne rien, s'écria Marie.

A ce mot, Bombans parut, et sa figure jaunâtre s'épanouit à la vue de l'or qui brillait dans les mains de la nourrice.

— Marie, ma mignonne, dit-il en se frottant les doigts qui lui démangeaient, où donc as-tu pris cela ?.....

¹ Ces lacunes sont quelquefois dans le manuscrit, endommagé par le temps ; mais ici j'avoue que j'ai passé des choses de peu d'intérêt.

(*Note de l'Éditeur.*)

— Mon bon ami de là-bas me l'a donné !... répondit-elle avec un léger sourire.

— Donne-la-moi, reprit l'intendant en caressant l'épaule nue de Marie, je te la serrerai, tu pourrais perdre ce bijou.

— Non, je le mettrai sur mon cœur !... mon cœur, reprit-elle en jetant un regard sur elle-même,... mon cœur, il est mort !... Je n'ai plus de fils !

— Que feras-tu de cette chaîne ?... Et l'intendant la suivait de l'œil dans tous les mouvements que la folle lui imprimait en la tournant.

— Je la garde pour mon fils !...

Bombans, à force de manœuvres, saisit la chaîne, en disant : « Elle est d'un beau travail et bien lourde ! » et il la prit tout à fait des mains de Marie. Il a toujours prétendu qu'elle la lui donna librement, et que ce mouvement valait donation ; mais on prétend qu'il l'arracha violemment, ce que les paroles suivantes de l'Innocente confirment :

— Au voleur !... au voleur !...

— Dieu ! quel malheur ! s'écria l'intendant, *je l'avais bien dit* !... Et il cria si fort que la voix de Marie fut couverte par la sienne.

— Qu'avez-vous, M. l'intendant ? dit Vérynel survenant.

— Regardez cette croix !.... et Bombans lui montra la fatale croix rouge. Alors pensant à son trésor et au pillage qu'en ferait le Mécréant, l'intendant courut le mettre en sûreté, criant que tout était perdu ; dans sa douleur, il ne rendit pas la chaîne d'or ; la pauvre Marie n'en cria que davantage ; tous les gens accoururent, et quand on apprit le dessein du Mécréant, la plus grande consternation régna dans les cours du château..... Tout le monde se rassembla, et se précipita vers le pavillon de Hugues.

— Tous ces gens-là seront bientôt malades, dit l'impassible Trousse en les voyant entourer le perron ; et qu'est-ce qui les agite ?... c'est une pensée ; et quel est l'intermédiaire entre le corps et la pensée ?... ce sont les nerfs ? Or...

— Or, va avertir les ministres, lui répliqua Castriot. — Alors l'huissier fut prévenir le connétable et le comte de Monestan du grand événement qui jetait le trouble dans le château.

En ce moment la princesse se levait. Elle court à sa fenêtre, elle l'ouvre... le bel Israélite assis sur son rocher la regardait avec amour... Elle rougit en le voyant, et rougit encore plus fort, lorsque le céleste parfum des fleurs nouvelles embauma l'air ; ne sachant comment se tirer de ce pas difficile, elle prit, d'un air embarrassé et sans oser lever les yeux, chacune des fleurs l'une après l'autre ; elle les assembla et quitta la croisée pour les mettre dans le second de ses vases de cristal... Elle tremblait en les posant... Son esprit était agité de mille idées diverses, enfin elle revint à la fenêtre... Imprudente, elle dit : — Nephtaly... ma main est promise !... retirez-vous !... et ne venez plus !...

— Pourquoi me ravir votre vue?... demandais-je autre chose !... s'écria l'Israélite au comble de la joie, en entendant Clotilde lui parler.

Elle soupira !... et le Juif, prenant ce soupir pour une réponse favorable, dévora des yeux sa tendre bienfaitrice et la remercia, par un geste, de cette espèce d'assentiment qu'elle donnait à leurs amours. Son geste semblait dire : « Enfin vous m'ordonnez quelque chose, vous prenez possession de moi, je vous appartiens.... »

Clotilde fut interdite, et un regard fugitif répondait : « Ne croyez pas que je vous avoue que je vous aime..., n'est-ce pas impossible ?... »

Ce muet langage plein de charme et d'une mélancolie réelle, puisque c'était presque un adieu, fit voir à Clotilde toute l'étendue de sa passion.

Enfin le Juif rassembla tout son amour dans un dernier regard, et se retira sur sa crevasse...

Clotilde le vit se mettre à genoux, et envoyer un tendre baiser à cette fenêtre... « Quelle est donc sa joie ? » se dit-elle... Naïve, elle ignore que l'amour est aveugle, et que, tout entier au bonheur présent, jamais il n'a regardé l'avenir : la folie ne le guide-t-elle pas en l'étourdissant de ses grelots ?... Aussi, Clotilde s'étourdit-elle et partagea la joie du beau Juif, sans comprendre que le langage qu'elle avait tenu, les gestes qu'elle avait faits, trahirent un sentiment, trop tendre pour n'être que de l'intérêt ou de la pitié...

A ce moment Josette entra sans être appelée : « Madame, dit-elle, Enguerry va venir assiéger le château !... » Et le visage de la Provençale amoureuse respirait le plaisir.

— Hé bien, Josette?...

— Hé bien, madame, je verrai mon mari !...

— Malheureuse, vous oubliez donc les maux qui vont nous accabler ?

— Ah ! madame, pardonnez-moi !.... Et elle se mit à genoux avec les marques du repentir le plus grand, je suis bien coupable !.....

— Sa joie n'est-elle pas naturelle?... se dit Clotilde en regardant les fleurs nouvelles... Moi-même ne suis-je pas coupable !... Je n'ai plus le droit d'être sévère !....

Relevez-vous, Josette !...

La jeune fille raconta à sa maîtresse le désordre qui régnait dans le château....

Laissons-les pour assister au grand conseil qui doit se tenir en ce moment.

## XIII.

*Je vois que la sagesse elle-même t'inspire,*
*Avec mes volontés ton sentiment conspire.*
*Va, ne perds point de temps; ce que tu m'as dicté,*
*Je veux de point en point qu'il soit exécuté.*
(RACINE, *Esther.*)

*O Dieux! quel favorable augure*
*Pour ces généreux fils de Mars!*
(J. B. ROUSSEAU.)

Ici, l'on doit me rendre la justice d'avouer que l'action de ce petit drame se complique, sans rien perdre de son unité ; et qu'elle devient un peu plus intéressante que lorsque je n'en étais qu'au titre. Peut-être me reprochera-t-on plus d'un caractère? mais que l'on s'en prenne à la nature et aux Camaldules, ou plutôt, que l'on cherche le grain de sagesse qu'ils y renfermèrent, et que l'on convienne, pour l'honneur des *R'hoone*, que cette histoire avance. Elle avance bien peu, dira-t-on, mais enfin elle avance ! et l'on s'attend à de grands événements... Amis, vous n'avez pas tort ; et sur ce, je reprends le fil de ma traduction libre, car je hais l'esclavage, ainsi daignez me pardonner mes digressions...

Chaque jour l'on nous retrace des scènes de la vie humaine ; mais rarement on nous offre des scènes de la vie de ces grandes masses que l'on nomme nations, et de ces rois qui les conduisent bien ou mal. Ces demi-dieux s'enveloppent d'une toile d'opéra, sur laquelle sont imprimées les lois de lèse-majesté... Cette toile est comme le voile de plomb qui couvre l'avenir, en la levant on s'attire des chagrins : moi qui suis un vrai sans-souci, je brave le courroux et je me félicite d'avoir rencontré l'histoire d'un prince, et surtout d'un prince détrôné ; car je vais essayer de remplir la lacune des histoires, quant aux secrets de l'intérieur des conseils des rois, et je vous introduis sans façon, et sans pudeur aucune, dans le cabinet du roi de Chypre ; en déclarant que je regarde cette scène comme le type, prototype, archétype de toutes celles qui se sont passées, qui se passent ou qui se passeront dans le cabinet des rois morts, vivants et à naître. Pour la rendre ressemblante, l'on n'aura qu'à l'étendre, y mettre plus de monde, de plus grands intérêts, et la mienne sera comme une lanterne magique dans laquelle on met les verres que l'on veut.

Princes morts, vivants et à naître ! je vous demande grâce, la hart au col, à genoux et la torche à la main, pour le ton léger que je prends, et quoi-que j'aie fait ce vers depuis longtemps,

*Le malheur est sacré, n'insultons pas les rois;*

ma foi, mon naturel m'emporte, et je ris, non pas de vous, mais de la sottise de l'humanité : toutefois sachez que je serais grave et mélancolique, si j'avais à raconter le malheur d'un de mes frères ; je ne ris jamais que de l'homme en masse !...

Depuis cinq minutes les trois ministres étaient entrés dans le cabinet du roi de Chypre. Jean II, instruit du malheur qui le menaçait, avait oublié la formule qui servait de prélude à tous les conseils, et les ministres, étonnés de se trouver debout, attendaient l'ordre du prince. Monestan, les yeux baissés, tenait son chaperon à la main sans le remuer aucunement ; tandis que Kéfalein faisait mouvoir le sien avec l'insouciance qui résultait des désinences de son caractère ; quant à l'évêque, il avait sa main droite appuyée sur sa hanche, et par sa pose et son œil fier il semblait s'indigner du silence du prince.

Jean II, assis sur son fauteuil, frappa son genou de sa main gauche avec un air embarrassé ; sa noble figure ressemblait assez à ces bustes antiques dont les yeux sans expression offrent l'image d'une impassible résignation. Enfin il rompit le silence par ces mots :

— Messieurs, jamais nous ne nous sommes trouvés dans des circonstances si graves et si pénibles.... En effet, nous avons pu perdre notre royaume, ce fut un malheur bien grand ; néanmoins, il nous restait la perspective de pouvoir le reconquérir !... Mais la menace d'Enguerry, le dénuement où nous nous trouvons, dénuement que malheureusement il connaît ainsi que nos trésors, nous plongeront, si le Mécréant est vainqueur, dans un abîme d'où nous ne pourrons plus sortir, car nos espérances de rétablissement s'évanouiront...

Un grand homme, et je ne sais lequel,... a dit et je le répète : *un rien allège les souffrances*... tel homme se console de la perte d'un fils en discourant ; tel autre sera soulagé de la mort de sa maîtresse, par la sublime inscription qu'il a trouvée pour mettre sur sa tombe... Le bon roi Jean II, au milieu de sa nouvelle infortune, éprouvait, en prononçant les paroles que l'on vient de lire, une espèce de joie, en voyant les affaires de l'État prendre une importance, une gravité, qu'elles n'avaient point eues depuis qu'il habitait Casin-Grandes ; cette satisfaction de tenir un conseil véritable perça dans les mots suivants.

— Aussi, messieurs, nous nous sommes empressé de vous mander, pour profiter des lumières que vous avez acquises par votre expérience et votre savoir : employez-les à trouver une résolution digne des rois de Jérusalem et de Chypre ! Nous sommes dans le dernier asile des Lusignans, il ne fut jamais violé !... c'est assez vous en dire !...

— Sire, dit l'évêque, Enguerry-le-Mécréant en plaçant cette croix vengeresse, que nous aurions évitée si l'on avait suivi mon conseil d'hier, a déclaré qu'avant trois jours il investirait votre château, l'on ne saurait donc prendre des mesures trop promptes...

A cette observation le roi leva brusquement la main qu'il avait appuyée sur sa cuisse gauche, et cette main tendue semblait demander : « Est-il vrai ? » Le silence des trois ministres affirma que l'évêque disait la vérité.

Le prince laissa retomber sa main sur sa cuisse ; or, il y a bien des manières de laisser tomber sa main, et ce geste peut exprimer la douleur comme le plaisir ; mais le prince mit tant de mélancolie dans ce mouvement, cette main tomba si bien d'aplomb, que Kéfalein fut ému de ce simple geste ; son corps fluet se pencha, sa petite tête oblongue suivit le mouvement de la main du prince, et son bonnet ne tourna plus entre ses doigts.... Quant à Monestan, il lève les yeux au ciel, croise ses bras, insère son pouce droit entre ses deux lèvres, et se met à réfléchir.... Le silence régna dans toute sa pureté.

Il devenait clair qu'il fallait prendre une décision importante dans ses résultats : la guerre ou la paix, la vie ou la mort dépendaient de ce conseil. Aussi je n'en omets aucune circonstance.

Remarquons, pendant qu'ils réfléchissent tous, 1° que la mère de M. l'aumônier le conçut pendant une guerre cruelle, au milieu du récit interrompu, que son mari lui fit un soir, d'un combat sanglant ; et que l'attitude du père d'Hilarion était fière ; qu'alors sa mère le mit au monde avec des organes, des fibres et des nerfs tellement disposés, que les idées qu'ils produisirent furent des idées guerrières, d'ambition et d'orgueil, qui se jouèrent dans une seule partie du cerveau d'Hilarion ; à force de s'y jouer ces pensées formèrent une bosse à son crâne, parce que les idées y affluèrent, en allant de préférence vers ce point cérébral ; enfin ces pensées n'étant pas réprimées, ni son crâne amolli dans cet endroit, elles firent de l'aumônier un homme du caractère dont je vous ai donné quelques esquisses.

2° Que la comtesse, mère du connétable, montait très-souvent à cheval pendant sa grossesse, et qu'elle accoucha de Kéfalein en descendant de cheval.

3° Que la princesse Ludovic de Monestan était dévote, ainsi que son mari...

Si je voulais rechercher les causes de la guerre pendant laquelle Hilarion fut conçu, celles du goût de madame Kéfalein pour les chevaux, et celles de madame Ludovic pour les églises, je remonterais jusqu'à la création, et je prouverais qu'elle est la cause première des événements dont vous allez lire le récit ; mais je sens que cette vérité pourrait vous choquer, et je me restreins à la proposition suivante.

*Ce sont les trois mères des trois ministres qui furent cause des malheurs de Jean II, lequel ne s'en douta nullement.*

Sur la masse totale des lecteurs qui liront cette assertion, il y en a la moitié qui lèveront, par un mouvement soudain, le drap qui garnit leurs épaules ; je commence par les remercier....

Sur l'autre moitié qui reste, un quart de moitié sera pyrrhonien, et dira qu'il y a du pour et du contre, et ils seront sages ; je les croirais même un peu ministériels ou prêts à le devenir : le second quart sera composé de gens qui voudront passer pour savants, et qui diront que j'ai raison, en employant beaucoup d'esprit pour prouver leur dire ; je les félicite d'avoir de l'esprit : le troisième quart renfermera des penseurs philosophiques ; et le dernier quart des originaux qui me croiront plus de talent que je n'en ai.... Ce quart sera le plus faible.

Telle est la nature humaine, que l'opinion de cette seconde moitié ne m'est de rien, précisément parce qu'elle m'est favorable ; et que je brûle d'obtenir l'assentiment de la première qui rit de moi. Mais si je voulais la réduire au silence, voilà ce que je lui dirais, en priant la seconde moitié et les femmes, de passer ce discours *ab irato,* que je regarde comme inutile.

« Oui, messieurs, ce que je dis est vrai, l'histoire
« serait très-utile si l'on voulait rechercher ainsi
« les causes des événements et des actions des hom-
« mes..... Oh ! quelles lumières vives éclaireraient
« la nature humaine, et feraient voir qu'un atome
« influe sur nos destinées et pèse beaucoup !...

« La jeune personne qui se pâme sous les atta-
« ques réitérées d'un soldat vigoureux, la maman
« qui reçoit des injures parce qu'elle est laide, le
« père que l'on vole, les échevins que l'on pend, les
« soldats que l'on tue, les bourgeois dont on démolit
« les remparts, les franchises et les maisons quand
« on saccage leur ville en temps de guerre, auraient
« la consolation de savoir que cela leur arrive, parce
« que leur prince, ou le potentat voisin en colère,
« n'avait pas été saigné la veille, ou parce qu'il avait
« trop mangé, et que ce fut pendant qu'une indi-
« gestion ou telle autre cause le portait à la mauvaise
« humeur, par la disposition acrimonieuse des houp-
« pes qui correspondent au cerveau, suivant le sys-
« tème de Trousse, que l'on tint le conseil où il
« opina pour la guerre... Alors la lancette d'un chirur-
« gien ou la canule d'un apothicaire auraient sauvé
« la vie à trente mille hommes, et l'honneur à trente
« et une mille pucelles, épargné trente millions d'im-
« pôts ; et vous, MM. N. N., qui me cherchez chi-
« cane, vous ou vos ancêtres ne les auriez pas payés !
« Mais, vous seriez bien surpris, en apprenant tout

« ce que des choses semblables ont de poids dans
« les balances où l'on pèse l'humanité d'un côté,
« contre deux ou trois hommes de l'autre : vous fré-
« miriez en lisant qu'un verre d'eau répandu sur
« la robe d'une duchesse à Londres, dans un palais
« où l'on dansait, a sauvé Louis XIV et la France,
« qu'une fenêtre mal placée à Versailles avait
« mis à deux doigts de leur perte ; car Louvois,
« voyant son maître en colère de la critique sur la
« croisée, et craignant de perdre son crédit, se ren-
« dit indispensable, en le jetant dans la fatale guerre,
« terminée par le verre d'eau qui fit rappeler Marl-
« borough.

« *Vous sauriez* que le jeune Biron donnant à son
« père le moyen de prendre Rouen en dix heures, le
« vieux guerrier lui répondit : *Veux-tu nous en-
« voyer planter des choux à Biron ?*

« *Vous connaîtriez* que quelques grains de sable
« dans la vessie d'un monarque ou qu'un *sensorium
« commune* un peu trop compacte, rendent tout un
« royaume malheureux ; et que si la nourrice de
« Charles VI n'eût pas raconté des histoires de reve-
« nants et n'eût pas pressé la tête au jeune prince
« quand elle le reçut au sortir du sein royal, trente
« ans de guerres intestines, les Bourguignons et les
« Armagnacs n'auraient pas désolé la France.

« *Que* si les sens d'une jeune fille, émue par je ne
« sais quoi, n'avaient pas produit un rêve fantasque, la
« France n'eût pas été sauvée, nous serions devenus
« Anglais, et au lieu *de ce mot au plaisir consacré,*
« nous aurions dit *goddem !*

« *Que* si l'Angleterre secoua le joug du papisme,
« c'est parce que Henri VIII étant enfant mangea
« beaucoup de fruits, qui produisirent une telle
« âcreté dans ses humeurs séminales, qu'il voulut
« divorcer comme bon lui semblerait, afin de con-
« tenter sa voracité amoureuse.

« *Que* si le premier piqueur du connétable n'avait
« pas aimé la fille d'un meunier et traversé je ne
« sais quelle rivière en un certain gué, il ne l'aurait
« pas indiqué à son maître, allant opiner au conseil
« du roi Jean avant la bataille de Poitiers.

« *Que* si M. d'Armagnac n'eût pas offensé le con-
« nétable par une plaisanterie, le connétable aurait
« été de son avis ; la bataille n'eût pas été perdue,
« la noblesse massacrée, et Jean prisonnier ; de là
« des malheurs, des impôts !... Sans cela nous pos-
« séderions l'Angleterre, et au lieu de *goddem* ils
« diraient le superlatif de nos jurons, et nous n'au-
« rions pas perdu notre marine à la Hogue, nos écus
« au siége de Dunkerque, et nos soldats à Fontenoi ;
« mais nous les aurions toujours perdus quelque
« part...

« *Que* s'il n'eût pas fait froid lorsque le duc de
« Guise alla à Blois, il n'aurait pas été assassiné ;

« parce que Henri III n'était irascible et ne prenait
« de grandes résolutions que lorsque le froid l'ai-
« grissait.
 « Que si le curé de Denain ne s'était pas promené,
« Villars aurait été battu par le prince Eugène, car
« Villars n'aurait pas su que l'on pouvait rompre
« les lignes du prince à Marchiennes. »

Enfin il en est mille exemples. Alors combien de victoires dont les généraux ont eu la gloire, tandis que, semblables à Kéfalein, ce fut par le conseil d'un soldat, par la défense d'un lieutenant, même par la maladresse d'un goujat, que l'ennemi fut battu. Alors j'engage la moitié récalcitrante de mes lecteurs, 1° à ne pas oublier, dans ses prières pour le maintien de la paix, la lancette des chirurgiens, les canules d'apothicaires, les cerveaux, les fenêtres, les songes des jeunes filles, leurs amants, et l'Éternel avant tout.

2° A convenir qu'elle portait tout au moins un jugement précipité, irréfléchi, sur mon assertion, et je l'engage à ne plus lever les épaules, parce que c'est l'action de la colère ou du dédain, et que je ne mérite ni l'un ni l'autre.

Alors personne ne me contestant plus *que les trois mères des trois ministres sont la cause des malheurs qui vont fondre sur Casin-Grandes,* puisque ce sont elles qui leur communiquèrent leurs passions d'homme, je reprends la suite du manuscrit des Camaldules tout en vous observant, que les événements de ce monde sont liés entre eux, par une force de cohésion telle, qu'ils forment un véritable tout, et que l'événement qui se passe aujourd'hui est la suite du mouvement imprimé aux choses de ce monde depuis longtemps. Continuons...

Parmi les historiens du cœur humain, La Rochefoucauld est un de ceux qui surprirent le plus de ses secrets, et je pense avec lui que l'amour-propre est le motif de toutes les actions des hommes ; mais j'y joins l'intérêt : et cela posé, je prétends que tous les conseils des rois finissent comme celui du roi de Chypre, c'est-à-dire selon l'intérêt et les passions de ceux qui les composent.

L'aumônier pensa que la guerre lui fournirait l'occasion de se distinguer, et de faire briller ses talents militaires.

Kéfalein, de son côté, se disait intérieurement que sa cavalerie pourrait faire des prodiges, des charges, des évolutions, etc.

Monestan gémissait, et lui seul avait raison : car le prince étant résolu à ne pas donner sa fille, seul moyen d'apaiser le Mécréant, ce sage ministre voyait bien que la guerre allait fondre sur l'asile de son roi.

— Non, s'écria Jean II en frappant sur la table, nous ne sacrifierons pas notre fille !...

A cet élan généreux, l'évêque jugea que le prince penchait pour la guerre, et il répondit :

— Sire, qu'a donc d'effrayant la guerre avec Enguerry ? Ne peut-on pas armer vos vassaux, votre maison ; et conduits par un chef habile, la cavalerie commandée par le connétable, j'ose croire à des succès, et dans l'hypothèse la plus désespérante, c'est-à-dire le siège de Casin-Grandes, ne pouvons-nous pas le défendre pendant cent ans contre Enguerry ?... même contre trente mille hommes..... Ah ! si nous les avions !...

— Hilarion, dit le prince entraîné par l'accent du prélat, il faudra bien faire ce que vous proposez : ce n'est pas un expédient, c'est ce que la nécessité nous force d'entreprendre. Certes, nous savons que nous devons espérer des succès ; les Lusignans vainquirent souvent quand ils commandèrent !...

— Sire, répondit le prélat se chagrinant à l'idée de voir le prince commander en personne ; votre grand âge ?...

— Notre âge !... A cent ans les Lusignans sont jeunes, quand il s'agit de défendre leurs sujets !...

— Sire, dit Kéfalein, nous n'avons pas à choisir, il faut combattre !...

— C'est ce que nous observons, répliqua le roi.

A ce moment Monestan détacha son pouce d'entre ses dents, et dit avec une douceur monastique :

— Sire, je crois que l'on peut encore éloigner le fléau de la guerre.

— Le moindre détour déshonorerait les Lusignans, s'écria l'évêque en interrompant.

— Ce n'est point une défaite que je propose, reprit Monestan sans s'émouvoir ; tout le premier je défendrai mon prince lorsque tout espoir sera perdu ; mais, sire, laissez-moi suivre un dessein qui m'est inspiré par un bon ange. Envoyez une ambassade au sire Enguerry ! qu'on lui fasse amitié ; qu'on lui dise qu'il partit trop matin ; que vous ne pouvez prononcer sur le sort de votre fille ; qu'elle a demandé huit jours pour rendre réponse. Au moins, messieurs, pendant ce temps nous pourrons rassembler nos forces pour résister ; nous enverrons à Aix ou en Dauphiné demander du secours ou soudoyer des troupes : qui sait même si le ciel pendant ce temps ne nous secourra pas si nous l'implorons !...

A ces paroles dictées par la prudence, chacun fut comme illuminé d'une lueur subite, et l'évêque lui-même ne trouva point d'objection.

— Monestan, dit le roi, flatté d'avoir une ambassade à nommer, à envoyer, à attendre, nous vous remercions de cette opinion sage et qui peut s'accorder avec notre dignité ; nous vous nommons ambassadeur avec notre aumônier ; Maître Trousse vous accompagnera comme secrétaire, et Vérynel avec deux Cypriotes vous serviront d'escorte; acquittez-vous avec noblesse de vos fonctions; que votre vertu en impose, et si l'on vous refuse, déclarez la guerre; que dès aujourd'hui l'on s'y prépare!

Ces mots éveillèrent dans l'esprit du prélat l'idée des combats, car il se promit bien qu'il s'acquitterait de l'ambassade de manière à ne pas apaiser le Mécréant, et Kéfalein songea sur-le-champ à sa cavalerie. Monestan calcula que de toute manière on prierait Dieu pour vaincre et que l'on chanterait des *Te Deum* en cas de victoire, et de son côté il espéra calmer le Mécréant. Le prince se retira moitié content, moitié chagrin; et, ne sachant quelle issue aurait cette guerre future, il résolut de cacher à sa fille l'amour du chevalier noir pour elle, car le matin il avait décidé de l'en instruire en lui déclarant qu'il désirait ce mariage.

Clotilde eut donc encore du répit, et elle aurait eu sans doute la même joie que Josette, si elle avait su que la guerre lui évitait cet ordre paternel.

Les ministres sortirent du conseil, et descendirent dans la cour: tous les gens de la maison, excepté Clotilde et Josette, étaient rassemblés en attendant avec impatience le résultat de ce conseil; les ministres furent tous flattés de l'importance que leurs dignités acquéraient dans un asile où ils ne croyaient pas avoir à gouverner. Kéfalein, en qualité de connétable, fit la harangue suivante, en agitant ses deux bras en forme de télégraphe: « Fidèles serviteurs du roi notre maître, la guerre vient d'être décidée. »

A ces mots une espèce de frayeur s'empara de l'assemblée.

« En décidant la guerre, reprit Kéfalein qui prit ce mouvement soudain pour un effet de son éloquence, nous avons décidé la victoire, et c'est en voyant votre dévouement que nous en pouvons répondre; que chacun songe donc à défendre son prince, et à se défendre soi-même: dès à présent nous allons prendre les mesures les plus sévères, pour composer une armée qui sera redoutable, si vous avez du courage; et c'est vous faire injure que de le mettre en doute, car tout homme en a, lorsqu'il combat *pro aris et focis*, pour son sac et ses quilles, sa patrie et son prince, cette seule idée en donne. »

Un morne silence succéda à cette harangue, la seule que le connétable eût faite dans sa vie: le seul Castriot avait joyeusement tiré son sabre et il le frottait, le nettoyait, l'aiguisait sur le fer du perron en tâchant de faire disparaître la brèche qu'il reçut, en tombant sur le gorgerin du Mécréant. Les trois ministres descendirent le perron après avoir décidé à voix basse de faire une revue générale des forces militaires du château.

— « Nous aurons bien de la peine à arriver à *trente mille hommes*, dit tristement l'évêque en jetant un piteux regard sur les deux cents serviteurs qui composaient la tremblante assemblée.

Le corps d'élite fut formé de Castriot, que l'on promut sur-le-champ au grade de commandant; on lui donna pour soldats, les trois Cypriotes et les trois musiciens du prince, ses huit valets de pied, les trois valets de chambre et cinq aides de cuisine; le concierge, le boulanger et deux de ses garçons, le sommelier et son fils, le sacristain de la chapelle, le gardeur de troupeaux, et huit hommes de peine.

Ce premier corps composé de trente-huit hommes se sépara du reste et se groupa mélancoliquement autour de Castriot, qui ne put s'empêcher d'éprouver un mouvement d'orgueil, ses gros sourcils noirs remuèrent si bien que nul des incorporés n'osa se plaindre, il les rangea tout le long d'un mur et se promena devant eux en caressant la poignée de son sabre.

L'évêque, le connétable et Monestan, virent avec chagrin que dans ce qui restait d'effectif, il n'y avait plus que quatre-vingts hommes.... ils se regardèrent d'un air consultatif, et l'évêque rompit le silence en s'écriant:

— On fera un corps de réserve avec les femmes, nous l'emploierons en temps et lieu.

— En amazones, observa le connétable.

L'on procéda à la formation du second corps, dont le commandement fut décerné au docteur Trousse.

— Mais, monseigneur, s'écria le docteur en émoi, songez donc que moi, comme médecin, chirurgien et apothicaire, j'aurai les blessés à soigner et qu'il conviendrait, loin de m'exposer, de me placer avec une vingtaine de femmes dans un lieu bien sûr, et hors de tout danger.

— Il n'y aura pas de blessés, répondit l'évêque.

— Qu'y aura-t-il donc? s'écria le docteur consterné.

— Que des morts, observa Kéfalein, on s'arrangera pour cela, et obéissez sans murmurer.

Trousse fronça la peau tendue de sa grosse figure bien nourrie et se retourna tristement vers l'intendant, qui lui dit:

— J'avais bien prévu qu'il arriverait mal...

— Et moi aussi!... interrompit Trousse au désespoir, commander un corps!... quand je ne suffis pas à gouverner le mien et celui du prince!... me battre!... ah! cette pensée m'emportera si elle se convertit en peur!...

Dans ce corps entrèrent les deux valets de Kéfalein, deux de l'évêque, les quatre de Monestan, le secrétaire des ministres et ses deux scribes; on y joignit huit palefreniers, les trois hommes du chenil, les deux sous-cuisiniers, six jardiniers et quatre ouvriers, le fauconnier avec ses quatre oiseleurs, et l'officier de bouche qui sonnait les repas; en tout quarante hommes.

Le docteur Trousse se mit en rechignant à leur tête, et fut se placer à l'opposite de Castriot, en cherchant à ranger ses soldats sur une seule ligne; mais il feignit de ne pas le pouvoir, afin qu'on le destituât.

Il est impossible de rendre la joie de l'évêque en assemblant ces bataillons et en les voyant en ordre de bataille.

— Le troisième corps, s'écria-t-il en regardant Monestan, sera composé de....

— De quoi? dit Monestan en lui montrant les quarante vieillards qui restaient; maître Taillevant ne peut pas combattre, M. l'abbé Simon non plus.

— Vous avez raison, reprit l'évêque, mais alors nous prendrons tous ceux qui sont au-dessous de soixante ans, et j'en vois à peu près quinze; nous y incorporerons les gens de la ferme de Casin-Grandes, au nombre de douze, et le garde-chasse avec ses gardes particuliers formeront un effectif de trente hommes dont maître Bombans prendra le commandement, et l'on donnera le nom de *corps des vieillards* à ce bataillon.

— La cavalerie maintenant, s'écria Kéfalein, c'est le plus essentiel.

Les ministres se dirigèrent vers les écuries, et l'on y compta :

1° Les seize chevaux de Kéfalein, y compris Vol-au-vent, ci. . . . . . . . . . . . . . . . 16
2° Les trois chevaux du prince, ci. . . . . . . . 3
3° Sept, employés aux charrois des grains, fumiers, etc., ci. . . . . . . . . . . . . . . . . . . . 7
4° La haquenée de la princesse Clotilde, ci. . . . . 1
5° Les neuf chevaux appartenant aux piqueurs, à Vérynel, grand écuyer, ci. . . . . . . . . . . . . 9
6° La jument de Monestan, le cheval entier de l'évêque, le vieux cheval volé par l'intendant, et la mule de Trousse, en tout quatre, ci. . . . . . . . . . . . . . 4
                                                    ——
                                                    40

Ce qui donna, comme on voit, la masse équestre de quarante chevaux à pourvoir.

Kéfalein avait ses dix néophytes que l'on avait compris dans le dénombrement des fantassins; ainsi restait trente chevaux : mais le connétable recruta l'évêque en qualité de lieutenant, huit piqueurs, le commandant des chasses, le grand écuyer Vérynel, deux écuyers et les six demi-seigneurs cypriotes qui formaient au besoin la cour du prince, ce qui ne laissa plus que onze chevaux vacants; et Kéfalein frémit à l'idée de voir sa cavalerie incomplète, lorsque les deux vieux serviteurs que l'on décorait du nom de pages du roi, vinrent s'offrir à ses regards et sur-le-champ furent enrôlés bon gré mal gré.

— Encore neuf chevaux, M. l'évêque! s'écria Kéfalein avec l'accent de la plainte.

— Et vous oubliez nos deux courriers, répondit Hilarion.

— Il en resterait toujours sept, observa le triste connétable en poussant un long soupir.

— Hé! ne faut-il pas songer aux chevaux de remonte en cas de chevaux tués!...

A ces mots le visage de Kéfalein s'épanouit comme une rose au soleil.

— Ainsi, continua l'évêque, en récapitulant nos forces, nous avons cent huit hommes d'infanterie, et trente-trois de cavalerie; eh bien, dit-il en se frottant les mains et regardant Monestan avec un air martial, l'on peut encore se défendre avec cela contre cinq cents hommes d'armes.

— Ce n'est rien, monsieur, observa Monestan, il...

— Comment ce n'est rien, interrompit brusquement l'évêque, c'est le commencement de *trente mille*, de cent mille hommes, et c'est beaucoup, si l'on fait attention que nous avons des murailles de douze pieds d'épaisseur derrière lesquelles nous combattrons.

— Monsieur, je voulais dire, reprit Monestan avec douceur, qu'il faut les armer.

— C'est juste, répliqua l'évêque, qui dans son extase oubliait le plus essentiel.

— Maître Hercule Bombans, dit Monestan, vous ne nous avez jamais découvert l'endroit où étaient les armes que le comte Hugues de Lusignan a déposées dans ce château.

— Monseigneur, dit l'intendant en balbutiant (car il les avait vendues), je les chercherai, et vous les trouverez pour demain.

— N'y manquez pas, vous en répondez sur votre tête, s'écria l'évêque, il doit s'y trouver les armures des cents chevaliers de Hugues, sans compter celles de ses autres soldats.

— C'est vrai, monseigneur, mais je ne sais plus dans quel souterrain elles sont amassées; je le répète, demain vous aurez des armes.

— Demain donc!... dit Castriot d'un air qui convertit le jaune de la figure d'Hercule Bombans en un blanc mat.

— Que l'on ait soin, observa le premier ministre, de publier dans tout le marquisat que les vassaux peuvent se réfugier ici avec leurs troupeaux, leurs meubles et leur argent.

— Ne serait-il pas prudent, dit l'évêque, de ne pas recevoir les femmes; leurs maris les conduiront à Aix; il ne faut pas se charger de bouches inutiles, en cas de blocus.

— Vous observerez cela dans les villages, dit Monestan au crieur, qui partit sur-le-champ.

Les ministres se retirèrent sur le perron, et contemplèrent l'agitation qui régnait dans les cours; ils y mirent le comble en déclarant Casin-Grandes en état de siége; défendant à chacun d'en sortir sans permission, et ordonnant de hausser le pont-levis, et de mettre un Cypriote dans la petite tourelle d'observation, afin de savoir ce qui se passerait dans la campagne : ils appelèrent avec eux Bombans, afin de se concerter avec lui sur les moyens d'approvisionnement, et la quantité d'argent nécessaire pour y subvenir. Vérynel fut nommé commandant de la place; le prince approuva tout, et se renferma avec ses ministres pour discuter le plan de campagne.

Aussitôt que Bombans eut terminé ses opérations avec les ministres, il enfourcha son cheval hors d'âge, et le fit trotter vers la ville d'Aix. Trois motifs dirigeaient l'avare de ce côté : le premier était d'éviter la corde; le second, de sauver son trésor qu'il allait confier aux mains du trésorier du comte de Provence; et le troisième, d'acheter à prix d'or des armes pour le lendemain... Il s'arrangea de manière à gagner la somme nécessaire à cet achat sur les approvisionnements qu'il avait à faire pour le siége. Laissons-le calculer, combiner, en trottinant sur la route, et revenons à la princesse! . . .

## XIV.

*Il est, en son printemps, une fleur qu'on ignore...*
*Oui, tout plein de désirs, mon cœur est vierge encore.*
*Et comme ces cristaux qui n'ont rien réfléchi,*
*De trésors dédaignés il se trouve enrichi :*
*Ah! si j'aimais!... je sens que je trace l'image*
*D'un amour gracieux, ardent et point sauvage;*
*Tel je veux l'inspirer........*
(L... R....)

On doit sentir que le prince était au comble de la joie au milieu des graves occupations qui l'assaillaient; et bien que dans Casin-Grandes chacun pliât sous le faix pour le travail, Jean II n'était pas le moins affairé.

Aussi, ce soir il ne dit rien à Clotilde, qu'il ne voyait ordinairement qu'aux heures des repas, puisqu'ils les faisaient ensemble, et la jeune fille restait toujours la soirée presque entière après le souper; mais cette fois la manie du bon prince l'emporta sur son amour pour sa fille.

— Laissez-moi, ma bien-aimée, lui dit-il, je suis accablé d'affaires, avec cette guerre à soutenir. D'après le ton de Jean II, on l'aurait pris pour un puissant monarque.

— Plaise au ciel que vous soyez victorieux, mon père, répondit Clotilde à Jean II, d'un ton presque plaintif.

— Vous êtes toujours rêveuse, ma fille! car si je pouvais apercevoir votre figure, j'y verrais une expression inaccoutumée...

— Qui vous le fait penser, mon père?...

— Mais vous parlez plus rarement et avec plus de circonspection; maintes fois vous oubliez de répondre ou d'achever votre pensée; vous soupirez de manière à me faire croire que votre peine est presqu'un plaisir; enfin, il est des mots que vous ne prononcez qu'en tremblant, votre accent annonce une idée fixe. Je suis vieux, ma fille, et c'est pour cela que je puis deviner l'intérieur par les dehors; et je pressens les sentiments, comme cet Arabe les gens de sa tribu par l'impression de leurs pieds, et d'autres circonstances nulles pour les autres.

— Mon père, je vous assure...

— Ne jurez rien! une autre fois nous causerons plus à fond de tout cela... Va, tu seras heureuse, car je t'aime plus en père qu'en monarque... Adieu, ma fille.

— Adieu, mon père!... Et Clotilde embrassa le front vénérable du vieillard, en tâchant d'arrêter les palpitations de son cœur; si Jean II put les entendre, du moins il ne vit pas la pâleur de sa fille, qui se retira à pas lents, la mort dans l'âme. — « Saurait-il mon secret?... » se dit-elle en rentrant dans ses appartements.

Toutes ces circonstances, ces obstacles, le peu d'espoir, le défaut de bienséance, le soin des convenances, ne faisaient qu'irriter et augmenter l'amour de Clotilde... « Enfin [1], quant la nuict eust
« tollu la lumière, la gente bachelette feust ouvrir
« la fenestre avec une tant brusque hastiuité que
« nous cuyderions icelle s'estre ébaudie tout le iour
« à ramentevoir en son esprit les doulces, mirificques
« et gratieulses perfections de son gentil Hébrieu,
« quantes fois, que ce transon de bonne chière d'a-
« mour, l'ayt affriolée à s'adouoer sa passion, d'au-
« tant, que l'enuie l'en chastouilloyt sans d'es-
« pouuanter, comme quant l'amour yssit de prime
« abord dans son cœur.

« Si veit-elle la joie de son âme?... et sa male-
« suade faim d'amour s'esuigla en sursault dans sa
« poictrine.

« Ores Nepthaly, pour la prime fois de sa vie,
« boyt, à pleins guodetz, en la coupe jolyette où

---

[1] Le morceau qui suit est copié littéralement sur le manuscrit; il m'a semblé si facile à comprendre, que je n'ai pu me résoudre à en priver ceux qui aiment la naïveté de notre langue antique.

« boyuent tous hommes franchement, librement,
« hardiment, sans rien payer; aussi ne l'espar-
« gnent!... Icelle coupe ha source viue et veine
« perenne; l'espoir y gist au fons, et, aulcuns l'expui-
« sent-ils jusqu'à la lie? Si ha-t-elle incluz la male
« mort, la uie, la ioyeuse et aëlée fortune, le mal-
« heur, voire les crimes et les vertus; et, selon la
« dille par où l'on boyt, est-on ung beat ou ung
« paoure, ung vertueux ou ung criminel! L'Hébrieu
« s'y enyura, pour ce qu'il comprint que la paou-
« rette l'aimait... Il l'esguarde sans dire ung seul
« propous; peu s'en fault qu'il ne choyt ébaudi!...
« Heureux prime-vère des amours!...
« L'amour est semblablement à ung fruict, il ha
« dessuz et dessoubz une flour délicate : si s'efface-
« t elle au reguard! tant est fugitifue sa gratieuse
« beaulté. En icelle flour, sont les primes sermentz,
« accordz, esguards, gualans deviz, et petitz guer-
« dons. Cette mysticque et sacrosaincte doulceur
« s'euapore comme ung refue, se deflore comme ung
« mirouer, ainsy qu'un fruict tastonné gist descou-
« loré... Ores l'amour de Clotilde et de l'Hébrieu ha
« encores sa fleur, point n'est gasté; la bachelette
« n'ha qu'une paour, si est-ce que Nephtaly ne soict
« tant plein de feaulté et conflict de respect qu'il
« faille à dire : *j'aime!*...
« Tant meslent-ils leurs doulx reguards sans estre
« mesnagers, que semblent ils se sugcer leur asme!...
« et ils se baignent en lour allaigresse, sauourent
« cette mélodieuse harmonie de leurs cueurs, se
« guardant, comme d'un forfaict, de rompre le si-
« lence de la nuit argentée à la fauueur de Diane :
« et, la dive amante d'Endymion espand auec com-
« plaisance ung faisceau de lueur autour d'eulx.
« Clotilde mignonement s'accoulda sur l'appuyz
« de la fenestre ogifue; Diane jalousa l'iuoire de ses
« bras rondeletz. Ores Nephtaly ne pouuant retrayre
« son heur, il print son beau luth et feist sursauter
« sa gente maîtresse aux primes parolles de la chorde.
« L'aer s'esmut doulcettement, en pourchassant les
« carmes suiuans sur les aesles des mutz zéphyres
« de la coite nuict.

« Au fons de sa pensée,
Au fons de ses ennuictz,
A toy s'est adressée
La clamour, jourz et nuictz,
De l'Hébrieu.

Escoute sa voi plainctifue,
Las!... n'est-il pas sayson
Que l'aureille ententifue
Soyct à cette orayson
De l'Hébrieu.

Si restes rigoreuse
Deniant ung reguard!....
La male mort heureuse

Férira de son dard
Ton Hébrieu.

Il t'esguarde encore
Soir, matin, sans seiour;
Plus matin que l'aurore,
Assis au poinct du iour
Est l'Hébrieu.

Seroit content de peu,
Oui... peu le console!...
Prins ung peu de ce feu
Qui tant nous affriole,
Pour l'Hébrieu!.... »

Qui n'a pas entendu, dans le calme des nuits, une femme entourée des doux feux de Diane, et assise sur un rocher, ou sous un saule, ou sur le bord de l'onde, faire rendre à une harpe quelques sons plaintifs comme ceux d'une tourterelle, ne peut se figurer l'extase angélique des deux amants solitaires; car, le doux fruit d'amourette veut être cueilli furtivement... Des larmes roulèrent sur la joue de Clotilde; larmes que le Juif eût voulu pouvoir sentir répandre sur son sein, brûlant de désirs qu'il n'osait avouer... Toutefois il répète avec la voix de l'âme :

Prins ung peu de ce feu
Qui tant nous affriole,
Pour l'Hébrieu.

— Nephtaly, répondit Clotilde, un peu, c'est tout!...
— Je le sais!...
— Et cependant, reprit-elle, l'enfer et le ciel ne sont pas plus éloignés que nous le....
— Je le sais... mais un seul de vos regards n'est-il pas plus fort que le destin!...
— Qu'espérez-vous donc?... dit-elle tout émue et sans oser respirer.
— Hélas! ma vie n'est-elle pas un crime?... et n'est-ce pas un nouveau crime que d'espérer?...
— Vous ne serez pas seul coupable!...
A peine ce mot eut-il passé de son cœur sur ses lèvres de corail, que Clotilde aussi pâle, aussi tremblante, aussi confuse que si elle eût abjuré la foi de ses pères, ferme brusquement la croisée, tire le rideau et se réfugie dans son lit virginal, bien tourmenté depuis que le cœur de la jeune fille n'est plus vierge.
— Hé quoi! je l'aimerais, se dit-elle? un Juif!... Et quand cela serait, puis-je l'épouser? L'épouser?.. il faudrait que nous fussions seuls sur la terre!...
Mais bientôt un malin démon ou un ange, je ne sais lequel des deux, l'entraîna vers une autre perspective, et lui fit oublier la raison.... « Mon cœur l'a choisi!... » fut la dernière pensée de la jeune

fille, et même pendant son sommeil d'innocence, la figure, les formes du Juif, rendues plus belles par le prisme de l'imagination des rêves, vinrent tourmenter son âme qui se débattait encore sous les derniers coups du dieu des caprices. . . . . . .

L'aurore, pure et belle comme l'aurore de leurs amours, fit voir à Clotilde des fleurs nouvelles : un sourire d'intelligence récompensa le bel Israélite ! ô doux sourire d'yeux, de bouche et de tête ! doux messager de bonheur, tu renfermais tout ce que peut dire l'amour de plus tendre et de plus significatif ! Aussi Nephtaly, satisfait de ce sourire encyclopédique, quitta son poste périlleux en s'agenouillant et tendant ses mains tantôt vers le ciel, tantôt vers Clotilde, sa seconde divinité...

Dès-lors, la jeune fille s'abandonne au torrent qui l'emporte.... en s'écriant comme les Croisés : — « *Dieu le veut !*... » — Et elle se couronne en espérance des myrtes et des lauriers de l'amour... Malheureuse !... que de peines !... Mais n'anticipons pas !...

## XV.

Une telle entreprise
Du fils d'Agamemnon méritait l'entremise.
(RACINE, *Andromaque*.)

Rien n'échappe aux regards de ce juge sévère,
Le repentir lui seul peut calmer sa colère,
Et fléchir ses justes rigueurs.
(J. B. ROUSSEAU.)

Je ne vous retiens plus
Et vous pouvez aux Grecs annoncer mon refus.
(RACINE, *Andromaque*.)

La même aurore vit l'intendant conduire, d'Aix à Casin-Grandes, des chariots rompant le faix des armes. Il s'avançait vers le château, suivi de la foule désolée des paysans et des fermiers du marquisat ; néanmoins, comme ces derniers n'avaient rien en propre que la vie, ils n'étaient guère occupés que de la conservation de ce précieux meuble. Hercule Bombans jetait des regards avides sur ces pauvres main-mortables, qui rongeaient leur pain noir avec l'insouciance de la misère, et maintes fois l'envie lui prit de leur vendre la protection du prince, en les faisant payer à l'entrée du château ; « car, se disait-il, ils n'ont pas l'air assez affligés pour des indigents ; ils doivent avoir des trésors cachés ; mais le moyen de les leur écorner, cela se saurait !... »

Cette idée le mettant de mauvaise humeur, il les rudoya pendant la route, et les fit gémir en eux-mêmes... Enfin ils arrivèrent, et le pont-levis s'abaissa sous leurs pas, quand Vérynel eut reconnu le soigneux intendant.

— Allons, paresseux ! s'écria Bombans dans les cours, en s'adressant à son cortége ; à l'ouvrage, et payez de vos corps la protection que l'on vous accorde ! déchargez les voitures !

A sa voix et à l'aspect de ces armes, les trois corps d'infanterie s'approchent : chacun s'empresse de travailler pour la défense commune : les uns dérouillent, polissent, affilent ; les autres remettent en état les corselets, les chanfreins, les salades, les morions, les gorgerins, les casques, les pavois, les hauberts, les mailles ; on apprête des arcs, des frondes, des arbalètes, des lances, des pertuisanes, des hallebardes, des piques, des javelines, des cimeterres, des massues. La cour offre le tableau d'un arsenal, où les fers résonnent, l'activité de la guerre y règne ; on entend le bruit des travaux, et l'on voit arriver du bétail, des vins, des grains, des fruits, victuailles, vaches, bœufs, taureaux, fourrages ; de l'huile pour jeter sur les assiégeants, du bois pour la chauffer, des pierres pour accabler l'ennemi. On amoncèle tout, on emmagasine ; les cours ressemblent à la tour de Babel ; on crie, on fouette, on siffle, on chante, on ordonne, on obéit, on brouette, on s'exerce, on s'essaie, on s'occupe ; on oublie le malheur qui menace, car le travail est un demi-dieu trempé dans les eaux du Léthé. Enfin rien n'est en repos, c'est une fourmilière qui semble sourdre, et en petit, l'image d'un État où chacun intrigue et remue à un changement de ministère.

Ce fut au milieu de cette scène, que les ambassadeurs, munis des lettres de créance du soigneux Jean second, s'avancèrent vers le portail du château.... A cet aspect guerrier, l'évêque sourit ; et à l'approche des envoyés, le tableau mouvant s'arrête, comme si, dans une machine montée par des ressorts, l'un d'eux se fût cassé ; chaque figure indique le désir de voir Monestan réussir dans son ambassade ; on le suit des yeux, on le charge de vœux, et le ciel est importuné des bénédictions qu'on lui demande ; enfin le pont-levis s'abat, ils sortent, et le tableau mouvant reprend son activité.

Le prélat montait son beau cheval entier, en le faisant caracoler ; tandis que la jument de Monestan, douce et tranquille comme son maître, marchait l'amble... Trousse, à sa mule près, avait l'air de Silène ; et sa grosse figure, ayant perdu sa gaieté égoïste, annonçait que la machine entière *pensait*... Vérynel et les deux Cypriotes, craignant quelque malheur, jetaient des regards inquiets sur la campagne.

Au bout d'une heure de marche faite en silence :
— « Monseigneur, demanda le docteur à l'évêque,

si le comte Enguerry exaspéré, ou s'exaspérant, allait nous garder en otage, je ne pourrais pas soigner le prince s'il tombe malade, ce qui ne manquera pas d'arriver, si la guerre est déclarée, car sa pensée. . . . . . . . . . . . . . . . . . . »

A cette observation présentée par le tremblant docteur, la petite troupe s'arrêta, comme si elle eût rencontré le grand mur de la Chine.

— Vous avez raison, dit le prélat ; dans cette hypothèse probable, le prince serait privé de ses plus précieux défenseurs et de vos sages avis, monsieur le comte, ajouta-t-il en se tournant vers Monestan.

— Ce que j'en dis, reprit Trousse, n'est que pour vous faire voir que ma présence est indispensable au château ; ce n'est pas que la captivité m'effraie, moi !.... car vivre dans une prison ou dans un palais, pourvu que l'on vive....

Chacun, regardant Monestan, semblait attendre sa réponse.

— Messieurs, s'écria le courageux vieillard, lorsqu'il s'agit du service du prince et de l'État, doit-on se considérer ? que rien ne nous arrête... Allez, messieurs, ne craignez rien d'Enguerry-le-Mécréant ! entre un homme de bien et un scélérat, Dieu réside tout entier, comme la nuée invisible qui entourait autrefois les fils des dieux, et il veillera sur nous... marchons !

— Dieu !... Dieu !... répéta Trousse.

L'évêque rougit de s'être arrêté ; et donnant un grand coup d'éperon à son destrier, il galopa vers la forteresse du Mécréant, en disant à Trousse :

— Qu'il ne vous arrive plus de faire de sottes réflexions ; quittez votre robe de médecin pour devenir digne de l'ambassade qui représente le souverain de Chypre et de Jérusalem.

Ils arrivèrent sans encombre devant les murs de la forteresse du sire Enguerry. L'air retentissait de cris et d'un tapage si bruyant, que la sentinelle fut obligée de sonner plusieurs fois de son cor avant d'être entendue. Trousse tremblait de tous ses membres.

Au bout de cinq à six minutes, le pont-levis s'abaisse ; et Nicol qui remplaçait le Barbu, parti pour une expédition, vint à moitié ivre au-devant des ambassadeurs.

— Pâques-Dieu, que demandez-vous chez le diable ?...

— Mon ami, dit Monestan, ne jurez pas, je vous prie ?...

— Vertudieu ! je le veux bien ; or, sur mon âme, que désirez-vous à *Brigandinopolis*, comme l'appelle M. l'Ange ?

— Nous sommes, répondit l'évêque, les ambassadeurs du roi de Chypre ; allez savoir du comte Enguerry s'il peut nous donner audience sur-le-champ !

— Des ambassadeurs !... Entrez toujours, dit Nicol chancelant sur ses jambes, je vais voir monseigneur... Des ambassadeurs !... nous en avons déjà.

— Et d'où ?... demanda l'évêque.

— De la république de...

— De quoi ?... répéta Trousse.

— Drôle ! dit Nicol au docteur, ce sont les secrets de monseigneur. Entrez, messeigneurs !

Ce début ne promettait rien de bon, et ce ne fut pas sans un certain effroi que l'ambassade passa sur le pont-levis, et sous la voûte du porche de ce repaire.

— Allons, dit Nicol à Trousse, qui regardait à deux fois avant d'entrer ; dépêche-toi, extrait d'homme ! on ne te mangera pas d'une seule bouchée, si c'est cela que tu crains !...

— Moi !... je ne crains rien !... s'écria Trousse en voyant qu'il fallait entrer.

L'évêque et Monestan ne purent se défendre d'un mouvement machinal de terreur, quand ils entendirent hausser le pont-levis derrière eux. Hilarion regarda le premier ministre d'un air qui voulait dire : « Que va-t-il arriver ?... Respecte-t-on le droit des gens à Brigandinopolis ? »

— Cela n'annonce rien de bon pour moi, s'écria le docteur.

— Silence !... lui répondit Monestan avec le flegme de la vertu.

Lorsqu'ils parvinrent dans la seconde cour, un singulier spectacle frappa leurs regards, et une sainte horreur se peignit sur la figure du religieux Monestan, indigné de l'impiété de ces brigands.

Tous les soldats d'Enguerry, rangés par bande, comme les chrétiens à l'église, tenaient à la main, au lieu d'un livre, un vaste gobelet de fer, et ils avaient à côté d'eux un quartaut de vin. — Au milieu de la cour était dressé, sur des morceaux de bois, une manière d'autel ; en guise de cierges, on voyait de grandes lances ; au lieu d'un crucifix, l'image grossière d'un brigand en croix ; et, sur les marches, un homme, grotesquement habillé d'un surplis de pampre, était l'objet de l'attention des brigands : un des leurs marchait gravement une canne à la main, et quand l'ambassade arriva, on chantait le verset suivant de ces vêpres parodiées comme ces temps-là nous en offrent mille exemples, comme dans la fête de l'âne à Beauvais, etc.

— *Bambochamini gentes*, s'écria l'officiant ; et il avala une rasade.

— *Et non cagotando passamus vitam*, répondirent en chœur les brigands en achevant le verset et buvant aussi.

— *Scandalizate et pressurate terram l'ecumando*,

*tout doucement*, reprit Michel l'Ange, que l'on doit reconnaître à cette fête burlesque dans le goût du carnaval de Venise.

— *Sed nolite peccare*, répond le chœur en buvant de nouveau.

— *Adorate dominum*, dit Michel l'Ange.

— *Quia fecit vinum*, crièrent les brigands buvant à la cardinale.

— *Non peccamini trop fort*, reprit le Vénitien.

— *Bonus repentirus sauvabit nos*, continuèrent-ils en buvant d'autant.

— *Ibitis in infernum*.

— *Nùm?*... demandèrent les scélérats.

— *Je n'en sais rien*, répondit l'Italien en éclatant de rire ; puis il reprit, en leur montrant le barbouillage du tableau : *Bonus laronus!*...

— *Orate pro nobis*, dirent les brigands.

— *Amen!* s'écria Michel l'Ange ; mon quartaut est fini !...

— *Amen!* répétèrent-ils ; et ils ne tardèrent pas à vider leurs pots.

— Qu'est-ce là ?... demanda Trousse au brigand contre lequel il était.

— C'est la fête de notre patron.

— Quel est-il ?

— *Le bon larron*. Nous l'invoquons sous les auspices de l'Ange Michel, qui nous préside, parce que nous avons une grande expédition à faire, un château à piller ; et comme on sait bien où l'on est, mais que l'on ne sait pas où l'on va, nous nous réjouissons en attendant la camuse, buvant, chantant, car notre carnaval dure toute l'année.

— Vous moquez-vous aussi de la justice ?...

— Nenni, nous ne nous moquons que du ciel, parce qu'il est bon et n'est pas rancunier, et nous vivons sans souci, sans penser à rien.

— Vous devez bien vous porter, observa le médecin.

— Nous ne mourons qu'une fois et jamais vieux.

— Voilà bien le tort, l'on devrait avoir à mourir deux fois.

— Silence, dit le soldat, l'Ange monte en chaire, et nous allons rire ; on ne fait que cela depuis qu'il est ici !...

Monestan frémit et leva les mains au ciel à l'aspect de cette profanation, tandis que l'évêque ne revenait pas de son admiration.

— Voilà des soldats !... quelle mine ! quelle taille, quelle contenance ! Ah ! monsieur le comte, si nous avions *trente mille hommes comme ceux-ci*....

— Nous ne triompherions pas ; car le courroux de Dieu gronde sur leurs têtes, répondit Monestan.

— Hé, monsieur le comte, il grondait sur celles des Huns, qui prirent Rome et le Saint-Père !... et cependant....

— C'est que le seigneur voulait punir la terre !.. répliqua le ministre.

A ces mots, ils aperçurent Michel l'Ange monter dans une espèce de cuve attachée à un poteau. Il ôte un fragment de casque noirci qu'il avait sur la tête, il s'incline, déploie un mouchoir, tousse, et boit une grande lampée de vin.

L'importance comique qu'il mit à cela, fit rire les soldats qui l'imitèrent et l'écoutèrent avec une attention qui prouvait qu'ils s'attendaient à de nouveaux lazzis semblables à ceux dont il les amusait depuis dix jours.

« Brigands, mes frères, s'écria le plaisant Véni-
« tien en forçant et déguisant sa voix, je ne prends
« pas de texte, parce que c'est fort inutile ; notre
« texte de tous les jours, c'est de songer à votre sa-
« lut, et vous, plus que tous les autres ! car, vous
« êtes noirs de crimes, et vous suez l'iniquité par
« tous vos pores : mais, il est toujours temps de
« vous repentir : le repentir et l'espérance sont les
« deux Antigones que l'Éternel nous a léguées, pour
« parcourir les sentiers de la vie !.. Scélérats, mes
« amis, repentez-vous donc, puisque votre conver-
« sion est plus agréable à Dieu que la constance de
« dix fidèles! et, je vous en avertis, il vous sera par-
« donné beaucoup, pour une larme de pitié : or
« faites quelque chose pour Dieu, puisqu'il a tant
« fait pour vous ; et je vous le dis en vérité, vous
« n'êtes pas si loin que vous le pensez de l'état de
« grâce. Il est dans le monde de bien plus grands
« coupables, qui s'en vont entourés de la faveur
« publique et la tête levée, quand du fond de leur
« cœur se lève un effroyable levain d'iniquités !...
« mais, ne vous repentez pas en vain, car l'enfer
« est pavé de bonnes résolutions, et surtout ne
« vous croyez pas absous en voyant vivre de plus
« grands coquins que vous, car chacun est fils de
« ses œuvres. »

— Je ne l'aurais pas cru si moral, dit Monestan.

« — Eh pourquoi fîtes-vous vos œuvres d'ini-
« quité ?... Pour un peu d'or !... Oh! coquins, mes
« frères, prétendez-vous devenir riches?... Si c'est
« là votre but, rentrez dans le sentier de la vertu,
« car qui me montrerez-vous de riche ? l'homme
« peut-il être satisfait ici-bas ? un je ne sais quoi ne
« nous dit-il pas que nous sommes faits pour les
« cieux? Croyez-moi, vivez gais, prenez tout en
« bien ; le plus riche meurt, et nu l'on vient, nu
« l'on s'en retourne... repentez-vous, il est temps
« encore, et ne croyez pas que vous serez damnés
« pour avoir partagé avec les grands de la terre, car
« alors Alexandre-le-Grand et saint Sylvestre le se-
« raient. Ce dernier n'a-t-il pas partagé avec Con-
« stantin ? Mais vous le serez, pour avoir refusé
« quartier aux vaincus, pris le denier de la veuve,

« refusé le verre d'eau au malheur, et fermé votre
« cœur à votre semblable, humble et soumis...
« Vous le serez !... mais il ne tient qu'à vous de ne
« pas l'être... travaillez dans le bon sentier ; le tra-
« vail est la moitié de la vertu !... Hélas ! mes frè-
« res, quand je regarde la vie de l'univers, et la vie
« de l'homme, quand je pense que Dieu conduit la
« masse de la nature vers un but ignoré, et que
« toutes nos actions sont des lignes, des coups de
« pinceau du grand tableau que trace sa main puis-
« sante, et que je me remémore de plus sa bonté si
« sublime, je crois........ »

A ces mots, qui excitaient l'attention la plus vive, et surtout celle de Monestan, Nicol vint chercher les ambassadeurs, et leur faisant traverser la foule des brigands, il les mena dans cette salle basse que vous connaissez sans doute, et ils y trouvèrent le Mécréant, assis dans son fauteuil ; il se leva, et fut à leur rencontre.

— Soyez les bienvenus, messieurs, et daignez vous asseoir ! leur dit-il avec une espèce de courtoisie qui fit trembler le docteur.

A cet instant des éclats de rire et des cris de joie annoncèrent que les plaisanteries de Michel l'Ange égayaient fortement l'assemblée, et que son sermon n'avait peut-être été qu'une satire... Il ne tarda pas à paraître lui-même dans la salle; il s'y glissa comme un chat et se tapit dans un coin, pour voir ce qu'Enguerry répondrait aux envoyés, et s'ils ne venaient pas proposer, pour éloigner le danger, des conditions plus lucratives que celles du sénat de Venise.

— Sire chevalier, s'écria l'évêque en prenant la parole, nous sommes députés en qualité d'ambassadeurs par le roi de Chypre et de Jérusalem, pour vous apporter la réponse qu'il ne vous a pas plu d'attendre hier.

— Je la savais, dit sèchement Enguerry.

— Sire chevalier, si elle était telle que vous le pensez, vous ne nous verriez pas, reprit Monestan ; au surplus, voici nos lettres de créance. — Trousse les tenant entre son index et son pouce droit, les offrit au Mécréant.

Enguerry les prit brusquement et les jeta sur sa table d'un air de mépris.

— Bon !... se dit en lui-même le Vénitien en voyant ce geste, ils ne réussiront pas !

— Mais, seigneur comte, continua l'évêque avec hauteur, il me semble que les écrits d'un roi de Chypre et de Jérusalem veulent plus de respect !

Monestan tira violemment le prélat par sa soutane pour le faire souvenir qu'il fallait de la douceur et de l'abnégation dans les négociations.

— D'abord, répondit le Mécréant, je fais peu de cas des rois, et surtout des rois sans couronne ; mais je comprends qu'il vous est facile, messieurs, d'ou- blier que l'on m'outragea ! moi, je ne l'oublie pas, et n'ai jamais rien pardonné; finissons en deux mots! J'ai demandé la princesse en mariage ; me l'amenez-vous ? Non. Le prince a voulu la guerre, il l'aura !...

— Sire chevalier, dit Monestan, le roi ne vous refuse point sa fille !...

Ces mots débités avec douceur produisirent un coup de théâtre ; le Vénitien avança sa tête en maudissant le vieillard, et le Mécréant resta la bouche béante et s'écria :

— Serait-il vrai?...

— Je vous le dis, comte Enguerry, mes lèvres sont vierges de mensonge.

Enguerry croisa ses bras sur sa poitrine, et se mit à marcher à grands pas dans la salle, et Monestan, Trousse, et l'évêque le regardèrent aller et venir en espérant obtenir du répit. D'après ses mouvements, Michel l'Ange voyant son parti prêt à être coulé bas, faisait mille signes d'intelligence au Mécréant. Celui-ci, tout absorbé dans ses réflexions, n'y prit pas garde, et l'astucieux Vénitien n'en trembla que davantage. Enfin le Mécréant s'arrête, contemple Monestan, et lui dit :

— Vieillard, si cela est... je renonce à ma vengeance, et...... voyons vos propositions !...

— Sire chevalier, elles sont justes, la princesse a demandé huit jours pour réfléchir et se résoudre à cette alliance..... le roi n'a pu les refuser à sa fille. Il faut au moins ce laps de temps pour vous connaître, pour que vous vous rendiez digne d'elle par mille petits soins, enfin pour lui faire la cour. Ce temps est même nécessaire quand il ne s'agirait que des préparatifs et des formalités.....

Monestan s'arrêta en voyant le changement de visage du Mécréant. Ce dernier continua de marcher en songeant à cette brillante alliance, qui l'éblouissait. Michel l'Ange, sentant qu'il serait égal au Mécréant de posséder les trésors du roi Jean en servant le sénat, ou en épousant Clotilde, et que, lui Michel, serait la victime de ce dernier moyen, fit alors des signes qui pouvaient passer pour des signes de détresse, et ils devinrent si pressants, qu'Enguerry s'arrêta devant lui, et pencha son oreille vers l'Italien.

— Songez, mon compère, dit l'Ange à voix basse, que l'on se joue de vous et qu'on vous tend un piège !... Et ses petits yeux verts exprimaient une fine ironie.

— Et lequel ?... lui demanda le Mécréant.

— Vertu-Dieu, ils veulent gagner du temps, rassembler des forces, ou donner à Gaston le loisir de venir !..... Vous n'avez donc aucun principe de politique ?...

Le Mécréant, rouge de colère à ces idées qui se

glissèrent dans son âme, comme un rayon de soleil dans une chambre obscure, revint précipitamment vers les ambassadeurs, et s'écria, d'une voix ironique qui fit retentir la voûte :

— Ah! beaux chers sires, vous voulez que j'aille courtiser la princesse?... oui, j'irai dès ce soir, avec un cortége de cinq cents hommes d'armes..... le trouvez-vous assez nombreux?... faut-il l'augmenter?. dites, perfides messagers! N'espérez pas me voir consumer un temps précieux en négociations dont j'entrevois le but.

— Oubliez-vous, s'écria l'évêque à son tour d'une voix colérique, que nous représentons un roi de Chypre et de Jérusalem?

— Vous l'avez oublié vous-même en vous chargeant d'une perfidie!...

— Une perfidie! reprit Monestan; seigneur, je vois que vous n'aimez pas la princesse, et que ce n'est pas elle que vous cherchez...

— Est-ce que vous croyez que l'on se marie pour avoir une femme?... répondit le Mécréant avec un sourire infernal.

— Allons, sire chevalier, dit le premier ministre, c'est de l'or qu'il vous faut!... je le vois...

— Certes...

— Eh bien, je vous en offre! pour éviter la guerre voulez-vous *vingt mille marcs*?...

— *Vingt mille marcs !* s'écria le Mécréant, en se reculant vers le Vénitien, tandis que l'évêque tordait la main de Monestan pour le faire taire, et cesser des propositions déshonorantes.

— Nouvelle ruse!... dit tout bas le Vénitien, ils veulent vous attirer à leur château pour se défaire de vous.

— Ouais!... mon ami, dit Enguerry à Monestan, voulez-vous rester pour otage pendant que j'irai les chercher?

— Oui! répliqua Monestan avec un sublime dévouement et en faisant signe à l'évêque qu'il consentait à périr pourvu qu'on s'assurât d'Enguerry... Trousse trembla de tous ses membres en craignant que la proposition ne fût acceptée.

— Mon compère, dit Michel l'Ange à voix basse, gardez-vous d'y consentir!... je connais ces gens vertueux, ils sont capables de mourir pour le salut de leurs princes.

— Mais, mon féal, deux millions!...

— Eh! brigand, mon ami, tu les auras puisqu'ils les ont, et tu auras de plus les dix mille marcs du sénat.

A ce raisonnement subtil, Enguerry revint vers les ambassadeurs et leur répondit :

— Messieurs, je ne consens point à vos cauteleuses propositions!...

— Hé bien, répliqua Monestan presqu'en colère, vous en serez victime; et prenant un ton grave il se couvrit et ajouta : « Au nom de Jean II, roi de Chypre et de Jérusalem, je vous déclare la guerre. »

— Adieu, sire Enguerry, continua l'évêque, le glaive est entre nous et décidera; nous nous verrons!... ajouta l'audacieux prélat.

— J'accepte joyeusement, dit le Mécréant; et sans plus attendre, je vous donne assignation sous les murs de Casin-Grandes.

— Nous y serons!... répondit l'évêque avec un ton fier qui en imposa au Mécréant.

— Oui nous y serons, répéta Monestan, assistés de notre bon droit, et du Dieu des armées.

— Tant mieux pour vous, dit le Mécréant; qu'il vous défende!...

A ces mots, les ambassadeurs, contrits au fond de l'âme, se retirèrent, et lorsqu'ils furent sortis de l'enceinte du château, le premier mot de Trousse fut :

— Ah! je vis!... Et il se tâta le corps... J'ai presque eu une idée fixe de peur qui m'aurait à la longue emporté.

Que l'on juge de la désolation qui régna dans le malheureux château de Casin-Grandes, quand la nouvelle du mauvais succès de l'ambassade y fut répandue!

— Messieurs, dit le prince à ses ministres, quand ils eurent fini leur récit, tout n'est pas encore perdu; sortons, allez examiner nos ressources et rassurer nos soldats...

## XVI.

Venez donc adorer le Dieu saint et terrible
Qui nous délivrera par sa force invincible!...
(Rousseau.)

Écoutez, Bajazet, je sens que je vous aime.
(Racine.)

A ces mots d'effroyables cris
Troublent le silence des nuicts,
Et pour délivrer son amante
De sa grande espouvante,
Pierre s'elançant dans les flots,
Périt en répétant ces mots :
Maguelonne! Maguelonne!...
(Maguelonne et Pierre de Provence.)

Depuis qu'il y a des hommes sur la terre; depuis que l'on a su ce que c'était que *le tien* et *le mien*, ce que valaient les mots *patrie* et *honneur*, jamais déclaration de guerre n'apporta tant de terreur chez une nation, que l'assurance d'avoir la guerre avec le Mécréant n'en fit régner dans Casin-Grandes, et dans l'esprit de ses habitants! et ce, par une bien bonne raison, c'est que chacun avait la conscience de sa faiblesse, et que, dans l'état des choses, il devenait palpable que la résistance en pleine campagne était impossible... De cette idée sourdirent la stupeur et l'immobilité des trois corps d'armée et des paysans. Cette idée fit une peine bien grande au prélat, qui voulait à toute force une bataille rangée. On résolut de ne soutenir qu'un siége.

Lorsque le roi, guidé par Monestan, descendit au milieu de son petit peuple, il y eut, tant dans la nation que dans l'armée, un mouvement d'enthousiasme dont, en général habile, le prélat sut profiter en s'écriant : « Aux remparts !... »

— Aux remparts !.... répète la foule. Or, on sait combien les cris d'une multitude exaltent ceux qui la composent ; il en résulte un enivrement moral, qui dans cette circonstance fit disparaître les dangers, et l'on s'écria de plus belle : « Aux remparts !.. Vive Jean 11 !... Aux remparts !... » Bien plus.... on y monta.

— Sire, dit le prélat, l'endroit le plus important à défendre, c'est la façade du château ; nous y devrions placer tous les archers, les femmes et le corps des vieillards : il sera difficile de les atteindre, et ils peuvent jeter des pierres, de l'huile bouillante et des masses sur les assiégeants.

— Vous pouvez donner des ordres en conséquence, dit le prince fâché de ne pas y voir assez pour exercer son initiative sur les propositions de ses ministres.

Le corps des vieillards, les femmes et les enfants, enfin tout ce qui ne faisait pas partie des autres corps d'armée grimpèrent avec courage sur la muraille et l'on s'y campa pour être toujours prêt à défendre cette précieuse façade..... On fit une espèce de chaîne et l'on ne cessa de transporter des pierres, des huiles, de l'eau, du bois et des projectiles.

— Il sera difficile de nous vaincre, monseigneur, dit Monestan resté seul avec le prince. Ah ! si vous pouviez voir le zèle et l'amour de ces fidèles serviteurs et vassaux !

— Mon ami, reprit le prince, puissé-je les récompenser !... Les deux vieillards s'attendrirent.

— Sire, vous méritez bien ce dévouement.

— L'amour des peuples, Monestan, est la plus belle couronne des rois.

Le connétable et l'évêque ne tardèrent pas à revenir.

— Sire, dit le connétable, quel est votre avis pour la disposition des autres corps d'armée ?

— Nous pensons, répondit le prince avec un visible plaisir causé par cette déférence, qu'il faut diviser le second corps en deux bataillons, qui garderont les deux ailes latérales de Casin-Grandes, et nous réserverons le corps d'élite pour le portail, il protégera les sorties si la cavalerie en fait !.....

— Elle en fera, sire, dit Kéfalein en agitant sa tête pointue ; je veux trouver en ces lieux un second Édesse, où je sauvai l'État par cette charge de....

— Et si les ennemis, continua le monarque, arrivaient, par quelque malheur, à ce portail, ils le défendront ; ce plan me paraît sage.

— Annibal n'eût pas mieux raisonné, dit le prélat.

J'ai remarqué que nous sommes disposés à la flatterie quand nous sommes joyeux, et l'évêque en s'occupant de combattre n'était plus un homme ni un prêtre !... Il tenait le milieu entre la terre et le ciel.

Les défenseurs de Casin-Grandes ainsi placés et armés jusqu'aux dents, le bas du château fut désert, il ne resta dans les cours que le corps d'élite, la cavalerie et quelques vieux serviteurs qui entouraient le prince, l'évêque et le connétable.

— Ne serait-il pas à propos, s'écria Monestan, maintenant que toutes les précautions humaines sont prises, de nous rendre à la chapelle et d'invoquer le seigneur des armées ?...

L'évêque remua la tête à cette proposition ; et les bons Camaldules, ne connaissant pas la théorie des signes de tête, ne nous disent pas s'il fut vertical, ou diagonal, ou horizontal, indiquant joie ou chagrin.

— Sans doute, il le faut, répondit le pieux monarque, allons-y tous de ce pas, et le Dieu dont nous avons délivré la crèche et le tombeau ne nous oubliera pas !... mais, s'il nous laissait dans l'infortune, nous adorerions toujours sa main puissante, car ses décrets sont immuables et pleins de sagesse.

La petite troupe se met en marche vers la chapelle : chacun entre avec un saint respect, excepté l'évêque qui marche avec l'air dégagé d'un ministre prenant possession d'un portefeuille. Le prince s'assied sous son dais, les vieux serviteurs se groupent en silence autour de l'autel, et le prélat, s'étant revêtu de ses habits pontificaux, parut suivi de l'abbé Simon et du sacristain couvert de son armure.

Les vitraux coloriés semblent empêcher le soleil de pénétrer, et ne laissent passer que le faible jour des cloîtres, ce qui donne à cette scène quelque chose de religieux : car la réunion des circonstances les plus ordinaires peut quelquefois produire une sorte de majesté : le silence profond, les voûtes majestueuses, les piliers gothiques, l'attitude du prince agenouillé qui s'humilie devant le maître des rois ; la componction des vieillards, la ferveur de Monestan, et, plus que tout cela, l'idée de la présence immédiate de l'Éternel, inspiraient un sentiment que l'on ne pourra jamais expliquer que par le mot de *religion*. L'ensemble moral auquel on donne ce nom, outre le charme consolant qu'il porte, aura toujours quelque chose de suave et de poétique : ces vieillards, en levant leurs mains vers la voûte, par ce seul geste, espèrent et interrogent un œil intelligent qu'ils devinent derrière l'écharpe diaprée des cieux !...

Des cheveux blancs, courbés vers la terre, des hommes affligés avouant leurs faiblesses, et des mains suppliantes m'ont toujours attendri ; je ne puis même songer sans émotion aux Prières boiteuses qu'Homère nous montre suivant toujours l'Éternel.

L'évêque chanta le psaume par lequel David demandait au Seigneur du secours contre son fils et ses partisans rebelles ; la triste monotonie du chant d'église a une mélancolie plaintive que je trouve admirable : dans cette circonstance, elle était sublime !...

Il me semble voir, sur une mer orageuse, au fort d'une tempête, des matelots chanter l'hymne de la Vierge, et leurs cris de détresse surmonter la voix immense des orages et parvenir au trône céleste, sur l'aile rapide des vents. L'évêque, tout en mettant une ardeur guerrière dans son invocation à l'Éternel, ne pouvait s'empêcher, à la fin de chaque verset, de regarder les armures suspendues aux piliers de la chapelle.

Au premier verset, il gémit de ce qu'on les eût laissées oisives. Au second, il pensa d'après l'ampleur des cuirasses que les hommes étaient plus forts du temps de Hugues. Au troisième, il donna un corps à ces cuirasses. Au septième, il vint à regretter les hommes d'armes et les cent chevaliers de Hugues. Enfin son idée favorite le subjugua tellement, qu'au dixième verset, au lieu des paroles latines, il entonna :

— *Ah! si nous avions trente mille....*

Ces mots détruisirent le charme céleste de cette scène religieuse... L'Éternel aura sans doute pardonné en riant, mais il n'en fut pas ainsi du prince, il ouvrait la bouche pour admonester Hilarion ; et Monestan, la bouche béante, regardait l'évêque confus ; lorsque tout à coup il se fit un effroyable bruit, un trépignement et une clameur soudaine retentirent sourdement contre les murs de la chapelle, et l'on entendit ce mot fatal : « Aux armes !... voilà l'ennemi. »

On sort tumultueusement de la chapelle, et l'évêque, oubliant qu'il est en habits pontificaux, monte avec vitesse sur les murailles. Quel spectacle !... Le Mécréant, à la tête de six cents hommes d'armes, entrait dans l'avenue en poussant avec sa troupe des cris de joie et de victoire ; leurs casques brillaient ainsi que leurs armures, un nuage de poussière s'élevait au-dessus du feuillage des arbres centenaires. Enfin la troupe ennemie s'approche, et s'établit en face de la muraille du château. Elle s'étend jusqu'aux deux énormes quartiers de roche qui ferment le vaste fossé formé par la *Coquette* et l'autre montagne ; on dresse quelques tentes et l'on se campe : l'évêque voit dans le lointain une seconde troupe d'ouvriers apportant des machines et des fascines, et déjà des barbares coupent les premiers arbres de l'avenue pour servir au siège ; les vieux ormes craquent en tombant, et la terre gémit du poids de ses fils chéris.

— Ils auront bien vite comblé les fossés avec tout cela !... s'écria l'évêque, en s'apercevant que les combats qu'il voyait jusqu'alors en idée, allaient devenir sérieux.

A ce moment une lueur soudaine éclaira les cieux à l'horizon, et l'effroi saisit les habitants de Casin-Grandes assis sur leurs créneaux, en contemplant l'incendie des villages du marquisat : un cri d'horreur s'éleva avec les flammes, et le courage des assiégés s'augmenta par le désespoir qui leur glissa sa rage. Ils virent consumer en un instant les toits paternels, et il n'en resta plus que la place.

— Malédiction sur Enguerry, ses soldats, fauteurs et adhérents !... s'écria l'évêque ; je les excommunie, eux et leur postérité ! Et l'évêque prononça la formule d'excommunication.

Ceux qui connaissent ces temps-là ne seront pas étonnés d'entendre répéter à la foule :

— Ils sont excommuniés..... nous les vaincrons !...

— Croyez-le !... dit le pauvre Trousse, tout chagrin de voir son gros corps emprisonné dans une armure.

Les paroles du fougueux prélat donnèrent de la confiance aux soldats ; l'idée s'accrédita, parcourut les rangs, et les Casin-Grandésiens regardèrent l'ennemi, en le menaçant comme s'ils étaient des anges, et les soldats d'Enguerry, des démons. Mais je pense, que malgré cette assertion des Camaldules, il est plus sensé de présumer que ce renfort de courage leur vint plutôt de la nécessité où ils se trouvèrent de défendre leur existence : car le *moi* de Trousse le pivot du monde.

L'évêque redescendit et fit part au prince de l'investissement de la place, en appuyant sur l'enthousiasme des troupes. Alors, on prit la dernière précaution : toutes les richesses du prince furent enfouies dans un des caveaux de la chapelle, et l'on en mura l'entrée.

La nuit ne tarda pas à couvrir de son voile les assiégés et les assiégeants, sans distinguer entre eux : car, le ciel a une égalité cruelle : il n'a de privilège pour personne, et le proverbe *le soleil luit pour tout le monde* devrait faire rougir les législateurs qui créèrent des castes.

Le prudent évêque plaça une sentinelle près du beffroi, pour, en cas d'alarme, mettre chacun sur pied. Enfin, suivi de Kéfalcin et de Castriot, ils visitèrent tous les postes, les sentinelles, les armes ; encouragèrent les faibles, fortifièrent les plus courageux ; et le bon et sensible Monestan promit l'affranchissement aux main-mortables qui se distingueraient, et la libération de leurs enfants à tous ceux des serfs que l'on trouverait morts...

— Pourvu qu'ils soient blessés par-devant, observa Castriot.

Après avoir pris toutes ces actives précautions, le petit état-major rentra dans les appartements, et l'on rendit compte au prince de l'état satisfaisant des troupes, soit au moral, soit au physique, en l'assurant que l'on ne devait rien craindre.

Malgré cette assurance, le souper du bon Jean II fut triste, et Clotilde n'osa point chanter. Le monarque passa la soirée à réfléchir, la tête appuyée dans sa main ; il garda la même attitude, et son visage souffrant faisait d'autant plus de peine à voir, qu'il ne se plaignait pas. Était-ce par majesté ? était-ce par grandeur d'âme ? Nous aimons à croire, d'après les différentes esquisses que les Camaldules nous ont données de son portrait, que c'était par ce dernier motif.

— Mon père, vous êtes rêveur ? votre Clotilde est là ! dit la jeune fille après un long silence..... Si je pouvais vous soulager....... Hélas ! je ne puis que partager vos peines !

— Ma fille, je ne vous oubliais pas ; n'entends-je pas le doux murmure de votre sein ?... Ah ! si j'étais jeune et plein de la vigueur qui me manque, je me réjouirais à l'idée des combats !...

— Vous serez victorieux, mon père !...

— O jeunesse !... s'écria le vieillard ; et si l'on succombe, que deviendrez-vous, Clotilde ?

— Le malheur a des avantages !... En prononçant ces paroles, l'amoureuse princesse se voyait, en idée, errante, abandonnée, orpheline, sans espoir, sans asile, et recueillie par son bel Israélite dans une solitude pleine d'amour. Cette infortune n'était-elle pas la seule cause qui pût enfanter son bonheur ?... Le ton qu'elle mit à ces paroles frappa le vieillard.

— Vous tremblez, ma fille !... et ce que vous venez de dire couvre quelque secret, car c'est trop philosophique pour votre âge.

— Sire, en coulant vos jours dans une chaumière, loin des agitations du monde ; soigné par votre fille chérie ; ne vous occupant que des seuls biens réels que nous légua la nature ; tranquille et sans alarmes, ne seriez-vous pas heureux ?... plus heureux peut-être !...

A ces mots prononcés avec une candeur virginale, mêlée à je ne sais quoi de suppliant et d'espérant, le vieillard allonge la tête, et le mouvement répété de ses yeux annonce qu'il cherche à deviner ce qui se passe dans le cœur de Clotilde.

— Vous aimez, Clotilde ?... s'écria-t-il après avoir pensé longtemps. Hélas ! ajouta-t-il, en croyant que sa fille était éprise du chevalier noir ; si je suis vaincu, je ne pourrai vous rendre heureuse, vous souffrirez de votre amour !... ne le deviné-je pas ?... La jeune fille tremblait comme une génisse devant la hache ; le vieillard lui prit ses blanches mains, qu'il serra de ses mains glacées « Tu trembles, ma fille ! à ce signe je reconnaîtrais l'amour, si déjà je ne l'avais reconnu... Va, Clotilde, si l'honneur existe, s'il n'a pas fait ses derniers pas sur la terre, tu seras heureuse !... »

La jeune fille pleura, car l'erreur de son père était bien manifeste ; une des larmes tomba sur la main du vieillard... » Rassure-toi, Clotilde, s'écria le bon prince, *il t'aime !*... »

Ce fut un coup de poignard bien cruel pour le cœur de la tendre amante du bel Israélite.

— Et je vois à tes larmes, continua le prince, que tu l'aimes aussi... Heureux enfants, l'aspect de vos feux réchauffe mon cœur !... O ma bien-aimée ! voilà pourquoi j'étais triste... Je crains plus que vous, pour vos amours !... Le tableau que vous me déroulez tout à l'heure est ma mort, comme celle des fêtes de vos deux cœurs ; car, à moins qu'il ne soit qu'un simple chevalier, comment voudriez-vous qu'il épousât la fille d'un monarque sans asile, sans couronne et sans richesses ?...

Clotilde pleura plus fort à ce dernier mot.

— Et, continua toujours le prince, n'espérez pas que je vive, n'étant plus qu'un objet de pitié, un débris du roi, la honte de notre maison, comme un monument ruiné, n'offrant plus que le faible souvenir de ce que je fus !... Non, si malgré nos malheurs, le chevalier noir est constant, ma tombe vous servira d'autel, vous viendrez, tous les deux, y pleurer un bon père ; et si je vous sais heureuse, Clotilde, ma mort ne sera pas toute amère !...

Clotilde, ne pouvant plus soutenir l'aspect de son père, lui dit :

— Adieu, mon père !... Et elle embrassa la joue du vieillard. L'accent de cet adieu fit tressaillir Jean II, qui répondit en levant la tête et comme en fixant Clotilde :

— Oh ! que de larmes, ma fille !... C'est juste, vous aimez trop votre père pour ne pas aimer aussi celui qui doit le remplacer...

Que de sanglots la pauvrette étouffa, et qui éclatèrent quand elle rentra dans son appartement ! La vue des fleurs du bel Israélite sécha toutes ses larmes... N'est-ce pas l'effet du feu?...

Josette attendait sa maîtresse depuis longtemps.

— Madame, lui dit la jolie Provençale en la déshabillant, mon mari n'est pas avec les assiégeants; il garde apparemment la forteresse, vous l'auriez pu voir... et *moi aussi*. La princesse, absorbée tout entière dans la douce contemplation des fleurs qui éveillaient une si grande masse de souvenirs, ne fit pas attention au ton boudeur de sa suivante, et à l'expression naïve de son *moi aussi*. Clotilde répondit négligemment :

— C'est heureux pour vous, Josette, il aurait pu périr...

La petite moue de la chagrine Provençale indiqua qu'elle préférait le plaisir dont elle était friande, accompagné de dangers, à l'assurance du repos de son époux sans plaisirs : et c'est dans la nature!...

La princesse ne vit rien de tout cela, car elle avait le visage toujours tourné vers les fleurs qu'elle aspirait de loin, et sa figure annonçait tout le délire de son âme; il régnait, dans sa pose, cette extase céleste dont Raphaël a répandu le charme sur ses vierges correctes et pures.

Aussitôt que Josette fut partie, Clotilde courut à sa fenêtre chérie avec la légèreté d'un faon, ou plutôt avec les ailes du bonheur, j'allais dire de l'amour!... choisissez...

— Nephtaly, dit-elle d'une voix tremblante, ne craignez-vous pas que la sentinelle vous aperçoive?...

— Elle dort... Hélas! demain elle me fera disparaître bien avant l'aurore... Il s'arrête : « demain, continua-t-il avec un ton plaintif, je ne vous verrai point!... Pour moi, l'aube sera sans charme et le jour sans éclat; je ne vous verrai point!...

— Nephtaly, la nuit qui nous environna toujours est d'un triste présage! ce voile demi-funéraire devrait vous empêcher de revenir.

— O ma bienfaitrice, si j'osais!...

— Eh bien!...

— Puis-je espérer de ne pas être pour vous un objet de colère, si je vous avoue ma pensée?...

— Nephtaly!

— Hélas! je vous aime. A ce mot il semble aux deux amants que tout dans la nature l'entend! Un instant de silence suivit; après quoi l'Israélite reprit avec une expression... oh! une expression... heureux qui l'a connue!...

— Je ne puis plus, dit-il, contenir en moi le torrent qui me déchire dans sa violence. Hélas! souffrir sans que vous le sachiez, c'est souffrir mille fois davantage..... Punissez-moi, mais sachez mon audace!...

— Nephtaly!...

— Ah! madame, je sens que je vous offense...

Mais cette injure et mon mal viennent de vous, je désire souffrir seul et ne pas troubler votre repos... Quelle démence s'est emparée de moi!..... malheureux!...

— Nephtaly!

— Ah! n'augmentez pas ma douleur, n'attisez pas les feux de l'enfer en prononçant si doucement mon nom, si vous devez me bannir...

— Nephtaly!...

Ces quatre exclamations étaient, chez la princesse, l'effet d'une joie céleste; à peine si elle savait les avoir prononcées.

— Nephtaly, reprit-elle, je sens que vous êtes pour moi plus qu'un frère! à votre voix, à votre aspect, que dis-je! à votre seul souvenir, tout tremble en moi; j'aime mon père, mais avec un saint respect que je n'ai pas pour vous, car j'éprouve trop de douceur à votre vue sacrilége; je dirais que j'aime, si je connaissais ce que c'est que l'amour... Hélas! je ne suis plus la même; j'ai trouvé de la douceur dans mes larmes; et, du jour où je vous aperçus, la verte prairie arrosée par le ruisseau, le ciel tranquille, ces montagnes bleuâtres, cette scène magique, que j'envisageais d'un cœur sans désirs, n'eut plus le même aspect; je sentis que l'orage altère le ciel, que le torrent trouble le ruisseau limpide; que la foudre frappe les montagnes, et que je devais changer!... Je devrais me taire, mais mon âme s'envole malgré moi sur ces paroles qui s'échappent de mon cœur... Au moins, Nephtaly, songez que vous êtes chargé d'un immense fardeau! je me remets entre vos mains, car je n'ai plus d'empire sur moi-même. Je pourrais commander... je veux être esclave!... Aurais-je raison?... serez-vous toujours constant, fidèle, et respecterez-vous ma faiblesse?...

Il est impossible de rendre la volubilité avec laquelle ces paroles furent prononcées; on pourrait la comparer à celle des eaux qui, longtemps retenues par une digue, la rompent et s'échappent par une ouverture, en emportant dans leur flux rapide toutes les barrières. Clotilde aperçut, à la lueur diamantée des étoiles, le beau Juif se cramponner au rocher, comme un homme étourdi de bonheur et prêt à succomber à son plaisir.

— Ah! j'accepte, s'écria-t-il, j'accepte ce dangereux dépôt; jamais or ni richesses n'auront été si respectées par un avare!... ma Clotilde!...

A ces mots un effroyable bruit retentit dans les airs; le beffroi sonne lugubrement; les cours et les vieux bâtiments tremblent sous le trépignement des soldats; les murs et les échos répètent les cris, et cette clameur unanime s'élève : « Aux armes!... aux armes!... » Les flambeaux, les torches s'allument; les créneaux se garnissent de soldats; l'alarme se répand; la confusion règne, la Terreur et la Guerre semblent être présentes, en semant leurs brandons et leur épouvante; on s'entrechoque, on court, des pas précipités ébranlent les galeries, le bruit des armes éveillerait les morts! Clotilde est immobile et muette de stupeur, car elle entend les gardes s'assembler, et la foule se diriger vers ses appartements... Nul doute que Nephtaly ait été aperçu...

— Sauvez-vous! dit-elle à Nephtaly.

Le beau Juif, sentant le prix de ces paroles, saisit sa corde avec trop de précipitation, et Clotilde entend rouler une masse, et le bruit sourd d'une chute suivi d'un faible gémissement... Elle écoute, et ce gémissement lugubre parvient à son oreille: « Clotilde!... » Il est prolongé, plaintif, comme celui d'un homme qui tout à la fois accuse et remercie le ciel...

— Il est mort!... dit la vierge pâle; et la voix de Clotilde expire...

On entre chez elle... elle reste immobile comme le fantôme de la mort; ses yeux sont secs.

— *Il meurt pour moi!... il l'avait bien dit....* fut sa dernière parole, car la porte s'ouvre, et. . . . .

---

## XVII.

Que fais-tu là, bergère?
— Je pleure mon ami.
(ANONYME.)

Sur un chemin trompeur, où, volant au carnage,
Le soldat valeureux se fie à son courage,
On voit en un instant s'abaisser le trépas,
Et l'assiégeant terrible avancer aux combats.
(VOLTAIRE, *Henriade*.)

J'ai fini par—...... —ne croyez pas que ce soit une charlatanerie pour produire de l'effet à bon marché comme tant de romanciers. — N'est-ce pas une véritable histoire que je traduis du latin des Camaldules? Or je déclare que leur manuscrit est terminé par —..... — l'on doit me croire, —... je continue. —...

— Des soldats entrèrent dans la chambre sacrée de la jeune fille: quant à Clotilde, elle existe ou n'existe pas, elle n'en sait rien; moi qui le sais, je vous le dis pour vous ôter cette crainte de l'esprit... *ce n'est pas qu'elle ne doive pas mourir!...*

A la tête des soldats se trouve le fidèle Albanais, le sabre nu, la main tendue.

— Madame?..... dit-il respectueusement.

La jeune fille, toujours immobile et l'œil d'une horrible fixité, ne répondit rien à l'Albanais stupéfait.

— Madame? répéta Castriot.

— Il est mort!... murmura Clotilde.

—Ah! venez au plus tôt! reprit l'Albanais; *Marie* vient de mettre nos soldats à une rude épreuve, l'alarme est dans la forteresse et vous seule pouvez calmer l'Innocente!...

La princesse suit Castriot machinalement... elle descend et s'avance dans les cours à demi sombres... Elle arrive vis-à-vis le portail, et le spectacle de l'Innocente échevelée, tenant une torche qu'elle secoue, semblable à la Discorde, et se débattant au milieu de tout le premier corps d'armée, qui suffit à peine à la contenir, frappe ses regards sans qu'elle le voie intellectuellement. Ce tableau nocturne et pittoresque dans ses effets, les figures des soldats, éclairés par la lueur des torches, les murs grisâtres, et Marie en proie à ses convulsions, sont devant elle comme s'ils n'y étaient pas.

Cependant Clotilde s'approche de l'Innocente, et apercevant alors sa nourrice elle eut une idée vague de ce dont il s'agissait; mais, sa pensée dominante ayant trop d'empire, ces mots errèrent sur ses lèvres pâlies par la douleur:

— Marie!... ma bonne Marie!... vous ne savez pas tous *les malheurs que vous causez!*....... Ah! nous sommes bien malheureuses, si vous avez perdu votre fils, j'ai... La jeune fille effrayée s'arrête.

A ces accents chéris, l'Innocente revient à elle, arrange sa chevelure en désordre, se tait, regarde fixement celle qui fait vibrer encore quelques cordes d'un cœur mort au plaisir des mères, et ses yeux ne tardent pas à se remplir de larmes.

Cette jeune fille, pâle, immobile au milieu de ces soldats étonnés; ces torches qui ne rompaient le terne de la nuit qu'en un seul endroit, en colorant les vieux murs couverts de mousse; cette femme calmée d'un regard, offraient le tableau d'une jeune magicienne évoquant un mort aux yeux d'un peuple effrayé: car la pauvre Marie, par son air délabré et la nudité de ses membres décharnés, avait l'air de sortir d'une tombe et de se couvrir par une pudeur renaissante, du linceul, dernier vêtement de l'homme!...

Le calme reprit, peu à peu, son empire. Chacun retourna à son poste. Marie, dont on avait laissé la loge entr'ouverte, fut renfermée, et la princesse, suivie de Castriot, revint à pas lents comme une ombre qui cesse!...

Elle rentre et s'assied, en tombant d'aplomb sur un fauteuil: elle y resta, dans la même position, jusqu'au lever de l'aurore, et ces heures douloureuses doivent être encore plus effacées de sa vie que si elle eût dormi. . . . . . . . . . . . . . . .

A peine le jour commence-t-il à poindre, qu'elle

se lève doucement, va vers la fenêtre et l'ouvre en tremblant, avec l'anxiété d'une mère qui reçoit des nouvelles de l'armée, et qui, ne reconnaissant pas l'écriture de son fils, pâlit en décachetant la lettre fatale !

Clotilde regarde avec l'avidité de la douleur sur tout le rocher, dans le fossé, sur les dunes... l'œil de l'amour lui découvre du sang... elle en suit la trace, elle voit les vestiges des mains rougies du bel Israélite!... ces déchirants indices sont empreints des soins de l'amour le plus délicat. En effet, ces marques sanglantes sont effacées à moitié, et recouvertes de sable afin de déconcerter des recherches trop curieuses... Ces précautions prises au milieu des angoisses de la mort,.... cette attention de se traîner pour aller expirer loin des lieux qui pourraient paraître suspects, et flétrir l'honneur d'une maîtresse adorée,... cet ensemble touchant frappa l'âme de Clotilde comme un éclair ; mais comme l'éclair qui précède la foudre ; car un froid glacial parcourt ses membres; un nuage se répand sur ses yeux ; à peine a-t-elle le temps de dire : « ... *étais-je aimée !...* » qu'elle tombe !..... et, blanche comme un lis abattu par l'orage, elle gît décolorée, les bras étendus et l'œil fermé. Ses longs cils, sa noire chevelure, et les deux arcs d'ébène qui surmontent ses yeux tranchent seuls sur cette effrayante pâleur.

. . . . . . . . . . . . . . . . . . . .

Inquiète, et impatientée d'attendre, la jolie Provençale entra en chantant chez sa maîtresse. L'effroi de Josette fut presque égal à la douleur de la princesse : la suivante, muette de stupeur, soulève Clotilde ; elle parvient à la prendre dans ses bras, et elle la porte sur le lit, qu'elle s'étonne de trouver en ordre. Elle réchauffe la princesse ; elle l'appelle et pleure, en laissant tomber ses larmes sur le visage de Clotilde ; la Provençale porte sa main sur le cœur de sa maîtresse et le sent battre faiblement.....
L'espèce de sourire que fait naître l'espoir vint errer sur les lèvres de la fille de l'intendant; ce sourire, au milieu de ses larmes, ressemblait au rayon de soleil qui paraît dans le fort d'un orage.

Enfin Clotilde remue avec peine sa pesante paupière, elle la soulève et son œil se découvre ; mais il est terne, et dénué de cette flamme humide et brillante qui l'embellissait !...

— Ah, madame !...

— Josette !... Et la princesse, comme sortant des bras de la mort, promène un œil sec sur tout ce qui l'environne... Ce regard rencontre les vases de cristal chargés des fleurs du bel Israélite !... A cette vue, un torrent de larmes s'échappe... et Clotilde est sauvée.... Ces larmes semblent desserrer son cœur; le gonflement qui l'avait étouffée se relâche, et quelques débris de pensées confuses commencent à lui rappeler son malheur.

— Est-il mort, Josette?

— Non, madame, répondit l'adroite Provençale avec un mouvement de tête assez gracieux. Ce mot produisit dans l'âme de Clotilde la même détente que ses larmes opérèrent dans son corps : l'espérance agite son rameau vert et la jeune fille se confie à la barque légère que la déesse conduit sur un océan sans rivages.

La Provençale ne devina que bien tard le secret de cet accident inconcevable pour elle. Clotilde, en reprenant de l'empire sur elle-même, lui recommanda le plus profond silence ; et la fille des Lusignans, alléguant le siège de Casin-Grandes, déclara qu'elle voulait rester dans ses appartements, se souciant peu d'aller montrer sa pâleur et les larmes involontaires qu'elle répandrait en pensant à ces traces de sang et aux événements de cette fatale nuit...

— S'il existe, je le saurai bientôt, se disait-elle, car... je verrai des fleurs ... mais si je n'en vois pas ... (Nouveaux pleurs...) J'en verrai ... peut-être.... (Nouvel espoir....)

Laissons-la pleurer et sourire alternativement, balancée entre le deuil et l'espoir ; et, soit qu'elle revête les voiles du veuvage, soit qu'elle se couronne de myrtes, prouvant toujours un amour extrême, pur comme la rosée, naïf comme l'enfance, et violent comme la colère...

Maintenant de plus graves intérêts doivent nous occuper, et je suis presque tenté de vous retarder par la traduction d'une vingtaine de mauvais vers latins, par lesquels les bons Camaldules invoquent le dieu Mars pour les aider à raconter les combats.

Dès l'aurore, l'évêque, Monestan et le connétable, après avoir été saluer le prince, étaient montés sur les tours pour contempler l'ordonnance de l'armée ennemie : ce ne fut pas sans effroi qu'ils s'aperçurent des desseins de l'habile Mécréant : la perte de Casin-Grandes s'y lisait écrite en lettres majuscules, ainsi qu'au mélodrame, quand on déroule des papiers où sont imprimées des inscriptions que n'a pas fournies l'Académie.

En effet, deux cents travailleurs avaient apporté des fascines, des troncs d'arbres, et des pierres pendant toute la nuit. Ces matériaux formaient deux monceaux immenses, et, comme ils étaient placés de chaque côté de l'endroit où s'abaissait le pont-levis, il fallait être bien maltraité du ciel pour ne pas s'apercevoir que le Mécréant avait l'intention de combler le large fossé, juste en face du portail, afin de l'enfoncer....... Ce plan ne demandait pas huit heures pour l'exécution.

Aussi, cette manœuvre savante excita l'épouvante parmi les trois ministres; ils se regardèrent tristement et d'un air bien peu rassurant pour la foule qui les entourait à une distance respectueuse.

— Lorsqu'ils s'approcheront, dit l'évêque en montrant les soldats du Mécréant, nous les accablerons bien de pierres, de traits et d'une foule de projectiles que voici..... mais nous les aiderons d'autant à combler le fossé, et notre pont-levis, quoique doublé de fer, ne leur résistera pas longtemps.

Kéfalein fit un mouvement de tête perpendiculaire assez expressif.

— On pourrait, observa Monestan, bâtir un mur sous le portail.

— C'est juste, dit Kéfalein, sans songer qu'il ne pourrait plus faire de charge de cavalerie...

— Oui, répondit l'évêque, mais notre mur n'aura pas douze pieds d'épaisseur, car nous n'avons pas le temps de le bâtir de cette largeur-là, et le Mécréant l'abattra sans effort.

Le petit état-major se regarda de nouveau silencieusement..... A ce moment, les soldats et les travailleurs d'Enguerry commencèrent à combler le fossé avec une effrayante activité... On fit sur-le-champ une décharge de pierres et de traits qui en tuèrent quelques-uns; mais ils levèrent leurs boucliers, formèrent une espèce de tortue protectrice, et continuèrent leur ouvrage sans se soucier de la vengeance inutile de ce second ciel.

— Hé quoi! s'écria Kéfalein, messieurs, verrons-nous consommer notre ruine sans faire des efforts pour la conjurer? Descendons, abaissons promptement le pont-levis? et je vous promets une charge semblable à celle d'Édesse, où je sauvai l'État, et où je fus fait connétable, et où...

— Bien, seigneur, interrompit Monestan, en arrêtant l'inévitable récit d'Édesse; ordonnons aux archers et aux arbalétriers de descendre; ils protégeront notre rentrée si nous ne réussissons pas par notre courage à chasser l'ennemi.

L'évêque tressaillait de joie en voyant que cette charge pourrait lui remplacer une bataille rangée, et il s'écria : « Partons!... » avec l'enthousiasme d'un soldat français...

A ce mot, les trois ministres descendirent suivis de la moitié des archers... L'ordre de monter à cheval fut donné à voix basse et l'on se prépara, dans la première cour, à cette sortie.

Les trente-trois cavaliers se mirent trois par trois : à leur suite, le corps d'élite partagé par la moitié, se plaça de chaque côté pour défendre les abords du pont-levis; et le reste eut ordre de ne pas quitter le portail et de ne lancer les traits qu'à un signal convenu. L'évêque s'arma d'une massue; Monestan monta sur son cheval; Castriot enfourcha le trente-quatrième; et six paysans dévoués, les six chevaux de labour qui restaient; Kéfalein prit le commandement, et fit deux ou trois fois le tour de l'escadron; puis, il commanda de la main le silence, et dit au concierge d'ouvrir.

Le gros concierge et sa femme abaissent le pont-levis avec une célérité admirable, et la cavalerie s'élance comme un éclair en jetant un effroyable cri de guerre. On surprend les travailleurs, et cette trombe équestre renverse, tue et détruit tout sur son passage; les archers lancent leurs traits par-dessus l'escadron, et les deux détachements du premier corps garnissent le pont-levis.

Dans le moment où cette charge eut lieu, le Mécréant, ne s'attendant pas à tant d'audace, était occupé à voir s'il ne pourrait pas faire grimper ses soldats sur les masses de granit qui fermaient les fossés, formés par la Coquette d'un côté, et par la seconde montagne de l'autre, et il s'assurait qu'il était inutile d'entrer dans le parc, parce que les murs du château surpassaient en hauteur les deux collines. Ainsi, ses troupes furent prises au dépourvu, personne n'était à cheval, le chef était absent, et la charge de Kéfalein eut un succès triomphal.

La cavalerie Casin-Grandésienne tomba sur les brigands étonnés et empaquetés dans leurs armures; la stupéfaction les saisit, ils se laissèrent tuer, et le carnage fut assez satisfaisant. Au milieu de cette scène, l'évêque et Castriot brillèrent par leur ardeur. Le prélat, ne voulant pas violer les préceptes de l'Église, qui défend à ses ministres de verser le sang, assommait les brigands en leur appliquant sur le chef une lourde massue; Castriot se délectait en décrivant avec son sabre des courbes qui trouvaient si bien le défaut des gorgerins, que les têtes tombèrent autour de lui comme de la grêle; Kéfalein, tout en promenant son grand œil bleu sur la bataille et en perçant les brigands de son épée, dirigeait la charge avec un sang-froid et une prudence qui feraient honneur à plus d'un grand général; il trouva même le temps de montrer à l'ennemi que Vol-au-vent caracolait comme un papillon léger...

Enfin Monestan prenait toutes les précautions en cas de retraite; et il achevait, par humanité, les brigands blessés à mort qui souffraient trop, en leur donnant toutefois l'absolution en cas de repentir *in articulo mortis*. Cette admirable sortie fut l'affaire d'un clin d'œil, et tant que les brigands ne purent reconnaître le petit nombre des assaillants, ils moururent comme des mouches.

Le Mécréant avait échelonné ses gens, et ce fut la première division qui soutint l'effort de cette furieuse attaque, honneur éternel de Kéfalein!.....

Mais au bruit de cette irruption soudaine, aux jurements horribles de ses brigands, qu'à ce signe il reconnut périssants sous les cris des vainqueurs, Enguerry transporté d'une bouillante colère, monta sur son cheval, et courut avec la rapidité de l'éclair pour aller rallier le second corps, qui déjà participait à la déroute.

La présence du valeureux chef rétablit l'ordre; le troisième corps monta à cheval, et le combat prit un aspect très-sérieux.

A la tête de la cavalerie Casin-Grandésienne arrivèrent Kéfalein, l'évêque, Castriot, et les plus intrépides; ils firent des prodiges, et le Mécréant trouva des guerriers autrement difficiles à vaincre, que les pauvres paysans sans défense qu'il pillait. L'évêque criait à tue-tête : *frappez, ils sont excommuniés !*....... Et ces mots, retentissant comme la trompette du jugement dernier, donnèrent du courage aux Casin-Grandésiens.

Enguerry fut même enveloppé par l'évêque et Castriot; et sans l'arrivée de Nicol, la courbe du sabre de l'Albanais allait délivrer Casin-Grandes.

— A moi, brigands! s'écria le Mécréant en fureur; et il conçut une manœuvre bien fatale à l'armée cypriote.

En effet, les débris des deuxième et premier corps d'armée du Mécréant s'étaient reformés sur les flancs de la cavalerie Casin-Grandésienne, et le Mécréant, en donnant son ordre, s'élança pour les soutenir, afin de couper aux Cypriotes toute communication avec le pont-levis et cerner ainsi les imprudents assiégés.

C'en était fait de l'État sans la prudence de Monestan, qui, prévoyant ce danger, avait envoyé chercher du feu au château, et venait, par une heureuse inspiration, d'incendier les deux montagnes de matériaux qui se trouvaient de chaque côté du pont-levis.

D'autre part, le connétable, comprenant la manœuvre d'Enguerry (ce qui fut le plus grand effort de la tête vide de Kéfalein), donna l'ordre de la retraite, et l'on se recula vers le pont-levis en combattant toujours. Ici, Kéfalein se félicita intérieurement d'avoir appris à sa cavalerie à reculer. Ainsi protégés par les feux des deux vastes bûchers dont le vent soufflait la flamme et la fumée aux yeux des brigands, ils arrivèrent près du pont-levis avant Enguerry, qui fut salué par une décharge de traits. Alors il se reporta sur la tête de la cavalerie cypriote, et, avec toutes ses forces réunies, il tâcha de l'écraser. Toujours gardés par les flammes des deux bûchers, qui brûlaient comme ceux de l'Inquisition, sans s'éteindre, les flancs des Casin-Grandésiens étaient inattaquables; et, comme on sait, l'évêque, Castriot et Kéfalein, se trouvaient à la tête !... Or, si vous avez lu Homère, représentez-vous les fils de Télamon défendant l'entrée de leur camp contre Hector.

Une grêle de pierres, de traits et de projectiles fut habilement lancée du haut des murs. Cette heureuse pluie permit, par son effet, à la cavalerie de rentrer; des cris de joie et de victoire retentirent !... et le pont-levis se haussa !...

Le Mécréant se mit dans une horrible colère, quand il se trouva seul, entre les deux bûchers, renversé sur le bord du fossé; et qu'il vit son cheval, à bas duquel il se laissa couler, suivre le pont-levis; car le Mécréant, malgré la pluie de traits, avait eu le courage de se hasarder sur le pont-levis : les jambes de son cheval s'y embarrassèrent dans les chaînes qu'il cherchait à couper, tout en recevant la grêle d'en-haut; alors son pauvre cheval fut enlevé, il se trouva fixé par les pieds, et attaché au portail, comme ces bêtes carnassières clouées à la porte des châteaux, en forme de dépouilles opimes. Le généreux animal pleurait et hennissait lamentablement; enfin le bon Monestan donna l'ordre de baisser un peu le pont, et il tomba dans le fossé, où il mourut sur-le-champ.

Qu'on juge, dis-je, de la rage, de la furie et des imprécations du Mécréant; il écumait et menaçait de ses poings le château; il aurait voulu pouvoir voler pour franchir l'espace qui l'en séparait : la grêle devenant très-meurtrière, il fut contraint de se sauver à une distance où il n'y eût plus de danger..... Dans sa fureur il fendit la tête à un pauvre cavalier de Kéfalein, qui, s'étant laissé désarçonner par son cheval, fut trouvé par terre... Cette cruauté fit trembler les Casin-Grandésiens, qui jetèrent un cri d'effroi !

Aussitôt la cavalerie rentrée, chacun reconnu, et le premier enivrement de la victoire passé, les trois ministres coururent donner au prince un rapport officiel de cette première sortie.

— Sire, s'écria Kéfalein en finissant le récit, nous n'avons perdu qu'un seul homme et j'en suis au désespoir.

— Il y a de quoi, connétable, et la mort d'un de nos sujets, dit le prince, est un deuil pour nous...

— Ce n'est pas précisément sa mort qui m'afflige, reprit le connétable; mais, sire, il est tombé de cheval, et l'on peut croire que je l'avais mal instruit. Je vous assure, monseigneur, qu'il reçut ses quinze leçons tout comme les autres !...

— On priera Dieu pour lui ! s'écria l'évêque appuyé sur sa massue avec une fierté qui l'aurait fait prendre pour Hercule si le paganisme avait encore eu ses autels.

Monestan ne put s'empêcher de sourire, et ne chercha point à troubler le triomphe de Kéfalein, en disant que, sans son idée de mettre le feu aux monceaux de bois, la cavalerie était cernée et perdue.

— Sire, continua le connétable enthousiasmé, depuis la charge d'Édesse, où vous me nommâtes connétable, on ne connaît pas dans l'histoire de la cavalerie européenne une charge aussi brillante !...

— Allons, messieurs, répondit le prince dont la figure respirait la joie, espérons des succès d'après un tel début !

— Sire, dit l'évêque, nous délivrerons Casin-Grandes à la première occasion.

Il est inutile de dire que cette victoire fit atteindre aux soldats du prince l'apogée du courage, et que l'espoir se glissa dans tous les cœurs, et se manifesta par des insultes que l'on adressa du haut des murs aux assiégeants battus et frémissants de rage.

Mais Enguerry venait de jurer qu'avant la nuit il serait maître de la forteresse, et qu'il vengerait la mort de ses soldats : la revue qu'il en achevait, lui prouva que cette sortie lui en coûtait cent trente-trois de ses plus braves ; l'évêque pour sa part en avait mis douze au cercueil. Les précautions du Mécréant annonçaient un général habile, et rien ne pouvait empêcher cette fois que Casin-Grandes ne fût pris en cinq ou six heures.

Ces fatales dispositions se firent pendant que les défenseurs de la place déjeunaient pour prendre des forces, afin de voler à de nouveaux exploits.... Au moins ils n'en furent pas témoins, car les sentinelles n'avaient pas assez de lumières stratégiques pour deviner les intentions du Mécréant.

Il commença par ordonner de couper de quoi combler le fossé, il disposa ses travailleurs de manière à ce que cet ouvrage marchât avec la plus grande célérité, et il distribua des soldats avec des boucliers, pour qu'ils préservassent les pionniers de la pluie de pierres ; il enjoignit à ce corps de fuir à toutes jambes si l'on s'avisait de baisser le pont-levis ; puis il choisit parmi ses brigands une cinquantaine des plus déterminés, il les partagea en deux troupes, dont il donna le commandement à Nicol et à un autre de ses officiers : ces deux détachements, armés de haches, eurent l'ordre de briser les chaînes du pont-levis, en cas de sortie, et de mourir plutôt que de manquer à cet ordre.

Enfin, il divisa sa troupe en trois corps ; il commanda aux deux moins nombreux de se cacher sous le feuillage touffu des premiers ormes de l'avenue, et d'appuyer, en cas d'une nouvelle charge, les détachements chargés de couper les chaînes, et, en même temps, d'essayer simultanément à séparer les Casin-Grandésiens de leur château, et de les cerner..... Il se mit à la tête du troisième corps, qu'il posta derrière les travailleurs afin de soutenir l'effort des assiégés, ou d'être tout prêt, si les Casin-Grandésiens renonçaient à une nouvelle sortie, à entrer dans la place lorsque le fossé comblé offrirait un chemin praticable, et que la porte serait enfoncée ou brûlée.

Ces dispositions fatales aux assiégés étant toutes prises, et ces ordres exécutés, les travailleurs comblèrent le fossé avec une ardeur vraiment effrayante, et qui permit au Mécréant de croire qu'avant deux ou trois heures il entrerait à Casin-Grandes.

Quand l'état-major, c'est-à-dire quand Kéfalein, l'évêque et Monestan, revinrent examiner l'ennemi du haut des remparts, ils y revinrent ivres de leur premier succès, et chacun sait que l'ivresse de l'âme aveugle tout autant que l'autre.

Néanmoins ils ne furent pas aveugles en ce sens qu'ils aperçurent très-bien les dispositions et le plan du Mécréant ; mais, tout en voyant le danger qui les menaçait, ils se flattèrent que leur courage suppléerait au nombre, et qu'ils chasseraient le Mécréant.

Cependant le fossé se remplissait avec une rapidité qui prouvait combien le sac de Casin-Grandes affriandait les soldats d'Enguerry. Les ministres donnèrent l'ordre de faire chauffer de l'huile, de l'eau, et de préparer des matériaux pour une vigoureuse défense : en même temps, ils commandèrent aux détachements qui gardaient les murailles latérales du château de redescendre dans les cours, et l'on discuta le moment favorable pour la défense.

— Une première charge nous ayant été si favorable, pourquoi ne tenterions-nous pas une seconde sortie ? dit Kéfalein.

— Messieurs, répondit Monestan, rien que le plus héroïque courage ne peut nous sauver : que nous fassions une sortie, que nous ne la fassions pas, notre perte est inévitable ; mais, continua le courageux vieillard, je me confie à Dieu, et je me jetterai à corps perdu sur l'ennemi, préférant mourir, à voir la ruine du prince. En effet, notre porte va dans peu être livrée aux flammes, et nous aurons beau accabler l'ennemi, rien ne pourra empêcher la porte de brûler.... Sortons, messieurs ? et vendons cher notre vie ! quant au prince, laissons faire au ciel !........

L'évêque fut ému du discours de Monestan. « Monsieur le comte, reprit le prélat, tout n'est pas encore perdu, voici le plan que je vous soumets : dans peu d'instants le fossé sera comblé ; lorsque les soldats s'avanceront sur ce petit espace, on les accablera d'huile, d'eau, de pierres et de masses ; quand cette ressource sera épuisée, nous abaisserons le pont-levis, et il écrasera tout ce qui se trouvera sous lui ; c'est alors que nous ferons notre sortie : à notre suite, viendront toutes nos forces, divisées en trois corps, dont le premier se déploiera en aile pour garder le pont, et, croyez-moi, Dieu aidant, comme vous le dites, nous vaincrons!....

— Vaincre ou périr!... s'écria Kéfalein en regardant la troupe et les remparts. Ce cri fut répété......
Les forces Casin-Grandésiaques reçurent l'ordre de se concentrer dans les cours, et il ne resta sur la tour du milieu que les femmes qui devaient accabler l'ennemi.

Le fossé comblé, l'armée du Mécréant se mit en devoir d'aller enfoncer le portail : là commença le triomphe des femmes : l'huile bouillante s'insinua dans les armures, et fit souffrir des tourments affreux aux assaillants qui moururent à la barigoule ; les pierres et les troncs d'arbres les écrasaient comme du linge sous le pilon, et le carnage fut si grand que leur constance les abandonna ; ils reculèrent.

— Lâches! s'écria le Mécréant, ils vont bientôt manquer de munitions! Courage!

Les soldats retournèrent à l'assaut, mais les opiniâtres Casin-Grandésiennes démolirent les créneaux, et assommèrent les brigands...... Cependant les pierres devinrent bientôt plus difficiles à extraire, elles ne tombaient plus qu'une à une, et les coups de hache retentissaient dans les cours, ainsi que les cris de joie des brigands.

Alors la cavalerie au complet et les trois corps d'armée étant disposés, l'évêque s'écria :
« Au nom de Dieu!... mes amis, du courage! c'est ici qu'il faut mourir ; alors souvenez-vous que les cieux vous seront ouverts, et si nous sommes vainqueurs, la liberté........! Baissez le pont!....

Sous l'horrible craquement de la machine, cinquante hommes furent écrasés, et leurs cris étouffés par ceux de l'escadron qui partit comme un boulet que vomit le canon : sous les pas des chevaux il ruissela, de chaque côté du pont-levis, un fleuve de sang, qui s'écoula des cadavres pressés!....
En voyant cette manœuvre, le Mécréant s'écria : « Je triomphe!... A moi, brigands!... »

Le premier choc fut terrible, et les Enguerryens reculèrent : alors Enguerry donna l'ordre à ses deux ailes cachées sous les ormes d'accourir ; mais déjà les deux divisions d'infanterie cypriote étaient sorties, et, par une heureuse inspiration, ou par un mouvement naturel, elles formèrent un bataillon carré qui protégea les flancs de la cavalerie.

Les Casin-Grandésiens ainsi disposés représentaient un T à l'envers adossé sur le fossé, et les troupes du Mécréant l'attaquèrent de tous côtés!.....
Les chaînes du pont-levis furent brisées ; mais, dans le combat partiel qui s'établit à cet endroit, si les brigands parvinrent à couper les chaînes, ils y périrent tous, à l'exception de Nicol.

De part et d'autre, l'acharnement était égal ; la massue de l'évêque faisait des prodiges, et le bruit horrible des armes, de la mêlée, des cris des mourants et de vivants, retentit jusqu'aux appartements du roi de Chypre................ il troubla même la méditation de Clotilde!.... Effrayée, elle se réfugia près de son père!....

## XVIII.

Le Tout-Puissant a des ressources cachées pour secourir ses élus.
(Saint Thomas d'Aquin.)

L'envoyé de Satan jura de les détruire.
(Anonyme.)

Il était difficile que les héroïques et vertueux défenseurs de Jean II ne succombassent pas ; et, malgré tout leur courage, le plateau de la balance du Destin ne les favorisait pas : ce qui veut dire, que si vous mettez d'un côté cent soixante-quinze hommes et de l'autre six cents ; à force égale, les six cents l'emporteront.

Cependant ceux qui combattent *pro aris et focis,* pour leur sac et leurs quilles, comme le disait Kéfalein dans sa harangue, ont une énergie capable des plus grandes choses.

Aussi ce fut un bien grand miracle que la résistance de cent huit hommes d'infanterie et quarante de cavalerie contre les six cents hommes d'armes du Mécréant. Le combat se soutint avec un tel acharnement, qu'après une demi-heure de faits héroïques, Kéfalein, l'évêque, Monestan, Vérynel, Castriot, et les six demi-seigneurs cypriotes, rassemblant leurs efforts par un désespoir unanime, firent une telle décharge de coups redoublés sur l'élite du Mécréant, qu'elle plia et tourna casaque. Le terrain était jonché de morts..... En voyant fuir l'ennemi, Kéfalein perdit la tête, et, au lieu de garder sa formidable position, il donna l'ordre d'avancer!...... ordre fatal!.....

Cette marche, peut-être préparée par une ruse du Mécréant, ruse trop subtile pour que le connétable la devinât, fit marche, dis-je, se fit jusqu'à la fin de la cavalerie, à l'endroit où cette ligne équestre se joignait perpendiculairement à la ligne d'infanterie, et ce mouvement opéra un clair, un vide, à la vérité bien petit, mais les assaillants, saisissant cette brèche de quelques pas, séparèrent les quarante héros de leur infanterie, avec d'autant plus de facilité que les plus faibles se trouvaient à la queue, et il en périt sept! Les trente-trois restants furent donc environnés de la plus grande partie des forces mécréantiques, pendant que l'autre partie tâcha d'enfoncer et d'entamer l'infanterie, qui, sous les ordres d'Hercule Bombans, se défendit avec un courage digne d'un meilleur sort.

Au milieu de ce péril, je n'irai pas vous raconter les faits d'armes particuliers : celui de Trousse, qui, trouvant un soldat plus lâche que lui, réussit après un quart d'heure d'essais, qui représentent assez le combat d'une souris et d'une grenouille, à tuer son adversaire, en le saignant à une artère. Dirai-je le mot de Castriot, qui répondit à un soldat qui lui demandait la vie : « Ami ! tout ce que tu voudras, mais pour la vie, impossible !..... »

Sans que je m'arrête à les décrire, on doit voir l'évêque bénissant chaque mort, Kéfalein tuant à tort et à travers, et Monestan priant le Seigneur à chaque coup de hache qu'il appliquait le plus doucement possible.

Dans le danger extrême où se trouvaient les Casin-Grandésiens, l'évêque commanda une manœuvre sur laquelle j'appelle l'attention de tous les militaires d'avant et d'après la révolution. Le prélat fit mettre les cavaliers en rond, de manière que le contour de ce cercle ne présentait que les têtes des chevaux bardés de fer, et celles des cavaliers intrépides qui, à l'exception de Castriot et de l'évêque, saisirent leur hache, quittèrent leurs épées, et se défendirent comme des lions, en n'offrant à l'ennemi, que du fer, des haches levées, et la détermination courageuse de périr en rond, ce qui ne laisse pas que d'avoir de grands avantages.

Au milieu de ce nouvel effort, l'évêque s'écria d'une voix tonnante : « Faites avancer les troupes fraîches !..... ils sont perdus !..... » En ce moment Bombans ayant décrit avec son infanterie un quart de conversion, il se trouva, que si le Mécréant entourait les trente-trois cavaliers, il l'était de son côté par l'infanterie Bombansine. Enguerry trembla en entendant demander des renforts, et Trousse, à l'aspect du danger croissant, saisit le prétexte de ce message pour se réfugier dans le château.

Les troupes fraîches ne manquèrent pas d'arriver..... c'étaient les courageuses Casin-Grandésiennes accourant *unguibus et rostro* et accompagnées du corps des vieillards. En voyant la qualité de ce renfort le Mécréant se mit à rire et redoubla ses efforts !... Hélas ! qu'ai-je à dire !

Enguerry se trouvait à l'endroit où combattait le courageux Monestan ; le vieux ministre avait le Mécréant pour adversaire, et malgré le secours que de temps en temps lui portait l'évêque, son valeureux compagnon d'armes, le Mécréant déchargea sur la tête du vieillard un tel coup de hache d'armes, que Monestan tomba en s'écriant : « *ora pro nobis !...* » On n'a jamais su le nom du saint qu'il invoquait, mais sa ferveur pour la Vierge nous porte à croire que c'était elle !...

L'évêque, voulant venger cette blessure, fit tomber sa redoutable massue sur l'épaule du brigand ; mais le cercle fut rompu, la cavalerie du Mécréant entra dans le rond et chacun se défendit particulièrement. En ce même moment les cavaliers d'Enguerry brisèrent la ligne d'infanterie du courageux Bombans, et le Mécréant, suivi d'une foule furieuse, s'avança vers le pont-levis abandonné...

Le carnage fut horrible : çà et là, les plus intrépides résistaient encore, et l'évêque, Castriot et Kéfalein formaient une trinité dont personne n'osait approcher ; ils étaient protégés par un rempart de morts... mais en voyant le pont-levis emporté, vainqueurs et vaincus se précipitèrent pêle-mêle dans le château, les uns pour l'envahir et les autres pour le défendre encore.

En effet, l'on combattit vaillamment dans les cours ; hélas ! c'étaient les dernières étincelles d'un incendie, les derniers soupirs de la forteresse expirante, les derniers efforts du courage malheureux. Enguerry triomphe, ses soldats sont en force, et lui-même, à la tête de cinquante hommes d'armes, entre dans la cour royale et s'apprête à monter aux appartements pour se saisir du prince et de Clotilde !... Les Casin-Grandésiens rangés en haie et adossés contre les murs, regardent en pleurant de rage, passer leurs farouches vainqueurs ; les cris de joie, le bruit des pas des chevaux, les gémissements des blessés, les soupirs de ceux que l'on insulte, tout retentit !.....

En cet instant Trousse caché dans l'horloge sonna, de peur, le beffroi..... Les sons lugubres de cette cloche, qui semble se plaindre, se répandent dans les airs et mettent le comble au désordre, à l'épouvante, et l'asile du vénérable roi de Chypre est livré à toutes les horreurs du pillage...

A l'instant où le beffroi tinte, où le Mécréant franchit la cour d'Hugues, appelée la Cour Royale, un bruit extraordinaire se fait entendre dans l'intérieur de la façade du bord de la mer, un cri prolongé sort des flots, Enguerry étonné s'arrête, et écoute un effroyable cri de *Montjoie Saint-Denis !.....*

Alors par le perron, par les trois fenêtres de la salle à manger, sort une nuée de chevaliers ; il semble que la terre en vomit, tant ils se précipitent avec célérité ; ils fondent sur le Mécréant avec une furie sans exemple, et au milieu de ces chevaliers miraculeux, l'on remarque le prince noir... Une terreur panique saisit les brigands, et les cent cinquante chevaliers que fournit la salle à manger les poursuivent en les tuant, massacrant, abîmant. Les Casin-Grandésiens reprennent courage et la scène change avec la rapidité de l'éclair !...

Au moment où Enguerry, repoussé, arrive dans la seconde cour, les pierres pleuvent des remparts. Attaqués de tous côtés, ne sachant auquel entendre, pris en flanc par les paysans qui tuent les chevaux et assomment les cavaliers, combattus en tête par les chevaliers noirs, accablés par les pierres détachées des murs par les courageuses Casin-Grandésiennes, les soldats d'Enguerry croient que le ciel et la terre conjurent leur perte; sourds à la voix du Mécréant, ils fuient, rapides comme le vent...

A la sortie de Casin-Grandes, nouveau combat: Bombans avait rallié soixante hommes, reste de son infanterie, et les formant en bataillon carré, il arrêta les brigands. Ces derniers se précipitent sur le pont-levis sans discernement, et un bon nombre fut renversé dans les fossés. Alors la défaite du Mécréant, entraîné par le torrent, fut complète; il se sauve avec trois cents hommes qui lui restent, et les cent cinquante chevaliers se mettent à sa poursuite avec une ardeur et une célérité qui ne lui laissent même pas l'espoir de rentrer sain et sauf... Heureusement pour les brigands, la nuit ne tarda pas à étendre son voile brodé d'étoiles, mais les chevaliers n'en ralentirent pas pour cela leur course... et la campagne fut couverte d'un déluge de fuyards!...

Tandis que cela se passait à Casin-Grandes, Michel l'Ange se réjouissait d'avance en attendant le Mécréant et sa proie; le fidèle le Barbu, triste de cette expédition (et l'on saura plus tard pourquoi), se promenait sur les créneaux pour découvrir de plus loin le retour du comte Enguerry... A la faveur des rayons de la lune, il aperçoit dans la campagne une nuée de soldats fuyant à toute bride, les plus avancés s'écrient d'une voix suppliante: « Ouvrez!... baissez le pont-levis!... » et le Barbu voit une seconde troupe qui serre de près les fuyards.

Ne concevant pas par quel accident son maître peut avoir été mis en déroute, le Barbu, joyeux de cette défaite, donne l'ordre de baisser le pont-levis, et les brigands s'y précipitèrent poussés par la peur. Comme le Mécréant et dix des siens, les derniers de la troupe, atteignaient le seuil, et que le pont salutaire se relevait... l'escadron formidable des chevaliers noirs arriva sur le bord du fossé... Une minute de plus, et la contrée était délivrée de son cruel fléau...

Les brigands, honteux de leur défaite, reçurent, pour prix de leur lâcheté, une mercuriale ornée de tout ce que la mauvaise humeur du Mécréant lui suggéra : et mauvaise humeur est un terme que j'emploie parce que colère est trop faible, et qu'alors tout est indifférent.

-- Hé bien! lui dit Michel l'Ange quand Enguerry rentra dans sa salle basse, où sont nos prisonniers?... voyons cette belle Clotilde?

Le Mécréant regarda le Vénitien avec étonnement, et il se convainquit, en l'examinant le verre en main et le visage joyeux, que cette question n'était pas ironique.

— Que la carcasse du diable me serve de voiture, répondit Enguerry tout courroucé, si je ne les renvoie pas dans le *trou-madame*, dont ils sont sortis.

— Mon ami, que vous est-il donc arrivé?... s'écria le Vénitien.

— J'ai perdu quatre cents hommes!...

— On leur chantera des *de profundis*...

— Trêve de plaisanteries... soldat du pape! je ne ris pas!...

— Et vous avez tort... Pourquoi s'attrister, mon compère? buvez-moi de ce vin et trinquons! *Trinc* est un mot universel... et console de tout.

Le Mécréant s'assit en jetant sur la table son épée et sa hache d'armes, teintes de sang; il ôta son casque, puis il prit un hanap, le vida d'un trait, et regardant le visage de l'Italien, il s'écria:

— Les lâches, se faire tuer!... le diable s'en est mêlé!...

— Il ne vous aura donc pas reconnu.

— Alors ce sera Dieu! dit avec dépit le Mécréant tout chagrin.

— N'importe! buvons d'autant! reprit Michel l'Ange, car toute la puissance temporelle, papale et divine, ne peut pas faire que ce qui s'est passé ne soit pas... Ah! beau cher cousin, vous prenez du noir! c'est ce qu'il ne faut pas, même lorsque le prévôt voudra savoir ce que nous pesons, car la corde pourra casser... Buvons, morbleu, et demain nous recommencerons.

— Mais, ventre-Dieu, cela ne me rendra pas mes vertueux coquins!

— Une demi-once de patience et nous verrons!...

— Que le *maulubec*[1] me prenne, si je n'en tire pas vengeance!..

— C'est parler comme un diable!.... Allons, jurez moins et racontez-moi votre aventure?

Alors Enguerry fit au Vénitien le récit du siége que vous connaissez. Michel l'Ange riait comme un échappé d'enfer, et à chaque mort des brigands, il se remuait sur sa chaise et tapait dans ses mains.

— Et qu'as-tu donc à rire de ces braves gens?... Ne les aimais-tu pas? encore hier, tu les amusais...

— C'est vrai, mais je ris de la figure qu'ils doivent faire en ce moment devant le Seigneur Dieu, puisqu'ils n'ont pas d'absolution ni de bref du pape....

— Mon ami l'Ange, vous êtes un bien grand scélérat!

---

[1] Le *maulubec* (mal au bec) était une maladie qui régna quelque temps en Provence et en Languedoc. On présume que ce pouvait être une lèpre particulière au palais.

— Bast!.. ce n'est pas neuf, il y a trente ans que je le sais!...

— Mon compère, reprit Enguerry, vous pouvez nous montrer les talons, car je me désiste de mon entreprise, j'y perdrais le reste de mes hommes.

— Voilà donc, s'écria Michel l'Ange, ce courage si vanté, qui vous rendait le *parangon* des enfants de Caïn? Par le grand diable d'enfer! je viendrai à bout de cette affaire avec mon petit doigt et la semelle de mon escarpin.

— Comment?... je n'y comprends rien!...

— Je le crois, vous ne connaissez que la force, vous autres. Et la cautèle donc!... Si je ne les empoisonne pas tous, en m'en faisant remercier même, je consens à passer pour un saint de plâtre... Tudieu! quand je pense à ces deux vertueux millions, je sens là, dit-il en montrant son cœur, je sens là un certain mouvement qui me ferait abjurer la croix pour le croissant. Deux millions!... que de jouissances incluses! que de joie, de vin, de filles, que d'éclat, de puissance, de louanges, de flatteurs, et que de vertus on nous accordera; deux millions!... c'est l'encyclopédie des jouissances de l'univers; que de passions à contenter, tous nos caprices seront rois!... nous les déchaînerons tous!... Deux millions!... pensez-vous que nous serons deux petits saints!... et qu'il y a de quoi soudoyer un conclave et devenir pape!

En prononçant ces paroles, les petits yeux verts de l'Italien brillaient comme ceux d'un chat, et le Mécréant fut tout échauffé par l'éloquence de ce serpent. Il se mit à sourire, en croyant voir les deux millions devant lui, à l'aspect des gestes du Vénitien, qui semblait compter de l'or et voir tout ce qu'il décrivait.

En ce moment on entendit sourdement gronder autour des murs de la forteresse les cent cinquante chevaliers, qui faisaient de vains efforts pour emporter la poterne.

— Vertu de froc!... s'écria le Mécréant, veulent-ils nous forcer?...

— Allons, buvons, et croyez-moi, tout n'est pas perdu, continua Michel l'Ange; les scélérats spirituels ont d'immenses avantages sur les honnêtes gens sans esprit, et je ne vous dis qu'un seul mot: J'irai à Casin-Grandes, et que la peste me crève, si je n'avance pas les affaires; je ne vous demande plus qu'une tentative après mon retour... Demain vous compterez vos hommes, et pourvu qu'il vous en reste deux cents, ce sera toujours assez pour le malheur des Lusignans et de la contrée...

— Et où recruterais-je de ces âmes damnées?...

— Partout!... il n'en manque pas, l'année est bonne et la *providence du mal* aussi.... Buvons un dernier coup! et allons réjouir ceux qui n'ont pas eu le malheur de mourir comme des honnêtes gens...

Le Mécréant et son digne acolyte sortirent, suivis de le Barbu; ils rejoignirent les brigands, qui, du haut des remparts, s'amusaient à lancer des traits aux chevaliers noirs.

— Hé bien! camarades, s'écria Michel l'Ange, d'assiégeants vous voilà assiégés! ainsi va le monde. En tout cas, malheur à l'ennemi, car je suis ici, et ma présence a toujours nui aux honnêtes gens... Ne craignez rien, vous autres!...

Les lazzis de l'Italien, ses bons mots et sa gaieté infernale, firent renaître la joie; on apporta du vin par l'ordre du Mécréant, et l'on noya dans les pots les soucis de cette fatale journée.

— Vous vivez, heureux coquins!... reprit Michel l'Ange, le Seigneur vous favorise! mais si ce n'est pas aujourd'hui, ce sera demain; tôt ou tard il faut épouser la camuse; heureusement c'est une femme, et en lui disant qu'elle est belle, on aura du répit... En l'attendant, rions! car souvenez-vous bien qu'un seul instant perdu pour la *gaspille* et la joie, c'est un crime de lèse-vie!... le passé ne revient pas plus que les morts! et que Dieu les bénisse! nous autres nous n'y pouvons rien, pas même les plaindre, car nous ignorons s'ils sont bien ou mal... Sur ce, trinquons!

Un homme comme Michel l'Ange serait précieux dans une armée, pour relever le moral des soldats: s'il avait employé dans le bien ses qualités brillantes, il aurait été l'un des hommes les plus remarquables du siècle de Charles VII : mais c'était un véritable diable échappé de l'enfer et flétrissant tout de ce rire satanique qui étonne le vice et le fait rougir de lui-même, autant que le crime peut rougir... Pendant que le Vénitien égayait les brigands, le Mécréant les comptait de l'œil; il lui en restait près de quatre cents, en comprenant ceux qui gardaient la forteresse.

Enguerry s'aperçut que les chevaliers n'étaient pas en assez grand nombre pour enceindre son fort, et il se promit bien qu'une sortie le délivrerait de ce surcroît d'ennemis... Je dis surcroît, car le Mécréant pressentait que ces chevaliers ne pouvaient être que les précurseurs de Gaston II, le fils de René, comte de Provence et roi de Naples, si déjà ce prince n'était pas arrivé, comme le bruit en courait à Aix... Ces réflexions lui firent dire à Michel l'Ange :

— Mon compère, si le comte Gaston est revenu, j'ai bonne envie d'aller camper ailleurs, notre entreprise et ma vie deviennent très-douteuses.

— Je n'ai jamais douté que d'une seule chose, répondit l'Italien.

— De quoi?...

Le Vénitien lui montra du doigt la voûte céleste,

avec un sourire diabolique et rempli d'une expression désolante.

— Mille diables!... je me croyais mécréant, mais je trouve mon chef de file.

— Aussi suis-je de Rome...

— Par Mahom! je te cède le pas pour aller en enfer.

— Allez, je vous le répète, mon compère, j'irai à Casin-Grandes et je n'en reviendrai qu'à bonnes enseignes.

Là-dessus, ils descendirent des créneaux et furent se coucher. Ce n'est pas sans une certaine honte, que nous avouerons que l'Italien et le Mécréant dormirent aussi tranquillement que des gens vertueux.

Il est temps de retourner à Casin-Grandes.......

## XIX.

*J'éprouve du plaisir à te nommer mon fils.*
(Poëme de *Moïse sauvé*.)

*Jurant alors de mourir l'un pour l'autre,*
*Si le destin les voulait désunir,*
*Ils n'ont d'espoir qu'aux soins de l'avenir.*
(ANONYME.)

Nous avons quitté cette forteresse en même temps que les brigands, qui, je l'avoue, n'étaient pas une très-bonne compagnie; je vous en demande pardon.

Examinons ce qui se passa sur le champ de bataille. Aussitôt que Bombans s'en vit le maître, il commença par le parcourir; il fit rattacher les chaînes du pont-levis; il ordonna de transporter les blessés au château, brûla le bois qui comblait le fossé, rattrapa les chevaux sans maîtres; et comme Hercule Bombans, le parangon des intendants, ne perdait jamais la tête lorsqu'il s'agissait de finance, il se mit à procéder catégoriquement au dépouillement des morts; il se déclara leur légataire universel, et il recueillit sur-le-champ leurs successions sans autre forme de procès; il s'empara donc de tout ce qu'Enguerry laissa sur le champ de bataille, d'une huitaine de chariots chargés d'armures, et de tout l'or qu'il trouva sur les cadavres; il abandonna le reste du butin aux paysans, comme récompense, et les cadavres aux corbeaux, en qualité de gens de justice de la gent volatile.

Il rentra dans le château, releva le pont-levis et s'occupa très-activement de rétablir l'ordre; il y trouva chacun encore plongé dans l'étonnement d'une délivrance aussi subite... On se regardait en silence, et l'on n'osait y croire.

— Où est le prince? demanda Bombans. On ne répondit rien, personne ne le savait.

En effet, aussitôt que le Mécréant entra dans Casin-Grandes, le prince et sa fille cherchèrent un dernier asile dans la chapelle: Castriot, l'évêque et Kéfalein y transportèrent Monestan, et suivis de quelques vieillards, des demi-seigneurs cypriotes, de Josette et de cinq ou six soldats, fidèles débris du premier corps d'armée, tous ces restes généreux attendirent le moment de mourir aux pieds du roi...

La pâle Clotilde ne tremblait pas du danger présent, et elle fut heureuse de pouvoir se livrer à sa tristesse, alors imputée à la circonstance.

Ce groupe dans la posture la plus calme ressemblait au sénat romain lorsqu'il fut pris pour une assemblée de dieux par les Gaulois, maîtres de Rome. Castriot était devant le prince, et, son sabre tiré, il regardait la porte de la chapelle avec les yeux d'une lionne défendant ses petits cachés au fond de son antre. De temps en temps ses yeux farouches, se reportant sur Clotilde, annonçaient qu'il pensait à la tuer plutôt que de la voir la proie du Mécréant, et les regards de la jeune fille lui disaient qu'elle ne demandait pas mieux... Tout bonheur n'était-il pas perdu pour elle?...

Ce silence fut interrompu par les pas de la foule, qui retentissant faiblement au-dedans de la chapelle firent trembler les plus courageux.

— Victoire!... victoire!... cria la foule aux portes de la chapelle où Bombans jugea que le prince pouvait être renfermé.

Ces mots n'étaient pas de nature à rassurer les défenseurs du prince. Alors ils se regardèrent en silence, d'un air qui semblait dire: « L'heure de mourir est arrivée! »

— « Ouvrez, c'est nous!... victoire!... » La peur fit encore méconnaître les voix tumultueuses.

— C'est *moi*, dit Trousse, qui avait changé de vêtement et pour cause...

— Sire, les ennemis sont vaincus, cria Bombans.

— C'est la voix de mon père, dit Josette, et elle courut ouvrir. Aussitôt se précipita dans la chapelle, Bombans, Trousse, les soixante soldats et les dix cavaliers échappés à la mort, les femmes, le reste des gens; et le temple retentit de ce cri: Victoire!... victoire!...

— Sire, *je l'avais bien dit*, s'écria Hercule Bombans en se prosternant.

— C'est *moi* qui sonnai le beffroi, aux sons duquel ont paru les chevaliers célestes, dit Trousse.

— Le seigneur nous a donc secourus, reprit Monestan d'une voix faible, et revenant de son long évanouissement, en entendant ces cris qu'il prit pour des chants d'église.

— S'il a envoyé des anges, ils étaient à cheval, observa Kéfalein.

Castriot remit son sabre dans le fourreau, et regarda la princesse et le monarque avec le ravissement de la reconnaissance et du dévouement. Il ne dit ni ne demanda rien.....

Il est impossible de dépeindre l'étonnement du bon Jean II, et du groupe de ses fidèles serviteurs : une mère qui retrouve son fils, une amante son amant, un fils son père, un voyageur son clocher, ne sont pas plus joyeux, ébahis, attendris et le cœur plein de liesse.

— Chantez donc un *Te Deum*, s'écria le premier ministre.

Aussitôt l'évêque, sans quitter ses armes, monte à l'autel; chacun s'agenouille, et Hilarion d'Aosti entonna le chant d'actions de grâces, qui monta vers le Seigneur : le cri de ces âmes vertueuses dut être un agréable encens, puisque le cœur d'un homme de bien est la plus belle offrande qui puisse lui être offerte.

Le *Te Deum* fini, le prince s'écria : « Mes amis, « nous saurons reconnaître vos services, nous don« nons la liberté à tous les serfs qui se trouvent « dans le château et aux enfants de ceux qui sont « morts; nous les enrichirons, et rebâtirons leurs « chaumières ruinées. Vous avez dès longtemps » acquis le titre de mes enfants, si nous en savions « un plus beau, nous vous l'accorderions en ce « jour. »

Des larmes s'échappèrent d'entre les paupières du bon roi, dont les paroles flatteuses retentirent dans le fond du cœur de ses sujets, comme la douce musique des anges.

— Il ne faudra pas oublier de faire un service pour les âmes des morts, dit le premier ministre, encore pâle et chancelant.

Le prince, accompagné de ses ministres et de sa fille, qui guidait ses pas, sortit de la chapelle et s'achemina vers ses appartements.

Bombans sembla se multiplier pour rétablir l'ordre dans le château : nous devons lui rendre justice! avarice à part, et l'on sait combien cette passion entraîne facilement à de vilaines actions, Bombans avait des qualités, il était actif, prudent, courageux et dévoué à sa manière, c'est-à-dire en tout ce qui ne concernait pas la bourse : les cours furent nettoyées, et les gens morts remplacés au plus tôt. Chacun est à son poste, tout rentre dans l'ordre, et lorsque la nuit arriva, l'on n'aurait jamais cru que le château de Casin-Grandes eût subi un siège, si le nombre des serviteurs ne l'eût pas indiqué par la diminution. Encore Bombans eut-il bientôt rempli le vide par de nombreuses promotions faites parmi les paysans les plus courageux... Les Camaldules prétendent que c'est lui qui, dans cette occasion, donna l'idée de la vente des charges. Au milieu de ces événements, la pauvre Marie était restée dans sa loge, négligée par tout le monde; et lorsque Castriot s'approcha pour la voir, elle s'écria comme en rugissant : « J'ai faim!... l'on m'oublie!... »

En ce moment le prince et ses ministres recueillaient au salon rouge les différents ouï-dire sur l'apparition miraculeuse des chevaliers, et l'on cherchait d'où pouvait être venu ce secours opportun.

— Il y a eu des miracles plus extraordinaires!... disait Monestan.

— Un miracle l'est toujours, observa l'évêque.

— Je croyais qu'on n'en faisait plus, dit Kéfalein, sans se douter qu'il avait eu de l'esprit une fois en sa vie.

A cette observation, Monestan regarda fixement le connétable, et se convainquit par cet aspect de l'innocence du bon Kéfalein. Alors il retint sa réponse, en pensant que cette parole n'empêcherait pas le connétable d'entrer au ciel.

— Messieurs, observa gravement le roi, nous croyons que ce ne peut être que le chevalier noir, notre libérateur.

— Mais par où serait-il venu? demanda l'évêque; comment s'est-il trouvé à point nommé au moment où nous succombions? il aurait bien dû venir lorsque nous fûmes un instant plier les ennemis, alors sa présence eût épargné la mort de bien des braves gens...

— N'accusons donc jamais, interrompit Monestan, ni le ciel ni les hommes, avant d'être parfaitement instruits de toutes les circonstances.

— Si c'est notre libérateur, continua le prince, nul doute qu'il n'ait mis toute la diligence possible.....

A cette conjecture, Clotilde soupira. Pauvre enfant, c'est un coup mortel à tes amours!

— Vous serez heureuse, lui dit son père en lui pressant la main; ne soupirez plus de crainte, mon cœur a dans ce moment un pressentiment qui ne m'a jamais trompé. » Ces paroles, dites à voix basse, augmentèrent la pâleur et la tristesse de Clotilde.

— Mais, demanda Monestan, comment a-t-il su que vous étiez en danger?

— L'amour, Monestan, est le plus sûr de tous les messagers...

La princesse, dont la figure chagrine était l'objet de l'attention générale, dégagea à ce moment sa main tremblante des mains de son père, et par ce mouvement, manifesta le désir de se retirer.

— Vous nous quittez, ma fille!... revenez au plus tôt; nous tenons ce soir et demain cour plénière; il faut fêter notre libérateur quel qu'il soit!...

Tous les yeux suivirent la démarche lente et morne de la jeune fille, dont le cœur en deuil aspirait après la nuit, pour s'assurer si le beau Juif existait encore, et..... la nuit était venue !...

Le prince ordonna que l'on mît une sentinelle sur la tour du pont-levis, afin d'être averti de l'arrivée de ses libérateurs, et chacun attendit avec impatience.

Clotilde a regagné son appartement... « Y sera-t-il?... » se dit-elle, en consultant son cœur, pour savoir si elle ne préférait pas l'incertitude et l'espérance, à la vérité. Pleine de joie ou de chagrin... elle hésite !... tout son univers est là, sur ce rideau qu'elle n'ose lever.... elle le regarde avec anxiété, elle voudrait, tout à la fois, et voir et ne pas voir; enfin, la curiosité l'emporte !... qu'ai-je dit, curiosité? c'est l'amour, c'est un sentiment inexplicable, suave et douloureux, divin et terrestre, voluptueux et cependant aigu !... elle se hasarde, elle approche...

A ce moment, un léger bruit sur la Coquette fit refluer tout son sang vers son cœur, qui ne put suffire à la violence de l'émoi que lui causa le pressentiment du bonheur... Le rideau résiste, il est déchiré, la croisée ouverte, et Clotilde voit son bien-aimé !... Des fleurs sont sur l'appui de la fenêtre !...

On peut peindre par des paroles la joie d'un guerrier qui triomphe, d'un enfant qui remporte un prix, d'un époux devenant père, d'un homme qui prouve sa reconnaissance à son bienfaiteur, d'un Français qui, dans le désert de l'Afrique, entend la douce voix d'un Français échappé de Saint-Jean-d'Acre; mais rien ne peut dépeindre la fête idéale qui transporte le cœur d'une femme saluant le bien-aimé qu'elle a cru perdre à jamais.... C'est le déluge de tous les sentiments que la nature a resserrés dans le petit espace que l'on nomme une âme. On se sent une facilité d'existence, une légèreté de corps; on semble prêt à s'envoler vers les cieux. Je ne connais aucune hyperbole pour donner l'idée de ces pleurs de l'âme en joie.... Les fêtes du cœur ne sont pas bruyantes.

— Clotilde !....... s'écria le Juif.

— Nephtaly... Vous vivez !...

— Oui, puisque je vous vois !...

— O Nephtaly, ne risquez plus votre vie sur ce rocher ! votre mort serait la mienne. Combien j'ai souffert aujourd'hui !...

— Souffert !... et pour moi !... Ah ! ne craignez rien, Clotilde, il n'est aucun danger pour qui vient vous admirer !...

— Je le crois, puisque vous le dites... mais, je tremblerai toujours !...

— Voulez-vous, reprit-il, que je sacrifie mon bonheur à votre tranquillité?

— Non, non, Nephtaly..... j'aime mieux votre présence que votre souvenir !... et cependant, je devrais ne plus vous voir. Un autre ne va-t-il pas venir? tout espoir n'est-il pas perdu?... Elle s'arrêta, car elle aperçut Nephtaly pâlir, lever les mains au ciel et les reporter vers elle avec le geste d'un naufragé qui demande du secours.

—Ah, Clotilde !... s'écria-t-il, et sa belle tête retomba sur son sein.

—Je vous entends! reprit la princesse en versant quelques larmes bien pénibles. Hélas! jamais les morts ne s'aiment et nous sommes comme morts l'un pour l'autre !.... Adieu donc !.....

Nephtaly, pour toute réponse, montra le ciel par un geste empreint de cette grâce mélancolique, qui est la poésie du malheur !....

— Oui, nous n'aurons de bonheur que là, continua Clotilde ; écoutez, Nephtaly ! une consolation nous reste, c'est de savoir que nos cœurs s'entendront toujours !...

Elle prit les fleurs, en orna son sein palpitant, et referma la croisée en jetant un regard plein d'amour sur son bien-aimé... Puis elle s'achemina vers le salon... tout à la fois heureuse et malheureuse : comme il y a des voluptés qui font mal, il y a des douleurs qui charment.

L'on venait d'apprendre, au salon du prince, le chemin que les chevaliers prirent pour venir au secours de Jean II, et voici comme : Bombans, ayant fort à faire pour remplacer les trésors enfouis et décorer la salle à manger, y entra pour prendre ses dimensions et voir comment il lui donnerait un air de fête. Il remarqua que la porte de l'immense salle à manger, du côté de la mer, était ouverte, et il suivit tout naturellement la trace des pas des chevaux. Alors il découvrit que l'on avait coulé à fond, au milieu des récifs, une assez grande quantité de chaloupes, à l'aide desquelles on forma une espèce de bac, par où les chevaliers abordèrent jusqu'à l'esplanade, dont les fleurs et les arbustes étaient foulés, les gazons chevauchés et flétris. Il courut instruire le prince de toutes ces circonstances.

— Ils m'ont tout gâté ! dit Bombans en finissant, le pavé de la salle est cassé; cela coûte beaucoup, mais pas encore si cher qu'un pillage : on n'en a jamais vu à bon marché, tout est si coûteux !... et je réponds qu'il sera difficile de régulariser....

— L'on vous passera tout en compte, s'écria le prince joyeux.

A ces paroles la figure de Bombans se dilata, ses muscles buccinateurs jouèrent, et le contentement parut pour la première fois sur sa face soucieuse.

Clotilde arrivait au salon comme l'intendant se retirait, et comme le prince s'écriait : « Nul doute, c'est le chevalier noir !..... »

À ce moment les sons du cor retentirent, et les échos des vastes murailles de Casin-Grandes les répétèrent.

— Connétable, dit le bon Jean II, allez au-devant de nos libérateurs, et amenez-les ici ! qu'on leur prépare un joyeux festin, et célébrons cette nuit la délivrance de Casin-Grandes...

Clotilde s'assit sur le trône à côté de son père, et la petite cour prit une attitude majestueuse... Castriot essaya de remplacer de son mieux les trois Cypriotes morts dans les combats du matin.

Kéfalein arriva dans la première cour au moment où le chevalier noir, monté sur un cheval noir tout blanchi d'écume, franchissait le pont-levis.

— Vérynel, accourez ! s'écria le connétable ; et vous, sire chevalier, dit-il à l'étranger en l'aidant à descendre de cheval, venez vous remettre de vos fatigues, le prince et ses sujets attendent avec impatience la vue de leur libérateur.... Ils s'avancèrent vers le pavillon de Hugues.

— C'est lui !... dit le monarque en reconnaissant la démarche du chevalier. Venez, mon fils !... Et le prince, descendant de son trône, courut, à côté du chevalier, tendre ses bras au connétable. Chacun fut étonné à l'aspect du chevalier noir, et un murmure flatteur pour l'étranger le suivit jusqu'à ce que le prince l'eût conduit près de son trône.

— Hé quoi ! continua le monarque ivre de joie, nous vous devrons donc deux fois la vie ! Eh ! mon fils, nous n'avons qu'une fille et un cœur !...

— Prince, dit le chevalier noir, ne craignez plus rien, j'ai laissé mes chevaliers à la poursuite de vos ennemis, ils ne tarderont pas à revenir victorieux... Avais-je raison de vous quitter la dernière fois ? Mais, ajouta-t-il en se tournant courtoisement vers la princesse et cherchant à adoucir la rudesse de sa voix, madame, depuis longtemps vous savez que je vous aime, ne croyez pas que je veuille faire passer pour des preuves d'amour ce qui me fut dicté par la seule humanité et le devoir d'un vrai chevalier français ; je ne puis vous offrir encore, comme preuve de mon éternel amour, que ma constance ! Oui, belle Clotilde, je chercherai, par tous les moyens qu'il sera en mon pouvoir, à conquérir votre affection ; je me déclare, devant la cour et devant Dieu, votre servant d'amour et votre chevalier : heureux si je puis, à force de dévouement et de gracieuses attentions, vaincre votre froideur...

Chacun admira la prestance, la loyauté, les manières élégantes et la générosité de l'inconnu ; Clotilde seule, muette et détournant les yeux, craignait de le voir ; c'eût été un crime de lèse-amour !

— Froideur !.... répéta le bon Jean II ; ne craignez rien, mon fils ! nous ne voulons pas trahir les secrets de notre bien-aimée fille, ils ne nous appartiennent pas ; mais, nous vous répondons de votre bonheur ; et si vous en voulez une preuve, regardez la rougeur qui doit se répandre sur son front virginal.

Le cercle curieux porta ses yeux sur Clotilde, dont la pâleur devint un problème ; car naguère, lorsqu'elle rentra, l'on avait remarqué la joie briller dans ses yeux et sur son visage épanoui.

Cette contenance, l'écueil de la pénétration des vieillards comme des jeunes, ne fut expliquée que par Kéfalein, qui dit, avec un gros rire, à l'oreille de l'évêque :

— La femme est une énigme... et, nous avons le mot !... L'évêque sourit ; et Monestan se dit en lui-même : « C'est quelque blasphème, car ils rient... »

— Hé bien, ma fille, ne fêtez-vous pas notre libérateur ? demanda Jean II.

— Sire chevalier, répondit Clotilde d'une voix entrecoupée, les simples désirs de mon père sont des ordres pour nous, et j'obéirai toujours !... Si je dois être votre récompense, j'acquitterai par le don de ma main la dette du roi de Chypre....

— Madame, ce n'est pas de l'obéissance que je demande !... répliqua le chevalier à voix basse.

Le prince saisit la main du chevalier noir, comme pour le rassurer ; mais l'aspect de la figure attristée de la princesse n'était pas fait pour donner de l'espoir.

Madame, dit-il avec une espèce d'accent de reproche, en voyant votre beauté, tout homme, tel courtois qu'il puisse être, s'empresserait pour la posséder de se servir de l'autorité d'un père.... Ne craignez jamais cela de moi !... je ne veux vous devoir qu'à vous-même !...

Puis saisissant la main de Clotilde par un geste qu'il déroba à l'assemblée à la faveur des draperies du trône, il lui dit d'un ton plaintif : « Vous ne m'aimez donc pas ?.... »

Ce reproche mérité répandit sur le visage de Clotilde un incarnat subit, que les courtisans remarquèrent, et elle répondit en pleurant : « *Je vous aimerai, seigneur !...* »

À ce moment Bombans qui avait fait tous ses efforts avec M<sup>e</sup> Taillevant, pour arranger un repas digne du roi de Chypre, vint annoncer que la salle du festin n'attendait plus que les convives. La salle à manger était décorée de fleurs, de guirlandes, de feuillages, et à défaut de toutes les richesses resserrées, l'intendant plaça des valets qui tinrent de grosses torches de cire pendant le repas. Ne pouvant donner l'éclat de l'or, il le remplaça par celui de la lumière en profusion.

Le courtois chevalier offrit sa main à Clotilde, et la conduisit à la salle à manger, en ayant soin qu'elle posât bien ses pieds à chaque marche, que personne ne la froissât, la regardant sans cesse, enviant le marbre que ses pieds touchaient, la rampe que sa main légère parcourait, et écoutant le bruit soyeux de ses vêtements. Ces attentions firent d'autant plus de peine à la jeune fille, qu'elle se sentait de la reconnaissance et de l'estime pour le chevalier, et qu'elle se trouvait dans l'impuissance de le récompenser.

Le chevalier noir refusa de s'asseoir et de manger en alléguant ses vœux, et il se tint debout derrière Clotilde; il la servit en prévenant ses moindres désirs, changeant ses assiettes, lui versant à boire d'une main tremblante de bonheur, offrant le pain, cherchant à effleurer ses doigts, ses cheveux, ses vêtements, et la dévorant d'un œil que l'on voyait briller à travers sa visière serrée; il l'aidait aussi à servir son père, et le bon vieillard était au comble de la joie en croyant leurs cœurs d'intelligence d'après ce concert de soins.

Au milieu de ce banquet, les musiciens du prince chantèrent des tensons, des ballades, et des chants de guerre en l'honneur des Lusignans.

Comme ils finissaient minuit sonna.

— Chevalier, dit le prince, vos compagnons d'armes tardent bien à venir.

— S'ils ne sont pas arrivés à la pointe du jour, répondit l'étranger, je serai forcé d'aller à leur rencontre, et savoir qui peut les arrêter... Peut-être l'imposteur, le faux Enguerry se sera enfermé dans sa citadelle avant qu'ils aient pu l'atteindre; ils essaient de la forcer, et c'est en vain, je la connais; il faut pour cela des machines et une armée plus nombreuse; j'attends à cet effet avec une grande impatience le reste de mes troupes que les vents ont retardées... Je suis bien heureux que le comte de Foix m'ait ramené ces cent cinquante vaillants chevaliers bannerets.

— Et comment avez-vous su notre détresse? demanda Monestan.

— Et ne vis-je pas aux menaces que le sire Enguerry vous fit lorsque je vins dernièrement en ce château, qu'il n'en voulait qu'à vos trésors? alors je fus assez chagrin de me voir sans ressources pour vous secourir, et perdu si je me découvrais...

Heureusement que ces généreux gentilshommes ont abordé hier du côté de Jonquières, et mon écuyer s'empressa de leur apprendre où j'étais, et ce que je réclamais d'eux... Aussitôt que mes troupes seront arrivées, je me montrerai dans la contrée, et le sire Enguerry paiera de sa tête sa félonie. Il a osé usurper l'héritage d'un vaillant chevalier, qui, délivré de ses fers, viendra le reprendre et venger l'humanité.

Le prince saisit la main du chevalier noir, et la serra de nouveau sans mot dire.

— C'est un siège auquel je désirerais bien assister, dit l'évêque, car la forteresse est bien située et de difficile accès.

— *J'en connais le faible*, répondit le chevalier.

Le souper fini, le monarque donna l'ordre de préparer pour le lendemain une fête brillante à ses généreux défenseurs, et l'on fit pour cela des efforts inouïs pendant toute la nuit.

Chacun se retira pour se livrer au repos, et, certes, l'on en avait besoin après une journée aussi fatigante et remplie d'autant d'événements. On servit le chevalier noir dans son appartement, et il recommanda au docteur Trousse de l'éveiller à la pointe du jour, si ses chevaliers, dont il commençait à devenir inquiet, n'étaient pas arrivés.

La pauvre Clotilde regagna son appartement, à la porte duquel elle trouva l'infatigable Castriot le sabre nu, et prêt à se coucher sur le seuil de marbre... Elle ôta tristement de son sein les fleurs du bel Israélite, et se laissa déshabiller sans mot dire par Josette.

— Hé bien, madame, votre mariage ou plutôt votre bonheur ne tardera pas, car il ne manque que votre consentement; j'ai tout vu par un carreau cassé de la croisée de la salle... Ah! comme ce chevalier vous aime! vous n'avez pas fait un mouvement qui n'ait excité son attention : sa tournure est noble, il est bien fait, car ses armes sont comme des modèles.

— Mademoiselle, dit la princesse, songez à ne jamais m'entretenir sans ordre, et surtout sur des choses qui doivent être respectées par votre silence, plus que toutes les autres.

— Oui, madame, répondit Josette étonnée.

— Adieu, Josette, dit Clotilde avec douceur, pour la rassurer sur le ton sévère qu'elle avait pris.

— Adieu, madame! Et Josette s'en fut en pleurant.

Clotilde ne put dormir; une seule pensée l'agitait, c'est : Combien elle serait malheureuse d'épouser le chevalier Noir : et son âme candide et pure ne lui fournissait d'autre moyen de sortir de ce labyrinthe que la résignation. « Je lui porterai, se dit-elle, une triste dot, les larmes et le chagrin seront mon seul apanage... »

Elle n'eut qu'un moment de sommeil, sans même y goûter de repos, car elle vit en songe son beau Juif découvert, banni, allant en captivité. Le chevalier noir, sachant qu'il était son rival, cherchait à le faire mourir. Elle aperçut Nephtaly tourner ses yeux sur elle une dernière fois : ce regard désespérant était rendu plus cruel par les circonstances vaporeuses de ce rêve, et le farouche chevalier noir, en donnant le coup de la mort à l'Israélite, disait à Clotilde : « *Je n'ai plus de rival!...* » Elle se réveilla en sursaut et tout épouvantée, car elle avait toujours eu une espèce de croyance aux annonces des songes : c'était Marie qui la lui communiqua dès son enfance ; aussi sa frayeur fut-elle mortelle. Elle regarde autour d'elle et aperçoit l'aurore qui jetait dans sa chambre une clarté blanchâtre ; elle se lève soudain, et court à sa fenêtre pour s'assurer de la vie de Nephtaly.

Elle le voit fidèlement assis sur son rocher comme un Français banni, qui, s'asseyant sur le bord de la mer, respire le vent qu'il suppose venir de sa patrie. Lorsqu'elle entr'ouvrit la fenêtre, leurs yeux et leurs âmes se confondirent, et l'amour battit de ses ailes dans les cieux.

— Nephtaly, lui dit-elle encore tout émue et d'une voix douce comme celle d'un enfant qui prononce pour la première fois : *ma mère*... ; Nephtaly, promettez-moi de ne jamais affronter votre rival ?...

— Et quel est-il ?...

— Hélas ! c'est un grand chevalier qui porte toujours des armes noires, et sa devise est : *Deuil à qui n'est pas aimé !*...

— Clotilde, vous ne l'aimez pas !... dites-le-moi ?... Le regard du Juif exprimait la crainte.

— Il faudra que je l'épouse !... Et elle soupira.

— Il vous épousera, Clotilde !... Et il soupira à son tour.

— Oui...

— Grand Dieu !...

— Nous n'aurons, reprit-elle, d'autre ressource que de nous aimer de l'âme...

Le beau Juif, la regardant avec des yeux pétillants d'amour et d'un feu qui s'échappait en éclairs, lui dit d'un ton morne, solennel et dénué de cette exaltation que donne l'espérance :

— Clotilde !... lorsque votre mariage approchera, promettez-moi de m'accorder un rendez-vous... un seul ! Que je puisse vous voir, vous serrer dans ces bras désespérés, et je vous jure de trouver alors un moyen pour nous unir à jamais...

— A jamais !...... répète Clotilde en délire.

— A jamais !... reprend le Juif. Alors je verrai si tu m'aimes !...

— O mon bien-aimé, joie de mon cœur, vous auriez un tel moyen ! dit la jeune fille dont le visage offrait le portrait d'une sainte en extase. Elle ne fit pas attention au ton d'autorité que prenait le Juif immonde.

— Oui, je l'ai !... hélas ! qui ne l'a pas ! Mais c'est le dernier refuge du désespoir, et songeons à ne l'employer qu'à la dernière extrémité !... promettez-vous, Clotilde ?

— Si je le promets ! je le jure par toi !...

— Adieu ! je suis content, ô ma douce amie ; continuons alors de savourer, sans crainte et sans remords, les douceurs d'amour. Cette promesse, écrite dans le ciel dans le livre éternel, nous fiance bien mieux que les cérémonies des hommes !... tu m'appartiens !... Adieu !... Et il envoya un doux baiser à sa maîtresse sur l'aile des zéphyrs.

Le ton qu'il mit à ses paroles avait quelque chose de farouche... Clotilde reste pensive, tout en le voyant se confier aux airs pour regagner sa crevasse.... Il y parvient, s'agenouille, et réitère un doux baiser à son idole.

Clotilde prit alors les fleurs nouvelles que l'Israélite avait apportées sur l'appui de la croisée et elle en décora son sein tout palpitant de joie. Elle se mit à sauter dans sa chambre avec la naïveté de la jeunesse, et elle répéta : « Nous serons unis !... » Cette idée rafraîchit son cœur comme une rosée bienfaisante.... Ah ! c'était une véritable fille d'Ève ! . . .

## XX.

Prodiguez à mon hôte, en ce beau jour de fête,
Le luxe des festins, mes trésors précieux,
Enchantez son oreille et charmez-lui les yeux.
Que ne puis-je montrer le dedans de mon âme !

(ROTROU, *comédie de l'Hypocondriaque*.)

Tout à coup dans ces lieux un homme se présente :
Comme un nouveau soleil, il frappe les regards
Par un portrait exact de la mine charmante
De ce beau chevalier, etc.

(DORTER, *comédie*.)

C'était une fille d'Ève !... Ève fut inconséquente... Savez-vous pourquoi ? C'est qu'elle n'eut pas de mère... Or, toutes les jeunes filles qui se trouveront privées de ce Mentor aimable sont menacées de la même infortune qui se grossit et s'amasse sur la tête de la pauvre Clotilde. Elle n'eut de sa mère ni le sourire, ni les instructions douces et tendres qui l'auraient empêchée de tomber dans le précipice d'un amour sans espoir. Une mère l'aurait surtout empêchée de sauter par sa chambre comme une petite folle, parce que son amant lui a dit qu'ils pouvaient s'unir !..... Je recommande ces sages réflexions à l'attention des mères de famille et des jeunes filles ..... Mais, hélas, depuis six mille ans elles sont répétées, et depuis six mille ans, malgré les mêmes remontrances et les mêmes lois, les mêmes fautes et les mêmes crimes se commettent !...... O Nature !..... si l'homme n'avait pas de passions, on accuserait le ciel !... il en a, l'on accuse encore le ciel !... Mais laissons cela.

Josette accourut au moment où Clotilde était au plus haut degré de joie.

— Hé bien ! Josette, qu'avez-vous avec votre air soucieux !...

— Madame, le roi vous fait dire de passer au plus tôt chez lui....

— Que peut-il me vouloir, Josette?... reprit-elle en riant.

— Je l'ignore. Madame m'a recommandé si sévèrement de ne plus m'occuper des choses qui concernent madame....

— Mais, Josette, je ne vous disais cela que parce que je ne savais pas... et de quoi me parliez-vous?... Ah! dit-elle en s'interrompant, laissez-moi ces fleurs!... Voyez-vous, Josette?... il en faut faire une couronne et me la poser sur la tête...

— Madame n'a plus de chagrin!...

— Du chagrin, Josette! est-ce que j'en ai eu?... Ma fille, mettez-moi tous mes atours, que je sois parée, je veux être belle... gardez cette rose, j'en ornerai mon sein.

A la fin, Josette se déridant un peu et voyant tout ce qu'elle perdait à rester muette, dit à Clotilde :

— Madame fait bien de se parer, car on a tout bouleversé le château pour les apprêts de la fête! jamais je n'en ai tant vu : les préparatifs eux-mêmes sont une fête.

— Vraiment, Josette?

— Oh! madame, ils ont duré toute la nuit.

— Je n'en ai rien entendu.

— Enfin c'est superbe!... mon père a bien du talent : c'est un honnête homme, il ne cesse de dire qu'il ne voudrait pas y gagner un sou!...

— Je le crois! répondit la princesse tout comme elle eût dit autre chose.

En effet, il régnait dans tous les mouvements de Clotilde une espèce d'impatience, un ensemble de gestes, de regards, qui trahissait plus que de la joie!... Celle de l'amour devrait avoir un autre nom. Josette ne savait plus que penser de sa maîtresse... « Triste hier, joyeuse aujourd'hui, se disait-elle, que sera-t-elle ce soir?... voilà les princes!... On ne sait sur quoi compter!... »

La fille des Lusignans sortit en bondissant comme un jeune faon, et elle s'en fut chez son vieux père qui l'attendait avec impatience. Trousse l'introduisit, et l'annonça en se prosternant devant elle.

« Elle ne sera jamais malade!... dit en lui-même le docteur, en apercevant l'heureux mélange de roses et de lis qui régnait sur la figure de Clotilde.

Après être entrée, la princesse embrassa son vieux père à plusieurs reprises.

— Oh oh! s'écria le vieillard, la nuit a porté conseil!... et qu'avez-vous, ma fille?...

— Beaucoup de bonheur..., quand je vous vois, mon père!

Jean II remua la tête en se tournant vers sa fille; il se garda bien de prendre pour lui ce que disait Clotilde.

— Fille amoureuse, s'écria-t-il avec un geste d'abandon, en sait plus que dix centenaires, et c'est folie à moi..... de chercher!.....

Écoutez, Clotilde, reprit-il d'un air grave; et la jeune enfant parut attentive, mais tout lui représentait son beau Juif... Écoutez, Clotilde... Mes ministres m'ont entretenu du défaut de politique qui se faisait sentir dans votre conduite d'hier : je conçois que vous ne connaissiez guère la diplomatie, et j'approuve, en quelque sorte, la réserve que vous avez adoptée; elle convient à la dignité royale et surtout au sang des Lusignans : la pudeur est le plus charmant coloris de la jeunesse et de la vertu; mais il ne faut pas, ma bien-aimée, que cette pudeur dégénère en un maintien glacial qui repousse les hommages. Va, ma fille, il existe un rire et une folâtrerie des honnêtes gens et de la vertu qui ne messiéent pas, surtout dans les amours. La vertu ne fut jamais revêche, elle est aimable; et, lorsqu'on aime, on peut le faire sentir par de petites douceurs, et par des ébattements d'âme... Ce pauvre chevalier doit avoir la mort dans le cœur, et votre amour ressemblerait à de la répugnance par ce que l'on m'a dit... Vous ne m'écoutez pas, ma fille?... s'écria le vieillard qui suivait tous les mouvements de l'amoureuse Clotilde.

— Si, mon père! je vous assure qu'aujourd'hui le chevalier noir n'aura pas à se plaindre de moi...

— Faites-lui bon accueil!...

— Oui, monseigneur.

— Ne devez-vous pas bientôt l'épouser?...

— Puisque vous le voulez, mon père...

— Vous tremblez!..... s'écria Jean II.

— C'est de joie, sire!... Mais sera-ce bientôt?... continua Clotilde, en pensant que l'époque de cet hymen avec le chevalier était celle de son union avec le Juif... — Pauvre innocente!...

— Tu te trahis, ma fille, s'écria l'heureux vieillard; allons, soyez tranquille, nous le déciderons au plus tôt! Et il se frotta les mains en signe de joie.

En ce moment, le son du cor se fit entendre, et le chevalier noir, à la tête de ses cent cinquante chevaliers, et accompagné de son écuyer, du comte de Foix, et de plusieurs seigneurs, arriva près de Casin-Grandes : les musiciens du prince et tous ceux que l'on avait pu rencontrer étaient placés sous un arc de triomphe en verdure, dressé à la hâte, et, lorsque les chevaliers passèrent dessous ce fragile monument, une douce musique les accueillit. Les trois ministres et la cour les attendaient, tous les habitants agitant des lauriers étaient rangés en haie et les saluèrent par des acclamations : ce fut ainsi que commença la fête préparée avec un grand soin par maître Taillevant et maître Hercule Bombans.

La première cour était tendue de tapisseries et garnie d'échafaudages recouverts de draps et d'étoffes; le milieu, tout sablé, offrait un vaste cirque pour les tournois; la seconde cour, qui menait aux appartements du roi de Chypre, contenait une table immense formant un grand cercle extrêmement élevé; le centre de cette table présentait, par son vide, une arène, où l'on voyait différentes machines, préparations des décors du festin; les bancs tout à l'entour, ornés d'une feuillée, étaient garnis de coussins de pourpre, et l'on avait mis les couverts des cent cinquante chevaliers sur cette vaste table. Au milieu de cette table le dais du prince était disposé pour recevoir le roi, sa fille, les ministres, le chevalier noir, le comte de Foix et les principaux seigneurs.

Au son du cor, le prince et sa fille descendirent, et, s'avançant par les espèces de portiques ménagés entre ces divers apprêts, ils vinrent au-devant de leurs libérateurs, qui mirent pied à terre.

Tous, à l'exception du chevalier noir, avaient ôté leurs casques et leurs armures; à l'aspect du prince de Chypre, ils saluèrent avec respect, leurs yeux se tournèrent unanimement sur Clotilde et un murmure flatteur résonna dans les airs. Le prince, même pendant son règne en Chypre, n'avait pas eu un si beau spectacle!..... Malheureux de ne pas le voir, il écoutait ce que lui disait sa fille: le chevalier noir mit en arrivant un genou en terre devant Clotilde.

— Vous êtes bien heureux!... lui dit le comte de Foix en lui frappant sur l'épaule; si faudra-t-il que je m'en aille promptement pour ne pas devenir fou!...

— Belle dame, s'écria le chevalier noir, agréez-vous l'hommage-lige de ma personne?

— Certes, sire chevalier, et j'en ressens un plaisir infini; la reconnaissance seule ne m'y force pas...

A ces mots le chevalier se baisse, et, dégageant un moment sa visière, il embrassa les jolis petits pieds de Clotilde confuse, qui lui dit avec un doux sourire et une grâce piquante :

— Allons donc, beau sire, ma main sera jalouse!

Le chevalier se relevant alors déposa sur cette jolie main un baiser tellement enflammé, que le cœur de Clotilde en reçut une espèce d'atteinte.

— Bien, mes enfants, s'écria le monarque: sires chevaliers, dit-il en haussant la voix, acceptez tous nos remerciements pour l'assistance que vous m'avez prêtée. Nous tâcherons que vous ayez toujours souvenir de nous, car nous l'aurons toujours de vous.

A ces mots la musique et les trompettes indiquèrent le commencement de la fête, que Bombans avait préparée très-brillante, en espérant bien gagner sur l'ensemble des dépenses. Une foule de monde attirée par l'annonce de cette solennité entra dans les cours; mais aucun chevalier étranger n'y vint encore, malgré le soin qu'on avait eu la veille d'envoyer à Aix et dans les villes voisines les armes du prince, et le détail des prix du tournoi. Les chevaliers se rangèrent autour du trône préparé dans la première cour et Clotilde fut déclarée reine du tournoi.

S'asseyant alors sous le dais, et entourée des personnages les plus marquants de l'assemblée, elle fit signe de commencer les premières joûtes simples. Je passe la description de ce tournoi. Qu'il suffise de savoir que la princesse décerna le prix du combat à l'épée au comte de Foix; ce prix était une épée enrichie de pierres précieuses. Le prix du combat à la hache fut une coupe d'or garnie de diamants blancs : le prix de la lance une nef d'argent, et le prix du combat à cheval fut remporté par Kéfalein : il eut une aiguière en vermeil.

On réserva le combat à outrance pour le soir.... Le prix était une nef d'or et une couronne de laurier.

Ce premier tournoi fini, l'on passa dans la seconde cour pour se livrer à la joie du magnifique festin que l'on y avait préparé. Je vais en donner une description succincte, parce qu'il est assez curieux par les divers *entremets* qu'on y joua.

Chez nos aïeux, un *entremets* était un divertissement entre chaque service, ce qui rendait l'art de la cuisine encore plus important qu'il ne l'est de nos jours, quant à la science du cuisinier, car, dans ce temps-là, les festins n'influaient pas comme à présent sur les destinées d'un État.

Chacun ayant pris place, le chevalier noir à côté de sa chère et joyeuse Clotilde, le prince, les ministres et les seigneurs à l'avenant, on vit paraître dans l'arène du milieu plusieurs petits enfants de chœur, qui chantèrent le *Benedicite* en musique, et l'on ne voyait nullement les musiciens qui les accompagnaient.

— C'est un peu profane, dit Monestan, et si Me Taillevant nous avait consultés....

— Laissez faire, répondit l'évêque, je l'absous en cas de péché.

Alors les mets arrivèrent devant les chevaliers, sans qu'aucun valet les apportât; ils parurent sur la table en sortant de dessous comme par enchantement. Pendant ce premier service, la curiosité fut excitée par l'arrivée de petits diablotins, qui arrangèrent une île, des fortifications, des machines, etc.

— C'est l'île de Chypre, s'écria l'évêque.

En effet, le premier entremets fut l'envahissement de la Chypre par les troupes du bon roi Jean II; les Vénitiens furent battus, comme bien on pense, et les petits enfants, vainqueurs, en entrant dans l'espèce de petit village qui représentait Nicosie, crièrent : Vive Jean II.

— Voilà nos trente mille hommes, dit l'évêque en voyant les bambins habillés en chevaliers.

Le second entremets représenta un immense navire, d'où il sortit un grand nombre d'enfants et de musiciens qui célébrèrent par des chants la prise de Nicosie, et, par des machines habilement préparées, ils mirent tous ensemble, devant chaque chevalier, un petit navire pavoisé de ses armes particulières ; et à la fin du dessert le navire tomba de lui-même, et sa quille restant seule découvrit une magnifique chaîne d'or, dont le roi de Chypre fit présent à chaque chevalier banneret.

Il s'ensuivit un cri de : « Vive le généreux Jean II ! » qui fut pour le bon monarque un mets exquis.... Aussi attendait-il avec impatience le dessert. Heureusement pour Bombans le prince ne sut pas si toutes les chaînes étaient du même poids.

A la fin du repas, les enfants de chœur, en plus grand nombre, revinrent et chantèrent les *Grâces* en musique.

Ce fut pendant ce festin que l'on décida le mariage de Clotilde.

— Sire chevalier, dit le prince de Chypre, vers le second service, quoique nous ne connaissions pas encore votre rang, dont l'amitié de ces vaillants seigneurs nous donne une haute idée, il convient de fixer le jour de votre union.

— Ne craignez rien quant à la naissance du chevalier noir, dit le comte de Foix au roi Jean II ; tout prince que je suis, je me fais gloire de sa protection.

— Hé quoi, Clotilde !... s'écria l'étranger qui tout le temps de ce long repas l'avait servie et choyée avec l'empressement d'un amant, c'est tout dire d'un mot !...

— Que voulez-vous dire, seigneur ?... reprit-elle en souriant comme une sirène.

— Quoi, dit-il avec étonnement, vous vous décideriez si vite à combler tous mes vœux ! Non pas que je m'en plaigne, mais hier encore vous m'avez montré un visage si sévère.

— Je ne le suis plus... seigneur !... Et sa figure respirait une joie céleste... On va sans doute lui reprocher sa dissimulation.... Injustes censeurs ! du moment que l'on aime on apprend la ruse... Blâmez donc l'amour !

Quoi qu'il en soit, le chevalier noir s'écria :

— Qui vous fit donc changer si promptement ? qui donc m'a fait trouver grâce à vos yeux ? par quel enchantement m'avez-vous souri, me parlez-vous et consentez-vous au don d'amoureuse liesse ?... à qui le dois-je ?...

— Est-ce que cela s'explique ? observa judicieusement le comte de Foix.

— Cela m'importe fort, mon ami, répliqua l'étranger ; quand on cherche le bonheur, les plus petites choses portent ombrage...

— N'en prenez aucune crainte, sire chevalier, dit Clotilde, je vous jure que vous n'aurez pas à vous plaindre *de celle qui sera votre épouse...*

A ces paroles, dites d'un ton presque ironique et empreintes de cette douceur aigre qui fait douter involontairement, le chevalier noir reste immobile et muet à regarder Clotilde.

— Allons, sire chevalier, reprit le prince de Chypre, hésitez-vous à marquer l'époque où vous deviendrez notre fils et notre successeur ?

— Ne croyez pas, sire, que votre royaume, que du reste je saurai vous reconquérir, soit une amorce, la seule Clotilde... Mais je doute encore plus de son amour en la voyant joyeuse, qu'hier lorsque je la vis triste.

— Chevalier, s'écria le comte de Foix, vous êtes le mortel le plus difficile à contenter qu'oncques je connus ; rien ne vous satisfait, vous avez cru à Édesse.....

— A Édesse ! interrompit le connétable. Seigneur, j'y fis une charge qui, je le vois, est restée dans la mémoire de tous les guerriers.

Le comte de Foix regarda Kéfalein, et l'attitude du bon connétable, ses gros yeux bleus errants lui firent croire que le vin de Chio lui avait causé des lacunes dans le cerveau.

— Souvenez-vous, reprit le comte de Foix en s'adressant au chevalier noir, souvenez-vous qu'à Édesse vous croyiez que cette jeune Musulmane ne vous aimait pas, et cependant elle est morte de chagrin depuis votre départ, sans qu'aucun de nous ait pu la consoler... et nous sommes aimables !...

Clotilde fit un mouvement qui trahit son effroi.

— Serait-il vrai !... s'écria-t-elle.

— Ah ! ne craignez rien, dit le comte de Foix en saisissant la main blanche de la jeune fille ; d'après ce qu'il a versé dans le sein de l'amitié, d'après ce qu'il m'a dit du sentiment que vous lui inspirez, je puis vous répondre que vous serez, d'entre toutes les femmes, la plus heureuse.

— Oui, Clotilde !... continua le chevalier en tremblant de bonheur. Prince, ajouta-t-il en se tournant vers le roi, lorsque le véritable Enguerry sera rentré dans la possession de ses biens usurpés ; lorsque vous serez délivré de cet ennemi, alors je réclamerai votre parole et la promesse que vient de me faire votre fille.

— Ce sera donc bientôt !... observa le comte de Foix.

— Oui, répondit le chevalier noir, car dès ce soir, nous partirons pour Aix, où le reste de mes troupes ne tardera pas à arriver : alors nous irons assiéger le ministre odieux des vengeances de Jean-sans-Peur, le farouche et cruel Capeluche.

— Hé quoi! s'écria le prince, vous nous quitterez encore?...

— Ne le faut-il pas?... répondit l'inconnu, pour être plus tôt réunis à jamais.

— C'est vrai, dit le prince avec un ton de regret.

En ce moment, huit hommes habillés magnifiquement, et montés sur des bœufs richement caparaçonnés, parurent dans le milieu du cercle; ils sonnèrent du cor dans tout Casin-Grandes, et au portail, pour annoncer que le festin était fini, et que la dernière joûte allait commencer.

Le chevalier noir donna la main à sa fiancée, et, après l'avoir conduite à son trône, il alla se confondre parmi tous les chevaliers qui murmuraient entre eux et se disputaient le dangereux honneur du combat à outrance : le comte de Foix leur parlait avec chaleur, et enfin il finit par user d'autorité. Le sort désigna trois chevaliers pour combattre le comte et le chevalier noir qui se déclarèrent les tenants.

Les gradins étaient couverts de spectateurs attentifs qui affluèrent pendant le repas. Un profond silence s'établit lorsque la lutte fut déterminée. Kéfalein reçut le titre de juge du camp; l'évêque et Monestan s'offrirent pour être les parrains des tenants; Trousse et Verynel furent ceux des contredisants.

Le chevalier noir se fit longtemps attendre. Alors on arrosa le sable du cirque; les trompettes et les hérauts prirent place; les trois contredisants parcoururent la carrière comme pour l'essayer...... *Enfin le chevalier noir* ne revenant pas, le comte de Foix se décida à commencer sans son compagnon d'armes. Trousse, par habitude, s'écria : « Silence!... »

Le premier chevalier qui parut était le baron de Piles, un des hommes les plus adroits dans l'exercice de la lance et de l'épée; à la première charge, qui ne dura que sept à huit minutes, le comte de Foix fut désarçonné et reçut un tel coup de hache sur son haubert, qu'il demanda quartier... Alors il s'en retourna tout chancelant à côté du prince et de sa suite..... L'on sonna de la trompette pour proclamer le vainqueur. Trousse fit rire toute l'assemblée, lorsqu'il courut le long du cirque pour aller voir si les nerfs du comte de Foix réclamaient son assistance : il tâchait d'éviter les coups avec un tel soin, que ses précautions et le roulement de sa petite machine excitèrent la joie.

Le baron de Piles se promenait fièrement dans l'arène, et faisait caracoler son cheval en attendant le chevalier noir... Les Camaldules prétendent que les dames d'Aix, venues à ce tournoi, rêvèrent toute la nuit de ce beau baron de Piles; mais comment l'ont-ils su?....

*Enfin le chevalier noir ne tarda pas à paraître*, et vainquit successivement le baron de Piles, le chevalier de Villars et le marquis de Croix, ses trois antagonistes désignés...... A l'aspect de la valeur et de la bonne tournure du vainqueur, les Camaldules disent encore que les dames d'Aix..... mais je ne le crois pas!...

La nuit commençait à envahir les cieux; Bombans, en homme sage, avait prévu ce phénomène quotidien, et cinquante paysans habillés en valets tinrent des torches. Ce fut à ce moment que le chevalier noir allait être proclamé vainqueur, et déjà Kéfalein, en grand habit de connétable, prononçait les premiers mots du protocole d'usage, lorsqu'au milieu des acclamations générales, parmi lesquelles on distinguait celles des dames d'Aix, de Jonquières et lieux circonvoisins, l'on entendit sonner du cor, du haut du portail, et trois nouveaux personnages se présentèrent....

Le premier était un vieillard en cheveux blancs, d'une figure vénérable; et je conjure mes lecteurs de prêter une grande attention, une attention extraordinaire à ce bon vieillard; il est........

Il est conduit par un chevalier dont les armes absolument semblables à celles du chevalier noir excitèrent un violent murmure d'étonnement; le silence suivit ce murmure, et une espèce de sentiment d'attente, que l'on ne saurait expliquer, agita les esprits...

Clotilde, en apercevant cet étranger, fut saisie d'un frisson involontaire, mais si violent que sa couronne de fleurs tomba par terre... Elle était formée des fleurs du bel Israélite.... Ce simple accident ajouta à son épouvante... Elle regarde l'inconnu; les belles plumes noires de son casque se remuaient par un doux mouvement de tête qu'elle crut reconnaître... et son imagination bizarre lui souffla une idée importune; elle cherchait à revêtir ce chevalier de certaines formes bien connues... Elle le suivait dans sa démarche avec une invincible curiosité. A peine le chevalier fut-il admis dans l'arène, qu'il chercha de tous côtés Clotilde : aussitôt qu'il l'eut aperçue, sa tête se tourna constamment vers elle...

Le troisième personnage était un chevalier sans armes, vêtu comme un trouvère, les cheveux bouclés, le collet renversé, la jaquette de couleur *pers* et large, une riche ceinture, l'écharpe bleue, une épée au côté et sa toque surmontée de belles plumes blanches flottantes.... Ne le reconnaissez-vous pas?

— Non. Eh bien! sa figure est riante et maligne, et ses petits yeux verts ont un air de méchanceté qu'il déguise en vain par un sourire; telle chose qu'il fasse, ce sourire a toujours une teinte infernale.... Cela seul doit vous indiquer Michel l'Ange, l'envoyé de Venise.

Il s'approche, d'une démarche aisée, et s'avance avec le bon vieillard et le *Sosie* du chevalier noir vers le trône du roi de Chypre...

En apercevant ce nouvel ennemi, le chevalier noir vainqueur fit un mouvement de surprise qui se changea en mouvement de colère, quand il vit de plus près ce Sosie saluer avec grâce toute l'assistance; son armure était entièrement semblable à la sienne, à l'exception qu'elle n'avait pas de devise... Le premier chevalier noir indiqua par tous ses mouvements qu'il prenait cette ressemblance comme une injure, le défaut de devise comme un sanglant outrage; et les dames comme le reste des spectateurs prévirent que le combat serait véritablement à outrance...

Clotilde pâlit... son rêve revint en sa mémoire, et des pressentiments sinistres l'agitèrent... Elle cherche à écarter l'idée que cet inconnu peut être le Juif qui veut lui prouver son courage; mais un malin démon et même la vanité de l'amour la lui ramenèrent sans cesse en son esprit, et une espèce de sentiment mixte qui tenait par un coin à la douleur et par l'autre au plaisir, régna dans son cœur.

L'assemblée était tout aussi attentive que Clotilde.... et la singularité de l'aventure la mettait en suspens... Deux chevaliers revêtus de la même armure, quel sujet de méditations!... Aussi les dames se partagèrent-elles : celles qui habitaient dans le 45ᵉ degré penchaient pour le chevalier sans devise, les autres pour le chevalier à la devise. Alors deux factions féminines s'élevèrent dans l'assemblée, comme à Rome la faction verte et la faction bleue, et de nos jours le côté gauche et le côté droit... Quoi qu'il en soit, la rumeur fut grande, et l'on peut se l'imaginer.............

## XXI.

L'homme le plus faible est un lion devant sa maîtresse.
(ANONYME.)

Mais la trompette sonne : ils s'élancent tous deux,
Ils commencent enfin ce combat dangereux.
Tout ce qu'ont pu jamais la valeur et l'adresse,
L'ardeur, la fermeté, la force et la souplesse,
Parut des deux côtés en ce choc éclatant.
(VOLTAIRE.)

Les mortels sont égaux, ce n'est pas la naissance,
C'est la seule vertu qui fait la différence.
(VOLTAIRE.)

Pendant que les dames se disputaient pour le chevalier avant ou après la lettre, le groupe des trois survenants arrivait au trône de Jean II.

— Prince, dit Michel l'Ange en prenant l'accent français, nous venons, ce bon vieillard et moi, vous demander l'hospitalité; nous sommes des prisonniers arrivant d'Angleterre; un prince généreux a payé notre rançon, il aurait bien dû nous donner de quoi revenir!... mais on ne pense pas à tout... Nous nous réfugions ici, car nous craignons le terrible Enguerry, ou plutôt Capeluche-le-Mécréant, usurpateur du bien de mon maître et de son libérateur.

— Soyez les bienvenus, répondit le prince, et restez à ma cour le temps qu'il vous plaira.

— Grand merci, monseigneur, dit Michel l'Ange, *et je ferai en sorte que mon séjour y marque.*

— Que veut ce nouveau chevalier? demanda le connétable, en sa qualité de juge du camp.

— Combattre!... s'écria le vieillard avec un accent et une figure qui dénotaient un vieux guerrier. Va, mon fils, pour briller et vaincre tu n'as qu'à être toi....

Le chevalier survenu donne aussitôt un léger coup d'éperon à son magnifique cheval arabe, afin d'aller gagner le côté des contredisants; il parcourut le champ avec une telle rapidité, une telle prestesse, sans être ébranlé ni perdre son équilibre, enfin avec une telle grâce que chacun fut contraint de l'admirer; et beaucoup de dames partagèrent l'opinion de celles qui habitaient le 45ᵉ degré; elles penchaient, comme on sait, pour le survenant.

Le chevalier noir *à la devise* remonta, sans mot dire, sur son cheval, attacha sa hache et se tint ferme sur ses arçons : tous ceux qui étaient sous le dais s'avancèrent et furent attentifs; le silence régna, et Clotilde, le cou tendu, attacha ses yeux sur le chevalier sans devise; elle tint à la main la couronne de laurier, et l'on vit qu'elle tremblait; en effet, chaque geste du chevalier était pour elle un événement.

Enfin les deux rivaux sont armés, la trompette sonne... Elle retentit dans le cœur de Clotilde comme un cri de mort, car le songe qu'elle a fait la nuit dernière vient errer dans son souvenir, accompagné de ses horribles images; elle voit déjà l'arène ensanglantée et le regard mourant de l'Israélite..... Elle pâlit et reste frappée de stupeur.

L'assemblée ressemblait à un tableau, tant la multitude des personnages qui la composaient était immobile.... On regarde les combattants.

Les deux chevaliers s'examinent en silence, avec une fureur sombre; ils remuent leurs lances d'impatience, et se tournent vers le juge comme pour demander le dernier signal : la trompette sonne pour la troisième fois....

Ils se précipitent l'un sur l'autre avec la célérité d'un boulet, et l'assemblée tout entière tressaillit de peur, lorsque chaque lance frappa sur la poitrine de chaque chevalier ; le son de chaque cuirasse retentit, et un murmure de joie et de surprise rompit le silence, quand on vit les chevaliers tous les deux fermes sur leurs arçons, et le fer de leur lance tomber sur l'arène.... En même temps ils tirèrent leurs épées, et ils cherchèrent mutuellement le défaut de leurs armures, attaquant, défendant, épiant et frappant; on les admire voltiger, tourner, virer, et tous ces mouvements sont empreints d'une sombre jalousie et du désir de se venger.... Ils semblent s'être devinés.... Les spectateurs tremblent en craignant que le combat ne devienne funeste.... Déjà Monestan disait qu'il fallait les séparer ; Castriot en se promenant devant Clotilde caressait son sabre avec une démangeaison telle, qu'on voyait qu'il brûlait d'être en tiers.... Quant à la princesse, son visage était une glace fidèle ; on y pouvait apercevoir quand le chevalier sans devise était en péril, ou triomphant.

Après un quart d'heure d'attaques mutuelles, rendues vaines par une habile défense et par des manœuvres qui semblaient être entendues des coursiers noirs, couverts de sueur et d'écume blanche, la rage, concentrée dans le cœur des deux combattants se dévoila ; ils saisirent leurs épées à deux mains et se frappèrent à tort et à travers... Leurs épées trop faibles pour leur haine se brisent.... N'importe, ils s'attaquent avec les tronçons.

— Bravo ! s'écriait Castriot.

Trousse avait une joie indicible en voyant un danger qui ne le concernait pas...

— L'un d'eux aura besoin de mon secours, disait-il à Bombans qui revenait en ce moment de l'autre cour, qu'il venait de débarrasser et de remettre en son état ordinaire.

— Oh oh !... s'écria l'intendant en apercevant la fureur qui les animait, il va y avoir une succession à régler... Heureux leurs intendants !...

A cet instant les deux chevaliers avaient jeté leurs fragments d'épée, et ils s'écrièrent en même temps :

— A mort !... à mort !...

Les deux cris furent tellement simultanés, que Clotilde ne put distinguer, par la voix, si Nephtaly Jaffa était un des combattants ; son cœur le lui disait... et... le cœur est toujours cru...

Ils prirent leurs redoutables haches, et déchargèrent sur leurs armures une grêle de coups si vigoureux, qu'à chaque fois que l'acier frappait sur l'acier, on croyait voir les armes tomber en lambeaux avec la chair et le sang..... Le bruit qui retentissait dans l'enceinte faisait frissonner les spectateurs... Le fer des haches brillait à la lueur des flambeaux en répandant une multitude d'éclairs, tant les coups étaient prompts et multipliés.

Le chevalier sans devise avait une ardeur et une adresse qui le firent regarder comme le plus habile. Quoiqu'il eût abandonné les rênes de son coursier, ce fidèle animal, comprenant les pensées de son maître, s'identifiait tellement avec lui qu'ils ressemblaient à un centaure : l'inconnu tenait alors sa hache à deux mains et pressait son adversaire avec une vigueur funeste... Mais son cheval broncha, et le chevalier *à la devise*, profitant de ce faux pas, leva sa hache sur le défaut du gorgerin de son adversaire... Un cri de Clotilde, un cri de l'assemblée frappées de terreur, avertirent le pauvre chevalier ; il se dérobe au coup fatal, enlève son ennemi de dessus son cheval, et ils combattent à pied...

Quoique le chevalier noir fût le libérateur de Casin-Grandes, la force déployée par le survenant emporta les suffrages, et l'on s'intéressait plus à ce dernier qu'au chevalier *à la devise*... En ce moment l'étranger fondit sur son rival avec une telle vitesse, qu'après cinq ou six efforts furieux il l'étendit à ses pieds par un coup de hache, qui lui abattit son cimier et ses plumes... Alors Monestan s'avança pour les séparer au nom de Dieu et de l'humanité... Comme il s'approchait avec les juges du camp, les parrains et les hérauts, le libérateur du prince lâchait d'horribles imprécations de rage en sentant le chevalier survenant lui mettre le pied sur la gorge et tirer sa dague...

— Demande quartier !... disait l'inconnu.

— Non, répondit le vaincu. L'étranger leva sa dague avec un mouvement de colère.

A cette énergique réponse, tout le monde s'élance dans l'arène pour voler au secours du libérateur de Casin-Grandes, qui dès-lors absorba tout l'intérêt...

En voyant ce tumulte, le vainqueur suivi du vieillard courut se précipiter aux genoux de Clotilde, restée seule sur le trône... Il défait sa visière, Clotilde jette un coup d'œil... Puissances du ciel, comment rendre le charme de cette minute...... de cet instant fugitif !... La vierge amoureuse reconnait son bel Israélite à la lueur des torches ; ce beau visage est couvert de sueur : quelle joie de voir son amant vainqueur au milieu de la cour... et vainqueur de son vaillant rival !... Clotilde s'évanouit presque de plaisir... elle sent, en revenant à elle, le beau Juif se saisir de la couronne de laurier, en dédaignant la massive nef d'or, et s'écrier :

— Suis-je un lâche, et mon rival est-il à craindre ?...

Elle le considère à ses genoux avec une volupté divine, leurs regards brillent de tout ce que le Créateur a permis d'amour aux mortels ; mais ce moment plein de charmes, cette rose de bonheur eut son épine, car le vieillard s'écrie :

— La foule revient... Fuyons, mon fils !... tu cours des dangers !...

En effet, le premier geste du chevalier *à la devise* quand il revint à lui, fut de regarder Clotilde ; et s'apercevant du triomphe de son rival, de la pâleur de la princesse, de l'amour qui règne dans l'attitude de ces deux êtres qui furent dédiés l'un à l'autre dès leur naissance... enfin, de cet ensemble de bonheur, d'espoir, de désirs qui se peint dans leur groupe solitaire... il s'élance... et la foule le suit.

Alors le vieillard et le beau Juif se précipitent vers le portail ; le libérateur de Casin-Grandes saisit sa hache et les accompagne... Ils disparaissent ensemble et en se bravant du geste et de l'œil. — A l'instant où ils sortirent, une muette horreur se répandit dans l'assemblée et personne n'osa les suivre pour les séparer, bien que l'on pressentît des malheurs...

Clotilde reste immobile, les yeux fixés sur le creux que le genou du bel Israélite a tracé sur le sable...

— Il était là !... se dit-elle...

Tout à coup elle regarda les deux rivaux disparaître sous le portail... Un affreux frisson la parcourt... Son rêve se représente à sa mémoire... Elle s'évanouit..... et sa chute aperçue fit refluer toute l'assemblée autour du trône...

Le prince laisse échapper une larme, et tâche vainement de relever sa fille... La tristesse envahit les spectateurs à l'aspect de la douleur du vieillard serrant sa fille dans ses bras... La pâle Clotilde semblait atteinte par la faux de la mort...

— *Le malheureux !...* s'écria le comte de Foix, *que de choses il risque !...*

— Serait-elle morte ! dit l'Albanais, sur le visage duquel on vit la seconde larme qu'il ait répandue dans sa vie.

— Ce sont des émotions trop fortes pour ses nerfs ! dit Trousse ; *moi*-même, je sens que l'idée de ce combat a presque consumé mon humide radical.

— Vit-elle encore ? demanda le prince.

— Un peu, dit Trousse.

A ce mot consolant, la joie éclata : le seul Michel l'Ange en fut chagrin, il espérait déjà la mort de la princesse.

Alors on transporta Clotilde : le fidèle Castriot, l'évêque et le comte de Foix, la tenaient entre leurs bras en formant une espèce de litière... le monarque suivait avec inquiétude cette espèce de convoi, et cette jeune fille pâle, dont les cheveux épars couvraient un sein qui ne palpitait presque plus, cette scène éclairée par des flambeaux, ce cortége, cette nuit, la douleur et son immuable silence, tout jetait sur cette marche une teinte poétique ; on eût dit Atala, transportée par Chactas et le père Aubry vers sa dernière demeure.

On monta l'escalier de marbre avec précaution, et Clotilde fut déposée sur une espèce de divan, ainsi qu'une sainte expirée, que l'on expose à l'adoration des fidèles.

Bombans et son armée de valets s'occupèrent à rétablir l'ordre dans cette cour, où tant de brillants faits d'armes venaient de se passer ; et le soigneux intendant mit de côté la nef d'or dédaignée par le beau Juif... La foule resta dans la seconde cour, les yeux fixés sur les fenêtres du salon rouge, cherchant à voir ce qui s'y passait, et attendant pour s'en aller que la princesse fût rétablie.

Les chevaliers formaient devant Clotilde un cercle silencieux, son vieux père tenait la tête de sa fille appuyée sur son sein, et ses cheveux blanchis par l'âge se mêlaient aux cheveux noirs de Clotilde..... Trousse tenait la main de la princesse dans la sienne et lui tâtait le pouls avec un air d'importance : il déclara que l'idée de la peur avait terrassé les nerfs de la princesse.

— Je m'en vais la guérir, s'écria Michel l'Ange : on le regarde, il fend la presse, éloigne Trousse, et l'habile Vénitien dit à l'oreille de la jeune fille :
« Voici votre amant... »

En cet instant Clotilde lève sa paupière, et un bruit sourd se fait entendre dans la cour !... des pas précipités annoncent qu'un homme monte les escaliers, et le chevalier noir paraît. Devant lui le cercle s'ouvre respectueusement.... Clotilde l'aperçoit et un affreux soupçon lui fait refermer son œil mourant !...

Le chevalier se met à genoux devant la jeune fille, et lui baise les mains !...

— Clotilde !... Clotilde !... s'écria-t-il.

— Vous ne l'avez pas assassiné !... lui répondit-elle d'un ton de voix déchirant.

— Assassiner !... reprit le chevalier noir avec un accent d'indignation ; Clotilde, le désordre de vos sens vous égare !... j'ai voulu connaître mon généreux vainqueur...

— Et qu'a-t-il dit ?...

— Que vous êtes la plus belle, la plus chaste, la plus aimable des femmes... je le savais...

A ces mots prononcés d'un son de voix dénué de la rudesse ordinaire de l'organe du chevalier, l'oreille de Clotilde est charmée, elle ne sait quel est le chevalier qu'elle voit à ses pieds !... mais la fatale devise, et le haubert fracassé, le casque sans plumes lui démontrent que c'est celui qui n'a pas son estime... Elle dégage donc doucement sa main d'entre les siennes, et jette un regard sur l'assemblée comme pour la remercier de l'intérêt peint dans l'attitude de ceux qui la composent.... Son bel œil bleu répand dans tous les cœurs une douceur inconnue....: Chacun envie le bonheur du chevalier noir... elle embrasse son vieux père, qui, par ce baiser, fut sur-le-champ rassuré... puis elle se lève et remet ses cheveux en ordre.

— Vous êtes bien heureux, chevalier!... dit le comte de Foix en serrant la main du futur époux de Clotilde ; oui, bien heureux d'avoir inspiré à la plus jolie femme qu'enserre l'univers, un amour aussi violent..... j'aurais voulu perdre une épaule, et qu'elle se fût évanouie ainsi pour moi!...

— Folie!... dit Michel l'Ange à Trousse, la vie vaut mieux qu'une femme!...

— C'est vrai, répondit le docteur.

— Allons, messieurs, s'écria le chevalier noir, prenons congé du généreux roi de Chypre et partons le délivrer, ainsi que la contrée, de son cruel ennemi; retournons à Aix faire nos préparatifs.

— Madame, dit-il en regardant Clotilde, je vous laisse, et toujours fidèle, je reviendrai dans peu réclamer votre main.... Puissé-je être sûr de votre amour !...

— Allons, Clotilde, s'écria le prince, embrassez votre fiancé devant toute la cour!...

La jeune fille se contenta de lui présenter sa main blanche qu'il couvrit de baisers.

— Adieu! sire, dit le chevalier au monarque. Et tour à tour il serra la main de Kéfalein, de Monestan et de l'évêque.

— Ah ! si *nous avions trente mille hommes comme vos chevaliers!* dit ce dernier.

— Vous seriez le roi de la terre, répondit le comte de Foix avec orgueil ; chacun de ces seigneurs peut lever mille hommes d'armes.

Ces mots les grandirent de dix pieds aux yeux de l'évêque. Chaque chevalier banneret fit ses adieux au bon prince et salua Clotilde, qui leur donnait avec grâce sa main à baiser... On les convia pour les noces de la princesse..... Leurs destriers les attendaient dans les cours..... On les entendit partir, on écouta les pas de leurs chevaux... Ils sont partis.

En un instant Casin-Grandes devint désert, et l'extrême silence remplaça l'extrême bruit... Le château vide, fut morne, les lumières s'éteignirent, Bombans rétablit l'ordre partout en faisant sa ronde, et lorsque minuit sonna en retentissant dans les coins du château, il semblait que rien n'était arrivé, que le silence n'eût jamais été troublé..... le souvenir seul retraçait à la pensée les événements de la fête!...

Le dernier mot du prince à sa fille lorsqu'ils se quittèrent fut :

— Adieu, ma chère enfant, dans peu vous serez heureuse !

La jeune fille rentra chez elle encore plongée dans l'étonnement que lui avaient causé l'audace, la valeur et la témérité du beau Juif... Elle trouva Josette toute joyeuse et très-peu au fait de ce qui s'était passé, car la fille de la Provence avait consumé tout le jour à Montyrat, nageant dans la joie, épuisant la coupe de l'amour, y buvant à longs traits!... Elle revint ivre!... Aussitôt que la languissante Provençale eût fini son service, la princesse courut à sa croisée.

Le fidèle Nephtaly s'y trouvait : il salua Clotilde par un regard plein de finesse, et en balançant mollement la couronne de laurier que Clotilde lui posa naguère sur son casque.

— Nephtaly, quelle imprudence vous avez commise!....

— Clotilde, répondit-il, votre amant ne doit pas plus être un lâche que vous une infidèle..... vous deviez connaître que vous aviez bien choisi... j'ai vu votre cour, j'ai vu mon rival, et j'ai vu votre regard !.... seul, il m'a fait triompher... je vous rapporte cette gloire, elle vous appartient, je ne veux vous disputer que la palme de l'amour!...

— Nephtaly, de grâce ne vous exposez plus!... si l'on vous avait reconnu.... rien n'aurait pu vous garantir de la mort...... *j'aurais pleuré!*...

— Être pleuré de vous et mourir en sachant que ma tombe vous verrait chaque jour... Ah ! Clotilde, c'est une chance que je courrai souvent!...

— Non, car vous ne voulez pas faire mon malheur. — La flamme de son bel œil bleu pénétra le cœur de l'Israélite... Un soupir s'échappa de sa poitrine gonflée de désirs inexaucés, et il ne put retenir cette plainte :

— Hélas! quand serons-nous heureux ?...

— Jamais, Nephtaly.... l'instant approche où votre rival me mènera en épousée à la chapelle où je devrai lui jurer de l'amour!...

— Il n'en sera rien, répondit l'Israélite avec un regard où Clotilde crut apercevoir la férocité de la passion !

— Et comment, Nephtaly? reprit-elle presque épouvantée.

— Clotilde, il sera toujours temps de vous le dire alors... ne m'êtes-vous pas acquise... je saurai vous défendre!...

— Cependant, Nephtaly, vous êtes Juif!... Elle eut regret d'avoir dit cette parole.

— Clotilde!..... s'écria l'Israélite d'un ton déchirant, j'étais sur le sommet du temple du bonheur où vous m'emportiez avec vous!... et je tombe plus bas que les morts, dans la fange où la terre nous relègue... Hé quoi, fille céleste, démentirais-tu ton origine en adoptant les rêveries et les préjugés de la terre!... ces noires vapeurs montent-elles jusqu'au trône des dieux!.... Clotilde, les Juifs ne sont-ils donc plus le peuple éternel, le peuple immuable, devant lequel les nations se sont brisées comme de fragiles arbrisseaux?... il les a vues passer comme des ombres! et lui seul reste debout, gardé par la protection du Seigneur, semblable à la terre elle-même, que l'homme ne peut détruire!... Dis-moi, Clotilde, si les Juifs sont vertueux, Dieu les séparera-t-il des chrétiens?..... Et dans le séjour où meurent toutes les passions, les divisions qu'a tracées la terre y subsisteront-elles?... Quel est donc le signe qui nous distingue du reste des hommes?... Avons-nous le front courbé vers la terre... Ne pouvons-nous plus élever nos plaintes jusqu'à Dieu?... Le beau ne nous touche-t-il pas? Nos yeux sont-ils fermés? Le cri du désespoir ne nous émeut-il pas?... Hélas! l'amour immense que mon cœur a conçu doit seul suffire pour te convaincre que je suis un fils d'Adam... L'amour exclut toute bassesse, son feu purifie tout; c'est une passion qui renferme tous les sentiments généreux, c'est une magnifique preuve de l'égalité des hommes!... Hé quoi! la terre refuse-t-elle de recevoir nos cadavres et de nous nourrir? Les fleuves, fuyant notre bouche, nous rendent-ils de nouveaux Tantales?.... Qui nous a valu la haine de la terre?... Le crime de Judas fut-il le mien?... Où serait la bonté du Seigneur en m'en punissant!... Mais que me fait la haine de la terre puisque tu ne m'accables pas de la tienne, ô Clotilde!... Quel pouvoir as-tu pour consoler ainsi de tout ce que cette vallée de misère contient d'opprobre... O ma bien-aimée, tu peux reposer ta tête sur mon cœur, sans aucune défiance, puisque Dieu lui-même y fait sa résidence en l'animant d'un de ses rayons... Crois-tu qu'alors mon âme puisse être vile, si l'Éternel et Clotilde l'habitent?...

— Que puis-je croire quand tu me parles?... Ta voix n'est-elle pas la mienne!... Ne sommes-nous pas la même âme!...

— Clotilde!...

— Nephtaly!... A ce mot la jeune fille lui jette un regard affamé.

— Ton œil, reprit-il, contient tous les enchantements de la nature... Épargne-moi, je mourrais de plaisir!...

— Je le crois!... car les tiens me bouleversent l'âme!... Nephtaly, l'heure sonne!... Je croyais n'être là que depuis peu!

— Adieu, Clotilde... Ah! quand pourrai-je appuyer ma tête sur ton sein et sentir tes boucles de cheveux effleurer mon visage!...

— Nephtaly! dit-elle d'une voix tant soit peu réprimante.

— Pardon, je m'égare!... Dépôt sacré, tu seras respecté!...

— Adieu!...

— Adieu!...

Malgré ces langoureuses syllabes, ils se regardèrent encore quelque temps, en se souriant de ce doux sourire de volupté qui n'appartient qu'à l'amour!...

Or, le moyen qu'une jeune fille qui voit tous les jours, au clair de la lune, un beau jeune homme, l'abrégé des perfections de la nature et une de ces productions qui nous retracent le beau idéal, puisse ne pas concevoir un violent amour!... Quant à moi je lui pardonne, en plaignant ceux qui la blâmeront!... Puissent ces censeurs aimer une jeune beauté, de toute la force de leur âme!... et, pour punition de leur blâme, puisse cette femme leur dénier ses faveurs!... Alors, je leur conseille de s'en passer!...

---

## XXII.

<small>Faut-il que sur le front d'un profane adultère
Brille de la vertu le sacré caractère?
Et ne devrait-on pas, à des signes certains,
Reconnaître le cœur des perfides humains?
(RACINE.)

Nul ne sut mieux que lui le grand art de séduire.
(VOLTAIRE.)

Quoi! du sang de son frère il n'a point eu d'horreur!
(*Britannicus.*)</small>

Je veux une seule fois me dispenser de dépeindre l'aube matinale et vous laisser imaginer cette douceur d'amour toujours croissante, les regards, les propos des deux amants, la fraîcheur du bouquet chéri, l'émoi de Clotilde en voyant son bien-aimé traverser les airs à l'aide d'une faible corde... Imaginez le soleil s'arrêtant pour admirer cette invention périlleuse de l'amour, et l'aurore sourire en enviant le bonheur de la fille des Lusignans, comme jadis elle envia celui de Procris; enfin l'amour inscrivant dans son temple les noms de Clotilde et de Nephtaly, comme de ceux qui ont le plus aimé!...

Cette fois la critique n'aura rien à mordre, puisque c'est votre imagination qui aura fait les frais de ce tableau suave et délicat: aussi bien, faut-il que je trempe mon pinceau dans des couleurs plus sombres, pour vous mettre sous les yeux la présence de Michel l'Ange au château de Casin-Grandes, et ce qu'il y produisit...

Ce nouvel hôte, le Sinon moderne, ne tarda pas à s'insinuer dans la confiance de chacun, et à répandre la joie et la gaieté dont il était un des grands-prêtres. Voici quelques esquisses nouvelles qui suffiront pour vous le faire connaître...

Dès le matin il se mit à fureter dans toutes les cours, en examinant tout et portant partout un œil investigateur... Il s'approcha de la loge de Marie...

Ses pas de loup la réveillèrent d'assez loin. A l'aspect du Vénitien, la pauvre folle tomba dans un horrible accès; elle grinça des dents et devint comme hydrophobe.

— Il a tué mon fils!... Voilà le meurtrier, s'écria-t-elle, le voilà!... qu'on le saisisse... je le sens!... Au secours!... Je le reconnais!...

— Il y paraît, ma mie... répondit Michel l'Ange.

— C'est une pauvre folle, dit Vérynel en survenant.

— Elle n'est pas seule ici-bas, répliqua l'Italien, nous le sommes tous, plus ou moins; malheureux qui n'a pas de marotte à caresser : le vin, le jeu, les femmes et les trônes sont des marottes, sans compter les petites manies..... On voit que le monde fut conçu dans un moment de joie...

Marie ne cessait de pousser de petits cris plaintifs et tellement déchirants, qu'un autre que Michel l'Ange y aurait entendu l'accent d'une mère au désespoir, dont le cri n'est jamais imitable...

— C'est toi! je te reconnais, ton œil infernal est assez visible, tu périras par....

— Certes je périrai, interrompit le Vénitien, et ce sera en riant...

— En public, répéta la folle.

— M. le chevalier s'est levé bien matin, dit Bombans en rentrant par le portail.

— Et vous encore plus, répliqua Michel l'Ange. On voit que vous connaissez les grands principes ; il faut être économe de tout, et plus encore de sa vie que de son argent; or, dormir, ce n'est pas vivre.

— Cependant, monseigneur, reprit Bombans, je crois que l'argent est plus nécessaire que la vie.

— Vous avez deviné le monde, M° Bombans, est-ce que non content d'être économe vous seriez un sage?...

Bombans à cet éloge se redressa sur la pointe de ses pieds, et caressa son menton.

— Néanmoins, M° Bombans, continua l'Italien en regardant les pieds de l'intendant, vous n'êtes pas encore arrivé au dernier degré de l'économie.

— Oh oh!... s'écria l'avare par excellence, je parie dix angelots.... il s'arrêta sur ces mots.... dix angelots, que vous ne m'en remonterez pas...

— J'y consens, dit Michel l'Ange.

L'affirmation de l'Italien fit trembler Bombans, qui, craignant toujours de perdre, voulut se retirer.

— Hé hé! M. le majordome, ne bougez pas, et regardez à vos pieds... qu'y voyez-vous?

— La marche du portail...

— Eh bien, vous marchez au milieu juste, et toujours sur ce pauvre milieu... usé de trois pouces....

M° Bombans, un homme vraiment économe prendrait toujours les côtés de la marche pour l'user également.

Le visage de l'intendant se contracta de manière que sa lèvre inférieure s'avança de beaucoup sous la supérieure; ses sourcils se froncèrent, son front se plissa; il porta la main vers sa poche et dit ces deux mots : « J'ai perdu!... »

Mais tout à coup ses yeux, dont la couleur fut toujours douteuse, brillent, son front jaune se déride, ses deux lèvres forment un léger sourire, et il ajoute d'un air triomphant : — « Oui... mais ce n'est pas mon bien!... »

— Je suis vaincu!... s'écria Michel l'Ange... et tirant dix beaux angelots de sa bourse, il les lui présenta..... Est-ce bien à moi, qui ai mangé ma fortune, à vouloir joûter avec vous, qui faites la vôtre?...

Bombans, étonné que le chevalier eût admis sa ruse jésuitique, prit d'abord les dix angelots et s'écria : « Vous êtes le chevalier le plus loyal que jamais je vis! » — Néanmoins l'intendant examina si les angelots étaient bons... mais, l'habitude est une terrible chose...

— Hélas! dit Michel l'Ange, je ne fus jamais économe que de ma peine, en fait de joie je mange toujours mon blé en herbe... et je suis tellement susceptible pour le souci, que jamais je n'ai demandé de comptes à mes intendants...

— Il serait à désirer, répondit Bombans, que chacun eût cette méthode... Mais on veut des comptes, et l'on en a!...

— Fi donc! reprit l'Italien, écoutez, M° Bombans : ou un intendant est probe ou il ne l'est pas (l'intendant frémit à cette proposition); s'il l'est, plus de comptes... ; s'il ne l'est pas... encore moins : car rien n'est si clair que le compte d'un intendant prévaricateur.

— C'est vrai, repartit Bombans; eh! monseigneur! comment voulez-vous qu'un intendant, telle bonne tête qu'il ait, puisse donner un compte exact d'une fête comme celle d'hier, où il y avait cent cinquante chaînes d'or de mille francs; un repas où toutes les richesses étaient dehors : un enfant vole un plat, un autre un hanap; que de dépenses pour rassembler des hommes, donner avis à Aix, chercher des musiciens, couper des feuillages, faire des guirlandes; des ouvriers en foule; et tout cela dans une nuit!... n'ayant que trois cents personnes à employer... Aussi le prince m'a autorisé à dépenser trois cent mille francs..... et ils le sont....

— Et d'après ce que j'ai ouï dire de la fête, il doit vous être rendu, ajouta Michel l'Ange.

— Quelque chose.... dit Bombans.

Là-dessus le Vénitien s'en alla...

— En vérité, dit l'intendant, voici le meilleur, le

plus judicieux, le plus aimable de tous les gentilshommes.

Comme le Vénitien regagnait le péristyle, il rencontra la petite machine ronde que nous avons l'habitude de nommer Trousse, et le docteur lui dit d'une voix clairette :

— Monseigneur, le roi n'est pas encore visible, et moi...

— Vous vous portez comme un ange, repartit Michel.

— Hé, hé!... sire chevalier, je fais tout cela... ne pensant à rien...

— Et vous agissez en sage, car alors votre cerveau, ne dépensant pas, conserve saine et entière la masse d'idées que la nature vous a départie.

— Sire chevalier ! s'écria le docteur en délire, tant il était heureux de trouver un homme qui abondât dans son sens (ce fut le seul)... sire chevalier, vous êtes un grand et habile seigneur, car vous entendez justement ce que je n'ai jamais pu prouver... on ne m'écoute pas!...

— L'on a grand tort.

— Moi, voyez-vous, reprit Trousse, mon système embrasse toute la nature...

— Il doit être curieux !...

— Écoutez, s'écria le docteur, dont la figure s'épanouit en voyant Michel l'Ange croiser ses bras et le regarder en souriant; écoutez, sire chevalier.... moi je prétends que nos maladies ne viennent jamais que du sang, ou des humeurs.

— C'est-à-dire, observa Michel l'Ange, de ce qui compose le corps humain, car je défie qu'elles n'en procèdent pas.

— Oui, reprit Trousse ; or, qui est-ce qui met notre sang ou nos humeurs en mouvement?...

Un air de triomphe régnait sur le visage rond et potelé du docteur, qui parvint à sourire, et ce n'était pas chose facile à cause de la tension de sa peau.

— C'est Dieu, répondit Michel l'Ange.

— Dieu!... Dieu!... il ne s'agit pas de lui, dit le docteur avec un geste d'impatience.

— Oui... je conçois, reprit l'Italien, Dieu ne peut pas vouloir le mal...

— Ce n'est pas cela, dit Trousse ; et se hasardant à saisir Michel l'Ange par un des boutons de son juste-au-corps, il ajouta... « Ce qui met nos humeurs et notre sang en mouvement, ce sont nos nerfs... »

— C'est vrai !... s'écria le Vénitien.

— Ce n'est pas tout, dit le docteur en s'enflammant, les nerfs répandent partout l'humide radical et le fluide vital ; mais comment?...

Ici, il regarda Michel l'Ange avec la joie d'un savant qui découvre une médaille.

— C'est, reprit-il, par la force de la volonté ; enfin de ce qui constitue la vie... Et l'agent de cette vivification !... c'est.... la pensée...

— Admirable !...

— Oui, monsieur, la pensée est un produit auquel concourt le cœur, qui met en mouvement les atomes invisibles du cerveau... Voilà pourquoi un cœur, un estomac et un cerveau font un homme; on peut tout lui ôter, s'il conserve cela, il vit....

— Miracolo !...

— Or, vous voyez bien que la pensée étant la clef de la voûte, une fois qu'on la tient, on domine la maladie et le malade... En effet, un malade qui se croit malade ne l'est-il pas réellement?... donc...

— Monsieur, vous êtes un grand homme !...

— Sire chevalier, je ne m'en doutais pas... Mais vous voyez que l'on peut, en dirigeant la pensée, guérir, rendre malade, etc... je crois même que l'on peut rendre bête un homme d'esprit, en mettant sur son cerveau des relâchants, émollients, assoupissants, etc...... grande preuve !..

— Certes, reprit l'Italien, et Galien pensait comme vous..... L'empereur Marc-Aurèle et Antonin ne furent bons que parce que Galien leur mettait des topiques sur la tête pour chasser les mauvaises intentions, maîtriser les pensées, abattre leurs bosses méchantes ; et élever leurs bosses aux vertus, animant, dirigeant, épurant leurs cerveaux... Il est vrai que la nature avait furieusement préparé ce travail...

— La nature !... la nature !... s'écria Trousse d'un air de dédain, on la fait.....! les grands médecins la défont même! M. le chevalier, pourrais-je voir ce Galien ?..

— Comment donc, certes !.... dit Michel l'Ange du plus grand sérieux, les grands hommes se rencontrent : allez à Rome, il demeure à la bibliothèque du Vatican.

— Il y a trop loin.... je craindrais.... Voyez-vous, monsieur, la vie est tout...

— C'est ce que nous avons dit de plus vrai !.. Mais alors, maître Trousse, publiez votre système, Galien viendra...

— Ah ! si je savais écrire !... s'écria le docteur... en latin, M. le chevalier..... j'ai toujours refusé de l'apprendre ; car j'aurais blessé mon cerveau...

— Un homme comme vous ne devrait jamais mourir !.. dit l'Italien en riant.

— C'est vrai, répondit Trousse, mais maintenant suivons tout le système : ce fluide vital que transmettent les nerfs, ce feu divin est dans toute la nature, et...

A ces mots, Trousse, entendant le sifflet du roi, se hâta de se rendre à son poste, en pensant que ce chevalier était un véritable prodige !...

Pendant cette matinée, Michel l'Ange, en digne héritier de la science du serpent du paradis terrestre, sut séduire tout le monde, valets, servantes, écuyers, Josette, et Castriot même, qui avoua que personne n'était plus brave : la flatterie et la gaieté furent les moyens qu'il employa, et le premier est le rival de l'argent pour ouvrir les tours d'airain. Tout retentissait des louanges du chevalier Michel. Mais le lieu que fréquenta le plus le Vénitien fut la cuisine, et l'homme qu'il environna de ses louanges, et l'objet de tous ses soins, fut le célèbre maître Taillevant, le cuisinier du roi de Chypre..

Aussitôt le premier repas sonné, Michel l'Ange accourut à la salle à manger, et il vit arriver successivement les trois ministres et les grands dignitaires de la cour... On se mit à table, et celui des convives dont il devina sur-le-champ l'âme tout entière, fut le bon Kéfalein. Au *Benedicite*, Monestan se dévoila par son attention à prononcer les saintes paroles...... Michel l'Ange se signa avec la ferveur d'un néophyte, composa son maintien, et Monestan le crut un saint...

— Eh bien! sire chevalier, dit l'évêque, comment avez-vous trouvé la fête d'hier?...

— A en juger par la fin, c'est une des plus somptueuses, et je n'en connais qu'une plus belle; c'est l'exaltation du pape Eugène....

— Les pompes de l'Église, observa Monestan, ont toujours quelque chose de plus imposant, de plus moral, que les spectacles profanes !...

— Ah! que vous avez bien raison, seigneur! dit l'Italien d'un ton confit de dévotion; la présence de l'Éternel, écrasant toujours la magnificence humaine, remplit l'âme d'un sentiment mystique qui ne laisse pas que d'avoir du charme. Eh! la religion n'est-elle pas le bâton blanc que Dieu nous a mis à la main pour nous soutenir dans la vie? c'est elle qui est le fondement des véritables vertus humaines; c'est à sa voix qu'un homme va se pencher sur les mourants pour recueillir leurs derniers soupirs et verser du baume sur leurs douleurs; c'est elle qui fait monter le prêtre jusque sur la brèche, lorsqu'il accompagne le condamné en lui montrant des cieux pleins de clémence; enfin, elle vivifie l'ordre social, réjouit les malheureux, venge la vertu dans la crotte du vice en carrosse; elle prévient le crime, fait les bons rois, et apprend aux riches à n'être que les administrateurs de leurs biens..... N'est-ce pas à ce sentiment généreux que je dois ma délivrance?... Sans l'Évangile je serais mort dans les fers!....

— Sire chevalier, s'écria Monestan avec le visage d'un illuminé qui voit le troisième ciel, votre vocation fut de prêcher la vérité...

— Hélas! oui, seigneur ; mais je fais tout le contraire.... je suis un trop grand pécheur pour pouvoir enseigner à mes frères..... Le Seigneur a voulu se servir de moi pour punir la terre..... et je suis un chasseur d'hommes....

— Mais les guerriers, répondit l'évêque, peuvent tout aussi bien gagner le ciel... c'est une erreur de proscrire cette profession...

— Comment!... s'écria Michel l'Ange en voyant des armées se mouvoir dans le cerveau du guerroyant Hilarion, dont le Mécréant lui avait dit la valeur... comment, c'est la première profession !.. après le sacerdoce, ajouta-t-il en se tournant vers Monestan, et....., reprit-il, qui peut être à la fois un grand guerrier et un vénérable pontife, est un dieu sur la terre; il est Éléazar, il est le généreux Simon Machabée, Josué, Moïse, Gédéon, qui défendaient leur patrie, l'épée dans une main et l'encensoir de l'autre, priant de gauche, combattant de droite, comme les patriarches en des temps plus reculés !..... et les combats ne sont-ils pas sacrés ?... Dieu ne s'appelle-t-il pas le Seigneur des armées; le Dieu vengeur n'a-t-il pas tué plus d'un million d'hommes lors des plaies d'Égypte, afin de vaincre les faux magiciens; dans la guerre des infidèles; à la conquête de la terre promise; et des milliards au déluge !....

L'évêque et Monestan, pour la première fois, furent simultanément contents et d'accord, leurs figures dilatées et joyeuses étaient suspendues à la langue de l'infernal démon..... le seul Kéfalein mangeait tristement.

— Le Seigneur ne s'est-il pas défendu lui même en bataille?

L'évêque, n'y tenant plus, répéta : « En bataille rangée même !.. »

— En bataille rangée, reprit Michel l'Ange; Saint-Michel était son premier lieutenant, et à l'aide des légions célestes, n'ont-ils pas défait le diable?

— Et saint Michel était à cheval, s'écria Kéfalein, dont le visage annonça la joie de pouvoir monter sur son dada favori.

— C'était même un cheval arabe, dit Michel l'Ange avec un léger sourire, mais un cheval idéal, car alors il n'y en avait pas...

— Sire chevalier, reprit Kéfalein d'un ton grave, d'après les traditions et les tableaux d'église, il est constant que l'archange Michel était à cheval. Les chevaux, monsieur, ont une origine céleste.

— Comme tout le reste, dit Monestan, puisque Dieu a tout fait de sa main puissante.

— Mais, continua le connétable, d'après une très-bonne autorité, qui est l'Apocalypse....

A ce mot, Monestan remua la tête comme pour dire que l'Apocalypse n'était pas reconnue par l'Église.

Mais Kéfalein n'en tint compte.

— D'après l'Apocalypse, continua-t-il, je crois que le diable fut mis en déroute par une charge assez semblable à celle que je fis à Édesse !.. où je décidai la victoire, où je fus...

— Quoi !.. seriez-vous le vainqueur d'Édesse ?... s'écria le Vénitien.

A cette louange exclamatoire, Kéfalein, transporté de joie, se leva comme pour décrire le combat.

Les ennemis étaient là.... nos troupes fuyaient....

L'évêque et Monestan souriaient, en se voyant prêts à servir à représenter le champ de bataille d'Édesse ; mais Michel l'Ange s'écria :

— Ah ! je le sais !...... Et il sauta au cou de Kéfalein, en criant : Vous avez sauvé mon père !... il se trouvait dans le premier groupe à droite.....

— Le groupe à droite répéta, Kéfalein ; M. votre père était-il à cheval ?

— Oui, seigneur, dit le Vénitien du plus grand sérieux.

— En ce cas, il était à gauche !..

— Ah ! la joie me faisait oublier qu'il y donnait toujours !...... Acceptez mes remerciments.... Tout vieux qu'il est, il viendra voir son libérateur.

— Voilà, dit l'évêque à Monestan, les récompenses et les avantages des guerriers !...

— On oublie facilement les larmes qu'ils font répandre, répondit le premier ministre.

— Hélas ! reprit l'Italien, rien est-il parfait en ce monde !... la perfection n'est que dans le ciel ! Et il le montra d'un air monacal.

— Oui, répondit Monestan enchanté, sire chevalier, vous resterez, j'espère, quelque temps avec nous.

— Hélas ! monseigneur, je reprendrai bientôt ma route...... je suis en pèlerinage comme tous les hommes !...... et je cherche le bon chemin...

— Vous l'avez trouvé, dit Monestan.

Le dîner était fini. Les trois ministres s'en furent au conseil que le roi Jean II tint ce jour-là pour régler la dot que l'on donnerait à Clotilde. Il est vrai de dire que le monarque avait été beaucoup trop occupé par les derniers événements pour penser à ses conseils ; il eut, dans celui-ci, l'éminente satisfaction de parler le premier et de jouir de son droit d'initiative....

Les ministres, encore charmés de Michel l'Ange, parlèrent tant au roi de sa courtoisie, de son éloquence et de sa bonne mine, que le prince, désirant le connaître, ordonna qu'il y aurait, le soir même, cercle au salon rouge....

Il n'était bruit dans toute la maison que de Michel l'Ange : on en parlait dans les cuisines, dans les écuries, au fournil, chez le concierge, dans les cours, chez les seigneurs, chez le roi, chez Clotilde, à qui Josette raconta les compliments qu'elle en avait reçus, à l'intendance, au tournebride, enfin partout, et partout sa présence amenait le rire et la joie : à la fin de la journée, on le bénissait comme une nouvelle providence !...

Le soir, les trois ministres, le prince, sa fille, les seigneurs cypriotes, Vérynel, le grand écuyer, les pages et Castriot, se rassemblèrent dans le grand salon rouge. L'Italien y fut introduit par le respectueux Trousse, qui baisa le pan de son habit.

— Sire chevalier, lui dit le roi, les embarras inséparables d'une fête comme celle d'avant-hier, nous ont empêché de vous faire tout l'accueil dû à votre mérite, et cette fête...

— Était digne d'un Lusignan, reprit Michel l'Ange ; les Lusignans, héritiers de la magnificence des Sarrasins qu'ils ont vaincus, joignant au luxe la courtoisie française, ont laissé dans l'Asie des souvenirs si puissants que je ne voudrais pas de les voir rappelés par les peuples de Jérusalem, de Tyr et de Sidon. Oui, monseigneur, j'ai parcouru ces contrées, et, dans les montagnes de la Judée, un vieillard en cheveux blancs ne me fit qu'une question : « Lusignan règne-t-il ?..... » Sur ma réponse, il rentra tristement et me répondit : « Ils reviendront, j'espère !... »

Le bon prince fut charmé de cette prédiction.

— Puisse votre vœu se réaliser !... s'écria-t-il.

— Monseigneur, aussitôt que nous *aurons trente mille hommes*... dit l'évêque.

— Eh ! monseigneur, reprit Michel l'Ange, vous n'avez pas besoin de tant de troupes ; avec votre expérience, le poids d'un nom tel que le vôtre, et des ministres dont la sagesse et la valeur sont célèbres, vous devez vaincre !... Alors, ajouta-t-il en se tournant vers Clotilde, la beauté retournera les lieux que la nature a désignés comme son habitation, le pavillon des cieux de l'Asie, toujours pur, toujours brillant, ne fut tendu que pour elle, et l'Orient est sa patrie.

— Sire chevalier, à quelle école avez-vous puisé cette courtoisie ?...

— En vous voyant, madame. Car, à votre aspect, l'éloge est la seule langue que l'on puisse parler : où sont les roses volent les papillons, et la louange est l'inséparable cortège de la beauté. Vous forcez à l'admiration, comme votre père au respect.

Déjà le perfide Italien avait lu, sur le visage de la princesse, le peu d'amour qu'elle portait au chevalier noir, et il soupçonnait le vainqueur inconnu du tournoi d'être un rival obscur, mais préféré ; quelques mots échappés au vieillard qui accompagnait le beau Juif, lui donnèrent ces vagues idées. Voulant changer ses soupçons en certitude, il saisit le luth de Clotilde et se mit à examiner l'instrument de manière à se faire prier de chanter. Il n'hésita pas, et voici la ballade à laquelle il donna toute l'expression du sentiment [1].

#### ROMANCE D'ILDEGONDE.

Au bord d'une onde pure et sous un peuplier, un jeune et beau pâtre irlandais pleurait en regardant tantôt le ciel, et tantôt son troupeau.

« O Dieu! l'on t'implore en ce moment à la chapelle de Gle-« nordill. Tous les hommes sont à genoux; aussitôt qu'ils sorti-« ront, cette égalité cessera. »

« J'aime et je ne puis me livrer à mon amour ; cependant le « bélier courtise le brebis qui lui plaît, le taureau sa gé-« nisse...... malheureux ! je suis homme, et j'envie le sort de « mes moutons !... »

Comme le berger finissait ces mots, une jeune princesse sort de la chapelle avec un nombreux cortége. Elle s'arrête devant le pâtre. Elle rougit et le pâtre aussi.

Apercevant les larmes du pâtre et reconnaissant le bel inconnu qui errait autour du palais, elle lui dit : « Tu pleures, donc tu aimes!... » En disant cela elle lui souriait.

Alors le berger la suivit et Ildegonde disparut un matin du palais du roi son père. — Elle vécut ignorée, heureuse, et les deux époux moururent ensemble en s'embrassant. Les amants vont sur leur tombe se jurer d'être fidèles.

En chantant cette romance, l'Italien ne cessa d'examiner le visage de la princesse, et les divers mouvements qui s'y manifestèrent augmentèrent encore ses soupçons, il résolut de chercher dans le château les indices de cet amour secret.

Michel l'Ange reçut des éloges pour son chant pur et plein de grâce ; le reste de la soirée fut charmant, et il en fit tous les frais, en y jetant un vernis de plaisanterie fine, de l'instruction et des mots pleins d'un esprit de bonne compagnie, car Michel l'Ange savait prendre tous les tons. Lorsqu'il se retira, le salon parut vide!... et Trousse s'écria :

— Voyez-vous ce que c'est que la pensée!...

Clotilde convint avec Josette que Michel l'Ange était un des plus aimables chevaliers qu'elle eût vus ! . . . . . . . . . . . . . . . . . . . .

Bientôt la nuit étendit son crêpe, et tout rentrant dans le calme, invita les mortels au repos... Le seul Michel l'Ange veille!... Semblable au démon qui plane sans cesse, et l'œil ouvert pour nuire, il monte sur les créneaux afin d'examiner les fortifications, l'endroit faible de la place, et surtout l'endroit par lequel les chevaliers arrivèrent au secours du château. L'on n'avait pas encore eu la précaution de briser l'espèce de bac formé par les bateaux que le chevalier noir fit couler à fond dans les récifs!... Michel l'Ange arrive sur la muraille en face de la mer, et il aperçoit ce chemin tracé dans les flots !... Sur-le-champ, en un seul coup d'œil, il y vit la perte de Casin-Grandes et résolut de partir dès le lendemain pour s'en emparer le soir même, car il fallait la plus grande célérité !

L'esprit malin se réjouit d'avance de cette destruction qu'il médite. Si par hasard on l'eût aperçu, on l'aurait pris, dans ce siècle de superstition, pour un mauvais ange, marquant ce monument d'un signe de mort !

Il semble voltiger en marchant à pas de loup sur le sommet de ces murailles ; il admire malgré lui la beauté pittoresque de ces lieux, le calme de la mer, le calme du ciel étoilé et le charme de ces masses romantiques éclairées par la douce lumière de la lune. Ses accidents lumineux forment des contrastes dans les champs, sur les arbres et sur les vieux murs, dont les mousses et les pariétaires jettent une ombre pâle !... Ému de ce spectacle, et semblable à Satan prêt à perdre Ève, l'Italien s'écrie : « Quel dommage !... « Tout à coup il s'arrête !... Il entend troubler ce vaste silence par un léger bruit... Il prête l'oreille... C'est le balancier de l'horloge...... Néanmoins il s'y joint un murmure d'une douceur semblable à celle d'un clair ruisseau.

L'enfant de Caïn s'approche vers les créneaux qui sont au-dessus de la chambre de Clotilde et il écoute deux voix célestes répandre la vie dans cette nuit, dans ces rochers sauvages, dans ces murs immenses !... Les échos lui apportèrent des réponses de l'amoureuse princesse !... Il se penche et distingue la corde attachée sur le piton de la montagne ; alors la lune jalouse ne se couvrit point d'un nuage, elle laissa voir Nephtaly qui tendait les mains à son amante, et l'Italien aperçut la roue blanche brodée sur son habit !...

— Un juif!... s'écria-t-il, par saint Marc, un juif!... elle est folle donc!... Il est vrai que juif ou chrétien, un nez est un nez, et les deux yeux d'un Israélite de vingt ans en disent plus que ceux d'un chrétien de quarante!...

Dès le matin, Michel l'Ange fut se promener dans le parc, et ce grand bailli de l'enfer, montant sur la falaise, vit Nephtaly rentrer à pas lents vers sa demeure cachée, au milieu de la mer mugissante et des plus grands périls.

— Quel plaisir j'aurais à troubler ses amours, si je ne l'empoisonnais pas!... s'écria le Vénitien ; ils s'aiment!... tant mieux, le Juif mourra de douleur.

---

[1] Les Camaldules ayant rapporté la ballade telle qu'elle était, c'est-à-dire en langue *romance*, je me suis vu forcé de la traduire, attendu qu'elle aurait été comprise par un trop petit nombre de lecteurs. Néanmoins, les savants trouveront la ballade en langue romance à la fin du deuxième volume, lors de la dixième édition. (*Note de l'éditeur.*)

Comme Michel l'Ange descendait le pic de la Coquette, il aperçut dans la plaine un cavalier galopant à toute bride vers la colline des Amants.
— La tournure de l'homme et celle du cheval lui rappelèrent le Barbu. Un rayon de soleil, donnant sur le casque, lui fit voir la branche de cyprès que portaient les soldats du Mécréant. Alors l'Italien s'arrêtant examina ce que ce cavalier venait faire. Il l'entendit crier à plusieurs reprises et agiter ses bras vers un gardeur de chèvres qui chantait sur le haut de la colline des Amants. Ce chevrier s'empressa d'accourir... Raoul, car c'était lui, s'approcha du soldat d'Enguerry, et au bout de cinq minutes, le brigand s'enfuit à toute bride vers le chemin de la forteresse, et le chevrier courut de toute sa force aux montagnes du bord de la mer. Michel l'Ange le vit disparaître dans les sinuosités du pic du Géant!...

— Oh oh!.... s'il y a des intelligences entre la forteresse du Mécréant et le château de Casin-Grandes, adieu mes projets d'envahissement; au surplus, empoisonnons toujours, et l'on verra après!...

En réfléchissant ainsi, il regagna l'avenue et le château.

L'Italien redoubla d'esprit et de gaieté dans cette matinée, et jamais les murs de Casin-Grandes ne répétèrent autant d'éclats de rire. Le bon connétable se crut de l'esprit en causant avec le Vénitien, et ils convinrent ensemble, qu'après le dîner du prince, ils iraient se promener à cheval, Michel l'Ange prétendant avoir une nouvelle manœuvre à montrer à Kéfalein. D'avance ils firent seller leurs chevaux, car Michel l'Ange pensait à tout, et au sortir des écuries, l'Italien se dirigea vers les vastes cuisines de Casin-Grandes, où, dans ce moment, l'on apprêtait le dîner du prince.

Il y entra avec le sourire d'un malin génie.

— Maître Taillevant, dit-il au célèbre cuisinier, j'ai une soif qui me prend au gosier comme la corde d'un pendu qui s'étrangle; donnez-moi un verre d'eau! le Seigneur vous en tiendra compte à la vallée de Josaphat!...

A ces mots un homme de moyenne taille, ayant un assez gros ventre et un très-beau tablier de *cendal* blanc (espèce de taffetas commun), quitta précipitamment une table couverte de papiers, et ôtant son bonnet, il s'avança vers le chevalier.

— Monseigneur, vous me faites beaucoup d'honneur de me venir visiter sur mon champ de bataille, dit-il en montrant la voûte noircie, les fourneaux, la vaste cheminée et l'attirail des poêles et des instruments de cuisine; mais, M. le chevalier, nous ne connaissons point l'eau, ajouta-t-il avec un sourire de supériorité : Frilair! et il s'adressa à son premier aide-de-camp, va chercher mon hypocras

à l'eau de rose et aux amandes!... sire chevalier, c'est un pactole dans le gosier!...

— Mais, maître Taillevant, vous vous exprimez avec une recherche...

— Monseigneur, cela convient à un homme qui deviendra célèbre!... Et le cuisinier, se croisant les mains derrière le dos, se haussa sur la pointe de ses pieds.

— Tenez! continua l'architriclin; et il montra sa petite table avec un geste d'orgueil; tenez, voilà *l'histoire de la cuisine française*, et les races futures liront cet écrit, où sont contenues, dit-il avec emphase, toutes les richesses de la *chimie culinaire* : les dix-sept sauces dont mon père, maître-queux du roi Charles VI, inventa huit, et moi cinq : la *dodine*, la *poitevine* et la *galantine*, enfin l'art des *entremets* et celui de vaincre les grandes difficultés de la cuisine : comme de frire du beurre ou le mettre à la broche, les rôtis, les pâtés, les salades, et le service, simple, composé, symétrique ou renversé!... l'emploi des herbes, etc. C'est un chef-d'œuvre!...

— Il doit être très-substantiel, dit l'Italien; et l'on sait, ajouta-t-il en prenant le verre d'hypocras, que vous êtes le prince des cuisiniers... La fête d'avant-hier décelait du génie!...

— Du génie!... c'est le mot! répéta maître Taillevant en jetant un coulis d'amandes et d'œufs, pour dorer le potage du prince; il en faut beaucoup, sire chevalier, et je ne changerais pas de tête avec le roi de l'Europe.

— Vous avez raison; un homme qui prime dans son art est un monarque. Mais une chose m'inquiète...

— Qu'est-ce?... dit le cuisinier, avec l'air d'un charlatan qui présente son eau de Cologne.

— Comment avez-vous pu, en une seule nuit, dresser toutes vos machines pour le repas de la fête dont on a parlé... ces décors, le drame de la prise de Chypre!....

Le cuisinier se mit à sourire de l'air d'un faiseur de tours qui jouit de la stupéfaction des spectateurs.

—Venez, sire chevalier, je m'en vais vous montrer mon arsenal!... Et M⁰ Taillevant se tourna vers Frilair pour lui demander la clef de son magasin.

Saisissant le moment où le cuisinier avait le dos tourné, et où Frilair marchait vers le clou auquel la clef se trouvait suspendue, l'Italien jeta une poudre dans le potage que Taillevant soignait.

Frilair apporta la clef avec un respect qui montrait combien M⁰ Taillevant lui paraissait un homme extraordinaire.

—Soignez le potage du prince! lui dit Taillevant; et, se tournant vers l'Italien, il l'entraîna vers un vaste bâtiment avec l'ardeur d'un cicérone qui vous emmène vers Saint-Pierre de Rome. — Les gonds de la porte résonnèrent, et Michel l'Ange entra dans un magasin semblable à celui de l'Opéra, et il y vit une foule d'inventions, de machines, de décors et d'habillements.

— Voilà mes armes !... s'écria Taillevant, voilà de quoi m'immortaliser, car j'ai les sujets de plus de vingt entremets : la prise de Troie, celle de Jérusalem, l'enlèvement d'Europe, la bataille de Roncevaux !..... etc.

Michel l'Ange parut stupéfait :

— Un homme comme vous, dit le Vénitien, devait-il rester au service d'un prince aussi peu célèbre que le roi de Chypre ?...

— Monseigneur, repartit le cuisinier d'un ton grave, en mettant son bonnet sur sa tête et une main sur sa hanche gauche ; mon père était le cuisinier du roi Charles VI, il fut banni parce qu'il penchait pour les Armagnacs ; le roi de Chypre nous donna un asile ; tant qu'il sera dans le malheur, je ne l'abandonnerai jamais !... s'il remonte sur son trône, je suis sûr de la place de premier cuisinier du roi de France... La cour de France est mon héritage !... et alors... on verra !.....

— Vous n'êtes pas seulement un homme habile, M⁰ Taillevant, vous êtes un homme de bien !......

Ces paroles enivrèrent tant le célèbre cuisinier qu'il ne s'aperçut pas que Michel l'Ange l'avait quitté pour monter à cheval et s'éloigner à bride abattue de Casin-Grandes. Taillevant fut tiré de sa rêverie par la cloche qui sonnait le dîner du prince... Il revint en hâte à sa cuisine et trouva les officiers du roi qui s'écrièrent :

— M⁰ Taillevant, le potage.... qu'on le serve !....

— Le prince peut bien attendre !... s'écria fièrement le cuisinier. Il fit jeter quelques bouillons à sa casserole, la remua, gronda Frilair d'avoir laissé prendre le potage en un endroit de la casserole, et l'on emporta le fatal potage........

## XXIII.

*Je voudrais bien mourir pour sauver ce que j'aime !...*
(L... R.....)

*Rien n'empêche leur perte, elle est décidée, ils doivent périr ; ainsi le veut le destin !...*
(HOMÈRE, ch. 10.)

*Cependant sur Paris s'élevait un nuage*
*Qui devait apporter le tonnerre et l'orage.*
(VOLTAIRE.)

Clotilde avait une foule de petites recherches qui jetaient sur l'exil de son père une espèce de volupté ; elle tâchait de lui remplacer par les soins de l'amitié la plus tendre, les pompes de la cour de Chypre.

L'on me dira peut-être qu'une salle à manger contribue pour bien peu de chose au bonheur de la vie.... Il n'en est pas moins vrai que si vous étiez assis sur un banc dont le dossier est garni, comme le reste, de beaux coussins moelleux ; que si vous aviez les pieds sur un tapis de Perse ; que si votre vue était récréée au dehors par la vue de la mer, et au-dedans par l'ensemble imposant de vingt colonnes de marbre vert supportant une frise de marbre blanc ; que si votre oreille entendait le doux murmure des flots ; que si vous arriviez à cette pièce ronde par un péristyle gothique et très-sombre, vous seriez enchanté d'apercevoir un lieu clair, bien décoré, rempli des féeries de l'art et de la nature.

Telle était la salle à manger particulière du roi de Chypre. Clotilde l'avait encore embellie par des vases myrrhins dont elle renouvelait elle-même les fleurs.... Je déclare que j'en désire une semblable !...... Ne me reprochez pas de la décrire : car c'est le lieu d'une tragédie, et Aristote recommande d'en bien fixer le lieu. Cette salle se trouvait donc entre la salle des gardes et l'appartement de Clotilde......

Avertis par Trousse, le prince et la princesse s'y rendirent. La jeune fille guidait avec attention son père à travers la galerie ; ils furent reçus par l'évêque, Kéfalein, Monestan et les officiers de service, qui tous les attendaient dans une attitude respectueuse, comme cela se doit......

L'évêque prononça le *Benedicite ;* Kéfalein apporta, selon le devoir de sa charge, une aiguière dans laquelle le prince trempa ses mains, et Monestan présenta la serviette pour les essuyer. Leur service fini, Kéfalein sortit pour aller retrouver le Vénitien et apprendre la manœuvre des tartares ; l'évêque se retira de même, on ne sait pas pourquoi !.... Alors le prince et sa fille s'assirent.... J'avoue que si j'étais prince je n'aimerais pas tout ce cérémonial, mais le roi de Chypre y tenait autant qu'à la vie..... C'est encore un des traits du caractère de ce prince minutieux !.... Et ne faut-il pas qu'un roi ressemble le moins possible à un autre homme ?....

Clotilde ôta de la nef de son père la serviette peluchée du monarque, son couteau, son hanap, son couvert d'or, et elle découvrit le potage empoisonné, dont l'odeur et la fumée auraient nourri dix Limousins. La princesse armée d'une grande cuiller d'or, la plonge avec grâce dans le breuvage, et remplit une assiette de vermeil qu'elle pose devant le vieillard en lui disant :

— Attendez un peu, monseigneur, je crois qu'il est trop chaud. Le roi ne répondit rien parce qu'il avait faim. Je fais cette remarque pour prouver que les princes se rapprochent un peu de nous !...

La jeune fille s'en servit tout autant, et elle se mit à remuer ce fatal poison pour le refroidir.

— Ce chevalier est fort aimable, dit le roi, on aurait dû l'inviter à venir à notre couvert ; cela nous fait penser que ce pauvre Lulu nous manquera toujours.

Lulu périt à Nicosie ; c'était le fou du prince, qui le regretta parce qu'il était très-spirituel : sans cela Lulu aurait-il été regretté ?..... Je déclare que cette question est de la plus haute importance pour l'humanité.

— Sire, répondit Vérynel, si vous désirez le chevalier, je vais aller le chercher.

A ces mots le prince et sa fille levèrent leurs cuillers pour les porter à leur bouche, mais s'apercevant que le fatal breuvage était encore trop chaud, ils soufflèrent dessus ! Je défie la critique de ne pas trouver du naturel dans tous ces mouvements-là !... et, naturels, on n'a rien à me dire !... s'ils ne le sont pas, alors ils deviennent romantiques ! ainsi la critique est battue !... Ceci peut passer pour l'avant-scène de la tragédie..... mais patience, elle commence.....................

Devant le portail du château, figurez-vous un gros concierge assez bon homme ; il est appuyé contre une colonne, à côté d'une femme dans l'âge où l'on peut encore avec décence recevoir un compliment. Ils ont l'air de mauvaise humeur l'un contre l'autre, cela seul indique à l'observateur qu'ils sont mariés.

En ce moment, un homme en habit très-simple, ayant cet âge heureux où l'existence et le sourire d'une femme sont tout pour nous, ayant une belle figure et une espèce de majesté, se présente d'un air suppliant devant le concierge, tout en adressant à la femme un coup d'œil qui voulait dire : « Vous êtes encore belle, et si vous le désiriez..... » Le concierge, après avoir regardé sa femme, s'écria :

— Sauve-toi, misérable, si je t'aperçois tu risques ta vie !...... allons, disparais !..... ou j'appelle la garde pour te tuer.....

Ces paroles peu chrétiennes étaient inspirées par l'aspect de cette fatale roue blanche que Nephtaly portait sur son sein.....

La femme du concierge était de mauvaise humeur contre son mari : dans cette disposition, on aime assez à contredire, surtout son mari ! du reste, elle aimait les beaux hommes : alors on voit qu'elle avait mille motifs pour soutenir Nephtaly ; aussi, lui demanda-t-elle d'une voix douce :

Que voulez-vous ?....

— Tuez-moi, s'écria-t-il, mais il faut que j'entre ! Et le beau Juif, s'apercevant, d'après ces préliminaires, que l'orage grondait entre la femme et le mari, prend son temps, s'élance, franchit le pont-levis avec la rapidité de l'éclair !... il est dans les cours...

La flamme aurait dévoré Casin-Grandes que le concierge n'eût pas crié si fort, et il criait par trois raisons : la première, c'est que lorsqu'il se mit en devoir de courir après le Juif, sa femme, mue par je ne sais quoi, le retint par son habit ; la seconde, parce que le Juif souillait le château ; la troisième, parce qu'il fallait appeler au secours.

La femme triomphait, mais elle triomphait en criant et babillant. Le pauvre Nephtaly ne se doutait pas qu'il n'entra au château que parce que la nuit dernière le concierge n'avait pas. . . . . . . . Prudes, je m'arrête !... Ce concierge arrêté par sa femme, ses cris, ceux de sa moitié, les gens du prince qui accourent, Nephtaly qui s'enfuit, la sentinelle qui sonne du cor, tous ces divers traits du tableau peuvent former l'exposition d'un drame, il contient le type de tous les premiers actes de ceux que l'on voit au boulevard et même à l'Odéon.

A la voix du concierge, on accourt ; il redouble ses cris en montrant du doigt le Juif qui volait vers le pavillon royal ; on se précipite sur ses pas et l'on crie encore plus fort en espérant atteindre le coupable : seconds cris, second acte ; s'il est trop faible on y mettra un ballet.

— La princesse dîne-t-elle ? demanda l'Israélite à un écuyer ; où est-elle ? où est la salle à manger ?... L'écuyer ouvre la bouche, mais, sans attendre sa réponse, Nephtaly court toujours.

A ce moment la troupe assassine, grossie de tous les gens, rejoint le beau Juif et cherche à l'accabler ; le Juif se défend vaillamment.

Grand combat !....

— Tuez-le donc, avant qu'il souille le palais ? s'écrie l'évêque en reconnaissant le vil animal ; et l'évêque saisit un morceau de bois et le lance vers Nephtaly.

Tumulte effroyable !.. Ceux que l'Israélite frappe crient de plus belle. Tout ceci peut former, je crois, un troisième acte aussi bruyant que celui de maint opéra.

Nephtaly cherche à se faire jour, et, par un effort plus qu'humain, il se dégage des assaillants, il monte l'escalier rapidement, mais plus rapidement encore la foule le suit et l'atteint presqu'en haut du péristyle, au moment où il parvenait au premier étage !... Le tumulte est à son comble, et de nouveaux cris, beaucoup plus aigus, augmentent la somme totale du tapage. Ce quatrième acte de bruit était causé par un tour de force de Nephtaly : lorsqu'en haut de l'escalier les officiers et valets se jetèrent sur lui, il les repoussa en les embrassant tous et les fit rouler dans l'escalier ; or l'escalier étant de marbre, vous jugez que plus d'un nez fut meurtri ; et le moyen que d'honnêtes chrétiens auxquels un Juif casse le nez ne crient pas ! Néanmoins, Nephtaly ne put se débarrasser de deux officiers plus tenaces qui l'arrêtaient par ses habits : les entraînant alors avec lui, il parvint à la porte de la salle en criant :

— Clotilde, ne mangez pas, vous êtes empoisonnée !.....

Ici je puis dire avec orgueil que j'ai préparé un admirable cinquième acte !... L'exclamation du Juif ne fut pas entendue parce qu'elle était couverte par les clameurs des blessés, par les ordres que donna l'évêque, joyeux de ce nouveau combat et sûr cette fois de la victoire, enfin par le tumulte qui arrive à son plus haut période.

La maison tout entière est assemblée dans ce petit endroit, l'escalier est plein, et, parmi cette foule, l'intrépide Castriot traverse et tâche de parvenir au Juif!... Un peintre!... un peintre ! ... qu'il saisisse ses pinceaux !....

L'on juge bien que l'effroyable total du tapage de ce drame parvint alors dans la salle à manger!..... Aussi, Trousse ouvre la porte et Nephtaly, faisant un dernier effort quoique terrassé, se traîne sous les assaillants, avance sa belle tête sous les pieds du docteur, et il répète d'une voix terrible :

Clotilde!... ne mangez pas!... Et l'expression de son visage semble dire : *et moi aussi je vous sauve!...* mon rival n'est pas seul à veiller sur vous !...

Voilà dans quel état il parut devant sa bien-aimée!... Aux accents de cette voix chérie, Clotilde laisse tomber sa cuiller et arrête celle de son père : elle se lève... ce fut l'affaire d'un clin d'œil.

Nephtaly, voyant le potage abandonné, dit fièrement à ceux qui l'accablent : « Vous pouvez me tuer maintenant... j'ai sauvé Clotilde !...... »

Jamais cinquième acte ne fut plus beau !...... Cet homme renversé par terre, et près d'expirer, cette foule assemblée, et cette multitude de têtes tendues, offrent un spectacle curieux, surtout si vous pouvez, de l'endroit où vous êtes, parvenir à bien voir l'émotion de Clotilde rougissant jusque dans le blanc des yeux, son père étonné, et le Juif au comble de la joie, faisant sortir des éclairs d'amour de ses yeux en apercevant sur le sein de Clotilde la rose qu'il apporta le matin.

L'amoureuse princesse remarque que la posture et le regard de son Israélite sont les mêmes que ceux qu'elle rêva naguère !...

Sur un signe du prince, cette lutte cesse, l'Israélite se relève, et le murmure de la foule finit par degrés et fait place au silence.

— C'est le Juif qui nous sauva du naufrage !... s'écria le docteur regardant avec attention Nephtaly.

— Un juif! répète le monarque, tuez-le!...... Et le visage de Jean II peignit l'horreur !

Comme Trousse prononçait son dernier mot, il se sentit saisir et tordre le cou ; alors il lança dans les airs un effroyable « Je meurs! » qui attira toute l'attention.

C'était Castriot qui punissait le docteur de son indiscrétion : l'Albanais, après avoir lâché le cou de Trousse, alla se mettre à côté de Nephtaly, comme pour le défendre, et il eut la seule récompense qu'il enviât, un coup d'œil flatteur de Clotilde !... Trousse devint muet en apercevant les contractions menaçantes du visage de Castriot.

Qu'on juge s'il se peut de l'étonnement de la multitude, en voyant le farouche Albanais prendre place à côté du Juif, sans lui faire aucun mal! lui, qui n'hésitait jamais à tuer les Juifs et ceux qui déplaisaient au prince !

— Que signifie tout ceci ? demanda Jean II, en se tournant vers sa fille et Nephtaly. A cette question, le Juif resta immobile en regardant Clotilde. La jeune fille, pour ne pas laisser lire son amour dans ses yeux, les fiche en terre, mais sa prunelle, toute baissée qu'elle est, regarde en dessous !... Quel groupe !........ je voudrais être Canova, pour le sculpter!... Girodet, pour le peindre !

— Parleras-tu ? déicide !...... cria l'évêque au Juif.

L'attention redoubla.

Nephtaly se penche à l'oreille de Castriot, et l'Albanais, s'avançant, caressa son sabre en forme d'exorde, et dit :

Cet honnête Juif, chrétien par sa vertu, n'ose pas parler devant le prince, et il fait bien ; il a fait mieux, puisqu'il a risqué sa vie pour venir apprendre que le dîner du prince doit être empoisonné; c'est ce qu'il faut voir !...

L'étonnement fut grand....

Comment rendre les regards furtifs de Clotilde, et le tremblement qui agitait l'Israélite en se voyant à côté de sa bien-aimée : ils maudissaient de bien bon cœur l'assemblée qui forçait leurs yeux au silence ; mais, à l'air dont ils ne se regardent pas, on voit qu'ils s'aiment !.....

On attend ce que va dire le prince.

Pendant qu'une petite chienne, amenée par Vérynel, mangeait le potage, le prince réfléchissait ; tout à coup il demanda :

— Comment ce Juif a-t-il appris que notre dîner devait être empoisonné ?...

Castriot se penche derechef vers l'Israélite :

— Ce Juif observe, dit l'Albanais, qu'il ne peut dévoiler comment il a découvert cette trame.

— C'est lui, s'écria l'évêque, qui l'a ourdie pour avoir une récompense en la dénonçant !...

Nephtaly fit un mouvement d'indignation qui intéressa vivement l'auditoire en sa faveur : la majorité était séduite par sa belle figure, ses formes gracieuses et la majesté de son attitude ; la femme du concierge pérorait tout bas pour le beau prévenu, et les femmes, quand une fois elles pérorent, ne cessent que lorsqu'on en est convaincu.....

A ce moment, la petite chienne expira dans d'horribles convulsions, et Nephtaly se penchant encore vers Castriot, au bout d'un instant l'Albanais s'écria :

Nephtaly Jaffa prétend que c'est Michel l'Ange, le chevalier que l'on a reçu ici, qui est l'auteur de cet empoisonnement ; il dit que Michel l'Ange est un envoyé de Venise, qu'il a mission de détruire la famille de Lusignan et que dans peu l'on en aura des preuves !.... et moi, et moi, j'ajoute que si je le rencontre je le tue...

L'étonnement, comme toutes les passions humaines, a une gamme composée de tons et de demitons : si l'on peut se servir de cette image, je dirai que l'étonnement atteignit alors la dernière note de la dernière octave : il y eut un *murmure en tant de sens divers*, qu'il faudrait vingt pages de musique et un bon orchestre pour le rendre.

Le prince fit signe de la main, et l'on se tut. Ici, je dois observer que le peu de temps que cette histoire embrasse n'a pas permis de dévoiler toutes les nuances du caractère de Jean II. On l'a vu tenant ses conseils, aimant l'étiquette, bon père, prince généreux et reconnaissant ; mais on ne l'a pas vu, rendant la justice avec une sévérité, une égalité merveilleuses ; il se piquait d'être un petit Salomon, et l'affaire du chevrier n'a pas suffi pour le prouver.

En ce moment, le grand Kéfalein perce la foule avec sa tête pointue, la présente au prince, et les yeux effarés, il s'écrie : « Le chevalier vient de s'enfuir, monté sur un de mes meilleurs chevaux. »

— C'est le complice de ce Juif !... dit l'évêque ; au surplus, je réclame ce coupable comme relevant de la justice ecclésiastique.

Clotilde trembla.

— Vous êtes bien hardi, répondit le monarque, de donner votre opinion sans que nous la demandions ; que l'on songe à se taire.

L'assemblée admira la majesté du prince.

Il se leva, et se tournant vers l'endroit où il supposait Castriot, il lui dit :

— Ce Juif ne se nomme-t-il pas Nephtaly Jaffa ?...

— Oui, mon père...., répondit doucement Clotilde, c'est notre pauvre protégé !....

— N'avions-nous pas défendu, sous peine de mort, à Nephtaly Jaffa, d'approcher du château, reprit le prince avec le ton de Pharasmane répondant à Rhadamiste.

— C'est vrai, dit Bombans ; je lui ai transmis les ordres de monseigneur.

— Ne souille-t-il pas notre palais ?..... continua Jean II avec chaleur.

— Non, mon père, observa Clotilde à voix basse.

— C'est à nos ministres à prononcer maintenant !....
Et le roi se rassit.

— Il doit être pendu, dit l'évêque.

Kéfalein fit un signe de tête affirmatif, et Monestan leva les yeux au ciel.

— Castriot, faites votre devoir !... ajouta le prince ; mais il attira l'Albanais par le bras et lui donna des ordres secrets. Castriot disparut et revint bientôt.

L'évêque triomphait, mais Monestan, connaissant le roi, ne pria seulement pas pour le Juif !... sa figure douce annonçait qu'il contemplait l'Israélite en pensant combien sa conversion serait agréable au seigneur.

La salle fut évacuée par tout le monde, et Castriot emmena le beau Juif, dont le dernier regard fut à Clotilde.

Elle resta muette et immobile comme un marbre, et n'eut pas la force de dire un seul mot à son père.... tant elle était étonnée de cette cruauté....

On suivit Castriot et le Juif jusque dans la seconde cour. Là, le farouche soldat s'arrêta devant le gibet de la justice seigneuriale, et il passa une corde au cou de Nephtaly.

— Castriot, lui dit ce dernier avec un ton de reproche, tu ferais mourir ton bienfaiteur ?..

— Je suis l'ordre de mon prince, je ne connais que cela !...

La foule, épouvantée, fut saisie d'horreur ; et déjà Nephtaly, sans se déconcerter, *allait se dépouiller de ses vêtements, je ne sais dans quelle intention*, lorsque l'Albanais, tirant une magnifique chaîne d'or, la mit au col de l'Israélite, en s'écriant :

— Monseigneur a puni ton crime, maintenant il récompense ton dévouement !... sors !... et ne reparais plus !...

En un saut, Nephtaly atteignit le pont-levis, et il s'enfuit à travers la campagne !... La femme du concierge était évanouie, et son époux, fort de cette preuve, la fit revenir à elle assez brusquement. Elle put entendre les cris d'admiration que la foule élança vers les cieux ; ils parvinrent jusqu'aux oreilles du monarque, qui racontait à sa fille comment il avait su concilier la reconnaissance et la justice... L'on doit voir le contentement de la jeune amante.... et son sein palpiter !...

Un pareil événement aurait fait, dans une ville de province, le sujet de trois semaines de récits et de commentaires; à Casin-Grandes on en parla jusqu'au soir seulement, et le prince tint un conseil fort long sur cet événement qui annonçait clairement les desseins de Venise.

Les Calmadules ont omis de nous en donner l'historique; mais ceux qui lisent avec attention et qui connaissent l'humeur du prince et des trois ministres, doivent imaginer facilement cette scène, et voir l'évêque proposer de soudoyer des troupes, Kéfalein se promettant de créer un corps de cavalerie, etc., etc.

Le pieux Monestan fut le seul qui se rendit à la chapelle, s'agenouilla sur le marbre et tendit ses mains reconnaissantes vers l'Éternel, pour le remercier de sa protection!...... et surtout, de ce qu'il avait inspiré au concierge de sevrer sa femme; car, si le ménage eût été d'accord, Nephtaly ne serait pas entré..... le prince et Clotilde n'existeraient plus!..... et cette histoire serait finie. Elle tient, comme vous le voyez, à une scène maritale, et de nuit encore!..

Pendant que l'on commentait à Casin-Grandes toutes ces graves circonstances, que la femme du concierge prétendait avoir sauvé le prince, que, que, que, etc., la tempête grondait sur cet asile du roi de Chypre, et l'orage se préparait au loin. Michel l'Ange était arrivé à la forteresse d'Enguerry, il avait fait armer toute la troupe, et le plan de campagne n'étant pas long à décider, on se mit sur-le-champ en marche vers le bord de la mer à Jonquières, et. . . . . . . . . . . . . .
. . . . . . . . . . . . .

## XXIV.

C'était pendant l'horreur d'une profonde nuit.
(RACINE, *Athalie*.)

Heureux mur, tu devais servir mieux leur désir :
Ils n'obtinrent de toi qu'une ombre de plaisir.
(LA FONTAINE, *les Filles de Minée*.)

Songe, songe, Céphise, à cette nuit cruelle,
Qui fut pour tout un peuple une nuit éternelle;
Figure-toi Pyrrhus, les yeux étincelants,
Entrant à la lueur de nos palais brûlants.
(RACINE.)

Aussitôt que la nuit fut arrivée, Clotilde s'empressa de renvoyer Josette, et d'ouvrir sa fenêtre.... Nephtaly n'était pas sur sa rocaille... La princesse s'impatienta d'autant plus que son désir de le voir avait plus de violence..... Ah! je ne connais rien de plus douloureux que l'attente!.... en amour, c'est un supplice...

Enfin, un léger bruit annonce que le Juif est sur la crevasse; il se cramponne à sa corde, et son poids le fait parvenir à la rocaille chérie.

La nuit ayant redoublé ses voiles funèbres, ce qui veut dire qu'il faisait plus noir encore que dans la nuit du charpentier, l'obscurité força Clotilde à mettre sur l'appui de la croisée sa lampe de nuit.... Cette lueur colora son visage d'une lumière rougeâtre, et, dans l'ombre de la nuit, elle apparut à son tendre amant entourée d'une espèce d'auréole, qui lui donnait une grâce nouvelle.

— Nephtaly, dit-elle, voilà deux fois que vous me sauvez la vie....

— Ah! Clotilde, ne me la sauves-tu pas chaque jour, chaque soir, chaque matin!..... La vue de ton col si bien attaché sur tes épaules de neige, l'aspect charmant de tes joues rosées où tout le carmin de la nature semble infusé, de tes yeux bleus plus doux que le lait, et plus brillants que l'or, ne me donnent-ils pas la vie? Ah! Clotilde, ne comptons jamais en amour!..... je craindrais de savoir qui l'emporte de nous deux!...

— Mon bien-aimé, je veux te récompenser en te donnant un talisman d'amour, qui te représentera Clotilde; il te dira sans cesse qu'elle ne sut pas feindre et que tu es tout pour elle!.. ce sera le seul monument de nos tendresses.

— En ai-je besoin, s'écria le Juif, n'es-tu pas sans cesse présente à ma pensée?

Clotilde ne l'entendit pas, elle avait disparu. La jeune fille va chercher une écharpe qu'elle a brodée en secret dans le silence des nuits; ses mains douces et polies ont erré sur la soie, pour y tracer son chiffre et celui de Nephtaly..... l'amoureuse ouvrière les a entrelacés, et l'amour avait dessiné tous les ornements de cette brillante écharpe.

Nephtaly..... c'est à la lueur de cette lampe que j'ai tissu ce léger voile!..... porte-le quelquefois !..... si nous sommes séparés, il te contera tout!...... Elle souriait en tenant l'écharpe, mais ce sourire avait quelque chose de triste : il vint errer sur sa lèvre coralline, semblable à un rayon de soleil en hiver, ou plutôt comme le sourire de l'indigence témoin des prodigalités de la fortune..... Ce sourire, dénué d'espoir, peignait bien leurs amours : plus il était empreint de regrets, plus il découvrait d'amour à Nephtaly.

— Clotilde, s'écria le Juif avec l'accent du regret, comment puis-je la prendre?

Sans proférer une seule parole, la jeune fille regarda le Juif d'un air qui semblait dire : « Aimes-tu? »

Avez-vous éprouvé quelquefois le désir de vous jeter à l'eau, si le regard de votre maîtresse vous eût fait croire qu'elle le voulait? connaissez-vous

cette frénésie qu'allume un coup d'œil de mépris?...
Aussitôt que Clotilde eut jeté son œillade..... Nephtaly, saisissant sa corde, y attache une pierre et la lance sur la fenêtre de Clotilde, en la priant de l'attacher.
— Que voulez-vous faire,.... Nephtaly?
— Périr... plutôt que d'essuyer un second coup d'œil pareil à celui.....
— Nephtaly, je vous commande, je vous ordonne de ne pas...

Vaines menaces, le Juif cherche à franchir l'espace d'un saut. Alors Clotilde fixe la corde malgré elle, et Nephtaly traverse les airs sur ce fragile appui.

Clotilde a tremblé en attachant cette corde; elle tremble en voyant Nephtaly se hisser au moyen des nœuds; elle tremble à mesure qu'il avance; elle tremble alors qu'il s'assied sur la croisée..... ils sont près l'un de l'autre; elle ne tremble plus.

Une crainte vague erre dans l'esprit de Clotilde; mais son extrême innocence, sa candeur ne lui permet pas d'apercevoir un danger quelconque, et, fille de la nature, elle salue son doux ami par un sourire et un regard propres à lui faire courir le danger qu'elle ignore..... Si elle l'eût connu, le respect de Nephtaly lui aurait appris combien elle en était aimée!...

— Donne-moi cette écharpe, que je la couvre de baisers!...

Clotilde la noua tout autour de son beau Juif, et elle ne put se refuser à passer légèrement ses mains dans les boucles noires des cheveux de Nephtaly: l'ivoire de sa main se mêle à ce jais ondoyant!.. et l'Israélite, de même qu'une fleur trop chargée de rosée, se penche vers Clotilde...... Il est ivre.....
Ce léger contact, cette chaste et douce caresse fut la plus grande faveur qu'il obtint! Les cheveux de la princesse effleurèrent aussi sa joue en y portant une délicatesse aérienne, une suavité que je ne puis rendre; il faut même l'avoir ressentie pour en avoir l'idée...... Ils osent appuyer bien mollement leurs têtes charmantes l'une contre l'autre!.... Cet assemblement pur, angélique et momentané, ce toucher délicieux sous lequel leurs âmes se réunirent, leur causa quelque chose de plus tendre, de plus vif, de plus beau que ce que l'on nomme plaisir....
Cette douce pression était pour leurs âmes ce que la suprême faveur est aux sens !.... ils auraient voulu rester toute leur vie en cette extase, embellie de toute la richesse du silence de l'amour satisfait.

— Clotilde, tu m'as juré d'être fidèle? demanda le Juif après quelques moments.

— Tiendras-tu tes serments?... répondit-elle en abandonnant la chevelure de l'Israélite.

— Hélas!... quand sera-ce?... fut la seule réponse du Juif.

A ce vœu, Clotilde lui dit:
— Nephtaly, tu as ton écharpe; quitte ce lieu!...
— Je ne le puis.
— Tu le dois.
— Cruelle, qui te presse?
— Je ne sais.
— N'es-tu pas contente?
— Oui.
— Que peux-tu désirer?
— Rien; mais quitte ce lieu!
— Pourquoi?
— Nephtaly, je le veux; cela doit te suffire.
— Tu me crains donc?...

A cette demande, elle répondit par un regard dans lequel on lisait autant oui que non.

Vainement l'on chercherait à peindre, par des paroles, le charme céleste que la douce harmonie de leurs cœurs répandait sur ce moment. Cette scène a quelque chose de trop indéfinissable !.... seulement, j'y vois une jeune fille, rayonnante d'innocence, se confier dans les bras d'un amant respectueux; et j'y trouve le plus bel effort, le plus beau spectacle de la nature, car il les renferme tous !... des quatre grandes scènes de la vie, cette scène n'est-elle pas la plus touchante, la plus remplie de voluptés? Chaste comme le lis qui vient d'éclore, Clotilde folâtre avec amour sur le sein de Nephtaly, dont l'œil fier et les formes font un contraste avec les courbes gracieuses et la finesse de la jeune vierge; elle ne s'effraie en rien de ce qu'une autre, se croyant vertueuse, appellerait un grand danger !...... Il me semble que les anges des cieux applaudissent à ce tableau.

Ne pouvant résister à son envie cuisante, le Juif se penche sur le col d'albâtre de la princessse, et il y dépose un baiser de feu.....

Clotilde n'eut pas le temps de se courroucer, car un léger bruit vint les épouvanter..... Ce bruit part de la mer, qui gronde sous le sillage d'un vaisseau...... Le bel Israélite regarde, et il aperçoit des voiles blanchâtres fendre silencieusement la Méditerranée: ces voiles apparaissent au milieu de l'obscurité, comme les ombres nuageuses d'un rêve.......
Une sueur froide saisit Clotilde.... elle regarde le Juif avec stupeur.... Nephtaly, prompt comme un éclair, s'élance sur sa corde, parvient à son rocher, la retire. Il regarde les vaisseaux, compte dix petites galères....... regagne aussitôt sa crevasse, et se jette dans les flots.

Clotilde court à son autre fenêtre, et l'ouvre précipitamment: elle voit Nephtaly nager vers le pont de bateaux, et chercher à l'atteindre avant les funestes vaisseaux !...... Il arrive à l'esplanade comme les soldats du Mécréant, contenus dans le premier vaisseau, descendaient sur le bac.

Nephtaly s'arme d'un débris de chaloupe; il se place à l'entrée du pont de bateaux, et se faisant un rempart de planches, il tâche de démolir le pont en attendant l'ennemi.

Les soldats s'avancent sur ce bac, large de quelques pieds : il marchent, trois par trois, avec confiance et en silence. Arrivés à l'extrémité, près d'atteindre l'esplanade, Nephtaly se lève, Clotilde jette un cri perçant, et le Juif, à l'aide de sa massue, défend le passage; les trois premiers brigands sont massacrés en un clin d'œil : il frappe sur les autres et défend le passage avec une valeur héroïque.

Les soldats, étonnés de trouver de la résistance, et ne sachant, à cause de l'obscurité, si Nephtaly est seul, se poussent les uns contre les autres, et tombent dans la mer.

Nouvel Horatius Coclès, le beau Juif poursuit les brigands : en un instant il a nettoyé le pont et il s'en retourne à sa place, en essayant derechef à rompre le bac.

Mais d'autres soldats débarquèrent bien vite!.... et animés par les reproches du Mécréant, ils fondent sur le Juif.

Clotilde est en délire à l'aspect de ce combat, où la mort voltige sur la tête du bel Israélite. La jeune fille fait retentir l'air de ses cris, parcourt ses appartements, arrive à son antichambre, trouve Castriot, et l'entraîne en criant :

— *Sauvez-le!* sauvez-nous!... L'Albanais, étonné des cris de sa maîtresse, du bruit qu'il entend au dehors, et de l'effroi de Clotilde, arrive à la croisée; et la jeune fille lui montre du doigt ce combat nocturne.

En ce moment, Nephtaly, accablé sous le nombre, succombe et se défend entre les mains de trois soldats qui peuvent à peine le contenir et l'empêcher de crier !.... Enguerry lui-même et Michel l'Ange enfoncent la porte de la salle à manger, qui résiste faiblement, et les coups de la pièce de bois avec laquelle on frappe sur la porte, retentissent dans le château.

A ce spectacle, Castriot vit que Casin-Grandes était perdu sans ressource; il saisit alors la princesse presque évanouie, et il se précipita dans les appartements du prince, afin de sauver les Lusignans, s'il en est temps encore.

Il éveille le docteur Trousse, qui roule sa machine tout endormie vers l'appartement du prince : Castriot arrache Jean II au sommeil, le revêt de sa dalmatique, et, prenant le monarque sur ses épaules, sans plier sous la charge, il ressaisit Clotilde, met son sabre entre ses dents et vole vers le portail, en criant, ainsi que Trousse, à travers les galeries, les escaliers, les cours.

— Courez à la salle à manger !.. aux armes !... voilà l'ennemi !......

A ce coup de tonnerre et au bruit horrible qui se fait entendre, on s'éveille en tumulte; toute la maison s'ébranle, on allume des torches, et pendant que la foule envahit les cours, le courageux Castriot traverse Casin-Grandes en portant tous ses Dieux, comme Énée lorsqu'il fuyait sa patrie devenue la proie des Grecs. Trousse, prévoyant bien que l'Albanais fidèle allait cacher le prince et sa fille, le suit comme un chien, espérant bien profiter de l'asile pour son propre compte.

Tous les habitants du château volent à la salle à manger, ils arrivent armés comme ils peuvent; mais ce fut pour être témoins du triomphe du Mécréant qui envahissait l'asile du roi de Chypre!... En vain l'on sonne le beffroi, en vain la sentinelle de la cour y répond par son cor...... nul ne vient au secours de Casin-Grandes.

A l'aspect du Mécréant vainqueur, à l'aspect de cette salle qui vomit des soldats furieux, chacun se mit à fuir... La foule se rejeta vers le portail; mais Enguerry n'était pas homme à négliger les précautions. Lorsque la sentinelle sonna du cor, c'était pour signaler l'approche d'un corps de brigands qui ne tarda pas à s'étendre en face du château.

Plus d'espoir !...... les forces Mécréantiques ont cerné tout Casin-Grandes et les soldats le parcourent des torches à la main.... les galeries tremblent sous leurs pas précipités et les échos répètent leurs affreux cris de joie. Enguerry place ses soldats avec un soin et une attention toute particulière, afin que rien ne puisse échapper.

Il se dirige vers le portail, met une espèce de corps-de-garde sur le pont-levis; il range ses troupes par pelotons; en garnit chaque galerie, chaque appartement; pose des sentinelles partout, même sur les tours, sur l'esplanade, dans les cours; enfin, il s'assure de toutes les issues de ce vaste château.

Il y eut des résistances particulières; l'évêque, Monestan, Kéfalein, Vérynel et l'élite du château défendirent la porte des appartements royaux, croyant que le prince et sa fille y étaient encore.... mais le Mécréant triompha.

M<sup>e</sup> Taillevant fut le dernier à se rendre, il fallut que Michel l'Ange vînt avec du monde pour le forcer. Ce célèbre chef avait assemblé toute sa cuisine, ainsi que Bombans, les gens de l'intendance et du fournil; et tous, armés de broches, de pelles, de piques, et de ce que l'on put trouver, gardèrent l'arsenal qui contenait les chefs-d'œuvre de Taillevant.

A l'aspect de ce bataillon généreux, résolu de périr pour sauver les trésors du chef immortel de la cuisine française, Michel l'Ange se mit à rire et offrit une honorable capitulation en s'écriant :

— Les œuvres du génie seront respectées !..... sauf à pendre le génie lui-même.

On se saisit de Taillevant et de son escadron, que l'on conduisit avec le reste des prisonniers.

Dans la cour de Hugues et contre le perron, les soldats d'Enguerry formèrent un vaste carré, au milieu duquel on entassa tous les habitants de Casin-Grandes.

Parmi eux, on vit avec surprise l'audacieux Nephtaly qui, debout, les bras croisés et ensanglantés, sa noble tête penchée sur sa poitrine, était dans l'attitude sombre de la douleur ; il se trouvait entre les trois ministres et Bombans. La foule des prisonniers leur avait laissé par respect un petit espace...

Rien n'était effrayant pour ce groupe de Casin-Grandésiens comme de voir les brigands dévaster ce beau château. Chaque soldat courait sans nulle précaution avec une torche à la main, et cette multitude de lueurs voltigeantes redoublait leurs terreurs, en leur faisant craindre un incendie : ils entendaient briser les portes, crier, rire ; et cela sans pouvoir se venger !... ô rage !

Néanmoins, au milieu de ce malheur, et tout grand qu'il était, ils éprouvaient une joie pure, quand, en se regardant les uns les autres, ils ne virent ni le prince ni sa fille. Les trois ministres se flattèrent que le prudent Albanais les aurait sauvés !... Quant à l'absence de Trousse, elle ne surprit personne ; on savait qu'il trouvait toujours moyen de se mettre à couvert.

Chacun gémissait en apercevant le génie de la destruction et ses ministres envahir les appartements ; les soldats mirent le feu aux boiseries afin de découvrir toutes les issues secrètes et les endroits où l'on aurait pu cacher des trésors !...

— Que de réparations ! dit Bombans aux trois ministres.

— Ils prendront nos chevaux et Vol-au-vent aussi !... répondit Kéfalein.

— Ils profaneront les vases sacrés ! s'écria Monestan.

— Ils emporteront nos armes ! repartit l'évêque.

— J'ai sauvé l'histoire de la cuisine française ! cria Taillevant en montrant dans son sein les précieux manuscrits.

Chacun se plaignit en son langage ; le Juif seul ne disait rien : la femme du concierge était à quatre pas de lui, et malgré la désolation générale, elle admirait les belles formes de l'Israélite ; et cherchait à s'approcher davantage pour lui prendre la main.

Tout à coup l'attention fut fortement excitée par des cris violents qui partaient de la seconde cour : on écoute, on cherche à distinguer les voix.

— Moi je suis médecin, ne me tuez pas !.... je vous guérirai !.... je meurs !.... je meurs !......

Alors un groupe de soldats parut ; il amenait Trousse qui se laissait traîner, et Castriot qui tout couvert de sang se débattait avec le tronçon de son sabre !..... Ils furent introduits dans le carré : l'on garrotta Castriot, et le fidèle Albanais se traîna à côté du beau Juif.

— Est-elle sauvée ? demanda Nephtaly.

— Je l'espère, répondit le farouche soldat.

— Dieu soit loué ! s'écria Monestan.

— *Fatale destinée et que je suis imprudent !*.... dit le beau Juif : levant alors ses yeux au ciel, il semblait appeler du secours ; on voyait dans sa contenance une indignation, un sombre désespoir ; et à la manière dont il regardait les brigands, on pouvait deviner qu'il espérait la vengeance !....

A ce moment Michel l'Ange se présenta aux regards des habitants de Casin-Grandes, en leur lançant un sourire empreint d'une malice infernale. Le reflet de sa torche lui donnait l'air d'un diable sortant des enfers !........ Aussi, à son aspect, un mouvement d'horreur fit mouvoir toute cette assemblée de malheureux.

— Hé bien ! prudents ministres, dit-il, je viens vous engager à détruire une autre fois le pont de bateaux !...... Ne vous avais-je pas dit que ma présence marquerait au château !.... ne craignez rien cependant, il ne vous arrivera rien autre chose que la mort.

— La mort ! répéta Trousse...

Les prisonniers gardèrent cette dignité qui sied bien au malheur, ils ne répondirent rien et le Vénitien continua sa recherche.

— Je ne vois pas, dit-il, la fleur de Casin-Grandes, la beauté par excellence ; et le respect en personne, l'essence de vertu, le prince de Chypre. L'amoureuse Clotilde devrait y être, car j'y vois son amant ; et où la chèvre est attachée il faut qu'elle broute.

A ces paroles, l'assemblée stupéfaite porte ses regards sur le Juif ; mais l'Italien continue.

— Mon poison les aurait-il envoyés dans le troisième hémisphère ?... répondrez-vous, vertueuse canaille ?....

L'œil vert de l'Italien plongeait dans ce groupe de prisonniers ; sa revue finie, il s'écria : « Par le chef de Dieu, les oiseaux seraient-ils envolés ?......

— Hé bien ! le prince et sa fille y sont-ils ? lui demanda le Mécréant, qui survint.

— Non, dit Michel l'Ange. Ah ça, gens de bien, si vous aimez la vie nous direz-vous si votre chef de file est mort ainsi que sa fille ?...

— Non, répondit Trousse.

— Veux-tu te taire, lui cria l'Albanais; sinon je t'étrangle. A l'aspect de la grimace de Castriot, Trousse se tut.

— Mon compère, dit le Vénitien, il faut encore visiter le château avec une scrupuleuse exactitude et promptement. Et puis il nous restera un dernier moyen que nous viendrons employer... Mais l'Italien ne pouvait arracher le Mécréant à la contemplation des richesses qui s'amoncelaient dans les cours.

On procédait au pillage avec une affreuse activité; les richesses que Bombans avait sorties de leur caveau pour le tournoi furent apportées au milieu de la cour avec les trésors du prince, le dressoir, les vases, et la balustrade d'or.

Le Juif remarqua les vases de cristal encore pleins de ses fleurs; enfin tout ce que contenait le château fut entassé sans ordre, sans attention, et avec un vandalisme qui fit dire à Bombans désespéré:

— Encore s'ils en tenaient un registre exact et détaillé! mais voyez!.... point d'inventaire.... ils en perdront....

Au milieu de ce désastre, Josette examinait tous les soldats en cherchant à reconnaître son cher le Barbu. Mais dans ce tableau d'horreur, parmi les flammes, les cris des vainqueurs au milieu de cette nuit de désolation, le plus bizarre, était de voir Marie errer négligemment seule en liberté; elle vint s'asseoir sur les coffres qui renfermaient six millions d'espèces et regarda ce pillage avec insouciance. Enfin, cette folle jouant avec ses cheveux épars, à peine couverte de ses vêtements en désordre, et les yeux égarés, avait l'air du génie des ruines auquel on donnait une fête. . . . . . . . . .

## XXV.

*Justum et tenacem propositi virum, etc.*
(HORACE.)

Un homme juste et ferme en ses desseins n'est point épouvanté des menaces, et les tourments ne peuvent rien sur son âme.
(*Trad. libre.*)

*Amen, dico vobis, quia unus vestrûm me traditurus est.*
(EVANG. sec. MATT., ch. XXVI, v. 21.)

Il est donc vrai qu'un de vous doit me trahir.
(*Trad. libre.*)

Auprès des ruines habite le silence.
(Le comte MAXIME ODIN.)

Le spectacle que nous offre le château de Casin-Grandes a une ressemblance frappante avec la vie sociale, où le bonheur des uns fait le malheur des autres. Le monde, comme en ce moment les habitants de notre château, n'est divisé qu'en deux classes : celle des heureux, celle des infortunés; régies par la force et le hasard, on les retrouve dans tout. C'est une des conditions de la nature des choses, l'univers se présente partout avec des inégalités qu'il est impossible d'effacer, et jamais il n'y aura d'ordre social régulier par suite du pouvoir qui agit sur la nature... Je ne veux pas m'expliquer davantage; en effet, un traité de philosophie est fort inutile au commencement de la dernière partie d'une histoire aussi véridique... On sent que la philosophie, l'histoire et la vérité ont trop de différences dans les humeurs pour cheminer ensemble; elles n'ont jamais fait trois pas sans se brouiller. Et j'ai assez d'occupation à conduire, dans mon ouvrage, deux de ces pucelles divines si souvent violées, sans aller m'amuser à faire des préambules : si même celui-ci fâche quelque lecteur,... qu'il le dise, je déclare que je le retrancherai.....

A l'aspect des richesses accumulées dans les cours, le Mécréant était au comble de la joie; il se voyait, en idée, à la tête d'une nombreuse armée et entrant dans le royaume qu'il avait toujours dessein de conquérir!... Patience, patience!..... vous n'y êtes pas encore, M. le Mécréant! il existe un certain vieillard qui rôde dans la contrée et... je m'arrête, qu'allais-je dire?...

Certes, il fallait toute l'habileté de Michel l'Ange pour empêcher Enguerry de partir de Casin-Grandes avec tous les trésors, et pour le maintenir dans le but réel de l'expédition présente, qui était la prise du roi de Chypre et de sa fille.

— Allons, mon compère, disait l'Italien au Mécréant qui, du haut du perron où nous l'avons laissé, regardait complaisamment ses soldats apporter avec activité tout ce qu'ils trouvaient de riche et de précieux; allons, mon compère, dépêchons-nous!..... Le jour va venir, et vous savez que les démons n'opèrent que pendant la nuit.

— Eh, mon féal, répondit Enguerry, que veux-tu dire?... regarde, ventre-Mahom, je te tiens quitte de ma part..... car je me trouve satisfait!...

— Mais, le suis-je moi?... s'écria l'Ange avec hauteur.

— Mille pannerées de diables... voudrais-tu me faire la loi? répliqua Enguerry du même ton.

— Et par la mort que nous avons tenue ensemble sur les fonts quand l'enfer la baptisa, allons-nous nous fâcher?... répondit le Vénitien, s'adoucissant et reprenant son expression de joie habituelle; si nous avons là dix millions, continua-t-il, découvrons le roi de Chypre et sa fille, il y en aura douze; abondance de bien ne nuit pas.

Sur cette sage observation, ces deux grands sénéchaux de l'enfer montèrent par le bel escalier de marbre, et suivis d'une compagnie de soldats ils se mirent à visiter le pavillon de Hugues avec la plus scrupuleuse exactitude. Le Vénitien faisait arracher les boiseries, sonder les colonnes, les murs et les planchers, afin de trouver les issues secrètes. En voyant que toutes ses recherches étaient vaines, Michel l'Ange cessa les plaisanteries par lesquelles il animait les soldats.

Du pavillon de Hugues, ils passèrent dans l'aile de Mélusine, c'est-à-dire dans le corps de logis qui longeait la Coquette; mais leurs perquisitions n'eurent point de résultat, et l'Italien jura comme trois païens. Enfin, il entra dans une colère simple, puis dans une colère double, après s'être assuré que l'aile des Lusignans, qui était parallèle à celle de Mélusine, et l'aile Ducale qui séparait les deux cours, ne contenaient point le prince et sa fille.

Les pauvres prisonniers, témoins de ces recherches, concentraient leur chagrin; mais à chaque fois qu'ils virent sortir les brigands, sans que le prince fût découvert, ils firent éclater leur joie par des regards qu'ils se lancèrent mutuellement et par des mouvements qu'ils tâchèrent de dérober à leurs gardes farouches.

Il ne restait plus à visiter que l'aile Montreuil, c'est-à-dire la façade; elle était ainsi nommée parce que ce fut le fils de ce célèbre architecte qui construisit Casin-Grandes, et qui, par un sentiment de piété filiale, appela ce corps de logis du nom de son père, comme pour l'associer à ses travaux.

Le Mécréant, Michel l'Ange, et leurs satellites, eurent bientôt parcouru ce bâtiment, scruté chaque coin, fouillé chaque mur, sondé chaque plancher; et leur fureur fut sans égale en voyant que le prince et sa fille avaient échappé à toutes leurs précautions.

Les deux amis se regardèrent un moment comme pour se consulter.

— Emportons toujours le butin, dit le prudent Enguerry qui ne cessait de lorgner les trésors.

— Par saint Marc, s'écria l'Italien, il ne sortira rien d'ici sans que nous ayons le prince, ou je mets le feu au château.

— Mais si c'est impossible, mon féal? répondit le Mécréant qui ne partageait pas la rage et les intérêts de l'envoyé de Venise.

— Je m'en moque!... s'écria ce dernier avec l'accent de la fureur. Eh quoi, moi Michel l'Ange, au milieu d'une carrière dans laquelle je n'ai jamais bronché, je me verrais déshonoré par une expédition qui n'aurait pas embarrassé le moindre clerc!... A moi l'enfer!... à moi les diables!... Eh bien, me suivrez-vous! dit-il aux soldats étonnés de sa rage.

Ce fut ainsi qu'ils arrivèrent devant les prisonniers; alors, le jour commençait à poindre dans les cieux.

— Eh bien, que prétends-tu faire? dit le Mécréant à l'Italien.

— Par la queue du lion de S$^t$-Marc, ce que je prétends!... tu vas le voir... Or çà, gens de bien, s'écria-t-il en s'adressant aux prisonniers, écoutez-moi! j'y vais bon jeu, bon argent, car je me damne presque pour la très-sérénissime république; et ce que je vais vous promettre est aussi certain que ma naissance. Mes amis très-chers, vous m'avez dit que le roi Jean II et sa fille n'étaient pas morts, il est donc clair que vous les avez dérobés à la juste vengeance du sénat en les cachant... A ce mot tous les yeux se tournèrent sur Castriot.

— Or, continua Michel l'Ange, je vous déclare en bon français que notre bon plaisir est de vous faire appliquer à la question ordinaire et extraordinaire, jusqu'à ce que l'un de vous ait avoué la retraite du prince et de Clotilde... Voyez si vous voulez vous épargner les tourments?...

Les Casin-Grandésiens eurent le courage de répondre par un morne silence, et Monestan se mit en prières.

— Eh bien, reprit Enguerry, nous allons mettre les fers au feu.

Michel l'Ange tournait autour des prisonniers, pour choisir le premier martyr de la légende Casin-Grandésiaque, et le malheur voulut que Bombans s'offrît à sa vue; sur un signe du Vénitien, un soudard saisit le pauvre intendant, qui s'écria : « J'avais bien dit qu'il m'arriverait malheur. »

— Courage, maître Bombans, lui cria Monestan.

— Monseigneur, j'en ai une bonne dose, aussi est-ce bien dommage que cela ne puisse pas se vendre.

Josette se mit à pleurer.

On amena Hercule Bombans devant Michel l'Ange, Enguerry et Nicol.

— Arrachez-lui les ongles un à un! dit froidement l'Italien; il n'y perdra rien, car cela repousse. La foule se serra de terreur.

— Monsieur le diable, observa Bombans, permettez-moi de dire un dernier mot à ma fille! Sur un mouvement de tête du triumvirat, l'on reconduisit l'intendant vers Josette qui sanglotait.

— Mon enfant, murmura l'avare, si je péris, souviens-toi d'aller à Aix, chez le Juif Nathaniel, avec cette reconnaissance. Alors il tira de la doublure de son haut-de-chausses un papier plié en quatre et soigneusement enveloppé dans un petit morceau de cuir, et il le remit à sa fille sans que personne s'en aperçût.

— Tiens, ma Josette, continua-t-il en suivant des yeux la précieuse reconnaissance; ménage mon bien!

ne le prodigue pas; amasse, amasse!... adieu ! Et il l'embrassa.

L'intendant fut ramené devant les trois commandants, et un soldat, dont le cœur était sans doute pétrifié, lui arracha tous les ongles, non pas brusquement et avec une cruelle pitié, mais en variant à chaque fois cette douloureuse extraction. Je dois dire que si le courageux Bombans versa des larmes, ce fut plutôt la plainte du corps accablé que celle d'une âme pusillanime.

— Courage, lui cria le prélat, vous irez au paradis.

— Y aurai-je mon argent? demanda Bombans.

— Oui, répondit Kéfalein. Cette idée parut jeter du baume sur les plaies du patient.

— Déclare où est ton maître! lui dit l'Italien.

— Je n'ai de maître que dans le ciel, répliqua l'intendant.

— Ah tu railles! s'écria Enguerry, qu'on lui serre les pouces!...

Alors, les deux bourreaux joignirent ensemble les deux pouces de l'intendant, et les insérant dans les nœuds d'une grosse corde, ils en tirèrent les deux bouts de toutes leurs forces ; le sang teignit la corde; et Bombans sua à grosses gouttes en faisant des contorsions qui excitèrent le rire des brigands et de l'Innocente.

— Voilà ce que c'est que de voler le bien d'autrui, disait Marie; rends-moi ma chaîne d'or, vieux cancre! Au mot de rendre, Bombans indiqua, par une grimace, que sa vie et ses souffrances n'étaient rien auprès de ses trésors.

— Avoueras-tu? redemanda Michel, car si tu souffres c'est que tu le veux bien!...

— Je ne pourrai plus compter d'argent, s'écria l'intendant, en voyant ses deux pouces totalement écrasés; mais, à brebis tondue Dieu mesure le vent.

Sur un signe de Michel l'Ange on serra les deux index sanglants de l'héroïque Bombans, et les soldats les réduisirent à la stricte épaisseur d'une feuille de papier.

Lorsqu'on eut ainsi pressé successivement tous les doigts du patient sans qu'il eût dit un mot, il s'écria : « Je ne pourrai plus écrire, tenir mes registres, rendre mes comptes; adieu ma probité!... »

— Scélérat, reprit Enguerry, dis-nous où est ton prince.

— Je n'en sais rien.

Sur cette réponse, le terrible Mécréant ordonna à ses soldats de faire boire le pauvre intendant. Les deux bourreaux le couchèrent par terre, lui mirent un entonnoir dans la bouche, et on lui passa neuf pintes d'eau sans tenir compte de ses horribles souffrances : seulement, avant de verser chaque pinte, le Mécréant demandait à Bombans par un signe, s'il voulait avouer ce qu'il ne savait réellement pas, et l'intendant indiquait par un geste qu'il ne pouvait rien dire. Bientôt la pâleur de Bombans annonça qu'il allait périr.

— Arrêtez, arrêtez, cria Michel l'Ange, c'est un de mes amis; faites-le souffrir, mais ne le tuez pas.

— Eh pourquoi? demanda le Mécréant.

— Par saint Janvier!... c'est un intendant, partant il est riche; il nous paiera rançon, et corbleu! il en sera quitte pour cent mille francs puisqu'il est de mes amis.

A ces sages paroles, on releva Bombans à moitié mort et on le transporta au milieu du groupe des captifs effrayés : là, sa première parole fut: « On a parlé de cent mille francs, je crois?... »

— Le prince et l'Éternel, lui dit Monestan, vous récompenseront de ce martyre.

— Pourvu que ce soit en argent comptant! répondit Bombans.

Josette prit sur son sein la tête de son père, elle essuya la sueur de son visage, le couvrit de baisers, et déchira sa robe pour panser ses blessures.

— Ma fille, dit l'avare à voix basse, rends-moi la reconnaissance de Nathaniel!... vois-tu, il pourrait t'arriver malheur....

Le Vénitien désespéré cherchait quelque autre victime plus faible, qui pût trahir le secret de la retraite du prince, que ces pauvres prisonniers ignoraient tous, excepté Trousse et Castriot. A l'aspect des regards scrutateurs que lançaient les petits yeux verts de l'Italien, le tremblant médecin s'était caché sous la soutane du guerroyant Hilarion.

— Eh! qu'est devenu le génie de la médecine, l'illustre Trousse? demanda Michel l'Ange; l'a-t-on pris?...

— Certes, dit Enguerry; et ce fut au moment où il franchissait le pont-levis avec ce damné Albanais qui manqua de m'abattre la tête pour la seconde fois.

— Mais je ne le vois pas, répondit le Vénitien ; et par la carcasse du diable, notre digne patron, je crois que c'est le seul homme qui puisse nous découvrir ce que nous cherchons : car tous ces gens-là sont assez imbéciles pour mourir sans rien dire, ils sont frottés d'honneur!... Monestan leva les yeux au ciel.

En entendant ces funestes paroles, le pauvre docteur . . . . . . . . . . . .

Trouvez bon, lecteurs, que cette lacune vous tienne lieu de ce que rapporte l'histoire. En effet, bien que l'action de Trousse soit très-naturelle, et même périodique chez les hommes et chez les femmes, la politesse française de nos jours veut que l'on supprime ces menus détails, dont nos bons aïeux tiraient leurs plaisanteries... Quoi qu'il en soit, l'évêque fut forcé de se reculer, le beau Juif porta la main vers ses narines, autant en firent la femme du concierge, Késalein et Monestan; alors le tremblant docteur accroupi, et la tête dans ses mains, fut le point central d'un cercle de curieux.

— Ah le voilà !... s'écria Michel l'Ange ; et tous les yeux se tournèrent sur Trousse, qui répondit en balbutiant :

— Moi !... non, moi ?...

Alors prévoyant le danger où se trouvaient le prince et sa fille si le docteur avait la question à subir, Castriot rampa du mieux qu'il pût, tout garrotté qu'il était ; et, saisissant Trousse par la nuque, il essaya de l'étrangler.

— A moi, au secours !... moi je meurs !... je..

Heureusement les soldats, sur un mot de Michel l'Ange qui perdait tout à la mort de Trousse, arrivèrent dégager le docteur, et l'amenèrent avec Castriot devant Enguerry et Michel l'Ange. Alors la plus grande terreur régna parmi les malheureux captifs, car il leur était démontré que, pour peu qu'on égratignât Trousse, il trahirait le secret dont Castriot et le docteur paraissaient être les seuls dépositaires. Oubliant leurs infortunes personnelles, ces sujets fidèles ne pensaient qu'au prince et à la belle Clotilde : aussi tous les yeux se portèrent sur les deux martyrs, et le silence de l'attention régna dans tout le château. En effet les soldats avaient fini d'entasser le butin et de le charger dans des chariots tout prêts à partir.

— Par grâce, messieurs les soldats, dit Trousse à ceux qui le conduisaient, ne m'approchez pas trop de cet Albanais, car il me tuerait, et rien que l'aspect de sa figure m'agace les nerfs ; et voyez-vous la pensée....

— Tais-toi, lui cria Castriot.

— Du courage !..... s'écrièrent les captifs.

— Ça vous est bien facile à recommander, murmura le médecin, ce ne sont pas vos nerfs qui... que...

— Mon ami, interrompit Michel l'Ange, voulez-vous me dire en quel endroit s'est réfugié le prince ?

— Moi !...

— Oui toi...

— Moi, je n'en sais rien.

— Bravo !... crièrent en chœur les prisonniers, vive Trousse !...

— Oui, vive Trousse, et longtemps !... répéta le docteur avec un ton chagrin et en faisant une triste grimace.

Les encouragements de cette foule de malheureux convainquirent Michel l'Ange et le Mécréant que Trousse savait la retraite de Jean II ; alors le Vénitien, connaissant le caractère du patient, ne douta plus du succès.

— Hé bien, Hippocrate de notre siècle, s'écria l'Italien, choisissez parmi le chevalet, l'eau, l'huile bouillante, ou le traquenard, ce qui fatiguera le moins vos nerfs.

— Moi, répondit Trousse avec effroi, je ne veux rien de tout cela...

— Allons, mon compère, dit Enguerry, dépêchons-nous ; le soleil est levé. Le Mécréant fit signe à Nicol d'aller vite en besogne. L'impassible lieutenant coucha le tremblant docteur sur une grande planche ; et, après l'y avoir attaché, il mit entre les jambes de Trousse d'autres planches qu'il serra par de grosses cordes, de manière à réunir les jambes et les planches intermédiaires en un tout solide. Alors, le terrible Nicol prit des morceaux de bois taillés en forme de coins ; et, armé d'un pieu en guise de maillet, il inséra un premier coin de bois entre les jambes du docteur, sans se soucier de ses cris, qui retentirent dans la vaste enceinte du château.

Pendant ce temps, on étendait Castriot sur un chevalet fait à la hâte, et quatre soldats employèrent toutes leurs forces à tordre les membres du courageux Albanais. Son visage serein montrait à Trousse l'exemple d'une résignation et d'une fidélité que celui-ci ne cherchait guère à imiter.

— Je meurs !... je suis mort !... s'écria-t-il, quand on enfonça le second morceau de bois. En effet, les deux os de ses jambes craquèrent, et ce bruit fit trembler le beau Juif et les trois ministres pour le sort du prince et de sa fille.

— Comment, répondit Michel l'Ange avec un sourire amer, ne pouvez-vous pas vous guérir?.... je vous donne une belle occasion pour prouver votre système !... employez-moi toute l'énergie de votre imagination pour reporter votre pensée sur d'autres objets, et figurez-vous que vous ne souffrez pas !........ Puis se retournant vers Nicol, il ajouta : « Le docteur ne ressent rien, mettez encore un coin !.... »

— Grand Dieu, l'on m'assassine, moi !..... Trousse !...... au secours !...... M. le chevalier noir accourez ! n'importe par où, cela m'est égal !....

— Souffre et tais-toi ! dit Castriot, tes cris ne diminuent pas ta douleur.

— Par ma vie, cela vous est facile à dire, vous qui en endurez bien moins que moi.

— En effet, reprit l'Albanais avec un sourire, je prouve votre système et suis tout à fait à l'aise. Trousse se tut en voyant l'horrible torture de Castriot dont les membres se disloquaient.

— Avouez où est le prince, et votre torture cessera, dit Nicol au docteur.

Cette consolante idée fit tourner à Trousse sa tête endolorie vers Michel l'Ange, et il sembla consentir à ce qu'on lui demandait. Alors l'Italien ordonna

8*

d'arrêter la question. L'évêque, voyant cela, s'écria pour encourager le docteur :

— Courage!... je vous absous de vos péchés!...
— Dieu vous mettra au nombre de ses saints!... ajouta Monestan.
— J'aime mieux être en vie que dans une niche de plâtre et au calendrier, répondit le docteur.
— Vous serez cité comme le modèle des sujets dévoués, dit Kéfalein.
— Tout cela ne me servira de rien quand je serai mort.
— C'est vrai!..... dit Michel l'Ange, avec un ton de conviction.
— Les Lusignans vous élèveront une statue, cria l'intendant, et j'en surveillerai l'exécution.
— Je parlerai de vous dans l'histoire de la Cuisine Française, observa Taillevant, et le premier ragoût que j'invente je lui donne votre nom.
— J'aimerais mieux le manger, répondit le patient.
— Et la gloire ! dit le beau Juif.
— La gloire d'un mort ne vaut pas l'infamie d'un vivant! répliqua Michel l'Ange avec un malin sourire; l'une est une ombre, l'autre est un corps.
— C'est vrai, dit le docteur, la vie est tout.
— Je te tuerai, si nous survivons à ton apostasie ! cria l'Albanais avec des yeux étincelants, malgré ses souffrances.
— Je vivrai toujours quelques moments de plus!...

En cet instant, on inséra un troisième coin, et Nicol frappa à coups redoublés pour décider le patient. Alors le docteur fit signe qu'il allait révéler l'endroit où était le prince.

— Encore cinq minutes, dit le beau Juif, et tu meurs sans trahir ton roi !.....

— Mourir, répéta Trousse, beau Juif, vous êtes jeune et vous ne savez pas encore tout ce qu'on perd ; en ne connaît la vie qu'à l'*user*..... Me ferez-vous mourir si je ne dis rien? demanda-t-il aux bourreaux avec ingénuité.

— Certes! répondit Enguerry d'un ton farouche.

Le docteur resta dans une cruelle incertitude.

— Hélas ! s'écria Michel l'Ange avec des yeux pétillants, quel dommage que personne ne soit revenu nous dire si l'on ne vit pas quand on est mort... eh! que ne perd-on pas à mourir?.... tout ce qu'il y a de réel et de solide s'évanouit comme un songe!... les yeux ne voient plus, on ne peut plus savourer la douceur d'un repas, satisfaire sa soif, marcher, sentir, entendre, enfin l'on devient cadavre, pâture des vers, et l'horreur de la nature; vide soi-même on augmente la masse du vide, on entre dans le néant, et l'on ne se souvient même pas de nous!... Au lieu qu'un vivant !... tel infâme et malheureux qu'il soit, il mange, boit, marche et assiste au grand spectacle du monde; il en est un des leviers, il contribue à l'effet du tableau, il jouit de tout, il roule dans la vie avec bonheur, enfin il existe.... Il faut dire adieu à tout cela.... Allons, mon ami Trousse, faites votre paquet et quittez la vie; cela ne sera rien, il suffit d'un instant....

En disant cela, Michel l'Ange tira son épée et la dirigea lentement vers le cœur du médecin.

— Un instant!... un instant... déliez-moi!... je vais vous conduire à l'endroit où est le prince!...

Alors Nicol débarrassa Trousse du douloureux traquenard, et un cri d'horreur et d'indignation partit du groupe des captifs.

— Malheureux, s'écria le Juif au désespoir, que ne puis-je te donner ma vie!...... Eh! songe donc que si tu meurs, tu vivras encore!.... tes cendres se transformeront en une substance quelconque qui vivra ; tu deviendras plante, oiseau : tu auras des sensations autres que les tiennes et plus agréables peut-être!...

— Peut-être, répéta Trousse, peut-être!.... Et il se dirigea vers l'autre cour accompagné par Michel l'Ange triomphant, et par le Mécréant et Nicol qui le soutenaient. Les Casin-Grandésiens restèrent immobiles de terreur et Castriot poussa un effroyable gémissement. Un des soldats, s'apercevant qu'il était près d'expirer, fut ému de son courage et détacha l'Albanais, qui pleura de rage en songeant que sa bienfaitrice et son prince allaient être découverts.

En effet, le lâche docteur, toujours effrayé par la pointe scintillante des épées que l'adroit Vénitien avait soin de lui présenter sans cesse, conduisit le joyeux Triumvirat vers le pont-levis. Là, il dit d'une voix altérée : « Levez-le. » Et Nicol ayant exécuté ce fatal mouvement, on aperçut le vénérable Jean II et la belle Clotilde, assis dans un renfoncement du fossé et protégés par des pierres et des fascines qui formaient une espèce de niche.

— Que la carcasse du diable me serve de voiture, s'écria Enguerry , si je les aurais jamais cherchés là!.....

Michel l'Ange sautait de joie et frappait dans ses mains, en criant : « Victoire!... victoire... » Et l'on tira le monarque et sa fille de leur retraite.

A ce moment Trousse, ayant horreur de sa trahison et ne pouvant soutenir le douloureux regard de Clotilde, s'écria : « Je voudrais mourir !...

— Qu'à cela ne tienne! lui dit Enguerry, et il leva son épée.

— Grâce!... grâce!... répliqua le docteur, je ne pensais pas à ce que je disais!.....

Quand le prince et sa fille parurent dans les cours, suivis de Trousse-Judas et de la foule des brigands, un murmure d'indignation s'éleva parmi les Casin-

Grandésiens. En arrivant près d'eux, les yeux de l'amoureuse Clotilde cherchèrent le bel Israélite et lorsqu'elle l'aperçut un rayon de joie brilla au travers de ses larmes; une rougeur charmante nuança son pâle visage, et son regard sembla dire à Nephtaly : « *Nous mourrons ensemble!*.... » Jean II conservant au milieu de cette infortune, et de cette bizarre assemblée, sa noble et majestueuse attitude, ressemblait à Régulus arrivant à Carthage.

Aussitôt, les soldats firent monter tous les prisonniers dans des chariots. L'on mit Jean II, sa fille, les trois ministres, le Juif, Bombans et Trousse dans la même voiture, et Michel l'Ange eut soin que Clotilde et Nephtaly fussent à côté l'un de l'autre.

— Il faut bien, dit-il, que les deux amants se fassent leurs adieux ! ils n'ont pas longtemps à vivre !...

— Que n'ai-je mon sabre pour punir ce calomniateur! s'écria Castriot.

Les trois ministres regardèrent avec étonnement la princesse et Nephtaly qui baissèrent leurs yeux où tout leur amour pouvait se lire : puis, sur l'ordre du Mécréant, on abandonna le château. Les pauvres habitants lui dirent adieu de l'œil et du geste; bientôt ils perdirent de vue ses masses romantiques, et néanmoins ils regardèrent toujours en silence et dans l'espace la direction de ce bel édifice...

Le silence de la destruction envahit Casin-Grandes! Bientôt Raoul le chevrier arrive tout haletant... il entre sans obstacle dans les cours; il regarde avec surprise le désolant spectacle de cette destruction récente, qui n'a rien que de navrant : les ruines consacrées par le temps ont quelque chose de poétique, elles jettent dans l'âme un sentiment de mélancolie; tandis que les ruines encore empreintes de carnage et pour ainsi dire palpitantes n'ont rien de gracieux et font horreur !... Raoul erre partout et n'en peut croire ses yeux : ce château naguère si plein, si vivant, est morne; rien ne l'anime, il est comme un squelette. Le chevrier entend un léger bruit qui retentit dans les cours... il approche, et ce qu'il voit semble compléter le tableau. C'était le vieux cheval de Bombans qui broutait une mousse.

Après avoir examiné ce spectacle, le jeune et beau pâtre enfourche le cheval quadragénaire, le force sur ses vieux ans à galoper; et Raoul se dirige vers Aix, en accordant un soupir et une larme à la ruine de ce beau château et à celle de la race des rois de Jérusalem. A une lieue d'Aix, le chevrier rencontra un vieillard monté sur un cheval fringant, et à la manière dont il le gouvernait et dont il portait ses armes, il était facile de reconnaître un guerrier blanchi sous le casque.

— C'est vous ! s'écria le vieillard.
— Hélas !.... répliqua Raoul, Casin-Grandes est pris !....
— Ciel ! l'imprudent !... quelle folie ! continua le vieillard, courons, volons !.....

Tous deux s'élancèrent vers la capitale de la Provence, et ils disparurent cachés par le nuage de poussière qui s'éleva sous les pas de leurs chevaux.

## XXVI.

De la prison, sur eux, la porte s'est fermée;
Ils attendent la mort, l'accusent de lenteur.
(*Poème de Jonas.*)

Quand je devrais périr, j'espère vous sauver;
Et pour mon bienfaiteur je saurai tout braver.
(*Tragédie de Guillaume Tell.*)

Pendant que Raoul pressait les flancs étiques du cheval de l'intendant afin de pouvoir suivre le vieillard, le roi Jean II, et sa farouche escorte, s'avançaient en grande hâte vers la forteresse d'Enguerry.

Lorsque le cortège parvint à l'endroit de la colline des Amants où le Juif rencontra Clotilde, la princesse et Nephtaly se le montrèrent en même temps par un regard empreint de toutes les suavités de la mélancolie. Ce coup d'œil plein d'une certaine grâce funéraire semblait contenir toute l'histoire de leurs amours enchanteresses. Clotilde s'appuya bien légèrement sur l'épaule de son bien-aimé; les boucles de leurs cheveux se mêlèrent; et, parmi les captifs, eux seuls, au moyen de ce tacite langage des âmes, cueillirent une fleur au milieu de ce vaste champ d'infortune. Et n'étaient-ils pas réunis?... Qu'importe que ce fût par le malheur?... ils se voyaient!... et se voir est tout en amour !...

En ce moment, Trousse-Judas, horriblement fatigué par les cahots de la voiture qui renouvelaient les douleurs de ses jambes meurtries, rompit le silence en s'écriant : « Je souffre. »

— Tu n'as que ce que tu mérites, vil apostat, traître!... répliqua l'évêque; fuis d'ici ! va au bout du chariot, n'approche pas de ceux que tu as livrés !... la présence d'un Judas est un supplice !....

— Ne l'injuriez pas, interrompit Jean II d'un ton calme, il a suivi le penchant de la nature en se conservant à nos dépens. Faut-il le blâmer d'avoir été homme avant d'être sujet? Nous n'avons pas tous la force d'être des héros... peut-être nous aurait-on toujours découverts. M. Trousse, nous vous pardonnons !....

— Moi, monseigneur !.... Et Trousse confus se réfugia à l'extrémité du chariot.

— Messieurs, dit le monarque à voix basse, nous nous trouvons dans des circonstances graves !....

— Très-graves, répéta nonchalamment Kéfalein, qui conservait l'insouciance de son caractère au milieu de ces événements.

— Voilà ce que c'est que de n'avoir pas suivi mes conseils ! s'écria l'évêque ; ou plutôt si nous avions *trente mille hommes*....

— Confions-nous à la Providence, interrompit Monestan en levant les yeux au ciel ; la résignation est la première vertu du sage !....

— Que peut être devenu le chevalier noir ? murmura le prince ; et comment se fait-il qu'il ait pu nous abandonner ?..... Allons, soumettons-nous à la main qui nous frappe !... Dieu le veut !...

— Dieu a donc voulu que l'on pillât tous nos trésors ? s'écria Bombans ; et on les a tellement dispersés qu'il est impossible que le compte s'y retrouve jamais !....

— Qu'importe ! répondit le monarque.

Cette parole soulagea Bombans, qui pensa que ce pillage serait une éponge pour laver ses comptes de tout reproche.

— Ils auront brisé la chaise de Mélusine ! continua le prince.

— Et brûlé la tapisserie, ouvrage de la Sainte-Vierge ! observa Monestan ; c'était la plus précieuse relique de la chrétienté.

— Et ils ont emporté toutes nos armes ! ajouta Hilarion.

— Que de malheurs !...... s'écria Kéfalein en voyant Michel l'Ange faire caracoler Vol-au-vent autour du chariot.

— Ces malheurs, dit le beau Juif à l'oreille de Clotilde, sont mon ouvrage, j'en suis le seul coupable !...... mais peut-être pourrai-je les réparer...

— Et comment, Nephtaly ?....

— Hélas !... tenez..., voici mon seul espoir... Et il montra à Clotilde un anneau d'argent très-grossier qu'il portait à son index gauche. Je jure, reprit-il, que si je puis échapper à ce nouveau malheur, je ne m'exposerai plus à de pareils dangers !... Ah ! ma Clotilde, qu'ai-je fait !...

— Qui parle en ce moment à notre fille ? demanda le prince avec curiosité.

— C'est le Juif Nephtaly, répondit Bombans.

— Ciel !.... s'écria Jean II ; ô comble de misère, un Juif à nos côtés !... et, il parle à notre fille !...

— Et ils s'aiment, ajouta Michel l'Ange, qui passait.

A ce mot, le vieux monarque se tourna vers l'endroit où il supposait Clotilde, et il dit avec l'accent de la plus profonde douleur : « Serait-il vrai, ma fille ?.... »

La jeune vierge ne répondit rien, et Jean II consterné baissa la tête sur sa poitrine ; mais Castriot cria sur-le-champ au Vénitien :

— Infâme et vil calomniateur ! non content de la vie de nos rois, prétends-tu pouvoir noircir leur sublime caractère et la pureté de ma bienfaitrice que je suis en tous lieux ?.... Ah ! si j'avais mon sabre !... Meurs, Castriot ! tu vois tes rois insultés et tu ne peux les venger, meurs !....

A ces paroles le prince parut se réveiller comme d'un songe, et la faible rougeur de sa figure annonça qu'il saisissait avec joie l'espérance que lui donnait l'idée du fidèle Albanais.

Les trois ministres attribuèrent le vif incarnat qui envahissait le charmant visage de Clotilde à la honte que lui causait une telle accusation : la jeune fille se sépara insensiblement du bel Israélite qui était en proie à des torrents de voluptés en interprétant le silence de sa bien-aimée comme un nouvel aveu de son amour. Ils se jetèrent encore quelques furtifs regards plein d'un feu céleste. Déjà la princesse voyait cette infortune comme la source de son bonheur : « Pauvre orpheline, je pourrai l'épouser ! » se disait-elle ; et elle regardait Nephtaly avec un doux sourire.

— Tant que nous serons en route, observa Hilarion, nous avons encore l'espoir d'être délivrés par le chevalier noir.

Michel l'Ange qui entendit ces paroles en sentit toute la force ; il ordonna d'aller encore plus vite, et bientôt on aperçut le faîte des murailles de la forteresse d'Enguerry. Josette fut la seule en qui cette vue n'excita pas le désespoir, car cette fille de la Provence avait l'âme tout occupée des plaisirs qu'elle pourrait goûter avec son cher le Barbu ! Qu'il faut d'énergie pour dompter la nature !.....

Enfin, l'escorte franchit le fatal porche sur lequel il semblait qu'on eût écrit, comme sur celui de l'enfer : *Entrez et laissez l'espérance !*... Tous les cœurs se serrèrent lorsqu'on entendit relever le pont-levis, et que les trésors, le prince et sa fille furent dans la cour de la forteresse du Mécréant : chacun se regarda tristement sans proférer une parole.

— De quoi le prince pourra-t-il vivre ? dit Taillevant ; quel ragoût faire dans de petites cuisines comme celles-là ?..... Tout sera mauvais !.... Et il s'appuya sur Frilair qui imita le désespoir de son illustre chef.

Tous les prisonniers vulgaires furent entassés dans des caves ; et l'on amena dans la salle basse du Mécréant, le prince, sa fille, les trois ministres, le beau Juif, Bombans, Trousse, Josette, Taillevant, Castriot, Marie, et le reste de la cour. Le terrible Enguerry ne tarda pas à reparaître après avoir serré sa part du butin et quitté son armure pour reprendre la dalmatique, ornement des seigneurs de ce temps.

Le prince et Clotilde étaient seuls assis, et chacun se tenait respectueusement debout. Le Mécréant fut frappé de ce spectacle, et son orgueil en fut agréablement chatouillé : il s'alla mettre dans son fauteuil rouge, sous son dais de bois, et il regarda ses prisonniers. Leurs différentes attitudes, la beauté touchante de Clotilde et du Juif, la majesté du prince, les poses de ses ministres, le jour sombre qui passait à peine par les vitraux de couleur, et la simplicité du lieu, rendaient cette scène digne du pinceau d'un peintre ; et le Mécréant, Michel l'Ange, Nicol, et la folle, composaient un groupe remarquable par les expressions de ces quatre physionomies diversement sauvages.

— Mon compère, dit l'Italien à Enguerry, je crois qu'il serait assez urgent de nous défaire sur-le-champ du prince et de sa fille.

— Et pourquoi ?... répondit vivement Enguerry.

— Corbleu ! parce qu'il n'y a que les morts qui ne reviennent pas, et l'on s'est toujours bien trouvé de cet axiome politique.

— Oui !... répondit Enguerry avec un sourire sardonique, mais je m'en trouverais fort mal... et je veux conserver la vie à mes prisonniers ; si Venise les veut, qu'elle me les paie ! où est votre or ?... Croyez-vous, mon bel ami, que j'irai me mettre à votre discrétion en les faisant périr ? Avez-vous affaire à un jeune étourneau politique ? Grâce à Jean-Sans-Peur, mon maître, j'en sais long !...

— Ainsi, dit Michel l'Ange stupéfait sans le faire paraître, je n'aurais, à votre compte, travaillé que pour vous ?....

— Et c'est vrai, mon féal !....

— Ah ! mon compère !... mon ami !...

— Ton ami !... raie cela de tes papiers ! il n'y a d'autre lien entre nous que l'intérêt, et ce lien est rompu pour le quart-d'heure. Le Vénitien, semblable à un renard pris au piége, et honteux de s'être laissé jouer et de n'avoir pas pris toutes ses précautions, sentit la force de la position d'Enguerry : il resta, sans mot dire, les yeux fixés sur la table ; et réfléchit à la manière dont il sortirait de cet état critique.

— J'entends bien, continua le Mécréant, qu'une fois le prince et sa fille morts, tu aurais pris le large ! mais à d'autres !... et si tu fais mine de vouloir me jouer, je saurai te mettre à l'ombre.

Affectant alors un léger sourire qui semblait couvrir de sombres desseins, ainsi que des fleurs cachent un précipice, le cauteleux Italien s'écria : « Allons, mon compère, nous sommes d'égale force !... Je ne le croyais pas !... »

— Tu conviens donc de ta félonie ?

— Que diable voulez-vous !... c'était tout naturel... A ma place vous en auriez peut-être fait autant !... Eh bien ! maintenant nous jouerons à jeu découvert ; et si pour le moment vous avez les as, c'est à moi à les mettre de mon côté... ou plutôt, ajouta-t-il, en voyant les regards du Mécréant, je vais m'exécuter et réfléchir pour vous compter ces deux millions !... Par Saint-Marc et *Diavolo*, vous êtes grand politique, car vous avez vaincu Michel l'Ange !...

— Double coquin, tes louanges ne m'empêcheront pas de prendre mes sûretés ; et, comme deux valent mieux qu'une, je commence par disposer de mes prisonniers de manière à les soustraire à tes ruses et à tes poisons !...

Alors Enguerry, jetant un regard sur les captifs, s'écria : « Nicol !... que l'on avertisse le Barbu (Josette tressaillit) de venir chercher ce Juif qui a l'audace d'être mon rival. On lui donnera la question de l'huile bouillante ; et s'il n'avoue pas où sont ses trésors, qu'on le mette à la barigoule. »

Clotilde serra la main de Nephtaly, et après lui avoir lancé un dernier regard, elle s'évanouit et s'appuya sur Castriot, en murmurant : « Adieu !... »

Il existait une rivalité entre Nicol et le Barbu. Ce dernier, par des raisons que l'on ne tardera pas à connaître, se tenait à l'écart depuis que les habitants de Casin-Grandes étaient entrés. Chargé de tout le poids de la colère du Mécréant, qui le soupçonnait d'avoir de l'humanité, de le trahir, et d'entretenir des liaisons avec le château du roi de Chypre, car Michel l'Ange n'avait pas manqué de dire au Mécréant ce dont il fut témoin, le Barbu, pressentant l'avenir et attiré par une foule de sentiments vers Casin-Grandes, flottait dans ses résolutions.

Quant à Nicol, il aspirait à être premier lieutenant ; et partant, il ne manquait jamais de nuire à l'époux de l'amoureuse Josette.

Enguerry aimait assez ces rivalités, et il avait soin de les entretenir, parce qu'elles tournaient à son avantage, en ce que ses soldats cherchaient à se surpasser les uns les autres, soit en courage, soit en fidélité ; et qu'en les occupant entre eux, il obviait aux attentats dont il aurait pu être l'objet, si parmi eux il s'était trouvé un homme entreprenant.

Aussi Nicol, en revenant, dit au Mécréant avec un air de mystère, que le Barbu paraissait avoir de la répugnance à se rendre à ses ordres : en effet, le premier lieutenant marchait à pas lents. Alors Enguerry donna l'ordre à deux de ses soldats de se saisir du Juif. Ce dernier avant de quitter Clotilde lui déroba un baiser et lui dit à voix basse : « Espère !... » et Enguerry l'entraîna.

Marie, comme mue par un instinct indéfinissable, dit au Juif, quand il passa près d'elle :

— Mon ami, tu es jeune et beau, je suis laide et sans utilité pour le monde ; tu vas souffrir beaucoup, je suis insensible au bien comme au mal; qui empêche donc que l'on ne me prenne à ta place?...

Le Juif sourit à Marie, et lui dit ce seul mot:

— L'intérêt!

La folle continua en pleurant: « On arrache un jeune chêne et on laisse végéter un vieil orme!.... Où est l'intérêt?... »

Le Mécréant sortit avec Nephtaly.

Alors Clotilde, se réveillant comme d'un songe, demanda au fidèle Albanais: « Il m'a parlé?... qu'a-t-il dit?.... le son de sa voix a retenti dans mon âme: où sa bouche s'est-elle posée?.... »

Castriot fut tellement étonné de ce langage qu'il ne répondit rien; et la jeune fille, en voyant sortir l'Israélite, retomba dans une sombre léthargie. Ses yeux, après avoir erré, se fixèrent sur la porte par laquelle Nephtaly avait disparu; elle pâlit comme la neige des Alpes, et resta immobile, froide, et semblable à la statue d'un tombeau.

En ce moment on entendit le Mécréant se mettre en fureur et réprimander le Barbu, puis il rentra avec Nicol en répétant: « Et s'il n'avoue rien, qu'il meure!... »

— Castriot, je succombe!.... Et Clotilde tomba dans les bras tout disloqués de l'Albanais, qui, surmontant ses douleurs, la retint et chercha à la ranimer.

Marie, à l'aspect de la chute de sa fille de lait, se mit à pleurer en disant: « Les deux êtres que j'ai nourris auront une fin malheureuse!... mon lait est mortel!... » et elle se frappa le sein et la poitrine.

— Qu'a donc ma fille?.... demanda le prince avec une inquiétude extrême.

— C'est le froid de cette salle qui l'aura saisie, répondit l'Albanais.

— Grand Dieu! nous avez-vous abandonnés?... s'écria Monestan qui s'agenouilla et se mit en prières.

L'évêque regardait les armures suspendues dans la salle, il les convoitait de l'œil, et cherchait les moyens de s'en emparer pour mourir les armes à la main. Quant à Kéfalein, il contemplait son prince avec douleur, sans pouvoir assembler d'autre idée; Trousse était accroupi dans un coin; et Josette pensait au Barbu.

En ce moment le Mécréant, s'apercevant que Michel l'Ange s'approchait insensiblement de l'endroit où se tenait le prince et sa fille, s'écria:

— Nicol, mon ami, conduis le roi Jean II et la belle Clotilde dans le cachot dont voici la clef!... et aie soin de me la rapporter!

Il échappa un mouvement de dépit à l'Italien, tandis qu'un autre mouvement causé par la douleur agita le groupe des captifs. Enguerry, se tournant vers Jean II, ajouta avec un sourire ironique:

— Ce n'est pas par cruauté, monseigneur; nous connaissons les égards que l'on doit aux rois!... ce que j'en fais c'est pour votre sûreté personnelle, car voici, dit-il en montrant Michel l'Ange, un diable envoyé par l'enfer, ou Venise, c'est un un qui serait capable de vous dépêcher pour l'autre monde avant que l'on eût regardé par où et comment!.... d'ailleurs vous réfléchirez plus à l'aise, avec votre fille, s'il ne serait pas très-convenable de me prendre pour gendre; si cela était, morbleu!.... vous seriez maître de la Chypre avant un mois.

A ces derniers mots, l'évêque tressaillit.

Jean II, sans rien répondre, embrassa ses trois ministres; serra la main du fidèle Castriot; dit adieu à ses sujets, pleurant de rage; et quand ce fut à Bombans, il ajouta: « Je vous donne ce que vous avez pris!.... »

Trousse s'écria: Et moi?...

Cette scène touchante ne fut pas de longue durée, car Nicol attendait: le prince recommanda à ses ministres de récompenser ses serviteurs fidèles s'ils rentraient jamais en Chypre; puis versant une larme et leur disant adieu pour la dernière fois, il s'appuya sur le bras de Clotilde; et le père et la fille se soutenant l'un l'autre suivirent en silence le farouche Nicol.

— D'honneur, bon homme, vous êtes pathétique, dit le Vénitien à Jean II; je n'avais plus qu'une larme à répandre et la voici dans mon œil.

Le monarque disparut et la salle sembla vide!...

Le lieutenant les conduisit à un horrible cachot situé sur les fossés de la forteresse: le jour n'y pénétrait pas, l'air en était fétide. Nicol fit gronder les serrures rouillées et referma la porte par-dessus Jean II et Clotilde.

Le vieillard se dépouillant aussitôt de sa dalmatique voulut en envelopper sa fille chérie qu'il entendait soupirer.

— Mon père, je vous remercie.

— Clotilde, je l'ordonne.

— Mon père, je suis jeune et puis supporter le froid mieux que vous.

— Ma fille, ma carrière est finie, je puis mourir!... mais vous!... vous devez vous conserver!...

— O mon père aimé!... je serais au milieu des recherches du luxe et de la grandeur, que rien ne m'empêcherait de mourir!... mon arrêt est porté!... je sens mon âme se glacer!.....

— Que voulez-vous dire?

— Ce n'est pas mon secret, je n'en puis disposer!.... et elle ajouta bien bas: « Il meurt en ce moment, et sa pensée dernière m'environne! Ah! Nephtaly, je reçois ton âme si elle vient errer à mes côtés!... » Elle se mit à pleurer.

Le vieillard s'appuya contre les murs humides de sa prison, il attira Clotilde sur son sein, et, l'enveloppant de sa dalmatique, il se mit à réfléchir profondément sur les étranges paroles qui étaient échappées à sa fille et sur les larmes qu'il lui entendait répandre.

Pendant ce temps, le Barbu avait conduit le bel Israélite vers l'endroit où se faisaient les exécutions du Mécréant; c'est-à-dire, en face de la poterne, le seul endroit faible de la forteresse.

Là, tous les instruments des divers supplices se trouvaient toujours disposés et l'on n'eut qu'à allumer du feu sous une vaste cuve remplie d'huile.

Le Barbu et l'Israélite étaient à côté l'un de l'autre et assez éloignés du groupe de soldats qui s'approcha pour contempler cet horrible spectacle. Quand l'huile commença à bouillonner, le Juif faisant un signe au lieutenant, lui dit à voix basse : « Est-ce que Jean Stoub serait assez lâche pour tuer son bienfaiteur ?... »

En s'entendant appeler par son nom, Jean Stoub eut un léger frisson et parcourut le Juif d'un œil investigateur : « D'où me connais-tu et qu'as-tu fait pour moi ?... »

Alors Nephtaly présenta à Jean Stoub l'anneau d'argent qu'il avait à la main en lui disant : « Regarde !... »

— Grand Dieu ! s'écria Jean Stoub, que vais-je devenir ?..... que faire ?.....

— Il faut me sauver !.... cela seul peut t'obtenir ta grâce auprès du roi de Chypre.

— Ah ! répliqua le lieutenant, je vous jure que ce fut la misère qui me conduisit à ce repaire ; j'ignorai longtemps que le prince était à Casin-Grandes; et quand je l'appris, la honte m'a empêché d'y aller : elle était bien forte puisque je n'ai pas été embrasser ma pauvre mère qui me croit mort de que je viens de voir entrer !... Aussi, quand l'ambassade arriva ces jours passés j'eus de cruels remords... et ce fut moi qui donnai avis des desseins du Vénitien !... Il paraît que le pâtre a réussi à sauver le prince et sa fille !...

— Oui, dit Nephtaly. L'huile jetait de gros bouillons, et les soldats criaient à le Barbu de ne pas retarder leurs plaisirs. Alors le lieutenant s'écria : « Dussé-je périr, il ne sera pas dit que j'aurai arraché la vie à celui qui me l'a sauvée ! »

— Allons, vous autres, ajouta-t-il tout haut en s'adressant aux spectateurs, retournez à vos postes ! qui vous a donné l'ordre de les quitter ?...

Les soldats se retirèrent en murmurant.

— Vous en irez-vous ! répéta le lieutenant.

Quand ils furent à leur poste, Jean Stoub ouvrant précipitamment la poterne et abaissant le petit pont-levis qui s'y trouvait, poussa le Juif en dehors en lui disant : Rompez les chaînes et sauvez-vous !... »

En un instant, Nephtaly fut à cent pas de la forteresse; les sentinelles sonnèrent le cor d'alarme; et le Barbu, songeant aux suites de cette affaire, se disposait à suivre le bel Israélite, quand Nicol, qui dans ce moment venait d'incarcérer le monarque et paraissait dans les cours, s'élança, comme un aigle, sur son rival. Jean Stoub, malgré les coups de clef dont Nicol l'assaillait, triomphait déjà de son ennemi, lorsque les soldats attirés par la dispute arrivèrent, et l'on s'empara de l'infortuné Jean Stoub !... Mais le Juif était hors de danger et s'enfuyait à travers la campagne comme une gazelle poursuivie.

— Traître ! s'écria Nicol, tu mourras !.....

— Au moins j'aurai payé ma dette, dit Stoub; et un peu plus tôt ou un peu plus tard, il faut toujours mourir !....

— Raisonne, ton affaire est claire ; et me voilà, pour sûr, premier lieutenant !... L'on s'avança vers la salle d'Enguerry........

## XXVII.

> Mon cher fils ! tu vivras,
> Tu vivras !.................
> (*Idylle au Malade*, d'ANDRÉ DE CHÉNIER.)

> Entre les deux partis, la victoire balance ;
> Mais bientôt. . . . .
> (Poëme de *Jonas*.)

> Ces démons entrèrent à grand bruit.
> (SHAKSPEARE.)

Le Mécréant surveillait tous les mouvements de Michel l'Ange comme un général examine ceux de ses ennemis, et il agitait déjà en lui-même la question de savoir s'il ne serait pas prudent d'enfermer le Vénitien, et si, en le traitant comme ennemi, il ne s'ôtait pas tout moyen de correspondre avec le sénat, etc... lorsque le bruit des pas de tous ses soldats et leurs murmures retentirent dans la salle.

Étonné de ce tumulte, Enguerry se lève et il voit paraître à la porte de la chambre son premier lieutenant contenu par deux soldats et traîné par le triomphant Nicol qui s'écrie : « Monseigneur, faites justice d'un traître !... »

— Et quel est son crime ?....

— Il vient d'ouvrir la poterne, et de rendre la liberté au Juif !... répondit Nicol.

— Est-ce vrai ? demanda le Mécréant au coupable.

Jean Stoub se tut.

— Qu'on le plonge à la place du Juif dans l'huile bouillante!.....

A ces mots Josette tombe évanouie, et les trois ministres, Castriot et tous les Cypriotes s'écrient : « *C'est lui!*... »

Marie Stoub se retourne!..... Plus prompte que l'éclair, elle saute au col de le Barbu et fait retentir la voûte de ces cris :

— Mon fils!... mon fils!... tu m'es rendu!... Est-ce vrai?.... mon fils Jean !....

Elle le couvre de baisers, elle le caresse, et Jean Stoub rend à sa mère tous ses embrassements en pleurant de joie.

— J'ai sauvé mon bienfaiteur et revu ma mère! que puis-je désirer?.... s'écria-t-il; ma mère! adieu, ma bonne mère!

Marie ne se lassait pas de répéter :

— Mon fils!..... mon fils!..... C'était le seul mot qu'elle pût proférer, la seule idée qu'elle eût; et cette idée comprenait toutes celles qu'enfante la raison humaine, car son feu céleste reparaissait déjà sur le visage de l'Innocente.

— Délivrez-moi de ces cris! dit le farouche Mécréant, et qu'on l'emmène!...

Alors Marie, sans prononcer une parole, et plus rapide qu'une flèche, s'élance sur Enguerry, lui enfonce ses ongles crochus dans la gorge, ouvre une artère et la déchire... Le sang coule à gros bouillons, et le Mécréant tombe en portant la main sur son épée..... il expire. La folle, semblable au vautour qui s'acharne sur Prométhée, continue à se baigner dans le sang de sa victime : elle jette un coup d'œil égaré sur l'assemblée épouvantée ; et, plongeant ses mains rougies dans le flanc du brigand, elle l'écorche, le creuse, brise les chairs et en retire son cœur encore tout palpitant. Elle le montre avec une joie pleine d'ingénuité, et le remue par un geste qui peignait le délire de la vengeance et de l'amour maternel ; elle saute et jette de petits cris inarticulés ;.... sa chevelure éparse, ses yeux hagards, ses convulsions, le sang qui souille ses vêtements en désordre, lui donnent l'air d'une furie poursuivant Oreste!... Une certaine horreur se répandit dans toute l'assemblée, profondément émue.

Le seul Michel l'Ange, arrêtant le bras de l'Innocente, prit le cœur du Mécréant sur la pointe de son épée, et dit avec un sourire sardonique :

Je vous prends à témoin qu'il avait un cœur... c'est à noter... du reste, je ne croyais pas que Capeluche dût mourir horizontalement.....

— Il est pourtant mort!... s'écria Trousse, qui ne pouvait jamais se faire à l'idée de la destruction.

— Que Dieu ait pitié de lui ! dit Monestan, il n'a pas seulement eu le temps de dire un seul *ave*.... et de se repentir.

Marie fut se réfugier dans un coin de la salle et s'y accroupit : elle se mit à essuyer toutes les taches qui souillaient sa robe et à rétablir le désordre qui régnait dans ses vêtements, ce dont elle commençait à s'apercevoir...... Mais jetant un regard à son fils, elle lui fit signe de venir à ses côtés.... Ce signe avait quelque chose de gracieux, de délirant et de raisonnable : il peignait très-bien ce premier moment qui se trouve entre le bon sens qui revient et la folie qui expire.

Au doux sourire de sa mère, Jean Stoub profita du premier moment de la stupéfaction ; et, se dégageant des mains de son rival ébahi, il rejoignit sa pauvre mère et Josette.

Les Casin-Grandésiens commencèrent à espérer, et l'évêque détacha tout doucement les armures suspendues, pendant que Trousse déliait Castriot. En un instant, Kéfalein s'arma, ainsi que l'intendant et tous les seigneurs cypriotes.

L'habile Vénitien vit en un clin d'œil l'avantage qui résultait pour lui de la mort d'Enguerry, et il résolut d'en recueillir tous les fruits : il convoitait déjà les clefs que Nicol avait à la main, afin d'aller sur-le-champ faire périr les victimes désignées par le sénat de Venise.

Cependant, au bruit de cette aventure, les soldats accoururent, les sentinelles quittèrent leurs postes, et tout afflua dans le vestibule et la salle. Les plus avancés contemplaient avec une muette stupeur la mare de sang dans laquelle nageait le cadavre de leur chef.

Cette multitude de têtes tendues et attentives jointes à celles de nos héros formaient un coup d'œil pittoresque et original.

Alors on peut dire que tous les intérêts étaient en présence ; et Michel l'Ange, sachant combien est forte la première impression, se hâta de prendre la parole ; et il s'écria :

— Amis, croyez-vous que le diable doive perdre quelque chose à la mort d'un de ses plus dignes suppôts?... eh ! par la queue du lion de Saint-Marc, tâchons qu'il ne s'en aperçoive pas, il nous retirerait sa protection. Le Mécréant est mort! eh! mes amis, ne vous en étonnez pas : il ne faut ni le plaindre ni le pleurer ; il est admis au foyer des enfers, et il y est à jamais. Notre tâche, c'est de l'imiter fidèlement et de faire son oraison funèbre par nos actions. N'apostasions pas !.... Ventre-Mahom, s'il vous faut un chef, je vous en servirai! je vous promets que la gaieté, la gaspille et les affaires n'iront pas pis!... Nous allons célébrer par un ample festin l'heureuse recrue que vient de faire Lucifer, et auparavant je vais expédier les affaires d'urgence..... Donne-moi les clefs, mon cher Nicol ! Je ne veux pas faire languir ce généreux roi de Chypre ; va, Nicol, tu sais comme je t'ai toujours distingué, aussi tu seras mon premier lieutenant et même un peu le capitaine... donne?... Et Michel l'Ange tendit sa main.

— Donner les clefs!..... s'écria le lieutenant avec un air rechigné, je ne dois les remettre qu'au comte Enguerry; il est mort, que l'on me montre son héritier ou son successeur, je m'en dessaisirai; mais, quant à vous, M. l'ambassadeur, vous n'avez pas encore la branche de cyprès au casque, et vous voulez nous commander?...

La foule entière murmura en tant de sens divers, qu'il était à croire qu'il se formait dans son sein un parti Nicollien, et un parti Vénitien.

— Allons, mon ami Nicol, reprit l'Italien avec bonhomie et le ton de l'amitié, tu sais bien qu'Enguerry n'a fait cette expédition que pour la sérénissime république; et si tu veux consommer ce petit service pour elle, je me charge d'obtenir que l'on reporte sur toi les récompenses promises au Mécréant : tu seras général au service de la sérénissime république Vénitienne, noble, sénateur, et peut-être par la suite deviendras-tu Doge!...

A cette brillante perspective, présentée par l'adroit Vénitien, qui s'était appuyé sur l'épaule de Nicol, ce dernier parut prêt à donner les fatales clefs!... Alors Monestan, en grand ministre et en sujet fidèle, s'écria :

— Et moi, brave lieutenant, je vous donnerai le titre de généralissime des troupes du roi de Chypre, si vous voulez le sauver!...

A ces mots, Nicol se tourna du côté de Monestan.

— Eh, mon ami, dit Michel l'Ange en l'arrêtant, le royaume est conquis, et leurs troupes sont imaginaires!... Alors Nicol revint contre l'Italien.

— Je vous donnerai un million sur les trésors du roi de Chypre, reprit Monestan. A cette exclamation le lieutenant regarda de nouveau le ministre, qui ajouta pour le décider : « Et songez que vous obtiendrez votre pardon; que, rentrant dans le sentier de la vertu, vous serez tranquille; et que le ciel applaudira à votre conversion.

— *Amen*, dit l'Italien; voici, par ma foi, un bel *oremus*! Eh, mon compère! moi, je t'abandonnerai ma part dans les deux millions que le sénat a promis à ceux qui livreraient le roi de Chypre.

Nicol resta indécis.

— Nous vous paierons trois millions! crièrent ensemble Monestan, l'évêque et Kéfalein.

Cette fois le lieutenant fit un geste décisif en faveur des Cypriotes.

— Eh, par la vierge de Lorette! dit Michel l'Ange à voix basse, n'avons-nous pas leurs trésors, et ceux d'Enguerry? je te les laisserai prendre, et de plus les deux millions du sénat : tu vas devenir maître du comté d'Enguerry, et tu commanderas tous tes camarades!...

A cette dernière idée, Nicol ne balança plus, et il répondit au Vénitien :

— Par la mort! exécutez vos promesses, et je suis prêt à vous servir!...

Puis, se retournant vers la foule étonnée, il ordonna à tous les soudards de se mettre sous les armes. Michel l'Ange triomphant s'approcha doucement de Nicol, et lui tendit la main pour prendre ses clefs; mais le prudent lieutenant les serra dans son sein.

Alors les Casin-Grandésiens ayant perdu tout espoir se regardèrent d'un air triste comme pour se dire : « Que va-t-il arriver?... »

Mais en ce moment, il se passait dans la cour une autre scène dont l'issue eut une grande influence sur les évènements qui vont suivre. En effet, le Barbu, s'étant glissé à travers ses compagnons, avait rassemblé autour de lui tous ceux en qui il avait remarqué quelque reste d'honnèteté et d'humanité; et, montant sur une borne qui se trouvait contre le portail, il leur dit avec cette éloquence naïve de geste et de parole que donne la vertu :

—Mes amis, nous voici libres, puisque notre chef est mort; selon les idées les plus naturelles je devrais vous commander, mais je ne veux user de ce droit que pour vous éclairer. Eh! mes amis, quel métier avons-nous fait jusqu'ici? Sommes-nous des soldats? des hommes qui défendent leur prince, ou leur pays? Y a-t-il des brigands plus déhontés que nous?..... Eh bien, voici le moyen de réparer en un moment toutes nos fautes : le roi de Chypre, sa fille et sa cour sont prisonniers... délivrons-les! ils nous récompenseront, nous prendront à leur service ; et, rentrant dans la bonne voie nous y trouverons tout autant de profit, nulle inquiétude, joie, plaisir sans regret; nous nous marierons, et je puis vous assurer à chacun de l'argent et des grades.

Les plus vives acclamations accueillirent l'orateur; et lorsque Nicol et le Vénitien sortirent de la salle suivis de leurs partisans sous les armes, ils virent l'honnête Jean Stoub, à la tête d'une faible partie des forces Mécréantiques, qui s'apprêtait à une vigoureuse résistance en exhortant ses adhérents.

A l'aspect de son adversaire échappé à la mort qu'il lui destinait et devenu redoutable par son cortége, Nicol se mit en fureur et harangua ses partisans pour les engager à s'emparer de Jean Stoub. Le Vénitien se contenta de surveiller Nicol qu'il suivait dans tous ses mouvements, afin de pouvoir s'emparer des clefs qu'il ne cessait de convoiter.

Les deux troupes s'excitèrent par des questions et des injures; la Discorde, qui revenait d'un chapitre de Bernardins, leur souffla sa rage et ses poisons, et ils ne tardèrent pas à en venir aux mains. — Le rusé Jean Stoub, ne perdant pas la tête, courut ouvrir la prison des habitants de Casin-Grandes, et ils ne furent pas lents à s'armer et à soutenir leur libérateur. Alors le démon de la guerre déploya toute sa furie, et fit retentir toutes ses trompettes dans les cœurs des brigands; la cour offrait l'original du beau tableau de la révolte du Caire : ce n'était que cris, coups, sang, blessures, tapage; et par moments, un effroyable silence interrompu par le bruit des armes plus horrible encore.

On sent qu'à ce tumulte, Kéfalein, Castriot, l'évêque et tous nos héros étaient accourus ; et que leurs exploits se ressentirent et de l'espoir qu'ils conçurent et de la nécessité. Trousse regardant la bataille par les croisées de la salle se mit à encourager les assaillants par ses cris et ses éloges. Josette et Marie appuyées l'une sur l'autre tremblaient de peur, en voyant le danger que courait leur bien-aimé; elles craignaient de le perdre une seconde fois : néanmoins, une sorte d'orgueil s'empara de leurs âmes à l'aspect de ses efforts et de son courage.

Malgré le renfort que Jean Stoub s'était procuré en armant les prisonniers, il se trouvait encore le plus faible : entouré de l'intrépide Kéfalein, de l'évêque, de Castriot, et des plus braves des habitants de Casin-Grandes, tous ses efforts tendaient à faire périr Nicol son adversaire. Ce dernier et Michel l'Ange encourageaient leurs soldats en promettant des récompenses; Michel l'Ange surtout redoublait de valeur, de zèle et de gaieté, car il sentait que ce combat d'un instant devait ou le faire réussir dans ses desseins, ou les ruiner; et comme les Casin-Grandésiens y voyaient aussi leur perte ou leur salut, on peut juger de l'acharnement avec lequel on combattait.

Jean Stoub avait choisi une position qui augmentait encore le désespoir de sa troupe, car il était adossé contre un mur, et les gens de Nicol l'entourant de toutes parts, on ne pouvait se reculer pour reprendre haleine; il fallait triompher ou se résigner à périr. Jean Stoub, vaillamment secondé d'Hilarion et de Castriot, formait, avec l'élite de nos héros, un groupe, qui, partout où il se portait, faisait pencher la balance en faveur des Cypriotes. Enfin, comprenant de quelle importance il était de se saisir de Nicol, puisque lui seul avait les clefs de la prison du prince, et que si l'on pouvait s'en emparer, on ferait sauver Jean II pendant le combat, quitte à périr; le Barbu, Castriot et l'évêque entourèrent le lieutenant et s'acharnèrent sur lui. Michel l'Ange ne chercha point à le défendre, car il se défiait de Nicol; il feignit d'attaquer Bombans, et ne cessa cependant d'avoir l'œil sur le lieutenant.

Castriot se désespérait, parce que son fameux sabre était cassé, et qu'il ne maniait pas aussi bien l'épée; mais, saisissant le moment où Nicol se défendait contre l'évêque et Jean Stoub, il le tourna, et sans s'inquiéter des coups qu'il recevait de ceux qui protégeaient leur chef, il lui plongea son épée à travers son gorgerin; Nicol tomba en prononçant un effroyable juron.

La vue de la mort du lieutenant, loin de calmer le combat, alluma une rage nouvelle dans le cœur de ses amis, et l'on défendit son corps comme celui de Patrocle dans l'Iliade; mais il arriva un malheur plus grand que celui de l'Iliade.

En effet, aussitôt que Michel l'Ange vit tomber Nicol, il se précipita sur lui avec la célérité de l'aigle qui fond sur sa proie, et il s'empara des clefs avant Castriot, dont les membres disloqués ne permirent pas qu'il gagnât l'Italien de vitesse : avant que l'Albanais eût retiré son épée, le Vénitien avait pris les clefs, et les soldats s'étaient saisis du corps de Nicol, sur lequel on s'acharna comme des corbeaux dévorant un cadavre.

A peine Michel l'Ange eut-il les clefs, que, semblable à un loup chargé d'un agneau, il traversa tous les combattants, en baissant la tête et ne s'arrêtant pas pour venger les coups qu'il recevait : il se dirigea vers les cachots avec une ténacité et une ardeur qui firent frémir les Casin-Grandésiens.

Aussi, en voyant la manœuvre de l'Italien, l'héroïque Bombans et Castriot l'intrépide rassemblèrent leurs forces, et coururent après Michel l'Ange avec toute la rapidité que leurs blessures leur permirent.

Mais le Vénitien avait sur eux une assez grande avance; et, se voyant poursuivi, il s'élança vers la porte principale des prisons avec une telle vélocité que quand l'Albanais et l'intendant y arrivèrent, ce fut pour sentir le vent de la porte, que le rusé Michel l'Ange ferma avec force, et pour entendre le bruit des verrous.

Les deux serviteurs du roi de Chypre poussèrent ensemble un grand gémissement et un cri de désespoir, que le tumulte des armes empêcha d'entendre; les combattants mêmes ne virent pas cet épisode. Bombans et Castriot se regardèrent avec une profonde tristesse, et ce regard équivalait à l'oraison funèbre de Jean II et de Clotilde; mais, la rage s'emparant de leurs cœurs, Castriot saisit un morceau de bois et se mit à ébranler la porte et la voûte; Bombans se désespérait de ne pouvoir aider l'Albanais, puisque ses mains souffrantes ne le lui permettaient pas; il laissa Castriot faire à lui tout seul le siège de la porte, et il se replia sur le gros de l'armée pour chercher du secours.

Mais, hélas! le parti de Jean Stoub, malgré tout le courage des Cypriotes, venait de succomber sous l'élan que la mort de Nicol avait imprimé aux brigands.

Le Barbu, cerné par le parti Nicollien et tout vaincu qu'il était, haranguait ses compagnons vainqueurs pour les engager à se ranger du côté du roi de Chypre. Hélas! ces âmes sans vergogne, n'écoutant rien, et alléchées par le pillage des trésors du Mécréant, désarmaient impitoyablement les Casin-Grandésiens qui se voyaient dans les fers et près de la mort pour la seconde fois. La lueur d'espoir qui venait de briller, le moment de liberté qu'ils eurent, ne servirent qu'à leur rendre ce dernier pas dans le malheur plus cruel encore. L'évêque et Kéfalein seuls se défendaient avec une rare intrépidité et un sombre courage qui disait assez qu'ils avaient juré de mourir les armes à la main, pour ne pas survivre au roi Jean II et à Clotilde.

Au milieu de ce désordre, Josette et Marie faisaient leur partie en se signalant par des cris qui retentissaient dans toute la forteresse : elles couraient dans la cour en sanglotant et s'arrachant les cheveux. Quant au docteur, il aperçut la poterne ouverte, et il s'y dirigea afin de sauver sa petite machine rondelette de ce nouvel esclavage.

Tout à coup, l'on entend le bruit sourd des pas précipités d'une nombreuse cavalerie; elle arrive silencieusement; mais, alors que les brigands, ainsi que leurs captifs, prêtent l'oreille avec attention, un effroyable cri de : « *Montjoie Saint-Denis!*.... » retentit à la poterne : « *France!... France!... Montjoie Saint-Denis!*...... » Trousse effrayé se recula et se blottit dans une chaudière vide, en se hasardant à lever la tête quand l'escadron fut passé.

Rapides comme les éclairs d'un orage et furieux comme le vent qui pousse les tempêtes, les chevaliers entrent dans la cour au grand galop, et chargent les brigands avec une impétuosité qui ne leur laissa pas le temps de se reconnaître; le parti cypriote reprend courage, crie : « Vive le chevalier noir! » et sur les ordres de l'évêque et de Kéfalein, il décrivit une courbe savante qui cerna le parti Nicollien. — Se saisir des brigands, les mettre hors d'état de faire la moindre résistance, s'emparer de tous les postes de la forteresse, fut l'affaire de moins de temps que je n'en mets à le dire. Pendant ce temps, deux mille hommes de troupes investissaient le château, s'élançaient dans les fossés, et enfonçaient le pont-levis qu'on se hâta d'aller baisser.

Alors un cri de : « *victoire! victoire!* » s'éleva subitement, et retentit dans les airs : il pénétra jusque dans les souterrains du château. — Le religieux Monestan s'agenouilla dans un coin, tendit ses mains au ciel, et il y éleva ses humbles prières, sans faste, sans intérêt; aussi, son vertueux encens monta vers le trône céleste, et fut agréable à l'Éternel.

On précipita les brigands dans le souterrain où naguère ils avaient confiné les Casin-Grandésiens, et la cour n'offrit plus que le spectacle de la joie et de gens qui embrassaient leurs libérateurs; Josette et Marie sautaient au col de Jean Stoub; et ce dernier mettait en ordre de bataille les brigands fidèles à la vertu et les Casin-Grandésiens.

L'évêque et Kéfalcin, ainsi que les plus marquants de la petite cour du roi de Chypre, entouraient le chevalier noir. Il était entre le vieux guerrier que Raoul rencontra naguère et entre le comte de Foix.

Aussitôt que Monestan eut terminé ses actions de grâces et prié Dieu d'excuser ceux qui oubliaient de le faire, sa seconde pensée fut pour son prince; il le chercha des yeux et ne le vit point.

— Où est le roi?... où est la princesse?... s'écria le vieillard.

Ces mots et l'inquiétude peinte sur le visage du premier ministre arrêtèrent l'essor de la joie, chacun se regarda et scruta tous les coins de la cour.

Le silence de la stupeur régna parmi cette assemblée, un secret pressentiment erra dans les âmes des Cypriotes, et alors on entendit Bombans qui ne cessait de crier au secours; l'on vit Castriot, dont la force ne pouvait ébranler la fatale porte.

On se souvint de Michel l'Ange et l'on trembla. Jean Stoub, accompagné de deux soldats, courut avec des haches d'armes pour aider l'Albanais qui rugissait de rage. Pendant ce temps, Kéfalein mettait le chevalier noir au fait des événements qui venaient de se passer; et rien n'égala la douleur et le désespoir de l'amoureux chevalier quand il apprit le danger dans lequel se trouvait la princesse Clotilde, sa chère fiancée. Ses yeux se fixèrent sur la porte, comme tous ceux des spectateurs; et l'on attendit avec anxiété le résultat des efforts du fidèle Albanais.........

## XXVIII.

>    Avouez, monseigneur, que John était
>    un rude coquin.
>    (Taylor.)

>    Comment ne serait-on pas bienfaisant,
>    quand les bienfaits se paient ainsi!
>    (Syrus.)

>    De mon pays je reverrai le ciel.
>    (Poëme de *Moïse sauvé*.)

Aussitôt que Michel l'Ange eut barricadé la porte principale des prisons, il fut, comme on doit le penser, au comble de la joie en songeant que rien ne l'empêchait plus d'accomplir sa mission, et qu'il n'était point obligé de partager avec un complice le prix du sang qu'il brûlait de répandre. En entendant les coups réitérés que Castriot donnait à la porte, il jugea qu'il n'y avait pas un instant à perdre.

Il se mit donc à parcourir les sombres profondeurs des souterrains, en cherchant le cachot où se trouvaient le prince et sa fille. Il remua le trousseau de clefs, et s'assura que les diverses cellules de pierre avaient chacune la leur; alors il se rapprocha de la porte principale pour examiner les clefs à la faveur du faible jour qui se glissait par les fentes, et bientôt il s'aperçut qu'elles étaient soigneusement numérotées; ce dont il rendit grâces au diable!...

Il revint dans le corridor humide en écoutant à la porte de chaque caveau, se doutant bien que le prince et sa fille trahiraient leur présence par quelques paroles ou quelques soupirs, et il marcha légèrement en comptant les cachots et en maudissant le bruit épouvantable que faisait Castriot qui tâchait toujours d'enfoncer l'entrée de la cave.

Jean II et Clotilde, assis sur un banc de pierre glacé, le seul siége qui fût dans leur horrible demeure, prêtaient une oreille attentive au bruit des armes qui retentissait sourdement dans la noire enceinte de cette tombe anticipée; et, sur ce bruit léger, le prince concevait un reste d'espoir, auquel sa tendre fille était bien indifférente : l'image du bel Israélite mourant dans les tourments l'occupait tout entière et sa pose était celle de la stupeur.

Au cri de « Montjoie Saint-Denis! » qui parvint à l'oreille exercée du prince, il s'écria :

— Ma fille... nous sommes sauvés, nous entendons les cris de guerre ou plutôt les cris de triomphe du chevalier noir.

Clotilde soupira, et répondit avec un accent de dépit : « Nous lui devrons donc trois fois la vie!...»

— Écoutons, ma bien-aimée! l'on brise les portes de ce souterrain!....

Entendant ces mots, Michel l'Ange s'écria :

— Ah! ils sont ici!... Victoire, victoire, ils se sont trahis eux-mêmes!... Grand merci, Lucifer!...

— L'on nous cherche, continua le prince qui distinguait le bruit des pas légers de l'Italien; et il s'empressa de frapper sur la porte en criant de toute ses forces : C'est ici, Castriot, Castriot!...

— Oui, oui, Castriot!... attends-le!... répéta ironiquement l'Italien, en introduisant diverses clefs dans la serrure. Par St-Marc, je n'en trouverai pas la clef! Oh! Notre-Dame-de-Lorette, je vous promets un *ex-voto* d'argent si je rencontre cette maudite clef! Que le tonnerre m'écrase!... aide-moi donc, Satan, car je fais le mal!.... ô mille diables!...

— Ma fille!... dit tout bas le monarque, surpris de ces paroles, quels sont les accents que nous entendons?

— Mon père, est-ce que j'entends quelque chose?... répondit-elle naïvement.

— Pour le coup! je tiens les deux millions de la sérénissime république; Sainte-Vierge vous aurez un *ex-voto* d'argent!.... s'écria le Vénitien, au comble de la joie; et il fit gronder la serrure rouillée du cachot.

A ces paroles, le monarque reconnut Michel l'Ange, et d'un seul jet de pensée, il devina le sort qui l'attendait. Aussitôt, le vieillard saisissant Clotilde la coucha par terre entre le banc de pierre et la muraille, en lui recommandant le plus profond silence; et le généreux prince s'en remit, pour lui-même, à la Providence qu'il invoqua.

Soudain la porte s'ouvre, et Michel l'Ange tenant d'une main une épée et de l'autre prenant son poignard, barra le passage par son corps en s'écriant :

— A mort, les amis! dites toutefois votre *confiteor*, car je ne veux pas avoir à me reprocher la damnation de vos âmes! j'ai l'absolution du reste. Allons, dépêchons!...

Le rusé Vénitien comptait que le monarque et sa fille, entendant ouvrir la porte, se seraient précipités sur son épée; mais les deux prisonniers gardèrent le plus grand silence. Si le moindre jour eût pénétré dans le cachot, Jean II et sa fille auraient déjà subi leur sort; et ce fut l'horreur même de cette prison qui les servit; car l'Italien, n'y voyant pas, craignit, s'il abandonnait son poste, de laisser enfuir ses victimes, et se contenta de sonder le cachot en avançant son épée de tous côtés, pour chercher dans quel endroit était le prince.

Cette investigation dura quelques minutes, et le suppôt du diable, entendant les violents coups de hache qui faisaient voler la porte en éclats, ferma celle du cachot; et, réfléchissant que ses victimes étaient sans armes, il s'élança dans l'intérieur en présentant son épée. Jean II, habitué par sa cécité à juger de l'approche des corps, soit par l'air qu'ils chassent, soit par le plus ou moins de bruit, avait l'avantage dans cette lutte; et telle impétuosité, telle lenteur que l'adroit Italien mit à cette poursuite, le prince, soit hasard, soit adresse, se trouvait toujours éloigné de la pointe fatale. Quant à la belle Clotilde, protégée par le banc de pierre que Michel l'Ange prenait pour le mur, elle ne courait aucun danger.

Lassé de cette lutte et impatienté, le Vénitien furieux s'écria :

— Ah çà, me prenez-vous pour un cheval de manége?.... Ayez de la complaisance, mon prince!.... Ne voyez-vous pas que tôt ou tard vous devez succomber?... Prêtez-vous-y de bonne grâce, je vous égorgerai le plus doucement, le plus honorablement qu'il me sera possible.... et quant à la princesse!... qu'elle se rassure, je lui réserve une jolie mort.... ce sera un trépas de sybarite ; une fois en ma vie je veux être galant, et elle ne s'apercevra pas de sa mort, car elle s'évanouira de plaisir !

En achevant ces paroles, l'Italien, furieux de cette résistance inattendue, leva son épée et frappa de tout côté avec tant de précipitation, que le prince fatigué d'une si longue lutte résolut de la terminer. Jean II s'élança sur son perfide assassin et, rassemblant tout ce que l'âge lui laissait de force, il saisit Michel l'Ange, et, le serrant contre la muraille, il s'écria : — Clotilde, ma fille ! sauvez-vous, vous en avez le temps !

La jeune fille rampa de son mieux, ouvrit la porte, et se jeta dans le souterrain en appelant au secours de toutes les forces de sa douce voix, qu'elle tâchait en vain de rendre éclatante... car les faibles sons se perdirent sous les voûtes de pierre qui retentissaient à peine...

Le prince, ne pouvant pas soutenir longtemps l'énergie que lui avaient inspirée le danger de sa fille chérie et le désir de la sauver, fut bientôt terrassé par Michel l'Ange, et ce dernier, levant son épée, l'enfonça dans le corps du prince abattu, en s'écriant : « Et d'un !... »

Il courut sur son poignard levé sur Clotilde, qui, semblable à un mouton parcourant l'abattoir, errait tout échevelée dans le souterrain...

A ce moment, la porte fut brisée, et Jean Stoub, Castriot, Bombans et le chevalier noir, se précipitèrent avec des flambeaux qui jetèrent une clarté soudaine dans ces horribles lieux. L'on aperçut la jeune fille près d'être atteinte du poignard de Michel l'Ange au désespoir !... Mais dans le lointain caverneux de souterrain coloré d'une lueur rougeâtre, l'on entrevit indistinctement une grande ombre se mouvoir et courir sur l'Italien avec la rapidité d'un spectre vengeur... C'était Jean II, qui, muni de l'épée du Vénitien, volait au secours de sa fille. L'arme avait glissé sur un bouton de sa dalmatique.

Aussitôt, en un clin d'œil, Jean Stoub et Bombans s'emparèrent de Michel l'Ange ; et, plus rapide qu'eux, Castriot, saisissant sa bienfaitrice dans ses bras disloqués, l'avait transportée à l'entrée du souterrain.

— Sauvez mon père !.... mon père !.. s'écria-t-elle : et cependant, ses regards inquiets cherchaient, parmi la foule répandue dans la cour, son cher Nephtaly : un torrent de pleurs s'échappa de ses beaux yeux, quand, après avoir parcouru la multitude, elle ne le vit pas, car le coup d'œil d'une amante est rapidement scrutateur !

Bientôt, Jean II ne tarda pas à paraître suivi du chevalier noir, et de Bombans et Jean Stoub qui contenaient l'Italien perfide. Le monarque se trouva dans les bras de sa fille chérie, qui l'embrassa avec transport en laissant tomber une larme brûlante sur la joue du monarque ; les ministres, le vieillard étranger, le comte de Foix et les principaux seigneurs attendris vinrent se joindre à ce groupe.

Je voudrais pouvoir dépeindre le cri de joie qui s'éleva dans ce moment ; tous les soldats, les chevaliers, les brigands convertis et les Casin-Grandésiens formèrent, autour de la porte des prisons, un demi-cercle curieux et immobile. Monestan et Castriot ne se lassaient pas de voir leurs maîtres chéris qu'ils crurent à jamais perdus.

Après ce premier moment de joie, le chevalier noir prit la main de sa fiancée, le comte de Foix prêta le secours de son bras au monarque, et l'on s'achemina vers la salle basse du Mécréant que deux soldats nettoyèrent à la hâte. Ce fut devant cette assemblée imposante que l'on amena Michel l'Ange : il fut condamné tout d'une voix à être pendu.

— Repentez-vous au moins ! lui dit Monestan.

— J'ai l'absolution, répondit-il en souriant ; je savais bien, continua-t-il, que je finirais en l'air, mais je ne croyais pas que cela vînt sitôt !.. Au reste, bonsoir la compagnie !... à demain... nous nous reverrons !...

On le conduisit à la potence où il monta gaiement, et lorsque son col fut inséré dans la dernière cravate qu'il devait porter, il rassembla ses forces pour sourire encore aux assistants, et il s'écria :

— L'on m'avait bien prédit que je finirais par devenir évêque !

— Que veux-tu dire ? reprit Jean Stoub.

— Eh bien ! ne voyez-vous pas que je donne la bénédiction avec mes pieds?... En disant cela, Michel l'Ange agita sa jambe droite en faisant le mouvement d'un prêtre qui bénit une assemblée, et ce geste ironique fut son dernier. Toutefois il répéta faiblement encore : « J'ai l'absolution !... » et il expira en riant.

Telle fut la fin d'un homme à qui la nature prodigua les qualités les plus brillantes et qui se serait distingué s'il ne les avait pas tournées vers le mal !...

Revenons à la salle basse du Mécréant. Je vais tâcher de raconter le plus succinctement possible tous les événements qui se passèrent alors.

Clotilde, toujours triste et les yeux pleins de larmes, n'apercevait point les caresses respectueuses et la contenance suppliante du chevalier noir qui, gardant entre ses mains tremblantes la main de Clotilde, s'étonnait de ce que la princesse pensive ne la lui eût pas retirée.

Cependant, il lui était impossible de ne pas lire

sur le visage de la jeune fille que ses attentions dédaignées indiquaient qu'elle était en proie à un sentiment profond... et du reste, avait-il pu oublier son rival du tournoi!.....

Se tournant alors vers le roi de Chypre, il dit :

— Monseigneur, je me reproche bien vivement le retard que j'ai mis à venir assiéger cette forteresse ; ce délai causa votre infortune, et le pillage de vos trésors.... mais j'espère que nous allons les retrouver... cependant j'ose à peine réclamer votre promesse.

— Mon fils, répondit le monarque en plaçant la main du chevalier noir sur son cœur, je ne l'ai point oubliée, et demain la chapelle de Casin-Grandes entendra vos serments !....

Clotilde tressaillit, et plusieurs larmes roulèrent, malgré elle, sur ses joues apâlies... Le chevalier noir lui saisit la main et lui dit à voix basse : « Je fais donc votre malheur !.... » et, pour toute réponse, la jeune vierge n'en pleura que davantage.

Jean II fut le seul qui ne put voir cette scène muette qui surprit tous les spectateurs.

Au milieu de cette assemblée, le vieillard inconnu jouissait d'un indicible plaisir ; il regardait les murs du château, les parois de la salle, les meubles, le plancher avec l'air d'un banni, qui, rentrant dans sa patrie après longues années, examine le moindre hameau et respire l'air des routes avec une jouissance dont on n'a pas d'idée.

Le chevalier noir, ne sachant quelle contenance tenir et plein de tristesse, s'avança vers ce vieillard sur lequel l'attention se fixa ; et, lui prenant la main avec une visible émotion, il lui dit d'une voix altérée :

— Comte Enguerry, il n'est pas en mon pouvoir de vous rendre vos domaines florissants.... votre perfide lieutenant les a ravagés ! mais, vous y ferez bientôt refleurir le bonheur et l'abondance ; et, comme l'état dans lequel vous les trouvez ne vous permettra pas d'en percevoir les revenus de quelque temps, j'espère que vous vous souviendrez que vous avez des amis !.....

— Hé quoi, *prince* !...

— Chut !... s'écria vivement le chevalier noir en posant un doigt sur sa visière à l'endroit de la bouche.

— Hé quoi, *chevalier*, reprit habilement le véritable comte Enguerry, faut-il que je vous doive la liberté, ma rançon, mes biens ; et que je me revoie dans le château de mes pères, sans pouvoir m'acquitter !... et quand je le voudrais, le puis-je jamais !

— *Chevalier*, ajouta-t-il d'un air pénétré, je suis votre féal !... oserais-je dire votre ami !...

Le chevalier noir lui ouvrit ses bras, et le vieux Enguerry s'y précipita.

— Allez, je suis payé !... dit le chevalier noir, car rien ne vaut un ami véritable !... Et il regarda Clotilde.

Le plus grand étonnement régna dans l'assemblée, et chacun s'empressa de féliciter le comte Enguerry d'être revenu de sa captivité, et il n'y eut pas un chevalier qui ne lui offrît sa bourse et son amitié.

— Sire, dit le comte Enguerry en s'avançant vers le roi de Chypre, la journée est assez avancée, et j'espère que vous me ferez l'honneur de rester au moins jusqu'à ce soir dans mon château ; votre présence, celle de votre fille et de ces nobles seigneurs le purifiera, et rendra mon installation plus mémorable.

Jean II était beaucoup trop fatigué pour refuser, et le comte Enguerry fut au comble de la joie.

Le comte sortit ; et maître Taillevant, saisissant l'occasion de faire briller son art, mit son escadron culinaire en bataille ; il offrit au comte son digne élève, Frilair, comme capable de remplir la place de cuisinier en chef ; Frilair fut promu sur-le-champ.

Aidé de Bombans, de Jean Stoub et de Taillevant, le comte Enguerry choisit, parmi les brigands convertis, les Casin-Grandésiens et les paysans, des gens qui devinrent des serviteurs fidèles.

Aussitôt, Bombans tout le premier se mit à la tête de l'organisation du château, et imprima son infatigable activité à toute cette troupe dévouée.

Le chevalier noir, Jean Stoub, le comte Enguerry, le comte de Foix, l'évêque et Castriot, parvinrent à découvrir l'endroit où le faux Enguerry cachait ses trésors : ceux du roi de Chypre furent restitués ; et Bombans, sur le commandement de Monestan, les chargea sur les mêmes chariots qui les avaient apportés, et s'en retourna suivi des Casin-Grandésiens, et de tous les Cypriotes, travailler à la restauration de Casin-Grandes, pour que le roi Jean II le retrouvât dans son primitif éclat.

Le chevalier noir autorisa Hercule Bombans à emmener quelques-uns de ses soldats, pour que cette opération fût faite avec la promptitude d'une féerie ; puis il chargea son écuyer, jeune homme leste, brillant, beau, bien fait, d'aller veiller et présider à tout.

Au milieu de ce mouvement, Clotilde, toujours triste et navrée, ne cessait de penser à son bien-aimé ; et elle regardait l'endroit où il s'était placé dans cette salle, avant d'aller au supplice. Josette se tenait à côté de sa maîtresse, et Marie, revenue à la raison, après avoir impatienté son fils en le suivant partout comme son ombre, s'était, sur sa prière, résignée à rejoindre Clotilde, dont elle ne concevait point la douleur.

Castriot, gravement affligé de l'état de sa bienfaitrice, tenait le tronçon de son sabre, et marchait en long et en large devant la princesse, comme un soldat en faction.

Jean II s'entretenait avec le comte de Foix, le connétable et les principaux seigneurs.

Cependant le château reprenait un air de grandeur et de décence, par les soins et les efforts d'une troupe de valets, que Jean Stoub, Taillevant et Frilair faisaient mouvoir et dirigeaient avec une habileté sans pareille.

Bientôt une table fut dressée dans la cour, et un repas, tout aussi splendide que le permettaient les circonstances, fut servi au roi de Chypre, à sa cour et aux chevaliers.

L'on distribua aux soldats et à la foule les provisions accumulées par le Mécréant; et la pelouse qui se trouvait devant le château fut animée par le gai spectacle de cette multitude, riant, buvant, et se livrant à la joie la plus démonstrative, en l'honneur du mariage du chevalier noir, de la délivrance du roi Jean II, et du retour du comte Enguerry.

Ce dernier observa pendant le repas que Bombans et ses gens ne seraient pas arrivés assez tôt pour préparer les appartements de Casin-Grandes, et il obtint que le roi de Chypre, sa cour, les chevaliers et les troupes resteraient jusqu'au lendemain soir.

Je passe sous silence le détail inutile de cette journée, pendant laquelle Clotilde fut toujours muette, passive, triste, au milieu des témoignages de joie que chacun donnait.

Le chevalier noir éprouva même plusieurs fois la brusquerie de sa fiancée : la douceur inaltérable de l'heureux caractère de Clodilde s'affaiblissait, son charmant visage prenait une funeste expression, et son père ne fut pas le dernier à remarquer le changement de ses manières, de sa voix, et de ses paroles.

Lorsque Josette lui présenta son époux, son cher le Barhu, elle lui dit, avec l'accent le plus touchant :

« Vous êtes heureuse, Josette !... »

Enfin le soir du départ arriva; le comte Enguerry, jaloux d'assister à l'union du chevalier noir son libérateur, confia le soin de son château à son écuyer, et l'on se mit en route pour Casin-Grandes, sur l'avis que le bel écuyer du chevalier noir vint donner que ce château était préparé pour recevoir Jean II.

Ce départ eut quelque chose d'imposant et de triomphal : la route, garnie dans toute sa longueur d'une haie de paysans accourus au bruit de ces événements, avait l'air d'une prairie émaillée, où l'on aurait frayé un sentier.

Ce spectacle était trop rare pour que les habitants ne vinssent pas en jouir, et remercier le chevalier noir d'avoir délivré la contrée de son cruel fléau.

Ces bons Provençaux, ces fidèles sujets, tenaient tous des torches, ce qui répandit une lueur insolite, qui rendait le chemin comme enflammé.

S'avançant au milieu de ce torrent de lumière, les deux mille soldats précédaient la cour du roi de Chypre, à la tête de laquelle le bon connétable, entouré de ses trente chevaux, se faisait remarquer par les caracoles que son cher Vol-au-vent décrivait avec une rare aisance.

Au milieu du groupe des seigneurs, on admirait la pâle Clotilde montée sur un cheval superbe et fier de la porter, le chevalier noir en tenait les rênes avec une attention amoureuse; laissant négligemment flotter les guides de son coursier, qui bondissait sous lui, il semblait l'abandonner pour veiller au fougueux animal qui portait la princesse. Ces soins empreints d'amour, ses yeux brillants à travers sa visière serrée, son casque, ses belles plumes noires penchées, l'air de majesté qui régnait dans son ensemble, cette abnégation, et cette manière tendre de courber avec dignité tous ses sentiments devant le sceptre de la beauté, enfin la lumière inusitée qui faisait resplendir ses armes bronzées, lui attiraient tous les regards; et la vue se reposait agréablement sur ce spectacle qui renfermait toutes les harmonies, toutes les joies, et les espérances de la vie : deux amants que l'on allait unir !...

Clotilde levait de temps en temps ses beaux yeux vers le ciel, elle les laissait tomber rarement sur le pauvre chevalier, et à chaque instant elle regardait avec inquiétude, avec effroi même, le concours du peuple qui affluait, et ses yeux perçants y cherchaient un être qui ne se présenta point. A la colline des Amants, Clotilde dévora les larmes qui vinrent inonder ses yeux; et contemplant la place où elle rencontra le beau Juif, sa tristesse en redoubla.

Le monarque suivait sa fille; le comte de Foix, Monestan et les principaux seigneurs l'entouraient. La foule, après avoir vu Clotilde et le chevalier noir, contemplait encore avec plaisir le prince et son ministre, dont la bienfaisance était connue.

Quant à l'évêque, il courait de rang en rang; et jouissait du spectacle admirable, pour lui, de deux à trois mille hommes en ordre de bataille.

— Quand en verrai-je trente mille !... disait-il à Kéfalein, qui hochait sa tête et plissait ses deux lèvres en manière d'approbation.

Les cent cinquante chevaliers, commandés par le comte Enguerry, fermaient le cortège, que suivait une foule immense, aux acclamations de laquelle l'on entra dans Casin-Grandes illuminé.

## XXIX.

<small>Je suis Lindor, ma naissance est connue.
(Romance.)

Les mourants n'ont besoin que d'une pièce d'or pour payer leur passage, voilà pourquoi je t'ai légué ma fortune, ingrate Fanny.
(Hans. Wall.)

Hélas! c'estoyent dez nopces, mais sans dansces;
C'était un lict, mais lict sans accordances:
D'hymnes chantez, nul poëte on n'y vit,
Qui du sacré mariage escriuit.
(Marot, poëme de Léandre.)</small>

Le chevalier noir aida Clotilde à descendre de cheval; et toute la cour se rendit au salon rouge qui, à quelque chose près, était tout aussi brillant qu'auparavant. En traversant Casin-Grandes, chacun fut surpris de le retrouver absolument semblable; tout y avait repris sa place comme s'il n'y avait jamais eu de pillage.

L'on doit se figurer la joie du bon prince, en rentrant dans son palais; il n'avait désormais plus rien à craindre de personne, et tout à espérer de la force et du pouvoir que paraissait avoir l'inconnu qui se présentait pour épouser Clotilde.

Ici, lecteurs, je puis dire avec Virgile, qu'il s'ouvre un autre ordre de choses; et je pourrais, tout comme lui, faire une invocation: il n'y aurait entre nous deux que la petite différence qui se trouve entre le bien et le mal, et si je ne m'écriais pas:

<small>*Nunc age qui reges Erato...*
*Tu vatem, tu, diva, mone...*
. . . . . . . . . . . . . . . . . . . .
*Major rerum mihi nascitur ordo.*</small>

je pourrais fort bien croasser dans mon délire:
« O muse nouvelle, pleine de jeunesse et de grâce,
« qui présidez aux compositions romantiques! Muse,
« qui dictiez à Goëthe, son Werther; à Staël, sa
« Corinne; Atala, René, Paul et Virginie, le Cor-
« saire, daignez jeter un regard de protection sur ce
« qui me reste à dire des amours de Clotilde et du
« beau Juif! donnez-moi l'audace, la hardiesse!
« élancez-moi dans les champs inconnus de l'idéal
« et de l'immense, ou, mieux que tout cela, mettez
« dans mon cœur cette exquise sensibilité, le charme
« de la vie! »

Amis, redoublez d'attention, le dénouement s'approche; et c'est ici que je puis dire que la toile se lève pour le cinquième acte, et la dernière décoration.

Quoique la nuit fût fort avancée, le roi Jean II, en entrant dans son salon, fut s'asseoir sur son trône; les ministres l'entourèrent, et le vaste salon, magnifiquement éclairé, put à peine suffire à contenir les chevaliers et les principaux seigneurs.

Castriot et Jean Stoub, à la tête des cent cinquante hommes qui, par l'enrôlement des brigands convertis, composaient la garde du prince, remplissaient la salle d'armes et les escaliers, et jamais le château n'avait eu autant de grandeur et n'avait donné l'idée de la puissance royale comme en cet instant.

Le chevalier noir assis à côté du trône regardait tristement Clotilde; le chagrin profond empreint sur la figure de la jeune fille, et la douleur que trahissait son maintien, blessait l'âme généreuse du chevalier: prenant une résolution pleine de grandeur, il se leva, s'avança vers l'assemblée, fit signe de la main, et se retournant vers Jean II, il lui dit:

« Prince, voici le moment d'accomplir votre pro-
« messe; mais, je ne vous en somme pas encore, et
« j'attendrai les réponses de madame! »

Regardant alors la princesse, le chevalier s'écria d'une voix retentissante:

« Clotilde, je vous rends à vous-même; vous êtes
« libre, parfaitement libre, je ne veux être votre
« époux que pour faire votre bonheur. Consultez donc
« votre âme! et voyez si vous m'apportez en dot,
« non pas un empire, mais un cœur dont tous les
« sentiments soient pour moi!.... M'aimez-vous? »

A ces mots, qui surprirent l'assemblée, tous les yeux se tournèrent sur Clotilde; on la vit successivement pâlir et rougir: enfin, elle se leva, fit quelques pas, resta immobile, sans rien dire, mais prête à parler, et un singulier silence régna pendant quelque temps.

Alors, la chouette cria d'une manière si lamentable, que chacun en fut frappé, et tressaillit involontairement: ce chant funèbre et comme solennel semblait être la réponse de la jeune fille.

Pour elle, en entendant cette musique augurale, un froid glacial pénétra tout son corps; elle regarda le chevalier noir, et répondit d'une voix tremblante et faible:

— La reconnaissance, sire chevalier.....

— La *reconnaissance seule,* madame!... interrompit celui-ci d'un ton pénétré.

Clotilde, rougissant, et sentant combien son espérance était vaine, songeant que rien n'empêcherait le chevalier d'être son époux, reprit en ces termes; mais ses paroles dénuées, comme ses yeux, de cette chaleur que donne l'amour, tombèrent une à une:

— Je consens à vous donner ma main... sire chevalier, vous ne me devez qu'à ma propre volonté, et vous m'avez conquise par vos marques d'amour, et par vos services; mais souffrez que je réclame un jour de solitude... Après quoi, sire chevalier, vous pourrez me conduire à l'autel; et je jure qu'alors vous aurez une épouse fidèle, qui ne vous donnera jamais de chagrin.

Aussitôt le chevalier, saisissant la main de la princesse qu'il serra avec toute la force du dépit, lui dit à l'oreille :

« Perfide!... ô mille fois perfide! d'où vient donc votre pâleur?.... »

Clotilde, dégageant sa main avec un air de dédain, se recula de trois pas, et regardant le chevalier avec colère, s'écria :

— Je suis libre encore, sire chevalier, et ce n'est que dans trois jours que vous aurez le droit de m'interroger!...

— C'est vrai, madame, répliqua l'étranger; il paraît que nous avons tous deux des secrets, car ce n'est que dans trois jours que les serments qui me font rester caché doivent expirer; mais du moins, continua-t-il enflammé de colère, je puis vous nommer votre époux.

Alors le chevalier, se tournant du côté du roi Jean II, du comte de Foix et du comte Enguerry, leva sa visière, et s'écria d'une voix sonore :

*Je suis Gaston II, comte de Provence!*

Le monarque tressaillit de joie, ainsi que ses ministres. Les plus vives acclamations accueillirent ces paroles, mais elles furent un coup de foudre pour Clotilde; elle tomba évanouie dans les bras de Kéfalein, de Monestan et de l'évêque.

— Ramenez-moi dans la grotte du Géant!... s'écria-t-elle en délire, lorsqu'elle revint à elle, que je le revoie... Non, non, transportez-moi dans mon appartement.

La plus vive inquiétude régna dans l'assemblée, le comte de Foix entraîna dehors le prince Gaston en lui parlant avec vivacité, comme pour le calmer. Jean II seul était impassible sur son trône; malgré son amour pour sa fille, le visage du monarque indiquait la sévérité. La nuit étant très-avancée, chacun se sépara en s'entretenant du singulier évanouissement de la princesse, les uns le prenant pour une preuve d'amour, les autres pour une marque d'aversion : la vérité est que Clotilde, en entendant le nom du prince, vit toutes ses espérances se renverser; l'impossibilité d'échapper à cette union commandée par la politique et la reconnaissance, devint palpable : jusque-là, Clotilde avait conservé l'espoir du contraire; elle s'était flattée que l'incognito du chevalier noir couvrait un homme plein de qualités brillantes, mais de basse naissance, et que cette circonstance suffirait pour la sauver.

Les nobles hôtes du roi de Chypre se retirèrent dans leurs appartements, et le plus profond silence, le silence de la nuit envahit le château. . . . . . .

Castriot et Jean Stoub veillent dans la galerie, et leurs pas seuls retentissent sous les voûtes... je me trompe! on entendait encore le murmure de plusieurs voix confuses qui résonnaient dans le cabinet du prince.

En effet Jean II, en rentrant dans ses appartements, fit appeler ses ministres; et, au milieu de la nuit, il se tint un conseil tellement secret, que rien n'en ayant jamais transpiré, je me vois, comme historien, dans le plus grand embarras; je ne sais ni ce qu'il y fut agité, ni les discours, ni les opinions des trois ministres; tout ce que je puis dire, c'est que Trousse, Josette, Bombans, furent successivement éveillés et introduits dans le sein du conseil par les soins du premier ministre. Mais Castriot ayant menacé de couper la tête à ces trois personnages, s'ils ouvraient la bouche pour parler de Nephtaly, il est à croire que si ce fut sur Clotilde que roulait le conseil, le roi et les ministres ne purent pas tirer grande lumière des révélations de ces trois serviteurs.

Revenons à la princesse. Appuyée sur les bras de la fidèle Josette et de Marie, elle avait regagné lentement son appartement. Arrivé à l'entrée, l'on ne put ouvrir, la clef manquait : partout on la chercha, mais vainement; elle ne se trouvait point. Clotilde, succombant à sa fatigue morale et physique, s'assit sur une des marches de l'escalier, pendant que l'on s'enquérait de cette clef par tout le château. Tout à coup la princesse, en arrêtant ses yeux sur les dalles de marbre de la galerie, aperçut la clef, adroitement placée dans le léger espace qu'il y avait entre le bas de la porte et les dalles. Elle la montra à Marie, qui se baissa, la prit et ouvrit l'entrée des appartements. Clotilde s'y précipite et court à sa chambre : ô surprise!...

Les étoffes précieuses qui garnissaient la grotte du Juif, transportées dans la chambre de Clotilde, en tapissaient les murs; elles étaient disposées avec un goût admirable, et se rattachaient par intervalles à des boutons d'or qui brillaient sur cette tenture rouge, en produisant à l'œil un effet enchanteur qui plaisait par une certaine grâce indéfinissable.

La princesse foulait aux pieds le tapis de Perse du Juif; elle aperçut sur un magnifique prie-Dieu son évangile de vélin dans lequel les fleurs qu'elle y mit jadis étaient conservées, et le livre ouvert à cet endroit.

Sur un autre meuble favori, elle vit ses vases de cristal garnis de fleurs qui répandaient une odeur suave; les trépieds d'or du Juif, placés aux quatre coins sur les mêmes colonnes de la grotte du Géant, exhalaient un reste de fumée odorante; du milieu du plafond pendait la lampe remplie d'huile parfumée; et, au centre, s'élevait une riche table d'ivoire et d'or, sur laquelle le magnifique luth de Nephtaly remplaçait celui de la princesse qui fut brisé lors du pillage.

Les vases murrhins, l'or, les pierreries, enfin toutes les richesses du Juif embellissaient la demeure de

Clotilde; des rideaux d'une étoffe inconnue, légère comme le vent, douce comme la soie, blanche comme le lait, et disposés par le dieu du goût, jetaient un éclat charmant; le lit était une féerie, l'ameublement un enchantement, et le tout, brillant comme l'écaille de nacre d'une perle orientale où se jouent les plus belles couleurs.

Après avoir admiré ce gracieux ensemble avec avidité, la princesse aperçut, sur une chaise, un sabre turc de Damas dont la poignée était enrichie de pierreries; elle s'approche et lit dessus : « *Nephtaly à Castriot.* »

Elle prend le sabre, sa main blanche et débile le tire hors du fourreau... Il semblait voir Vénus, au milieu de son boudoir, jouant avec les armes de Mars !... Clotilde s'écria dans un tendre ravissement : « Il n'oublie rien..... »

Cette parole fut de l'hébreu pour la pauvre Marie, qui regardait sa maîtresse avec étonnement. Clotilde, tombant sur une chaise, mit sa jolie tête dans ses mains, et dit avec l'accent d'une profonde douleur :

— « Il m'a légué ses richesses, il est mort !... cela seul devrait me l'indiquer ! » Et des torrents de pleurs inondèrent les joues de la jeune fille; sa fidèle nourrice l'imita.

— Mon enfant, rassurez-vous ! disait Marie, si tu veux qu'il vive, il vivra !... il existe.

— Il existe !... répéta Clotilde, il existe !... et d'où le savez-vous, ma bonne Marie ? ah parlez ! parlez !..... que vous êtes coupable de me le laisser ignorer !... vous le savez... et vous ne calmez pas ma douleur !..... Parlerez-vous, cruelle ?... où l'avez-vous vu, d'où le connaissez-vous ?... parlerez-vous ?...

— Mais qui ?... demanda Marie.

— Vous l'ignorez donc ?... repartit Clotilde, et c'est pour me consoler que vous me disiez qu'il existait... Ah, nourrice, de pareilles consolations sont plus funestes que la vérité !... dites-la-moi si vous la savez !... dites !...

Après ces paroles, prononcées avec une extrême volubilité, la princesse, en délire, parcourut sa chambre en baisant le luth, les fleurs, le sabre, la pourpre, tout, et disant : « C'est lui !... Il a touché cela !... son charme y réside !... O Nephtaly, ces ornements sont presque toi !.. »

— Nephtaly !... s'écria Marie épouvantée.

La princesse, en voyant son fatal secret découvert, devint stupide, elle resta comme si la tête de Méduse l'eût pétrifiée; et, les yeux égarés, s'avançant lentement, elle dit ces paroles avec des inflexions de voix différentes :

— Nourrice, tu m'aimes..... n'est-ce pas ?

Marie s'empressa de répondre par un signe de tête.

— Eh bien !... ma bonne Marie, ensevelis ce nom chéri dans ton cœur, comme dans une tombe ! garde-moi le secret !... ou sinon, je mourrai de douleur, vois-tu !...

A ces mots, Josette entra et fut frappée d'étonnement à l'aspect de l'éclat et de la beauté de ces lieux, et elle s'écria innocemment :

— Ah, madame, il faut avouer que le prince a des recherches bien délicates !... c'est un temple.

— Sans divinité !... ajouta la princesse d'un ton plaintif, et elle s'assit à côté des fleurs qui garnissaient les vases de cristal.

Josette, heureuse de posséder son cher Jean Stoub, fit avec une merveilleuse promptitude son service accoutumé auprès de la princesse, sans trop prendre garde à la profonde mélancolie empreinte sur son visage, mélancolie voisine de l'aliénation. Quand on songera que, pour Josette, cette nuit déjà avancée était, en quelque sorte, la première nuit des noces, on excusera, j'espère, la pauvre petite gourmande Provençale, et le dépit qu'elle manifesta en entendant sonner minuit lorsqu'elle sortit de chez la princesse.

Quant à la mauvaise humeur qu'elle témoigna lorsque le comte de Monestan la vint arracher des bras de son époux, pour l'entraîner au conseil... je pense que tous ceux que l'on réveille au milieu de leur sommeil ne sont pas très-contents; et, si l'on savait au milieu de quoi Monestan vint interrompre la jolie Provençale, toutes les femmes se récrieraient sur l'inconvenance de Monestan, et peut-être sur celle que je commets en dévoilant de pareils forfaits qui pourraient servir de vengeance à des maris malévoles.

Aussitôt que la princesse fut seule, elle s'achemina vers l'entrée de ses appartements, où Castriot était couché sur le seuil de marbre. Au bruit soyeux des vêtements de la jeune fille, l'Albanais se lève, en mettant la main sur ses armes; Clotilde, regardant le soldat fidèle, lui fit signe de la suivre par un doux mouvement de son index, qu'elle replia gracieusement vers son charmant visage.

O ma maîtresse adorée, tâchez d'imiter la finesse et l'enchantement de ce signe magique, et rien ne vous résistera !...

L'Albanais suivit la princesse, et Clotilde, refermant la porte de sa chambre, lui dit d'une voix émue en lui présentant le sabre turc damasquiné en or : « Tenez, Castriot, voici ce que Nephtaly vous lègue.. »

— Lègue, madame, Nephtaly n'est pas mort !... et c'est Jean Stoub qui le sauva au péril de sa vie !..

— Castriot !... Et Clotilde s'assit sur un fauteuil. Le faible tissu de sa peau ne suffisait pas à contenir les torrents de bonheur qui faisaient mouvoir son sein et tout son sang. « Castriot!... reprit-elle d'une voix doucement entrecoupée, dans ce que j'ai de plus riche et de plus précieux, vous choisirez ce qu'il y a de plus brillant, et je vous le donne pour vous et Jean Stoub : et, pour que vous vous souveniez à jamais de ce moment de ma vie, tiens, fidèle Albanais!... Et elle embrassa les joues noirâtres de Castriot, qui resta immobile de plaisir, comme saint Jean dans Pathmos en voyant les cieux se dérouler.

— O ma bienfaitrice!... et Castriot, se prosternant, frappe le tapis de son front, — vous êtes un ange!... vous pardonnerez à votre serviteur... tel grossier que je sois, je crois avoir deviné que Nephtaly vous est cher!...

— Castriot!... je l'aime, je l'aime, mon ami... répondit-elle comme égarée.

— Comment! ce Juif?...

— Castriot, vous m'affligez!...

— Tuez-moi donc, madame!... Et l'Albanais présenta son sabre et sa tête.

— Songez, Castriot, que je ne puis vivre sans lui, que la nature nous destina l'un à l'autre!... il est si beau!.... son âme est si pure!... nos cœurs s'entendent!... ah, j'en mourrai de douleur!...

— Vous mourrez!..... s'écria l'Albanais en se relevant et reculant de trois pas, vous mourrez!...

— Oui, Castriot, puisqu'on l'on veut que j'épouse le prince Gaston.

— Vous mourrez!.... répéta l'Albanais.

— Oui, reprit la princesse.

Castriot, plongé dans une réflexion profonde, se retira à pas lents en caressant la poignée de son nouveau sabre. Les présents, donnés délicatement, font sur notre âme un singulier effet : Castriot pensa tout le reste de la nuit au beau Juif.

Lorsque l'Albanais eut quitté la chambre de Clotilde, elle courut, poussée par l'amour, à la fenêtre qui donnait sur la Coquette, pour revoir la rocaille chérie. Elle tire la mousseline, ouvre la croisée, et aperçoit Nephtaly couché sur un manteau de pourpre : sa belle tête penchée, et dormant du doux sommeil de l'innocence, était dans une pose si gracieuse, qu'on l'aurait pris pour le bel Endymion contemplé par la Lune amoureuse.

Au faible bruit de la croisée, il s'éveille, tressaille, et pâlit de joie en reconnaissant sa bien-aimée. Quant à la princesse, muette, interdite, joyeuse, elle était là comme si elle n'y était pas, oublieuse du temps, des circonstances, de la nuit, de la fatigue, de tout; elle ne voit, ne sent qu'une seule chose, son cher Nephtaly, Nephtaly qu'elle croyait à jamais perdu! Nephtaly dont les yeux éloquents et pleins de flamme la dévoraient, Nephtaly qui portait fidèlement sur son sein le gland d'argent, talisman d'un amour immortel ; enfin, elle ressemblait à l'âme d'un juste, qui, s'éveillant de son long sommeil de mort, aperçoit l'Éternel.

Il faut avoir aimé, pour se faire une idée de ce moment plein d'un charme *Paradisien!* Ils furent longtemps sans pouvoir parler, et comme cherchant à s'identifier avec le bonheur. Le danger imminent qui menaçait leurs amours contribuait singulièrement à remplir cet instant fugitif d'une mélancolie qui n'était pas sans charme.

Enfin Nephtaly s'écria le premier d'une voix doucement accusatrice :

— « Clotilde ! le chevalier noir a traversé la contrée en vous montrant à tous les yeux comme sa conquête, et vous abandonnerez sans doute le pauvre Nephtaly!..... Aussi, devant que de mourir, je vous ai légué tout ce qui m'appartint; allez, ingrate, soyez heureuse!..... voilà le seul vœu que forme Nephtaly mourant : et « *Clotilde!...* » voilà le dernier mot qu'il prononcera.... pensez à lui, il mourra content.

— Nephtaly, je vous aime!... s'écria la jeune fille d'un ton de reproche, même plus que je ne le dois!... et, me souvenant de mes serments et de ta promesse, je viens d'obtenir un jour de répit. Tu m'as dit naguère, qu'au dernier moment, la veille d'être l'épouse d'un autre, tu saurais nous unir!... accomplis ta promesse!...

— O maîtresse chérie!..... ô vierge adorée!.... reprit Nephtaly, il est donc vrai que tu m'aimes!... que tu m'aimes d'un véritable amour!...

— Tu me fais injure!..... en peux-tu douter, quand mille fois je l'ai laissé voir?... mille fois mes yeux l'ont dit, mille fois ma bouche l'a prononcé.

— Hé bien, Clotilde, nous serons unis!... mais ne permettras-tu point à ton fidèle amant de prendre un faible gage de ta tendresse?.....

Aussitôt il jette la corde, l'amoureuse Clotilde, entraînée par sa passion, l'attache, et le Juif se trouve en un clin d'œil dans la chambre de la princesse.

— O mon épouse!... ma fiancée chérie, jurons devant le Dieu de tous les hommes, qui nous écoute, jurons d'être l'un à l'autre, et de ne jamais nous séparer.

— Je le jure!.... dit Clotilde, avec une charmante naïveté et en regardant Nephtaly d'un air indéfinissable, tant il renfermait d'idées.

— O mon amour! le ciel a reçu nos serments, nous avons la nuit pour témoin... et son flambeau est notre torche d'hyménée; entends-tu les anges applaudir, par leurs concerts divins, au bonheur d'un ange qu'ils envoyèrent ici-bas? O amour!...

Le Juif, enivré, déposa lentement sur les lèvres de son amante enflammée le premier baiser des amours, ce baiser plein de charme, ce baiser plus doux que ceux des colombes, ce premier chaînon de la chaîne amoureuse, suave, joliette, qui lie notre premier âge, enfin ce commencement du léger, du brillant tissu des amours.

Ce chaste baiser, que dis-je, chaste!.... Nephtaly brûlait, comme Hercule couvert de la robe de Nessus, du feu qu'allume tout ce que nous pouvons ressentir de désirs!... Mais Clotilde!... Ah! Clotilde, succombant sous le poids de cette volupté inconnue, ivre, bouillante, échevelée, car sa tête penchée sur le col d'ivoire de l'Israélite laissait aller ses noirs cheveux qui se mêlaient à ceux de son amant; Clotilde, renversée par le bonheur, comme saint Paul par le rayon de la gloire de Dieu, ressemblait à une Pythie mourante sous les efforts d'Apollon : puis revenant à elle, elle noya ses regards languissants dans ceux du fougueux Nephtaly ; et, tout en jetant les cris inarticulés que lance le plaisir, elle laissa tomber cette phrase, céleste pour un amant : « Ah! que je suis heureuse!.... » Tous deux brûlaient d'amour, et leur sang enrichi d'une chaleur pénétrante afflua dans leurs veines trop étroites!...

— Nephtaly, va-t'en!... ta présence me fait trop de mal!... Et, tout en reprenant ses cheveux, elle ne peut se défendre du plaisir de caresser légèrement, oh bien légèrement! la chevelure noire du bel Israélite.

— Adieu donc, Clotilde! à demain soir!... oui, mon amour, je m'introduirai dans le château, je viendrai dans ton appartement : et, c'est en présence de Castriot et de ta fidèle nourrice, que je veux consumer avec toi le charme de nos dernières amours...

Et le Juif ayant encore cueilli un doux baiser, plus lent que le premier, plus ressenti, plus savoureux, s'élança sur sa corde et rejoignit sa rocaille.

Vainement Clotilde se coucha, vainement elle voulut sacrifier au sommeil; son âme avait trop bien reçu l'empreinte brûlante de la volupté, le mouvement était donné, elle ne pensait qu'au beau Juif, le désirait, l'appelait même!.... et, dans l'ignorance des délirants plaisirs de l'amour, son imagination, mobile et vagabonde, s'élançait dans le champ de l'idéal, s'y égarait; tantôt feignant de dormir comme pour se tromper elle-même, elle restait immobile sur sa couche virginale; puis, elle la fatiguait vainement sans trouver le repos; enfin, poussée par la curiosité, l'amour, le désir, elle courait en fanatique regarder par la croisée le beau Juif, qui ne dormait pas plus qu'elle.

— Il est là!... se disait-elle, il pense à moi!... et la fureur se glissait dans son âme en songeant qu'ils étaient plongés dans un abîme.

L'aurore la trouva dans cet état, elle entr'ouvrit la croisée, et le parfum des fleurs nouvelles, cueillies par Nephtaly, embaumait les airs : le Juif lui adressa une prière matinale comme à une divinité.

— Nephtaly, dit-elle, nous n'avons plus que ce jour, demain il faut que je marche à l'autel.

— Clotilde, répondit l'Israélite, regarde!... regarde bien le soleil se lever, et vois comme il s'élance dans les cieux, admire le firmament azuré, le parc, la verdure, les bois, enfin toute la nature!... nous ne la verrons plus longtemps!... notre dernier soleil se lève, et toi, ma bien-aimée, mon épouse fidèle, à chaque heure du jour, mets la main sur ton tendre cœur, et dis en le sentant battre : « *le sien est là...* » autant en ferai-je de mon côté!...

A ces mots le Juif saisit sa corde et regagna la crevasse en envoyant à Clotilde des baisers qu'elle lui rendit sur les ailes des fidèles zéphyrs de l'aube matinale.

Quand il fut disparu, elle écouta le bruit léger de ses pas sur le sable et n'entendant et ne voyant plus rien, elle resta dans la même attitude, sentant le divin parfum des fleurs, et pensant aux paroles funèbres de son bien-aimé...

Josette la trouva dans cette attitude. . . . .

## XXX.

> Parlerez-vous, ma fille?. . . . .
> (*Le Roi Lear.*)

> Souvent le malheureux songe à quitter la vie.
> (*Élégies.*)

> S'ils n'ont point le bonheur, en est-il sur la terre?
> (*Élégies.*)

> Et l'ornement et principale cure
> De ceste feste, estait la nuict obscure.
> (MAROT, *poëme de Léandre.*)

> Ils y plongent ensemble et le fer et la mort.
> (ANDRÉ DE CHÉNIER.)

La joie des amours brille sur le visage de la fille des Lusignans; elle chante, marche, sourit avec l'air de la déesse de Paphos; Josette ne conçoit pas ce changement, mais la nourrice aperçoit, d'un coup d'œil, d'où vient le coloris nouveau qui s'est infusé dans le tendre incarnat des joues de Clotilde.

Avouons-le! tous les sentiments extrêmes sont plus ou moins des folies, et surtout l'amour; aussi la princesse avait-elle tous les diagnostiques de la folie, ce guide aveugle des aveugles amours.

Au milieu de ce délire, Trousse arrive dans les

appartements de Clotilde, et, d'un air sinistre et composé, vient chercher la jeune fille de la part du roi son père.

Ce message inusité frappa de terreur Clotilde, qui suivit en silence les pas du docteur.

Elle traversa la galerie, la salle des gardes, le salon où déjà le chevalier noir, les ministres, les seigneurs formaient une foule empressée. A son approche, le murmure des conversations cesse; un murmure flatteur s'élève, on se range, et Clotilde marche, au milieu d'une haie respectueuse, en recueillant les hommages de chacun : quand elle arriva près du chevalier noir, elle lui tendit gracieusement la main en souriant ; et cet amant, au comble de la joie, y déposa un baiser de feu. En entrant dans le cabinet du roi, Clotilde entendit le murmure d'étonnement se prolonger comme le bruissement des vagues après un orage.

Trousse la conduisit gravement jusqu'à la chambre du prince ; et, entr'ouvrant la porte, il s'écria de sa voix clairette : « Madame la princesse de Chypre. »

Clotilde trouva son père assis sur la chaise de Mélusine; son visage avait une expression de sévérité qui ne disparut point quand elle entra; il ne la pria point de s'asseoir, comme il le faisait ordinairement; et Clotilde resta debout dans une attitude respectueuse : le vieillard laissa s'écouler un instant de silence, que sa fille n'osa point interrompre ; puis Jean II, se tournant vers l'endroit où il entendait le sein de Clotilde murmurer doucement, dit d'un ton lent et grave :

— Mademoiselle, ne croyez pas que votre conduite nous ait échappé; elle a donné lieu à bien des conjectures ; et, soit comme père, soit comme descendant des Lusignans, nous devons l'examiner.

Soyez bien convaincue, ma fille, de notre tendresse pour vous, et répondez franchement à votre vieux père! Quelle fut votre intention en retardant la célébration de votre hymen avec le prince Gaston?...

— D'y réfléchir, monseigneur.

— Clotilde, si vous l'aimiez, vous n'auriez pas cherché à réfléchir.... N'usez point de détours... ce n'est pas là votre motif.

Clotilde rougit et garda le silence; elle aurait voulu se trouver à cent pieds sous terre; alors la vie lui parut d'un poids insupportable : regardant les cheveux blancs du prince, elle restait dans une fixité d'incertitude, vraiment poignante, et sa conscience lui faisait de cruels reproches.

— M'avez-vous compris? répéta le monarque.

— Oui, monseigneur; mais quel que soit le motif, ne vous suffit-il pas que demain j'épouse le comte de Provence?

— Non, mademoiselle, si l'honneur des Lusignans est compromis par votre conduite ou l'état de votre cœur, cela ne suffit pas!... Ah! Clotilde, reprit le monarque avec un accent de bonté, comment se fait-il que vous redoutiez votre père, que vous ne l'ayez pas rendu votre confident?... Craignez-vous ma sévérité ? Ne vois pas le monarque, vois un père indulgent, ma fille ! parle! et, si des peines affligent votre jeune cœur, je tâcherai de les calmer, la vieillesse a de l'expérience!....

— Écoutez, mon père, l'honneur est cher et passe avant tout, n'est-ce pas votre maxime favorite ?

— Oui, ma fille.

— Hé bien, mon père, s'est-il dans notre illustre famille trouvé des traîtres?

— Jamais!... répondit le monarque avec orgueil.

— Ne tachons donc pas cette candeur héréditaire!... si je parlais, mon père, je trahirais un malheureux!...... un malheureux qui compte sur ma parole, qui s'y repose comme sur un autel de bronze !

— Clotilde, le sein d'un père, semblable à celui de la divinité, doit connaître les moindres pensées et les moindres actions de ses enfants.

— Monseigneur, c'est vrai ; mais si dans votre jeune âge vous aviez promis le secret à un ami malheureux, appelé par mon aïeul, pour le révéler, l'auriez-vous fait?... »

Le monarque garda le silence ; mais irrité et rendu plus curieux par la résistance de Clotilde, il s'écria : « Allez, mademoiselle, vous n'aimez pas votre père, et vous devriez avoir honte de prononcer ce nom... »

— Voilà ce qu'eût dit mon aïeul!... répliqua la jeune fille, en riant, pour donner le change ; et elle embrassa le front du vieillard.

Mais celui-ci la repoussant lui dit : « Indigne fille, je sais ce qui a perverti votre cœur... C'est un autre amour!.... et qui ne devinerait pas? Depuis quinze jours n'ai-je pas entendu cent ballades d'amour? ne me rappelé-je pas le froid accueil que vous fîtes au comte de Provence, les événements du tournoi, le chevalier inconnu, et surtout vos paroles entrecoupées, vos soupirs, votre agitation, votre inquiétude, et ce que vous disiez il y a trois jours dans ce cachot où nous avons manqué périr!..... vous bénissiez la mort. »

— Mon père!... de grâce, cessez vos remarques, craignez de les continuer.

— Hé quoi, ma fille ! je crois remettre, entre les bras d'un époux, une vierge de cœur..... et je me trompais!..... Dites-moi sur-le-champ le nom de celui qui surprit votre amour! je le veux! je l'ordonne!

— Mon père, s'écria la jeune fille en inondant de

pleurs la main de son père ; oui, je vous le dirai !... mais demain, n'exigez rien de plus ; n'est-ce pas assez que votre fille soit malheureuse ? ayez un peu de pitié pour elle !... ô mon père !...

Le vieillard, séduit par les larmes de sa fille, réfléchit un instant et lui dit : « Eh bien soit, j'y consens, ma fille, relevez-vous ! mais gravez dans votre âme que demain je veux que la chapelle du château reçoive vos serments, tout l'exige avant votre père...

— Mais ne l'ai-je pas promis !...

— Eh bien ! quel espoir nourrissiez-vous donc !... si cela doit être, soyez plus affable avec votre époux et ne donnez pas lieu à des remarques qui nuisent à notre caractère.

Clotilde soupira ; et le monarque ému prit la main de sa fille et lui dit d'un ton de père : « Tu es donc malheureuse ?... »

La jeune fille, posant sa tête contre celle de son père, versa un torrent de larmes.

— Oh ! oui, beaucoup, mon père !...

— Mais, ma fille, il faut rompre cette union.

— Jamais... répliqua Clotilde, hélas ! j'aime sans espoir ! et... je me résigne !...

— Pauvre enfant !... sèche tes larmes, le temps guérira ta blessure, laisse-moi croire que le prince Gaston te rendra heureuse.

Alors le monarque, prenant le bras de sa fille, parut au salon, où chacun s'empressa de lui faire sa cour. Clotilde s'appuya sur le bras du chevalier noir et lui dit quelques paroles douces, mais qui ressemblaient à ces potions calmantes que les médecins donnent aux mourants pour adoucir leur agonie.

La journée se passa sans autre événement ; le chevalier noir fut d'un tel empressement auprès de sa fiancée et marqua tant d'amour, par ses soins, que si les yeux de la princesse n'eussent pas été aveuglés, elle l'eût trouvé tout aussi séduisant que Nephtaly, tout aussi beau, tout aussi digne d'être aimé. Mais le bandeau de l'amour est si épais, si redoublé sur nos yeux !...

La princesse, tout en répondant aux attentions amoureuses du prince, ne cessait de caresser de l'œil et de jouer avec le bouquet de fleurs qu'elle avait sur son sein, et elle pensait à la fête brillante que Nephtaly donnerait à son cœur lorsque la nuit serait venue.

Il est impossible de rendre le tableau mouvant qu'offrait le château de Casin-Grandes ; Taillevant, Bombans et les officiers ne savaient où donner de la tête pour la cérémonie du lendemain, et tout respirait le mouvement et la joie. Les nobles hôtes du roi de Chypre eux-mêmes s'apprêtaient pour briller et se surpasser à cette éclatante solemnité ; et, jaloux de prouver à leur souverain leur empressement, ils allaient et venaient sur la route, cherchant, apportant leurs richesses et leurs habits les plus pompeux !

Enfin cette nuit, tant désirée par Clotilde, arriva : elle s'échappa du salon comme furtivement, et l'on n'osa pas la retenir, car, de tout temps, on a respecté les volontés des jeunes filles la veille de leurs noces ; aussitôt qu'elle eût disparu, chacun l'imita. En effet, Clotilde, dans ce salon, était la clef de la voûte ; une fois tombée, tout se sépare : et, ce jour-là, le sommeil envahit le château beaucoup plus vite qu'à l'ordinaire, comme c'est naturel la veille d'une grande fête...

Tout repose, excepté Clotilde, Josette, Marie et Castriot qui sont réunis dans les appartements de l'infortunée princesse de Chypre.

Clotilde voit arriver l'heure à laquelle Nephtaly doit venir, avec un effroi dont elle n'est pas maîtresse ; son cœur tremble, palpite, et elle regarde fréquemment la porte, ou prête l'oreille à de vains bruits qu'elle croit entendre et que personne n'entend.

— Josette, dit-elle, je veux une plus belle parure que celle que je porte en ce moment ! ma fille, revêtez-moi d'une tunique bleue à glands d'argent, d'un cothurne rouge, d'une robe blanche comme la neige ;... retenez mes cheveux captifs sous des bandelettes blanches, ainsi qu'elles étaient disposées le jour où je rencontrai ce pauvre Juif... Rassemblez tout ce que l'art de la toilette et mes trésors ont de plus recherché ; songez, ma fille, que je veux plaire !...

— Mais, madame, il n'est pas encore temps !...

— Fais ce que l'on te dit ! lui répliqua Marie.

— Ma bonne nourrice, reprit Clotilde, en s'asseyant devant un miroir contenu dans une bordure en filigrane ; ma bonne nourrice, allumez les bougies des quatres torchères, les flambeaux et surtout cette lampe d'argent remplie d'huile odorante !... que tout resplendisse et que tout soit brillant !

— Oh ! Josette, dit-elle en s'adressant à la jeune Provençale, arrangez mes cheveux noirs en boucles plus arrondies ! qu'elles tranchent, par leur jais, sur l'albâtre de ma peau ! qu'elles se jouent au-dessus de mes yeux !...

Nourrice, viens placer mes bandelettes blanches sur ma tête !... toi seule connais cette coiffure, fille de la Grèce ; surtout, ma mère, entoure-moi d'un voile aérien !... J'en avais un, ce jour-là, pour me garantir du soleil !... mais aujourd'hui, je veux l'avoir, pour qu'il soit foulé !... je veux que tous ces charmants apprêts soient comme ceux d'un festin dont il ne doit point rester de vestiges...

— Josette, mon enfant, n'oublie pas les parfums!... Et, de ses doigts légers, la princesse donne, à droite, à gauche, le dernier coup de main à l'élégant édifice de sa parure.

« Castriot, dit-elle en se retournant et en lui souriant, allumez le feu de ces trépieds d'or! que l'encens fume! Jamais les sacrifices ne se font sans encenser le Dieu.

« Mes amis, leur demanda-t-elle en se levant et se regardant dans le fidèle miroir, suis-je belle?... »
Ils se récrièrent unanimement, et Clotilde fit quelques pas dans sa chambre en essayant sa parure.

« Maintenant, Josette, dit-elle, remets tout en ordre! qu'il n'y paraisse plus, que rien n'interrompe la beauté de ce lieu.

« Sors, mon enfant!... Adieu; viens que je t'embrasse!... »

— Ah! madame, vous êtes brûlante!...

— C'est vrai... Tiens, Josette; prends cette riche ceinture! prends aussi ce diamant!... je te le donne. Josette!... ajouta-t-elle en lui prenant la main, tâchez que le souvenir que vous garderez de moi ne soit point *muable!*... pensez quelquefois à Clotilde... et... priez pour elle!....

Josette se mit à pleurer et dit en sanglotant :
« Ah! madame, est-ce que vous me renvoyez?... Pourquoi donc tous ces apprêts et ces paroles dont le seul accent m'attriste? »

— Ce n'est rien, ma fille, répondit la princesse avec un sourire légèrement sardonique. Ne vois-tu pas que Clotilde va périr pour renaître comtesse de Provence!....

— Ah! si ce n'est que cela, madame, reprit Josette en essuyant ses yeux, je n'ai qu'à me réjouir...

— Adieu donc, Josette! Et la princesse embrassa la fille de l'intendant : puis, saisissant une bourse pleine d'or, elle lui dit. « Prends encore ceci! je veux que rien ne manque à ton bonheur!... »

Josette sortit lentement et en retournant plusieurs fois la tête pour voir Clotilde, qui s'assit sur une chaise en posant sa tête souffrante dans sa jolie main. Restée seule, elle regarda tristement Castriot et la fidèle nourrice, et elle leur dit avec un accent de mélancolie :

— Mes amis, la jeune rose va s'effeuiller! car, maintenant, je comprends les paroles de mon bien-aimé!.... Vous nous élèverez un même tombeau, n'est-ce pas?... et toi, Castriot, tu viendras arroser les fleurs qu'aura plantées Marie parmi le gazon; nos cendres les animeront... Respirez-les quelquefois!... l'odeur en sera douce!...

A ces paroles, Castriot jeta des regards farouches sur tout ce qui l'entourait, et Marie se mit à pleurer à chaudes larmes....

— Hé quoi! continua la princesse, je veux faire un dernier repas et savourer la vie avec *lui!*... Marie, ne me refuse pas! les prières des mourants sont sacrées!... Va, cours chez Bombans, apporte de quoi composer ce festin du départ, et surtout, apporte les vases les plus précieux.... Je veux entourer ma fin de tout ce qu'il y a de plus brillant, de plus beau dans la nature et dans le cœur de l'homme; une jeune mort doit être voluptueuse!...

La fidèle nourrice ne tarda pas à reparaître avec ce que demandait Clotilde. On plaça, sur une table d'ébène et d'argent, une serviette peluchée et à frange d'or, que Clotilde parsema des fleurs du bouquet de l'Israélite.

— Il faut tout effeuiller, tout flétrir.... dit-elle.
Les plats d'or et les fruits de l'art de Taillevant brillèrent bientôt sur la table, ainsi que les cristaux ciselés : on alluma des flambeaux; et Clotilde, posant alors une couronne de roses sur sa tête, s'écria :

« Castriot, n'est-ce pas toi qui dois introduire mon bien-aimé?... Pourquoi ne vient-il pas? est-ce à moi de l'attendre!... oui, car je l'aime le plus!... Nephtaly, je te souhaite!.... arrive avec tous tes enchantements, arrive promptement, nos heures sont comptées, la moitié du sable de mon horloge est consommée, il est minuit!... Viens; tout est prêt, le temple, la fête, l'autel, la victime, les festons. Va, Castriot, va à sa rencontre! »

L'Albanais pleura de rage en entendant ces mélodieux accents, le chant du cygne.

— Je voudrais être plus belle!.. mais... je le suis assez!... dit-elle avec un léger sourire, puisqu'il m'aime!... Et elle se mit à parcourir sa chambre en admirant le luxe, la propreté, la grâce de ce lieu; puis elle s'écria encore :

— C'est trop beau pour une tombe! elle sera comme nos amours, suave, délicieuse, brillante et funèbre!...

Tout à coup, des pas légers retentissent dans la galerie : la première, Clotilde les entend; elle court, elle vole, elle est dans les bras de Nephtaly. Elle jette avec grâce ses bras d'ivoire autour de l'albâtre du col de l'Israélite; leurs têtes semblent se confondre; ils marchent lentement appuyés l'un sur l'autre, sentant battre leurs cœurs, et le Juif pressa contre son sein tumultueux la gorge divine de la princesse qui, semblable à la rosée matinale, rafraîchit son âme.

En proie à cet accès d'amour, ils arrivent, s'asseyent sur une espèce de divan en se tenant par la main, et ils se penchent l'un sur l'autre : pas un mot, pas un geste, mais des larmes!.... Ah! des larmes brûlantes de désirs de part et d'autre, et puis de ces longs regards d'amour qui rendent ivres!..

Le Juif exhale l'ambre, les choses les plus précieuses

le parent; il n'a plus sur son sein la roue infamante, mais le gland sacré de la tunique de Clotilde et l'écharpe diaprée que broda l'amoureuse jeune fille; enfin, les boucles de ses beaux cheveux noirs ne sont plus flétries par le bonnet vert à cornes rouges.

Heureux de pouvoir satisfaire leurs désirs, sans être avares de leur joie, ce n'est plus à la dérobée, et en tremblant, qu'ils se regardent et qu'ils se parlent; mais ils se roulent dans la volupté, ainsi qu'au printemps de blanches colombes voltigent de branche en branche, et savourent les plaisirs.

— Clotilde!... tu es à moi, s'écria Nephtaly, rien ne trouble nos caresses : ô mon amour, laisse-moi me noyer dans le lait de ton sein délicieux, m'y rassasier de baisers!....

— Nephtaly, tout est à toi!... Et les doigts légers de la jeune vierge caressent avec une charmante pudeur, une timide crainte, les cheveux, le col, le sein de l'Israélite.

— Oh! que tu es belle et que tes yeux dévorants dardent de feux! L'étoile de Vénus n'est pas plus brillante.

— Ah! mon bien-aimé, ne crains rien! dérange ma coiffure!..... je ne m'en offenserai point!....

Après que le respectueux Nephtaly eût adoré tous les charmes de sa belle maîtresse, il déposa sur sa bouche de rose, sur sa bouche affamée, sur cette bouche sollicteuse, un de ces baisers dont Vénus serait jalouse, et ils allèrent s'asseoir auprès de la table, et sur le même siège ; car l'amoureux Israélite attira Clotilde sur ses genoux. Castriot et Marie semblables à des statues, ornement d'un palais, les servirent en pleurant et les admirant tour à tour.

Les deux amants mangèrent des mêmes mets, dans la même assiette, avec la même fourchette, buvant dans le même hanap à la même place, et entremêlant l'ambroisie de leur suave repas avec l'ambroisie mille fois plus suave de leurs baisers enflammés : baisers charmants, leurs derniers pas dans cette vie de volupté. Une grâce indéfinissable, un charme inexprimable, léger comme l'air, pénétrant comme le feu, doux comme un bienfait, se répandait sur cette scène d'amour : une espèce de nuage céleste les environnait : tout, aux yeux de ces heureux amants, se présentait comme surnaturel; les moindres objets avaient une autre figure, une autre forme, leur bonheur se reflétait sur tout, et semblait jeter des flots de lumière. On eût dit qu'autour d'eux régnait cette auréole dont on entoure les habitants des cieux quand ils descendent ici-bas.

Cette divine magie redoublait leurs jouissances, et l'aspect de la mort les rendait solennelles.....

— Nephtaly, s'écria Clotilde, voici le moment d'exécuter ta promesse... vois-tu comment les heures s'écoulent?

— Ah! ma Clotilde, auras-tu le courage d'obéir?...

— Eh! crois-tu, mon bien-aimé, que je ne t'aie pas deviné!....

— Dis-moi, chérie, qu'as-tu compris?...

— Que nous mourrons ensemble.

— Cruelle!...... tu le dis en riant!...

— Nephtaly, pourquoi m'affligerais-je?...

— Tu dis vrai, Clotilde, nous sommes mille fois plus heureux ; nous abandonnons une terre odieuse; nous montons purs, et sans tache, vers le palais des cieux, où déjà les anges apprêtent pour nous leurs plus divins concerts!.... Dieu peut-il se courroucer de nous voir arriver un peu plus tôt et fuyant le malheur? Nous obéissons à la voix de la nature, et, si le front céleste de l'Éternel se ride un instant, il est trop bon pour condamner deux âmes vertueuses, coupables seulement de trop d'amour, et puis,.... notre bonheur aurait pu se faner ici bas!...

— Non, Nephtaly, jamais!... répliqua Clotilde avec un charmant coup d'œil.

Ce mot fut suivi de mille baisers, et l'amoureux Israélite serra la princesse dans ses bras avec la force d'Hercule soulevant le fils de la terre, Antée, son rival.

— Ma maîtresse chérie, trésor d'amour, tu auras donc la force de quitter une si belle vie, une vie à peine commencée.

— Nephtaly, ne la quittes-tu pas?... et, n'est-ce pas un bienfait que de ne faire qu'effleurer une coupe au fond de laquelle sont les chagrins et les malheurs!...

— Tu n'hésiteras pas à percer ce beau sein, ce trône de l'amour où je viens de reposer ma tête?

— Non... Que puis-je être hors de ta vue? Puis-je vivre sans toi? toi seul, entre les hommes, m'as souri de ce sourire que j'aime.

— Eh bien, oui, fille céleste, nous nous endormirons voluptueusement, et les mains entrelacées, dans la nuit qui n'a point d'aurore.

— Oui, Nephtaly, quand tu le désireras... mais, je t'en supplie, fais-moi donc entendre encore cette douce voix, ces doux chants, qui charmèrent mon âme! Épuisons, dévorons toutes les joies, réunissons notre vie tout entière en un seul moment, et...... absorbons-le! Chante! achève de m'enivrer!...

Nephtaly, saisissant son luth, que Marie lui présenta sur un signe de Clotilde, chanta les stances suivantes :

> Que la fleur des champs soit séchée
> Par le noir souffle des hivers,

Ou que, de sa tige arrachée,
  Quand les prés encor verts
S'ornent de sa tête élégante,
Elle soit d'un cruel zéphir
  La victime odorante.....
Son sort n'est-il pas de mourir?

Qu'importe la faible durée
De nos trop misérables jours,
Si du bonheur la main dorée
  N'en fleurit pas le cours!
Périr le front plein de jeunesse,
Parés des roses du plaisir,
  Ou flétris de vieillesse.....
Ne faut-il pas toujours mourir?

Que le voyageur accomplisse
Sa longue route en peu d'instants,
Et que sa course en réunisse
  Les nombreux accidents;
Ou que, marchant avec prudence,
De sa peine il fasse un plaisir,
  Pour toute récompense....
Ne faut-il pas toujours mourir?

Hélas! mourons, ma douce amie!
Mourons sans répandre des pleurs;
N'avons-nous pas de cette vie
  Senti toutes les fleurs?
Lorsque, dans un charmant bocage,
Les mains n'ont plus rien à cueillir,
  Qu'il n'offre plus d'ombrage.....
Alors... n'en faut-il pas sortir?

Jamais l'Israélite ne mit tant d'expression dans son chant. Clotilde, le col tendu, s'abandonnait tout entière à la volupté: attendrie, elle regardait frémir les cordes du luth en pleurant.

— Voilà la vie, dit-elle en faisant résonner la corde.

Le son retentit fortement d'abord, s'amortit, parut renaître, puis s'éteignit doucement.

Cette exacte image émut jusqu'à Castriot.

— Tu pleures, s'écria Nephtaly, tu regrettes ton existence. Ah! Clotilde, tu pourrais t'éviter ces larmes, et nous serions heureux!

— Comment, mon ami?

— Écoute!... fuyons! suis-moi dans l'Asie; nous irons dans le fond d'un désert...

— Oui.

— Une simple demeure sera notre asile, elle sera belle comme toi: mes richesses suffiront à nos besoins; là, heureux, sans entraves, nous vivrons toute une vie de bonheur, en présence de la seule nature; et, tu seras jusqu'à ta mort comblée des plaisirs que tu ressens aujourd'ui.

— Mais, Nephtaly, mon père!... il mourra de douleur.

— Clotilde!..... s'écria le Juif, tu auras des enfants!... et tu l'entendras appeler: « Ma mère.....»

— Ah ne me regarde pas! tu m'y ferais consentir!

— Viens, viens!

— Nephtaly, je vais le vouloir si tu le veux encore! mais, dit-elle en saisissant le luth et chantant avec la voix de la mélancolie:

Que la fleur des champs soit séchée
Par le noir souffle des hivers,
Ou que, de sa tige arrachée,
  Quand les prés encor verts
S'ornent de sa tête élégante,
Elle soit d'un cruel zéphir
  La victime odorante.....
Son sort n'est-il pas de mourir?

— Eh bien, Clotilde, mourons! oui, mourons! car nous avons épuisé vingt siècles d'existence... Et il regarda sa charmante maîtresse en caressant son sein d'albâtre.

Castriot, assis sur une chaise, contemplait Clotilde et le Juif avec des yeux farouches; l'idée, terrible pour lui, de voir périr sa bienfaitrice lui fendait le cœur, et il était occupé des moyens de l'empêcher de mourir.

— Nephtaly, dit Clotilde avec une ingénuité charmante après un moment de silence, Nephtaly, mon cœur, donne-moi beaucoup de baisers pour que je te les rende!...

— Ah, Clotilde!..... reprit le Juif en la comblant de ses caresses enflammées et en cueillant l'ambroisie de ses lèvres corallines, mon ange, il est d'autres plaisirs!... plus vifs, suprêmes, la véritable fleur de la vie; et, puisque nous devons succomber, mourir, laisse-moi...... laisse ton bien-aimé savourer ce fruit délicieux.

— J'ignore, interrompit Clotilde, ce que tu veux.... je suis prête à te l'accorder puisque tu le demandes!.... et quoique je ne puisse croire que ce que tu veux soit un mal, un je ne sais quoi me dit que j'y perdrais mon plus grand charme...

— Ah! Clotilde, Clotilde, tu es une habitante des cieux!... ton langage inspire la vertu, va, retournes-y brillante, pure, vierge; et puisses-tu savoir quel sacrifice je te fais!...

— Mon ami, dit la princesse, demain j'épouse le prince Gaston.

— Hé quoi!... s'écria l'Israélite.

— Je le dois, Nephtaly, j'ai promis; mais écoute à ton tour, et suis les ordres de ta maîtresse. Trouve-toi dans la chapelle au matin! Castriot t'introduira; cache-toi contre un des piliers! et là, tu verras si je t'aime!... lorsque je tirerai mon poignard, saisis-toi du tien! et que nos derniers soupirs s'entremêlent.

— J'y serai, Clotilde... répondit le Juif.

En ce moment, Castriot s'approchant de ce couple charmant entrelacé comme deux dauphins qui jouent, dit à Clotilde :

— Il n'y a donc que le prince Gaston qui s'oppose à votre bonheur!...

— Oui, répondit le beau Juif.

— Eh bien, vous serez heureux!... croyez-en Castriot!...

Et sans plus tarder, le féroce Albanais courut à la chambre hospitalière du comte de Provence; il ouvre doucement la porte; il tressaille de joie en voyant la lampe expirante ne jeter qu'une faible lueur, il s'avance à pas lents vers le lit; et, sourd à sa conscience, à tout, il détourne la tête, tire son sabre, et frappe à coups redoublés, en s'écriant : « Il le faut!... il le faut!... » et, dans sa fureur, il laisse son sabre sur le lit du prince.

Il revient précipitamment et rentre dans la chambre de Clotilde avec un visage serein.

— Vous serez heureux!... répéta-t-il, ainsi vous pouvez vous séparer sans crainte, vous ne mourrez pas!...

— Comment cela, Castriot!..... s'écria la jeune fille.

— Vous serez heureux!... et rien ne s'opposera plus à votre union, si le roi y consent toutefois!...

A ces mots, un frisson glacial parcourut tout le corps de la princesse, elle resta muette, pâle, immobile, froide, et Nephtaly regarda Castriot avec un profond étonnement.

— Séparez-vous! reprit l'Albanais brusquement.

— Qu'a-t-il fait?... s'écria Clotilde revenant à elle aux baisers que Nephtaly lui prodiguait.

— Clotilde, à demain donc!... dit le Juif.

Alors tous deux s'acheminent vers la galerie, mais Clotilde est toujours stupéfaite, et son sein palpitant : elle est accompagnée de Castriot qui les suit. La voûte de marbre retentit de leurs adieux; et, quand Nephtaly, après avoir savouré le dernier, le plus long des baisers, s'élança dans l'escalier, l'on entendit le léger bruit des fantômes résonner au fond de la galerie; et, de la chambre de Gaston, une grande ombre, projetée par la lueur de la lampe mourante, se mouvoir d'une manière indistincte.

— C'est son esprit! dit Castriot tremblant; ou bien ne serait-il pas mort?

A cette parole, l'idée du crime que l'Albanais avait commis se glissa dans le cœur de la princesse en la glaçant : elle rentra dans sa chambre, comme engourdie, et ce ne fut qu'après un long moment de silence, que regardant sa chambre vide, elle s'écria : « Il est parti!... »

— Oui, madame, dit Marie.

— Ah! Castriot, qu'avez-vous fait?... continua Clotilde.

— Ne m'avez-vous pas dit que le prince Gaston était le seul obstacle à votre bonheur?...

— Mais on vous fera mourir, Castriot!... observa la princesse.

— Oui, répondit l'Albanais, mais vous serez heureuse!...

Le jour commençait à poindre dans les cieux, les lampes pâlissaient : Clotilde, accablée sous le poids des voluptés, pouvant à peine soulever ses paupières, appuya sa tête en désordre sur le sein de sa nourrice, et un instant de sommeil vint la saisir... Castriot, respectant son repos, s'en fut veiller à sa porte; et sa nourrice contempla, en pleurant, ce sommeil précurseur de l'éternel sommeil qui devait envahir sa fille.....

---

## XXXI.

*Enfin tous les buffets, les tables étincellent,*
*Plus d'une lyre est prête, et partout s'amoncellent*
*Et les rameaux de myrte et les bouquets de fleurs.*
(André Chénier.)

*Au banquet de la vie, infortuné convive,*
*J'apparus un jour et je meurs!...*
(*Stances de* Gilbert.)

Cependant tout était en mouvement dans Casin-Grandes. Dès l'aurore, une foule considérable ne cessait d'y arriver, car la nouvelle du mariage du souverain de la Provence avec l'héritière du royaume de Chypre, la célèbre Clotilde, s'était promptement répandue; et, de tous les côtés de la contrée, l'on accourait pour être témoin des fêtes qui devaient célébrer cette union. L'on avait annoncé que les deux souverains tiendraient cour plénière, et que l'on recevrait tout le monde, jusqu'aux plus simples paysans. L'on doit, d'après cela, juger de l'empressement que l'on mettait à se rendre à la majestueuse demeure du roi de Chypre.

Aussi était-ce déjà un spectacle que l'aspect de la route d'Aix à Casin-Grandes! Une foule de dames, plus ou moins parées, jalouses de voir cette beauté tant vantée, arrivaient, soit sur des haquenées, soit en litière ou à pied ; les chevaliers, les barons, les seigneurs et leur suite, les paysans, les curieux, tout cela formait une longue procession dont le commencement semblait être à Casin-Grandes, et la fin à Aix.

On eût dit que la nature donnait les mains à cette solennité, en la protégeant par un ciel d'azur sur lequel les yeux cherchaient en vain des nuages : « Heureux augure du bonheur des époux!.. » disait-on.

Mais l'activité qui régnait sur la route ne pouvait

pas se comparer à celle qui se déployait dans l'intérieur du château de Casin-Grandes. Maître Taillevant, et le grand Hercule Bombans, sans cesse sur leur champ de bataille, ne cessant d'aller et venir, paraissaient se multiplier.

La foule, ayant déjà envahi les cours, rendait le service très-difficile : néanmoins, la décoration magique du château ne laissait rien à désirer, et le génie du célèbre Taillevant y brillait de tout son éclat : ce n'était que festons, que guirlandes de fleurs, galantes devises, heureuses allégories, feuillages, arcs de triomphe, troupes de musiciens, symphonies, tables dressées à tous venants, comme aux noces de Gamache; enfin, une profusion de toutes les ressources de l'art *culinaire* et décorateur. Choisissez de toutes nos décorations modernes la plus belle et la plus somptueuse, et vous n'arriverez pas encore au luxe déployé par Taillevant.

Aux deux coins du portail d'entrée, deux sirènes versaient à tous les survenants, l'une du vin d'Orléans, et l'autre de l'hydromel.

La première cour se distinguait pas un appareil militaire, qui consistait en une brillante cavalerie commandée par Kéfalein, il présidait à tout avec la précision d'un brigadier de gendarmerie, en mêlant toutefois aux formes militaires l'espèce de bonté résultant de cet heureux caractère qui devait lui ouvrir les portes du ciel.

La chapelle, ornée de ce que les pompes de la religion ont de plus brillant, était ouverte; et l'on admirait la multitude des cierges, les bannières, les simples festons que l'on avait suspendus entre les vieux piliers et les armes royales des Lusignans confondues avec les armes royales des descendants de saint Louis qui était la tige des comtes de Provence. On entrevoyait les deux fauteuils dorés, et les coussins et le dais sous lequel les deux jeunes époux devaient s'asseoir.

Je dis, on entrevoyait, car l'impitoyable Castriot défendait à tout le monde d'entrer dans cette chapelle. En effet, dès le matin, le Juif Nephtaly s'était glissé dans la cour, et l'Albanais l'avait caché dans l'enfoncement d'une vieille chapelle consacrée à saint Guy.

Mais rien n'était comparable au spectacle que présentait la seconde cour, l'affluence des seigneurs, des chevaliers bannerets et des dames ne permettant pas que tous fussent admis dans les appartements royaux; les dames d'Aix et des environs étaient assises tout autour de cette vaste cour, et une multitude des seigneurs, et les compagnons d'armes du comte de Provence, se tenaient au milieu, en formant des groupes divers; les uns parlaient entre eux, les autres s'adressaient aux plus jolies d'entre les dames, et de beaux pages, de jeunes écuyers allaient et venaient, portant et recevant des ordres.

Sur les marches du bel escalier de marbre, le grand écuyer Vérynel et Jean Stoub commandaient la garde du prince, qui garnissait le péristyle, l'escalier et la salle des gardes conjointement avec les officiers, les pages et les écuyers du comte de Provence.

Le salon rouge, le cabinet du prince, et sa chambre royale, étaient inondés par l'élite du comté, les plus belles dames parées avec tout le luxe du temps, les plus grands seigneurs, tels que le comte de Foix, le comte Enguerry, et même le beau Dunois, parrain de Gaston II qui, pour le moment, se trouvait à Aix, formaient une assemblée imposante, et telle qu'il ne s'en était jamais vu de si brillante à Nicosie. Aussi, les trois ministres, les seigneurs Cypriotes, avaient-ils, malgré leur grand usage, la contenance d'un maire de province qui reçoit un ambassadeur et sa suite, et qui se confond en efforts pour se mettre à la hauteur du diplomate.

Le seul Jean II se trouvait au milieu de cette pompeuse cérémonie dans son élément naturel. Ce beau vieillard à cheveux blancs, vêtu simplement d'une dalmatique précieuse, portant à son côté l'épée du premier chef des croisés, et sur sa tête la couronne de Godefroid de Bouillon, avait une contenance majestueuse, il parlait avec bonté à chaque seigneur, et l'entretenait de ses exploits comme s'il eût été son compagnon d'armes; il s'adressait aux dames avec cette courtoisie calme et sans empressement qui convient aux vieillards.

Cependant, l'impatience régnait sur tous les visages, et une espèce de murmure résonna dans les cours et dans les appartements, lorsque le beffroi de Casin-Grandes sonna dix heures du matin. Cette impatience avait un juste motif lorsqu'on apprendra que ni le chevalier noir, c'est-à-dire Gaston II, comte de Provence, ni la belle Clotilde, n'avaient encore paru.

Le roi Jean II se fit guider par Monestan vers les comtes de Foix et Dunois, et il leur dit avec enjouement :

— Nobles chevaliers, vous semblez de concert avec le comte de Provence, et peut-être pourriez-vous nous expliquer la cause de son retard le jour de ses noces.

— Sire, lui répliqua Dunois, nous l'avons accompagné ce matin, car il est sorti du château et nous a recommandé, si nous l'aimions, de ne point nous inquiéter de sa personne; c'est aujourd'hui qu'expire le vœu qui le force à ne point découvrir son visage, et je présume qu'il est allé remplir des devoirs sacrés à quelque autel du voisinage... Il nous expliqua même qu'il arriverait avec son écuyer à la chapelle de votre château lorsque la messe commencerait, et que les sons de la cloche suffiraient pour l'avertir.

Alors le monarque siffla son huissier qui ne parut point, Monestan eut toutes les peines du monde à trouver le docteur tapi dans un angle de la salle des gardes, et s'étant arrangé de manière à ce que personne ne le froissât et ne troublât le repos de sa petite machine.

Jean II ordonna au docteur d'aller trouver Clotilde, et de la prévenir qu'elle était attendue au salon rouge.

Clotilde venait de s'éveiller, et la fidèle nourrice aidée par Josette déployait aux yeux de la princesse les magnifiques présents que le sénéchal du comte de Provence avait apportés dès l'aurore.

La jeune fiancée contemplait d'un air triste et distrait les vêtements somptueux qu'un marié donne ordinairement à sa prétendue; et qui, dans le temps où vivait Clotilde, étaient de nature à durer toute la vie. La robe de mariage, d'une étoffe précieuse, figurait sur le devant les armes des deux époux, selon l'usage et la mode de cette époque; le voile précieux annonçait par sa richesse une production orientale; un collier de perles, des anneaux, des pierres précieuses, complétaient une parure digne d'une reine.

Clotilde se laissait habiller sans dire un seul mot, elle ne donnait aucune attention à la manière dont ses cheveux étaient disposés et dont ses vêtements s'arrangeaient sous les doigts légers de Josette et de sa nourrice. Elle ne regardait qu'une chose, et elle la regardait avec une expression remarquable : on y lisait l'amour, les regrets et le souvenir de la volupté, qui renferme un sentiment tout à la fois pénible et gracieux : cette chose unique, était la table du festin de la nuit et le siège occupé par Nephtaly, la lyre, les débris des mets, les roses effeuillées, sa couronne de fleurs, et l'ensemble de toutes ces ruines d'amour.

A l'approche de la mort les pensées deviennent solennelles, et la jeune fille ne pouvait s'empêcher de réfléchir profondément; son âme, en proie aux souvenirs du moment enchanteur qu'elle avait passé avec Nephtaly, n'hésitait pas à consommer le sacrifice qu'elle avait promis, mais elle se perdait dans un labyrinthe de pensées confuses, qu'elle ne pouvait pas renvoyer de son cœur.

Lorsque Trousse parvint à elle, il fut étonné de la pâleur de la princesse, qu'il trouva assise sur le siège qu'avait occupé l'Israélite; elle tenait un poignard entre ses mains, et le regardait fixement : une larme roulait sur ses joues; Marie et Josette, interdites, debout et stupéfaites, contemplaient leur maîtresse adorée dans le plus grand silence.

— C'est moi, madame, s'écria le docteur, je viens par ordre de monseigneur, vous prier de vous rendre au salon où vous êtes attendue; dix heures sont sonnées; la chapelle est prête; monseigneur l'évêque est en habits pontificaux... Mais j'ai bien peur que la cérémonie n'ait pas lieu, votre pâleur annonce une forte indisposition... vous pensez beaucoup trop!... et, je prévois que vous aurez besoin de mon secours, car vos nerfs......

Le docteur s'arrêta, Clotilde avait tourné la tête vers lui, et comme elle présenta la pointe du poignard au nez du médecin, on conçoit que ce mouvement était plus que suffisant pour glacer la langue de Trousse.

— Je vous suis, maître Trousse, dit la princesse.

Le docteur interdit s'en alla lentement, et rassembla toutes les forces de son entendement pour s'expliquer à lui-même l'état de la princesse; mais voyant que cette méditation tendait trop fortement son intelligence, il s'écria : « Qu'est-ce que cela me fait!... » et il rentra dans la salle des gardes.

Clotilde embrassa Marie et Josette pour la dernière fois; elle toucha tout ce qui avait appartenu au Juif, baisa son luth, parcourut de la main les étoffes précieuses qui paraient sa chambre; elle s'en fut regarder une dernière fois la rocaille de la Coquette, et, trouvant sur la fenêtre un dernier bouquet, elle en orna son sein... puis, jetant un dernier coup d'œil sur cet ensemble qui faisait tant palpiter son cœur, elle dit adieu à la vie, cacha son poignard dans son sein et s'achemina vers le salon, en tâchant de déguiser, par un air riant, la douleur profonde qu'elle enfermait dans son âme.

Aussitôt qu'elle parut dans les appartements royaux, il y eut un instant de silence, et chacun contempla la beauté de cette charmante princesse. Elle fut se mettre à côté de son vieux père, et sourit à tous ceux qui la regardaient avec cette affabilité, cette grâce qui doublaient ses charmes; néanmoins l'expression de la souffrance triomphait sur son visage, et elle fut remarquée par tout le monde.

Après s'être montrée dans tous les appartements, elle demanda à son père la permission de se rendre à son oratoire de la chapelle pour se recueillir, ajoutant qu'au bout d'une demi-heure, et lorsque le beffroi sonnerait onze heures, on pouvait commencer la cérémonie; Jean II y consentit et serra la main de sa fille de manière à lui faire comprendre qu'il compatissait à sa peine.

Clotilde suivie de Marie, de Josette, de Jean Stoub et de l'évêque en habits pontificaux, traversa la cour de Hugues au milieu de la foule qui se pressa sur son passage; elle entra dans le temple avec Marie et l'évêque; ce dernier se rendit à son oratoire, et Castriot conduisit Clotilde et la nourrice vers la chapelle de St.-Guy, où depuis longtemps le Juif attendait sa maîtresse avec une anxiété sans égale. L'Albanais confia la garde de la chapelle à Jean Stoub, et resta avec la nourrice contre un des piliers de l'autel de St.-Guy.

Clotilde, se précipitant dans les bras de son cher Israélite, y donna un libre cours aux larmes qu'elle retenait, et la voûte sacrée retentit de leurs baisers de flamme, de ces derniers baisers avant-coureurs de la mort; ils se tinrent longtemps embrassés et sans pouvoir dire une seule parole.

Le Juif, le premier, s'écria : « Ah, Clotilde! tes larmes me disent assez que tu n'auras pas la force de mourir... Est-ce à toi, jeune et belle, de porter le joug que nous impose ma naissance impure?... non, non, moi seul je dois périr... »

Pour toute réponse, Clotilde tira de son sein le poignard qu'elle y avait placé et le montra au Juif étonné.

Des larmes de joie s'échappèrent des yeux de Nephtaly, et il cueillit un doux baiser que ne lui rendit pas Clotilde.

— O ma bienfaitrice, s'écria Castriot en s'approchant, que craignez-vous et pourquoi cette arme cruelle? n'ai-je pas levé tous les obstacles? attendez et dans peu le bruit de la mort du comte de Provence va vous dégager de vos serments.

— Castriot, dit la princesse, le comte de Provence n'est pas mort, et Dunois l'a conduit ce matin au prieuré de Ste.-Marie.

L'Albanais resta stupéfait.

L'Israélite ne cessait de contempler sa pâle maîtresse dont les yeux se confondaient avec les siens par des regards pleins de langueur.

— Nephtaly, dit-elle, viens que je te conduise au sombre pilier où je veux que tu sois.

Elle saisit la main du beau Juif et l'entraîne vers une énorme colonne qui se trouvait auprès de la sacristie : en cet endroit, les voûtes étaient obscures, les vitraux extrêmement bruns, et Nephtaly enveloppé d'un grand manteau pouvait s'y cacher facilement.

Ils s'acheminent lentement en se tenant par la main et s'enivrant par les derniers regards qu'ils crurent jeter dans cette vie.... Nephtaly est auprès du pilier..... Clotilde le place; et, là, rassemblant toutes les forces de leurs âmes, ils se donnent le dernier baiser de l'amour : ils dévorent leurs lèvres de grenade, ils semblent s'emparer de leur souffle, et un frisson glacial les parcourt en pensant que c'est leur dernière caresse... Clotilde, atterrée par la volupté, s'arrache des bras de son bien-aimé; elle regagne à pas lents le coussin et le fauteuil qui lui sont destinés, mais elle retourne maintes et maintes fois la tête pour regarder l'Israélite...... Quand elle est agenouillée devant l'autel, elle voit Nephtaly tirer son poignard : le fer brille... elle ferme l'œil... Un bruit cruel vient frapper confusément son oreille.... ce bruit annonce une chute... elle croit entendre une douce voix crier faiblement : « Clotilde!... » Ses sens s'émoussent.... un froid perçant arrête son sang; un nuage épaissit sa vue, le nuage flotte, hésite, se fixe bientôt sur ses yeux mourants, et elle tombe évanouie.

Castriot et Marie, sans s'inquiéter du bruit qui vient de retentir dans le temple et qui ressemblait assez au bruit d'une porte qui se ferme, s'empressent de faire revenir la princesse. Lorsqu'elle commence à respirer, onze heures retentissent; Castriot et Marie ne voient que Clotilde; mais dans ce moment l'évêque, suivi de l'abbé Simon et de ses acolytes, s'avance à l'autel; les portes de la chapelle s'ouvrent; Jean II, guidé par Monestan, arrive avec la foule des seigneurs; les cloches sonnent avec force, et l'on aperçoit par les portes du temple une multitude curieuse qui suit le cortége, envahit les cours et se prosterne en entendant le chant des prêtres qui annonce le commencement de la cérémonie. Le comte de Foix fut longtemps inquiet en ne voyant pas Gaston II.

Mais enfin, le comte de Provence ne tarda pas à paraître, suivi d'un seul écuyer. Il portait encore son armure noire, son casque noir et sa visière baissée; il prit sa place à côté de Clotilde, qui pâle, stupéfaite, n'apercevant rien qu'à travers un nuage, ne regarda même pas son fiancé.

Un songe n'est pas plus fugitif et plus rapide que tous ces mouvements ne l'étaient pour la pauvre Clotilde : elle rêve...... elle écoute le chant monotone de la liturgie sans le comprendre, elle voit fumer l'encens sans le voir, elle entend le léger bruit de l'assemblée sans y être, et elle regarde son père avec les yeux de la stupeur; enfin, elle rêve!...

Tous les personnages sont réunis, et chacun, les yeux fixés sur ce couple charmant, attend le moment de leur union avec une impatience bien naturelle.

Après un laps de temps, dont la princesse n'eut aucune idée, l'évêque s'avance, prend la main glacée de Clotilde, la joint à celle du prince... Alors, la jeune fille revenant à la vie, et tirée de son sommeil par ce mouvement, dirige le poignard dans son sein. . . . . . . . . . . . . . . . . . . .

## CONCLUSION.

A l'instant où Clotilde saisit son poignard, l'écuyer du prince Gaston l'arrêta; et la princesse étonnée reconnut en la personne de cet écuyer le beau chevrier, le jeune Raoul.

Le comte de Provence jette précipitamment son casque, il se tourne vers Clotilde et s'écrie :

— *Enfin je suis aimé !*.....

La jeune princesse s'évanouit à ce mot. L'organe enchanteur du prince, n'étant plus déguisé par le creux ménagé dans sa visière, résonna comme celui de Nephtaly ; les boucles de ses cheveux noirs s'échappant de dessous son casque, vinrent effleurer le col de la jeune fille... et quand Clotilde revint à elle, elle put admirer la noble tête de son bien-aimé, dans celle de son époux !...

— Vous fûtes bien cruel !..... s'écria-t-elle, après l'avoir regardé longtemps.

— C'est à vous de me punir, répondit le prince.

— Je le devrais ! mais, le puis-je ?

La messe était finie ; en deux mots Clotilde mit son père au fait de cet événement extraordinaire, dont le récit vola de bouche en bouche.

Le bonheur de Clotilde fut trop fort pour qu'elle pût y résister. Elle se vit obligée de rester à la chapelle, assise sur son fauteuil : alors seulement, elle remarqua que le prince Gaston portait l'écharpe brodée pour Nephtaly, et qu'au bout d'une chaîne d'or qu'il avait au col, pendait le gland qui s'était détaché de la tunique de Clotilde à la colline des Amants.

Le peuple et la foule faisaient retentir l'air d'acclamations ; Castriot, muet et immobile, contemplait en silence le visage rayonnant de sa bienfaitrice ; Josette, pressant la main de Jean Stoub, jugeait par elle-même combien sa maîtresse serait heureuse ; la nourrice pleurait de joie ; Bombans survenant et apprenant cet événement, s'écriait : « Je l'avais bien dit !... » Trousse se demandait : « Que m'en reviendra-t-il ?... » Et à quelques pas de là, le bon roi Jean II, entouré de Dunois et de sa cour, écoutait le récit que le comte de Foix faisait de l'adresse que le prince Gaston avait mise pour remplir le double personnage du Juif et du chevalier noir [1], et comment, au tournoi, ce fut Raoul de Crécy, écuyer du prince, qui remplissait le rôle difficile du chevalier à la devise.

Il blâma beaucoup, ainsi que Dunois, la folie de Gaston, en convenant toutefois que la fragilité et les perfidies du beau sexe pouvaient lui servir d'excuse.

Bientôt la princesse fut assez bien remise, et toute la cour retourna dans les appartements du roi de Chypre.

Je pense que je puis me dispenser de raconter les fêtes qui remplirent cette célèbre journée : qu'il suffise de savoir que le grand Taillevant avait dressé les tables du festin dans le parc ; et que c'est à cette occasion qu'il inventa le fameux entremets des noces de Thétis et de Pelée, drame qui l'a rendu célèbre dans toute la chrétienté.

C'est pour cette fête qu'il composa son nouveau plat, nommé *la nuptialine*.

Les grâces, la décence, les vertus et l'amour accompagnèrent Clotilde au lit nuptial ; la nuit fut le seul témoin du dernier hymen des amants, et le prince amoureux reposa sa tête sur un sein qui ne battait que pour lui.

Le lendemain l'on abandonna Casin-Grandes, en le commettant à la garde d'Hercule Bombans, de Jean Stoub son gendre, et de Josette.

Les deux époux, le roi Jean II et toute sa cour firent leur entrée solennelle à Aix ; les rues étaient tendues de tapisseries, et tout le peuple sur pied.

Le roi de Chypre y séjourna quelque temps, et bientôt il partit de Marseille avec une escadre et des troupes destinées à reconquérir son royaume.

En quittant les bords hospitaliers de la Provence, le bon Monestan remercia l'Éternel ; Kéfalein ne dit mot, et l'évêque s'écria : « Nous nous compléterons en route !... » Ce qui signifie sans doute que l'armée ne montait pas à trente mille hommes.

Trousse ne voulut pas se hasarder dans cette navigation périlleuse, et il resta en Provence.

C'est ici que je dois m'arrêter.

Cependant je sens que mes lecteurs ne seraient pas satisfaits si je ne leur donnais pas des détails sur les divers personnages de cette véridique histoire.

Le docteur Trousse ne voulut point faire d'enfants, pour ne pas altérer sa santé, et nous devons annoncer qu'il mourut à l'âge de cent quatre ans ; sa mort fut la suite d'une chute, c'est ce qui lui fit dire avec l'accent du désespoir : « Quel malheur d'être arrêté au milieu de sa carrière !... »

Castriot resta près de sa bienfaitrice ; et le comte de Foix lui rendit le sabre qu'il avait laissé sur le lit du comte Gaston, de manière qu'il put toujours faire à ce sabre chéri sa caresse habituelle. L'Alba-

---

[1] Je crois qu'il est fort inutile en ce moment d'expliquer, selon l'usage des romanciers, les secrets du comte Gaston, pour avoir pu se trouver sur la rocaille en sortant du château de Casin-Grandes, etc. Ceux qui voudront se convaincre qu'il n'y a aucune impossibilité dans l'entreprise du méfiant comte de Provence, peuvent relire les passages qui leur paraîtront les plus merveilleux sous ce rapport, et leurs doutes seront levés.

Au surplus, cette aventure, toute romanesque qu'elle sem-

blera, a un fait historique pour appui, et les manuscrits des Camaldules ne sont pas des chimères.

On peut consulter à cet égard le 37e volume, marqué J. J., des manuscrits de la bibliothèque de Marseille. — Ils y ont été déposés par M. le marquis de Stoubière.

Enfin, que les lecteurs fassent aller cet ouvrage à une quatrième édition, et je leur promets des détails à la cinquième.

(*Note de l'Éditeur.*)

naïs avait conçu pour Marie une haute estime à compter du jour qu'il lui vit déchirer le Mécréant, et un beau jour il épousa la nourrice de Clotilde.

— Je dirai avec plaisir que la bravoure de Castriot fut héréditaire dans sa famille, et qu'il existe à Aix un sergent de la vieille garde, nommé Castriot, qui ressemble en tout à son célèbre aïeul, et qui fait avec orgueil à son sabre la caresse que notre Castriot faisait au sien ; mais le Castriot vivant, en même temps qu'il caresse son sabre, frise sa moustache, chose que ne faisait pas son ancêtre.

Josette laissa une nombreuse postérité, et la famille de Bombans dure encore, grâce à la circonspection qui la distingue.

Bombans vécut riche et partant honoré, car il acheta, sur la fin de ses jours, le marquisat de Casin-Grandes.

C'est à M. le marquis de Stoubière que je suis redevable des manuscrits précieux où j'ai puisé cette intéressante histoire, et la ville de Marseille le compte aujourd'hui comme un de ses meilleurs citoyens.

Il descend en ligne directe de Jean Stoub ; et, pour ne pas l'oublier, il porte dans ses armes cette branche de cyprès qui distinguait les soldats du Mécréant ; il possède dans son parc la colline des Amants, et il y a un banc de pierre à la place où son aïeule Josette agita son mouchoir.

Je me suis assis sur ce banc, et c'est de cette place que j'ai décrit le paysage que l'on a remarqué au commencement de cet ouvrage ; j'ai vu la Coquette et la place où fut Casin-Grandes, *campos ubi Troja fuit!...*

Les antiquaires, les littérateurs et les savants savent tous ce que devint Taillevant, l'écrivain le plus distingué de la cuisine française : il fut le premier cuisinier de Charles VII ; et s'il revenait de nos jours, il serait digne de faire le dîner d'un ministre, la veille de l'ouverture d'une session ou du vote d'une loi d'élections.

Monestan mourut d'un coup de froid qu'il gagna dans une église, et Jean II reçut le dernier soupir de ce fidèle ministre, dont le dernier mot fut : « O mon Dieu ! pardonnez-moi.... et protégez les jours du roi !... »

Kéfalein et Vol-au-vent périrent ensemble dans une charge de cavalerie, ce fut la première et la dernière fois qu'il tomba de cheval...

Vol-au-vent fut enterré avec son maître. Le bon connétable avait souvent manifesté ce désir.

Hilarion devint cardinal, et c'est lui qui dirigea les armées du pape. Il mourut dans un âge avancé, au moment où il avait amené les armées du Saint-Père à ce nombre si souvent désiré de trente mille hommes. Ce succès adoucit l'amertume de son dernier soupir, et même en expirant il invoqua le secours de *la milice céleste.*

Pour ce qui est de Jean II, du prince Gaston, et de Clotilde, on peut consulter l'histoire, car je ne veux pas empiéter sur le domaine de Clio.

# LE CENTENAIRE

OU

LES DEUX BÉRINGHELD.

# AVERTISSEMENT.

J'ai rassemblé tout ce qui concernait le Centenaire.

Les renseignements sur lesquels ce récit est basé sont des mémoires secrets, des notes, des lettres et des correspondances encore existantes, et il y a des témoins de quelques *effets* rapportés.

J'ai arrangé les faits en narration, et je les ai coordonnés de manière à produire une histoire suivie.

Réduit au rôle passif d'historien, je ne me suis permis aucune réflexion, et je livre ce récit à la méditation de chaque personne, en regrettant toutefois d'avoir si peu de renseignements sur des *faits* aussi extraordinaires.

Néanmoins j'ose espérer que dans le nombre de ceux qui liront cet ouvrage, il s'en trouvera qui reconnaîtront que *les choses qui semblent les plus bizarres sont réelles,* et les savants qui tâchent d'agrandir le cercle des connaissances humaines y verront le récit *de ce dont ils sont témoins* tous les jours.

Quant aux critiques, j'avoue qu'ils ont beau jeu!...

# LE CENTENAIRE.

## I.

Le rocher de Grammont. — Le général. — La jeune fille — Serment.

Il est de ces nuits dont le spectacle est imposant, et dont la contemplation nous plonge dans une rêverie pleine de charme; j'ose dire qu'il est peu de personnes qui n'aient ressenti, dans l'âme, ce vague ossianique produit par l'aspect nocturne de l'immensité des cieux.

Cette espèce de *songe de l'âme* prend la teinte du caractère de celui qui l'éprouve, et cause alors soit du plaisir, soit de la peine, soit encore une sorte de sentiment qui participe de ces deux extrêmes, sans être l'un ou l'autre.

Jamais on ne rencontrera, je crois, un site plus propre à faire naître les effets de cette méditation, que le charmant paysage que l'on découvre du haut de la montagne de Grammont, et une nuit autant en harmonie avec de pareilles idées que celle du 15 juin 181.....

En effet, des nuages de figures bizarres formaient de magnifiques et mobiles constructions aériennes qui, poussées par un vent rapide, laissaient au firmament des espaces sans voile, et alors, bien que la nuit fût sombre, la lune jetait parfois une lueur souvent éclipsée : ces masses de lumière qui ne coloraient que les extrémités et les feuilles extérieures des arbres, sans pénétrer le feuillage entier, comme le fait la clarté du jour, produisaient des accidents en rapport avec la fantasmagorie du ciel.

Il avait plu pendant la matinée, et le sol de la route étant humide, les pas s'entendaient à peine; le vent ne soufflant que par moments, et sa violence n'agissant que dans la haute région des nuages, permettait à la nuit de garder un calme majestueux.

Au milieu de ces circonstances, l'on apercevait les plaines riantes de la Touraine et les vertes prairies qui, du côté du Cher, précèdent la capitale de cette province. Le feuillage sonore des peupliers dont la campagne est semée semblait parler sous l'effort de la brise, et la chouette funèbre, la corax, faisaient entendre leurs cris lentement plaintifs. La lune argentait la vaste nappe d'eau du Cher; quelques étoiles scintillaient çà et là, en perçant, par une lueur diamantée, le voile nuageux du ciel; enfin, la nature plongée dans le sommeil paraissait rêver. En ce moment, une division tout entière de l'armée d'Espagne revenait à Paris pour y prendre les ordres du souverain d'alors.

Les troupes atteignaient Tours dont elles allaient, par leur arrivée, rompre le silence. Ces vieux soldats au teint hâlé marchaient jour et nuit, et traversaient leur patrie en l'admirant et y secouant la poussière recueillie sur le sol indompté de l'Espagne. On les entendait siffler leurs airs favoris; le bruit de leurs pas retentissait au loin, de même que l'on voyait, au loin, étinceler, dans la campagne, les baïonnettes de leurs fusils...

Le général Béringheld (Tullius), laissant sa division aller en avant, s'était arrêté à la hauteur de Grammont, et ce jeune ambitieux, revenu de ses rêves de gloire, contemplait la scène qui s'était offerte subitement à ses regards. Voulant s'abandonner au charme qui l'avait saisi, le général mit pied à terre, renvoya les deux aides-de-camp qui l'accompagnaient, et ne gardant que Jacques Butmel, surnommé Lagloire, ancien garde consulaire, son domestique dévoué, il s'assit sur un tertre de gazon, en cherchant un nouveau thème pour sa vie future, et en pensant à tous les événements qui marquèrent sa vie passée. Il appuya sa tête sur sa main droite, en posant son coude sur ses genoux, et, dans cette attitude, il arrêta ses regards sur le charmant village de Saint-Avertin, en les reportant cependant quelquefois vers les cieux, comme s'il eût cherché des avis sur cette voûte muette, ou comme si le sentiment qui l'avait toujours dirigé vers les grandes choses lui eût fait désirer de fuir dans les astres.

Le vieux soldat s'était assis, et, la tête sur l'herbe, il paraissait ne penser à rien autre chose, si ce n'est à dormir un moment, sans s'inquiéter du motif qu'avait eu le général pour s'arrêter, au milieu de la nuit, sur la montagne de Grammont. Nous donnerons une parfaite idée du caractère de ce soldat en disant que les moindres désirs de son maître étaient pour lui ce qu'est un *firman* du Grand Seigneur pour un Musulman.

« Ah, Marianine ! m'es-tu restée fidèle ? » s'écria Béringheld après un instant de méditation ; ces paroles s'échappèrent involontairement du cœur attristé du général, puis il retomba dans la rêverie profonde qui le maîtrisait.

Il y avait environ dix minutes que Tullius regardait la prairie, quand il aperçut une jeune fille vêtue tout en blanc, s'avancer avec précaution à travers la campagne : tantôt elle marchait précipitamment, tantôt elle ralentissait sa course en se dirigeant toujours vers le bas de la montagne sur le sommet de laquelle Béringheld s'était placé.

En examinant avec attention tous les mouvements de cette jeune fille, le général crut d'abord que la folie causait cette promenade nocturne ; mais, lorsqu'il vit une faible lumière éclairer le flanc du rocher, il changea d'opinion ; sa curiosité fut piquée au dernier point, car la tournure et les manières de la jeune fille annonçaient qu'elle appartenait à une famille que l'on pouvait ranger dans ce qu'on appelle *la haute classe*. Sa démarche, sa taille étaient gracieuses, elle avait garanti sa tête de la fraîcheur de la nuit par un châle disposé avec une certaine élégance, sa ceinture de couleur rouge tranchait sur le blanc de sa robe, la clarté de la lune faisait briller un collier d'acier ; enfin, cette course solitaire à la nuit, cette démarche inégale, et la lumière qui colorait le bas de la roche de Grammont, formaient une masse de circonstances qui doivent justifier la curiosité de Béringheld et ce qui s'ensuivit.

Il quitta sa place et se mit à descendre la colline pour rejoindre la jeune enfant qui se trouvait déjà sur le pont du Cher ; son dessein était de lui parler avant qu'elle arrivât au bas du rocher.

A peine le général eut-il marché trois pas, qu'un rayon de la lune, donnant sur une espèce de bocage qui décore le penchant de la montagne, lui fit apercevoir un nuage de forme carrée ou plutôt une vapeur blanchâtre extrêmement mobile et abondante, qu'il reconnut pour être une épaisse fumée qui s'échappait du sein de ce rocher. Cette circonstance le surprit d'autant plus, qu'il ne voyait aucun motif pour se chauffer pendant la saison où l'on était alors, et la présence d'un foyer à l'endroit où la jeune fille se dirigeait, dérangea encore une fois toutes ses idées et ses conjectures sur la cause de la promenade de l'inconnue.

Béringheld avait une énergie, une force de désir qui ne lui permettaient pas de modérer ses sentiments ; son cœur était plein d'une chaleur entraînante qu'il portait dans tout ; aussi, il se mit à courir, et il descendit la montagne plutôt comme un loup qui vole à sa proie, que comme un jeune homme qui s'empresse d'aller donner un conseil à l'imprudence ou protéger la faiblesse.

La jeune fille l'aperçut, et, voyant briller les ornements de l'uniforme du général, elle conçut une crainte bien naturelle. Croyant pouvoir dérober sa manœuvre à l'œil perçant de Béringheld, elle quitta la *levée*, s'avançant plus lentement à travers les arbres des prairies, et tâcha de se cacher avec soin derrière les troncs des ormes, dans les redans de la levée, ou sous les buissons.

Néanmoins, tel soin qu'elle prit, il lui fut impossible de donner le change au général, qui se trouva bientôt à une faible distance du tertre où elle s'était réfugiée. Elle s'arrêta en apercevant qu'elle ne pouvait éviter l'étranger qui la poursuivait. Béringheld, de son côté, mu par je ne sais quel sentiment, garda sa position, et se mit à examiner de plus près la jeune inconnue.

Il est de ces physionomies qui trahissent sur-le-champ les sentiments de l'âme, par des signes certains, et que reconnaissent, d'un coup d'œil, ceux qui ont observé la nature. En un moment, le général devina le caractère de la jeune fille : ses yeux grands, ronds et brillants annonçaient, par leur mobilité, une âme facile à exalter ; son front large, ses lèvres assez épaisses semblaient dire combien son cœur était grand, généreux et fier de cette fierté qui n'exclut pas la confiance et l'affabilité. Il ne faut pas croire, d'après cela, que cette jeune fille fût belle, mais elle avait de la physionomie, un air distingué et, ce qui plut bien davantage à Béringheld, *un air inspiré*.

Cette attitude, cette manière d'être, se dévoile par

un ensemble de détails qu'il serait très-difficile d'expliquer, mais que l'esprit peut facilement saisir ; or, cette masse de gestes et de traits qui constitue *l'exaltation*, se trouvait tellement réunie dans la personne de la jeune solitaire, que le général n'hésita pas à penser que c'était une *artiste*, ou une jeune fille guidée par une passion violente : son imagination devait être extraordinairement vive, ardente et nullement légère, car les traits de son visage indiquaient un grand caractère d'énergie et de fixité.

Tous ces traits distinctifs étaient cependant enveloppés, ou plutôt ternis par un voile de tristesse et de souffrance beaucoup trop profondes, pour n'être causées que par un sentiment de mélancolie, ou par le ravage de la *grande passion* : l'on voyait même que cette douleur n'avait pas sa source dans une maladie physique inhérente au sujet, mais que cette noire préoccupation se basait sur des circonstances, pour ainsi dire, *externes*.

Le général n'eut pas plutôt fini son examen qu'il s'avança vers le tertre, d'où l'inconnue, debout et attentive, regardait Béringheld avec un sentiment mixte qui tenait de l'inquiétude, de la crainte et de la curiosité.

Ici, je dois observer que Tullius portait son chapeau de général, de telle sorte que la saillie de la corne faisait une ombre sur son visage.

Alors, ce ne fut guère que lorsqu'il mit le pied sur le tertre de gazon, que la jeune fille put apercevoir la figure du général. Aussitôt qu'elle l'eut envisagé, elle recula de quelques pas, en laissant échapper un mouvement de surprise, que Béringheld prit pour de la frayeur.

« J'espère, mademoiselle, dit le général, que vous ne trouverez pas étonnant que je me sois empressé de venir vous offrir mon secours, en vous voyant seule, à la nuit, au milieu de ces prairies, lorsque des militaires passent à chaque instant sur cette route. Si ma présence vous importune, que mon offre soit une indiscrétion, parlez !...... Cependant, en vous disant que je suis le général Béringheld, je crois que vous serez persuadée que vous n'avez rien à craindre de moi. »

Au nom de Béringheld, la jeune fille se rapprocha du général, et, sans qu'elle proférât une parole, les yeux toujours fixés sur le visage du célèbre guerrier, elle s'inclina respectueusement, mais sa révérence portait le caractère d'étonnement et d'indécision, qui régnait sur sa figure ; en se relevant, elle regarda encore, avec l'attention de la stupeur, les traits de Tullius.

Le général, à l'aspect de l'attitude extatique de la jeune inconnue, fut convaincu, cette fois, qu'elle était en proie à une aliénation mentale. Il la regarda douloureusement et s'écria :

« Pauvre malheureuse !..... quoique je n'aie pas sujet de me louer de la constance et de l'esprit de ton sexe, je ne puis m'empêcher de te plaindre....., au moins, ton état prouve que tu ne sentais pas faiblement et que tu aimais avec délire !...

— Eh ! général, qui vous porte à penser ainsi sur mon compte?... L'étonnement dans lequel je suis n'a rien que de très-naturel, et je puis facilement vous l'expliquer, sans manquer à ce que j'ai promis. J'ai un rendez-vous.....

— Un rendez-vous, mademoiselle !...

— Un rendez-vous, général, répliqua la jeune fille, d'un ton et d'un accent qui suffirent pour déconcerter Béringheld ; un rendez-vous dont je me fais gloire ; mais l'homme que j'attends vous ressemble tellement, que la vue de votre figure m'a plongée dans un profond étonnement. »

A peine la jeune fille eut-elle prononcé ces paroles, que la stupeur qui s'était emparée d'elle passa dans l'âme intrépide du général ; il pâlit, il chancelle, et à son tour il regarde l'inconnue avec des yeux égarés.

Il y eut un moment de silence pendant lequel l'étrangère examina le changement de visage du général, et ce fut elle qui parla la première.

« Puis-je demander à mon tour comment il se fait que mes paroles aient interdit le général Béringheld ? »

Le général, en proie au rappel d'une foule de souvenirs, qu'il était facile de juger devoir être pénibles, s'écria :

« Est-ce un jeune homme?...

— Général, je ne puis répondre à votre question.

— Si mes soupçons sont vrais, mademoiselle, vous courez les plus grands dangers, et je ne sais par quels moyens vous les faire apercevoir.

— Monsieur, reprit-elle avec un léger sourire, je ne risque absolument rien, ce n'est pas la première fois que je viens à ce rendez-vous. »

Le général fit le geste d'un homme qui se sent soulagé d'un grand poids.

« Mon enfant, dit-il avec le ton d'un père, je séjournerai peut-être à Tours ; nul doute que je vous reverrai dans la société. Vos manières, votre ton, m'annoncent une jeune fille, espoir d'une famille distinguée ; pour votre honneur, acceptez mon bras,... et retournez à la ville ; un secret pressentiment me dit que vous êtes le jouet de celui que vous attendez, et... tôt ou tard, il vous arrivera malheur... Il est encore temps, venez !... »

La jeune fille laissa échapper un mouvement de hauteur qui faisait voir que ce soupçon la blessait.

« Ah ! pardonnez-moi, mademoiselle ! reprit Tullius, si vous ne m'inspiriez aucun intérêt, je ne vous tiendrais pas ce langage ; et... pour peu que les motifs de ce rendez-vous soient fondés sur un sentiment profond, vous me voyez prêt à vous servir avec tout le zèle d'une ancienne amitié. »

Comme il finissait ces paroles, onze heures sonnèrent à Saint-Gatien. Les sons apportés par le vent furent scrupuleusement comptés par l'inconnue.

« Général, dit-elle, je suis venue assez vite, et j'ai le temps de vous expliquer par quelle circonstance une jeune fille de mon âge, de ma tournure, de ma naissance, se trouve, au milieu de la nuit, dans les prairies du Cher, attendant un bizarre signal, tandis que ma famille croit que je dors tranquillement... Je me dois à moi-même d'éclaircir des soupçons qui ne manqueraient pas de me rendre, demain, la fable de la ville, car vous ne pourriez vous empêcher d'en parler. Elle accompagna ces dernières paroles d'un sourire légèrement ironique, qui donna à sa physionomie une grâce piquante.

— Hélas ! mademoiselle, je vous en conjure par tout ce que vous avez de plus cher, par votre mère, par vous-même, dites-moi si l'homme qui vous fait venir à cette heure dans un lieu si écarté, est jeune ou vieux..... s'il est vrai qu'il me ressemble ! je frémis, moi, général, accoutumé à l'horreur des combats, je frémis pour vous.... Si *c'était lui !*..... pauvre enfant !...

— Général, dit-elle en prenant une attitude sévère, et que la lumière pâle de la lune rendait propre à frapper l'imagination, général, ne me questionnez pas !... Il y a plus, lorsque j'aurai fini mon simple récit, lorsque j'entendrai le signal, ne suivez point mes pas, ne me retenez point. Jurez-le-moi !.....

— Je le jure ! dit le général d'un ton grave.

— Sur l'honneur? reprit-elle avec l'air de la crainte.

— Sur l'honneur! » répéta le général.

En ce moment, Béringheld regarda la colline, il vit la fumée plus noirâtre, plus abondante, former un nuage épais. La jeune enfant se tourna aussi de ce côté avec une visible anxiété, en arrêtant quelque temps sa vue sur la lumière vacillante et faible qui s'échappait du bas de la montagne.

Elle et Béringheld s'examinèrent après avoir fixé ensemble le rocher, et ils restèrent un moment plongés dans des réflexions qui semblaient coïncider, à en juger par l'expression de leurs visages. Enfin, la jeune fille dit encore au général :

« Jurez-moi de ne point aller au *trou de Grammont*, c'est-à-dire à l'endroit où brille cette lumière; jurez-le-moi, général !...... »

Cette demande fut accompagnée d'un air suppliant et d'une crainte qui dévoilaient combien la jeune fille avait peur d'être refusée.

« Je vous le promets, » répondit le général.

La joie innocente qui se manifesta chez l'inconnue prouvait la candeur virginale de son âme. Elle s'assit en arrangeant son châle sur le gazon, et, montrant du doigt au général une pierre qui lui servit de siége, elle attendit que quelques militaires fussent passés ainsi qu'un médecin qui, revenant à cheval de quelque visite pressée, s'était arrêté sur la route, en cherchant à reconnaître les personnes qu'il apercevait vaguement ; il parut regarder le général et la jeune fille avec étonnement, mais bientôt après il partit au grand galop. Alors la jolie Tourangelle s'énonça à peu près en ces termes.

## II.

Histoire de la jeune fille. — Le manufacturier. — Sa maladie. — Le vieillard. — Fanny s'échappe.

« Il n'y a rien qui soit aussi peu naturel que ma course nocturne ; or, vous devez juger qu'il a fallu un bien grand intérêt pour me la faire entreprendre, et, surtout, que je ne suis pas maîtresse de me soustraire à cette nécessité.

« Mon père est un des plus riches fabricants de la ville ; il emploie beaucoup d'ouvriers, en sorte que son existence est précieuse à une foule de familles qui ne vivent que par lui. Son extrême bienfaisance, sa bonté, lui ont concilié l'estime de toute la ville, l'amour de beaucoup de personnes, et une grande popularité.

« Je suis sa fille unique, il m'aime bien tendrement, et, monsieur, je l'aime autant qu'il nous est permis d'aimer. »

A ces mots, une larme s'échappa des yeux de la jeune fille, cette larme roula le long de ses joues et tomba sur l'herbe, où elle dut produire l'effet d'une goutte de rosée ; elle était pure comme elle, et, s'il est des esprits divins occupés à tenir compte des sentiments qui honorent l'homme, cette larme fut sans doute recueillie. L'accent qui anima les simples paroles de cette enfant émut le général.

« J'ai fait, reprit-elle, tout ce que j'ai pu pour répondre à ses soins, je me suis efforcée de lui procurer toutes les jouissances morales que donnent les perfections d'un enfant ; j'ai eu le bonheur d'acquérir des talents, aussi tous les jours je remercie le ciel de ce qu'il m'a créée musicienne, puisque mes doigts, en errant sur les touches de mon instrument, apaisent les douleurs de mon père. »

La jeune fille ne put contenir ses pleurs.

« Ah ! monsieur, continua-t-elle, l'on n'a rien souffert lorsqu'on n'a pas eu le spectacle déchirant de la maladie mortelle d'un père que l'on chérit. »

Elle fit une légère pause, et après avoir essuyé ses beaux yeux noirs, elle reprit :

« Il y a trois ans que mon père, ayant besoin d'augmenter le nombre de ses ouvriers, fut obligé d'aller à Lyon pour en choisir : il ramena de cette ville un vieillard très-expérimenté dans l'art de teindre la soie ; ce fut au brillant des couleurs que cet ouvrier sut préparer, que mon père dut la célébrité de ses manufactures et sa réputation. Cet ouvrier mourut un an après ; mon père lui avait donné des soins très-empressés, ainsi qu'il agit avec tous ceux de ses ouvriers qui tombent malades.

« Depuis ce moment, mon père est en proie à la plus cruelle maladie qui ait affligé un homme vivant, si tant est qu'il existe. Je suis loin d'accuser personne, mais ce mal a commencé presque aussitôt que mon père eut reçu le dernier soupir de son ouvrier.

— Est-il bien mort ? demanda Béringheld.

— Oh oui ! monsieur, car les médecins l'ont ouvert... mais il semble que son dernier souffle ait légué la douleur à mon père.

« D'abord, il ressentit un affaiblissement total qui ne lui permit pas de se montrer à ses ouvriers, et ce fut de son lit qu'il dirigea leurs travaux ; c'est moi qui lui servis d'interprète, et, tâchant d'imiter sa bonté, je me suis attiré une bienveillance et un amour qui n'appartiennent qu'à lui seul.

« A cette débilité graduelle a succédé une douleur dans tous les os de son corps ; le siége de cette douleur mortelle est dans le cerveau ; d'horribles élancements dans cette partie de la tête donnent le signal et se répètent dans toute la machine..... alors le moindre bruit, un léger souffle lui doublent sa souffrance ; il semble, dit-il, qu'une force inconnue lui tire les yeux vers l'intérieur de la tête, par un mouvement lentement cruel et qui se manifeste quelquefois par des convulsions visibles.

« Il ne peut manger !... la nourriture la plus légère, l'eau la plus pure surchargent tellement son estomac trop faible, qu'il éprouve une fatigue horrible : par moments son pouls s'arrête, son cœur tombe dans une atonie extrême, et il est prêt à expirer. Un nuage l'environne... et... il se plaint de ne plus me voir.

« Le linge le plus fin, le tissu le plus délié lui causent des souffrances inimaginables ; le satin sur lequel il repose n'est pas encore assez uni.... Les élancements de cette douleur profonde se communiquent à toutes ses fibres, c'est-à-dire que ses cheveux, sa peau, ses cils, sont douloureux ; que ses dents semblent se décomposer ; que son sang voiture dans ses veines toute la substance corrosive de l'arsenic ; que son palais brûlant se dessèche ; des gouttes d'une sueur froide sortent péniblement de ses pores et sillonnent son front ; on dirait que la mort va le saisir, et il l'accuse de lenteur.... Souvent j'entends des paroles délirantes accuser sa Fanny, souvent ses yeux voient des monstres informes qui le tourmentent.

« Il me montre alors de grandes ombres, dont les couleurs disposées en long se rembrunissent par degrés, deviennent blanches tout à coup, puis de blanches, rouges, vertes, et enfin d'une clarté éblouissante : ou bien, ce sont des serpents avec des têtes de femme, des singes qui rient comme doit rire Satan, et, au milieu de ce délire, ses douleurs prennent un caractère plus grave, ses membres se roidissent, tout, chez lui, prend l'aspect cadavéreux d'un homme expiré : ses yeux sont secs, fixes, ses cils hérissés..., il écume, ne dit plus rien.... et, monsieur, celui qui souffre tout cela est mon père......, je ressens ses maux, je les vois, je ne puis les soulager ; ô mon père !... à quoi te sert ta fille ?...

« A quoi....? reprit Fanny avec une espèce de délire ; ne dis-tu pas que tes mets ont plus de saveur quand je te le présente ? ne suis-je pas la seule qui sache essuyer ton front ? mes mains ne sont-elles pas les seules que tu puisses endurer ?

« Dans ces crises, une douce musique le calme quelquefois ; ah ! monsieur, avec quelle crainte mes doigts caressent légèrement les touches de mon piano ! la pédale ne me paraît jamais assez sourde, les compositeurs n'ont jamais de morceaux assez vaporeux : je voudrais que les sons fussent aussi doux que je les imagine, je voudrais savoir composer pour rassembler les notes les plus faibles, les plus légères, qui n'eussent de son que l'indispensable pour être entendues... je voudrais des nuages de musique, de sons et d'accords, enfin la musique des sylphes... Quand je chante, je tâche que ma voix soit d'une pureté qui n'ait rien d'éclatant et d'offensif pour l'oreille, je m'étudie longtemps et d'avance avant de lui chanter une romance. Si je lis, je rassemble les sons les plus doux du *medium* de mon organe....; je voudrais que l'on m'enseignât quelque chose qui pût plaire à mon père, qui pût charmer son oreille et ses yeux sans aucune fatigue. Heureuse quand, après avoir joué, lu ou chanté quelques morceaux, je vois la paupière de mon père se fermer ; qu'aprés un moment de sommeil, son œil rencontre l'œil humide de sa fille, et que sa main cherchant la mienne, il la presse et me dise : « Fanny, c'est bien...., j'ai dormi..... »

Fanny croyant tenir la main de son père et entendre sa voix plaintive, s'arrêta ; son œil attendri fut inondé de pleurs qu'elle retint... mais, quittant la main du général, elle continua :

« Tous les médecins les plus savants de la France et de l'étranger ont été appelés, tous sont venus, leurs remèdes n'ont rien produit, mon père n'en reçut aucun soulagement, et de jour en jour ses souffrances empirèrent.

« Elles sont parvenues au plus haut degré de douleur que l'homme puisse endurer sans mourir ; il lui faut sa résignation, sa vertu, la conscience de l'utilité dont il est à tant de malheureux qui le regardent comme leur providence, et il compte sans doute pour quelque chose l'amour de sa fille, sans tout cela il se détruirait... Souvent il en a eu la pensée : alors, général... je lui représentais avec force toutes ces considérations, et..... il se résignait.

« Depuis longtemps j'ai le spectacle navrant de cette maladie, il est chaque jour nouveau ; chaque jour mon cœur saigne : hélas ! mes mains n'ont pas encore, une seule fois, sans trembler, présenté à mon père sa boisson, ou ses mets quand il peut manger !... Ah ! si je pouvais partager sa souffrance, telle cruelle qu'elle soit, j'en aurais la force, et peut-être aussi le courage de l'imiter dans son noble silence.

« Jamais souverain n'aura des témoignages d'un amour aussi violent : les ouvriers ont payé une sentinelle pour qu'aucune voiture ne passât autour de sa maison ; tout, dans les manufactures, se fait à force de bras ; c'est une calamité dans la fabrique lorsqu'un orage se déclare, et chacun est dans la peine en songeant qu'il est impossible d'empêcher que le bruit du tonnerre ne parvienne à l'oreille de mon père.

« On m'attend tous les matins avec anxiété pour savoir comment il a passé la nuit ; il n'est pas un ouvrier qui manque, en sortant le soir, d'adresser une prière à *Notre-Dame de Bon secours* dont l'église se trouve en face de la manufacture ; enfin l'on a obtenu du curé que les cloches ne sonnassent jamais, et le dimanche ce sont les ouvriers qui vont dans les maisons annoncer l'heure des cérémonies.

« Aussi, lorsque mon père reste deux heures sans souffrir, je cours le leur apprendre, et il en est qui baisent ma robe de joie ! ils ont pris sur leur salaire pour destiner une somme très-forte à l'homme qui guérira leur père !... Mais je crains bien que celui qui le guérira ne la prenne pas !... »

En disant cela, Fanny paraissait dominée par un sentiment hors nature, une espèce de fanatisme animait ses regards ; ses yeux noirs, fixés sur la voûte céleste, firent croire au général qu'une main divine pouvait seule guérir le père de la jeune fille, et que, s'il mourait, elle le suivrait dans la tombe.

En ce moment, un léger bruit retentit dans les airs, il partait du *Trou de Grammont*, et Fanny tourna la tête avec une précipitation curieuse vers cette colline, elle la regarda avec attention, puis elle reprit ainsi :

« Vous voyez, général, que l'amour filial est le seul qui m'inspire ; si rien ne m'affligeait, j'ai la franchise d'avouer que je ne serais pas, en cet instant, vierge de cœur ; mais l'aspect de l'infortune de ce père bien-aimé fait seul frémir toutes les cordes de mon cœur, et vous pouvez juger qu'il n'y a que l'intérêt de cet être chéri qui puisse me guider, à la nuit, dans ces prairies.

« Il y a environ quinze jours qu'un ouvrier me prit à part et me dit qu'il avait rencontré dans le pays *un être*.... (Permettez-moi, général, de me servir de ce terme pour le désigner ; ce que j'ai promis je dois le tenir : la vie de mon père et la cessation de ses maux y sont attachés ; quand elles n'en dépendraient pas, reprit-elle avec dignité, je serais tout aussi fidèle à mon serment.)... *un être*, dis-je, auquel il avait vu faire, jadis, une cure très-extraordinaire et que, quelque grave que parût la maladie de mon père, il répondait que, si cet *être* le voulait, mon père serait guéri.

« L'ouvrier me conduisit dans cette avenue et me dit que nous ne tarderions pas à le voir passer. En effet, après trois soirées pendant lesquelles je l'attendis en vain, je l'aperçus se promener lentement : alors, général, j'abordai cet ange, et mes prières l'ont attendri. Il m'a promis la guérison de mon père, en m'avouant que des circonstances malheureuses exigeaient qu'il se cachât et que... — *J'ai promis tout ce qu'il voulut...* »

La jeune fille prononça ces paroles avec un air de mystère qui faisait soupçonner qu'elle attachait une grande importance à ce qu'elle taisait.

« Tous les soirs, continua-t-elle, je viens chercher les sucs salutaires qui calment les douleurs de mon père : sans le voir, cet être a tout deviné, et voici dix jours que toute souffrance a cessé graduellement, que les nuits n'ont plus que douze heures pour mon père et qu'il les passe à dormir ; il commence à manger ; son délire a disparu ; mais j'en ai hérité, car je suis en proie à une folie de joie et de bonheur. Aujourd'hui, ce fut une fête pour la moitié de la ville ; mon père s'est levé, a revu ses ouvriers et ses manufactures..., il a pleuré de joie en apercevant les métiers, et, à ce spectacle touchant, chacun versait des larmes. Demain, général, mon père sera hors de tout danger... car, selon ce que m'a dit hier cet être, voici *ma dernière course* (Béringheld frémit) ; en effet, j'accours avec bonheur chercher le breuvage qui doit dissiper les derniers vestiges de cette cruelle maladie... Cependant, ajouta-t-elle, je doute encore de sa guérison, tant je voudrais être sûre qu'il ne souffrira plus. »

Fanny ne dit plus rien. Elle regarda le général

avec étonnement, car son visage indiquait la terreur, le récit de la jeune fille l'avait plongé dans une méditation profonde, et ce ne fut qu'après un long silence qu'il s'écria :

« Et cet homme me ressemble !

— Je vous l'ai dit....

— Ah ! jeune Fanny, vous risquez votre vie !.... si mes conjectures ne me trompent pas, votre père est guéri.... Je connais le *vieillard !*...

A ce mot la jeune fille étonnée regarda le général avec curiosité, mais il continua :

« Retournez à la ville, vous allez à la mort !... »

Le général prononça ces paroles d'un ton de conviction qui aurait fait trembler tout autre que Fanny.

En cet instant, l'on entendit un bruit assez semblable à celui que produit une grécelle, et Fanny, rapide comme un trait, s'élança... alors Béringheld, plus prompt encore, la retint dans ses bras en s'écriant : « Non, vous n'irez pas !....

— Général, dit la jeune Fanny avec le cri sublime du désespoir et de cette rage féminine qui contracte et dénature les traits de la beauté ; général, vous manquez à votre parole.... » Sa voix expira de fureur...... « Général, vous n'avez pas le droit de me retenir...... général, vous abusez.... vous.... ô mon père, dit-elle en rassemblant les forces de sa voix et en sanglotant, ô mon père ! si tu meurs, n'accuse que lui !..... général, je me tuerai là !...... général...... »

Certes, il fallait de bien grandes et de bien fortes raisons pour que Béringheld violât son serment.

La jeune Fanny s'évanouit de colère. Tullius, effrayé, la déposa sur le gazon et courut à la rivière chercher de l'eau pour la secourir ; alors il se fit mille reproches intérieurs sur sa conduite : en effet, si ses conjectures étaient fausses, il devenait très-coupable, car il pouvait causer la mort du père de Fanny. Néanmoins ses pressentiments avaient tant de force qu'ils contre-balançaient dans son esprit tout le tort et la violence de sa conduite. Il revint précipitamment en tenant à deux mains son chapeau rempli d'eau. Quel fut son étonnement ! il trouva la place vide ! Fanny était disparue, et, quand il regarda vers le rocher, il aperçut, à la faveur de la lune, le grand châle rouge qui trahissait en voltigeant la course légère de la jeune fille. Un frisson mortel parcourut le corps du général, la stupeur le fit rester immobile, il contempla la fuite de Fanny, le châle la lui montra sautant un fossé, puis, un buisson la lui déroba, il la revit encore, elle disparut, revint, et enfin elle entra dans le *Trou de Grammont.*

Béringheld, jugeant que, de toute manière, il était inutile de courir après la jeune fille, remonta sur la levée et s'en vint, à pas lents, chercher son vieux Lagloire, qui probablement dormait encore sur le haut de Grammont. Tout en marchant, le général ne pouvait détacher sa vue de dessus le *Trou de Grammont.*

« Si elle n'y périt pas ce soir, j'avertirai son père, car je n'ai pas de serments à tenir !... au surplus, il est possible que je me trompe !... »

Telles étaient les pensées du général, réduites à leur plus simple expression. Quand il lui fut impossible d'apercevoir la grotte, il se contenta de l'aspect de cette faible lumière qui colorait le bas de la roche.

Il approchait de cet endroit, lorsque de sourds gémissements parvinrent à son oreille ; ces gémissements plaintifs, semblables à ceux d'un enfant, ou même à ceux d'un mourant qui périt violemment, retentirent dans le cœur du général avec d'autant plus de force que le silence de la nuit était plus profond, ses soupçons réels pour lui, et Fanny intéressante. Il resta glacé, l'œil fixé sur cette lueur qui dès-lors lui sembla errer et qui bientôt s'éteignit.....

Un mouvement machinal le portant à regarder le haut de la montagne, ses yeux n'aperçurent plus le nuage de fumée. En ce moment, un dernier cri se prolongea faiblement, et bientôt rien n'interrompit plus le silence de la nuit.

Le général resta stupéfait : il lui semblait qu'il était l'auteur de la mort de cette jeune fille, il croyait toujours entendre ce dernier cri plaintif terminé par le silence nocturne qui servit d'oraison funèbre.

« Général, s'écria le vieux Lagloire, que diable se passe-t-il dans ce trou ?... jamais le dernier serrement de main d'un camarade qui descend la garde sur le champ de bataille ne m'a ému comme ce qui vient de me réveiller.

— Courons, Lagloire ! je veux m'en assurer !... » dit Tullius.

Aussitôt le général et son soldat se précipitent à travers les buissons, les inégalités de la *levée* et les arbres du bocage ; ils redoublent d'ardeur pour arriver à l'endroit où la lumière avait brillé, néanmoins le général emploie mille précautions pour que sa marche et celle de son soldat fassent le moins de bruit possible. Lagloire a remarqué l'altération des traits de son général, il en conclut qu'il devait s'être passé quelque chose de bien extraordinaire, pour que l'impassible guerrier fût étonné.

## III.

Le vieillard. — Ses traits. — Le sacrifice. — La ressemblance. — Douleur du général. — Histoire d'un ouvrier.

Béringheld et son soldat furent bientôt arrivés à l'endroit que l'on appelle *Trou de Grammont* : ils s'en approchèrent doucement, et Lagloire, sur l'ordre de son général, s'accroupit derrière le tronc d'un arbre ; Tullius en fit autant. Ils prêtèrent une oreille attentive au moindre bruit, en attachant leurs regards sur la saillie du rocher, et, ainsi suspendus au-dessus de la grotte, ils ne tardèrent pas à être témoins d'une scène que l'acteur ne destinait sans doute pas à des yeux mortels.

Du fond de cette retraite, un vieillard s'élance..., et Béringheld frémit en croyant le reconnaître à la pâle lueur de la lune.

Ce personnage extraordinaire était d'une taille gigantesque, il n'avait de cheveux que sur le derrière de la tête, et leur blancheur jetait un éclat singulier, car ils ressemblaient plutôt à des fils d'argent qu'à cette neige pure qui décore le front chauve des vieillards. Son dos, sans être voûté, annonçait une étonnante caducité. Les proportions osseuses de ses membres n'étaient pas en rapport avec sa grande taille, et cette ossification paraissait n'être recouverte que par une carnation légère, en comparaison de ce qu'elle devait être pour des os d'une grosseur si énorme.

Quand il fut sorti, il fit quelques pas, se dressa sur ses pieds et se retourna pour examiner le rocher sur lequel il était possible qu'il eût entendu du bruit ; alors Béringheld put se convaincre de ce dont il voulait s'assurer, en achevant de reconnaître l'inconnu. Quant à Lagloire, aussitôt qu'il aperçut le vieillard face à face, tout accoutumé qu'il était à des spectacles insolites, il tressaillit d'épouvante.

Le crâne du vieillard semblait ne pas avoir de peau, tant cette partie s'était identifiée avec le reste : ce front caduc paraissait devoir plutôt appartenir à la minéralogie qu'à l'ordre animal : aussi, la première idée qui se présentait à l'esprit, à l'aspect de ce crâne comme *pétrifié*, c'était que l'Éternel l'avait formé du granit le plus dur. Sa couleur grisâtre le prouvait, et une imagination vive aurait cru apercevoir sur cet os frontal la mousse verte qui pousse sur les marbres en ruine. Aucune chose au monde n'exprimait l'impassibilité comme ce front sévère, et si l'on avait à faire la statue du Destin, il en rendrait à merveille l'inflexibilité.

Mais rien ne pourrait donner une idée des yeux de cet être étrange : leurs sourcils, sans couleur humaine, paraissaient comme le fruit d'une végétation forcée, et la main du temps qui s'efforçait de les arracher, était évidemment combattue par une force supérieure. Dessous cette bizarre forêt de poils hérissés, s'étendaient au loin, sous le front, deux cavités noires et profondes, du fond desquelles un reste de lumière, un filet de flamme animait deux yeux noirs qui roulaient lentement dans leur orbite trop vaste pour eux.

Les attributs de l'œil, c'est-à-dire, la paupière, les cils, la prunelle, la cornée, l'angle lacrymal, étaient morts et ternes, *le vif de la vie* les avait quittés, la pupille seule brillait solitairement de ce filet de flamme brûlante, sèche et comme flamboyante. Cette singularité de l'individu étonnait plus que tout le reste, car elle imprimait à l'âme une espèce de frayeur involontaire.

Les joues du vieillard, ayant perdu toutes les couleurs vitales, tenaient plutôt du cadavre que de l'homme vivant, cependant elles étaient fermes quoique ridées outre mesure, et la grosseur des os maxillaires ne contribuait pas peu à cette rudesse de la peau. Sa barbe longue, blanche et clair-semée ne servait guère à rendre l'inconnu vénérable ; elle ajoutait, au contraire, par son désordre et sa bizarre disposition, au surnaturel de cette tête. Le vieillard avait un large nez dont les narines aplaties offraient une ressemblance vague avec celles d'un taureau : enfin cette similitude pouvait être complétée par une bouche d'une grandeur démesurée, remarquable, non-seulement par la pose bizarre des lèvres, mais encore par une tache noire qui se trouvait précisément au milieu.

Cette tache noire paraissait l'effet d'une cautérisation. En cet endroit les deux lèvres brûlées figuraient parfaitement bien du charbon et la lèvre en avait la consistance ; du reste, cette difformité ne s'étendait pas très-loin et l'on ne pourrait donner l'idée de sa dimension que par l'application d'un crayon qui aurait la vertu de produire cet effet.

Les jambes massives de l'étranger annonçaient une force musculaire telle, que lorsqu'il était debout, on eût cru qu'aucune puissance ne serait assez vigoureuse pour l'ébranler sur ces deux soutiens immuables.

Néanmoins, cette carrure, cette épaisseur procédait, je l'ai déjà dit, du système osseux. Ce vieillard était maigre, son ventre n'offrait aucune saillie ; d'après ses gestes, on pouvait croire que le sang coulait lentement dans ses veines ; aucune vivacité ne se faisait sentir dans cette masse cadavéreuse : enfin il offrait une parfaite image de ces chênes deux fois séculaires, dont le tronc noueux est vide, qui durcront encore longtemps sans vivre, et qui semblent assister au spectacle des timides développements des jeunes arbres un jour témoins de la mort de ces rois des forêts.

L'ensemble du visage de ce vieillard présentait une grande et belle masse, et les contours, la forme, l'ampleur, offraient une ressemblance frappante avec la jeune figure du général Béringheld; on y reconnaissait *un air de famille*, s'il est possible de s'exprimer ainsi.

Quoi qu'il en soit, l'aspect de ce vieillard imprimait à l'âme un ordre d'idées très-étranges : on aurait voulu ne point l'avoir vu, et cependant l'imagination éprouvait un certain contentement de ce coup d'œil. La lumière de la lune, le silence et le site, l'effort du vent, le *solennel* des mouvements de cet être bizarre lui donnaient de la ressemblance avec les créations originales et vaporeuses d'un rêve, et, si l'on venait à se recueillir, l'imagination, en l'examinant, l'assimilait à une pyramide d'Égypte, car sa présence avait quelque chose de *monumental*. Les peintres qui nous ont, jusqu'à présent, représenté le Temps, n'ont rien fait voir qui nous offrit l'idée de cette divinité, aussi bien que le spectacle de ce vieillard.

Ses mouvements semblaient appartenir plutôt à la tombe qu'à la vie, aux siècles écoulés qu'au présent. Enfin, si les ombres marchent et ont une espèce de vie, le vieillard était le type de cette pâle existence.

Son costume, très-simple, ne se rapprochait d'aucune mode connue; mais sans s'éloigner de l'habillement d'alors, d'une manière trop singulière, il ne paraissait tenir d'aucun temps. Un vaste manteau, de couleur carmélite, qu'il jeta par terre, en sortant du *Trou de Grammont*, annonçait, par la finesse du tissu, que le vieillard, en le drapant autour de ses vastes formes, pouvait l'accommoder aux modes de tous les pays.

Si ce vieillard eût être pu vu par l'imagination, debout, sur les mondes détruits, on l'aurait pris pour un éternel modèle de l'*Homme* laissé par la Divinité; peut-être pour le Temps, pour la Mort, pour un Dieu. Les anciens l'eussent déifié, les modernes l'auraient brûlé, et un romancier serait effrayé d'apercevoir ce qu'il nommerait *le juif errant* ou un *vampire*, objets de tant de folles créations.

Enfin, un savant aurait pensé qu'un nouveau Pascal, réunissant les talents de Boërhave, d'Agrippa, ou de Prométhée, avait créé un homme factice.

Aussitôt que le grand vieillard fut sorti de la grotte, qu'il eut jeté un rapide regard sur le bocage qui surmonte le rocher, il s'avança dans la prairie, il examina le vide de la campagne. Il ne revint qu'après s'être assuré d'une solitude profonde, car il monta jusque sur la levée et il s'éloigna assez pour voir si des piétons n'arrivaient pas par la route de Bordeaux, qui forme un coude au-dessus du *Trou de Grammont*.... Enfin, après tous ces préambules et après ces recherches faites avec la soigneuse prudence de la vieillesse, il s'enfonça de nouveau dans la grotte.

« Eh bien ! général ?.... » demanda Lagloire à Béringheld.

Le général, immobile et stupéfait, fit signe, du doigt, à son soldat, de ne pas parler. Le vieux sergent, imitant le général, tâcha de lui dire, à force de signes, que le vieillard lui ressemblait; mais un léger bruit interrompit Lagloire qui regagna le tronc de son arbre, dont il s'était un peu écarté.

Le frémissement des feuilles et des broussailles causa un faible tressaillement à l'inconnu : il rentra un moment dans sa grotte comme pour y déposer ce qu'il tenait, et il en ressortit sur-le-champ, en levant son énorme tête. Il arrêta longtemps sa vue sur l'endroit où le froissement des feuilles indiquait la présence de quelque être vivant. Alors le général et Lagloire se blottirent de leur mieux et tournèrent bien légèrement, à mesure que le vieillard se plaça à divers endroits, pour se convaincre que ce bruit n'était pas produit par des êtres humains.

Il s'avança comme pour gravir la roche, mais il s'arrêta, parut réfléchir, et croyant peut-être, comme on peut le présumer d'après le mouvement qui lui échappa, que des animaux causaient ce léger bruissement, il revint à la grotte et reparut bientôt, en portant sur ses épaules un sac qui contenait un fardeau d'un volume assez ample sans être pesant, car lorsqu'il le posa par terre, il n'en résulta qu'un léger bruit semblable à celui que peuvent faire des morceaux de bois, ou plutôt du charbon. L'œil s'effrayait des formes que la toile trahissait, et certes, la première idée que faisaient naître leurs figures longues et rondes par les bouts, c'était celle que le sac renfermait les débris d'un cadavre.

Le vieux soldat montra du doigt à son général que le sac était lié avec la ceinture rouge de la jeune fille qui se promenait naguère dans la prairie; Béringheld frissonna, et des larmes, arrachées par le malheur de Fanny, sillonnèrent le visage du général.

Le fardeau déposé, le vieillard disparut encore, il revint avec le châle de la jeune fille, le mit sur le sac, et, tirant de son sein une substance blanchâtre, il la déposa sur le cachemire rouge : en un instant, sans détonation, sans flamme, sans effort, le sac, la ceinture, le châle et tout ce que renfermait la toile, furent anéantis de manière à ce qu'il n'en restât ni trace, ni odeur : seulement, une légère fumée s'exhala dans les airs. Le vieillard parut examiner avec attention d'où venait le vent, pour se soustraire à la maligne influence de cette fumée bleuâtre qu'il évita comme si elle était mortelle.

« J'aimerais mieux me trouver devant une batterie de canons de douze, qu'ici ! murmura Lagloire.

— Moi aussi.... répondit Béringheld en essuyant ses larmes.

— Est-ce que ce serait le corps de cette jeune fille ?... demanda le vieux soldat.

— Silence!... » dit le général, en mettant un doigt sur ses lèvres.

En effet, le vieillard s'était retourné : il ramassa son manteau, s'en couvrit et s'élança dans l'avenue de Grammont. Ce qui surprit le plus Lagloire, c'est que le gigantesque vieillard, avant de se diriger vers la levée, regarda l'endroit où il avait anéanti son fardeau, et que des larmes s'échappèrent de ses yeux morts. Son attitude fut un moment celle de la mélancolie et du regret, mais un geste inexplicable termina cette courte rêverie.

Cette circonstance acheva de mettre le comble à l'*extraordinaire* qui semblait être l'apanage du vieillard. Tout en lui était en dehors des choses communes : enfin, on eût dit que cet être venait d'une région située au-delà des idéales colonnes où l'esprit humain a gravé : *Nec plus ultrà*.

Béringheld, n'ayant pu supporter plus longtemps l'idée de la mort de Fanny, s'évanouit, et Lagloire resta stupéfait en voyant son général abattu par ce spectacle.

Le vieux soldat aida Tullius à se relever, et, le soutenant avec le soin d'un père, il le conduisit jusqu'au sommet de la colline. Là, ils aperçurent le grand vieillard marcher d'un pas ferme vers la ville de Tours. Le général le montra à son fidèle serviteur, par un geste qui dépeignait énergiquement l'horreur dont Béringheld était animé.

« On lui soldera son compte, général !... »

Béringheld agita lentement la tête, comme pour exprimer qu'il en doutait et que les mains mortelles ne pouvaient rien sur le vieillard.

« La jeune fille est donc morte?... » demanda Lagloire en regardant son général avec cette attitude sombre et pensive qui est propre aux vieux militaires, lorsqu'ils sont gravement affectés.

Tullius contempla son soldat avec douleur : un instant de silence régna, et Lagloire sentant ses yeux se mouiller, s'écria :

« Allons donc, général, jamais je n'ai pleuré, pas même lorsque j'ai vu tomber mon vieux Lenseigne! sortons d'ici.... »

En ce moment, le bruit de plusieurs voitures se fit entendre : Lagloire, apercevant des fourgons et la berline de Béringheld, courut donner l'ordre au soldat qui la conduisait, d'arrêter à la descente de la montagne; et quand il revint, il guida son maître abattu, vers la levée.

Le général marcha lentement, en regardant le vieillard qui s'avançait d'un pas lent dans la majestueuse avenue qui conduit aux *Portes de fer* de la ville de Tours. Arrivé à l'endroit où il devait monter en voiture, il jeta les yeux sur le tertre où Fanny lui avait raconté son histoire; il y vit briller un objet dont il ne pouvait se former aucune idée : alors il s'élança vivement vers la prairie, et lorsqu'il fut près du tertre, il reconnut le collier d'acier que portait la malheureuse jeune fille ; il s'en saisit, puis, regardant une dernière fois le paysage des prairies du Cher, le Cher lui-même, la roche de Grammont, la grotte, le bocage et le tertre, il s'achemina tout pensif, et regagna sa voiture : le cocher fouetta les ardents coursiers, et la berline fend les airs, en résonnant sur le pavé. Bientôt la voiture rejoignit le vieillard qui marchait tellement lentement, qu'on ne s'apercevait pas qu'il changeât de place ; sa démarche était grave et droite, il semblait que le chemin de cet être bizarre fût tracé sur une ligne immortelle, dont il ne pouvait s'écarter. Lorsque la berline fut derrière lui, il ne se dérangea pas, ne détourna même pas la tête ; les roues effleurèrent légèrement son manteau sans qu'il parût en être touché : pour lui, les sons retentissants du carrosse furent comme nuls.

Au moment où le général et son soldat passèrent à côté de cet étranger, ils le regardèrent encore et furent encore frappés des singularités du vieillard. Mais quelque chose d'extraordinaire qu'ils n'avaient pas remarqué, les plongea dans un nouvel étonnement.

Lorsqu'ils virent l'étranger sortir du Trou de Grammont, le feu de ses yeux, bien lumineux, avait cependant quelque chose de rougeâtre, semblable à la teinte sombre que répand un incendie qui s'éteint ; maintenant, cette flamme leur parut vive, pétillante, perçante et pleine d'une horrible mobilité. Le général et Lagloire se regardèrent l'un l'autre en silence, et lorsqu'ils furent à cinquante pas de l'endroit où ils avaient revu l'inconnu, Lagloire dit à son maître :

« Mais, général, ne serait-ce pas là l'*esprit* dont ma tante Lagradna et mon oncle Butmel parlaient si souvent à Béringheld, et qui a fait tant de train au village? »

Le général, en proie à une agitation violente, ne répondit rien, car Lagloire se tut, et Béringheld tomba dans une rêverie que son vieux soldat respecta.

Ce fut au milieu de cette méditation, dans laquelle il s'absorba, que le général arriva près de Tours, sans avoir proféré une parole.

Cette ville est fermée, du côté du midi, par deux belles portes de fer : elles remplacent le pont-levis qui jadis s'y trouvait, lorsque Tours était fortifié. De larges fossés s'étendent de chaque côté de cette grille qui interrompt les remparts, et les pavillons de l'octroi municipal ont succédé aux tours qui devaient y être autrefois.

Lorsque le bruit de la voiture se fit entendre à cet endroit, deux hommes du peuple, grossièrement vêtus, s'avancèrent sur le chemin, de manière à ce que la voiture ne passât pas outre. Les signes que ces deux hommes se faisaient, l'air extraordinaire de leurs figures mystérieuses, inquiétèrent Lagloire, qui, bien qu'il vît la barrière à quatre pas, n'en sauta pas moins à terre; et mettant la main sur son sabre, retroussant sa moustache, il tourna autour d'eux comme s'il poussait une reconnaissance.

Le cocher, à l'aspect de Lagloire frisant sa moustache et de deux hommes qu'il toisait, retint ses chevaux : cette cessation d'un mouvement rapide tirant le général de sa rêverie, il mit la tête à la portière pour voir ce qui causait cette interruption.

Un des hommes s'était déjà saisi du mors des chevaux avant que le cocher les arrêtât, mais Lagloire, prenant cet inconnu par le collet de sa veste, avait déjà énergiquement procédé à son interrogatoire par un gros juron.

« Sergent, dit le camarade de cet ouvrier, nous sommes de braves gens, ouvriers de la manufacture de M. Lamanel. Nous sommes inquiets d'une personne que vous devez avoir vue, si vous venez de Grammont, et nous voulions vous en demander des nouvelles. »

A ces pacifiques paroles, le sergent lâcha la veste de l'ouvrier, et dit : « De qui voulez-vous parler? car nous venons du haut de cette montagne.

— Avez-vous rencontré, répondit l'autre ouvrier, avez-vous rencontré une jeune fille vêtue d'une robe de percale à ceinture rouge? elle portait sur sa tête un châle en forme de coiffure, et....

— Oui, » interrompit brusquement Lagloire.

A cette réponse, la figure inquiète de chaque ouvrier fut animée par une joie céleste, et ils se regardèrent comme pour se féliciter d'une heureuse nouvelle.

Le général, ayant entendu ce colloque, appela Lagloire. Ce dernier fit approcher les deux ouvriers de la portière où était Béringheld : toutes les réponses de l'ouvrier convainquirent le général qu'il voyait en ce moment le même ouvrier dont Fanny l'avait entretenu, celui qui découvrit à la jeune fille l'existence, le pouvoir et la présence du vieillard.

Alors Béringheld donna l'ordre de ranger sa voiture contre le parapet du rempart, afin de laisser le passage libre, et il dit d'un ton sinistre qui glaça l'ouvrier :

« J'ai vu la jeune fille dont vous me parlez : je sais ce qui vient de lui arriver; elle m'a raconté le sujet de sa course nocturne; mais vous qui l'avez entraînée à consulter le vieillard, d'où le connaissez-vous?... dites-moi toutes les circonstances qui vous le firent voir, ne me déguisez rien! vous parlez au général Béringheld... Je vous jure, sur mon honneur, que quand vous seriez coupable d'un crime, vos secrets seraient tellement ensevelis dans mon cœur, qu'aucun autre serment, qu'aucune autre obligation ne pourrait me forcer à les dévoiler. Parlez! alors de mon côté je vous dirai ce qu'est devenue la pauvre Fanny. »

Malgré ces paroles, l'ouvrier hésita, regarda le général, la route, son camarade et Lagloire avec une inquiétude et une espèce de honte qui se manifestèrent par une rougeur subite.

Ce silence piquant la curiosité du général, il dit à l'ouvrier : « Regardez-moi bien, et voyez combien je ressemble au vieillard. »

L'ouvrier frémit.

« J'ai, continua le général, j'ai tant de rapports avec cet inconnu, que les moindres détails m'intéressent vivement. Vous seriez vraiment coupable de ne pas m'instruire de votre aventure. »

L'ouvrier, prenant la main du général, la serra; et, s'approchant de son oreille, il lui dit à voix basse : « Général, êtes-vous au-dessus des préjugés?

— Certes! » répondit Béringheld avec ce sourire de dédain qui persuade tant.

Alors l'ouvrier dit à son camarade de s'éloigner. Lagloire resta, parce que le général répondit de son silence et de sa fidélité; l'ouvrier n'eut pas de peine à y croire, à l'aspect de la figure toute romaine de Jacques Butmel, dit Lagloire.

### HISTOIRE DE L'OUVRIER.

S'appuyant alors sur le panneau de la portière ouverte par Béringheld, l'inconnu, parlant à voix basse et de manière à n'être entendu que des deux personnes auxquelles il s'adressait, s'exprima en ces termes :

« Général, je suis d'Angers, où j'étais boucher bien longtemps avant la révolution.

« Le bourreau vint à mourir sans postérité, et le malheur voulut que le sort me désignât pour le remplacer!... »

A ces mots, que le narrateur ne prononça qu'avec une répugnance marquée, Lagloire fit un demi-tour à droite, et se mit à siffler pour ne plus rien entendre : à cette manœuvre du soldat, les yeux de l'ouvrier s'emplirent de larmes qu'il retint; alors le général l'encouragea par le ton de bonté qui présida aux raisonnements qu'il employa pour le consoler.

« Général, reprit l'ouvrier tout ému, personne en

cette ville, excepté ma femme, ne sait l'horrible fonction que j'ai remplie jadis. »

Il dit ces paroles avec chaleur, et continua :

« Nous étions en 1780 environ, j'étais marié depuis quelque temps ; ma femme tomba dangereusement malade : un cancer et une fièvre mortelle compliquèrent et assemblèrent leurs souffrances. Aucun médecin ne vint chez moi.

« Un soir, ma femme était près de rendre le dernier soupir. J'étais assis à côté de son lit, de manière à tourner le dos à la porte ; tout à coup j'entends crier les gonds, ma femme se réveille, lève les yeux, jette un cri terrible et s'évanouit. Je me retournai, je restai frappé de stupeur !... il me sembla voir l'esprit du premier criminel que j'avais exécuté.

« Cette ombre s'avança lentement, et le feu des yeux du grand vieillard qui s'approchait, me fit bien voir qu'il vivait. Je me levais, quoique tremblant, pour le questionner et me mettre sur la défensive, lorsqu'il m'ordonna, par un signe de main, de m'asseoir à ma place.

« Il prit un siége, et tâta les mains de ma femme. Après cet examen, il se retourna vers moi, et me fit la plus horrible proposition.... »

A cet instant l'ouvrier hésita, mais pressé par le général, il lui dit enfin tout bas : « Il m'a demandé le corps d'un homme vivant. »

Béringheld frémit, le bourreau épiait avec une curieuse anxiété l'expression de la figure du général ; jugeant cependant que le mouvement d'horreur qu'il venait de manifester n'avait rien qui le regardât, il ajouta promptement : « J'acceptai !...

« Mais, reprit-il après un moment de silence, ce ne fut qu'après bien des combats et après plusieurs visites de cet étrange personnage dont les raisonnements me convainquirent, ou plutôt l'amour violent que je portais à ma femme me détermina.

« A chaque visite, le vieillard, par un raffinement cruel, suspendait les souffrances de ma femme, et arrêtait les progrès de son mal, en me promettant sa guérison aussitôt que j'aurais consenti à la terrible proposition. J'adorais Marianne et ses plaintes me fendaient le cœur !...

« Alors, un soir, je promis qu'à la première exécution, je détacherais de la potence le criminel avant que la corde l'eût fait périr, et que je le livrerais au vieillard.

« Je l'ai fait, général !... dit l'ouvrier ; que de gens ont commis de plus grandes fautes pour leurs maîtresses !... Que vous dirai-je de plus ?... ma femme fut guérie, elle vit encore, et toujours elle ignorera de quel prix j'ai payé son existence. »

Ces derniers mots jetèrent le général dans une terreur inimaginable ; on eût dit que cette réflexion s'appliquait à lui-même, et qu'elle lui causait des souvenirs si pénibles, qu'ils ressemblaient, dans leurs effets, à des remords cuisants.

« Les circonstances, reprit l'ouvrier, qui accompagnèrent les visites de cet être bizarre, sont presque effacées de ma mémoire, par suite des événements de la révolution : il en est de même de ce qu'il faisait pour arriver à la guérison de ma chère Marianne : tout ce que j'ai retenu, c'est qu'il ne s'est jamais servi que de ses deux mains et de liqueurs qu'il apportait cachées sous son manteau, de telle manière que jamais je n'ai pu les apercevoir. Ma femme était presque toujours *endormie* quand il s'en allait ; il défendait à chacun, même à moi, de s'approcher d'elle : à son réveil, elle ne se souvenait de rien ; j'avais beau la questionner sur les drogues que le vieillard lui faisait prendre, elle ne me répondait pas et me regardait d'un air étonné.

« Depuis trente-deux ou trente-trois ans que ces singuliers événements me sont arrivés, je n'ai pas revu ce vieux médecin ; je n'ai point osé lui demander ce qu'il fit du criminel, qui, du reste, méritait plutôt dix morts qu'une !... Tout ce que je sais, c'est qu'il n'en est pas resté de traces.

« Enfin, général, il y a quinze jours j'allais à Grammont, j'aperçus un mendiant couvert des haillons les plus ignobles, je ne sais quel sentiment me poussa à examiner ce pauvre, je reconnus le vieillard !... ma stupéfaction me fit rester en face de lui, et, après un moment de silence, je lui rappelai le bourreau d'Angers... Il se mit à sourire. Alors je lui dis qu'il y avait un malade bien précieux pour la ville, et qu'il devrait bien le sauver.

« Je lui parlai de notre maître, de sa jeune fille...

« Il me questionna beaucoup sur le caractère de M$^{lle}$ Fanny, sur les signes particuliers de son visage... Mes réponses le satisfirent singulièrement, et il finit par me dire que, si je voulais voir mon maître guéri, je n'avais qu'à prévenir sa fille ; que ce ne serait qu'avec elle qu'il converserait et qu'il communiquerait, parce que des raisons d'une haute importance l'obligeaient à rester caché.

« J'ai tu à M$^{lle}$ Fanny toutes les circonstances qui me concernaient ; mais, général, son père va mieux, et elle se rend toutes les nuits....

— Elle se rendait !... » s'écria le général, tiré de sa rêverie par le nom de Fanny.

A cette exclamation, l'ouvrier, apercevant entre les mains du général le collier d'acier que portait Fanny et que Béringheld agitait en le regardant avec attendrissement, l'ouvrier resta immobile comme si le tonnerre l'eût foudroyé.

« Malheureux ! dit le général, tu ne pouvais savoir où tu conduisais la fille de ton maître. »

L'ex-bourreau, les yeux hébétés et stupéfait, ne

pouvait prononcer une seule parole, les idées les plus épouvantables terrassaient toutes ses facultés.

« Tu n'as pas changé de métier, dit Lagloire avec un accent terrible, la jeune fille est morte, et c'est toi qui en es cause !... »

Le pauvre homme, s'approchant des mains du général, s'inclina sur le collier d'acier de Fanny, y déposa un baiser respectueux, et, après ce muet hommage, il tomba de douleur.

En le voyant gisant à terre, son compagnon accourut précipitamment, il s'empressa de le relever ; mais l'ouvrier mit la main sur son cœur, comme pour indiquer que c'était là le siège de son mal et qu'il se sentait mourir ! il rassembla ses forces pour dire à son camarade :

« J'ai tué Mam...zelle Fa... a... anny ! »

La difficulté qu'il eut à dire cette simple phrase, annonçait une rapide dissolution, sa pâleur devint mortelle, et la clarté du ciel permit de voir ses yeux qui se débattaient contre les coups de la mort : bientôt il se serra, par une dernière tentative, la main de son compagnon, son œil resta fixe,... et la chaleur abandonna par degrés son corps dénué de vie.

L'ouvrier et Lagloire le mirent sur leurs épaules et le portèrent contre un parapet en pierre qui se trouve au-dessus du rempart, à l'entrée de la ville. Le compagnon, ayant déposé son camarade, lui ferma les paupières, s'agenouilla religieusement à ses côtés et récita une prière. Lagloire, mu par ce sentiment inné dans le cœur de l'homme, se mit aussi à genoux et joignit sa douleur à celle de l'ouvrier, qui implorait le ciel.

Cette scène lugubre eut pour témoins les gens de la barrière et le général, qui ne cessait de penser à Fanny.

Enfin Béringheld, laissant Lagloire sur ce lieu de misère, ordonna d'entrer dans la ville et de le mener à la maison qui lui était destinée. Le général y arriva bientôt ; il se coucha, mais ce fut vainement ; le sommeil ne put approcher ses paupières, il ne cessa de penser à Fanny et à tous les souvenirs que cette aventure, ainsi que la rencontre du *Centenaire*[1], devaient éveiller en lui.

Cependant, sur le matin, il parvint à s'endormir. Il fut bientôt tiré de ce repos salutaire par les scènes terribles des chapitres suivants.

La gloire avait eu ses raisons pour rester aux *Portes de fer* avec l'ouvrier compagnon du mort. Il voulait attendre le vieillard qu'il soupçonnait être l'assassin de Fanny, le suivre et le désigner à la vengeance publique.

Le vieillard, marchant d'un pas d'une lenteur

[1] On verra plus tard la cause de ce nom donné au vieillard.
(*Note de l'Éditeur.*)

incroyable, ne tarda pas à paraître, et le soldat le montra à l'ouvrier, qui trembla de frayeur à l'aspect de cette bizarre machine. . . . . . .
. . . . . . . . . . . . . . . . . . . . .

---

## IV.

Lamanel. — Sédition des ouvriers. — Le vieillard tremble. — On veut venger Fanny.

Au point du jour, le père de Fanny se réveille, il jette un coup d'œil à la place où sa fille se trouvait toujours. Il ne la voit point. Alors il se tourne sur le flanc qui lui semble le moins douloureux, et il attend avec impatience l'arrivée de cette fille chérie. Il tâche de prolonger ce demi-sommeil si doux, qui suit toujours le réveil ; il ne fait aucun mouvement pour atteindre le cordon de la sonnette, afin de demander Fanny, parce qu'il présume qu'elle repose, et qu'il respecte le sommeil de celle qui le veilla tant de nuits.

Cependant les ouvriers arrivaient ponctuellement à la vaste manufacture : tous, étonnés, contemplent, en entrant, le compagnon de l'ouvrier expiré, qui, pâle, abattu, assis auprès de Lagloire, jetait des regards furtifs sur chaque personne qui entrait ; il semblait attendre, pour parler, que tous les ouvriers fussent réunis.

Le spectacle énergique que présentait la douleur de l'ouvrier et du vieux militaire, agit tellement sur l'esprit de chacun, que personne ne se mit à l'ouvrage ; les contre-maîtres eux-mêmes s'approchèrent de ce groupe de douleur, et n'osèrent parler.

Lorsque l'ouvrier eut examiné l'assemblée, reconnu tous ses camarades, il se leva, et ce simple mouvement, annonçant quelque chose de sinistre, imprima la terreur.

« M$^{lle}$ Fanny, dit-il, est morte !
— Morte !... cria l'assemblée...
— Elle est morte, et morte assassinée !... »

Le silence de la mort n'est pas plus profond que celui qui régna dans le vaste atelier, où deux cents personnes glacées par la douleur restaient immobiles et les yeux attachés sur l'ouvrier et le vieux soldat.

« Il ne reste plus de traces de M$^{lle}$ Fanny !.... Ses seules traces sont dans notre souvenir... »

A ces mots quelques pleurs coulèrent.

« Il est impossible de prouver son assassinat. Le camarade que voici m'a conduit à l'endroit où elle a péri ; il n'existe aucune preuve.

— Mais son assassin est dans la ville, à la place Saint-Étienne, où nous l'avons suivi. »

La douleur imprimée aux esprits par la mort de cette jeune fille tant aimée, était encore trop dominante pour que l'idée de la vengeance s'emparât des cœurs; et s'il est possible de représenter la stupeur, par l'idée du sommeil, on dirait que l'assemblée n'était pas réveillée.

« Hier encore elle était là !.... dit un ouvrier.
— Ici, elle m'a parlé ! s'écria un autre.
— Pauvre jeune personne ! Comment cela s'est-il fait ?... demanda un des contre-maîtres.
— Je l'ignore, dit l'ouvrier, et quand je le saurais, M¹ˡᵉ Fanny n'en serait pas moins morte !... »

En ce moment, un murmure sourd et grossissant commença à se faire entendre : ce fut alors que Lagloire, qui n'avait rien dit, se levant et regardant l'assemblée avec des yeux pleins d'expression, s'écria d'une voix tonnante :

« Eh ! ne la vengerez-vous pas ? »

Cette parole acheva de mettre le comble à la fureur qui s'emparait de cette masse. Tous sortirent, mus par une rage allumée de cet esprit de justice qui saisit les multitudes.

La nouvelle de la mort de Fanny se répandit dans la manufacture, dans le faubourg, dans la ville, avec une rapidité effrayante.

Pendant que les ouvriers parcouraient les rues en semant cette fatale nouvelle, le père de Fanny, entendant sonner à sa pendule une heure à laquelle il était impossible que sa fille ne fût pas levée, tira le cordon de sa sonnette.

Le malade attendit patiemment : ne voyant paraître personne, il sonna une seconde fois, et une seconde fois personne n'accourut aux sons de cette sonnette, qui suffisait toujours pour faire accourir d'empressés domestiques.

Une commande importante devait être expédiée dans la matinée ; le malade ne vit point paraître son secrétaire, ni le chef d'atelier de sa manufacture. Alors une inquiétude vague s'empare du père de Fanny : il essaie ses forces et parvient à se lever. En s'apercevant qu'il pouvait marcher dans sa chambre d'un pas assez assuré, il se dirige vers l'appartement de Fanny ; par précaution, il ouvre la porte de sa chambre en évitant le bruit, il s'avance vers le lit de sa fille et il tressaille de joie en le voyant parfaitement en ordre, car il s'imaginait que Fanny pouvait être malade. Il s'aventure dans les escaliers, le silence de la maison le frappe de terreur ; il n'aperçoit personne dans les cours, ses jambes tremblent sous lui..... ; néanmoins, il s'achemine vers les ateliers ; il en approche et n'entend pas de bruit ; il entre, il les trouve vides.

Seul et abandonné, dans sa propre maison, ne pouvant avoir aucune idée du malheur qui l'attendait, il se dirigea vers l'entrée de son vaste établissement, d'où partait le sourd murmure de plusieurs voix. Il arrive, et son oreille est frappée de ces mots prononcés par la voix de la surprise :

« M¹ˡᵉ Fanny est morte assassinée ?....
— O mon Dieu, oui !... »

Le pauvre père, accablé, tomba sur le sable de la cour, s'écriant : « Ma fille !.... »

La femme de chambre de Fanny, la seule qui fût restée dans la maison, entendant cette plaintive parole et le bruit de cette chute, rentra précipitamment, et traîna le père de Fanny jusque sur une marche, l'assit, appuya sa tête sur un coussin qu'elle forma de son châle, et elle lui prodigua des secours.

Une autre scène, encore plus terrible, se passait en ce moment sur la place Saint-Étienne. Les ouvriers, au nombre de deux cents, avaient traversé toute la ville, en grossissant leur troupe de leurs amis, de leurs familles et d'une masse effrayante de gens indignés en apprenant la mort de la jeune Fanny. Chemin faisant, des circonstances de plus en plus tragiques volaient de bouche en bouche et exaltaient d'autant les imaginations de cette multitude ivre de vengeance. Les soldats arrivés de la veille s'y joignirent, attirés par la nouveauté et par le désœuvrement ; cette foule, arrivée à la grande rue, était déjà tellement considérable, que cette rue trop petite pour contenir le torrent, ressemblait, dans toute sa longueur, à un parterre de théâtre, rendu noir par la foule qui se presse dans son enceinte.

Cette masse populaire, composée de visages en fureur, qui tous offraient des expressions différentes, déboucha sur la place Saint-Étienne, qu'elle envahit tout entière : là, elle réveilla le grand vieillard et le général Béringheld qui, par hasard, était logé à l'archevêché, par le plus effroyable tumulte qu'un peuple ivre et soulevé par la colère ait fait entendre.

« Justice !.... justice !.... arrêtez l'assassin de Fanny !... Justice !... Qu'on s'empare de l'homicide !...A mort!... En prison, en prison l'assassin !... il a massacré Fanny !... Fanny !... Qu'on le punisse !.... Justice !...qu'on l'entraîne !... nous le demandons !... l'assassin !... l'infâme !... Vengez le père privé de sa fille !... Vengeance !... vengeance !... Que la garde vienne !.... Qu'on l'emprisonne !.... Forcez les portes !.... Entraînez-le !... Justice !... Allez chercher la garde !... Où est la garde ?... Justice !... justice !... Arrêtez l'assassin !... Qu'il meure sur l'échafaud !... Nous ne lui ferons aucun mal, mais qu'on l'entraîne !... qu'on le livre à la justice !... Courez chez le procureur impérial !...Au tribunal !... Qu'on l'égorge plutôt !... Brisez ses fenêtres !... Qu'on le traîne !... A la voirie !... Son corps à la voirie !... Qu'on lui fasse comme il a fait !... Qu'on le tue ! Rendons-lui la pareille !... Vengeons Fanny !... Il n'a pas eu d'horreur du sang !... du sang de Fanny !... A la garde !... Qu'on l'emprisonne!... Il a tué l'innocent!... Vengeance!... A la voirie!... Qu'on le déchire!... Qu'on nous le livre!... Nous nous ferons justice!... Le vieillard!... Qu'on livre le vieillard!... Emparez-vous du coupable!..... Qu'il meure!... il a tué Fanny!...... Qu'il meure!... le vieillard!... le vieillard!... Qu'on le livre!... sur-le-champ!... »

Un moment, cette foule arrêta ses vociférations, mais ce silence n'en fut que plus horrible, et une multitude de voix enrouées partirent de gosiers desséchés :

« Brisez les portes!... Le vieillard!... le vieillard, livrez-le à la justice!... en prison!... qu'on lui fasse son procès!... qu'il meure!... qu'on l'étrangle!... A la voirie!... Faites justice!... Fanny! Fanny!.. vengeons Fanny!... Brûlez la maison!... qu'on s'en empare... livrez le vieillard!.... livrez l'homicide!.... livrez l'assassin!..... A l'échafaud le criminel!..... Vengeance!.... vengeons notre père!.... A la voirie le vieillard.... A mort!.... Des armes!... Prenons des pierres!... Qu'on le lapide!... qu'on le traîne!... A la garde!... Où est la justice!... Qu'on l'arrête!... il a tué Fanny!... il a tué Fanny!... qu'il meure!... »

Un violent combat était engagé à la porte de la maison : les gens qui l'habitaient l'avaient barricadée; mais la foule, se poussant par un mouvement de vague sur cette maison, produisait un effort tel, que ceux qui se trouvaient le plus près de l'habitation couraient risque d'être écrasés; en sorte que, pour leur propre sûreté, ils cherchaient à enfoncer les portes, et ils montaient vers les fenêtres; mais le mouvement d'impulsion croissant avec les imprécations, ils furent forcés, sous peine d'être écrasés, de repousser l'effort; en sorte que la place Saint-Étienne offrait l'image d'un flux et reflux de têtes, véritablement effrayant pour les nombreux spectateurs qui se montraient aux fenêtres.

Ces mouvements arrêtèrent les cris : il n'y avait plus que les extrémités de la foule et quelques voix solitaires du milieu qui s'écriaient encore : « Arrêtez l'assassin!... Vengez Fanny!... En prison!... Qu'on l'entraîne!... Justice!... » lorsque d'autres cris de joie se firent entendre du côté de la rue de l'Archevêché; l'on entendit : « Voici le procureur impérial!... voici la garde!... place!... rangeons-nous!... on veut l'arrêter!... place!... »

En même temps le général Béringheld et son état-major débouchaient par le cloître Saint-Gatien, et les tambours annonçaient l'arrivée de cette force armée.

« Vengez Fanny!... Arrêtez l'assassin!... A mort!... Livrez-le!... » criait-on toujours en laissant passer le maire, le commissaire et le procureur impérial en costumes, car ils avaient sagement prévu que cette circonstance en imposerait.

Pendant qu'à travers cette multitude agitée, les autorités civiles et judiciaires se frayaient avec peine un chemin très-étroit, qui se comblait subitement après leur passage, le général Béringheld, à la tête de son état-major, ordonnait, sous des peines sévères, aux soldats de sa division qui se trouvaient dans la foule, d'en sortir et de se rendre à leurs logements.

Parvenu devant la maison où était le grand vieillard, le général, condescendant à la prière du maire et du préfet, plaça des soldats qui se joignirent à la garde départementale, et l'on déploya une force imposante : il en était grandement temps, car la porte de la maison, asile du grand vieillard, ne tenait presque plus, et le substitut du procureur impérial, accompagné du maire, d'un commissaire de police et d'une escouade de gendarmerie, entra dans la maison.

Elle était déserte, tous les locataires l'avaient abandonnée en emportant leur argent. La foule, cernant la maison de tous les côtés, facilita la sortie des habitants par les fenêtres; car cette multitude effrénée n'en voulait qu'au vieillard : aussi ce n'était qu'après que chaque personne se faisait reconnaître, qu'on la laissait s'enfuir.

Le substitut parcourut toute la maison; Béringheld, le maire et les autres personnes l'accompagnaient. Lorsque le secrétaire répondit à la foule que le vieillard ne s'y trouvait pas, les vociférations recommencèrent : « Qu'on brûle la maison!... on la rétablira, nous la paierons!... Justice!... il s'y trouvait, on l'y a vu!... etc. »

Enfin, le général et le groupe des personnes qui visitaient la maison arrivèrent dans la pièce la plus vaste qui donnait sur la rue, et un gendarme, regardant dans la cheminée, aperçut le vieillard suspendu dans cet endroit, au milieu du tuyau de cheminée.

Le vieillard, se voyant découvert, descendit, et le peuple attentif à ce qui se passait dans cette chambre, dont les croisées étaient ouvertes, poussa des cris de joie à l'aspect du vieillard.

« Il est arrêté!... Victoire!... Vive le maire!... Vive le substitut!... Victoire!... Vive notre maire!... Livrez-nous l'assassin!... En prison... nous l'entraînerons!... A bas les soldats, il n'en faut pas!... Nous le conduirons à la prison!.... Livrez l'assassin!.... Vive notre maire!..... Victoire!..... Qu'il livre l'homicide!... A la voirie le scélérat!... Qu'on le déchire!... »

Le grand vieillard tremblait de tous ses membres, il régnait sur son visage cette peur puérile, cette frayeur terrible qui s'empare de toutes les facultés. Il s'assit sur un fauteuil sans dire mot.

Le substitut, le maire et le commissaire s'assirent autour d'une table : le général Béringheld se tint debout contre une des croisées, en demandant à la foule du silence par un signe de main. La multitude se tut, et son dernier cri fut : Justice !... justice !... »

Lorsque le silence régna dans la place, le vieillard reprit courage ; il s'avança contre la croisée, et, voyant la force armée qui le protégeait, sa peur s'évanouit. Il alla droit à Béringheld, lui fit un signe de tête, qu'il accompagna d'un sourire sardonique ; le général effrayé ne répondit que par un salut, produit par une profonde terreur.

Le grand vieillard s'avança vers la table, autour de laquelle le substitut et les autres fonctionnaires se parlaient, pendant qu'un secrétaire s'apprêtait à écrire les dépositions. Il s'agissait de décerner un mandat d'arrêt, et l'on s'apercevait qu'il fallait un juge d'instruction. Un gendarme fut détaché pour aller en chercher un.

Arrivé près de la table, le vieillard regarda ces apprêts d'un air ironique, qui aurait glacé la main du secrétaire s'il l'avait aperçue ; puis il dit aux fonctionnaires :

« Savez-vous, messieurs, contre qui vous procédez ?

— Non, monsieur, interrompit le maire ; nous commençons le protocole d'usage, et dans un instant nous allons vous interroger... Vous sentez que nous sommes portés à ce que nous faisons par notre devoir, et qu'il est très-possible que vous soyez innocent de ce dont la voix publique vous accuse. Une fois justifié, s'il n'y a aucun indice suffisant pour vous inculper, nous serons encore forcés, je crois, de vous emprisonner pour assurer votre propre vie contre cette foule, à qui il sera très-difficile d'expliquer votre innocence, et personne ici ne serait à l'abri de sa fureur ; car les soldats qui sont sous les fenêtres n'ont pas de cartouches ; et si le soulèvement avait lieu, je ne vois aucune précaution humaine pour se soustraire au danger. »

Le vieillard était resté dans une immobilité parfaite ; les assistants furent stupéfaits de son attitude et des singularités que nous avons décrites : ce ne fut qu'après un moment de silence que le maire demanda au vieillard son passe-port et ses papiers.

## V.

Le vieillard est en danger. — Dépositions. — Le général est compromis. — Fureur du peuple. — Lamanel protége le Centenaire.

Sur la demande du maire, le grand vieillard, tirant un portefeuille de forme antique, lui présenta une simple lettre.

Après l'avoir lue, le maire, étonné, la passa au procureur impérial. Cette lettre était un ordre écrit par le ministre de la police lui-même, signé par l'Empereur, et contresigné du ministre. Cet ordre prescrivait de *laisser voyager en toute sûreté, de prêter secours, et de n'inquiéter en aucune manière* le citoyen *Béringheld*. Son signalement, écrit au dos et signé du ministre, était très-exact et, comme on sait, facile à faire et à reconnaître.

Au nom de Béringheld, le substitut et le maire se retournèrent, par un mouvement spontané, vers le général, et furent frappés en même temps de surprise, en reconnaissant la ressemblance qui existait entre le vieillard accusé et l'illustre guerrier.

Le substitut, se levant, s'approcha du général, et lui dit à voix basse :

« Général, serait-ce votre père ?...

— Non, monsieur, répondit Béringheld.

— Est-il au moins votre parent ?...

— Je l'ignore.

— Monsieur, dit le substitut du procureur impérial au grand vieillard, l'ordre de Sa Majesté ne suffit pas pour nous dispenser de vous arrêter, si des circonstances aggravantes y donnent lieu ; cette pièce ne fait pas mention du cas où vous vous trouvez, elle ne peut, en aucune manière, arrêter le cours de la justice. »

A ce moment, le juge d'instruction entra dans la chambre. On donna l'ordre au commissaire de police de chercher dans la foule les personnes qui avaient à déposer dans cette affaire, et, au bout d'une demi-heure, l'on vit paraître Lagloire, l'ouvrier de la barrière, la femme de l'ouvrier mort, le commis de l'octroi, le médecin qui avait traversé l'avenue de Grammont à la nuit, et le conducteur du fourgon du général.

La foule, avec la constance énergique que déploient les masses animées par un sentiment violent, restait toujours dans la place Saint-Étienne, et augmentait plutôt que de diminuer. Çà et là les ouvriers de la manufacture entretenaient la fureur générale par leurs récits et leurs discours.

« Vous n'avez pas d'autres papiers ? demanda le juge au grand vieillard.

— Non, monsieur.

— Pas d'extrait de naissance ?

— Non, monsieur.

— Quel est votre âge ?... »

A cette question, le vieillard se mit à sourire légèrement, et ne répondit pas. Chacun le regarda avec étonnement et l'on ne put se défendre d'un mouvement de terreur à son *aspect monumental* et froid comme la pierre d'un tombeau.

En l'interrogeant, le maire baissait les yeux pour ne pas voir ce filet de lumière qui brûlait d'un feu rouge et clair en s'échappant du fond des yeux de l'accusé.

« Votre âge? répéta le juge.

— Je n'en ai point! dit le vieillard avec cette voix cassée qui ne produisit que des sons détachés et sans ensemble.

— Où êtes-vous né ?...

— Au château de Béringheld, dans les Hautes-Alpes, » répondit-il.

Le général tressaillit involontairement en entendant nommer le lieu de sa propre naissance, le château de son père, enfin le domaine qui lui appartenait encore.

« En quelle année? dit le juge, avec un air d'abandon et sans paraître attacher de l'importance à sa question.

— *En mil...* Le vieillard s'arrêta comme s'il eût marché au bord d'un abîme, il s'écria en colère : « Enfants d'un jour, *le Centenaire* en sait long ! Je ne répondrai plus à rien que devant mes juges : à la cour d'assises, si l'on m'y traîne!... Ce n'est que là que je dois répondre.

— Comme il vous plaira, » dit le juge.

Alors on écouta les diverses dépositions : le médecin accoucheur déclara avoir vu, sur les onze heures environ de la nuit dernière, M<sup>lle</sup> Fanny Lamanel, assise dans la prairie qui se trouve contre le pont du Cher, il l'avait reconnue à sa coiffure, à sa ceinture et à son châle. Mais il dit avoir encore aperçu près d'elle un militaire; il ajouta qu'il n'était pas sûr que ce fût le général Béringheld, quoiqu'il en eût la taille et les décorations.

Aux derniers mots de cette déposition, tous les yeux se tournèrent sur le général qui rougit.

Le juge d'instruction, adressant la parole au général Béringheld, lui demanda s'il était vrai que ce fût lui. Béringheld dit que c'était la vérité.

L'ouvrier déposa que l'un de ses camarades, mort de douleur en apprenant la mort de Fanny, avait accompagné Fanny jusqu'aux Portes de fer, et qu'elle n'était plus revenue.

Le femme du mort déclara que son mari lui confia, sous le secret, qu'il avait indiqué l'accusé à Fanny comme pouvant sauver son père, parce que c'était le même homme qui l'avait sauvée, elle, d'une maladie mortelle; que M<sup>lle</sup> Fanny se rendait tous les soirs au Trou de Grammont, etc.

Le conducteur du fourgon fit observer qu'il avait escorté le vieillard depuis le pont du Cher jusqu'aux Portes de fer, entre minuit et une heure, la nuit dernière.

Lagloire déclara avoir entendu, à onze heures et demie, des cris déchirants sortir du Trou de Grammont; qu'auparavant il avait entrevu une jeune fille dans la prairie ; que son général et lui avaient été témoins de l'évasion du vieillard ; il raconta la disparition du fardeau, puis il invoqua le témoignage de son général.

Alors l'attention des magistrats redoubla ; toute l'assemblée se tourna vers le général Béringheld avec la curiosité la plus vive, et le juge d'instruction lui ordonna de déposer tout ce qu'il savait.

Le général, à cet ordre donné avec toute l'autorité magistrale des membres de l'ordre judiciaire, laissa échapper un mouvement de hauteur, parut peu disposé à répondre, il garda même le silence, et cette circonstance étonna le groupe de magistrats, qui, se regardant déjà entre eux, témoignaient, par leurs fréquents coups d'œil, qu'une même pensée s'emparait de leurs esprits : cette pensée était que le général pouvait être complice du crime ; et l'on doit convenir que l'attitude du général, sa pâleur, ses regards, son inquiétude, prêtaient à cette conjecture ; surtout lorsque l'on comparait ce maintien du criminel avec l'assurance du grand vieillard, qui, tranquille, jouait avec son vaste manteau, en effrayant par un mouvement de son œil ceux qui se hasardaient à l'examiner.

Le vieux Lagloire s'avançant près du général lui dit d'une voix suppliante : « Est-ce que mon général voudrait déshonorer son vieux soldat en faisant croire, par son silence, que j'ai menti!... Je sais que ce corbeau-là, dit-il en montrant le juge, vous a fait peu décemment sa question... mais, général... au surplus, vous êtes le maître, et mon honneur, ma vie, vous appartiennent.

Le juge pardonna l'expression du vieux soldat, en espérant que le général parlerait ; mais ce dernier garda encore le silence, par des motifs que lui seul connaissait ; ces difficultés, produites par l'honneur et la probité du général, furent promptement levées par le vieillard.

« Général, dit-il en lui tendant et lui serrant la main, que les services que je vous ai rendus, que notre connaissance ne vous empêchent pas de tout déclarer!... je le désire même !... »

Le vieillard proféra ces derniers mots avec un sourire digne de Satan, il semblait voir ce roi des enfers tel que l'a dépeint Milton, se levant dans le Pandémonium et se moquant des anges.

Le général s'avança, et, regardant parfois le vieillard, il raconta succinctement ce qui fait la matière des premiers chapitres de cet ouvrage. Pendant ce récit, le vieillard, immobile et la figure calme, resta dans la même position; son visage cadavéreux et blême ne remua point, ses yeux secs et flamboyants furent fixés sur le maire, et il semblait que l'on vît un mort, ou une statue.

Quand le général eut fini, le substitut fit son réquisitoire; le juge signa le mandat d'arrêt, en observant au vieillard que les circonstances qui l'inculpaient lui semblaient beaucoup trop fortes pour ne pas nécessiter son arrestation.

Lagloire et les autres témoins sortirent alors, ils annoncèrent à la foule curieuse que le grand vieillard, l'assassin de la belle Fanny, allait passer. A cette nouvelle, les cris que nous avons rapportés recommencèrent avec une violence étrange.

En entendant cette explosion, le vieillard tressaillit, l'horrible peur à laquelle il était en proie lorsqu'on le trouva dans la cheminée, revint l'agiter : cette terreur le rapprochait du reste de l'humanité, et le spectacle de ce vieillard craignant la mort, et la craignant d'une manière ignoble, donnait à l'âme un dégoût, un effroi, qu'il est difficile de rendre.

« Croyez-vous, dit-il en tremblant au juge, qu'il me soit facile de passer à travers cette multitude furieuse sans aucun danger?... votre devoir est de me protéger, et vous le devez autant pour vous que pour moi ; car ils ne vous distingueront pas de moi dans leur rage fanatique. *Allez, je connais les excès du peuple!... j'ai de l'expérience, et il n'y a pas un cheveu de différence entre cette masse de peuple et celle qui égorgeait à la Saint-Barthélemy, au dix août, en septembre, pendant la ligue,* etc. »

Le ton de conviction et l'organe du vieillard faisaient passer la terreur dans l'âme, et le maire, écoutant les vociférations de la foule, fut convaincu que Béringheld courait véritablement risque d'être mis en pièces, car on criait avec un acharnement sans égal : « A la voirie !.. Qu'on nous livre l'assassin !.. qu'il meure... etc. »

Le magistrat, s'avançant à la fenêtre, demanda du silence de la main et harangua la multitude qui, ne pouvant entendre son discours, l'accueillit par les acclamations de : « Vive notre maire! il va livrer le vieillard !... à mort l'assassin !... »

Un effroyable cri de joie fut élancé dans les airs et fit trembler le vieillard qui voyait sa mort jurée par ce peuple effréné.

« Général, s'écria Béringheld de sa voix sépulcrale et à demi éteinte, mettez vos troupes sous les armes pour protéger ma sortie et mon chemin jusqu'à la prison.

— Vieillard, je ne demande pas mieux, mais c'est inutile! mes soldats ne feront pas feu pour vous sur le peuple; d'ailleurs, ils n'ont pas de cartouches, et la foule aurait bientôt rompu leurs rangs.

— Essayons, » dit le maire.

Le vieillard fut placé entre le général, le maire, le juge, le substitut, le secrétaire, le commissaire et l'escouade de gendarmerie; mais quand la foule vit les apprêts du départ, sans ménagement pour les plus avancés, elle se jeta sur la maison, avec l'apparence d'une de ces grosses lames de mer et avec une telle furie que le bataillon placé par le général Béringheld fut dispersé, comme les débris d'un vaisseau par une mer courroucée.

On rentra sur-le-champ, et l'on barricada les portes. La foule se mit à crier de plus belle : ces voix enrouées, ces figures tendues annonçaient plus que jamais la rage et l'énergie fanatique d'un peuple en colère.

Pour sauver ce peuple aveugle d'une sanglante catastrophe et du malheur d'une procédure qui coûterait la vie à bien des victimes de cette exaltation, si l'on venait à déchirer un homme qui n'était encore qu'en prévention, le maire eut une idée qui ne pouvait manquer d'avoir un plein succès.

Il dépêcha un gendarme et un secrétaire vers le malheureux père de Fanny. Le secrétaire eut ordre de l'instruire des circonstances où l'on se trouvait, du service éminent qu'il allait rendre au peuple, et de lui intimer l'ordre de se rendre à la place Saint-Étienne pour protéger le vieillard que l'on accusait d'avoir assassiné sa fille.

On trouva le père de Fanny dans un état déplorable : sa raison, sans l'avoir abandonné, succombait sous le chagrin dont il était accablé : ses yeux secs, n'ayant pas encore versé une seule larme, restaient fixés sur le siége où Fanny avait l'habitude de s'asseoir. Rien ne faisait effet sur lui.

Le secrétaire exécuta les ordres du maire. Son récit fini, le père de Fanny parut n'avoir rien entendu. Alors, le secrétaire, épouvanté des périls que couraient et la foule assemblée et ceux qui seraient ses victimes, représenta au malheureux père, avec l'énergie que donnent de pareilles circonstances, quel service il rendrait à la ville et à cette foule égarée. — Convenait-il que l'assassin de Fanny fût déchiré par la populace? ne fallait-il pas qu'il pérît sur l'échafaud?... on dirait que le père se serait fait justice lui-même! ne devait-il pas retenir ses ouvriers?... etc.

Lamanel, comme mu par une inspiration qui ne vint pas de lui, se lève.

« J'irai, » dit-il .... Tout à coup, d'un pas ferme, il s'avance, suit le secrétaire, le gendarme, et paraît obéir à une force surnaturelle.

Cependant la foule continuait ses vociférations; son acharnement, croissant à chaque minute, était arrivé à son plus haut degré : l'effroi régnait dans la maison du vieillard, la situation devenait de plus en plus critique, et il est impossible de décrire les agitations de l'âme de ceux qui jouent un rôle dans ces sortes de scènes ! Quelle terreur saisissait les magistrats en écoutant ces clameurs répétées depuis le matin avec l'obstination d'un peuple mutiné.

« Qu'ils meurent tous !... criait-il, ou livrez le vieillard !... Vous ne sortirez pas !... Enfoncez les portes... A mort l'assassin !... Vengez Fanny !... Qu'on déchire le meurtrier ! Que l'homicide meure ! livrez-le ! A la voirie !... A l'échafaud !... Qu'on l'égorge!... A mort!... A bas les soldats!... Le vieillard, le vieillard !... livrez-le !... qu'il meure !... »

Tout à coup, à l'extrémité de la foule, un silence auguste et solennel commence, il gagne insensiblement et par degrés toute cette multitude, elle forme d'elle-même un chemin respectueux devant un seul homme, dont la figure abattue, la douleur et les souffrances éteignent les passions dans l'âme des spectateurs : devant son geste de main, tout s'abaisse, tout s'apaise : à son coup d'œil, les ouvriers se retirent, et ce magique tableau frappa d'autant plus les cœurs qu'il succédait à une scène d'un tumulte effrayant ; le contraste était aussi complet que l'imagination la plus poétique pourrait le désirer.

Le père infortuné s'avance au milieu de cette haie silencieuse et parvient à la maison. Il monte, il entre dans la pièce où se trouvait l'assassin présumé de sa fille. A son aspect il frissonna, s'assit sur un fauteuil, car les idées qui lui troublèrent le cœur furent trop rapidement violentes. Un torrent de pleurs s'échappe de ses yeux et il s'écrie : « Fanny !... Fanny !... ma fille !... »

Le général Béringheld, s'approchant de Lamanel, tira de son sein le collier d'acier qui décora Fanny, le présenta à ce père désolé en lui disant :

« Voilà la dernière chose qu'ait portée votre fille. »

Lamanel regarde le général, lui prend la main, la serre contre son cœur sans proférer une parole ! mais quel geste ! quel regard ! quelle éloquence !... quelle muette douleur, et quel remerciment !...

« Je voudrais qu'il me fût permis d'en garder un anneau.... » reprit le général.

Lamanel contempla le collier avec regret, avec regret il en détacha un fragment et le tendit au général.

« Faiblesses !... » s'écria de sa voix sépulcrale le grand vieillard dont le front d'airain annonçait que la sensibilité n'habitait plus sous sa mamelle gauche.

On se mit en marche : le général soutenait le père de Fanny qui protégea, par sa présence, celui que l'on accusait du meurtre de sa fille, les magistrats suivaient.

Quand on aperçut le grand vieillard, ses proportions gigantesques, ainsi que les circonstances surnaturelles qui le distinguaient du reste des hommes, il s'éleva un sourd murmure qui grossissait déjà ; déjà des cris partaient du sein de la foule, déjà le vieillard se réfugiait derrière le corps du père de Fanny, avec tous les indices d'une peur véritablement hideuse, lorsque Lamanel, se retournant : fit signe de la main et regarda l'assemblée avec cet air douloureusement suppliant qui l'avait calmée une fois. Le bruit cessa. Un silence morne et farouche s'établit, semblable à celui qui régna dans Rome, quand les cendres de Germanicus la traversèrent : le vieillard fut conduit à sa prison sans aucun autre accident ; avant d'y entrer, le gigantesque étranger dit au père désolé : « Votre fille existe !... »

Cette parole fut prononcée d'un ton qui en détruisait la vérité : le vieillard ressemblait à ces médecins qui cherchent à faire croire à l'agonisant que la santé est à son chevet.

Aussi, malgré cette ironique consolation, le pauvre Lamanel fut repris d'une attaque si violente, qu'il mourut dans la nuit en prononçant sans cesse le nom de sa chère Fanny.

Un concours immense de peuple entoura la prison, jusqu'à la nuit. Le geôlier raconta que lorsqu'il eut verrouillé la porte du cachot sur le vieillard, il entendit sa voix sépulcrale murmurer : « Je suis sauvé !... »

## VI.

Fuite. — Le général quitte Tours. — Ses Mémoires.

Les événements de cette journée se trouvaient tellement liés à toute la vie du général Tullius Béringheld, qu'il était impossible qu'il n'en fût pas gravement affecté. L'espèce de maladie morale qui l'agitait lui donna quelque relâche, et, la curiosité s'emparant de son âme, il résolut de rester à Tours pour connaître à fond l'être extraordinaire que jusqu'alors il n'avait qu'entrevu, et, puisqu'on tenait ce nouveau Protée enchaîné, de pénétrer ce mystère qui enveloppait son existence.

Il fit appeler son général de brigade, lui remit le commandement de la division, ordonna d'aller à plus petites journées, puisque l'empereur ne devait se trouver à Paris que longtemps après l'arrivée des troupes. Puis il résolut de se rendre à Paris en poste, après être resté à Tours le temps nécessaire pour satisfaire sa curiosité. Les troupes quittèrent la ville dès le lendemain.

Le lendemain, le général passa la soirée chez le préfet, il y trouva le juge d'instruction chargé de l'affaire du vieillard, ainsi que le substitut impérial et le maire. Sur la fin de la soirée, ces magistrats, restés seuls avec le général, le prièrent de se rendre dans le cabinet du préfet. Là, ce dernier lui dit :

« Général, il paraît certain que vous connaissez l'individu qui fait en ce moment le sujet de toutes les conversations de la ville : notre curiosité est arrivée à son plus haut période, et nous désirerions bien connaître...... »

Le préfet en était là lorsque son secrétaire particulier ouvrit la porte du cabinet et se présenta :

« M. le comte, dit-il, je viens vous annoncer, ainsi qu'à M. le maire, un nouvel incident qui n'est pas le moins extraordinaire de l'affaire Béringheld, c'est que ce vieillard a disparu. Le geôlier n'a pas quitté la prison, il a été entouré constamment de personnes dignes de foi ; les sentinelles n'ont rien vu, et lorsque le geôlier est entré dans la prison pour apporter au détenu le repas du soir, il a trouvé la chambre vide, sans aucune marque de fuite, sans aucune trace, rien de brisé... »

Chacun resta stupéfait, excepté le général. Les fonctionnaires se regardèrent, et le substitut s'écria :

« Certes, messieurs, je suis loin d'être superstitieux et crédule, mais je vous assure que cet homme m'a si bien glacé par son aspect, que je n'osais l'envisager, et que je suis obsédé par une idée que je ne puis empêcher d'errer dans mon imagination : c'est que cet homme possède un pouvoir hors nature...

— Je suis très-disposé à le croire, observa le maire, et il n'y a que la terreur horrible qui s'emparait de lui, à l'aspect du peuple irrité, qui dérange mes idées ; cette peur de la mort le dépouille à mes yeux de ce surnaturel que vous lui attribuez... Cependant j'avoue que si je l'avais devant les yeux, je ne pourrais m'empêcher d'être persuadé comme vous...

— Nous ferons, interrompit le préfet, un mémoire détaillé de ces évènements, nous l'enverrons au ministère de la police générale.... et si l'on ne découvre pas le lieu de la retraite du vieillard, si les recherches constatent qu'il n'est pas dans l'étendue de l'empire, vous laisserez là, je crois, messieurs, une procédure qui devient inutile par le manque de preuves et de faits.

— En effet, dit le juge d'instruction : il est impossible de baser sur ces faits un acte d'accusation.

— Et il serait difficile de le soutenir, ajouta le substitut.

— Général, continua le préfet, vous savez que nous n'avons aucun droit à vous demander de satisfaire notre curiosité : après vous avoir témoigné le désir d'apprendre ce que vous pouvez savoir sur cet être bizarre, vous serez à même de nous en instruire ou de nous refuser cette satisfaction ; dans le cas où vous voudriez bien nous mettre au fait de ces circonstances, nous vous jurons tous qu'elles seront ensevelies dans nos consciences.

— Messieurs, dit le général, si le vieillard est échappé, je puis vous assurer que vous ne le reverrez jamais en cette contrée !... d'un autre côté, sa fuite me déconcerte autant que vous, sans que j'en sois étonné ; je vous avoue que je comptais pénétrer ici le mystère dont s'enveloppe cet être extraordinaire, et j'avais l'idée vague qu'il lui serait difficile de se tirer de la position fâcheuse où il était. Puisqu'il s'est évadé, mon séjour à Tours devient inutile, je partirai demain. Mais si vous vous proposez de faire un mémoire à l'Empereur et à la police générale, je sens que je dois vous donner tous les renseignements qui sont en mon pouvoir : ma vie tout entière se trouvant liée à ces éclaircissements, il y a longtemps que j'en ai consigné, dans un écrit, les bizarres événements qu'il me serait impossible de séparer des circonstances qui concernent le vieillard. Je vous enverrai le manuscrit avant mon départ : je vous le confie, monsieur le préfet, et je compte sur votre obligeance pour me l'adresser à Paris, avec la relation fidèle de ces derniers événements. Je remettrai soigneusement le tout à sa majesté, et au ministre de la police générale. »

Alors on se sépara, les magistrats firent leurs adieux au général. Le lendemain, l'on peut se figurer l'étonnement dans lequel toute la ville fut plongée, en apprenant la fuite du vieillard. Il y eut autant d'opinions différentes que de personnes, et les conjectures ne manquèrent pas.

Le général Béringheld partit, mais une demi-heure avant de monter en voiture, Lagloire avait été porter chez le préfet un paquet cacheté qui renfermait les mémoires de la vie du général, écrits par lui-même.

Le soir même, les magistrats qui avaient paru dans l'affaire du vieillard, se réunirent chez le préfet ; il décacheta l'enveloppe du manuscrit et lut ce qui suit à différentes reprises :

**HISTOIRE.**

DU

## GÉNÉRAL BÉRINGHELD [1].

Avant de commencer l'histoire du général, il est nécessaire de rendre compte des circonstances bi-

---

[1] Il eût été très-fastidieux pour le lecteur d'avoir à lire en entier les mémoires du général Béringheld ; on a donc été forcé d'en extraire ce qui se rattachait plus particulièrement au sujet, et d'en faire une narration suivie, en la coupant cependant par des lacunes nécessaires. On y perdra, peut-être, la manière détaillée et consciencieuse avec laquelle le général racontait les moindres détails qui concernent le vieillard et les événements de sa jeunesse ; mais l'on peut répondre que l'on doit y gagner une précieuse rapidité dans l'intérêt.

En ne publiant pas les lettres, les mémoires et les renseignements qui servent de base à toute cette histoire, je sens qu'à chaque pas je dois des explications. Je préviens donc que les

zarres qui précédèrent sa naissance : on y trouvera, par une singularité remarquable, plus de renseignements sur le vieillard, que dans la suite de sa vie, mais seulement jusqu'au moment où nous le reprendrons sur la route de Paris.

Son père, le comte de Béringheld, était le dernier rejeton d'une famille illustre dans les annales de la France, et l'une des plus nobles : elle tirait son origine d'un *Tullius Béringheld*, célèbre chez les anciens Germains et dont les historiens romains font mention.

Avant que la France devînt un royaume, les comtes de Béringheld habitaient les contrées du Brabant, où ils avaient une petite principauté : ils déchurent sensiblement. Enfin, du temps de Charlemagne ils vinrent en France. Des services rendus à l'Empereur leur concilièrent l'amitié de ce grand prince, qui leur acheta leur comté, dont le château avait été pillé et détruit par les Saxons. Charlemagne leur concéda en échange un comté situé au pied des Alpes : il donna même à ce comté le nom de Béringheld, mais ce ne fut que bien tard que le nom primitif s'éteignit, et qu'il fut remplacé par le mot tudesque de Béringheld.

Les comtes de Béringheld furent alors occupés pendant longtemps à transplanter en France leur fortune; tout entiers au soin de se rendre respectables par de nombreuses possessions, par une grande quantité de vassaux et un château-fort, vaste et bien situé, ils tombèrent, quant à la renommée et à la gloire militaire, dans une espèce d'oubli : ce ne fut guère que sous le règne de Philippe-le-Bel qu'ils reparurent à la cour, dans l'histoire, à la guerre, avec un éclat qui les rendit célèbres. Ils furent comptés parmi les grands vassaux, et le chef de cette famille se voit souvent dans l'histoire comme un des grands officiers de la couronne de France.

Nous passons sous silence les hauts faits et les circonstances qui concernent cette famille. Elle arriva à son plus haut degré de gloire et de prospérité sous le règne de Henri III, Henri IV et Louis XIII ; mais, à partir du règne de Louis XIV, elle déchut sensiblement pour ce qui regarde les honneurs et les dignités, sans rien perdre cependant de ses importantes richesses : il semblait qu'un *génie* protégeât cette famille, au milieu des grandes secousses qui agitèrent la France, sous les règnes de Charles IX,

jusqu'au règne de Louis XV. Les terres, les biens, la considération, en un mot *le matériel de la vie* fut scrupuleusement conservé et toujours agrandi. Rien ne dégénéra de ce qui est au pouvoir de l'homme, il n'y eut que l'esprit et les qualités morales de l'âme qui vieillirent ; car les races d'hommes ne peuvent pas toujours se soutenir, et il en est des familles comme des plantes qui perdent de leur qualité en restant sur le même terrain.

Le père de Tullius, héritant de l'espèce d'abâtardissement qui s'était emparé du moral des comtes de Béringheld, se trouva l'être le plus faible et le plus superstitieux qu'il fût possible de voir, un de ces hommes dont la vue n'excite que le sentiment de la compassion. Bon par caractère, il n'avait jamais pu jouir de l'amour de ses vassaux, parce que les gens qui le gouvernaient, commettaient sous son nom des exactions et des violences.

L'espèce d'infirmité morale qui se faisait sentir dans le caractère du comte de Béringheld, s'augmenta singulièrement à la mort d'un de ses oncles, commandeur de l'ordre de Malte. Cet oncle, avant de mourir, appela son neveu, ils eurent ensemble une longue conférence, dont le sujet influa visiblement sur l'esprit du comte. Ce fut depuis cette époque que le pouvoir du confesseur de Béringheld devint beaucoup plus étendu, et son ascendant sur l'esprit du comte ne fut un mystère pour personne.

En 1770, la famille Béringheld fut réduite, par la mort du vieux commandeur, à ce seul comte Étienne de Béringheld, qui, par la réunion des biens de toutes les diverses branches éteintes, devint un des plus riches seigneurs de France et le plus ignoré. Il épousa l'héritière de la maison de Welleyn-Tilna, qui, de son côté, était aussi le dernier rejeton de cette famille, et qui, de même que Béringheld, se trouva d'un caractère tout à fait nul. Il semblait qu'un malin génie se fût amusé à réunir les deux infirmités de deux familles mourantes, pour en créer un assemblage de faiblesse.

Le comte et la comtesse de Béringheld vécurent dix ans sans avoir d'enfants, et les bruits les plus injurieux coururent sur le R. P. André de Lunada, le confesseur du comte.

Nous allons essayer de rendre compte des cris que poussèrent les cent voix de la Renommée.

On prétendait que le commandeur avait fait à son

---

détails déjà donnés sur le vieillard se trouvaient dans une lettre que le général Béringheld avait adressée, à cette époque, à un savant distingué de la capitale; aussi l'on a dû remarquer que la description détaillée du vieux Béringheld n'était pas sortie de la plume sévère d'un auteur : nous l'avons jugée assez curieuse pour la laisser tout entière : il en sera de même pour beaucoup d'autres morceaux de cette histoire, dont on respectera le cachet et que l'on extraira fidèlement des correspondances et des mémoires.

Nous faisons cette observation, une fois pour toutes, afin d'éviter les reproches que l'on pourrait nous adresser, soit sur le peu de vraisemblance, soit sur la différence des styles.

Malgré notre désir de laisser parler le général, nous avons arrangé la narration comme si elle était faite par l'éditeur, afin de ne pas changer la manière, le genre et la division adoptés. Enfin nous ferons observer que si nous avons retranché quelque chose, rien de ce qui reste n'est inutile, et que l'histoire du général se lie entièrement à cette aventure. (*Note de l'Éd.*)

neveu une confidence extraordinaire qui embrassait l'existence totale des Béringheld, leur fortune prétendue illégale, etc.

L'on renouvelait, au sujet de cette confession du moribond, tous les bruits qui coururent sur ce commandeur et sur sa famille.

Ce commandeur fut toujours accusé de sorcellerie, de magie blanche et noire; la vente de son âme au diable n'était pas plus oubliée que son goût pour la chimie, la physique, et que la recherche à laquelle il se livrait envers un membre de sa famille.

Nous allons expliquer ce fait d'une manière plus claire.

La famille Béringheld, ainsi que toutes les familles, s'était dès longtemps divisée en une multitude de branches. Ce fut en 1450 que George Béringheld eut, pour la première fois depuis l'origine de la famille, *deux fils* qui vécurent tous deux; l'aîné fut nommé George, et le second Maxime : de manière qu'en 1470, sous Louis XI, la famille se sépara pour la première fois en deux branches, car Maxime eut un fils.

Alors Maxime, ayant de la postérité, obtint le titre de comte, et ajouta le nom de *Sculdans* à son nom, afin que la branche cadette fût toujours distinguée de la branche aînée.

Cette branche *cadette* en forma d'autres, et cet assemblage des branches *cadettes* de la maison de Béringheld devint une autre maison puissante, en héritant des biens que ses membres acquéraient lorsqu'il ne se trouvait pas d'héritier direct. Ce fut le commandeur Béringheld-*Sculdans* qui rassembla sur sa tête les immenses richesses de cette maison *cadette*, et qui, par sa mort, les reporta dans la branche aînée, représentée par le comte Étienne, père du général dont il est question.

Revenons au fils du premier comte Maxime Béringheld-*Sculdans*, fondateur de la maison *Sculdans*, car c'est sur ce fils que roulait toute l'histoire.

Ce fils du premier comte Maxime Béringheld-*Sculdans* était l'objet d'une effrayante légende. Ce Béringheld, second comte *Sculdans*, s'adonna aux grandes sciences, il vécut avec les savants de ce temps, visita, dans le cours de sa longue existence, l'Inde, la Chine; il assista à la découverte du Nouveau-Monde, fit le tour du globe, et vécut depuis l'année 1470 jusqu'en 1572, qu'il disparut, le jour même de la Saint-Barthélemy.

Cette longue existence lui fit donner le surnom du *Centenaire:* l'on prétendait que son esprit revenait sur la terre; et l'on disait toutes les fois qu'il rendait des visites à sa famille. Le fait est que la dernière fois qu'il vint à Béringheld, ce fut en 1850, et il fit présent de son portrait : on fut étonné de trouver au Centenaire une vigueur, une force qui n'est pas ordinairement l'attribut de la vieillesse. On ne le vit plus depuis ce temps; mais la tradition prétendait que l'on apercevait le Centenaire, et que c'était lui dont le pouvoir magique protégeait la famille.

Voilà comme cette confuse histoire se rapportait au commandeur *Sculdans :* on disait que ce vieux commandeur s'était mis à la recherche du Centenaire, d'après une vision qu'il avait eue en Espagne, et d'après un mémoire présenté au ministère espagnol sur une aventure arrivée au Pérou; que le commandeur, ayant fait le voyage, se convainquit de l'existence du Centenaire et que *Sculdans* mourut pour l'avoir aperçu subitement.

Il s'en serait donc ouvert à son neveu le comte Étienne, avant d'expirer, et cette confidence rapportée par le comte de Béringheld au tribunal de la confession, était le fondement du pouvoir du Père André de Lunada, ex-jésuite. Il aurait, par là, possédé les moyens de perdre le comte, dont les possessions étaient le produit de la sorcellerie; et ce père André, abusant de la faiblesse de son pénitent, caressait l'idée de s'emparer des biens de la famille Béringheld, en empêchant le comte, par des moyens bizarres, d'avoir des héritiers.

Tel était, en 1780, l'état dans lequel se trouvait la famille de Béringheld et les bruits qui couraient sur cette illustre maison. Ce préliminaire indispensable évitera toute obscurité par la suite.

Le château de Béringheld était un des plus vastes et des plus romantiques qu'il fût possible de voir : situé au milieu des montagnes pittoresques qui commencent la grande et belle chaîne des Alpes, il luttait, par sa hardiesse et son étendue, avec les monts sourcilleux qui l'environnaient. Il paraissait montagne lui-même. Le mélange des architectures diverses de différents siècles le rendait comme les archives de l'art, et attestait à combien de siècles et de destructions il eut à résister.

Il y avait une foule de constructions, une chapelle, des corps-de-logis, de magnifiques écuries, des orangeries, toutes bâtisses qui portaient le caractère d'une grandeur vraiment royale et qui composaient un ensemble tout à fait romantique.

De vastes jardins se confondaient à leurs confins avec les Alpes, et les plus beaux points de vue, les plus belles vallées, dont la nature seule avait fait les frais, embellissaient cet imposant séjour.

Le château était précédé par une grande cour, au bout de laquelle se trouvait une grille, où commençait alors une immense prairie garnie d'arbres, et après cette prairie, on avait laissé subsister ce qu'on nomme un tournebride. Ce tournebride était un bâtiment où demeurait le premier concierge du château; cette construction tenait au village dont elle formait la première maison, et le concierge avait fini par conquérir le droit de vendre de l'avoine, des fourrages et du vin.

Alors les voyageurs s'arrêtaient à cette espèce d'auberge, tenue par ce concierge, et c'était à cet endroit que se rassemblaient les domestiques du château ainsi que les plus riches du village. De ces conciliabules partaient les bruits que nous avons rapportés succinctement, afin d'éviter au lecteur de les entendre conter par Babiche, la femme du concierge, la présidente-née du cercle du tournebride.

Le 28 février 1780, il se tenait à ce tournebride une séance à laquelle on peut faire assister le lecteur pour le mettre au fait de l'événement qui empêcha la famille Béringheld de s'éteindre.

Il était neuf heures du soir, un vent de bise harcelait avec tant de vigueur la porte démantelée du tournebride, qu'à chaque instant on croyait qu'elle allait être emportée. Chacun des assistants se rapprochait de plus en plus d'un feu de bois de sapin, qui jetait tant de clarté que l'on n'avait pas besoin de chandelle.

Le gros concierge, habitué à entendre régulièrement les voix glapissantes des collègues de sa femme Babiche, dormait dans un coin de la cheminée; à l'autre coin était la sage-femme du village, vieille sorcière qui cumulait avec ses fonctions *obstétriques*, le droit de dire la bonne aventure, de jeter des sorts, de nouer l'aiguillette, de guérir avec des paroles magiques et des simples bien choisis. Elle avait quatre-vingt-dix ans, et sa figure desséchée, sa voix rauque, ses petits yeux verts, ses cheveux blancs qui s'échappaient de dessous un mauvais bonnet, ne contribuaient pas peu à fortifier les idées qu'elle entretenait sur son compte.

Ayant vu naître la population presque entière du village, connaissant les généalogies de chacun, les mystères de la naissance, les histoires de chaque famille, il était impossible qu'elle ne fût pas une autorité et une puissance redoutable du village de Béringheld, surtout lorsque les pères l'avaient représentée à leurs enfants en bas âge, comme une sorcière, ou tout au moins comme une femme à vénérer.

A côté d'elle, venait Babiche, grosse femme, fraîche et jolie; contre Babiche était le plus fort épicier du lieu, nommé Lancel. Trois ou quatre commères octogénaires tenaient le milieu.

Le gros concierge avait à sa gauche le garde-général des forêts de la couronne, homme aimable, instruit, musicien, marié depuis peu, et qui, ne trouvant pas accès au château, venait quelquefois écouter les nouvelles qui se débitaient au cercle du tournebride. Il était l'homme d'affaires de plusieurs maisons dont les propriétés se trouvaient aux environs; sa femme, extrêmement jolie, et d'un caractère assez aimable pour briller sur un plus vaste théâtre, venait rarement à cette assemblée où sa dignité aurait été compromise.

« Le Père de Lunada a fait renvoyer ce matin le jeune homme que madame avait pris en affection, disait la concierge; il ne laissera pas, si cela continue, une seule tête qui soit du genre masculin; j'ai toujours peur, lorsqu'il passe à cette grille et qu'il jette sur cette maison son grand œil sournois, qu'il n'aperçoive mon pauvre Lusni.

— Me voici !... s'écria le concierge endormi, qui, s'entendant nommer par sa femme, crut que sa despotique moitié l'appelait.

— Le fait est qu'il prend de rudes précautions pour s'assurer le gâteau, dit une des commères.

— N'est-ce pas pitoyable de voir périr une des plus nobles familles et les anciens protecteurs de tout le village?

— Ne calomniez pas ce saint homme, s'écria le politique concierge, qui sait s'il n'est pas à rôder ici près !

— A quoi servirait au Père de Lunada de posséder les biens immenses de la famille Béringheld? repartit le garde des forêts, il n'a pas d'héritiers, il jouit dès à présent de toute l'opulence qu'il peut souhaiter; son ordre est aboli; partant, je n'aperçois aucun but dans sa conduite, et si madame la comtesse n'a pas d'enfants, c'est qu'elle est stérile.

— Si le comte et sa femme viennent à mourir, il ne restera pas grand'chose au révérend Père.... s'écria Babiche : il jouit, c'est vrai ! mais il ne possède pas !... »

A ces mots, la vieille sage-femme agita sa tête de droite à gauche, ce qui fit tomber ses cheveux blancs sur son col noir et ridé; elle éleva vers le ciel ses mains décharnées, chacun se tut, car ces préambules annonçaient que Marguerite Lagradna voulait parler; on se serra donc les uns contre les autres, et tous les yeux furent attachés sur la sage-femme, dont les yeux brillants roulaient avec vivacité; il semblait qu'un démon l'agitât, et que, telle qu'un poëte, elle eût une inspiration dont la verve voulait s'échapper comme une flamme ou un torrent.

---

## VII.

La sorcière. — Ses discours. — Prédictions. — Arrivée de l'Esprit.

« Malheur à Ludana !... Malheur, s'écria Lagradna, malheur à lui, s'il veut toucher à la fortune des Béringheld !... elle est sacrée !.... tous ceux qui cherchèrent à l'envahir sont *mal morts!*.... »

Lagradna avait une manière de prononcer et de jeter ses mots qui plongeait l'âme dans une espèce de frayeur, elle paraissait tellement pénétrée de ce qu'elle disait, qu'elle en faisait passer chez les autres la conviction ; on était ému rien que par ses simples gestes.

« D'ailleurs, continua-t-elle après un instant de silence, et en regardant les solives du plafond ; la race des Béringheld ne doit pas s'éteindre, elle durera autant que le monde !... que ce monde-ci !.. » Et Lagradna frappa la terre avec la longue canne qu'elle portait toujours.

« Il y a longtemps que je sais cela, ainsi que la prédiction de *Béringheld-le-Centenaire!* Et elle chanta d'une voix rauque et cassée :

« Ma race ne mourra
Que lorsqu'il nous cherra
Une grosse montagne
Dans la rase campagne
De la Vallinara ;
Ainsi nous périra
Le dernier de ma race,
Que rien, que rien n'efface. »

En chantant ces mauvais vers d'une voix chevrotante, Lagradna avait imprimé une attention singulière à ses auditeurs.

« Comment voulez-vous qu'une montagne écrase quelqu'un dans la Vallinara ?... — Vous avez entendu la prédiction !... reprit-elle d'une voix sonore et en se levant debout dans la chaumière qui parut alors trop petite ; eh bien !... j'ai vu ce matin celui qui l'a faite !... oui, je l'ai vu !... et voilà la seconde fois de ma vie. La première, ce fut lorsqu'en 1704, écoutez !.... on avait accusé le comte Béringheld le LXXIIe, de la mort de la jeune Pollany, dont on trouva le squelette dans le souterrain de la tour carrée. L'arrêt de mort était à la veille d'être rendu, les biens allaient être confisqués : il faisait nuit noire, et je revenais des montagnes par la Vallinara, le vent soufflait, et les forêts grondaient comme le tonnerre ; j'avais peur et je marchais en chantant la complainte de Béringheld-le-Centenaire... Arrivée au milieu de la Vallinara, je vis une grande masse noire se mouvoir dans l'obscurité, et éclairée par deux petites lueurs bien distinctes ; comme je me dirigeais vers Béringheld et que la masse allait aux montagnes, nous devions nous rencontrer... D'abord, je crus que c'était Butmel, qui venait à cheval à ma rencontre.... »

. . . . . . . . . . . . . . . . . . . .

A ces mots, la sage-femme tomba sur sa chaise, resta immobile, et des pleurs, s'écoulant de ses yeux, roulèrent dans les sillons formés par les rides de son visage. Cet accès de douleur, dans un âge si avancé, fit tressaillir l'assemblée qui se souvint alors que Lagradna n'avait jamais été mariée ; qu'elle n'aima qu'une fois dans sa vie ; que Butmel, l'amant chéri de Lagradna, fut celui sur lequel le crime du meurtre de Pollany fut rejeté d'une manière inconcevable et par une trame invisible ; qu'on le transféra à Lyon où il fut condamné à mort ; enfin, qu'il mourut accusé d'avoir tué Pollany ; que toutes les fois que le nom de Butmel sortait de la bouche de Lagradna, elle tombait dans une rêverie qu'il ne fallait pas interrompre, sous peine de la voir livrée à un accès de folie. Bientôt Lagradna reprit :

« Il me semblait déjà le voir avec son sourire !.... son chapeau sur l'oreille, un bouquet à la main, et la joie peinte sur le visage.... pauvre Butmel !.... tu ne souris plus, dit-elle en regardant la terre ; et quel est l'infernal génie qui t'a fait tirer à quatre chevaux pour un crime que tu n'avais pas commis ?..... toi, un crime ?.... toi, l'âme la plus honnête !...... et, Pollany était mon amie !.... la tienne !.... ah, tu ne souris plus !... mais, dit-elle avec un accent déchirant, tu es dans les cieux, avec les anges! »

Cette idée, qu'elle exprimait les yeux levés vers le ciel, fit disparaître un moment ses rides, son visage parut voir Butmel, et elle caressa une chaîne composée de grains de verre, que son amant lui avait donnée. Son extase, pendant laquelle chacun tâchait de ne pas respirer, cessa par degrés ; elle revint à elle, en disant : « Ce n'était pas lui que je croyais apercevoir dans la Vallinara !... je marche toujours... je vais !... je vois que les deux lumières sont deux yeux, la masse, un homme ; et cet homme, un cadavre. »

Une horreur indéfinissable s'empara des assistants, à ces mots prononcés avec des repos, des accents et des gestes qui donnaient à Lagradna l'air d'une sybille dans un antre. On croyait voir ce qu'elle dépeignait : le feu ne jetant qu'une faible lueur qui éclairait la chambre à peine, Marguerite se trouvait alors colorée par un reflet rougeâtre, ce qui la rendait susceptible de produire un effet profond sur l'imagination, surtout en racontant une pareille histoire à de pareils auditeurs.

« Ce cadavre !.... continua-t-elle d'une voix à faire trembler les plus aguerris, c'était l'esprit de Béringheld-le-Centenaire !... je l'ai reconnu !...

— Comment, demanda le garde des forêts, puisque c'était la première fois que vous le voyiez?

— Comment ?... reprit Lagradna avec volubilité, mon père ne l'avait-il pas aperçu en septembre de l'an 1652, quand Jacques Lebai fut emporté de son chalet sans qu'on l'ait jamais retrouvé, et que le comte Béringheld LXX apprit la mort de celui contre lequel il devait se battre en duel le lendemain? L'adversaire du comte de Béringheld était un comte de Vervil; tous deux devaient se battre à mort, et Vervil passait dans ce temps pour le plus adroit à l'épée : le trépas de Béringheld paraissait donc inévitable. Ce redoutable adversaire mourut à deux lieues d'ici, dans le col de Namval ; une pierre énorme tomba sur son carrosse... Mon père *a vu l'Esprit* détacher la pierre!... alors il me raconta comment il avait entendu dire à son grand-père que l'esprit ne paraissait jamais, sans qu'il arrivât des malheurs à ceux qui menaçaient les Béringheld, et qu'une mort sinistre saisissait toujours quelqu'un quand le Centenaire passait dans une contrée.

« Mon père, à cette époque, m'avait déjà tout détaillé, et lorsque je rencontrai *l'esprit* du Centenaire, comme je vous le disais tout à l'heure, je reconnus sa voix qui n'a rien d'*humain*, cette voix qui parle comme celle des vents et des tempêtes ; alors, je n'ai pas pu soutenir la lumière de ses yeux; quand il a passé, j'ai aperçu sa grosse tête blanche qui *sentait la* tombe; ses pas n'ont point retenti sur le sable, il était léger comme le vent du matin ; et, comme ma tête se trouvait sortie du fossé qui me cachait, j'ai vu, lorsqu'il a levé son pied, j'ai vu ses os desséchés et aucune chair dessus....

« Aussi, l'arrêt fut cassé, l'affaire du comte de Béringheld appelée à Paris, où on l'acquitta, et Butmel a été la victime ! » . . . . . . . . . . . .
. . . . . . . . . . . . . . . . . .

Des pleurs coulèrent encore et la vieille se tut. On n'osa pas interrompre son silence; d'ailleurs, l'aspect vénérable de la misère d'amour de cette femme inspirait un profond sentiment de compassion. Elle agita sa main décharnée, la tendit, et découvrant ses os, elle dit :

« Ce bras a été jeune, recouvert d'une peau douce, et Butmel le pressait souvent !... mais maintenant, je vis, mon bras est ridé, et Butmel est mort !... je suis morte aussi.... mon cœur est mort.... on croit que je vis !...

« Sachez, reprit-elle d'une voix sonore et ferme, sachez que j'ai vu l'*Esprit* ce matin... malheur au Père Lunada, s'il convoite les biens de la famille Béringheld !... l'*Esprit* est dans la contrée, j'ai revu la neige de sa tête, les os de ses pieds ; il était sur le sommet du *Péritoun* : assise au bas de la montagne, j'ai pensé m'évanouir, en apercevant que le vent impétueux n'agitait pas son grand manteau brun, et qu'il se tenait ferme sur ses pieds ; j'ai cru qu'il m'annonçait ma mort, j'ai demandé dans le village si quelqu'un n'avait pas disparu... Le Centenaire jetait un œil de feu sur les vieux murs du château... ah! notre comtesse aura un enfant... allez, c'est Lagradna qui vous le dit, retenez-le bien !... et vous, M. Véryno, prenez garde à votre femme ! elle est jolie comme Pollany !... (le garde des forêts tressaillit de frayeur); et vous ! Babiche, prenez garde à Lusni !... il ressemble, pour la taille, à Jacques Lehal ! (la concierge se signa et dit un *pater*) ; l'*Esprit* voltige sur la contrée !... il est rare de le voir deux fois par siècle... il y aura du nouveau !... car, si l'Esprit n'emporte pas quelque âme avec lui, il ferait plutôt revenir des morts !... »

Le feu s'était éteint sans que personne osât se lever pour y remettre du bois de sapin ; il s'échappait du foyer, des cendres, une flamme bleuâtre qui, parfois, éclairait le visage de Lagradna : cette lueur voltigeait dans la chambre comme les paroles de la sage-femme dans l'imagination de ses auditeurs : elle les avait lancées une à une, et le peu d'idées qu'elles contenaient contribuait à donner à l'âme une espèce de vague et de rêverie pesante. On s'étonnait de l'entendre parler, d'écouter ses diffuses paroles, cependant elle réussissait à inquiéter. Au moment où elle se rassit, un violent coup de vent se fit entendre et la cloche du tournebride retentit.

Personne ne se leva pour aller ouvrir, parce que l'on supposait que le vent avait seul agité la cloche; mais tout à coup, lorsque l'on n'y pensait plus et que le vent était apaisé, la cloche fut sonnée avec une vigueur et une constance qui prouvèrent qu'un être de chair et d'os remuait le pied de celle qui se trouvait terminer la chaîne ; alors le chien se mit à aboyer d'une manière qui sembla lugubre.

Personne ne fit mine de se lever.

« Eh bien, Lusni, mon ami ! s'écria Babiche.

— Allons-y tous,... » répondit Lusni à l'interpellation cadencée de sa femme.

A ces mots, Lusni jeta dans le foyer une poignée de branches de sapin, une lueur subite éclaira la chambre, et, le courage renaissant dans l'âme de chacun, le garde des forêts alluma une chandelle, et Babiche, Lagradna, et Lusni en arrière-garde, se dirigèrent avec le garde vers la grille.

« Viendrez-vous ?... s'écria une voix rauque, forte, pleine et d'un accent glacial.

— C'est lui !... dit Lagradna, que vient-il chercher ?...

— Qui, lui ? demanda Véryno.

— Béringheld-le-Centenaire. »

Le groupe resta cloué par la peur, à moitié chemin de la grille, et la chandelle indiqua, par le vacillement de sa lueur, la terreur du bon Lusni qui se repentit d'avoir écouté Lagradna.

« Viendrez-vous, enfants d'un jour ? répéta la voix terrible qui accompagna cet ordre d'un ton de maître.

— Allons donc, venez ! s'écria une voix douce et qui se rapprochait davantage du flexible organe des hommes. »

Lagradna, saisissant la lumière des deux mains du concierge, se dirigea lentement vers la grille; Babiche, poussée par la curiosité, la suivit; Véryno eut honte de se voir surpassé en courage par deux femmes, il s'avança donc sur leurs pas; alors Lusni fit quelque démonstration, mais il se tint à une honnête distance; quant aux trois commères, elles se groupèrent sur les marches du tournebride.

« Depuis quand cette grille ne s'ouvre-t-elle plus au premier coup de cloche? dit encore la voix terrible pendant que Lagradna faisait résonner la serrure.

— Depuis que Butmel est mort injustement!... » répondit la sage-femme dont la tête n'était plus bien présente; à l'âge de quatre-vingt-dix ans cela arrive assez souvent.

A peine Lagradna avait-elle achevé la dernière syllabe du dernier mot, qu'un éclat de rire horrible retentit dans les airs et parvint jusqu'aux murs du château, qui le répétèrent. Tous les assistants furent glacés d'épouvante.

« *Butmel vit encore!...* » continua la voix en riant d'un ricanement infernal. Un moment de silence suivit cette phrase, et des larmes amères sillonnèrent le visage de Lagradna.

« Vous êtes à Béringheld!... » proféra encore cette voix. Elle partait du gosier d'un homme d'une stature énorme. Il s'adressait, en ce moment, à un autre homme en uniforme qui, depuis qu'il était arrivé, ne cessait de lorgner sa valise, de brosser son habit en se servant de ses manches, et de regarder s'il ne lui manquait rien. Il ne s'occupait que de lui et de son cheval. Le géant, après avoir montré le château, jeta un coup d'œil sur le groupe, et ce coup d'œil sembla à tous les assistants faire pâlir la lumière de la chandelle. Le guide de l'officier disparut avec une effrayante rapidité; toutefois, l'on entendit le galop d'un cheval.

« L'avez-vous vu?... dit Lagradna au concierge, à sa femme, au garde-chasse et aux trois autres vieilles femmes; quel œil!... Ne croyez pas que ce soit un cheval qui galope!... l'*Esprit* s'amuse. Soyez certains qu'il n'a pas plus de cheval qu'il n'y a de poil dans le creux de ma main. »

Le groupe resta immobile, ne regardant personne, ou plutôt craignant de voir.

« Que diable avez-vous donc? » leur demanda l'officier qui avait fini l'inventaire de lui-même et qui s'amusait de l'effroi peint sur les figures. Il descendit de cheval, passa soigneusement son bras dans la bride, et il reprit :

« Je vous garantis que mon guide monte un véritable cheval, et un bon cheval, encore!... Jamais je n'ai eu tant de plaisir à causer avec un homme... il ne m'a rien demandé pour le service qu'il m'a rendu; c'est fort poli, car il était en droit d'exiger quelque chose.

— Votre guide, un homme? dit Lagradna, vous avez fait route avec un *Esprit!*...

— Que veut cette folle avec son *Esprit?*... reprit l'officier en fronçant le sourcil. Allons, conduisez-moi au château!

— L'avez-vous vu?... demanda Lagradna.

— Moi, pas du tout! il fait noir comme dans un four! et, quand on a une valise!... dit-il en regardant avec inquiétude la croupe de son cheval. Allons, continua l'officier, en voyant tous les yeux tournés sur sa valise, allons, menez-moi au château? »

Le concierge saisit sa lumière, mit sa main du côté du vent pour qu'elle ne s'éteignît pas, et il guida l'étranger à travers l'avenue; Lagradna et Babiche accompagnèrent l'étranger, afin d'ouvrir la seconde grille qui devait être fermée.

Il régnait dans l'habillement de l'inconnu une régularité, une tenue qui donnaient l'idée d'un caractère exact et minutieux. Les traits de sa physionomie ne démentaient pas cette opinion : on l'aurait plutôt pris pour un bon négociant, calculant tout, jusqu'à la vie, que pour un militaire, personnage ordinairement décidé et aventureux.

« Si ce n'est pas une indiscrétion, pourrais-je vous demander où vous avez pris ce guide? dit la sage-femme à l'inconnu.

— Je me suis égaré, répondit-il, au moment où je franchissais les montagnes qui précèdent la Val... ven...

— Vallinara, s'écria la sage-femme.

— C'est cela même, reprit l'étranger, alors j'ai entendu le galop d'un cheval qui me suivait, j'attendis que le cavalier fût arrivé près de moi, je lui demandai le chemin de Béringheld, il m'y conduisit fort obligeamment, et pendant la route, il me parla d'une foule de choses peu connues, d'anecdotes curieuses.

— Qui ne concernent certes pas le temps présent!... répliqua Lagradna.

— C'est vrai, dit l'officier frappé d'étonnement à cette réflexion.

— Vous n'avez donc pas regardé ses yeux de feu.

— Il avait une lumière, dit l'officier.

— Une lumière!... c'était son œil! » s'écria Lagradna.

A cette observation, l'étranger resta immobile d'étonnement et il murmura tout bas : « Serait-ce mon médecin?... Un œil de feu!... que ne l'ai-je examiné!

— Et cette voix? reprit la sage femme.

— *C'était la sienne!* » s'écria l'officier stupéfait.

Pendant que l'officier s'avançait vers le château,

il s'y passait une scène dont le récit suffira pour dépeindre les personnages qui l'habitaient.

Dans une antique salle à manger, autour d'une table bien servie, étaient le comte, sa femme et le Père de Lunada. Devant le révérend Père, on voyait les débris de différents mets les plus exquis, ce qui prouvait authentiquement que la fleur de son teint et la fraîcheur de sa carnation étaient soigneusement entretenues par les attentions des maîtres du château. Les vins les plus savoureux et mille friandises venaient d'être prodiguées au Père de Lunada, lorsque, se tournant vers la comtesse, il lui observa que l'on n'avait pas encore ajouté de lit de plume à son coucher.

« Ce n'est pas, ma fille, par sensualité que je fais cette demande.

— J'en suis bien persuadée, répondit une jeune femme placée dans un fauteuil dont le dos était d'une hauteur énorme, et où elle paraissait ensevelie.

— Mais pourquoi, reprit Lunada, dans cette vie, ne pas profiter des commodités qui peuvent la rendre agréable? Le Seigneur ne les a permises que pour dédommager ses serviteurs de leurs combats avec le démon. Mon fils, envoyez-moi de cette liqueur dont la bouteille se trouve devant vous ; je crois que si ma digestion ne se faisait pas bien, je ne pourrais pas prier avec toute la ferveur que l'on doit mettre à ses prières. Le comte donna la bouteille à un laquais.

— Vos prières n'ont pas encore réussi à nous faire avoir des enfants, dit le comte de Béringheld.

— Mon fils, Dieu est sage, et ne fait rien en vain : s'il a permis la dispersion de notre *Société*, ce fut pour punir la terre; et, si vous n'avez pas encore de postérité, ne l'attribuez qu'à vos péchés! Il faudra redoubler vos pénitences, vos austérités, vos jeûnes; j'y joindrai mes prières.

— Mon père, observa la comtesse, ne pourrait-on pas consulter des gens de l'art, pour savoir s'il n'y aurait pas des moyens?... »

A ces mots, l'effroi se peignit sur la figure de l'ex-jésuite : « Penseriez-vous que les hommes soient plus puissants que Dieu ?... »

A cette exclamation, la comtesse se tut, sa figure reprit cette impassibilité froide que donne l'extrême dévotion. Son mari, la bouche béante, les yeux étonnés, regardait le visage de son confesseur, dont l'expression était le véritable baromètre de toute la maison.

« Il n'y a rien à attendre que de Dieu ! » reprit le P. de Lunada.

Cependant il faut convenir que le dessein du P. de Lunada n'était pas aussi criminel qu'il pourrait le paraître. Le R. P. faisait autrefois partie de la société célèbre des jésuites. A l'abolition de cet ordre, il se réfugia en Italie, et, revenant en France quelque temps après, il fut accueilli par le comte de Béringheld.

Le P. de Lunada était très-instruit, mais il avait une profonde ignorance sur certaines matières : convaincu de la vérité de la religion, mais encore plus convaincu de la grandeur de sa profession de jésuite, son caractère présentait un singulier mélange d'esprit et de simplicité, de bonté et d'astuce, d'ambition et de désirs ; enfin, pour tout dire, l'esprit de la société de Jésus n'avait pu réussir à gâter son caractère primitif... et, sans faire du P. de Lunada un fanatique, un génie, ou un ambitieux, la société de Loyola lui avait inculqué ses principes et sa religion particulière qui, à chaque instant, contrariaient les idées naturelles du R. P. Il s'ensuivait un singulier combat dans la conduite, les idées et le caractère du R. P.

Ainsi, le P. de Lunada désirait, si le comte de Béringheld ne devait pas avoir d'enfant, que la fortune de la maison lui revînt plutôt qu'à l'État; mais il n'aurait pas commis la moindre action qui eût exigé de l'énergie, pour s'en rendre maître, et empêcher le comte et sa femme d'avoir des héritiers. L'on peut assurer que l'empire que le R. P. exerçait sur les maîtres du château n'avait rien de despotique, il résultait des circonstances bizarres qui permirent la réunion de trois êtres aussi faibles, parmi lesquels le P. de Lunada se trouva le plus fort.

Ainsi, le château présentait le maussade aspect de ces trois êtres cheminant dans la vie, et n'ayant pour s'y conduire que le flambeau de l'ex-jésuite, flambeau composé de toutes les décisions de l'Église, que le R. P. appliquait selon son intérêt; et, comme tous ceux qui gouvernent, il était jaloux de son autorité; c'est ce qui faisait que, n'étant pas précisément le maître, il avait à batailler avec les gens qui le rendaient odieux, sans qu'il en donnât de grands motifs. Ainsi, l'on errait, au château de Béringheld, dans un labyrinthe d'intrigues domestiques, de petites tracasseries, etc., que la faiblesse des maîtres et la hardiesse des domestiques entretenaient toujours; et dans un château habité par un petit nombre de personnes, on doit sentir combien ces riens étaient augmentés par les bavardages et la présence continuelle des mêmes individus. En un mot, qu'on se figure le palais de la *Sottise* livré à des subalternes en l'absence de la déesse.

## VIII.

L'officier angevin. — Sa frayeur. — Béringheld-le-Centenaire
est au château. — Départ précipité.

Nous avons laissé l'officier s'avançant, sous l'escorte de Lagradna, de Babiche et du concierge, vers le noble manoir du comte de Béringheld, à qui le R. P. de Lunada vient de prononcer l'arrêt formidable, par lequel il décidait que, quant à la procréation d'un héritier présomptif de la famille des Béringheld, il n'y avait plus rien à attendre que de l'intervention divine. A cette ordonnance sacerdotale, le comte baissa la tête d'un air confus, et sa femme lui lança un regard qu'il serait très-difficile d'expliquer, par la multiplicité des idées qu'il renfermait. Le comte sourit à sa femme d'une manière plus significative qu'à l'ordinaire, et tout ceci, d'après le caractère de ces deux époux, indiquait quelque chose d'extraordinaire.

En effet, la proposition de se livrer au bras séculier, pour faire cesser la stérilité de la comtesse, avait été méditée, pendant un mois entier, entre les deux époux; ils examinèrent longtemps, avant de la présenter à leur confesseur, si elle ne renfermait aucune hérésie, et s'ils pouvaient s'en occuper; la comtesse avait même osé parler du pouvoir de Lagradna, mais cette femme sentait trop la magie et le fagot, pour que le comte osât la faire venir. La comtesse, rendue hardie par l'espoir d'avoir des enfants, se contenta de caresser cette idée en elle-même.

Ce fut au milieu du silence pendant lequel les époux réfléchissaient au peu de succès de leur proposition, que le concierge vint avertir qu'un étranger demandait à parler à Monseigneur.

« Faites-le entrer, » dit le comte.

Aussitôt l'officier se présenta et salua le comte en le regardant avec attention, puis il s'exprima en ces termes :

« Monsieur le comte, il y a quelques mois que je suis revenu des États-Unis, où j'ai servi loyalement les insurgés. En les servant, j'ai reçu un coup de feu que je n'ai pas pu rendre, ce qui fait que je le dois aux soldats anglais du lord Cornwallis. Après avoir inutilement payé des chirurgiens d'outre-mer, qui ne m'ont pas guéri, je m'en retournai en France pour arrêter ma maladie dont les suites étaient assez graves pour devenir mortelles. Après avoir consulté et *payé* inutilement les hommes les plus célèbres, je résolus d'aller finir mes jours aux lieux de ma naissance : je suis d'Angers. Le hasard voulut que je fusse logé dans la maison où demeurait le bourreau ; je ne m'en aperçus que trop tard, ajouta l'officier en voyant le mouvement qui échappa au comte, à sa femme et au P. de Lunada ; mais, au total, le bourreau me parut riche et ne devoir rien à personne.

» Sa femme était à la mort, et j'entendais dire à chacun qu'il devenait très-étonnant qu'elle ne mourût pas, d'autant plus qu'aucun médecin ne la soignait.

» Elle commença bientôt par aller mieux.

« Je vous demande pardon ; mais tout ceci se rattache à ma présence en ces lieux, et, d'ici à Angers, le chemin a vu de mon argent et l'argent est rare !...

« Soupçonnant du mystère, voyant le mari soucieux, j'examinai ce qui se passait. Dormant peu, à cause de mes souffrances, je finis par apercevoir que, toutes les nuits, un vieillard remarquable par plusieurs singularités, et entre autres par une étonnante caducité, s'introduisait dans la maison. Étonné de ce mystère, je questionnai le bourreau, il m'apprit que cet homme lui avait promis de guérir sa femme, je ne sais pas à quelle condition ! cela ne me regardait pas. La nuit suivante, j'attendis ce vieillard à son passage, en lui demandant de me guérir, s'il en avait le pouvoir. Il me regarda, monsieur le comte !.. ah ! je puis dire que jamais la figure de cet homme ne sortira de ma mémoire ! une flamme noire.... »

En ce moment, l'officier, ayant regardé par hasard les tableaux qui garnissaient les murs de la salle, jeta un cri ; et, chancelant sur ses jambes, il tomba sur une chaise, en désignant du doigt un des portraits. Chacun se retourna pour le voir ; c'était le portrait de *Béringheld-Sculdans*, surnommé *le Centenaire*.

Une visible anxiété se montra sur le visage de chacun.

« Le voyez-vous ?... s'écria l'officier terrifié, ses yeux remuent encore. Je viens de les voir remuer... C'est *lui* !... »

Ce qui redoubla la stupéfaction de l'étranger, c'est que sur le bas du cadre du portrait, il y avait cette inscription : *Béringheld, anno* 1500.

« Je vous jure, répéta l'officier, que les yeux du portrait m'ont lancé le feu clair que j'ai remarqué dans les yeux du vieillard, et qu'ils se sont remués. »

Le P. de Lunada, effrayé, regardait alternativement et le comte Béringheld qui était pâle comme la mort, et le portrait, dont les yeux noirs n'offraient point le feu diabolique que décrivait l'officier.

« Voyez, continuait ce dernier, quelque chose agite la toile !... »

Personne n'osa bouger pour vérifier le fait, et le comte sonna.

« Saint-Jean, ôtez ce cadre... » Et Béringheld indiquait du doigt, en tremblant, le portrait de Béringheld le-Centenaire.

Saint-Jean fit de vains efforts pour enlever le cadre, car il était comme incrusté dans le mur. Les spectateurs se regardèrent avec étonnement, et le P. de Lunada, conservant, malgré le sentiment qui l'agitait, le sang-froid ecclésiastique de son ordre, demanda ;

« Enfin, monsieur, pourrait-on savoir ce qui vous amène ici ?...

— Vous ne tarderez pas à le savoir !... mais où en étais-je ? demanda l'étranger troublé qui ne cessait de regarder le portrait.

— Au vieillard... répondit le comte en tremblant.

— Cet être surnaturel sourit à ma demande, et me dit ces paroles que leur *singularité* m'a fait retenir : « Enfant d'un jour, tu veux vivre ta journée ?... j'y consens. Je te guérirai, mais jure-moi d'accomplir ce que je vais te demander...., et tu seras guéri ! » Rien n'était plus juste, je fis le serment, et j'atteste le ciel que j'avais l'intention la plus forte de le tenir.

« Je ne veux de toi, reprit le vieillard d'une voix cassée et près de s'éteindre, qu'un bien léger service ! c'est de porter et de remettre, toi-même, une lettre que je te donnerai, pour le comte de Béringheld, en son château. »

« Et il m'indiqua parfaitement bien le chemin de ce village, et il me dépeignit même l'entrée, le tournebride et les montagnes. Monsieur le comte, je fus promptement guéri, je trouvai la lettre sur ma table, le lendemain de ma guérison, et je m'empresse de m'acquitter de ma promesse. *Ce que l'on a à un autre doit se rendre*, n'importe que ce soit argent, or, paroles, ou service. »

En disant cela, l'officier tira de son sein une lettre qu'il présenta au comte de Béringheld, en ajoutant : « Maintenant, je ne dois plus rien à personne. »

Ce dernier la prit en tremblant, l'ouvrit, et semblait craindre les caractères tracés sur le papier. Il lut ce qui suit :

« Le comte de Béringheld doit savoir que sa race n'est pas destinée à s'éteindre.

« Le 1er mars de l'année 1780, un homme se présentera en son château pour lever tous les obstacles.

« On aura soin qu'aucune personne étrangère à la famille ne se trouve dans les grands appartements du château de Béringheld, le jour indiqué.

« Le médecin arrivera la nuit et devra trouver la comtesse au lit, dans la chambre d'apparat du château.

« B. S. »

Tel était le contenu de ce singulier message. Le comte pâlit en lisant les caractères. Une anxiété parut sur son visage, il craignit de penser, et tâcha de se maintenir dans une imbécillité d'imagination, un sommeil de l'âme afin de bannir l'idée qui l'effrayait : il présenta cette lettre à sa femme et il fixa ses yeux sur le visage de la comtesse. Quand elle eut achevé, elle regarda son mari, et tous deux, mus par la crainte, se tournèrent vers le P. de Lunada.

La pénétration habituelle de ce dernier lui fit découvrir facilement qu'il y avait du mystère dans cette lettre : ne manquant pas de cette habileté monastique, apanage de ceux que leur intérêt force d'étudier le cœur humain, il baissa les yeux, et ne parut avoir aucune envie d'apprendre ce dont il s'agissait, s'apercevant bien que tôt ou tard les deux époux l'en instruiraient. Cette manière adroite de ne pas aller au-devant du pouvoir, était ce qui assurait le plus l'ascendant du P. de Lunada sur ses nobles hôtes.

Néanmoins, la figure pâle du comte annonçait au R. P. qu'il ne pouvait empêcher une multitude de pensées bizarres de voltiger dans son imagination, en l'accablant des lourdes sensations d'un rêve pénible ; au lieu que le visage de la comtesse indiquait une joie véritable, la joie d'une femme qui conçoit l'espérance de devenir mère ; mais cette joie était visiblement affaiblie par la crainte que le P. de Lunada ne trouvât du danger pour la conscience, dans une chose qui paraissait aussi surnaturelle.

On ne pouvait pas parler d'une telle affaire devant l'étranger. Après quelques paroles insignifiantes, le comte ordonna de le conduire à l'appartement destiné aux amis qui visitaient quelquefois le château, et, lorsque l'officier fut parti, la comtesse s'écria :

« Quelque mystère qui règne dans cette aventure, je ne puis pas m'empêcher de me réjouir, si elle a 'heureux résultat que l'on nous annonce.

— C'est naturel, dit le comte.

— N'est-ce pas après-demain le 1er mars ? continua la comtesse.

— Je ne sais, répondit Béringheld.

— C'est demain le 1er mars, répondit le jésuite.

— C'est vrai, dit le comte.

— Demain !... répéta sa femme, avec un mouvement de surprise et de crainte ; je ne croyais pas que... Et elle tomba dans une profonde rêverie.

— Adieu, mon fils, que la paix soit avec vous ! » dit le prêtre en prenant sa lumière, et se dirigeant lentement vers la porte.

Telle chose que pût dire la comtesse, elle ne tira de son mari que les monosyllabes : *oui* et *non ;* elle n'obtint même pas un sourire, un regard, et la phrase d'amitié que le comte avait souvent sur ses lèvres quand il parlait à sa femme. Au moment où elle se levait pour s'en aller, l'on entendit le bruit de plusieurs voix confuses, la porte s'ouvrit précipitamment, et Lagradna parut en s'écriant : « J'entrerai !.... »

« Monseigneur, dit-elle, en profitant de la terreur que son aspect séculaire devait produire, je ne puis pas vous cacher que l'esprit de Béringheld-le-Centenaire rôde dans la contrée, et qu'il est dans le château ! Je l'ai vu entrer !..... »

A ces mots, l'effroi le plus grand s'empara du comte, de sa femme et des deux domestiques qui avaient voulu empêcher Lagradna d'entrer. Le comte fit signe de la main à la sage-femme de se taire, puis il ajouta après un moment de silence : « Allons trouver le P. de Lunada. »

Il n'y avait plus que le valet du comte et la femme de chambre de la comtesse qui ne fussent pas couchés, ils suivirent leurs maîtres, ainsi que la vieille sage-femme, et l'on se dirigea vers l'appartement du P. de Lunada. Saint-Jean portait les deux flambeaux, et ce groupe silencieux de terreur traversa les longues galeries du château.

Le comte était le plus tremblant, mais, pour ne pas le faire paraître, il marchait avec assurance. Tout à coup un cri perçant retentit dans les galeries, et l'on conçoit facilement la peur que ce cri dut exciter dans l'âme de gens d'un esprit assez faible, errants et seuls dans un vaste château, loin de tout secours, au milieu d'une nuit sombre accompagnée de toutes les circonstances bruyantes des vents de l'équinoxe d'hiver. Saint-Jean laissa tomber les deux flambeaux ; il y en eut un qui brûla toujours, en répandant une faible lueur qui se perdait dans cette immense galerie. On s'arrêta pour écouter, et, malgré le vent qui s'engouffrait, malgré les cris des oiseaux nocturnes, le bruit des bois et des eaux, l'on entendit des pas rapides.... un homme parut à l'extrémité de la galerie, il s'arrêta, éleva sa lumière pour distinguer ceux qui étaient dans cet endroit ; et la comtesse, qui n'avait pas les mêmes motifs que son mari pour trembler de tout ce qui venait d'arriver, reconnut leur hôte, qui s'approchait avec tous les diagnostiques de l'effroi sur son visage.

« M. le comte, dit-il d'une voix altérée, je suis brave et je ne crains pas de me mesurer avec le premier venu, pourvu que ce soit un homme de chair et d'os comme moi !... vous m'avez offert l'hospitalité avec franchise, je vous dois des remercîments... acceptez-les !... car, pour un empire, je ne resterais pas dans votre château ; je viens d'y revoir mon médecin, mon guide, et votre ancêtre !...... »

A ces mots, chacun sentit les vertiges de la peur, resta immobile, retenant son haleine.

« Oh ! j'ai bien reconnu l'original du portrait qui se trouve dans votre salle ! je lui dois la vie, je le sais ; mais je l'ai payé en accomplissant ce qu'il m'a demandé : je n'ai rien à lui, ni lui à moi ; et maintenant, je me soucie fort peu, d'après toutes ces circonstances, de me retrouver avec lui. J'aime mieux être à cheval, dans la *Vallinara*, égaré même, et cette nuit, que dans votre château, avec ce diable d'homme qui ne me semble pas un *homme*. Car, si j'ai bien lu l'inscription du portrait, l'original est né, ou peint, en 1500 !... je ne suis ni religieux ni superstitieux, je conviens qu'il y a des effets bizarres dans la nature, on peut se ressembler de plus loin, ce peut être un jeu !... mais je suis bon gentilhomme Angevin, croyant en Dieu, voulant vivre tranquille : je laisse les grands seigneurs s'amuser comme ils veulent !.... par ainsi, je n'entreprends pas d'expliquer ce que je viens de voir de mes yeux, parce que c'est inexplicable, et que d'ailleurs cela ne me regarde pas ; seulement, je suis prudent, je n'aime ni la justice séculière ni la justice ecclésiastique... ce sont de bonnes institutions, néanmoins !.... en conséquence, comme tout ceci devient par trop étrange, adieu, *monseigneur !*... vous n'avez rien à moi, ni moi à vous, j'ai rempli mon serment, je suis quitte, peu m'importe ce qu'il en adviendra, c'est votre affaire ! J'ai l'honneur de vous saluer. »

Là-dessus, l'étranger, brossant sa manche blanchie par le mur, salua profondément le comte de Béringheld, et descendit rapidement l'escalier. On l'entendit se diriger vers les écuries, il amena son cheval dans la cour, déposa sa lumière sur le perron, et s'éloigna au grand galop.......

―――

## IX.

Apparition. — Lunada réduit au silence. — La comtesse au lit.

On doit, pour peu que l'on ait de l'imagination, se figurer la juste terreur qui s'empara de ce groupe, en voyant un militaire brave préférer de s'en aller par une nuit froide et orageuse, à rester dans un château habité par un être sur lequel on savait qu'il exista, de tout temps, à Béringheld, les traditions les plus contradictoires mais les plus étranges, selon toutes les versions.

Le comte ordonna à Saint-Jean de se rendre dans sa chambre, et de l'y attendre ; il pria sa femme de se retirer dans la sienne ; puis, il se dirigea, seul, vers l'appartement du P. de Lunada.

Béringheld trouva le Révérend Père lisant son bréviaire. En apercevant le comte, il le déposa sur sa table ; et, fermant les yeux, mettant les deux premiers doigts de sa main droite contre sa joue en rabattant le reste de sa main sur ses lèvres, il parut disposé à écouter le comte.

« Mon père, dit Béringheld, la révélation que je vous ai faite au tribunal de la pénitence, lors de la mort du commandeur *Souldans*....

— Je l'ai oubliée, mon fils, s'écria l'adroit jésuite, elle ne peut être rappelée qu'en confession.

— Qu'importe, mon père, vous l'avez regardée comme une instigation du démon; mais aujourd'hui l'existence de l'être que m'a signalé mon oncle Béringheld, au lit de mort, ne peut plus être révoquée en doute, il est au château...

— Il est au château!.. dit le prêtre en se levant avec toutes les marques de la frayeur.

— Lagradna et l'officier l'ont vu, ajouta le comte.

— Ce ne peut être que le démon, ou bien votre ancêtre aura fait un pacte avec l'ennemi des hommes.

— Jugez, mon père, reprit Béringheld, jugez, si le commandeur est mort de frayeur, ce qui doit nous arriver!...

— Mon fils, le Seigneur est juste, il ne permet point que le tentateur soit le plus fort.

— Que faire? dit le comte, car *il* ordonne que tout étranger soit hors du château, demain soir, pendant toute la nuit, et *il* doit lever les obstacles qui nous empêchent d'avoir de la postérité...

— Que me dites-vous!... s'écria le P. de Lunada, voyons cette lettre. »

Le comte la donna à l'ecclésiastique, qui la lut. Le P. de Lunada ne manquait pas d'une certaine fermeté, et ses premières réflexions lui prouvèrent que le diable n'écrivait point, qu'il était physiquement impossible de lui résister; il pensa aussi intérieurement que la présence des êtres de cette nature n'avait jamais été un article de foi, que depuis longtemps cette idée était reléguée parmi les rêveries.

Cependant, dans cette occurrence, un grand nombre de circonstances se présentaient d'une manière surnaturelle; puis, il vint à se rappeler que plusieurs prisonniers de l'inquisition, sûrs de la mort, avouèrent posséder un pouvoir qui leur était inconnu et dont ils ne pouvaient se rendre compte; enfin, les exécutions de plusieurs sorciers lui revinrent dans la mémoire. Il tomba dans une rêverie que son pénitent n'osa point interrompre, et le résultat en fut : que l'on devait se tenir sur ses gardes, armer du monde, et qu'il passerait la nuit du 1ᵉʳ mars à la porte de la chambre d'apparat, avec de l'eau bénite, les livres saints et le S$^t$-Sacrement; que chacun se mettrait en prière; que l'on prendrait toutes les précautions nécessaires pour résister, soit au démon, soit à des hommes; enfin, que la comtesse ne devait pas s'exposer à cette aventure mystérieuse.

Le comte, rassuré par les paroles du bon prêtre, se disposait à sortir, lorsqu'il entendit un léger bruit :

« Je crois, dit-il, que l'on marche dans le corridor.

— Chut!... s'écria le P. de Lunada. »

Ils s'arrêtèrent, et retinrent leur haleine.

La porte parut remuer, le prêtre et le comte se sentirent glacer d'horreur, quand le mouvement devint en effet réel, et que, la porte ouverte, un grand vieillard, d'une taille énorme, jetant par les yeux un feu sardonique, s'avança lentement et d'*une manière incorporelle!* cette masse les *enchante*, les *charme*, par une espèce d'*incantation*. La plus sombre horreur saisit les deux spectateurs. Le vieillard s'arrête, il les regarde fixement, et ils sont cloués comme par une force supérieure, inévitable, hors nature.

Béringheld reconnaît son ancêtre, l'original du portrait, mais il était accablé par les symptômes de la plus effrayante vieillesse et d'une décrépitude telle que l'on croyait entendre le craquement des os d'un squelette. L'esprit du comte est frappé de la plus profonde terreur, de cette terreur glaciale et pénétrante qui transperce tout un homme, âme et corps. En effet, depuis cette apparition, il devint sujet à des absences; et sa raison, sans l'abandonner entièrement, le quittait par intervalles. Alors il tombait dans une rêverie profonde.

Cette grande ombre magique, et cette apparence de vie qui l'animait, firent dresser les cheveux du P. de Lunada; il appelait vainement à son secours le pouvoir de la raison pour chasser le froid qui se glissait dans son âme, il ne pouvait révoquer en doute la présence de cette *fumée humaine* et la lueur ironique de ses deux yeux, qui, seuls, décelaient la vie.

Le vieillard lève son bras, et, du doigt, il montre et désigne le comte de Béringheld, qui crut voir s'ouvrir les gouffres infernaux.

« Comte de Béringheld, laissez-nous seuls!... et ne craignez rien, ma présence n'est jamais, pour votre famille, qu'une source de prospérités!... »

Les sons de cette voix profonde, qui semblait sortir d'une voûte, avaient une espèce de bienveillance, un ton d'amitié qui cependant ne rassuraient en rien. La force intérieure, au-dessus de la force physique, déployée par le seul mouvement du bras de cet homme, qui paraissait sortir de la tombe armé de tous les pouvoirs surnaturels, cette force morale qui résulte des idées, subjugua le comte, il sortit le visage décomposé, les yeux égarés et la tête dans un état de désorganisation difficile à rendre.

Pendant que ceci se passait dans l'appartement du confesseur, la comtesse que nous avons laissée dans la galerie avec la sage-femme, s'était tournée vers cette singulière femme, qui ne semblait point étonnée de cet événement extraordinaire, comme pour lui demander ce qu'elle en pensait.

« Madame, lui dit Lagradna, rien n'est plus vrai...

— Venez dans ma chambre, interrompit la comtesse, et vous m'apprendrez tout. »

Madame de Béringheld s'assit à côté de la cheminée, et elle fut stupéfaite d'entendre Lagradna lui dire :

« Madame, vous aurez des enfants, croyez-moi ! il y a deux heures je parlais ainsi, et, je le répète, l'Esprit qui veille sur la famille Béringheld ne se montre que dans des occasions importantes. Ce grand vieillard ne se nourrit pas de nos aliments! mon aïeul l'a vu tout aussi vieux que je viens de le voir !.. le père de mon aïeul l'a rencontré en 1577 au pied des monts du Chili, et je ne me rappelle que bien imparfaitement l'histoire d'une jeune Péruvienne qui mourut dans un grand vase de terre, et que mon bisaïeul a enterrée. Il y avait alors des gens qui poursuivaient *le Centenaire* pour le livrer à l'inquisition ; mais il échappait, disait-on, à toutes les poursuites : quoi qu'il en soit, mon bisaïeul a dit à mon grand-père que les bruits qui couraient sur *le Centenaire* s'éteignaient, en ce que la mort de ceux qui l'avaient vu ou s'en plaignaient, empêchait de donner un corps aux recherches. Les mémoires faits aux ministres se perdaient et les grands ne croyaient plus à ces récits, parce que l'on revenait de *la magie et des grandes sciences*; que plus on allait, moins l'on y croyait, et qu'ensuite le vieillard se faisait rarement voir deux fois dans le même endroit.

« C'est à lui que la famille Béringheld doit sa splendeur ! *il voit les Rois !* on l'a rencontré sous diverses formes, quelquefois à pied comme un mendiant, d'autres fois dans un brillant équipage, sous le nom d'un prince.

« S'il arrive, madame la comtesse, soyez sûre que vous aurez de la postérité... »

Le récit incohérent de Lagradna plongea la comtesse dans un état extraordinaire, elle s'étonna d'avoir pu entendre une suite de phrases qui paraissaient dictées par la folie, et cependant une curiosité invincible l'agitait, à cause de la coïncidence des idées de la sage-femme avec l'ordre intimé par la lettre qu'elle avait lue.

« Mais, dit la comtesse, on m'empêchera certainement de me trouver demain soir, seule, dans l'énorme chambre d'apparat de Béringheld, et ce n'est que là...

— Madame, répondit Lagradna, pourquoi faut-il que vous y soyez?

— C'est l'ordre donné par une lettre...

— Écrite par *le Centenaire !* s'écria la sage-femme; allez-y, madame, et pour cela mettez tout en œuvre.

— Mais comment y parvenir ?

— Il faut, ajouta Lagradna, témoigner la plus grande répugnance, vous coucher ici de bonne heure, et, pendant la nuit, vous acheminer et rester dans la chambre ; je m'y cacherai si vous voulez. »

L'espoir d'être mère enfante des désirs bien violents, et l'on a vu des femmes faire certainement beaucoup plus qu'il n'était exigé de la comtesse ; aussi cette dernière avait-elle déjà décidé en elle-même d'obéir aux ordres de l'auteur de la mystérieuse lettre.

La sage-femme venait de sortir, laissant la comtesse plongée dans la rêverie, lorsque le comte entra chez sa femme; elle fut effrayée de l'expression qu'il portait sur son visage, et Béringheld, s'asseyant sur un fauteuil, passa la nuit tout entière sans dire un seul mot.

Jamais le Père de Lunada n'ouvrit la bouche sur la scène qui dut se passer entre lui et l'étrange personnage que Lagradna appelait un *Esprit*. Le bon prêtre est mort sans que même, à son chevet funèbre, il en ait dit un mot ; et lorsqu'on lui parlait de cette entrevue, le Révérend Père témoignait énergiquement que les questions à ce sujet lui déplaisaient souverainement.

Quoi qu'il en soit, le matin il descendit, comme à son ordinaire, dire la messe. Lorsqu'il vit le comte de Béringheld, il calma par des discours très-sages la frayeur de son pénitent, il tâcha de lui prouver qu'il n'y avait rien d'extraordinaire dans l'apparition dont ils furent témoins, et il ajouta :

« Mon fils, vous ne devez rien négliger de ce qui concerne la gloire et la prospérité de votre illustre famille; vous auriez quelque chose à vous reprocher si vous ne cherchiez pas à profiter des avis d'un inconnu ; il n'en peut rien résulter de malheureux pour madame la comtesse, puisque personne n'a intérêt à sa perte, et, mon fils, le Seigneur a des voies qui semblent quelquefois bien écartées. Ainsi, je vais obéir moi-même en me retirant du château pour cette nuit, et, si nous avons le bonheur de vous voir de la postérité, je me consacrerai bien volontiers à son instruction.

— Mais, mon père, s'écria le comte, qui vous porte à penser... ? »

Le moine s'était déjà éloigné, et s'en allait, à pas précipités, vers le village, à travers la longue prairie qui se trouvait entre le château et le tournebride.

Le comte, ne sachant à quoi s'en tenir, resta toute la journée plongé dans l'irrésolution la plus cruelle.

« M. le comte, dit la comtesse, que pensez-vous de cette lettre, et que devons-nous faire ?

— Tout comme vous voudrez, madame!
— Croyez-vous qu'il y ait du danger?
— J'en pense ce que vous en pensez.
— Ferais-je bien d'aller dans la chambre d'apparat? demanda la comtesse.
— Très-bien, dit Béringheld.
— Mais, si je n'y allais pas, M. le comte?
— Vous en êtes maîtresse, répondit-il.
— Lagradna a préparé la chambre ce matin, reprit madame de Béringheld.
— Hé!... » s'écria le comte : puis il retomba dans une rêverie dont il fut impossible de le tirer.

Le soir arriva, la comtesse s'habilla, et, laissant son mari seul dans les appartements du château, elle se rendit à la chambre d'apparat, qui se trouvait au milieu de la façade du château, du côté du parc. Elle y trouva la vieille sage-femme qui avait tout préparé. Onze heures sonnèrent, et Lagradna, sur l'ordre de la comtesse, se retira après avoir allumé une lampe, qu'elle posa sur la cheminée. Cette lampe jeta une faible lueur, insuffisante pour éclairer la vaste chambre où se coucha madame de Béringheld.

Lorsqu'elle se trouva seule dans le lit immense, qui, de temps immémorial, servait aux comtes de Béringheld la première nuit de leurs noces, elle tomba dans une singulière rêverie.

## X.

La nuit. — La Comtesse enceinte. — Ce qu'on en dit. — Accouchement extraordinaire. — Tullius au monde.

Il est deux heures, la nuit est calme, la voix de l'orage s'est tue, la lune répand dans la vaste chambre une lumière pure qui efface la lueur rougeâtre de la lampe; la neige qui abonde sur les montagnes et sur les arbres produit un reflet d'une vivacité sévère. La comtesse de Béringheld dort d'un profond sommeil, ainsi que le château, le village, la nature, tout, excepté *celui qui ne dort jamais*.

Au milieu de son sommeil, et après avoir cru distinguer le léger bruit que l'on suppose produit par les fantômes, la comtesse se sent touchée par des mains glaciales, un frisson mortel la parcourt, une voix se fait entendre, une lueur éclaire son lit nuptial. Elle croit encore songer, tant cette lueur paraît venir d'une cause surnaturelle, tant cette voix indéfinie et inexprimable ressemble à celle que l'on écoute avec tant de peine dans les songes; mais bientôt une chaleur infernale succède, elle reste passive, et . . . . . . . . . . . . . .

Jamais la comtesse ne fut plus gaie et plus brillante que le lendemain de cette nuit passée dans la chambre d'apparat des comtesses Béringheld. Du reste, comme elle a gardé jusqu'à sa mort le plus profond silence sur les événements qui suivirent son réveil, nous avons remplacé la lacune causée par cette réserve, ainsi qu'on l'a vu, et nous nous sommes arrêté aux dernières circonstances dont elle ait donné le détail [1].

« Nous pourrons avoir des enfants! dit-elle à son mari le lendemain en déjeunant.
— Vous croyez? répondit-il.
— J'en suis certaine! ajouta-t-elle.
— Le ciel en soit béni!.... » Et après cette exclamation, leur entretien s'éteignit.

Le père de Lunada revint au château. Trois mois après la joie régna dans le village, dans le château et dans les environs, lorsque la nouvelle officielle de la grossesse de M<sup>me</sup> la comtesse fut annoncée.

Mais on ne put empêcher que les bruits les plus absurdes, tous éloignés de la vérité, ne courussent, et que les circonstances qui avaient accompagné cette grossesse ne fussent rapportées avec des commentaires et des observations dans lesquels brillait la malignité.

Malgré son éloignement, son peu d'étendue, le village de Béringheld possédait un notaire; ce petit notaire avait de l'esprit, ce qui est à noter; il était méchant, ce qui le rendait redoutable; son dos n'offrait pas une surface parfaitement égale, sa figure de fouine annonçait la fausseté, mais tout cela ne pouvait pas l'empêcher d'être notaire, et d'avoir de l'esprit; cependant son esprit ne lui donnant pas d'occupation, ni d'actes à faire, il parlait plus qu'il n'écrivait : or, il se permit de dire, en apprenant toutes ces circonstances, que M<sup>me</sup> la comtesse ayant plus de bon sens qu'on ne le croyait, et cachant son jeu sous une niaiserie affectée, s'était jouée de son mari, du confesseur et de toute la maison; que, s'entendant avec Lagradna, l'Esprit de Béringheld-le-Centenaire et l'officier ne formaient qu'une seule et même personne; que, d'après ce qu'on rapportait, il penchait à croire que cette personne était identique avec le corps d'un jeune mousquetaire fort spirituel qui, quinze jours avant cet événement, se trouvait à la ville voisine, et qui tous les étés chassait dans les montagnes, à plus d'une bête; qu'enfin, dans le XVIII<sup>e</sup> siècle, il devenait honteux de croire à des revenants et aux sorcelleries.

Là-dessus, et en réponse au petit notaire, Lagradna, montant sur son trépied prophétique, fai-

---

[1] Lorsqu'il y aura des lacunes, elles indiqueront que l'on a retranché des choses de peu d'intérêt qui se trouvaient dans les mémoires du général. (*Note de l'Éditeur.*)

sait observer que l'*Esprit* n'avait pas quitté la contrée, et que, tôt ou tard, il arriverait malheur au notaire s'il continuait à médire.

Si mille personnes se rangèrent du parti de Lagradna, le notaire voyait aussi beaucoup de monde se mettre de son parti ; donc il y avait deux factions à Béringheld, mais toutes deux furent réduites au silence.

Quelque temps après avoir répandu ces calomnies, qui se trouvaient colorées d'une teinte légère de vérité, le petit notaire bossu revenait de faire un inventaire lucratif, il traversait la redoutable Vallinara, monté sur sa mule ; et à la nuit noire, un fermier qui suivait le même chemin heurta contre le tabellion évanoui ; il le ramena au village de Béringheld, et ce pauvre notaire bossu mourut dans la nuit, des suites d'une frayeur.

Entouré de tous les secours possibles, son visage ne montra jamais que l'expression la plus hideuse de la peur ; ses yeux en convulsion erraient dans l'appartement, comme s'il eût redouté d'y rencontrer quelque chose d'horrible !.... et, telle question que l'on ait pu lui faire, il expira sans répondre autre chose que : « Oui ! je l'ai vu !... je l'ai vu ! »

Lagradna, qui ne manquait pas de pérorer dans la chambre, s'écria « que c'était probablement le comte *Béringheld-le-Centenaire !* » A ce mot, le petit notaire essaya de produire un signe de tête affirmatif, mais il rendit le dernier soupir sans pouvoir achever ce mouvement de tête : ses membres se retirèrent et se rétrécirent par l'effet de la violente convulsion qui termina sa vie.

Cette mort imprima la terreur la plus profonde dans le village, au château et dans les alentours ; l'on n'osa plus sortir pendant la nuit, et la Vallinara fut regardée comme un lieu très-dangereux.

La grossesse de Mme de Béringheld se passa très-heureusement ; car elle ne ressentit aucune de ces douleurs qui assaillent ordinairement les femmes enceintes.

L'on remarqua qu'elle regardait très-fréquemment le portrait de Béringheld-Sculdans, surnommé le Centenaire. Quant au comte, il baissa singulièrement pour le moral et pour le physique. On fut étonné de voir la comtesse s'entretenir souvent avec la vieille sage-femme, qui lui raconta tout ce qu'elle savait sur l'*Esprit* de Béringheld : Mme la comtesse prenait un singulier plaisir au récit de ces aventures magiques, que Lagradna amplifiait considérablement. La sage-femme, au moyen de ces histoires mystérieuses, s'ouvrit l'entrée du château et s'attira l'attention et les bonnes grâces de la comtesse.

Enfin le mois de novembre arriva : la vieille sage-femme assura positivement que Béringheld-le-Centenaire n'avait pas encore quitté le pays ni les montagnes ; elle ajouta l'avoir aperçu sur le sommet du Péritoun, son pic favori ; et Lagradna, prenant texte de cette apparition, prédisait une foule de malheurs.

Le comte, voyant que ces discours produisaient un effet dangereux sur l'esprit de sa femme, et n'aimant pas, d'ailleurs, ce sujet de conversation qui lui causait toujours des attaques de mélancolie, défendit de parler désormais au château de ces traditions et de tout ce qui concernait son ancêtre ; le Père de Lunada, de son côté, seconda le comte dans cette occurrence.

Mais l'on ne pouvait empêcher que la comtesse n'eût appris par la veille sage-femme, 1° que le commandeur Sculdans avait révélé au comte de Béringheld l'existence du chef des branches cadettes de la maison de Béringheld ; 2° que Sculdans-le-Centenaire causa, par son apparition, la mort du commandeur, et que l'*Esprit* du Centenaire s'était montré le 28 février 1780, année dans laquelle on se trouvait, aux environs du château, et dans le château, etc., etc. Enfin, Lagradna n'oubliait pas l'histoire de Butmel, condamné à être tiré à quatre chevaux à Lyon, celle de la Péruvienne, celle du comte de Vervil, etc., etc.

Ce fut ainsi que l'on arriva jusqu'au 2 novembre. La comtesse s'étonnait elle-même de n'être pas encore accouchée ; et, comme elle ne ressentait aucune douleur, l'on n'avait pris aucune précaution pour s'assurer d'un homme de l'art, car Lagradna jusque-là suffisait pour conduire Mme de Béringheld, qui se confiait singulièrement dans les lumières de la sage-femme.

Cette année, le mois de novembre se trouvait exempt des brouillards et des froids qui forment son apanage ordinaire ; les arbres gardaient encore quelques feuilles d'un jaune foncé, qui tombaient sous le moindre effort du vent.

La comtesse, assise à sa fenêtre, admirait les riches teintes du crépuscule, qui, dans les Alpes, ne manquent jamais de produire des effets pittoresques : le soleil colorait le ciel et les créneaux du château par des reflets d'un rouge brun qui portaient à la méditation ; aussi le comte, enseveli dans une profonde rêverie causée par quelques mots que sa femme venait de prononcer et qui se rattachaient à Béringheld-le-Centenaire, se tenait debout sans mot dire.

En ce moment, des douleurs extraordinairement vives saisirent Mme de Béringheld ; elle se plaint, se retire de la croisée, et s'assied : les souffrances se répètent avec plus de violence ! alors le comte fit monter à cheval un domestique et le dépêcha à la ville voisine, afin qu'il ramenât promptement un homme de l'art, car, d'après la grosseur démesurée du ventre de la comtesse, on présumait qu'elle donnerait peut-être le jour à deux jumeaux.

Les douleurs devenant plus pressantes, le P. de Lunada fut obligé d'aller lui-même chercher Lagradna. Elle arriva, les cheveux blancs épars et le visage rempli d'une horreur extrême : elle dit à l'oreille du comte, en entrant, qu'elle venait d'apercevoir le Centenaire debout sur les créneaux qui dominaient la chambre de la comtesse, et que malgré le vent qui s'élevait, son manteau brun n'était même pas agité.

Les cris de la comtesse devinrent déchirants, et sa voix, perçant les murs, retentissait au dehors : bientôt Lagradna déclara, tout bas, que madame se trouvait dans le plus grand danger, et qu'il fallait un secours plus qu'humain pour la sauver.

La désolation régnait dans le château ; le comte de Béringheld, effrayé et n'étant pas de caractère à pouvoir soutenir de tels assauts, pleurait à chaudes larmes en voyant sa femme près de périr, et en l'entendant pousser des cris affreux.

Lagradna, assise à côté de la comtesse, n'osait prendre sur elle de commencer une opération aussi difficile qu'urgente, et laissant la nature livrée à elle-même, elle se contentait d'annoncer le danger.

Au milieu de ce tableau et du trouble excité par un tel événement ; au moment où la comtesse, arrivée au dernier degré des souffrances humaines, succombait et se taisait ; que Lagradna, regardant le comte immobile et stupide, lui faisait signe que sa femme allait expirer en ne pouvant se débarrasser de son enfant, et qu'il fallait une opération dangereuse qu'elle frémirait d'entreprendre sur une comtesse ; enfin, pendant cet instant de silence effrayant, en ce qu'il précédait la mort, on entend résonner dans la galerie des pas d'une lourdeur étonnante, les planchers tremblent sous le poids qui les accable, la porte s'ouvre avec fracas, et le grand vieillard, l'image exacte de l'ancêtre du comte, s'avance !.. Le comte s'évanouit à ce spectacle, Lagradna essaie de contempler à son aise ce terrible témoin de tant de siècles, mais elle reste immobile en envisageant cette masse cadavéreuse, ces mains desséchées, et surtout cet œil que l'on ne pouvait voir impunément.

Le comte est dans un état mixte, entre la vie et la mort, la veille et le sommeil; il ne sait que croire, et il éprouve tous les effets produits par les serpents de l'Afrique sur leur proie. Enfin, fixé sur la feuille de parquet où il est, il ressemble à un homme que le tonnerre a foudroyé sans l'abattre.

La comtesse, en sentant des mains glacées errer sur son corps, se réveille de son profond accablement !... elle crie et, soulevant sa paupière de plomb, elle essaie d'entrevoir l'être qui, par de savantes manœuvres et des sucs qu'il tirait de plusieurs fioles, adoucissait le travail horrible de la nature... son œil mourant aperçoit le crâne pétrifié de cette *ombre d'homme*, elle reconnaît l'objet des récits de Lagradna... et un cri terrible d'épouvante partit de son gosier desséché. — La terreur qui se glissa dans son âme fut telle, qu'elle prédomina la souffrance corporelle. — Pendant qu'elle était en proie aux douleurs de cette agonie morale et physique, le grand vieillard prenant un acier brillant, qui fit trembler Lagradna, réussit à sauver et la mère et l'enfant.

La sage-femme, pendant toutes ces opérations dirigées par la science la plus profonde et l'amitié la plus touchante, *restait stupéfiée* et contemplait ces événements comme ceux d'un songe. En effet, elle croyait rêver, car plusieurs fois il lui semblait impossible que la comtesse pût vivre, après un travail aussi dangereux ; et chaque geste, chaque secours, chaque remède paraissait à Lagradna, sortir de l'ordre ordinaire des choses, tant ils aidèrent ou plutôt domptèrent la nature.

La comtesse évanouie fut replacée commodément dans son lit par le Centenaire. Ce vieillard lui glissa, à travers les dents, une liqueur dont les effets puissants firent reparaître les couleurs vitales sur les joues de cette mère souffrante : un doux sommeil s'empara d'elle... Alors l'étranger se livra à un singulier exercice : il consistait en des mouvements d'une lenteur incroyable, par lesquels il semblait qu'il commandât aux maux et à la nature. Lagradna remarqua, que, bien qu'il s'étudiât à ne pas toucher à la comtesse endolorie, qu'il semblait craindre d'approcher, les efforts de cet étonnant vieillard n'en enlevaient pas moins le reste des souffrances, et le visage de la malade rayonnait, à mesure que le magique médecin se fatiguait à cette bizarre opération. Bientôt elle aperçut (chose incroyable !) des gouttes de sueur s'échapper du crâne gris et massif de l'être surnaturel qu'elle envisageait. Toute la puissance céleste qu'il déployait avait, en sortant de sa vaste machine, envahi la chambre trop étroite pour ce vainqueur de la mort : Lagradna ne voyait plus rien qu'à travers un nuage de fumée bleuâtre... Enfin, le nuage s'épaissit, et la vieille sage-femme tomba évanouie ! il en fut de même du comte, dont les sensations furent peut-être encore moins précises et plus indéfinies que celles de Lagradna, car il assiste à cette étrange scène, plutôt comme un débris de tombeau, que comme un être doué des organes de la vie............

Enfin, Lagradna se réveille. La chambre est purifiée, il s'exhale dans l'air une odeur rendue salutaire par sa légère suavité. A la lueur de plusieurs bougies, la sage-femme étonnée aperçoit l'effrayant colosse souriant à un garçon trois fois plus gros que ne doit l'être un enfant qui vient au monde; il le balançait mollement; et la figure vaste et bizarre de ce vieillard prenait un caractère indéfinissable: ses yeux étaient mille fois plus pétillants et le feu qui s'en échappait n'avait rien que de doux. Le sourire qui se jouait sur son visage ressemblait à une tempête partielle, qui ne ride le vaste Océan que dans un seul endroit. Bientôt il déposa l'enfant sur le lit de la mère; fit un signe impératif à Lagradna, en lui montrant, sur la table de nuit, une liqueur que la comtesse devait prendre; et, regardant encore une fois l'enfant et la mère, il se disposait à partir. Lagradna croyait déjà le voir s'envoler par la croisée, se dissiper en fumée, ou s'évanouir par degrés, comme un reflet de soleil qui cesse, lorsque, surmontant sa peur, par l'effet de son silence et de son *enchantement*, elle se met à genoux, et s'écrie:

« Butmel!... puisque vous êtes maître de la vie et de la mort; Butmel!... rendez-moi Butmel! »

Lagradna crut apercevoir un horrible sourire se former sur les lèvres de cet homme, alors elle eut regret à sa question: tout à coup le Centenaire lève son grand bras, par un mouvement à la fois plein de puissance et de majesté; il lui montre l'orient, et dit d'une voix solennelle. « *Tu le reverras!* »

A cette voix, à ce son qui semblait sortir de dessous un aqueduc et qui imprimait à l'âme l'idée de la voix d'Horeb ou de Sinaï, Lagradna, tremblante, n'osant interpréter cette parole sinistre, resta agenouillée et les mains tendues vers cet être bizarre qui, se tournant vers la mère endormie, lui mit sa main sur le crâne, en dirigeant à cette place tout le feu vif de ces deux yeux qui brillaient comme deux bûchers. Puis cette masse énorme, dont la cime touchait presque le plafond, se retira à pas lents, sans produire aucun bruit: ce monument *humain* paraissait se mouvoir en obéissant à une puissance hors nature. Il passe devant le comte, s'arrête, lui tend la main, serre la sienne, et disparaît de la chambre, de la galerie, du château, de la contrée avec une telle légèreté, une telle rapidité, un tel mystère, que personne, depuis cette apparition, ne le vit plus. Le comte tient sa main toujours tendue, celle de l'étranger était glaciale, et avait passé à la sienne tout le froid d'un pôle.

Lagradna jeta un cri perçant, en remarquant que le gros enfant ressemblait parfaitement au vieillard, avec cette différence qu'il portait un caractère de jeunesse et de fraîcheur, partout où la décrépitude des tombeaux et le froid de la mort se faisaient sentir chez *le Centenaire*. A ce cri, le comte accourut et fut frappé d'étonnement; ses organes se dérangèrent pour toujours; cette dernière scène fut trop forte pour son âme dénuée d'énergie et pour son imagination puérile: dès-lors l'enfance fut son état, la tombe son plus bel espoir et la seule chose qu'on pût lui souhaiter en voyant sa triste existence.

La nuit était très-avancée. Lagradna et le comte achevèrent de la passer au chevet de la comtesse, dont le visage calme et reposé souriait en dormant. L'aube ne tarda pas à blanchir les créneaux du château de ses couleurs matinales; et, lorsque le jour fit pâlir la lumière des bougies, la comtesse se réveilla!... Quel réveil!...

« Souffrez-vous, madame? dit Lagradna.

— Moi, pas du tout! répondit-elle.

— Vous avez bien souffert, reprit le comte.

— Quand donc? » dit-elle en caressant son enfant, dont les yeux étaient déjà ouverts.

L'étonnement de la sage-femme fut grand à ces paroles, ou plutôt il n'y a point d'expression pour le rendre; elle resta ébahie, regardant tour à tour le comte et la comtesse.

Le délire d'une mère qui voit son premier né peut s'excuser; mais ce qui prouva que la comtesse n'avait qu'un bien faible souvenir des événements de la nuit, tout en sachant qu'elle était mère, c'est qu'elle se leva comme à son ordinaire, et qu'elle prit le grand air à sa fenêtre.

« Madame, vous risquez votre vie!... s'écria la vieille sage-femme.

— *Il m'a dit* que non (la surprise fut au comble), *il m'a dit* que je n'avais rien à craindre. »

Et la comtesse, comme se souvenant d'une recommandation que Béringheld-le-Centenaire lui aurait faite, se tourna vers sa table de nuit, et but la liqueur d'un seul trait.

« Personne ne vous a parlé? dit le comte.

— Personne? s'écria-t-elle avec un léger accent d'ironie, il m'a parlé toute la nuit!...

— Qui?...

— *Je ne sais....* j'en ai un souvenir confus, comme celui de mes douleurs et de mon sommeil. *Il* n'est pas d'une organisation commune, ses os sont dix fois gros comme les nôtres, ses nerfs sont roides, ses fibres comme des tuyaux de fer.

— Qui?... dit le comte.

— *Lui!* répondit-elle avec naïveté.

— Mais.... observa le comte terrifié.

— Je n'en sais pas davantage, reprit-elle, *et... il m'est défendu de dire le reste!* »

A ce dernier mot elle regarda son enfant, qu'elle balançait, sans s'étonner de la ressemblance qu'il avait avec le portrait de *Béringheld-Sculdans*, dit *le Centenaire*; et elle lui présenta son sein, en ayant eu la joie de lui entendre jeter un cri; première jouissance! il lui sembla que son enfant lui avait parlé.

« Il est né le jour des *morts*, dit Lagradna.
— *Il est peut-être destiné à vivre longtemps,* » répondit la comtesse.

Tout le château fut plongé dans une surprise inexprimable en apprenant toutes ces circonstances, qui furent encore rendues plus incroyables par les commentaires qu'on y ajouta. Il passa pour certain, dans toute la contrée, que *le diable* avait accouché M^me de Béringheld, et que le fils du comte était un effrayant prodige. Au milieu du tumulte et des bruits, M^me de Béringheld resta calme et ne s'occupa que de son enfant qu'elle idolâtrait.

## XI.

Butmel et Lagradna. — Histoire de Butmel. — Enfance de Tullius.

Le comte de Béringheld fit baptiser son fils par le complaisant P. de Lunada, avec le nom de Tullius; c'était celui du premier chef de cette famille antique.

Marguerite Lagradna retourna chez elle, le lendemain du baptême : la comtesse lui avait donné une somme d'argent considérable, en lui disant :

« Tiens, Lagradna, c'est par *son* ordre que je te remets cette petite fortune ; *il* m'a dit de te répéter les mots qu'*il* a proférés après ta prière pour revoir Butmel. »

Lagradna, se rappelant que M^me de Béringheld dormait alors du plus profond sommeil et que *l'homme* s'était contenté de poser la main sur le crâne de la comtesse, ne mit plus en doute que l'Esprit de Béringheld ne sortît de la tombe, par un décret du ciel, pour opérer de telles merveilles.

« *Je ne veux pas*, m'a-t-il dit, *que Lagradna souffre plus longtemps, le terme est expiré; si je l'avais su plus tôt, si j'étais venu en ces lieux auparavant, j'aurais allégé par la fortune sa misère d'amour !.... qu'au moins elle soit heureuse tout à fait, pendant quelque temps.* »

La comtesse, en répétant ces mots exactement, paraissait les retenir gravés dans son âme par une force supérieure et immuable dans ses effets. . .
. . . . . . . . . . . . . . . . . . . . . . . .

Lagradna se dirigeait vers sa chaumière, à l'instant où le soleil dorait les montagnes des magnifiques couleurs de son couchant : des nuages orageux s'élevaient lentement à l'orient, et semblaient les linceuls du jour prêt à s'évanouir ; une douce chaleur se faisait sentir, et cette belle soirée d'automne, qui semblait tenir du printemps, produisait dans l'âme l'effet d'une *renaissance ;* on eût dit que la nature, ne pouvant mourir sans regret, rassemblait ses forces en un dernier effort, pour se voir encore une fois avec une apparence printanière, avant de s'ensevelir dans les crêpes funèbres de l'hiver.

Le village, placé dans un site pittoresque, resplendissait de toutes les beautés de la nature : sa vue bocagère, douce, sublime, et remplie d'une foule d'harmonies, causait, surtout en ce moment, une sensation délicieuse ; mais cette sensation apportait à la sage-femme un douloureux plaisir, et redoublait sa mélancolie délirante. En effet, cette soirée ressemblait exactement à celle où elle et Butmel échangèrent leurs dons d'amour et se promirent leurs cœurs.

La malheureuse se le rappela, de douces larmes roulèrent dans ses rides.

Tout en ne croyant pas à la prédiction du Centenaire, elle marchait, entourée du prestige enchanteur de la nature, en sentant son cœur se rajeunir; et, déjà, sa démarche n'avait plus cette pesanteur des pas de la vieillesse...

« Enfin, se dit-elle, si Butmel doit revenir, ce ne peut-être que dans cet instant... »

Elle approche, et, sur le banc qui garnit sa porte ombragée par un rosier planté de la main de Butmel, elle voit un vieillard en cheveux blancs, fidèlement assis à la place qu'autrefois Butmel occupait, et qui ne fut jamais occupée par d'autres. La vieille s'avance !... elle reconnaît Butmel qui lui tend les bras ! ses pieds poudreux, son front couvert de sueur et son attitude annoncent qu'il revient d'un long voyage.

« Butmel !... mon cher Butmel !...
— Marguerite ! ma chère Marguerite !.. »

Les deux vieillards mêlent l'argent de leurs chevelures ; la sage-femme, en délire, montre, avec le geste de la folie, le collier de grains de verre qui ne quitta jamais son col, et Butmel lui fait voir la modeste tasse qu'elle lui a donnée [1].

---

[1] Les amours de Butmel et de Marguerite Lagradna forment, dans le manuscrit du général, une histoire qu'il a racontée avec trop de simplicité et de naturel pour que nous n'ayons pas eu soin de la recueillir, en la dégageant de cette relation, au milieu de laquelle elle se trouve disséminée. Ici, cette aventure dont nous avons retranché précédemment les détails, nuirait évidemment au sujet de cette narration. Nous n'avons donc laissé que les circonstances indispensables au lecteur, pour connaitre la vie de la sage-femme, puisque Lagradna joue un rôle dans les mémoires du général ; mais, nous le répétons, on a rejeté toute l'histoire de la sage-femme dans un seul ouvrage.

On trouvera une note qui concernera cette aventure, à la fin du 2^e volume. Alors, les gens qui aiment à se sentir l'âme agitée par des émotions douces et *naturelles*, pourront se satisfaire.

(*Note de l'Éditeur.*)

### HISTOIRE DE BUTMEL.

Après que les larmes enivrantes d'une telle joie eurent coulé; lorsque Lagradna et son cher Butmel furent seuls devant un foyer de branches de sapin; que l'amante, presque centenaire, eut demandé par quelle fatalité ils se revoyaient après plus d'un demi-siècle; voici en peu de mots, ce que répondit Butmel [1] :

« L'on m'emmena à Lyon, où un arrêt du grand-conseil enjoignait de me juger. Mon procès ne fut pas long : deux ou trois témoins, que je ne connaissais pas, et dont les noms ne m'indiquaient pas qu'ils fussent d'ici, déposèrent contre moi. Ma condamnation me parut écrite avant seulement que ces trois hommes eussent parlé. Ils en dirent bien plus qu'il n'en fallait pour me faire passer pour un épouvantable criminel... Je n'ai même pas retenu leurs noms ! ma perte était jurée, et quand j'aurais été sûr de vivre, je ne leur en aurais jamais voulu. Cependant il y en eut un qui me sembla un bien grand scélérat ! je le plaignis au fond de mon âme. Je n'avais pour moi que mon innocence et mon langage simple et naïf, je fus condamné. L'on me reconduisit dans ma prison, je me mis à penser à toi, à ta douleur !... je songeai combien tu serais plus malheureuse que moi, puisque tu me survivrais ! »

Lagradna s'approcha de Butmel, prit sa main desséchée, la serra dans les siennes qui ne l'étaient pas moins; et reportant cette main sacrée sur son cœur, elle rassembla tous les feux de l'amour dans le regard attendri qu'elle jeta sur ce vieillard en cheveux blancs.

« Vois mes rides, dit-elle, vois les traces de ma douleur !... tu es le seul homme qui sois entré dans cette chaumière depuis que tu en es parti !... »

Il y eut un moment de silence, bientôt le vieux Butmel reprit :

« La veille de mon supplice arriva bien vite (Lagradna frémit), je dormais du plus profond sommeil et je rêvais à toi, lorsque j'entendis dans mon rêve le bruit d'une lourde chute, elle fut suivie des sons d'une voix sépulcrale qui m'appelait par mon nom : « Butmel !... Butmel !... » Cette voix avait dans mon songe une telle réalité, que je me réveillai..... Juge de ma terreur, quand, au milieu de mon cachot souterrain, que des murs épais environnaient, j'aperçus un homme d'une telle stature, qu'il était obligé de pencher vers la terre son énorme tête. Je frémis encore d'horreur en pensant à sa chevelure, à son front et à la grosseur de ses membres. Il tenait une lampe et me regardait avec une tendresse qui me fit trembler. La porte de fer qui fermait ma prison n'était point ouverte : l'idée d'un pouvoir surnaturel s'empara de mes esprits à l'aspect de cet être, auquel je ne pouvais assigner aucune place dans la création.

— C'est l'Esprit de Béringheld-le-Centenaire.

— Ce fut justement l'idée que j'eus ! il me dit d'une voix sourde, qui n'avait plus les caractères de la voix humaine, car c'étaient des sons rauques presque indéfinissables : « Butmel, tu es innocent, je le sais ! le vrai coupable devait se soustraire à la peine que les enfants des hommes appliquent à leurs semblables, parce qu'il est des actions nécessaires. Cette raison, plus qu'humaine, ne peut pas être expliquée à ceux qui ne vivent qu'un jour. Apprends que le comte Béringheld était innocent aussi; mais, la justice humaine ne pouvait se passer d'une victime, et, pour ton malheur, je t'ai choisi !... »

« Ces mots portèrent le trouble dans mon âme, et je fus incapable de penser.

« Je dois donc, continua-t-il, te délivrer et ne pas souffrir que tu meures. Suis-moi ! et regarde ce que la connaissance de tous les lieux où l'homme réduit son semblable au désespoir, me donne de puissance pour devancer quelquefois le bourreau quand on est criminel !...... et pour sauver l'innocent. »

« A ces paroles, il porta sa main dans la voûte, et une énorme pierre, qu'il soutint sans fatigue, se détacha : il me prit par les pieds et m'éleva dans le vide formé par l'absence de cette pierre; puis, me remettant la lampe, il m'ordonna de me placer à gauche, et plaçant ses mains sur le bord de la voûte brisée, il s'enleva, par la seule force de ses poignets, jusqu'à ma place. Dans un clin d'œil il fut à mes côtés, une corde fixée dans la pierre qui gisait en bas lui servit à la remettre à sa place dans le cintre humide de mon cachot; et, unissant nos forces, nous l'attirâmes jusqu'à ce que le vieillard examinant une ligne noire tracée de notre côté, jugea qu'elle était arrivée au niveau de toutes les autres. Du mortier se trouvait tout préparé, il la maçonna, de manière à ce que dans vingt-quatre heures il devenait impossible de reconnaître par où nous étions enfuis.

« Nous rampâmes dans un boyau très-étroit, qui nous conduisit dans un des égouts de la ville, et de là sur le Rhône, où une barque nous attendait.

« Tout ce que m'ordonna cet être magique portait un tel caractère, il régnait dans toute sa per-

---

[1] Cette aventure contenant des renseignements sur *le Centenaire*, nous l'avons laissée : elle se lie évidemment à l'histoire du général et se rattache à tous les événements que l'on vient de rapporter; en un mot, elle fait corps avec les documents que le général a rassemblés, touchant son ancêtre.

(*Note de l'Éditeur.*)

sonne une si grande conscience de sa force plus qu'humaine, qu'il semblait savoir d'avance que personne ne lui résisterait.

« Son ascendant sur moi m'empêcha de faire une seule réflexion, je n'avais pas le courage de penser, et, lorsque je voulais lui parler, ma langue était comme glacée dans ma bouche. En fuyant ainsi, je m'avouais criminel !...

« Telle fut l'idée que j'eus, lorsque nous fûmes à Marseille. Le vieillard m'emmena sur un vaisseau, et nous partîmes pour la Grèce. Je vis cette terre des souvenirs, puis nous arrivâmes en Asie, sans que mon guide eût prononcé une seule parole devant moi. Il savait toutes les langues et jetait l'épouvante dans toutes les âmes. Il me conduisit jusque dans les Indes, dans un pays dont j'ignore le nom.

« Nous traversâmes une foule de pays et de nations, et partout mon guide miraculeux allait trouver, dans un endroit écarté des villes, des vieillards ou des femmes qu'il plongeait, par son seul aspect, dans le plus profond étonnement, et auxquels il parlait leur langue. A voir les hommages qu'on lui rendait, il était facile de présumer qu'on le prenait pour un *Dieu*. Les uns lui remettaient des plantes, objets des plus longues recherches ; les autres, des produits animaux ou des raretés qui ne se rencontrent qu'une fois par siècle, tels que la graine du *Soan-Leynal*, ou la boule qui se forme dans la cervelle du tigre, et que les Tartares nomment *likaï*.

« Enfin, nous arrivâmes vers une montagne extraordinairement élevée, près d'un fleuve d'une étonnante largeur. Le grand vieillard me fit gravir ce pic audacieux : environ à la moitié, nous rencontrâmes une grotte profonde, à l'entrée de laquelle était un vieillard vénérable. Aussitôt qu'il aperçut mon guide, il se prosterna à ses pieds et les baisa : le Centenaire ne parut pas faire grande attention à ces marques de respect auxquelles il paraissait habitué.

« Butmel, me dit-il en français (c'étaient les premiers mots que je lui entendais prononcer depuis Lyon), Butmel, il était impossible de vous laisser en France où vous auriez été découvert ; et, par une foule de raisons, vous ne pouvez plus y rentrer : la première, c'est que je ne le veux pas.

« Vous ne manquerez de rien en ces lieux ; vous serez choyé. L'on vous fera vivre longtemps ; vous jouirez de tout, excepté de la liberté ; car je vous défends de passer le pied de cette montagne. Lorsque la face des pays que nous avons quittés sera renouvelée, lorsqu'une génération aura passé, si vous vivez encore, alors vous pourrez revoir votre patrie! Fussé-je au bout de l'univers, je donnerai l'ordre de votre départ, et ces vieillards, dépositaires sacrés d'une science inconnue, entendront ma voix, verront

mon signal ; alors, le jour où vous serez libre vous sera signifié. »

« Ayant dit, il se tourna vers le vieillard, s'entretint avec lui dans un idiome barbare ; puis, le lendemain, il disparut, accompagné d'une foule de vieillards singulièrement vêtus, qui tous le contemplèrent avec respect et le suivirent longtemps des yeux.

« L'on m'assigna, pour demeure, une grotte tapissée de coquillages et ornée d'une foule de choses. L'on me prodigua toutes les jouissances de la vie orientale ; mais toutes les fois que je voulais franchir le pic de la montagne, je trouvais un homme armé qui s'élançait sur moi.

« Sur cette montagne je fis connaissance avec des hommes et des femmes de diverses nations : ils m'apprirent leurs langages ; et tous ces êtres, enlevés à leur patrie par les bras de mon guide, me contèrent les choses les plus surprenantes : leurs aventures semblaient se disputer les événements les plus surnaturels où toujours le Centenaire jouait le principal rôle.

« Je t'en raconterai souvent, et tu frémiras plus d'une fois [1]. Je fis la remarque suivante : tous ces individus obéissaient ponctuellement à leurs gardiens et paraissaient les aimer. A certaines heures, le gardien arrivait, prenait la main de celui dont la personne lui était confiée, et, sur-le-champ, l'homme ou la femme baissaient la tête, en suivant ce qu'ils nommaient *le Bramine*. Je les questionnai plusieurs fois sur cette singularité ; personne ne put me répondre, il n'y en eut qu'un qui, une seule fois, me dit : *Je vais dormir !*

« Enfin, il y a environ *neuf mois*, vers le 1er *mars* 1780, mon Bramine me dit que le Centenaire venait de lui ordonner de me laisser partir, enfin, que tu m'attendais, car il l'appela de ton nom de Marguerite Lagradna. Je fus stupéfait, je partis... et me voici !... »

Lagradna laissa voir sur son visage la plus profonde horreur.

« Butmel, dit-elle, le Centenaire était ici il y a deux jours ; il y était il y a neuf mois ; et, il y a neuf mois, lorsque je fus lui ouvrir la grille, je lui criai : « Butmel ! Butmel ! » il lança un effroyable éclat de rire, et me répondit *que tu n'étais point mort !* »

Butmel resta pétrifié ; ces deux vieillards, se jetant un furtif regard, n'osèrent pas se retourner : le bruit du vent les épouvanta ; ils laissèrent leurs diverses pensées voltiger dans leurs imaginations affaiblies, sans se hasarder à se les communiquer : seulement, Butmel, après un long silence, s'écria : « L'on m'a

---

[1] Ces aventures ont été recueillies et seront publiées sous le titre de *Mémoires du Collège des Bramines du Mont-Coranel.*

raconté des choses plus extraordinaires encore! mais, en apprenant de semblables événements, l'esprit s'effraie toujours.... Marguerite, craignons Dieu! et ne cherchons pas à pénétrer de pareils mystères.

. . . . . . . . . . . . . . . . .
. . . . . . . . . . . . . . . . »

Telles furent toutes les circonstances qui accompagnèrent la naissance du général Tullius Béringheld : nous les avons rapportées avec la plus grande fidélité, parce que le général paraît, dans son manuscrit, y attacher une espèce d'importance.

Ce n'est, pour ainsi dire, que maintenant que commence la vie du général. Nous verrons, par la suite, comment elle peut se lier à tous les événements du passé, du présent et de l'avenir de cette narration.

## XII.

Mort du comte. — Enfance de Tullius. — Ses dispositions. — Comment la révolution n'atteignit pas la famille Béringheld. — Véryno joue un rôle.

M<sup>me</sup> de Béringheld nourrit elle-même son enfant ; elle déploya pour lui toutes les forces de l'amour maternel porté au dernier degré : il semblait que cette âme, faible et nulle dans tout le reste, eût été dédommagée par la nature en recevant une dose de tendresse, où s'était réfugié tout l'esprit et le sentiment qui peut animer l'âme d'une femme. Son fils lui tenait lieu de tout, elle l'adorait, se contentait d'un geste, d'un regard, et une douce correspondance semblait s'établir entre les yeux de la mère et du fils.

Elle jouissait, par une jouissance continue, suave et délicieuse, de tous les plaisirs des mères. Elle assistait au développement de ce petit être, comme à un spectacle, et elle en savoura toutes les peines. Elle eut tous les sourires de son fils, son premier mot, son premier pas, heureuse et mille fois plus heureuse que l'âme qui s'envole des limbes vers le séjour céleste !....

Le P. de Lunada prit aussi beaucoup d'affection pour le petit Tullius, et il remarqua, dans l'héritier de cette maison, des indices qui prouvaient qu'il en serait le régénérateur.

Quant au comte de Béringheld, il mourut un an après dans un état d'imbécillité qui fit regarder sa mort comme un bienfait. Depuis longtemps son deuil était porté dans l'âme de M<sup>me</sup> de Béringheld. Sa mort produisit l'effet d'une nouvelle que l'on annonce à quelqu'un qui en est instruit depuis longtemps.

Il avait nommé le P. de Lunada tuteur de son fils, conjointement avec la mère ; mais le bon Père ne prit qu'un pouvoir tout à fait hors des attributions de la comtesse, il le fit naturellement, et de lui-même, car depuis que la comtesse avait un fils, son caractère prenait une sorte de consistance ; enfin son âme paraissait *retrempée* par cet événement qui jette dans la machine féminine tant de vigueur et de disposition à tous les courages et à tous les efforts : de là leurs traits admirables et leurs faiblesses !...

L'enfance du jeune Tullius offrit des singularités assez remarquables, en ce qu'elles présageaient ce qu'il deviendrait un jour. Il déploya, dès l'âge de huit ans, une ténacité et une ardeur extraordinaires dans tout ce qu'il entreprenait. Rien, sous sa main, n'était indifférent ; et, jusque dans les palais de boue que ses doigts enfantins élevaient avec bonheur, on distinguait une recherche, un goût qui trahissaient une âme amie des proportions et des traits divers répandus dans la nature, et dont le peintre, le poëte, le musicien, ont appelé la réunion, *le beau idéal*. Il avait une singulière aptitude pour découvrir, chercher et trouver ; mais une fois qu'il arrivait à son but, qu'il parvenait à un résultat, tout était dit, il volait à une autre conquête. Par exemple : un jeu nouveau le captivait tout entier ! une fois su... il le quittait en se lassant tout à coup de ce jeu. Il en était de tout ainsi. Tullius employait toutes ses facultés pour conquérir en ne voulant jamais que des combats. Pour lui, le repos était une calamité.

Le P. de Lunada s'étonna des progrès que Tullius fit dans les sciences faciles que le bon jésuite lui apprit, et il s'étonna encore plus du dégoût que le jeune homme manifesta pour les richesses monastiques et l'ergotage des théologies.

Les idées de Tullius grandirent avec lui d'une manière étonnante : sa mère, au comble du bonheur de cette perfection, l'idolâtrait, et le jeune Béringheld fut habitué à voir tout plier sous sa volonté. Cette obéissance de la part d'êtres plus grands et plus forts que lui, loin de le rendre despote et capricieux, lui démontra, une fois pour toujours, qu'il ne fallait jamais rien demander que de juste et d'honnête. Agissant en cela bien autrement que tous les enfants, cette anomalie d'esprit indiquait déjà un homme extraordinaire, que la raison éclairait de bonne heure de son divin flambeau.

Les mathématiques lui plurent singulièrement, il en apprit tout ce que le bon P. de Lunada en savait, il en sut même bientôt davantage.

Au milieu de toutes ces qualités, il y en avait une qui brillait au suprême degré : c'était une certaine tendance à l'exaltation mêlée à un certain ensemble de grandeur chevaleresque qui lui rendait *la foi du serment* une chose sacrée ; qui le portait à admirer

Régulus revenant chercher la mort ; les Spartiates ; Aristide ; Thémistocle mourant plutôt que de combattre sa patrie, etc. Son âme de feu semblait avoir été conçue par des substances recherchées avec un soin curieux par l'auteur de ses jours. Aussitôt que l'on causait avec ce jeune enfant, on oubliait la laideur originale et spirituelle de son étrange figure, pour admirer la vivacité de ses reparties et son âme taillée sur des proportions grandioses dans tout ce qu'il y a de noble et de plus sublime dans la nature humaine.

Néanmoins, on remarquait encore (c'est au P. de Lunada que nous devons ces observations, car il s'apercevait de tous ces diagnostics), on voyait, dis-je, que cette tendance à tout découvrir l'amenait à un profond dégoût pour les choses humaines, à une mélancolie extrême ; et l'on pouvait répondre que ce jeune génie ne vivrait qu'en trouvant un sujet inépuisable de recherches et de travaux.

Une fois qu'il était détrompé de sa croyance sur telle chose que ce fût, son enthousiasme cessait, tout finissait, et il fallait un autre aliment à sa curiosité et à son ardeur. A le voir, on aurait dit que le feu animait ses veines, qu'il y roulait des torrents, et cette grande activité, cette force énergique ne diminuaient en rien sa bonté naturelle et sa pitié touchante.

Ainsi, l'on peut imaginer avec quelle aptitude et quel enthousiasme il parcourut le champ vaste des sciences. La bibliothèque de Béringheld lui fournit les éléments et les livres nécessaires. Il dévora tout.

Son amour pour sa mère allait à l'excès, si toutefois on peut imaginer qu'il y ait de l'excès dans ce sentiment qui, tel énergique qu'il devienne, n'aura jamais le nom de *passion*, parce qu'il ne s'y trouve rien de ce qui ravale les passions. Il ne renferme que ce qu'il y a de pur et de grand. C'est presque le seul sentiment parfait chez l'homme.

Aussi Mme de Béringheld, heureuse, vivait de la vie de son fils, et elle tremblait en songeant avec quelle furie les passions se déchaîneraient dans cette âme énergique et grande, incapable de ces choses moyennes qui dévoilent des esprits étroits et des conceptions rétrécies. De grandes vertus ou de grands crimes, selon leur position ; telle est l'enseigne, telle est la devise de ces caractères destinés à planer en aigles, ou à mourir dans la fange.

« Mon père, disait-il étant tout petit, pourquoi l'univers est-il rond ?

— Parce que Dieu l'a fait ainsi.

— Mais l'homme ne connaît pas tout l'univers, ainsi comment sait-il qu'il est rond ?... »

Le P. de Lunada, frottait la manche de sa soutane, en baissant les yeux, et son intelligence était à bout.

« On l'imagine, répondit-il.

— Ah, je vois ! dit l'enfant avec un malin sourire, on dit cela pour s'en débarrasser ; car, s'il n'était pas rond, comment en trouver la fin et le terminer ?

— C'est cela, mon petit, reprenait Lunada, il est infini.

— Qu'est-ce que l'infini, mon père ?....

— C'est Dieu, répondait le jésuite, pour couper court.

— Je ne comprends pas, » s'écriait l'enfant ; et il réfléchissait toute la journée, en regardant Lunada d'un petit air sournois.

A dix ans, il écoutait avec avidité les récits que la vieille Lagradna et Butmel lui faisaient, tour à tour, des mystères de sa naissance, des traditions qui couraient sur son ancêtre Béringheld-Sculdans le Centenaire, lequel vivait encore, quoique né en 1430, et qui parcourait l'univers depuis trois siècles et demi, en conquérant toutes les sciences et tous les pouvoirs.

On sent tout ce que ces faits merveilleux, racontés par Lagradna et Butmel, surtout comme témoins, devaient produire sur l'imagination du jeune enfant, ami de tout ce qui tenait au romanesque et à l'extraordinaire.

Quant aux faits que la sage-femme avait appris de son père et de son grand-père, relativement à Béringheld le Centenaire, ils se coordonnaient si bien, qu'il était impossible de ne pas y croire ; et Tullius ne se trouvait heureux qu'entre les deux centenaires, encore amoureux, qui lui racontaient ces histoires d'une voix cassée, dans une chaumière et au coin d'un feu qu'ils tenaient, disaient-ils, de la libéralité du Centenaire.

Puis, toutes les histoires des habitants du Mont-Coranel étaient une mine féconde, que le vieux Butmel rendait inépuisable, par la manière lente et longue dont il racontait.

Ces prodiges, ces enchantements, les diverses descriptions du Centenaire, et les formes bizarres sous lesquelles il apparaissait dans tous les pays du monde, se gravaient dans la jeune tête de Tullius : il admirait le bonheur de cet être privilégié qui devait connaître toutes les sciences, savoir toutes les langues, toutes les histoires, et qui portait dans son crâne la somme totale des connaissances humaines.

Ainsi, dès sa plus tendre enfance, Tullius était frappé de la vérité de ces récits ; et lorsqu'il rentrait au château, en regardant sur le *Péritoun* pour tâcher de voir le grand vieillard, il demandait à sa mère si les histoires du ménage centenaire étaient véritables, et Mme de Béringheld, prenant un air grave, lui répondait :

« Tullius, j'ai vu le Centenaire, c'est à lui que je dois la vie : en vous mettant au monde, nous aurions péri vous et moi, sans sa science. Tullius, vous le verrez quelque jour, car *il* vous aime.

— Mais, petite mère, disait l'enfant, est-ce qu'il a 300 ans?

— Je l'ignore, Tullius; tout ce que je puis dire, c'est que j'ai vu le vieillard que t'a dépeint la vieille Marguerite.

— Et je lui ressemble?... »

A ces mots, et pour ne pas répondre, la comtesse prenait son enfant, le couvrait de baisers : puis sa curiosité irritée le faisait retourner chez Lagradna, pour entendre encore tout ce que Butmel et sa femme savaient.

A douze ans, Tullius ne rêvait que des Grecs et des Romains, il parcourait les montagnes en leur donnant les noms de tous les lieux célèbres dans l'histoire; et, là il s'échauffait en voyant le Péritoun baptisé du nom de Capitole; il admirait les Thermopyles, le cap *Sunium*, et la Vallinara était tour à tour la plaine de Chéronée, Orchomène, le Champ-de-Mars et le Forum.

A quinze ans, il comprit les mystères de la vie sociale, il s'aperçut que l'on gouvernait les hommes en leur mettant un frein comme à des chevaux, c'est-à-dire en se rendant maître de leurs goûts, en flattant leur amour-propre, et servant leurs passions. Il vit le monde divisé en deux classes distinctes, les grands et les petits, il conçut que tout homme devait d'abord, pour son propre bonheur et pour pouvoir faire celui des autres, se mettre dans la classe des puissants.

A seize ans, il ne pensa plus qu'à la gloire, aux batailles, et à tout ce qu'il y a d'éclatant dans la vie : le pouvoir, les hauts faits, les triomphes le séduisirent; et la trompette éclatante qui réveillait Thémistocle vint étourdir son oreille.

C'est ici, c'est à cet âge que nous allons le prendre, en passant sous silence ses chasses dans les montagnes, ses courses et ses espiègleries, qui, toutes, cependant, portaient un singulier caractère d'originalité et montraient des idées qu'il n'est pas permis à tous les enfants d'avoir, sous peine d'être des *génies*.

On était en 1797. Les effets de la révolution avaient été nuls pour le village et le château de Béringheld, que leur situation rendait inaccessibles aux conséquences meurtrières du système d'alors. Le jeune Béringheld étant mineur, il ne pouvait être l'objet d'aucune envie et d'aucune haine.

D'un autre côté, le représentant du peuple, et le chef du département dont le village de Béringheld fit partie, se trouvèrent d'anciens moines, amis du Père de Lunada, et avec lesquels il avait eu des correspondances secrètes touchant la compagnie de Jésus (correspondances autrefois criminelles, qui pourraient bien expliquer comment l'*Esprit* du Centenaire avait imposé silence au R. P., lors de leur fameuse conférence nocturne); ainsi le P. de Lunada, tuteur de Béringheld, préserva son pupille et sa mère de toute tentative.

C'est ici le moment de reparler du garde-général des bois de la couronne, et de sa jeune et aimable femme. Ce garde, nommé Véryno, fut chargé, par le Père de Lunada, de l'administration de tous les biens de la famille Béringheld. Lors de la mort du comte, l'immensité des propriétés ne les rendait pas propres à être gouvernées par le P. de Lunada et M$^{me}$ de Béringheld : Véryno, en dirigeant cette vaste fortune, était dans son élément; la nature l'avait créé tout à la fois honnête homme et administrateur. A l'époque où tout citoyen pouvait prendre sa part de souveraineté générale, Véryno favorisa le premier élan de notre révolution, il s'en mêla en honnête homme, ne commettant aucune barbarie, et secondant son opinion par des moyens doux, que tout homme pourrait avouer, avec honneur même.

Il réussit à réaliser les sommes que la famille Béringheld possédait à Paris, chez les banquiers; et, prévoyant des malheurs, il eut le bon esprit d'envoyer cet or à Béringheld, où il dormit enfermé soigneusement. La maison Béringheld possédait encore de grands châteaux dans divers départements; partout l'on n'y vit que l'homme d'affaires Véryno, que le pouvoir des grands, qui se succédèrent dans la machine républicaine, rendait invulnérable. Enfin, l'honnête Véryno fit entendre à M$^{me}$ de Béringheld, que ses châteaux inutiles devaient être abattus, parce que leur destruction, par l'ordre du citoyen Béringheld son fils, lui procurerait de l'argent sans diminuer les revenus; et, ce qui serait encore plus précieux, une sauvegarde par une espèce d'approbation au système alors en usage : de plus, Véryno semait la nouvelle que le jeune Béringheld allait se rendre aux armées comme simple soldat.

Ces manœuvres savantes et l'habileté de Véryno parèrent tous les coups, et la maison de Béringheld ne souffrit en rien de la tourmente révolutionnaire.

Un seul jour, en l'absence de Véryno, l'ordre fut expédié d'arrêter M$^{me}$ de Béringheld et son fils, comme étant *aristocrates;* mais une puissance invisible envoya le signataire à l'échafaud.

Véryno reçut des avis très-salutaires d'un homme qu'il ne rencontra jamais. Ce fut ainsi que ce sage administrateur augmenta les capitaux de la famille et les siens propres, par des opérations tracées dans certaines lettres anonymes, qui ne le trompèrent jamais.

Toutes ces explications données, nous allons entrer dans les détails de la vie du général.

## XIII.

*Désirs de Tullius. — Fuite projetée. — Elle échoue. — Une marquise tombe des nues.*

On était en 1797, le jeune Tullius, âgé de 17 ans, effrayait chaque jour sa tendre mère en ne parlant que des armées françaises, de leurs revers, et de son envie démesurée d'aller partager les lauriers dont tant de fronts se couvraient.

« Suis-je fait pour passer ma vie dans un château gothique, au milieu de ces montagnes, et vivre en hobereau, sans que l'on puisse dire après moi : — Il fut un Tullius digne de ses ancêtres?

— Mon fils, il y a des gloires qui ne font pas trembler les mères sur la vie de leurs enfants, disait madame de Béringheld.

— Les sciences, répondait le vieux père de Lunada, offrent un vaste champ où l'on moissonne des lauriers que des malheurs partiels ne souillent jamais. Mon Tullius, voyons! découvre une planète, invente un poëme, sois Newton, sois orateur, musicien, et ton nom, mon enfant, passera d'âge en âge!... »

A ces mots, l'œil du jeune homme s'enflammait, il voyait une larme sur la joue de sa mère et il courait l'essuyer en l'embrassant.

Alors madame de Béringheld détournait l'ardeur de son fils sur un autre sujet en lui parlant d'aller à la recherche de Béringheld-le-Centenaire. Alors elle obtenait quelques journées de répit, car le jeune homme songeait profondément lorsqu'il examinait les mystères renfermés dans le fait de l'existence de Béringheld-Sculdans.

Cent fois il lisait et relisait la lettre mystérieuse qui paraissait écrite par le personnage qui assista sa mère dans sa couche laborieuse, les initiales qui servaient de signature lui semblaient évidemment celles des noms de Béringheld-Sculdans.

Un événement vint ajouter à ses incertitudes sur la vraisemblance d'un pareil fait, que sa raison lui faisait révoquer en doute. Véryno, l'intendant, arriva au château ; et, rendant compte de toutes ses opérations, il parla de lettres anonymes : Tullius demanda sur-le-champ à les voir pour les comparer à celle du 28 février 1780.

Véryno, tirant de son portefeuille la première venue, présenta la suivante :

« Sortez de Paris aujourd'hui, parce qu'un mandat d'arrêt est décerné contre vous par le parti qui triomphe.

« Rentrez après-demain, parce qu'il n'y aura plus de danger.

« Vendez vos assignats aussitôt que vous le pourrez, car ils vont tomber dans le discrédit.

« B. S. »

Le jeune Tullius frémit et pâlit en reconnaissant l'écriture grosse, lourde, lâche et tremblée du billet mystérieux. Mais bientôt, reprenant son caractère énergique, il résulta de cet événement que sa dose de curiosité fut augmentée d'une dose encore plus forte, et qu'il ne put mettre en doute l'existence d'un être mystérieux qui protégeait sa famille.

Enfin, les nouvelles de l'armée devinrent de nature à tout contre-balancer dans l'esprit du jeune Tullius, et sans rien dire, il se disposait, le 10 mars 1797, à partir de Béringheld avec Jacques Butmel, neveu du fiancé de Lagradna, lorsqu'une aventure l'arrêta.

Un des soins du Père de Lunada, et même son soin principal avait été de préserver le jeune homme du *péché de la chair*, pour nous servir des expressions du vieux jésuite ; il y était parvenu en maintenant Tullius dans une tension d'esprit perpétuelle, au moyen des études et des travaux dont il le surchargeait. D'un autre côté, il ne lui dépeignait le beau sexe que sous les couleurs les plus sombres ; il lui démontrait qu'en se livrant aux femmes, on se préparait des chagrins produits par leurs petites passions et leurs fantaisies qui nous subjuguaient par une singulière loi de la nature ; que les grands hommes ne conservaient leur génie et leur activité qu'en ne perdant pas leur énergie dans ce commerce matériel et sans charme. Enfin, le bon Père ayant toujours un faible pour son Ordre, représentait que ce qui rendit sa Société si puissante, c'est que tous ses membres faisaient vœu de chasteté, ce qui tournait ces esprits vers les *sommités* et les grandes découvertes.

Madame de Béringheld gémissait de voir son fils privé d'un des plus vifs plaisirs, la source de tant de douceurs, mais elle ne trouvait point d'arguments victorieux quand le Père de Lunada lui disait que son fils se sauverait de l'enfer par la chasteté, et que du reste sa passion pour les femmes arriverait toujours assez tôt.

Madame de Béringheld pensait que si cette privation devait procurer à son fils la félicité des anges, il fallait bien en prendre son parti, parce qu'un bonheur éternel valait beaucoup plus que quelques instants d'un bonheur fugitif.

Alors le Père de Lunada faisait observer qu'il n'y avait pas de privation pour Tullius, parce qu'on ne désire pas ce qu'on ignore.

La comtesse, tout en se taisant et malgré sa grande dévotion et sa confiance dans les avis de Lunada, ne pouvait s'empêcher de souhaiter au fond de l'âme de voir son fils le plus heureux possible : or, comme une femme sait à quoi s'en tenir sur cet article, elle trouvait son fils malheureux. Elle n'osait toucher cette corde si sensible ; mais elle aurait de bon cœur sacrifié quelque chose pour qu'une femme du grand ton, entre trente-cinq et quarante ans, habitât un château à une lieue du sien ; que cette femme fût belle, spirituelle, et que, sage héritière des maximes d'une cour détruite, elle aimât les jeunes gens plutôt que les hommes d'un certain âge.

Tullius, ignorant sur cette partie autant qu'il était savant sur d'autres, n'en ressentait pas moins ce que Saint-Augustin appelle *des avis de la nature*. Chaque fois que, dans les montagnes, il rencontrait une jeune fille, jolie, à la taille svelte, il s'enflammait, la regardait, n'osait lui parler ni lui serrer la main, et l'embrasser lui paraissait impossible. On voit qu'il n'existait pas de lycées dans cette partie de la France ; car si le jeune Béringheld y avait été mis seulement vingt-quatre heures, je réponds qu'il aurait, au sortir de classe, embrassé les jeunes filles, sans rougir ou en rougissant.

Cependant Véryno l'intendant avait eu en 1781 une fille qu'il nomma du doux nom presque italien de *Marianine* ; elle marchait alors vers seize ans ; souvent elle rencontrait le jeune Béringheld dans les montagnes ; mais comme ils étaient aussi timides l'un que l'autre, leurs discours n'allaient pas seulement jusqu'au demi-tiers de l'alphabet de l'amour, et leurs promenades n'aboutissaient guère qu'à cueillir des fleurs, prendre des oiseaux, ou chasser, Tullius, avec son fusil, et Marianine, avec un arc et des flèches. Marianine et Tullius, ayant un doux penchant l'un pour l'autre, en restèrent au serrement de main ; cependant, la jeune fille, comparativement plus âgée, était aussi la plus avancée dans l'alphabet ; et Béringheld, tout laid qu'il se présentait à sa jeune et timide imagination, ne lui en paraissait pas moins le plus joli garçon du monde, ayant l'âme la plus belle, la plus franche que l'on pût trouver.

La tendre Marianine n'exprimait rien qu'avec un sourire, et ce sourire devenait indéfinissable à force de grâce, lorsqu'elle parlait à Tullius. Pour elle, Béringheld déployait toutes ses forces, son éloquence, son savoir. Ces deux êtres charmants s'aimaient sans que le jeune homme s'en doutât ; pour Marianine... la question est indécise.

Ainsi, le 10 mars, Béringheld se disposait à quitter ses chères montagnes, le bon Lunada, Marianine et sa mère : il devait partir pendant la nuit, et il ne rentra au château qu'après être convenu avec Jacques du signal et des apprêts.

Le déjeuner se passa d'une manière silencieuse ; madame de Béringheld remarqua en tremblant l'expression inaccoutumée du visage de son fils ; ce visage était un miroir fidèle des pensées qui se pressaient dans son âme. L'on y lisait comme dans un livre. Or, on ne quitte pas une mère adorée, on ne la laisse pas dans le chagrin, sans faire de sérieuses réflexions, et madame de Béringheld, trop peu physionomiste pour les deviner, était toutefois trop bonne mère pour ne pas voir que son fils avait de l'inquiétude et qu'il roulait quelque projet dans sa jeune et bouillante cervelle.

Le jeune homme se leva brusquement après le déjeuner, et passa de la salle à manger sur le perron du château ; sa mère l'y suivit tout doucement.

« Qu'as-tu donc, mon fils ? tu fronces le sourcil, et ta figure ressemble à celle de ton ancêtre *le Centenaire !...* » Et elle se mit à sourire, mais ce sourire déguisait une inquiétude mortelle.

Tullius s'était détourné ; sa mère, suivant le visage de son fils, aperçut des larmes qui firent venir les siennes : à son tour, Tullius regarda sa mère, et, la prenant dans ses bras, il la serra avec force en l'embrassant à plusieurs reprises.

« Tu as du chagrin, Tullius, dis-le-moi ? ce n'est peut-être rien, et si c'est quelque chose, alors nous serons deux à pleurer. »

Ces touchantes paroles ébranlèrent l'âme du jeune voyageur.

En ce moment, ils virent, dans l'avenue qui précédait le tournebride, un cavalier singulièrement habillé, qui faisait galoper son cheval à bride abattue, tellement que le coursier semblait avoir pris le mors aux dents.

Tullius ne connaissait, dans le pays, personne assez habile pour diriger un cheval avec autant de dextérité, et ce qui dérangeait encore plus les conjectures qu'il formait, c'est que le cavalier, vêtu de blanc, portait un chapeau à plumes que l'éloignement ne permettait pas de distinguer. Bientôt, le cheval franchit le tournebride ; alors Béringheld aperçut une robe, un chapeau de femme, un grand châle, et cependant les jambes du cavalier androgyne pendaient de chaque côté du cheval, et étaient chaussées par des bottes de l'écuyère.

En une minute la prairie est franchie, le cheval tout sanglant tombe mort au perron, Tullius arrive assez à temps et est assez adroit pour saisir dans ses bras une femme qui se serait infailliblement tuée : il la pose à terre, elle se met à rire, monte lestement les marches en faisant retentir le perron du fer de ses bottes qui furent couvertes par une robe de drap blanc, puis elle appliqua ses gants sur le nez de Tullius, en lui disant : « On vous remercie, beau page !..... »

Aussitôt, elle se tourne vers M^me de Béringheld, et lui dit :

« Suis-je bon écuyer, comtesse ?...

— Hé! par quelle aventure vous trouvez-vous, ma chère, dans un pareil équipage? s'écria madame de Béringheld.

— Ah! vous allez le savoir! » Et la jeune femme jette avec grâce ses bottes à droite, à gauche, en agitant ses jambes comme si elle eût voulu donner deux coups de pied; elle sort, de chaque énorme botte, les deux plus jolies jambes et les deux plus jolis petits moules à souliers de satin blanc que l'on puisse voir; puis, prenant la comtesse par la main, elle entra, en chantant, dans la salle, s'assit, et demanda à manger en ôtant son chapeau : alors elle laissa voir ses beaux cheveux noirs et un col qui semblait tourné par Myron, et posé sur ses épaules par Phidias.

L'esprit, la gentillesse, la pétulance, l'ensemble gracieux de tous les mouvements de cette sylphide, avaient pétrifié le jeune Tullius : il ne pouvait concevoir l'idée d'une pareille femme, car madame de Béringheld et le reste des femmes du village, Marianine exceptée ainsi que sa mère, ne lui représentaient pas le sexe de manière à lui en donner une haute idée. Marianine, la belle Marianine, était d'un genre de beauté tout opposé à celui de l'inconnue, dont la vivacité et la grâce piquante faisaient rester Béringheld dans le plus profond étonnement.

La singulière phrase par laquelle elle l'avait remercié de lui avoir sauvé la vie, le peu d'importance qu'elle paraissait y attacher, son coup de gant sur la figure, son joli mouvement pour chasser ses grosses bottes, son pied délicat, sa jambe si bien faite et la recherche de toute sa personne, furent autant de traits qui changèrent les idées du pauvre Tullius.

L'on peut juger de son empressement à suivre l'inconnue, et à se tenir à côté de sa mère, en fixant ses deux yeux sur l'étrangère.

La jeune femme en le voyant serré contre la robe de madame de Béringheld, se mit à rire, et s'écria :

« Il a l'air d'un petit poulet qui ne peut sortir de dessous l'aile de sa mère.... pourquoi l'ai-je appelé beau page? je m'en repens en vérité!... Ces paroles, et le fin sourire dont elle les accompagna, piquèrent au vif Béringheld qui rougit et jura en lui-même de montrer qu'il était plus qu'un poulet.

— Mais, me direz-vous, ma chère... reprit la comtesse.

— Oui.... oui.... dit la jolie femme qui mangeait avec un appétit admirable; je pense, chère amie, que vous avez entendu parler de tout ce qui se passe; hé bien, nos marquisats ne sont plus de mise, et depuis sept ans la nation cherche un autre costume... Ah! dit-elle en s'interrompant, nous portons les cheveux à la *Titus,* des robes à la *grecque,* des chapeaux à la *victime,* il y a des femmes qui sont divines....... »

Et l'inconnue de manger, de sourire de la manière la plus aimable; chaque mouvement était une grâce, chaque geste un attrait, chaque parole une perle qu'elle jetait.

« Depuis longtemps nous passions pour polis, reprit-elle, et autrefois on n'aurait pas souffert que l'on emprisonnât une marquise de Ravendsi : tout est changé; un beau matin, sans attendre que j'aie fait ma toilette, on m'a claquemurée sans me demander : « *Es-tu chien, es-tu loup?...* » Ce n'est pas tout, ma chère amie, on a voulu me tuer, conçois-tu cela?... Un jeune officier des mousquetaires gris m'a fait sauver de ville en ville, de forêt en forêt, et j'ai gagné ce pays-ci ; arrivée à G.... l'on m'a reconnue, je ne sais comment.

— A ta beauté, reprit M^me de Béringheld.

— C'est possible! dit la marquise en riant et montrant les plus jolies petites dents à travers ses deux lèvres de corail ; bref, j'ai trouvé là un honnête citoyen, car l'on s'appelle *citoyen,* nous sommes des *citoyennes!...* ce citoyen, donc, se nomme Véryno.

— C'est notre intendant.

— Ah! vous avez encore des intendants!... s'écria la marquise de Ravendsi : les nôtres ont levé le masque! ils se trouvent aussi riches que nous; en vérité, tout change!.... quoi qu'il en soit, ce matin j'ai pris la culotte de peau d'un gendarme, son cheval, ses bottes, et me voilà. Je suis arrivée promptement, car l'on avait mis des gens à ma poursuite... mais pour la forme. Un ancien jésuite, l'ami de je ne sais quel Père de Lunada, que vous devez avoir ici, lequel jésuite ou capucin est maintenant représentant indigne du peuple français, a pris sur lui de fermer les yeux, et le citoyen Véryno m'a dit que je ne serais point inquiétée ici. Quant à mes biens, mon hôtel, mes diamants et mes robes, qui soignera tout cela?... néant. Mais comme disaient nos gens avant d'être peuple, le soleil luit pour tout le monde, par conséquent il doit luire pour les marquises. »

Cette volubilité, l'esprit que madame de Ravendsi mettait dans ses moindres paroles, ses gestes, ses sourires, sa moindre attitude, firent éprouver au jeune Béringheld les effets de l'*incantation*. Il était immobile et suivait de l'œil tous les mouvements vifs, mutins, légers, de cette jeune femme. Madame de Ravendsi fut flattée au dernier point de ce muet hommage, de cette admiration stupide qui prouve la beauté d'une femme, bien plus énergiquement que les paroles les plus exaltées et les compliments les plus sincères.

« Pour quelque temps, ma chère comtesse, vous

serez mon soleil et ma providence, sans que je vous souhaite de venir prendre votre revanche à Ravendsi.

— Vous êtes ici chez vous, » dit madame de Béringheld avec le sang-froid et la gravité qui ne l'abandonnaient que lorsqu'il s'agissait de Tullius. Cette phrase ainsi prononcée avait un caractère de vérité, de franchise qui mettait à l'aise. « Je ne croyais pas, reprit la comtesse, que vous dussiez venir ici en proscrite, après vous avoir vue aussi brillante à la dernière fête de la cour en 1787.

— Vous n'êtes donc pas revenue à Paris depuis? » interrompit la marquise.

La comtesse montra, par un geste, que son fils avait rempli tous ses moments. Le jeune Béringheld embrassa sa mère.

La journée fut pour Tullius un moment : quand la nuit arriva, quand Jacques vint faire le signal convenu, Béringheld descendit, et dit à son confident que leur départ n'aurait lieu que dans quelques jours.

Je ne crois pas que l'on puisse dépeindre ni rendre par des paroles les millions d'idées qui se pressent dans la tête d'un jeune homme pendant la nuit, lorsque, dans la journée, il a entrevu vaguement, et pour la première fois, qu'une femme tient dans ses mains son bonheur, et que nous dépendons d'elle. Tullius ne rêva que de madame de Ravendsi; il étudiait, en lui-même, tout ce qu'il pourrait lui dire; il arrangeait d'avance ses phrases, il repassait dans son imagination les grâces mutines qui se jouaient sur cette jolie figure pleine de vivacité et d'esprit, et il ne savait que penser de ce nouveau sentiment qui se glissait dans son âme.

Il la comparait à Marianine, et il s'étonnait de ce que Marianine ne fît naître en lui que des sentiments d'une candeur inimaginable, d'une suavité divine, tandis que le souvenir d'un geste de Sophie de Ravendsi l'éblouissait, en excitant chez lui une foule de désirs : l'une parlait au cœur, l'autre aux sens et à la tête.

## XIV.

Déclaration d'amour. — Chagrin de Marianine. — Bonheur de Tullius.

Un jeune papillon qui voltige de fleur en fleur, un cygne qui se joue dans les eaux d'un lac, un coursier déployant ses forces et livré à ses gaietés naïves dans la prairie qui l'a vu naître, un cristal dont les facettes brillent d'une foule de couleurs en changeant à chaque instant, les caprices d'un enfant, et les caprices d'une onde qui s'insinue gracieusement dans les sinuosités d'une roche marine, ne sont que d'imparfaites images de M$^{me}$ de Ravendsi : ayant épuisé les trois règnes pour en donner une idée, il ne me reste plus qu'à laisser le champ libre à ce que l'on n'a rangé dans aucune catégorie, je veux parler de cette imagination brillante, don céleste, qui fait que vous vous figurez cette pétulante marquise avec un nez retroussé, des yeux d'une limpidité pleine de mutinerie, enfin vive comme la poudre, légère comme une femme, de l'esprit jusqu'au bout des ongles; jolie comme une grâce, mais une grâce maligne; originale comme la nature; et je consens à perdre mes *Mémoires des Bramines du Coranel* si ce que vous imaginez n'est pas vrai!

A côté de ce portrait, mettez Tullius Béringheld, n'ayant aucune idée du ton et des manières qui forment le code des petits-maîtres, disant ce qu'il pense tout haut, l'air gauche dans les attitudes que l'on doit prendre, gauche dans les compliments qu'il essaie, enthousiaste, oubliant tout ce qu'il sait pour déchiffrer le *livre d'amour*, et paraissant n'y rien comprendre; consultant le Père de Lunada, qui n'était pas très-instruit, n'osant regarder M$^{me}$ de Ravendsi qui se moquait de lui; enfin, voyez-le, aimant jusqu'à la moquerie qui le perçait d'outre en outre! alors, vous aurez une idée de ce qui pouvait se passer dans le château de Béringheld.

Un mois après l'arrivée de cette pétulante marquise, le jeune Tullius était déjà méconnaissable, et sa mère jouissait en secret des changements que les observations piquantes de M$^{me}$ de Ravendsi produisaient dans les manières de son fils. — Enfin, un soir, Tullius était assis sous un peuplier à côté de la marquise qui ne pouvait s'empêcher d'admirer le sublime aspect d'une soirée de ce beau mois de mai qui contient les espérances de la nature, qui voit les premières feuilles et les premiers boutons.

« Je n'avais jamais imaginé que la campagne pût être plus belle qu'une décoration d'Opéra, dit M$^{me}$ de Ravendsi.

— L'Opéra est donc bien beau, s'écria Tullius, si les hommes ont pu donner l'idée d'un pareil spectacle : voyez, madame, ces montagnes éloignées dont les cimes pyramidales se dessinent avec fierté sur l'azur des cieux! ces vastes vallées aériennes semblent vouloir retenir les ruisseaux de pourpre et de lumière dont la source se tarit en colorant ces crêtes neigeuses par des teintes d'une telle richesse que jamais le pinceau ne pourra les retracer! voyez ce vallon dont chaque brin d'herbe est chargé d'une émeraude et d'un diamant, par l'effet bizarre des rayons du soleil qui trouvent passage à travers les montagnes!... et, ce spectacle est complet, puisque deux êtres tels que nous l'admirent et le comprennent. En face de la nature, à l'aspect de ses magiques tableaux, à côté de son chef-d'œuvre, comment l'âme ne prendrait-elle pas des sensations extrêmes? »

Tullius, s'abandonnant à son enthousiasme, parla avec une éloquence dont la source était dans les yeux de la marquise qui, tout étonnée, regardait le torrent s'échapper des lèvres du jeune homme ; elle sentit sa légèreté disparaître, son âme participer à l'ardente imagination de Béringheld, et elle resta les yeux fixés sur cette figure dont tous les traits de laideur devenaient les traits du génie et de l'enthousiasme.

« Je vous aime! » dit enfin Tullius avec cette voix qui, de sonore et de majestueuse qu'elle était, s'abaissa vers les sons de la timidité et de la prière.

Ce mot rendit la marquise à elle-même, elle se mit à rire et s'écria : « Il y a un mois que je le sais!... mais, ajouta-t-elle avec un ton qui transporta Béringheld de joie et de bonheur, il n'y a qu'une heure, qu'une minute que la mémoire de ma tête a passé dans mon cœur. »

Béringheld ne sachant pas que, pour ces cas-là, il y a des phrases toutes faites comme : *Femme charmante!... Femme adorable!...* etc., se contenta de serrer la marquise dans ses bras, et de s'asseoir à côté d'elle, en la regardant avec une expression que je laisse à rendre aux génies qui peignirent Corinne et Endymion.

M<sup>me</sup> de Ravendsi s'aperçut bien de l'ignorance du jeune homme d'après ces mouvements dictés par la seule nature, et elle se mit à rire, ce qui rendit Tullius honteux et tremblant : il crut que la marquise se moquait de lui, et il l'exprima avec une énergie de paroles qui peignit son âme en proie à la douleur.

« Pauvre enfant!... s'écria M<sup>me</sup> de Ravendsi; allons, levez-vous, » ajouta-t-elle avec cet accent de tendre compassion et de douce ironie que les femmes savent si bien prendre. Aussitôt elle prit le bras du jeune homme et s'appuya dessus de manière à mettre le comble à l'embarras et à l'incertitude de Tullius, qui ne dit plus rien jusqu'à ce qu'il fût au château.

M<sup>me</sup> de Ravendsi laissa Béringheld se plonger dans cet océan de délices qui vient inonder l'âme d'un homme, lorsqu'il a dit *j'aime*, et qu'il s'aperçoit que celle à qui ce mot est adressé répond à tout ce qu'il signifie : mais la marquise, vive et spirituelle, s'attacha à cette âme naïve beaucoup plus qu'elle ne s'imaginait devoir le faire, et elle entraîna Tullius dans le vaste champ d'un sentiment réel.

Néanmoins, elle n'en resta pas aux premières lettres de l'alphabet, sans aller jusqu'au Z; on peut affirmer, d'après les aveux du général, que madame la marquise en fit épeler à son jeune ami beaucoup plus que les deux tiers, ce qui doit s'arrêter à la dix-sept ou dix-huitième lettre.

On doit concevoir avec quelle ardeur une jeune imagination et un homme du caractère de Béringheld se jetèrent dans la carrière qu'ouvre cette première sensation : bien que son cœur ne ressentit rien pour la marquise (ce dont il ne s'apercevait pas), comme cette femme s'adressait aux sens et à la tête d'une manière étonnante, il s'ensuivait une espèce de reflet moral qui faisait croire au jeune homme que cette passion était réellement ses premières amours.

La marquise avait subjugué tellement son âme, que, depuis qu'elle habitait le château, Marianine fut effacée du souvenir de Tullius, de telle sorte qu'il semblait qu'il ne l'eût jamais connue, et cependant, on pouvait hardiment répondre qu'elle seule s'était gravée dans son âme et dans son cœur d'une manière ineffaçable ; et, s'il eût été dans les montagnes, s'il eût vu Marianine, le prisme brillant de l'amour de la marquise se serait brisé comme une bulle de savon qui heurte contre un rocher. Mais Béringheld, rangé sous une domination trop puissante, ne sortait même pas du château et ne connaissait qu'une seule place, celle qu'occupait M<sup>me</sup> de Ravendsi.

Si la marquise n'avait mis aucun sentiment de tendresse dans l'*éducation* du jeune Tullius, elle eût joué un rôle qui la rendrait, aux yeux de certaines personnes, une femme d'un caractère vil : cependant, cette manière d'agir aurait sauvé le jeune Béringheld d'un précipice vers lequel il courait à grands pas.

En effet, subjuguée par le contact de cette âme sublime et portée vers tout ce qu'il y a de noble et de généreux, la marquise suivait la pente que Béringheld imprimait à leur sentiment l'un pour l'autre : et madame de Ravendsi, oubliant sa vie passée, le temps, les lieux, les circonstances, s'abandonnait au charme inexprimable de faire le bonheur d'un homme digne d'elle, le premier qu'elle eût trouvé, malheureusement trop tard. Elle avait trop de finesse et d'esprit pour ne pas s'apercevoir que Béringheld ne l'aimait pas d'amour, et, pour empêcher qu'il ne s'en aperçût lui-même, elle le tenait sans cesse en haleine, et mêlait à ses caresses ravissantes un empire tel, que, tout en condescendant à chaque désir, elle gardait une dignité et un vouloir qui contrastaient singulièrement avec son genre d'esprit, ses grâces piquantes, ses saillies, et ses manières qui ne semblaient pas comporter cette domination : enfin, c'était une maîtresse toujours *maîtresse*.

Le château de Béringheld paraissait à Tullius, ainsi qu'à sa charmante amie, le seul point qu'il y eût dans l'univers : leurs jours s'écoulaient au sein d'une mer de voluptés d'autant plus durables, que l'esprit, le goût et l'âme participaient à ces plaisirs et les variaient par des conversations enchanteresses. La jeune marquise semblait savoir toutes les sciences, et elle écoutait son ami avec une attention qui le charmait. Madame de Béringheld brillait par la seule expression de sa joie. Cette mère, cette tendre mère n'avait jamais passé de moments aussi agréables, surtout quand elle venait à songer que la marquise préservait ainsi son fils des dangers des armées auxquelles il avait voulu se rendre.

Enfin, le jeune Tullius, croyant à *la foi du serment*, envisageait cette liaison sous un aspect étrange, mais qui résultait des désinences de son caractère. Il attachait toute son âme à celle de sa maîtresse, elle était tout pour lui, il y concentrait toutes ses affections. Son bonheur reposait tout entier sur ce brillant tissu de joie, d'espérance, de sensations, de plaisirs, qu'agitait M$^{me}$ de Ravendsi. Elle avait étendu de ses doigts légers ce réseau fragile sur la vie de ce jeune exalté, qui, à chaque instant, lui faisait jurer de l'aimer toujours.

Aussi, elle disait en riant à la comtesse : « Votre fils est charmant, il a la bonne foi de me demander si je l'aimerai toute ma vie !... » Et de rire aux larmes.

Cet enthousiasme profond qui donne aux âmes véritablement sensibles des plaisirs si violemment purs et grandioses, des plaisirs qui diffèrent de ceux du vulgaire, de la différence qu'il y a entre les pyramides d'Égypte et les constructions mesquines de la *modernité*; cet enthousiasme, disons-nous, est la source de peines, de chutes tout aussi grandes. Ces cœurs qui battent pour l'immense et pour les conceptions fortes, n'éprouvent rien que d'infini : par suite de cette destination qui les traîne aux cieux, ils sont, ou sur les nuages, ou plongés dans un enfer de souffrance, parce qu'ils ne connaissent point les petites lignes qui séparent les extrêmes.

L'âme de Béringheld avait, comme nous l'avons dit, une pente vers le dégoût et la mélancolie lorsqu'il atteignait une *sommité* quelconque et qu'il arrivait au bout d'une carrière : M$^{me}$ de Béringheld, n'ayant pas assez de connaissance du cœur humain, ne concevait aucune crainte pour son fils; mais le Père de Lunada voyait avec peine s'amonceler un nuage à l'horizon.

La situation d'âme du jeune Béringheld ne pouvait être un secret pour personne : dans tout le village, il n'était bruit que de madame de Ravendsi et du jeune Tullius.

Ces discours parvinrent à l'oreille de Marianine, ils firent pâlir ses joues rosées. Elle aimait le compagnon de ses courses, elle l'aimait d'amour.

Si madame de Ravendsi était pétulante, vive et sémillante, Marianine réunissait les qualités contraires dans un même degré de perfection.

Marianine, pâle de cette pâleur qui n'exclut pas les couleurs timides de l'innocence, Marianine, touchante et contemplative, portée à la méditation par son caractère et les belles scènes qu'elle voyait sans cesse au sein des montagnes, ne devait concevoir, et ne conçut que des sentiments d'une pureté, d'une élévation semblable à celle des cimes de la chaîne des Alpes. Les milliers de boucles que formait sa chevelure noire semblaient tournées par la main de la nature, et lorsqu'elle remuait la tête pour les chasser de dessus un front d'ivoire, siégé d'innocence, on voyait ses deux yeux briller comme des étoiles qui percent l'écharpe grise d'un nuage de la nuit. A la voir assise sur un rocher, tenant son arc et ses flèches d'une main, et de l'autre la timide tourterelle qu'elle regrettait d'avoir percée, chacun eût deviné que la première torche que l'amour allumerait pour elle éclairerait ses derniers pas dans la vie; qu'elle serait belle de toutes les beautés de l'âme comme du corps. Aussi son père et sa mère l'idolâtraient, elle était tout leur amour, leur orgueil, leur joie, leur vie.

Un instant, ils eurent le chagrin de craindre que sa taille svelte, sa jolie taille pleine de volupté, de grâces et d'élégance, ne tournât; un savant chirurgien ordonna de faire faire au bras droit beaucoup d'exercice; alors Marianine devint une jeune chasseresse parcourant les montagnes solitaires qui bordaient le château de Béringheld. Comme nul danger ne la menaçait, en ce que des gardes forestiers lui formaient une escorte sans cesse sur pied, elle se livra au penchant qui l'entraînait vers les bois et les rochers; enfin, partout où la nature, déployant sa magnificence, imprime à notre âme une tendance vers la pureté, l'exaltation, et l'oisive rêverie où l'on erre dans un suave délire.

Béringheld et Marianine ayant contemplé ensemble les torrents, les tapis de mousse, les glaciers, le lever et le coucher du soleil, Marianine aima Tullius, elle l'aima comme elle devait aimer, pour toujours.

Lorsqu'on apprit chez l'intendant que Tullius était épris de madame de Ravendsi, Marianine changea de couleur, et la mélancolie s'empara dès-lors de son âme. Elle devint semblable au lis frappé d'une gelée printanière.

Que pouvait-elle espérer? M'a-t-il dit : «Je t'aime,» pensait-elle; ah! pourquoi me suis-je tue? pourquoi n'ai-je pas pris sa main et n'ai-je pas avoué que mon œil ne pouvait l'oublier une fois que je ne le voyais plus?...

Elle parcourut les montagnes, elle regarda les torrents qu'ils traversaient jadis ensemble, elle épia ce qui se passait dans le parc, elle imprima ses pas légers dans les sentiers affectionnés par Béringheld. Elle s'assit sur la pierre où il était, lorsqu'un jour, au coucher du soleil, le jeune mathématicien lui dévoila, par un discours plein d'éloquence, les secrets du ciel : par quel accord et quelles lois la terre tournait sur un axe immortel tracé pour l'imagination humaine au milieu de ce globe, objet de tant d'investigations savantes !... elle croyait l'entendre toujours. Ces lieux pleins de poésie avaient pour elle tous les charmes des souvenirs, mais ce charme avait une pointe aiguë. La mélancolie de Marianine décolora son délicieux visage; et, dans l'ensemble de sa conduite, un œil habile aurait découvert la tristesse de l'amour dédaigné.

Elle avait une telle connaissance de Béringheld, qu'elle s'écriait : « Ah ! s'il le savait !.... » mais la fierté de Marianine prenait le dessus, et elle n'osait se traîner au château.

La belle Marianine s'était imaginé que la laideur de Tullius le lui laisserait fidèle en le mettant à l'abri des persécutions des autres femmes : « Son âme se sera dévoilée !.. » se disait-elle.

Aucun ami intime n'essuyait ses larmes, car elle pleurait en secret, et les forêts, les torrents, les rochers, étaient ses seuls témoins. Sa voix pure et légère ne se faisait plus entendre aux pâtres et aux chevriers qui, jadis, s'arrêtaient pour écouter ses moindres accents.

Sa mère devint inquiète; souvent son père lui pressa la main en lui demandant si elle n'était pas malade, et elle répondait : « Non, mon père; » mais cette triste parole, dénuée d'expression, inquiétait encore davantage. Cependant, le sourire de la tendresse errait sur ses lèvres... aussi, ressemblait-il à une fleur qui croît sur une tombe nouvellement construite.

Béringheld ignorait l'état de la douce, de l'aimable compagne de ses jeux et de ses courses. Comment aurait-il pu l'apprendre? puisque, sans cesse à côté de madame de Ravendsi, il dévorait chaque saillie lancée par cette bouche charmante, dont il imaginait que tout le corail lui appartenait à toujours.

Deux mois s'écoulèrent, et ces deux mois furent pour Tullius un océan de bonheur : il se figura que toute sa vie serait ainsi ; les idées de gloire fuyaient sur l'aile des rêveries et des songes, et l'amour, avec toutes ses douceurs, paraissait à Béringheld la seule chose pour laquelle nous devions vivre.

Le P. de Lunada aurait voulu que son élève ne mît pas toute son âme dans cette passion, et il regrettait d'être trop vieux, ce qui l'empêchait de guider Tullius.

Souvent le vieillard, l'arrêtant dans la galerie, lui disait d'un air grave que ses cheveux blancs et sa longue soutane rendaient imposant : « Mon enfant, malheur à celui qui met toute sa fortune dans un vaisseau, avant d'avoir regardé s'il ira jusqu'aux Indes. »

Mais l'œil de Sophie était si séduisant, son corps si bien fait, son sourire si fin !...

Sa mère, effrayée de ce que le bon Père pressentait, lui disait quelquefois : « Mon fils, les femmes ne sont pas tout dans le monde, il y a des harmonies qu'il faut observer, il y a des nécessités qu'il faut subir, et lorsqu'on ne les a pas aperçues et qu'elles arrivent, on se désespère. Prends garde, mon fils ! »

Mais un geste de Sophie emportait tout... Sophie était si jolie !

Si Sophie eût dit dans un accès de gaieté : « Béringheld me déplaît, brûlons-le !... on le rebâtira; » Béringheld et ses antiques tours auraient été consumés.

Si Tullius eût appris que Marianine, cette jeune fille si touchante, se mourait... un coup d'œil et un geste de Sophie auraient arrêté la course rapide de Tullius.

Si Sophie avait dit : « Meurs pour moi! » Béringheld aurait tendu sa tête à la hache.

Enfin Tullius oubliait tout, jusqu'à son ancêtre, dont il ne parlait plus, quoiqu'à son âge on ne dût respirer que pour rechercher la vérité d'un pareil fait.

---

## XV.

Désastres dans les amours. — M<sup>me</sup> de Ravendsi quitte le château. — Douleur de Tullius. — Sa première entrevue avec Marianine.

Si Béringheld avait une passion aussi violente pour madame de Ravendsi, c'est qu'il était bien persuadé que sa maîtresse la partageait dans toute son étendue, et que rien au monde, autre que lui, ne pouvait l'occuper ni la toucher. L'âme de Tullius était constituée d'une manière si forte, que l'amour satisfait, sans crainte ni espoir, heureux de toute la béatitude du paradis, durait et ne paraissait pas devoir finir, bien qu'il n'aimât madame de Ravendsi que faiblement en comparaison de l'amour qu'il aurait conçu pour Marianine, si Marianine se fût présentée à ses regards au moment où il conçut l'amour et tous ses charmants mystères.

Le mois de septembre arriva : Tullius, pour la première fois depuis longtemps, avait été, dès le matin, se promener dans les montagnes, après avoir laissé la marquise seule dans son appartement.

Béringheld rentre au château en pensant qu'il va trouver son amie en proie à tous les délices d'un voluptueux réveil : il se figure d'avance voir sa main errer nonchalamment sur un mol oreiller que le sommeil n'a pas encore abandonné ; son œil, redoutant la clarté du jour, se fermer, s'ouvrir tour à tour ; *il savoure d'avance les douceurs de ces jeux innocents qui suivent le réveil*, et que les plaisanteries, l'air moitié content, moitié boudeur de la marquise rendaient si charmantes. Il marche, léger, content et plein d'amour, en méditant ce qu'il fera : il arrive dans la longue galerie, et, aussitôt qu'il y entre, les éclats de rire et la voix de la marquise se font entendre. Béringheld s'imagine que sa mère l'a devancé, il approche, les sons masculins de la voix d'un homme résonnent dans la chambre et parviennent à son oreille. Alors, il ralentit sa marche, assourdit ses pas, et il écoute un long discours prononcé par un inconnu, dont les expressions et le ton indiquent un homme d'une haute classe ; parfois la marquise rit et paraît folâtrer. Béringheld croit entendre le frémissement léger des plus doux baisers. Enfin, s'approchant, sans rougir d'épier ainsi sa maîtresse, parce que la jalousie est une passion basse qui ne calcule jamais, ces mots vinrent frapper son oreille :

« En vérité, M. le marquis, cet air *proscrit* vous sied à ravir !

— Vous trouvez ?

— Comment donc ! jamais vous n'avez été si séduisant.... je ne sais si c'est parce qu'il y a longtemps que je ne vous ai vu et que vous avez, pour moi, tout le charme de la nouveauté ; mais qui diable vous reconnaîtrait sous cet habit de paysan... ah !... ah !... ah !... ah !... »

Là-dessus, la marquise de plaisanter, le marquis de répondre, et il s'ensuivit une grêle de baisers, entremêlés de rires, que les saillies de Sophie provoquèrent.

Béringheld est stupide ; il reste dans cette galerie, immobile comme une statue, enfin comme s'il n'existait pas. Cette scène lui prouve une intimité qui porte tout le cachet de celle qui s'est établie entre lui et madame de Ravendsi. Sa tête tout entière se bouleverse, ses idées se brouillent et se pressent tellement dans leur tourbillon, qu'il n'a aucune pensée fixe.

« Comment, si je vous suivrai ? certainement. Aussi bien, disait-elle, je commence à m'ennuyer dans le château ; il n'y a ni bal, ni amusement, et dans un exil on change chaque jour de lieu, on craint, on espère, et l'on voit du monde ; ici, on m'enterrerait... »

A ces paroles, Béringheld s'avance furieux, et, au bruit de ses pas, la marquise s'écrie : « Cache-toi, cachez-vous !....

— Comment, madame, dit Tullius, le visage pâle et les yeux égarés, comment... » Il s'arrête, et la voix lui manque à l'aspect de l'air tranquille de la marquise qui s'approche de lui, le serre dans ses bras, lui met son joli doigt sur la bouche, et l'entraîne en fermant sa porte en lui disant : « Chut, Tullius !... »

Béringheld, stupide et pétrifié, se laisse conduire, et la marquise est avec lui dans le parc, sous un peuplier, avant qu'il ait eu le temps de se reconnaître et d'arranger ses idées.

« M'expliquerez-vous, Sophie, dit-il en croisant ses bras, la regardant avec une rage concentrée et refusant de s'asseoir à la place qu'elle lui indiquait, m'expliquerez-vous l'étrange scène qui vient de se passer ?... »

Elle se mit à rire avec un grâce mutine et fit un geste de tête plein d'une compassion maligne, qui redoubla la colère de Tullius.

« Le rire n'est plus de saison, Sophie, quand on a flétri l'existence tout entière d'un homme, on doit, ce me semble...

— Mais, mon cher Tullius, vous êtes charmant, ah !... votre figure est trop sublime de dépit, pour que je le calme ; laissez-moi jouir de ce spectacle... vrai !...

— Ce n'est pas par des plaisanteries que vous comptez me répondre, j'espère ?

— Et s'il ne me plaît pas à moi de répondre !... croyez tout ce que vous voudrez.... vraiment, vous êtes plaisant d'avoir une volonté !...

— Comment ! cet homme paraît avoir sur vous les mêmes droits que moi, vous semblez l'aimer...

— Pourquoi pas ? dit-elle avec un sourire plein de finesse.

— Et vous m'aimez !... et vous osez profaner le nom, le nom sacré d'amour ! allez, adieu, madame, adieu, puisque votre front ne rougit pas, puisque la colère de celui qui devait vous être cher ne vous cause qu'un accès de gaieté, puisque ma peine, une peine qui va jeter de l'amertume sur toute ma vie, ne vous importe en rien, adieu ! »

La marquise riait toujours et s'écria : « Quel sermon !... mais vous êtes pathétique ; vous seriez bien en chaire, et vous prêcheriez à merveille les *infidèles*.

— Quel est cet homme ? demanda Béringheld d'un ton absolu et avec un regard qui fascina la marquise.

— Eh ! c'est mon *mari* !... »

Cette phrase et ce mot étourdirent tellement Béringheld, que, si le tonnerre était tombé dans ce moment à deux pas de lui, il ne l'aurait pas entendu. La marquise parla longtemps sans qu'il comprît un seul mot. Enfin, revenant de son abattement, il s'écria :

« Hé quoi, cet homme vous a aimée, il vous a épousée ; vous vous aimiez donc ?... »

A cette considération, la marquise ne put retenir un long éclat de rire : « S'aimer ! reprit-elle, mais ce n'est pas nécessaire pour se marier. Oh ! mon pauvre Tullius ! vous n'avez donc aucune idée des choses de ce bas monde ?

— Oh ! bien bas ! dit Tullius avec une expression sardonique. Quoi ! vous avez pu trahir un homme qui vous chérissait, qui vous a épousée, ah !... que n'ai-je su cela !...

— Que ne l'avez-vous demandé ? répondit-elle brusquement.

— Ainsi, vous n'êtes point à moi !... Toutes les paroles par lesquelles vous m'enchaîniez n'ont pas été prononcées pour la première fois !... nous ne marcherons pas toute notre vie ensemble ! *Je suis seul !*... »

A ce mot qu'il dit avec l'accent d'une profonde douleur, une larme coula sur sa joue enflammée, et il tomba dans une rêverie accablante.

La marquise le fit asseoir à côté d'elle et lui prodigua de touchantes caresses ; elle lui parla longtemps pour lui expliquer d'une manière plausible et par un discours rempli d'esprit et de considérations originales, les maximes qui régissaient la vie d'une femme dans le grand monde ; elle lui dévoila la perversité des mœurs avec une telle bonne foi, en appuyant sa conduite sur tant d'exemples, que Béringheld ne savait plus que penser. Le tableau qu'elle déroula devant ses yeux était neuf pour lui : la vertu peinte comme une chimère, l'amour comme une *coucherie perpétuelle*, le changement comme un devoir, la constance comme un ridicule, les amants des jouets, le plaisir, le seul guide à suivre : rien ne fut oublié, et le discours de la marquise était une image fidèle de ce siècle de corruption, le code du vice, et une belle *Catilinaire* contre la vertu.

Béringheld reconnut dans les paroles de Sophie un ton de conviction qui lui navra le cœur ; il reconnut aussi qu'elle l'avait aimé de bonne foi, mais autant qu'elle pouvait aimer, et comme une femme du caractère de M<sup>me</sup> de Ravendsi devait aimer.

Tullius, rentrant en lui-même, s'avoua qu'il portait la punition d'être né trop tard ; et s'imaginant que madame de Ravendsi faisait une exception, que le cœur tendre de cette femme ne chérissait que lui, s'il tomba dans un chagrin profond, du moins une consolation vint adoucir sa peine, il crut être le seul aimé.

Cinq ou six jours après, il fut témoin, dans le parc, d'une scène du même genre entre madame de Ravendsi et un autre inconnu, ami de M. de Ravendsi. Il en demanda tristement l'explication : elle fut courte.

« C'est, dit Sophie, le premier amant que j'ai eu. »

Tullius ne répondit que par un mouvement convulsif pareil à celui d'un criminel qui souffre la torture, et qui, ayant enduré les premières douleurs, ne peut empêcher son corps de trahir l'émotion que lui cause le dernier coup.

Dès ce moment, le jeune Béringheld fut en proie à la plus profonde mélancolie : il tomba tout à fait de ce faîte de bonheur et de volupté qu'il habitait. Cet événement décidait pour toute sa vie sa manière de penser. Il jugea la femme un être trop faible pour supporter l'infini du sentiment ; en un mot, il fut détrompé d'une illusion qu'il s'était créée... et ce fut dans l'une des grandes scènes de la vie, et sur l'un des principaux sentiments de l'homme, que porta son premier dégoût.

En effet, il avait parcouru une carrière immense, il se trouvait au bout, et son âme vide éprouvait le malaise qu'un ambitieux ressentirait après avoir conquis la terre. La coupe, qu'il croyait remplie et inépuisable, gisait, en ne contenant plus qu'une lie d'absinthe.

Il se mit à maudire la vie, rien ne l'émouvait, il recommençait chaque journée en répétant les mêmes choses avec un dégoût insurmontable, et il ressemblait à une machine qui se meut par un mécanisme ingénieux. Sa mère ne pouvait le consoler, et le P. de Lunada se mourait en ce moment.

Béringheld, sans cesse au lit de son vieil instituteur, et témoin de son dernier débat avec la mort, le trouvait heureux ; et, jugeant du peu de valeur de l'existence par l'aspect du chevet funèbre du jésuite, il raisonnait sur la vie, comme un homme attaqué du spleen.

Le chevalier d'A....y, le marquis de Ravendsi et sa femme partirent du château et se dirigèrent vers la Suisse, afin de rejoindre leurs parents et leurs amis émigrés. Ce départ ajouta à la mélancolie de Tullius, par l'espèce d'indifférence qui perça dans la tendresse affectée de la marquise.

« Adieu, mon jeune ami, lui dit-elle, j'espère que j'occuperai une place dans votre cœur. »

Puis, elle se mit à rire en montant à cheval, et dit à Tullius : « Nous sommes au même perron où naguère vous m'avez vue pour la première fois ; en vérité, je voudrais qu'un peintre peignît votre figure d'aujourd'hui et celle de ce temps-là !.. »

Cette légèreté fit mal au jeune Tullius ; néanmoins, il suivit de l'œil M<sup>me</sup> de Ravendsi jusqu'à ce qu'il ne pût plus la voir, et encore contempla-t-il longtemps la marque que son joli pied avait laissée sur le sable.

Le caractère que Béringheld manifesta dès sa plus tendre enfance le destinait à une vie malheureuse, et marchant de dégoût en dégoût, il devait arriver au milieu de sa carrière blasé sur tout, après avoir tout parcouru, tout essayé, tout apprécié.

L'on juge bien qu'il dut être entièrement abattu par ce premier échec, reçu sans qu'il pût le prévoir et alors que son cœur brillait de tout le lustre de la jeunesse et que toutes ses facultés se déployaient pour la première fois avec une énergie croissante.

Ces événements jetèrent dans l'âme de Marianine une légère semence de joie et de chagrin. L'amour véritable qu'elle portait à Béringheld lui fit partager sa mélancolie, mais alors Marianine ne pleura plus : son chagrin lui fut doux, et sa joie céleste ; elle pensa que Béringheld reviendrait dans les montagnes, elle y retourna pleine d'espoir, le cœur gros de consolations toutes prêtes pour son jeune ami.

Les échos qui avaient oublié sa voix répétèrent quelques chansons d'amour ; l'onde qui ne voyait plus son visage réfléchit quelquefois ses traits quand elle examinait si les roses revenaient infuser leurs couleurs sur ses joues naguère décolorées. Son œil se fixait plus souvent sur le château, et elle aurait voulu que sa pensée, franchissant les espaces, allât retentir dans le cœur flétri de Béringheld, pour y répandre une douceur d'amitié, une fraîcheur d'amour qui ravivât son tendre ami, l'objet constant de ses pensées.

⁂

Voyez-vous sur un rocher désert, couvert des feuilles mortes que l'automne laisse tomber de sa pâle couronne ; voyez-vous un jeune homme assis vers le soir sur une pierre antique : il contemple tristement l'aspect de cette soirée dont les événements sont en harmonie avec l'état de son cœur. La nature semble mourir, elle reçoit les adieux du soleil qui se retire, les montagnes sont rougeâtres, le ciel est terne et n'a plus cette pureté *italique* dont il brille en été.

Si la nature s'enveloppe d'un crêpe, elle renaît au printemps, se dit-il ; mais, moi, mon âme est ensevelie pour toujours, et l'amour n'existe plus pour moi. Le char brillant et chargé de roses, dans lequel je me voyais emporté, s'est brisé pour toujours. La femme est indigne de moi, ou je ne suis pas assez souple pour elle... la vie est une déception, une minute ; et vivre ou ne pas vivre est indifférent... Là-dessus, il courbe sa tête sur sa poitrine, et il écoute les sons funèbres de la cloche du village, car l'on enterre le P. de Lunada.

En cet instant, une jeune fille accourt vers lui, elle accourt avec une joie naïve et innocente, qui se dévoile par ses pas bondissants qui ressemblent à ceux d'un faon qui rejoint sa mère ; mais lorsqu'elle aperçoit l'œil de Béringheld, ce regard profond du désespoir tranquille et cette sévérité majestueuse qui résulte d'une méditation dernière, elle s'arrête, une aimable timidité se peint dans sa contenance, et Marianine paraît demander pardon comme si elle offensait ; tout en sollicitant la permission d'approcher, son attitude dit qu'elle va se retirer, mais sa figure et l'ensemble de sa personne désirent le contraire.

Néanmoins, à l'aspect de la douleur de son ami, elle se repose sur son arc, et son âme finit par s'identifier avec celle de Tullius. Marianine attend un sourire et un mot pour courir s'asseoir sur la mousse de la grande pierre où est Béringheld : une larme s'échappe de ses beaux yeux noirs et coule sur ses joues en voyant que le compagnon de ses jeux ne lui dit rien. Alors elle dépose toute fierté féminine, elle s'avance, s'assied contre Béringheld en disant à voix basse : « L'amour est la science de l'abaissement. » Elle prend la main de Tullius et lui dit : « Tullius, tu as du chagrin ! j'aime mieux pleurer avec toi que de rire avec tout le monde. »

Le jeune homme regarde Marianine avec étonnement, mais il secoue la tête, et reprend son attitude mélancolique.

« Ah ! Tullius, je préfère des injures à ton silence ! dis-moi, Marianine n'est-elle rien pour toi ?

— Rien, » répondit Béringheld d'une voix sourde et avec un accent machinal qui lui donnait l'air d'un écho.

Marianine fondit en larmes avec cette ingénuité des enfants de la nature, elle regarda Tullius d'un air qui disait : Vois mon teint et mes lèvres décolorés, tu es cause de cette pâleur....

En ce moment, un berger de la plaine fit entendre les faibles sons d'une musique champêtre ; les accents de cette flûte pastorale semblaient prophétiques, ils redisaient le refrain d'une chanson d'amour. Marianine espéra.

« Tullius, dit-elle, tu crois avoir aimé... »

L'infortuné se tourna vers la jeune fille et fit un signe de tête qui peignait sa souffrance.

« O Tullius ! l'amour ne vit que de sacrifices.... t'en a-t-on fait ?.... »

Marianine s'arrêta, elle craignit de trop exagérer celui qu'elle faisait en ce moment, et ne pouvant plus soutenir l'aspect du triste sourire d'un être qui n'entendait pas, elle s'éloigna à pas lents en retournant souvent sa belle tête. . . . . . . . . .
. . . . . . . . . . . . . . . . . .

Béringheld revint seul au château : sa léthargie sombre effraya sa mère.

## XVI.

Béringheld *aime* Marianine. — Scène d'amour. — Il veut partir. — Il obtient un brevet. — Recommandation de sa mère. — Adieux.

Les paroles de Marianine, le son de sa voix, ses manières naïves, la beauté contemplative de sa figure aérienne, réveillèrent au fond de l'âme de Béringheld une masse de souvenirs puissants, et il frémit en s'apercevant, au bout de quelques jours, que Marianine absorbait toutes ses facultés; alors il put comparer la différence qui existait entre un amour véritable et l'amour factice que lui avait inspiré M^me de Ravendsi ; cependant il résolut de ne plus se confier à une mer aussi orageuse, avant d'avoir des gages certains d'un amour éternel.

Quelques jours après cette entrevue, il retourna vers la pierre couverte de mousse où Marianine était venue le trouver : en gravissant la montagne, il l'aperçut assise sur ce fragment de rocher, et la place qu'il avait occupée était religieusement respectée.

« Marianine, dit-il avec une crainte indéfinissable, j'arrive, poursuivi par le charme de tes discours ; je me suis examiné le cœur, j'y ai trouvé ton image, et c'est toi que j'aime d'amour ! » Ce furent ses premières paroles; elles tombèrent une à une, et il restait interdit en pressant la main de Marianine.

Pour bien comprendre l'extase de la jeune fille en entendant ces mots, il faudrait dépeindre la scène magique qui s'offrait à ses regards : une aimable vallée au pied des Alpes, un village posé avec élégance, une vue admirable, et une prairie colorée par les feux naissants du jour. En cet instant, la nature ressemblait à une jeune fiancée qui rougit du premier baiser de son époux venant à sa rencontre.

Marianine pleure de joie, elle veut répondre et ne trouve qu'un sourire délicieux qui paraît à travers des larmes, comme une matinée de printemps.

« Mais, poursuivit Béringheld, sais-tu ce que c'est que l'amour ?

— Quand je le saurais, je voudrais l'ignorer pour te l'entendre décrire et savoir si j'aime. »

En disant cette dernière phrase, Marianine faisait apercevoir qu'elle était convaincue de ce qu'elle mettait en question : la nature apprend aux femmes cet art délicieux de peindre tout ce qu'elles ressentent par des mots qui semblent dire précisément le contraire.

« Marianine, *aimer* c'est n'être pas *soi*; c'est ne faire dépendre toutes les affections humaines, la crainte, l'espoir, la douleur, la joie, le plaisir, que d'un seul objet; c'est se plonger *dans l'infini*; n'apercevoir aucune borne au sentiment ; se consacrer à un être, de telle sorte que l'on ne vive, ne pense que pour son bonheur; mettre de la grandeur dans l'abaissement, trouver de la douceur aux larmes, du plaisir à la peine, et de la peine dans le plaisir ; rassembler toutes les contradictions, tous les contrastes, excepté celui de la haine et de l'amour ; enfin, c'est s'absorber dans *lui*, et ne respirer que de son souffle ?........

— J'aime, dit tout bas Marianine.

— C'est, continua Béringheld en s'exaltant, c'est vivre dans un monde idéal, magnifique et splendide de toutes les splendeurs, car on doit trouver le ciel plus pur et la nature plus belle; on doit n'avoir que deux manières d'être et deux divisions de temps : *l'absence* et *la présence*; d'autres saisons, que le printemps lorsque vous jouissez de *la présence*, et l'hiver que produit *l'absence;* car les fleurs naîtraient-elles en souriant, le ciel fût-il de l'azur le plus pur, tout se ternit alors ; le monde ne renferme qu'un individu, et cet individu est l'univers pour les amants...

— Ah ! j'aime, s'écria Marianine.

— Aimer, cria Béringheld, le visage en feu, et déployant toute l'énergie de son âme; c'est guetter un coup d'œil comme le Bédouin guette une goutte de rosée pour rafraîchir son palais brûlant ; c'est avoir dix millions d'idées, quand on ne se voit pas, et n'en exprimer aucune alors qu'on est près l'un de l'autre ; c'est donner autant que l'on reçoit, mais s'efforcer mutuellement de donner plus, et combattre de sacrifices.

— Ah ! je suis sûre d'aimer ! répondit Marianine, dont la pose extatique et la fixité du regard auraient fait croire qu'elle écoutait avec ses yeux.

— Tu aimes, Marianine ? dit Béringheld.

— Oui, répondit-elle en ajoutant un regard qui semblait *rougir* d'une naïve pudeur.

— Alors tu t'es dévouée à la peine et au chagrin, pour un coup d'œil, pour un mot douteux. »

A ces mots Marianine baissa la tête en pensant à la souffrance qu'elle avait ressentie lors du silence effroyable de Béringheld, quand elle était venue lui apporter des consolations.

« Tu t'es, reprit Tullius, tellement confondue avec un autre, qu'il n'y a plus trace d'individualité; tu vis d'une autre vie que la tienne, et cependant tu te sens exister par le bonheur d'un autre; alors tu abjurerais ta croyance, tu quitterais ton père.

— Mon père !...

— Ta mère.

— Ma mère !...

— Ta patrie.

— Ma patrie !...

— Sur un seul de ses regards, sur son premier ordre ; et, la religion, les parents, la patrie, l'honneur, tout ce qu'il y a de sacré, n'est plus pour toi qu'un grain d'encens que tu feras fumer en son honneur. Tu renonces à tout pour son sourire......

— Oui, dit-elle en baissant la voix et en rougissant d'amour.

— Mais, reprit Béringheld, alors un tel amour est l'exaltation de toutes nos qualités sensibles; c'est l'inspiration continuelle d'une Pythie sur son trépied sacré; c'est porter la *poésie* dans le cœur, dans la vie, et s'élancer aux cieux en dédaignant la terre ; alors, on est digne des plus nobles efforts, des plus grandes choses; et si l'on a tout sacrifié sur l'autel du cœur, on se sent disposé à l'orner des festons et des couronnes de la gloire, du génie et des divins lauriers de ceux qui ont le plus aimé : en un mot, l'amour ne vit que dans les choses extrêmes, et tout enfant qu'il est, il lève sa tête dans les cieux et ses pieds reposent dans la boue de ce globe de misère. »

Marianine était absorbée dans le plus doux ravissement qui ait saisi le cœur d'une femme. Béringheld ayant, par cette exaltation, fait vibrer toutes les cordes de son âme, tomba dans une rêverie profonde, il confondit son regard dans celui de la tendre et contemplative Marianine, et un auguste silence servit de voile à ce moment plein de charme, à cette sensation délicieuse par laquelle deux êtres se dédient l'un à l'autre tacitement et à jamais. Tous deux avaient leurs mains entrelacées, tous deux regardaient tour à tour les feux naissants du ciel, les montagnes, et eux-mêmes. Alors Béringheld reconnut les délices des premières amours, en sentant que, chez lui, l'âme participait tout entière à ce charme qui s'enfuit comme la jeunesse, comme les nuages du ciel, ou comme les figures d'un songe d'une minute.

Mais il comprit aussi qu'il n'était plus digne de la jeune fille : cette pensée tourmenta son cœur chaste et plein d'une noblesse inconnue à ceux qui naissent dans le tourbillon social.

La pauvre Marianine, après cette grande scène, embellie de tous les feux d'un cœur pur, croyait arriver au temple du bonheur; tout à coup Béringheld, confus, la regarde.

« Marianine, tu es pure comme cette neige voisine du ciel, que rien n'a souillée, ton âme est la goutte de rosée que recueille une jeune fleur, l'amour de la nature; je ne suis plus digne de toi. »

La jeune fille garda le silence, mais son regard parlait en improvisant toutes les consolations de l'amour le plus tendre; elle ne comprenait rien, mais l'instinct de la tendresse lui faisait deviner que Béringheld s'affligeait.

Ce dernier coup d'œil, rempli de toutes les mélodies de l'amour et contemplé au milieu des plus belles harmonies de la nature, fit voir à Tullius toute l'étendue de la tendresse qu'il conservait pour la belle Marianine; il en fut effrayé, en songeant que ce prisme brillant, que cette réunion de toutes les voluptés pouvait se dissoudre; et, jugeant de ses chagrins futurs par celui que lui avait causé M$^{me}$ de Ravendsi, il se leva par une inspiration soudaine et, saisissant la main de Marianine, il attira la svelte jeune fille sur son sein, la pressa avec force, déposa un baiser sur ses lèvres, et lui disant : *adieu!* il versa un torrent de larmes sur ses joues parées de l'incarnat de l'espérance, puis il s'échappa brusquement en la laissant en proie à la plus vive inquiétude. Elle vit son ami s'enfuir à travers les rochers, il détournait la tête souvent, et reprenait ensuite sa course; alors, une vive douleur fit éprouver à la jeune fille les plus cruels tourments, car ce brusque dénouement, hors de toute vraisemblance, l'effrayait.

Marianine revint à pas lents, et cette scène d'amour ne sortit jamais de sa mémoire. . . . . . . .
. . . . . . . . . . . . . . . . . . . . . . . . . . . . . . . . . . . . .

Béringheld retomba dans sa profonde mélancolie; toutes ses réflexions, marquées au coin de cette sombre philosophie qui le distinguait, lui prouvèrent que l'amour éternel était une chimère, quant aux femmes, et qu'il se préparait un avenir de malheur. Néanmoins, l'image gracieuse de Marianine, sa pente vers l'exaltation, combattaient fortement les craintes et les arguments de Tullius : quoi qu'il en soit, il résolut de finir cette lutte en renonçant à jamais aux amours, jusqu'à ce qu'une femme lui eût donné des gages certains de cette fidélité qu'il exigeait.

Il se rendit quelque temps après chez Véryno, qui était lié avec un des membres du Directoire, et il obtint du père de Marianine qu'il fît des démarches pour lui procurer un brevet d'officier, ainsi qu'une recommandation pour le général en chef des armées d'Italie. Il demanda le secret à Véryno, et s'occupa des préparatifs de départ, en tâchant de les dérober à l'œil pénétrant de sa mère. Jacques Butmel reçut une seconde fois l'ordre de se tenir prêt à accompagner Tullius, qui n'attendit plus que l'arrivée des papiers qu'il souhaitait avec ardeur.

Marianine ne pouvait douter de l'amour de Tullius, mais, lorsqu'elle apprit ses projets, elle versa des larmes bien amères, qu'elle dévora en secret.

Madame Béringheld ne tarda pas à s'apercevoir, comme le lui avait prédit le P. de Lunada, que l'enfant qui à six ans volait de jeux en jeux, qui à huit ne trouvait plus rien pour satisfaire son ardeur, qui à douze dévorait les sciences, à dix-huit ans serait las de l'amour; qu'altéré de gloire, il finirait par convoiter la puissance ; et qu'à trente ans il mourrait de chagrin si quelque chose d'immense n'engloutissait alors son activité, son ardeur pour l'inconnu et les grandes choses. Aussi, le bon Père avait-il dirigé l'esprit de Béringheld vers les sciences naturelles qui, offrant toujours des découvertes sans fin, pourraient le tenir en haleine.

Pour le moment, Tullius en était arrivé à désirer la gloire, et sa mère comprit que rien au monde ne l'empêcherait de quitter une vie paisible qui ne serait jamais en harmonie avec son caractère. Cette mère désolée versa des larmes de sang.

Un soir, elle fit appeler son fils qui, toujours enseveli dans une rêverie profonde, ne pouvait chasser Marianine de la place qu'elle occupait dans son cœur. Béringheld trouva sa mère assise au coin de l'énorme cheminée de sa chambre à coucher : elle ne se dérangea pas, et, montrant du doigt à Tullius une chaise placée à l'autre coin, elle le força de s'y asseoir par un mouvement impératif, plein d'une solennité que Tullius ne connaissait pas à sa mère.

« Mon fils, vous voulez abandonner votre mère, votre mère qui vous aime tant !..... je le sais, dit-elle, en apercevant un geste de son fils, je ne puis l'empêcher, mais je dois m'acquitter d'un devoir que j'ai juré de remplir.

« Le jour que je vous mis au monde, l'être qui m'a parlé d'une voix que je n'ai point entendue corporellement, m'a dit ces paroles, en m'enjoignant de vous les répéter lorsque vous témoigneriez le désir de vous livrer à des dangers inévitables : écoutez-les, mon fils! je viens vous répéter avec ma voix ces mémorables paroles qu'il ne m'est permis de me rappeler qu'aujourd'hui, par la puissance *invisible et réelle* qui m'a dominée; les voici. »

A ce moment, M<sup>me</sup> de Béringheld se leva, se recueillit, et dit avec une émotion visible :

« Je puis t'empêcher de mourir, mais je ne puis t'empêcher d'être tué; je ne puis veiller sur toi et *te donner l'immortalité*, que si tu restes dans les mêmes lieux, à moins que le hasard ne nous fasse rencontrer. »

Madame de Béringheld se rassit et ne dit plus rien. Tullius, en entendant ces singulières paroles, fut plongé dans un étonnement causé, en partie, par l'aspect de la profonde conviction qui brillait dans l'attitude de sa mère, et par l'enthousiasme que dévoila son regard. Il voulut la questionner, elle fit signe de la main qu'elle ne lui pouvait pas répondre à cause de son émotion.

La douleur que madame de Béringheld témoigna aurait sans doute arrêté son fils, beaucoup plus que l'avis bizarre qu'il crut émané de *Béringheld-le-Centenaire*, ou de l'être qui portait ce nom ; mais peu de temps après cette scène, Tullius reçut de Paris un brevet de capitaine et une lettre très-flatteuse qu'il devait remettre à Bonaparte; alors, son départ fut irrévocablement décidé, et il résolut de soutenir le choc que les adieux de sa mère et ceux de Marianine devaient porter à son cœur. . . . .
. . . . . . . . . . . . . . . . . . . . .

Il est cinq heures du soir : M<sup>me</sup> de Béringheld est debout sur le perron du château, elle regarde tour à tour la place que son fils vient de quitter et le chemin qu'elle a parcouru avec lui : le château, la campagne lui paraissaient vides : elle n'est plus où est son fils, mais elle le suit de l'âme et l'accompagne; des pleurs sillonnent les joues de cette mère désolée. « Je l'ai vu pour la dernière fois, se dit-elle, je mourrai sans le revoir!... » Elle rentra, le désespoir dans l'âme.

Au dîner, quand elle verra la place vide de son fils, elle dira pendant plusieurs jours qu'on aille l'avertir : elle entrera dans sa chambre comme pour le chercher; la cloche de la grille ne pourra pas désormais être agitée, sans qu'elle tressaille ; on ne tirera pas un seul coup de fusil dans les montagnes, sans qu'elle pense à son fils ; les journaux seront lus avidement, et encore plus souvent son oratoire la verra priant pour que le fatal boulet épargne l'amour de ses regards; elle n'aura plus qu'une pensée, et cette pensée sera triste ; enfin, elle ne vivra pas longtemps, parce que le chagrin la dévorera.

En ce moment elle pleure! elle ne pleurait pas quand elle a embrassé son fils, parce que Tullius a couvert le visage maternel de larmes sincères, et que l'œil sec de sa mère l'a effrayé, mais il a chancelé, mais le bruit du fusil de Jacques l'a rendu à lui. Alors sa mère l'a escorté jusqu'aux montagnes : elle n'était pas fatiguée en le suivant, ce n'est qu'en revenant que ses jambes ont plié sous le fardeau de sa douleur, car « Adieu, ma mère !... » retentit toujours à son oreille, ainsi que le triste accent et le bruit des derniers pas de son fils. Pauvre mère!... qui ne la plaindra pas est indigne du nom d'homme! chaque nuit et chaque aurore verra ses larmes, et son ombre réclame ici un soupir de toutes les mères dont les fils ont succombé la tête couverte de lauriers.

Une autre scène, presque aussi terrible (qui osera prononcer entre ces deux douleurs?), attendait Tullius sans qu'il s'en doutât. La timide Marianine, ce modèle des amantes, a pleuré solitairement, elle n'a pas été importuner son jeune ami de ses larmes, car elle a conçu que son amant devait aimer la gloire ; alors, elle a pleuré, sans cependant vouloir le détourner de ses projets.

Mais peut-elle renoncer à le voir avant son départ!.. non, non, elle veut jouir de la douleur de son dernier regard : et jalouse de l'amour maternel, Marianine, usant de l'adresse naturelle aux amants, s'est informée de Jacques par quel chemin de la montagne Béringheld, son cher Béringheld doit passer. Le chemin se trouve situé non loin de cette roche témoin de leur baiser : alors, Marianine s'est échappée de la maison paternelle ; et, longtemps avant que Béringheld soit sorti du château, elle est assise sur le banc de pierre ; elle y attend le passage de son bien-aimé, en prêtant l'oreille au moindre bruit.

On était dans la froide saison de l'hiver, aux premiers jours du mois de janvier 1797 ; un reste de lumière blanchâtre, fruit des derniers rayons du soleil qui glissaient sur la neige, éclairait le deuil de la nature : Marianine tremblait de froid et brûlait d'amour ; le torrent glacé ne murmurait plus rien ; les bergers ne répétaient plus de joyeux refrains ; tout était en harmonie avec la situation de son âme, la nature semblait participer à son chagrin par ce manteau de neige, comme jadis à sa joie par les teintes pures et délicates de l'aurore.

Pendant que Marianine attend, les pieds dans la neige, Béringheld marchait vers les montagnes en s'étonnant de n'avoir pas vu cette Marianine qui lui avait témoigné tant de tendresse ; cette désertion le confirmait dans ses terribles résolutions d'oubli : et, dévorant en silence cet affront, il laissait parler Jacques, qui calculait les distances et les jours pour savoir à quelle époque ils seraient arrivés à Vérone, théâtre de la guerre, et s'ils pourraient participer à la bataille annoncée.

Béringheld gravit la montagne ; alors ses pas sont facilement distingués et une voix douce s'écrie :
« *C'est lui !....* »

Après avoir pensé que Marianine l'abandonnait et avoir bu tout un calice d'amertume, au moment où Béringheld en achevait la lie, entendre cette voix, à cette place, fut une sensation presque poignante. En cet instant la lune, paraissant à l'horizon, couvrit, comme par enchantement, les vastes rochers d'une écharpe de lumière large et argentée, que les reflets des glaciers et des neiges rendit presque diaprée. L'émeraude, le saphir, les diamants et les perles ornèrent l'aurore de ce beau soleil des nuits qui vint éclairer la scène des adieux de l'amour.

Les beaux bras blancs et nus de Marianine montrèrent à Béringheld cet étonnant spectacle, et ses yeux, pleins d'amour, suivirent la course de cette planète lumineuse.

« Tullius, la nature a toujours déployé ses richesses pour nous, elle applaudit à nos amours.
— Et tu étais là !.... s'écria Béringheld.
— Oui, j'y étais, répondit-elle, attendant le dernier regard que tu jetterais sur ta patrie, afin de mêler à ce saint amour le souvenir de Marianine, de Marianine qui t'aimera toujours !.. qui t'aime, un peu pour elle, dit-elle en souriant du sourire des anges, mais encore plus pour toi !... elle te voit avec plaisir voler à l'illustration ; elle a tâché, Tullius, de te dérober le spectacle de ses larmes.
— Marianine !... s'écria Tullius ébranlé, mais s'endurcissant pour ne pas le faire paraître ; je réponds, à tant d'amour, que je veux t'oublier, que je le tâcherai du moins ! Quant à toi, Marianine, je te l'ordonne !.... »

A ces cruelles paroles, la belle enfant se mit à pleurer, en regardant son ami avec effroi.

« Béringheld, dit-elle, je t'aime !
— Marianine, tu le crois, tu es de bonne foi en ce moment, mais dans dix ans, dans vingt ans, tu ne m'aimerais plus, et... je veux un amour immortel !... Il n'est pas dans la nature de l'homme, qui reçoit à chaque minute une nouvelle existence ; ainsi, ne cherche pas à m'être fidèle.... je t'en dispense. Adieu. »

Cette fille des montagnes sentit, en ce moment, une sorte d'énergie sauvage et terrible s'élever dans son jeune sein en entendant ces mots affreux ; et, saisissant la main de Béringheld, elle s'écria avec une voix qui peut passer pour le cri sublime de la vérité et du sentiment outragé :

« Béringheld, par cette lumière pure qui va se couvrir d'un nuage, par ces rochers immuables, par cette place sacrée pour moi, par toute la nature, je voudrais trouver autre chose encore !.. je jure de n'aimer que toi ! c'est sur cet autel, éclairé par l'astre des nuits, que je me fiance à toi pour jamais... Va, cours, sois cinq, dix, vingt, cent ans absent !.. tu retrouveras Marianine telle qu'elle est en ce moment... quant à l'âme !... si je suis belle maintenant, je ne le serai plus alors, et les chagrins me consumeront. Adieu !... »

Là-dessus, la jeune fille, rassemblant toute son âme dans un dernier regard, la jette dans les yeux étonnés de Béringheld et s'échappe avec la légèreté d'une gazelle, mais on l'entendit sangloter au loin, et les échos répétèrent ses soupirs.

Béringheld resta tout ému de cet élan inusité, de cette sublime protestation contre son odieuse pensée, protestation que la jeune fille prononça avec une énergie brûlante, au milieu de la scène majestueuse que présentaient ces magnifiques montagnes.

Jacques vit des larmes couler sur les joues du jeune soldat, alors Jacques faisant mouvoir son fusil, s'écria : « Général, à la gloire ! » Et marchant avec enthousiasme au pas de charge, il entraîna Béringheld.

## XVII.

Tullius à l'armée. — Bataille de Rivoli. — Béringheld en Égypte. — Bataille des Pyramides. — Le Centenaire aux Pyramides.

Le 13 janvier 1797, au matin, Jacques et le capitaine Béringheld arrivèrent à Vérone, et Tullius se présenta sur-le-champ au général en chef.

Bonaparte était à la veille de livrer la bataille de Rivoli, il consultait la carte, lorsque le jeune Béringheld entra dans son cabinet en présentant la lettre du membre du Directoire. Le général lève la tête et reste frappé de la singulière physionomie du jeune audacieux. Il lit la lettre, grava le nom et la figure dans sa mémoire, et, quittant un instant sa méditation guerrière, il se mit à questionner Béringheld.

Qu'il suffise de dire que le général républicain prit une haute idée de cette jeune tête : il le plaça dans la 14e demi-brigade, lui donna un mot pour se rendre à son poste, qui était à Rovina, et le quitta en lui disant ; « Je suis convaincu que nous nous reverrons !... L'avenir de la France est gros de grands hommes, et... à demain. »

Par une chose des plus singulières, Béringheld justifia dès le lendemain l'horoscope que Bonaparte venait de tirer.

Le capitaine se trouva faire partie du corps d'armée qui, à la bataille de Rivoli, attaqua, sous Joubert, la gauche des Autrichiens.

L'armée française était assise sur trois collines. Une brigade française défendait, à droite, les hauteurs de San-Marco, que l'ennemi s'efforçait de reprendre ; deux autres brigades occupaient les hauteurs de gauche, appelées *Trombalaro* et *Zoro* ; enfin a quatorzième brigade, celle de Béringheld, fut portée au centre, à Rovina. La bataille commença.

Les avant-gardes autrichiennes, déjà repoussées sur San-Giovanni, occupaient une bonne partie de sou forces.

Un bataillon, dans lequel se trouvait Béringheld, entraîné par l'ardeur du débutant et de Jacques, qui ne cessait de crier : *A la gloire !...* s'avança pour emporter San-Giovanni ; à ce moment, la colonne autrichienne de *Liptay* attaqua les Français de gauche avec des forces supérieures ; et, profitant d'un ravin qui protégeait ce mouvement, les Autrichiens prirent en flanc une brigade qui, pour n'être pas coupée, fut obligée de rétrograder : la quatorzième brigade fut débordée à sa gauche, et, pour se retrancher sur la droite, qui se maintenait, elle fut dans la nécessité d'abandonner la compagnie commandée par Béringheld.

Ce dernier, séparé avec une poignée de braves, entra dans San-Giovanni par un effort inouï, et s'y défendit avec une intrépidité, une chaleur de courage qui arrêtèrent les Autrichiens.

Bonaparte voyait la conséquence funeste que ce débordement de la gauche de sa ligne pouvait amener, il quitta la droite et accourut pour réparer le mal, car il ne s'agissait de rien moins que d'empêcher une colonne ennemie de déboucher sur le plateau de Rivoli.

Apercevant l'ennemi déborder, il ne concevait pas ce qui pouvait faire un obstacle à ce que Liptay triomphât ; et, tout en envoyant l'infatigable Masséna avec sa trente-deuxième brigade, Bonaparte, ayant laissé la droite et le centre de l'armée qui triomphaient, examinait ce qui occupait l'ennemi autour de San-Giovanni. C'était Béringheld qui défendait le village, et Berthier, qui, à la tête de la 14e, maintenait cette position, en envoyant d'autres bataillons pour soutenir Béringheld. Masséna vint les dégager, et l'on rétablit le combat par une brillante résistance.

Berthier, Masséna et Joubert présentèrent le jeune capitaine à Bonaparte quand il arriva dans cet endroit pour changer de position, par suite de la retraite de l'ennemi : le général en chef se mit à sourire en reconnaissant le jeune homme de la veille [1].

Cette conduite ferma la bouche à ceux qui éprouvaient la tentation de murmurer de la nomination parisienne du jeune Béringheld à un tel grade. Ce fut à ce combat de Giovanni que tout le bataillon donna à Jacques Butmel le surnom de Lagloire, qui lui resta toujours.

Cette campagne fut terminée par la paix de Campo-Formio. Le jeune Béringheld revint à Paris avec le général en chef, et il vit les honneurs que l'on décerna à cette armée de héros.

Béringheld habita le brillant hôtel de sa famille : il y reçut le général en chef, qui, dès-lors, méditait son expédition d'Égypte. Il avait jugé Béringheld, et ne lui cacha pas son dessein, en lui disant qu'il comptait sur lui en qualité de chef de bataillon. Tullius fut ébloui de l'idée d'aller sur la terre antique des prêtres d'Isis, et il accepta avec joie l'offre de son général. . . . . . . . . . . .

---

[1] On sent que nous n'entrerons désormais dans aucun détail sur les faits d'armes de Béringheld ; nous n'avons raconté cette circonstance de la bataille de Rivoli que parce qu'elle fut son début.

Nous passerons rapidement sur les événements qui se sont passés dans l'espace de quinze années, pendant lesquelles nos armées ont parcouru l'Europe : nous allons en extraire les faits qui concernent cette histoire, en priant le lecteur de se reporter, par la pensée, aux divers théâtres où ils se passeront.

(*Note de l'Éditeur.*)

Béringheld est maintenant sous le ciel brûlant, sous le ciel d'airain de l'Égypte; la bataille des Pyramides vient d'être livrée; il est neuf heures du soir; l'effroyable canon a cessé de gronder; les cris de victoire retentissent, et les rappels se font entendre.

Le colonel du régiment de Tullius a succombé; Bonaparte, témoin de la conduite audacieuse de son aide-de-champ, lui a attaché les épaulettes du colonel expiré, puis il a ordonné à Béringheld de poursuivre les fuyards, et de revenir bivouaquer à Giseh.

Les mameluks combattent en fuyant, mais le terrain, surtout devant les fameuses pyramides, est jonché de leurs corps. Tullius passe sans saluer l'antique monument qui fatigue le génie des ruines; tout entier à son devoir, il court, il vole, et dissipe le reste des ennemis qui se retirent au loin.

Lorsque Béringheld eut disposé son régiment, que toute l'armée eut bivouaqué, il retourne vers le général en chef, fait son rapport, et assiste au repas, en recevant les louanges des divers généraux et l'amical serrement de main, beaucoup plus précieux, du général, qui confirma sa nomination au grade de colonel, en observant que Béringheld n'était pas majeur.

Mais aussitôt que Béringheld a rempli ses devoirs, il s'échappe, laisse l'armée dormir, et revient vers les pyramides, attiré par son génie et son goût pour le grand et le sublime.

La nuit brille de tout l'éclat des nuits de l'Orient, et rien n'interrompt le silence auguste de la nature, si ce n'est les derniers soupirs que rendent les mamelucks dépouillés. A mesure que Tullius avance, ses idées s'agrandissent, ces énormes monuments qu'il a vus depuis le commencement du jour croissent encore à ses regards et dans son imagination; à peine s'il prend garde aux cris des blessés que l'on n'est pas encore venu chercher, ou que l'on a oubliés. Il s'assied sur le débris d'un caisson, et s'abîme dans une rêverie profonde, en contemplant ces orgueilleuses cimes qui diront éternellement que, là, fut le peuple d'Égypte.

Ce spectacle, qui flattera tous les hommes, ne devait être rien en comparaison de celui qui vint s'offrir aux regards de Tullius. Il était plongé dans la méditation, et ne voyait que cet audacieux sommet qui tranchait si purement sur les cieux, lorsqu'un léger bruit frôla la base de la pyramide et la fit retentir, il lui sembla qu'elle parlait; il abaisse sa vue, et n'ose en croire son œil!...

L'être indéfinissable que Marguerite Lagradna, que Butmel, que sa mère, lui ont si bien décrit, paraît au pied de l'immense construction, et l'œil du vieillard semble dire par son feu perçant et vivace: Je durerai tout autant!.. il les regarde, ainsi que deux égaux s'envisagent: Béringheld reste cloué de stupeur en le voyant disparaître sous le monument en entraînant de chaque main le corps d'un mameluck. Sans témoigner aucune émotion de leurs cris déchirants, l'impitoyable vieillard les traîne dans le sable qu'ils saisissent en vain, et il marche d'un pas immuable et lent, comme celui du *Destin*.

La lune éclairait cette scène d'une lueur que l'ombre et la présence des pyramides changeait au point de la rendre verdâtre, ce qui ne contribuait pas peu à l'effet de ce tableau.

Le vieillard achevait son quatrième voyage, et déjà les souterrains de la pyramide contenaient huit mamelucks; en ce moment, le jeune Béringheld s'approche afin d'examiner son ancêtre, si par hasard il revenait une dernière fois: tout à coup, il entend des cris déplorables sortir sourdement de l'ouverture du vaste monument, et bientôt les cris cessèrent.

Une horreur indéfinissable s'empara de Tullius, l'idée de la mort ne l'avait pas épouvanté sur le champ de bataille inondé de mourants, et bien que ces mamelucks dussent inévitablement périr de leurs blessures, leurs cris de désespoir avaient trop le cachet de la plainte, ils accusaient trop, pour ne pas émouvoir. Ces cris, suivis d'un immuable silence, remuèrent toutes ses fibres, et il sentit ses cheveux se dresser sur sa tête. Les histoires racontées par Lagradna revinrent s'offrir à sa mémoire. L'idée que cet homme pouvait vivre depuis quatre siècles prit de la consistance, et cette tradition ne lui parut plus une chimère.

Au bout d'une grande heure, passée dans la méditation, il vit paraître une ombre énorme qui se projetait en avant, il se retourne et se trouve face à face avec un homme qui ressemblait parfaitement au portrait de Béringheld-Sculdans, surnommé le Centenaire. Le premier mouvement de Tullius, à l'aspect de cette masse immobile, fut de se reculer de quelques pas. Il resta dans une extase magique.

« Tu n'as pas suivi mes avis!... »

Ces mots sortis de la large bouche de cet étrange personnage, vinrent frapper l'oreille de Tullius qui resta cloué comme par l'effet d'un charme; il cherche le grand vieillard, il a disparu; Béringheld se frotte les yeux comme s'il sortait d'un songe, ou comme si l'éclat insolite de ceux du Centenaire les avait fatigués. Il revient à son quartier en croyant toujours voir cette magnifique *pyramide humaine*, pliant sous le faix de trois siècles. Le feu sec et flamboyant de son œil infernal, le peu de mouvements qu'il vit faire à cet être, étaient tellement *incorporels* et avaient tellement lassé son imagination qu'il ressentait une fatigue nerveuse dans tout son corps.

Il arriva harassé, et en dormant il ne cessa de voir son ancêtre.

Béringheld avait trop bien reconnu les traits originaux et presque sauvages tracés sur le portrait de Sculdans-le-Centenaire, pour se refuser à croire que c'était *lui-même*.

Voyant une impossibilité trop forte à ce que deux êtres se ressemblassent à un tel degré de perfection *physionomique*, et en retrouvant cet être avec les mêmes cheveux blancs et la même caducité que Lagradna avait contemplés alors qu'elle était jeune, Béringheld dut être en proie à la plus violente curiosité, car il ne pouvait plus douter de ce que son œil avait contemplé.

Cette aventure singulière attira toute son attention, quoiqu'il fût à l'aurore de ses désirs de gloire, d'ambition et de pouvoir.

## XVIII.

Béringheld en Syrie. — La peste de Jaffa. — Le Centenaire guérissant les soldats et préservant Tullius. — Tullius en France. — Il atteint un haut degré de pouvoir.

Cependant Béringheld, emporté par le mouvement rapide de la guerre, et par le torrent des idées de grandeur qui l'assaillaient, fut tiré de ses méditations par les dangers croissants, la nécessité de se trouver sur les champs de bataille et de détresse de nos armées : sans oublier le Centenaire, il n'y pensa plus si souvent.

Le général en chef avait porté la guerre en Syrie, et l'effroyable fléau de la peste se déchaîna sur nos armées.

Un ancien couvent de moines grecs, situé sur une hauteur auprès de Jaffa, servit d'hôpital principal, et la garde en fut confiée au colonel Béringheld. Il déploya, dans cette charge dangereuse de ce danger qui n'a pas d'éclat, un courage vraiment héroïque.

Ce vaste monastère était ruiné, il n'en restait que l'église. Ce fut là que l'on transporta les malades dont on n'espérait plus la guérison.

La nef offrait un spectacle où toutes les douleurs et les sentiments de la nature humaine se réunissaient pour élever un temple à la Souffrance. Sur les carreaux disjoints, chaque pestiféré s'était fait une petite place.

Là, enveloppés dans des manteaux, couchés sur de la paille empestée, ces Français, loin de leur patrie, se livraient au plus sombre désespoir.

Les figures livides de ces guerriers qui tremblaient devant une telle mort, formaient le tableau le plus terrible qui se soit présenté à l'imagination des hommes. Les cris ne retentissaient que faiblement sous cette voûte qui jadis répétait les inutiles prières des *caloyers*. Aujourd'hui, comme autrefois, la prière est vaine et la voûte a la même impassibilité.

Le jour se glisse à peine par des croisées ogives, il répand sur ce vaste tombeau une faible lumière, une lueur de mort, et les cris des oiseaux réfugiés dans les sommités de ce bâtiment trois fois séculaire, se mêlent aux plaintes des fils de la France.

L'un, dans un coin, appuie sa langue desséchée contre les parois humides, afin de trouver une fraîcheur qui calme sa souffrance.

Un autre, assis sur son séant, garde la même attitude : il se tait, ses bras sont croisés, son œil regarde la terre, et sa sublime résignation fait frissonner d'horreur par l'ensemble imposant d'une douleur toute romaine ou plutôt toute française : il est âgé, il sait souffrir.

Plus loin, un jeune homme penche sa tête affaiblie, il va rendre le dernier soupir, il a la main sur son sabre, il essaie de sourire, et ce sourire déchire l'âme autant que la résignation de l'autre étonne.

Il en est un qui cherche la main de son compagnon d'armes pour lui dire adieu, il prend cette main, il la touche, elle est glacée, son ami est mort, il va le suivre.

Un vieux soldat s'écrie douloureusement : « Je ne verrai plus la France !... »

Un jeune tambour répond : « Je ne verrai plus ma mère !... »

« De l'eau, de l'eau ! » crie un groupe altéré qui se lève en masse et réclame avec une fureur sauvage un faible allégement à ses maux.

Non loin de ce groupe en furie qui semble soulever le marbre d'une tombe commune, l'on entend des guerriers qui lancent des quolibets et des plaisanteries, afin que le génie de la nation apparaisse même dans la tombe.

Un concert de plaintes se mêle à ces divers tableaux : il semble que chaque pierre parle, que chaque pilier réponde, et cette multitude de têtes endolories et expirantes donne une sorte d'image des enfers, une grande vision des palais de Satan.

Quelques-uns meurent en se serrant la main, d'autres en s'embrassant. Deux ennemis se réconcilient et ont des attentions mutuelles qui attendrissent. On expire en criant : Vive la France! D'un autre côté: Vive la république! et ces cris de triomphe contrastent avec le silence de mort qui règne dans d'autres parties de l'édifice. Pour compléter le tableau des sentiments humains, on voit des soldats compter leur argent et le faire résonner. On aperçoit, avec peine, deux mourants qui se disputent de la paille ou de l'eau ; d'autres qui s'empressent d'hériter de ce que laisse leur voisin; ils meurent en recueillant l'eau citronnée, et ce précieux héritage passe de rang en rang, jusqu'à ce que le moins souffrant l'ait absorbé avant d'expirer lui-même.

On respire un air de feu, on n'entend que des soupirs, on ne voit que la mort, et cette mort pâle et affreuse qui s'avance à pas lents. C'est le palais de la Douleur : des mourants sur des cadavres.

Béringheld parcourt ce champ en versant le baume des consolations ; il est béni par ceux qui l'aperçoivent, il paraît un dieu quand il apporte des soulagements, comme lorsqu'il apporte des douceurs ; enfin, au milieu de ce tableau on voit une femme pleine de sensibilité, qui s'est dévouée au culte de la souffrance, et qui prodigue ses soins touchants ; elle apparaît comme une divinité, elle recueille une ample moisson de louanges, et de ces mots touchants qui font verser des larmes et que les anges entendent.

Le soleil glisse quelques-uns de ses rayons mourants sur cette scène d'horreur : bientôt la nuit d'Orient vient apporter une fraîcheur accueillie par un concert d'exclamations. Dans ce moment, l'homme individuel a disparu ; l'enceinte n'offre plus qu'une même masse, et cette masse souffrante remercie la nature !...

Béringheld est sorti, il regarde le ciel ; son âme, brisée par l'aspect des douleurs humaines, cherche un instant de relâche; il s'assied sur une colonne en ruine, en attachant son œil sur le tas de morts que l'on sort du couvent et que l'on brûle.

A ce moment, une exclamation partie du poste qui est à l'entrée du couvent, lui fait retourner promptement la tête, et il aperçoit le Centenaire se glisser dans l'asile de la souffrance, semblable à une ombre qui sort de la tombe.

Béringheld rentre dans le monument pour être témoin de l'étonnement général produit par l'aspect de cet être bizarre, qui réussit à faire taire tous les sentiments, les réunissant dans un seul qui n'abandonne jamais l'homme, la curiosité.

Le Centenaire est au milieu de ce temple de la mort, il place sur un débris d'autel un grand vase dont il allume le contenu, la flamme brille et l'air se purge des miasmes pestilentiels qui l'épaississent; cette lumière bleuâtre se reflète sur le visage de l'*homme*. Le colonel effrayé remarque la chair cadavéreuse et les rides séculaires du vieillard immobile et muet qui remue de la liqueur enflammée, elle change l'atmosphère, et les mouvements, l'attitude de l'étranger lui donnent l'air d'un dieu.

Lorsque l'air est devenu pur, le grand vieillard parcourt les rangs en distribuant de faibles portions d'une liqueur contenue dans une grande amphore antique, qu'il tient sans peine et qu'il remue avec une facilité qui donne une haute idée de ses forces.

Béringheld n'osa le troubler dans ses fonctions, et il tressaillit en le voyant s'avancer vers lui. Son ancêtre a, en effet, visité chaque soldat, il est à dix pas de Tullius ; il s'approche, et, lui jetant un sourire glacial, il lui dit : *Imprudent!* puis, détachant le manteau bleu qu'il avait sur ses épaules, il en enveloppa son descendant, en ajoutant : « Avec cela, tu ne crains plus rien.

— Qui es-tu ? » lui demanda le colonel stupéfait.

A cette interrogation, le vieillard regarda Béringheld de manière à le fasciner et à le rendre immobile ; il lui tendit la main, prit la sienne, et répondit : *L'Éternel!*

Cette voix foudroyante retentit d'une manière tellement bizarre, que la voûte parut trembler. Qu'on ne s'étonne pas de la stupéfaction de tous ceux qui voyaient cette étrange créature, car l'homme le plus hardi se sentait envahi par un sentiment dominateur qui semblait s'échapper du corps de ce personnage magique, et distiller la terreur par un fluide invisible et pénétrant.

Néanmoins, Béringheld fit la démonstration de vouloir suivre le vieillard qui se disposait à visiter de nouveau chaque pestiféré, mais l'inconnu, arrêtant le colonel par un mouvement de main, lui dit, de sa voix sépulcrale : « Restez là ! moi seul je puis maintenant parcourir cette enceinte. »

En effet, il ordonna à la femme, aux soldats, et à toutes les personnes qui n'étaient pas malades, et qu'il désignait par un mouvement impératif de son index, de sortir sur-le-champ. Il demeura seul avec les pestiférés, car il ferma la porte.

Le groupe de ceux qu'il venait de renvoyer entoura le colonel, qui, en proie à une rêverie profonde, ne s'apercevait pas de l'odeur insolite, inconnue et pénétrante qui s'exhalait de son manteau ; chacun regardait Tullius dans un silence curieux ; et l'impression produite par l'aspect de ce vieillard dura une partie de la nuit, jusqu'à ce qu'un soldat s'écria : « Quel œil!

— Il m'a fait mal, dit la jeune femme.

— *Il* vous ressemble, colonel, continua un adjudant. Béringheld frissonna.

— Il a au moins cent ans, dit un de ceux qui transportaient les cadavres.

— Qui est-ce ? demanda une autre personne. Béringheld ne répondait pas.

A ce moment la porte s'ouvre, le grand vieillard paraît, il est accablé de fatigue, son œil est terne, ses traits décomposés, il pousse un soupir, et sans faire attention à ceux qui le regardent, il traverse le groupe qui se partage respectueusement; il dit d'une voix éteinte :

« *Ils sont guéris*, au moins! » Puis il marche d'un pas lent vers le chemin de la montagne, et disparaît comme un feu follet. Tremblants pour la vie des malades, tous s'empressent d'entrer dans la nef de l'église : un silence effrayant régnait, et à la lueur du point du jour, on vit chaque soldat étendu ; on s'approche et l'on distingue le léger souffle d'un doux sommeil ; une teinte de santé, l'absence des douleurs brillaient sur leurs visages moins pâles, et tous avaient au bras une incision cruciale bouchée avec une substance noire, que l'on reconnut être du papier brûlé.

L'air est pur, une odeur légèrement sulfureuse règne dans l'édifice, et le spectacle terrible qui, peu d'heures avant, terrassait l'imagination, a cessé tout à fait.

Un soldat s'éveille, se lève, prend ses vêtements, s'habille, et lorsqu'on court à lui, qu'on l'interroge, il ne répond à rien, s'étonne des questions, ne comprend pas comment on lui a fait une incision, et ne sait qu'une seule chose, c'est qu'il est guéri. Ainsi de tous, et les huit cents soldats sortent, se rangent en bataille, et baisent tous la main de leur colonel.

L'étonnement le plus grand s'empara de ceux qui ne pouvaient douter d'avoir vu le vieillard ; on se rendit au quartier-général, où des récits plus ou moins magiques furent répandus sur cette apparition et sur cette nuit mystérieuse. Tous les soldats qui avaient quelque atteinte de la maladie, se rendirent à l'église, et l'influence de l'air qui y régnait, celle des fluides bienfaisants dont le vieillard avait chargé les murs, firent disparaître les symptômes de peste.

Ce fut vers cette époque que la maladie s'arrêta. Le général en chef était seul dans son cabinet lorsque le colonel vint lui faire part de cette singulière aventure, en lui cachant toutefois ce qui concernait les faits qu'il connaissait dès son enfance, et ce qui se rattachait à sa famille.

« Colonel, dit le général en attirant Béringheld dans un coin, j'ai vu ce vieillard, c'est à lui que je dois mon *invulnérabilité*, et... *beaucoup d'autres choses*, ... ajouta le général avec ce regard perçant qui le distinguait du reste des hommes ; mais, dit-encore, vous lui ressemblez, colonel !... »

— C'est vrai !

— Quel homme !... et quel œil, répondit Bonaparte, ce sera la seule fois de ma vie que j'aurai tremblé !... »

Cette aventure fut étouffée par les événements que chacun connaît; et de ceux qui en furent les témoins, il n'y eut que Béringheld qui revint en France, le reste avait péri dans les plaines de la Syrie et de l'Égypte.

Nous n'entrerons pas dans le détail des faits qui se passèrent en France et en Europe depuis le retour de Bonaparte jusqu'à la guerre d'Espagne ; seulement, nous dirons succinctement ce qui se rapporte à notre héros.

On sait que Bonaparte affectionna beaucoup ceux qui le suivirent en Égypte. Béringheld fut successivement nommé général de brigade, et général de division. Lorsque le consul parvint à l'empire, Béringheld lui servit souvent d'ambassadeur dans diverses cours de l'Europe.

Ce fut alors que notre héros, arrivé à un haut point de puissance et de célébrité, jugea par lui-même de ce qu'était la vie des grands. En parvenant à ces *nouvelles sommités des choses humaines*, il tomba dans le dégoût qui le saisissait ordinairement lorsqu'il arrivait à *quelque faîte*, et il s'aperçut que, sur le premier trône du monde, avec autant de pouvoir et de gloire qu'on pouvait en désirer, on restait le même homme qu'auparavant : que rien ne variait la vie ; que, pour nous servir de ses expressions, le boire, le manger, le sommeil d'un souverain, étaient identiques avec ceux d'un pauvre hère, avec la seule différence que l'un boit dans le cristal un vin empoisonné, que l'autre boit tranquillement dans le creux de sa main ; que l'un mange dans l'argent des mets exquis, l'autre mange, sans soucis, des aliments grossiers dans une vieille terre ; que le lit de plumes du premier est quelquefois très-dur ; qu'il ne désire plus rien, quand l'autre jouit du trésor des souhaits que son imagination sans cesse tendue vers ce qui lui manque, lui fait former.

Béringheld, privé depuis son départ du plaisir ineffable de voir sa mère et Marianine, se livrait d'avance à la joie suprême qu'il éprouverait en jouissant de leur surprise, quand il se trouverait entre elles deux, et dans le château, avec les marques du pouvoir et les insignes de ses dignités. Il brûlait le pavé avec les roues de sa calèche, afin de ne pas perdre un seul instant : ne s'agissait-il pas de revoir sa mère, la plus tendre des mères !.... Il arrivait à G....., lorsqu'un courrier, envoyé par le préfet Véryno, lui apprit que M^me de Béringheld venait de mourir en prononçant le nom de Tullius, se plaignant doucement de ne pas l'avoir revu, et disant que sa mort était *tout amère !* Marianine avait été constamment au chevet de la mère de son bien-aimé, en prodiguant à madame de Béringheld les soins d'une fille tendre et doucement aimable : du reste, la fière beauté n'écrivait pas une ligne au général.

Au moment où Béringheld était livré à la plus

profonde douleur, et se reprochait de n'avoir pas écrit à sa mère pour la prévenir des courts instants de séjour à Paris que ses missions, ses importantes fonctions lui permirent rarement; et qu'il ordonnait de se diriger vers Béringheld, un autre courrier, dépêché par le souverain, lui remit une dépêche qui le rappelait sur-le-champ à Paris, où le monarque le souhaitait pour lui donner des instructions et lui confier le commandement d'une armée en Espagne.

Ce message surprit Béringheld, parce que Bonaparte avait la louable habitude d'écarter les hommes grands et forts qui pouvaient lutter avec lui, et qui, par leurs conseils francs et sévères, contrariaient ses ambitieux projets, et que, depuis longtemps, le général était par cette raison dans une espèce de disgrâce. Néanmoins, Tullius obéit.

Béringheld, bourrelé de chagrins par la mort de sa mère, et dégoûté de tout, s'en fut en Espagne avec l'idée d'y périr dans un combat, et de terminer glorieusement une existence qui lui était à charge.

C'est ici le lieu de faire la remarque que cette maladie morale s'empare toujours des âmes telles que celle de Béringheld, lorsqu'on arrive au point d'élévation où il se trouvait assis. Il se voyait un des plus riches propriétaires de France, et il ne connaissait pas lui-même l'étendue de sa fortune, qui doubla par l'effet de la prospérité de la France et de l'agriculture; il ne connaissait pas de plaisir qu'il ne pût atteindre; il était rassasié de pouvoir; il ne prenait de l'amour que le plaisir, et son illustration lui donnait si fort à faire dans ce genre, que le dégoût arrivait au comble. Les sciences humaines ne lui offraient plus rien; il faut cependant excepter la chimie, qu'il n'avait pas eu le temps de cultiver. Dans de semblables circonstances, et pour une âme comme celle de Béringheld, la vie n'était plus qu'un mécanisme sans prestige, une décoration d'opéra, dont il n'apercevait que les ressorts et les machines; alors, lorsque toute curiosité est satisfaite, que l'on est au bout de ses désirs, le bonheur est mort, la vie sans charme, et la tombe un asile.

La mort de sa mère rembrunissait encore toutes ses réflexions, et il partit donc, en 18.., pour l'Espagne, avec la ferme volonté de laisser son corps sur cette terre orgueilleuse.

## XIX.

Combat de L***. — Maladie du général. — Histoire de la jeune Espagnole. — Le général à la mort. — Fin de ses mémoires.

Le courage audacieux de Béringheld, et la bonté touchante que déploient tous ceux dont l'âme est attaquée par cette singulière maladie, lui concilièrent l'amour des soldats.

La mort ne voulait pas de lui, et cette déesse si âpre, ressemblant à toutes les femmes, refusait une offrande présentée si souvent et avec une opiniâtreté si soutenue.

Bonaparte était en Espagne, et dirigeait lui-même toutes les opérations. A une affaire, la dernière à laquelle il ait assisté, Béringheld acheva de se dégoûter de la guerre et du pouvoir.

Les Espagnols, réfugiés sur une montagne qui n'avait qu'une seule pente accessible, la balayaient par le feu soutenu de deux batteries habilement placées. Ce point ainsi défendu arrêtait les vues de Bonaparte qui voulait achever la défaite totale de l'ennemi, par des choses incroyables.

Son cœur bouillait de rage en contemplant cette résistance; quatre fois les enragés grenadiers de sa garde étaient montés, mais quatre fois les restes foudroyés revinrent et ils renoncèrent à cette dangereuse tentative, le comble de la folie. Au moment où Béringheld, à la tête d'un corps de cavalerie polonaise, arrivait annoncer la déroute d'un parti opposé, Bonaparte, arrivé au dernier degré de cette rage qui le saisissait parfois, ordonnait à l'élite de ses officiers de le suivre, et il marchait à cette montagne de mort comme s'il eût marché à une fête : son visage brillait d'un feu terrible.

« Qu'on ne me parle pas d'impossible ! rien ne doit être impossible à mes grenadiers, disait-il d'une voix sévère au chef qui venait excuser ses soldats.

— Sire, répondit l'officier, si vous l'exigez nous allons y retourner et mourir !

— Vous n'en êtes plus dignes !.. ce seront mes Polonais, je leur réserve l'honneur d'enlever cette batterie. A vous, Béringheld !.. » Un homme méchant aurait cru que Bonaparte voulait se défaire d'un général dont le génie transcendant l'inquiétait.

Sur le désir de son souverain, Béringheld fait signe à sa troupe et gravit la montagne au grandissime galop; il arriva avec vingt hommes sur le plateau, où il massacra les Espagnols et s'empara de la batterie. Le reste du détachement couvrait le chemin.

Cette charge fit tressaillir le monarque et son état-major; mais lorsque Béringheld revint auprès de Bonaparte avec le reste de son détachement, il revint avec le germe d'une maladie mortelle, allumée par l'émotion extraordinaire que lui causa cette moisson de braves sacrifiés inutilement; car on pouvait cerner la montagne et bloquer les Espagnols, qui seraient morts de faim ou forcés de se rendre, mais ces moyens lents n'étaient pas du goût de l'*homme expéditif* qui régnait.

On laissa Béringheld et une grande partie de sa division à cet endroit, le général resta aux prises avec une maladie que les médecins de l'armée déclarèrent mortelle. Ses soldats consternés furent plongés dans la douleur, à cet arrêt qui circula dans la ville; chacun pleurait un père, et les officiers un ami.

Avant que le général tombât malade, il s'était singulièrement intéressé à une jeune Espagnole, et pendant sa maladie il en demandait souvent des nouvelles. Elle demeurait dans la maison voisine de l'hôtel du général.

Inès avait aimé un jeune officier français avec toute l'ardeur des filles de ce pays calciné. Le frère d'Inès, étant fanatisé par la présence d'un ennemi sur le sol de sa patrie, fit le serment de massacrer tout Français qu'il rencontrerait armé ou désarmé, jeune ou vieux, ami ou ennemi. Don Grégorio assassina l'amant de sa sœur au moment où ce dernier sortait de sa maison. Inès entendit le dernier cri du Français et recueillit son dernier soupir.

Cette jeune fille, véritable portrait d'Hébé, devint folle; sa folie n'avait rien que de touchant. Constamment assise sur un siège à la place où son cher Frédéric succomba, elle regardait la tache que son sang imprima sur les carreaux de marbre blanc et qu'elle ne voulait pas laisser enlever; elle ne prononçait pas une seule parole. A onze heures du soir seulement, elle jetait un faible cri et disait : « Grégorio... ne le tue pas, grâce!... » Après avoir prononcé cette phrase solitaire, elle pleurait, et son silence reprenait son cours. On lui posait des aliments sur la fenêtre de la maison déserte, et elle ne les dévorait jamais que lorsqu'elle ne pouvait plus supporter la faim.

Elle ne faisait aucun mouvement, gardait la même attitude, laissait ses beaux cheveux épars, ne souffrit pas qu'on lui enlevât sa robe tachée de sang; et, conservant ses mêmes vêtements, elle restait semblable à la statue du désespoir, pétrifiée, et souriant à ceux qui la questionnaient ou qui s'arrêtaient; mais ce sourire était exactement le même pour tout le monde et portait ce cachet d'aliénation qui déchire l'âme des gens les plus insensibles.

A toute heure de jour et de nuit on l'apercevait; si par hasard elle quittait sa place, c'était pour aller à la porte par laquelle elle introduisait Frédéric; et là, paraissant écouter, elle tendait son joli col de toutes ses forces, son oreille avide écoutait un bruit imaginaire pour tout le monde, mais qui restait gravé dans son souvenir, et ses yeux errants sur le jardin cherchaient à voir un objet souhaité; au bout de quelques instants elle s'écriait : « La porte se ferme, le voilà!.... » Elle courait au-devant d'un être mensongèrement rendu sensible par son imagination frappée d'une manière si profonde et si durable que l'infortunée jeune fille croyait tenir Frédéric dans ses bras : elle l'embrassait, le conduisait, avec une attention charmante et empreinte de tout le délire d'une amante, vers sa chambre; alors, elle jetait un effroyable cri, et détrompée, l'œil horriblement sec, le visage en convulsion, elle revenait à sa place.

Dans le jour, on la voyait quelquefois, mais rarement, regarder à côté d'elle comme si elle eût aperçu son ami; elle le contemplait attentivement, son œil terne reprenait de la vie et de l'expression : rien n'était étonnant comme ces passages rapides de ses yeux de la vie à la mort. De vague et d'indéfini, son regard, par des teintes insensibles, montait à tout ce que les souvenirs de l'amour ont de plus gracieux et de plus exalté, il brillait de toute la splendeur imaginable; puis, par des dégradations imperceptibles, il revenait au terne de la mort mentale.

Un soir, le général, près de succomber sous l'effort croissant de la maladie, demanda des nouvelles de cette jeune martyre de l'amour. Un officier lui répondit que quelque chose d'extraordinaire s'était passé la nuit dernière dans la maison d'Inès; que depuis le matin elle répétait : « Quel œil!... c'est un lustre infernal et éblouissant!...... c'est le diable!... N'importe, je deviendrai sa servante, puisqu'il va me faire revoir Frédéric.... »

Puis elle avait mis une robe brillante, elle arrangeait ses cheveux, et l'officier ajouta qu'il venait de la voir dans la plus somptueuse parure, regardant sans cesse dans la rue avec une expression délirante, et disant sans cesse :

« Il ne vient pas!... il ne vient pas! »

Des nuages noirs obscurcissaient la nuit splendide de l'Espagne, la plaine où est située *Alcani* se colorait d'une teinte sombre, une chaleur étouffante accablait la terre d'un manteau pesant, et l'on avait ouvert les croisées de la chambre du général. L'officier venait de finir le court récit de la nouvelle folie d'Inès, et il s'en était allé après avoir serré la main brûlante du général.

En effet, ce colonel, ayant remarqué la profonde altération des traits de Béringheld qui, pendant ce discours, était aux prises avec la mort, sentit que ce spectacle était trop pénible pour lui, et n'ayant pas le courage de le soutenir, il quitta cette chambre funèbre, où il ne resta plus que deux chirurgiens qui se jetaient un regard d'inquiétude et de désespoir.

Cette fatale nouvelle, que l'officier supérieur annonça dans l'hôtel, glaça chacun de consternation. La cour se remplit d'une foule de soldats et de monde. On soupirait en silence, en interrogeant de l'œil et du geste un des chirurgiens qui se trouvait à la fenêtre.

Le général avait encore un reste de connaissance et son âme faisait encore ses fonctions ; des vestiges de pensée et de souvenir erraient dans sa tête souffrante.

Au milieu de cette scène, un grand homme, d'une stature colossale, se présente à la porte de l'hôtel, s'avance d'un pas lent en cachant sa tête énorme sous un manteau de couleur brune ; il traverse la foule, monte l'escalier, et il entre dans la chambre du général dont les yeux se fermaient.

Les deux chirurgiens sont glacés d'épouvante à l'aspect des mouvements lents et indécis de l'étranger, mais surtout par l'impassible rigueur de ses traits et l'infernale splendeur de ses yeux. Le vieillard s'approche du lit, tâte le pouls, et aussitôt se dépouille de son manteau et arrose la chambre, en répandant des gouttes d'une liqueur contenue dans une fiole : aussitôt un froid pénétrant se glisse dans l'air, et le général, qui mourait accablé de chaleur, ouvre les yeux...... La première chose qu'il envisage, c'est le front sévère de son ancêtre ; il tressaille et s'écrie : « Laissez-moi mourir, je le veux !... »

— Enfant !... répondit, avec une expression de pitié, la grosse voix sourde et caverneuse de l'étranger, *je veux que tu vives !* on t'a dit que *j'empêche de mourir et non d'être tué !..* »

A ces mots, le général se met sur son séant et regarde son ancêtre en lui demandant : « Êtes-vous Béringheld le savant, né en 1450 ?... Si cela est, je consens à vivre pour vous connaître !... »

Sans répondre, le vieillard agita ses cheveux blancs, par un lent mouvement de tête ; Béringheld crut voir errer sur ses lèvres cautérisées au milieu, un léger sourire que l'homme que l'on flatte ne peut s'empêcher de laisser paraître.

« Dans deux heures je reviens te sauver !.. » dit le spectre, en imposant ses mains sur le crâne du général et en dirigeant sur cette partie toute la masse de lumière de ses yeux flamboyants. Un calme irrésistible s'empara de Béringheld, et le vieillard, en s'en allant, ordonna aux deux chirurgiens de rester tranquilles et d'empêcher que qui que ce fût entrât dans la chambre.

Les chirurgiens cherchèrent les traces de la liqueur qui venait d'être répandue. Ce fut en vain.

Le grand vieillard s'enveloppa de son manteau, et, cachant sa tête horriblement chenue sous une espèce de capuchon, sortit de l'hôtel.

Il se dirige vers la croisée où la jeune et belle Inès, le sourire de l'espérance sur ses lèvres décolorées, attendait avec impatience. Il se place en face de la folle, dérange son capuchon, et la fixe par un de ces regards absolus qui attirent et dominent.

La jeune fille devint pâle comme la mort, regarda une dernière fois la trace du sang de Frédéric, et comme elle la regardait longtemps, le vieillard, las d'attendre, lui cria lentement de sa voix sépulcrale : « Que t'importe !.. n'es-tu pas folle ?.. viens, que fais-tu dans cette vie ?... »

Inès baisse la tête, ouvre la porte, la fait tourner sur ses gonds qui depuis six mois n'avaient pas crié, et elle suit le vieillard.

Deux habitants furent témoins de cette scène singulière . . . . . . . . . . . .
. . . . . . . . . . . . . . . . .
. . . . . . . . . . . . . . . . .

A deux heures, après que l'orage a résonné dans les campagnes du ciel, que la nuit a repris sa solennité, le grand vieillard entre dans la cour de l'hôtel du général : la cour est vide, il monte l'escalier, il rencontre les deux chirurgiens pleurant, qui l'arrêtent et lui font signe d'écouter. O terreur !... l'affreux râlement de la mort retentissait dans l'escalier... le général mourait !...

En un saut rapide comme la pensée, le vieillard est au chevet de Béringheld. . . . . . . .
. . . . . . . . . . . . . . . . .

Les chirurgiens étaient restés dans l'escalier, ils furent témoins de la sortie du Centenaire qui tenait entre ses mains une fiole qui paraissait vide. Le vieillard ne fut plus revu. Les chirurgiens et le médecin trouvèrent le général endormi. Bientôt il se réveilla. Béringheld n'a aucun souvenir de ce qui s'est passé, seulement il sait que le milieu de ses lèvres a été comme brûlé, il y portait souvent les mains.

Trois jours après, il passa une revue de toute sa division.

On lui donna un grand repas, par lequel l'armée qui se trouvait sous ses ordres voulut célébrer la guérison miraculeuse de son général. Ce fut alors que l'on instruisit Béringheld des singulières circonstances de sa cure.

Des soldats avaient aperçu, pendant l'orage, le grand vieillard guider Inès vers une caverne, il en était sorti sans sa jeune compagne ; elle ne reparut plus. Les idées les plus horribles errèrent dans l'âme du général.

Quatre ans s'écoulèrent sans qu'il revît son ancêtre.

Ici se terminaient les mémoires de Béringheld : voici ce qu'il avait ajouté avant de le remettre au préfet.

« L'être dont il a été question hier est absolument le même que celui que j'ai rencontré aux Pyramides, à Jaffa, et qui m'a sauvé la vie en Espagne.

« Il eût mieux fait de me laisser périr, car la vie m'est à charge, et je ne vis plus que pour découvrir cet étonnant mystère. Fatigué des grandeurs, du pouvoir, de tout, je vais remettre ma démission entre les mains de l'Empereur, et m'adonner avec ardeur à rechercher cet être bizarre dont la vie est un problème.

« Si je ne réussis pas à le résoudre, je retourne à Béringheld, et si Marianine est fidèle à son énergique serment de la montagne, je vais lui porter une âme vierge et la récompense de son amour. »

En achevant ce manuscrit, les magistrats se trouvèrent en proie à un singulier sentiment d'horreur; ils croyaient voir le vieillard, et ils se regardaient les uns les autres avec l'expression de la peur. Lorsqu'on se retira, le préfet réclama le silence le plus absolu sur cette lecture.

On fit une copie du manuscrit, et il fut renvoyé au général Béringheld avec la relation des événements qui s'étaient passés à Tours, afin qu'il transmit ces documents au ministre de la police générale.

Nous allons suivre le général pendant la route qu'il tenait pour aller à Paris.

## XX.

Toujours le grand vieillard. — Le général le rejoint. — Le château ruiné et son propriétaire. — Histoire d'une jolie femme, racontée par un postillon. — Le général approche de Paris.

Par la lecture de l'exposé succinct du caractère et des événements principaux de la vie du général Tullius Béringheld, on voit de quelle nature étaient ses réflexions, lorsqu'il s'assit sur le haut de la montagne de Grammont.

Rien ne l'attachait plus à l'existence, si ce n'était l'espoir de retrouver Marianine, car cette âme déshéritée de ses espérances de tout genre, aimait à se reposer dans l'idée consolante d'un véritable amour.

Mais lorsqu'il eut aperçu le vieillard; que les scènes dont la ville de Tours fut le théâtre lui montrèrent ce qu'il nommait son ancêtre d'une manière positive; qu'il fut convaincu que c'était un homme, extraordinaire à la vérité, mais enfin, un homme purement et simplement, les idées du général prirent une autre direction, et Marianine ne devint plus, chez le comte de Béringheld, qu'une pensée secondaire; l'idée principale de Tullius fut la recherche du singulier pouvoir et surtout du secret de la longévité de cet être bizarre.

Pendant que la berline du général roulait vers Paris, ses réflexions prenaient donc une autre teinte moins sombre, moins funèbre, et il commençait à apercevoir un champ d'une étendue immense, qui devait finir par engloutir et consumer l'ardeur de son âme.

Ce champ si vaste était celui des sciences naturelles, dont les bornes indéfinies laissent toujours l'esprit humain dans l'espoir d'une découverte, même après avoir soulevé quelques coins du voile dont s'enveloppe la nature. En effet, le général ne concevait la possibilité de l'existence du vieillard, que par le moyen des secrets d'une science pour laquelle le mot d'impossible n'a plus de sens.

Mais le dernier événement dont il avait été témoin le faisait frémir, et il n'osait s'enfoncer dans l'abîme des pensées horribles qui naissaient à ce souvenir. Il commentait les paroles de sa mère; il comparait entre eux les divers effets que le vieillard produisait, et il arrivait encore à penser que son ancêtre joignait au pouvoir de vivre, des pouvoirs encore plus extraordinaires.

L'on sent combien les réflexions d'un homme doivent devenir profondes à l'aspect d'une immortalité physique et devant l'espérance de nouveaux pouvoirs qui lui promettent un empire absolu sur les choses de ce monde. Sur un esprit faible, de pareilles idées conduisent à l'aliénation, et le père de Béringheld y avait succombé. Mais, il est de fait que notre âme reçoit une atteinte grave d'une telle connaissance, il n'est pas un seul homme que l'espoir d'une découverte, même de peu d'importance, n'ait pas agité fortement.

En proie au nouvel ordre de choses qui venait d'allumer chez lui une *passion* qui, cette fois, devait absorber toute sa vie, Béringheld arriva à Maintenon, plongé dans une profonde rêverie.

Le général sortit de sa voiture pendant que l'on changeait de chevaux, et il entendit alors dans l'écurie une conversation entre deux postillons; cette conversation était de nature à l'intéresser vivement.

Elle avait lieu entre un vieux postillon qui revenait, et un postillon plus jeune qui préparait, pour un camarade, les chevaux destinés au général.

« Je te dis que c'est *lui !*...

— Bah ! c'est impossible.

— Je l'ai reconnu, il n'était pas changé, et pas un de ses cheveux, blancs comme le tuyau d'une pipe neuve, n'a bougé; seulement, ses yeux m'ont semblé plus renfoncés que la dernière fois, et je veux que mon fouet casse lorsque je serai à me tirer d'une ornière, s'ils n'étaient pas brillants comme le bouton d'une veste neuve qui reluit au soleil. Ce géant-là en sait long.

— Eh bien, mon ancien...

— Mon ancien, interrompit le vieux postillon, je crois que notre homme n'en connaît pas, car, lorsque je l'ai mené en 1760, il avait déjà plus de cent ans, à moins qu'il ne soit né comme il est, avec ses sourcils de vieille mousse et son front de pierre de taille; quant à sa peau, elle est dure comme le cuir de ma selle.

— Je donnerais bien un écu pour le mener, reprit le jeune postillon, et six francs pour le voir.

— Je le crois! dit le vieux postillon, et tu y gagnerais encore... Tiens, Lancinot, mon ami, écarquille tes yeux, et regarde-moi ce napoléon tout neuf! c'est mon pourboire; aussi, je l'ai mené ventre à terre, car il m'a dit comme ça, quand j'eus enfourché mon porteur : « Garçon, que je sois à la poste prochaine à midi, il y a un louis pour toi. »

« Lancinot, dit le postillon en prenant le bras de son jeune camarade, il y a été à onze heures et demie!... aussi j'ai ramené les chevaux au pas. Cet homme-là, vois-tu, c'est quelque prince d'Allemagne!... »

Le jeune postillon sortit avec les chevaux du général, qui poursuivit sa route. Arrivé à la poste suivante, il demanda des nouvelles de celui qui le précédait, et il dépeignit le vieillard. Le postillon qui l'avait conduit était au cabaret, et gris comme un cordelier; le général n'en put tirer que cette phrase : « Ah! quel homme!... quel homme!... »

Béringheld perdit la trace de Béringheld-Scul-dans, car, à la poste suivante, le postillon avoua au général avoir conduit la magnifique voiture du vieillard à une ancienne résidence royale, qui se trouvait à deux lieues dans les terres.

Tullius, laissant alors Lagloire garder son équipage, monta à cheval et se fit guider par le postillon vers ce château. Au bout d'une heure, Béringheld se trouva dans une avenue immense et ténébreuse, car les arbres avaient au moins deux cents ans, et il aperçut un vaste bâtiment dont les abords en ruines attestaient une négligence coupable de la part du propriétaire.

Le général met pied à terre, prie le postillon de l'attendre et de cacher les chevaux derrière les troncs des arbres de l'avenue; puis, Béringheld se dirige vers l'entrée de cette somptueuse demeure. L'herbe croissait sur les murs dégradés, et le beau pavillon du concierge était entouré d'eaux croupies et vertes, de plantes sauvages, de décombres et d'animaux malfaisants. L'on ne voyait plus les pavés de la cour circulaire d'une immense étendue, et le gazon qui l'avait envahie gardait encore l'empreinte des quatre roues d'une voiture que le général remarqua s'être dirigée vers les écuries. Les fenêtres du château, les portes, les marches du perron, les barrières qui entouraient les murs, tout tombait en ruine, et les oiseaux de proie s'étaient emparés depuis longtemps du faîte de cette belle construction. Le général ne put s'empêcher de gémir sur l'état de ce château, tout en cherchant où était la chaîne de la cloche. Ce ne fut pas sans peine qu'il la trouva, et les sons qui retentirent dans cette enceinte ruinée semblèrent une plainte de l'édifice. Le silence se rétablit, et personne ne parut. Le général sonna une seconde et une troisième fois sans qu'aucun être vivant se présentât.

Béringheld escaladait déjà la grille, lorsqu'il aperçut un petit vieillard sortir par la porte des écuries qu'il ferma lentement, et il se dirigea d'un pas tardif vers la principale grille dont le général s'empressa de lever le siège.

Le petit vieillard arriva à la porte et il causa au général un moment de surprise par son aspect. En effet, le nain, âgé au moins de quatre-vingts ans, portait sur sa figure des traits vagues de ressemblance entre le général et le grand vieillard; mais ces traits ramassés avaient des proportions aussi hideusement petites, que celles du vieillard étaient grandes et sévères; en voyant ce nain on doutait que ce fût un homme.

Le petit vieillard lève un œil sans feu, un œil éteint, et demande d'une voix mourante :

« Que voulez-vous?...

— N'est-il pas arrivé quelqu'un tout à l'heure, à ce château?

— Peut-être, dit le petit concierge en regardant les bottes du général, et en gardant une attitude ramassée et sans grâce.

— N'est-ce pas un vieillard? demanda Béringheld.

— Cela se pourrait bien, repartit sèchement l'inconnu.

— Quel est le propriétaire du château? reprit le général.

— C'est moi.

— Mais, reprit Tullius, je n'entends pas parler de vous, mais d'un autre homme beaucoup plus grand.

— Libre à vous... »

Le général impatienté continua : « Monsieur me permettrait-il de visiter ce magnifique château?

— Pour quoi faire? dit le petit homme en rajustant sa perruque qui avait la couleur du tabac d'Espagne.

— Pour le voir, répondit Béringheld de mauvaise humeur.

— Mais vous le voyez, et si cette façade ne vous contente pas, tournez par le premier chemin à gau-

che, vous pourrez admirer la façade des jardins.
— Mais l'intérieur, les appartements...
— Ah! je comprends, vous êtes un curieux, un amateur.
— Oui, dit le général.
— Eh bien! M. l'amateur, je n'ai pas l'habitude de les faire voir, parce que je serais assommé de visites, et je ne les aime pas.
— Monsieur, savez-vous que je suis le général Béringheld?
— Libre à vous.
— Que je puis obtenir un ordre de Sa Majesté!...
— Libre à vous.
— Pour entrer de force ici.....
— Libre à vous.
— Il s'y passe des choses extraordinaires...
— Peut-être.
— Criminelles...
— Je ne dis pas non, car il est très-extraordinaire de voir un étranger venir insulter un honnête homme, qui paie bien ses contributions, qui obéit aux lois et n'a rien à démêler avec personne; mais... libre à vous. »

Là-dessus, le petit vieillard croisa ses doigts derrière son dos, et s'en fut à pas lents, sans seulement retourner la tête.

D'après le ton et les manières de ce singulier fragment d'homme, le général prévit que quand bien même il s'introduirait de force, il ne verrait rien dans le château, et que le vieillard avait donné à son concierge les moyens d'écarter les curieux; il se décida donc à retourner à la poste, et, tout en cheminant, il demanda au postillon des renseignements sur le château et ses propriétaires.

« Général, répondit le guide, ce château, *à ce que m'a dit ma mère*, appartenait avant la révolution à la famille de R......x : quand la révolution commença, le duc émigra et l'on vendit son château : il fut acheté en 1791 par un petit homme d'une cinquantaine d'années, que vous avez dû voir, quoiqu'il se montre bien rarement. Il cultive lui-même un champ planté de pommiers, et un jardin garni d'arbustes et de plantes singulières qui lui fournissent sa nourriture; mais il y en a qui disent qu'il est sorcier.... *Vous m'entendez, général!* ajouta le postillon avec un fin sourire qui signifiait que le guide ne croyait pas aux sorciers.

« On n'aperçoit M. Lerdangin que tous les ans chez le percepteur, auquel il apporte la contribution qu'il paie pour son parc et son château. Généralement on le croit fou : j'ai entendu conter à ma mère une histoire singulière sur son père et sa mère, car il est des environs; c'est tout au plus si je me la rappelle.

— Voyons, dites-la-moi! reprit le général.

— Il s'agissait, continua le postillon, d'un géant dont la mère de ce propriétaire était amoureuse, et l'inconnu venait toutes les nuits chez madame Lerdangin sans qu'elle pût savoir d'où, par où, ni comment. Il *paraît toujours, à ce que disait ma mère,* que madame Lerdangin aimait prodigieusement le géant qu'elle n'avait jamais vu que de nuit. *Vous m'entendez, général!*...

« La première fois qu'il vint, ce fut, *disait ma mère,* une nuit d'hiver que madame Lerdangin était toute seule; son mari, faisant le commerce, voyageait alors. Elle se couchait et se trouvait même au lit, *disait ma mère,* lorsque sa porte s'ouvrit, et à cet endroit, général, *ma mère ne disait plus rien,* parce que madame Lerdangin se taisait aussi.

« Mais madame Lerdangin était extrêmement fraîche et jolie, et son mari jaloux, laid et brutal. Jaloux, parce qu'il paraît, *disait ma mère,* que le pauvre cher homme aurait laissé finir le monde; et brutal, parce qu'il craignait que sa femme... *Vous m'entendez, général!*...

« Madame Lerdangin aimait la parure, et l'inconnu lui laissait toujours de l'or à foison : il paraît, *à ce que disait ma mère,* que cet inconnu géant était un homme, mais un homme!... *Vous m'entendez, général!* »

Le général se mit à sourire en voyant la gaieté de ce postillon, dont la figure riante et l'air *sans-souci* annonçaient l'orateur champêtre du village, et qui, sans doute, appuyait toutes ses histoires de l'autorité de sa mère.

« Madame Lerdangin avoua à ma mère que, dans une seule nuit, l'inconnu... aussi vrai que je vous le dis, général, mais je n'y étais pas !...

« Comment vouliez-vous, général, que la jolie petite madame Lerdangin ne devînt pas grosse? Quand elle le fut, elle eut des envies, et notamment celle de connaître le père de son enfant. Elle croyait, *à ce que disait ma mère,* que c'était un fermier-général qui habitait à six lieues de là; mais ma mère lui remontra que jamais un fermier-général ne faisait de neuvaines... *Vous m'entendez, général?...*

« M. Lerdangin revint et résolut de se défaire de sa femme; il l'emmena avec lui sous prétexte d'aller à une fête, et madame Lerdangin en revint tout effarée. Quant à son mari, il paraît, *à ce que disait ma mère,* que l'inconnu l'avait anéanti au moment où il assassinait sa femme; car on n'a plus revu M. Lerdangin.

« Cette jolie petite femme, une nuit, vit le géant sortir d'une voiture et se diriger vers la porte du jardin de sa maison : alors, elle cacha une lampe, et lorsque le géant fut au lit, elle se leva et accourut avec la lumière... Il paraît, *à ce que disait ma mère*, qu'elle aura vu un monstre, car elle tomba évanouie, et l'on n'a plus jamais entendu parler du géant ; *vous m'entendez, général !*... Toute cette histoire est facile à deviner, les femmes savent nous jouer plus d'un tour, et.... ne vous mariez pas, mon général !

« Madame Lerdangin mourut en mettant au monde le petit *extrait d'homme* qui est devenu propriétaire de ce beau château. Vous entendez, général, que les écus du géant l'ont aidé à cet achat... mais il paraît, *à ce que disait ma mère*, que le géant avait revu son fils, pour lui communiquer des secrets de magie blanche et noire : le fait est qu'il vit singulièrement, et que cette voiture qui arrive au château tous les dix ou vingt ans, je ne sais, donne furieusement à penser. »

Le général était parvenu au relais, il monta dans sa voiture, tout pensif, en s'écriant : « Cet homme me poursuivra sans cesse,... diable !.... »

Tout à coup le général aperçut un bonnet tendu et il entendit une voix qui lui cria : « Vous m'entendez, général ?....... »

Béringheld reconnut que sa préoccupation l'avait empêché de récompenser son guide, il lui jeta un écu pour boire et un autre écu pour la manière dont il racontait.

Le général n'eut plus rien de remarquable pendant son voyage ; et, roulant vers Paris sans autre aventure, il rejoignit facilement ses troupes avant qu'elles y entrassent.

## XXI.

Marianine fidèle. — Ce que devint Marianine pendant l'absence de Tullius. — Sa constance. — Elle revoit Béringheld.

Depuis que les journaux avaient annoncé que le général Béringheld ramenait à Paris, par les ordres du souverain, la division qu'il commandait en Espagne, les personnes qui travaillaient à leur fenêtre, et qui, par conséquent, remarquaient tout ce qui se passait, voyaient chaque jour un équipage vert-d'eau se diriger vers la barrière des Bons-Hommes, à la même heure, et revenir le soir.

Une femme extrêmement belle, portant dans toutes ses manières le cachet d'une âme exaltée et d'une mélancolie douce, était dans cette voiture, avec une femme de chambre. Certes, les bourgeois du Gros-Caillou et les jeunes filles qui, sous l'œil de leur mère, se ménageaient un petit coin dans les carreaux en tirant un peu le rideau de mousseline, ne péchaient pas par défaut de conjectures.

A l'aspect du teint décoloré et de l'abandon des manières de la belle inconnue, les vieillards qui venaient digérer leur dîner sur le Cours, en appuyant leur menton sur leur canne et regardant les passants, s'accordaient tous à penser que cette jeune femme se mourait de la poitrine.

Les jeunes filles, ayant remarqué la beauté des panneaux de l'équipage, et derrière la voiture une riche livrée, opinaient que la jolie femme attendait le retour d'un colonel qui n'était pas, était, ou devait être son mari.

Les mères, ne voyant pas dans cette affaire-là d'époux pour leurs filles, n'y faisaient aucune attention ; cependant, comme il faut que la partie principale joue toujours son rôle, et que la langue d'une mère vaut celle d'une fille, les mères finirent par remarquer que la jeune femme était animée et presque rose d'espoir en allant à la barrière, et pâle, presque mourante en en revenant.

Le domestique d'une maison où la mère et la fille faisaient peut-être assaut de curiosité, se hasarda à aller, par le conseil d'une femme de chambre, à la barrière, et il découvrit que, depuis deux jours, le landau s'avançait jusque sur le chemin de Versailles.

Enfin, un ci-devant jeune homme du Gros-Caillou, croyant que la jeune femme prenait l'air à défaut de pouvoir prendre autre chose (car les médecins ne vous disent de respirer l'air que lorsque la science est à bout), ce ci-devant jeune homme, spéculant déjà sur cette conquête, envoya son laquais boire avec le cocher lorsque le landau s'arrêtait, au risque de voir son domestique ivre brûler la maison.

Alors le jeune homme sut par son laquais, qui ne s'enivra pas trop et ne brûla rien, que la belle inconnue était la fille de M. Véryno, préfet, ancien membre du Conseil des Cinq-Cents.

La fidèle Marianine venait en effet, chaque jour, épier le retour du comte de Béringheld, et les treize années d'absence n'avaient rien changé à la pureté, à la violence, au sublime de son amour : enfin, pour tout dire, elle aimait même sans espoir, et sa fierté égalait toujours son amour.

Lorsque Béringheld fut parti pour l'armée, Marianine renferma sa passion dans le fond de son cœur. Elle chercha, dès-lors, à se rendre digne d'être l'épouse de l'être dont les premiers pas dans la carrière de la gloire furent des pas de géant.

Son père, ayant donné des gages de son dévouement à la république, fut lancé dans l'administration et arriva par degrés à des postes tellement élevés, que Marianine eut le cœur rempli d'une joie secrète en voyant que son amant ne serait pas dégradé par son alliance. Elle prit les leçons des meilleurs maîtres. L'étude de la peinture, de la musique, de la littérature et des premiers éléments des sciences lui paraissait un plaisir, quand elle songeait que c'était pour Béringheld qu'elle ornait son esprit. Chaque bulletin de l'armée causait un serrement d'effroi à son pauvre cœur, et quand la lecture du journal était achevée, que Béringheld vivait, une joie, un délire plutôt, s'emparait de ses sens.

Sa chambre était toujours encombrée des cartes des pays que parcourait le corps d'armée auquel Béringheld était attaché; et, chaque matin, chaque soir, le joli doigt de Marianine suivait le progrès de nos armées: une épingle fixée sur les villes indiquait le séjour de Béringheld.

Alors la charmante enfant assommait les gens de questions sur les mœurs de ces villes : si l'on s'y trouvait bien, si les Français y étaient aimés, les femmes belles, la ville jolie, les vivres chers, les habitants aimables à vivre, etc.

Le bulletin annonçait-il une bataille pour tel jour, Marianine, pâle, les yeux toujours méditatifs, ne peignait, ne chantait, ne touchait sa harpe que lorsque le combat livré, gagné et Béringheld en vie, mettaient fin à son inquiétude mortelle.

Chaque jour elle regardait sur la carte l'endroit où il devait être, et lui adressait de douces paroles comme si elle le voyait.

Sa chambre n'était parée que de deux tableaux : l'un représentait la scène des Alpes, quand Béringheld vint la trouver assise sur la pierre couverte de mousse; l'autre celle de leurs adieux. Le portrait du général était d'une ressemblance parfaite.

Le malheur voulut que toutes les fois que les troupes françaises revinrent à Paris, Véryno fût obligé de rester dans un département éloigné, et l'amoureuse Marianine ne put jamais voir son cher Béringheld au milieu de la cour, brillant de gloire, d'opulence, de renommée, *et peut-être fidèle !*....

L'hôtel qui se trouvait à Paris en face du bel hôtel de Béringheld, fut à vendre : Marianine de presser son père de l'acheter, en se servant d'une foule de considérations étrangères à son amour, mais où il brillait. Elle ne concevait pas que son père ne pût avoir un hôtel à Paris, lorsque de jour en jour il devait être infailliblement appelé pour présider à quelque administration ! d'ailleurs ne fallait-il pas un hôtel pour y séjourner pendant leurs apparitions dans la capitale ? la fortune de son père n'était-elle pas assez considérable pour cela ? ne fallait-il pas se loger auprès du général à qui son père avait à rendre des comptes de dix années de gestion ? ne valait-il pas mieux être près d'un ami, d'une personne de connaissance?

L'hôtel fut acheté.

Pendant ce long espace de temps, mille partis se présentèrent pour Marianine; plusieurs hommes d'une haute distinction l'aimèrent véritablement; Marianine refusa tout : dignités, fortune, amour.

Sa vie, en l'absence de son tendre ami, fut celle d'une sainte qui se prosterne à son oratoire, se confond de plaisir par l'espérance qu'elle a de jouir de la félicité céleste, et qui l'entrevoit souvent par une extase angélique.

La jeune et jolie chasseresse des Alpes ne perdit rien de sa beauté, lorsque, parée des grâces d'une toilette élégante, elle s'asseyait devant une grande assemblée, déployait sur la harpe toutes les richesses de l'harmonie, du savoir, et qu'elle jetait, dans un jeu enflammé, tout son amour et la profonde exaltation qui soutenait sa vie.

Alors, si les boucles de ses cheveux se trouvaient captivées par l'art, si ses yeux avaient moins de vivacité qu'à la montagne, si sa main ne tenait plus d'arc ni de flèches, si ses paroles, ses manières étaient mesurées, un observateur habile n'en découvrait pas moins que son jeune sein contenait une éternelle passion.

Parlait-on des succès de nos armées, dans le salon de la préfecture; le nom de Béringheld frappait-il son oreille, tour à tour elle rougissait, pâlissait, ne se sentait pas d'aise. Ah ! qu'alors un jeune postulant, un vieux solliciteur, un homme qui perdait sa place étaient sûrs d'obtenir sa protection ! elle aurait, je crois, souri à un ennemi, si elle en avait eu ! le nom de Béringheld, une louange au général produisaient sur elle un effet magique.

Les pauvres ne recevaient rien qui ne fût donné pour l'amour de Tullius; elle aimait jusqu'à Cicéron, parce que le nom de l'orateur romain était celui du général.

Passion des belles âmes, amour, divin amour, ô Marianine, Marianine !.... Je ne sais si c'est par cette formule oratoire que Cicéron l'aurait remerciée, je ne la mets que parce qu'elle m'échappe à moi-même, et, que, lorsqu'on écrit, c'est bien le moins de mettre ce que l'on pense. Il y a tant de gens qui ne peuvent pas y parvenir !... de peur que de pareilles choses ne m'arrivent, je saisis l'occasion de placer une phrase aussi claire, et qui peint aussi fidèlement ma pensée.

La mort de la mère de Marianine suivit celle de madame de Béringheld, et ces deux mères furent regrettées par leur fille, d'une manière touchante. Marianine fut alors chargée de conduire la maison de son père, et elle montra combien elle avait de sens, d'ordre, de sagesse et de grandeur dans ses idées.

Lorsqu'on répandit la nouvelle du retour en France de l'armée commandée par le général Béringheld, Marianine fit entendre à son père qu'elle devait aller à Paris, pour réclamer, auprès du souverain, l'effet des promesses qu'ils en avaient reçues. Il ne s'agissait de rien moins que de fixer à Paris M. Véryno, par une direction générale.

En effet, il entrait dans le plan de Bonaparte de mêler à la cour les vieux républicains avec les anciennes colonnes de la féodalité, et personne n'était plus franchement républicain que Véryno.

On doit s'en apercevoir, en trouvant son nom dénué de la qualité de comte, que Bonaparte prodiguait avec tant de complaisance. Véryno avait constamment refusé toute distinction aristocratique, et il fut un des censeurs sévères de l'avénement du premier consul au trône impérial; en un mot, il eut le malheur d'être du nombre de ces honnêtes gens qui ne changent pas d'opinion, quelle qu'elle soit.

Véryno, connaissant la sévérité des principes de sa fille et son orgueil, ne vit aucun inconvénient à ce qu'elle allât seule à Paris: son âge, son expérience écartaient tout danger, et d'ailleurs ce bon père, instruit, sans le laisser paraître, de l'amour de sa fille, et plein d'admiration pour sa constance, ne put avoir la cruauté de lui défendre l'innocent plaisir de la vue de son idole.

Ainsi, Marianine vint à Paris avec l'intendant de son père; chaque soir elle allait au-devant de Béringheld, et chaque matin elle montait dans les greniers de son hôtel, pour voir si l'on ne faisait pas des préparatifs dans celui du général. Depuis huit jours elle venait à la barrière des *Bons-Hommes*, et bien inutilement; aussi, elle était triste, ses gens la voyaient toujours enfoncée dans une profonde rêverie, qui pour elle avait du charme, et que l'on n'osait interrompre. La harpe ne fut pas touchée, les pinceaux restèrent empaquetés; elle ne put s'occuper que de Béringheld; et, lorsqu'elle n'était pas sur le chemin de Versailles, on la voyait assise dans une bergère, le visage dans sa jolie main, et les yeux arrêtés sur le portrait de Béringheld.

Enfin, un matin, la petite femme déjeunait, lorsque le vieil intendant monta le journal; elle interrompt son déjeuner, décachète, lit, et s'écrie:

« Il vient!..... il vient!..... il vient!..... ce soir!..... »

Et vite, elle sonne, ressonne, casse les cordons, se promène, s'impatiente; la femme de chambre arrive:

« Je vais m'habiller, qu'on mette les chevaux; quelle robe prendrai-je? comment me coifferai-je? quelle ceinture?... »

Une multitude de questions se pressent, et la femme de chambre reste interdite à l'aspect de cette pétulance de la douce Marianine.

« Julie, l'Empereur est revenu, il a donné l'ordre de revenir à marches forcées,... les pauvres soldats!... n'importe! ah! qu'il a bien fait de les presser!.... ce soir!... » Julie ne comprit pas davantage.

« Mais que faites-vous là, Julie? arrangez tout. Puis, prenant le journal, elle relit tout haut:

« Le général Béringheld est arrivé hier à Versail« les, où un ordre de Sa Majesté l'a prévenu qu'elle « voulait voir défiler aujourd'hui sa division dans la « cour des Tuileries... » Julie, allez donc tout préparer pour ma toilette. Hippolyte me coiffera... Vous l'enverrez chercher; qu'il vienne au plus tôt.... quel bonheur! »

Aussitôt elle monte au grenier de l'hôtel, et tressaille de joie en voyant dans la cour du général un domestique nettoyer une voiture arrivée de la veille, les persiennes ouvertes, et un certain mouvement régner partout.

Elle redescendit au plus tôt, et revint examiner sous quel vêtement elle reparaîtrait aux yeux du général. Après bien des hésitations, elle fut chercher le tableau qui représentait la scène de ses adieux à Béringheld, et résolut d'être habillée comme à cette époque où son cœur fut si cruellement agité.

Une simple robe blanche que l'on arrangea sur-le-champ, semblable à celle de la jeune chasseresse, ses cheveux retombant sur ses épaules par des milliers de boucles, son front presque caché par une charmante résille, telle fut sa parure, que les souvenirs de l'amour rendaient plus délicieuse et pleine de charme.

Longtemps avant que les troupes n'arrivassent, les habitants du Gros-Caillou virent passer l'élégante voiture dans laquelle Marianine, brillante et belle de toutes les beautés possibles, s'agitait en regardant en avant.

Un reste de fierté, de pudeur, lui fit emporter un voile, se réservant de le déposer.... Elle attend une heure, deux heures, trois heures, et elle commence à craindre. A quatre heures, elle tressaille, en entendant dans le lointain le roulement des tambours: il est impossible de rendre la sensation cuisante et acérée qui fit refluer tout son sang dans un seul endroit, à son cœur, qui ne suffisait pas à le contenir et le renvoyer.

Ce roulement lui disait qu'enfin elle allait revoir, après quinze années d'absence, et quelle absence!... celui que, dans les montagnes, au sein de la nature la plus suave, elle avait choisi pour idole, celui qui depuis ce temps était l'objet constant de ses pensées, celui qui tenait en son coup d'œil son âme et sa vie, dans ses mains tout son bonheur!...

Le roulement approche; bientôt la poussière s'élève en un nuage, dont la désagréable présence n'est pas aperçue par Marianine. Enfin elle entend le pas cadencé de cette masse de soldats; elle voit leurs visages basanés et leurs yeux qui s'égaient à l'aspect de la capitale de la mère-patrie.

« Vois-tu, Julie? dit Marianine tremblante d'émotion, vois-tu? »

Les tambours ont cessé leur bruit discordant, une musique guerrière lance dans l'air les sons d'une magnifique harmonie, l'état-major entre....

Quel regard!... que de choses il profère! oui, Marianine, contemple le général Béringheld contenant la fougue d'un coursier espagnol. Hélas! l'attitude calme de Tullius, ses décorations, son brillant uniforme, cette pompe, les cris de vive l'Empereur, vive la France!... que les soldats élancèrent, c'en était trop pour l'amoureuse Marianine, elle s'évanouit, et son bonheur ne dura qu'un instant.

Julie, effrayée, donne l'ordre au cocher de retourner à l'hôtel... heureuse soubrette!... Marianine revient à elle, et voit que sa voiture suit l'état-major, alors un regard de feu remercia Julie de son idée.

Enfin Marianine, au comble du bonheur, peut s'enivrer à son aise; tantôt sa voiture devance le groupe d'officiers, et tantôt elle le suit... Mais si elle a dévoré l'aspect charmant de Tullius, environné d'officiers, couvert de décorations et de blessures, le général n'a pas encore revu sa tendre et fidèle Marianine. Plusieurs fois les officiers et Béringheld avaient regardé l'équipage, et chacun d'eux plaisantait en cherchant à découvrir, sur le visage du chevalier aimé, une rougeur de plaisir qui le décelât. On ne put imputer la présence de Marianine à aucun de ceux qui formaient le cortége du général, et chacun s'en défendait à l'aspect du voile de la belle Marianine. Enfin elle déposa toute fierté, et saisissant le moment où le landau se trouvait presqu'à côté de Tullius, elle jeta son voile, et le général, qui la regardait avec une curiosité maligne, resta stupéfait.

Il s'approche, Marianine tressaille, et elle entend Tullius s'écrier à voix basse : « C'est vous, Marianine!...

— Oui, répondit-elle, c'est Marianine, elle n'a pas changé!

— Je le vois, car voilà son costume des montagnes... »

A ces mots, Marianine frémit de joie par un mouvement plein d'amour.

« Voilà, continua Béringheld, toute sa jeunesse embellie par l'éclat de l'été de sa vie, et son cœur....

— Tullius...? »

Ce simple mot prononcé par Marianine, formait la plus énergique des interrogations : aussi, le général l'entendit et cessa de mettre en doute l'amour de Marianine; mais cette fille touchante eut regret de la sévérité de son regard et de cette parole.

« Mon ami, oui, je t'aime et je n'ai jamais douté de ton amour : aussi, j'ai déposé toute fierté virginale, et je le dis parce que ce ne fut pas un sacrifice pour moi, j'éprouvai trop de douceur à venir ici chaque jour. »

Béringheld avait, en écoutant ces tendres paroles, un air pensif qui effraya Marianine, et elle s'écria, en saisissant la main de Tullius :

« O Tullius! dis-moi que tu m'aimes, dis-moi que je te suis toujours chère!..... mais tu me chéris, n'est-ce pas?... »

Le général, au comble du bonheur, et troublé, regarda du côté des Tuileries; il vit que son état-major allait bientôt arriver.

Ce mouvement, dont Marianine ignorait le motif, lui brisa le cœur.

« Tullius, si tu m'abandonnes, je vais mourir!... Oh oui! mais quand je serai morte, tu diras, en voyant le village du pied des Alpes : Tout change dans la nature, il y avait ici un cœur qui n'a pas changé, et qui ne battait que pour moi! Ce remords est ma seule vengeance. » Des larmes sillonnèrent le beau visage de cette douce amante.

Le général saisit la main de son amie, y déposa ses pleurs et un baiser des plus enflammés, puis il partit au grand galop rejoindre son état-major, sans regarder Marianine, qui revenait à la vie.

Elle accourut aux Tuileries pour revoir encore le général, qui rangeait en bataille ses nombreux soldats.

« Regarde, Julie, comme il a bonne grâce!... il est bien changé depuis le jour où il quitta les montagnes, mais je ne sais sous quel habit je l'aime mieux. »

Le souverain passa les troupes en revue, et rentra dans son palais avec le général.

Alors Marianine, ivre et brûlante de tout le feu dont l'amour pétille, lorsque quinze ans d'absence, de pensées et de désirs l'ont attisé, revint chez elle, et ne cessa de contempler l'hôtel du général, et d'écouter si sa voiture allait le chercher aux Tuileries ou en revenait.

## XXII.

Béringheld reconnaît la constance de Marianine. — Mariage projeté et interrompu. — Malheurs de Véryno. — Il conspire sans conspirer. — Il est banni, et Marianine s'exile.

A onze heures du soir, une voiture arrive au grand galop et s'arrête à la porte de l'hôtel de Marianine : un pressentiment la fait courir vers son vestibule, et elle entend le pas de Béringheld qui gravit les escaliers... Ils sont dans les bras l'un de l'autre!.....

« Tullius ! s'écria-t-elle au milieu de ses pleurs de joie, je reconnais le Tullius que je rêvais !

— Marianine !..... ô tendre et constante Marianine !..... »

Le général venait d'entendre aux Tuileries, au cercle de l'Empereur, un sénateur raconter la conduite de M<sup>lle</sup> Véryno, qui refusait tous les partis, et qui ne se marierait, disait-il, en fixant Bonaparte, que sur un ordre de Sa Majesté.

Béringheld, au comble du bonheur, s'était échappé pour accourir aux pieds de Marianine. Elle se trouvait trop heureuse pour le quereller sur son silence, et sur ce qu'il n'avait pas écrit un seul mot qui pût consoler son pauvre cœur ; non, elle tenait sa main dans la sienne, et le contemplait dans un doux ravissement : il semble que le moment où ils se sont quittés se rapproche tellement du moment présent, que l'intervalle soit anéanti, et qu'il n'y ait pas eu d'absence. Leurs cœurs sont jeunes de sentiment, ils n'ont rien perdu malgré la distance des lieux et du temps, et ils s'épanchent l'un dans l'autre.

« Marianine, dit enfin le général, ton père va recevoir l'ordre de se rendre à Paris, en qualité de directeur-général d'une administration : mais, chère amie, je repartirai bientôt, l'Empereur a refusé ma démission, et m'a ordonné de me rendre en Russie, pour opposer une barrière aux malheurs récents. A mon retour, Marianine, et j'espère qu'il sera prompt, je t'épouserai. »

Un regard fut la récompense de Béringheld, mais quel regard !

« Je jure, reprit-il, de n'avoir jamais d'autre femme que toi....; je le jure simplement, sans y mettre le charmant enthousiasme dont jadis une jeune fille alluma les délirantes promesses qu'elle élevait vers les cimes des Alpes. »

A ce souvenir, Marianine voyant qu'elle avait été quelquefois dans la mémoire de Tullius, porta la main guerrière de son ami à ses lèvres reconnaissantes, et y déposa un baiser de récompense. Quelle délicieuse preuve d'amour !

« Tullius, dit-elle, pourquoi reculer notre bonheur? je ne sais, mais un délai me semble attirer l'infortune : on craint toujours de ne pas arriver quand on a désiré si longtemps. »

La naïveté de ces paroles, la douce ivresse de Marianine, la simplicité de son âme, causèrent au général une émotion qu'aucune femme n'avait pu produire en lui.

« Tu es, dit-il, la femme de mon cœur, de ma pensée, la seule chose qui puisse m'attacher à l'existence. Eh bien ! Marianine, je te laisse maîtresse.... ordonne.

— C'est à moi d'obéir, dit-elle avec la docilité d'un enfant et la douce soumission d'une femme, je crains d'avoir trop demandé. »

Mais son regard prenait de l'empire sur le général.

— Non, non, s'écria Tullius, je retourne au château, et y encourrai la disgrâce de l'Empereur, plutôt que de te causer la moindre peine.

— Béringheld, si tu es utile à ton pays, j'attendrai. Trois cent mille Français ne doivent pas souffrir de l'amour d'une femme. Cependant, dit-elle avec un charmant sourire, si l'on pouvait tout concilier... ah ! je serais bien heureuse.... je te suivrais à l'armée... je... que ne ferais-je pas !... »

Béringheld embrassa Marianine, lui dit adieu et rentra chez lui. Marianine le regarda traverser la cour ; elle suivit la lumière dans les escaliers, et elle ne put dormir de la nuit : son bonheur l'étouffait.

Le général se rendit le lendemain aux Tuileries. Il revint dîner avec Marianine, et dès qu'il entra, son front chagrin annonça à la petite femme que ses efforts avaient été vains. Elle changea de couleur.

« Marianine, Sa Majesté m'emmène dans sa voiture, elle m'a promis le bâton de maréchal... je ne sais pas si je resterai huit jours à Paris. »

Les yeux de la tendre amie du général se remplirent de pleurs.

« Tullius, que je suis malheureuse !..... je n'entrevois que dangers et chagrins. »

Marianine devint triste, mais cette tristesse était compensée par le bonheur de voir Béringheld.

« Que faire? lui demanda Tullius.

— Nous marier au plus tôt !... » répondit-elle avec un de ces sourires qui rendraient ivre un stoïcien.

« Ah ! ma chère amie, qui le désire plus que moi?

— Moi !..... dit-elle encore, parce que je t'aime de tous les amours à la fois ; quelque chose en moi me chagrine et me couvre le cœur de deuil : oui, je crois que ces instants fugitifs seront les derniers de ma vie... Lorsque je vins au monde, Lagradna a prédit que je mourrais malheureuse, et qu'un vieillard me tourmenterait... Je ne sais, mais en ce moment où tu m'annonces ces nouveaux délais, un je ne sais quoi me cause un léger frisson dans l'âme : c'est le frémissement de la nature à l'approche d'un orage... Cette guerre cruelle, ton courage, tout m'épouvante.... Au moins, si j'étais à tes côtés !.. si je te suivais !... il faudrait être ton épouse... M'entends-tu, Tullius?

— Tes paroles me font frémir !... mais, dit-il avec un léger mouvement de tête, j'oublie que tu es *femme* et que je suis homme; ces petites superstitions sont un de vos charmes... Cependant, Maria-

nine, tu m'as effrayé, parce que c'est *toi* qui parlais...
— Je ne parlerai plus, répondit-elle, parce que je ne veux apporter que du plaisir dans ton cœur. J'espère qu'au moins nous profiterons de ces huit jours pour voir ce célèbre Paris, cette grande cité, la rivale d'Athènes autrefois, et celle de Rome maintenant !...
— Oui, mon amour, oui !... il y a plus, je vais obtenir du Grand-Juge des dispenses pour notre union ; et, si l'agrément de l'Empereur s'y joint, peut-être nous mariera-t-il aux Tuileries, dans sa chapelle, avant mon départ. »
Marianine tomba dans un véritable délire !...
Cependant, nous ne devons pas oublier de rendre compte d'une des principales circonstances de l'entrevue du général avec Bonaparte. Tullius lui remit tous les documents qui concernaient le grand vieillard. Lorsque Napoléon eut jeté un coup d'œil sur ce dont il s'agissait dans ces papiers, qu'il eut parcouru la description que l'on a lue au commencement de cet ouvrage, il lança à Béringheld un sourire indéfinissable. Bonaparte était superstitieux comme tous les grands hommes, et son sourire renfermait une foule d'idées.... Avait-il connaissance des pouvoirs de l'esprit de Béringheld-le-Centenaire, les désirait-il ?... on ne peut rien expliquer ; et le général auquel nous devons cette remarque n'a plus entendu Bonaparte parler de cet homme extraordinaire.

Cependant, aussitôt, l'Empereur expédia l'ordre de rechercher le Centenaire avec le plus grand soin, et quels que soient les soupçons qui planeraient sur lui, de ne lui faire aucun mal, de le traiter avec distinction. Par tout ce qu'il écrivit, on s'aperçut bien qu'il attachait une grande importance à l'arrestation de ce singulier personnage ; mais il n'en témoigna rien verbalement.

Quelque temps après, le préfet de Bordeaux fit savoir, par une dépêche télégraphique, qu'avant que l'ordre de S. M. n'arrivât, le grand vieillard dont il était question, montrant un ordre de l'Empereur, qui défendait de le gêner en rien dans ses opérations, etc., s'était embarqué sur une chaloupe qui l'avait conduit vers un bâtiment anglais. Le préfet, ignorant si S. M. ne se servait pas de cet être extraordinaire pour quelque dessein secret, l'avait laissé partir en n'osant pas le retenir.

Bonaparte parut très-affecté de cette nouvelle, et une instruction fut donnée à la police générale de l'empire. L'ordre de Bonaparte, que portait le Centenaire, devait désormais être considéré comme nul et non avenu, et injonction secrète aux grandes autorités de s'emparer de ce nouveau *Protée*, et de l'envoyer au souverain, en tel lieu qu'il fût. . .
. . . . . . . . . . . . . . . . .

Les huit jours pendant lesquels le général séjourna à Paris furent passés avec Marianine : son temps se partageait entre elle et le château des Tuileries, où d'importantes questions se traitaient. Dans les discussions qui eurent lieu, le souverain prit une haute idée des talents de Béringheld, et cette tacite reconnaissance du mérite du Tullius ne servit pas à ratifier la promesse du premier bâton de maréchal qui vaquerait.

Le père de Marianine arriva bientôt. Il rendit ses comptes au général, et ce bon père fut en proie à la joie la plus vive, en voyant que l'absence n'avait rien changé aux sentiments de Tullius pour Marianine, et que les honneurs, la gloire, la richesse, n'altéraient point le brillant caractère de son ami. Ce vieillard, qui ressemblait à ces Romains, à ces vieux républicains, fils du pinceau de Corneille et de David, sourit à l'avenir de bonheur que de si doux feux présageaient.

Ces huit jours furent dans la vie de Marianine le premier instant de vrai bonheur qu'elle ait goûté. La jeune femme savourait le délice d'une vie pure, d'une vie pleine, et cette volupté ne ressembla point à toutes les voluptés humaines qu'une pointe d'amertume corrompt toujours, car Béringheld conçut l'espoir d'épouser Marianine. Bonaparte avait consenti avec joie à cette union qui mariait le sang d'un patriote avec le sang des anciens comtes de Béringheld, antiques piliers du système féodal. Le Grand-Juge reçut l'ordre de donner les dispenses de la première publication.

Marianine fut présentée partout comme la future de l'illustre général, fêtée au cercle de la cour, admirée, louangée du souverain lui-même ; Marianine nagea dans un océan de voluptés.

La scène française la vit avec son ami ; plus d'une fois, ils avaient senti leurs cœurs battre à l'unisson devant le magnifique spectacle de la nature des Alpes ; ensemble, ils admirèrent les grandes compositions du théâtre, et leurs louanges, leur extase s'accordèrent parfaitement. Elle visita les monuments de notre capitale, s'appuyant sur le bras chéri qu'elle avait tant souhaité. Assis à côté l'un de l'autre, dans la même voiture, de rapides coursiers leur faisaient parcourir cette ville fertile en tant de spectacles ; et le mouvement enivrant dont ils étaient entourés n'empêcha point leurs deux cœurs de se trouver en solitude. Au milieu des sublimes pensées de trois siècles, en contemplant le Musée, ce magnifique monument élevé par les peintres de tous les âges de la modernité, Marianine serrait le bras de Tullius et le regardait d'un air qui disait tout, lorsqu'elle était, soit devant les *bergers d'Arcadie* du Poussin, soit devant les tableaux de Raphaël. Une tête de Corrége, une tête du Guide, de l'Albane, suffisaient pour donner une douce fête d'amour. Rien ne fait plus sentir le charme de l'union des âmes que cette admiration mutuelle, cette *spontanéité* de pensée, à l'aspect des grands ouvrages de l'homme.

Enfin, ce qui mit le comble à la joie de Marianine, c'est qu'une difficulté, soudainement élevée par une cour d'Allemagne, arrêta le départ de l'Empereur, et qu'elle conçut véritablement l'espoir d'épouser Béringheld ; ce dernier même partagea cette espérance, parce qu'il crut entrevoir que le départ de Bonaparte serait encore plus retardé que le souverain ne le pensait, car il s'imagina qu'un mot écrit à la cour de B*** par sa main toute-puissante, suffirait pour lever tous les obstacles. Alors on peut s'imaginer la joie céleste de la tendre Marianine : elle ne dormit plus ; et, chaque jour, son cœur devenait la proie d'une cruelle agitation, en voyant chaque jour diminuer d'autant le laps de temps voulu par le code. Elle ressemblait parfaitement, dans ses désirs, à Tantale, qui s'élance à chaque instant pour saisir l'eau qui doit assouvir sa soif.

Enfin, le jour approchait. Tous réunis, un matin, dans la somptueuse salle à manger du général, ils déjeunaient en se livrant au charme de cette aurore du bonheur. La déesse de la joie elle-même versait le vin, inspirait les propos, les mots d'amour, les regards.... Tout à coup un aide-de-camp de Bonaparte entre, salue, et la main au chapeau :

« Général, dit-il, Sa Majesté m'envoie vous prévenir que les obstacles élevés par la cour de B*** ont disparu par l'habileté de notre ambassadeur.

— Qu'y a-t-il ? demanda Marianine tremblante et pâle.

— L'Empereur, général, part à quatre heures, et il vous a réservé une place dans sa voiture, pour qu'il puisse vous instruire en chemin de ce que vous aurez à faire.... C'est votre corps d'armée qui va commencer les opérations... » L'aide-de-camp se retire, et l'on entend dans la cour son cheval s'élancer au grand galop.

Quel subit passage de l'extrême joie à l'extrême chagrin ! Marianine n'eut même pas la force de maudire l'adresse du savant diplomate, elle n'eut pas le loisir de souhaiter d'autres difficultés, car sa belle tête, comme fixée, se pencha sur le sein du général, et elle y resta pâle, abattue, comme une douce feuille de rose blanche que le vent aurait jetée sur le feuillage d'un chêne. Elle ne soupira point d'abord, ne versa point de larmes, n'osa pas regarder Tullius.

Ce dernier contempla Véryno douloureusement, et le vieillard se tut. La gracieuse déesse du plaisir qui les enivrait a revolé dans d'autres lieux, et la douleur qui la suit règne à sa place !... »

Lorsque Tullius fit un mouvement, Marianine, relevant sa tête, jeta un cri d'effroi.

« Laisse-moi te suivre, mon ami ! s'écria-t-elle. Et son œil était sec de désespoir.

— Cela ne se peut, Marianine, l'Empereur ne le voudrait pas.

— Voilà ce que c'est qu'un maître ! s'écria Véryno.

— Mais, continua le général, aussitôt que nos armées auront repris leur brillante position, je reviendrai sur-le-champ.

— Nous reverrons-nous ?... dit-elle tristement ; je viens d'être si heureuse que je crains que la fortune ne se joue de nous !... »

Comment dépeindre les regards par lesquels elle foudroyait tous les apprêts du départ !

Lorsque le général, en habit de voyage, vint la serrer dans ses bras, lorsqu'il vint déposer sur ses lèvres sans couleur, le baiser du départ, alors Marianine pleura et s'enlaça dans ses bras comme pour ne pas se détacher de Tullius.

La douce superstition de la craintive Marianine jeta sur cet adieu un voile de souffrance qui le rendit pénible.

« Souviens-toi, Tullius, dit-elle au général, souviens-toi de mon pressentiment !

— Marianine, pas de faiblesse, » répondit Béringheld. Et il la prit sur ses genoux, caressa ses beaux cheveux, en lui tenant un long discours, rempli d'amour et de consolation.

Elle le crut, car elle croyait tout ce que disait le général ; mais, lorsqu'il monta dans sa voiture pour se rendre aux Tuileries, elle s'élança dans sa calèche en s'écriant :

« Je veux te voir jusqu'au dernier moment !..... Hélas ! ce sera peut-être véritablement le dernier. »

Les deux voitures entrèrent dans la cour des Tuileries, et l'amante du guerrier, jetant un regard de reproche au souverain qui lui sourit doucement, contempla une dernière fois Béringheld, et le char impérial l'entraîna avec rapidité.

La jeune femme resta pendant longtemps à la place où était la voiture ; mais, enfin, elle revint pâle, abattue, sans force et presque malade ; tout lui devint insupportable. Elle passa les huit premiers jours dans une mélancolie funèbre, voyant et faisant toujours le dernier geste de main que le général lui avait adressé, lorsque la voiture de Bonaparte l'emporta avec la vélocité de la foudre ; et son âme pressentit le malheur, comme la nature, l'approche d'un orage.

La pauvre enfant, l'œil fixé sur une carte de Russie, errait dans les forêts fatales aux armées françaises. Le nom de Béringheld était sans cesse sur ses lèvres. Elle tomba enfin sérieusement malade, quand, au bout de six mois, elle vit que le général ne revenait pas, et que des affaires périlleuses, des combats sanglants avaient lieu tous les jours.

A ce moment, le malheur sembla lancer tous ses traits les uns après les autres, et, par un accroissement de furie, il les fit succéder toujours plus cruels.

Véryno avait la moitié de sa fortune placée dans les entreprises d'un célèbre banquier ; ce dernier s'enfuit, laissant ses affaires dans le plus grand désordre, et il fut déclaré en banqueroute.

Depuis longtemps Véryno, qui avait acheté des biens nationaux, se trouvait en procès avec le domaine de la couronne pour sa principale acquisition : il perdit son procès en cour impériale, au moment où il croyait que la protection du souverain aurait fait cesser la contestation. Il se hâta d'en appeler en cassation, et écrivit à Béringheld, pour solliciter l'Empereur.

Le général, dans un des combats les plus sanglants de la campagne, fut dangereusement blessé et fait prisonnier. Cette nouvelle mit le comble à la consternation de Marianine, elle ne se leva plus de son lit, et une fièvre ardente s'empara de son corps accablé.

Ce fut pendant ces circonstances malheureuses que le dernier coup du sort vint réduire au désespoir le père de Marianine.

Il était l'ami intime des généraux qui ourdirent alors une conspiration contre Bonaparte ; cette conspiration avait pour but le rétablissement de la république. Sans participer tout à fait à cette conjuration, Véryno reçut les confidences de ces généraux, et vit avec une joie secrète une entreprise dont la liberté de la France était l'objet. Véryno, fidèle à ses principes, ne les dissimulait jamais, même au sein des assemblées et à la cour. Cette immutabilité d'opinion lui avait concilié l'estime de tous les honnêtes gens, et son simple nom, sa boutonnière vide de rubans, les services qu'il déclarait ne rendre qu'à la patrie, prouvaient énergiquement sa persévérance républicaine.

Cette conspiration fut de courte durée, et son issue funeste à tous les conjurés, dont Paris apprit, presque à la fois, l'entreprise, le jugement et la mort. Bonaparte donna l'ordre de faire le procès à Véryno qu'il destitua, à moins qu'il ne se soumît à un bannissement volontaire.

Le ministre de la police engagea Véryno, par un ami commun, à s'exiler promptement, et à attendre que le courroux du souverain fût passé, promettant qu'il ne négligerait rien pour le calmer et obtenir son retour, se chargeant de justifier sa conduite. On se doute bien que Bonaparte n'accueillit pas la demande de Véryno, quant au procès pour les biens de la maison de B****, et la cour de cassation confirma l'arrêt.

Marianine était presque mourante, et ne put accompagner son père : elle resta à Paris, vendit l'hôtel, réunit les débris de la fortune de son père, se défit du brillant équipage, des domestiques qui la quittèrent les larmes aux yeux, et ne gardant que Julie, elle prit modestement la diligence, et fut rejoindre son père aussitôt que sa santé le lui permit. Au milieu de tous ses chagrins, le plus cuisant était celui de n'avoir aucune nouvelle de Béringheld, que l'imagination exaltée de la tendre Marianine lui montrait en Sibérie, exilé, souffrant, et succombant au froid, à la fatigue, à la maladie, à ses blessures.

Véryno s'était réfugié en Suisse ; la présence de sa fille chérie jeta du baume sur les plaies de ce vieillard respectable. Il avait choisi un asile modeste, une petite maison dans les montagnes : il cultiva son jardin, Julie tâcha de suffire aux soins de la maison, et Marianine, dans cette cruelle position, trouva un courage inouï, ce genre de courage que déploient les caractères méditatifs. Elle tâcha de surmonter sa douleur, afin de ne pas ajouter au malheur de son père, par le spectacle de sa douleur d'amour ; mais, ce dernier, voyant le fard dont sa fille se colorait, n'en était que plus chagrin.

Marianine ressemblait à une jeune fleur qu'un ver ronge dans sa racine : elle est élégante, elle a encore des couleurs, mais elle ne peut s'empêcher de pâlir, elle s'*étiole* en dépit du soleil, et finit par succomber. Marianine pleurait en secret, ses attentions pour son père portaient un cachet de mélancolie que rien ne peut effacer ; mais malgré son envie de chanter des choses gaies, elle ne donnait involontairement que des sons tristes, lorsque le soir, réunis tous les trois sous les peupliers qui se trouvaient devant la porte, ils attendaient la fin du jour en écoutant les accents de la harpe de Marianine.

Leurs moyens ne leur permirent pas d'avoir les journaux : le père de Marianine allait à pied, tous les trois jours, les lire à la ville voisine. Alors, la jeune fille, inquiète, pâle, s'avançait à la rencontre de son père, s'asseyait sur un quartier de roche qui ressemblait à celui des Alpes, et quand elle apercevait les cheveux blancs du vieillard, elle accourait par un premier mouvement ; mais, à l'aspect de la tristesse du visage paternel, elle pleurait, n'osait faire une question, et, lorsqu'après être revenus, elle se hasardait à demander : « Eh bien ! mon père ?...... » Véryno répondait tristement : « Il n'y a rien, ma fille. » Marianine, ce soir-là, ne faisait pas de musique, Julie et Véryno ne disaient rien, et la lune surprenait ce groupe silencieux sous les peupliers, qui seuls murmuraient leurs plaintes aériennes.

Six mois se passèrent ainsi : le vieillard résigné,

souffrant de la cruelle douleur de sa fille mourante, et Marianine voyant avec joie le marbre de la tombe se soulever pour elle. Cette maison du malheur avait de la dignité : la propreté la plus recherchée remplaçait le luxe ; Marianine, vêtue en paysanne, faisait de la dentelle ; Véryno cultivait le jardin, de ses mains débiles ; et tous, partageant également le fardeau de l'infortune, l'auraient trouvé léger, si le cœur de Marianine n'avait pas été saturé de souffrances. Parfois elle souriait, comme pour diminuer, par cette apparence de joie, la mélancolie de son âme presque morte ; mais quel sourire !.... Son père détournait les yeux, et Julie en pleurait ! — Marianine ne se plaignait pas, mais on eût préféré des cris déchirants à sa sombre et courageuse conduite. On se gardait bien de prononcer le nom de Tullius ou de Béringheld.

Cependant, le soir, sa harpe ne résonnait guère sous les beaux peupliers, que son souvenir et son image ne présidassent au petit concert : souvent, Marianine, se croyant seule, s'écriait, en fixant dans les airs un objet chéri évoqué par son imagination puissante :

« Tu m'entends, n'est-ce pas ?... tu penses à moi !... »

Le vieillard et Julie se regardaient, et ce coup d'œil de compassion disait : « La malheureuse !... elle est en délire !... »

D'autres fois, songeant que Béringheld était mort, Marianine, regardant de son œil terne le disque argenté de la lune, jouait un morceau d'une harmonie sombre, auquel son jeu donnait une nouvelle force, et elle s'écriait :

« Ton âme est sur ces nuages légers ! elle voltige dans les airs ! son influence amoureuse m'entoure... tu m'appelles !... je t'entends !... j'irai te rejoindre bientôt !... »

Alors, le vieillard arrêtait le bras de sa fille, et lui disait :

« Marianine, c'est assez, rentrons, il est tard !...»

La harpe ne résonnait plus, chacun se couchait en silence, et Julie entendait Marianine pleurer toute la nuit !

Cependant, les événements qui devaient précipiter Bonaparte du haut de son trône approchaient, et Véryno ne voyait, dans les papiers publics, aucune nouvelle de Béringheld... Enfin, un jour, le vieillard, qui ne se lassait pas d'aller à la ville voisine, s'y dirigea pour la millième fois, et il vit un journal qui annonçait que le général Béringheld vivait, et qu'on venait de l'échanger.

Marianine attendait son père sur la roche, il faisait presque nuit ; tout à coup, elle entend des pas tellement précipités, qu'elle ne reconnaît pas la démarche de son père... Elle se lève, le vieillard, succombant à sa fatigue, arrive en sueur et lui crie :

« Béringheld vit !.... il commande le corps d'observation.... »

Cette tendre amante tomba dans les bras de son père, et sa joie se manifesta par un torrent de larmes ; elle ne dit rien, un funèbre bonheur la suffoquait.

Marianine, presque évanouie, fut ramenée par son père à leur petit ermitage. Un peu de joie se glissa dans l'âme de la pauvre fille.... « Il vit, se disait-elle, il vit... je ne puis plus l'épouser ! mais il vit !... »

On fit une petite fête en l'honneur de cette nouvelle. Marianine plaça à table le portrait du général ; elle cueillit elle-même les fraises de son père ; on but du vin de cette France tant souhaitée ; on élança mille vœux pour les succès de nos armées qui défendaient le sol chéri, et Marianine se livra au plus doux espoir. L'âme grande et généreuse de Tullius lui était trop connue pour penser qu'elle fût oubliée à cause de son malheur ; mais, dans cette nouvelle position, sa fierté renaissante lui ordonnait de ne pas faire un pas vers Béringheld ; et, fût-il venu la chercher en Suisse..... elle l'aurait attendu jusque dans la modeste salle de l'ermitage.

---

## XXIII.

Marianine en France. — Détresse de Véryno. — Marianine au désespoir. — Elle court à la mort.

Voyez-vous une jeune femme, vêtue d'une robe d'indienne bleue bien simple, conduire un vieillard en cheveux blancs dans l'allée principale du Luxembourg ?... Avec quel soin elle l'assied sur un banc de pierre, quoiqu'à côté du banc il y ait des chaises !... Comme elle prend garde à tout avec un air de tendresse ! c'est Antigone guidant son père ! Le vieillard triste et rêveur remercie sa fille par le sourire glacé de la vieillesse.

Cette femme est pâle, maigre, exténuée, elle est jeune, elle est belle, ses formes furent suaves, ses yeux noirs brillent d'un éclat sauvage sous un front blanc et froid comme celui de la statue qui n'est pas loin d'elle. C'est une plante, jeune, belle, élégante, qu'un peu d'eau ferait renaître ; un seul regard d'un soleil bienfaisant lui rendrait ses éclatantes couleurs et sa beauté ; mais maintenant elle est décolorée. La jeune fille semble se traîner, et dire au vieillard : Je te précéderai dans la tombe !

Cette femme, c'est Marianine.... Qu'ai-je dit, Marianine ?..... C'est Euphrasie ; et le vieillard, c'est Masters, son père.

Un avis donné par un ami fidèle avait prévenu Véryno et sa fille qu'ils pouvaient rentrer en France, pourvu qu'ils changeassent de nom, qu'ils habitassent à Paris un quartier retiré; et que leur position s'améliorerait *peut-être!*

Sur ce mot *peut-être* et sur l'espérance que Marianine a conçue de revoir *peut-être* Béringheld qui défend le sol de la patrie, Véryno a vendu son asile, a encore rogné le mince débris de sa fortune, a fait un voyage coûteux, et le père et la fille se sont logés dans le faubourg Saint-Jacques, à un second étage, encore trop cher pour leurs faibles ressources.

Véryno, homme d'honneur dans toute l'acception de ce terme, ne voulut pas compromettre l'ami fidèle qui l'avait obligé par son avis.

Personne ne fut donc instruit de son nom supposé, excepté cet ami, qui, seul, connut la demeure des proscrits et fut très-sobre de visites : il appartenait à l'administration dont Véryno avait été le chef, et le moindre soupçon aurait pu lui faire perdre sa place.

Il y avait deux mois que Marianine et son père habitaient le faubourg Saint-Jacques, en supportant toutes les privations que leur gêne leur imposait : mais ce qui causait le chagrin de Marianine, c'est qu'elle seule, dirigeant la dépense de la maison, voyait les ressources diminuer dans une effrayante progression. Elle cachait à son père cette sourde détresse, car elle ne pouvait se résoudre à retrancher une seule jouissance à cet être voisin de la tombe.

Lors de la vente de l'hôtel et avant leur exil, Marianine n'avait pas voulu placer la somme assez considérable qui provint de cette vente, de peur d'essuyer de nouvelles banqueroutes. Elle crut bien faire en la laissant dans les mains de l'acquéreur; et, tirant de temps à autre des portions sur ces fonds de réserve, elle finit par les épuiser. Enfin, pour revenir de Suisse, elle avait demandé le reste de cette somme, et ce dernier débris allait tous les jours en diminuant.

Un matin Marianine prenant Julie à part, lui dit : « Ma pauvre Julie, vous nous avez donné de grandes marques d'attachement, soyez certaine de notre reconnaissance!.... mais, ajouta-t-elle en pleurant, nos faibles ressources ne nous permettent pas de vous garder plus longtemps. Julie, continua-t-elle en lui prenant la main, je voudrais sauver à mon père le chagrin d'apprendre cette triste position, écoutez... »

Julie pleurait à chaudes larmes, et au milieu de ses sanglots prononçait le mot *mademoiselle*, sans trouver autre chose à dire.

« Écoutez, Julie, il faut que je vous renvoie pour quelque cause; faites-la naître..... Sans cela mon père devinerait que si je ne vous garde pas, c'est parce que je n'en ai plus le moyen.... et cela lui porterait le coup de la mort.....

— Mademoiselle.... je ne puis me séparer de vous.... je.... vous servirai pour rien.... je partagerai votre mauvaise fortune comme la bonne..... Ah!... mademoiselle, ne me refusez pas!... » Et Julie, essuyant ses yeux avec son tablier, se mit aux genoux de Marianine, en se plaignant de son ingratitude envers une servante dévouée.

« Mademoiselle, vous épouserez le général, allez.....je vous le prédis!... Accordez-moi, par son souvenir, la grâce de rester à votre service sans gages. »

A ce souvenir, à ce mot, Marianine tendit la main à Julie et l'embrassa.

Le vieillard, entendant pleurer, s'était approché à pas lents : il avait tout écouté. Il entre, s'assied à côté de Marianine, et s'écrie : « O ma fille!... ô Julie!.... » Quel silence s'ensuivit!...

Véryno retrancha une foule de petites choses qui lui faisaient plaisir, mais le cœur de sa fille se serra de douleur. La plus stricte économie régna dans le petit ménage, et la beauté brillante, qui paraîtt les cercles les plus distingués, se mit à broder pour soutenir la dépense de la maison.

Les efforts de Marianine furent vains; elle vit arriver le moment d'une effroyable détresse; et, pour comble de chagrin, elle s'aperçut que Julie la trompait et faisait payer les choses beaucoup moins cher qu'elles ne coûtaient; qu'elle passait les nuits à blanchir, savonner et repasser, afin d'éviter de la dépense et soutenir Marianine dans une sorte de luxe de propreté.

Le chagrin de la fille de Véryno arriva au dernier degré : son père ne sortait plus et passait la journée assis dans une vieille bergère de velours d'Utrecht jaune, et mangeait le moins possible, prétextant qu'il n'avait pas faim. Bientôt l'on fut obligé, pour avoir la même quantité d'aliments, de les prendre d'une nature plus grossière. Julie pleurait la nuit; et, connaissant le caractère de sa maîtresse, n'osait s'ouvrir à personne.

Marianine espérait mourir; mais mourir sans revoir Béringheld! mourir sans lui parler! mourir en laissant son père expirant de faim!... A ces pensées, une horrible énergie exaltait Marianine et la soutenait.

Enfin, l'époque du paiement du loyer approcha, et Marianine s'aperçut avec un mouvement de terreur qu'elle n'avait pas de quoi solder cette dépense. Elle resta stupide.....

---

Le pauvre malheureux vieillard était à sa fenêtre dans sa bergère, et la malheureuse Marianine à ses côtés, il faisait presque nuit, elle pensait à cet épouvantable dénuement : et, ses yeux égarés ne pouvant pleurer, son cœur seul se gonflait horriblement.

« Qu'as-tu, ma fille?.... dit le vieillard, tu souffres !

— Non, mon père...

— Tu soupires, ma chère Marianine !...

— Non, mon père, laissez-moi, je vous en supplie... » La voix de Marianine n'était plus la même, il y avait une altération, un penchant à la colère.

« Hé quoi ! ma fille, tu ne te confies pas à ton pauvre père !....

— Mais, mon père, n'avez-vous pas ce qu'il vous faut, n'êtes-vous pas *choyé, servi, content?* Hé ! mon Dieu ! vous n'avez qu'une *douleur!*... ceux qui souffrent de tous côtés, aiment quelquefois la méditation !... » Ces derniers mots avaient l'accent du reproche.

Le vieillard regarda sa fille avec une expression de docilité, de regret, de souffrance paternelle, de surprise, qui fit tomber Marianine à genoux : « O mon père !... pardon !... C'est, je crois, la seule fois de ma vie que je vous aurai manqué de respect, pardon !... » La voix d'un parricide qui demande grâce n'aurait pas eu un accent aussi cruellement déchirant.

« Va, dit le vieillard, tu seras toujours Marianine !... Et il serra sa fille dans ses bras. Pauvre enfant, cet instant est le plus beau de ma vie !... tu as fait frémir toutes les cordes de mon cœur. J'avais tort, ma fille !... il est des infortunes devant lesquelles le silence est un devoir !... »

Ce vieux père, cette fille mourante, s'accusant l'un l'autre, ne peuvent être peints que par le pinceau du Poussin.

Marianine n'avait pas un denier, et le lendemain il fallait payer le terme ; elle pensait à ce qu'elle devait faire, lorsque son père, qui ignorait cette détresse, l'interrogea. A cette méditation pénible se joignait sa douleur d'amour... On venait d'apprendre que le général Béringheld avait été blessé à Montereau ! Quelle nuit passa Marianine !...

Le lendemain, elle obtint quelques jours de répit du propriétaire. Elle rentrait de cette visite, où son courage et sa fierté avaient éprouvé un rude choc, lorsqu'elle s'était abaissée à la supplication devant un homme bien loin de comprendre la manière d'obliger les malheureux ; tout à coup, ses yeux tombent sur les deux vues des Alpes, les seuls ornements de sa chambre presque nue.

A cet aspect, une idée la saisit, mais cette idée lui fit verser un torrent de larmes. Elle n'osa en faire elle-même le sacrifice ; Julie les emporta, et, y mettant la fatale inscription : *A vendre*, elle s'en fut dans le quartier populeux de la capitale.

Trois jours elle revint sans avoir trouvé d'acheteurs, on ne regardait même pas les deux tableaux. Le désespoir s'empara de l'âme des deux femmes.

— Julie médita de mettre en gage ses vêtements et le peu de bijoux qu'elle possédait.

Enfin, le quatrième jour, un marchand vint offrir deux cents francs des deux tableaux chéris.

Voyant combien Marianine tenait à ces paysages, il s'imagina qu'ils étaient de quelque grand peintre ; alors, pour tenter la jeune femme, il fit sonner l'or et l'étala sur une table... Marianine hésita longtemps entre cette somme et les deux souvenirs, elle reporta ses yeux pleins de larmes sur les tableaux, sur le métal... enfin, l'infernal besoin l'emporta. Elle fit un signe de douleur, le marchand la comprit, et la pauvre enfant ne vit plus les Alpes...

Ce qui resta de cette somme, après qu'on eut payé le loyer, ne devait pas conduire loin le pauvre ménage.... Qu'il me soit permis d'épargner les détails déchirants de cette misère hideuse. . . . . .
. . . . . . . . . . . . . . . . . . . . . . .

Toutes les ressources étaient épuisées. Il ne fut plus possible à Marianine de soutenir l'aspect du visage décoloré de son vieux père résigné, dont le morne silence semble avoir été deviné par l'immortel auteur du *Retour de Sextus*. Marianine préféra la mort.

Julie déserta la maison ; elle s'en fut chez des amis pour emprunter quelque argent, sans en prévenir son orgueilleuse maîtresse.

Après avoir regardé une dernière fois la nudité des lieux où elle laissait son père, Marianine, lui donnant un baiser suprême et le saluant avec respect, abandonna pendant la nuit cette tombe anticipée. Elle se retire et ferme doucement la porte.

« Elle s'en va quand j'ai faim !... s'écria le vieillard avec la voix de la folie.

— Mon père, je ne m'en vais pas, » dit Marianine en rentrant.

Véryno était levé, il regarda sa fille d'un air égaré ; et, lui prenant la main qu'il serra :

« Reste, ma fille ! ma chère fille !.... s'écria-t-il d'un son de voix déchirant.

— Non ! » lui cria Marianine.

Le vieillard, la fixant avec une effroyable énergie et reprenant un instant son terrible ascendant de dignité paternelle, lui montra la porte par un geste despotique.

Marianine sortit en criant : « Il ne me manquait plus que ce dernier coup !.... Ah! Marianine, tu n'as plus qu'à mourir !..... »

En proie aux plus funestes pensées, elle marchait

lentement, et sa préoccupation était si forte qu'elle s'achemina vers la grille du Luxembourg, ne se doutant pas qu'elle la trouverait fermée.

« Avant cet horrible geste et ce regard vengeur, ne m'a-t-il donc pas souri ?... se disait-elle, ne m'a-t-il pas nommée, d'une voix défaillante, *sa chère fille !*... Oui !... mais comment le nourrir ?........ ô mon pauvre père ! mon tendre père ! que diras-tu lorsqu'on viendra te dire : Marianine est morte !... »

Elle arrive sur la place de l'Observatoire. Elle chemine en regardant d'un œil sec l'astre de la nuit qui brillait d'un éclat vif et pur, malgré de gros nuages noirs qui l'entouraient; la lune semblait combattre de sa lumière douce ces géants aériens, et les contours des nuages s'argentaient de ses reflets.

« Je n'ouvrirai donc pas cette grille.... disait Marianine égarée.

—Qui vive ?.... s'écria la sentinelle en entendant parler et remuer fortement la grille.

—Tout me refuse dans la nature !... On me ferme toutes les portes ! continua-t-elle en gémissant.

—Qui vive ?... cria une seconde fois le factionnaire en se reculant.

—Fatale grille, il faudra donc prendre le chemin le plus long pour aller à la rivière !

—Qui vive ?... Le soldat ayant appuyé la crosse de son fusil sur son sein, le dirigea dans l'ombre ; et son doigt, cherchant la détente, allait satisfaire l'imprudente Marianine, lorsque aussitôt une énorme voix qui semblait sortir de dessous l'Observatoire, cria :

« Citoyen !... » Et ce seul mot glaça le soldat de terreur.

En même temps, un homme d'une taille gigantesque, saisissant Marianine, la transporta par un mouvement d'une extrême rapidité dans la rue de l'Ouest. Marianine n'appartenait plus à ce monde... elle se laissa emporter, et le grand vieillard courut l'asseoir sur une pierre aussi froide qu'elle : absolument semblable à un aigle ou à un condor, qui, ayant saisi une proie dans la plaine, la rapporte sur le sommet de son rocher désert, en ôtant de sa serre cruelle cette blanche brebis déjà morte d'effroi. . . . . . . . . . . . . .

## XXIV.

Réduction de Marianine. — Elle secourt son père. — Elle retourne voir le vieillard. — Puissance du Centenaire.

Nous avons laissé Marianine au moment où un grand vieillard, d'une taille colossale, venait de l'asseoir sur une pierre...

« Jeune fille, lui cria-t-il d'une voix sépulcrale et dominatrice, vous vous seriez donc laissé tuer ?... »

Marianine égarée, roulant des yeux hagards, rassembla lentement sur sa tête ses beaux cheveux détachés par la brusquerie des mouvements de son libérateur, et elle répondit lentement :

« A quel danger étais-je donc exposée ?...

—Le factionnaire vous aurait tuée... Il vous parlait cependant assez haut.

— Je ne l'ai pas entendu !... » répliqua la jeune fille.

A cette réponse, le vieillard expérimenté et savant dans les *grandes douleurs*, reconnut le ton, l'accent, les manières d'un sujet qui tend à l'aliénation.

« Enfant, dit-il alors, personne sur la terre ne connaît le malheur comme moi ; les douleurs sont mes vassales : le condamné qui doit marcher à la mort, la jeune fille folle d'amour, le parricide, le fils qui ne peut soutenir la vue de la souffrance de son père, celui qui ne veut pas survivre à son déshonneur, la mère qui perd son enfant, l'homme prêt à commettre un crime, les soldats qui, sur le champ de bataille, appellent la mort quand leurs blessures sont incurables, enfin tout ce qui souffre et désire la mort, la trouve avec moi.... Je suis le juge et l'exécuteur... Sans cesse je parcours les réceptacles de la misère, les prisons, les dégoûtants hospices des aliénés, les cavernes de l'opulence rassasiée, les lits de mort du crime, et il n'est donné à aucun homme de me tromper...... Jeune fille..... ombre d'un jour à peine à son aurore, tu souffres... »

En entendant ces sombres paroles, Marianine se sentit glacer de terreur : elle essaya de contempler, à la lueur argentée de la lune, l'être extraordinaire qui lui parlait ; mais cet aspect ajouta à son épouvante. L'homme était d'une stature colossale, et ses formes massives, déguisées par un manteau de couleur carmélite, semblaient surcharger la terre. Le lustre des yeux de l'étranger l'étonna ; la naïve Marianine laissa échapper un geste d'horreur ; elle fit un mouvement pour fuir, mais elle se sentit arrêtée par la main froide et desséchée du vieillard.

« Tu m'examines, dit-il, et mon aspect t'effraie ; cependant, tel que tu me vois, j'ai tous les pouvoirs à mes ordres ; et, tout ce que tu peux désirer, je le tiens en ma puissance. Jeune enfant, l'on accepte de moi sans rougir, parce que je remplace et le *Destin* et le *Hasard*. »

A mesure que Marianine écoutait l'étranger, sa voix singulière paraissait changer et devenir comme mélodieuse : le son de cet organe se glissait suave dans l'oreille ; le serpent qui jadis entretint la première femme dut parler comme cet être extraordinaire qui dirigeait tous les rayons de son œil sur le front blanc, pur et virginal de Marianine, en tenant toujours sa main dans les siennes.

« Écoute, enfant d'un jour, reprit-il, cherche à me connaître, tu trouveras en moi les attributs d'une divinité..... et pour te prouver mon pouvoir, je vais te dire en deux mots toute ton histoire. »

Marianine tressaillit, une puissance magique la fit rester à côté de ce grand vieillard, qui adoucissait l'éclat importun de ses yeux, et le proportionnait à la faiblesse de Marianine. Il garda toujours la main de la jeune fille, scruta son visage avec l'attention d'un médecin, examina tous ses traits, et, à la vue du corps, des diagnostiques qui distinguaient Marianine, la figure sévère et immuable du vieillard exprima l'étonnement, une sorte de satisfaction se glissa dans son bizarre sourire.

Il semblait qu'il trouvât un objet vainement cherché depuis longtemps. Il donna à sa voix une expression paternelle, et dit à celle qu'il voulait séduire :

« Pauvre enfant, je te plains !... tu aimes, et le sentiment que tu éprouves est ta première et dernière passion ! tu n'es pas heureuse !... et si tu as un père, une famille, la faim et la misère déploient chez toi leur impassible rigueur : tu es fière, tu as reçu une brillante éducation, tu souffres et tu cours te détruire !... Insensée !... tu ne sais pas ce qu'est la mort, et tu n'as pas encore vu comme moi beaucoup d'hommes à leur dernier soupir.... Tous regrettent la vie, parce que la vie est *tout* !... » A ce mot le vieillard parut croître de dix pieds, son accent avait une force de conviction qui fit trembler Marianine, elle commença à revenir à elle, et fut surprise de la justesse des conjectures du vieillard.

« Ah ! reprit-il, ce n'est que quand la vie nous échappe que la cruelle vérité se fait entendre, et que tous les vains systèmes s'écroulent. Jeune fille, si tu en étais, au fond de la Seine, à la dernière gorgée d'eau, à ta dernière pensée, tu regretterais qu'un bras vigoureux ne vint pas te saisir... Enfant... regarde mes cheveux blancs, ils ont vu plus d'un hiver, et cette tête en sait long. »

Marianine, *charmée*, sentait en elle-même ses pensées funèbres se dissoudre comme un glaçon fondu par les feux du soleil. Elle dit au vieillard :

« Mais que devenir ?...

— Vivre !.... reprit-il d'une voix sonore, qui s'élança, fournie de tous les sons mâles d'une énergie plus qu'humaine.

— Comment !... s'écria la jeune fille.

— Écoute-moi, dit le vieillard, tu voulais mourir ! regarde-toi *comme morte !*... (Marianine frémit) tu n'existes plus, je m'empare de ton corps, et je te jure que je ne lui laisserai rien faire qui puisse te déshonorer... *Tu m'appartiens donc !* viens ici quelquefois les soirs... je te comblerai de tout ce que la nature, le pouvoir, la richesse ont de plus splendide. Tu seras reine, tu pourras épouser ton amant, le couronner, et... pour toute cette royale opulence, je n'exige d'autre récompense que de te voir quelquefois me demander la permission de vivre...... Tu ne cours aucun danger avec moi, car si tu avais à en courir, pauvre enfant !... (ce mot fut dit avec une expression diabolique) nous sommes loin de tout secours, la sentinelle ne quitterait pas son poste, et avant de laisser tes cris parvenir à des oreilles humaines, j'aurais accompli tous mes desseins : quant à ma force, tiens !... »

Aussitôt, sans qu'elle pût jeter un cri, il prit Marianine, et, la saisissant par la taille comme une poupée, jouet fragile, il posa ses jolis pieds sur la paume de sa main gauche, puis, l'élevant dans les airs, il tendit son bras, et, après avoir mis sa belle tête à quinze pieds de terre, pendant dix minutes, il replaça la jeune fille, sans aucune fatigue, à l'endroit où il l'avait prise.

Marianine, effrayée, sentit son cœur se gonfler.

Le colosse avait déployé dans ces mouvements et ces paroles une ironie et une puissance qui rendirent Marianine muette ; elle était, en quelque sorte, emportée par la pensée dans un monde surnaturel.

« Songe, reprit le vieillard, que mon regard tue un homme, que la force qui réside dans mon bras égale, dans sa mortelle promptitude, l'arme la plus tranchante ; mais, tiens, vois ma tête chenue ! (et il lui montra cette énorme tête qui s'abaissa par un mouvement d'une horrible lenteur,) vois ce crâne vieilli ! penses-tu qu'un centenaire ait des désirs,...... qu'il puisse être redouté d'une jeune beauté? Va, jeune fille, verse tous tes chagrins dans l'abîme de mon sein, il est fécond en consolations et tu vois avec moi tout le cortège d'un bon père la douceur, l'humanité, la tendresse ; j'ai la main pleine, et je ne demande qu'à répandre les richesses dont je ne suis que le distributeur. Je parcours la terre et fais oublier les injures du sort, aussi implacable pour le crime que juste pour le malheur, terminant les misères incurables et guérissant toutes les plaies, rachetant les *effets d'une nécessité cruelle* par une multitude de bienfaits. »

Cette voix devenue mielleuse, douce, harmonieuse, avait une onction, une sainteté qui porta dans l'âme de Marianine les idées les plus bizarres elle restait à côté de cet homme avec un plaisir inexprimable, et elle admirait cette masse humaine

en ne pouvant pas croire à sa réalité. Elle s'imaginait songer. . . . . . . . . . . . . . . . . . . .
. . . . . . . . . . . . . . . . . . . . . . . . . . .

« Songe, jeune fille, » continuait l'auguste vieillard, qui semblait à Marianine une espèce de *génie*. En effet rien ne ressemblait à Ossian chantant les tempêtes, évoquant les morts, comme ce blanc vieillard, assis sur cette pierre, couvrant sa poitrine d'une longue barbe d'argent, et levant ses mains vers la voûte céleste, au milieu d'une nuit tour à tour sombre et lumineuse.

« Songe, disait-il, que les dieux de la terre punissent le parricide, et ton père se meurt peut-être, il t'accuse, il t'appelle!... Quelle joie de revenir chargée d'or! de le voir, au milieu de l'abondance, savourer, sur le déclin de la vie, toutes les douceurs d'une existence heureuse! Il te pressera la main, t'embrassera, et te dira : O ma fille!.... »

Marianine sentit des larmes couler sur ses joues, à cette image, à laquelle les gestes du vieillard donnaient une sorte de vie.

« Et pour tout cela je ne te demande que de venir quelquefois revoir le pauvre Centenaire... Mon enfant! tu voulais mourir, ne vaudrait-il pas mieux mourir pour sauver ton père?... »

Cette horrible proposition n'épouvanta point Marianine. . . . . . . . . . . . . . . . . . . . . . . .
. . . . . . . . . . . . . . . . . . . . . . . . . . .

« Alors, s'écria le vieillard, je vais t'apporter ton salaire!... »

Marianine recula d'horreur à ce mot, mais le vieillard, dirigeant le feu de ses yeux et toute l'énergie de sa volonté sur le visage de la jeune fille, fit revenir vers lui cet être aimable qui ressemblait à la tourterelle fascinée par l'œil d'un serpent dévorateur.

« Jeune fille, je te comprends, car nulle pensée humaine ne se forme dans les lobes de la tête, sans que *je la voie* : mais, je t'ai assez donné de preuve de décrépitude et de jeunesse, de force et de débilité, de pouvoir et de faiblesse, pour changer tes idées à mon égard. La réunion de toutes les contradictions humaines, de tout ce qu'il y a d'insolite, ne te suffit-elle pas? est-ce en ma présence que les sentiments humains doivent se déployer? Que signifie la honte, devant celui qui retranche ce qui lui plaît de la vie de l'homme sans le faire mourir? qui dompte tous les maux, qui transporte *une substance*, une femme, un homme, à cent, à mille, à dix mille lieues, sans qu'elle sorte de sa place, sans qu'elle paraisse remuer? Tout m'obéit dans la nature, non pas en masse, mais partiellement; j'en suis le maître, je ne dépends ni de la mort, ni du temps, je les ai *vaincus!*... Regarde ce crâne vieilli! il a été réchauffé par un soleil plus vieux de quatre cents ans que celui qui t'a éclairée ce matin. Tu me croiras ange ou démon, peu m'importe, mais écoute bien ceci : tu accepterais de l'or de la main d'un prince, pourquoi donc refuserais-tu l'*Éternel!*... »

A ce mot, Marianine, clouée à sa place par un invisible pouvoir, sentit sa mémoire, ses facultés s'enfuir comme des ombres, elle tomba dans un état difficile à rendre : sans dormir, elle avait l'apparence, la fixité du sommeil; ses yeux brillants étaient arrêtés sur la voûte céleste; et, lorsque le grand vieillard aux cheveux d'argent arriva à la fin de son discours enflammé, elle crut entendre les accords des harpes divines. Elle voit (et cependant sa volonté expirante ne lui laisse plus la force de faire un seul mouvement), elle voit le vieillard disparaître par une marche tellement languissante, qu'on ne peut en donner l'idée que par celle d'une fumée qui se dissipe : les yeux de Marianine suivent cette ombre qui s'évanouit vers l'Observatoire, et bientôt elle n'aperçoit plus rien. . . . . . . . . . . . .
. . . . . . . . . . . . . . . . . . . . . . . . . . .

---

Marianine entend sonner une heure, elle veut fuir, une force magique la fait rester là, car elle se rappelle vaguement que le vieillard lui a dit : « Attends-moi!... » Marianine pense, mais ses pensées suivent une direction imprimée par un mouvement qu'elle ignore : sa tête s'exalte, et son extase dure un temps indéfini! Enfin, au milieu d'une profonde obscurité, elle aperçoit une grosse masse lumineuse s'avancer si lentement qu'elle en souffre, bientôt elle distingue la tête du vieillard, et une voix lui crie : « Ton père meurt...... cours!... » Et le colosse disparaît en disant : « A demain! » . . . . . . . . .
. . . . . . . . . . . . . . . . . . . . . . . . . . .

Un son extraordinaire a frappé l'oreille de la fille de Véryno. Marianine, immobile, stupéfaite d'une scène qui semble appartenir au rêve [1], frotte, par un mouvement machinal, ses beaux yeux noirs fatigués; et, à la lueur de la lune, elle aperçoit briller la couleur de l'or, à travers la toile grossière d'un sac.

« Mon père se meurt, dit-elle, pourquoi ne me vendrais-je pas pour le sauver?... »

Cependant, les étonnantes paroles du vieillard

---

[1] Le général Béringheld, lorsque Marianine lui raconta les diverses magies de cette nuit singulière, a fait une note qui prouve que, lorsqu'il l'écrivait, il avait acquis tous les pouvoirs déployés par le vieillard, et il a consigné l'aveu qu'ils sont l'apanage d'une science connue depuis longtemps, et qui n'a pas même été ignorée des anciens. (*Note de l'Éditeur.*)

revenant à sa mémoire, un effroi involontaire la fit frissonner. Elle ramassa le sac, et elle eut une peine incroyable à le transporter sur la pierre, tant il était lourd.

Marianine contemplait ce trésor en se livrant à mille réflexions contradictoires, mais l'idée de remettre son père au milieu de l'abondance et d'entourer ses derniers pas dans la vie de toutes les splendeurs de la richesse l'emporta.

« Quand, dit-elle, ce serait l'ennemi des hommes, un assassin...... Pourvu qu'il ne me demande rien de déshonorant, qu'il n'attaque que *moi!*..... ne dois-je pas secourir mon père?.... »

A cette idée, elle souleva le sac trop pesant, en essayant de le mettre sur son épaule délicate.... Des pas se font entendre, et la peur saisit la tremblante Marianine : elle dépose cet or derrière la grosse pierre et se cache.... On approche, on se dirige vers l'endroit où est Marianine; c'est une femme, elle s'assied et pleure :

« Il n'y a plus d'amis, dit-elle, je n'ose rentrer !.... »

A ces paroles, Marianine a reconnu Julie, elle se lève, Julie effrayée jette un cri, mais elle voit sa maîtresse pâle, décharnée, qui, d'un geste délirant, lui montre, à la blanche clarté de la lune, le trésor trop pesant.

Les plus horribles idées se glissèrent dans l'âme de Julie..... Elle regarde sa maîtresse d'un œil sec de désespoir; elle ne sait si elle doit admirer ou reculer de terreur, et, dans ce moment empreint du sombre cachet de la misère, de la faim et de l'horreur, Marianine s'écrie de sa douce voix :

« Julie, mon père aura du pain !... »

Cette phrase fit revenir la servante à elle : elle jette sur sa maîtresse un regard observateur, et l'aspect de sa figure pâle, mais sublime d'innocence et de douleur, arrêta toutes les idées de Julie; elle en rougit comme d'un crime. Alors elles prirent silencieusement cette masse d'or, et la portèrent à pas lents, en s'acheminant vers la demeure de Véryno.

. . . . . . . . . . . . . . . . . . . . . . . .

Le vieillard avait reçu d'une manière passive le dernier regard de sa fille : en proie à une horreur involontaire, il la suivit des yeux, lorsqu'elle disparut, et ce coup d'œil lentement funèbre annonçait une douleur profonde. Véryno, sentant une faim dévorante, n'avait osé en parler à sa fille : il attendait la mort avec joie.... ses yeux s'affaiblissaient déjà ; à peine s'il pouvait faire un mouvement.

« Elle ne revient pas.... » murmurait-il, et il écoutait avec soin l'heure sonner.

A onze heures, le vieillard se leva, et parcourut son appartement en fouillant partout, pour voir s'il ne s'y trouverait pas quelque reste pour assouvir son besoin.

« Elles n'ont rien laissé !.. dit-il, et je suis seul !.... Il est tard..... si je meurs, qui me fermera les yeux ?... »

Il vit un morceau de pain desséché, et il essaya de le broyer. Enfin le vieillard, succombant à son inanition, tomba par terre et ne put se relever.....

« Ma fille!... criait-il par instants, ma fille!... tu m'as abandonné... peut-être es-tu morte!... car ta maigreur et ton chagrin d'amour, tes douleurs sont plus que suffisantes.... Marianine!.... ma chère Marianine!... »

A l'instant où le vieillard ne disait plus rien, et qu'un sombre désespoir s'était emparé de lui, Julie et Marianine entrèrent.

Cette dernière jette un cri de désespoir à l'aspect des cheveux blancs de son vieux père, qui brillaient sur le carreau : la lampe s'éteignait, il ne régnait plus qu'une lueur semblable par sa faiblesse au peu de vie qui restait au vieillard, rien ne manquait à cette scène d'horreur !...

Marianine lève ses bras au ciel, et lâchant le fardeau, ainsi que Julie épuisée, l'or roula sur le plancher, et le fit retentir.

A ce son, le vieillard se réveille, il s'écrie : « Ma fille... j'ai faim !.... je... meurs !... »

Julie saisit une poignée de pièces d'or et s'échappe avec la rapidité de l'éclair, tandis que la fille, les larmes aux yeux, soutenait son vieux père et le conduisait vers sa bergère. Là, son premier mot, fut : « Marianine?... »

Cette simple parole interrogative, jetée après que Véryno eut contemplé ces flots d'or, avait un caractère admirable de sublimité : l'honneur, écrasant la faim et les douleurs, était la première pensée de ce généreux vieillard, presque dans la tombe.

La fière Marianine soutint le coup d'œil de son père, et n'y répondit que par le plus doux sourire que la déesse de l'innocence eût jamais fait errer sur ses lèvres naïves.

A cette *réponse*, le vieillard attire sa fille sur ses genoux débiles, et dépose sur son front un baiser presque froid.

Julie revint avec des provisions de tout genre, et un festin splendide eut lieu. La servante et le vieillard mangèrent avec avidité ; mais Marianine, préoccupée de la scène magique à laquelle elle devait cet or libérateur, mangea tristement. L'effroi régnait sur sa figure, et l'image de ce colossal vieillard était sans cesse présente à sa mémoire.

« Ils mangent ma vie, se disait-elle ; je ne m'appartiens plus. » Puis ne pouvant croire à une bizarrerie, à une aventure aussi singulière, elle cherchait à se rendre compte de cette vision.

« Ma fille, tu es triste, plus triste qu'hier, et cependant nous sommes dans l'abondance! je présume que notre banquier nous aura remboursés... »

A cette parole, Marianine tressaillit de plaisir : une idée venait de l'illuminer par un trait de lumière, cette idée était de porter au vieillard, en remboursement de la somme qu'il lui avait donnée, les créances qu'ils devaient recouvrer dans la liquidation de leur banquier.

Alors, Marianine participa à la joie de son père, et il n'y eut plus qu'une pensée qui l'empoisonnât : « Si je le voyais !...... » se disait-elle, en songeant à Tullius.

Le repas fini, l'on compta la somme que Marianine venait d'apporter, et l'on y trouva trente-cinq mille francs.

Le lendemain, la première course de Julie fut d'aller racheter les deux tableaux.

Lorsque le soir arriva, Marianine s'achemina vers le Luxembourg. Dans la grande allée, elle trouva le vieillard qui se promenait à pas lents, et chacun s'arrêtait pour contempler ce géant : il était vêtu simplement, et n'avait plus son manteau; un chapeau de forme moderne couvrait son front d'airain et ses cheveux d'argent; des lunettes empêchaient de voir le filet de lumière qui s'échappait de ses yeux caves; enfin, il tenait sa main desséchée sur ses lèvres; et, dans cette contenance méditative, il n'y avait plus que sa taille gigantesque, et ses énormes proportions osseuses, qui le distinguaient du reste des hommes.

« Ma fille, dit-il, d'une voix douce, mais sourde, je t'attendais....... » Et il alla s'asseoir sur un banc, avec la tremblante Marianine.

Elle ressentit en elle un mouvement de respect et d'obéissance passive l'envahir aussitôt qu'elle fut à côté de ce vieillard miraculeux; en vain elle s'efforçait de repousser cette nouvelle manière d'être qui s'emparait de son âme, elle sentait *un je ne sais quoi*, invisible, indistinct, indéfini, qui la gagnait de proche en proche, comme l'inondation d'un fluide imperceptible aux sens, mais dont l'âme éprouverait l'atteinte.

Cette disposition singulière devint d'une force invincible, lorsque le vieillard eut retenu cinq minutes la main de Marianine dans la sienne : celle de l'étranger communiquait une froideur de glace. Marianine, n'osant retirer sa main, porta l'autre sur celle du vieillard, et la trouva d'une intolérable chaleur. Il semblait qu'entre cette main brûlante et celle de Marianine, tout le froid d'un pôle s'était insinué par une couche aussi fine qu'une ligne géométrique.

« Jeune fille, dit le vieillard, quel est ton nom? car il est, parmi les femmes, *une amante* que je ne dois pas approcher.

— Je me nomme Euphrasie Masters, » répondit Marianine sans savoir que cette méprise lui était funeste. En entendant ce nom, le vieillard fit un geste de la main, et il découvrit ses lèvres et son menton. Comme le jour durait encore, Marianine fut stupéfaite en reconnaissant que le vieillard ressemblait à Béringheld. . . . . . . . . . . . . . . . .

Alors, tout ce qu'elle avait entendu dire sur l'esprit de Sculdans-le-Centenaire lui revint dans la mémoire, et une certaine horreur dompta les sentiments qui la maîtrisaient. Ce combat interne la fit rester immobile et muette.

En ce moment, l'heure à laquelle on ferme les grilles arriva, et Marianine suivit machinalement le grand vieillard, qui l'entraîna vers la pierre où la veille il l'avait entretenue de choses si incohérentes et si bizarres.

« Monsieur, dit Marianine, vous m'avez obligée avec une grâce et une bonté dont je ne saurais trop vous remercier ; mais, puisque vous paraissez si bienfaisant, je viens vous proposer un arrangement auquel vous ne pourrez guère refuser votre assentiment.

» Mon père est créancier d'une somme de trois cent mille francs, due par une célèbre maison de banque, qui, dans ce moment, a rétabli ses affaires : je vous offre de prendre des valeurs pour une somme égale à celle que vous avez eu la générosité de nous prêter, et vous soulagerez, par là, le cœur de mon père et le mien; nous sommes trop fiers pour recevoir, même d'un prince, à titre de don : mon père a, depuis longtemps, et pour toujours, mis les rois au niveau des autres hommes. »

Le vieillard se prit à sourire, et dit : « C'est bien, mon enfant, je ne demande pas mieux...... »

A ces mots, Marianine enchantée de pouvoir échapper à cet être magique, tira de son sein les papiers; mais le vieillard, lançant à Marianine un regard profond qui lui remua le cœur, se saisit de sa main, et lui dit :

« Ma fille, le jour s'est enfui, comment voulez-vous que je voie ces papiers?...... Quoique *le Centenaire* ne ramasse jamais ce qui tombe de sa main, il consent à ce que le fleuve retourne vers sa source ; que son argent rentre dans son trésor : mais viens dans mon palais; et, à la lueur d'une lampe immortelle, nous lirons ces caractères tracés par la main de ceux qui ne vivent qu'un moment. Ne veux-tu pas, jeune fille, toi qui désespères d'épouser celui que tu aimes, ne veux-tu pas le voir ? Là, une lueur surnaturelle, fruit de mon art tout-puissant, peut te le montrer, en quelque lieu qu'il soit. — Tu entreras dans l'atmosphère pur et vide de la pensée, tu parcourras le monde idéal, ce vaste réservoir d'où sortent les *Cauchemars*, les *Ombres* qui soulèvent les rideaux des agonisants, cet arsenal des *Incubes* et des *Magiciens*; tu visiteras *l'ombre* qui n'est causée par aucune *lueur*, *l'ombre* qui n'a point de soleil!.. tu verras, par un regard, *hors les regards* de la vie! tu te remueras, sans te mouvoir; et, l'univers n'étant plus pour toi qu'un lieu simple dépouillé de toutes ses formes, de ses circonstances de temps, de couleur, de substance, tu contempleras ton amant!.. Cette vue ne dépend ni du temps, ni d'aucune circonstance dirimante. Les verrous d'une prison, les murs épais d'un fort, la distance des mers, tu franchiras tout, tu le verras toi seule!...

— Cela se pourrait-il?... » s'écria involontairement Marianine, oubliant tout, à l'idée charmante de voir Béringheld.

Le vieillard se mit à sourire dédaigneusement, et ce sourire avait une telle force de conviction que la jeune femme se sentit prise par le plus violent désir qui jamais ait assailli le cœur d'une femme; mais en ce moment, tous les récits dont on l'avait bercée dans son enfance lui revinrent dans la mémoire, et elle dit au vieillard avec la naïveté la plus enfantine:

« On m'a dit que l'on court des dangers auprès de toi!... que la voix est comme celle d'une sirène pour ceux que tu charmes, et qu'elle épouvante le reste des hommes: enfin, n'es-tu pas Béringheld-Scudans, surnommé le Centenaire?... es-tu corps ou esprit? et... que veux-tu de moi?...

— Jeune enfant, interrompit le vieillard, tais-toi!..» *L'homme*, en disant cela, tomba dans un silence profond: il prit la main de la jeune Marianine, et, la tenant dans les siennes pendant dix minutes, il dirigea sur cette main tout le feu de ses yeux: puis, il s'éloigna lentement, après avoir dit à Marianine: « Viens demain! tu verras celui que tu aimes!... »

Marianine reprit le chemin de la rue du Faubourg Saint-Jacques, en sentant en elle un violent désir d'éclaircir ce mystère.

« Que risqué-je?... » se disait-elle!......

## XXV.

Vision de Marianine. — Son état étrange. — Béringheld à Paris. — Scène au café de Foy. — Toujours le Centenaire.

Le lendemain, Marianine pensa toute la journée au plaisir qu'elle aurait si l'inconnu pouvait lui montrer le général. Les idées les plus bizarres se disputaient la place dans son âme.

« Enfin, se dit-elle, ne dois-je pas aller lui rendre la somme que nous lui devons!... » Ce motif et l'espoir la décidèrent.....

Aussitôt que la nuit fut venue, Marianine sortit et courut vers l'endroit où le vieillard la conduisait. Elle ne l'y trouva pas, et son désir s'augmenta singulièrement par cette attente; elle éprouva tous les tourments de cette espèce de supplice de l'âme.

Enfin, elle entendit la démarche lourde et lente de ce vieillard, elle aperçut indistinctement la vive lumière de ses yeux.

Alors, le vague soupçon d'un danger la fit tressaillir, et dès ce moment, elle fut en proie à tous les vertiges d'une peur délirante [1].

Marianine sent les mains glacées du vieillard saisir les extrémités de deux de ses doigts; et, par les pores de cette faible partie de son corps, il se glisse un nuage qui s'empare de tout son être, à peu près comme la nuit envahit peu à peu la nature. La jeune fille essaie de se défendre, mais une puissance invisible, irrésistible, lui charge les paupières d'un tel poids, qu'elles s'abaissent, et elle ressemble à Daphné qu'une écorce magique vint revêtir. Une douce sensation, immense dans son étendue et suave dans ses détails, inonda Marianine, une fois que, fatiguée d'un vain combat, elle se laissa aller au torrent.... elle succombe.....

Son cerveau, tranquille et rendu inhabile à donner le signal des sensations et à recevoir des idées, ne fait plus sentir son influence morale. La nuit règne sur l'existence de Marianine, et tout ce qui a vie semble s'être retiré...

Pour rendre cet état, elle se servit d'une comparaison presque triviale, mais que nous emploierons à cause de sa justesse. Elle se trouvait, au-dedans d'elle-même, dans la situation où l'on est lorsque l'on attend, dans une nuit profonde, les clartés pâles et les effets magiques de la fantasmagorie. On est dans une chambre, devant une toile tendue, les yeux ont beau se fatiguer, ils n'aperçoivent rien; mais bientôt une lueur faible illumine la toile sur laquelle vont se jouer de clairs et de bizarres fantômes qui grossiront, diminueront et s'évanouiront à la volonté du physicien habile.

Mais cette chambre est le cerveau de Marianine, *elle regarde en elle-même*, et trouve un néant de couleurs... Au bout d'un temps incertain, une clarté indéfinie commence à poindre, cette lumière a le vague de celle des rêves... Enfin elle finit par deve-

---

[1] Nous avons essayé de rendre, d'une manière plus suivie et plus intelligible, les idées bizarres, les choses incohérentes, et la relation singulière que le général Béringheld écrivit d'après ce que Marianine a retenu. Ce n'est point à nous qu'il faut imputer le vague des expressions, les lacunes d'idées, et l'*extraordinaire* de ce récit. (*Note de l'Éditeur.*)

nir de plus en plus réelle et brillante ; et Marianine, sans bouger de sa place, se sent emporter avec une rapidité sans égale, et au milieu de ces sensations de lumière et de voyage, elle aperçoit le vieillard qui ne cesse de l'accompagner ; tantôt il disparaît, tantôt il revient à sa vue qui ressemblait à la vue qu'a *l'ombre d'un mort*, mais toujours *elle le sent* à ses côtés.

Marianine ne put jamais préciser le temps, puisqu'aucune circonstance humaine n'agissait plus sur elle ; mais il arriva un moment où elle perdit de vue le vieillard, et où elle n'eut plus que le spectacle suivant.

A travers un léger nuage diaphane, lumineux, et comparable à une gaze, elle *vit* une auberge ; cette auberge était sur le devant d'une rue. Elle *lut* au-dessus de la porte : *Vanard, aubergiste, loge à pied, à cheval ;* elle *vit* l'enseigne : *Au Soleil d'or ;* elle *monta* un escalier grossier, et ouvrit elle-même la porte d'une chambre, au premier, sans que personne lui dit un seul mot, car *on ne la voyait pas : elle passait* au travers le corps des personnes, sans qu'elles fissent le moindre mouvement. En ouvrant la porte, elle *jeta* un coup d'œil, par une fenêtre, sur une cour, et *vit* la berline du général Béringheld : elle *vit* les armes sur le panneau, et en entrant dans la chambre, elle lança un cri !... Elle *voyait* Tullius qui ne se dérangea pas. Alors Marianine, oubliant qu'elle était invisible, se mit à pleurer.

Béringheld était assis sur une chaise, devant une table grossière, il achevait d'écrire une lettre à son intendant. Marianine s'approche, *lit* la lettre. Tullius ordonnait à son intendant de faire les plus grandes recherches pour retrouver Marianine ; il lui donnait des billets pour les ministres de la police, de l'intérieur et de la guerre, afin qu'il fût aidé dans ses recherches. Marianine entendit le bruit du canon.

Tullius l'entendit aussi, il quitta sa lettre, se leva, et, se promenant à grands pas, il s'écria : « Que va devenir la France ?... O mon pays !.. n'importe, je t'ai bien payé ma dette, car j'ai délaissé Marianine et son père...

— Tullius, s'écria Marianine ; Tullius !.. » Elle le serra dans ses bras, et Tullius marchait comme si rien ne le touchait. Marianine couvrit son visage de ses pleurs ! Il marchait toujours !.. La jeune fille souffrait le martyre.

A ce moment, Lagloire entra et dit : « Général, il faut partir, l'ennemi s'avance !.. »

Marianine, comme si la lampe de la fantasmagorie s'éteignait, tomba dans la plus profonde obscurité, et ne *vit* plus rien. Elle fut replacée dans le même état de vague qui l'avait saisie auparavant. Elle était passive comme le jouet qu'un enfant tourmente.

Elle resta longtemps dans cet état, pendant lequel il se passa les choses les plus bizarres et les plus extraordinaires : elles sortaient de la classe des choses possibles, mais elle n'en garda point le souvenir. Elle n'eut la mémoire que de l'aspect de Béringheld, et celle de la promesse qu'elle fit au vieillard de venir dans quatre jours, à onze heures du soir, aux environs de l'Observatoire, à l'entrée d'une maison qui se trouvait au milieu d'un grand jardin encombré de ruines et de constructions. Elle aperçut vaguement et le chemin et l'entrée de ce bâtiment, où elle promit, *d'une manière immuable*, de se rendre.

Il lui resta l'idée vague d'un combat très-rude qu'elle avait soutenu avant de promettre, mais le grand vieillard l'étouffait sous un amas de vapeur, et il triompha. . . . . . . . . . . . . . . .

Marianine avait été rue de l'Ouest à dix heures du soir, le vieillard s'était rendu à onze près d'elle, et à onze heures et demie elle commença à ne plus exister !... Marianine se réveille en proie à des sentiments indéfinissables. Elle croit se trouver rue de l'Ouest à onze heures et demie du soir, il est *dix heures du matin !...* et elle est dans son lit, dans sa chambre, chez son père....

Elle ouvre les yeux bien péniblement, elle voit Julie et Véryno assis à son chevet. L'espace de temps qui s'est écoulé entre onze heures et demie de la veille, et dix heures du lendemain, est retranché de son existence, et elle n'en garde que deux souvenirs. Elle a vu Béringheld, et elle a promis au vieillard de se rendre, dans quatre jours, à son palais. De plus, elle sent en elle-même une obligation solennelle de ne rien dire de ces circonstances. A chaque instant de la journée, elle voulait instruire son père, mais une puissance invincible retint sa langue captive.

« Tu as bien souffert, ma fille ?... fut le premier mot de son père.

— Comment vous trouvez-vous ce matin, mademoiselle ?... continua Julie.

— Que voulez-vous dire ? leur répondit Marianine étonnée.

— Le médecin a cru que tu n'en reviendrais pas, dit son vieux père ; tiens, regarde, Marianine... »

La jeune fille, au comble de la surprise, contempla son père et vit ses yeux gonflés et encore rouges des pleurs qu'il avait versés. Elle se mit à rire ; et, ce rire franc et plein de jeunesse, de force et de santé, loin de rassurer le vieillard, l'épouvanta. Il fit signe à Julie, et Julie de son côté tressaillit ; ils crurent que Marianine devenait folle.

Enfin, on lui apprit que le matin, vers une heure, elle était rentrée, les yeux fixes, la langue tellement glacée, qu'elle n'avait pas prononcé une parole ; qu'elle ne répondit rien à toutes les questions qu'on lui fit; qu'elle se coucha d'une manière machinale, et comme si elle eût été seule, quoiqu'en présence de son père qu'elle ne voyait pas ; qu'alarmé d'un pareil état, on avait été chercher un médecin qui venait de s'en aller, après avoir prononcé qu'aucun secours humain ne pouvait la tirer d'un état dont il n'existait pas d'exemple dans les annales de la médecine; qu'à chaque fois que le médecin, Julie ou son père l'avaient touchée, elle murmurait sourdement un cri plaintif.....

Marianine ne conçut rien à un pareil récit, et au grand étonnement de son père et de Julie, elle se leva, et ne parut aucunement indisposée. . . . . .

Béringheld et Lagloire se trouvaient, en effet, dans un village aux environs de Paris. Le général, apprenant les événements de Fontainebleau et l'abdication de Bonaparte, monta dans sa berline, et se rendit à Paris.

Nous allons laisser le général Béringheld, dans son hôtel, désolé de ne pas retrouver Marianine et son père ; ayant envoyé en Suisse pour savoir par où ils avaient passé pour revenir en France, etc. Nous abandonnerons aussi la tendre Marianine, qui ne cesse de penser à son amant, qui apprend par les journaux qu'il vient d'arriver à Paris, et qui jure de ne pas faire un seul pas pour aller à sa rencontre. La fierté de Marianine s'était accrue pendant ses malheurs : cependant, des larmes coulent sur ses joues, quand elle pense à ce jour de joie et de bonheur, ce jour où elle revit Béringheld revenant d'Espagne.

« Je pouvais, disait-elle, aller au-devant de lui ! alors, j'étais dans un magnifique landau, fille d'un préfet, riche !... maintenant, je suis pauvre, fille d'un proscrit, c'est à lui de venir ! »

Un soir [1], au Palais-Royal, et dans un coin du café de Foy, sept à huit personnes étaient réunies autour de deux tables de marbre sur lesquelles erraient des demi-tasses vides et des soucoupes dans lesquelles il restait quelques morceaux de sucre.

« Il est singulier, dit un petit homme en mettant dans sa poche les restes de son sucre, il est même étonnant que le gouvernement n'ait pas fait des recherches sur des choses aussi étonnantes : des faits semblables méritent son attention.

— Monsieur, répondit un homme de figure blême, il y a longtemps que cette science est connue, et, tout ce que vous trouvez de si extraordinaire, résulte de cette même science, qui demande des esprits capables de s'adonner tout entiers à la connaissance de la nature; mais il y a longtemps que, dans un de mes ouvrages, j'ai signalé ce qui vous étonne, et j'ai moi-même été témoin d'expériences curieuses.

Les cinq autres personnes hochèrent la tête en signe de désapprobation de ce discours, et la victoire demeura au petit homme incrédule, qui s'écria :

« Rêveries, mon cher monsieur; j'ai connu Mesmer et son baquet, mais il faut reléguer cela avec les magiciens du 15e siècle, avec les faiseurs d'or potable, avec les alchimistes, l'astrologie judiciaire, et je ne sais combien de prétendues sciences, dont les fripons abusent pour tromper d'honnêtes propriétaires... et, le petit homme s'échauffant, continua : C'est comme les rose-croix qui cherchaient le secret de la vie humaine... »

A ces mots, un grand vieillard, qui n'avait pas prononcé une seule parole depuis le commencement de la soirée, parut se mouvoir. Il était placé dans l'angle même ; comme il était assis sur un tabouret extrêmement bas, il dissimulait sa grande taille, et semblait de niveau avec tous les autres : son chapeau lui tombait sur les yeux. Quand il vint chercher une place, il ne fut pas remarqué au milieu de la foule dont le café était inondé; mais, lorsqu'il s'assit, chacun des habitués du groupe le considéra en tâchant vainement de se rendre compte de l'ampleur extraordinaire de ses vêtements. Les vieillards se regardèrent, comme pour se consulter, mais l'inconnu, le nez enseveli dans sa redingote, parut sommeiller, après avoir pris un demi-bol de punch ; alors l'on ne s'occupa plus de lui.

On commença par parler des derniers événements politiques, mais, la conversation s'épuisant, l'on en était venu à parler des progrès des sciences, et entre autres de la chimie, qui s'avançait d'une manière effrayante, etc.

« Y a-t-il, disait le petit rentier habillé de noir, y a-t-il un seul rose-croix, un seul faiseur d'or, un astrologue, un alchimiste, qui ait avancé d'une ligne le magnifique édifice des sciences humaines, et, cependant, combien d'honnêtes propriétaires et rentiers ont-ils abusés ! »

Le vieillard, arrêtant le bras de l'homme à figure pâle, par un mouvement presque despotique, se tourna vers le petit rentier ; et ces dispositions, de la part de l'étranger silencieux, attirèrent l'attention du cercle, qui devint muet et attentif.

« Monsieur, votre figure ronde annonce un pro-

---

[1] On verra comment ce fragment, qui doit être naturellement placé dans cet endroit, a pu parvenir à la connaissance du général, dans les manuscrits duquel nous avons puisé ce renseignement. (*Note de l'Éditeur.*)

priétaire, et le peu de saillie des signes de votre visage indique que les sciences ne vous ont pas exclusivement occupé ! Avouez que les soins et l'entendement de certains propriétaires, bourgeois de cette ville, qui n'ont pas été plus loin que Montargis, ne va pas au-delà de la conduite d'un procès pour le mur mitoyen de leur maison du Marais; car vous y demeurez, n'est-ce pas? et avant dix heures vous serez rentré... Alors, mon cher monsieur, avouez qu'il est au moins inconsidéré à eux de vouloir parler des sciences? ils barbottent dans cette vaste mer, et s'y trouvent comme un batelier d'eau douce dans la mer du Spitzberg, ou plutôt, ils ressemblent à ce rat de la fable, qui prenait une taupinée pour les Alpes. »

A ce début, aux accents magiques de la voix cassée de ce vieillard, il y eut plusieurs savants qui vinrent se joindre au groupe des vieux habitués : plusieurs s'accoudèrent, et l'on écouta l'étranger sans faire attention aux gestes de mécontentement du petit propriétaire.

« Monsieur, vous avez osé parler des rose-croix, ainsi que d'une science que l'on méprise en ce moment, et vous en avez parlé avec ce dédain des gens qui n'ont rien approfondi. Quant aux rose-croix... n'est-ce rien que de se hasarder dans une science qui a pour but de rendre la vie de l'homme plus longue, et presque éternelle? de rechercher ce qu'on nomme le *fluide vital*?...

« Quelle gloire pour un homme de le découvrir, et au moyen de certaines précautions, d'acquérir une vie aussi durable que le monde ! Le voyez-vous thésauriser les sciences, ne perdre rien des découvertes particulières, poursuivant avec constance, sans cesse, et toujours, des recherches sur la nature; s'emparant de tous les pouvoirs, parcourant tout le globe, le connaissant dans ses plus petits détails; devenant, à lui seul, les archives de la nature et de l'humanité : se dérobant à toutes les investigations, en se réfugiant dans tous les pays : libre comme l'air, évitant les poursuites, par une connaissance exacte des lieux, des souterrains sur lesquels les villes sont assises. Tantôt, revêtant les haillons de la misère, et, le lendemain, prenant le titre d'une maison éteinte et voyageant dans une voiture magnifique; sauvant la vie des bons, et laissant mourir les méchants : un tel homme remplace *le destin*, il est presque *Dieu !*... il a dans sa main tous les secrets de l'art de gouverner, et les secrets de chaque État. Il apprend enfin à quoi s'en tenir sur les religions, sur l'homme et sur les institutions... il regarde les vains débats de cette terre comme du haut d'un nuage, il erre au milieu des vivants comme un soleil : enfin, il traverse les siècles sans mourir. »

A cette idée, le vieillard se haussa un peu, son chapeau se dérangea, et les auditeurs commencèrent à chanceler en eux-mêmes; la main desséchée du vieillard faisait des mouvements significatifs, qu'ils tremblaient d'interpréter.

« Croyez-vous, dit le colossal vieillard en se redressant, que les sacrifices coûtent pour une pareille existence, et s'il faut en faire de cruels, qui de vous ne les oserait?... »

A cette question, les auditeurs se sentirent en proie à une horreur indéfinissable.

« Et si un homme a trouvé ce fluide vital, pensez-vous qu'il soit assez simple pour le dire?... il en profitera dans le silence, il tâchera d'échapper aux regards des hommes d'un jour : il regardera *couler le fleuve de leur vie, sans chercher à en faire un lac.* Fontenelle *me disait* que s'il avait la main pleine de vérités, il la tiendrait fermée, il pensait juste... Écoutez-moi, monsieur ! dit-il au petit propriétaire : l'avant-dernier rose-croix vivait en 1330; c'était *Alqeu Father l'Arabe*, le dernier grand-maître de l'ordre : il trouva le secret de la vie humaine dans le souterrain d'Aquila, mais il mourut pour n'avoir pas su ménager le feu de sa cornue. Depuis, que de pas a faits la science, en marchant avec cette science que vous méprisez, et avec la *vraie* médecine!.... »

A ces mots, le grand vieillard s'arrêta ; et, regardant l'assemblée étonnée, il fit le geste d'un homme qui s'aperçoit d'une faute qu'il commet, que son adversaire ne voit pas encore. Alors, le vieillard se leva, sa taille gigantesque, la grosseur de ses os, parurent, et chacun crut voir sa tête et son front d'airain menacer le plafond. Il lança aux assistants un coup d'œil qui les plongea dans une terreur involontaire, par l'impassible rigueur du filet de lumière qui partait de ses yeux creux. Chacun crut avoir reçu en lui-même un éclair de tonnerre des cieux.

L'inconnu s'en alla lentement, et ceux qui purent être témoins de sa démarche, conçurent l'idée de l'alliance bizarre de la vie et de la mort, composant une hideuse construction humaine qui tienne également de tous deux. Il disparut comme une ombre fantasmagorique qui s'évanouit, et l'étonnement régna dans le café. . . . . . . . . . . . . .

## XXVI.

Le général à la poursuite de son ancêtre. — Il fait la police au café. — Fierté de Marianine. — Le jour fatal arrive.

Au milieu des grands événements dont, à cette époque, Paris était le théâtre, cette aventure du café de Foy [1] ne fut presque pas répandue et par conséquent elle ne fit pas grande sensation. Ceux qui la racontèrent furent bafoués par ceux qui l'écoutèrent, et bientôt les premiers craignirent de s'être laissé tromper par leurs yeux et leurs oreilles.

Cependant, cette aventure parvint jusqu'au général Béringheld. Il était alors livré à des recherches très-actives pour découvrir Marianine, et cette occupation le prenait tout entier, le souvenir du vieillard cédait à celui d'une amante aussi tendre : on sait que chez Béringheld aucun sentiment ne régnait à demi ; et depuis qu'après quatorze ans d'absence, Marianine était venue à sa rencontre, et qu'il l'avait trouvée fidèle, toutes ses pensées entourèrent cette charmante fille.

Si les dangers de la France, l'agitation des combats, les peines d'une captivité assez longue, et la lutte sanglante dans laquelle la France venait de succomber, l'empêchèrent de voir Marianine, et de secourir son père dans sa chute, il ne les avait jamais oubliés : et lorsqu'après deux ans d'absence forcée, il revit son hôtel, sa première pensée fut à Marianine. Il courut tous les ministères, il questionna l'acquéreur de l'hôtel, il envoya Lagloire en Suisse : tout fut inutile, les recherches vaines, et le désespoir du général n'eut pas de bornes.

Tullius était depuis deux jours rentré à Paris pour toujours, ayant donné sa démission, et quitté pour jamais les abords des trônes, lorsque, le lendemain de son arrivée, il entendit parler de la scène du café de Foy. Un moment il ne pensa plus à Marianine, il quitta le selon où il se trouvait, et s'en fut sur-le-champ au Palais-Royal, comptant trouver un des témoins oculaires, et peut-être revoir l'homme qui l'occupait depuis le commencement de sa vie, et qui voltigeait comme une ombre autour de lui.

Au moment où le général arriva près d'un groupe, un homme, que l'on écoutait avec attention, leva la tête et fut frappé de stupeur ; il s'arrête, et s'écrie : « Le voici !... »

Le général reste immobile, et attend que l'effarouchement du cercle se soit calmé : un murmure prolongé régnait toujours, et quelques personnes disaient : « Pourquoi ne pas l'arrêter ?...

— Messieurs, dit le général, en s'asseyant, je vois, d'après votre étonnement, que vous parlez précisément d'un homme sur lequel je viens chercher ici des renseignements, puisqu'on dit qu'il a paru ici. Cet homme, ou plutôt cet être me ressemble. »

L'orateur fit un geste d'assentiment.

« Mais, messieurs, ce ne peut être moi, car je suis le général Béringheld... Chacun s'inclina.

[1] Nous avons changé le nom du café, comme nous avons changé les noms des villes et de tous les personnages dont il est question dans cette histoire singulière.

— Que je ne vous dérange pas, et continuez, je vous prie.

— Monsieur le général, dit l'orateur, l'homme à qui vous ressemblez est venu hier ici, pour la seconde fois ; je vous raconterai plus tard ce qui se passa lors de la première, je vais reprendre mon récit et finir pour ces messieurs :

« Hier, l'on parlait donc des Bourbons, et entre « autres de Henri IV et de son règne... un homme « décoré du cordon bleu, se trouvait là (et il dési- « gna le coin où l'inconnu s'était placé) ; ses vête- « ments annonçaient un homme de l'ancienne cour, « il portait des lunettes vertes, et s'enveloppait dans « une vaste redingote : un avocat (qui s'entend assez « en finances) parla de Sully ; et, comparant ce grand « homme à nos ministres modernes, il le trouvait « d'un abord bien plus agréable, et d'un plus grand « talent... mais le vieillard, l'arrêtant dans son dis- « cours, lui dit : « Sully, agréable !.. Jeune homme, « si vous avez connu la porte d'une prison, vous « connaîtrez la grâce de Sully, il était haut comme « le temps, et il n'y avait pas de grand à la cour « qui ne conspirât contre lui. Je l'ai vu bien près « d'être disgracié... »

« A ce mot, vous jugez quelle fut notre surprise, « nous crûmes que sa tête se dérangeait, ou que « c'était un *lapsus linguæ* : mais sa profonde convic- » tion nous fit persister dans notre première opinion. « Alors le jeune avocat continua la conversation, en « excitant le vieillard qui nous raconta des anec- « dotes des temps les plus reculés ; il parlait quel- « quefois à la première personne, et se mêlant « comme acteur. Il avait soigné François Ier et « Charles IX... Enfin, les choses les plus curieuses, « racontées avec un genre d'esprit original, sortirent « de sa large bouche. Mais bientôt, un habitué dont « je ne sais pas le nom, venant s'asseoir à notre « groupe, parut frappé d'étonnement, et nous dit « que cet étrange personnage était l'homme dont on « parlait. En entendant sonner dix heures, le vieil- « lard se leva et nous étonna tous par son crâne « d'airain, d'acier, de pierre, car on ne sait quel « nom donner à la matière qui en est la base indes- « tructible !.. mais ce qui nous surprit encore bien « plus, ce fut, lorsqu'il ôta ses lunettes vertes, le « regard infernal qu'il nous lança. Alors il marcha « d'un pas tellement lent qu'il n'existe aucune idée « pour rendre l'effet produit par cette *incorporéité*, « s'il est permis de parler ainsi. »

— Je le connais, dit Béringheld, et je sais ce que vous voulez exprimer... »

A ces mots, chacun regarda le général avec étonnement, mais l'intrépide discoureur continua :

« Le jeune avocat se mit à la poursuite de ce ca- « davre ambulant : j'ai revu le jeune homme ce

« matin ; le vieillard est monté dans une voiture de
« place, l'avocat suivit en cabriolet. Le vieillard
« s'est arrêté dans la rue de l'Ouest, contre le Luxem-
« bourg ; le jeune homme se fit descendre un peu
« plus loin, pour examiner ce que deviendrait cet
« étrange personnage. Alors il le vit se diriger vers
« l'Observatoire, à l'extrémité de la rue : à l'endroit
« le plus désert, il aperçut une jeune femme d'une
« trentaine d'années, qui attendait. »

— Ah ! la malheureuse ! s'écria le général, que je la plains ! L'horreur qui parut sur le visage de Béringheld frappa tout le monde.

« Tout à coup, continua l'orateur, le vieillard se
« retourna, et regardant autour de lui, il aperçut le
« jeune homme qui se trouvait à dix pas de lui...
« En un clin d'œil il fut auprès de l'avocat... Mais
« le jeune homme, telle supplication que j'aie pu
« lui faire, n'a jamais voulu m'en dire davantage :
« il paraît qu'alors le vieillard l'a forcé de retourner
« sur ses pas ; par quel moyen ?... je l'ignore ; com-
« ment ?... je l'ignore ; ce que je puis dire, c'est
« que, plus j'ai pressé l'avocat, plus une certaine
« terreur se peignait sur son visage, et il m'a dit en
« me quittant : Mon ami, ce que je puis vous con-
« seiller, pour votre tranquillité, c'est de ne pas
« parler de ce vieillard, et lorsque vous le rencon-
« trerez, s'il est à gauche, prenez à droite ; et si vous
« êtes en face, gardez-vous bien de le heurter !......
« Décidément, la police et le gouvernement de-
« vraient avoir l'œil sur un homme qui paraît si ex-
« traordinaire, et avec lequel il y a du danger. »

— La police, reprit un petit homme sec avec un ton de suffisance qui le trahissait, la police en sait plus que vous ne pensez sur cette affaire.

— Oui, ajouta le général, car si monsieur travaille dans cette partie, il doit se rappeler que l'ordre d'arrêter cet inconnu fut donné il y a environ deux ans... »

Le petit homme sec regarda Béringheld avec étonnement, et comme un simple franc-maçon qui rencontre un officier du *Grand-Orient* : le général ne répondit à ce regard que par le coup d'œil foudroyant du mépris.

« Je conçois, dit-il, que vous écoutiez ceci avec plaisir... vous seriez charmé de saisir ce vieillard ; mais apprenez que, par la seule force de son bras, il tuerait trois *hommes-insectes*, car il y a beaucoup de gens qui ne méritent pas ce nom. »

Le petit homme sec, apprenant que celui qui parlait était le général comte de Béringheld, se retira sans souffler mot, car il faisait justement partie de ces hommes à qui l'on crache au visage, que l'on essuie avec le *pied*, et qui répondent : Merci.

« Faites donc, s'écria le général, faites donc, messieurs, toujours fuir ces malheureux !... Insolents devant le malheur, courbés dans la boue devant la grandeur, formant tache dans le ruisseau, ils sont créés et mis au monde pour montrer jusqu'où la nature humaine peut s'abaisser : leur dos est de gomme élastique, leur âme de vase, leur cœur au ventre ; enfin, vermine du pouvoir, fange de la société, ils sont, dans un État, la sentine la plus horrible, et ils doivent dégoûter même un homme qui vit de serpents. Béringheld, continuant sa philippique, ajouta qu'il ne concevait pas comment un homme pouvait communiquer avec eux.

« Apparemment, dit-il, qu'il y a des degrés de bassesse, et que cette échelle finit à un honnête homme, entre lequel il y a encore un homme, et après... vient celui qui correspond avec le chef. »

Le général se retira tout pensif, et revint à son hôtel. Il fit appeler sur-le-champ Lagloire.

Le vieux soldat parut aussitôt devant son général, en tenant respectueusement sa main collée sur le bord de son bonnet de police. « Présent, mon général !...

— Lagloire, dit Béringheld, tu dois te souvenir de ce grand vieillard que nous vîmes, il y a quatre ans, sur la route de Bordeaux ?

— Si je m'en souviens, général ! à l'article de la mort je verrais encore cet œil et ce crâne, brillants comme un fusil de munition.

— Hé bien, Butmel, il est en ce moment à Paris, dans le quartier du Luxembourg, à côté de l'Observatoire : il rôde dans ce pays-là, et tu dois me le découvrir.

— Si c'est la consigne, général, on la suivra ; l'ennemi sera poursuivi, battu, pris et enfoncé.

— Mais, Lagloire, pas de violence, emploie la ruse, et comme tu pourras avoir besoin d'argent, tiens !.... »

Le général indiqua au vieux soldat son secrétaire ouvert.

« Tu auras soin, dit en souriant le général, de rafraîchir ton quartier-général.

— Si c'est la consigne, répondit Lagloire en riant aussi, on la suivra !...

— Ne reviens pas, ajouta Béringheld, sans m'avoir trouvé sa demeure, le nom d'une jeune fille qu'il doit séduire en ce moment ; et, si tu réussis, demain matin nous chercherons sept ou huit de mes anciens grenadiers....

— S'il en reste !...... dit tristement Lagloire ; mon général oublie que dans notre dernière conversation avec les Russes, il y en a beaucoup qui ont trop parlé !...... où sont-ils ?.... Dieu le sait !... » Et le sergent leva les yeux au plafond, avec un geste plein d'une mélancolie brusque, qui émut le général. Le sergent retroussa sa moustache, s'en alla lentement, et laissa le général en proie à une foule de réflexions.

. . . . . . . . . . . . . . . . . . .

Les événements politiques qui venaient d'avoir lieu permirent à Véryno de reprendre son véritable nom, et de songer à réclamer, de ses nombreux amis, les moyens de sortir de son état d'abandon. Le premier auquel le vieillard pensa, fut le général Béringheld.

A ce nom, Marianine arrêta son père :

« Y pensez-vous, mon père, pouvons-nous aller solliciter Tullius, lorsqu'avant de partir il jura de m'épouser ! ce serait une démarche trop humiliante, et pour vous, et pour moi !... c'est au général à venir nous chercher dans notre asile, et je suis certaine qu'il ne nous a pas oubliés.

— Ma fille, ton observation serait vraie si tu m'accompagnais, je le conçois : mais rien n'est plus naturel que j'aille le revoir !... comment veux-tu qu'il trouve notre demeure, lorsque j'ai changé de nom et que je suis dans un quartier perdu ? telle bonne volonté qu'il ait, peut-il deviner notre logement dans une ville comme Paris ?

— Hé bien, mon père, je préfère rester dans cette demeure le reste de ma vie, plutôt que de vous voir aller, en cheveux blancs, chez celui qui devait porter le nom de votre fils. O mon père ! je vous en supplie, attendez !... peut-être demain, bientôt, vous serez en position de vous satisfaire ; ne chagrinez pas Marianine !... votre fille !... »

Le vieillard céda. Il promit de ne pas revoir Béringheld, et Marianine, après cette légère discussion, retomba dans la noire mélancolie qui l'avait saisie depuis trois jours. Elle devait, le lendemain, se rendre chez le vieillard, et une idée vague d'un danger mortel régnait dans son âme, sans que cette pensée pût triompher de sa répugnance, et l'empêcher de se trouver au rendez-vous. Une force invincible l'y contraignait, elle voyait mille raisons : la curiosité, le désir de restituer au vieillard la somme qu'elle lui devait, l'espoir de revoir encore Béringheld par le pouvoir de cet être magique, et alors de lire dans l'âme de Tullius, et de s'assurer qu'il pensait encore à l'épouser, ce qui la déciderait à accompagner son père à l'hôtel du général.

Cependant, la tristesse qui s'était emparée de Marianine depuis la nuit où elle avait apporté cette somme, n'échappait pas plus à Julie que les courses de sa maîtresse. Julie, au milieu de mille qualités, avait un défaut : elle était curieuse, et le lendemain de la soirée pendant laquelle Marianine promit au vieillard d'aller à son palais, Julie parcourut tout le quartier, et apprit que Marianine s'était rendue au Luxembourg, et avait suivi un vieillard trop facile à reconnaître pour qu'on n'en eût pas fait à Julie une exacte description.

Julie crut que Marianine retournerait chaque soir, elle fut trompée en voyant sa maîtresse rester au logis pendant trois jours. La mélancolie, l'air taciturne de Marianine inquiétèrent alors bien vivement Julie.

Enfin, le jour où Marianine devait se rendre à la maison du vieillard arriva. Le matin, la fille de Véryno, faisant sa toilette, se regarda tristement dans la glace, et soupira en voyant combien sa belle figure était altérée. On remarquait encore, cependant, son expression qui perçait à travers les marques de sa douleur : l'âme grande et méditative de la jeune fille qui chassait dans les Alpes, répandait un lustre sur ce visage flétri ; ses yeux brillaient de tout le feu d'un amour extrême.

« Puis-je souhaiter qu'il me voie !..... » s'écria-t-elle, et elle versa quelques larmes. Julie habilla sa maîtresse en silence.

« Mademoiselle, aurez-vous besoin de moi dans l'après-dînée ?

— Oh ! Julie, je n'aurai bientôt plus besoin de personne ! tu pourras sortir si cela te fait plaisir ! je sortirai de mon côté.... »

Julie méditait déjà le dessein d'aller trouver le général Béringheld, et de l'instruire de l'état de la fière et tendre Marianine.

## XXVII.

*Marianine fait ses adieux. — Julie va chez le général. — Pressentiment de Marianine. — Elle arrive chez le Centenaire.*

Cette journée fut marquée au coin de la tristesse la plus profonde. Marianine brodait à côté de son vieux père, et à chaque instant elle regardait la pendule avec un effroi visible : il lui semblait que sa vie arrivait à son terme, et la vitesse de l'aiguille la faisait frémir.

Véryno contemplait sa fille avec plaisir, mais on voyait facilement sur sa figure une certaine inquiétude, et il laissait percer le désir d'être seul.

En effet, Véryno avait bien promis à Marianine de ne pas aller chez le général, mais il ne s'était pas engagé à ne pas lui écrire ou lui faire dire sa demeure, et la présence de sa fille le gênait, car elle ne manquerait pas de désapprouver cette ruse, tant soit peu jésuitique.

Le soir arriva au milieu d'un combat perpétuel d'interrogations et de prétextes que le vieillard trouvait, et que la pâle et rêveuse Marianine repoussait adroitement. A mesure que l'heure avançait, le malaise de la jeune femme devenait plus inquiétant.

Elle appela Julie, et s'en fut avec elle dans sa chambre.

« Julie, dit-elle, si je ne reviens pas ce soir, je vous autorise à aller chez le comte Béringheld : ma fille, ajouta-t-elle en pleurant, pour lui prouver combien je l'aimais, tu n'auras qu'à raconter ma vie : depuis deux ans je n'ai pas eu une minute pendant laquelle son souvenir ne se soit mêlé à toutes mes actions.... Au surplus, tu lui remettras cette lettre..... si je ne reviens pas, ajouta Marianine qui semblait contenir la mort dans son sein.... adieu, Julie ! »

La fidèle servante embrassa sa maîtresse en pleurant, mais elle se promettait bien, en elle-même, de ne pas attendre que sa maîtresse fût sortie, pour courir chez le général, et sauver, par là, Marianine, à qui elle soupçonna le dessein de mourir.

Julie s'enfuyait, lorsqu'elle se sentit arrêter sur l'escalier, par Véryno qui guettait le passage de la servante.

« Tiens, Julie, dit le vieillard, prends cet argent, monte en voiture, et cours chez le général Béringheld ; tu lui présenteras cette lettre, et je ne doute pas qu'il ne vienne ici sur-le-champ. Ma fille se meurt, et je ne puis soutenir plus longtemps le spectacle déchirant de sa passion.... Va, ma Julie, tu es la messagère du destin ! tu portes le sort de ma tendre enfant ; que le ciel nous soit favorable ! Emploie tous les moyens possibles pour parvenir au général : mais, s'il n'y est pas véritablement, laisse la lettre à son vieux soldat, et prie-le, au nom de Véryno, de la remettre lui-même au général. »

Julie courut avec la rapidité d'un cerf poursuivi.

Véryno rentra, et sa fille, après un moment de silence, vint s'asseoir à ses côtés, et préluda à ses adieux par mille petits soins, dont il ne pouvait deviner le motif, mais qui l'étonnèrent par le mélange de regret, de plaisir et de douleur suave qui les distinguait.

L'incertitude qui en résultait dans l'esprit de Véryno, la crainte que Marianine ressentait, répandirent sur cet instant quelque chose d'indéfinissable.

« Adieu, mon père !.... » Véryno tressaillit involontairement : il regarda sa fille en entendant cet accent profondément ému, et il faisait résonner les dernières cordes du cœur.

« Et pourquoi sortir, Marianine?... tu vas me laisser seul...

— Je le laisse peut-être seul pour toujours !... se dit en elle-même la tremblante Marianine ; et cette réflexion la fit rester silencieuse.

— Tu ne réponds pas?...

Elle n'entendit même pas la demande de son vieux père, étonné de la fixité de ses yeux.— « Ma fille !... qu'as-tu donc ?... répéta-t-il.

— Je n'ai rien, mon père, dit-elle avec un geste délirant, et sans remuer ses yeux attachés sur un objet imaginaire ; mais, vois-tu, il ne m'épousera jamais, et la tombe m'appelle... oui ! *il le faut...* d'ailleurs, mon père, j'ai promis !... »

Le vieillard stupéfait écoutait sa fille en silence. C'était une chose curieuse et même effrayante, que la masse de sentiments qui dominait l'âme de la pauvre Marianine. Elle pressentait qu'elle allait au-devant de la mort, et ce pressentiment répandait dans son âme une noire vapeur idéale, semblable à une brume de mer qui envahit un beau ciel ; et malgré ce soupçon, elle se sentait dominée par une force surnaturelle qui lui faisait un *besoin de nature* de cette comparution devant le vieillard.

Elle se disait : « Je vais mourir, je vais abandonner Béringheld que j'aime, et que je crois fidèle ; *mais il faut que j'aille* à ce souterrain que j'ai entrevu...

« Mon père ne peut vivre sans moi ; ma mort le tuera... mais *il faut que j'aille à ce souterrain.*

« J'aperçois une vie de volupté, de bonheur, décorée de tout ce que le luxe, l'opulence, la richesse, les honneurs, et l'art de faire des heureux, ont de plus brillant et de plus enchanteur... Je vois une tombe noire, profonde et silencieuse... *il faut que j'y aille !...* »

Enfin, pour rendre d'une manière énergique et vraie cette situation, que l'on se figure Marianine au sommet d'un rocher : elle a perdu son équilibre, elle est penchée au-dessus d'un immense précipice... l'impulsion est donnée, elle tombe, elle est dans ce moment au milieu de sa chute, elle voudrait en vain se retenir, *il faut* qu'elle subisse son sort : elle regarde le haut de la montagne et les fleurs qui la garnissent ; *il faut* dire adieu au ciel, à la verdure, à la vie ; un poids moral l'entraîne vers le vieillard, de même que son poids physique l'entraînerait au fond du précipice.

« Mais, ma fille, que signifient ces paroles ?...

— Adieu, mon père, adieu...

— Marianine, tu reviendras bientôt ? Ne me laisse pas seul longtemps ; promets-le-moi ?...

— Oui, mon père, adieu ! » Et elle l'embrassa avec un délire d'amour filial qui aurait dû éclairer Véryno.

Il suivit sa fille de l'œil, l'accompagna jusque dans la rue, et ne remonta que lorsqu'il ne la vit plus . . . . . . . . . . . . . . .
. . . . . . . . . . . . . . . . . . . .

Une fois qu'elle eut disparu, une horrible terreur s'empara de ce père désolé . . . . . . . .

Marianine marche, ou plutôt elle erre, et se débat contre une volonté qui n'est pas la sienne : mais ses détours et ses hésitations n'aboutissent qu'à lui faire reprendre le chemin qu'elle a vu idéalement, et vers lequel un souvenir vague la conduit. Elle regarde le ciel, que la nuit envahit, elle dit adieu à tout ce qu'elle voit, mais elle marche toujours, son cœur est déjà comme mort et ses idées n'ont plus de force que pour lui désigner ses derniers pas.

« Non, dit-elle, je veux résister et m'arrêter dans mon chemin!... »

Elle s'assit sur une pierre, car elle était plus fatiguée que si elle avait fait une route trop longue.

Après une méditation profonde, elle se leva, en disant: *J'ai promis!* et elle se remit en marche, en murmurant comme Marianine pouvait murmurer, c'est-à-dire doucement, contre ce bras invincible qui la traînait.

Il existait jadis, derrière l'Observatoire, un terrain assez vaste; il formait un jardin: depuis l'on a bâti sur cet emplacement.

Les arbres et les plantes de ce jardin croissaient comme bon leur semblait, sans craindre les mains d'un jardinier, et la nature y répandait sa liberté sauvage. Ce jardin était encombré d'une multitude de ruines et de démolitions: d'énormes pierres de taille gisaient et annonçaient, par leur teinte noirâtre et les mousses qui les couvraient, que les constructions vastes qu'elles devaient former n'avaient encore existé que sur le plan de l'architecte. Les grands bâtiments dont ce réceptacle de ruines était entouré, le rendaient sombre, par l'ombre qu'ils projetaient, et les arbres croissant sans être éclaircis, ajoutaient encore une teinte plus forte à cette nuit.

Ce lieu imprimait à l'âme l'espèce d'horreur qui résulte de circonstances naturelles, dont la réunion plonge l'homme, malgré lui, dans un cercle d'idées sombres. On ne peut expliquer ce phénomène; mais enfin, si l'âme est émue lorsqu'on traverse la nuit une vaste forêt silencieuse, lorsqu'on s'avance au milieu d'une abbaye ruinée et dont les voûtes répètent vos pas, comment n'aurait-on pas éprouvé une espèce de crainte à l'aspect de ce bois qui semblait un reste de la forêt abattue par les troupes de César?... La solitude profonde de ce jardin, rempli de ruines nuancées par mille accidents de lumière qui dessinaient des fantômes bizarres, aurait effrayé l'homme le plus intrépide.

Rien n'indiquait l'intérêt humain: la porte, autre ruine, restait ouverte, et laissait le champ libre à la curiosité, et à la convoitise des voleurs.

Au bout du jardin s'élevait un porche dégradé, formé par des arceaux de brique. Enfin deux ou trois fenêtres fermées par des persiennes brisées, paraissaient indiquer qu'un être habitait cette demeure singulière.

Parfois, les voisins avaient remarqué, à diverses époques, un vieillard sortir de ce bâtiment ruiné, et sa tête blanchie errer au milieu de ces décombres; mais c'était par ouï-dire, et depuis 1791 on ne l'apercevait plus. On ne regardait cet enclos que par hasard, et l'on traita de folle une femme de chambre qui prétendait avoir revu le vieillard dernièrement dans l'enclos même. Cette femme de chambre s'appuya du témoignage d'un cocher d'une maison voisine, qui soutint la vérité de l'assertion de la femme de chambre. Les plaisants répondirent qu'ils n'avaient pas toujours dû voir clair, et que leur imagination faisait tous les frais de cette histoire.

C'était vers cet endroit que Marianine s'acheminait; bientôt elle y parvint, et s'arrêta de nouveau lorsqu'elle fut au milieu de cet ensemble imposant. Elle s'assit sur une pierre, et, si quelqu'un avait pu la voir, à la nuit, la tête penchée, le regard fixe, la figure pâle comme le reflet de la lune, il aurait cru avoir aperçu l'*Innocence* pleurant sur les malheurs de la terre, avant d'y faire son dernier pas;.... elle regrette peu son séjour, mais elle y jette un dernier coup d'œil...

---

## XXVIII.

Récit de la campagne de Lagloire. — Julie instruit le général. — Béringheld découvre le danger de Marianine. — Arrivera-t-il?

Pendant que Marianine courait à la mort, le général attendait avec impatience le retour de son vieux soldat. Il tressaillait à chaque fois que le lourd marteau de la porte de l'hôtel annonçait un arrivant; et lorsque le général, accouru à la croisée, ne reconnaissait pas Lagloire, il revenait s'asseoir en laissant échapper un geste de dépit.

Il était neuf heures du soir, lorsque le général entendit les pas pesants de son vieux soldat. Il court lui-même ouvrir la porte et faire hâter le grenadier qui secouait sa pipe dans la cheminée du salon.

— Allons donc, Lagloire!... allons donc!...

— Voyez-vous, mon général, le respect veut que j'éteigne...

— Eh! fume tant que tu voudras, mais si tu as appris quelque chose, raconte-le-moi au plus tôt!... »

Lagloire murmura tout bas: « Il est bon là, le général, de vouloir que je fume devant lui! et le respect donc?... »

Il déposa sa pipe, et suivit Béringheld en retroussant sa moustache.

« Assieds-toi, Lagloire!... allons!...

— Non, général, cela ne se peut pas plus que la pipe!... Et l'obstiné Lagloire resta debout.

— Allons, allons, dépêche-toi, assieds-toi!... (Lagloire fit un mouvement) ne t'assieds pas, fais ce que tu voudras, mais plus de préambule, et dis-moi tout.

— Général, je me suis rendu au Luxembourg, selon la consigne : j'ai demandé, dans tous les bouchons avoisinants, si l'on voyait passer un certain vieillard que j'ai dépeint de mon mieux, et personne n'a pu me donner de réponse satisfaisante... *Pour lors*, j'ai fait volte-face, et j'ai changé de batterie, je me suis mis en sentinelle, et j'ai monté une garde autour de l'Observatoire...

« Hier au soir, j'ai vu le vieillard sortir de sa caserne, et je l'ai suivi jusque dans le Luxembourg : *pour lors*, en apercevant des bourgeois qui se le montraient et chuchotaient, je me suis mêlé, sans faire semblant de rien, à leurs groupes en leur montrant ma décoration, afin de n'être pas pris pour une mouche. *Pour lors*, général, j'ai trouvé une vieille perruque qui m'a donné quelques renseignements sur notre *oiseau*. Il paraît qu'il n'y a guère que quinze jours qu'on l'a vu dans le quartier : et la surveille, une jeune personne était venue le trouver dans la grande allée du Luxembourg où mon *vieux pékin* l'avait aperçue. J'ai demandé le nom de la jeune fille, mais... néant.

« Elle est pâle, grande, maigre, chagrine, elle a des yeux brillants comme une platine neuve ; le front large et blanc ; les cheveux noirs comme une giberne bien luisante, et du reste, elle promène quelquefois son vieux père... Cette jeune fille, m'a dit ma vieille perruque de chiendent, est malheureuse, et il est aisé de voir qu'elle souffre du cœur... »

A ces mots le général pensa à Marianine, et il n'écouta plus Lagloire qui, s'apercevant de la rêverie de son général, s'arrêta comme s'il eût entendu : Halte.

« Tu disais, Lagloire, qu'elle aime!... continue !

— Alors, général, j'ai offert à ce vieux papa d'aller boire une goutte, mais il m'a refusé net : *pour lors*, j'ai fait un demi-tour à gauche, et j'ai regagné le poste.

— Quel poste?...

— Un petit cabaret d'où l'on peut voir ce qui se passe dans la rue où est l'entrée du jardin de notre *vieux sempiternel*. J'ai poussé une reconnaissance sur le terrain : je n'y ai vu qu'une vieille masure qui ne tiendrait pas contre un coup de fusil et un amas de pierres, comme si l'on avait ruiné une fortification.

« *Pour lors*, je suis revenu au quartier-général, et lorsqu'il a fait nuit, que le vieillard fut rentré dans son fort, je l'ai suivi en tirailleur, manœuvrant à travers les pierres, les ronces et les arbres. Le bonhomme est rentré dans sa coquille, je l'ai suivi.... Ici, général, commence la magie, le nid était vide, et j'ai eu beau parcourir la petite maison, je n'y ai trouvé que des appartements en ruines, des portes ouvertes et pas de vieillard. Cependant, général, foi de sergent de grenadiers, je l'ai vu entrer.

— Allons, Lagloire, mes chevaux, et courons à cette maison...

— Un instant, général!.. J'ai encore un petit renseignement... Je revenais, ce matin, par le faubourg Saint-Jacques, lorsque je rencontrai un ancien camarade.

« *Pour lors*, nous renouvelâmes connaissance en mettant un petit brin d'eau-de-vie en tiers, lorsque la marchande s'écria : « Tiens, voilà cette jeune personne !... »

« Aussitôt la mère et la fille sautèrent sur le pas de la porte et ne rentrèrent qu'en se disant : « Et elle y va toute seule... »

« *Pour lors*, je dis : « Qu'est-ce que c'est donc que cela, la mère? »

« Oh! dit-elle, c'est une jeune personne, c'est à dire elle a bien trente ans, et elle a une histoire sur son compte, parce qu'elle est revenue, à la nuit, chez elle, qu'elle ne croyait pas y être,...... et M. Flairault, le clerc du commissaire de police, a dit à ma fille que cette jeunesse voyait un vieillard qui semble ne pas vivre et que l'on allait pincer ; cela a étonné dans le quartier, parce que, depuis qu'elle est ici, elle a paru bien honnête, et voyez-vous... »

« *Pour lors*, général, je me suis fait indiquer la demeure du clerc du commissaire, et muni de la recommandation de M$^{lle}$ Paméla Balichet, la fille de la grosse marchande, j'ai attendu le clerc jusqu'à ce soir, qu'il est revenu. Après quelques petits préambules et une *syllabe monétaire*, dit Lagloire en faisant le geste de compter de l'argent, il m'a déclaré, à voix basse, que cette jeune fille demeurait rue Saint-Jacques, n° 309, et que son père avait été autrefois proscrit, à cause d'une conspiration, du temps du règne du *petit tondu*.

— Lagloire, c'est-elle!.. grand Dieu !... c'est lui !...

— Qui, général?...

— Marianine, Véryno!.. Et le général Béringheld, effrayé, se leva.

— Non, mon général, il se nomme Masters, et la jeunesse, Euphrasie ; ce ne sont pas eux. *Pour lors*, je suis revenu. » Le général tomba dans la rêverie, et n'en sortit qu'en s'écriant :

« N'importe, Lagloire, courons! il faut sauver cette victime.

— Et laquelle, général ?

— Va, Lagloire, cours, dis qu'on mette les chevaux noirs, et prends ton sabre, cours.... »

A peine Lagloire était-il sorti, que le concierge frappa trois petits coups à la porte de la chambre où le général se promenait à grands pas, et il parut bientôt.

« Monsieur le comte, une jeune fille veut absolument vous parler à vous-même. »

Béringheld, croyant que c'est Marianine, renverse le concierge, et s'échappe... Il vole à travers les appartements et les escaliers, et arrive à la porte. Il aperçoit Julie et ne la reconnaît pas... Une pâleur mortelle se répandit sur son visage, quand il vit son erreur, et il se retourna sans rien dire. Julie courut auprès de lui.

« Monsieur, c'est à l'insu de ma maîtresse que je viens vous trouver, mais, mademoiselle n'a pas longtemps à vivre, si vous ne la revoyez pas. M. Véryno... »

A peine ce mot fut-il prononcé que Béringheld regarde la femme de chambre, et s'écrie : » C'est vous, Julie!... » Il lui semblait déjà voir Marianine !... l'accent qui présida à cette simple phrase était celui du bonheur.

« Où est Marianine?... où est-elle?... dites!...

— Hélas! monsieur le comte, elle est bien mal, elle m'a donné une lettre pour vous, en cas qu'elle ne revienne pas ce soir, mais je n'ai pas attendu... j'ai dans l'idée...

— Donne!... Et le général se saisit de la lettre de Véryno. Il la décachète, et, reconnaissant l'écriture de son vieil ami, il tend la main à Julie, pour lui prendre celle de Marianine, que Julie voulait encore retenir.

*Lettre de Marianine à Béringheld.*

« Adieu, Tullius, je t'ai chéri jusqu'à mon der-
« nier soupir, ma dernière parole et mon dernier
« souffle furent pour toi! je puis te le dire mainte-
« nant... Heureuse, si j'avais pu te voir et jouir de
« ta vue, expirer sur ton sein et te prouver que mes
« serments ne furent pas vains. Je trace ces carac-
« tères en y attachant toute mon âme et tout mon
« amour : en lisant ces lignes, vois Marianine cher-
« cher tes yeux, pour y déposer son dernier regard.
« Je me flatte que ce testament d'amour sera sou-
« vent relu par toi, que tu n'oublieras pas celle qui
« l'écrivit, et qu'elle vivra toujours dans ta mémoire.
« J'emporte avec joie cette idée, elle me console...
« Je vais mourir, Tullius, un secret pressentiment
« me l'annonce. Adieu.

« Ta Marianine des Alpes.

« Hélas! ce mot me rappelle une foule de doux

« moments, les plus beaux de ma vie, si je n'avais
« pas eu huit jours de bonheur avant cette fatale
« campagne, source des malheurs de la France et
« des nôtres. Adieu, pour toujours!... pour tou-
« jours!... Quel mot!... »

Le général, ému, pleurant, tenait cette lettre à la main.

« Pauvre Marianine, où est elle?....

— Ah! monsieur, je l'ignore! A présent, dit Julie, elle doit être sortie, et personne ne sait où elle va!... »

Un affreux soupçon se glissa dans l'âme du général : sa figure se décomposa, il regarda Julie et d'une voix faible lui demanda :

« Où demeurez-vous?...

— Au faubourg Saint-Jacques.

— Grand Dieu! c'est elle!.. le vieillard!..

— Ah! monsieur, vous connaissez donc cet inconnu avec lequel elle a des relations... Ah! qu'elle est triste depuis qu'elle l'a vu... »

Béringheld, évanoui, n'entendait plus rien. Il revint à lui en s'écriant : « Mes chevaux!... » Et il courut à l'écurie, aux remises, presser les domestiques.

— Laurent, cent louis, si vous arrivez en un quart d'heure, rue du faubourg Saint-Jacques, n° 309. »

Aussitôt le général fait monter Lagloire, Julie et Laurent : on traverse Paris au grand galop, en criant : Gare!... On brûle le pavé, car les chevaux du général dévorent la distance, et jamais on ne vit une pareille vélocité...

« Monsieur, disait Julie, il y a neuf mois que nous sommes revenus de Suisse, mais monsieur a été obligé de changer de nom pour pouvoir rester à Paris. Nous avons été dans la plus grande détresse, et mademoiselle n'a jamais voulu vous faire donner avis de sa position.

— Quelle fatalité! quelle mauvaise honte!.. fierté mal placée! un ami!... son mari!... ah!...

— Enfin, depuis cinq jours, un soir, mademoiselle est revenue de la rue de l'Ouest avec une somme considérable... »

L'effroi du général fut à son comble, il déchirait de rage les broderies de son habit, et, se penchant à la portière, il criait : « Laurent, au grand galop!... plus vite!... » Et Laurent monta la rue Saint-Jacques au grand galop, en répondant : « Nous perdons les chevaux!...

— Arriverons-nous à temps? disait le général.

— Faut l'espérer, » répondait Lagloire qui, mettant la tête à la portière, criait gare à ceux qui se trouvaient et devant et derrière la voiture qui semblait emportée par un vent furieux.

Enfin l'on arrive à la demeure de Véryno. Le général monte l'escalier de bois avec une rapidité sans exemple, il entre dans l'appartement de son vieil ami.

Véryno était seul, sa lampe jetait une lueur faible; le vieillard, la tête appuyée dans ses mains, réfléchissait; et son œil fixé sur le siége que Marianine occupa pendant tout le jour, annonçait que toutes ses pensées entouraient sa fille chérie. Au bruit de la porte, le vieillard dérangea sa tête blanchie; il lève ses yeux gros de larmes, et il aperçoit le général dans un état difficile à décrire. Sa figure terrifiée, son attitude effrayante, émurent tant Véryno, qu'il reconnut Béringheld sans oser lui parler.

« Marianine !... fut le premier mot que prononça le général.

— Elle est sortie ! » fut la réponse de Véryno.

Béringheld se tordit les bras, et leva les yeux au ciel avec une expression de douleur, de crainte et d'effroi, qui n'échappa à personne. Il alla lentement vers son vieil ami, le serra dans ses bras sans mot dire, laissa couler ses larmes sur ce visage antique, et, se tournant vers Lagloire, il lui fit signe de descendre.

Le général laissa le vieillard plongé dans l'étonnement le plus profond; une crainte vague, un effroi glacial se répandirent dans son cœur, et il regarda Julie d'un œil interrogateur. Julie ne répondit rien à cette tacite demande, et le silence régna; seulement, le vieillard étonné se promena d'un pas faible dans cet appartement vide pour lui !...

Pendant ce temps, le général et Lagloire couraient vers l'endroit où Béringheld-le-Centenaire faisait sa demeure momentanée. Ils y arrivèrent, guidés par l'espoir d'arriver assez à temps pour sauver Marianine. Ils entrent dans ce terrain qui semblait le palais du génie des destructions et le temple de la terreur.

Le général promène un œil curieux sur cette vaste enceinte : son regard arrive sur la maison presque détruite, et là, la lune, se dégageant des ombres épaisses d'un gros nuage, illumina, par une masse de lumière, le porche de cet antre sauvage. Un spectacle magique *stupéfia* le général : en effet, le grand vieillard lui apparut dans l'enfoncement de la maison, il portait sur ses épaules Marianine évanouie; sa belle tête était appuyée sur celle du Centenaire, et le jais de ses longs cheveux se mêlait à l'argent de ceux du vieillard; les bras de cette fidèle amante pendaient sans force, et annonçaient, par cette débilité, qu'elle s'était abandonnée : cette pose, ce laisser-aller, régnaient dans tout son maintien. Le vieillard la supportait avec indifférence, et comme un fardeau sans vie. Cette belle tête pleine de douceur, ces yeux éteints, fermés, et la pâleur de Marianine, encore rendue plus blanche par ce rayon subit de la lune, contrastaient avec le feu qui sortait des yeux du *fatal* vieillard : c'était la Mort emportant un mourant. Que l'on joigne à cela sa démarche lente et immuable, la rigide expression de son visage, et son maintien *monumental*, et l'on aura l'idée du tableau le plus terrible que l'imagination puisse entrevoir. Ce spectacle était plus qu'effrayant pour le général, car il savait que Marianine allait à la mort. Aussi, à peine eut-il aperçu le vieillard et sa proie, qu'il se précipita, avec la rapidité d'un boulet, vers la maison ruinée. Il entre, et ne trouve point de vestiges; il parcourt tout, et ne trouve point d'issue; il considère le plancher des dalles où le vieillard s'est comme évanoui, et il ne découvre aucune sortie. Lagloire est stupéfait, mais il court chercher de la lumière, des armes, des instruments : le vieux soldat s'exalte pendant cette course, et jure de tout détruire, plutôt que de ne pas retrouver Marianine.

« A moi! les amis du 3e régiment ! voilà l'ennemi ! » s'écria-t-il.

Trois ou quatre personnes, entendant crier Lagloire, le suivirent vers le cabaret où il avait déjà établi son quartier-général lors du blocus qu'il fit pour découvrir la demeure du Centenaire, et le hasard voulut que ce fussent des anciens soldats du régiment de Lagloire. . . . . . . . . . .
. . . . . . . . . . . . . . . . . . . .

## XXIX.

Marianine aux Catacombes. — Apprêts de sa mort. — Sa vision dernière.

Aussitôt que le vieillard fut dans le souterrain, avec sa proie, il se hâta de profiter de l'évanouissement de Marianine pour la transporter à ce qu'il avait nommé son palais. La fraîcheur des caves profondes qui commencent sous l'Observatoire et dans lesquelles le vieillard avait un accès secret, saisit Marianine, et elle s'éveilla de l'espèce de sommeil auquel elle était en proie.

Un mortel effroi s'empara de son âme, lorsque la lueur faible de la lampe que tenait le vieillard lui montra l'horrible séjour qu'ils traversaient. La jeune fille, n'ayant jamais entendu parler des catacombes, fut terrifiée à leur aspect. Ces montagnes d'ossements, rangés avec une régularité singulière et qui semblent les archives de la mort, ce silence éternel, à peine troublé par les pas de celui qui la soutenait, et plus que tout cela, la présence de cet être extraordinaire qui participait par tant de détails aux habitants des tombes, tout contribuait à la mettre sous le *charme* invincible de la peur, et cet état lui ôtait l'énergie et les moyens de se soustraire à son sort ; elle ne pouvait que suivre cet être magique, qui la mit à terre aussitôt qu'il s'aperçut qu'elle n'était plus évanouie.

Ils marchaient déjà depuis bien longtemps en silence, et ils allaient se trouver au bout des catacombes, lorsque la pauvre Marianine, rassemblant ses forces, s'arrêta en disant : « Où me menez-vous ?...

— Au Louvre... tiens, jeune fille, regarde !.....
Et le vieillard lui montra la voûte. Nous sommes dessous la Seine, et dans un instant tu entendras le bruissement de l'onde.

— Mais, à quoi me sert-il d'aller au Louvre ?

— Tu y verras un palais où toutes les sciences se sont donné rendez-vous ; tu contempleras une habitation où tous les pouvoirs se sont réunis ; si tu veux voir ton amant, tu le contempleras à loisir ; si tu es malheureuse, tu cesseras de l'être... »

Le vieillard avait un accent sardonique qui fit frémir Marianine. Enfin, elle se leva et suivit le Centenaire qui marchait au milieu de ce silence effrayant qui accompagne l'exécuteur entraînant une victime à l'échafaud.

Bientôt, ils arrivèrent à un endroit où une masse énorme de pierre qui commençait au sol, dont elle faisait partie, et continuait jusque par-delà la voûte, annonça qu'ils avaient atteint le but de leur voyage souterrain. La bizarre disposition de cette masse de pierre indiquait que, là aussi, la génération passée qui avait exploité cette carrière, s'était arrêtée, soit parce que la nature de cette matière n'était plus la même, soit parce que la mine ne fournissait plus rien. Marianine s'assit sur un bloc de pierre : ses yeux sans force et dénués de toute expression vitale, errèrent dans les sinuosités de ce rocher souterrain, sur les trous qui gardaient encore les marques des travaux de l'homme, sans qu'elle osât regarder le Centenaire ni retourner la tête : enfin, si l'esprit humain peut se figurer exactement l'état d'un être qui n'a plus de la vie qu'un souffle animal, privé des sensations, du sentiment, et trop faible pour faire mouvoir les ressorts de l'âme, on aura une idée imparfaite de la situation de Marianine.

Au milieu de ce silence de mort, on n'entendait que le bruit des filtrations de l'onde qui tombait goutte à goutte, et dont le retour successif pouvait à lui seul plonger l'âme dans la mélancolie.

Cependant le Centenaire, cherchant dans la voûte un objet qui lui paraissait familier, parvint, après quelques instants, à le trouver. Alors, sans que Marianine, qui avait atteint un degré inconnu de souffrance passive, pût être étonnée de ce nouveau prodige, elle vit machinalement, et comme un spectacle ordinaire, cette masse énorme de pierre s'enlever dans les airs, et le Centenaire attacher une chaîne de fer, sortie de la voûte, à un grand anneau scellé dans les parois de cette roche. Alors la jeune fille aperçut un autre souterrain, dont la nuit éternelle était faiblement modifiée par une lueur qui ne servait qu'à rendre l'obscurité plus terrible. Cette triste lumière, qui s'échappait des fentes d'une porte placée au bout de cette galerie, colorait d'abord assez fortement les deux côtés de ce sombre corridor souterrain, mais cette lueur venait mourir, par des teintes insensibles, de telle manière que l'endroit où se trouvait Marianine était tout à fait noir. Cet effet naturel portait dans l'âme une telle émotion, que la fille de Véryno fut en quelque sorte tirée de son abattement, et qu'elle jeta un grand cri.

« Voilà le portique de mon habitation, » s'écria le vieillard en saisissant Marianine et la faisant entrer dans ces nouveaux lieux.

Elle fut agréablement surprise, en sentant qu'elle marchait sur un parquet de bois, recouvert d'un tapis qui devait être précieux, à en juger par la douceur qu'elle trouvait à le fouler. La voûte et les parois de cette galerie étaient tapissées de velours noir, drapé avec élégance et rattaché par des agrafes d'argent. Marianine, au milieu du luxe royal de cette galerie, retrouva quelque peu de courage, et elle se mit à effleurer de sa jolie main le velours et les ornements, semblable aux mourants qui cueillent des fleurs, font des projets, et par une loi secrète de la nature de notre esprit, se cachent l'horreur de la mort future par des jeux éphémères.

Marianine suivait le vieillard de loin : tout à coup son pied heurte contre une masse sonore, dont le bruit se effraie, elle regarde à ses pieds et, à la faveur de la lueur qui devenait plus forte à mesure qu'ils avançaient, elle croit reconnaître un squelette, dont la main décharnée tenait encore un morceau de tapisserie. Marianine frémit à l'horrible idée qu'elle eut sur-le-champ, des sacrifices que son guide avait dû faire pour obtenir un secret inviolable sur sa demeure souterraine. Alors toute cette splendeur se ternit et elle ne pensa plus qu'à la mort des ouvriers que le vieillard avait employés, et ces réflexions la conduisirent à penser qu'elle ne sortirait plus de cette tombe... Elle se retourna comme pour s'enfuir, mais aussitôt qu'elle eut levé les yeux, elle rencontra le Centenaire qui lui barrait le passage. Elle tressaillit à l'aspect des regards d'horreur qu'il jetait sur elle.

« Quel est ce mystère ? » demanda-t-elle en lui montrant les os du squelette par un geste accusateur.

Le Centenaire se mit à sourire dédaigneusement, et, au milieu du silence, l'éclat de son rire sardonique effraya la jeune fille... « Tu crois que je l'ai fait mourir?.... » Marianine tressaillit en voyant avec quelle sagacité le vieillard découvrait ses pensées. « Euphrasie, continua-t-il, cinquante hommes, des différents siècles qui se sont écoulés, ont travaillé à cette demeure de *Gnome*, il n'en est pas un seul *qui ait su avoir édifié* mon palais... Lorsque je sacrifie un *être*.... c'est le plus rarement possible, et, en pleurant, car je suis alors les lois de la nécessité... marchons!.... »

Ils arrivèrent enfin au fond de la galerie, et là, avant d'entrer, Marianine remarqua une foule de choses précieuses disposées avec art. Au milieu de ces curiosités, elle vit des morceaux de bois brûlés posés respectueusement sur un velours comme une chose précieuse.

— Qu'est-ce? dit-elle en regardant le grand vieillard.

— Ce sont, répondit-il, quelques fragments du bûcher de *Jeanne d'Arc* : à côté, voici une des dernières pierres de la Bastille ; plus loin, ce crâne est celui de Ravaillac ; ce livre est la bible de Cromwell ; cette arquebuse a appartenu à Charles IX ; contemplez bien cette mappemonde, c'est celle du grand Christophe Colomb ; voici le voile de la reine Élisabeth, un collier de sa sœur Marie, une cravache de Louis XIV, une épée de Ximénès et une plume du cardinal de Richelieu ; ce n'est pas celle qui a écrit l'ordre d'exécuter ce pauvre Montmorency, mais celle qui écrivit Mirame! tenez : ceci est un anneau de Sixte-Quint : enfin tout ce que vous voyez sont des souvenirs qui me rappellent tous mes amis et les siècles passés. »

En achevant ces mots, le Centenaire poussa la porte, et un autre spectacle frappa Marianine étonnée. Elle aperçut une vaste pièce circulaire, dont une étoffe précieuse tapissait les murs. Sur une table immense, couverte d'une serge verte, une lampe de bronze paraissait éclairer éternellement ce lieu d'horreur.

En effet, plusieurs crânes humains étaient sur la table ; des squelettes avançaient leur tête hideuse, ils semblaient ricaner tout haut et appeler Marianine. Lorsqu'elle porta les yeux d'un autre côté, elle frissonna en voyant des instruments d'acier qui scintillaient et paraissaient prédire la mort ; des sphères, des cartes, des os, des substances singulières, dont elle ne put distinguer les formes ni les couleurs, effrayaient ses yeux. Elle ne vit point de livres : seulement, des parchemins desséchés à moitié déroulés et couverts de caractères indéchiffrables formaient toute la bibliothèque du Centenaire. Marianine, n'osant penser, parcourait de l'œil cet appartement, au centre de la terre, qui avait l'air de contenir tous les secrets de la nature. Tout à coup elle ressaisit sa pensée, et son premier mouvement fut de chercher à fuir ; elle se retourne, elle n'aperçoit plus d'issue, et, comme par enchantement, il s'est élevé derrière elle un fauteuil caché par un drap noir, ou du moins elle dut penser que le contour de l'objet caché par ce drap fatal était un siège... Elle chercha le vieillard comme pour l'interroger, et elle fut glacée d'effroi... Le Centenaire s'était placé sur son fauteuil, il avait ôté tout l'attirail et les vêtements qui déguisaient ses formes, et la lumière blanchâtre de la lampe, en donnant d'aplomb sur son crâne, le rendait tellement jaunâtre, que rien ne distinguait la tête du vieillard de celles qui, privées de la vie, gisaient devant lui.

Mais ce qui épouvanta bien plus Marianine, ce fut le changement qui s'était opéré sur la figure du personnage singulier qui se trouvait devant elle. L'attitude du Centenaire et la rigidité de ses manières auraient imposé au plus intrépide. Une sévérité brusque siégeait sur son visage, avec tous les indices de la cruauté. Il n'osait regarder sa victime qui, pâle, les cheveux épars, et belle de candeur et d'innocence, semblait l'interroger des yeux au défaut des paroles qu'elle ne pouvait prononcer. La clarté presque indécise de la lampe, et un silence immuable, prêtaient à cette scène souterraine une éloquence inimaginable. On eût dit Marie Stuart, seule avec son bourreau, attendant le coup mortel dans cette salle que Schiller représente ornée d'un luxe royal.

Marianine remarqua bientôt des indices effrayants manifester les approches d'une dissolution chez le vieillard : le feu sombre de ses yeux s'adoucissait insensiblement en paraissant s'éteindre. Soit que ce fût un effet des efforts inégaux de la lueur de la lampe, soit que ce fût une *anomalie* de cette existence surnaturelle, elle croyait apercevoir la carnation factice de cet être pâlir de telle sorte que les os des générations passées n'étaient pas plus blancs. Au moment où cette pauvre enfant le contemplait avec le plus d'attention, il la regarda, et le coup d'œil furtif qu'Ugolin jeta sur les membres de ses enfants morts de faim, fut, tel terrible que le Dante le représente, moins féroce et moins profond.

Le vieillard, après avoir imprimé par ce regard, à l'âme de Marianine, une stupeur dont il semblait vouloir profiter, se leva, et sentant son existence s'affaiblir, il fut forcé de se traîner et de s'appuyer sur les meubles, pour aller chercher différentes choses.

Il apporta un tube en verre, qui finissait en chalumeau, et dont l'extrémité était garnie en platine : il le posa, avec la précaution de la vieillesse, sur sa table, il y joignit des fioles dont Marianine ne put apercevoir le contenu, car une substance, formée par un alliage de plusieurs métaux, emboîtait chaque vase, dont la partie supérieure restait seule à découvert. Lorsqu'il eut posé sur la table tout ce dont il semblait avoir besoin, il prit un mortier en or et le plaça près de Marianine, qui regardait ces apprêts avec une curiosité enfantine. La pauvre jeune fille aurait, je crois, joué avec la hache avant qu'on lui tranchât la tête.

« Pourquoi, dit-elle doucement au vieillard, pourquoi tout ceci ? »

Le cri de l'hyène qui trouve une proie longtemps cherchée, n'est pas plus sauvage que le rire du Centenaire.

« Quelle voix ! s'écria Marianine, oh ! laissez-moi m'en aller ! car je n'existe pas...

— Ta vie est à moi, reprit le vieillard, tu me l'as donnée, elle ne t'appartient plus...

— Qu'en voulez-vous faire ? demanda-t-elle avec ingénuité.

— *Quand tu l'apprendras, tu n'en sauras plus rien !* répondit laconiquement le Centenaire.

— Grand Dieu ! » s'écria Marianine en se tordant les bras et levant les yeux vers la voûte ; alors elle eut sujet de frémir en voyant au-dessus de sa tête une immense cloche d'une substance diaphane, et qui paraissait ne tenir qu'à un fil, elle jeta un cri d'horreur, et, heureusement pour elle, elle tomba à côté du fatal instrument que cachait le drap noir.

Le Centenaire continua ses apprêts avec une stoïque impassibilité, et il ne releva même pas Marianine qui tâcha de ramper de son mieux pour regagner la porte, devenue invisible, mais le vieillard, de temps en temps, jetait un coup d'œil sur les mouvements de sa proie.

En ce moment, un bruit assez extraordinaire fit retentir le souterrain par lequel ils étaient arrivés ; le vieillard étonné écouta longtemps, mais comme le bruit cessa soudain, il n'y fit plus aucune attention. Une légère lueur d'espérance se glissa dans l'âme de Marianine, elle était à genoux et cherchait à découvrir ce que voilait le lugubre drap noir, en portant la main de ce côté. Elle sentit une chaleur intolérable, alors elle n'osa pas s'assurer si le feu caché dont l'influence était si violente brûlait sous la grotte, ou s'il était contenu dans l'airain. Elle regarda au-dessus du drap noir, et elle vit s'élever une vapeur dont la présence était annoncée par le mouvement des objets qui se trouvaient en deçà.

« Allons, s'écria le vieillard en s'avançant vers la jeune fille, relevez-vous ! »

Marianine se leva, et courut se réfugier du côté opposé, en paraissant redouter l'approche du vieillard. Ce dernier se mit à sourire de l'effroi de la victime et lui dit :

« Euphrasie, tu es en mon pouvoir, et rien ne peut t'y soustraire.... Quelle est l'oreille qui entendrait tes cris, le bras qui te défendrait ? Nous sommes à deux cents pieds du sol sur lequel marchent les hommes d'un jour...

— Et Dieu !.. » dit Marianine.

Un effroyable sourire vint errer sur les lèvres cautérisées du Centenaire ; alors en apercevant ce rire sardonique digne de Satan, la jeune fille s'écria : « Je suis morte... je le vois. »

Un second sourire servit encore de réponse, et le vieillard, contemplant la beauté sublime de celle qu'il allait détruire, laissa rouler sur sa joue livide quelques larmes....

Marianine, en tombant aux genoux de son bourreau, éleva vers lui ses mains suppliantes, et lui dit d'un son de voix qui eût attendri un tigre : « Au moins, laissez-moi prier Dieu... quelques instants !...

— Si cela rend votre mort moins cruelle, j'y consens... »

Là-dessus, le vieillard retourna sur son fauteuil, et consultant tour à tour les substances que renfermaient les fioles, il se mit à en composer un mélange pendant que Marianine, agenouillée sur un carreau de velours, où peut-être d'autres victimes avaient prié avant elle, éleva vers le ciel ses innocentes supplications.

« Hélas ! dit-elle tout haut, peut-être dois-je remercier l'Éternel de me ravir mon existence, c'est m'épargner de la douleur. En effet, grand Dieu ! la somme de mon infortune a, jusqu'ici, surpassé celle de mon bonheur, et pour quelques instants fugitifs, que de peines !... S'il en fut ainsi pendant la plus belle moitié de ma vie, n'est-ce pas un triste augure pour le reste !... »

Cette idée envahissant son âme, elle se releva calme, et, se présentant au vieillard, elle lui dit avec un doux accent d'innocence :

« Me voilà prête.... »

Le Centenaire, ne s'attendant pas à une pareille soumission, la regarda avec étonnement.

« Pourriez-vous me dire, reprit-elle avec un son de voix qui ne renfermait aucune plainte, aucun reproche ; pourriez-vous me dire ce que je vous ai fait pour que vous vouliez me tuer ?...

— Pourquoi t'es-tu trouvée sur mon chemin ? ne m'as-tu pas avoué que tu allais à la mort, que tu la désirais ?...

— Moi, s'écria-t-elle, j'ai désiré la mort ?... ah ! je ne la connaissais pas !...

— Puisque tu voulais mourir, ne vaut-il pas mieux que ton souffle, au lieu de se perdre et d'aller retrouver la masse d'existence qui appartient à notre globe, vienne prolonger ma vie ?.... Mais, jeune fille, mon souffle est fondé sur le tien, je te plains si tu m'as trompé!... si tu aimes la vie, il la faut quitter... Que ne m'as-tu prévenu?..... j'aurais cherché d'autres victimes! je n'en manque pas dans Paris... et les tripots du palais *de Richelieu* m'en fournissent plus qu'il ne m'en faut... Maintenant il n'est plus temps...; dans peu j'expire.... je sens déjà qu'à peine mes idées se forment, et le fluide vital me manque..... Ta mort est maintenant une *nécessité*, et puisque tu as une belle âme, je te parle froidement..... Pauvre enfant! je te regretterai peut-être plus que tous ceux que tu laisses sur la terre, et.... il est des souvenirs bien cruels pour moi... »

En achevant ces derniers mots, le Centenaire paraissait oppressé, et un reste de sensibilité triomphait des froides et tristes vérités que son *omniscience* lui avait fait conquérir.

« Alors, répondit Marianine, employez votre art divin; plongez-moi dans le sommeil de l'âme, et faites-moi voir celui que je chéris!... Pendant que je serai occupée à cette douce vue, que je serai détachée du monde, vous vous emparerez de ce souffle dont je n'ai pas besoin... car, *s'il n'est pas venu m'épouser, c'est qu'il ne m'aime plus*. »

Le vieillard parut enchanté de cette proposition, qui sauvait à Marianine les douleurs de l'agonie, et qui lui ôtait à lui-même le terrible spectacle d'une victime qui se débat contre la mort. Un rayon de joie vint ranimer son visage, qui prenait déjà l'aspect de celui d'un squelette, et il s'empara des mains de Marianine . . . . . . . . . . . . . . .
. . . . . . . . . . . . . . . . . . . . . . .
. . . . . . . . . . . . . . . . . . . . . . .
. . . . . . . . . . . . . . . . . . . . . . .

---

**DERNIÈRE VISION DE MARIANINE** [1].

Aussitôt que le Centenaire se fut emparé des jolies mains de Marianine, elle tomba dans le néant, et une nuit, plus profonde que la nuit des cieux, l'envahit avec une promptitude égale à celle de la flèche qui perce la colombe. Alors la jeune fille entra dans le vaste royaume dont le territoire commence où finit celui de l'univers, ce domaine où nul ne pénètre sans être à la fois et *mort* et *vivant*, où l'homme fait comparaître toute nature en dehors d'elle-même, comme si un miroir en réfléchissant les moindres secrets rendus comme matériels; ce domaine où règne un pouvoir qui coupe la terre entière comme avec un rasoir tranchant, et qui en découvre les trésors les plus cachés; où l'on appelle involontairement les plantes et les animaux par leur nom; où l'on comprend les idées de tous les peuples; où l'on traverse l'univers avec la facilité d'une mouche qui vole d'une chambre dans une autre. Admirable empire, dans lequel on oublie tout, pour ne garder qu'une agréable sensation comparable au charme d'un rêve de bonheur; enfin, où l'homme ne garde de lui-même que la précieuse élaboration qui forme la pensée.

Marianine n'est plus dans le souterrain où elle est [2]. Son beau corps y reste, il est vrai, mais son âme voltige au gré de la volonté d'un être dont elle ne peut secouer le joug dominateur: il semble qu'il ait la baguette magique dont les Orientaux arment leurs divinités fantastiques, et qu'il manie la nature en se jouant. La jeune fille demeura plongée dans cette nuit funèbre, et sa passibilité devint si profonde, qu'à son dire, *le mort couché dans la tombe n'est pas plus inanimé et immobile qu'elle ne l'était*.

Cependant, malgré cette épaisse nuit, elle sentait un danger imminent, et il lui semblait vaguement que l'on allait lui causer de la douleur.

Au bout d'un temps indéfini [3] (puisque Marianine ne pouvait avoir aucune idée sur la durée), elle commença à *voir jour en elle-même*, et, cette fois, *l'aurore qui se levait dans son âme* eut une teinte blanchâtre, semblable à la lueur que jette une lampe nocturne contenue dans un vase d'albâtre. Elle se mit alors à *marcher* dans le souterrain qu'elle venait de parcourir avec le vieillard; mais sa marche ne rendait aucun son, son souffle ne faisait point résonner la voûte, et elle eut beau frapper les montagnes d'ossements, elle n'entendit aucun bruit.

Une clarté soudaine *la fit s'avancer* avec une vitesse incroyable, elle *entendit* le bruit d'une foule de voix confuses, et alors elle se dirigea du côté des personnes qu'elle *pressentait* venir.

---

[1] Je n'ai pas besoin, je pense, de réitérer, pour ce morceau, l'observation que j'ai consignée dans la note que l'on a dû lire plus haut, lorsque j'ai rapporté le premier songe de Marianine. Ce morceau a été également respecté par l'Éditeur, qui n'a pas voulu retrancher un seul mot. (*Note de l'Auteur*.)

[2] J'ai mis la narration au présent, comme si l'Éditeur luimême racontait les événements, ou en était le témoin, afin d'éviter la confusion. (*Idem*).

[3] Mon cher A***, c'est la multiplicité des sensations et la pensée humaine qui ont rendu sensible la succession des instants et ont fait du *temps* une chose presque *palpable*; or, du moment où l'on retire cette faculté de modifier l'espace, de le réduire en secondes, en quarts, en heures, le temps d'une journée devient *une unité* qui, bien que plus vaste, n'offre pas plus d'espace qu'une minute. Ce problème de métaphysique exigeant plus de développements pour être *prouvé*, je ne fais que vous l'énoncer pour l'intelligence de ma lettre; car au total il était même inutile pour vous: vous me comprenez. (*Note du général Béringheld.*)

J'ai respecté cette note que je mets, comme on voit, textuellement. (*Note de l'Éditeur.*)

Pour arriver plus tôt, elle se pencha (comme pour y puiser plus de force) sur *l'ombre* du Centenaire qu'elle *sentait* à ses côtés, sans cependant le voir ni l'entendre, quoiqu'elle *sût* qu'il était là. Ayant acquis ainsi une plus forte dose d'*incorporéité* et une énergie qui ressemblait à celle de l'*animalité physique,* elle *vit* soudain un tableau qui lui fit jeter des cris de joie ; bien que Marianine employât pour crier toutes ses forces corporelles, il ne s'échappa de son *corps* aucun son, aucune parole, et sa langue resta attachée à son palais, *quoiqu'elle l'ait fait mouvoir.*

En effet, le général Béringheld, Lagloire, trois soldats, Véryno, Julie, le cocher de Tullius formaient le groupe aperçu par Marianine : les uns tenaient des flambeaux, et les autres armés de pioches creusaient le plancher de la maison du Centenaire.

« Courage, les amis !... criait Butmel, saisissez-moi les pioches *à la première capucine !* le général donne *cent louis* si c'est fini dans une heure.

— Deux cents !... s'écriait le général, et trente mille francs si nous sauvons Marianine. »

A ces paroles, Véryno qui arrivait, conçut le danger de sa fille, et il tomba presque mort entre les bras de Julie. Le général, trop occupé des fouilles, ne fit pas attention à l'évanouissement du bon vieillard, il saisit une pioche et se mit à travailler : ce que voyant, Lagloire frisa sa moustache, lâcha un juron, en disant :

— « Et le respect donc, mon général ?...

— Marianine !.. Marianine !... répondit Tullius en déchargeant de tels coups sur le carreau que les murailles parurent en trembler. — Nous n'aurons que son corps ! s'écria-t-il.

— Mon père se meurt ! cria Marianine de sa douce voix ; Tullius, tu creuses à gauche, c'est à droite, il n'y a qu'une grande pierre à soulever... elle est là !... »

*L'extraordinaire* de cette magique vision, c'est que la fille de Véryno ne se trouvait encore qu'à moitié du chemin des catacombes, qu'elle était séparée, par une voûte de soixante pieds de terre, du lieu où se passait la scène, et qu'elle la *voyait,* non pas par la vertu visuelle de *l'œil extérieur,* mais par une *vision interne ;* de manière que c'était encore un problème à résoudre, de savoir si les lieux s'approchaient et comparaissaient en *elle,* ou si c'était elle qui se transportait à cet endroit.

Enfin, *elle y arriva,* et quand elle fut contre la voûte, elle la traversa comme s'il n'eût pas existé de barrière entre elle et le groupe des travailleurs. Elle jeta un cri de bonheur qui ne fut pas plus entendu que ses autres cris. Elle déposa sur le front de son père un tendre baiser dont il ne parut pas affecté.

Elle eut beau dire : « Bonjour, Julie !... » Elle eut beau se jeter dans les bras de Béringheld et le serrer par une étreinte d'*âme* remplie d'amour, le général n'en continua pas moins à donner des coups terribles sur les dalles de marbre. — Alors, bien que Marianine eût déjà eu un exemple de cette insensibilité (*comme elle n'en avait pas gardé le souvenir*), ce fut comme la première fois, et elle se mit à pleurer à chaudes larmes en s'essuyant avec ses beaux cheveux noirs.

« Bravo ! s'écria Lagloire, je tiens le pourquoi ! Général, voici une pierre qui se disjoint. »

Marianine, pleurante et chagrine, ne prit point part à la joie du groupe, elle s'assit à côté de son cher Tullius, et elle se complut dans l'admiration où elle fut plongée en contemplant l'ardeur qu'il mettait à cette fouille. Le général pâlit de bonheur et d'espoir, quand Lagloire lui montra la pierre immense dont chacun tâcha de deviner le secret.

« Enfin, général, s'écria Jacques Butmel, nous allons entrer au quartier-général de notre vieux brigand de Cosaque.

— Il doit y avoir un contre-poids ! murmura Véryno, car pour soulever cette masse, je ne crois pas qu'il y ait d'autre moyen.

— Le voici, le voici !... s'écriait Marianine, en saisissant le ressort caché qui faisait pencher le contre-poids ; mais elle eut beau le faire mouvoir, la pierre n'en resta pas moins à sa place.

— Au diable le contre-poids ! répondit Lagloire; et, fouillant dans les gibernes des soldats, il en retira des cartouches, les ficela, et, les faisant entrer de force aux quatre coins de la pierre, il tira son briquet, sa pipe, son amadou (choses qui ne le quittaient jamais), et, regardant les trois soldats, il leur dit :

— Vous, mes vieux troupiers, vous allez rester avec moi ! — Général, papa Véryno, et vous, joli petit fusil de munition, dit-il en s'adressant tour à tour au général à qui il fit une salutation respectueuse, à Véryno et à Julie à qui il passa sa main sous le menton ; vous allez vous retirer dans la rue ! lorsque l'explosion sera faite, que nous serons maîtres de la place, vous reviendrez !... Allons... général, il faut évacuer la caserne, je commande la manœuvre aujourd'hui. »

Tout le monde se retira, et Lagloire resta avec les trois camarades qu'il avait rencontrés, il sema de la poudre et y mit le feu, lorsqu'il eut amené la traînée à une distance honnête. — La pierre sauta, *Marianine était dessus, elle ne ressentit aucune atteinte,* et lorsque la pierre laissa un vide, Marianine ne changea pas de place.

Tout le monde revint examiner l'endroit où Marianine pleurait toujours en s'apercevant qu'on ne la voyait point. Une salve de cris de joie s'élança dans les airs quand on reconnut les marches d'un escalier, et Lagloire, oubliant que le gouvernement avait changé, s'élança dans le souterrain avec les trois grenadiers, en criant : « A la gloire ! en avant, pas de charge, et *vive l'empereur !*..... de Maroc, » ajouta-t-il prudemment en entrant dans le souterrain.

Marianine erra encore bien faiblement en les suivant des yeux, mais tout disparut et le tableau devint indistinct par degrés, comme lorsque l'esprit perd la trace d'un souvenir, s'il est possible de comparer un objet matériel aux effets de la pensée....

Enfin, semblable à Eurydice lorsqu'elle échappa en fumée des bras de son époux, son âme n'étant plus éclairée, sembla revenir habiter le beau corps qui gisait dans l'amphithéâtre horrible du vieillard. Néanmoins, Marianine sentit qu'au moment où elle ne *vit* plus rien, le Centenaire l'abandonnait, et que ses mains glaciales avaient cessé de la parcourir.

. . . . . . . . . . . . . . .

Marianine est-elle morte ? le Centenaire existe-t-il encore ? l'a-t-on revu ?...... Tout ceci n'est-il qu'une fiction, un délire d'une imagination malade ?...

A toutes ces questions, l'éditeur ne peut répondre que par la phrase que Socrate trouvait la plus difficile à prononcer pour l'homme : *Je ne sais.*

Paris, 18 avril 1820.

NOTE.

Paris, 20 août 1822.

Ici se terminait, en effet, tout ce que je m'étais procuré de renseignements sur le Centenaire.

Ce qui m'empêcha longtemps de publier tous ces documents en les réduisant en un récit suivi, c'est que j'ai senti que cette fin, ce dénouement qui ne dénoue rien, ne satisferaient jamais la curiosité de ceux qui cherchent dans un livre une action soumise aux règles de l'art dramatique et qui veulent absolument un cinquième acte et un mariage, sans tenir compte à l'auteur des sensations qu'ils ont éprouvées avant d'arriver à la dernière page, et qui regardent comme nulles leurs émotions, si on ne leur laisse pas un jouet.

On m'aurait surtout reproché le vague qui règne dans ce dernier chapitre, et l'âme, je le sens, est douloureusement affectée, en supposant que Marianine a dû succomber. Enfin une espèce d'impatience doit éclater lorsque l'on se trouve ignorer les destins du Centenaire.

Du moins, ce furent les sentiments qui m'agitèrent quand je rassemblai ces manuscrits. Je vais rendre compte du hasard qui fit tomber entre mes mains les lettres qui formeront la conclusion.

J'ai un frère, dont j'ignore le sort, puisqu'il s'est embarqué, depuis cinq ans, pour faire le tour du monde. Ce frère, avant de partir, me remit une partie des renseignements qui servent de base à cette histoire, et comme il s'occupe beaucoup des *sciences naturelles*, qu'il est très-distrait, il me donna la liasse, fort incomplète : sans les amis puissants qui m'ont servi, cette liasse m'aurait été fort inutile.

Le bruit de la mort de mon frère s'est répandu, il y a six mois, et comme nous sommes plusieurs frères (on finira par les connaître), l'on mit les scellés sur son cabinet : il y a environ deux mois qu'en les levant, je reconnus des lettres de l'écriture du général Béringheld.

Ayant déjà fait mes preuves dans l'art de soustraire des papiers, lors de mon aventure au Père-Lachaise (voyez la préface du Vicaire des Ardennes), on pense bien que je m'emparai très-subtilement des précieuses lettres qui vont former la conclusion de cette histoire : et ce, à la barbe de mes frères.

Mon frère (le mort présumé) était un véritable savant, ayant des opinions très-extraordinaires sur la *nature des choses*. C'est un esprit mathématique, qui va de preuve en preuve et qui ne marche qu'avec l'*Analyse* (il prétend qu'on ne fait rien sans elle); comme depuis longtemps j'ai pris à gauche, et que j'ai tout donné à l'imagination, je me moquais souvent des prétendues découvertes de mon frère, de ses idées et de ses systèmes. Il avait fini par me regarder indigne de ses confidences; et cette explication doit faire deviner le motif qui le portait à me cacher l'aventure qui lui donna lieu de connaître le général Béringheld.

Attendu que ce n'est que récemment que j'ai trouvé ces pièces importantes, je n'ai pas eu le temps d'en changer la forme, et je les publie telles qu'elles sont sans y rien retrancher ni rien y ajouter, je prie le lecteur de suppléer à tout ce qui manquera.

HORACE SAINT-AUBIN [1].

CONCLUSION.

LETTRE DE M. DE SAINT-AUBIN L'AÎNÉ,
A M. JAMES GORDON.

Paris.....

« Mon cher ami, il y a plus d'adeptes que nous

[1] Pseudonyme de H. de Balzac.

ne le croyons, et j'ai une peur effroyable que les pouvoirs que nous avons conquis ne deviennent la proie de chacun. Écoute ce qui m'est arrivé.

Hier, après t'avoir quitté, j'ai été à l'assemblée de Jeannes qui, tu sais, demeure au bout du monde. Tout ce que nous eûmes à faire nous prit bien plus de temps que nous ne l'avions cru, et minuit arriva bientôt. Je revenais à près de deux heures du matin, et j'étais, je crois, à six cents pas de distance de l'hospice des Enfants-Trouvés, lorsque j'entendis des cris perçants ; je me dirigeai vers l'endroit d'où je présumais qu'ils partaient, et je vis sortir de cet enclos que je t'ai fait remarquer souvent, un homme portant une femme dans ses bras... je crus que c'était un enlèvement, parce que, la lueur de la lune ne laissant pas bien distinguer les objets, je ne vis pas parfaitement le visage de la femme, dont les cheveux épars, la contenance, me donnèrent lieu de penser que les cris que j'avais entendus étaient jetés par elle. Soudain, je m'élançai, et saisissant violemment le ravisseur, je lui enlevai sa proie en me dirigeant vers la maison d'un boulanger, chez lequel je voyais de la lumière.

Aussitôt que j'eus cette femme entre les bras, elle se mit à gémir d'une singulière façon. Je fus forcé de la rendre, car l'inconnu qui la tenait m'arrêta dans ma course et me la redemanda avec un ton et des manières qui me prouvèrent que ce n'était point un malfaiteur. Alors je l'aidai à transporter cette jeune femme évanouie, jusque dans une maison devant laquelle un équipage était arrêté.

Là, nous entrâmes dans la loge d'un concierge qui paraissait tout en émoi, comme si un événement extraordinaire avait eu lieu dans le quartier. On déposa le corps de la jeune femme sur un lit, et quand elle y fut, le jeune homme, examinant sa pâleur, la crut morte. Alors il se livra au plus affreux désespoir auquel un homme puisse être en proie, mais je le calmai soudain, car après avoir tâté le pouls de celle qu'il appelait sa *chère Marianine*, je lui dis qu'elle vivait encore : il me regarda d'un air étonné, et porta pendant longtemps ses yeux sur moi, et sur la jeune femme.

— Ceci, dis-je, est bien extraordinaire... Soudain, je pris une lumière et faisant rougir un fil de laiton, je le mis tout rouge dans la main de Marianine. L'inconnu frissonna, mais il fut stupéfait en voyant l'immobilité de Marianine, qui ne poussa pas une plainte, bien que sa peau fût brûlée par le fil de laiton.

Alors, prenant la main de l'inconnu, je lui dis : « Monsieur, je vous réponds de cette jeune fille, et bénissez le hasard qui a voulu que nous nous rencontrassions, car elle serait morte de faim, sans pouvoir sortir de la léthargie où vous la voyez plongée. »

Aussitôt, je la *réveillai* : elle jeta son œil étonné sur moi, mais quand elle vit l'inconnu, son œil ne fut plus terni par les nuages du *sommeil*, il brûla d'une lumière presque surnaturelle, et elle s'écria d'un son de voix charmant : « Tullius !... »

A ce mot, l'inconnu, comme fanatisé, la prit dans ses bras, sortit rapidement, la jeta dans la voiture, en criant à son domestique : « Laurent, cent louis si tu nous emportes comme le vent à la poste aux chevaux. Tu ne rencontreras pas de voitures, ainsi, au grand galop ! »

Je l'arrêtai, et le priai, pour toute récompense, de m'envoyer la relation de l'aventure singulière par laquelle la jeune fille avait été *endormie* : je lui donnai mon adresse ou plutôt je la lui jetai, car sa voiture partit comme un éclair ; et au moment où elle partit, je les vis s'embrasser et la jeune fille poser sa tête sur l'épaule de son amant.

Tu sauras qu'elle était belle comme une statue antique, je n'ai jamais entrevu de formes plus suaves, et malgré son extrême pâleur et sa maigreur, elle était encore parfaite.

Attendu que j'étais extrêmement fatigué, je suis rentré, en disant au vieux concierge que je reviendrais le lendemain savoir de lui les incidents dont il voulait me faire le récit.

Tu vois, mon cher Salvator, que nous ne sommes pas les seuls à nous occuper de cette science, dont les prodiges surpassent les miracles d'autrefois.

Le lendemain je suis revenu : j'ai appris que l'inconnu était le général Béringheld, et que trois heures après mon départ, on avait entendu d'effroyables cris partir d'une maison située sur le terrain dont je t'ai parlé plus haut ; que le père de la jeune fille, une femme de chambre et un vieux soldat en étaient sortis, en y laissant, ont-ils dit, trois grenadiers aux prises avec le démon.

Voilà ce que j'ai extrait de plus clair de tout le bavardage du vieux portier : lorsque j'aurai reçu des nouvelles de mon général, je t'en dirai plus long sur toute cette aventure, et en attendant je suis ton dévoué, etc. »

---

LETTRE DU GÉNÉRAL COMTE DE BÉRINGHELD, A M. VICTOR DE SAINT-AUBIN L'AÎNÉ, MÉDECIN.

Monsieur, vous m'avez fait promettre de vous expliquer par quelle aventure singulière la jeune fille que j'ai si rapidement enlevée, avait pu se trouver dans l'état dont vous l'avez tirée.

Si je vous ai quitté si brusquement après avoir reçu de vous un service que dix millions n'acquitteraient pas, je vous prie de me laisser commencer cette lettre par vous exprimer une reconnaissance sans bornes, et je vous offre avec plaisir mon crédit, mon cœur et ma bourse.

Pour peu que vous connaissiez le cœur humain, au moral, vous devez juger que lorsque vous avez rendu à la vie ma chère Marianine, que quand ses yeux se sont tournés vers moi, qu'elle m'a appelé : Tullius !... en jetant dans ce mot tout l'amour qui l'anime depuis si longtemps, le premier mouvement d'un homme qui *aime* (et, monsieur, il n'y en a pas beaucoup qui *aiment*), est de saisir un femme aussi adorable, aussi adorée, et de la soustraire à toutes les malignes influences de je ne sais quels démons qui nous ont toujours entourés depuis la guerre de Russie.

Le peu de mots que nous avons échangés m'ont prouvé que vous vous occupiez beaucoup des sciences, et l'*inconcevable service* que vous m'avez rendu m'a fait entrevoir que vous possédiez un des secrets de l'être extraordinaire dont j'ignore encore le sort.

Reportez-vous, monsieur, à cette nuit de terreur et de souffrance! et voyez-moi, suivi de quatre vieux militaires, m'élancer dans l'immense abîme des catacombes, pour y chercher celle qui, depuis longtemps, y avait été entraînée par un vieillard, sur lequel je vous donnerai plus tard des renseignements qui vous feront connaître toute l'horreur de la position dans laquelle je me trouvais ; qu'il vous suffise, pour le moment, d'apprendre que ce vieillard l'y avait emmenée *pour la faire périr.*

Nous errâmes longtemps dans ces souterrains ; mais l'ardeur qui nous animait, et je ne sais quel esprit qui voltige entre les amants, m'a conduit à suivre obstinément la même route.

Ah ! monsieur, quel spectacle ! au fond des catacombes, après avoir parcouru toutes ces montagnes d'ossements, nous arrivons à une grotte, dont nous brisons la porte, et je vois ma chère Marianine dans l'état où vous l'avez vue, prête à être jetée, par ce vieillard, au milieu d'un appareil qu'une cloche d'airain allait recouvrir... Je m'élance, et, surmontant une terreur invincible en approchant le vieillard, je lui ravis sa proie, pendant que trois de mes soldats le tiennent en respect en le couchant en joue.

Alors, une peur affreuse se manifesta sur le visage de cet *être* extraordinaire, et il me cria pendant que je m'enfuyais : — « *Mon fils !... mon fils !...* » Je n'en entendis pas davantage, et je parvins à m'échapper. Je puis me vanter d'avoir, comme Orphée, et plus heureux que lui, été chercher mon épouse aux enfers.

Comme je n'ai point revu M. Véryno ni mon soldat, je ne puis pas vous donner d'autres détails. Quant à vous instruire de l'aventure qui mit Marianine au pouvoir du Centenaire, je vous enverrai sous peu des papiers qui vous donneront lieu de penser.

Apprenez que depuis trois jours je suis réuni à ma chère Marianine, et que j'ai dépêché un courrier à son père, pour qu'il vienne être témoin de notre bonheur.

*Signé* Béringheld.

P. S. Quand vous voudrez nous faire l'honneur de venir à Béringheld, vous y serez bien reçu et je vous avoue que je serais curieux de causer avec vous sur l'immense carrière qui s'offre à mes regards.

---

EXTRAIT D'UNE RÉPONSE DE M. DE SAINT-AUBIN L'AÎNÉ, AU GÉNÉRAL DE BÉRINGHELD.

Général,

Je me suis transporté sur le terrain où le Centenaire avait sa maison, et après la plus exacte recherche, je n'ai trouvé, pour tout vestige, qu'un manteau très-vaste, de couleur carmélite.

---

## NOTE DE L'ÉDITEUR.

Ce qui reste à publier sur le Centenaire, sur le général Béringheld, sur Marianine, formera, je crois, un autre ouvrage qui aura pour titre *le Dernier Béringheld.* J'ignore l'époque à laquelle je pourrai le donner, attendu qu'il exige encore beaucoup de travail et de recherches, et que, du reste, j'ignore si l'ouvrage que je présente sera goûté par le public.

J'ai promis les aventures de *Lagradna* et de *Butmel*, la simplicité naïve de cette histoire la rend digne d'être connue : mais c'est peut-être une raison de plus pour exiger encore plus de travail pour s'élever à la hauteur de la *nature prise sur le fait.*

En finissant, je réclame de ceux qui auront lu cet ouvrage, une grande indulgence, en ce qu'ils prononceront peut-être sur des choses dont ils ignoreront *le plus ou le moins de réalité* [1]. Ainsi, on se ré-

---

[1] On voit que je commence à regretter de n'avoir pas cru mon frère.

criera sur l'alliance de certains mots qui hurlent, sur des phrases incohérentes, sur des expressions hasardées : mais heureusement que j'ai pris mes précautions, et que je déclare d'ailleurs être instruit de ce que j'ai risqué : le plus ou le moins de succès décidera si je dois ou me taire ou continuer.

Je ne me dissimule pas que certains lecteurs trouveront cette fin peu satisfaisante, ils auraient voulu voir Marianine et Béringheld réunis et la scène de leur mariage : ce vice radical ne procède pas de mon fait. Si j'avais composé une histoire à plaisir, je n'aurais rien négligé, et j'aurais contenté tout le monde, s'il est possible, mais, historien, j'ai raconté fidèlement tout ce que j'ai su.

# LES MARANA.

## LA MARANA.

Malgré la discipline que le maréchal Suchet avait introduite dans son corps d'armée, il ne put empêcher, lors de la prise de Tarragone, un premier moment de trouble et de désordre. A entendre aujourd'hui quelques militaires de bonne foi, cette ivresse de la victoire ressembla singulièrement à un pillage que, néanmoins, le maréchal sut promptement réprimer. L'ordre rétabli, chaque régiment parqué dans son quartier, le commandant de place nommé, vinrent les administrateurs militaires. Alors la ville reprit une physionomie métisse, et tout s'y organisa naturellement à la française; mais on laissa les Espagnols libres de persister, *in petto*, dans leurs goûts nationaux.

Ce premier moment de pillage, qui dura pendant une période de temps assez difficile à déterminer, eut, comme tous les événements sublunaires, sa cause occulte; et cette cause est facile à révéler.

Il y avait à l'armée du maréchal un régiment presque entièrement composé d'Italiens, et commandé par un certain colonel Eugène, homme d'une bravoure extraordinaire; un second Murat, qui, pour s'être mis trop tard en guerre, n'eut ni grand-duché de Berg, ni royaume de Naples, ni balle à Pizzo; mais s'il n'obtint pas de couronnes, il fut très-bien placé pour choisir des balles, et il ne serait pas étonnant qu'il en eût rencontré quelques-unes.

Dans ce régiment, se trouvaient les débris de la légion italienne. Or, la légion italienne était pour l'Italie ce que sont pour la France les bataillons coloniaux. Son dépôt, établi à l'île d'Elbe, avait servi à déporter honorablement et les fils de famille qui donnaient des craintes pour leur avenir, et ces grands hommes manqués dont la société marque d'avance la vie au fer chaud, en les appelant des *mauvais sujets*. Tous gens incompris pour la plupart, dont l'existence peut devenir, ou belle au gré d'un sourire de femme qui les relève de leur brillante ornière, ou épouvantable, à la fin d'une orgie, sous l'influence de quelque méchante réflexion échappée à un compagnon d'ivresse.

Napoléon avait donc incorporé tous ces hommes d'énergie dans le 6ᵉ de ligne, espérant les métamorphoser presque tous en généraux, sauf les déchets occasionnés par le boulet; mais les calculs de l'empereur ne furent parfaitement justes que relativement aux ravages de la mort. Ce régiment, souvent décimé, toujours le même, acquit une grande réputation de valeur sur la scène militaire, et la plus détestable de toutes dans la vie privée.

Au siége de Tarragone, les Italiens perdirent leur célèbre capitaine Bianchi, le même qui, pendant la campagne, avait parié manger le cœur d'une sentinelle espagnole, et le mangea. Ce divertissement de bivouac est raconté dans les conversations par lesquelles cet ouvrage est terminé, et il s'y trouve sur le 6ᵉ de ligne des détails qui confirment tout ce qu'on en dit ici.

Quoique Bianchi fût le prince des démons incarnés auxquels ce régiment devait sa double réputation, il avait cependant cette espèce d'honneur chevaleresque qui, à l'armée, fait excuser les plus grands excès; et pour tout dire en un mot, il eût été, dans l'autre siècle, un admirable flibustier. Quelques jours auparavant, il s'était distingué par une action d'éclat que le maréchal avait voulu reconnaître. Bianchi refusa grade, pension, décoration nouvelle, et réclama pour toute récompense la faveur de monter le premier à l'assaut de Tarragone. Le maréchal accorda la requête et oublia sa promesse. Mais Bianchi le fit souvenir de Bianchi. L'enragé capitaine planta, le premier, le drapeau français sur la muraille, et y fut tué par un moine.

Cette digression historique était nécessaire pour expliquer comment le 6e de ligne entra le premier dans Tarragone, et pourquoi le désordre, assez naturel dans une ville emportée de vive force, dégénéra si promptement en un léger pillage.

Il y avait à ce régiment deux officiers peu remarquables parmi ces hommes de fer, mais qui joueront néanmoins dans cette histoire, par juxta-position, un rôle assez important.

Le premier, capitaine d'habillement, officier moitié militaire, moitié civil, passait, en style soldatesque, pour *faire ses affaires*. Il se prétendait brave, se vantait, dans le monde, d'appartenir au 6e de ligne, savait relever sa moustache en homme prêt à tout briser; mais ses camarades ne l'estimaient point. Sa fortune le rendait prudent; aussi l'avait-on, pour deux raisons, surnommé *le capitaine des corbeaux* : d'abord, il sentait la poudre d'une lieue, et fuyait les coups de fusil à tire-d'aile; puis ce sobriquet renfermait encore un innocent calembour militaire, que du reste il méritait, et dont un autre se serait fait gloire.

Le capitaine Montefiore, de l'illustre famille des Montefiore de Milan, mais à qui les lois du royaume d'Italie interdisaient de porter son titre, était un des plus jolis garçons de l'armée. Cette beauté pouvait être une des causes occultes de sa prudence aux jours de bataille. Une blessure qui lui eût déformé le nez, coupé le front, ou couturé les joues, aurait détruit l'une des plus belles figures italiennes dont jamais femme ait rêveusement dessiné les proportions délicates. Son visage, assez semblable au type qui a fourni le jeune Turc mourant à Girodet dans son tableau de la Révolte du Caire, était un de ces visages mélancoliques dont les femmes sont presque toujours dupes.

Le marquis de Montefiore possédait des biens substitués, et, pour un certain nombre d'années, il en avait engagé tous les revenus, afin de payer des escapades italiennes qui ne se concevraient point à Paris. Il s'était ruiné à soutenir un théâtre de Milan, pour imposer au public une mauvaise cantatrice qui, disait-il, l'aimait à la folie. Le capitaine Montefiore avait donc un très-bel avenir, et ne se souciait pas de le jouer contre un méchant morceau de ruban rouge.

Si ce n'était pas un brave, c'était au moins un philosophe, et il avait des précédents, s'il est permis de parler ici notre langage parlementaire. Philippe II ne jura-t-il pas, à la bataille de Saint-Quentin, de ne plus se retrouver au feu, sauf celui des bûchers de l'inquisition, et le duc d'Albe ne l'approuva-t-il pas de penser que le plus mauvais commerce du monde était le troc involontaire d'une couronne d'or contre une balle de plomb? Donc, Montefiore était philippiste en sa qualité de marquis, philippiste en sa qualité de joli garçon, et au demeurant, profond politique, comme l'était Philippe II.

Il se consolait de son surnom et de la mésestime du régiment en pensant que ses camarades étaient des chenapans, dont l'opinion pourrait bien un jour ne pas obtenir grande créance, si, par hasard, ils survivaient à cette guerre d'extermination. Puis, sa figure étant un brevet de valeur, il se voyait forcément nommé colonel, soit par quelque phénomène de faveur féminine, soit par une habile métamorphose du capitaine d'habillement en officier d'ordonnance, de l'officier d'ordonnance en aide-de-camp de maréchal. Pour lui, la gloire était une simple question d'habillement. Alors, un jour je ne sais quel journal dirait en parlant de lui : *le brave colonel Montefiore*, etc. Alors il aurait cent mille scudi de rente, épouserait une fille de haut lieu, et personne n'oserait ni contester sa bravoure ni vérifier ses blessures. Enfin, le capitaine Montefiore avait un ami dans la personne du quartier-maître, Provençal né aux environs de Nice, et nommé Diard.

Un ami, soit au bagne, soit dans une mansarde d'artistes, console de bien des malheurs. Or, Montefiore et Diard étaient deux philosophes. Tous deux voyaient la guerre dans ses résultats, non dans son action, et ils donnaient tout simplement aux morts le nom de niais. Le hasard en avait fait des soldats, tandis qu'ils auraient dû être assis autour des tapis verts d'un congrès. La nature avait jeté Montefiore dans le moule des Rizzio; Diard, dans le creuset des diplomates. Tous deux étaient doués de cette organisation fébrile, mobile, à demi féminine, également forte pour le bien et pour le mal, dont il peut émaner, suivant le caprice de ces singuliers tempéraments, un crime aussi bien qu'une action généreuse, un acte de grandeur d'âme ou une lâcheté. Leur sort dépend à tout moment de la pression plus ou moins vive produite sur leur appareil nerveux par des passions violentes et fugitives.

Diard était un assez bon comptable, mais aucun

soldat ne lui aurait confié ni sa bourse ni son testament, peut-être par suite de l'antipathie qu'ont les militaires contre les bureaucrates. Le quartier-maître ne manquait ni de bravoure ni d'une sorte de générosité juvénile, sentiments dont certains hommes se dépouillent en vieillissant, en raisonnant ou en calculant. Journalier comme peut l'être la beauté d'une femme blonde, Diard était, du reste, vantard, grand parleur, et parlait de tout. Il se disait artiste, et ramassait, à l'imitation de deux célèbres généraux, les ouvrages d'art, uniquement, assurait-il, afin de n'en pas priver la postérité. Ses camarades eussent été fort embarrassés d'asseoir un jugement vrai sur lui. Beaucoup d'entre eux, habitués à recourir à sa bourse, suivant l'occurrence, le croyaient riche; mais il était joueur, et les joueurs n'ont rien en propre. Il était joueur autant que Montefiore, et tous les officiers jouaient avec eux, parce que, à la honte des hommes, il n'est pas rare de voir, autour d'un tapis vert, des gens qui, la partie finie, ne se saluent pas et ne s'estiment point. Montefiore avait été l'adversaire de Bianchi dans le pari du cœur espagnol.

Montefiore et Diard se trouvèrent aux derniers rangs lors de l'assaut, mais les plus avancés au cœur de la ville, dès qu'elle fut prise. Il arrive de ces hasards dans les mêlées. Seulement, les deux amis étaient coutumiers du fait. Se soutenant l'un l'autre, ils s'engagèrent bravement à travers un labyrinthe de petites rues étroites et sombres, allant tous deux à leurs affaires, l'un cherchant des madones peintes, l'autre des madones vivantes.

En je ne sais quel endroit de Tarragone, Diard reconnut, à l'architecture du porche, un couvent dont la porte était enfoncée, et il sauta dans le cloître pour y arrêter la fureur des soldats. Il y arriva fort à propos, et empêcha deux Parisiens de fusiller une Vierge de l'Albane qu'il leur acheta, malgré les moustaches dont les deux voltigeurs l'avaient décorée par fanatisme militaire.

Montefiore, resté seul, aperçut en face du couvent la maison d'un marchand de draperies, d'où partit un coup de feu tiré sur lui, au moment où la regardant de haut en bas, il y fut arrêté par une foudroyante œillade qu'il échangea vivement avec une jeune fille curieuse, dont la tête s'était glissée dans le coin d'une jalousie.

Tarragone prise d'assaut, Tarragone en colère, faisait feu par toutes les croisées; Tarragone violée, les cheveux épars, à demi nue, ses rues flamboyantes, inondées de soldats français tués ou tuant, valait bien un regard, le regard d'une Espagnole intrépide. N'était-ce pas le combat de taureaux agrandi?

Montefiore oublia le pillage, et n'entendit plus, pendant un moment, ni les cris, ni la mousquetade, ni les grondements de l'artillerie. Le profil de cette Espagnole était ce qu'il avait vu de plus divinement délicieux, lui, libertin d'Italie, lui, lassé d'Italiennes, lassé de femmes, et rêvant une femme impossible, parce qu'il était las des femmes. Il put encore tressaillir, lui, le débauché, qui avait gaspillé sa fortune pour réaliser les mille folies, les mille passions d'un homme jeune, blasé, le plus abominable monstre que puisse engendrer notre société.

Il lui passa par la tête une bonne idée que lui inspira, sans doute, le coup de fusil du boutiquier patriote : ce fut de mettre le feu à la maison. Mais il se trouvait seul, sans moyens d'action. Le centre de la bataille était sur la grande place, où quelques entêtés se défendaient encore.

D'ailleurs, il lui survint une meilleure idée. Diard sortit du couvent. Montefiore ne lui dit rien de sa découverte, et alla faire plusieurs courses avec lui dans la ville. Mais, le lendemain, le capitaine italien fut militairement logé chez le marchand de draperies.

La maison de ce bon Espagnol était composée au rez-de-chaussée d'une vaste boutique, sombre, extérieurement armée de gros barreaux en fer, comme le sont à Paris les vieux magasins de la rue des Lombards, et qui communiquait avec un parloir éclairé par une cour intérieure.

Cette espèce d'arrière-boutique formait une grande chambre, où respirait tout l'esprit du moyen âge : vieux tableaux enfumés, vieilles tapisseries, antique *brazero*, le chapeau à plumes suspendu à un clou, le fusil des guérillas et le manteau de Bartholo. La cuisine attenait à ce lieu de réunion, à cette pièce unique, où l'on mangeait, où l'on se réchauffait à la sourde lueur du brasier en fumant des cigares, et discourait pour animer les cœurs à la haine contre les Français. Des brocs d'argent, la vaisselle précieuse ornaient une crédence, à la mode ancienne. Mais le jour, parcimonieusement distribué, ne laissait briller que faiblement les objets éclatants, et, comme dans un tableau de l'école hollandaise, là tout devenait brun, même les figures.

Entre la boutique et ce salon si beau de couleur et de vie patriarcale, se trouvait un escalier assez obscur qui conduisait à un magasin où des jours habilement pratiqués permettaient d'examiner les étoffes. Puis, au-dessus était l'appartement du marchand et de sa femme.

Enfin, le logement de l'apprenti et d'une servante avait été ménagé dans une mansarde établie sous un toit en saillie sur la rue, et soutenue par des arcs-boutants qui prêtaient à ce logis une physionomie bizarre. Mais leurs chambres furent prises par le marchand et par sa femme, qui abandonnèrent à l'officier leur propre appartement, sans doute afin d'éviter toute querelle.

Montefiore se donna pour un ancien sujet de l'Espagne, persécuté par Napoléon, et qui le servait contre son gré. Ces demi-mensonges eurent le succès qu'il en attendait. Il fut invité à partager le repas de la famille, comme le voulaient son nom, sa naissance et son titre. Montefiore avait ses raisons en cherchant à capter la bienveillance du marchand; il sentait sa madone, comme l'ogre sentait la chair fraîche du petit Poucet et de ses frères.

Malgré la confiance qu'il sut inspirer au drapier, celui-ci garda le plus profond secret sur cette madone; et non-seulement le capitaine n'aperçut aucune trace de jeune fille durant la première journée qu'il passa sous le toit de l'honnête Espagnol, mais encore il ne put entendre aucun indice qui lui en révélât la présence dans cet antique logis.

Cependant tout résonnait si bien entre les planchers de cette construction, presque entièrement bâtie en bois, que pendant le silence des premières heures de la nuit, Montefiore espéra deviner en quel lieu se trouvait cachée la jeune inconnue. Imaginant qu'elle était fille unique de ces vieilles gens, il la crut consignée par eux dans les mansardes, où ils avaient établi leur domicile pour tout le temps de l'occupation.

Mais aucune révélation ne trahit la cachette de ce précieux trésor. L'officier resta bien le visage collé aux petits carreaux en losange, et retenus par des branches de plomb, qui donnaient sur la cour intérieure, noire enceinte de murailles; mais il n'y aperçut aucune lueur, si ce n'est celle que projetaient les fenêtres de la chambre où étaient les deux vieux époux, toussant, allant, venant, parlant. De la jeune fille.... pas même l'ombre... Montefiore était trop fin pour risquer l'avenir de sa passion en se hasardant à sonder nuitamment la maison, ou à frapper doucement aux portes. Découvert par ce chaud patriote, soupçonneux comme doit l'être un Espagnol, père et marchand de draperies, c'eût été se perdre infailliblement.

Le capitaine résolut donc d'attendre avec patience, espérant tout du temps et de l'imperfection des hommes, qui finissent toujours, même les scélérats, à plus forte raison les honnêtes gens, par oublier quelque précaution. Le lendemain, il découvrit où couchait la servante, en voyant une espèce de hamac dans la cuisine. Quant à l'apprenti, il dormait sur les comptoirs de la boutique.

Pendant cette seconde journée, au souper, Montefiore, maudissant Napoléon, réussit à dérider le front soucieux de son hôte, Espagnol grave, noir visage, semblable à ceux que l'on sculptait jadis sur le manche des rebecs; et sa femme retrouva un sourire gai de haine dans les plis de sa vieille figure. La lampe et les reflets du *brazero* éclairaient fantastiquement cette noble salle. L'hôtesse venait d'offrir un *cigaretto* à leur demi-compatriote. En ce moment, Montefiore entendit un soupir, le frôlement d'une robe et la chute d'une chaise, derrière un panneau de tapisserie.

— Allons, dit la femme en pâlissant, que lui arrive-t-il?

— Vous avez donc là quelqu'un? dit l'Italien sans donner signe d'émotion.

Le drapier laissa échapper un mot d'injure contre les filles.

Alarmée, sa femme ouvrit une porte secrète et amena, toute pâle, demi-morte, la madone de l'Italien, à laquelle cet amoureux ravi ne parut faire aucune attention. Seulement, pour éviter toute affectation, il la regarda, se retourna vers l'hôte, et lui dit dans sa langue maternelle :

— Est-ce votre fille, seigneur?

Perez de Lagounia, tel était le nom du marchand, ayant eu de grandes relations commerciales à Gênes, à Florence, à Livourne, savait l'italien, et répondit dans la même langue :

— Non. Si c'eût été ma fille, j'eusse pris moins de précautions. Cette enfant nous est confiée, et j'aimerais mieux périr que de lui voir arriver le moindre malheur. Mais donnez donc de la raison à une fille de dix-huit ans!

— Elle est bien belle, dit froidement Montefiore.

— La beauté de la mère est assez célèbre, répondit le marchand.

Et ils continuèrent à fumer en s'observant. Quoique Montefiore se fût imposé la dure loi de ne pas jeter le moindre regard qui pût compromettre son apparente froideur, cependant, au moment où Perez tourna la tête pour cracher, il se permit de lancer un coup d'œil à la dérobée sur cette fille, dont il rencontra les yeux pétillants. Mais alors, avec cette science de vision qui donne à un débauché, aussi bien qu'à un sculpteur, le fatal pouvoir de déshabiller une femme, d'en deviner les formes par des inductions et rapides et sagaces, il vit un de ces chefs-d'œuvre dont la création exige toutes les splendeurs de l'amour.

C'était une figure blanche où le ciel de l'Espagne avait jeté quelques légers tons de bistre pour ajouter à l'expression d'un calme séraphique une ardente fierté de vierge; mais l'espèce de lueur infusée sous ce teint diaphane pouvait être due à un sang tout mauresque qui la vivifiait et la colorait, sans néanmoins permettre de voir le principe de cette vie et de cette éclatante couleur. Relevés sur le sommet de la tête, ses cheveux retombaient en boucles ondoyantes, entouraient de leurs reflets noirs de fraîches oreilles transparentes, et dessinaient les contours d'un cou faiblement azuré. Cette chevelure si luxuriante mettait artistement en relief des yeux clairs et brûlants, une bouche rouge. Enfin la basquine du pays rehaussait encore la cambrure d'une taille pleine de souplesse.

C'était, non pas la Vierge de l'Italie, mais la Vierge de l'Espagne, celle du Murillo, le seul artiste assez osé pour l'avoir peinte enivrée de bonheur par la conception du Christ, imagination délirante du plus hardi, du plus chaud des peintres.

Il y avait en cette fille trois choses réunies, dont une seule suffit à diviniser une femme. La pureté de la perle gisant au fond des mers, la sublime exaltation de la sainte Thérèse espagnole, et la volupté qui s'ignore. Sa présence eut toute la vertu d'un talisman. Montefiore ne vit plus rien de vieux autour de lui : la jeune fille avait tout rajeuni. L'apparition fut délicieuse, mais elle dura peu.

L'inconnue fut reconduite dans la chambre mystérieuse, où la servante lui porta dès-lors ostensiblement et de la lumière et son repas.

— Vous faites bien de la cacher, dit Montefiore en italien. Je vous garderai le secret, car nous avons des généraux capables de vous l'enlever militairement.

L'enivrement de Montefiore alla jusqu'à lui suggérer l'idée d'épouser l'inconnue. Alors il demanda quelques renseignements à son hôte. Perez lui raconta volontiers l'aventure à laquelle il devait sa pupille, et le prudent Espagnol fut engagé à faire cette confidence, autant par l'illustration des Montefiore, dont il avait entendu parler en Italie, que pour montrer combien étaient fortes les barrières qui la séparaient d'une séduction. Quoique le bonhomme eût une certaine éloquence de patriarche, en harmonie avec ses mœurs simples, et conforme au coup d'escopette tiré sur Montefiore, ses discours gagneront à être résumés.

Au moment où la révolution française changea les mœurs des pays qui servirent de théâtre à ses guerres, il vint à Tarragone une fille de joie, chassée de Venise par la chute de Venise. La vie de cette créature était un tissu d'aventures romanesques et de vicissitudes étranges.

A elle, plus souvent qu'à toute autre femme de cette classe en dehors du monde, il arrivait, grâce au caprice d'un seigneur frappé de sa beauté extraordinaire, de se trouver pendant un certain temps gorgée d'or, de bijoux, entourée des mille délices de la richesse. C'étaient les fleurs, les carrosses, les pages, les caméristes, les palais, les tableaux, l'insolence, les voyages comme les faisait Catherine II; enfin la vie d'une reine absolue dans ses caprices et obéie en tout.

Puis, sans que jamais ni elle, ni personne, nul savant, physicien, chimiste ou autre, ait pu découvrir par quel procédé s'évaporait son or, elle retombait sur le pavé, pauvre, dénuée de tout, ne conservant que sa toute-puissante beauté, vivant d'ailleurs sans aucun souci du passé, du présent ni de l'avenir. Elle était jetée, maintenue en sa misère par quelque pauvre officier joueur, dont elle adorait la moustache, attachée à lui comme un chien à son maître, partageant avec lui seulement les maux de cette vie militaire qu'elle consolait; du reste, faite à tout, dormant aussi gaie sous le toit d'un grenier que sous la soie d'une opulente courtine.

Italienne, Espagnole tout ensemble, elle observait très-exactement les pratiques religieuses et plus d'une fois elle avait dit à l'amour : — Tu reviendras demain, aujourd'hui je suis toute à Dieu.

Mais cette fange pétrie d'or et de parfums, cette insouciance de tout, ces passions furieuses, cette religieuse croyance jetée à ce cœur comme un diamant dans la boue, cette vie commencée et finie à l'hôpital, ces chances du joueur transportées à l'âme, à l'existence entière; enfin cette haute alchimie où le vice attisait le feu du creuset dans lequel se fondaient les plus belles fortunes, se fluidifiaient et disparaissaient les écus des aïeux et l'honneur des grands noms; tout cela procédait d'un génie particulier, fidèlement transmis de mère en fille depuis le moyen âge.

Cette femme avait nom LA MARANA. Dans sa famille, purement féminine, et depuis le treizième siècle, l'idée, la personne, le nom, le pouvoir d'un père avaient été complétement inconnus. Le mot de MARANA était, pour elle, ce que la dignité de STUARD fut pour la célèbre race royale écossaise, un nom d'honneur substitué au nom patronymique, par l'hérédité constante de la même charge inféodée à la famille.

Jadis, en France, en Espagne et en Italie, quand ces trois pays eurent, du quatorzième au quinzième siècle, des intérêts communs qui les unirent ou les désunirent par une guerre continuelle, le mot de Marana servit à exprimer, dans sa plus large acception, une fille de joie. A cette époque, ces sortes de femmes avaient dans le monde un certain rang dont rien aujourd'hui ne peut donner l'idée. Ninon de Lenclos et Marion Delorme ont seules, en France, joué le rôle des Impéria, des Catalina, des Marana, qui, dans les siècles précédents, réunissaient chez elles la soutane, la robe et l'épée. Une Impéria bâtit à Rome je ne sais quelle église, dans un accès de repentir, comme Rhodope construisit jadis une pyramide. Ce nom infligé d'abord comme une flétrissure à la famille bizarre dont il est ici question, avait fini par devenir le sien, et anoblir le vice en elle par l'incontestable antiquité du vice.

Or, un jour, la Marana du dix-neuvième siècle, un jour d'opulence ou de misère, on ne sait (ce problème fut un secret entre elle et Dieu; mais, certes, ce fut dans une heure de religion et de mélancolie), cette femme se trouva les pieds dans un bourbier et la tête dans les cieux. Alors, elle maudit le sang de ses veines, elle se maudit elle-même, elle trembla d'avoir une fille, et jura, comme jurent ces sortes de femmes, avec la probité, avec la volonté du bagne, la plus forte volonté, la plus exacte probité qu'il y ait sous le ciel; elle jura donc devant un autel, en croyant à l'autel, de faire de sa fille une créature vertueuse, une sainte, afin de donner, à cette longue suite de crimes et de femmes perdues, un ange, pour elles toutes, dans le ciel.

Puis, le vœu fait, le sang de Marana parla, la courtisane se rejeta dans sa vie aventureuse, mais elle eut dans le cœur une pensée de plus.

Enfin, elle vint à aimer du violent amour des prostituées, comme Henriette Wilson aima lord Ponsonby, comme mademoiselle Dupuis aima Bolingbroke, comme la Camargo de Musset aime son Raphaël Carrucci... Non, elle n'aima pas, elle adora un de ces hommes à blonds cheveux, un homme à moitié femme, auquel elle prêta les vertus qu'elle n'avait pas, voulant garder pour elle tout ce qui était vice. Puis, de cet homme faible, de ce mariage insensé, de ce mariage qui n'est jamais béni par Dieu ni par les hommes, que le bonheur devrait justifier, mais qui n'est jamais absous par le bonheur, et dont rougissent un jour même les gens sans front, elle eut une fille, une fille à sauver, une fille pour laquelle elle désira une belle vie, et surtout les pudeurs qui lui manquaient.

Alors, qu'elle vécût heureuse ou misérable, opulente ou pauvre, elle eut au cœur un sentiment pur, le plus beau de tous les sentiments humains, parce qu'il est le plus désintéressé. L'amour a encore son égoïsme à lui, l'amour maternel n'en a plus. Elle fut mère comme aucune mère n'était mère; car, dans son naufrage éternel, la maternité pouvait être une planche de salut. Accomplir saintement une partie de sa tâche terrestre en envoyant un ange de plus dans le paradis, n'était-ce pas mieux qu'un tardif repentir, et la seule prière pure qu'elle osât élever jusqu'à Dieu?

Aussi, quand cette fille, quand sa Maria-Juana-Pepita (elle aurait voulu lui donner pour patronnes toutes les saintes de la légende); donc, lorsque cette petite créature lui fut accordée, elle eut une si haute idée de la majesté d'une mère, qu'elle supplia le vice de lui octroyer une trêve. Elle se fit vertueuse, et vécut solitaire. Donc plus de fêtes, plus de nuits, plus d'amours. Toutes ses fortunes, toutes ses joies, étaient dans le frêle berceau de sa fille. Mais aussi les accents de cette voix enfantine lui bâtirent une oasis dans sa vie ardente. Son sentiment n'eut rien qui pût se mesurer à aucun autre. Ne comprenait-il pas tous les sentiments humains et toutes les espérances célestes? Aussi, ne voulant entacher sa fille d'aucune souillure autre que celle du péché originel de sa naissance qu'elle essaya de baptiser dans toutes les vertus sociales, exigea-t-elle du jeune père une fortune paternelle, et le nom paternel. Sa fille ne fut donc plus une Juana Marana, mais la Juana de Mancini.

Puis, quand après sept années de joie et de baisers, d'ivresse et de bonheur, il fallut que la pauvre Marana se privât de cette idole, afin de ne pas lui courber le front sous la honte héréditaire, cette mère courageuse, renonçant à son enfant pour son enfant, lui chercha, non sans d'horribles douleurs, une autre mère, une famille, des mœurs et de saints exemples.

L'abdication d'une mère est un acte épouvantable ou sublime; mais là, n'était-il pas sublime?

Donc, à Tarragone, un hasard heureux lui fit rencontrer les Lagounia dans une circonstance où elle put apprécier la probité du mari et la haute vertu de la femme. Elle arriva pour eux comme un ange libérateur. La fortune et l'honneur du marchand, momentanément compromis, nécessitaient un secours et prompt et secret. La Marana lui remit la somme dont se composait la dot de Juana, ne lui en demandant ni reconnaissance ni intérêt. Dans sa jurisprudence, à elle, un contrat était une chose de cœur; un stylet, la justice du faible, et Dieu, le tribunal suprême. Après avoir avoué les malheurs de sa situation à dona Lagounia, elle confia fille et fortune au vieil honneur espagnol qui respirait pur et sans tache dans cette antique maison. Dona Lagounia, n'ayant point eu d'enfant, se trouva très-heureuse d'avoir une fille adoptive à élever.

Alors la courtisane se sépara, le cœur brisé, de sa chère Juana, certaine d'en avoir assuré l'avenir, et de lui avoir trouvé une mère, une mère qui ferait d'elle une Mancini, et non une Marana. En quittant la simple et modeste maison du marchand, où vivaient les vertus bourgeoises de la famille, où la religion, où la sainteté des sentiments et l'honneur étaient dans l'air, la pauvre fille de joie, mère déshéritée de son enfant, put supporter ses douleurs en voyant Juana, vierge, épouse et mère, mère heureuse pendant une longue vie. La courtisane laissa sur le seuil de cette maison une larme, une de ces larmes que recueillent les anges, et qui rayonnent jusque dans les cieux.

Depuis ce jour de deuil et d'espérance, la Marana, ramenée par d'invincibles pressentiments, était revenue à trois reprises pour revoir sa fille.

La première fois, Juana se trouvait en proie à une maladie dangereuse.

— Je le savais, dit-elle à Perez en arrivant chez lui.

Dans son sommeil, et de loin, elle avait aperçu Juana mourante. Elle la servit, la veilla ; puis, un matin, pendant que sa fille en convalescence dormait, elle la baisa au front, et partit sans s'être trahie. La mère chassait la courtisane.

Une seconde fois, la Marana vint dans l'église où communiait Juana de Mancini. Vêtue simplement, obscure, cachée dans le coin d'un pilier, la mère proscrite se reconnut dans sa fille, telle qu'elle avait été un jour, céleste figure d'ange, pure comme l'est la neige tombée le matin même sur un piton des Alpes. Toujours un peu courtisane, même dans sa maternité, la Marana sentit au fond de son âme une jalousie plus forte que ne l'étaient tous ses amours ensemble, et sortit de l'église, incapable de résister plus longtemps au désir de tuer doña Lagounia, en la voyant là, tout heureuse, le visage rayonnant, être trop bien la mère.

Enfin, une dernière rencontre eut lieu entre la mère et la fille à Milan, où le marchand et sa femme étaient allés. La Marana, passant au Corso dans tout l'appareil d'une souveraine, apparut à sa fille, rapide comme un éclair, et n'en fut pas reconnue. Effroyable angoisse ! Elle, la célèbre Marana, chargée de baisers, il lui en manquait un, un seul pour lequel elle aurait vendu tous les autres, le baiser frais et joyeux donné par une fille à sa mère, à sa mère honorée, à sa mère en qui resplendissent toutes les vertus domestiques. Juana vivante était donc réellement morte pour elle ! une pensée ranima cette courtisane, à laquelle le duc de Lina disait alors :

— Qu'avez-vous, mon amour ?

Pensée délicieuse !... Juana était désormais sauvée. Elle serait la plus humble des femmes peut-être, mais non pas une infâme courtisane à qui plus d'un homme pouvait dire : — Qu'avez-vous, mon amour ?

Enfin, le machand et sa femme avaient accompli leurs devoirs avec une rigoureuse intégrité. La fortune de Juana, devenue la leur, s'était décuplée. Perez de Lagounia, le plus riche négociant de la province, portait à la jeune fille un sentiment à demi superstitieux. Après avoir préservé sa vieille maison d'une ruine déshonorante, la présence de cette céleste créature n'y avait-elle pas amené des prospérités inouïes ? Sa femme, âme d'or et pleine de délicatesse, en fit une enfant religieuse, pure autant que belle. Juana pouvait être aussi bien l'épouse d'un seigneur que d'un riche commerçant : elle ne faillirait à aucune des vertus nécessaires en ses brillantes destinées.

Sans les événements, Perez, qui avait rêvé d'aller à Madrid, l'eût mariée à quelque grand d'Espagne.

— Je ne sais où est aujourd'hui la Marana, dit Perez en terminant ; mais, en quelque lieu du monde qu'elle puisse être, si elle apprend et l'occupation de notre province par vos armées, et le siége de Tarragone, elle doit être en route pour y venir, afin de veiller sur sa fille.

Ce récit changea les déterminations du capitaine italien. Il ne voulut plus faire de Juana de Mancini la marquise de Montefiore. Il reconnut le sang des Marana dans l'œillade que la jeune fille avait échangée avec lui à travers la jalousie, dans la ruse qu'elle venait d'employer pour servir sa curiosité, dans le dernier regard qu'elle lui avait jeté. Ce libertin voulait pour épouse une femme vertueuse. Cette aventure était pleine de périls, mais de ces périls dont l'homme le moins courageux ne s'épouvante jamais. Ils avivent l'amour et ses plaisirs. L'apprenti couché sur les comptoirs, la servante au bivouac dans la cuisine, Perez et sa femme ne dormant sans doute que du sommeil des vieillards, la sonorité de la maison, une surveillance de dragon pendant le jour, tout était obstacle, tout faisait de cet amour un amour impossible. Mais il avait pour lui, contre tant d'impossibilités, le sang des Marana qui pétillait au cœur de cette curieuse Italienne, Espagnole par les mœurs, vierge de fait, impatiente d'aimer. La passion, la fille et Montefiore, pouvaient tous trois défier l'univers entier.

Montefiore, poussé autant par l'instinct des hommes à bonnes fortunes que par ces espérances vagues que l'on ne s'explique point et auxquelles nous donnons le nom de pressentiment, mot d'une étonnante vérité, Montefiore donc passa les premières heures de cette nuit à sa croisée, occupé à regarder au-dessous de lui, dans la situation présumée de la cachette où les deux époux avaient logé l'amour et la joie de leur vieillesse.

Le magasin de l'entresol, pour me servir d'une expression française qui fera mieux comprendre les localités, séparait les deux jeunes gens ; le capitaine ne pouvait donc pas recourir aux bruits significativement faits d'un plancher à l'autre, langage tout artificiel que les amants savent créer en semblable occasion. Mais le hasard vint à son secours, ou la jeune fille peut-être ! Au moment où il se mit à sa croisée, il vit, sur la noire muraille de la cour, une zone de lumière au centre de laquelle se dessinait la silhouette de Juana. Les mouvements répétés de son bras, son attitude, tout faisait deviner qu'elle se coiffait de nuit.

— Est-elle seule ? se demanda Montefiore, puis-je mettre sans danger au bout d'un fil une lettre chargée de quelques pièces de monnaie, et en frapper la vitre ronde de l'œil-de-bœuf par lequel sa cellule est sans doute éclairée ?

Aussitôt il écrivit un billet, le vrai billet de l'officier, du soldat déporté par sa famille à l'île d'Elbe, le billet du marquis déchu, jadis musqué, maintenant capitaine d'habillement. Puis il fit une corde avec tout ce qui fut ingrédient de cordage, y attacha le billet chargé de quelques écus, et le descendit dans le plus profond silence jusqu'au milieu de cette lueur sphérique.

— Les ombres, en se projetant, me diront si sa mère ou sa servante sont avec elle. Si elle n'est pas seule, pensa Montefiore, je remonterai vivement ma corde.

Mais quand, après mille peines faciles à comprendre, l'argent frappa la vitre, une seule figure, le svelte buste de Juana, s'agita sur la muraille. Elle ouvrit le carreau bien doucement, vit le billet, le prit et resta debout en le lisant.

Montefiore s'était nommé, demandait un rendez-vous, et, en style de vieux roman, il offrait son cœur et sa main à Juana de Mancini.

Ruse infâme et vulgaire, mais dont le succès sera toujours certain ! A l'âge d'innocence où était Juana, la noblesse de l'âme n'augmente-t-elle pas tous les dangers de l'âge ? Un poëte de ce temps a dit avec grâce : La femme ne succombe que dans sa force. L'amant feint de douter de l'amour qu'il inspire au moment où il est le plus aimé. Confiante et fière, une jeune fille voudrait inventer des sacrifices à faire, et ne connaît ni le monde ni les hommes assez, pour rester calme au sein de toutes ses passions soulevées, et accabler de son mépris l'homme qui peut accepter toute une vie offerte en expiation d'un reproche fallacieux.

Depuis la sublime constitution des sociétés, la jeune fille se trouve entre les horribles déchirements que lui causent et les calculs d'une vertu prudente et les malheurs d'une faute. Elle perd souvent un amour, le plus délicieux en apparence, le premier, si elle résiste ; et son époux, si elle est imprudente.

En jetant un coup d'œil sur les vicissitudes de la vie sociale à Paris, il est impossible de douter de la nécessité d'une religion, en sachant que tous les soirs il n'y a pas trop de jeunes filles séduites. Mais Paris est situé dans le 48ᵉ degré de latitude, et Tarragone sous le 41ᵉ. Cette vieille question des climats est encore utile aux narrateurs, pour justifier et les dénouements brusques, et les imprudences ou les résistances de l'amour.

Montefiore avait les yeux attachés sur l'élégant profil noir dessiné au milieu de la lueur. Ni lui, ni Juana ne pouvaient se voir. Une malheureuse frise, bien fâcheusement placée, leur ôtait les bénéfices de la correspondance muette qui peut s'établir entre deux amoureux quand ils se penchent en dehors de leurs fenêtres. Aussi l'âme et l'attention du capitaine étaient-elles concentrées sur le cercle lumineux où, peut-être à son insu, la jeune fille allait innocemment lui laisser interpréter ses pensées par les gestes qui lui échapperaient.

Mais non. Les étranges mouvements de Juana ne permettaient pas à Montefiore de concevoir la moindre espérance. Juana s'amusait à découper le billet. La vertu, la morale, imitent souvent, dans leurs défiances, les prévisions inspirées par la jalousie au Bartholo de la comédie. Juana, sans encre, sans plumes et sans papier, répondait à coups de ciseaux. Bientôt elle rattacha le billet, l'officier le remonta, l'ouvrit, le mit à la lumière de sa lampe et lut, en lettres à jour : *Venez !*

— Venir ! se dit-il. Et le poison, l'escopette, la dague de Perez ! et l'apprenti à peine endormi sur le comptoir ! Et la servante dans son hamac ! Et cette maison aussi sonore que l'est une basse d'Opéra, et où j'entends d'ici le ronflement du vieux Perez. Venir !..... Elle n'a donc plus rien à perdre ?

Réflexion poignante ! Les débauchés seuls peuvent être aussi logiques, et punir une femme même de son dévouement. L'homme a inventé Satan et Lovelace ; mais la vierge est un ange auquel il ne sait rien prêter que ses vices ; elle est si grande, si belle, qu'il ne peut ni la grandir ni l'embellir ; il ne lui a été donné que le fatal pouvoir de la flétrir en l'attirant dans sa vie fangeuse.

Montefiore attendit l'heure la plus somnifère de la nuit, et, malgré ses réflexions, il descendit sans chaussure, muni de ses pistolets, allant pas à pas, s'arrêtant pour écouter le silence, avançant les mains, sondant les marches, voyant presque dans l'obscurité, prêt à rentrer chez lui s'il survenait le plus léger incident imprévu. Revêtu de son plus bel uniforme, l'Italien s'était mis sous les armes. Sa noire chevelure parfumée, sa tête séduisante, tout avait reçu l'éclat particulier que la toilette et les soins prêtent aux beautés naturelles ; car, en semblable occurrence, il n'y a pas d'homme qui ne soit aussi femme qu'une femme.

Montefiore put arriver sans encombre à la porte secrète du cabinet où la jeune fille avait été logée, et qui était pratiqué dans un coin de la maison, élargie en cet endroit par un de ces rentrants capricieux assez fréquents là où les hommes sont obligés, par la cherté du terrain, de serrer les maisons les unes contre les autres.

Cette cellule appartenait exclusivement à Juana, qui s'y tenait pendant le jour, loin de tous les regards. Jusqu'alors, elle avait couché près de sa mère adoptive, mais l'exiguïté des mansardes où s'étaient réfugiés les deux époux ne leur avait pas permis de prendre avec eux leur pupille.

Dona Lagounia avait donc laissé la jeune fille sous la garde et la clef de la porte secrète, sous la protection des idées religieuses les plus efficaces, car elles étaient devenues des superstitions, et sous la défense d'une fierté naturelle, d'une pudeur de sensitive, qui faisaient de la jeune Mancini une exception dans son sexe : elle en avait également les vertus les plus touchantes et les inspirations les plus passionnées. Aussi avait-il fallu toute la modestie, toute la sainteté de cette vie monotone pour calmer et rafraîchir ce sang brûlé des Marana qui pétillait dans son cœur, et dont sa mère adoptive appelait les piquantes attaques des tentations du démon.

Un léger sillon de lumière, tracé sur le plancher par la fente de la porte, permit à Montefiore d'en voir la place, et il y gratta doucement. Juana ouvrit. Montefiore entra palpitant, et reconnut tout d'abord sur la noble figure de cette recluse une expression de naïve curiosité, l'ignorance la plus complète des dangers qu'elle allait courir, et une sorte d'admiration candide. Il resta pendant un moment frappé par l'espèce de sainteté du tableau qui s'offrait à ses regards, et qui résultait d'une admirable harmonie entre cette fraîche cellule et cette délicieuse fille.

Les quatre murs étaient tendus d'une tapisserie à fond gris parsemé de fleurs violettes. Un petit bahut d'ébène sculpté, un antique miroir, un immense et vieux fauteuil, également en ébène et couvert en tapisserie, puis une table à pieds contournés ; sur le plancher, un joli tapis ; auprès de la table une chaise : voilà tout. Mais sur la table, des fleurs et un ouvrage de broderie. Mais au fond, un lit étroit et mince, sur lequel Juana rêvait. Au-dessus du lit, trois tableaux ; au chevet, un crucifix, un bénitier, une prière écrite en lettres d'or et encadrée. Les fleurs exhalaient de faibles parfums. Les bougies répandaient une douce lumière. Tout était calme, pur et sacré. Les idées rêveuses de Juana, mais Juana surtout, avaient communiqué leur charme aux choses, et son âme semblait y rayonner : c'était la perle dans sa nacre. Juana, vêtue de blanc, belle de sa seule beauté, ayant laissé son rosaire pour appeler l'amour, aurait inspiré du respect à Montefiore lui-même, si le silence, si la nuit, si Juana n'avaient pas été si amoureuses, si le petit lit blanc n'avait pas laissé voir les draps entr'ouverts et l'oreiller confident de mille confus désirs.

Montefiore demeura longtemps debout, ivre d'un bonheur inconnu, peut-être celui de Satan apercevant le ciel par une échappée des nuages qui en forment l'enceinte.

— Aussitôt que je vous ai vue, dit-il en pur toscan et d'une voix italiennement mélodieuse, je vous ai aimée. En vous ont été mon âme et ma vie, pour toujours, si vous le voulez.

Juana écoutait, en aspirant dans l'air le son de ces paroles que la langue de l'amour rendait magnifiques.

— Pauvre petite, comment avez-vous pu respirer si longtemps dans cette noire maison, sans y périr ? Vous, faite pour régner dans le monde, pour habiter le palais d'un prince, vivre de fête en fête, ressentir les joies que vous faites naître, voir tout à vos pieds, effacer les plus belles richesses par celles de votre beauté qui ne rencontrera point de rivales, vous avez vécu là, solitaire, avec ces deux marchands !

Question intéressée. Il voulait savoir si Juana n'avait point eu d'amant.

— Oui, répondit-elle. Mais qui donc vous a dit mes pensées les plus secrètes ? Depuis quelques mois je suis triste à mourir... Oui, j'aimerais mieux être morte que de rester plus longtemps dans cette maison. Voyez cette broderie : il n'y a pas un point qui n'y ait été fait sans mille pensées affreuses. Que de fois j'ai voulu m'évader pour aller me jeter à la mer. Pourquoi ? je ne le sais déjà plus... De petits chagrins d'enfant, mais bien vifs, malgré leur niaiserie... Souvent j'ai embrassé ma mère, le soir, comme on embrasse sa mère pour la dernière fois, en me disant intérieurement : — Demain, je me tuerai. Puis, je ne mourais pas. Les suicides vont en enfer, et j'avais si grand'peur de l'enfer que je me résignais à vivre, à toujours me lever, me coucher, travailler aux mêmes heures, et faire les mêmes choses. Je ne m'ennuyais pas, mais je souffrais... Et cependant mon père et ma mère m'adorent. Ah ! je suis mauvaise, je le dis bien à mon confesseur.

— Vous êtes donc toujours restée ici sans divertissements, sans plaisirs ?

— Oh ! je n'ai pas toujours été ainsi. Jusqu'à l'âge de quinze ans, les chants, la musique, les fêtes de l'église m'ont fait plaisir à voir. J'étais heureuse de me sentir comme les anges, sans péché, de pouvoir communier tous les huit jours, enfin, j'aimais Dieu. Mais depuis trois ans, de jour en jour, tout a changé en moi. D'abord j'ai voulu des fleurs ici, j'en ai eu de bien belles ; puis j'ai voulu...

Mais je ne veux plus rien, ajouta-t-elle après une pause en souriant à Montefiore. Ne m'avez-vous pas écrit tout à l'heure que vous m'aimeriez toujours ?

— Oui, ma Juana, s'écria doucement Montefiore en prenant cette adorable fille par la taille et la serrant avec force contre son cœur, oui. Mais laisse-moi te parler comme tu parles à Dieu. N'es-tu pas plus belle que la Marie des cieux ? Écoute.

Je te jure, reprit-il en la baisant dans ses cheveux,

je jure en prenant ton front comme le plus beau des autels, de faire de toi mon idole, de te prodiguer toutes les fortunes du monde. A toi mes carrosses, à toi mon palais de Milan, à toi tous les bijoux, les diamants de mon antique famille; à toi, chaque jour, de nouvelles parures; à toi les mille jouissances, toutes les joies du monde.

— Oui, dit-elle, j'aime bien tout cela; mais je sens dans mon âme que ce que j'aimerai le plus au monde, ce sera mon cher époux.

— *Mio caro sposo!*

Car il est impossible d'attacher aux deux mots français l'admirable tendresse, l'amoureuse élégance de sons dont la langue et la prononciation italiennes revêtent ces trois mots délicieux. Or l'italien était la langue maternelle de Juana.

— Je retrouverai, dit-elle en lançant à Montefiore un regard où brillait la pureté des chérubins, je retrouverai ma chère religion en *lui*. Lui et Dieu, Dieu et lui. — Ce sera donc vous? dit-elle.

— Et certes, ce sera vous! s'écria-t-elle. Tenez, venez voir le tableau que mon père m'a rapporté d'Italie.

Elle prit une bougie, fit un signe à Montefiore, et lui montra au pied du lit un saint Michel terrassant le démon.

— Regardez, n'a-t-il pas vos yeux? Aussi, quand je vous ai vu dans la rue, cette rencontre m'a semblé un avertissement du ciel. Pendant mes rêveries du matin, avant d'être appelée par ma mère pour la prière, j'avais tant de fois contemplé cette peinture, cet ange, que j'avais fini par en faire mon époux. Mon Dieu! je vous parle comme je me parle à moi-même. Je dois vous paraître bien folle; mais si vous saviez comme une pauvre recluse a besoin de dire les pensées qui l'étouffent! Seule, je parlais à ces fleurs, à ces bouquets de tapisserie, car ils me comprenaient mieux, je crois, que mon père et ma mère, toujours si graves.

— Juana, reprit Montefiore en lui prenant les mains et les baisant avec une passion qui éclatait dans ses yeux, dans ses gestes, et dans le son de sa voix, parle-moi comme à ton époux, comme à toi-même. J'ai souffert tout ce que tu as souffert : entre nous il doit suffire de peu de paroles pour que nous comprenions notre passé; mais il n'y en aura jamais assez pour exprimer nos félicités à venir. Mets ta main sur mon cœur. Sens-tu comme il bat? Promettons-nous devant Dieu, qui nous voit et nous entend, d'être l'un à l'autre fidèles pendant toute notre vie. Tiens, prends cet anneau... Donne-moi le tien.

— Donner mon anneau! s'écria-t-elle avec effroi; mais il me vient de notre saint père le pape; il m'a été mis au doigt dans mon enfance par une belle dame qui m'a nourrie, qui m'a mise dans cette maison, et m'a dit de le garder toujours.

— Juana, tu ne m'aimeras donc pas?...

— Ah! dit-elle, le voici. Vous, n'est-ce donc pas mieux que moi?

Elle tenait l'anneau en tremblant, et le serrait, en regardant Montefiore avec une lucidité questionneuse et perçante. Cet anneau, c'était tout elle; elle le lui donna.

— Oh! ma Juana, dit Montefiore en la serrant dans ses bras, il faudrait être un monstre pour te tromper... Je t'aimerai toujours...

Juana était devenue rêveuse.

Montefiore, pensant en lui-même que, dans cette première entrevue, il ne fallait rien risquer qui pût effaroucher une jeune fille aussi pure, imprudente par vertu, s'en remit sur l'avenir, sur sa beauté, dont il connaissait le pouvoir, et sur l'innocent mariage de l'anneau, la plus magnifique des unions, la plus légère et la plus forte de toutes les cérémonies, l'hymen du cœur. Pendant le reste de la nuit et pendant la journée du lendemain, l'imagination de Juana devait être une complice pour lui. Donc il s'efforça d'être aussi respectueux que tendre. Dans cette pensée, aidé par sa passion et plus encore par les désirs que lui inspirait Juana, il fut caressant et onctueux dans ses paroles. Il embarqua l'innocente fille dans tous les projets d'une vie nouvelle, lui peignit le monde sous les couleurs les plus brillantes, l'entretint de ces détails de ménage qui plaisent tant aux jeunes filles, fit avec elle de ces conventions disputées qui donnent des droits et de la réalité à l'amour. Puis, après avoir décidé l'heure accoutumée de leur rendez-vous nocturne, il laissa Juana heureuse, mais changée. La Juana pure et sainte n'existait plus. Dans le dernier regard qu'elle lui lança, dans le joli mouvement qu'elle fit pour apporter son front aux lèvres de son amant, il y avait déjà plus de passion qu'il n'est permis à une fille d'en montrer. La solitude, l'ennui, ses travaux en opposition avec sa nature, avaient fait tout cela. Pour la rendre sage et vertueuse, il aurait fallu peut-être l'habituer peu à peu au monde, ou le lui cacher à jamais.

— La journée, demain, me paraîtra bien longue! dit-elle en recevant sur le front un baiser chaste encore. Mais restez dans la salle, et parlez un peu haut, pour que je puisse entendre votre voix. Elle me remplit le cœur.

Montefiore, devinant toute la vie de Juana, n'en fut que plus satisfait d'avoir su contenir ses désirs pour en mieux assurer le contentement. Il remonta chez lui sans accident.

Dix jours se passèrent sans qu'aucun événement troublât la paix et la solitude de cette maison.

Montefiore avait déployé toutes ses câlineries italiennes, pour le vieux Perez, pour dona Lagounia, pour l'apprenti, même pour la servante. Tous l'aimaient. Mais, malgré la confiance qu'il sut leur inspirer, jamais il ne voulut en profiter pour demander à voir Juana, pour faire ouvrir la porte de la délicieuse cellule. La jeune Italienne, affamée de voir son amant, l'en avait bien souvent prié ; mais il s'y était toujours refusé par prudence.

D'ailleurs, il avait usé tout son crédit et toute sa science pour endormir les soupçons des deux vieux époux. Il les avait accoutumés à le voir, lui militaire, ne plus se lever qu'à midi. Le capitaine s'était dit malade.

Les deux amants ne vivaient donc plus que la nuit, au moment où tout dormait dans la maison. Si Montefiore n'avait pas été un de ces libertins auxquels l'habitude du plaisir permet de conserver leur sang-froid en toute occasion, ils eussent été dix fois perdus pendant ces dix jours. Un jeune amant, dans la candeur du premier amour, se serait laissé aller à de ravissantes imprudences auxquelles il est si difficile de résister. Mais l'Italien résistait même à Juana boudeuse, à Juana folle, à Juana faisant de ses longs cheveux une chaîne qu'elle lui passait autour du cou pour le retenir.

Cependant l'homme le plus perspicace eût été fort embarrassé de deviner les secrets de leurs rendez-vous nocturnes. Il est à croire que, sûr du succès, l'Italien se donna les plaisirs ineffables d'une séduction allant à petits pas, d'un incendie qui gagne graduellement, et finit par tout embraser.

Le onzième jour, en dînant, il jugea nécessaire de confier, sous le sceau du secret, au vieux Perez, que la cause de sa disgrâce dans sa famille était un mariage disproportionné.

Cette fausse confidence était quelque chose d'horrible au milieu du drame nocturne qui se jouait dans cette maison. Montefiore, en joueur expérimenté, se préparait un dénouement dont il jouissait d'avance en artiste qui aime son art. Il comptait bientôt quitter sans regret la maison, Juana, son amour.

Or, quand Juana, risquant sa vie peut-être dans une question, demanderait à Perez où était son hôte, après l'avoir longtemps attendu, Perez lui dirait, sans connaître l'importance de sa réponse :

— Le marquis de Montefiore s'est réconcilié avec sa famille, qui consent à recevoir sa femme, et il est allé la présenter.

Alors Juana!... Il ne s'était jamais demandé ce que deviendrait Juana. Mais il en avait étudié la noblesse, la candeur, toutes les vertus, et il était sûr du silence de Juana.

Il obtint une mission de je ne sais quel général. Trois jours après, pendant la nuit, la nuit qui précédait son départ, Montefiore, voulant sans doute, comme un tigre, ne rien laisser de sa proie, au lieu de remonter chez lui, entra dès l'après-dîner chez Juana pour se faire une plus longue nuit d'adieux.

Juana, véritable Espagnole, véritable Italienne, ayant double passion, fut bien heureuse de cette hardiesse ; elle accusait tant d'ardeur ! Trouver dans l'amour pur du mariage les cruelles félicités d'un engagement illicite, cacher son époux dans les rideaux de son lit!... tromper à demi son père et sa mère adoptive, et pouvoir leur dire, en cas de surprise : — Je suis la marquise de Montefiore !

Pour une jeune fille romanesque, et qui, depuis trois ans, ne rêvait pas l'amour sans en rêver tous les dangers, n'était-ce pas une fête ?

La porte en tapisserie retomba sur eux, sur leurs folies, sur leur bonheur, comme un voile, qu'il est inutile de soulever.

Il était alors environ neuf heures, le marchand et sa femme lisaient leurs prières du soir ; tout à coup le bruit d'une voiture attelée de plusieurs chevaux résonna dans la petite rue ; des coups frappés en hâte retentirent dans la boutique, la servante courut ouvrir.

Aussitôt, en deux bonds, entra dans la salle antique une femme magnifiquement vêtue, quoiqu'elle sortît d'une berline de voyage horriblement crottée par la boue de mille chemins. Sa voiture avait traversé l'Italie, la France et l'Espagne. C'était la Marana ! la Marana, qui, malgré ses trente-six ans, malgré ses joies, était dans tout l'éclat d'une *bella folgorante*, afin de ne pas perdre le superbe mot créé pour elle à Milan par ses passionnés adorateurs ; la Marana, qui, maîtresse avouée d'un roi, avait quitté Naples, les fêtes de Naples, le ciel de Naples, l'apogée de sa vie d'or et de madrigaux, de parfums et de soie, en apprenant par son royal amant les événements d'Espagne et le siége de Tarragone.

— A Tarragone, avant la prise de Tarragone ! s'était-elle écriée. Je veux être dans dix jours à Tarragone.

Et, sans se soucier d'une cour, ni d'une couronne, elle était arrivée à Tarragone, munie d'un firman quasi impérial, munie d'or, qui lui permit de traverser l'empire français avec la vélocité d'une fusée et dans tout l'éclat d'une fusée. Pour les mères il n'y a pas d'espace ; une vraie mère pressent tout, et voit son enfant d'un pôle à l'autre.

— Ma fille ! ma fille ! cria la Marana.

A cette voix, à cette brusque invasion, à l'aspect de cette reine au petit pied, le livre de prières tomba des mains de Perez et de sa femme ; cette voix retentissait comme la foudre, et les yeux de la Marana en lançaient les éclairs.

— Elle est là, répondit le marchand d'un ton calme, après une pause pendant laquelle il se remit de l'émotion que lui avaient causée cette brusque arrivée, le regard et la voix de la Marana.

— Elle est là, répéta-t-il en montrant la petite cellule.

— Oui, mais elle n'a pas été malade, elle est toujours...

— Parfaitement bien, dit dona Lagounia.

— Mon Dieu! jette-moi maintenant dans l'enfer pour l'éternité, si cela te plaît, s'écria la Marana en se laissant aller toute épuisée, à demi morte, dans un fauteuil.

La fausse coloration due à ses anxiétés tomba soudain, elle pâlit. Elle avait eu de la force pour supporter les souffrances, elle n'en avait plus pour sa joie. La joie était plus violente que sa douleur, car elle contenait les échos de la douleur et les angoisses de la joie.

— Cependant, dit-elle, comment avez-vous fait? Tarragone a été prise d'assaut.

— Oui, reprit Perez. Mais en me voyant vivant, comment m'avez-vous fait une question? Ne fallait-il pas me tuer pour arriver à Juana?

A cette réponse, la courtisane saisit la main calleuse de Perez, et la baisa en y jetant des larmes qui lui vinrent aux yeux. C'était tout ce qu'elle avait de plus précieux sous le ciel, elle qui ne pleurait jamais.

— Bon Perez! dit-elle enfin. Mais vous devez avoir eu des militaires à loger?

— Un seul, répondit l'Espagnol. Par bonheur, nous avons le plus loyal des hommes, un homme jadis Espagnol, un Italien qui hait Bonaparte, un homme marié, un homme froid... Il se lève tard et se couche de bonne heure. Il est même malade en ce moment.

— Un Italien! Quel est son nom?

— Le capitaine Montefiore...

— Alors ce ne peut pas être le marquis de Montefiore...

— Si, sénora, lui-même.

— A-t-il vu Juana?

— Non, dit dona Lagounia.

— Vous vous trompez, ma femme, reprit Perez. Le marquis a dû la voir pendant un bien court instant, il est vrai; mais je pense qu'il l'aura regardée le jour où elle est entrée ici pendant le souper.

— Ah! je veux voir ma fille.

— Rien de plus facile, dit Perez. Elle dort. Si elle a laissé la clef dans la serrure, il faudra cependant la réveiller.

En se levant pour prendre la double clef de la porte, les yeux du marchand tombèrent par hasard sur la haute croisée. Alors, dans le cercle de lumière projeté sur la noire muraille de la cour intérieure, par la grande vitre ovale de la cellule, il aperçut la silhouette d'un groupe que, jusqu'au gracieux Canova, nul autre sculpteur n'avait su deviner. L'Espagnol se retourna.

— Je ne sais pas, dit-il à la Marana, où nous avons mis cette clef.

— Vous êtes bien pâle, lui dit-elle.

— Je vais vous dire pourquoi, répondit-il en sautant sur son poignard, qu'il saisit, et dont il frappa violemment la porte de Juana en criant : — Juana, ouvrez! ouvrez!

Son accent exprimait un épouvantable désespoir qui glaça les deux femmes.

Et Juana n'ouvrit pas, parce qu'il lui fallut quelque temps pour cacher Montefiore. Elle ne savait rien de ce qui se passait dans la salle. Les doubles portières de tapisserie étouffaient les paroles.

— Madame, je vous mens en disant que je ne sais pas où est la clef. La voici, reprit-il en la tirant du buffet. Mais elle est inutile. Celle de Juana est dans la serrure, et sa porte est barricadée. Nous sommes trompés, ma femme! dit-il en se tournant vers elle. Il y a un homme chez Juana.

— Par mon salut éternel, la chose est impossible, lui dit sa femme.

— Ne jurez pas, dona Lagounia. Notre honneur est mort, et cette femme..... Il montra la Marana qui s'était levée et restait immobile, foudroyée par ces paroles; cette femme a le droit de nous mépriser. Elle nous a sauvé vie, fortune, honneur, et nous n'avons su que lui garder ses écus.

— Juana, ouvrez, cria-t-il, ou je brise votre porte.

Et sa voix, croissant en violence, alla retentir jusque dans les greniers de la maison. Mais il était froid et calme. Il tenait en ses mains la vie de Montefiore, et allait laver ses remords avec tout le sang de l'Italien.

— Sortez, sortez, sortez, sortez tous! cria la Marana en sautant, avec l'agilité d'une tigresse, sur le poignard qu'elle arracha des mains de Perez étonné.

— Sortez, Perez, reprit-elle avec tranquillité, sortez, vous, votre femme, votre servante et votre apprenti. Il va y avoir un meurtre ici. Vous pourriez être fusillés tous par les Français. N'y soyez pour rien, cela me regarde seule. Entre ma fille et moi, il ne doit y avoir que Dieu. Quant à l'homme, il m'appartient. La terre entière ne l'arracherait pas de mes mains. Allez, allez donc, je vous pardonne. Je le vois, cette fille est une Marana. Vous, votre religion, votre honneur étiez trop faibles pour lutter contre mon sang.

Elle poussa un soupir affreux et leur montra des

yeux secs. Elle avait tout perdu et savait souffrir, elle était courtisane.

La porte s'ouvrit. La Marana oublia tout, et Perez, faisant signe à sa femme, put rester à son poste. En vieil Espagnol intraitable sur l'honneur, il voulait aider à la vengeance de la mère trahie.

Juana, doucement éclairée, blanchement vêtue, se montra calme au milieu de sa chambre.

— Que me voulez-vous? dit-elle.

La Marana ne put réprimer un léger frisson.

— Perez, demanda-t-elle, ce cabinet a-t-il une autre issue?

Perez fit un signe négatif.

Alors elle s'avança dans la chambre.

— Juana, je suis votre mère, votre juge, et vous vous êtes mise dans la seule situation où je pusse me découvrir à vous. Vous êtes venue à moi, vous que je voulais au ciel. Ah! vous êtes tombée bien bas. Il y a chez vous un amant.

— Madame, il ne doit et ne peut s'y trouver que mon époux, répondit-elle. Je suis la marquise de Montefiore.

La Marana tressaillit.

— Il en a donc deux? dit le vieux Perez de sa voix grave. Il m'a dit être marié.

— Montefiore, mon amour! cria la jeune fille en déchirant les rideaux et montrant l'officier, viens, ces gens te calomnient.

L'Italien se montra pâle et blême, il voyait un poignard dans la main de la Marana, et connaissait la Marana.

Aussi, d'un bond, s'élança-t-il hors de la chambre, en criant d'une voix tonnante : — Au secours! au secours! l'on assassine un Français. Soldats du 6º de ligne, courez chercher le capitaine Diard! Au secours!

Perez avait étreint le marquis, et allait de sa large main lui faire un bâillon naturel, lorsque la courtisane, l'arrêtant, lui dit : — Tenez-le bien, mais laissez-le crier. Ouvrez les portes, laissez-les ouvertes, et sortez, je vous le répète.

Quant à toi, reprit-elle en s'adressant à Montefiore, crie, appelle au secours... Quand les pas de tes soldats se feront entendre, tu auras cette lame dans le cœur.

Es-tu marié?

Montefiore, tombé sur le seuil de la porte, à deux pas de Juana, n'entendait plus, ne voyait plus rien, si ce n'est la lame du poignard, dont les rayons luisants l'aveuglaient.

— Il m'aurait donc trompée! dit lentement Juana. Il s'est dit libre.

— Il m'a dit être marié, reprit Perez de sa voix grave.

— Sainte Vierge! s'écria dona Lagounia.

— Répondras-tu, âme de boue, dit la Marana à voix basse, en se penchant à l'oreille du marquis.

— Votre fille..., dit Montefiore.

— La fille que j'avais est morte ou va mourir, répliqua la Marana. Je n'ai plus de fille. Ne prononce plus ce mot. Réponds, es-tu marié?

— Non, madame, dit enfin Montefiore, voulant gagner du temps. Je puis épouser votre fille.

— Mon noble Montefiore! dit Juana respirant.

— Alors pourquoi fuir et appeler au secours? demanda l'Espagnol.

Terrible lueur!

Juana ne dit rien, mais elle se tordait les mains et alla s'asseoir dans son fauteuil.

En cet instant, il se fit au-dehors un tumulte assez facile à distinguer par le profond silence qui régnait au parloir.

Un soldat du 6º de ligne, passant par hasard dans la rue au moment où Montefiore criait au secours, avait été prévenir Diard. Le quartier-maître, qui rentrait heureusement chez lui, vint, accompagné de quelques amis.

— Pourquoi fuir? reprit Montefiore en entendant la voix de son ami, c'est que je vous disais vrai. Diard! Diard! cria-t-il d'une voix perçante.

Mais, sur un mot de son maître, qui voulait que tout chez lui fût du meurtre, l'apprenti ferma la porte, et les soldats furent obligés de l'enfoncer. Donc, avant qu'ils n'entrassent, la Marana put donner au coupable un coup de poignard; mais sa colère concentrée l'ayant empêchée de bien ajuster, la lame glissa sur l'épaulette de Montefiore. Néanmoins, elle y mit tant de force, que l'Italien alla tomber aux pieds de Juana, qui ne s'en aperçut pas.

La Marana sauta sur lui; et, cette fois, pour ne pas le manquer, elle le prit par la gorge, le maintint avec un bras de fer, et le visa au cœur.

— Je suis libre et j'épouse! je le jure par Dieu, par ma mère, par tout ce qu'il y a de plus sacré au monde; je suis garçon, j'épouse, ma parole d'honneur!

Et il mordait le bras de la courtisane.

— Allez! ma mère, dit Juana, tuez-le. Il est trop lâche, je n'en veux pas pour époux, fût-il dix fois plus beau.

— Ah! je retrouve ma fille! cria la mère.

— Que se passe-t-il donc ici? demanda le quartier-maître survenant.

— Il y a, s'écria Montefiore, que l'on m'assassine, au nom de cette fille qui prétend que je suis son amant, qui m'a entraîné dans un piège, et que l'on veut me forcer d'épouser contre mon gré.

— Tu n'en veux pas, s'écria Diard, frappé de la beauté sublime que l'indignation, le mépris et la haine du monde entier prêtaient à Juana, déjà si belle ; tu es bien difficile ! S'il lui faut un mari, me voilà. Rengaînez vos poignards.

La Marana prit l'Italien, le releva, l'attira près du lit de sa fille, et lui dit à l'oreille :

— Si je t'épargne, rends-en grâce à ton dernier mot. Mais, souviens-t'en ! Si ta langue flétrit jamais ma fille, nous nous reverrons.

— En quoi consiste sa dot ? demanda-t-elle à Perez.

— Elle a deux cent mille piastres fortes...

— Ce ne sera pas tout, monsieur, dit-elle à Diard. Qui êtes-vous ?

Vous pouvez sortir, reprit-elle en se tournant vers Montefiore, qui, en entendant parler de deux cent mille piastres fortes, s'avança disant :

— Je suis bien réellement libre...

Un regard de Juana lui ôta la parole.

— Vous êtes bien réellement libre de sortir, lui dit-elle.

Et il sortit.

— Hélas ! monsieur, reprit la jeune fille en s'adressant à Diard, je vous remercie avec admiration. Mon époux est au ciel ; ce sera Jésus-Christ. Demain j'entrerai au couvent de...

— Juana, ma Juana, tais-toi ! cria la mère en la serrant dans ses bras. Puis elle lui dit à l'oreille. — Il te faut un autre époux.

Juana pâlit.

— Qui êtes-vous, monsieur ? répéta-t-elle en regardant le Provençal.

— Je ne suis encore, dit-il, qu'un quartier-maître du 6ᵉ de ligne. Mais, pour une telle femme, on se sent le cœur de devenir maréchal de France. Je me nomme Pierre-François Diard. Mon père était prévôt des marchands ; je ne suis donc pas un...

— Eh ! vous êtes honnête homme, n'est-ce pas ? s'écria la Marana. Si vous plaisez à la signora Juana de Mancini, vous pouvez être heureux l'un et l'autre.

— Juana, reprit-elle d'un ton grave, en devenant la femme d'un brave et digne homme, songe que tu seras mère. J'ai juré que tu pourrais embrasser au front tes enfants sans rougir.... (là, sa voix s'altéra légèrement). J'ai juré que tu serais une femme vertueuse. Attends-toi donc, dans cette vie, à bien des peines ; mais, quoi qu'il arrive, reste pure, et sois en tout fidèle à ton mari. Sacrifie-lui tout. Il sera le père de tes enfants... Un père à tes enfants !... Va ! entre un amant et toi, tu rencontreras toujours ta mère ; je la serai dans les dangers seulement... Vois-tu le poignard de Perez... il est dans ta dot, dit-elle en prenant l'arme et la jetant sur le lit de Juana. Je l'y laisse comme une garantie de ton honneur, tant que j'aurai les yeux ouverts et les bras libres.

— Adieu, dit-elle en retenant ses pleurs, fasse le ciel que nous ne nous revoyions jamais.

A cette idée, ses larmes coulèrent en abondance.

— Pauvre enfant ! tu as été bien heureuse dans cette cellule... plus que tu ne le crois...

Faites qu'elle ne la regrette jamais... dit-elle en regardant son futur gendre.

Ce récit purement introductif n'est point le sujet principal de cette scène, pour l'intelligence de laquelle il était nécessaire d'expliquer, avant toutes choses, comment il se fit que le capitaine Diard épousa Juana de Mancini ; comment Montefiore et Diard se connurent, et de faire comprendre quel cœur, quel sang, quelles passions animaient madame Diard.

Maintenant, passons à la véritable histoire, au dénouement du mariage qui eut lieu entre le capitaine d'habillement et la petite-fille des Marana.

---

### HISTOIRE DE Mᵐᵉ DIARD.

*Il était, vivante et sublime élégie, toujours silencieux, résigné ; toujours souffrant, sans pouvoir dire : Je souffre.*
(HISTOIRE INTELLECTUELLE DE LOUIS LAMBERT.)

Lorsque le quartier-maître eut rempli les longues et lentes formalités sans lesquelles il n'est pas permis à un militaire français de se marier, il était devenu passionnément amoureux de Juana de Mancini. Juana de Mancini avait eu le temps de réfléchir à sa destinée. Destinée affreuse ! Juana n'avait pour Diard ni estime, ni amour ; et se trouvait néanmoins liée à lui par une parole, imprudente sans doute, mais nécessaire.

Le Provençal n'était ni beau, ni bien fait. Ses manières, dépourvues de distinction, se ressentaient également du mauvais ton de l'armée, des mœurs de sa province et d'une incomplète éducation. Pouvait-elle donc aimer Diard, cette jeune fille tout grâce et tout élégance, mue par un invincible instinct de luxe et de bon goût, et que sa nature entraînait d'ailleurs vers la sphère des hautes classes sociales ?

Quant à l'estime, elle refusait même ce sentiment à Diard, précisément parce que Diard l'épousait ; et cette répulsion était toute naturelle.

La femme est une sainte et belle créature, mais presque toujours incomprise ; et mal jugée, parce qu'elle est incomprise. Si Juana eût aimé Diard, elle l'eût estimé. L'amour crée dans la femme une femme nouvelle ; et alors celle de la veille n'existe plus le lendemain. En revêtant la robe nuptiale d'une passion où il y va de toute la vie, elle la revêt pure et blanche. Renaissant vertueuse et pudique, il n'y a plus de passé pour elle : elle est tout avenir et doit tout oublier, pour tout réapprendre.

En ce sens, le vers assez célèbre qu'un poëte moderne a mis aux lèvres de Marion Delorme était trempé dans le vrai, vers tout cornélien d'ailleurs.

Et l'amour m'a refait une virginité.

Ce vers ne semblait-il pas une réminiscence de quelque tragédie de Corneille, tant y revivait la facture substantivement énergique du père de notre théâtre? Et cependant le poëte a été forcé d'en faire le sacrifice au génie essentiellement vaudevilliste du parterre.

Donc Juana, sans amour, restait la Juana trompée, humiliée, dégradée. Juana ne pouvait pas honorer l'homme qui l'acceptait ainsi.

Elle sentait, dans toute la consciencieuse pureté du jeune âge, cette distinction, subtile en apparence, mais d'une vérité sacrée, légale selon le cœur, et que toutes les femmes appliquent instinctivement dans leurs sentiments, même les plus irréfléchis.

Juana devint profondément triste en découvrant l'étendue de la vie. Elle tourna souvent ses yeux pleins de larmes, fièrement réprimées, et sur Perez et sur dona Lagounia, qui, tous deux, comprenaient les amères pensées dont ces larmes étaient grosses ; mais ils se taisaient. A quoi bon les reproches ? Pourquoi des consolations ? plus vives elles sont, plus elles élargissent le malheur.

Un soir, Juana, stupide de douleur, entendit à travers la portière de sa cellule, que les deux époux croyaient fermée, une plainte échappée à sa mère adoptive.

— La pauvre enfant mourra de chagrin.

— Oui, répliqua Perez d'une voix émue. Mais que pouvons-nous ? Irais-je maintenant vanter la chaste beauté de ma pupille au comte d'Arcos, à qui j'espérais la marier ?

— Une faute n'est pas le vice, dit la vieille femme, indulgente autant qu'un ange.

— Sa mère l'a donnée, reprit Perez.

— En un moment, et sans la consulter, s'écria dona Lagounia.

— Elle a bien su ce qu'elle faisait.

— En quelles mains ira notre perle ?

— N'ajoute pas un mot, ou je cherche querelle à ce.... Diard ! Et — ce serait un autre malheur.

En entendant ces terribles paroles, Juana comprit alors le bonheur dont elle avait troublé le cours. Les heures pures et candides de sa douce retraite auraient donc été récompensées par cette éclatante et splendide existence dont elle avait si souvent rêvé les délices, rêves qui avaient causé sa faute. Tomber du haut de la Grandeur à *monsieur* Diard !

Juana pleura, Juana devint presque folle. Elle flotta pendant quelques instants entre le vice et la religion. Le vice était un prompt dénouement ; la religion, une vie entière de souffrances. La méditation fut orageuse et solennelle. Le lendemain était un jour fatal, celui du mariage. Juana pouvait encore rester Juana. Libre, elle savait jusqu'où irait son malheur ; mariée, elle ignorait jusqu'où il devait aller. La religion triompha.

Dona Lagounia vint près de sa fille prier et veiller aussi pieusement qu'elle eût prié, veillé près d'une mourante.

— Dieu le veut, dit-elle à Juana.

La nature donne alternativement à la femme une force particulière qui l'aide à souffrir, et une faiblesse qui lui conseille la résignation. Juana se résigna sans arrière-pensée. Elle voulut obéir au vœu de sa mère et traverser le désert de la vie pour arriver au ciel, tout en sachant qu'elle ne trouverait point de fleurs dans son pénible voyage.

Elle épousa Diard.

Quant au quartier-maître, s'il ne trouvait pas grâce devant Juana, qui ne l'aurait absous ? Il aimait, il aimait avec ivresse. La Marana, si naturellement habile à pressentir l'amour, avait reconnu en lui l'accent de la passion, et deviné le caractère brusque, les mouvements généreux, particuliers aux méridionaux. Dans le paroxysme de sa grande colère, elle n'avait aperçu que les belles qualités de Diard, et crut en voir assez pour assurer le bonheur de sa fille.

Les premiers jours de ce mariage furent heureux en apparence ; ou, pour exprimer l'un de ces faits latents dont toutes les femmes ensevelissent les misères au fond de leur âme, Juana ne voulut point détrôner la joie de son mari. Double rôle, épouvantable à jouer, et que jouent, tôt ou tard, la plupart des femmes mal mariées.

De cette vie, un homme n'en peut raconter que les faits ; les cœurs féminins seuls en devineront les sentiments. N'est-ce pas une histoire impossible à retracer dans toute sa vérité? Juana, luttant à toute heure contre sa nature à la fois espagnole et italienne, ayant tari la source de ses larmes à pleurer en secret, était une de ces créations typiques, destinées à représenter le malheur féminin dans sa plus vaste expression : douleur incessamment active, et dont la peinture exigerait des observations si minutieuses que, pour les gens avides d'émotions dramatiques, elle deviendrait insipide.

Cette analyse, où chaque épousée devrait retrouver quelques-unes de ses propres souffrances, pour les comprendre toutes, ne serait-elle pas un livre entier ? Livre ingrat de sa nature, et dont le mérite consisterait en teintes fines, en nuances délicates que les critiques trouveraient molles et diffuses. D'ailleurs, qui pourrait aborder, sans porter un autre cœur en son cœur, ces touchantes et profondes élégies dont certaines femmes emportent les tragiques secrets dans la tombe : mélancolies incomprises, même de ceux qui les excitent ; soupirs inexaucés ; dévouements sans récompenses, terrestres du moins; magnifiques silences méconnus; vengeances dédaignées ; générosités perpétuelles et perdues; plaisirs souhaités et trahis; charités d'ange accomplies mystérieusement; enfin toutes les œuvres de la femme, toutes ses religions et son inextinguible amour.

Juana connut cette vie, et le sort ne lui fit grâce de rien. Elle fut toute la femme, mais la femme malheureuse et souffrante, la femme sans cesse offensée et pardonnant toujours, la femme pure comme un diamant sans tache : elle qui, de ce diamant, avait la beauté, l'éclat; et, dans cette beauté, dans cet éclat, une vengeance toute prête. Elle n'était certes pas fille à redouter le poignard ajouté à sa dot.

Cependant, animé par un amour vrai, par une de ces passions qui changent momentanément les plus détestables caractères et mettent en lumière tout ce qu'il y a de beau dans une âme, Diard sut d'abord se comporter en homme d'honneur. Il força Montefiore à quitter le régiment, et même le corps d'armée, afin que sa femme ne le rencontrât point pendant le peu de temps qu'il comptait rester en Espagne.

Puis, le quartier-maître demanda son changement, et réussit à passer dans la garde impériale. Il voulait à tout prix acquérir un titre, des honneurs et une considération en rapport avec sa grande fortune.

Dans cette pensée, il se montra courageux à l'un de nos plus sanglants combats en Allemagne; mais il y fut trop dangereusement blessé pour rester au service. Menacé de perdre une jambe, il eut sa retraite, sans le titre de baron, sans les récompenses qu'il avait désiré gagner, et qu'il aurait peut-être obtenues, s'il n'eût pas été Diard.

Cet événement, sa blessure, ses espérances trahies, contribuèrent à changer son caractère. Son énergie provençale, exaltée pendant un moment, tomba soudain. Néanmoins, il fut d'abord soutenu par sa femme, à laquelle ses efforts, ce courage, cette ambition avaient donné quelque croyance en son mari; et qui, plus que toute autre, devait se montrer ce que sont les femmes, consolantes et tendres dans les peines de la vie. Animé par quelques paroles de Juana, le chef de bataillon en retraite vint à Paris, et résolut de conquérir, dans la carrière administrative, une haute position qui commandât le respect, fît oublier le quartier-maître du 6ᵉ de ligne, et donnât un jour quelque beau titre à madame Diard.

Sa passion pour cette séduisante créature l'aidait à en deviner les vœux secrets. Elle se taisait, mais il la comprenait. Il n'en était pas aimé comme un amant rêve de l'être; il le savait, et voulait se faire estimer, aimer, chérir. Il pressentait le bonheur, ce malheureux homme, en trouvant en toute occasion sa femme douce et patiente; mais cette douceur, cette patience trahissaient la résignation à laquelle il devait Juana. La résignation, la religion, était-ce l'amour ? Souvent il eût souhaité des refus, là où il rencontrait une chaste obéissance; souvent il aurait donné sa vie éternelle pour que Juana daignât pleurer sur son sein et ne déguisât pas ses pensées sous une riante figure qui mentait noblement. Beaucoup d'hommes jeunes, car, à un certain âge, nous ne luttons plus, veulent triompher d'une destinée mauvaise dont les nuages grondent, de temps à autre, à l'horizon de leur vie ; et au moment où ils roulent dans les abîmes du malheur, il faut leur savoir gré de ces combats ignorés.

Comme beaucoup de gens, Diard essaya de tout, et tout lui fut hostile.

Sa fortune lui permit d'entourer sa femme de toutes les jouissances du luxe parisien. Elle eut un grand hôtel, de grands salons, et tint une de ces grandes maisons où abondent et les artistes, peu jugeurs de leur nature, et quelques intrigants qui font nombre, et les gens disposés à s'amuser partout, et certains hommes à la mode, tous amoureux de Juana.

Ceux qui se mettent en évidence à Paris doivent ou dompter Paris ou subir Paris. Diard n'avait pas un caractère assez fort, assez compacte, assez persistant pour commander au monde de cette époque, parce que, à cette époque, chacun voulait s'élever. Les classifications sociales toutes faites sont peut-être un grand bien, même pour le peuple. Napoléon nous a confié les peines qu'il se donna pour imposer le respect à sa cour, où la plupart de ses sujets avaient été ses égaux.

Mais Napoléon était Corse, et Diard Provençal. A génie égal, un insulaire sera toujours plus complet que ne l'est l'homme de la terre ferme ; et sous la même latitude, le bras de mer qui sépare la Corse de la Provence est, en dépit de la science humaine, un océan tout entier qui en fait deux patries.

De sa position fausse, qu'il faussa encore, dérivèrent pour Diard de grands malheurs. Peut-être y a-t-il des enseignements utiles dans la filiation imperceptible des faits qui engendrèrent le dénouement de cette histoire.

D'abord, les railleurs de Paris ne voyaient pas, sans un malin sourire, les tableaux dont l'ancien quartier-maître décora son hôtel. Les chefs-d'œuvre achetés la veille furent enveloppés dans le reproche muet que chacun adressait à ceux qui avaient été pris en Espagne, et ce reproche était la vengeance des amours-propres que la fortune de Diard offensait.

Juana comprit quelques-uns de ces mots à double sens auxquels le Français excelle. Alors, par son conseil, son mari renvoya les tableaux à Tarragone. Mais le public, décidé à mal prendre les choses, dit : — Ce Diard est fin, il a vendu ses tableaux.

De bonnes gens continuèrent à croire que les toiles qui restèrent dans ses salons n'étaient pas loyalement acquises.

Quelques femmes jalouses demandaient comment *un Diard* avait pu épouser une jeune fille et si riche et si belle. De là, des commentaires, des railleries sans fin, comme on sait en faire à Paris.

Cependant Juana rencontrait partout un respect commandé par sa vie pure et religieuse qui triomphait même des calomnies parisiennes ; mais ce respect s'arrêtait à elle, et manquait à son mari. Sa perspicacité féminine et son regard brillant, en planant dans ses salons, ne lui apportaient que des douleurs.

Cette mésestime était encore une chose toute naturelle.

Les militaires, malgré les vertus dont l'imagination se plaît à les doter, ne pardonnèrent pas à l'ancien quartier-maître du 6e de ligne, précisément parce qu'il était riche, et voulait faire figure à Paris.

Or, à Paris, de la dernière maison du faubourg Saint-Germain au dernier hôtel de la rue Saint-Lazare, entre la butte du Luxembourg et celle de Montmartre, tout ce qui s'habille et babille, s'habille pour sortir et sort pour babiller, tout ce monde de petits et de grands airs, ce monde vêtu d'impertinence et doublé d'humbles désirs, d'envie et de courtisanerie, tout ce qui est doré et dédoré, jeune et vieux, noble d'hier ou noble du quatrième siècle, tout ce qui se moque d'un parvenu, tout ce qui a peur de se compromettre, tout ce qui veut démolir un pouvoir, sauf à l'adorer s'il résiste; toutes ces oreilles entendent, toutes ces langues disent et toutes ces cervelles savent, en une soirée, où est né, où a grandi, ce qu'a fait ou n'a pas fait le nouveau venu qui prétend à des honneurs dans ce monde.

Il n'y a pas de cour d'assises pour la haute société ; mais il y a le plus cruel de tous les procureurs-généraux, un être moral, insaisissable, à la fois juge et bourreau ; il accuse et il marque. N'espérez lui rien cacher, dites-lui tout vous-même, car il veut tout savoir et sait tout. Ne demandez pas où est le télégraphe inconnu qui lui transmet à la même heure, en un clin d'œil, en tous lieux, une histoire, un scandale, une nouvelle. Ne demandez pas qui le remue. Ce télégraphe est un mystère social dont nous pouvons seulement constater les effets. Il y en a d'incroyables exemples, un seul suffit. L'assassinat du duc de Berry, frappé à l'Opéra, fut conté, dans la dixième minute qui suivit le crime, au fond de l'île Saint-Louis.

L'opinion émanée du 6e de ligne sur Diard filtra dans le monde, le soir même où il donna son premier bal.

Diard ne pouvait donc plus rien sur le monde. Dès-lors, sa femme seule avait la puissance de faire quelque chose de lui; car, à Paris, si un homme ne sait rien être par lui-même, sa femme, lorsqu'elle est jeune et spirituelle, lui offre encore des chances pour son élévation. Il s'en est rencontré de malades, de faibles en apparence, qui, sans se lever de leur divan, sans sortir de leur chambre, ont dominé la société, remué mille ressorts, et placé leurs maris là où elles voulaient être vaniteusement placées.

Mais Juana, dont l'enfance s'était naïvement écoulée dans sa cellule de Tarragone, ne connaissait aucun des vices, aucune des lâchetés, ni aucune des ressources du monde parisien; elle le regardait en jeune fille curieuse, et n'en apprenait que ce que sa douleur, sa fierté blessée lui en révélaient. D'ailleurs, Juana avait le tact d'un cœur vierge qui recevait les impressions par avance, à la manière des sensitives. Et la jeune solitaire, devenue si promptement femme, comprit que si elle essayait de contraindre le monde à honorer son mari, ce serait mendier à l'espagnole, une escopette en main. Puis, la fréquence et la multiplicité des précautions qu'elle devait prendre n'en accuseraient-elles pas toute la nécessité ? Entre ne pas se faire respecter et se faire trop respecter, il y avait pour Diard tout un abîme. Soudain elle devina le monde, comme naguère elle avait deviné la vie; et elle n'y apercevait partout, pour elle, que l'immense étendue d'une infortune irréparable.

Puis, elle eut encore le chagrin de reconnaître tardivement l'incapacité particulière de son mari, l'homme le moins propre à ce qui demandait de la suite dans les idées. Il ne comprenait rien au rôle qu'il devait jouer dans le monde ; il n'en saisissait ni l'ensemble, ni les nuances; et les nuances y étaient tout. Ne se trouvait-il pas dans une de ces situations où la finesse et la ruse peuvent aisément remplacer la force ? car la finesse qui réussit toujours est la plus grande de toutes les forces.

Mais, loin d'étancher la tache d'huile faite par ses antécédents, Diard se donna mille peines pour l'étendre. Ainsi, ne sachant pas bien étudier la phase de l'empire au milieu de laquelle il arrivait, il voulut, quoiqu'il ne fût que chef d'escadron, être nommé préfet. Alors, presque tout le monde croyait au génie de Napoléon. Sa faveur avait tout agrandi. Les préfectures, ces empires au petit pied, ne pouvaient plus être chaussées que par de grands noms, par des chambellans de S. M. l'empereur et roi. Déjà, les préfets étaient devenus des visirs. Donc, les faiseurs du grand homme se moquèrent de l'ambition avouée par le chef d'escadron, et Diard se mit à solliciter une sous-préfecture. Il y eut un désaccord ridicule entre la modestie de ses prétentions et la grandeur de sa fortune. Ouvrir des salons royaux, afficher un luxe insolent ; puis, quitter la vie millionnaire pour aller à Issoudun ou à Savenay, n'était-ce pas se mettre au-dessous de sa position ?

Juana, trop tard instruite de nos lois, de nos mœurs, de nos coutumes administratives, éclaira donc trop tard son mari. Diard, désespéré, sollicita successivement auprès de tous les pouvoirs ministériels ; et Diard, repoussé partout, ne put rien être.

Alors, le monde le jugea comme il était jugé par le gouvernement et comme il se jugeait lui même. Diard avait été grièvement blessé sur un champ de bataille, et Diard n'était pas décoré. Le quartier-maître, riche, mais sans considération, ne trouva point de place dans l'État ; la société lui refusa celle à laquelle il prétendait dans la société.

Enfin, chez lui, ce malheureux éprouvait, en toute occasion, la supériorité de sa femme. Or, quoiqu'elle usât d'un tact, il faudrait dire velouté, si l'épithète n'était trop hardie, pour déguiser à son mari cette suprématie dont elle s'étonnait elle-même, et dont elle était humiliée, Diard finit par en être affecté. Nécessairement, à ce jeu, les hommes s'abattent, se grandissent ou deviennent mauvais. Son courage ou sa passion devaient donc s'amoindrir sous les coups réitérés que ses fautes portaient à son amour-propre, et il faisait faute sur faute.

D'abord, il avait tout à combattre, même ses habitudes et son caractère. Passionné Provençal, franc dans ses vices autant que dans ses vertus, cet homme, dont les fibres ressemblaient à des cordes de harpe, fut tout cœur pour ses anciens amis. Il secourut les gens crottés aussi bien que les nécessiteux de haut rang ; bref, il avoua tout le monde, et donna, dans son salon doré, la main à de pauvres diables.

Voyant cela, le général de l'empire, variation de l'espèce humaine dont bientôt aucun type n'existera plus, n'offrit pas son accolade à Diard, et lui dit insolemment : Mon cher ! en l'abordant.

Or, là où les généraux déguisèrent leur insolence sous la bonhomie soldatesque, le peu de gens de bonne compagnie que voyait Diard lui témoignèrent ce mépris élégant, verni, contre lequel un homme nouveau est presque toujours sans armes.

Enfin le maintien, la gesticulation italienne à demi, le parler de Diard, la manière dont il s'habillait, tout en lui repoussait le respect que l'observation exacte des choses voulues par le bon ton fait acquérir aux gens vulgaires, et dont les grands pouvoirs peuvent seuls secouer le joug. Ainsi va le monde.

Ces détails peignent faiblement les mille supplices auxquels Juana fut en proie ; ils vinrent un à un. Chaque nature sociale lui apporta son coup d'épingle ; et, pour une âme qui préfère les coups de poignard, n'y avait-il pas d'atroces souffrances dans cette lutte, où Diard recevait les affronts sans les sentir, et où Juana les sentait sans les recevoir ?

Puis un moment arriva, moment épouvantable, où elle eut, du monde, une perception lucide, et ressentit à la fois toutes les douleurs qui s'y étaient d'avance amassées pour elle. Elle jugea son mari tout à fait incapable de monter les hauts échelons de l'ordre social, et devina jusqu'où il devait en descendre, le jour où le cœur lui faudrait. Là, Juana prit Diard en pitié. L'avenir était bien sombre pour cette jeune femme. Elle vivait toujours dans l'appréhension d'un malheur, sans savoir d'où pourrait venir ce malheur. Ce pressentiment était dans son âme, comme une contagion est dans l'air ; mais elle savait trouver la force de déguiser ses angoisses sous des sourires. Elle en était venue à ne plus penser à elle.

Juana se servit de son influence pour faire abdiquer à Diard toutes ses prétentions, et lui montrer, comme un asile, la vie douce et bienfaisante du foyer domestique. Les maux venaient du monde, ne fallait-il pas bannir le monde ? Chez lui, Diard trouverait la paix, le respect ; il y régnerait. Elle se sentait assez forte pour accepter la rude tâche de le rendre heureux, lui, mécontent de lui-même. Son énergie s'accrut avec les difficultés de la vie, elle eut tout l'héroïsme secret nécessaire à sa situation, et fut inspirée par ces religieux désirs qui soutiennent l'ange chargé de protéger une âme chrétienne : superstitieuse poésie, images allégoriques de nos deux natures.

Diard abandonna ses projets, ferma sa maison, et vécut dans son intérieur, s'il est permis d'employer une expression aussi familière. Mais là fut l'écueil. Le pauvre militaire avait une de ces âmes tout excentriques auxquelles il faut un mouvement perpétuel. Diard était un de ces hommes instinctivement forcés à repartir aussitôt qu'ils sont arrivés, et dont le but vital semble être d'aller et de venir sans cesse, comme les roues dont parle l'Écriture sainte. D'ailleurs peut-être il cherchait à se fuir lui-même. Sans se lasser de Juana, sans pouvoir accuser Juana, sa passion pour elle, devenue plus calme par la possession, le rendit à son caractère. Dès-lors, ses moments d'abattement furent plus fréquents, et il se livra souvent à ses vivacités méridionales.

Plus une femme est vertueuse, plus elle est irréprochable, et plus un homme aime à la trouver en faute, quand ce ne serait que pour faire acte de sa supériorité légale; mais si par hasard elle lui est complétement imposante, il éprouve le besoin de lui forger des torts. Alors, entre époux, les riens grossissent et deviennent des crimes.

Mais Juana, patiente sans orgueil, douce sans cette amertume dont les femmes savent teindre leur soumission, ne laissait aucune prise à la méchanceté calculée, la plus âpre de toutes les méchancetés. Puis, elle était une de ces nobles créatures auxquelles il est impossible de manquer; son regard, dans lequel sa vie éclatait, sainte et pure, son regard de martyre avait la pesanteur d'une fascination.

Diard, gêné d'abord, puis froissé, finit par voir un joug pour lui dans cette haute vertu. La sagesse ne lui donnait point d'émotions violentes, et il souhaitait des émotions.

Il se trouve des milliers de scènes jouées au fond des âmes, sous ces froides déductions d'une existence en apparence simple et vulgaire. Entre tous ces petits drames, qui durent si peu, mais qui entrent si avant dans la vie, et sont presque toujours les présages de la grande infortune écrite dans la plupart des mariages, il est difficile de choisir un exemple. Cependant il est une scène qui servit plus particulièrement à marquer le moment où, dans cette vie à deux, la mésintelligence commença. Peut-être servira-t-elle à expliquer le dénouement de cette histoire.

Juana avait deux enfants, deux garçons, heureusement pour elle. Le premier était venu sept mois après son mariage. Il se nommait Juan, et ressemblait à sa mère.

Elle avait eu le second deux ans après son arrivée à Paris. Celui-là ressemblait également à Diard et à Juana, mais beaucoup plus à Diard, dont il portait les noms.

Depuis cinq ans Francisque était pour Juana l'objet des soins les plus tendres. Constamment la mère s'occupait de cet enfant. A lui les caresses mignonnes, à lui les joujoux; mais à lui surtout les regards pénétrants de la mère. Juana l'avait épié dès le berceau; elle en avait étudié les cris, les mouvements; elle voulait en deviner le caractère pour en diriger l'éducation. Il semblait que Juana n'eût que cet enfant.

Le Provençal, voyant Juan presque dédaigné, le prit sous sa protection; et, sans s'expliquer si ce petit était l'enfant de l'amour éphémère auquel il devait Juana, ce mari, par une espèce de flatterie admirable, en fit son Benjamin.

De tous les sentiments dus au sang de ses aïeules, et qui la dévoraient, madame Diard n'accepta que l'amour maternel. Mais elle aimait ses enfants et avec la violence sublime dont la Marana qui agit dans le préambule de cette histoire a donné des exemples, et avec la gracieuse pudeur, avec l'entente délicate des vertus sociales dont la pratique était la gloire de sa vie et sa récompense intime. La pensée secrète, la consciencieuse maternité, qui avaient imprimé à la vie de la Marana un cachet de poésie rude, étaient pour Juana une vie avouée, une consolation de toutes les heures. Sa mère avait été vertueuse comme les autres femmes sont criminelles, à la dérobée; elle avait volé son bonheur tacite; elle n'en avait pas joui. Mais Juana, malheureuse par la vertu, comme sa mère était malheureuse par le vice, trouvait à toute heure les ineffables délices que sa mère avait tant enviées, et dont elle avait été privée. Pour elle, comme pour la Marana, la maternité comprit donc tous les sentiments terrestres. L'une et l'autre, par des causes contraires, n'eurent pas d'autre consolation dans leur misère. Juana aima peut-être davantage, parce que, sevrée d'amour, elle résolut toutes les jouissances qui lui manquaient par celles de ses enfants, et qu'il en est des passions nobles comme des vices : plus elles se satisfont, et plus elles s'accroissent. La mère et le joueur sont insatiables.

Or, quand Juana vit le pardon généreux imposé chaque jour sur la tête de Juan, par l'affection paternelle de Diard, elle fut attendrie; et, du jour où les deux époux changèrent de rôle, l'Espagnole prit à Diard cet intérêt profond et vrai dont elle lui avait donné tant de preuves par devoir seulement.

Si cet homme eût été plus conséquent dans sa vie; s'il n'eût pas détruit par le décousu, par l'inconstance et la mobilité de son caractère, les éclairs d'une sensibilité vraie, quoique nerveuse, Juana l'aurait sans doute aimé. Malheureusement il était le type de ces méridionaux, spirituels, mais sans suite dans leurs aperçus; capables de grandes choses la veille, et nuls le lendemain; souvent victimes de leurs vertus, et souvent heureux par leurs passions mauvaises : hommes admirables d'ailleurs, quand leurs bonnes qualités ont pour lien commun une constante énergie.

Depuis deux ans, Diard était donc captivé au logis par la plus douce des chaînes; il vivait, presque malgré lui, sous l'influence d'une femme qui se faisait gaie, amusante pour lui; qui usait les ressources du génie féminin pour le séduire à la vertu; mais dont l'adresse n'allait pas jusqu'à lui simuler de l'amour.

18

En ce moment, tout Paris s'occupait de l'affaire d'un capitaine de l'ancienne armée qui, dans un paroxysme de libertinage, avait assassiné une femme. Diard, en rentrant chez lui pour dîner, apprit à Juana la mort de cet officier. Il s'était tué pour éviter le déshonneur de son procès et la mort ignoble de l'échafaud. Juana ne comprit pas tout d'abord la logique de cette conduite, et son mari lui expliqua la belle jurisprudence des lois françaises, qui ne permettaient pas de poursuivre les morts.

— Mais, papa, ne nous as-tu pas dit, l'autre jour, que le roi pouvait faire grâce? demanda Francisque.

— Le roi ne peut donner que la vie, lui répondit Juan à demi courroucé.

Diard et Juana, spectateurs de cette scène, en furent bien diversement affectés. Le regard humide de joie que sa femme jeta sur l'aîné révéla fatalement au mari les secrets de ce cœur impénétrable jusqu'alors.

L'aîné, c'était tout Juana; l'aîné, Juana le connaissait : elle était sûre de son cœur, de son avenir; elle l'adorait, et son ardent amour pour lui restait un secret entre elle, son enfant et Dieu. Juan jouissait instinctivement des brusqueries de sa mère, qui le serrait à l'étouffer quand ils étaient seuls, et paraissait le bouder en présence de son frère et de son père.

Francisque était Diard, et les soins de Juana trahissaient le désir de combattre chez cet enfant les vices du père, et d'en encourager les bonnes qualités.

Juana, ne sachant pas que son regard avait trop parlé, prit Francisque sur elle et lui fit, d'une voix douce, mais émue encore par le plaisir qu'elle ressentait de la réponse de Juan, une leçon appropriée à son intelligence.

— Son caractère exige de grands soins, dit le père à Juana.

— Oui, répondit-elle simplement.

— Mais Juan !

Madame Diard, effrayée de l'accent dont ces deux mots furent prononcés, regarda son mari.

— Juan est né parfait, ajouta-t-il.

Ayant dit, il s'assit d'un air sombre; et, voyant sa femme silencieuse, il reprit :

— Il y a un de *vos* enfants que vous aimez mieux que l'autre.

— Vous le savez bien, dit-elle.

— Non ! répliqua Diard, j'ai jusqu'à présent ignoré celui que vous préfériez.

— Mais ils ne m'ont encore donné de chagrin ni l'un ni l'autre.

— Oui, mais qui vous a donné le plus de joies?

— Je ne les ai pas comptées.

— Les femmes sont bien fausses! s'écria Diard.

Osez dire que Juan n'est pas l'enfant de votre cœur !

— Si cela est, reprit-elle avec noblesse, voulez-vous que ce soit un malheur ?

— Vous ne m'avez jamais aimé. Si vous l'eussiez voulu, pour vous j'aurais pu conquérir des royaumes. Vous savez tout ce que j'ai tenté, n'étant soutenu que par le désir de vous plaire. Ah ! si vous m'eussiez aimé...

— Une femme qui aime, dit Juana, vit dans la solitude et loin du monde. N'est-ce pas ce que nous faisons ?

— Je sais, Juana, que vous n'avez jamais tort.

Ce mot fut empreint d'une amertume profonde, et jeta du froid entre eux pour tout le reste de leur vie.

Le lendemain de ce jour fatal, Diard alla chez un de ses anciens camarades, et y retrouva les distractions du jeu. Par malheur, il y gagna beaucoup d'argent. Alors il se remit à jouer. Puis, entraîné par une pente insensible, il retomba dans la vie dissipée qu'il avait menée jadis. Bientôt il ne dîna plus chez lui. Quelques mois s'étant passés à jouir des premiers bonheurs de l'indépendance, il voulut conserver sa liberté, et se sépara de sa femme. Il lui abandonna les grands appartements, et se logea dans un entresol. Au bout d'un an, Diard et Juana ne se voyaient plus que le matin, à l'heure du déjeuner.

Enfin, comme tous les joueurs, il eut des alternatives de perte et de gain. Or, ne voulant pas entamer le capital de sa fortune, il désira soustraire au contrôle de sa femme la disposition des revenus. Un jour donc, il lui retira la part qu'elle avait dans le gouvernement de la maison. A une confiance illimitée, succéda le silence le plus absolu. Puis, relativement aux finances, jadis communes entre eux, il adopta la méthode d'une pension mensuelle dont ils fixèrent ensemble le chiffre. La causerie qu'ils eurent à ce sujet fut la dernière de ces conversations intimes, un des charmes les plus attrayants du mariage. Le silence entre deux cœurs est un vrai divorce, accompli le jour où le *nous* ne se dit plus. Juana comprit que de ce jour elle n'était plus que mère, et elle en fut heureuse, sans rechercher la cause de ce malheur. Ce fut un grand tort. Les enfants rendent les époux solidaires de leur vie, et la vie secrète de son mari ne devait pas être seulement un texte de mélancolie et d'angoisses pour Juana.

Diard, émancipé, s'habitua promptement à perdre ou à gagner des sommes immenses. Beau joueur et grand joueur, il devint célèbre par sa manière de jouer. La considération qu'il n'avait pas su s'attirer sous l'empire lui fut acquise sous la restauration, par sa fortune capitalisée qui roulait sur les tapis, et par son talent à tous les jeux, dont chacun parlait. Les ambassadeurs, les plus célèbres banquiers, les grandes fortunes, et tous les hommes qui, pour avoir trop pressé la vie, en viennent à demander au jeu ses exorbitantes jouissances, admirent Diard dans leurs clubs, rarement chez eux; mais ils jouaient tous avec lui. Diard devint une célébrité.

Par orgueil, une fois ou deux pendant l'hiver, il donnait une fête pour rendre les politesses qu'il avait reçues.

Alors Juana revoyait le monde par ces échappées de festins, de bals, de luxe, de lumières; mais c'était pour elle une sorte d'impôt mis sur le bonheur de la solitude. Elle apparaissait, elle, la reine de ces solennités, comme une créature d'un monde inconnu. Sa naïveté, que rien n'avait corrompue; sa belle virginité d'âme, que les mœurs nouvelles de sa nouvelle vie lui restituaient; sa beauté, sa modestie vraie, lui acquéraient de sincères hommages. Mais, apercevant peu de femmes dans ses salons, elle comprenait que si son mari suivait, sans le lui communiquer, un nouveau plan de conduite, il n'avait encore rien gagné en estime.

Diard ne fut pas toujours heureux. En trois ans, il dissipa les trois quarts de sa fortune. Mais sa passion lui donna l'énergie nécessaire pour la satisfaire.

Il s'était lié avec beaucoup de monde, et surtout avec la plupart de ces roués de la Bourse, avec ces hommes qui, depuis la révolution, ont érigé en principe qu'un vol, fait en grand, n'est plus qu'une *noirceur*, transportant ainsi, dans les coffres-forts, les maximes effrontées adoptées en amour par le dix-huitième siècle.

Diard devint homme d'affaires, et s'engagea dans ces affaires nommées *véreuses* en argot de palais. Il sut acheter à de pauvres diables, qui ne connaissaient pas les bureaux, des liquidations éternelles qu'il terminait en une soirée, en en partageant les gains avec les liquidateurs. Puis, quand les dettes liquides lui manquèrent, il en chercha de flottantes, et déterra, dans les États européens, barbaresques ou américains, des réclamations en déchéance qu'il faisait revivre. Lorsque la restauration eut éteint les dettes des princes, de la république et de l'empire, il se fit allouer des commissions sur des emprunts, sur des canaux, sur toute espèce d'entreprise. Enfin, il pratiqua le vol décent auquel se sont adonnés tant d'hommes habilement masqués, ou cachés dans les coulisses du théâtre politique; vol qui, fait dans la rue, à la lueur d'un réverbère, enverrait au bagne un malheureux, mais que sanctionne l'or des moulures et des candélabres. Diard accaparait et revendait les sucres, il vendait des places, il eut la gloire d'inventer *l'homme de paille* pour les emplois lucratifs qu'il était nécessaire de garder pendant un certain temps, avant d'en avoir d'autres. Puis, il méditait les primes, il étudiait le défaut des lois, il faisait une contrebande légale. Pour peindre d'un seul mot ce haut négoce, il demanda *tant pour cent* sur l'achat des quinze voix législatives qui, dans l'espace d'une nuit, passèrent des bancs de la gauche aux bancs ministériels. Ce n'étaient plus des crimes ni des vols; c'était faire du gouvernement, commanditer l'industrie, être une tête financière.

Diard fut assis par l'opinion publique sur le banc d'infamie, où siégeait déjà plus d'un homme habile. Là se trouve l'aristocratie du mal. C'est la chambre haute des scélérats de bon ton. Diard ne fut donc pas un joueur vulgaire, ce joueur que le drame représente ignoble et finissant par mendier. Ce joueur n'existe plus dans le monde à une certaine hauteur topographique. Aujourd'hui, ces joueurs meurent brillamment attelés au vice et sous le harnais de la fortune. Ils vont se brûler la cervelle en carrosse et emportent tout ce dont on leur a fait crédit. Du moins Diard eut le talent de ne pas acheter ses remords au rabais, et se fit un de ces hommes privilégiés. Ayant appris tous les ressorts du gouvernement, tous les secrets et les passions des gens en place, il sut se maintenir à son rang dans la fournaise ardente où il s'était jeté.

Madame Diard ignorait la vie infernale que menait son mari. Satisfaite de l'abandon dans lequel il la laissait, elle ne s'en étonna pas d'abord, parce que toutes ses heures furent bien remplies. Elle avait consacré son argent à l'éducation de ses enfants, à payer un très-habile précepteur et tous les maîtres nécessaires pour un enseignement complet. Elle voulait en faire des hommes, leur donner une raison droite, sans déflorer leur imagination. N'ayant plus de sensations que par eux, elle ne souffrait donc plus de sa vie décolorée. Ils étaient, pour elle, ce que sont les enfants, pendant longtemps, pour beaucoup de mères, une sorte de prolongement de leur existence. Diard n'était plus qu'un accident; et depuis que Diard avait cessé d'être le père, le chef de la famille, Juana ne tenait plus à lui que par les liens de parade socialement imposés aux époux. Néanmoins, elle élevait ses enfants dans le plus haut respect du pouvoir paternel, quelque imaginaire qu'il était pour eux; mais elle fut très-heureusement secondée par la continuelle absence de son mari. S'il était resté au logis, Diard aurait détruit les efforts de Juana. Ses enfants avaient déjà trop de tact et de finesse pour ne pas juger leur père.

Cependant, à la longue, l'indifférence de Juana pour son mari s'effaça. Ce sentiment primitif se changea en terreur. Elle comprit un jour que la conduite d'un père peut peser longtemps sur l'avenir de ses enfants. Or, sa tendresse maternelle lui donnait parfois des révélations incomplètes de la vérité. De jour en jour, l'appréhension de ce malheur inconnu, mais inévitable, dans laquelle elle avait constamment vécu, devenait et plus vive et plus ardente. Aussi, pendant les rares instants durant lesquels Juana voyait Diard, jetait-elle sur sa face creusée, blême de nuits passées, ridée par les émotions, un regard perçant dont il ne soutenait jamais la clarté. Alors, la gaieté de commande affichée par son mari l'effrayait encore plus que les sombres expressions de son inquiétude, quand, par hasard, il oubliait son rôle. Il craignait sa femme comme le criminel craint le bourreau. Juana voyait en lui la honte de ses enfants ; et Diard redoutait en elle la vengeance calme, une sorte de justice au front serein, le bras toujours levé, toujours armé.

Après quinze ans de mariage, Diard se trouva un jour sans ressources. Il devait cent mille écus et possédait à peine cent mille francs. Son hôtel, son seul bien visible, était grevé d'une somme d'hypothèques qui en dépassait la valeur. Encore quelques jours, et le prestige dont l'avait revêtu l'opulence allait s'évanouir. Après ces jours de grâce, pas une main ne lui serait tendue, pas une bourse ne lui serait ouverte. Puis, à moins de quelque événement favorable, il irait tomber dans le bourbier du mépris, plus bas peut-être qu'il ne devait y être, précisément parce qu'il s'en était tenu à une hauteur indue.

Il apprit heureusement que, durant la saison des eaux, il se trouverait à celles des Pyrénées plusieurs étrangers de distinction, des diplomates, tous jouant un jeu d'enfer, et sans doute munis de grosses sommes. Il résolut aussitôt de partir. Mais il ne voulut pas laisser à Paris sa femme, à laquelle quelques créanciers pourraient révéler l'affreux mystère de sa situation, et il l'emmena avec ses deux enfants, en leur refusant même le précepteur. Il ne prit avec lui qu'un valet, et permit à peine à Juana de garder sa femme de chambre. Son ton était devenu bref, impérieux, il semblait avoir retrouvé de l'énergie. Ce voyage soudain glaça Juana d'un secret effroi dont elle ne s'expliquait point les causes. Son mari fit gaiement la route ; et, forcément réunis dans leur berline, le père se montra chaque jour plus attentif pour les enfants et plus aimable pour la mère. Néanmoins, chaque jour apportait à Juana de sinistres pressentiments, les pressentiments des mères, qui tremblent sans raison apparente, mais qui se trompent rarement quand elles tremblent ainsi. Pour elles, le voile de l'avenir semble être plus léger.

A Bordeaux, Diard loua, dans une rue tranquille, une petite maison, très-proprement meublée, et y logea sa femme. Cette maison était située par hasard à un des coins de la rue, et avait un grand jardin. Ne tenant donc que par un de ses flancs à la maison voisine, elle se trouvait en vue et accessible de trois côtés. Diard en paya le loyer, et ne laissa à Juana que l'argent strictement nécessaire pour sa dépense pendant trois mois. A peine lui donna-t-il cinquante louis. Madame Diard ne se permit aucune observation sur cette lésinerie inaccoutumée.

Quand son mari lui dit qu'il allait aux Eaux et qu'elle devait rester à Bordeaux, Juana forma le plan d'apprendre plus complètement à ses enfants l'espagnol, l'italien, et de leur faire lire les principaux chefs-d'œuvre de ces deux langues. Elle allait donc mener une vie retirée, simple et naturellement économique. Pour s'éviter les ennuis de la vie matérielle, elle s'arrangea, le lendemain du départ de Diard, avec un traiteur pour sa nourriture. Or, sa femme de chambre lui suffisant, elle se trouva sans argent, mais pourvue de tout jusqu'au retour de son mari. Ses plaisirs devaient consister à faire quelques promenades avec ses enfants. Elle avait alors trente-trois ans. Sa beauté, largement développée, était dans tout son lustre. Aussi, quand elle se montra, ne fut-il question dans Bordeaux que de la belle Espagnole. A la première lettre d'amour qu'elle reçut, Juana ne se promena plus que dans son jardin.

Diard fit d'abord fortune aux Eaux ; il gagna trois cent mille francs en deux mois, et ne songea point à envoyer de l'argent à sa femme, il voulait en garder beaucoup pour jouer gros jeu. A la fin du dernier mois, vint aux Eaux le marquis de Montefiore, déjà précédé par la célébrité de sa fortune, de sa belle figure, de son heureux mariage avec une illustre Anglaise, et plus encore par son goût pour le jeu. Diard, son ancien compagnon, voulut l'y attendre, dans l'intention d'en joindre les dépouilles à celles de tous les autres. Un joueur armé de quatre cent mille francs environ est toujours dans une position d'où il domine la vie, et Diard, confiant en sa veine, renoua connaissance avec Montefiore. Celui-ci le reçut froidement, mais ils jouèrent, et Diard perdit tout.

— Mon cher Montefiore, dit l'ancien quartier-maître après avoir fait le tour du salon, quand il eut achevé de se ruiner, je vous dois cent mille francs, mais mon argent est à Bordeaux, où j'ai laissé ma femme.

Diard avait bien les cent billets de banque dans sa poche ; mais avec l'aplomb et le coup d'œil rapide d'un homme accoutumé à faire ressource de tout, il espérait encore dans les indéfinissables caprices du jeu. Montefiore avait manifesté l'intention de voir Bordeaux. En s'acquittant, Diard n'avait plus d'argent, et ne pouvait plus prendre sa revanche. Néanmoins, ces brûlantes espérances dépendaient de la réponse du marquis.

— Attends, mon cher, dit Montefiore, nous irons ensemble à Bordeaux. En conscience, je suis assez riche aujourd'hui pour ne pas vouloir prendre l'argent d'un ancien camarade.

Trois jours après, Diard et l'Italien étaient à Bordeaux. L'un offrit revanche à l'autre. Or, pendant une soirée, où Diard commença par payer ses cent mille francs, il en perdit deux cent mille autres sur sa parole.

Le Provençal était gai comme un homme habitué à prendre des bains d'or.

Onze heures venaient de sonner; le ciel était superbe, et Montefiore devait éprouver, autant que Diard, le besoin de respirer sous le ciel et de faire une promenade pour se remettre de ses émotions; celui-ci lui proposa de venir prendre son argent et une tasse de thé chez lui.

— Mais madame Diard? dit Montefiore.
— Bah! fit le Provençal.
Ils descendirent.

Avant de prendre son chapeau, Diard entra dans la salle à manger de la maison où il était, et demanda un verre d'eau. Mais pendant qu'on le lui apprêtait, il se promena de long en large, et put, sans être aperçu, saisir un de ces couteaux d'acier très-petits, pointus et à manche de nacre, qui servent à couper les fruits au dessert, et qui n'avaient pas encore été rangés.

— Où demeures-tu? lui demanda Montefiore dans la cour. Il faut que j'envoie ma voiture à ta porte.

Diard indiqua parfaitement bien sa maison.

— Tu comprends, lui dit Montefiore à voix basse en lui prenant le bras, que tant que je serai avec toi je n'aurai rien à craindre; mais si je revenais seul, et qu'un vaurien me suivît, je serais très-bon à tuer.

— Qu'as-tu donc sur toi?
— Oh! presque rien, répondit le défiant Italien. Je n'ai que mes gains. Cependant ils feraient encore une jolie fortune à un gueux; certes, il aurait un bon brevet d'honnête homme pour le reste de ses jours.

Diard conduisit l'Italien par une rue déserte où il avait remarqué une maison dont la porte se trouvait au bout d'une espèce d'avenue garnie d'arbres, et bordée de hautes murailles très-sombres. En arrivant à cet endroit, il eut l'audace de prier militairement Montefiore d'aller en avant. Montefiore, comprenant Diard, voulut lui tenir compagnie. Alors, aussitôt qu'ils eurent tous deux mis le pied dans cette avenue, Diard, avec une agilité de tigre, renversa le marquis par un croc-en-jambe donné à l'articulation intérieure des genoux, lui mit hardiment le pied sur la gorge, et lui enfonça le couteau à plusieurs reprises dans le cœur, où la lame se cassa. Puis il fouilla Montefiore, lui prit portefeuille, argent, tout. Quoique Diard y allât avec une rage lucide, avec une prestesse de filou; quoiqu'il eût très-habilement surpris l'Italien, Montefiore avait eu le temps de crier : — A l'assassin! à l'assassin! d'une voix claire et perçante qui dut remuer les entrailles des gens endormis. Ses derniers soupirs furent des cris horribles.

Diard ne savait pas qu'au moment où ils entrèrent dans l'avenue, un flot de gens sortis des théâtres où le spectacle était fini se trouvèrent en haut de la rue, et entendirent le râle du mourant, quoique le Provençal tâchât d'étouffer la voix en appuyant plus fortement le pied sur la gorge de Montefiore, et en fît graduellement cesser les cris.

Ces gens se mirent donc à courir en se dirigeant vers l'avenue, dont les hautes murailles, répercutant les cris, leur indiquèrent l'endroit précis où se commettait le crime. Leurs pas retentirent dans la cervelle de Diard. Mais ne perdant pas encore la tête, l'assassin quitta l'avenue et sortit dans la rue, en marchant très-doucement, comme un curieux qui aurait reconnu l'inutilité des secours. Il se retourna même pour bien juger de la distance qui pouvait le séparer des survenants. Il les vit se précipiter dans l'allée, à l'exception de l'un d'eux, qui, par une précaution toute naturelle, se mit à observer Diard.

— C'est lui! c'est lui! crièrent les gens entrés dans l'allée, lorsqu'ils aperçurent Montefiore étendu, la porte de l'hôtel fermée, et qu'ils eurent tout fouillé sans rencontrer l'assassin.

Aussitôt que cette clameur eut retenti, Diard, se sentant de l'avance, trouva l'énergie d'un lion et les bonds du cerf; il se mit à courir ou mieux à voler. A l'autre bout de la rue, il vit ou crut voir une masse de monde, et alors il se jeta dans une rue transversale. Mais déjà toutes les croisées s'ouvraient, et à chaque croisée surgissaient des figures; à chaque porte partaient et des cris et des lueurs. Et Diard de se sauver, allant devant lui, courant au milieu des lumières et du tumulte; mais ses jambes étaient si activement agiles, qu'il devançait le tumulte, sans néanmoins pouvoir se soustraire aux yeux qui embrassaient encore plus rapidement l'étendue qu'il ne l'envahissait par sa course. Habitants, soldats, gendarmes, tout dans le quartier fut sur pied en un clin d'œil. Des officieux éveillèrent les commissaires, d'autres gardèrent le corps. La rumeur allait en s'envolant et vers le fugitif qui l'entraînait avec lui comme une flamme d'incendie, et vers le centre de la ville où étaient les magistrats. Diard avait toutes les sensations d'un rêve à entendre ainsi une ville entière hurlant, courant, frissonnant. Cependant il conservait encore ses idées et sa présence d'esprit. Il essuyait ses mains le long des murs.

Enfin, il atteignit le mur du jardin de sa maison. Croyant avoir dépisté les poursuites, il se trouvait dans un endroit parfaitement silencieux, où néanmoins parvenait encore le lointain murmure de la ville, semblable au mugissement de la mer. Il puisa de l'eau dans un ruisseau et la but. Voyant un tas de pavés de rebut, il y cacha son trésor, en obéissant à une de ces vagues pensées qui arrivent aux criminels, au moment où, n'ayant plus la faculté de juger de l'ensemble de leurs actions, ils sont pressés d'établir leur innocence sur quelque manque de preuves.

Cela fait, il tâcha de prendre une contenance placide, essaya de sourire, et frappa doucement à la porte de sa maison, en espérant n'avoir été vu de personne. Il leva les yeux, et aperçut, à travers les persiennes, la lumière des bougies qui éclairaient la chambre de sa femme. Alors, au milieu de son trouble froid, les images de la douce vie de Juana, assise entre ses fils, vinrent lui heurter le crâne comme s'il eût reçu un coup de marteau. La femme de chambre ouvrit la porte, que Diard referma vivement d'un coup de pied.

En ce moment il respira; mais alors, il s'aperçut qu'il était en sueur, il resta dans l'ombre et renvoya la servante près de Juana. Il s'essuya le visage avec son mouchoir, mit ses vêtements en ordre comme un fat qui déplisse son habit avant d'entrer chez une jolie femme; puis il vint à la lueur de la lune pour examiner ses mains et se tâter le visage, et eut un mouvement de joie en voyant qu'il n'avait aucune tache de sang. L'épanchement s'était sans doute fait dans le corps même de la victime. Mais cette toilette de criminel prit du temps.

Enfin il alla chez Juana, dans un maintien calme, posé, comme peut l'être celui d'un homme qui revient se coucher après avoir été au spectacle. En montant les marches de l'escalier, il put réfléchir à sa position et la résuma en deux mots : sortir et gagner le port. Ces idées, il ne les pensa pas, il les trouvait écrites en lettres de feu dans l'ombre. Une fois au port, se cacher pendant le jour, revenir chercher le trésor la nuit; puis se mettre, comme un rat, à fond de cale d'un bâtiment, et partir sans que personne se doutât qu'il fût dans ce vaisseau.

Pour tout cela de l'or avant toute chose! Et il n'avait rien.

La femme de chambre vint l'éclairer.

— Félicie, lui dit-il, il y a du bruit dans la rue; j'entends des cris, allez voir ce que c'est, vous me le direz...

Habillée pour la nuit, dans un vêtement blanc, sa femme était assise à une table, et faisait lire Francisque et Juan dans un Cervantes espagnol, où tous deux suivaient le texte pendant qu'elle le leur prononçait à haute voix. Ils s'arrêtèrent tous trois et regardèrent Diard, qui restait debout, les mains dans ses poches, étonné peut-être de se trouver dans le calme de cette scène, si douce de lueur, embellie par les délicieuses figures de cette femme et de ces deux enfants. C'était un tableau vivant de la Vierge entre son fils et saint Jean.

— Juana, j'ai quelque chose à te dire.

— Qu'y a-t-il? demanda-t-elle, en devinant sous la pâleur jaune de son mari le malheur qu'elle avait attendu chaque jour.

— Ce n'est rien, mais je voudrais te parler... à toi...

Et il regarda fixement ses deux fils.

Juana comprit.

— Mes chers petits, allez dans votre chambre et couchez-vous. Dites vos prières sans moi.

Ses deux fils sortirent en silence et avec l'incurieuse obéissance d'enfants bien élevés.

— Ma chère Juana, reprit Diard d'une voix caressante, je t'ai laissé bien peu d'argent, et j'en suis désolé maintenant. Écoute, depuis que je t'ai ôté les soucis de la maison en te donnant une pension, n'aurais-tu pas fait, comme toutes les femmes, quelques petites économies?

— Non, répondit Juana, je n'ai rien. Vous n'aviez pas compté les frais de l'éducation de vos enfants. Je ne vous le reproche point, mon ami, et ne vous rappelle cette omission que pour vous expliquer mon manque d'argent. Tout celui que vous m'avez donné a passé en maîtres, et...

— Assez, s'écria Diard brusquement. Sacré tonnerre! le temps est précieux. N'avez-vous pas des bijoux?

— Vous savez bien que je n'en ai jamais porté.

— Il n'y a donc pas un sou ici! cria Diard avec frénésie.

— Pourquoi criez-vous? dit-elle.

— Juana, reprit-il, je viens de tuer un homme.

Juana sauta vers la chambre de ses enfants, et en revint après avoir fermé toutes les portes.

— Que vos fils n'entendent rien, dit-elle. Mais avec qui donc avez-vous pu vous battre?

— Montefiore, répondit-il.

— Ah! dit-elle, en laissant échapper un soupir, c'est le seul homme que vous eussiez le droit de tuer...

— Il y avait bien des raisons pour qu'il mourût de ma main. Mais ne perdons pas de temps. De l'argent, de l'argent, de l'argent, nom de Dieu! Je puis être poursuivi. Nous ne nous sommes pas battus. Je l'ai... tué.

— Tué! s'écria-t-elle, mais comment?...

— Mais comme on tue. Il m'avait volé toute ma fortune au jeu. Moi, je la lui ai reprise. Vous devriez, Juana, pendant que tout est tranquille, puisque nous n'avons pas d'argent, aller chercher le mien sous ce tas de pierres que vous savez, ce tas qui est au bout de la rue.

— Allons! dit Juana, vous l'avez volé.

— Qu'est-ce que cela vous fait? Ne faut-il pas que je m'en aille? Avez-vous de l'argent? Ils sont sur mes traces!

— Qui?

— Les juges!

Juana sortit et revint brusquement.

— Tenez, dit-elle, en lui tendant à distance un bijou, voilà la croix de doña Lagounia. Il y a quatre rubis de grande valeur, m'a-t-on dit. Allez, partez, partez... partez donc!

— Félicie ne revient point! dit-il avec stupeur. Serait-elle donc arrêtée?

Juana laissa la croix au bord de la table, et s'élança vers les fenêtres qui donnaient sur la rue.

Là, elle vit, à la lueur de la lune, des soldats qui se plaçaient, dans le plus grand silence, le long des murs.

Elle revint en affectant d'être calme, et dit à son mari: — Vous n'avez pas une minute à perdre, il faut fuir par le jardin. Voici la clef de la petite porte.

Par un reste de prudence, elle alla cependant jeter un coup d'œil sur le jardin. Alors, dans l'ombre, sous les arbres, elle aperçut quelques lueurs produites par le bord argenté des chapeaux de gendarmes. Elle entendit même la rumeur vague de la foule, attirée par la curiosité, mais qu'une sentinelle contenait aux différents bouts des rues par lesquelles elle affluait.

En effet, Diard avait été vu par des gens qui s'étaient mis à leurs fenêtres; et, bientôt sur leurs indications, sur celles de sa servante que l'on avait effrayée et arrêtée, les troupes et les gendarmes avaient barré les deux rues, à l'angle desquelles était située la maison. Puis, une douzaine d'entre eux l'ayant cernée, d'autres grimpaient par-dessus les murs du jardin et le fouillaient, autorisés par la flagrance du crime.

— Monsieur, dit Juana, vous ne pouvez plus sortir. Toute la ville est là.

Diard courut aux fenêtres avec la folle activité d'un oiseau enfermé qui se heurte à toutes les clartés. Il alla et vint à chaque issue. Juana resta debout, pensive.

— Où puis-je me cacher? dit-il.

Il regardait la cheminée, et Juana contemplait les deux chaises vides. Depuis un moment, pour elle, ses enfants étaient là.

En cet instant la porte de la rue s'ouvrit, et un bruit de pas nombreux retentit dans la cour.

— Juana, ma chère Juana, donnez-moi donc, par grâce, un bon conseil.

— Je vais vous en donner un, dit-elle, et vous sauver.

— Ah! tu seras mon bon ange.

Juana revint, tendit à Diard un de ses pistolets et détourna la tête. Diard ne prit pas le pistolet. Juana entendit le bruit de la cour, où l'on déposait le corps du marquis pour le confronter avec l'assassin, elle se retourna, vit Diard pâle et blême. Se sentant défaillir, cet homme voulait s'asseoir.

— Vos enfants vous en supplient, lui dit-elle en lui mettant l'arme sur les mains.

— Mais, ma bonne Juana, ma petite Juana, tu crois donc que... Juana! Cela est-il bien pressé?... Je voudrais t'embrasser...

Les gendarmes montaient les marches de l'escalier. Alors Juana reprit le pistolet, ajusta Diard, le maintint malgré ses cris, en le saisissant à la gorge, lui fit sauter la cervelle, et jeta l'arme par terre.

En ce moment la porte s'ouvrit brusquement. Le procureur du roi, suivi d'un juge, d'un médecin, d'un greffier, les gendarmes, enfin toute la justice humaine apparut.

— Que voulez-vous? dit-elle.

— Est-ce là M. Diard? répondit le procureur du roi? en montrant le corps courbé en deux.

— Oui, monsieur.

— Votre robe est pleine de sang, madame.

— Ne comprenez-vous pas pourquoi? dit Juana en allant s'asseoir à la petite table, où elle prit le volume de Cervantes, et resta pâle, dans une agitation nerveuse tout intérieure que rien ne trahissait.

— Sortez, dit le magistrat aux gendarmes.

Puis, il fit un signe au juge d'instruction et au médecin, qui demeurèrent.

— Madame, en cette occasion, nous n'avons qu'à vous féliciter de la mort de votre mari. Du moins, s'il a été égaré par la passion, il sera mort en militaire, et rend inutile l'action de la justice. Mais, tout en ayant le désir de ne pas vous troubler en un semblable moment, la loi nous oblige de constater toute mort violente. Permettez-nous de faire notre devoir.

— Puis-je aller changer de robe? demanda-t-elle en posant le volume.

— Oui, madame. Mais vous la rapporterez ici. Le docteur en aura sans doute besoin.

— Il serait trop pénible à madame de me voir et de m'entendre opérer, dit le médecin, qui comprit les soupçons du magistrat. Messieurs, permettez-lui de demeurer dans la chambre voisine.

Les magistrats approuvèrent le charitable médecin; et, alors, Félicie vint aider sa maîtresse.

Le juge et le procureur du roi se mirent à causer à voix basse. Les magistrats sont bien malheureux d'être obligés de tout soupçonner, de tout concevoir. A force de supposer des intentions mauvaises et de les comprendre toutes pour arriver à des vérités cachées sous les actions les plus contradictoires, il est impossible que l'exercice de cet épouvantable sacerdoce ne dessèche pas à la longue les émotions généreuses qu'ils sont contraints de toujours analyser. Si les sens du chirurgien qui va fouillant les mystères du corps, finissent par se blaser, que devient la conscience du juge obligé de fouiller incessamment les replis de l'âme?... Premiers martyrs de leur mission, les magistrats marchent toujours en deuil de leurs illusions perdues, et le crime ne pèse pas moins sur eux que sur les criminels. Un vieillard assis sur un tribunal est sublime, mais un juge jeune ne fait-il pas frémir?

Or, ce juge d'instruction était jeune, et il fut obligé de dire au procureur du roi : — Croyez-vous que la femme soit complice du mari? Faut-il instruire contre elle? Êtes-vous d'avis de l'interroger?

Le procureur du roi répondit en faisant un geste d'épaule fort insouciant.

— Montefiore et Diard étaient deux mauvais sujets connus. La femme de chambre ne savait rien du crime. Restons-en là.

Le médecin opérait, visitait Diard, et dictait son procès-verbal au greffier.

Tout à coup il s'élança dans la chambre de Juana.

— Madame...

Juana, ayant déjà quitté sa robe ensanglantée, vint au-devant du docteur.

— C'est vous, dit-il en se penchant à l'oreille de l'Espagnole, qui avez tué votre mari.

— Oui, monsieur.

— ..... *Et de cet ensemble de faits,*... continua le médecin en dictant, *il résulte que le nommé Diard s'est volontairement et lui-même donné la mort.*

— Avez-vous fini? demanda-t-il au greffier, après une pause.

— Oui, dit le scribe.

Le médecin signa. Juana lui jeta un regard, en réprimant avec peine des larmes qui lui humectèrent passagèrement les yeux.

— Messieurs, dit-elle au procureur du roi, je suis étrangère, Espagnole. J'ignore les lois, je ne connais personne à Bordeaux, je réclame de vous un bon office. Faites-moi donner un passe-port pour l'Espagne...

— Ah! s'écria le juge d'instruction. Madame, qu'est devenue la somme volée au marquis de Montefiore?

— M. Diard, répondit-elle, m'a parlé vaguement d'un tas de pierres sous lequel il l'a cachée...

— Où?

— Dans la rue...

Les deux magistrats se regardèrent.

Juana laissa échapper un geste sublime et appela le médecin.

Monsieur, lui dit-elle à l'oreille; serais-je donc soupçonnée de quelque imfamie? Le tas de pierres doit être au bout de mon jardin. Allez vous-même, je vous en prie. Voyez, visitez, trouvez cet argent.

Le médecin sortit en emmenant le juge d'instruction, et ils retrouvèrent le portefeuille de Montefiore.

Le surlendemain, Juana vendit sa croix d'or pour subvenir aux frais de son voyage. En se rendant avec ses deux enfants à la diligence qui allait la conduire aux frontières de l'Espagne, elle s'entendit appeler dans la rue. Sa mère mourante était conduite à l'hôpital, et, par la fente des rideaux du brancard sur lequel on la portait, elle avait aperçu sa fille.

Juana fit entrer le brancard sous une porte cochère. Là eut lieu leur dernière entrevue. Quoique toutes deux s'entretinssent à voix basse, Juan entendit ces mots d'adieu.

— Mourez en paix, ma mère, j'ai souffert pour vous toutes!

Novembre 1832.

# PRÉFACE

## DE L'HISTOIRE DES TREIZE.

Il s'est rencontré, sous l'empire et dans Paris, treize hommes également frappés du même sentiment; doués d'assez d'énergie pour être fidèles à la même pensée; assez probes entre eux pour ne se point trahir, alors même que leurs intérêts se trouvaient opposés; assez profondément politiques pour dissimuler les liens sacrés qui les unissaient; assez forts pour se mettre au-dessus de toutes les lois; assez hardis pour tout entreprendre, et assez heureux pour avoir presque toujours réussi dans leurs desseins; ayant couru les plus grands dangers, mais taisant leurs défaites; inaccessibles à la peur et n'ayant tremblé ni devant le prince, ni devant le bourreau, ni devant l'innocence; s'étant acceptés tous, tels qu'ils étaient, sans tenir compte des préjugés sociaux; criminels sans doute, mais certainement remarquables par quelques-unes des qualités qui font les grands hommes. Enfin, pour que rien ne manquât à la sombre et mystérieuse poésie de leur histoire, tous sont restés inconnus, quoique tous aient réalisé les plus bizarres idées que suggère à l'imagination la fantastique puissance faussement attribuée aux Manfred, aux Faust, aux Melmoth; et tous aujourd'hui sont brisés, dispersés du moins. Tous, en effet, sont paisiblement rentrés sous le joug des lois civiles, de même que Morgan, l'Achille des pirates, se fit, de ravageur, colon tranquille, et disposa sans remords, à la lueur du foyer domestique, de millions ramassés dans le sang, à la rouge clarté des incendies.

Depuis la mort de Napoléon, un hasard que l'auteur doit taire encore a dissous les liens de cette vie secrète, curieuse, autant que peut l'être le plus noir des romans de M$^{me}$ Radcliffe.

La permission assez étrange de raconter à sa guise quelques-unes des aventures arrivées à ces hommes, tout en respectant certaines convenances, ne lui a été que récemment donnée par un de ces héros anonymes auxquels la société tout entière fut occultement soumise, et chez lequel il croit avoir surpris un vague désir de célébrité.

C'était un homme en apparence jeune encore, à cheveux blonds, dont la voix douce et claire semblait annoncer une âme toute féminine, pâle de visage, aux yeux bleus, bien mis, mystérieux dans ses manières, causant avec amabilité, qui avouait avoir quarante ans, et pouvait appartenir aux plus hautes classes sociales. Son nom devait être supposé sans doute; et, dans le monde, sa personne était inconnue. Qu'est-il? On ne sait.

Peut-être en confiant à l'auteur les choses extraordinaires qu'il lui a révélées, voulait-il les lire reproduites et jouir des émotions qu'elles exciteront, sentiment analogue à celui dont Macpherson était sans doute agité quand le nom d'Ossian, sa créature, retentissait dans tous les langages. Et c'était, certes, pour l'avocat écossais une des sensations les plus vives, la plus rare du moins que l'homme puisse se donner. N'est-ce pas l'*incognito* du génie ? Écrire l'*Itinéraire de Paris à Jérusalem*, c'est prendre sa part dans la gloire humaine d'un siècle ; mais faire croire à la vie de René, de Clarisse Harlowe, n'est-ce pas usurper sur Dieu ?

L'auteur connaît trop les lois de la narration pour ignorer ce à quoi l'engage cette courte préface; mais il connaît assez l'Histoire des Treize pour être certain de ne jamais se trouver au-dessous de l'intérêt que doit inspirer ce programme. Des drames dégoûtants de sang, des comédies pleines de terreur, des romans où roulent des têtes secrètement coupées, lui ont été dits. Si quelque lecteur n'était pas rassasié des horreurs servies toutes chaudes au public depuis quelque temps, il pourrait lui révéler des atrocités calmes, des tragédies de famille surprenantes, pour peu que le désir de les savoir soit témoigné. Mais il a choisi de préférence les aventures les plus douces, celles où des scènes pures succèdent à l'orage des passions, où la femme est radieuse de vertus et de beauté; car, pour l'honneur des Treize, il s'en rencontre de telles dans leur histoire qui, peut-être, aura l'honneur d'être mise, un jour, en pendant de celle des flibustiers, ce peuple à part, si curieusement énergique, si attachant malgré ses crimes.

Un auteur doit dédaigner de convertir son récit, quand il est vrai, en une espèce de joujou à surprise, et de promener, à la manière de quelques romanciers, le lecteur, pendant quatre volumes, de souterrains en souterrains, pour lui montrer un cadavre tout sec, et lui dire, en forme de conclusion, qu'il lui a constamment fait peur d'une porte cachée dans quelque tapisserie, ou d'un mort pendu par mégarde à un plancher. Malgré son aversion pour les préfaces, l'auteur a dû jeter ces phrases en tête de ce fragment, parce qu'il est en quelque sorte un épisode de la grande Histoire des Treize, à laquelle il tient par d'invisibles liens, et que la puissance naturellement acquise par ces hommes explique certains ressorts qui pourraient sembler presque surnaturels dans son drame. Quoiqu'il soit permis à un conteur d'avoir une sorte de coquetterie littéraire, en devenant historien, il doit donc renoncer ici, par des explications succinctes, aux bénéfices que lui procurerait autrement l'apparente bizarrerie des titres sur laquelle se fondent aujourd'hui de légers succès.

Ferragus est un surnom pris, suivant une ancienne coutume, par un chef de Dévorants. Le jour de leur élection, ces chefs continuent, comme le font les papes à leur avénement, pour les dynasties pontificales, celle des dynasties dévorantesques dont le nom leur plaît le plus. Ainsi les Dévorants ont Trempe-la-Soupe IX, Ferragus XXII, Totanus XIII, Masche-Fer IV, etc.

Maintenant, que sont les Dévorants ? Dévorants est le nom d'une des tribus de *Compagnons* ressortissant jadis à la grande association mystique formée entre les ouvriers de la chrétienté pour rebâtir le temple de Jérusalem. Le *Compagnonage* est encore debout en France dans le peuple. Or, ses traditions puissantes sur des têtes peu éclairées, sur des gens qui ne sont point assez instruits pour manquer à leurs serments, pourraient servir à de formidables entreprises, si quelque grossier génie voulait s'emparer de ces diverses sociétés. En effet, là, tous les instruments sont presque aveugles ; là, de ville en ville, existe pour les Compagnons, depuis un temps immémorial, une *Obade*, espèce d'étape tenue par une Mère, vieille femme, bohémienne à demi, n'ayant rien à perdre, sachant tout, et dévouée, par peur ou par une longue habitude, à la tribu qu'elle loge et nourrit en détail. Enfin, ce peuple changeant, mais soumis à d'immuables coutumes, peut avoir des yeux en tous lieux; exécuter partout une volonté sans la juger, car le plus vieux Compagnon est encore dans l'âge où l'on croit à quelque chose; et le corps entier professe des doctrines assez vraies, assez mystérieuses pour électriser patriotiquement tous les adeptes si elles recevaient le moindre développement; puis l'attachement des Compagnons à leurs lois est tel que les diverses tribus se livrent entre elles de sanglants combats afin de défendre quelques questions de principes. Heureusement pour l'ordre public actuel, quand un Dévorant est ambitieux, il construit des maisons, fait fortune, et quitte le Compagnonage.

Il y aurait beaucoup de choses curieuses à dire sur les *Compagnons du devoir*, les rivaux des Dévorants, et sur toutes les différentes sectes d'ouvriers, sur leurs usages, leur fraternité, sur les rapports qui se trouvent entre eux et les francs-maçons ; mais ces détails seraient déplacés ici. Seulement, l'auteur ajoutera que, sous l'ancienne monarchie, il n'était pas sans exemple de trouver un *Trempe-la-Soupe* au service du roi, ayant place pour cent et un ans sur ses galères; mais de là, dominant toujours sa tribu, consulté religieusement par elle; puis, s'il quittait sa chiourme, rencontrant aide, secours et

# PRÉFACE.

respect en tous lieux. Voir le chef aux galères n'est pour la tribu fidèle qu'un de ces malheurs dont la Providence est responsable, mais qui ne dispensent pas les hommes d'obéir au pouvoir créé par eux, au-dessus d'eux. C'est l'exil momentané de leur roi légitime, toujours roi pour eux.

Voici donc le prestige romanesque attaché à ces deux noms complétement dissipé.

Quant aux Treize, l'auteur se sent assez fortement appuyé par les détails de cette histoire presque romanesque, pour abdiquer encore l'un des plus beaux pouvoirs de romancier dont il y ait exemple, et qui, sur le Châtelet de la littérature, pourrait s'adjuger à haut prix, et imposer le public d'autant de volumes que lui en a donné la CONTEMPORAINE.

Les Treize étaient des hommes trempés tous comme le fut Trelawney, l'ami de lord Byron, et, dit-on, l'original du *Corsaire*. C'étaient des fatalistes, des gens de cœur et de poésie, mais ennuyés de la vie plate qu'ils menaient, entraînés vers des jouissances asiatiques par des forces d'autant plus excessives qu'elles dormaient longtemps et se réveillaient plus furieuses.

Un jour, l'un d'eux, après avoir relu *Venise sauvée*, après avoir admiré l'union sublime de Pierre et de Jaffier, vint à songer aux vertus particulières des gens jetés en dehors de l'ordre social, à la probité des bagnes, à la fidélité des voleurs entre eux, aux priviléges de puissance exorbitante que ces hommes savent conquérir en confondant toutes leurs idées dans une seule volonté. Il trouva l'homme plus grand que les hommes. Il présuma que la société devait appartenir tout entière à des gens distingués, si, à leur esprit naturel, à leurs lumières acquises, à leur fortune, ils joignaient un fanatisme secret qui fondît en un seul jet ces différentes forces. Dès-lors, immense d'action et d'intensité, leur puissance occulte, contre laquelle l'ordre social serait sans défense, y renverserait les obstacles, foudroierait les volontés, et donnerait à chacun d'eux le pouvoir diabolique de tous.

Ce monde à part dans le monde, hostile au monde, n'admettant aucune des idées du monde, n'en reconnaissant aucune loi, ne se soumettant qu'à la conscience de sa nécessité, n'obéissant qu'à un dévouement, agissant tout entier par un seul des associés, quand l'un d'eux réclamerait l'assistance de tous; cette vie de flibustiers en gants jaunes et en carrosses; l'union de gens supérieurs, froids et railleurs, souriant et maudissant au milieu d'une société fausse et mesquine; la certitude de tout faire plier devant soi, d'ourdir une vengeance avec habileté, de vivre dans treize cœurs; puis le bonheur continu d'avoir un secret de haine en face des hommes, d'être toujours armés contre eux, et de pouvoir se retirer en soi avec une idée de plus que n'en avaient même les gens les plus remarquables; cette religion de plaisir et d'égoïsme fanatisa treize hommes qui recommencèrent la société de Jésus au profit du diable. Ce fut horrible et sublime. Puis le pacte eut lieu; puis il dura, précisément parce qu'il était impossible.

Il y eut donc dans Paris treize frères qui s'appartenaient, se méconnaissaient tous dans le monde, et se retrouvaient tous réunis, le soir, comme des conspirateurs; ne se cachant aucune pensée, usant tour à tour d'une fortune semblable à celle du Vieux de la Montagne; ayant les pieds dans tous les salons, les mains dans tous les coffres-forts, les coudes dans la rue, leurs têtes sur tous les oreillers; et, sans scrupules, faisant tout servir à leurs caprices. Aucun chef ne les commanda; personne ne put s'arroger le pouvoir; seulement la passion la plus vive, la circonstance la plus exigeante passait la première. Ce furent treize rois inconnus, mais réellement rois, et plus que rois : des juges et des bourreaux, qui, s'étant fait des ailes pour parcourir la société de haut en bas, dédaignèrent d'y être quelque chose, parce qu'ils y pouvaient tout. Si l'auteur apprend les causes de leur abdication, il les dira.

Maintenant, il lui est permis de commencer le récit de l'épisode qui dans cette histoire l'a plus particulièrement séduit par la senteur toute parisienne des détails, et par la bizarrerie des contrastes.

DE BALZAC.

# HISTOIRE DES TREIZE.

## I.

### MADAME JULES.

Il y a dans Paris certaines rues déshonorées autant que peut l'être un homme coupable d'infamie ; puis, il y a des rues nobles, puis des rues simplement honnêtes, puis de jeunes rues sur la moralité desquelles le public ne s'est pas encore formé d'opinion ; puis, des rues assassines, des rues plus vieilles que de vieilles douairières ne sont vieilles, des rues estimables, des rues toujours propres, des rues toujours sales, des rues ouvrières, travailleuses, mercantiles. Enfin les rues de Paris ont des qualités humaines, et nous impriment, par leur physionomie, certaines idées contre lesquelles nous sommes sans défense. Il y a des rues de mauvaise compagnie où vous ne voudriez pas demeurer, et des rues où vous placeriez volontiers votre séjour. Quelques rues, ainsi que la rue Montmartre, ont une belle tête, et finissent en queue de poisson. La rue de la Paix est une large rue, une grande rue ; mais elle ne réveille aucune des pensées gracieusement nobles qui surprennent une âme impressible au milieu de la rue Royale, et elle manque certainement de la majesté qui règne dans la place Vendôme. Si vous vous promenez dans les rues de l'île Saint-Louis, ne demandez raison de la tristesse nerveuse qui s'empare de vous, qu'à la solitude, à l'air morne des maisons, à de grands hôtels déserts. Cette île, le cadavre des fermiers généraux, est comme la Venise de Paris. La place de la Bourse est babillarde, active, prostituée ; elle n'est belle que par un clair de lune, à deux heures du matin : le jour, c'est un abrégé de Paris ; pendant la nuit, c'est comme une rêverie de la Grèce. La rue Traversière Saint-Honoré n'est-elle pas une rue infâme ? Il y a là de méchantes petites maisons à deux croisées, où, d'étage en étage, se trouvent des vices, des crimes, de la misère. Les rues étroites, exposées au nord, où le soleil ne vient que trois ou quatre fois dans l'année, sont des rues assassines, qui tuent impunément ; la Justice d'aujourd'hui ne s'en mêle pas ; mais autrefois le parlement eût peut-être mandé le lieutenant de police pour le vitupérer *à ces causes*, et aurait au moins rendu quelque arrêt contre la rue, comme jadis il en porta contre les perruques du chapitre de Beauvais. Cependant M. Benoiston de Châteauneuf a prouvé que la mortalité de ces rues était du double supérieure à celle des autres. Pour résumer ces idées par un exemple, la rue Fromenteau n'est-elle pas tout à la fois meurtrière et de mauvaise vie ?

Ces observations, incompréhensibles au-delà de Paris, seront sans doute saisies par ces hommes d'étude et de pensée, de poésie et de plaisir, qui savent récolter, en flânant dans Paris, la masse de jouissances flottantes, à toute heure, entre ses murailles ; par ceux pour lesquels Paris est le plus délicieux des monstres : là, jolie femme ; plus loin, vieux pauvre ; ici, tout neuf comme la monnaie d'un nouveau règne ; dans ce coin, élégant comme une femme à la mode. Monstre complet d'ailleurs ! Ses greniers, espèce de tête pleine de science et de génie ; ses premiers étages, estomacs heureux ; ses boutiques, véritables pieds ; de là, partent tous les trotteurs, tous les affairés. Puis, quelle vie toujours active a le monstre ! A peine le dernier frétillement des dernières voitures de bal cesse-t-il au cœur que déjà ses bras se remuent aux barrières, et il se remue, se secoue lentement. Toutes les portes bâillent, tournent sur leurs gonds, comme les membranes d'un grand homard, invisiblement manœuvrées par trente mille hommes ou femmes, dont chacune ou chacun vit dans six pieds carrés, y possède une cuisine, un atelier, un lit, des enfants, un jardin, n'y voit pas clair, et doit tout voir. Alors insensiblement les articulations craquent, le mouvement se communique, la rue parle. A midi, tout est vivant ; les cheminées fument, le monstre mange ; puis il rugit, puis ses mille pattes s'agitent. Beau spectacle ! mais, ô Paris ! qui n'a pas admiré tes sombres paysages, tes échappées de lumière, tes culs-de-sac profonds et silencieux ; qui n'a pas entendu tes murmures, entre minuit et deux heures du matin, ne connaît encore rien de ta vraie poésie, ni de tes bizarres et larges contrastes.

Il est un petit nombre d'amateurs, de gens qui ne marchent jamais en écervelés, qui dégustent leur Paris, qui en possèdent si bien la physionomie qu'ils y voient une verrue, un bouton, une rougeur. Pour les autres, Paris est toujours cette monstrueuse merveille, étonnant assemblage de mouvement, de machines et de pensées, la ville aux cent mille romans, la tête du monde. Mais, pour ceux-là, Paris est triste ou gai, laid ou beau, vivant ou mort ; pour eux, Paris est une créature ; chaque homme, chaque fraction de maison est un lobe du tissu cellulaire de cette grande courtisane, dont ils connaissent parfaitement la tête, le cœur et les mœurs fantastiques. Aussi, ceux-là sont-ils les amants de Paris ! Ils lèvent le nez à tel coin de rue, sûrs d'y trouver le cadran d'une horloge ; ils disent à un ami dont la tabatière est vide : Prends par tel passage, il y a un débit de tabac, à gauche, près d'un pâtissier qui a une jolie femme. Voyager dans Paris est, pour ces poëtes, un luxe coûteux. Comment ne pas dépenser quelques minutes devant les drames, les désastres, les figures, les pittoresques accidents, qui vous assaillent au milieu de cette mouvante reine des cités, toute vêtue d'affiches et qui néanmoins n'a pas un coin de propre, tant elle est complaisante aux vices de la nation française ? A qui n'est-il pas arrivé de partir, le matin, de son logis pour aller aux extrémités de Paris, et de se trouver encore au centre à l'heure du dîner sans en avoir pu sortir ? Ceux-là sauront excuser ce début vagabond qui, cependant, se résume par une observation éminemment utile et neuve, autant qu'une observation peut être neuve à Paris, où il n'y a rien de neuf, pas même la statue posée d'hier, sur laquelle un gamin a déjà mis son nom.

Oui donc, il est des rues, ou des fins de rue, il est certaines maisons, inconnues, pour la plupart, aux personnes du grand monde, dans lesquelles une femme appartenant à ce monde ne saurait aller sans faire penser d'elle les choses les plus cruellement blessantes. Si cette femme est riche, si elle a voiture, si elle se trouve à pied, déguisée, en quelques-uns de ces défilés du pays parisien, elle y risque toute sa réputation d'honnête femme. Mais si, par hasard, elle est ainsi vers neuf heures du soir, les conjectures qu'un observateur peut se permettre deviennent épouvantables par leurs conséquences. Enfin si cette femme est jeune et jolie ; qu'elle entre dans quelque maison d'une de ces rues ; que la maison ait une allée longue et sombre, humide et puante ; qu'au fond de l'allée tremblote la lueur pâle d'une lampe, et que sous cette lueur se dessine un horrible visage de vieille femme aux doigts décharnés ; en vérité, disons-le par intérêt pour les jeunes et jolies femmes, cette femme est perdue. Elle est à la merci du premier homme de sa connaissance qui la rencontre dans ces marécages parisiens. Mais il y a telle rue de Paris où cette rencontre peut devenir le drame le plus épouvantablement horrible, un drame plein de sang et d'amour, un drame de l'école moderne. Malheureusement, cette conviction, ce dramatique, sera, comme le drame moderne, compris par peu de personnes ; et c'est grande pitié que de raconter une histoire à un public qui n'en épouse pas tout le mérite local. Mais qui peut se flatter d'être jamais compris ? Nous mourons tous inconnus. C'est le mot des femmes et celui des auteurs.

Or, à huit heures et demie du soir, rue Pagevin, dans un temps où la rue Pagevin n'avait pas un pavé qui n'entendît un mot infâme ; et dans la direction de la rue Soly, la plus étroite et la moins praticable de toutes les rues de Paris, sans en excepter le coin le plus fréquenté de la rue la plus déserte ; au commencement du mois de février, il y a de cette aventure environ treize ans, un jeune homme, par l'un de ces hasards qui n'arrivent pas deux fois dans la vie, tournait, à pied, le coin de la rue Pagevin pour entrer dans la rue des Vieux-Augustins, du côté droit où se trouve précisément la rue Soly...

Là, ce jeune homme, qui demeurait, lui, rue de Bourbon, trouva dans la femme, à quelques pas de laquelle il marchait fort insouciamment, de vagues ressemblances avec la plus jolie femme de Paris, une chaste et délicieuse personne, dont il était en secret passionnément amoureux, et amoureux sans espoir : elle était mariée.

En un moment son cœur bondit; une chaleur intolérable sourdit de son diaphragme, et passa dans toutes ses veines; il eut froid dans le dos, et sentit dans sa tête un frémissement superficiel. Il aimait, il était jeune, il connaissait Paris; et sa perspicacité ne lui permettait pas d'ignorer tout ce qu'il y avait d'infamie possible pour une femme élégante, riche, jeune et jolie, à se promener là, d'un pied criminellement furtif. *Elle,* dans cette crotte, à cette heure!...

L'amour que ce jeune homme avait pour cette femme pourra sembler bien romanesque, et d'autant plus même qu'il était officier dans la garde royale. S'il eût été dans l'infanterie, la chose serait encore vraisemblable; mais officier supérieur de cavalerie, il appartenait à l'arme française qui veut le plus de rapidité dans ses conquêtes, qui tire vanité de son costume et de ses mœurs amoureuses. Cependant la passion de cet officier était vraie; et, à beaucoup de jeunes cœurs, elle paraîtra grande. Il aimait cette femme parce qu'elle était vertueuse, et il en aimait la vertu, la grâce décente, l'imposante sainteté, comme les plus chers trésors de sa passion inconnue. Cette femme était vraiment digne d'inspirer un de ces amours platoniques qui se rencontrent comme des fleurs au milieu des pages sanglantes et des atrocités du moyen âge; d'être secrètement le principe de toutes les actions d'un homme jeune; amour aussi haut, aussi pur que le ciel quand il est bleu; amour sans espoir, auquel on s'attache, parce qu'il ne trompe jamais; amour prodigue de jouissances effrénées, d'ailleurs, surtout à un âge où le cœur est brûlant, l'imagination mordante, et où les yeux d'un homme voient bien clair.

Il y a dans Paris des effets de nuit singuliers, bizarres, inconcevables; et ceux-là seulement qui se sont amusés à les observer savent combien la femme y devient fantastique, à la brune. Tantôt la créature que vous y suivez par hasard, ou à dessein, vous paraît svelte; tantôt la femme, s'il est bien blanc, vous fait croire à des jambes fines et élégantes; puis la taille, quoique enveloppée d'un châle, d'une pelisse, se révèle jeune et voluptueuse dans l'ombre; enfin les clartés incertaines d'une boutique ou d'un réverbère donnent à l'inconnue un éclat fugitif, presque toujours trompeur, qui réveille, allume l'imagination et la lance au-delà du vrai. Alors les sens s'émeuvent, tout se colore et s'anime; la femme prend un aspect tout nouveau; son corps s'embellit : par moments, ce n'est plus une femme, c'est un démon, un feu follet, qui vous entraîne par un ardent magnétisme jusqu'à une maison décente dont la pauvre bourgeoise, ayant peur de votre pas ou de vos bottes retentissantes, vous ferme la porte cochère au nez sans vous regarder.

La lueur vacillante que projetait le vitrage d'une boutique de cordonnier illumina soudain, précisément à la chute des reins, la taille de la femme qui se trouvait devant le jeune homme. Ah! certes, *elle* seule était ainsi cambrée; elle seule avait le secret de cette chaste démarche qui met innocemment en relief les beautés des formes les plus attrayantes. C'était son châle du matin et le chapeau de velours du matin. A son bas de soie gris, pas une mouche; à son soulier, pas une éclaboussure. Le châle était bien collé sur le buste, dont il dessinait vaguement les délicieux contours; or, le jeune homme en avait vu les blanches épaules au bal, et savait tout ce que ce châle couvrait de trésors. A la manière dont une Parisienne est entortillée dans son châle, à la manière dont elle lève le pied dans la rue, un homme d'esprit devine le secret de sa course mystérieuse. Il y a je ne sais quoi de frémissant, de léger dans la personne et dans la démarche : la femme semble peser moins, elle va, elle va, ou mieux elle file comme une étoile, emportée par une pensée que trahissent les plis et les jeux de sa robe.

Le jeune homme hâta le pas, devança la femme, se retourna pour la voir... Pst! elle avait disparu dans une allée dont la porte à claire-voie et à grelot claquait et sonnait. Le jeune homme revint, et vit cette femme monter au fond de l'allée, non sans recevoir l'obséquieux salut d'une vieille portière, un tortueux escalier dont les premières marches étaient fortement éclairées; et elle montait lestement, vivement, comme doit monter une femme impatiente...

— De quoi?.... se dit le jeune homme, qui se recula pour se coller en espalier sur le mur de l'autre côté de la rue. Et il regarda tout, le malheureux!

C'était une de ces maisons comme il y en a des milliers à Paris, maison ignoble, vulgaire, étroite, jaunâtre de ton, à quatre étages et à trois fenêtres. La boutique et l'entresol appartenaient au cordonnier. Les persiennes du premier étage étaient fermées. Où allait-elle? Le jeune homme crut entendre les tintements d'une sonnette dans l'appartement du second. Effectivement, une lumière s'agita dans une pièce à deux croisées fortement éclairées, et illumina soudain la troisième, dont l'obscurité annonçait une première chambre, sans doute le salon ou la salle à manger de l'appartement. Aussitôt la silhouette du chapeau se dessina vaguement, la porte se ferma, la première pièce redevint obscure; puis les deux dernières croisées reprirent leurs teintes rouges.

Là, le jeune homme entendit : *gare,* et reçut un coup à l'épaule.

— Vous ne faites donc attention à rien !.... dit une grosse voix. C'était la voix d'un ouvrier portant une longue planche sur son épaule.

Et l'ouvrier passa. Cet ouvrier était l'homme de la Providence, disant à ce curieux : — De quoi te mêles-tu ?... Songe à ton service, et laisse les Parisiens à leurs petites affaires.

Le jeune homme se croisa les bras; puis, n'étant vu de personne, il laissa rouler sur ses joues des larmes de rage sans les essuyer. Enfin, la vue des ombres qui se jouaient sur ces deux fenêtres éclairées lui faisant mal, il regarda dans la partie supérieure de la rue des Vieux-Augustins, au hasard, comme un homme au désespoir, et il vit un fiacre arrêté le long d'un mur, à un endroit où il n'y avait ni porte de maison, ni lueur de boutique.

— Est-ce elle ? n'est-ce pas elle ?...

La vie ou la mort pour un amant. Et cet amant attendait. Il resta là pendant un siècle de vingt minutes. Après, la femme descendit; et alors il reconnut celle qu'il aimait secrètement. Néanmoins il voulut douter encore. L'inconnue alla vers le fiacre, et y monta.

— La maison sera toujours là, je pourrai toujours la fouiller, se dit le jeune homme.

Et il suivit la voiture en courant, afin de dissiper ses derniers doutes, et bientôt il n'en conserva plus.

Le fiacre s'arrêta rue de Richelieu, devant la boutique d'un magasin de fleurs, près de la rue de Ménars. Puis la dame, étant descendue, entra dans la boutique, envoya l'argent dû au cocher, et sortit après avoir choisi des marabouts. Des marabouts pour ses cheveux noirs ! Brune, elle avait approché le plumage de sa tête pour en voir l'effet. L'officier croyait entendre la conversation de cette femme avec les fleuristes.

— Madame, rien ne va mieux aux brunes ! Les brunes ont quelque chose de trop précis dans les contours, et les marabouts donnent à leur toilette un *flou* qui leur manque. M<sup>me</sup> la duchesse de\*\*\* dit que cela donne à une femme quelque chose de vague, d'ossianique et de *très comme il faut*.

— Bien. Envoyez-les-moi promptement.

Puis la dame tourna lestement vers la rue de Ménars, et rentra chez elle.

Quand la porte de l'hôtel où elle demeurait fut fermée, le jeune amant, ayant perdu toutes ses espérances, et, double malheur ! ses plus chères croyances, alla dans Paris comme un homme ivre, et se trouva bientôt chez lui sans savoir comment il y était venu.

Il se jeta dans un fauteuil, resta les pieds sur ses chenets, la tête entre les mains, séchant ses bottes mouillées, les brûlant même. Ce fut un moment affreux, un de ces moments où, dans la vie humaine, le caractère se modifie, et où la conduite du meilleur homme dépend du bonheur ou du malheur de sa première action. Providence ou Fatalité, choisissez !

Ce jeune homme appartenait à une bonne famille dont la noblesse n'était pas d'ailleurs très-ancienne; mais il y a si peu d'anciennes familles aujourd'hui que tous les jeunes gens sont anciens sans conteste ! Son aïeul avait acheté une charge de conseiller au Parlement de Paris, où il était devenu président. Ses fils, pourvus chacun d'une belle fortune, entrèrent au service; et, par leurs alliances, arrivèrent à la Cour. La révolution avait balayé cette famille; mais il en était resté une vieille douairière entêtée qui n'avait pas voulu émigrer; qui, mise en prison, menacée de mourir, et sauvée au 9 thermidor, retrouva ses biens. Elle fit revenir, en temps utile, vers 1804, son petit-fils Auguste de Maulincour, unique rejeton des Charbonnon de Maulincour, qui fut élevé par la bonne douairière avec un triple soin de mère, de femme noble et de douairière entêtée. Puis, quand vint la restauration, le jeune homme, alors âgé de dix-huit ans, entra dans la maison rouge, suivit les princes à Gand, fut fait officier dans les gardes-du-corps, en sortit pour servir dans la ligne, fut rappelé dans la garde royale, où il se trouvait alors, à vingt-trois ans, chef d'escadron d'un régiment de cavalerie, position superbe et due à sa grand'mère, qui, malgré son âge, savait très-bien son monde.

Cette double biographie est le résumé de l'histoire générale et particulière, sauf les variantes, de toutes les familles qui ont émigré, qui avaient des dettes et des biens, des douairières et de l'entregent.

M<sup>me</sup> la baronne de Maulincour avait pour ami le vieux vidame de Pamiers, ancien commandeur de l'ordre de Malte. C'était une de ces amitiés éternelles fondées sur des liens sexagénaires, et que rien ne peut plus tuer, parce qu'au fond de ces liaisons il y a toujours des secrets de cœur humain, admirables à deviner quand on en a le temps, mais insipides à expliquer en vingt lignes, et qui feraient le texte d'un ouvrage en quatre volumes, amusant comme peut l'être LE DOYEN DE KILLERINE, une de ces œuvres dont les jeunes gens parlent, et qu'ils jugent sans les avoir lues.

Auguste de Maulincour tenait donc au faubourg Saint-Germain par sa grand'mère et par le vidame, et il lui suffisait de dater de deux siècles pour prendre les airs et les opinions de ceux qui prétendent remonter à Clovis. C'était un jeune homme pâle, long et fluet, délicat en apparence, homme d'honneur et de vrai courage d'ailleurs. Il se battait en duel sans hésiter pour un *oui*, pour un *non*, mais il ne s'était encore trouvé sur aucun champ de bataille, et portait à sa boutonnière la croix de la Légion d'honneur. Il était une des fautes vivantes de la restauration, peut-être la plus pardonnable. La jeunesse de ce temps n'a été la jeunesse d'aucune époque. Elle s'est rencontrée entre les souvenirs de l'empire et les souvenirs de l'émigration, entre les vieilles traditions de la cour et les études consciencieuses de la bourgeoisie, entre la religion et les bals costumés, entre deux Fois politiques, entre Louis XVIII, qui voyait en avant, et Charles X, qui voyait en arrière; puis, obligée de respecter la volonté du roi, quoique la royauté se trompât. Cette jeunesse incertaine en tout, aveugle et clairvoyante, ne fut comptée pour rien par des vieillards jaloux de garder les rênes de l'État dans leurs mains débiles, tandis que la monarchie pouvait être sauvée par leur retraite, et par l'accès de cette jeune France dont aujourd'hui les vieux doctrinaires, ces émigrés de la restauration, se moquent encore. Auguste de Maulincour était une victime des idées qui pesaient alors sur cette jeunesse; et voici comment.

Le vidame était encore, à quatre-vingt-sept ans, un homme très-spirituel, ayant beaucoup vu, beaucoup vécu, contant bien, homme d'honneur, galant homme, mais qui avait, à l'endroit des femmes, les opinions les plus détestables. Il les aimait et les méprisait. Leur honneur, leurs sentiments?... Tarare! Bagatelles et momeries. Près d'elles il croyait en elles, le ci-devant *monstre!* il ne les contredisait jamais et les faisait valoir; mais, entre amis, quand il en était question, le vidame posait en principe que tromper les femmes, mener plusieurs intrigues de front, devait être toute l'occupation des jeunes gens, qui se fourvoyaient en voulant se mêler d'autre chose dans l'État. Il est fâcheux d'avoir à esquisser un portrait aussi suranné, car il a figuré partout, et littérairement, il est presque aussi usé que celui d'un grenadier de l'Empire; mais le vidame eut sur la destinée de M. de Maulincour une influence qu'il était nécessaire de consacrer. Il le moralisait à sa manière, et voulait le convertir aux doctrines du grand siècle de la galanterie.

La douairière, femme tendre et pieuse, assise entre son vidame et Dieu, modèle de grâce et de douceur, mais douée d'une persistance de bon goût qui triomphe de tout à la longue, avait voulu conserver à son petit-fils les belles illusions de la vie, et l'avait élevé dans les meilleurs principes. Elle lui donna toutes ses délicatesses et en fit un homme timide, un vrai sot en apparence. Sa sensibilité, conservée pure et ne s'usant pas au-dehors, lui resta si pudique, si chatouilleuse, qu'il était vivement offensé par des actions et des maximes auxquelles le monde n'attachait aucune importance. Honteux de sa susceptibilité, le jeune homme la cachait sous une assurance menteuse, et souffrait en silence; mais il se moquait, avec les autres, de choses que, seul, il admirait. Aussi fut-il trompé, parce que, suivant un caprice assez commun de la destinée, il rencontra dans l'objet de sa première passion, lui, homme de douce mélancolie et spiritualiste en amour, une femme qui avait pris en horreur la sensiblerie allemande.

Alors le jeune homme douta de lui, devint rêveur, et se roula dans ses chagrins, en se plaignant de ne pas être compris. Puis, comme nous désirons d'autant plus violemment les choses qu'il nous est plus difficile de les avoir, il continua d'adorer les femmes avec cette ingénieuse tendresse et ces félines délicatesses dont elles ont le secret, mais dont peut-être veulent-elles garder le monopole. En effet, quoique les femmes se plaignent d'être mal aimées par les hommes, elles ont néanmoins peu de goût pour ceux dont l'âme est à demi féminine. Toute leur supériorité consiste à faire croire aux hommes qu'ils leur sont inférieurs en amour; aussi quittent-elles assez volontiers un amant, quand il est assez inexpérimenté pour leur ravir les craintes dont elles veulent se parer : ces délicieux tourments de la jalousie à faux, les troubles de l'espoir trompé, ces vaines attentes, enfin tout le cortège de leurs bonnes misères de femme. Elles ont en horreur les Grandisson. Qu'y a-t-il de plus contraire à leur nature qu'un amour tranquille et parfait? Elles veulent des émotions, et le bonheur qui ne se sent plus n'est plus le bonheur pour elles. Les âmes assez puissantes pour mettre l'infini dans l'amour constituent, dans la nature féminine, d'angéliques exceptions, et sont parmi les femmes ce que sont les beaux génies parmi les hommes. Les grandes passions sont rares comme les chefs-d'œuvre. Hors cet amour, il n'y a que des arrangements, des irritations passagères, méprisables, comme tout ce qui est petit.

Au milieu des secrets désastres de son cœur, pendant qu'il cherchait une femme dont il pût être compris, doctrine qui, pour le dire en passant, est la grande doctrine amoureuse de notre époque, Auguste rencontra dans le monde le plus éloigné du sien, dans la seconde sphère du monde d'argent où la haute banque tient le premier rang, une créature parfaite, une de ces femmes qui ont je ne sais quoi de saint et de sacré, qui inspirent tant de respect que l'amour a besoin de tous les secours d'une longue familiarité pour se déclarer. Auguste se livra donc tout entier aux délices de la plus touchante et de la plus profonde des passions, à un amour purement admiratif. Ce furent d'innombrables désirs réprimés, nuances de passion si vagues et si profondes, si fugitives et si frappantes, si imperceptibles qu'on ne sait à quoi les comparer : elles ressemblent à des parfums, à des nuages, à des rayons de soleil, à des ombres, à tout ce qui dans la nature peut en un moment briller et disparaître, se raviver et mourir, en laissant au cœur de longues émotions. Dans le moment où l'âme est encore assez jeune pour concevoir la mélancolie, les lointaines espérances, et trouver dans la femme plus qu'une femme, n'est-ce pas le plus grand bonheur qui puisse échoir à un homme que d'aimer assez pour ressentir plus de joie à toucher un gant blanc, à effleurer des cheveux, à écouter une phrase, à jeter un regard, que la possession la plus fougueuse n'en donne à l'amour heureux? Ainsi, les gens rebutés, les laides, les malheureux, les amants inconnus, les femmes ou les hommes timides, connaissent seuls les trésors que renferme la voix de la personne aimée : ses vibrations, qui ont leur source et leur principe dans l'âme même, mettent si violemment les cœurs en rapport, y portent si lucidement la pensée, et sont si peu menteuses qu'une seule inflexion est souvent tout un dénoûment. Quels enchantements ne prodigue pas au cœur d'un poëte le timbre harmonieux d'une voix douce! Que d'idées elle réveille! quelle fraîcheur elle y répand! L'amour est dans la voix avant d'être avoué par le regard. Auguste, poëte à la manière des amants, car il y a les poëtes qui sentent et les poëtes qui expriment, les premiers sont les plus heureux; donc Auguste avait savouré toutes ces joies premières, si larges, si fécondes. *Elle* possédait le plus flatteur organe que la femme puisse souhaiter pour pouvoir tromper à son aise; elle avait cette voix d'argent qui, douce à l'oreille, n'est éclatante que pour le cœur qu'elle trouble et remue, qu'elle caresse en le bouleversant.

Et cette femme allait le soir rue Soly, près la rue Pagevin; et cette magnifique passion était brisée!...

Le vidame eut raison.

— Si elle trahit son mari, nous nous vengerons!...

Il y avait encore de l'amour dans le *si*.... Le doute philosophique de Descartes est une politesse dont il faut toujours honorer la vertu.

Dix heures sonnèrent.

En ce moment le baron de Maulincour se rappela que cette femme devait aller au bal dans une maison où il avait accès. Sur-le-champ il s'habilla, partit, arriva, *la* chercha d'un air sournois dans les salons.

La maîtresse du logis, le voyant si affairé, lui dit :

— Vous ne voyez pas M^me Jules?... mais elle n'est pas encore venue.

— Bonjour, ma chère... dit une voix.

Auguste et la dame se retournent. M^me Jules était là. Elle arrivait, vêtue de blanc, simple et noble, coiffée précisément avec les marabouts que le jeune baron lui avait vu choisir dans le magasin de fleurs. Cette voix d'amour perça le cœur d'Auguste. S'il avait su conquérir le moindre droit qui lui permît d'être jaloux de cette femme, il aurait pu la pétrifier en lui disant :

— Rue Soly!...

Mais quand lui, étranger, eût mille fois répété ce mot à l'oreille de M^me Jules, elle lui aurait avec étonnement demandé ce qu'il voulait dire. Il la regarda d'un air stupide.

Pour les gens méchants et qui rient de tout, c'est peut-être un grand amusement que de connaître le secret d'une femme, de savoir que sa chasteté ment, que sa figure calme cache une pensée profonde, qu'il y a quelque épouvantable drame sous son front pur. Mais il y a certaines âmes qu'un tel spectacle contriste réellement; et beaucoup de ceux qui en rient, rentrés chez eux, seuls avec leur conscience, maudissent le monde et méprisent une telle femme.

Ainsi était Auguste de Maulincour en présence de M^me Jules. Situation bizarre! Il n'y a pas entre eux d'autres rapports que ceux qui s'établissent dans le monde entre gens qui échangent quelques mots sept ou huit fois par hiver; et il lui demandait compte d'un bonheur dont elle n'était pas complice. Il la jugeait sans lui faire connaître l'accusation. Beaucoup de jeunes gens se sont trouvés ainsi, rentrant chez eux, désespérés d'avoir rompu pour toujours avec une femme adorée en secret; condamnée, méprisée en secret. Ce sont des monologues inconnus, dits aux murs d'un réduit solitaire, des orages nés et calmés sans être sortis du fond des cœurs, d'admirables scènes du monde moral, auxquelles il faudrait un peintre.

M^me Jules alla s'asseoir, en quittant son mari, qui fit le tour du salon; mais, quand elle fut assise, elle se trouva comme gênée. Tout en causant avec sa voisine, elle jetait furtivement un regard sur M. Jules Desmarets, son mari. Voici l'histoire de ce ménage.

M. Desmarets était, cinq ans avant son mariage, placé chez un agent de change, et n'avait alors pour toute fortune que les maigres appointements d'un commis. Mais c'était un de ces hommes auxquels le malheur apprend hâtivement les choses de la vie, et qui suivent la ligne droite avec la ténacité d'un insecte voulant arriver à son gîte; un de ces jeunes gens têtus qui font les morts devant les obstacles et lassent toutes les patiences par une patience de cloporte. Ainsi, jeune, il avait toutes les vertus républicaines des peuples pauvres; il était sobre, avare de son temps, ennemi des plaisirs; il attendait. D'ailleurs, la nature lui avait donné les immenses avantages d'un extérieur agréable. Son front calme et pur ; la coupe de sa figure placide, mais expressive ; ses manières simples, tout en lui révélait une existence laborieuse et résignée, cette haute dignité personnelle qui impose, et cette secrète noblesse de cœur qui résiste à toutes les situations. Sa modestie inspirait une sorte de respect à tous ceux qui le connaissaient. Du reste, solitaire au milieu de Paris, il ne voyait le monde que par échappées, pendant le peu de moments qu'il passait dans le salon de son patron, les jours de fête.

Il y avait chez cet homme, comme chez la plupart des gens qui vivent ainsi, des passions d'une étonnante profondeur ; passions trop vastes, pour se compromettre jamais dans de petits incidents. Son peu de fortune l'obligeait à une vie tout austère, et il domptait ses fantaisies par de grands travaux ; puis, après avoir pâli sur les chiffres, il se délassait en essayant avec obstination d'acquérir cet ensemble de connaissances aujourd'hui nécessaires à tout homme qui veut se faire remarquer dans le monde, dans le commerce, au barreau, dans la politique ou dans les lettres. Le seul écueil que rencontrent ces belles âmes est leur probité même. Voient-ils une pauvre fille, ils s'en amourachent, l'épousent, et usent leur existence à se débattre entre la misère et l'amour. Leur ambition s'éteint dans le livre des dépenses du ménage. Or Jules Desmarets donna pleinement dans cet écueil.

Un soir, il vit chez son patron une jeune personne de la plus rare beauté. Les malheureux, privés d'affection et qui consument les belles heures de la jeunesse en de longs travaux, ont seuls le secret des rapides ravages que fait une passion dans leurs cœurs désertés, méconnus. Ils sont si certains de bien aimer ; toutes leurs forces se concentrent si promptement sur la femme dont ils s'éprennent, que, près d'elle, ils en reçoivent de délicieuses sensations et n'en donnent souvent aucune. C'est le plus flatteur de tous les égoïsmes pour la femme qui devine cette immobilité de la passion et ces atteintes si profondes qu'il leur faut quelque temps pour reparaître à la surface humaine. Ces pauvres gens, anachorètes au sein de Paris, ont toutes les jouissances des anachorètes, et peuvent parfois succomber à leurs tentations ; mais plus souvent trompés, trahis, mésentendus, il leur est rarement permis de recueillir les doux fruits de cet amour qui, pour eux, est toujours comme une fleur tombée du ciel. Un sourire, le son de la voix de sa femme, suffirent à Jules Desmarets pour concevoir une passion sans bornes ; et, heureusement, le feu concentré de cette passion secrète se révéla naïvement à celle qui l'inspirait. Alors ils s'aimèrent, et s'aimèrent religieusement. Pour tout exprimer en un mot, ils se prirent sans honte tous deux par la main, au milieu du monde, comme deux enfants, frère et sœur, voulant traverser une foule qui leur fait place en les admirant.

La jeune personne était dans une de ces circonstances affreuses où l'égoïsme a placé certains enfants. Elle n'avait pas d'état, et sa fortune était peu de chose. Jules Desmarets fut l'homme le plus heureux en apprenant ce malheur. Si Clémence eût appartenu à quelque famille opulente, il aurait désespéré de l'obtenir ; mais elle était pauvre : ils s'épousèrent.

Là, commença pour Desmarets une série d'événements heureux ; et chacun, enviant son bonheur, l'accusa dès-lors de n'avoir que du bonheur, sans faire la part à ses vertus et à son courage. Quelques jours après le mariage de sa fille, la mère de Clémence, qui, dans le monde, passait pour être sa marraine, dit à Jules Desmarets d'acheter une charge d'agent de change, en promettant de lui procurer tous les capitaux nécessaires. Or, en ce moment, les charges étaient encore à un prix modéré.

Le soir, dans le salon même de son agent de change, un riche capitaliste proposa, sur la recommandation de cette dame, à Jules Desmarets, le plus avantageux marché qu'il fût possible de conclure, lui donna autant de fonds qu'il lui en fallait pour exploiter son privilége, et le lendemain l'heureux commis avait acheté la charge de son patron. En quatre ans, Jules Desmarets était devenu l'un des plus riches particuliers de sa compagnie. Des clients considérables vinrent augmenter ceux de son prédécesseur. Il inspirait une confiance sans bornes, et il lui était impossible de méconnaître, dans la manière dont les affaires se présentaient à lui, quelque influence secrète due à sa belle-mère ou à une protection secrète dont il faisait honneur à la Providence. Au bout de la troisième année, Clémence perdit sa marraine.

En ce moment, M. Jules, que l'on nommait ainsi pour le distinguer de son frère aîné, qu'il avait établi notaire à Paris, possédait environ deux cent mille livres de rente. Il n'existait pas dans Paris un second exemple du bonheur dont jouissait ce ménage, et depuis cinq ans il n'avait été troublé que par une calomnie, dont M. Jules tira la plus éclatante vengeance. Un de ses anciens camarades attribuait à madame Jules la fortune de son mari, qu'il expliquait par une haute protection chèrement achetée. Le calomniateur fut tué en duel.

La passion profonde des deux époux l'un pour l'autre, et qui résistait au mariage, obtenait dans le monde le plus grand succès, quoiqu'elle taquinât plusieurs femmes. Le joli ménage était respecté ; chacun le fêtait. L'on aimait sincèrement M. et M$^{me}$

Jules, peut-être parce qu'il n'y a rien de plus doux à voir que des gens heureux ; mais ils ne restaient jamais longtemps dans les salons, et s'en sauvaient impatients de gagner leur nid à tire d'aile, comme deux colombes égarées. Ce nid était d'ailleurs un grand et bel hôtel de la rue de Ménars, où le sentiment des arts tempérait ce luxe que la gent financière continue à étaler traditionnellement, et où les deux époux recevaient magnifiquement, quoique les obligations du monde leur convinssent peu. Néanmoins, Jules subissait le monde, sachant que, tôt ou tard, une famille en a besoin ; mais sa femme et lui s'y trouvaient toujours comme des arbustes déplantés, souffrants.

Par une délicatesse bien naturelle, Jules avait caché soigneusement à sa femme et la calomnie et la mort du calomniateur qui avait failli troubler leur bonheur. M$^{me}$ Jules était portée par sa nature tout artiste, toute délicate, à aimer le luxe. Or, malgré la terrible leçon du duel, quelques femmes imprudentes se disaient à l'oreille que M$^{me}$ Jules devait se trouver très-gênée. Les cent mille francs que lui accordait son mari pour sa toilette et pour ses fantaisies ne pouvaient pas, suivant leurs calculs, suffire à ses dépenses. En effet, on la trouvait souvent bien plus élégante, chez elle, qu'elle ne l'était pour aller dans le monde ; car elle aimait à ne se parer que pour son mari, voulant lui prouver, à tout moment, que, pour elle, il était plus que le monde. Amour vrai, amour pur, heureux surtout, autant que le peut être un amour publiquement clandestin. Aussi M. Jules, toujours amant, plus amoureux chaque jour, heureux près de sa femme, même par ses caprices, était inquiet de ne pas lui en voir, comme si c'eût été quelque symptôme de maladie.

Auguste de Maulincour avait eu le malheur de se heurter contre cette passion, de s'éprendre de cette femme à en perdre la tête. Cependant, quoiqu'il portât en son cœur un amour aussi sublime, il n'était pas ridicule. Il se laissait aller à toutes les exigences des mœurs militaires, mais il avait constamment, même en buvant un verre de vin de Champagne, cet air rêveur, ce silencieux dédain de l'existence, cette figure nébuleuse qu'ont, à divers titres, les gens blasés, les gens peu satisfaits d'une vie creuse, et ceux qui se croient poitrinaires ou se gratifient d'une maladie au cœur. Aimer sans espoir, être dégoûté de la vie, ce sont aujourd'hui des positions sociales. Or, la tentative de violer le cœur d'une souveraine donnerait peut-être plus d'espérances qu'un amour follement conçu pour une femme heureuse ; aussi Maulincour avait-il des raisons suffisantes pour rester grave et morne. Une reine a encore la vanité de sa puissance, elle a contre elle son élévation ; mais une bourgeoise religieuse est comme un hérisson, comme une huître, en sa rude enveloppe ; et la jurisprudence d'*Antony* n'existait pas encore.

En ce moment le jeune officier se trouvait près de sa maîtresse anonyme qui ne savait certes pas être doublement infidèle. Elle était là, naïvement posée, comme la femme la moins artificieuse du monde, douce, pleine d'une sérénité majestueuse. Quel abîme est donc la nature humaine ! Avant d'entamer la conversation, le baron regardait alternativement et cette femme et son mari. Que des réflexions ne fit-il pas ! Il recomposa toutes les nuits d'Young en un moment ! Cependant la musique du bal retentissait, la lumière y était versée par mille bougies, c'était un bal de banquier, une de ces fêtes insolentes, par lesquelles ce monde d'or mat, où se ruait le libéralisme, essayait de narguer les salons d'or moulu où riait la bonne compagnie du faubourg Saint-Germain, sans prévoir qu'un jour la banque envahirait le Luxembourg et s'assiérait sur le trône. Alors les conspirations dansaient, aussi insouciantes des futures faillites du pouvoir que des futures faillites de la banque. Les salons dorés de l'amphitryon avaient cette animation particulière que le monde de Paris, joyeux, en apparence du moins, donne aux fêtes de Paris. Là les hommes de talent communiquent aux sots leur esprit, et les sots leur communiquent cet air heureux qui les caractérise ; par cet échange, tout s'anime ; mais une fête de Paris ressemble toujours un peu à un feu d'artifice : esprit, coquetterie, plaisir, tout y brille et s'y éteint comme des fusées.

— Eh quoi ! se dit Auguste en forme de conclusion, les femmes sont donc ce que le vidame veut qu'elles soient. Certes, toutes celles qui dansent ici sont moins irréprochables que ne le paraît M$^{me}$ Jules, et M$^{me}$ Jules va rue Soly.

La rue Soly était sa maladie, le mot seul lui crispait le cœur.

— Madame, vous ne dansez donc jamais ? lui demanda-t-il.

— Voici la troisième fois que vous me faites cette question depuis le commencement de l'hiver, dit-elle en souriant.

— Mais vous ne m'avez peut-être jamais répondu.

— Cela est vrai.

— Je savais bien que vous étiez fausse, comme le sont toutes les femmes...

Et M$^{me}$ Jules continua de rire.

— Écoutez, monsieur, si je vous disais la véritable raison, elle vous paraîtrait ridicule, et je ne pense pas qu'il y ait fausseté à ne pas dire des secrets dont le monde a l'habitude de se moquer.

— Tout secret veut, pour être dit, une amitié

dont je ne suis sans doute pas digne, madame. Mais vous ne sauriez avoir que de nobles secrets, et me croyez-vous donc capable de plaisanter sur les choses respectables?...

— Oui, dit-elle, vous, comme tous les autres, vous riez des sentiments des pauvres femmes ; vous les calomniez. D'ailleurs, je n'ai pas de secrets ; j'aime mon mari à la face du monde, je le dis, j'en suis orgueilleuse ; et si vous vous moquez de moi en apprenant que je ne danse qu'avec lui, j'aurai la plus mauvaise opinion de votre cœur.

— Vous n'avez jamais dansé, depuis votre mariage, avec personne?

— Jamais, monsieur.... Et je n'ai donné le bras à personne, et je n'ai senti le contact de qui que ce soit au monde.

— Votre médecin ne vous a pas même tâté le pouls?...

— Eh bien! voilà que vous vous moquez....

— Non, madame, je vous admire, parce que je vous comprends. Mais vous laissez entendre votre voix, mais vous vous laissez voir, mais... vous permettez à nos yeux d'admirer...

— Ah! ce sont mes chagrins, dit-elle en l'interrompant, j'aurais voulu qu'il fût possible à une femme mariée de vivre avec son mari comme une maîtresse vit avec son amant ; car alors...

— Alors pourquoi étiez-vous, il y a deux heures, à pied, déguisée, rue Soly?...

— Qu'est-ce que c'est que la rue Soly?...... dit-elle.

Et sa voix si pure ne laissa deviner aucune émotion, et aucun trait ne vacilla dans son visage, et elle ne rougit pas, et elle resta calme.

— Quoi! vous n'êtes pas montée au second étage d'une maison située rue des Vieux-Augustins, au coin de la rue Soly? Vous n'aviez pas un fiacre à dix pas, et vous n'êtes pas revenue rue de Richelieu, chez la fleuriste, où vous avez choisi les marabouts qui sont en ce moment sur votre tête?...

— Je ne suis pas sortie de chez moi ce soir.

En mentant ainsi, elle était impassible et rieuse ; elle s'éventait ; mais qui eût eu le droit de passer la main sur sa ceinture, au milieu du dos, l'aurait peut-être trouvée humide.

En ce moment, Auguste se souvint des leçons du vidame, et dit à M<sup>me</sup> Jules :

— C'était alors une personne qui vous ressemble étrangement.

— Monsieur, dit-elle, si vous êtes capable de suivre une femme et d'en surprendre les secrets, vous me permettrez de vous dire que cela est mal, très-mal, et je vous fais l'honneur de ne pas vous croire.

Il s'en alla, se plaça devant la cheminée, et parut pensif. Il baissa la tête ; mais son regard était attaché sournoisement sur M<sup>me</sup> Jules, qui, ne pensant pas au jeu des glaces, jeta sur lui deux ou trois coups d'œil empreints de terreur. M<sup>me</sup> Jules fit un signe à son mari, dont elle prit le bras, en se levant pour se promener dans les salons.

Quand elle passa près de M. de Maulincour, celui-ci, qui causait avec un de ses amis, dit à haute voix, comme s'il répondait à une interrogation :

— C'est une femme qui ne dormira certes pas tranquillement cette nuit...

M<sup>me</sup> Jules s'arrêta, lui lança un regard imposant plein de mépris, et continua sa marche, sans savoir qu'un regard de plus, s'il était surpris par son mari, pouvait mettre en question et son bonheur et la vie de deux hommes.

Auguste, en proie à une rage qu'il étouffa dans les profondeurs de son âme, sortit bientôt en jurant de pénétrer jusqu'au cœur de cette intrigue. Avant de partir, il chercha M<sup>me</sup> Jules, afin de la revoir encore ; mais elle avait disparu. Quel drame jeté dans cette jeune tête, éminemment romanesque comme toutes celles qui n'ont point connu l'amour dans toute l'étendue qu'ils lui donnent! Il adorait M<sup>me</sup> Jules sous une nouvelle forme, il l'aimait avec la rage de la jalousie, avec les délirantes angoisses de l'espoir ; car, infidèle à son mari, cette femme devenait vulgaire, il pouvait se livrer à toutes les félicités de l'amour heureux ; et son imagination lui ouvrit alors l'immense carrière des plaisirs de la possession. Enfin, s'il avait perdu l'ange, il retrouvait le plus délicieux des démons. Il se coucha, faisant mille châteaux en Espagne, justifiant M<sup>me</sup> Jules par quelque romanesque bienfait, mais n'y croyant pas. Puis il résolut de se vouer entièrement dès le lendemain à la recherche des causes, des intérêts, du nœud que cachait ce mystère. C'était un roman à lire ; ou mieux, un drame à jouer, dans lequel il avait son rôle.

---

## II.

### FERRAGUS.

Une bien belle chose est le métier d'espion, quand on le fait pour son compte et au profit d'une passion. C'est se donner les plaisirs du voleur en restant honnête homme. Mais il faut se résigner à bouillir de colère, à rugir d'impatience, à se glacer les pieds dans les boues, à transir et brûler, à dévorer de fausses espérances. Il faut aller, sur la foi d'une indication, vers un but ignoré, manquer son coup, jurer, pester, s'improviser à soi-même des élégies, des dithyrambes, s'exclamer niaisement devant un passant inoffensif qui vous admire ; puis renverser des bonnes femmes avec leurs pommes, courir, se reposer, rester devant une croisée, faire mille suppositions... Mais c'est la chasse, la chasse dans Paris, la chasse avec tous ses accidents, moins les chiens, le fusil et le taïaut ! Il n'y a de comparable à ces scènes que celles de la vie des joueurs. Puis besoin est d'un cœur gros d'amour ou de vengeance pour s'embusquer dans Paris, comme un tigre qui veut sauter sur sa proie, et pour jouir alors de tous les accidents de Paris et d'un quartier, en leur prêtant un intérêt de plus que celui dont ils abondent déjà ; et, alors, ne faut-il pas avoir une âme multiple ? car c'est vivre de mille passions, de mille sentiments ensemble.

Auguste de Maulincour s'était jeté dans cette ardente existence avec amour, parce qu'il en ressentait tous les malheurs et tous les plaisirs. Il allait déguisé, dans Paris, veillait à tous les coins de la rue Pagevin ou de la rue des Vieux-Augustins ; et depuis trois jours, comme un chasseur, courait de la rue de Ménars à la rue Soly, de la rue Soly à la rue de Ménars, sans connaître ni la vengeance ni le prix dont ses pas seraient ou punis ou récompensés. Il n'en était pas encore arrivé à cette impatience qui tord les entrailles et fait suer, il flânait avec espoir, en pensant que M<sup>me</sup> Jules ne se hasarderait pas pendant les premiers jours à retourner là où elle avait été surprise. Aussi avait-il consacré ces premiers jours à s'initier à tous les secrets de la rue. Novice en ce métier, il n'osait questionner ni le portier, ni le cordonnier de la maison dans laquelle venait M<sup>me</sup> Jules ; mais il espérait pouvoir se créer un observatoire dans la maison qui se trouvait en face de l'appartement mystérieux. Il étudiait le terrain, et voulait concilier la prudence et l'impatience, son amour et le secret.

Or, dans les premiers jours du mois de mars, au milieu des plans qu'il méditait pour frapper un grand coup, et en quittant son échauguette après une de ces factions assidues qui ne lui avaient encore rien appris, il s'en retournait vers quatre heures à son hôtel, où l'appelait une affaire relative à son service, lorsqu'il fut pris, rue Coquillière, par une de ces belles pluies qui grossissent tout à coup les ruisseaux, et dont chaque goutte fait cloche en tombant sur les flaques d'eau de la voie publique. Alors un fantassin de Paris est obligé de s'arrêter tout court, de se réfugier dans une boutique ou dans un café, s'il est assez riche pour y payer son hospitalité forcée ; ou, selon l'urgence, sous une porte cochère, asile des gens pauvres ou mal mis. Comment aucun de nos peintres n'a-t-il encore essayé de reproduire la physionomie d'un essaim de Parisiens groupés, par un temps d'orage, sous le porche humide d'une maison ? Où rencontrer un plus riche tableau ?

N'y a-t-il pas d'abord le piéton rêveur ou philosophe, qui observe avec plaisir, soit les raies faites par la pluie sur le fond grisâtre de l'atmosphère, espèce de ciselures semblables aux jets capricieux des filets de verre, soit les tourbillons d'eau blanche que le vent roule en poussière lumineuse sur les toits, soit les capricieux dégorgements des tuyaux pétillants, écumeux, et mille autres riens admirables étudiés avec délices par les flâneurs, malgré les coups de balai dont les régale le maître de la loge ?

Puis il y a le piéton causeur qui se plaint, et converse avec la portière, quand elle se pose sur son balai comme un grenadier sur son fusil ;

Le piéton indigent, fantastiquement collé sur le mur, sans nul souci de ses haillons habitués au contact des rues ;

Le piéton savant qui étudie, épelle ou lit les affiches sans les achever ;

Le piéton rieur qui se moque des gens auxquels il arrive malheur dans la rue, qui rit des femmes crottées et fait des mines à ceux ou celles qui sont aux fenêtres ;

Le piéton silencieux qui regarde à toutes les croisées, à tous les étages ;

Le piéton industriel, armé d'une sacoche ou muni d'un paquet, traduisant la pluie par profits et pertes ;

Le piéton aimable qui arrive comme un obus, en disant : — Ah ! quel temps, messieurs !... et qui salue tout le monde ;

Enfin le vrai bourgeois de Paris, homme à parapluie, expert en averse, qui l'a prévue, sorti malgré l'avis de sa femme, et qui s'est assis sur la chaise du portier.

Selon son caractère, chaque membre de cette société fortuite contemple le ciel, s'en va sautillant pour ne pas se crotter, ou parce qu'il est pressé, ou parce qu'il voit des citoyens marchant malgré vent et marée, ou parce que la cour de la maison étant humide et catarrhalement mortelle, la lisière, dit un proverbe, est pire que le drap. Chacun a ses motifs. Il ne reste que le piéton prudent, l'homme qui, pour se remettre en route, épie quelques espaces bleus à travers les nuages crevassés.

M. de Maulincour se réfugia donc, avec toute une famille de piétons, sous le porche d'une vieille maison dont la cour ressemblait à un grand tuyau de cheminée. Il y avait le long de ces murs plâtreux, salpêtrés et verdâtres, tant de plombs et de conduits, et tant d'étages dans les quatre corps de logis, que vous eussiez dit les cascatelles de Saint-Cloud. L'eau ruisselait de toutes parts ; elle bouillonnait, elle sautillait, murmurait; elle était noire, blanche, bleue, verte; elle criait, elle foisonnait, sous le balai de la portière, vieille femme édentée, faite aux orages, et qui semblait les bénir, en poussant dans la rue mille débris dont l'inventaire curieux révélait la vie et les habitudes de chaque locataire de la maison. C'étaient des découpures d'indienne, des feuilles de thé, des pétales de fleurs artificielles, décolorés, manqués; des épluchures de légumes, des papiers, des fragments de métal. A chaque coup de balai, la vieille femme mettait à nu l'âme du ruisseau, cette fente noire, découpée en cases de damier, après laquelle s'acharnent les portiers.

Le pauvre amant examinait ce tableau, l'un des milliers que le mouvant Paris offre chaque jour; mais il l'examinait machinalement, en homme absorbé par ses pensées, lorsqu'en levant les yeux il se trouva nez à nez avec un homme qui venait d'entrer.

C'était, en apparence du moins, un mendiant, mais non pas le mendiant de Paris, création sans nom dans les langages humains; c'était un type nouveau frappé en dehors de toutes les idées réveillées par le mot de mendiant.

L'inconnu ne se distinguait point par ce caractère originalement parisien qui nous saisit assez souvent dans les malheureux dont Charlet a représenté parfois, avec un rare bonheur d'observation, la physionomie et les mœurs. Ce sont de grossières figures roulées dans la boue, à la voix rauque, aux nez rougis et bulbeux; à bouches dépourvues de dents, quoique menaçantes; humbles et terribles, chez lesquelles l'intelligence profonde qui brille dans les yeux semble être un contre-sens. Quelques-uns de ces vagabonds effrontés ont le teint marbré, gercé, veiné; le front couvert de rugosités; les cheveux rares et sales, comme ceux d'une perruque jetée au coin d'une borne; tous gais dans leur dégradation, et dégradés dans leurs joies; tous marqués du sceau de la débauche. Ils jettent leur silence comme un reproche, et leur attitude révèle d'effrayantes pensées. Ils vivent entre le crime et l'aumône; ils n'ont plus de remords, et tournent prudemment autour de l'échafaud sans y tomber, innocents au milieu du vice, et vicieux au milieu de leur innocence. Ils font souvent sourire, mais font toujours penser. L'un vous représente la civilisation rabougrie, il comprend tout : l'honneur du bagne, la patrie, la vertu; puis c'est la malice du crime vulgaire, et les finesses d'un forfait élégant. L'autre est résigné, mime profond, mais stupide. Tous ces velléités d'ordre et de travail, mais ils sont repoussés dans leur fange par une société qui ne veut pas s'enquérir de ce qu'il peut y avoir de poëtes, de grands hommes, de gens intrépides et d'organisations

magnifiques parmi les mendiants, ces bohémiens de Paris; peuple souverainement bon et souverainement méchant, comme toutes les masses qui ont souffert, habitué à supporter des maux inouïs, et qu'une fatale puissance maintient toujours au niveau de la boue. Ils ont tous un rêve, une espérance, un bonheur : le jeu, la loterie ou le vin.

Il n'y avait rien de cette vie étrange dans le personnage collé fort insouciamment sur le mur, devant M. de Maulincour, comme une fantaisie dessinée par un habile artiste, derrière quelque toile retournée de son atelier. C'était un homme long et sec, dont le visage plombé trahissait une pensée profonde et glaciale. Il séchait la pitié dans le cœur des curieux, par une attitude pleine d'ironie et un regard noir qui annonçaient sa prétention de traiter d'égal à égal avec eux. Sa figure était d'un blanc sale, et son crâne ridé, dégarni de cheveux, avait une vague ressemblance avec un quartier de granit. Quelques mèches plates et grises, placées de chaque côté de sa tête, descendaient sur le collet de son habit crasseux et boutonné jusqu'au cou. Il ressemblait tout à la fois à Voltaire et à don Quichotte; il était railleur et mélancolique, plein de mépris, de philosophie, mais à demi aliéné. Il paraissait ne pas avoir de chemise; sa barbe était longue, et sa méchante cravate noire tout usée, déchirée, laissait voir un cou protubérant, fortement sillonné, composé de veines grosses comme des cordes. Un large cercle brun, meurtri, se dessinait sous chacun de ses yeux. Il paraissait avoir au moins soixante ans. Ses mains étaient blanches et propres. Il portait des bottes éculées et percées; son pantalon bleu, raccommodé en plusieurs endroits, était blanchi par une espèce de duvet qui le rendait ignoble.

Soit que ses vêtements mouillés exhalassent une odeur fétide, soit qu'il eût à l'état normal cette senteur de misère qu'ont les taudis parisiens, de même que les bureaux, les sacristies et les hospices ont la leur, goût fétide et rance, dont rien ne saurait donner l'idée, les voisins de cet homme quittèrent leurs places et le laissèrent seul. Il jeta sur eux, puis reporta sur l'officier son regard calme et sans expression, le regard si célèbre de M. de Talleyrand, coup d'œil terne et sans chaleur, espèce de voile impénétrable sous lequel une âme forte cache de profondes émotions et les plus exacts calculs sur les hommes, les choses et les événements. Aucun pli de son visage ne se creusa; sa bouche et son front furent impassibles; mais ses yeux s'abaissèrent par un mouvement d'une lenteur noble et presque tragique. Il y eut enfin tout un drame dans le mouvement de ses paupières flétries.

L'aspect de cette figure stoïque fit naître chez M. de Maulincour l'une de ces rêveries vagabondes qui commencent par une interrogation vulgaire et comprennent tout un monde de pensées.

L'orage était passé. M. de Maulincour n'aperçut plus de cet homme que le pan de sa redingote qui frôlait la borne ; mais en quittant sa place pour s'en aller, il trouva sous ses pieds une lettre qui venait de tomber, et devina qu'elle sortait de la poche de l'inconnu, quand il le vit remettre un foulard dont il s'était servi. L'officier prit la lettre pour la lui rendre, et lut involontairement l'adresse :

*A Monsieur,*

Monsieur *Ferragusse,*

Rue des Grans-Augustins, au coing de la rue Soly.

Paris.

La lettre ne portait aucun timbre, et l'indication empêcha M. de Maulincour de la restituer ; car il y a peu de passions qui ne deviennent improbes à la longue.

Le baron eut un pressentiment de l'opportunité de cette trouvaille, et voulut, en regardant la lettre, se donner le droit d'entrer dans la maison mystérieuse pour y venir la rendre à cet homme, ne doutant pas qu'il ne demeurât dans la maison suspecte. Déjà des soupçons, vagues comme les premières lueurs du jour, lui faisaient établir des rapports entre cet homme et M^me Jules. Les amants jaloux supposent tout ; et c'est en supposant tout, en choisissant les conjectures les plus probables que les juges, les amants et les observateurs devinent la vérité qui les intéresse.

— Est-ce à lui la lettre, est-elle de M^me Jules ?

Mille questions ensemble lui furent jetées par son imagination inquiète ; mais aux premiers mots il sourit.

Voici textuellement, dans la splendeur de sa phrase naïve, et dans son orthographe ignoble, cette lettre, à laquelle il était impossible de rien ajouter, dont il ne fallait rien retrancher, si ce n'est la lettre même, mais qu'il a été nécessaire de ponctuer en la donnant ; car il n'y a, dans l'original, ni virgules, ni repos indiqué, ni même de points d'exclamation, fait qui tendrait à détruire le système des points par lesquels les auteurs modernes ont essayé de peindre les grands désastres de toutes les passions.

« Henry !

« Dans le nombre des sacrifices que je m'étais imposée a votre égard ce trouvoit ce lui de ne plus vous donner de mes nouvelles, mais une voix irrésistible mordonne de vous faire connettre vos crimes en vers moi. Je sais d'avance que votre âme en durcie dans le vice ne daignera pas me plaindre. Votre cœur est sour à la sensibilité. Ne l'ét-il pas aux cris de la nature, mais peu importe : je dois vous apprendre jusqu'à quelle point vous vous etes rendu coupable et l'oreur de la position où vous m'avez mis. Henry vous saviez tout ce que j'ai souferts de ma première faute et vous avez pu me plonger dans le même *malheur* et m'abendonner à mon desespoir et à ma douleur. Oui, je la voue, la croiyence que j'avois d'être aimée et d'être estimée de vou m'avoit donné le couraje de suporter mon sort. Mais aujourd'hui que me reste-t-il ? ne m'avez vous pas fait perdre tout ce que j'avois de plus cher, tout ce qui m'attachait à la vie : parents, amis, onneur, réputations, je vous ai tout sacrifiés et il ne me reste que l'oprobre, la honte et je le dis sans rougir, la misère, il ne me menquai à mon malheur que la sertitude de votre mépris et de votre aine ; maintenant que je l'é, j'orai le couraje que mon projet exije. Mon parti est pris et l'onneur de ma famille le commende : je vais donc mettre un terme à mes souffrances.....

Ne faites aucune réflaictions sur mon projet, Henry. Il est affreux je le sais mais mon état m'y force. Sans secour, sans soutien, sans un *ami* pour me consoler, puije vivre ? non. Le sort en a désidé. Ainci dans deux jours, Henry, dans deux jours Ida ne cera plus digne de votre estime ; mais recevez le serment que je vous fais d'avoir ma conscience tranquille puisque je n'ai jamais sésé d'être digne de votre amitié. O Henry, mon ami, car je ne chengerai jamais pour vous, promettez-moi que vous me pardonnerez la carrier que je vais embrasser. Mon amour m'a donné du courage, il me soutiendra dans la vertu. Mon cœur d'ailleur plein de ton image cera pour moi un préservatife contre la séduction.

« N'oubliez jamais que mon sort est votre ouvrage, et jugez vous. Puis le ciel ne pas vous punir de vos crimes, c'est à genoux que je lui demende votre pardon, car je le sens, il ne me menquerai plus à mes maux que la douleur de vous savoir malheureux. Malgré le dénument où je me trouve, je refuserai tout espèc de secour de vous. Si vous m'aviez aimé, jorai pu les recevoir comme venent de la mitié, mais un bienfait exité par la *pitié, mon ame le repouse* et je cerois plus la che en le resevent que celui qui me le proposerai. J'ai une grâce a vous demander : je ne sais pas le temps que je dois rester chez madame Meynardie, soyez assez généreux déviter di paroitre devent moi. Vos deux dernièr visites mon fait un mal dont je me résentirai longtemps : je ne veux point entrer dans des détailles sur votre conduhite à ce sujet. Vous me haisez, ce mot est gravé dans mon cœur et le glasse léfroit. Hélas ! c'est au moment où j'ai besoin de tout mon courage que toutes mes facultés m'abandonnent. Henry mon ami avant que j'ai mis une barrier entre nous, donne moi une dernier preuve de ton estime : écris moi, répons moi, dis moi que tu m'estime encore quoique ne m'aiment plus. Malgré que mes yeux soit toujours dignes de rencontrer les votre, je ne solicite pas d'entrevue : je crains tout de ma faiblesse et de mon amour. Mais de grâce écrivez moi un mot de suite, il me donnera le courage dont j'ai besoin pour supporter mes adversités. Adieu l'oteur de tous mes maux, mais le seul ami que mon cœur ai choisi et qu'il n'oubliera jamais.

« IDA. »

Cette vie de jeune fille dont l'amour trompé, les joies funestes, les douleurs, la misère et l'épouvantable résignation, étaient résumées en si peu de mots, ce poëme inconnu, mais essentiellement parisien, écrit dans cette lettre sale, agirent pendant un moment sur M. de Maulincour, et il finit par se demander si cette Ida ne serait pas une parente de M.me Jules, et si le rendez-vous du soir, dont il avait été fortuitement témoin, n'était pas nécessité par quelque tentative charitable. Que le vieux pauvre eût séduit Ida, cette séduction tenait du prodige. En se jouant dans le labyrinthe de ses réflexions qui se croisaient et se détruisaient l'une par l'autre, le baron arriva près de la rue Pagevin, et vit un fiacre arrêté dans le bout de la rue des Vieux-Augustins qui avoisine la rue Montmartre. Tous les fiacres stationnés lui disaient quelque chose.

— Y serait-elle ?

Et son cœur battait par un mouvement chaud et fiévreux. Il poussa la petite porte à grelot, mais en baissant la tête et en obéissant à une sorte de honte, car il entendait une voix secrète qui lui disait :

— Pourquoi mets-tu le pied dans ce mystère ?

Il monta quelques marches, et se trouva nez à nez avec la vieille portière.

— Monsieur Ferragus !

— Connais pas...

— Comment, M. Ferragus ne demeure pas ici ?...

— Nous n'avons pas ça dans la maison...

— Mais, ma bonne femme...

— Je ne suis pas une bonne femme, monsieur, suis concierge.

— Mais, madame, reprit le baron, j'ai une lettre à remettre à M. Ferragus...

— Ah ! si monsieur a une lettre, dit-elle en changeant de ton, voulez-vous la faire voir ?...

Auguste montra la lettre pliée, et la vieille, hochant la tête d'un air de doute, hésita, sembla vouloir quitter sa loge pour aller instruire le mystérieux Ferragus de cet incident imprévu; puis elle dit :

— Eh bien ! montez, monsieur, vous devez savoir où c'est...

Sans répondre à cette phrase, par laquelle cette vieille rusée pouvait lui tendre un piège, l'officier grimpa lestement les escaliers, et sonna vivement à la porte du second étage. Son instinct d'amant lui disait : — *Elle* est là !

L'inconnu du porche, le Ferragus ou l'*oteur* des maux d'Ida ouvrit lui-même, et se montra vêtu d'une robe de chambre à fleurs, d'un pantalon de molleton blanc, les pieds chaussés dans de jolies pantoufles en tapisserie, la tête débarbouillée; et M.me Jules, dont la tête dépassait le chambranle de la porte de la seconde pièce, pâlit et tomba sur une chaise.

— Qu'avez-vous, madame ? s'écria l'officier en s'élançant vers elle.

Mais Ferragus étendit le bras et rejeta vivement l'officier par un mouvement si sec qu'Auguste crut avoir reçu dans la poitrine un coup de barre de fer.

— Arrière ! monsieur, dit cet homme. Que nous voulez-vous ? Vous rôdez dans le quartier depuis cinq à six jours..... Seriez-vous un espion ?

— Êtes-vous M. Ferragus ?

— Non, monsieur.

— Néanmoins, reprit Auguste, je dois vous remettre ce papier, que vous avez perdu sous la porte de la maison où nous étions tous deux pendant la pluie.

En parlant et en tendant la lettre à cet homme, le baron ne put s'empêcher de jeter un coup d'œil sur la pièce où il était, et la trouva fort bien décorée, quoique simplement. Il y avait du feu dans la cheminée ; et, tout auprès, une table servie plus somptueusement que ne le comportait l'apparente situation de cet homme ou la médiocrité de son loyer. Enfin, sur une causeuse de la seconde pièce, qu'il lui fut possible de voir, il aperçut un tas d'or, et entendit un bruit qui ne pouvait être produit que par des pleurs de femme.

— Ce papier m'appartient, je vous remercie, dit l'inconnu, en se tournant de manière à faire comprendre au baron qu'il désirait le voir dehors.

Trop curieux pour faire attention à l'examen profond dont il était l'objet, Auguste ne vit pas l'inconnu le dévorer par des regards à demi magnétiques ; mais, certes s'il eût rencontré cet œil de basilic, il aurait peut-être compris le danger qui le menaçait. Trop passionné pour penser à lui-même, Auguste salua, descendit, et retourna chez lui, en essayant de trouver un sens dans la réunion de ces trois personnes : Ida, Ferragus et M.me Jules ; occupation qui, moralement, équivalait à chercher l'arrangement des morceaux de bois biscornus du casse-tête chinois, sans avoir la clef du jeu. Mais M.me Jules l'avait vu, M.me Jules venait là, M.me Jules lui avait menti. Maulincour se proposa d'aller rendre une visite à cette femme le lendemain. Elle ne pouvait pas refuser de le voir, il s'était fait son complice, il avait les pieds et les mains dans cette ténébreuse intrigue. Il tranchait déjà du sultan, et pensait à demander impérieusement à M<sup>me</sup> Jules de lui révéler tous ses secrets.

En ce temps-là, Paris avait la fièvre des constructions, car si Paris est un monstre, il est assurément le plus maniaque des monstres. Il lui prend mille fantaisies : tantôt il bâtit comme un grand seigneur qui aime la truelle ; puis, il laisse sa truelle et devient militaire ; il s'habille de la tête aux pieds en garde national, fait l'exercice et fume ; tout à coup il abandonne les répétitions militaires, jette son cigare ; puis il se désole, fait faillite, vend ses meubles sur la place du Châtelet, dépose son bilan ; mais quelques jours après, il arrange ses affaires, se met en fête et danse. Un jour il mange du sucre d'orge à pleines mains, à pleines lèvres ; hier il achetait du papier Weynen, aujourd'hui le monstre a mal aux dents et s'applique un alexipharmaque sur toutes ses murailles ; demain il fera ses provisions de pâte pectorale. Il a ses manies pour le mois, pour la saison, pour l'année, comme ses manies d'un jour. Or, en ce moment où tout le monde bâtissait et démolissait quelque chose, on ne sait quoi encore, il y avait très-peu de rues qui ne vissent l'échafaudage à longues perches, garni de planches mises sur des traverses et fixées d'étages en étages dans des boulins ; construction frêle, ébranlée par les Limousins, mais assujettie par des cordages, toute blanche de plâtre, rarement garantie des atteintes d'une voiture par ce mur de planches, enceinte obligée des monuments qu'on ne bâtit pas. Il y a quelque chose de maritime dans ces mâts, dans ces échelles, dans ces cordages, dans les cris des maçons.

Or, à douze pas de l'hôtel Maulincour, un de ces bâtiments éphémères était élevé devant une maison que l'on construisait en pierres de taille. Le lendemain, au moment où le baron de Maulincour passait en cabriolet devant cet échafaud, en allant chez M<sup>me</sup> Jules, une pierre de vingt pouces carrés, arrivée au sommet des perches, s'échappa de ses liens de corde en tournant sur elle-même, et tomba sur le domestique, qu'elle écrasa derrière le cabriolet. Un cri d'épouvante fit trembler l'échafaudage et les maçons ; l'un d'eux se tenait avec peine aux longues perches, en danger de mort ; il paraissait avoir été touché par la pierre. La foule s'amassa promptement. Tous les maçons descendirent, criant, jurant et disant que le cabriolet de M. de Maulincour avait causé un ébranlement à leur grue. Deux pouces de plus, et l'officier avait la tête coiffée par la pierre. Le valet était mort, la voiture brisée. Ce fut un événement pour le quartier ; les journaux le rapportèrent. M. de Maulincour, sûr de n'avoir rien touché, se plaignit ; la justice intervint ; mais, enquête faite, il fut prouvé qu'un petit garçon, armé d'une latte, montait la garde et criait aux passants de s'éloigner. L'affaire en resta là. M. de Maulincour en fut pour son domestique, pour sa terreur, et resta dans son lit pendant quelques jours. L'arrière-train du cabriolet, en se brisant, lui avait fait des contusions ; puis, la secousse nerveuse causée par la surprise lui donna la fièvre.

Il n'alla pas chez M<sup>me</sup> Jules.

Dix jours après cet événement, et à sa première sortie, il se rendait au bois de Boulogne dans son cabriolet restauré, lorsqu'en descendant la rue de Bourgogne, à l'endroit où se trouve l'égout, en face de la Chambre des Députés, l'essieu se cassa net par le milieu, et le baron allait si rapidement que cette cassure eut pour effet de faire tendre les deux roues à se rejoindre assez violemment pour lui fracasser la tête ; mais il fut préservé de ce danger par la résistance qu'opposa la capote. Néanmoins il reçut une blessure grave au côté. Pour la seconde fois en dix jours il fut rapporté quasi mort chez la douairière éplorée.

Ce second accident lui donna quelque défiance, et il pensa, mais vaguement, à Ferragus et à M<sup>me</sup> Jules. Pour éclaircir ses soupçons, il garda l'essieu brisé dans sa chambre, et manda son carrossier. Le carrossier vint, regarda l'essieu, la cassure, et prouva deux choses à M. de Maulincour :

1° L'essieu ne sortait pas de ses ateliers ; il n'en fournissait aucun qu'il n'y gravât grossièrement les initiales de son nom, et il ne pouvait pas expliquer par quels moyens cet essieu avait été substitué ;

2° La cassure de cet essieu suspect avait été ménagée par une chambre, une espèce de creux intérieur, des soufflures, des pailles très-habilement pratiquées.

— Eh ! monsieur le baron, il a fallu être joliment malin, dit-il, pour arranger tout cela... car on jurerait que c'est naturel...

M. de Maulincour pria son carrossier de ne rien dire de cette aventure, et se tint pour dûment averti. Ces deux tentatives d'assassinat étaient ourdies avec une adresse qui dénotait l'inimitié de gens supérieurs.

— C'est une guerre à mort, se dit-il en s'agitant dans son lit ; une guerre de sauvages ! une guerre de surprise, d'embuscade, de traîtrise, déclarée au nom de M<sup>me</sup> Jules ! A quel homme appartient-elle donc ? De quel pouvoir dispose donc ce Ferragus ?...

Enfin M. de Maulincour, quoique brave, quoique militaire, ne put s'empêcher de frémir ; car au milieu de toutes les pensées qui l'assaillirent, il y en eut ne contre laquelle il se trouva sans défense et sans courage : le poison ne serait-il pas bientôt employé par ses ennemis secrets ?

Aussitôt, dominé par des craintes que sa faiblesse momentanée, la diète et la fièvre augmentaient encore, il fit venir une vieille femme attachée depuis longtemps à sa grand'mère, une femme qui avait pour lui un de ces sentiments à demi maternels, le sublime du commun. Sans s'ouvrir entièrement à elle, il la chargea d'acheter secrètement, et chaque jour, en des endroits différents, les aliments qui lui étaient nécessaires; en lui recommandant de les mettre sous clef, et de les lui apporter elle-même, sans permettre à qui que ce fût d'approcher d'elle quand elle les lui servirait.

Enfin il prit les précautions les plus minutieuses pour se garantir de ce genre de mort. Il se trouvait au lit, seul, malade, et put penser à loisir à sa propre défense, le seul besoin assez clairvoyant pour permettre à l'égoïsme humain de ne rien oublier. Mais le malheureux malade avait empoisonné sa vie par la crainte; et, malgré lui, le soupçon teignit toutes les heures de ses sombres nuances.

Cependant ces deux leçons d'assassinat lui apprirent une des vertus les plus nécessaires aux hommes politiques; il comprit la haute dissimulation dont il faut user dans le jeu des grands intérêts de la vie. Faire son secret n'est rien; mais se taire à l'avance, mais savoir oublier un fait pendant trente ans, s'il le faut, à la manière d'Ali-Pacha, pour assurer une vengeance méditée pendant trente ans, est une belle étude en un pays où il y a peu d'hommes qui sachent dissimuler pendant trente jours.

M. de Maulincour ne vivait plus que par Mme Jules. Il était perpétuellement occupé à examiner sérieusement les moyens qu'il pouvait employer dans cette lutte inconnue pour triompher d'adversaires inconnus. Sa passion anonyme pour cette femme grandissait de tous ces obstacles. Mme Jules était toujours debout, au milieu de ses pensées et de son cœur, plus attrayante alors par ses vices présumés, que par les vertus certaines qui en avaient fait pour lui une idole.

Le malade, voulant reconnaître les positions de l'ennemi, crut pouvoir sans danger initier le vieux vidame aux secrets de sa situation. Le commandeur l'aimait comme un père aime ses enfants; il était fin, adroit, il avait un esprit diplomatique. Il vint donc écouter le baron, hocha la tête, et tous deux tinrent conseil.

Le bon vidame ne partagea pas la confiance de son jeune ami, quand Auguste lui dit qu'au temps où ils vivaient, la police et le pouvoir étaient à même de connaître tous les mystères, et que, s'il le fallait, il trouverait en eux de puissants auxiliaires.

Le vieillard lui répondit que la police était ce qu'il y avait de plus inhabile au monde, et le pouvoir ce qu'il y avait de plus faible dans les questions individuelles; que ni la police ni le pouvoir ne savaient lire au fond des cœurs, et que tout ce qu'on devait raisonnablement leur demander était de rechercher les causes d'un fait, ce à quoi le pouvoir et la police étaient souvent impropres, parce qu'ils manquaient essentiellement de cet intérêt personnel qui révèle tout à celui qui a besoin de tout savoir; mais qu'aucune puissance humaine ne saurait empêcher ni un assassin, ni un empoisonneur, d'arriver soit au cœur d'un prince, soit à l'estomac d'un honnête homme.

Le commandeur conseilla fortement au baron de s'en aller en Italie, d'Italie en Grèce, de Grèce en Syrie, de Syrie en Asie, et de ne revenir qu'après avoir convaincu ses ennemis secrets de son repentir, et avoir ainsi fait tacitement sa paix avec eux... sinon, de rester dans son hôtel, dans sa chambre, parce qu'à toute force, il pouvait s'y garantir des atteintes de ce Ferragus, et n'en sortir que pour l'écraser en toute sûreté. Le vieillard lui promit d'employer tout ce que le ciel lui avait départi d'astuce pour, sans compromettre personne, pousser des reconnaissances chez l'ennemi, et lui en rendre bon compte.

Le commandeur avait un vieux Figaro retiré, le plus malin singe qui jamais eût pris figure humaine, jadis spirituel comme un diable, faisant tout de son corps comme un forçat, alerte comme un voleur, fin comme une femme, mais tombé dans la décadence du génie, faute d'occasions, depuis la nouvelle constitution de la société parisienne, qui a mis à l'écart les valets de comédie. Ce Scapin émérite était attaché à son maître comme à un être supérieur; mais le rusé vidame ajoutait chaque année aux gages de son ancien prévôt de galanterie une assez forte somme, ce qui en corroborait l'amitié naturelle par les liens de l'intérêt, et valait au vieillard des soins que la maîtresse la plus aimante n'eût pas inventés pour son ami malade. Ce fut cette perle des vieux valets de théâtre, débris du dernier siècle, ministre incorruptible, faute de passions à satisfaire, auquel se fièrent le commandeur et M. de Maulincour.

— M. le baron gâterait tout, dit ce grand homme en livrée, appelé au conseil. Que monsieur mange, boive et dorme tranquillement... Je prends tout sur moi.

En effet, huit jours après la conférence, au moment où M. de Maulincour, parfaitement remis de son indisposition, déjeunait avec sa grand'mère et le vidame, Justin entra, pour faire son rapport. Puis, avec cette fausse modestie qu'affectent les gens de talent, il dit, lorsque la douairière fut rentrée dans ses appartements :

— Ferragus n'est pas le nom de l'ennemi qui poursuit monsieur le baron. Cet homme, ce diable, s'appelle Gratien, Henri, Victor, Jean-Joseph Bourignard. Le sieur Gratien Bourignard est un ancien entrepreneur de bâtiments, jadis fort riche, et surtout l'un des plus jolis garçons de Paris, un Lovelace capable de séduire Grandisson. Ici s'arrêtent mes renseignements. Il a été simple ouvrier, et les compagnons de l'ordre des Dévorants l'ont, dans le temps, élu pour chef, sous le nom de Ferragus XXIII. La police devrait savoir cela. Cet homme a déménagé ; il ne demeure plus rue des Vieux-Augustins, il perche maintenant rue Joquelet. M$^{me}$ Jules Desmarets va le voir tous les jours. Assez souvent son mari, en allant à la Bourse, la mène rue Vivienne, ou elle mène son mari à la Bourse. Monsieur le vidame connaît trop bien ces choses-là pour exiger que je lui dise si c'est le mari qui mène la femme, ou la femme son mari ; mais M$^{me}$ Jules est si jolie que je parierais pour elle. Tout cela est du dernier positif. Mon Bourignard joue souvent au numéro 139 ; c'est, sous votre respect, monsieur, un farceur qui aime les femmes, et qui vous a ses petites allures, comme un homme de condition. Du reste, il gagne souvent, se déguise comme un acteur, se grime comme il veut, et vous a la vie la plus originale du monde. Je ne doute pas qu'il n'ait plusieurs domiciles, et la plupart du temps il échappe à ce que monsieur le commandeur nomme des *investigations parlementaires*. Si monsieur le désire, on peut néanmoins s'en défaire honorablement, eu égard à ses habitudes. Le vieux drôle est fin. Dernièrement il a laissé tomber une pièce d'or dans son escalier, et a dit à sa portière que ce n'était pas à lui. Ce capitaliste parle de déménager encore. Maintenant monsieur le vidame et monsieur le baron ont-ils quelque chose à me commander ?...

— Justin, je suis content de toi, ne va pas plus loin sans ordre ; mais veille ici à tout, de manière à ce que M. le baron n'ait rien à craindre.

— Mon cher enfant, reprit le vidame, reprends ta vie, et oublie M$^{me}$ Jules...

— Non, non, dit Auguste, je ne céderai pas la place à Gratien Bourignard, je veux l'avoir pieds et poings liés, et M$^{me}$ Jules aussi.

Le soir, le baron Auguste de Maulincour, récemment promu à un grade supérieur dans une compagnie des gardes-du-corps, alla au bal, à l'Élysée Bourbon chez M$^{me}$ la duchesse de Berri. Là, certes, il ne pouvait y avoir aucun danger à redouter pour lui. Le baron de Maulincour ne sortit néanmoins pas sans une affaire d'honneur à vider, une affaire qu'il était impossible d'arranger. Son adversaire, le marquis de Ronquerolles, avait les plus fortes raisons de se plaindre d'Auguste, et Auguste y avait donné lieu par son ancienne liaison avec la sœur de M. de Ronquerolles, la comtesse de Sérizy. Cette dame, qui n'aimait pas la sensiblerie allemande, n'en était que plus exigeante dans les moindres détails de son costume de prude. Par une de ces fatalités inexplicables, Auguste fit une plaisanterie que M$^{me}$ de Sérizy prit fort mal, et dont son frère s'offensa. L'explication eut lieu dans un coin, à voix basse. En gens de bonne compagnie, ils ne firent point de bruit.

Le lendemain seulement, la société du faubourg Saint-Honoré, du faubourg Saint-Germain, et le Château, s'entretinrent de cette aventure. M$^{me}$ de Sérizy fut chaudement défendue, et l'on donna tous les torts à Maulincour. Néanmoins d'augustes personnages intervinrent ; des témoins de la plus haute distinction furent imposés à MM. de Maulincour et de Ronquerolles, et toutes les précautions furent prises sur le terrain pour qu'il n'y eût personne de tué.

Quand Auguste se trouva devant son adversaire, homme de plaisir, auquel personne ne refusait des sentiments d'honneur, il ne put voir en lui l'instrument de Ferragus, chef des Dévorants, mais il eut une secrète envie d'obéir à d'inexplicables pressentiments en questionnant le marquis.

— Messieurs, dit-il aux témoins, je ne refuse certes pas d'essuyer le feu de M. de Ronquerolles ; mais, auparavant, je déclare que j'ai eu tort, je lui fais les excuses qu'il exigera de moi, publiquement même s'il le désire, parce que, quand il s'agit d'une femme, rien ne saurait, je crois, déshonorer un galant homme. J'en appelle donc, moi, à sa raison et à sa générosité, de la niaiserie qu'il y a, de nos jours, à se battre quand le bon droit peut succomber.....

M. de Ronquerolles n'admit point cette façon de finir l'affaire, et alors le baron, devenu plus soupçonneux, s'approcha de son adversaire, et lui dit :

— Eh bien ! monsieur le marquis, engagez-moi, devant ces messieurs, votre foi de gentilhomme de n'apporter dans cette rencontre aucune raison de vengeance, autre que celle dont il s'agit publiquement...

— Monsieur, ce n'est pas une question à me faire...

Et M. de Ronquerolles alla se mettre à sa place. Il était convenu, par avance, que les deux adversaires se contenteraient d'échanger un coup de pistolet. M. de Ronquerolles, malgré la distance déterminée, qui semblait devoir rendre la mort de M. de Maulincour très-problématique, pour ne pas dire impossible, fit tomber le baron. La balle lui traversa, fort heureusement, les côtes, sans de fortes lésions, à deux doigts au-dessous du cœur.

## SCÈNES DE LA VIE PARISIENNE.

— Vous visez trop bien, monsieur, dit l'officier aux gardes, pour avoir voulu venger des passions mortes....

M. de Ronquerolles crut Auguste mort, et ne put retenir un sourire sardonique en entendant ces paroles.

— La sœur de Jules César, monsieur, ne doit pas être soupçonnée.

— Toujours M<sup>me</sup> Jules.... répondit Auguste.

Mais il s'évanouit, sans pouvoir achever une mordante plaisanterie qui expira sur ses lèvres. Quoiqu'il perdît beaucoup de sang, sa blessure n'était pas dangereuse. Après une quinzaine de jours pendant lesquels la douairière et le vidame lui prodiguèrent ces soins indignes d'un honnête homme étaient reprochées à M. de Maulincour. Il avait mis, disait-on, une vieille femme rue de Ménars, sur la place des fiacres qui s'y trouve, vile espionne occupée en apparence à vendre l'eau des tonneaux aux cochers, mais en réalité chargée d'épier les démarches de M<sup>me</sup> Jules Desmarets. Il avait espionné l'homme le plus inoffensif du monde pour en pénétrer tous les secrets, quand de ces secrets dépendait la vie ou la mort de trois personnes. Lui seul donc avait voulu la lutte impitoyable dans laquelle, déjà blessé trois fois, il succomberait inévitablement, parce que sa mort avait été jurée, et serait sollicitée par tous les moyens humains. M. de Maulincour ne pourrait même plus éviter son sort en promettant de respecter les secrets de ces trois personnes, parce qu'il était impossible de croire à la parole d'un gentilhomme capable de tomber aussi bas que des agents de police pour troubler, sans raison, la vie d'une femme innocente et d'un respectable vieillard.

La lettre ne fut rien pour Auguste, en comparaison des reproches tendres que lui fit essuyer la baronne de Maulincour. Manquer de respect et de confiance envers une femme, l'espionner sans en avoir le droit! Et devait-on espionner la femme dont on est aimé? Ce fut un torrent de ces excellentes raisons qui ne prouvent jamais rien, et qui mirent, pour la première fois de sa vie, le jeune baron dans une des grandes colères humaines d'où sortent, où germent les actions les plus capitales de la vie.

— Puisque ce duel est un duel à mort, dit-il en forme de conclusion, je dois tuer mon ennemi par tous les moyens que je puis avoir à ma disposition.

Aussitôt le commandeur alla trouver, de la part de M. de Maulincour, le chef de la police particulière de Paris, et sans mêler ni le nom ni la personne de M<sup>me</sup> Jules au récit de cette aventure, quoiqu'elle en fût le nœud secret, il lui fit part des craintes que donnait à la famille de Maulincour le personnage inconnu assez osé pour jurer la perte d'un officier aux gardes, en face des lois et de la police. L'homme de la police leva de surprise ses lunettes vertes, se moucha plusieurs fois, offrit du tabac au vidame, qui, par dignité, prétendit ne pas user de tabac, quoiqu'il en eût le nez barbouillé. Puis le sous-chef prit ses notes, et promit que, Vidocq et ses limiers aidant, il rendrait, sous peu de jours, bon compte à la famille de Maulincour de cet ennemi, disant qu'il n'y avait pas de mystères pour la police de Paris.

Quelques jours après, le chef vint voir monsieur le vidame à l'hôtel de Maulincour, et trouva le jeune baron parfaitement remis de sa dernière blessure. Alors, il leur fit, en style administratif, ses remerciments des indications qu'ils avaient eu la bonté de leur donner, en leur apprenant que ce Bourignard était un homme condamné à vingt ans de travaux forcés, mais miraculeusement échappé pendant le transport de la chaîne de Bicêtre à Toulon. Depuis treize ans, la police avait infructueusement essayé de le reprendre, après avoir su qu'il était venu fort insouciamment habiter Paris, où il avait évité les recherches les plus actives, quoiqu'il fût constamment mêlé à beaucoup d'intrigues ténébreuses. Bref, cet homme, dont la vie offrait les particularités les plus curieuses, allait être certainement saisi à l'un de ses domiciles, et livré à la justice. Le bureaucrate termina son rapport officieux en disant à M. de Maulincour que s'il attachait assez d'importance à cette affaire pour être témoin de la capture de Bourignard, il pouvait venir le lendemain à huit heures du matin rue Sainte-Foix, dans une maison dont il donna le numéro.

M. de Maulincour se dispensa d'aller chercher cette certitude, s'en fiant, avec le saint respect que la police inspire à Paris, sur la diligence de l'administration.

Trois jours après, n'ayant rien lu dans le journal sur cette arrestation, qui cependant devait fournir matière à quelque article curieux, M. de Maulincour conçut des inquiétudes que dissipa la lettre suivante :

« Monsieur le baron,

« J'ai l'honneur de vous annoncer que vous ne devez plus conserver aucune crainte touchant l'affaire dont il est question. Le nommé Gratien Bourignard, dit Ferragus, est décédé hier, en son domicile, rue Joquelet, n° 7. Les soupçons que nous devions concevoir sur son identité ont été pleinement détruits par les faits. Le médecin de la préfecture de police a été par nous adjoint à celui de la mairie, et le chef de la police de sûreté a fait toutes les vérifications nécessaires pour parvenir à une pleine certitude. D'ailleurs, la moralité des témoins qui ont signé l'acte de décès, et les attestations de ceux qui ont soigné ledit Bourignard dans ses derniers moments, entre autres celles du respectable vicaire de l'église Bonne-Nouvelle, auquel il a fait ses aveux, au tribunal de la pénitence, car il est mort en chrétien, ne nous ont pas permis de conserver les moindres doutes.

« Agréez, monsieur le baron, etc. »

M. de Maulincour, la douairière et le vidame, respirèrent avec un plaisir indicible. La bonne femme embrassa son petit-fils, en laissant échapper une larme, et le quitta pour remercier Dieu par une prière. La chère douairière, qui faisait une neuvaine pour le salut d'Auguste, se crut exaucée.

— Eh bien! dit le commandeur, tu peux maintenant te rendre au bal dont tu me parlais; je n'ai plus d'objections à t'opposer...

M. de Maulincour fut d'autant plus empressé d'aller à ce bal que M$^{me}$ Jules devait s'y trouver. Cette fête était donnée par le banquier d'une cour étrangère, chez lequel les deux sociétés de Paris se rencontraient comme sur un terrain neutre. Auguste parcourut les salons sans voir la femme qui exerçait sur sa vie une si grande influence. Il entra dans un boudoir encore désert, où il y avait des tables de jeu toutes dressées qui attendaient les joueurs, et il s'assit sur un divan, livré aux pensées les plus contradictoires sur M$^{me}$ Jules.

Un homme le prit par le bras, et le baron resta stupéfait en voyant le pauvre de la rue Coquillière, le Ferragus d'Ida, l'habitant de la rue Soly, le Bourignard de Justin, le forçat de la police, le mort de la veille.

—Monsieur, pas un cri, pas un mot, lui dit Bourignard, dont il reconnut la voix, mais qui certes eût semblé méconnaissable à tout autre. Il était mis élégamment, portait les insignes de l'ordre de la Toison-d'Or et une plaque à son habit.

Monsieur, reprit-il d'une voix qui sifflait comme celle d'une hyène, vous autorisez toutes mes tentatives en mettant de votre côté la police. Vous périrez, monsieur. Il le faut! Aimez-vous M$^{me}$ Jules? En étiez-vous aimé? de quel droit vouliez-vous troubler son repos, noircir sa vertu?...

Quelqu'un survint. Ferragus se leva pour sortir.

— Connaissez-vous cet homme?... demanda M. de Maulincour, en saisissant Ferragus au collet, mais Ferragus se dégagea lestement, et prenant M. de Maulincour par les cheveux, il lui secoua railleusement la tête à plusieurs reprises :

— Faut-il donc absolument du plomb pour la rendre sage! dit-il.

— Non pas personnellement, monsieur, répondit le témoin de cette scène, mais je sais que monsieur est M. de Funcal, Portugais fort riche.

M. de Funcal avait disparu. Le baron se mit à sa poursuite sans pouvoir le rejoindre; et, quand il arriva sous le péristyle, il vit, dans un brillant équipage, Ferragus, qui ricanait en le regardant, et partait au grand trop.

— Monsieur, de grâce, dit Auguste en rentrant dans le boudoir, où M. de Funcal demeure-t-il?...

— Je l'ignore, mais on vous le dira sans doute ici.

Le baron, ayant questionné le maître du logis, apprit que le comte de Funcal demeurait à l'ambassade de Portugal.

Alors, en ce moment où il croyait encore sentir les doigts glacés de Ferragus dans ses cheveux, il vit M$^{me}$ Jules dans tout l'éclat de sa beauté, fraîche, gracieuse, naïve, resplendissante de cette sainteté féminine dont il s'était épris. Cette créature, infernale pour lui, n'excitait plus dans son cœur que de la haine, et cette haine déborda, sanglante, terrible dans ses regards. Il épia le moment de lui parler sans être entendu de personne, et lui dit :

—Madame, voici déjà trois fois que vos *bravi* me manquent...

— Que voulez-vous dire, monsieur? répondit-elle en rougissant. Je sais qu'il vous est arrivé plusieurs accidents fâcheux, auxquels j'ai pris beaucoup de part; mais comment puis-je y être pour quelque chose?

—Vous savez donc qu'il y a des *bravi* dirigés contre moi par l'homme de la rue Soly!

— Monsieur!...

— Madame, maintenant je ne serai pas seul à vous demander compte, non pas de mon bonheur, mais de mon sang...

En ce moment Jules Desmarets s'approcha :

— Que dites-vous donc à ma femme, monsieur?

— Venez vous en enquérir chez moi, si vous en êtes curieux, monsieur...

Et Maulincour sortit, laissant M$^{me}$ Jules pâle, et presque en défaillance.

## III.

### LA FEMME ACCUSÉE.

Il y a bien peu de femmes qui ne se soient trouvées, une fois dans leur vie, à propos d'un fait incontestable, en face d'une interrogation précise, aiguë, tranchante, une de ces questions impitoyablement faites par leurs maris, et dont la seule appréhension donne un léger froid, dont le premier mot entre dans le cœur comme y entrerait l'acier d'un poignard. De là cet axiome : *Il n'y a pas de femme qui n'ait menti*. Mensonge officieux, mensonge véniel, mensonge sublime, mensonge horrible ; mais mensonge, mais obligation de mentir. Puis, cette obligation admise, ne faut-il pas savoir bien mentir ? Or les femmes mentent admirablement en France. Nos mœurs leur apprennent si bien l'imposture ! Enfin, la femme est si naïvement impertinente, si jolie, si gracieuse, si vraie dans le mensonge ; elle en reconnaît si bien l'utilité pour éviter, dans la vie sociale, les chocs violents auxquels le bonheur ne résisterait pas, qu'il leur est nécessaire comme la ouate où elles mettent leurs perles. Le mensonge devient donc pour elles le fond de la langue, et la vérité n'est plus qu'une exception ; elles la disent, comme elles sont vertueuses, par caprice ou par spéculation. Puis, selon leur caractère, certaines femmes rient en mentant ; celles-ci pleurent, celles-là deviennent graves ; quelques-unes se fâchent. Après avoir commencé dans la vie par feindre de l'insensibilité pour les hommages qui les flattaient le plus, elles finissent souvent par se mentir à elles-mêmes.

Qui n'a pas admiré leur apparence de supériorité au moment où elles tremblent pour les mystérieux trésors de leur amour ? Qui n'a pas étudié leur aisance, leur facilité, leur liberté d'esprit dans les plus grands embarras de la vie ? Alors, chez elles, rien d'emprunté : la tromperie coule comme la neige tombe du ciel. Puis, avec quel art elles découvrent le vrai dans autrui ! Avec quelle finesse elles emploient la logique, à propos de la question passionnée qui leur livre toujours quelque secret de cœur chez un homme assez naïf pour procéder près d'elles par interrogation ? Questionner une femme, n'est-ce pas se livrer à elle ? N'apprendra-t-elle pas tout ce qu'on veut lui cacher ? et ne saura-t-elle pas se taire en parlant ? Et quelques hommes ont la prétention de lutter avec la femme de Paris ! avec une femme qui sait se mettre au-dessus des coups de poignard, en disant :

— *Qu'est-ce que cela vous fait ? Pourquoi voulez-vous le savoir ? Ah ! vous êtes jaloux ! Et si je ne voulais pas vous répondre ?*

Enfin avec une femme qui possède cent trente-sept mille manières de dire NON, et d'incommensurables variations pour dire OUI ! Le traité du *non* et du *oui* n'est-il pas une des plus belles œuvres diplomatiques, philosophiques, logographiques et morales qui nous restent à faire ? Mais, pour accomplir cette œuvre diabolique, ne faudrait-il pas un génie androgyne ? aussi ne sera-t-elle jamais tentée. Puis, de tous les ouvrages inédits n'est-il pas le plus connu, le mieux pratiqué par les femmes ? Avez-vous jamais étudié l'allure, la pose, la *disinvoltura* d'un mensonge ? Examinez !

M$^{me}$ Desmarets était assise dans le coin droit de sa voiture, et son mari dans le coin gauche. Ayant su se remettre de son émotion, en sortant du bal, M$^{me}$ Jules affectait une contenance calme. Son mari ne lui avait rien dit, et ne lui disait rien encore. Jules regardait par la portière les pans noirs des maisons silencieuses devant lesquelles il passait ; mais tout à coup, comme poussé par une pensée déterminante, en tournant un coin de rue, il examina sa femme qui semblait avoir froid, malgré la pelisse doublée de fourrure dont elle était enveloppée. Il lui trouva un air pensif, et peut-être était-elle réellement pensive. De toutes les choses qui se communiquent, la réflexion et la gravité sont les plus contagieuses.

— Qu'est-ce que M. de Maulincour a donc pu te dire pour t'affecter aussi vivement ? demanda Jules. Et que veut-il donc que j'aille apprendre chez lui ?

— Mais il ne pourra rien te dire chez lui que je ne te dise maintenant, répondit-elle.

Puis, avec cette finesse féminine qui déshonore toujours un peu la vertu, M$^{me}$ Jules attendit une autre question.

Le mari retourna la tête vers les maisons et continua ses études sur les portes cochères. Une interrogation de plus n'était-elle pas un soupçon, une défiance ? Or soupçonner une femme est un crime en amour. Jules avait déjà tué un homme sans avoir douté de sa femme.

Clémence ne savait pas tout ce qu'il y avait de passion vraie, de réflexions profondes dans le silence de son mari, comme Jules ignorait le drame admirable qui serrait le cœur de sa Clémence. Et la voiture d'aller dans Paris silencieux, emportant deux époux, deux amants qui s'idolâtraient, et qui, doucement appuyés, réunis sur des coussins de soie, étaient néanmoins séparés par un abîme. Dans ces élégants coupés qui reviennent du bal, entre minuit et deux heures du matin, que de scènes bizarres ne se passe-t-il pas, en s'en tenant aux coupés dont les lanternes éclairent et la rue et la voiture ; ceux dont les glaces sont claires ; enfin les coupés de l'amour légitime, où les couples peuvent se quereller sans avoir peur d'être vus par les passants, parce que l'état civil donne le droit de bouder, de battre, d'embrasser une femme en voiture et ailleurs, partout. Aussi combien de secrets ne se révèle-t-il pas aux fantassins nocturnes, à ces jeunes gens venus au bal en voiture, mais obligés, par quelque cause que ce soit, de s'en aller à pied !

C'était la première fois que Jules et Clémence se trouvaient ainsi chacun dans leur coin. Le mari se pressait ordinairement près de sa femme.

— Il fait bien froid... dit Mme Jules.

Mais le mari n'entendit point, il étudiait toutes les enseignes noires au-dessus des boutiques.

— Clémence, dit-il enfin, pardonne-moi la question que je vais t'adresser.

Et il se rapprocha, la saisit par la taille et la ramena près de lui.

— Mon Dieu, nous y voici !... pensa la pauvre femme.

— Eh bien ! reprit-elle en allant au-devant de la question, tu veux apprendre ce que me disait M. de Maulincour? Je te le dirai, Jules; mais ce ne sera point sans terreur. Est-ce que nous pouvons avoir des secrets l'un pour l'autre? Depuis un moment je te vois luttant entre la conscience de notre amour et des craintes vagues : notre conscience n'est-elle pas claire et tes soupçons ne te semblent-ils pas bien ténébreux ? Pourquoi ne pas rester dans la clarté qui plaît? Quand je t'aurai tout raconté, tu désireras en savoir davantage; et cependant je ne sais moi-même ce que cachent les étranges paroles de cet homme. Eh bien! peut-être y aura-t-il alors entre vous deux quelque fatale affaire. J'aimerais bien mieux que nous oubliassions tous deux ce mauvais moment. Mais, dans tous les cas, jure-moi d'attendre que cette singulière aventure s'explique naturellement. M. de Maulincour m'a déclaré que les trois accidents dont tu as entendu parler : la pierre tombée sur son domestique, sa chute en cabriolet, et son duel à propos de Mme de Serizy, étaient l'effet d'une conjuration que j'avais tramée contre lui. Puis il m'a menacée de m'expliquer l'intérêt qui me porterait à l'assassiner. Comprends-tu quelque chose à tout cela? Mon trouble est venu de l'impression que m'ont causée la vue de sa figure empreinte de folie, ses yeux hagards et ses paroles violemment entrecoupées par une émotion intérieure. Je l'ai cru fou. Voilà tout. Maintenant je ne serais pas femme si je ne m'étais point aperçue que, depuis un an, je suis devenue, comme on dit, la passion de M. de Maulincour. Il ne m'a jamais vue qu'au bal, il ne m'a jamais parlé qu'au bal, et ses propos étaient insignifiants, comme tous ceux que l'on tient au bal. Peut-être veut-il nous désunir pour me trouver un jour seule et sans défense ! Tu vois bien? Déjà tes sourcils se froncent! Oh ! je hais cordialement le monde. Nous sommes si heureux sans lui, pourquoi donc l'aller chercher? Jules, je t'en supplie, promets-moi d'oublier tout ceci. Demain, nous apprendrons sans doute que M. de Maulincour est devenu fou.

— Quelle singulière chose !... se dit Jules en descendant de voiture sous le péristyle de son escalier.

Il tendit les bras à sa femme, et tous deux montèrent dans leurs appartements.

Pour développer cette histoire dans toute la vérité de ses détails, pour en suivre le cours dans toutes ses sinuosités, il faut ici divulguer quelques secrets de l'amour, se glisser sous les lambris d'une chambre à coucher, non pas effrontément, mais à la manière du Trilby de Charles Nodier, n'effaroucher ni Dougal, ni Jeannie, n'effaroucher personne, être aussi chaste que veut l'être notre noble langue française, aussi hardi que l'a été le pinceau de Gérard dans son tableau de Daphnis et Chloé : problème difficile à qui n'a jamais manié la brosse, à qui connaît peu la langue française.

La chambre à coucher de Mme Jules était un lieu sacré. Elle, son mari, la femme de chambre pouvaient seuls y entrer. L'opulence a de beaux priviléges, et les plus enviables sont ceux qui permettent de développer les sentiments dans toute leur étendue; de les féconder par l'accomplissement de leurs mille caprices; de les environner de cet éclat qui les agrandit, de ces recherches qui les purifient, de ces délicatesses qui les rendent plus attrayants.

Si vous haïssez les dîners sur l'herbe et les repas mal servis; si vous éprouvez quelque plaisir à voir une nappe damassée éblouissante de blancheur, un couvert de vermeil, des porcelaines d'une exquise pureté, une table bordée d'or, riche de ciselures, éclairée par des bougies diaphanes; puis, sous des globes d'argent armoriés, les miracles de la cuisine la plus recherchée; alors, pour être conséquent, vous devez laisser la mansarde en haut des maisons, les grisettes dans la rue; abandonner les mansardes, les grisettes, les parapluies, les socques articulés aux gens qui paient leur dîner avec des cachets; puis, vous devez comprendre l'amour comme un principe qui ne se développe dans toute sa grâce que sur les tapis de la Savonnerie, sous la lueur d'opale d'une lampe marmorine, entre des murailles discrètes et revêtues de soie, devant un foyer doré, dans une chambre garantie du bruit des voisins, de la rue, de tout par des persiennes, par des volets, par d'ondoyants rideaux. Il vous faut des glaces dans lesquelles les formes se jouent, et qui répètent à l'infini la femme que l'on voudrait multiple, et que l'amour multiplie souvent; puis des divans bien bas; puis un lit qui, semblable à un secret, se laisse deviner sans être montré ; puis, dans cette chambre haute d'étage, des fourrures pour les pieds nus, des bougies sous verre au milieu des mousselines drapées, pour lire à toute heure de nuit; et des fleurs qui n'entêtent pas, et des toiles dont Anne d'Autriche se serait contentée.

M<sup>me</sup> Jules avait réalisé ce délicieux programme, mais ce n'était rien. Toute femme de goût pouvait en faire autant, quoique, néanmoins, il y ait dans l'arrangement de ces choses un cachet de personnalité qui donne à tel ornement, à tel détail, un caractère inimitable. Aujourd'hui, plus que jamais, règne le fanatisme de l'individualité. Plus nos lois tendront à une impossible égalité, plus nous nous en écarterons par les mœurs. Aussi les personnes riches commencent-elles, en France, à devenir plus exclusives dans leurs goûts et dans les choses qui leur appartiennent, qu'elles ne l'ont été depuis trente ans.

M<sup>me</sup> Jules savait à quoi l'engageait ce programme, et avait tout mis chez elle en harmonie avec un luxe qui allait si bien à l'amour. Car les *quinze cents francs et ma Sophie*, ou la passion dans la chaumière, sont des propos d'affamés auxquels le pain bis suffit d'abord, mais qui, devenus gourmets s'ils aiment réellement, finissent par regretter les richesses de la gastronomie. L'amour a le travail et la misère en horreur. Il aime mieux mourir que de vivoter.

La plupart des femmes, en rentrant du bal, impatientes de se coucher, jettent autour d'elles leurs robes, leurs fleurs fanées, des bouquets dont l'odeur s'est flétrie ; elles laissent leurs petits souliers sous un fauteuil, marchent sur les cothurnes flottants; ôtent leurs peignes, déroulent leurs tresses sans soin d'elles-mêmes. Peu leur importe que leurs maris voient les agrafes, les doubles épingles, les artificieux crochets qui soutenaient les élégants édifices de la coiffure ou de la parure. Alors plus de mystères, tout tombe devant le mari; plus de fard pour le mari; le corset, la plupart du temps, corset plein de précautions, reste là, si la femme de chambre trop endormie oublie de l'emporter. Enfin les bouffants de baleine, les entournures garnies de taffetas gommé, les chiffons menteurs, les cheveux vendus par le coiffeur, toute la fausse femme est là, éparse. *Disjecta membra poetæ*, la poésie artificielle tant admirée par ceux pour qui elle avait été conçue, élaborée, embarrasse tous les coins. Alors, à l'amour d'un mari qui bâille, se présente une femme vraie qui bâille aussi, qui vient dans un désordre sans élégance, coiffée de nuit avec un bonnet fripé, celui de la veille, celui du lendemain.

— Car, après tout, monsieur, si vous voulez un joli bonnet de nuit à chiffonner tous les soirs, augmentez ma pension.

Et voilà la vie telle qu'elle est. Une femme est toujours vieille et déplaisante à son mari, mais toujours pimpante, élégante et parée pour l'autre, pour le rival de tous les maris, pour le monde qui calomnie ou déchire toutes les femmes.

Inspirée par un amour vrai, car l'amour a, comme les autres êtres, l'instinct de sa conservation, M<sup>me</sup> Jules agissait tout autrement, et trouvait, dans les constants bénéfices de son bonheur, la force nécessaire d'accomplir ces devoirs minutieux dont il ne faut jamais se relâcher, parce qu'ils perpétuent l'amour. Ces soins, ces devoirs, ne procèdent-ils pas d'ailleurs d'une dignité personnelle qui sied à ravir? Ne sont-ce pas des flatteries? N'est-ce pas respecter en soi l'être aimé ? Donc M<sup>me</sup> Jules avait interdit à son mari l'entrée du cabinet où elle quittait sa toilette de bal, et n'en sortait que vêtue pour la nuit, mystérieusement parée pour les mystérieuses fêtes de son cœur.

En venant dans cette chambre, toujours élégante et gracieuse, Jules y voyait une femme coquettement enveloppée dans un élégant peignoir, les cheveux simplement tordus en grosses tresses sur la tête, car, n'en redoutant pas le désordre, elle n'en ravissait à l'amour ni la vue, ni le toucher; une femme toujours plus simple, plus belle alors qu'elle ne l'était pour le monde; une femme qui s'était ranimée dans l'eau, et dont tout l'artifice consistait à être plus blanche que ses mousselines, plus fraîche que le plus frais parfum, plus séduisante que la plus habile courtisane, enfin toujours tendre, et partant, toujours aimée.

Cette admirable entente du métier de femme fut le grand secret de l'impératrice Joséphine pour plaire à Napoléon, comme il avait été jadis celui de Césonie pour Caïus Caligula, de Diane de Poitiers pour Henri II. Mais s'il fut largement productif pour les femmes qui comptaient sept ou huit lustres, quelle arme entre les mains de jeunes femmes ! Alors un mari subit avec délices tous les bonheurs de sa fidélité.

Or, en rentrant après cette conversation, qui l'avait glacée d'effroi, et qui lui donnait encore les plus vives inquiétudes, M<sup>me</sup> Jules prit un soin particulier de sa toilette de nuit. Elle voulut se faire et se fit ravissante. Elle avait serré la batiste du peignoir, entr'ouvert son corsage, laissé tomber ses cheveux noirs sur ses épaules rebondies; son bain parfumé lui donnait une senteur enivrante; ses pieds nus étaient dans des pantoufles de velours violet. Forte de ses avantages, elle vint à pas menus, mit ses mains sur les yeux de Jules, qu'elle trouva pensif, en robe de chambre, le coude appuyé sur la cheminée, un pied sur la barre ; puis elle lui dit à l'oreille en l'échauffant de son haleine, et le touchant du bout des dents :

— A quoi pensez-vous ?

Et le serrant avec adresse, elle l'enveloppa de ses bras, pour l'arracher à ses mauvaises pensées ; car la femme qui aime a toute l'intelligence de son pouvoir ; et, plus elle est vertueuse, plus agissantes sont ses coquetteries.

— A toi !... répondit-il.
— A moi seule ?
— Oui...
— Oh ! voilà un oui bien hasardé.

Puis ils se couchèrent.

En s'endormant, M<sup>me</sup> Jules se dit :
— Décidément M. de Maulincour sera la cause de quelque malheur !... Jules est préoccupé, distrait, et garde des pensées qu'il ne me dit pas...

Il était environ trois heures du matin lorsque M<sup>me</sup> Jules fut réveillée par un pressentiment qui l'avait frappée au cœur pendant son sommeil. Elle eut une perception à la fois physique et morale de l'absence de son mari. Elle ne sentait plus là le bras que Jules lui passait sous la tête, ce bras dans lequel elle dormait heureuse, paisible, depuis cinq années, et qu'elle ne fatiguait jamais.

Puis une voix lui avait dit : — Jules souffre, Jules pleure...

Elle leva la tête, se mit sur son séant, trouva la place de son mari froide, et l'aperçut assis devant le feu, les pieds sur le garde-cendre, la tête appuyée sur le dos d'un grand fauteuil. Il avait des larmes sur les joues.

Elle se jeta vivement à bas du lit, et sauta d'un bond sur les genoux de son mari.

— Jules, qu'as-tu?... souffres-tu?.. parle!.. dis! dis-moi !

En un moment elle lui jeta cent paroles qui exprimaient la tendresse la plus profonde. Jules se mit aux pieds de sa femme, lui baisa les genoux, les mains, et lui répondit, en laissant échapper de nouvelles larmes :

— Ma chère Clémence, je suis bien malheureux !... Ce n'est pas aimer que de se défier de sa maîtresse, et tu es ma maîtresse : je t'adore en te soupçonnant... Les paroles que cet homme m'a dites ce soir m'ont frappé au cœur ; elles y sont restées malgré moi pour me bouleverser. Il y a là-dessous quelque mystère. Enfin, j'en rougis, tes explications ne m'ont pas satisfait. Ma raison me jette des lueurs que mon amour me fait repousser... C'est un affreux combat. Pouvais-je rester là, près de toi, tenant ta tête en y soupçonnant des pensées qui me seraient inconnues ?

— Oh ! je te crois ! je te crois ! lui cria-t-il vivement en la voyant sourire avec tristesse, et ouvrir la bouche pour parler. Ne me dis rien, ne me reproche rien ! De toi, la moindre parole me tuerait.

D'ailleurs pourrais-tu me dire une seule chose que je ne me sois dite depuis trois heures ? Oui, depuis trois heures, je suis là, te regardant dormir, si calme, si belle ! admirant ton front si pur et si paisible. Oh ! oui, tu m'as toujours dit toutes tes pensées, n'est-ce pas ? Je suis seul dans ton âme ?... En te contemplant, en plongeant mes yeux dans les tiens, j'y vois bien tout. Ta vie est toujours aussi pure que ton regard est clair. Non, il n'y a pas de secret derrière cet œil si transparent.

Il se souleva, et la baisa sur les yeux.

— Laisse-moi t'avouer que depuis cinq ans ce qui grandissait chaque jour mon bonheur, c'était de ne le savoir aucune de ces affections naturelles qui prennent toujours un peu sur l'amour. Tu n'avais ni sœur, ni père, ni mère, ni compagne, et je n'étais alors ni au-dessus, ni au-dessous de personne, dans ton cœur : j'y étais seul. Clémence, répète-moi toutes les douceurs d'âme que tu m'as si souvent dites, ne me gronde pas, console-moi, je suis malheureux. J'ai certes un soupçon odieux à me reprocher, et toi tu n'as rien dans le cœur qui te brûle ! Ma bien-aimée, dis, pouvais-je rester ainsi près de toi ? Comment deux têtes qui sont si bien unies demeureraient-elles sur le même oreiller quand l'une d'elles souffre et que l'autre est tranquille....

— A quoi penses-tu donc ?..... s'écria-t-il brusquement en voyant Clémence songeuse, interdite, et qui ne pouvait retenir des larmes.

— Je pense à ma mère !... répondit-elle d'un ton grave. Tu ne connais pas, Jules, la douleur d'une femme obligée de se souvenir des adieux mortuaires de sa mère, en entendant ta voix, la plus douce des musiques, et de songer à la solennelle pression de ses mains glacées en sentant la caresse des tiennes en ce moment où tu m'accables des témoignages de ton délicieux amour.

Elle releva son mari, le prit, l'étreignit avec une force nerveuse bien supérieure à celle d'un homme, lui baisa les cheveux, et le couvrit de larmes...

— Ah ! je voudrais être hachée vivante pour toi ! Dis-moi bien que je te rends heureux, que je suis, pour toi, la plus belle des femmes, que je suis mille femmes pour toi !... Mais tu es aimé comme nul homme ne le sera jamais.... Je ne sais pas ce que veulent dire les mots *devoir* et *vertu* ; je t'aime pour toi, je suis heureuse de t'aimer, et je t'aimerai toujours, jusqu'à mon dernier souffle. J'ai quelque orgueil de mon amour ; je me crois destinée à n'éprouver qu'un sentiment dans ma vie. Ce que je vais te dire est affreux, peut-être, mais je suis contente de ne pas avoir d'enfant, et je n'en souhaite pas. Je me sens plus épouse que mère. Eh bien ! as-tu des craintes ? Écoute-moi, mon amour, promets-moi d'oublier, non pas cette heure mêlée de tendresse et de doutes, mais les paroles de ce fou. Jules, je le veux : promets-moi de ne le point voir, de ne point aller chez lui. J'ai la conviction que si tu fais un seul pas de plus dans ce dédale, nous roulerons dans un abîme, où je périrai, mais en ayant ton nom sur les lèvres, et ton cœur dans mon cœur. Pourquoi me mets-tu donc si haut dans ton cœur, et si bas en réalité? Comment! toi qui fais crédit à tant de gens de leur fortune, tu ne me ferais pas l'aumône d'un soupçon, et pour la première occasion dans la vie où tu peux me prouver une foi sans bornes, tu me détrônerais de ton cœur! Entre un fou et moi, c'est le fou que tu crois. Oh! Jules!...

Elle s'arrêta, chassa ses cheveux qui retombaient sur son front et son cou; puis, d'un accent déchirant, elle ajouta :

— J'en ai trop dit, un mot devait suffire. Si ton âme et ton front conservent un nuage, quelque léger qu'il puisse être, sache-le bien... j'en mourrais!...

Elle ne put réprimer un frémissement, et pâlit.

— Oh! je tuerai cet homme!... se dit Jules en saisissant sa femme et la portant dans son lit :

— Dormons en paix, mon ange, reprit-il, j'ai tout oublié, je te le jure...

Clémence s'endormit sur cette douce parole, plus doucement répétée. Puis, Jules, la regardant endormie, se dit :

— Elle a raison, quand l'amour est si pur, un soupçon le flétrit. Pour cette âme si fraîche, pour cette fleur si tendre, une flétrissure, oui, ce doit être la mort...

Quand entre deux êtres pleins d'affection l'un pour l'autre, et dont la vie s'échange à tout moment, un nuage est survenu; quoique ce nuage se dissipe, il laisse dans les âmes quelques traces de son passage. Alors, ou la tendresse devient plus vive, comme la terre est plus belle après la pluie; ou la secousse retentit encore, comme un lointain tonnerre dans un ciel pur : il est impossible de se retrouver dans sa vie antérieure, et il faut que l'amour croisse ou diminue.

Au déjeuner, M. et Mᵐᵉ Jules eurent l'un pour l'autre de ces soins dans lesquels il entre un peu d'affectation. C'étaient de ces regards pleins d'une gaieté presque forcée, et qui semblent être l'effort de gens empressés à se tromper eux-mêmes. Jules avait des doutes involontaires; et sa femme, des craintes certaines. Néanmoins, sûrs l'un de l'autre, ils avaient dormi. Cet état de gêne était-il dû à un défaut de foi, au souvenir de leur scène nocturne? Ils ne le savaient pas eux-mêmes. Mais ils s'étaient aimés, ils s'aimaient trop purement pour que l'impression, à la fois cruelle et bienfaisante, de cette nuit ne laissât pas quelques traces dans leurs âmes; alors, jaloux tous deux de les faire disparaître et voulant revenir tous les deux *le premier* l'un à l'autre, ils ne pouvaient s'empêcher de songer à la cause première d'un premier désaccord.

Pour des âmes aimantes, ce ne sont pas des chagrins; la peine est loin encore; mais c'est une sorte de deuil difficile à peindre. S'il y a des rapports entre les couleurs et les agitations de l'âme, si, comme l'a dit l'aveugle de Locke, l'écarlate doit produire à la vue les effets produits dans l'ouïe par une fanfare, il peut être permis de comparer à des teintes grises cette mélancolie de contre-coup. Mais l'amour attristé, l'amour auquel il reste un sentiment vrai de son bonheur momentanément troublé, donne des voluptés qui, tenant à la peine et à la joie, sont toutes nouvelles. Jules étudiait la voix de sa femme, il en épiait les regards avec le sentiment jeune qui l'animait dans les premiers moments de sa passion pour elle. Alors les souvenirs de cinq années tout heureuses, la beauté de Clémence, la naïveté de son amour, effacèrent promptement les derniers vertiges d'une intolérable douleur.

Ce lendemain était un dimanche, jour où il n'y avait ni Bourse, ni affaires, et alors les deux époux passèrent la journée ensemble, se mettant plus avant au cœur l'un de l'autre qu'ils n'y avaient jamais été, semblables à deux enfants qui, dans un moment de peur, se serrent, se pressent et se tiennent, s'unissant ainsi par instinct. Il y a dans la vie à deux de ces journées complétement heureuses, dues au hasard, et qui ne se rattachent ni à la veille ni au lendemain, fleurs éphémères. Jules et Clémence en jouirent délicieusement, comme s'ils eussent pressenti que c'était la dernière journée de leur vie amoureuse.

Quel nom donner à cette puissance inconnue qui fait hâter le pas des voyageurs sans que l'orage se soit encore manifesté; qui fait resplendir de vie et de beauté le mourant quelques jours avant sa mort, et lui inspire les plus riants projets; qui conseille au savant de hausser sa lampe nocturne au moment où elle l'éclaire parfaitement; qui fait craindre à une mère le regard trop profond jeté sur son enfant par un homme perspicace?.... Nous subissons tous cette influence, dans les petites comme dans les grandes catastrophes de notre vie, et nous ne l'avons encore ni nommée ni étudiée; c'est plus que le pressentiment et ce n'est pas la vision.

Tout alla bien jusqu'au lendemain.

Le lundi, Jules Desmarets, obligé d'être à la Bourse à son heure accoutumée, ne sortit pas sans aller, suivant son habitude, demander à sa femme si elle voulait profiter de sa voiture.

— Non, dit-elle, il fait trop mauvais temps pour se promener.

En effet, il pleuvait à verse.

Il était environ deux heures et demie quand M. Desmarets se rendit au parquet et au trésor.

A quatre heures, en sortant de la Bourse, il se trouva nez à nez devant M. de Maulincour, qui l'attendait là avec la pertinacité que donnait la haine et la vengeance.

— Monsieur, j'ai des renseignements importants à vous communiquer, dit l'officier prenant l'agent de change par le bras. Écoutez, je suis un homme trop loyal pour avoir recours à des lettres anonymes qui troubleraient votre repos, j'ai préféré vous parler. Enfin, croyez que s'il ne s'agissait pas de ma vie, je ne m'immiscerais, certes, en aucune manière dans les affaires d'un ménage, quand même je pourrais m'en croire le droit.

— Si ce que vous avez à me dire concerne M<sup>me</sup> Desmarets, répondit Jules, je vous prierai, monsieur, de vous taire.

— Si je me taisais, monsieur, vous pourriez voir avant peu M<sup>me</sup> Jules sur les bancs de la cour d'assises, à côté d'un forçat! Faut-il me taire maintenant?...

Jules pâlit, mais sa belle figure reprit promptement un calme faux; et entraînant l'officier sous un des auvents de la Bourse provisoire où ils se trouvaient alors, il lui dit d'une voix que voilait une profonde émotion intérieure :

— Monsieur, je vous écouterai ; mais il y aura entre nous un duel à mort, si...

— Oh! j'y consens! s'écria M. de Maulincour, car j'ai pour vous la plus grande estime. Vous parlez de mort, monsieur? vous ignorez sans doute que votre femme m'a peut-être fait empoisonner samedi soir ; car, depuis avant-hier, il se passe en moi quelque chose d'extraordinaire : mes cheveux me distillent intérieurement, à travers le crâne, et la fièvre, et une langueur mortelle ; or, je sais qui a touché à mes cheveux pendant le bal.

Alors M. de Maulincour raconta, sans en omettre un seul fait, et son amour platonique pour M<sup>me</sup> Jules, et les détails de l'aventure contenue dans les deux premiers chapitres de cette histoire.

Tout le monde l'eût écoutée avec autant d'attention que l'agent de change ; mais le mari de M<sup>me</sup> Jules avait le droit d'en être plus étonné que qui que ce soit au monde. Là se déploya son caractère : il fut plus surpris qu'abattu. Devenu juge, et juge d'une femme adorée, il trouva dans son âme la droiture du juge, comme il en prit l'inflexibilité. Amant encore, il songea moins à sa vie brisée qu'à cette femme ; il écouta, non sa propre douleur, mais la voix lointaine qui lui criait :

Clémence ne saurait mentir! Pourquoi te trahirait-elle?

— Monsieur, dit l'officier aux gardes en terminant, certain d'avoir reconnu, samedi soir, dans M. de Funcal, ce Ferragus que la police croit mort, j'ai mis aussitôt sur ses traces un homme intelligent. En revenant chez moi, je me suis souvenu, par un heureux hasard, du nom de M<sup>me</sup> Meynardie, cité dans la lettre de cette Ida, la maîtresse présumée de mon persécuteur ; et, muni de ce seul renseignement, mon émissaire me rendra promptement compte de cette épouvantable aventure, car il est plus habile à découvrir la vérité que ne l'est la police elle-même.

— Monsieur, répondit l'agent de change, je ne saurais vous remercier de cette confidence. Vous m'annoncez des preuves, des témoins, je les attendrai. Je poursuivrai courageusement la vérité dans cette affaire étrange, mais vous me permettrez de douter jusqu'à ce que l'évidence des faits me soit prouvée. En tout cas, vous aurez satisfaction, car vous devez comprendre qu'il nous en faut une.

M. Jules revint chez lui.

— Qu'as tu, Jules? lui dit sa femme, tu es pâle à faire peur!...

— Le temps est froid, dit-il en marchant d'un pas lent dans cette chambre où tout parlait de bonheur et d'amour, cette chambre si calme, où se préparait une tempête meurtrière.

— Tu n'es pas sortie aujourd'hui?... reprit-il machinalement en apparence, mais poussé sans doute à faire cette question par la dernière des mille pensées qui s'étaient secrètement enroulées dans une méditation lucide, quoique précipitamment activée par la jalousie.

— Non, répondit-elle avec un faux accent de candeur.

En ce moment Jules aperçut dans le cabinet de toilette de sa femme quelques gouttes d'eau sur le chapeau de velours qu'elle mettait le matin. M. Jules était un homme violent, mais aussi plein de délicatesse, et il lui répugna de placer sa femme en face d'un démenti : dans une telle situation, tout doit être fini pour la vie entre certains êtres. Cependant ces gouttes d'eau furent comme une lueur qui lui déchira la cervelle. Il sortit de sa chambre, descendit à la loge, et dit à son concierge, après s'être assuré qu'il était seul :

— Fouquereau, cent écus de rente si tu dis vrai, chassé si tu me trompes, et rien si, m'ayant dit la vérité, tu parles de ma question et de ta réponse.

Il s'arrêta pour bien voir son concierge qu'il attira sous le jour de la fenêtre, et reprit :

— Madame est-elle sortie ce matin?...

— Madame est sortie à trois heures moins un quart, et je crois l'avoir vue rentrer il y a une demi-heure.

— Cela est vrai, sur ton honneur?

— Oui, monsieur.

— Tu auras la rente que je t'ai promise ; et si tu parles, souviens-toi de ma promesse ; alors, tu perdrais tout.

Jules revint chez sa femme.

— Clémence, lui dit-il, j'ai besoin de mettre un peu d'ordre dans mes comptes de maison, ne t'offense donc pas de ce que je vais te demander. Ne t'ai-je pas remis quarante mille francs depuis le commencement de l'année ?

— Plus, dit-elle. Quarante-sept.

— En trouverais-tu bien l'emploi ?

— Mais oui, dit-elle, j'avais à payer plusieurs mémoires de l'année dernière...

— Je ne saurai rien ainsi, se dit-il, je m'y prends mal.

En ce moment le valet de chambre de Jules entra, et lui remit une lettre.

Il l'ouvrit par contenance, et la lut avec avidité lorsqu'il eut jeté les yeux sur la signature.

« Monsieur,

« Dans l'intérêt de votre repos et du nôtre, j'ai
« pris le parti de vous écrire sans avoir l'avantage
« d'être connue de vous ; mais ma position, mon
« âge, et la crainte de quelque malheur me forcent
« à vous prier d'avoir de l'indulgence dans une con-
« joncture fâcheuse où se trouve notre famille déso-
« lée. M. Auguste de Maulincour nous a donné
« depuis quelques jours des preuves d'aliénation
« mentale, et nous craignons qu'il ne trouble le
« bonheur dont vous jouissez par des chimères dont
« il nous a entretenus, monsieur le commandeur
« de Pamiers et moi, pendant un premier accès de
« fièvre. Nous vous prévenons donc de sa maladie,
« sans doute guérissable encore. Elle a des effets si
« graves et si importants pour l'honneur de notre
« famille et l'avenir de mon petit-fils, que je compte
« sur votre entière discrétion. Si monsieur le com-
« mandeur ou moi, monsieur, avions pu nous trans-
« porter chez vous, nous nous serions dispensés
« de vous écrire ; mais je ne doute pas que vous
« n'ayez égard à la prière qui vous est faite ici par
« une mère de brûler cette lettre.

« Agréez l'assurance de ma parfaite considéra-
« tion,

« BARONNE DE MAULINCOUR, née DE RIEUX. »

— Que de tortures ! s'écria Jules.

— Mais que se passe-t-il donc en toi ? dit sa femme en témoignant une vive anxiété.

— J'en suis arrivé, répondit Jules, à me demander si c'est toi qui me fais parvenir cet avis pour dissiper mes soupçons, reprit-il en lui jetant la lettre. Ainsi juge de mes souffrances !...

— Le malheureux !... dit M<sup>me</sup> Jules, en laissant tomber le papier. Je le plains, quoiqu'il me fasse bien du mal.

— Tu sais donc qu'il m'a parlé ?

— Ah ! tu l'as été voir malgré ta parole ! dit-elle frappée de terreur.

— Clémence, notre amour est en danger de périr, et nous sommes en dehors de toutes les lois ordinaires de la vie, laissons donc les petites considérations au milieu des grands périls. Écoute ! dis-moi pourquoi tu es sortie ce matin. Les femmes se croient le droit de nous faire quelquefois de petits mensonges. Ne se plaisent-elles pas souvent à nous cacher des plaisirs qu'elles nous préparent ? Tout à l'heure, tu m'as dit un mot pour un autre, sans doute ; un non pour un oui !...

Il entra dans le cabinet de toilette, et en rapporta le chapeau.

— Tiens, vois ! Sans vouloir faire le Bartholo, le jaloux, ton chapeau t'a trahie. Ces taches ne sont-elles pas des gouttes de pluie ? Donc tu es sortie en fiacre, et tu as reçu ces gouttes d'eau, soit en allant chercher une voiture, soit en entrant dans *la maison* où tu as été, soit en la quittant. Mais une femme peut sortir de chez elle fort innocemment, même après avoir dit à son mari qu'elle ne sortirait pas. Il y a tant de raisons pour changer d'avis ! Avoir des caprices, n'est-ce pas un de vos droits ? Vous n'êtes pas obligées à être conséquentes avec vous-mêmes. Tu auras oublié quelque chose : un service à rendre, une visite, ou quelque bonne action à faire. Mais rien n'empêche une femme de dire à son mari ce qu'elle a fait. On ne rougit jamais dans le sein d'un ami. Eh bien ! ce n'est pas le mari jaloux qui te parle, ma Clémence, c'est l'amant, c'est l'ami, le frère.

Il se jeta passionnément à ses pieds.

— Parle, non pour te justifier, mais pour calmer d'horribles souffrances ! Je sais que tu es sortie ! Eh bien ! qu'as-tu fait ? où as-tu été ?

— Oui, je suis sortie, Jules, répondit-elle d'une voix altérée, quoique son visage fût calme. Mais ne me demande rien de plus. Attends avec confiance, sans quoi tu te créeras des remords éternels. Jules, mon Jules, la confiance est la vertu de l'amour ! Je te l'avoue, en ce moment je suis trop troublée pour te répondre, mais je ne suis point une femme artificieuse, et je t'aime ; tu le sais !

— Au milieu de tout ce qui peut ébranler la foi d'un homme, en éveiller la jalousie, car je ne suis donc pas le premier dans ton cœur, je ne suis donc pas toi-même... Eh bien, Clémence, j'aime encore mieux te croire, croire en ta voix, croire en tes yeux ! Si tu me trompes, tu mériterais...

— Oh ! mille morts, dit-elle en l'interrompant.

— Moi je ne te cache aucune de mes pensées, et toi, tu...

— Chut! dit-elle, notre bonheur dépend de notre mutuel silence.

— Ah! je veux tout savoir! s'écria-t-il dans un violent accès de rage.

En ce moment des cris de femme se firent entendre, et les glapissements de cette petite voix aigre arrivèrent de l'antichambre jusqu'aux deux époux.

— J'entrerai, je vous dis! criait-on. Oui, j'entrerai, je veux la voir, je la verrai!...

Jules et Clémence se précipitèrent dans le salon et ils en virent bientôt les portes s'ouvrir avec violence. Puis, une jeune femme se montra tout à coup, suivie de deux domestiques, qui dirent à M. Jules :

— Monsieur, cette femme veut entrer ici malgré nous. Nous lui avons déjà dit que madame n'y était pas. Elle nous a répondu qu'elle savait bien que madame avait sorti, mais qu'elle venait de la voir rentrer; et elle nous menace de rester à la porte de l'hôtel jusqu'à ce qu'elle ait parlé à madame.

— Retirez-vous, dit M. Desmarets à ses gens.

— Que voulez-vous, mademoiselle? ajouta-t-il en se tournant vers l'inconnue.

Cette *demoiselle* était le type d'une nature de femme qui ne se rencontre qu'à Paris. Elle se fait à Paris, comme la boue, comme le pavé de Paris, comme l'eau de la Seine se fabrique à Paris, dans de grands réservoirs à travers lesquels Ducommun la filtre dix fois avant de la livrer aux carafes à facettes où elle scintille et claire et pure, de fangeuse qu'elle était : aussi est-ce une créature véritablement originale. Vingt fois saisie par les crayons du peintre, par le pinceau d'Henri Monnier, par la plombagine de Géniole, elle échappe à toutes les analyses, parce qu'elle est insaisissable dans tous ses modes, comme l'est la nature, comme l'est Paris. En effet, elle ne tient au vice que par un rayon, et s'en éloigne par les mille autres points de la circonférence sociale. D'ailleurs elle ne laisse deviner qu'un trait de son caractère, et c'est le seul qui la rend blâmable : ses belles vertus sont cachées; son naïf dévergondage, elle en fait gloire. Aussi partout incomplète, même dans *l'Ane mort et la Femme guillotinée*, où elle a été mise en scène avec toutes ses poésies, ne sera-t-elle jamais vraie que dans son grenier, parce qu'elle sera toujours, autre part, ou calomniée ou flattée; riche, elle se vicie; pauvre, elle est incomprise. Et cela ne saurait être autrement! Elle a trop de vices et trop de bonnes qualités; elle est trop près d'une asphyxie sublime ou d'un rire flétrissant; elle est trop belle et trop hideuse : elle personnifie trop bien Paris auquel elle fournit des portières édentées, des laveuses de linge, des balayeuses, des mendiantes; parfois des comtesses impertinentes, des actrices admirées, des cantatrices applaudies; elle a même donné jadis deux quasi-reines à la monarchie.

C'était enfin la grisette de Paris, mais la grisette dans toute sa splendeur : la grisette en fiacre, heureuse, jeune, belle, fraîche; mais grisette, et grisette à griffes, à ciseaux, hardie comme une Espagnole, hargneuse comme une prude anglaise réclamant ses droits conjugaux; coquette comme une grande dame, plus franche et prête à tout; une véritable lionne sortie du petit appartement dont elle avait tant de fois rêvé les rideaux de calicot rouge, le meuble en velours d'Utrecht, la table à thé, le cabaret de porcelaine à sujets peints, la causeuse, le petit tapis de moquette, la pendule d'albâtre et les flambeaux sous verre; la chambre jaune, le mol édredon; bref, toutes les joies de la vie des grisettes : la femme de ménage, ancienne grisette elle-même, mais grisette à moustaches et à chevrons, les parties de spectacle, les marrons à discrétion, les robes de soie et les chapeaux à gâcher; enfin toutes les félicités calculées au comptoir des modistes, moins l'équipage, qui n'apparaît dans les imaginations du comptoir que comme un bâton de maréchal dans les rêves du soldat. Oui, cette grisette avait tout cela pour une affection vraie ou malgré l'affection vraie, comme quelques autres l'obtiennent souvent pour une heure par jour, espèce d'impôt insouciamment acquitté.

La jeune femme qui se trouvait en présence de M. et M<sup>me</sup> Jules avait le pied si découvert dans sa chaussure qu'à peine voyait-on une légère ligne noire entre le tapis et son bas blanc. Cette chaussure, dont Gavarni sait si bien rendre le trait, est une grâce particulière à la grisette parisienne; mais elle se trahit encore mieux aux yeux de l'observateur par le soin avec lequel ses vêtements adhèrent à ses formes, qu'ils dessinent nettement. Aussi l'inconnue était-elle, pour ne pas perdre l'expression pittoresque créée par le soldat français, ficelée dans une robe verte, à guimpe, qui laissait deviner la beauté de son corsage, alors parfaitement visible; car son châle de cachemire Ternaux, tombant à terre, n'était plus retenu que par les deux bouts qu'elle gardait presque entortillés dans ses poignets. Elle avait une figure fine, des joues roses, un teint blanc, des yeux gris étincelants, un front bombé, très-proéminent, des cheveux soigneusement lissés, qui s'échappaient de son petit chapeau, en grosses boucles sur son cou.

— Je me nomme Ida, monsieur. Et si c'est là M<sup>me</sup> Jules, à laquelle j'ai l'avantage de parler, je venais pour lui dire tout ce que j'ai sur le cœur contre elle. C'est très-mal quand on a son affaire faite, et qu'on est comme vous êtes ici, de vouloir enlever à une pauvre fille un homme avec lequel j'ai contracté un mariage moral, et qui parle de réparer ses torts en m'épousant à la *mucipalité*. Il y a bien assez de jolis jeunes gens dans le monde, pas vrai, monsieur?...

M<sup>me</sup> Jules se tourna vers son mari.

— Vous me permettrez, monsieur, de ne pas en entendre davantage...

Et elle rentra dans sa chambre.

— Si cette dame est avec vous, j'ai fait des *brioches*, à ce que je vois; mais tant pire. Pourquoi vient-elle voir M. Ferragus tous les jours?

— Vous vous trompez, mademoiselle, dit Jules stupéfait. Ma femme est incapable...

— Ah! vous êtes donc mariés vous *deusse!* dit la grisette en manifestant quelque surprise. C'est alors bien plus mal, monsieur, pas vrai, à une femme qui a le bonheur d'être mariée en légitime mariage, d'avoir des rapports avec un homme d'âge; car enfin Henri...

— Mais quoi, Henri?... dit M. Jules en prenant Ida, et l'entraînant dans une pièce voisine pour que sa femme n'entendît plus rien.

— Eh bien! Ferragus...

— Mais il est mort!... dit Jules.

— C'te farce! J'ai été à Franconi avec lui hier au soir, et il m'a ramenée, comme cela se doit. D'ailleurs votre dame peut vous en donner des nouvelles? Ne l'a-t-elle pas été voir à trois heures? je le sais bien: je l'ai attendue dans la rue, rapport à ce qu'un aimable homme, M. Justin, que vous connaissez peut-être, un petit vieux qui a des breloques, et qui porte un corset, m'avait prévenue que j'avais une M<sup>me</sup> Jules pour rivale. Ce nom-là, monsieur, est bien connu parmi les noms de guerre. Excusez, puisque c'est le vôtre; mais quand M<sup>me</sup> Jules serait une duchesse de la cour, Henri est si riche qu'il peut satisfaire toutes ses fantaisies. Mon affaire est de défendre mon bien, et j'en ai le droit; car, moi, je l'aime, Henri! C'est ma *première* inclination, et il y va de mon amour et de mon sort à venir. Je ne crains rien, monsieur; je suis honnête, et je n'ai jamais menti, ni volé le bien de qui que ce soit. Ce serait une impératrice qui serait ma rivale, que j'irais à elle tout droit; et si elle m'enlevait mon mari futur, je me sens capable de la tuer, tout impératrice qu'elle est, parce que toutes les belles femmes sont égales, monsieur...

— Assez! assez! dit Jules. Où demeurez-vous?

— Rue de la Corderie-du-Temple, n° 14, monsieur. Ida Gruget, couturière en corsets, pour vous servir, car nous en faisons beaucoup pour les messieurs.

— Et où demeure l'homme que vous nommez Ferragus?

— Mais, monsieur, dit-elle en se pinçant les lèvres, ce n'est d'abord pas un homme. C'est un monsieur plus riche que vous ne l'êtes peut-être. Mais pourquoi est-ce que vous me demandez son adresse quand votre femme la sait? Il m'a dit de ne point la donner. Est-ce que je suis obligée de vous répondre? Je ne suis, Dieu merci, ni au confessionnal ni à la police, et je ne dépends que de moi.

— Et si je vous offrais vingt, trente, quarante mille francs pour me dire où demeure M. Ferragus?

— Ah! n, i, ni, mon petit ami, c'est fini! dit-elle en joignant à cette singulière réponse un geste populaire. Il n'y a pas de somme qui me fasse dire cela.

— J'ai l'honneur de vous saluer. — Par où s'en va-t-on donc d'ici?...

Jules atterré laissa partir Ida, sans songer à elle. Le monde entier semblait s'écrouler sous lui; et, au-dessus de lui, le ciel tombait en éclats.

— Monsieur est servi!... lui dit son valet de chambre.

Le valet de chambre et le valet d'office attendirent dans la salle à manger pendant environ un quart d'heure, sans voir arriver leurs maîtres.

— Madame ne dînera pas, vint dire la femme de chambre.

— Qu'y a-t-il donc, Joséphine? demanda le valet.

— Je ne sais pas, répondit-elle. Madame pleure et va se mettre au lit. Monsieur avait sans doute une inclination en ville, et cela s'est découvert dans un bien mauvais moment, entendez-vous?... Je ne répondrais pas de la vie de madame. Tous les hommes sont si gauches! Ils vous font toujours des scènes sans aucune précaution.

— Pas du tout, reprit le valet de chambre à voix basse, c'est, au contraire, madame qui... enfin vous comprenez. Quel temps aurait donc monsieur pour aller en ville, lui qui depuis cinq ans n'a pas couché une seule fois hors de la chambre de madame, qui descend à son cabinet à dix heures, et n'en sort qu'à midi pour déjeuner? Enfin, sa vie est connue, elle est régulière, au lieu que madame file presque tous les jours à trois heures, on ne sait où.

— Et monsieur aussi.

— Mais il va à la Bourse, monsieur. Voilà pourtant trois fois que je l'avertis qu'il est servi, reprit le valet de chambre après une pause, et c'est comme si l'on parlait à un terme.

M. Jules entra.

— Où est madame?...

— Madame va se coucher, elle a la migraine, répondit la femme de chambre en prenant un air important.

M. Jules dit alors avec beaucoup de sang-froid en s'adressant à ses gens:

— Vous pouvez desservir; je vais tenir compagnie à madame.

Et il rentra chez sa femme qu'il trouva pleurant, mais étouffant ses sanglots dans un mouchoir.

— Pourquoi pleurez-vous? lui dit Jules; vous n'avez à attendre de moi ni violences ni reproches. Pourquoi me vengerais-je? Si vous n'avez pas été fidèle à mon amour, c'est que vous n'en étiez pas digne...

— Pas digne!

Ces mots répétés s'entendirent à travers les sanglots, et l'accent avec lequel ils furent prononcés eût attendri tout autre homme que Jules.

— Pour vous tuer, il faudrait aimer plus que je n'aime peut-être, dit-il en continuant; mais je n'en aurais pas le courage, je me tuerais plutôt, moi, vous laissant à votre... bonheur, et à... à qui?

Il n'acheva pas.

— Se tuer!... cria Clémence en se jetant aux pieds de Jules et les tenant embrassés.

Mais, lui, voulut se débarrasser de cette étreinte et secoua sa femme en la traînant jusqu'à son lit.

— Laissez-moi!... dit-il.

— Non, non, Jules! criait-elle. Si tu ne m'aimes plus, je mourrai... Veux-tu tout savoir?

— Oui!...

— Alors il la prit, la serra violemment, s'assit sur le bord du lit, la retint entre ses jambes; puis, regardant d'un œil sec cette belle tête devenue couleur de feu, mais toute sillonnée de larmes:

— Allons, dis...

Les sanglots recommencèrent.

— Non, c'est un secret de vie et de mort; et si je le disais, je... Non, je ne puis pas! Grâce, Jules!

— Tu me trompes toujours...

— Ah! il n'y a plus de *vous!...* dit-elle. Oui, Jules, tu peux croire que je te trompe; mais bientôt tu sauras tout...

— Mais ce Ferragus, ce forçat que tu vas voir, cet homme enrichi par des crimes, s'il n'est pas à toi, si tu ne lui appartiens...

— Oh! Jules!...

— Eh bien! est-ce ton bienfaiteur inconnu? l'homme auquel nous devrions notre fortune, comme on l'a déjà dit?

— Qui a dit cela?

— Un homme que j'ai tué en duel.

— Oh Dieu!...

— Si ce n'est pas ton protecteur, s'il ne te donne pas de l'or, si c'est toi qui lui en portes? Voyons! est-ce ton frère?...

— Eh bien, dit-elle, si cela était?...

M. Desmarets se croisa les bras.

— Pourquoi me l'aurait-on caché?... reprit-il. Vous m'auriez donc trompé ta mère et toi?... D'ailleurs, va-t-on chez son frère tous les jours, ou presque tous les jours? hein?

Sa femme était évanouie à ses pieds.

— Morte!... dit-il. Et si j'avais tort?...

Il sauta sur les cordons de sonnette, appela Joséphine et mit Clémence sur le lit.

— J'en mourrai, dit M$^{me}$ Jules en revenant à elle.

— Joséphine, cria M. Desmarets, allez chercher le docteur Méo. Puis vous irez après chez mon frère, en le priant de venir le plus tôt possible.

— Pourquoi votre frère? dit Clémence.

Jules était déjà sorti.

Pour la première fois depuis cinq ans, M$^{me}$ Jules se coucha seule dans son lit, et fut contrainte de laisser entrer un médecin dans sa chambre sacrée. Ce furent deux peines bien vives. Le médecin trouva M$^{me}$ Jules fort mal. Jamais émotion violente n'avait été plus intempestive. Il ne voulut rien préjuger, et remit au lendemain à donner son avis, après avoir ordonné quelques prescriptions qui ne furent point exécutées, les intérêts du cœur ayant fait oublier tous les soins physiques.

Vers le matin, Clémence n'avait pas encore dormi. Elle était préoccupée par le sourd murmure d'une conversation qui durait depuis plusieurs heures entre les deux frères; mais l'épaisseur des murs ne laissait arriver à son oreille aucun mot qui pût lui trahir l'objet de cette longue conférence.

M. Desmarets, le notaire, s'en alla bientôt. Alors, le calme de la nuit, puis la singulière activité de sens que donne la passion, permirent à Clémence d'entendre le cri d'une plume, et les mouvements involontaires d'un homme occupé à écrire. Ceux qui passent habituellement les nuits, et qui ont observé les différents effets de l'acoustique par un profond silence, savent que souvent un léger retentissement est facile à percevoir dans les mêmes lieux où des murmures égaux et continus n'avaient rien de distinctible.

A quatre heures le bruit cessa.

Clémence se leva inquiète et tremblante. Puis, pieds nus, sans peignoir, ne pensant ni à sa moiteur, ni à l'état dans lequel elle se trouvait, la pauvre femme ouvrit heureusement la porte de communication sans la faire crier. Alors elle vit son mari une plume à la main, tout endormi dans son fauteuil. Les bougies brûlaient dans les bobèches. Elle s'avança lentement, et lut sur une enveloppe déjà cachetée:

CECI EST MON TESTAMENT.

Elle s'agenouilla comme devant une tombe, et baisa la main de son mari, qui s'éveilla soudain.

— Jules, mon ami, l'on accorde quelques jours aux criminels condamnés à mort, dit-elle en le regardant avec des yeux allumés par la fièvre et par l'amour: innocente, je ne t'en demande que deux.

Laisse-moi libre pendant deux jours. Et...... attends! Après, je mourrai heureuse; du moins, tu me regretteras.

— Clémence, je te les accorde.

Et, comme elle baisait les mains de son mari dans une touchante effusion de cœur, Jules, fasciné par ce cri de l'innocence, la prit et la baisa au front, tout honteux de subir encore le pouvoir de cette noble beauté.

Le lendemain, après avoir pris quelques heures de repos, Jules entra dans la chambre de sa femme, obéissant machinalement à sa coutume, de ne point sortir sans l'avoir vue. Clémence dormait. Un rayon de lumière passant par les fentes les plus élevées des fenêtres tombait sur le visage de cette femme accablée. Déjà les douleurs avaient altéré son front et la rougeur de ses lèvres. L'œil d'un amant ne pouvait pas se tromper à l'aspect de quelques marbrures foncées et de la pâleur maladive qui remplaçait et le ton égal des joues et la blancheur mate du teint, deux fonds purs sur lesquels se jouaient si naïvement les sentiments de cette belle âme.

— Elle souffre! se dit Jules. Pauvre Clémence, que Dieu nous protège!

Il la baisa bien doucement sur le front. Elle s'éveilla, vit son mari, et comprit tout. Mais, ne pouvant parler, elle lui prit la main, et ses yeux se mouillèrent de larmes.

— Je suis innocente! dit-elle en achevant son rêve.

— Tu ne sortiras pas? lui demanda Jules.

— Non, je me sens trop faible pour quitter mon lit.

— Si tu changes d'avis, attends mon retour... dit Jules.

Et il descendit à la loge.

— Fouquereau, vous surveillerez exactement votre porte, je veux connaître les gens qui entreront dans l'hôtel, et ceux qui en sortiront.

Puis M. Jules se jeta dans un fiacre, se fit conduire à l'hôtel de Maulincour, et y demanda le baron.

— Monsieur est malade, lui dit-on.

Jules insista pour entrer, donna son nom; et, à défaut de M. de Maulincour, voulut voir le vidame ou la douairière. Il attendit pendant quelque temps dans le salon de la vieille baronne, qui vint le trouver, et lui dit que son petit-fils était beaucoup trop indisposé pour le recevoir.

— Je connais, madame, répondit Jules, la nature de sa maladie, par la lettre que vous m'avez fait l'honneur de m'écrire; et je vous prie de croire...

— Une lettre de moi, monsieur! s'écria la douairière en l'interrompant, mais je n'ai point écrit de lettre... Et que m'ait-on fait dire, monsieur, dans cette lettre?

— Madame, reprit Jules, ayant l'intention de venir chez M. de Maulincour aujourd'hui même, et de vous rendre cette lettre, j'ai cru pouvoir la conserver, malgré l'injonction qui la termine. La voici.

La douairière sonna pour avoir ses doubles besicles, et lorsqu'elle eut jeté les yeux sur le papier, elle manifesta la plus grande surprise, et dit:

— Monsieur, mon écriture est si parfaitement imitée, que s'il ne s'agissait pas d'une affaire aussi récente je m'y tromperais moi-même. Mon petit-fils est malade, il est vrai, monsieur; mais sa raison n'a jamais été *le moindrement du monde* altérée. Nous sommes le jouet de quelques mauvaises gens; cependant, je ne devine pas dans quel but a été faite cette impertinence... Vous allez voir mon petit-fils, monsieur, et vous reconnaîtrez qu'il est parfaitement sain d'esprit.

Et elle sonna de nouveau pour faire demander au baron s'il pouvait recevoir M. Desmarets. Le valet revint avec une réponse affirmative. Jules monta chez Auguste de Maulincour, qu'il trouva dans un fauteuil, assis au coin de la cheminée, et qui, trop faible pour se lever, le salua par un geste mélancolique. Le vidame de Pamiers lui tenait compagnie.

— Monsieur le baron, dit Jules, j'ai quelque chose à vous dire d'assez particulier pour désirer que nous soyons seuls.

— Monsieur, répondit Auguste, M. le commandeur sait toute cette affaire, et vous pouvez parler devant lui sans crainte.

— Monsieur le baron, reprit Jules d'une voix grave, vous avez troublé, presque détruit mon bonheur, sans en avoir le droit. Jusqu'au moment où nous verrons qui de nous peut demander ou doit accorder une réparation à l'autre, vous êtes tenu de m'aider à marcher dans la voie ténébreuse où vous m'avez jeté. Je viens donc pour apprendre de vous la demeure actuelle de l'être mystérieux qui exerce sur nos destinées une si fatale influence, et qui semble avoir à ses ordres une puissance surnaturelle. Hier, au moment où je rentrais, après avoir entendu vos aveux, voici la lettre que j'ai reçue.

Et Jules lui présenta la fausse lettre.

— Ce Ferragus, ce Bourignard, ou ce M. de Funcal est un démon!... s'écria Maulincour après l'avoir lue. Dans quel affreux dédale ai-je mis le pied? où vais-je? J'ai eu tort, monsieur, dit-il en regardant Jules; mais la mort est, certes, la plus grande des expiations, et ma mort approche. Vous pouvez donc me demander tout ce que vous désirerez, je suis à vos ordres.

— Monsieur, vous devez savoir où demeure l'inconnu; je veux absolument, dût-il m'en coûter toute ma fortune actuelle, pénétrer ce mystère; et, en présence d'un ennemi si cruellement intelligent, les moments sont précieux.

— Justin va vous dire tout, répondit le baron.

A ces mots, le commandeur s'agita sur sa chaise. Auguste sonna.

— Justin n'est pas à l'hôtel, dit le vidame.

— Hé bien ! dit vivement Auguste, nos gens savent où il est. Un homme montera vite à cheval pour le chercher. Votre valet est dans Paris, n'est-ce pas ? On l'y trouvera.

Le commandeur parut visiblement troublé.

— Justin ne viendra pas, mon ami, dit le vieillard, il est mort. Je voulais te cacher cet accident, mais...

— Mort ! s'écria M. de Maulincour, mort !... Et quand, et comment ?

— Hier, dans la nuit. Il a été souper avec d'anciens amis, et s'est enivré sans doute. Ses amis, pris de vin comme lui, l'auront laissé se coucher dans la rue, et une grosse voiture lui a passé sur le corps...

— Le forçat ne l'a pas manqué !... Du premier coup, il l'a tué ! dit Auguste. Il n'a pas été si heureux avec moi, il a été obligé de s'y prendre à quatre fois.

Jules devint sombre et pensif.

— Je ne saurai donc rien ! s'écria l'agent de change après une longue pause. Votre valet a peut-être été justement puni ! N'a-t-il pas outre-passé vos ordres en calomniant M<sup>me</sup> Desmarets dans l'esprit d'une *Ida*, dont il a réveillé la jalousie afin de la déchaîner sur nous ?

— Ah ! monsieur, dans ma colère, je lui avais abandonné M<sup>me</sup> Jules.

— Monsieur ! s'écria le mari vivement irrité.

— Oh ! maintenant, monsieur, répondit l'officier en réclamant le silence par un geste de main, je suis prêt à tout. Vous ne ferez pas mieux que ce qui m'est fait. Vous ne me direz rien que ma conscience ne m'ait déjà dit. J'attends ce matin le plus célèbre professeur de toxicologie pour connaître mon sort. Si je suis destiné à de trop grandes souffrances, ma résolution est prise : je me brûlerai la cervelle !..

— Vous parlez comme un enfant ! s'écria le commandeur épouvanté par le sang-froid avec lequel le baron avait dit ces mots. Votre grand'mère mourrait de chagrin.

— Ainsi, monsieur, dit Jules, il n'existe aucun moyen de connaître en quel endroit de Paris demeure cet homme extraordinaire ?

— Je crois, monsieur, répondit le vieillard, avoir entendu dire à ce pauvre Justin que M. de Funcal logeait à l'ambassade de Portugal, ou à celle du Brésil. M. de Funcal est un gentilhomme qui appartient aux deux pays. Quant au forçat, il est mort et enterré. Votre persécuteur, quel qu'il soit, me paraît assez puissant pour que vous l'acceptiez sous sa nouvelle forme, jusqu'au moment où vous aurez les moyens de le confondre et de l'écraser ; mais agissez avec prudence, mon cher monsieur. Si M. de Maulincour avait suivi mes conseils, rien de tout ceci ne serait arrivé...

Jules se retira froidement, mais avec politesse, et ne sut quel parti prendre pour arriver à Ferragus.

Au moment où il rentra, son concierge lui dit que madame était sortie pour aller jeter une lettre dans la boîte de la petite poste, qui se trouvait en face de la rue de Ménars.

Jules se sentit humilié de reconnaître la prodigieuse intelligence avec laquelle son concierge épousait sa cause, et l'adresse avec laquelle il devinait les moyens de le servir. L'empressement des inférieurs, et leur habileté particulière à compromettre les maîtres qui se compromettent, lui étaient connus ; le danger de les avoir pour complices en quoi que ce soit, il l'avait apprécié ; mais il ne put songer à sa dignité personnelle qu'au moment où il se trouva si subitement ravalé. Quel triomphe pour l'esclave incapable de s'élever jusqu'à son maître, de faire tomber le maître jusqu'à lui ! Jules fut brusque et dur ; autre faute. Mais il souffrait tant ! Sa vie, jusque-là si droite, si pure, devenait tortueuse ; et il lui fallait maintenant ruser, mentir... Et Clémence aussi mentait et rusait ! Ce moment fut un moment de dégoût. Perdu dans un abîme de pensées amères, Jules resta machinalement immobile à la porte de son hôtel. Tantôt s'abandonnant à des idées de désespoir, il voulait fuir, quitter la France, en emportant sur son amour toutes les illusions de l'incertitude. Tantôt, ne mettant pas en doute que la lettre jetée à la poste par Clémence ne s'adressât à Ferragus, il cherchait les moyens de surprendre la réponse qu'allait y faire cet être mystérieux. Tantôt il analysait les singuliers hasards de sa vie depuis son mariage, et se demandait si la calomnie dont il avait tiré vengeance n'était pas une vérité. Enfin, revenant à la réponse de Ferragus, il se disait :

— Mais cet homme si profondément habile, si logique dans ses moindres actes, qui voit, qui pressent, qui calcule et devine même mes pensées, Ferragus répondra-t-il ?... Ne doit-il pas employer des moyens en harmonie avec sa puissance ? N'enverra-t-il pas sa réponse par quelque habile coquin ; ou, peut-être, dans un écrin apporté par un honnête homme qui ne saura pas ce qu'il apporte, ou dans l'enveloppe des souliers qu'une ouvrière viendra livrer fort innocemment à ma femme ?... Si Clémence et lui s'entendent...

Et il se défiait de tout, et il parcourait les champs

immenses, la mer sans rivage des suppositions, puis, après avoir flotté pendant quelque temps entre mille partis contraires, il se trouva plus fort chez lui que partout ailleurs, et résolut de veiller dans sa maison, comme un *formica-leo* au fond de sa volute sablonneuse.

— Fouquereau, dit-il à son concierge, je suis sorti pour tous ceux qui viendront me voir. Si quelqu'un veut parler à madame, ou lui apporte quelque chose, tu tinteras deux coups. Puis tu me monteras toutes les lettres qui seraient adressées ici, n'importe à qui...

— Ainsi, pensa-t-il en remontant dans son cabinet, qui se trouvait à l'entresol, je vais au-devant des finesses de maître Ferragus. S'il envoie quelque émissaire assez rusé pour me demander afin de savoir si madame est seule, au moins je ne serai pas joué comme un sot !

Il se colla aux vitres qui, dans son cabinet, donnaient sur la rue, et, par une dernière ruse que lui inspira la jalousie, il résolut de faire monter son premier commis dans sa voiture, et de l'envoyer à la Bourse en son lieu et place, avec une lettre pour un agent de change de ses amis, auquel il expliqua ses achats et ses ventes, en le priant de le remplacer. Il remit ses transactions les plus délicates au lendemain, se moquant de la hausse et de la baisse, et de toutes les dettes européennes. Beau privilége de l'amour ! il écrase tout, fait tout pâlir : l'autel, le trône et les grands-livres !

A trois heures et demie, au moment où la Bourse est dans tout le feu des reports, des fin-courant, des primes, des fermes, etc., M. Jules vit entrer dans son cabinet Fouquereau tout radieux.

— Monsieur, il vient de venir une vieille femme, mais *soignée*, je dis, et une fine mouche. Elle a demandé monsieur, a paru contrariée de ne point le trouver, et m'a donné pour madame une lettre que voici !

Jules décacheta la lettre, en proie à une angoisse fiévreuse. En la voyant, il tomba dans son fauteuil, tout épuisé. La lettre était un non-sens continuel ; il fallait en avoir la clef pour la lire.

— Va-t'en, Fouquereau.

Le concierge sortit.

— C'est un mystère plus profond que ne l'est la mer, à l'endroit où la sonde se perd !... Ah ! c'est de l'amour. L'amour seul est aussi sagace, aussi ingénieux ! Mon Dieu ! je tuerai Clémence.

En ce moment, une idée heureuse jaillit dans sa cervelle avec tant de force qu'il en fut presque physiquement éclairé.

Aux jours de sa laborieuse misère, avant son mariage, Jules s'était fait un ami véritable, un demi *Pméja*. L'excessive délicatesse avec laquelle il avait manié les susceptibilités d'un ami pauvre et modeste, le respect dont il l'avait entouré, l'ingénieuse adresse avec laquelle il l'avait noblement forcé de participer à son opulence, sans le faire rougir, accrurent leur amitié. Jacquet resta fidèle à Desmarets, malgré sa fortune. Jacquet, homme de probité, travailleur, austère en ses mœurs, avait fait lentement son chemin dans le ministère qui consomme à la fois le plus de friponnerie et le plus de probité. Employé au ministère des affaires étrangères, il y avait, en charge, la partie la plus délicate des archives. Jacquet était, dans le ministère, une espèce de ver luisant qui jetait la lumière à ses heures sur les correspondances secrètes, en déchiffrant et classant les dépêches. Placé plus haut que le simple bourgeois, se trouvant, aux affaires étrangères, tout ce qu'il y avait de plus élevé dans les rangs subalternes, il vivait obscurément, heureux d'une obscurité qui le mettait à l'abri des revers, content de payer, en oboles, sa dette à la patrie. Adjoint né de sa mairie, il obtenait, en style de journal, toute la considération qui lui était due. Grâce à Jules, sa position s'était améliorée par un bon mariage. Patriote inconnu, ministériel en fait, il se contentait de gémir, au coin du feu, sur la marche du gouvernement. Du reste, Jacquet était, dans son ménage, un roi débonnaire, un homme à parapluie, qui payait à sa femme un remise dont il ne profitait jamais. Enfin, pour achever la peinture de ce *philosophe sans le savoir*, il n'avait pas encore soupçonné, et ne devait même jamais soupçonner tout le parti qu'il pouvait tirer de sa position, en ayant pour ami intime un agent de change, et le secret de l'État, tous les matins. Cet homme, sublime à la manière du soldat ignoré qui meurt en sauvant Napoléon par un *qui-vive*, demeurait au ministère. En dix minutes, Jules se trouva dans le bureau de l'archiviste, et Jacquet, lui avançant une chaise, posa méthodiquement son garde-vue en taffetas vert sur sa table, se frotta les mains, prit sa tabatière, se leva en faisant craquer ses omoplates, en se haussant le thorax, et dit :

— Par quel hasard ici ?

— Jacquet, j'ai besoin de toi pour deviner un secret, un secret de vie et de mort.

— Cela ne concerne pas la politique ?

— Ce n'est pas à toi que je le demanderais, je ne le saurais pas, dit Jules. Non, c'est une affaire de ménage sur laquelle je te demande le silence le plus profond.

— Claude-Joseph Jacquet, muet par état. Tu ne me connais donc pas ? dit-il en riant. C'est ma partie, la discrétion.

Jules lui montra la lettre en lui disant :

— Il faut me lire ce billet adressé à ma femme...

— Diable, diable ! mauvaise affaire !... dit Jacquet en examinant la lettre de la même manière qu'un usurier examine un effet négociable. Ah ! c'est une lettre à grille... attends.

Il laissa Jules seul dans le cabinet, et revint assez promptement.

— Niaiserie, mon ami ! c'est écrit avec une vieille grille dont se servait l'ambassadeur de Portugal sous M. de Choiseul, lors du renvoi des jésuites. — Tiens, voici.

Jacquet superposa un papier à jour, régulièrement découpé comme une de ces dentelles que les confiseurs mettent sur leurs dragées, et Jules put alors facilement lire les phrases qui restèrent à découvert.

« N'aie plus d'inquiétudes, ma chère Clémence, notre bonheur ne sera plus troublé par personne, et ton mari déposera ses soupçons. Je ne puis t'aller voir. Quelque malade que tu sois, il faut avoir le courage de venir; cherche, trouve des forces; tu en puiseras dans ton amour. Mon affection pour toi m'a contraint de subir la plus cruelle des opérations, et il m'est impossible de bouger de mon lit. Quelques moxas m'ont été appliqués hier au soir à la nuque du cou, d'une épaule à l'autre; et il a fallu les laisser brûler assez longtemps, tu me comprends? Mais je pensais à toi, je n'ai pas trop souffert. Pour dérouter toutes les perquisitions de Maulincour, qui ne nous persécutera plus longtemps, j'ai quitté le toit protecteur de l'ambassade et suis à l'abri de toutes recherches, rue des Enfants-Rouges, n° 12, chez une vieille femme nommée M<sup>me</sup> Étienne Gruget, la mère de cette Ida, qui va payer cher sa sotte incartade. Viens-y demain, à neuf heures du matin. Je suis dans une chambre à laquelle on ne parvient que par un escalier intérieur. Demande M. Camusat. A demain. Je te baise le front. »

Jacquet regarda Jules avec une sorte de terreur honnête, qui comportait une compassion vraie, et dit son mot favori : — Diable ! diable ! sur deux tons différents.

— Cela te semble clair, n'est-ce pas ?... dit Jules. Eh bien ! il y a dans le fond de mon cœur une voix qui plaide pour ma femme, et qui se fait entendre plus haut que toutes les douleurs de la jalousie. Je subirai jusqu'à demain le plus horrible des supplices ; mais enfin demain, de neuf à dix heures, je saurai tout, et je serai malheureux ou heureux pour la vie. Pense à moi, Jacquet.

— Je serai chez toi demain à onze heures. Nous irons là ensemble, et je t'attendrai, si tu le veux, dans la rue. Tu peux courir des dangers; il faut près de toi quelqu'un de dévoué qui te comprenne à demi mot et que tu puisses employer sûrement. Compte sur moi.

— Même pour m'aider à tuer quelqu'un?

— Diable, diable!... dit Jacquet vivement, en répétant pour ainsi dire la même note musicale, j'ai deux enfants et une femme...

Jules serra la main de Claude Jacquet, et sortit. Mais il revint précipitamment.

— J'oublie la lettre, dit-il. Puis ce n'est pas tout, il faut la recacheter...

— Diable, diable, tu l'as ouverte sans en prendre l'empreinte ! Mais le cachet s'est heureusement assez bien fendu; va, laisse-la-moi; je te la rapporterai *secundum scripturam*.

— A quelle heure?

— A cinq heures et demie...

— Si je n'étais pas encore rentré, remets-la tout bonnement au concierge, en lui disant de la monter à madame.

— Me veux-tu demain ?

— Non. Adieu.

Jules arriva promptement à la place de la Rotonde du Temple; il y laissa son cabriolet, et vint à pied rue des Enfants-Rouges, où il examina la maison de M<sup>me</sup> Étienne Gruget. Là devait s'éclaircir le mystère d'où dépendait le sort de tant de personnes. Là était Ferragus, et à Ferragus aboutissaient tous les fils de cette intrigue. La réunion de M<sup>me</sup> Jules, de son mari, de cet homme, n'était-elle pas le nœud gordien de ce drame déjà sanglant, et auquel ne devait pas manquer le glaive qui dénoue les nœuds les plus fortement tissus?

Cette maison était une de celles qui appartiennent au genre des *cabajoutis*. Ce nom très-significatif est donné par le peuple de Paris à ces maisons composées, pour ainsi dire, de pièces de rapport. Ce sont presque toujours, ou des habitations primitivement séparées, mais réunies par les fantaisies de différents propriétaires qui les ont successivement agrandies; ou des maisons commencées, laissées, reprises, achevées, des maisons malheureuses qui ont passé, comme certains peuples, sous plusieurs dynasties de maîtres capricieux. Ni les étages ni les fenêtres *ne sont ensemble*, pour emprunter à la peinture un de ses termes les plus pittoresques ; tout y jure, même les ornements extérieurs. Le *cabajoutis* est à l'architecture parisienne ce que le *capharnaüm* est à l'appartement, un vrai fouillis où l'on a jeté pêle-mêle les choses les plus discordantes.

— Madame Étienne ?... demanda Jules à une portière logée sous la grande porte, dans une de ces espèces de cages à poulets, petite maison de bois, montée sur des roulettes, et assez semblable à ces cabinets que la police a construits sur toutes les places de fiacres.

— Hein !... dit la portière en quittant le bas qu'elle tricotait.

A Paris, les différents sujets qui concourent à la physionomie d'une portion quelconque de cette monstruense cité, s'harmonient admirablement avec le caractère de l'ensemble. Ainsi portier, concierge, ou suisse, quel que soit le nom donné à ce muscle essentiel du monstre parisien, il est toujours conforme au quartier dont il fait partie, et souvent il le résume. Brodé sur toutes les coutures, oisif, le concierge joue sur les rentes dans le faubourg Saint-Germain ; le portier a ses aises dans la Chaussée-d'Antin ; il lit les journaux dans le quartier de la Bourse ; il a un état dans le faubourg Montmartre ; la portière est une ancienne fille dans le quartier de la prostitution ; au Marais, elle a des mœurs, elle est revêche, elle a ses lubies.

En voyant M. Jules, la portière prit un couteau pour remuer la motte presque éteinte de sa chaufferette ; puis elle lui dit :

— Vous demandez M<sup>me</sup> Étienne ? Est-ce M<sup>me</sup> Étienne Gruget ?

— Oui.

— Qui travaille en passementerie ?

— Oui.

Alors la portière sortit de sa cage.

— Eh bien ! monsieur, dit-elle en mettant la main sur le bras de M. Jules, et le conduisant au bout d'un long boyau voûté comme une cave, vous monterez le second escalier, au fond de la cour. Voyez-vous les fenêtres où il y a des giroflées ? C'est là qu'est M<sup>me</sup> Étienne.

— Merci, madame. Croyez-vous qu'elle soit seule ?

— Mais pourquoi donc qu'elle ne serait pas seule, cette femme ? elle est veuve.

Jules monta lestement un escalier fort obscur, dont les marches avaient des callosités formées par la boue durcie qu'y laissaient les allants et venants. Au second étage, il vit trois portes, mais point de giroflées. Heureusement sur l'une de ces portes, la plus huileuse et la plus brune des trois, il lut ces mots écrits à la craie : *Ida viendra ce soir à neuf heures.*

— C'est là.... se dit Jules.

Il tira un vieux cordon de sonnette tout noir, à pied de biche, entendit le bruit étouffé d'une sonnette fêlée, et les jappements d'un petit chien asthmatique. La manière dont les sons retentissaient dans l'intérieur lui annonça un appartement encombré de choses qui n'y laissaient pas subsister le moindre écho, trait caractéristique des logements occupés par des ouvriers, par de petits ménages, auxquels la place et l'air manquent. Jules cherchait machinalement les *giroflées*, et finit par les trouver sur l'appui extérieur d'une croisée à coulisse, entre deux plombs empestés. Là des fleurs, là un jardin long de deux pieds, large de six pouces ; là, un grain de blé ! là, toute la vie résumée ; mais là aussi toutes les misères de la vie. En face de ces fleurs chétives et des superbes tuyaux du blé, un rayon de lumière, tombant à du ciel, comme par grâce, faisait ressortir la poussière, la graisse, et je ne sais quelle couleur particulière aux taudis parisiens, mille saletés qui encadraient, vieillissaient et tachaient les murs humides, les balustres vermoulus de l'escalier, les châssis disjoints des fenêtres et les portes primitivement rouges.

Bientôt une toux de cercueil et le pas lourd d'une vieille femme qui traînait péniblement des chaussons de lisière annoncèrent la mère d'Ida Gruget.

Elle ouvrit la porte, sortit sur le palier, leva la tête, et dit :

— Ah ! c'est M. Bocquillon ! Mais non ! Par exemple, comme vous ressemblez à M. Bocquillon ? Vous êtes son frère, peut-être ?.. Qu'y a-t-il pour votre service ? Entrez donc, monsieur...

Jules suivit cette femme dans une première pièce, où il vit, mais en masse, des cages, des ustensiles de ménage, des fourneaux, des meubles, de petits plats de terre pleins de pâtée ou d'eau pour le chien et les chats, une horloge de bois, des couvertures, des gravures d'Eisen, de vieux fers entassés, mêlés, confondus de manière à produire un tableau véritablement grotesque, le vrai *capharnaüm* parisien, auquel ne manquaient même pas quelques numéros du *Constitutionnel*.

Jules, dominé par une pensée de prudence, n'écouta pas la veuve Gruget qui lui disait :

— Entrez donc ici, monsieur, vous vous chaufferez.

Craignant d'être entendu par Ferragus, Jules se demandait s'il ne valait pas mieux conclure dans cette première pièce le marché qu'il venait proposer à la vieille.

Une poule qui sortit d'une soupente, en caquetant, le tira de sa méditation secrète. Il avait pris sa résolution. Alors il suivit la mère d'Ida dans la pièce à feu, où ils furent accompagnés par le petit carlin poussif, personnage muet, qui grimpa sur un vieux tabouret. Madame Gruget avait eu toute la fatuité d'une demi-misère en parlant de chauffer son hôte, car son pot-au-feu cachait complètement deux tisons à peine rejoints. L'écumoire gisait à terre, la queue dans les cendres. Le chambranle de la cheminée, orné d'un Jésus de cire mis sous une cage carrée en verre bordé de papier bleuâtre, était encombré de laines, de bobines et d'outils nécessaires à la passementerie. Jules examina tous les meubles de l'appartement avec une curiosité pleine d'intérêt, et manifesta malgré lui sa secrète satisfaction.

— Hé bien ! dites donc, monsieur, est-ce que vous voulez vous arranger de *mes meubes* ? lui dit la veuve en s'asseyant sur un fauteuil de canne jaune qui semblait être son quartier-général. Il y avait à la fois son mouchoir, sa tabatière, son tricot, des légumes épluchés à moitié, des lunettes, un calendrier, des galons de livrée commencés, un jeu de cartes grasses, et deux volumes de romans, tout cela frappé en creux. Ce meuble, sur lequel cette vieille *descendait le fleuve de la vie*, ressemblait au sac encyclopédique que porte une femme en voyage, et où se trouve son ménage en abrégé, depuis le portrait du mari jusqu'à de l'eau de mélisse pour les défaillances, des dragées pour les enfants, et du taffetas anglais pour les coupures.

Jules étudia tout. Il regarda fort attentivement le visage jaune de Mme Grugel, ses yeux gris, sans sourcils, dénués de cils, sa bouche démeublée, ses rides pleines de tons noirs, son bonnet de tulle roux, à ruches plus rousses encore, et ses jupons d'indienne troués, ses pantoufles usées, sa chaufferette brûlée, sa table chargée de plats et de soieries, d'ouvrages en coton, en laine, au milieu desquels s'élevait une bouteille de vin. Puis il pensa :

— Cette femme a quelques passions, quelques vices cachés, elle est à moi.

— Madame, dit-il à haute voix, et en lui faisant un signe d'intelligence, je viens pour vous commander des galons....

Puis, baissant la voix :

— Je sais que vous avez chez vous un inconnu qui prend le nom de Camusot.

La vieille le regarda soudain, sans donner la moindre marque d'étonnement.

— Dites, peut-il nous entendre?.... Songez qu'il s'agit de votre fortune.

— Monsieur, répondit-elle, parlez sans crainte, je n'ai personne ici. Mais j'aurais quelqu'un là-haut qu'il lui serait bien impossible de vous écouter...

— Ah! la vieille rusée, elle sait répondre en normand! se dit Jules. Nous pourrons nous accorder.

— Évitez-vous la peine de mentir, madame, reprit-il. Et d'abord, sachez bien que je ne vous veux point de mal, ni à votre locataire malade de ses moxas, ni à votre fille Ida, couturière en corsets, amie de Ferragus. Vous le voyez, je suis au courant de tout. Rassurez-vous, je ne suis point de la police, et ne désire rien qui puisse offenser votre conscience. Une jeune dame viendra demain ici, de neuf à dix heures, pour causer avec l'ami de votre fille. Je veux être à portée de tout voir, de tout entendre, sans être ni vu, ni entendu par eux. Vous m'en fournirez les moyens, et je reconnaîtrai ce service par une somme de dix mille francs, une fois payée, et par six cents francs de rente viagère. Mon notaire préparera devant vous, ce soir, l'acte; je lui remettrai votre argent, qu'il vous délivrera demain, après la conférence où je veux assister, et pendant laquelle j'acquerrai des preuves de votre bonne foi.

— Ça pourra-t-il nuire à ma fille, mon cher monsieur?

— En rien, madame. Mais, d'ailleurs, il paraît que votre fille se conduit bien mal envers vous. Aimée par un homme aussi riche, aussi puissant que l'est Ferragus, il devrait lui être facile de vous rendre plus heureuse que vous ne semblez l'être.

— Ah! mon cher monsieur, pas seulement un pauvre billet de spectacle pour l'Ambigu ou pour la Gaieté, où elle va comme elle veut! C'est une indignité! Une fille pour laquelle j'ai vendu mes couverts d'argent, que je mange maintenant, à mon âge, dedans du métal d'Alger, pour lui payer son apprentissage, et lui donner un état où elle ferait de l'or, si elle voulait! Car, pour ça, elle tient de moi! elle est adroite comme une fée, c'est une justice à lui rendre. Enfin, elle pourrait bien me repasser ses vieilles robes de soie, moi qu'aime tant à porter de la soie. Non, monsieur, elle va au Cadran Bleu dîner à cinquante francs par tête, roule en voiture comme une princesse, et se moque de sa mère comme de Colin-Tampon. Dieu de Dieu! quelle jeunesse incohérente que celle que nous avons faite! c'est pas notre plus bel éloge. Une mère, monsieur, qu'est bonne mère, car j'ai caché ses inconséquences, et je l'ai toujours eue dans mon giron à m'ôter le pain de la bouche... et lui fourrer tout... Eh bien non! Ça vient, ça vous caline, ça vous dit : — Bonjour, ma mère. Et voilà leurs devoirs remplis envers l'auteur de ses jours. Va comme je te pousse. Mais elle aura des enfants, un jour ou l'autre, et elle verra ce que c'est!...

— Comment elle ne fait rien pour vous!

— Ah! rien, non, monsieur, je ne dis pas cela, si elle ne faisait rien, ce serait par trop peu de chose. Elle me paie mon loyer, elle me donne du bois, et trente-six francs par mois... Mais, monsieur, est-ce qu'à mon âge, cinquante-deux ans, avec des yeux qui me tirent le soir, je devrais encore travailler? D'ailleurs, *pourquoi* ne veut-elle pas de moi? Je lui fais-t-y honte? qu'elle le dise tout de suite! En vérité, faudrait s'enterrer pour ces chiens d'enfants qui vous ont oublié rien que le temps de fermer la porte.

Elle tira son mouchoir de sa poche, et amena un billet de loterie qui tomba par terre, mais elle le ramassa promptement en disant :

— Quien, c'est ma quittance de mes impositions!

Jules devina soudain la cause de la sage parcimonie dont se plaignait la mère, et il n'en fut que plus certain de l'acquiescement de la veuve Grugel au marché proposé.

— Eh bien! madame, dit-il, acceptez alors ce que je vous offre.

— Vous disiez donc, monsieur, dix mille francs de comptant, et six cents francs de viager.

— Madame, j'ai changé d'avis et vous promets maintenant dix-huit cents francs de rente viagère. L'affaire, ainsi faite, me paraît plus convenable à mes intérêts et aux vôtres. En effet, cinquante écus par mois, pendant le reste de vos jours, doivent vous dispenser de travailler, hein... Que vous en semble?

— Dame, oui, monsieur.

— Et vous irez à l'Ambigu-Comique, chez Franconi, partout.

— Ah! je n'aime pas Franconi, rapport à ce qu'on n'y parle pas. Mais monsieur, si j'accepte, c'est que ça sera bien avantageux à mon enfant. Enfin, je ne serai plus à ses crochets. Pauvre petite, après tout, je ne lui en veux point de ce qu'elle a du plaisir. Monsieur, faut que jeunesse s'amuse ! Et donc, si vous m'assurez que je ne ferai de tort à personne....

— A personne, répéta Jules, mais voyons, comment allez-vous vous y prendre?

— Eh bien, monsieur, en donnant ce soir à M. Ferragus une petite infusion de têtes de pavots, il dormira bien le cher homme !... Et il en a bon besoin, rapport à ses souffrances ; car il souffre, que c'est une pitié. Mais aussi, demandez-moi ce que c'est que cette invention à un homme sain, de se brûler le dos, pour s'ôter un tic douloureux qui ne le tourmente que tous les deux ans !... Pour en revenir à notre affaire, j'ai la clef de ma voisine, dont le logement est au-dessus du mien, et qui a une pièce mur mitoyen avec celle où couche Ferragus. Elle est à la campagne pour dix jours. Et donc, en faisant faire un trou, pendant la nuit, au mur de séparation, vous les entendrez et les verrez à votre aise. Je suis intime avec un serrurier, un bien aimable homme, qui fera cela, ni vu, ni connu.

— Voilà cent francs pour lui, soyez ce soir chez M. Desmarets, un notaire dont voici l'adresse. A neuf heures l'acte sera prêt, mais.... *motus*.

— Suffit, monsieur, au revoir, monsieur.

Jules revint chez lui, presque calmé par la certitude où il était de tout savoir le lendemain. En arrivant, il trouva chez son portier la lettre parfaitement bien recachetée.

— Comment te portes-tu? dit-il à sa femme, malgré l'espèce de froid qui les séparait. Mais les habitudes de cœur sont si difficiles à quitter.

— Assez bien. Jules, reprit-elle d'une voix coquette, veux-tu dîner près de moi?

— Oui, répondit-il en apportant la lettre.

— Voici ce que Fouquereau m'a remis pour toi.

Clémence, qui était pâle, rougit extrêmement en apercevant la lettre, et cette rougeur subite causa la plus vive douleur à son mari.

— Est-ce de la joie? dit-il en riant. Est-ce un effet de l'attente?

— Oh! il y a bien des choses, dit-elle en regardant le cachet.

— Je vous laisse, madame.

Et il descendit dans son cabinet où il écrivit à son frère ses intentions relatives à la constitution de la rente viagère destinée à la veuve Gruget.

Quand il revint, il trouva son dîner préparé sur une petite table, près du lit de Clémence, et Joséphine pour le servir.

— Si j'étais debout, avec quel plaisir je te servirais, dit-elle quand Joséphine les eut laissés seuls. Oh! même à genoux, reprit-elle en passant ses mains pâles dans la chevelure de Jules. Cher noble cœur, tu as été bien gracieux et bien bon pour moi tout à l'heure. Tu m'as fait là plus de bien, par ta confiance, que tous les médecins de la terre ne pourraient m'en faire. Cette délicatesse de femme, car tu sais aimer comme une femme, toi... eh bien ! elle a répandu dans mon âme je ne sais quel baume qui m'a presque guérie. Il y a trêve, Jules, avance ta tête que je te baise.

Jules se leva, et ne put se refuser au plaisir d'embrasser sa Clémence. Mais ce ne fut pas sans une sorte de remords au cœur : il se trouvait petit devant cette femme qu'il était toujours tenté de croire innocente. Elle avait une sorte de joie triste. Une chaste espérance brillait sur son visage à travers l'expression de ses chagrins.

Ils semblaient également malheureux d'être obligés de se tromper l'un l'autre, et encore une caresse, ils allaient tout s'avouer, ne résistant pas à leurs douleurs !

— Demain soir, Clémence.

— Non, monsieur, demain à midi, vous saurez tout, et vous vous agenouillerez devant votre femme. Oh! non, tu ne t'humilieras pas; non, tu es tout pardonné; non, tu n'as pas de torts. Écoute : hier, tu m'as bien rudement brisée; mais ma vie n'aurait peut-être pas été complète sans cette angoisse : ce sera une ombre qui fera valoir des jours célestes.

— Tu m'ensorcelles!... s'écria Jules, et tu me donnerais des remords.

— Pauvre ami, la destinée est plus haute que nous, et je ne suis pas complice de ma destinée... Je sortirai demain.

— A quelle heure? demanda Jules.

— A neuf heures et demie.

— Clémence, répondit M. Desmarets, prends bien des précautions, consulte le docteur Méo.

— Je ne consulterai que mon cœur et mon courage.

— Je te laisse libre, et ne viendrai te voir qu'à midi.

— Tu ne me tiendras pas un peu compagnie ce soir?... je ne suis plus souffrante...

Après avoir terminé ses affaires, Jules revint près de sa femme, ramené par une attraction invincible. Sa passion était plus forte que toutes ses douleurs.

## IV.

### OU ALLER MOURIR?

Le lendemain, vers neuf heures, Jules s'échappa de chez lui, courut à la rue des Enfants-Rouges, monta, et sonna chez la veuve Gruget.

— Ah! vous êtes de parole, exact comme l'aurore. Entrez donc, monsieur, lui dit la vieille passementière en le reconnaissant.

Et quand la porte fut fermée :

— Je vous ai apprêté une tasse de café à la crème, au cas où... reprit-elle. Ah! de la vraie crème, un petit pot que j'ai vu traire moi-même à la vacherie que nous avons dans le marché des Enfants-Rouges.

— Merci, madame! Non, rien; menez-moi...

— Bien, bien, mon cher monsieur. Venez par ici.

Alors la veuve conduisit Jules dans une chambre située au-dessus de la sienne, et où elle lui montra, triomphalement, un trou grand comme une pièce de quarante sous, pratiqué pendant la nuit à une place correspondante aux rosaces les plus hautes et les plus obscures du papier tendu dans la chambre de Ferragus. Cette ouverture se trouvait, dans l'une et l'autre pièce, au-dessus d'une armoire. Les légers dégâts faits par le serrurier n'avaient donc laissé de traces d'aucun côté du mur, et il était fort difficile d'apercevoir dans l'ombre cette espèce de meurtrière. Aussi Jules fut-il obligé, pour se maintenir là, et pour y bien voir, de rester dans une position assez fatigante, en se perchant sur un marche-pied que la veuve Gruget avait eu le soin d'apporter.

— Il est avec un monsieur... dit la vieille en se retirant.

Jules aperçut en effet un homme occupé à panser un cordon de plaies, produites par une certaine quantité de brûlures pratiquées sur les épaules de Ferragus, dont il reconnut la tête, d'après la description que lui en avait faite M. de Maulincour.

— Quand crois-tu que je serai guéri?... demandait-il.

— Je ne sais, répondait l'inconnu; mais, au dire des médecins, il faudra bien encore sept ou huit pansements.

— Eh bien! à ce soir, dit Ferragus en tendant la main à celui qui venait de poser la dernière bande de l'appareil.

— A ce soir, répondit l'inconnu, non sans serrer cordialement la main de Ferragus. Je voudrais te voir quitte de tes souffrances.

— Enfin, les papiers de M. de Funcal nous seront remis demain! Henri Bourignard est bien mort! reprit Ferragus. Les deux fatales lettres qui nous ont coûté si cher n'existent plus. Je redeviendrai donc quelque chose de social, un homme parmi les hommes, et je vaux bien le marin qu'ont mangé les poissons. Dieu sait si c'est pour moi que je me fais comte!....

— Pauvre Gratien! toi, notre plus forte tête, notre frère chéri, tu es le benjamin de la bande, tu le sais....

— Adieu! surveillez bien mon Maulincour...

— Sois en paix sur ce point.

— Hé, marquis! cria le vieux forçat.

— Quoi?

— Ida est capable de tout, après la scène d'hier au soir. Si elle s'est jetée à l'eau, je ne la repêcherai certes pas, elle gardera mieux le secret de mon nom, le seul qu'elle possède; mais surveille-la, car, après tout, c'est une bonne fille.

— Bien!

Et l'inconnu se retira.

Dix minutes après, M. Jules n'entendit pas, sans avoir un frisson de fièvre, le bruissement particulier aux robes de soie, et reconnut presque le bruit des pas de sa femme.

— Eh bien, mon père, dit Clémence. Pauvre père, comment allez-vous? Quel courage!

— Viens, mon enfant.... répondit Ferragus en lui tendant la main.

Et Clémence lui présenta son front, qu'il embrassa.

— Voyons, qu'as-tu, pauvre petite? Quels chagrins nouveaux...

— Des chagrins, mon père, mais c'est la mort de votre fille que vous aimez tant!..... Comme je vous l'écrivais hier, il faut absolument que dans votre tête, si fertile en idées, vous trouviez le moyen de voir mon pauvre Jules, aujourd'hui même. Si vous saviez comme il a été bon pour moi, malgré des soupçons, en apparence, si légitimes! Mon père, mon amour c'est ma vie!... Voulez-vous me voir mourir? Ah! j'ai déjà bien souffert! Et, je le sens, ma vie est en danger.

— Te perdre, ma fille, dit Ferragus, te perdre par la curiosité d'un misérable Parisien! Je brûlerais Paris!.... Ah! tu sais ce qu'est un amant, mais tu ne sais pas ce qu'est un père!...

— Mon père, vous m'effrayez quand vous me regardez ainsi. Ne mettez pas en balance deux sentiments si différents. J'avais un époux avant de savoir que mon père était vivant...

— Si ton mari a mis, le premier, des baisers sur ton front, répondit Ferragus, moi, le premier, j'y ai mis des larmes... Rassure-toi, Clémence ! Parle à cœur ouvert ! Je t'aime assez pour être heureux de savoir que tu es heureuse, quoique ton père ne soit presque rien dans ton cœur, tandis que tu remplis le sien.

— Mon Dieu, de semblables paroles me font trop de bien !... Vous vous faites aimer davantage, et il me semble que c'est voler quelque chose à Jules. Mais, mon bon père, songez donc qu'il est au désespoir. Que lui dire dans deux heures ?...

— Enfant ! ai-je donc attendu ta lettre pour te sauver du malheur qui te menace ? Et que deviennent ceux qui s'avisent de toucher à ton bonheur, ou de se mettre entre nous ? N'as-tu donc jamais reconnu la seconde providence qui veille sur toi ? Tu ne sais pas que douze hommes pleins de force et d'intelligence forment un cortége autour de ton amour et de ta vie, prêts à tout pour votre conservation ? Est-ce un père qui risquait la mort en allant te voir aux promenades, ou en venant t'admirer dans ton petit lit chez ta mère, pendant la nuit ? Est-ce le père auquel un souvenir de tes caresses d'enfant a seul donné la force de vivre, au moment où un homme d'honneur devait se tuer pour échapper à l'infamie ? Est-ce moi enfin, moi qui ne respire que par ta bouche, moi qui ne vois que par tes yeux, moi qui ne sens que par ton cœur, est-ce moi qui ne saurais pas défendre avec des ongles de lion, avec l'âme d'un père, mon seul bien, ma vie, ma fille ?... Mais, depuis la mort de cet ange qui fut ta mère, je n'ai rêvé qu'à une seule chose, au bonheur de t'avouer pour ma fille, de te serrer dans mes bras, à la face du ciel et de la terre, à tuer le *forçat*....

Il y eut là une légère pause.

. . . A te donner un père, reprit-il, à pouvoir presser sans honte la main de ton mari, à vivre sans crainte dans vos cœurs, à dire à tout le monde en te voyant : — « Voilà mon enfant ! » enfin, à être père à mon aise !....

— O mon père, mon père !

— Après bien des peines, après avoir fouillé le globe, dit Ferragus en continuant, mes amis m'ont trouvé une peau d'homme à endosser. Je vais être d'ici à quelques jours M. de Funcal, un comte portugais. Va, ma chère fille, il y a peu d'hommes qui puissent à mon âge avoir la patience d'apprendre le portugais et l'anglais, que ce diable de marin savait parfaitement.

— Mon cher père !

— Tout a été prévu, et d'ici à quelques jours Sa Majesté Jean VI, roi de Portugal, sera mon complice. Il ne te faut donc qu'un peu de patience, là où ton père en a eu beaucoup. Mais moi, c'était tout simple ! Que ne ferais-je pas pour récompenser ton dévouement pendant ces trois années ! Venir si religieusement consoler ton vieux père ! risquer ton bonheur !

— Mon père !

Et Clémence prit les mains de Ferragus, et les baisa.

— Allons, encore un peu de courage, ma Clémence ; gardons le fatal secret jusqu'au bout. Ce n'est pas un homme ordinaire que Jules ; mais cependant savons-nous si son grand caractère et son extrême amour ne détermineraient pas une sorte de mésestime pour la fille d'un...

— Oh ! s'écria Clémence, vous avez lu dans le cœur de votre enfant !

Et elle ajouta d'un ton déchirant :

— Je n'ai pas d'autre peur ! C'est une pensée qui me glace ! Mais, mon père, songez que je lui ai promis la vérité dans deux heures !...

— Eh bien ! ma fille, dis-lui qu'il aille, à l'ambassade de Portugal, voir le comte de Funcal, ton père... J'y serai !

— Et M. de Maulincour qui lui a parlé de Ferragus ! Mon Dieu ! mon père, tromper, tromper, quel supplice !

— A qui le dis-tu ? Mais encore quelques jours, et il n'existera pas un homme qui puisse me démentir... D'ailleurs, M. de Maulincour doit être hors d'état de se souvenir... Voyons, folle, sèche tes larmes, et songe...

En ce moment, un cri terrible retentit dans la chambre où était M. Jules Desmarets.

— Ma fille ! ma pauvre fille !

Cette clameur passa par la légère ouverture pratiquée au-dessus de l'armoire, et frappa de terreur Ferragus et M<sup>me</sup> Jules.

— Va voir ce que c'est, Clémence !

Clémence descendit avec rapidité le petit escalier, trouva toute grande ouverte la porte de l'appartement de M<sup>me</sup> Gruget, entendit les cris qui retentissaient dans l'étage supérieur, monta l'escalier, vint, attirée par le bruit des sanglots, jusque dans la chambre fatale où, avant d'entrer, ces mots parvinrent à son oreille :

— C'est vous, monsieur, avec vos imaginations, qui êtes cause de sa mort.

— Taisez-vous, misérable ! disait Jules en mettant son mouchoir sur la bouche de la veuve Gruget, qui cria :

— A l'assassin ! au secours !...

En ce moment, Clémence entra, vit son mari, poussa un cri et s'enfuit.

— Qui sauvera ma fille? demanda la veuve Gruget après une longue pause. Vous l'avez assassinée!...

— Et comment? demanda machinalement M. Jules, stupéfait d'avoir été reconnu par sa femme.

— Lisez, monsieur, cria la vieille en fondant en larmes. Y a-t-il des rentes qui puissent consoler de cela!...

« Adieu, ma mère! je te lege tout ce que j'é.
« Je te demande pardon de mes fotes et du dernié
« chagrin que je te donne en mettant fain à mes
« jours. Henry, que j'aime plus que moi-même,
« m'a dit que je faisai son malheur, et puisqu'il
« m'a repousé de lui, et que j'ai perdu toutes mes
« espairence d'établicement, je vai me noyez. J'irai
« au-dessous de Neuilly pour n'être point mise à la
« Morgue. Si Henry ne me hait plus après que je
« m'ai puni par la mor, prie le de fair enterrer
« une pauvre fille dont le cœur n'a battu que pour
« lui, et qu'il me pardonne, car j'ai eu tort de me
« mélair de ce qui ne me regardai pas. Panse-lui bien
« ses moqca. Comme il a souffert ce povre cha. Mais
« j'orai pour me détruir le couraje qu'il a eu pour
« se faire brulair. Fais porter les corsets finis chez
« mes pratiques. Et prie Dieu pour ta fille.

« IDA. »

— Portez cette lettre à M. de Funcal, celui qui est là. S'il en est encore temps, lui seul peut sauver votre fille.

Et Jules disparut en se sauvant comme un homme qui aurait commis un crime. Ses jambes tremblaient. Son cœur élargi recevait des flots de sang plus chauds, plus copieux qu'en aucun moment de sa vie, et les renvoyait avec une force inaccoutumée. Les idées les plus contradictoires se combattaient dans son esprit, et cependant une pensée les dominait toutes. Il n'avait pas été loyal avec la personne qu'il aimait le plus, et il lui était impossible de transiger avec sa conscience, dont la voix, grossissant en raison du forfait, correspondait aux cris intimes de sa passion, pendant les plus cruelles heures de doute qui l'avaient agité précédemment. Il resta, durant une grande partie de la journée, errant dans Paris et n'osant pas rentrer chez lui. Cet homme probe tremblait de rencontrer le front irréprochable de cette femme méconnue.

Les crimes sont en raison de la pureté des consciences, et le fait qui, pour tel cœur, est à peine une faute dans la vie, prend les proportions d'un crime pour certaines âmes candides. Le mot de candeur n'a-t-il pas en effet une céleste portée? Et la plus légère souillure empreinte au blanc vêtement d'une vierge n'en fait-elle pas quelque chose d'ignoble, autant que le sont les haillons d'un mendiant. Entre ces deux choses, la seule différence n'est que celle du malheur à la faute. Dieu ne mesure jamais le repentir; il ne le scinde pas, et il en faut autant pour effacer une tache, que pour lui faire oublier toute une vie.

Ces réflexions pesaient de tout leur poids sur Jules, car les passions ne pardonnent pas plus que les lois humaines, et elles raisonnent plus juste : ne s'appuient-elles pas sur une conscience à elles, infaillible comme l'est un instinct?

Désespéré, Jules rentra chez lui, pâle, écrasé sous le sentiment de ses torts, mais exprimant, malgré lui, la joie que lui causait l'innocence de sa femme. Il entra chez elle tout palpitant; il la vit couchée; elle avait la fièvre; il vint s'asseoir près du lit, il lui prit la main, la baisa, la couvrit de ses larmes.

— Chère ange, lui dit-il quand ils furent seuls, c'est du repentir.

— Et de quoi? reprit-elle.

En disant cette parole, elle inclina la tête sur son oreiller, ferma les yeux et resta immobile, gardant le secret de ses souffrances pour ne pas effrayer son mari : délicatesse de mère, délicatesse d'ange; c'était toute la femme dans un mot! Le silence dura longtemps. Jules, croyant Clémence endormie, alla questionner Joséphine sur l'état de sa maîtresse.

— Madame est rentrée à demi morte, monsieur. Nous avons été chercher le docteur.

— Est-il venu? qu'a-t-il dit?...

— Rien, monsieur. Il n'a pas paru content, a ordonné de ne laisser personne auprès de madame, excepté la garde, et il a dit qu'il reviendrait pendant la soirée.

M. Jules rentra doucement chez sa femme, se mit dans un fauteuil, et resta devant le lit immobile, les yeux attachés sur les yeux de Clémence. Quand elle soulevait ses paupières, elle le voyait aussitôt, et il s'échappait, d'entre ses cils douloureux, un regard tendre, plein de passion, exempt de reproche et d'amertume, un regard qui tombait comme un trait de feu sur le cœur de ce mari cruellement absous et toujours aimé par cette créature tuée par lui. La mort était entre eux un pressentiment qui les frappait également. Leurs regards s'unissaient dans une même angoisse, comme leurs cœurs s'unissaient jadis dans un même amour, également senti, également partagé. Point de questions, mais d'horribles certitudes. Chez la femme, générosité parfaite; chez le mari, remords affreux; puis, dans les deux âmes, une même vision du dénouement, un même sentiment de la fatalité.

Il y eut un moment où, la croyant endormie,

Jules la baisa doucement au front, et dit, après l'avoir longtemps contemplée :

— Mon Dieu, laisse-moi cet ange encore assez de temps pour que je m'absolve moi-même de mes torts par une longue adoration... Fille, elle est sublime, mais je ne sais pas de mot pour qualifier la femme!...

Clémence leva les yeux, ils étaient pleins de larmes.

— Tu me fais mal!... dit-elle d'un son de voix faible.

La soirée était avancée, le docteur vint, et pria le mari de se retirer pendant sa visite. Quand il sortit, Jules ne lui fit pas une seule question, il n'eut besoin que d'un geste.

— Appelez en consultation ceux de mes confrères en qui vous aurez le plus de confiance, je puis avoir tort.

— Mais, docteur, dites-moi la vérité. Je suis homme, je saurai l'entendre ; et j'ai d'ailleurs le plus grand intérêt à la connaître pour régler certains comptes...

— M<sup>me</sup> Jules est frappée à mort, répondit le médecin. Il y a une maladie morale qui a fait des progrès et qui complique sa situation physique, déjà si dangereuse, mais rendue plus grave encore par des imprudences : se lever pieds nus la nuit ; sortir, quand je l'avais défendu ; sortir hier à pied, aujourd'hui en voiture. Elle a voulu se tuer! Cependant mon arrêt n'est pas irrévocable, il y a de la jeunesse, une force nerveuse étonnante... Il faudrait risquer le tout pour le tout par quelque réactif violent ; mais je ne prendrai jamais sur moi de l'ordonner ; je ne le conseillerais même pas ; et, en consultation, je m'opposerais à son emploi.

Jules rentra. Pendant onze jours et onze nuits, il resta près du lit de sa femme, ne prenant quelques heures de sommeil que durant le jour, en appuyant sa tête sur le pied du lit. Jamais aucun homme ne poussa plus loin que M. Jules la jalousie des soins, et l'ambition du dévouement. Il ne souffrait pas que l'on rendît le plus léger service à M<sup>me</sup> Jules ; il lui tenait toujours la main, et semblait ainsi vouloir lui communiquer de la vie. Il y eut des incertitudes, de fausses joies, de bonnes journées, un mieux, des crises, enfin les horribles nutations de la mort qui hésite, qui balance...

M<sup>me</sup> Jules trouvait toujours la force de sourire à son mari, elle le plaignait, sachant que bientôt il serait seul. C'était une double agonie, celle de la vie, celle de l'amour ; mais la vie s'en allait faible et l'amour allait grandissant. Il y eut une nuit affreuse, celle où Clémence éprouva ce délire qui précède toujours la mort chez les créatures jeunes. Elle parla de son amour heureux ; elle parla de son père ; elle raconta les révélations de sa mère au lit de mort, et les obligations qu'elle lui avait imposées. Elle se débattit, non pas avec la vie, mais avec sa passion, qu'elle ne voulait pas quitter.

— Faites, mon Dieu, dit-elle, qu'il ne sache pas que je voudrais le voir mourir avec moi !...

Heureusement, Jules, ne pouvant soutenir ce spectacle, était en ce moment dans le salon voisin, et n'entendit pas des vœux auxquels il eût obéi.

Quand la crise fut passée, M<sup>me</sup> Jules retrouva des forces. Le lendemain, elle redevint belle, tranquille ; elle causa ; elle avait de l'espoir ; elle se para comme se parent les malades. Puis elle voulut être seule pendant toute la journée, et renvoya son mari par une de ces prières faites avec tant d'instances qu'elles sont exaucées comme on exauce les prières des enfants. D'ailleurs, M. Jules avait besoin de cette journée.

Il alla chez M. de Maulincour afin de réclamer de lui le duel à mort convenu naguère entre eux. Il ne parvint pas sans de grandes difficultés jusqu'à l'auteur de cette infortune ; mais, en apprenant qu'il s'agissait d'une affaire d'honneur, le vidame obéit aux préjugés qui avaient toujours gouverné sa vie, et introduisit Jules auprès du baron.

M. Desmarets chercha le baron de Maulincour.

— Oh! c'est lui... dit le commandeur en montrant un homme assis dans un fauteuil au coin du feu.

— Qui! Jules!... dit le mourant d'une voix cassée.

Auguste avait perdu la seule faculté qui nous fasse vivre, la mémoire.

A cet aspect, M. Desmarets recula d'horreur. Il ne pouvait reconnaître l'élégant jeune homme dans une chose sans nom, en aucun langage, suivant le mot de Bossuet. C'était en effet un cadavre à cheveux blancs, des os à peine couverts par une peau ridée, flétrie, desséchée, des yeux blancs et sans mouvement, une bouche hideusement entr'ouverte, comme le sont celles des fous ou celles des débauchés tués par leurs excès. Aucune trace d'intelligence n'existait plus ni sur le front, ni dans aucun trait, de même qu'il n'y avait plus, dans sa carnation molle, ni rougeur, ni apparence de circulation sanguine. Enfin c'était un homme rapetissé, dissous, arrivé à l'état dans lequel sont ces monstres conservés au Muséum, dans les bocaux où ils flottent au milieu de l'alcool. Jules crut voir au-dessus de ce visage la terrible tête de Ferragus, et cette complète Vengeance épouvanta la Haine. Le mari se trouva de la pitié dans le cœur pour le douteux débris de ce qui avait été naguère un jeune homme.

— Le duel a eu lieu, dit le commandeur.

— Monsieur a tué bien du monde! s'écria douloureusement Jules.

— Et des personnes bien chères, ajouta le vieillard. Sa grand'mère meurt de chagrin, et je la suivrai dans la tombe!

Le lendemain de cette visite, M^me Jules empira d'heure en heure. Elle profita d'un moment de force pour prendre une lettre sous son chevet, la présenta vivement à Jules, et lui fit un signe facile à comprendre. Elle voulait lui donner dans un baiser son dernier souffle de vie. Il le prit, et elle mourut. Jules tomba demi-mort et fut emporté chez son frère.

Là, comme il déplorait, au milieu de ses larmes et de son délire, l'absence qu'il avait faite la veille, son frère lui apprit que cette séparation était vivement désirée par Clémence, qui n'avait pas voulu le rendre témoin de l'appareil religieux, si terrible aux imaginations tendres, et que l'Église déploie en conférant aux moribonds les derniers sacrements. Tu n'y aurais pas résisté, lui dit son frère. Je n'ai pu moi-même soutenir ce spectacle, et tous les gens fondaient en larmes. Clémence était comme une sainte. Elle avait pris de la force pour nous faire ses adieux; et cette voix, entendue pour la dernière fois, déchirait le cœur. Quand elle a demandé pardon des chagrins involontaires qu'elle pouvait avoir donnés à ceux qui l'avaient servie, il y a eu un cri mêlé de sanglots, un cri...

— Assez, dit Jules, assez!...

Il voulut être seul pour lire les dernières pensées de cette femme que le monde avait admirée et qui avait passé comme une fleur.

« Mon bien-aimé, ceci est mon testament. Pourquoi ne ferait-on pas des testaments pour les trésors du cœur, comme pour les autres biens? mais mon amour, n'était-ce pas tout mon bien? Et je veux ici ne m'occuper que de mon amour : il fut toute la fortune de ta Clémence, et tout ce qu'elle peut te laisser en mourant. Jules, je suis encore aimée : je meurs heureuse! Les médecins expliquent ma mort à leur manière, moi seule en connais la véritable cause. Je te la dirai, quelque peine qu'elle puisse te faire. Je ne voudrais pas emporter, dans un cœur tout à toi, quelque secret qui ne te fût pas dit, alors que je meurs victime d'une discrétion nécessaire.

« Jules, j'ai été nourrie, élevée dans la plus profonde solitude, loin des vices et des mensonges du monde, par l'aimable femme que tu as connue. La société rendait justice à ses qualités de convention, par lesquelles une femme plaît à la société, mais moi, j'ai secrètement joui d'une âme céleste, et j'ai pu chérir la mère qui faisait de mon enfance une joie sans amertume, en sachant bien pourquoi je la chérissais. N'est-ce pas aimer doublement? Oui, je l'aimais, je la craignais, je la respectais, et rien ne me pesait au cœur, ni le respect, ni la crainte. J'étais tout pour elle, elle était tout pour moi. Pendant dix-neuf années, pleinement heureuses, insouciantes, mon âme, solitaire au milieu du monde qui grondait autour de moi, n'a réfléchi que la plus pure image, celle de ma mère, et mon cœur n'a battu que par elle ou pour elle. J'étais scrupuleusement pieuse, et me plaisais à demeurer pure devant Dieu. Ma mère cultivait en moi tous les sentiments nobles et fiers. Ah! j'ai plaisir à te l'avouer, Jules, je sais maintenant que j'ai été jeune fille, que je suis venue à toi vierge de cœur.

« Quand je suis sortie de cette profonde solitude; quand, pour la première fois, j'ai lissé mes cheveux en les ornant d'une couronne de fleurs d'amandier; quand j'ai complaisamment ajouté quelques nœuds de satin à ma robe blanche, en songeant au monde que j'allais voir, et que j'étais curieuse de voir; eh bien! Jules, cette innocente et modeste coquetterie a été faite pour toi; car, à mon entrée dans le monde, je t'ai vu, toi, le premier. Ta figure, je l'ai remarquée, elle tranchait sur toutes les autres; la personne m'a plu; ta voix et tes manières m'ont inspiré de favorables pressentiments; et quand tu es venu, que tu m'as parlé, la rougeur sur le front, que ta voix a tremblé, ce moment m'a donné des souvenirs dont je palpite encore en l'écrivant aujourd'hui, que j'y songe pour la dernière fois. Notre amour a été d'abord la plus vive des sympathies, mais il fut bientôt mutuellement deviné; puis, aussitôt partagé, comme depuis nous en avons également ressenti les innombrables plaisirs. Dès-lors, ma mère ne fut plus qu'un second dans mon cœur. Je le lui disais, et elle souriait, l'adorable femme! Puis, j'ai été à toi, toute à toi. Voilà ma vie, toute ma vie, mon cher époux. Et voici ce qui me reste à te dire.

« Un soir, quelques jours avant sa mort, ma mère m'a révélé le secret de sa vie, non sans verser des larmes brûlantes. Je l'ai bien mieux aimé, quand j'appris, avant le prêtre chargé d'absoudre ma mère, qu'il existait des passions condamnées par le monde et par l'Église. Mais, certes, Dieu ne doit pas être sévère quand elles sont le péché d'âmes aussi tendres que l'était celle de ma mère; seulement, cet ange ne pouvait se résoudre au repentir. Elle aimait bien, Jules!... Elle était tout amour. Aussi ai-je prié tous les jours pour elle, sans la juger. Alors je connus la cause de sa vive tendresse maternelle; alors je sus qu'il y avait dans Paris un homme dont j'étais toute la vie, tout l'amour; que ta fortune était son ouvrage et qu'il t'aimait; qu'il était exilé de la société, qu'il portait un nom flétri, qu'il en était plus malheureux pour moi, pour nous, que pour lui-même. Ma mère était toute sa consolation, et ma mère mourait. Je promis de la remplacer, car, dans toute l'ardeur d'une âme dont rien n'avait faussé les sentiments, je ne vis que le bonheur d'adoucir l'amertume qui chagrinait les derniers moments de ma mère. Je m'engageai donc à continuer cette œuvre de charité secrète, la charité du cœur. La première fois que j'aperçus mon père, ce fut auprès du lit où ma mère venait d'expirer. Quand il releva ses yeux pleins de larmes, ce fut pour retrouver en moi toutes ses espérances mortes. J'avais juré, non pas de mentir, mais de garder le silence; et ce silence, quelle femme l'aurait rompu? Là est ma faute, Jules, une faute expiée par la mort! J'ai douté de toi. Mais la crainte est si naturelle à la femme, et surtout à la femme qui sait tout ce qu'elle peut perdre! J'ai tremblé pour mon amour. Le secret de mon père me parut être la mort de mon bonheur, et plus j'aimais, plus j'avais peur. Je n'osais avouer ce sentiment à mon père, c'eût été le blesser, et dans sa situation, toute blessure était vive. Mais lui, sans me le dire, il partageait mes craintes. Cette chère et noble créature, ce cœur tout paternel tremblait pour mon bonheur autant que je tremblais moi-même, et n'osait parler, obéissant à la même délicatesse qui me rendait muette. Oui, Jules, j'ai cru que tu pourrais un jour ne plus aimer la fille de Gratien, autant que tu aimais ta Clémence. Sans cette profonde terreur, t'aurais-je caché quelque chose, à toi qui étais même tout entier dans le repli de mon cœur? Le jour où cet odieux, ce malheureux officier t'a parlé, j'ai été forcée de te mentir. Ce jour, j'ai, pour la seconde fois de ma vie, connu la douleur, et cette douleur a été croissant jusqu'à ce moment où je t'entretiens pour la dernière fois. Qu'importe maintenant la situation de mon père? Tu sais tout. J'aurais, à l'aide de mon amour, vaincu la maladie, supporté toutes les souffrances, mais je ne saurais étouffer la voix du doute. N'est-il pas possible que mon origine altère la pureté de ton amour, l'affaiblisse, le diminue? Cette crainte, rien ne peut la détruire en moi. Telle est, Jules, la cause de ma mort. Je ne saurais vivre en redoutant un mot, un regard; un mot que tu ne diras peut-être jamais, un regard qui ne t'échappera point; mais que veux-tu? je les crains. Je meurs aimée, voilà ma consolation. J'ai su que, depuis quatre ans, mon père et ses amis ont presque remué le monde, pour mentir au monde. Afin de me donner un état, ils ont acheté un mort, une réputation, une fortune, tout cela pour faire revivre un vivant, tout cela pour toi, pour nous. Nous ne devions en rien savoir. Eh bien! ma mort épargnera sans doute ce mensonge à mon père, il mourra de ma mort.

« Adieu donc, Jules, mon cœur est ici tout entier. T'exprimer mon amour dans l'innocence de sa terreur, n'est-ce pas te laisser toute mon âme? Je n'aurais pas eu la force de te parler, j'ai eu celle de l'écrire. Je viens de confesser à Dieu les fautes de ma vie; j'ai bien promis de ne plus m'occuper que du roi des cieux; mais je n'ai pu résister au plaisir de me confesser aussi à celui qui, pour moi, est tout sur la terre. Hélas! qui ne me pardonnerait ce dernier soupir, entre la vie qui fut et la vie qui va être! Adieu donc, mon Jules aimé, je vais à Dieu, près de qui l'amour est toujours sans nuages, près de qui tu viendras un jour. Là, sous son trône, réunis à jamais, nous pourrons nous aimer pendant les siècles. Cet espoir peut seul me consoler. Si je suis digne d'être là par avance, de là, je te suivrai dans ta vie, mon âme t'accompagnera, t'enveloppera, car tu resteras encore ici-bas, toi. Mène donc une vie sainte pour venir sûrement près de moi. Tu peux faire tant de bien sur cette terre! N'est-ce pas une mission angélique pour un être souffrant que de répandre la joie autour de lui, de donner ce qu'il n'a pas? Je te laisse aux malheureux. Il n'y a que leurs sourires et leurs larmes dont je ne serai point jalouse. Nous trouverons un grand charme à ces douces bienfaisances. Ne pourrons-nous pas vivre encore ensemble, si tu veux mêler mon nom, ta Clémence, à ces belles œuvres. Après avoir aimé comme nous aimions, il n'y a plus que Dieu, Jules! Dieu ne ment pas, Dieu ne trompe pas. N'adore plus que lui, je le veux. Cultive-le dans tous ceux qui souffrent, soulage les membres endoloris de son Église. Adieu, chère âme que j'ai remplie, je te connais: tu n'aimeras pas deux fois. Je vais donc expirer heureuse par la pensée qui rend toutes les femmes heureuses. Oui, ma tombe sera ton cœur. Après cette enfance que je t'ai contée, ma vie ne s'est-elle pas écoulée dans ton cœur? Morte, tu ne m'en chasseras jamais. Que je suis fière de cette vie unique! Tu ne m'auras connue que dans la fleur de la jeunesse, je te laisse des regrets sans désenchantements. Jules, c'est une mort bien heureuse.

« Toi qui m'as si bien comprise, permets-moi de te recommander, chose superflue sans doute, l'accomplissement d'une fantaisie de femme, le vœu d'une jalousie dont nous sommes l'objet. Je te prie de brûler tout ce qui nous aura appartenu, de détruire notre chambre, d'anéantir tout ce qui peut être un souvenir de notre amour.

« Encore une fois, adieu, le dernier adieu, plein d'amour, comme le sera ma dernière pensée et mon dernier souffle. »

Quand Jules eut achevé cette lettre, il lui vint au cœur une de ces frénésies dont il est impossible de rendre les effroyables crises. Toutes les douleurs sont individuelles, leurs effets ne sont soumis à aucune règle fixe: certains hommes se bouchent les oreilles pour ne plus rien entendre; quelques femmes ferment les yeux pour ne plus rien voir; puis, il se rencontre de grandes et magnifiques âmes qui se jettent dans la douleur comme dans un abîme. En fait de désespoir, tout est vrai.

Jules s'échappa de chez son frère, revint chez lui, voulant passer la nuit près de sa femme, et voir jusqu'au dernier moment cette créature céleste.

Tout en marchant avec l'insouciance de la vie que connaissent les gens arrivés au dernier degré du malheur, il concevait comment, dans l'Asie, les lois ordonnaient aux époux de ne point se survivre. Il voulait mourir. Il n'était pas encore accablé, il était dans la fièvre de la douleur.

Il arriva sans obstacles, monta dans cette chambre sacrée, il y vit sa Clémence sur le lit de mort, belle comme une sainte, les cheveux en bandeau, les mains jointes, ensevelie déjà dans son linceul. Des cierges éclairaient un prêtre en prières, Joséphine pleurant dans un coin, agenouillée, puis, près du lit, deux hommes. L'un était Ferragus : il se tenait debout, immobile, et contemplait sa fille d'un œil sec ; sa tête, vous l'eussiez prise pour du bronze ; il ne vit pas Jules. L'autre était Jacquet, Jacquet pour lequel M<sup>me</sup> Jules avait été constamment bonne. Jacquet avait pour elle une de ces respectueuses amitiés qui réjouissent le cœur sans troubles, qui sont une passion douce, l'amour moins ses désirs et ses orages; et il était venu religieusement payer sa dette de larmes ; dire de longs adieux à la femme de son ami ; baiser pour la première fois le front glacé d'une créature dont il avait tacitement fait sa sœur.

Là tout était silencieux. Ce n'était pas la Mort terrible comme elle l'est dans l'église, ni la pompeuse Mort qui traverse les rues ; non, c'était la Mort se glissant sous le toit domestique, la Mort touchante ; c'étaient les pompes du cœur, les pleurs dérobés à tous les yeux.

Jules s'assit près de Jacquet dont il pressa la main, et, sans se dire un mot, tous les personnages de cette scène restèrent ainsi jusqu'au matin.

Quand le jour fit pâlir les cierges, Jacquet, prévoyant les scènes douloureuses qui allaient se succéder, emmena Jules dans la chambre voisine.

En ce moment le mari regarda le père, et Ferragus regarda Jules. Ces deux douleurs s'interrogèrent, se sondèrent, s'entendirent par ce regard. Un éclair de fureur brilla passagèrement dans les yeux de Ferragus.

— C'est toi qui l'as tuée !... pensait-il.

— Pourquoi s'être défié de moi ? paraissait répondre l'époux.

Cette scène fut semblable à celle qui se passerait entre deux tigres reconnaissant l'inutilité d'une lutte, après s'être examinés pendant un moment d'hésitation, sans même rugir.

— Jacquet, dit Jules, tu as veillé à tout.

— A tout, répondit le chef de bureau, mais partout me prévenait un homme qui partout ordonnait et payait...

— Il m'arrache sa fille !... s'écria le mari dans un violent accès de désespoir.

Il s'élança dans la chambre de sa femme ; mais le père n'y était plus. Clémence avait été mise dans un cercueil de plomb, et des ouvriers s'apprêtaient à en souder le couvercle. Jules rentra tout épouvanté de ce spectacle, et le bruit du marteau dont se servaient ces hommes le fit machinalement fondre en larmes.

— Jacquet, dit-il, il m'est resté de cette nuit terrible, une idée, une seule, mais une idée que je veux réaliser à tout prix. Je ne veux pas que Clémence demeure dans un cimetière de Paris. Je veux la brûler, recueillir ses cendres et la garder. Ne me dis pas un mot sur cette affaire, mais arrange-toi pour qu'elle réussisse. Je vais me renfermer dans *sa* chambre, et j'y resterai jusqu'au moment de mon départ. Toi seul entreras ici, pour me rendre compte de tes démarches... Va, n'épargne rien.

Pendant cette matinée, M<sup>me</sup> Jules, après avoir été quelque temps exposée dans une chapelle ardente, à la porte de son hôtel, fut amenée à Saint-Roch. L'église était entièrement tendue de noir. L'espèce de luxe déployé pour ce service avait attiré du monde ; car, à Paris, tout fait spectacle, même la douleur la plus vraie. Il y a des gens qui se mettent aux fenêtres pour voir comment pleure un fils en suivant le corps de sa mère, comme il y en a qui veulent être commodément placés pour voir comment tombe une tête. Aucun peuple du monde n'a eu des yeux plus voraces. Mais les curieux furent particulièrement surpris en apercevant les six chapelles latérales de l'église Saint-Roch également tendues de noir. Deux hommes en deuil assistaient à une messe mortuaire dans chacune de ces chapelles. On ne vit au chœur, pour toute assistance, que M. Desmarets, le notaire et Jacquet ; puis en dehors de l'enceinte, les domestiques. Il y avait, pour les flâneurs ecclésiastiques, quelque chose d'inexplicable dans une telle pompe et si peu de parenté. Jules n'avait voulu d'aucun indifférent à cette cérémonie.

La grand'messe fut célébrée avec magnificence. Outre les desservants ordinaires de Saint-Roch, il s'y trouvait treize prêtres venus de diverses paroisses : aussi jamais peut-être le *Dies iræ* ne produisit-il sur des chrétiens de hasard fortuitement rassemblés par la curiosité, mais avides d'émotions, un effet plus profond, plus nerveusement glacial que le fut l'impression produite par cette hymne, au moment où huit voix de chantres accompagnées par celles des prêtres et les voix des enfants de chœur l'entonnèrent alternativement.

Des six chapelles latérales, douze autres voix d'enfants s'élevèrent aigres de douleur, et s'y mêlèrent lamentablement. De toutes les parties de l'église, l'effroi sourdait; partout, les cris d'angoisse répondaient aux cris de terreur. Cette effrayante musique accusait des douleurs inconnues au monde, et des amitiés secrètes qui pleuraient la morte.

Jamais, en aucune religion humaine, les frayeurs de l'âme, violemment arrachée du corps et tempétueusement agitée, en présence de la foudroyante majesté de Dieu, n'ont été rendues avec autant de vigueur. Devant cette clameur des clameurs, doivent s'humilier les artistes et leurs compositions les plus passionnées. Non, rien ne peut lutter avec ce chant qui résume les passions humaines et leur donne une vie toute galvanique au-delà du cercueil, en les amenant palpitantes encore devant le Dieu vivant et vengeur. Ces cris de l'enfance, unis aux sons des voix graves, et qui comprennent alors, dans ce cantique de la mort, la vie humaine avec tous ses développements, en rappelant les souffrances du berceau, en se grossissant de toutes les peines des autres âges avec les larges accents des hommes, avec les chevrotements des vieillards et des prêtres; toute cette stridente harmonie pleine de foudres et d'éclairs ne parle-t-elle pas aux imaginations les plus intrépides, aux cœurs les plus glacés, et même aux philosophes?... En l'entendant, il semble que Dieu tonne. Les voûtes d'aucune église ne sont froides; elles tremblent, elles parlent, elles versent la peur par toute la puissance de leurs échos. Vous croyez voir d'innombrables morts se lever et tendre les mains. Ce n'est plus ni un père, ni une femme, ni un enfant qui sont sous le drap noir, c'est l'humanité entière sortant de sa poussière. Il est impossible de juger la religion catholique, apostolique et romaine, tant que l'on n'a pas éprouvé la plus profonde des douleurs, en pleurant la personne adorée qui gît sous le cénotaphe; tant que l'on n'a pas senti toutes les émotions qui vous remplissent le cœur, traduites par cette hymne empreinte de désespoir, par ces cris qui écrasent le cœur, par cet effroi religieux qui grandit de strophe en strophe, qui tournoie vers le ciel, et qui épouvante, qui rapetisse, qui élève et qui vous laisse un sentiment de l'Éternité dans la conscience, au moment où le dernier vers s'achève. Alors vous avez été aux prises avec la grande idée de l'infini, et alors tout se tait dans l'église. Il ne s'y dit pas une parole; les incrédules eux-mêmes *ne savent pas ce qu'ils ont*. Le génie espagnol a pu seul inventer ces majestés inouïes pour la plus inouïe des douleurs.

Quand la suprême cérémonie fut achevée, douze hommes en deuil sortirent des six chapelles, et vinrent écouter, autour du cercueil, le chant d'espérance que l'Église fait entendre à l'âme chrétienne avant d'aller en ensevelir la forme humaine. Puis chacun de ces hommes monta dans une voiture drapée; Jacquet et M. Desmarets prirent la treizième; les serviteurs suivirent à pied.

Une heure après, les douze inconnus étaient au sommet du cimetière nommé populairement le Père-Lachaise, tous en cercle autour d'une fosse où le cercueil avait été descendu, devant une foule curieuse accourue de tous les points de ce jardin public. Puis après de courtes prières, le prêtre jeta quelques grains de terre sur la dépouille de cette femme, et les fossoyeurs, ayant demandé leur pourboire, s'empressèrent de combler la fosse pour aller à une autre.

Ici semble finir le récit de cette histoire; mais peut-être serait-elle incomplète si, après avoir donné un léger croquis de la vie parisienne, si après en avoir suivi les capricieuses ondulations, les effets de la mort y étaient oubliés. La mort, dans Paris, ne ressemble à la mort dans aucune capitale, et peu de personnes connaissent les débats d'une douleur vraie aux prises avec la civilisation, avec l'administration parisienne. D'ailleurs, peut-être M. Jules et Ferragus XXIII intéressent-ils assez pour que le dénoûment de leur vie soit dénué de froideur. Enfin, beaucoup de gens aiment à se rendre compte de tout, et voudraient, ainsi que l'a dit le plus ingénieux de nos critiques, savoir par quel procédé chimique l'huile brûle dans la lampe d'Aladin.

Jacquet, homme administratif, s'adressa naturellement à l'autorité pour en obtenir la permission d'exhumer le corps de M^me Jules et de le brûler. Il alla parler au préfet de police sous la protection de qui dorment les morts. Ce fonctionnaire voulut une pétition. Il fallut acheter une feuille de papier timbré, donner à la douleur une forme administrative; il fallut se servir de l'argot bureaucratique pour exprimer les vœux d'un homme accablé, auquel les paroles manquaient; il fallut traduire froidement et mettre en marge l'objet de la demande:

        Le pétitionnaire
    sollicite l'incinération
       de sa femme.

Voyant cela, le chef chargé de faire un rapport au conseiller d'état préfet de police, dit, en lisant cette apostille, où *l'objet* de la demande était, comme il l'avait recommandé, clairement exprimé:

— Mais c'est une question grave!... Mon rapport ne peut être prêt que dans huit jours.

Jules, auquel Jacquet fut forcé de parler de ce délai, comprit ce qu'il avait entendu dire à Ferragus:

— Brûler Paris!

Rien ne lui semblait plus naturel que d'anéantir ce réceptacle de monstruosités.

— Mais, dit-il à Jacquet, il faut aller au ministre de l'intérieur, et lui faire parler par ton ministre.

Jacquet se rendit au ministère de l'intérieur, y demanda une audience qu'il obtint, mais à quinze jours de date. Jacquet était un homme persistant. Il chemina donc de bureau en bureau, et parvint au secrétaire particulier du ministre de l'intérieur, auquel il fit parler par le secrétaire particulier du ministre des affaires étrangères. Ces autres protections aidant, il eut, pour le lendemain, une audience furtive, pour laquelle, s'étant précautionné d'un mot de l'autocrate des affaires étrangères écrit au pacha de l'intérieur, Jacquet espéra enlever l'affaire d'assaut. Il prépara des raisonnements, des réponses péremptoires, des *en cas*; mais tout échoua.

— Cela ne me regarde pas !... dit le ministre. La chose concerne le préfet de police. D'ailleurs il n'y a pas de loi qui donne aux maris la propriété des corps de leurs femmes, ni aux pères celle de leurs enfants. C'est grave ! Puis, il y a des considérations d'utilité publique qui veulent que ceci soit examiné. Les intérêts de la ville de Paris peuvent en souffrir. Enfin, si l'affaire dépendait immédiatement de moi, je ne pourrais me décider *hic et nunc*, il me faudrait un rapport.

Le *Rapport* est dans l'administration actuelle ce que sont les limbes dans le christianisme. Jacquet connaissait la manie du rapport, et il n'avait pas attendu cette occasion pour gémir sur ce ridicule bureaucratique. Il savait que, depuis l'envahissement des affaires par le rapport, révolution administrative consommée en 1804, il ne s'était pas rencontré de ministre qui eût pris sur lui d'avoir une opinion, de décider la moindre chose, sans que cette opinion, cette chose eût été vannée, criblée, épluchée par les gâte-papier, les porte-grattoir et les sublimes intelligences de ses bureaux.

Jacquet (il était un de ces hommes dignes d'avoir Plutarque pour biographe) reconnut qu'il s'était trompé dans la marche de cette affaire, et qu'il l'avait rendue impossible en voulant procéder légalement. Il fallait simplement transporter M$^{me}$ Jules à l'une des terres de Desmarets; et, là, sous la complaisante autorité d'un maire de village, satisfaire la douleur de son ami. La légalité constitutionnelle et administrative n'enfante rien; c'est un monstre infécond pour les peuples, pour les rois et pour les intérêts privés, mais les peuples ne savent épeler que les principes écrits avec du sang; or les malheurs de la légalité seront toujours pacifiques.

Alors Jacquet, homme de liberté, revint en songeant aux bienfaits de l'arbitraire, car l'homme ne juge les lois qu'à la lueur de ses passions. Puis, quand Jacquet se vit en présence de Jules, force lui fut de le tromper, et le malheureux, saisi par une fièvre violente, resta pendant deux jours au lit.

Le ministre parla, le soir même, dans un dîner ministériel, de la fantaisie qu'avait un Parisien de faire brûler sa femme à la manière des Romains. Alors les cercles de Paris s'occupèrent un moment des funérailles antiques. Les choses anciennes devenant à la mode, quelques personnes trouvèrent qu'il serait beau de rétablir, pour les grands personnages, le bûcher funéraire. Cette opinion eut ses détracteurs et ses défenseurs. Les uns disaient qu'il y avait trop de grands hommes, et que cette coutume ferait renchérir le bois de chauffage; que chez un peuple aussi ambulatoire dans ses volontés que l'était le Français, il serait ridicule de voir, à chaque terme, un Longchamp d'ancêtres promenés dans leurs urnes; puis, que, si les urnes avaient de la valeur, il y avait chance de les trouver à l'encan, saisies, pleines de respectables cendres, par les créanciers, gens habitués à ne rien respecter. Les autres répondaient qu'il y aurait plus de sécurité pour les aïeux à être ainsi casés, car, dans un temps donné, la ville de Paris serait contrainte d'ordonner une Saint-Barthélemi contre ses morts qui envahissaient la campagne, et menaçaient d'entreprendre un jour sur les terres de la Brie. Ce fut enfin une de ces futiles et spirituelles discussions de Paris, qui trop souvent creusent des plaies bien profondes. Heureusement pour Jules, il ignora les conversations, les bons mots, les pointes dont sa douleur était l'objet dans Paris.

Le préfet de police fut choqué de ce que M. Jacquet avait employé le ministre pour éviter les lenteurs, la sagesse de la haute voirie. L'exhumation de M$^{me}$ Jules était une question de voirie. Donc, le bureau de police travaillait à répondre vertement à la pétition, car il suffit d'une demande pour que l'administration soit saisie; or, une fois saisie, les choses vont loin, avec elle. L'administration peut mener toutes les questions jusqu'au Conseil d'État, autre machine difficile à remuer.

Le second jour, Jacquet fit comprendre à son ami qu'il fallait renoncer à son projet; et que, dans une ville où le nombre de larmes brodées sur les draps noirs était tarifé; où les lois admettaient sept classes d'enterrements; où l'on vendait au poids de l'argent la terre des morts; où la douleur était exploitée, sciée, tenue en partie double; où les prières de l'église se payaient cher; où la fabrique intervenait pour réclamer le prix de quelques filets de voix ajoutés au *Dies iræ*, tout ce qui sortait de l'ornière administrativement tracée à la douleur était impossible.

— C'eût été, dit Jules, un bonheur dans ma misère, j'avais formé le projet de mourir loin d'ici, et désirais tenir Clémence entre mes bras dans la tombe.... Je ne savais pas que la bureaucratie pût allonger ses ongles jusque dans nos cercueils !

Puis, il voulut aller voir s'il y avait près de sa femme un peu de place pour lui.

Les deux amis se rendirent donc au cimetière. Arrivés là, ils trouvèrent, comme à la porte des spectacles, ou à l'entrée des musées, comme dans la cour des diligences, des *ciceroni* qui s'offrirent à les guider dans le dédale du Père-Lachaise. Il leur était impossible, à l'un comme à l'autre, de savoir où gisait Clémence. Affreuse angoisse !

Ils allèrent consulter le portier du cimetière. Les morts ont un concierge, et il y a des heures auxquelles les morts ne sont pas visibles. Il faudrait remuer tous les règlements de haute et basse police pour obtenir le droit de venir pleurer à la nuit, dans le silence et la solitude, sur la tombe où gît un être aimé ! Il y a consigne pour l'hiver, consigne pour l'été.

Certes, de tous les portiers de Paris, celui du Père-Lachaise est le plus heureux. D'abord, il n'a point de cordon à tirer ; puis, au lieu d'une loge, il a une maison, un établissement qui n'est pas tout à fait un ministère, quoiqu'il y ait un très-grand nombre d'administrés, plusieurs employés, que ce gouverneur des morts ait un traitement et dispose d'un pouvoir immense dont personne ne peut se plaindre : il fait de l'arbitraire à son aise. Sa loge n'est pas non plus une maison de commerce, quoiqu'il ait des bureaux, une comptabilité, des recettes, des dépenses et des profits. Cet homme n'est ni un suisse, ni un concierge, ni un portier ; car la porte qui reçoit les morts est toujours béante ; puis, quoiqu'il ait des monuments à conserver, ce n'est pas un conservateur ; enfin c'est une indéfinissable anomalie ; autorité qui participe de tout, et qui n'est rien, autorité placée comme le mort dont elle vit, en dehors de tout. Néanmoins, cet homme exceptionnel relève de la ville de Paris, être chimérique comme le vaisseau qui sert d'emblème, créature de raison mue par mille pattes, rarement unanimes dans leurs mouvements en sorte que ses employés sont presque inamovibles. Ce gardien du cimetière est donc le concierge arrivé à l'état de fonctionnaire, non soluble par la destitution.

Sa place n'est d'ailleurs pas une sinécure : il ne laisse inhumer personne sans un permis, il doit compte de ses morts, il indique dans ce vaste champ les six pieds carrés où vous mettrez quelque jour tout ce que vous aimez, tout ce que vous haïssez, une maîtresse, un cousin. Oui, sachez-le bien, tous les sentiments de Paris viennent aboutir à cette loge, et s'y administrationalisent. Cet homme a des registres pour coucher ses morts : ils sont dans leur tombe et dans ses cartons. Il a sous lui des gardiens, des jardiniers, des fossoyeurs, des aides. Il est un personnage. Les gens en pleurs ne lui parlent pas tout d'abord. Il ne comparaît que dans les cas graves : un mort pris pour un autre, un mort assassiné, une exhumation, un mort qui renaît. Le buste du roi régnant est dans la salle, et il garde peut-être les anciens bustes royaux, impériaux, quasi-royaux dans quelque armoire, espèce de petit Père-Lachaise pour les révolutions. Enfin c'est un homme public, un excellent homme, bon père et bon époux, épitaphe à part. Mais tant de sentiments divers ont passé devant lui sous forme de corbillard ; mais il a tant vu de larmes, les vraies, les fausses ; mais il a vu la douleur sous tant de faces, et sur tant de faces, il a vu six millions de douleurs éternelles ! Pour lui, la douleur n'est plus qu'une pierre de onze lignes d'épaisseur et de quatre pieds de haut sur vingt-deux pouces de large. Quant aux *regrets éternels*, ce sont les ennuis de sa charge, il ne déjeune ni ne dîne jamais sans essuyer la pluie d'une inconsolable affliction. Il est bon et tendre pour toutes les autres affections, il pleurera sur quelque héros de drame, sur M. Germeuil de *l'Auberge des Adrets*, l'homme à la culotte beurre frais, assassiné par Macaire ; mais son cœur s'est ossifié à l'endroit des véritables morts. Les morts sont des chiffres pour lui ; son état est d'organiser la mort. Puis enfin il se rencontre, trois fois par siècle, une situation où son rôle devient sublime, et alors, il est sublime à toute heure... en temps de peste !

Quand Jacquet l'aborda, ce monarque absolu rentrait assez en colère.

— J'avais dit, s'écria-t-il, d'arroser les fleurs depuis la rue Masséna jusqu'à la place Regnault de Saint-Jean-d'Angely ! Vous vous êtes moqués de cela, vous autres !... Sac à papier ! si les parents s'avisent de venir aujourd'hui qu'il fait beau, ils s'en prendront à moi ; ils crieront comme des diables ; ils diront des horreurs de nous, et nous calomnieront...

— Monsieur, lui dit Jacquet, nous désirerions savoir où a été inhumée M$^{me}$ Jules...

— M$^{me}$ Jules *qui ?*.... demanda-t-il. Depuis huit jours, nous avons eu trois M$^{me}$ Jules...

— Ah ! dit-il en s'interrompant et regardant à la porte, voici le convoi du colonel de Maulincour, allez chercher le permis...

— Un beau convoi, ma foi ! reprit-il. Il a suivi de près sa grand'mère. Il y a des familles où ils dégringolent comme par gageure. Ça vous a un si mauvais sang, ces Parisiens !

— Monsieur, lui dit Jacquet en lui frappant sur

le bras, la personne dont je vous parle est M^me Jules Desmarets, la femme de l'agent de change.

— Ah! je sais, répondit-il en regardant Jacquet. N'était-ce pas un convoi où il y avait treize voitures de deuil, et un seul parent dans chacune des douze premières? C'était si drôle que ça nous a frappés...

— Monsieur, prenez garde. M. Jules est avec moi; il peut vous entendre, et ce que vous dites n'est pas convenable.

— Pardon, monsieur, vous avez raison. Excusez, je vous prenais pour des héritiers.

— Monsieur, reprit-il en consultant un plan du cimetière, M^me Jules est rue du maréchal Lefebvre, allée n° 4, entre M^lle Raucourt, de la Comédie-Française, et M. Moreau-Malvin, un fort boucher, pour lequel il y a un tombeau de marbre blanc de commandé qui sera, vraiment, un des plus beaux de notre cimetière.

— Monsieur, dit Jacquet en interrompant le concierge, nous ne sommes pas plus avancés...

— C'est vrai, répondit-il en regardant tout autour de lui.

— Jean! cria-t-il à un homme qu'il aperçut, conduisez ces messieurs à la fosse de M^me Jules, la femme d'un agent de change. Vous savez! près de M^lle Raucourt, la tombe où il y a un buste.

Et les deux amis marchèrent sous la conduite de l'un des gardiens; mais ils ne parvinrent pas à la route escarpée qui menait à l'allée supérieure du cimetière sans avoir essuyé plus de vingt propositions que des entrepreneurs de marbrerie, de serrurerie et de sculpture, vinrent leur faire avec une grâce mielleuse.

— Si monsieur voulait faire construire *quelque chose*, nous pourrions l'arranger à bien bon marché...

Jacquet fut assez heureux pour éviter à son ami ces paroles épouvantables pour des cœurs saignants, et ils arrivèrent au lieu du repos.

En voyant cette terre fraîchement remuée, et où des maçons avaient enfoncé des fiches, afin de marquer la place des dés de pierre nécessaires au serrurier pour poser sa grille, Jules s'appuya sur l'épaule de Jacquet, en se soulevant par intervalles, pour jeter de longs regards sur ce coin d'argile où il lui fallait laisser les dépouilles de l'être par lequel il vivait encore.

— Comme elle est mal là!... dit-il.

— Mais elle n'est pas là, lui répondit Jacquet, elle est dans ta mémoire. Allons, viens, quitte cet odieux cimetière, où les morts sont tous parés comme des femmes au bal.

— Si nous l'ôtions de là!...

— Est-ce possible?

— Tout est possible! s'écria Jules.

— Je viendrai donc là, dit-il après une pause. Il y a de la place.

Jacquet réussit à l'emmener de cette enceinte divisée comme un damier par des grilles en bronze, par d'élégants compartiments où étaient enfermés des tombeaux, tous enrichis de palmes, d'inscriptions, de larmes aussi froides que les pierres dont s'étaient servis des gens désolés pour faire sculpter leurs regrets et leurs armes. Il y a là des bons mots gravés en noir, des épigrammes contre les curieux, des *concetti*, des adieux spirituels, des rendez-vous pris où il ne se trouve jamais qu'une personne, des biographies prétentieuses, du clinquant, des guenilles, des paillettes. Ici, des thyrses; là, des fers de lance; plus loin, des urnes égyptiennes; çà et là, quelques canons; partout, les emblèmes de mille professions; enfin tous les styles : du moresque, du grec, du gothique, des frises, des oves, des peintures, des urnes, des génies, des temples, beaucoup d'immortelles fanées et de rosiers morts. C'est une infâme comédie! c'est encore tout Paris avec ses rues, ses enseignes, ses industries, ses hôtels; mais vu par le verre dégrossissant de la lorgnette, un Paris microscopique, réduit aux petites dimensions des ombres, des larves, des morts, un genre humain qui n'a plus rien de grand que sa vanité.

Puis Jules aperçut à ses pieds, dans la longue vallée de la Seine, entre les coteaux de Vaugirard, de Meudon, entre ceux de Belleville et de Montmartre, le véritable Paris, enveloppé d'un voile bleuâtre, produit par ses fumées, et que la lumière du soleil rendait alors diaphane. Il embrassa d'un coup d'œil furtif ces quarante mille maisons, et dit, en montrant l'espace compris entre la colonne de la place Vendôme et la coupole d'or des Invalides :

— Elle m'a été enlevée là, par la funeste curiosité de ce monde, qui s'agite et se presse, pour se presser et s'agiter!...

A quatre lieues de là, sur les bords de la Seine, dans un modeste village assis au penchant de l'une des petites collines qui dépendent de cette longue enceinte montueuse au milieu de laquelle le grand Paris se remue, comme un enfant dans son berceau, il se passait une scène de mort et de deuil, mais dégagée de toutes les pompes parisiennes, sans accompagnement de torches, ni de cierges, ni de voitures drapées, sans prières catholiques, la mort toute simple. Voici le fait.

Le corps d'une jeune fille était venu matinalement échouer sur la berge, dans la vase et les joncs de la Seine. Des tireurs de sable, qui allaient à l'ouvrage, l'aperçurent en montant dans leur frêle bateau.

— Tiens! cinquante francs de gagnés! dit l'un d'eux.

— C'est vrai, dit l'autre.
Et ils abordèrent auprès de la morte.
— C'est une bien belle fille.
— Pour avoir les cinquante francs, il faut la remonter à Paris, à la Préfecture de police.
— Non, faut d'abord faire notre déclaration à la mairie.

Et les deux tireurs de sable chargèrent la pauvre fille sur deux avirons, la couvrirent de leurs vestes, et la menèrent chez le maire du village, qui fut assez embarrassé d'avoir à faire le procès-verbal nécessité par cette trouvaille.

Le bruit de cet événement se répandit avec cette promptitude télégraphique particulière aux pays où les communications sociales n'ont aucune interruption, et où les médisances, les bavardages, les calomnies, le conte social dont se repait le monde, ne laisse point de lacunes d'une borne à une autre. Aussitôt des gens qui vinrent à la mairie tirèrent le maire de tout embarras. Ils convertirent le procès-verbal en un simple acte de décès. Par leurs soins, le corps de la fille fut reconnu pour être celui de la demoiselle Ida Gruget, couturière en corsets, demeurant rue de la Corderie-du-Temple, n° 14. La police judiciaire intervint ; la veuve Gruget, mère de la défunte, arriva, munie de la dernière lettre de sa fille. Au milieu des gémissements de la mère, un médecin constata l'asphyxie par l'invasion du sang noir dans le système pulmonaire ; et tout fut fini.

Les enquêtes faites, les renseignements donnés, le soir, à six heures, l'autorité permit d'inhumer la grisette. Le curé du lieu refusa de la recevoir à l'église et de prier pour elle. Alors Ida Gruget fut ensevelie dans un linceul par une vieille paysanne et mis dans cette bière vulgaire, faite en planches de sapin; puis, portée au cimetière par quatre hommes, et suivie de quelques paysannes curieuses, qui se racontaient cette mort en la commentant avec une surprise mêlée de commisération. La veuve Gruget fut charitablement retenue par une vieille dame, qui ne la laissa pas se joindre au triste convoi de sa fille.

Un homme à triples fonctions, sonneur, bedeau, fossoyeur de la paroisse, avait fait une fosse dans le cimetière du village, cimetière d'un demi-arpent, situé derrière l'église, une église bien connue, église classique, ornée d'une tour carrée à toit pointu couvert en ardoises, soutenue à l'extérieur par des contreforts angulaires. Derrière le rond décrit par le chœur se trouvait le cimetière, entouré de murs en ruines, champ plein de monticules ; ni marbres, ni visiteurs, mais certes sur chaque sillon des pleurs et des regrets véritables qui manquèrent à Ida Gruget. Elle fut jetée dans un coin, parmi les ronces, de hautes herbes. Quand la bière fut descendue dans ce champ si poétique par sa simplicité, le fossoyeur se trouva bientôt seul, à la nuit tombante. En comblant cette fosse, il s'arrêtait, par intervalles, pour regarder dans le chemin, par-dessus le mur ; il examinait la Seine.

— Pauvre fille! s'écria un homme survenu là tout à coup.
— Vous m'avez fait peur, monsieur... dit le fossoyeur.
— Y a-t-il eu un service pour celle que vous enterrez ?
— Non, monsieur... Monsieur le curé n'a pas voulu. Voilà la première personne enterrée ici sans être de la paroisse. Ici, tout le monde se connaît... Est-ce que monsieur... Tiens, il est parti !

Quelques jours s'étaient écoulés, lorsqu'un homme vêtu de noir se présenta chez M. Jules ; et sans vouloir lui parler, remit dans la chambre de sa femme une grande urne de porphyre, sur laquelle il lut ces mots :

INVITA LEGE,

CONJUGI MOERENTI

**FILIOLAE CINERES**

RESTITUIT,

AMICIS XII JUVANTIBUS,

**MORIBUNDUS PATER.**

— Quel homme ! dit Jules en fondant en larmes.

Huit jours suffirent à l'agent de change pour obéir à tous les désirs de sa femme, et pour mettre ordre à ses affaires. Il partit de Paris au moment où l'administration discutait encore s'il était licite à un citoyen de disposer du corps de sa femme.

Qui n'a pas rencontré sur les boulevards de Paris, au détour d'une rue ou sous les arcades du Palais-Royal, enfin, en quelque lieu du monde que le hasard veuille le présenter, un être, homme ou femme, à l'aspect duquel mille pensées confuses naissent en l'esprit. A son aspect, nous sommes subitement intéressés ou par des traits dont la conformation bizarre annonce une vie agitée, ou par l'ensemble curieux que présentent les gestes, l'air, la démarche et les vêtements, ou par quelque regard profond, ou par d'autres *je ne sais quoi* qui saisissent fortement et tout à coup, sans que nous nous expliquions bien précisément la cause de notre émotion. Puis, le lendemain, d'autres pensées, d'autres images parisiennes emportent ce rêve passager.

Mais, si nous rencontrons encore le même personnage, soit passant à heure fixe, comme un employé de mairie qui appartient au mariage pendant huit heures ; soit errant dans les promenades, comme ces gens qui semblent être un mobilier acquis aux rues de Paris, et que l'on retrouve dans les lieux publics, aux premières représentations ou chez les restaurateurs dont ils sont le plus bel ornement ; alors, cette créature s'inféode à notre souvenir, et y reste comme un premier volume de roman dont nous ne connaissons pas la fin. Nous sommes tentés d'interroger cet inconnu, de lui dire :

— Qui êtes-vous ? Pourquoi flânez-vous ? De quel droit avez-vous un col plissé, une canne à pomme d'ivoire, un gilet passé ? Pourquoi ces lunettes bleues à doubles verres ? ou pourquoi conservez-vous la cravate des *muscadins* ?...

Parmi ces créations errantes, les unes appartiennent à l'espèce des dieux Termes ; elles ne disent rien à l'âme ; *elles sont là*, voilà tout ; pourquoi ? personne ne le sait ; ce sont de ces figures semblables à celles qui servent de type aux sculpteurs pour les quatre Saisons, pour le Commerce et pour l'Abondance. Quelques autres, anciens avoués, vieux négociants, antiques généraux, s'en vont, marchent et paraissent toujours arrêtés. Semblables à des arbres qui se trouvent à moitié déracinés au bord d'un fleuve, ils ne semblent jamais faire partie du torrent de Paris, ni de sa foule jeune et active. Il est impossible de savoir si l'on a oublié de les enterrer ou s'ils se sont échappés du cercueil ; ils sont arrivés à un état quasi fossile.

Un de ces *Melmoth* parisiens était venu se mêler, depuis quelques jours, parmi la population sage et recueillie qui, lorsque le ciel est beau, meuble infailliblement l'espace enfermé entre la grille sud du Luxembourg et la grille nord de l'Observatoire, espace sans genre, espace neutre dans Paris. En effet, là, Paris n'est plus ; et là , Paris est encore. Ce lieu tient à la fois de la place, de la rue, du boulevard, de la fortification, du jardin, de l'avenue, de la route, de la province, de la capitale ; certes, il y a de tout cela, mais ce n'est rien de tout cela ; c'est un désert. Autour de ce lieu sans nom, s'élèvent les Enfants-Trouvés, la Bourbe, l'hôpital Cochin, les Capucins, l'hospice La Rochefoucauld, les Sourds-Muets, l'hôpital du Val-de-Grâce ; enfin, tous les vices et tous les malheurs de Paris ont là leur asile ; et, pour que rien ne manquât à cette enceinte philanthropique, la Science y étudie les Marées et les Longitudes, M. de Châteaubriand y a mis l'infirmerie Marie-Thérèse, et les Carmélites y ont fondé un couvent. Les grandes situations de la vie sont représentées par les cloches qui sonnent incessamment dans ce désert, et pour la mère qui accouche, et pour l'enfant qui naît, et pour le vice qui succombe, et pour l'ouvrier qui meurt, et pour la vierge qui prie, et pour le vieillard qui a froid, et pour le génie qui se trompe. Puis, à deux pas, est le cimetière du Mont-Parnasse, qui attire, d'heure en heure, les chétifs convois du faubourg S<sup>t</sup>-Marceau.

Cette esplanade, d'où l'on domine Paris, a été conquise par les joueurs de boule, vieilles figures grises, pleines de bonhomie, braves gens qui continuent nos ancêtres, et dont les physionomies ne peuvent être comparées qu'à celles de leur public, à la galerie mouvante qui les suit.

L'homme devenu depuis quelques jours l'habitant de ce quartier désert assistait assidûment aux parties de boule, et pouvait certes passer pour la créature la plus saillante de ces groupes qui, s'il était permis d'assimiler les Parisiens aux différentes classes de la zoologie, appartiendrait au genre de mollusques. Ce nouveau venu marchait sympathiquement avec *le cochonnet*, petite boule qui sert de point de mire, et constitue l'intérêt de la partie ; il s'appuyait contre un arbre quand le cochonnet s'arrêtait ; puis, avec la même attention qu'un chien en prête aux gestes de son maître, il regardait les boules voler dans l'air ou rouler à terre. Vous l'eussiez pris pour le génie fantastique du cochonnet. Il ne disait rien, et les joueurs de boule, les hommes les plus fanatiques qui se soient rencontrés parmi les sectaires de quelque religion que ce soit, ne lui avaient jamais demandé compte de ce silence obstiné ; seulement, quelques esprits forts le croyaient sourd et muet. Dans les occasions où il fallait déterminer les différentes distances qui se trouvaient entre les boules et le cochonnet, la canne de l'inconnu devenait la mesure infaillible. Alors les joueurs venaient la prendre dans les mains glacées de ce vieillard, sans la lui emprunter par un mot, sans même lui faire un signe d'amitié. Le prêt de sa canne était comme une servitude à laquelle il avait négativement consenti. Quand il survenait une averse, il restait près du cochonnet, esclave des boules, gardien de la partie commencée. La pluie ne le surprenait pas plus que le beau temps, et il était, comme les joueurs, une espèce intermédiaire entre le Parisien qui a le moins d'intelligence, et l'animal qui en a le plus.

Du reste, pâle et flétri, sans soins de lui-même, distrait, il venait souvent nu-tête, montrant ses cheveux blanchis et son crâne carré, jaune, dégarni, semblable au genou qui perce le pantalon d'un pauvre. Il était béant, sans idées dans le regard, sans appui précis dans la démarche ; il ne souriait jamais, ne levait jamais les yeux au ciel, et les tenait habituellement baissés vers la terre, et semblait toujours y chercher quelque chose. A quatre heures, une vieille femme venait le prendre pour le ramener on ne sait où, en le traînant à la remorque par le bras, comme une jeune fille tirant une chèvre capricieuse, qui veut brouter encore quand il faut revenir à l'étable. Ce vieillard était quelque chose d'horrible à voir.

Dans l'après-midi, M. Jules, seul dans une calèche

le voyage, lestement menée par la rue de l'Est, déboucha sur l'esplanade de l'Observatoire, au moment où ce vieillard, appuyé sur un arbre, se laissait prendre sa canne au milieu des vociférations de quelques joueurs pacifiquement irrités : Jules, croyant reconnaître cette figure, voulut s'arrêter, et la voiture s'arrêta précisément. En effet le postillon, serré par des charrettes, ne demanda point passage aux joueurs de boule insurgés : il avait trop de respect pour les émeutes, le postillon !

— C'est lui! dit Jules en découvrant enfin dans ce débris humain Ferragus XXIII, chef des Dévorants.

— Comme il l'aimait!... ajouta-t-il après une pause.

— Marchez donc, postillon! cria M. Jules.

DEUXIÈME ÉPISODE.

## NE TOUCHEZ PAS LA HACHE.

### LA SOEUR THÉRÈSE.

> C'est une chose merveilleuse que de voir combien cet amour est cordial et véhément ; combien de larmes il fait répandre; combien d'oraisons il coûte; quel soin on prend de recommander à Dieu la personne aimée ; quel désir presse le cœur de la voir heureuse ; combien de mécontentements et de peines on ressent, si, l'ayant trouvée en avant, on l'aperçoit après, tournée en arrière. On est toujours dans la crainte que cette âme qu'on chérit tant, ne prenne un mauvais chemin, et que, venant à se perdre, on en soit séparé pour jamais. C'est, comme j'ai dit, un amour sans peu ni beaucoup de propre intérêt; tout ce qu'on veut, c'est de voir cette âme riche des dons du ciel.
>
> (SAINTE THÉRÈSE, *Le Chemin de la Perfection*, chap. VII : traduction du R. P. Cyprien de la Nativité de la Vierge, carme déchaussé. 1650.)

Il existe, dans une ville espagnole, située sur une île de la Méditerranée, un couvent de Carmélites déchaussées, institué par sainte Thérèse, où la règle de l'Ordre s'est conservée dans la rigueur primitive de la réformation due à cette illustre femme. Ce fait est vrai, quelque extraordinaire qu'il puisse paraître. Quoique les maisons religieuses de la péninsule et celles du continent aient été presque toutes détruites ou bouleversées par les éclats de la révolution française et des guerres napoléoniennes, cette île ayant été constamment protégée par la marine anglaise, son riche couvent et ses paisibles habitants se trouvèrent à l'abri des troubles et des spoliations générales.

Les tempêtes de tout genre qui agitèrent les quinze premières années du dix-neuvième siècle se brisèrent donc devant ce rocher, peu distant des côtes de l'Andalousie. Si le nom de l'Empereur vint bruire jusque sur cette plage, il est douteux que son fantastique cortége de gloire et les flamboyantes majestés de sa vie météorique aient été comprises par les saintes filles agenouillées dans ce cloître.

Une rigidité conventuelle que rien n'avait altérée recommandait cet asile dans toutes les mémoires du monde catholique. Aussi, la pureté de sa règle y attirait-elle, des points les plus éloignés de l'Europe, de tristes femmes dont l'âme, dépouillée de tous liens humains, soupirait après ce long suicide accompli dans le sein de Dieu.

Nul couvent n'était d'ailleurs plus favorable au détachement complet des choses d'ici-bas, exigé par la vie religieuse. Cependant il se voit sur le continent un grand nombre de ces maisons magnifiquement bâties au gré de leur destination : quelques-unes sont ensevelies au fond des vallées les plus solitaires; d'autres suspendues au-dessus des montagnes les plus escarpées, ou jetées au bord des précipices. Partout l'homme a cherché les poésies de l'infini, la solennelle horreur du silence; partout il a voulu se mettre au plus près de Dieu, il le quêtait sur les cimes, au fond des abîmes, au bord des falaises, et il le trouvait partout. Mais nulle autre part que sur ce rocher à demi européen, africain à demi, ne pouvaient se rencontrer autant d'harmonies différentes, qui toutes concourussent aussi bien à élever l'âme, à égaliser les impressions les plus douloureuses, à en attiédir les plus vives, et à faire aux peines de la vie un lit plus profond.

Ce monastère a été construit à l'extrémité de l'île, au point culminant du rocher, qui, par un effet de la grande révolution du globe, est cassé net du côté de la mer, où sur tous les points, il présente les vives arêtes de ses tables légèrement rongées à la hauteur de l'eau, mais infranchissables. Ce roc est protégé de toute atteinte par des écueils dangereux qui se prolongent au loin, et dans lesquels se joue le flot brillant de la Méditerranée. Il faut donc être en mer pour apercevoir les quatre corps du bâtiment carré, dont la forme, la hauteur, les ouvertures ont été minutieusement prescrites par les lois monastiques. Du côté de la ville, l'église masque entièrement les solides constructions du cloître, dont les toits sont couverts de larges dalles qui les rendent invulnérables aux coups de vent, aux orages et à l'action du soleil.

L'église, due aux libéralités d'une famille espagnole, couronne la ville. Sa façade hardie, élégante, donne une grande et belle physionomie à cette petite cité maritime. N'est-ce pas un spectacle empreint de toutes nos sublimités terrestres, que l'aspect d'une ville dont les toits pressés, presque tous disposés en amphithéâtre devant un joli port, sont surmontés d'un magnifique portail à triglyphe gothique, à campaniles, à tours menues, à flèches découpées? la religion dominant la vie, en en offrant sans cesse aux hommes la fin et les moyens, image tout espagnole d'ailleurs!

Jetez ce paysage au milieu de la Méditerranée, sous un ciel brûlant. Accompagnez-le de quelques palmiers, de plusieurs arbres rabougris, mais vivaces, qui mêlaient leurs vertes frondaisons agitées, aux feuillages sculptés de l'architecture immobile. Voyez les franges de la mer blanchissant les récifs, et s'opposant au bleu saphir des eaux; admirez les galeries, les terrasses bâties en haut de chaque maison, et où les habitants viennent respirer l'air du soir parmi des fleurs, entre la cime des arbres de leurs petits jardins. Puis, dans le port, quelques voiles. Enfin, par la sérénité d'une nuit qui commence, écoutez la musique des orgues, le chant des offices, et les sons admirables des cloches en pleine mer. Partout, du bruit et du calme; mais plus souvent le calme partout!

Intérieurement, l'église se partageait en trois nefs sombres et mystérieuses. La furie des vents ayant sans doute interdit à l'architecte de construire latéralement ces arcs-boutants qui ornent presque partout les cathédrales, et entre lesquels sont pratiquées des chapelles, les murs dont les deux petites nefs étaient flanquées et qui soutenaient ce vaisseau, n'y répandaient aucune lumière. Ces fortes murailles présentaient à l'extérieur l'aspect de leurs masses grisâtres, appuyées de distance en distance, sur d'énormes contreforts. La grande nef et ses deux petites galeries latérales étaient donc uniquement éclairées par la rose à vitraux coloriés, attachée avec un art miraculeux au-dessus du portail, dont l'exposition favorable avait permis le luxe des dentelles de pierre et des beautés particulières à l'ordre improprement nommé gothique.

La plus grande portion de ces trois nefs était livrée aux habitants de la ville, qui venaient y entendre la messe et les offices. Puis, devant le chœur, se trouvait une grille derrière laquelle pendait un rideau brun à plis nombreux, légèrement entr'ouvert au milieu, de manière à ne laisser voir que l'officiant et l'autel. La grille était séparée, à intervalles égaux, par des piliers qui soutenaient une tribune intérieure et les orgues. Cette construction, en harmonie avec les ornements de l'église, figurait extérieurement, en bois sculpté, les colonnettes des galeries supportées par les piliers de la grande nef; en sorte qu'il eût été impossible à un curieux assez hardi pour monter sur l'étroite balustrade de ces galeries, de voir dans le chœur autre chose que les longues fenêtres octogones qui s'élevaient par pans égaux, toutes coloriées, autour du maître-autel.

Lors de l'expédition française faite en Espagne pour rétablir l'autorité du roi Ferdinand VII, et après la prise de Cadix, un général français, venu dans cette île pour y faire reconnaître le gouvernement royal, y prolongea son séjour, dans le but de voir ce couvent, et trouva moyen de s'y introduire.

L'entreprise était certes délicate. Mais un homme de passion, un homme dont la vie n'avait été, pour ainsi dire, qu'une suite de poésies en action, et qui avait toujours fait des romans au lieu d'en écrire, un homme d'exécution surtout, devait être tenté par une chose en apparence impossible. S'ouvrir légalement les portes d'un couvent de femmes? à peine le pape ou l'archevêque métropolitain l'eussent-ils permis. Employer la ruse ou la force? en cas d'indiscrétion, n'était-ce pas perdre son état, toute sa fortune militaire, et manquer le but? Le duc d'Angoulême était encore en Espagne, et de toutes les fautes que pouvait impunément commettre un homme aimé par le généralissime, celle-là seule l'eût trouvé sans pitié.

Ce général avait sollicité sa mission afin de satisfaire une secrète curiosité, quoique jamais curiosité n'ait été plus désespérée. Mais cette dernière tentative était une affaire de conscience. La maison de ces Carmélites était le seul couvent espagnol qui eût échappé à ses recherches. Pendant la traversée, qui ne dura pas une heure, il s'éleva dans son âme un pressentiment favorable à ses espérances. Puis, quoique du couvent il n'eût vu que les murailles; que de ces religieuses il n'eût pas même aperçu les robes, et qu'il n'eût écouté que les chants de la liturgie, il rencontra, sous ces murailles et dans ces chants, de légers indices qui justifièrent son frêle espoir. Enfin, quelque minimes que fussent des soupçons si bizarrement réveillés, jamais passion humaine ne fut plus violemment intéressée que ne l'était alors la curiosité du général. Mais il n'y a point de petits événements pour le cœur; il grandit tout; il met dans les mêmes balances la chute d'un empire de quatorze ans et la chute d'un gant de femme; et presque toujours le gant y pèse plus que l'empire. Or voici les faits dans toute leur simplicité positive. Après les faits viendront les émotions.

Une heure après que le général eut abordé cet îlot, l'autorité royale y fut rétablie. Quelques Espagnols constitutionnels, qui s'y étaient nuitamment réfugiés après la prise de Cadix, s'embarquèrent sur un bâtiment que le général leur permit de fréter pour s'en aller à Londres. Il n'y eut donc là ni résistance, ni réaction.

Cette petite restauration insulaire n'allait pas sans une messe, à laquelle durent assister les deux compagnies commandées pour l'expédition. Or, ne connaissant pas la rigueur de la clôture chez les Carmélites déchaussées, le général avait espéré pouvoir obtenir dans l'église quelques renseignements sur les religieuses enfermées dans le couvent, dont une d'elles peut-être lui était plus chère que la vie et plus précieuse que l'honneur. Ses espérances furent d'abord cruellement déçues.

La messe fut, à la vérité, célébrée avec pompe. En faveur de la solennité, les rideaux qui cachaient habituellement le chœur furent ouverts, et en laissèrent voir les richesses, les précieux tableaux et les châsses ornées de pierreries, dont l'éclat effaçait celui des nombreux *ex-voto* d'or et d'argent attachés par les marins de ce port aux piliers de la grande nef. Les religieuses s'étaient toutes réfugiées dans la tribune de l'orgue.

Cependant, malgré ce premier échec, durant la messe d'actions de grâces, se développa largement le drame le plus secrètement intéressant, qui jamais ait fait battre un cœur d'homme. La sœur qui touchait l'orgue excita un si vif enthousiasme qu'aucun des militaires ne regretta d'être venu à l'office. Les soldats mêmes y trouvèrent du plaisir, et tous les officiers furent dans le ravissement. Quant au général, il resta calme et froid en apparence. Les sensations que lui causèrent les différents morceaux exécutés par la religieuse sont du petit nombre de choses dont l'expression est interdite à la parole, et a rend impuissante, mais qui, semblables à la mort, à Dieu, à l'Éternité, ne peuvent s'apprécier que dans le léger point de contact qu'elles ont avec les hommes.

Par un singulier hasard, la musique des orgues paraissait appartenir à l'école de Rossini, le compositeur qui a transporté le plus de passion humaine dans l'art musical, et dont les œuvres inspireront quelque jour par leur nombre et leur étendue, un aspect homérique. Parmi les partitions dues à ce beau génie, la religieuse semblait avoir plus particulièrement étudié celle du *Mosè*, sans doute parce que le sentiment de la musique sacrée s'y trouve exprimé au plus haut degré. Peut-être ces deux esprits, l'un si glorieusement européen, l'autre inconnu, s'étaient-ils rencontrés dans l'intuition d'une même poésie. Cette opinion était celle de deux officiers, vrai *dilettanti*, qui regrettaient sans doute, en Espagne, le théâtre Favart. Enfin au *Te Deum*, il fut impossible de ne pas reconnaître une âme toute française dans le caractère que prit soudain la musique. Le triomphe du roi très-chrétien excitait évidemment la joie la plus vive au fond du cœur de cette religieuse. Certes elle était française. Bientôt le sentiment de la patrie éclata, jaillit comme une gerbe de lumière dans une réplique des orgues où la sœur introduisit des motifs qui respirèrent toute la délicatesse du goût parisien, et auxquels se mêlèrent vaguement les pensées de nos plus beaux airs nationaux. Des mains espagnoles n'eussent pas mis, à ce gracieux hommage fait aux armes victorieuses, la chaleur qui acheva de déceler l'origine de la musicienne.

— Il y a donc de la France partout! dit un soldat.

Le général était sorti pendant le *Te Deum*. Il lui avait été impossible de l'écouter. Le jeu de la musicienne lui dénonçait une femme aimée avec ivresse, et qui s'était si profondément ensevelie au cœur de la religion et si soigneusement dérobée aux regards du monde, qu'elle avait échappé jusqu'alors à des recherches obstinées, adroitement faites par des hommes qui disposaient et d'un grand pouvoir et d'une intelligence supérieure.

Le soupçon réveillé dans le cœur du général fut presque justifié par le vague rappel d'un air délicieux de mélancolie, l'air de *Fleuve du Tage*, romance française, dont souvent il avait entendu jouer le prélude dans un boudoir de Paris, à la personne qu'il aimait, et dont cette religieuse venait alors de se servir pour exprimer, au milieu de la joie des triomphateurs, les regrets d'une exilée. Terrible sensation! Espérer la résurrection d'un amour perdu, le retrouver encore perdu, l'entrevoir mystérieusement, après cinq années pendant lesquelles la passion s'était irritée dans le vide, et agrandie par l'inutilité des tentatives faites pour la satisfaire!

Qui, dans sa vie, n'a pas, une fois au moins, bouleversé son chez-soi, ses papiers, sa maison, fouillé sa mémoire avec impatience en cherchant un objet précieux, et ressenti l'ineffable plaisir de le trouver, après un jour ou deux consumés en recherches vaines; après avoir espéré, désespéré de le rencontrer; après avoir dépensé les irritations les plus vives de l'âme pour ce rien important qui causait presque une passion? Eh bien, étendez cette espèce de rage sur cinq années; mettez une femme, un cœur, un amour, à la place de ce rien; transportez la passion dans les plus hautes régions du sentiment; puis, supposez un homme ardent, un homme à cœur et à face de lion, un de ces hommes à crinière qui imposent et communiquent à ceux qui les envisagent une respectueuse terreur! Alors, peut-être comprendrez-vous la brusque sortie du général pendant le *Te Deum*, au moment où le prélude d'une romance jadis écoutée avec délices par lui, sous des lambris dorés, vibra sous la nef de cette église marine.

Il descendit la rue montueuse qui conduisait à cette église, et ne s'arrêta qu'au moment où les sons graves de l'orgue ne parvinrent plus à son oreille.

Incapable de songer à autre chose qu'à son amour, dont la volcanique éruption lui brûlait le cœur, le commandant français ne s'aperçut de la fin du *Te Deum* qu'au moment où l'assistance espagnole descendit par flots. Alors il sentit que sa conduite ou son attitude pouvaient paraître ridicules, et revint prendre sa place à la tête du cortége, en disant à l'alcade et au gouverneur de la ville qu'une subite indisposition l'avait obligé d'aller prendre l'air.

Puis, afin de pouvoir rester dans l'île, il songea soudain à tirer parti de ce prétexte d'abord insouciamment donné. Objectant l'aggravation de son malaise, il refusa de présider le repas offert par les autorités insulaires aux officiers français, il se mit au lit, et fit écrire au major-général pour lui annoncer la passagère maladie qui le forçait de remettre à son aide-de-camp le commandement des troupes qui l'avaient accompagné. Cette ruse si vulgaire, mais si naturelle, le rendit libre de tout soin, pendant le temps nécessaire à l'accomplissement de ses projets.

En homme essentiellement catholique et monarchique, il s'informa de l'heure des offices, et affecta le plus grand attachement aux pratiques religieuses, piété qui, en Espagne, ne devait surprendre personne.

Le lendemain même, pendant le départ de ses soldats, le général se rendit au couvent pour assister aux vêpres. Il trouva l'église désertée par les habitants, qui, malgré leur dévotion, avaient été voir, sur le port, l'embarcation des troupes.

Le Français, heureux de se trouver seul dans l'église, eut soin d'en faire retentir les voûtes sonores du bruit de ses éperons; il y marcha bruyamment, il toussa, il se parla tout haut à lui-même pour apprendre aux religieuses, et surtout à la musicienne, que, si les Français partaient, il en restait un.

Ce singulier avis fut-il entendu, compris?... le général le crut.

Au *Magnificat*, les orgues semblèrent lui faire une réponse qui lui fut apportée par les vibrations de l'air. L'âme de la religieuse vola vers lui sur les ailes de ces notes, et s'émut dans le mouvement des sons. Alors la musique éclata dans toute sa puissance, elle échauffa l'église. Ce chant de joie consacré par la sublime liturgie de la chrétienté romaine pour exprimer l'exaltation de l'âme en présence des splendeurs du Dieu toujours vivant, devint l'expression d'un cœur presque effrayé de son bonheur, en présence des splendeurs d'un périssable amour qui durait encore, et venait l'agiter audelà de la tombe religieuse où s'ensevelissent les femmes pour renaître épouses du Christ.

L'orgue est certes le plus grand, le plus audacieux, le plus magnifique de tous les instruments créés par le génie humain. Il est un orchestre entier, auquel une main habile peut tout demander; il peut tout exprimer. N'est-ce pas, en quelque sorte, un piédestal sur lequel l'âme se pose pour s'élancer dans les espaces, lorsque, dans son vol, elle essaie de tracer mille tableaux, de peindre la vie, de parcourir l'infini qui sépare le ciel de la terre? Plus un poëte en écoute les gigantesques harmonies, et mieux il conçoit qu'entre les hommes agenouillés et le Dieu caché par les éblouissants rayons du sanctuaire, les cent voix de ce chœur terrestre peuvent seules combler les distances et sont le seul truchement assez fort pour transmettre au ciel les prières humaines dans l'omnipotence de leurs modes, dans la diversité de leurs mélancolies, avec les teintes de leurs méditatives extases, avec les jets impétueux de leurs repentirs, et les mille fantaisies de toutes les croyances. Oui, sous ces longues voûtes, les mélodies enfantées par le génie des choses saintes trouvent des grandeurs inouïes dont elles se parent et se fortifient. Là, le jour affaibli, le silence profond, les chants qui alternent avec le tonnerre des orgues, font à Dieu comme un voile à travers lequel rayonnent ses lumineux attributs.

Toutes ces richesses sacrées semblèrent être jetées comme un grain d'encens sur le frêle autel de l'amour à la face du trône éternel d'un Dieu jaloux et vengeur!

En effet, la joie de la religieuse n'eut pas ce caractère de grandeur et de gravité qui doit s'harmoniser avec les solennités du *Magnificat*, elle lui donna de riches, de gracieux développements, dont les différents rhythmes accusaient une gaieté humaine. Ses motifs eurent le brillant des roulades d'une cantatrice qui tâche d'exprimer l'amour, et ses chants sautillèrent comme l'oiseau près de sa compagne. Puis, par moments, elle s'élançait par bonds dans le passé pour y folâtrer, pour y pleurer tour à tour. Son mode changeant avait quelque chose de désordonné comme l'agitation de la femme heureuse du retour de son amant. Puis, après les fugues flexibles du délire, et les effets merveilleux de cette reconnaissance toute fantastique, l'âme qui parlait ainsi fit un retour sur elle-même. La musicienne, passant du majeur au mineur, sut instruire son auditeur de sa situation présente. Soudain, elle lui raconta ses longues mélancolies, et lui dépeignit sa lente maladie morale. Elle avait aboli chaque jour un sens, retranché chaque nuit quelque pensée, réduit graduellement son cœur en cendres. Alors, ce furent de molles ondulations; et, de teinte en teinte, sa musique prit une couleur de tristesse profonde, les échos versaient les chagrins à torrents.... Enfin, tout à coup, les hautes notes firent détonner un concert de voix angéliques, comme pour annoncer à l'amant perdu, mais non pas oublié, que la réunion des deux âmes ne se ferait plus que dans les cieux : touchante espérance ! Vint l'*Amen* : là, plus de joie, ni de larmes dans les airs, ni mélancolie, ni regrets; l'*Amen* fut un retour à Dieu. Ce dernier accord fut grave, solennel, terrible. La musicienne déploya tous les crêpes de la religieuse, et après les derniers grondements des basses, qui firent frémir les auditeurs jusque dans leurs cheveux, elle sembla s'être replongée dans la tombe d'où elle était, pour un moment, sortie. Quand les airs eurent, par degrés, cessé leurs vibrations oscillatoires, vous eussiez dit que l'église, jusque-là lumineuse, rentrait dans une profonde obscurité.

Le général avait été rapidement emporté par la course de ce vigoureux génie, et l'avait suivi dans les régions qu'il venait de parcourir. Il comprenait, dans toute leur étendue, les images dont abonda cette brûlante symphonie, et pour lui ses accords allaient bien loin. Pour lui, comme pour la sœur, ce poëme était l'avenir, le présent et le passé.

La musique, même celle du théâtre, n'est-elle pas, pour les âmes tendres et poétiques, pour les cœurs souffrants et blessés, un texte qu'elles développent au gré de leurs souvenirs? S'il faut un cœur de poëte pour faire un musicien, ne faut-il pas de la poésie et de l'amour pour écouter et comprendre les grandes œuvres musicales? La religion, l'amour et la musique ne sont-elles pas la triple expression d'un même fait, le besoin d'expansion dont toute âme noble est travaillée? Ces trois poésies vont toutes à Dieu, qui dénoue toutes les émotions terrestres. Aussi cette sainte trinité humaine participe-t-elle des grandeurs infinies de Dieu, que nous ne configurons jamais sans l'entourer des feux de l'amour, des sistres d'or de la musique, de lumière et d'harmonie. N'est-il pas le principe et la fin de nos œuvres?

Le Français devina que, dans ce désert, sur ce rocher entouré par la mer, la religieuse s'était emparée de la musique pour y jeter le surplus de passion qui la dévorait. Était-ce un hommage fait à Dieu de son amour, était-ce le triomphe de l'amour sur Dieu? questions difficiles à décider. Mais, certes, le général ne put douter qu'il ne retrouvât en ce cœur mort au monde, une passion tout aussi brûlante que l'était la sienne.

Les vêpres finies, il revint chez l'alcade, où il était logé. Restant d'abord en proie aux mille jouissances que prodigue une satisfaction longtemps attendue, péniblement cherchée, il ne vit rien au-delà. Il était toujours aimé. La solitude avait grandi l'amour dans ce cœur, autant que l'amour avait été grandi dans le sien par les barrières successivement franchies et mises par cette femme entre elle et lui. Cet épanouissement de l'âme eut sa durée naturelle. Puis vint le désir de revoir cette femme, de la disputer à Dieu, de la lui ravir, projet téméraire qui plut à cet homme audacieux.

Après le repas il se coucha pour éviter les questions, pour être seul, pour pouvoir penser sans trouble; et resta plongé dans les méditations les plus profondes, jusqu'au lendemain matin. Il ne se leva que pour aller à la messe. Il vint à l'église, il se plaça près de la grille; son front touchait le rideau, il aurait voulu le déchirer, mais il n'était pas seul; son hôte l'avait accompagné par politesse, et la moindre imprudence pouvait compromettre l'avenir de sa passion, en ruiner les nouvelles espérances.

Les orgues se firent entendre, mais elles n'étaient plus touchées par les mêmes mains. La musicienne des deux jours précédents ne tenait plus le clavier. Tout fut pâle et froid pour le général. Sa maîtresse était-elle accablée par les mêmes émotions sous lesquelles succombait presque un vigoureux cœur d'homme? Avait-elle si bien partagé, compris un amour fidèle et désiré, qu'elle en fût mourante sur son lit dans sa cellule?

Au moment où mille réflexions de ce genre s'élevaient dans l'esprit du Français, il entendit résonner près de lui la voix de la personne qu'il adorait, et dont il reconnut le timbre clair. Cette voix légèrement altérée par un tremblement qui lui donnait toutes les grâces que prête aux jeunes filles leur timidité pudique, tranchait sur la masse du chant, comme celle d'une prima donna sur l'harmonie d'un finale. Elle faisait à l'âme l'effet que produit aux yeux un filet d'argent ou d'or dans une frise obscure.

C'était donc bien elle! Toujours Parisienne, elle n'avait pas dépouillé sa coquetterie, même après avoir quitté les parures du monde pour le bandeau, pour la dure étamine des Carmélites. Après avoir signé son amour la veille au milieu des louanges adressées au Seigneur, elle semblait dire à son amant : — Oui, c'est moi, je suis là, j'aime toujours; mais je suis à l'abri de l'amour. Tu m'entendras, mon âme t'enveloppera, et je resterai sous le linceul brun de ce chœur d'où nul pouvoir ne saurait m'arracher. Tu ne me reverras pas.

— C'est bien elle! se dit le général en relevant son front, en le dégageant de ses mains, sur lesquelles il l'avait appuyé, car il n'avait pu d'abord soutenir l'écrasante émotion qui s'éleva comme un tourbillon dans son cœur, quand cette voix connue vibra sous les arceaux, accompagnée par le murmure des vagues. L'orage était au-dehors et le calme dans le sanctuaire.

Cette voix si riche continuait à déployer toutes ses câlineries, elle arrivait comme un baume sur le cœur embrasé de cet amant, elle fleurissait dans les airs, qu'on désirait mieux aspirer pour y reprendre les émanations d'une âme exhalée avec amour dans les paroles de la prière.

L'alcade vint rejoindre son hôte, et le trouva fondant en larmes à l'Élévation, qui fut chantée par la religieuse. Il l'emmena chez lui. Surpris de rencontrer tant de dévotion dans un militaire français, l'alcade avait invité à souper le confesseur du couvent, et il en prévint le général, auquel jamais nouvelle n'avait fait autant de plaisir. Pendant le souper, le confesseur fut l'objet des attentions du Français, dont le respect intéressé confirma les Espagnols dans la haute opinion qu'ils avaient prise de sa piété. Il demanda gravement le nombre des religieuses, des détails sur les revenus du couvent et sur ses richesses, en homme qui paraissait vouloir entretenir poliment le bon vieux prêtre des choses dont il devait être le plus occupé. Puis il s'informa de la vie que menaient ces saintes filles. Pouvaient-elles sortir? Les voyait-on?

— Seigneur, dit le vénérable ecclésiastique, la règle est sévère. S'il faut une permission de notre Saint Père pour qu'une femme vienne dans une maison de Saint-Bruno, ici même rigueur; et il est impossible à un homme d'entrer dans un couvent de Carmélites déchaussées, à moins qu'il ne soit prêtre et attaché par l'archevêque au service de la maison. Aucune religieuse ne sort. Cependant LA GRANDE SAINTE (la mère Thérèse) a souvent quitté sa cellule. Le Visiteur ou les Mères Supérieures peuvent seules permettre à une religieuse, avec l'autorisation de l'archevêque, de voir des étrangers, surtout en cas de maladie. Or nous sommes un Chef d'Ordre, et nous avons conséquemment une Mère supérieure au Couvent. Nous avons, entre autres étrangères, une Française, la sœur Thérèse, celle qui dirige la musique de la chapelle.

— Ah! répondit le général en feignant la surprise. Elle a dû être satisfaite du triomphe des armes de la maison de Bourbon.

— Je leur ai dit l'objet de la messe... Elles sont toujours un peu curieuses.

— Mais la sœur Thérèse peut avoir des intérêts en France; elle voudrait peut-être y faire savoir quelque chose, en demander des nouvelles?

— Je ne le crois pas, elle se serait adressée à moi pour en savoir.

— En qualité de compatriote, dit le général, je serais bien curieux de la voir... Si cela est possible, si la Supérieure y consent, si...

— A la grille, et même en présence de la Révérende Mère, une entrevue serait impossible pour qui que ce soit; mais en faveur d'un libérateur du trône catholique et de la sainte religion, malgré la rigidité de la Mère, la règle peut dormir un moment, dit le confesseur en clignant les yeux. J'en parlerai.

— Quel âge a la sœur Thérèse? demanda l'amant, n'osant pas questionner le prêtre sur la beauté de la religieuse.

— Elle n'a plus d'âge, répondit le bonhomme avec une simplicité qui fit frémir le général.

Le lendemain matin, avant la sieste, le confesseur vint annoncer au Français que la sœur Thérèse et la Mère consentaient à le recevoir à la grille du parloir, avant l'heure des vêpres.

Puis, après la sieste, pendant laquelle le général dévora le temps en allant se promener sur le port, par la chaleur de midi, le prêtre revint le chercher, et l'introduisit dans le couvent. Il le guida sous une galerie qui longeait le cimetière, et dans laquelle quelques fontaines, plusieurs arbres verts et des arceaux multipliés entretenaient une fraîcheur en harmonie avec le silence du lieu. Parvenus au fond de cette longue galerie, le prêtre fit entrer son compagnon dans une salle partagée en deux parties par une grille couverte d'un rideau brun.

Dans la partie en quelque sorte publique, où le confesseur laissa le général, régnait, le long du mur, un banc de bois; quelques chaises également en bois se trouvaient près de la grille. Le plafond était composé de solives saillantes, en cèdre et sans nul ornement. Le jour ne venait dans cette salle que par deux fenêtres situées dans la partie affectée aux religieuses, en sorte que cette faible lumière, mal reflétée par un bois à teintes brunes, suffisait à peine pour éclairer le grand christ noir, le portrait de sainte Thérèse et un tableau de la Vierge, qui décoraient les parois grises du parloir.

Les sentiments du général prirent donc, malgré leur violence, une couleur mélancolique. Il devint calme dans ce calme despotique. Quelque chose de grand comme la tombe le saisit sous ces frais planchers. N'était-ce pas son silence éternel, sa paix profonde, ses idées d'infini? Puis, la quiétude et la pensée fixe du cloître, cette pensée qui se glisse dans l'air, dans le clair-obscur, dans tout, et qui, n'étant tracée nulle part, est encore agrandie par l'imagination, ce grand mot : *la paix dans le Seigneur*, entre là, de vive force, dans l'âme la moins religieuse.

Les couvents d'hommes se conçoivent peu;

l'homme y semble faible, il est né pour agir, pour accomplir une vie de travail à laquelle il se soustrait dans sa cellule. Mais dans un monastère de femmes, que de vigueur virile et de touchante faiblesse! Un homme peut être poussé par mille sentiments au fond d'une abbaye, il s'y jette comme dans un précipice; mais la femme n'y vient jamais qu'entraînée par un seul sentiment; elle ne s'y dénature pas, elle épouse Dieu. Vous pouvez dire aux religieux : Pourquoi n'avez-vous pas lutté? Mais la reclusion d'une femme n'est-elle pas toujours une lutte sublime?

Enfin, le général trouva ce parloir muet et ce couvent perdu dans la mer, tout pleins de lui. L'amour arrive rarement à la solennité, mais l'amour encore fidèle au sein de Dieu, n'était-ce pas quelque chose de solennel, et plus qu'un homme n'avait le droit d'espérer au dix-neuvième siècle, par les mœurs qui courent? Les grandeurs infinies de cette situation pouvaient agir sur l'âme du général, il était précisément assez élevé pour oublier la politique, les honneurs, l'Espagne, le monde de Paris, et monter jusqu'à la hauteur de ce dénouement grandiose. D'ailleurs, quoi de plus véritablement tragique? Que de sentiments dans la situation de deux amants seuls, réunis au milieu de la mer sur un banc de granit, mais séparés par une idée, par une barrière infranchissable! Voyez l'homme se disant :
— Triompherai-je de Dieu dans ce cœur?...

Un léger bruit fit tressaillir cet homme, le rideau brun se tira; puis, il vit dans la lumière une femme debout, mais dont la figure lui était cachée par le prolongement du voile plié sur la tête, suivant la règle de la maison. Elle était vêtue de cette robe dont la couleur est devenue proverbiale. Le général ne put apercevoir les pieds nus de la religieuse, qui lui en auraient attesté l'effrayante maigreur; cependant, malgré les plis nombreux de la robe grossière dont cette femme était couverte, il devina que les larmes, la prière, la passion, la vie solitaire l'avaient déjà desséchée.

La main glacée d'une femme, celle de la Supérieure sans doute, tenait encore le rideau, et le général ayant examiné le témoin nécessaire de cet entretien, rencontra le regard noir et profond d'une vieille religieuse, presque centenaire, regard clair et jeune, qui démentait les rides nombreuses dont le pâle visage de cette femme était sillonné.

— Madame la duchesse, demanda-t-il d'une voix fortement émue à la religieuse qui baissait la tête, votre compagne entend-elle le français?

— Il n'y a pas de duchesse ici, répondit la religieuse. Vous êtes devant la sœur Thérèse. La femme, celle que vous nommez ma compagne, est ma Mère en Dieu, ma Supérieure ici-bas.

Ces paroles, si humblement prononcées par la voix qui jadis s'harmoniait avec le luxe et l'élégance au milieu desquels avait vécu cette femme, reine de la mode à Paris, par une bouche dont le langage était jadis si léger, si moqueur, frappèrent le général comme l'eût fait un coup de foudre.

— Ma sainte Mère ne parle que le latin et l'espagnol, ajouta-t-elle.

— Je ne sais ni l'un ni l'autre. Ma chère Antoinette, excusez-moi près d'elle.

En entendant son nom doucement prononcé par un homme naguère si dur pour elle, la religieuse éprouva une vive émotion intérieure que traduisirent les légers tremblements de son voile, sur lequel la lumière tombait en plein.

— Mon frère, dit-elle en portant sa manche sous son voile, pour s'essuyer les yeux peut-être, je me nomme la sœur Thérèse...

Puis elle se tourna vers la Mère, et lui dit, en espagnol, ces paroles, que le général entendit parfaitement : il en savait assez pour le comprendre, et peut-être aussi pour le parler.

— Ma chère Mère, ce cavalier vous présente ses respects, et vous prie de l'excuser de ne pouvoir les mettre lui-même à vos pieds, mais il ne sait aucune des deux langues que vous parlez...

La vieille inclina la tête lentement, sa physionomie prit une expression de douceur angélique, rehaussée néanmoins par le sentiment de sa puissance et de sa dignité.

— Tu connais ce cavalier? lui demanda la Mère en lui jetant un regard pénétrant.

— Oui, ma Mère.

— Rentre dans ta cellule, ma fille, dit la Supérieure d'un ton impérieux.

Le général s'effaça vivement derrière le rideau, pour ne pas laisser deviner sur son visage les émotions terribles qui l'agitaient; et, dans l'ombre, il croyait voir encore les yeux perçants de la Supérieure. Cette femme, maîtresse de la fragile et passagère félicité dont la conquête coûtait tant de soins, lui avait fait peur, et il tremblait, lui qu'une triple rangée de canons n'avait jamais effrayé.

La duchesse marchait vers la porte, mais elle se retourna : — Ma Mère, dit-elle d'un ton de voix horriblement calme, ce Français est un de mes frères.

— Reste donc, ma fille, répondit la vieille femme après une pause.

Cet admirable jésuitisme accusait tant d'amour et de regrets, qu'un homme moins fortement organisé que ne l'était le général se serait senti défaillir en éprouvant de si vifs plaisirs au milieu d'un immense péril, pour lui tout nouveau. De quelle valeur étaient donc les mots, les regards, les gestes, dans une scène où l'amour devait échapper à des yeux de lynx, à de griffes de tigre!

La sœur Thérèse revint.

— Vous voyez, mon frère, ce que j'ose faire pour vous entretenir un moment de votre salut, et des vœux que mon âme adresse pour vous chaque jour au ciel. Je commets un péché mortel. J'ai menti. Combien de jours de pénitence pour effacer ce mensonge! mais ce sera souffrir pour vous. Vous ne savez pas, mon frère, quel bonheur est d'aimer dans le ciel, de pouvoir s'avouer ses sentiments alors que la religion les a transportés dans les régions les plus hautes, et qu'il nous est permis de ne plus regarder qu'à l'âme. Si les doctrines, si l'esprit de la sainte à laquelle nous devons cet asile ne m'avaient pas enlevée loin des misères terrestres, et ravie bien loin de la sphère où elle est, mais certes au-dessus du monde, je ne vous eusse pas revu. Mais je puis vous voir, vous entendre, et demeurer calme...

— Hé bien! Antoinette, s'écria le général en l'interrompant à ces mots, faites que je vous voie, vous que j'aime maintenant avec ivresse, éperdument, comme vous avez voulu être aimée par moi.

— Ne m'appelez pas Antoinette, je vous en supplie. Mes souvenirs du passé me font mal. Ne voyez ici que la sœur Thérèse, une créature confiante en la miséricorde divine. — Et, ajouta-t-elle après une pause, modérez-vous, mon frère. Notre Mère nous séparerait impitoyablement, si votre visage trahissait des passions mondaines, ou si vos yeux laissaient tomber des pleurs.

Le général inclina la tête comme pour se recueillir. Quand il leva les yeux sur la grille, il aperçut, entre deux barreaux, la figure amaigrie, pâle mais ardente encore, de la religieuse. Son teint où jadis fleurissaient tous les enchantements de la jeunesse, où l'heureuse opposition d'un blanc mat contrastait avec les couleurs de la rose du Bengale, avait pris le ton chaud d'une coupe de porcelaine sous laquelle est enfermée une faible lumière. La belle chevelure dont cette femme était si fière avait été rasée. Un bandeau ceignait son front et enveloppait son visage. Ses yeux, entourés d'une meurtrissure due aux austérités de cette vie, lançaient, par moments, des rayons fiévreux, et leur calme habituel n'était qu'un voile. Enfin, de cette femme, il ne restait que l'âme.

— Ah! vous quitterez ce tombeau, vous qui êtes devenue ma vie! Vous m'apparteniez, et n'étiez pas libre de vous donner, même à Dieu. Ne m'avez-vous pas promis de sacrifier tout au moindre de mes commandements? Maintenant, vous me trouverez peut-être digne de cette promesse, quand vous saurez ce que j'ai fait pour vous. Ma bien-aimée, je vous ai cherchée dans le monde entier. Depuis cinq ans, vous êtes ma pensée de tous les instants, l'occupation de ma vie! Mes amis, des amis bien puissants, vous le savez, m'ont aidé de toute leur force à fouiller les couvents de France, d'Italie, d'Espagne, de Sicile, de l'Amérique. Mon amour s'allumait plus vif à chaque recherche vaine; j'ai souvent fait mille lieues sur un faux espoir; j'ai dépensé ma vie et les plus larges battements de mon cœur autour des murailles noires de plusieurs cloîtres. Je ne vous parle pas d'une fidélité sans bornes, qu'est-ce? un rien en comparaison des vœux infinis de mon amour. Si vous avez été vraie jadis dans vos remords, vous ne devez pas hésiter à me suivre aujourd'hui.

— Vous oubliez que je ne suis pas libre.

— Le duc est mort, répondit-il vivement.

La sœur Thérèse rougit.

— Que le ciel lui soit ouvert! dit-elle avec une vive émotion, il a été généreux pour moi. Mais je ne parlais pas de ces liens; une de mes fautes a été de vouloir les briser tous, sans scrupule, pour vous.

— Vous parlez de vos vœux, s'écria le général en fronçant les sourcils. Je ne croyais pas que quelque chose vous pesât au cœur plus que votre amour. Mais n'en doutez pas, Antoinette, j'obtiendrai du saint père un bref qui déliera vos serments. J'irai certes à Rome, j'implorerai toutes les puissances de la terre, et si Dieu pouvait descendre, je le...

— Ne blasphémez pas.

— Vous vous inquiétez donc de Dieu! Ah! j'aimerais bien mieux savoir que vous franchiriez pour moi ces murs; que, ce soir même, vous vous jetteriez dans une barque au bas des rochers. Nous irions être heureux je ne sais où, au bout du monde! Et, près de moi, vous reviendriez à la vie, à la santé, sous les ailes de l'amour.

— Ne parlez pas ainsi, reprit la sœur Thérèse, vous ignorez ce que vous êtes devenu pour moi. Je vous aime bien mieux que je ne vous ai jamais aimé. Je prie Dieu tous les jours pour vous, et je ne vous vois plus avec les yeux du corps. Si vous connaissiez, Armand, le bonheur de pouvoir se livrer sans honte à une amitié pure que Dieu protége! Vous ignorez combien je suis heureuse d'appeler les bénédictions du ciel sur vous. Je ne prie jamais pour moi : Dieu fera de moi suivant ses volontés. Mais vous, je voudrais, au prix de mon éternité, avoir quelque certitude que vous êtes heureux en ce monde, et que vous serez heureux dans l'autre, pendant tous les siècles. Ma vie éternelle est tout ce que le malheur m'a laissé à vous offrir. Maintenant, je suis vieillie dans les larmes, je ne suis plus ni jeune ni belle; d'ailleurs vous mépriseriez une religieuse devenue femme, que même l'amour maternel n'absoudrait pas... Que me direz-vous qui puisse balancer les innombrables réflexions accumulées dans mon cœur depuis cinq années, et qui l'ont changé, creusé, flétri? J'aurais dû le donner moins triste à Dieu!

— Ce que je dirai, mon Antoinette chérie? je dirai que je t'aime; que l'affection, l'amour, l'amour vrai, le bonheur de vivre dans un cœur tout à nous, entièrement à nous, sans réserve, est si rare et si difficile à rencontrer, que j'ai douté de toi, que je t'ai soumise à de rudes épreuves; mais aujourd'hui je t'aime de toutes les puissances de mon âme ; si tu me suis dans la retraite, je n'entendrai plus d'autre voix que la tienne, je ne verrai plus d'autre visage que le tien...

— Silence, Armand. Vous abrégez le seul instant pendant lequel il nous sera permis de nous voir ici-bas...

— Antoinette, veux-tu me suivre?

— Mais je ne vous quitte pas. Je vis dans votre cœur, mais autrement que par un intérêt de plaisir mondain, de vanité, de jouissance égoïste ; je vis ici pour vous, pâle et flétrie, dans le sein de Dieu! S'il est juste, vous serez heureux...

— Phrases que tout cela! Et si je te veux pâle et flétrie! Et si je ne puis être heureux qu'en te possédant! Tu connaîtras donc toujours des devoirs en présence de ton amant? Il n'est donc jamais au-dessus de tout dans ton cœur? Naguère, tu lui préférais la société, toi, je ne sais quoi; maintenant, c'est Dieu, c'est ton salut. Dans la sœur Thérèse, je reconnais toujours la duchesse ignorante des plaisirs de l'amour, et toujours insensible sous les apparences de la sensibilité. Tu ne m'aimes pas! tu n'as jamais aimé...

— Ah! mon frère...

— Tu ne veux pas quitter cette tombe, tu aimes mon âme, dis-tu? Eh bien, tu la perdras à jamais cette âme, je me tuerai...

— Ma mère, cria la sœur Thérèse en Espagnol, je vous ai menti, cet homme est mon amant!

Aussitôt le rideau tomba. Le général, demeuré stupide, entendit à peine fermer avec violence les portes intérieures.

— Ah, elle m'aime encore! s'écria-t-il en comprenant tout ce qu'il y avait de sublime dans le cri de la religieuse. A moi les Treize! Il faut l'enlever d'ici...

Le général quitta l'île, revint au quartier-général, et, alléguant des raisons de santé, demanda un congé pour retourner promptement en France.

Voici maintenant l'aventure qui avait déterminé la situation respective où se trouvaient alors les deux personnages de cette scène.

L'AMOUR

DANS

LA PAROISSE DE SAINT-THOMAS-D'AQUIN.

> Malheur à celle dont le premier attachement est moins l'effet du sentiment et du goût, que celui de l'effervescence et du caprice.
> Sans la peur du diable, Corinne eût été une Laïs le seul respect humain ne l'eût pas contenue.
> (Doutes sur différentes opinions reçues dans la société, par mademoiselle *de Sommery*.)

Ce que l'on nomme en France le faubourg Saint-Germain n'est ni un quartier ni une secte, ni une institution, ni rien qui se puisse nettement exprimer. La place Royale, le faubourg Saint-Honoré, la Chaussée-d'Antin possèdent également des hôtels où se respire l'air du faubourg Saint-Germain. Ainsi, déjà tout le faubourg n'est pas dans le faubourg. Des personnes nées fort loin de son influence peuvent la ressentir, et s'agréger à ce monde, tandis que certaines autres qui y sont nées peuvent en être à jamais bannies. Les manières, le parler, en un mot la tradition faubourg Saint-Germain est, à Paris, depuis environ quarante ans, ce que la Cour y était jadis; ce qu'était l'hôtel Saint-Paul, dans le quatorzième siècle; le Louvre, au quinzième; le Palais, l'hôtel Rambouillet, la place Royale, au seizième; puis Versailles au dix-septième et au dix-huitième siècle.

A toutes les phases de l'histoire, le Paris de la haute classe et de la noblesse a eu son centre, comme le Paris vulgaire aura toujours le sien. Cette singularité périodique offre une ample matière aux réflexions de ceux qui veulent observer ou peindre les différentes zones sociales ; et peut-être ne doit-on pas en rechercher les causes seulement pour justifier le caractère de cette aventure, mais aussi pour servir à de graves intérêts, plus vivaces dans l'avenir que dans le présent, si toutefois l'expérience n'est pas un non-sens pour les partis comme pour la jeunesse.

Les grands seigneurs, et les gens riches qui singeront toujours les grands seigneurs, ont, à toutes les époques, éloigné leurs maisons des endroits très-habités. Si le duc d'Uzès se bâtit, sous le règne de Louis XIV, le bel hôtel à la porte duquel il mit la fontaine de la rue Montmartre, acte de bienfaisance qui le rendit, outre ses vertus, l'objet d'une vénération si populaire que le quartier suivit en masse son convoi, ce coin de Paris était alors désert. Mais aussitôt que les fortifications s'abattirent, que les marais, situés au delà des boulevards, s'emplirent de maisons, la famille d'Uzès quitta ce bel hôtel, habité de nos jours par un banquier. Puis, la noblesse, compromise au milieu des boutiques, abandonna la place Royale, les alentours du centre parisien, et passa la rivière afin de pouvoir respirer à son aise dans le faubourg Saint-Germain, où déjà des palais s'étaient élevés autour de l'hôtel bâti par Louis XIV au duc du Maine, le benjamin de ses légitimés.

Pour les gens accoutumés aux splendeurs de la vie, est-il, en effet, rien de plus ignoble que le tumulte, la boue, les cris, la mauvaise odeur, l'étroitesse des rues populeuses? Les habitudes d'un quartier marchand ou manufacturier ne sont-elles pas constamment en désaccord avec les habitudes des Grands? Le Commerce et le Travail se couchent au moment où l'Aristocratie songe à dîner; les uns s'agitent bruyamment quand l'autre se repose, leurs calculs ne se rencontrent jamais; les uns sont la recette et l'autre est la dépense. De là, des mœurs diamétralement opposées. Cette observation n'a rien de dédaigneux. Une aristocratie est en quelque sorte la pensée d'une société, comme la bourgeoisie et les prolétaires en sont l'organisme et l'action. De là, des siéges différents pour ces forces; et, de leur antagonisme, vient une antipathie apparente que produit la diversité de mouvements faits dans un but commun. Ces discordances sociales résultent si logiquement de toute charte constitutionnelle, que le libéral le plus disposé à s'en plaindre comme d'un attentat envers les sublimes idées sous lesquelles les ambitieux des classes inférieures cachent leurs desseins, trouverait prodigieusement ridicule à M. le prince de Montmorency de demeurer rue Saint-Martin, au coin de la rue qui porte son nom, ou à M. le duc de Fitz-James, le descendant de la race royale écossaise, d'avoir son hôtel rue Marie-Stuart, au coin de la rue Montorgueil. *Sint ut sint, aut non sint*, ces belles paroles pontificales peuvent servir de devise aux Grands de tous les pays.

Ce fait patent à chaque époque, et toujours accepté par le peuple, porte en lui des raisons d'État : il est à la fois un effet et une cause, un principe et une loi. Les masses ont un bon sens qu'elles ne désertent qu'au moment où les gens de mauvaise foi les passionnent. Ce bon sens repose sur des vérités d'un ordre général, vraies à Moscou comme à Londres; vraies à Genève comme à Calcutta. Partout, lorsque vous rassemblez des familles d'inégale fortune sur un espace donné, vous verrez se former des cercles supérieurs, des patriciens, des première, seconde et troisième sociétés. L'égalité sera peut-être un *droit*, mais aucune puissance humaine ne saura la convertir en *fait*. Il serait bien utile pour le bonheur de la France de populariser cette pensée.

Aux masses les moins intelligentes se révèlent encore les bienfaits de l'harmonie politique. L'harmonie est la poésie de l'ordre, et les peuples ont un vif besoin d'ordre. La concordance des choses entre elles, l'unité, pour tout dire en un mot, n'est-elle pas la plus simple expression de l'ordre? L'architecture, la musique, la poésie, tout dans la France s'appuie, plus qu'en aucun autre pays, sur ce principe, qui, d'ailleurs, est écrit au fond de son clair et pur langage, et la langue sera toujours la plus infaillible formule d'une nation. Aussi voyez-vous le peuple adopter les airs les plus poétiques, les mieux modulés; s'attacher aux idées les plus simples; aimer les mots incisifs qui contiennent le plus de pensées. La France est le seul pays où une petite phrase puisse faire une grande révolution. Les masses ne s'y sont jamais révoltées que pour essayer de mettre d'accord les hommes, les choses et les principes. Or, nulle autre nation ne sent mieux la pensée d'unité qui doit exister dans la vie aristocratique, peut-être parce que nulle autre n'a mieux compris les nécessités politiques : l'histoire ne la trouvera jamais en arrière; elle est souvent trompée, mais comme une femme l'est, par des idées généreuses, par des sentiments chaleureux dont elle ne sait pas tout d'abord calculer la portée.

Ainsi déjà, pour premier trait caractéristique, le faubourg Saint-Germain a la splendeur de ses hôtels, ses grands jardins, leur silence, jadis en harmonie avec la magnificence de ses fortunes territoriales. Cet espace mis entre une classe et toute une capitale n'est-il pas une consécration matérielle des distances morales qui doivent les séparer? Dans toutes les créations, la tête a sa place marquée. Si, par hasard, une nation fait tomber son chef à ses pieds, elle s'aperçoit, tôt ou tard, qu'elle s'est suicidée. Alors, comme les nations ne veulent pas mourir, elles travaillent à se refaire une tête. Quand la nation n'en a plus la force, elle périt comme ont péri Rome, Venise et tant d'autres.

La distinction introduite par la différence des mœurs, entre les autres sphères d'activité sociale et la sphère supérieure, implique nécessairement une valeur réelle, capitale chez les sommités aristocratiques. Or dès qu'en tout État, sous quelque forme qu'affecte *le gouvernement*, les patriciens manquent à leurs conditions de supériorité complète, ils deviennent sans force, et le peuple les renverse aussitôt, car le peuple veut toujours leur voir, aux mains, au cœur et à la tête, la fortune, le pouvoir et l'action; la parole, l'intelligence et la gloire. Sans cette triple puissance, tout privilége s'évanouit. Les peuples, comme les femmes, aiment la force en qui les gouverne, et leur amour ne va pas sans le respect : ils n'accordent point leur obéissance à qui ne leur impose pas. Une aristocratie mésestimée est comme un roi fainéant, un mari en jupon; elle est nulle avant de n'être rien. Ainsi, la séparation des Grands, leurs mœurs tranchées, en un mot, le costume général des castes patriciennes est tout à la fois le symbole d'une puissance réelle, et les raisons de leur mort quand elles ont perdu leur puissance.

Le faubourg Saint-Germain s'est laissé momentanément abattre, pour n'avoir pas voulu reconnaître les obligations de son existence qu'il lui était encore facile de perpétuer, en ayant la bonne foi de voir, à temps, comme le vit l'aristocratie anglaise, que les institutions ont leurs années climatériques où les mêmes mots n'ont plus les mêmes significations, où les idées prennent d'autres vêtements, et où les conditions de la vie politique changent totalement de forme, sans que le fond soit essentiellement altéré. Ces idées veulent des développements qui appartiennent essentiellement à cette aventure dans laquelle ils entrent, et comme définition des causes, et comme explication des faits.

Le grandiose des châteaux et des palais aristocratiques, le luxe de leurs détails, la somptuosité constante des ameublements, l'*aire* dans laquelle s'y meut sans gêne, et sans éprouver de froissement, l'heureux propriétaire, riche avant de naître; puis l'habitude de ne jamais descendre au calcul des intérêts journaliers et mesquins de l'existence, le temps dont il dispose, l'instruction supérieure qu'il peut prématurément acquérir ; enfin les traditions patriciennes qui lui donnent des forces sociales que ses adversaires compensent à peine par des études, par une volonté, par une vocation tenaces, tout devrait élever l'âme de l'homme qui, dès le jeune âge, possède de tels privilèges, lui imprimer le haut respect de lui-même dont la moindre conséquence est une noblesse de nom. Cela est vrai pour quelques familles. Çà et là, dans le faubourg Saint-Germain, se rencontrent de beaux caractères, exceptions qui prouvent contre l'égoïsme général qui a causé la perte de ce monde à part.

Ces avantages sont acquis à l'aristocratie française, comme à toutes les efflorescences patriciales qui se produiront à la surface des nations, aussi longtemps qu'elles asseiront leur existence sur le *domaine*, le domaine-sol, comme le domaine-argent, seule base solide d'une société régulière ; mais ces avantages ne demeurent aux patriciens de toute sorte, qu'autant qu'ils maintiennent les conditions auxquelles le peuple les leur laisse. Ce sont des espèces de fiefs moraux dont la *tenure* oblige envers le souverain, et ici le souverain est certes aujourd'hui le peuple. Les temps sont changés, et aussi les armes. Le banneret à qui suffisait jadis de porter sa cotte de maille, le haubert, de bien manier la lance et de montrer son pennon, doit aujourd'hui faire preuve d'intelligence ; et là où il n'était besoin que d'un grand cœur, il faut, de nos jours, un large crâne. L'art, la science et l'argent forment le triangle social où s'inscrit le pouvoir, et d'où doit procéder la moderne aristocratie. Un beau théorème vaut un grand nom; les Fugger modernes sont princes de fait; un grand artiste est réellement un oligarque, il représente tout un siècle, et devient presque toujours une loi. Ainsi, le talent de la parole, les machines à haute pression de l'écrivain, le génie du poëte, la constance du commerçant, la volonté de l'homme d'État qui concentre en lui mille qualités éblouissantes, le glaive du général, ces conquêtes personnelles faites par un seul sur toute la société pour lui imposer, la classe aristocratique doit s'efforcer d'en avoir aujourd'hui le monopole, comme jadis elle avait celui de la force matérielle. Pour rester à la tête d'un pays, ne faut-il pas être toujours digne de le conduire; en être l'âme et l'esprit, pour en faire agir les mains ? Comment mener un peuple sans avoir les puissances qui font le commandement ? Que serait le bâton des maréchaux sans la force intrinsèque du capitaine qui le tient à la main ? Or, le faubourg Saint-Germain a joué avec des bâtons, en croyant qu'ils étaient tout le pouvoir. Il avait renversé les termes de la proposition qui commande son existence. Au lieu de jeter les insignes dont se choquait le peuple, et de garder secrètement la force, il a laissé saisir la force à la bourgeoisie, s'est cramponné fatalement à ses insignes, et a constamment oublié les lois que lui imposait sa faiblesse numérique. Une aristocratie qui personnellement fait à peine la centième d'une société, doit aujourd'hui, comme jadis, y multiplier ses moyens d'action pour y opposer, dans les grandes crises, un poids égal à celui des masses populaires. Or, de nos jours, les moyens d'action doivent être des forces réelles, non des souvenirs historiques.

Malheureusement, en France, la noblesse, encore grosse de son ancienne puissance évanouie, avait contre elle une sorte de présomption dont il était difficile qu'elle se défendît. Peut-être est-ce un défaut national. Le Français, plus que tout autre homme, ne conclut jamais en dessous de lui ; il va du degré sur lequel il se trouve, au degré supérieur; il plaint rarement les malheureux au-dessus desquels il s'élève, il gémit toujours de voir tant d'heureux au-dessus de lui. Quoiqu'il ait beaucoup de cœur, il préfère trop souvent écouter son esprit. Cet instinct national qui fait toujours aller les Français en avant, cette vanité qui ronge leurs fortunes et les régit aussi absolument que le principe d'économie régit les Hollandais, a dominé depuis trois siècles la noblesse, qui, sous ce rapport, fut éminemment française. L'homme du faubourg Saint-Germain a toujours conclu de sa supériorité matérielle en faveur de sa supériorité intellectuelle. Tout, en France, l'en a convaincu, parce que depuis l'établissement du faubourg Saint-Germain, révolution aristocratique commencée le jour où la monarchie quitta Versailles, le faubourg Saint-Germain s'est, sauf quelques lacunes, toujours appuyé sur le pouvoir, qui sera toujours en France plus ou moins faubourg Saint-Germain. De là sa défaite en 1830. A cette époque il était comme une armée opérant sans avoir de base. Il n'avait point profité de la paix pour s'implanter dans le cœur de la nation. Il péchait par un défaut d'instruction et par un manque total de vue sur l'ensemble de ses intérêts. Il tuait un avenir certain, au profit d'un présent douteux. Voici peut-être la raison de cette fausse politique.

La distance physique et morale que ces supériorités s'efforçaient de maintenir entre elles et le reste de la nation, a fatalement eu pour tout résultat, depuis quarante ans, d'entretenir dans la haute classe le sentiment personnel, en tuant le patriotisme de caste. Jadis, alors que la noblesse française était grande, riche et puissante, les gentilshommes savaient, dans le danger, se choisir des chefs et leur obéir. Devenus moindres, ils se sont montrés indisciplinables; et, comme dans le Bas-Empire, chacun d'eux voulait être empereur; en se voyant tous égaux par leur faiblesse, ils se crurent tous supérieurs. Chaque famille ruinée par la révolution, ruinée par le partage égal des biens, ne pensa qu'à elle, au lieu de penser à la grande famille aristocratique, et il leur semblait que si toutes s'enrichissaient, le parti serait fort. Erreur. L'argent aussi n'est qu'un signe de la puissance. Composées de personnes qui conservaient les hautes traditions de bonne politesse, d'élégance vraie, de beau langage, de pruderie et d'orgueil nobiliaires, en harmonie avec leurs existences, occupations mesquines quand elles sont devenues le principal d'une vie dont elles ne doivent être que l'accessoire, toutes ces familles avaient une certaine valeur intrinsèque, qui, mise en superficie, ne leur a laissé qu'une valeur nominale. Aucune de ces familles n'a eu le courage de se dire : Sommes-nous assez fortes pour porter le pouvoir? Elles se sont jetées dessus comme firent les avocats en 1830. Au lieu de se montrer protecteur comme un Grand, le faubourg Saint-Germain fut avide comme un parvenu. Or, du jour où il fut prouvé à la nation la plus intelligente du monde, que la noblesse restaurée organisait le pouvoir et le budget à son profit, ce jour, elle fut mortellement malade. Elle voulait être une aristocratie quand elle ne pouvait plus être qu'une oligarchie, deux systèmes bien différents, et que comprendra tout homme assez habile pour lire attentivement les noms patronymiques des lords de la chambre haute. Certes, le gouvernement royal eut de bonnes intentions, mais il oubliait constamment qu'il faut tout faire vouloir au peuple, même son bonheur, et que la France, femme capricieuse, veut être heureuse ou battue à son gré. S'il y avait eu beaucoup de duc de Laval, que sa modestie a fait digne de son nom, le trône de la branche aînée serait devenu solide autant que l'est celui de la maison de Hanovre.

En 1814, mais surtout en 1820, la noblesse française avait à dominer l'époque la plus instruite, la bourgeoisie la plus aristocratique, le pays le plus femelle du monde. Le faubourg Saint-Germain pouvait bien facilement conduire et amuser une classe moyenne, ivre de distinctions, amoureuse d'art et de science. Mais les mesquins meneurs de cette grande époque intelligentielle haïssaient tous l'art et la science. Ils ne surent même pas présenter la religion, dont ils avaient besoin, sous les poétiques couleurs qui l'eussent fait aimer. Quand Lamartine, La Mennais, Montalembert et quelques autres écrivains de talent doraient de poésie, renovaient ou agrandissaient les idées religieuses, tous ceux qui gâchaient le gouvernement faisaient sentir l'amertume de la religion. Jamais nation ne fut plus complaisante : elle était alors comme une femme fatiguée qui devient facile; jamais pouvoir ne fit alors plus de maladresses : la France et la femme aiment mieux les fautes.

Pour se réintégrer, pour fonder un grand gouvernement oligarchique, la noblesse du faubourg devait se fouiller avec bonne foi afin de trouver en elle-même la monnaie de Napoléon, s'éventrer pour demander au creux de ses entrailles un Richelieu constitutionnel. Si ce génie n'était pas en elle, aller le chercher jusque dans le froid grenier où il pouvait être en train de mourir, et se l'assimiler comme la chambre des lords anglais s'assimile constamment les aristocrates de hasard. Puis, ordonner à cet homme d'être implacable, de retrancher les branches pourries, de recéper l'arbre aristocratique. Mais d'abord, le grand système du torysme anglais était trop immense pour de petites têtes, et son importation demandait trop de temps aux Français, pour lesquels une réussite lente est un *fiasco*. Enfin, loin d'avoir cette politique rédemptrice qui va chercher la force là où Dieu l'a mise, ces grandes petites gens haïssaient toute force qui ne venait pas d'eux; et, loin de se rajeunir, le faubourg Saint-Germain s'est avieilli.

L'étiquette, institution de seconde nécessité, pouvait être maintenue si elle n'eût paru que dans les grandes occasions, mais l'étiquette devint une lutte quotidienne. Au lieu d'en faire une question d'art et de magnificence, elle devint une question de pouvoir.

S'il manqua d'abord au trône un de ces conseillers aussi grands que les circonstances étaient grandes, l'aristocratie manqua surtout de la connaissance de ses intérêts généraux, qui aurait pu suppléer à tout. Elle s'arrêta devant le mariage de M. de Talleyrand, le seul homme qui eût une de ces têtes métalliques où se forgent à neuf les systèmes politiques par lesquels revivent glorieusement les nations. Le faubourg se moqua des ministres qui n'étaient pas gentilshommes, et ne donnait pas de gentilshommes assez supérieurs pour être ministres; il pouvait rendre des services véritables au pays en ennoblissant les justices de paix, en fertilisant le sol, en construisant des routes et des canaux, en se faisant puissance territoriale agissante; mais il vendait ses terres pour jouer à la Bourse. Il pouvait priver la bourgeoisie de ses hommes d'action et de talent dont l'ambition minait le pouvoir, en leur ouvrant ses rangs; il a préféré les combattre, et sans armes, car il n'avait plus qu'en tradition ce qu'il possédait jadis en réalité. Pour le malheur de cette noblesse, il lui restait précisément assez de ses diverses fortunes pour soutenir sa morgue. Contente de ses souvenirs, aucune de ces familles ne songea sérieusement à faire prendre des armes à ses aînés, parmi le faisceau que le dix-neuvième siècle jetait sur la place publique.

La jeunesse, exclue des affaires, dansait chez Madame, au lieu de continuer à Paris, par l'influence de talents jeunes, consciencieux, innocents de l'Empire et de la République, l'œuvre que les chefs de chaque famille auraient commencée dans les départements en y conquérant la reconnaissance de leurs titres par de continuels plaidoyers en faveur des intérêts locaux, en s'y conformant à l'esprit du siècle, en refondant la caste au goût du temps. Concentrée dans son faubourg Saint-Germain, où vivait l'esprit des anciennes oppositions féodales mêlé à celui de l'ancienne cour, l'aristocratie, mal unie au château des Tuileries, fut plus facile à vaincre, n'existant que sur un point et surtout aussi mal constituée qu'elle l'était dans la Chambre des Pairs. Tissue dans le pays, elle devenait indestructible; acculée dans son faubourg, adossée au château, étendue dans le budget, il suffisait d'un coup de hache pour trancher le fil de sa vie agonisante, et la plate figure d'un petit avocat s'avança pour donner son coup de hache. Malgré l'admirable discours de M. Royer-Collard, l'hérédité de la pairie et ses majorats tombèrent sous les pasquinades d'un homme qui se vantait de s'avoir adroitement disputé quelques têtes au bourreau, mais qui tuait maladroitement de grandes institutions. Il y a là des exemples et des enseignements pour l'avenir. Si l'oligarchie française n'avait pas une vie future, il y aurait je ne sais quelle cruauté triste à la gehenner après son décès; et, alors il ne faudrait plus que penser à son sarcophage; mais si le scalpel des chirurgiens est dur à sentir, il rend parfois la vie aux mourants. Le faubourg Saint-Germain peut se trouver plus puissant persécuté, qu'il ne l'était triomphant.

Maintenant il est facile de résumer cet aperçu semi-politique.

Ce défaut de vues larges et ce vaste ensemble de petites fautes; l'envie de rétablir de hautes fortunes dont chacun se préoccupait; un besoin réel de religion pour soutenir la politique, une soif de plaisir qui nuisait à l'esprit religieux, et nécessita des hypocrisies; les résistances partielles de quelques esprits élevés qui voyaient juste et que contrarièrent les rivalités de cour; la noblesse de province, souvent plus pure de race que ne l'est la noblesse de cour, mais qui, trop souvent froissée, se désaffectionna; toutes ces causes se réunirent pour donner au faubourg Saint-Germain les mœurs les plus discordantes. Il ne fut ni compacte dans son système, ni conséquent dans ses actes, ni complètement moral, ni franchement licencieux, ni corrompu ni corrupteur; il n'abandonna pas entièrement les questions qui lui nuisaient; il n'adopta pas les idées qui l'eussent sauvé. Enfin, quelque débiles que fussent les personnes, le parti s'était néanmoins armé de tous les grands principes qui font la vie des nations; or, pour périr dans sa force, que faut-il être? Il fut difficile dans le choix des personnes présentées; il eut du bon goût, du mépris élégant; mais sa chute n'eut certes rien d'éclatant ni de chevaleresque. L'émigration de 89 accusait encore des sentiments, l'émigration à l'intérieur de 1830 n'accuse plus que des intérêts. Quelques hommes illustres dans les lettres, les triomphes de la tribune, M. de Talleyrand dans les congrès, la conquête d'Alger, et plusieurs noms redevenus historiques sur les champs de bataille, montrent à l'aristocratie française les moyens qui lui restent de se nationaliser et de faire encore reconnaître ses titres, si toutefois elle daigne.

Chez les êtres organisés il se fait un travail d'harmonie intime. Un homme est-il paresseux, la paresse se trahit en chacun de ses mouvements. De même, la physionomie d'une classe d'hommes se conforme à l'esprit général, à l'âme qui en anime le corps. Sous la Restauration, la femme du faubourg Saint-Germain ne déploya ni la fière hardiesse que les dames de la cour portaient jadis dans leurs écarts, ni les modestes grandeurs de tardives vertus par lesquelles elles expiaient leurs fautes, et qui répandaient autour d'elles un si vif éclat. Elle n'eut rien de bien léger, rien de bien grave. Ses passions, sauf quelques exceptions, furent hypocrites ; elle transigea pour ainsi dire avec leurs jouissances. Quelques-unes de ces familles menèrent la vie bourgeoise de la duchesse d'Orléans, dont les gens montraient si ridiculement le lit conjugal aux visiteurs du Palais-Royal ; deux ou trois à peine continuèrent les mœurs de la Régence, et inspirèrent une sorte de dégoût à des femmes plus habiles. Cette nouvelle grande dame n'eut aucune influence sur les mœurs; elle pouvait néanmoins beaucoup, elle pouvait offrir le spectacle des femmes de l'aristocratie anglaise; mais elle hésita niaisement entre d'anciennes traditions, fut dévote de force, et cacha tout, même ses belles qualités. Aucune de ces Françaises ne put créer de salon où les sommités sociales vinssent prendre des leçons de goût et d'élégance. Leur voix, jadis si imposante en littérature, cette vivante expression des sociétés, y fut tout à fait nulle. Or, quand une littérature n'a pas de système général, elle ne fait pas corps et se dissout avec son siècle.

Lorsque dans un temps quelconque, il se trouve au milieu d'une nation un peuple à part ainsi constitué, l'historien y rencontre presque toujours une figure principale qui résume les vertus et les défauts de la masse à laquelle elle appartient : Coligny, chez les huguenots ; le Coadjuteur, au sein de la Fronde; le maréchal de Richelieu, sous Louis XV ; Danton, dans la terreur. Cette identité de physionomie entre un homme et son cortège historique est dans la nature des choses. Pour mener un parti, ne faut-il pas concorder à ses idées? pour briller dans une époque, ne faut-il pas la représenter ? De cette obligation constante où se trouve la tête sage et prudente des partis d'obéir aux préjugés et aux folies des masses qui en font la queue, dérivent les actions que reprochent certains historiens aux chefs de parti, quand, à distance des terribles ébullitions populaires, ils jugent à froid les passions les plus nécessaires à la conduite des grandes luttes séculaires. Ce qui est vrai dans la comédie historique des siècles, est également vrai dans la sphère plus étroite des scènes partielles de ce drame.

Au commencement de la vie éphémère que mena le faubourg Saint-Germain pendant la Restauration, et à laquelle, si les considérations précédentes sont vraies, il ne sut pas donner de consistance, une jeune femme fut passagèrement le type le plus complet de la nature à la fois supérieure et faible, grande et petite de sa caste. C'était une femme artificiellement instruite, réellement ignorante, pleine de sentiments élevés, mais manquant d'une pensée qui les coordonnât; dépensant les plus riches trésors de l'âme à obéir aux convenances; prête à braver la société, mais hésitant et arrivant à l'artifice par suite de ses scrupules ; ayant plus d'entêtement que de caractère, plus d'engouement que d'enthousiasme, plus de tête que de cœur ; souverainement femme et souverainement coquette, Parisienne surtout; aimant l'éclat, les fêtes; ne réfléchissant pas ou réfléchissant trop tard; d'une imprudence qui arrivait presque à de la poésie; insolente à ravir, mais humble au fond du cœur; affichant la force comme un roseau bien droit, mais, comme ce roseau, prête à fléchir sous une main puissante; parlant beaucoup de la religion, mais ne l'aimant pas, et prête néanmoins à l'accepter comme un dénoûment. Mais comment expliquer une créature véritablement multiple, susceptible d'héroïsme, et oubliant d'être héroïque pour dire une méchanceté ; jeune et suave, moins vieille de cœur que vieillie par les maximes de ceux qui l'entouraient, et comprenant leur philosophie égoïste, sans l'avoir appliquée ; ayant tous les vices du courtisan et toutes les noblesses de la femme adolescente; se défiant de tout, et néanmoins se laissant aller à tout croire. Ne serait-ce pas toujours un portrait inachevé que celui de cette femme en qui les teintes les plus chatoyantes se heurtaient, mais en produisant une confusion poétique, parce qu'il y avait une lumière divine, un éclat de jeunesse, qui donnait à ces traits confus une sorte d'ensemble? La grâce lui servait d'unité. Rien n'était joué. Ces passions, ces demi-passions, cette velléité de grandeur, cette réalité de petitesse, ces sentiments froids et ces élans chaleureux étaient naturels et ressortaient de sa situation autant que de celle de l'aristocratie à laquelle elle appartenait. Elle se comprenait toute seule et se mettait orgueilleusement au-dessus du monde, à l'abri de son nom. Il y avait du *moi* de Médée dans sa vie, comme dans celle de l'aristocratie, qui se mourait sans vouloir ni se mettre sur son séant, ni tendre la main à quelque médecin politique, ni toucher, ni être touchée, tant elle se sentait faible, ou déjà poussière.

La duchesse de Langeais, ainsi se nommait-elle, était mariée depuis environ quatre ans quand la Restauration fut consommée, c'est-à-dire en 1816, époque à laquelle Louis XVIII, éclairé par la révolution des Cent Jours, comprit sa situation et son siècle, malgré son entourage qui néanmoins triompha plus tard de ce Louis XI moins la hache, lorsqu'il fut abattu par la maladie.

La duchesse de Langeais était une Navarreins, famille ducale, qui, depuis Louis XIV, avait pour principe de ne point abdiquer son titre dans ses alliances. Les filles de cette maison devaient avoir tôt ou tard, de même que leur mère, un tabouret à la cour. A l'âge de dix-huit ans, Antoinette de Navarreins sortit de la profonde retraite où elle avait vécu, pour épouser le fils aîné du duc de Langeais. Les deux familles étaient alors éloignées du monde; mais l'invasion de la France faisait présumer aux royalistes le retour des Bourbons comme la seule conclusion possible aux malheurs de la guerre. Les ducs de Navarreins et de Langeais, restés fidèles aux Bourbons, avaient noblement résisté à toutes les séductions de la gloire impériale, et, dans les circonstances où ils se trouvaient lors de cette union, ils durent naturellement obéir à la vieille politique de leurs familles.

Mademoiselle Antoinette de Navarreins épousa donc, belle et pauvre, M. le marquis de Langeais, dont le père mourut quelques mois après ce mariage. Au retour des Bourbons, les deux familles reprirent leur rang, leurs charges, leurs dignités à la cour, et rentrèrent dans le mouvement social, en dehors duquel elles s'étaient tenues jusqu'alors. Elles devinrent les plus éclatantes sommités de ce nouveau monde politique. Dans ce temps de lâchetés et de fausses conversions, la conscience publique se plut à reconnaître en ces deux familles la fidélité sans tache, l'accord entre la vie privée et le caractère politique auxquels tous les partis rendent involontairement hommage. Mais, par un malheur assez commun dans les temps de transaction, les personnes les plus pures et qui, par l'élévation de leurs vues, la sagesse de leurs principes, auraient fait croire en France à la générosité d'une politique neuve et hardie, furent écartées des affaires, qui tombèrent entre les mains de gens intéressés à porter les principes à l'extrême, pour faire preuve de dévoûment. Les familles de Langeais et de Navarreins restèrent dans la haute sphère de la cour, condamnées aux pouvoirs de l'étiquette ainsi qu'aux reproches et aux moqueries du libéralisme, accusées de se gorger d'honneurs et de richesses, tandis que leur patrimoine ne s'augmenta point, et que les libéralités de la liste civile se consumèrent en frais de représentation, nécessaires à toute monarchie européenne, fut-elle même républicaine.

En 1818, M. le duc de Langeais commandait une division militaire, et la duchesse avait près d'une princesse une place qui l'autorisait à demeurer à Paris, loin de son mari, sans scandale. D'ailleurs, le duc avait, outre son commandement, une charge à la cour, où il venait, en laissant pendant son quartier le commandement à un maréchal-de-camp. Le duc et la duchesse vivaient donc entièrement séparés, de fait et de cœur, à l'insu du monde.

Ce mariage de convention avait eu le sort assez habituel de ces pactes de famille. Les deux caractères les plus antipathiques du monde s'étaient trouvés en présence, s'étaient froissés secrètement, secrètement blessés, désunis à jamais. Puis, chacun d'eux avait obéi à sa nature et aux convenances. Le duc de Langeais, esprit aussi méthodique que pouvait l'être le chevalier de Folard, se livra méthodiquement à ses goûts, à ses plaisirs, et laissa sa femme libre de suivre les siens, après avoir reconnu chez elle un esprit éminemment orgueilleux, un cœur froid, une grande soumission aux usages du monde, une loyauté toute jeune, et qui devait rester pure sous les yeux des grands parents, à la lumière d'une cour prude et religieuse. Il fit donc à froid le grand seigneur du siècle précédent, abandonnant à elle-même une femme de vingt-deux ans, offensée gravement, et qui avait dans le caractère une épouvantable qualité, celle de ne jamais pardonner une offense, quand toutes ses vanités de femme, quand son amour-propre, ses vertus peut-être, avaient été méconnues, blessées, occultement. Quand un outrage est public, une femme aime à oublier, elle a des chances pour se grandir, elle est femme dans sa clémence; mais les femmes n'absolvent jamais de secrètes offenses, parce qu'elles n'aiment ni les lâchetés, ni les vertus, ni les amours secrètes.

Telle était la position, inconnue du monde, dans laquelle se trouvait madame la duchesse de Langeais, et à laquelle ne réfléchissait pas cette femme, lorsque vinrent les fêtes données à l'occasion du mariage du duc de Berri. En ce moment la cour et le faubourg Saint-Germain sortirent de leur atonie et de leur réserve. Là commença réellement cette splendeur inouïe qui abusa le gouvernement de la Restauration.

En ce moment, la duchesse de Langeais, soit calcul, soit vanité, ne paraissait jamais dans le monde sans être entourée ou accompagnée de trois ou quatre femmes aussi distinguées par leur nom que par leur fortune. Reine de la mode, elle avait ses dames d'atour, qui reproduisaient ailleurs ses manières et son esprit. Elle les avait habilement choisies parmi quelques personnes qui n'étaient encore ni dans l'intimité de la cour, ni dans le cœur du faubourg Saint-Germain, et qui avaient néanmoins la prétention d'y arriver; simples Dominations qui voulaient s'élever jusqu'aux environs du trône et se mêler aux séraphiques puissances de ce que l'on nommait *le petit château.*

Ainsi posée, la duchesse de Langeais était plus forte, elle dominait mieux, elle était plus en sûreté. Ses *dames* la défendaient des calomnies, et l'aidaient à jouer le détestable rôle de femme à la mode. Elle pouvait à son aise se moquer des hommes, des passions, les exciter, recueillir les hommages dont toute nature est avide, et rester maîtresse d'elle-même. A Paris et dans la plus haute compagnie, la femme est toujours femme; elle vit d'encens, de flatteries, d'honneurs. La plus réelle beauté, la figure la plus admirable, n'est rien si elle n'est admirée : un amant, des flagorneries sont les attestations de sa puissance. Qu'est un pouvoir inconnu ? rien. Supposez la plus jolie femme, seule dans le coin d'un salon, elle y est triste. Quand une de ces créatures se trouve au sein des magnificences sociales, elle veut donc régner sur tous les cœurs, souvent faute de pouvoir être souveraine heureuse dans un seul.

Toutes ces toilettes, ces apprêts, ces coquetteries étaient faites pour les plus pauvres êtres qui se soient rencontrés, des fats sans esprit, des hommes dont le mérite consistait dans une jolie figure, et pour lesquels toutes les femmes se compromettaient sans profit, de véritables idoles de bois doré, qui, malgré quelques exceptions, n'avaient ni les antécédents des petits-maîtres du temps de la Fronde, ni la bonne grosse valeur des héros de l'Empire, ni l'esprit et les manières de leurs grands-pères, mais qui voulaient être *gratis* quelque chose d'approchant ; qui étaient braves comme l'est la jeunesse française, habiles sans doute s'ils eussent été mis à l'épreuve, et qui ne pouvaient rien être par le règne des vieillards usés qui les tenaient en lisière. Ce fut une époque froide, mesquine et sans poésie. Peut-être faut-il beaucoup de temps à une restauration pour devenir une monarchie.

Depuis dix-huit mois, la duchesse de Langeais menait cette vie creuse, exclusivement remplie par le bal, par les visites faites pour le bal, par des triomphes sans objet, par des passions éphémères, nées et mortes pendant une soirée. Quand elle arrivait dans un salon, les regards se concentraient sur elle, elle moissonnait des mots flatteurs, quelques expressions passionnées, qu'elle encourageait du geste, du regard, et qui ne pouvaient jamais aller plus loin que l'épiderme. Son ton, ses manières, tout en elle faisait autorité. Elle vivait dans une sorte de fièvre de vanité, de perpétuelle jouissance qui l'étourdissait. Elle allait assez loin en conversation, elle écoutait tout, et se dépravait, pour ainsi dire, à la surface du cœur. Revenue chez elle, elle rougissait souvent de ce dont elle avait ri, de telle histoire scandaleuse dont les détails l'aidaient à discuter les théories de l'amour qu'elle ne connaissait pas, et les subtiles distinctions de la passion moderne, que de complaisantes hypocrites lui commentaient ; car les femmes, sachant se tout dire entre elles, en perdent plus que n'en corrompent les hommes.

Il y eut un moment où elle comprit que la créature aimée était la seule dont la beauté, dont l'esprit pût être universellement reconnu. Que prouve un mari ? Que, jeune fille, une femme était ou richement dotée, ou bien élevée ; qu'elle avait une mère adroite ; mais un amant est le constant programme de ses perfections. Madame de Langeais apprit, jeune encore, qu'une femme pouvait se laisser aimer ostensiblement sans être complice de l'amour, sans l'approuver, sans le contenter autrement que par les plus maigres redevances de l'amour, et plus d'une sainte-n'y-touche lui révéla les moyens de jouer ces dangereuses comédies.

La duchesse eut donc sa cour, et le nombre de ceux dont elle était adorée ou qui la courtisaient fut une garantie de sa vertu. Elle était coquette, aimable, séduisante, jusqu'à la fin de la fête, du bal, de la soirée ; puis, le rideau tombé, elle se retrouvait seule, froide, insouciante, et néanmoins revivait le lendemain pour d'autres émotions également superficielles. Il y avait deux ou trois jeunes gens, complètement abusés, qui l'aimaient véritablement, et dont elle se moquait avec une parfaite insensibilité. Elle se disait : — Je suis aimée, il m'aime ! Cette certitude lui suffisait. Semblable à l'avare satisfait de savoir que ses caprices peuvent être exaucés, elle n'allait peut-être même plus jusqu'au désir.

Un soir, elle se trouva chez une de ses amies intimes, une de ses humbles rivales qui la haïssaient cordialement et l'accompagnaient toujours : espèce d'amitié armée dont chacune se défie, et où les confidences sont habilement discrètes, quelquefois perfides.

Après avoir distribué de petits saluts protecteurs, affectueux ou dédaigneux, de l'air naturel à la femme qui connaît toute la valeur de ses sourires, ses yeux tombèrent sur un homme qui lui était complètement inconnu, mais dont la physionomie large et grave la surprit. Elle sentit en le voyant une émotion intime assez semblable à celle de la peur.

— Ma chère, demanda-t-elle à son amie, quel est ce nouveau venu ?

— Un homme dont vous avez sans doute entendu parler, le marquis de Montriveau.

— Ah ! c'est lui.

Elle prit son lorgnon et l'examina fort impertinemment, comme elle eût fait d'un portrait qui reçoit des regards et n'en rend pas.

— Présentez-le-moi donc, il doit être amusant.

— Personne n'est plus ennuyeux et plus sombre, ma chère, mais il est à la mode.

M. Armand de Montriveau se trouvait en ce moment, sans le savoir, l'objet d'une curiosité générale, et le méritait plus qu'aucune de ces idoles passagères dont Paris a besoin et dont il s'amourache pour quelques jours, afin de satisfaire cette passion d'engouement et d'enthousiasme factice dont il est périodiquement travaillé.

Armand de Montriveau était le fils unique du général de Montriveau, un de ces *ci-devant* qui servient noblement la République, et qui périt, tué près de Joubert, à Novi. L'orphelin avait été placé par les soins de Bonaparte à l'école de Châlons, et mis, ainsi que plusieurs autres fils de généraux morts sur le champ de bataille, sous la protection de la République française. Après être sorti de cette école, sans aucune espèce de fortune, il entra dans l'artillerie et n'était encore que chef de bataillon lors du désastre de Fontainebleau. L'arme à laquelle appartenait Armand de Montriveau lui avait offert peu de chances d'avancement. D'abord le nombre des officiers y est plus limité que dans les autres corps de l'armée; puis, les opinions libérales et presque républicaines que professait l'artillerie, les craintes inspirées à l'Empereur par une réunion d'hommes savants accoutumés à réfléchir, s'opposaient à la fortune militaire de la plupart d'entre eux. Aussi, contrairement aux lois ordinaires, les officiers parvenus au généralat ne furent-ils pas toujours les sujets les plus remarquables de l'arme, parceque, médiocres, ils donnaient peu de craintes. L'artillerie faisait un corps à part dans l'armée, et n'appartenait à Napoléon que sur les champs de bataille. À ces causes générales qui peuvent expliquer les retards éprouvés dans sa carrière par Armand de Montriveau, il s'en joignait d'autres inhérentes à sa personne et à son caractère.

Seul dans le monde, jeté dès l'âge de vingt ans à travers cette tempête d'hommes au sein de laquelle vécut Napoléon, et n'ayant aucun intérêt en dehors de lui-même, prêt à périr chaque jour, il s'était habitué à n'exister que par une estime intérieure et par le sentiment du devoir accompli. Il était habituellement silencieux comme le sont tous les hommes timides, mais sa timidité ne venait point d'un défaut de courage, c'était une sorte de pudeur qui lui interdisait toute démonstration vaniteuse. Son intrépidité sur les champs de bataille n'était point fanfaronne ; il y voyait tout, pouvait donner tranquillement un bon avis à ses camarades, et allait au-devant des boulets, tout en se baissant à propos pour les éviter. Il était bon, mais sa contenance le faisait passer pour hautain et sévère. D'une rigueur mathématique en toute chose, il n'admettait aucune composition hypocrite ni avec les devoirs d'une position, ni avec les conséquences d'un fait. Il ne se prêtait à rien de honteux, ne demandait jamais rien pour lui ; enfin, c'était un de ces grands hommes inconnus, assez philosophes pour mépriser la gloire, et qui vivent sans s'attacher à la vie, parce qu'ils ne trouvent pas à y développer leur force ou leurs sentiments dans toute leur étendue. Il était craint, estimé, peu aimé. Les hommes nous permettent bien de nous élever au-dessus d'eux, mais ils ne nous pardonnent jamais de ne pas descendre aussi bas qu'eux. Aussi le sentiment qu'ils accordent aux grands caractères ne va-t-il pas sans un peu de haine et de crainte. Trop d'honneur est pour eux une censure tacite qu'ils ne pardonnent ni aux vivants, ni aux morts.

Après les adieux de Fontainebleau, Montriveau, quoique noble et titré, fut mis en demi-solde. Sa probité antique effraya le ministère de la guerre où son attachement aux serments faits à l'aigle impériale était connu. Lors des Cent-Jours, il fut nommé colonel dans la garde et resta sur le champ de bataille de Waterloo. Ses blessures l'ayant retenu en Belgique, il ne se trouva pas à l'armée de la Loire, et le gouvernement royal ne reconnaissant pas les grades donnés dans les Cent-Jours, Armand de Montriveau quitta la France.

Entraîné par son génie entreprenant, par cette hauteur de pensée que, jusqu'alors, les hasards de la guerre avaient satisfaite, et passionné par sa rectitude instinctive pour les projets d'une grande utilité, le général Montriveau s'embarqua dans le dessein d'explorer la Haute-Égypte et les parties inconnues de l'Afrique, les contrées du centre surtout qui excitent aujourd'hui tant d'intérêt parmi les savants. Son expédition scientifique fut longue et malheureuse. Il avait recueilli des notes précieuses destinées à résoudre les problèmes géographiques ou industriels si ardemment cherchés, et il était parvenu, non sans avoir surmonté bien des obstacles, jusqu'au cœur de l'Afrique, lorsqu'il tomba, par trahison, au pouvoir d'une tribu sauvage. Il fut dépouillé de tout, mis en esclavage, et promené pendant deux années à travers les déserts, menacé de mort à tout moment, et plus maltraité que ne l'est un animal dont s'amusent d'impitoyables enfants. Sa force de corps et sa constance d'âme lui firent supporter toutes les horreurs de sa captivité, mais il épuisa presque toute son énergie dans son évasion qui fut miraculeuse. Il atteignit la colonie française du Sénégal, demi-mort, en haillons, et n'ayant plus que d'informes souvenirs. Les immenses sacrifices de son voyage, l'étude des dialectes de l'Afrique, ses découvertes et ses observations, tout fut perdu. Un seul fait fera comprendre ses souffrances. Pendant quelques jours les enfants du scheik de la tribu dont il était l'esclave, s'amusèrent à prendre sa tête pour but dans un jeu qui consistait à jeter d'assez loin des osselets de cheval, et à les y faire tenir.

Montriveau revint à Paris vers le milieu de l'année 1818 ; il s'y trouva ruiné, sans protecteurs et n'en voulant pas. Il serait mort vingt fois, avant de solliciter même la reconnaissance de ses droits acquis. L'adversité, ses douleurs, avaient développé son énergie jusque dans les petites choses, et l'habitude de conserver sa dignité d'homme en face de cet être moral que nous nommons la conscience, donnait pour lui du prix aux actes en apparence les plus indifférents. Cependant ses rapports avec les principaux savants de Paris et quelques militaires instruits firent connaître et son mérite et ses aventures. Les particularités de son évasion et de sa captivité, celles de son voyage attestaient tant de sang-froid, d'esprit et de courage, qu'il acquit, sans le savoir, cette célébrité passagère dont les salons de Paris sont si prodigues, mais qui demande des efforts inouïs aux artistes quand ils veulent la perpétuer.

Vers la fin de cette année, sa position changea subitement. De pauvre, il devint riche, ou du moins il eut extérieurement tous les avantages de la richesse. Alors, le gouvernement royal qui cherchait à s'attacher les hommes de mérite afin de donner de la force à l'armée, fit quelques concessions aux anciens officiers dont la loyauté et le caractère connu offraient des garanties de fidélité. M. de Montriveau fut rétabli sur les cadres, dans son grade, reçut sa solde arriérée et fut admis dans la garde royale.

Ces faveurs arrivèrent successivement au marquis de Montriveau sans qu'il eût fait la moindre demande. Des amis lui épargnèrent les démarches personnelles auxquelles il se serait refusé. Puis, contrairement à ses habitudes qui se modifièrent tout à coup, il alla dans le monde, où il fut accueilli favorablement, et où il rencontra partout les témoignages d'une haute estime. Il semblait avoir trouvé quelque dénoûment pour sa vie ; mais chez lui tout se passait en l'homme, il n'y avait rien d'extérieur. Il portait dans la société une figure grave et recueillie, silencieuse et froide. Il y eut beaucoup de succès, précisément parce qu'il tranchait fortement sur la masse des physionomies convenues qui meublent les salons de Paris, où il fut effectivement tout neuf. Sa parole avait la concision du langage des gens solitaires ou des sauvages. Sa timidité fut prise pour de la hauteur, et plut beaucoup. Il était quelque chose d'étrange et de grand, et les femmes furent d'autant plus généralement éprises de ce caractère original, qu'il échappait à leurs adroites flatteries, à ce manége par lequel elles circonviennent les hommes les plus puissants, et corrodent les esprits les plus inflexibles.

M. de Montriveau ne comprenait rien à ces petites singeries parisiennes, et son âme ne pouvait répondre qu'aux sonores vibrations des beaux sentiments. Il eût promptement été laissé là, sans la poésie qui résultait de ses aventures et de sa vie, sans les prôneurs qui le vantaient à son insu, sans le triomphe d'amour-propre qui attendait la femme dont il s'occuperait. Aussi la curiosité de la duchesse de Langeais était-elle vive autant que naturelle ; et, par un effet du hasard, cet homme l'avait intéressée la veille, car elle avait entendu raconter la veille une des scènes qui, dans le voyage de M. de Montriveau, produisaient le plus d'impression sur les mobiles imaginations de femme.

Dans une excursion vers les sources du Nil, M. de Montriveau eut avec un de ses guides le débat le plus extraordinaire qui se connaisse dans les annales des voyages. Il avait un désert à traverser, et ne pouvait aller qu'à pied au lieu qu'il voulait explorer. Un seul guide était capable de l'y mener. Jusqu'alors aucun voyageur n'avait pu pénétrer dans cette partie de la contrée où l'intrépide officier présumait devoir trouver la solution de plusieurs problèmes scientifiques. Malgré les représentations que lui firent et les vieillards du pays et son guide, il entreprit ce terrible voyage. S'armant de tout son courage déjà aiguisé par l'annonce d'horribles difficultés à vaincre, il partit au matin. Après avoir marché pendant une journée entière, il se coucha le soir sur le sable, éprouvant une fatigue inconnue, causée par la mobilité du sol, qui semblait à chaque pas fuir sous lui.

Cependant il savait que, le lendemain, il lui faudrait, dès l'aurore, se remettre en route ; mais son guide lui avait promis de lui faire atteindre, vers le milieu du jour, le but de son voyage. Cette promesse lui donna du courage, lui fit retrouver des forces, et, malgré ses souffrances, il continua sa route, en maudissant un peu la science ; mais honteux de se plaindre devant son guide, il garda le secret de ses peines. Il avait déjà marché pendant le tiers du jour, lorsque sentant ses forces épuisées et ses pieds ensanglantés par la marche, il demanda s'il arriverait bientôt.

— Dans une heure, lui dit le guide.

Armand trouva dans son âme pour une heure de force, et continua. L'heure s'écoula sans qu'il aperçût même à l'horizon, horizon de sables aussi vastes que l'est celui de la pleine mer, les palmiers et les montagnes dont les cimes devaient annoncer le terme de son voyage. Alors il s'arrêta, menaça le guide, refusa d'aller plus loin, lui reprocha d'être son meurtrier, de l'avoir trompé ; puis des larmes de rage et de fatigue roulèrent sur ses joues enflammées ; il était courbé par la douleur renaissante de la marche, et son gosier lui semblait coagulé par la soif du désert. Le guide, immobile, écoutait ses plaintes d'un air ironique, tout en étudiant avec l'apparente indifférence des Orientaux, les imperceptibles accidents de ce sable presque noirâtre comme est l'or bruni.

— Je me suis trompé, reprit-il froidement. Il y a trop longtemps que j'ai fait ce chemin pour que je puisse en reconnaître les traces ; nous y sommes bien, mais il faut encore marcher pendant deux heures.

— Cet homme a raison, pensa M. de Montriveau.

Puis il se remit en route, suivant avec peine l'Africain impitoyable, auquel il semblait lié par un fil, comme un condamné l'est invisiblement au bourreau. Mais les deux heures se passent, le Français a dépensé ses dernières gouttes d'énergie, et l'horizon est pur, et il n'y voit ni palmiers ni montagnes.

Alors il ne trouve plus ni cris ni gémissements, il se couche sur le sable pour mourir; mais ses regards eussent épouvanté l'homme le plus intrépide, il semblait annoncer qu'il ne voulait pas mourir seul. Son guide, comme un vrai démon, lui répondait par un coup d'œil calme, empreint de puissance; et le laissait étendu, en ayant soin de se tenir à une distance qui lui permît d'échapper au désespoir de sa victime. Enfin M. de Montriveau trouva quelques forces pour une dernière imprécation. Alors le guide se rapprocha de lui, le regarda fixement, lui imposa silence et lui dit :

— N'as-tu pas voulu, malgré nous, aller là ou je te mène? Tu me reproches de te tromper ; si je ne l'avais pas fait, tu ne serais pas venu jusqu'ici. Veux-tu la vérité? La voici. Nous avons encore cinq heures de marche, et nous ne pouvons plus retourner sur nos pas. Sonde ton cœur; si tu n'as pas assez de courage, voici mon poignard.

Surpris par cette effroyable entente de la douleur et de la force humaine, M. de Montriveau ne voulut pas se trouver au-dessous d'un barbare, et puisant dans son orgueil d'Européen une nouvelle dose de courage, il se releva pour suivre son guide.

Les cinq heures étaient expirées, M. de Montriveau n'apercevait rien encore, il tourna vers le guide un œil mourant; mais alors le Nubien le prit sur ses épaules, l'éleva de quelques pieds, et lui fit voir à une centaine de pas un lac entouré de verdure et une admirable forêt qu'illuminaient les feux du soleil couchant.

Ils étaient arrivés à quelque distance d'une espèce de banc de granit immense, sous lequel ce paysage sublime se trouvait comme enseveli. Armand crut renaître, et son guide, ce géant d'intelligence et de courage, acheva son œuvre de dévouement en le portant à travers les sentiers chauds et polis à peine tracés sur le granit. Il voyait d'un côté l'enfer des sables, et de l'autre le paradis terrestre de la plus belle oasis qui fût en ces déserts.

La duchesse, déjà frappée par l'aspect de ce poétique personnage, le fut encore bien plus en apprenant qu'elle voyait en lui le marquis de Montriveau, dont elle avait rêvé pendant la nuit. S'être trouvée dans les sables brûlants du désert avec lui, l'avoir eu pour compagnon de cauchemar, n'était-ce pas chez une femme de cette nature un délicieux présage d'amusement ?

Jamais homme n'eut mieux qu'Armand la physionomie de son caractère, et ne pouvait plus justement intriguer les regards. Sa tête, grosse et carrée, avait pour principal trait caractéristique une énorme et abondante chevelure noire qui lui enveloppait la figure de manière à rappeler parfaitement le général Kléber, auquel il ressemblait par la vigueur de son front, par la coupe de son visage, par l'audace tranquille des yeux, et par l'espèce de fougue qu'exprimaient ses traits saillants. Il était petit, large de buste, musculeux comme un lion. Quand il marchait, sa pose, sa démarche, le moindre geste trahissait et je ne sais quelle sécurité de force qui imposait, et quelque chose de despotique. Il paraissait savoir que rien ne pouvait s'opposer à sa volonté, peut-être parce qu'il ne voulait rien que de juste. Néanmoins, semblable à tous les gens réellement forts, il était doux dans son parler, simple dans ses manières, et naturellement bon. Seulement toutes ces belles qualités semblaient devoir disparaître dans les circonstances graves où l'homme devient implacable dans ses sentiments, fixe dans ses résolutions, terrible dans ses actions. Un observateur aurait pu voir dans la commissure de ses lèvres un retroussement habituel qui annonçait des penchants vers l'ironie.

La duchesse de Langeais, sachant de quel prix passager était la conquête de cet homme, résolut, pendant le peu de temps que mit madame de Sérizy à l'aller prendre pour le lui présenter, d'en faire un de ses amants, de lui donner le pas sur tous les autres, de l'attacher à sa personne, et de déployer pour lui toutes ses coquetteries. Ce fut une fantaisie, pur caprice de duchesse dont Caldéron a fait *le Chien du jardinier*. Elle voulut que cet homme ne fût à aucune femme, et n'imagina pas de se donner à lui.

La duchesse de Langeais avait reçu de la nature les qualités nécessaires pour jouer les rôles de coquette, et son éducation les avait encore perfectionnées. Les femmes avaient raison de l'envier, et les hommes de l'aimer. Il ne lui manquait rien de ce qui peut inspirer l'amour, de ce qui le justifie et de ce qui le perpétue. Son genre de beauté, ses manières, son parler, sa pose s'accordaient pour la douer d'une coquetterie naturelle, qui, chez une femme, semble être la conscience de son pouvoir. Elle était bien faite, et décomposait peut-être ses mouvements avec trop de complaisance, seule affectation qu'on lui pût reprocher. Tout en elle s'harmoniait, depuis le plus petit geste jusqu'à la tournure particulière de ses phrases, jusqu'à la manière hypocrite dont elle jetait son regard. Le caractère prédominant de sa physionomie était une noblesse élégante, que ne détruisait pas la mobilité toute française de sa personne. Cette attitude incessamment changeante avait un prodigieux attrait pour les hommes. Elle semblait devoir être la plus délicieuse des maîtresses en déposant son corset et l'attirail de sa représentation. En effet, toutes les joies de l'amour existaient en germe dans la liberté de ses regards expressifs, dans les câlineries de sa voix, dans la grâce de ses paroles. Elle faisait voir qu'il y avait en elle une noble courtisane, que démentaient vainement les religions de la duchesse. Qui s'asseyait près d'elle pendant une soirée, la trouvait tour à tour gaie, mélancolique, sans qu'elle parût jouer ni la mélancolie ni la gaieté. Elle savait être à son gré affable, méprisante, ou impertinente, ou confiante. Elle semblait bonne et l'était : dans sa situation, rien ne l'obligeait à descendre à la méchanceté. Par moments, elle se montrait tour à tour sans défiance et rusée, tendre à émouvoir, plus dure et sèche à briser le cœur. Mais pour la bien peindre, ne faudrait-il pas accumuler toutes les antithèses féminines? car elle était ce qu'elle voulait être ou paraître. Sa figure un peu trop longue, avait de la grâce, quelque chose de fin, de menu qui rappelait les figures du moyen âge. Son teint était pâle, légèrement rosé. Tout en elle péchait pour ainsi dire par un excès de délicatesse.

M. de Montriveau se laissa complaisamment présenter à la duchesse de Langeais qui, suivant l'habitude des personnes auxquelles un goût exquis fait éviter les banalités, l'accueillit sans l'accabler ni de questions ni de compliments, mais avec une sorte de grâce respectueuse qui devait flatter un homme supérieur, parce que toute supériorité suppose, chez un homme, un peu de ce tact qui fait deviner aux femmes tout ce qui est sentiment. Si elle manifesta quelque curiosité, ce fut par ses regards; si elle le complimenta, ce fut par ses manières; et, pour lui seul, elle déploya cette chatterie de parole, cette fine envie de plaire qu'elle savait montrer mieux que personne.

Mais toute sa conversation ne fut en quelque sorte que le corps de la lettre, et il devait y avoir un post-scriptum où la pensée principale allait être dite.

Quand après une demi-heure de causeries insignifiantes et auxquelles l'accent, les sourires, donnaient seuls de la valeur aux mots, M. de Montriveau parut vouloir discrètement se retirer, la duchesse le retint par un geste expressif :

— Monsieur, lui dit-elle, je ne sais si le peu d'instants pendant lesquels j'ai eu le plaisir de causer avec vous, vous a offert assez d'attrait pour qu'il me soit permis de vous inviter à venir chez moi ; j'ai peur qu'il n'y ait beaucoup d'égoïsme à vouloir vous y posséder. Si j'étais assez heureuse pour que vous vous y plussiez, vous me trouveriez toujours le soir jusqu'à dix heures.

Ces phrases furent dites d'un ton si coquet, que M. de Montriveau ne pouvait se défendre d'accepter l'invitation. Quand il se rejeta dans les groupes d'hommes qui se tenaient à quelque distance des femmes, plusieurs de ses amis le félicitèrent, moitié sérieusement, moitié plaisamment, sur l'accueil extraordinaire que lui avait fait la duchesse de Langeais. Cette difficile, cette illustre conquête était décidément faite, et la gloire en avait été réservée à l'artillerie de la Garde. Il est facile d'imaginer les bonnes et mauvaises plaisanteries que ce thème, une fois admis, suggéra dans un de ces salons parisiens, où l'on aime tant à s'amuser et où les railleries ont si peu de durée que chacun s'empresse d'en tirer toute la fleur.

Ces railleries flattèrent à son insu le général. De la place où il s'était mis, ses regards furent attirés par mille réflexions indécises vers la duchesse, et il ne put s'empêcher de s'avouer à lui-même, que, de toutes les femmes dont la beauté avait séduit ses yeux, nulle ne lui avait offert une plus délicieuse expression des vertus, des défauts, des harmonies, que l'imagination puisse vouloir en France à une maîtresse. Quel homme, en quelque rang que le sort l'ait placé, n'a pas senti dans son âme une jouissance indéfinissable, en rencontrant, chez une femme qu'il choisit, même rêveusement pour sienne, les triples perfections morales, physiques et sociales qui lui permettent de toujours voir en elle tous ses souhaits accomplis? Si ce n'est pas une cause d'amour, cette flatteuse réunion est certes un des plus grands véhicules du sentiment. Sans la vanité, disait un profond moraliste du siècle dernier, l'amour est un convalescent.

Il y a certes, pour l'homme comme pour la femme, un trésor de plaisirs dans la supériorité de la personne aimée. N'est-ce pas beaucoup, pour ne pas dire tout, que de savoir que notre amour-propre ne souffrira jamais en elle ; qu'elle est assez noble pour ne jamais recevoir les blessures d'un coup d'œil méprisant, assez riche pour être entourée d'un éclat égal à celui dont s'environnent même les rois éphémères de la finance; assez spirituelle pour ne jamais être humiliée par une fine plaisanterie, et assez belle pour être la rivale de tout son sexe? Ces réflexions, un homme les fait en un clin d'œil. Mais si la femme qui les lui inspire lui présente en même temps, dans l'avenir de sa précoce passion, les changeantes délices de la grâce, l'ingénuité d'une âme vierge, les mille plis du vêtement des coquettes, les dangers de l'amour, n'est-ce pas à remuer le cœur de l'homme le plus froid?

Or, voici dans quelle situation se trouvait en ce moment M. de Montriveau, relativement à la femme, et le passé de sa vie garantit en quelque sorte la bizarrerie du fait.

Jeté jeune dans l'ouragan des guerres françaises, ayant toujours vécu sur les champs de bataille, il ne connaissait de la femme que ce qu'un voyageur pressé, qui va d'auberge en auberge, peut connaître d'un pays. Peut-être aurait-il pu dire de sa vie ce que Voltaire disait à quatre-vingts ans de la sienne, et n'avait-il pas trente-sept sottises à se reprocher? Il était, à son âge, aussi neuf en amour que l'est un jeune homme qui vient de lire Faublas en cachette. De la femme, il savait tout; mais de l'amour, il ne savait rien; et sa virginité de sentiment lui faisait ainsi des désirs tout nouveaux.

Quelques hommes, emportés par les travaux auxquels les ont condamnés la misère ou l'ambition, l'art ou la science, comme M. de Montriveau avait été emporté par le cours de la guerre et les événements de sa vie, connaissent cette singulière situation, et l'avouent rarement. En France, tous les hommes doivent avoir aimé. Aucune femme n'y veut de ce dont aucune n'a voulu. De la crainte d'être pris pour un sot procèdent les mensonges de la fatuité française, car, en France, passer pour un sot, c'est ne pas être du pays.

En ce moment, M. de Montriveau fut à la fois saisi par un violent désir, un désir grandi dans la chaleur des déserts, et par un mouvement de cœur dont il n'avait pas encore connu la bouillante étreinte. Aussi fort qu'il était violent, cet homme sut réprimer ses émotions; mais, tout en causant de choses indifférentes, il se retirait en lui-même, et se jurait d'avoir cette femme, seule pensée par laquelle il pouvait entrer dans l'amour. Son désir devint un serment fait à la manière des Arabes avec lesquels il a vécu, et pour lesquels un serment est un contrat passé entre eux et toute leur destinée, qu'ils subordonnent à la réussite de l'entreprise consacrée par le serment, et dans laquelle ils ne comptent même plus leur mort que comme un moyen de plus pour le succès.

Un jeune homme se serait dit : — Je voudrais bien avoir la duchesse de Langeais pour maîtresse! Un autre : — Celui qui sera aimé de la duchesse de Langeais sera un bien heureux coquin ! Mais le général se dit : — J'aurai pour maîtresse madame de Langeais. Or, quand un homme vierge de cœur et pour qui la femme devient une religion, conçoit une semblable pensée, il ne sait pas dans quel enfer il vient de mettre le pied.

M. de Montriveau s'échappa brusquement du salon, et revint chez lui, dévoré par les premiers accès de sa première fièvre amoureuse. Si, vers le milieu de l'âge, un homme garde encore les croyances, les illusions, les franchises, l'impétuosité de l'enfance, son premier geste est pour ainsi dire d'avancer la main pour s'emparer de ce qu'il désire; puis, quand il a sondé les distances presque impossibles à franchir qui l'en séparent, il est saisi, comme les enfants, d'une sorte d'étonnement ou d'impatience qui communique de la valeur à l'objet souhaité : il tremble ou il pleure.

Aussi le lendemain, après les plus orageuses réflexions qui lui eussent bouleversé l'âme, Armand de Montriveau se trouva-t-il sous le joug de ses sens, et encore serré par la pression d'un amour vrai.

Cette femme, si cavalièrement traitée la veille, était devenue le lendemain le plus saint, le plus redouté des pouvoirs. Elle fut dès lors pour lui le monde et la vie. Le seul souvenir des plus légères émotions qu'elle lui avait données faisait pâlir ses plus grandes joies, ses plus vives douleurs jadis ressenties. Les révolutions les plus grandes ne troublent que les intérêts de l'homme, tandis qu'une passion en renverse les sentiments. Or, pour ceux qui vivent plus par le sentiment que par l'intérêt, pour ceux qui ont plus d'âme et de sang que d'esprit et de lymphe, un amour réel produit un changement complet d'existence. D'un seul trait, par une seule réflexion, Armand de Montriveau effaça donc toute sa vie passée.

Après s'être vingt fois demandé comme un enfant : — Irai-je, n'irai-je pas? il s'habilla, vint à l'hôtel de Langeais, vers huit heures du soir, et fut admis auprès de la femme, non pas de la femme, mais de l'idole qu'il avait vue la veille, aux lumières, comme une fraîche et pure jeune fille, vêtue de gaze, de blondes et de voiles. Il arrivait impétueusement pour lui déclarer son amour, comme s'il s'agissait du premier coup de canon dans un siège. Pauvre écolier! Il trouva sa vaporeuse sylphide enveloppée d'un peignoir de cachemire brun habilement bouillonnée, languissamment couchée sur le divan d'un obscur boudoir.

Madame de Langeais ne se leva même pas, elle ne montra que sa tête dont les cheveux étaient en désordre quoique retenus dans un voile. Puis d'une main qui, dans le clair-obscur produit par la tremblante lueur d'une seule bougie placée loin d'elle, parut aux yeux de Montriveau blanche comme une main de marbre, elle lui fit signe de s'asseoir, et lui dit d'une voix aussi douce que l'était la lueur :

— Si ce n'eût pas été vous, monsieur le marquis, si c'eût été un ami avec lequel j'eusse pu agir sans façon, ou un indifférent qui m'eût légèrement intéressée, je vous aurais renvoyé. Vous me voyez affreusement souffrante.

Montriveau se dit en lui-même : — Je vais m'en aller.

— Mais, reprit-elle en lui lançant un regard dont l'ingénu militaire attribua le feu à la fièvre, je ne sais si c'est un pressentiment de votre bonne visite à l'empressement de laquelle je suis on ne peut pas plus sensible, depuis un instant, je sentais ma tête se dégager de ses vapeurs.

— Je puis donc rester, lui dit Montriveau.

— Ah! je serais bien fâchée de vous voir partir. Je me disais déjà ce matin que je ne devais pas avoir fait sur vous la moindre impression; que vous aviez sans doute pris mon invitation pour une de ces phrases banales dont les Parisiennes sont si prodigues; mais je pardonnais d'avance à votre ingratitude. Un homme qui arrive des déserts n'est pas tenu de savoir combien notre faubourg est exclusif dans ses amitiés.

Ces gracieuses paroles, à demi murmurées, tombèrent une à une, et furent comme chargées du sentiment joyeux qui paraissait les dicter. La duchesse voulait avoir tous les bénéfices de sa migraine, et sa spéculation eut un plein succès.

Le pauvre militaire souffrait réellement de la fausse souffrance de cette femme. Comme Crillon entendant le récit de la passion de Jésus-Christ, il était prêt à tirer son épée contre les vapeurs. Hé, comment alors oser parler à cette malade de l'amour qu'elle inspirait? Armand comprenait déjà qu'il était ridicule de tirer son amour à brûle-pourpoint sur une femme aussi supérieure. Il entendit par une seule pensée toutes les délicatesses du sentiment et les exigences de l'âme. Aimer, n'est-ce pas plaider, mendier, attendre? Cet amour ressenti, ne fallait-il pas le lui prouver? Alors il se trouva la langue immobile, glacée par les convenances du noble faubourg, par la majesté de la migraine, et par les timidités de l'amour vrai. Mais nul pouvoir au monde ne put voiler les regards de ses yeux dans lesquels éclataient la chaleur, l'infini du désert, des yeux calmes comme ceux des lions, et sur lesquels ses paupières ne s'abaissaient que rarement. Elle aima beaucoup ce regard fixe qui la baignait de lumière et d'amour.

— Madame la duchesse, répondit-il, je craindrais de vous mal dire la reconnaissance que m'inspirent vos bontés. En ce moment je ne souhaite qu'une seule chose, le pouvoir de dissiper vos souffrances.

— Permettez que je me débarrasse de ceci, j'ai maintenant trop chaud, dit-elle en faisant sauter, par un mouvement plein de grâce, le coussin qui lui couvrait les pieds, et qu'elle laissa voir dans toute leur clarté.

— Madame, en Asie, vos pieds vaudraient presque dix mille sequins.

— Compliment de voyageur, dit-elle en souriant.

Puis, cette spirituelle personne prit plaisir à jeter le rude Montriveau dans une conversation pleine de bêtises, de lieux communs et de non-sens, où il manœuvra, militairement parlant, comme eût fait le prince Charles, aux prises avec Napoléon. Elle s'amusa malicieusement à reconnaître l'étendue de la passion qu'elle inspirait, par le nombre de sottises arrachées à ce débutant, et elle l'amenait à petits pas dans un labyrinthe inextricable où elle se promettait de le laisser honteux de lui-même. Elle commença donc par se moquer de cet homme, à qui elle se plaisait néanmoins à faire oublier le temps. La longueur d'une première visite est souvent une flatterie, mais Armand n'en fut pas complice.

Le célèbre voyageur était dans ce boudoir depuis une heure, causant de tout, n'ayant rien dit, sentant qu'il n'était qu'un instrument dont jouait cette femme, quand elle se dérangea, s'assit, se mit sur le cou le voile qu'elle avait sur la tête, s'accouda, lui fit les honneurs d'une complète guérison, et sonna pour faire allumer les bougies du boudoir. A l'inaction absolue dans laquelle elle était restée, succédèrent les mouvements les plus gracieux. Elle se tourna vers M. de Montriveau, et lui dit en réponse à une confidence qu'elle venait de lui arracher et qui parut la vivement intéresser :

— Vous voulez vous moquer de moi en tâchant de me donner à penser que vous n'avez jamais aimé. Voilà la grande prétention des hommes auprès de nous. Nous les croyons. Pure politesse! Ne savons-nous pas à quoi nous en tenir là-dessus par nous-mêmes? Où est l'homme qui n'a pas rencontré dans sa vie une seule occasion d'être amoureux? Mais vous aimez à nous tromper, et nous vous laissons faire, pauvres sottes que nous sommes, parce que vos tromperies sont encore des hommages rendus à la supériorité de nos sentiments qui sont toute pureté.

Cette dernière phrase fut prononcée avec un accent plein de hauteur et de fierté, qui fit de cet amant novice une balle jetée au fond d'un abîme; et de la duchesse, un ange revolant vers son ciel particulier.

— Diantre! s'écriait en lui-même Armand de Montriveau, comment s'y prendre pour dire à cette créature sauvage que je l'aime?

Et il l'avait déjà dit vingt fois, ou plutôt la duchesse l'avait vingt fois lu dans ses regards, et voyait, dans la passion de cet homme vraiment grand, un amusement pour elle, un intérêt à mettre dans sa vie sans intérêts. Elle se préparait donc déjà fort habilement à élever autour d'elle une certaine quantité de redoutes qu'elle lui donnerait à emporter avant de lui permettre l'entrée de son cœur. Jouet de ses caprices, Montriveau devait rester stationnaire tout en sautant de difficultés en difficultés comme un de ces insectes tourmentés par un enfant, saute d'un doigt sur un autre en croyant avancer, tandis que son malicieux bourreau le laisse au même point. Néanmoins, la duchesse reconnut, avec un bonheur inexprimable, que cet homme de caractère ne mentait pas à sa parole. Armand n'avait, en effet, jamais aimé.

Il allait se retirer mécontent de lui, plus mécontent d'elle encore ; mais elle vit avec joie une bouderie qu'elle savait dissiper par un mot, d'un regard, d'un geste.

— Viendrez-vous demain soir? lui dit-elle. Je vais au bal, je vous attendrai jusqu'à dix heures.

Le lendemain Montriveau passa la plus grande partie de la journée assis à la fenêtre de son cabinet, et occupé à fumer une quantité indéterminée de cigares. Il put atteindre ainsi l'heure de s'habiller et d'aller à l'hôtel de Langeais.

C'eût été grande pitié pour l'un de ceux qui connaissaient la magnifique valeur de cet homme, de le voir devenu si petit, si tremblant, de savoir cette pensée dont les rayons pouvaient embrasser des mondes, se rétrécir aux proportions du boudoir d'une petite-maîtresse. Mais il se sentait lui-même déjà si déchu dans son bonheur, que, pour sauver sa vie, il n'aurait pas confié son amour à l'un de ses amis intimes. Dans la pudeur qui s'empare d'un homme quand il aime, n'y a-t-il pas toujours un peu de honte, et ne serait-ce pas sa petitesse qui fait l'orgueil de la femme? Enfin, ne serait-ce pas une foule de motifs de ce genre, mais que les femmes ne s'expliquent pas, qui les porte presque toutes à trahir les premières le mystère de leur amour, mystère dont elles se fatiguent peut-être?

— Monsieur, dit le valet de chambre, madame la duchesse n'est pas visible, elle s'habille, et vous prie de l'attendre ici.

Armand attendit dans le salon en examinant le goût répandu dans les moindres détails. Il admira madame de Langeais, en admirant les choses qui venaient d'elle et en trahissaient les habitudes, avant qu'il pût en saisir la personne et les idées. Après une heure environ, la duchesse sortit de sa chambre sans faire de bruit. Montriveau se retourna, la vit qui marchait avec la légèreté d'une ombre, et tressaillit. Elle vint à lui, sans lui dire bourgeoisement : — Comment me trouvez-vous? Elle était sûre d'elle, et son regard fixe disait : — Je me suis ainsi parée pour vous plaire.

Une vieille fée, marraine de quelque princesse méconnue, avait seule pu tourner autour du cou de cette coquette personne, le nuage d'une gaze dont les plis avaient des tons vifs que soutenait encore l'éclat d'une peau satinée. La duchesse était éblouissante. Le bleu clair de sa robe, dont les ornements se répétaient dans les fleurs de sa coiffure, semblait donner, par la richesse de la couleur, un corps à ses formes frêles devenues tout aériennes ; en glissant avec rapidité vers Armand, elle fit voler les deux bouts de l'écharpe qui pendait à ses côtés, et le brave soldat ne put alors s'empêcher de la comparer aux jolis insectes bleus qui voltigent au-dessus des eaux, parmi les fleurs, avec lesquelles ils paraissent se confondre.

— Je vous ai fait attendre, dit-elle de la voix que savent prendre les femmes pour l'homme auquel elles veulent plaire.

— J'attendrais patiemment une éternité, si je savais trouver la divinité belle comme vous l'êtes ; mais ce n'est pas un compliment que de vous parler de votre beauté, vous ne pouvez plus être sensible qu'à l'adoration. Laissez-moi donc seulement baiser votre écharpe.

— Ah fi! dit-elle, en faisant un geste d'orgueil, je vous estime assez pour vous offrir ma main.

Et elle lui tendit à baiser sa main encore humide. Une main de femme, au moment où elle sort de son bain de senteur, conserve je ne sais quelle fraîcheur douillette, une mollesse veloutée dont la chatouilleuse impression va des lèvres à l'âme. Aussi, chez un homme épris, qui a dans les sens autant de volupté qu'il a d'amour au cœur, ce baiser, chaste en apparence, peut-il exciter de redoutables orages.

— Me la tendrez-vous toujours ainsi? dit humblement le général en baisant avec respect cette main dangereuse.

— Oui, mais nous en resterons là, dit-elle en souriant.

Elle s'assit et parut fort maladroite à mettre ses gants; en voulant en faire glisser la peau d'abord trop étroite le long de ses doigts, et regarder en même temps M. de Montriveau, qui admirait alternativement la duchesse et la grâce de ses gestes réitérés.

— Ah! c'est bien, dit-elle, vous avez été exact, j'aime l'exactitude. Sa Majesté dit qu'elle est la politesse des rois ; mais, selon moi, de vous à nous, je la crois la plus respectueuse des flatteries. Hé? N'est-ce pas? Dites donc.

Et elle le guigna de nouveau pour lui exprimer une amitié décevante, en le trouvant muet de bonheur, et tout heureux de ces riens. Ah! elle entendait à merveille son métier de femme, et savait admirablement rehausser un homme à mesure qu'il se rapetissait, le récompenser par de creuses flatteries, à chaque pas qu'il faisait pour descendre aux niaiseries de la sentimentalité.

— Vous n'oublierez jamais de venir à neuf heures?

— Oui, mais irez-vous donc au bal tous les soirs?

— Le sais-je? répondit-elle en haussant les épaules

par un geste enfantin, comme pour avouer qu'elle était tout caprice et qu'un amant devait la prendre ainsi.

— D'ailleurs, reprit-elle, que vous importe! vous m'y conduirez.

— Pour ce soir, dit-il, ce serait difficile, je ne suis pas mis convenablement.

— Il me semble, répondit-elle en le regardant avec fierté, que si quelqu'un doit souffrir de votre mise, c'est moi. Mais sachez, monsieur le voyageur, que l'homme dont j'accepte le bras, est toujours au-dessus de la mode. Personne n'oserait le critiquer. Je vois que vous ne connaissez pas le monde, je vous en aime davantage.

Et elle le jetait déjà dans les petitesses du monde, en tâchant de l'initier aux vanités d'une femme à la mode.

— Si elle veut faire une sottise pour moi, se dit en lui-même Armand, je serais bien niais de l'en empêcher. Elle m'aime sans doute, et, certes, elle ne méprise pas le monde plus que je ne le méprise moi-même; ainsi.....

La duchesse pensait sans doute qu'en voyant le général la suivre au bal, en bottes et en cravate noire, personne n'hésiterait à le croire passionnément amoureux d'elle.

Heureux de voir la reine du monde élégant vouloir se compromettre pour lui, le général eut de l'esprit, en ayant de l'espérance. Sûr de plaire, il déploya ses idées et ses sentiments, sans ressentir la contrainte qui, la veille, lui avait gêné le cœur. Cette conversation substantielle, animée, remplie par ses premières confidences aussi douces à dire qu'à entendre, séduisit-elle madame de Langeais, ou avait-elle imaginé cette ravissante coquetterie? Mais elle regarda malicieusement la pendule quand minuit sonna.

— Ah! vous me faites manquer le bal, dit-elle en exprimant de la surprise et du dépit de s'être oubliée; mais elle se justifia le changement de ses jouissances par un sourire qui fit bondir le cœur d'Armand.

— J'avais bien promis à madame de Sérizy, ajouta-t-elle. Ils m'attendent tous.

— Hé bien, allez!

— Non, continuez, dit-elle. Je reste. Vos aventures en Orient me ravissent. Racontez-moi bien toute votre vie. J'aime à participer aux souffrances ressenties par un homme de courage; car je les ressens, vrai!

Elle jouait avec son écharpe, la tordait, la déchirait par des mouvements d'impatience qui semblaient accuser un mécontentement intérieur et de profondes réflexions.

— Nous ne valons rien, nous autres, reprit-elle.

Ah! nous sommes d'indignes personnes, égoïstes, frivoles. Nous ne savons que nous ennuyer à force d'amusements. Aucune de nous ne comprend le rôle de sa vie. Autrefois, en France, les femmes étaient des lumières bienfaisantes, elles vivaient pour soulager ceux qui pleurent, encourager les arts, récompenser les artistes et en animer la vie par de nobles pensées. Si le monde est devenu si petit, à nous la faute. Vous me faites haïr ce monde, et le bal. Non, je ne vous sacrifie pas grand'chose.

Elle acheva de détruire son écharpe, comme un enfant qui, jouant avec une fleur, finit par en arracher tous les pétales. Elle la roula, la jeta loin d'elle, et put ainsi montrer son cou de cygne.

Elle sonna.

— Je ne sortirai pas, dit-elle à son valet de chambre.

Puis elle reporta timidement ses longs yeux bleus sur Armand, de manière à lui faire accepter, par la crainte qu'ils exprimaient, cet ordre, pour un aveu, pour une première, pour une grande faveur.

— Vous avez eu bien des peines, dit-elle après une pause pleine de pensées, et avec cet attendrissement qui souvent est dans la voix des femmes sans être dans leur cœur.

— Non, répondit Armand. Jusqu'aujourd'hui, je ne savais pas ce qu'était le bonheur.

— Vous le savez donc? dit-elle, en le regardant en dessous d'un air hypocrite et rusé.

— Mais, pour moi désormais, le bonheur, n'est-ce pas de vous voir, de vous entendre?... Jusqu'à présent je n'avais que souffert, et maintenant je comprends que je puis être malheureux...

— Assez, assez! dit-elle, allez-vous-en, il est minuit, respectons les convenances. Je n'ai pas été au bal, vous étiez là. Ne faisons pas causer. Adieu. Je ne sais ce que je dirai, mais la migraine est bonne personne et ne nous donne jamais de démentis.

— Y a-t-il bal demain? demanda-t-il.

— Vous vous y accoutumerez, je crois. Hé bien oui, demain nous irons encore au bal.

Armand s'en alla l'homme le plus heureux du monde, et vint tous les soirs chez madame de Langeais à l'heure qui, par une sorte de convention tacite, lui fut réservée.

Il serait fastidieux et ce serait, pour une multitude de jeunes gens qui ont de ces beaux souvenirs, une redondance que de faire marcher ce récit pas à pas, comme marchait le poème de ces conversations secrètes dont une femme avance ou retarde à son gré le cours, par une querelle de mots quand le sentiment va trop vite, par une plainte sur les sentiments quand les mots ne répondent plus à sa pensée. Aussi pour marquer le progrès de cet ouvrage à la Pénélope, peut-être faudrait-il s'en tenir aux expressions matérielles du sentiment.

Ainsi, quelques jours après la première rencontre de la duchesse et d'Armand de Montriveau, l'assidu général avait conquis en toute propriété, le droit de baiser les insatiables mains de sa maîtresse. Partout où allait madame de Langeais, se voyait inévitablement M. de Montriveau, que certaines personnes nommèrent, en plaisantant, *le planton de la duchesse*. Déjà la position d'Armand lui avait fait des envieux, des jaloux, des ennemis.

Madame de Langeais avait atteint son but. Le marquis se confondait parmi ses nombreux admirateurs, et lui servait à humilier ceux qui se vantaient d'être dans ses bonnes grâces, en lui donnant publiquement le pas sur tous les autres.

— Décidément, disait madame de Sérizy, M. de Montriveau est l'homme que la duchesse a distingué ?

Qui ne sait pas ce que veut dire à Paris, *être distingué par une femme ?*

Les choses étaient ainsi parfaitement en règle.

Ce qu'on se plaisait à raconter du général le rendit si redoutable, que les jeunes gens habiles abdiquèrent tacitement leurs prétentions sur la duchesse, et ne restèrent dans sa sphère que pour exploiter l'importance qu'ils y prenaient, et se servir de son nom, de sa personne, pour s'arranger au mieux avec certaines puissances du second ordre, enchantées d'enlever un amant à madame de Langeais.

Elle avait l'œil assez perspicace pour apercevoir ces désertions et ces traités dont son orgueil ne lui permettait pas d'être la dupe. Alors elle savait, disait M. le prince de T., qui l'aimait beaucoup, tirer un regain de vengeance par un mot à deux tranchants, dont elle frappait ces épousailles *morganatiques*. Sa dédaigneuse raillerie ne contribuait pas médiocrement à la faire craindre et passer pour une personne excessivement spirituelle. Elle consolidait ainsi sa réputation de vertu, tout en s'amusant des secrets d'autrui, sans laisser pénétrer les siens.

Néanmoins, après deux mois d'assiduités, elle eut au fond de l'âme une sorte de peur vague, en voyant que M. de Montriveau ne comprenait rien aux finesses de la coquetterie Faubourg-Saint-Germanesque, et prenait au sérieux les minauderies parisiennes.

— Celui-là, ma chère duchesse, lui avait dit le vieux diplomate, est cousin-germain des aigles, vous ne l'apprivoiserez pas, et il vous emportera dans son aire, si vous n'y prenez garde.

Le lendemain du soir où le rusé vieillard lui avait dit ce mot dans lequel la duchesse craignit de trouver une prophétie, elle essaya de se faire haïr, et se montra dure, exigeante, nerveuse, détestable pour Armand qui la désarma par une douceur angélique. Cette femme connaissait si peu la bonté large des grands caractères, qu'elle fut pénétrée des gracieuses plaisanteries par lesquelles ses plaintes furent d'abord accueillies. Elle cherchait une querelle et trouva des preuves d'affection. Alors elle persista.

— En quoi, lui dit Armand, un homme qui vous idolâtre a-t-il donc pu vous déplaire ?

— Vous ne me déplaisez pas, répondit-elle, en devenant tout à coup douce et soumise ; mais pourquoi voulez-vous me compromettre ? Vous ne devez être qu'un *ami* pour moi. Ne le savez-vous pas ? je voudrais vous voir l'instinct, les délicatesses de l'amitié vraie, afin de ne perdre ni votre estime, ni les plaisirs que je ressens près de vous.

— N'être que votre *ami !* s'écria M. de Montriveau, à la tête de qui ce terrible mot donna des secousses électriques. Sur la foi des heures douces que vous m'accordez, je m'endors et me réveille dans votre cœur ; et, aujourd'hui, sans motif, vous vous plaisez gratuitement à tuer les espérances toutes secrètes qui me font vivre ! Voulez-vous, après m'avoir fait promettre tant de constance, et avoir montré tant d'horreur pour les femmes qui n'ont que des caprices, me faire entendre que, semblable à toutes les femmes de Paris, vous avez des passions, et point d'amour ? Pourquoi donc m'avez-vous demandé ma vie, et pourquoi l'avez-vous acceptée ?

— J'eu eu tort, mon ami. Oui, une femme a tort de se laisser aller à de tels enivrements, quand elle ne peut ni ne doit les récompenser.

— Je comprends, vous n'avez été que légèrement coquette, et....

— Coquette, je hais la coquetterie. Être coquette, Armand ; mais c'est être constamment fausse. Se faire mélancolique avec les humoristes, gaie avec les insouciants, politique avec les ambitieux, écouter avec admiration les bavards, s'occuper de guerre avec les militaires, être passionnée pour le bien du pays avec les philanthropes, prendre enfin pour plaire à chaque homme le vêtement d'esprit, l'allure de caractère qui peut le séduire sans donner une miette de son âme ; les amuser tous, les captiver, s'en moquer, voilà ce que c'est que d'être coquette !... Mais, moi, mon ami, je suis vraie avec vous, je n'ai pas toujours partagé vos idées, et quand vous m'avez convaincue, après une discussion, ne m'en avez-vous pas vue tout heureuse ? Enfin, je vous aime, mais seulement comme il est permis à une femme religieuse et pure d'aimer. J'ai fait des réflexions. Je suis mariée, Armand. Si la manière dont je vis avec M. de Langeais me laisse la disposition de mon cœur, les lois, les convenances, m'ont ôté le droit de disposer de ma personne. En quelque rang qu'elle soit placée, une femme déshonorée se voit chassée du monde, et je ne connais encore aucun exemple d'un homme qui ait su ce à quoi l'engageaient nos sacrifices. Bien mieux, la récente aventure de madame de Beauséant m'a prouvé que ces mêmes sacrifices sont presque toujours les causes de votre abandon. Si vous m'aimiez sincèrement, vous cesseriez de me voir pendant quelque temps! Moi, je dépouillerai pour vous toute vanité, n'est-ce pas quelque chose? Que ne dit-on pas d'une femme à laquelle aucun homme ne s'attache? Ah, elle est sans cœur, sans esprit, sans âme, sans charme surtout. Oh! les coquettes ne me feront grâce de rien, et me raviront les qualités qu'elles sont blessées de trouver en moi. Si ma réputation me reste, que m'importe de voir contester mes avantages par des rivales, elles n'en hériteront certes pas! Allons, mon ami, donnez quelque chose à qui vous sacrifie tant! Venez moins souvent, je ne vous en aimerai pas moins.

— Ah, répondit Armand, avec la profonde ironie d'un cœur blessé, l'amour, selon les écrivassiers, ne se repait que d'illusions! Rien n'est plus vrai, je le vois, il faut que je m'imagine être aimé. Mais, tenez, il est des pensées, comme des blessures dont on ne revient pas: vous étiez une de mes dernières croyances, et je m'aperçois en ce moment que tout est faux ici-bas.

Elle se prit à sourire.

— Oui, reprit Montriveau d'une voix altérée, votre foi catholique à laquelle vous voulez me convertir est un mensonge que les hommes se font, l'espérance est un mensonge appuyé sur l'avenir. L'orgueil est un mensonge de nous à nous, la pitié, la sagesse, la terreur sont des calculs mensongers. Mon bonheur sera donc aussi quelque mensonge, il faut que je m'attrape moi-même et consente à toujours donner un louis contre un écu. Si vous pouvez si facilement vous dispenser de me voir; si vous ne m'avouez ni pour ami, ni pour amant, vous ne m'aimez pas! Et moi, pauvre fou, je me dis cela, je le sais, et j'aime!

— Mais, mon Dieu, mon pauvre Armand, vous vous emportez!

— Je m'emporte?

— Oui, vous croyez que tout est en question, parce que je vous parle de prudence.

Au fond, elle était enchantée de la colère qui débordait dans les yeux de son amant. En ce moment, elle le tourmentait, mais elle le jugeait, et remarquait les plus légères altérations de sa physionomie. Si le général avait eu le malheur de se montrer généreux sans discussion, comme il arrive quelquefois à certaines âmes candides, il eût été forbanni pour toujours, atteint et convaincu de ne pas savoir aimer. La plupart des femmes veulent se sentir le moral violé. N'est-ce pas une de leurs flatteries de ne jamais céder qu'à la force? Mais Armand n'était pas assez instruit pour apercevoir le piége habilement préparé par la duchesse. Les grands hommes qui aiment ont tant d'enfance dans l'âme!

— Si vous ne voulez que conserver les apparences, dit-il avec naïveté, je suis prêt à...

— Ne conserver que les apparences! s'écria-t-elle en l'interrompant. Mais quelles idées vous faites-vous donc de moi? Mais vous ai-je donné le moindre droit de penser que je puisse être à vous?

— Ah çà, de quoi parlons-nous donc? demanda Montriveau.

— Mais, monsieur, vous m'effrayez!... Non, pardon, merci, reprit-elle d'un ton froid, merci, Armand. Vous m'avertissez à temps d'une imprudence bien involontaire, croyez-le, mon ami! Vous savez souffrir, dites-vous? Moi aussi, je saurai souffrir. Nous cesserons de nous voir, puis quand, l'un et l'autre, nous aurons su recouvrer un peu de calme, eh bien, nous aviserons à nous faire un bonheur approuvé par le monde. Je suis jeune, Armand, un homme sans délicatesse ferait faire bien des sottises et des étourderies à une femme de vingt-quatre ans. Mais vous! vous serez mon ami, promettez-le-moi!

— La femme de vingt-quatre ans, répondit-il, sait calculer.

Il s'assit sur le divan du boudoir, et resta la tête appuyée dans ses mains.

— M'aimez-vous, madame? demanda-t-il en relevant la tête, et lui montrant un visage plein de résolution. Dites hardiment oui ou non.

La duchesse fut plus épouvantée de cette interrogation qu'elle ne l'aurait été d'une menace de mort, ruse vulgaire dont peu de femmes s'effrayent au dix-neuvième siècle, en ne voyant plus les hommes porter l'épée au côté; mais n'y a-t-il pas des effets de cils, de sourcils, des contractions dans le regard, des tremblements de lèvres qui communiquent la terreur dont ils sont la vivante expression?

— Ah, dit-elle, si j'étais libre, si...

— Eh! n'est-ce que votre mari qui nous gêne? s'écria joyeusement le général en se promenant à grands pas dans le boudoir. Ma chère Antoinette, je possède un pouvoir plus absolu que ne l'est celui de l'autocrate de toutes les Russies. Je m'entends avec la fatalité; je puis, socialement parlant, l'avancer ou la retarder à ma fantaisie, comme on fait d'une montre. Diriger la fatalité, dans notre machine politique, n'est-ce pas tout simplement en connaître les rouages? Dans peu, vous serez libre! Alors, souvenez-vous de votre promesse.

— Armand! s'écria-t-elle, que voulez-vous dire? Grand Dieu! croyez-vous que je puisse être le gain d'un crime? Voulez-vous ma mort! Mais, vous n'avez donc pas du tout de religion? Moi, je crains Dieu. Quoique M. de Langeais m'ait donné le droit de le haïr, je ne lui souhaite aucun mal.

M. de Montriveau, qui battait machinalement la retraite avec ses doigts sur le marbre de la cheminée, se contenta de regarder la duchesse d'un air calme.

— Mon ami, dit-elle en continuant, respectez-le. Il ne m'aime pas, il n'est pas bien pour moi, mais j'ai des devoirs à remplir envers lui. Pour éviter les malheurs dont vous le menacez, que ne ferais-je pas! Écoutez. Je ne vous parlerai plus de séparation : vous viendrez ici comme par le passé; je vous donnerai toujours mon front à baiser; si je vous le refusais quelquefois, c'était pure coquetterie, en vérité. Mais entendons-nous, dit-elle en le voyant s'approcher. Vous me permettrez d'augmenter le nombre de mes poursuivants; d'en recevoir dans la matinée encore plus que par le passé; je veux redoubler de légèreté; je veux vous traiter fort mal en apparence, feindre une rupture; vous viendrez un peu moins souvent; et puis, après....

En disant ces mots, elle se laissa prendre la taille, parut sentir, ainsi pressée par Montriveau, le plaisir excessif que trouvent la plupart des femmes à cette pression dans laquelle tous les plaisirs de l'amour semblent exprimés; puis, elle désirait sans doute se faire faire quelque confidence, car elle se haussa sur la pointe des pieds pour rapporter son front sous les lèvres brûlantes d'Armand.

— Après. reprit Montriveau, vous ne me parlerez plus de votre mari. Vous n'y devez plus penser.

Madame de Langeais garda le silence.

— Au moins, dit-elle après une pause expressive, vous ferez tout ce que je voudrai, sans gronder, sans être mauvais, dites, mon ami? N'avez-vous pas voulu m'effrayer? Allons, avouez-le, vous êtes trop bon pour jamais concevoir de criminelles pensées. Mais auriez-vous donc des secrets que je ne connaisse point? Comment pouvez-vous donc maîtriser le sort?

— Au moment où vous confirmerez le don que vous m'avez déjà fait de votre cœur, je suis trop heureux pour bien savoir ce que je vous répondrais. J'ai confiance en vous, Antoinette, je n'aurai ni soupçons, ni fausses jalousies. Mais, si le hasard vous rendait libre, nous sommes unis...

— Le hasard, Armand, dit-elle en faisant un de ces jolis gestes de tête qui semblent pleins de choses, mais que ces sortes de femmes jettent à la légère, comme une cantatrice joue avec sa voix. Le pur hasard, reprit-elle. Sachez-le bien : s'il arrivait, par votre faute, quelque malheur à M. de Langeais, je ne serais jamais à vous.

Ils se séparèrent contents l'un de l'autre. La duchesse avait fait un pacte qui lui permettait de prouver au monde, par ses paroles et ses actions, que M. de Montriveau n'était point son amant. Quant à lui, la rusée se promettait bien de le lasser, en ne lui accordant d'autres faveurs que celles surprises dans ces petites luttes dont elle arrêtait le cours à son gré. Elle savait si joliment le lendemain révoquer les concessions consenties la veille; elle était si sérieusement déterminée à rester physiquement vertueuse, qu'elle ne voyait aucun danger pour elle à des préliminaires, redoutables seulement aux femmes bien éprises. Enfin, une duchesse séparée de son mari offrait peu de chose à l'amour, en lui sacrifiant un mariage annulé depuis longtemps.

De son côté, Montriveau tout heureux d'obtenir la plus vague des promesses, et d'écarter à jamais les objections qu'une épouse puise dans la foi conjugale pour se refuser à l'amour, s'applaudissait d'avoir conquis encore un peu plus de terrain. Aussi, pendant quelque temps, abusa-t-il des droits d'usufruit qui lui avaient été si difficilement octroyés. Plus enfant qu'il ne l'avait jamais été, cet homme se laissait aller à tous les enfantillages qui font du premier amour la fleur de la vie. Il redevenait petit en répandant et son âme et toutes les forces trompées qu'il lui communiquait sa passion, sur les mains de cette femme, sur ces cheveux blonds dont il baisait les boucles floconneuses, sur ce front éclatant qu'il voyait pur. Inondée d'amour, vaincue par les effluves magnétiques d'un sentiment si chaud, la duchesse hésitait à faire naître la querelle qui devait les séparer à jamais. Elle était plus femme qu'elle ne le croyait, cette chétive créature, en essayant de concilier les exigences de la religion avec les vivaces émotions de vanité, avec les semblants de plaisir dont s'affolent les Parisiennes. Chaque dimanche elle entendait la messe, ne manquait pas un office; puis, le soir, elle se plongeait dans les enivrantes voluptés que procurent des désirs sans cesse réprimés. Armand et madame de Langeais ressemblaient à ces faquirs de l'Inde qui sont récompensés de leur chasteté par les tentations qu'elle leur donne. Peut-être la duchesse avait-elle fini par résoudre l'amour dans ces caresses fraternelles, qui eussent paru sans doute innocentes à tout le monde, mais auxquelles les hardiesses de sa pensée prêtaient d'excessives dépravations. Comment expliquer autrement le mystère incompréhensible de ses perpétuelles fluctuations? Tous les matins, elle se proposait de fermer sa porte au marquis de Montriveau; puis, tous les soirs, à l'heure dite, elle se laissait charmer par lui. Après une molle défense, elle se faisait moins méchante; sa conversation devenait douce, onctueuse; deux amants pouvaient seuls être ainsi. La duchesse déployait son esprit le plus scintillant, ses coquetteries les plus entraînantes ; puis, quand elle avait irrité l'âme et les sens de son amant, s'il la saisissait, elle voulait bien se laisser briser et tordre par lui ; mais elle avait son *nec plus ultrà* de passion ; et, quand il en arrivait là, elle se fâchait toujours, si, maîtrisé par sa fougue, il faisait mine d'en franchir les barrières.

Aucune femme n'ose se refuser sans motif à l'amour ; rien n'est plus naturel que d'y céder. Aussi madame de Langeais fut-elle bientôt entourée d'une seconde ligne de fortifications, plus difficile à emporter que ne l'avait été la première. Elle évoqua les terreurs de la Religion.

Jamais le Père de l'Église le plus éloquent ne plaida mieux la cause de Dieu ; jamais les vengeances du Très-Haut ne furent mieux justifiées que par la voix de la duchesse. Elle n'employait ni phrases de sermon, ni amplifications de rhétorique. Non, elle avait son *pathos* à elle. A la plus ardente supplique d'Armand, elle répondait par un regard mouillé de larmes, par un geste qui peignait une affreuse plénitude de sentiments ; elle le faisait taire en lui demandant grâce ; un mot de plus elle ne voulait pas l'entendre, elle succomberait, et la mort lui semblait préférable à un bonheur criminel.

— N'est-ce donc rien que de désobéir à Dieu ? lui disait-elle en retrouvant une voix affaiblie par des combats intérieurs sur lesquels cette jolie comédienne paraissait prendre difficilement un empire passager. Les hommes, la terre entière, je vous les sacrifierais volontiers ; mais vous êtes bien égoïste de me demander tout mon avenir pour un moment de plaisir.

Allons ! voyons, n'êtes-vous pas heureux ? ajoutait-elle en lui tendant la main et se montrant à lui dans un négligé qui certes offrait à son amant des consolations dont il se payait toujours.

Si, pour retenir un homme dont l'ardente passion lui donnait des émotions inaccoutumées, ou si, par faiblesse, elle se laissait ravir quelque baiser rapide ; aussitôt, elle feignait la peur, elle rougissait et bannissait Armand de son canapé, au moment où le canapé devenait dangereux pour elle.

— Vos plaisirs sont des péchés que j'expie, Armand, ils me coûtent des pénitences, des remords, s'écriait-elle.

Quand Montriveau se voyait à deux chaises de cette jupe aristocratique, il se prenait à blasphémer, il maugréait Dieu. Alors, la duchesse se fâchait.

— Mais, mon ami, disait-elle sèchement, je ne comprends pas pourquoi vous refusez de croire en Dieu, car il est impossible de croire aux hommes. Taisez-vous, ne parlez pas ainsi ; vous avez l'âme trop grande pour épouser les sottises du libéralisme qui veut tuer Dieu.

Les discussions théologiques et politiques lui servaient de douches pour calmer Montriveau, qui ne savait plus revenir à l'amour quand elle excitait sa colère, en le jetant, à mille lieues de ce boudoir, dans les théories de l'absolutisme qu'elle défendait à merveille. Peu de femmes osent être démocrates, elles sont alors trop en contradiction avec leur despotisme en fait de sentiments. Mais souvent aussi le général secouait sa crinière, laissait la politique, grondait comme un lion, se battait les flancs, s'élançait sur sa proie, revenait terrible d'amour à sa maîtresse, incapable de porter longtemps son cœur et sa pensée en flagrance. Alors, si cette femme se sentait piquée par une fantaisie assez incitante pour la compromettre, elle savait sortir de son boudoir ; elle quittait l'air chargé de désirs qu'elle y respirait, venait dans son salon, s'y mettait au piano, chantait les airs les plus délicieux de la musique moderne, et trompait ainsi l'amour des sens, qui parfois ne lui faisait pas grâce, mais qu'elle avait la force de vaincre. En ces moments, elle était sublime aux yeux d'Armand ; car elle ne feignait pas, elle était vraie, et le pauvre amant se croyait aimé. Cette résistance égoïste la lui faisait prendre pour une sainte et vertueuse créature ; et il se résignait, et il parlait d'amour platonique, le général d'artillerie.

Quand elle eut assez joué de la religion dans son intérêt personnel, madame de Langeais en joua pour celui d'Armand. Elle voulut le ramener à des sentiments chrétiens. Elle lui refit le Génie du Christianisme, à l'usage des militaires. Montriveau s'impatienta, trouva son joug pesant. Oh, alors, par esprit de contradiction, elle lui cassa la tête de Dieu, pour voir si Dieu la débarrasserait d'un homme qui allait à son but avec une constance dont elle commençait à s'effrayer. D'ailleurs, elle se plaisait à prolonger toute querelle qui paraissait éterniser la lutte morale, après laquelle venait une lutte matérielle bien autrement dangereuse.

Mais si l'opposition faite au nom des lois du mariage représente *l'époque civile* de cette guerre sentimentale, celle-ci en constituerait *l'époque religieuse;* et elle eut, comme la précédente, une crise après laquelle sa rigueur devait décroître.

Un soir, Armand venu fortuitement de très-bonne heure, trouva M. l'abbé Gondrand, directeur de la conscience de madame de Langeais, établi dans un fauteuil, au coin de la cheminée, comme un homme en train de digérer son dîner et les jolis péchés de sa pénitente. La vue de cet homme au teint frais et reposé, dont le front était calme, la bouche ascétique, le regard malicieusement inquisiteur, qui avait dans son maintien une véritable noblesse ecclésiastique, et déjà dans son vêtement le violet épiscopal, rembrunit singulièrement le visage de

Montriveau. Il ne salua pas et resta silencieux. Sorti de son amour, le général ne manquait pas de tact; il devina donc en échangeant quelques regards avec le futur évêque, que cet homme était le promoteur des difficultés dont s'armait pour lui l'amour de la duchesse. Qu'un ambitieux abbé bricolât et retînt le bonheur d'un homme trompé comme l'était Montriveau !... Cette pensée bouillonna sur sa face, lui crispa les doigts, le fit lever, marcher, piétiner; puis, quand il revenait à sa place, avec l'intention de faire un éclat, un seul regard de la duchesse suffisait à le calmer. Madame de Langeais, nullement embarrassée du noir silence de son amant, dont toute autre femme eût été gênée, continuait à converser fort spirituellement avec M. Gondrand de Lusignac, sur la nécessité de rétablir la religion dans son ancienne splendeur; elle expliquait, mieux que ne le faisait l'abbé, pourquoi l'Église devait être un pouvoir à la fois temporel et spirituel; et regrettait que la chambre des Pairs n'eût pas encore son *banc des Évêques*, comme la chambre des Lords avait le sien.

Néanmoins, l'abbé, sachant que le carême lui permettait de prendre sa revanche, céda la place au général et sortit. A peine la duchesse se leva-t-elle pour rendre à son directeur l'humble révérence qu'elle en reçut, tant elle était intriguée par l'attitude de Montriveau.

— Qu'avez-vous, mon ami?
— Mais, j'ai cet abbé sur l'estomac.
— Pourquoi ne preniez-vous pas un livre? lui dit-elle, sans se soucier d'être ou non entendue par l'abbé qui fermait la porte.

Montriveau resta muet pendant un moment, car la duchesse accompagna ce mot d'un geste qui en relevait encore la profonde impertinence.

— Ma chère Antoinette, je vous remercie de donner à l'amour le pas sur l'Église, mais, de grâce, souffrez que je vous adresse une question.

— Ah! vous m'interrogez! Je le veux bien, reprit-elle. N'êtes-vous pas mon ami? je puis certes vous montrer le fond de mon cœur, vous n'y verrez qu'une seule image.

— Parlez-vous à cet homme de notre amour?
— Il est mon confesseur.
— Sait-il que je vous aime?
— M. de Montriveau, vous ne prétendez pas, je pense, connaître les secrets de ma confession...
— Ainsi cet homme connaît toutes nos querelles et mon amour pour vous...
— Un homme, monsieur, dites Dieu.
— Dieu! Dieu! je dois être seul dans votre cœur. Mais laissez Dieu tranquille là où il est, pour l'amour de lui et de moi. Madame, vous n'irez plus à confesse, ou...

— Ou... dit-elle en souriant.
— Ou je ne reviendrai plus ici.
— Partez, Armand. Adieu, adieu pour jamais...

Elle se leva et s'en alla dans son boudoir, sans jeter un seul regard à Montriveau, qui resta debout, la main appuyée sur une chaise. Combien de temps resta-t-il ainsi; jamais il ne le sut lui-même. L'âme a le pouvoir inconnu d'étendre comme de resserrer l'espace. Il ouvrit la porte du boudoir, il y faisait nuit. Une voix faible devint forte pour dire aigrement :

— Je n'ai pas sonné. D'ailleurs pourquoi donc entrer sans ordre? Laissez-moi.
— Tu souffres donc? s'écria Montriveau.
— Levez-vous, monsieur! reprit-elle en sonnant, et sortez d'ici, au moins pour un moment.
— Madame la duchesse demande de la lumière, dit-il au valet de chambre qui vint dans le boudoir y allumer les bougies.

Quand les deux amants furent seuls, madame de Langeais demeura couchée sur son divan, muette, immobile, absolument comme si Montriveau n'eût pas été là.

— Chère, dit-il avec un accent de douleur et de bonté sublime, j'ai tort. Je ne te voudrais certes pas sans religion...

— Il est heureux, répliqua-t-elle sans le regarder et d'une voix dure, que vous reconnaissiez la nécessité de la conscience. Je vous remercie pour Dieu.

Ici le général, abattu par l'inclémence de cette femme, qui savait devenir à volonté une étrangère ou une sœur pour lui, fit, vers la porte, un pas de désespoir, et allait l'abandonner à jamais sans lui dire un seul mot. Il souffrait, et la duchesse riait en elle-même des souffrances causées par une torture morale bien plus cruelle que ne l'était jadis la torture judiciaire. Mais il n'était pas maître de s'en aller.

En toute espèce de crise, une femme est en quelque sorte grosse d'une certaine quantité de paroles, et quand elle ne les a pas dites, elle éprouve la sensation que donne la vue d'une chose incomplète; or, madame de Langeais, qui n'avait pas tout dit, reprit la parole.

— Nous n'avons pas les mêmes convictions, général... j'en suis peinée. Il serait affreux pour la femme de ne pas croire à une religion qui permet d'aimer au delà du tombeau. Je mets à part les sentiments chrétiens, vous ne les comprenez pas; non, laissez-moi vous parler seulement de convenances. Voulez-vous interdire à une femme de la cour *la sainte table* quand il est reçu de s'en approcher à Pâques? mais il faut pourtant bien savoir faire quelque chose pour son parti. Les libéraux ne tueront pas, malgré leur désir, le sentiment religieux. La religion sera toujours une nécessité politique. Vous chargeriez-vous de gouverner un peuple de raisonneurs? Napoléon ne l'osait pas, il persécutait les idéologues. Pour empêcher les peuples de raisonner, il faut leur imposer des sentiments. Acceptons donc la religion catholique avec toutes ses conséquences. Si nous voulons que la France aille à la messe, ne devons-nous pas commencer par y aller nous-mêmes? La religion, Armand, est, vous le voyez, le lien des principes conservateurs qui permettent aux riches de vivre tranquilles. La religion est intimement liée à la propriété. Il est certes plus beau de conduire les peuples par des idées morales que par des échafauds, comme au temps de la terreur, seul moyen que votre détestable révolution ait inventé pour se faire obéir. Le prêtre et le roi, mais c'est vous, c'est moi, c'est la princesse ma voisine; ce sont en un mot tous les intérêts des honnêtes gens personnifiés. Allons, mon ami, veuillez donc être de votre parti, vous qui pourriez en devenir le Sylla, si vous aviez la moindre ambition. J'ignore la politique, moi, j'en raisonne par sentiment; mais j'en sais néanmoins assez pour deviner que la société serait renversée si l'on en laissait mettre à tout moment les bases en question.

— Si votre cour, si votre gouvernement pensent ainsi, vous me faites pitié, dit Montriveau. La Restauration, madame, doit se dire comme Catherine de Médicis quand elle crut la bataille de Dreux perdue : — Eh bien! nous irons au prêche! Or, 1815 est votre bataille de Dreux. Comme le trône de ce temps-là, vous l'avez gagnée en fait, mais perdue en droit. Le protestantisme politique est victorieux dans les esprits. Si vous ne voulez pas faire un Édit de Nantes; ou si, le faisant, vous le révoquez; si vous êtes un jour atteints et convaincus de ne plus vouloir de la Charte, qui n'est qu'un gage donné au maintien des intérêts révolutionnaires, la révolution se relèvera terrible, et ne vous donnera qu'un seul coup; ce n'est pas elle qui sortira de France; elle y est le sol même. Les hommes se laissent tuer; mais non les intérêts... Eh! mon Dieu, que nous font la France, le trône, la légitimité, le monde entier? Ce sont des billevesées auprès de mon bonheur. Régnez, soyez renversés, peu m'importe. Où suis-je donc?

— Mon ami, vous êtes dans le boudoir de madame la duchesse de Langeais.

— Non, non, plus de duchesse, plus de Langeais, je suis près de ma chère Antoinette!

— Voulez-vous me faire le plaisir de rester où vous êtes? dit-elle en riant et en le repoussant, mais sans violence.

— Vous ne m'avez donc jamais aimé! dit-il avec une rage qui jaillit de ses yeux par des éclairs.

— Non, mon ami.

Ce non valait un oui.

— Je suis un grand sot, reprit-il en baisant la main de cette terrible reine redevenue femme.

— Antoinette, reprit-il, s'appuyant la tête sur ses pieds, tu es trop chastement tendre pour dire nos bonheurs à qui que ce soit au monde.

— Ah! vous êtes un grand fou, dit-elle en se levant par un mouvement gracieux quoique vif. Et, sans ajouter une parole, elle courut dans le salon.

— Qu'a-t-elle donc? se demanda le général, qui ne savait pas deviner la puissance des commotions que sa tête fumante avait électriquement communiquées des pieds à la tête de sa maîtresse. Au moment où il arrivait furieux dans le salon, il y entendit de célestes accords. La duchesse était à son piano.

Les hommes de science ou de poésie qui peuvent à la fois comprendre et jouir sans que la réflexion nuise à leurs plaisirs, sentent que l'alphabet et la phraséologie musicale sont les instruments intimes du musicien, comme le bois ou le cuivre sont ceux de l'exécutant. Pour eux, il existe une musique à part au fond de la double expression de ce sensuel langage des âmes. *Andiamo, mio ben*, peut arracher des larmes de joie ou faire rire de pitié, selon la cantatrice. Souvent, çà et là, dans le monde, une jeune fille expirant sous le poids d'une peine inconnue, un homme dont l'âme vibre sous les pincements d'une passion, prennent un thème musical et s'entendent avec le ciel, ou se parlent à eux-mêmes dans quelque sublime mélodie, espèce de poëme perdu. Or, le général écoutait en ce moment une de ces poésies, inconnues autant que peut l'être la plainte solitaire d'un oiseau mort sans compagne dans une forêt vierge.

— Mon Dieu, que jouez-vous donc là? dit-il d'une voix émue.

— Le prélude d'une romance appelée, je crois, *Fleuve du Tage*.

— Je ne savais pas ce que pouvait être une musique de piano, reprit-il.

— Hé, mon ami, dit-elle en lui jetant pour la première fois un regard de femme amoureuse, vous ne savez pas non plus que je vous aime; que vous me faites horriblement souffrir; et qu'il faut bien que je me plaigne sans trop me faire comprendre, autrement je serais à vous... Mais vous ne voyez rien!

— Et vous ne voulez pas me rendre heureux?

— Armand, je mourrais de douleur le lendemain.

Le général sortit brusquement, mais quand il se trouva dans la rue, il essuya deux larmes qu'il avait eu la force de contenir dans ses yeux.

La religion dura trois mois. Ce terme expiré, la duchesse, ennuyée de ses redites, livra Dieu pieds et poings liés à son amant. Peut-être craignait-elle à force de parler éternité, de perpétuer l'amour du général en ce monde et dans l'autre.

Pour l'honneur de cette femme, il est nécessaire de la croire vierge, même de cœur, autrement elle serait trop horrible. Encore bien loin de cet âge où mutuellement l'homme et la femme se trouvent trop près de l'avenir pour perdre du temps et se chicaner leurs jouissances, elle en était, sans doute, non pas à son premier amour, mais à ses premiers plaisirs. Faute de pouvoir comparer le bien au mal, faute de souffrances qui lui eussent appris la valeur des trésors jetés à ses pieds, elle s'en jouait. Ne connaissant pas les éclatantes délices de la lumière, elle se complaisait à rester dans les ténèbres. Armand, qui commençait à entrevoir cette bizarre situation, espérait dans la première parole de la nature. Il pensait, tous les soirs, en sortant de chez madame de Langeais, qu'une femme n'acceptait pas pendant sept mois les soins d'un homme et les preuves d'amour les plus tendres, les plus délicates, ne s'abandonnait pas aux exigences superficielles d'une passion, pour la tromper en un moment, et il attendait patiemment la saison du soleil, ne doutant pas qu'il n'en recueillît les fruits dans leur primeur.

Il avait parfaitement conçu les scrupules de la femme mariée et les scrupules religieux. Il était même joyeux de ces combats. Il trouvait la duchesse pudique, là où elle n'était qu'horriblement coquette; et il ne l'aurait pas voulue autrement. Il aimait donc à lui voir inventer des obstacles; n'en triomphait-il pas graduellement? et chaque triomphe n'augmentait-il pas la faible somme des privautés amoureuses longtemps défendues, puis concédées par elle avec tous les semblants de l'amour? Mais il avait si bien dégusté les menues et processives conquêtes dont se repaissent les amants timides, qu'elles étaient devenues des habitudes pour lui. En fait d'obstacles, il n'avait donc plus que ses propres terreurs à vaincre, car il ne voyait plus à son bonheur d'autre empêchement que les caprices de celle qui se laissait appeler *Antoinette*. Alors il résolut de vouloir plus, de vouloir tout. Embarrassé comme un amant jeune encore qui n'ose pas croire à l'abaissement de son idole, il hésita longtemps, et connut ces terribles réactions du cœur, ces volontés bien arrêtées qu'un mot anéantit, ces décisions prises qui expirent au seuil d'une porte. Il se méprisait de ne pas avoir la force de dire un mot, et ne le disait pas. Néanmoins, un soir il procéda par une sombre mélancolie à la demande farouche de ses droits illégalement légitimes. La duchesse n'attendit pas la requête de son esclave pour en deviner le désir. Un désir d'homme est-il jamais secret; les femmes n'ont-elles pas toute la science infuse de certains bouleversements de physionomie?

— Hé quoi! voulez-vous cesser d'être mon ami? dit-elle en l'interrompant au premier mot, et lui jetant des regards embellis par une divine rougeur qui coula comme un sang nouveau sous son teint diaphane. Pour me récompenser de mes générosités, vous voulez me déshonorer. Réfléchissez donc un peu! Moi, j'ai beaucoup réfléchi; je pense toujours à *nous*. Il existe une probité de femme, à laquelle nous ne devons pas plus manquer que vous ne devez faillir à l'honneur. Moi, je ne sais pas tromper. Si je suis à vous, je ne pourrais plus être en aucune manière la femme de M. de Langeais. Vous exigez donc le sacrifice de ma position, de mon rang, de ma vie, pour un douteux amour qui n'a pas eu sept mois de patience. Comment! déjà vous voudriez me ravir la libre disposition de moi-même? Non, non, ne me parlez plus ainsi. Non, ne me dites rien. Je ne veux pas, je ne dois pas vous entendre.

Là, madame de Langeais prit sa coiffure à deux mains pour reporter en arrière les touffes de boucles qui lui échauffaient le front, et parut très-animée.

— Vous venez chez une faible créature avec des calculs bien arrêtés, en vous disant : Elle me parlera de son mari pendant un certain temps, puis de Dieu, puis des suites inévitables de l'amour, mais j'userai, j'abuserai de l'influence que j'aurai conquise; je me rendrai nécessaire; j'aurai pour moi les liens de l'habitude, les arrangements tout faits par le public; enfin, quand le monde aura fini par accepter notre liaison, je serai le maître de cette femme. Soyez franc, ce sont là vos pensées... Ah! vous calculez, et vous dites aimer. Fi! Vous êtes amoureux, je le crois. Vous me désirez et voulez m'avoir pour maîtresse, voilà tout. Hé bien! non, *la duchesse de Langeais* ne descendra pas jusque-là. Que de naïves bourgeoises soient les dupes de vos faussetés; moi, je ne le serai jamais. Rien ne m'assure de votre amour. Vous me parlez de ma beauté, je puis devenir laide, en six mois, comme la chère princesse, ma voisine. Vous êtes ravi de mon esprit, de ma grâce; mon Dieu, vous vous y accoutumerez, comme vous vous accoutumeriez au plaisir. Ne vous êtes-vous pas habitué depuis quelques mois aux faveurs que j'ai eu la faiblesse de vous accorder? Quand je serai perdue, un jour, vous ne me donnerez d'autre raison de votre changement que le mot décisif : — Je n'aime plus. Rang, fortune, honneur, toute la duchesse de Langeais se sera engloutie dans une espérance trompée. J'aurai des enfants qui attesteront ma honte, et...

Mais, reprit-elle, en laissant échapper un geste d'impatience, je suis trop bonne de vous expliquer ce que vous savez mieux que moi. Allons! restons-en là. Je suis trop heureuse de pouvoir encore briser les liens que vous croyez si forts. Y a-t-il donc quelque chose de si héroïque à être venu à l'hôtel de Langeais passer, tous les soirs, quelques instants auprès d'une femme dont le babil vous plaisait, dont vous vous amusiez comme d'un joujou? Mais quelques jeunes fats arrivent chez moi de trois heures à cinq heures, aussi régulièrement que vous venez le soir. Ceux-là sont donc bien généreux. Je me moque d'eux, ils supportent assez tranquillement mes boutades, mes impertinences, et me font rire; tandis que vous, à qui j'accorde les plus précieux trésors de mon âme, vous voulez me perdre, et me causez mille ennuis.

Taisez-vous, assez, assez, dit-elle en le voyant prêt à parler, vous n'avez ni cœur, ni âme, ni délicatesse. Je sais ce que vous voulez me dire. Eh bien, oui. J'aime mieux passer à vos yeux pour une femme froide, insensible, sans dévouement, sans cœur même, que de passer aux yeux du monde pour une femme ordinaire, que d'être condamnée à des peines éternelles, après avoir été condamnée à vos prétendus plaisirs qui vous lasseront certainement. Votre égoïste amour ne vaut pas tant de sacrifices...

Ces paroles représentent imparfaitement celles que fredonna la duchesse avec la vive prolixité d'une serinette. Certes, elle put parler longtemps, le pauvre Armand n'opposait pour toute réponse à ce torrent de notes flûtées qu'un silence plein de sentiments horribles. Pour la première fois, il entrevoyait la coquetterie de cette femme et devinait instinctivement que l'amour dévoué, l'amour partagé ne calculait pas, ne raisonnait pas ainsi chez une femme vraie. Puis il éprouvait une sorte de honte en se souvenant d'avoir involontairement fait les calculs dont les odieuses pensées lui étaient reprochées. Puis en s'examinant avec une bonne foi tout angélique, il ne trouvait que de l'égoïsme dans ses paroles, dans ses idées, dans ses réponses conçues et non exprimées. Il se donna tort; et, dans son désespoir, il eut l'envie de se précipiter par la fenêtre. Le *moi* le tuait. Que dire en effet à une femme qui ne croit pas à l'amour? — Laissez moi vous prouver combien je vous aime. » Toujours *moi*.

Montriveau ne savait pas, comme, en ces sortes de circonstances, le savent les héros de boudoir, imiter le rude logicien marchant devant les Pyrrhoniens, qui niaient le mouvement. Cet homme audacieux manquait précisément de l'audace habituelle aux amants qui connaissent les formules de l'algèbre féminine. Si tant de femmes et même les plus vertueuses sont la proie des gens habiles en amour auxquels le vulgaire donne un méchant nom, peut-être est-ce parce qu'ils sont de grandes preuves; et que l'amour veut, malgré sa délicieuse poésie de sentiment, un peu plus de géométrie qu'on ne le pense.

Or, la duchesse et Montriveau se ressemblaient en ce point qu'ils étaient également inexperts en amour. Elle en connaissait très-peu la théorie, elle en ignorait la pratique, ne sentait rien et réfléchissait à tout. Montriveau connaissait peu de pratique, ignorait la théorie, et sentait trop pour réfléchir. Tous deux subissaient donc le malheur de cette situation bizarre.

En ce moment suprême, ses myriades de pensées pouvaient se réduire à celle-ci : — « Laissez-vous posséder. » Phrase horriblement égoïste pour une femme chez qui ces mots n'apportaient aucun souvenir et ne réveillaient aucune image. Néanmoins, il fallait répondre. Or, quoiqu'il eût le sang fouetté par ces petites phrases en forme de flèches, bien aiguës, bien froides, bien acérées, écochées coup sur coup, Montriveau devait aussi cacher sa rage, pour ne pas tout perdre par une extravagance.

— Madame la duchesse, je suis au désespoir que Dieu n'ait pas inventé pour la femme une autre façon de confirmer le don de son cœur que d'y ajouter celui de sa personne. Le haut prix que vous attachez à vous-même me montre que je ne dois pas en attacher un moindre. Si vous me donnez votre âme et tous vos sentiments, comme vous me le dites, qu'importe donc le reste? D'ailleurs, si mon bonheur vous est un si pénible sacrifice, n'en parlons plus. Seulement vous pardonnerez à un homme de cœur de se trouver humilié en se voyant pris pour épagneul.

Le ton de cette dernière phrase eût peut-être effrayé d'autres femmes; mais quand une de ces porte-jupes s'est mise au-dessus de tout, en se laissant diviniser, aucun pouvoir ici-bas n'est orgueilleux comme elle sait être orgueilleuse.

— Monsieur le marquis, je suis au désespoir que Dieu n'ait pas inventé pour l'homme une plus noble façon de confirmer le don de son cœur que la manifestation de désirs prodigieusement vulgaires. Si en donnant notre personne, nous devenons esclaves, un homme ne s'engage à rien en nous acceptant. Qui m'assurera que je serai toujours aimée? L'amour que je déploierais à tout moment pour vous mieux attacher à moi serait peut-être une raison d'être abandonnée. Je ne veux pas faire une seconde édition de l'histoire de madame de Beauséant. Sait-on jamais ce qui vous retient près de nous? Notre constante froideur est le secret de la constante passion de quelques-uns d'entre vous; à d'autres, il faut un dévouement perpétuel, une adoration de tous les moments; à ceux-ci, la douceur; à ceux-là, le despotisme. Aucune femme n'a encore pu bien déchiffrer vos cœurs.

Il y eut une pause, après laquelle elle changea le ton.

— Enfin, mon ami, vous ne pouvez pas empêcher une femme de trembler à cette question : — serai-je aimée toujours ? Quelque dures qu'elles soient, mes paroles me sont dictées par la crainte de vous perdre. Mon Dieu ! ce n'est pas moi, cher, qui parle, mais la raison ; et comment s'en trouve-t-il chez une personne aussi folle que je suis ? en vérité, je n'en sais rien.

Entendre cette réponse commencée par la plus déchirante ironie, et terminée par les accents les plus mélodieux dont une femme se soit servie pour peindre l'amour dans son ingénuité, n'était-ce pas aller en un moment du martyre au ciel ? Montriveau pâlit, et tomba pour la première fois de sa vie aux genoux d'une femme. Il baisa le bas de la robe de la duchesse, les pieds, les genoux ; mais, pour l'honneur du faubourg Saint-Germain, il est nécessaire de ne pas révéler le mystère de ses boudoirs, où l'on voulait tout de l'amour, moins ce qui pouvait attester l'amour.

— Chère Antoinette, s'écria Montriveau dans le délire où le plongea l'entier abandon de la duchesse, qui se crut généreuse en se laissant adorer. Oui, tu as raison, je ne veux pas que tu conserves de doutes. En ce moment, je tremble aussi d'être quitté par l'ange de ma vie, et voudrais inventer pour nous des liens indissolubles.

— Ah ! dit elle tout bas, tu vois, j'ai donc raison.

— Laissez-moi finir, reprit Armand, je vais d'un seul mot dissiper toutes tes craintes. Écoute, si je t'abandonnais, je mériterais mille morts. Sois toute à moi, je te donnerai le droit de me tuer si je trahissais. J'écrirai moi-même une lettre par laquelle je déclarerai certains motifs qui me contraindraient à me tuer ; enfin, j'y mettrai mes dernières dispositions. Tu posséderas ce testament qui légitimerait ma mort, et pourras ainsi te venger sans avoir rien à craindre de Dieu ni des hommes.

— Ai-je besoin de cette lettre ? Si j'avais perdu ton amour, que me ferait la vie ? Si je voulais te tuer, ne saurais-je pas te suivre ? Non, je te remercie de l'idée, mais je ne veux pas de cette lettre. Ne pourrais-je pas croire que tu m'es fidèle par crainte ; ou, le danger d'une infidélité ne pourrait-il pas être un attrait pour celui qui livre ainsi sa vie ? Armand, ce que je demande est seul difficile à faire.

— Et que veux-tu donc ?

— Ton obéissance et ma liberté.

— Mon Dieu, s'écria-t-il, je suis comme un enfant.

— Un enfant volontaire et bien gâté, dit-elle en caressant l'épaisse chevelure de cette tête qu'elle garda sur ses genoux. Oh ! oui, bien plus aimé qu'il ne le croit, et cependant bien désobéissant. Pourquoi ne pas rester ainsi ; pourquoi ne pas me sacrifier des désirs qui m'offensent ; pourquoi ne pas accepter ce que j'accorde, si c'est tout ce que je puis honnêtement octroyer ? N'êtes-vous donc pas heureux ?

— Oh ! oui, dit-il, je suis heureux quand je n'ai point de doutes. Antoinette, en amour, douter, n'est-ce pas mourir ?

Et il se montra tout à coup ce qu'il était et ce que sont tous les hommes sous le feu des désirs, éloquent, insinuant. Après avoir goûté les plaisirs permis sans doute par un secret et jésuitique oukase, la duchesse éprouva ces émotions cérébrales dont l'habitude lui avait rendu l'amour d'Armand nécessaire autant que l'étaient le monde, le bal et l'Opéra.

Se voir adorée par un homme dont la supériorité, le caractère, inspirent de l'effroi, en faire un enfant ; jouer, comme Poppée avec un Néron ; beaucoup de femmes, comme firent les épouses d'Henri VIII, ont payé ce périlleux bonheur de tout le sang de leurs veines. Hé bien, pressentiment bizarre, en lui livrant les jolis cheveux blanchement blonds dans lesquels il aimait à promener ses doigts, en sentant la petite main de cet homme vraiment grand la presser, en jouant elle-même avec les touffes noires de sa chevelure, dans ce boudoir où elle régnait, la duchesse se disait : — Cet homme est capable de me tuer, s'il s'apercevait que je m'amuse de lui.

M. de Montriveau resta jusqu'à deux heures du matin près de sa maîtresse, qui, de ce moment, ne lui parut plus ni une duchesse, ni une Navarreins ; elle avait poussé le déguisement jusqu'à paraître femme. Pendant cette délicieuse soirée, la plus douce préface que jamais Parisienne ait faite pour ce que le monde appelle *une faute*, il fut permis au général de voir, en elle, malgré les minauderies d'une pudeur jouée, toute la beauté des jeunes filles. Il put penser avec quelque raison que tant de querelles capricieuses formaient des voiles dont son âme céleste s'était vêtue, et qu'il fallait lever un à un, comme ceux dont elle enveloppait son adorable personne. Elle fut pour lui la plus naïve, la plus ingénue des maîtresses, et il en fit la femme de son choix. Il s'en alla tout heureux de l'avoir enfin amenée à lui donner tant de gages d'amour, qu'il lui semblait impossible de ne pas être désormais, pour elle, un époux secret dont le choix était approuvé par Dieu.

Dans cette pensée, avec la candeur de ceux qui sentent toutes les obligations de l'amour en en savourant les plaisirs, Armand revint chez lui lentement. Il suivit les quais, afin de voir le plus grand espace possible de ciel ; il voulait élargir le firmament et la nature en se trouvant le cœur agrandi. Ses poumons lui paraissaient aspirer plus d'air qu'ils n'en prenaient la veille. En marchant, il s'interrogeait, et se promettait d'aimer si religieusement cette femme, qu'elle pût trouver tous les jours une absolution de ses fautes sociales dans un constant bonheur. Douces agitations d'une vie pleine! Les hommes qui ont assez de force pour teindre leur âme d'un sentiment unique, ressentent des jouissances infinies en contemplant par échappées toute une vie incessamment ardente, comme certains religieux pouvaient contempler la lumière divine dans leurs extases. Sans cette croyance en sa perpétuité, l'amour ne serait rien ; la constance le grandit. Ce fut ainsi qu'en s'en allant en proie à son bonheur, Montriveau comprenait la passion.

— Nous sommes donc l'un à l'autre, à jamais !

Cette pensée était pour cet homme un talisman qui réalisait les vœux de sa vie. Il ne se demandait pas si la duchesse changerait, si cet amour durerait; non, il avait la foi, l'une des vertus sans laquelle il n'y a pas d'avenir chrétien, mais qui peut-être est encore plus nécessaire aux sociétés. Pour la première fois, il concevait la vie par les sentiments, lui qui n'avait encore vécu que par l'action la plus exorbitante des forces humaines, le dévouement corporel du soldat.

Le lendemain, M. de Montriveau se rendit de bonne heure au faubourg Saint-Germain. Il avait un rendez-vous dans une maison voisine de l'hôtel de Langeais, où, quand ses affaires furent faites, il alla comme on va chez soi. Le général marchait alors de compagnie avec un homme pour lequel il paraissait avoir une sorte d'aversion quand il le rencontrait dans les salons. Cet homme était le marquis de Ronquerolles, dont la réputation devint si grande dans les boudoirs de Paris ; homme d'esprit, de talent, homme de courage surtout, et qui donnait le ton à toute la jeunesse de Paris ; un galant homme dont les succès et l'expérience étaient également enviés, et auquel ne manquaient ni la fortune, ni la naissance, qui ajoutent à Paris tant de lustre aux qualités des gens à la mode.

— Où vas-tu ?... dit M. de Ronquerolles à Montriveau.

— Chez madame de Langeais.

— Ah ! c'est vrai, j'oubliais que tu t'es laissé prendre à sa glu. Tu perds un amour que tu pourrais bien mieux employer. J'avais à te donner dans la Banque dix femmes qui valent mille fois mieux que cette courtisane titrée, qui fait avec sa tête ce que d'autres femmes plus franches font...

— Que dis-tu là, mon cher ? dit Armand en interrompant Ronquerolles, la duchesse est un ange de candeur.

Ronquerolles se prit à rire.

— Puisque tu en es là, mon cher, dit-il, je dois t'éclairer. Un seul mot! entre nous, il est sans conséquence. La duchesse t'appartient-elle ? En ce cas, je n'aurai rien à dire. Allons, fais-moi tes confidences. Il s'agit de ne pas perdre ton temps à greffer ta belle âme sur une nature ingrate, qui laisse avorter les espérances de la culture.

Quand Armand eut naïvement fait une espèce d'état de situation dans lequel il mentionna minutieusement les droits qu'il avait si péniblement obtenus, Ronquerolles partit d'un éclat de rire si cruel, qu'à tout autre il aurait coûté la vie. Mais à voir de quelle manière ces deux êtres se regardaient et se parlaient seuls au coin d'un mur, aussi loin des hommes qu'ils eussent pu l'être au milieu d'un désert, il était facile de présumer qu'une amitié sans bornes les unissait, et qu'aucun intérêt humain ne pouvait les brouiller.

— Mon cher Armand, pourquoi ne m'as-tu pas dit que tu t'embarrassais de la duchesse, je t'aurais donné quelques conseils qui t'auraient fait mener à bien cette intrigue. Apprends d'abord que les femmes de notre faubourg aiment, comme toutes les autres, à se baigner dans l'amour ; mais elles veulent posséder sans être possédées. Elles ont transigé avec la nature. La jurisprudence de la paroisse leur a presque tout permis, moins le péché mortel. Les friandises dont te régale la jolie duchesse sont des péchés véniels dont elle se lave dans les eaux de la pénitence. Mais si tu avais l'impertinence de vouloir sérieusement ce même péché mortel auquel tu dois naturellement attacher la plus haute importance, tu verrais avec quel profond dédain la porte du boudoir et de l'hôtel te serait incontinent fermée. La tendre Antoinette aurait tout oublié, tu serais moins que zéro pour elle. Tes baisers, mon cher ami, seraient essuyés avec l'indifférence qu'une femme met aux choses de sa toilette. Elle épongerait l'amour sur ses joues comme elle en ôte le rouge. Nous connaissons ces sortes de femmes, la Parisienne toute pure. As-tu jamais vu dans les rues une grisette trottant menu ? Sa tête vaut un tableau : joli bonnet, joues fraîches, cheveux coquets, fin sourire, le reste est à peine soigné. N'en est-ce pas bien le portrait ? Voilà la Parisienne. Elle sait que sa tête seule sera vue ; à sa tête, tous les soins, les parures, les vanités. Hé bien ! ta duchesse est toute tête. Elle ne sent que par sa tête, elle a un cœur dans la tête, une voix de tête, elle est friande par la tête. Nous nommons cette pauvre chose une Laïs intellectuelle. Tu es joué comme un enfant. Si tu en doutes, tu en auras la preuve ce soir, ce matin, à l'instant. Monte chez elle, essaye de demander, de vouloir impérieusement ce que l'on te refuse ; quand même tu t'y prendrais comme feu monsieur le maréchal de Richelieu, néant au placet.

Armand était hébété.

— La désires-tu donc au point d'en être devenu sot?

— Je la veux à tout prix! s'écria Montriveau désespéré.

— Hé bien, écoute. Sois aussi implacable qu'elle le sera; tâche de l'humilier, de piquer sa vanité; d'intéresser non pas le cœur, non pas l'âme, mais les nerfs et la lymphe de cette femme à la fois nerveuse et lymphatique. Si tu peux lui faire naître un désir, tu es sauvé. Mais quitte tes belles idées d'enfant. Si, l'ayant pressée dans tes serres d'aigle, tu cèdes, si tu recules, si l'un de tes sourcils remue, si elle croit pouvoir encore te dominer, elle glissera de tes griffes comme un poisson et s'échappera pour ne plus se laisser prendre. Sois inflexible comme la loi. N'aie pas plus de charité que n'en a le bourreau. Frappe. Quand tu auras frappé, frappe encore. Frappe toujours, comme si tu donnais le knout. Les duchesses sont dures, mon cher Armand, et ces natures de femmes ne s'amollissent que sous les coups. La souffrance leur donne un cœur, et c'est œuvre de charité que de les frapper. Frappe donc sans cesse. Ah! quand la douleur aura bien attendri ces nerfs, ramolli ces fibres que tu crois douces et molles; fait battre un cœur sec, qui, à ce jeu, reprendra de l'élasticité; quand la cervelle aura cédé, la passion entrera peut-être dans les ressorts métalliques de cette machine à larmes, à manières, à évanouissements, à phrases fondantes, et tu verras le plus magnifique des incendies, si toutefois la cheminée prend feu. Alors ce système d'acier femelle aura le rouge du fer dans la forge, une chaleur plus durable que toute autre, et cette incandescence deviendra peut-être de l'amour. Néanmoins, j'en doute! Puis, la duchesse vaut-elle tant de peines? Entre nous, elle aurait besoin d'être préalablement formée par un homme comme moi, j'en ferais une femme charmante, elle a du sang; tandis qu'à vous deux, vous en resterez à l'A B C de l'amour. Mais tu aimes, et tu ne partagerais pas en ce moment mes idées sur cette matière.

Bien du plaisir, mes enfants, ajouta Ronquerolles en riant et après une pause. Je me suis prononcé, moi, en faveur des femmes faciles: au moins, elles sont tendres, elles aiment au naturel, et non avec ces assaisonnements sociaux. Mon pauvre garçon, une femme qui se chicane, qui ne veut qu'inspirer de l'amour? eh, mais il faut en avoir une comme on a un cheval de luxe; voir, dans le combat du confessionnal contre le canapé, ou du blanc contre le noir, de la reine contre le fou, des scrupules contre le plaisir, une partie d'échecs fort divertissante à jouer. Un homme tant soit peu roué, qui sait le jeu, donne le mat en trois coups, à volonté. Si j'entreprenais une femme de ce genre, je me donnerais pour but de...

Il dit un mot à l'oreille d'Armand et le quitta brusquement pour ne pas entendre de réponse.

Quant à Montriveau, d'un bond, il sauta dans la cour de l'hôtel de Langeais, monta chez la duchesse; et, sans se faire annoncer, il entra chez elle, dans sa chambre à coucher.

— Mais cela ne se fait pas, dit-elle en croisant à la hâte son peignoir. Armand, vous êtes un homme abominable. Allons, laissez-moi, je vous prie. Sortez, sortez donc. Attendez-moi dans le salon. Allez.

— Chère ange, dit-il, un époux n'a-t-il donc aucun privilège?

— Mais c'est d'un goût détestable, monsieur, soit à un époux, soit à un mari, de surprendre ainsi sa femme.

Il vint à elle, la prit, la serra dans ses bras:

— Pardonne, ma chère Antoinette, mais mille soupçons mauvais me travaillent le cœur.

— Des soupçons, fi! Ah, fi, fi donc.

— Des soupçons presque justifiés. Si tu m'aimais, me ferais-tu cette querelle? N'aurais-tu pas été contente de me voir, n'aurais-tu pas senti je ne sais quel mouvement au cœur? Mais moi qui ne suis pas femme, j'éprouve des tressaillements intimes au seul son de ta voix. L'envie de te sauter au cou m'a souvent pris au milieu d'un bal.

— Ah! si vous avez des soupçons, tant que je ne vous aurai pas sauté au cou devant tout le monde, je crois que je serai soupçonnée pendant toute ma vie; mais, auprès de vous, Othello n'est qu'un enfant...

— Ha! dit-il au désespoir, je ne suis pas aimé...

— Du moins, en ce moment, convenez que vous n'êtes pas aimable.

— J'en suis donc encore à vous plaire?

— Ah! je le crois. Allons, dit-elle d'un petit air impératif, sortez, laissez-moi. Je ne suis pas comme vous, moi; je veux toujours vous plaire...

Jamais aucune femme ne sut, mieux que madame de Langeais, mettre autant de grâce dans son impertinence, et n'est-ce pas en doubler l'effet, n'est-ce pas à rendre furieux l'homme le plus froid? En ce moment ses yeux, le son de sa voix, son attitude attestèrent une sorte de liberté parfaite qui n'est jamais chez la femme aimante, quand elle se trouve en présence de celui dont la seule vue doit la faire palpiter. Déniaisé par les avis du marquis de Ronquerolles, encore aidé par cette rapide intussusception, dont les passions douent momentanément les êtres les moins sagaces, mais qui se trouve si complète chez les hommes de génie, Armand devina la terrible vérité que trahissait l'aisance de la duchesse, et son cœur se gonfla d'un orage comme un lac prêt à se soulever.

— Si tu disais vrai, hier; sois à moi, ma chère Antoinette, s'écria-t-il, je veux...

— D'abord, dit-elle en le repoussant avec force et calme, lorsqu'elle le vit s'avancer, ne me compromettez pas. Ma femme de chambre pourrait vous entendre. Respectez-moi, je vous prie. Votre familiarité est très-bonne, le soir, dans mon boudoir; mais ici, point. Puis, que signifie votre *je veux!* Je veux! Personne ne m'a dit encore ce mot. Il me semble très-ridicule, parfaitement ridicule.

— Vous ne me céderiez rien sur ce point? dit-il.

— Ah! vous nommez un point, la libre disposition de nous-mêmes; un point très-capital, en effet; et vous me permettrez d'être, en ce point, tout à fait la maîtresse.

— Et si, me fiant en vos promesses, je l'exigeais!

— Ah! vous me prouveriez que j'aurais eu le plus grand tort de vous faire la plus légère promesse, je ne serais pas assez sotte pour la tenir, et je vous prierais de me laisser tranquille.

Montriveau pâlit, voulut s'élancer, la duchesse sonna, sa femme de chambre parut, et cette femme lui dit en souriant avec une grâce moqueuse : — Ayez la bonté de revenir quand j'aurai fini ma toilette.

Alors Armand de Montriveau sentit la dureté de cette femme froide et tranchante autant que l'acier. Elle était écrasante de mépris. En un moment, elle avait brisé des liens qui n'étaient forts que pour son amant. La duchesse avait lu sur le front d'Armand les exigences secrètes de cette visite, et avait jugé que l'instant était venu de faire sentir à ce soldat impérial que les duchesses pouvaient bien se prêter à l'amour, mais ne s'y donnaient pas, et que leur conquête était plus difficile à faire que ne l'avait été celle de l'Europe.

— Madame, dit Armand, je n'ai pas le temps d'attendre. Je suis, vous l'avez dit vous-même, un enfant gâté. Quand je voudrai sérieusement ce dont nous parlions tout à l'heure, je l'aurai.

— Vous l'aurez?... dit-elle d'un air de hauteur, auquel se mêla quelque surprise.

— Je l'aurai.

— Ah! vous me feriez bien plaisir de le vouloir. Pour la curiosité du fait, je serais charmée de savoir comment vous vous y prendriez...

— Je suis enchanté, répondit Montriveau en riant de façon à effrayer la duchesse, de mettre un intérêt dans votre existence. Me permettrez-vous de venir vous chercher pour aller au bal ce soir?

— Je vous rends mille grâces; M. de Genouillac vous a prévenu, j'ai promis.

Montriveau salua gravement et se retira.

— Ronquerolles a donc raison, pensa-t-il, nous allons jouer maintenant une partie d'échecs.

Dès lors il cacha ses émotions sous un calme complet. Aucun homme n'est assez fort pour pouvoir supporter ces changements, qui font passer rapidement l'âme du plus grand bien à des malheurs suprêmes. N'avait-il donc aperçu la vie heureuse que pour mieux sentir le vide de son existence précédente? Ce fut un terrible orage; mais il savait souffrir, et reçut l'assaut de ses pensées tumultueuses, comme un rocher de granit reçoit les lames de l'Océan courroucé.

— Je n'ai rien pu lui dire; car, en sa présence, je n'ai plus de cœur! Elle ne sait pas à quel point elle est vile et méprisable. Personne n'a osé mettre cette créature en face d'elle-même. Elle a sans doute joué bien des hommes! Je les vengerai tous.

Pour la première fois peut-être, dans un cœur d'homme, l'amour et la vengeance se mêlèrent si également qu'il était impossible à Montriveau lui-même de savoir qui de l'amour, qui de la vengeance l'emporterait. Il se trouva le soir même au bal où devait être la duchesse de Langeais, et désespéra presque d'atteindre cette femme à laquelle il fut tenté d'attribuer quelque chose de démoniaque. Elle se montra pour lui gracieuse et pleine d'agréables sourires. Elle ne voulait pas sans doute laisser croire au monde qu'elle s'était compromise avec M. de Montriveau.

Une mutuelle bouderie trahit l'amour. Mais que la duchesse ne changeât rien à ses manières, alors que le marquis était sombre et chagrin; n'était-ce pas faire voir qu'Armand n'avait rien obtenu d'elle? Le monde sait bien deviner le malheur des hommes dédaignés, et ne le confond point avec les brouilles que certaines femmes ordonnent à leurs amants d'affecter dans l'espoir de cacher un mutuel amour. Et chacun se moqua de Montriveau qui, n'ayant pas consulté son cornac, resta rêveur, souffrant; tandis que M. de Ronquerolles lui eût prescrit peut-être de compromettre la duchesse en répondant à ses fausses amitiés par des démonstrations passionnées. Armand de Montriveau quitta le bal, ayant horreur de la nature humaine, et croyant encore à peine à d'aussi complètes perversités.

— S'il n'y a pas de bourreaux pour de semblables crimes, dit-il en regardant les croisées lumineuses où dansaient, causaient et riaient les plus séduisantes femmes de Paris, je te prendrai par le chignon du cou, madame la duchesse, et j't'y ferai sentir un fer plus mordant que ne l'est le couteau de la Grève. Acier contre acier, nous verrons quel cœur sera plus tranchant.

## LA FEMME VRAIE.

> Et cœurs guastez de tout poinct ne sourd que venins de vindicte.
> LES CENT CONTES DROLATIQUES ; Troizieeme dixain.
> *Berthe la repentie.*
>
> L'amour crée dans la femme une femme nouvelle, celle de la veille n'existe plus le lendemain.
> LES MARANA.

Pendant une semaine environ, madame de Langeais espéra revoir le marquis de Montriveau ; mais Armand se contenta d'envoyer tous les matins sa carte à l'hôtel de Langeais. Chaque fois que cette carte était remise à la duchesse, elle ne pouvait s'empêcher de tressaillir, frappée par de sinistres pensées, mais indistinctes comme l'est un pressentiment de malheur. En lisant ce nom, tantôt elle croyait sentir dans ses cheveux la main puissante de cet homme implacable, tantôt ce nom lui pronostiquait des vengeances que son mobile esprit lui faisait atroces. Serait-elle assassinée ? Cet homme à cou de taureau l'éventrerait-il en la lançant au-dessus de sa tête, la foulerait-il aux pieds ; quand, où, comment la saisirait-il ; la ferait-il bien souffrir, et quel genre de souffrance méditait-il de lui imposer ? Elle l'avait trop bien étudié pour ne pas le craindre ; elle se repentait. A certaines heures, s'il était venu, elle se serait jetée dans ses bras avec un complet abandon. Chaque soir, en s'endormant, elle revoyait la physionomie de Montriveau sous un aspect différent. Tantôt son sourire amer ; tantôt la contraction jupitérienne de ses sourcils, son regard de lion, ou quelque hautain mouvement d'épaules e lui faisaient terrible. Alors, le lendemain, la carte ui semblait couverte de sang. Elle vivait agitée par ce nom, plus qu'elle ne l'avait été par l'amant fougueux, opiniâtre, exigeant. Puis ses appréhensions grandissaient encore dans le silence ; elle était obligée de se préparer, sans secours étranger, à une lutte horrible dont il ne lui était pas permis de parler.

Cette âme, fière et dure, était plus sensible aux titillations de la haine qu'elle ne l'avait été naguère aux caresses de l'amour. Ah ! si le général avait pu voir sa maîtresse au moment où elle amassait les plis de son front entre ses sourcils, en se plongeant dans d'amères pensées, au fond de ce boudoir où il avait savouré tant de joies, peut-être eût-il conçu de grandes espérances. La fierté n'est-elle pas un des sentiments humains qui ne peut enfanter que de nobles actions. Quoique madame de Langeais gardât le secret de ses pensées, il est permis de supposer que M. de Montriveau ne lui était plus indifférent. N'est-ce pas une immense conquête pour un homme que d'occuper une femme ? Chez elle, il doit nécessairement se faire un progrès dans un sens ou dans l'autre. Mettez une créature féminine sous les pieds d'un cheval furieux, en face de quelque animal terrible ; elle tombera, certes, sur les genoux, elle attendra la mort ; mais si la bête est clémente et ne la tue pas entièrement, elle aimera le cheval, le lion, le taureau, elle en parlera tout aise encore. La duchesse se sentait sous les pieds du lion ; elle tremblait, elle ne haïssait pas.

Ces deux personnes, si singulièrement posées l'une en face de l'autre, se rencontrèrent trois fois dans le monde durant cette semaine. Chaque fois, en réponse à de coquettes interrogations, la duchesse reçut d'Armand des saluts respectueux et des sourires empreints d'une ironie si cruelle, qu'ils confirmaient toutes les appréhensions inspirées le matin par la carte de visite. La vie n'est que ce que nous la font les sentiments ; les sentiments avaient creusé des abîmes entre ces deux personnes.

La comtesse de Serizy, sœur du marquis de Ronquerolles, donnait au commencement de la semaine suivante un grand bal auquel devait venir madame de Langeais. La première figure que vit la duchesse en entrant fut celle d'Armand. Armand l'attendait cette fois, elle le crut du moins. Tous deux échangèrent un regard. Une sueur froide sortit soudain de tous les pores de cette femme. Elle avait cru Montriveau capable de quelque vengeance inouïe, proportionnée à leur état. La vengeance était trouvée, elle était prête, elle était chaude, elle bouillonnait. Les yeux de cet amant trahi lui lancèrent les éclairs de la foudre, et son visage rayonnait de haine heureuse. Aussi, malgré la volonté qu'avait la duchesse d'exprimer la froideur et l'impertinence, son regard resta-t-il morne. Elle alla se placer près de la comtesse de Serizy, qui ne put s'empêcher de lui dire :

— Qu'avez-vous, ma chère Antoinette ? Vous êtes à faire peur.

— Une contredanse va me remettre, répondit-elle en donnant la main à un jeune homme qui s'avançait.

Madame de Langeais se mit à valser avec une sorte de fureur et d'emportement que redoubla le regard pesant de Montriveau. Il resta debout, en avant de ceux qui s'amusaient à voir les valseurs. Chaque fois que sa maîtresse passait devant lui, ses yeux plongeaient sur cette tête tournoyante, comme ceux d'un tigre sûr de sa proie. La valse finie, la duchesse vint s'asseoir près de la comtesse, et le marquis ne cessa de la regarder en s'entretenant avec un inconnu.

— Monsieur, lui disait-il, l'une des choses qui m'ont le plus frappé dans ce voyage (la duchesse était tout oreilles), est la phrase que prononce le gardien de Westminster en vous montrant la hache avec laquelle un homme masqué trancha, dit-on, la tête de Charles I<sup>er</sup>.

— Que dit-il? demanda madame de Serizy.

— *Ne touchez pas à la hache*, répondit Montriveau d'un son de voix où il y avait de la menace.

— En vérité, monsieur le marquis, dit la duchesse de Langeais, vous regardez mon cou d'un air si mélodramatique, en répétant cette vieille histoire, connue de tous ceux qui vont à Londres, qu'il me semble vous voir une hache à la main...

Ces derniers mots furent prononcés en riant, quoiqu'une sueur froide eût saisi la duchesse.

— Mais cette histoire est, par circonstance, toute neuve, répondit-il.

— Comment cela, je vous prie, de grâce, en quoi?

— En ce que, madame, vous avez touché à la hache, lui dit Montriveau à voix basse.

— Quelle ravissante prophétie! reprit-elle en souriant avec une grâce affectée. Et quand doit tomber ma tête?

— Je ne souhaite pas de voir tomber votre jolie tête, madame. Je crains seulement pour vous quelque grand malheur. Si l'on vous tondait, ne regretteriez-vous pas ces cheveux si mignonnement blonds, et dont vous tirez si bien parti...

— Mais il est des personnes auxquelles les femmes aiment à faire de ces sacrifices; et, souvent même à des hommes qui ne savent pas leur faire crédit d'un mouvement d'humeur.

— D'accord. Eh bien, si tout à coup, par un procédé chimique, un plaisant vous enlevait votre beauté, vous mettait à cent ans quand vous n'en avez, pour nous, que dix-huit...

— Mais, monsieur, dit-elle en l'interrompant, la petite vérole est notre bataille de Waterloo. Nous connaissons le lendemain ceux qui nous aiment véritablement.

— Vous ne regretteriez pas cette délicieuse figure qui...

— Ah, beaucoup; mais, moins pour moi que pour celui dont elle serait la joie. Cependant si j'étais sincèrement aimée, toujours, bien, que m'importerait la beauté? Qu'en dites-vous, Clara?

— C'est une spéculation dangereuse, répondit madame de Serizy.

— Pourrait-on demander à S. M. le roi des sorciers, reprit madame de Langeais, quand j'ai commis la faute de toucher à la hache, moi qui n'ai pas encore été à Londres?...

— *Non so*, fit-il en laissant échapper un geste moqueur.

— Et quand commencera le supplice?

Là, Montriveau tira froidement sa montre, et vérifia l'heure avec une conviction réellement effrayante.

— La journée ne finira pas sans qu'il vous arrive un horrible malheur...

— Je ne suis pas une enfant qu'on puisse facilement épouvanter, ou plutôt je suis une enfant qui ne connaît pas le danger, dit la duchesse, et vais danser sans crainte au bord de l'abîme.

— Je suis enchanté, madame, de vous savoir tant de caractère, répondit-il en la voyant aller prendre sa place à un quadrille.

Malgré son apparent dédain pour les noires prédictions d'Armand, la duchesse était en proie à une véritable terreur. A peine l'oppression morale et presque physique sous laquelle la tenait son amant, cessa-t-elle lorsqu'il quitta le bal. Néanmoins après avoir joui pendant un moment du plaisir de respirer à son aise, elle se surprit à regretter les émotions de la peur, tant la nature femelle est avide de sensations extrêmes. Ce regret n'était pas de l'amour, mais il appartenait certes aux sentiments qui le préparent. Puis, comme si la duchesse eût de nouveau ressenti l'effet que M. de Montriveau lui avait fait éprouver, elle se rappela l'air de conviction avec lequel il venait de regarder l'heure, et saisie d'épouvante, elle se retira.

Il était alors environ minuit. Celui de ses gens qui l'attendait, lui mit sa pelisse et marcha devant elle pour faire avancer sa voiture dont elle reconnut le panneau; puis, quand elle y fut assise, elle tomba dans une rêverie assez naturelle, provoquée par la prédiction de M. de Montriveau. Arrivée dans sa cour, elle entra dans un vestibule extérieurement semblable à celui de son hôtel; mais tout à coup elle ne reconnut pas son escalier; puis, au moment où elle se retourna pour appeler ses gens, plusieurs hommes l'assaillirent avec rapidité, lui jetèrent un mouchoir sur la bouche, lui lièrent les mains, les pieds, et l'chlevèrent. Elle jeta de grands cris.

— Madame, nous avons ordre de vous tuer si vous criez, lui dit-on à l'oreille.

Sa frayeur fut si grande, qu'elle ne put jamais s'expliquer par où, ni comment elle fut transportée. Quand elle reprit ses sens, elle se trouva les pieds et les poings liés avec des cordes de soie, couchée sur le canapé d'une chambre de garçon. Alors elle ne put retenir un cri en rencontrant les yeux d'Armand de Montriveau, qui, tranquillement assis dans un fauteuil, et enveloppé dans sa robe de chambre, fumait un cigare.

— Ne criez pas, madame la duchesse, dit-il en s'ôtant froidement son cigare de la bouche, j'ai la migraine. D'ailleurs je vais vous délier. Mais écoutez bien ce que j'ai l'honneur de vous dire.

Il dénoua délicatement les cordes qui serraient les pieds de la duchesse.

— A quoi vous serviraient vos cris? personne ne peut les entendre. Vous êtes trop bien élevée pour faire des grimaces inutiles. Si vous ne vous teniez pas tranquille, si vous vouliez lutter avec moi, je vous attacherais de nouveau les pieds et les mains. Je crois que, tout bien considéré, vous vous respecterez assez pour demeurer sur ce canapé, comme si vous étiez chez vous sur le vôtre; froide encore, si vous voulez... Vous m'avez fait répandre, sur ce canapé, bien des pleurs que je cachais à tous les yeux.

Pendant que Montriveau lui parlait, la duchesse jetait autour d'elle ce regard de femme, regard furtif qui sait tout voir en paraissant distrait. Elle aima beaucoup cette chambre assez semblable à la cellule d'un moine. L'âme et la pensée y étaient tout. Aucun ornement n'altérait la peinture grise des parois vides. A terre était un tapis vert. Un canapé noir, une table couverte de papiers, deux grands fauteuils, une commode ornée d'un réveil, un lit très-bas sur lequel était jeté un drap rouge bordé d'une grecque noire, annonçaient par leur contexture les habitudes d'une vie réduite à sa plus simple expression. Un triple flambeau posé sur la cheminée rappelait, par sa forme égyptienne, l'immensité des déserts où cet homme avait longtemps erré. A côté du lit, entre le pied que d'énormes pattes de sphinx faisaient deviner sous les plis de l'étoffe, et l'un des murs latéraux de la chambre, se trouvait une porte cachée par un rideau vert à franges rouges et noires que de gros anneaux rattachaient sur une hampe. La porte par laquelle les inconnus étaient entrés, avait une portière pareille, mais relevée par une embrasse. Au dernier regard que la duchesse jeta sur les rideaux pour les comparer, elle s'aperçut que la porte voisine du lit était ouverte. Des lueurs rougeâtres allumées dans l'autre pièce se dessinaient sous l'effilé d'en bas. Sa curiosité fut naturellement excitée par cette lumière triste qui lui permit à peine de distinguer dans les ténèbres quelques formes bizarres; mais, en ce moment, elle ne songea pas que son danger pût venir de là, et voulut satisfaire un plus ardent intérêt.

— Monsieur, est-ce une indiscrétion que de vous demander ce que vous comptez faire de moi? dit-elle avec une impertinence et une moquerie perçantes.

La duchesse croyait deviner un amour excessif dans les paroles de Montriveau. D'ailleurs, pour enlever une femme ne faut-il pas l'adorer?

— Rien du tout, madame, répondit-il en soufflant avec grâce sa dernière bouffée de tabac. Vous êtes ici pour peu de temps. Je veux d'abord vous expliquer ce que vous êtes, et ce que je suis. Quand vous vous tortillez sur votre divan, dans votre boudoir, je ne trouve pas de mots pour mes idées. Puis chez vous, à la moindre pensée qui vous déplaît, vous tirez le cordon de votre sonnette, vous criez bien fort et mettez votre amant à la porte comme s'il était le dernier des misérables. Ici, j'ai l'esprit libre. Ici, personne ne peut me jeter à la porte. Ici, vous serez ma victime pour quelques instants, et vous aurez l'extrême bonté de m'écouter. Ne craignez rien. Je ne vous ai pas enlevée pour vous dire des injures, pour obtenir de vous par violence ce que je n'ai pas su mériter, ce que vous n'avez pas voulu m'octroyer de bonne grâce. Ce serait une indignité. Vous concevez peut-être le viol, moi je ne le conçois pas.

Il lança, par un mouvement sec, son cigare au feu.

— Madame, la fumée vous incommode, sans doute.

Aussitôt il se leva, prit dans le foyer une cassolette chaude, y brûla des parfums, et purifia l'air.

L'étonnement de la duchesse ne pouvait se comparer qu'à son humiliation. Elle était au pouvoir de cet homme, et cet homme ne voulait pas abuser de son pouvoir. Ces yeux jadis si flamboyants d'amour, elle les voyait calmes et fixes comme des étoiles. Alors elle trembla; puis la terreur qu'Armand lui inspirait fut augmentée par une de ces sensations pétrifiantes, analogues aux agitations sans mouvement ressenties dans le cauchemar. Elle resta clouée par la peur, en croyant voir la lueur placée derrière le rideau, prendre de l'intensité sous les aspirations d'un soufflet. Alors, tout à coup, les reflets devenus plus vifs avaient illuminé trois personnes masquées, enveloppées de dominos rouges. Cet aspect horrible s'évanouit si promptement qu'elle le prit pour une fantaisie d'optique.

— Madame, reprit Armand en la contemplant avec une méprisante froideur, une minute, une seule me suffira pour vous atteindre dans tous les moments de votre vie, la seule éternité dont je puisse disposer, moi. Je ne suis pas Dieu.

Écoutez-moi bien, dit-il en faisant une pause pour donner de la solennité à son discours.

L'amour viendra toujours à vos souhaits; vous avez sur les hommes un pouvoir sans bornes; mais souvenez-vous qu'un jour vous avez appelé l'amour; alors il est venu pur et candide, autant qu'il peut l'être sur cette terre; aussi respectueux qu'il était violent; caressant, comme l'est l'amour d'une femme dévouée, ou comme l'est celui d'une mère pour son enfant; enfin, si grand, qu'il était une folie. Vous vous êtes joué de cet amour, vous avez commis un crime. Le droit de toute femme est de se refuser à un amour qu'elle sent ne pouvoir partager. L'homme qui aime sans se faire aimer ne saurait être plaint, et n'a pas le droit de se plaindre. Mais, madame la duchesse, attirer à soi, en simulant l'amour, un malheureux privé de toute affection, lui faire com prendre le bonheur dans toute sa plénitude, pour le lui ravir; lui voler son avenir de félicité; le tuer non-seulement aujourd'hui, mais dans l'éternité de sa vie, en empoisonnant toutes ses heures et toutes ses pensées, voilà ce que je nomme un épouvantable crime?

— Monsieur...

— Je ne puis encore vous permettre de me répondre. Écoutez-moi donc toujours. D'ailleurs, j'ai des droits sur vous, mais je ne veux que ceux du juge sur le criminel, afin de réveiller votre conscience. Si vous n'avez plus de conscience, je ne vous blâmerais point; mais vous êtes si jeune! vous devez vous sentir encore de la vie au cœur, j'aime à le penser. Si je vous crois assez dépravée pour commettre un crime impuni par les lois, je ne vous fais pas assez dégradée pour ne pas comprendre la portée de mes paroles. Je reprends.

En ce moment la duchesse entendit le bruit sourd d'un soufflet, avec lequel les inconnus qu'elle venait d'entrevoir attisaient sans doute le feu dont la clarté se projeta sur le rideau; mais le regard fulgurant de Montriveau la contraignit à rester palpitante et les yeux fixes devant lui. Quelle que fût sa curiosité, le feu des paroles d'Armand l'intéressait plus encore que la voix de ce feu mystérieux.

— Madame, dit-il après une pause, lorsque, dans Paris, le bourreau devra mettre la main sur un pauvre assassin, et le couchera sur la planche où la loi veut qu'un assassin soit couché pour perdre la tête... Vous savez, les journaux en préviennent les riches et les pauvres, afin de dire aux uns de dormir tranquilles et aux autres de veiller pour vivre. Eh bien, vous qui êtes religieuse, et même un peu dévote, allez toujours faire dire des messes pour cet homme : vous êtes de la famille; mais vous êtes de la branche aînée qui peut trôner en paix, exister heureuse et sans soucis. Poussé par la misère ou par la colère, votre frère de bagne n'a tué qu'un homme; et vous! vous avez tué le bonheur d'un homme, sa plus belle vie, ses plus chères croyances. L'autre a tout naïvement attendu sa victime, il l'a tuée malgré lui, par peur; mais vous!... Vous avez entassé tous les forfaits de la faiblesse contre une force innocente; vous avez apprivoisé le cœur de votre patient pour en mieux dévorer le cœur; vous l'avez appâté de caresses; vous n'en avez omis aucune de celles qui pouvaient lui faire supposer, rêver, désirer les délices de l'amour. Vous lui avez demandé mille sacrifices pour les refuser tous; vous lui avez bien fait voir la lumière avant de lui crever les yeux. Admirable courage! De telles infamies sont un luxe que ne comprennent pas ces bourgeoises dont vous vous moquez. Elles savent se donner et pardonner; elles savent aimer et souffrir. Elles nous rendent petits par la grandeur de leurs dévouements... A mesure que l'on monte en haut de la société, il s'y trouve autant de boue qu'il y en a en bas; seulement elle s'est durcie, et s'est dorée. Oui, pour rencontrer la perfection dans l'ignoble, il faut une belle éducation, un grand nom, une jolie femme, une duchesse. Pour tomber au-dessous de tout, il fallait être au-dessus de tout. Je vous dis mal ce que je pense, je souffre encore trop des blessures que vous m'avez faites; mais ne croyez pas que je me plaigne! Non. Mes paroles ne sont l'expression d'aucune espérance personnelle, et ne contiennent aucune amertume. Sachez-le bien, madame, je vous pardonne, et ce pardon est assez entier pour que vous ne vous plaigniez point d'être venue le chercher malgré vous..... Seulement, vous pourriez abuser d'autres cœurs aussi enfants que l'est le mien, et je dois leur épargner des douleurs. Vous m'avez donc inspiré une pensée de justice. Expiez votre faute ici-bas, Dieu vous pardonnera peut-être, je le souhaite, mais il est implacable et vous frappera.

A ces mots, les yeux de cette femme abattue, déchirée, se remplirent de pleurs.

— Pourquoi pleurez-vous? Restez fidèle à votre nature. Vous avez contemplé sans émotion les tortures du cœur que vous brisiez. Assez, madame, consolez-vous. Je ne puis plus souffrir. D'autres vous diront que vous leur donnez la vie; moi je vous dis avec délices que vous m'avez donné le néant. Peut-être devinez-vous que je ne m'appartiens pas, que je dois vivre pour mes amis, et qu'alors, j'aurai la froideur de la mort et les chagrins de la vie à supporter ensemble. Auriez-vous tant de bonté? Seriez-vous comme les tigres du désert qui font d'abord la plaie, et puis la lèchent?

La duchesse fondit en larmes.

— Épargnez-vous donc ces pleurs, madame. Si j'y croyais, ce serait pour m'en défier. Est-ce ou n'est-ce pas un de vos artifices? Après tous ceux que vous avez employés, comment penser qu'il peut y avoir en vous quelque chose de vrai? Rien de vous n'a désormais la puissance de m'émouvoir. J'ai tout dit.

Madame de Langeais se leva par un mouvement à la fois plein de noblesse et d'humilité.

— Vous êtes en droit de me traiter durement, dit-elle en tendant à cet homme une main qu'il ne prit pas, vos paroles ne sont pas assez dures encore, et je mérite cette punition.

— Moi vous punir, madame, mais punir n'est-ce pas aimer? N'attendez de moi rien qui ressemble à un sentiment. Je pourrais me faire, dans ma propre cause, accusateur et juge, arrêt et bourreau; mais, non. J'accomplirai tout à l'heure un devoir, et nullement mon désir de vengeance. La plus cruelle vengeance est, selon moi, le dédain d'une vengeance possible. Qui sait! Je serai peut-être le ministre de vos plaisirs. Désormais, en portant élégamment la triste livréee dont la société revêt les criminels, peut-être serez-vous forcée d'avoir leur probité. Et alors vous aimerez!

La duchesse écoutait avec une soumission qui n'était plus jouée ni coquettement calculée; elle ne prit la parole qu'après un intervalle de silence.

— Armand, dit-elle, il me semble qu'en résistant à l'amour, j'obéissais à toutes les pudeurs de la femme, et ce n'est pas de vous que j'eusse attendu de tels reproches. Vous vous armez de toutes mes faiblesses pour m'en faire des crimes. Comment n'avez-vous pas supposé que je pusse être entraînée au delà de mes devoirs par toutes les curiosités de l'amour, et que, le lendemain, je fusse fâchée, désolée d'avoir été trop loin. Hélas! c'était pécher par ignorance. Il y avait, je vous le jure, autant de bonne foi dans mes fautes que dans mes remords. Mes duretés trahissaient bien plus d'amour que n'en accusaient mes complaisances. Et d'ailleurs, de quoi vous plaignez-vous? Le don de mon cœur ne vous a pas suffi, vous avez exigé brutalement ma personne...

— Brutalement!... s'écria M. de Montriveau. Mais il se dit en lui-même : — Je suis perdu, si je me laisse prendre à des disputes de mots.

— Oui, vous êtes arrivé chez moi, comme chez une de ces mauvaises femmes, sans le respect, sans aucune des attentions de l'amour. N'avais-je pas le droit de réfléchir? Eh bien, j'ai réfléchi. L'inconvenance de votre conduite est excusable; l'amour en est le principe; laissez-moi le croire et vous justifier à moi-même. Hé bien, Armand, au moment même où ce soir vous me prédisiez le malheur, moi je croyais à notre bonheur. Oui, j'avais confiance en ce caractère noble et fier dont vous m'avez donné tant de preuves...

Et j'étais toute à toi, ajouta-t-elle en se penchant à l'oreille de Montriveau. Oui, j'avais je ne sais quel désir de rendre heureux un homme si violemment éprouvé par l'adversité. Maître pour maître, je voulais un homme grand. Plus je me sentais haut, moins je voulais descendre. Confiante en toi, je voyais toute une vie d'amour au moment où tu me montrais la mort... La force ne va pas sans la bonté. Mon ami, tu es trop fort pour te faire méchant contre une pauvre femme qui t'aime. Si j'ai eu des torts, ne puis-je donc obtenir un pardon; ne puis-je les réparer? Le repentir est la grâce de l'amour. Je veux être bien gracieuse pour toi. Comment moi seule ne pouvais-je partager avec toutes les femmes ces incertitudes, ces craintes, ces timidités qu'il est si naturel d'éprouver quand on se lie pour la vie et que vous brisez si facilement ces sortes de liens. Ces bourgeoises, auxquelles vous me comparez, se donnent, mais elles combattent; hé bien, j'ai combattu, mais me voilà...

Mon Dieu, il ne m'écoute pas! s'écria-t-elle en s'interrompant.

Elle se tordit les mains en criant : Mais je t'aime! mais je suis à toi!

Elle tomba aux genoux d'Armand.

— A toi! à toi, mon unique, mon seul maître.

— Madame, dit Armand en voulant la relever, Antoinette ne peut plus sauver la duchesse de Langeais. Je ne crois plus ni à l'une ni à l'autre. Vous vous donnerez aujourd'hui, vous vous refuserez peut-être demain. Aucune puissance ni dans les cieux ni sur la terre ne saurait me garantir la douce fidélité de votre amour. Les gages en étaient dans le passé; nous n'avons plus de passé.

En ce moment une lueur brilla si vivement que la duchesse ne put s'empêcher de tourner la tête vers la portière et revit distinctement les trois hommes masqués, vêtus de leurs longues robes rouges.

— Armand, dit-elle, je ne voudrais pas vous mésestimer. Comment se trouve-t-il là des hommes? Que préparez-vous donc contre moi?....

— Ces hommes sont aussi discrets que je le serai moi-même sur ce qui va se passer ici, dit-il. Ne voyez en eux que mes bras et mon cœur. L'un d'eux est un chirurgien...

— Un chirurgien! dit-elle. Armand, mon ami, l'incertitude est la plus cruelle des douleurs. Parlez donc; dites-moi si vous voulez ma vie, je vous la donnerai, vous ne la prendrez pas...

— Vous ne m'avez donc pas compris? répliqua Montriveau. Ne vous ai-je pas parlé de justice? Je vais, ajouta-t-il froidement en prenant un morceau d'acier qui était sur la table, pour faire cesser vos appréhensions, vous expliquer ce que j'ai décidé de vous.

Il lui montra une croix de Lorraine adaptée au bout d'une tige d'acier.

— Deux de mes amis font rougir en ce moment une croix dont voici le modèle. Nous vous l'appliquerons au front, là, entre les deux yeux, pour que vous ne puissiez le cacher par quelques diamants, et vous soustraire ainsi aux interrogations du monde. Vous aurez enfin sur le front la marque infamante appliquée sur l'épaule de vos frères les forçats. La souffrance est peu de chose, mais je craignais quelque crise nerveuse, ou de la résistance...

— De la résistance! dit-elle en frappant de joie dans ses mains, non, non, je voudrais maintenant voir ici la terre entière. Ah! mon Armand, marque, marque vite la créature comme une pauvre petite chose à toi !... Tu demandais des gages à mon amour; mais les voilà tous dans un seul ! Ah ! je ne vois que clémence et pardon, que bonheur éternel en ta vengeance... Quand tu auras ainsi désigné une femme pour la tienne, quand tu auras une âme serve qui portera ton chiffre rouge, eh bien, tu ne pourras jamais l'abandonner... tu seras à jamais à moi. Désormais, seul sur la terre, tu seras chargé de mon bonheur, sous peine d'être un lâche, et je te sais noble, grand ! Mais la femme qui aime se marque toujours elle-même !... Venez, messieurs, entrez et marquez, marquez la duchesse de Langeais. Elle est à jamais à M. de Montriveau. Entrez vite! mon front brûle plus que votre fer !

Armand se retourna vivement pour ne pas voir la duchesse palpitante, agenouillée, et dit un mot qui fit disparaître ses trois amis.

Les femmes habituées à la vie des salons connaissent le jeu des glaces ; aussi la duchesse, intéressée à bien lire dans le cœur d'Armand, était tout yeux, et Armand, ne se défiant pas de son miroir, laissa voir deux larmes rapidement essuyées. Tout l'avenir de la duchesse était dans ces deux larmes. Quand il revint pour relever madame de Langeais, il la trouva debout. Elle se croyait aimée. Erreur !

Aussi, dut-elle vivement palpiter en entendant Montriveau lui dire avec cette fermeté qu'elle savait si bien prendre jadis quand elle se jouait de lui.

— Je vous fais grâce, madame. Vous pouvez me croire, cette scène sera comme si elle n'eût jamais été. Mais ici, disons-nous adieu. J'aime à penser que vous avez été franche sur votre canapé dans vos coquetteries, franche ici dans votre effusion du cœur. Adieu. Je ne me sens plus la foi. Vous me tourmenteriez encore, vous seriez toujours duchesse. Et... mais adieu, nous ne nous comprendrons jamais.

Que souhaitez-vous maintenant? dit-il en prenant l'air d'un maître de cérémonies. Rentrer chez vous? revenir au bal de madame de Serizy? J'ai employé tout mon pouvoir à laisser votre réputation intacte. Ni vos gens ni le monde ne peuvent rien savoir de ce qui s'est passé entre nous depuis un quart d'heure. Vos gens vous croient au bal ; votre voiture n'a pas quitté la cour de madame de Serizy ; votre coupé peut se trouver aussi dans celle de votre hôtel. Où voulez-vous être ?

— Quel est votre avis, Armand ?

— Il n'y a plus d'Armand, madame la duchesse. Nous sommes étrangers l'un à l'autre.

— Menez-moi donc au bal, dit elle, encore curieuse de mettre à l'épreuve le pouvoir d'Armand. Rejetez dans l'enfer du monde une créature qui y souffrait, qui doit continuer d'y souffrir, si pour elle il n'est plus de bonheur. Oh! mon ami, je vous aime pourtant, comme aiment vos bourgeoises; je vous aime à vous sauter au cou dans le bal, devant tout le monde, si vous le demandiez. Ce monde, je le connais, il ne m'a pas corrompue. Va, je suis jeune et viens de me rajeunir encore. Oui, je suis une enfant, ton enfant, tu viens de me créer. Oh ! ne me bannis pas de mon Éden !

Armand fit un geste.

— Ah ! si je sors, laisse-moi donc emporter d'ici quelque chose, un rien ! Ceci, pour le mettre ce soir sur mon cœur, dit-elle en s'emparant du bonnet d'Armand, un bonnet grec tout crasseux.

Elle le roula dans son mouchoir et le garda, tout heureuse, à sa main.

— Non, je ne suis pas de ce monde de femmes dépravées. Tu ne le connais pas, et alors tu ne peux m'apprécier. Sache-le donc! quelques-unes se donnent pour des écus ; d'autres sont sensibles aux présents ; tout y est infâme. Ah ! je voudrais être une simple bourgeoise, une ouvrière, si tu aimes mieux une femme au-dessous de toi qu'une femme en qui le dévouement s'allie aux grandeurs humaines. Ah! mon Armand, il est parmi nous de nobles, de grandes, de chastes, de pures femmes, et alors elles sont délicieuses. Je voudrais posséder toutes les noblesses pour te les sacrifier toutes; le malheur m'a faite duchesse, je voudrais être née près du trône! il ne me manquerait rien à te sacrifier. Je serais à la fois grisette et reine.

Il écoutait en humectant ses cigares.

— Quand vous voudrez partir, dit-il, vous me préviendrez...

— Mais je voudrais rester....

— Autre chose, ça, fit-il.

— Tiens, il était mal arrangé, celui-là ! s'écriat-elle en s'emparant d'un cigare, et y dévorant ce que les lèvres d'Armand y avaient laissé.

— Tu fumerais ! lui dit-il.

— Oh ! que ne ferais-je pas pour te plaire !

— Hé bien, allez-vous-en, madame...

— J'obéis, dit-elle en pleurant.

— Il faut vous couvrir la figure pour ne point voir les chemins par lesquels vous allez passer.

— Me voilà prête, Armand, dit-elle en se bandant les yeux.

— Y voyez-vous?

— Non.

Il se mit à ses genoux.

— Ah ! je t'entends, dit-elle en laissant échapper un geste plein de gentillesse en croyant que cette feinte rigueur allait cesser.

Il voulut lui baiser les lèvres, elle s'avança.

— Vous y voyez, madame.

— Mais je suis un peu curieuse.

— Vous me trompez donc toujours.

— Ah! dit-elle avec la rage de la grandeur méconnue, ôtez ce mouchoir et conduisez-moi, monsieur; je n'ouvrirai pas les yeux.

Armand, sûr de la probité dont il entendait le cri, guida la duchesse qui, fidèle à sa parole, resta noblement aveugle; mais, en la tenant paternellement par la main pour la faire tantôt monter, tantôt descendre, Montriveau étudia les vives palpitations qui agitaient le cœur de cette femme si promptement envahie par un amour vrai. Madame de Langeais, heureuse de pouvoir lui parler ainsi, se plut à lui tout dire; mais il demeura inflexible; et si la main de la duchesse l'interrogeait, la sienne était muette.

Enfin après avoir cheminé pendant quelque temps ensemble, Armand la prévint de ne pas s'effrayer du bruit qu'allaient faire les rouages et la détente d'une machine. La duchesse ne trembla pas. Armand lui dit d'avancer, elle avança, et le sentit qui empêchait la robe d'effleurer les parois d'une ouverture sans doute étroite. Madame de Langeais fut touchée de ce soin, il trahissait encore un peu d'amour; mais ce fut en quelque sorte l'adieu de Montriveau, car il la quitta sans lui dire un mot.

En se sentant dans une chaude atmosphère, la duchesse ouvrit les yeux. Elle se vit seule devant la cheminée du boudoir de la comtesse de Serizy. Son premier soin fut de réparer le désordre de sa toilette; elle eut promptement rajusté sa robe, et rétabli la poésie de sa coiffure.

— Hé bien, ma chère Antoinette, nous vous cherchons partout, dit la comtesse en ouvrant la porte du boudoir.

— Je suis venue respirer ici, dit-elle, il fait dans les salons une chaleur insupportable.

— L'on vous croyait partie, mais mon frère Ronquerolles m'a dit avoir vu votre voiture dans la cour.

— Je suis brisée, Clara, laissez-moi un moment me reposer ici.

Et la duchesse s'assit sur le divan de son amie.

— Qu'avez-vous donc? Vous êtes toute tremblante.

Le marquis de Ronquerolles entra.

— J'ai peur, madame la duchesse, qu'il ne vous arrive quelque accident. Je viens de voir votre cocher gris comme les vingt-deux cantons.

— La duchesse ne répondit pas, elle regardait la cheminée, les glaces, en y cherchant les traces de son passage; puis, elle éprouvait une sensation extraordinaire à se voir au milieu des joies du bal après la terrible scène qui venait de donner à sa vie un autre cours. Elle se prit à trembler violemment.

— J'ai les nerfs agacés par la prédiction que m'a faite ici M. de Montriveau. Quoique ce soit une plaisanterie, je vais aller voir si sa hache de Londres me troublera jusque dans mon sommeil. Adieu donc, Clara. Adieu, M. le marquis.

Elle traversa les salons, où elle fut arrêtée par des complimenteurs qui lui firent pitié. Elle trouva le monde petit, en s'en trouvant la reine, elle si humiliée, si petite. Qu'étaient les hommes, devant l'homme qu'elle aimait véritablement et dont le caractère avait repris les proportions gigantesques momentanément amoindries par elle, mais qu'alors elle grandissait, peut-être outre mesure?

Elle ne put s'empêcher de regarder celui de ses gens qui l'avait accompagnée, et le vit tout endormi.

— Vous n'êtes pas sorti d'ici? lui demanda-t-elle.

— Non, madame.

En montant dans son carrosse, elle aperçut effectivement son cocher dans un état d'ivresse dont elle se fût effrayée en toute autre circonstance; mais les grandes secousses de la vie ôtent à la crainte ses aliments vulgaires. D'ailleurs, elle arriva sans accident chez elle; mais elle s'y trouva changée et en proie à des sentiments tout nouveaux. Pour elle, il n'y avait plus qu'un homme dans le monde, c'est-à-dire que pour lui seul elle désirait désormais avoir quelque valeur.

Si les physiologistes peuvent promptement définir l'amour en s'en tenant aux lois de la nature, les moralistes sont bien plus embarrassés de l'expliquer quand ils veulent le considérer dans tous les développements que lui a donnés la société. Néanmoins, il existe, malgré les hérésies des mille sectes qui partagent l'église amoureuse, une ligne droite et tranchée que les discussions ne courberont jamais, et dont l'inflexible application explique la crise dans laquelle, comme presque toutes les femmes, se plongeait la duchesse de Langeais. Elle n'aimait pas encore, elle était passionnée.

L'amour et la passion sont deux différents états de l'âme que poëtes et gens du monde, philosophes et niais confondent continuellement.

L'amour comporte une mutualité de sentiment, une certitude de jouissances que rien n'altère, et un trop constant échange de plaisirs, une trop complète adhérence entre les cœurs pour ne pas exclure la jalousie. Alors la possession est un moyen et non un but, une infidélité fait souffrir, mais ne détache pas; l'âme n'est ni plus ni moins ardente ou troublée, elle est incessamment heureuse; enfin le désir étendu par un souffle divin d'un bout à l'autre sur l'immensité du temps, nous le teint d'une même couleur; alors la vie est bleue comme l'est un ciel pur.

La passion est le pressentiment de l'amour et de son infini auquel aspirent toutes les âmes souffrantes. La passion est un espoir qui peut-être sera trompé.

Passion signifie à la fois souffrance et transition ; la passion cesse quand l'espérance est morte. Hommes et femmes peuvent, sans se déshonorer, concevoir plusieurs passions ; il est si naturel de s'élancer vers le bonheur ; mais il n'est dans la vie qu'un seul amour.

Toutes les discussions, écrites ou verbales, faites sur les sentiments, peuvent donc être résumées par ces deux mots : Est-ce une passion ? Est-ce l'amour ?

L'amour n'existant pas sans la connaissance intime des plaisirs qui le perpétuent, la duchesse était donc sous le joug d'une passion. Alors elle en éprouva les dévorantes agitations, les involontaires calculs, les desséchants désirs, enfin tout ce qu'exprime le mot *passion*; elle souffrit. Au milieu des troubles de son âme, il se rencontrait des tourbillons soulevés par sa vanité, par son amour-propre, par son orgueil, ou par sa fierté, toutes ces variétés de l'égoïsme se tiennent. Elle avait dit à un homme : Je t'aime, je suis à toi ! La duchesse de Langeais pouvait-elle avoir inutilement proféré ces paroles ? Elle devait ou être aimée ou abdiquer son rôle social. Sentant alors la solitude de son lit voluptueux où la volupté n'avait pas encore mis ses pieds chauds, elle s'y roulait, s'y tordait en se répétant : — Je veux être aimée ! Et la foi qu'elle avait encore en elle lui donnait l'espoir de réussir. La duchesse était piquée, la vaniteuse Parisienne était humiliée, la femme vraie entrevoyait le bonheur, et son imagination, vengeresse du temps perdu pour la nature, se plaisait à lui faire flamber les feux inextinguibles du plaisir. Elle atteignait presque aux sensations de l'amour ; car, dans le doute d'être aimée qui la poignait, elle se trouvait heureuse de se dire à elle-même : — Je l'aime ! Le monde et Dieu, elle avait envie de les fouler à ses pieds. Sa religion était maintenant Montriveau.

Elle passa la journée du lendemain dans un état de stupeur morale mêlée d'agitations corporelles, que rien ne pourrait exprimer. Elle déchira autant de lettres qu'elle en écrivit, et fit mille suppositions impossibles. A l'heure où Montriveau venait jadis, elle voulut croire qu'il arriverait, et prit plaisir à l'attendre. Alors sa vie se concentra dans le seul sens de l'ouïe. Elle fermait parfois les yeux et s'efforçait d'écouter à travers les espaces. Puis elle souhaitait le pouvoir d'anéantir tout obstacle entre elle et son amant afin d'obtenir ce silence absolu, qui permet de percevoir le bruit d'énormes distances. Dans ce recueillement, les pulsations de sa pendule lui furent odieuses, elles étaient une sorte de bavardage sinistre qu'elle arrêta.

Minuit sonna dans le salon.

— Mon Dieu ! se dit-elle, le voir ici, ce serait le bonheur. Et cependant il y venait naguère, amené par le désir. Sa voix remplissait ce boudoir. Et maintenant... rien !

Alors, en se souvenant des scènes de coquetterie qu'elle avait jouées, et qui le lui avaient ravi, des larmes de désespoir coulèrent de ses yeux pendant longtemps.

— Madame la duchesse, lui dit sa femme de chambre, ne sait peut-être pas qu'il est deux heures du matin ? j'ai cru que madame était indisposée.

— Oui, je vais me coucher, mais rappelez-vous, Suzette, dit madame de Langeais en essuyant ses larmes, de ne jamais entrer chez moi sans ordre. Je ne vous le dirai pas une seconde fois.

Pendant une semaine, madame de Langeais alla dans toutes les maisons où elle espérait rencontrer M. de Montriveau. Contrairement à ses habitudes elle arrivait de bonne heure et se retirait tard ; elle ne dansait plus, elle jouait. Tentatives inutiles ! elle ne put parvenir à voir Armand, dont elle n'osait plus prononcer le nom. Cependant, un soir, dans un moment de désespérance, elle dit à madame de Serizy, avec autant d'insouciance qu'il lui fut possible d'en affecter :

— Vous êtes donc brouillée avec M. de Montriveau, je ne le vois plus ici.

— Mais il ne va donc plus chez vous ? répondit la comtesse en riant. D'ailleurs, on ne l'aperçoit plus nulle part ; il est sans doute occupé de quelque femme.

— Je croyais, reprit la duchesse avec douceur, que le marquis de Ronquerolles était un de ses amis...

— Je n'ai jamais entendu dire à mon frère qu'il le connût.

Madame de Langeais ne répondit rien. Madame de Serizy crut pouvoir alors impunément fouetter une amitié discrète qui lui avait été si longtemps amère, et reprit la parole.

— Vous le regrettez donc, ce triste personnage ? J'en ai ouï dire des choses monstrueuses. Blessez-le, il ne revient jamais, ne pardonne rien. Aimez-le, il vous met à la chaîne. A tout ce que je disais de lui, l'un de ceux qui le portent aux nues me répondait toujours par un mot : *il sait aimer !* On ne cesse de me répéter : Montriveau quittera tout pour son ami, c'est une âme immense !... Ha, bah ! la société ne demande pas des âmes si grandes, et les hommes de ce caractère sont très-bien chez eux ; qu'ils y restent, et nous laissent à nos bonnes petitesses. Qu'en dites-vous, Antoinette ?

Malgré son habitude du monde, la duchesse parut agitée, mais elle dit néanmoins, avec un naturel qui trompa son amie : — Je suis fâchée de ne plus le voir, je prenais à lui beaucoup d'intérêt, et lui vouais une sincère amitié. Dussiez-vous me trouver ridicule, Clara, j'aime les grandes âmes. Se donner à un sot, n'est-ce pas avouer clairement que l'on n'a que des sens?

Madame de Serizy n'avait jamais *distingué* que des officiers, et se trouvait en ce moment aimée par un bel homme, le jeune baron de Maulincour, capitaine de cavalerie.

La duchesse abrégea sa visite, croyez-le. Puis, de retour chez elle, voyant une espérance dans la retraite absolue d'Armand, elle lui écrivit aussitôt une lettre humble et douce qui devait le ramener à elle s'il aimait encore. Elle fit porter le lendemain sa lettre par un valet de chambre; et, quand il fut de retour, elle lui demanda s'il l'avait remise à Montriveau lui-même; puis, sur son affirmation, elle ne put retenir un mouvement de joie. Armand était à Paris, il y restait seul, chez lui, sans aller dans le monde! Elle était donc aimée.

Pendant toute la journée elle attendit une réponse, et la réponse ne vint pas. Au milieu des crises renaissantes que lui donna l'impatience, elle se justifia ce retard : Armand était embarrassé; la réponse viendrait par la poste. Mais le soir, elle ne pouvait plus s'abuser. Journée affreuse, mêlée de souffrances qui plaisent, de palpitations qui écrasent, excès de cœur qui usent la vie.

Le lendemain elle envoya chez Armand chercher une réponse.

— M. le marquis a fait dire qu'il viendrait chez madame la duchesse, répondit Julien.

Elle se sauva afin de ne pas laisser voir son bonheur, elle alla tomber sur son canapé, pour y dévorer ses premières émotions.

— Il va venir!

Cette pensée lui déchira l'âme. Malheur, en effet, aux êtres pour lesquels l'attente n'est pas la plus horrible des tempêtes et la fécondation des plus doux plaisirs! ceux-là n'ont point en eux cette flamme qui réveille les images des choses, et double la nature en nous attachant autant à l'essence pure des objets, qu'à leur réalité. En amour, attendre n'est-ce pas incessamment épuiser une espérance certaine, se livrer au fléau terrible de la passion heureuse, sans les désenchantements de la vérité? Émanation constante de force et de désirs, l'attente ne serait-elle pas à l'âme humaine ce que sont à certaines fleurs leurs exhalations parfumées? Nous avons bientôt laissé les éclatantes et stériles couleurs du coréopsis ou des tulipes, et nous revenons sans cesse aspirer les délicieuses pensées de l'oranger ou du volkameria, deux fleurs que leurs patries ont involontairement comparées à de jeunes fiancées pleines d'amour, belles de leur passé, belles de leur avenir. La duchesse s'instruisit des plaisirs de sa nouvelle vie, en sentant avec une sorte d'ivresse ces flagellations de l'amour. En changeant de sentiments elle trouva d'autres destinations, un meilleur sens aux choses de la vie. En se précipitant dans son cabinet de toilette, elle comprit ce que sont les recherches de la parure, les soins corporels les plus minutieux quand ils sont commandés par l'amour et non par la vanité; et déjà ces apprêts lui aidèrent à supporter la longueur du temps. Quand elle fut habillée, qu'elle revint dans son boudoir, elle retomba dans les excessives agitations, dans les foudroiements nerveux de cette horrible puissance qui met en fermentation toutes les idées, et n'est peut-être qu'une maladie dont on aime les souffrances.

La duchesse était prête à deux heures de l'après-midi, M. de Montriveau n'était pas encore arrivé à onze heures et demie du soir.

Expliquer les angoisses de cette femme qui pouvait passer pour l'enfant gâté de la civilisation, ce serait vouloir dire combien le cœur peut concentrer de poésies dans une pensée, vouloir peser la force exhalée par l'âme au bruit d'une sonnette, ou estimer ce que consomme de vie l'abattement causé par une voiture dont le roulement continue sans s'arrêter.

— Il se joue de moi! dit-elle en écoutant sonner minuit.

Elle pâlit, ses dents se heurtèrent, et elle se frappa les mains en bondissant dans ce boudoir, où jadis, pensait-elle, il apparaissait sans être appelé. Alors elle se résigna. Ne l'avait-elle pas fait pâlir, et bondir sous les piquantes flèches de son ironie? Madame de Langeais comprit l'horreur de la destinée des femmes, qui, privées de tous les moyens d'action que possèdent les hommes, doivent attendre quand elles aiment. Aller au-devant de son aimé est une faute que peu d'hommes savent pardonner. La plupart d'entre eux voient une dégradation dans cette céleste flatterie; mais Armand avait une grande âme, et devait faire partie du petit nombre d'hommes qui savent acquitter par un éternel amour un tel excès d'amour.

— Eh bien, j'irai, se dit-elle en se tournant dans son lit sans pouvoir y trouver le sommeil, j'irai vers lui, je lui tendrai la main sans me fatiguer de la lui tendre. Un homme d'élite voit dans chacun des pas que fait une femme vers lui, des promesses d'amour et de constance. Oui, les anges doivent descendre des cieux pour venir aux hommes, et je veux être un ange pour lui.

Le lendemain elle écrivit un de ces billets où excelle l'esprit des dix mille Sévignés que compte maintenant Paris. Cependant, savoir se plaindre sans s'abaisser, voler à plein de ses deux ailes sans se traîner humblement, gronder sans offenser, se révolter avec grâce, pardonner sans compromettre la dignité personnelle, tout dire et ne rien avouer, il fallait être la duchesse de Langeais et avoir été élevée par madame la princesse de Blamont-Chauvry, pour écrire ce délicieux billet. Julien partit. Julien était, comme tous les valets de chambre, la victime des marches et contre-marches de l'amour.

— Que vous a répondu M. de Montriveau? dit-elle indifféremment à Julien quand il vint lui rendre compte de sa mission.

— M. le marquis m'a prié de dire à madame la duchesse que c'était bien.

Affreuse réaction de l'âme sur elle-même! recevoir devant de curieux témoins la question du cœur, et ne pas murmurer, et se voir forcée au silence. Ce sont des douleurs de riches!

Pendant vingt-deux jours, madame de Langeais écrivit à M. de Montriveau, sans en obtenir une réponse. Elle avait fini par se dire malade pour se dispenser de ses devoirs, soit envers la princesse à laquelle elle était attachée, soit envers le monde. Elle ne recevait que son père le duc de Navarreins, sa tante la princesse de Blamont-Chauvry, le vieux vidame de Pamiers, son grand-oncle maternel, et l'oncle de son mari, le marquis de Cassan. Ces personnes crurent facilement à la maladie de madame de Langeais, en la trouvant de jour en jour plus abattue, plus pâle, plus amaigrie. Les vagues ardeurs d'un amour réel, les irritations de l'orgueil blessé, la constante piqûre du seul mépris qui pût l'atteindre, ses élancements vers des plaisirs perpétuellement souhaités, perpétuellement trahis, enfin toutes ses forces inutilement excitées minaient sa double nature. Elle payait l'arriéré de sa vie trompée.

Elle sortit enfin pour assister à une revue où devait se trouver M. de Montriveau. Placée sur le balcon des Tuileries, près de la famille royale, la duchesse eut une de ces fêtes dont l'âme garde un long souvenir. Elle apparut sublime de langueur, et tous les yeux la saluèrent avec admiration. Elle échangea quelques regards avec Montriveau, dont la présence la rendait si belle. Le général défila presque à ses pieds, dans toute la splendeur de ce costume militaire dont l'effet sur l'imagination féminine est avoué même par les plus prudes personnes. Pour une femme bien éprise, qui n'avait pas vu son amant depuis deux mois, ce rapide moment ne dut-il pas ressembler à cette phase de nos rêves où, fugitivement, notre vue embrasse une nature sans horizon? Aussi les femmes ou les jeunes gens peuvent-ils seuls imaginer l'avidité stupide et délirante qu'exprimèrent les yeux de la duchesse. Quant aux hommes, si, pendant leur jeunesse, ils ont éprouvé, dans le paroxysme de leurs premières passions, ces phénomènes de la puissance nerveuse, plus tard, ils les oublient si complètement qu'ils arrivent à nier ces luxuriantes extases, le seul nom possible de ces magnifiques intuitions. L'extase religieuse est la folie de la pensée dégagée de ses liens corporels; tandis que, dans l'extase amoureuse, se confondent, s'unissent et s'embrasent les forces de nos deux natures.

Quand une femme est en proie aux tyrannies furieuses sous lesquelles ployait madame de Langeais, les résolutions définitives se succèdent si rapidement qu'il est impossible d'en rendre compte; alors, les pensées naissent les unes des autres et courent dans l'âme comme ces nuages emportés par le vent sur un fond grisâtre qui voile le soleil. Dès lors, les faits disent tout. Voici donc les faits.

Le lendemain de la revue, madame de Langeais envoya sa voiture et sa livrée attendre à la porte du marquis de Montriveau depuis huit heures du matin, jusqu'à trois heures après-midi. Armand demeurait rue de Seine, à quelques pas de la chambre des pairs, où il devait y avoir une séance, ce jour-là. Mais longtemps avant que les pairs ne se rendissent à leurs palais, quelques personnes aperçurent la voiture et la livrée de la duchesse. Le jeune officier dédaigné par madame de Langeais, et recueilli par madame de Serisy, le baron de Maulincour fut le premier qui reconnut les gens. Il alla sur-le-champ chez sa maîtresse lui raconter, sous le secret, cette étrange folie. Aussitôt, cette nouvelle fut télégraphiquement portée à la connaissance de toutes les coteries du faubourg Saint-Germain, parvint au château, à l'Élysée-Bourbon, devint le bruit du jour, le sujet de tous les entretiens, depuis midi jusqu'au soir. Presque toutes les femmes niaient le fait, mais de manière à le faire croire, et les hommes le croyaient en témoignant à madame de Langeais le plus indulgent intérêt.

— Ce sauvage de Montriveau a un caractère de bronze, et aura sans doute exigé cet éclat, disaient les uns en rejetant la faute sur Armand.

— Hé bien! disaient les autres, madame de Langeais a commis la plus noble des imprudences! En face de tout Paris, renoncer, pour son amant, au monde, à son rang, à sa fortune, à la considération, est un coup d'État féminin beau comme le coup de couteau de ce perruquier qui a tant ému Canning à la cour d'assises. Pas une des femmes qui blâment la duchesse ne ferait cette déclaration digne de l'ancien temps. Madame de Langeais est une femme héroïque, de s'afficher ainsi froidement elle-même. Maintenant elle ne peut plus aimer que Montriveau. N'y a-t-il pas quelque grandeur chez une femme à dire: — Je n'aurai qu'une passion?

— Que va donc devenir la société, monsieur, si vous honorez ainsi le vice, sans respect pour la vertu? dit la femme du président de Montignon, née Constellux, et laide à faire peur.

Pendant que le château, le faubourg et la chaussée d'Antin s'entretenaient du naufrage de cette aristocratique vertu ; que d'empressés jeunes gens couraient à cheval s'assurer, en voyant la voiture dans la rue de Seine, que la duchesse était bien réellement chez M. de Montriveau, elle gisait palpitante au fond de son boudoir. Armand, qui n'avait pas couché chez lui, se promenait aux Tuileries avec M. de Marsay. Puis les grands parents de madame de Langeais se visitaient les uns les autres en se donnant rendez-vous chez elle, pour la semondre et aviser aux moyens d'arrêter le scandale causé par sa conduite.

A trois heures, M. le duc de Navarreins, le vidame de Pamiers, la vieille princesse de Blamont-Chauvry et le marquis de Cassan se trouvaient réunis dans le salon de madame de Langeais, et l'y attendaient. A eux, comme à plusieurs curieux, les gens avaient dit que leur maîtresse était sortie. La duchesse n'avait excepté personne de la consigne. Ces quatre personnages, illustres dans la sphère aristocratique dont l'almanach de Gotha consacre annuellement les révolutions et les prétentions héréditaires, veulent une rapide esquisse sans laquelle cette peinture sociale serait incomplète.

La princesse de Blamont-Chauvry était, dans le monde féminin, le plus poétique débris du règne de Louis XV, au surnom duquel, durant sa belle jeunesse, elle avait, dit-on, contribué pour sa quote part. De ses anciens agréments, il ne lui restait qu'un nez remarquablement saillant, mince, recourbé comme une lame turque, et principal ornement d'une figure semblable à un vieux gant blanc ; puis quelques cheveux crêpés et poudrés ; des mules à talons, le bonnet de dentelles à coques, des mitaines noires et des *parfaits contentements*. Mais, pour lui rendre entièrement justice, il est nécessaire d'ajouter qu'elle avait une si haute idée de ses ruines, qu'elle se décolletait le soir, portait des gants longs, et se teignait encore les joues avec le rouge classique de Martin.

Dans ses rides une amabilité redoutable, un feu prodigieux dans ses yeux, une dignité profonde dans toute sa personne, sur sa langue un esprit à triple dard, dans sa tête une mémoire infaillible faisaient de cette vieille femme une véritable puissance. Elle avait dans le parchemin de sa cervelle tout celui du cabinet des chartes, et connaissait les alliances des maisons princières, ducales et comtales de l'Europe, à savoir où étaient les derniers germains de Charlemagne. Aussi nulle usurpation de titre ne pouvait-elle lui échapper.

Les jeunes gens qui voulaient être bien vus, les ambitieux, les jeunes femmes lui rendaient de constants hommages. Son salon faisait autorité dans le faubourg Saint-Germain. Les mots de ce Talleyrand femelle restaient comme des arrêts. Certaines personnes venaient prendre chez elle des avis sur l'étiquette ou les usages, et y chercher des leçons de bon goût. Certes, nulle vieille femme ne savait comme elle empocher sa tabatière ; et elle avait, en s'asseyant ou en se croisant les jambes, des mouvements de jupes d'une précision, d'une grâce qui désespéraient les jeunes femmes les plus élégantes. Sa voix lui était demeurée dans la tête pendant le tiers de sa vie, mais elle n'avait pu l'empêcher de descendre dans les membranes du nez, ce qui la rendait un peu nazillarde. De sa grande fortune il lui restait cinquante mille *livres* en bois, généreusement rendus par Napoléon. Ainsi, biens et personne, tout en elle était considérable.

Cette curieuse antique était dans une bergère au coin de la cheminée, et causait avec le vidame de Pamiers, autre ruine contemporaine. Ce vieux seigneur, ancien commandeur de l'ordre de Malte, était un homme grand, long et fluet, dont le col était toujours serré de manière à lui comprimer les joues, qui débordaient légèrement la cravate, et à lui maintenir la tête haute ; attitude pleine de suffisance chez certaines gens, mais justifiée chez lui par un esprit voltairien. Ses yeux à fleur de tête semblaient tout voir et avaient effectivement tout vu. Il mettait du coton dans ses oreilles. Enfin sa personne offrait dans l'ensemble un modèle parfait des lignes aristocratiques, lignes menues et frêles, souples et agréables, qui, semblables à celles du serpent, peuvent à volonté se courber, se dresser, devenir coulantes ou roides.

Le duc de Navarreins se promenait de long en large dans le salon, avec M. le marquis de Cassan. Tous deux étaient des hommes âgés de cinquante-cinq ans, encore verts, gros et courts, bien nourris, le teint un peu rouge, les yeux fatigués, les lèvres inférieures déjà pendantes. Sans le ton exquis de leur langage, sans l'affable politesse de leurs manières, sans leur aisance qui pouvait tout à coup se changer en impertinence, un observateur superficiel aurait pu les prendre pour des banquiers. Mais toute erreur devait cesser en écoutant leur conversation armée de précautions avec ceux qu'ils redoutaient ; sèche ou vide avec leurs égaux ; perfide pour les inférieurs, que les gens de cour et les hommes d'État savent apprivoiser par de verbeuses délicatesses et blesser par un mot inattendu. Tels étaient les représentants de cette grande noblesse qui voulait mourir ou rester tout entière, qui méritait autant d'éloge que de blâme, et sera toujours imparfaitement jugée jusqu'à ce qu'un poëte l'ait montrée, heureuse d'obéir au roi en expirant sous la hache de Richelieu, et méprisant la guillotine comme une sale vengeance.

Ces quatre personnages se distinguaient tous par une voix grêle, particulièrement en harmonie avec leurs idées et leur maintien. D'ailleurs, la plus parfaite égalité régnait entre eux. L'habitude prise par eux à la cour de cacher leurs émotions les empêchait sans doute de manifester le déplaisir que leur causait l'incartade de leur jeune parente.

Pour empêcher les critiques de taxer de puérilité le commencement de la scène suivante, peut-être est-il nécessaire de faire observer ici que Locke se trouvant dans la compagnie de seigneurs anglais, renommés pour leur esprit, distingués autant par leurs manières que par leur consistance politique, s'amusa méchamment à sténographier leur conversation par un procédé particulier, et les fit éclater de rire en la leur lisant, afin de savoir d'eux ce qu'on en pouvait tirer. En effet, les hautes classes ont en tout pays un jargon plein de clinquant qui, lavé dans les cendres littéraires ou philosophiques, donne infiniment peu d'or au creuset. A tous les étages de la société, sauf quelques salons parisiens, l'observateur retrouve les mêmes ridicules, que différencient seulement la transparence ou l'épaisseur du vernis. Ainsi, les conversations substantielles sont l'exception sociale, et le béotianisme défraie habituellement les diverses zones du monde. Si forcément on parle beaucoup, dans les hautes sphères, on y pense peu. Penser est une fatigue, et les riches aiment à voir couler la vie sans grand effort. Aussi est-ce en comparant le fond des plaisanteries par échelons, depuis le gamin de Paris jusqu'au pair de France, que l'observateur comprend le mot de M. de Talleyrand : *Les manières sont tout*, traduction élégante de cet axiome judiciaire : *La forme emporte le fond.* Aux yeux du poëte, l'avantage restera aux classes inférieures, qui ne manquent jamais à donner un rude cachet de poésie à leurs pensées.

Cette observation fera peut-être aussi comprendre l'infertilité des salons, leur vide, leur peu de profondeur, et la répugnance que les gens supérieurs éprouvent à y aller faire le méchant commerce d'échanger leurs pensées.

Le duc s'arrêta soudain, comme s'il concevait une idée lumineuse, et dit à son voisin :

— Vous avez donc vendu Thornton ?

— Non, il est malade. J'ai bien peur de le perdre, et j'en serais désolé ; c'est un cheval excellent à la chasse. Savez-vous comment va madame de Valigny ?

— Non, je n'y suis pas allé ce matin. Je sortais pour la voir, quand vous êtes venu me parler d'Antoinette. Mais elle avait été fort mal hier ; l'on en désespérait ; elle a été administrée.

— Sa mort changera la position de votre cousin.

— En rien, elle a fait ses partages de son vivant et s'était réservé une pension.

— Ce sera une grande perte pour la société. Elle était bonne femme. Sa famille aura de moins une personne dont les conseils et l'expérience avaient quelque valeur. Entre nous soit dit, elle était le chef de la maison. Valigny est un aimable homme ; il a du trait ; il sait causer. Il est agréable, très-agréable ; oh ! pour agréable, il l'est sans contredit ; mais... aucun esprit de conduite. Hé bien, c'est extraordinaire, il est très-fin. L'autre jour, il dînait au Cercle avec tous ces richards de la Chaussée-d'Antin, votre oncle (qui va toujours y faire sa partie) le voit. Étonné de le rencontrer là, il lui demande s'il est du Cercle. — « Oui, je ne vais plus dans le monde, je vis avec les banquiers. » Vous savez pourquoi ? dit le marquis en jetant au duc un fin sourire.

— Non.

— Il est amouraché de la nouvelle mariée, cette petite madame Bouvry, une femme que l'on dit fort à la mode dans ce monde-là.

— Mais Antoinette ne s'ennuie pas, à ce qu'il paraît, dit le vieux vidame.

— L'affection que je porte à cette petite femme me fait prendre en ce moment un singulier passe-temps, lui répondit la princesse en empochant sa tabatière.

— Ma chère tante, dit le duc en s'arrêtant, je suis désespéré. Il n'y avait qu'un homme de Bonaparte, capable d'exiger d'une femme comme il faut de semblables inconvenances. Entre nous soit dit, Antoinette aurait dû choisir mieux.

— Mon cher, répondit la princesse, les Montriveau sont anciens et fort bien alliés, ils tiennent à toute la haute noblesse de Bourgogne. Si les Rivaudoult d'Arschoot, de la branche Dulmen, finissaient en Gallicie, les Montriveau succéderaient aux biens et aux titres d'Arschoot ; ils en héritent par leur bisaïeul.

— Êtes-vous sûre ?...

— Je le sais mieux que ne le savait le père de celui-ci, que je voyais beaucoup et à qui je l'ai appris. Quoique chevalier des ordres, il s'en moqua, c'était un encyclopédiste. Mais son frère en a profité dans l'émigration. J'ai ouï dire que ses parents du Nord ont été parfaits pour lui...

— Oui, certes. Le comte de Montriveau est mort à Pétersbourg où je l'ai rencontré, dit le vidame. C'était un gros homme qui avait une incroyable passion pour les huîtres.

— Combien en mangeait-il donc ? dit le marquis de Cassan.

— Tous les jours dix douzaines.

— Sans être incommodé ?

— Pas le moins du monde.

— Oh, mais c'est extraordinaire ! Ce goût ne lui

a donné ni la pierre, ni la goutte, aucune incommodité?...

— Non, il s'est parfaitement porté, il est mort par accident.

— Par accident! Alors la nature lui avait dit de manger des huîtres, elles lui étaient probablement nécessaires; car, jusqu'à un certain point, nos goûts prédominants sont des conditions de notre existence.

— Je suis de votre avis, dit la princesse en souriant.

— Madame, vous entendez toujours malicieusement les choses, dit le marquis.

— Je veux seulement vous faire comprendre que ce serait très-mal entendu par une jeune femme, répondit-elle.

Elle s'interrompit pour dire : — Mais ma nièce, ma nièce!

— Chère tante, dit M. de Navarreins, je ne peux pas encore croire qu'elle soit allée chez M. de Montriveau.

— Bah!... fit la princesse.

— Quelle est votre idée, vidame? demanda le marquis.

— Si la duchesse était naïve, je croirais...

— Mais une femme qui aime, devient naïve, mon pauvre vidame. Vous vieillissez donc?

— Enfin que faire? dit le duc.

— Si ma chère nièce est sage, répondit la princesse, elle ira ce soir à la cour, puisque, par bonheur, nous sommes un lundi, jour de réception; vous verrez à la bien entourer, et à démentir ce bruit ridicule. Il y a mille moyens d'expliquer les choses, et si le marquis de Montriveau est un galant homme, il s'y prêtera. Nous ferons entendre raison à ces enfants-là...

— Mais il est difficile de rompre en visière à M. de Montriveau, chère tante, c'est un élève de Bonaparte; et il a une position. Comment donc, c'est un seigneur du jour, il a un commandement important dans la Garde où il est très-utile. Il n'a pas la moindre ambition. Au premier mot qui lui déplairait, il est homme à dire au roi : — Voilà ma démission, laissez-moi tranquille.

— Comment pense-t-il donc?

— Très-mal.

— Vraiment, dit la princesse, le roi est ce qu'il a toujours été, un jacobin fleurdelisé.

— Oh! un peu modéré, dit le vidame.

— Non, je le connais de longue date. L'homme qui disait à sa femme, le jour où elle assista au premier grand couvert : « Ce sont nos gens! » en lui montrant la cour, ne pouvait être qu'un noir scélérat. Je retrouve parfaitement MONSIEUR dans le Roi. Le mauvais frère qui votait si mal dans son bureau de l'assemblée constituante doit pactiser avec les libéraux, les laisser parler, discuter. Ce cagot de philosophie sera tout aussi dangereux pour son cadet qu'il l'a été pour l'aîné. Je ne sais si son successeur pourra se tirer des embarras qu'il se plaît à lui créer par malice...

— Ma tante, c'est le roi, j'ai l'honneur de lui appartenir, et...

— Mais, mon cher, votre charge vous ôte-t-elle votre franc parler? Vous êtes d'aussi bonne maison que les Bourbons. Si les Guise avaient eu un peu plus de résolution, Sa Majesté serait un pauvre sire aujourd'hui. Je m'en vais de ce monde à temps, la noblesse est morte.

Tout est perdu pour vous, mes enfants, dit-elle en regardant le vidame presque centenaire. Est-ce que la conduite de ma nièce devrait occuper la ville? Elle a eu tort, je ne l'approuve pas, un scandale inutile est une faute; aussi douté-je encore de ce manque aux convenances; je l'ai élevée et je sais que...

En ce moment la duchesse sortit de son boudoir; elle avait reconnu la voix de sa tante et entendu prononcer le nom de Montriveau. Elle était dans un déshabillé du matin, et quand elle se montra, M. de Cassan, qui regardait insouciamment par la croisée, vit revenir la voiture de sa nièce, sans elle.

— Ma chère fille, dit le duc en lui prenant la tête et l'embrassant au front, tu ne sais donc pas ce qui se passe?

— Que se passe-t-il d'extraordinaire, cher père?

— Mais tout Paris te croit chez M. de Montriveau.

— Ma chère Antoinette, tu n'es pas sortie, n'est-ce pas? dit la princesse en lui tendant la main que la duchesse baisa avec une respectueuse affection.

— Non, chère mère, je ne suis pas sortie.

Et, dit-elle en se retournant pour saluer le vidame et le marquis, j'ai voulu que tout Paris me crût chez M. de Montriveau...

Le duc leva les mains au ciel, se les frappa désespérément et se croisa les bras.

— Mais vous ne savez donc pas ce qui résultera de ce coup de tête! dit-il enfin.

La vieille princesse s'était subitement dressée sur ses talons, et regardait la duchesse qui se prit à rougir et baissa les yeux. Madame de Chauvry l'attira doucement et lui dit : — Laissez-moi vous baiser, mon petit ange.

Puis, elle l'embrassa sur le front fort affectueusement, lui serra la main et reprit en souriant : — Nous ne sommes plus sous les Valois, ma chère fille. Vous avez compromis votre mari, votre état dans le monde; cependant, nous allons aviser à tout réparer.

— Mais, ma chère tante, je ne veux rien réparer.

Je désire que tout Paris sache ou dise que j'étais ce matin chez M. de Montriveau. Détruire cette croyance, quelque fausse qu'elle soit, est me nuire étrangement.

— Ma fille, vous voulez donc vous perdre, et affliger votre famille?

— Mon père, ma famille, en me sacrifiant à des intérêts, m'a, sans le vouloir, condamnée à d'irréparables malheurs. Vous pouvez me blâmer d'y chercher des adoucissements, mais certes vous me plaindrez.

— Donnez-vous donc mille peines pour établir convenablement des filles! dit en murmurant M. de Navarreins au vidame.

— Chère petite, dit la princesse, en secouant les grains de tabac tombés sur sa robe, soyez heureuse si vous pouvez; il ne s'agit pas de troubler votre bonheur, mais de l'accorder avec les usages. Nous savons tous, ici, que le mariage est une défectueuse institution tempérée par l'amour; mais est-il besoin, en prenant un amant, de faire son lit sur le Carrousel? Voyons, ayez un peu de raison, écoutez-nous.

— J'écoute.

— Madame la duchesse, dit le vieux marquis, si les oncles étaient obligés de garder leurs nièces, ils auraient un état dans le monde; la société nous devrait des honneurs, des récompenses, des traitements comme elle en donne aux gens du roi. Aussi ne suis-je pas venu pour vous parler de mon neveu, mais de vos intérêts. Calculons un peu. Si vous tenez à faire un éclat, je connais le sire, je ne l'aime guère, il est mon héritier. Langeais est assez avare, personnel en diable, il se séparera de vous, gardera votre fortune, vous laissera pauvre, et conséquemment sans considération. Les cent mille livres de rente que vous avez héritées dernièrement de votre grand'tante maternelle, paieront les plaisirs de ses maîtresses, et vous serez liée, garrottée par les lois, obligée de dire amen à ces arrangements-là. Que M. de Montriveau vous quitte! Mon Dieu, chère nièce, ne nous colérons point; un homme ne vous abandonnera pas jeune et belle; cependant nous avons vu tant de jolies femmes délaissées, même parmi les princesses, que vous me permettrez une supposition presque impossible, je veux le croire; alors que deviendriez-vous, sans mari? Ménagez donc le vôtre au même titre que vous soignez votre beauté, qui est, après tout, le parachute des femmes, aussi bien qu'un mari. Je vous fais toujours heureuse et aimée; je ne tiens compte d'aucun événement malheureux. Cela étant, par bonheur ou par malheur vous aurez des enfants? Qu'en ferez-vous? Des Montriveau!... Hé bien, ils ne succéderont point à toute la fortune de leur père. Vous voudrez leur donner toute la vôtre, et lui toute la sienne. Mon Dieu, rien n'est plus naturel. Vous trouverez les lois contre vous. Combien n'y a-t-il pas de procès faits par les héritiers légitimes aux enfants de l'amour! J'en entends retentir dans tous les tribunaux du monde. Aurez-vous recours à quelque *fidéicommis?* Si la personne en qui vous mettrez votre confiance vous trompe; à la vérité, la justice humaine n'en saura rien, mais vos enfants seront ruinés. Choisissez donc bien! Voyez en quelles perplexités vous êtes. De toute manière vos enfants seront nécessairement sacrifiés aux fantaisies de votre cœur et privés de leur état. Mon Dieu, tant qu'ils seront petits, ils seront charmants; mais ils vous reprocheront un jour d'avoir songé plus à vous qu'à eux. Nous savons tout cela, nous autres vieux gentilshommes; les enfants deviennent des hommes, et les hommes sont ingrats. N'ai-je pas entendu le jeune de Horn, en Allemagne, dire après souper: — Si ma mère avait été honnête femme, je serais prince régnant. Mais ce SI, nous avons passé notre vie à l'entendre dire aux roturiers, et il a fait la révolution. Quand les hommes ne peuvent accuser ni leur père, ni leur mère, ils s'en prennent à Dieu de leur mauvais sort. En somme, chère enfant, nous sommes ici pour vous éclairer. Hé bien, je me résume par un mot que vous devez méditer: une femme ne doit jamais donner raison à son mari.

— Mon oncle, j'ai calculé, tant que je n'aimais pas. Alors je voyais comme vous des intérêts, là où il n'y a plus, pour moi, que des sentiments, dit la duchesse.

— Mais, ma chère petite, la vie est tout bonnement une complication d'intérêts et de sentiments, lui répliqua le vidame; et pour être heureux, surtout dans la position où vous êtes, il faut tâcher d'accorder ses sentiments avec ses intérêts. Qu'une grisette fasse l'amour à sa fantaisie, cela se conçoit; mais vous avez une jolie fortune, une famille, un titre, une place à la cour, et vous ne devez pas les jeter par la fenêtre. Pour tout concilier, que venons-nous vous demander? De tourner habilement la loi des convenances au lieu de la violer. Hé, mon Dieu, j'ai bientôt quatre-vingt-dix ans, je ne me souviens pas d'avoir rencontré sous aucun régime un amour qui valût le prix dont vous voulez payer celui de cet heureux jeune homme.

La duchesse imposa silence au vidame par un regard, et si Montriveau l'avait pu voir, il aurait tout pardonné...

— Ceci serait d'un bel effet au théâtre, dit le marquis de Cassan, et ne signifie rien quand il s'agit de vos paraphernaux, de votre position et de votre indépendance. Vous n'êtes pas reconnaissante, ma chère nièce. Vous ne trouverez pas beaucoup de familles où les parents soient assez courageux pour apporter les enseignements de l'expérience et faire entendre le langage de la raison à de jeunes têtes folles. Renoncez à votre salut en deux minutes, s'il vous plaît de vous damner; d'accord! Mais réfléchissez bien quand il s'agit de renoncer à vos rentes. Je ne connais pas de confesseur qui nous absolve de la misère. Je me crois le droit de vous parler ainsi; car, si vous vous perdez, moi seul je pourrai vous offrir un asile. Je suis l'oncle de Langeais, et moi seul aurai raison en lui donnant tort.

— Ma fille, dit le duc, en se réveillant d'une douloureuse méditation, puisque vous parlez de sentiments, laissez-moi vous faire observer qu'une femme qui porte votre nom se doit à des sentiments autres que ceux des gens du commun; vous voulez donc donner gain de cause aux libéraux, à ces jésuites de Robespierre qui s'efforcent de honnir la noblesse! Il est certaines choses qu'une Navarreins ne saurait faire sans manquer à toute sa maison. Vous ne seriez pas seule déshonorée.

— Allons, dit la princesse, voilà le déshonneur. Mes enfants, ne faites pas tant de bruit pour la promenade d'une voiture vide, et laissez-moi seule avec Antoinette. Vous viendrez dîner avec moi tous trois. Je me charge d'arranger convenablement les choses. Vous n'y entendez rien, vous autres hommes; vous mettez déjà de l'aigreur dans vos paroles, et je ne veux pas vous voir brouillés avec ma chère fille. Faites-moi donc le plaisir de vous en aller.

Les trois gentilshommes devinèrent sans doute les intentions de la princesse, ils saluèrent leurs parentes; et M. de Navarreins vint embrasser sa fille au front, en lui disant :

— Allons, chère enfant, sois sage. Si tu veux, il en est encore temps.

— Est-ce que nous ne pourrions pas trouver dans la famille quelque bon garçon qui chercherait dispute à ce Montriveau? dit le vidame en descendant les escaliers.

— Mon bijou, dit la princesse, en faisant signe à son élève de s'asseoir sur une petite chaise basse, près d'elle, quand elles furent seules, je ne sais rien de plus calomnié dans ce bas monde, que Dieu et le dix-huitième siècle; car en me remémorant les choses de ma jeunesse, je ne me rappelle pas qu'une seule duchesse ait foulé aux pieds les convenances comme vous venez de le faire. Les romanciers, et les écrivailleurs ont déshonoré le règne de Louis XV. Ne les croyez pas. La Dubarry, ma chère, valait bien la veuve Scarron, et elle était meilleure personne. Dans mon temps, une femme savait, au milieu de ses galanteries, garder sa dignité. Les indiscrétions nous ont perdues. De là vient tout le mal. Les philosophes, ces gens de rien que nous admettions dans nos salons, ont eu l'inconvenance et l'ingratitude, pour prix de nos bontés, de faire l'inventaire de nos cœurs, de nous décrier en masse, en détail, et de déblatérer contre le siècle. Alors le peuple, qui est très-mal placé pour juger quoi que ce soit, a vu le fond des choses, sans en voir la forme. Mais dans ce temps-là, mon cœur, les hommes et les femmes ont été tout aussi remarquables qu'aux autres époques de la monarchie. Pas un de vos Werthers, aucune de vos notabilités, comme ça s'appelle, pas un de vos hommes en gants jaunes et dont les pantalons dissimulent la pauvreté de leurs jambes, ne traverserait l'Europe, déguisé en colporteur, pour aller s'enfermer, au risque de la vie et en bravant les poignards du duc de Modène, dans le cabinet de toilette de la fille du Régent ! Aucun de vos petits poitrinaires à lunettes d'écaille ne se cacherait comme Lauzun, durant six semaines, dans une armoire, pour donner du courage à sa maîtresse pendant qu'elle accouchait. Il y avait plus de passion dans le petit doigt de M. de Saucourt que dans toute votre race de disputailleurs qui laissent les femmes pour des amendements ! Trouvez-moi donc aujourd'hui des pages qui se fassent hacher et ensevelir sous un plancher pour venir baiser le doigt ganté d'une Konismarck ? Aujourd'hui, vraiment, il semblerait que les rôles soient changés, et que les femmes doivent se dévouer pour les hommes. Ces messieurs valent moins et s'estiment davantage. Aussi, croyez-moi, ma chère, toutes ces aventures qui sont devenues publiques et dont on s'arme aujourd'hui pour assassiner notre bon Louis XV, étaient d'abord secrètes. Sans un tas de poëtriaux, de rimailleurs, de moralistes qui entretenaient nos femmes de chambre et en écrivaient les calomnies, notre époque aurait eu littérairement des mœurs. Je justifie le siècle et non sa lisière. Peut-être y a-t-il eu cent femmes de qualité perdues ; mais les drôles en ont mis un millier, ainsi que font les gazetiers quand ils évaluent les morts du parti battu. D'ailleurs, je ne sais pas ce que la révolution et l'empire peuvent nous reprocher ! Ces temps-là ont été licencieux, sans esprit, grossiers, fi ! tout cela me révolte. Ce sont les mauvais lieux de notre histoire !

Ce préambule, ma chère enfant, reprit-elle après une pause, est pour arriver à te dire que si Montriveau te plaît, tu es bien la maîtresse de l'aimer à ton aise, et tant que tu pourras. Je sais, moi, par expérience (à moins de t'enfermer, mais on n'enferme plus aujourd'hui), que tu feras ce qui te plaira ; et c'est ce que j'aurais fait à ton âge. Seulement, mon cher bijou, je n'aurais pas abdiqué le droit de faire des ducs de Langeais. Ainsi comporte-toi décemment. Le vidame a raison, aucun homme ne vaut un seul des sacrifices dont nous sommes assez folles de payer leur amour. Mets-toi donc dans la position de pouvoir, si tu avais le malheur d'en être à te repentir, te trouver encore la femme de M. de Langeais. Quand tu seras vieille, tu seras bien aise d'entendre la messe à la cour et non dans un couvent de province : voilà toute la question. Une imprudence, c'est une pension, une vie errante, être à la merci de son amant ; c'est l'ennui causé par les impertinences des femmes qui vaudront moins que toi, précisément parce qu'elles auront été très-ignoblement adroites. Il valait cent fois mieux aller chez Montriveau, le soir, en fiacre, déguisée, que d'y envoyer ta voiture en plein jour. Tu es une petite sotte, ma chère enfant ; ta voiture a flatté sa vanité, ta personne lui aurait pris le cœur. Je t'ai dit ce qui est juste et vrai, mais je ne t'en veux pas, moi. Tu es de deux siècles en arrière avec ta fausse grandeur. Allons, laisse-nous arranger tes affaires, dire que le Montriveau aura grisé tes gens, pour satisfaire son amour-propre et te compromettre...

— Au nom du ciel, ma tante, s'écria la duchesse en bondissant, ne le calomniez pas.

— Oh! chère enfant, dit la princesse dont les yeux s'animèrent, je voudrais te voir des illusions qui ne te fussent pas funestes, mais toute illusion doit cesser. Tu m'attendrirais, n'était mon âge. Allons, ne fais de chagrin à personne, ni à lui, ni à nous ; je me charge de contenter tout le monde ; mais promets-moi de ne pas te permettre désormais une seule démarche sans me consulter. Conte-moi tout, je te mènerai peut-être à bien.

— Ma tante, je vous promets...

— De me dire tout...

— Oui, tout, tout ce qui pourra se dire.

— Mais, mon cœur, c'est précisément ce qui ne se pourra pas dire que je veux savoir, entendons-nous bien. Allons, laisse-moi appuyer mes lèvres sèches sur ton beau front. Non, laisse-moi faire, je te défends de baiser mes os. Les vieillards ont une politesse à eux... Allons, conduis-moi jusqu'à mon carrosse.

— Chère tante, je puis donc aller chez lui déguisée ?

— Mais, oui, ça peut toujours se nier, dit la vieille.

La duchesse n'avait clairement perçu que cette idée dans le sermon que la princesse venait de lui faire.

Quand madame de Chauvry fut assise dans le coin de sa voiture, madame de Langeais lui dit un gracieux adieu, et remonta chez elle tout heureuse.

— Ma personne lui aurait pris le cœur! elle a raison, ma tante. Un homme ne doit pas refuser une jolie femme, quand elle sait se bien offrir.

Le soir, au cercle de madame la duchesse de Berri, le duc de Navarreins, M. de Pamiers, M. de Marsay, M. de Cassan, démentirent victorieusement les bruits offensants qui couraient sur la duchesse de Langeais. Tant d'officiers et de personnes attestèrent avoir vu Montriveau se promenant aux Tuileries pendant la matinée, que cette sotte histoire fut mise sur le compte du hasard, qui prend ce qu'on lui donne. Aussi le lendemain la réputation de la duchesse devint-elle, malgré la station de sa voiture, nette et claire comme l'armet de Mambrin, après avoir été fourbi par Sancho.

Seulement, à deux heures, au bois de Boulogne M. de Ronquerolles, passant à côté de Montriveau dans une allée déserte, lui dit en souriant : — Elle va bien, ta duchesse !

— Encore et toujours, ajouta-t-il en appliquant un coup de cravache significatif à sa jument qui fila comme un boulet.

Deux jours après son éclat inutile, madame de Langeais écrivit à M. de Montriveau une lettre qui resta sans réponse comme les précédentes. Cette fois elle avait pris ses mesures, et corrompu Auguste, le valet de chambre d'Armand. Aussi, le soir, à huit heures, fut-elle introduite chez Armand, dans une chambre tout autre que celle où s'était passée la scène demeurée secrète. La duchesse apprit que le général ne rentrerait pas. Avait-il deux domiciles ? Le valet ne voulut pas répondre. Madame de Langeais avait acheté la clef de cette chambre, et non toute la probité de cet homme. Restée seule, elle vit ses quatorze lettres posées sur un vieux guéridon ; elles n'étaient ni froissées, ni décachetés ; elles n'avaient pas été lues.

A cet aspect, elle tomba sur un fauteuil, et perdit pendant un moment toute connaissance. En se réveillant, elle aperçut Auguste, qui lui faisait respirer du vinaigre.

— Une voiture, vite, dit-elle.

La voiture venue, elle descendit avec une rapidité convulsive, revint chez elle, se mit au lit, et fit défendre sa porte. Elle resta vingt-quatre heures couchée, ne laissant approcher d'elle que sa femme de chambre qui lui apporta quelques tasses d'infusion de feuilles d'oranger. Suzette entendit sa maîtresse faire quelques plaintes, et surprit des larmes dans ses yeux éclatants, mais cernés.

Le surlendemain, après avoir médité dans les larmes du désespoir le parti qu'elle voulait prendre, madame de Langeais eut une conférence avec son homme d'affaires, et le chargea sans doute de quelques préparatifs. Puis elle envoya chercher le vieux vidame de Pamiers. En attendant le commandeur, elle écrivit à M. de Montriveau. Le vidame fut exact. Il trouva sa jeune cousine pâle, abattue, mais résignée. Il était environ deux heures après midi. Jamais cette divine créature n'avait été plus poétique qu'elle ne l'était alors dans les langueurs de son agonie.

— Mon cher cousin, dit-elle au vidame, vos quatre-vingt-dix ans valent ce rendez-vous. Oh ! ne souriez pas, je vous en supplie, devant une pauvre femme au comble du malheur. Vous êtes un galant homme, et les aventures de votre jeunesse vous ont, j'aime à le croire, inspiré quelque indulgence pour les femmes.

— Pas la moindre, dit-il.

— Vraiment !

— Elles sont heureuses de tout.

— Ah !... Eh bien, vous êtes au cœur de ma famille, vous serez peut-être le dernier parent, le dernier ami dont j'aurai serré la main ; je puis donc réclamer de vous un bon office. Rendez-moi, mon cher vidame, un service que je ne saurais demander à mon père, ni à mon oncle Cassan, ni à aucune femme. Vous devez me comprendre. Je vous supplie de m'obéir, et d'oublier que vous m'avez obéi, quelle que soit l'issue de vos démarches. Il s'agit d'aller, muni de cette lettre, chez M. de Montriveau, de le voir, de la lui montrer, de lui demander, comme vous savez d'homme à homme demander les choses, car vous avez entre vous une probité, des sentiments que vous oubliez avec nous, de lui demander s'il voudra bien la lire, non pas à votre présence, les hommes se cachent certaines émotions. Je vous autorise, pour le décider, et si vous le jugez nécessaire, à lui dire qu'il y va de ma vie ou de ma mort. S'il daigne...

— Daigne ! fit le commandeur.

— S'il daigne la lire, reprit avec dignité la duchesse, faites-lui une dernière observation. Vous le verrez à cinq heures, il dîne à cette heure, chez lui, aujourd'hui, je le sais ; eh bien, il doit, pour toute réponse, venir me voir. Si trois heures après, s'il à huit heures, il n'est pas sorti, tout sera dit. La duchesse de Langeais aura disparu de ce monde. Je ne serai pas morte, cher cousin, non ; mais aucun pouvoir humain ne me retrouvera sur cette terre. Venez dîner avec moi, j'aurai du moins un ami pour m'assister dans mes dernières angoisses. Oui, ce soir, mon cher cousin, ma vie sera décidée, et quoi qu'il arrive, elle ne peut être que cruelle-ment ardente. Allez, silence, je ne veux rien entendre qui ressemble soit à des observations, soit à des avis.

Causons, rions, dit-elle en lui tendant une main qu'il lui baisa. Soyons comme deux vieillards philosophes qui savent jouir de la vie jusqu'au moment de leur mort. Je me parerai, je serai bien coquette pour vous. Vous serez peut-être le dernier homme qui aura vu la duchesse de Langeais.

Le vidame ne répondit rien, il salua, prit la lettre et fit la commission. Il revint à cinq heures, trouva sa cousine mise avec recherche, délicieuse enfin. Le

salon était paré de fleurs comme pour une fête. Le repas fut exquis. Pour ce vieillard, la duchesse fit jouer tous les brillants de son esprit, et se montra plus attrayante qu'elle ne l'avait jamais été.

Le commandeur voulut d'abord voir une plaisanterie de jeune femme dans tous ces apprêts ; mais, de temps à autre, la fausse magie des séductions déployées par sa cousine pâlissait. Tantôt il la surprenait à tressaillir émue par une sorte de terreur soudaine ; et tantôt elle semblait écouter dans le silence. Alors, s'il lui disait : — Qu'avez vous ?

— Chut ! répondait-elle.

A sept heures elle le quitta, revint promptement, mais habillée comme aurait pu l'être sa femme de chambre pour un voyage. Elle réclama le bras du vieillard qu'elle voulut pour compagnon, se jeta dans une voiture de louage, et tous deux furent, vers huit heures moins un quart, à la porte de M. de Montriveau.

Armand, lui, pendant ce temps, avait médité la lettre suivante.

« Mon ami, j'ai passé quelques moments chez vous, à votre insu ; j'y ai repris mes lettres !... Oh, Armand, de vous à moi, ce ne peut être indifférence, et la haine procède autrement. Si vous m'aimez, cessez un jeu cruel. Vous me tueriez. Plus tard, vous en seriez au désespoir, en apprenant combien vous êtes aimé. Si je vous ai malheureusement compris, si vous n'avez pour moi que de l'aversion ; l'aversion comporte et mépris et dégoût, alors, tout espoir m'abandonne : les hommes ne reviennent pas de ces deux sentiments. Quelque terrible qu'elle puisse être, cette pensée apportera des consolations à ma longue douleur. Vous n'aurez pas de regrets un jour. Des regrets ! ah, mon Armand, que je les ignore. Si je vous en causais un seul..... Non, je ne veux pas vous dire quels ravages il ferait en moi. Je vivrais et ne pourrais plus être votre femme. Après m'être entièrement donnée à vous en pensée, à qui donc me donner ?... à Dieu. Oui les yeux que vous avez aimés pendant un moment, ne verront plus aucun visage d'homme ; et puisse la gloire de Dieu les fermer ! Je n'entendrai plus de voix humaine, après avoir entendu la vôtre, si douce d'abord, si terrible hier, car je suis toujours au lendemain de votre vengeance ; puisse donc la parole de Dieu me consumer ! Entre sa colère et la vôtre, mon ami, il n'y aura pour moi que des larmes et prières. Vous vous demanderez peut-être pourquoi vous écrire ? Hélas ! ne m'en voulez pas de conserver une lueur d'espérance, de jeter encore un soupir sur la vie heureuse avant de la quitter pour jamais. Je suis dans une horrible situation. J'ai toute la sérénité que communique à l'âme une grande résolution, et sens encore les derniers grondements de l'orage. Dans cette terrible aventure, qui m'a tant attachée à vous, Armand, vous alliez du désert à l'oasis, mené par un bon guide. Eh bien, moi, je me traîne de l'oasis au désert, et vous m'êtes un guide sans pitié. Néanmoins, vous seul, mon ami, pouvez comprendre la mélancolie des derniers regards que je jette au bonheur, et vous êtes le seul auquel je puisse me plaindre sans rougir. Si vous m'exaucez, je serai heureuse ; si vous êtes inexorable, j'expierai mes torts. Enfin, n'est-il pas naturel à une femme de vouloir rester dans la mémoire de son aimé, revêtue de tous les sentiments nobles ? Oh ! seul cher à moi ! laissez votre créature s'ensevelir avec la croyance que vous la trouverez grande. Vos sévérités m'ont fait réfléchir, et depuis que je vous aime bien, je me suis trouvée moins coupable que vous ne le pensez. Écoutez donc ma justification, je vous la dois ; et vous, qui êtes tout pour moi dans le monde, vous me devez au moins un instant de justice.

« J'ai su, par mes propres douleurs, combien mes coquetteries vous ont fait souffrir ; mais alors, j'étais dans une complète ignorance de l'amour. Vous êtes, vous, dans le secret de ces tortures, et vous me les imposez. Pendant les huit premiers mois que vous m'avez accordés, vous ne vous êtes point fait aimer. Pourquoi, mon ami ? Je ne sais pas plus vous le dire, que je ne puis vous expliquer pourquoi je vous aime. Ah, certes, j'étais flattée de me voir l'objet de vos discours passionnés, de recevoir vos regards de feu ; mais vous me laissiez froide et sans désir. Non je n'étais point femme, je ne concevais ni le dévouement ni le bonheur de notre sexe. A qui la faute ? Ne m'auriez-vous pas méprisée, si je m'étais livrée sans entraînement ? Peut-être est-ce le sublime de notre sexe, de se donner sans recevoir aucun plaisir ; peut-être n'y a-t-il aucun mérite à s'abandonner à des jouissances connues et ardemment désirées ? Hélas ! mon ami, je puis vous le dire, ces pensées me sont venues quand j'étais si coquette pour vous ; mais je vous trouvais déjà si grand, que je ne voulais pas que vous me dussiez à la pitié...

« Quel mot viens-je d'écrire ?... Ah ! j'ai repris chez vous toutes mes lettres, je les jette au feu ! Elles brûlent. Tu ne sauras jamais ce qu'elles accusaient d'amour, de passion, de folie....

« Je me tais, Armand, je m'arrête, je ne veux plus rien vous dire de mes sentiments. Si mes vœux n'ont pas été entendus d'âme à âme, je ne pourrais donc plus, moi aussi, moi la femme, ne devoir votre amour qu'à votre pitié. Je veux être aimée irrésistiblement ou laissée impitoyablement. Si vous refusez de lire cette lettre, elle sera brûlée. Si l'ayant lue, vous n'êtes pas, trois heures après, pour toujours mon seul époux, je n'aurai point de honte à vous la savoir entre les mains : la fierté de mon désespoir garantira ma mémoire de toute injure, et ma fin sera digne de mon amour. Vous-même, ne me rencontrant plus sur cette terre, quoique vivante, vous ne penserez pas, sans frémir, à une femme qui, dans trois heures, ne respirera plus que pour vous accabler de sa tendresse, à une femme consumée par un amour sans espoir ; et fidèle, non pas à des plaisirs partagés, mais à des sentiments méconnus. La duchesse de Lavallière pleurait un bonheur perdu, sa puissance évanouie ; tandis que la duchesse de Langeais sera heureuse de ses pleurs et restera pour vous un pouvoir. Oui, vous me regretterez. Je sens bien que je n'étais pas de ce monde, et vous remercie de me l'avoir prouvé. Adieu, vous ne toucherez point à ma hache ; la vôtre était celle du bourreau, la mienne est celle de Dieu ; la vôtre tue, la mienne sauve. Votre amour mortel, il ne savait supporter ni le dédain, ni la raillerie ; le mien peut tout endurer sans faiblir, il est immortellement vivace. Ah ! j'éprouve une joie sombre à vous écraser, vous qui vous croyez si grand, à vous humilier, par le sourire calme et protecteur des anges faibles, qui prennent, en se couchant aux pieds de Dieu, le droit et la force de veiller en son nom sur les hommes. Vous n'avez eu que de passagers désirs ; tandis que la pauvre religieuse vous éclairera sans cesse de ses ardentes prières, et vous couvrira toujours des ailes de l'amour divin. Je pressens votre réponse, Armand ; et vous donne rendez-vous... dans le ciel. Ami, la force et la faiblesse y sont également admises ; toutes deux sont des souffrances. Cette pensée apaise les agitations de ma dernière épreuve. Me voilà si calme, que je craindrais de ne plus t'aimer, si ce n'était pour toi que je quitte le monde. »

— Mon cher cousin, dit la duchesse en arrivant à la maison de Montriveau, faites-moi la grâce de demander à la porte s'il est chez lui.

Le commandeur, obéissant à la manière des hommes du dix-huitième siècle, descendit et revint dire à sa cousine, un oui qui lui donna le frisson.

A ce mot, elle prit le commandeur, lui serra la main, se laissa baiser par lui sur les deux joues, et le pria de s'en aller sans l'espionner ni vouloir la protéger.

— Mais les passants ! dit-il.

— Personne ne peut me manquer, répondit-elle.

Ce fut le dernier mot de la femme à la mode, et de la duchesse.

Le commandeur s'en alla.

Madame de Langeais resta sur le seuil de cette porte, en s'enveloppant de son manteau, et attendit que huit heures sonnassent.

L'heure expira.

Cette malheureuse femme se donna dix minutes, un quart d'heure ; enfin, elle voulut voir une nouvelle humiliation dans ce retard, et la foi l'abandonna. Elle ne put retenir cette exclamation : — O mon Dieu ! puis quitta ce funeste seuil.

Ce fut le premier mot de la carmélite.

Montriveau avait une conférence avec quelques amis, il les pressa de finir, mais sa pendule retardait, et il ne sortit pour aller à l'hôtel de Langeais qu'au moment où la duchesse, emportée par une rage froide, fuyait à pied dans les rues de Paris. Elle pleura quand elle atteignit le boulevard d'Enfer. Là, pour la dernière fois, elle regarda Paris fumeux, bruyant, couvert de la rouge atmosphère produite par ses lumières ; puis, elle monta dans une voiture de place, et sortit de cette ville pour n'y jamais rentrer.

Quand le marquis de Montriveau vint à l'hôtel de Langeais, il n'y trouva point sa maîtresse, et se crut joué. Alors, il courut chez le vidame, et y fut reçu au moment où le bonhomme passait sa robe de chambre en pensant au bonheur de sa jolie parente. Montriveau lui jeta ce regard terrible dont la commotion électrique frappait également les hommes et les femmes.

— Monsieur, vous seriez vous prêté à quelque cruelle plaisanterie ? s'écria-t-il. Je viens de chez madame de Langeais, et ses gens la disent sortie.

— Il est sans doute arrivé par votre faute un grand malheur, répondit le vidame. J'ai laissé la duchesse à votre porte...

— A quelle heure ?

— A huit heures moins un quart.

— Je vous salue, dit Montriveau qui revint précipitamment chez lui pour demander à son portier s'il n'avait pas vu dans la soirée une dame à la porte.

— Oui, monsieur, une belle femme qui paraissait avoir bien du désagrément. Elle pleurait comme une Madeleine, sans faire de bruit, et se tenait droite comme un piquet. Enfin, elle a dit un — ô mon Dieu ! en s'en allant, qui nous a, sous votre respect, crevé le cœur à mon épouse et à moi qu'étions là sans qu'elle s'en aperçût.

Ce peu de mots fit pâlir cet homme si ferme. Il écrivit quelques lignes à M. de Ronquerolles chez lequel il envoya sur-le-champ, et remonta dans son appartement.

Vers minuit, le marquis de Ronquerolles arriva.

— Qu'as tu, mon bon ami ? dit-il en voyant le général.

Armand lui donna la lettre de la duchesse à lire.

— Hé bien ? lui demanda Ronquerolles.

— Elle était à ma porte à huit heures, et à huit heures un quart elle a disparu. Je l'ai perdue, et je l'aime ! Ah, si ma vie m'appartenait, je me serais déjà fait sauter la cervelle.

— Bah ! bah ! dit Ronquerolles, calme-toi. Les duchesses ne s'envolent pas comme des bergeronnettes. Elle ne fera pas plus de trois lieues à l'heure, demain nous en ferons six, nous autres.

Ah ! peste ! reprit-il, madame de Langeais n'est pas une femme ordinaire. Nous serons tous à cheval demain. Dans la journée, nous saurons par la police où elle est allée. Il lui faut une voiture, ces anges-là n'ont pas d'ailes. Qu'elle soit en route ou cachée dans Paris, nous la trouverons. N'avons-nous pas le télégraphe pour l'arrêter sans la suivre ? Tu seras heureux. Mais mon cher frère, tu as commis la faute dont sont plus ou moins coupables les hommes de ton énergie. Ils jugent les autres âmes d'après la leur, et ne savent pas où casse l'humanité quand ils en tendent les cordes. Que ne me disais-tu donc un mot tantôt ? Je t'aurais dit : — Sois exact !

A demain donc, ajouta-t-il en serrant la main de Montriveau qui restait muet. Dors, si tu peux.

Mais les plus immenses ressources dont jamais hommes d'État, souverains, ministres, banquiers, enfin dont tout pouvoir humain se soit socialement investi furent en vain déployées. Ni Montriveau ni ses amis ne purent trouver la trace de la duchesse. Elle s'était évidemment cloîtrée. Montriveau résolut de fouiller ou faire fouiller tous les couvents du monde. Il lui fallait la duchesse, quand même il en aurait coûté la vie à toute une ville.

Pour rendre justice à cet homme extraordinaire, il est nécessaire de dire que sa fureur passionnée se leva également ardente chaque jour, et dura cinq années.

En 1829 seulement, le duc de Navarreins apprit, par hasard, que sa fille était partie pour l'Espagne, comme femme de chambre de lady Julia Hopwood, et qu'elle avait quitté cette dame à Cadix, sans que lady Julia se fût aperçue que mademoiselle Caroline était l'illustre duchesse dont la disparition occupait la haute société parisienne.

Les sentiments qui animèrent les deux amants quand ils se retrouvèrent à la grille des Carmélites et en présence d'une mère supérieure, doivent être maintenant compris dans toute leur étendue, et leur violence, réveillée de part et d'autre, expliquera sans doute le dénoûment de cette aventure.

## DIEU FAIT LES DÉNOUMENTS.

*C'était un nœud gordien, auquel ne devait pas manquer le glaive qui dénoue les liens les plus fortement serrés.*
(FERRAGUS, chef des Dévorants.)

Donc, en 1823, le duc de Langeais mort, sa femme était libre. Antoinette de Navarreins vivait consumée par l'amour sur un banc de la Méditerranée ; mais le pape pouvait casser les vœux de la sœur Thérèse. Le bonheur acheté par tant d'amour pouvait éclore pour les deux amants.

Ces pensées firent voler Montriveau de Cadix à Marseille, de Marseille à Paris.

Deux mois après son arrivée en France, un brick de commerce armé en guerre partit du port de Marseille, et fit route pour l'Espagne. Ce bâtiment était frété par plusieurs hommes de distinction, presque tous Français, qui, épris de belle passion pour l'Orient, voulaient en visiter les contrées. Les grandes connaissances de Montriveau sur les mœurs de ces pays en faisaient un précieux compagnon de voyage pour ces personnes qui le prièrent d'être des leurs, et il y consentit. Le ministre de la guerre le nomma lieutenant-général et le mit au comité d'artillerie, pour lui faciliter cette partie de plaisir.

Le brick s'arrêta, vingt-quatre heures après son départ, au nord-ouest d'une île en vue des côtes d'Espagne. Le bâtiment avait été choisi assez fin de carène, assez léger de mâture, pour qu'il pût sans danger s'ancrer à une demi-lieue environ des récifs qui, de ce côté, défendaient sûrement l'abordage de l'île. Si des barques ou des habitants apercevaient le brick dans ce mouillage, ils ne pouvaient d'abord en concevoir aucune inquiétude, puis il fut facile d'en justifier aussitôt le stationnement.

Avant d'arriver en vue de l'île, Montriveau fit arborer le pavillon des États-Unis. Les matelots engagés pour le service du bâtiment étaient américains et ne parlaient que la langue anglaise. L'un des compagnons de M. de Montriveau les embarqua tous dans une chaloupe, et les amena dans une auberge de la petite ville où il les maintint à une hauteur d'ivresse qui ne leur laissa pas la langue libre. Puis il dit que le brick était monté par des chercheurs de trésors, gens connus aux États-Unis pour leur fanatisme, et dont un des écrivains de ce pays a écrit l'histoire.

Ainsi la présence du vaisseau dans les récifs fut suffisamment expliquée. Les armateurs et les passagers y cherchaient, dit le prétendu contre-maître des matelots, des débris d'un galion échoué en 1778 avec les trésors envoyés du Mexique. Les aubergistes et les autorités du pays n'en demandèrent pas davantage.

Armand et les amis dévoués qui le secondaient dans sa difficile entreprise, pensèrent tout d'abord que ni la ruse ni la force ne pouvaient faire réussir la délivrance ou l'enlèvement de la sœur Thérèse du côté de la petite ville. Alors, d'un commun accord, ces hommes d'audace résolurent d'attaquer le taureau par les cornes. Ils voulurent se frayer un chemin jusqu'au couvent par les lieux mêmes où tout accès y semblait impraticable, et vaincre la nature comme le général Lamarque l'avait vaincue à l'assaut de Caprée. En cette circonstance, les tables de granit taillées à pic, au bout de l'île, leur offraient moins de prise que ceux de Caprée n'en avaient offert à Montriveau, qui fut de cette incroyable expédition ; et les nonnes lui semblaient plus redoutables que ne le fut sir Hudson Lowe.

Enlever la duchesse avec fracas couvrait ces hommes de honte. Autant aurait valu faire le siège de la ville, du couvent, et ne pas laisser un seul témoin de leur victoire, à la manière des pirates.

Pour eux, cette entreprise n'avait donc que deux faces : ou quelque incendie, quelque fait d'armes qui effrayât l'Europe en y laissant ignorer la raison du crime ; ou quelque enlèvement aérien, mystérieux, qui persuadât aux nonnes que le diable leur avait rendu visite. Ce dernier parti triompha dans le conseil secret tenu à Paris avant le départ. Puis tout avait été prévu pour le succès d'une entreprise qui offrait à ces hommes, blasés des plaisirs de Paris, un véritable amusement.

Une espèce de pirogue d'une excessive légèreté, fabriquée à Marseille d'après un modèle malais, permit de naviguer dans les récifs jusqu'à l'endroit où ils cessaient d'être praticables. Deux cordes en fil de fer, tendues parallèlement à une distance de quelques pieds sur des inclinaisons inverses, et sur lesquelles devaient glisser des paniers également en fil de fer, servirent de ponts, comme en Chine, pour aller d'un rocher à l'autre. Les écueils furent ainsi unis les uns aux autres par un système de cordes et de paniers qui ressemblait à ces fils sur lesquels voyagent certaines araignées, et dont elles enveloppent un arbre : œuvre d'instinct que les Chinois, ce peuple essentiellement imitateur, ont copié les premiers, historiquement parlant. Ni les lames ni les caprices de la mer ne pouvaient déranger ces fragiles constructions. Les cordes avaient assez de jeu pour offrir aux fureurs des vagues cette courbure étudiée par un ingénieur, feu Cachin, l'immortel créateur du port de Cherbourg ; la ligne savante au delà de laquelle cesse le pouvoir de l'eau courroucée, courbe établie d'après une loi dérobée aux secrets de la nature par le génie de l'observation, qui est presque tout le génie humain.

Les compagnons de M. de Montriveau étaient seuls

sur ce vaisseau. Les yeux de l'homme ne pouvaient arriver jusqu'à eux. Les meilleures longues-vues braquées du haut des tillacs par les marins des bâtiments, à leur passage, n'eussent laissé découvrir ni les cordes perdues dans les récifs, ni les hommes cachés dans les rochers.

Après onze jours de travaux préparatoires, ces douze démons humains arrivèrent au pied du promontoire élevé d'une trentaine de toises au-dessus de la mer, bloc aussi difficile à gravir par des hommes, qu'il peut l'être à une souris de grimper sur les contours polis du ventre en porcelaine d'un vase uni. Cette table de granit était heureusement fendue. Sa fissure, dont les deux lèvres avaient la roideur de la ligne droite, permit d'y attacher, à un pied de distance, de gros coins de bois, dans lesquels ces hardis travailleurs enfoncèrent des crampons de fer. Ces crampons préparés à l'avance étaient terminés par une palette trouée sur laquelle ils fixèrent une marche faite avec une planche de sapin extrêmement légère, qui venait s'adapter aux entailles d'un mât aussi haut que le promontoire, et qui fut assujetti dans le roc au bas de la grève.

Avec une habileté digne de ces hommes d'exécution, l'un d'eux, profond mathématicien, avait calculé l'angle nécessaire pour écarter graduellement les marches en haut et en bas du mât, de manière à placer dans son milieu le point à partir duquel les marches de la partie supérieure gagnaient en éventail le haut du rocher, figure également représentée, mais en sens inverse, par les marches d'en bas. Cet escalier, d'une légèreté miraculeuse et d'une solidité parfaite, coûta vingt-deux jours de travail. Un briquet phosphorique, une nuit, et le ressac de la mer suffisaient à en faire éternellement disparaître les traces.

Ainsi nulle indiscrétion n'était possible, et nulle recherche contre les violateurs du couvent ne pouvait avoir de succès.

Sur le haut du rocher se trouvait une plate-forme, bordée de tous côtés par le précipice taillé à pic. Les douze inconnus, en examinant le terrain avec leurs lunettes du haut de la hune, s'étaient assurés que malgré quelques aspérités, ils pourraient facilement arriver aux jardins du couvent, dont les arbres suffisamment touffus offraient de sûrs abris. Là sans doute ils devaient ultérieurement décider par quels moyens se consommerait le rapt de la religieuse.

Après d'aussi grands efforts, ils ne voulurent pas compromettre le succès de leur entreprise, en risquant d'être aperçus, et furent obligés d'attendre que le dernier quartier de la lune expirât.

Montriveau resta, pendant deux nuits, enveloppé dans son manteau, couché sur le roc. Les chants du soir et ceux du matin lui causèrent d'inexprimables délices. Il alla jusqu'au mur, pour pouvoir entendre la musique des orgues, et s'efforça de distinguer une voix dans cette masse de voix. Mais, malgré le silence, l'espace ne laissait parvenir à ses oreilles que les effets confus de la musique. C'étaient de suaves harmonies où les défauts de l'exécution ne se faisaient plus sentir, et d'où la pure pensée de l'art se dégageait en se communiquant à l'âme, sans lui demander ni les efforts de l'attention ni les fatigues de l'entendement. Terribles souvenirs pour Armand dont l'amour refleurissait tout entier dans cette brise de musique, où il voulut trouver d'aériennes promesses de bonheur.

Le lendemain de la dernière nuit, il descendit avant le lever du soleil, après être resté durant plusieurs heures les yeux attachés sur la fenêtre d'une cellule sans grille. Les grilles n'étaient pas nécessaires au-dessus de ces abîmes. Il y avait vu de la lumière pendant toute la nuit. Or, cet instinct du cœur, qui trompe aussi souvent qu'il dit vrai, lui avait crié : — Elle est là !....

— Elle est certainement là, et demain je l'aurai... se dit-il en mêlant de joyeuses pensées aux tintements d'une cloche qui sonnait lentement.

Étrange bizarrerie du cœur! il aimait avec plus de passion la religieuse dépérie dans les élancements de l'amour, consumée par les larmes, les jeûnes, les veilles et la prière ; la femme de vingt-neuf ans, fortement éprouvée; qu'il n'avait aimé la jeune fille légère, la femme de vingt-quatre ans, la sylphide. Mais les hommes d'âme vigoureuse n'ont-ils pas un penchant qui les entraîne vers les sublimes expressions que de nobles malheurs, ou d'impétueux mouvements de pensée ont gravées sur le visage d'une femme? La beauté d'une femme endolorie n'est-elle pas la plus attachante de toutes pour les hommes qui se sentent au cœur un trésor inépuisable de consolations et de tendresses à répandre sur une créature gracieuse de faiblesse et forte par le sentiment? La beauté fraîche, colorée, unie, le *joli* en un mot est l'attrait vulgaire dont s'éprend la médiocrité.

Montriveau devait aimer ces visages où l'amour se réveille au milieu des plis de la douleur, et des ruines de la mélancolie. Alors un amant ne fait-il pas saillir, à la voix de ses puissants désirs, un être tout nouveau, jeune, palpitant, qui brise pour lui seul une enveloppe belle pour lui, détruite pour le monde? Ne possède-t-il pas deux femmes? celle qui se présente aux autres pâle, décolorée, triste; puis celle du cœur que personne ne voit, un ange qui comprend la vie par le sentiment, et ne paraît dans toute sa gloire que pour les solennités de l'amour?

Avant de quitter son poste, le général entendit

de faibles accords qui partaient de cette cellule, douces voix pleines de tendresse. En revenant sous le rocher au bas duquel se tenaient ses amis, il leur dit en quelques mots, empreints de cette passion communicative quoique discrète dont les hommes respectent toujours l'expression grandiose, que jamais, en sa vie, il n'avait éprouvé d'aussi captivantes félicités.

Le lendemain soir, onze compagnons dévoués se hissèrent dans l'ombre en haut de ces rochers, ayant chacun sur eux un poignard, une provision de chocolat et tous les instruments que comporte le métier de voleurs. Arrivés au mur d'enceinte, ils le franchirent au moyen d'échelles qu'ils avaient fabriquées, et se trouvèrent dans le cimetière du couvent. Montriveau reconnut et la longue galerie voûtée par laquelle il était venu naguère au parloir, et les fenêtres de cette salle. Alors, sur-le-champ, son plan fut fait et adopté.

S'ouvrir un passage par la fenêtre de ce parloir qui en éclairait la partie affectée aux carmélites ; pénétrer dans les corridors ; voir si les noms étaient inscrits sur chaque cellule ; aller à celle de la sœur Thérèse ; y surprendre et bâillonner la religieuse pendant son sommeil ; la lier et l'enlever ; toutes ces parties du programme étaient faciles pour des hommes qui, à l'audace, à l'adresse des forçats, joignaient les connaissances particulières aux gens du monde, et auxquels il était indifférent de donner un coup de poignard pour acheter le silence.

La grille de la fenêtre fut sciée en deux heures. Trois hommes se mirent en faction au dehors et deux autres restèrent dans le parloir. Le reste, pieds nus, se posta de distance en distance à travers le cloître où s'engagea Montriveau caché derrière un jeune homme, le plus adroit d'entre eux, nommé Henri de Marsay, qui, par prudence, s'était vêtu d'un costume de carmélite absolument semblable à celui du couvent.

L'horloge sonna trois heures, quand la fausse religieuse et Montriveau parvinrent au dortoir. Ils eurent bientôt reconnu la situation des cellules. Puis, n'entendant aucun bruit, ils lurent, à l'aide d'une lanterne sourde, les noms heureusement écrits sur chaque porte et accompagnés de ces devises mystiques, de ces portraits de saints ou de saintes que chaque religieuse inscrit en forme d'épigraphe sur le nouveau rôle de sa vie, et où elle révèle sa dernière pensée.

Arrivé à la cellule de la sœur Thérèse, Montriveau lut cette inscription :

*Sub invocatione sanctæ matris Theresæ !*
La devise était : — *Adoremus in æternum.*

Tout à coup son compagnon lui mit la main sur l'épaule, et lui fit voir une vive lueur qui éclairait les dalles du corridor, par la fente de la porte.

En ce moment M. de Ronquerolles les rejoignit.

— Toutes les religieuses sont à l'église et commencent l'office des morts, dit-il.

— Je reste, répondit Montriveau, repliez-vous dans le parloir, et fermez la porte de ce corridor.

Il entra vivement en se faisant précéder de la fausse religieuse qui rabattit son voile.

Alors ils virent, dans l'antichambre de la cellule, la duchesse morte, posée à terre sur la planche de son lit, et éclairée par deux cierges.

Ni Montriveau, ni de Marsay ne dirent une parole, ne jetèrent un cri, mais ils se regardèrent. Puis, le général fit un geste qui voulait dire : — Emportons-la.

— Sauvez-vous, cria Ronquerolles, la procession des religieuses se met en marche, vous allez être surpris.

Avec la rapidité magique que communique aux mouvements un extrême désir, la morte fut apportée dans le parloir, passée par la fenêtre et transportée au pied des murs, au moment où l'abbesse, suivie des religieuses, arrivait pour prendre le corps de la sœur Thérèse.

La sœur chargée de garder la morte avait eu l'imprudence de fouiller dans sa chambre pour en connaître les secrets, et s'était si fort occupée à cette recherche, qu'elle n'entendit rien et sortait alors épouvantée de ne plus trouver sa compagne.

Avant que ces femmes stupéfiées n'eussent la pensée de faire des recherches, la duchesse avait été descendue par une corde en bas des rochers, et les compagnons de Montriveau avaient détruit leur ouvrage.

A neuf heures du matin, nulle trace n'existait ni de l'escalier, ni des ponts de cordes ; le corps de la sœur Thérèse était à bord ; le brick vint au port embarquer ses matelots, et disparut dans la journée.

Montriveau resta seul dans la cabine avec Antoinette de Navarreins, dont, pendant quelques heures, le visage resplendit complaisamment pour lui, des sublimes beautés dues au calme particulier que prête la mort à nos dépouilles mortelles.

— Ah çà, dit Ronquerolles à Montriveau quand celui-ci reparut sur le tillac, c'était une femme, mais maintenant ce n'est rien. Attachons un boulet à chacun de ses pieds, jetons-la dans la mer, et n'y pense plus que comme nous pensons à un livre lu pendant notre enfance. Hein ?

— Oui, dit Montriveau.

— Te voilà sage. Désormais aie des passions, mais de l'amour, fi...

— C'est de la niaiserie ! dit Henri de Marsay. Il

ne faut l'introduire en nous que comme une drogue qui, à certaine dose, augmente le plaisir ; sinon, autant lire Kant, Fichte, Shelling ou Hegel.
— Voilà un homme ! s'écria Ronquerolles en frappant sur l'épaule de Marsay.
— Oui, ça n'a été pour moi qu'un poëme ! dit Montriveau lorsque les tournoiements de l'onde s'effacèrent dans le sillage du brick.
— On t'accorde le poëme, pour satisfaire à ce qui te reste de faiblesse humaine, camarade, dit de Marsay en lâchant avec grâce la fumée de son cigare. Ta duchesse !... je l'ai connue. Elle ne valait pas ma *fille aux yeux d'or*. Et cependant je suis sorti tranquillement un soir de chez moi pour aller lui planter mon poignard dans le cœur. Tu n'étais pas encore des nôtres !
Ronquerolles, dit-il en se tournant vers le marquis, conte-lui donc cette affaire-là pour le distraire ; tu sais mieux que moi en faire valoir les détails.

———

Genève, au Pré-Levêque, 26 janvier, 1834.

En ces deux épisodes de leur histoire, la puissance des TREIZE n'a rencontré d'autres empêchements que l'obstacle éternellement opposé par la nature aux volontés humaines : *La mort* et *Dieu*. Le confident involontaire de ces curieux personnages se permet de donner un troisième épisode, parce que, dans l'aventure toute parisienne de LA FILLE AUX YEUX D'OR, les Treize ont vu leur pouvoir également brisé, leur vengeance trompée, et que cette fois, au dénoûment, ils n'ont vu ni *Dieu* ni *la mort*, mais une passion terrible, devant laquelle a reculé notre littérature, qui ne s'effraie cependant de rien.

———

TROISIÈME ET DERNIER ÉPISODE.

# LA FILLE AUX YEUX D'OR.

—

## PHYSIONOMIES PARISIENNES.

<small>Tout mouvement exorbitant est une sublime prodigalité d'existence.
TRAITÉ COMPLET DE LA VIE ÉLÉGANTE, *Théorie de la Démarche*, ouvrage inédit de l'auteur.</small>

Un des spectacles où se rencontre le plus d'épouvantements est certes l'aspect général de la population parisienne, peuple horrible à voir, hâve, jaune, tanné. Paris n'est-il pas un vaste champ incessamment remué par une tempête d'intérêts sous laquelle tourbillonne une moisson d'hommes que la mort fauche plus souvent qu'ailleurs et qui renaissent toujours aussi serrés, dont les visages contournés, tordus, rendent par tous les pores, l'esprit, les désirs, les poisons dont sont engrossés leurs cerveaux ; non pas des visages, mais bien des masques : masques de faiblesse, masques de force, masques de misère, masques de joie, masques d'hypocrisie ; tous exténués, tous empreints des signes ineffaçables d'une haletante avidité. Que veulent-ils ? de l'or, ou du plaisir.

Quelques observations sur l'âme de Paris peuvent expliquer les causes de la physionomie cadavéreuse qui n'a que deux âges, où la jeunesse ou la caducité ; une jeunesse blafarde et sans couleur, une caducité fardée qui veut paraître jeune. En voyant ce peuple exhumé, les étrangers, qui ne sont pas tenus de réfléchir, éprouvent tout d'abord un mouvement de dégoût pour cette capitale, vaste atelier de jouissances, d'où bientôt eux-mêmes ils ne peuvent sortir, et restent à s'y déformer volontiers.

Peu de mots suffiront pour justifier physiologiquement la teinte presque infernale des figures parisiennes, car ce n'est pas seulement par plaisanterie que Paris a été nommé un enfer. Acceptez ce mot comme vrai. Là, tout fume, tout brûle, tout brille, tout bouillonne, tout flambe, s'évapore, s'éteint, se rallume, étincelle, petille, et se consume. Jamais vie en aucun pays ne fut plus ardente, ni plus cuisante. Cette nature sociale toujours en fusion semble se dire, après chaque œuvre finie : — A une autre ! comme se le dit la nature elle-même. Comme la nature elle-même, cette nature sociale s'occupe d'insectes, de fleurs d'un jour, de bagatelles, d'éphémères, et jette aussi feu et flammes par ses éternels cratères.

Peut-être avant d'analyser les causes qui font une physionomie spéciale à chaque tribu de cette nation intelligente et mouvante, doit-on signaler la cause générale qui en décolore, blêmit, bleuit et brunit, plus ou moins, les individus.

A force de s'intéresser à tout, le Parisien finit par ne s'intéresser à rien. Aucun sentiment ne dominant sur sa face usée par les frottements, elle devient grise comme le plâtre des maisons, qui a reçu toute espèce de poussière et de fumée. En effet, indifférent la veille à ce dont il s'enivrera le lendemain, le Parisien vit en enfant, quel que soit son âge. Il murmure de tout, se console de tout, se moque de tout, oublie tout, veut tout, goûte à tout, prend tout avec passion, quitte tout avec insouciance : ses rois, ses conquêtes, sa gloire, son idole, qu'elle soit de bronze ou de verre; comme il jette ses bas, ses chapeaux et sa fortune. A Paris, aucun sentiment ne résiste au jet des choses, et leur courant oblige à une lutte qui détend les passions : l'amour y est un désir, et la haine une velléité; il n'y a là de vrai parent que le billet de mille francs, d'autre ami que le Mont-de-Piété. Ce laisser-aller général porte ses fruits; et, dans le salon, comme dans la rue, personne n'y est de trop, personne n'y est absolument utile, ni absolument nuisible : les sots et les fripons, comme les gens d'esprit ou de probité. Tout y est toléré, le gouvernement et la guillotine, la religion et le choléra. Vous convenez toujours à ce monde, vous n'y manquez jamais.

Qui donc domine en ce pays sans mœurs, sans croyance, sans aucun sentiment, mais d'où partent et où aboutissent tous les sentiments, toutes les croyances et toutes les mœurs? L'or et le plaisir. Prenez ces deux mots comme une lumière, et parcourez cette grande cage de plâtre, cette ruche à ruisseaux noirs, et suivez-y les serpenteaux de cette pensée qui l'agite, la soulève, la travaille. Voyez. Examinez d'abord le monde qui n'a rien.

L'ouvrier, le prolétaire, l'homme qui remue ses pieds, ses mains, sa langue, son dos, son seul bras, ses cinq doigts pour vivre; eh bien, celui-là qui, le premier, devrait économiser le principe de sa vie, il outre-passe ses forces, attelle sa femme à quelque machine, use son enfant et le cloue à un rouage. Le fabricant, le je ne sais quel fil secondaire dont le branle agite ce peuple qui, de ses mains sales, tourne et dore les porcelaines, coud les habits et les robes, amincit le fer, amenuise le bois, tisse l'acier, solidifie le chanvre et le fil, satine les bronzes, festonne le cristal, imite les fleurs, brode la laine, dresse les chevaux, tresse les harnais et les galons, découpe le cuivre, peint les voitures, arrondit les vieux ormeaux, vaporise le coton, souffle les tulles, corrode le diamant, polit les métaux, transforme en feuilles les marbres, lèche les cailloux, toilette la pensée, colore, blanchit et noircit tout; eh bien, ce sous-chef est venu promettre à ce monde de sueur et de volonté, d'étude et de patience, un salaire excessif, soit au nom des caprices de la ville, soit à la voix du monstre nommé Spéculation.

Alors ces quadrumanes se sont mis à veiller, pâtir, travailler, jurer, jeûner, marcher; tous se sont excédés pour gagner cet or qui les fascine. Puis, insouciants de l'avenir, avides de jouissances, comptant sur leurs bras, comme le peintre sur sa palette, ils jettent, grands seigneurs d'un jour, leur argent le lundi dans les cabarets qui font une enceinte de boue à la ville; ceinture de la plus impudique des Vénus, incessamment pliée et dépliée, où se perd, comme au jeu, la fortune périodique de ce peuple,

aussi féroce au plaisir qu'il est tranquille au travail. Pendant cinq jours donc, aucun repos pour cette partie agissante de Paris! Elle se livre à des mouvements qui la font se gauchir, se grossir, maigrir, pâlir, jaillir en mille jets de volonté créatrice. Puis son plaisir, son repos est une lassante débauche, brune de peau, noire de tapes, blême d'ivresse, ou jaune d'indigestion, qui ne dure que deux jours, mais qui vole le pain de l'avenir, la soupe de la semaine, les robes de la femme, les langes de l'enfant tous en baillons.

Ces hommes, nés sans doute pour être beaux, car toute créature a sa beauté relative, se sont enrégimentés, dès l'enfance, sous le commandement de la force, sous le règne du marteau, des cisailles, de la filature, et se sont promptement vulcanisés. Vulcain, avec sa laideur et sa force, n'est-il pas l'emblème de cette laide et forte nation, sublime d'intelligence mécanique, patiente à ses heures, terrible un jour par siècle, inflammable comme la poudre, et préparée à l'incendie révolutionnaire par l'eau-de-vie, enfin assez spirituelle pour prendre feu sur un mot captieux qui signifie toujours pour elle : Or et plaisir. En comprenant tous ceux qui tendent la main pour une aumône, pour de légitimes salaires, ou pour les cinq francs accordés à tous les genres de prostitution parisienne, enfin pour tout argent bien ou mal gagné, ce peuple compte trois cent mille individus. Sans les cabarets, le gouvernement ne serait-il pas renversé tous les mardis? Heureusement, le mardi, ce peuple est engourdi, cuve son plaisir, n'a plus le sou, et retourne au travail, au pain sec, stimulé par un besoin de procréation matérielle qui, pour lui, devient une habitude.

Néanmoins ce peuple a ses phénomènes de vertu, ses hommes complets, ses Napoléons inconnus qui sont le type de ses forces portées à leur plus haute expression, et résument sa portée sociale dans une existence où la pensée et le mouvement se combinent, moins pour y jeter de la joie que pour y régulariser l'action de la douleur.

Le hasard a fait un ouvrier économe, le hasard l'a gratifié d'une pensée, il a pu jeter les yeux sur l'avenir, il a rencontré une femme, il s'est trouvé père et après quelques années de privations dures, il entreprend un petit commerce de mercerie, loue une boutique. Si ni la maladie, ni le vice ne l'arrêtent en sa voie, s'il a prospéré, voici le croquis de cette vie normale.

Et d'abord, saluez ce roi du mouvement parisien, qui s'est soumis le temps et l'espace. Oui, saluez cette créature composée de salpêtre et de gaz, qui donne des enfants à la France pendant ses nuits laborieuses, et remultiplie, pendant le jour, son individu pour le service, la gloire et le plaisir de ses concitoyens. Cet homme résout le problème de suffire, à la fois, à une femme aimable, à son ménage, au Constitutionnel, à son Bureau, à la Garde nationale, à l'Opéra, à Dieu, mais pour transformer en écus le Constitutionnel, le Bureau, l'Opéra, la Garde nationale, la femme et Dieu. Enfin, saluez un irréprochable cumulard.

Levé tous les jours à cinq heures, il a franchi, comme un oiseau, l'espace qui sépare son domicile de la rue Montmartre. Qu'il vente ou tonne, pleuve ou neige, il est au Constitutionnel et y attend la charge de journaux dont il a soumissionné la distribution. Il reçoit ce pain politique avec avidité, le prend et le porte. A neuf heures, il est au sein de son ménage, débite un calembour à sa femme, lui dérobe un gros baiser, déguste une tasse de café, ou gronde ses enfants. A dix heures moins un quart, il apparaît à la Mairie. Là, posé sur un fauteuil, comme un perroquet sur son bâton, chauffé par la ville de Paris, inscrit jusqu'à quatre heures, sans leur donner une larme ou un sourire, les décès et les naissances de tout un arrondissement. Le bonheur, le malheur du quartier passe par le bec de sa plume, comme l'esprit du Constitutionnel voyageait naguère sur ses épaules. Rien ne lui pèse ! Il va toujours droit devant lui, prend son patriotisme tout fait dans le journal, ne contredit personne, crie ou applaudit avec tout le monde, et vit en hirondelle.

A deux pas de sa paroisse, il peut, en cas d'une cérémonie importante, laisser sa place à un surnuméraire, et aller chanter un *requiem* au lutrin de l'église, dont il est, le dimanche et les jours de fête, le plus bel ornement, la voix la plus imposante, où il tord avec énergie sa large bouche en faisant tonner un joyeux *Amen*. Il est chantre.

Libéré à quatre heures de son service officiel, il apparaît pour répandre la joie et la gaieté au sein de la boutique la plus célèbre qui soit en la Cité. Heureuse est sa femme, il n'a pas le temps d'être jaloux ; il est plutôt homme d'action que de sentiment. Aussi, dès qu'il arrive, agace-t-il les demoiselles de comptoir, dont les yeux vifs attirent force chalands ; se gaudit au sein des parures, des fichus, de la mousseline façonnée par ces habiles ouvrières ; ou, plus souvent encore, avant de dîner, il sert une pratique, copie une page du journal, ou porte chez l'huissier quelque effet en retard.

A six heures, tous les deux jours, il est fidèle à son poste. Inamovible basse-taille des chœurs, il se trouve à l'Opéra, prêt à y devenir soldat, Arabe, prisonnier, sauvage, paysan, ombre, patte de chameau, lion, diable, génie, esclave, eunuque noir ou blanc, toujours expert à produire de la joie, de la douleur, de la pitié, de l'étonnement ; à pousser d'invariables cris, à se taire, à chasser, à se battre, à représenter Rome ou l'Égypte, mais toujours, *in petto*, mercier.

A minuit, il redevient bon mari, homme, tendre père, il se glisse dans le lit conjugal, l'imagination encore tendue par les formes décevantes des nymphes de l'Opéra, et faisant ainsi tourner au profit de l'amour conjugal les dépravations du monde et les voluptueux ronds de jambe de la Taglioni. Enfin, s'il dort, il dort vite, et dépêche son sommeil comme il a dépêché sa vie.

N'est-ce pas le mouvement fait homme, l'espace incarné, le Protée de la civilisation ? Cet homme résume tout : histoire, littérature, politique, gouvernement, religion, art militaire. N'est-ce pas une encyclopédie vivante, un atlas grotesque, sans cesse en marche comme Paris, et qui jamais ne repose ? En lui tout est jambe. Aucune physionomie ne saurait se conserver pure en de tels travaux. Peut-être l'ouvrier qui meurt vieux à trente ans, l'estomac tanné par les doses progressives de son eau-de-vie, sera-t-il trouvé, au dire de quelques philosophes bien rentés, plus heureux que ne l'est le mercier. L'un périt d'un seul coup, et l'autre en détail. De ses huit industries, de ses épaules, de son gosier, de ses mains, de sa femme et de son commerce, celui-ci retire, comme d'autant de fermes, des enfants, quelques mille francs et le plus laborieux bonheur qui ait jamais récréé cœur d'homme. Cette fortune et ces enfants, ou les enfants, qui résument tout pour lui, deviennent la proie du monde supérieur, auquel il porte ses écus et sa fille, ou son fils élevé au collége, qui, plus instruit que ne l'est son père, jette plus haut ses regards ambitieux. Souvent le cadet d'un petit détaillant veut être quelque chose dans l'État.

Cette ambition introduit la pensée dans la seconde des sphères parisiennes. Montez donc un étage et allez à l'entresol ; ou descendez du grenier et restez au quatrième ; enfin pénétrez dans le monde qui a quelque chose : là, même résultat.

Les commerçants en gros et leurs garçons, les employés, les gens de la petite banque et de grande probité, les fripons, les âmes damnées, les premiers et les derniers commis, les clercs de l'huissier, de l'avoué, du notaire, enfin les membres agissants, pensants, spéculants de cette petite bourgeoisie qui triture les intérêts de Paris et veille à son grain, accapare les denrées, emmagasine les produits fabriqués par les prolétaires, encaque les fruits du Midi, le grain de la Beauce, les poissons de l'Océan, les vins de toute côte aimée du soleil ; qui étend les mains sur l'Orient, y prend les châles dédaignés par les Turcs et les Russes ; va récolter jusque dans les Indes, se couche pour attendre la vente, aspire après le bénéfice, escompte les effets, roule et encaisse toutes les valeurs ; emballe en détail Paris tout entier, le voiture, guette les fantaisies de l'enfance, épie les caprices et les vices de l'âge mûr, en pressure les maladies ; hé bien, sans boire de l'eau-de-vie comme l'ouvrier, et sans aller se vautrer dans la fange des barrières, tous excèdent aussi leurs forces ; tendent outre mesure leur corps et leur moral, l'un par l'autre ; se dessèchent de désirs, s'abîment de courses précipitées. Chez eux, la torsion physique s'accomplit sous le fouet des intérêts, sous le fléau des ambitions qui tourmentent les mondes élevés de cette monstrueuse cité, comme celle des prolétaires s'est accomplie sous le cruel balancier des élaborations matérielles incessamment désirées par le despotisme du *je le veux* aristocrate.

Là donc aussi, pour obéir à ce maître universel, le plaisir ou l'or, il faut dévorer le temps, presser le temps, trouver plus de vingt-quatre heures dans le jour et la nuit, s'énerver, se tuer, vendre trente ans de vieillesse pour deux ans d'un repos maladif. Seulement l'ouvrier meurt à l'hôpital, quand son dernier terme de rabougrissement s'est opéré, tandis que le petit bourgeois persiste à vivre et vit, mais crétinisé. Vous le rencontrez la face usée, plate, vieille, sans lueur aux yeux, sans fermeté dans la jambe, se traînant d'un air hébété sur le boulevard, la ceinture de sa Vénus, de sa ville chérie. Que voulait-il ? Le briquet du garde national, un immuable pot-au-feu, une place décente au Père-Lachaise, et pour sa Céphale un peu d'or légitimement gagné. Son lundi, à lui, est le dimanche ; son repos est la promenade en voiture de remise, la partie de campagne, pendant laquelle, femme et enfants avalent joyeusement de la poussière ou se rôtissent au soleil ; sa barrière est le restaurateur dont le vénéneux dîner a du renom, ou quelque bal de famille où l'on étouffe jusqu'à minuit. Certains niais s'étonnent de la Saint-Guy dont sont atteints les monades que le microscope fait apercevoir dans une goutte d'eau ; mais que dirait le Gargantua de Rabelais, figure d'une sublime audace incomprise, que dirait ce géant tombé des sphères célestes, s'il s'amusait à contempler le mouvement de cette seconde vie parisienne, dont voici l'une des formules ?

Avez-vous vu ces petites baraques, froides en été, sans autre foyer qu'une chaufferette en hiver, placées sous la vaste calotte de cuivre qui coiffe la halle au blé ? Madame est là dès le matin, elle est factrice aux halles et gagne à ce métier douze mille francs par an, dit-on. Monsieur, quand Madame se lève, passe dans un sombre cabinet, où il prête à la petite semaine, aux commerçants de son quartier. A neuf heures, il se trouve au bureau des passe-ports, dont il est un des sous-chefs. Le soir, il est à la caisse du théâtre Italien, ou de tout autre théâtre qu'il vous plaira choisir. Les enfants sont mis en nourrice, et en reviennent pour aller au collège ou dans un pensionnat. Monsieur et Madame demeurent à un troisième étage, n'ont qu'une cuisinière, donnent des bals dans un salon de douze pieds sur huit, et éclairé par des quinquets ; mais ils donnent cent cinquante mille francs à leur fille, et se reposent à cinquante ans, âge auquel ils commencent à paraître aux troisièmes loges à l'Opéra ; dans un fiacre à Long-Champ ; ou en toilette fanée, tous les jours de soleil, sur les boulevards, l'espalier de ces arborisations. Estimés dans le quartier, aimés du gouvernement, alliés à la haute bourgeoisie, Monsieur obtient, à soixante-cinq ans, la croix de la légion-d'honneur, et le père de son gendre, maire d'un arrondissement, l'invite à ses soirées. Ces travaux de toute une vie profitent donc à des enfants que cette petite bourgeoisie tend fatalement à élever jusqu'à la haute. Chaque sphère jette ainsi tout son frai dans sa sphère supérieure. Le fils du riche épicier se fait notaire, le fils du marchand de bois devient magistrat. Pas une dent ne manque à mordre sa rainure, et tout stimule le mouvement ascensionnel de l'argent.

Nous voici donc amenés au troisième cercle de cet enfer, qui, peut-être un jour, aura son Dante.

Dans ce troisième cercle social, espèce de ventre parisien, où se digèrent les intérêts de la ville et où ils se condensent sous la forme dite *affaires*, se remue et s'agite par un âcre et fielleux mouvement intestinal, la foule des avoués, médecins, notaires, avocats, gens d'affaires, banquiers, gros commerçants, spéculateurs, magistrats. Là, se rencontrent encore plus de causes pour la destruction physique et morale que partout ailleurs. Ces gens vivent, presque tous, en d'infectes études, en des salles d'audience empestées, dans de petits cabinets grillés, passent le jour courbés sous le poids des affaires, se lèvent dès l'aurore pour être en mesure, pour ne pas se laisser dévaliser, pour tout gagner ou pour ne rien perdre, pour saisir un homme ou son argent, pour emmancher ou démancher une affaire, pour tirer parti d'une circonstance fugitive, pour faire pendre ou acquitter un homme. Ils réagissent sur les chevaux, ils les crèvent, les surmènent, leur vieillissent, aussi à eux, les jambes avant le temps. Le temps est leur tyran, il leur manque, il leur échappe ; ils ne peuvent ni l'étendre, ni le resserrer. Quelle âme peut rester grande, pure, morale, généreuse, et conséquemment quelle figure demeure belle dans le dépravant exercice d'un métier qui force à supporter le poids des misères publiques, à les analyser, les peser, les estimer, les mettre en coupe réglée ? Ces gens-là déposent leur cœur, où?... je ne sais; mais ils le laissent quelque part, quand ils en ont un, avant de descendre tous les matins au fond des peines qui poignent les familles. Pour eux, point de mystères; ils voient l'envers de la société dont ils sont les confesseurs, et la méprisent. Or, quoi qu'ils fassent, à force de se mesurer avec la corruption, ils en ont horreur et s'attristent; ou par lassitude, par transaction secrète, ils l'épousent; enfin, nécessairement, et au moins, ils se blasent sur tous les sentiments, eux que les lois, les hommes, les institutions, font voler comme des choucas sur les cadavres encore chauds. A toute heure l'homme d'argent pèse les vivants, l'homme des contrats pèse les morts, l'homme de loi pèse la conscience. Obligés de parler sans cesse, tous remplacent l'idée par la parole, le sentiment par la phrase, et leur âme devient un larynx. Ils s'usent et se démoralisent. Ni le grand négociant, ni le juge, ni l'avocat ne conservent leur sens droit; ils ne sentent plus, ils appliquent les règles qui faussent les espèces. Emportés par leur existence torrentueuse, ils ne sont ni époux, ni pères, ni amants, ils glissent à la ramasse sur les choses de la vie, et sont poussés par les affaires de la grande cité. Quand ils rentrent chez eux, ils sont requis d'aller au bal, à l'Opéra, dans les fêtes où ils vont se faire des clients, des connaissances, des protecteurs. Tous mangent démesurément, jouent, veillent, et leurs figures s'arrondissent, s'aplatissent, se rougissent. A d'aussi terribles dépenses de forces intellectuelles, à des contractions morales aussi multipliées, ils opposent non pas le plaisir, il est trop pâle et ne produit aucun contraste, mais la débauche, débauche secrète, effrayante, car ils peuvent disposer de tout, et font la morale de la société. Leur stupidité réelle se cache sous une science spéciale. Ils savent leur métier, mais ils ignorent tout ce qui n'en est pas. Alors, pour sauver leur amour-propre, ils mettent tout en question, critiquent à tort et à travers; paraissent douteurs et sont gobe-mouches en réalité; perdent leur esprit dans leurs interminables discussions. Presque tous adoptent commodément les préjugés sociaux, littéraires ou politiques, pour se dispenser d'avoir une opinion; de même qu'ils mettent leurs consciences à l'abri du code ou du tribunal de commerce. Partis de bonne heure pour être des hommes remarquables, ils deviennent médiocres, et rampent sur les sommités du monde. Aussi leurs figures offrent-elles cette pâleur aigre, ces colorations fausses, ces yeux ternis, cernés, ces bouches bavardes et sensuelles où l'observateur reconnaît les symptômes de l'abâtardissement de la pensée et sa rotation dans le cirque d'une spécialité qui tue les facultés génératives du cerveau, le don de voir en grand, de généraliser et de déduire. Ils se ratatinent presque tous dans la fournaise des affaires. Aussi jamais un homme qui s'est laissé prendre dans les conquassations ou dans l'engrenage de ces immenses machines, ne peut-il devenir grand. S'il est médecin, ou il a peu fait la médecine, ou il est une exception, Bichat qui meurt jeune. Si, grand négociant, il reste quelque chose, il est presque Jacques Cœur. Robespierre exerça-t-il? Danton était un paresseux qui attendait; mais qui d'ailleurs a jamais envié les figures de Danton et de Robespierre, quelque superbes qu'elles puissent être?

Ces affairés par excellence attirent à eux l'argent et l'entassent pour s'allier aux familles aristocratiques. Si l'ambition de l'ouvrier est celle du petit bourgeois, ici mêmes passions encore. A Paris, la vanité résume toutes les passions. Le type de cette classe serait soit le bourgeois ambitieux, qui, après une vie d'angoisses et de manœuvres continuelles, passe au conseil d'État comme une fourmi passe par une fente; soit quelque rédacteur de journal, roué d'intrigues, que le roi fait pair de France, peut-être pour se venger de la noblesse, soit quelque notaire devenu maire de son arrondissement, tous gens laminés par les affaires et qui, s'ils arrivent à leur but, y arrivent *tués*. En France, l'usage est d'introniser la perruque. Napoléon, Louis XIV, les grands rois seuls ont toujours voulu des jeunes gens pour mener leurs desseins.

Au-dessus de cette sphère, vit le monde artiste. Mais là encore les visages sont marqués du sceau de l'originalité, noblement brisés, mais brisés, fatigués, sinueux. Excédés par un besoin de produire, dépassés par leurs coûteuses fantaisies, lassés par un génie dévoreur, affamés de plaisir, les artistes de Paris veulent tous regagner par d'excessifs travaux les lacunes laissées par la paresse, et cherchent vainement à concilier le monde et la gloire, l'argent et l'art. En commençant, l'artiste est sans cesse haletant sous le créancier; ses besoins enfantent les dettes, et ses dettes lui demandent ses nuits. Après le travail, le plaisir. Le comédien joue jusqu'à minuit, étudie le matin, répète à midi; le sculpteur plie sous sa statue; le journaliste est une pensée en marche comme le soldat en guerre; le peintre en vogue est accablé d'ouvrage, le peintre sans occupation se ronge les entrailles s'il se sent homme de génie. La concurrence, les rivalités, les calomnies assassinent ces talents. Les uns, désespérés, roulent dans les abîmes du vice, les autres meurent jeunes et ignorés, pour s'être escompté trop tôt leur avenir. Peu de ces figures, primitivement sublimes, restent belles. D'ailleurs la beauté flamboyante de leurs têtes demeure incomprise. Un visage d'artiste est toujours exorbitant, il se trouve toujours en dessus ou en dessous des lignes convenues pour ce que les imbéciles nomment le beau idéal. Quelle puissance les détruit ? La passion. Toute passion à Paris se résout par deux termes : or et plaisir.

Maintenant, ne respirez-vous pas ? ne sentez-vous pas l'air et l'espace purifiés ? Ici, ni travaux ni peines. La tournoyante volute de l'or a gagné les sommités. Du fond des soupiraux où commencent ses rigoles, du fond des boutiques où l'arrêtent de chétifs batardeaux, du sein des comptoirs et des grandes officines où il se laisse mettre en barres, l'or, sous forme de dots ou de successions, amené par la main des jeunes filles ou par les mains osseuses du vieillard, jaillit vers la gent aristocratique, où il va reluire, s'étaler, ruisseler.

Mais avant de quitter les quatre terrains sur lesquels s'appuie la haute propriété parisienne, ne faut-il pas, après les causes morales dites, déduire les causes physiques, et faire observer une peste, pour ainsi dire sous-jacente, qui constamment agit sur les visages du portier, du boutiquier, de l'ouvrier ; signaler une délétère influence dont la corruption égale celle des administrateurs parisiens qui la laissent complaisamment subsister ? Si l'air des maisons où vivent la plupart des bourgeois est infect, si l'atmosphère des rues crache des miasmes cruels en d'arrière-boutiques où l'air se raréfie, sachez qu'outre cette pestilence, les quarante mille maisons de cette grande ville baignent leurs pieds dans des immondices que le pouvoir n'a pas encore voulu sérieusement enceindre en des fosses de béton qui pussent empêcher la plus fétide boue de filtrer à travers le sol, d'y empoisonner les puits et de continuer souterrainement à Lutèce son nom célèbre. La moitié de Paris couche dans les exhalaisons putrides des cours, des rues et des basses œuvres.

Mais abordons les grands salons aérés et dorés, les hôtels à jardins, le monde riche, oisif, heureux, renté. Les figures y sont étiolées et rongées par la vanité. Là rien de réel. Chercher le plaisir, n'est-ce pas trouver l'ennui ? Les gens du monde ont de bonne heure fourbu leur nature. N'étant occupés qu'à se fabriquer de la joie, ils ont promptement abusé de leurs sens, comme l'ouvrier abuse de l'eau-de-vie. Le plaisir est comme certaines substances médicales : pour obtenir constamment les mêmes effets, il faut doubler les doses, et la mort ou l'abrutissement est contenu dans la dernière. Toutes les classes inférieures sont tapies devant les riches et en guettent les goûts pour en faire des vices et les exploiter. Comment résister aux plus habiles séductions qui se trament en ce pays ? Aussi Paris a-t-il ses thériakis, pour qui le jeu, la gastrolâtrie ou la courtisane sont un opium. Aussi voyez-vous de bonne heure à ces gens-là des goûts et non des passions, des fantaisies romanesques ou des amours frileux. Là règne l'impuissance ; là plus d'idées, elles ont passé comme l'énergie dans les simagrées du boudoir, dans les singeries féminines. Il y a des blancs-becs de quarante ans, de vieux docteurs de seize ans. Les riches rencontrent à Paris de l'esprit tout fait, de la science toute mâchée, des opinions toutes formulées qui les dispensent d'avoir esprit, science ou opinion. Dans ce monde, la déraison est égale à la faiblesse et au libertinage. On y est avare de temps à force d'en perdre. N'y cherchez pas plus d'affections que d'idées. Les embrassades couvrent une profonde indifférence, et la politesse un mépris continuel. On n'y aime jamais autrui. Des saillies sans profondeur, beaucoup d'indiscrétions, des commérages, par-dessus tout des lieux communs ; tel est le fond de leur langage ; mais ces malheureux *heureux* prétendent qu'ils ne se rassemblent pas pour dire et faire des maximes à la façon de La Rochefoucauld ; comme s'il n'existait pas un milieu, trouvé par le dix-huitième siècle, entre le trop plein et le vide absolu. Si quelques hommes valides usent d'une plaisanterie fine et légère, elle est incomprise ; bientôt fatigués de donner sans recevoir, ils restent chez eux et laissent régner les sots sur leur terrain. Cette vie creuse, cette attente continuelle d'un plaisir qui n'arrive jamais, cet ennui permanent, cette inanité d'esprit, de cœur et de cervelle, cette lassitude du grand rout parisien se reproduisent sur les traits, et confectionnent ces visages de carton, ces rides prématurées, cette physionomie des riches où grimace l'impuissance, où se reflète l'or, et d'où l'intelligence a fui.

Cette vue du Paris moral prouve que le Paris physique ne saurait être autrement qu'il n'est. Cette ville à diadème est une reine qui, toujours grosse, a des envies irrésistiblement furieuses. Paris est la tête du globe, un cerveau qui crève de génie et conduit la civilisation humaine, un grand homme, un artiste incessamment créateur, un politique à seconde vue, qui doit nécessairement avoir les rides du cerveau, les vices du grand homme, les fantaisies de l'artiste et les blasements du politique. Sa physionomie sous-entend la germination du bien et du mal, le combat et la victoire ; la bataille morale de 89 dont les trompettes retentissent encore dans tous les coins du monde ; et aussi l'abattement de 1814. Cette ville ne peut donc pas être plus morale, ni plus cordiale, ni plus propre que ne l'est la chaudière motrice de ces magnifiques pyroscaphes que vous admirez fendant les ondes. Paris n'est-il pas un sublime vaisseau chargé d'intelligence ? Oui, ses armes sont un de ces oracles que se permet quelquefois la fatalité. LA VILLE DE PARIS a son grand mât tout de bronze, sculpté de victoires, et pour vigie Napoléon. Cette nauf a bien son tangage et son roulis; mais elle sillonne le monde, y fait feu par les cent bouches de ses tribunes, laboure les mers scientifiques, y vogue à pleines voiles, crie du haut de ses huniers par la voix de ses savants et de ses artistes : — « En avant, marchez! suivez-moi! » Elle porte un équipage immense qui se plaît à la pavoiser de nouvelles banderoles. Ce sont mousses et gamins qui rient dans les cordages ; lest de lourde bourgeoisie ; ouvriers et matelots goudronnés ; dans ses cabines, les heureux passagers, élégants midshipmen fumant leurs cigares ; puis sur le tillac, ses soldats, novateurs ou ambitieux qui vont aborder à tous les rivages, et qui, tout en y répandant de vives lueurs, demandent ou de la gloire qui est un plaisir, ou des amours qui veulent de l'or.

Donc, le mouvement exorbitant des prolétaires, donc la dépravation des intérêts qui broient les deux bourgeoisies, donc les cruautés de la pensée artiste, et les excès du plaisir incessamment cherché par les grands, expliquent la laideur normale de la physionomie parisienne. En Orient seulement, la race humaine offre un buste magnifique ; mais il est un effet du calme constant, affecté par ces profonds philosophes à longue pipe, à petites jambes, à torses carrés, qui méprisent le mouvement et l'ont en horreur ; tandis qu'à Paris, Petits, Moyens et Grands courent, sautent et cabriolent, fouettés par une impitoyable déesse, la Nécessité : nécessité d'argent, de gloire ou d'amusement. Aussi quelque visage frais, reposé, gracieux, vraiment jeune, y est-il le plus extraordinaire des exceptions. Il se rencontre rarement. Si vous en voyez un, assurément il appartient :

A un ecclésiastique jeune et fervent, ou à quelque bon abbé quadragénaire, à triple menton ;

A une jeune personne de mœurs pures comme il s'en élève dans certaines familles bourgeoises ;

A une mère de vingt ans, encore pleine d'illusions et qui allaite son premier-né ;

A un jeune homme frais débarqué de province, et confié à une douairière dévote qui le laisse sans un sou ;

Ou peut-être à quelque garçon de boutique, qui se couche à minuit, bien fatigué d'avoir plié ou déplié du calicot, et qui se lève à sept heures pour arranger la montre ;

Ou, souvent, à un homme de science ou de poésie, qui vit monastiquement en bonne fortune avec une belle idée, qui demeure sobre, patient et chaste ;

Ou à quelque sot, content de lui-même, se nourrissant de bêtise, crevant de santé, toujours occupé de sourire à lui-même ;

Ou à l'heureuse et molle espèce des flaneurs, les seuls gens réellement heureux à Paris, et qui en dégustent à chaque heure les mouvantes poésies.

Néanmoins, il est à Paris une portion d'êtres privilégiés auxquels profite ce mouvement excessif des fabrications, des intérêts, des affaires, des arts et de l'or ; ce sont les femmes. Quoiqu'elles aient aussi mille causes secrètes qui là, plus qu'ailleurs, détruisent leur physionomie, il se rencontre, dans le monde féminin, de petites peuplades heureuses qui vivent à l'orientale, et peuvent conserver leur beauté ; mais ces femmes se montrent rarement à pied dans les rues, elles demeurent cachées, comme des plantes rares qui ne déploient leurs pétales qu'à certaines heures, et qui constituent de véritables exceptions exotiques. Toutes finissent par se dégrader et s'harmonier dans l'ensemble parisien.

Cependant Paris est essentiellement aussi le pays des contrastes. Si les sentiments vrais y sont rares, il se rencontre aussi, là comme ailleurs, de nobles amitiés, des dévouements sans bornes. Sur ce champ de bataille des intérêts et des passions, de même qu'au milieu de ces sociétés en marche où triomphe l'égoïsme, où chacun est obligé de se défendre lui seul, et que nous appelons des *armées*, il semble que les sentiments se plaisent à être complets quand ils se montrent, et sont sublimes par juxta-position. Ainsi des figures. A Paris, parfois, dans la haute aristocratie, se voient clair-semés quelques ravissants visages de jeunes gens, fruits d'une éducation et de mœurs tout exceptionnelles. A la juvénile beauté du sang anglais, ils unissent la fermeté des traits méridionaux, l'esprit français, la pureté de la forme. Le feu de leurs yeux, une délicieuse rougeur de lèvres, le noir lustré de leur chevelure fine, un teint blanc, une coupe de visage distinguée les rendent de belles fleurs humaines, magnifiques à voir sur la masse des autres physionomies, ternies, vieillotes, crochues, grimaçantes. Aussi les femmes les admirent-elles aussitôt avec ce plaisir avide que prennent les hommes à regarder une jolie personne, décente, gracieuse, décorée de toutes les virginités dont notre imagination se plaît à embellir la fille parfaite.

Si ce coup d'œil rapidement jeté sur la population de Paris a fait concevoir la rareté d'une figure raphaëlesque, et l'admiration passionnée qu'elle y doit inspirer à première vue, le principal intérêt de cette histoire se trouvera justifié. *Quod erat demonstrandum*, ce qui était à démontrer, s'il est permis d'appliquer les formules de la scolastique à la science des mœurs.

Or, par une de ces belles matinées de printemps, où les feuilles ne sont pas vertes encore, quoique dépliées ; où le soleil commence à faire flamber les toits et où le ciel est bleu ; où la population parisienne sort de ses alvéoles, vient bourdonner sur les boulevards, coule, comme un serpent aux mille couleurs, par la rue de la Paix vers les Tuileries, en saluant les pompes de l'hyménée que recommence la campagne ; dans une de ces joyeuses journées donc, un jeune homme, beau comme était le jour de ce jour-là, mis avec goût, aisé dans ses manières (disons le secret) un enfant de l'amour, le fils naturel de lord Dudley et de la célèbre marquise de Vordac, se promenait dans la grande allée des Tuileries.

Cet Adonis, nommé Henri de Marsay, naquit en France, où lord Dudley vint marier la jeune personne, déjà mère de Henri, à un vieux gentilhomme appelé M. de Marsay. Ce papillon déteint et presque éteint reconnut l'enfant pour sien, moyennant l'usufruit d'une rente de cent mille francs définitivement attribuée à son fils putatif ; folie qui ne coûta pas fort cher à lord Dudley ; les rentes françaises valaient alors dix-sept francs cinquante centimes.

Le vieux gentilhomme mourut sans avoir connu sa femme.

Madame de Marsay épousa depuis le marquis de Vordac ; mais, avant de devenir marquise, elle s'inquiéta peu de son enfant et de lord Dudley. D'abord, la guerre déclarée entre la république française et l'Angleterre avait séparé les deux amants ; et la fidélité *quand même* n'était pas et ne sera guère de mode à Paris. Puis les succès de la femme élégante, jolie, universellement adorée, étourdirent dans la Parisienne le sentiment maternel.

Lord Dudley ne fut pas plus soigneux de sa progéniture, que ne l'était la mère. La prompte infidélité d'une jeune fille ardemment aimée lui donna peut-être une sorte d'aversion pour tout ce qui venait d'elle. D'ailleurs, peut-être aussi, les pères n'aiment-ils que les enfants avec lesquels ils ont fait une ample connaissance, croyance sociale de la plus haute importance pour le repos des familles et que doivent entretenir tous les célibataires, en prouvant que la paternité est un sentiment élevé en serre chaude par la femme, par les mœurs et les lois.

Le pauvre Henri de Marsay ne rencontra de père que dans celui des deux qui n'était pas obligé de l'être. M. de Marsay fut naturellement une incomplète paternité. Les enfants n'ont, dans l'ordre naturel, de père que pendant peu de moments ; et le gentilhomme imita la nature. Le bon homme n'eût pas vendu son nom s'il n'avait point eu de vices. Alors il mangea sans remords dans les tripots, et but ailleurs le peu de semestres que payait aux rentiers le trésor national. Puis il livra l'enfant à une vieille sœur, une demoiselle de Marsay, qui en eut grand soin, et lui donna, sur la maigre pension allouée par son frère, un précepteur, un abbé sans sou ni maille, qui toisa l'avenir du jeune homme et résolut de se payer, sur les cent mille livres de rentes, des soins donnés à son pupille, qu'il prit en affection.

Ce précepteur se trouvait, par hasard, être un vrai prêtre, un de ces ecclésiastiques taillés pour devenir cardinaux en France ou Borgia sous la tiare. Il apprit en trois ans à l'enfant ce qu'on lui eût appris en dix ans au collège. Puis ce grand homme, nommé l'abbé de Maronis, acheva l'éducation de son élève en lui faisant étudier la civilisation sous toutes ses faces. Il le nourrit de son expérience, le traîna fort peu dans les églises alors fermées, le promena quelquefois dans les coulisses, plus souvent chez les courtisanes. Il lui démonta les sentiments humains pièce à pièce ; lui enseigna la politique au cœur des salons où elle se rôtissait alors ; il lui numérota les machines du gouvernement, et tenta, par amitié pour une belle nature délaissée, mais riche en espérance, de remplacer virilement la mère : l'Église n'est-elle pas la mère des orphelins ? L'élève répondit à ses soins.

Ce digne homme mourut évêque en 1812, avec la satisfaction d'avoir laissé sous le ciel un enfant dont le cœur et l'esprit étaient à seize ans si bien façonnés, qu'il pouvait jouer sous jambe un homme de quarante. Qui se serait attendu à rencontrer un cœur de bronze, une cervelle alcoolisée sous les dehors les plus séduisants que les vieux peintres, ces artistes naïfs, aient donnés au serpent dans le paradis terrestre ?

Ce n'est rien encore. De plus, le bon diable violet avait fait faire à son enfant de prédilection certaines connaissances dans la haute société de Paris, qui pouvaient équivaloir comme produit, entre les mains du jeune homme, à cent autres mille livres de rente. Enfin, ce prêtre, vicieux mais politique, incrédule mais savant, perfide mais aimable, faible en apparence mais aussi vigoureux de tête que de corps, fut si réellement utile à son élève, si complaisant à ses vices, si bon calculateur de toute espèce de force, si profond quand il fallait faire quelque décompte humain, si jeune à table, à Frascati, à ... je ne sais où, que le reconnaissant Henri de Marsay ne s'attendrissait plus guère, en 1814, qu'en voyant le portrait de son cher évêque, seule chose mobilière qu'ait pu lui léguer ce prélat, admirable type des hommes dont le génie sauvera l'Église catholique, apostolique et romaine, compromise en ce moment par la faiblesse de ses recrues, et par la vieillesse de ses pontifes ; mais si veut l'Église.

La guerre continentale empêcha le jeune de Marsay de connaître son vrai père, dont il est douteux qu'il sût le nom. Enfant abandonné, il ne connut pas davantage madame de Marsay. Naturellement il regretta fort peu son père putatif. Quant à mademoiselle de Marsay, sa seule mère, il lui fit élever, dans le cimetière du Père Lachaise, lorsqu'elle mourut, un fort joli petit tombeau. M. de Maronis avait garanti à ce vieux bonnet à coques l'une des meilleures places dans le ciel, en sorte que, la voyant heureuse de mourir, Henri lui donna des larmes égoïstes. Il se mit à la pleurer pour lui-même. Voyant cette douleur, l'abbé sécha les larmes de son élève, en lui faisant observer que la bonne fille prenait bien dégoûtamment son tabac, et devenait si laide, si sourde, si ennuyeuse, qu'il devait des remerciments à la mort. L'évêque avait fait émanciper son élève en 1811. Puis, quand la mère de madame de Marsay se remaria, le prêtre choisit, dans un conseil de famille, un de ces honnêtes acéphales triés par lui sur le volet du confessionnal, et le chargea d'administrer la fortune dont il appliquait bien les revenus aux besoins de la communauté, mais dont il voulait conserver le capital.

Vers la fin de 1814, Henri de Marsay n'avait donc sur terre aucun sentiment obligatoire, et se trouvait libre autant que l'oiseau sans compagne. Quoiqu'il eût vingt-deux ans accomplis, il paraissait en avoir à peine dix-sept ; et, généralement, les plus difficiles de ses rivaux le regardaient comme le plus joli garçon de Paris. De son père, lord Dudley, il avait pris les yeux bleus les plus amoureusement décevants ; de sa mère, les cheveux noirs les plus touffus ; de tous deux, un sang pur, une peau de jeune fille, un air doux et modeste, une taille fine et aristocratique, de fort belles mains. Pour une femme, le voir, c'était en être folle ; vous savez ? concevoir un de ces désirs qui mordent le cœur, mais qui s'oublient par impossibilité de le satisfaire parce que la femme est vulgairement à Paris sans ténacité. Peu d'entre elles se disent, à la manière des hommes, le : JE MAINTIENDRAI de la maison d'Orange.

Sous cette fraîcheur de vie, et malgré l'eau limpide de ses yeux, Henri avait un courage de lion, une adresse de singe. Il coupait une balle à dix pas dans la lame d'un couteau ; montait à cheval de manière à réaliser la fable du centaure ; conduisait avec grâce ; était leste comme Chérubin et tranquille comme un mouton ; mais il savait battre un homme du faubourg au terrible jeu de la savate ou du bâton ; puis, il touchait du piano, de manière à pouvoir se faire artiste s'il tombait dans le malheur, et possédait une voix qui lui aurait valu, de Barbaja, cinquante mille francs par saison. Hélas ! toutes ces belles qualités, ces jolis défauts étaient ternis par un épouvantable vice ; il ne croyait ni aux hommes, ni aux femmes ; ni à Dieu, ni au diable. La capricieuse nature avait commencé à le douer ; un prêtre l'avait achevé.

Pour rendre cette aventure compréhensible, il est nécessaire d'ajouter ici que lord Dudley trouva naturellement beaucoup de femmes disposées à tirer quelques exemplaires d'un si délicieux portrait. Or, son second chef-d'œuvre en ce genre fut une jeune fille nommée Euphémie, née d'une dame espagnole, élevée à la Havane, ramenée à Madrid avec une jeune créole des Antilles, avec des goûts ruineux des colonies ; mais heureusement mariée à un vieux et puissamment riche seigneur espagnol, don Hijos, marquis de San-Réal, qui, depuis l'occupation de l'Espagne par les troupes françaises, était venu habiter Paris, et demeurait rue Saint-Lazare.

Autant par insouciance que par respect pour l'innocence du jeune âge, lord Dudley ne donna point avis à ces enfants des parentés qu'il leur créait. Ceci est un léger inconvénient de la civilisation ; elle a tant d'avantages, il faut lui passer ses malheurs en faveur de ses bienfaits. Lord Dudley, pour n'en plus parler, vint, en 1816, se réfugier à Paris, afin d'éviter les poursuites de la justice anglaise qui, de l'Orient, ne protège que la marchandise. Le lord voyageur demanda quel était ce beau jeune homme en voyant Henri. Puis, en l'entendant nommer : — Ah ! c'est mon fils. Quel malheur ! dit-il.

Telle était l'histoire du jeune homme qui, vers le milieu du mois d'avril, en 1815, parcourait nonchalamment la grande allée des Tuileries, à la manière de tous les animaux qui, connaissant leurs forces, marchent dans leur paix et dans leur majesté. Les bourgeoises se retournaient tout naïvement pour le revoir. Les femmes ne se retournaient point ; elles l'attendaient au retour et gravaient dans leur mémoire, pour s'en souvenir à propos, cette suave figure qui n'eût pas déparé le corps de la plus belle d'entre elles.

— Que fais-tu donc ici le dimanche ? dit à Henri le marquis de Ronquerolles en passant.

— Il y a du poisson dans la nasse, répondit le jeune homme.

Cet échange de pensées se fit au moyen de deux regards significatifs, et sans que ni M. de Ronquerolles ni M. de Marsay eussent l'air de se connaître.

Le jeune homme examinait les promeneurs, avec cette promptitude de coup d'œil et d'ouïe particulière au Parisien, qui paraît, au premier aspect, ne rien voir et ne rien entendre, mais qui voit et entend tout. En ce moment, un jeune homme vint à lui, lui prit familièrement le bras, en lui disant :

— Comment cela va-t-il, mon bon Marsay ?

— Mais très-bien, lui répondit de Marsay, de cet air affectueux en apparence, mais qui, entre les jeunes gens parisiens, ne prouve rien, ni pour le présent ni pour l'avenir.

En effet, les jeunes gens de Paris ne ressemblent aux jeunes gens d'aucune autre ville. Ils se divisent en deux classes : le jeune homme qui a quelque chose, et le jeune homme qui n'a rien; ou, le jeune homme qui pense et celui qui dépense. Mais entendez-le bien, il ne s'agit ici que de ces indigènes qui mènent à Paris le train délicieux d'une vie élégante.

Il y existe bien quelques autres jeunes gens, mais ceux-là sont des enfants qui conçoivent très-tard l'existence parisienne, et en restent dupes. Ils ne spéculent pas, ils étudient, ils piochent, disent les autres. Enfin il s'y voit encore certains jeunes gens, riches ou pauvres, qui embrassent des carrières et les suivent tout uniment; ils sont un peu l'Émile de Rousseau, de la chair à citoyen, et n'apparaissent jamais dans le monde. Les diplomates les nomment impoliment des niais. Niais ou non, ils augmentent le nombre de ces gens médiocres sous le poids desquels plie la France. Ils sont toujours là; toujours prêts à gâcher les affaires publiques ou particulières, avec la plate truelle de la médiocrité, en se targuant de leur impuissance qu'ils nomment mœurs et probité. Ces espèces de *Prix d'excellence* sociaux infestent l'administration, l'armée, la magistrature, les chambres, la cour. Ils amoindrissent, aplatissent le pays, et constituent en quelque sorte dans le corps politique une lymphe qui le surcharge et le rend mollasse. Ces honnêtes personnes nomment les gens de talent, immoraux, ou fripons. Si ces fripons font payer leurs services, du moins ils servent; tandis que ceux-là nuisent et sont respectés par la foule; mais, heureusement pour la France, la jeunesse élégante les stigmatise sans cesse du nom de ganaches.

Donc, au premier coup d'œil, il est naturel de croire très-distinctes les deux espèces de jeunes gens qui mènent une vie élégante; aimable corporation à laquelle appartenait Henri de Marsay. Mais les observateurs qui ne s'arrêtent pas à la superficie des choses, sont bientôt convaincus que les différences sont purement morales, et que rien n'est trompeur comme l'est cette jolie écorce.

Néanmoins tous prennent également le pas sur tout le monde; parlent, à tort et à travers, des choses, des hommes, de littérature, de beaux-arts; ont toujours à la bouche, le *Pitt et Cobourg* de chaque année; interrompent une conversation par un calembour; tournent en ridicule la science et le savant; méprisent tout ce qu'ils ne connaissent pas ou tout ce qu'ils craignent; puis se mettent au-dessus de tout, en s'instituant juges suprêmes de tout. Tous mystifieraient leur père, et seraient prêts à verser dans le sein de leurs mères des larmes de crocodile; mais généralement ils ne croient à rien, médisent des femmes, ou jouent la modestie, et obéissent en réalité à une mauvaise courtisane, ou à quelque vieille femme. Tous sont également cariés jusqu'aux os par le calcul, par la dépravation, par une brutale envie de parvenir, et s'ils sont menacés de la pierre, en les sondant on la leur trouverait à tous, au cœur. A l'état normal, ils ont les plus jolis dehors; mettent l'amitié à tout propos en jeu; sont également entraînants. Le même persiflage domine leurs changeants jargons; ils visent à la bizarrerie dans leurs toilettes; se font gloire de répéter les bêtises de tel ou tel acteur en vogue; et débutent avec qui que ce soit par le mépris ou l'impertinence, pour avoir en quelque sorte la première manche à ce jeu; mais malheur à qui ne sait pas se laisser crever un œil pour leur en crever deux. Ils paraissent également indifférents aux malheurs de la patrie, et à ses fléaux. Ils ressemblent enfin bien tous à la jolie écume blanche qui couronne le flot des tempêtes. Ils s'habillent, dînent, dansent, s'amusent le jour de la bataille de Waterloo, pendant le choléra, ou pendant une révolution. Enfin, ils font bien tous la même dépense; mais ici commence ce parallèle.

De cette fortune flottante et agréablement gaspillée, les uns ont le capital, et les autres l'attendent; ils ont les mêmes tailleurs, mais les factures de ceux-là sont à solder. Puis si les uns, semblables à des cribles, reçoivent toutes espèces d'idées sans en garder aucune; ceux-là les comparent et s'assimilent toutes les bonnes. Si ceux-ci croient savoir quelque chose, ne savent rien et comprennent tout, prêtent tout à ceux qui n'ont besoin de rien, et n'offrent rien à ceux qui ont besoin de quelque chose; ceux-là étudient secrètement les pensées d'autrui, et placent leur argent aussi bien que leurs folies à gros intérêt. Les uns n'ont plus d'impressions fidèles, parce que leur âme, comme une glace dépolie par l'user, ne réfléchit plus aucune image; les autres économisent leurs sens et leur vie tout en paraissant la jeter, comme ceux-là, par les fenêtres. Les premiers, sur la foi d'une espérance, se dévouent sans conviction à un système qui a le vent et remonte le courant, mais ils sautent sur une autre embarcation politique, quand la première en a dérive; les seconds toisent l'avenir, le sondent et voient dans la fidélité politique ce que les Anglais voient dans la probité commerciale, un élément de succès. Mais là où le jeune homme qui a quelque chose fait un calembour ou dit un bon mot sur un revirement de trône, celui qui n'a rien fait un calcul public, ou une bassesse secrète, et parvient tout en donnant des poignées de main à ses amis. Les uns ne croient jamais de facultés à autrui, prennent toutes leurs idées pour neuves, comme si le monde était fait de la veille; ils ont une confiance illimitée en eux, et n'ont pas d'ennemi plus cruel que leur personne. Mais les autres sont armés d'une défiance continuelle des hommes, qu'ils estiment à leur valeur, et sont assez profonds pour avoir une pensée de plus que leurs amis qu'ils exploitent; alors le soir, quand leur tête est sur l'oreiller, ils pèsent les hommes comme un avare ses pièces d'or. Les uns se fâchent d'une impertinence sans portée, et se laissent plaisanter par les diplomates qui les font poser devant eux en tirant le fil principal de ces pantins, l'amour-propre; tandis que les autres se font respecter, et choisissent leurs victimes et leurs protecteurs. Alors, un jour, ceux qui n'avaient rien, ont quelque chose; et ceux qui avaient quelque chose, n'ont rien. Ceux-ci regardent leurs camarades parvenus à une position comme des sournois, des mauvais cœurs, mais aussi comme des hommes forts.

— Il est très-fort, est l'immense éloge décerné à ceux qui sont arrivés, *quibuscumque viis*, à la politique, à une femme ou à une fortune. Parmi eux, se rencontrent certains jeunes gens qui jouent ce rôle en le commençant avec des dettes, et naturellement, ils sont plus dangereux que ceux qui le jouent sans avoir un sou.

Le jeune homme qui s'intitulait ami de M. de Marsay était un étourdi, arrivé de province, et auquel les gens alors à la mode apprenaient l'art d'écorner proprement une succession; mais il avait un dernier gâteau à manger dans sa province, un établissement certain. C'était simplement un héritier passé sans transition de ses maigres cent francs par mois, à toute la fortune paternelle, et qui, s'il n'avait pas assez d'esprit pour s'apercevoir que l'on se moquait de ses gros yeux, savait assez de calcul pour s'arrêter aux deux tiers de son capital. Il venait découvrir à Paris, moyennant quelques billets de mille francs, la valeur exacte des harnais, l'art de ne pas trop respecter ses gants, y entendre de savantes méditations sur les gages à donner aux gens, et chercher quel forfait était le plus avantageux à conclure avec eux; il tenait beaucoup à pouvoir parler en bons termes de ses chevaux, de son chien des Pyrénées, à reconnaître d'après la mise, le marcher, le brodequin, à quelle espèce appartenait une femme; étudier l'écarté, retenir quelques mots à la mode, et conquérir, par son séjour dans le monde parisien, l'autorité nécessaire pour importer plus tard en province le goût du thé, l'argenterie à forme anglaise, et se donner le droit de tout mépriser autour de lui pendant le reste de ses jours.

De Marsay l'avait pris en amitié pour s'en servir dans le monde, comme un hardi spéculateur se sert d'un commis de confiance. L'amitié fausse ou vraie de M. de Marsay était une position sociale pour Paul de Manerville, qui, de son côté, se croyait fort en exploitant à sa manière son ami intime. Il vivait dans le reflet de son ami, se mettait constamment sous son parapluie, en chaussait les bottes, se dorait de ses rayons. En se posant près de Henri, ou même en marchant à ses côtés, il avait l'air de dire:
— Ne nous insultez pas! nous sommes deux vrais tigres.

Souvent il se permettait de dire avec fatuité:
— Si je demandais telle ou telle chose à Henri, il est assez mon ami pour le faire...
Mais il avait soin de ne lui jamais rien demander. Il le craignait, et sa crainte, quoique imperceptible, réagissait sur les autres, et servait de Marsay.

— C'est un fier homme que de Marsay, disait Paul. Ha, ha, vous verrez, il sera ce qu'il voudra être. Je ne m'étonnerais pas de le trouver un jour ministre des affaires étrangères. Rien ne lui résiste.

Puis il faisait de de Marsay ce que le caporal Trim faisait de son bonnet, un enjeu perpétuel.
— Demandez à de Marsay, et vous verrez!
Ou bien:
— L'autre jour, nous chassions, de Marsay et moi, il ne voulait pas me croire, j'ai sauté un buisson sans bouger de mon cheval!
Ou bien:
— Nous étions, de Marsay et moi, chez des femmes, et, ma parole d'honneur, j'étais, etc.

Ainsi Paul de Manerville ne pouvait se classer que dans la grande, l'illustre et puissante famille des niais qui arrivent. Il devait être un jour député. Pour le moment il n'était même pas un jeune homme. Son ami de Marsay le définissait ainsi:
— Vous me demandez ce que c'est que Paul? Mais Paul... c'est Paul de Manerville!

— Je m'étonne, mon bon, dit-il à de Marsay, que vous soyez là le dimanche.
— J'allais te faire la même question.
— Une intrigue?
— Une intrigue.
— Bah!
— Je puis bien te dire cela à toi, sans compromettre ma passion. Puis une femme qui vient le dimanche aux Tuileries n'a pas de valeur, aristocratiquement parlant.
— Ha! ha!
— Tais-toi donc, ou je ne te dis plus rien. Tu ris trop haut, tu vas faire croire que nous avons déjeuné. Jeudi dernier, ici, sur la terrasse des Feuillants, je me promenais sans penser à rien du tout. Mais en arrivant à la grille de la rue de Castiglione par laquelle je comptais m'en aller, je me trouve nez à nez avec une femme, ou plutôt avec une jeune personne qui, si elle ne m'a pas sauté au cou, fut

arrêtée, je crois, moins par le respect humain que par un de ces étonnements profonds qui coupent bras et jambes, descendent le long de l'épine dorsale et s'arrêtent dans la plante des pieds pour vous attacher au sol. J'ai souvent produit des effets de ce genre, espèce de magnétisme animal qui devient très-puissant lorsque les rapports sont respectivement crochus. Mais, mon cher, ce n'était ni une stupéfaction, ni une fille vulgaire. Moralement parlant, sa figure semblait dire : — Quoi, te voilà, mon idéal, l'être de mes pensées, de mes rêves du soir et du matin! Comment és-tu là? pourquoi ce matin? pourquoi pas hier? Prends-moi, je suis à toi, *et cætera !* — Bon, me dis-je en moi-même, encore une! Je l'examine donc. Ah, mon cher, physiquement parlant, l'inconnue est la personne la plus adorablement femme que j'aie jamais rencontrée. Elle appartient à cette variété féminine que les Romains nommaient *fulva, flava*, la femme de feu. Et d'abord, ce qui m'a le plus frappé, ce dont je suis encore épris, ce sont deux yeux jaunes comme ceux des tigres; un jaune d'or qui brille, de l'or vivant, de l'or qui pense, de l'or qui aime et veut absolument venir dans votre gousset!...

— Nous ne connaissons que ça, mon cher! s'écria Paul. Elle vient quelquefois ici, c'est la *Fille aux yeux d'or*. Nous lui avons donné ce nom-là. C'est une jeune personne d'environ vingt-deux ans, et que j'ai vue ici quand les Bourbons y étaient, mais avec une femme qui vaut cent mille fois mieux qu'elle.

— Tais-toi, Paul! Il est impossible à quelque femme que ce soit, de surpasser cette fille semblable à une chatte qui veut venir frôler vos jambes, une fille blanche à cheveux cendrés, délicate en apparence, mais qui doit avoir des fils cotonneux sur la troisième phalange de ses doigts; et, le long des joues, un duvet blanc dont la ligne, lumineuse par un beau jour, commence aux oreilles et se perd sur le col.

— Ah, l'autre! mon cher de Marsay. Elle vous a des yeux noirs qui n'ont jamais pleuré, mais qui brûlent; des sourcils noirs qui se rejoignent et lui donnent un air de dureté démentie par le réseau plissé de ses lèvres, sur lesquelles un baiser ne reste pas, des lèvres ardentes et fraîches; un teint mauresque auquel un homme se chauffe comme au soleil; mais, ma parole d'honneur, elle te ressemble...

— Tu la flattes!...

— Une taille cambrée, la taille élancée d'une corvette construite pour faire la course, et qui se rue sur le vaisseau marchand avec une impétuosité française, le mord et le coule bas, en deux temps...

— Enfin, mon cher, que me fait celle que je n'ai point vue! reprit de Marsay. Depuis que j'étudie les femmes, mon inconnue est la seule dont le sein vierge, les formes ardentes et voluptueuses m'aient réalisé la seule femme que j'aie rêvée, moi! Elle est l'original de la délirante peinture appelée *la femme caressant sa chimère*, la plus chaude, la plus infernale inspiration du génie antique; une sainte poésie prostituée par ceux qui l'ont copiée pour les fresques et les mosaïques; pour un tas de bourgeois qui ne voient dans ce camée qu'une breloque, et la mettent à leurs clefs de montre; tandis que c'est toute la femme, un abîme de plaisirs où l'on roule sans en trouver la fin; tandis que c'est une femme idéale qui se voit quelquefois en réalité dans l'Espagne, dans l'Italie, presque jamais en France. Hé bien, j'ai revu cette fille aux yeux d'or, cette femme caressant sa chimère, je l'ai revue ici, vendredi. Je pressentais que le lendemain elle reviendrait à la même heure. Je ne me trompais point. Je me suis plu à la suivre sans qu'elle me vît, à étudier cette démarche dolente de la femme inoccupée, mais dans les mouvements de laquelle se devine la volupté qui dort. Eh bien, elle s'est retournée, m'a vu, m'a de nouveau adoré, a de nouveau tressailli, frissonné. Alors j'ai remarqué la véritable *duègne* espagnole qui la garde, une hyène à laquelle un jaloux a mis une robe, quelque diablesse bien payée pour garder cette suave créature... Oh! alors, la duègne m'a rendu plus qu'amoureux, je suis devenu curieux. Samedi, personne. Me voilà, aujourd'hui, attendant cette fille dont je suis la chimère, et ne demandant pas mieux que de me poser comme le monstre de la fresque.

— La voilà, dit Paul, tout le monde se retourne pour la voir....

L'inconnue rougit, ses yeux scintillèrent en apercevant Henri, elle les ferma, et passa.

— Tu dis qu'elle te remarque, s'écria plaisamment Paul de Manerville.

La duègne regarda fixement et avec attention les deux jeunes gens.

Quand l'inconnu et Henri se rencontrèrent de nouveau, la jeune fille le frôla, et de sa petite main elle serra la main du jeune homme. Puis, elle se retourna, sourit avec passion; mais la duègne l'entraînait fort vite vers la grille de la rue de Castiglione.

Les deux amis suivirent la jeune fille en admirant la torsion magnifique de ce cou auquel la tête se joignait par une combinaison de lignes vigoureuses, et d'où se relevaient avec force quelques rouleaux de petits cheveux. La fille aux yeux d'or avait ce pied bien attaché, mince, recourbé, qui offre tant d'attrait aux imaginations friandes; aussi était-elle élégamment chaussée, et portait-elle une robe courte. Pendant ce trajet elle se retourna de moments en moments pour revoir Henri, et parut suivre à regret la vieille dont elle semblait être tout à la fois la maîtresse et l'esclave. Elle pouvait la faire rouer de coups, mais non la faire renvoyer. Tout cela se voyait.

Les deux amis arrivèrent à la grille. Deux valets en livrée dépliaient le marchepied d'un coupé de bon goût, chargé d'armoiries. La fille aux yeux d'or y monta la première, prit le côté où elle devait être vue quand la voiture se retournerait; mit sa main sur la portière, et agita son mouchoir, à l'insu de la duègne, en se moquant du *qu'en dira-t-on* des curieux, et disant à Henri publiquement à coups de mouchoir : — Suivez-moi....

— As-tu jamais vu mieux jeter le mouchoir? dit Henri à Paul de Manerville.

Puis apercevant un fiacre prêt à s'en aller après avoir amené du monde, il fit signe au cocher de rester.

— Suivez ce coupé, voyez dans quelle rue, dans quelle maison il entrera, vous aurez dix francs.
— Adieu, Paul.

Le fiacre suivit le coupé, le coupé rentra rue Saint-Lazare, dans un des plus beaux hôtels de ce quartier.

## SINGULIÈRE BONNE FORTUNE.

Henri de Marsay n'était pas un étourdi. Tout autre jeune homme aurait obéi au désir de prendre aussitôt quelques renseignements sur une fille qui réalisait si bien les idées les plus lumineuses, exprimées par les femmes par la poésie orientale; mais, trop adroit pour compromettre ainsi l'avenir de sa bonne fortune, il avait dit à son fiacre de continuer la rue Saint-Lazare, et de le ramener à son hôtel.

Le lendemain, son premier valet de chambre nommé Laurent, garçon rusé comme un Frontin de l'ancienne comédie, attendit aux environs de la maison habitée par l'inconnue l'heure à laquelle se distribuaient les lettres. Afin de pouvoir espionner à son aise et rôder autour de l'hôtel, il avait, suivant la coutume des gens de police qui veulent se bien déguiser, acheté sur la place la défroque d'un Auvergnat, en essayant d'en prendre la physionomie. Quand le facteur, qui pour cette matinée faisait le service de la rue Saint-Lazare, vint à passer, Laurent feignit d'être un commissionnaire en peine de se rappeler le nom d'une personne à laquelle il devait remettre un paquet, et consulta le facteur. Trompé d'abord par les apparences, ce personnage, si pittoresque au milieu de la civilisation parisienne, lui apprit que l'hôtel où demeurait la *Fille aux yeux d'or* appartenait à Don Hijos, marquis de San-Réal, Grand d'Espagne. Naturellement l'Auvergnat n'avait pas affaire au marquis.

— Mon paquet, dit-il, est pour la marquise.
— Elle est absente, répondit le facteur. Ses lettres sont retournées sur Londres.
— La marquise n'est donc pas la jeune fille qui...
— Ah ! dit le facteur en interrompant le valet de chambre et le regardant avec attention, tu es un commissionnaire comme je danse.

Laurent montra quelques pièces d'or au fonctionnaire à claquette qui se mit à sourire.

— Tenez, voici le nom de votre gibier, dit-il en prenant dans sa boîte de cuir une lettre qui portait le timbre de Londres et sur laquelle cette adresse :

*A mademoiselle*
Paquita Valdès,
Rue Saint-Lazare, Hôtel de San-Réal.
**PARIS.**

Était écrite en caractères allongés et menus qui annonçaient une main de femme.

— Seriez-vous cruel à une bouteille de vin de Chablis, accompagnée d'un filet sauté aux champignons et précédée de quelques douzaines d'huîtres? dit Laurent qui voulait conquérir la précieuse amitié du facteur.

— A neuf heures et demie, après mon service. Où?

— Au coin de la rue de la Chaussée-d'Antin et de la rue Neuve des Mathurins, au puits sans vin, dit Laurent.

— Écoutez, l'ami, dit le facteur en rejoignant le valet de chambre, une heure après cette rencontre, si votre maître est amoureux de cette fille, il s'inflige un fameux travail! Je doute que vous réussissiez à la voir. Depuis dix ans que je suis facteur à Paris, j'ai pu y remarquer bien des systèmes de porte! mais, je puis bien dire sans crainte d'être démenti par aucun de mes camarades qu'il n'y a pas une porte aussi mystérieuse que l'est celle de M. de San-Réal. Personne ne peut pénétrer dans l'hôtel, sans je ne sais quel mot d'ordre, et remarquez qu'il a été choisi exprès entre cour et jardin pour éviter toute communication avec d'autres maisons. Le suisse est un vieil Espagnol qui ne dit jamais un mot de français; mais qui vous dévisage les gens, comme ferait Vidocq, pour savoir s'ils ne sont pas des voleurs. Si ce premier guichetier pouvait se laisser tromper par un amant, par un voleur ou par vous, sans comparaison, eh bien ! vous rencontreriez, dans la première salle qui est fermée par une porte vitrée, un majordome, entouré de laquais, un vieux farceur encore plus sauvage et plus bourru que ne l'est le suisse. Si quelqu'un franchit la porte cochère, mon majordome sort, vous l'attend sous le péristyle et te lui fait subir un interrogatoire comme à un criminel. Ça m'est arrivé, à moi, simple facteur. Il me prenait pour un *hémisphère* déguisé, dit-il en riant de son coq-à-l'âne. Quant aux gens, n'en espérez rien tirer. Je crois qu'ils sont muets. Personne dans le quartier ne connaît la couleur de leurs paroles. Je ne sais pas ce qu'on leur donne de gages pour ne point parler et pour ne point boire ; le fait est qu'ils sont inabordables, soit qu'ils aient peur d'être fusillés, soit qu'ils aient une somme énorme à perdre, en cas d'indiscrétion. Si votre maître aime assez mademoiselle Paquita Valdès pour surmonter tous ces obstacles, il ne triomphera certes pas de Dona Concha Marialva, la duègne qui l'accompagne et qui la mettrait sous ses jupes plutôt que de la quitter. Ces deux femmes ont l'air d'être cousues ensemble.

— Ce que vous me dites, estimable facteur, reprit Laurent après avoir dégusté le vin, me confirme ce que je viens d'apprendre. Foi d'honnête homme, j'ai cru que l'on se moquait de moi. La fruitière d'en face m'a dit qu'on lâchait pendant la nuit, dans les jardins, des chiens dont la nourriture est suspendue à des poteaux, de manière à ce qu'ils ne puissent pas y atteindre. Ces damnés animaux croient alors que les gens susceptibles d'entrer en veulent à leur manger, et les mettraient en pièces. Vous me direz qu'on peut leur jeter des boulettes, mais il paraît qu'ils sont dressés à ne rien manger que de la main du concierge.

— Le portier de M. le comte Porcher, dont le jardin touche par en haut à celui de l'hôtel San-Réal, me l'a dit effectivement, reprit le facteur.

— Mais le comte Porcher vient de se laisser mourir, dit Laurent.

— Parfaitement, dit le facteur, mais son neveu, M. de Laville-Gacon a pris possession de l'hôtel, où maintenant il se fait de fameuses parties.

— Bon, mon maître le connaît, se dit Laurent. Savez vous, reprit-il en guignant le facteur, que j'appartiens à un maître qui est un fier homme, et s'il se mettait en tête de coucher avec une impératrice, il faudrait bien qu'elle en passât par-là. S'il avait besoin de vous, ce que je vous souhaite, car il est généreux, pourrait-on compter sur vous ?

— Dame, monsieur Laurent, je me nomme Moinot. Mon nom s'écrit absolument comme un moineau : M-o-i-n-o-t, not, Moinot.

— Effectivement, dit Laurent.

— Je demeure rue des Trois-Frères, n° 11, au cinquième, reprit Moinot ; j'ai une femme et quatre enfants. Si ce que vous voudrez de moi ne dépasse pas les possibilités de la conscience et mes devoirs administratifs, vous comprenez ! je suis le vôtre.

— Vous êtes un brave homme, lui dit Laurent en lui serrant la main.

— Paquita Valdès est sans doute la maîtresse du marquis de San-Réal, l'ami du roi Ferdinand. Un vieux cadavre Espagnol de quatre-vingts ans est seul capable de prendre des précautions semblables, dit Henri quand son valet de chambre lui eut raconté le résultat de ses recherches.

— Monsieur, lui dit Laurent, à moins d'y arriver en ballon ; personne ne peut entrer dans cet hôtel-là.

— Tu es une bête ! Est-il donc nécessaire d'entrer dans l'hôtel pour avoir Paquita, du moment où Paquita peut en sortir.

— Mais, monsieur, et la duègne ?

— On la chambrera pour quelques jours, ta duègne.

— Alors, nous aurons Paquita ! dit Laurent, en se frottant les mains.

— Drôle ! répondit Henri, je te condamne à la Concha, si tu pousses l'insolence jusqu'à parler ainsi d'une femme avant que je ne l'aie eu. Pense à m'habiller, je vais sortir.

Henri resta pendant un moment plongé dans de joyeuses réflexions. Disons-le à la louange des femmes, il obtenait toutes celles qu'il daignait désirer. Et que faudrait-il donc penser d'une femme sans amant, qui aurait su résister à un jeune homme armé de la beauté qui est l'esprit du corps, armé de l'esprit qui est une grâce de l'âme, armé de la force morale et de la fortune qui sont les deux seules puissances réelles ? Mais en triomphant aussi facilement, de Marsay devait s'ennuyer de ses triomphes ; aussi depuis environ deux ans s'ennuyait-il beaucoup. En plongeant au fond des voluptés, il en rapportait plus de gravier que de perles. Donc il en était venu, comme les souverains, à implorer du hasard quelque obstacle à vaincre, quelque entreprise qui demandât le déploiement de ses forces morales et physiques inactives. Quoique Paquita Valdès lui présentât le merveilleux assemblage des perfections dont il n'avait encore joui qu'en détail, l'attrait de la passion était presque nul chez lui. Une satiété constante avait affaibli dans son cœur le sentiment de l'amour. Comme les vieillards et les gens blasés, il n'avait plus que des caprices extravagants, des goûts ruineux, des fantaisies qui, satisfaites, ne lui laissaient aucun bon souvenir au cœur. Chez les jeunes gens, l'amour est le plus beau des sentiments, il fait fleurir la vie dans l'âme, il épanouit par sa puissance solaire les plus belles inspirations et leurs grandes pensées : les prémices en toute chose ont une délicieuse saveur. Chez les hommes, l'amour devient une passion : la force mène à l'abus. Chez les vieillards, il tourne au vice: l'impuissance conduit à l'extrême. Henri était à la fois vieillard, homme et jeune. Pour lui rendre les émotions d'un véritable amour, il lui fallait comme à Lovelace une Clarisse Harlowe. Sans le reflet magique de cette perle introuvable, il ne pouvait plus avoir que, soit des passions aiguisées par quelque vanité parisienne, soit des partis pris avec luimême de faire arriver telle femme à tel degré de corruption, soit des aventures qui stimulassent sa curiosité. Le rapport de Laurent, son valet de chambre, venait de donner un prix énorme à la *Fille aux yeux d'or*. Il s'agissait de livrer bataille à quelque ennemi secret, qui paraissait aussi dangereux qu'habile ; et, pour remporter la victoire, toutes les forces dont Henri pouvait disposer n'étaient pas inutiles. Il allait jouer cette éternelle vieille comédie qui sera toujours neuve, et dont les personnages sont un vieillard, une jeune fille et un amoureux : Don Hijos, Paquita, de Marsay. Si Laurent valait Figaro, la duègne paraissait incorruptible. Ainsi, la pièce vivante était plus fortement nouée par le hasard qu'elle ne l'avait jamais été par aucun auteur dramatique ! Mais aussi le hasard n'est-il pas un homme de génie ?

— Il va falloir jouer serré, se dit Henri.

— Hé bien ! lui dit Paul de Manerville en entrant, où en sommes-nous ? je viens déjeuner avec toi.

— Soit, dit Henri. Tu ne te choqueras pas si je fais ma toilette devant toi ?

— Quelle plaisanterie !

— Nous prenons tant de choses des Anglais en ce moment, que nous pourrions devenir hypocrites et prudes comme eux, dit Henri.

Laurent avait apporté devant son maître tant d'ustensiles, tant de meubles différents, et de si jolies choses, que Paul ne put s'empêcher de dire : — Mais, tu vas en avoir pour deux heures ?

— Non ! dit Henri, deux heures et demie.

— Eh bien, puisque nous sommes entre nous et que nous pouvons tout nous dire, explique-moi pourquoi un homme supérieur autant que tu l'es, car tu es supérieur, affecte d'outrer une fatuité qui ne doit pas être naturelle en lui. Pourquoi passer deux heures et demie à s'étriller, quand il suffit d'entrer un quart d'heure dans un bain, de se peigner en deux temps, et de se vêtir ? Là, dis-moi ton système.

— Il faut que je t'aime bien, mon gros balourd, pour te confier d'aussi hautes pensées, dit le jeune homme qui se faisait en ce moment brosser les pieds avec une brosse douce frottée de savon anglais. Tu as dû remarquer, si toutefois tu es capable d'observer un fait moral, que la femme aime le fat. Sais-tu pourquoi les femmes aiment les fats ? Mon ami, les fats sont les seuls hommes qui aient soin d'eux-mêmes. Or, avoir trop soin de soi, n'est-ce pas dire qu'on soigne en soi-même le bien d'autrui ? L'homme qui ne s'appartient pas est précisément l'homme dont les femmes sont friandes. L'amour est essentiellement voleur. Je ne te parle pas de cet excès de propreté dont elles raffolent. Trouves-en une qui se soit passionnée pour un *sans-soin*, fût-ce un homme remarquable ! Si le fait a eu lieu, nous devons le mettre sur le compte des envies de femme grosse, ces idées folles qui passent par la tête à tout le monde. Au contraire, j'ai vu des gens fort remarquables plantés net pour cause de leur incurie. Un fat qui s'occupe de sa personne s'occupe d'une niaiserie, de petites choses. Et qu'est-ce que la femme ? Une petite chose, un ensemble de niaiseries. Avec deux mots dits en l'air, ne la fait-on pas travailler pendant quatre heures ? Elle est sûre que le fat s'occupera d'elle, puisqu'il ne pense pas à de grandes choses. Elle ne sera jamais négligée pour la gloire, l'ambition, la politique, l'art, ces grandes filles publiques qui, pour elle, sont des rivales. Puis, les fats ont le courage de se couvrir de ridicule pour plaire à la femme, et son cœur est plein de récompenses pour l'homme ridicule par amour. Enfin, un fat ne peut être fat que s'il a raison de l'être. Ce sont les femmes qui nous donnent ce grade-là. Le fat est le colonel de l'amour, il a des bonnes fortunes, il a son régiment de femmes à commander ! Mon cher, à Paris, tout se sait, et un homme ne peut pas y être fat *gratis*. Toi qui n'as qu'une femme et qui peut-être as raison de n'en avoir qu'une, essaie de faire le fat : tu ne deviendras même pas ridicule, tu seras mort. Tu deviendrais un préjugé à deux pattes, un de ces hommes condamnés inévitablement à faire une seule et même chose. Tu signifierais *sottise* comme M. de Lafayette signifie Amérique ; M. de Talleyrand, diplomatie ; Désaugiers, chanson ; M. de Ségur, romance. S'ils sortent de leur genre, on ne croit plus à la valeur de ce qu'ils font. Voilà comme nous sommes en France, toujours souverainement injustes ! M. de Talleyrand est peut-être un grand financier, M. de Lafayette, un ministre absolu, et Désaugiers, un administrateur. Tu aurais quarante femmes l'année suivante, on ne t'en accorderait pas publiquement une seule. Ainsi donc la fatuité, mon petit Paul, est le signe d'un incontestable pouvoir conquis sur le peuple femelle. Un homme aimé par plusieurs femmes, passe pour avoir des qualités supérieures ; et, alors, c'est à qui l'aura, le malheureux ! Mais, crois-tu que ce ne soit rien aussi que d'avoir le droit d'arriver dans un salon, d'y regarder tout le monde du haut de sa cravate, ou à travers un lorgnon, et de pouvoir mépriser l'homme le plus supérieur, s'il porte un gilet arriéré... Laurent, tu me fais mal!... Après déjeuner, Paul, nous irons aux Tuileries voir l'adorable *Fille aux yeux d'or.*

Quand, après avoir fait un excellent repas, les deux jeunes gens eurent arpenté la terrasse des Feuillants et la grande allée des Tuileries, ils ne rencontrèrent nulle part la sublime Paquita Valdès pour le compte de laquelle se trouvaient cinquante des plus élégants jeunes gens de Paris, tous musqués, haut cravatés, bottés, éperonnaillés, cravachant, marchant, parlant, riant, et se donnant à tous les diables.

— Messe blanche! dit Henri; mais il m'est venu la plus excellente idée du monde. Cette fille reçoit des lettres de Londres, il faut acheter ou griser le facteur, décacheter une lettre, naturellement la lire, y glisser un petit billet doux, et la recacheter. Le vieux tyran, *crudel tiranno*, doit sans doute connaître la personne qui écrit les lettres venant de Londres et ne s'en défie plus.

Le lendemain, de Marsay vint encore se promener au soleil sur la terrasse des Feuillants, et y vit Paquita Valdès. Déjà, pour lui, la passion l'avait embellie. Il s'affola sérieusement de ces yeux dont les rayons semblaient avoir la nature de ceux que lance le soleil et dont l'ardeur résumait celle de ce corps parfait où tout était volupté. De Marsay brûlait de frôler la robe de cette séduisante fille, quand ils se rencontraient dans leur promenade; mais ses tentatives étaient toujours vaines. En un moment où il avait dépassé la duègne et Paquita, pour pouvoir se trouver du côté de la *Fille aux yeux d'or* quand il se retournerait, Paquita, non moins impatiente, s'avança vivement, et de Marsay se sentit presser la main par elle d'une façon tout à la fois si rapide et si passionnément significative, qu'il crut avoir reçu le choc d'une étincelle électrique. En un instant, toutes ses émotions de jeunesse lui sourdirent au cœur. Quand les deux amants se regardèrent, Paquita parut honteuse, elle baissa les yeux pour ne pas revoir les yeux de Henri, mais son regard se coula par en dessous pour regarder les pieds et la taille de celui que les femmes nommaient avant la révolution *leur vainqueur.*

— J'aurai décidément cette fille pour maîtresse, se dit Henri.

En le suivant au bout de la terrasse, du côté de la place Louis XV, il aperçut le vieux marquis de San-Réal qui se promenait appuyé sur le bras de son valet de chambre, en marchant avec toute la précaution d'un goutteux et d'un cacochyme. Doña Concha, qui se défiait de Henri, fit passer Paquita entre elle et le vieillard.

— Oh! toi, se dit de Marsay en jetant un regard de mépris sur la duègne, si l'on ne peut pas te faire capituler, avec un peu d'opium l'on t'endormira. Nous connaissons la mythologie, et la fable d'Argus.

Avant de monter en voiture, la *Fille aux yeux d'or* échangea avec son amant quelques regards dont l'expression n'était pas douteuse et dont Henri fut ravi. Mais la duègne en surprit un et dit vivement quelques mots à Paquita qui se jeta dans le coupé d'un air désespéré. Pendant quelques jours Paquita ne vint plus aux Tuileries. Laurent, qui, par ordre de son maître, alla faire le guet autour de l'hôtel, apprit par les voisins que ni les deux femmes, ni le vieux marquis n'étaient sortis depuis le jour où la duègne avait surpris un regard entre la jeune fille commise à sa garde et Henri. Le lien si faible qui unissait les deux amants était donc déjà rompu.

Quelques jours après, sans que personne sût par quels moyens, M. de Marsay était arrivé à son but, il avait un cachet et de la cire absolument semblables au cachet et à la cire qui cachetaient les lettres envoyées de Londres à mademoiselle Valdès, du papier pareil à celui dont se servait le correspondant, puis tous les ustensiles, et les fers nécessaires pour y apposer les timbres des postes anglaise et française. Il avait écrit la lettre suivante à laquelle il donna toutes les façons d'une lettre envoyée de Londres.

« Chère Paquita, je n'essaierai pas de vous peindre, par des paroles, la passion que vous m'avez inspirée. Si, pour mon bonheur, vous la partagez, sachez que j'ai trouvé les moyens de correspondre avec vous. Je me nomme Adolphe de Gouges, et demeure rue de l'Université, nº 54. Si vous êtes trop surveillée pour m'écrire, si vous n'avez ni papier, ni plumes, je le saurai par votre silence. Donc, si demain, de huit heures du matin à dix heures du soir, vous n'avez pas jeté de lettre par-dessus le mur de votre jardin, dans celui de M. le comte Porcher, où l'on attendra pendant toute la journée, un homme qui m'est entièrement dévoué vous glissera par-dessus le mur, au bout d'une corde, deux flacons, à dix heures du matin, le lendemain. Soyez à vous promener vers ce moment-là. L'un des deux flacons contiendra de l'opium pour endormir votre Argus, il suffira de lui en donner six gouttes. L'autre contiendra de l'encre. Le flacon à l'encre est taillé, l'autre est uni. Tous deux sont assez plats pour que vous puissiez les cacher dans votre corset. Tout ce que j'ai fait déjà pour pouvoir correspondre avec vous, doit vous dire combien je vous aime. Si vous en doutiez, je vous avoue que pour obtenir un rendez-vous d'une heure, je donnerais ma vie. »

— Elles croient cela pourtant ces pauvres créatures! se dit de Marsay. Mais elles ont raison. Que penserions-nous d'une femme qui ne se laisserait pas séduire par une lettre d'amour accompagnée de circonstances aussi probantes !

Cette lettre fut remise par le sieur Moinot, facteur, le lendemain vers huit heures du matin au concierge de l'hôtel San-Réal.

Pour se rapprocher du champ de bataille, de Marsay était venu déjeuner chez Paul qui demeurait rue de la Pépinière. A deux heures, au moment où ces deux amis se contaient en riant la déconfiture d'un jeune homme qui avait voulu mener le train de la vie élégante sans une fortune assise, et qu'ils lui cherchaient une fin, le cocher d'Henri vint chercher son maître jusque chez Paul et lui présenta un personnage mystérieux, qui voulait absolument lui parler à lui-même. Ce personnage était un mulâtre dont Talma se serait certes inspiré pour jouer Othello, s'il l'avait rencontré. Jamais figure africaine n'exprima mieux la grandeur dans la vengeance, la rapidité du soupçon, la promptitude dans l'exécution d'une pensée, la force du Maure, et son irréflexion d'enfant. Ses yeux noirs avaient la fixité des yeux d'un oiseau de proie, et ils étaient enchâssés, comme ceux d'un vautour, par une membrane bleuâtre, dénuée de cils. Son front petit et bas avait quelque chose de menaçant. Évidemment, cet homme était sous le joug d'une seule et même pensée. Son bras nerveux ne lui appartenait pas. Il était suivi d'un homme que toutes les imaginations, depuis celles qui grelottent au Groënland jusqu'à celles qui suent à la Nouvelle-Angleterre, se peindront d'après cette phrase : *c'était un homme malheureux*. A ce mot, tout le monde le devinera, se le représentera d'après les idées particulières à chaque pays. Mais qui se figurera son visage blanc, ridé, rouge aux extrémités, et sa barbe longue? Qui verra sa cravate jaunasse en corde, son col de chemise gras, son chapeau tout usé, sa redingote verdâtre, son pantalon piteux, son gilet recroquevillé, son épingle en faux or, ses souliers crottés dont les rubans avaient barboté dans la boue? qui le comprendra dans toute l'immensité de sa misère présente et passée? Qui? le Parisien seulement. L'homme malheureux de Paris est l'homme malheureux complet; il trouve encore de la joie pour savoir combien il est malheureux. Le mulâtre semblait être un bourreau de Louis XI, tenant un homme à pendre.

— Qui est-ce qui nous a pêché ces deux drôles-là? dit Henri.

— Pantoufle ! il y en a un qui me donne le frisson, répondit Paul.

— Qui es-tu, toi qui as l'air d'être le plus chrétien des deux ? dit Henri en regardant l'homme malheureux.

Le mulâtre resta les yeux attachés sur ces deux jeunes gens, en homme qui n'entendait rien, et qui cherchait néanmoins à deviner quelque chose d'après les gestes ou le mouvement des lèvres.

— Je suis écrivain public et interprète. Je demeure au Palais de justice et me nomme Poincet.

— Bon ! Et celui-là ? dit Henri à Poincet en montrant le mulâtre.

— Je ne sais pas, il ne parle qu'une espèce de patois espagnol, et m'a amené ici pour pouvoir s'entendre avec vous.

Le mulâtre tira de sa poche la lettre écrite à Paquita par Henri, et la lui remit. Henri la jeta dans le feu.

— Eh bien, voilà qui commence à se dessiner, se dit en lui-même Henri. Paul, laisse-nous seuls un moment.

— Je lui ai traduit cette lettre, reprit l'interprète lorsqu'ils furent seuls. Quand elle fut traduite, il a été je ne sais où. Puis il est revenu me chercher, pour m'amener ici, en me promettant deux louis.

— Qu'as-tu à me dire, Chinois? demanda Henri.

— Je ne lui ai pas dit *Chinois*, dit l'interprète en attendant la réponse du mulâtre.

— Il dit, monsieur, reprit l'interprète après avoir écouté l'inconnu, qu'il faut que vous vous trouviez demain soir, à dix heures et demie, sur le boulevard Montmartre, auprès du café. Vous y verrez une voiture dans laquelle vous monterez en disant à celui qui sera prêt à ouvrir la portière, le mot *Cortejo* ! Un mot espagnol qui veut dire *amant*, ajouta Poincet, en jetant un regard de félicitation à Henri.

— Bien !

Le mulâtre voulut donner deux louis; mais de Marsay ne le souffrit pas et récompensa l'interprète. Pendant qu'il le payait, le mulâtre proféra quelques paroles.

— Que dit-il ?

— Il me prévient, répondit l'homme malheureux, que, si je fais une seule indiscrétion, il m'étranglera. Il est gentil, et il a très-fort l'air d'en être capable.

— J'en suis sûr, répondit Henri. Il le ferait comme il le dit.

— Il ajoute, reprit l'interprète, que la personne dont il est l'envoyé vous supplie, pour vous et pour elle, de mettre la plus grande prudence dans vos actions, parce que les poignards levés sur vos têtes tomberaient dans vos cœurs, sans qu'aucune puissance humaine pût vous en garantir.

— Il a dit cela ! Tant mieux, ce sera plus amusant. — Mais tu peux entrer, Paul, cria-t-il à son ami.

Le mulâtre, qui n'avait pas cessé de regarder l'amant de Paquita Valdès avec une attention magnétique, s'en alla suivi de l'interprète.

— Enfin, voici donc une aventure bien romanesque! se dit Henri, quand Paul revint. A force d'en chercher, pour mon compte, j'ai fini par rencontrer dans ce Paris une intrigue accompagnée de circonstances graves, de périls. Ah, diantre! combien le danger rend la femme hardie! Gêner une femme, la vouloir contraindre, n'est-ce pas lui donner le droit et le courage de franchir en un moment des barrières qu'elle mettrait des années à sauter? Gentille créature, va, saute! Mourir? pauvre enfant! Des poignards? imagination de femme! Elles sentent toutes le besoin de faire valoir leur petite plaisanterie. D'ailleurs, on y pensera, Paquita! on y pensera, ma fille! Le diable m'emporte, maintenant que je sais que cette belle fille, ce chef-d'œuvre de la nature est à moi, l'aventure a perdu de son piquant.

Malgré cette parole légère, le jeune homme avait reparu chez Henri. Pour attendre jusqu'au lendemain sans souffrances, il eut recours à d'exorbitants plaisirs. Il joua, dîna, soupa avec ses amis. Il but comme un fiacre, mangea comme un Allemand, et gagna dix ou douze mille francs. Il sortit du Rocher de Cancale à deux heures du matin, dormit comme un enfant, se réveilla le lendemain frais et rose, et s'habilla pour aller aux Tuileries, en se proposant de monter à cheval après avoir vu Paquita, pour gagner de l'appétit, et mieux dîner, afin de pouvoir brûler le temps.

A l'heure dite, Henri fut sur le boulevard, vit la voiture, et donna le mot d'ordre à un homme qui lui parut être le mulâtre. En entendant ce mot, l'homme ouvrit la portière, et déplia vivement le marchepied. Henri fut si rapidement emporté dans Paris, et ses pensées lui laissèrent si peu la faculté de faire attention aux rues par lesquelles il passait, qu'il ne sut pas où la voiture s'arrêta. Le mulâtre l'introduisit dans une maison où l'escalier se trouvait près de la porte cochère. Cet escalier était sombre, aussi bien que le palier sur lequel Henri fut obligé d'attendre pendant le temps que le mulâtre mit à ouvrir la porte d'un appartement humide, nauséabond, sans lumière, et dont les pièces à peine éclairées par la bougie que son guide trouva dans l'antichambre, lui parurent vides et mal meublées, comme le sont celles d'une maison dont les habitants sont en voyage. Il reconnut cette sensation que lui procurait la lecture d'un de ces romans d'Anne Radcliffe où le héros traverse les salles froides, sombres, inhabitées de quelque lieu triste et désert. Enfin le mulâtre ouvrit la porte d'un salon. L'état des vieux meubles et des draperies passées dont cette pièce était ornée, la faisait ressembler au salon d'un mauvais lieu. C'était la même prétention à l'élégance, et le même assemblage de choses de mauvais goût, de poussière et de crasse. Sur un canapé couvert en velours d'Utrecht rouge, au coin d'une cheminée qui fumait et dont le feu était enterré dans les cendres, se tenait une vieille femme assez mal vêtue, coiffée d'un de ces turbans que savent inventer les femmes anglaises quand elles arrivent à un certain âge, et qui auraient infiniment de succès en Chine, où le beau idéal des artistes est la monstruosité. Ce salon, cette vieille femme, ce foyer froid, tout eût glacé l'amour, si Paquita n'avait pas été là sur une causeuse dans un voluptueux peignoir, libre de jeter ses regards d'or et de flamme, libre de montrer son pied recourbé, libre de ses mouvements lumineux. Cette première entrevue fut ce que sont tous les premiers rendez-vous que se donnent des personnes passionnées qui ont rapidement franchi les distances, et qui se désirent ardemment sans néanmoins se connaître. Il est impossible qu'il ne se rencontre pas d'abord quelques discordances dans cette situation gênante jusqu'au moment où les âmes se sont mises au même ton. Si le désir donne de la hardiesse à l'homme et le dispose à ne rien ménager; sous peine de ne pas être femme, la maîtresse, quelque extrême que soit son amour, est effrayée de se trouver si promptement arrivée au but et face à face avec la nécessité de se donner, qui pour beaucoup de femmes équivaut à une chute dans un abîme, au fond duquel elles ne savent pas ce qu'elles trouveront. La froideur involontaire de cette femme contraste avec sa passion avouée et réagit nécessairement sur l'amant le plus épris. Ces idées qui souvent flottent comme des vapeurs à l'entour des âmes, y déterminent donc une sorte de maladie passagère. Dans le doux voyage que deux êtres entreprennent à travers les belles contrées de l'amour, ce moment est comme une lande à traverser, une lande sans bruyères, alternativement humide et chaude, pleine de sables ardents, coupée par des marais, et qui mène aux riants bocages vêtus de roses, où se déploie l'amour et son cortège de plaisirs, sur des tapis de fine verdure. Souvent l'homme spirituel se trouve doué d'un rire bête qui lui sert de réponse à tout, son esprit est engourdi sous la glaciale compression de ses désirs. Il ne serait pas impossible que deux êtres également beaux, spirituels et passionnés, parlassent d'abord des lieux communs les plus niais, jusqu'à ce que le hasard, un mot, le tremblement d'un certain regard, la communication d'une étincelle leur ait fait rencontrer l'heureuse transition qui les amène dans le sentier fleuri où l'on ne marche pas, mais où l'on roule sans néanmoins descendre. Cet état de l'âme est toujours raison de la violence des sentiments. Deux êtres qui s'aiment faiblement n'éprouvent rien de pareil. L'effet de cette crise peut encore se comparer à celui que produit l'ardeur d'un ciel pur. La nature semble au premier aspect couverte d'un voile de gaze, l'azur du firmament paraît noir, l'extrême lumière ressemble aux ténèbres. Chez Henri, comme chez l'Espagnole, il se rencontrait une égale violence, et cette loi de la statique en vertu de laquelle deux forces identiques s'annulent en se rencontrant, pourrait être vraie aussi dans le Règne Moral. Puis, l'embarras de ce moment fut singulièrement augmenté par la présence de la vieille momie. L'amour effraie ou s'égaie de tout; pour lui tout a un sens, tout lui est présage, heureux ou funeste. Cette femme décrépite était là comme un dénoûment possible, et figurait l'horrible queue de poisson par laquelle les symboliques génies de la Grèce ont terminé les Chimères et les Sirènes si séduisantes, décevantes par le corsage, comme le sont toutes les passions au début. Quoique Henri fût, non pas un esprit fort, ce mot est toujours une raillerie, mais un homme d'une puissance extraordinaire, un homme aussi grand qu'on peut l'être sans croyance, l'ensemble de toutes ces circonstances le frappa. D'ailleurs, les hommes les plus forts sont naturellement les plus impressionnés, et conséquemment les plus superstitieux, si toutefois l'on peut appeler superstition, le préjugé du premier mouvement qui sans doute est l'aperçu du résultat dans les causes cachées à d'autres yeux, mais perceptibles aux leurs. L'Espagnole profitait de ce moment de stupeur pour se laisser aller à l'extase de cette adoration infinie qui saisit le cœur d'une femme, quand elle aime véritablement, et qu'elle se trouve en présence d'une idole vainement espérée; ses yeux étaient tout joie, tout bonheur, et il s'en échappait des étincelles; elle était sous le charme, et s'enivrait sans crainte d'une félicité longtemps rêvée. Elle parut alors si merveilleusement belle à Henri, que toute cette fantasmagorie de haillons, de vieillesse, de draperies rouges usées, de paillassons verts devant les fauteuils, que le carreau rouge mal frotté, que tout ce luxe infirme et souffrant disparut aussitôt. Le salon s'illumina, il ne vit plus qu'à travers un nuage la terrible harpie, fixe, muette sur son canapé rouge, et dont les yeux jaunes trahissaient les sentiments serviles que le malheur inspire, ou que cause un vice sous l'esclavage duquel on est tombé comme sous un tyran qui vous abrutit sous les flagellations de son despotisme. Ces yeux avaient l'éclat froid de ceux d'un tigre en cage qui sait son impuissance et se trouve obligé de dévorer ses envies de destruction.

— Quelle est cette femme? dit Henri à Paquita.

Mais Paquita ne répondit pas. Elle fit signe qu'elle n'entendait pas le français, et demanda à Henri s'il parlait anglais. De Marsay répéta sa question en anglais.

— C'est la seule femme à laquelle je puisse me fier, quoiqu'elle m'ait déjà vendu, dit Paquita tranquillement. Mon cher Adolphe, c'est ma mère, une esclave achetée en Géorgie pour sa rare beauté, mais dont il reste peu de chose aujourd'hui. Elle ne parle que sa langue maternelle.

L'attitude de cette femme et son envie de deviner par les mouvements de sa fille et d'Henri, ce qui se passait entre eux, fut expliquée soudain au jeune homme que cette explication mit à l'aise.

— Paquita, lui dit-il, nous ne serons donc pas libres?

— Jamais! dit-elle d'un air triste. Nous avons même peu de jours à nous.

Elle baissa les yeux, regarda sa main, et compta de sa main droite sur les doigts de sa main gauche, en montrant ainsi les plus belles mains qu'Henri eût jamais vues.

— Un, deux, trois.....

Elle compta jusqu'à douze.

— Oui, dit-elle, nous avons douze jours.

— Et après?

— Après, dit-elle en restant absorbée comme une femme faible devant la hache du bourreau, et tuée d'avance par une crainte qui la dépouillait de cette magnifique énergie que la nature semblait ne lui avoir départie que pour agrandir les voluptés, et pour convertir en poëmes sans fin les plaisirs les plus grossiers.

— Après... répéta-t-elle.

Ses yeux devinrent fixes, elle parut contempler un objet éloigné, menaçant.

— Je ne sais pas, dit-elle.

— Cette fille est folle, se dit Henri qui tomba lui-même en des réflexions étranges.

Paquita lui parut occupée de quelque chose qui n'était pas lui, comme une femme également contrainte et par le remords et par la passion. Peut-être avait-elle dans le cœur un autre amour qu'elle oubliait et se rappelait tour à tour? En un moment, Henri fut assailli de mille pensées contradictoires. Pour lui, cette fille devint un mystère. Mais, en la contemplant avec la savante attention de l'homme blasé, affamé de voluptés nouvelles, comme ce roi d'Orient qui demandait qu'on lui créât un plaisir, soif horrible dont les grandes âmes seules sont saisies, Henri reconnaissait dans Paquita la plus riche organisation que la nature se fût complu à composer pour l'amour. Le jeu présumé de cette machine, l'âme mise à part, eût effrayé tout autre homme que Marsay; mais il fut fasciné par cette riche moisson de plaisirs promis, par cette constante variété dans le bonheur, le rêve de tout homme et dont toute femme aimante ambitionne aussi la réalisation. Il fut affolé par l'infini rendu palpable, et transporté dans les plus excessives jouissances de la créature. Il vit tout cela dans cette fille, plus distinctement qu'il ne l'avait encore vu, car elle se laissait complaisamment voir, heureuse d'être admirée. L'admiration de Marsay devint une rage secrète, et il la dévoila tout entière, en lançant un regard que comprit l'Espagnole, comme si elle était habituée à en recevoir de semblables.

— Si tu ne devais pas être à moi seul, je te tuerais! s'écria-t-il.

En entendant ce mot, Paquita se voila le visage de ses mains, et s'écria naïvement : — Sainte Vierge! où me suis-je fourrée?

Elle se leva, et s'alla jeter sur le canapé rouge, se plongea la tête dans les haillons qui couvraient le sein de sa mère, et y pleura. La vieille reçut sa fille sans sortir de son immobilité, sans lui rien témoigner. La mère possédait au plus haut degré cette gravité des peuplades sauvages, cette impassibilité de la statuaire sur laquelle échoue l'observation. Aimait-elle, n'aimait-elle pas sa fille? Nulle réponse. Sous ce masque, couvaient tous les sentiments humains, les bons et les mauvais, et l'on pouvait tout attendre de cette créature. Son regard allait lentement des beaux cheveux de sa fille qui la couvraient comme d'une mantille, à la figure de Henri qu'elle observait avec une inexprimable curiosité. Elle semblait se demander par quel sortilége il était là, par quel caprice la nature avait fait un homme si séduisant.

— Ces femmes se moquent de moi! se dit Henri.

En ce moment, Paquita leva la tête, jeta sur lui un de ces regards qui vont jusqu'à l'âme et la brûlent. Elle lui parut si belle, qu'il se jura de posséder ce trésor de beauté.

— Ma Paquita, sois à moi!

— Tu veux me tuer! dit-elle, peureuse, palpitante, inquiète, mais ramenée à lui par une force inexplicable.

— Te tuer, moi! dit-il en souriant.

Paquita jeta un cri d'effroi, dit un mot à la vieille, qui prit d'autorité la main de Henri, celle de sa fille, les regarda longtemps, les leur rendit en hochant la tête d'une façon horriblement significative.

— Sois à moi, ce soir, à l'instant, suis-moi, ne me quitte pas, je le veux, Paquita! m'aimes-tu, viens!

En un moment, il lui dit mille paroles insensées avec la rapidité d'un torrent qui bondit entre des rochers, et répète le même son sous mille formes différentes.

— C'est la même voix! dit Paquita mélancoliquement, sans que de Marsay pût l'entendre, et..... la même ardeur, ajouta-t-elle.

Hé bien, oui, dit-elle avec un abandon de passion que rien ne saurait exprimer; oui, mais pas ce soir. Ce soir, Adolphe, j'ai donné trop peu d'opium à la *Concha*, elle pourrait se réveiller, je serais perdue. En ce moment, toute la maison me croit endormie dans ma chambre. Dans deux jours, sois au même endroit, dis le même mot au même homme. Cet homme est mon père nourricier; Christemio m'adore et mourrait pour moi dans les tourments sans qu'on lui arrachât une parole contre moi. Adieu, dit-elle en saisissant Henri par le corps, et s'entortillant autour de lui comme un serpent.

Elle le pressa de tous côtés à la fois, lui apporta sa tête sous la sienne, lui présenta ses lèvres, et prit un baiser qui leur donna de tels vertiges à tous deux, que de Marsay crut que la terre s'ouvrait, et que Paquita cria : « Va-t'en! » d'une voix qui annonçait assez combien elle était peu maîtresse d'elle-même. Mais elle le garda tout en lui criant toujours : « Va-t-en! » et le mena lentement jusqu'à l'escalier.

Là, le mulâtre, dont les yeux blancs s'allumèrent à la vue de Paquita, prit le flambeau des mains de son idole, et conduisit Henri jusqu'à la rue. Il laissa le flambeau sous la voûte, ouvrit la portière, remit Henri dans la voiture, et le déposa au boulevard des Italiens avec une rapidité merveilleuse. Les chevaux semblaient avoir l'enfer dans le corps.

Cette scène fut comme un songe pour de Marsay, mais un de ces songes qui, tout en s'évanouissant, laissent dans l'âme un sentiment de volupté surnaturelle, après laquelle un homme court pendant le reste de sa vie. Un seul baiser avait suffi. Aucun rendez-vous ne s'était passé d'une manière plus décente, ni plus chaste, ni plus froide peut-être, dans un lieu plus horrible par les détails, devant une plus hideuse divinité; car cette mère était restée dans l'imagination de Henri comme quelque chose d'infernal, d'accroupi, de cadavéreux, de vicieux, de sauvagement féroce, que la fantaisie des peintres et des poëtes n'avait pas encore deviné. Eh bien! jamais rendez-vous n'avait plus irrité ses sens, n'avait révélé de voluptés plus hardies, n'avait mieux fait jaillir l'amour de son centre pour se répandre comme une atmosphère autour d'un homme. Ce fut quelque chose de sombre, de mystérieux, de doux, de tendre, de contraint et d'expansif, un accouplement de l'horrible et du céleste, du paradis et de l'enfer qui rendit de Marsay comme ivre. Il ne fut plus lui-même, et il était assez grand cependant pour pouvoir résister aux enivrements du plaisir.

Pour bien comprendre sa conduite, au dénoûment de cette histoire, il est nécessaire d'expliquer comment son âme s'était élargie à l'âge où les unes gens se rapetissent ordinairement en se mêlant aux femmes, ou en s'en occupant trop. Il avait grandi par un concours de circonstances secrètes qui l'investissaient d'un immense pouvoir inconnu. Le jeune homme avait en main un sceptre plus puissant que ne l'est celui des rois modernes presque tous bridés par les lois dans leurs moindres volontés. De Marsay exerçait le pouvoir autocratique d'un despote oriental. Mais ce pouvoir si stupidement mis en œuvre dans l'Asie par des hommes abrutis, était décuplé par l'intelligence européenne, par l'esprit français, le plus vif, le plus acéré de tous les instruments intelligentiels. Henri pouvait ce qu'il voulait dans l'intérêt de ses plaisirs et de ses vanités. Cette invisible action sur le monde social l'avait revêtu d'une majesté réelle, mais secrète, sans emphase et repliée sur lui-même. Il avait de lui non pas l'opinion que Louis XIV pouvait avoir de soi, mais celle que le plus orgueilleux des Kalifes, des Pharaons, des Xerxès qui se croyaient de race divine, avaient d'eux-mêmes, quand ils imitaient Dieu en se voilant à leurs sujets, sous prétexte que leurs regards donnaient la mort. Ainsi, sans avoir aucun remords d'être à la fois juge et partie, de Marsay condamnait froidement à mort l'homme ou la femme qui l'avait offensé sérieusement. Quoique souvent prononcé presque légèrement, l'arrêt était irrévocable. Une erreur était un malheur semblable à ceux que cause la foudre en tombant sur une Parisienne heureuse dans quelque fiacre, au lieu d'écraser le vieux cocher qui la conduit à un rendez-vous. Aussi la plaisanterie amère et profonde qui distinguait la conversation de ce jeune homme causait-elle assez généralement de l'effroi. Personne ne se sentait l'envie de le choquer. Les femmes aiment prodigieusement ces gens qui se nomment pachas eux-mêmes, qui semblent accompagnés de lions, de bourreaux, et marchent dans un appareil de terreur. Il en résulte chez ces hommes une sécurité d'action, une certitude de pouvoir, une fierté de regard, une conscience léonine qui réalise pour les femmes de type de force qu'elles rêvent toutes. Ainsi était de Marsay.

Heureux en ce moment de son avenir, il redevint jeune et flexible, et ne songeait qu'à aimer en allant se coucher. Il rêva de la *Fille aux yeux d'or*, comme rêvent les jeunes gens passionnés. Ce furent des images monstrueuses, des bizarreries insaisissables, pleines de lumière, et qui révèlent les mondes invisibles mais d'une manière toujours incomplète, car une voile interposé change les conditions de l'optique. Le lendemain et le surlendemain, il disparut sans que l'on pût savoir où il était allé. Sa puissance ne lui appartenait qu'à de certaines conditions, et, heureusement pour lui, pendant ces deux jours il fut simple soldat au service du démon dont il tenait sa talismanique existence. Mais à l'heure dite, le soir, sur le boulevard, il attendit la voiture, qui ne se fit pas attendre. Le mulâtre s'approcha de Henri pour lui dire en français une phrase qu'il paraissait avoir apprise par cœur : — Si vous voulez venir, m'a-t-elle dit, il faut consentir à vous laisser bander les yeux.

Et Christemio montra un foulard de soie blanche.

— Non ! dit Henri dont la toute-puissance se révolta soudain.

Et il voulut monter. Le mulâtre fit un signe; la voiture partit.

— Oui ! cria de Marsay furieux de perdre un bonheur qu'il s'était promis. D'ailleurs, il voyait l'impossibilité de capituler avec un esclave dont l'obéissance était aveugle autant que celle d'un bourreau. Puis, était-ce sur cet instrument passif que devait tomber sa colère ?

Le mulâtre siffla; la voiture revint. Henri monta précipitamment. Déjà quelques curieux s'amassaient niaisement sur le boulevard. Henri était fort, il voulut se jouer du mulâtre. Lorsque la voiture partit au grand trot, il lui saisit les mains pour s'emparer de lui, et pouvoir garder, en domptant son surveillant, l'exercice de ses facultés afin de savoir où il allait. Tentative inutile. Les yeux du mulâtre étincelèrent dans l'ombre. Cet homme poussa des cris que la fureur faisait expirer dans sa gorge, se dégagea, rejeta de Marsay par une main de fer, et le cloua pour ainsi dire au fond de la voiture; puis, de sa main libre, il tira un poignard triangulaire, en sifflant. Le cocher entendit le sifflement et s'arrêta. Henri était sans armes, il fut forcé de plier; il tendit la tête vers le foulard. Ce geste de soumission apaisa Christemio, qui lui banda les yeux avec un respect et un soin qui témoignaient une sorte de vénération pour la personne de l'homme aimé par son idole. Mais avant de prendre cette précaution, il avait serré son poignard avec défiance dans sa poche de côté, et se boutonna jusqu'au menton.

— Il m'aurait tué, ce Chinois-là ! se dit de Marsay.

La voiture roula de nouveau rapidement. Il restait une ressource à un jeune homme qui connaissait aussi bien Paris que le connaissait Henri. Pour savoir où il allait, il lui suffisait de se recueillir, de compter par le nombre des ruisseaux franchis, les rues devant lesquelles on passerait sur les boulevards, tant que la voiture continuerait d'aller droit. Il pouvait ainsi reconnaître par quelle rue latérale la voiture se dirigeait, soit vers la Seine, soit vers les hauteurs de Montmartre, et deviner le nom ou la position de la rue où son guide le ferait arrêter. Mais l'émotion violente que lui avait causée sa lutte, la fureur où le mettait sa dignité compromise, les idées de vengeance auxquelles il se livrait, les suppositions que lui suggérait le soin minutieux que prenait cette fille mystérieuse pour le faire arriver à elle, tout l'empêcha d'avoir cette attention d'aveugle, nécessaire à la concentration de son intelligence, et à la parfaite perspicacité du souvenir. Le trajet dura une demi-heure. Quand la voiture s'arrêta, elle n'était plus sur le pavé. Le mulâtre et le cocher prirent Henri à bras le corps, l'enlevèrent, le mirent sur une espèce de civière, et le transportèrent à travers un jardin dont il sentit les fleurs et l'odeur particulière aux arbres et à la verdure. Le silence qui y régnait était si profond qu'il put distinguer le bruit que faisaient quelques gouttes d'eau en tombant des feuilles humides. Les deux hommes le montèrent dans un escalier, le firent lever, le conduisirent à travers plusieurs pièces, en le guidant par les mains, et le laissèrent dans une chambre dont l'atmosphère était parfumée, et dont il sentit sous ses pieds le tapis épais. Une main de femme le poussa sur un divan et lui dénoua le foulard. Henri vit Paquita devant lui, mais Paquita dans sa gloire de femme voluptueuse.

La moitié du boudoir où se trouvait Henri décrivait une ligne circulaire mollement gracieuse, qui s'opposait à l'autre partie parfaitement carrée, au milieu de laquelle brillait une cheminée en marbre blanc et or. Il était entré par une porte latérale que cachait une riche portière en tapisserie, et qui faisait face à une fenêtre. Le fer-à-cheval était orné d'un véritable divan turc, c'est-à-dire un matelas posé par terre, mais un matelas large comme un lit, un divan de cinquante pieds de tour, en cachemire blanc, relevé par des bouffettes en soie noire et ponceau, disposées en losanges. Le dossier de cet immense lit s'élevait de plusieurs pouces au-dessus des nombreux coussins qui l'enrichissaient encore par le goût de leurs agréments. Ce boudoir était tendu d'une étoffe rouge, sur laquelle était posée une mousseline des Indes cannelée comme l'est une colonne corinthienne, par des tuyaux alternativement creux et ronds, arrêtés en haut et en bas dans une bande d'étoffe couleur ponceau sur laquelle étaient dessinées des arabesques noires. Sous la mousseline, le ponceau devenait rose, couleur amoureuse que répétaient les rideaux de la fenêtre qui étaient en mousseline des Indes doublée de taffetas rose, et ornés de franges ponceau mélangées de noir. Six bras en vermeil supportant chacun deux bougies, étaient attachés sur la tenture à d'égales distances pour éclairer le divan. Le plafond, au milieu duquel pendait un lustre en vermeil mat, étincelait de blancheur, et la corniche était dorée. Le tapis ressemblait à un châle d'Orient, il en offrait les dessins et rappelait les poésies de la Perse, où des mains d'esclaves l'avaient travaillé. Les meubles étaient couverts en cachemire blanc, rehaussé par des agréments noirs et ponceau. La pendule, les candélabres, tout était en marbre blanc et or. La seule table qu'il y eût, avait un cachemire pour tapis. D'élégantes jardinières contenaient des roses de toutes les espèces, des fleurs ou blanches ou rouges. Enfin le moindre détail semblait avoir été l'objet d'un soin pris avec amour. Jamais la richesse ne s'était plus coquettement cachée pour devenir de l'élégance, pour exprimer la grâce, pour inspirer la volupté. Là tout aurait réchauffé l'être le plus froid. Les chatoiements de la tenture, dont la couleur changeait suivant la direction du regard, en devenant ou toute blanche, ou toute rose, s'accordaient avec les effets de la lumière qui s'infusait dans les diaphanes tuyaux de la mousseline, en produisant de nuageuses apparences. L'âme a je ne sais quelle attache pour le blanc, l'amour se plaît dans le rouge, et l'or flatte les passions, dont il a la puissance de réaliser les fantaisies. Ainsi tout ce que l'homme a de vague et de mystérieux en lui-même, toutes ses affinités inexpliquées se trouvaient caressées dans leurs sympathies involontaires. Il y avait dans cette harmonie parfaite un concert de couleurs auquel l'âme répondait par des idées voluptueuses, indécises, flottantes.

Ce fut au milieu d'une vaporeuse atmosphère chargée de parfums exquis que Paquita, vêtue d'un peignoir blanc, les pieds nus, des fleurs d'oranger dans ses cheveux noirs, apparut à Henri agenouillée devant lui, l'adorant comme le dieu de ce temple où il avait daigné venir. Quoique de Marsay eût l'habitude de voir les recherches du luxe parisien, il fut surpris à l'aspect de cette coquille, semblable à celle où naquit Vénus. Soit effet du contraste entre les ténèbres d'où il sortait et la lumière qui baignait son âme, soit par une comparaison rapidement faite entre cette scène et celle de la première entrevue, il éprouva une de ces sensations délicates que donne la vraie poésie. En apercevant, au milieu de ce réduit éclos par la baguette d'une fée, le chef-d'œuvre de la création, cette fille dont le teint chaudement coloré, dont la peau douce, mais légèrement dorée par les reflets du rouge et par l'effusion de je ne sais quelle vapeur d'amour, étincelait comme si elle eût réfléchi les rayons des lumières et des couleurs, sa colère, ses désirs de vengeance, sa vanité blessée, tout tomba. Comme un aigle qui fond sur sa proie, il la prit à plein corps, l'assit sur ses genoux, et sentit avec une indicible ivresse la voluptueuse pression de cette fille dont les beautés si grassement développées l'enveloppèrent doucement.

— Viens, Paquita ! dit-il à voix basse.

— Parle ! parle sans crainte, lui dit-elle. Cette retraite a été construite pour l'amour. Aucun son ne s'en échappe, tant on y veut ambitieusement garder les accents et les musiques de la voix aimée. Quelque forts que soient les cris, ils ne sauraient être entendus au delà de cette enceinte. On y peut assassiner quelqu'un, ses plaintes y seraient vaines comme s'il était au milieu du grand désert.

— Qui donc a si bien compris la jalousie et ses besoins ?

— Ne me questionne jamais là-dessus, répondit-elle en défaisant avec une incroyable gentillesse de geste, la cravate du jeune homme, sans doute pour en voir le col.

— Oui, voilà ce cou que j'aime tant ! dit-elle. Veux-tu me plaire ?

Cette interrogation, que l'accent rendait presque lascive, tira de Marsay de la rêverie où l'avait plongé la despotique réponse par laquelle Paquitta lui avait interdit toute recherche sur l'être inconnu qui planait comme une ombre au-dessus d'eux.

— Et si je voulais savoir qui règne ici ?

Paquita le regarda en tremblant.

— Ce n'est donc pas moi, dit-il en se levant et se débarrassant de cette fille qui tomba la tête en arrière. Je veux être seul là où je suis.

— Frappant ! frappant ! dit la pauvre esclave en proie à la terreur.

— Pour qui me prends-tu donc ? Répondras-tu !

Paquita se leva doucement, les yeux en pleurs, alla prendre dans un des deux meubles d'ébène un poignard et l'offrit à Henri par un geste de soumission qui aurait attendri un tigre.

— Donne-moi une fête comme en donnent les hommes quand ils aiment, dit-elle, et pendant que je dormirai, tue-moi, car je ne saurais te répondre. Écoute : je suis attachée comme un pauvre animal à son piquet ; je suis étonnée d'avoir pu jeter un pont sur l'abîme qui nous sépare. Enivre-moi, puis tue-moi. Oh ! non, non, dit-elle, en joignant les mains, ne me tue pas ! j'aime la vie ! La vie est si belle pour moi. Si je suis esclave, je suis reine aussi. Je pourrais t'abuser par des paroles, te dire que je n'aime que toi, te le prouver, profiter de mon empire momentané pour te dire : — Prends-moi, comme on goûte en passant le parfum d'une fleur dans le jardin d'un roi. Puis, après avoir déployé l'éloquence rusée de la femme et les ailes du plaisir, après avoir désaltéré ma soif, je pourrais te faire jeter dans un puits où personne ne te trouverait, et qui a été construit pour satisfaire la vengeance sans avoir à redouter celle de la justice, un puits plein de chaux qui s'allumerait pour te consumer sans qu'on retrouvât une parcelle de ton être. Tu resterais dans mon cœur, à moi pour toujours.

Henri la regarda sans trembler, et ce regard sans peur la combla de joie.

— Non, je ne le ferai pas ! tu n'es pas tombé ici dans un piége, mais dans un cœur de femme qui t'adore, et c'est moi qui serai jetée dans le puits.

— Tout cela me paraît prodigieusement drôle, lui dit de Marsay en l'examinant. Mais tu me parais une bonne fille, une nature bizarre ; tu es, foi d'honnête homme, une charade vivante dont je ne trouve pas le mot.

Paquitta ne comprit rien à ce que disait le jeune homme, elle le regarda doucement en ouvrant des yeux qui ne pouvaient jamais être bêtes, tant il s'y peignait de volupté.

— Tiens, mon amour, dit-elle en revenant à sa première idée, veux-tu me plaire ?

— Je ferai tout ce que tu voudras, et même ce que tu ne voudras pas, répondit en riant de Marsay, qui retrouva son aisance de fat en prenant la résolution de se laisser aller au cours de sa bonne fortune sans regarder ni en arrière ni en avant. Puis peut-être comptait-il sur sa puissance et sur son savoir-faire d'homme à bonnes fortunes pour dominer quelques heures plus tard cette fille, et en apprendre tous les secrets.

— Eh bien ! lui dit-elle, laisse-moi t'arranger à mon goût.

— Mets-moi donc à ton goût, dit Henri.

Paquita joyeuse alla prendre dans un des deux meubles une robe de velours rouge, dont elle habilla de Marsay, puis elle le coiffa d'un bonnet de femme et l'entortilla d'un châle. En se livrant à ses folies, faites avec une innocence d'enfant, elle riait d'un rire convulsif, et ressemblait à un oiseau battant des ailes ; mais elle ne voyait rien au delà.

S'il est possible de peindre les délices inouïes que rencontrèrent ces deux belles créatures faites par le ciel dans un moment où il était en joie, il est peut-être nécessaire de traduire métaphysiquement les impressions extraordinaires et presque fantastiques du jeune homme. Ce que les gens qui se trouvent dans la situation sociale où était de Marsay et qui vivent comme il vivait, savent le mieux reconnaître, est l'innocence d'une fille. Mais, chose étrange ! si la *Fille aux yeux d'or* était vierge, elle n'était certes pas innocente. L'union si bizarre du mystérieux et du réel, de l'ombre et de la lumière, de l'horrible et du beau, du plaisir et du danger, du paradis et de l'enfer, qui s'était déjà rencontrée dans cette aventure, se continuait dans l'être capricieux et sublime dont se jouait de Marsay. Tout ce que la volupté la plus raffinée a de plus savant, tout ce que pouvait connaître Henri de cette poésie des sens que l'on nomme l'amour, fut dépassé par les trésors que déroula cette fille dont les yeux jaillissants ne mentirent à aucune des promesses qu'ils faisaient. Ce fut un poëme oriental, où rayonnait le soleil que Saadi, Hafiz ont mis dans leurs bondissantes strophes. Seulement, ni le rhythme de Saadi, ni celui de Pindare n'auraient exprimé l'extase pleine de confusion et la stupeur dont cette délicieuse fille fut saisie quand cessa l'erreur dans laquelle une main de fer la faisait vivre.

— Morte! dit-elle, je suis morte! Adolphe, emmène-moi donc au bout de la terre, dans une île où personne ne nous sache. Que notre fuite ne laisse pas de traces! Nous serions suivis dans l'enfer. Dieu! voici le jour. Sauve-toi. Te reverrai-je jamais! Oui, demain, je veux te revoir, dussé-je, pour avoir ce bonheur, donner la mort à tous mes surveillants. A demain.

Elle le serra dans ses bras par une étreinte où il y avait la terreur de la mort. Puis elle poussa un ressort qui devait répondre à une sonnette, et supplia de Marsay de se laisser bander les yeux.

— Et si je ne voulais plus, et si je voulais rester ici.

— Tu causerais plus promptement ma mort, dit-elle; car maintenant je suis sûre de mourir pour toi.

Henri se laissa faire. Il se rencontre en l'homme qui vient de se gorger de plaisir, une pente à l'oubli, je ne sais quelle ingratitude, un désir de liberté, une fantaisie d'aller se promener, une teinte de mépris et peut-être du dégoût pour son idole, il se rencontre enfin d'inexplicables sentiments qui le rendent infâme et ignoble. La certitude de cette affection confuse, mais réelle chez les âmes qui ne sont ni éclairées par cette lumière céleste, ni parfumées de ce baume saint d'où nous vient la pertinacité du sentiment, a dicté sans doute à Rousseau les aventures de milord Édouard, par lesquelles sont terminées les lettres de la *Nouvelle-Héloïse*. Si Rousseau s'est évidemment inspiré de l'œuvre de Richardson, il s'en est éloigné par mille détails qui laissent son monument original; il l'a recommandé à la postérité par de grandes idées qu'il est difficile de dégager par l'analyse, quand, dans la jeunesse, on lit cet ouvrage avec le dessein d'y trouver la chaude peinture du plus physique de nos sentiments, tandis que les écrivains sérieux et philosophes n'en emploient jamais les images que comme la conséquence ou la nécessité d'une vaste pensée; et les aventures de milord Édouard sont une des idées les plus européennement délicates de cette œuvre.

Henri se trouvait donc sous l'empire de ce sentiment confus que ne connaît pas le véritable amour. Il fallait en quelque sorte le persuasif arrêt des comparaisons et l'attrait irrésistible des souvenirs pour le ramener à une femme. L'amour vrai règne surtout par la mémoire. La femme qui ne s'est gravée dans l'âme ni par l'excès du plaisir, ni par la force du sentiment, celle-là peut-elle jamais être aimée? A l'insu d'Henri, Paquita s'était établie chez lui par ces deux moyens. Mais en ce moment, tout entier à la fatigue du bonheur, cette délicieuse mélancolie du corps, il ne pouvait guère s'analyser le cœur en reprenant sur ses lèvres le goût des plus vives voluptés qu'il eût encore égrappées. Il se trouva sur le boulevard Montmartre au petit jour, regarda stupidement l'équipage qui s'enfuyait, tira deux cigares de sa poche, en alluma un à la lanterne d'une bonne femme qui vendait de l'eau-de-vie et du café aux ouvriers, aux gamins, aux maraîchers, à toute cette population parisienne qui commence sa vie avant le jour; puis, il s'en alla, fumant son cigare, et mettant ses mains dans les poches de son pantalon avec une insouciance vraiment déshonorante.

— La bonne chose qu'un cigare! Voilà ce dont un homme ne se lassera jamais, se dit-il.

Cette *Fille aux yeux d'or* dont raffolait à cette époque toute la jeunesse élégante de Paris, il y songeait à peine! L'idée de la mort exprimée à travers les plaisirs, et dont la peur avait à plusieurs reprises rembruni le front de cette belle créature qui tenait aux houris de l'Asie par sa mère, à l'Europe par son éducation, aux Tropiques par sa naissance, lui semblait être une de ces tromperies par lesquelles toutes les femmes essaient de se rendre intéressantes.

— Elle est de la Havane, du pays le plus espagnol qu'il y ait dans le Nouveau-Monde; elle a donc mieux aimé jouer la terreur, que de me jeter au nez de la souffrance, de la difficulté, de la coquetterie ou le devoir, comme font les Parisiennes. Par ses yeux d'or! j'ai bien envie de dormir.

Il vit un cabriolet de place, qui stationnait au coin de Frascati, en attendant quelques joueurs; il le réveilla, se fit conduire chez lui, se coucha, et s'endormit du sommeil des mauvais sujets, lequel, par une bizarrerie dont aucun chansonnier n'a encore tiré parti, se trouve être aussi profond que celui de l'innocence. Peut-être est-ce un effet de cet axiome proverbial, *les extrêmes se touchent*.

## LA FORCE DU SANG.

Vers midi, de Marsay se détira les bras en se réveillant, et sentit les atteintes d'une de ces faims canines que tous les vieux soldats peuvent se souvenir d'avoir éprouvées au lendemain de la victoire. Aussi vit-il devant lui Paul de Manerville avec plaisir, car rien n'est alors plus agréable que de manger en compagnie.

— Eh bien ! lui dit son ami, nous imaginions tous que tu t'étais enfermé depuis dix jours avec la *Fille aux yeux d'or*.

— La *Fille aux yeux d'or !* je n'y pense plus. Ma foi ! j'ai bien d'autres chats à fouetter.

— Ah ! tu fais le discret.

— Pourquoi pas ? dit en riant de Marsay. Mon cher, la discrétion est le plus habile des calculs. Écoute... Mais non, je ne te dirai pas un mot. Tu ne m'apprends jamais rien, je ne suis pas disposé à donner en pure perte les trésors de ma politique. La vie est un fleuve qui sert à faire du commerce. Par tout ce qu'il y a de plus sacré sur la terre, par les cigares, je ne suis pas un professeur d'économie sociale mise à la portée des niais. Déjeunons. Il est moins coûteux de te donner une omelette au thon que de te prodiguer ma cervelle.

— Tu comptes avec tes amis ?

— Mon cher, dit Henri qui se refusait rarement une ironie, comme il pourrait t'arriver cependant tout comme à un autre d'avoir besoin de discrétion, et que je t'aime beaucoup... oui, je t'aime ! Ma parole d'honneur, s'il ne te fallait qu'un billet de mille francs pour t'empêcher de te brûler la cervelle, tu le trouverais ici, car nous n'avons encore rien hypothéqué là-bas, hein, Paul ? Si tu te battais demain, je mesurerais la distance et chargerais les pistolets, afin que tu sois tué dans les règles. Enfin, si une personne autre que moi s'avisait de dire du mal de toi en ton absence, il faudrait se mesurer avec un rude gentilhomme qui se trouve dans ma peau : voilà ce que j'appelle une amitié à toute épreuve. Hé bien ! quand tu auras besoin de discrétion, mon petit, apprends qu'il existe deux espèces de discrétion : discrétion active et discrétion négative. La discrétion négative est celle des sots qui emploient le silence, la négation, l'air renfrogné, la discrétion des portes fermées, véritable impuissance ! La discrétion active procède par affirmation. Si ce soir, au Cercle, je disais : « — Foi d'honnête homme, la *Fille aux yeux d'or* ne valait pas ce qu'elle m'a coûté ! » tout le monde, quand je serais parti, s'écrierait : — « Avez-vous entendu ce fat de de Marsay qui voudrait nous faire accroire qu'il a déjà eu la Fille aux yeux d'or ? il voudrait ainsi se débarrasser de ses rivaux, il n'est pas maladroit. » Mais cette ruse est vulgaire et dangereuse. Quelque grosse que soit la sottise qui nous échappe il se rencontre toujours des niais qui peuvent y croire. La meilleure des discrétions est celle dont usent les femmes adroites quand elles veulent donner le change à leurs maris. Elle consiste à compromettre une femme à laquelle nous ne tenons pas, ou que nous n'aimons pas, ou que nous n'avons pas l'honneur de connaître, pour conserver l'honneur de celle que nous aimons assez pour la respecter. C'est ce que j'appelle la *femme-écran*. — Ha ! voici Laurent. Que nous apportes-tu ?

— Des huîtres d'Ostende, monsieur le comte...

— Tu sauras quelque jour, Paul, combien il est amusant de se jouer du monde en lui dérobant le secret de nos affections. J'éprouve un immense plaisir d'échapper à la stupide juridiction de la masse qui ne sait jamais ni ce qu'elle veut ni ce qu'on lui fait vouloir, qui prend le moyen pour le résultat, qui tour à tour adore et maudit, élève et détruit ! Quel bonheur de lui imposer des émotions et de n'en pas recevoir, de la dompter, de ne jamais lui obéir ! Si l'on peut être fier de quelque chose, n'est-ce pas d'un pouvoir acquis par soi-même, dont nous sommes à la fois la cause, l'effet, le principe et le résultat ? Hé bien, aucun homme ne sait qui j'aime ni ce que je veux. Peut-être saura-t-on qui j'ai aimé, ce que j'aurai voulu, comme on sait les drames accomplis ; mais laisser voir dans mon jeu !... faiblesse, duperie. Je ne connais rien de plus méprisable que la force jouée par l'adresse. Je m'initie tout en riant au métier d'ambassadeur, si toutefois la diplomatie est aussi difficile que l'est la vie ! J'en doute. As-tu de l'ambition ? veux-tu devenir quelque chose ?

— Mais, Henri, tu te moques de moi, comme si je n'étais pas assez médiocre pour arriver à tout.

— Bien ! Paul. Si tu continues à te moquer de toi-même, tu pourras bientôt te moquer de tout le monde.

En déjeunant, de Marsay commença, quand il en fut à fumer ses cigares, à voir les événements de sa nuit sous un singulier jour. Comme beaucoup de grands esprits, sa perspicacité n'était pas spontanée. Il n'entrait pas tout à coup au fond des choses. Comme chez toutes les natures douées de la faculté de vivre beaucoup dans le présent, d'en exprimer pour ainsi dire le jus et de le dévorer, sa seconde vue avait besoin d'une espèce de sommeil pour s'identifier aux causes. Le cardinal Richelieu était ainsi, ce qui n'excluait pas en lui le don de prévoyance nécessaire à la conception des grandes choses. De Marsay se trouvait dans toutes ces conditions, mais il n'usa d'abord de ses armes qu'au profit de ses plaisirs, et ne devint l'un des hommes politiques les plus profonds du temps actuel, que quand il se fut saturé des plaisirs auxquels pense tout d'abord un jeune homme lorsqu'il a de l'or et le pouvoir. L'homme se bronze ainsi ; il use la femme, pour que la femme ne puisse pas l'user.

En ce moment donc, de Marsay s'aperçut qu'il avait été joué par la *Fille aux yeux d'or*, en voyant dans son ensemble cette nuit dont les plaisirs n'avaient que graduellement ruisselé pour finir par s'épancher à torrents. Il put alors lire dans cette page si brillante d'effet, en deviner le sens caché. L'innocence purement physique de Paquita, l'étonnement de sa joie, quelques mots d'abord obscurs et maintenant clairs, échappés au milieu de la joie, tout lui prouva qu'il avait posé pour une autre personne. Comme aucune des corruptions sociales ne lui était inconnue, qu'il professait au sujet de tous les caprices une parfaite indifférence, et les croyait justifiés par cela même qu'ils se pouvaient satisfaire, il ne s'effaroucha pas du vice, il le connaissait comme on connaît un ami, mais il fut blessé de lui avoir servi de pâture. Si ses présomptions étaient justes, il avait été outragé dans le vif de son être. Ce seul soupçon le mit en fureur, il laissa éclater le rugissement du tigre dont une gazelle se serait moquée, le cri d'un tigre qui joignait à la force de la bête, l'intelligence du démon.

— Eh bien ! qu'as-tu donc ? lui dit Paul.

— Rien !

— Je ne voudrais pas, si l'on te demandait si tu as quelque chose contre moi, que tu répondisses un *rien* semblable, il faudrait sans doute nous battre le lendemain.

— Je ne me bats plus, dit de Marsay.

— Ceci me semble encore plus tragique. Tu assassines donc ?

— Tu travestis les mots. J'exécute.

— Mon cher ami, dit Paul, tes plaisanteries sont bien poussées au noir, ce matin.

— Que veux-tu ? la volupté mène à la férocité. Pourquoi ? je n'en sais rien, et je ne suis pas assez curieux pour en chercher la cause. — Ces cigares sont excellents. Donne du thé à ton ami. — Sais-tu, Paul, que je mène une vie de brute, il serait bien temps de me choisir une destinée, d'employer mes forces à quelque chose qui valût la peine de vivre. La vie est une singulière comédie. Je suis effrayé, je ris de l'inconséquence de notre ordre social. Le gouvernement fait trancher la tête à de pauvres diables qui ont tué un homme, et il patente des créatures qui expédient, médicalement parlant, une douzaine de jeunes gens par hiver. La morale est sans force contre une douzaine de vices qui détruisent la société, et que rien ne peut punir. — Encore une tasse ! — Ma parole d'honneur ! l'homme est un bouffon qui danse sur un principe. On nous parle de l'immoralité des *Liaisons dangereuses*, et de je ne sais quel autre livre qui a un nom de femme de chambre ; mais il existe un livre horrible, sale, épouvantable, corrupteur, toujours ouvert, qu'on ne fermera jamais, le grand livre du monde, sans compter un autre livre mille fois plus dangereux, qui se compose de tout ce qui se dit à l'oreille, entre hommes, ou sous l'éventail entre femmes, le soir, au bal.

— Henri, certes il se passe en toi quelque chose d'extraordinaire, et cela se voit malgré ta discrétion active.

— Oui ! tiens, il faut que je dévore le temps jusqu'à ce soir. Allons au jeu. Peut-être aurai-je le bonheur de perdre.

De Marsay se leva, prit une poignée de billets de banque, les roula dans sa boîte à cigares, s'habilla et profita de la voiture de Paul pour aller au salon des Étrangers où, jusqu'au dîner, il consuma le temps dans ces émouvantes alternatives de perte et de gain, qui sont la dernière ressource des organisations fortes, quand elles sont contraintes de s'exercer dans le vide. Le soir il vint au rendez-vous, et se laissa complaisamment bander les yeux. Puis, avec cette ferme volonté que les hommes vraiment forts ont seuls la faculté de concentrer, il porta son attention et appliqua son intelligence à deviner par quelles rues passait la voiture. Il eut une sorte de certitude d'être mené rue Saint-Lazare, et d'être arrêté à la petite porte du jardin de l'hôtel San-Réal. Quand il passa, comme la première fois, cette porte et qu'il fut mis sur un brancard porté sans doute par le mulâtre et par le cocher, il comprit, en entendant crier le sable sous leurs pieds, pourquoi l'on prenait d'aussi minutieuses précautions. Il aurait pu, s'il avait été libre, ou s'il avait marché, cueillir une branche d'arbuste, regarder la nature du sable qui se serait attaché à ses bottes ; tandis que transporté pour ainsi dire aériennement dans un hôtel inaccessible, sa bonne fortune devait être ce qu'elle avait été jusqu'alors, un rêve. Mais, pour le désespoir de l'homme, il ne peut rien faire que d'imparfait, soit en bien, soit en mal. Toutes ses œuvres intellectuelles ou physiques sont signées par une marque de destruction. Il avait plu légèrement, la terre était humide. Pendant la nuit certaines odeurs végétales sont beaucoup plus fortes que pendant le jour, Henri sentit donc les parfums du réséda le long de l'allée par laquelle il était convoyé. Cette indication devait l'éclairer dans les recherches qu'il se promettait de faire pour reconnaître l'hôtel où se trouvait le boudoir de Paquita. Il étudia de même les détours que ses porteurs firent dans la maison, et crut pouvoir se les rappeler. Il se vit comme la veille sur l'ottomane, devant Paquita qui lui défaisait son bandeau ; mais il la vit pâle et changée. Elle avait pleuré. Agenouillée comme un ange en prières, mais comme un ange triste et profondément mélancolique, la pauvre fille ne ressemblait plus à la curieuse, à l'impatiente, à la bondissante créature qui avait pris de Marsay sur ses ailes pour le transporter dans le septième ciel de l'amour. Il y avait quelque chose de si vrai dans ce désespoir voilé par le plaisir, que le terrible de Marsay sentit en lui-même une admiration pour ce nouveau chef-d'œuvre de la nature, et oublia momentanément l'intérêt principal de ce rendez-vous.

— Qu'as-tu, ma Paquita?

— Mon ami, dit-elle, emmène-moi, cette nuit même ! Jette-moi quelque part où l'on ne puisse pas dire en me voyant : Voici Paquita. Où personne ne réponde : Il y a ici une fille au regard doré, qui a de longs cheveux. Là je te donnerai des plaisirs tant que tu voudras en recevoir de moi. Puis, quand tu ne m'aimeras plus, tu me laisseras, je ne me plaindrai pas, je ne dirai rien, et mon abandon ne devra te causer aucun remords, car un jour passé près de toi, un seul jour pendant lequel je t'aurai regardé, m'aura valu toute une vie. Mais si je reste ici, je suis perdue.

— Je ne puis pas quitter Paris, ma petite, répondit Henri. Je ne m'appartiens pas, je suis lié par un serment au sort de plusieurs personnes qui sont à moi comme je suis à elles. Mais je puis te faire dans Paris un asile où nul pouvoir humain n'arrivera.

— Si ! dit-elle.

Jamais syllabe prononcée par une voix humaine n'exprima plus complètement la terreur.

— Qui pourrait donc arriver à toi, si je me mets entre toi et le monde ?

— Le poison ! dit-elle. Déjà dona Concha te soupçonne. Et, reprit-elle en laissant couler des larmes qui brillèrent le long de ses joues, il est bien facile de voir que je ne suis plus la même. Eh bien ! si tu m'abandonnes à la fureur du monstre qui me dévorera, que ta sainte volonté soit faite ! Mais viens, fais qu'il y ait toutes les voluptés de la vie dans notre amour. D'ailleurs, je supplierai, je pleurerai, je crierai, je me défendrai, je me sauverai peut-être.

— Qui donc imploreras-tu ? dit-il.

— Silence ! reprit Paquita. Si j'obtiens ma grâce, ce sera peut-être à cause de ma discrétion.

— Donne-moi ma robe, dit insidieusement Henri.

— Non, non, répondit-elle vivement, reste ce que tu es, une de ces anges qu'on m'avait appris à haïr, et dans lesquels je ne voyais que des monstres, tandis que vous êtes ce qu'il y a de plus beau sous le ciel, dit-elle en caressant les cheveux de Henri.

Tu ignores à quel point je suis idiote ! je n'ai rien appris. Depuis l'âge de douze ans, je suis enfermée sans avoir vu personne. Je ne sais ni lire, ni écrire ; je ne parle que l'anglais et l'espagnol.

— Comment se fait-il donc que tu reçoives des lettres de Londres ?

— Mes lettres ! tiens, les voici ! dit-elle en allant prendre quelques papiers dans un long vase du Japon.

Elle tendit à de Marsay des lettres où le jeune homme vit avec surprise des figures bizarres semblables à celles des rébus, tracées avec du sang, et qui exprimaient des phrases pleines de passion.

— Mais, s'écria-t-il en admirant ces hiéroglyphes créés par une habile jalousie, tu es sous la puissance d'un infernal génie !

— Infernal, répéta-t-elle.

— Mais, comment donc as-tu pu sortir ?...

— Ha ! dit-elle, de là vient ma perte. J'ai mis dona Concha entre la peur d'une mort immédiate et une colère à venir. J'avais une curiosité de démon, je voulais rompre ce cercle d'airain que l'on avait décrit entre la création et moi, je voulais voir ce que c'était que des jeunes gens, car je ne connais d'hommes que le marquis et Christemio. Notre cocher et le valet qui nous accompagne sont des vieillards.

— Mais, tu n'étais pas toujours enfermée ! Ta santé voulait...

— Ha ! reprit-elle, nous nous promenions, mais pendant la nuit et dans la campagne, au bord de la Seine, loin du monde.

— N'es-tu pas fière d'être aimée ainsi ?

— Non, dit-elle, plus ! Quoique bien remplie, cette vie cachée n'est que ténèbres en comparaison de la lumière.

— Qu'appelles-tu la lumière ?

— Toi, mon bel Adolphe ! toi, pour qui je donnerais ma vie. Toutes les choses de passion que l'on m'a dites, et que j'inspirais, je les ressens pour toi ! Pendant certains moments je ne comprenais rien à l'existence, mais maintenant je sais comment nous aimons, et jusqu'à présent j'étais aimée seulement, moi je n'aimais pas. Je quitterais tout pour toi, emmène-moi. Si tu le veux, prends-moi comme un jouet, mais laisse-moi près de toi, jusqu'à ce que tu me brises.

— Tu n'auras pas de regret ?

— Pas un seul ! dit-elle en laissant lire dans ses yeux dont la teinte d'or resta pure et claire.

— Suis-je le préféré ? se dit en lui-même Henri qui, s'il entrevoyait la vérité, se trouvait alors disposé à pardonner l'offense en faveur d'un amour aussi naïf. — Je verrai bien, pensa-t-il.

Si Paquita ne lui devait aucun compte du passé,

le moindre souvenir devenait un crime à ses yeux. Il eut donc la triste force d'avoir une pensée à lui, de juger sa maîtresse, de l'étudier tout en s'abandonnant aux plaisirs les plus entraînants que jamais péri descendue des cieux ait trouvés pour son bien-aimé. Paquita semblait avoir été créée pour l'amour, avec un soin spécial de la nature. D'une nuit à l'autre, son génie de femme avait fait les plus rapides progrès. Quelle que fût la puissance de ce jeune homme, et son insouciance en fait de plaisirs, malgré sa satiété de la veille, il trouva dans la *Fille aux yeux d'or*, ce sérail que sait créer la femme aimante et à laquelle un homme ne renonce jamais. Paquita répondait à cette passion que sentent tous les hommes vraiment grands pour l'infini, passion mystérieuse si dramatiquement exprimée dans Faust, si poétiquement traduite dans Manfred, et qui poussait Don Juan à fouiller le cœur des femmes, en espérant y trouver cette pensée sans bornes à la recherche de laquelle se mettent tant de chasseurs de spectres que les savants croient entrevoir dans la science, et que les mystiques trouvent en Dieu seul. L'espérance d'avoir enfin l'être idéal avec lequel la lutte pouvait être constante sans fatigue, ravit de Marsay qui, pour la première fois depuis longtemps, ouvrit son cœur. Ses nerfs se détendirent, sa froideur se fondit dans l'atmosphère de cette âme brûlante, ses doctrines tranchantes s'envolèrent, et le bonheur lui colora son existence, comme l'était ce boudoir blanc et rose. En sentant l'aiguillon d'une volupté supérieure, il fut entraîné par delà les limites dans lesquelles il avait jusqu'alors enfermé la passion. Il ne voulut pas être dépassé par cette fille qu'un amour en quelque sorte artificiel avait formée par avance aux besoins de son âme, et alors il trouva, dans cette vanité qui pousse l'homme à rester en tout vainqueur, des forces pour dompter cette fille; mais aussi, jeté par delà cette ligne où l'âme est maîtresse d'elle-même, il se perdit dans ces limbes délicieux que le vulgaire nomme si niaisement *les espaces imaginaires*. Il fut tendre, bon et communicatif. Il rendit Paquita presque folle.

— Pourquoi n'irions-nous pas à Sorrente, à Nice, à Chiavari, passer toute notre vie ainsi? Veux-tu? disait-il à Paquita d'une voix pénétrante.

— As-tu donc jamais besoin de me dire : — *Veux-tu?* s'écria-t-elle. Ai-je une volonté? Je ne suis quelque chose hors toi qu'afin d'être un plaisir pour toi. Si tu veux choisir une retraite digne de nous, l'Asie est le seul pays où l'amour puisse déployer ses ailes....

— Tu as raison, reprit Henri. Allons aux Indes, là où le printemps est éternel, où la terre n'a jamais que des fleurs, où l'homme peut déployer l'appareil des souverains, sans qu'on en glose comme dans les sots pays où l'on veut réaliser la plate chimère de l'égalité. Allons dans la contrée où l'on vit au milieu d'un peuple d'esclaves, où le soleil illumine toujours un palais qui reste blanc, où l'on sème des parfums dans l'air, où les oiseaux chantent l'amour, et où l'on meurt quand on ne peut plus aimer...

— Et où l'on meurt ensemble! dit Paquita. Mais ne partons pas demain, partons à l'instant, emmenons Christemio.

— Ma foi, le plaisir est le plus beau dénoûment de la vie. Allons en Asie; mais pour partir, enfant! il faut beaucoup d'or, et pour avoir de l'or, il faut arranger ses affaires.

Elle ne comprenait rien à ces idées.

— De l'or, il y en a ici haut comme ça! dit-elle en levant la main.

— Il n'est pas à moi.

— Qu'est-ce que cela fait? reprit-elle, si nous en avons besoin, prenons-le.

— Il ne t'appartient pas.

— Appartenir! répéta-t-elle. Ne m'as-tu pas prise? Quand nous l'aurons pris, il nous appartiendra.

Il se mit à rire.

— Pauvre innocente! tu ne sais rien des choses de ce monde.

— Non, mais voilà ce que je sais, s'écria-t-elle en attirant Henri sur elle.

Au moment même où de Marsay oubliait tout, et concevait le désir de s'approprier à jamais cette créature, il reçut au milieu de sa joie un coup de poignard qui traversa de part en part son cœur mortifié pour la première fois. Paquita, qui l'avait enlevé vigoureusement en l'air comme pour le contempler, s'était écriée : — Oh! Mariquita.

— Mariquita! cria le jeune homme en rugissant, je sais maintenant tout ce dont je voulais encore douter.

Il sauta sur le meuble où était renfermé le long poignard. Heureusement pour elle et pour lui, l'armoire était fermée. Sa rage s'accrut de cet obstacle; mais il recouvra sa tranquillité d'esprit, alla prendre sa cravate et s'avança vers elle d'un air si férocement significatif que, sans connaître de quel crime elle était coupable, Paquita comprit néanmoins qu'il s'agissait pour elle de mourir. Alors elle s'élança d'un seul bond au bout de la chambre pour éviter le nœud fatal que de Marsay voulait lui passer autour du cou. Il y eut un combat. De part et d'autre la souplesse, l'agilité, la vigueur furent égales. Pour finir la lutte, Paquita jeta dans les jambes de son amant un coussin qui le fit tomber, et profita du répit que lui laissa cet avantage pour pousser la détente du ressort auquel répondait un avertissement. Le mulâtre arriva brusquement. En un clin d'œil Christemio sauta sur de Marsay, le terrassa, lui mit le pied sur la poitrine, le talon tourné vers la gorge. De Marsay comprit que s'il se débattait il était à l'instant écrasé sur un seul signe de Paquita.

— Pourquoi voulais-tu me tuer, mon amour? lui dit-elle.

De Marsay ne répondit pas.

— En quoi t'ai-je déplu? lui dit-elle. Parle! Expliquons-nous.

Henri garda l'attitude flegmatique de l'homme fort qui se sent vaincu, contenance froide, silencieuse, tout anglaise, qui annonçait la conscience de sa dignité par une résignation momentanée. D'ailleurs, il avait déjà pensé, malgré l'emportement de sa colère, qu'il était peu prudent de se commettre avec la justice en tuant cette fille à l'improviste, et sans en avoir préparé le meurtre de manière à s'assurer l'impunité.

— Mon bien-aimé, reprit Paquita, parle-moi! Ne me laisse pas sans un adieu d'amour! Je ne voudrais pas garder dans mon cœur l'effroi que tu viens d'y mettre. Parleras-tu? dit-elle en frappant du pied avec colère.

De Marsay lui jeta pour réponse un regard qui signifiait si bien : *tu mourras!* que Paquita se précipita sur lui.

— Hé bien, veux-tu me tuer? Si ma mort peut te faire plaisir, tue-moi!

Elle fit un signe à Christemio qui leva son pied de dessus le jeune homme et s'en alla, sans laisser voir sur sa figure qu'il portât un jugement bon ou mauvais sur Paquita.

— Voilà un homme! se dit de Marsay, en montrant le mulâtre par un geste sombre. Il n'y a de dévouement que le dévouement qui obéit à l'amitié sans la juger. Tu as en cet homme un véritable ami.

— Je te le donnerai si tu veux, répondit-elle; il te servira avec le même dévouement qu'il a pour moi, si je le lui recommande.

Elle attendit un mot de réponse, et reprit avec un accent plein de tendresse : — Adolphe, dis-moi donc une bonne parole. Voici bientôt le jour.

Henri ne répondit pas. Ce jeune homme avait une triste qualité, car on regarde comme une grande chose tout ce qui ressemble à de la force, et souvent les hommes divinisent des extravagances. Henri ne savait pas pardonner. Le savoir-revenir, qui certes est une des grâces de l'âme, était un non-sens pour lui. La férocité des hommes du nord, dont le sang anglais est assez fortement teint, lui avait été transmise par son père. Il était inébranlable dans ses bons comme dans ses mauvais sentiments. L'exclamation de Paquita fut d'autant plus horrible pour lui, qu'il avait été détrôné du plus doux triomphe qui eût jamais agrandi sa vanité d'homme. L'espérance, l'amour, et tous les sentiments s'étaient exaltés chez lui, tout avait flambé dans son cœur et dans son intelligence; puis, ces flambeaux allumés pour éclairer sa vie avaient été soufflés par un vent froid. Paquita stupéfaite n'eut dans sa douleur que la force de donner le signal du départ.

— Ceci est inutile, dit-elle en jetant le bandeau. S'il ne m'aime plus, s'il me hait, tout est fini.

Elle attendit un regard, ne l'obtint pas, et tomba demi-morte. Le mulâtre jeta sur Henri un coup d'œil si épouvantablement significatif, qu'il fit trembler, pour la première fois de sa vie, ce jeune homme à qui personne ne refusait le don d'une rare intrépidité. — « Si tu ne l'aimes pas bien, si tu lui fais la moindre peine, je te tuerai. » Tel était le sens de ce rapide regard. De Marsay fut conduit, avec des soins presque serviles, le long d'un corridor éclairé par des jours de souffrance, et au bout duquel il sortit par une porte secrète dans un escalier dérobé qui conduisait au jardin de l'hôtel San-Réal. Le mulâtre le fit marcher précautionneusement le long d'une allée de tilleuls qui aboutissait à une petite porte donnant sur une rue déserte à cette époque. De Marsay remarqua bien tout. La voiture l'attendait. Cette fois le mulâtre ne l'accompagna point, et au moment où Henri mit la tête à la portière pour revoir les jardins et l'hôtel, il rencontra les yeux blancs de Christemio avec lequel il échangea un regard. De part et d'autre, ce fut une provocation, un défi, l'annonce d'une guerre de sauvage, d'un duel où cessaient les lois ordinaires, où la trahison, où la perfidie était un moyen admis. Christemio savait que Henri avait juré la mort de Paquita. Henri savait que Christemio voulait le tuer avant qu'il ne tuât Paquita. Tous deux s'entendirent à merveille.

— L'aventure se complique d'une façon assez intéressante, se dit Henri.

— Où monsieur va-t-il? lui demanda le cocher.

De Marsay se fit conduire chez Paul de Manerville.

Pendant plus d'une semaine Henri fut absent de chez lui, sans que personne pût savoir ni ce qu'il fit pendant ce temps, ni dans quel endroit il demeura. Cette retraite le sauva de la fureur du mulâtre, et causa la perte de la pauvre créature qui avait mis toute son espérance dans celui qu'elle aimait comme jamais aucune créature n'aima sur cette terre.

Le dernier jour de cette semaine, vers onze heures du soir, Henri vint en voiture à la petite porte du jardin de l'hôtel San-Réal. Trois hommes l'accompagnaient. Le cocher était évidemment un de ses amis, car il se leva droit sur son siège en homme qui voulait, comme une sentinelle attentive, écouter le moindre bruit. L'un des trois autres se tint en dehors de la porte dans la rue; le second resta debout dans le jardin, appuyé sur le mur; le dernier, qui tenait à la main un trousseau de clefs, accompagna de Marsay.

— Henri, lui dit son compagnon, nous sommes trahis.

— Par qui, mon bon Ferragus?

— Ils ne dorment pas tous, répondit le Chef des Dévorants; il faut absolument que quelqu'un de la maison n'ait ni bu ni mangé. Tiens, vois cette lumière?

— Nous avons le plan de la maison, d'où vient-elle?

— Je n'ai pas besoin du plan pour le savoir, répondit Ferragus, elle vient de la chambre de la marquise.

— Ah! cria de Marsay. Elle sera sans doute arrivée de Londres aujourd'hui. Cette femme m'aura pris jusqu'à ma vengeance! Mais si elle m'a devancé, mon bon Gratien, nous la livrerons à la justice.

— Écoute donc! l'affaire est faite, dit Ferragus à Henri.

Les deux amis prêtèrent l'oreille et entendirent des cris affaiblis qui eussent attendri des tigres.

— Ta marquise n'a pas pensé que les sons sortiraient par le tuyau de la cheminée, dit le Chef des Dévorants avec le rire d'un critique enchanté de découvrir une faute dans une belle œuvre.

— Nous seuls savons tout prévoir, dit Henri. Attends-moi, je veux aller voir comment cela se passe, là-haut, afin d'apprendre la manière dont se traitent leurs querelles de ménage. Par le nom de Dieu, je crois qu'elle la fait cuire à petit feu.

De Marsay grimpa lestement à l'escalier qu'il connaissait et reconnut le chemin du boudoir. Quand il en ouvrit la porte, il eut le frissonnement involontaire que cause à l'homme le plus déterminé la vue du sang répandu. Le spectacle qui s'offrit à ses regards eut d'ailleurs pour lui plus d'une cause d'étonnement. La marquise était femme, elle avait calculé sa vengeance avec cette perfection de perfidie qui distingue les animaux faibles. Elle avait dissimulé sa colère, pour s'assurer du crime avant de le punir.

— Trop tard, mon bien-aimé! dit Paquita mourante, dont les yeux pâles se tournèrent vers de Marsay.

La *Fille aux yeux d'or* expirait noyée dans le sang. Tous les flambeaux allumés, un parfum délicat qui se faisait sentir, certain désordre où l'œil d'un homme à bonnes fortunes devait reconnaître des folies communes à toutes les passions, annonçaient que la marquise avait savamment questionné la coupable. Cet appartement blanc où le sang paraissait si bien, trahissait un long combat. Les mains de Paquita étaient empreintes sur les coussins. Partout elle s'était accrochée à la vie, partout elle s'était défendue, et partout elle avait été frappée. Des lambeaux entiers de la tenture cannelée étaient arrachés par ses mains ensanglantées qui sans doute avaient lutté longtemps. Paquita devait avoir essayé d'escalader le plafond. Ses pieds nus étaient marqués le long du dossier du divan sur lequel elle avait sans doute couru. Son corps déchiqueté à coups de poignard par son bourreau disait avec quel acharnement elle avait disputé une vie que Henri lui rendait si chère. Elle gisait à terre, et avait, en mourant, mordu les muscles du cou-de-pied de madame de San-Réal, qui gardait à la main son poignard trempé de sang. La marquise avait les cheveux arrachés, elle était couverte de morsures dont plusieurs saignaient, et sa robe déchirée la laissait voir à demi nue, les seins égratignés. Elle était sublime ainsi. Sa tête avide et furieuse respirait l'odeur du sang. Sa bouche haletante restait entr'ouverte, et ses narines ne suffisaient pas à ses aspirations. Certains animaux, mis en fureur, fondent sur leur ennemi, le mettent à mort, et, tranquilles dans leur victoire, semblent avoir tout oublié. Il en est d'autres qui tournent autour de leur victime, qui la regardent en craignant qu'on ne la leur vienne enlever, et qui, semblables à l'Achille d'Homère, font neuf fois le tour de Troie en traînant leur ennemi par les pieds. Ainsi était la marquise. Elle ne vit pas Henri. D'abord, elle se savait trop bien seule pour craindre des témoins; puis, elle était trop enivrée de sang chaud, trop animée par la lutte, trop exaltée pour apercevoir Paris entier, si Paris avait formé un cirque autour d'elle. Elle n'aurait pas senti la foudre. Elle n'avait même pas entendu le dernier soupir de Paquita, et croyait qu'elle pouvait encore être écoutée par la morte.

— Meurs sans confession! lui disait-elle; va en enfer, monstre d'ingratitude; ne sois plus à personne qu'au démon. Pour le sang que tu lui as donné, tu me dois tout le tien! Meurs, meurs, souffre mille morts, j'ai été trop bonne, je n'ai mis qu'un moment à te tuer, j'aurais voulu te faire éprouver toutes les douleurs que tu me lègues. Je vivrai, moi! je vivrai malheureuse, je suis réduite à ne plus aimer que Dieu!

Elle la contempla.

— Elle est morte! se dit-elle après une pause en faisant un violent retour sur elle-même. Morte, ah! j'en mourrai de douleur!

La marquise voulut s'aller jeter sur le divan accablée par un désespoir qui lui ôtait la voix, et ce mouvement lui permit alors de voir Henri de Marsay.

— Qui es-tu? lui dit-elle en courant à lui le poignard levé.

Henri lui arrêta le bras, et ils purent ainsi se contempler tous deux face à face. Une surprise horrible leur fit couler à tous deux un sang glacé dans les veines, et ils tremblèrent sur leurs jambes comme des chevaux effrayés. En effet, deux Ménechmes ne se seraient pas mieux ressemblé. Ils dirent ensemble le même mot : — Lord Dudley doit être votre père ?

Chacun d'eux baissa la tête affirmativement.

— Elle était fidèle au sang, dit Henri en montrant Paquita.

— Elle était aussi peu coupable qu'il est possible, reprit Margarita-Euphémia Porrabéril, qui se jeta sur le corps de Paquita, en poussant un cri de désespoir. — Pauvre fille ! oh ! je voudrais te ranimer ! J'ai eu tort, pardonne-moi, Paquita ! Tu es morte, et je vis, moi ! Je suis la plus malheureuse.

En ce moment apparut l'horrible figure de la mère de Paquita.

— Tu vas me dire que tu ne me l'avais pas vendue pour que je la tuasse, s'écria la marquise. Je sais pourquoi tu sors de ta tanière. Je te la paierai deux fois. Tais-toi.

Elle alla prendre un sac d'or dans le meuble d'ébène et le jeta dédaigneusement aux pieds de cette vieille femme. Le son de l'or eut le pouvoir de dessiner un sourire sur l'immobile physionomie de la Géorgienne.

— J'arrive à temps pour toi, ma sœur, dit Henri. La justice va te demander...

— Rien, répondit la marquise. Une seule personne pouvait demander compte de cette fille. Christemio est mort.

— Et cette mère, demanda Henri en montrant la vieille, ne te rançonnera-t-elle pas toujours ?

— Elle est d'un pays où les femmes ne sont pas des êtres, mais des choses dont on fait ce qu'on veut, que l'on vend, que l'on achète, que l'on tue, enfin dont on se sert pour ses caprices, comme vous vous servez ici de vos meubles. D'ailleurs, elle a une passion qui fait capituler toutes les autres, et qui aurait anéanti son amour maternel, si elle avait aimé sa fille ; une passion...

— Laquelle ? dit vivement Henri en interrompant sa sœur.

— Le jeu, dont Dieu te garde ! répondit la marquise.

— Mais par qui vas-tu te faire aider, dit Henri, en montrant la *Fille aux yeux d'or,* pour enlever les traces de cette fantaisie, que la justice ne te passerait pas ?

— J'ai sa mère, répondit la marquise, en montrant la vieille Géorgienne, à qui elle fit signe de rester.

— Nous nous reverrons, dit Henri qui songeait à l'inquiétude de ses amis, et sentait la nécessité de partir.

— Non, mon frère, dit-elle, nous ne nous reverrons jamais. Je retourne en Espagne pour m'aller mettre au couvent de *Los Dolores.*

— Tu es encore trop jeune, trop belle, dit Henri en la prenant dans ses bras et lui donnant un baiser.

— Adieu, dit-elle, rien ne console d'avoir perdu ce qui nous a paru infini.

Huit jours après, Paul de Manerville rencontra de Marsay aux Tuileries, sur la terrasse des Feuillants.

— Eh bien ! qu'est donc devenue notre belle FILLE AUX YEUX D'OR, grand scélérat ?

— Elle est morte.

— De quoi ?

— De la poitrine.

# SARRASINE.

## LES DEUX PORTRAITS.

J'étais plongé dans une de ces rêveries profondes qui souvent saisissent, même un homme frivole, au sein des fêtes les plus tumultueuses. Minuit venait de sonner à l'horloge de l'Élysée Bourbon. Assis dans l'embrasure d'une fenêtre, et caché sous les plis onduleux d'un rideau de moire, je pouvais contempler à mon aise le jardin de l'hôtel où je passais la soirée. Les arbres, imparfaitement couverts de neige, se détachaient faiblement du fond grisâtre que formait un ciel nuageux, à peine blanchi par la lune. Vus au sein de cette atmosphère fantastique, ils ressemblaient vaguement à des spectres mal enveloppés de leurs linceuls, image gigantesque de la célèbre *danse des morts*. Puis, en me retournant de l'autre côté, je pouvais admirer la danse des vivants! un salon splendide, aux parois d'argent et d'or, aux lustres étincelants, brillant de bougies. Là, fourmillaient, s'agitaient et papillonnaient les plus jolies femmes de Paris, les plus riches, les mieux titrées, éclatantes, pompeuses, éblouissantes de diamants! des fleurs sur la tête, sur le sein, dans les cheveux, semées sur les robes, ou en guirlandes à leurs pieds. C'étaient de légers frémissements de joie, des pas voluptueux qui faisaient rouler les dentelles, les blondes, la mousseline autour de leurs flancs délicats. Quelques regards trop vifs perçaient çà et là, éclipsaient les lumières, le feu des diamants, et animaient encore des cœurs déjà trop ardents. On surprenait aussi des airs de tête significatifs pour les amants, et des attitudes négatives pour les maris. Les éclats de voix des joueurs, à chaque coup imprévu, le retentissement de l'or, se mêlaient à la musique, au murmure des conversations. Pour achever d'étourdir cette foule enivrée par tout ce que le monde peut offrir de séductions, une vapeur de parfums et l'ivresse générale agissaient sur les imaginations affolées. Ainsi à ma droite, la sombre et silencieuse image de la mort; à ma gauche, les décentes bacchanales de la vie : ici, la nature froide, morne, en deuil; là, les hommes en joie. Moi, sur la frontière de ces deux tableaux si disparates, qui, mille fois répétés de diverses manières, rendent Paris la ville la plus amusante du monde et la plus philosophique, je faisais une macédoine morale, moitié plaisante, moitié funèbre. Du pied gauche je marquais la mesure, et je croyais avoir l'autre dans un cercueil. Ma jambe était en effet glacée par un de ces vents coulis qui vous gèlent une moitié du corps tandis que l'autre éprouve la chaleur moite des salons, accident assez fréquent au bal.

— Il n'y a pas fort longtemps que M. de Lanty possède cet hôtel?

— Si fait. Voici bientôt dix ans que le maréchal de Carigliano le lui a vendu...

— Ah!

— Ces gens-là doivent avoir une fortune immense?

— Mais il le faut bien.

— Quelle fête! elle est d'un luxe insolent.

— Les croyez-vous aussi riches que le sont M. Roy ou M. d'Aligre?

— Mais vous ne savez donc pas...?

J'avançai la tête et reconnus les deux interlocuteurs pour appartenir à cette gent curieuse qui, à Paris, s'occupe exclusivement des *Pourquoi?* des *Comment! D'où vient-il? Qui sont-ils? Qu'y a-t-il? Qu'a-t-elle fait?* Ils se mirent à parler bas, et s'éloignèrent pour aller causer plus à l'aise sur quelque canapé solitaire. Jamais mine plus féconde ne s'était offerte aux chercheurs de mystères. Personne ne savait de quel pays venait la famille de Lanty, ni de quel commerce, de quelle spoliation, de quelle piraterie ou de quel héritage provenait une fortune estimée à plusieurs millions. Tous les membres de cette famille parlaient l'italien, le français, l'espagnol, l'anglais et l'allemand, avec assez de perfection pour faire supposer qu'ils avaient dû longtemps séjourner parmi ces différents peuples. Étaient-ce des bohémiens? étaient-ce des flibustiers?

— Quand ce serait le diable! disaient de jeunes politiques, ils reçoivent à merveille.

— Le comte de Lanty eût-il dévalisé quelque *Casauba*, j'épouserais bien sa fille! s'écriait un philosophe.

Qui n'aurait épousé Marianina? jeune fille de seize ans, dont la beauté réalisait les fabuleuses conceptions des poëtes orientaux. Comme la fille du sultan dans le conte de *la Lampe merveilleuse*, elle aurait dû rester voilée. Son chant faisait pâlir les talents incomplets des Malibran, des Sontag, des Fodor, chez lesquelles une qualité dominante a toujours exclu la perfection de l'ensemble; tandis que Marianina savait unir au même degré la pureté du son, la sensibilité, la justesse du mouvement et des intonations, l'âme et la science, la correction et le sentiment. Cette fille était le type de cette poésie secrète, lien commun de tous les arts, et qui fuit toujours ceux qui la cherchent. Douce et modeste, instruite et spirituelle, rien ne pouvait éclipser Marianina si ce n'était sa mère.

Avez-vous jamais rencontré de ces femmes dont la beauté foudroyante défie les atteintes de l'âge, et qui semblent à trente-six ans plus désirables qu'elles ne devaient l'être quinze ans plus tôt? Leur visage est une âme passionnée; il étincelle; chaque trait y brille d'intelligence; chaque pore possède un éclat particulier, surtout aux lumières. Leurs yeux séduisants attirent, refusent, parlent ou se taisent; leur démarche est innocemment savante; leur voix déploie les mélodieuses richesses des tons les plus coquettement doux et tendres. Fondés sur des comparaisons, leurs éloges caressent l'amour-propre le plus chatouilleux. Un mouvement de leurs sourcils, le moindre jeu de l'œil, leur lèvre qui se fronce, impriment une sorte de terreur à ceux qui font dépendre d'elles leur vie et leur bonheur. Inexpériente de l'amour et docile au discours, une jeune fille peut se laisser séduire, mais pour ces sortes de femmes, un homme doit savoir, comme M. de Jaucourt, ne pas crier quand, en se cachant au fond d'un cabinet, la femme de chambre lui brise deux doigts dans la jointure d'une porte. Aimer ces puissantes sirènes, n'est-ce pas jouer sa vie? Et voilà pourquoi peut-être les aimons-nous si passionnément! Telle était la comtesse de Lanty.

Filippo, frère de Marianina, tenait, comme sa sœur, de la beauté merveilleuse de la comtesse. Pour tout dire en un mot, ce jeune homme était une image vivante de l'Antinoüs, avec des formes plus grêles. Mais comme ces maigres et délicates proportions s'allient bien à la jeunesse quand un teint olivâtre, des sourcils vigoureux et le feu d'un œil velouté promettent pour l'avenir des passions mâles, des idées généreuses! Si Filippo restait, dans tous les cœurs de jeunes filles comme un type, il demeurait également dans le souvenir de toutes les mères comme le meilleur parti de France.

La beauté, la fortune, l'esprit, les grâces de ces enfants venaient uniquement de leur mère. Le comte de Lanty était petit, laid et grêlé; sombre comme un Espagnol, ennuyeux comme un banquier. Il passait d'ailleurs pour un profond politique, peut-être parce qu'il riait rarement, et citait M. de Metternich ou Wellington.

Cette mystérieuse famille avait tout l'attrait d'un poëme de lord Byron, dont les difficultés étaient traduites d'une manière différente par chaque personne du beau monde; un chant obscur et sublime de strophe en strophe. La réserve que M. et madame de Lanty gardaient sur leur existence passée et sur leurs relations avec les quatre parties du monde n'eût pas été longtemps un sujet d'étonnement à Paris. En nul pays peut-être l'axiome de Vespasien n'est mieux compris. Là, les écus même tachés de sang ou de boue ne trahissent rien et représentent tout. Pourvu que la haute société sache le chiffre de votre fortune, vous êtes classé parmi les sommes qui vous sont égales, et personne ne vous demande à voir vos parchemins, parce que tout le monde sait combien peu ils coûtent. En une ville où les problèmes sociaux se résolvent par des équations algébriques, les aventuriers ont, en leur faveur, d'excellentes chances. En supposant que cette famille eût été bohémienne d'origine, elle était si riche, si attrayante, que la haute société pouvait bien lui pardonner ses petits mystères. Mais, par malheur, l'histoire énigmatique de la maison Lanty offrait un perpétuel intérêt de curiosité, assez semblable à celui des romans d'Anne Radcliffe.

Les observateurs, les gens qui tiennent à savoir dans quel magasin vous achetez vos candélabres, u qui vous demandent le prix du loyer quand votre appartement leur semble beau, avaient remarqué, de loin en loin, au milieu des fêtes, des concerts, des bals, des routs donnés par la comtesse, l'apparition d'un personnage étrange. C'était un homme. La première fois qu'il se montra dans l'hôtel, ce fut pendant un concert, où il semblait avoir été attiré vers le salon par la voix enchanteresse de Marianina.

— Depuis un moment, j'ai froid, dit à sa voisine une dame placée près de la porte.

L'inconnu, qui se trouvait près de cette femme, s'en alla.

— Voilà qui est singulier ! j'ai chaud, dit la femme après le départ de l'étranger. Et vous me taxerez peut-être de folie; mais je ne saurais m'empêcher de penser que mon voisin, ce monsieur vêtu de noir qui vient de partir, causait ce froid.

Bientôt l'exagération naturelle aux gens de la haute société fit naître et accumuler les idées les plus plaisantes, les expressions les plus bizarres, les contes les plus ridicules sur ce personnage mystérieux. Sans être précisément un vampire, une goule, un homme artificiel, une espèce de Faust ou de Robin des bois, il participait, au dire des gens amis du fantastique, de toutes ces natures anthropomorphes. Il se rencontrait, çà et là, des Allemands qui prenaient pour des réalités ces railleries ingénieuses de la médisance parisienne. L'étranger était simplement *un vieillard*. Plusieurs de ces jeunes hommes, habitués à décider, tous les matins, l'avenir de l'Europe, dans quelques phrases élégantes, voulaient voir en l'inconnu quelque grand criminel, possesseur d'immenses richesses. Des romanciers racontaient la vie de ce vieillard, et vous donneraient les détails véritablement curieux sur les atrocités commises par lui pendant le temps qu'il était au service du prince de Mysore. Des banquiers, gens plus positifs, établissaient une fable spécieuse : — Bah ! disaient-ils en haussant leurs larges épaules par un mouvement de pitié, ce petit vieux est une *tête génoise* !

— Monsieur, si ce n'est pas une indiscrétion, pourriez-vous avoir la bonté de m'expliquer ce que vous entendez par une tête génoise ?

— Monsieur, c'est un homme sur la vie duquel reposent d'énormes capitaux, et de sa bonne santé dépendent sans doute les revenus de cette famille. Je me souviens d'avoir entendu chez madame d'Eriche un magnétiseur prouver, par des considérations historiques très-spécieuses, que ce vieillard, mis sous verre, était le fameux Balsamo, dit Cagliostro. Selon ce moderne alchimiste, l'aventurier sicilien avait échappé à la mort, et s'amusait à faire de l'or pour ses petits-enfants. Enfin le bailli de Fe-

rette prétendait avoir reconnu dans ce singulier personnage le comte de Saint-Germain. Ces niaiseries, dites avec le ton spirituel, avec l'air railleur qui, de nos jours, caractérise une société sans croyance, entretenaient de vagues soupçons sur la maison de Lanty. Enfin, par un singulier concours de circonstances, les membres de cette famille justifiaient les conjectures du monde, en tenant une conduite assez mystérieuse avec ce vieillard, dont la vie était en quelque sorte dérobée à toutes les investigations.

Ce personnage franchissait-il le seuil de l'appartement qu'il était censé occuper à l'hôtel de Lanty, son apparition causait toujours une grande sensation dans la famille. On eût dit un événement de haute importance. Filippo, Marianina, madame de Lanty et un vieux domestique avaient seuls le privilége d'aider l'inconnu à marcher, à se lever, à s'asseoir. Chacun en surveillait les moindres mouvements. Il semblait que ce fût une personne enchantée d'où dépendissent le bonheur, la vie ou la fortune de tous. Était-ce crainte ou affection ? Les gens du monde ne pouvaient découvrir aucune induction qui les aidât à résoudre ce problème. Caché pendant des mois entiers au fond d'un sanctuaire inconnu, ce génie familier en sortait tout à coup comme furtivement, sans être attendu, et apparaissait au milieu des salons comme ces fées d'autrefois qui descendaient de leurs dragons volants pour venir troubler les solennités auxquelles elles n'avaient pas été conviées. Alors les observateurs les plus exercés pouvaient seuls deviner l'inquiétude des maîtres du logis, qui savaient dissimuler leurs sentiments avec une singulière habileté. Mais, parfois, tout en dansant dans un quadrille, la trop naïve Marianina jetait un regard de terreur sur le vieillard qu'elle surveillait au sein des groupes. Ou bien Filippo s'élançait, en se glissant à travers la foule, pour le joindre, et restait auprès de lui, tendre et attentif, comme si le contact des hommes ou le moindre souffle dût briser cette créature bizarre. La comtesse tâchait de s'en approcher, sans paraître avoir eu l'attention de le rejoindre ; puis, en prenant des manières et une physionomie autant empreintes de servilité que de tendresse, de soumission que de despotisme, elle disait deux ou trois mots auxquels déférait presque toujours le vieillard. Il disparaissait emmené, ou, pour mieux dire, emporté par elle. Si madame de Lanty n'était pas là, le comte employait mille stratagèmes pour arriver à lui ; mais il avait l'air de s'en faire écouter difficilement, et le traitait comme un enfant gâté dont la mère écoute les caprices ou redoute la mutinerie. Quelques indiscrets s'étant hasardés à questionner étourdiment le comte de Lanty, cet homme froid et réservé n'avait jamais paru comprendre l'interrogation des curieux. Aussi, après bien des tentatives que la circonspection de tous les membres de cette famille rendirent vaines, personne ne cherchat-il à découvrir un secret si bien gardé. Les espions de bonne compagnie, les gobe-mouches et les politiques avaient fini, de guerre lasse, par ne plus s'occuper de ce mystère.

Mais, en ce moment il y avait peut-être, au sein de ces salons resplendissants, des philosophes qui, tout en prenant une glace, un sorbet, ou en posant sur une console leur verre vide de punch, se disaient : — Je ne serais pas étonné d'apprendre que ces gens-là sont des fripons. Ce vieux, qui se cache et n'apparaît qu'aux équinoxes ou aux solstices, m'a tout l'air d'un assassin...

— Ou d'un banqueroutier...

— C'est à peu près la même chose. Tuer la fortune d'un homme, c'est quelquefois pis que de le tuer lui-même.

— Monsieur, j'ai parié vingt louis, il m'en revient quarante.

— Ma foi, monsieur, il n'en reste que trente sur le tapis...

— Hé bien! voyez-vous comme la société est mêlée ici. On n'y peut pas jouer.

— C'est vrai. Mais voilà bientôt six mois que nous avons aperçu l'Esprit. Croyez-vous que ce soit un être vivant ?

— Hé ! hé ! tout au plus...

Ces derniers mots étaient dits, autour de moi, par des inconnus qui s'en allèrent au moment où je résumais, dans une dernière pensée, mes réflexions mélangées de noir et de blanc, de vie et de mort. Ma folle imagination, autant que mes yeux, contemplait tour à tour et la fête, arrivée à son plus haut degré de splendeur, et le sombre tableau des jardins. Je ne sais combien de temps je méditai sur ces deux côtés de la médaille humaine ; mais soudain le rire étouffé d'une jeune femme me réveilla. Je restai stupéfait à l'aspect de l'image qui s'offrit à mes regards. Par un des plus rares caprices de la nature, la pensée en demi-deuil qui se roulait dans ma cervelle en était sortie. Elle se trouvait devant moi, personnifiée, vivante. Elle avait jailli comme Minerve de la tête de Jupiter, grande et forte. Elle avait tout à la fois cent ans et vingt-deux ans, elle était vivante et morte. Échappé de sa chambre, comme un fou de sa loge, le petit vieillard s'était sans doute adroitement coulé derrière une haie de gens attentifs à la voix de Marianina, qui finissait la cavatine de *Tancrède*. Il semblait être sorti de dessous terre, poussé par quelque mécanisme de théâtre. Immobile et sombre, il resta pendant un moment à regarder cette fête, dont il avait peut-être entendu le murmure. Sa préoccupation, presque somnambulique, était si concentrée sur les choses qu'il se trouvait au milieu du monde sans voir le monde. Il avait surgi sans cérémonie auprès d'une des plus ravissantes femmes de Paris, danseuse élégante et jeune, aux formes délicates, une de ces figures aussi fraîches que l'est celle d'un enfant, blanches et roses, et si frêles, si transparentes qu'un regard d'homme semble devoir les pénétrer comme les rayons du soleil traversent une glace pure. Ils étaient là, devant moi, tous deux ensemble, unis et si serrés, que l'étranger froissait et la robe de gaze, et les guirlandes de fleurs, et les cheveux légèrement crépés, et la ceinture flottante.

J'avais amené cette jeune femme au bal de madame de Lanty. Comme elle venait pour la première fois dans cette maison, je lui pardonnai son rire étouffé ; mais je lui fis vivement je ne sais quel signe impérieux qui la rendit tout interdite, et lui donna du respect pour son voisin. Elle s'assit près de moi. Le vieillard ne voulut pas quitter cette délicieuse créature, à laquelle il s'attacha capricieusement avec cette obstination muette et sans cause apparente, dont les gens extrêmement âgés sont susceptibles, et qui les fait ressembler à des enfants. Pour s'asseoir auprès de la jeune dame, il lui fallut prendre un pliant. Ses moindres mouvements furent empreints de cette lourdeur froide, de cette stupide indécision qui caractérisent les gestes d'un paralytique. Il se posa lentement sur son siége, avec circonspection, et en grommelant quelques paroles inintelligibles. Sa voix cassée ressembla au bruit que fait une pierre en tombant dans un puits. La jeune femme me pressa vivement la main, comme si elle eût cherché à se garantir d'un précipice, et frissonna quand cet homme, qu'elle regardait, tourna sur elle deux yeux sans chaleur, deux yeux glauques, qui ne pouvaient se comparer qu'à de la nacre ternie.

— J'ai peur, me dit-elle en se penchant à mon oreille.

— Vous pouvez parler, répondis-je. Il entend très-difficilement.

— Vous le connaissez donc ?

— Oui.

Alors elle s'enhardit assez pour examiner pendant un moment cette créature, sans nom dans le langage humain, forme sans substance, être sans vie ou sans action. Elle était sous le charme de cette craintive curiosité qui pousse les femmes à se procurer des émotions dangereuses, à voir des tigres enchaînés, à regarder des boas, en s'effrayant de n'en être séparés que par de faibles barrières. Quoique le petit vieillard eût le dos courbé comme celui d'un journalier, on s'apercevait facilement que s aille avait dû être ordinaire. Son excessive maigreur, la délicatesse de ses membres, prouvaient que ses proportions étaient toujours restées sveltes. Il portait une culotte de soie noire, qui flottait autour de ses cuisses décharnées, en décrivant des plis comme une voile abattue. Un anatomiste eût reconnu soudain les symptômes d'une affreuse éthisie, en voyant les petites jambes qui servaient à soutenir ce corps étrange. Vous eussiez dit de deux os mis en croix sur une tombe. Un sentiment de profonde horreur pour l'homme saisissait le cœur quand une fatale attention vous dévoilait les marques imprimées par la décrépitude à cette casuelle machine. L'inconnu portait un gilet blanc, brodé d'or, à l'ancienne mode, et son linge était d'une blancheur éclatante. Un jabot de dentelle d'Angleterre, assez roux, dont la richesse eût été enviée par une reine, formait des ruches jaunes sur sa poitrine ; mais sur lui cette dentelle était plutôt un haillon qu'un ornement. Au milieu de ce jabot, un diamant de valeur incalculable scintillait comme le soleil. Ce luxe suranné, ce trésor intrinsèque et sans goût, faisaient encore mieux ressortir la figure de cet être bizarre. Le cadre était digne du portrait. Ce visage noir était anguleux et creusé dans tous les sens. Le menton était creux ; les tempes étaient creuses ; les yeux étaient perdus en de jaunâtres orbites. Les os maxillaires, rendus saillants par une maigreur indescriptible, dessinaient des cavités au milieu de chaque joue. Ces gibbosités, plus ou moins éclairées par les lumières, produisaient des ombres et des reflets curieux qui achevaient d'ôter à ce visage les caractères de la face humaine. Puis, les années avaient si fortement collé sur les os la peau jaune et fine de ce visage qu'elle y décrivait partout une multitude de rides, ou circulaires comme les replis de l'eau troublée par un caillou que jette un enfant, ou étoilées comme une fêlure de vitre ; mais toujours profondes et aussi pressées que les feuillets dans la tranche d'un livre. Quelques vieillards présentent souvent des portraits plus hideux ; mais ce qui contribuait le plus à donner l'apparence d'une création artificielle au spectre survenu devant nous, était le rouge et le blanc dont il reluisait. Les sourcils de son masque recevaient de la lumière un lustre qui révélait une peinture très-bien exécutée. Heureusement pour la vue, attristée de tant de ruines, son crâne cadavéreux était caché sous une perruque blonde, dont les boucles innombrables trahissaient une prétention extraordinaire. Du reste, la coquetterie féminine de ce personnage fantasmagorique était assez énergiquement annoncée par les boucles d'or qui pendaient à ses oreilles, par les anneaux dont ses doigts ossifiés faisaient briller les admirables pierreries, et par une chaine de montre qui scintillait comme les chatons d'une rivière au cou d'une femme. Enfin, cette espèce d'idole japonaise conservait sur ses lèvres bleuâtres un rire fixe et arrêté, un rire implacable et goguenard, comme celui d'une tête de mort. Silencieuse, immobile autant qu'une statue, elle exhalait l'odeur musquée des vieilles robes que les héritiers d'une duchesse exhument de ses tiroirs, pendant un inventaire. Si le vieillard tournait les yeux vers l'assemblée, il semblait que les mouvements de ces globes incapables de réfléchir une lueur se fussent accomplis par un artifice imperceptible ; et quand les yeux s'arrêtaient, celui qui les examinait finissait par douter qu'ils eussent remué. Voir, auprès de ces débris humains, une jeune femme dont le cou, les bras et le corsage étaient nus et blancs ; dont les formes pleines et verdoyantes de beauté, dont les cheveux bien plantés sur un front d'albâtre, inspiraient l'amour ; dont les yeux ne recevaient pas, mais répandaient la lumière ; qui était suave, fraîche, et dont les boucles vaporeuses, dont l'haleine embaumée, semblaient trop lourdes, trop dures, trop puissantes pour cette ombre, pour cet homme en poussière ; ah ! c'était bien la mort et la vie, ma pensée, une arabesque imaginaire, une chimère hideuse à moitié, divinement femelle par le corsage.

— Il y a pourtant de ces mariages-là qui s'accomplissent assez souvent dans le monde, me dis-je.

— Il sent le cimetière, s'écria la jeune femme épouvantée, qui me pressa comme pour s'assurer de ma protection, et dont les mouvements tumultueux me dirent qu'elle avait grand'peur. — C'est une horrible vision, reprit-elle, je ne saurais rester là plus longtemps. Si je le regarde encore, je croirai que la mort elle-même est venue me chercher. Mais vit-il ?

Elle porta la main sur le phénomène avec cette hardiesse que les femmes puisent dans la violence de leurs désirs ; mais une sueur froide sortit de ses pores, car aussitôt qu'elle eut touché le vieillard, elle entendit un cri semblable à celui d'une crécelle. Cette aigre voix, si c'était une voix, s'échappa d'un gosier presque desséché. Puis, à cette clameur succéda vivement une petite toux d'enfant, convulsive et d'une sonorité particulière. A ce bruit, Marianina, Filippo et madame de Lanty jetèrent les yeux sur nous, et leurs regards furent comme des éclairs. La jeune femme aurait voulu être au fond de la Seine. Elle prit mon bras et m'entraîna vers un boudoir. Hommes et femmes, tout le monde nous fit place. Parvenus au fond des appartements de réception, nous entrâmes dans un petit cabinet demi-circulaire. Ma compagne se jeta sur un divan, palpitante d'effroi, sans savoir où elle était.

— Madame, vous êtes folle, lui dis-je.

— Mais, reprit-elle après un moment de silence pendant lequel je l'admirai, est-ce ma faute? Pourquoi madame de Lanty laisse-t-elle errer des revenants dans son hôtel?

— Allons, répondis-je, vous imitez les sots. Vous prenez un petit vieillard pour un spectre.

— Taisez-vous, répliqua-t-elle avec cet air imposant et railleur que toutes les femmes savent si bien prendre quand elles veulent avoir raison.

Le joli boudoir! s'écria-t-elle en regardant autour d'elle. Le satin bleu fait toujours à merveille, en tenture. Est-ce frais! Ah! le beau tableau! ajouta-t-elle en se levant, et allant se mettre en face d'une toile magnifiquement encadrée.

Nous restâmes pendant un moment dans la contemplation de cette merveille, qui semblait due à quelque pinceau surnaturel. Il représentait Adonis étendu sur une peau de lion. La lampe, suspendue au milieu du boudoir et contenue dans un vase d'albâtre, illuminait alors ce tableau d'une lueur douce qui nous permit d'en saisir toutes les beautés.

— Un être aussi parfait existe-t-il? me demanda-t-elle, après avoir examiné, non sans un doux sourire de contentement, la grâce exquise des contours, la pose, la couleur, les cheveux, tout enfin. — Il est trop beau pour un homme, ajouta-t-elle.

Oh! comme je ressentis alors les atteintes de cette jalousie à laquelle un poëte avait essayé vainement de me faire croire! la jalousie des tableaux, des statues, où les artistes exagèrent la beauté humaine, par suite de la doctrine qui les porte à tout idéaliser.

— C'est un portrait, lui répondis-je. Il est dû au talent de Girodet. Mais ce peintre, cher aux poëtes, n'a jamais vu l'original, et votre admiration sera moins vive peut-être quand vous saurez que cette académie a été faite d'après une statue de femme.

— Mais qui est-ce?

J'hésitai.

— Je veux le savoir, ajouta-t-elle vivement.

— Je crois, lui dis-je, que cet Adonis représente un... un... un parent de madame de Lanty.

J'eus la douleur de la voir abîmée dans la contemplation de cette figure. Elle s'assit en silence, je me mis auprès d'elle, et lui pris la main sans qu'elle s'en aperçût! Oublié pour un portrait! En ce moment le bruit léger des pas d'une femme, dont la robe frémissait, retentit dans le silence.

Nous vîmes entrer la jeune Marianina, plus brillante encore par son expression d'innocence que par sa grâce et par sa fraîche toilette. Elle marchait alors lentement, et tenait avec un soin maternel, avec une filiale sollicitude, le spectre habillé qui nous avait fait fuir du salon de musique. Elle le conduisit en le regardant avec une espèce d'inquiétude poser lentement ses pieds débiles. Ils arrivèrent assez péniblement à une porte cachée dans la tenture. Là, Marianina frappa doucement. Aussitôt apparut, comme par magie, un grand homme sec, espèce de génie familier. Avant de confier le vieillard à ce gardien mystérieux, la jeune enfant baisa respectueusement le cadavre ambulant, et sa chaste caresse ne fut pas exempte de cette câlinerie gracieuse dont quelques femmes ont le secret.

— *Addio, addio!* disait-elle avec les inflexions les plus jolies de sa jeune voix.

Elle ajouta même sur la dernière syllabe une roulade admirablement bien exécutée, mais à voix basse, et comme pour peindre l'effusion de son cœur par une expression poétique. Le vieillard, frappé subitement par quelque souvenir, resta sur le seuil de ce réduit secret. Alors nous entendîmes, grâce à un profond silence, le soupir lourd qui sortit de sa poitrine : il tira la plus belle des bagues dont ses doigts de squelette étaient chargés, et la plaça dans le sein de Marianina. La jeune folle se mit à rire, reprit la bague, la glissa par-dessus son gant à l'un de ses doigts, et s'élança vivement vers le salon, où retentirent en ce moment les préludes d'une contredanse. Elle nous aperçut.

— Ah! vous étiez là? dit-elle en rougissant.

Après nous avoir regardés comme pour nous interroger, elle courut à son danseur avec l'insouciante pétulance de son âge.

— Qu'est-ce que cela veut dire? me demanda ma jeune partenaire. Est-ce son mari? Je crois rêver. Où suis-je?

— Vous! répondis-je, vous, madame, qui êtes exaltée et qui, comprenant si bien les émotions les plus imperceptibles, savez cultiver dans un cœur d'homme le plus délicat des sentiments, sans le flétrir, sans le briser dès le premier jour, vous qui avez pitié des peines du cœur, et qui à l'esprit d'une Parisienne joignez une âme passionnée digne de l'Italie ou de l'Espagne...

Elle vit bien que mon langage était empreint d'une ironie amère. Alors, sans avoir l'air d'y prendre garde, elle m'interrompit pour dire : — Oh! vous me faites à votre goût. Singulière tyrannie! Vous voulez que je ne sois pas *moi*.

— Oh! je ne veux rien, m'écriai-je épouvanté de son attitude sévère. Au moins est-il vrai que

ous aimez à entendre raconter l'histoire de ces passions énergiques enfantées dans nos cœurs par es ravissantes femmes du Midi ?
— Oui. Hé bien ?
— Hé bien ! j'irai demain soir chez vous vers neuf heures, et je vous révélerai ce mystère.
— Non, répondit-elle d'un air mutin, je veux 'apprendre sur-le-champ.
— Vous ne m'avez pas encore donné le droit de ous obéir quand vous dites : Je veux.
— En ce moment, répondit-elle avec une coquetterie désespérante, j'ai le plus vif désir de onnaître ce secret. Demain, je ne vous écouterai eut-être pas...

Elle sourit, et nous nous séparâmes ; elle, toujours aussi fière, aussi rude, quoique veuve, et noi, toujours aussi ridicule. Elle eut l'audace de valser avec un jeune aide-de-camp, et je restai our à tour fâché, boudeur, admirant, aimant, aloux.

— A demain ! me dit-elle vers deux heures du matin, quand elle sortit du bal.

— Je n'irai pas, pensai-je, et je t'abandonne. Tu s plus capricieuse, plus fantasque mille fois peut-tre... que mon imagination.

Le lendemain, nous étions devant un bon feu, lans un petit salon élégant, assis tous deux, elle ur une causeuse ; moi sur des coussins, presque à ses pieds, et mon œil sous le sien. La rue était silencieuse. La lampe jetait une clarté douce. C'était ine de ces soirées délicieuses à l'âme, un de ces noments qui ne s'oublient jamais, une de ces heures assées dans la paix et le désir, et dont, plus tard, nous regrettons le charme, même quand nous nous rouvons plus heureux. Qui peut effacer la vive empreinte des premières sollicitations de l'amour ?

— Allons, dit-elle, j'écoute.
— Mais je n'ose commencer. L'aventure a des passages dangereux pour le narrateur. Si je m'enthousiasme, vous me ferez taire.
— Parlez.
— J'obéis.

### UNE PASSION D'ARTISTE.

— Ernest-Jean Sarrasine était le seul fils d'un procureur de la Franche-Comté. Son père avait assez loyalement gagné six à huit mille livres de rente, fortune de praticien qui, jadis, en province, passait pour colossale. Le vieux maître Sarrasine, n'ayant qu'un enfant, ne voulut rien négliger pour son éducation. Il espérait en faire un magistrat, et vivre assez longtemps pour voir, dans ses vieux jours le petit-fils de Matthieu Sarrasine, laboureur au pays Saint-Dié, s'asseoir sur les lis et dormir à l'audience pour la plus grande gloire du parlement ; mais le ciel ne réservait pas cette joie au procureur.

Le jeune Sarrasine, confié de bonne heure aux jésuites, donna les preuves d'une turbulence peu commune. Il eut l'enfance d'un homme de talent. Il ne voulait étudier qu'à sa guise, se révoltait souvent, et restait parfois des heures entières plongé dans de confuses méditations, occupé, tantôt à contempler ses camarades quand ils jouaient, tantôt à se représenter les héros d'Homère. Puis, s'il lui arrivait de se divertir, il mettait une ardeur extraordinaire dans ses jeux. Lorsqu'une lutte s'élevait entre un camarade et lui, rarement le combat finissait sans qu'il y eût du sang répandu. S'il était le plus faible, il mordait. Tour à tour agissant ou passif, sans aptitude ou merveilleusement intelligent, son caractère bizarre le fit redouter de ses maîtres autant que de ses camarades. Au lieu d'apprendre les éléments de la langue grecque, il dessinait le révérend père qui leur expliquait un passage de Thucydide, croquait le maître de mathématiques, le préfet, les valets, le correcteur, et barbouillait tous les murs d'esquisses informes. Au lieu de chanter les louanges du Seigneur à l'église, il s'amusait pendant les offices, à déchiqueter un banc ; ou quand il s'était précautionné d'un morceau de bois, il sculptait quelque figure de sainte. Si le bois, la pierre ou le crayon lui manquaient, il rendait ses idées avec de la mie de pain. Soit qu'il copiât les personnages des tableaux qui garnissaient le chœur, soit qu'il improvisât, il laissait toujours à sa place de grossières ébauches, dont le caractère licencieux désespérait les plus jeunes pères. Les médisants prétendaient que les vieux jésuites en souriaient. Enfin, s'il faut en croire la chronique du collége, il fut chassé, pour avoir, en attendant son tour au confessionnal, un vendredi-saint, sculpté une grosse bûche en forme de Christ. L'impiété gravée sur cette statue était trop forte pour ne pas attirer un châtiment à l'artiste. N'avait-il pas eu l'audace de placer sur le haut du tabernacle cette figure passablement cynique !

Sarrasine vint chercher à Paris un refuge contre les menaces de la malédiction paternelle. Ayant une de ces volontés fortes qui ne connaissent pas d'obstacles, il obéit aux ordres de son génie et entra dans l'atelier de Bouchardon. Il travaillait pendant toute la journée, et, le soir, allait mendier sa subsistance. Bouchardon, émerveillé des progrès et de l'intelligence du jeune artiste, devina bientôt la misère dans laquelle se trouvait son élève. Il le secourut, le prit en affection, et le traita comme son enfant. Puis, lorsque le génie de Sarrasine se fut dévoilé par une de ces œuvres où le talent à venir lutte contre l'effervescence de la jeunesse, le généreux Bouchardon essaya de le remettre dans les bonnes grâces du vieux procureur. Devant l'autorité du sculpteur célèbre le courroux paternel s'apaisa. Besançon tout entier se félicita d'avoir donné le jour à un grand homme futur. Dans le premier moment d'extase où le plongea sa vanité flattée, le praticien avare mit son fils en état de paraître avec avantage dans le monde. Les longues et laborieuses études exigées par la sculpture domptèrent pendant longtemps le caractère impétueux et le génie sauvage de Sarrasine. Bouchardon, prévoyant la violence avec laquelle les passions se déchaîneraient dans cette jeune âme, peut-être aussi vigoureusement trempée que celle de Michel-Ange, en étouffa l'énergie sous des travaux continus. Il réussit à maintenir dans de justes bornes la fougue extraordinaire de Sarrasine, en lui défendant de travailler, en lui proposant des distractions quand il le voyait emporté par la furie de quelque pensée, ou en lui confiant d'importants travaux au moment où il était prêt à se livrer à la dissipation. Mais, auprès de cette âme passionnée, la douceur fut toujours la plus puissante de toutes les armes, et le maître ne prit un grand empire sur son élève qu'en en excitant la reconnaissance par une bonté paternelle.

A l'âge de vingt-deux ans, Sarrasine fut forcément soustrait à la salutaire influence que Bouchardon exerçait sur ses mœurs et sur ses habitudes. Il porta les peines de son génie en gagnant le prix de sculpture fondé par M. le marquis de Marigny. Diderot vanta comme un chef-d'œuvre la statue de l'élève de Bouchardon. Ce ne fut pas sans une profonde douleur que le sculpteur du roi vit partir pour l'Italie un jeune homme dont, par principe, il avait entretenu l'ignorance profonde sur les choses de la vie.

Sarrasine était depuis six ans le commensal de Bouchardon. Fanatique de son art comme Canova le fut depuis, il se levait au jour, entrait dans l'atelier pour n'en sortir qu'à la nuit, et ne vivait qu'avec sa Muse. S'il allait à la Comédie-Française, il y était entraîné par son maître. Il se sentait si gêné chez madame Geoffrin et dans le grand monde où Bouchardon essaya de l'introduire, qu'il préféra rester seul, et répudia les plaisirs de cette époque licencieuse. Il n'eut pas d'autre maîtresse que la Sculpture et Clotilde, l'une des célébrités de l'Opéra. Encore cette intrigue ne dura-t-elle pas. Sarrasine était assez laid, toujours mal mis, et de nature si libre, si peu régulier dans sa vie privée, que l'illustre nymphe, redoutant quelque catastrophe, rendit bientôt le sculpteur à l'amour des arts. Sophie Arnould a dit je ne sais quel bon mot à ce sujet. Elle s'étonna, je crois, que sa camarade eût pu l'emporter sur des statues.

Sarrasine partit pour l'Italie en 1758. Pendant le voyage, son imagination ardente s'enflamma sous un ciel de cuivre et à l'aspect des monuments merveilleux dont la patrie des arts est semée. Il admira les statues, les fresques, les tableaux; et, plein d'émulation, il vint à Rome, en proie au désir d'inscrire son nom entre les noms de Michel-Ange et de monsieur Bouchardon. Aussi, pendant les premiers jours partagea-t-il son temps entre ses travaux d'atelier et l'examen des œuvres d'art qui abondent à Rome. Il avait déjà passé quinze jours dans l'état d'extase qui saisit toutes les jeunes imaginations à l'aspect de la reine des ruines, quand, un soir, il entra au théâtre d'*Argentina*, devant lequel se pressait une grande foule. Il s'enquit des causes de cette affluence, et le monde répondit par deux noms : — Zambinella! Jomelli! Il entre et s'assied au parterre, pressé par deux *abbati* notablement gros; mais il était assez heureusement placé près de la scène. La toile se leva. Pour la première fois de sa vie il entendit cette musique dont M. Jean-Jacques Rousseau lui avait si éloquemment vanté les délices, pendant une soirée du baron d'Holbach. Les sens du jeune sculpteur furent, pour ainsi dire, lubrifiés par les accents de la sublime harmonie de Jomelli. Les langoureuses originalités de ces voix italiennes habilement mariées le plongèrent dans une ravissante extase. Il resta muet, immobile, ne se sentant pas même foulé par les deux prêtres. Son âme passa dans ses oreilles et dans ses yeux. Il crut écouter par chacun de ses pores. Tout à coup des applaudissements à faire crouler la salle accueillirent l'entrée en scène de la *prima donna*. Elle s'avança par coquetterie sur le devant du théâtre, et salua le public avec une grâce infinie. Les lumières, l'enthousiasme de tout un peuple, l'illusion de la scène, les prestiges d'une toilette, qui à cette époque était assez engageante, conspirèrent en faveur de cette femme. Sarrasine poussa des cris de plaisir.

Il admirait en ce moment la beauté idéale dont il avait jusqu'alors cherché çà et là les perfections dans la nature, en demandant à un modèle, souvent ignoble, les rondeurs d'une jambe accomplie; à tel autre, les contours du sein; à celui-là, ses blanches épaules; prenant enfin le cou d'une jeune fille, et les mains de cette femme, et les genoux polis de cet enfant, sans rencontrer jamais sous le ciel froid de Paris les riches et suaves créations de la Grèce antique. La Zambinella lui montrait réunies, bien vivantes et délicates, ces exquises proportions de la nature féminine si ardemment désirées, dont un sculpteur est, tout à la fois, le juge le plus sévère et le plus passionné. C'étaient une bouche expressive, des yeux d'amour, un teint d'une blancheur éblouissante. Et joignez à ces détails, qui eussent ravi un peintre, toutes les merveilles des Vénus rêvées et rendues par le ciseau des Grecs. L'artiste ne se lassait pas d'admirer la grâce inimitable avec laquelle les bras étaient attachés au buste, la rondeur prestigieuse du cou, les lignes harmonieusement décrites par les sourcils, par le nez, puis l'ovale parfait du visage, la pureté de ses contours vifs, et l'effet de cils fournis, recourbés, qui terminaient de larges et voluptueuses paupières. C'était plus qu'une femme, c'était un chef-d'œuvre! Il se trouvait, dans cette création inespérée, de l'amour à ravir tous les hommes, et des beautés dignes de satisfaire un critique. Sarrasine dévorait des yeux la statue de Pygmalion pour lui descendue de son piédestal. Quand la Zambinella chanta, ce fut un délire. L'artiste eut froid; puis, il sentit un foyer qui pétilla soudain dans les profondeurs de son être intime, de ce que nous nommons le cœur, faute de mot! Il n'applaudit pas, il ne dit rien, il éprouvait un mouvement de folie, espèce de frénésie qui ne nous agite qu'à cet âge où le désir a je ne sais quoi de terrible et d'infernal. Sarrasine voulait s'élancer sur le théâtre et s'emparer de cette femme. Sa force, centuplée par une dépression morale impossible à expliquer, puisque ces phénomènes se passent dans une sphère inaccessible à l'observation humaine, tendait à se projeter avec une violence douloureuse. A le voir, on eût dit un homme froid et stupide. Gloire, science, avenir, existence, couronnes, tout s'écroula.

— Être aimé d'elle, ou mourir! tel fut l'arrêt que Sarrasine porta sur lui-même. Il était si complétement ivre qu'il ne voyait plus ni salle, ni spectateurs, ni acteurs, n'entendait plus de musique. Bien mieux, il n'existait pas de distance entre lui et la Zambinella. Il la possédait. Ses yeux, attachés sur elle, s'emparaient d'elle. Une puissance presque diabolique lui permettait de sentir le vent de sa voix, de respirer la poudre embaumée dont ses cheveux étaient imprégnés, de voir les méplats de son visage, d'y compter les veines bleues qui en nuançaient la peau satinée. Enfin cette voix agile, fraîche et d'un timbre argenté, souple comme un fil auquel le moindre souffle d'air donne une forme, qu'il roule et déroule, développe et disperse, cette voix attaquait si vivement son âme qu'il laissa plus d'une fois échapper de ces cris involontaires arrachés par les délices convulsives trop rarement données par les passions humaines. Bientôt il fut obligé de quitter le théâtre. Ses jambes tremblantes refusaient presque de le soutenir. Il était abattu, faible comme un homme nerveux qui s'est livré à quelque effroyable colère. Il avait eu tant de plaisir, ou peut-être avait-il tant souffert, que sa vie s'était écoulée comme l'eau d'un vase renversé par un choc. Il sentait en lui un vide, un anéantissement semblable à ces atonies qui désespèrent les convalescents au sortir d'une forte maladie.

Envahi par une tristesse inexplicable, il alla s'asseoir sur les marches d'une église. Là, le dos appuyé contre une colonne, il se perdit dans une méditation confuse comme un rêve. La passion l'avait foudroyé. De retour au logis, il tomba dans un de ces paroxysmes d'activité qui nous révèlent la présence de principes nouveaux dans notre existence. En proie à cette première fièvre d'amour qui tient autant au plaisir qu'à la douleur, il voulut tromper son impatience et son délire en dessinant la Zambinella de mémoire. Ce fut une sorte de méditation matérielle. Sur telle feuille, la Zambinella se trouvait dans cette attitude, calme et froide en apparence, affectionnée par Raphaël, par le Giorgion et par tous les grands peintres. Sur telle autre, elle tournait la tête avec finesse en achevant une roulade, et semblait s'écouter elle-même. Sarrasine la crayonna dans toutes les poses. Il la fit sans voile, assise, debout, couchée, ou chaste ou amoureuse, en réalisant, grâce au délire de ses crayons, toutes les idées capricieuses qui sollicitent notre imagination quand nous pensons fortement à une maîtresse. Mais sa pensée furieuse alla plus loin que le dessin. Il voyait la Zambinella, lui parlait, la suppliait, épuisait mille années de vie et de bonheur avec elle, en la plaçant dans toutes les situations imaginables, en essayant, pour ainsi dire, l'avenir avec elle.

Le lendemain, il envoya son laquais louer, pour toute la saison, une loge voisine de la scène. Puis, comme tous les jeunes gens dont l'âme est puissante, il s'exagéra les difficultés de son entreprise, et donna, pour première pâture à sa passion, le bonheur de pouvoir admirer sa maîtresse sans obstacles. Cet âge d'or de l'amour pendant lequel nous jouissons de notre propre sentiment, et où nous nous trouvons heureux presque par nous-mêmes, ne devait pas durer longtemps chez Sarrasine. Cependant les événements le surprirent quand il était encore sous le charme de cette printanière hallucination, aussi naïve que voluptueuse. Pendant une huitaine de jours, il vécut toute une vie, occupé le matin à pétrir la glaise à l'aide de laquelle il réussissait à copier la Zambinella, malgré les voiles, les jupes, les corsets et les nœuds de rubans qui la lui dérobaient. Le soir, installé de bonne heure dans sa loge, seul, couché sur un sofa, il se faisait, semblable à un Turc enivré d'opium, un bonheur aussi fécond, aussi prodigue qu'il le souhaitait. D'abord il se familiarisa graduellement avec les émotions trop vives que lui donnait le chant de sa maîtresse ; puis, il apprivoisa ses yeux à la voir, et finit par contempler la *donna* sans redouter l'explosion de la sourde rage dont il avait été animé le premier jour. Sa passion devint plus profonde, en devenant plus tranquille. Du reste, le farouche sculpteur ne souffrait pas que sa solitude, peuplée d'images, parée des fantaisies de l'espérance et pleine de bonheur, fût troublée par ses camarades. Il aimait avec tant de force et si naïvement qu'il eut à subir les innocents scrupules dont nous sommes assaillis quand nous aimons pour la première fois. En commençant à entrevoir qu'il faudrait bientôt agir, s'intriguer, demander où demeurait la Zambinella, savoir si elle avait une mère, un oncle, un tuteur, une famille ; en songeant enfin aux moyens de la voir, de lui parler, il sentait son cœur se gonfler si fort à des idées aussi ambitieuses, qu'il remettait ces soins au lendemain, heureux de ses souffrances physiques autant que de ses plaisirs intellectuels.

— Mais, me dit la comtesse Fœdora en m'interrompant, je ne vois encore ni Marianina, ni son petit vieillard ?

— Vous ne voyez que lui, m'écriai-je, impatienté comme un auteur auquel on fait manquer l'effet d'un vers final.

Depuis quelques jours, repris-je après une pause, Sarrasine était si fidèlement venu s'installer dans sa loge, et ses regards exprimaient tant d'amour, que sa passion pour la voix de Zambinella aurait été la nouvelle de tout Paris, si cette aventure s'y fût passée ; mais en Italie, madame, au spectacle, chacun y assiste pour son compte, avec ses passions, avec un intérêt de cœur qui exclut l'espionnage des lorgnettes. Cependant la frénésie du sculpteur ne devait pas échapper longtemps aux regards des chanteurs et des cantatrices. Un soir, le Français s'aperçut qu'on riait de lui dans les coulisses. Il eût été difficile de savoir à quelles extrémités il se serait porté si la Zambinella n'était pas entrée en scène. Elle jeta sur Sarrasine un de ces coups d'œil éloquents qui disent souvent beaucoup plus de choses que les femmes ne le veulent. Ce regard fut toute une révélation. Sarrasine était aimé !

— Si ce n'est qu'un caprice, pensa-t-il en accusant déjà sa maîtresse de trop d'ardeur, elle ne connaît pas la domination sous laquelle elle va tomber. Son caprice durera, j'espère, autant que ma vie.

En ce moment, trois coups légèrement frappés à la porte de la loge excitèrent l'attention de l'artiste. Il ouvrit. Une vieille femme entra mystérieusement.

— Jeune homme, dit-elle, si vous voulez être heureux, ayez de la prudence, enveloppez-vous d'une cape, abaissez sur vos yeux un grand chapeau ; puis, vers dix heures du soir, trouvez-vous dans la rue du Corso, devant l'hôtel d'Espagne.

— J'y serai, répondit-il en mettant deux louis dans la main ridée de la duègne.

Il s'échappa de la loge, après avoir fait un signe d'intelligence à la Zambinella, qui baissa timidement ses voluptueuses paupières, comme une femme heureuse d'être enfin comprise. Puis il courut chez lui, enfin d'emprunter à la toilette toutes les séductions qu'elle pourrait lui prêter. En sortant du théâtre, un inconnu l'arrêta par le bras.

— Prenez garde à vous, seigneur Français, lui dit-il à l'oreille. Il s'agit de vie et de mort. Le cardinal Cicognara est son protecteur, et ne badine pas.

Quand un démon aurait mis entre Sarrasine et la Zambinella les profondeurs de l'enfer, en ce moment il eût tout traversé d'une enjambée. Semblable aux chevaux des immortels dont Homère a décrit le pas, l'amour du sculpteur avait franchi en un clin d'œil d'immenses espaces.

— La mort dût-elle m'attendre au sortir de la maison, j'irais encore plus vite, répondit-il.

— *Poverino !* s'écria l'inconnu en disparaissant.

Parler de dangers à un amoureux, n'est-ce pas lui vendre des plaisirs ? Jamais le laquais de Sarrasine n'avait vu son maître si minutieux en fait de toilette. Sa plus belle épée, présent de Bouchardon, le nœud que Clotilde lui avait donné, son habit pailleté, son gilet de drap d'argent, sa tabatière d'or, ses montres précieuses, tout fut tiré des coffres, et il se para comme une jeune fille qui doit se promener devant son premier amant. A l'heure dite, ivre d'amour et bouillant d'espérance, Sarrasine, le nez dans son manteau, courut au rendez-vous donné par la vieille. La duègne attendait.

— Vous avez bien tardé ! lui dit-elle. Venez.

— Elle entraîna le Français dans plusieurs petites rues, et s'arrêta devant un palais d'assez belle apparence. Elle frappa. La porte s'ouvrit. Elle conduisit Sarrasine à travers un labyrinthe d'escaliers, de galeries et d'appartements qui n'étaient éclairés que par les lueurs incertaines de la lune, et arriva bientôt à une porte, entre les fentes de laquelle s'échappaient de vives lumières, d'où partaient les joyeux éclats de plusieurs voix. Tout à coup Sarrasine fut ébloui, quand, sur un mot de la vieille, il fut admis dans ce mystérieux appartement, et se trouva dans un salon aussi brillamment éclairé que somptueusement meublé, au milieu duquel s'élevait une table bien servie, chargée de sacro-saintes bouteilles, de riants flacons dont les facettes rougies étincelaient. Il reconnut les chanteurs et les cantatrices du théâtre, mêlés à des femmes charmantes, tous prêts à commencer une orgie d'artistes qui n'attendait plus que lui. Sarrasine réprima un mouvement de dépit, et fit bonne contenance. Il avait espéré une chambre mal éclairée, sa maîtresse auprès d'un brasier, un jaloux à deux pas, la mort et l'amour, des confidences échangées à voix basse, cœur à cœur, des baisers périlleux, et les visages si voisins que les cheveux de la Zambinella eussent caressé son front chargé de désirs, brûlant de bonheur.

— Vive la folie! s'écria-t-il; *signori e belle donne*, vous me permettrez de prendre plus tard ma revanche, et de vous témoigner ma reconnaissance pour la manière dont vous accueillez un pauvre sculpteur.

Après avoir reçu les compliments assez affectueux de la plupart des personnes présentes, qu'il connaissait de vue, il tâcha de s'approcher de la bergère sur laquelle la Zambinella était nonchalamment étendue. Oh! comme son cœur battit quand il aperçut un pied mignon, chaussé de ces mules qui, permettez-moi de le dire, madame, donnaient jadis au pied des femmes une expression si coquette, si voluptueuse, que je ne sais pas comment les hommes y pouvaient résister. Les bas blancs bien tirés et à coins verts, les jupes courtes, les mules pointues et à talons hauts du règne de Louis XV ont peut-être un peu contribué à démoraliser l'Europe et le clergé.

— Un peu! dit-elle. Vous n'avez donc rien lu?

— La Zambinella, repris-je en souriant, s'était effrontément croisé les jambes, et agitait en badinant celle qui se trouvait dessus, attitude de duchesse, qui allait bien à son genre de beauté capricieuse et pleine d'une certaine mollesse engageante. Elle avait quitté ses habits de théâtre, et portait un corps qui dessinait une taille svelte et que faisaient valoir des paniers et une robe de satin, brodée de fleurs bleues. Sa poitrine, dont une dentelle dissimulait les trésors par un luxe de coquetterie, étincelait de blancheur. Coiffée à peu près comme se coiffait madame Dubarry, sa figure, quoique surchargée d'un large bonnet, n'en paraissait que plus mignonne, et la poudre lui seyait bien. La voir ainsi, c'était l'adorer. Elle sourit gracieusement au sculpteur. Sarrasine, tout mécontent de ne pouvoir lui parler que devant témoins, s'assit poliment auprès d'elle, et l'entretint de musique, en la louant sur son prodigieux talent; mais sa voix tremblait d'amour, de crainte et d'espérance.

— Que craignez-vous? lui dit Vitagliani, le chanteur le plus célèbre de la troupe. Allez, vous n'avez pas un seul rival à craindre ici.

Le Ténor sourit silencieusement. Ce sourire se répéta sur les lèvres de tous les convives, dont l'attention avait une certaine malice cachée dont un amoureux ne devait pas s'apercevoir. Cette publicité fut comme un coup de poignard que Sarrasine aurait soudainement reçu dans le cœur. Quoique doué d'une certaine force de caractère, et bien qu'aucune circonstance ne dût influer sur son amour, il n'avait peut-être pas encore songé que Zambinella était presque une courtisane, et qu'il ne pouvait pas avoir, tout à la fois, les jouissances pures qui rendent l'amour d'une jeune fille chose si délicieuse, et les emportements fougueux par lesquels une femme de théâtre fait acheter les trésors de sa passion. Il réfléchit et se résigna. Le souper fut servi. Sarrasine et la Zambinella se mirent sans cérémonie à côté l'un de l'autre. Pendant la moitié du festin, les artistes gardèrent quelque mesure, et le sculpteur put causer avec la cantatrice. Il lui trouva de l'esprit, de la finesse; mais elle était d'une ignorance surprenante, et se montra faible et superstitieuse. La délicatesse de ses organes se reproduisait dans son entendement. Quand Vitagliani déboucha la première bouteille de vin de Champagne, Sarrasine lut dans les yeux de sa voisine une crainte assez vive de la petite détonation produite par le dégagement du gaz. Le tressaillement involontaire de cette organisation féminine fut interprété par l'amoureux artiste comme l'indice d'une excessive sensibilité. Cette faiblesse charma le Français. Il entre tant de protection dans l'amour d'un homme!

— Vous disposerez de ma puissance comme d'un bouclier! Cette phrase n'est-elle pas écrite au fond de toutes les déclarations d'amour?

Sarrasine, trop passionné pour débiter des galanteries à la belle Italienne, était comme tous les amants, tour à tour grave, rieur ou recueilli. Quoiqu'il parût écouter les convives, il n'entendait pas un mot de ce qu'ils disaient, tant il s'adonnait au plaisir de se trouver près d'elle, de lui effleurer la main, de la servir. Il nageait dans une joie secrète. Malgré l'éloquence de quelques regards mutuels, il fut étonné de la réserve dans laquelle la Zambinella se tint avec lui. Elle avait bien commencé la première à lui presser le pied et à l'agacer avec la malice d'une femme libre et amoureuse; mais soudain elle s'était enveloppée dans une modestie de jeune fille, après avoir entendu raconter par Sarrasine un trait qui peignit l'excessive violence de son caractère. Quand le souper devint une orgie, les convives se mirent à chanter, inspirés par le peralta et le pedro ximenès. Ce furent des duos ravissants, des airs de la Calabre, des séguédilles espagnoles, des canzonettes napolitaines. L'ivresse était dans tous les yeux, dans la musique, dans les cœurs et dans la voix. Il déborda tout à coup une vivacité enchanteresse, un abandon cordial, une bonhomie italienne dont rien ne peut donner l'idée à ceux qui ne connaissent que les assemblées de

Paris, les routs de Londres ou les cercles de Vienne. Les plaisanteries et les mots d'amour se croisaient, comme des balles dans une bataille, à travers les rires, les impiétés, les invocations à la sainte Vierge ou *al Bambino*. L'un se coucha sur un sofa, et se mit à dormir. Une jeune fille écoutait une déclaration sans savoir qu'elle répandait du xérès sur la nappe. Au milieu de ce désordre, la Zambinella, comme frappée de terreur, resta pensive. Elle refusa de boire, mangea peut-être un peu trop; mais la gourmandise est, dit-on, une grâce chez les femmes. En admirant la pudeur de sa maîtresse, Sarrasine fit de sérieuses réflexions pour l'avenir.

— Elle veut sans doute être épousée, se dit-il.

Alors il s'abandonna aux délices de ce mariage. Sa vie entière ne lui semblait pas assez longue pour épuiser la source de bonheur qu'il trouvait au fond de son âme. Vitagliani, son voisin, lui versa si souvent à boire que, vers les trois heures du matin, sans être complètement ivre, Sarrasine se trouva sans force contre son délire. Dans un moment de fougue, il emporta cette femme, en se sauvant dans une espèce de boudoir qui communiquait au salon, et sur la porte duquel il avait plus d'une fois tourné les yeux. L'Italienne était armée d'un poignard.

— Si tu approches, dit-elle, je serai forcée de te plonger cette arme dans le cœur. Va! tu me mépriserais. J'ai conçu trop de respect pour ton caractère, pour me livrer ainsi. Je ne veux pas déchoir du sentiment que tu m'accordes.

— Ah! ah! dit Sarrasine, c'est un mauvais moyen pour éteindre une passion que de l'exciter. Es-tu donc déjà corrompue à ce point que, vieille de cœur, tu agirais comme une jeune courtisane, qui aiguise les émotions dont elle fait commerce?

— Mais c'est aujourd'hui vendredi, répondit-elle, effrayée de la violence du Français.

Sarrasine, qui n'était pas dévot, se prit à rire. La Zambinella bondit comme un jeune chevreuil et s'élança dans la salle du festin. Quand Sarrasine y apparut, courant après elle, il fut accueilli par un rire infernal. Il vit la Zambinella évanouie sur un sofa. Elle était pâle et comme épuisée par l'effort extraordinaire qu'elle venait de faire. Quoique Sarrasine sût peu d'italien, il entendit sa maîtresse disant à voix basse à Vitagliani : — Mais il me tuera!

Cette scène étrange rendit le sculpteur tout confus. La raison lui revint. Il resta d'abord immobile; puis il retrouva la parole, s'assit auprès de sa maîtresse et protesta de son respect. Il trouva la force de donner le change à sa passion, en disant à cette femme les discours les plus exaltés; et, pour peindre son amour, il déploya les trésors de cette éloquence magique, officieux interprète que les femmes refusent rarement de croire. Au moment où les premières lueurs du matin surprirent les convives, une femme proposa d'aller à Frascati. Tous accueillirent par de vives acclamations l'idée de passer la journée à la villa Ludovisi. Vitagliani descendit pour louer des voitures. Sarrasine eut le bonheur de conduire la Zambinella dans un phaéton. Une fois sortis de Rome, la gaieté, un moment réprimée par les combats que chacun avait livrés au sommeil, se réveilla soudain. Hommes et femmes, tous paraissaient habitués à cette vie étrange, à ces plaisirs continus, à cet entraînement d'artiste qui fait de la vie une fête perpétuelle où l'on rit sans arrière-pensées. La compagne du sculpteur était la seule qui parût abattue.

— Êtes-vous malade? lui dit Sarrasine. Aimeriez-vous mieux rentrer chez vous?

— Je ne suis pas assez forte pour supporter tous ces excès, répondit-elle. J'ai besoin de grands ménagements; mais, près de vous, je me sens si bien! Sans vous, je ne serais pas restée à ce souper; une nuit passée me fait perdre toute ma fraîcheur.

— Vous êtes si délicate, reprit Sarrasine en contemplant les traits mignons de cette charmante créature.

— Les orgies m'abîment la voix.

— Maintenant que nous sommes seuls, s'écria l'artiste, et que vous n'avez plus à craindre l'effervescence de ma passion, dites-moi que vous m'aimez!

— Pourquoi? répliqua-t-elle. A quoi bon? Je vous ai semblé jolie. Mais vous êtes Français, et votre sentiment passera. Oh! vous ne m'aimeriez pas comme je voudrais être aimée.

— Comment?

— Sans but de passion vulgaire, purement. J'abhorre les hommes encore plus peut-être que je ne hais les femmes. J'ai besoin de me réfugier dans l'amitié. Le monde est désert pour moi. Je suis une créature maudite, condamnée à comprendre le bonheur, à le sentir, à le désirer, et, comme tant d'autres, forcée de le voir me fuir à toute heure. Souvenez-vous, seigneur, que je ne vous aurai pas trompé. Je vous défends de m'aimer. Je puis être un ami dévoué pour vous, car j'admire votre force et votre caractère. J'ai besoin d'un frère, d'un protecteur. Soyez tout cela pour moi, mais rien de plus.

— Ne pas vous aimer! s'écria Sarrasine; mais chère ange, tu es ma vie, mon bonheur.

— Si je disais un mot vous me repousseriez avec horreur.

— Coquette, rien ne peut m'effrayer. Dis-moi que tu me coûteras l'avenir, que dans deux mois je mourrai, que je serai damné pour t'avoir seulement embrassée.

Il l'embrassa, malgré les efforts que fit la Zambinella pour se soustraire à ce baiser passionné.

— Dis-moi que tu es un démon, qu'il te faut ma fortune, mon nom, toute ma célébrité. Veux-tu que je ne sois pas sculpteur ? Parle.

— Si je n'étais pas une femme ? demanda timidement la Zambinella d'une voix argentine et douce.

— La bonne plaisanterie ! s'écria Sarrasine. Crois-tu pouvoir tromper l'œil d'un artiste ? N'ai-je pas, depuis dix jours, dévoré, scruté, admiré tes perfections ? Une femme seule peut avoir ce bras rond et moelleux, ces contours élégants. Ah ! tu veux des compliments.

Elle sourit tristement, et dit en murmurant :

— Fatale beauté !

Elle leva les yeux au ciel. En ce moment son regard eut je ne sais quelle expression d'horreur si puissante, si vive, que Sarrasine en tressaillit.

— Seigneur Français, reprit-elle, oubliez à jamais un instant de folie. Je vous estime; mais quant à de l'amour ne m'en demandez pas, ce sentiment est étouffé dans mon cœur. Je n'ai pas de cœur ! s'écria-t-elle en pleurant. Le théâtre sur lequel vous m'avez vue, ces applaudissements, cette musique, cette gloire à laquelle on m'a condamnée, voilà ma vie, je n'en ai pas d'autre. Dans quelques heures vous ne me verrez plus des mêmes yeux, la femme que vous aimez sera morte.

Le sculpteur ne répondit pas. Il était la proie d'une sourde rage qui lui pressait le cœur. Il ne pouvait que regarder cette femme extraordinaire avec des yeux enflammés qui brûlaient. Cette voix empreinte de faiblesse, l'attitude, les manières et les gestes de Zambinella marqués de tristesse, de mélancolie et de découragement, réveillaient dans son âme toutes les richesses de la passion. Chaque parole était un aiguillon. En ce moment, ils étaient arrivés à Frascati. Quand l'artiste tendit les bras à sa maîtresse pour l'aider à descendre, il la sentit toute frissonnante.

— Qu'avez-vous ? Vous me feriez mourir, s'écria-t-il en la voyant pâlir, si vous aviez la moindre douleur dont je fusse la cause même innocente.

— Un serpent ! dit-elle en montrant une couleuvre qui se glissait le long d'un fossé. J'ai peur de ces odieuses bêtes.

Sarrasine écrasa la tête de la couleuvre d'un coup de pied.

— Comment avez-vous assez de courage ! reprit la Zambinella, en contemplant avec un effroi visible le reptile mort.

— Eh bien, dit l'artiste en souriant, oserez-vous bien prétendre que vous n'êtes pas femme ?

Ils rejoignirent leurs compagnons et se promenèrent dans les bois de la villa Ludovisi, qui appartenait alors au cardinal Cicognara. Cette matinée s'écoula trop vite pour l'amoureux sculpteur, mais elle fut remplie par une foule d'incidents qui lui dévoilèrent la coquetterie, la faiblesse, la mignardise de cette âme molle et sans énergie. C'était la femme avec ses peurs soudaines, ses caprices sans raison, ses troubles instinctifs, ses audaces sans cause, ses bravades et sa délicieuse finesse de sentiment. Il y eut un moment où, s'aventurant dans la campagne, la petite troupe des joyeux chanteurs vit de loin quelques hommes armés jusqu'aux dents, et dont le costume n'avait rien de rassurant. A ce mot : — Voici les brigands ! chacun doubla le pas pour se mettre à l'abri dans l'enceinte de la villa du cardinal. En cet instant critique, Sarrasine s'aperçut à la pâleur de la Zambinella qu'elle n'avait plus assez de force pour marcher ; il la prit dans ses bras et la porta, pendant quelque temps, en courant. Quand il se fut rapproché d'une vigne voisine, il mit sa maîtresse à terre.

— Expliquez-moi, lui dit-il, comment cette extrême faiblesse qui, chez toute autre femme, serait hideuse, me déplairait, et dont la moindre preuve suffirait presque pour éteindre mon amour, en vous me plaît, me charme ? Oh ! combien je vous aime ! reprit-il. Tous vos défauts, vos terreurs, vos petitesses ajoutent je ne sais quelle grâce à votre âme. Je sens que je détesterais une femme forte, une Sapho, courageuse, pleine d'énergie, de passion. O frêle et douce créature ! Comment peux-tu être autrement ? Cette voix d'ange, cette voix délicate, eût été un contre-sens si elle fût sortie d'un corps autre que le tien.

— Je ne puis, dit-elle, vous donner aucun espoir. Cessez de me parler ainsi, car l'on se moquerait de vous. Il m'est impossible de vous interdire l'entrée du théâtre ; mais si vous m'aimez ou si vous êtes sage, vous n'y viendrez plus. Écoutez, monsieur, dit-elle d'une voix grave.

— Oh, tais toi ! dit l'artiste enivré. Les obstacles attisent l'amour dans mon cœur.

La Zambinella resta dans une attitude gracieuse et modeste ; mais elle se tut, comme si une pensée terrible lui eût révélé quelque malheur. Quand il fallut revenir à Rome, elle monta dans une berline à quatre places, en ordonnant au sculpteur, d'un air impérieusement cruel, d'y retourner seul avec le phaéton. Pendant le chemin, Sarrasine résolut d'enlever la Zambinella. Il passa toute la journée occupé à former des plans plus extravagants les uns que les autres. A la nuit tombante, au moment où il sortit pour aller demander à quelques personnes où était situé le palais habité par sa maîtresse, il rencontra l'un de ses camarades sur le seuil de la porte.

— Mon cher, lui dit ce dernier, je suis chargé par notre ambassadeur de t'inviter à venir ce soir chez lui. Il donne un concert magnifique, et quand tu sauras que Zambinella y sera...

— Zambinella ! s'écria Sarrasine en délire à ce nom, j'en suis fou.

— Tu es comme tout le monde, lui répondit son camarade.

— Mais si vous êtes mes amis, toi, Vien, Lauterbourg et Allegrain, vous me prêterez votre assistance pour un coup de main après la fête ? demanda Sarrasine.

— Il n'y a pas de cardinal à tuer, pas de...

— Non, non, dit Sarrasine, je ne vous demande rien que d'honnêtes gens ne puissent faire.

En peu de temps le sculpteur disposa tout pour le succès de son entreprise. Il arriva l'un des derniers chez l'ambassadeur, mais il y vint dans une voiture de voyage attelée de chevaux vigoureux menés par l'un des plus entreprenants *vetturini* de Rome. Le palais de l'ambassadeur étant plein de monde, ce ne fut pas sans peine que le sculpteur, inconnu à tous les assistants, parvint au salon où dans ce moment Zambinella chantait.

— C'est sans doute par égard pour les cardinaux, les évêques et les abbés qui sont ici, demanda Sarrasine, qu'*elle* est habillée en homme, qu'elle a une bourse derrière la tête, les cheveux crêpés et une épée au côté.

— Elle ! Qui elle ? répondit le vieux seigneur auquel s'adressait Sarrasine.

— La Zambinella.

— La Zambinella ? reprit le prince romain. Vous moquez-vous ? D'où venez-vous ? Est-il jamais monté de femme sur les théâtres de Rome ? Et ne savez-vous pas par quelles créatures les rôles de femme sont remplis dans les États du pape ? C'est moi, monsieur, qui ai doté Zambinella de sa voix. J'ai tout payé à ce drôle-là, même son maître à chanter. Eh bien ! il a si peu de reconnaissance du service que je lui ai rendu, qu'il n'a jamais voulu remettre les pieds chez moi. Et cependant, s'il fait fortune, il me la devra tout entière.

Le prince Chigi aurait pu parler, certes, longtemps, Sarrasine ne l'écoutait pas. Une affreuse vérité avait pénétré dans son âme. Il était frappé comme d'un coup de foudre. Il resta immobile, les yeux attachés sur le prétendu chanteur. Son regard flamboyant eut une sorte d'influence magnétique sur Zambinella, car le *musico* finit par détourner furtivement la vue vers Sarrasine, et alors sa voix céleste s'altéra. Il trembla ! Un murmure involontaire échappé à l'assemblée, qu'il tenait comme attachée à ses lèvres, acheva de le troubler ; il s'assit, et discontinua son air. Le cardinal Cicognara, qui avait épié du coin de l'œil la direction que prit le regard de son protégé, aperçut alors le Français, il se pencha vers un de ses aides-de-camp ecclésiastiques, et parut demander le nom du sculpteur. Quand il eut obtenu la réponse qu'il désirait, il contempla fort attentivement l'artiste, et donna des ordres à un abbé qui disparut avec prestesse. Cependant Zambinella, s'étant remis, recommença le morceau qu'il avait interrompu si capricieusement ; mais il l'exécuta mal, et refusa, malgré toutes les instances qui lui furent faites, de chanter autre chose. Ce fut la première fois qu'il exerça publiquement cette tyrannie capricieuse, qui, plus tard, ne le rendit pas moins célèbre que son talent et son immense fortune due, dit-on, non moins à sa voix qu'à sa beauté.

— C'est une femme, dit Sarrasine, en se croyant seul. Il y a là-dessous quelque intrigue secrète. Le cardinal Cicognara trompe le pape et toute la ville de Rome !

Aussitôt le sculpteur sortit du salon, rassembla ses amis, et les embusqua dans la cour du palais. Quand Zambinella se fut assuré du départ de Sarrasine, il parut recouvrer quelque tranquillité. Vers minuit, après avoir erré dans les salons, en homme qui cherche un ennemi, le *musico* quitta l'assemblée. Au moment où il franchissait la porte du palais, il fut adroitement saisi par des hommes qui le bâillonnèrent avec un mouchoir et le mirent dans la voiture louée par Sarrasine. Glacé d'horreur, Zambinella resta dans un coin sans oser faire un mouvement. Il voyait devant lui la figure terrible de l'artiste qui gardait un silence de mort. Le trajet fut court. Zambinella, enlevé par Sarrasine, se trouva bientôt dans un atelier sombre et nu. Le chanteur, à moitié mort, demeura sur une chaise, sans oser regarder une statue de femme, dans laquelle il reconnut ses traits. Il ne proféra pas une parole ; mais ses dents claquaient. Il était transi de peur. Sarrasine se promenait à grands pas. Tout à coup il s'arrêta devant Zambinella.

— Dis-moi la vérité, demanda-t-il d'une voix sourde et altérée. Tu es une femme. Le cardinal Cicognara...

Zambinella tomba sur ses genoux, et ne répondit qu'en baissant la tête.

— Ah ! tu es une femme, s'écria l'artiste en délire, car même un... Il n'acheva pas. — Non, reprit-il, *il* n'aurait pas tant de bassesse.

— Ah ! ne me tuez pas, s'écria Zambinella fondant en larmes. Je n'ai consenti à vous tromper que pour plaire à mes camarades qui voulaient rire.

— Rire ! répondit le sculpteur d'une voix qui eut un éclat infernal. Rire, rire ! Tu as osé te jouer d'une passion d'homme, toi ?

— Oh, grâce ! répliqua Zambinella.

— Je devrais te faire mourir ! cria Sarrasine en tirant son épée par un mouvement de violence. Mais, reprit-il avec un dédain froid, en fouillant ton être avec un poignard, y trouverais-je un sentiment à éteindre, une vengeance à satisfaire ? Tu n'es rien. Homme ou femme, je te tuerais ! mais... Sarrasine fit un geste de dégoût, qui l'obligea de détourner sa tête, et alors il regarda la statue.

— Et c'est une illusion ! s'écria-t-il. Puis se tournant vers Zambinella : — Un cœur de femme était pour moi un asile, une patrie. As-tu des sœurs qui te ressemblent ? — Non. — Eh bien, meurs ! Mais non, tu vivras. Te laisser la vie n'est-ce pas te vouer à quelque chose de pire que la mort ? Ce n'est ni mon sang ni mon existence que je regrette, mais l'avenir, et ma fortune de cœur. Ta main débile a renversé mon bonheur. Quelle espérance puis-je te ravir pour toutes celles que tu as flétries ? Tu m'as ravalé jusqu'à toi. *Aimer, être aimé* ! sont désormais des mots vides de sens pour moi, comme pour toi. Sans cesse je penserai à cette femme imaginaire en voyant une femme réelle.

Il montra la statue par un geste de désespoir.

— J'aurai toujours dans le souvenir une harpie céleste qui viendra enfoncer ses griffes dans tous mes sentiments d'homme, et qui signera toutes les autres femmes d'un cachet d'imperfection ! Monstre ! toi qui ne peux donner la vie à rien, tu m'as dépeuplé la terre de toutes ses femmes.

Sarrasine s'assit en face du chanteur épouvanté. Deux grosses larmes sortirent de ses yeux secs, roulèrent le long de ses joues mâles et tombèrent à terre ; deux larmes de rage, deux larmes âcres et brûlantes.

— Plus d'amour ! je suis mort à tout plaisir, à toutes les émotions humaines.

A ces mots, il saisit un marteau et le lança sur la statue avec une force si extravagante qu'il la manqua. Il crut avoir détruit ce monument de sa folie, et alors il reprit son épée et la brandit pour tuer le chanteur. Zambinella jeta des cris perçants. En ce moment trois hommes entrèrent, et soudain le sculpteur tomba percé de trois coups de stylet.

— De la part du cardinal Cicognara, dit l'un d'eux.

— C'est un bienfait digne d'un chrétien, répondit le Français en expirant.

Ces sombres émissaires apprirent à Zambinella l'inquiétude de son protecteur, qui attendait à la porte dans une voiture fermée, afin de pouvoir l'emmener aussitôt qu'il serait délivré.

— Mais, me dit Fœdora, quel rapport existe-t-il entre cette histoire et le petit vieillard que j'ai vu chez les Lanty ?

— Madame, le cardinal Cicognara se rendit maître de la statue de Zambinella et la fit exécuter en marbre. Elle est aujourd'hui dans le musée Albani. C'est là qu'en 1791 la famille Lanty la retrouva. Elle pria Girodet de la copier. Le portrait qui vous a montré Zambinella à vingt ans, un instant après l'avoir vu centenaire, lui a servi plus tard pour son Endymion, dont vous avez pu reconnaître le type dans l'Adonis.

— Mais ce ou cette Zambinella...

— Ne saurait être, madame, que le grand-oncle de Marianina. Vous devez concevoir maintenant l'intérêt que madame de Lanty peut avoir à cacher la source d'une fortune qui provient...

— Assez ! dit-elle en me faisant un geste impérieux.

Nous restâmes pendant un moment plongés dans le plus profond silence.

— Hé bien ? lui dis-je.

— Ah ! s'écria-t-elle en se levant et se promenant à grands pas dans la chambre.

Elle vint me regarder, et me dit d'une voix altérée : — Vous m'avez dégoûtée de la vie et des passions pour longtemps. Au monstre près, tous les sentiments humains ne se dénouent-ils pas ainsi, par d'atroces déceptions ? Mères, des enfants nous assassinent, ou par leur mauvaise conduite, ou par leur froideur. Épouses, nous sommes trahies. Amantes, nous sommes délaissées, abandonnées. L'amitié ! existe-t-elle ? Demain je me ferais dévote si je ne savais pouvoir rester comme un roc inaccessible au milieu des orages de la vie. Si l'avenir du chrétien est encore une illusion, au moins elle ne se détruit qu'après la mort. Laissez-moi seule.

— Ah ! lui dis-je, vous savez punir.

— Aurais-je tort ?

— Oui, répondis-je avec une sorte de courage. En achevant cette histoire assez connue en Italie, je puis vous donner une haute idée des progrès faits par la civilisation actuelle. On n'y fait plus de ces malheureuses créatures.

— Paris, dit-elle, est une terre bien hospitalière ; il accueille tout, et les fortunes honteuses, et les fortunes ensanglantées. Le crime et l'infamie y ont droit d'asile, y rencontrent des sympathies ; la vertu seule y est sans autels. Oui, les âmes pures ont une patrie dans le ciel ! Personne ne m'aura connue ! J'en suis fière.

Et la comtesse resta pensive.

Paris, novembre 1830.

# MADAME FIRMIANI.

Beaucoup de récits, riches de situations ou rendus dramatiques par les innombrables jets du hasard, emportent avec eux leurs propres artifices, et peuvent être racontés simplement ou artistement par toutes les lèvres sans que le sujet y perde la plus légère de ses beautés. Mais il est quelques aventures de la vie humaine auxquelles les accents du cœur seuls rendent la vie ; mais il est certains détails, pour ainsi dire anatomiques, dont les fibres déliées ne reparaissent, dans une action éteinte, que sous les infusions les plus habiles de la pensée ; il est des portraits qui veulent une âme, et qui ne sont rien sans les traits les plus délicats de leur physionomie mobile ; enfin, il se rencontre de ces choses que nous ne savons dire ou faire sans je ne sais quelles harmonies inconnues, et auxquelles président un jour, une heure, une conjonction heureuse dans les signes célestes, ou de secrètes prédispositions morales. Ces sortes de révélations mystérieuses étaient impérieusement exigées pour dire cette histoire simple à laquelle l'auteur voudrait pouvoir intéresser quelques-unes de ces âmes naturellement mélancoliques et songeuses qui se nourrissent d'émotions douces. Mais si l'écrivain, semblable à un chirurgien près d'un ami mourant, s'est pénétré d'une espèce de respect pour le sujet qu'il maniait, le lecteur doit également partager ce sentiment inexplicable, être initié à cette vague et nerveuse tristesse qui, n'ayant point d'aliment, répand des teintes grises autour de nous, demi-maladie dont nous aimons tous les molles souffrances. Si vous pensez, par hasard, aux personnes chères que vous avez perdues ; si vous êtes seul, s'il est nuit ou si le jour tombe, poursuivez la lecture de cette histoire : autrement, vous jetteriez le livre à la première page. Si vous n'avez pas déjà enseveli quelque bonne tante infirme ou sans fortune, vous ne comprendrez point ces pages. Aux uns, elles sembleront imprégnées de musc ; aux autres, elles paraîtront aussi décolorées, aussi vertueuses que peuvent l'être celles de Florian. Pour tout dire, il faut que vous ayez connu la volupté des larmes, que vous ayez senti la douleur muette d'un souvenir qui passe légèrement, chargé d'une ombre chère, mais d'une ombre lointaine ; que vous possédiez quelques-uns de ces souvenirs qui font tout à la fois regretter ce que vous a dévoré la terre, et sourire d'un bonheur évanoui. Maintenant, croyez que pour les richesses de l'Angleterre l'auteur ne voudrait pas extorquer à la poésie un seul de ses mensonges pour embellir sa narration. Ceci est une histoire vraie, et pour laquelle vous pouvez verser les trésors de votre sensibilité, si vous en avez.

Aujourd'hui, notre langue a autant d'idiomes qu'il existe de Variétés d'hommes dans la grande famille française. Aussi est-ce vraiment chose curieuse et agréable que d'écouter les différentes versions données sur une même chose, un même événement, un même mot, par chacune des Espèces qui composent la monographie du Parisien, le Parisien étant pris pour généraliser la thèse.

Ainsi, vous eussiez demandé à un sujet appartenant au genre des Positifs : — Connaissez-vous MADAME FIRMIANI ? Cet homme vous eût traduit madame Firmiani par l'inventaire suivant : — « Un grand hôtel situé rue du Bac, des salons bien meublés, de beaux tableaux, cent bonnes mille livres de rente, et un mari, jadis receveur-général dans le département de Montenotte. » Ayant dit, le Positif, homme gros et rond, presque toujours vêtu de noir, fait une petite grimace de satisfaction, relève sa lèvre inférieure en la fronçant de manière à couvrir la supérieure, et hoche la tête comme s'il ajoutait : — Voilà des gens solides, et sur lesquels il n'y a rien à dire. Ne lui demandez rien de plus ! Les Positifs expliquent tout par des chiffres, par des rentes ou par *les biens au soleil* (mot de leur lexique).

Tournez à droite, allez interroger cet autre qui appartient au genre des Flaneurs ; répétez-lui votre question. — « Madame Firmiani ! dit-il ; oui, oui ! je la connais bien ; je vais à ses soirées. Elle reçoit le mercredi ; c'est une maison fort honorable. » Madame Firmiani se métamorphose en maison. Cette maison n'est plus un amas de pierres superposées architectoniquement ; non, ce mot est, dans la langue des Flaneurs, un idiotisme intraduisible. Ici, le Flaneur, homme sec, à sourire agréable, disant de jolis riens, ayant toujours plus d'esprit acquis que d'esprit naturel, se penche à votre oreille, et, d'un air fin, vous dit : — « Mais je n'ai jamais vu M. Firmiani. Sa position sociale consiste à gérer des biens en Italie ; madame Firmiani est Française, et dépense ses revenus en Parisienne. Elle a d'excellent thé ! C'est une des maisons, aujourd'hui si rares, où l'on s'amuse et où ce que l'on vous donne est exquis. Il est d'ailleurs fort difficile d'être admis chez elle. Aussi la meilleure société se trouve-t-elle dans ses salons ! » Puis, le Flaneur commente ce dernier mot par une prise de tabac saisie gravement, il se garnit le nez à petits coups, et semble vous dire : — Je vais dans cette maison, mais ne comptez pas sur moi pour vous y présenter.

Madame Firmiani tient pour les Flaneurs une espèce d'auberge sans enseigne.

— « Que veux-tu donc aller faire chez madame Firmiani ? mais l'on s'y ennuie autant qu'à la cour. A quoi sert d'avoir de l'esprit, si ce n'est à éviter des salons où, par la poésie qui court, on lit la plus petite ballade fraîche éclose ? « Vous avez questionné l'un de vos amis classé parmi les Personnels, gens qui voudraient tenir l'univers sous clef et n'y rien laisser faire sans leur permission. Ils sont malheureux de tout le bonheur des autres, ne pardonnent qu'aux vices, aux chutes, aux infirmités, et ne veulent que des protégés. Aristocrates par inclination, ils se font républicains par dépit, afin d'avoir beaucoup d'inférieurs parmi leurs égaux.

— « Oh ! madame Firmiani, mon cher, est une de ces femmes adorables qui servent d'excuse à la nature pour toutes les laides qu'elle a créées par erreur ; elle est ravissante ! elle est bonne ! Je ne voudrais être au pouvoir, devenir roi, posséder des millions, que pour (*ici trois mots dits à l'oreille*). Veux-tu que je t'y présente ? » Ce jeune homme est du genre Lycéen.

— Madame Firmiani ! s'écrie un autre en faisant tourner sa canne sur elle-même, je vais te dire ce que j'en pense. C'est une femme entre trente et trente-cinq ans, figure passée, beaux yeux, taille plate, voix de contralto usée, beaucoup de toilette, un peu de rouge, charmantes manières ; enfin, mon cher, les restes d'une jolie femme. Cependant elle vaut encore la peine d'une passion.

Cette sentence est due à un sujet du genre Fat. Il vient de déjeuner, ne pèse plus ses paroles et va monter à cheval. En ces moments, les Fats sont impitoyables.

— Il y a chez elle une galerie de tableaux magnifiques, allez la voir ! vous répond un autre. Rien n'est aussi beau !

Vous vous êtes adressé au genre Amateur. L'individu vous quitte pour aller chez Pérignon. Pour lui, madame Firmiani est une collection de toiles peintes.

UNE FEMME. — Madame Firmiani ? Je ne veux pas que vous alliez chez elle !

Cette phrase est la plus riche des traductions. — «Madame Firmiani ! femme dangereuse ! sirène ! elle se met bien ! elle a du goût ! elle cause des insomnies à toutes les femmes. « L'interlocutrice appartient au genre des Tracassiers.

UN ATTACHÉ D'AMBASSADE. — Madame Firmiani ! N'est-elle pas d'Anvers ? J'ai vu cette femme-là bien belle il y a dix ans. Elle était à Rome.

Les sujets appartiennent à la classe des Attachés ont la manie de dire des mots à la Talleyrand. Leur esprit est souvent si fin, que leurs aperçus sont imperceptibles. Ils ressemblent aux joueurs de billard qui évitent les billes avec une adresse infinie. Ces individus sont généralement peu parleurs ; mais quand ils parlent, ils ne s'occupent que de l'Espagne, de Vienne, de l'Italie ou de Pétersbourg. Les noms de pays sont chez eux comme des ressorts ; pressez-les, la sonnerie vous dira tous ses airs.

— Cette madame Firmiani ne voit-elle pas beaucoup le faubourg Saint-Germain ?

Ceci est dit par une personne qui veut appartenir au genre Distingué. Elle donne le *de* à tout le monde, à M. Dupin l'aîné, à M. Lafayette ; elle le jette à tort et à travers, elle en déshonore les gens. Elle passe sa vie à s'inquiéter de ce qui est *bien* ; mais, pour son supplice, elle demeure au Marais, et son mari a été avoué, mais avoué à la Cour royale.

— Madame Firmiani, monsieur ? je ne la connais pas !

Cet homme appartient au genre des Ducs. Il n'avoue que les femmes présentées ; mais excusez-le, il est duc par le fait de Napoléon.

— Madame Firmiani ? N'est-ce pas une ancienne actrice des Italiens ?

Homme du genre Niais. Les individus de cette classe veulent avoir réponse à tout.

Deux vieilles dames (*femmes d'anciens magistrats*). La première. — (Elle a un bonnet à coques ; sa figure est ridée ; son nez est pointu ; elle tient un Paroissien ; voix dure :)

— Qu'est-elle en son nom, cette madame Firmiani ?

La seconde. — (Petite figure rouge ressemblant à une vieille pomme d'api, voix douce :) — Une Carignan, ma chère.

Madame Firmiani est une Carignan ; elle n'aurait ni vertus, ni fortune, ni jeunesse, ce serait toujours une Carignan. Une Carignan, c'est comme un préjugé, toujours riche et vivant.

Un original. — Mon cher, je n'ai jamais vu de socques dans son antichambre, tu peux aller chez elle sans te compromettre et y jouer sans crainte, parce que, s'il y a des fripons, ils sont gens de qualité, partant on ne s'y querelle pas.

Vieillard appartenant au genre des Observateurs. — Vous irez chez madame Firmiani ; vous trouverez, mon cher, une belle femme nonchalamment assise au coin de sa cheminée ; à peine se lèvera-t-elle de son fauteuil. Elle est fort gracieuse ; elle charme ; elle cause bien et veut causer de tout ; il y a chez elle tous les indices de la passion, mais on lui donne trop d'amants pour qu'elle en ait un. Si les soupçons ne planaient que sur deux ou trois de ses intimes, nous saurions quel est son cavalier servant ; mais c'est une femme toute mystérieuse ; elle est mariée, et jamais nous n'avons vu son mari. M. Firmiani est un personnage tout à fait fantastique, il ressemble à ce troisième cheval que l'on paie toujours en courant la poste, et qu'on n'aperçoit jamais. Madame, à entendre les artistes, est le premier contralto d'Europe ; néanmoins, elle n'a pas chanté trois fois depuis qu'elle est à Paris ; elle reçoit beaucoup de monde et ne va chez personne.

L'Observateur parle en prophète. Il faut accepter ses paroles, ses anecdotes, ses citations, comme des vérités, sous peine de passer pour un homme sans instruction, sans moyens. Il vous calomniera gaiement dans vingt salons où il est essentiel comme une première pièce sur l'affiche, ces pièces si souvent jouées pour les banquettes, et qui ont eu du succès autrefois. L'Observateur a quarante ans, ne dîne jamais chez lui, se dit peu dangereux près des femmes ; il est poudré, porte un habit marron, a toujours une place dans plusieurs loges aux Bouffons ; il est quelquefois confondu parmi les parasites, mais il a rempli de trop hautes fonctions pour être soupçonné d'être un pique-assiette, et possède d'ailleurs une terre dans un département dont le nom ne lui est jamais échappé.

— Madame Firmiani ? Mais, mon cher, c'est une ancienne maîtresse de Murat !

Celui-ci est dans la classe des Contradicteurs. Ces sortes de gens font les *errata* de tous les mémoires, rectifient tous les faits, parient toujours cent contre un, sont sûrs de tout. Vous les surprenez dans la même soirée, en flagrant délit d'ubiquité. Ils disent avoir été arrêtés à Paris lors de la conspiration Mallet, en oubliant qu'ils venaient, une demi-heure auparavant, d'assister au passage de la Bérésina. Presque tous les Contradicteurs sont chevaliers de la Légion d'Honneur, parlent très-haut, ont un front fuyant, et jouent gros jeu.

— Madame Firmiani, cent mille livres de rente ! Êtes-vous fou ? Vraiment, il y a des gens qui vous donnent des cent mille livres de rente avec la libéralité des auteurs, auxquels cela ne coûte rien quand ils dotent leurs héroïnes. Mais madame Firmiani est une coquette, elle a ruiné dernièrement un jeune homme, et l'a empêché de faire un très-beau mariage. Si elle n'était pas belle, elle serait sans un sou.

Oh ! celui-ci vous le reconnaissez. Il est du genre des Envieux, et nous ne le dessinerons pas le moindre trait. L'espèce en est aussi connue que peut l'être celle des *felis* domestiques. Les envieux ne sont pas plus rares dans le monde que les pariétaires sur les murs.

Les *gens* du monde, les *gens* de lettres, les honnêtes *gens*, et les *gens* de tout genre, répandaient, au mois de janvier 1825, tant d'opinions différentes sur madame Firmiani que je serais fastidieux de les consigner toutes ici. Nous avons seulement voulu constater qu'un homme intéressé à la connaître, sans aller chez elle, aurait eu raison de la croire également veuve ou mariée, sotte ou spirituelle, vertueuse ou sans mœurs, riche ou pauvre, sensible ou sans âme, belle ou laide. Bref, il y avait autant de madames Firmiani que de *classes* dans la société, que de sectes dans le catholicisme. Effrayante pensée ! Nous sommes tous comme des planches lithographiques dont la médisance tire une infinité de copies. Ces épreuves ressemblent au modèle ou en diffèrent par des nuances tellement imperceptibles, que la réputation dépend, sauf les calomnies de nos amis et les bons mots d'un journal, de la balance faite par chacun entre le vrai qui va boitant et les vérités qui courent. Madame Firmiani, semblable à beaucoup de femmes pleines de noblesse et de fierté, qui se font de leur cœur un sanctuaire et dédaignent le monde, aurait pu être très-mal jugée par M. le comte de Valesnes, vieux propriétaire occupé d'elle, au commencement de l'année 1825. Par hasard, ce propriétaire appartenait à la classe des Planteurs, gens habitués à se rendre compte de tout, et à faire des marchés avec les paysans. A ce métier, un homme devient perspicace malgré lui, comme un soldat contracte à la longue un courage de routine.

Ce curieux, venu de Touraine, et que les idiomes parisiens ne satisfaisaient point, était un gentilhomme très-honorable, qui jouissait, pour seul et unique héritier, d'un neveu dont il raffolait, et pour lequel il plantait ses peupliers. Cette amitié ultra-naturelle motivait bien des médisances que les sujets appartenants aux diverses espèces du Tourangeau formulaient très-spirituellement ; mais il est inutile de les rapporter, car elles pâliraient auprès des médisances parisiennes. Quand on peut penser à son héritier, sans déplaisir, en voyant tous les jours de belles rangées de peupliers s'embellir, l'affection s'accroît de chaque coup de bêche qu'on donne au pied des arbres. Quoique ce phénomène de sensibilité soit peu commun, il se rencontre encore en Touraine. Ce neveu chéri se nommait Octave de Camps, et descendait du fameux abbé de Camps, si connu des bibliophiles ou des savants, ce qui n'est pas la même chose. Les gens de province ont la mauvaise habitude de frapper d'une espèce de réprobation décente les jeunes gens qui vendent leurs héritages ; gothique préjugé qui nuit à l'agiotage que, jusqu'à présent, le gouvernement encourage par une *quasi-tolérance*. Or, Octave de Camps, sans consulter son oncle, avait à l'improviste disposé d'une terre en faveur de la bande noire. Le château de Villaines eût été démoli sans les propositions que le vieil oncle avait faites aux représentants de la compagnie du marteau. Pour augmenter la colère du testateur, un ami d'Octave, parent éloigné, un de ces gens habiles dont les capacités départementales disent : — Je ne voudrais pas avoir de procès avec lui ! était venu, par hasard, chez M. de Valesnes, et lui avait appris la ruine de son neveu. M. Octave de Camps, après avoir dissipé sa fortune pour une madame Firmiani, s'était vu réduit à se faire répétiteur de mathématiques, en attendant l'héritage de son oncle, auquel il n'osait venir avouer ses fautes.

Cet arrière-cousin, espèce de Charles Moor, n'avait pas eu honte de donner ces fatales nouvelles à M. de Valesnes au moment où le vieux campagnard digérait, devant son large foyer, un copieux dîner de province. Mais les héritiers ne viennent pas à bout d'un oncle aussi facilement qu'ils le voudraient. Grâce à son entêtement, celui-ci, qui refusait de croire en l'arrière-cousin, sortit vainqueur de l'indigestion causée par la biographie de son neveu. Certains coups portent sur le cœur, d'autres sur la tête ; le coup donné par l'arrière-cousin tomba sur les entrailles et produisit peu d'effet, parce que le bonhomme avait un excellent estomac.

En vrai disciple de saint Thomas, M. de Valesnes vint à Paris, à l'insu d'Octave, et voulut prendre des renseignements sur la déconfiture de son héritier. Le vieux gentilhomme avait des relations dans le faubourg Saint-Germain, où, en deux jours, il entendit tant de médisances, de vérités, de faussetés sur madame Firmiani, qu'il résolut de se faire présenter chez elle sous le nom de M. de Rouxellay, son nom patronymique. Le prudent vieillard avait eu soin de choisir, pour venir étudier la prétendue maîtresse d'Octave, une soirée pendant laquelle il le savait occupé d'achever un travail chèrement payé. L'amant de madame Firmiani était toujours reçu chez elle, circonstance que personne ne pouvait expliquer. Quant à la ruine d'Octave, ce n'était malheureusement pas une fable. M. le comte de Rouxellay de Valesnes ne ressemblait point à un oncle du Gymnase. Ancien mousquetaire, homme de haute compagnie qui avait eu jadis des bonnes fortunes, il savait se présenter courtoisement, se souvenait des manières polies d'autrefois, disait des mots gracieux et comprenait presque toute la Charte. Quoiqu'il aimât les Bourbons avec une noble franchise, qu'il crût en Dieu comme y croient les gentilshommes, qu'il lût *la Quotidienne*, il n'était pas aussi ridicule que les libéraux de son département le souhaitaient. Il pouvait tenir sa place près des gens de cour, pourvu qu'on ne lui parlât point de *Mosè*, de drame, de romantisme, de couleur locale, de chemins de fer, car il en était resté à M. de Voltaire, à Buffon, à Perronnet et au chevalier de Gluck.

— Madame, dit-il à la comtesse de Frontenac, à laquelle il donnait le bras en entrant chez madame Firmiani, si cette femme est la maîtresse de mon neveu, je le plains. Comment peut-elle vivre au sein du luxe en le sachant dans un grenier ! Elle n'a pas d'âme. Octave est un fou d'avoir placé le prix de la terre de Villaines dans le cœur d'une...

Le comte appartenait au genre Fossile, et ne connaissait que le langage du vieux temps.

— Mais s'il l'avait perdue au jeu ?

— Eh ! madame, au moins il aurait eu le plaisir de jouer.

— Vous croyez donc qu'il n'a pas eu de plaisir ? Tenez, voyez madame Firmiani.

Les plus beaux souvenirs du vieil oncle pâlirent à l'aspect de la maîtresse de son neveu. Sa colère expira dans une phrase gracieuse qui lui fut arrachée à l'aspect de madame Firmiani. Elle était, par un de ces hasards qui n'arrivent qu'aux jolies femmes, dans un moment où toutes ses beautés brillaient d'un éclat particulier, dû peut-être à la lueur des bougies, à une toilette admirablement simple, à je ne sais quel reflet du luxe élégant qui l'environnait. Il faut avoir étudié toutes les petites révolutions d'une soirée dans un salon de Paris, pour apprécier les nuances imperceptibles qui peuvent colorer un visage de femme et le changer. Il est un moment où, contente de sa parure, où se trouvant spirituelle, heureuse d'être admirée, en se voyant la reine d'un salon plein d'hommes remarquables qui lui sourient, elle a la conscience de sa beauté, de sa grâce : alors, elle s'embellit de tous les regards qu'elle recueille et qui l'animent, mais dont elle sacrifie les muets hommages à son bien-aimé. En ce moment, une femme est comme investie d'un pouvoir surnaturel, et devient magicienne. Coquette à son insu, elle inspire involontairement l'amour dont elle s'enivre en secret, elle a des sourires, des regards qui fascinent. Si cet éclat, venu de l'âme, donne de l'attrait même aux laides, de quelle splendeur ne revêt-il pas une femme nativement élégante, aux formes distinguées, blanche, fraîche, aux yeux vifs, et surtout mise avec un goût avoué des artistes et de ses rivales !

Avez-vous, pour votre bonheur, rencontré quelque personne dont la voix harmonieuse imprime à la parole un charme également répandu dans ses manières ; qui sait et parler et se taire ; s'occuper de vous avec délicatesse ; dont les mots sont heureusement choisis et dont le langage est pur ; sa raillerie caresse et sa critique ne blesse point ; elle ne disserte pas plus qu'elle ne dispute, elle se plaît à conduire une discussion, et l'arrête à propos ; son air est affable et riant ; sa politesse n'a rien de forcé ; son empressement n'est pas servile ; elle réduit le respect à n'être plus qu'une ombre douce ; elle ne vous fatigue jamais, et vous laisse satisfait d'elle et de vous. Sa bonne grâce, vous la retrouvez empreinte dans les choses dont elle s'environne ; chez elle, tout flatte la vue, et vous y respirez comme l'air d'une patrie. Cette femme est naturelle. En elle, jamais d'effort, elle n'affiche rien ; ses sentiments sont simplement rendus, parce qu'ils sont vrais ; elle est franche, et sait n'offenser aucun amour-propre. Elle accepte les hommes comme Dieu les a faits, plaignant les gens vicieux, pardonnant aux défauts et aux ridicules, concevant tous les âges, et ne s'irritant de rien, parce qu'elle a le tact de tout prévoir. Elle oblige avant de consoler ; elle est tendre et gaie ; vous l'aimez irrésistiblement, et si cet ange fait une faute, vous vous sentez prêt à la justifier. Telle était madame Firmiani.

Lorsque M. de Valesnes eut causé pendant un quart d'heure avec cette femme, assis près d'elle, son neveu fut absous, et il comprit que, fausses ou vraies, les liaisons d'Octave et de madame Firmiani cachaient sans doute quelque mystère. Revenant aux illusions qui dorent les premiers jours de notre jeunesse, et jugeant du cœur de madame Firmiani par sa beauté, il pensa qu'une femme aussi pénétrée de sa dignité qu'elle paraissait l'être, était incapable d'une mauvaise action. Il y avait tant de calme dans ses yeux noirs, les lignes de son visage étaient si nobles, les contours si purs, et la passion dont on l'accusait semblait lui peser si peu sur le cœur, que le comte, admirant toutes les promesses faites à l'amour et à la vertu par cette adorable physionomie, se dit : — Mon neveu aura commis quelque sottise !

Madame Firmiani avouait vingt-cinq ans ; mais les Positifs prouvaient que, mariée en 1813, à l'âge de seize ans, elle devait avoir au moins vingt-huit ans en 1825. Néanmoins, les mêmes gens assuraient aussi qu'à aucune époque de sa vie elle n'avait été si désirable, ni si complétement femme. Elle était sans enfants, et n'en avait point eu. Le problématique M. Firmiani, octogénaire très-respectable en 1813, n'avait pu, disait-on, lui offrir que son nom et sa fortune. Madame de Firmiani atteignait donc l'âge où la Parisienne conçoit le mieux une passion, et la désire peut-être innocemment à ses heures perdues. Elle avait acquis tout ce que le monde vend, tout ce qu'il prête, tout ce qu'il donne. Les Attachés d'ambassade prétendaient qu'elle n'ignorait rien. Les Contradicteurs prétendaient qu'elle pouvait encore apprendre beaucoup de choses. Les Observateurs lui trouvaient les mains bien blanches, le pied bien mignon, les mouvements trop onduleux. Mais les individus de tous les Genres enviaient ou contestaient le bonheur d'Octave, en convenant que madame Firmiani était la femme la plus aristocratiquement belle de tout Paris. Jeune encore, riche, musicienne parfaite, spirituelle, délicate, reçue, en souvenir des Carignan, auxquels elle appartenait par sa mère, chez madame la princesse de Blamont-Chauvry, oracle du noble faubourg, elle flattait toutes les vanités qui alimentent et qui excitent l'amour. Elle était désirée par trop de gens pour n'être pas victime de l'élégante médisance parisienne et des ravissantes calomnies qui se débitent si spirituellement sous l'éventail ou dans les *aparté*. Aussi les observations par lesquelles cette histoire commence étaient-elles nécessaires pour faire connaître la Firmiani du monde. Si quelques femmes lui pardonnaient son bonheur, d'autres ne lui faisaient pas grâce de sa décence ; et rien n'est plus terrible, surtout à Paris, que des soupçons sans fondement; il est impossible de les détruire. Cette esquisse d'une figure admirable de naturel n'en donnera jamais qu'une faible idée. Il faudrait le pinceau de Gérard pour rendre la fierté du front, la profusion des cheveux, la majesté du regard, toutes les pensées que faisaient supposer les couleurs particulières du teint. Il y avait tout dans cette femme. Les poëtes pouvaient en faire à la fois Jeanne d'Arc ou Agnès Sorel; mais il y avait aussi la femme inconnue, l'âme cachée sous cette enveloppe décevante, l'âme d'Ève, les richesses du mal et les trésors du bien, la faute et la résignation, le crime et le dévouement, Dona Julia et Haïdée de *Don Juan*.

L'ancien mousquetaire demeura fort impertinemment le dernier dans le salon de madame Firmiani, qui le trouva tranquillement assis dans un fauteuil, restant devant elle avec l'importunité d'une mouche qu'il faut tuer pour s'en débarrasser. La pendule marquait deux heures après minuit.

— Madame, dit le vieux gentilhomme au moment où madame Firmiani se leva en espérant faire comprendre à son hôte que son bon plaisir était qu'il partît, madame, je suis l'oncle de M. Octave de Camps.

Madame Firmiani s'assit promptement. Elle était émue. Mais, malgré sa perspicacité, le planteur de peupliers ne devina pas si elle pâlissait et rougissait de honte ou de plaisir. Il est des plaisirs qui ne vont pas sans un peu de pudeur effarouchée, délicieuses émotions que le cœur le plus chaste voudrait toujours voiler. Plus une femme est délicate, plus elle veut cacher les joies de son âme. Beaucoup de femmes, inconcevables dans leurs divins caprices, souhaitent souvent entendre prononcer par tout le monde un nom que parfois elles désireraient ensevelir dans leur cœur. M. de Bouxellay n'interpréta pas tout à fait ainsi le trouble de madame Firmiani; mais le campagnard était défiant.

— Eh bien, monsieur? lui dit madame Firmiani, en lui jetant un de ces regards lucides et clairs où, nous autres hommes, nous ne pouvons jamais rien voir parce qu'ils nous interrogent un peu trop.

— Eh bien, madame, reprit le gentilhomme, savez-vous ce qu'on est venu me dire, à moi, au fond de ma province? Mon neveu vous aime, il s'est ruiné pour vous! Le malheureux est dans un grenier tandis que vous êtes ici dans l'or et la soie. Vous me pardonnerez ma rustique franchise, car il est peut-être très-utile que vous soyez instruite des calomnies...

— Arrêtez, monsieur, dit madame Firmiani en interrompant le gentilhomme par un geste impératif, je sais tout cela. Vous êtes trop poli pour laisser la conversation sur ce sujet lorsque je vous aurai prié de le quitter. Vous êtes trop galant (dans l'ancienne acception du mot, ajouta-t-elle en donnant un léger accent d'ironie à ses paroles) pour ne pas reconnaître que vous n'avez aucun droit de me questionner; qu'il serait ridicule à moi de me justifier; et j'espère que vous aurez une assez bonne opinion de mon caractère pour croire au profond mépris que l'argent m'inspire. J'ignore si monsieur votre neveu est riche ou pauvre : si je l'ai reçu, si je le reçois, je le regarde comme digne d'être au milieu de mes amis. Tous ont du respect les uns pour les autres; ils savent que je n'ai pas la philosophie de voir les gens que je n'estime point. Peut-être est-ce manquer de charité; mais mon ange gardien m'a maintenue jusqu'aujourd'hui dans une aversion profonde des caquets et de l'improbité.

Le timbre de la voix était légèrement altéré pendant les premières phrases de cette réplique, dont les derniers mots furent dits par madame Firmiani avec l'aplomb de Célimène raillant le Misanthrope.

— Madame, reprit le comte d'une voix émue, je suis un vieillard, je suis le père d'Octave; je vous demande donc, par avance, le plus humble des pardons pour la seule question que je vais avoir la hardiesse de vous adresser. Je vous donne ma parole de loyal gentilhomme que votre réponse mourra là, dit-il en mettant la main sur son cœur avec un mouvement véritablement religieux. — Aimez-vous Octave? La médisance a-t-elle raison?

— Monsieur, dit-elle, à tout autre je ne répondrais que par un regard; mais à vous, et parce que vous êtes le père de monsieur de Camps, je vous demanderai ce que vous penseriez d'une femme si, à votre question, elle disait : *Oui?* Avouer son amour à celui que nous aimons, quand il nous aime bien, quand nous sommes certaines d'être aimées; croyez-moi, monsieur, c'est un effort, une récompense, un bonheur. Mais à un autre !

Elle n'acheva pas, elle se leva, salua le bonhomme et disparut dans ses appartements, dont elle ouvrit et ferma successivement toutes les portes.

— Ah! peste! dit le vieillard, quelle femme! c'est une rusée commère ou un ange!

Et il gagna sa voiture de remise, dont les chevaux donnaient de temps en temps des coups de pied au pavé de la cour silencieuse. Le cocher dormait, après avoir cent fois maudit sa pratique. Le lendemain matin, vers huit heures, le vieux gentilhomme montait l'escalier d'une maison située rue de l'Observance, où demeurait Octave de Camps. S'il y eut au monde un homme étonné, ce fut certes le jeune professeur, quand il vit son oncle. La clef était sur la porte, la lampe d'Octave brûlait encore. Il avait passé la nuit.

— Monsieur le drôle, dit M. de Valesnes en s'asseyant sur un fauteuil, depuis quand se rit-on (style chaste) des oncles qui ont seize mille livres de rentes en bonnes terres de Touraine, et dont on est le seul héritier? Savez-vous que jadis nous respections ces parents-là. Voyons, as-tu quelques reproches à m'adresser? Ai-je mal fait mon métier d'oncle? T'ai-je demandé du respect? t'ai-je refusé de l'argent? t'ai-je fermé la porte au nez en prétendant que tu venais voir comment je me portais? N'as-tu pas l'oncle le plus commode, le moins assujettissant qu'il y ait en France, je ne dis pas en Europe, ce serait trop prétentieux? Tu m'écris ou tu ne m'écris pas; je vis sur l'affection jurée, et je t'arrange la plus jolie terre du pays à donner de l'envie à tout un département. Je ne veux te la laisser néanmoins que le plus tard possible; mais cette velléité n'est pas un vice, c'est une manie fort excusable! Et monsieur vend son bien, se loge comme un laquais, et n'a plus ni gens ni train!

— Mon oncle...

— Il ne s'agit pas de l'oncle, mais du neveu! J'ai droit à la confiance, ainsi confesse-toi promptement; c'est plus facile, je sais cela par expérience. As-tu joué? as-tu perdu à la Bourse? Allons, dis-moi : — « Mon oncle, je suis un misérable! » et je t'embrasse. Mais si tu me fais un mensonge plus gros que ceux que j'ai faits à ton âge, je vends mon bien, je le mets en viager, et reprendrai mes mauvaises habitudes de jeunesse, si c'est encore possible.

— Mon oncle....

— Ah, j'ai vu hier ta madame Firmiani.

A ces mots, M. de Valesnes voulut faire le jeune homme et baisa le bout de ses doigts qu'il ramassa en faisceau.

— Elle est charmante, dit-il. Tu as l'approbation et le privilége du roi, et l'agrément de ton oncle, si cela peut te faire plaisir. Quant à la sanction de l'Église, elle est inutile, je crois. Les sacrements sont trop chers! Allons, parle! Est-ce pour elle que tu t'es ruiné?

— Oui, mon oncle.

— Ah, la coquine! je l'aurais parié! De mon temps, les femmes de la cour étaient plus habiles à ruiner un homme que ne peuvent l'être vos courtisanes d'aujourd'hui. J'ai reconnu, en elle, le siècle passé rajeuni.

— Mon oncle, reprit Jules d'un air tout à la fois triste et doux, vous vous méprenez. Madame Firmiani mérite votre estime et toutes les adorations de ses admirateurs.

— La pauvre jeunesse est toujours la même! dit M. de Valesnes. Allons, va ton train, rabâche-moi de vieilles histoires. Cependant tu dois savoir que je ne suis pas d'hier dans la galanterie.

— Mon bon oncle, voici une lettre qui vous dira tout, répondit Jules en tirant un élégant portefeuille, donné sans doute par *elle*. Quand vous l'aurez lue, j'achèverai de vous instruire, et vous connaîtrez une madame Firmiani inconnue au monde.

— Je n'ai pas mes lunettes, dit M. de Valesnes; lis-la-moi.

Jules commença ainsi : « Mon ami chéri!...

— Tu as donc cette femme-là?

— Mais, oui, mon oncle.

— Et vous n'êtes pas brouillés?

— Brouillés! répéta Jules avec étonnement. Nous sommes mariés à Gretna-Green.

— Hé bien, reprit M. de Valesnes, pourquoi dînes-tu donc à quarante sous?

— Laissez-moi continuer.

— C'est juste, j'écoute.

Jules reprit la lettre, et n'en lut pas certains passages sans de profondes émotions.

« Mon époux aimé, tu m'as demandé raison de ma tristesse! A-t-elle donc passé de mon âme sur mon visage, ou l'as-tu seulement devinée? Pourquoi ne serait-ce pas ainsi? nous sommes si bien unis de cœur! Puis, je ne sais pas mentir. N'est-ce pas un malheur? Une des conditions de la femme aimée est d'être toujours caressante et gaie. Peut-être saurais-je te tromper; mais je ne le voudrais pas, même s'il s'agissait d'augmenter ou de conserver le bonheur que tu me donnes, que tu me prodigues, dont tu m'accables. Oh! cher, combien de reconnaissance comporte mon amour! Aussi veux-je t'aimer toujours, sans bornes. Oui, je veux toujours être fière de toi. Notre gloire, à nous, est toute dans notre amant. Estime, considération, honneur, tout n'est-il pas à celui qui a tout pris? Eh bien! mon ange a failli. Oui, cher, ta dernière confidence a terni ma félicité passée. Depuis ce moment, je me trouve humiliée en toi; en toi, que je regardais comme le plus pur des hommes, comme tu en es le plus aimant et le plus tendre. Il faut avoir bien confiance en ton cœur, encore enfant, pour te faire un tel aveu; il me coûte horriblement. Comment, pauvre ange, ton père a dérobé sa fortune, tu le sais, et tu la gardes! Et tu m'as conté ce haut fait de procureur dans une chambre pleine des muets témoins de notre amour! Et tu es gentilhomme, et tu te crois noble! et tu me possèdes, et tu as vingt-deux ans! Combien de monstruosités! Je t'ai cherché des excuses. J'ai attribué ton insouciance à ta jeunesse étourdie. Je sais qu'il y a beaucoup de l'enfant en toi. Peut-être n'as-tu pas encore pensé bien sérieusement à ce qui est fortune et probité. Oh! combien ton rire m'a fait de mal! Songe donc qu'il existe une famille ruinée, toujours en larmes, des jeunes personnes peut-être, qui te maudissent tous les jours, un vieillard qui chaque soir se dit : — « Je ne serais pas sans pain si le père de M. de Camps n'avait pas été un malhonnête homme ! » Octave, aucune puissance au monde n'a l'autorité de changer le langage de la probité. Retire-toi dans ta conscience, et demande-lui par quel mot nommer l'action à laquelle tu dois ton or. Je ne te dirai pas toutes les pensées qui m'assiégent, elles peuvent se réduire toutes à une seule, et la voici. Je ne puis pas estimer un homme qui se salit sciemment pour une somme d'argent quelle qu'elle soit. Cent sous volés au jeu, ou dix fois cent mille francs dus à une tromperie légale, déshonorent également un homme. Je veux tout te dire ! Je me regarde comme entachée par les caresses qui naguère faisaient tout mon bonheur. Il s'élève au fond de mon âme une voix que mon amour ne peut pas étouffer, elle crie sans cesse. Ah ! j'ai pleuré d'avoir plus de conscience que d'amour. Tu pourrais commettre un crime, je te cacherais à la justice humaine dans mon sein, si je le pouvais ; mais mon dévouement n'irait que jusque-là. L'amour, mon ange, est, chez une femme, la confiance la plus illimitée, unie à je ne sais quel besoin de vénérer, d'adorer l'être auquel elle appartient. Je n'ai jamais conçu l'amour que comme un feu auquel s'épuraient encore les plus nobles sentiments, un feu qui les développait tous. Je n'ai plus qu'une seule chose à te dire. Viens à moi, pauvre ; alors mon amour redoublera si cela se peut ; sinon, renonce à moi. Si je ne te vois plus, je sais ce qui me reste à faire. Maintenant, je ne veux pas, entends-moi bien, que tu restitues parce que je te le conseille. Consulte bien ta conscience. Il ne faut pas que cet acte de justice soit un sacrifice fait à l'amour. Je suis ta femme, et non pas ta maîtresse ! il s'agit moins de me plaire que de m'inspirer pour toi la plus profonde estime. Si je me trompe, si tu m'as mal expliqué l'action de ton père ; enfin, pour peu que tu croies ta fortune légitime (oh ! je voudrais me persuader que tu ne mérites aucun blâme !), décide en écoutant la voix de ta conscience, agis bien par toi-même. Un homme qui aime sincèrement, comme tu m'aimes, respecte trop tout ce que sa maîtresse met en lui de sainteté pour être improbe. Je me reproche maintenant tout ce que je viens d'écrire. Un mot suffisait peut-être ! Mon instinct de prêcheuse m'a emportée. Aussi voudrais-je être grondée, pas trop fort, mais un peu. Cher, entre nous deux, n'es-tu pas le pouvoir ? tu dois seul apercevoir tes fautes. Eh bien ! mon maître, direz-vous que je ne comprends rien aux discussions politiques ? »

— Eh bien ! mon oncle ? dit Jules dont les yeux étaient pleins de larmes.

— Mais il y a encore de l'écriture, achève donc.

— Oh ! ce sont maintenant de ces choses qui ne doivent être lues que par un amant.

— Bien, dit M. de Valesnes, bien, mon enfant ! J'ai eu beaucoup de bonnes fortunes ; mais je te prie de croire que j'ai aussi aimé. *Et ego in Arcadiâ.* Mais je ne conçois pas pourquoi tu donnes des leçons de mathématiques.

— Mon cher oncle, je suis votre neveu. N'est-ce pas vous dire, en deux mots, que j'avais bien un peu entamé le capital laissé par mon père ? Après avoir lu cette lettre, il s'est fait en moi toute une révolution. J'ai payé en un moment l'arriéré de mes remords. Je ne pourrai jamais vous peindre l'état dans lequel j'étais. En conduisant mon cabriolet, une voix me criait : — « Ce cheval est-il à toi ? » En mangeant, je me disais : « N'est-ce pas un dîner volé ? » J'avais honte de moi-même. Plus jeune était ma probité, plus elle était ardente. D'abord, j'ai couru chez madame Firmiani. O Dieu ! mon oncle, ce jour-là j'ai eu des plaisirs de cœur, des voluptés d'âme qui valaient des millions. J'ai fait avec elle le compte de ce que je devais à cette famille inconnue. Je me suis condamné moi-même à lui payer trois pour cent d'intérêt contre l'avis de madame Firmiani. Mais toute ma fortune ne pouvait suffire à solder la somme. Alors, nous étions l'un l'autre assez amants, assez époux, elle pour m'offrir, moi pour accepter ses économies. Heure délicieuse !

— Comment, s'écria l'oncle, outre toutes ses vertus, cette femme adorable fait des économies !

— Ne vous moquez pas d'elle, mon oncle. Sa position l'oblige à bien des ménagements. Son mari partit en 1820 pour la Grèce, où il est mort depuis trois ans. Jusqu'à ce jour, il a été impossible d'avoir la preuve légale de sa mort, et de se procurer le testament qu'il a dû faire en faveur de sa femme, pièce importante qui a été prise ou perdue par des Albanais. Ignorant si un jour elle ne sera pas forcée de compter avec des héritiers malveillants, elle est obligée d'avoir un ordre extrême. Elle veut pouvoir laisser son opulence comme Châteaubriand a quitté le ministère. Or, je veux acquérir une fortune qui soit *mienne*, afin de donner une belle fortune à ma femme, si elle était ruinée.

— Et tu ne m'as pas dit cela, et tu n'es pas venu à moi ! Oh ! mon neveu, songe donc que je t'aime assez pour te payer de bonnes dettes, des dettes de gentilhomme. Je suis un oncle à dénoûment. Je me vengerai...

— Mon oncle, je connais vos vengeances, mais laissez-moi m'enrichir par ma propre industrie. Si vous voulez m'obliger, faites-moi seulement mille écus de pension jusqu'à ce que j'aie besoin de capitaux pour quelque entreprise. Tenez, en ce moment, je suis tellement heureux, que ma seule affaire est de vivre. Vous comprenez que si je donne des leçons, c'est pour n'être à la charge de personne. Ah! si vous saviez avec quel plaisir j'ai fait ma restitution! Après quelques démarches, j'ai fini par trouver cette famille dépouillée, malheureuse, privée de tout. Elle était à Saint-Germain dans une misérable maison. Le vieux père gérait un bureau de loterie. Ses deux filles faisaient le ménage et tenaient les écritures. La mère était presque toujours malade. Les deux filles sont ravissantes, mais elles ont durement appris le peu de valeur que le monde accorde à la beauté sans fortune. Quel tableau ai-je été chercher là! Si je suis entré le complice d'un crime, je suis sorti honnête homme. Mon aventure est un vrai drame. Avoir été la Providence, avoir réalisé un de ces souhaits inutiles : — « S'il nous tombait du ciel vingt mille livres de rente ! » ce vœu que nous formons tous en riant ; faire succéder à un regard plein d'imprécations un regard sublime de reconnaissance, d'étonnement, d'admiration ; jeter l'opulence au milieu d'une famille réunie le soir à la lueur d'une mauvaise lampe, devant un feu de tourbe : la parole est au-dessous d'une telle scène. Mon extrême justice leur semblait injuste. Enfin s'il y a un paradis, mon père doit y être heureux maintenant. Quant à moi, je suis aimé comme aucun homme ne l'a été. Madame Firmiani m'a donné plus que le bonheur, elle m'a doué d'une délicatesse qui me manquait peut-être. Aussi la nommé-je *ma chère conscience*, un de ces mots d'amour qui répondent à certaines harmonies secrètes du cœur. La probité porte profit, j'ai l'espoir d'être bientôt riche par moi-même. Je cherche en ce moment un problème d'industrie. Si je réussis à le résoudre, je gagnerai des millions.

— O mon enfant! tu as l'âme de ta mère, dit le vieillard en retenant à peine les larmes qui humectaient ses yeux.

En ce moment, malgré la distance qu'il y avait entre le sol et l'appartement de M. Octave de Camps, le jeune homme et son oncle entendirent le bruit fait par l'arrivée d'une voiture.

— C'est elle, dit-il, je reconnais ses chevaux à la manière dont ils arrêtent.

— En effet, madame Firmiani ne tarda pas à se montrer.

— Ah! dit-elle en faisant un mouvement de dépit, à l'aspect de M. de Valesnes. — Mais notre oncle n'est pas de trop, reprit-elle, en laissant échapper un sourire. Je voulais m'agenouiller humblement devant mon époux, en le suppliant d'accepter ma fortune. L'ambassadeur de Russie vient de m'envoyer un acte qui constate le décès de M. Firmiani. La pièce, dressée par les soins de l'internonce d'Autriche, à Constantinople, est bien en règle, et le testament y est joint. Octave, vous pouvez tout accepter ! — Va, tu es plus riche que moi, tu as là des trésors auxquels Dieu seul saurait ajouter, reprit-elle en frappant sur le cœur de son mari.

Puis, ne pouvant soutenir son bonheur, elle se cacha la tête dans le sein d'Octave.

— Ma nièce, dit l'oncle, autrefois nous faisions l'amour, aujourd'hui vous aimez. Vous êtes tout ce qu'il y a de bon et de beau dans l'humanité. Vous n'êtes jamais coupable de vos fautes, elles viennent toujours de nous.

# LA COMTESSE A DEUX MARIS.

### UNE ÉTUDE D'AVOUÉ.

— Allons! voilà encore notre vieux carrick!

Cette exclamation échappait à un clerc appartenant au genre de ceux qu'on appelle dans les études des *saute-ruisseaux*. Ce petit clerc, qui mordait en ce moment de fort bon appétit dans un morceau de pain, en arracha un peu de mie, en fit une boulette et la lança railleusement par le vasistas d'une fenêtre sur laquelle il était appuyé. Bien dirigée, la boulette rebondit presque à la hauteur de la croisée, après avoir frappé le chapeau d'un inconnu qui traversait la cour d'une maison située rue Vivienne, où demeurait maître Derville, avoué.

— Allons, Simonnin, ne faites donc pas de sottises aux clients, ou je vous mets à la porte. Quelque pauvre que soit un client, c'est toujours un homme, que diable! dit le premier clerc en interrompant l'addition d'un mémoire de frais.

Le saute-ruisseau est généralement, comme était Simonnin, un garçon de treize à quatorze ans, qui, dans toutes les études, se trouve sous la domination spéciale du principal clerc dont il fait les commissions, dont il porte les billets doux. Il tient au gamin de Paris par ses mœurs, et à la Chicane par sa ruse. Il est presque toujours sans pitié, sans frein, indisciplinable. Aussi le petit clerc dit-il avec l'air de l'écolier qui prend son maître en faute : — Si c'est un homme, pourquoi l'appelez-vous *vieux carrick?*

Puis il se remit à manger son pain et son fromage, en accotant son épaule sur le montant de la fenêtre, car il se reposait debout, ainsi que les chevaux de coucous, l'une de ses jambes relevée et appuyée contre l'autre, sur le bout du soulier.

— Quel tour pourrions-nous jouer à ce Chinois-là? dit à voix basse le troisième clerc, en s'arrêtant au milieu d'un raisonnement dont il engrossait une requête que grossoyait le quatrième clerc, et dont deux néophytes venus de province faisaient les copies. Puis, il continua son improvisation :...... *Mais, dans sa noble et bienveillante sagesse, Sa Majesté Louis Dix-Huit* (mettez en toutes lettres, hé! monsieur qui faites la grosse!), *au moment où Elle reprit les rênes de son royaume, comprit...* (Qu'est-ce qu'elle comprit?) *la haute mission à laquelle Elle était appelée par la Providence!......* (Point admiratif et six points) *et sa première pensée fut, ainsi que le prouve la date de l'ordonnance ci-dessous désignée, de réparer les infortunes causées par les affreux et tristes désastres de nos temps révolutionnaires, en restituant à ses fidèles serviteurs tous leurs biens non vendus, soit qu'ils se trouvassent dans le domaine public, soit qu'ils se trouvassent dans le domaine ordinaire ou extraordinaire de la couronne, soit enfin qu'ils se trouvassent dans les dotations d'établissements publics, car nous sommes et nous nous prétendons habiles à soutenir que tel est l'esprit et le sens de la fameuse et si loyale ordonnance rendue en...*

— Attendez, dit le grossoyeur aux trois clercs, cette scélérate de phrase a rempli deux pages. —

Eh bien, reprit-il en mouillant de sa langue le dos du cahier afin de pouvoir tourner la page épaisse de son papier timbré, eh bien ! vous voulez lui faire une farce? Il faut lui dire que le patron ne peut parler à ses clients qu'entre deux et trois heures du matin. Nous verrons s'il viendra, le vieux malfaiteur !

Le troisième clerc reprit la phrase commencée :
— *Rendue en*... Y êtes-vous ?
— Oui, crièrent les trois copistes.

Tout marchait à la fois, la requête, la causerie et la conspiration.

— *Rendue en*... Hein, papa Boucard ? quelle est la date de l'ordonnance ? il faut mettre les points sur les i, saquerlotte ! Cela fait des pages.

— *Saquerlotte !* répéta l'un des copistes.

— Comment, vous avez écrit *saquerlotte ?* s'écria le troisième clerc en regardant l'un des nouveaux venus d'un air à la fois sévère et goguenard.

— Mais oui, dit le quatrième clerc en se penchant sur la copie de son voisin, il a écrit : *Il faut mettre les points sur les i*, et *sakerlotte* par un *k*.

Tous les clercs partirent d'un grand éclat de rire.

— Comment, monsieur Godeschal, vous prenez *saquerlotte* pour un terme de Droit, et vous dites que vous êtes de Mortagne? s'écria le petit clerc.

— Effacez donc ça ! dit le premier clerc. Si le juge chargé de taxer le dossier voyait des choses pareilles, il dirait qu'on *se moque de la barbouillée !* Vous causeriez des désagréments au patron. Allons, ne faites plus de ces bêtises-là, monsieur Godeschal ! un Normand ne doit pas écrire insoucieusement une requête. C'est le : — *Portez arme !* de la Basoche.

— *Rendue en... en*, demanda le troisième clerc, dites donc, Boucard ?

— Juin 1814, répondit le premier clerc sans quitter son travail.

Un coup frappé à la porte de l'étude interrompit la phrase de la prolixe requête. Cinq clercs bien endentés, aux yeux vifs et railleurs, aux têtes crépues, levèrent le nez vers la porte, après avoir tous crié brusquement d'une voix de chantre : — Entrez. Le premier clerc resta la face ensevelie dans un monceau d'actes, nommés *broutille* en style de Palais, et continua de dresser le mémoire de frais auquel il travaillait.

L'étude était une grande pièce ornée du poêle classique dont tous les antres de la chicane sont garnis. Les tuyaux traversaient diagonalement la chambre, et rejoignaient une cheminée condamnée sur le marbre de laquelle se voyaient divers morceaux de pain, des angles de fromage de Brie, des côtelettes de porc frais, des verres, des bouteilles, et la tasse de chocolat du maître-clerc. L'odeur de ces comestibles s'amalgamait si bien avec la puanteur du poêle chauffé sans mesure, avec le parfum particulier aux bureaux et aux paperasses, que celui d'un renard n'y aurait pas été sensible. Le plancher était déjà couvert de fange et de neige apportée par les clercs. Près de la fenêtre se trouvait le secrétaire à cylindre du *principal*, et auquel était adossée la petite table destinée au second clerc. Le second *faisait* en ce moment *le palais*. Il pouvait être de huit à neuf heures du matin. L'étude avait pour tout ornement ces grandes affiches jaunes qui annoncent des saisies immobilières, des ventes, des adjudications définitives ou préparatoires, la gloire des études ! Derrière le maître clerc était un énorme casier qui garnissait le mur de haut en bas, et dont chaque compartiment était bourré de liasses d'où pendaient un nombre infini d'étiquettes et de bouts de fil rouge, qui donnent une physionomie spéciale aux dossiers de procédure. Les rangs inférieurs du casier étaient occupés par des cartons jaunis par l'usage, bordés de papier bleu, et sur lesquels se lisaient les noms des gros clients dont les affaires juteuses se cuisinaient en ce moment. Les sales vitres de la croisée laissaient passer peu de jour. D'ailleurs, au mois de février, il existe à Paris très-peu d'études où l'on puisse écrire sans le secours d'une lampe, avant dix heures; car elles sont toutes l'objet d'une négligence assez concevable. Tout le monde y va, personne n'y reste. Aucun intérêt personnel ne s'attache à ce qui est aussi banal. Ni l'avoué, ni les plaideurs, ni les clercs ne tiennent à l'élégance d'un endroit qui pour les uns est une classe, pour les autres un passage, pour le maître un laboratoire. Le mobilier crasseux se transmet d'avoué en avoué avec un scrupule si religieux que certaines études possèdent encore des boîtes à *résidus*, des moules à *tirets*, des sacs provenant des procureurs au *Chlet*, abréviation du mot Châtelet, juridiction qui représentait, dans l'ancien ordre de choses, le tribunal de première instance. Cette étude obscure et grasse de poussière avait donc, comme toutes les autres, quelque chose de repoussant pour les plaideurs, et qui en faisait une des plus hideuses monstruosités parisiennes. Certes, si les sacristies humides où les prières se pèsent et se paient comme des épices, si les magasins de revendeuses où flottent des guenilles qui flétrissent toutes les illusions de la vie en nous montrant où en aboutissent les fêtes, si ces deux cloaques de nos poésies n'existaient pas, une étude d'avoué serait de toutes les boutiques sociales la plus horrible. Mais il en est ainsi de la maison de jeu, du tribunal, du bureau de loterie. Pourquoi ? Peut-être, dans ces endroits, le drame, en se jouant dans l'âme de l'homme, lui en rend-il les choses accessoires indifférentes.

— Où est mon canif ?

— Je déjeune !
— Va te faire lanlaire, voilà un pâté sur la requête !
— Chit ! messieurs.

Ces diverses exclamations partirent à la fois au moment où le vieux plaideur ferma la porte avec cette sorte d'humilité qui dénature les mouvements de l'homme malheureux. Il essaya de sourire ; mais les muscles de son visage se détendirent quand il eut vainement cherché quelques symptômes d'aménité sur les visages inexorablement indifférents des six clercs. Accoutumé sans doute à juger les hommes, il s'adressa fort poliment au saute-ruisseau, en espérant que ce souffre-douleur lui répondrait avec douceur.

— Monsieur, votre patron est-il visible ?

Le malicieux saute-ruisseau ne répondit au pauvre homme qu'en se donnant avec les doigts de la main gauche de petits coups répétés sur l'oreille, comme pour dire : — Je suis sourd.

— Que souhaitez-vous, monsieur ? demanda le quatrième clerc qui, tout en faisant cette question, avalait une bouchée de pain avec laquelle on eût pu charger une pièce de quatre, brandissait son couteau, et se croisait les jambes en mettant à la hauteur de son œil celui de ses pieds qui se trouvait en l'air.

— Je viens ici, monsieur, pour la cinquième fois, répondit le patient. Je souhaite parler à monsieur Derville.

— Est-ce pour une affaire ?

— Oui, mais je ne puis l'expliquer qu'à monsieur...

— Le patron dort. Si vous désirez le consulter sur quelque difficulté, il ne travaille sérieusement qu'à minuit. Mais, si vous vouliez nous dire votre cause, nous pourrions, tout aussi bien que lui, vous...

L'inconnu resta impassible. Il se mit à regarder modestement autour de lui, comme un chien qui, en se glissant dans une cuisine, craint d'y recevoir des coups. Par une grâce de leur état, les clercs n'ont jamais peur des voleurs, ils ne soupçonnèrent donc point l'homme au carrick, et le laissèrent observer le local où il cherchait vainement un siége pour se reposer : il était visiblement fatigué. Par système, les avoués laissent peu de chaises dans leurs études. Le client vulgaire, lassé d'attendre sur ses jambes, s'en va grognant, mais il ne prend pas un temps qui, suivant le mot d'un vieux procureur, n'est pas admis en *taxe*.

— Monsieur, répondit-il, j'ai déjà eu l'honneur de vous prévenir que je ne pouvais expliquer mon affaire qu'à M. Derville. Je vais attendre son lever.

Le principal clerc, qui avait fini son addition, sentit l'odeur de son chocolat. Il quitta son fauteuil de canne, vint à la cheminée, toisa le vieil homme, regarda le carrick et fit une grimace indescriptible. Il pensa probablement que, de quelque manière que l'on tordît ce client, il serait impossible d'en tirer un centime ; et alors, il intervint par une parole brève, dans l'intention de débarrasser l'étude d'une mauvaise pratique.

— Ils vous disent la vérité, monsieur. Le patron ne travaille que pendant la nuit. Si votre affaire est grave, je vous conseille de revenir à une heure du matin.

Le plaideur regarda le maître-clerc d'un air stupide, et demeura pendant un moment immobile. Habitués à tous les changements de physionomie et aux singuliers caprices produits par l'indécision ou par la rêverie qui caractérisent les gens processifs, les clercs continuèrent à manger, en faisant autant de bruit avec leurs mâchoires que doivent en faire des chevaux au râtelier, et ne s'inquiétèrent plus du vieillard.

— Monsieur, je viendrai ce soir, dit enfin le vieux qui, par une ténacité particulière aux gens malheureux, voulait prendre en défaut l'humanité.

La seule épigramme permise à la Misère est d'obliger la Justice et la Bienfaisance à des dénis injustes. Quand les malheureux ont convaincu la société de mensonge, ils se rejettent plus vivement dans le sein de Dieu.

— Ne voilà-t-il pas un fameux *crâne* ? dit le petit clerc sans attendre que le vieillard eût fermé la porte.

— Il a l'air d'un déterré, reprit le dernier clerc.

— C'est quelque colonel qui réclame un arriéré, dit le premier clerc.

— Non, c'est un ancien concierge, dit le troisième clerc.

— Parions qu'il est noble, s'écria le maître-clerc.

— Je parie qu'il a été portier, répliqua le troisième clerc. Les portiers sont seuls doués par la nature de carricks usés, huileux et déchiquetés par le bas comme l'est celui de ce vieux bonhomme ! Vous n'avez donc vu ni ses bottes éculées qui prennent l'eau, ni sa cravate qui lui sert de chemise ? Il a couché sous les ponts.

— Il pourrait être noble et avoir tiré le cordon, s'écria le quatrième clerc, ça s'est vu !

— Non, reprit le principal clerc au milieu des rires, je soutiens qu'il a été brasseur en 1789, et colonel sous la république.

— Ah ! je parie un spectacle pour tout le monde qu'il n'a pas été soldat, dit le troisième clerc.

— Cela va, fit le principal.

— Monsieur ! monsieur ! cria le petit clerc en ouvrant la fenêtre.

— Que fais-tu, Simonnin? demanda M. Boucard.

— Je l'appelle pour lui demander s'il est colonel ou portier. Il doit le savoir, lui.

Tous les clercs se mirent à rire. Le vieillard remontait.

— Qu'allons-nous lui dire ? s'écria le troisième clerc.

— Laissez-moi faire ! répondit le principal. — Monsieur, dit-il au pauvre homme quand celui-ci rentra timidement en baissant les yeux, peut-être pour ne pas révéler sa faim en regardant avec trop d'avidité les comestibles ; monsieur, voulez-vous avoir la complaisance de nous donner votre nom, afin que le patron sache si...

— Chabert.

— Est-ce le colonel mort à Eylau ? demanda Godeschal, n'ayant encore rien dit, et jaloux d'ajouter une raillerie à toutes les autres.

— Lui-même, monsieur, répondit le bonhomme avec une simplicité antique. Et il se retira.

— Chouit !

— Dégommé !

— Puff !

— Oh !

— Ah !

— Bâoud !

— Ah, le vieux drôle !

— Trin la, la, trin, trin !

— Enfoncé !

— M. Godeschal, vous irez au spectacle sans payer, dit le quatrième clerc au nouveau-venu, en lui donnant sur l'épaule une tape à tuer un rhinocéros.

Ce fut un torrent de cris, de rires et d'exclamations à la peinture desquelles on userait toutes les onomatopées de la langue.

— A quel théâtre irons-nous ?

— A l'Opéra, s'écria le principal.

— D'abord, reprit le troisième clerc, le théâtre n'a pas été désigné. Je puis, si je veux, vous mener chez madame Saqui.

— Madame Saqui n'est pas un spectacle.

— Qu'est-ce qu'un spectacle ? reprit le troisième clerc. Établissons d'abord le *point de fait*. Qu'ai-je parié, messieurs ? Un spectacle. Qu'est-ce qu'un spectacle ? une chose qu'on voit...

— Mais dans ce système-là, vous vous acquitteriez donc en nous menant voir l'eau couler sous le Pont-Neuf ! s'écria le petit clerc en interrompant.

— Pour de l'argent, disait le troisième clerc en continuant.

— Mais on voit pour de l'argent bien des choses qui ne sont pas un spectacle. La définition n'est pas exacte, dit Godeschal.

— Mais écoutez-moi donc !

— Vous déraisonnez, mon cher, dit Boucard.

— Curtius est-il un spectacle ? dit le troisième clerc.

— Non, répondit le premier clerc, c'est un cabinet de figures.

— Je parie cent francs contre un sou, reprit le troisième clerc, que le cabinet de Curtius constitue un spectacle.

Les clercs haussèrent les épaules.

— D'ailleurs, il n'est pas prouvé que ce vieux singe ne se soit pas moqué de nous, dit le troisième clerc, qui cessa son argumentation. En conscience, le colonel Chabert est bien mort. Sa femme est remariée au comte Ferraud, conseiller d'État. Madame Ferraud est une des clientes de l'étude !

— La cause est remise à demain, dit le premier clerc. A l'ouvrage, messieurs ! Sac à papier ! l'on ne fait rien ici. Finissez donc votre requête, elle doit être signifiée avant l'audience de la quatrième chambre. L'affaire se juge aujourd'hui. Allons, à cheval !

— Si c'eût été le colonel Chabert, est-ce qu'il n'aurait pas chaussé le bout de son pied dans le postérieur de ce farceur de Simonnin quand il a fait le sourd ? dit le quatrième clerc en regardant cette observation comme plus concluante que celle du troisième clerc.

— Puisque rien n'est décidé, reprit le principal, convenons d'aller aux premières loges des Français voir Talma, dans Néron. Simonnin ira au parterre.

Là-dessus, le premier clerc s'assit à son bureau. Chacun l'imita.

— *Rendue en juin mil huit cent quatorze* (en toutes lettres), dit le clerc, y êtes-vous ?

— Oui, répondirent les deux copistes et le grossoyeur, dont les plumes recommencèrent à crier sur le papier timbré.

— *Et nous espérons que Messieurs composant le tribunal*, dit l'improvisateur. (Halte ! il faut que je relise ma phrase ; je ne me comprends plus moi-même). *Nous espérons que Messieurs composant le tribunal ne seront pas moins grands que ne l'est l'auguste auteur de l'ordonnance, et qu'ils feront justice des misérables prétentions de l'administration des hospices en fixant la jurisprudence, dans le sens large que nous établissons ici.* (Ouf !)

— Voulez-vous un verre d'eau ? dit le petit clerc.

— Ce farceur de Simonnin ! dit Boucard. Tiens, tu vas valser jusqu'aux Invalides.

Cette scène représente un des mille plaisirs qui, plus tard, nous font dire en pensant à notre jeunesse : — C'était le bon temps !

Vers une heure du matin, le prétendu colonel Chabert vint frapper à la porte de maître Derville, avoué près le tribunal de première instance du département de la Seine. Le portier lui répondit que M. Derville n'était pas rentré. Le vieillard, ayant allégué le rendez-vous donné, monta chez ce célèbre légiste, qui, malgré sa jeunesse, passait pour être une des plus fortes têtes du Palais. Après avoir sonné, le défiant solliciteur ne fut pas médiocrement étonné de voir le premier clerc occupé à ranger sur la table de la salle à manger de son patron les nombreux dossiers des affaires qui *venaient* le lendemain en ordre utile. Le clerc, non moins étonné, salua le colonel en le priant de s'asseoir, ce que fit le plaideur.

— Ma foi, monsieur, j'ai cru que vous plaisantiez hier en m'indiquant une heure aussi matinale pour une consultation, dit le vieillard avec une fausse gaieté, la gaieté d'un homme ruiné qui s'efforce de sourire.

—Les clercs plaisantaient et disaient vrai tout ensemble, reprit le principal en continuant son travail. M. Derville a choisi cette heure pour examiner ses causes, en résumer les moyens, en ordonner la conduite, en disposer les *défenses*. Sa prodigieuse intelligence ne peut se déployer qu'en ce moment, le seul où il obtienne le silence nécessaire aux grandes conceptions. Vous êtes, depuis six ans, le troisième exemple d'une consultation donnée à cette heure nocturne. Après être rentré, le patron discutera chaque affaire, lira tout, passera peut-être quatre ou cinq heures à sa besogne; puis il me sonnera et m'expliquera ses intentions. Le matin, de dix heures à deux heures, il écoute ses clients, puis il emploie le reste de la journée à ses rendez-vous. Le soir, il va dans le monde pour y entretenir ses relations. Il n'a donc que la nuit pour creuser ses procès, fouiller les arsenaux du Code et faire ses plans de bataille. Il ne veut pas perdre une seule cause; il a l'amour de son art. Il ne se charge pas, comme ses confrères, de toute espèce d'affaire. Voilà sa vie, qui est singulièrement active. Aussi gagne-t-il beaucoup d'argent.

En entendant cette explication, le vieillard resta silencieux, et sa bizarre figure prit une expression si dépourvue d'intelligence, que le clerc, après l'avoir regardé, ne s'occupa plus de lui. Quelques instants après, M. Derville rentra, mis en costume de bal. Son maître-clerc lui ouvrit la porte, et se remit à achever le classement des dossiers. Le jeune avoué demeura pendant un moment stupéfait en entrevoyant dans le clair-obscur le singulier client qui l'attendait. Le colonel Chabert était aussi parfaitement immobile que peut l'être une figure en cire de ce cabinet de Curtius où le troisième clerc avait voulu mener ses camarades. Cette immobilité n'aurait peut-être pas été un sujet d'étonnement, si elle n'eût complété le spectacle surnaturel que présentait l'ensemble du personnage. Le vieux soldat était sec et maigre. Son front volontairement caché sous les cheveux de sa perruque lisse lui donnait quelque chose de mystérieux. Ses yeux paraissaient couverts d'une taie transparente; vous eussiez dit de la nacre sale dont les reflets bleuâtres chatoyaient à la lueur des bougies. Le visage pâle, livide, et en lame de couteau, s'il est permis d'emprunter cette expression vulgaire, semblait mort. Le cou était serré par une mauvaise cravate de soie noire. L'ombre cachait si bien le corps à partir de la ligne brune que décrivait ce haillon, qu'un homme d'imagination aurait pu prendre cette vieille tête pour quelque silhouette due au hasard, ou pour un portrait de Rembrandt, sans cadre. Les bords du chapeau dont le front du vieillard était couvert projetaient un sillon noir sur le haut du visage; effet bizarre, quoique naturel, qui par la brusquerie du contraste faisait ressortir les rides blanches, les sinuosités froides, les sentiments décolorés de cette physionomie cadavéreuse. Enfin l'absence de tout mouvement dans le corps, de toute chaleur dans le regard, s'accordait avec une certaine expression de démence triste, avec les dégradants symptômes par lesquels se caractérise l'idiotie, et qui faisaient de cette figure je ne sais quoi de funeste qu'aucune parole humaine ne pourrait exprimer. Mais un observateur, et surtout un avoué aurait trouvé de plus en cet homme foudroyé, les signes d'une douleur profonde, les indices d'une misère qui avait dégradé ce visage, comme les gouttes d'eau tombées du ciel sur un beau marbre l'ont à la longue défiguré. Un médecin, un auteur, un magistrat eussent pressenti tout un drame à l'aspect de cette sublime horreur dont le moindre mérite était de ressembler à ces fantaisies que les peintres s'amusent à dessiner au bas de leurs pierres lithographiques en causant avec leurs amis. En voyant l'avoué, l'inconnu tressaillit par un mouvement convulsif semblable à celui qui échappe aux poètes, quand un bruit inattendu vient les détourner d'une féconde rêverie, au milieu du silence et de la nuit. Le vieillard se découvrit promptement, et se leva pour saluer le jeune homme. Le cuir qui garnissait l'intérieur de son chapeau étant sans doute fort gras, sa perruque y resta collée sans qu'il s'en aperçût, et laissa voir à nu son crâne horriblement mutilé par une cicatrice transversale qui prenait à l'occiput et venait mourir à l'œil droit, en formant partout une grosse couture saillante. L'enlèvement soudain de cette perruque sale, que le pauvre homme portait pour cacher sa blessure, ne donna nulle envie de rire aux deux gens de loi, tant ce crâne fendu était épouvantable à voir. La première pensée que suggérait l'aspect de cette blessure était celle-ci : Par là s'est enfuie l'intelligence !

— Si ce n'est pas le colonel Chabert, ce doit être un fier troupier ! pensa le principal clerc.

— Monsieur, lui dit Derville, à qui ai-je l'honneur de parler ?

— Au colonel Chabert.

— Lequel ?

— Celui qui est mort à Eylau, répondit le vieillard.

En entendant cette singulière phrase, le clerc et l'avoué se jetèrent un regard qui signifiait : — C'est un fou !

— Monsieur, reprit le colonel, je désirerais ne confier qu'à vous le secret de ma situation.

Une chose digne de remarque est l'intrépidité naturelle aux avoués. Soit l'habitude de recevoir un grand nombre de personnes, soit le profond sentiment de la protection que les lois leur accordent, soit confiance en leur ministère, ils entrent partout sans rien craindre, comme les prêtres et les médecins. M. Derville fit un signe à Boucard, qui disparut.

— Monsieur, reprit l'avoué, pendant le jour je ne suis pas trop avare de mon temps, mais au milieu de la nuit les minutes me sont précieuses. Ainsi, soyez bref et concis. Allez au fait sans digression. Je vous demanderai moi-même les éclaircissements qui me sembleront nécessaires. Parlez.

Après avoir fait rasseoir son singulier client, le jeune homme s'assit lui-même devant la table ; et, tout en prêtant son attention au discours du feu colonel, il feuilleta ses dossiers.

— Monsieur, dit le défunt, peut-être savez-vous que je commandais un régiment de cavalerie à Eylau. J'ai été pour beaucoup dans le succès de la célèbre charge que fit Murat et qui décida le gain de la bataille. Malheureusement pour moi, ma mort est un fait historique consigné dans les *Victoires et Conquêtes*, où elle est rapportée en détail. Nous fendîmes en deux les trois lignes russes, qui, s'étant aussitôt reformées, nous obligèrent à les retraverser en sens contraire. Au moment où nous revenions vers l'Empereur, après avoir dispersé les Russes, je rencontrai un gros de cavalerie ennemie. Je me précipitai sur ces entêtés-là. Deux officiers russes, deux vrais géants, m'attaquèrent à la fois. L'un d'eux m'appliqua sur la tête un coup de sabre qui fendit tout jusqu'à un bonnet de soie noire que j'avais sur la tête, et m'ouvrit profondément le crâne. Je tombai de cheval. Murat vint à mon secours. Il me passa sur le corps, lui et tout son monde, quinze cents hommes, excusez du peu ! Ma mort fut annoncée à l'Empereur, qui, par prudence (il m'aimait un peu, le patron !), voulut savoir s'il n'y aurait pas quelque chance de sauver l'homme auquel il était redevable de cette vigoureuse attaque. Il envoya, pour me reconnaître et me rapporter aux ambulances, deux chirurgiens en leur disant, peut-être trop négligemment, car il avait de l'ouvrage : — Allez donc voir si, par hasard, mon pauvre Chabert vit encore ! Ces sacrés carabins, qui venaient de me voir foulé aux pieds par les chevaux de deux régiments, se dispensèrent sans doute de me tâter le pouls et dirent que j'étais bien mort. L'acte de mon décès fut donc probablement dressé d'après les règles établies par la jurisprudence militaire...

En entendant son client s'exprimer avec une lucidité parfaite, et raconter des faits aussi vraisemblables, quoique étranges, le jeune avoué laissa ses dossiers, posa son coude gauche sur la table, se mit la tête dans la main, et regarda le colonel fixement.

— Savez-vous, monsieur, lui dit-il en l'interrompant, que je suis l'avoué de la comtesse Ferraud, veuve du colonel Chabert ?

— Ma femme ! Oui, monsieur. Aussi, après cent démarches infructueuses chez des gens de loi qui m'ont tous pris pour un fou, me suis-je déterminé à venir vous trouver. Je vous parlerai de mes malheurs plus tard. Laissez-moi d'abord vous établir les faits, vous expliquer plutôt comme ils ont dû se passer, que comme ils sont arrivés. Certaines circonstances, qui ne doivent être connues que du Père éternel, m'obligent à en présenter plusieurs comme des hypothèses. Donc, monsieur, les blessures que j'ai reçues auront probablement produit un *tétanos*, ou m'auront mis dans une crise analogue à une maladie nommée je crois, la *catalepsie*. Autrement comment concevoir que j'aie été, suivant l'usage de la guerre, dépouillé de mes vêtements, et jeté dans la fosse aux soldats par les gens chargés d'enterrer les morts ? Ici, permettez-moi de placer un détail que je n'ai pu connaître que postérieurement à l'événement qu'il faut bien appeler ma mort. J'ai rencontré en 1814, à Stuttgard, un ancien maréchal-des-logis de mon régiment. Ce cher homme, le seul qui ait voulu me reconnaître, et dont je vous parlerai tout à l'heure, m'expliqua le phénomène de ma conservation, en me disant que mon cheval avait reçu un boulet dans le flanc au moment où je fus blessé moi-même. La bête et le cavalier s'étaient donc abattus comme des capucins de cartes. En me renversant, soit à droite, soit à gauche, j'avais été sans doute couvert par le corps de mon cheval qui m'empêcha d'être écrasé par les chevaux, ou atteint par les boulets. Lorsque je revins à moi, monsieur, j'étais dans une position et dans une atmosphère dont je ne vous donnerais pas une idée en vous entretenant jusqu'à demain. L'air que je respirais était méphitique. Je voulus me mouvoir, et ne trouvai point d'espace. En ouvrant les yeux, je ne vis rien. La rareté de l'air fut l'accident le plus menaçant, et qui m'éclaira le plus vivement sur ma position. Je compris que là où j'étais, il n'y avait pas d'air, et que j'allais mourir. Cette pensée m'ôta le sentiment de la douleur inexprimable par laquelle j'avais été réveillé. Mes oreilles tintèrent violemment. J'entendis, ou crus entendre, je ne veux rien affirmer, des gémissements poussés par le monde de cadavres au milieu desquels je gisais. Quoique la mémoire de ces moments soit bien ténébreuse, quoique mes souvenirs soient bien confus, malgré les impressions de souffrances encore plus profondes que je devais éprouver et qui ont brouillé mes idées, il y a des nuits où je crois encore entendre ces soupirs étouffés ! Mais il y a eu quelque chose de plus horrible que les cris, un silence que je n'ai jamais retrouvé nulle part, le vrai silence du tombeau. Enfin, en levant les mains, en tâtant les morts, je reconnus un vide entre ma tête et le fumier humain supérieur. Je pus donc mesurer l'espace qui m'avait été laissé par un hasard dont j'ignorais la cause. Il paraît, grâce à l'insouciance ou à la précipitation avec laquelle on nous avait jetés pêle-mêle, que deux morts s'étaient croisés au-dessus de moi de manière à décrire un angle semblable à celui de deux cartes mises l'une contre l'autre par un enfant qui pose les fondements de son frêle château. En furetant avec promptitude, car il ne fallait pas flâner, je rencontrai fort heureusement un bras qui ne tenait à rien, le bras d'un Hercule ! un bon os auquel je dus mon salut. Sans ce secours inespéré, je périssais ! Mais avec une rage bien conditionnée, je me mis à travailler les cadavres qui me séparaient de la couche de terre sans doute jetée sur nous, je dis nous, comme s'il y eût eu des vivants ! j'y allai ferme, monsieur, car me voici ! Mais je ne sais pas aujourd'hui comment j'ai pu parvenir à percer la couverture de chair qui mettait une barrière entre la vie et moi. Vous me direz que j'avais trois bras ? Ce levier, dont je me servais avec habileté, me procurait toujours un peu de l'air qui se trouvait entre les cadavres que je déplaçais, et je ménageais mes aspirations. Enfin je vis le jour, mais à travers la neige, monsieur ! En ce moment, je m'aperçus que j'avais la tête ouverte. Par bonheur, mon sang, celui de mes camarades ou la peau meurtrie de mon cheval peut-être, que sais-je ! m'avaient, en se coagulant, comme enduit d'un emplâtre naturel. Malgré cette croûte, je m'évanouis quand mon crâne fut en contact avec la neige. Cependant le peu de chaleur qui me restait ayant fait fondre la neige autour de moi, je me trouvai, quand je repris connaissance, au centre d'une petite ouverture par laquelle je criai aussi longtemps que je le pus. Mais alors le soleil se levait, j'avais donc bien peu de chances pour être entendu. Y avait-il déjà du monde aux champs ? Je me haussais en faisant de mes pieds un ressort dont le point d'appui était sur les amis qui avaient les reins solides. Vous sentez que ce n'était pas le moment de leur dire : — *Respect au courage malheureux !* Bref, monsieur, après avoir eu la douleur, si le mot peut rendre ma rage, de voir pendant longtemps, oh ! oui, longtemps ! ces sacrés Allemands se sauver en entendant une voix là où ils n'apercevaient point d'homme, je fus enfin dégagé par une femme assez hardie ou assez curieuse pour s'approcher de ma tête qui semblait avoir poussé hors de terre comme un champignon. Cette femme alla chercher son mari, et tous deux me transportèrent dans leur pauvre baraque. Il paraît que j'eus une rechute de catalepsie, passez-moi cette expression pour vous peindre un état dont je n'ai nulle idée, mais que j'ai jugé, sur les dires de mes hôtes, devoir être un effet de cette maladie. Je suis resté pendant six mois entre la vie et la mort, ne parlant pas, ou déraisonnant quand je parlais. Enfin mes hôtes me firent admettre à l'hôpital d'Heilsberg. Vous comprenez, monsieur, que j'étais sorti du ventre de la fosse aussi nu que de celui de ma mère ; en sorte que, quinze mois après, quand, un beau matin, je me souvins d'avoir été le colonel Chabert, et qu'en recouvrant ma raison, je voulus obtenir de ma garde plus de respect qu'elle n'en accordait à un pauvre diable, tous mes camarades de chambrée se mirent à rire. Heureusement pour moi, le chirurgien avait répondu, par amour-propre, de ma guérison, et s'était naturellement intéressé à son malade. Lorsque je lui parlai d'une manière suivie de mon ancienne existence, ce brave homme, nommé Sparchmann, fit constater, dans les formes juridiques voulues par le droit du pays, la manière miraculeuse dont j'étais sorti de la fosse des morts; le jour et l'heure où j'avais été trouvé par ma bienfaitrice et par son mari ; le genre, la position exacte de mes blessures, en joignant à ces différents procès-verbaux une description de ma personne. Eh bien ! monsieur, je n'ai ni ces pièces importantes, ni la déclaration que j'ai faite chez un notaire d'Heilsberg, en vue d'établir mon identité ! Depuis le jour où je fus chassé de cette ville par les événements de la guerre, j'ai constamment erré comme un vagabond, mendiant mon pain, traité de fou lorsque je racontais mon aventure, et sans avoir ni trouvé, ni gagné un sou pour me procurer les actes qui pouvaient prouver mes dires, et me rendre à la vie sociale. Souvent, mes douleurs me retenaient durant des semestres entiers dans de petites villes où l'on prodiguait des soins au Français malade, mais où l'on riait au nez de cet homme dès qu'il prétendait être le colonel Chabert. Pendant longtemps ces rires, ces doutes, me mettaient dans une fureur qui me nuisit et me fit même enfermer comme fou à Stuttgard. A la vérité, vous pouvez juger d'après mon récit qu'il y avait des raisons assez suffisantes pour faire coffrer un homme! Après deux ans de détention que je fus obligé de subir, après avoir entendu mille fois mes gardiens disant : — Voilà un pauvre homme qui croit être le colonel Chabert! » à des gens qui répondaient : « Le pauvre homme! » je fus convaincu de l'impossibilité de ma propre aventure; je devins triste, résigné, tranquille, et renonçai à me dire le colonel Chabert, afin de pouvoir sortir de prison et revoir la France. Oh! monsieur, revoir Paris! c'était un délire que je ne...

A cette phrase inachevée, le colonel Chabert tomba dans une rêverie profonde dont Derville respecta les mystères.

— Monsieur, un beau jour, reprit le client, un jour de printemps, on me donna la clef des champs et dix thalers, sous prétexte que je parlais très-sensément sur toutes sortes de sujets et que je ne me disais plus le colonel Chabert. Ma foi, vers cette époque, et encore aujourd'hui, par moments, mon nom m'est désagréable. Je voudrais n'être pas moi. Le sentiment de mes droits me tue. Si ma maladie m'avait ôté tout souvenir de mon existence passée, j'aurais été heureux! J'eusse repris du service sous un nom quelconque, et qui sait? je serais peut-être devenu feld-maréchal en Autriche ou en Russie.

— Monsieur, dit l'avoué, vous brouillez toutes mes idées. Je crois rêver en vous écoutant. De grâce, arrêtons-nous pendant un moment.

— Vous êtes, dit le colonel d'un air mélancolique, la première personne qui m'ait si patiemment écouté. Aucun homme de loi n'a voulu m'avancer dix napoléons afin de faire venir d'Allemagne les pièces nécessaires pour commencer mon procès.

— Quel procès? dit l'avoué, qui oubliait la situation douloureuse de son client en entendant le récit de ses misères passées.

— Mais, monsieur, la comtesse Ferraud n'est-elle pas ma femme? elle possède trente mille livres de rente qui m'appartiennent, et ne veut pas me donner deux liards. Quand je dis cela à des avoués, à des hommes de bon sens; quand je propose, moi, mendiant, de plaider contre un comte et une comtesse; quand je m'élève, moi mort, contre un acte de décès, un acte de mariage et des actes de naissance, ils m'éconduisent, suivant leur caractère, soit avec cet air froidement poli que vous savez prendre pour vous débarrasser d'un malheureux, soit brutalement, en gens qui croient rencontrer un intrigant ou un fou. J'ai été enterré sous des morts; mais maintenant je suis enterré sous des vivants, sous des actes, sous des faits, sous la société tout entière, qui veut me faire rentrer sous terre!

— Monsieur, veuillez poursuivre maintenant, dit l'avoué.

— *Veuillez!* s'écria le malheureux vieillard en prenant la main du jeune homme; voilà le premier mot de politesse que j'entends depuis...

Le colonel pleura. La reconnaissance étouffa sa voix. Cette pénétrante et indicible éloquence qui est dans le regard, dans le geste, dans le silence même, acheva de convaincre Derville et le toucha vivement.

— Écoutez, monsieur, dit-il à son client, j'ai gagné ce soir trois cents francs au jeu, je puis bien employer la moitié de cette somme à faire le bonheur d'un homme. Je commencerai les poursuites et diligences nécessaires pour vous procurer les pièces dont vous me parlez, et jusqu'à leur arrivée, je vous remettrai cent sous par jour. Si vous êtes le colonel Chabert, vous saurez pardonner la modicité du prêt à un jeune homme qui a sa fortune à faire. Poursuivez.

Le prétendu colonel resta pendant un moment immobile et stupéfait. Son extrême malheur avait sans doute détruit ses croyances. S'il courait après son illustration militaire, après sa fortune, après lui-même, peut-être était-ce pour obéir à ce sentiment inexplicable, en germe dans le cœur de tous les hommes, et auquel nous devons les recherches des alchimistes, la passion de la gloire, les découvertes de l'astronomie, de la physique, tout ce qui pousse l'homme à se grandir en se multipliant par les faits ou par les idées. L'*ego*, dans sa pensée, n'était plus qu'un objet secondaire, de même que la vanité du triomphe ou le plaisir du gain deviennent plus chers au parieur que ne l'est l'objet du pari. Les paroles du jeune avoué furent donc comme un miracle pour cet homme rebuté pendant dix années par sa femme, par la justice, par la création entière. Trouver chez un avoué ces dix pièces d'or qui lui avaient été refusées depuis si longtemps, par tant de personnes et de tant de manières! Le colonel ressemblait à cette dame qui, ayant eu la fièvre durant quinze années, crut avoir changé de maladie le jour où elle fut guérie. Il est des félicités auxquelles on ne croit plus. Elles arrivent, c'est la foudre, elles consument. Aussi la reconnaissance du pauvre homme était-elle trop vive pour qu'il pût l'exprimer. Il eût paru froid aux gens superficiels, mais Derville devina toute une probité dans cette stupeur. Un fripon aurait eu de la voix.

— Où en étais-je? dit le colonel avec la naïveté

d'un enfant, ou d'un soldat, car il y a souvent de l'enfant dans le vrai soldat, et presque toujours du soldat chez l'enfant, surtout en France.

— A Stuttgard! vous sortiez de prison, répondit l'avoué.

— Vous connaissez ma femme? demanda le colonel.

— Oui, répliqua Derville en inclinant la tête.

— Comment est-elle?

— Toujours ravissante!

Le vieillard fit une signe de main, et parut dévorer quelque secrète douleur, avec cette résignation grave et solennelle qui caractérise les hommes éprouvés dans le sang et le feu des champs de bataille.

— Monsieur, dit-il avec une sorte de gaieté, car il respirait, ce pauvre colonel, il sortait une seconde fois de la tombe, il venait de fondre une couche de neige, moins soluble que celle qui jadis lui avait glacé la tête, et il aspirait l'air comme s'il quittait un cachot. Monsieur, dit-il, si j'avais été joli garçon, aucun de mes malheurs ne me serait arrivé. Les femmes croient les gens quand ils farcissent leurs phrases du mot amour. Alors, elles trottent, elles vont, elles se mettent en quatre, elles intriguent, elles affirment les faits, elles font le diable pour celui qui leur plaît. Comment aurais-je pu intéresser une femme? j'avais une face de *requiem*, j'étais vêtu comme un sans-culotte, je ressemblais plutôt à un Esquimau qu'à un Français, moi qui jadis passais pour le plus joli des muscadins, en 1799! Moi, Chabert, comte de l'Empire! Enfin, le jour même où l'on me jeta sur le pavé comme un chien, je rencontrai le maréchal-des-logis dont je vous ai déjà parlé. Le camarade se nommait Boutin. Le pauvre diable et moi faisions la plus belle paire de rosses que j'aie jamais vue. Je l'aperçus à la promenade. Si je le reconnus, il lui fut impossible de deviner qui j'étais. Nous allâmes ensemble dans un cabaret. Là, quand je me nommai, la bouche de Boutin se fendit en éclats de rire comme un mortier qui crève. Sa gaieté, monsieur, me causa l'un de mes plus vifs chagrins! Elle me révélait sans fard tous les changements qui étaient survenus en moi! J'étais donc méconnaissable, même pour l'œil du plus humble et du plus reconnaissant de mes amis! Jadis j'avais sauvé la vie à Boutin, mais c'était une revanche que je lui devais. Je ne vous dirai pas comment il me rendit ce service. La scène eut lieu en Italie, à Ravennes; la maison où il m'empêcha d'être poignardé n'était pas une maison fort décente. A cette époque, je n'étais pas colonel, j'étais simple cavalier comme Boutin. Heureusement cette histoire comportait des détails qui ne pouvaient être connus que de nous seuls; et, quand je les lui rappelai, son incrédulité diminua. Puis je lui contai les accidents de ma bizarre existence. Quoique mes yeux, ma voix fussent, me dit-il, singulièrement altérés, que je n'eusse plus ni cheveux, ni dents, ni sourcils, que je fusse blanc comme un albinos, il finit par retrouver son colonel dans le mendiant, après mille interrogations auxquelles je répondis victorieusement. Alors il me raconta ses aventures. Elles n'étaient pas moins extraordinaires que les miennes. Il revenait des confins de la Chine, où il avait voulu pénétrer, après s'être échappé de la Sibérie. Il m'apprit les désastres de la campagne de Russie, et la première abdication de Napoléon. Cette nouvelle est une des choses qui m'ont fait le plus de mal! Nous étions deux débris curieux, après avoir ainsi roulé sur le globe, comme roulent dans l'Océan les cailloux emportés d'un rivage à l'autre par les tempêtes. A nous deux, nous avions vu l'Égypte, la Syrie, l'Espagne, la Russie, la Hollande, l'Allemagne, l'Italie, la Dalmatie, l'Angleterre, la Chine, la Tartarie, la Sibérie; il ne nous manquait que d'avoir été dans les Indes et en Amérique! Enfin, plus ingambe que je ne l'étais, Boutin se chargea d'aller à Paris le plus lestement possible, afin d'instruire ma femme de l'état dans lequel je me trouvais. J'écrivis à madame Chabert une lettre bien détaillée. C'était la quatrième, monsieur! Si j'avais eu des parents, tout cela ne serait peut-être pas arrivé: mais, il faut vous l'avouer, je suis un enfant d'hôpital, un soldat qui, pour patrimoine, avait son courage; pour famille, tout le monde; pour patrie, la France; pour tout protecteur, le bon Dieu. Je me trompe! j'avais un père, l'Empereur! Ah, s'il était debout, le cher homme! et qu'il vît *son Chabert*, comme il me nommait, dans l'état où je suis; mais il se mettrait en colère. Que voulez-vous? notre soleil s'est couché, nous avons tous froid maintenant. Après tout, les événements politiques pouvaient justifier le silence de ma femme! Boutin partit. Il était bienheureux, lui; il avait deux ours blancs, supérieurement dressés, qui le faisaient vivre. Je ne pouvais l'accompagner, mes douleurs ne me permettaient pas de faire de longues étapes. Je pleurai, monsieur, quand nous nous séparâmes, après avoir marché aussi longtemps que mon état put me le permettre en compagnie de ses ours et de lui. A Carlsruhe, j'eus un accès de névralgie à la tête, et restai six semaines sur la paille, dans une auberge! Je ne finirais pas, monsieur, s'il fallait vous raconter tous les malheurs de ma vie de mendiant. Les souffrances morales, auprès desquelles pâlissent les douleurs physiques, excitent cependant moins de pitié, parce qu'on ne les voit point. Je me souviens d'avoir pleuré devant un hôtel de Strasbourg où j'avais donné jadis une fête, et où je n'obtins rien, pas même un morceau de pain. Ayant déterminé de concert avec Boutin l'itinéraire que je devais suivre, j'allais à chaque bureau de poste demander s'il y avait une lettre et de l'argent pour moi. Je vins jusqu'à Paris sans avoir rien trouvé. Combien de désespoirs ne m'a-t-il pas fallu dévorer! — Boutin sera mort, me disais-je. En effet, le pauvre diable avait succombé à Waterloo. J'appris sa mort plus tard et par hasard. Sa mission auprès de ma femme fut sans doute infructueuse. Enfin, j'entrai dans Paris en même temps que les Cosaques. Pour moi, c'était douleur sur douleur. En voyant les Russes en France, je ne pensai plus que je n'avais ni souliers aux pieds, ni argent dans ma poche. Oui, monsieur, mes vêtements étaient en lambeaux. La veille de mon arrivée, je fus forcé de bivouaquer dans les bois de Claye. La fraîcheur de la nuit me causa sans doute un accès de je ne sais quelle maladie qui me prit quand je traversai le faubourg Saint-Martin. Je tombai presque évanoui, à la porte d'un marchand de fer. Quand je me réveillai, j'étais dans un lit à l'Hôtel-Dieu. Là, je restai pendant un mois assez heureux. Je fus bientôt renvoyé. J'étais sans argent, mais bien portant et sur le bon pavé de Paris. Avec quelle joie et quelle promptitude j'allai rue du Mont-Blanc où ma femme devait être logée dans un hôtel à moi! Bah! la rue du Mont-Blanc était devenue la rue de la Chaussée d'Antin. Je n'y vis plus mon hôtel; il avait été vendu, démoli. Des spéculateurs avaient bâti plusieurs maisons dans mes jardins. Ignorant que ma femme fût mariée à M. Ferraud, je ne pouvais obtenir aucun renseignement. Enfin je me rendis chez un vieil avocat qui jadis était chargé de mes affaires. Le bonhomme était mort après avoir cédé sa clientèle à un jeune homme. Celui-ci m'apprit, à mon grand étonnement, l'ouverture de ma succession, sa liquidation, le mariage de ma femme et la naissance de ses deux enfants. Quand je lui dis être le colonel Chabert, il se mit à rire si franchement que je le quittai sans lui faire la moindre observation. Ma détention de Stuttgard me fit songer à Charenton, et je résolus d'agir avec prudence. Alors, monsieur, sachant où demeurait ma femme, je m'acheminai vers son hôtel, le cœur plein d'espoir. Eh bien! dit le colonel avec un mouvement de rage concentrée, je n'ai pas été reçu lorsque je me fis annoncer sous un nom d'emprunt, et, le jour où je pris le mien, je fus consigné à sa porte. Pour voir la comtesse rentrant du bal ou du spectacle, au matin, je suis resté pendant des nuits entières, collé contre la borne de sa porte cochère. Mon regard plongeait dans cette voiture qui passait devant mes yeux avec la rapidité de l'éclair, et où j'entrevoyais à peine cette femme qui est mienne et qui n'est plus à moi!

Oh! dès ce jour, j'ai vécu pour la vengeance, s'écria le vieillard d'une voix sourde en se dressant tout à coup devant Derville. Elle sait que j'existe, elle a reçu de moi, depuis mon retour, deux lettres écrites par moi-même. Elle ne m'aime plus! Moi, j'ignore si je l'aime ou si je la déteste! je la désire et la maudis tour à tour. Elle me doit sa fortune, son bonheur. Eh bien! elle ne m'a pas seulement fait parvenir le plus léger secours! Par moments je ne sais plus que devenir!

A ces mots, le vieux soldat retomba sur sa chaise, et redevint immobile. Derville resta silencieux, occupé à contempler son client.

— L'affaire est grave, dit-il enfin machinalement. Même en admettant l'authenticité des pièces qui doivent se trouver à Heilsberg, il ne m'est pas prouvé que nous puissions triompher tout d'abord. Le procès ira successivement devant trois tribunaux. Il faut réfléchir à tête reposée sur une semblable cause, elle est tout exceptionnelle.

— Oh, répondit froidement le colonel, en relevant la tête par un mouvement de fierté, si je succombe, je saurai mourir, mais en compagnie.

Là, le vieillard avait disparu. Les yeux de l'homme énergique brillaient rallumés aux feux du désir et de la vengeance.

— Il faudra peut-être transiger, dit l'avoué.

— Transiger, répéta le colonel Chabert. Suis-je mort ou suis-je vivant?

— Monsieur, reprit l'avoué, vous suivrez, je l'espère, mes conseils. Votre cause sera ma cause. Vous vous apercevrez bientôt de l'intérêt que je prends à votre situation, presque sans exemple dans les fastes judiciaires. En attendant, je vais vous donner un mot pour mon notaire, qui vous remettra, sur votre quittance, cinquante francs tous les dix jours. Il ne serait pas convenable que vous vinssiez chercher ici des secours. Si vous êtes le colonel Chabert, vous ne devez être à la merci de personne. Je donnerai à ces avances la forme d'un prêt. Vous avez des biens à recouvrer, vous êtes riche.

Cette dernière délicatesse arracha des larmes au vieillard. Derville se leva brusquement, car il n'était peut-être pas de coutume qu'un avoué parût s'émouvoir; il passa dans son cabinet d'où il revint avec une lettre non cachetée qu'il remit au comte Chabert. Lorsque le pauvre homme la tint entre ses doigts, il sentit deux pièces d'or à travers le papier.

— Voulez-vous me désigner les actes, me donner le nom de la ville, du royaume? dit l'avoué.

Le comte dicta les renseignements en vérifiant l'orthographe des noms de lieu; puis, il prit son chapeau d'une main, regarda Derville, lui tendit l'autre main, une main calleuse, et lui dit d'une voix simple : — Ma foi, monsieur, après l'Empereur, vous êtes l'homme auquel je devrai le plus! Vous êtes *un brave*.

L'avoué frappa dans la main du colonel, le reconduisit jusque sur l'escalier, et l'éclaira.

— Boucard, dit Derville à son premier clerc, je viens d'entendre une histoire qui me coûtera peut-être vingt-cinq louis. Si je suis volé, je ne regretterai pas mon argent, j'aurai vu le plus habile comédien de notre époque.

Quand le colonel se trouva dans la rue et devant un réverbère, il retira de la lettre les deux pièces de vingt francs que l'avoué lui avait données et les regarda pendant un moment à la lumière. Il revoyait de l'or pour la première fois depuis neuf ans.

— Je vais donc fumer des cigares! se dit-il.

## LA TRANSACTION.

Environ trois mois après la consultation nuitamment faite par le colonel Chabert chez Derville, le notaire chargé de payer la demi-solde que l'avoué faisait à son singulier client, vint le voir pour conférer sur une affaire grave, et commença par lui réclamer six cents francs donnés au vieux militaire.

— Tu t'amuses donc à entretenir l'ancienne armée? lui dit en riant ce notaire nommé Crottat, jeune homme qui venait d'acheter l'étude où il était maître-clerc, et dont le patron venait de prendre la fuite en faisant une épouvantable faillite.

— Je te remercie, mon cher maître, répondit Derville, de me rappeler cette affaire-là. Ma philanthropie n'ira pas au delà de vingt-cinq louis, et je commence déjà même à craindre d'être la dupe de mon patriotisme.

Au moment où Derville achevait cette phrase, il vit sur son bureau les paquets que son maître-clerc y avait mis. Ses yeux furent frappés à l'aspect des timbres oblongs, carrés, triangulaires, rouges, bleus, apposés sur une lettre par les postes prussienne, autrichienne, bavaroise et française.

— Ha, dit-il en riant, voici le dénoûment de la comédie; nous allons savoir si je suis attrapé...

Il prit la lettre et l'ouvrit, mais il n'y put rien lire, elle était écrite en allemand.

— Boucard, allez vous-même faire traduire cette lettre, et revenez promptement, dit Derville en entr'ouvrant la porte de son cabinet, et tendant la lettre à son maître-clerc.

Le notaire de Berlin auquel s'était adressé l'avoué, lui annonçait que les actes dont il avait demandé les expéditions lui parviendraient quelques jours après cette lettre d'avis. Les pièces étaient, disait-il, parfaitement en règle, et revêtues des légalisations nécessaires pour faire foi en justice. En outre, il lui mandait que presque tous les témoins des faits constatés par les procès-verbaux existaient à Prussich-Eylau, et que la femme à laquelle M. le comte Chabert devait la vie, vivait encore dans un des faubourgs d'Heilsberg.

— Ceci devient sérieux, s'écria Derville, quand Boucard eut fini de lui donner la substance de la lettre. — Mais, dis donc, mon petit, reprit-il en s'adressant au notaire, je vais avoir besoin de renseignements qui doivent être dans ton étude. N'est-ce pas chez ce vieux fripon de Roguin...

— Nous disons l'infortuné, le malheureux Roguin, reprit maître Alexandre Crottat en riant; et interrompant Derville.

— N'est-ce pas chez cet infortuné qui vient d'emporter huit cent mille francs à ses clients et de réduire plusieurs familles au désespoir, que s'est faite la liquidation de la succession Chabert? Il me semble que j'ai vu cela dans nos pièces Ferraud.

— Oui, répondit Crottat, j'étais alors troisième clerc; je l'ai copiée et bien étudiée, cette liquidation. Rose Chapotel, épouse et veuve de Hyacinthe, dit Chabert, comte de l'Empire, grand-officier de la Légion d'Honneur; ils s'étaient mariés sans contrat, ils étaient donc communs en biens. Autant que je puis m'en souvenir, l'actif s'élevait à six cent mille francs. Avant son mariage, le comte Chabert avait fait un testament en faveur des hospices de Paris, par lequel il leur attribuait le quart de la fortune qu'il posséderait au moment de son décès. Le domaine héritait de l'autre quart. Il y a eu licitation, vente, et partage, parce que les avoués ont été bon train. Lors de la liquidation, le monstre qui gouvernait alors la France a rendu par un décret la portion du fisc à la veuve du colonel.

— Ainsi la fortune personnelle du comte Chabert ne se monterait donc qu'à trois cent mille francs.

— Par conséquent, mon vieux! répondit Crottat. Vous avez parfois l'esprit juste, vous autres avoués, quoiqu'on vous accuse de vous le fausser en plaidant aussi bien le Pour que le Contre.

Le comte Chabert, dont Derville trouva l'adresse au bas de la première quittance que lui avait remise le notaire, demeurait dans le faubourg Saint-Marceau, rue du Petit-Banquier, chez un nourrisseur nommé Vergniaud. Arrivé là, Derville fut forcé d'aller à pied à la recherche de son client, car son cocher refusa de s'engager dans une rue non pavée et dont les ornières étaient un peu trop profondes pour les roues d'un cabriolet. En regardant de tous les côtés, l'avoué finit par trouver, dans la partie de cette rue qui avoisine le boulevard, entre deux murs bâtis avec des ossements et de la terre, deux mauvais pilastres en moellons, que le passage des voitures avait ébréchés, malgré deux morceaux de bois placés en forme de bornes. Ces pilastres soutenaient une poutre couverte d'un chaperon en tuiles, sur laquelle ces mots étaient écrits en rouge : Vergniaud, nourriceure. A droite de ce nom se trouvaient des œufs, et à gauche une vache, le tout peint en blanc. La porte était ouverte et restait sans doute ainsi pendant toute la journée. Au fond d'une cour assez spacieuse, s'élevait, en face de la porte, une maison, si toutefois ce nom convient à l'une de ces masures bâties dans les faubourgs de Paris, et qui ne sont comparables à rien, pas même aux plus chétives habitations de la campagne, dont elles ont la misère sans en avoir la poésie. En effet, au milieu des champs, les cabanes ont encore une grâce que leur donnent la pureté de l'air, la verdure, l'aspect des champs, une colline, un chemin tortueux, des vignes, une haie vive, la mousse des champs, et les ustensiles champêtres ; mais, à Paris, la misère ne se grandit que par son horreur.

Quoique récemment construite, cette maison semblait près de tomber en ruine. Aucun des matériaux n'y avait eu sa vraie destination, ils provenaient tous des démolitions qui se font journellement dans Paris. Derville lut sur un volet fait avec les planches d'une enseigne : *Magasin de nouveautés*. Les fenêtres ne se ressemblaient point entre elles et se trouvaient bizarrement placées. Le rez-de-chaussée, qui paraissait être la partie habitable, était exhaussé d'un côté, tandis que de l'autre les chambres étaient enterrées par une éminence. Entre la porte et la maison, s'étendait une mare pleine de fumier où coulaient les eaux pluviales et ménagères. Le mur sur lequel s'appuyait ce chétif logis, et qui paraissait être plus solide que les autres, était garni de cabanes grillagées où de vrais lapins faisaient leurs nombreuses familles. A droite de la porte cochère, se trouvait la vacherie surmontée d'un grenier à fourrages, et qui communiquait à la maison par une laiterie. A gauche, étaient une basse-cour, une écurie et un toit à cochons qui avait été fini, comme celui de la maison, en mauvaises planches de bois blanc clouées les unes sur les autres, et mal recouvertes avec du jonc.

Comme presque tous les endroits où se cuisinent les éléments du grand repas que Paris dévore quotidiennement, la cour dans laquelle Derville mit le pied offrait les traces de la précipitation voulue par la nécessité d'arriver à heure fixe. Ces grands vases de fer-blanc bossués dans lesquels se transporte le lait, et les pots qui contiennent la crème, étaient jetés pêle-mêle devant la laiterie, avec leurs bouchons de linge. Les loques trouées qui servaient à les essuyer flottaient au soleil étendues sur des ficelles attachées à des piquets. Ce cheval pacifique dont la race ne se trouve que chez les laitières, avait fait quelques pas en avant de sa charrette, et restait devant l'écurie dont la porte était fermée. Une chèvre broutait le pampre de la vigne grêle et poudreuse qui garnissait le mur jaune et lézardé de la maison. Un chat était accroupi sur les pots à crème qu'il léchait. Les poules, effarouchées à l'approche de Derville, s'envolèrent en criant, et le chien de garde aboya.

— L'homme qui a décidé le gain de la bataille d'Eylau, serait là ! se dit Derville en saisissant d'un seul coup d'œil l'ensemble de ce spectacle ignoble.

La maison était restée sous la protection de trois gamins. L'un, grimpé sur le faîte d'une charrette chargée de fourrage vert, jetait des pierres dans un tuyau de cheminée de la maison voisine, espérant qu'elles y tomberaient dans la marmite. L'autre essayait d'amener un cochon sur le plancher de la charrette qui touchait à terre, tandis que le troisième, pendu à l'autre bout, attendait que le cochon y fût placé pour l'enlever en faisant faire la bascule à la charrette. Quand Derville leur demanda si c'était bien là que demeurait M. Chabert, aucun d'eux ne répondit, et tous trois le regardèrent avec une stupidité spirituelle, s'il est permis d'allier ces deux mots. Derville réitéra ses questions sans succès. Impatienté par l'air narquois des trois drôles, il leur dit de ces injures plaisantes que les jeunes gens se croient le droit d'adresser aux enfants, et les gamins rompirent le silence par un rire brutal. Derville se fâcha. Le colonel, qui l'entendit, sortit d'une petite chambre basse située près de la laiterie et apparut sur le seuil de sa porte avec un flegme militaire inexprimable. Il avait à la bouche une de ces pipes notablement *culottées* (expression technique des fumeurs), une de ces humbles pipes de terre blanche nommées des *brûle-gueule*. Il leva la visière d'une casquette horriblement crasseuse, aperçut Derville et traversa le fumier, pour venir plus promptement à son bienfaiteur en criant d'une voix amicale aux gamins : — Silence dans les rangs ! Les enfants gardèrent aussitôt un silence respectueux qui annonçait l'empire exercé sur eux par le vieux soldat.

— Pourquoi ne m'avez-vous pas écrit ? dit-il à Derville. Allez le long de la vacherie ! Tenez, là, le chemin est pavé, s'écria-t-il en remarquant l'indécision de l'avoué qui ne voulait pas se mouiller les pieds dans le fumier.

En sautant de place en place, Derville arriva sur le seuil de la porte par où le colonel était sorti. Chabert parut désagréablement affecté d'être obligé de le recevoir dans la chambre qu'il occupait. En effet,

Derville n'y aperçut qu'une seule chaise. Le lit du colonel consistait en quelques bottes de paille sur lesquelles son hôtesse avait étendu deux ou trois lambeaux de ces vieilles tapisseries, ramassées je ne sais où, dont se servent les laitières pour garnir les bancs de leurs charrettes. Le plancher était tout simplement en terre battue. Comme les murs salpêtrés, verdâtres et fendus répandaient une forte humidité, le mur contre lequel couchait le colonel était tapissé d'une natte en jonc. Le fameux carrick pendait à un clou. Deux mauvaises paires de bottes gisaient dans un coin. Nul vestige de linge. Sur la table vermoulue, les Bulletins de la Grande-Armée réimprimés par Plancher étaient ouverts et paraissaient être la lecture du colonel, dont la physionomie était calme et sereine au milieu de cette misère. Sa visite chez Derville semblait avoir changé le caractère de ses traits, où l'avoué trouva les traces d'une pensée heureuse, une lueur particulière qu'y avait jetée l'espérance.

— La fumée de la pipe vous incommode-t-elle? dit-il en tendant à son avoué la chaise à moitié dépaillée.

— Mais, colonel, vous êtes horriblement mal ici!

Cette phrase fut arrachée à Derville par la défiance naturelle aux avoués, et par la déplorable expérience que leur donnent de bonne heure les épouvantables drames inconnus auxquels ils assistent.

— Voilà, se dit-il, un homme qui aura certainement employé mon argent à satisfaire les trois vertus théologales du troupier : le jeu, le vin et les femmes !

— C'est vrai, monsieur, nous ne brillons pas ici par le luxe. C'est un bivouac tempéré par l'amitié, mais... Ici le soldat lança un regard profond à l'homme de loi. Mais, je n'ai fait de tort à personne, je n'ai jamais repoussé personne, et je dors tranquille.

L'avoué songea qu'il y aurait peu de délicatesse à demander compte à son client des sommes qu'il lui avait avancées, et il se contenta de lui dire : — Pourquoi n'avez-vous donc pas voulu venir dans Paris, où vous auriez pu vivre aussi peu chèrement que vous vivez ici, mais où vous auriez été mieux ?

— Mais, répondit le colonel, les braves gens chez lesquels je suis m'avaient recueilli, nourri *gratis* depuis un an ! Comment les quitter au moment où j'avais un peu d'argent ? Puis le père de ces trois gamins est un vieux *Égyptien*...

— Comment ! un Égyptien ?

— Nous appelons ainsi les troupiers qui sont revenus de l'expédition d'Égypte, dont j'ai fait partie; mais tous ceux qui en sont revenus sont un peu frères. Enfin, je n'ai pas encore fini d'apprendre à lire à ses marmots.

— Il aurait bien pu vous mieux loger, pour votre argent, lui !

— Bah! dit le colonel, ses enfants couchent comme moi sur la paille ! Sa femme et lui n'ont pas un lit meilleur. Ils sont bien pauvres, voyez-vous ! Ils ont pris un établissement au-dessus de leurs forces. Mais si je recouvre ma fortune !... Enfin, suffit !

— Colonel, je dois recevoir demain ou après vos actes d'Heilsberg. Votre libératrice vit encore !

— Sacré argent ! Dire que je n'en ai pas, s'écriat-il en jetant par terre sa pipe, une pipe *culottée*, une pipe précieuse ! Mais ce fut par un geste si naturel, par un mouvement si généreux, que tous les fumeurs et même la Régie lui eussent pardonné ce crime de lèse-tabac. Les anges en auraient peut-être ramassé les morceaux.

— Colonel, votre affaire est excessivement compliquée, lui dit Derville en sortant de la chambre pour s'aller promener au soleil le long de la maison.

— Elle me paraît, dit le soldat, parfaitement simple. L'on m'a cru mort, me voilà ! Rendez-moi ma femme et ma fortune ; donnez-moi le grade de général auquel j'ai droit. J'ai passé colonel dans la garde impériale, la veille de la bataille d'Eylau !

— Les choses ne vont pas ainsi dans le monde judiciaire, reprit Derville. Écoutez-moi. Vous êtes le comte Chabert, je le veux bien, mais il s'agit de le prouver judiciairement à des gens qui vont avoir intérêt à nier votre existence. Ainsi, vos actes seront discutés. Cette discussion entraînera dix ou douze questions préliminaires qui toutes iront contradictoirement jusqu'à la cour suprême, et constitueront autant de procès coûteux, qui traîneront en longueur, quelle que soit l'activité que j'y mette. Vos adversaires demanderont une enquête à laquelle nous ne pourrons pas nous refuser, et qui nécessitera peut-être une commission rogatoire en Prusse. Mais supposons tout au mieux ; admettons qu'il soit reconnu promptement par la justice que vous êtes le colonel Chabert : savons-nous comment sera jugée la question soulevée par la bigamie fort innocente de la comtesse Ferraud ? Dans votre cause, le point de droit est en dehors du code, et ne peut être jugé par les juges que suivant les lois de la conscience, comme fait le jury dans les questions délicates que présentent les bizarreries sociales de quelques procès criminels. Or, vous n'avez pas eu d'enfants de votre mariage, et M. le comte Ferraud en a deux du sien. Les juges peuvent déclarer nul le mariage où se rencontrent les liens les plus faibles, au profit du mariage qui en comporte de plus forts, du moment où il y a eu bonne foi chez les contractants. Serez-vous dans une position morale bien belle, en voulant *mordicus* avoir, à votre âge et dans les circonstances où vous vous trouvez, une femme qui ne vous aime plus ? Vous aurez contre vous votre femme et son mari, deux personnes puissantes qui pourront influencer les tribunaux. Le procès a donc des éléments de durée. Vous aurez le temps de vieillir dans les chagrins les plus cuisants.

— Et ma fortune !

— Vous vous croyez donc une grande fortune ?

— N'avais-je pas trente mille livres de rente !

— Mon cher colonel, vous aviez fait, en 1799, avant votre mariage, un testament qui léguait le quart de vos biens aux hospices.

— C'est vrai.

— Eh bien, vous censé mort, n'a-t-il pas fallu procéder à un inventaire, à une liquidation afin de donner ce quart aux hospices ? Votre femme ne s'est pas fait scrupule de tromper les pauvres. L'inventaire, où sans doute elle s'est bien gardée de mentionner l'argent comptant, les pierreries, où elle aura produit peu d'argenterie, et où le mobilier a été estimé à deux tiers au-dessous du prix réel, soit pour la favoriser, soit pour payer moins de droits au fisc, et aussi parce que les commissaires-priseurs sont responsables de leurs estimations, l'inventaire ainsi fait a établi six cent mille francs de valeurs. Pour sa part, votre femme avait droit à la moitié. Tout a été vendu, racheté par elle; elle a bénéficié sur tout, et les hospices ont eu leurs soixante-quinze mille francs. Puis, comme le fisc héritait de vous, attendu que vous n'aviez pas fait mention de votre femme dans votre testament, l'Empereur a rendu par un décret à votre veuve la portion qui revenait au domaine public. Maintenant, à quoi avez-vous droit ? à trois cent mille francs seulement, moins les frais.

— Et vous appelez cela la justice ! dit le colonel ébahi.

— Mais, certainement.

— Elle est belle.

— Elle est ainsi, mon pauvre colonel. Vous voyez que ce que vous avez cru facile, ne l'est pas. Madame Ferraud peut même vouloir garder la portion qui lui a été donnée par l'Empereur.

— Mais elle n'était pas ma veuve, le décret est nul.

— D'accord. Mais tout se plaide. Écoutez-moi. Dans ces circonstances, je crois qu'une transaction serait, et pour vous et pour elle, le meilleur dénoûment du procès. Vous y gagnerez une fortune plus considérable que celle à laquelle vous auriez droit.

— Ce serait vendre ma femme !

— Avec vingt-quatre mille francs de rente vous aurez, dans la position où vous vous trouvez, des femmes qui vous conviendront mieux que la vôtre, et qui vous rendront plus heureux. Je compte aller voir aujourd'hui même madame la comtesse Ferraud afin de sonder le terrain; mais je n'ai pas voulu faire cette démarche sans vous en prévenir.

— Allons ensemble chez elle.

— Fait comme vous êtes? dit l'avoué. Non, non, colonel, non. Vous pourriez y perdre tout à fait votre procès.

— Mais mon procès est-il gagnable?

— Sur tous les chefs, répondit Derville. Mais, mon cher colonel Chabert, vous ne faites pas attention à une chose. Je ne suis pas riche, ma charge n'est pas entièrement payée. Si les tribunaux vous accordent une *provision*, c'est-à-dire une somme à prendre par avance sur votre fortune, ils ne l'accorderont qu'après avoir reconnu vos qualités de comte Chabert, grand-officier de la Légion d'Honneur.

— Tiens, je suis grand-officier de la Légion ! Je n'y pensais plus, dit-il naïvement.

— Eh bien! jusque-là, reprit Derville, ne faut-il pas plaider, payer des avocats, lever et solder les jugements, faire marcher des huissiers, et vivre? Les frais des instances préparatoires se monteront, à vue de nez, à plus de douze ou quinze mille francs. Je ne les ai pas, moi qui suis écrasé par les intérêts énormes que je paie à celui qui m'a prêté l'argent de ma charge. Et vous! où les trouverez-vous?

De grosses larmes tombèrent des yeux flétris du pauvre soldat et roulèrent sur ses joues ridées. A l'aspect de ces difficultés, il fut découragé. Le monde social et judiciaire lui pesait sur la poitrine, comme un cauchemar.

— J'irai, s'écria-t-il, au pied de la colonne de la place Vendôme, je crierai là : « Je suis le colonel Chabert qui a enfoncé le grand carré des Russes à Eylau! » Le bronze, lui, me reconnaîtra!

— Et l'on vous mettra sans doute à Charenton.

A ce nom redouté, l'exaltation du militaire tomba.

— N'y aurait-il donc pas pour moi quelques chances favorables au ministère de la guerre?

— Les bureaux! dit Derville. Ah! n'y allez qu'avec un jugement bien en règle qui déclare nul votre acte de décès. Les bureaux voudraient pouvoir anéantir les gens de l'Empire.

Le colonel resta pendant un moment interdit, immobile, regardant sans voir, abîmé dans un désespoir sans bornes. La justice militaire est franche, rapide; elle décide à la turque, et juge presque toujours bien. Cette justice était la seule que connût Chabert. Or, en apercevant le dédale de difficultés où il fallait s'engager, et en voyant combien il fallait d'argent pour y voyager, il reçut un coup mortel dans son intelligence et dans cette puissance particulière à l'homme que l'on nomme *la volonté*. Il lui parut impossible de vivre en plaidant, il fut pour lui mille fois plus simple de rester pauvre, mendiant, de s'engager comme cavalier si quelque régiment voulait de lui. Ses souffrances physiques et morales lui avaient déjà vicié le corps dans quelques-uns des organes les plus importants. Il touchait à l'une de ces maladies pour lesquelles la médecine n'a pas de nom, dont le siège est en quelque sorte mobile comme l'appareil nerveux qui paraît le plus attaqué, parmi tous ceux de notre machine, affection qu'il faudrait nommer le *spleen* du malheur. Quelque grave que fût déjà ce mal invisible, mais réel, il était encore guérissable par une heureuse conclusion. Pour ébranler tout à fait cette vigoureuse organisation, il suffirait d'un obstacle nouveau, de quelque fait imprévu qui en romprait les ressorts affaiblis et produirait ces hésitations, ces actes incompris, incomplets, que les physiologistes observent chez les êtres ruinés par les chagrins. Derville, qui reconnut alors les symptômes d'un profond abattement chez son client, lui dit : — Prenez courage, la solution de cette affaire ne peut que vous être favorable. Seulement, examinez si vous pouvez me donner toute votre confiance, et accepter aveuglément le résultat que je croirai le meilleur pour vous.

— Faites comme vous voudrez, dit Chabert.

— Oui, mais vous vous abandonnez à moi, comme un homme qui marche à la mort!

— Mais, ne vais-je pas rester sans état, sans nom? Est-ce tolérable?

— Je ne l'entends pas ainsi, dit l'avoué; il sera stipulé que nous poursuivrons à l'amiable un jugement pour annuler votre acte de décès et votre mariage, afin que vous repreniez vos droits. Vous serez même, par l'influence du comte Ferraud, porté sur les cadres de l'armée comme général, et vous obtiendrez une pension.

— Allez donc! répondit Chabert, je me fie entièrement à vous.

— Eh bien, je vous enverrai une procuration à signer, dit Derville. Adieu, bon courage! S'il vous faut de l'argent, comptez sur moi.

Chabert serra chaleureusement la main de Derville, et resta le dos appuyé contre la muraille, sans avoir la force de le suivre autrement que des yeux. Comme tous les gens qui comprennent peu les affaires judiciaires, il s'effrayait de cette lutte nouvelle qu'il n'avait jamais prévue.

Pendant que Derville parlait au colonel, il s'était, à plusieurs reprises, avancé hors d'un pilastre de la porte cochère, la figure d'un homme posté dans la rue qui semblait occupé à guetter la sortie de Derville, et qui, en effet, l'accosta quand il sortit. C'était un vieux homme vêtu d'une veste bleue, d'une cotte blanche plissée semblable à celle des brasseurs, et qui portait sur la tête une casquette de loutre. Sa figure était brune, creusée, ridée, mais rougie sur les pommettes par l'excès du travail et hâlée par le grand air.

— Excusez, monsieur, dit-il à Derville en l'arrêtant par le bras, si je prends la liberté de vous parler; mais je me suis douté, en vous voyant, que vous étiez l'ami de notre général.

— Eh bien? dit Derville, en quoi vous intéressez-vous...? Mais qui êtes-vous?

— Je suis Louis Vergniaud, répondit-il d'abord. Et j'aurais deux mots à vous dire.

— C'est vous qui avez logé le comte Chabert comme il l'est!

— Pardon, excuse, monsieur, il a la plus belle chambre. J'aurais couché dans l'écurie et je lui aurais donné la mienne, si je n'en avais eu qu'une. Un homme qui a souffert comme lui, qui apprend à lire à mes *mioches*, un général, et un Égyptien! Ha bien, faudrait voir! Du tout, il est le mieux logé. J'ai partagé avec lui tout ce que j'avais. Malheureusement ce n'était pas grand'chose, du pain, du lait, des œufs, enfin à la guerre comme à la guerre! C'était de bon cœur. Mais il nous a vexés.

— Lui?

— Oui, monsieur, vexés, là ce qui s'appelle en plein. J'ai pris un établissement au-dessus de mes forces, il le voyait bien. Ça vous le contrariait. Il pansait le cheval! je lui dis : — Mais, mon général!... — Bah! qu'i' dit, je ne veux pas être un fainéant, et il y a longtemps que je sais brosser le lapin. J'avais donc fait des billets pour le prix de ma vacherie à un nommé Grados... Le connaissez-vous, monsieur?

— Mais, mon cher, je n'ai pas le temps de vous écouter. Seulement, dites-moi comment le colonel vous a vexés.

— Il nous a vexés, monsieur, aussi vrai que je m'appelle Louis Vergniaud et que ma femme en a pleuré. Il a su par les voisins que nous n'avions pas le premier sou de notre billet. Le vieux grognard, sans rien dire, a amassé tout ce que vous lui donniez, a guetté le billet et l'a payé. C'te malice! Que ma femme et moi sachant qu'il n'avait pas de tabac, ce pauvre vieux, et qu'il s'en passait!... Oh, maintenant tous les matins, il a ses cigares! je me vendrais plutôt... Non! nous sommes vexés. Donc, je voudrais vous proposer de nous prêter, vu qu'il nous a dit que vous étiez un brave homme, une centaine d'écus sur notre établissement, afin que nous lui fassions faire des habits, que nous lui meublions sa chambre. Il a cru nous acquitter, pas vrai?

Eh bien, au contraire, voyez-vous, l'ancien nous a endettés... et vexés! Il ne devait pas faire cette avanie-là. Il nous a vexés! Des amis! Foi d'honnête homme, aussi vrai que je m'appelle Louis Vergniaud, je m'engagerais plutôt que de ne pas vous rendre cet argent-là...

Derville regarda le nourrisseur, et fit quelques pas en arrière pour revoir la maison, la cour, les fumiers, l'étable, les lapins, les enfants.

— Par ma foi, je crois qu'un des caractères de la vertu est de ne pas être propriétaire, se dit-il. Va, tu auras tes cent écus! et plus même... Mais ce ne sera pas moi qui te les donnerai. Le colonel sera bien assez riche pour t'aider, et je ne veux pas lui en ôter le plaisir.

— Cela sera-t-il bientôt?

— Mais oui...

— Ah! mon Dieu, que mon épouse va-z-être contente!

Et la figure tannée du nourrisseur sembla s'épanouir.

— Maintenant, se dit Derville en remontant dans son cabriolet, allons chez notre adversaire. Ne laissons pas voir notre jeu, tâchons de connaître le sien et gagnons la partie d'un seul coup. Il faudrait l'effrayer. Elle est femme, de quoi s'effraient le plus les femmes? Mais les femmes ne s'effraient que de...

Il se mit à étudier la position de la comtesse, et tomba dans une de ces méditations auxquelles se livrent les grands politiques en concevant leurs plans, en tâchant de deviner le secret des cabinets ennemis : les avoués ne sont-ils pas en quelque sorte des hommes d'État chargés des affaires privées. Un coup d'œil jeté sur la situation de M. le comte Ferraud et de sa femme est ici nécessaire pour faire comprendre le génie de l'avoué.

M. le comte Ferraud était le fils d'un ancien conseiller au parlement de Paris, qui avait émigré pendant le temps de la terreur. S'il sauva sa tête, il perdit sa fortune. Il rentra sous le consulat et resta constamment fidèle aux intérêts de Louis XVIII, dans les entours duquel était son père avant la révolution. Il appartenait donc à cette partie du faubourg Saint-Germain qui résista noblement aux séductions de Napoléon. La réputation de capacité que se fit le jeune comte, alors simplement appelé M. Ferraud, le rendit l'objet des coquetteries de l'Empereur, qui souvent était aussi heureux de ses conquêtes sur l'aristocratie que du gain d'une bataille. On promit au comte la restitution de son titre, celle de ses biens non vendus, et on lui montra dans le lointain un ministère, une sénatorerie. L'Empereur échoua. M. Ferraud était, lors de la mort du comte Chabert, un jeune homme de vingt-six ans, doué de formes agréables, qui avait des succès, et que le faubourg Saint-Germain avait adopté comme une de ses gloires. Il était sans fortune. Madame la comtesse Chabert avait su tirer un si bon parti de la succession de son mari, qu'elle possédait, après dix-huit mois de veuvage, environ quarante mille livres de rente. Quant à son mariage avec le jeune comte, il ne fut pas accepté comme une nouvelle par les coteries du faubourg Saint-Germain. Heureux de ce mariage qui répondait à ses idées de fusion, Napoléon rendit à madame Chabert la portion dont héritait le fisc dans la succession du colonel. Mais l'espérance de Napoléon fut encore trompée. Madame Ferraud n'aimait pas seulement son amant dans le jeune homme, elle avait été séduite aussi par l'idée d'entrer dans cette société dédaigneuse qui, malgré son abaissement, dominait la cour impériale. Toutes ses vanités étaient flattées autant que ses passions dans ce mariage. Elle allait devenir *une femme comme il faut*. Quand le faubourg Saint-Germain sut que le mariage du jeune comte n'était pas une défection, les salons s'ouvrirent à sa femme. La restauration vint. La fortune politique du comte Ferraud ne fut pas rapide. Il comprenait les exigences de la position dans laquelle se trouvait Louis XVIII, et il était du nombre des initiés qui attendaient *que l'abîme des révolutions fût fermé :* car cette phrase royale, dont les libéraux se moquèrent tant, cachait un sens politique. Néanmoins, l'ordonnance citée dans la longue phrase cléricale qui commence cette histoire lui avait rendu deux forêts et une terre dont la valeur avait considérablement augmenté pendant le séquestre. En ce moment, quoique le comte Ferraud fût conseiller d'État, directeur général, il ne considérait sa position que comme le début de sa fortune politique.

Préoccupé par les soins d'une ambition dévorante, M. le comte Ferraud s'était attaché comme secrétaire un ancien avoué ruiné nommé Delbecq, homme plus qu'habile, qui connaissait admirablement les ressources de la chicane, et auquel il laissait la conduite de ses affaires privées. Le rusé praticien avait assez bien compris sa position chez le comte, pour y être probe par spéculation. Il espérait parvenir à quelque place élevée par le crédit de son patron, dont il gérait sagement la fortune. Sa conduite démentait tellement sa vie antérieure, qu'il passait pour un homme calomnié. Avec le tact et la finesse dont toutes les femmes sont plus ou moins douées, la comtesse, qui avait deviné son intendant, le surveillait adroitement, et savait si bien le manier, qu'elle en avait déjà tiré un très-bon parti pour l'augmentation de sa fortune particulière. Elle avait su persuader à Delbecq qu'elle gouvernait M. Ferraud, et lui avait promis de le faire nommer président d'un tribunal de première instance dans l'une des plus importantes villes de France, s'il se dévouait entièrement à ses intérêts. La promesse d'une place inamovible qui lui permettrait de se marier avantageusement et de conquérir plus tard une haute position dans la carrière politique en devenant député, fit de Delbecq l'âme damnée de la comtesse. Il ne lui avait laissé manquer aucune des chances favorables que les mouvements de Bourse et la hausse des propriétés présentèrent dans Paris aux gens habiles pendant les trois premières années de la restauration. Il avait quadruplé les capitaux de sa protectrice, avec d'autant plus de facilité que tous les moyens avaient paru bons à la comtesse afin de rendre promptement sa fortune énorme. Elle employait les émoluments des places occupées par le comte, aux dépenses de la maison, afin de pouvoir capitaliser ses revenus, et Delbecq se prêtait aux calculs de cette avarice sans chercher à s'en expliquer les motifs. Ces sortes de gens ne s'inquiètent que des secrets dont la découverte est nécessaire à leurs intérêts. D'ailleurs il en trouvait si naturellement la raison dans cette soif d'or dont sont atteintes la plupart des Parisiennes, et il fallait une si grande fortune pour appuyer les prétentions du comte Ferraud, que l'intendant croyait parfois entrevoir dans l'avidité de la comtesse un effet de son dévouement pour l'homme dont elle était toujours éprise. La comtesse avait enseveli les secrets de sa conduite au fond de son cœur, car c'étaient des secrets de vie et de mort pour elle, et le nœud de cette histoire était précisément là.

Quand, au commencement de l'année 1817, la restauration fut assise sur des bases en apparence inébranlables et que ses doctrines gouvernementales, comprises par les esprits élevés, leur parurent devoir amener pour la France une ère de prospérité nouvelle, la société parisienne changea de face. Madame la comtesse Ferraud se trouva par hasard avoir fait tout ensemble un mariage d'amour, de fortune et d'ambition. Encore jeune et belle, madame Ferraud joua le rôle d'une femme à la mode, et vécut dans l'atmosphère de la cour. Jamais personne ne fut plus heureuse. Elle appartenait à l'aristocratie, elle était riche par elle-même, et riche par son mari qui, prôné comme un des hommes les plus capables du parti royaliste et l'ami du roi, semblait promis à quelque ministère. Au milieu de ce triomphe elle fut atteinte du cancer moral. Il est de ces sentiments que les femmes devinent malgré le soin que les hommes mettent à les enfouir dans leur cœur. Dès le premier retour du roi, le comte Ferraud avait conçu quelques regrets de son mariage avec la veuve du colonel Chabert. Elle ne l'avait allié à personne, il était seul et sans appui pour se diriger dans une carrière pleine d'écueils et pleine d'ennemis. Puis, peut-être, quand il avait pu juger froidement sa femme, avait-il reconnu chez elle quelques vices d'éducation qui la rendaient impropre à le seconder dans ses projets. Un mot dit par lui à propos du mariage de M. de Talleyrand éclaira la comtesse, à laquelle il fut prouvé que si son mariage était à faire, jamais elle ne serait madame Ferraud. Ce regret, quelle femme le pardonnerait? Ne contient-il pas toutes les injures, tous les crimes, toutes les répudiations en germe? Mais quelle plaie ne devait pas faire ce mot dans le cœur de la comtesse, si l'on vient à supposer qu'elle craignait de voir revenir son premier mari! Elle l'avait su vivant, elle l'avait repoussé. Puis, pendant le temps où elle n'en avait plus entendu parler, elle s'était plu à le croire mort à Waterloo avec les aigles impériales en compagnie de Boutin. Néanmoins elle conçut d'attacher le comte à elle par le plus fort des liens, par la chaîne d'or, et voulut être si riche que sa fortune rendît son second mariage indissoluble, si par hasard le comte Chabert reparaissait encore. Et il avait reparu, sans qu'elle s'expliquât pourquoi la lutte qu'elle redoutait n'avait pas déjà commencé. Les souffrances, la maladie, l'avaient peut-être délivrée de cet homme. Peut-être était-il à moitié fou ; Charenton pouvait encore lui en faire raison. Elle n'avait pas voulu mettre Delbecq ni la police dans sa confidence, de peur de se donner un maître, ou de précipiter la catastrophe. Il existe à Paris beaucoup de femmes qui, semblables à la comtesse Ferraud, vivent avec un monstre moral inconnu, ou côtoient un abîme; elles se font un calus à l'endroit de leur mal, et peuvent encore rire et s'amuser.

— Il y a quelque chose de bien singulier dans la situation de M. le comte Ferraud, se dit Derville en sortant de sa longue rêverie, au moment où son cabriolet s'arrêtait rue de Varennes, à la porte de l'hôtel Ferraud. Comment, lui si riche, aimé du roi, n'est-il pas encore pair de France ? Il est vrai qu'il entre peut-être dans la politique du roi, comme me le disait madame de Grandlieu, de donner une haute importance à la pairie en ne la prodiguant pas. D'ailleurs, le fils d'un conseiller au parlement n'est ni un Crillon, ni un Rohan. Le comte Ferraud ne peut entrer que subrepticement dans la chambre haute. Mais, si son mariage était cassé, ne pourrait-il pas faire passer sur sa tête, à la grande satisfaction du roi, la pairie d'un de ces vieux sénateurs qui n'ont que des filles ? Voilà certes une bonne bourde à mettre en avant pour effrayer notre comtesse, se dit-il en montant le perron.

Derville avait, sans le savoir, mis le doigt sur

la plaie secrète, enfoncé la main dans le cancer qui dévorait madame Ferraud. Il fut reçu par elle dans une jolie salle à manger d'hiver, où elle déjeunait en jouant avec un singe attaché par une chaîne à une espèce de petit poteau garni de bâtons en fer. Elle était enveloppée dans un élégant peignoir; les boucles de ses cheveux, négligemment rattachées, s'échappaient d'un bonnet qui lui donnait un air mutin. Elle était fraîche et rieuse. L'argent, le vermeil, la nacre étincelaient sur la table, et il y avait autour d'elle des fleurs curieuses plantées dans de magnifiques vases en porcelaine. En voyant la femme du comte Chabert, riche de ses dépouilles, au sein du luxe, au faîte de la société, tandis que le malheureux vivait chez un pauvre nourrisseur au milieu des bestiaux, l'avoué se dit : — La morale de ceci est qu'une jolie femme ne voudra jamais reconnaître son mari, ni même son amant, dans un homme en vieux carrick, en perruque de chiendent et en bottes percées.

Un sourire malicieux et mordant, excité par cette pensée, exprima les idées moitié philosophiques, moitié railleuses qui devaient venir à un homme si bien placé pour connaître le fond des choses, malgré les mensonges sous lesquels la plupart des familles parisiennes cachent leur existence.

— Bonjour, monsieur Derville, dit-elle en continuant à faire prendre du café au singe.

— Madame, dit-il brusquement, car il se choqua du ton léger avec lequel la comtesse lui avait dit : *Bonjour, monsieur Derville;* je viens causer avec vous d'une affaire assez grave.

— J'en suis *désespérée*, M. Ferraud est absent...

— J'en suis enchanté, moi, madame. Il serait *désespérant* qu'il assistât à notre conférence. D'ailleurs, je sais par Delbecq que vous aimez à faire vos affaires vous-même sans en ennuyer M. le comte.

— Alors, je vais faire appeler Delbecq, dit-elle.

— Il vous serait inutile, quelle que soit son habileté, reprit Derville. Écoutez, madame, un mot suffira pour vous rendre sérieuse. Le comte Chabert existe...

— Est-ce en disant de semblables bouffonneries que vous voulez me rendre sérieuse? dit-elle en partant d'un éclat de rire.

Mais la comtesse fut tout à coup domptée par l'étrange lucidité du regard fixe par lequel Derville l'interrogeait en paraissant lire au fond de son âme.

— Madame, répondit-il avec une gravité froide et perçante, vous ignorez l'étendue des dangers qui vous menacent. Je ne vous parlerai pas de l'incontestable authenticité des pièces, ni de la certitude des preuves qui attestent l'existence du comte Chabert. Je ne suis pas homme à me charger d'une mauvaise cause, vous le savez. Si vous vous opposez à notre inscription en faux contre l'acte de décès, vous perdrez ce premier procès, et cette question résolue en notre faveur nous fait gagner toutes les autres.

— De quoi prétendez-vous donc me parler?

— Ni du colonel, ni de vous. Je ne vous parlerai pas non plus des mémoires que pourraient faire des avocats spirituels, armés des faits curieux de cette cause, et du parti qu'ils tireraient des lettres que vous avez reçues de votre premier mari avant la célébration de votre mariage avec votre second...

— Cela est faux! dit-elle avec toute la violence d'une petite-maîtresse. Je n'ai jamais reçu de lettres du comte Chabert, et si quelqu'un se dit être le colonel, ce ne peut être qu'un intrigant, quelque forçat libéré, comme Cogniard peut-être. Le frisson prend, rien que d'y penser. Le colonel peut-il ressusciter, monsieur? Bonaparte m'a fait complimenter sur sa mort par un aide-de-camp, et je touche encore aujourd'hui trois mille francs de pension accordés à sa veuve par les Chambres. J'ai eu mille fois raison de repousser tous les Chaberts qui sont venus, comme je repousserai tous ceux qui viendront.

— Heureusement nous sommes seuls, madame. Nous pouvons mentir à notre aise, dit-il froidement en s'amusant à aiguillonner la colère qui agitait la comtesse, afin de lui arracher quelques indiscrétions, par une manœuvre familière aux avoués, habitués à rester calmes quand leurs adversaires ou leurs clients s'emportent.

— Hé bien donc, à nous deux! se dit-il à lui-même en imaginant à l'instant un piège pour lui démontrer sa faiblesse. — La preuve de la remise de la première lettre existe, madame, reprit-il à haute voix; elle contenait des valeurs...

— Oh! pour des valeurs, elle n'en contenait pas.

— Vous avez donc reçu cette première lettre, reprit Derville en souriant. Vous êtes déjà prise dans le premier piège que vous tend un avocat, et vous croyez pouvoir lutter avec la justice...

La comtesse rougit, pâlit, se cacha la figure dans les mains. Puis, elle secoua sa honte, et reprit avec ce sang-froid dont les femmes seules sont capables : — Puisque vous êtes l'avoué du prétendu Chabert, faites-moi le plaisir de...

— Madame, dit Derville en l'interrompant, je suis encore en ce moment votre avoué comme celui du colonel. Croyez-vous que je veuille perdre une clientèle aussi précieuse que l'est la vôtre? Mais vous ne m'écoutez pas...

— Parlez, monsieur, dit-elle gracieusement.

— Votre fortune vous venait de M. le comte Chabert, et vous l'avez repoussé. Votre fortune est colossale, et vous le laissez mendier. Madame, les avocats sont bien éloquents lorsque les causes sont éloquentes par elles-mêmes, et il se rencontre ici des circonstances capables de soulever contre vous l'opinion publique.

— Mais, monsieur, dit la comtesse impatientée de la manière dont Derville la tournait et retournait sur le gril, en admettant que votre M. Chabert existe, les tribunaux maintiendront mon second mariage à cause des enfants, et j'en serai quitte pour rendre deux cent vingt-cinq mille francs à M. Chabert.

— Madame, nous ne savons pas de quel côté les tribunaux verront la question sentimentale. Si, d'une part, nous avons une mère et ses enfants, nous avons de l'autre un homme accablé de malheurs, vieilli par vous, par vos refus. Où trouvera-t-il une femme? Puis, les juges peuvent-ils heurter la loi? Votre mariage avec le colonel a pour lui le droit, la priorité. Mais si vous êtes représentée sous d'odieuses couleurs, vous pourriez avoir un adversaire auquel vous ne vous attendez pas. Là, madame, est ce danger dont je voudrais vous préserver.

— Un nouvel adversaire! dit-elle; qui?

— M. le comte Ferraud, madame.

— M. Ferraud a pour moi un trop vif attachement, et, pour la mère de ses enfants, un trop grand respect...

— Ne parlez pas de ces niaiseries-là, dit Derville en l'interrompant, à des avoués habitués à lire au fond des cœurs. En ce moment M. Ferraud n'a pas la moindre envie de rompre votre mariage, et je suis persuadé qu'il vous adore; mais si quelqu'un venait lui dire que son mariage peut être annulé, que sa femme sera traduite en criminelle au banc de l'opinion publique...

— Il me défendrait! monsieur.

— Non, madame.

— Quelle raison aurait-il de m'abandonner, monsieur?

— Mais, celle d'épouser la fille unique d'un pair de France, dont la pairie lui serait transmise par une ordonnance du roi...

La comtesse pâlit.

— Nous y sommes! se dit en lui-même Derville. Bien, je te tiens, l'affaire du pauvre colonel est gagnée. — D'ailleurs, madame, reprit-il à haute voix, il aurait d'autant moins de remords, qu'un homme couvert de gloire, général, comte, grand-officier de la Légion d'Honneur, ne serait pas un pis-aller; et si cet homme lui redemande sa femme...

— Assez! assez! monsieur, dit-elle. Je n'aurai jamais que vous pour avoué. Que faire?

— Transiger! dit Derville.

— M'aime-t-il encore? dit-elle.

— Mais je ne crois pas qu'il puisse en être autrement.

A ce mot, la comtesse dressa la tête. Un éclair d'espérance brilla dans ses yeux; elle comptait peut-être spéculer sur la tendresse de son premier mari pour gagner son procès par quelque ruse de femme.

— J'attendrai vos ordres, madame, pour savoir s'il faut vous signifier nos actes, ou si vous voulez venir chez moi pour arrêter les bases d'une transaction, dit Derville en saluant la comtesse.

Huit jours après les deux visites que Derville avait faites, et par une belle matinée du mois de juin, les époux, désunis par un hasard presque surnaturel, partirent des deux points les plus opposés de Paris, pour venir se rencontrer dans l'étude de leur avoué commun.

Les avances qui furent largement faites par Derville au colonel Chabert, lui avaient permis d'être vêtu selon son rang. Il arriva donc voituré dans un cabriolet fort propre. Il avait la tête couverte d'une perruque appropriée à sa physionomie; il était habillé de drap bleu, avait du linge blanc et portait à son col le sautoir rouge des grands-officiers de la Légion d'Honneur. En reprenant les habitudes de l'aisance, il avait retrouvé son ancienne élégance martiale. Il se tenait droit. Sa figure, grave et mystérieuse, où se peignaient le bonheur et toutes ses espérances, paraissait être rajeunie, et plus grasse, pour emprunter à la peinture une de ses expressions les plus pittoresques. Il ne ressemblait pas plus au Chabert en vieux carrick, qu'un gros sou ne ressemble à une pièce de quarante francs nouvellement frappée. A le voir, les passants eussent facilement reconnu en lui l'un de ces beaux débris de notre ancienne armée, un de ces hommes héroïques sur lesquels se reflète notre gloire nationale, et qui la représentent comme un éclat de glace illuminé par le soleil semble en réfléchir tous les rayons. Ces vieux soldats sont tout ensemble des tableaux et des livres.

Quand le comte descendit de sa voiture pour monter chez Derville, il sauta légèrement comme aurait pu faire un jeune homme. A peine son cabriolet avait-il retourné, qu'un joli coupé tout armorié arriva. Madame la comtesse Ferraud en sortit dans une toilette simple, mais habilement calculée pour montrer la jeunesse de sa taille. Elle avait une jolie capote doublée de rose qui encadrait parfaitement sa figure, en dissimulait les contours, et la ravivait.

Si les clients s'étaient rajeunis, l'étude était restée semblable à elle-même, et offrait alors le tableau par la description duquel cette histoire a commencé. Simonnin déjeunait, l'épaule appuyée sur la fenêtre qui alors était ouverte, et il regardait le bleu du ciel par l'ouverture de cette cour entourée de quatre corps de logis noirs.

— Ha! dit le petit clerc, qui veut parier un spectacle que le colonel Chabert est général, et cordon rouge?

— Le patron est un fameux sorcier! dit Godeschal.

— Il n'y a donc pas de tour à lui jouer cette fois? dit le troisième clerc.

— C'est sa femme qui s'en charge, la comtesse Ferraud! dit Boucard.

— Allons, dit le troisième clerc, la comtesse Ferraud serait donc obligée d'être à deux...

— La voilà! dit Simonnin.

En ce moment, le colonel entra et demanda doucement Derville.

— Il y est, monsieur le comte, répondit Simonnin.

— Tu n'es donc pas sourd, petit drôle! dit Chabert en prenant le saute-ruisseau par l'oreille et la lui tortillant, à la satisfaction des clercs qui se mirent à rire, et regardèrent le colonel avec la curieuse considération due à ce singulier personnage.

Le comte Chabert était chez Derville au moment où sa femme entra par la porte de l'étude.

— Dites donc, Boucard, il va se passer une singulière scène dans le cabinet du patron! Voilà une femme qui peut aller les jours pairs chez le comte Ferraud et les jours impairs chez le comte Chabert.

— Dans les années bissextiles, dit Godeschal, le compte y sera.

— Taisez-vous donc! messieurs, l'on peut entendre, dit sévèrement Boucard; je n'ai jamais vu d'étude où l'on plaisantât, comme vous le faites, sur les clients.

Derville avait consigné le colonel dans sa chambre à coucher, quand la comtesse se présenta.

— Madame, lui dit-il, ne sachant pas s'il vous serait agréable de voir M. le comte Chabert, je vous ai séparés. Si cependant vous désiriez...

— Monsieur, c'est une attention dont je vous remercie.

— J'ai préparé la minute d'un acte dont les conditions pourront être discutées par vous et par M. Chabert, séance tenante. J'irai alternativement de vous à lui, pour vous présenter, à l'un et à l'autre, vos raisons respectives.

— Voyons, monsieur, dit la comtesse en laissant échapper un geste d'impatience.

Derville lut :

« Entre les soussignés,

« M. Hyacinthe *dit Chabert*, comte, maréchal-de-camp et grand-officier de la Légion d'Honneur, demeurant à Paris, rue du Petit-Banquier, d'une part;

« Et la dame Rose Chapotel, épouse de M. le comte Chabert, ci-dessus nommé, née... »

— Passez, dit-elle, laissons les préambules, arrivons aux conditions.

— Madame, dit l'avoué, le préambule explique succinctement la position dans laquelle vous vous trouvez l'un et l'autre. Puis, par l'article premier, vous reconnaissez, en présence de trois témoins, qui sont deux notaires et le nourrisseur chez lequel a demeuré votre mari, auxquels j'ai confié sous le secret votre affaire, et qui garderont le plus profond silence; vous reconnaissez, dis-je, que l'individu désigné dans les actes joints au sous-seing, mais dont l'état est d'ailleurs établi par un acte de notoriété préparé chez Alexandre Crottat, votre notaire, est le comte Chabert, votre premier époux. Par l'article second, le comte Chabert, dans l'intérêt de votre bonheur, s'engage à ne faire usage de ses droits que dans les cas prévus par l'acte lui-même...

— Et ces cas, dit Derville en faisant une sorte de parenthèse, ne sont autres que la non exécution des clauses de cette convention secrète. — De son côté, reprit-il, M. Chabert consent à poursuivre de gré à gré avec vous un jugement qui annulera son acte de décès et prononcera la dissolution de son mariage.

— Ça ne me convient pas du tout, dit la comtesse étonnée, je ne veux pas de procès. Vous savez pourquoi.

— Par l'article trois, dit l'avoué, en continuant avec un flegme imperturbable, vous vous engagez à constituer au nom d'Hyacinthe, comte Chabert, une rente viagère de vingt-quatre mille francs, inscrite sur le grand-livre de la dette publique, mais dont le capital vous sera dévolu à sa mort...

— Mais c'est beaucoup trop cher, dit la comtesse.

— Pouvez-vous transiger à meilleur marché?

— Peut-être.

— Que voulez-vous donc, madame?

— Je veux, je ne veux pas de procès, je veux...

— Qu'il reste mort, dit vivement Derville en l'interrompant.

— Monsieur, dit la comtesse, s'il faut vingt-quatre mille livres de rente, nous plaiderons...

— Oui, nous plaiderons, s'écria d'une voix sourde le colonel, qui ouvrit la porte et apparut tout à coup devant sa femme, en tenant une main dans son gilet et l'autre étendue vers le parquet, geste auquel le souvenir de son aventure donnait une horrible énergie.

— C'est lui, se dit en elle-même la comtesse.

— Trop cher! reprit le vieux soldat. Je vous ai donné près d'un million, et vous marchandez mon malheur! Hé bien, je vous veux maintenant vous et votre fortune. Nous sommes communs en biens, notre mariage n'a pas cessé...

— Mais monsieur n'est pas le colonel Chabert, s'écria la comtesse, en feignant la surprise.

— Ah! dit le vieillard d'un ton profondément

ironique, voulez-vous des preuves? je vous ai prise au Palais-Royal...

La comtesse pâlit. En la voyant pâlir sous son rouge, le vieux soldat, touché de la vive souffrance qu'il imposait à une femme jadis aimée avec ardeur, s'arrêta; mais il en reçut un regard si venimeux qu'il reprit tout à coup : — Vous étiez chez la...

— De grâce, monsieur, dit la comtesse à l'avoué, trouvez bon que je quitte la place. Je ne suis pas venue ici pour entendre de semblables horreurs.

Elle se leva et sortit. Derville s'élança dans l'étude. La comtesse avait trouvé des ailes, et s'était comme envolée. En revenant dans son cabinet, l'avoué trouva le colonel dans un violent accès de rage, et se promenant à grands pas.

— Dans ce temps-là chacun prenait sa femme où il voulait, disait-il; mais j'ai eu tort de la mal choisir, de me fier à des apparences. Elle n'a pas de cœur.

— Eh bien! colonel, n'avais-je pas raison en vous priant de ne pas venir? Je suis maintenant certain de votre identité. Quand vous vous êtes montré, la comtesse a fait un mouvement dont la pensée n'était pas équivoque. Mais vous avez perdu votre procès, votre femme sait que vous êtes méconnaissable!

— Je la tuerai...

— Folie! vous serez pris et guillotiné comme un misérable. D'ailleurs peut-être manquerez-vous votre coup! ce serait impardonnable : on ne doit jamais manquer sa femme, quand on veut la tuer. Laissez-moi réparer vos sottises, grand enfant! Allez-vous-en. Prenez garde à vous, elle serait capable de vous faire tomber dans quelque piége et de vous enfermer à Charenton. Je vais lui signifier nos actes afin de vous garantir de toute surprise.

Le pauvre colonel obéit à son jeune bienfaiteur, et sortit en lui balbutiant des excuses. Il descendait lentement les marches de l'escalier noir, perdu dans de sombres pensées, accablé peut-être par le coup qu'il venait de recevoir, pour lui le plus cruel, le plus profondément enfoncé dans son cœur, lorsqu'il entendit, en parvenant au dernier palier, le frôlement d'une robe, et sa femme apparut.

— Venez, monsieur, lui dit-elle, en lui prenant le bras par un mouvement semblable à ceux qui lui étaient familiers autrefois.

L'action de la comtesse, l'accent de sa voix redevenue gracieuse, suffirent pour calmer la colère du colonel qui se laissa mener jusqu'à la voiture.

— Eh bien! montez donc! lui dit la comtesse lorsque le valet eut achevé de déplier le marchepied.

Et il se trouva, comme par enchantement, assis près de sa femme dans le coupé.

— Où va madame? demanda le valet.

— A Groslay, dit-elle.

Les chevaux partirent et traversèrent tout Paris.

— Monsieur, dit la comtesse au colonel d'un son de voix qui révélait une de ces émotions rares dans la vie, et dans lesquelles tout en nous est agité. En ces moments, cœur, fibres, nerfs, physionomie, âme et corps, tout, chaque pore même tressaille. La vie semble ne plus être en nous; elle en sort et jaillit; elle se communique comme une contagion, se transmet par le regard, par l'accent de la voix, par le geste, en imposant notre vouloir aux autres. Le vieux soldat tressaillit en entendant ce seul mot, ce premier, ce terrible : — « Monsieur! » Mais aussi était-ce tout à la fois un reproche, une prière, un pardon, une espérance, un désespoir, une interrogation, une réponse. Ce mot comprenait tout. Il fallait être comédienne pour jeter tant d'éloquence, tant de sentiment dans un mot. Le vrai n'est pas si complet dans son expression, il ne met pas tout en dehors, il laisse voir tout ce qui est au dedans. Le colonel eut mille remords de ses soupçons, de ses demandes, de sa colère, et baissa les yeux pour ne pas laisser deviner son trouble.

— Monsieur, reprit la comtesse, après une pause imperceptible, je vous ai bien reconnu.

— Rosine, dit le vieux soldat, ce mot contient le seul baume qui pût me faire oublier mes malheurs.

Deux grosses larmes roulèrent toutes chaudes sur les mains de sa femme, qu'il pressa pour exprimer une tendresse paternelle.

— Monsieur, reprit-elle, comment n'avez-vous pas deviné qu'il me coûtait horriblement de paraître devant un étranger dans une position aussi fausse que l'est la mienne! Si j'ai à rougir de ma situation, que ce ne soit au moins qu'en famille. Ce secret ne devait-il pas rester enseveli dans nos cœurs? Vous m'absoudrez, j'espère, de mon indifférence apparente pour les malheurs d'un Chabert à l'existence duquel je ne devais pas croire. J'ai reçu vos lettres, dit-elle vivement en lisant sur les traits de son mari l'objection qui s'y exprimait; mais elles me parvinrent treize mois après la bataille d'Eylau; elles étaient ouvertes, salies, l'écriture en était méconnaissable, et j'ai dû croire, après avoir obtenu la signature de Napoléon sur mon nouveau contrat de mariage, qu'un adroit intrigant voulait se jouer de moi. Pour ne pas troubler le repos de M. Ferraud, et ne pas altérer les liens de la famille, j'ai donc dû prendre des précautions contre un faux Chabert.

— Oui, tu as eu raison; c'est moi qui suis un sot, un animal, une bête, de n'avoir pas su mieux calculer les conséquences d'une situation semblable. Mais où allons-nous? dit le colonel en se voyant à la barrière de la Chapelle.

— A ma campagne, près de Groslay, dans la vallée de Montmorency. Là, monsieur, nous réfléchirons ensemble au parti que nous devons prendre. Je connais mes devoirs. Si je suis à vous en droit, je ne vous appartiens plus en fait. Pouvez-vous désirer que nous devenions la fable de tout Paris? N'instruisons pas le public de cette situation qui pour moi présente un côté ridicule, et sachons garder notre dignité. Vous m'aimez encore, reprit-elle en jetant sur le colonel un regard triste et doux; mais moi, n'ai-je pas été autorisée à former d'autres liens? En cette singulière position, une voix secrète me dit d'espérer en votre bonté qui m'est si connue. Aurais-je donc tort en vous prenant pour seul et unique arbitre de mon sort? Soyez juge et partie. Je me confie à la noblesse de votre caractère. Vous aurez la générosité de me pardonner les résultats de fautes innocentes. Je vous l'avouerai donc, j'aime M. Ferraud. Je me suis crue en droit de l'aimer. Je ne rougis pas de cet aveu devant vous; s'il vous offense, il ne nous déshonore point. Je ne puis vous cacher les faits. Quand le hasard m'a laissée veuve je n'étais pas mère...

Le colonel fit un signe de main à sa femme, pour lui imposer silence, et ils restèrent sans proférer un seul mot pendant une demi-lieue. Chabert croyait voir les deux petits enfants devant lui.

— Rosine!
— Monsieur?
— Les morts ont donc bien tort de revenir?
— Oh! monsieur, non, non! Ne me croyez pas ingrate. Seulement, vous trouvez une amante, une mère, là où vous aviez laissé une épouse. S'il n'est plus en mon pouvoir de vous aimer, je sais tout ce que je vous dois, et puis vous offrir encore toutes les affections d'une fille.

— Rosine, reprit le vieillard d'une voix douce, je n'ai plus aucun ressentiment contre toi. Nous oublierons tout, ajouta-t-il avec un de ces sourires dont la grâce est toujours le reflet d'une belle âme. Je ne suis pas assez peu délicat pour exiger les semblants de l'amour chez une femme qui n'aime plus.

La comtesse lui lança un regard empreint d'une telle reconnaissance, que le pauvre Chabert aurait voulu rentrer dans sa fosse d'Eylau. Certains hommes ont une âme assez forte pour de tels dévouements, dont ils trouvent la récompense dans la certitude d'avoir fait le bonheur d'une personne aimée.

— Mon ami, nous parlerons de tout ceci plus tard et à cœur reposé, dit la comtesse.

La conversation prit un autre cours, car il était impossible de la continuer longtemps sur ce sujet. Quoique les deux époux revinssent souvent à leur situation bizarre, soit par des allusions, soit sérieusement, ils firent un charmant voyage, se rappelant les événements de leur union passée et les choses de l'empire. La comtesse sut imprimer un charme doux à ces souvenirs, et répandit dans la conversation une teinte de mélancolie nécessaire pour y maintenir la gravité. Elle faisait revivre l'amour sans exciter aucun désir, et laissait entrevoir à son premier époux toutes les richesses morales qu'elle avait acquises, en tâchant de l'accoutumer à l'idée de restreindre son bonheur aux seules jouissances que goûte un père près d'une fille chérie. Le colonel avait connu la comtesse de l'empire, il retrouvait la comtesse de la restauration. Ils arrivèrent par un chemin de traverse à un grand parc situé dans la petite vallée qui sépare les hauteurs de Margency du joli village de Groslay. La comtesse possédait là une délicieuse maison où le colonel vit, en arrivant, tous les apprêts que nécessitaient son séjour et celui de sa femme. Le malheur est une espèce de talisman dont la vertu consiste à corroborer notre constitution primitive, il augmente la défiance et la méchanceté chez certains hommes, comme il grandit la bonté de ceux qui ont un cœur excellent; l'infortune avait rendu le colonel encore plus secourable et meilleur qu'il ne l'avait été. Il savait alors s'initier au secret des souffrances féminines qui sont inconnues à la plupart des hommes. Cependant, malgré son peu de défiance, il ne put s'empêcher de dire à sa femme : — Vous étiez donc bien sûre de m'emmener ici?

— Oui, répondit-elle, si je trouvais le colonel Chabert dans le plaideur.

L'air de vérité qu'elle sut mettre dans cette réponse dissipa les légers soupçons que le colonel se blâma d'avoir conçus. Pendant trois jours la comtesse fut admirable près de son premier mari. Par de tendres soins et sa constante douceur, elle semblait vouloir effacer le souvenir des souffrances qu'il avait endurées, se faire pardonner les malheurs que, suivant ses aveux, elle avait innocemment causés. Elle se plaisait à déployer pour lui, tout en lui faisant apercevoir une sorte de mélancolie, les charmes auxquels elle le savait faible; car nous sommes plus particulièrement accessibles à certaines façons, à des grâces de cœur ou d'esprit auxquelles nous ne résistons pas. Elle voulait l'intéresser à sa situation, et l'attendrir assez pour s'emparer de son esprit et disposer souverainement de lui. Décidée à tout pour arriver à ses fins, elle ne savait pas encore ce qu'elle devait faire de lui; mais certes elle voulait l'anéantir socialement.

Le soir du troisième jour elle sentit que, malgré ses efforts, elle ne pouvait cacher les inquiétudes que lui causait le résultat de ses manœuvres. Pour se trouver un moment à l'aise, elle monta chez elle, s'assit à son secrétaire, déposa le masque de tranquillité qu'elle conservait devant le comte Chabert, comme une actrice qui, rentrant fatiguée dans sa loge après un cinquième acte pénible, tombe demi morte et laisse dans la salle une image d'elle-même à laquelle elle ne ressemble plus. Elle se mit à finir une lettre commencée qu'elle écrivait à Delbecq, à qui elle disait d'aller, en son nom, demander chez Derville communication des actes qui concernaient le colonel Chabert, de les copier et de venir aussitôt la trouver à Groslay.

A peine avait-elle achevé qu'elle entendit dans le corridor le bruit des pas du colonel, qui, tout inquiet, venait la retrouver.

— Hélas! dit-elle à haute voix, je voudrais être morte! Ma situation est intolérable...

— Eh bien, qu'avez-vous donc? demanda le bonhomme.

— Rien, rien, dit-elle.

Elle se leva, laissa le comte et descendit pour parler sans témoins à sa femme de chambre qu'elle fit partir pour Paris, en lui recommandant de remettre elle-même à M. Delbecq la lettre qu'elle venait d'écrire, et de la lui rapporter aussitôt qu'il l'aurait lue. Puis la comtesse alla s'asseoir sur un banc où elle était assez en vue pour que le colonel vînt l'y trouver aussitôt qu'il le voudrait. Le comte, qui déjà la cherchait, accourut et s'assit près d'elle.

— Rosine, lui dit-il, qu'avez-vous?

Elle ne répondit pas. La soirée était une de ces soirées magnifiques et calmes dont les secrètes harmonies répandent, au mois de juin, tant de suavité dans les couchers du soleil. L'air était pur et le silence profond, en sorte que l'on pouvait entendre dans le lointain du parc les voix de quelques enfants qui ajoutèrent une sorte de mélodie aux sublimités du paysage.

— Vous ne me répondez pas? demanda le colonel à sa femme.

— Mon mari,... dit la comtesse qui s'arrêta, fit un mouvement et s'interrompit pour lui demander en rougissant : — Comment dirai-je en parlant de M. Ferraud?

— Nomme-le ton mari, ma pauvre enfant, répondit le colonel avec un délicieux accent de bonté. N'est-ce pas le père de tes enfants?

— Eh bien! reprit-elle, si M. Ferraud me demande ce que je suis venue faire ici, s'il apprend que je m'y suis enfermée avec un inconnu, que lui dirai-je? Écoutez, monsieur, reprit-elle, en prenant une attitude pleine de dignité, décidez de mon sort, je suis résignée à tout...

— Ma chère, dit le colonel en s'emparant des mains de sa femme, j'ai résolu de me sacrifier entièrement à votre bonheur...

— Cela est impossible, s'écria-t-elle en laissant échapper un mouvement convulsif. Songez donc que vous devriez alors renoncer à vous-même et d'une manière authentique...

— Comment, dit le colonel, ma parole ne vous suffit pas?

Le mot *authentique* tomba sur le cœur du vieillard et y réveilla des défiances involontaires. Il jeta sur sa femme un regard qui la fit rougir : elle baissa les yeux. Le colonel avait peur de se trouver obligé de la mépriser. La comtesse craignait d'avoir effarouché la sauvage pudeur, la probité sévère d'un homme dont elle connaissait le caractère généreux, les vertus primitives. Quoique ces idées eussent répandu quelques nuages sur leurs fronts, la bonne harmonie se rétablit aussitôt entre eux. Un cri d'enfant retentit de loin.

— Jules, laissez votre sœur tranquille, s'écria la comtesse.

— Quoi! vos enfants sont ici? dit le colonel.

— Oui; mais je leur ai défendu de vous importuner.

Le vieux soldat comprit la délicatesse, le tact de femme renfermé dans ce procédé si gracieux, et prit la main de la comtesse pour la baiser.

— Qu'ils viennent donc, dit-il.

La petite fille accourait pour se plaindre de son frère.

— Maman!

— Maman!

— C'est lui qui...

— C'est elle...

Les mains étaient étendues vers la mère, et les deux voix enfantines se mêlaient. Ce fut un tableau soudain et délicieux.

— Pauvres enfants, s'écria la comtesse en ne retenant plus ses larmes, il faudra les quitter! à qui le jugement les donnera-t-il? On ne partage pas un cœur de mère : je les veux, moi!

— Est-ce vous qui faites pleurer maman? dit Jules en jetant un regard de colère au colonel.

— Taisez-vous, Jules! s'écria la mère d'un air impérieux.

Les deux enfants restèrent debout et silencieux, examinant leur mère et l'étranger avec une curiosité qu'il est impossible d'exprimer par des paroles.

— Oh! oui, reprit-elle, si l'on me sépare de monsieur Ferraud, qu'on me laisse les enfants, et je serai soumise à tout....

Ce fut un mot décisif qui obtint tout le succès qu'elle en avait espéré.

— Oui, s'écria le colonel comme s'il achevait une phrase mentalement commencée, je dois rentrer sous terre. Je me le suis déjà dit.

— Puis-je accepter un tel sacrifice? répondit la comtesse. Si quelques hommes sont morts pour sauver l'honneur de leur maîtresse, ils n'ont donné leur vie qu'une fois. Mais ici vous donneriez votre vie tous les jours! Non, non, cela est impossible. S'il ne s'agissait que de votre existence, ce ne serait rien; mais signer que vous n'êtes pas le colonel Chabert, reconnaître que vous êtes imposteur, donner votre honneur, commettre un mensonge à toute heure du jour, le dévouement humain ne saurait aller jusque-là. Songez donc! Non. Sans mes pauvres enfants, je me serais déjà enfuie avec vous au bout du monde...

— Mais, reprit Chabert, est-ce que je ne puis pas vivre ici, dans votre petit pavillon, comme un de vos parents? Je suis usé comme un canon de rebut, il ne me faut qu'un peu de tabac et *le Constitutionnel*.

La comtesse fondit en larmes. Il y eut entre la comtesse Ferraud et le colonel Chabert un combat de générosité dont le soldat sortit vainqueur. Un soir, en voyant cette mère au milieu de ses enfants, il fut séduit par les touchantes grâces d'un tableau de famille, à la campagne, dans l'ombre et le silence; il prit la résolution de rester mort, et, ne s'effrayant plus de l'authenticité d'un acte, il demanda comment il fallait s'y prendre pour assurer irrévocablement le bonheur de cette famille.

— Faites comme vous voudrez! lui répondit la comtesse, je vous déclare que je ne me mêlerai en rien de cette affaire. Je ne le dois pas.

Delbecq était arrivé depuis quelques jours, et, suivant les instructions verbales de la comtesse, l'intendant avait su gagner la confiance du vieux militaire. Le lendemain matin donc le colonel Chabert partit avec l'ancien avoué pour Saint-Leu-Taverny, où Delbecq avait fait préparer chez le notaire un acte conçu en termes si crus, que le colonel sortit brusquement de l'étude après en avoir entendu la lecture.

— Mille tonnerres! je serais un joli coco! Mais je passerais pour un faussaire, s'écria-t-il.

— Monsieur, lui dit Delbecq, je ne vous conseille pas de signer trop vite. A votre place je tirerais au moins trente mille livres de rente de ce procès-là, car madame les donnerait.

Après avoir foudroyé ce coquin émérite par le lumineux regard de l'honnête homme indigné, le colonel s'enfuit emporté par mille sentiments contraires. Il redevint défiant, s'indigna, se calma tour à tour. Enfin il entra dans le parc de Groslay par la brèche d'un mur, et alla à pas lents se reposer et réfléchir à son aise dans un cabinet pratiqué sous un kiosque d'où l'on découvrait le chemin de Saint-Leu. L'allée étant sablée avec cette espèce de terre jaunâtre par laquelle on remplace le gravier de rivière, la comtesse, qui était assise dans le petit salon de cette espèce de pavillon, n'entendit pas marcher le colonel. Le visage tourné vers l'allée qui menait à Saint-Leu, elle regardait sur la route; elle était trop préoccupée du succès de son affaire pour prêter la moindre attention au léger bruit que fit son mari du côté opposé. Le vieux soldat n'aperçut pas non plus sa femme au-dessus de lui dans le petit pavillon.

— Eh bien! monsieur Delbecq, a-t-il signé? demanda la comtesse à son intendant qu'elle vit seul sur le chemin, par-dessus la haie d'un saut de loup.

— Non, madame. Je ne sais même pas ce qu'il est devenu. Le vieux cheval s'est cabré.

— Il faudra donc finir par le mettre à Charenton, dit-elle, puisque nous le tenons.

Le colonel, qui retrouva l'élasticité de la jeunesse pour franchir le saut de loup, fut en un clin d'œil devant l'intendant, auquel il appliqua la plus belle paire de soufflets qui jamais ait été reçue sur deux joues de procureur.

— Ajoute que les vieux chevaux savent ruer, lui dit-il.

Sa colère dissipée, le colonel ne se sentit plus la force de sauter le fossé. La vérité s'était montrée dans sa nudité. Le mot de la comtesse et la réponse de Delbecq avaient dévoilé le complot dont il allait être la victime. Les soins qui lui avaient été prodigués étaient une amorce pour le prendre dans un piège. Ce mot fut comme une goutte de quelque poison subtil qui détermina chez le vieux soldat le retour de ses douleurs et physiques et morales. Il revint vers le kiosque par la porte du parc, en marchant lentement comme un homme affaissé. Donc, ni paix, ni trêve pour lui! Dès ce moment il fallait commencer avec cette femme la guerre odieuse dont lui avait parlé Derville, entrer dans une vie de procès, se nourrir de fiel, boire chaque matin un calice d'amertume. Puis, pensée affreuse! où trouver l'argent nécessaire pour payer les frais des premières instances? Il lui prit un si grand dégoût de la vie, que s'il y avait eu de l'eau près de lui, il s'y serait jeté, que s'il avait eu des pistolets, il se serait brûlé la cervelle. Puis il retomba dans l'incertitude d'idées qui, depuis sa conversation avec Derville chez le nourrisseur, avait changé son moral. Enfin, arrivé devant le kiosque, il monta dans le cabinet aérien dont les rosaces de verre offraient la vue de chacune des ravissantes perspectives de la vallée, et où il trouva la comtesse assise sur une chaise. Elle examinait le paysage et gardait une contenance pleine de calme en montrant cette impénétrable physionomie que savent prendre les femmes déterminées à tout. Elle s'essuya les yeux comme si elle eût versé des pleurs, et joua par un geste distrait avec le long ruban rose de sa ceinture. Néanmoins, malgré son assurance apparente, elle ne put s'empêcher de frissonner en voyant devant elle son vénérable bienfaiteur, deut, les bras croisés, la figure pâle, le front sévère.

— Madame, dit-il après l'avoir regardée fixement endant un moment, et l'avoir forcée à rougir, ma-ame, je ne vous maudis pas, je vous méprise. aintenant, je remercie le hasard qui nous a désu-is. Je ne sens même pas un désir de vengeance, je e vous aime plus. Je ne veux rien de vous. Vivez anquille sur la foi de ma parole, elle vaut mieux ue le griffonnage de tous les notaires de Paris. Je e réclamerai jamais le nom que j'ai peut-être illus-é. Je ne suis plus qu'un pauvre diable nommé lyacinthe, qui ne demande que sa place au soleil. dieu...

La comtesse se jeta aux pieds du colonel, et vou-ut le retenir en lui prenant les mains; mais il la epoussa avec dégoût, en lui disant : — Ne me tou-hez pas.

La comtesse fit un geste intraduisible lorsqu'elle ntendit le bruit des pas de son mari. Puis, avec la rofonde perspicacité que donne une haute scélé-a-esse ou le féroce égoïsme du monde, elle crut pou-oir vivre en paix sur la promesse et le mépris de ce oyal soldat.

Chabert disparut en effet. Le nourrisseur fit fail-ite et se mit cocher de cabriolet. Peut-être le colo-el s'adonna-t-il à quelque industrie du même genre. Peut-être, semblable à une pierre lancée dans un gouffre, alla-t-il, de cascade en cascade, s'abîmer ans cette boue de haillons qui foisonne à travers les ues de Paris.

## L'HOSPICE DE LA VIEILLESSE.

Six mois après cet événement, Derville, qui n'en-endit plus parler ni du colonel Chabert ni de la comtesse Ferraud, pensa qu'il était survenu sans oute entre eux une transaction, que, par vengeance, a comtesse avait fait dresser dans une autre étude. Alors, un matin, il supputa les sommes avancées udit Chabert, y ajouta ses frais, et pria la comtesse Ferraud de réclamer à M. le comte Chabert le mon-tant de ce mémoire, en présumant qu'elle savait où e trouvait son premier mari.

Le lendemain même l'intendant du comte Fer-raud, récemment nommé président du tribunal de première instance dans une ville importante, écrivit à Derville ce mot désolant :

« Monsieur,

« Madame la comtesse Ferraud me charge de « vous prévenir que votre client avait complètement « abusé de votre confiance, et que l'individu qui « disait être le comte Chabert a reconnu avoir in-« dûment pris de fausses qualités.

« Agréez, etc.

« DELBECQ. »

— On rencontre des gens qui sont aussi, ma parole d'honneur, par trop bêtes. Ils ont volé le baptême, s'écria Derville. Soyez donc humain, généreux, philanthrope et avoué, vous vous faites enfoncer ! Nom d'un tonnerre ! voilà une affaire qui me coûte plus de deux billets de mille francs.

Deux ans après la réception de cette lettre, Derville cherchait au Palais un avocat auquel il voulait parler, et qui plaidait à la police correctionnelle. Le hasard voulut que Derville entrât à la sixième chambre au moment où le président condamnait comme vagabond le nommé Hyacinthe à deux mois de prison, et ordonnait qu'il fût ensuite conduit au dépôt de mendicité de Saint-Denis, sentence qui, d'après la jurisprudence des préfets de police, équivaut à une détention perpétuelle.

Au nom d'Hyacinthe, Derville regarda le délinquant assis entre deux gendarmes sur le banc des prévenus, et reconnut, dans la personne du condamné, son faux colonel Chabert. Le vieux soldat était calme, immobile, presque distrait. Malgré ses haillons, malgré la misère empreinte sur sa physionomie, elle déposait d'une noble fierté. Son regard avait une expression de stoïcisme qu'un magistrat n'aurait pas dû méconnaître; mais, dès qu'un homme tombe entre les mains de la justice, il n'est plus qu'un être moral, une question de droit ou de fait, comme aux yeux des statisticiens il devient un chiffre.

Quand le soldat fut reconduit au greffe pour être emmené plus tard avec la fournée de vagabonds que l'on jugeait en ce moment, Derville usa du droit qu'ont les avoués d'entrer partout au Palais, l'accompagna au greffe et l'y contempla pendant quelques instants, ainsi que les mendiants curieux parmi lesquels il se trouvait. L'antichambre du greffe offrait alors un de ces spectacles que malheureusement ni les législateurs, ni les philanthropes, ni les peintres, ni les écrivains ne viennent étudier. Comme tous les laboratoires de chicane, cette antichambre est une pièce obscure et puante, dont les murs sont garnis d'une banquette en bois noirci par le séjour perpétuel des malheureux qui viennent à ce rendez-vous de toutes les misères sociales, et auquel pas un d'eux ne manque. Un poëte dirait que le jour a honte d'éclairer ce terrible égout par lequel passent tant d'infortunes ! Il n'est pas une seule place où ne se soit assis quelque crime en germe ou consommé; pas un seul endroit où ne se soit rencontré quelque homme qui, désespéré par la légère flétrissure que la justice avait imprimée à sa première faute, n'ait commencé une existence au bout de laquelle devait se dresser la guillotine, ou détonner le pistolet du suicide. Tous ceux qui tombent sur le pavé de Paris rebondissent contre ces murailles jaunâtres, sur lesquelles un philanthrope qui ne serait pas un spéculateur pourrait déchiffrer la justification de nombreux suicides dont se plaignent des écrivains hypocrites, incapables de faire un pas pour les prévenir, et qui se trouve écrite dans cette antichambre, espèce de préface pour les drames de la Morgue ou pour ceux de la place de Grève.

En ce moment le colonel Chabert s'assit au milieu de ces hommes à faces énergiques, vêtus des horribles livrées de la misère, silencieux par intervalles, ou causant à voix basse, car trois gendarmes de faction se promenaient en faisant retentir leurs sabres sur le plancher.

— Me reconnaissez-vous ? dit Derville au vieux soldat en se plaçant devant lui.

— Oui, monsieur, répondit Chabert en se levant.

— Si vous êtes un honnête homme, reprit Derville à voix basse, comment avez-vous pu rester mon débiteur ?

Le vieux soldat rougit comme aurait pu le faire une jeune fille accusée par sa mère d'un amour clandestin.

— Quoi ! madame Ferraud ne vous a pas payé ? s'écria-t-il à haute voix.

— Payé ! dit Derville. Elle m'a écrit que vous étiez un intrigant.

Le colonel leva les yeux par un sublime mouvement d'horreur et d'imprécation, comme pour en appeler au ciel de cette tromperie nouvelle.

— Monsieur, dit-il d'une voix calme à force d'altération, obtenez des gendarmes la faveur de me laisser entrer au greffe, je vais vous signer un mandat qui sera certainement acquitté.

Sur un mot dit par Derville au brigadier, il lui fut permis d'emmener son client dans le greffe, où Hyacinthe écrivit quelques lignes adressées à la comtesse Ferraud.

— Envoyez cela chez elle, dit le soldat, et vous serez remboursé de vos frais et de vos avances. Croyez, monsieur, que si je ne vous ai pas témoigné la reconnaissance que je vous dois pour vos bons offices, elle n'en est pas moins là, dit-il en se mettant la main sur le cœur. Oui, elle est là, pleine et entière. Mais que peuvent les malheureux ? Ils aiment, voilà tout.

— Comment, lui dit Derville, n'avez-vous pas stipulé pour vous quelque rente ?

— Ne me parlez pas de cela ! répondit le vieux militaire. Vous ne pouvez pas savoir jusqu'où va mon mépris pour cette vie extérieure à laquelle tiennent la plupart des hommes. J'ai subitement été pris d'une maladie, le dégoût de l'humanité Quand je pense que Napoléon est à Sainte-Hélène tout ici-bas m'est indifférent. Je ne puis plus être soldat, voilà tout mon malheur. Enfin, ajouta-t-il en faisant un geste plein d'enfantillage, il vaut mieux avoir du luxe dans ses sentiments que sur ses habits ; je ne crains le mépris de personne.

Et le colonel alla se remettre sur son banc. Derville sortit. Quand il revint à son étude, il envoya son maître clerc chez la comtesse Ferraud, qui, à la lecture du billet, fit immédiatement payer la somme due à l'avoué du comte Chabert.

En 1832, vers la fin du mois de juin, un jeune avoué allait à Ris, en compagnie de son prédécesseur. Lorsqu'ils parvinrent à l'avenue qui conduit de la grande route à Bicêtre, ils aperçurent, sous un des ormes du chemin, un de ces vieux pauvres chenus et cassés qui ont obtenu le bâton de maréchal des mendiants, en vivant à Bicêtre comme les femmes indigentes vivent à la Salpêtrière. Cet homme, l'un des deux mille malheureux logés dans l'*Hospice de la Vieillesse*, était assis sur une borne et paraissait concentrer toute son intelligence dans une opération bien connue des invalides, et qui consiste à faire sécher au soleil le tabac de leurs mouchoirs, pour éviter de les blanchir, peut-être. Ce vieillard avait une physionomie attachante. Il était vêtu de cette robe de drap rougeâtre que l'hospice accorde à ses hôtes, espèce de livrée horrible.

— Tenez, Derville, dit le jeune homme à son compagnon de voyage, voyez donc ce vieux. Ne ressemble-t-il pas à ces grotesques qui nous viennent d'Allemagne ? Et cela vit, et cela est heureux peut-être !

Derville prit son lorgnon, regarda le pauvre, laissa échapper un mouvement de surprise et dit : — Ce vieux-là, c'est tout un poëme, ou, comme disent les romantiques, un drame. As-tu rencontré quelquefois la comtesse Ferraud ?

— Oui, c'est une femme d'esprit et très-agréable mais un peu trop dévote.

— Ce vieux bicêtrien est son mari légitime, le comte Chabert, l'ancien colonel. Elle l'aura sans doute fait placer là. S'il est dans cet hospice au lieu d'habiter un hôtel, c'est uniquement pour avoir rappelé à la jolie comtesse Ferraud qu'il l'avait prise comme un fiacre, sur la place. Je me souviens encore du regard de tigre qu'elle lui jeta dans ce moment-là.

Ce début ayant excité la curiosité du jeune homme auquel Derville avait récemment vendu sa charge l'ancien avoué lui raconta l'histoire qui précède.

Deux jours après, le lundi matin, en revenant Paris, les deux amis jetèrent un coup d'œil sur B tre, et Derville proposa d'aller voir le colonel Chabert. A moitié chemin de l'avenue, les deux gens de loi trouvèrent assis sur la souche d'un arbre abattu, le vieillard qui tenait à la main un bâton s'amusait à tracer de raies sur le sable. En le regardant attentivement, ils s'aperçurent qu'il venait de déjeuner autre part qu'à l'établissement.

— Bonjour, colonel Chabert, lui dit Derville.

— Pas Chabert, pas Chabert ! je me nomme Hyacinthe, répondit le vieillard. Je ne suis plus un homme, je suis le numéro 164, septième salle, ajouta-t-il en regardant Derville avec une anxiété peureuse, avec une crainte de vieillard et d'enfant. — Vous allez voir le condamné à mort, dit-il après un moment de silence. Il n'est pas marié, lui ! Il est bien heureux.

— Pauvre homme, dit Derville. Voulez-vous de l'argent pour acheter du tabac ?

Le colonel tendit avidement la main avec toute la naïveté d'un gamin de Paris, à chacun des deux inconnus qui lui donnèrent une pièce de vingt francs. Il les remercia par un regard stupide, en disant :

— Braves troupiers ! Il se mit au port d'armes, feignit de les coucher en joue, et s'écria en souriant :

— Feu des deux pièces, vive Napoléon ! Et il décrivit en l'air avec sa canne une arabesque imaginaire.

— Le genre de sa blessure l'aura fait tomber en enfance, dit Derville.

— Lui, en enfance ! s'écria un vieux bicêtrien qui les regardait. Ah ! il y a des jours où il ne faut pas lui marcher sur le pied. C'est un vieux malin plein de philosophie et d'imagination. Mais aujourd'hui, que voulez-vous, il a fait le lundi. Monsieur, en 1819, il était déjà ici. Pour lors, un officier prussien, dont la calèche montait la côte de Villejuif, vint à passer à pied. Nous étions nous deux, Hyacinthe et moi, sur le bord de la route. Cet officier causait en marchant avec un autre, avec un Russe, ou quelque animal de la même espèce, lorsqu'en voyant l'ancien, le Prussien, histoire de blaguer, lui dit : — Voilà un vieux voltigeur qui devait être à Rosbach. — J'étais trop jeune pour y être, lui répondit-il, mais j'ai été assez vieux pour me trouver à Iéna. Pour lors, le Prussien a filé, sans faire d'autres questions.

— Quelle destinée ! s'écria Derville. Sorti de l'hospice des *Enfants trouvés*, il revient mourir à l'*Hospice de la Vieillesse*, après avoir, dans l'intervalle, aidé Napoléon à conquérir l'Égypte et l'Europe. — Savez-vous, mon cher, reprit Derville après une pause, qu'il existe dans notre société trois hommes, le prêtre, le médecin et l'homme de justice, qui ne peuvent pas estimer le monde. Ils ont des robes noires, peut-être parce qu'ils portent le deuil de toutes les vertus, de toutes les illusions. Combien de choses n'ai-je pas apprises pendant le temps que j'ai été avoué ? J'ai vu mourir un père dans un grenier, sans sou ni maille, abandonné par ses deux filles à chacune desquelles il avait donné quarante mille livres de rente ! J'ai vu brûler des testaments. J'ai vu des mères dépouiller leurs enfants, des maris voler leurs femmes, des femmes tuer leurs maris en se servant de l'amour qu'elles leur inspiraient pour les rendre fous ou imbéciles, afin de vivre en paix avec un amant. J'ai vu des femmes donner à l'enfant d'un premier lit des goûts qui devaient amener sa mort, afin d'enrichir le leur. Je ne puis pas vous dire tout ce que j'ai vu, car j'ai vu bien des crimes contre lesquels la justice est impuissante. Enfin, toutes les horreurs que les romanciers croient inventer sont toujours au-dessous de la vérité. Vous verrez ces jolies choses-là, vous ! Quant à moi, je vais aller vivre à la campagne avec ma femme. Paris me fait horreur.

Paris, février — mars 1832.

# LE LIVRE MYSTIQUE.

# A Madame Eveline de Hanska,

### NÉE COMTESSE DE RZEWUSKA.

**MADAME,**

*Voici l'œuvre que vous m'avez demandée. Je suis heureux, en vous la dédiant, de pouvoir vous donner un témoignage de la respectueuse affection que vous m'avez permis de vous porter. Si je suis accusé d'impuissance après avoir tenté d'arracher aux profondeurs de la mysticité ce livre qui, sous la transparence de notre belle langue, voilait les lumineuses poésies de l'Orient, à vous la faute! Ne m'avez-vous pas ordonné cette lutte, semblable à celle de Jacob, en me disant que le plus imparfait dessin de cette figure par vous rêvée, comme elle le fut par moi dès l'enfance, serait encore pour vous quelque chose? Le voici donc ce quelque chose! Pourquoi cette œuvre ne peut-elle pas appartenir exclusivement à ces nobles esprits préservés, comme vous l'êtes, des petitesses mondaines par la solitude? Ceux-là sauraient lui rendre la mélodieuse mesure dont elle est privée, et qui en aurait fait entre les mains d'un de nos poètes la glorieuse épopée dont la France est encore privée. Ceux-là l'accepteront de moi comme une de ces balustrades sculptées par quelque artiste plein de foi, et sur lesquelles les pèlerins s'appuient pour méditer la fin de l'homme en contemplant le chœur d'une belle église.*

*Je suis avec respect,*

*Madame,*

*Votre dévoué serviteur,*

DE BALZAC.

Paris, 23 août 1835.

# PRÉFACE.

Composé de trois œuvres éparses dans les trente volumes in-12 des *Études philosophiques*, ce livre est destiné à offrir l'expression nette de la pensée religieuse, jetée comme une âme en ce long ouvrage. Aussi ne saurait-il être publié sans quelques observations préliminaires.

Le XIX<sup>e</sup> siècle, dont l'auteur essaie de configurer l'immense tableau, sans oublier ni l'individu ni les professions, ni les effets ni les principes sociaux, est en ce moment travaillé par le Doute. Remarquez, je vous en prie, que l'auteur ne discute nulle part en son nom : il voit une chose et la décrit, il trouve un sentiment et le traduit, il accepte les faits comme ils sont, les met en place et suit son plan, sans prêter l'oreille à des accusations qui se contredisent. Il marche inexorable aux raisonnements obtus de ceux qui lui demandent pourquoi cette pierre est carrée quand il en est à un angle, pourquoi celle-ci est ronde quand il achève une tête de femme dans quelque métope. Si la Société qu'il a prise pour sujet de son œuvre, comme d'autres y prennent un mince événement, était parfaite, il n'y aurait aucune peinture possible, il faudrait chanter un magnifique *alleluia* social et s'asseoir au banquet pour y achever sa portion congrue. Mais il n'en est pas ainsi, les gens du monde aussi bien que les hommes d'art le savent ; et néanmoins il se rencontre des critiques qui, trouvant l'auteur occupé à dessiner un forçat, voudraient qu'il le représentât raisonnant comme Massillon en chaire. Dans cette œuvre, chacun sera ce qu'il est : le juge sera juge, le criminel sera criminel, la femme y sera tour à tour ou vertueuse ou coupable ; l'usurier ne sera pas un mouton, la dupe ne sera pas un homme de génie, et les enfants n'y auront pas cinq pieds six pouces. Ces mille figures qui posent, ces mille situations génériques seront vraies ou fausses, elles seront bien ou mal ajustées, plus ou moins heureusement éclairées, tout y sera confus ou bien ordonné ; d'accord. Mais l'applaudissement et le blâme ne doivent-ils pas attendre que l'œuvre soit terminée ?

Ces paroles ne sont ni des récriminations, ni des plaintes. L'auteur s'est patiemment soumis à l'éternel *Pourquoi* des Parisiens, accoutumés à trouver : *Le public n'entre pas ici*, sur l'enceinte en planches qui garantit de leur curiosité les monuments qu'on leur bâtit. Cette répétition de quelques observations dues à l'un des amis de l'auteur (M. Félix Davin) est ici nécessaire pour prévenir toute mauvaise chicane. De même que les Chouans pillent les voitures de la république, de même que Vautrin parle en forçat, que de Marsay écrit avec le style du jeune homme, et madame de Mortsauf en femme pieuse, solitaire, recueillie ; de même Louis Lambert et Séraphîta parlent et agissent comme doivent agir et parler des Mystiques. Ici nous ne sommes pas dans les Études de mœurs, la première partie de l'œuvre où l'auteur peint les choses sociales comme elles sont ; mais dans les Études philosophiques, dans la deuxième partie, où les sentiments et les systèmes humains se personnifient. Donc SÉRAPHÎTA, blanche et pure expression du Mysticisme, ne saurait avoir sur les Mathématiques les opinions qu'en a l'Académie des sciences ; elle pouvait être tout, excepté membre de l'Institut ; si elle connaît l'infini, les mesures du fini doivent alors lui paraître mesquines. Malgré cette naïve observation du sculpteur venant vous dire que quand il a taillé dans son marbre une sirène, il a été forcé de la finir en poisson, parce que la sirène une fois admise, elle ne saurait porter les socques de la grisette, vous rencontrerez beaucoup de gens qui tiendront l'auteur pour fou, assez fou pour avoir voulu prouver que deux et deux ne font pas quatre ; d'autres l'accuseront d'athéisme, ceux-ci prétendront qu'il ne croit à rien de ce qu'il a écrit et qu'il s'amuse aux dépens du public, ceux-là diront que l'œuvre est incompréhensible. L'auteur proteste ici de son respect pour les grands génies dont s'honore la science humaine ; il adore la ligne droite, il aime encore malheureusement un peu trop la courbe ; mais il s'agenouille devant les gloires des mathématiques et devant les miracles de la chimie ; il croit, si l'on admet l'existence des Mondes Spirituels, que les plus beaux théorèmes n'y sont d'aucune utilité, que tous les calculs du fini sont caducs dans l'infini, que l'infini devant être comme Dieu, semblable à lui-même en toutes ses parties, la question de l'égalité du rond et du carré doit s'y trouver résolue, et que cette possibilité devrait donner l'amour du ciel aux géomètres. Remarquez bien encore qu'il n'a pas l'impiété de contester l'influence des mathématiques sur le bonheur de l'humanité prise en masse ; thèse soutenue par Swedenborg et Saint-Martin. Mais trop de gens s'avanceront à la défense des Saintes Sciences de l'homme, trop peu prendront intérêt aux lointaines clartés du Mysticisme, pour que l'auteur ne soit pas ici du parti le plus faible, au risque de se voir l'objet de ces plaisanteries, espèce de timbre que la presse périodique met en France à toute idée nouvelle, et qui, heureusement, rencontrent en lui la plus dure de toutes les cuirasses humaines, le mépris.

Donc le doute travaille en ce moment la France. Après avoir perdu le gouvernement politique du monde, le catholicisme en perd le gouvernement moral. Rome catholique mettra néanmoins tout autant de temps à tomber qu'en a mis Rome panthéiste. Quelle forme revêtira le sentiment religieux, quelle en sera l'expression nouvelle ? la réponse est un secret de l'avenir. Les Saint-Simoniens ont cru que la cotte de mailles sociale avait dernièrement offert son plus grand défaut ; à un siècle industriel, ils ont présenté leur religion positive, nette comme un axiome, mystérieuse comme un Compte-fait, un mode de civilisation napoléonienne où les esprits devaient s'enrégimenter, comme les hommes s'échelonnaient dans la garde impériale. Pour eux, la partie semble moins perdue qu'ajournée. Luther fut plus habile observateur de la nature humaine que ne l'a été le Collége Saint-Simonien ; il comprit que vouloir fonder une religion dans un temps d'examen, c'était se donner pour un second Jésus, que Jésus ne se recommençait pas, et que, pour se glisser entre tous les amours-propres sans les froisser il fallait une religion toute faite. Il voulut donc ramener la cour de Rome à la simplicité de la primitive église. Les froides négations du protestantisme croyance de coffres-forts, dogme économique excellent pour les disciples de Barême, religion posée, examinée, sans poésie possible parce qu'elle est sans mystères, triompha sous les armes de l'Évangile.

Le Mysticisme est précisément le Christianisme dans son principe pur. Ici l'auteur n'a rien inventé il ne propose rien de neuf ; il a mis en œuvre des richesses enfouies, il a plongé dans la mer et y a pri des perles vierges pour le collier de sa Madone. Doc trines des Premiers Chrétiens, religion des Ana chorètes du Désert, le Mysticisme ne comporte n gouvernement, ni sacerdoce ; aussi fut-il toujour l'objet des plus grandes persécutions de l'Église Ro maine. Là est le secret de la condamnation de Fé nélon ; là est le mot de sa querelle avec Bossuet

# PRÉFACE.

Comme religion, le Mysticisme procède en droite ligne du Christ par saint Jean, l'auteur de l'Apocalypse ; car l'Apocalypse est une arche jetée entre le Mysticisme chrétien et le Mysticisme indien, tour à tour égyptien et grec, venu de l'Asie, conservé dans Memphis, formulé au profit de son Pentateuque par Moïse, gardé à Éleusis, à Delphes, et compris par Pythagore, renouvelé par l'aigle des apôtres, transmis nébuleusement à l'université de Paris. Au douzième siècle ( *voyez* LES PROSCRITS ), le docteur Sigier professe, comme la science des sciences, la Théologie Mystique dans cette Université, la reine du monde intellectuel, à laquelle les Quatre Nations catholiques faisaient la cour. Vous y voyez Dante venant faire éclairer sa Divine Comédie par l'illustre docteur qui serait oublié, sans les vers où le Florentin a consacré sa reconnaissance envers son maître. Le mysticisme que vous trouvez là dominant la société sans que la cour de Rome s'en inquiétât, parce qu'alors la belle et sublime Rome du moyen âge était omnipotente, fut transmis à madame Guyon, à Fénélon et à mademoiselle Bourignon par des auteurs allemands, entre lesquels le plus illustre est Jacob Bœhm. Puis, au dix-huitième siècle, il a eu dans Swedenborg un évangéliste et un prophète dont la figure s'élève aussi colossale peut-être que celles de saint Jean, de Pythagore et de Moïse. M. Saint-Martin, mort dernièrement, est le dernier grand écrivain mystique. Il a donné partout la palme à Jacob Bœhm sur Swedenborg ; mais l'auteur de Séraphîta accorde à Swedenborg une supériorité sans contestation possible sur Jacob Bœhm aux œuvres duquel il avoue n'avoir rien pu comprendre encore.

L'auteur n'a pas cru qu'il fût honorable pour la littérature française de rester muette sur une poésie aussi grandiose que l'est celle des Mystiques. La France littéraire porte depuis cinq siècles une couronne à laquelle manquerait un fleuron, si cette lacune n'était remplie même imparfaitement comme elle le sera par ce livre. Après de longs et de patients travaux, l'auteur s'est donc hasardé dans la plus difficile des entreprises, celle de peindre l'être parfait dans les conditions exigées par les lois de Swedenborg sévèrement appliquées. Malheureusement, il a peu de juges. Les inextricables difficultés de son œuvre, le danger même que courait son esprit en se plongeant dans les gouffres infinis ouverts par les Mystiques, aperçus et sondés par eux, qui les appréciera ? Combien peut-on énumérer en France de personnes instruites des sciences mystiques, ou qui connaissent seulement les titres d'œuvres qui comptent en Allemagne des milliers de lecteurs ? Il a fallu s'être passionné dès l'enfance pour ce magnifique système religieux, avoir fait à l'âge de dix-neuf ans une Séraphîta, avoir rêvé l'être aux deux natures, avoir ébauché la statue, bégayé le poëme qui devait occuper toute la vie, pour pouvoir en donner aujourd'hui le squelette.

Ce que l'auteur doit dire pour cette œuvre offre heureusement un intérêt général. La barrière épineuse qui, jusqu'à présent, a fait du Mysticisme un pays inabordable, est l'obscurité, défaut mortel en France où personne ne veut faire crédit de son attention à l'auteur le plus sublime, où Dante n'aurait peut-être jamais vu sa gloire. Comprend-on que ceux qui proclament la lumière ne présentent en eux que ténèbres ? Les livres tenus pour sacrés dans cette sphère intellectuelle, sont écrits sans méthode, sans éloquence, et leur phraséologie est si bizarre, qu'on peut lire mille pages de madame Guyon, de Swedenborg et surtout de Jacob Bœhm, sans y rien saisir. Vous allez savoir pourquoi. Aux yeux de ces Croyants, tout est démontré : ce ne sont alors que cris de conviction, psaumes d'amour entonnés pour célébrer des jouissances continues, exclamations arrachées par la beauté du spectacle ! Vous diriez les clameurs d'un peuple entier voyant un feu d'artifice au milieu d'une nuit. Malgré ces torrents de phrases échevelées, l'ensemble est sublime et les arguments sont foudroyants, quand l'esprit les a pêchés dans ce grand bruissement de vagues célestes. Imaginez la mer embrassée d'un coup d'œil ; elle vous ravit, vous transporte, vous enchante ! mais vous êtes sur un cap, vous la dominez, le soleil lui prête une physionomie qui vous parle de l'infini. Mettez-vous à nager, tout y est confus ; vous la voyez partout semblable à elle-même, les lignes de l'horizon vous échappent, partout des flots, partout le vert sombre, et la monotonie de sa voix vous lasse ; ainsi, pour avoir une intuition de l'infini démontré dans ces livres étourdissants, vous devez monter sur un cap ; l'esprit de Dieu vous apparaît alors sur les eaux, vous voyez un soleil moral qui les illumine. Ce qui jusqu'à présent manquait au mysticisme était la forme, la poésie. Quand saint Pierre a montré les clefs du Paradis et l'enfant Jésus dans les bras d'une vierge, la foule a compris! Et la religion catholique a existé. Le rusé saint Pierre, homme de haute politique et de gouvernement, a eu raison sur saint Paul, ce lion des Mystiques, comme saint Jean en est l'aigle.

Si vous pouvez imaginer des milliers de propositions naissant dans Swedenborg les unes des autres comme des flots; si vous pouvez vous figurer les landes sans fin que présentent tous ces auteurs; si vous voulez comparer l'esprit essayant de faire rentrer dans les bornes de la logique cette mer de phrases furieuses, à l'œil essayant de percevoir une lumière dans les ténèbres, vous apprécierez les travaux de l'auteur, la peine qu'il a prise pour donner un corps à cette doctrine et la mettre à la portée de l'étourderie française, qui veut deviner ce qu'elle ne sait pas, et savoir ce qu'elle ne peut pas deviner. Mais, de bonne heure, il avait pressenti là comme une nouvelle Divine Comédie. Hélas! le rhythme voulait toute une vie, et sa vie a exigé d'autres travaux; le sceptre du rhythme lui a donc échappé. La poésie sans la mesure est peut-être une impuissance? peut-être n'a-t-il fait qu'indiquer le sujet à quelque grand poëte, humble prosateur qu'il est! Peut-être le Mysticisme y gagnera-t-il en se trouvant dans la langue si positive de notre pays, obligé de courir droit, comme un vaggon sur le rail de son chemin de fer.

Les Proscrits sont le péristyle de l'édifice; là, l'idée apparaît au moyen âge dans son naïf triomphe. Louis Lambert est le mysticisme pris sur le fait, le Voyant marchant à sa vision, conduit au Ciel par les faits, par ses idées, par son tempérament; là est l'histoire des Voyants, Séraphita est le mysticisme tenu pour vrai, personnifié, montré dans toutes ses conséquences.

Dans ce livre, la plus incompréhensible doctrine a donc une tête, un cœur et des os, le Verbe des mystiques s'y est incarné; enfin l'auteur a tâché de la rendre attrayante comme un roman moderne. Il est dans la nature des substances qui, prises à nu, peuvent foudroyer le malade; la science médicale les approprie à la faiblesse humaine; ainsi de l'auteur, du lecteur et de son sujet. Aussi espère-t-il que les Croyants et les Voyants lui pardonneront d'avoir mis les pieds de Séraphita dans la boue du globe, en faveur de la popularité qu'elle peut donner à cette sublime religion; il espère que les gens du monde, affriolés par la forme, comprendront l'avenir que montre la main de Swedenborg levée vers le ciel; que si les savants admettent un univers spirituel et divin, ils reconnaîtront que les sciences de l'univers matériel n'y sont d'aucune utilité. Aux yeux des poëtes, l'auteur a-t-il besoin d'excuse pour avoir poétisé une doctrine, pour en avoir tenté le mythe et lui avoir donné des ailes? Quoi qu'il puisse arriver d'un écrivain essayant une œuvre de foi dans une époque incrédule, il ne saurait être blâmé par ceux qui ne sont ni savants, ni poëtes, ni voyants, pour avoir corporisé un système enseveli dans les ténèbres.

L'auteur est obligé de dire ici que l'histoire intellectuelle de louis lambert ne ressemble en rien aux deux premières éditions qui en ont été publiées, la preuve s'en trouve dans la contexture même de l'œuvre qui, cette fois, est triplée; mais il ajoutera qu'il a dépensé autant de soins et d'argent à les faire disparaître du commerce, que d'autres écrivains en prennent pour propager leurs œuvres. Il a réussi presque entièrement pour la 2e édition in-18, elle a été anéantie à deux cents exemplaires près; quant à la première, il n'a pu en adirer que trois cents volumes. La critique, trop empressée à rechercher des fautes dont la correction emploie la majeure partie du temps de l'auteur, ne saurait donc, sans mauvaise foi, l'attaquer sur un autre terrain que sur celui de la présente édition. Sans doute, il se rencontrera dans Séraphita quelques imperfections; mais pourquoi la Nécessité, représentée par les infortunes de la librairie, la seule ressource de l'auteur, le presse-t-elle outre mesure? Nous ne sommes plus au siècle de fer où Philippe II, roi d'Espagne, déclarait les artistes exempts de toute charge publique et de tous impôts, ni au siècle de malheur où François Ier envoyait à Raphaël un bassin d'or plein d'or, sans rien demander au pinceau de l'artiste. Aujourd'hui, nous sommes sous le coup des condamnations d'un conseil de discipline; aujourd'hui nos écrits, considérés comme marchandise, n'obtiennent ni la protection accordée aux lampes-Carcel et aux serrures-Georget, ni la prime d'exportation oc-

# PRÉFACE.

troyée aux sucres de tel ou tel ministre. Les écrivains sont des abeilles dont les naturalistes ont oublié la classification ; et les lois n'ont reconnu, n'ont dégusté le miel de leurs ruches que pour s'attribuer le droit de le prendre. L'opiniâtreté des veilles, la célérité du travail, le bonheur des conceptions ne peuvent, pour aucun écrivain français, remplacer les immunités jadis accordées par les souverains à l'art et aux lettres. Savez-vous pourquoi ? Trois mille exemplaires du Livre Mystique seront frauduleusement vendus par la voleuse Belgique au détriment des libraires français, précisément dans les pays où se trouvent des lecteurs pour l'ouvrage. La ruine du libraire atteint directement l'auteur. Si les écrivains, les poëtes, les savants, les jurisconsultes français n'étaient pas ignoblement dépouillés, certes leurs veilles seraient généreusement récompensées par le public qu'ils ont élu pour maître. Beaucoup d'écrivains, forcés de vivre à tout prix, se donnent au pouvoir, et les exemples de cette odieuse nécessité sont plus abondants sous le règne du libéralisme intronisé d'hier, qu'ils ne l'étaient sous la généreuse monarchie abattue par lui. L'homme qui veut rester libre souffre horriblement ; heureux quand la Calomnie, assise à sa porte, n'attend pas son cercueil pour l'escorter d'injures !

Aujourd'hui, l'Intelligence a jugé les déplacements de Juillet, après avoir entendu un Ministre décourageant en public la jeunesse qui s'avance dans une carrière où lui n'a ramassé que le pouvoir ; sa raillerie sur la fécondité des avortements, adressée à ceux qu'il laisse détrousser à Bruxelles, est une espèce d'absolution que se donnent les gens habiles en dévorant leurs dupes. Si le Ministre a trahi l'homme de lettres, le professeur a trahi également le bon sens : la nature se ressemble à elle-même dans tous ses principes ; la quantité des germes littéraires inutiles est une nécessité de la production morale, comme les millions d'œufs que jette un poisson et dont il n'arrive à bien que quelques êtres est une nécessité de la génération zoologique. Quand le Ministre de l'intérieur installera dans quelque sinécure l'un de ses familiers au bureau des Nourrices, nous espérons qu'il ne restera pas en arrière de son collègue et se plaindra de la quantité des Naissances, en blâmant les mères de ne pas toutes donner à la France des hommes de génie, des professeurs d'histoire. Si les intérêts matériels de la littérature périssent, quand trois gens de lettres, dont un duc, sont au Conseil, nous devons attendre qu'il y arrive des chaudronniers de Saint-Flour, ou quelques bouviers de la vallée d'Auge ; si ceux-là ne comprennent pas la question d'art, peut-être entendront-ils la question commerciale.

Ceci, ne vous y trompez point, est dit moins pour l'auteur que pour de nobles intelligences prêtes à périr, pour des gens de cœur, encore jeunes, qui s'enveloppent dans leurs manteaux en y cachant leur désespoir. Les poëtes ne se révoltent pas, eux, ils meurent en silence. Élevez donc un autel au suicide, au lieu de le calomnier, et gravez dessus : *Diis ignotis.*

27 novembre 1835.

# LOUIS LAMBERT.

Louis Lambert naquit à Montoire, petite ville du Vendômois, le 20 septembre 1797. Son père exploitait une tannerie de peu d'importance, et voulut d'abord faire de son fils un tanneur. Le dégoût que cette profession causait à l'enfant, et plus encore les dispositions extraordinaires qu'il manifestait prématurément pour l'étude, modifièrent un peu les idées du père. D'ailleurs, le tanneur et sa femme chérissaient Louis comme on chérit un fils unique, et ne le contraignaient en rien. Dès l'âge de cinq ans, l'Ancien et le Nouveau Testament étaient tombés entre ses mains, et ce livre où sont contenus tant de livres avait décidé de sa destinée. Son enfantine imagination comprit-elle déjà la mystérieuse profondeur des Écritures ? Pouvait-elle déjà suivre l'Esprit-Saint dans son vol à travers les mondes ? S'éprit-elle seulement des romanesques attraits dont abondent ces poëmes tout orientaux ? Ou, dans sa première innocence, son âme sympathisa-t-elle avec le sublime religieux que des mains divines ont épanché du ciel dans ce livre ? Le reste de sa vie sera pour quelques lecteurs une réponse satisfaisante à ces conjectures. Un fait résulta de cette première lecture de la Bible. Louis allait par tout Montoire, y quêtant des livres qu'il obtenait à la faveur de ces séductions dont les enfants ont le secret et auxquelles on ne sait pas résister. En se livrant à ces études dont personne ne dirigeait le cours, Louis atteignit sa dixième année. A cette époque, les remplaçants étaient rares. Déjà, plusieurs familles riches les retenaient d'avance pour n'en pas manquer au moment du tirage. Le peu de fortune des pauvres tanneurs ne leur permettant pas de pouvoir, un jour, acheter un homme à leur fils, ils virent dans l'état ecclésiastique un moyen de le sauver de la conscription, et l'envoyèrent, en 1807, chez son oncle maternel, curé de Mer, autre petite ville, située sur la Loire, près de Blois.

Ce parti satisfaisait tout à la fois la passion de Louis pour la science et le désir qu'avaient ses parents de ne point l'exposer aux hasards de la guerre ; puis, ses goûts studieux, sa précoce intelligence leur donnaient l'espoir de lui voir faire une grande fortune dans l'Église. Après être resté pendant environ trois ans chez son oncle, vieil oratorien assez instruit, Louis Lambert en sortit au commencement de 1811, pour entrer au collége de Vendôme, où il fut mis et entretenu aux frais de madame de Staël. Lambert dut la protection de cette femme célèbre au hasard ou sans doute à la Providence qui sait toujours aplanir les voies au génie délaissé. Mais, pour nous, dont les regards s'arrêtent à la superficie des choses humaines, les vicissitudes dont la vie des grands hommes nous offre tant d'exemples, ne semblent être que le résultat d'un phénomène tout physique ; pour la plupart des biographes, la jeune tête d'un grand homme tranche sur une masse de figures enfantines comme la plante qui, par son éclat, attire dans les champs les yeux du botaniste. Cette comparaison pourrait s'appliquer à l'aventure de Louis Lambert. Il venait ordinairement passer dans la maison paternelle le temps que son oncle lui accordait pour ses vacances ; mais au lieu de s'y livrer, selon l'habitude des écoliers, aux douceurs de ce bon *far niente* dont nous sommes assez avides à tout âge, il emportait, dès le matin, du pain et des livres, puis s'en allait lire et méditer au fond des bois où il fuyait les remontrances de sa mère, à laquelle une étude aussi constante paraissait dangereuse. Admirable instinct de mère !

Dès ce temps, la lecture était déjà devenue chez Louis une espèce de faim que rien ne pouvait assouvir. Il dévorait les livres de tout genre, et se repaissait indistinctement d'œuvres religieuses, d'histoire, de philosophie et de physique. Il m'a dit avoir, à cette époque, éprouvé d'incroyables délices en lisant des dictionnaires, à défaut d'autres ouvrages ; et je l'ai cru volontiers. Quel écolier n'a pas, maintes fois, trouvé du plaisir à chercher le sens probable d'un substantif inconnu ? L'analyse d'un mot, sa physionomie, son histoire, étaient, pour Lambert, l'occasion d'une longue rêverie ; mais ce n'était pas cette rêverie instinctive par laquelle un enfant s'habitue aux phénomènes de la vie, s'enhardit aux perceptions ou morales ou physiques ; culture involontaire qui, plus tard, porte ses fruits en se développant et par l'entendement et par le caractère. Louis embrassait les faits, les expliquait, après en avoir recherché tout à la fois la cause et la fin avec une perspicacité sagace. Aussi, par un de ces jeux effrayants auxquels se plaît parfois la nature, et qui justifiait la vérité de cette existence anormale, pouvait-il, dès l'âge de quatorze ans, émettre facilement des idées dont je n'ai que, longtemps après, entièrement saisi la profondeur.

— Souvent, me dit-il plus tard en me parlant de ses lectures, j'ai fait de délicieux voyages, embarqué sur un mot dans les abîmes du passé, comme un insecte qui flotte au gré d'un fleuve sur un brin d'herbe. Parti de la Grèce, j'arrivais à Rome et traversais l'étendue des âges modernes. Quel beau livre ne composerait-on pas en racontant la vie et les aventures d'un mot ? Sans doute il a reçu diverses impressions des événements auxquels il a servi ; puis, selon les lieux, il a réveillé des idées différentes ; mais n'est-il pas plus grand encore à considérer sous le triple aspect de l'âme, du corps et du mouvement ? A le regarder en lui-même, abstraction faite de ses fonctions, de ses effets et de ses actes, n'y a-t-il pas de quoi tomber dans un océan de réflexions ? La plupart des mots ne sont-ils pas teints de l'idée dont ils représentent extérieurement la vie ? A quel génie sont-ils dus ? S'il faut une grande intelligence pour créer un mot, quel âge a donc la parole humaine ? L'assemblage des lettres, leurs formes, la figure qu'elles donnent à un mot, dessinent exactement, selon le caractère de chaque peuple, les êtres inconnus dont nous avons souvenir. Qui nous expliquera philosophiquement la transition de la sensation à la pensée pure ; de la pensée pure, au verbe ; du verbe, à son expression hiéroglyphique ; des hiéroglyphes, à l'alphabet ; de l'alphabet, à l'éloquence écrite dont la beauté réside dans une suite d'images idéales, classées par les rhéteurs comme les hiéroglyphes de la pensée ? L'antique peinture des idées humaines réduites en principes et configurées par les formes les plus bizarres de la zoologie n'aurait-elle pas déterminé les premiers signes dont l'Orient s'est servi pour écrire ses langages ? Puis n'aurait-elle pas traditionnellement laissé quelques vestiges dans nos langues modernes qui, toutes, se sont partagé les débris du verbe primitif des nations, verbe majestueux et solennel ; dont la majesté, dont la solennité décroissent à mesure que vieillissent les mondes ; dont les retentissements si sonores dans la Bible hébraïque, si beaux encore dans la Grèce, s'affaiblissent à travers les progrès de nos civilisations successives ? Est-ce à cet ancien Esprit que nous devons les mystères enfouis dans toute parole humaine ? N'existe-t-il pas, dans le mot VRAI, un sorte de rectitude fantastique, et, dans le son bref qu'il exige, une vague image de la nudité, de la simplicité chaste du vrai en toute chose ? Cette syllabe respire je ne sais quelle fraîcheur ! J'ai pris pour exemple la formule d'une idée abstraite, ne voulant pas expliquer le problème par un mot qui le rendît trop facile à comprendre, comme celui de VOL où tout parle aux sens. N'en est-il pas ainsi de chaque verbe ? Tous sont empreints d'un vivant pouvoir qu'ils tiennent de l'âme, et qu'ils lui restituent par les mystères d'une action et d'une réaction merveilleuses entre la parole et la pensée. Ne dirait-on pas un amant qui puise sur les lèvres de sa maîtresse autant d'amour qu'il en communique ? Par leur seule physionomie, les mots raniment dans notre cerveau les créatures dont ils sont les fantômes, le vêtement, le fourreau. Semblables à tous les êtres, ils n'ont qu'une place où leurs propriétés puissent pleinement agir et se développer. Mais ce sujet demanderait peut-être une science tout entière ?

Et il haussait les épaules comme pour me dire :
— Nous sommes et trop grands et trop petits !

La passion de Louis pour la lecture avait été d'ailleurs fort bien servie. Le curé de Mer possédait environ deux à trois mille volumes, trésor qui lui avait peu coûté ; car il provenait des pillages faits pendant la révolution dans les abbayes et les châteaux voisins. Le bonhomme, en sa qualité de prêtre assermenté, avait pu choisir, pour un morceau de pain, suivant son expression, les meilleurs ouvrages parmi les collections précieuses qui furent alors vendues au poids. En trois ans, Louis Lambert s'était assimilé la substance de tous les livres qui, dans la bibliothèque de son oncle, méritaient la peine d'être lus. L'absorption des idées par la lecture était devenue chez lui un phénomène curieux. Il embrassait sept à huit lignes d'un seul coup d'œil, et son esprit en appréhendait le sens avec une vélocité pareille à celle du regard. Souvent même un seul mot dans la phrase suffisait pour lui en faire saisir la pensée. Sa mémoire était prodigieuse. Il se souvenait avec une même fidélité des idées acquises par la lecture et de celles que la réflexion ou la conversation lui avaient suggérées. Enfin, il possédait la mémoire des lieux, des noms, des mots, des choses et des figures. Non-seulement il se rappelait les objets à volonté, mais encore il les revoyait en lui-même situés, éclairés, colorés comme ils l'étaient au moment où il les avait aperçus. Cette puissance s'appliquait également aux actes les plus insaisissables de l'entendement. Il se souvenait, suivant son expression, non-seulement du gisement des pensées dans le livre où il les avait prises, mais encore des dispositions de son âme, à des époques éloignées. Alors, par un privilége inouï, sa mémoire pouvait lui retracer les progrès et la vie entière de son esprit, depuis l'idée la plus anciennement acquise jusqu'à la dernière éclose, depuis la plus confuse jusqu'à la plus lucide. Son cerveau, habitué, jeune encore, au mécanisme si difficile de la concentration intérieure des forces humaines, tirait de ce riche dépôt une foule d'images admirables de réalité, de fraîcheur, dont il se nourrissait pendant la durée de ses contemplations limpides.

— Quand je le veux, me disait-il dans son langage, auquel les trésors du souvenir communiquaient une hâtive originalité, je tire un voile sur mes yeux. Soudain, je rentre en moi-même, et j'y trouve une chambre noire où tous les accidents de la nature viennent se reproduire dans une forme plus pure que celle dont ils paraissent revêtus à mes sens extérieurs.

A l'âge de douze ans, son imagination, stimulée par le perpétuel exercice de toutes ses facultés mentales, s'était développée au point de lui permettre d'avoir des notions si exactes sur les choses dont il prenait connaissance par la lecture seulement, que l'image imprimée dans son âme n'en eût pas été plus vive, s'il les avait réellement vues ; soit qu'il procédât par analogie, soit qu'il fût doué d'une espèce de seconde vue par laquelle il embrassait la Nature.

— En lisant le récit de la bataille d'Austerlitz, me dit-il un jour, j'en ai vu tous les incidents. Les volées du canon, et les cris des combattants retentissaient à mes oreilles et m'agitaient les entrailles. Je sentais la poudre. J'entendais le bruit des chevaux, la voix des hommes. J'admirais la plaine où se heurtaient des nations armées, comme si j'eusse été sur la hauteur du Santon. C'était un spectacle, effrayant comme une page de l'Apocalypse !

Quand il employait ainsi toutes ses forces dans une lecture, il perdait en quelque sorte la conscience de sa vie physique, et n'existait plus que par le jeu tout puissant de ses organes intérieurs, dont il avait constamment étendu la portée, en faisant, suivant son expression, *reculer l'espace devant lui*. Mais je ne veux pas anticiper sur les phases intellectuelles de sa vie. J'ai déjà, malgré moi, interverti l'ordre dans lequel je dois dérouler l'histoire de cet homme qui transporta toute son action dans sa pensée, comme d'autres placent toute leur vie dans l'action.

Un grand penchant l'entraînait vers les ouvrages mystiques.

— *Abyssus abyssum*, me disait-il. Notre esprit est un abîme qui se plaît dans les abîmes ! Enfants, hommes, vieillards, nous sommes toujours friands de mystères, sous quelque forme qu'ils se présentent.

Cette prédilection lui fut fatale, s'il est permis, toutefois, de juger sa vie selon les lois ordinaires, et de toiser le bonheur d'autrui sur la mesure du nôtre, en suivant les préjugés sociaux. Ce goût pour les choses du ciel, autre locution dont il se servait souvent, ce *mens divinior* était dû peut-être à l'influence exercée sur son esprit par les premiers livres qu'il lut chez son oncle. Sainte Thérèse et madame Guyon lui continuèrent la Bible, eurent les prémices de son adulte intelligence, et l'habituèrent à ces vives réactions de l'âme dont l'extase est tout à la fois et le moyen et le résultat. Mais cette étude, ce goût élevèrent son cœur, le purifièrent, l'ennoblirent, lui donnèrent appétit de la nature divine, et l'instruisirent des délicatesses presque féminines qui deviennent instinctives chez les grands hommes. Leur sublime n'est peut-être que le besoin de dévouement qui distingue la femme, transporté dans les grandes choses. Grâce à ces premières impressions, Louis resta pur au collége. Cette noble virginité des sens eut nécessairement pour effet d'enrichir la chaleur de son sang et d'agrandir ses facultés pensantes.

La baronne de Staël, bannie à quarante lieues de Paris, vint passer plusieurs mois de son exil dans une terre située près de Vendôme. Un jour, en se promenant, elle rencontra, sur la lisière de son parc, l'enfant du tanneur, presque en haillons, et absorbé par un livre. Ce livre était une traduction du *Ciel et l'Enfer*. A cette époque, messieurs de Saint-Martin, de Gence et quelques autres écrivains français moitié allemands, étaient à peu près les seules personnes qui, dans l'empire français, connussent le nom de Swedenborg. Étonnée, madame de Staël

prit le livre avec cette brusquerie dont ses interrogations, ses regards, ses gestes n'étaient pas toujours exempts, et lançant un coup d'œil à Lambert : — Est-ce que tu comprends cela ? lui dit-elle.
— Priez-vous Dieu ? demanda l'enfant.
— Mais... oui.
— Et, le comprenez-vous ?

La baronne resta muette pendant un moment. Puis, elle s'assit près de Lambert, et ils causèrent ensemble. Malheureusement ma mémoire, quoique fort étendue, est loin d'être aussi fidèle que l'était celle de mon camarade, et j'ai tout oublié de cette conversation, hormis les premiers mots.

Cette rencontre était de nature à vivement frapper madame de Staël. Cependant, à son retour au château, elle en parla peu, malgré le besoin d'expansion, qui, chez elle, dégénérait en loquacité ; mais elle parut fortement préoccupée. La seule personne encore vivante qui ait gardé le souvenir de cette aventure et que je questionnai récemment afin de recueillir le peu de paroles alors échappées à madame de Staël, retrouva même difficilement dans sa mémoire ce mot dit par la baronne, à propos de Lambert : — *C'est un vrai voyant.*

Louis n'ayant pas justifié aux yeux des gens du monde les belles espérances qu'il avait fait concevoir à sa protectrice, la prédilection passagère dont il devint l'objet fut considérée comme un caprice de femme, comme une de ces fantaisies particulières aux artistes. Madame de Staël voulut arracher Louis Lambert à l'Empereur et à l'Église, pour le rendre à la noble destinée qui, disait-elle, l'attendait. Elle en faisait déjà quelque nouveau Moïse sauvé des eaux. Elle chargea donc, avant son départ, l'un de ses amis, M. de Corbigny, alors préfet à Blois, de mettre, en temps utile, son Moïse au collége de Vendôme ; puis, elle l'oublia probablement. Entré, à l'âge de quatorze ans, au commencement de 1811, Lambert dut sortir de Vendôme vers la fin de 1814, après avoir achevé sa philosophie. Je doute que, pendant ce temps, il ait jamais reçu le moindre souvenir de sa bienfaitrice, si toutefois ce fut un bienfait de payer durant trois années la pension d'un enfant sans songer à son avenir, après l'avoir détourné d'une carrière où peut-être eût-il trouvé le bonheur. Cependant il est juste de dire que les circonstances de l'époque et le caractère de Louis Lambert peuvent largement absoudre madame de Staël et de son insouciance et de sa générosité. La personne choisie pour lui servir d'intermédiaire dans ses relations avec l'enfant, quitta Blois au moment où il sortait du collège. Or, les événemens politiques qui survinrent alors justifièrent assez l'indifférence de ce personnage pour le protégé de la baronne. Elle n'entendit plus parler de son petit Moïse. Cent louis donnés par elle à M. de Corbigny, qui, je crois, mourut lui-même en 1812, n'étaient pas une somme assez importante pour réveiller les souvenirs de madame de Staël dont l'âme exaltée rencontra sa pâture, et dont tous les intérêts furent vivement mis en jeu pendant les péripéties des années 1814 et 1815. Louis Lambert se trouvait à cette époque et trop pauvre et trop fier pour aller à la recherche de sa bienfaitrice, qui voyageait à travers toute l'Europe. Cependant, il vint à pied de Blois à Paris, dans l'intention de la voir, mais il y arriva malheureusement le jour où la baronne mourut. Deux lettres écrites par Lambert étaient restées sans réponse. Le souvenir des bonnes intentions de madame de Staël pour Louis n'est donc demeuré que dans quelques jeunes mémoires, frappées, comme le fut la mienne, par le merveilleux de cette histoire. Il faut même avoir été dans notre collège pour comprendre et l'effet que produisait ordinairement sur nos esprits enfantins l'annonce d'un *Nouveau*, et l'impression particulière que l'aventure toute vendômoise de Lambert devait nous causer.

Ici, quelques renseignements sur les lois primitives de notre Institution, jadis moitié militaire et moitié religieuse, deviennent nécessaires pour expliquer parfaitement la nouvelle vie que Lambert allait y mener. Avant la révolution, l'ordre des Oratoriens, voué, comme celui de Jésus, à l'éducation publique, et qui lui succéda dans quelques maisons, possédait plusieurs établissements provinciaux dont les plus célèbres étaient les colléges de Vendôme, de Tournon, de la Flèche, de Pont-le-Voy, de Sorrèze et de Juilly. Celui de Vendôme, ainsi que les autres, élevait, je crois, un certain nombre de cadets destinés à servir dans l'armée. L'abolition des corps enseignants, décrétée par la Convention, influa très-peu sur l'Institution de Vendôme. La première crise passée, le collège recouvra ses bâtiments. Quelques Oratoriens disséminés aux environs y revinrent, et le rétablirent en lui conservant son ancienne règle, ses habitudes, ses usages et ses mœurs qui lui prêtaient une physionomie à laquelle je n'ai rien pu comparer dans aucun des lycées où je suis allé après ma sortie de Vendôme.

Le collège est situé au milieu de la ville, et sur la petite rivière du Loir, qui en baigne les bâtiments principaux. Il forme une assez vaste enceinte soigneusement close, où sont enfermés tous les établissements nécessaires à une institution de ce genre : une chapelle, un théâtre, une infirmerie, une boulangerie, des jardins, des cours d'eau. Ce collège, le plus célèbre foyer d'instruction qu'il y ait au centre de la France, est alimenté par plusieurs provinces, et même par nos colonies. L'éloignement ne permet donc pas aux parents d'y venir souvent voir leurs enfants. D'ailleurs, la règle interdisait les vacances externes. Une fois entrés, les élèves ne sortaient du collége qu'à la fin de leurs études. Sauf les promenades faites extérieurement sous la conduite des Pères, tout avait été calculé pour donner à cette maison les avantages de la discipline conventuelle. De mon temps, le Correcteur était encore un vivant souvenir. La classique férule de cuir y jouait avec honneur son terrible rôle. Les punitions jadis inventées par la Compagnie de Jésus et qui avaient un caractère aussi effrayant pour le moral que pour le physique, étaient restées dans l'intégrité de l'ancien programme. Les lettres aux parents étaient obligatoires à certains jours, aussi bien que la confession; ainsi, nos péchés et nos sentiments se trouvaient en coupe réglée. Tout portait l'empreinte de l'uniforme monastique. Je me rappelle, entre autres vestiges de l'ancien Institut, l'inspection que nous subissions tous les dimanches. Nous étions en grande tenue, rangés comme des soldats, attendant les deux directeurs, qui, suivis des fournisseurs et des maîtres, nous examinaient sous le triple rapport du costume, de l'hygiène et du moral.

Les deux ou trois cents élèves que pouvait loger le collége étaient divisés, suivant l'ancienne coutume, en quatre sections, nommées : *les Minimes*, *les Petits*, *les Moyens* et *les Grands*. La division des Minimes embrassait les classes désignées sous le nom de *huitième* et *septième*; celle des Petits, la *sixième*, la *cinquième* et la *quatrième*; celle des Moyens, la *troisième* et la *seconde*; enfin celle des Grands, la *rhétorique*, la *philosophie*, les *mathématiques spéciales*, la *physique* et la *chimie*. Chacun de ces colléges particuliers possédait son bâtiment, ses classes et sa cour dans un grand terrain commun sur lequel les salles d'étude avaient toutes leur sortie, et qui aboutissait au réfectoire. Ce réfectoire, digne d'un ancien Ordre religieux, contenait tous les écoliers. Contrairement à la règle des autres Corps enseignants, nous pouvions y parler en mangeant. Cette tolérance oratorienne nous permettait de faire des échanges de plat selon nos goûts, et ce commerce gastronomique est constamment resté l'un des plus vifs plaisirs de notre vie collégiale. Si un Moyen placé en tête de sa table préférait une portion de pois rouges à son dessert, car nous en avions, du dessert, la proposition suivante passait de bouche en bouche : — *Un dessert pour des pois!* jusqu'à ce qu'un gourmand l'eût acceptée. Alors celui-ci d'envoyer sa portion de pois qui allait de main en main jusqu'au demandeur dont le dessert arrivait par la même voie. Jamais il n'y avait d'erreur. Si plusieurs demandes étaient semblables,

chacune portait son numéro, et l'on disait : *Premiers pois pour premier dessert!* Les tables étant très-longues, notre trafic perpétuel mettait tout en mouvement, et nous parlions, nous mangions avec une volubilité sans exemple. Aussi, le bavardage de trois cents jeunes gens, les allées et venues des domestiques occupés à changer les assiettes, servir les plats et donner le pain, l'inspection des directeurs, faisaient-ils du réfectoire de Vendôme un spectacle unique en son genre, et dont s'étonnaient toujours les visiteurs.

Pour adoucir notre vie, privée de toute communication avec le dehors et sevrée des caresses de la famille, les Pères nous permettaient encore d'avoir des pigeons et des jardins. Or, nos deux ou trois cents cabanes, un millier de pigeons nichés autour de notre mur d'enceinte et une trentaine de jardins formaient un coup d'œil encore plus curieux que ne l'était celui de nos repas. Mais il serait trop fastidieux de raconter toutes les particularités qui font du collége de Vendôme un établissement à part, et fertile en souvenirs pour ceux dont l'enfance s'y est écoulée. Qui de nous ne se rappelle encore avec délices, malgré les amertumes de la science, les bizarreries de cette vie claustrale! C'étaient les friandises achetées en fraude, durant nos promenades, la permission de jouer aux cartes, celle d'établir des représentations théâtrales pendant les vacances, maraude et libertés nécessitées par notre solitude. Puis, encore notre musique militaire, dernier vestige des Cadets, notre académie, notre chapelain, nos Pères professeurs. Enfin, les jeux particuliers défendus ou permis : la cavalerie de nos échasses, les longues glissoires faites en hiver, le tapage de nos galoches gauloises, et surtout le commerce introduit par la boutique établie dans l'intérieur de nos cours. Cette boutique était tenue par une espèce de maître Jacques auquel Grands et Petits pouvaient demander, suivant son prospectus, bottes, échasses, outils, pigeons cravatés, pattus, livres de messe (article rarement vendu), canifs, papiers, plumes, crayons, encre de toutes les couleurs, balles, billes; le monde entier des fantaisies merveilleuses de l'enfance, et qui comprenait même la sauce des pigeons que nous avions à tuer; enfin jusqu'aux poteries où nous conservions le riz de notre souper pour le déjeuner du lendemain. Qui de nous est assez malheureux pour avoir oublié ses battements de cœur à l'aspect de ce magasin périodiquement ouvert pendant les récréations du dimanche, et où nous allions à tour de rôle dépenser la somme qui nous était attribuée, mais où la modicité de la pension accordée par nos parents à nos *menus plaisirs*, nous obligeait à faire un choix entre tous les objets qui exerçaient de si vives séductions sur nos âmes juvéniles? La jeune épouse à laquelle, durant les premiers jours de miel, son mari remet douze fois dans l'année, une bourse d'or, le joli budget de ses caprices, a-t-elle rêvé jamais autant d'acquisitions diverses dont chacune absorbe toute la somme, que chacun de nous n'en a médité la veille des premiers dimanches du mois? Pour six francs, nous possédions pendant une nuit l'universalité des biens de l'inépuisable boutique; et, durant la messe, nous ne chantions pas un répons qui ne brouillât nos secrets calculs. Qui de nous enfin peut se souvenir d'avoir eu quelques sous à dépenser le second dimanche? Enfin qui n'a pas obéi, par avance, aux lois sociales, en plaignant, en secourant, en méprisant les *Parias* que l'avarice ou le malheur paternel laissaient sans argent? Mœurs enfantines vraiment originales!

Certes, si l'on veut se représenter l'isolement de ce grand collége avec ses bâtiments monastiques, au milieu d'une petite ville, et les quatre parcs dans lesquels nous étions hiérarchiquement casés, l'on aura une idée de tout l'intérêt que devait nous offrir l'arrivée d'un Nouveau, véritable passager survenu dans un navire. Jamais jeune duchesse présentée à la cour, n'y fut aussi malicieusement critiquée que l'était le nouveau débarqué par tous les écoliers de sa division. Ordinairement, pendant la récréation du soir, avant la prière, les flatteurs, habitués à causer avec celui des deux Pères chargés de nous garder une semaine chacun à leur tour et qui se trouvait alors en fonctions, entendaient les premiers ces paroles authentiques : — Vous aurez demain un Nouveau. Tout à coup ce cri : — Un Nouveau! un Nouveau! retentissait dans les cours. Alors, nous accourions tous pour nous grouper autour du régent, qui, bientôt, était rudement interrogé.

— D'où venait-il? Comment se nommait-il? En quelle classe serait-il? etc.

Or, l'arrivée de Louis Lambert fut le texte d'un conte digne des *Mille et une nuits*. J'étais alors en Quatrième chez les Petits. Nous avions pour régents deux hommes auxquels nous donnions, par tradition, le nom de Pères, quoique ce fussent des séculiers. En effet, de mon temps, il n'existait plus à Vendôme que quatre véritables Oratoriens auxquels ce titre appartînt légitimement. En 1814, ils quittèrent le collége, qui s'était insensiblement sécularisé, et se réfugièrent auprès des autels dans les presbytères de campagne, à l'exemple du curé de Mer.

Le Père Haugoult, le régent de semaine, était un assez bon homme, mais dépourvu de hautes connaissances, il manquait de ce tact si nécessaire pour discerner les différents caractères des enfants et leur mesurer les punitions suivant leurs forces respectives. Le père Haugoult se mit donc à raconter fort complaisamment les singuliers événements qui allaient, le lendemain, nous valoir le plus extraordinaire des Nouveaux. Aussitôt, les jeux cessèrent, tous les Petits arrivèrent en silence, et restèrent occupés à écouter l'aventure de ce Louis Lambert, trouvé, comme un aérolithe, par madame de Staël au coin d'un bois. M. Haugoult dut nous expliquer madame de Staël. Pendant cette soirée, elle me parut avoir dix pieds. Depuis, j'ai vu le tableau de Corinne, où Gérard l'a représentée et si grande et si belle; mais la femme idéale rêvée par mon imagination la surpassait tellement que la véritable madame de Staël a constamment perdu dans mon esprit, même après la lecture du livre tout viril, intitulé : *De l'Allemagne*. Mais alors Lambert fut une bien autre merveille! Après l'avoir examiné, M. Mareschal, le directeur des études, avait hésité, disait le père Haugoult, à le mettre chez les Grands; néanmoins, la faiblesse de Louis en latin l'avait fait rejeter en quatrième, sauf à lui de sauter une classe chaque année. Par exception, il devait être de l'académie! *Proh pudor!* nous allions avoir l'honneur de compter, parmi les Petits, un habit décoré du ruban rouge que portaient les académiciens de Vendôme. Aux académiciens étaient octroyés de brillants priviléges : ils dînaient souvent à la table du directeur, tenaient par an deux séances littéraires auxquelles nous assistions avec enthousiasme pour entendre leurs œuvres. Enfin, un académicien était un petit grand homme. Si chaque Vendômois veut être franc, il avouera que, plus tard, un véritable académicien de la véritable Académie française lui a paru bien moins étonnant que ne l'était l'enfant gigantesque illustré par la croix et par le prestigieux ruban rouge, insigne de notre académie. Pour comprendre l'importance de cet honneur, il faut savoir qu'il était bien difficile d'appartenir à ce corps glorieux avant d'être parvenu en Seconde, puisque les académiciens étaient obligés de nous lire des contes en vers ou en prose, des morceaux littéraires, des épîtres, des traités, des tragédies, des comédies, compositions interdites à l'intelligence des classes secondaires. J'ai longtemps gardé le souvenir d'un conte intitulé *l'Ane vert*, qui, je crois, est l'œuvre la plus saillante de cette académie inconnue. Un Quatrième, être de l'académie! Parmi nous serait cet enfant de quatorze ans, déjà poëte, aimé de madame de Staël, un futur génie, nous disait le Père Haugoult, un sorcier, un gars capable de faire un thème ou une version pendant qu'on nous appellerait en classe, et d'apprendre ses leçons en les lisant une seule fois. Louis Lambert confondait toutes nos idées.

Puis, la curiosité du Père Haugoult, l'impatience qu'il témoignait de voir le Nouveau, attisaient encore nos imaginations enflammées.

— S'il a des pigeons, il n'aura pas de cabane. Il n'y a plus de place. Tant pis! disait l'un de nous qui, depuis, a été grand agriculteur.

— Auprès de qui sera-t-il? demandait un autre.

— Oh! que je voudrais être *son faisant*, s'écriait un exalté.

*Être faisant* constituait, dans notre langage collégial, un idiotisme assez difficile à traduire. Ce mot exprimait un partage fraternel des biens et des maux de notre vie enfantine, une promiscuité d'intérêts fertile en brouilles et en raccommodements, un pacte d'alliance offensive et défensive. Chose bizarre! jamais, de mon temps, je n'ai connu de frères qui fussent Faisants. L'homme ne vit que par les sentiments; et, peut-être, croit-il appauvrir son existence en confondant une affection trouvée dans une affection naturelle.

L'impression que les discours du Père Haugoult firent sur moi pendant cette soirée est une des plus vives de mon enfance, et je ne puis la comparer qu'à la lecture de Robinson Crusoé. Je dus même, plus tard, au souvenir de ces sensations prodigieuses, une remarque peut-être neuve sur les différents effets que produisent les mots dans chaque entendement. Le mot n'a rien d'absolu. Nous agissons plus sur lui qu'il n'agit sur nous. Sa force est en raison des images que nous avons acquises et que nous groupons autour de lui. Mais l'étude de ce phénomène exige de larges développements, hors de propos ici.

Ne pouvant pas dormir, j'eus une longue discussion avec mon voisin de dortoir, sur l'être extraordinaire que nous devions avoir parmi nous le lendemain. Ce voisin, naguère officier, maintenant écrivain à hautes vues philosophiques, Barchou de Penhoën, n'a démenti ni sa prédestination, ni le hasard qui réunissait dans la même classe, sur le même banc et sous le même toit, les deux seuls écoliers de Vendôme dont Vendôme entende parler aujourd'hui. Le récent traducteur de Fichte, l'interprète et l'ami de M. Ballanche, était occupé déjà comme je l'étais moi-même de questions métaphysiques. Il déraisonnait souvent avec moi sur Dieu, sur nous et sur la Nature. Il avait alors des prétentions au pyrrhonisme. Jaloux de soutenir son rôle, il nia les facultés de Lambert, tandis qu'ayant nouvellement lu *les Enfants célèbres*, je l'accablais de preuves en lui citant le petit Montcalm, Pic de la Mirandole, Pascal, enfin tous les cerveaux précoces, anomalies célèbres dans l'histoire de l'esprit humain, et les prédécesseurs de Lambert.

J'étais alors moi-même passionné pour la lecture. Grâce à l'envie que mon père avait de me voir à l'École Polytechnique, il payait pour moi des leçons particulières de mathématiques. Or, mon répétiteur, bibliothécaire du collége, me laissait prendre des livres sans trop regarder ceux que j'emportais de la bibliothèque, lieu tranquille où, pendant les récréations, il me faisait venir pour me donner ses leçons. Je crois qu'il était ou peu habile ou fort occupé de quelque grave entreprise, car il me permettait très-volontiers de lire pendant le temps des répétitions et travaillait je ne sais à quoi. Donc, en vertu d'un pacte tacitement convenu entre nous deux, je ne me plaignais point de ne rien apprendre, et lui, se taisait sur mes emprunts de livres. Entraîné par cette intempestive passion, je négligeais mes études pour composer des poëmes qui devaient, certes, inspirer peu d'espérances, si j'en juge par ce trop long vers, devenu célèbre parmi mes camarades, et qui commençait une épopée sur les Incas :

O Inca! ô roi infortuné et malheureux!

Je fus surnommé *le Poëte* en dérision de mes essais. Les moqueries ne me corrigèrent pas. Je rimaillai toujours, malgré le sage conseil de M. Mareschal, notre directeur, qui tâcha de me guérir d'une manie malheureusement invétérée, en me racontant dans un apologue les malheurs d'une fauvette tombée de son nid, pour avoir voulu voler avant que ses ailes ne fussent poussées. Je continuai mes lectures, je devins l'écolier le moins agissant, le plus paresseux, le plus contemplatif de la division des Petits, et, partant, le plus souvent puni.

Cette digression autobiographique doit faire comprendre la nature des réflexions dont je fus assailli à l'arrivée de Lambert. J'avais alors douze ans. J'éprouvai tout d'abord une vague sympathie pour un enfant dont je partageais presque le tempérament nerveux. J'allais donc rencontrer un compagnon de rêverie et de méditation. Sans savoir encore ce qu'était la gloire, je trouvais glorieux d'être le camarade d'un enfant dont madame de Staël avait déjà préparé l'immortalité. Louis Lambert me semblait un géant.

Le lendemain si attendu vint enfin. Un moment avant le déjeuner, nous entendîmes dans la cour silencieuse le double pas de M. Mareschal et du Nouveau. Aussitôt toutes les têtes se tournèrent vers la porte de la classe. Le père Haugoult, qui partageait les tortures de notre curiosité, ne nous fit pas entendre le sifflement par lequel il imposait silence à nos murmures et nous rappelait au travail. Nous vîmes alors ce fameux Nouveau que M. Mareschal tenait par la main. Le régent descendit de sa chaire, et le directeur lui dit solennellement, suivant l'étiquette : — Monsieur, je vous amène Louis Lambert. Vous le mettrez avec les Quatrièmes. Il entrera demain en classe.

Puis, après avoir causé à voix basse avec le régent, il dit tout haut : — Où allez-vous le placer ?

Il eût été fort injuste de déranger l'un de nous pour le Nouveau, et comme il n'y avait plus qu'un seul pupitre de libre, Louis Lambert vint l'occuper, près de moi, qui étais entré le dernier dans la classe.

Malgré le temps que nous avions encore à rester en étude, nous nous levâmes tous pour examiner Lambert. M. Mareschal entendit nos colloques, nous vit en insurrection, et dit en souriant avec cette bonté qui nous le rendait particulièrement cher : — Au moins, soyez sages et ne dérangez pas les autres classes.

Ces paroles nous mirent en récréation quelque temps avant l'heure du déjeuner, et nous vînmes tous environner Lambert, pendant que M. Mareschal se promena dans la cour avec le père Haugoult. Nous étions environ quatre-vingts diables, hardis comme des oiseaux de proie. Quoique nous eussions tous passé par le cruel moment de cette espèce de noviciat, nous ne faisions jamais grâce à un Nouveau des rires moqueurs, des interrogations, des impertinences qui se succédaient en semblable occurrence, à la grande honte du néophyte, dont on essayait ainsi les mœurs, la force et le caractère. Lambert, ou calme ou abasourdi, ne répondit à aucune de nos questions. Alors, l'un de nous ayant dit qu'il sortait sans doute de l'école de Pythagore, un rire général éclata. Le Nouveau fut surnommé *Pythagore* pour toute sa vie de collége. Cependant le regard perçant de Lambert, le dédain peint sur sa figure pour nos enfantillages en désaccord avec la nature de son esprit, l'attitude aisée dans laquelle il sut rester, sa force apparente, en harmonie avec son âge, imprimèrent un certain respect aux plus mauvais sujets d'entre nous. Quant à moi, j'étais près de lui, tout occupé à l'examiner, sans rien dire.

Louis était un enfant maigre et fluet, haut de quatre pieds et demi. Sa figure hâlée, ses mains brunies par le soleil paraissaient accuser une vigueur musculaire que, néanmoins, il n'avait pas à l'état normal. Aussi, deux mois après son entrée au collége, quand le séjour de la classe lui eut fait perdre sa coloration presque végétale, le vîmes-nous devenir pâle et blanc comme une femme. Sa tête était d'une grosseur remarquable. Ses cheveux, d'un beau noir et bouclés par masses, prêtaient une grâce indicible à son front, dont les dimensions avaient quelque chose d'extraordinaire même pour nous, fort insouciants, comme on peut le croire, des pronostics de la Cranologie. La beauté de ce front prophétique provenait surtout de la coupe extrêmement pure des deux arcades sous lesquelles brillaient ses yeux noirs, qui semblaient taillées dans de l'albâtre, et dont les lignes, par un attrait assez rare, se trouvaient d'un parallélisme parfait en se rejoignant à la naissance du nez. Mais il était difficile de songer à sa figure, d'ailleurs fort irrégulière, en voyant ses yeux, dont le regard possédait une magnifique variété d'expression et qui semblaient chacun doublés d'une âme. Tantôt clair et pénétrant à étonner, tantôt d'une douceur céleste, ce regard devenait terne, sans couleur, pour ainsi dire, dans les moments où il se livrait à ses contemplations ; et son œil ressemblait alors à une vitre d'où le soleil se serait retiré soudain après l'avoir illuminée. Il en était de sa force, toute nerveuse, et de son flexible organe comme de son regard : même mobilité, mêmes caprices. Sa voix se faisait douce comme la voix harmonieuse qui prononce un mot d'amour, au matin, dans un lit voluptueux ; puis, elle était parfois pénible, incorrecte, raboteuse, s'il est permis d'employer ces mots, pour peindre des effets nouveaux. Quant à sa force habituelle, il était incapable de supporter la fatigue des moindres jeux, et semblait évidemment débile, infirme presque. Mais pendant les premiers jours de son noviciat, un de nos matadors s'étant moqué de cette maladive délicatesse qui le rendait impropre aux violents exercices en vogue dans le collége, Lambert prit, de ses deux mains et par le bout, une de nos tables qui contenait douze grands pupitres encastrés sur deux rangs et en dos d'âne ; puis il s'appuya contre la chaire du régent, retint la table par ses pieds qu'il plaça sur la traverse d'en-bas, et dit : — Mettez-vous dix, et essayez de la faire bouger.

J'étais là, je puis attester ce singulier témoignage de force, il fut impossible de lui arracher la table. Lambert semblait avoir le don d'appeler à lui, dans certains moments, des pouvoirs extraordinaires, et de rassembler toutes ses forces sur un point donné.

Mais les enfants, habitués aussi bien que les hommes, à juger de tout d'après leurs premières impressions, n'étudièrent Louis que pendant les premiers jours de son arrivée. Il démentit alors entièrement les prédictions de madame de Staël, en ne réalisant aucun des prodiges que nous attendions de lui. Puis, après un trimestre d'épreuves, il passa pour un écolier très ordinaire. Je fus donc seul admis à pénétrer dans cette âme sublime, et pourquoi ne dirai-je pas divine ? Qu'y a-t-il de plus près de Dieu, que le génie dans un cœur d'enfant ? La conformité de nos goûts et de nos pensées nous rendit amis et Faisants. Notre fraternité devint si grande qu'on accola nos deux noms, et que l'un ne se prononçait

...s sans l'autre. Pour appeler l'un de nous, nos ...marades criaient : — *Le Poëte-et-Pythagore !* ...était une mode d'écolier, une fantaisie qui ne s'ap... ...iquait pas seulement à nous deux. Il existait d'au... ...es noms qui offraient l'exemple d'un semblable ...ariage. Ainsi je demeurai pendant deux années ...mi de collège du pauvre Louis Lambert, et ma ...se trouva, durant cette époque, assez intimement ...ie à la sienne pour qu'il me soit possible aujour...hui d'en écrire l'histoire intellectuelle. J'ai long...mps ignoré la poésie et les richesses cachées dans ... cœur et sous le front de mon camarade. Il a fallu ...e j'arrivasse à trente ans; que mes observations ... soient mûries et condensées; que le jet d'une ...us vive lumière les ait même éclairées de nouveau, ...ur que je comprisse toute la portée des phénomè...s dont je fus alors l'inhabile témoin; j'en ai joui ...ns m'en expliquer ni la grandeur, ni le méca...sme; j'en ai même oublié quelques-uns et ne me ...uviens que des plus saillants. Mais aujourd'hui, ma ...émoire les a coordonnés, et je me suis initié à tous ... secrets de cette tête féconde, en me reportant ...x jours délicieux de notre jeune amitié. Le temps ...ul me fit donc pénétrer le sens des événements et ...s faits qui abondent en cette vie inconnue, comme ... celle de tant d'autres hommes perdus pour la ...ience. Aussi cette histoire est-elle, dans l'expres...on et l'appréciation des choses, pleine d'anachro...smes purement moraux qui, je crois, ne nuiront ...int à son genre d'intérêt.

Pendant les premiers mois de son séjour à Ven...me, Louis devint la proie d'une maladie dont les ...mptômes furent imperceptibles à l'œil de nos sur...illants, et qui gêna nécessairement l'exercice de ...s hautes facultés. Accoutumé au grand air, à l'in...pendance d'une éducation laissée au hasard, ca...ssé par les tendres soins d'un vieillard qui le ché...isait, habitué à penser sous le soleil, il lui fut ...en difficile de se plier à la règle du collège, de ...archer dans le rang, de vivre entre les quatre ...urs d'une salle où quatre-vingts jeunes gens étaient ...us silencieux, assis sur un banc de bois, chacun ...vant son pupitre. Ses sens avaient une perfection ...i leur donnait une exquise délicatesse, et tout ...uffrit chez lui de cette vie en commun. Les exhal...isons par lesquelles l'air était corrompu, mêlées à ... senteur d'une classe toujours sale et encombrée ... débris de nos déjeuners ou de nos goûters, affec...rent son odorat; ce sens qui, se trouvant en rap...rt plus direct et plus immédiat que les autres avec ... système cérébral, doit causer, par ses altérations, ... grands ébranlements aux organes de la pensée. ...itre ces causes de corruption atmosphérique, il y ...ait dans nos salles d'étude des baraques où chacun ...ettait son butin, et j'y ai souvent vu des pigeons tués pour les jours de fêtes, ou des mets dérobés au réfectoire. Enfin, nos salles contenaient encore une pierre immense où restaient en tout temps deux seaux pleins d'eau; espèce d'abreuvoir où nous allions tous les matins nous débarbouiller le visage et nous laver les mains, à tour de rôle, en présence du maître. De là, nous passions à une table où des femmes nous peignaient et nous poudraient. Notre local n'étant nettoyé qu'une fois par jour, le matin avant notre réveil, il demeurait toujours malpropre; puis, malgré le nombre des fenêtres et la hauteur de la porte, l'air y était incessamment vicié par les émanations du lavoir, par la peignerie, par la baraque, et les mille industries de chaque écolier, sans compter nos quatre-vingts corps entassés. Cette espèce d'*humus* collégial, mêlé sans cesse à la boue que nous rapportions des cours, formait un fumier d'une insupportable puanteur. La privation de l'air pur et parfumé des campagnes ou des bois dans lequel il avait jusqu'alors vécu, le changement de ses habitudes, la discipline, tout contrista donc Lambert. La tête toujours appuyée sur sa main gauche, dont il accoudait le bras sur son pupitre, il passait les heures d'étude à regarder dans la cour le feuillage des arbres, ou les nuages du ciel. Il semblait étudier ses leçons; mais en voyant sa plume immobile dans sa main, ou sa page toute blanche, le régent lui criait :

— Vous ne faites rien, Lambert !

Ce — *Vous ne faites rien !* c'était un coup d'épingle qui le blessait au cœur. Puis, il ne connut pas le loisir des récréations. Il eut des *pensums* à écrire. Le pensum, punition dont le genre varie selon les coutumes de chaque collège, consistait à Vendôme en un certain nombre de lignes copiées pendant les heures de récréation. Nous fûmes, Lambert et moi, si accablés de pensums, que nous n'avons pas eu six jours de liberté durant nos deux années d'amitié. Sans les livres que nous tirions de la bibliothèque, et qui entretenaient la vie dans notre cerveau, ce système d'existence nous eût menés à un abrutissement complet. Le défaut d'exercice est fatal aux enfants. L'habitude de la représentation, prise dès le jeune âge, altère, dit-on, sensiblement la constitution des personnes royales quand elles ne corrigent pas les vices de leur destinée par les mœurs du champ de bataille, ou par les travaux de la chasse. Or, si les lois de l'étiquette et des cours influent sur la moelle épinière au point de féminiser le bassin des rois, d'en amollir les fibres cérébrales, et d'en abâtardir ainsi la race, quelles lésions profondes, soit au physique, soit au moral, une privation continuelle d'air, de mouvement, de gaieté, ne doit-elle pas produire chez les écoliers? Aussi le régime pénitentiaire observé dans les collèges exige-t-il l'attention des autorités de l'enseignement public, lorsqu'il s'y rencontrera des penseurs qui ne penseront pas exclusivement à eux.

Nous nous attirions le pensum de mille manières. Notre mémoire était si belle, que nous n'apprenions jamais nos leçons. Il nous suffisait d'entendre réciter à nos camarades les morceaux de français, de latin ou de grammaire, pour les répéter à notre tour; mais si, par malheur, le maître s'avisait d'intervertir les rangs et de nous interroger les premiers, souvent nous ignorions même en quoi consistait la leçon. Alors le pensum arrivait malgré nos plus habiles excuses. Enfin, nous attendions toujours au dernier moment pour faire nos devoirs. Avions-nous un livre à finir, étions-nous plongés dans une rêverie, le devoir était oublié. Nouvelle source de pensum! Combien de fois nos versions furent écrites pendant le temps que le *premier* chargé de les recueillir en entrant en classe, mettait à demander à chacun la sienne?

Mais aux difficultés morales que Lambert éprouvait à s'acclimater dans le collège, se joignit encore un apprentissage non moins rude, et par lequel nous avions passé tous, celui des douleurs corporelles qui, pour nous, variaient à l'infini. Chez les enfants, la délicatesse de l'épiderme exige des soins minutieux surtout en hiver, où, constamment emportés par mille causes, ils quittent l'atmosphère glaciale d'une cour boueuse, pour la chaude température des classes. Aussi, faute des attentions maternelles dont les Nouveaux se trouvaient tout à coup privés, les Petits et les Minimes étaient-ils dévorés d'engelures et de crevasses si douloureuses, que ces maux nécessitaient, pendant le déjeuner, un pansement particulier, mais très-imparfait à cause du grand nombre de mains, de pieds, de talons endoloris. D'ailleurs, beaucoup d'enfants étaient obligés de préférer le mal au remède. Ne leur fallait-il pas souvent choisir entre leurs devoirs à terminer, les plaisirs de la glissoire, et le lever d'un appareil insoucieusement mis, plus insoucieusement gardé? Puis, les mœurs du collège avaient amené la mode de se moquer des pauvres chétifs qui allaient au pansement. C'était à qui ferait sauter les guenilles dont l'infirmière leur enveloppait les mains. Donc, en hiver, plusieurs d'entre nous, les doigts et les pieds demi-morts, tout rongés de douleurs, étaient peu disposés à travailler parce qu'ils souffraient, et punis parce qu'ils ne travaillaient pas. Trop souvent dupe des maladies artificielles, le Père ne tenait aucun compte des maux réels. Moyennant le prix de la pension, les élèves étaient entretenus aux frais du collège dont l'administration avait coutume de passer un marché pour la chaussure et l'habillement; de là, cette inspection hebdomadaire dont j'ai parlé. Mais ce mode, excellent pour l'administrateur, a toujours de tristes résultats pour l'administré. Malheur au Petit qui contractait la mauvaise habitude d'éculer, de déchirer ses souliers ou d'en user prématurément les semelles, soit par un vice de marche, soit en les déchiquetant pendant les heures d'études pour obéir au besoin d'action qu'éprouvent les enfants. Durant tout l'hiver, celui-là n'allait pas en promenade sans de vives souffrances. D'abord, la douleur de ses engelures se réveillait atroce autant qu'un accès de goutte. Puis, les agrafes et les ficelles destinées à retenir le soulier partaient, ou les talons éculés empêchaient la maudite chaussure d'adhérer aux pieds de l'enfant; il était alors forcé de la traîner péniblement dans les chemins glacés où, parfois, il lui fallait la disputer aux terres argileuses du Vendômois. Enfin, l'eau, la neige y entraient souvent par une décousure inaperçue, par un béquet mal mis, et le pied se gonflait. Sur soixante enfants, il ne s'en rencontrait pas dix qui cheminassent sans quelque torture particulière. Néanmoins, ils suivaient le gros de la troupe entraînés par la marche, comme les hommes sont poussés dans la vie par la vie. Combien de fois un généreux enfant pleura de rage tout en trouvant un reste d'énergie pour aller en avant ou pour revenir au bercail malgré ses peines; tant, à cet âge, l'âme encore neuve redoute et le rire et la compassion, deux genres de moquerie. Au collège, ainsi que dans la société, le fort méprise déjà le faible, sans savoir en quoi consiste la véritable force. Ce n'était rien encore. Double mal, double chagrin. Point de gants aux mains. Si, par hasard, les parents, l'infirmière ou le directeur en faisaient donner aux plus délicats d'entre nous, les loustics, ou les grands de la classe, mettaient les gants sur le poêle, s'amusaient à les dessécher, les gripper; puis, s'ils échappaient aux fureteurs, ils se mouillaient, se recroquevillaient, faute de soin. Bref, il n'y avait pas de gants possibles. Les gants étaient un privilège, et les enfants veulent être égaux. Ces différents genres de douleur assaillirent Louis Lambert. Semblable à tous les hommes méditatifs qui, dans le calme de leurs rêveries, contractent l'habitude de quelque mouvement machinal, il avait la manie de jouer avec ses souliers, et les détruisait en peu de temps. Puis son teint de femme, la peau de son visage, ses lèvres se gerçaient au moindre froid. Ses mains si molles, si blanches devenaient rouges et turgides. Il s'enrhumait constamment. Louis fut donc enveloppé de souffrances jusqu'à ce qu'il eût accoutumé sa vie aux mœurs vendômoises. Instruit à la longue par la cruelle expérience des maux, forcé lui fut de songer à ses *affaires*, pour me servir d'une expression toute collégiale. Il lui fallut prendre soin de sa baraque, son pupitre, de ses habits, de ses souliers ; ne perdre ni son encre, ni ses livres, ni ses cahiers, ni ses plumes ; enfin, penser à ces mille détails de notre existence enfantine dont s'occupaient avec une rectitude commerciale ces esprits égoïstes et médiocres auxquels appartenaient infailliblement les prix d'excellence ou de bonne conduite ; mais dont ne devait pas se soucier un enfant plein d'avenir, qui, sous le joug d'une imagination brillante, s'abandonnait avec amour au torrent de ses pensées. Ce n'est pas tout. Il existe une lutte continuelle entre les maîtres et les écoliers, lutte sans trêve à laquelle rien n'est comparable dans la société, si ce n'est le combat de l'opposition contre le ministère dans un gouvernement représentatif. Mais les journalistes et les orateurs de l'opposition sont peut-être moins prompts à profiter d'un avantage, moins durs à reprocher un tort, moins âpres dans leurs moqueries que ne le sont les enfants envers les gens chargés de les régenter. A ce métier, la patience échapperait même aux anges. Il n'en faut donc pas trop vouloir à un pauvre préfet d'études, peu payé, partant peu sagace, d'être parfois injuste ou de s'emporter. Sans cesse épié par une multitude de regards moqueurs, environné de piéges, il se venge quelquefois des torts qu'il se donne sur des enfants trop prompts à les apercevoir. Sauf les grandes malices dont elle constituait la punition naturelle, la férule était, à Vendôme, l'*ultima ratio Patrum*. Aux devoirs oubliés, aux leçons mal sues, aux incartades vulgaires, le pensum suffisait. Mais l'amour-propre offensé parlait chez le maître par sa férule. Parmi les souffrances physiques auxquelles nous étions soumis, la plus vive était, certes, celle que nous causait cette palette de cuir, épaisse d'environ deux doigts, appliquée sur nos faibles mains de toute la force, de toute la colère du régent. Pour recevoir cette correction classique, le coupable se mettait à genoux au milieu de la salle. Il fallait se lever de son banc, aller s'agenouiller près de la chaire, et subir les regards curieux, souvent moqueurs, de tous nos camarades. Aux âmes tendres, ces préparatifs étaient donc un double supplice, presque semblable au trajet du Palais à la Grève que faisait jadis un condamné vers l'échafaud. Selon les caractères, les uns criaient en pleurant à chaudes larmes, avant ou après la férule ; les autres en acceptaient la douleur d'un air stoïque ; mais, en l'attendant, les plus forts pouvaient à peine réprimer la convulsion de leur visage. Louis Lambert fut accablé de férules, et les dut à l'exercice d'une faculté de sa nature dont il ignorait l'existence. Lorsqu'il était violemment tiré d'une méditation par le — *Vous ne faites rien !* du régent, il lui arrivait souvent, à son insu d'abord, de lancer à cet homme un regard empreint de je ne sais quel mépris sauvage, tout chargé de pensée. Cette œillade causait, sans doute, une commotion électrique, insupportable au maître, qui, blessé par cette silencieuse épigramme, voulut désapprendre à l'écolier ce regard rutilant. La première fois que le Père se formalisa de ce dédaigneux rayonnement qui l'atteignait comme un éclair, il dit cette phrase dont je me suis souvenu : — Si vous me regardez encore ainsi, Lambert, vous allez recevoir une férule. A ces mots, tous les nez furent en l'air, tous les yeux épièrent alternativement et le maître et Louis. L'apostrophe était si sotte que l'enfant accabla le Père d'un coup d'œil foudroyant. De là vint entre le régent et Lambert une querelle qui se vida par une certaine quantité de férules : ainsi lui fut révélé le pouvoir oppresseur de son œil.

Ce pauvre poëte si nerveusement constitué, souvent vaporeux autant qu'une femme, dominé par une mélancolie chronique, tout malade de son génie comme une jeune fille l'est de cet amour qu'elle appelle et qu'elle ignore ; cet enfant, si fort et si faible, déplanté par Corinne de ses belles campagnes pour entrer dans le moule d'un collége auquel chaque intelligence, chaque corps doit, malgré sa portée, malgré son tempérament, s'adapter à la règle, à l'uniforme comme l'or s'arrondit en pièce sous le coup du balancier ; Louis Lambert souffrit donc par tous les points où la douleur a prise sur l'âme et sur la chair. Attaché sur un banc à la glèbe de son pupitre, frappé par la férule, frappé par la maladie, affecté dans tous ses sens, pressé par une ceinture de maux, tout le contraignit d'abandonner son enveloppe aux mille tyrannies du collége. Semblable aux martyrs qui souriaient au milieu des supplices, il se réfugia dans les cieux que lui entr'ouvrait sa pensée. Peut-être, cette vie tout intérieure aida-t-elle à lui faire entrevoir les mystères auxquels il eut tant de foi !

Notre indépendance, nos occupations illicites, notre fainéantise apparente, l'engourdissement dans lequel nous restions, nos punitions constantes, notre répugnance pour nos devoirs et nos pensums, nous valurent la réputation incontestée d'être des enfants lâches et incorrigibles. Nos maîtres nous méprisèrent, et nous tombâmes également dans le plus affreux discrédit auprès de nos camarades, auxquels nous cachions nos études de contrebande par crainte de leurs moqueries. Cette double mésestime, injuste chez les Pères, était un sentiment naturel chez nos condisciples. Nous ne savions ni jouer à la balle, ni courir, ni monter sur les échasses. Aux jours d'amnistie, ou quand, par hasard, nous obtenions un instant de liberté, nous ne partagions aucun de leurs goûts. Étrangers à leurs plaisirs, nous restions seuls mélancoliquement assis sous quelque arbre de la cour. Alors, le Poëte-et-Pythagore étaient une exception, une vie en dehors de la vie commune. L'instinct si pénétrant, l'amour-propre si délicat des écoliers leur faisait pressentir en nous des esprits situés plus haut ou plus bas que ne l'étaient les leurs. De là, chez les uns, haine pour notre muette aristocratie; et chez les autres, mépris pour notre inutilité. Ces sentiments étaient entre nous, à notre insu, peut-être; et peut-être ne les ai-je devinés qu'aujourd'hui. Nous vivions donc exactement comme deux rats tapis dans le coin de la salle où étaient nos pupitres, également retenus là durant les heures d'étude et pendant celles des récréations. Cette situation excentrique dut nous mettre et nous mit en état de guerre avec tout le collége. Presque toujours oubliés, nous demeurions là, tranquilles, heureux à demi, semblables à deux végétations, à deux ornements qui eussent manqué à l'harmonie de la salle. Mais, parfois, les plus taquins de nos camarades nous insultaient pour manifester abusivement leur force, et nous répondions par un mépris qui, souvent, faisait rouer de coups le Poëte-et-Pythagore.

La nostalgie de Lambert dura plusieurs mois. Je ne sais rien qui puisse peindre la mélancolie à laquelle il fut en proie. Louis m'a gâté bien des chefs-d'œuvre. Ayant joué tous deux le rôle du *Lépreux de la Vallée d'Aoste*, nous avions éprouvé les sentiments exprimés dans le livre de M. de Maistre, avant de les lire traduits par cette éloquente plume. Or, un ouvrage peut retracer les souvenirs de l'enfance, mais il ne luttera jamais contre eux avec avantage. Les soupirs de Lambert m'ont appris des hymnes de tristesse bien plus éloquentes que ne le sont les plus belles pages de *René*. Mais aussi, peut-être n'est-il pas de comparaison entre les souffrances que cause une passion, réprouvée à tort ou à raison par nos lois, et les douleurs d'un pauvre enfant aspirant après la splendeur du soleil, la rosée des vallons et la liberté. René n'est l'esclave que d'un désir, Louis Lambert était toute une âme esclave. A talent égal, le sentiment le plus touchant ou fondé sur les désirs les plus vrais parce qu'ils sont les plus purs, doit surpasser les lamentations factices du génie. Après être resté longtemps à contempler le feuillage d'un des tilleuls de la cour, Louis ne me disait qu'un mot, mais ce mot annonçait une immense rêverie.

— Heureusement pour moi, s'écria-t-il un jour, il se rencontre de bons moments pendant lesquels il me semble que les murs de la classe sont tombés, et que je suis ailleurs, dans les champs! Quel plaisir de se laisser aller au cours de sa pensée, comme un oiseau à toute la portée de son vol !

— Pourquoi la couleur verte est-elle si prodiguée dans la nature? me demandait-il. Pourquoi y existe-t-il si peu de lignes droites? Pourquoi l'homme dans ses œuvres emploie-t-il si rarement les courbes?

Ces paroles trahissaient une longue course faite à travers les espaces. Certes, il avait revu des paysages entiers, ou respiré le parfum des forêts. Il était, vivante et sublime élégie, toujours silencieux, résigné; toujours souffrant sans pouvoir dire : — Je souffre! Il lui fallait le monde pour pâture, et cet aigle se trouvait entre quatre murailles étroites et sales. Aussi, sa vie devint-elle, dans la plus large acception de ce terme, une vie idéale. Plein de mépris pour les études presque inutiles auxquelles nous étions condamnés, il marchait dans sa route aérienne, complétement détaché des choses qui nous entouraient. Obéissant au besoin d'imitation qui domine les enfants, je tâchai de conformer mon existence à la sienne, et il m'inspira d'autant mieux sa passion pour l'espèce de sommeil dans lequel les contemplations profondes plongent le corps, que j'étais plus jeune et plus impressible. Nous nous habituâmes, comme deux amants, à penser ensemble, et à nous communiquer toutes nos rêveries. Déjà, ses sensations intuitives avaient cette *acutesse* qui doit appartenir aux perceptions intellectuelles des grands poëtes et les faire souvent approcher de la folie.

— Sens-tu, comme moi, me demanda-t-il un jour, s'accomplir en toi, malgré toi, de fantasques souffrances? Si par exemple, je pense vivement à l'effet que produirait la lame de mon canif en entrant dans ma chair, j'y ressens tout à coup une douleur aiguë comme si je m'étais réellement coupé; il n'y a de moins que le sang. Mais cette sensation arrive et me surprend comme un bruit soudain qui troublerait un profond silence. Une idée causer des souffrances physiques ! Hein, qu'en dis-tu?

Quand il exprimait des réflexions si ténues, nous tombions tous deux dans une rêverie naïve, nous mettant à rechercher en nous les indescriptibles phénomènes relatifs à la génération de la pensée dont il espérait saisir les moindres développements, et pouvoir décrire un jour l'appareil inconnu. Puis, après les discussions, souvent mêlées d'enfantillage, un regard jaillissait des yeux flamboyants de Lambert, il me serrait la main, et il sortait de son âme un mot par lequel il tâchait de se résumer.

— Penser, c'est voir ! me dit-il un jour, emporté par une de mes objections sur le principe de notre organisation. Toute science humaine repose sur la Déduction, qui est une vision lente, par laquelle on descend de la cause à l'effet, par laquelle on remonte de l'effet à la cause; ou, dans une plus large expression, toute poésie, comme toute œuvre d'art, procède d'une rapide vision des choses.

Il était spiritualiste. Mais j'osais le contredire en

n'armant de ses observations mêmes, et considérer l'intelligence comme un produit tout physique. Ses tudes sur la substance de la pensée lui faisaient ccepter avec une sorte d'orgueil la vie de privations laquelle nous condamnaient et notre paresse et otre dédain pour nos devoirs. Il avait une certaine onscience de sa valeur qui le soutenait dans ses lucubrations. Avec quelle douceur je sentais son me réagir sur la mienne! Que de fois nous sommes estés assis sur notre banc, occupés tous deux à ire un livre, nous oubliant réciproquement sans ous quitter, mais nous sachant tous deux là, longés dans un océan d'idées comme deux poissons ui nagent dans les mêmes eaux! Notre vie était onc toute végétative en apparence, mais nous xistions par le cœur et par le cerveau. Les sentinents, les pensées étaient les seuls événements de otre vie scolaire.

Lambert exerça sur mon imagination une inuence dont je me ressens encore aujourd'hui. J'éoutais avidement ses récits empreints de ce merveilleux qui fait dévorer avec tant de délices, aux nfants comme aux hommes, les contes où le vrai ffecte les formes les plus absurdes. Sa passion pour es mystères et la crédulité naturelle au jeune âge ious entraînaient souvent à parler du Ciel et de 'Enfer. Louis tâchait, alors, en m'expliquant wedenborg, de me faire partager ses croyances reatives aux anges. Dans ses raisonnements même es plus faux, se rencontraient toujours des observations étonnantes sur la puissance de l'homme, et ui imprimaient à sa parole ces teintes de vérité ans lesquelles rien n'est possible dans aucun art. 'uis, la fin romanesque dont il dotait la destinée umaine était de nature à caresser le penchant qui orte les imaginations vierges à s'abandonner aux royances. N'est-ce pas durant leur jeunesse que es peuples enfantent leurs dogmes, leurs idoles? t les êtres surnaturels sous lesquels ils tremblent e sont-ils pas la personnification de leurs sentinents, de leurs besoins agrandis? Ce qui me reste ujourd'hui dans la mémoire des conversations pleines de poésie que nous eûmes, Lambert et moi, ur le Suédois, dont j'ai lu depuis les œuvres par uriosité, peut se réduire à ce précis.

Il y aurait en nous deux créatures distinctes. elon Swedenborg, l'ange serait l'individu chez leuel l'être intérieur réussit à triompher de l'être exrieur. Un homme veut-il obéir à sa vocation 'ange? Dès que la pensée lui démontre sa double xistence, il doit tendre à nourrir la frêle et exquise ature de l'ange qui est en lui. Si, faute d'avoir ne vue translucide de sa destinée, il fait prédoiner l'action corporelle au lieu de corroborer sa ie intellectuelle, toutes ses forces passent dans le jeu de ses sens extérieurs, et l'ange périt lentement par cette matérialisation des deux natures. Dans le cas contraire, s'il sustente son intérieur des essences qui lui sont propres, l'âme l'emporte sur la matière, et tâche à s'en séparer. Alors, quand leur séparation arrive sous cette forme que nous appelons la Mort, l'ange, assez puissant pour se dégager de son enveloppe, demeure, et commence sa vraie vie. Les individualités infinies qui différencient les hommes ne peuvent s'expliquer que par cette double existence. Elles la font comprendre et la démontrent. En effet, la distance qui se trouve entre un homme dont l'intelligence inerte le condamne à une apparente stupidité, et celui que l'exercice de sa vue intérieure a doué d'une force quelconque, doit nous faire supposer qu'il peut exister, entre les gens de génie et d'autres êtres, la même distance qui sépare les Aveugles des Voyants. Cette pensée, qui étend indéfiniment la création, donne en quelque sorte la clef des cieux. En apparence confondues ici-bas, les créatures y sont, suivant la perfection de leur *être intérieur*, partagées en sphères distinctes, dont les mœurs et le langage sont étrangers les uns aux autres. Dans le monde invisible comme dans le monde réel, si quelque habitant des régions inférieures arrive, sans en être digne, à un cercle supérieur, non-seulement il n'en comprend ni les habitudes, ni les discours, mais encore sa présence y paralyse et les voix et les cœurs. Dans sa Divine Comédie, Dante a peut-être eu quelque légère intuition de ces sphères qui commencent dans le monde des douleurs et s'élèvent par un mouvement armillaire, jusque dans les cieux. La doctrine de Swedenborg serait donc l'ouvrage d'un esprit lucide qui aurait enregistré les innombrables phénomènes par lesquels les anges se révèlent au milieu des hommes.

Cette doctrine, que je m'efforce aujourd'hui de résumer en lui donnant un sens logique, m'était présentée par Lambert avec toutes les séductions du mystère, enveloppée dans les langes de la phraséologie particulière aux mystagogues; diction obscure, pleine d'abstractions et si active sur le cerveau, qu'il est certains livres de Jacob Bœhm, de Swedenborg ou de madame Guyon, dont la lecture pénétrante fait surgir des fantaisies mentales aussi multiformes que peuvent l'être les rêves de l'opium. Lambert me racontait des faits mystiques tellement étranges et en frappait si vivement mon imagination qu'il me causait des vertiges. J'aimais néanmoins à me plonger dans ce monde mystérieux, invisible aux sens, où chacun se plaît à vivre, soit qu'il se le représente sous la forme indéfinie de l'Avenir, soit qu'il le revête des images indécises de la Fable. Ces réactions violentes de l'âme sur elle-même m'instruisaient à mon insu de sa force, et m'accoutumaient aux travaux de la pensée.

Quant à Lambert, il expliquait tout par son système sur les anges. Pour lui, l'amour pur, l'amour comme on le rêve au jeune âge, était la collision de deux natures angéliques. Aussi rien n'égalait-il l'ardeur avec laquelle il désirait rencontrer un ange-femme. Hé! qui plus que lui devait inspirer, ressentir l'amour? Si quelque chose pouvait donner l'idée d'une exquise sensibilité, n'était-ce pas le naturel aimable et bon, empreint dans ses sentiments, dans ses paroles, dans ses actions et ses moindres gestes, enfin dans la conjugalité qui nous liait l'un à l'autre, et que nous exprimions en nous disant Faisants? Il n'y avait aucune distinction entre les choses qui venaient de lui ou de moi. Nous contrefaisions mutuellement nos deux écritures, afin que l'un pût faire, à lui seul, les devoirs de tous les deux. Alors, quand l'un de nous avait à finir un livre qu'il était nécessaire de rendre au maître de mathématiques, nous pouvions lire sans interruption, l'un brochant la tâche et les pensums à l'autre. Nous nous acquittions de nos devoirs comme d'un impôt frappé sur notre tranquillité. Souvent ils étaient, si ma mémoire n'est pas infidèle, d'une supériorité remarquable lorsque Lambert les composait. Mais réputés, l'un et l'autre, pour deux idiots, le professeur analysait toujours nos devoirs sous l'empire d'un préjugé fatal, et les réservait même pour en amuser nos camarades.

Je me souviens qu'un soir, en terminant la classe qui avait lieu de deux à quatre heures, le maître prit une version de Lambert. Le texte commençait par: *Caius Gracchus, vir nobilis*. Louis avait traduit ces mots par *Caius Gracchus était un noble cœur*.

— Où voyez-vous du cœur dans *nobilis*? dit brusquement le professeur.

Et tout le monde de rire pendant que Lambert regardait le professeur d'un air hébété.

— Que dirait madame la baronne de Staël en apprenant que vous traduisez par un contre-sens le mot qui signifie de race noble, d'origine patricienne?

— Elle dirait que vous êtes une bête! m'écriai-je à voix basse.

— Monsieur le Poëte, vous allez vous rendre en prison pour huit jours, répliqua le professeur qui malheureusement m'entendit.

Lambert reprit doucement en me jetant un regard d'une inexprimable tendresse: — *Vir nobilis*.

Madame de Staël causait, en partie, le malheur de Lambert. A tout propos, maîtres et disciples lui jetaient ce nom à la tête, soit comme une ironie, soit comme un reproche.

Louis ne tarda pas à se faire mettre en prison pour me tenir compagnie. Là, plus libres que partout ailleurs, nous pouvions parler pendant des journées entières, dans le silence des dortoirs où chaque élève possédait une niche de six pieds carrés dont les cloisons étaient garnies de barreaux par le haut, et dont la porte à claire-voie se fermait tous les soirs et s'ouvrait tous les matins sous les yeux du Père chargé d'assister à notre lever et à notre coucher. Le cric-crac de ces portes, manœuvrées avec une singulière promptitude par les garçons de dortoirs, était encore une des particularités de ce collège. Ces alcôves ainsi bâties nous servaient de prison, et nous y restions quelquefois enfermés pendant des mois entiers. Les écoliers mis en cage tombaient sous l'œil sévère du préfet, espèce de censeur qui venait, à ses heures ou à l'improviste, d'un pas léger, pour savoir si nous causions au lieu de faire nos pensums. Mais les coquilles de noix semées dans les escaliers, ou la délicatesse de notre ouïe nous permettaient presque toujours de prévoir son arrivée, et nous pouvions nous livrer, sans trouble, à nos études chéries. Cependant, la lecture nous étant interdite, les heures de prison appartenaient ordinairement à des discussions métaphysiques, ou au récit de quelques accidents curieux relatifs aux phénomènes de la pensée.

Un des faits les plus extraordinaires est, certes, celui que je vais raconter, non-seulement parce qu'il concerne Lambert, mais encore parce qu'il en décida peut-être la destinée scientifique. Le dimanche et le jeudi étaient, selon la jurisprudence des collèges, nos jours de congé. Mais les offices, auxquels nous assistions très-exactement, employaient si bien le dimanche, que nous considérions le jeudi comme notre seul jour de fête. En effet, la messe une fois entendue, nous avions assez de loisir pour rester longtemps en promenade dans les campagnes situées aux environs de Vendôme. Le manoir de Rochambeau était l'objet de la plus célèbre de nos excursions, peut-être à cause de son éloignement. Rarement les Petits faisaient une course aussi fatigante; néanmoins, une fois ou deux par an, les régents leur proposaient la partie de Rochambeau comme une récompense. En 1812, vers la fin du printemps, nous dûmes y aller pour la première fois. Le désir de voir le fameux château de Rochambeau, dont le propriétaire donnait quelquefois du laitage aux élèves, les rendit tous sages. Rien n'empêcha donc la partie. Ni moi, ni Lambert ne connaissions la jolie vallée du Loir, où cette habitation a été construite. Aussi, son imagination et la mienne furent-elles très-préoccupées la veille de cette promenade qui causait dans le collège une joie traditionnelle. Nous en parlâmes pendant toute la soirée en nous promettant d'employer en fruits ou en laitage l'argent que nous possédions contrairement aux lois vendômoises. Le lendemain, après le dîner, nous partîmes, à midi et demi, tous munis d'un cubique morceau de pain que l'on nous distribuait d'avance pour notre goûter. Puis, alertes comme des hirondelles, nous marchâmes en troupe vers le célèbre castel avec une ardeur qui ne nous permettait pas de sentir, tout d'abord, la fatigue. Quand nous fûmes arrivés sur la colline d'où nous pouvions contempler et le château assis à mi-côte, et la vallée tortueuse où brille la rivière en serpentant dans une prairie gracieusement échancrée : admirable paysage, un de ceux auxquels les vives sensations du jeune âge ou celles de l'amour ont imprimé tant de charme, que, plus tard, il ne faut jamais les aller revoir, Louis Lambert me dit : — Mais, j'ai vu cela, cette nuit, en rêve !

Il reconnut et le bouquet d'arbres sous lequel nous étions, et la disposition des feuillages, la couleur des eaux, les tourelles du château, les accidents, les lointains, enfin tous les détails du site qu'il apercevait pour la première fois. Nous étions bien enfants l'un et l'autre, moi, du moins, qui n'avais que treize ans, car, à quinze ans, Louis pouvait avoir la profondeur d'un homme de génie ; mais à cette époque nous étions tous deux incapables de mensonge dans les moindres phases de notre vie d'amitié. D'ailleurs, si Lambert pressentait, par la toute-puissance de sa pensée, l'importance des faits, il était loin d'en deviner d'abord l'entière portée. Aussi commença-t-il par être étonné de celui-ci. Je lui demandai s'il n'était pas venu à Rochambeau pendant son enfance. Ma question le frappa. Mais, après avoir consulté ses souvenirs, il me répondit négativement. Cet événement, dont beaucoup d'hommes peuvent retrouver l'analogue dans les phénomènes de leur sommeil, fera comprendre la portée de Lambert. En effet, il sut en déduire tout un système, s'emparant, comme fit Cuvier dans un autre ordre de choses, d'un fragment de pensée pour reconstruire toute une création. En ce moment, nous nous assîmes tous deux sous une vieille truisse de chêne. Puis, après quelques moments de réflexion, Louis me dit : — Si le paysage n'est pas venu vers moi, ce qu'il serait absurde de penser, je suis donc venu vers lui ! Si j'étais ici pendant que je dormais dans mon alcôve, ce fait ne constitue-t-il pas une séparation complète entre mon corps et mon être intérieur ? N'atteste-t-il pas dans celui-ci une faculté locomotive ou des effets qui équivalent à ceux de la locomotion ? Or, s'ils ont pu se quitter pendant le sommeil, pourquoi ne les ferais-je pas également divorcer ainsi pendant la veille ? — N'y aurait-il pas toute une science dans ce phénomène ? ajouta-t-il en se frappant fortement le front. S'il n'est pas le principe d'une science, il trahit certainement en l'homme un singulier pouvoir. Il accuse au moins la désunion fréquente de nos deux natures, fait autour duquel je tourne depuis si longtemps. J'ai donc enfin trouvé un témoignage de la supériorité qui distingue nos sens latents de nos sens apparents !
— Mais, peut-être, reprit-il après une pause et en laissant échapper un geste de doute, n'y a-t-il pas en nous deux natures ! Peut-être sommes-nous tout simplement doués de qualités intimes et perfectibles dont l'exercice, dont les développements produisent en nous des phénomènes d'activité, de pénétration, de vision, encore inobservés. Dans notre amour du merveilleux, passion engendrée par notre orgueil, nous aurons transformé ces effets en créations poétiques parce que nous ne les comprenions pas. Il est si commode de déifier l'incompréhensible ! Ah ! j'avoue que je pleurerai la perte de mes illusions. J'avais besoin de croire à une double nature et aux anges de Swedenborg ! Cette nouvelle science les tue, car n'y a-t-il pas une science tout entière dans l'examen de nos propriétés inconnues ?

Il demeura pensif, triste à demi. Peut-être voyait-il ses rêves de jeunesse comme des langes qu'il lui faudrait bientôt quitter.

— La vue et l'ouïe, dit-il en riant de son expression, sont sans doute les gaines d'un outil merveilleux !

Pendant tous les instants où il m'entretenait du ciel et de l'enfer, il avait coutume de regarder la nature en maître ; mais en proférant ces dernières paroles grosses de science, il plana plus audacieusement que jamais sur le paysage, et son front me parut prêt à crever sous l'effort du génie. Ses forces qu'il faut nommer *morales* jusqu'à nouvel ordre, semblaient jaillir par tous les organes destinés à les projeter. Ses yeux dardaient la pensée ; sa main levée, ses lèvres tremblantes, son regard brûlant parlaient et rayonnaient ; enfin, sa tête, comme trop lourde, ou fatiguée par un élan trop violent, retomba sur sa poitrine. Cet enfant, ce géant se voûta, me prit la main, la serra dans la sienne qui était moite, tant il était enfiévré par la recherche de la vérité ; puis, après une pause, il me dit : — Je serai célèbre ! — Mais toi aussi, ajouta-t-il vivement. Nous serons tous deux les alchimistes du cerveau.

Cœur exquis ! Je reconnaissais sa supériorité ; mais lui se gardait bien de jamais me la faire sentir. Il partageait avec moi les trésors de sa pensée, me comptait pour quelque chose dans ses découvertes, et me laissait en propre mes infirmes réflexions. Toujours gracieux comme une femme qui aime, il avait toutes les pudeurs de sentiment, toutes les délicatesses d'âme qui rendent la vie et si bonne et si douce à porter.

Il commença le lendemain même un ouvrage qu'il

intitula : *Traité de la Volonté*. Ses réflexions en modifièrent souvent le plan et la méthode ; mais l'événement de cette journée solennelle en fut certes le germe, comme la sensation électrique toujours ressentie par Mesmer à l'approche d'un valet, fut l'origine du magnétisme, science jadis cachée au fond des mystères de Delphes et d'Isis et retrouvée par cet homme prodigieux à deux pas de Lavater, le précurseur de Gall. Éclairées par cette soudaine clarté, les idées de Lambert prirent des proportions plus étendues, il démêla dans ses acquisitions des vérités éparses, et les rassembla. Puis, comme un fondeur, il coula son groupe. Après six mois d'une application soutenue, les travaux de Lambert excitèrent la curiosité de nos camarades et furent l'objet de quelques plaisanteries cruelles qui devaient avoir une funeste issue. Un jour, l'un de nos persécuteurs voulut absolument voir nos manuscrits, il ameuta tous ses partisans et vint s'emparer violemment d'une cassette où était déposé ce trésor que Lambert et moi défendîmes avec un courage inouï. La boîte était fermée, il fut impossible à nos agresseurs de l'ouvrir ; mais ils essayèrent de la briser dans le combat. Cette noire méchanceté nous fit jeter les hauts cris. Quelques camarades, animés d'un esprit de justice ou frappés de notre résistance héroïque, conseillaient de nous laisser tranquilles en nous accablant d'une insolente pitié ; lorsque, soudain, le père Haugoult, attiré par le bruit de la bataille, intervint brusquement, et s'enquit de la dispute. Nos adversaires nous ayant distraits de nos pensums, le régent venait défendre ses esclaves. Pour s'excuser, les assaillants révélèrent l'existence des manuscrits. Alors, le terrible Haugoult nous ordonna de lui remettre la cassette et de l'ouvrir ; si nous résistions, il pouvait la faire briser ; Lambert lui en livra la clef ; le régent prit les papiers, les feuilleta ; puis il nous dit en les confisquant : « — Voilà donc les bêtises pour lesquelles vous négligez vos devoirs ! » De grosses larmes tombèrent des yeux de Lambert, arrachées autant par la conscience de sa supériorité morale offensée, que par l'insulte gratuite et la trahison dont nous étions victimes. Nous lançâmes à nos accusateurs un regard de reproche. Ne nous avaient-ils pas vendus à l'ennemi commun ? Aussi, eurent-ils pendant un moment quelque honte de leur lâcheté. S'ils pouvaient, suivant le *Droit écolier*, nous battre, ne devaient-ils pas garder le silence sur nos fautes ? Le père Haugoult vendit probablement à un épicier de Vendôme le *Traité de la Volonté*, sans connaître l'importance des trésors scientifiques dont il dissipait les germes avortés. Six mois après cet événement, je quittai le collège. J'ignore donc si Lambert, que notre séparation plongea dans une noire mélancolie, a recommencé son ouvrage. Ce fut en mémoire de la catastrophe arrivée au livre de Louis que, dans l'ouvrage par lequel commencent ces Études, je me suis servi, pour une œuvre fictive, du titre réellement inventé par Lambert, et que j'ai donné le nom d'une femme qui lui fut chère, à une jeune fille pleine de dévouement. Mais cet emprunt n'est pas le seul que je lui ai fait. Son caractère, ses occupations, m'ont été très-utiles dans cette composition dont le sujet est dû à quelque souvenir de nos jeunes méditations. Maintenant cette Histoire est destinée à élever un modeste cippe où soit attestée la vie de celui qui m'a légué tout son bien, sa pensée. Dans cet ouvrage d'enfant, Lambert déposa des idées d'homme. Dix ans plus tard, en rencontrant quelques savants sérieusement occupés des phénomènes qui nous avaient frappés, et que Lambert analysa si miraculeusement, je compris l'importance de ses travaux, oubliés déjà comme un enfantillage. Je passai donc plusieurs mois à me rappeler les principales découvertes de mon pauvre camarade. Après avoir rassemblé mes souvenirs, je puis affirmer que, dès 1812, il avait établi, deviné, discuté, dans son traité, plusieurs faits importants, dont, me disait-il, les preuves arriveraient tôt ou tard. Ses spéculations philosophiques devraient certes le faire admettre au nombre de ces grands penseurs apparus, à divers intervalles, parmi les hommes pour leur révéler les principes tout nus de quelque science à venir dont les racines poussent avec lenteur et portent un jour de beaux fruits dans l'entendement humain. Ainsi, un pauvre artisan, occupé à fouiller les terres pour trouver le secret des émaux, affirmait au seizième siècle, avec l'infaillible autorité du génie, les faits géologiques dont la démonstration est aujourd'hui la gloire de Buffon et de Cuvier. Je crois pouvoir offrir une idée du traité de Lambert par les propositions capitales qui en formaient la base, mais je le dépouillerai, malgré moi, des idées dans lesquelles il les avait enveloppées, et qui en étaient le cortège indispensable. Marchant dans un sentier autre que le sien, je prenais, de ses recherches, celles qui servaient le mieux mon système. J'ignore donc si, moi, son disciple, je pourrai fidèlement traduire ses pensées, après me les être assimilées de manière à leur donner la couleur des miennes.

A des idées nouvelles, des mots nouveaux ou des acceptions de mots anciens, élargies, étendues, mieux définies. Lambert avait donc choisi, pour exprimer les bases de son système, quelques mots vulgaires, qui, déjà, répondaient vaguement à sa pensée.

Le mot de VOLONTÉ servait à nommer *le milieu*

*fluide* où se sécrète *la pensée* ; ou, dans une expression moins abstraite, la masse de force par laquelle l'homme peut reproduire, en dehors de lui-même, les actions dont se compose sa vie extérieure.

La VOLITION, mot dû aux réflexions de Locke, exprimait l'acte par lequel l'homme use de LA VOLONTÉ.

Le mot de PENSÉE, pour lui la quintessence même de la *volonté*, désignait aussi *le milieu fluide* où naissaient les IDÉES dont elle est la substance.

L'IDÉE, nom commun à toutes les créations du cerveau, constituait l'acte par lequel l'homme use de la PENSÉE.

Ainsi la Volonté, la Pensée étaient les deux moyens générateurs. La Volition, l'Idée étaient les deux produits. La Volition lui semblait être l'Idée arrivée de son état abstrait à un état concret, de sa génération fluide à une expression quasi-solide, si toutefois ces mots peuvent formuler des aperçus aussi difficiles à distinguer. La Pensée et les Idées devaient être le mouvement et les actes de notre organisme intérieur, comme les Volitions et la Volonté constituent ceux de la vie extérieure.

Il avait fait passer la Volonté avant la Pensée.

— Pour Penser, il faut Vouloir, disait-il. Beaucoup d'êtres vivent à l'état de Volonté, sans néanmoins arriver à l'état de Pensée. Au nord, la longévité, au Midi, la brièveté de la vie; mais aussi, dans le Nord, la torpeur; au Midi, l'exaltation constante de la Volonté; jusqu'à la ligne, où, soit par trop de froid, soit par trop de chaleur, les organes sont presque annulés.

Son expression de *milieu fluide* lui avait été suggérée par une observation dont, enfant, il ne soupçonna, certes, pas l'importance, mais dont la bizarrerie dut frapper son imagination si délicatement impressible. Sa mère, personne fluette et nerveuse, toute délicate donc, et tout aimante, était une de ces créatures destinées à représenter la Femme dans la perfection la plus pure de ses attributs, mais que le sort abandonne par erreur, au fond de l'état social. Tout amour, partant tout souffrance, elle mourut jeune, incomprise, après avoir jeté ses facultés dans l'amour maternel. Lambert, enfant de six ans, couché dans un grand berceau, près du lit maternel, mais n'y dormant pas toujours, vit quelques étincelles électriques jaillir assez souvent de la chevelure de sa mère au moment où elle se peignait. L'homme de quinze ans s'empara pour la science de ce fait avec lequel l'enfant avait joué, fait irrécusable dont maintes preuves se rencontrent chez presque toutes les femmes auxquelles une certaine fatalité de destinée laisse des sentiments méconnus à exhaler ou je ne sais quelle surabondance de force à perdre.

A l'appui de ses définitions, Lambert ajouta plusieurs problèmes à résoudre, beaux défis jetés à la science et dont il se proposait de rechercher les solutions, se demandant à lui-même :

Si le principe constituant de l'électricité n'entrait pas comme base dans le fluide particulier d'où s'élançaient nos Idées et nos Volitions ?

Si la chevelure qui se décolore, s'éclaircit, tombe et disparaît selon les divers degrés de déperdition ou de cristallisation des pensées, ne constituait pas un système de capillarité soit absorbante, soit exhalante, tout électrique ?

Si les phénomènes fluides de notre Volonté, substance procréée en nous et si spontanément réactive au gré de conditions encore inobservées, étaient plus extraordinaires que ceux du fluide invisible, intangible, que produit la pile voltaïque sur le système nerveux d'un homme mort ?

Si la formation de nos idées et leur exhalation constante étaient moins incompréhensibles que ne l'est l'évaporation des corpuscules imperceptibles et néanmoins si violents dans leur action, dont un grain de musc est susceptible, sans perdre sensiblement de son poids ?

Si, laissant au système cutané de notre enveloppe une destination toute défensive, absorbante, exsudante et tactile, la circulation sanguine et son appareil ne répondaient pas à la transsubstantiation de notre Volonté, comme la circulation du fluide nerveux, à celle de la Pensée ?

Enfin, si l'affluence plus ou moins vive de ces deux substances réelles ne devrait pas résulter d'une certaine perfection ou imperfection d'organes dont il fallait étudier les conditions dans tous leurs modes ?

Ces principes établis, il voulait classer les phénomènes de la vie humaine en deux séries d'effets distincts, et, pour chacune d'elles, il réclamait une analyse spéciale, avec une instance tout ardente de conviction. En effet, après avoir observé, dans presque toutes les créations, deux mouvements séparés, il les présentait, les admettait même pour notre nature, et nommait cet antagonisme vital : l'ACTION et la RÉACTION.

— Un désir, disait-il, est un fait entièrement accompli dans notre Volonté avant de l'être extérieurement.

Ainsi, l'ensemble de nos Volitions et de nos Idées constituait l'*Action*, et l'ensemble de nos actes extérieurs, la *Réaction*.

Lorsque, plus tard, je lus les observations faites par Bichat sur le dualisme de nos sens extérieurs, je fus comme étourdi par mes souvenirs, en reconnaissant une coïncidence frappante entre les idées de ce célèbre physiologiste et celles de Lambert.

Morts tous deux avant le temps, ils avaient marché d'un pas égal à je ne sais quelles vérités.

La nature s'est complu en tout à donner de doubles destinations aux divers appareils constitutifs de ses créatures, et la double action de notre organisme, qui n'est plus un fait contestable, appuie par un ensemble de preuves d'une éventualité quotidienne, les déductions de Lambert relativement à l'*Action* et à la *Réaction*.

L'être *actionnel* ou intérieur, mot dont il se servait pour nommer le *species* inconnu, le mystérieux ensemble de fibrilles auquel sont dues les différentes puissances incomplétement observées de la Pensée, de la Volonté; enfin cet être innommé voyant, agissant, mettant tout à fin, accomplissant tout avant aucune démonstration corporelle, doit, pour se conformer à sa nature, n'être soumis à aucune des conditions physiques par lesquelles l'être *réactionnel*, extérieur, l'homme visible est arrêté dans ses manifestations.

De là découlaient une multitude d'explications logiques sur les effets les plus bizarres en apparence de notre double nature, et les rectifications de plusieurs systèmes à la fois justes et faux.

Certains hommes, ayant entrevu quelques phénomènes du jeu naturel de l'*être actionnel*, furent, comme Swedenborg, emportés au delà du monde vrai, par une âme ardente, amoureuse de poésie, ivre du principe divin. Tous se plurent donc, dans leur ignorance des causes, dans leur admiration du fait, à diviniser cet appareil intime, à bâtir un mystique univers. De là, les anges! délicieuses illusions auxquelles ne voulait pas renoncer Lambert, qui les caressait encore au moment où le glaive de son Analyse en tranchait les éblouissantes ailes.

Mais comment, en des siècles où l'entendement avait gardé les impressions religieuses et spiritualistes qui ont régné pendant les temps intermédiaires entre Jésus le Christ et Descartes, entre la Foi et le Doute, comment se défendre d'expliquer les mystères de notre nature intérieure autrement que par une intervention divine? A qui, si ce n'est à Dieu même, les savants pouvaient-ils demander raison d'une créature invisible, si activement, si réactivement sensible et douée de facultés si étendues, si perfectibles par l'usage ou si puissantes sous l'empire de certaines conditions occultes, que :

Tantôt ils lui voyaient, par un phénomène de vision ou de locomotion, abolir l'espace dans ses deux modes de Temps et de Distance, dont l'un est l'espace intellectuel, et l'autre, l'espace physique;

Tantôt, ils lui voyaient reconstruire le passé, soit par une rétrospective puissance de vue, soit par le mystère inconnu d'une palingénésie, assez semblable au pouvoir que posséderait un homme de reconnaître aux linéaments, téguments et rudiments d'une graine, ses floraisons antérieures, dans les innombrables modifications de leurs nuances, de leurs parfums et de leurs formes?

Et que, tantôt enfin, ils lui voyaient deviner imparfaitement l'avenir, soit par l'aperçu des causes premières, soit par un phénomène de pressentiment physique.

D'autres hommes, moins poétiquement religieux, froids et raisonneurs, charlatans peut-être, enthousiastes du moins par le cerveau, sinon par le cœur, reconnaissant quelques-uns de ces phénomènes isolés, les tinrent pour vrais sans les considérer comme les irradiations d'un centre commun. Alors chacun d'eux voulut convertir un simple fait en science. De là, vinrent la démonologie, l'astrologie judiciaire, la sorcellerie, enfin toutes les divinations fondées sur des accidents essentiellement transitoires, parce qu'ils varient selon les tempéraments, au gré de circonstances encore complétement inconnues. Mais aussi de ces erreurs savantes et des procès ecclésiastiques où succombèrent tant de martyrs de leurs propres facultés, résultèrent des preuves éclatantes du pouvoir prodigieux dont dispose l'*être actionnel*, qui, suivant Lambert, peut s'isoler complétement de l'*être réactionnel*, en briser l'enveloppe, faire tomber les murailles devant sa toute-puissante vue, phénomène nommé, chez les Indiens la *Tokeïade*, au dire des missionnaires ; puis, par une autre faculté, saisir dans le cerveau, malgré ses plus épaisses circonvolutions, les idées qui s'y sont formées ou qui s'y forment et tout le passé de la conscience.

— Si les apparitions ne sont pas impossibles, disait Lambert, elles doivent avoir lieu par la récrudescence des Idées qui représentent l'homme dans son essence pure, et dont la vie, impérissable peut-être, échappe à nos sens extérieurs, mais peut devenir perceptible à l'être intérieur quand il arrive, par l'exercice de ses facultés, à un haut degré d'extase ou à une grande perfection de vue.

Je sais, mais vaguement aujourd'hui, que, suivant pas à pas les effets de la Pensée et de la Volonté dans tous leurs modes, après en avoir établi les lois, Lambert avait rendu compte d'une foule de phénomènes, qui, jusqu'à lui, passaient à juste titre pour incompréhensibles. Ainsi les sorciers, les possédés, les gens à seconde vue et les démoniaques de toute espèce, ces victimes du moyen âge, étaient l'objet d'explications si naturelles, que souvent leur simplicité me parut être le cachet de la vérité. Les dons merveilleux que l'Église Romaine, jalouse de mystères, punissait par le bûcher, étaient, selon lui, le résultat de certaines affinités entre les principes constituants de la Matière et ceux de la Pensée qui procèdent de la même source. L'homme, armé de la baguette de coudrier, obéissait, en trouvant les eaux vives, à quelque sympathie ou à quelque antipathie à lui-même inconnues. Il a fallu la bizarrerie de ces sortes d'effets pour donner à quelques-uns d'entre eux une certitude historique.

Les sympathies ont été rarement constatées, elles constituent des plaisirs dont les gens assez heureux pour en être doués gardent seuls la mémoire, à moins qu'ils n'en confessent la singularité; encore, est-ce dans le secret de l'intimité où tout s'oublie. Mais les antipathies, qui résultent d'affinités contrariées, ont été fort heureusement notées quand elles se rencontraient en des hommes célèbres. Ainsi Boyle éprouvait des convulsions en entendant jaillir de l'eau; Scaliger pâlissait en voyant du cresson; Érasme avait la fièvre en sentant du poisson. Ces trois antipathies procédaient de substances aquatiques. Le duc d'Épernon s'évanouissait à la vue d'un levraut; Tycho-Brahé, à celle d'un renard; Henri III à celle d'un chat; le maréchal d'Albret, à celle d'un marcassin; antipathies toutes produites par des émanations animales et ressenties souvent à des distances énormes. Le chevalier de Guise, Marie de Médicis, et plusieurs autres personnages se trouvaient mal à l'aspect des roses, même peintes. Que le chevalier Bacon fût ou non prévenu d'une éclipse de lune, il tombait en faiblesse au moment où elle s'opérait; et sa vie, suspendue pendant tout le temps que durait ce phénomène, reprenait aussitôt après, sans lui laisser la moindre incommodité. Ces effets d'antipathies authentiques, prises parmi toutes celles que les hasards de l'Histoire ont illustrées, peuvent suffire à faire comprendre les effets des sympathies inconnues.

Ce fragment d'investigation dont je me suis souvenu, entre tous les aperçus de Lambert, fera concevoir la méthode avec laquelle il procédait dans ses œuvres.

Je ne crois pas devoir insister sur la connexité qui liait à cette théorie, les sciences équilatérales inventées par Gall et Lavater; elles en étaient les corollaires naturels, et tout esprit légèrement scientifique apercevra les ramifications par lesquelles s'y rattachaient nécessairement les observations phrénologiques de l'un et les documents physiognomoniques de l'autre. La découverte de Mesmer, si importante et si mal appréciée encore, se trouvait tout entière dans un seul développement de ce Traité, quoique Louis ne connût pas les œuvres, d'ailleurs assez laconiques, du célèbre docteur suisse.

Une logique et simple déduction de ses principes lui avait fait reconnaître que la Volonté pouvait, par un mouvement tout contractile de l'être intérieur, s'amasser; puis, par un autre mouvement, être projetée au dehors et même être confiée à des objets matériels. Ainsi, la force entière d'un homme devait avoir la propriété de réagir sur les autres, et de les pénétrer d'une essence étrangère à la leur, s'ils ne se défendaient contre cette agression. Les preuves de ce théorème sont nécessairement multipliées; mais rien ne les constate authentiquement. Il a fallu, soit l'éclatant désastre de Marius et son allocution au Cimbre chargé de le tuer, soit l'auguste commandement d'une mère au lion de Florence, pour faire connaître historiquement quelques-uns de ces foudroiements de la pensée. Pour lui donc, la Volonté, la Pensée, étaient des *forces vives*. Aussi en parlait-il de manière à vous faire partager ses croyances. Pour lui, ces deux puissances étaient en quelque sorte et visibles et tangibles. Pour lui, la pensée était lente ou prompte, lourde ou agile, claire ou obscure. Il lui attribuait toutes les qualités des êtres agissants, la faisait saillir, se reposer, se réveiller, grandir, vieillir, se rétrécir, s'atrophier, s'aviver. Il en surprenait la vie en en spécifiant tous les actes par les bizarreries de notre langage. Il en constatait la spontanéité, la force, les qualités avec une sorte d'intuition qui lui faisait reconnaître les phénomènes de cette substance.

— Souvent au milieu du calme et du silence, me disait-il, lorsque nos facultés intérieures sont endormies, quand nous nous abandonnons à la douceur du repos, qu'il s'étend des espèces de ténèbres en nous, et que nous tombons dans la contemplation des choses extérieures; tout à coup, une idée s'élance, passe avec la rapidité de l'éclair, à travers les espaces infinis dont notre cerveau nous donne la perception. Cette idée brillante, surgie comme un feu follet, s'éteint sans retour : existence éphémère, pareille à celle de ces enfants qui font connaître aux parents une joie et un chagrin sans bornes; espèce de fleur mort-née dans les champs de la pensée. Parfois l'idée, au lieu de jaillir avec force et de mourir sans consistance, commence à poindre, se balance dans les limbes inconnus des organes où elle prend naissance; elle nous use par un long enfantement, se développe, grandit, devient féconde, et se produit au dehors dans la grâce de la jeunesse et parée de tous les attributs d'une longue vie; elle soutient les plus curieux regards, elle les attire, ne les lasse jamais : l'examen qu'elle provoque commande l'admiration que suscitent les œuvres longtemps élaborées. Tantôt les idées naissent par essaim : l'une entraîne l'autre; elles s'enchaînent; toutes sont agaçantes; elles abondent, elles sont folles. Tantôt elles se lèvent pâles, confuses, dépérissent faute de force ou d'aliments; la substance génératrice leur manque. Enfin, à certains jours, elles se précipitent dans les abîmes pour en éclairer les immenses profondeurs ; elles nous épouvantent et laissent notre âme abattue. Les idées sont en nous un système, semblable à l'un des règnes de la nature, une sorte de floraison dont il serait possible à un homme, à un fou peut-être, de donner l'iconographie. Oui, tout, en nous et au dehors, atteste la vie de ces créations ravissantes que je compare à des fleurs, en obéissant à je ne sais quelle révélation de leur nature! Au reste, leur production comme fin de l'homme n'est pas plus étonnante que celle des parfums et des couleurs dans la plante. Les parfums sont des idées peut-être ! En pensant que la ligne où finit notre chair et où l'ongle commence contient l'inexplicable et invisible mystère de la transformation constante de nos fluides en corne, il faut reconnaître que rien n'est impossible dans les merveilleuses modifications de la substance humaine. Mais ne se rencontre-t-il donc pas dans la nature morale des phénomènes de mouvement et de pesanteur semblables à ceux de la nature physique? L'*attente*, pour choisir un exemple qui puisse être vivement senti de tout le monde, n'est si douloureuse que par l'effet de la loi en vertu de laquelle le poids d'un corps est multiplié par sa vitesse. La pesanteur du sentiment que produit l'attente ne s'accroît-elle pas par une addition constante des souffrances passées à la douleur du moment? Enfin, à quoi, si ce n'est à une substance électrique, peut-on attribuer la magie par laquelle la Volonté s'intronise si majestueusement dans les regards pour foudroyer les obstacles aux commandements du génie, éclate dans la voix, ou filtre, malgré l'hypocrisie, au travers de l'enveloppe humaine? Le torrentueux courant de ce roi des fluides, qui, suivant la haute pression de la Pensée, s'épanche à flots, ou s'amoindrit et s'étile, puis, s'amasse pour jaillir en éclairs, est l'occulte ministre auquel sont dus soit les efforts, ou funestes ou bienfaisants, des arts et des passions; soit les intonations de la voix, rude, suave, terrible, lascive, horripilante, séductrice tour à tour, et qui vibre dans le cœur, dans les entrailles ou dans la cervelle au gré de nos vouloirs ; soit tous les prestiges du toucher d'où procèdent les transfusions mentales de tant d'artistes dont les mains créatrices savent, après mille études passionnées, évoquer la nature ; soit enfin, les dégradations infinies de l'œil, depuis son atone inertie jusqu'à ses projections de lueur les plus effrayantes. A ce système Dieu ne perd aucun de ses droits. La Pensée matérielle m'en a raconté de nouvelles grandeurs !

Après l'avoir entendu parlant ainsi, après avoir reçu dans l'âme son regard comme une lumière, il était difficile de ne pas être ébloui par sa conviction, entraîné par ses raisonnements. Aussi, LA PENSÉE m'apparaissait-elle comme une puissance toute physique, accompagnée de ses incommensurables générations. Elle était une nouvelle Humanité sous une autre forme.

Ce simple aperçu des lois que Lambert prétendait être la formule de notre intelligence doit suffire pour faire imaginer l'activité prodigieuse avec laquelle son âme se dévorait elle-même.

Il avait cherché des preuves à ses principes dans l'histoire des grands hommes, dont l'existence, mise à jour par les biographes, fournit des particularités curieuses sur les actes de leur entendement. Sa mémoire lui ayant permis de se rappeler les faits qui pouvaient servir de développement à ses assertions, il les avait annexés à chacun des chapitres auxquels ils servaient de démonstration, en sorte que plusieurs de ses maximes en acquéraient une certitude presque mathématique. Les œuvres de Cardan, homme doué d'une singulière puissance de vision, lui donnèrent de précieux matériaux. Il n'avait oublié ni Apollonius de Thyanes, annonçant en Asie la mort du tyran et dépeignant son supplice à l'heure même où il avait lieu dans Rome ; ni Plotin, qui, séparé de Porphyre, sentit l'intention où était celui-ci de se tuer, et accourut pour l'en dissuader ; ni le fait constaté dans le siècle dernier à la face de la plus moqueuse incrédulité qui se soit jamais rencontrée, fait surprenant pour les hommes habitués à faire du doute une arme contre Dieu seul, mais tout simple pour quelques savants : Alphonse Marie de Liguori, évêque de Sainte-Agathe, donna des consolations au pape Ganganelli, qui le vit, l'entendit, lui répondit, et, dans ce même temps, à une très-grande distance de Rome, l'évêque était observé en extase, chez lui, dans un fauteuil où il s'asseyait habituellement au retour de la messe. En reprenant sa vie ordinaire, il trouva ses serviteurs agenouillés devant lui, qui tous le croyaient mort. — « Mes amis, leur dit-il, le Saint-Père vient d'expirer. » Deux jours après, un courrier confirma cette nouvelle. L'heure de la mort du pape coïncidait avec celle où l'évêque était revenu à son état normal. Lambert n'avait pas omis l'aventure plus récente encore, arrivée, dans le siècle dernier, à une jeune Anglaise, qui, aimant passionnément un marin, partit de Londres pour aller le retrouver ; et le retrouva seule, sans guide, dans les déserts de l'Amérique septentrionale, où elle arriva pour lui sauver la vie. Louis avait mis à contribution les mystères de l'antiquité, les actes des martyrs où sont les plus beaux titres de gloire pour la Volonté humaine, les démonologies du moyen âge, les procès criminels, les recherches médicales, en discernant partout le fait vrai, le phénomène probable avec une admirable sagacité. Cette riche collection d'anecdotes scientifiques recueillies dans tant de livres, la plupart dignes de foi, servit sans doute à des cornets de papier, et ce travail au moins curieux, enfanté par la plus extraordinaire des mémoires humaines, a péri.

Entre toutes les preuves dont l'œuvre de Lambert était enrichie, se trouvait une histoire arrivée dans sa famille, et qu'il m'avait racontée avant d'entreprendre son traité. Ce fait relatif à la *post-existence* de l'être intérieur (si je puis me permettre de forger un mot nouveau pour rendre un effet innommé), me frappa si vivement que j'en ai gardé le souvenir. Son père et sa mère eurent à soutenir un procès dont la perte devait entacher leur probité, seul bien qu'ils possédassent au monde. Donc, l'anxiété fut grande quand s'agita la question de savoir si l'on céderait à l'injuste agression du demandeur, ou si l'on se défendrait contre lui. La délibération eut lieu par une nuit d'automne, devant un feu de tourbe, dans la chambre du tanneur et de sa femme. A ce conseil, furent appelés deux ou trois parents et le bisaïeul maternel de Louis, vieux laboureur tout cassé, mais d'une figure vénérable et majestueuse, dont les yeux étaient clairs, dont le crâne jauni par le temps conservait encore quelques mèches de cheveux blancs épars. Semblable à l'*Obi* des nègres, au *Saga* des sauvages, il était une espèce d'esprit oraculaire que l'on consultait dans les grandes occasions. Ses biens étaient cultivés par ses petits-enfants, qui le nourrissaient et le servaient. Il leur pronostiquait la pluie, le beau temps, et leur indiquait le moment où ils devaient faucher ou rentrer les moissons. La justesse barométrique de sa parole, devenue célèbre, augmentait toujours et la confiance et le culte dont il était l'objet. Il demeurait des journées entières immobile sur sa chaise. Cet état d'extase lui était familier depuis la mort de sa femme, pour laquelle il avait eu la plus vive et la plus constante des affections. Le débat eut lieu devant lui, sans qu'il parût y prêter une grande attention. — « Mes enfants, leur dit-il quand il fut requis de donner son avis, cette affaire est trop grave pour que je la décide seul. Il faut que j'aille consulter ma femme. » Le bonhomme se leva, prit son bâton, et sortit, au grand étonnement des assistants, qui le crurent tombé en enfance. Il revint bientôt et leur dit : — « Je n'ai pas eu besoin d'aller jusqu'au cimetière, votre mère est venue au-devant de moi, je l'ai trouvée auprès du ruisseau. Elle m'a dit que vous retrouveriez chez un notaire de Blois des quittances qui vous feraient gagner le procès. » Ces paroles furent prononcées d'une voix ferme. L'attitude, la physionomie de l'aïeul, annonçaient un homme pour lequel cette apparition était habituelle. En effet, les quittances contestées se retrouvèrent, et le procès n'eut pas lieu. Cette aventure arrivée sous le toit paternel, aux yeux de Louis, alors âgé de neuf ans, contribua beaucoup à le faire croire aux visions miraculeuses de Swedenborg, qui donna pendant sa vie plusieurs preuves de la puissance de vision dont il avait doué son *être intérieur*. En avançant en âge, à mesure que son intelligence se développait, Lambert devait être conduit à rechercher dans les lois de la nature humaine les causes du miracle qui, dès l'enfance, avait attiré son attention. De quel nom appeler le hasard qui rassemblait autour de lui les faits, les livres relatifs à ces phénomènes, et le rendait lui-même le théâtre et l'acteur des plus grandes merveilles de la pensée?

Quand Louis n'aurait, pour seul titre à la gloire, que d'avoir, à l'âge de quinze ans, émis cette maxime psychologique : « Les événements ont des « causes dans lesquelles ils sont préconçus comme « nos actions sont accomplies dans notre pensée, « avant de se reproduire au dehors; et les pressenti- « ments, les prophéties sont *l'aperçu* de ces causes;» je crois qu'il faudrait déplorer en lui la perte d'un génie égal à celui des Pascal, des Lavoisier, des Laplace. Peut-être ses chimères sur les anges dominèrent trop longtemps ses travaux; mais n'est-ce pas en cherchant à faire de l'or que quelques hommes ont insensiblement créé la Chimie? Cependant, si plus tard Lambert étudia l'anatomie comparée, la physique, la géométrie et toutes les sciences qui se rattachaient à ses découvertes, il eut nécessairement l'intention de rassembler des faits et de procéder par l'analyse, seul flambeau qui puisse nous guider aujourd'hui à travers les obscurités de la moins saisissable de toutes les natures. Il avait certes trop de sens pour rester dans les nuages des théories, qui, toutes, peuvent se traduire en quelques mots. Aujourd'hui, la démonstration la plus simple appuyée sur des faits n'est-elle pas plus précieuse que ne le sont les plus beaux systèmes défendus par des inductions plus ou moins ingénieuses ? Mais ne l'ayant pas connu pendant l'époque de sa vie où il dut réfléchir avec le plus de fruit, je ne puis que conjecturer la portée de ses œuvres d'après celle de ses méditations enfantines. Il est facile de saisir en quoi péchait son Traité de la Volonté. Quoique doué déjà des qualités qui distinguent les hommes supérieurs, il était encore enfant; quoique riche et habile aux abstractions, son cerveau se ressentait encore des délicieuses croyances qui flottent autour de toutes les jeunesses. Cette conception touchait aux fruits mûrs de son génie par quelques points, et par d'autres aux petitesses du germe. Son plus grand défaut eût été, pour quelques esprits amoureux de poésie, une qualité savoureuse. Elle portait les marques de la lutte que se livraient dans cette belle âme, ces deux grands principes, le Spiritualisme, le Matérialisme, autour desquels ont tourné tant de beaux génies, sans qu'aucun d'eux ait osé les fondre en un seul. D'abord spiritualiste pur, Louis avait été conduit invinciblement à reconnaître la matérialité de la pensée, et battu par les faits de l'analyse au moment où son cœur lui faisait encore regarder avec amour les nuages des cieux de Swedenborg, il ne se trouvait pas de force à produire un système unitaire, compacte, fondu d'un seul jet. De là venaient quelques contradictions empreintes jusque dans cette esquisse. Quelque incomplet que fût son ouvrage, n'était-il pas le prodrome d'une science dont, plus tard, il aurait approfondi les mystères, assuré les bases, recherché, déduit et enchaîné les développements?

Six mois après la confiscation du *Traité sur la Volonté*, je quittai le collège. Notre séparation fut brusque. Ma mère, alarmée d'une fièvre qui, depuis quelque temps, ne me quittait pas, et à laquelle mon inaction corporelle donnait les symptômes du *coma*, m'enleva du collège en quatre ou cinq heures. A l'annonce de mon départ, Lambert devint d'une tristesse effrayante. Nous nous cachâmes pour pleurer.

— Te reverrai-je jamais? me dit-il de sa voix douce, en me serrant dans ses bras. — Tu vivras, toi, reprit-il. Mais moi, je mourrai! Si je le peux, je t'apparaîtrai.

Il faut être jeune pour prononcer de telles paroles avec un accent de conviction qui les fasse accepter comme un présage, comme une promesse dont on redoute l'effroyable accomplissement. Pendant longtemps, j'ai pensé vaguement à cette apparition promise. Il est encore certains jours de spleen, de doute, de terreur, de solitude où je suis obligé de chasser les souvenirs de cet adieu mélancolique, qui cependant ne devait pas être le dernier. Lorsque je traversai la cour par laquelle nous sortions, Lambert était collé à l'une des fenêtres grillées du réfectoire pour me voir passer. Sur mon désir, ma mère obtint la permission de le faire dîner avec nous à l'auberge. A mon tour, le soir, je le ramenai au seuil fatal du collège. Jamais un amant et une maîtresse ne versèrent, en se séparant, plus de larmes que nous n'en répandîmes.

— Adieu donc! Je vais être seul dans ce désert, me dit-il en me montrant les cours où deux cents enfants jouaient et criaient. Quand je reviendrai fatigué, demi-mort, de mes longues courses à travers les champs de la pensée, dans quel cœur me reposerai-je? Un regard me suffisait pour te dire tout. Qui donc maintenant me comprendra? Adieu! Je voudrais ne t'avoir jamais rencontré, je ne saurais pas tout ce qui va me manquer.

— Et moi, lui dis-je, que deviendrai-je? Ma situation n'est-elle pas plus affreuse? — Je n'ai rien là pour me consoler, ajoutai-je en me frappant le front.

Il hocha la tête par un mouvement empreint d'une grâce pleine de tristesse, et nous nous quittâmes.

En ce moment, Louis Lambert avait cinq pieds deux pouces. Il n'a plus grandi. Sa physionomie, devenue largement expressive, attestait la bonté de son caractère. Une patience toute divine développée par les mauvais traitements, et la concentration continuelle exigée par sa vie contemplative avaient dépouillé son regard de cette audacieuse fierté qui plaît dans certaines figures, et dont il savait accabler nos régents. Mais, sur son visage, éclataient un sentiment paisible, une sérénité ravissante que n'altérait jamais rien d'ironique ni de moqueur. Sa bienveillance native tempérait la conscience de sa force et de sa supériorité. Il avait de jolies mains, bien effilées, presque toujours humides. Son corps était une merveille digne de la sculpture. Mais nos uniformes gris-de-fer, à boutons dorés, nos culottes courtes nous donnaient une tournure si disgracieuse, que le fini des proportions de Lambert et sa morbidesse ne pouvaient s'apercevoir qu'au bain. Quand nous nagions dans notre bassin du Loir, Louis se distinguait par la blancheur de sa peau, qui tranchait sur les différents tons de chair de nos camarades, tous violacés par l'eau et marbrés par le froid. Délicat de forme, gracieux de pose, doucement coloré, ne frissonnant pas hors de l'eau, peut-être parce qu'il évitait l'ombre et courait au soleil, Louis ressemblait à ces fleurs prévoyantes qui ferment leurs calices à la bise et ne veulent s'épanouir que sous un ciel pur. Il mangeait très-peu, ne buvait que de l'eau, et soit par instinct, soit par goût, il se montrait sobre de tout mouvement qui voulait une dépense de force. Ses gestes étaient rares et simples comme le sont ceux des Orientaux et des sauvages chez lesquels la gravité semble être un état naturel. Généralement, il n'aimait pas tout ce qui ressemblait à de la recherche pour sa personne. Il penchait assez habituellement sa tête à gauche, et restait si souvent accoudé que les manches de ses habits neufs étaient promptement percées.

A ce léger portrait de l'homme, je dois ajouter une esquisse du moral dont aujourd'hui je crois pouvoir impartialement juger. Quoique naturellement religieux, Louis n'admettait pas les minutieuses pratiques de l'Église Romaine. Ses idées sympathisaient plus particulièrement avec celles de sainte Thérèse et de Fénélon, avec celles de plusieurs Pères et de quelques Saints, qui, de nos jours seraient traités d'hérésiarques et d'athées. Il était impassible durant les offices. Sa prière procédait par des élancements, par des élévations d'âme qui n'avaient aucun mode régulier. Il se laissait aller en tout à la nature, et ne voulait pas plus prier que penser à heure fixe. Souvent, à la chapelle, il pouvait aussi bien songer à Dieu que méditer sur quelque idée philosophique. Jésus-Christ était pour lui le plus beau type de son système. Le : *Et Verbum caro factum est*, lui semblait une sublime parole destinée à exprimer la formule traditionnelle de la Volonté, du Verbe, de l'Action se faisant visibles. Le Christ ne s'apercevant pas de sa mort, ayant assez perfectionné l'être intérieur par des œuvres divines, pour qu'un jour la forme invisible en apparût à ses disciples; enfin les mystères de l'Évangile, les guérisons magnétiques du Christ et le don des langues lui confirmaient sa doctrine. Je me souviens de lui avoir entendu dire, à ce sujet, que le plus bel ouvrage à faire aujourd'hui était l'Histoire de l'Église primitive. Jamais il ne s'élevait autant vers la poésie qu'au moment où il abordait, dans une conversation du soir, l'examen des miracles opérés par la puissance de la Volonté pendant cette grande époque de foi. Il trouvait les plus fortes preuves de sa Théorie dans presque tous les martyres subis pendant le premier siècle de l'Église, qu'il appelait *la grande ère de la pensée*. — « Les phénomènes arrivés dans la plupart des supplices si héroïquement soufferts par les Chrétiens pour l'établissement de leurs croyances, ne prouvent-ils pas, disait-il, que les forces matérielles ne prévaudront jamais contre la force des Idées et contre la Volonté de l'homme ? Chacun peut conclure de cet effet produit par la volonté de tous, en faveur de la sienne. »

Je ne crois pas devoir parler de ses idées sur la Poésie et sur l'Histoire, ni de ses jugements sur les chefs-d'œuvre de notre langue. Il n'y aurait rien de bien curieux à consigner ici des opinions devenues presque vulgaires, mais qui, dans la bouche d'un enfant, pouvaient paraître extraordinaires. Il était à la hauteur de tout. Pour exprimer en deux mots son talent, il eût écrit Zadig aussi spirituellement que l'écrivit Voltaire; il aurait aussi fortement que Montesquieu pensé le dialogue de Sylla et d'Eucrate. La grande rectitude de ses idées lui faisait désirer, avant tout, dans une œuvre, un caractère d'utilité, de même que son esprit fin y exigeait la nouveauté de la pensée autant que celle de la forme. Tout ce qui ne remplissait pas ces conditions lui causait un profond dégoût. L'une de ses appréciations littéraires les plus remarquables, et qui fera comprendre le sens de toutes les autres aussi bien que la lucidité de ses jugements, est celle-ci qui m'est restée dans la mémoire : — « L'Apocalypse est une extase écrite. » Il considérait la Bible comme une portion de l'Histoire traditionnelle des peuples antédiluviens, que s'était partagée l'humanité nouvelle. Pour lui, la mythologie grecque tenait à la fois de la Bible hébraïque et des livres sacrés de l'Inde, que cette nation amoureuse de grâce avait traduite à sa manière.

— Il est impossible, disait-il, de révoquer en doute la priorité des Écritures Asiatiques, sur nos Écritures Saintes. Pour qui sait reconnaître avec bonne foi ce point historique, le monde s'élargit étrangement. N'est-ce pas sur le plateau de l'Asie que se sont réfugiés les quelques hommes qui ont pu survivre à la catastrophe subie par notre globe, si toutefois les hommes existaient avant ce renversement ou ce choc, question grave dont la solution est écrite au fond des mers. L'anthropogonie de la Bible n'est donc que la généalogie d'un essaim sorti de la ruche humaine qui se suspendit aux flancs montagneux du Tibet, entre les sommets de l'Himalaya et ceux du Caucase. Le caractère des idées premières de la horde errante que son législateur nomma le peuple de Dieu, sans doute pour lui donner de l'unité, peut-être aussi pour lui faire conserver ses propres lois et son système de gouvernement, car les livres de Moïse sont un code religieux, politique et civil; ce caractère est marqué au coin de la terreur : ce sont des pensées gigantesques inspirées par la convulsion du globe, interprétée comme une vengeance d'en haut. Ne goûtant aucune des douceurs que trouve un peuple assis dans une terre patriale, ses malheurs ne lui ont dicté que des poésies sombres, majestueuses et sanglantes. Au contraire, le spectacle des promptes réparations de la terre, les effets prodigieux du soleil dont les Hindous furent les premiers témoins, leur ont inspiré les riantes conceptions de l'amour heureux, le culte du feu, les personnifications infinies de la reproduction. Ces magnifiques images manquent à l'œuvre de la horde errante. Son besoin de conservation à travers les dangers et les pays parcourus jusqu'au lieu du repos, engendra le sentiment exclusif dont elle fut animée, et sa haine contre les nations. Ces trois Écritures sont les archives du monde englouti. Là, est le secret des grandeurs inouïes de ces langages et de leurs mythes. La grande histoire humaine gît sous ces noms d'hommes et de lieux, sous ces fictions qui nous attachent irrésistiblement, sans que nous sachions pourquoi. Peut-être y respirons-nous l'air natal de notre nouvelle humanité.

Pour lui, cette triple littérature impliquait donc toutes les pensées de l'homme. Il ne se faisait pas un livre, selon lui, dont le sujet ne s'y pût trouver en germe. Cette opinion montre combien ses premières études sur la Bible furent savamment creusées, et jusqu'où elles le menèrent. Planant toujours au-dessus de la société qu'il ne connaissait que par les livres, il la jugeait froidement. — « Les lois, disait-il, n'y arrêtent jamais les entreprises des grands ou des riches, et frappent les petits qui ont au contraire besoin de protection. » Sa bonté ne lui permettait donc pas de sympathiser avec les idées politiques ; mais son système conduisait à l'obéissance passive dont Jésus-Christ donna l'exemple. Pendant les derniers moments de mon séjour à Vendôme, il ne sentait plus l'aiguillon de la gloire. Il avait, en quelque sorte, abstractivement joui de la Renommée ; et, après l'avoir ouverte, il n'avait, comme les anciens sacrificateurs qui cherchaient l'avenir au cœur des hommes, rien trouvé dans les entrailles de cette Chimère. Méprisant donc un sentiment tout personnel, — La gloire, me disait-il, est l'égoïsme divinisé.

Ici peut-être avant de quitter cette enfance exceptionnelle, faut-il la juger par un rapide coup d'œil.

Quelque temps avant notre séparation, Lambert me disait : — « A part les lois générales dont j'espère avoir trouvé la formule, et que je crois être celles de notre organisme, la vie de l'homme est un mouvement qui se résout plus particulièrement, en chaque être, au gré de je ne sais quelle influence, par le Cerveau, par le Cœur, ou par le Muscle. Des trois constitutions représentées par ces mots vulgaires, dérivent les modes infinis de l'Humanité, qui tous résultent des proportions dans lesquelles ces trois principes générateurs se trouvent plus ou moins bien combinés avec les substances qu'ils s'assimilent dans les milieux où ils vivent. » Il s'arrêta, se frappa le front, et me dit : — « Singulier fait ! Tous les grands hommes dont j'ai vu les portraits, ont le col court. Peut-être la nature veut-elle que, chez eux, le cœur soit plus près du cerveau. » Puis il reprit : « De là procède un certain ensemble d'actes qui compose l'existence sociale. A l'homme de Muscle, l'Action ou la Force ; à l'homme de Cœur, la Foi ; à l'homme de Cerveau, le Génie. Mais, ajouta-t-il tristement, au Génie, les Nuées du Sanctuaire ; à Dieu seul, la Clarté. »

Donc, suivant ses propres définitions, Lambert fut tout cœur et tout cerveau.

Pour moi, l'enfance de son intelligence s'est scindée en trois phases.

Soumis, dès l'enfance, à une précoce activité due sans doute à quelque maladie ou à quelque perfection de ses organes ; dès l'enfance, ses forces se résumèrent par le jeu de ses sens intérieurs et par une surabondante production de fluide nerveux. Homme d'idées, il lui fallut étancher la soif de son cerveau qui voulait s'assimiler toutes les idées. De là, ses lectures ; et, de ses lectures, ses réflexions qui lui donnèrent le pouvoir de réduire les choses à leur plus simple expression, de les absorber en lui-même, pour les y étudier dans leur essence. Les bénéfices de cette magnifique période, accomplie chez les autres hommes après de longues études seulement, échurent donc à Lambert pendant son enfance corporelle, enfance heureuse, enfance colorée par les studieuses félicités du poëte. Le terme où arrivent la plupart des cerveaux fut le point d'où le sien devait partir un jour à la recherche de quelques nouveaux mondes d'intelligence. Là, sans le savoir encore, il s'était créé la vie la plus exigeante, et, de toutes, la plus avidement insatiable. Pour exister, ne lui fallait-il pas jeter sans cesse une pâture à l'abîme qu'il avait ouvert en lui ? Semblable à certains êtres des régions mondaines, ne pouvait-il pas périr faute d'aliments pour d'excessifs appétits trompés ? N'était-ce pas la débauche importée dans l'âme, et qui devait la faire arriver, comme les corps saturés d'alcool, à quelque combustion instantanée ? Cette première phase cérébrale me fut inconnue. Aujourd'hui seulement, je puis m'en expliquer ainsi les prodigieuses fructifications et les effets. Lambert avait alors treize ans.

Je fus assez heureux pour assister aux premiers jours du second âge. Alors Lambert, et cela le sauva peut-être, tomba dans toutes les misères de la vie collégiale, et y dépensa la surabondance de ses pensées. Après avoir passé des choses à leur expression pure, des mots à leur substance idéale, de cette substance à des principes ; après avoir tout abstrait, il aspirait, pour vivre, à d'autres créations intellectuelles. Dompté par les malheurs du collège et par les crises de sa vie physique, il demeura méditatif, devina les sentiments, entrevit de nouvelles sciences, véritables masses d'idées ! Arrêté dans sa course, et trop faible encore pour contempler les sphères supérieures, il se contempla intérieurement. Il m'offrit alors le combat de la pensée réagissant sur elle-même et cherchant à surprendre les secrets de sa nature, comme un médecin qui étudierait les progrès de sa propre maladie. Dans cet état de force et de faiblesse, de grâce enfantine et de puissance surhumaine, Louis Lambert est l'être qui m'a donné l'idée la plus poétique et la plus vraie de la créature imaginaire que nous appelons *un ange*, en exceptant toutefois une femme dont je voudrais dérober au monde le nom, les traits, la personne et la vie, afin d'avoir été seul dans le secret de son existence, et pouvoir l'ensevelir au fond de mon cœur.

La troisième phase dut m'échapper. Elle commençait lorsque je fus séparé de Louis qui ne sortit du collége qu'à l'âge de dix-huit ans, vers le milieu de l'année 1815. Il avait alors perdu son père et sa mère depuis environ six mois. Ne rencontrant personne dans sa famille avec qui son âme, tout expansive, mais toujours comprimée depuis notre séparation, pût sympathiser, il se réfugia chez son oncle, nommé son tuteur, et qui, chassé de sa cure en sa qualité de prêtre assermenté, était venu demeurer à Blois. Louis y séjourna pendant quelque temps. Dévoré bientôt par le désir d'achever des études qu'il dut trouver incomplètes, il vint à Paris pour revoir madame de Staël, et pour puiser la science à ses plus hautes sources. Le vieux prêtre, ayant un grand faible pour son neveu, laissa Louis libre de manger son héritage pendant un séjour de trois années à Paris, quoiqu'il y vécût dans la plus profonde misère; car cet héritage consistait en quelques milliers de francs. Il revint à Blois vers le commencement de l'année 1820, chassé de Paris par les souffrances qu'y trouvent les gens sans fortune. Pendant son séjour à Paris, il dut être souvent en proie à des orages secrets, à ces horribles tempêtes de pensées par lesquelles tous les artistes sont agités, s'il faut en juger par le seul fait dont son oncle ait gardé la mémoire, et par la seule lettre que le bonhomme ait conservée de toutes celles que lui écrivit à cette époque Louis Lambert, et qui fut gardée peut-être parce qu'elle était la dernière et la plus longue de toutes.

Voici d'abord le fait. Louis se trouvait un jour, au Théâtre-Français, placé sur une banquette des secondes galeries, près d'un de ces piliers entre lesquels sont les troisièmes loges. En se levant pendant le premier entr'acte, il vit une jeune femme qui venait d'arriver dans la loge voisine. La vue de cette femme, jeune et belle, bien mise, décolletée peut-être, et accompagnée d'un amant pour lequel sa figure s'animait de toutes les grâces de l'amour, produisit sur l'âme et les sens de Lambert un effet si cruel, qu'il fut obligé de sortir de la salle. S'il n'eût pas profité des dernières lueurs de sa raison, qui, dans le premier moment de cette brûlante passion, ne s'éteignit pas complétement, il aurait peut-être succombé au désir presque invincible qu'il ressentit alors, de tuer le jeune homme auquel s'adressaient les regards de cette femme. N'était-ce pas, dans notre monde de Paris, un éclair de l'amour du Sauvage qui se jette sur la femme comme sur sa proie, un effet d'instinct bestial joint à la rapidité des jets presque lumineux d'une âme comprimée sous la masse de ses pensées? Enfin n'était-ce pas le coup de canif imaginaire ressenti par l'enfant, devenu chez l'homme le coup de foudre de son besoin le plus impérieux, l'amour?

Maintenant voici la lettre dans laquelle se peint l'état de son âme frappée par le spectacle de la civilisation parisienne. Son cœur fut sans doute constamment froissé dans ce gouffre d'égoïsme, et son âme dut toujours y pâtir. Il n'y rencontra peut-être ni amis pour le consoler, ni ennemis pour donner du ton à sa vie. Contraint de vivre sans cesse en lui-même, et ne partageant avec personne ses exquises jouissances, peut-être voulut-il résoudre l'œuvre de sa destinée par l'extase et rester sous une forme presque végétale, comme un anachorète des premiers temps de l'Église, en abdiquant ainsi l'empire du monde intellectuel. La lettre semble affirmer ce projet dont les âmes grandes se sont éprises à toutes les époques de rénovation sociale; mais cette résolution n'est-elle pas alors pour certaines d'entre elles l'effet d'une vocation? Ne cherchent-elles pas à concentrer leurs forces dans un long silence, afin d'en sortir propres à gouverner le monde soit par la Parole, soit par l'Action? Certes, Louis avait dû beaucoup souffrir, recueillir bien de l'amertume parmi les hommes, ou presser la société par quelque terrible ironie, sans pouvoir en rien tirer, pour jeter une aussi vigoureuse clameur; pour arriver, lui pauvre, au désir que la lassitude de la puissance et de toute chose a fait accomplir à certains souverains. Peut-être aussi venait-il achever dans la solitude quelque grande œuvre qui flottait encore indécise dans son cerveau. Qui ne le croirait volontiers en lisant ce fragment de ses pensées où se trahissent les combats dont son âme était le théâtre au moment où cessait pour lui la jeunesse, où commençait à éclore la nerveuse faculté de produire à laquelle auraient été dues les œuvres de l'homme? Cette lettre est en rapport avec l'aventure arrivée au théâtre. Le fait et l'écrit s'illuminent réciproquement. L'âme et le corps s'étaient mis au même ton. Cette tempête de doutes et d'affirmations, de nuages et d'éclairs, qui laisse échapper souvent la foudre, jette assez de lueurs sur la troisième époque de son éducation morale pour la faire comprendre en entier. En lisant ces pages écrites au hasard, prises et reprises suivant les caprices de la vie parisienne, ne semble-t-il pas voir un chêne pendant le temps où son accroissement intérieur fait crever sa jolie peau verte, le couvre de rugosités, de fissures, et où se prépare sa forme majestueuse, si toutefois le tonnerre du ciel ou la hache de l'homme le respectent. A cette lettre, finira donc, pour le penseur comme pour le poëte, cette enfance grandiose, et cette jeunesse incomprise. Enfin, là se termine le contour de ce germe moral dont les philosophes devront regretter les frondaisons atteintes par la gelée dans leurs bourgeons, dont ils devront pleurer les fleurs écloses peut-être, en des régions plus élevées que ne le sont les plus hauts lieux de la terre.

*Paris, septembre-novembre 1819.*

Cher oncle, je vais bientôt quitter ce pays où je ne saurais vivre. Je n'y vois aucun homme aimer ce que j'aime, s'occuper de ce qui m'occupe, s'étonner de ce qui m'étonne. Forcé de me replier sur moi-même, je me creuse et souffre. La longue et patiente étude que je viens de faire de cette société donne des conclusions tristes où le doute domine. Ici le point de départ en tout est l'argent ; il faut de l'argent, même pour se passer d'argent ; mais quoique ce métal soit nécessaire à qui veut penser tranquillement, je ne me sens pas le courage d'en faire l'unique mobile de mes pensées. Pour amasser une fortune, il faut choisir un état ; en un mot, acheter par quelque privilége de position ou d'achalandage, par un privilége légal ou fort habilement créé, le droit de prendre chaque jour, dans la bourse d'autrui, une somme assez mince qui chaque année produit un petit capital, lequel par dix années donne à peine quatre ou cinq mille francs de rente quand un homme se conduit honnêtement. En quinze ou seize ans, après son apprentissage, l'avoué, le notaire, le marchand, tous les travailleurs patentés ont gagné du pain pour leurs vieux jours. Je ne me suis senti propre à rien en ce genre. Je préfère la pensée à l'action, une idée à une affaire, la contemplation au mouvement. Je manque essentiellement de la constante attention nécessaire à qui veut faire fortune. Toute entreprise mercantile, toute obligation de demander de l'argent à autrui me conduirait à mal, et je serais bientôt ruiné. Si je n'ai rien, au moins ne dois-je rien en ce moment. Il faut matériellement peu à celui qui vit pour accomplir de grandes choses dans l'ordre moral ; mais quoique vingt sous par jour puissent me suffire, je ne possède pas la rente de cette oisiveté travailleuse. Si je veux méditer, le besoin me chasse hors du sanctuaire où se meut ma pensée. Que vais-je devenir ? La misère ne m'effraye pas. Si l'on n'emprisonnait, si l'on ne flétrissait, si l'on ne méprisait point les mendiants, je mendierais pour pouvoir résoudre à mon aise les problèmes dont je suis occupé. Mais cette sublime résignation qui ne considère plus le corps et rend la pensée souveraine, ne servirait à rien ; il faut encore de l'argent pour se livrer à certaines expériences ; sans cela j'eusse accepté l'indigence apparente d'un penseur qui possède la terre et le ciel. Pour être grand dans la misère, il suffit de ne jamais s'avilir. Or l'homme qui combat et souffre en marchant vers un noble but, présente certes un beau spectacle. Mais ici, qui se sent la force de lutter ? On escalade des rochers, on ne peut pas toujours piétiner dans la boue. Ici tout décourage le vol en droite ligne d'un esprit qui tend à l'avenir. Je ne me craindrais pas dans une grotte au désert, et je me crains ici : au désert, je serais avec moi-même sans distraction ; ici, l'homme éprouve une foule de besoins qui le rapetissent. Quand vous êtes sorti rêveur, préoccupé, la voix du pauvre vous rappelle au milieu de ce monde de faim et de soif, en vous demandant l'aumône. Il faut de l'argent pour se promener ! Les organes sont incessamment fatigués par des riens et ne se reposent jamais. La nerveuse disposition du poëte est ici sans cesse ébranlée, et ce qui doit faire sa gloire devient son tourment, son imagination y est sa plus cruelle ennemie. Ici l'ouvrier blessé, l'indigente en couches, la fille publique devenue malade, l'enfant abandonné, le vieillard infirme, les vices, le crime lui-même trouvent un asile et des soins, tandis que le monde est impitoyable pour l'inventeur, pour tout homme qui médite. Ici tout doit avoir un résultat immédiat, réel ; l'on s'y moque des essais d'abord infructueux qui peuvent mener aux plus grandes découvertes, et l'on n'y estime pas cette étude constante et profonde qui veut une longue concentration des forces. L'État pourrait solder le talent, comme il solde la baïonnette, mais il tremble d'être trompé par l'homme d'intelligence, comme si l'on pouvait longtemps contrefaire le génie ! Ah, mon oncle, quand on a détruit les solitudes conventuelles, assises au pied des monts, sous des ombrages verts et silencieux, ne devait-on pas construire des hospices pour les âmes souffrantes dont une seule pensée engendre le mieux des nations, ou prépare les progrès d'une science ? . . . . . . . . . . . . .
. . . . . . . . . . . . . . . . . . . . . . . . . . . . .

*20 septembre.*

L'étude m'a conduit ici, vous le savez ; j'y ai trouvé des hommes vraiment instruits, étonnants pour la plupart ; mais l'absence d'unité dans les travaux scientifiques annule presque tous les efforts. Ni l'enseignement ni la science n'ont de chef. Vous entendez un professeur prouver au Muséum que celui de la rue Saint-Jacques vous a dit d'absurdes niaiseries, et l'homme de l'école de Médecine soufflette celui du collége de France. A mon arrivée je suis allé entendre un écrivain auquel l'opinion publique accorde un talent incisif et sonore, je l'ai trouvé disant à cinq cents jeunes gens que Corneille est un génie vigoureux et fier, Racine élégiaque et tendre, Molière inimitable, Voltaire éminemment spirituel, Bossuet et Pascal désespérément forts. Un professeur de philosophie devient illustre, en disant comment Platon est Platon. Un autre fait l'histoire des mots sans penser aux idées. Celui-ci vous explique Eschyle, celui-là vous prouve que les comnunes étaient les communes. Ces aperçus nouveaux et lumineux, paraphrasés pendant quelques heures constituent le haut enseignement qui doit faire faire les pas de géant aux connaissances humaines. Si le gouvernement avait une pensée, je le soupçonnerais d'avoir peur des supériorités réelles qui, réveillées, mettraient la société sous le joug d'un pouvoir intelligent. Les nations iraient alors trop vite ; et les professeurs sont chargés de faire des sots. Comment expliquer autrement un professorat sans méthode, sans une idée d'avenir? L'Institut pouvait être le grand gouvernement du monde moral et intellectuel ; mais il a été récemment brisé par sa constitution en académies séparées. La science humaine marche donc sans guide, sans système, et flotte au hasard, sans s'être tracé de route. Ce laisser-aller, cette incertitude existe en politique comme en science. Dans l'ordre naturel, les moyens sont simples, la fin est grande et merveilleuse ; ici, dans la science comme dans le gouvernement, les moyens sont immenses, la fin est petite. Cette force qui, dans la nature, marche d'un pas égal et dont la somme s'ajoute perpétuellement à elle-même, cet +A qui produit tout, est destructif dans la société. La politique actuelle oppose, les unes aux autres, les forces humaines pour les neutraliser, au lieu de les combiner pour les faire agir dans un but quelconque. En s'en tenant à l'Europe, depuis César jusqu'à Constantin, de Constantin au sauvage Attila, des Huns à Charlemagne, de Charlemagne à Léon X, de Léon X à Philippe II, de Philippe II à Louis XIV, de Venise à l'Angleterre, de l'Angleterre à Napoléon, de Napoléon à l'Angleterre, je ne vois aucune utilité dans la politique, et son agitation constante n'a procuré nul progrès. Les nations témoignent de leur grandeur par des monuments, ou de leur bonheur par le bien-être individuel. Les monuments modernes valent-ils les anciens? j'en doute. Les arts qui participent plus immédiatement de l'homme individuel, les productions de son génie ou de sa main ont peu gagné. Les jouissances de Lucullus valaient bien celles de Samuel Bernard, de Beaujon et du roi de Bavière. Enfin, la longévité humaine a perdu. Pour qui veut être de bonne foi, rien n'a donc changé : l'homme est le même. La force est toujours son unique loi, le succès sa seule sagesse. Jésus-Christ, Mahomet ou Luther, n'ont fait que colorer différemment le cercle dans lequel les jeunes nations ont fait leurs évolutions. Nulle politique n'a empêché la civilisation, ses richesses, ses mœurs, son contrat entre les forts contre les faibles, ses idées et ses voluptés d'aller de Memphis à Tyr, de Tyr à Balbek, de Tedmor à Carthage, de Carthage à Rome, de Rome à Constantinople, de Constantinople à Venise, de Venise en Espagne, d'Espagne en Angleterre, sans que nul vestige existe de Memphis, de Tyr, de Carthage, de Rome, de Venise ni de Madrid. L'esprit de ces grands corps s'est envolé. Nul ne s'est préservé de la ruine, et n'a su cet axiome : *Quand l'effet produit n'est plus en rapport avec sa cause, il y a désorganisation.* Le génie le plus subtil ne peut découvrir aucune liaison entre ces grands faits sociaux. Aucune théorie politique n'a vécu. Les gouvernements passent comme les hommes, sans se transmettre aucun enseignement, et nul système n'engendre un système plus parfait. Que conclure de la politique, quand le gouvernement appuyé sur Dieu a péri dans l'Inde et en Égypte ; quand le gouvernement du sabre et de la tiare a passé ; quand le gouvernement d'un seul est mort ; quand le gouvernement de tous n'a jamais pu vivre ; quand aucune conception de la force intelligentielle, appliquée aux intérêts matériels, n'a pu durer, et que tout est à refaire aujourd'hui comme à toutes les époques où l'homme s'est écrié : Je souffre ! Le Code, que l'on regarde comme la plus belle œuvre de Napoléon, est l'œuvre la plus draconienne que je sache. La divisibilité territoriale poussée à l'infini, dont elle a consacré le principe par le partage des biens, doit engendrer l'abâtardissement de la nation, la mort des arts et celle des sciences. Le sol trop divisé se cultive en céréales, en petits végétaux ; les forêts et partant les cours d'eau disparaissent ; vienne une invasion, le peuple est écrasé, car il a perdu ses grands ressorts en perdant ses chefs. Et voilà l'histoire des déserts. La politique est donc une science sans principes arrêtés, sans fixité possible ; elle est le génie du moment, l'application constante de la force, suivant la nécessité du jour. L'homme qui verrait à dix siècles de distance mourrait sur la place publique, chargé des imprécations du peuple, ou serait, ce qui me semble pis, flagellé par les mille fouets du ridicule. Les nations sont des individus qui ne sont ni plus sages ni plus forts que ne l'est l'homme, et leurs destinées sont les mêmes. Réfléchir sur celui-ci, n'est-ce pas s'occuper de celles-là? Au spectacle de cette société sans cesse tourmentée dans ses bases comme dans ses effets, dans ses causes comme dans son action, chez laquelle la philanthropie est une sublime erreur, et le progrès un non-sens, j'ai gagné la confirmation de cette vérité : que la vie est en nous, et non au dehors ; que s'élever au-dessus des hommes pour leur commander, est le rôle agrandi d'un régent de classe ; et que les hommes assez forts pour monter jusqu'à la ligne où ils peuvent jouir du coup d'œil des mondes, ne doivent pas regarder à leurs pieds.

5 novembre.

Je suis assurément occupé de pensées graves, je

marche à certaines découvertes, une force invincible m'entraîne vers une lumière qui a brillé de bonne heure dans les ténèbres de ma vie morale; mais quel nom donner à la puissance qui me lie les mains, me ferme la bouche, et m'entraîne en sens contraire à ma vocation? Il faut quitter Paris, dire adieu aux livres des bibliothèques, à ces beaux foyers de lumière, à ces savants si complaisants, si accessibles, à ces jeunes génies avec lesquels j'aurais pu marcher. Qui me repousse? Est-ce le Hasard? Est-ce la Providence? Les deux idées que représentent ces mots sont inconciliables. Si le Hasard n'est pas, il faut admettre le Fatalisme, ou la coordination forcée des choses soumises à un plan général. Alors pourquoi résisterions-nous? Si l'homme n'est plus libre, que devient l'échafaudage de sa morale? Et s'il peut faire sa destinée, s'il peut par son libre arbitre arrêter l'accomplissement du plan général, que devient Dieu? Pourquoi suis-je venu? Si je m'examine, je le sais: je trouve en moi des textes à développer. Mais alors pourquoi possédé-je d'énormes facultés sans pouvoir en user? Si mon supplice servait à quelque exemple, je le concevrais; mais non, je souffre obscurément. Ce résultat est aussi providentiel que peut l'être le sort de la fleur inconnue qui meurt au fond d'une forêt vierge sans que personne en sente les parfums ou en admire l'éclat. De même qu'elle exhale vainement dans la solitude ses odeurs, j'enfante ici dans un grenier des idées sans qu'elles soient saisies. Hier, j'ai mangé du pain et des raisins le soir, devant ma fenêtre, avec un jeune médecin nommé Meyraux. Nous avons causé comme des gens que le malheur a rendus frères, et je lui ai dit : — « Je m'en vais, vous restez, prenez mes conceptions et développez-les! — Je ne le puis, me répondit-il avec une amère tristesse, ma santé trop faible ne résistera pas à mes travaux, et je dois mourir jeune en combattant la misère. » Nous avons regardé le ciel, en nous pressant les mains. Nous nous sommes rencontrés au cours d'Anatomie comparée et dans les galeries du Muséum, amenés tous deux par une même étude, l'unité de la composition zoologique. Chez lui, c'était le pressentiment du génie envoyé pour ouvrir une nouvelle route dans les friches de l'intelligence; chez moi, c'était déduction d'un système général. Ma pensée est de déterminer les rapports réels qui peuvent exister entre l'homme et Dieu. N'est-ce pas une nécessité de l'époque? Sans de hautes certitudes, il est impossible de mettre un mors à ces sociétés que l'esprit d'examen et de discussion a déchaînées et qui crient aujourd'hui: Menez-nous dans une voie où nous marcherons sans rencontrer des abîmes! Vous me demanderez ce que l'anatomie comparée a de commun avec une question aussi grave pour l'avenir des sociétés. Ne faut-il pas se convaincre que l'homme est le but de tous les moyens terrestres pour se demander s'il ne sera le moyen d'aucune fin? Si l'homme est lié à tout, n'y a-t-il rien au-dessus de lui, à quoi il se lie à son tour? S'il est le terme des transmutations inexpliquées qui montent jusqu'à lui, ne doit-il pas être le lien entre la nature visible et une nature invisible? L'action du monde n'est pas absurde, elle aboutit à une fin, et cette fin ne doit pas être une société constituée comme l'est la nôtre. Il se rencontre une terrible lacune entre nous et le ciel. En l'état actuel, nous ne pouvons ni toujours jouir, ni toujours souffrir; ne faut-il pas un énorme changement pour arriver au paradis et à l'enfer, deux conceptions sans lesquelles Dieu n'existe pas aux yeux de la masse? Je sais qu'on s'est tiré d'affaire en inventant l'âme; mais j'ai quelque répugnance à rendre Dieu solidaire des lâchetés humaines, de nos désenchantements, de nos dégoûts, de notre décadence. Puis comment admettre en nous un principe divin contre lequel un verre de rhum puisse prévaloir? comment imaginer des facultés immatérielles que la matière réduise, dont l'exercice soit enchaîné par un grain d'opium? Comment imaginer que nous sentirons quand nous serons dépouillés des conditions de notre sensibilité. Comment Dieu périrait-il parce que la substance serait pensante? L'animation de la substance et ses mille instincts, effets de ses organes, sont-ils moins inexplicables que les effets de la pensée? Le mouvement imprimé aux mondes n'est-il pas suffisant pour prouver Dieu sans aller se jeter dans les absurdités dont notre orgueil a été le principe? Que d'une façon d'être périssable, nous allions après nos épreuves à une existence meilleure, n'est-ce pas assez pour une créature qui ne se distingue des autres que par un instinct plus complet? S'il n'existe pas, en morale, un principe qui ne mène à l'absurde, ou ne soit contredit par l'évidence, n'est-il pas temps de se mettre en quête des dogmes écrits au fond de la nature des choses? Ne faudrait-il pas retourner la science philosophique? Nous nous occupons très-peu du prétendu néant qui nous a précédés, et nous fouillons le prétendu néant qui nous attend. Nous faisons Dieu responsable de l'avenir, et nous ne lui demandons aucun compte du passé. Cependant il est aussi nécessaire de savoir si nous n'avons aucune racine dans l'antérieur, que de savoir si nous sommes soudés au futur. Nous n'avons été déistes ou athées que d'un côté. Le monde est-il éternel? le monde est-il créé? Nous ne concevons aucun moyen terme entre ces deux propositions. L'une est fausse, l'autre est vraie, choisissez. Quel que soit votre choix, Dieu, tel que notre raison se le figure, doit s'amoindrir, ce qui équivaut à sa négation. Faites le honde éternel, la question n'est pas douteuse, Dieu la subi. Mais supposez-le créé, Dieu n'est plus possible. Comment est-il resté toute une éternité sans avoir qu'il aurait la pensée de créer le monde? Comment n'en sait-il point par avance les résultats? D'où en a-t-il tiré l'essence? de lui nécessairement. Si le monde sort de lui, comment admettre le mal? Si le mal est sorti du bien, vous tombez dans l'absurde. S'il n'y a pas de mal, que deviennent les sociétés avec leurs lois? Partout des précipices! Partout un abîme pour la raison! Il est donc une science sociale à refaire en entier. Écoutez, mon oncle! tant qu'un beau génie n'aura pas rendu compte de l'inégalité patente des intelligences, le sens général de l'humanité, le mot Dieu sera sans cesse mis en accusation, et la société reposera sur des sables mouvants. Le secret des différentes zones morales dans lesquelles transite l'homme, se trouvera dans l'analyse de l'animalité tout entière. L'animalité n'a, jusqu'à présent, été considérée que par rapport à ses différences, et non dans ses similitudes, dans ses apparences organiques et non dans ses facultés. Les facultés animales perfectionnent de proche en proche, suivant des lois à rechercher. Ces facultés correspondent à des forces qui les expriment, et ces forces sont essentiellement matérielles, divisibles. Des facultés matérielles! songez à ces deux mots. N'est-ce pas une question aussi insoluble que l'est celle de la communication du mouvement à la matière, abîme encore inexploré, dont le système de Newton a plutôt déplacé que résolu la difficulté? Enfin la combinaison constante de la lumière avec tout ce qui est sur la terre, veut un nouvel examen du globe. L'animal du même genre n'est plus le même sous la zone torride, dans l'Inde ou dans le Nord. Entre la verticalité et l'obliquité des rayons solaires, il se développe une nature dissemblable et pareille, qui, la même dans son principe, ne se ressemble ni en deçà ni au delà dans ses résultats. Le phénomène qui crève nos yeux dans la comparaison des papillons du Bengale et des papillons d'Europe est bien plus grand encore dans le monde moral. Il faut un angle facial déterminé, une certaine quantité de plis cérébraux pour obtenir Alexandre, Newton, Napoléon, Laplace ou Mozart. La vallée sans soleil donne le crétin. Tirez vos conclusions. Pourquoi ces différences dues à la distillation plus ou moins heureuse de la lumière par l'homme? Ces grandes masses humanitaires souffrantes, plus ou moins actives, plus ou moins nourries, plus ou moins éclairées, constituent des difficultés à résoudre, et qui crient contre Dieu. Pourquoi, dans l'extrême joie, voulons-nous toujours quitter la terre? pourquoi l'envie de s'élever, dont toute créature est saisie? Le mouvement est une grande âme dont l'alliance avec la matière est tout aussi difficile à expliquer que la pensée. Aujourd'hui la science est une, il est impossible de toucher à la politique sans s'occuper de morale, et la morale tient à toutes les questions scientifiques. Il me semble que nous sommes à la veille d'une grande bataille humaine. Les forces sont là; seulement, je ne vois pas de général.

. . . . . . . . . . . . . . . . . . . . . . . . . . . . .

25 novembre.

Croyez-moi, mon oncle, il est difficile de renoncer sans douleur à la vie qui nous est propre, et je retourne à Blois avec un affreux saisissement de cœur. J'y mourrai en emportant des vérités utiles! Aucun intérêt personnel ne dégrade mes regrets. La gloire est-elle quelque chose à qui croit pouvoir aller dans une sphère supérieure? Je ne suis pris d'aucun amour pour la syllabe *Lam* et la syllabe *bert*. Prononcées avec vénération ou avec insouciance sur ma tombe, elles ne changeront rien à ma destinée ultérieure. Je me sens fort, énergique, et pourrais devenir une puissance; je sens en moi une vie si lumineuse qu'elle pourrait animer un monde, et je suis enfermé dans une sorte de minéral, comme y sont peut-être effectivement les couleurs que vous admirez au col des oiseaux de la presqu'île Indienne. Il faudrait embrasser tout ce monde, l'étreindre pour le refaire. Mais ceux qui l'ont ainsi étreint et refondu, n'ont-ils pas commencé par être un rouage de la machine? Moi, je serais broyé. A Mahomet le sabre, à Jésus la croix, à moi la mort obscure. Demain à Blois, et quelques jours après dans un cercueil. Savez-vous pourquoi? Je suis revenu à Swedenborg. Quelque obscurs et diffus que soient ses livres, il s'y trouve les éléments d'une conception sociale grandiose. Sa théocratie est sublime, et sa religion est la seule que puisse admettre un esprit supérieur. Lui seul fait toucher à Dieu, il en donne soif. Il a dégagé la majesté de Dieu des ses langes. Il l'a laissé là où il est, en faisant graviter autour de lui les créations innombrables et les créatures par des transformations successives qui sont un avenir plus immédiat, plus naturel que ne l'est l'éternité catholique. Il a lavé Dieu du reproche que lui font les âmes tendres sur la pérennité des vengeances qui doivent punir les fautes d'un instant, système sans justice et sans bonté. Chaque homme peut savoir s'il lui est réservé d'entrer dans une autre vie, et si ce monde a un sens. Cette expérience, je vais la tenter. Cette tentative peut sauver le monde, aussi bien que la croix de Jérusalem et le sabre de l'Alcoran. L'un et l'autre sont fils du désert. Des trente-trois années de Jésus, il n'en est que deux de connues, sa vie silencieuse a préparé sa vie glorieuse. A moi aussi il me faut le désert ! »

Malgré les difficultés de l'entreprise, j'ai cru devoir essayer de peindre la jeunesse de Lambert, cette vie cachée à laquelle je suis redevable des seules bonnes heures et des seuls souvenirs agréables de mon enfance. Hormis ces deux années, je n'ai eu que troubles et ennuis. Si plus tard le bonheur est venu, mon bonheur fut toujours incomplet. J'ai été très-diffus, sans doute; mais faute de pénétrer dans l'étendue du cœur et du cerveau de Lambert, deux mots qui représentent imparfaitement les modes infinis *de sa vie intérieure*, il serait presque impossible de comprendre la seconde partie de son histoire intellectuelle, également inconnue et au monde et à moi, mais dont il m'a été permis d'entrevoir, pendant quelques heures, l'occulte dénoûment. Ceux auxquels ce livre ne sera pas encore tombé des mains, comprendront, je l'espère, les événements qui me restent à raconter, et qui forment en quelque sorte une seconde existence à cette créature, pourquoi ne dirais-je pas à cette création ! en qui tout devait être extraordinaire.

Quelques jours après son arrivée à Blois, Louis fut mené par son oncle, qui était très-désireux de lui procurer des distractions, dans l'une des maisons où il allait habituellement passer la soirée. Ce pauvre prêtre se trouvait dans cette ville dévote comme un véritable lépreux. Personne ne se souciait de recevoir un révolutionnaire, un assermenté. Sa société consistait donc en quelques personnes de l'opinion dite alors libérale, patriote ou constitutionnelle, chez lesquelles il se rendait pour faire sa partie de whist ou de boston. Pendant cette soirée, Louis vit une jeune personne que sa position forçait à rester dans cette société réprouvée par les gens du grand monde, mais dont la fortune était assez considérable pour faire supposer que, plus tard, elle pourrait contracter une alliance dans la haute aristocratie du pays.

Mademoiselle Pauline de Villenoix se trouvait seule héritière des richesses amassées par son grand-père, un juif, nommé Salomon, qui, contrairement aux usages de sa nation, avait épousé dans sa vieillesse une femme de la religion catholique. Il eut un fils élevé dans la communion de sa mère. A la mort de son père, le jeune Salomon acheta, suivant l'expression du temps, une savonnette à vilain, et fit ériger en baronnie la terre de Villenoix dont il prit le nom. Il était mort sans avoir été marié, mais en laissant une fille naturelle à laquelle il avait légué la plus grande partie de sa fortune, et notamment sa terre de Villenoix. Un de ses oncles, M. Joseph Salomon, fut nommé, par M. de Villenoix, tuteur de l'orpheline. Ce vieux juif avait pris une telle affection pour sa pupille, qu'il paraissait vouloir faire de grands sacrifices afin de la marier honorablement. Mais l'origine de mademoiselle de Villenoix et les préjugés que l'on conserve en province contre les juifs, ne lui permettaient pas, malgré sa fortune et celle de son tuteur, d'être reçue dans cette société tout exclusive qui s'appelle, à tort ou à raison, la noblesse. Cependant M. Joseph Salomon prétendait qu'à défaut d'un hobereau de province, sa pupille irait choisir à Paris un époux parmi les pairs libéraux ou monarchiques. Quant à son bonheur, le bon tuteur croyait pouvoir le lui garantir par les stipulations du contrat de mariage. Mademoiselle de Villenoix avait alors vingt ans. Sa beauté remarquable, les grâces de son esprit étaient, pour sa félicité, des garanties moins équivoques que toutes celles données par la fortune. Ses traits offraient dans leur plus grande pureté le caractère de la beauté juive, ces lignes ovales, si larges et si virginales, qui ont je ne sais quoi d'idéal et respirent les délices de l'Orient, l'azur inaltérable de son ciel, les splendeurs de sa terre, et les fabuleuses richesses de sa vie. Elle avait de beaux yeux voilés par de longues paupières garnies de cils épais et recourbés. Une innocence biblique animait son front. Son teint avait la blancheur mate des robes du lévite. Elle restait habituellement silencieuse et recueillie; mais ses gestes, ses mouvements, témoignaient d'une grâce cachée, de même que ses paroles attestaient l'esprit doux et caressant de la femme. Cependant elle n'avait pas cette fraîcheur rosée, ces couleurs purpurines dont les joues de la femme sont décorées pendant son âge d'insouciance. Des nuances brunes, mélangées de quelques filets rougeâtres, remplaçaient dans son visage la coloration, et trahissaient un caractère énergique, une irritabilité nerveuse que beaucoup d'hommes n'aiment pas à trouver dans une femme, mais qui, pour certains autres, sont l'indice d'une chasteté de sensitive et de passions fières. Aussitôt que Lambert aperçut mademoiselle de Villenoix, il devina l'ange caché sous cette forme. Alors les facultés de son âme, si grandes, si fortes; sa pensée si vive, si exercée; sa pente vers l'extase, tout, en lui, se résolut par un amour sans bornes, par le premier amour du jeune homme, passion déjà si vigoureuse chez les autres, mais que la vivace ardeur de ses sens, la nature de ses idées et son genre de vie durent porter à une puissance incalculable. Cette passion fut un abîme où le malheureux jeta tout, abîme où la pensée s'effraye de descendre, puisque la sienne, si flexible et si acérée, s'y perdit. Là, tout est mystère, car tout se passait dans ce monde moral, clos pour la plupart des hommes, et dont il avait cru deviner les lois.

Lorsque le hasard me mit en relation avec son oncle, le bonhomme m'introduisait dans la chambre habitée à cette époque par Lambert. Je voulais y chercher quelques traces de ses œuvres, s'il en avait laissé. Là, parmi des papiers dont le vieillard respectait le désordre avec cet exquis sentiment de douleur qui distingue les vieilles gens, je trouvai plusieurs lettres trop illisibles pour avoir été remises à mademoiselle de Villenoix. La connaissance que je possédais de l'écriture de Lambert me permit, à l'aide du temps, de déchiffrer les hiéroglyphes de cette sténographie créée par l'impatience et par la frénésie de la passion. Emporté par ses sentiments, il écrivait sans s'apercevoir de l'imperfection des lignes trop lentes à formuler sa pensée. Il avait dû être obligé de recopier ces essais informes où souvent les lignes se confondaient ; mais peut-être aussi craignait-il de ne pas donner à ses idées des formes assez décevantes, et, dans le commencement, s'y prenait-il à deux fois pour ses lettres d'amour. Quoi qu'il en soit, il a fallu toute l'ardeur de mon culte pour sa mémoire, et l'espèce de fanatisme que donne une entreprise de ce genre, pour deviner et rétablir le sens des cinq lettres qui suivent. Ces papiers, que je conserve avec une sorte de piété, sont les seuls témoignages matériels de son ardente passion. Mademoiselle de Villenoix a sans doute détruit les véritables lettres qui lui furent adressées, fastes éloquents du délire qu'elle causa. La première de ces lettres, qui était évidemment ce qu'on nomme un brouillon, attestait par sa forme, par son ampleur, ces hésitations, ces troubles du cœur, ces craintes sans nombre éveillées par l'envie de plaire, ces changements d'expressions, et ces incertitudes entre toutes les pensées, qui assaillent un jeune homme écrivant sa première lettre d'amour : lettre dont on se souvient toujours, dont chaque phrase est le fruit d'une rêverie, dont chaque mot excite de longues contemplations, où le sentiment le plus effréné de tous comprend la nécessité des tournures les plus modestes ; et, comme un géant qui se courbe pour entrer dans une chaumière, se fait humble et petit pour ne pas effrayer une âme de jeune fille. Jamais antiquaire n'a manié ses palimpsestes avec plus de respect que je n'en eus à étudier, à construire ces monuments mutilés d'une souffrance et d'une joie si sacrées pour ceux qui ont connu la même joie et la même souffrance.

## I.

Mademoiselle, quand vous aurez lu cette lettre, si toutefois vous la lisez, ma vie sera entre vos mains, car je vous aime, et, pour moi, espérer d'être aimé, c'est la vie. Je ne sais pas si d'autres n'ont point, en vous parlant d'eux, abusé déjà des mots que j'emploie ici pour vous peindre l'état de mon âme. Croyez cependant à la vérité de mes expressions ! elles sont faibles mais sincères. Peut-être est-ce mal d'avouer ainsi son amour ? Oui, la voix de mon cœur me conseillait d'attendre en silence que ma passion vous eût touchée, afin de la dévorer, si les muets témoignages vous en déplaisaient ; ou pour l'exprimer plus chastement encore que par d'impuissantes paroles, si je trouvais grâce à vos yeux. Mais, après avoir longtemps écouté les délicatesses dont s'effraye un jeune cœur, j'ai obéi, en vous écrivant, à l'instinct qui arrache des cris inutiles aux mourants. J'ai eu besoin de tout mon courage pour imposer silence à la fierté du malheur et pour franchir les barrières que les préjugés mettent entre vous et moi. J'ai dû comprimer bien des pensées pour vous aimer malgré votre fortune ! Enfin, pour vous écrire ne fallait-il pas affronter ce mépris que les femmes réservent souvent à des amours dont néanmoins elles écoutent l'aveu comme une flatterie de plus parmi celles qu'elles reçoivent ou pensent? Aussi faut-il s'élancer de toutes ses forces vers le bonheur, être attiré vers la vie de l'amour comme l'est une plante vers la lumière, et avoir été bien malheureux, pour savoir vaincre les tortures, les angoisses de ces délibérations secrètes où la raison nous démontre de mille manières la stérilité des vœux cachés au fond du cœur, et où cependant l'espérance nous fait tout braver. J'étais si heureux de vous admirer en silence, j'étais si complétement abîmé dans la contemplation de votre belle âme, qu'en vous voyant, je n'imaginais rien au delà. Non, je n'aurais pas encore osé vous parler, si je n'avais entendu annoncer votre départ. A quel supplice un seul mot m'a livré ! Enfin mon chagrin m'a fait apprécier l'étendue de mon attachement pour vous : il est sans bornes. Mademoiselle, vous ne connaîtrez jamais, du moins je désire que jamais vous n'éprouviez la douleur causée par la crainte de perdre le seul bonheur qui nous soit éclos pour nous sur cette terre, le seul qui nous ait jeté quelque lueur dans l'obscurité de la misère. Hier, j'ai senti que ma vie n'était plus à moi, mais en vous. Il n'est plus pour moi qu'une femme dans le monde, comme il n'est plus qu'une seule pensée dans mon âme. Je n'ose vous dire à quelle alternative me réduit l'amour que j'ai pour vous. Ne voulant vous devoir qu'à vous-même, je dois éviter de me présenter accompagné de tous les prestiges du malheur : ne sont-ils pas plus actifs que ceux de la fortune sur de nobles âmes? Je vous tairai donc bien des choses. Oui, j'ai une idée trop belle de l'amour, pour le corrompre par des pensées étrangères à sa nature. Si mon âme est digne de la vôtre, si ma vie est pure, votre cœur en aura quelque généreux pressentiment, et vous me comprendrez! Il est dans la destinée de l'homme de s'offrir à celle qui le fait croire au bonheur ; mais votre droit est de refuser le sentiment le plus vrai, s'il ne s'accorde pas avec les voix confuses de votre cœur : je le sais. Mais si le sort que vous me ferez doit être contraire à mes espérances, mademoiselle, j'invoque toutes les délicatesses de votre âme vierge, aussi bien que l'ingénieuse pitié de la femme! Ah! je vous en supplie à genoux, brûlez ma lettre, oubliez tout! Ne plaisantez pas d'un sentiment respectueux et trop profondément empreint dans l'âme pour pouvoir s'en effacer. Brisez mon cœur, mais ne le déchirez pas! Que l'expression de mon premier amour, d'un amour jeune et pur, n'ait retenti que dans un cœur jeune et pur ; qu'il y meure, comme une prière mentale va se perdre dans le sein de Dieu! Je vous dois de la reconnaissance. J'ai passé des heures délicieuses occupé à vous voir, m'abandonnant aux rêveries les plus douces de ma vie. Ne couronnez donc pas cette frêle et passagère félicité par quelque moquerie de jeune fille. Contentez-vous de ne pas me répondre, je saurai bien interpréter votre silence : vous ne me verrez plus. Si je dois être condamné à toujours comprendre le bonheur, et à le perdre toujours; si je suis, comme l'ange exilé, conservant le sentiment des délices célestes, mais sans cesse attaché dans un monde de douleur, eh bien! je garderai le secret de mon amour, comme celui de mes misères. Et, adieu! Oui, je vous confie à Dieu, que j'implorerai pour vous, à qui je demanderai de vous faire une belle vie ; car je ne vous quitterai jamais, même chassé de votre cœur. Autrement, quelle valeur auraient les paroles saintes de cette lettre, ma première et ma dernière prière peut-être! Je mériterais mes angoisses si je cessais un jour de penser à vous, de vous aimer, heureux ou malheureux!

## II.

Vous ne partez pas ! Je suis donc aimé ! moi, pauvre être obscur. Ma chère Pauline, vous ne connaissez pas toute la puissance du regard auquel je crois, et que vous m'avez jeté pour m'annoncer que j'avais été déjà choisi par vous, par vous jeune et belle, qui voyez tout à vos pieds. Pour vous faire comprendre mon bonheur, il faudrait vous raconter ma vie. Si vous m'eussiez repoussé, pour moi tout était fini. J'avais trop souffert. Oui, mon amour, ce bienfaisant et magnifique amour était un dernier effort vers la vie heureuse dont mon âme avait soif, une âme déjà brisée par des travaux inutiles, consumée par des craintes qui me font douter de moi, rongée par des désespoirs qui m'ont souvent persuadé de mourir. Non, personne dans le monde ne sait la terreur que ma fatale imagination me cause à moi-même. Elle m'élève souvent dans les cieux, et tout à coup me laisse tomber à terre d'une hauteur prodigieuse. D'intimes élans de force, quelques rares et secrets témoignages d'une lucidité particulière me disent parfois que je puis beaucoup. Alors j'enveloppe le monde par ma pensée, je le pétris, je le façonne, je le pénètre, je le comprends ou crois le comprendre ; mais soudain, je me réveille seul, et me trouve dans une nuit profonde, tout chétif ; j'oublie les lueurs que je viens d'entrevoir, je suis privé de secours, et surtout sans un cœur où je puisse me réfugier! Ce malheur de ma vie morale agit également sur mon existence réelle. La nature de mon esprit m'y livre sans défense aux joies du bonheur comme aux affreuses clartés de la réflexion. Alors, voyant avec une même lucidité les obstacles et le succès, suivant ma croyance du moment, je suis heureux ou malheureux. Ainsi, lorsque je vous vis, j'eus le pressentiment d'une nature angélique ; je respirai l'air favorable à ma brûlante poitrine ; puis, j'entendis en moi cette voix qui ne trompe jamais, et qui m'avertissait d'une vie heureuse. Mais apercevant aussi toutes les barrières qui nous séparaient, devinant pour la première fois les préjugés du monde, et les comprenant alors dans toute l'étendue de leur petitesse, les obstacles m'effrayèrent encore plus que la vue du bonheur ne m'exaltait. Aussitôt, je ressentis cette réaction terrible par laquelle mon âme expansive est refoulée sur elle-même. Le sourire que vous aviez fait naître sur mes lèvres se changea tout à coup en contraction amère, et je tâchai de rester froid, pendant que mon sang bouillonnait, agité par mille sentiments contraires. Enfin, je reconnus cette sensation mordante à laquelle vingt-trois années pleines de soupirs réprimés et d'expansions trahies ne m'ont pas encore habitué. Eh bien, Pauline, le regard par lequel vous m'avez annoncé le bonheur a tout à coup réchauffé ma vie et changé mes misères en félicités. Je voudrais maintenant avoir souffert davantage. Mon amour s'est trouvé grand tout à coup. Mon âme était un vaste pays auquel manquaient les bienfaits du soleil, et votre regard y a jeté soudain la lumière. Chère providence! vous serez tout pour moi, pauvre orphelin qui n'ai d'autre parent que mon oncle. Vous serez toute ma famille, comme vous êtes déjà ma seule richesse, et le monde entier pour moi. Ne m'avez-vous pas jeté toutes les fortunes de l'homme par ce chaste, par ce prodigue, par ce timide regard? Oui, vous m'avez donné une confiance, une audace incroyables. Je puis tout maintenant. J'étais revenu à Blois, découragé. Cinq ans d'études au milieu de Paris m'avaient montré le monde comme une prison. Je concevais des sciences entières et n'osais en parler. La gloire me semblait un charlatanisme auquel une âme vraiment grande ne devait pas se prêter. Mes idées ne pouvaient donc passer que sous la protection d'un homme assez hardi pour monter sur les tréteaux, et parler d'une voix haute aux niais qu'il méprise. Cette intrépidité me manquait. J'allais, brisé par les arrêts de cette foule, désespérant d'en être jamais écouté. J'étais et trop bas et trop haut! Je dévorais mes pensées comme d'autres dévorent leurs humiliations. J'en étais arrivé à mépriser la science, parce que je lui reprochais de ne rien ajouter au bonheur réel. Mais depuis hier, en moi tout est changé. Pour vous, je convoite les palmes de la gloire et tous les triomphes du talent! Je veux, en apportant ma tête sur vos genoux, y faire reposer tous les regards du monde, comme je veux mettre dans mon amour toutes les idées, tous les pouvoirs! La plus immense des renommées est un bien que nulle puissance ne peut créer. Eh bien! je puis, si je le veux, vous faire un lit de lauriers. Mais si les paisibles ovations de la science ne vous satisfaisaient pas, je porte en moi le glaive et la parole, je saurai courir dans la carrière des honneurs et de l'ambition, comme d'autres s'y traînent! Parlez, Pauline, je serai tout ce que vous voudrez que je sois. Ma volonté de fer peut tout. Je suis aimé! Armé de cette pensée, un homme ne doit-il pas faire tout plier devant lui. Tout est possible à celui qui veut tout. Soyez le prix du succès, et demain j'entre en lice. Pour obtenir un regard comme celui que vous m'avez jeté, je franchirais le plus profond des précipices. Vous m'avez expliqué les fabuleuses entreprises de la chevalerie, et les plus capricieux récits des Mille et une Nuits. Maintenant je crois aux plus fantasques exagérations de l'amour, et à la réussite de tout ce qu'entreprennent les prisonniers pour conquérir la liberté. Vous avez réveillé mille vertus endormies dans mon être: la patience, la résignation, toutes les forces du cœur, toutes les puissances de l'âme; je vis par vous, et, pensée délicieuse! pour vous. Maintenant tout a un sens, pour moi, dans cette vie, et je comprends même les vanités de la richesse. Je me surprends à verser toutes les perles de l'Inde à vos pieds; je me plais à vous voir couchée, ou parmi les plus belles fleurs, ou sur le plus moelleux des tissus, et toutes les splendeurs de la terre me semblent à peine dignes de vous, en faveur de qui je voudrais pouvoir disposer des accords et des lumières que prodiguent les harpes et les étoiles dans les cieux. Pauvre studieux poëte, ma parole vous offre des trésors que je n'ai pas! je ne puis vous donner que mon cœur, où vous régnerez toujours : là sont tous mes biens. Mais n'est-ce donc pas un trésor qu'une éternelle reconnaissance, un sourire dont le bonheur variera les expressions, et l'attention constante de mon amour à deviner les vœux de votre âme aimante? Un regard céleste ne nous a-t-il pas dit que nous pourrions toujours nous entendre? J'ai donc maintenant une prière à faire tous les soirs à Dieu, prière pleine de vous: — « Faites que ma Pauline soit heureuse! » Mais ne remplirez-vous donc pas mes jours, comme déjà vous remplissez mon cœur? Adieu, vous que je confie à Dieu!

## III.

Pauline! dis-moi si j'ai pu te déplaire en quelque chose, hier? Abjure cette fierté de cœur qui fait endurer secrètement les peines causées par un être aimé. Gronde-moi. Depuis hier je ne sais quelle crainte vague de t'avoir offensée répand de la tristesse sur cette vie du cœur que tu m'as faite et si douce et si riche. Souvent, le plus léger voile qui s'interpose entre deux âmes devient un mur d'airain. Il n'est pas de légers crimes en amour! Si vous avez tout le génie de ce beau sentiment, vous devez en ressentir toutes les souffrances. Mais, mon cher trésor, sans doute la faute vient de moi, s'il y a faute. Je n'ai pas l'orgueil de comprendre un cœur de femme dans toute l'étendue de sa tendresse, dans toute la grâce de ses dévouements; seulement, je tâcherai de deviner toujours le prix de ce que tu voudras me révéler dans les secrets du tien. Parlemoi, réponds-moi promptement. La mélancolie dans laquelle nous jette le sentiment d'un tort est bien affreuse, elle enveloppe la vie et fait douter de tout. Je suis resté pendant cette matinée assis sur le bord du chemin creux, voyant les tourelles de Villenoix, et n'osant aller jusqu'à notre haie. Si tu savais tout ce que j'ai vu dans mon âme! quels tristes fantômes ont passé devant moi, sous ce ciel gris, dont le froid aspect augmentait encore mes sombres dispositions. J'ai eu de sinistres pressentiments. J'ai eu peur de ne pas te rendre heureuse. Il faut tout te dire, ma chère Pauline. Il se rencontre des moments où l'esprit qui m'anime semble se retirer de moi. Je suis comme abandonné par ma force. Alors, tout me pèse, chaque fibre de mon corps devient inerte, chaque sens se détend, mon regard s'amollit, ma langue est glacée, l'imagination s'éteint, les désirs meurent, et ma forme humaine subsiste seule. Alors, tu serais là dans toute la gloire de ta beauté, tu me prodiguerais tes plus curieux sourires et tes plus tendres paroles, il s'élèverait une puissance mauvaise qui m'aveuglerait, et me traduirait en sons discords la plus ravissante des mélodies. Alors, du moins je le crois, se dresse devant moi je ne sais quel génie raisonneur qui me fait voir le néant au fond des plus certaines richesses. Ce démon impitoyable fauche toutes les fleurs, ricane des sentiments les plus doux, en me disant : « Eh bien ! après ? » flétrit la plus belle œuvre en m'en montrant le principe, et me dévoile le mécanisme des choses en m'en cachant les résultats harmonieux. En ces moments terribles où le mauvais ange s'empare de mon être, où la lumière divine s'obscurcit en mon âme sans que j'en sache la cause, je reste triste et je souffre ; je voudrais être sourd et muet ; je souhaite la mort, j'y vois un repos. Ces heures de doute et d'inquiétude sont peut-être nécessaires ; elles m'apprennent du moins à ne pas avoir d'orgueil, après les élans qui m'ont porté dans les cieux où je moissonne les idées à pleines mains ; car c'est toujours après avoir longtemps parcouru les vastes campagnes de l'intelligence, après des méditations lumineuses, que, lassé, fatigué, je tombe dans ces ténèbres. En ce moment, mon ange, une femme devrait douter de ma tendresse, elle le pourrait du moins. Souvent, elle, capricieuse, maladive ou triste, réclamera les caressants trésors d'une tendresse ingénieuse, et je n'aurai pas un regard pour la consoler ! J'ai la honte, Pauline, de l'avouer qu'alors je pourrais pleurer avec toi, mais que rien ne m'arracherait un sourire. Et cependant, une femme trouve dans son amour la force de taire ses douleurs ! Elle sait, pour son enfant comme pour celui qu'elle aime, rire en souffrant. Pour toi, Pauline, ne pourrai-je donc imiter la femme dans ses sublimes délicatesses? Depuis hier je doute de moi-même. Si j'ai pu te déplaire une fois, si je ne t'ai pas comprise, je tremble d'être emporté souvent ainsi par mon fatal démon hors de notre bonne sphère. Si j'avais beaucoup de ces moments affreux, si mon amour sans bornes ne savait pas racheter les heures mauvaises de ma vie, si j'étais destiné à demeurer tel que je suis ! Fatales questions ! La puissance est un bien fatal présent, si toutefois ce que je sens en moi est la puissance. Pauline, éloigne-toi de moi, abandonne-moi, je préfère souffrir tous les maux de la vie à la douleur de te savoir malheureuse par moi. Mais peut-être le démon n'a-t-il pris autant d'empire sur mon âme que parce qu'il ne s'est point encore trouvé près de moi de mains douces et blanches pour le chasser. Jamais une femme ne m'a versé le baume de ses consolations, et j'ignore si, lorsqu'en ces moments de lassitude, l'Amour agitera ses ailes au-dessus de ma tête, il ne répandra pas dans mon cœur de nouvelles forces. Peut-être, ces cruelles mélancolies sont-elles un fruit de ma solitude, une des souffrances de l'âme abandonnée qui gémit et paye ses trésors inconnus par des douleurs inconnues. Aux légers plaisirs, les légères souffrances ; aux immenses bonheurs, des maux inouïs. Quel arrêt ! S'il était vrai, ne devons-nous pas frissonner pour nous, qui sommes si heureux ? Si la nature nous vend les choses selon leur valeur, dans quel abîme allons-nous donc tomber ! Ah ! les amants les plus richement partagés sont ceux qui meurent ensemble au milieu des trésors de leur jeunesse et de leur amour! Quelle tristesse ! Mon âme pressent-elle un méchant avenir ? Je m'examine. Je me demande s'il se trouve quelque chose en moi qui doive t'apporter le plus léger souci ? Je t'aime peut-être en égoïste ? Je mettrai peut-être sur ta chère tête d'amour un fardeau plus pesant que ma tendresse ne sera douce à ton cœur ? S'il existe en moi quelque puissance inexorable à laquelle j'obéis, si je dois maudire quand tu joindras les mains pour prier, si quelque triste pensée me domine lorsque je voudrai me mettre à tes pieds pour jouer avec toi comme un enfant, ne seras-tu pas jalouse de cet exigeant et fantasque génie ? Comprends-tu bien, cœur à moi, que j'ai peur de n'être pas tout à toi, que j'abdiquerais volontiers tous les sceptres, toutes les palmes du monde pour faire de toi mon éternelle pensée; pour voir, dans notre délicieux amour, une belle vie et un beau poëme ; pour y jeter mon âme, y engloutir mes forces, et demander à chaque heure les joies qu'elle nous doit ? Mais voilà que reviennent en foule mes souvenirs d'amour, les nuages de ma tristesse vont se dissiper. Adieu. Je te quitte pour être mieux à toi. Mon âme chérie, j'attends un mot, une parole qui me rende la paix du cœur. Que je sache si j'ai contristé ma Pauline, ou si j'ai été trompé par une douteuse expression de ton visage ? Je ne voudrais pas avoir à me reprocher, même après toute une vie heureuse, d'être venu vers toi sans un sourire plein d'amour, sans une parole de miel. Affliger la femme que l'on aime ! Pour moi, Pauline, c'est un crime. Dis-moi la vérité, ne me fais pas quelque généreux mensonge, mais désarme ton pardon de toute cruauté.

---

**FRAGMENT.**

Un attachement si complet est-il un bonheur ? Oui ! des années de souffrance ne paieraient pas une heure d'amour. Hier, ton apparente tristesse a passé dans mon âme avec la rapidité d'une ombre qui se projette. Étais-tu triste ou souffrais-tu? J'ai souffert. D'où venait ce chagrin? Écris-moi vite. Pourquoi ne l'ai-je pas deviné? Nous ne sommes donc pas encore complètement unis par la pensée? Je devrais, à deux lieues de toi comme à mille, ressentir tes peines et tes douleurs. Je ne croirai pas t'aimer, tant que ma vie ne sera pas assez intimement liée à la tienne pour que nous ayons la même vie, le même cœur, la même idée. Je dois être où tu es, voir ce que tu vois, ressentir ce que tu ressens, et te suivre par la pensée. N'ai-je pas déjà su, le premier, que ta voiture avait versé, que tu étais blessée? Mais aussi ce jour-là ne t'avais-je pas quittée. Je te voyais. Quand mon oncle m'a demandé pourquoi je pâlissais, je lui ai dit : « Mademoiselle de Villenoix vient de tomber! » Pourquoi donc n'ai-je pas lu dans ton âme, hier? Voulais-tu me cacher la cause de ce chagrin? Cependant j'ai cru deviner que tu avais fait en ma faveur quelques efforts malheureux auprès du redoutable M. Salomon, qui me glace. Cet homme n'est pas de notre ciel. Pourquoi veux-tu que notre bonheur, qui ne ressemble en rien à celui des autres, se conforme aux lois du monde? Mais j'aime trop tes mille pudeurs, ta religion, tes superstitions, pour ne pas obéir à tes moindres caprices. Ce que tu fais, doit être saint; rien n'est plus pur que ta pensée, comme rien n'est plus beau que ton visage où se réfléchit ton âme divine. J'attendrai ta lettre avant d'aller par les chemins chercher le doux moment que tu m'accordes. Ah! si tu savais combien l'aspect des tourelles me fait palpiter, quand enfin, je les vois bordées de lueur par la lune, notre amie, notre seule confidente!

## IV.

Adieu la gloire, adieu l'avenir, adieu la vie que je rêvais! Maintenant, ma tout aimée, ma gloire est d'être à toi, digne de toi; mon avenir est tout entier dans l'espérance de te voir; et, ma vie, n'est-ce pas de rester à tes pieds, de me coucher sous tes regards, de respirer en plein dans les cieux que tu m'as créés? Toutes mes forces, toutes mes pensées, doivent t'appartenir, à toi qui m'as dit ces enivrantes paroles : « Je veux tes peines! » Ne serait-ce pas dérober des joies à l'amour, des moments au bonheur, des sentiments à ton âme divine, que de donner des heures à l'étude, des idées au monde, des poésies aux poètes? Non, non, chère vie à moi, je te veux tout réserver, je veux t'apporter toutes les fleurs de mon âme. Y a-t-il rien d'assez beau, d'assez splendide dans les trésors de la terre et de l'intelligence, pour fêter un cœur aussi riche, un cœur aussi pur que le tien, et auquel j'ose allier le mien, parfois? Oui, parfois, j'ai l'orgueil de croire que je sais aimer autant que tu aimes! Mais non, tu es un *ange-femme*, et il y aura toujours plus de charme dans l'expression de tes sentiments, plus de parfum dans ton souffle, plus d'harmonie dans ta voix, plus de grâce dans tes sourires, plus de pureté dans tes regards que dans les miens! Oui, laisse-moi penser que tu es une création d'une sphère plus élevée que ne l'est la mienne. Tu auras l'orgueil d'en être descendue, et moi celui de t'avoir méritée. Et tu ne seras peut-être pas déchue en venant à moi, pauvre et malheureux! Oui, si le plus bel asile d'une femme est un cœur tout à elle, tu seras toujours souveraine dans le mien. Aucune pensée, aucune action ne ternira jamais ce cœur, riche sanctuaire, tant que tu voudras y résider; mais n'y demeureras-tu pas sans cesse? Ne m'as-tu pas dit ce mot délicieux : *Maintenant et toujours!* ET NUNC ET SEMPER! J'ai gravé sous ton portrait ces paroles du Rituel, dignes de toi, comme elles sont dignes de Dieu. Il est, *et maintenant et toujours*, comme sera mon amour! Non, non, je n'épuiserai jamais ce qui est immense, infini, sans bornes : tel est le sentiment que je sens en moi pour toi. J'en ai deviné l'incommensurable étendue, comme nous devinons l'espace, par la mesure d'une de ses parties! Ainsi, j'ai eu des jouissances ineffables, des heures entières pleines de méditations chatouilleuses en me rappelant un seul de tes gestes, ou l'accent d'une phrase. Il y aura donc des souvenirs sous le poids desquels il faudra succomber, si déjà la souvenance d'une heure douce et familière me fait pleurer de joie, attendrit, pénètre mon âme, et devient une intarissable source de bonheur. Aimer, c'est la vie de l'ange! Il me semble que je n'épuiserai jamais le plaisir que j'éprouve à te voir. Ce plaisir, le plus modeste de tous, mais auquel le temps manque toujours, m'a fait comprendre les éternelles contemplations dans lesquelles restent les Séraphins et les Esprits devant Dieu : rien n'est plus naturel, s'il émane de son essence une lumière aussi fertile en sentiments nouveaux que l'est celle de tes yeux, de ton front imposant, de ta belle physionomie, céleste image de ton âme, l'âme, cet autre nous-mêmes dont la forme pure ne périssant jamais rend alors notre amour immortel. Je voudrais qu'il existât un langage autre que celui dont je me sers, pour t'exprimer les renaissantes délices de mon amour; il y en a bien un, il n'est qu'à nous. Nos regards ne sont-ils pas de vivantes paroles? mais ne faut-il pas aussi nous voir pour entendre par les yeux ces interrogations et ces réponses du cœur si vives, si pénétrantes que tu m'as dit un soir : — « Taisez-vous! » quand je ne parlais pas? T'en souviens-tu, ma chère vie? De loin, quand je suis dans les ténèbres de l'absence, je suis forcé d'employer des mots humains pour rendre des sensations divines. Les mots accusent au moins les sillons qu'elles tracent dans mon âme, comme Dieu résume imparfaitement les idées que nous avons de ce mystérieux principe. Encore, malgré la science du langage, n'ai-je jamais rien trouvé dans l'infini de ces expressions qui pût te peindre la délicieuse étreinte par laquelle ma vie se fond dans la tienne quand je pense à toi. Puis, par quel mot finir, lorsque je cesse de t'écrire sans pour cela te quitter? Que signifie adieu, à moins de mourir? Mais la mort serait-elle un adieu? Alors mon âme ne se réunirait-elle pas plus intimement à la tienne? O mon éternelle pensée! naguère je t'offris à genoux mon cœur et ma vie; maintenant, quelles nouvelles fleurs de sentiment trouverai-je donc en mon âme, que je ne t'aie données? Ne serait-ce pas l'envoyer une parcelle du bien que tu possèdes? N'es-tu pas mon avenir? Combien je regrette le passé! Ces années qui ne nous appartiennent plus, je voudrais te les rendre toutes, et t'y faire régner comme tu règnes sur ma vie. Mais qu'est-ce que le temps de mon existence où je ne te connaissais pas? Ce serait le néant, si je n'avais pas été si malheureux.

---

**FRAGMENT.**

Ange aimé, quelle douce soirée que celle d'hier! Que de richesse dans ton cher cœur! ton amour est donc inépuisable, comme le mien! Chaque mot m'apportait de nouvelles joies, et chaque regard en étendait la profondeur. L'expression calme de ta physionomie donnait un horizon sans bornes à nos pensées! oui, tout était alors infini comme le ciel, et doux comme son azur. La délicatesse de tes traits adorés se reproduisait, je ne sais par quelle magie, dans tes gentils mouvements, dans tes gestes menus. Je savais bien que tu étais tout grâce et tout amour, mais j'ignorais combien tu étais gracieuse. Tout s'accordait à me conseiller ces voluptueuses sollicitations, à me faire demander ces premières grâces qu'une femme refuse toujours, sans doute pour se les laisser ravir. Mais non, toi, chère âme de ma vie, tu ne sauras jamais d'avance ce que tu pourras accorder à mon amour, et tu te donneras sans le vouloir peut-être! tu es vraie, et n'obéis qu'à ton cœur. Comme la douceur de ta voix s'alliait aux tendres harmonies de l'air pur et des cieux tranquilles! Pas un cri d'oiseau, pas une brise : la solitude et nous! Les feuillages immobiles ne tremblaient même pas dans ces admirables couleurs du couchant qui sont tout à la fois ombre et lumière. Tu as senti ces poésies célestes, toi qui unissais tant de sentiments divers, et reportais si souvent tes yeux vers le ciel pour ne pas me répondre! Toi, fière et rieuse, humble et despotique, te donnant tout entière en âme, en pensée, et te dérobant à la plus timide des caresssses! Chères coquetteries du cœur! elles vibrent toujours dans mon oreille, elles s'y roulent et s'y jouent encore, ces délicieuses paroles, à demi bégayées comme celles des enfants, et qui n'étaient ni des promesses, ni des aveux, mais qui laissaient à l'amour ses belles espérances, sans craintes et sans tourments! Quel chaste souvenir dans la vie! Quel épanouissement de toutes les fleurs qui naissent au fond de l'âme, et qu'un rien peut flétrir, mais qu'alors tout animait et fécondait! Ce sera toujours ainsi, n'est-ce pas, mon aimée? En me rappelant, au matin, les vives et fraîches douceurs dont ce moment a été la source, je me sens dans l'âme un bonheur qui me fait concevoir le véritable amour comme un océan de sensations éternelles et toujours neuves où l'on se plonge avec de croissantes délices. Chaque jour, chaque parole, chaque caresse, chaque regard doit y ajouter le tribut de sa joie écoulée. Oui, les cœurs assez grands pour ne rien oublier, doivent vivre, à chaque battement, de toutes leurs félicités passées, comme de toutes celles que promet l'avenir. Voilà ce que je rêvais autrefois, et ce n'est plus un rêve aujourd'hui! N'ai-je pas rencontré sur cette terre un ange qui m'en a fait connaître toutes les joies pour me récompenser peut-être d'en avoir supporté toutes les douleurs! Ange du ciel, je te salue par un baiser.

Je t'envoie cette hymne échappée à mon cœur, je te la devais; mais elle te peindra difficilement ma reconnaissance et ces prières matinales que mon cœur adresse chaque jour à celle qui m'a dit tout l'évangile du cœur dans ce mot divin : — Croyez!

---

## V.

Comment, cœur chéri, plus d'obstacles! Nous serons libres d'être l'un à l'autre, chaque jour, à chaque heure, chaque moment, toujours! Nous pourrons rester, pendant toutes les journées de notre vie, heureux comme nous le sommes furtivement en de rares instants! Quoi! nos sentiments si purs, si profonds, prendront les formes délicieuses des mille caresses que j'ai rêvées ! Ton petit pied se déchaussera pour moi ! tu seras toute à moi ! Ce bonheur me tue, il m'accable. Ma tête est trop faible, elle éclate sous la violence de mes pensées. Je pleure et je ris, j'extravague. Chaque plaisir est comme une flèche ardente, il me perce et me brûle ! Mon imagination te fait passer devant mes yeux ravis, éblouis, sous les innombrables et capricieuses figures qu'affecte la volupté. Enfin, toute notre vie est là, devant moi, avec ses torrents, ses repos, ses joies ; elle bouillonne, elle s'étale, elle dort ; puis elle se réveille jeune, fraîche. Je nous vois tous deux unis, marchant du même pas, vivant de la même pensée ; toujours au cœur l'un de l'autre, nous comprenant, nous entendant comme l'écho reçoit et redit les sons à travers les espaces ! Peut-on vivre longtemps en dévorant ainsi sa vie à toute heure ? Ne mourrons-nous pas dans le premier embrassement ? Et que sera-ce donc, si déjà nos âmes se confondaient dans ce doux baiser du soir, qui nous enlevait nos forces ! ce baiser sans durée, dénoûment de tous mes désirs, interprète impuissant de tant de prières échappées à mon âme pendant nos heures de séparation, et cachées au fond de mon cœur comme des remords ! Moi qui revenais me coucher dans la haie pour entendre le bruit de tes pas quand tu retournais au château, je vais donc pouvoir t'admirer à mon aise, agissant, riant, jouant, causant, allant. Joies sans fin ! Tu ne sais pas tout ce que je sens de jouissances à te voir marcher, aller et venir ! Il faut être homme pour éprouver ces sensations profondes. Chacun de tes mouvements me donne plus de plaisir que n'en peut prendre une mère à voir son enfant joyeux ou endormi. Je t'aime de tous les amours ensemble. La grâce de ton moindre geste est toujours nouvelle pour moi. Il me semble que je passerais les nuits à respirer ton souffle ; je voudrais me glisser dans tous les actes de ta vie, être la substance même de tes pensées ; je voudrais être toi-même. Enfin, je ne te quitterai donc plus ! Aucun sentiment humain ne troublera plus notre amour, infini dans ses transformations et pur comme tout ce qui est un ; notre amour vaste comme la mer, vaste comme le ciel ! Tu es à moi ! toute à moi ! Je pourrai donc regarder au fond de tes yeux pour deviner la chère âme qui s'y cache et s'y révèle tour à tour, pour y épier tes désirs ! Ma bien-aimée, écoute certaines choses que je n'osais te dire encore, mais que je puis t'avouer aujourd'hui. Je sentais en moi je ne sais quelle pudeur d'âme qui s'opposait à l'entière expression de mes sentiments, et je tâchais de les revêtir des formes de la pensée. Mais maintenant je voudrais mettre mon cœur à nu, te dire toute l'ardeur de mes rêves, te dévoiler la chaude ambition de mes sens irrités par la solitude où j'ai vécu, toujours enflammés par l'attente du bonheur, et réveillés par toi, par toi si douce de formes, si attrayante en tes manières ! Mais est-il possible d'exprimer combien je suis altéré de ces félicités inconnues que donne la possession d'une femme aimée, et auxquelles deux âmes étroitement unies par l'amour, doivent prêter une force de cohésion effrénée ? Sache-le, ma Pauline, je suis resté pendant des heures entières dans une stupeur causée par la violence de mes souhaits passionnés, restant perdu dans le sentiment d'une caresse comme dans un gouffre sans fond. En ces moments, ma vie entière, mes pensées, mes forces se fondent, s'unissent dans ce que je nomme un désir, faute de mots pour exprimer un délire sans nom ! Et maintenant, je puis t'avouer que le jour où j'ai refusé la main que tu me tendais par un si joli mouvement, triste sagesse qui t'a fait douter de mon amour, j'étais dans un de ces moments de folie où l'on médite un meurtre pour posséder une femme. Oui, si j'avais senti la délicieuse pression que tu m'offrais, aussi vivement que la voix retentissait dans mon cœur, je ne sais où m'aurait conduit la violence de mes désirs. Mais je puis me taire et souffrir beaucoup ! Pourquoi parler de ces douleurs quand mes contemplations vont devenir des réalités ? Il me sera donc maintenant permis de faire, de toute notre vie, une seule caresse ! Chérie aimée, il y a tel effet de lumière sur tes cheveux noirs qui me ferait rester, les larmes dans les yeux, pendant de longues heures occupé à voir ta chère personne, si tu ne me disais pas en te retournant : « Finis, tu me rends honteuse ! » Demain, notre amour se saura donc ! Ah ! Pauline ! ces regards des autres à supporter, cette curiosité publique me serre le cœur. Allons à Villenoix, restons-y loin de tout. Je voudrais qu'aucune créature ayant face humaine n'entrât dans le sanctuaire où tu seras à moi. Je voudrais même qu'après nous il n'existât plus, qu'il fût détruit. Oui, je voudrais dérober à la nature entière un bonheur que nous sommes seuls à comprendre, à sentir, et qui est tellement immense que je m'y jette pour y mourir : c'est un abîme. Ne t'effraye pas des larmes dont cette lettre est pleine, ce sont des larmes de joie. Mon seul bonheur, nous ne nous quitterons donc plus !

---

## VI.

En 1823, j'allais de Paris en Touraine par la diligence. A Mer, le conducteur prit un voyageur pour Blois. En le faisant entrer dans la partie de la voiture où je me trouvais, il lui dit en plaisantant : —

Vous ne serez pas gêné là, monsieur Lefebvre ! En effet, j'étais seul. A ce nom, en voyant un vieillard à cheveux blancs qui paraissait au moins octogénaire, je pensai tout naturellement à l'oncle de Lambert. Après quelques questions insidieuses, j'appris que je ne me trompais pas. Le bonhomme venait de faire ses vendanges à Mer, et retournait à Blois. Aussitôt je lui demandai des nouvelles de mon ancien *faisant*. Au premier mot, la physionomie du vieil oratorien, déjà grave et sévère comme celle d'un soldat qui aurait beaucoup souffert, devint triste et brune ; les rides de son front se contractèrent légèrement ; il serra ses lèvres, me jeta un regard équivoque, et me dit : — Vous ne l'avez pas revu depuis le collége ?

— Non, ma foi, répondis-je. Mais nous sommes aussi coupables l'un que l'autre, s'il y a oubli. Vous le savez, les jeunes gens mènent une vie si aventureuse et si passionnée en quittant les bancs de l'école, qu'il faut se retrouver pour savoir combien l'on s'aime encore. Cependant, parfois, un souvenir de jeunesse arrive et il est impossible de s'oublier tout à fait, surtout lorsqu'on a été aussi amis que nous l'étions Lambert et moi. On nous avait appelés *le Poète-et-Pythagore !*

Je lui dis mon nom ; mais en l'entendant, la figure du bonhomme se rembrunit encore.

— Vous ne connaissez donc pas son histoire ? reprit-il. Mon pauvre neveu devait épouser la plus riche héritière de Blois, et, la veille de son mariage, il est devenu fou.

— Lambert, fou ! m'écriai-je frappé de stupeur. Et par quel événement ? C'était la plus riche mémoire, la tête la plus fortement organisée, le jugement le plus sagace que j'aie rencontrés ! Beau génie, un peu trop passionné peut-être pour la mysticité ; mais le meilleur cœur du monde ! Il lui est donc arrivé quelque chose de bien extraordinaire ?

— Je vois que vous l'avez bien connu ! me dit le bonhomme.

Alors depuis Mer jusqu'à Blois, nous parlâmes de mon pauvre camarade, en faisant de longues digressions par lesquelles je m'instruisis des particularités que j'ai déjà rapportées pour présenter les faits dans un ordre qui les rendît intéressants. J'appris à son oncle le secret de nos études, la nature des occupations de son neveu ; le vieillard me raconta les événements survenus dans la vie de Lambert depuis que je l'avais quitté. A entendre M. Lefebvre, Lambert aurait donné quelques marques de folie avant son mariage. Mais ces symptômes lui étant communs avec tous ceux qui aiment passionnément, ils me parurent moins caractéristiques lorsque je connus et la violence de son amour et mademoiselle de Villenoix. En province, où les idées se raréfient, un homme plein de pensées neuves et dominé par un système comme l'était Louis, pouvait passer au moins pour un original. Son langage devait surprendre d'autant plus, qu'il parlait plus rarement. Il disait : *Cet homme n'est pas de mon ciel*, là où les autres disaient : *Nous ne mangerons pas un minot de sel ensemble*. Chaque homme de talent a ses idiotismes particuliers. Plus large est le génie, plus tranchées sont les bizarreries qui constituent les divers degrés d'*originalité*. En province, un original passe pour un homme à moitié fou. Les premières paroles de M. Lefebvre me firent donc douter de la folie de mon camarade. Tout en écoutant le vieillard, je critiquais intérieurement son récit. Le fait le plus grave était survenu quelques jours avant le mariage des deux amants. Louis avait eu quelques accès de catalepsie, bien caractérisés. Il était resté pendant cinquante-neuf heures immobile, les yeux fixes, sans manger ni parler, état purement nerveux dans lequel tombent quelques personnes en proie à une violente passion ; phénomène rare, mais dont les médecins connaissent parfaitement les effets. S'il y avait quelque chose d'extraordinaire, c'est que Louis n'eût pas eu déjà plusieurs accès de cette maladie, à laquelle le prédisposaient son habitude de l'extase, et la nature de ses idées. Mais sa constitution extérieure et intérieure était si parfaite qu'elle avait sans doute résisté jusqu'alors à l'abus de ses forces. L'exaltation à laquelle dut le faire arriver l'attente du plus grand bonheur humain, encore agrandi chez lui par la chasteté du corps, et par la puissance de l'âme, avait bien pu déterminer cette crise dont il est si difficile de juger les résultats. Les lettres que le hasard a conservées, accusent d'ailleurs assez bien sa transition de l'idéalisme dans lequel il vivait au sensualisme le plus aigu.

Jadis, nous avions qualifié d'admirable ce phénomène humain dans lequel Lambert voyait la séparation fortuite de nos deux natures, et les symptômes d'une absence complète de l'être intérieur usant de ses facultés inconnues sous l'empire d'une cause inobservée. Cette maladie, abîme tout aussi profond que le sommeil, se rattachait au système de preuves que Lambert avait donné dans son *Traité de la Volonté*. Au moment où M. Lefebvre me parla du premier accès de Louis, je me souvins tout à coup d'une conversation que nous eûmes à ce sujet, après la lecture d'un livre de médecine.

— Une méditation profonde, une belle extase sont peut-être, me dit-il en terminant, des catalepsies incomplètes.

Le jour où il formula si brièvement cette pensée, il avait tâché de lier les phénomènes moraux entre eux, par une chaîne d'effets, en suivant pas à pas tous les actes de l'intelligence, commençant par les simples mouvements de l'instinct purement animal qui suffit à tant d'êtres, surtout à certains hommes dont les forces passent toutes dans un travail purement mécanique ; puis, allant à l'agrégation des pensées, arrivant à la comparaison, à la réflexion, à la méditation, enfin à l'extase et à la catalepsie. Certes, Lambert crut avec la naïve conscience du jeune âge avoir fait le plan d'un beau livre en échelonnant ainsi ces divers degrés des puissances intérieures de l'homme. Je me rappelle que, par une de ces fatalités qui font croire à la prédestination, nous attrapâmes le grand Martyrologe, où sont contenus les faits les plus curieux sur l'abolition complète de la vie corporelle à laquelle l'homme peut arriver dans les paroxysmes de ses facultés intérieures. Alors Lambert, en réfléchissant aux effets du fanatisme, fut conduit à penser que les collections d'idées auxquelles nous donnons le nom de *sentiment*, pouvaient bien être le jet matériel de quelque fluide que produisent les hommes, plus ou moins abondamment suivant la manière dont leurs organes en absorbent les substances génératrices dans les milieux où ils vivent. Nous nous passionnâmes pour la catalepsie, et, avec l'ardeur que les enfants mettent dans leurs entreprises, nous essayâmes de supporter la douleur *en pensant à autre chose*. Nous nous fatiguâmes beaucoup à faire quelques expériences assez analogues à celles dues aux convulsionnaires dans le siècle dernier, fanatisme religieux qui servira quelque jour à la science humaine. Je montais sur l'estomac de Lambert, et m'y tenais plusieurs minutes sans lui causer la plus légère douleur. Mais, malgré ces folles tentatives, nous n'eûmes aucun accès de catalepsie. Cette digression m'a paru nécessaire pour expliquer mes premiers doutes que M. Lefebvre dissipa complètement.

— Lorsque son accès fut passé, me dit-il, mon neveu tomba dans une terreur profonde, dans une mélancolie dont rien ne put le sortir. Il se crut impuissant. Je me mis à le surveiller avec l'attention d'une mère pour son enfant, et le surpris heureusement, au moment où il allait pratiquer sur lui-même l'opération à laquelle Origène crut devoir son talent. Alors je l'emmenai promptement à Paris pour le confier aux soins de M. Esquirol. Pendant le voyage, Louis resta plongé dans une somnolence presque continuelle, et ne me reconnut plus. A Paris, les médecins le regardèrent comme incurable, et conseillèrent unanimement de le laisser dans la plus profonde solitude, en évitant de troubler le silence nécessaire à sa guérison improbable, et de le mettre dans une salle fraîche, où le jour serait constamment adouci. — Mademoiselle de Villenoix, à qui j'avais caché l'état de Louis, reprit-il en clignant les yeux, mais dont le mariage passait pour être rompu, vint à Paris, et apprit la décision des médecins. Aussitôt elle désira voir mon neveu, qui le reconnut à peine ; puis, elle voulut, d'après la coutume des belles âmes, se consacrer à lui donner les soins nécessaires à sa guérison. Elle y aurait été obligée, disait-elle, s'il eût été son mari, devait-elle faire moins pour son amant? Aussi a-t-elle emmené Louis à Villenoix, où ils demeurent depuis deux ans.

Au lieu de continuer mon voyage, je m'arrêtai donc à Blois dans le dessein d'aller voir Louis. Le bonhomme Lefebvre ne me permit pas de descendre ailleurs que dans sa maison, où il me montra la chambre de son neveu, les livres et tous les objets qui lui avaient appartenu. A chaque chose, il échappait au vieillard une exclamation douloureuse par laquelle il accusait les espérances que le génie précoce de Lambert lui avait fait concevoir, et le deuil affreux où le plongeait cette perte irréparable.

— Ce jeune homme savait tout, mon cher monsieur! dit-il en posant sur une table le volume où sont contenues les œuvres de Spinosa. Comment une tête aussi bien organisée a-t-elle pu se détraquer ?

— Mais, monsieur, lui répondis-je, ne serait-ce pas un effet de sa vigoureuse organisation? S'il est réellement en proie à cette crise, encore inobservée dans tous ses modes, et que nous appelons *folie*, je suis tenté d'en attribuer la cause à sa passion. Ses études, son genre de vie avaient porté ses forces et ses facultés à un degré de puissance au delà duquel la plus légère surexcitation devait faire céder la nature. L'amour les aura donc brisées ou élevées à une nouvelle expression que peut-être calomnions-nous en la qualifiant sans la connaître.

— Mon cher monsieur, répliqua le vieillard après m'avoir attentivement écouté, votre raisonnement est sans doute fort logique ; mais je ne comprends pas comment Louis s'est affaibli par trop de force. Et quand je le comprendrais, ce triste savoir me consolerait-il de sa perte ?

L'oncle de Lambert était un de ces hommes qui ne vivent que par le cœur.

Le lendemain je partis pour Villenoix. Le bonhomme m'accompagna jusqu'à la porte de Blois. Quand nous fûmes dans le chemin qui mène à Villenoix, il s'arrêta pour me dire : — Vous pensez bien que je n'y vais point. Mais, vous, n'oubliez pas ce que je vous ai dit. En présence de mademoiselle de Villenoix, n'ayez pas l'air de vous apercevoir que Louis est fou.

Puis, il resta sans bouger, à la place où je venais de le quitter, et il me regarda jusqu'à ce qu'il m'eût perdu de vue.

Je ne cheminai pas sans de profondes émotions vers le château de Villenoix. Mes réflexions croissaient à chaque pas dans cette route que Louis avait tant de fois faite, le cœur plein d'espérance, l'âme exaltée par tous les aiguillons de l'amour. Les buissons, les arbres, les caprices de cette route tortueuse dont les bords étaient déchirés par de petits ravins, acquirent un intérêt prodigieux pour moi. J'y voulais retrouver les impressions et les pensées de mon pauvre camarade. Sans doute ces conversations du soir, au bord de cette brèche où sa maîtresse venait le retrouver, avaient initié mademoiselle de Villenoix aux secrets de cette âme et si noble et si vaste, comme je le fus moi-même quelques années auparavant. Mais le fait qui me préoccupait le plus, et donnait à mon pèlerinage un immense intérêt de curiosité, parmi les sentiments presque religieux qui me guidaient, était cette magnifique croyance de mademoiselle de Villenoix dont le bonhomme m'avait parlé. Avait-elle, à la longue, contracté la folie de son amant, ou était-elle entrée si avant dans son âme, qu'elle en pût comprendre les pensées même confuses? Je me perdais dans cet admirable problème de sentiment qui dépassait les plus belles inspirations de l'amour et ses dévouements les plus beaux. Mourir l'un pour l'autre est un sacrifice presque vulgaire. Vivre fidèle à un seul amour est un héroïsme qui a rendu mademoiselle Dupuis immortelle. Lorsque Napoléon le Grand et lord Byron ont eu des successeurs là où ils avaient aimé, il est permis d'admirer cette veuve de Bolingbroke; mais mademoiselle Dupuis pouvait vivre par les souvenirs de plusieurs années de bonheur, tandis que mademoiselle de Villenoix n'ayant connu de l'amour que ses premières émotions, m'offrait le type du dévouement dans sa plus large expression. Devenue presque folle, elle était sublime; mais comprenant, expliquant la folie, elle ajoutait aux beautés d'un grand cœur, un chef-d'œuvre de physiologie digne d'être étudié. Lorsque j'aperçus les hautes tourelles du château, dont l'aspect avait dû faire si souvent tressaillir le pauvre Lambert, mon cœur palpita vivement. Je m'étais associé, pour ainsi dire, à sa vie et à sa situation en me rappelant tous les événements de notre jeunesse. Enfin, j'arrivai dans une grande cour déserte, et pénétrai jusque dans le vestibule du château sans avoir rencontré personne. Le bruit de mes pas fit venir une femme âgée, à laquelle je remis la lettre que M. Lefebvre avait écrite à mademoiselle de Villenoix. Bientôt la même femme revint me chercher, et m'introduisit dans une salle basse, dallée en marbre blanc et noir, dont les persiennes étaient fermées, et au fond de laquelle je vis indistinctement Louis Lambert.

— Asseyez-vous, monsieur, me dit une voix douce qui allait au cœur.

Mademoiselle de Villenoix se trouvait à côté de moi sans que je l'eusse aperçue, et m'avait apporté sans bruit une chaise que je ne pris pas d'abord. L'obscurité était si forte que, dans le premier moment, mademoiselle de Villenoix et Louis me firent l'effet de deux masses noires qui tranchaient sur le fond de cette atmosphère ténébreuse. Je m'assis, en proie à ce sentiment qui nous saisit presque malgré nous sous les sombres arcades d'une église. Mes yeux, encore frappés par l'éclat du soleil, ne s'accoutumèrent que graduellement à cette nuit factice.

— Monsieur, lui dit-elle, est ton ami de collège!

Lambert ne répondit pas. Enfin je pus le voir, et il m'offrit un de ces spectacles qui se gravent à jamais dans la mémoire. Il se tenait debout, les deux coudes appuyés sur la saillie formée par la boiserie, en sorte que son buste paraissait fléchir sous le poids de sa tête inclinée sur sa poitrine. Ses cheveux, aussi longs que ceux d'une femme, tombaient sur ses épaules, et entouraient sa figure de manière à lui donner de la ressemblance avec les bustes qui représentent les grands hommes du siècle de Louis XIV. Son visage était d'une blancheur parfaite. Il frottait habituellement une de ses jambes sur l'autre par un mouvement machinal que rien n'avait pu réprimer, et le frottement continuel des deux os produisait un bruit affreux. Auprès de lui se trouvait un sommier de mousse posé sur une planche.

— Il lui arrive très-rarement de se coucher, me dit mademoiselle de Villenoix, quoique chaque fois il dorme pendant plusieurs jours.

Louis se tenait debout comme je le voyais, jour et nuit, les yeux fixes, sans jamais baisser et relever les paupières comme nous en avons l'habitude. Après avoir demandé à mademoiselle de Villenoix si un peu plus de jour ne causerait aucune douleur à Lambert; sur sa réponse, j'ouvris légèrement la persienne, et pus voir alors l'expression de la physionomie de mon ami. Hélas! déjà ridé, déjà vieux, déjà blanchi, enfin déjà plus de lumière dans ses yeux, vitreux comme ceux d'un aveugle. Tous ses traits semblaient tirés par une convulsion vers le haut de sa tête. J'essayai de lui parler à plusieurs reprises; mais il ne m'entendit pas. C'était un débris arraché à la tombe, une espèce de conquête faite par la vie sur la mort, ou par la mort sur la vie. J'étais là depuis une heure environ, plongé dans une indéfinissable rêverie, en proie à mille idées affligeantes. J'écoutais mademoiselle de Villenoix, qui me racontait, dans tous les détails, cette vie d'enfant au berceau. Tout à coup, Louis cessa de frotter ses jambes l'une contre l'autre, et dit d'une voix lente:

— *Les anges sont blancs.*

Je ne puis expliquer l'effet produit sur moi par cette parole, par le son de cette voix tant aimée, dont j'avais si péniblement attendu les accents. Malgré moi mes yeux se remplirent de larmes. Un pressentiment involontaire passa rapidement dans mon âme et me fit douter que Louis eût perdu la raison. J'étais cependant bien certain qu'il ne me voyait ni ne m'entendait; mais les harmonies de sa voix, qui semblaient accuser un bonheur divin, communiquèrent à ces mots d'irrésistibles pouvoirs. Incomplète révélation d'un monde inconnu, sa phrase retentit dans nos âmes comme quelque magnifique sonnerie d'église au milieu d'une nuit profonde. Je ne m'étonnai plus que mademoiselle de Villenoix crût Louis parfaitement sain d'entendement. Peut-être la vie de l'âme avait-elle anéanti la vie du corps. Peut-être sa compagne avait-elle, comme je l'eus alors, de vagues intuitions de cette nature mélodieuse et fleurie que nous nommons dans sa plus large expression : LE CIEL. Cette femme, cet ange restait toujours là, assise devant un métier à tapisserie, et chaque fois qu'elle tirait son aiguille, elle regardait Lambert en exprimant un sentiment triste et doux. Hors d'état de supporter cet affreux spectacle, dont je ne savais pas, comme mademoiselle de Villenoix, deviner tous les secrets, je sortis, et nous allâmes nous promener ensemble pendant quelques moments pour parler d'elle et de Lambert.

— Sans doute, me dit-elle, Louis doit paraître fou; mais il ne l'est pas, si le nom de fou doit appartenir seulement à ceux dont, par des causes inconnues, le cerveau se vicie, et qui n'offrent aucune raison de leurs actes. Tout est parfaitement coordonné chez mon mari. S'il ne vous a pas reconnu physiquement, ne croyez pas qu'il ne vous ait point vu. Il a réussi à se dégager de son corps, et nous aperçoit sous une autre forme, je ne sais laquelle. Quand il parle, il exprime des choses merveilleuses. Seulement, assez souvent, il achève par la parole une idée commencée dans son esprit, ou commence une proposition qu'il achève mentalement. Aux autres hommes il paraîtrait aliéné; pour moi, qui vis dans sa pensée, toutes ses idées sont lucides. Je parcours le chemin fait par son esprit, et, quoique je n'en connaisse pas tous les détours, je sais me trouver néanmoins au but avec lui. A qui n'est-il pas, maintes fois, arrivé de penser à une chose futile et d'être entraîné vers une pensée grave par des idées ou par des souvenirs qui s'enroulent? Souvent après avoir parlé d'un objet frivole, innocent point de départ de quelque rapide méditation, un penseur oublie ou tait les liaisons abstraites qui l'ont conduit à sa conclusion, et reprend la parole en ne montrant que le dernier anneau de cette chaîne de réflexions. Les gens posés, auxquels cette vélocité de vision mentale est inconnue, se mettent à rire du rêveur, et le traitent de fou s'il est coutumier de ces sortes d'oublis. Louis est toujours ainsi. Sans cesse il voltige à travers les espaces de la pensée, et s'y promène avec une alacrité d'hirondelle. Je sais le suivre dans ses détours. Voilà l'histoire de sa folie. Peut-être un jour reviendra-t-il à cette vie dans laquelle nous végétons; mais s'il respire l'air des cieux avant le temps où il nous sera permis d'y exister, pourquoi souhaiterions-nous de le revoir parmi nous? Contente d'entendre battre son cœur, tout mon bonheur est d'être auprès de lui. N'est-il pas tout à moi? Depuis trois ans, à deux reprises, je l'ai possédé pendant quelques jours : en Suisse où je l'ai conduit, et au fond de la Bretagne dans une île où je l'ai mené prendre des bains de mer. J'ai été deux fois bien heureuse! Je puis vivre par mes souvenirs.

— Mais, lui dis-je, écrivez-vous les paroles qui lui échappent?

— Pourquoi? me répondit-elle.

Je gardai le silence, les sciences humaines étaient bien petites devant cette femme.

— Dans le temps où il se mit à parler, reprit-elle, je crois avoir recueilli ses premières phrases, mais j'ai cessé de le faire; alors je n'y entendais rien.

Je les lui demandai par un regard, elle me comprit, et voici ce que je pus sauver de l'oubli.

« Ici-bas, tout est le produit d'une SUBSTANCE
« ÉTHÉRÉE, base commune de plusieurs phénomènes
« connus sous les noms impropres d'*Électricité*,
« *Chaleur*, *Lumière*, *Fluide galvanique*, *magnéti-*
« *que, etc.* L'universalité de ces transmutations cons-
« stitue ce que l'on appelle vulgairement la matière.

« Le cerveau est le matras où l'ANIMAL transporte
« ce que, suivant la force de l'appareil, chacune
« de ses organisations peut absorber de cette SUB-
« STANCE, et d'où elle sort transformée en Volonté,
« fluide qui est l'attribut de tout être doué de mou-
« vement. De là les innombrables formes qu'affecte
« l'ANIMAL, et qui sont les effets de sa combinaison
« avec la SUBSTANCE.

« En l'homme, la Volonté devient une force qui
« lui est propre, et qui surpasse en intensité celle de
« toutes les espèces. Par sa constante alimentation,
« elle tient à la SUBSTANCE qu'elle retrouve dans tou-
« tes les transmutations en les pénétrant par la Pen-
« sée, qui est un produit particulier de la volonté
« humaine combinée avec les modifications de la
« SUBSTANCE. Du plus ou moins de perfection de l'ap-
« pareil humain, viennent les innombrables formes
« qu'affecte la Pensée. La volonté s'exerce par des
« organes vulgairement nommés les cinq sens qui
« n'en sont qu'un seul, la faculté de voir. Le tact
« comme le goût, l'ouïe comme l'odorat, est une
« vue adaptée aux transformations de la SUBSTANCE
« que l'homme peut saisir dans ses deux états,

« transformée et non transformée. Toutes les cho-
« ses qui tombent par la forme dans le domaine du
« sens unique, la faculté de voir, se réduisent à
« quelques corps élémentaires dont les principes
« sont dans l'air, dans la lumière ou dans les prin-
« cipes de l'air et de la lumière. Le son est une mo-
« dification de l'air; toutes les couleurs sont des
« modifications de la lumière; tout parfum est une
« combinaison d'air et de lumière; ainsi, les quatre
« expressions de la matière par rapport à l'homme,
« le son, la couleur, le parfum et la forme, ont une
« même origine, car le jour n'est pas loin où l'on
« reconnaîtra la filiation des principes de la lumière
« dans ceux de l'air. La pensée qui tient à la lu-
« mière s'exprime par la parole qui tient au son.
« Pour lui tout provient donc de la SUBSTANCE dont
« les transformations ne diffèrent que par le NOM-
« BRE, un certain *dosage* dont les proportions pro-
« duisent les individus ou les choses de ce que l'on
« nomme les RÈGNES.

« Quand la SUBSTANCE est absorbée en un nombre
« suffisant, elle fait de l'homme un appareil d'une
« énorme puissance, qui communique avec le prin-
« cipe même de la SUBSTANCE, et agit sur la nature
« organisée à la manière des grands courants qui
« absorbent les petits. La volition met en œuvre
« cette force indépendante de la pensée, et qui, par
« sa concentration, obtient quelques-unes des pro-
« priétés de la SUBSTANCE, comme la rapidité de la
« lumière, comme la pénétration de l'électricité,
« comme la faculté de saturer les corps, et auxquels il
« faut ajouter l'intelligence de ce qu'elle peut. Mais
« il est en l'homme un phénomène primitif et domi-
« nateur qui ne souffre aucune analyse. On décom-
« posera l'homme en entier, l'on trouvera peut-être
« les éléments de la Pensée et de la Volonté ; mais
« on rencontrera toujours, sans pouvoir le résoudre,
« cet X contre lequel je me suis autrefois heurté. Cet
« X est la PAROLE dont la communication brûle et dé-
« vore ceux qui ne sont pas préparés à la recevoir.
« Elle engendre incessamment la SUBSTANCE.

« La colère, comme toutes nos expressions pas-
« sionnées, est un courant de la force humaine qui
« agit électriquement ; sa commotion, quand il se dé-
« gage, agit sur les personnes présentes, même sans
« qu'elles en soient le but. Ne se rencontre-t-il pas
« des hommes qui, par une décharge de leur voli-
« tion, cohobent les sentiments des masses ? Le fa-
« natisme et tous les sentiments collectifs sont des
« fleuves de Volonté qui réunissent tout.

« Si l'espace existe, certaines facultés donnent le
« pouvoir de le franchir avec une telle vitesse que
« leurs effets équivalent à son abolition. De ton lit
« aux frontières du monde, il n'y a que deux pas :
« LA VOLONTÉ — LA FOI !

« Les faits ne sont rien, ils n'existent pas, il ne
« subsiste de nous que des idées.

« Le monde des idées se divise en trois sphères :
« celle de l'Instinct, celle des Abstractions, celle de
« la Spécialité.

« La plus grande partie de l'Humanité visible, la
« partie la plus faible, habite la sphère de l'Instinc-
« tivité. Les Instinctifs naissent, travaillent et meu-
« rent sans s'élever au second degré de l'intelligence
« humaine, l'Abstraction.

« A l'Abstraction commence la société. Si l'Abs-
« traction comparée à l'Instinct est une puissance
« presque divine, elle est une faiblesse inouïe, com-
« parée au don de Spécialité qui peut seul expliquer
« Dieu. L'Abstraction comprend toute une nature
« en germe plus virtuellement que la graine ne con-
« tient le système d'une plante et ses produits. De
« l'abstraction naissent les lois, les arts, les intérêts,
« les idées sociales. Elle est la gloire et le fléau du
« monde : la gloire, elle a créé les sociétés ; le fléau,
« elle dispense l'homme d'entrer dans la Spécialité
« qui est un des chemins de l'infini. L'homme juge
« tout par ses abstractions, le bien, le mal, la vertu,
« le crime. Ses formules de droit sont ses balances,
« sa justice est aveugle : celle de Dieu voit. Tout est
« là. Il se trouve nécessairement des êtres intermé-
« diaires qui séparent le Règne des Instinctifs du
« Règne des Abstractifs, et chez lesquels l'Instinc-
« tivité se mêle à l'Abstractivité dans des proportions
« infinies. Les uns ont plus d'Instinctivité que d'Abs-
« tractivité, et *vice versâ*, que les autres. Puis il
« est des êtres chez lesquels les deux actions se neu-
« tralisent en agissant par des forces égales.

« La spécialité consiste à voir les choses du monde
« matériel aussi bien que celles du monde spirituel
« dans leurs ramifications originelles et conséquen-
« tielles. Les plus beaux génies humains sont ceux
« qui sont partis des ténèbres de l'Abstraction pour
« arriver aux lumières de la Spécialité. ( Spécialité,
« *species*, vue, spéculer, voir tout, et d'un seul
« coup ; *Speculum*, miroir ou moyen d'apprécier une
« chose en la voyant tout entière.) Jésus était Spé-
« cialiste, il voyait le fait dans ses racines et dans
« ses productions, dans le passé qui l'avait engen-
« dré, dans le présent où il se manifestait, dans l'a-
« venir où il se développait ; sa vue pénétrait l'en-
« tendement d'autrui. La perfection de la vue inté-
« rieure enfante le don de Spécialité. La Spécialité
« emporte l'intuition. L'intuition est une des facul-
« tés de l'HOMME INTÉRIEUR dont le Spécialisme est
« un attribut. Elle agit par une imperceptible sensa-
« tion, ignorée de celui qui lui obéit : Napoléon s'en
« allant instinctivement de sa place avant qu'un
« boulet n'y arrive. Entre la sphère du Spécialisme
« et celle de l'Abstractivité se trouvent, comme en-

« tre celle-ci et celle de l'Instinctivité, des êtres chez
« lesquels les divers attributs des deux règnes se
« confondent et produisent des mixtes. Le Spécia-
« liste est nécessairement la plus parfaite expression
« de l'homme, l'anneau qui lie le monde visible aux
« mondes supérieurs; il agit, il voit et il sent par son
« intérieur ; l'Abstractif pense, l'Instinctif agit. De
« là trois degrés pour l'homme : *Instinctif*, il est au-
« dessous de la mesure ; *Abstractif*, il est au niveau;
« *Spécialiste*, il est au-dessus. Le *Spécialisme* lui
« ouvre sa véritable carrière. L'infini commence à
« poindre en lui. Là, il entrevoit sa destinée.

« Il existe trois mondes : le naturel, le spirituel,
« le divin. L'humanité *transite* dans le Naturel, qui
« n'est fixe ni dans son essence ni dans ses facultés. Le
« Spirituel est fixe dans son essence, et mobile dans
« ses facultés. Le Divin est fixe dans ses facultés et
« dans son essence. Il existe donc nécessairement un
« culte matériel, un culte spirituel, un culte divin ;
« trois formes qui s'expriment par l'Action, par la
« Parole, par la Prière : le fait, l'entendement et l'a-
« mour. L'instinctif veut des faits, l'abstractif des
« idées, le spécialiste voit la fin, il aspire à Dieu
« qu'il pressent ou contemple.

« Aussi peut-être, un jour, le sens inverse de
« l'Et Verbum caro factum est sera-t-il le résumé
« d'un nouvel évangile qui dira : et la chair se fera
« le Verbe, elle deviendra LA PAROLE DE DIEU.

« La résurrection se fait par le vent du ciel qui
« balaye les mondes. L'ange porté par le vent ne
« dit pas : Morts, levez-vous ! Il dit : — Que les
« vivants se lèvent! »

Telles sont les pensées auxquelles j'ai pu, non
sans de grandes peines, donner des formes en rapport avec notre entendement. Il en est d'autres dont
Pauline se souvenait plus particulièrement, je ne
sais par quelle raison, et que j'ai transcrites ; mais
elles font le désespoir de l'esprit, quand, sachant
de quelle intelligence elles procèdent, on cherche
à les comprendre. J'en citerai quelques-unes, pour
achever le dessin de cette figure, peut-être aussi
parce que, dans ces dernières idées, la formule de
Lambert embrasse-t-elle mieux les mondes que la
précédente qui semble s'appliquer seulement au
mouvement zoologique ; mais entre ces deux fragments, il est une corrélation évidente aux yeux des
personnes, assez rares d'ailleurs, qui se plaisent à
plonger dans ces sortes de gouffres intellectuels.

« Tout ici-bas n'existe que par le Mouvement et
« par le Nombre.

« Le Mouvement est le produit d'une force en-
« gendrée par la Parole et par une résistance qui est
« la Matière. Sans la résistance, le Mouvement

« aurait été sans résultat, son action eût été in-
« finie. L'attraction de Newton n'est pas une loi,
« mais un effet de la loi générale du Mouvement
« universel.

« Le Mouvement en raison de la résistance produit
« une combinaison qui est la vie ; dès que l'un ou
« l'autre est plus fort, la vie cesse. Nulle part le
« Mouvement n'est stérile, partout il engendre le
« Nombre ; mais il peut être neutralisé par une ré-
« sistance supérieure, comme dans le minéral.

« Le Nombre qui produit toutes les variétés en-
« gendre également l'harmonie qui, dans sa plus
« haute acception, est le rapport entre les parties et
« l'Unité.

« Sans le Mouvement, tout serait une seule et
« même chose. Ses produits, identiques dans leur
« essence, ne diffèrent que par le Nombre qui a
« produit les facultés.

« L'homme tient aux facultés, l'ange tient à l'es-
« sence.

« En unissant son corps à l'action élémentaire,
« l'homme peut arriver à s'unir à la lumière par son
« intérieur.

« Le Nombre est un témoin intellectuel qui n'ap-
« partient qu'à l'homme, et par lequel il peut ar-
« river à la connaissance de la parole.

« Il est un Nombre que l'Impur ne franchit pas,
« le Nombre où la création est finie.

« L'Unité a été le point de départ de tout ce qui
« fut produit, il en est résulté des Composés, mais
« la fin doit être identique au commencement. De
« là cette formule *spirituelle* : Unité composée,
« Unité variable, Unité fixe.

« L'univers est donc la variété dans l'Unité. Le
« Mouvement est le moyen, le Nombre est le résul-
« tat. La fin est le retour de toutes choses à l'unité
« qui est Dieu.

« Trois et sept sont les deux plus grands Nombres
« *spirituels*.

« Trois est la formule des Mondes créés. Il est le
« signe *spirituel* de la création, comme il est le signe
« *matériel* de la circonférence. En effet, Dieu n'a
« procédé que par des lignes circulaires. La ligne
« droite est l'attribut de l'infini. Aussi, l'homme
« qui pressent l'infini, la reproduit-il dans ses œu-
« vres. Deux est le Nombre de la génération, trois
« est le Nombre de l'existence qui comprend la géné-
« ration et le produit. Ajoutez le Quaternaire vous
« avez le sept, qui est la formule du ciel. Dieu est
« au-dessus, il est l'Unité. »

Après avoir été revoir encore une fois Lambert, je
quittai sa femme et revins en proie à des idées si bizarres, si extravagantes, que je renonçai, malgré ma promesse, à retourner à Villenoix. La vue de Louis avait

exercé sur moi je ne sais quelle influence sinistre. Je redoutai de me retrouver dans cette atmosphère enivrante où l'extase était contagieuse. Chacun aurait éprouvé comme moi l'envie de se précipiter dans l'infini, de même que les soldats se tuaient tous dans la guérite où s'était suicidé l'un d'eux au camp de Boulogne. On sait que l'Empereur fut obligé de faire brûler ce bois, dépositaire d'idées arrivées à l'état de miasmes mortels. Peut-être en était-il de la chambre de Louis comme de cette guérite ? Ces deux faits seraient des preuves de plus en faveur de son système sur la transmission de la Volonté. J'y ressentis des troubles extraordinaires qui surpassèrent les effets les plus fantastiques causés par le thé, le café, le spleen, l'opium, le sommeil et la fièvre, agents mystérieux dont nos têtes subissent souvent les terribles actions. Peut-être aurais-je pu transformer en un livre complet ces débris de pensée, compréhensibles seulement pour certains esprits habitués à se pencher sur le bord des abîmes, dans l'espérance d'en apercevoir le fond. La vie de cet immense cerveau qui sans doute a craqué de toutes parts comme un empire trop vaste, y eût été développée dans le récit des visions de cet être, incomplet par trop de force ou par faiblesse ; mais j'ai mieux aimé rendre compte de mes impressions que de faire une œuvre plus ou moins poétique. Lambert mourut à l'âge de vingt-huit ans, le 25 septembre 1824, entre les bras de son amie, qui le fit ensevelir dans une des îles du parc de Villenoix. Son tombeau consiste en une simple croix de pierre, sans nom, sans date. Fleur née sur le bord d'un gouffre, elle devait y tomber inconnue avec ses couleurs et ses parfums inconnus. Comme beaucoup de gens incompris, n'avait-il pas souvent voulu se plonger avec orgueil dans le néant pour y perdre les secrets de sa vie ? Cependant mademoiselle de Villenoix aurait bien eu le droit d'inscrire sur cette croix les noms de Lambert, en y indiquant la place des siens. Depuis la perte de son mari, cette nouvelle union n'est-elle pas son espérance de toutes les heures ? mais les vanités de la douleur et du style lapidaire sont étrangères aux âmes fidèles. Villenoix tombe en ruines. L'épouse de Lambert ne l'habite plus, sans doute pour mieux s'y voir comme elle y fut jadis. Ne lui a-t-on pas entendu dire naguère : — J'ai eu son cœur, à Dieu son génie !

Au château de Saché, juin—juillet 1832.

# LES PROSCRITS.

En 1308, il existait peu de maisons sur le terrain formé par les alluvions et les sables de la Seine, en haut de la Cité, derrière l'église Notre-Dame. Le premier qui osa se bâtir un logis sur cette grève soumise à de fréquentes inondations fut un sergent de la ville de Paris qui avait rendu quelques menus services à messieurs du chapitre Notre-Dame ; en récompense, l'évêque lui bailla vingt-cinq perches de terre et le dispensa de toute censive ou redevance pour le fait de ses constructions. Sept ans avant le jour où commence cette histoire, Joseph Tirechair, l'un des plus rudes sergents de Paris, comme son nom le prouve, avait donc, grâce à ses droits dans les amendes par lui perçues pour les délits commis ès rues de la Cité, bâti sa maison au bord de la Seine, précisément à l'extrémité de la rue du Port-Saint-Landry. Afin de garantir de tout dommage les marchandises déposées sur le port, la ville avait construit une espèce de pile en maçonnerie qui se voit encore sur quelques vieux plans de Paris, et qui préservait le pilotis du port en soutenant à la tête du Terrain les efforts des eaux et des glaces. Le sergent en avait profité pour asseoir son logis, en sorte qu'il fallait monter plusieurs marches pour arriver chez lui. Semblable à toutes les maisons du temps, sa chétive bicoque était surmontée d'un toit pointu qui figurait au-dessus de la façade la moitié supérieure d'une lozange. Au regret des historiographes, il existe à peine un ou deux modèles de ces toits à Paris. Une ouverture ronde éclairait le grenier dans lequel la femme du sergent faisait sécher le linge du Chapitre, car elle avait l'honneur de blanchir Notre-Dame, qui n'était pas une mince pratique.

Au premier étage étaient deux chambres qui, bon an, mal an, se louaient aux étrangers à raison de quarante sous parisis pour chacune, prix exorbitant, justifié d'ailleurs par le luxe que Tirechair avait mis dans leur ameublement. Des tapisseries de Flandre garnissaient les murailles. Un grand lit orné d'un tour en serge verte, semblable à ceux de nos paysans, était honorablement fourni de matelas, et recouvert de bons draps en toile fine. Chaque réduit avait son chauffe-doux, espèce de poêle dont la description est inutile. Le plancher, soigneusement entretenu par les apprentis de la Tirechair, brillait comme le bois d'une châsse. Au lieu d'escabelles, les locataires avaient pour sièges de grandes *chaires* en noyer sculpté provenues sans doute du pillage de quelque château. Deux bahuts incrustés en étain, une table à colonnes torses complétaient un mobilier digne des chevaliers bannerets les mieux huppés que leurs affaires amenaient à Paris. Les vitraux de ces deux chambres donnaient sur la rivière. Par l'une, vous n'eussiez pu voir que les rives de la Seine et les trois îles désertes dont les deux premières ont été réunies plus tard et forment l'île Saint-Louis aujourd'hui, la troisième est l'île Louviers. De l'autre, vous auriez aperçu, à travers une échappée du port Saint-Landry, le quartier de la Grève, le pont Notre-Dame avec ses maisons, les hautes tours du Louvre récemment bâties par Philippe-Auguste, et qui dominaient ce Paris chétif et pauvre dont l'imagination des poëtes raconte tant de fausses merveilles. Le bas de la maison à Tirechair, pour nous servir de l'expression alors en usage, se composait d'une grande chambre où travaillait sa femme et par où les locataires étaient obligés de passer pour se rendre chez eux en gravissant un escalier pareil à celui d'un moulin. Puis, derrière, se trouvaient la cuisine et la chambre à coucher qui avait vue sur la Seine. Un petit jardin conquis sur les eaux étalait au pied de cette humble demeure ses carrés de choux verts, ses oignons et quelques pieds de rosiers défendus par des pieux formant une espèce de haie. Une cabane construite en bois et en boue servait de niche à un gros chien, gardien nécessaire de cette maison isolée. A la niche commençait une enceinte où criaient des poules dont les œufs se vendaient aux chanoines. Çà et là, sur le Terrain fangeux ou sec, suivant les caprices de l'atmosphère parisienne, s'élevaient quelques petits arbres incessamment battus par le vent, tourmentés, cassés par les promeneurs, des saules vivaces, des joncs et de hautes herbes. Le Terrain, la Seine, le Port, la maison, étaient encadrés à l'ouest par l'immense basilique de Notre-Dame, qui projetait au gré du soleil son ombre froide sur cette terre. Alors comme aujourd'hui, Paris n'avait pas de lieu plus solitaire, de paysage plus solennel ni plus mélancolique. La grande voix des eaux, le chant des prêtres ou les sifflements du vent troublaient seuls cette espèce de bocage, où parfois se faisaient aborder quelques couples amoureux pour se confier leurs secrets, lorsque les offices retenaient à l'église les gens du chapitre.

Par une soirée du mois d'avril, en l'an 1308, Tirechair rentra chez lui singulièrement fâché. Depuis trois jours il trouvait tout en ordre sur la voie publique. En sa qualité d'homme de police, rien ne l'affectait plus que de se voir inutile. Il jeta sa hallebarde avec humeur, grommela de vagues paroles en dépouillant sa jaquette mi-partie de rouge et de bleu, pour endosser un mauvais hoqueton de camelot. Après avoir pris dans la huche un morceau de pain sur lequel il étendit une couche de beurre, il s'établit sur un banc, examina ses quatre murs blanchis à la chaux, compta les solives de son plancher, inventoria ses ustensiles de ménage appendus à des clous, maugréa d'un soin qui ne lui laissait rien à dire, et regarda sa femme, laquelle ne soufflait mot en repassant les aubes et les surplis de la sacristie.

— Par mon salut, dit-il pour entamer la conversation, je ne sais, Jacqueline, où tu vas pêcher tes apprenties. En voilà une, ajouta-t-il en montrant une ouvrière qui plissait assez maladroitement une nappe d'autel, en vérité, plus je la mire, plus je pense qu'elle ressemble à une fille folle de son corps, et non à une bonne grosse serve de campagne. Elle a des mains aussi blanches que celles d'une dame! Jour de Dieu, ses cheveux sentent le parfum, je crois! Et ses chausses sont fines comme celles d'une reine. Par la double corne de Mahom, les choses céans ne vont pas à mon gré.

L'ouvrière se prit à rougir, et guigna Jacqueline d'un air qui exprimait une crainte mêlée d'orgueil. La blanchisseuse répondit à ce regard par un sourire, quitta son ouvrage, et d'une voix aigrelette:
— Ah çà, dit-elle à son mari, ne m'impatiente pas! Ne vas-tu point m'accuser de quelques manigances? Trotte sur ton pavé tant que tu voudras, et ne te mêle de ce qui se passe ici que pour dormir en paix, boire ton vin, et manger ce que je te mets sur la table. Sinon, je ne me charge plus de l'entretenir en joie et en santé. Trouvez-moi dans toute la ville un homme plus heureux que ce singe-là! ajouta-t-elle en lui faisant une grimace de reproche. Il a de l'argent dans son escarcelle, il a pignon sur Seine, une vertueuse hallebarde d'un côté, une honnête femme de l'autre, une maison aussi propre, aussi nette que mon œil; et ça se plaint comme un pèlerin ardé du feu Saint-Antoine!

— Ah! reprit le sergent, crois-tu, Jacqueline, que j'aie envie de voir mon logis rasé, ma hallebarde aux mains d'un autre et ma femme au pilori?

Jacqueline et la délicate ouvrière pâlirent.

— Explique-toi donc, reprit vivement la blanchisseuse, et fais voir ce que tu as dans ton sac. Je m'aperçois bien, mon gars, que depuis quelques jours tu loges une sottise dans ta pauvre cervelle. Allons, viens çà! et défile-moi ton chapelet! Il faut que tu sois bien couard pour redouter le moindre grabuge en portant la hallebarde du parloir aux bourgeois, et en vivant sous la protection du Chapitre. Les chanoines mettraient le diocèse en interdit si Jacqueline se plaignait à eux de la plus mince avanie.

En disant cela, elle marcha droit au sergent et le prit par le bras: — Viens donc, ajouta-t-elle en le faisant lever et l'emmenant sur les degrés.

Quand ils furent au bord de l'eau, dans leur jardinet, Jacqueline regarda son mari d'un air moqueur: — Apprends, vieux truand, que quand cette belle dame sort du logis, il entre une pièce d'or dans notre épargne.

— Oh! oh! fit le sergent, qui resta pensif et coi devant sa femme; mais il reprit bientôt: — Eh donc, nous sommes perdus! Pourquoi cette dame vient-elle chez nous?

— Elle vient voir le petit clerc que nous avons là-haut, reprit Jacqueline en montrant la chambre dont la fenêtre avait vue sur la vaste étendue de la Seine.

— Malédiction! s'écria le sergent. Pour quelques traîtres écus, tu m'auras ruiné, Jacqueline. Est-ce là un métier que doive faire la sage et prude femme d'un sergent? Mais fût-elle comtesse ou baronne, cette dame ne saurait nous tirer du traquenard où nous serons tôt ou tard emboisés. N'aurons-nous pas contre nous un mari puissant et grandement offensé, car, jarnidi! elle est bien belle.

— Oui-da, elle est veuve, vilain oison! Comment oses-tu soupçonner ta femme de vilenies et de bêtises? Cette dame n'a jamais parlé à notre gentil clerc. Elle se contente de le voir et de penser à lui. Pauvre enfant! sans elle, il serait déjà mort de faim. Elle est quasiment sa mère. Et lui, le chérubin, il est aussi facile de le tromper que de bercer un nouveau-né. Il croit que ses deniers vont toujours, et il les a déjà deux fois mangés depuis six mois.

— Femme, répondit gravement le sergent en lui montrant la place de Grève, te souviens-tu d'avoir vu d'ici le feu dans lequel on a brûlé l'autre jour cette Danoise?

— Eh bien? dit Jacqueline effrayée.

— Eh bien! reprit Tirechair, les deux étrangers que nous aubergeons sentent le roussi. Il n'y a chapitre, comtesse, ni protection qui tiennent. Voilà Pâques venues, l'année finie, il faut les mettre à la porte, et vite et tôt. Apprendras-tu donc à un sergent à reconnaître le gibier de potence? Nos deux hôtes avaient pratiqué la Porrette, cette hérétique de Danemarck ou de Norwége dont tu as entendu d'ici le dernier cri. C'était une courageuse diablesse, elle n'a point sourcillé sur son fagot, ce qui prouvait abondamment son accointance avec le diable. Je l'ai vue comme je te vois. Elle prêchait encore l'assistance, disant qu'elle était dans le ciel et voyait Dieu. Eh bien! depuis ce jour, je n'ai point dormi tranquillement sur mon grabat. Le vieux seigneur couché au-dessus de nous est plus sûrement sorcier que chrétien. J'ai, foi de sergent, le frisson quand il passe près de moi. La nuit, jamais il ne dort. Si je m'éveille, sa voix retentit comme le bourdonnement des cloches et je lui entends faire ses conjurations dans la langue de l'enfer. Lui as-tu jamais vu manger une honnête croûte de pain, une fouace faite par la main d'un talmellier catholique? Sa peau brune a été cuite et hâlée par le feu de l'enfer. Il y a, jour de Dieu! dans ses yeux un charme, comme dans ceux d'un serpent! Jacqueline, je ne veux pas de ces deux hommes-là chez moi. Je vis trop près de la justice pour ne pas savoir qu'il faut ne jamais rien avoir à démêler avec elle. Tu mettras nos deux locataires à la porte: le vieux parce qu'il m'est suspect, le jeune parce qu'il est trop mignon. L'un et l'autre ont l'air de ne point hanter les chrétiens. Ils ne vivent, certes, pas comme nous vivons. Le petit regarde toujours la lune, les étoiles et les nuages, en sorcier qui guette l'heure de monter sur son balai. L'autre sournois se sert bien certainement de ce pauvre enfant pour quelque sortilége. Mon bouge est déjà sur la rivière, j'ai assez de cette cause de ruine sans y attirer le feu du ciel ou l'amour d'une comtesse. J'ai dit. Ne bronche pas.

Malgré le despotisme qu'elle exerçait au logis, Jacqueline resta stupéfaite en entendant l'espèce de réquisitoire fulminé par le sergent contre ses deux hôtes. En ce moment, elle regarda machinalement la fenêtre de la chambre où logeait le vieillard, et frissonna d'horreur en y rencontrant tout à coup la face sombre et mélancolique, le regard profond qui faisaient tressaillir le sergent, quelque habitué qu'il fût à voir des criminels. A cette époque, petits et grands, clercs et laïques, tout tremblait à la pensée d'un pouvoir surnaturel. Le mot de magie était aussi puissant que la lèpre pour briser les sentiments, rompre les liens sociaux, et glacer la pitié dans les cœurs les plus généreux. La femme du sergent pensa soudain qu'elle n'avait jamais vu ses deux hôtes faisant acte de créature humaine. Quoique la voix du plus jeune fût douce et mélodieuse comme les sons d'une flûte, elle l'entendait si rarement, qu'elle fut tentée de la prendre pour l'effet d'un sortilége. En se rappelant l'étrange beauté de son visage blanc et rose, en revoyant par le souvenir sa chevelure blonde et les feux humides de son regard, elle crut y reconnaître les artifices du démon. Elle se souvint d'être restée pendant des journées entières sans avoir entendu le plus léger bruit chez les deux étrangers. Où étaient-ils pendant ces longues heures? Tout à coup, les circonstances les plus singulières revinrent en foule à sa mémoire. Elle fut complètement saisie par la peur et voulut voir une preuve de magie dans l'amour que la riche dame portait à ce jeune Godefroy, pauvre orphelin venu de Flandre à Paris pour étudier à l'Université. Elle mit promptement la main dans une de ses poches, en tira vivement quatre livres tournois en grands blancs et regarda les pièces par un sentiment d'avarice mêlé de crainte.

— Ce n'est pourtant pas là de la fausse monnaie! dit-elle en montrant les sous d'argent à son mari.

— Puis, ajouta-t-elle, comment les mettre hors de chez nous après avoir reçu d'avance le loyer de l'année prochaine?

— Tu consulteras le doyen du chapitre, répondit le sergent. N'est-ce pas à lui de nous dire comment il faut nous comporter avec des êtres extraordinaires?

— Oh, oui, bien extraordinaires, s'écria Jacqueline. Voyez la malice! venir se gîter dans le giron même de Notre-Dame! Mais, reprit-elle, avant de consulter le doyen, pourquoi ne pas prévenir cette noble et digne dame du danger qu'elle court?

En achevant ces paroles, Jacqueline et le sergent qui n'avait pas perdu un coup de dent rentrèrent au logis. Tirechair, en homme vieilli dans les ruses de son métier, feignit de prendre l'inconnue pour une véritable ouvrière ; mais cette indifférence apparente laissait percer la crainte d'un courtisan qui respecte un royal incognito. En ce moment, six heures sonnèrent au clocher de Saint-Denis-du-Pas, petite église qui se trouvait entre Notre-Dame et le port Saint-Landry, la première cathédrale bâtie à Paris, au lieu même où saint Denis a été mis sur le gril, disent les chroniques. Aussitôt l'heure vola de cloche en cloche par toute la cité. Tout à coup, des cris confus s'élevèrent sur la rive gauche de la Seine, derrière Notre-Dame, à l'endroit où fourmillaient les écoles de l'Université. A ce signal, le vieil hôte de Jacqueline se remua dans sa chambre. Le sergent, sa femme et l'inconnue entendirent ouvrir et fermer brusquement une porte, et le pas lourd de l'étranger retentit sur les marches de l'escalier intérieur.

Les soupçons du sergent donnaient à l'apparition de ce personnage un si haut intérêt que les visages de Jacqueline et du sergent offrirent tout à coup une expression bizarre dont la dame fut saisie. Rapportant, comme toutes les personnes qui aiment, l'effroi du couple à son protégé, l'inconnue attendit avec une sorte d'inquiétude ce qu'annonçait la peur de ses prétendus maîtres. L'étranger resta pendant un instant sur le seuil de la porte à examiner les trois personnes qui étaient dans la salle, en paraissant y chercher son compagnon. Le regard qu'il leur jeta, quelque insouciant qu'il fût, troubla les cœurs. Il était vraiment impossible à tout le monde, et même à un homme ferme, de ne pas avouer que la nature avait départi des pouvoirs exorbitants à cet être en apparence surnaturel. Quoique ses yeux fussent assez profondément enfoncés sous les grands arceaux dessinés par ses sourcils, ils étaient comme ceux d'un milan enchâssés dans des paupières si larges et bordés d'un cercle noir si vivement marqué sur le haut de sa joue, que leurs globes semblaient être en saillie. Cet œil magique avait je ne sais quoi de despotique et de perçant qui saisissait l'âme par un regard pesant et plein de pensées, un regard brillant et lucide comme celui des serpents ou des oiseaux, mais qui stupéfiait, qui écrasait par la véloce communication d'un immense malheur ou de quelque puissance surhumaine. Tout était en harmonie avec ce regard de plomb et de feu, fixe et mobile, sévère et calme. Si dans ce grand œil d'aigle les agitations terrestres paraissaient en quelque sorte éteintes, le visage maigre et sec portait aussi les traces de malheureuses passions et de grands événements accomplis. Le nez tombait droit et se prolongeait de telle sorte que les narines semblaient le retenir. Les os de la face étaient nettement accusés par des rides droites et longues qui en creusaient les joues décharnées. Tout ce qui formait un creux dans sa figure paraissait sombre. Vous eussiez dit le lit d'un torrent où la violence des eaux écoulées était attestée par la profondeur des sillons qui trahissaient quelque lutte horrible, éternelle. Semblables à la trace laissée par les rames d'une barque sur les ondes, de larges plis partant de chaque côté de son nez accentuaient fortement son visage, et donnaient à sa bouche, ferme et sans sinuosités, un caractère d'amère tristesse. Au-dessus de l'ouragan peint sur ce visage, son front tranquille s'élançait avec une sorte de hardiesse et le couronnait comme d'une coupole en marbre. L'étranger gardait cette attitude intrépide et sérieuse que contractent les hommes habitués au malheur, faits par la nature pour affronter avec impassibilité les foules furieuses, et pour regarder en face les grands dangers. Il semblait se mouvoir dans une sphère à lui, d'où il planait au-dessus de l'humanité. Ainsi que son regard, son geste était d'une irrésistible puissance. Ses mains décharnées étaient celles d'un guerrier. S'il fallait baisser les yeux quand les siens plongeaient sur vous, il fallait trembler quand sa parole ou son action s'adressaient à votre âme. Il marchait entouré d'une majesté silencieuse qui le faisait prendre pour un despote sans gardes, pour quelque dieu sans rayons. Son costume ajoutait encore aux idées qu'inspiraient les singularités de sa démarche ou de sa physionomie. L'âme, le corps et l'habit s'harmoniaient ainsi de manière à impressionner les imaginations les plus froides. Il portait une espèce de surplis en drap noir, sans manches, qui s'agrafait par devant et descendait jusqu'à mi-jambe, en lui laissant le col nu et sans rabat. Son justaucorps et ses bottines, tout était noir. Il avait sur la tête une calotte en velours, semblable à celle d'un prêtre, et qui traçait une ligne circulaire au-dessus de son front sans qu'un seul cheveu s'en échappât. C'était le deuil le plus rigide et l'habit le plus sombre dont un homme pût être revêtu. Sans une longue épée qui pendait à son côté, soutenue par un ceinturon de cuir que l'on apercevait à la fente du surtout noir, un ecclésiastique l'eût salué comme un frère. Quoiqu'il fût de taille moyenne, il paraissait grand, mais en le regardant au visage, il était gigantesque.

— L'heure a sonné, la barque attend, ne viendrez-vous pas?

Ces paroles, prononcées en mauvais français, retentirent dans le silence grave qui régnait alors. A ces mots, un léger frémissement se fit entendre dans l'autre chambre. Tout à coup le jeune homme descendit l'escalier avec la rapidité d'un oiseau. Quand il se montra, le visage de la dame s'empourpra, elle trembla, tressaillit, et se fit un voile de ses mains blanches. Toute femme eût partagé cette émotion en contemplant un homme de vingt ans environ, mais dont la taille et les formes étaient si frêles qu'au premier coup d'œil vous eussiez cru voir un enfant ou quelque jeune fille déguisée. Son chaperon noir, semblable au béret des Basques, laissait apercevoir un front blanc comme de la neige où la grâce et l'innocence étincelaient en exprimant une suavité divine, reflet d'une âme pleine de foi. L'imagination des poëtes aurait voulu y chercher cette étoile que, dans je ne sais quel conte, une mère pria la fée-marraine d'empreindre sur le front de son enfant abandonné, comme Moïse au gré des flots. L'amour respirait dans les milliers de boucles blondes qui retombaient sur ses épaules. Son cou, véritable cou de cygne, était blanc et d'une admirable rondeur. Ses yeux bleus pleins de vie, limpides, semblaient réfléchir le ciel. Les traits de son visage, la coupe de son front étaient d'un fini, d'une délicatesse à ravir un peintre. La fleur de beauté qui nous émeut si puissamment sur les figures de femme, cette exquise pureté dans les lignes, cette lumineuse auréole posée sur des traits adorés, se mariaient à des teintes mâles, à une puissance, à une fermeté qui formaient de délicieux contrastes. C'était enfin un de ces visages mélodieux qui, muets, nous parlent et nous attirent. Cependant, en le contemplant avec un peu d'attention, peut-être aurait-on reconnu l'espèce de flétrissure qu'imprime une grande pensée ou la passion, dans une verdeur mate qui faisait ressembler sa figure à une jeune feuille se dépliant au soleil.

Aussi, jamais opposition ne fut-elle plus brusque ni plus vive que ne l'était celle offerte par la réunion de ces deux êtres. Il semblait voir un gracieux et faible arbuste né dans le creux d'un vieux saule, dépouillé par le temps, sillonné par la foudre, décrépit, un de ces saules majestueux, l'admiration des peintres. Le timide arbrisseau s'y met à l'abri des orages. L'un était un dieu, l'autre était un ange : celui-ci, le poëte qui sent; celui-là, le poëte qui traduit; un prophète souffrant, un lévite en prière. Ils passèrent en silence.

— Avez-vous vu comme il l'a sifflé? s'écria le sergent de ville au moment où le pas des deux étrangers ne s'entendit plus sur la grève. N'est-ce point un diable et son page?

— Ouf! répondit Jacqueline, j'étais oppressée. Jamais je ne les avais examinés si attentivement. Il est malheureux, pour nous autres femmes, que le démon puisse prendre un aussi gentil visage!

— Oui, jette-lui de l'eau bénite, s'écria Tirechair, et tu le verras se changer en crapaud. Je vais aller tout dire à l'officialité.

En entendant ce mot, la dame se réveilla de la rêverie dans laquelle elle était plongée, et regarda le sergent qui mettait sa casaque bleue et rouge.

— Où courez-vous? dit-elle.

— Informer la justice que nous logeons des sorciers, bien à notre corps défendant.

L'inconnue se prit à sourire.

— Je suis la comtesse Mahaut, dit-elle en se levant avec une dignité qui rendit le sergent tout pantois. Gardez-vous de faire la plus légère peine à vos hôtes. Honorez surtout le vieillard. Je l'ai vu chez le roi votre seigneur qui l'a courtoisement accueilli. Vous seriez mal avisé de lui causer le moindre encombre. Quant à mon séjour chez vous, n'en sonnez mot, si vous aimez à vivre.

La comtesse se tut et tomba dans sa méditation. Elle releva bientôt la tête, fit un signe à Jacqueline, et toutes deux montèrent à la chambre de Godefroy. La belle comtesse regarda le lit, les chaires de bois, le bahut, les tapisseries, la table, avec un bonheur semblable à celui du banni qui contemple, au retour, les toits pressés de sa ville natale, assise au pied d'une colline.

— Si tu ne m'as pas trompée, dit-elle à Jacqueline, je te promets cent écus d'or.

— Tenez, madame, répondit l'hôtesse, le pauvre ange est sans méfiance, voici tout son bien !

Disant cela, Jacqueline ouvrait un tiroir de la table, et montrait quelques parchemins.

— O Dieu de bonté! s'écria la comtesse en saisissant un contrat qui attira soudain son attention et où elle lut : GOTHOFREDUS COMES GANTIACUS.

Elle laissa tomber le parchemin, passa la main sur son front; mais, se trouvant sans doute compromise de laisser voir son émotion à Jacqueline, elle reprit une contenance froide.

— Je suis contente ! dit-elle.

Puis elle descendit et sortit de la maison. Le sergent et sa femme se mirent sur le seuil de leur porte, et lui virent prendre le chemin du port. Un bateau se trouvait amarré près de là. Quand le frémissement du pas de la comtesse put être entendu, un marinier se leva soudain, aida la belle ouvrière à s'asseoir sur un banc, et rama de manière à faire voler le bateau comme une hirondelle, en aval de la Seine.

— Es-tu bête! dit Jacqueline en frappant familièrement sur l'épaule du sergent. Nous avons gagné ce matin cent écus d'or.

— Je n'aime pas plus loger des seigneurs que loger des sorciers. Je ne sais qui des uns ou des autres nous mènent plus vitement au gibet, répondit Tirechair en prenant sa hallebarde. Je vais, reprit-il, aller faire ma ronde du côté de Champfleuri. Ah! que Dieu nous protége, et me fasse rencontrer quelque galloise ayant mis ce soir ses anneaux d'or pour briller dans l'ombre comme un ver luisant!

Jacqueline, restée seule au logis, monta précipitamment dans la chambre du seigneur inconnu, pour tâcher d'y trouver quelques renseignements sur cette mystérieuse affaire. Semblable à ces savants qui se donnent des peines infinies pour compliquer les principes clairs et simples de la nature, elle avait déjà bâti un roman informe qui lui servait à expliquer la réunion de ces trois personnages sous son pauvre toit. Elle fouilla le bahut, examina tout, et ne put rien découvrir d'extraordinaire. Elle vit seulement sur la table une écritoire et quelques feuilles de parchemin; mais comme elle ne savait pas lire, cette trouvaille ne pouvait lui rien apprendre. Un sentiment de femme la ramena dans la chambre du beau jeune homme, d'où elle aperçut par la croisée ses deux hôtes qui traversaient la Seine dans le bateau du passeur.

— Ils sont comme deux statues, se dit-elle. — Ah! ah! ils abordent devant la rue du Fouarre. Est-il leste le petit mignon! il a sauté à terre comme un bouvreuil. Près de lui, le vieux ressemble à quelque saint de pierre de la cathédrale. Ils vont à l'ancienne école des Quatre-Nations. Preste! je ne les vois plus. C'est là qu'il respire, ce pauvre chérubin! ajouta-t-elle en regardant les meubles de la chambre. Est-il galant et plaisant! Ah! ces seigneurs, c'est autrement fait que nous.

Et Jacqueline descendit après avoir passé la main sur la couverture du lit, épousseté le bahut, et s'être demandé pour la centième fois depuis six mois : — A quoi diable passe-t-il toutes ses saintes journées? Il ne peut pas toujours regarder dans le bleu du temps et dans les étoiles que Dieu a pendues là-haut comme des lanternes. Le cher enfant a du chagrin. Mais pourquoi le vieux maître et lui ne se parlent-ils presque point? Puis elle se perdit dans ses pensées, qui, dans sa cervelle de femme, se brouillèrent comme un écheveau de fil.

Le vieillard et le jeune homme étaient entrés dans une des écoles qui rendaient à cette époque la rue du Fouarre si célèbre en Europe. L'illustre Sigier, le plus fameux docteur en Théologie mystique de l'Université de Paris, montait à sa chaire au moment où les deux locataires de Jacqueline arrivèrent à l'ancienne école des Quatre-Nations, dans une grande salle basse, de plain-pied avec la rue. Les dalles froides étaient garnies de paille fraîche, sur laquelle un bon nombre d'étudiants avaient tous un genou appuyé, l'autre relevé pour sténographier l'improvisation du maître à l'aide de ces abréviations qui font le désespoir des déchiffreurs modernes. La salle était pleine, non-seulement d'écoliers, mais encore des hommes les plus distingués du clergé, de la cour et de l'ordre judiciaire. Il s'y trouvait des savants étrangers, des gens d'épée et de riches bourgeois. Là se rencontraient ces faces larges, ces fronts protubérants, ces barbes vénérables qui nous inspirent une sorte de religion pour nos ancêtres à l'aspect des portraits du moyen âge. Des visages maigres aux yeux brillants et enfoncés, surmontés de crânes jaunis dans les fatigues d'une scolastique impuissante, la passion favorite du siècle, contrastaient avec de jeunes têtes ardentes, avec des hommes graves, avec des figures guerrières, avec les joues rubicondes de quelques financiers. Ces leçons, ces dissertations, ces thèses soutenues par les génies les plus brillants du treizième et du quatorzième siècle, excitaient l'enthousiasme de nos pères; elles étaient leurs combats de taureaux, leurs Italiens, leur tragédie, leurs grands danseurs, tout leur théâtre enfin. Les représentations de mystères ne vinrent qu'après ces luttes spirituelles qui peut-être engendrèrent la scène française. Une éloquente inspiration qui réunissait l'attrait de la voix humaine habilement maniée, les subtilités de l'éloquence et des recherches hardies dans les secrets de Dieu, satisfaisait alors à toutes les curiosités, émouvait les âmes, et composait le spectacle à la mode. La Théologie ne résumait pas seulement les sciences, elle était la science même, comme le fut autrefois la Grammaire chez les Grecs, et présentait un fécond avenir à ceux qui se distinguaient dans ces duels, où, comme Jacob, les orateurs combattaient avec l'esprit de Dieu. Les ambassades, les arbitrages entre les souverains, les chancelleries, les dignités ecclésiastiques appartenaient aux hommes dont la parole s'était aiguisée dans les controverses théologiques. La chaire était la tribune de l'époque. Ce système vécut jusqu'au jour où Rabelais immola l'ergotisme sous ses terribles moqueries, comme Cervantes tua la chevalerie avec une comédie écrite.

Pour comprendre ce siècle extraordinaire, l'esprit qui en dicta les chefs d'œuvre inconnus aujourd'hui, quoique immenses, enfin pour s'en expliquer tout jusqu'à la barbarie, il suffit d'étudier les constitutions de l'Université de Paris, et d'examiner l'enseignement bizarre, alors en vigueur. La Théologie se divisait en deux Facultés, celle de THÉOLOGIE proprement dite, et celle de DÉCRET. La faculté de Théologie avait trois sections : la Scolastique, la Canonique et la Mystique. Il serait fastidieux d'expliquer les attributions de ces diverses parties de la science, puisqu'une seule, la Mystique, est le sujet de cette Étude. La THÉOLOGIE MYSTIQUE embrassait l'ensemble des *révélations divines* et l'explication des *mystères*. Cette branche de l'ancienne théologie est secrètement restée en honneur parmi nous. Jacob Bœhm, Swedenborg, Martinez Pasquallis, Saint-Martin, Molinos, mesdames Guyon, Bourignon et Krudener, la grande secte des extatiques, celle des illuminés, ont, à diverses époques, dignement conservé les doctrines de cette science dont le but a quelque chose d'effrayant et de gigantesque. Aujourd'hui, comme au temps du docteur Sigier, il s'agit de donner à l'homme des ailes pour pénétrer dans le sanctuaire où Dieu se cache à nos regards. Cette digression était nécessaire pour l'intelligence de la scène à laquelle le vieillard et le jeune homme partis du Terrain Notre-Dame venaient assister. Puis elle défendra de tout reproche cette Étude que certaines personnes hardies à juger pourraient soupçonner de mensonge et taxer d'hyperbole.

Le docteur Sigier était de haute taille et dans la force de l'âge. Sauvée de l'oubli par les fastes universitaires, sa figure offrait de frappantes analogies avec celle de Mirabeau. Elle était marquée au sceau d'une éloquence impétueuse, animée, terrible. Le docteur avait au front les signes d'une croyance religieuse et d'une ardente foi qui manquèrent à son Sosie ; sa voix possédait de plus une douceur persuasive, un timbre éclatant et flatteur. En ce moment, le jour, que les croisées à petits vitraux garnis de plomb répandaient avec parcimonie, colorait cette assemblée de teintes capricieuses, en y créant çà et là de vigoureux contrastes par le mélange de la lueur et des ténèbres. Ici, des yeux étincelaient en des coins obscurs ; là, de noires chevelures caressées par des rayons semblaient lumineuses au-dessus de quelques visages ensevelis dans l'ombre ; puis, plusieurs crânes décourronnés, conservant une faible ceinture de cheveux blancs, apparaissaient au-dessus de la foule comme des créneaux argentés par la lune. Toutes les têtes tournées vers le docteur restaient muettes, impatientes. Les voix monotones des autres professeurs dont les écoles étaient voisines, retentissaient dans la rue silencieuse comme le murmure des flots de la mer. Le pas des deux inconnus qui arrivèrent en ce moment attira l'attention générale. Le docteur Sigier, prêt à prendre la parole, vit le majestueux vieillard debout, lui chercha de l'œil une place, et n'en trouvant pas, tant la foule était grande, il descendit, vint à lui d'un air respectueux, et le fit asseoir sur l'escalier de la chaire en lui prêtant son escabeau. L'assemblée accueillit cette faveur par un long murmure d'approbation, en reconnaissant dans le vieillard le héros d'une admirable thèse récemment soutenue à la Sorbonne. L'inconnu jeta sur l'auditoire au-dessus duquel il planait, ce profond regard qui racontait tout un poëme de malheurs, et ceux qu'il atteignit

éprouvèrent d'indéfinissables tressaillements. L'enfant qui suivait le vieillard s'assit sur une des marches, et s'appuya contre la chaire, dans une pose ravissante de grâce et de tristesse. Le silence devint profond, le seuil de la porte, la rue même furent obstrués en peu d'instants par une foule d'écoliers qui désertèrent les autres classes.

Le docteur Sigier devait résumer, en un dernier discours, les théories qu'il avait données sur la résurrection, sur le ciel et l'enfer, dans ses leçons précédentes. Sa curieuse doctrine répondait aux sympathies de l'époque, et satisfaisait à ces désirs immodérés du merveilleux qui tourmentent les hommes à tous les âges du monde. Cet effort exorbitant de l'homme pour saisir un infini qui échappe sans cesse à ses mains débiles, ce dernier assaut de la pensée contre elle-même, était une œuvre digne d'une assemblée où brillaient alors toutes les lumières de ce siècle, où scintillait peut-être la plus vaste des imaginations humaines. D'abord le docteur rappela simplement, d'un ton doux et sans emphase, les principaux points précédemment établis.

« Aucune intelligence ne se trouvait égale à une autre. L'homme était-il en droit de demander compte à son créateur de l'inégalité des forces morales données à chacun ? Sans vouloir pénétrer tout à coup les desseins de Dieu, ne devait-on pas reconnaître en fait que, par suite de leurs dissemblances générales, les intelligences se divisaient en de grandes sphères ? Depuis la sphère où brillait le moins d'intelligence jusqu'à la plus translucide où les âmes apercevaient le chemin pour aller à Dieu, n'existait-il pas avec elle une gradation réelle de spiritualité ? les esprits appartenant à une même sphère ne s'entendaient-ils pas fraternellement, en âme, en chair, en pensée, en sentiment ? »

Là, le docteur développait de merveilleuses théories relatives aux sympathies. Il expliquait dans un langage biblique les phénomènes de l'amour, les répulsions instinctives, les attractions vives qui méconnaissent les lois de l'espace, les cohésions soudaines des âmes qui semblent se reconnaître. Quant aux divers degrés de force dont nos affections étaient susceptibles, il les résolvait par la place plus ou moins rapprochée du centre que les êtres occupaient dans leurs cercles respectifs. Il révélait sophistiquement une grande pensée de Dieu dans la coordonnation des différentes sphères humaines. Par l'homme, disait-il, ces sphères créaient un monde intermédiaire entre l'intelligence de la brute et l'intelligence des anges. Selon lui la Parole *divine* nourrissait la Parole *spirituelle*, la Parole *spirituelle* nourrissait la Parole *animée*, la Parole *animée* nourrissait la Parole *animale*, la Parole *animale* nourrissait la Parole *végétale*, et la Parole *végétale* exprimait la vie de la Parole *stérile*. Les successives transformations de chrysalide que Dieu imposait ainsi à nos âmes, et cette espèce de vie infusoire qui, d'une zone à l'autre, se communiquait toujours plus vive, plus spirituelle, plus clairvoyante, développait confusément, mais assez merveilleusement peut-être pour ses auditeurs inexpérimentés, le mouvement imprimé par le Très-Haut à la Nature. Secouru par de nombreux passages empruntés aux livres sacrés, et dont il se servait pour se commenter lui-même, pour exprimer par des images sensibles les raisonnements abstraits qui lui manquaient, il secouait l'esprit de Dieu comme une torche à travers les profondeurs de la création, avec une éloquence qui lui était propre et dont les accents sollicitaient la conviction de son auditoire. Déroulant ce mystérieux système dans toutes ses conséquences, il donnait la clef de tous les symboles, justifiait les vocations, les dons particuliers, les génies, les talents humains. Devenant tout à coup physiologiste par instinct, il rendait compte des ressemblances animales inscrites sur les figures humaines, par des analogies primordiales et par le mouvement ascendant de la création. Il vous faisait assister au jeu de la nature, assignait une mission, un avenir aux minéraux, à la plante, à l'animal. La Bible à la main, après avoir spiritualisé la Matière et matérialisé l'Esprit, après avoir fait entrer la volonté de Dieu en tout, et imprimé du respect pour ses moindres œuvres, il admettait la possibilité de parvenir par la foi d'une sphère à une autre.

Telle fut la première partie de son discours dont il appliqua par d'adroites digressions les doctrines au système de la féodalité. La poésie religieuse et profane, l'éloquence abrupte du temps avaient une large carrière dans cette immense théorie, où venaient se fondre tous les systèmes philosophiques de l'antiquité ; mais d'où le docteur les faisait sortir, éclaircis, purifiés, changés. Les faux dogmes des deux principes et ceux du panthéisme tombaient sous sa parole qui proclamait l'unité divine en laissant à Dieu et à ses anges la connaissance des fins dont les moyens éclataient si magnifiques aux yeux de l'homme. Armé des démonstrations par lesquelles il expliquait le monde matériel, le docteur Sigier construisait un monde spirituel dont les sphères graduellement élevées nous séparaient de Dieu, comme la plante était éloignée de nous par une infinité de cercles à franchir. Il peuplait le ciel, les étoiles, les astres, le soleil. Au nom de saint Paul, il investissait les hommes d'une puissance nouvelle ; il leur était permis de monter de monde en monde jusqu'aux sources de la vie éternelle. L'échelle mystique de Jacob était, tout à la fois, la formule religieuse de ce secret divin et la preuve traditionnelle du fait. Il voyageait dans les espaces en entraînant les âmes passionnées sur les ailes de sa parole, et faisait sentir l'infini à ses auditeurs, en les plongeant dans l'océan céleste. Le docteur expliquait ainsi logiquement l'enfer par d'autres cercles disposés en ordre inverse des sphères brillantes qui aspiraient à Dieu, où la souffrance et les ténèbres remplaçaient la lumière et l'esprit. Les tortures se comprenaient aussi bien que les délices. Les termes de comparaison existaient dans les transitions de la vie humaine, dans ses diverses atmosphères de douleur et d'intelligence. Ainsi les fabulations les plus extraordinaires de l'enfer et du purgatoire se trouvaient naturellement réalisées. Il déduisait admirablement les raisons fondamentales de nos vertus. L'homme pieux, cheminant dans la pauvreté, fier de sa conscience, toujours en paix avec lui-même, et persistant à ne pas se mentir dans son cœur, malgré les spectacles du vice triomphant, était un ange puni, déchu, qui se souvenait de son origine, pressentait sa récompense, accomplissait sa tâche et obéissait à sa belle mission. Les sublimes résignations du christianisme apparaissaient alors dans toute leur gloire. Il mettait les martyrs sur les bûchers ardents, et les dépouillait presque de leurs mérites, en les dépouillant de leurs souffrances. Il montrait l'ange *intérieur* dans les cieux, tandis que l'homme *extérieur* était brisé par le fer des bourreaux. Il peignait, il faisait reconnaître à certains signes célestes, des anges parmi les hommes, comme il en existait au-dessus des hommes. Il allait alors arracher dans les entrailles de l'entendement le véritable sens du mot *chute*, qui se retrouve en tous les langages. Il revendiquait les plus futiles traditions, afin de démontrer la vérité de notre origine. Il expliquait avec lucidité la passion que tous les hommes ont de s'élever, de monter, ambition instinctive, révélation perpétuelle de notre destinée. Il faisait épouser d'un regard l'univers entier, et décrivait la substance de Dieu même, coulant à pleins bords comme un fleuve immense, du centre aux extrémités, des extrémités vers le centre. La nature était une et compacte. Dans l'œuvre la plus chétive en apparence, comme dans la plus vaste, tout obéissait à cette loi. Chaque création reproduisait en petit une image exacte, soit la sève de la plante, soit le sang de l'homme, soit le cours des astres. Il entassait preuve sur preuve, et configurait toujours sa pensée par un tableau mélodieux de poésie. Il marchait, d'ailleurs, hardiment au-devant des objections. Ainsi lui-même foudroyait sous une éloquente interrogation les monuments de nos sciences et les superfétations humaines, à la construction desquelles les sociétés employaient les éléments du monde terrestre. Il demandait si nos guerres, si nos malheurs, si nos dépravations empêchaient le grand mouvement imprimé par Dieu à tous les mondes. Il faisait rire de l'impuissance humaine en montrant nos efforts effacés partout. Il évoquait les mânes de Tyr, de Carthage, de Babylone, il ordonnait à Babel, à Jérusalem de comparaître; il y cherchait, sans les trouver, les sillons éphémères de la charrue civilisatrice. L'humanité flottait sur le monde, comme un vaisseau dont le sillage disparaît sous le niveau paisible de l'Océan.

Telles étaient les idées fondamentales du discours prononcé par le docteur Sigier, idées qu'il enveloppa dans le langage mystique et le latin bizarre en usage à cette époque. Les Écritures dont il avait fait une étude particulière lui fournissaient les armes sous lesquelles il apparaissait à son siècle pour en presser la marche. Il couvrait comme d'un manteau sa hardiesse sous un grand savoir, et sa philosophie sous la sainteté de ses mœurs. En ce moment, après avoir mis son auditoire face à face avec Dieu, après avoir fait tenir le monde dans une pensée, et dévoilé presque la pensée du monde, il contempla l'assemblée silencieuse, palpitante, et interrogea l'étranger par un regard. Aiguillonné sans doute par la présence de cet être singulier, il ajouta ces paroles, dégagées ici de la latinité corrompue du moyen âge.

« Où croyez-vous que l'homme puisse prendre ces vérités fécondes, si ce n'est au sein de Dieu même? Que suis-je? Le faible traducteur d'une seule ligne léguée par le plus puissant des apôtres, une seule ligne entre mille aussi brillantes de lumière. Avant nous tous, saint Paul avait dit: *In Deo vivimus, movemus et sumus.* Nous vivons, nous sommes, nous marchons dans Dieu même. Aujourd'hui, moins croyants et plus savants, ou moins instruits et plus incrédules, nous demanderions à l'apôtre, à quoi bon ce mouvement perpétuel? Où va cette vie distribuée par zones? Pourquoi cette intelligence qui commence par les perceptions confuses du marbre, et va, de sphère en sphère, jusqu'à l'homme, jusqu'à l'ange, jusqu'à Dieu? Où est la source, où est la mer? Si la vie, arrivée à Dieu à travers les mondes et les étoiles, à travers la matière et l'esprit, redescend vers un autre but? Vous voudriez voir l'univers des deux côtés. Vous adoreriez le souverain, à condition de vous asseoir sur son trône un moment. Insensés que nous sommes! nous refusons aux animaux les plus intelligents le don de comprendre nos pensées et le but de nos actions, nous sommes sans pitié pour les créatures des sphères inférieures, nous les chassons de notre monde, nous leur dénions la faculté de deviner la pensée humaine, et nous voudrions connaître la plus élevée de toutes les idées, l'idée de l'idée! Eh bien! allez, partez! montez par la foi de globe en globe, volez dans les espaces! La pensée, l'amour et la foi en sont les clefs mystérieuses. Traversez les cercles, parvenez au trône! Dieu est plus clément que vous ne l'êtes, il a ouvert son temple à toutes ses créations. Mais n'oubliez pas l'exemple de Moïse! Déchaussez-vous pour entrer dans le sanctuaire, dépouillez-vous de toute souillure, quittez bien complètement votre corps, autrement vous seriez consumés, car Dieu... Dieu, c'est la lumière! »

Au moment où le docteur Sigier, la face ardente, la main levée, prononçait cette grande parole, un rayon de soleil pénétra par un vitrail ouvert, et fit jaillir comme par magie une source brillante, une longue et triangulaire bande d'or qui revêtit l'assemblée comme d'une écharpe. Toutes les mains battirent, car les assistants acceptèrent cet effet du soleil couchant comme un miracle. Un cri unanime s'éleva: — *Vivat! vivat!* Le ciel lui-même semblait applaudir. Godefroy, saisi de respect, regardait tour à tour le vieillard et le docteur Sigier qui se parlaient à voix basse.

— Gloire au maître! disait l'étranger.

— Qu'est une gloire passagère? répondait Sigier.

— Je voudrais éterniser ma reconnaissance, répliqua le vieillard.

— Eh bien! une ligne de vous, reprit le docteur, ce sera me donner l'immortalité humaine.

— Hé! peut-on donner ce qu'on n'a point? s'écria l'inconnu.

Accompagnés par la foule qui, semblable à des courtisans autour de leurs rois, se pressait sur leurs pas, en laissant entre elle et ces trois personnages une respectueuse distance, Godefroy, le vieillard et Sigier marchèrent vers la rive fangeuse où dans ce temps il n'y avait point encore de maisons, et où le passeur les attendait. Le docteur et l'étranger ne s'entretenaient ni en latin ni en langue gauloise, ils parlaient gravement un langage inconnu. Leurs mains s'adressaient tour à tour aux cieux et à la terre. Plus d'une fois, Sigier, à qui les détours du rivage étaient familiers, guidait avec un soin particulier le vieillard vers les planches étroites jetées comme des ponts sur la boue. L'assemblée les épiait avec curiosité, et quelques écoliers enviaient le privilège du jeune enfant qui suivait ces deux souverains de la parole. Enfin le docteur salua le vieillard, et vit partir le bateau du passeur.

Au moment où la barque flotta sur la vaste étendue de la Seine en imprimant ses secousses à l'âme, le soleil, semblable à un incendie qui s'allumait à l'horizon, perça les nuages, versa sur les campagnes des torrents de lumière, colora de ses tons rouges, de ses reflets bruns les cimes d'ardoises et les toits de chaume, borda de feu les tours de Philippe-Auguste, inonda les cieux, teignit les eaux, fit resplendir les herbes, réveilla les insectes à moitié endormis. Cette longue gerbe de lumière embrasa les nuages. C'était comme le dernier vers de l'hymne quotidien. Tout cœur devait tressaillir, alors la nature fut sublime. Après avoir contemplé ce spectacle, l'étranger eut ses paupières humectées par la plus faible de toutes les larmes humaines. Godefroy pleurait aussi, sa main palpitante rencontra celle du vieillard qui se retourna, lui laissa voir son émotion; mais sans doute pour sauver sa dignité d'homme qu'il crut compromise, il lui dit d'une voix profonde : — Je pleure mon pays ! Je suis banni ! Jeune homme, à cette heure même j'ai quitté ma patrie. Mais là-bas, à cette heure, les lucioles sortaient de leurs frêles demeures, et se suspendaient, comme autant de diamants, aux rameaux des glaïeuls. A cette heure, la brise douce comme la plus douce poésie s'élevait d'une vallée trempée de lumière, en exhalant de suaves parfums. A l'horizon, je voyais une ville d'or, semblable à la *Jérusalem* céleste, une ville dont je ne puis prononcer le nom en pays étranger. Là serpentait aussi une rivière. Cette ville et sa rivière, dont les monuments, dont les ravissantes perspectives, dont les nappes d'eau bleuâtres se confondaient, se mariaient, se dénouaient, lutte harmonieuse qui réjouissait ma vue et m'inspirait l'amour, où sont-elles ? A cette heure, les ondes prenaient sous le ciel du couchant des teintes fantastiques et figuraient de capricieux tableaux. Les étoiles distillaient une lumière caressante, la lune tendait partout ses piéges gracieux, elle donnait une autre vie aux arbres, aux couleurs, aux formes, et diversifiait les eaux brillantes, les collines muettes, les édifices éloquents. La ville parlait, scintillait ; elle me rappelait, elle ! Des colonnes de fumée se dressaient auprès des colonnes antiques dont les marbres étincelaient de blancheur au sein de la nuit. Les lignes de l'horizon se dessinaient encore à travers les vapeurs du soir. Tout était harmonie et mystère. La nature ne me disait pas adieu, elle voulait me garder. Ah ! c'était tout pour moi : ma mère et mon enfant, mon épouse et ma gloire ! Les cloches elles-mêmes pleuraient alors ma proscription. O terre merveilleuse ! elle est aussi belle que le ciel ! Depuis cette heure, j'ai eu l'univers pour cachot. Ma chère patrie, pourquoi m'as-tu proscrit ? Mais j'y triompherai ! s'écria-t-il en jetant ce mot avec un tel accent de conviction et d'un timbre si éclatant que le batelier tressaillit en croyant entendre le son d'une trompette.

Le vieillard était debout, dans une attitude prophétique et regardait dans les airs vers le sud, en montrant sa patrie à travers les régions du ciel. La pâleur ascétique de son visage avait fait place à la rougeur du triomphe, ses yeux étincelaient, il était sublime comme un lion hérissant sa crinière.

— Et toi, pauvre enfant, reprit-il en regardant Godefroy, dont les joues étaient bordées par un chapelet de gouttes brillantes, as-tu donc comme moi étudié la vie sur des pages sanglantes ? Pourquoi pleurer ? Que peux-tu regretter à ton âge ?

— Hélas ! dit Godefroy, je regrette une patrie plus belle que toutes les patries de la terre, une patrie que je n'ai point vue et dont j'ai souvenir. Oh ! si je pouvais fendre les espaces à plein vol, j'irais...

— Où ? dit le Proscrit.

— Là-haut, répondit l'enfant.

En entendant ce mot, l'étranger tressaillit, arrêta son regard lourd sur le jeune homme, et le fit taire. Tous deux s'entretinrent par une inexplicable effusion d'âme en écoutant leurs vœux au sein d'un fécond silence, et voyagèrent fraternellement comme deux colombes qui parcourent les cieux d'une même aile, jusqu'au moment où la barque, en touchant le sable du Terrain, les tira de leur profonde rêverie. Tous deux ensevelis dans leurs pensées, marchèrent en silence vers la maison du sergent.

— Ainsi, disait en lui-même le grand étranger, ce pauvre petit se croit un ange banni du ciel. Et qui parmi nous aurait le droit de le détromper ? Sera-ce moi ? moi qui suis enlevé si souvent par un pouvoir magique loin de la terre ! moi qui appartiens à Dieu ! moi qui suis pour moi-même un mystère ! N'ai-je donc pas vu le plus beau des anges vivant dans cette boue ? Cet enfant est-il donc plus ou moins insensé que je le suis ? A-t-il fait un pas plus hardi dans la foi ? Il croit ! Sa croyance le conduira sans doute en quelque sentier lumineux semblable à celui dans lequel je marche. Mais, s'il est beau comme un ange, n'est-il pas trop faible pour résister à de si rudes combats !

Intimidé par la présence de son compagnon dont la voix foudroyante lui exprimait ses propres pensées, comme l'éclair traduit les volontés du ciel, l'enfant se contentait de regarder les étoiles avec les yeux d'un amant. Accablé par un luxe de sensibilité qui lui écrasait le cœur, il était là faible et craintif comme un moucheron inondé de soleil. La voix céleste de Sigier leur avait déduit les mystères du monde moral, le grand vieillard devait les revêtir de gloire. L'enfant les sentait en lui-même sans pouvoir en rien exprimer ; ils transfiguraient tous trois par de vivantes, par de nobles images la science, la poésie et le sentiment.

En rentrant au logis, l'étranger s'enferma dans sa chambre, alluma sa lampe inspiratrice, et se confia au terrible démon du travail, en demandant des mots au silence, des idées à la nuit. Godefroy s'assit au bord de sa fenêtre, regarda tour à tour les reflets de la lune dans les eaux, étudia les mystères du ciel. Livré à l'une de ces extases qui lui étaient familières, il voyagea de sphère en sphère, de visions en visions, écoutant et croyant entendre de sourds frémissements et des voix d'anges, voyant ou croyant voir des lueurs divines au sein desquelles il se perdait, essayant de parvenir au point éloigné, source de toute lumière, principe de toute harmonie. Bientôt la grande clameur de Paris propagée par les eaux de la Seine s'apaisa, les lueurs s'éteignirent une à une en haut des maisons, le silence régna dans toute son étendue, et la vaste cité s'endormit comme un géant fatigué. Minuit sonna. Le plus léger bruit, la chute d'une feuille ou le vol d'un *choucas* changeant de place dans les cimes de Nôtre-Dame, eussent alors rappelé l'esprit de l'étranger sur la terre, eussent fait quitter à l'enfant les hauteurs célestes vers lesquelles son âme était montée sur les ailes de l'extase. En ce moment, le vieillard entendit avec horreur dans la chambre voisine un gémissement qui se confondit avec la chute d'un corps lourd que l'oreille expérimentée du banni reconnut pour être un cadavre. Il sortit précipitamment, entra chez Godefroy, le vit gisant comme une masse informe, aperçut une longue corde serrée à son cou et qui serpentait à terre. Quand il l'eut dénouée, l'enfant ouvrit les yeux.

— Où suis-je ? demanda-t-il avec une expression de plaisir.

— Chez vous, dit le vieillard en regardant avec surprise le cou de Godefroy, le clou auquel la corde avait été attachée, et qui se trouvait encore au bout.

— Dans le ciel ? répondit l'enfant d'une voix délicieuse.

— Non, sur la terre ! reprit le vieillard.

Godefroy marcha dans la ceinture de lumière tracée par la lune à travers la chambre dont le vitrail était ouvert, et revit la Seine frémissante, les saules, les herbes du Terrain. Une nuageuse atmosphère s'élevait au-dessus des eaux comme un dais de fumée. A ce spectacle pour lui désolant, il se croisa les mains sur la poitrine et prit une attitude de désespoir. Le vieillard vint à lui, l'étonnement peint sur la figure.

— Vous avez voulu vous tuer ! lui demanda-t-il.

— Oui, répondit Godefroy, en laissant l'étranger lui passer à plusieurs reprises les mains sur le cou pour examiner l'endroit où les efforts de la corde avaient porté.

Malgré de légères contusions, le jeune homme avait dû peu souffrir. Le vieillard présuma que le clou avait promptement cédé au poids du corps, et que ce fatal essai s'était terminé par une chute sans danger.

— Pourquoi donc, cher enfant, avez vous tenté de mourir ?

— Ah ! répondit Godefroy ne retenant plus les larmes qui roulaient dans ses yeux, j'ai entendu la voix d'en-haut ! Elle m'appelait par mon nom ! Elle ne m'avait pas encore nommé ; mais cette fois, elle me conviait au ciel ! Oh ! combien cette voix est douce ! Ne pouvant m'élancer dans les cieux, ajouta-t-il avec un geste naïf, j'ai pris pour aller à Dieu la seule route que nous ayons.

— Oh ! enfant ! enfant sublime ! s'écria le vieillard en enlaçant Godefroy dans ses bras et le pressant avec enthousiasme sur son cœur. Tu es poète, tu sais monter intrépidement sur l'ouragan ! Ta poésie, à toi, ne sort pas de ton cœur ! Tes vives, tes ardentes pensées, tes créations marchent et grandissent dans ton âme. Va, ne livre pas tes idées au vulgaire ! sois l'autel, la victime et le prêtre tout ensemble ! Tu connais les cieux, n'est-ce pas ? Tu as vu ces myriades d'anges aux blanches plumes, aux sistres d'or qui tous tendent d'un vol égal vers le trône, et tu as admiré souvent leurs ailes qui, sous la voix de Dieu, s'agitent comme les touffes harmonieuses des forêts sous la tempête. Oh ! combien l'espace sans bornes est beau ! dis ?

Le vieillard serra convulsivement la main de Godefroy, et tous deux contemplèrent le firmament dont les étoiles semblaient leur parler.

— Oh ! voir Dieu ! s'écria doucement Godefroy.

— Enfant ! reprit tout à coup l'étranger d'une voix sévère, as-tu donc sitôt oublié les enseignements sacrés de notre bon maître le docteur Sigier ? Pour revenir, toi dans la patrie céleste et moi dans ma patrie terrestre ne devons-nous pas obéir à la voix de Dieu ? Marchons résignés dans les rudes chemins où son doigt puissant a marqué notre route. Ne frémis-tu pas du danger auquel tu t'es exposé ? Venu sans ordre, ayant dit : *Me voilà !* avant le temps, ne serais-tu pas retombé dans un monde inférieur à celui dans lequel ton âme voltige aujourd'hui ? Pauvre chérubin égaré, ne devrais-tu pas bénir Dieu de t'avoir fait vivre dans une sphère où tu n'entends que de célestes accords ? N'es-tu pas pur comme un diamant, beau comme une fleur ? Ah ! si, semblable à moi, tu ne connaissais que la cité des douleurs ! A m'y promener, je me suis usé le cœur. Oh ! fouiller dans les tombes pour leur demander d'horribles secrets ; essuyer des mains altérées de sang, les compter pendant toutes les nuits, les contempler levées vers moi, en implorant un pardon que je ne puis accorder ; étudier les convulsions de l'assassin et les derniers cris de sa victime ; écouter d'épouvantables bruits et d'affreux silences, le silence d'un père dévorant ses fils morts ; interroger le rire des damnés ; chercher quelques formes humaines parmi des masses décolorées que le crime a roulées et tordues; apprendre des mots que les hommes vivants n'entendent pas sans mourir; toujours évoquer les morts, pour toujours les traduire et les juger, est-ce donc une vie?

— Arrêtez! s'écria Godefroy, je ne saurais vous regarder, vous écouter davantage! Ma raison s'égare, ma vue s'obscurcit. Vous allumez en moi un feu qui me dévore.

— Je dois cependant continuer, reprit le vieillard en secouant sa main par un mouvement extraordinaire qui produisit sur le jeune homme l'effet d'un charme. Pendant un moment, l'étranger fixa sur Godefroy ses grands yeux éteints et abattus; puis il étendit le doigt vers la terre. Vous eussiez cru voir alors un gouffre entr'ouvert à son commandement. Il resta debout, éclairé par les indécis et vagues reflets de la lune qui firent resplendir son front d'où s'échappa comme une lueur solaire. Si d'abord une expression presque dédaigneuse se perdit dans les sombres plis de son visage, bientôt son regard contracta cette fixité qui semble indiquer la présence d'un objet invisible aux organes ordinaires de la vue. Certes, ses yeux contemplèrent alors les lointains tableaux que nous garde la tombe. Jamais peut-être cet homme n'eut une apparence aussi grandiose. Une lutte terrible bouleversa son âme, vint réagir sur sa forme extérieure; et quelque puissant qu'il parût être, il plia comme une herbe qui se courbe sous la brise messagère des orages. Godefroy resta silencieux, immobile, enchanté. Une force inexplicable le cloua sur le plancher; et, comme lorsque notre attention nous arrache à nous-mêmes, dans le spectacle d'un incendie ou d'une bataille, il ne sentit plus son propre corps.

— Veux-tu que je te dise la destinée au-devant de laquelle tu marchais, pauvre ange d'amour? Écoute! Il m'a été donné de voir les espaces immenses, les abîmes sans fin où vont s'engloutir les créations humaines, cette mer sans rives où court notre grand fleuve d'hommes et d'anges. En parcourant les régions des éternels supplices, j'étais préservé de la mort par le manteau d'un Immortel, ce vêtement de gloire dû au génie et que se passent les siècles, moi, chétif! Quand j'allais par les campagnes de lumière où se pressent les heureux, l'amour d'une femme, les ailes d'un ange, me soutenaient; porté sur son cœur, je pouvais goûter ces plaisirs ineffables dont l'étreinte est plus dangereuse pour nous, mortels, que ne le sont les angoisses du monde mauvais. En accomplissant mon pèlerinage à travers les sombres régions d'en-bas, j'étais parvenu de douleur en douleur, de crime en crime, de punitions en punitions, de silences atroces en cris déchirants sur le gouffre supérieur aux cercles de l'Enfer. Déjà, je voyais dans le lointain la clarté du Paradis qui brillait à une distance énorme. J'étais dans la nuit, mais sur les limites du jour. Je volais, emporté par mon guide, entraîné par une puissance semblable à celle qui pendant nos rêves nous ravit dans les sphères invisibles aux yeux du corps. L'auréole dont nos fronts étaient ceints faisait fuir les ombres sur notre passage, comme une impalpable poussière. Loin de nous, les soleils de tous les univers jetaient à peine la faible lueur des lucioles de mon pays. J'allais atteindre les champs de l'air où, vers le paradis, les masses de lumière se multiplient, où l'on fend facilement l'azur, où les innombrables mondes jaillissent comme des fleurs dans une prairie. Là, sur la dernière ligne circulaire qui appartenait encore aux fantômes que je laissais derrière moi, semblable à des chagrins qu'on veut oublier, je vis une grande ombre. Debout et dans une attitude ardente, cette âme dévorait les espaces du regard; ses pieds restaient attachés par le pouvoir de Dieu sur le dernier point de cette ligne où elle accomplissait sans cesse la tension pénible par laquelle nous projetons nos forces lorsque nous voulons prendre notre élan, comme des oiseaux prêts à s'envoler. Je reconnus un homme, il ne nous regarda, ne nous entendit pas; tous ses muscles tressaillaient et haletaient; par chaque parcelle de temps il semblait éprouver, sans faire un seul pas, la fatigue de traverser l'infini qui le séparait du paradis où sa vue plongeait sans cesse, où il croyait entrevoir une image chérie. Sur la dernière porte de l'enfer comme sur la première, je lus une expression de désespoir dans l'espérance. Le malheureux était si horriblement écrasé par je ne sais quelle force, que sa douleur passa dans mes os et me glaça. Je me réfugiai près de mon guide dont la protection me rendit à la paix et au silence. Semblable à la mère dont l'œil perçant voit le milan dans les airs ou l'y devine, l'ombre poussa un cri de joie. Nous regardâmes là où il regardait, et nous vîmes comme un saphir flottant au-dessus de nos têtes dans les abîmes de lumière. Cette éclatante étoile descendait avec la rapidité d'un rayon de soleil quand il apparaît au matin sur l'horizon, et que ses premières clartés glissent furtivement sur notre terre. La Splendeur devint distincte, elle grandit, j'aperçus bientôt le nuage glorieux au sein duquel vont les anges, espèce de fumée brillante émanée de leur divine substance, et qui çà et là pétillait en langues de feu. Une noble tête, dont il est impossible de supporter l'éclat sans avoir revêtu le manteau, le laurier, la palme, attribut des Puissances, s'élevait au-dessus de cette nuée aussi blanche, aussi pure que la neige. C'était une lumière dans la lumière! Ses ailes en frémissant semaient d'éblouissantes oscillations dans les sphères par lesquelles il passait, comme passe le regard de Dieu à travers les mondes. Enfin je vis l'archange dans sa gloire! La fleur d'éternelle beauté qui décore les anges de l'Esprit brillait en lui. Il tenait à la main une palme verte, et de l'autre un glaive flamboyant; la palme pour en décorer l'ombre pardonnée, le glaive pour faire reculer l'Enfer entier par un seul geste. A son approche, nous sentîmes les parfums du ciel qui tombèrent comme une rosée. Dans la région où demeura l'Ange, l'air prit la couleur des opales, et s'agita par des ondulations dont il était cause. Il arriva, regarda l'ombre, lui dit : — *A demain!* puis il retourna vers le ciel par un mouvement gracieux, étendit ses ailes, franchit les sphères comme un vaisseau fend les ondes en laissant à peine voir ses blanches voiles à des exilés laissés sur quelque plage déserte. L'ombre poussa d'effroyables cris auxquels les damnés répondirent depuis le cercle le plus profondément enfoncé dans l'immensité des mondes de douleur jusqu'à celui plus paisible à la surface duquel nous étions. La plus poignante de toutes les angoisses avait fait un appel à toutes les autres. La clameur se grossit des rugissements d'une mer de feu qui servait comme de base à la terrible harmonie des innombrables millions d'âmes souffrantes. Puis tout à coup l'ombre prit son vol à travers la *cité dolente* et descendit de sa place jusqu'au fond même de l'Enfer ; elle remonta subitement, revint, se replongea dans les cercles infinis, les parcourut dans tous les sens, semblable à un vautour qui, mis pour la première fois dans une volière, s'épuise en efforts superflus. L'ombre avait le droit d'errer ainsi, et pouvait traverser les zones de l'Enfer, glaciales, fétides, brûlantes, sans participer à leurs souffrances. Elle glissait dans cette immensité comme un rayon de soleil se fait jour au sein de l'obscurité. — Dieu ne lui a point infligé de punition, me dit le maître ; mais aucune de ces âmes dont tu as successivement contemplé les tortures, ne voudrait changer son supplice contre l'espérance sous laquelle cette âme succombe. En ce moment, l'ombre revint près de nous, ramenée par une force invincible qui la condamnait à sécher sur le bord des enfers. Mon divin guide devina la curiosité dont j'étais saisi, toucha de son rameau le malheureux occupé peut-être à mesurer le siècle de peine qui se trouvait entre ce moment et le lendemain toujours fugitif. L'ombre tressaillit, et nous jeta un regard plein de toutes les larmes qu'elle avait déjà versées. — Vous voulez connaître mon infortune? dit-elle d'une voix triste. Oh! j'aime à la raconter. Je suis ici, Térésa est là-haut! voilà tout. Sur terre, nous étions heureux, nous étions toujours unis. Quand je vis pour la première fois ma chère Térésa Donati, elle avait dix ans. Nous nous aimâmes alors, sans savoir ce qu'était l'amour. Notre vie fut une même vie. Je pâlissais de sa pâleur, j'étais heureux de sa joie. Ensemble, nous nous livrâmes au charme de penser, de sentir, et l'un par l'autre nous apprîmes l'amour. Nous fûmes mariés dans Crémone, jamais nous ne connûmes nos lèvres que parées des perles du sourire, nos yeux rayonnèrent toujours ; nos chevelures ne se séparèrent pas plus que nos vœux ; toujours nos deux têtes se confondaient quand nous lisions, toujours nos pas s'unissaient quand nous marchions. La vie fut un long baiser. Notre maison fut une couche. Un jour Térésa pâlit et me dit pour la première fois : Je souffre! — Et je ne souffrais pas ! Elle ne se releva plus. Je vis, sans mourir, ses beaux traits s'altérer, ses cheveux d'or s'endolorir. Elle souriait pour me cacher ses douleurs ; mais je les lisais dans l'azur de ses yeux dont je savais interpréter les moindres tremblements. Elle me disait : — Honorino, je t'aime! au moment où ses lèvres blanchirent. Enfin, elle serrait encore ma main dans les siennes quand la mort les glaça. Aussitôt je me tuai pour qu'elle ne couchât pas seule dans le lit du sépulcre, sous son drap de marbre. Elle est là-haut, Térésa, moi, je suis ici. Je voulais ne pas la quitter, Dieu nous a séparés. Pourquoi donc nous avoir unis sur la terre? Il est jaloux. Le paradis a été sans doute bien plus beau du jour où Térésa y est montée. La voyez-vous? elle est triste dans son bonheur, elle est sans moi ! Le paradis doit être bien désert pour elle. — Maître, dis-je en pleurant, car je pensais à mes amours, au moment où celui-ci souhaitera le paradis pour Dieu seulement, ne sera-t-il pas délivré? Le père de la poésie inclina doucement la tête en signe d'assentiment. Nous nous éloignâmes en fendant les airs, sans faire plus de bruit que les oiseaux qui passent quelquefois sur nos têtes quand nous sommes étendus à l'ombre d'un arbre. Nous eussions vainement tenté d'empêcher l'infortuné de blasphémer ainsi. Un des malheurs des anges de ténèbres est de ne jamais voir la lumière, même quand ils en sont environnés. Celui-ci n'aurait pas compris nos paroles.

En ce moment, le pas rapide de plusieurs chevaux retentit au milieu du silence, le chien aboya, la voix grondeuse du sergent lui répondit ; des cavaliers descendirent, frappèrent à la porte, le bruit s'éleva tout à coup avec la violence d'une détonation inattendue. Les deux proscrits, les deux poëtes tombèrent sur la terre de toute la hauteur qui nous sépare des cieux. Le douloureux brisement de cette chute courut comme un autre sang dans leurs veines, mais en sifflant, en y roulant des pointes acérées et cuisantes. Pour eux, la douleur fut en quelque sorte une émotion électrique. La lourde et sonore démarche d'un homme d'armes dont l'épée, dont la cuirasse et les éperons produisaient un cliquetis ferrugineux retentit dans l'escalier ; puis un soldat se montra bientôt devant l'étranger surpris.

— Nous pouvons rentrer à Florence, dit cet homme, dont la grosse voix parut douce en prononçant des mots italiens.

— Que dis-tu ? demanda le grand vieillard.

— Les *blancs* triomphent !

— Ne te trompes-tu pas ? reprit le poëte.

— Non, Dante ! répondit le soldat dont la voix guerrière exprima les frissonnements des batailles et les joies de la victoire.

— A Florence ! à Florence ! O ma Florence ! cria vivement DANTE ALIGHIERI, qui se dressa sur ses pieds, regarda dans les airs, crut voir l'Italie, et devint gigantesque.

— Et moi ! quand serai-je dans le ciel ? dit Godefroy qui restait un genou en terre, devant le poëte immortel, comme un ange en face du sanctuaire.

— Viens à Florence ! lui dit Dante d'un son de voix compatissant. Va ! quand tu verras les amoureux paysages de Fiesolé, tu te croiras au paradis.

Le soldat se mit à sourire. Pour la première, pour la seule fois peut-être, la sombre et terrible figure de Dante respira une joie. Ses yeux, son front exprimaient les peintures du bonheur dont son Paradis est si prodigue. Il lui semblait peut-être entendre la voix de Béatrix. En ce moment, le pas léger d'une femme et le frémissement d'une robe retentirent dans le silence. L'aurore jetait alors ses premières clartés. La belle comtesse Mahaut entra, courut à Godefroy :

— Viens, mon enfant, mon fils ! il m'est maintenant permis de t'avouer ! Et le paradis, ce sera pour toi le cœur de la mère.

— Je reconnais *la voix* du ciel, cria l'enfant ravi.

Ce cri réveilla Dante qui regarda le jeune homme enlacé dans les bras de la comtesse, il les salua par un regard et laissa son compagnon d'étude sur le sein maternel.

— Partons, cria-t-il d'une voix tonnante. Mort aux Guelfes !

Paris, octobre 1831.

# SÉRAPHITA.

## SÉRAPHITUS.

A voir sur une carte les côtes de la Norwége, quelle imagination ne serait émerveillée de leurs fantasques découpures, et de cette longue dentelle de granit où mugissent incessamment les flots de la mer du Nord? Qui n'a rêvé les majestueux spectacles offerts par ces rivages sans grèves, par cette multitude de criques, d'anses, de petites baies dont aucune ne se ressemble, et qui toutes sont des abîmes sans chemins? Ne dirait-on pas que la nature s'est plu à dessiner par d'ineffaçables hiéroglyphes le symbole de la vie norwégienne, en donnant à ces côtes la configuration des arêtes d'un immense poisson; car la pêche forme le principal commerce et fournit presque toute la nourriture de quelques hommes attachés comme une touffe de lichen à ces arides rochers? Là, sur quatorze degrés de longueur, à peine existe-t-il sept cent mille âmes. Grâce aux périls dénués de gloire, aux neiges continuelles que réservent aux voyageurs ces pics de la Norwége, dont le nom donne froid déjà, leurs sublimes beautés sont restées vierges et s'harmonieront aux phénomènes humains, vierges encore, pour la poésie du moins, qui s'y sont accomplis, et dont voici l'histoire.

Lorsqu'une de ces baies, simple fissure aux yeux des aigles, est assez ouverte pour que la mer ne se pas entièrement dans cette prison de pierre où elle se débat, les gens du pays nomment ce petit golfe *fiord*, mot que presque tous les géographes ont essayé de naturaliser dans leurs langues respectives. Malgré la ressemblance qu'ont entre eux ces espèces de canaux, chacun a sa physionomie particulière : partout la mer est violemment entrée dans leurs cassures, mais partout les rochers s'y sont diversement fendus, et leurs tumultueux précipices défient les termes bizarres de la géométrie; ici, le roc s'est dentelé comme une scie; là, ses tables trop droites ne souffrent ni le séjour de la neige, ni les sublimes aigrettes des sapins du nord; plus loin, les commotions du globe ont arrondi quelque sinuosité coquette, belle vallée que meublent par étages des arbres au noir plumage; vous seriez tenté de nommer ce pays la Suisse des mers. Entre Drontheim et Christiania se trouve une de ces baies, nommée le Stromfiord. Si le Stromfiord n'est pas le plus beau de ces paysages, il a du moins le mérite de résumer les magnificences terrestres de la Norwége, et d'avoir servi de théâtre aux scènes d'une histoire toute céleste.

La forme générale du Stromfiord est au premier aspect celle d'un entonnoir ébréché par la mer. Le passage que les flots s'y étaient ouvert présente à l'œil l'image d'une lutte entre l'Océan et le granit, deux créations également puissantes, l'une par son inertie, l'autre par sa mobilité. Pour preuve, quelques écueils de formes fantastiques en défendent l'entrée aux vaisseaux. Les intrépides enfants de la Norwége peuvent, en quelques endroits, sauter d'un roc à un autre sans s'étonner d'un abîme profond de cent toises, large de six pieds. Tantôt un frêle et chancelant morceau de gneiss, jeté en travers, unit deux rochers. Tantôt les chasseurs ou les pêcheurs ont lancé des sapins, en guise de pont, pour joindre les deux quais taillés à pic au fond desquels gronde incessamment la mer. Ce dangereux goulet se dirige vers la droite par un mouvement de serpent, y rencontre une montagne élevée de trois cents toises au-dessus du niveau de la mer, et dont les pieds forment un banc vertical d'une demi-lieue de longueur où l'inflexible granit ne commence à se briser, à se crevasser, à s'onduler qu'à deux cents pieds environ au-dessus des eaux. Entrant avec violence, la mer est donc repoussée avec une violence égale par la terrible force d'inertie de la montagne vers les bords opposés auxquels les réactions du flot ont imprimé de douces courbures. Le fiord est fermé dans le fond par un bloc de gneiss couronné de forêts, d'où tombe en cascades une rivière qui à la fonte des neiges devient un fleuve, forme une nappe d'une immense étendue, s'échappe avec fracas en vomissant de vieux sapins et d'antiques mélèzes, aperçus à peine dans la chute des eaux. Vigoureusement plongés au fond du golfe, ces arbres reparaissent bientôt à sa surface, s'y marient et construisent des îlots qui viennent échouer sur la rive gauche, où les habitants du petit village assis au bord du Stromfiord les retrouvent brisés, fracassés, quelquefois entiers, mais toujours nus et sans branches. La montagne qui dans le Stromfiord reçoit à ses pieds les assauts de la mer et à sa cime ceux des vents du nord, se nomme le Falberg. Sa crête, toujours enveloppée d'un manteau de neige et de glace, est la plus aiguë de la Norwége, où le voisinage du pôle produit, à une hauteur de dix-huit cents pieds, un froid égal à celui qui règne sur les montagnes les plus élevées du globe. La cime de ce rocher, droite vers la mer, s'abaisse graduellement vers l'est et se joint aux chutes de la Sieg par des vallées disposées en gradins sur lesquels le froid ne laisse venir que des bruyères et des arbres souffrants. La partie du fiord d'où s'échappent les eaux, sous les pieds de la forêt, s'appelle le Siegdalhen, mot qui pourrait être traduit par *le versant de la Sieg*, nom de la rivière. La courbure qui fait face aux tables du Falberg est la vallée de Jarvis, joli paysage dominé par des collines chargées de sapins, de mélèzes, de bouleaux, de quelques chênes et de hêtres, la plus riche, la mieux colorée de toutes les tapisseries que la nature du Nord ait tendues sur ses âpres rochers. Là, l'œil pouvait facilement saisir la ligne où les terrains réchauffés par les rayons solaires commencent à souffrir la culture et laissent apparaître les végétations de la Flore norwégienne. En cet endroit, le golfe est assez large pour que la mer, refoulée par le Falberg, vienne expirer en murmurant sur la dernière frange de ces collines, rive doucement bordée d'un sable fin, parsemé de mica, de paillettes, de jolis cailloux, de porphyres, de marbres aux mille nuances amenés de la Suède par les eaux de la rivière, et de débris marins, de coquillages, fleurs de la mer que poussent les tempêtes, soit du pôle, soit du midi.

Au bas des montagnes de Jarvis se trouve le village composé de deux cents maisons de bois, où vit une population perdue là, comme dans une forêt ces ruches d'abeilles qui, sans augmenter ni diminuer, végètent heureuses, en butinant leur vie au sein d'une sauvage nature. L'existence anonyme de ce village s'explique facilement. Peu d'hommes avaient la hardiesse de s'aventurer dans les récifs pour gagner les bords de la mer et s'y livrer à la pêche que font en grand les Norwégiens sur les côtes moins dangereuses. Les nombreux poissons du fiord suffisent en partie à la nourriture de ses habitants; les pâturages des vallées leur donnent du lait et du beurre; puis quelques terrains excellents leur permettent de récolter du seigle, du chanvre, des légumes qu'ils savent défendre, et contre les rigueurs du froid, et contre l'ardeur passagère mais terrible de leur soleil, avec toute l'habileté que déploie le Norwégien dans cette double lutte. Le défaut de communications, soit par terre où les chemins sont impraticables, soit par mer où de faibles barques peuvent seules parvenir à travers les défilés maritimes du fiord, les empêche de s'enrichir en tirant parti de leurs bois. Il faudrait des sommes aussi énormes pour déblayer le chenal du golfe, que pour s'ouvrir une voie dans l'intérieur des terres. Les routes de Christiania à Drontheim tournent toutes le Stromfiord, et passent la Sieg sur un pont situé à plusieurs lieues de sa chute. La côte, entre la vallée de Jarvis et Drontheim, est garnie d'immenses forêts inabordables, enfin le Falberg se trouve également séparé de Christiania par d'inaccessibles précipices. Le village de Jarvis aurait peut-être pu communiquer avec la Norwége intérieure et la Suède par la Sieg; mais pour être mis en rapport avec la civilisation, le Stromfiord voulait un homme de génie, et ce génie parut en effet : ce fut un poëte, un Suédois religieux qui mourut en admirant et respectant les beautés de ce pays, comme un des plus magnifiques ouvrages du Créateur.

Maintenant, les hommes doués par l'étude de cette vue intérieure dont les véloces perceptions amènent tour à tour dans l'âme comme sur une toile les paysages les plus contrastants du globe, peuvent facilement embrasser l'ensemble du Stromfiord. Eux seuls, peut-être, sauront s'engager dans les tortueux récifs du goulet où se débat la mer, fuir avec ses flots le long des tables éternelles du Falberg dont les pyramides blanches se confondent avec les nuées brumeuses d'un ciel presque toujours gris de perle ; admirer la jolie nappe échancrée du golfe, y entendre les chutes de la Sieg qui pend en longs filets et tombe sur un abatis pittoresque de beaux arbres confusément épars, debout ou couchés parmi des fragments de gneiss ; puis, se reposer sur les riants tableaux que présentent les collines abaissées de Jarvis d'où s'élancent les plus riches végétaux du Nord, par familles, par myriades : ici, des bouleaux gracieux comme des jeunes filles et penchés comme elles ; là, des colonnades de hêtres aux fûts centenaires et moussus ; tous les contrastes des différents verts, de blanches nuées parmi les sapins noirs, des landes de bruyères pourprées et nuancées à l'infini, enfin toutes les couleurs, tous les parfums de cette Flore aux merveilles ignorées. Étendez les proportions de ces amphithéâtres, élancez-vous dans les nuages, perdez-vous dans le creux des roches où reposent les chiens de mer, votre pensée n'atteindra ni à la richesse, ni aux poésies de ce site norwégien ! Votre pensée pourrait-elle être aussi grande que l'Océan qui le borne, aussi capricieuse que les fantastiques figures dessinées par ses forêts, ses nuages, ses ombres, et par les changements de sa lumière? Voyez-vous, au-dessus des prairies de la plage, sur le dernier pli de terrain qui s'ondule en bas des hautes collines de Jarvis, deux ou trois cents maisons couvertes en *nœver*, espèce de couvertures faites avec l'écorce du bouleau, maisons toutes frêles, plates, et qui ressemblent à des vers à soie sur une feuille de mûrier jetée là par les vents ? Au-dessus de ces humbles, de ces paisibles demeures est une église construite avec une simplicité qui s'harmonie à la misère du village. Un cimetière entoure le chevet de cette église, et plus loin se trouve le presbytère. Encore plus haut, sur une bosse de la montagne, est située une habitation, la seule qui soit en pierre, et que pour cette raison les habitants ont nommée le château du Suédois. En effet, un homme riche vint de Suède, trente ans avant le jour où cette histoire commence, et s'établit à Jarvis dont il s'efforça d'améliorer la fortune. Cette petite maison, construite dans le but d'engager les habitants à s'en bâtir de semblables, était remarquable par sa solidité, par un mur d'enceinte, chose rare en Norwége, où, malgré l'abondance des pierres, l'on se sert de bois pour toutes les clôtures, même pour celles des champs. La maison, ainsi garantie des neiges, s'élevait sur un tertre, au milieu d'une cour immense. Les fenêtres en étaient abritées par ces auvents d'une saillie prodigieuse appuyés sur de grands sapins équarris qui donnent aux constructions du nord une espèce de physionomie patriarcale. Sous ces abris, il était facile d'apercevoir les sauvages nudités du Falberg, de comparer l'infini de la pleine mer à la goutte d'eau du golfe écumeux, d'écouter les vastes épanchements de la Sieg dont la nappe semblait de loin immobile en tombant dans sa coupe de granit, bordée sur trois lieues de tour par les glaciers du nord, enfin tout le paysage où vont se passer les surnaturels et simples événements de cette histoire.

L'hiver de 1799 à 1800 fut un des plus rudes dont les Européens aient gardé le souvenir. La mer de Norwége se prit entièrement dans les fiords où la violence du ressac l'empêche ordinairement de geler. Un vent dont les effets ressemblaient à ceux du levantis espagnol, avait balayé la glace du Stromfiord en repoussant les neiges vers le fond du golfe. Depuis longtemps il n'avait pas été permis aux gens de Jarvis de voir en hiver le vaste miroir des eaux réfléchissant les couleurs du ciel, spectacle curieux au sein de ces montagnes dont tous les accidents étaient nivelés sous les couches successives de la neige, et où les plus vives arêtes comme les vallons les plus creux ne formaient que de faibles plis dans l'immense tunique jetée par la nature sur ce paysage, alors tristement éclatant et monotone. Les longues nappes de la Sieg, subitement glacées, décrivaient une énorme arcade sous laquelle les habitants eussent pu passer à l'abri des tourbillons, si quelques-uns d'entre eux eussent été assez hardis pour s'aventurer dans les pays. Mais les dangers de la moindre course retenaient au logis les plus intrépides chasseurs qui craignaient de ne plus reconnaître sous la neige les étroits passages pratiqués au bord des précipices, des crevasses ou des versants. Aussi nulle créature n'animait-elle ce désert blanc où régnait la bise du pôle, seule voix qui résonnât en de rares moments. Le ciel, presque toujours grisâtre, donnait au lac les teintes de l'acier bruni. Peut-être un vieil eider traversait-il parfois impunément l'espace à l'aide du chaud duvet sous lequel glissent les songes des riches, dont aucun ne soupçonne par combien de dangers cette plume s'achète. Mais, semblable au Bédouin qui sillonne seul les sables de l'Afrique, l'oiseau n'était ni vu ni entendu ; l'atmosphère engourdie, privée de ses communications électriques, ne répétait ni le sifflement de ses ailes, ni ses joyeux cris. Quel œil assez vif eût d'ailleurs pu soutenir l'éclat de ce précipice garni de cristaux étincelants, et les rigides reflets des neiges, à peine irisées à leurs sommets par les rayons d'un pâle soleil qui apparaissait par moments, comme un moribond jaloux d'attester sa vie ? Souvent, lorsque des amas de nuées grises, chassées par escadrons à travers les montagnes et les sapins, cachaient le ciel sous de triples voiles, la terre, à défaut de lueurs célestes, s'éclairait par elle-même. Là donc se rencontraient toutes les majestés du froid éternellement assis sur le pôle, et dont le principal caractère est le royal silence au sein duquel vivent les monarques absolus. Tout principe extrême porte en soi l'apparence d'une négation, et les symptômes de la mort : la vie n'est-elle pas le combat de deux forces ? Là, rien ne trahissait la vie. Une seule puissance, la force improductive de la glace, régnait sans contradiction. Le bruissement de la pleine mer agitée n'arrivait même pas dans ce muet bassin, si bruyant durant les trois courtes saisons où la nature se hâte de produire les chétives récoltes nécessaires à la vie de ce peuple patient. Quelques hauts sapins élevaient leurs noires pyramides chargées de festons neigeux, et la forme de leurs rameaux à barbes inclinées complétait le deuil de ces cimes où, d'ailleurs, ils n'apparaissaient que comme des points bruns. Chaque famille restait au coin du feu, dans une maison soigneusement close, fournie de biscuits, de beurre fondu, de poisson sec, de provisions faites à l'avance pour les sept mois d'hiver. A peine voyait-on la fumée de ces habitations. Presque toutes sont ensevelies sous les neiges, contre le poids desquelles elles sont néanmoins préservées par de longues planches qui partent du toit et vont s'attacher à une grande distance sur de solides poteaux en formant un chemin couvert autour de la maison. Pendant ces terribles hivers, les femmes tissent et teignent les étoffes de laine ou de toile dont se font les vêtements ; tandis que la plupart des hommes lisent ou se livrent à ces prodigieuses méditations qui ont enfanté les profondes théories, les rêves mystiques du Nord, ses croyances, ses études si complètes sur un point de la science fouillée comme avec une sonde ; mœurs à demi monastiques qui forcent l'âme à réagir sur elle-même, à y trouver sa nourriture, et qui font du paysan norwégien un être à part dans la population européenne. Dans la première année du dix-neuvième siècle, et vers le milieu du mois de mai, tel était donc l'état du Stromfiord.

Par une matinée où le soleil éclatait au sein de ce paysage en y allumant les feux de tous les diamants éphémères produits par les cristallisations de la neige et des glaces, deux personnes passèrent sur le golfe, le traversèrent et volèrent le long des bases du Falberg, vers le sommet duquel elles s'élevèrent de frise en frise. Était-ce deux créatures, était-ce deux flèches ? Qui les eût vues à cette hauteur les aurait prises pour deux eiders cinglant de conserve à travers les nuées. Ni le pêcheur le plus superstitieux, ni le chasseur le plus intrépide n'eût attribué à des créatures humaines le pouvoir de se tenir le long des faibles lignes tracées sur les flancs du granit, où couple glissait néanmoins avec l'effrayante dextérité que possèdent les somnambules quand, ayant oublié toutes les conditions de leur pesanteur et les dangers de la moindre déviation, ils courent au bord des toits en gardant leur équilibre sous l'empire d'une force inconnue.

— Arrête-moi, Séraphîtüs, dit une pâle jeune fille, et laisse-moi respirer. Je n'ai voulu regarder que toi en côtoyant les murailles de ce gouffre ; autrement, que serais-je devenue ? Mais aussi ne suis-je qu'une bien faible créature. Te fatigué-je ?

— Non, dit l'être sur le bras duquel elle s'appuyait. Allons toujours, Minna ! la place où nous sommes n'est pas assez solide pour nous y arrêter.

De nouveau, tous deux firent siffler sur la neige de longues planches attachées à leurs pieds, et parvinrent sur la première plinthe que le hasard avait franchement dessinée sur les pans de cet abîme. La personne que Minna nommait Séraphîtüs s'appuya sur son talon droit pour relever la planche longue d'environ une toise, étroite comme un pied d'enfant, et qui était attachée à son brodequin par deux courroies en cuir de chien marin. Cette planche, épaisse de deux doigts, était doublée en peau de renne dont le poil, en se hérissant sur la neige, arrêta soudain Séraphîtüs ; il ramena son pied gauche, dont le patin n'avait pas moins de deux toises de longueur, tourna lestement sur lui-même, vint saisir sa peureuse compagne, l'enleva, malgré les longs patins dont ses pieds étaient également armés, et l'assit sur un quartier de roche, après en avoir balayé la neige d'un coup de pelisse.

— Ici, Minna, tu es en sûreté, tu pourras y trembler à ton aise.

— Nous sommes déjà montés au tiers du *Bonnet de glace*, dit-elle en regardant le pic auquel elle donna le nom populaire sous lequel on le connaît en Norwége. Je ne le crois pas encore.

Mais, trop essoufflée pour parler davantage, elle sourit à Séraphîtüs qui, sans répondre, la tenait dans ses bras en écoutant, la main posée sur son cœur, de sonores palpitations aussi précipitées que celles d'un jeune oiseau surpris.

— Il bat souvent aussi vite sans que j'aie couru, dit-elle.

Séraphîtüs inclina la tête sans dédain ni froideur. Malgré la grâce dont ce mouvement était empreint, il n'en trahissait pas moins une négation qui, chez une femme, eût été d'une enivrante coquetterie. Séraphîtüs pressa vivement la jeune fille. Minna prit cette caresse pour une réponse, et continua de le contempler. Au moment où Séraphîtüs releva la tête en rejetant en arrière, par un geste presque impatient, les rouleaux dorés de sa chevelure, afin de se découvrir le front, il vit du bonheur dans les yeux de sa compagne.

— Oui, Minna, dit-il d'une voix toute paternelle et charmante chez un être encore adolescent, regarde-moi, n'abaisse pas la vue.
— Pourquoi ?
— Tu veux savoir ? essaye.

Minna jeta vivement un regard à ses pieds et cria soudain comme un enfant qui aurait rencontré un tigre. L'horrible sentiment des abîmes l'avait envahie, et ce seul coup d'œil avait suffi pour lui en communiquer la contagion. Le fiord, jaloux de sa proie, avait une grande voix par laquelle il l'étourdissait en tintant à ses oreilles, comme pour la dévorer plus sûrement en s'interposant entre elle et la vie. Puis, de ses cheveux à ses pieds, le long de son dos, tomba un frisson glacial d'abord, mais qui bientôt lui versa dans les nerfs une insupportable chaleur, battit dans ses veines, et brisa toutes ses extrémités par des atteintes électriques semblables à celles que cause le contact de la torpille. Trop faible pour résister, elle se sentait attirée, par une force inconnue, en bas de cette table où elle croyait voir quelque monstre qui lui lançait son venin, un monstre dont les yeux magnétiques la charmaient, et dont la gueule ouverte semblait broyer sa pâture par avance.

— Je meurs, mon Séraphîtüs, n'ayant aimé que toi, dit-elle en faisant un mouvement machinal pour se précipiter.

Séraphîtüs lui souffla doucement sur le front et sur les yeux. Tout à coup, semblable au voyageur délassé par un bain, Minna n'eut plus que la mémoire de ses vives douleurs déjà dissipées par cette haleine caressante qui pénétra son corps, et l'inonda de balsamiques effluves, aussi rapidement que le souffle avait traversé l'air.

— Qui donc es-tu ? dit-elle avec un sentiment de terreur douce. Mais je le sais, tu es ma vie. — Comment peux-tu regarder ce gouffre sans mourir ? reprit-elle après une pause.

Séraphîtüs laissa Minna cramponnée au granit, et s'alla poser, comme eût fait une ombre, sur le bord de la table d'où ses yeux plongèrent au fond du fiord, en en défiant l'éblouissante profondeur. Son corps ne vacilla point, son front resta blanc et impassible comme celui d'une statue de marbre. Abîme contre abîme.

— Séraphîtüs, si tu m'aimes, reviens ! cria la jeune fille. Ton danger me rend mes douleurs. — Qui donc es-tu pour avoir cette force surhumaine à ton âge ? lui demanda-t-elle en se sentant de nouveau dans ses bras.

— Mais, répondit Séraphîtüs, tu regardes sans peur des espaces encore plus immenses. Et, de son doigt levé, cet être singulier lui montra l'auréole bleue que les nuages dessinaient en laissant un espace clair au-dessus de leurs têtes.

— Quelle différence ! dit-elle en souriant.

— Tu as raison, répondit-il, nous sommes nés pour tendre au ciel. La patrie, comme le visage d'une mère, n'effraye jamais un enfant.

Sa voix vibra dans les entrailles de sa compagne, devenue muette.

— Allons, viens, reprit-il.

Et tous les deux s'élancèrent sur les faibles sentiers tracés le long de la montagne, en y dévorant les distances, et volant d'étage en étage, de ligne en ligne, avec la rapidité dont est doué le cheval arabe, cet oiseau du désert. En quelques moments ils atteignirent un tapis d'herbes, de mousses et de fleurs, sur lequel personne ne s'était encore assis.

— Le joli *sœler* ! dit Minna en donnant à cette prairie son véritable nom, mais comment se trouve-t-il à cette hauteur ?

— Là cessent, il est vrai, les végétations de la Flore norwégienne, dit Séraphîtüs, mais s'il se rencontre ici quelques herbes et des fleurs, elles sont dues à ce rocher qui les garantit contre le froid du nord. — Mets cette touffe dans ton sein, Minna, dit-il en arrachant une fleur, prends cette suave création qu'aucun œil humain n'a vue encore, et garde cette fleur unique comme un souvenir de cette matinée unique dans ta vie ! Non, tu ne trouveras plus de guide pour te mener à ce sœler.

Et il lui donna soudain une plante hybride que ses yeux d'aigle lui avaient fait apercevoir parmi des silènes acaules et des saxifrages, véritable merveille éclose sous le souffle des anges. Minna saisit avec un empressement enfantin la touffe d'un vert transparent et brillant comme celui de l'émeraude, formée par de petites feuilles roulées en cornet, d'un brun clair au fond, mais qui, de teinte en teinte, devenaient vertes à leurs pointes partagées en découpures d'une délicatesse infinie. Ces feuilles étaient si pressées qu'elles semblaient se confondre, et produisaient une foule de jolies rosaces. Çà et là, sur ce tapis, s'élevaient des étoiles blanches, bordées d'un filet d'or, du sein desquelles sortaient des anthères pourprées, sans pistil. Une odeur qui tenait à la fois de celle des roses et des calices de l'oranger, mais fugitive et sauvage, achevait de donner je ne sais quoi de céleste à cette fleur mystérieuse que Séraphîtüs contemplait avec mélancolie, comme si la senteur lui eût exprimé de plaintives idées dont il comprenait le langage. Mais, à Minna, ce phénomène inouï parut être un caprice par lequel la nature s'était plu à douer quelques pierreries de la fraîcheur, de la mollesse et du parfum des plantes.

— Pourquoi serait-elle unique ? Elle ne se reproduira donc plus ? dit la jeune fille à Séraphîtüs, qui rougit et changea brusquement de conversation.

— Asseyons-nous, retourne-toi, vois ! A cette hauteur, peut-être, ne trembleras-tu point. Les abîmes sont assez profonds pour que tu n'en distingues plus la profondeur ; ils ont acquis la perspective unie de la mer, le vague des nuages, la couleur du ciel : la glace du fiord est une assez jolie turquoise ; tu n'aperçois les forêts de sapins que comme de légères lignes de bistre ; pour vous, les abîmes doivent être parés ainsi.

Séraphîtüs jeta ces paroles avec cette onction dans l'accent et le geste connue seulement de ceux qui sont parvenus au sommet des hautes montagnes du globe, et contractée si involontairement que le maître le plus orgueilleux se trouve obligé de traiter son guide en frère, et ne s'en croit le supérieur qu'en s'abaissant vers les vallées où demeurent les hommes. Il défaisait les patins de Minna, aux pieds de laquelle il s'était agenouillé. L'enfant ne s'en apercevait pas, tant elle s'émerveillait du spectacle imposant que présente la vue de la Norwège dont elle pouvait embrasser d'un seul coup d'œil les longs rochers ; tant elle était émue par la solennelle permanence dont ses cimes froides donnent une idée que les paroles ne peuvent exprimer.

— Nous ne sommes pas venus ici par la seule force humaine, dit-elle en joignant les mains, je rêve sans doute.

— Vous appelez surnaturels les faits dont vous ne voyez pas les causes, répondit-il.

— Tes réponses, dit-elle, sont toujours empreintes de je ne sais quelle profondeur. Près de toi, je comprends tout sans effort. Ah ! je suis libre.

— Tu n'as plus tes patins, voilà tout.

— Oh ! dit-elle, moi qui aurais voulu délier les tiens en te baisant les pieds.

— Garde ces paroles pour Wilfrid, répondit doucement Séraphîtüs.

— Wilfrid ! répéta Minna d'un ton de colère qui s'apaisa dès qu'elle eut regardé son compagnon. — Tu ne l'emportes jamais, toi ! dit-elle en essayant, mais en vain, de lui prendre la main, tu es en toute chose d'une perfection désespérante.

— Alors tu en conclus que je suis insensible.

Minna fut effrayée d'un regard si lucidement jeté dans sa pensée.

— Tu me prouves que nous nous entendons, répondit-elle avec la grâce de la femme qui aime.

Séraphîtüs agita mollement la tête en lui lançant un regard à la fois triste et doux.

— Toi qui sais tout, reprit Minna, dis-moi pourquoi la timidité que je ressentais là-bas, près de toi, s'est dissipée en montant ici ? pourquoi j'ose te regarder, pour la première fois, en face, tandis que là-bas, à peine osé-je te voir à la dérobée ?

— Ici, peut-être, avons-nous dépouillé les petitesses de la terre, répondit-il en défaisant quelques brandebourgs de sa pelisse.

— Jamais tu n'as été si beau, dit Minna en s'asseyant sur une roche moussue et s'abîmant dans la contemplation de l'être qui l'avait conduite sur une partie du pic qui de loin semblait inaccessible.

Jamais, à la vérité, Séraphîtüs n'avait brillé d'un si vif éclat, seule expression qui puisse rendre les effets de son visage et l'aspect de sa personne. Cette splendeur était-elle due à la nitescence que donne au teint l'air pur des montagnes et le reflet des neiges, ou au mouvement interne qui anime le corps à l'instant où il se repose d'une longue agitation ? provenait-elle du contraste subit entre la clarté d'or projetée par un nouveau soleil, et l'obscurité des nuées à travers lesquelles ce joli couple venait de passer ? Peut-être, à ces causes, faudrait-il encore ajouter les effets d'un des plus beaux phénomènes qui puissent se rencontrer en l'organisation humaine. Si quelque habile physiologiste eût examiné cette créature qui dans ce moment, à voir la fierté de son front et l'éclair de ses yeux, paraissait être un jeune homme âgé d'environ dix-sept ans ; s'il eût cherché les ressorts de cette florissante vie sous le tissu le plus blanc dont la nature septentrionale ait vêtu ses enfants, il aurait cru sans doute, soit à l'existence de quelque fluide phosphorique en des nerfs qui semblaient reluire sous l'épiderme, soit à la constante présence d'une lumière intérieure qui colorait Séraphîtüs ardemment, mais doucement et à la manière de ces lueurs contenues dans une coupe d'albâtre. Quelque mollement effilées que fussent ses mains qu'il avait dégantées pour délier les patins de Minna, elles paraissaient avoir une force égale à celle que le Créateur a mise dans les diaphanes attaches du crabe. Les feux jaillissant de son regard d'or luttaient évidemment avec les rayons du soleil, et il semblait ne pas en recevoir, mais lui donner de la lumière. Son corps, mince et grêle comme celui d'une femme, attestait une de ces natures faibles en apparence, mais dont la puissance égale toujours le désir, et qui, fortes à temps, sont à l'état normal presque débiles. De taille ordinaire, Séraphîtüs se grandissait en présentant son front, comme s'il eût voulu s'élancer. Ses cheveux, bouclés par la main d'une fée, et comme soulevés par un souffle, ajoutaient à l'illusion que produisait son attitude aérienne. Mais ce maintien dénué d'efforts résultait plus d'un phénomène moral que d'une habitude corporelle. L'imagination de Minna était complice de cette constante hallucination sous l'empire de laquelle chacun serait tombé, et qui prêtait à Séraphîtüs l'apparence des figures rêvées dans un heureux sommeil. Nul type connu ne pourrait donner une image, même vague, de cette figure majestueusement mâle pour Minna; mais qui, aux yeux d'un homme, eût éclipsé, par sa grâce féminine, les plus belles têtes dues à Raphaël. Ce peintre des cieux a constamment mis une sorte de joie tranquille, une amoureuse suavité dans les lignes de ses beautés angéliques; mais à moins de contempler Séraphîtüs lui-même, quelle âme inventerait le voile de tristesse mêlée d'espérance qui nuançait les sentiments ineffables empreints dans ses traits? Qui saurait, même dans les fantaisies d'artiste où tout devient possible, voir les ombres que jetait une mystérieuse terreur sur ce front intelligent qui semblait interroger les cieux et toujours plaindre la terre? Cette tête savait planer avec dédain comme un sublime oiseau de proie dont les cris troublent l'air, et se résigner comme la tourterelle dont la voix verse la tendresse au fond des bois silencieux. Le teint de Séraphîtüs était d'une blancheur surprenante, que faisaient encore ressortir des lèvres rouges, des sourcils bruns et des cils soyeux, seuls traits qui tranchassent sur la pâleur d'un visage dont la parfaite régularité ne nuisait en rien à l'éclat des sentiments qui s'y reflétaient sans secousse ni violence, mais avec cette majestueuse et naturelle gravité dont nous aimons à douer les êtres supérieurs. Tout, dans cette figure marmorine, exprimait la force et le repos. Minna se leva pour prendre la main de Séraphîtüs, en espérant qu'elle pourrait ainsi l'attirer à elle, et déposer sur ce front séducteur un baiser arraché plus à l'admiration qu'à l'amour; mais un regard du jeune homme, regard qui la pénétra comme un rayon de soleil traverse le prisme, glaça la pauvre fille. Elle sentit, sans le comprendre, un abîme entre eux, détourna la tête et pleura. Tout à coup une main puissante la saisit par la taille, une voix pleine de suavité lui dit: — Viens. Elle obéit, posa sa tête soudain rafraîchie sur le cœur du jeune homme, qui réglant son pas sur le sien, douce et attentive conformité, la mena vers une place d'où ils purent voir les radieuses décorations de la nature polaire.

— Avant de regarder et de t'écouter, dis-moi, Séraphîtüs, pourquoi tu me repousses! T'ai-je déplu? comment? dis. Je voudrais ne rien avoir à moi; je voudrais que mes richesses terrestres fussent à toi, comme y sont déjà les richesses de mon cœur; que la lumière ne me vînt que par tes yeux, comme ma pensée me vient de ta pensée; je ne craindrais plus de t'offenser en te renvoyant ainsi les reflets de ton âme, les mots de ton cœur, le jour de ton jour, comme nous renvoyons à Dieu les contemplations dont il nourrit nos esprits. Je voudrais être tout toi!

— Hé bien, Minna, un désir constant est une promesse que nous fait l'avenir. Espère! Mais si tu veux être pure, mêle toujours l'idée du Tout-Puissant aux affections d'ici-bas, alors tu aimeras toutes les créatures, et ton cœur ira bien haut!

— Je ferai ce que tu voudras, répondit-elle en levant les yeux sur lui par un mouvement timide.

— Je ne saurais être ton compagnon, dit Séraphîtüs avec tristesse.

Il réprima quelques pensées, étendit les bras vers Christiania, qui se voyait comme un point à l'horizon, et dit: — Vois!

— Nous sommes bien petits, répondit-elle.

— Oui, mais nous devenons grands par le sentiment et par l'intelligence, reprit Séraphîtüs. A nous seuls, Minna, commence la connaissance des choses; le peu que nous apprenons des lois du monde visible nous fait découvrir l'immensité des mondes supérieurs. Je ne sais s'il est temps de te parler ainsi; mais je voudrais tant te communiquer la flamme de mes espérances! Peut-être serions-nous un jour ensemble, dans le monde où l'amour ne périt pas.

— Pourquoi pas maintenant et toujours? dit-elle en murmurant.

— Rien n'est stable ici, reprit-il dédaigneusement. Les passagères félicités des amours terrestres sont des lueurs qui trahissent à certaines âmes l'aurore de félicités plus durables, de même que la découverte d'une loi de la nature en fait supposer, à quelques êtres privilégiés, le système entier. Notre fragile bonheur d'ici-bas n'est-il donc point l'attestation d'un autre bonheur complet, comme la terre, fragment du monde, atteste le monde? Nous ne pouvons mesurer l'orbite immense de la pensée divine, dont nous ne sommes qu'une parcelle; mais nous pouvons en pressentir l'étendue, nous agenouiller, adorer, attendre. Les hommes se trompent toujours dans leurs sciences, en ne voyant pas que tout, sur leur globe, est relatif et s'y coordonne à une révolution générale, à une production constante qui nécessairement entraîne un progrès et une fin. L'homme lui-même n'est pas une création finie, sans quoi, Dieu ne serait pas!

— Comment as-tu trouvé le temps d'apprendre tant de choses? dit la jeune fille.

— Je me souviens, répondit-il.

— Tu me sembles plus beau que tout ce que je vois, répondit-elle.

— Nous sommes un des plus grands ouvrages de Dieu. Ne nous a-t-il pas donné la faculté de réfléchir la nature, de la concentrer en nous par la pensée, et de nous en faire un marche-pied pour nous élancer vers lui? Nous nous aimons en raison du plus ou du moins de lumière que contiennent nos âmes. Mais ne sois pas injuste, Minna, vois le spectacle qui s'étale à tes pieds, n'est-il pas grand? A les pieds, l'océan se déroule comme un tapis, les montagnes sont comme les murs d'un cirque, le ciel est au-dessus comme le voile arrondi de ce théâtre, et d'ici l'on respire les pensées de Dieu comme un parfum. Vois, les tempêtes qui brisent des vaisseaux chargés d'hommes ne nous semblent, ici, que de faibles bouillonnements, et si tu lèves la tête au-dessus de nous, tout est bleu. Voici comme un diadème d'étoiles. Ici, disparaissent les nuances des expressions terrestres. Appuyée sur cette nature subtilisée par l'espace, ne sens-tu point en toi plus de profondeur que d'esprit, n'as-tu pas plus de grandeur que d'enthousiasme, plus d'énergie que de volonté ? n'éprouves-tu pas des sensations dont le corps n'est plus l'interprète ? Ne te sens-tu pas des ailes ? Prions.

Séraphîtüs plia le genou, se posa les mains en croix sur le sein, et Minna tomba sur ses deux genoux en pleurant. Ils restèrent ainsi pendant quelques instants. Pendant quelques instants l'auréole bleue qui s'agitait dans les cieux au-dessus de leurs têtes s'agrandit, et, à leur insu, de lumineux rayons les enveloppèrent.

— Pourquoi ne pleures-tu pas quand je pleure ? lui dit Minna d'une voix entrecoupée.

— Les esprits ne pleurent pas, répondit Séraphîtüs en se levant. Comment pleurerais-je ? je ne vois plus les misères humaines. Ici, le bien éclate dans toute sa majesté ; en bas, j'entends les supplications et les angoisses de la harpe des douleurs qui vibre sous les mains de l'esprit captif. D'ici, j'écoute le concert des harpes heureuses. En bas, vous avez l'espérance, ce beau commencement de la foi ; mais ici règne la foi, qui est l'espérance réalisée !

— Tu ne m'aimeras jamais, je suis trop imparfaite, tu me dédaignes, dit la jeune fille.

— Minna, la violette cachée au pied du chêne, se dit : « Le soleil ne m'aime pas, il ne vient pas. » Le soleil se dit : « Si je l'éclairais, elle périrait, cette pauvre fleur ! » Ami de la fleur, il glisse ses rayons à travers les feuilles du chêne, et les affaiblit pour colorer le calice de sa bien-aimée. Je ne me trouve pas assez de voiles et crains que tu ne me voies encore trop, tu frémirais si tu me connaissais davantage. Écoute, je suis sur la terre sans goût pour vos fruits, sans âme pour vos joies. Je comprends malheureusement tout, et, comme ces empereurs débauchés de la Rome profane, je suis arrivé au dégoût de toutes choses. Enfin, j'ai honte de moi !

— Abandonne-moi, dit douloureusement Séraphîtüs.

Puis il s'alla poser sur un quartier de roche, en laissant tomber sa tête sur son sein.

— Pourquoi me désespères-tu donc ainsi ? lui dit Minna.

— Va-t'en ! s'écria Séraphîtüs, je n'ai rien de ce que tu veux de moi. Ton amour est trop grossier pour moi. Pourquoi n'aimes-tu pas Wilfrid ? Wilfrid est un homme, un homme éprouvé par les passions, qui saura te serrer dans ses bras nerveux, qui te fera sentir une main large et forte. Il a de beaux cheveux noirs, des yeux pleins de pensées humaines, un cœur qui verse des torrents de lave dans les mots que sa bouche prononce. Il te brisera de caresses. Ce sera ton bien-aimé, ton époux. A toi Wilfrid.

Minna pleurait à chaudes larmes.

— Oses-tu dire que tu ne l'aimes pas ? dit-il d'une voix qui entrait dans le cœur comme un poignard.

— Grâce, grâce, mon Séraphîtüs !

— Aime-le, pauvre enfant de la terre, où ta destinée te cloue invinciblement, dit le terrible Séraphîtüs en s'emparant de Minna par un geste qui la força de venir au bord du sœler, d'où la scène était si étendue qu'une jeune fille pleine d'enthousiasme pouvait facilement se croire au-dessus du monde. Je souhaitais un compagnon pour retourner dans la patrie, j'ai voulu te montrer ce morceau de boue, et je t'y vois encore attachée. Adieu. Restes-y, jouis par les sens, obéis à ta nature, pâlis avec les hommes pâles, rougis avec les femmes, joue avec les enfants, prie avec les coupables, lève les yeux vers le ciel dans tes douleurs ; tremble, espère, palpite ; tu auras un compagnon, tu pourras encore rire et pleurer, donner et recevoir. Moi, je suis comme un proscrit, loin du ciel ; et comme un monstre, loin de la terre. Mon cœur ne palpite plus ; je ne vis que par moi et pour moi. Je sens par l'esprit, je respire par le front, je vois par la pensée, je meurs d'impatience et de désirs. Personne ici-bas n'a le pouvoir d'exaucer mes souhaits, de calmer mon impatience, et j'ai désappris à pleurer. Je suis donc seul, je me résigne et j'attends.

Séraphîtüs regarda le tertre plein de fleurs sur lequel il avait placé Minna, puis il se tourna du côté des monts sourcilleux dont les pitons étaient couverts de nuées épaisses dans lesquelles il jeta le reste de ses pensées.

— N'entendez-vous pas un délicieux concert, Minna ? reprit-il de sa voix de tourterelle, car l'aigle avait assez crié. Ne dirait-on pas la musique des harpes éoliennes que nos poëtes mettent au sein des forêts et des montagnes ? Voyez-vous les indistinctes figures qui passent dans ces nuages ? apercevez-vous les pieds ailés de ceux qui préparent les décorations du ciel ? Ces accents rafraîchissent l'âme, le ciel va bientôt laisser tomber les fleurs du printemps, une lueur s'est élancée du pôle. Fuyons, il est temps.

En un moment leurs patins furent rattachés, et

tous deux descendirent le Falberg par les pentes rapides qui l'unissaient aux vallées de la Sieg. Une intelligence miraculeuse présidait à leur course, ou pour mieux dire, à leur vol. Quand une crevasse couverte de neige se rencontrait, Séraphîtüs saisissait Minna et s'élançait par un mouvement rapide sans peser plus qu'un oiseau sur la fragile couche qui couvrait un abîme. Souvent en poussant sa compagne, il faisait une légère déviation pour éviter un précipice, un arbre, un quartier de roche qu'il semblait voir sous la neige, comme certains marins habitués à l'Océan en devinent les écueils à la couleur, au remous, au gisement des eaux. Quand ils atteignirent les chemins du Siegdalhen et qu'il leur fut permis de voyager presque sans crainte en ligne droite pour regagner la glace du Stromfiord, Séraphîtüs arrêta Minna : — Tu ne me dis plus rien ? demanda-t-il.

— Je croyais, répondit respectueusement la jeune fille, que vous vouliez penser tout seul.

— Hâtons-nous, ma Minnette, la nuit va venir, reprit-il.

Minna tressaillit en entendant la voix, pour ainsi dire nouvelle, de son guide, voix pure et faible comme celle d'une jeune fille. Cette voix dissipa les lueurs fantastiques du songe à travers lequel jusqu'alors elle avait marché. Séraphîtüs commençait à laisser sa force mâle et à dépouiller ses regards de leur trop vive intelligence. Bientôt ces deux jolies créatures cinglèrent sur le fiord, atteignirent la prairie de neige qui se trouvait entre la rive du golfe et la première rangée des maisons de Jarvis ; puis, pressées par la chute du jour, elles s'élancèrent en montant vers le presbytère, comme si elles eussent gravi les rampes d'un immense escalier.

— Mon père doit être inquiet, dit Minna.

— Non, répondit Séraphîtüs.

En ce moment, le couple était devant le porche de l'humble demeure où M. Becker, le pasteur de Jarvis, lisait en attendant sa fille pour le repas du soir.

— Cher monsieur Becker, dit Séraphîtüs, je vous ramène Minna saine et sauve.

— Merci, mademoiselle, répondit le vieillard en posant ses lunettes sur le livre. Vous devez être fatiguées.

— Nullement, dit Minna qui reçut en ce moment sur le front le souffle de sa compagne.

— Ma petite, voulez-vous après-demain soir venir chez moi prendre du thé ?

— Volontiers, chère.

— Monsieur Becker, vous me l'amènerez.

— Oui, mademoiselle.

Séraphîtüs inclina la tête par un geste coquet, salua le vieillard, partit, et en quelques instants arriva dans la cour du château suédois. Un serviteur octogénaire apparut sous l'immense auvent, en tenant une lanterne. Séraphîtüs quitta ses patins avec la dextérité gracieuse d'une femme, s'élança dans le salon du château, tomba sur un grand divan couvert de pelleteries, et s'y coucha.

— Qu'allez-vous prendre ? lui dit le vieillard en allumant les bougies démesurément longues dont on se sert en Norwége.

— Rien, David, je suis trop lasse.

Séraphîtüs défit sa pelisse fourrée de martre, s'y roula et dormit. Le vieux serviteur resta pendant quelques moments debout à contempler avec amour l'être singulier qui reposait sous ses yeux, et dont personne n'eût su définir le genre. A le voir ainsi posé, enveloppé de son vêtement habituel, qui ressemblait autant à un peignoir de femme qu'à un manteau d'homme, il était impossible de ne pas attribuer à une jeune fille les pieds menus qu'il laissait pendre, comme pour montrer la délicatesse avec laquelle la nature les avait attachés ; mais son front, mais le profil de sa tête, eût semblé l'expression de la force humaine arrivée à son plus haut degré.

— Elle souffre et ne veut pas me le dire, pensa le vieillard, elle se meurt comme une fleur frappée par un rayon de soleil trop vif.

Et il pleura, le vieil homme.

## SÉRAPHITA.

Pendant la soirée, David rentra dans le salon.

— Je sais qui vous m'annoncez, lui dit Séraphîta d'une voix endormie. Wilfrid peut entrer.

En entendant ces mots, un homme se présenta soudain, et vint s'asseoir près d'elle.

— Ma chère Séraphita, souffrez-vous ? Je vous trouve plus pâle que de coutume.

Elle se tourna lentement vers lui, après avoir chassé ses cheveux en arrière comme une jolie femme qui accablée par la migraine, n'a plus la force de se plaindre.

— J'ai fait, dit-elle, la folie de traverser le fiord avec Minna, des enfantillages ! Nous avons monté sur le Falberg.

— Vous vouliez donc vous tuer ! dit-il avec l'effroi d'un amant.

— N'ayez pas peur, bon Wilfrid, j'ai eu bien soin de votre Minna.

Wilfrid frappa violemment de sa main la table, se leva, fit quelques pas vers la porte en laissant échapper une exclamation pleine de douleur, puis il revint et voulut exprimer une plainte.

— Pourquoi ce tapage, si vous croyez que je souffre? dit Séraphîta.

— Pardon, grâce! répondit-il en s'agenouillant. Parlez-moi durement, exigez de moi tout ce que vos cruelles fantaisies de femme vous feront imaginer de plus cruel à supporter; mais, ma bien-aimée, ne mettez pas en doute mon amour. Vous prenez Minna comme une hache, et m'en frappez à coups redoublés. Grâce!

— Pourquoi me dire de telles paroles, mon ami, quand vous les savez inutiles? répondit-elle en lui jetant des regards qui finissaient par devenir si doux que Wilfrid ne voyait plus les yeux de Séraphîta, mais une fluide lumière dont les tremblements ressemblaient aux dernières vibrations d'un chant plein de mollesse.

— Ah! l'on ne meurt pas d'angoisse, dit-il.

— Vous souffrez? reprit-elle d'une voix dont les émanations produisaient au cœur de cet homme un effet semblable à celui des regards. Que puis-je pour vous?

— Aimez-moi comme je vous aime.

— Pauvre Minna! répondit-elle.

— Je n'apporte jamais d'armes! cria Wilfrid.

— Vous êtes d'une humeur massacrante, dit en souriant Séraphîta. N'ai-je pas bien dit cela comme ces Parisiennes dont vous me racontez les amours?

Wilfrid s'assit, se croisa les bras, et contempla Séraphîta d'un air sombre.

— Je vous pardonne, dit-il, car vous ne savez ce que vous faites.

— Oh! reprit-elle, une femme, depuis Ève, a toujours fait sciemment le bien et le mal.

— Je le crois, dit-il.

— J'en suis sûre, Wilfrid. Notre instinct est précisément ce qui nous rend si parfaites. Ce que vous apprenez, vous autres, nous le sentons, nous.

— Pourquoi ne sentez-vous pas alors combien je vous aime?

— Parce que vous ne m'aimez pas.

— Grand Dieu!

— Pourquoi donc vous plaignez-vous de vos angoisses? demanda-t-elle.

— Vous êtes terrible ce soir, Séraphîta. Vous êtes un vrai démon.

— Non, je suis une pauvre créature douée du malheur de comprendre. La douleur, Wilfrid, est une lumière qui nous éclaire la vie.

— Pourquoi donc alliez-vous sur le Falberg?

— Minna vous le dira, moi je suis trop lasse pour parler. A vous la parole, à vous qui savez tout, qui avez tout appris, n'avez rien oublié, vous qui avez passé par tant d'épreuves sociales. Amusez-moi, j'écoute.

— Que vous dirai-je, que vous ne sachiez? D'ailleurs votre demande est une raillerie. Vous n'admettez rien du monde, vous en brisez les nomenclatures, vous en foudroyez les lois, les mœurs, les sentiments, les sciences, en les réduisant aux proportions que ces choses contractent quand on se pose en dehors du globe.

— Vous voyez bien, mon ami, que je ne suis pas une femme. Vous avez tort de m'aimer. Quoi! je quitte les régions éthérées de ma prétendue force, je me fais humblement petite, je me courbe à la manière des pauvres femelles de toutes les espèces, et vous me rehaussez aussitôt! Enfin je suis en pièces, je suis brisée, je vous demande du secours, j'ai besoin de votre bras, et vous me repoussez. Nous ne nous entendons pas.

— Vous êtes ce soir plus méchante que je ne vous ai jamais vue.

— Méchante, dit-elle en lui lançant un regard qui fondait tous les sentiments en une sensation céleste, non, je suis souffrante, voilà tout. Alors quittez-moi, mon ami. Ne sera-ce pas user de vos droits d'homme? Nous devons toujours vous plaire, vous délasser, être toujours gaies, et n'avoir que les caprices qui vous amusent. Que dois-je faire, mon ami? Voulez-vous que je chante, que je danse, quand la fatigue m'ôte l'usage de la voix et des jambes? Messieurs, fussions-nous à l'agonie, nous devons encore vous sourire! Vous appelez cela, je crois, régner. Les pauvres femmes! je les plains. Dites-moi, vous les abandonnez quand elles vieillissent, elles n'ont donc ni cœur ni âme? Eh bien! j'ai plus de cent ans, Wilfrid, allez-vous-en! allez aux pieds de Minna.

— Oh! mon éternel amour!

— Savez-vous ce qu'est l'éternité? Taisez-vous, Wilfrid. Vous me désirez et ne m'aimez pas. Dites-moi, ne vous rappelé-je pas bien quelque femme coquette?

— Oh! certes, je ne reconnais plus en vous la pure et céleste jeune fille que j'ai vue pour la première fois dans l'église de Jarvis.

A ces mots, Séraphîta se passa les mains sur le front, et quand elle se dégagea la figure, Wilfrid fut étonné de la religieuse et sainte expression qui s'y était répandue.

— Vous avez raison, mon ami. J'ai toujours tort de mettre les pieds sur votre terre.

— Oui, chère Séraphîta, soyez mon étoile, et ne quittez pas la place d'où vous répandez sur moi de si vives lumières.

En achevant ces mots, il avança la main pour prendre celle de la jeune fille, qui la lui retira sans dédain ni colère. Wilfrid se leva brusquement et s'alla placer près de la fenêtre, vers laquelle il se tourna pour ne pas laisser voir à Séraphîta quelques larmes qui lui roulèrent dans les yeux.

— Pourquoi pleurez-vous? lui dit-elle. Vous n'êtes plus un enfant, Wilfrid. Allons, revenez près de moi, je le veux. Vous me boudez quand je devrais me fâcher. Vous voyez que je suis souffrante, et vous me forcez, je ne sais par quels doutes, de penser, de parler, ou de partager des caprices et des idées qui me lassent. Si vous aviez l'intelligence de ma nature, vous m'auriez fait de la musique! vous auriez endormi mes ennuis; mais vous m'aimez pour vous et non pour moi.

L'orage qui bouleversait le cœur de Wilfrid fut soudain calmé par ces paroles; il se rapprocha lentement, afin de pouvoir contempler la séduisante créature qui gisait étendue à ses yeux, mollement couchée, la tête appuyée sur sa main et accoudée dans la pose la plus amoureusement décevante.

— Vous croyez que je ne vous aime point, reprit-elle. Vous vous trompez. Écoutez-moi, Wilfrid. Vous commencez à savoir beaucoup, vous avez beaucoup souffert. Laissez-moi vous expliquer votre pensée. Vous vouliez ma main.

Elle se leva sur son séant, et ses jolis mouvements semblèrent jeter des lueurs.

— Une jeune fille qui se laisse prendre la main, ne fait-elle pas une promesse, et ne doit-elle pas l'accomplir? Vous savez bien que je ne puis être à vous. Deux sentiments dominent les amours qui séduisent les femmes de la terre. Ou elles se dévouent à des êtres souffrants, dégradés, criminels, qu'elles veulent consoler, relever, racheter; ou elles se donnent à des êtres supérieurs, sublimes, forts, qu'elles veulent adorer, comprendre, et par lesquels souvent elles sont écrasées. Vous êtes grand et dégradé; vous vous êtes épuré dans les feux du repentir; mais je suis trop faible pour être votre égale, et trop religieuse pour m'humilier sous une puissance autre que celle d'en haut. Ceci, mon ami, n'est-il pas bien métaphysique? Mais vous avez aimé la métaphysique! Puis nous sommes dans le nord, parmi les nuées.

— Vous me tuez, Séraphîta, lorsque vous parlez ainsi, répondit-il. Je souffre toujours en vous voyant user de la science monstrueuse avec laquelle vous dépouillez toutes les choses humaines des propriétés que leur donnent le temps, l'espace, la forme, pour les considérer mathématiquement sous je ne sais quelle expression pure, ainsi que le fait la géométrie pour les corps dont elle abstrait la solidité.

— Bien, Wilfrid, je vous obéirai. Laissons cela. Comment trouvez-vous ce tapis de peau d'ours que mon pauvre David a tendu là?

— Mais très-bien.

— Vous ne me connaissiez pas cette *Doucha greka*?

C'était une espèce de pelisse en cachemire doublée de martre zibeline, dont le nom signifie *chaude à l'âme*.

— Croyez-vous, reprit-elle, que, dans aucune cour, un souverain possède une fourrure semblable?

— Elle est sans prix, et digne d'ailleurs de celle qui la porte.

— Et que vous trouvez bien belle?

— Les mots humains ne lui sont pas applicables, il faut lui parler de cœur à cœur.

— Wilfrid, vous êtes bon d'endormir mes douleurs par de douces paroles... que vous avez dites à d'autres.

— Adieu.

— Restez. Je vous aime bien, vous et Minna, croyez-le! Mais je vous confonds en un seul être. Réunis ainsi, vous êtes un frère, ou, si vous voulez, une sœur pour moi. Mariez-vous, que je voie heureux avant de quitter pour toujours cette sphère d'épreuves et de douleurs. Mon Dieu, de simples femmes ont tout obtenu de leurs amants! Elles leur ont dit : — Taisez-vous! Ils ont été muets. Elles leur ont dit : — Mourez! Ils sont morts. Elles leur ont dit : — Aimez-moi de loin! Ils sont restés à distance comme les courtisans devant un roi. Elles leur ont dit : — Mariez-vous! Ils sont mariés. Moi, je veux que vous soyez heureux, et vous me refusez. Je suis donc sans pouvoir? Eh bien! Wilfrid, écoutez, venez plus près de moi. Oui, je serais fâchée de vous voir épouser Minna; mais quand vous ne me verrez plus, alors... dites oui.

— Je vous ai délicieusement écoutée, Séraphîta. Quelque incompréhensibles que soient vos paroles, elles ont des charmes. Mais que voulez-vous dire?

— Vous avez raison, j'oublie d'être folle, d'être cette pauvre créature dont vous n'aimez que la faiblesse. Je vous tourmente, et vous êtes venu dans cette sauvage contrée pour y trouver le repos, vous, brisé par les impétueux assauts d'un génie méconnu, vous, exténué par les patients travaux de la science, vous qui avez trempé vos mains dans le crime et porté les chaînes de la justice humaine.

Wilfrid était tombé demi-mort sur le tapis, mais Séraphîta souffla sur le front de cet homme qui dormit aussitôt paisiblement à ses pieds.

— Dors, repose-toi, dit-elle en se levant.

Après avoir imposé pour ainsi dire ses mains au-dessus du front de Wilfrid, ces phrases s'échappèrent une à une de ses lèvres, toutes différentes d'accent, mais toutes mélodieuses et empreintes d'une bonté qui semblait émaner de sa tête par ondées nuageuses, comme les lueurs dont la déesse profane entoure chastement son berger bien-aimé durant son sommeil.

« Je puis me montrer à toi, cher Wilfrid, tel que je suis, à toi qui es fort.

« L'heure est venue, l'heure où les brillantes lumières de l'avenir jettent leurs reflets sur les âmes, l'heure où l'âme s'agite dans sa liberté.

« Maintenant il m'est permis de te dire combien je t'aime. Ne vois-tu pas quel est mon amour, un amour sans aucun propre intérêt, un sentiment plein de toi seul, un amour qui te suit dans l'avenir, pour t'éclairer l'avenir, car cet amour est la vraie lumière. Conçois-tu maintenant avec quelle ardeur je voudrais te savoir quitte de cette vie qui te pèse, et te voir plus près que tu ne l'es encore du monde où l'on aime toujours? N'est-ce pas souffrir que d'aimer pour une vie seulement? N'as-tu pas senti le goût des éternelles amours? Comprends-tu maintenant à quels ravissements une créature complète s'élève, alors qu'elle est double à aimer celui qui ne trahit jamais l'amour, celui devant lequel on s'agenouille en adorant?

« Je voudrais avoir des ailes, Wilfrid, pour t'en couvrir, avoir de la force à te donner pour te faire entrer par avance dans le monde où les plus pures joies du plus pur attachement qu'on éprouve sur cette terre feraient une ombre dans le jour qui vient incessamment éclairer et réjouir les cœurs.

« Pardonne à une âme amie, de l'avoir présenté en un mot le tableau de tes fautes, dans la charitable intention d'endormir les douleurs aiguës de tes remords. Entends les concerts du pardon. Rafraîchis ton âme en respirant l'aurore qui se lèvera pour toi par delà les ténèbres de la mort. Oui, ta vie est par delà.

« Que mes paroles revêtent les brillantes formes des rêves, qu'elles se parent d'images, flamboient et descendent sur toi. Monte, monte au point où tous les hommes se voient distinctement, quoique pressés et petits comme des grains de sable au bord des mers. L'humanité s'est déroulée comme un simple ruban; regarde les diverses nuances de cette fleur des jardins célestes. Vois-tu ceux auxquels manque l'intelligence, ceux qui commencent à s'en colorer, ceux qui sont éprouvés, ceux qui sont dans l'amour, ceux qui sont dans la sagesse et aspirent au monde de lumière?

« Comprends-tu par cette pensée visible la destinée de l'humanité? d'où elle vient, où elle va? Persiste en ta voie. En atteignant au but de ton voyage, tu entendras sonner les clairons de la toute-puissance, retentir les cris de la victoire, et des accords dont un seul ferait trembler la terre, mais qui se perdent dans un monde sans orient et sans occident.

« Comprends-tu, pauvre cher éprouvé, que sans les engourdissements, sans les voiles du sommeil, de tels spectacles emporteraient et déchireraient ton intelligence, comme le vent des tempêtes emporte et déchire une faible toile, et raviraient pour toujours à un homme sa raison? Comprends-tu que l'âme seule, élevée à sa toute-puissance, résiste à peine, dans le rêve, aux dévorantes communications de l'esprit?

« Vole encore à travers les sphères brillantes et lumineuses, admire, cours. En volant ainsi, tu te reposes, tu marches sans fatigue. Comme tous les hommes, tu voudrais être toujours ainsi plongé dans ces sphères de parfums, de lumière, où tu vas, léger de tout ton corps évanoui, où tu parles par la pensée! Cours, vole, jouis un moment des ailes dont tu seras armé bientôt, quand l'amour sera si complet en toi que tu n'auras plus de sens, et que tu seras tout intelligence et tout amour! Vois celui qui te parle, celui qui te soutient au-dessus de ce monde, où sont les abîmes. Plus haut tu montes et moins tu conçois les abîmes! Il n'y a point de précipices dans les cieux. Vois, contemple-moi encore un moment, car tu ne me verras plus qu'imparfaitement, comme tu me vois à la clarté du pâle soleil de la terre. »

Là, Séraphîta se dressa sur ses pieds, resta la tête mollement inclinée, les cheveux épars; dans la pose aérienne que les plus sublimes peintres ont tous donnée aux Messagers d'en haut. Les plis de son vêtement eurent cette grâce indéfinissable qui arrête l'artiste, l'homme qui traduit tout par le sentiment, devant les délicieuses lignes du voile de la Polymnie antique. Puis elle étendit la main, et Wilfrid se leva. Quand il regarda Séraphîta, la blanche jeune fille était couchée sur la peau d'ours, la tête appuyée sur sa main, le visage calme, les yeux brillants. Wilfrid la contempla silencieusement, mais une crainte respectueuse animait sa figure, et se trahissait par une contenance timide.

— Oui, chère, dit-il enfin comme s'il répondait à une question, nous sommes séparés par des mondes entiers. Je me résigne, et ne puis que vous adorer. Mais que vais-je devenir, moi pauvre, seul?

— Wilfrid, n'avez-vous pas votre Minna?

Il baissa la tête.

— Oh! ne soyez pas si dédaigneux! La femme comprend tout par l'amour! Quand elle n'entend pas, elle sent; quand elle ne sent pas, elle voit; quand elle ne voit, ni ne sent, ni n'entend, eh bien! cet ange de la terre vous devine pour vous protéger, et cache ses protections sous la grâce de l'amour.

— Séraphîta, suis-je digne d'appartenir à une femme?

— Vous êtes devenu soudain bien modeste! Ne serait-ce pas un piège? Une femme est toujours si touchée de voir sa faiblesse glorifiée! Eh bien, après-demain soir, venez prendre le thé chez moi; le bon M. Becker y sera; vous y verrez Minna, la plus candide créature que je sache en ce monde. Laissez-moi maintenant, mon ami, j'ai ce soir de longues prières à faire pour expier mes fautes.

— Comment pouvez-vous pécher?

— Pauvre cher, abuser de sa puissance, n'est-ce pas de l'orgueil? Je crois avoir été trop orgueilleuse aujourd'hui. Allons, partez. A demain.

— A demain, dit faiblement Wilfrid en jetant un long regard sur cette créature dont il voulait emporter une image ineffaçable.

Et il sortit; mais quoiqu'il voulût s'éloigner, il demeura pendant quelques moments debout, occupé à regarder la lumière qui brillait par les fenêtres du château suédois.

— Qu'ai-je donc vu? se demandait-il. Non ce n'est pas une simple créature, mais toute une création. De ce monde, entrevu à travers des voiles et des nuages, il me reste des retentissements semblables aux souvenirs d'une douleur dissipée, ou pareils aux éblouissements causés par ces rêves dans lesquels nous entendons le gémissement des générations passées qui se mêle aux voix harmonieuses des sphères élevées où tout est lumière et amour. Veillé-je? Suis-je encore endormi? Ai-je gardé mes yeux de sommeil, ces yeux devant lesquels de lumineux espaces se reculent indéfiniment, et qui suivent les espaces? Malgré le froid de la nuit, ma vie est encore en feu. Allons au presbytère! entre le pasteur et sa fille, je pourrai rasseoir mes idées.

Mais il ne quitta pas encore la place d'où sa vue pouvait plonger dans le salon de Séraphîta. Cette mystérieuse créature semblait être le centre rayonnant d'un cercle qui formait autour d'elle une atmosphère plus étendue que ne l'est celle des autres êtres; et quiconque y entrait, subissait le pouvoir d'un tourbillon de clartés et de pensées dévorantes. Obligé de se débattre contre cette inexplicable force, Wilfrid n'en triompha pas sans de grands efforts; mais, après avoir franchi l'enceinte de cette maison, il reconquit son libre arbitre, marcha précipitamment vers le presbytère, et se trouva bientôt sous la haute voûte en bois qui servait de péristyle à l'habitation de M. Becker. Il ouvrit la première porte, garnie de nœver, contre laquelle le vent poussait la neige, et frappa vivement à la seconde, en disant: — Voulez-vous me permettre de passer la soirée avec vous, monsieur Becker?

— Oui, crièrent deux voix qui confondirent leurs intonations.

En entrant dans le parloir, Wilfrid revint par degrés à la vie réelle. Il salua fort affectueusement Minna, serra la main de M. Becker, promena ses regards sur un tableau dont les images calmèrent les convulsions de sa nature physique, chez laquelle s'opérait un phénomène comparable à celui qui saisit parfois les hommes habitués à de longues contemplations. Si quelque pensée vigoureuse enlève sur ses ailes de Chimère un savant ou un poëte, et l'isole parfaitement des circonstances extérieures qui l'enserrent ici-bas, en lui faisant parcourir les régions sans bornes où les plus immenses collections de faits deviennent des abstractions, où les plus vastes ouvrages de la nature sont des images; malheur à lui si quelque bruit soudain frappe ses sens et rappelle dans sa prison d'os et de chair cette âme voyageuse. Le choc de ces deux puissances, le Corps et l'Esprit, dont l'une participe de l'invisible action de la foudre, et l'autre partage avec la nature sensible cette molle résistance qui défie momentanément la destruction; ce combat, ou mieux cet horrible accouplement engendre des souffrances inouïes. Le corps a redemandé la flamme qui le consume, et la flamme a ressaisi sa proie; mais cette fusion ne s'opère pas sans les bouillonnements, sans les explosions et les tortures dont la chimie nous offre de visibles témoignages, quand se séparent deux principes ennemis qu'elle s'était plu à réunir. Depuis quelques jours, lorsque Wilfrid entrait chez Séraphîta, son corps y tombait dans un gouffre. Par un seul regard, cette singulière créature l'entraînait en esprit dans la sphère où la méditation entraîne le savant, où la prière transporte l'âme religieuse, où la vision emmène un artiste, où le sommeil emporte quelques hommes; car à chacun sa voie pour aller aux abîmes supérieurs, à chacun son guide pour s'y diriger, à tous la souffrance au retour. Là seulement se déchirent les voiles et se montre à nu la Révélation, cette ardente et terrible confidence d'un monde inconnu, dont l'esprit ne rapporte ici-bas que des lambeaux. Pour Wilfrid, une heure passée près de Séraphîta ressemblait souvent à ce délicieux songe qu'affectionnent et que désirent incessamment les thériakis, et où chaque papille nerveuse devient le centre d'une jouissance rayonnante. Il en sortait brisé comme une jeune fille qui s'est épuisée à suivre la course d'un géant. Le froid commençait à calmer par ses flagellations aiguës la trépidation morbide que lui causait la combinaison de ses deux natures violemment disjointes; puis, il revenait toujours au presbytère, attiré près de Minna par le spectacle de la vie vulgaire dont il avait soif, autant qu'un aventurier d'Europe a soif de la patrie, quand la nostalgie le saisit au milieu des féeries orientales qui l'avaient séduit. En ce moment, plus fatigué qu'il ne l'avait jamais été, cet étranger tomba dans un fauteuil, et regarda quelque temps autour de lui, comme un homme qui s'éveille. M. Becker, accoutumé sans doute, aussi bien que sa fille, à l'apparente bizarrerie de leur hôte, continuèrent tous deux à travailler.

Le parloir avait pour ornement une collection des insectes et des coquillages de la Norwége. Ces curiosités, habilement disposées sur le front jaune du sapin qui boisait les murs, y formaient une riche tapisserie à laquelle la fumée du tabac avait imprimé ses teintes fuligineuses. Au fond, en face de la porte principale, s'élevait un poêle énorme en fer forgé qui, soigneusement frotté par la servante, brillait comme s'il eût été d'acier poli. Assis dans un grand fauteuil en tapisserie, près de ce poêle, devant une table, et les pieds dans une espèce de chancelière, M. Becker lisait un in-folio placé sur d'autres livres comme sur un pupitre; à sa gauche était un broc de bière et un verre; à sa droite brûlait une lampe fumeuse, entretenue par de l'huile de poisson. Le ministre paraissait âgé d'une soixantaine d'années. Sa figure appartenait à ce type affectionné par les pinceaux de Rembrandt : c'étaient bien ces petits yeux vifs, enchâssés par des cercles de rides et surmontés d'épais sourcils grisonnants; ces cheveux blancs qui s'échappent en deux lames floconneuses de dessous un bonnet de velours noir, ce front large et chauve; cette coupe de visage que l'ampleur du menton rend presque carrée; puis ce calme profond qui dénote à l'observateur une puissance quelconque, soit la royauté que donne l'argent, soit le pouvoir tribunitien du bourgmestre, soit la conscience de l'art, ou la force cubique de l'ignorance heureuse. Ce beau vieillard, dont l'embonpoint annonçait une santé robuste, était enveloppé dans une robe de chambre en drap grossier simplement orné de sa lisière. Il tenait gravement à sa bouche une longue pipe en écume de mer, et lâchait par temps égaux la fumée du tabac en en suivant d'un œil distrait les fantasques tourbillons, occupé sans doute à s'assimiler par quelque méditation digestive les pensées de l'auteur dont il lisait les œuvres. De l'autre côté du poêle et près d'une porte qui communiquait à la cuisine, Minna se voyait indistinctement dans le brouillard produit par la fumée, à laquelle elle paraissait habituée. Devant elle, sur une petite table, étaient les ustensiles nécessaires à une ouvrière, une pile de serviettes, des bas à raccommoder, et une lampe semblable à celle qui faisait reluire les pages blanches du livre dans lequel son père semblait absorbé. Sa figure fraîche, à laquelle des contours délicats imprimaient une grande pureté, s'harmoniait avec la candeur exprimée sur son front blanc et dans ses yeux clairs. Elle se tenait droite sur sa chaise en se penchant un peu vers la lumière pour y mieux voir et montrait à son insu la beauté de son corsage. Elle était déjà vêtue pour la nuit d'un peignoir en toile de coton blanche. Un simple bonnet de percale, sans autre ornement qu'une ruche de même étoffe, enveloppait sa chevelure. Elle paraissait plongée dans quelque contemplation secrète qui ne l'empêchait pas de compter les fils de sa serviette ou les mailles de son bas. Elle offrait ainsi l'image la plus complète, le type le plus vrai de la femme destinée aux œuvres terrestres, dont le regard pourrait percer les nuées du sanctuaire, mais qu'une pensée à la fois humble et charitable maintient à hauteur d'homme. Wilfrid s'était jeté sur un fauteuil, entre ces deux tables, et contemplait avec une sorte d'ivresse ce tableau plein d'harmonies, et auquel les nuages de fumée ne messeyaient point. La seule fenêtre qui éclairât ce parloir pendant la belle saison était alors soigneusement close. En guise de rideaux, une vieille tapisserie, fixée sur un bâton, pendait en formant de gros plis. Là, rien de pittoresque, rien d'éclatant, mais une simplicité rigoureuse, une bonhomie vraie, le laisser-aller de la nature, et toutes les habitudes d'une vie domestique sans troubles ni soucis. Beaucoup de demeures ont l'apparence d'un rêve; l'éclat du plaisir qui passe semble y cacher des ruines sous le froid sourire du luxe; mais ce parloir était sublime de réalité, harmonieux de couleur, et réveillait les idées patriarcales d'une vie pleine et recueillie. Le silence n'était troublé que par les trépignements de la servante occupée à préparer le souper, et par les frissonnements du poisson séché qu'elle faisait frire dans le beurre salé, suivant la méthode du pays.

— Voulez-vous fumer une pipe? dit le pasteur en saisissant un moment où il crut que Wilfrid pouvait l'entendre.

— Merci, cher monsieur Becker, répondit-il.

— Vous semblez aujourd'hui plus souffrant que vous ne l'êtes ordinairement, lui dit Minna frappée de la faiblesse que trahissait la voix de l'étranger.

— Je suis toujours ainsi quand je sors du château.

Minna tressaillit.

— Il est habité par une étrange personne, monsieur le pasteur, reprit-il après une pause. Depuis six mois que je suis dans ce village, je n'ai point osé vous adresser de questions sur elle, et suis obligé de me faire violence aujourd'hui pour vous en parler. J'ai commencé par regretter bien vivement d'avoir mon voyage interrompu par l'hiver, et d'être forcé de demeurer ici; mais depuis ces deux derniers mois chaque jour les chaînes qui m'attachent à Jarvis se sont plus fortement rivées; et j'ai peur d'y finir mes jours. Vous savez comment j'ai rencontré Séraphîta, quelle impression me fit son regard et sa voix, enfin comment je fus admis chez elle qui ne veut recevoir personne. Dès le premier jour, je revins ici pour vous demander des renseignements sur cette créature mystérieuse. Là commença pour moi cette série d'enchantements...

— D'enchantements ! s'écria le pasteur en secouant les cendres de sa pipe dans un plat grossier plein de sable qui lui servait de crachoir. Existe-t-il des enchantements ?

— Certes, vous qui lisez en ce moment si consciencieusement ce livre des Incantations de Jean Wier, vous comprendrez l'explication que je puis vous donner de mes sensations, reprit aussitôt Wilfrid. Si l'on étudie attentivement la nature dans ses grandes révolutions comme dans ses plus petites œuvres, il est impossible de ne pas reconnaître l'impossibilité d'un enchantement, en donnant à ce mot sa véritable signification. L'homme ne crée pas de forces, il emploie la seule qui existe, et qui les résume toutes, le mouvement, souffle incompréhensible du souverain fabricateur des mondes. Les espèces sont trop bien séparées pour que la main humaine puisse les confondre ; et le seul miracle dont elle était capable s'est accompli dans la combinaison de deux substances ennemies. Encore la poudre est-elle germaine de la foudre ! Quant à faire surgir une création soudaine, toute création exige le temps, et le temps n'avance ni ne recule sous le doigt. Ainsi, en dehors de nous, la nature plastique obéit à des lois dont aucune main d'homme n'intervertira ni l'ordre ni l'exercice. Mais, après avoir ainsi fait la part de la Matière, il serait déraisonnable de ne pas reconnaître en nous l'existence d'un monstrueux pouvoir dont les effets sont tellement incommensurables que les générations connues ne les ont pas encore parfaitement classés. Je ne vous parle pas de la faculté de tout abstraire et de contraindre la nature à se renfermer dans le Verbe, acte gigantesque auquel le vulgaire ne réfléchit pas plus qu'il ne songe au mouvement ; mais qui a conduit les théosophes indiens à expliquer la création par un verbe auquel ils ont donné la puissance inverse. La plus petite portion de leur nourriture, un grain de riz d'où sort une création, et dans lequel cette création se résume alternativement, leur offrait une si pure image du verbe créateur et du verbe abstracteur, qu'il était bien simple d'appliquer ce système à la production des mondes. La plupart des hommes devaient se contenter du grain de riz semé dans le premier verset de toutes les Genèses. Saint Jean, disant que le Verbe était en Dieu, n'a fait que compliquer la difficulté. Mais la granification, la germination et la floraison de nos idées est peu de chose, si nous comparons cette propriété, partagée entre beaucoup d'hommes, à la faculté tout anormale de communiquer à cette propriété des forces plus ou moins actives par je ne sais quelle concentration, de la porter à une troisième, à une neuvième, à une vingt-septième puissance, de la faire mordre ainsi sur des masses, et d'obtenir des résultats magiques en condensant les effets de la nature. Or je nomme des enchantements, ces exorbitantes actions jouées entre deux membranes sur la toile de notre cerveau. Il se rencontre, dans la nature inexplorée et nommée le Monde Spirituel, des êtres humains qui sont armés de ces facultés inouïes, comparables à la terrible puissance que possèdent les gaz, les acides ou les sels dans le monde physique, et qui se combinent avec d'autres êtres, les pénètrent comme cause active, produisent en eux des sortilèges contre lesquels ces pauvres ilotes sont sans défense. Ils les enchantent, les dominent, les réduisent à un horrible vasselage et font peser sur eux les magnificences et le sceptre d'une nature supérieure, en agissant tantôt à la manière de la torpille qui électrise et engourdit le pêcheur ; tantôt comme une dose de phosphore qui exalte la vie, en accélère la projection ; tantôt comme l'opium qui endort la nature corporelle, dégage l'esprit de ses liens, le laisse voltiger sur le monde, le lui montre à travers un prisme, et lui en extrait la pâture qui lui plaît le plus ; tantôt enfin comme la catalepsie qui annule toutes les facultés au profit d'une seule vision. Les miracles, les enchantements, les incantations, les sortilèges, enfin les actes, improprement appelés surnaturels, ne sont possibles et ne peuvent s'expliquer que par le despotisme avec lequel un Esprit nous contraint à subir les effets d'une optique mystérieuse qui grandit, rapetisse, exalte la création, la fait mouvoir en nous à son gré, nous la défigure ou nous l'embellit, nous ravit au ciel ou nous plonge en enfer, les deux termes par lesquels s'exprime l'extrême plaisir et l'extrême douleur. Ces phénomènes sont en nous et non au dehors. L'être que nous nommons Séraphîta me semble un de ces rares et terribles démons auxquels il est donné d'étreindre les hommes, de presser la nature et d'entrer en partage avec l'occulte pouvoir de Dieu. Le cours de ses enchantements a commencé chez moi par le silence qui m'était imposé. Chaque fois que j'osais vouloir vous interroger sur elle, il me semblait que j'allais révéler un secret dont je devais être l'incorruptible gardien ; chaque fois que j'ai voulu vous questionner, un sceau brûlant s'est posé sur mes lèvres, et j'étais le ministre involontaire de cette mystérieuse défense. Vous me voyez ici, pour la centième fois, abattu, brisé, pour avoir été jouer avec le monde hallucinateur que porte en elle cette jeune fille douce et frêle pour vous deux, mais pour moi la magicienne la plus dure. Oui, elle est pour moi comme une sorcière qui, dans sa main droite, porte un appareil invisible pour agiter le globe, et dans sa main gauche la foudre pour tout dissoudre à son gré. Enfin je ne sais plus regarder son front, il est d'une insupportable clarté. Je côtoie trop inhabilement depuis quelques jours les abîmes de la folie, pour ne pas parler. Je saisis donc le moment où j'ai le courage de résister à ce monstre qui m'entraîne après lui, sans me demander si je puis suivre son vol. Qui est-elle? L'avez-vous vue jeune? Est-elle née jamais, a-t-elle eu des parents? Est-elle enfantée par la conjonction de la glace et du soleil? Elle glace et brûle! elle se montre et se retire comme une vérité jalouse! elle m'attire et me repousse! elle me donne tour à tour la vie et la mort! je l'aime et je la hais. Je ne puis plus vivre ainsi, je veux être tout à fait ou dans le ciel ou dans l'enfer.

Gardant d'une main sa pipe toute chargée, et de l'autre le couvercle sans le remettre, M. Becker écoutait Wilfrid d'un air mystérieux, en regardant par instants sa fille qui paraissait comprendre ce langage, en harmonie avec l'être qui l'inspirait. Wilfrid était beau comme Hamlet résistant à l'ombre de son père, avec laquelle il converse en la voyant se dresser pour lui seul, au milieu des vivants.

— Ceci ressemble fort au discours d'un homme amoureux, dit naïvement le bon pasteur.

— Amoureux! reprit Wilfrid, oui, selon les idées vulgaires, Mais, mon cher monsieur Becker, aucun mot ne peut exprimer la frénésie avec laquelle je me précipite vers cette sauvage créature.

— Vous l'aimez donc? dit Minna d'un ton de reproche.

— Mademoiselle, j'éprouve des tremblements si singuliers quand je la vois, et de si profondes tristesses quand je ne la vois plus, que, chez tout homme, de telles émotions annonceraient l'amour; mais ce sentiment rapproche ardemment les êtres, tandis que toujours, entre elle et moi, s'ouvre je ne sais quel abîme dont je sens le froid quand je suis en sa présence, et dont je n'ai plus la conscience quand je suis loin d'elle. Je la quitte toujours plus désolé, je reviens toujours avec plus d'ardeur; comme les savants qui cherchent un secret, et que la nature repousse; comme le peintre qui veut mettre la vie sur une toile, et se brise avec toutes les ressources de l'art dans cette vaine tentative.

— Monsieur, répondit naïvement la jeune fille, tout cela me paraît bien juste.

— Comment pouvez-vous le savoir, Minna? demanda le vieillard.

— Ah! mon père, si vous aviez été ce matin avec nous sur les sommets du Falberg, et que vous l'eussiez vu priant, vous ne me feriez pas cette question! Vous diriez, comme M. Wilfrid, quand il l'aperçut pour la première fois dans notre temple : C'est le Génie de la Prière.

Ces derniers mots furent suivis d'un moment de silence.

— Ah! certes, reprit Wilfrid, elle n'a rien de commun avec les créatures qui s'agitent dans les trous de ce globe.

— Sur le Falberg! s'écria le vieux pasteur. Comment avez-vous fait pour y parvenir?

— Je n'en sais rien, répondit Minna. Ma course est maintenant pour moi comme un rêve dont on se souvient! Je n'y croirais peut-être point sans ce témoignage matériel.

Elle tira la fleur de son corsage et la montra. Tous trois restèrent les yeux attachés sur la jolie saxifrage encore fraîche, qui, bien éclairée par les lampes, brilla dans le nuage de fumée comme une autre lumière.

— Voilà qui est surnaturel, dit le vieillard en voyant une fleur éclose en hiver.

— Un abîme, fit Wilfrid exalté par le parfum.

— Cette fleur me donne le vertige! s'écria Minna. Je crois encore entendre sa parole qui est la musique de la pensée, comme je vois encore la lumière de son regard qui est l'amour.

— De grâce, mon cher monsieur Becker, dites-moi la vie de Séraphita, énigmatique fleur humaine dont cette touffe mystérieuse semble être l'image.

— Mon cher hôte, répondit le vieillard en lâchant une bouffée de tabac, pour vous expliquer la naissance de cette créature, il est nécessaire de vous débrouiller les nuages de la plus obscure de toutes les doctrines chrétiennes; mais il n'est pas facile d'être clair en parlant de la plus incompréhensible des révélations, dernier éclat de la foi qui ait, dit-on, rayonné sur notre tas de boue. Connaissez-vous Swedenborg?

— De nom seulement; mais de lui, de ses livres, de sa religion, je ne sais rien.

— Hé bien! je vais vous raconter Swedenborg en entier.

## SÉRAPHITA—SÉRAPHITUS.

Après une pause pendant laquelle le pasteur parut recueillir ses souvenirs, il reprit en ces termes :

— Emmanuel de Swedenborg est né à Upsal, en Suède, dans le mois de janvier 1688, suivant quelques auteurs; en 1689, suivant son épitaphe; son père était évêque de Skara; il vécut quatre-vingt-cinq années, sa mort étant arrivée à Londres le 29 mars 1772. Je me sers de cette expression pour exprimer un simple changement d'état. Selon ses disciples, Swedenborg aurait été vu à Jarvis et à Paris postérieurement à cette date.

Permettez, mon cher monsieur Wilfrid, dit M. Becker en faisant un geste pour prévenir toute interruption, je raconte des faits sans les affirmer, sans les nier. Écoutez, et après, vous penserez de tout ceci ce que vous voudrez. Je vous préviendrai lorsque je jugerai, critiquerai, discuterai les doctrines, afin de constater ma neutralité intellentielle entre la raison et LUI !

La vie d'Emmanuel Swedenborg fut scindée en deux parts, reprit le pasteur. De 1688 à 1745, le baron Emmanuel de Swedenborg apparut dans le monde comme un homme du plus vaste savoir, estimé, chéri pour ses vertus, toujours irréprochable, constamment utile. Tout en remplissant de hautes fonctions en Suède, il a publié de 1709 à 1740, sur la minéralogie, la physique, les mathématiques et l'astronomie, des livres nombreux et solides qui ont éclairé le monde savant. Il a inventé la méthode de bâtir des bassins propres à recevoir les vaisseaux ; il a écrit sur les questions les plus importantes, depuis la hauteur des marées jusqu'à la position de la terre ; il a trouvé tout à la fois les moyens de construire de meilleures écluses pour les canaux, et des procédés plus simples pour l'extraction des métaux ; enfin, il ne s'est pas occupé d'une science sans lui faire faire un progrès. Il étudia pendant sa jeunesse les langues hébraïque, grecque, latine, et les langues orientales dont la connaissance lui devint si familière, que plusieurs professeurs célèbres l'ont consulté souvent, et qu'il put reconnaître dans la Tartarie les vestiges du plus ancien livre de la Parole, nommé LES GUERRES DE JEHOVAH, et LES ÉNONCÉS dont il est parlé par Moïse dans les NOMBRES (XXI, 14, 15, 27—30) ; par Josué, par Jérémie et par Samuel. LES GUERRES DE JEHOVAH seraient la partie historique, et LES ÉNONCÉS la partie prophétique de ce livre antérieur à la GENÈSE. Swedenborg a même affirmé que le JASCHAR, ou le LIVRE DU JUSTE, mentionné par Josué, existait dans la Tartarie Orientale, avec le culte des Correspondances. Un Français a, dit-on, récemment justifié les prévisions de Swedenborg, en annonçant avoir trouvé à Bagdad plusieurs parties de la Bible inconnues en Europe. Lors de la discussion presque européenne que souleva le magnétisme animal à Paris, et à laquelle presque tous les savants prirent une part active, en 1785, M. le marquis de Thomé vengea la mémoire de Swedenborg en relevant des assertions échappées aux commissaires nommés par le roi de France pour examiner le magnétisme. Ces messieurs prétendaient qu'il n'existait aucune théorie de l'aimant, tandis que Swedenborg s'en était occupé dès l'an 1720. M. de Thomé saisit cette occasion pour démontrer les causes de l'oubli dans lequel les hommes les plus célèbres laissaient le savant Suédois afin de pouvoir fouiller ses trésors et s'en aider pour leurs travaux. « Quelques-uns des plus illustres, dit M. de Thomé en faisant allusion à la THÉORIE DE LA TERRE par Buffon, ont la faiblesse de se parer des plumes du paon sans lui en faire hommage. » Enfin, il prouva par des citations victorieuses, tirées des œuvres encyclopédiques de Swedenborg, que ce grand prophète avait devancé de plusieurs siècles la marche lente des sciences humaines. Il suffit, en effet, de lire ses œuvres philosophiques et minéralogiques, pour en être convaincu. Dans tel passage, il se fait le précurseur de la chimie actuelle, en annonçant que les productions de la nature organisée sont toutes décomposables, et que l'eau, l'air, le feu, *ne sont pas des éléments ;* dans tel autre, il va par quelques mots au fond des mystères magnétiques dont il ravit ainsi la première connaissance à Mesmer. — Enfin, voici de lui, dit M. Becker en montrant une longue planche attachée entre le poêle et la croisée, sur laquelle étaient des livres de toutes grandeurs, voici dix-sept ouvrages différents, dont un seul, ses Œuvres Philosophiques et Minéralogiques, publiées en 1734, ont trois volumes in-folio. Ces productions, qui attestent les connaissances positives de Swedenborg, m'ont été données par M. Séraphïtüs, son cousin, père de Séraphîta.

En 1740, Swedenborg tomba dans un silence absolu, d'où il ne sortit que pour quitter ses occupations temporelles, et penser exclusivement au monde spirituel. Il reçut les premiers ordres du ciel en 1745. Voici comment il a raconté sa vocation : Un soir, à Londres, après avoir dîné de grand appétit, un brouillard épais se répandit dans sa chambre. Quand les ténèbres se dissipèrent, une créature qui avait pris la forme humaine se leva du coin de sa chambre et lui dit d'une voix terrible : *Ne mange pas tant !* Il fit une diète absolue. La nuit suivante le même homme vint, rayonnant de lumière, et lui dit : *Je suis envoyé par Dieu qui t'a choisi pour expliquer aux hommes le sens de sa parole et de ses créations. Je te dicterai ce que tu dois écrire.* La vision dura peu de moments. LE SEIGNEUR était, disait-il, vêtu de pourpre. Pendant cette nuit, les yeux de son *homme intérieur* furent ouverts et disposés pour voir dans le Ciel, dans le monde des Esprits et dans les Enfers, trois sphères différentes où il rencontra des personnes de sa connaissance, dont les unes avaient péri dans leur forme humaine depuis longtemps, les autres depuis peu. Dès ce moment, Swedenborg a constamment vécu de la vie des Esprits, et resta dans ce monde comme Envoyé de Dieu. Si sa mission lui fut contestée par les incrédules, sa conduite fut évidemment celle d'un être supérieur à l'humanité. D'abord, quoique borné par sa fortune au strict nécessaire, il a donné des sommes immenses, et notoirement relevé, dans plusieurs villes de commerce, de grandes maisons tombées ou qui allaient faillir. Aucun de ceux qui firent un appel à sa générosité ne s'en alla sans être aussitôt satisfait. Un Anglais incrédule s'est mis à sa poursuite, l'a rencontré dans Paris et a raconté que chez lui les portes restaient constamment ouvertes. Un jour, son domestique s'étant plaint de cette négligence, qui l'exposait à être soupçonné des vols dont il serait immanquablement victime : — Qu'il soit tranquille, dit Swedenborg en souriant, je lui pardonne sa défiance, il ne voit pas le gardien qui veille à ma porte. En effet, jamais, en quelque pays qu'il habitât, il ne ferma ses portes, et rien ne fut perdu chez lui. A Gothembourg, ville située à soixante milles de Stockholm, il annonça trois jours avant l'arrivée du courrier l'heure précise de l'incendie qui ravageait Stockholm, en faisant observer que sa maison n'était pas brûlée ; ce qui était vrai. La reine de Suède dit à Berlin au roi son frère, qu'une de ses dames étant assignée pour payer une somme qu'elle savait avoir été rendue par son mari avant qu'il mourût, mais n'en trouvant pas la quittance, alla chez Swedenborg et le pria de demander à son mari où pouvait être la preuve du payement. Le lendemain, Swedenborg lui indiqua l'endroit où était la quittance ; mais comme, suivant le désir de cette dame, il avait prié le défunt de lui apparaître, celle-ci vit en songe son mari vêtu de la robe de chambre qu'il portait avant de mourir, il lui montra la quittance dans l'endroit désigné par Swedenborg, et où elle était effectivement cachée. Un jour, en s'embarquant à Londres dans le navire du capitaine Dixon, il entendit une dame qui demandait si l'on avait fait beaucoup de provisions : — Il n'en faut pas tant, répondit-il ; dans huit jours, à deux heures, nous serons dans le port de Stockholm. Ce qui arriva. L'état de vision dans lequel Swedenborg se mettait à son gré, relativement aux choses de la terre, et qui étonna tous ceux qui l'approchèrent par des effets merveilleux, n'était qu'une faible application de sa faculté de voir les cieux. Parmi ces visions, celles où il raconte ses voyages dans les TERRES ASTRALES, ne sont pas les moins curieuses, et ses descriptions doivent nécessairement surprendre par la naïveté des détails. Un homme dont l'immense portée scientifique est incontestable, qui réunissait en lui la conception, la volonté, l'imagination, aurait certes inventé mieux, s'il eût inventé. La littérature fantastique des Orientaux n'offre rien qui puisse donner une idée de cette œuvre étourdissante et pleine de poésies en germe, s'il est permis de comparer une œuvre de croyance aux œuvres de la fantaisie arabe. L'enlèvement de Swedenborg par l'ange qui lui servit de guide dans son premier voyage est d'une sublimité qui dépasse, de toute la distance que Dieu a mise entre la terre et le soleil, celle des épopées de Klopstock, de Milton, du Tasse et de Dante. Cette partie, qui sert de début à son ouvrage sur les TERRES ASTRALES, n'a jamais été publiée ; elle appartient aux traditions orales laissées par Swedenborg aux trois disciples qui étaient au plus près de son cœur. M. Silverichm la possède écrite. M. Séraphîtüs a voulu m'en parler quelquefois ; mais le souvenir de la parole de son cousin était si brûlant, qu'il s'arrêtait aux premiers mots et tombait dans une rêverie d'où rien ne le pouvait tirer. Le discours par lequel l'Ange prouve à Swedenborg que ces corps ne sont pas faits pour être errants et déserts, écrase, me disait le baron, toutes les sciences humaines, sous le grandiose d'une logique divine. Selon lui, les habitants de Jupiter ne cultivent point les sciences qu'ils nomment des ombres ; ceux de Mercure détestent l'expression des idées par la parole qui leur semble trop matérielle, ils ont un langage oculaire ; ceux de Saturne sont continuellement tentés par de mauvais esprits ; ceux de la Lune sont petits comme des enfants de six ans, leur voix part de l'abdomen, et ils rampent ; ceux de Vénus sont d'une taille gigantesque, mais stupides, et vivent de brigandages ; néanmoins une partie de cette planète a des habitants d'une grande douceur qui vivent dans l'amour du bien. Enfin, Swedenborg décrit les mœurs des peuples attachés à ces globes, et traduit le sens général de leur existence par rapport à l'univers, en des termes si précis ; il donne des explications qui concordent si bien aux effets de leurs révolutions apparentes dans le système général du monde, que, peut-être un jour, les savants viendront-ils s'abreuver à ces sources lumineuses. Voici, dit M. Becker après avoir pris un livre en l'ouvrant à l'endroit marqué par le signet, voici par quelles paroles il a terminé cette œuvre. « Si l'on « doute que j'aie été transporté dans un grand nom- « bre de terres astrales, qu'on se rappelle mes ob- « servations sur les distances dans l'autre vie ; elles « n'existent que relativement à l'état externe de « l'homme ; or, ayant été disposé intérieurement « comme les Esprits Angéliques de ces terres, j'ai « pu les connaître. »

Les circonstances auxquelles nous avons dû de posséder dans ce canton le baron Séraphîtüs, cousin bien-aimé de Swedenborg, ne m'ont laissé étranger à aucun événement de cette vie extraordinaire. Il fut accusé dernièrement d'imposture dans quelques papiers publics de l'Europe, qui rapportèrent le fait suivant, d'après une lettre du chevalier Beylon. Swedenborg, disait-on, *instruit par des sénateurs de la correspondance secrète de la feue reine de Suède avec le prince de Prusse, son frère, en révéla les mystères à cette princesse, et la laissa croire qu'il en avait été instruit par des moyens surnaturels.* Un homme digne de foi, M. Charles-Léonhard de Stahlhammer, capitaine dans la garde royale, et chevalier de l'Épée, a répondu par une lettre à cette calomnie. Le pasteur chercha dans le tiroir de sa table parmi quelques papiers, finit par y trouver une gazette, et la tendit à Wilfrid qui lut à haute voix la lettre suivante :

« Stockholm, 13 mai 1788.

« J'ai lu avec étonnement la lettre qui rapporte l'entretien qu'a eu le fameux Swedenborg avec la reine Louise-Ulrique ; les circonstances en sont tout à fait fausses, et j'espère que l'auteur me pardonnera si, par un récit fidèle qui peut être attesté par plusieurs personnes de distinction qui étaient présentes, et qui sont encore en vie, je lui montre combien il s'est trompé. En 1758, peu de temps après la mort du prince de Prusse, Swedenborg vint à la cour : il avait coutume de s'y trouver régulièrement. A peine eut-il été aperçu de la reine, qu'elle lui dit : « A propos, monsieur l'assesseur, avez-vous vu mon frère?» Swedenborg répondit que non, et la reine lui répliqua : « Si vous le rencontrez, saluez-le de ma part. » En disant cela, elle n'avait d'autre intention que de plaisanter, et ne pensait nullement à lui demander la moindre instruction touchant son frère. Huit jours après, et non pas vingt-quatre jours après, ni dans une audience particulière, Swedenborg vint de nouveau à la cour, mais de si bonne heure, que la reine n'avait pas encore quitté son appartement, appelé la Chambre-Blanche, où elle causait avec ses dames d'honneur et d'autres femmes de la cour. Swedenborg n'attend point que la reine sorte, il entre directement dans son appartement et lui parle bas à l'oreille. La reine, frappée d'étonnement, se trouva mal, et eut besoin de quelque temps pour se remettre. Revenue à elle-même, elle dit aux personnes qui l'entouraient : « Il n'y a que Dieu et mon frère qui puissent savoir ce qu'il vient de me dire ! » Elle avoua qu'il lui avait parlé de sa dernière correspondance avec ce prince, dont le sujet n'était connu que d'eux seuls. Je ne puis expliquer comment Swedenborg eut connaissance de ce secret ; mais ce que je puis assurer sur mon honneur, c'est que ni le comte H...., comme le dit l'auteur de la lettre, ni personne, n'a intercepté ou lu les lettres de la reine. Le sénat d'alors lui permettait d'écrire à son frère dans la plus grande sécurité, et regardait cette corespondance comme très-indifférente à l'État. Il est évident que l'auteur de la susdite lettre n'a pas du tout connu le caractère du comte H..... Ce seigneur respectable, qui a rendu les services les plus importants à sa patrie, réunit aux talents de l'esprit les qualités du cœur, et son âge avancé n'af- faiblit point en lui ces dons précieux. Il joignit toujours, pendant toute son administration, la politique la plus éclairée à la plus scrupuleuse intégrité, et se déclara l'ennemi des intrigues secrètes et des menées sourdes, qu'il regardait comme des moyens indignes pour arriver à son but. L'auteur n'a pas mieux connu l'assesseur Swedenborg. La seule faiblesse de cet homme, vraiment honnête, était de croire aux apparitions des esprits ; mais je l'ai connu pendant très-longtemps, et je puis assurer qu'il était aussi persuadé de parler et de converser avec des esprits, que je le suis, moi, dans ce moment, d'écrire ceci. Comme citoyen et comme ami, c'était l'homme le plus intègre, ayant en horreur l'imposture, et menant une vie exemplaire. L'explication qu'a voulu donner de ce fait le chevalier Beylon est, par conséquent, destituée de fondement ; et la visite faite pendant la nuit à Swedenborg, par les comtes H.... et T..., est entièrement controuvée. Au reste, l'auteur de la lettre peut être assuré que je ne suis rien moins que sectateur de Swedenborg ; l'amour seul de la vérité m'a engagé à rendre avec fidélité un fait qu'on a si souvent rapporté avec des détails entièrement faux, et j'affirme ce que je viens d'écrire, en apposant la signature de mon nom. »

— Les témoignages que Swedenborg a donnés de sa mission aux familles de Suède et de Prusse ont sans doute fondé la croyance dans laquelle vivent plusieurs personnages de ces deux cours, reprit M. Becker en remettant la gazette dans son tiroir.

— Néanmoins, dit-il en continuant, je ne vous dirai pas tous les faits de sa vie matérielle et visible ; ses mœurs s'opposaient à ce qu'ils fussent exactement connus. Il vivait caché, sans vouloir s'enrichir ou parvenir à la célébrité. Il se distinguait même par une sorte de répugnance à faire des prosélytes, s'ouvrait à peu de personnes, et ne communiquait ses dons extérieurs qu'à celles en qui éclataient la foi, la sagesse et l'amour. Il savait reconnaître par un seul regard l'état de l'âme de ceux qui l'approchaient, et changeait en Voyants ceux qu'il voulait toucher de sa parole intérieure. Ses disciples ne lui ont, depuis l'année 1745, jamais rien vu faire par aucun motif humain. Une seule personne, un prêtre suédois, nommé Matthésius, l'accusa de folie. Par un hasard extraordinaire, ce Matthésius, ennemi de Swedenborg et de ses écrits, devint fou peu de temps après, et vivait encore il y a quelques années à Stockholm avec une pension accordée par le roi de Suède. L'éloge de Swedenborg a d'ailleurs été composé avec un soin minutieux, quant aux événements de sa vie, et prononcé, dans la grande salle de l'Académie royale des sciences, à Stockholm, par M. de Sandel, conseiller au collége des Mines, en 1786.

Enfin une déclaration reçue par le lord-maire, à Londres, constate les moindres détails de la dernière maladie et de la mort de Swedenborg, qui fut alors assisté par M. Férélius, ecclésiastique suédois de la plus haute distinction. Les personnes comparues attestent que, loin d'avoir démenti ses écrits, Swedenborg en a constamment attesté la vérité. — « Dans cent ans, dit-il à M. Férélius, ma doctrine régira l'ÉGLISE. » Il a prédit fort exactement le jour et l'heure de sa mort. Le jour même, le dimanche 29 mars 1772, il demanda l'heure. — Cinq heures, lui répondit-on. — Voilà qui est fini, dit-il, Dieu vous bénisse! Puis, dix minutes après, il expira de la manière la plus tranquille en poussant un léger soupir. La simplicité, la médiocrité, la solitude, furent donc les traits de sa vie. Quand il avait achevé l'un de ses traités, il s'embarquait pour aller l'imprimer à Londres ou en Hollande, et n'en parlait jamais. Il publia successivement ainsi vingt-sept traités différents, tous écrits, dit-il, sous la dictée des anges. Que ce soit ou non, peu d'hommes sont assez forts pour en soutenir les flammes orales. Les voici tous, dit M. Becker en montrant une seconde planche sur laquelle étaient une soixantaine de volumes. Les sept traités où l'esprit de Dieu jette ses plus vives lueurs, sont : LES DÉLICES DE L'AMOUR CONJUGAL, — LE CIEL ET L'ENFER, — L'APOCALYPSE RÉVÉLÉE, — L'EXPOSITION DU SENS INTERNE, — L'AMOUR DIVIN, — LE VRAI CHRISTIANISME, — LA SAGESSE ANGÉLIQUE DE L'OMNIPOTENCE, OMNISCIENCE, OMNIPRÉSENCE DE CEUX QUI PARTAGENT L'ÉTERNITÉ, L'IMMENSITÉ DE DIEU. Son explication de l'Apocalypse commence par ces paroles, dit M. Becker en prenant et ouvrant le premier volume qui se trouvait près de lui. *Ici, je n'ai rien mis du mien, j'ai parlé d'après le Seigneur qui avait dit par le même ange à Jean : TU NE SCELLERAS PAS LES PAROLES DE CETTE PROPHÉTIE.* (Apocalypse, 22. 10.) »

— Mon cher monsieur, dit M. Becker en regardant Wilfrid, j'ai souvent tremblé de tous mes membres pendant les nuits d'hiver, en lisant ces œuvres terribles, où cet homme déclare avec une parfaite innocence les plus grandes merveilles. « J'ai « vu, dit-il, les cieux et les anges. L'homme spiri- « tuel voit l'homme spirituel beaucoup mieux que « l'homme terrestre ne voit l'homme terrestre. En « décrivant les merveilles des cieux, et au-dessous « des cieux, j'obéis à l'ordre que le Seigneur m'a « donné de le faire. On est le maître de ne pas me « croire, je ne puis mettre les autres dans l'état où « Dieu m'a mis; il ne dépend pas de moi de les faire « converser avec les anges, ni d'opérer le miracle « de la disposition expresse de leur entendement. « Ils sont eux-mêmes les seuls instruments de leur « exaltation angélique. Voici vingt-huit ans que je « suis dans le monde spirituel avec les anges, et sur « la terre avec les hommes ; car il a plu au Seigneur « de m'ouvrir les yeux de l'Esprit, comme il les « ouvrit à Paul, à Daniel et à Élisée. » Néanmoins, certaines personnes ont des visions du monde spirituel par le détachement complet que le somnambulisme opère entre leur forme extérieure et leur homme intérieur. *Dans cet état,* dit Swedenborg en son traité DE LA SAGESSE ANGÉLIQUE (n° 257), *l'homme peut être élevé jusque dans la lumière céleste, parce que les sens corporels étant abolis, l'influence du ciel agit sans obstacle sur l'homme intérieur.* Beaucoup de gens, qui ne doutent point que Swedenborg n'ait eu des révélations célestes, pensent néanmoins que tous ses écrits ne sont pas également empreints de l'inspiration divine. D'autres exigent une adhésion absolue à tout Swedenborg, en admettant qu'il s'y rencontre des obscurités ; mais ils croient que le prophète n'a pu, par suite de l'imperfection du langage terrestre, exprimer ses visions spirituelles, et que ses obscurités disparaissent dans l'entendement de ceux que la foi a régénérés ; car, suivant l'admirable expression de l'un de ses disciples, *la chair est une génération extérieure.* Pour les poëtes et les écrivains, son merveilleux est immense; pour les Voyants, tout en est d'une réalité pure. Ses descriptions ont été pour quelques chrétiens des sujets de scandale. Certains critiques ont ridiculisé la substance céleste de ses temples, de ses palais d'or, de ses villas superbes où s'ébattent les anges ; d'autres se sont moqués de ses bosquets d'arbres mystérieux, de ses jardins où les fleurs parlent, où l'air est blanc, où les pierreries mystiques, la sardoine, l'escarboucle, la chrysolithe, la chrysoprase, la cyanée, la calcédoine, le béryl, l'URIM et le THUMIM sont doués de mouvement, expriment des vérités célestes, et qu'on peut interroger, car elles répondent par des variations de lumière (VRAIE RELIGION , 219); beaucoup de bons esprits n'admettent pas ses mondes où les couleurs font entendre de délicieux concerts, où les paroles flamboient, où le Verbe s'écrit en corniculés (VRAIE RELIGION, 278). Même dans le Nord, quelques écrivains ont ri de ses portes de perles, des diamants qui tapissent et meublent les maisons de sa Jérusalem où les moindres ustensiles sont faits des substances les plus rares sur notre globe. « Mais, disent ses disciples, parce que tous ces objets sont clair-semés dans ce monde, est-ce une raison pour qu'ils ne soient pas abondants en l'autre? Sur la terre, ils sont d'une substance terrestre, tandis que dans les cieux, ils sont sous les apparences célestes et relatives à l'état d'ange. » Swedenborg a d'ailleurs répété à ce sujet ces grandes paroles de JÉSUS-CHRIST : *Je vous enseigne en me servant des paroles terrestres, et vous ne m'entendez pas ; si je parlais le langage du ciel, comment pourriez-vous me com-*

*prendre?* (Jean, 3-12.) — Monsieur, moi, j'ai lu Swedenborg en entier, reprit M. Becker en laissant échapper un geste emphatique. Je le dis avec orgueil, puisque j'ai gardé ma raison. En le lisant, il faut ou perdre le sens ou devenir un Voyant. Quoique j'aie résisté à ces deux folies, j'ai souvent éprouvé des ravissements inconnus, des saisissements profonds, des joies intérieures que donnent seules la plénitude de la vérité, l'évidence de la lumière céleste. Tout ici-bas semble petit quand l'âme parcourt les pages dévorantes de ces Traités. Il est impossible de ne pas être frappé d'étonnement en songeant que, dans l'espace de trente ans, cet homme a publié sur les vérités du Monde Spirituel vingt-cinq volumes in-quarto, écrits en latin, dont le moindre a cinq cents pages, et qui sont tous imprimés en petits caractères. Il en a laissé, dit-on, vingt autres à Londres, déposés à son neveu, M. Silverichm, ancien aumônier du roi de Suède. Certes, l'homme qui, de vingt à soixante ans, s'était presque épuisé par la publication d'une sorte d'encyclopédie, a dû recevoir les secours surnaturels pour composer ces prodigieux traités, à l'âge où les forces de l'homme commencent à s'éteindre. Dans ces écrits, il se trouve des milliers de propositions numérotées, dont aucune ne se contredit. Partout, l'exactitude, la méthode, la présence d'esprit, éclatent et découlent d'un même fait, l'existence des anges. Sa VRAIE RELIGION, où se résume tout son dogme, œuvre vigoureuse de lumière, a été conçue, exécutée à quatre-vingt-trois ans. Enfin, son ubiquité, son omniscience n'est déniée par aucun de ses critiques, ni par ses ennemis. Néanmoins, quand je me suis abreuvé à ce torrent de lueurs célestes, Dieu ne m'a pas ouvert les yeux intérieurs et j'ai jugé ces écrits avec la raison d'un homme non régénéré. J'ai donc souvent trouvé que l'INSPIRÉ Swedenborg avait dû parfois mal entendre les anges. J'ai ri de plusieurs visions auxquelles j'aurais dû, suivant les Voyants, croire avec admiration. Je n'ai conçu ni l'écriture corniculaire des anges, ni leurs ceintures dont l'or est plus ou moins faible. Si, par exemple, cette phrase : IL EST DES ANGES SOLITAIRES, m'a singulièrement attendri d'abord; par réflexion, je n'ai pas accordé cette solitude avec leurs mariages. Je n'ai pas compris pourquoi la Vierge Marie conserve, dans le ciel, des habillements de satin blanc. J'ai dû me demander pourquoi les gigantesques démons Énakim et Héhilim venaient toujours combattre les chérubins dans les champs apocalyptiques d'Armageddon. J'ignore comment les Satans peuvent encore discuter avec les anges. M. le baron Séraphîtus m'objectait que ces détails concernaient les anges qui demeuraient sur la terre sous forme humaine. Souvent les visions du prophète suédois sont barbouillées de figures grotesques. Un de ses MÉMORABLES, nom qu'il leur a donné, commence par ces paroles : — « Je vis des esprits rassemblés, ils avaient des chapeaux sur leur tête. » Dans un autre Mémorable, il reçoit du ciel un petit papier sur lequel il vit, dit-il, les lettres dont se servaient les peuples primitifs, et qui étaient composées de lignes courbes, avec de petits anneaux qui se portaient en haut. Pour mieux attester sa communication avec les cieux, j'aurais voulu qu'il déposât ce petit papier à l'Académie royale des sciences de Suède. Enfin peut-être ai-je tort, peut-être les absurdités matérielles semées dans ses ouvrages ont-elles des significations spirituelles. Autrement comment admettre la croissante influence de sa religion? Son ÉGLISE compte aujourd'hui plus de sept cent mille fidèles, tant aux États-Unis d'Amérique, où différentes sectes s'y agrégent en masse, qu'en Angleterre, où sept mille Swedenborgistes se trouvent dans la seule ville de Manchester. Des hommes aussi distingués par leurs connaissances que par leur rang dans le monde, soit en Allemagne, soit en Prusse et dans le Nord, ont publiquement adopté les croyances de Swedenborg, plus consolantes d'ailleurs que ne le sont celles des autres communions chrétiennes. Maintenant je voudrais bien pouvoir vous expliquer en quelques paroles succinctes les points capitaux de la doctrine que Swedenborg a établie pour son Église; mais cet abrégé, fait de mémoire, serait nécessairement fautif. Je ne puis donc me permettre de vous parler que des Arcanes qui concernent la naissance de Séraphîta.

Ici M. Becker fit une pause pendant laquelle il parut se recueillir pour rassembler ses idées, et reprit ainsi : — Après avoir mathématiquement établi que l'homme vit éternellement en des sphères, soit inférieures, soit supérieures, Swedenborg appelle Esprits Angéliques les êtres qui, dans ce monde, sont préparés pour le ciel, où ils se font anges. Selon lui, Dieu n'a pas créé d'anges spécialement, il n'en existe point qui n'ait été homme sur la terre; la terre est ainsi la pépinière du ciel. Les anges ne sont donc pas anges par eux-mêmes (SAG. ANG. 57); ils le deviennent par une conjonction intime avec Dieu, à laquelle Dieu ne se refuse jamais ; l'essence de Dieu n'étant jamais négative, mais incessamment active. Ces Esprits Angéliques passent par trois natures d'amour, car l'homme ne peut être régénéré que successivement (VRAIE REL.). D'abord l'AMOUR DE SOI : la suprême expression de cet amour est le génie humain dont nous admirons les œuvres. Puis l'AMOUR DU MONDE, qui produit les prophètes, les grands hommes que la Terre prend pour guides et salue du nom de divins. Enfin l'AMOUR DU CIEL, qui fait les Esprits Angéliques. Ces

Esprits sont, pour ainsi dire, les fleurs de l'humanité qui s'y résume et travaille à s'y résumer. Ils doivent avoir ou l'Amour du ciel ou la Sagesse du ciel; mais ils sont toujours dans l'Amour avant d'être dans la Sagesse. Ainsi la première transformation de l'homme est l'AMOUR. Pour arriver à ce premier degré, ses existers antérieurs ont dû passer par l'Espérance et la Charité qui l'engendrent pour la Foi et la Prière. Les idées acquises par l'exercice de ces vertus se transmettent à chaque nouvelle enveloppe humaine sous laquelle se cachent les métamorphoses de l'ÊTRE INTÉRIEUR; car rien ne se sépare, tout est nécessaire : l'Espérance ne va pas sans la Charité, la Foi ne va pas sans la Prière; les quatre faces de ce carré sont solidaires. « Faute d'une vertu, dit-il, l'Esprit Angélique est comme une perle brisée. » Chacun de ces existers est donc un cercle dans lequel s'enroulent les richesses célestes de l'état antérieur. La grande perfection des Esprits Angéliques vient de cette mystérieuse progression par laquelle rien ne se perd des qualités successivement acquises pour arriver à leur glorieuse incarnation; car à chaque transformation ils se dépouillent insensiblement de la chair et de ses erreurs. Quand il vit dans l'Amour, l'homme a quitté toutes ses passions mauvaises. L'Espérance, la Charité, la Foi, la Prière, ont *vanné*, suivant le mot d'Isaïe, son intérieur qui ne doit plus être pollué par aucune des affections terrestres. De là cette grande parole de saint Luc : *Faites-vous un trésor qui ne périsse pas dans les cieux.* Et celle de Jésus-Christ : *Laissez ce monde aux hommes, il est à eux; faites-vous purs, et venez chez mon père.* La seconde transformation est la Sagesse. La Sagesse est la compréhension des choses célestes auxquelles l'Esprit arrive par l'Amour. L'Esprit d'Amour a conquis la force, résultat de toutes les passions terrestres vaincues; il aime aveuglément Dieu. Mais l'Esprit de Sagesse a l'intelligence et sait pourquoi il aime. Les ailes de l'un sont déployées et l'emportent vers Dieu, les ailes de l'autre sont repliées par la terreur que lui donne la Science : il connaît Dieu; l'un désire incessamment le voir et s'élance vers lui, l'autre y touche et tremble. L'union qui se fait d'un Esprit d'Amour et d'un Esprit de Sagesse met la créature à l'état divin, pendant lequel son âme est FEMME, et son corps est HOMME, dernière expression humaine où l'Esprit l'emporte sur la Forme, où la Forme se débat encore contre l'Esprit divin; car la forme, la chair ignore, se révolte, et veut rester grossière. Cette épreuve suprême engendre des souffrances inouïes dont les cieux sont seuls témoins, et que Christ a connues dans le jardin des Oliviers. Après la mort, le premier ciel s'ouvre à cette double nature humaine purifiée. Aussi les hommes meurent-ils dans le désespoir, tandis que l'Esprit meurt dans le ravissement. Ainsi LE NATUREL, état dans lequel sont les êtres non régénérés; LE SPIRITUEL, état dans lequel sont les Esprits Angéliques; et LE DIVIN, état dans lequel demeure l'ange avant de briser son enveloppe, sont les trois degrés de l'exister par lesquels l'homme parvient au ciel. Une pensée de Swedenborg vous expliquera merveilleusement la différence qui existe entre le NATUREL et le SPIRITUEL : — *Pour les hommes*, dit-il, le Naturel *passe dans le Spirituel, ils considèrent le monde sous ses formes visibles et le perçoivent dans une réalité propre à leurs sens. Mais pour l'Esprit Angélique*, le Spirituel *passe dans le Naturel, il considère le monde dans son esprit intime, et non dans sa forme.* Ainsi, nos sciences humaines ne sont que l'analyse des formes. Le savant selon le monde est purement extérieur comme son savoir, son *intérieur* ne lui sert qu'à conserver son aptitude à l'intelligence de la vérité. L'Esprit Angélique va bien au delà, son savoir est la pensée dont la science humaine n'est que la parole; il puise la connaissance des choses dans le Verbe, en apprenant LES CORRESPONDANCES par lesquelles les mondes concordent avec les cieux. La PAROLE de Dieu fut entièrement écrite par pures Correspondances, elle couvre un sens interne ou spirituel qui, sans la science des Correspondances, ne peut être compris. Il existe, dit Swedenborg (DOCTRINE CÉLESTE, 26), des ARCANES innombrables dans le sens interne des Correspondances. Aussi les hommes qui se sont moqués des livres où les prophètes ont recueilli la Parole, étaient-ils dans l'état d'ignorance où sont ici-bas les hommes qui ne savent rien d'une science, et se moquent des vérités de cette science. Savoir les Correspondances de la Parole avec les cieux, savoir les Correspondances qui existent entre les choses visibles et pondérables du monde terrestre et les choses invisibles et impondérables du monde spirituel, c'est *avoir les cieux dans son entendement*. Tous les objets des diverses créations, étant émanés de Dieu, comportent nécessairement un sens caché, comme le disent ces grandes paroles d'Isaïe : *La terre est un vêtement* (Isaïe, 5, 6). Ce lien mystérieux entre les moindres parcelles de la matière et les cieux constitue ce que Swedenborg appelle un ARCANE CÉLESTE. Aussi son traité des Arcanes Célestes, où sont expliquées les Correspondances ou significances du Naturel au Spirituel, devant donner, suivant l'expression de Jacob Bœhm, *la signature de toute chose*, n'a-t-il pas moins de seize volumes et de treize mille propositions. « Cette connaissance
« merveilleuse des Correspondances, que la bonté
« de Dieu permit à Swedenborg d'avoir, dit un de
« ses disciples, est le secret de l'intérêt qu'inspirent

« ses ouvrages. Selon ce commentateur, là tout
« dérive du ciel, tout rappelle au ciel ; les écrits du
« prophète sont sublimes et clairs ; il parle dans les
« cieux et se fait entendre sur la terre ; sur une de
« ses phrases on ferait un volume. » Et le disciple
cite celle-ci entre mille autres : *Le royaume du ciel*,
dit Swedenborg (ARCAN. CÉLES.), *est le royaume des
motifs. L'*ACTION *se produit dans le ciel, de là dans
le monde, et par degrés dans les infiniment petits
de la terre ; les effets terrestres étant liés à leur
causes célestes font que tout y est* CORRESPONDANT *et
SIGNIFIANT. L'homme est le moyen d'union entre le
Naturel et le Spirituel.* Les Esprits Angéliques connaissent donc essentiellement les Correspondances qui relient au ciel chaque chose de la terre, et savent le sens intime des paroles prophétiques qui en dénoncent les révolutions. Ainsi, pour ces Esprits tout ici-bas a sa signifiance. La moindre fleur est une pensée, une vie qui correspond à quelque linéament du Grand Tout dont ils ont une constante intuition. Pour eux, L'ADULTÈRE et les débauches dont parlent les Écritures et les Prophètes, souvent estropiés par de soi-disant savants, signifient l'état des âmes qui, dans ce monde, persistent à s'infecter d'affections terrestres, et continuent ainsi leur divorce avec le ciel. Les nuées signifient les voiles dont s'enveloppe Dieu. Les flambeaux, les pains de proposition, les chevaux et les cavaliers, les prostituées, les pierreries, tout dans l'ÉCRITURE a pour eux un sens exquis et révèle l'avenir des faits terrestres dans leurs rapports avec le ciel. Tous peuvent pénétrer la vérité des ÉNONCÉS de saint Jean, que la science humaine démontre et prouve matériellement plus tard, tels que celui-ci :
« gros, dit Swedenborg, de plusieurs sciences humaines. » *Je vis un nouveau ciel et une nouvelle terre, car le premier ciel et la première terre étaient passés.* (AP., XXI, 1) : Ils connaissent les *festins où l'on mange la chair des rois, des hommes libres et des esclaves*, et auxquels convie un ange debout dans le soleil (APOCAL. XIX, 11 à 18). Ils voient *la femme ailée, revêtue du soleil, et l'homme toujours armé* (APOCAL.). Le cheval de l'Apocalypse est, dit Swedenborg, l'image visible de l'intelligence humaine montée à la mort, car elle porte en elle son principe de destruction. Enfin, ils reconnaissent les peuples cachés sous des formes qui semblent fantastiques aux ignorants. Quand un homme est disposé à recevoir l'insufflation prophétique des Correspondances, elle réveille en lui l'esprit de la Parole ; il comprend alors que les créations ne sont que des transformations ; elle vivifie son intelligence, et lui donne pour les vérités une soif ardente qui ne peut s'étancher que dans le ciel. Il conçoit, suivant le plus ou le moins de perfection de son intérieur, la puissance des Esprits Angéliques, et marche, conduit par le Désir, l'état le moins imparfait de l'homme non régénéré, vers l'Espérance qui lui ouvre le monde des Esprits, puis il arrive à la Prière qui lui donne la clef des Cieux. Quelle créature ne désirerait se rendre digne d'entrer dans la sphère des intelligences qui vivent secrètement par l'Amour ou par la Sagesse ? Ici-bas, pendant leur vie, ces Esprits restent purs ; ils ne voient, ne pensent et ne parlent point comme les autres hommes. Il existe deux perceptions : l'une interne, l'autre externe ; l'Homme est tout externe, l'Esprit Angélique est tout interne. L'Esprit va au fond des Nombres, dont il possède la totalité, dont il connait les signifiances, et il dispose du mouvement. Il s'associe à tout par l'ubiquité : *Un ange*, selon le Prophète suédois, *est présent à un autre quand il le désire* (SAP. ANG. DE DIV. AM.) ; car il a le don de se séparer de son corps, et voit les cieux comme les prophètes les ont vus, et comme Swedenborg les voyait lui-même. « Dans cet état, dit-il (VRAIE RELIGION, 136), l'esprit de l'homme est transporté d'un lieu à un autre, le corps restant où il est, état dans lequel j'ai demeuré pendant vingt-six années. » Nous devons entendre ainsi toutes les paroles bibliques où il est dit : L'esprit m'emporta. La Sagesse angélique est à la Sagesse humaine ce que les innombrables forces de la nature sont à son action, qui est une. Tout revit, se meut, existe en l'Esprit, car il est en Dieu, ce qu'expriment ces paroles de saint Paul : « *In Deo sumus, movemus, et vivimus*, » nous vivons, nous agissons, nous sommes en Dieu. La Terre ne lui offre aucun obstacle, comme la Parole ne lui offre aucune obscurité. Sa divinité prochaine lui permet de voir la pensée de Dieu voilée par le Verbe, de même que, vivant par l'esprit, il communique avec le sens intime caché sous toutes les choses de ce monde. La Science est le langage du monde Temporel, l'Amour est celui du monde Spirituel. Aussi l'homme décrit-il plus qu'il n'explique, tandis que l'Esprit Angélique voit et comprend. La Science attriste l'homme, l'Amour exalte l'ange ; la Science cherche encore, l'Amour a trouvé. L'Homme juge la nature dans ses rapports avec elle, l'Esprit Angélique la juge dans ses rapports avec le ciel. Enfin tout parle aux Esprits ; ils sont dans le secret de l'harmonie des créations entre elles. Ils s'entendent avec l'esprit des sons, avec l'esprit des couleurs, avec l'esprit des végétaux. Ils peuvent interroger le minéral, et le minéral répond à leurs pensées. Que sont pour eux les sciences et les trésors de la terre, quand ils les étreignent à tout moment par leur vue, et que les mondes, dont les hommes s'occupent tant, ne sont pour eux que la dernière marche d'où ils vont s'élancer à Dieu ?

L'Amour du ciel ou la Sagesse du ciel s'annoncent en eux par un cercle de lumière qui les entoure et que voient les élus. Leur innocence, dont celle des enfants est la forme extérieure, a la connaissance des choses que n'ont point les enfants; ils sont innocents et savants. — « Et, dit Swedenborg, l'innocence « des cieux fait une telle impression sur l'âme, que « ceux qu'elle affecte en gardent un ravissement « qui dure toute leur vie, comme je l'ai moi-même « éprouvé. Il suffit peut-être, dit-il encore, d'en « avoir une minime perception pour être à jamais « changé, pour vouloir aller aux cieux et entrer « ainsi dans la sphère de l'Espérance. » Sa doctrine sur les mariages peut se réduire à ce peu de mots : « Le Seigneur a pris la beauté, l'élégance de la vie de l'homme et l'a transportée dans la femme. Quand l'homme n'est pas réuni à cette beauté, à cette élégance de sa vie, il est sévère, triste et farouche; quand il y est réuni, il est joyeux, il est complet. » Les anges sont toujours dans le point le plus parfait de la beauté. Leurs mariages sont célébrés par des cérémonies merveilleuses. Dans cette union, qui ne produit point d'enfants, l'homme a donné l'ENTENDEMENT, la femme a donné la VOLONTÉ. Ils deviennent un seul être, UNE SEULE chair ici-bas; puis, ils vont aux cieux après avoir revêtu la forme céleste. Ici-bas, dans l'état naturel, le penchant mutuel des deux sexes vers les voluptés est un EFFET qui entraîne et fatigue et dégoût; mais sous sa forme céleste, le couple devenu le même Esprit trouve en lui-même une CAUSE incessante de voluptés. Swedenborg a vu ce mariage des Esprits, qui, selon saint Luc, n'a point de noces (20, 35), et qui ne donne que des plaisirs spirituels. Un ange s'offrit à le rendre témoin d'un mariage et l'entraîna sur ses ailes (les ailes sont un symbole et non une réalité terrestre). Il le revêtit de sa robe de fête, et quand Swedenborg se vit habillé de lumière, il demanda pourquoi. — Dans cette circonstance, répondit l'ange, nos robes s'allument, brillent et se font nuptiales. (DELICIÆ SAP. DE AM. CONJ., 19, 20, 21). Il aperçut alors deux anges qui vinrent, l'un du Midi, l'autre de l'Orient; l'ange du Midi était dans un char attelé de deux chevaux blancs, dont les rênes avaient la couleur et l'éclat de l'aurore; mais quand ils furent près de lui, dans le ciel, il ne vit plus ni les chars ni les chevaux. L'ange de l'Orient vêtu de pourpre, et l'ange du Midi vêtu d'hyacinthe accoururent comme deux souffles et se confondirent; l'un était un ange d'Amour, l'autre était un ange de Sagesse. Le guide de Swedenborg lui dit qu'ils avaient été liés sur la terre d'une amitié intérieure et toujours unis, quoique séparés par les espaces. Le consentement, qui est l'essence des bons mariages sur la terre, est l'état habituel des anges dans le ciel. L'amour est la lumière de leur monde. Le ravissement éternel des anges vient de la faculté que Dieu leur communique de lui rendre à lui-même la joie qu'ils en éprouvent. Cette réciprocité d'infini fait leur vie. Dans le ciel, ils deviennent infinis en participant de l'essence de Dieu qui s'engendre par lui-même. L'immensité des cieux où vivent les anges est telle, que si l'homme était doué d'une vue aussi continuellement rapide que l'est la lumière en venant du soleil sur la terre et qu'il regardât pendant l'éternité, ses yeux ne trouveraient pas un horizon où se reposer. La lumière explique seule les félicités du ciel. C'est, dit-il (SAP. ANG., 7, 25, 26, 27), une vapeur de la vertu de Dieu, une émanation pure de sa clarté, d'une blancheur auprès de laquelle notre lumière serait l'obscurité. Elle peut tout, renouvelle tout, ne s'absorbe pas, environne l'ange et lui fait toucher Dieu par des jouissances infinies que l'on sent se multiplier infiniment par elles-mêmes. Cette lumière tue tout homme qui n'est pas préparé à la recevoir. Nul ici-bas, ni même dans le ciel, ne peut voir Dieu et vivre. Voilà pourquoi il est dit (*Ex.* XIX, 12, 13, 21, 22, 23): *La montagne où Moïse parlait au Seigneur était gardée, de peur que quelqu'un venant à y toucher, ne mourût.* Puis encore (*Ex.* XXXIV, 29—35): *Quand Moïse apporta les secondes Tables, sa face brillait tellement, qu'il fut forcé de la voiler pour ne faire mourir personne en parlant au peuple.* La transfiguration de Jésus-Christ accuse également la lumière que jette un Messager du ciel et les ineffables jouissances que trouvent les anges à en être continuellement imbus. *Sa face,* dit saint Mathieu (XVI, 1-3), *resplendit comme le soleil, ses vêtements devinrent comme la lumière, et un nuage couvrit ses disciples.* Enfin quand le monde n'enferme plus que des hommes qui se refusent au Seigneur, que sa parole est méconnue, que les Esprits Angéliques ont été assemblés des quatre vents, Dieu envoie un Ange exterminateur pour changer la masse du monde réfractaire qui n'est, pour lui, dans l'immensité de l'univers, que ce que peut être pour nous un germe infécond. En approchant du Globe, l'Ange Exterminateur, porté sur une comète, le fait tourner sur son axe; les continents deviennent le fond des mers, les plus hautes montagnes deviennent des îles, et les pays, jadis couverts des eaux marines, renaissent parés de leur fraîcheur en obéissant aux lois de la Genèse, et la parole de Dieu reprend sa force sur une terre qui garde en tous lieux les effets de l'eau terrestre et du feu céleste. Alors la lumière, que l'Ange apporte d'En-Haut, fait pâlir le soleil. Alors, comme dit Isaïe (19-20): *Les hommes entreront dans des fentes de rochers, se blottiront dans la poussière. Ils*

*...crieront* (Apocalypse, vii, 15-17) *aux montagnes : Tombez sur nous ! A la mer : prends-nous ! Aux airs : cachez-nous de la fureur de l'Agneau !* L'Agneau est la grande figure des anges méconnus et persécutés ici-bas. Aussi Christ a-t-il dit : *Heureux ceux qui souffrent ! Heureux les simples ! Heureux ceux qui aiment !* Tout Swedenborg est là : Souffrir, Croire, Aimer. Pour bien aimer, ne faut-il pas avoir souffert, et ne faut-il pas croire ? L'Amour engendre la Force et la Force donne la Sagesse ; de là l'Intelligence, car la Force et la Sagesse comportent la Volonté. Être intelligent, n'est-ce pas Savoir, Vouloir et Pouvoir, les trois attributs de l'esprit Angélique. *Si l'univers a un sens, voilà le plus digne de Dieu*, me disait M. Saint-Martin que je vis pendant le voyage qu'il fit en Suède. — Mais, monsieur, reprit M. Becker après une pause, que signifient ces lambeaux pris dans l'étendue d'une œuvre dont on ne peut donner une idée qu'en la comparant à un fleuve de lumière, à des ondées de flammes ? Quand un homme s'y plonge, il est emporté par un courant terrible, et le poëme de Dante Alighieri fait à peine l'effet d'un point, à qui veut se plonger dans les innombrables versets à l'aide desquels Swedenborg a rendu palpables les mondes célestes, comme Beethoven a bâti ses palais d'harmonie avec des milliers de notes, comme les architectes ont édifié leurs cathédrales avec des milliers de pierres. Vous y roulez dans des gouffres sans fin, où votre esprit ne vous soutient pas toujours, et il est nécessaire d'avoir une puissante intelligence pour en revenir sain et sauf à nos idées sociales.

— Swedenborg, reprit le pasteur, affectionnait particulièrement le baron de Séraphitz, dont, suivant un vieil usage suédois, le nom avait pris depuis un temps immémorial la terminaison latine *üs*. Le baron fut le plus ardent disciple du Prophète suédois qui avait ouvert en lui les yeux de l'Homme Intérieur, et l'avait disposé pour une vie conforme aux ordres d'En-Haut. Il chercha parmi les femmes un Esprit Angélique, et Swedenborg le lui trouva dans une vision. Sa fiancée fut la fille d'un cordonnier de Londres, en qui, disait Swedenborg, éclatait la vie du ciel, et dont les épreuves antérieures avaient été accomplies. Après la transformation du Prophète, le baron vint à Jarvis pour faire ses noces célestes dans les pratiques de la prière. Quant à moi, monsieur, qui ne suis point un Voyant, je ne me suis aperçu que des œuvres terrestres de ce couple. Leur vie a bien été celle des saints et des saintes dont l'Église romaine exalte les vertus ; ils ont adouci la misère des habitants et leur ont donné à tous une fortune qui ne va point sans un peu de travail, mais qui suffit à leurs besoins. Les gens qui vécurent près d'eux ne les ont jamais surpris dans un mouvement de colère ou d'impatience ; ils ont été constamment bienfaisants et doux, pleins d'aménité, de grâce et de vraie bonté. Leur mariage a été l'harmonie de deux âmes incessamment unies. Deux eiders volant du même vol, le son dans l'écho, la pensée dans la parole, sont peut-être des images imparfaites de leur union. Ici chacun les aimait de cette affection dont l'amour de la plante pour le soleil peut seul donner une idée. La femme était simple dans ses manières, belle de formes, belle de visage, et d'une noblesse semblable à celle des personnes les plus augustes. En 1783, dans la vingt-sixième année de son âge, cette femme conçut un enfant. Sa gestation fut une joie grave. Les deux époux faisaient ainsi leurs adieux au monde, car ils me dirent qu'ils seraient sans doute transformés quand leur enfant aurait quitté la robe de chair qui avait besoin de leurs soins jusqu'au moment où la force d'être par elle-même lui serait communiquée. L'enfant naquit et fut cette Séraphîta qui nous occupe en ce moment. Dès qu'elle fut conçue, son père et sa mère vécurent encore plus solitairement que par le passé, s'exaltant vers le ciel, par la prière. Leur espérance était de voir Swedenborg, et la foi réalisa leur espérance. Le jour de la naissance de Séraphîta, Swedenborg se manifesta dans Jarvis, et remplit de lumière la chambre où naissait l'enfant. Ses paroles furent, dit-on : — *L'œuvre est accomplie, les cieux se réjouissent !* Les gens de la maison entendirent les sons étranges d'une mélodie qui, disaient-ils, semblait être apportée des quatre points cardinaux par le souffle des vents. L'esprit de Swedenborg emmena le père hors de la maison et le conduisit sur le fiord, où il le quitta. Quelques hommes de Jarvis s'étant alors approchés de M. Séraphîtus, l'entendirent prononçant ces suaves paroles de l'Écriture : — *Combien sont beaux sur les montagnes les pieds de l'ange que nous envoie le Seigneur !* Je sortais du presbytère pour aller au château y baptiser l'enfant, le nommer et accomplir les devoirs que m'imposent les lois, lorsque je rencontrai le baron. — Votre ministère est superflu, me dit-il, notre enfant doit être sans nom sur cette terre. Vous ne baptiserez pas avec l'eau de l'Église terrestre celui qui vient d'être ondoyé par le feu du Ciel ; cet enfant restera fleur, vous ne le verrez pas vieillir, vous le verrez passer ; vous avez l'exister, il a la vie ; vous avez des sens extérieurs, il n'en a pas : il est tout intérieur. Ces paroles furent prononcées d'une voix surnaturelle dont je fus affecté plus vivement encore que de l'éclat empreint sur son visage qui suait la lumière. Son aspect réalisait les fantastiques images que nous concevons des inspirés, en lisant les prophéties de la Bible, mais de tels effets ne sont pas rares au milieu de nos montagnes, où le nitre des neiges subsistantes produit dans notre organisation d'étonnants phénomènes. Je lui demandai la cause de son émotion, — Swedenborg est venu, je le quitte, j'ai respiré l'air du ciel, me dit-il. — Sous quelle forme vous est-il apparu ? repris-je. — Sous son apparence mortelle, vêtu comme il l'était la dernière fois que je le vis à Londres, chez Richard Shearsmith, dans le quartier de *Cold-Bath-Field*, en juillet 1771. Il portait son habit de ratine à reflets changeants, à grands boutons d'acier, son gilet fermé, sa cravate blanche, et la même perruque magistrale, à rouleaux poudrés sur les côtés, et dont les cheveux relevés par-devant lui découvraient ce front vaste et lumineux, en harmonie avec sa grande figure carrée, où tout est puissance et calme. J'ai reconnu ce nez à larges narines pleines de feu; j'ai revu cette bouche qui a toujours souri, cette bouche angélique d'où sont sortis ces mots pleins de mon bonheur : — A bientôt. Et j'ai senti les resplendissements de l'amour céleste. La conviction qui brillait dans le visage du baron m'interdisait toute discussion : je l'écoutais en silence ; sa voix avait une chaleur contagieuse qui m'échauffait les entrailles ; son fanatisme agitait mon cœur, comme la colère d'autrui nous fait vibrer les nerfs. Je le suivis en silence et vins dans sa maison, où j'aperçus l'enfant sans nom, couché sur sa mère, qui l'enveloppait mystérieusement. Séraphîta m'entendit venir et leva la tête vers moi, ses yeux n'étaient pas ceux d'un enfant ordinaire ; pour exprimer l'impression que j'en reçus, il faudrait dire qu'ils voyaient et pensaient déjà. L'enfance de cette créature prédestinée fut accompagnée de circonstances extraordinaires dans notre climat. Pendant neuf années, nos hivers ont été plus doux et nos étés plus longs que de coutume. Ce phénomène causa plusieurs discussions entre les savants ; mais si leurs explications parurent suffisantes aux académiciens, elles firent sourire le baron quand je les lui communiquai. Jamais Séraphîta n'a été vue dans sa nudité, comme le sont quelquefois les enfants. Jamais elle n'a été touchée ni par un homme ni par une femme. Elle a vécu vierge sur le sein de sa mère, et n'a jamais crié. Le vieux David vous confirmera ces faits, si vous le questionnez sur sa maîtresse pour laquelle il a d'ailleurs une adoration semblable à celle qu'avait pour l'arche sainte le roi dont il porte le nom. Dès l'âge de neuf ans, elle a commencé à se mettre en état de prière. La prière est sa vie. Vous l'avez vue dans notre temple, à Noël, seul jour où elle y vienne ; elle y est séparée des autres chrétiens par un espace considérable. Si cet espace n'existe pas entre elle et les hommes, elle souffre ; aussi reste-t-elle la plupart du temps au château. Les événements de sa vie sont d'ailleurs inconnus, elle ne se montre pas ; ses facultés, ses sensations, tout est intérieur ; elle demeure la plus grande partie du temps dans l'état de contemplation mystique, habituel, disent les écrivains papistes, aux premiers chrétiens solitaires en qui demeurait la tradition de la parole du Christ. Son entendement, son âme, son corps, tout en elle est vierge comme la neige de nos montagnes. A dix ans elle était telle que vous la voyez maintenant. Quand elle eut neuf ans, son père et sa mère expirèrent ensemble, sans douleur, sans maladie visible, après avoir dit l'heure à laquelle ils cesseraient d'être. Debout, à leurs pieds, elle les regardait d'un œil calme, sans témoigner ni tristesse, ni douleur, ni joie, ni curiosité ; son père et sa mère lui souriaient. Quand nous vînmes prendre les deux corps, elle dit : — Emportez ! — Séraphîta, lui dis-je, car nous l'avons appelée ainsi, n'êtes-vous donc pas affectée de la mort de votre père et de votre mère ? il vous aimaient tant ! — Morts ? dit-elle. Non, ils sont en moi pour toujours. Ceci n'est rien, » ajouta-t-elle en montrant sans aucune émotion les corps que l'on enlevait. Je la voyais pour la troisième fois depuis sa naissance. Au temple, il est difficile de l'apercevoir, elle est debout près de la colonne à laquelle tient la chaire, dans une obscurité qui ne permet pas de saisir ses traits. Des serviteurs de cette maison, il ne restait, lors de cet événement, que le vieux David, qui, malgré ses quatre-vingt-deux ans, suffit à servir sa maîtresse. Quelques gens de Jarvis ont raconté des choses merveilleuses sur cette fille. Leurs contes ayant pris une certaine consistance dans un pays essentiellement ami des mystères, je me suis mis à étudier le traité des Incantations de Jean Wier, et les ouvrages relatifs à la démonologie où sont consignés les effets prétendus surnaturels de l'homme, afin d'y chercher des faits analogues à ceux qui lui sont attribués.

— Vous ne croyez donc pas en elle ? dit Wilfrid.

— Si fait, dit avec bonhomie le pasteur ; je vois en elle une fille extrêmement capricieuse, gâtée par ses parents qui lui ont tourné la tête avec les idées religieuses dont je viens de vous donner un léger aperçu.

Minna laissa échapper un signe de tête qui exprima doucement une négation.

— Pauvre fille ! disait le docteur en continuant. Ses parents lui ont légué l'exaltation funeste qui égare les mystiques et les rend plus ou moins fous. Elle se soumet à des diètes qui désolent le pauvre David. Ce bon vieillard ressemble à une plante chétive qui s'agite au moindre vent, qui s'épanouit au moindre rayon de soleil. Sa maîtresse, dont il a pris le langage incompréhensible, est son vent et son soleil ; elle a pour lui des pieds de diamant, son front est parsemé d'étoiles, elle marche environnée d'une lumineuse et blanche atmosphère, sa voix est accompagnée de musique, elle a le don de se rendre invisible. Demandez à la voir, il vous répondra qu'elle voyage dans les Terres Astrales. Il est difficile de croire à de telles fables. Vous le savez, tout miracle ressemble plus ou moins à l'histoire de la dent d'or. Nous avons une dent d'or à Jarvis, voilà tout. Ainsi, Duncker le pêcheur affirme l'avoir vue, tantôt se plongeant dans le fiord, d'où elle ressort sous la forme d'un eider, tantôt marchant sur les flots pendant la tempête. Fergus, qui mène les troupeaux dans le sœler, dit avoir vu, dans les temps pluvieux, le ciel toujours clair au-dessus du château suédois, et toujours bleu au-dessus de la tête de Séraphîta quand elle sort. Plusieurs femmes entendent les sons d'un orgue immense quand Séraphîta vient dans le temple, et demandent sérieusement à leurs voisines si elles ne les entendent pas aussi. Mais ma fille, que, depuis deux ans Séraphîta prend en affection, n'a point entendu de musique, et n'a point senti les parfums du ciel qui, dit-on, embaument les airs quand elle se promène. Minna est souvent rentrée en m'exprimant une naïve admiration de jeune fille pour les beautés de notre printemps, elle revenait enivrée des odeurs que jettent les premières pousses des mélèzes, des pins ou des fleurs qu'elle avait été respirer avec elle ; mais après un si long hiver, rien n'est plus naturel que cet excessif plaisir. La compagnie de ce démon n'a rien de bien extraordinaire, dis, mon enfant ?

— Ses secrets ne sont pas les miens, répondit Minna. Près de lui, je sais tout ; loin de lui, je ne sais plus rien. Près de lui, je ne suis plus moi ; loin de lui, j'ai tout oublié de cette vie délicieuse. Le voir est un rêve dont je n'ai souvenance que suivant sa volonté. J'ai pu l'entendre près de lui, m'en souvenir loin de lui, les musiques dont parlent la femme de Banker et celle d'Érikson ; j'ai pu près de lui sentir des parfums célestes, contempler des merveilles, et ne plus en avoir idée.

— Ce qui m'a ici surpris le plus, depuis que je la connais, ce fut de la voir vous souffrir près d'elle, reprit le pasteur en s'adressant à Wilfrid.

— Près d'elle! dit l'étranger, elle ne m'a jamais laissé ni lui baiser, ni même lui toucher la main. Quand elle me vit pour la première fois, son regard m'intimida. Elle me dit : — Soyez le bien-venu ici, car vous deviez venir. Il me sembla qu'elle me connaissait. J'ai tremblé. La terreur me fait croire en elle.

— Et moi l'amour, dit Minna sans rougir.

— Ne vous moquez-vous pas de moi ? dit M. Becker en riant avec bonhomie, toi, ma fille, en te disant un Esprit d'Amour, et vous, monsieur, en vous faisant un Esprit de Sagesse ?

Il but un verre de bière, et ne s'aperçut pas du singulier regard que Wilfrid jeta sur Minna.

— Plaisanterie à part, reprit le ministre, j'ai été fort surpris d'apprendre qu'aujourd'hui, pour la première fois, ces deux folles seraient allées sur le sommet du Falberg ; mais n'est-ce pas une exagération de jeunes filles qui seront montées sur quelque colline ? il est impossible d'atteindre à la cime du Falberg.

— Mon père, dit Minna d'une voix émue, j'ai donc été sous le pouvoir du démon, car j'ai gravi le Falberg avec lui.

— Voilà qui devient sérieux, dit M. Becker, Minna n'a jamais menti.

— M. Becker, reprit Wilfrid, je vous affirme que Séraphîta exerce sur moi des pouvoirs si extraordinaires, que je ne sais aucune expression qui puisse en donner une idée. Elle m'a révélé des choses dont moi seul suis instruit.

— Somnambulisme! dit le vieillard. D'ailleurs plusieurs effets de ce genre sont rapportés par Jean Wier comme des phénomènes fort explicables et jadis observés en Égypte.

— Confiez-moi les œuvres théosophiques de Swedenborg, dit Wilfrid, je veux me plonger dans ces gouffres de lumière dont vous m'avez donné soif.

M. Becker tendit un volume à Wilfrid qui se mit à le lire aussitôt. Il était environ neuf heures du soir. La servante vint servir le souper. Minna fit le thé. Le repas fini, chacun d'eux resta silencieusement occupé, le pasteur à lire le traité des Incantations, Wilfrid à saisir l'esprit de Swedenborg, la jeune fille à coudre en s'abîmant dans ses souvenirs. Ce fut une veillée de Norwége, une soirée paisible, studieuse, pleine de pensées, des fleurs sous de la neige. En dévorant les pages du Prophète, Wilfrid n'existait plus que par ses sens intérieurs. Parfois, le pasteur le montrait d'un air moitié sérieux, moitié railleur à Minna, qui souriait avec une sorte de tristesse. Pour Minna, la tête de Séraphîtüs lui souriait en planant sur le nuage de fumée qui les enveloppait tous trois. Minuit sonna. La porte extérieure fut violemment ouverte. Des pas pesants et précipités, ceux d'un vieillard effrayé se firent entendre dans l'espèce d'antichambre étroite qui se trouvait entre les deux portes. Puis, tout à coup David se montra dans le parloir.

— Violence ! violence ! s'écria-t-il. Venez ! venez tous ! Les Satans sont déchaînés ! ils ont des mitres de feu. Ce sont des Adonis, des Vertumnes, des Sirènes ! ils la tentent comme Jésus fut tenté sur la montagne. Venez les chasser.

— Reconnaissez-vous le langage de Swedenborg ? le voilà pur, dit en riant le pasteur.

Mais Wilfrid et Minna regardaient avec terreur

le vieux David qui, ses cheveux blancs épars, les yeux égarés, les jambes tremblantes et couvertes de neige, car il était venu sans patins, restait agité comme si quelque vent tumultueux le tourmentait.

— Qu'est-il arrivé? lui dit Minna.

— Eh bien! les Satans espèrent et veulent la reconquérir.

Ces mots firent palpiter Wilfrid.

— Voici près de cinq heures qu'elle est debout, les yeux levés au ciel, les bras étendus; elle souffre elle crie à Dieu. Je ne puis franchir les limites, l'enfer a posé des Vertumnes en sentinelle. Ils ont élevé des murailles de fer entre elle et son vieux David. Si elle a besoin de moi, comment ferai-je? Secourez-moi! venez prier!

Le désespoir de ce pauvre vieillard était effrayant à voir.

— La clarté de Dieu la défend, mais si elle allait céder à la violence.

— Silence, David, n'extravaguez pas! Ceci est un fait à vérifier. Nous allons vous accompagner, dit le pasteur, et vous verrez qu'il ne se trouve chez vous ni Vertumnes, ni Satans, ni Sirènes.

— Votre père est aveugle, dit tout bas David à Minna.

Wilfrid, sur qui la lecture d'un premier traité de Swedenborg qu'il avait rapidement parcouru, venait de produire un effet violent, était déjà dans le corridor, occupé à mettre ses patins. Minna fut prête aussitôt. Tous deux laissèrent en arrière les deux vieillards, et s'élancèrent vers le château suédois.

— Entendez-vous ce craquement? dit Wilfrid à Minna.

— La glace du fiord remue, répondit Minna. Mais voici bientôt le printemps.

Wilfrid garda le silence. Quand tous deux furent dans la cour, ils ne se sentirent ni la faculté ni la force d'entrer dans la maison.

— Que pensez-vous d'elle? dit Wilfrid.

— Quelles clartés! s'écria Minna qui se plaça devant la fenêtre du salon. Le voilà! mon Dieu, qu'il est beau! O mon Séraphitüs! prends-moi! L'exclamation de la jeune fille fut tout intérieure. Elle voyait Séraphitüs debout, légèrement enveloppé d'un brouillard couleur d'opale qui s'échappait à une faible distance de ce corps presque phosphorique.

— Comme elle est belle! s'écria-t-il mentalement aussi.

En ce moment, M. Becker arriva, suivi de David; il vit sa fille et l'étranger devant la fenêtre, vint près d'eux, regarda dans le salon, et dit : — Eh bien! David, elle fait ses prières.

— Mais, monsieur, essayez d'entrer.

— Pourquoi troubler ceux qui prient? répondit le pasteur.

En ce moment, un rayon de la lune, qui se levait sur le Falberg, jaillit sur la fenêtre.

Tous se retournèrent émus par cet effet naturel qui les fit tressaillir, mais quand ils revinrent pour voir Séraphîta, elle avait disparu.

— Voilà qui est étrange! dit Wilfrid surpris.

— Oh! j'entends des sons délicieux! dit Minna.

— Eh bien! quoi, dit le pasteur, elle va sans doute se coucher.

David était rentré. Ils revinrent en silence ; aucun d'eux ne comprenait les effets de cette vision de la même manière : M. Becker doutait, Minna adorait, Wilfrid désirait.

Wilfrid était un homme de trente-six ans. Quoique largement développées, ses proportions ne manquaient pas d'harmonie. Sa taille était médiocre, comme celle de presque tous les hommes qui se sont élevés au-dessus des autres; sa poitrine et ses épaules étaient larges, et son cou était court comme celui des hommes dont le cœur devait être rapproché de la tête. Ses cheveux étaient noirs, épais et fins ; ses yeux, d'un jaune brun, possédaient un éclat solaire qui annonçait avec quelle avidité sa nature aspirait la lumière. Si ses traits mâles et bouleversés péchaient par l'absence du calme intérieur que communique une vie sans orages, ils annonçaient les ressources inépuisables de sens fougueux et les appétits de l'instinct ; de même que ses mouvements indiquaient la perfection de l'appareil physique, la flexibilité des sens et la fidélité de leur jeu. Cet homme pouvait lutter avec le sauvage, entendre comme lui le pas des ennemis dans le lointain des forêts, en sentir le goût dans les airs, et voir à l'horizon le signal d'un ami. Son sommeil était léger comme celui de toutes les créatures qui ne veulent pas se laisser surprendre. Son corps se mettait promptement en harmonie avec le climat des pays où le conduisait sa vie à tempêtes. L'art et la science eussent admiré dans cette organisation une sorte de modèle humain; en lui tout s'équilibrait : l'action et le cœur, l'intelligence et la volonté. Au premier abord, il semblait devoir être classé parmi les êtres purement instinctifs qui se livrent aveuglément aux besoins matériels ; mais dès le matin de la vie, il s'était élancé dans le monde social avec lequel ses sentiments l'avaient commis ; l'étude avait agrandi son intelligence, la méditation avait aiguisé sa pensée, les sciences avaient élargi son entendement. Il avait étudié les lois humaines, le jeu des intérêts mis en présence par les passions, et paraissait s'être familiarisé de bonne heure avec les abstractions sur lesquelles reposent les sociétés. Il avait pâli sur les livres qui sont les actions humaines mortes ; puis, il avait veillé dans les capitales européennes au milieu des fêtes, il s'était éveillé dans plus d'un lit, il avait dormi peut-être sur le champ de bataille pendant la nuit qui précède le combat et pendant celle qui suit la victoire ; peut-être sa jeunesse orageuse l'avait-elle jeté sur le tillac d'un corsaire à travers les pays les plus contrastants du globe ; il connaissait ainsi les actions humaines vivantes. Il avait donc le présent et le passé ; l'histoire double, celle d'autrefois, celle d'aujourd'hui. Beaucoup d'hommes ont été, comme Wilfrid, également puissants par la main, par le cœur et par la tête ; comme lui, la plupart ont abusé de leur triple pouvoir ; mais si cet homme tenait encore par son enveloppe à la partie limoneuse de l'humanité, certes il appartenait également à la sphère où la force est intelligente. Malgré les voiles dans lesquels s'enveloppait son âme, il se rencontrait en lui ces indicibles symptômes visibles à l'œil des êtres purs, à celui des enfants dont l'innocence n'a reçu le souffle d'aucune passion mauvaise, à celui du vieillard qui a reconquis la sienne ; ces marques dénonçaient un Caïn auquel il restait une espérance, et qui semblait chercher quelque absolution au bout de la terre. Minna soupçonnait le forçat de la gloire en cet homme, et Séraphîta le connaissait ; toutes deux l'admiraient et le plaignaient. D'où leur venait cette prescience ? Rien à la fois de plus simple et de plus extraordinaire. Dès que l'homme veut pénétrer dans les secrets de la nature, où rien n'est secret, où il s'agit seulement de voir, il s'aperçoit que le simple y produit le merveilleux.

— Séraphîtüs, dit un soir Minna quelques jours après l'arrivée de Wilfrid à Jarvis, vous lisez dans l'âme de cet étranger, tandis que je n'en reçois que de vagues impressions. Il me glace ou m'échauffe ; mais vous paraissez savoir la cause de ce froid ou de cette chaleur. Vous pouvez me le dire, car vous avez tout de lui.

— Oui, j'ai vu les causes, dit Séraphîtüs en abaissant sur ses yeux ses larges paupières.

— Par quel pouvoir ? dit la curieuse Minna.

— J'ai le don de Spécialité, lui répondit-il, une espèce de vue intérieure qui pénètre tout et dont tu ne comprendras la portée que par une comparaison. Dans les grandes villes de l'Europe d'où sortent des œuvres où la main humaine cherche à représenter les effets de la nature morale aussi bien que ceux de la nature physique, il est des hommes sublimes qui expriment des idées avec du marbre. Le statuaire agit sur le marbre, il le façonne, il y met un monde de pensées. Il existe des marbres que la main de l'homme a doués de la faculté de représenter tout un côté sublime, ou tout un côté mauvais de l'humanité. La plupart des hommes y voient une figure humaine et rien de plus ; quelques autres, un peu plus haut placés sur l'échelle des êtres, y aperçoivent une partie des pensées traduites par le sculpteur, ils y admirent la forme. Mais les initiés aux secrets de l'art sont tous d'intelligence avec le statuaire en voyant son marbre ; ils y reconnaissent le monde entier de ses pensées ; ceux-là sont les princes de l'art, ils portent en eux-mêmes un miroir où vient se réfléchir la nature avec ses plus légers accidents. Eh bien ! il est en moi comme un miroir où vient se réfléchir la nature morale avec ses causes et ses effets ; je devine l'avenir et le passé en pénétrant ainsi la conscience. Comment ? me diras-tu toujours. Fais que le marbre soit le corps d'un homme, fais que le statuaire soit le sentiment, la passion, le vice ou le crime, la vertu, la faute ou le repentir ; tu comprendras comment j'ai lu dans l'âme de l'étranger, sans néanmoins t'expliquer la Spécialité ; car pour concevoir ce don, il faut le posséder.

Si Wilfrid tenait aux deux premières portions de l'humanité si distinctes, aux hommes de force et aux hommes de pensée, ses excès, sa vie tourmentée et ses fautes l'avaient souvent conduit vers la Foi, car le doute a deux côtés : le côté de la lumière et le côté des ténèbres. Wilfrid avait trop bien pressé le monde dans ses deux formes, la Matière et l'Esprit, pour ne pas être atteint de la soif de l'inconnu, du désir d'aller au delà, dont sont presque tous saisis les hommes qui savent, peuvent et veulent. Mais ni sa science, ni ses actions, ni son vouloir n'avaient de direction. Il avait fui la vie sociale par nécessité, comme le grand coupable cherche le cloître. Le remords, cette vertu des faibles, ne l'atteignait pas ; le remords est une impuissance, il recommencera sa faute ; le repentir seul est une force, il termine tout. Mais en parcourant le monde dont il s'était fait un cloître, Wilfrid n'avait trouvé nulle part de baume pour ses blessures, il n'avait vu nulle part une nature à laquelle il se pût attacher. En lui, le désespoir avait desséché les sources du désir. Il était de ces esprits qui, s'étant pris avec les passions, s'étant trouvés plus forts qu'elles, n'ont plus rien à presser dans leurs serres ; auxquels l'occasion manquant de se mettre à la tête de quelques-uns de leurs égaux pour fouler sous le sabot de leurs montures des populations entières, achèteraient, au prix d'un horrible martyre, la faculté de se ruiner dans une croyance ; espèces de rochers sublimes qui attendent un coup de baguette qui ne vient pas, et qui pourrait en faire jaillir les sources lointaines. Jeté par un dessein de sa vie inquiète et chercheuse dans les chemins de la Norwége, l'hiver l'y avait surpris à Jarvis. Le jour où, pour la première fois, il vit Séraphîta, cette rencontre lui fit oublier le passé de sa vie. La jeune fille lui causa ces sensations extrêmes qu'il ne croyait plus ranimables ; les cendres laissèrent échapper une dernière flamme, et se dissipèrent au premier souffle de cette voix. Qui jamais s'est senti redevenir jeune et pur après avoir froidi dans la vieillesse et s'être sali dans l'impureté ! Tout à coup Wilfrid aima comme il n'avait jamais aimé, il aima secrètement, avec foi, avec terreur, avec d'intimes folies. Sa vie était agitée dans la source même de la vie, à la seule idée de voir Séraphîta. En l'entendant, il allait en des mondes inconnus ; il était muet devant elle, elle le fascinait. Là, sous les neiges, parmi les glaces, avait grandi sur sa tige cette fleur céleste à laquelle aspiraient ses vœux jusque-là trompés, et dont la vue réveillait les idées fraîches, les espérances, les sentiments qui se groupent autour de nous, pour nous enlever en des régions supérieures, comme les anges enlèvent aux cieux les Élus dans les tableaux symboliques dictés aux peintres par quelque génie familier. Un céleste parfum amollissait le granit de ce rocher, une lumière douée de la parole lui versait les divines mélodies qui accompagnent dans sa route le voyageur pour le ciel. Après avoir épuisé la coupe de l'amour terrestre dont ses dents avaient tout broyé jusqu'aux graviers, il apercevait le vase d'élection où brillaient les ondes limpides, et qui donne soif des délices immarcessibles à qui peut y approcher des lèvres assez ardentes de foi pour n'en point faire éclater le cristal. Il avait rencontré ce mur d'airain à franchir qu'il cherchait sur la terre. Il allait impétueusement chez Séraphîta dans le dessein de lui exprimer la portée d'une passion sous laquelle il bondissait comme le cheval de la fable sous le cavalier de bronze que rien n'émeut, qui reste droit, et que les efforts de l'animal fougueux rendent toujours plus pesant et plus pressant. Il arrivait pour dire sa vie, pour peindre la grandeur de son âme par la grandeur de ses fautes, pour montrer les ruines de ses déserts ; mais quand il avait franchi l'enceinte, et qu'il se trouvait dans la zone immense embrassée par ces yeux dont le scintillant azur ne rencontrait point de bornes en avant et n'en offrait aucune en arrière, il devenait calme et soumis comme le lion qui, lancé sur sa proie dans une plaine d'Afrique, reçoit sur l'aile des vents un message d'amour, et s'arrête. Il s'ouvrait un abîme où tombaient les paroles de son délire, et d'où s'élevait une voix qui le changeait ; il était enfant, enfant de seize ans, timide et craintif devant la jeune fille au front serein, devant cette blanche forme dont le calme inaltérable ressemblait à la cruelle impassibilité de la justice humaine. Et le combat n'avait jamais cessé que pendant cette soirée, où d'un regard elle l'avait enfin abattu, comme un milan qui, après avoir décrit ses étourdissantes spirales autour de sa proie, la fait tomber stupéfiée avant de l'emporter dans son aire. Il est en nous-mêmes de longues luttes dont nos actions deviennent le terme, et qui font comme un envers à l'humanité. Cet envers est à Dieu, l'endroit est aux hommes. Plus d'une fois Séraphîta s'était plu à prouver à Wilfrid qu'elle connaissait cet envers si varié, qui compose une seconde vie à la plupart des hommes. Souvent elle lui avait dit de sa voix de tourterelle : — Nous étions bien en colère ! quand Wilfrid se promettait en chemin de l'enlever afin d'en faire une chose à lui. Wilfrid seul était assez fort pour jeter le cri de révolte qu'il venait de pousser chez M. Becker, et que le récit du vieillard avait calmé. Cet homme si moqueur, si insulteur, voyait enfin poindre la clarté d'une croyance sidérale en sa nuit ; il se demandait si Séraphîta n'était pas une exilée des sphères supérieures en route pour la patrie. Les déifications dont abusent les amants en tout pays, il n'en décernait pas les honneurs à ce lis de la Norwège, il y croyait. Pourquoi restait-elle au fond de ce fiord ? qu'y faisait-elle ? Les interrogations sans réponse abondaient dans son esprit. Qu'arriverait-il entre eux surtout ? Quel sort l'avait amené là ? Pour lui, Séraphîta était ce marbre immobile, mais léger comme une ombre, que Minna venait de voir se posant au bord du gouffre ; elle demeurait ainsi devant tous les gouffres sans que rien pût l'atteindre, sans que l'arc de ses sourcils fléchît, sans que la lumière de sa prunelle vacillât. C'était donc un amour sans espoir, mais non sans curiosité. Dès le moment où Wilfrid soupçonna la nature éthérée dans la magicienne qui lui avait dit le secret de sa vie en songes harmonieux, il voulut tenter de se la soumettre, de la garder, de la ravir au ciel où peut-être elle était attendue. L'Humanité, la Terre, ressaisissant leur proie, il les représenterait. Son orgueil, seul sentiment par lequel l'homme puisse être exalté longtemps, le rendrait heureux de ce triomphe pendant le reste de sa vie. A cette idée, son sang bouillonna dans ses veines, son cœur se gonfla. S'il ne réussissait pas, il la briserait. Il est si naturel de détruire ce qu'on ne peut posséder, de nier ce qu'on ne comprend pas, d'insulter à ce qu'on envie !

Le lendemain, Wilfrid, préoccupé par les idées que devait faire naître le spectacle extraordinaire dont il avait été le témoin la veille, voulut interroger David, et vint le voir en prenant le prétexte de demander des nouvelles de Séraphîta. Quoique M. Becker crût le pauvre homme tombé en enfance, l'étranger se fia sur sa perspicacité pour découvrir les parcelles de vérité que roulerait le serviteur dans le torrent de ses divagations.

David avait la physionomie immobile et indécise de l'octogénaire ; sous ses cheveux blancs se voyait un front où les rides formaient des assises ruinées ; son visage était creusé comme le lit d'un torrent à sec. Sa vie semblait s'être entièrement réfugiée dans les yeux où brillait un rayon, mais cette lueur était comme couverte de nuages, et comportait l'égarement actif, aussi bien que la stupide fixité de l'ivresse. Ses mouvements lourds et lents annonçaient les glaces de l'âge et les communiquaient à qui s'abandonnait à le regarder longtemps, car il possédait la force de la torpeur. Son intelligence bornée ne se réveillait qu'au son de la voix, à la vue, au souvenir de sa maîtresse. Elle était l'âme de ce fragment tout matériel. En voyant David seul, vous eussiez dit un cadavre ; Séraphîta se montrait-elle, parlait-elle, était-il question d'elle,... le mort sortait de sa tombe, il retrouvait le mouvement et la parole. Jamais les os desséchés que le souffle divin doit ranimer dans la vallée de Josaphat, jamais cette image apocalyptique ne fut mieux réalisée que par ce Lazare sans cesse rappelé du sépulcre à la vie par la voix de la jeune fille. Son langage constamment figuré, souvent incompréhensible, empêchait les habitants de lui parler ; mais ils respectaient en lui cet esprit profondément dévié de la route vulgaire que le peuple admire instinctivement. Wilfrid le trouva dans la première salle, en apparence endormi près du poêle. Comme le chien qui reconnaît les amis de la maison, le vieillard leva les yeux, aperçut l'étranger, et ne bougea pas.

— Eh bien ! où est-elle ? demanda Wilfrid au vieillard en s'asseyant près de lui.

David agita ses doigts en l'air comme pour peindre le vol d'un oiseau.

— Elle ne souffre plus ? demanda Wilfrid.

— Les créatures promises au ciel savent seules souffrir, sans que la souffrance diminue leur amour, répondit gravement le vieillard comme un instrument essayé donne une note au hasard. Ceci est la marque de la vraie foi.

— Qui vous a dit ces paroles ?

— L'Esprit.

— Que lui est-il donc arrivé hier au soir ? Avez-vous enfin forcé les Vertumnes en sentinelle ? vous êtes-vous glissé à travers les Mammons ?

— Oui, répondit David en se réveillant comme d'un songe.

La vapeur confuse de son œil se fondit sous une lueur comme venue de l'âme qui le rendit par degrés brillant comme celui d'un aigle, intelligent comme celui d'un poëte.

— Qu'avez-vous vu ? lui demanda Wilfrid étonné de ce changement subit.

— J'ai vu les Espèces et les Formes, j'ai entendu l'Esprit des choses, j'ai vu la révolte des Mauvais, j'ai écouté la parole des Bons ! Ils sont venus sept démons, il est descendu sept archanges ; les archanges étaient loin, ils contemplaient voilés ; les démons étaient près, ils brillaient et agissaient. Mammon est venu sur sa conque nacrée, et sous la forme d'une belle femme nue ; la neige de son corps éblouissait, jamais les formes humaines ne seront aussi parfaites, et il disait : — « Je suis le plaisir, et tu me posséderas ! » Lucifer, le prince des serpents, est venu dans son appareil de souverain, et l'Homme était en lui beau comme un ange, et il a dit : — « L'humanité te servira ! » La reine des avares, celle qui ne rend rien de ce qu'elle a reçu, la Mer, est venue enveloppée de sa mante verte ; elle s'est ouvert le sein, elle a montré son écrin de pierreries, elle a vomi ses trésors et les a offerts ; elle a fait arriver des vagues de saphirs et d'émeraudes, et ses productions se sont émues ; elles ont surgi de leurs retraites, elles ont parlé ; la plus belle d'entre les perles a déployé ses ailes de papillon ; elle a rayonné, elle a fait entendre ses musiques marines, elle a dit : — « Toutes deux filles de la souffrance, nous sommes sœurs, attends-moi ! nous partirons ensemble, je n'ai plus qu'à devenir femme. » L'Oiseau qui a les ailes de l'aigle et les pattes du lion, une tête de femme et la croupe du cheval, l'Animal s'est abattu, lui a léché les pieds, promettant sept cents années d'abondance à sa fille bien-aimée. Le plus redoutable, l'Enfant, est arrivé jusqu'à ses genoux en pleurant et lui disant : — « Me quitteras-tu, moi faible et souffrant ? reste, ma mère ! » Il jouait avec les autres, il répandait la paresse dans l'air, et le ciel se serait laissé aller à sa plainte. La Vierge au chant pur a fait entendre ses concerts qui détendent l'âme. Les rois de l'Orient sont venus avec leurs esclaves, leurs armées et leurs femmes ; les Blessés ont demandé d'être secourus, les Malheureux ont tendu la main : — « Ne nous quittez pas ! ne nous quittez pas ! » Moi-même j'ai crié : — « Ne nous quittez pas ! Nous vous adorerons, restez ! » Les fleurs sont sorties de leurs graines en l'entourant de leurs parfums qui disaient : — « Restez ! » Le géant Enakim est sorti de Jupiter, amenant l'Or et ses amis, amenant les Esprits des Terres Astrales qui s'étaient joints à lui ; tous ont dit : — « Nous serons à toi pour sept cents années. » Enfin, la Mort est descendue de son cheval pâle et a dit : — « Je t'obéirai ! » Tous se sont prosternés à ses pieds, et si vous les aviez vus, ils remplissaient la grande plaine, et tous lui criaient : — « Nous t'avons nourrie, tu es notre enfant, ne nous abandonne pas. »

La Vie est sortie de ses Eaux Rouges, et a dit : — « Je ne te quitterai pas ! » Elle a relui comme le soleil en s'écriant : — « Je suis la lumière ! » — La Lumière est là ! s'est-elle écriée en montrant les nuages où s'agitaient les archanges. Elle était fatiguée, le Désir lui avait brisé les nerfs, elle ne pouvait que crier : — « O mon Dieu ! » Mais Dieu l'entendait, elle a vaincu. Combien d'Esprits Angéliques, en gravissant la montagne, et près d'atteindre au sommet, ont rencontré sous leurs pieds un gravier qui les a fait rouler et les a replongés dans l'abîme ! Tous ces Esprits déchus admiraient sa constance ! ils étaient là formant un Chœur immobile et tous lui disaient en pleurant : « Courage ! » Enfin elle a vaincu le Désir déchaîné sur elle sous toutes les Formes et dans toutes les Espèces. Elle est restée en prières, et quand elle a levé les yeux, elle a vu le pied des anges revolant aux cieux.

— Elle a vu le pied des anges ? répéta Wilfrid.
— Oui, dit le vieillard.
— C'était un rêve qu'elle vous a raconté ? demanda Wilfrid.
— Un rêve aussi sérieux que celui de votre vie, répondit David ; j'y étais.

Le sérieux du vieux serviteur frappa Wilfrid, qui s'en alla se demandant si ces visions étaient moins extraordinaires que celles dont Swedenborg avait écrit les relations, et qu'il avait lues la veille.

— Si les esprits existent, ils doivent agir, se disait-il en entrant au presbytère, où il trouva M. Becker seul.

Cher pasteur, dit Wilfrid, Séraphîta ne tient à nous que par la forme, et sa forme est impénétrable. Ne me traitez ni de fou, ni d'amoureux ! une conviction ne se discute point. Convertissez ma croyance en suppositions scientifiques, et cherchons à nous éclairer. Demain soir nous irons tous deux chez elle.

— Eh bien ! dit M. Becker.
— Si son œil ignore l'espace, reprit Wilfrid, si sa pensée est une vue intelligente qui lui permet d'embrasser les choses dans leur essence, et de les relier à l'évolution générale des mondes ; si, en un mot, elle sait et voit tout, asseyons la pythonisse sur son trépied, forçons cet aigle implacable à déployer ses ailes en le menaçant. Aidez-moi, je respire un feu qui me dévore, je veux l'éteindre ou me laisser consumer. Enfin j'ai découvert une proie, je la veux.

— Ce serait, dit le ministre, une conquête assez difficile à faire, car cette pauvre fille est...
— Est...? reprit Wilfrid.
— Folle, dit le ministre.
— Je ne vous conteste pas sa folie, ne me contestez pas sa supériorité. Cher M. Becker, elle m'a souvent confondu par son érudition. A-t-elle voyagé ?
— De sa maison au fiord.
— Elle n'est pas sortie d'ici ! s'écria Wilfrid, elle a donc beaucoup lu ?
— Pas un feuillet, pas un iota ! moi seul ai des livres dans Jarvis. Les œuvres de Swedenborg, les seuls ouvrages qui fussent au château, les voici ! Jamais elle n'en a pris un seul.
— Avez-vous jamais essayé de causer avec elle ?
— A quoi bon ?
— Personne n'a vécu sous son toit ?
— Elle n'a pas eu d'autres amis que vous et Minna, ni d'autre serviteur que David.
— Elle n'a jamais entendu parler de sciences, ni d'arts ?
— Par qui ? dit le pasteur.
— Si elle disserte pertinemment de ces choses, comme elle en a souvent causé avec moi, que croirez-vous ?
— Que cette fille a conquis peut-être, pendant quelques années de silence, les facultés dont jouissait Apollonius de Thyane et beaucoup de prétendus sorciers que l'inquisition a brûlés, ne voulant pas admettre la seconde vue.
— Si elle parle arabe, que penserez-vous ?
— L'histoire des sciences médicales consacre plusieurs exemples de filles qui ont parlé des langues à elles inconnues.
— Que faire ? dit Wilfrid. Elle connaît dans le passé de ma vie des choses dont j'avais seul le secret.
— Nous verrons, dit M. Becker, si elle me dit les pensées que je n'ai confiées à personne.

Minna rentra.
— Hé bien ! ma fille, que devient ton démon ?
— Il souffre, mon père, répondit-elle en saluant Wilfrid. Les passions humaines, revêtues de leurs fausses richesses, l'ont entouré pendant la nuit, et lui ont déroulé des pompes inouïes. Mais vous traitez ces choses de contes...
— Avec ou sans ta permission, mon enfant, dit le pasteur en souriant.
— Satan, reprit-elle, n'a-t-il pas transporté le Sauveur sur le haut du temple, en lui montrant les nations à ses pieds ?
— Les Évangélistes, répondit le pasteur, n'ont pas si bien corrigé les copies qu'il n'y ait plusieurs versions.
— Vous croyez à la réalité de ses versions, dit Wilfrid à Minna.
— Qui peut en douter quand il les raconte ?
— Il, il ? demanda Wilfrid, qui ?
— Celui qui est là, répondit Minna en montrant le château.
— Vous parlez de Séraphîta ? dit l'étranger surpris.

La jeune fille baissa la tête en lui jetant un regard plein de douce malice.

— Et vous aussi, reprit Wilfrid, vous vous plaisez à confondre mes idées. Qui est-ce? que pensez-vous d'elle?

— Ce que je sens, reprit Minna en rougissant, est inexplicable.

— Vous êtes fous, s'écria le pasteur.

— A demain! dit Wilfrid.

### LES NUÉES DU SANCTUAIRE.

Il est des spectacles auxquels coopèrent toutes les matérielles magnificences dont l'homme dispose. Des nations d'esclaves et de plongeurs ont été chercher dans le sable des mers, aux entrailles des rochers, ces perles et ces diamants qui parent les spectateurs. Transmises d'héritage en héritage, ces splendeurs ont brillé sur tous les fronts couronnés, et feraient la plus fidèle des histoires humaines si elles avaient la parole : ne connaissent-elles pas les douleurs et les joies des grands comme celles des petits? elles ont été partout; elles ont été portées avec orgueil dans les fêtes, portées avec désespoir chez l'usurier, emportées dans le sang et le pillage, transportées dans les chefs-d'œuvre enfantés par l'art pour les garder; excepté la perle de Cléopâtre, aucune d'elles ne s'est perdue. Les Grands, les Heureux sont là réunis et voient couronner un roi dont la parure est le produit de l'industrie des hommes, mais qui dans sa gloire est vêtu d'une pourpre moins parfaite que ne l'est celle d'une simple fleur des champs. Ces fêtes splendides de lumière, enceintes de musique où la parole de l'Homme essaye à tonner; tous ces triomphes de sa main, une pensée, un sentiment les écrase : l'Esprit peut rassembler autour de l'homme et dans l'homme de plus vives lumières, lui faire entendre de plus mélodieuses harmonies, asseoir sur les nuées de brillantes constellations qu'il interroge. Le Cœur peut plus encore! L'homme peut se trouver face à face avec une seule créature, et trouver dans un seul mot, dans un seul regard, un faix si lourd à porter, d'un éclat si lumineux, d'un son si pénétrant, qu'il succombe et s'agenouille. Les plus réelles magnificences ne sont pas dans les choses, elles sont en nous-mêmes. Pour le savant, un secret de science n'est-il pas un monde entier de merveilles? Les trompettes de la Force, les brillants de la Richesse, la musique de la Joie, un immense concours d'hommes accompagne-t-il sa fête? Non, il va dans quelque réduit obscur où souvent un homme pâle et souffrant lui dit un seul mot à l'oreille. Ce mot, comme une torche jetée dans un souterrain, lui éclaire les Sciences. Toutes les idées humaines, habillées des plus attrayantes formes qu'ait inventées le Mystère, entouraient un aveugle assis dans la fange au bord d'un chemin. Les trois mondes, le Naturel, le Spirituel et le Divin, avec toutes leurs sphères, se découvraient à un pauvre proscrit florentin; il marchait accompagné des Heureux et des Souffrants, de ceux qui priaient et de ceux qui criaient, des anges et des damnés. Quand l'envoyé de Dieu, qui savait et pouvait tout, apparut à trois de ses disciples, ce fut un soir, à la table commune de la plus pauvre des auberges; en ce moment la lumière éclata, brisa les Formes Matérielles, éclaira les Facultés Spirituelles, ils le virent dans sa gloire, et la Terre ne tenait déjà plus à leurs pieds que comme une sandale qui s'en détachait.

M. Becker, Wilfrid et Minna se sentaient agités de crainte en allant chez l'être extraordinaire qu'ils s'étaient proposé d'interroger. Pour chacun d'eux le château suédois agrandi comportait un spectacle gigantesque, semblable à ceux dont les poëtes savent disposer les masses, harmonier les couleurs, grouper les personnages; acteurs imaginaires pour les hommes, réels pour ceux qui commencent à pénétrer dans le Monde Spirituel. Sur les gradins de ce Colisée, M. Becker essayait les grises légions du Doute, ses sombres idées, ses vicieuses formules de dispute; il y convoyait les différents mondes philosophiques et religieux qui se combattent, et qui tous apparaissent sous la forme d'un système décharné comme le temps configuré par l'homme, ce vieillard qui, d'une main lève la faux, et dans l'autre emporte un grêle univers, l'univers humain. Wilfrid y conviait ses premières illusions et ses dernières espérances; il y faisait siéger la destinée humaine et ses combats, la religion et ses dominations victorieuses. Minna y voyait confusément le ciel par une échappée, l'amour lui relevait un rideau brodé d'images mystérieuses, et les sons harmonieux qui arrivaient à ses oreilles redoublaient sa curiosité. Pour eux, cette soirée était donc ce que le souper fut pour les trois pèlerins dans Emmaüs, ce que fut une vision pour Dante, une inspiration pour Homère; pour eux, les trois formes du monde révélées, des voiles déchirés, des incertitudes dissipées, des ténèbres éclaircies. L'Humanité dans tous ces modes et attendant la lumière, ne pouvait pas être mieux représentée que par cette jeune fille, par cet homme et par ces deux vieillards, dont l'un était assez savant pour douter, dont l'autre était assez ignorant pour croire. Jamais aucune scène ne fut ni plus simple en apparence, ni plus vaste en réalité.

Quand ils entrèrent, conduits par le vieux David,

ils trouvèrent Séraphîta debout devant la table sur laquelle étaient servies différentes choses dont se compose un thé, collation qui supplée dans le Nord aux joies du vin réservées pour les pays méridionaux. Certes, rien n'annonçait en elle, ou en lui, cet être qui avait l'étrange pouvoir d'apparaître sous deux formes distinctes, rien donc ne trahissait les différentes puissances dont elle disposait. Vulgairement occupée du bien-être de ses trois hôtes, Séraphîta recommandait à David de mettre du bois dans le poêle.

— Bonjour, mes voisins, dit-elle. — Mon cher monsieur Becker, vous avez bien fait de venir, vous me voyez vivante pour la dernière fois peut-être. Cet hiver m'a tuée. — Asseyez-vous donc, monsieur! dit-elle à Wilfrid. — Et toi, Minna, mets-toi là, dit-il en lui montrant un fauteuil près de lui. Tu as apporté ta tapisserie à la main, en as-tu trouvé le point? le dessin en est fort joli. Pour qui est-ce? pour ton père ou pour monsieur? dit-elle en se tournant vers Wilfrid. Ne lui laisserons-nous point avant son départ un souvenir des filles de la Norwége?

— Vous avez donc souffert encore hier? dit Wilfrid.

— Ce n'est rien, dit-elle, cette souffrance me plaît, elle est nécessaire pour sortir de la vie.

— La mort ne vous effraye donc point? dit en souriant M. Becker qui ne la croyait pas malade.

— Non, cher pasteur. Il est deux manières de mourir : aux uns, la mort est une victoire; aux autres, elle est une défaite.

— Vous croyez avoir vaincu? dit Minna.

— Je ne sais, répondit-elle, peut-être ne sera-ce qu'un pas de plus.

La splendeur lactée de son front s'altéra, ses yeux se voilèrent sous ses paupières lentement déroulées; ce simple mouvement fit les trois curieux émus et immobiles; M. Becker fut le plus hardi.

— Chère fille, dit-il, vous êtes la candeur même; mais vous êtes aussi d'une bonté divine; je désirerais de vous, ce soir, autre chose que les friandises de votre thé. S'il faut en croire certaines personnes, vous savez des choses extraordinaires; mais s'il en est ainsi, ne serait-il pas charitable à vous de dissiper quelques-uns de nos doutes?

— Ah! reprit-elle en souriant, je marche sur les nuées, je suis au mieux avec les gouffres du fiord, la mer est une monture à laquelle j'ai mis un frein, je sais où croît la fleur qui chante, où rayonne la lumière qui parle, où brillent et vivent les couleurs qui embaument; j'ai l'anneau de Salomon, je suis une fée, je jette mes ordres au vent qui les exécute en esclave soumis; je vois les trésors en terre, je suis la vierge au-devant de laquelle volent les perles, et...

— Et nous allons sans danger sur le Falberg! dit Minna qui l'interrompit.

— Et toi aussi! répondit l'être en lançant à la jeune fille un regard lumineux qui la remplit de trouble. — Si je n'avais pas la faculté de lire à travers vos fronts le désir qui vous amène, serais-je ce que vous croyez que je suis? dit-elle en les enveloppant tous trois de son regard envahisseur, à la grande satisfaction de David, qui se frotta les mains en s'en allant. — Ah! reprit-elle après une pause, vous êtes venus animés tous d'une curiosité d'enfant. Vous vous êtes demandé, mon pauvre monsieur Becker, s'il est possible à une fille de dix-sept ans de savoir un des mille secrets que les savants cherchent, le nez en terre, au lieu de lever les yeux vers le ciel? Si je vous disais comment et par où la Plante communique à l'Animal, vous commenceriez à douter de vos doutes. Vous avez comploté de m'interroger, avouez-le?

— Oui, chère Séraphîta, répondit Wilfrid : mais ce désir n'est-il pas naturel à des hommes?

— Encore plus à la femme, dit-elle en posant la main sur les cheveux de Minna par un geste caressant.

La jeune fille leva les yeux et parut vouloir se fondre en lui.

— La parole est le bien de tous, reprit gravement l'être mystérieux. Malheur à qui garderait le silence au milieu du désert en croyant n'être entendu de personne! tout parle et tout écoute ici bas, la Parole meut les mondes. Je souhaite, monsieur Becker, ne rien dire en vain. Je connais les difficultés qui vous occupent le plus : ne serait-ce pas un miracle que d'embrasser tout d'abord le passé de votre conscience? Eh bien! le miracle va s'accomplir. Écoutez-moi. Vous ne vous êtes jamais avoué vos doutes dans toute leur étendue. Moi seule, inébranlable dans ma foi, je puis vous les dire, et vous effrayer de vous-même. Vous êtes du côté le plus obscur du doute, vous ne croyez pas en Dieu; et toute chose ici-bas devient secondaire pour qui s'attaque au principe des choses.

Abandonnons les discussions creusées sans fruit par de fausses philosophies. Les générations spiritualistes n'ont pas fait moins de vains efforts pour nier la Matière, que n'en ont tenté les générations matérialistes pour nier l'Esprit. Pourquoi ces débats? L'homme n'offrait-il pas à l'un et à l'autre système des preuves irrécusables? ne se rencontre-t-il pas en lui des choses matérielles et des choses spirituelles? Un fou seul peut se refuser à voir, dans le corps humain, un fragment de matière; en le décomposant, vos sciences naturelles y trouvent peu de différence entre ses principes et ceux des autres animaux. L'idée que produit en l'homme la comparaison de plusieurs objets, ne semble non plus à personne être dans le domaine de la Matière. Ici je ne me prononce pas, il s'agit de vos doutes et non de mes certitudes. A vous, comme à la plupart des penseurs, les rapports que vous avez la faculté de découvrir entre les choses dont vos sensations vous attestent la réalité, ne semblent point devoir être matériels. L'univers Naturel se termine donc en l'homme par l'univers Surnaturel des similitudes ou des différences qu'il aperçoit entre les innombrables formes de la Nature, relations si multipliées qu'elles paraissent infinies ; car, si jusqu'à présent nul n'a pu dénombrer les seules créations terrestres, quel homme pourrait en énumérer les rapports ? La fraction que vous en connaissez n'est-elle pas à leur somme totale, comme un nombre est à l'infini ? Ici vous tombez déjà dans la perception de l'infini, qui, certes, vous fait concevoir un monde purement spirituel. Ainsi l'homme présente une preuve suffisante de ces deux modes, la Matière et l'Esprit. En lui vient aboutir un visible univers fini, en lui commence un univers invisible et infini ; deux mondes qui ne se connaissent pas : les cailloux du fiord ont-ils l'intelligence de leurs combinaisons, ont-ils la conscience des couleurs qu'ils présentent aux yeux de l'homme, entendent-ils la musique des flots qui les caressent ? Franchissons, sans le sonder, l'abîme que nous offre l'union d'un univers Matériel et d'un univers Spirituel, une création visible, pondérable, tangible, terminée par une création intangible, invisible, impondérable ; toutes deux complétement dissemblables, séparées par le néant, réunies par des rapports incontestables, rassemblées dans un être qui tient et de l'un et de l'autre ! Confondons en un seul ces deux mondes inconciliables pour vos philosophies, et conciliés par le fait. Quelque abstraite que l'homme la suppose, la relation qui lie deux choses entre elles comporte une empreinte. Où ? sur quoi ? Nous n'en sommes pas à rechercher le point de subtilisation auquel peut arriver la Matière ; si telle était la question, je ne vois pas pourquoi celui qui a cousu sous des rapports physiques les astres à d'incommensurables distances pour s'en faire un voile, n'aurait pu créer des substances pensantes, ni pourquoi vous lui interdiriez la faculté de donner un corps à la pensée !

Donc votre invisible univers moral et votre visible univers physique constituent une seule et même Matière ; nous ne séparerons point les propriétés et les corps, ni les rapports et les objets. Tout ce qui existe, ce qui nous presse et nous accable au-dessus, au-dessous de nous, devant nous, en nous ; ce que nos yeux et nos esprits aperçoivent, toutes ces choses nommées et innommées composeront, afin d'adapter le problème de la Création à la mesure de votre Logique, un bloc de matière fini ; autrement, s'il était infini, Dieu n'en serait plus le maître.

Ici, selon vous, cher pasteur, de quelque façon que l'on veuille mêler un Dieu infini à ce bloc de matière fini, Dieu ne saurait exister avec les attributs dont l'homme l'investit : en le demandant aux faits, il est nul ; en le demandant au raisonnement, il sera nul encore ; spirituellement et matériellement il devient impossible. Écoutons le Verbe de la Raison humaine pressée dans ses dernières conséquences.

En mettant Dieu face à face avec ce Grand Tout, il n'est entre eux que deux états possibles. La Matière et Dieu sont contemporains, ou Dieu préexistait seul à la Matière. En supposant la raison qui éclaire les races humaines depuis qu'elles vivent, amassée dans une seule tête, cette tête gigantesque ne saurait inventer une troisième façon d'être, à moins de supprimer Matière et Dieu. Que les philosophies humaines entassent des montagnes de mots et d'idées, que les religions accumulent des images et des croyances, des révélations et des mystères, il faut en venir à ce terrible dilemme, et choisir entre les deux propositions dont il se compose. Mais vous n'avez pas à opter, l'une et l'autre conduit la raison humaine au Doute.

Le problème étant ainsi posé, qu'importent l'Esprit et la Matière ? qu'importe la marche des mondes dans un sens ou dans un autre, du moment où l'être qui les mène est convaincu d'absurdité ? A quoi bon chercher si l'homme s'avance vers le ciel ou s'il en revient, si la création s'élève vers l'Esprit ou descend vers la matière, dès que les mondes interrogés ne donnent aucune réponse ? Que signifient les théogonies et leurs armées ? que signifient les théologies et leurs dogmes, du moment où, quel que soit le choix de l'homme entre les deux faces du problème, son Dieu n'est plus ?

Parcourons la première, supposons Dieu contemporain de la matière. Est-ce être Dieu que de subir l'action ou la coexistence d'une substance étrangère à la sienne ? Dans ce système, Dieu ne devient-il pas un agent secondaire obligé d'organiser la Matière ? Qui l'a contraint ? Entre sa grossière compagne et lui, qui fut l'arbitre ? Qui donc a payé le salaire des Six journées à ce Grand Artiste ? S'il s'était rencontré quelque force déterminante qui ne fût ni Dieu ni la Matière, en voyant Dieu tenu de fabriquer la machine des mondes, il serait aussi ridicule de l'appeler Dieu que de nommer citoyen de Rome l'esclave qui tournait une meule. D'ailleurs, il se présente une difficulté tout aussi peu soluble pour cette raison suprême, qu'elle l'est pour Dieu. Reporter le problème plus haut, n'est-ce pas agir comme les Indiens, qui placent le monde sur une tortue, la tortue sur un éléphant, et qui ne peuvent dire sur quoi reposent les pieds de leur éléphant. Cette Volonté suprême, jaillie du combat de la Matière et de Dieu, ce Dieu plus que Dieu, peut-il être demeuré pendant une éternité sans vouloir ce qu'il a voulu, en admettant que l'Éternité puisse se scinder en deux temps? N'importe où soit Dieu, son intelligence intuitive ne périt-elle point, s'il n'a pas connu sa pensée postérieure? Qui donc aurait raison entre ces deux Éternités? serait-ce l'Éternité incréée ou l'Éternité créée? S'il a voulu de tout temps le monde tel qu'il est, cette nouvelle nécessité, d'ailleurs en harmonie avec l'idée d'une souveraine intelligence, implique la coéternité de la Matière. Que la matière soit coéternelle par une volonté divine nécessairement semblable à elle-même et en tout temps; ou que la Matière soit virtuellement coéternelle, la puissance de Dieu, devant être absolue, périt avec son Libre Arbitre, car il se trouverait toujours en lui-même une raison déterminante qui l'aurait dominé. Est-ce être Dieu que de ne pas plus pouvoir se séparer de sa création dans une postérieure que dans une antérieure éternité? Cette face du problème est donc insoluble dans sa cause. Examinons-la dans ses effets.

Si Dieu, forcé d'avoir créé le monde de toute éternité, semble inexplicable, il l'est tout autant de sa perpétuelle cohésion avec son œuvre. Dieu contraint de vivre éternellement uni à sa création est tout autant ravalé que dans sa première condition d'ouvrier. Concevez-vous un Dieu qui ne peut pas plus être indépendant que dépendant de son œuvre? Peut-il la détruire sans se récuser lui-même? Examinez, choisissez! Qu'il la détruise un jour, qu'il ne la détruise jamais, l'un ou l'autre terme est fatal aux attributs sans lesquels il ne saurait exister. Le monde est-il un jour, une forme périssable dont la destruction aura lieu? Dieu ne serait-il pas inconséquent et impuissant? Inconséquent : ne devait-il pas voir le résultat avant l'expérience, et pourquoi tarde-t-il à briser ce qu'il brisera? Impuissant : devait-il créer un monde imparfait? Si la création imparfaite dément les facultés que l'homme attribue à Dieu, retournons alors la question : supposons la création parfaite. L'idée est en harmonie avec celle d'un Dieu souverainement intelligent qui n'a dû se tromper en rien; mais alors pourquoi la dégradation? pourquoi la régénération? Puis le monde parfait est nécessairement indestructible, ses formes ne doivent point périr; le monde n'avance ni ne recule donc jamais, il roule donc dans une éternelle circonférence d'où il ne sortira point! Imparfait, le monde admet une marche, un progrès; mais parfait, il serait stationnaire. S'il est impossible d'admettre un Dieu progressif, ne sachant pas de toute éternité le résultat de sa création, Dieu stationnaire existe-t-il? n'est-ce pas le triomphe de la Matière? n'est-ce pas la plus grande de toutes les négations? Dans la première hypothèse Dieu périt par faiblesse, dans la seconde il périt par la puissance de son inertie.

Ainsi, dans la conception comme dans l'exécution des mondes, pour tout esprit de bonne foi, supposer la matière contemporaine de Dieu, n'est-ce pas vouloir nier Dieu? Forcées de choisir pour gouverner les nations entre les deux faces de ce problème, des générations entières de grands penseurs ont opté pour celle-ci; de là, le dogme des deux principes qui de l'Asie a passé en Europe sous la forme de Satan combattant le Père éternel. Mais cette formule religieuse et les innombrables divinisations sociales qui en dérivent, ne sont-elles pas des crimes de lèse-majesté divine? De quel autre nom appeler la croyance qui donne à Dieu pour rival une personnification du mal se débattant éternellement sous les efforts de son omnipotente intelligence, sans aucun triomphe possible? Votre statique dit que deux Forces ainsi placées s'annulent réciproquement.

Vous vous retournez vers la deuxième face du problème : Dieu préexistait seul, unique.

Ne reproduisons pas les argumentations précédentes qui reviennent dans toute leur force relativement à la scission de l'Éternité en deux temps, le temps incréé, le temps créé. Laissons également les questions soulevées par la marche ou l'immobilité des mondes, contentons-nous des difficultés inhérentes à ce second thème.

Si Dieu préexistait seul, le monde est émané de lui, la Matière fut alors tirée de son essence. Donc, plus de Matière! toutes les formes sont des voiles sous lesquels se cache l'Esprit Divin; alors le Monde est éternel, mais alors le Monde est Dieu! Cette proposition n'est-elle pas encore plus fatale que la précédente aux attributs donnés à Dieu par la raison humaine? Sortie du sein de Dieu, toujours unie à lui, l'état actuel de la Matière est-il explicable? Comment croire que le Tout-Puissant, souverainement bon dans son essence et dans ses facultés, ait engendré des choses qui lui sont dissemblables; qu'il ne soit pas en tout et partout semblable à lui-même? Se trouvait-il donc en lui des parties mauvaises desquelles il se serait un jour débarrassé? conjecture moins offensante et ridicule que terrible, en ce qu'elle ramène en lui ces deux principes que la thèse précédente prouve être inadmissibles! Dieu doit être UN, il ne peut se scinder sans renoncer à la plus importante de ses conditions divines. Il est donc impossible d'admettre une fraction de Dieu qui ne soit pas Dieu. Cette hypothèse parut tellement criminelle à l'Église romaine, qu'elle a fait un article de foi de l'omniprésence dans les moindres parcelles de l'Eucharistie. Comment alors supposer une intelligence omnipotente qui ne triomphe pas? Comment l'adjoindre, sans des effets immédiats, à une nature qui cherche, combine, refait, meurt et renaît; qui s'agite encore plus quand elle crée que quand tout est en fusion; qui souffre, gémit, ignore, dégénère, fait le mal, se trompe, s'abolit, disparaît, recommence? Comment justifier la méconnaissance presque générale du principe divin? Pourquoi la mort? pourquoi le génie du mal, ce roi de la terre, a-t-il été enfanté par un Dieu souverainement bon dans son essence et dans ses facultés, qui n'a rien dû produire que de conforme à lui-même? Mais si de cette conséquence implacable qui vous conduit tout d'abord à l'absurde, nous passons aux détails, quelle fin pouvons-nous assigner au monde? Si tout est Dieu, tout est réciproquement effet et cause; ou plutôt il n'existe ni cause ni effet : tout est UN comme Dieu, et vous n'apercevez ni point de départ ni point d'arrivée. La fin réelle serait-elle une rotation de la matière qui va se subtilisant? En quelque sens qu'il se fasse, ne serait-ce pas un jeu d'enfant que le mécanisme de cette matière sortie de Dieu, retournant à Dieu? Pourquoi se ferait-il grossier? Sous quelle forme Dieu est-il le plus Dieu? Qui a raison de la Matière ou de l'Esprit, quand aucun des deux modes ne saurait avoir tort? Qui peut reconnaître Dieu dans cette éternelle industrie par laquelle il se partagerait lui-même en deux Natures, dont l'une ne sait rien, dont l'autre sait tout? Concevez-vous Dieu s'amusant de lui-même, sous forme d'homme? riant de ses propres efforts, mourant vendredi pour renaître dimanche, et continuant cette plaisanterie dans les siècles des siècles en en sachant de toute éternité la fin? ne se disant rien, à lui Créature, de ce qu'il fait, lui Créateur? Le Dieu de la précédente hypothèse, ce Dieu si nul par la puissance de son inertie, semble plus possible, s'il fallait choisir dans l'impossible, que ce Dieu si stupidement rieur qui se fusille lui-même quand deux portions de l'humanité sont en présence, les armes à la main.

Quelque comique que soit cette suprême expression de la seconde face du problème, elle fut adoptée par la moitié du genre humain chez les nations qui se sont créé de riantes mythologies. Ces amoureuses nations étaient conséquentes; chez elles tout était Dieu, même la Peur et ses lâchetés, même le Crime et ses bacchanales. En acceptant le panthéisme, la religion de quelques grands génies humains, qui sait de quel côté se trouve alors la raison? Est-elle chez le sauvage, libre dans le désert, vêtu dans sa nudité, sublime et toujours juste dans ses actes quels qu'ils soient, entendant le soleil, causant avec la mer? Est-elle chez l'homme civilisé qui ne doit ses plus grandes jouissances qu'à des mensonges, qui tord et presse la nature pour se mettre un fusil sur l'épaule, qui a usé son intelligence pour avancer l'heure de sa mort et se créer des maladies dans tous ses plaisirs? Quand le râteau de la peste ou de la guerre, quand le génie des déserts a passé sur un coin du globe en y effaçant tout, qui a eu raison du sauvage de Nubie ou du patricien de Thèbes? Vos doutes descendent de haut en bas, ils embrassent tout, la fin comme les moyens. Si le monde physique semble inexplicable, le monde moral prouve donc encore plus contre Dieu. Où est alors le progrès? Si tout va se perfectionnant, pourquoi mourons-nous enfants? pourquoi les nations au moins ne se perpétuent-elles pas? Le monde issu de Dieu, contenu en Dieu, est-il stationnaire? Vivons-nous une fois? vivrons-nous toujours? Si nous vivons une fois, pressés par la marche du Grand-Tout dont il ne nous a pas été donné connaissance, agissons à notre guise! Si nous sommes éternels, laissons faire! La créature peut-elle être coupable d'exister au moment des transitions? Si elle pèche à l'heure d'une grande transformation, en sera-t-elle punie après en avoir été la victime? Que devient la bonté divine en ne nous mettant pas immédiatement dans les régions heureuses, s'il en existe? Que devient la prescience de Dieu, s'il ignore le résultat des épreuves auxquelles il nous soumet? Qu'est cette alternative présentée à l'homme par toutes les religions, d'aller bouillir dans une chaudière éternelle, ou de se promener en robe blanche, une palme à la main, la tête ceinte d'une auréole? Se peut-il que cette invention païenne soit le dernier mot d'un Dieu? Quel esprit généreux ne trouve d'ailleurs indigne de l'homme et de Dieu la vertu par calcul que suppose une éternité de plaisirs offerte par toutes les religions à qui remplit, pendant quelques heures d'existence, certaines conditions bizarres et souvent contre nature? N'est-il pas ridicule de donner des sens impétueux à l'homme et de lui en interdire la satisfaction? D'ailleurs, à quoi bon ces maigres objections quand le Bien et le Mal sont également annulés? Le Mal existe-t-il? Si la substance dans toutes ses formes est Dieu, le Mal est Dieu. La faculté de raisonner, aussi bien que la faculté de sentir, étant donnée à l'homme pour en user, rien n'est plus pardonnable que de chercher un sens aux douleurs humaines, et d'interroger l'avenir; or, si ces raisonnements droits et rigoureux amènent à conclure ainsi, quelle confusion! Ce monde n'a nulle fixité, rien n'avance et rien ne s'arrête; tout change et rien ne se détruit; tout revient après s'être séparé : car si votre esprit ne vous démontre pas rigoureusement une fin, il est également impossible de démontrer l'anéantissement de la moindre parcelle de Matière : elle peut se transformer, mais non s'anéantir. Si la force aveugle donne gain de cause à l'athée, la force intelligente est inexplicable, car émanée de Dieu, doit-elle rencontrer le moindre obstacle? son triomphe ne doit-il pas être immédiat? Où est Dieu? Si les vivants ne l'aperçoivent pas, les morts le trouveront-ils? Écroulez-vous, idolâtries et religions! Tombez, trop faibles clefs de toutes les voûtes sociales qui n'avez retardé ni la chute, ni la mort, ni l'oubli de toutes les nations passées, quelque fortement qu'elles se soient fondées! Tombez, morales et justices! nos crimes sont purement relatifs, ce sont des effets divins dont l'homme ignore les causes! Tout est Dieu. Ou nous sommes Dieu, ou Dieu n'est pas!

Enfant d'un siècle dont chaque année a mis sur ton front les glaces de ses incrédulités, vieillard! voici le résumé de tes sciences et de tes longues réflexions. Cher monsieur Becker, vous avez posé la tête sur l'oreiller du doute en y trouvant la plus commode de toutes les solutions, agissant ainsi comme la majorité du genre humain, qui se dit : — Ne pensons plus à ce problème, du moment où Dieu ne nous a pas fait la grâce de nous octroyer une démonstration algébrique pour le résoudre, tandis qu'il nous en a tant accordé pour aller sûrement de la terre aux astres. Ne sont-ce pas vos pensées intimes? Les ai-je éludées? Ne les ai-je pas au contraire nettement accusées? soit le dogme des deux principes, antagonisme où Dieu périt par cela même que tout-puissant il s'amuse à combattre; soit l'absurde panthéisme où, tout étant Dieu, Dieu n'est plus; ces deux sources d'où découlent les religions au triomphe desquelles s'est employée la Terre, sont également pernicieuses. Voici jetée entre nous la hache à double tranchant avec laquelle vous coupez la tête à ce vieillard blanc intronisé par vous sur des nuées peintes? Maintenant, à moi la hache!

M. Becker et Wilfrid regardèrent la jeune fille avec une sorte d'effroi.

— Croire, reprit Séraphîta de sa voix de Femme, car l'Homme venait de parler, croire est un don! Croire, c'est sentir. Pour croire en Dieu, il faut sentir Dieu. Ce sens est une propriété lentement acquise par l'être, comme s'acquièrent les étonnants pouvoirs que vous admirez dans les grands hommes, chez les guerriers, les artistes et les savants, chez ceux qui savent, chez ceux qui produisent, chez ceux qui agissent. La pensée, faisceau des rapports que vous apercevez entre les choses, est une langue intellectuelle qui s'apprend, n'est-ce pas? la Croyance, faisceau des vérités célestes, est également une langue, mais aussi supérieure à la pensée, que la pensée est supérieure à l'instinct. Cette langue s'apprend. Le Croyant répond par un seul cri, par un seul geste; la Foi lui met aux mains une épée flamboyante avec laquelle il tranche et éclaire tout. Le Voyant ne redescend pas du ciel, il le contemple et se tait. Il est une créature qui croit et voit, qui sait et peut, qui aime et prie, qui attend. Résignée, aspirant au royaume de la lumière, elle n'a ni le dédain du Croyant, ni le silence du Voyant; elle écoute et répond; pour elle, le doute des siècles ténébreux n'est pas une arme meurtrière, mais un fil conducteur; elle accepte le combat sous toutes les formes, elle plie sa langue à tous les langages; elle ne s'emporte pas, elle plaint; elle ne condamne et ne tue personne, elle sauve et console; elle n'a pas l'acerbité de l'agresseur, mais la douceur et la ténuité de la lumière qui pénètre, échauffe, éclaire tout; à ses yeux, le Doute n'est ni une impiété, ni un blasphème, ni un crime; mais une transition d'où l'homme retourne sur ses pas dans les Ténèbres ou s'avance vers la Lumière. Ainsi donc, cher pasteur, raisonnons! Vous ne croyez pas en Dieu : pourquoi? Dieu, selon vous, est incompréhensible, inexplicable. D'accord. Je ne vous dirai pas que comprendre Dieu tout entier, ce serait être Dieu; je ne vous dirai pas injurieusement que vous niez ce qui vous semble inexplicable, afin de me donner le droit d'affirmer ce qui me paraît croyable. Il est pour vous un fait évident qui se trouve en vous-même. En vous la matière aboutit à l'intelligence. Et vous pensez que l'intelligence humaine aboutirait aux ténèbres, au doute, au néant! Si Dieu vous semble incompréhensible, inexplicable, avouez au moins que vous voyez, en toute chose purement physique, un conséquent et sublime ouvrier! Pourquoi sa logique s'arrêterait-elle à l'homme, sa création la plus achevée? Si cette question n'est pas convaincante, elle exige au moins quelques méditations. Si vous niez Dieu, heureusement afin d'établir vos doutes, vous reconnaissez des faits à double tranchant qui tuent tout aussi bien vos raisonnements que vos raisonnements tuent Dieu. Nous avons également admis que la Matière et l'Esprit étaient deux créations qui ne se comprenaient point l'une l'autre, que le monde spirituel se composait de rapports infinis auxquels donnait lieu le monde matériel fini; que si nul sur la terre n'avait pu s'identifier par la puissance de son esprit avec l'ensemble des créations terrestres, à plus forte raison nul ne pouvait s'élever à la connaissance des rapports que l'esprit aperçoit entre ces créations. Ainsi déjà nous pourrions en finir d'un seul coup, en vous déniant la faculté de comprendre Dieu, comme vous déniez aux cailloux du fiord la faculté de se compter et de se voir. Savez-vous s'ils ne nient pas l'homme, eux! quoique l'homme les prenne pour s'en bâtir sa maison? Il est un fait qui vous écrase, l'infini ; si vous le sentez en vous, comment n'en admettez-vous pas les conséquences ? le fini peut-il avoir une entière connaissance de l'infini ? Si vous ne pouvez embrasser les rapports qui, de votre aveu, sont infinis, comment embrasseriez-vous la fin éloignée dans laquelle ils se résument ? L'ordre dont vous exigez la révélation étant infini, votre raison bornée l'entendra-t-elle ? Et ne demandez pas pourquoi l'homme ne comprend point ce qu'il peut percevoir, car il perçoit également ce qu'il ne comprend pas. Si je vous démontre que votre esprit ignore tout ce qui se trouve à sa portée, m'accorderez-vous qu'il lui soit impossible de concevoir ce qui la dépasse ? Alors n'aurai-je pas raison de vous dire : — « L'un des termes sous lesquels Dieu périt au tribunal de votre raison doit être vrai, l'autre est faux ; la création existant, vous sentez la nécessité d'une fin ; cette fin ne doit-elle pas être belle ? or si la matière se termine en l'homme par l'intelligence, pourquoi ne vous contenteriez-vous pas de savoir que la fin de l'intelligence humaine est la lumière des sphères supérieures auxquelles est réservée l'intuition de Dieu qui vous semble être un problème insoluble ? Avant d'employer sa force à mesurer Dieu, l'homme ne devrait-il pas être plus instruit sur lui-même qu'il ne l'est ? Avant de menacer les étoiles qui l'éclairent, avant d'attaquer les certitudes élevées, ne devrait-il pas établir les certitudes qui le touchent ? »

Mais aux raisonnements du Doute, je dois des négations. Maintenant donc, je vous demande s'il est ici-bas quelque chose d'assez évident par soi-même à quoi je puisse ajouter foi ? En un moment, je vais vous prouver que vous croyez fermement à des choses qui agissent et ne sont pas des êtres, qui engendrent la pensée et ne sont pas des esprits, à des abstractions vivantes que l'entendement ne saisit sous aucune forme, qui ne sont nulle part, mais que vous trouvez partout, qui sont sans nom possible et que vous avez nommées ; qui, semblables au Dieu de chair que vous vous figurez, périssent sous l'inexplicable, l'incompréhensible et l'absurde. Et je vous demanderai comment, adoptant ces choses, vous réservez vos doutes pour Dieu.

Vous croyez au Nombre ? base sur laquelle vous asseyez l'édifice de sciences que vous appelez exactes. Sans le Nombre, plus de mathématiques. Eh bien ! quel être mystérieux, à qui serait accordé la faculté de vivre toujours, pourrait achever de prononcer, et dans quel langage assez prompt dirait-il le nombre qui contiendrait les nombres infinis dont votre pensée vous démontre l'existence ? Demandez-le au plus beau des génies humains : il serait cent ans assis au bord d'une table, la tête entre ses mains, que vous répondrait-il ? Vous ne savez ni où le nombre commence, ni où il s'arrête, ni quand il finira ; ici vous l'appelez le temps, là vous l'appelez l'espace ; rien n'existe que par lui, sans lui tout serait une seule et même substance, lui seul différencie et qualifie. Le nombre est à votre Esprit ce qu'il est à la Matière, un agent incompréhensible. En ferez-vous un Dieu ? est-ce un être ? est ce un souffle émané de Dieu pour organiser la Matière où rien n'obtient sa forme que par la Divisibilité qui est un effet du Nombre ? Les plus petites comme les plus immenses créations ne se distinguent-elles pas entre elles par leurs quantités, leurs qualités, leurs dimensions, leurs forces, tous attributs enfantés par le Nombre ? L'infini des Nombres est un fait prouvé pour votre Esprit, dont la Matière ne peut se donner aucune preuve à elle-même. Le mathématicien vous dira que le Nombre existe et ne se démontre pas. Dieu, cher pasteur, est un nombre doué de mouvement, qui se sent et ne se démontre pas, vous dira le Croyant. Comme l'Unité, il commence les nombres avec lesquels il n'a rien de commun ; car l'existence du Nombre dépend de l'Unité qui, sans être un Nombre, les engendre tous. Dieu, cher pasteur, est une magnifique Unité qui n'a rien de commun avec ses créations, et qui néanmoins les engendre ! Vous seul sur la terre comprenez le Nombre, cette première marche du péristyle qui mène à Dieu, et sur laquelle déjà trébuche votre raison. Hé ! quoi ! vous ne pouvez ni mesurer la première abstraction que Dieu vous a livrée, ni la saisir, et vous soumettez à votre mesure les fins de Dieu ! Que serait-ce donc, si je vous plongeais dans les abîmes du Mouvement, cette force qui organise le Nombre ? Ainsi quand je vous dirais que l'univers n'est que Nombre et Mouvement, vous voyez que déjà nous parlerions un langage différent. Je comprends l'un et l'autre, et vous ne les comprenez pas. Que serait-ce si j'ajoutais que le Mouvement et le Nombre sont engendrés par la Parole ? ce mot, la raison suprême des Voyants et des Prophètes qui jadis entendirent ce souffle de Dieu sous lequel tomba saint Paul, vous vous en moquez, vous, hommes, dont cependant toutes les œuvres visibles, dont les sociétés, les monuments, les actes, les passions procèdent de votre faible parole ; et qui, sans le langage, ressembleriez au cousin germain du nègre, à l'homme des bois. Vous croyez donc fermement au Nombre et au Mouvement, force et résultat inexplicables, incompréhensibles, à l'existence desquels je puis appliquer le dilemme qui vous dispensait naguère de croire en Dieu. Vous, si puissant raisonneur, ne me dispenserez-vous point de vous démontrer la similitude de l'Infini ? Dieu seul est infini, certes il ne peut y avoir deux infinis. Si, pour se servir des mots humains, quelque chose démontrée ici-bas vous semble infinie, soyez certain d'y entrevoir une des faces de Dieu. Poursuivons. Vous vous êtes approprié une place dans cet infini, vous l'avez accommodé à votre taille en créant, si toutefois vous pouvez créer quelque chose, l'arithmétique, base sur laquelle repose tout, même vos sociétés. De même que le Nombre, la seule chose à laquelle ont cru vos soi-disant athées, organise les créations physiques, de même l'arithmétique, emploi du Nombre, organise le monde moral. Cette numération devrait être absolue comme tout ce qui est vrai en soi, mais elle est purement relative ; elle n'existe pas absolument, vous ne pouvez donner aucune preuve de sa réalité. D'abord si cette Numération est habile à chiffrer les substances organisées, elle est impuissante relativement aux forces organisantes, les unes étant finies et les autres infinies. Puis, si la nature est semblable à elle-même dans les forces organisantes ou dans ses principes, elle ne l'est jamais dans ses effets. Ainsi vous ne rencontrez nulle part dans la nature deux objets identiques. Dans l'Ordre Naturel, deux et deux ne peuvent donc jamais faire quatre, car il faudrait assembler des unités exactement pareilles, et vous savez qu'il est impossible de trouver deux feuilles semblables sur un même arbre, ni deux sujets semblables dans la même espèce d'arbre. Cet axiome de votre numération, faux dans la Nature visible, est également faux dans l'univers invisible de vos abstractions, où la même variété a lieu dans vos idées, qui sont les choses du monde visible, mais étendues par leurs rapports. Ainsi, les différences sont encore plus tranchées là que partout ailleurs. En effet, tout y étant relatif au tempérament, à la force, aux mœurs, aux habitudes des individus qui ne se ressemblent jamais entre eux, les moindres objets y représentent des sentiments. Assurément, si l'homme a pu créer des unités, n'est-ce pas en donnant un poids et un titre égal à des morceaux d'or ? Hé bien, vous pouvez ajouter le ducat du pauvre au ducat du riche, et dire au trésor public que ce sont deux quantités égales ; mais aux yeux du penseur, l'un est certes moralement plus considérable que l'autre : l'un représente un mois de bonheur, l'autre représente le plus éphémère caprice. Deux et deux ne font donc quatre que par exception, rarement. La fraction n'existe pas non plus dans la nature. Il arrive, et vous en avez des preuves, que le centième d'une substance soit plus fort que ce que vous appelleriez l'entier. Si la fraction n'existe pas dans l'Ordre Naturel, elle existe encore bien moins dans l'Ordre Moral, où les idées et les sentiments peuvent être variés comme les espèces de l'Ordre Végétal, mais sont toujours entiers. La théorie des fractions est donc une insigne complaisance de votre esprit ; le Nombre est donc une puissance dont vous ne maniez qu'une faible partie, dont vous ignorez la portée. Vous vous êtes construit une chaumière dans l'espace infini des nombres, vous l'avez ornée d'hiéroglyphes savamment rangés et peints, et vous avez crié : — Tout est là.

Du Nombre pur, passons au Nombre incorporé.

Votre géométrie établit que la ligne droite est le chemin le plus court d'un point à un autre, mais votre astronomie vous démontre que Dieu n'a procédé que par des courbes. Voici donc, dans la même science, deux vérités également prouvées ; l'une par le témoignage de vos sens agrandis du télescope, l'autre par le témoignage de votre esprit ; mais dont l'une contredit l'autre : l'homme sujet à erreur affirme l'une, et l'Ouvrier des mondes, que vous n'avez encore pris nulle part en faute, la dément. Qui prononcera donc entre la géométrie rectiligne et la géométrie curviligne ; entre la théorie de la droite et la théorie de la courbe ? Si, dans son œuvre, le mystérieux artiste qui sait arriver miraculeusement vite à ses fins n'emploie point la ligne droite, l'homme lui-même ne peut jamais y compter : le boulet, que l'homme veut diriger en droite ligne, marche par la courbe, et quand vous voulez sûrement atteindre un point dans l'espace, vous ordonnez à la bombe de suivre sa cruelle parabole. Aucun de vos savants n'a tiré cette simple induction : que la Courbe est la loi des mondes matériels, et la Droite celle des mondes spirituels ; l'une est la théorie des créations finies, l'autre est la théorie de l'infini. L'homme, ayant seul ici-bas la connaissance de l'infini, peut seul connaître la ligne droite ; lui seul a le sentiment de la verticalité placé dans un organe spécial. L'attachement pour les créations de la courbe ne serait-il pas chez certains hommes l'indice d'une impureté de leur nature, encore mariée aux substances matérielles qui nous engendrent ; et l'amour des grands esprits pour la ligne droite, n'accuserait-il pas en eux un pressentiment du Ciel ? Entre ces deux lignes est un abîme, comme entre le fini et l'infini, comme entre la matière et l'esprit, entre l'homme et l'idée, entre le mouvement et l'objet mû, entre la créature et Dieu. Demandez à l'amour divin ses ailes, et vous franchirez cet abîme ! au delà, commence la Révélation du Verbe. Nulle part les choses que vous nommez matérielles ne sont sans profondeur ; les lignes sont les terminaisons de solidités qui comportent une force d'action que vous supprimez dans vos théorèmes, ce qui les rend faux par rapport aux corps pris dans leur entier ; de là, cette constante destruction de tous les monuments humains vous armez, à votre insu, de propriétés agissantes. La nature n'a que des corps, votre science n'en combine que les apparences ; aussi la nature donne-t-elle, à chaque pas, des démentis à toutes vos lois. Trouvez-en une seule qui ne soit désapprouvée par un fait. Les lois de votre statique sont soufflettées par mille accidents de la physique, car un fluide renverse les plus pesantes montagnes, et vous prouve ainsi que les substances les plus lourdes peuvent être soulevées par des substances impondérables. Vos lois sur le son et sur la lumière sont annulées par les paroles que vous entendez en vous-même pendant le sommeil et par les torrents du soleil électrique dont parfois les rayons vous accablent. Vous ne savez pas plus comment la lumière se fait intelligence en vous, que vous ne connaissez le procédé simple et naturel qui la change en rubis, en saphir, en opale, en émeraude au cou d'un oiseau des Indes, tandis qu'elle reste grise et brune sur celui du même oiseau vivant sous le ciel nuageux de l'Europe, ni comment elle reste blanche au sein de la nature polaire. Vous ne pouvez pas décider si la couleur est une faculté dont les corps sont doués, ou si elle est un effet produit par l'affusion de la lumière. Vous admettez l'amertume de la mer, sans avoir vérifié si la mer est salée dans toute sa profondeur. Vous avez reconnu l'existence de plusieurs substances qui traversent ce que vous croyez être le vide; substances qui ne sont saisissables sous aucune des formes affectées par la matière, et se mettent en harmonie avec elle malgré tous les obstacles. Cela étant, vous croyez aux résultats obtenus par la chimie, qui ne sait encore aucun moyen d'évaluer les changements opérés par le flux ou par le reflux de ces substances qui s'en vont et qui viennent à travers vos cristaux et vos machines sur les filons insaisissables de la chaleur ou de la lumière, conduites, exportées par les affinités du métal ou du silex vitrifié. Vous n'obtenez que des substances mortes d'où vous avez chassé la force inconnue qui s'oppose à ce que tout se décompose ici-bas, et dont l'attraction, la vibration, la cohésion et la polarité ne sont que des phénomènes. La vie est la pensée des corps; ils ne sont, eux, qu'un moyen de la fixer, de la contenir dans sa route; si les corps étaient des êtres vivants par eux-mêmes, ils seraient *cause* et ne mourraient pas. Quand un homme constate les résultats du mouvement général que se partagent toutes les créations suivant leur faculté d'absorption, vous le proclamez le savant par excellence, comme si le génie consistait à dire ce qui est; le génie doit jeter son œil au delà des effets! Tous vos savants riraient, si vous leur disiez: « Il est des rapports si certains entre deux êtres dont l'un serait ici, l'autre à Java, qu'ils pourraient au même instant éprouver la même sensation, en avoir la conscience, s'interroger, se répondre sans erreur! » Néanmoins il est des substances minérales qui témoignent de sympathies aussi lointaines. Vous croyez à la puissance de l'électricité fixée dans l'aimant, et vous niez le pouvoir de celle que dégage l'âme. Selon vous, la lune, dont vous adoptez l'influence sur les marées, n'en a aucune sur les vents, ni sur la végétation, ni sur les hommes; elle remue la mer et ronge le verre, mais elle doit respecter les malades; elle a des rapports certains avec une moitié de l'humanité, mais elle ne peut rien sur l'autre. Ce sont là vos plus riches certitudes.

Ainsi la plupart de vos axiomes scientifiques, vrais par rapport à l'homme, sont faux par rapport à l'ensemble. La science est une, et vous l'avez partagée. Pour savoir le sens vrai des lois phénoménales, ne faudrait-il pas connaître les corrélations qui existent entre les phénomènes et la loi d'ensemble? En toute chose, il est une apparence qui frappe vos sens; sous cette apparence, il se meut une âme, il y a le corps et la faculté. Où enseignez-vous l'étude des rapports qui lient les choses entre elles? Vous n'avez donc rien d'absolu. Vos thèmes les plus certains reposent sur l'analyse des formes matérielles, dont vous négligez l'esprit.

Il est une science élevée que certains hommes entrevoient trop tard, sans oser l'avouer. Ils ont compris la nécessité de considérer les corps non-seulement dans leurs propriétés mathématiques, mais encore dans leur ensemble, dans leurs affinités occultes. Le plus grand d'entre vous a deviné, sur la fin de ses jours, que tout était cause et effet, réciproquement; que les mondes visibles étaient coordonnés entre eux et soumis à des mondes invisibles; il a gémi d'avoir essayé d'établir des préceptes absolus! En comptant les grains de raisin semés dans l'éther, il en avait expliqué la cohérence par les lois de l'attraction planétaire et moléculaire; vous avez salué cet homme! Eh bien! je vous le dis, il est mort au désespoir. Croyez-vous que la liaison des astres entre eux et l'action centripète de leur mouvement interne l'aient empêché de chercher le cep d'où pendait cette grappe? Le malheureux! plus il agrandissait l'espace, plus lourd devenait son fardeau. Il vous a dit comment il y avait équilibre entre les parties; mais où va le tout? Il contemplait l'étendue, infinie aux yeux de l'homme, et remplie par ces groupes de mondes dont le télescope n'embrasse qu'une minime portion, mais dont la rapidité de la lumière trahit l'immensité. Cette contemplation sublime lui a donné une perception nette des mondes qui, plantés dans cet espace comme des fleurs dans une prairie, naissent comme des enfants, croissent comme des hommes, meurent comme des vieillards, vivent en s'assimilant dans leur atmosphère les substances propres à les alimenter, qui ont un centre et un principe de vie, qui se garantissent les uns des autres par une aire ; qui, semblables aux plantes, absorbent et sont absorbés, qui composent un ensemble doué de vie, ayant sa destinée. A cet aspect, cet homme a tremblé ! Il savait que la vie est produite par l'union de la chose avec son principe ; que la mort ou l'inertie, qu'enfin la pesanteur est produite par une rupture entre un objet et le mouvement qui lui est propre ; alors il a pressenti le craquement de ces mondes, abîmés si Dieu leur retirait sa Parole. Il s'est mis à chercher dans l'Apocalypse les traces de cette Parole ! Vous l'avez cru fou, tandis qu'il cherchait à se faire pardonner son génie.

Wilfrid, vous êtes venu pour me prier de résoudre des équations, de m'enlever sur un nuage de pluie, de me plonger dans le fiord, et de reparaître en cygne. Si de telles choses étaient la fin de l'humanité, Moïse vous aurait légué le calcul des fluxions ; Jésus-Christ vous aurait éclairé les obscurités de vos sciences ; ses apôtres vous auraient dit d'où sortent ces immenses traînées de gaz ou de métaux en fusion, attachées à des noyaux qui tournent pour se solidifier en cherchant une place dans l'éther, et qui entrent quelquefois violemment dans un système quand elles se combinent avec un astre, le heurtent et le détruisent ou par leur choc ou par l'infiltration de leurs gaz mortels ; au lieu de vous faire vivre en Dieu, saint Paul vous eût expliqué comment la nourriture est le lien secret de toutes les créations et le lien évident de l'Animalité. Aujourd'hui le plus grand miracle serait de trouver le carré égal au cercle, problème que vous jugez impossible et qui sans doute est résolu dans la marche des mondes par quelque ligne mathématique dont les enroulements apparaissent à l'œil des esprits parvenus aux sphères supérieures. Croyez-moi, les miracles sont en nous et non au dehors. Ainsi se sont accomplis les faits naturels que les peuples ont crus surnaturels. Dieu n'aurait-il pas été injuste en témoignant sa puissance à des générations, et refusant ses témoignages à d'autres ? La verge d'airain appartient à tous. Ni Moïse, ni Jacob, ni Zoroastre, ni Paul, ni Pythagore, ni Swedenborg, ni les plus obscurs Messagers, ni les plus éclatants Prophètes de Dieu n'ont été supérieurs à ce que vous pouvez être. Seulement il est pour les nations des heures où elles ont la foi. Si la science matérielle devait être le but des efforts humains, avouez-le, les sociétés, ces grands foyers où les hommes se sont rassemblés, seraient-ils toujours providentiellement dispersés ? Si la civilisation était le but de l'Espèce, l'intelligence périrait-elle, resterait-elle purement individuelle ? La grandeur de toutes les nations qui furent grandes était basée sur des exceptions ; l'exception cessée, morte fut la puissance. Les voyants, les prophètes, les messagers n'auraient-ils pas mis la main à la Science au lieu de l'appuyer sur la Croyance, n'auraient-ils pas frappé sur vos cerveaux au lieu de toucher vos cœurs ? Tous sont venus pour pousser les nations à Dieu ; tous ont proclamé la voie sainte en vous disant les simples paroles qui conduisent au royaume des cieux. Tous embrasés d'amour et de foi, tous inspirés de cette parole qui plane sur les populations, les enserre, les anime et les fait lever, ne l'employaient à aucun intérêt humain. Vos grands génies, des poètes, des rois, des savants sont engloutis avec leurs villes ; le désert les a revêtus de ses manteaux de sable, tandis que les noms de ces bons pasteurs, bénis encore, surnagent aux désastres.

Nous ne pouvons nous entendre sur aucun point ; nous sommes séparés par des abîmes, vous êtes du côté des ténèbres, et moi je vis dans la vraie lumière. Est-ce cette parole que vous avez voulue ? je la dis avec joie, elle peut vous changer. Sachez-le donc, il y a les sciences de la matière, et les sciences de l'esprit. Là où vous voyez des corps, moi je vois des forces qui tendent les unes vers les autres par un mouvement générateur. Pour moi, le caractère des corps est l'indice de leurs principes et le signe de leurs propriétés. Ces principes engendrent des affinités qui vous échappent et qui sont liées à des centres. Les différentes espèces où la vie est distribuée sont des sources incessantes qui correspondent entre elles. A chacune sa production spéciale. L'homme est effet et cause ; il est alimenté, mais il alimente à son tour. En nommant Dieu le créateur, vous le rapetissez : il n'a créé, comme vous le pensez, ni les plantes, ni les animaux, ni les astres. Pouvait-il procéder par plusieurs moyens ? N'a-t-il pas agi par l'unité de composition ? Aussi, a-t-il donné des principes qui devaient se développer selon sa loi générale, au gré des milieux où ils se trouveraient. Donc, une seule substance et le mouvement ; une seule plante, un seul animal, mais des rapports continus. En effet, les affinités sont liées par des similitudes contiguës, et la vie des mondes est attirée vers des centres par une aspiration affamée, comme vous êtes poussés tous par la faim à vous nourrir. Pour vous donner un exemple des affinités liées à des similitudes, loi secondaire sur laquelle reposent les créations de votre pensée, la musique, art céleste, est la mise en œuvre de ce principe. N'est-elle pas un ensemble de sons harmonisés par le Nombre ? Le son n'est-il pas une modification de l'air, comprimé, dilaté, répercuté ? Vous connaissez la composition de l'air : azote, oxygène et carbone. Comme vous n'obtenez pas de son dans le vide, il est clair que la musique et la voix humaine sont le résultat de substances chimiues organisées, qui se mettent à l'unisson des mêmes substances préparées en vous par votre pensée, coordonnées au moyen de la lumière, la grande nourrice de votre globe : avez-vous pu contempler es amas de nitre déposés par les neiges, avez-vous u voir les décharges de la foudre, et les plantes spirant dans l'air les métaux qu'elles contiennent, ans conclure que le soleil met en fusion et distriue la subtile essence dont tout ici-bas se nourrit? omme l'a dit Swedenborg, *la terre est un homme*. Vos sciences actuelles, ce qui vous fait grands à os propres yeux, sont des misères auprès des ueurs dont sont inondés les Voyants. Cessez, cessez e m'interroger, nos langages sont différents. Je me uis un moment servi du vôtre pour vous jeter un clair de foi dans l'âme, pour vous donner un pan e mon manteau, et vous entraîner dans les belles égions de la prière. Est-ce à Dieu de s'abaisser à ous? n'est-ce pas vous qui devez vous élever à lui? i la raison humaine a sitôt épuisé l'échelle de ses orces en y étendant Dieu pour se le démontrer sans parvenir, n'est-il pas évident qu'il faut chercher ne autre voie pour le connaître? Cette voie est n nous-mêmes. Là, des yeux plus perçants que ne e sont les yeux appliqués aux choses de la terre aperoivent une Aurore. Entendez la vérité : vos sciences es plus exactes, vos méditations les plus hardies, os plus belles Clartés sont des Nuées; au-dessus, st le Sanctuaire d'où jaillit la vraie lumière.

Elle s'assit et garda le silence sans que son calme isage accusât la plus légère de ces trépidations ont sont saisis les orateurs après leurs improvisaions les moins courroucées.

Wilfrid dit à M. Becker, en se penchant vers son oreille : — Qui lui a dit cela?

— Je ne sais pas, répondit-il.

— Il était plus doux sur le Falberg, se disait Minna.

Séraphîta se passa la main sur les yeux et dit en ouriant : — Vous êtes bien pensifs, ce soir, messieurs. Vous nous traitez, Minna et moi, comme des ommes à qui l'on parle politique ou commerce, andis que nous sommes de pauvres jeunes filles uxquelles vous devriez faire des contes en prenant lu thé, comme cela se pratique dans nos veillées e Norwége. Voyons, M. Becker, racontez-moi quelques-unes du *Saga* que je ne sais pas. Celle de Fritniof, cette chronique à laquelle vous croyez et que vous m'avez promise. Dites-nous cette histoire où le fils d'un paysan possède un navire qui parle et qui a une âme. Je rêve de la frégate Ellida! N'est-ce pas sur cette fée à voiles que devraient naviguer les jeunes filles?

— Puisque nous revenons à Jarvis, dit Wilfrid dont les yeux s'attachaient à Séraphîta comme ceux d'un voleur caché dans l'ombre s'attachent à l'endroit où gît le trésor, dites-moi pourquoi vous ne vous mariez pas?

— Vous naissez tous veufs ou veuves, répondit-elle; mais mon mariage était préparé dès ma naissance, et je suis fiancée...

— A qui? dirent-ils tous à la fois.

— Laissez-moi mon secret, dit cet être bizarre. Je vous promets, si notre père le veut, de vous convier à ces noces mystérieuses.

— Sera-ce bientôt?

— J'attends.

Un long silence suivit cette parole.

— Le printemps est venu, dit Séraphîta, le fracas des eaux et des glaces rompues commence; ne venez-vous pas saluer le premier printemps d'un nouveau siècle?

Elle se leva suivie de Wilfrid, et ils allèrent ensemble à une fenêtre que David avait ouverte. Après le long silence de l'hiver, les grandes eaux se remuaient sous les glaces et retentissaient dans le fiord comme une musique; car il est des sons que l'espace épure et qui arrivent à l'oreille comme des ondes pleines à la fois de lumière et de fraîcheur.

— Cessez, Wilfrid, cessez d'enfanter de mauvaises pensées dont le triomphe vous serait pénible à porter. Qui ne lirait vos désirs dans les étincelles de vos regards? Soyez bon, faites un pas dans le bien : n'est-ce pas aller au delà de l'*aimer* des hommes que de se sacrifier complétement au bonheur de celle qu'on aime? Obéissez-moi, je vous mènerai dans une voie où vous obtiendrez toutes les grandeurs que vous rêvez, et où l'amour sera vraiment infini.

Elle laissa Wilfrid pensif.

— Cette douce créature est-elle bien la prophétesse qui vient de jeter des éclairs par les yeux, dont la parole a tonné sur les mondes, dont la main a manié contre nos sciences la hache du doute? Avons-nous veillé pendant quelques moments? se dit-il.

— Minna, dit Séraphîtüs, en revenant auprès de la fille du pasteur, les aigles volent où sont les cadavres, les colombes volent où sont les sources vives, sous les ombrages verts et paisibles. L'aigle monte aux cieux, la colombe en descend. Cesse de t'aventurer dans une région où tu ne trouverais ni sources, ni ombrages. Si, naguère tu n'as pu contempler l'abîme sans être brisée, garde tes forces pour qui t'aimera. Va, pauvre fille, tu le sais, j'ai ma fiancée.

Minna se leva et vint avec Séraphîtüs à la fenêtre où était Wilfrid. Tous trois entendirent la Sieg bondissant sous l'effort des eaux supérieures, qui détachaient déjà des arbres pris dans les glaces. Le fiord avait retrouvé sa voix. Les illusions dissipées, tous admirèrent la nature qui se dégageait de ses entraves, et semblait répondre par un sublime accord à l'Esprit dont la voix venait de la réveiller.

Lorsque les trois hôtes de cet être mystérieux le quittèrent, ils étaient remplis de ce sentiment vague qui n'est ni le sommeil, ni la torpeur, ni l'étonnement, mais qui tient de tout cela ; qui n'est ni le crépuscule ni l'aurore, mais qui donne soif de la lumière. Tous pensaient.

— Je commence à croire qu'elle est un esprit caché sous une forme humaine, dit M. Becker.

Wilfrid, revenu chez lui calme et convaincu, ne savait comment lutter avec des forces aussi divinement majestueuses.

Minna se disait : — Pourquoi ne veut-il pas que je l'aime ?

## LES ADIEUX.

Il est en l'homme un phénomène désespérant pour les esprits méditatifs qui veulent trouver un sens à la marche des sociétés et donner des lois de progression au mouvement de l'intelligence. Quelque grave que soit un fait, et s'il pouvait exister des faits surnaturels, quelque grandiose que serait un miracle opéré publiquement, l'éclair de ce fait, la foudre de ce miracle s'abîmerait dans l'océan moral dont la surface onduleuse serait troublée par un bouillonnement aussitôt effacé.

Pour mieux se faire entendre, la Voix passe-t-elle par la gueule de l'Animal ? la Main écrit-elle des caractères aux frises de la salle où se goberge la Cour ? l'OEil éclaire-t-il le sommeil du roi ? le Prophète vient-il expliquer le songe ? le Mort évoqué se dresse-t-il dans les régions lumineuses où revivent les facultés ? l'Esprit écrase-t-il la Matière au pied de l'échelle mystique des Sept Mondes Spirituels arrêtés les uns sur les autres dans l'espace, et se révélant par des ondes brillantes qui tombaient en cascades sur les marches du Parvis céleste ? Quelque profonde que soit la révélation intérieure, quelque visible que soit la Révélation extérieure, le lendemain Balaam doute de son ânesse et de lui ; Balthazar et Pharaon font commenter la Parole par deux Voyants, Moïse et Daniel. L'esprit vient, emporte l'homme au-dessus de la terre, lui soulève les mers, lui en fait voir le fond, lui montre les espèces disparues, lui ranime les os desséchés qui meublent de leur poudre la grande vallée ; l'Apôtre écrit l'Apocalypse ! Vingt siècles après, la science humaine approuve l'apôtre, et traduit ses images en axiomes. Qu'importe ! la masse continue à vivre comme elle vivait hier, comme elle vivait à la première olympiade, comme elle vivait le lendemain de la création, ou la veille de la grande catastrophe. Le Doute couvre tout de ses vagues. Les mêmes flots battent par le même mouvement le granit humain qui sert de bornes à l'océan de l'intelligence. Après s'être demandé s'il a vu ce qu'il a vu, s'il a bien entendu les paroles dites, si le fait était un fait, si l'idée était une idée, l'homme reprend son allure, il pense à ses affaires, il obéit à je ne sais quel valet qui suit la Mort, à l'Oubli qui de son manteau noir couvre une ancienne humanité dont la nouvelle n'a nul souvenir. L'Homme ne cesse d'aller, de marcher, de pousser végétativement jusqu'au jour où la Cognée l'abat. Si cette puissance de flot, si cette haute pression des eaux amères empêche tout progrès, elle prévient sans doute aussi la mort. Les Esprits préparés pour la foi parmi les êtres supérieurs, aperçoivent seuls l'échelle mystique de Jacob.

Après avoir entendu la réponse où Séraphîta si sérieusement interrogée avait déroulé l'Étendue divine, comme un orgue touché remplit une église de son mugissement et révèle l'univers musical en baignant de ses sons graves les voûtes les plus inaccessibles, en se jouant comme la lumière dans les plus légères fleurs des chapiteaux ; Wilfrid rentra chez lui tout épouvanté d'avoir vu le monde en ruines, et sur ces ruines des clartés inconnues, épanchées à flots par les mains de cette terrible jeune fille. Le lendemain, il y pensait encore ; mais l'épouvante était calmée, il ne se sentait ni détruit, ni changé ; ses passions, ses idées se réveillèrent fraîches et vigoureuses. Il alla déjeuner chez M. Becker, et le trouva sérieusement plongé dans le *Traité des Incantations*, qu'il avait feuilleté depuis le matin pour rassurer son hôte. Avec l'enfantine bonne foi du savant, le pasteur avait fait des plis aux pages où Jean Wier rapportait des preuves authentiques qui prouvaient la possibilité des événements arrivés la veille ; car, pour les docteurs, une idée est un événement. A la cinquième tasse de thé que prirent ces deux philosophes, la mystérieuse soirée devint naturelle ; les vérités célestes furent des raisonnements plus ou moins forts et susceptibles d'examen ; Séraphîta leur parut être une fille plus ou moins éloquente ; il fallait faire la part à son organe enchanteur, à sa beauté séduisante, à son geste fascinateur, à tous ces moyens oratoires par l'emploi desquels un acteur met dans une phrase un monde de sentiments et de pensées, tandis qu'en réalité, souvent la phrase est vulgaire.

— Bah ! dit le bon ministre en faisant une petite grimace philosophique, pendant qu'il étalait une couche de beurre salé sur sa tartine, le dernier mot de ces belles énigmes est à six pieds sous terre.

— Néanmoins, dit Wilfrid en sucrant son thé, je ne conçois pas comment une jeune fille de seize ans peut savoir tant de choses, car sa parole a tout pressé comme dans un étau.

— Mais, dit le pasteur, lisez donc l'histoire de cette jeune Italienne, qui, dès l'âge de douze ans, parlait quarante-deux langues, tant anciennes que modernes ; et l'histoire de ce moine qui par l'odorat devinait la pensée ! Il y a dans Jean Wier, et dans une douzaine de traités que je vous donnerai à lire, mille preuves pour une...

— D'accord, cher pasteur, mais pour moi Séraphîta doit être une femme divine à posséder.

— Elle est tout intelligence, répondit dubitativement M. Becker.

Quelques jours se passèrent pendant lesquels la neige des vallées fondit insensiblement, le vert des forêts pointa comme l'herbe nouvelle, la nature norwégienne fit les apprêts de sa parure, pour ses noces d'un jour. Pendant ces moments où l'air adouci permettait de sortir, Séraphîta demeura dans la solitude. La passion de Wilfrid s'accrut ainsi par l'irritation que cause la présence d'une femme aimée qui ne se montre pas. Quand cet être monstrueusement divin reçut Minna, Minna reconnut en lui les ravages d'un feu intérieur, sa voix était devenue profonde, son teint commençait à blondir ; et si jusque-là les poëtes en eussent comparé la blancheur à celle des diamants, elle avait alors l'éclat des topazes.

— Vous l'avez vue, dit Wilfrid qui rôdait autour du château suédois, et qui attendait le retour de Minna.

— Nous allons le perdre, répondit la jeune fille dont les yeux se remplirent de larmes.

— Mademoiselle, s'écria l'étranger en réprimant le volume de voix qu'excite la colère, ne vous jouez pas de moi ; vous ne pouvez aimer Séraphîta que comme une jeune fille en aime une autre, et non de l'amour qu'elle m'inspire. Vous ignorez quel serait votre danger, si ma jalousie était justement alarmée. Pourquoi ne puis-je aller près d'elle ? Est-ce vous qui me créez des obstacles ?

— J'ignore, répondit Minna calme en apparence, mais en proie à une profonde terreur, de quel droit vous sondez ainsi mon cœur. Oui, je l'aime, dit-elle en retrouvant la hardiesse des convictions pour confesser la religion de son cœur. Mais ma jalousie, si naturelle à l'amour, ne redoute ici personne. Hélas, je suis jalouse d'un sentiment caché qui l'absorbe ; il est entre lui et moi des espaces que je ne saurais franchir ; je voudrais savoir qui, des étoiles ou de moi, l'aime mieux, qui de nous se dévouerait plus promptement à son bonheur ? Pourquoi ne serais-je pas libre de déclarer mon affection ? En présence de la mort, nous pouvons avouer nos préférences, et... Monsieur, Séraphîtüs va mourir.

— Minna, vous vous trompez, la sirène que j'ai si souvent baignée de mes désirs, et qui se laissait admirer, coquettement étendue sur son divan, gracieuse, faible et dolente, n'est pas un jeune homme...

— Monsieur, répondit Minna troublée, celui dont la main puissante m'a guidée sur le Falberg, à ce sœler abrité par le Bonnet de Glace, là, dit-elle en montrant le haut du pic, n'est pas non plus une faible jeune fille. Ah ! si vous l'aviez entendu prophétisant ! sa poésie était la musique de la pensée. Une jeune fille n'eût pas déployé les sons graves de la voix qui me remuait l'âme.

— Mais quelle certitude avez-vous ?... dit Wilfrid.

— Aucune autre que celle du cœur, répondit Minna confuse, en se hâtant d'interrompre l'étranger.

— Eh bien ! moi, s'écria Wilfrid, en jetant sur Minna l'effrayant regard du désir et de la volupté qui tuent, moi qui sais aussi combien est puissant son empire sur moi, je vous prouverai votre erreur.

En ce moment, où les mots se pressaient sur la langue de Wilfrid aussi vivement que les idées abondaient dans sa tête, il vit Séraphîta sortant du château suédois, suivie de David ; et cette apparition calma son effervescence.

— Voyez, dit-il, un homme peut-il avoir cette grâce et cette mollesse ?

— Il souffre, et se promène pour la dernière fois, dit Minna.

David s'en alla sur un signe de sa maîtresse, au-devant de laquelle vinrent Wilfrid et Minna.

— Allons jusqu'aux chutes de la Sieg, leur dit cet être, en manifestant un de ces désirs de malade auxquels on s'empresse d'obéir.

Un léger brouillard blanc couvrait alors les vallées et les montagnes du fiord dont les sommets, étincelants comme des étoiles, le perçaient en lui donnant l'apparence de voies lactées en marche. Le soleil se voyait à travers cette fumée terrestre comme un globe de fer rouge. Malgré ces derniers jeux de l'hiver, quelques bouffées d'air tiède chargées des senteurs du bouleau déjà paré de ses blondes efflorescences comme une jeune fille délicate, et pleines des voluptueux parfums exhalés par les mélèzes dont les houppes de soie étaient renouvelées, ces brises échauffées par l'encens et les soupirs de la terre attestaient le beau printemps du Nord, rapide joie de la plus mélancolique des natures. Le vent commençait à enlever ce voile de nuages qui dérobait imparfaitement la vue du golfe ; les oiseaux chantaient ; l'écorce des arbres encore humides, où le soleil n'avait pas séché la route des frimas qui en étaient découlés en ruisseaux murmurants, égayait la vue par leurs fantastiques apparences.

Tous trois cheminaient en silence le long de la grève. Wilfrid et Minna contemplaient seuls ce spectacle magique pour eux qui avaient subi le tableau monotone de ce paysage en hiver. Leur compagnon marchait pensif, comme s'il cherchait à distinguer une voix dans ce concert.

Ils arrivèrent au bord des rochers entre lesquels s'échappait la Sieg, au bout de la longue avenue bordée de vieux sapins que le cours du torrent avait onduleusement tracée dans la forêt, sentier couvert en arceaux nerveux comme une nef de cathédrale. De là le fiord se découvrait tout entier, et la mer étincelait à l'horizon comme une lame d'acier. En ce moment, le brouillard dissipé laissa voir le ciel bleu. Partout dans les vallées, dans les arbres, il ne restait plus que des parcelles étincelantes qui voltigeaient, poussière de diamants balayée par une brise fraîche, magnifiques chatons de gouttes suspendues au bout des rameaux en pyramide. Le torrent roulait au-dessus d'eux. En s'échappant, sa nappe dégageait une vapeur teinte de toutes les nuances de la lumière par le soleil dont les rayons s'y décomposaient, en dessinant des écharpes aux sept couleurs, en faisant jaillir ses feux dans mille prismes dont les reflets se contrariaient. Ce quai sauvage était tapissé par plusieurs espèces de lichen, belle étoffe moirée par l'humidité, comme une magnifique tenture de soie. Des bruyères déjà fleuries couronnaient les rochers de leurs guirlandes habilement mélangées; tous les feuillages mobiles attirés par la fraîcheur des eaux laissaient pendre au-dessus leurs chevelures; les mélèzes agitaient leurs dentelles en caressant les pins, immobiles comme des vieillards soucieux. Cette luxuriante parure avait un contraste dans la gravité des vieilles colonnades que décrivaient les forêts étagées sur les montagnes, dans la grande nappe du fiord étalée aux pieds des trois spectateurs, et où le torrent noyait sa fureur; dans le lointain, la mer encadrait cette page écrite par le plus grand des poëtes, le hasard, ce pêle-mêle de la création en apparence abandonnée à elle-même. Jarvis était un point perdu dans cette immensité, sublime comme tout ce qui, n'ayant qu'une vie éphémère, offre une rapide image de la perfection; car, par une loi, fatale à nos yeux seulement, les créations en apparence achevées, cet amour de nos cœurs et de nos regards n'a qu'un printemps ici. En haut de ce rocher, certes ces trois êtres pouvaient se croire seuls dans le monde.

— Quelle volupté ! s'écria Wilfrid.

— La nature a ses hymnes, dit Séraphîta. Cette musique n'est-elle pas délicieuse ? Avouez-le, Wilfrid : aucune des femmes que vous avez connues n'a pu se créer une aussi magnifique retraite ? Ici j'éprouve un sentiment rarement inspiré par le spectacle des villes, et qui me porterait à demeurer couchée au milieu de ces herbes si rapidement venues. Là les yeux au ciel, le cœur ouvert, perdue au sein de l'immensité, je me laisserais aller à entendre le soupir de la fleur, qui, à peine dégagée de sa primitive nature, voudrait courir, et les cris de l'eider impatient de n'avoir encore que des ailes; en me rappelant les désirs de l'homme qui tient de tous et qui lui aussi désire ! Mais ceci, Wilfrid, est de la poésie de femme ! Vous apercevez une voluptueuse pensée dans cette fumeuse étendue liquide, dans ces voiles brodés où la nature se joue comme une fiancée coquette, et dans cette atmosphère où elle parfume pour ses hyménées sa chevelure verdâtre. Vous voudriez voir la forme d'une naïade dans ces draps de vapeurs ? Et, selon vous, je devrais écouter la voix mâle du Torrent.

— L'amour n'est-il pas là, comme une abeille dans le calice d'une fleur ? répondit Wilfrid qui, pour la première fois, apercevant en elle les traces d'un sentiment terrestre, crut le moment favorable à l'expression de sa bouillante tendresse.

— Toujours donc ? répondit en riant Séraphîta que Minna avait laissée seule.

L'enfant gravissait un rocher où elle avait aperçu des saxifrages bleues.

— Toujours, répéta Wilfrid. Écoutez-moi, dit-il en lui jetant un regard dominateur qui rencontra comme une armure de diamant, vous ignorez ce que je suis, ce que je peux et ce que je veux. Ne rejetez pas ma dernière prière ! Soyez à moi pour le bonheur du monde que vous portez en votre cœur; soyez à moi pour que j'aie une conscience pure, pour qu'une voix céleste résonne à mon oreille en m'inspirant le bien dans la grande entreprise que j'ai résolue, conseillé par ma haine contre les nations, mais que j'accomplirais alors pour leur bien-être, si vous m'accompagnez ! Quelle plus belle mission donneriez-vous à l'amour ? quel plus beau rôle une femme peut-elle rêver ? Je suis venu dans ces contrées, en méditant un grand dessein.

— Et vous en sacrifierez, dit-elle, les grandeurs à quelque jeune fille bien simple que vous aimerez, et qui vous mènera dans une voie tranquille.

— Que m'importe ? répondit-il en reprenant son discours, je ne veux que vous ! Sachez mon secret. J'ai parcouru tout le Nord, ce grand atelier où se forgent les races nouvelles qui se répandent sur la terre comme des nappes humaines chargées de rafraîchir les civilisations vieillies. Je voulais commencer sur un de ces points, y conquérir l'empire que donne la force et l'intelligence sur une peuplade, la former aux combats, entamer la guerre, la répandre comme un incendie, dévorer l'Europe en criant liberté à ceux-ci, pillage à ceux-là; gloire à l'un, plaisir à l'autre; mais en demeurant, moi, comme la figure du Destin, implacable et cruel, en marchant comme l'orage qui s'assimile dans l'atmosphère toutes les particules dont se compose la foudre, en me repaissant d'hommes comme un fléau vorace. Ainsi j'aurais conquis l'Europe; elle se trouve à une époque où elle attend ce messie nouveau qui doit ravager le monde et refaire les sociétés. Elle ne croira plus qu'à celui qui la broiera sous ses pieds. Un jour les poëtes, les historiens auraient justifié ma vie, m'auraient grandi, m'auraient prêté des idées, à moi pour qui cette immense plaisanterie, écrite avec du sang, n'est qu'une vengeance. Mais, chère Séraphita, mes observations m'ont dégoûté du Nord, la force y est trop aveugle. J'ai soif des Indes! un duel entre un gouvernement égoïste, lâche, mercantile et moi me séduit davantage. Puis l'imagination des peuples assis aux pieds du Caucase est facile à émouvoir. Donc je suis enté de traverser les steppes russes, d'arriver au bord de l'Asie, et de la traverser triomphant en m'avançant avec mon inondation humaine jusqu'au Gange, où je renverserai la puissance anglaise. Sept hommes ont déjà réalisé ce plan à diverses époques. Je renouvellerai l'art comme l'ont fait les Sarrasins lancés par Mahomet sur l'Europe! Je ne serai pas un roi mesquin comme ceux qui gouvernent aujourd'hui les anciennes provinces de l'Empire romain et se disputent avec leurs sujets, à propos d'un droit de douane. Non, rien n'arrêtera ni la foudre de mes regards, ni la tempête de mes paroles! Mes pieds ouvriront un tiers du globe, comme ceux de Gengis-Kan. Ma main saisira l'Asie, comme l'a déjà prise celle d'Aureng-Zeb. Soyez ma compagne, asseyez-vous, belle et blanche figure, sur un trône! Je n'ai jamais douté du succès, mais soyez dans mon cœur, j'en serai sûr!

— J'ai déjà régné! dit Séraphita.

Ce mot fut comme un coup de hache donné par un habile bûcheron dans le pied d'un jeune arbre qui tombe aussitôt. Les hommes seuls peuvent savoir ce qu'une femme excite de rage en l'âme d'un amant, quand, voulant démontrer à sa maîtresse sa force ou son pouvoir, son intelligence ou sa supériorité, la capricieuse penche la tête, et dit : « Ce n'est rien! » quand blasée, elle sourit, et dit : « Je sais cela! » quand pour elle la force est une petitesse.

— Comment, cria Wilfrid au désespoir, les richesses des arts, les richesses des mondes, les splendeurs d'une cour...

Elle l'arrêta par une seule inflexion de ses lèvres, et dit : — Des êtres plus puissants que vous ne l'êtes m'ont offert davantage.

— Eh bien, tu n'as donc pas d'âme, si tu n'es pas séduite par la perspective de consoler un grand homme qui te sacrifiera tout pour vivre avec toi dans une petite maison au bord d'un lac.

— Mais, dit-elle, je suis aimée d'un amour sans bornes.

— Par qui? s'écria Wilfrid en s'avançant par un mouvement de frénésie vers Séraphita pour la précipiter dans les cascades écumeuses de la Sieg.

Elle le regarda, son bras se détendit, elle lui montrait Minna qui accourait, blanche et rose, jolie comme les fleurs qu'elle tenait à la main.

— Enfant! dit Séraphitüs en allant à sa rencontre.

Wilfrid demeura sur le haut du rocher, immobile comme une statue, perdu dans ses pensées, voulant se laisser aller au cours de la Sieg comme un des arbres tombés qui passaient sous ses yeux, et disparaissaient au sein du golfe.

— Je les ai cueillies pour vous, dit Minna qui présenta son bouquet à l'être adoré. L'une d'elles, celle-ci, dit-elle en lui présentant une fleur, est semblable à celle que nous avons trouvée sur le Falberg.

Séraphitüs regarda tour à tour la fleur et Minna.

— Pourquoi me fais-tu cette question? doutes-tu de moi?

— Non, dit la jeune fille, ma confiance en vous est infinie. De même que pour moi vous êtes plus beau que cette belle nature, de même vous me paraissez plus intelligent que ne l'est l'humanité tout entière. Quand je vous ai vu, je crois avoir prié Dieu; je voudrais...

— Quoi? dit Séraphitüs en lui lançant un regard par lequel il révélait à la jeune fille l'immense étendue qui les séparait.

— Je voudrais souffrir à votre place...

— Voici la plus dangereuse des créatures, se dit Séraphitüs en se croisant les bras, comme un capitaine obligé de prendre une décision au fort d'une bataille; est-ce donc une pensée criminelle que de vouloir te la présenter, ô mon Dieu!

— Ne te souviens-tu plus de ce que je t'ai dit là-haut? reprit-il en s'adressant à la jeune fille et lui montrant la cime du Bonnet de Glace.

— Le voilà redevenu terrible! se dit Minna frémissant de crainte.

La voix de la Sieg accompagna les pensées de ces trois êtres, qui demeurèrent pendant quelques moments réunis sur une plateforme de rochers en saillie, mais séparés par des abîmes.

— Hé bien! Séraphitüs, enseignez-moi, dit Minna d'une voix argentée comme une perle, et douce comme un mouvement de sensitive est doux, apprenez-moi ce que je dois faire pour ne pas vous aimer? Qui ne vous admirerait pas? l'amour est une admiration qui ne se lasse pas.

— Pauvre enfant! dit Séraphîtüs en pâlissant, on ne peut aimer ainsi qu'un seul être.

— Qui?... demanda Minna.

— Tu le sauras, répondit-il avec la voix faible d'un homme qui se couche pour mourir.

— Au secours, il se meurt! s'écria Minna. Wilfrid accourut, et voyant cet être gracieusement posé dans un fragment de gneiss sur lequel le temps avait jeté son manteau de velours, ses lichens lustrés, ses mousses fauves que le soleil satinait, il dit : — Elle est bien belle!

— Voici le dernier regard que je pourrai jeter sur cette nature en travail! dit-elle en rassemblant ses forces pour se lever.

Elle s'avança sur le bord du rocher, d'où elle pouvait embrasser, fleuris, verdoyants, animés, les spectacles de ce grand et sublime paysage, enseveli naguère sous une tunique de neige.

« Adieu, dit-elle, foyer brûlant d'amour où tout marche avec ardeur du centre aux extrémités, et dont les extrémités se rassemblent comme une chevelure de femme, pour tresser la natte inconnue par laquelle tu te rattaches dans l'éther indiscernable à la pensée divine!

Voyez-vous Celui qui, courbé sur un sillon arrosé de sa sueur, se relève un moment pour interroger le ciel; Celle qui recueille les enfants pour les nourrir de son lait; Celui qui noue les cordages au fort de la tempête; Celle qui reste assise au creux d'un rocher attendant le père; voyez-vous tous ceux qui tendent la main après une vie consommée en d'ingrats travaux?.. A tous paix et courage, à tous adieu!

Entendez-vous le cri du soldat mourant inconnu, la clameur de l'homme trompé qui pleure dans le désert? à tous paix et courage, à tous adieu! Adieu, vous qui mourez pour les rois de la terre. Mais adieu aussi, peuples sans patrie, adieu, terres sans peuples, qui vous souhaitez les uns les autres. Adieu surtout à Toi, qui ne sais où reposer ta tête, proscrit sublime. Adieu, chères innocentes traînées par les cheveux pour avoir trop aimé! Adieu, mères assises auprès de vos fils mourants! Adieu, saintes femmes blessées! Adieu, Pauvres, adieu, Petits, Faibles et Souffrants, vous dont j'ai si souvent épousé les douleurs. Adieu, vous tous qui gravitez dans la sphère de l'Instinct en y souffrant pour autrui!

Adieu, navigateurs qui cherchez l'Orient à travers les ténèbres épaisses de vos abstractions atlantiques. Adieu, martyrs de la pensée, menés par elle à la vraie lumière! Adieu, sphères studieuses où j'entends la plainte du génie insulté, le soupir du savant éclairé trop tard.

Voici le concert angélique, la brise de parfums, l'encens du cœur exhalé par ceux qui vont priant, consolant, répandant la lumière divine et le baume céleste dans les âmes tristes; courage, chœur d'amour! Vous à qui les peuples crient : — « Consolez-nous, défendez-nous! » courage et adieu!

Adieu, granit, tu deviendras fleur; adieu, fleur, tu deviendras colombe; adieu, colombe, tu seras femme; adieu, femme, tu seras souffrance; adieu, homme, tu seras croyance; adieu, vous qui serez tout amour et prière! »

Abattu par la fatigue, cet être inexpliqué s'appuya pour la première fois sur Wilfrid et sur Minna pour revenir à son logis. Wilfrid et Minna se sentirent atteints par une contagion inconnue.

A peine avaient-ils fait quelques pas, David se montra pleurant : — Elle va mourir! pourquoi l'avez-vous amenée jusqu'ici? s'écria-t-il de loin.

Séraphîta fut emportée par le vieillard, qui retrouva les forces de la jeunesse, et vola, comme un aigle emportant quelque blanche brebis dans son aire, jusqu'à la porte du château suédois.

---

## LE CHEMIN POUR ALLER A DIEU.

Le lendemain du jour où Séraphîta pressentit sa fin et fit ses adieux à la terre, comme un prisonnier regarde son cachot avant de le quitter à jamais, elle ressentit des douleurs qui l'obligèrent à demeurer dans la complète immobilité de ceux qui souffrent d'extrêmes douleurs. Wilfrid et Minna vinrent la voir, et la trouvèrent couchée sur son divan de pelleterie. Encore voilée par la chair, son âme rayonnait à travers son voile en le blanchissant de jour en jour. Les progrès de l'esprit qui minait la dernière barrière par laquelle il était séparé de l'infini, s'appelaient une maladie; l'heure de la Vie était nommée la Mort. David pleurait en voyant souffrir sa maîtresse sans vouloir écouter ses consolations; le vieillard était déraisonnable comme un enfant. M. Becker voulait que Séraphîta se soignât, mais tout était inutile.

Un jour elle demanda les deux êtres qu'elle avait affectionnés, en leur disant que ce jour était le dernier de ses mauvais jours. Wilfrid et Minna vinrent saisis de terreur, ils savaient qu'ils allaient la perdre. Séraphîta leur sourit à la manière de ceux qui s'en vont en un monde meilleur, elle inclina la tête comme une fleur chargée de rosée qui montre une dernière fois son calice et livre aux airs ses derniers parfums; elle les regardait avec une mélancolie dont ils étaient la cause, elle ne pensait plus à elle, mais à eux; et ils le sentaient sans pouvoir exprimer une douleur à laquelle se mêlait la gratitude.

Wilfrid resta debout, silencieux, immobile, perdu dans une de ces contemplations excitées par les choses dont l'étendue nous fait comprendre ici-bas une immensité suprême. Enhardi par la faiblesse de cet être si puissant, ou peut-être par la crainte de le perdre à jamais, Minna se pencha sur lui pour lui dire : Séraphîtüs, laisse-moi te suivre.

— Puis-je te le défendre?
— Mais pourquoi ne m'aimes-tu pas assez pour rester?
— Je ne saurais rien aimer ici.
— Qu'aimes-tu donc?
— Le ciel.
— Es-tu digne du ciel, en méprisant ainsi les créatures du Dieu?
— Minna, pouvons-nous aimer deux êtres à la fois? Un bien-aimé serait-il le bien-aimé s'il ne remplissait pas le cœur? Ne doit-il pas être le premier, le dernier, le seul? Celle qui est tout amour, ne quitte-t-elle pas le monde pour son bien-aimé? Sa famille entière devient un souvenir, elle n'a plus qu'un parent, Lui! son âme n'est plus à elle, mais à Lui! si elle garde en elle-même quelque chose qui ne soit pas à Lui, elle n'aime pas; non, elle n'aime pas! Aimer faiblement, est-ce aimer? La parole du bien-aimé la fait toute joie et se coule dans ses veines comme une pourpre plus rouge que n'est le sang; son regard est une lumière qui la pénètre, elle se fond en Lui; là où Il est, tout est beau; Il est chaud à l'âme, Il éclaire tout; près de Lui, fait-il jamais froid ou nuit? Il n'est jamais absent, Il est toujours en nous, nous pensons en Lui, à Lui, pour Lui. Voilà, Minna, comment je l'aime.

— Qui? dit Minna saisie par une jalousie dévorante.

— Dieu? répondit Séraphîtüs, dont la voix brilla dans les âmes comme un feu de liberté qui s'allume de montagne en montagne, Dieu qui ne nous trahit jamais! Dieu qui ne nous abandonne pas et comble incessamment nos désirs, qui seul peut constamment abreuver sa créature d'une joie infinie et sans mélange! Dieu qui ne se lasse jamais et n'a que des sourires! Dieu qui, toujours nouveau, jette dans l'âme ses trésors, qui purifie et n'a rien d'amer, qui est tout harmonie et toute flamme! Dieu qui se met en nous pour y fleurir, exauce tous nos vœux; ne compte plus avec nous, quand nous sommes à lui, mais se donne tout entier; nous ravit, nous amplifie, nous multiplie en lui! enfin, *Dieu*, *Dieu*! DIEU! Minna! je l'aime, parce que tu peux être à lui! Je l'aime, parce que, si tu viens à lui, tu seras à moi.

— Hé bien! conduis-moi donc! dit-elle en s'agenouillant. Prends-moi par la main; je ne veux plus te quitter.

— Conduisez-nous, Séraphîta! s'écria Wilfrid, qui vint se joindre à Minna par un mouvement impétueux. Oui, tu m'as enfin donné soif de la Lumière et soif de la Parole; je suis altéré de l'amour que tu m'as mis au cœur, je conserverai ton âme en la mienne; jettes-y ton vouloir, je ferai ce que tu me diras de faire. Si je ne puis l'obtenir, je veux garder de toi tous les sentiments que tu me communiqueras; si je ne puis m'unir à toi que par ma seule force, je m'y attacherai comme le feu s'attache à ce qu'il dévore. Parle!

— Ange! s'écria cet être incompréhensible en les enveloppant tous deux par un regard qui fut comme un manteau d'azur, Ange, le ciel sera ton héritage!

Il se fit entre eux un grand silence après cette exclamation qui détonna dans les âmes de Wilfrid et de Minna comme le premier accord de quelque musique céleste.

— Si vous voulez habituer vos pieds à marcher dans le chemin qui mène à Dieu, sachez bien que les commencements en sont rudes, dit cette âme endolorie. Dieu veut être cherché pour lui-même; en ce sens, il est jaloux, il vous veut tout entier; mais quand vous vous êtes donné à lui, jamais il ne vous abandonne. Je vais vous laisser les clefs du royaume où brille sa lumière, où vous serez partout dans le sein du Père, dans le cœur de l'Époux. Aucune sentinelle n'en défend les approches, vous pouvez y entrer de tous côtés, son palais, ses trésors, son sceptre, rien n'est gardé; il a dit à tous : Prenez-les! Mais il faut vouloir y aller. Comme pour faire un voyage, il est nécessaire de quitter sa demeure, de renoncer à ses projets, de dire adieu à ses amis, à son père, à sa mère, à sa sœur, et même au plus petit des frères qui crie, et leur dire des adieux éternels, car vous ne reviendrez pas plus que les martyrs en marche vers le bûcher ne retournaient au logis; enfin, il faut vous dépouiller des sentiments et des choses auxquels tiennent les hommes, sans quoi vous ne seriez pas tout entier à votre entreprise. Faites pour Dieu ce que vous faisiez pour vos desseins ambitieux, ce que vous faites en vous vouant à un art, ce que vous avez fait quand vous aimiez une créature plus que lui, ou quand vous poursuiviez un secret de la science humaine. Dieu n'est-il pas la science même, l'amour même, la source de toute poésie? son trésor ne peut-il exciter la cupidité? Son trésor est inépuisable, sa poésie est infinie, son amour est immuable, sa science est infaillible et sans mystères! Ne tenez donc à rien, il vous donnera tout. Oui, vous retrouverez dans son cœur des biens incomparables à ceux que vous aurez perdus sur la terre. Ce que je vous dis est certain; vous aurez sa puissance, vous en userez comme vous usez de ce qui est à votre amant ou à votre maîtresse ! Hélas ! la plupart des hommes doutent, manquent de foi, de volonté, de persévérance. Si quelques-uns se mettent en route, ils viennent aussitôt à regarder derrière eux, et reviennent; peu de créatures savent choisir entre ces deux extrêmes : ou rester ou partir, ou la fange ou le ciel. Chacun hésite, la faiblesse commence l'égarement, la passion vous entraîne dans la mauvaise voie; le vice, qui est une habitude, vous y embourbe; et vous ne faites aucun progrès vers les états meilleurs. Tous les êtres passent une première vie dans la sphère des Instincts, où ils travaillent à reconnaître l'inutilité des trésors terrestres après s'être donné mille peines pour les amasser. Combien de fois vit-on dans ce premier monde avant d'en sortir préparé pour recommencer d'autres épreuves dans la sphère des Abstractions où la pensée s'exerce en de fausses sciences, où l'esprit se lasse enfin de la parole humaine? Car, la Matière épuisée, vient l'Esprit. Combien de formes l'être promis au ciel a-t-il usé, avant d'en venir à comprendre le prix du silence et de la solitude qui sont les parvis des Mondes Spirituels ? Après avoir expérimenté le vide et le néant, les yeux se tournent vers le bon chemin. Ce sont alors d'autres existences à user pour arriver au sentier où brille la lumière, la mort est comme le relais du voyage; les expériences se font alors en sens inverse : il faut souvent toute une vie pour acquérir les vertus qui sont l'opposé des erreurs dans lesquelles on a précédemment vécu. Ainsi vient d'abord la vie où l'on souffre et dont les pâtiments, dont les angoisses donnent soif de l'amour. Ensuite la vie où l'on aime et où le dévouement pour la créature apprend le dévouement pour le créateur ; où les vertus de l'amour, ses mille martyres, son angélique espoir, ses joies suivies de douleurs, sa patience, sa résignation, excitent l'appétit des choses divines. Après, vient la vie où l'on cherche dans le silence les traces de la Parole, où l'on devient humble et charitable. Puis la vie où l'on désire. Enfin, la vie où l'on prie : là est l'éternel midi; là sont les fleurs; là est la moisson ! Les qualités acquises et qui se développent lentement en nous, sont les liens invisibles qui rattachent chacun de nos existers l'un à l'autre, et dont l'âme seule a conscience, car la matière ne peut se ressouvenir d'aucune des choses spirituelles, la pensée seule a la tradition de l'antérieur. Ce legs perpétuel du passé au présent et du présent à l'avenir, est le secret des génies humains : les uns ont le don des Formes, les autres ont le don des Nombres, ceux-ci le don des Harmonies. Ce sont des progrès dans le chemin de la lumière. Oui, qui possède un de ces dons touche par un point à l'Infini. La Parole, dont je vous révèle ici quelques mots, la terre se l'est partagée, l'a réduite en poussière et l'a semée dans ses œuvres, dans ses doctrines, dans ses poésies. Si quelque grain impalpable en reluit sur un ouvrage, vous dites : « Ceci est grand, ceci est vrai, ceci est sublime ! » Ce peu de chose vibre en vous et y attaque le pressentiment du ciel. Aux uns la maladie qui nous sépare du monde, aux autres la solitude qui nous rapproche de Dieu, à celui-ci la poésie; enfin tout ce qui vous replie sur vous-même, vous frappe ou vous écrase, vous élève ou vous abaisse, est un retentissement du Monde Divin. Quand un être a tracé droit son premier sillon, il lui suffit pour assurer les autres; une seule pensée creusée, une voix entendue, une souffrance vive, un seul écho que rencontre en vous la Parole, change à jamais votre âme. Tout aboutit à Dieu, il est donc bien des chances pour le trouver en allant droit devant soi.

Quand arrive le jour heureux où vous mettez le pied dans le chemin et que commence votre pèlerinage, la terre n'en sait rien, elle ne vous comprend plus, vous ne vous entendez plus, elle et vous. Les hommes qui arrivent à la connaissance de ces choses, et qui disent quelques mots de la Parole vraie, ceux-là ne trouvent nulle part à reposer leur tête, ceux-là sont poursuivis comme bêtes fauves et périssent souvent sur des échafauds, à la grande joie des peuples assemblés, tandis que les anges leur ouvrent les portes du ciel. Votre marche sera donc un secret entre vous et Dieu, comme l'amour est un secret entre deux cœurs. Vous serez le trésor enfoui sur lequel passent les hommes affamés d'or, sans savoir que vous êtes là. Votre existence devient alors incessamment active, chacun de vos actes a un sens qui se rapporte à Dieu, comme dans l'amour vos actions et vos pensées sont pleines de la créature aimée; mais l'amour et ses joies, l'amour et ses plaisirs bornés par les sens, est une imparfaite image de l'amour infini qui vous unit au céleste fiancé. Toute joie terrestre est suivie d'angoisses, de mécontentements; pour que l'amour soit sans dégoût, il faut que la mort le termine au plus fort de sa flamme, alors vous n'en connaissez pas les cendres; mais ici Dieu transforme notre misère en délices, alors la joie se multiplie par elle-même, elle va croissant et n'a pas de limites. Ainsi, dans la vie Terrestre, l'amour passager se termine par des tribulations constantes; tandis que, dans la vie Spirituelle, les tribulations d'un jour se terminent par des joies infinies. Votre âme est incessamment joyeuse, vous sentez Dieu près de vous, en vous; il donne à toutes choses une saveur sainte, il rayonne dans votre âme, il vous empreint de sa douceur, il vous désintéresse de la terre pour vous-même, et vous y intéresse pour lui-même, en vous laissant exercer son pouvoir; vous faites en son nom les œuvres qu'il inspire : vous séchez les larmes, vous agissez pour lui, vous n'avez plus rien en propre, vous aimez comme lui les créatures d'un inextinguible amour, vous les voudriez toutes en marche vers lui, comme une véritable amante voudrait voir tous les peuples du monde obéir à son bien-aimé.

La dernière vie, celle en qui se résument les autres, où se tendent toutes les formes et dont les mérites doivent ouvrir la Porte Sainte à l'être parfait, est la vie de la Prière. Qui vous fera comprendre la grandeur, les majestés, les forces de la Prière? Que ma voix tonne dans vos cœurs et qu'elle les change. Soyez tout à coup ce que vous seriez après les épreuves ! Il est des créatures privilégiées, les Prophètes, les Messagers, les Martyrs, tous ceux qui souffrirent pour la Parole ou qui l'ont proclamée; ces âmes franchissent d'un bond les sphères humaines et s'élèvent tout à coup à la Prière. Ainsi de ceux qui sont dévorés par le feu de la Foi. Soyez un de ces couples hardis ? Dieu souffre la témérité, il aime à être pris avec violence, il ne rejette jamais celui qui peut aller jusqu'à lui. Sachez-le ! le désir, cette effluve de votre volonté, est si puissant chez l'homme, qu'un seul jet émis avec force peut tout faire obtenir, un seul cri suffit souvent sous la pression de la Foi. Soyez un de ces êtres pleins de force, de vouloir et d'amour ! Soyez victorieux de la terre ! Que la soif et la faim de Dieu vous saisissent ! Courez à Lui comme le cerf altéré court à la fontaine, le désir vous armera de ses ailes; les larmes, ces fleurs du repentir, seront comme un baptême céleste d'où sortira votre nature purifiée. Élancez-vous du sein de ces ondes dans la Prière.

Le silence et la méditation sont les moyens efficaces pour aller dans cette voie, Dieu se révèle toujours à l'homme solitaire et recueilli. Ainsi s'opérera la séparation nécessaire entre la Matière qui vous a si longtemps environné de ses ténèbres et l'Esprit qui naît en vous et vous illumine, car il fera alors clair en votre âme. Votre cœur brisé reçoit alors la lumière, elle l'inonde; alors ce ne sont plus des convictions en vous, ce sont d'éclatantes certitudes. Le poète exprime, le sage médite, le juste agit ; mais celui qui se pose au bord des Mondes Divins prie, et sa prière est à la fois parole, pensée, action ! Oui, sa prière enferme tout, elle contient tout, elle vous achève la nature, en vous en découvrant l'esprit et la marche. Blanche et lumineuse fille de toutes les vertus humaines, arche d'alliance entre la terre et le ciel, douce compagne qui tient du lion et de la colombe, la Prière vous donnera la clef des cieux. Hardie et pure comme l'innocence, forte comme tout ce qui est un et simple, cette Belle Reine, invincible, s'appuie sur le monde matériel dont elle s'est emparée ; car, semblable au soleil, elle le presse par un cercle de lumière. L'univers appartient à qui veut, à qui sait, à qui peut prier; mais il faut vouloir, savoir et pouvoir; posséder la force, la sagesse et la foi. Aussi la prière qui résulte de tant d'épreuves, est-elle la consommation de toutes les vérités, de toutes les puissances, de tous les sentiments de la nature? Fruit du développement laborieux, progressif, continu de toutes les propriétés naturelles, animée par le souffle divin de la Parole, elle a des activités enchanteresses, elle est le dernier culte : ce n'est ni le culte matériel qui a des images, ni le culte spirituel qui a des formules; c'est le culte du monde divin. Nous ne disons plus de prières, la prière s'allume en nous, elle est une faculté qui s'exerce d'elle-même; elle a conquis ce caractère d'activité qui la porte au-dessus des formes ; alors elle relie l'âme à Dieu, avec qui vous vous unissez comme la racine des arbres s'unit à la terre; vos veines tiennent au principe des choses, et vous vivez de la vie même des mondes. La Prière donne la conviction extérieure en vous faisant pénétrer le monde Matériel par la cohésion de toutes vos facultés avec les substances élémentaires; elle donne la conviction intérieure en développant votre essence et la mêlant à celle des Mondes Spirituels. Pour parvenir à prier ainsi, obtenez un entier dépouillement de la chair ! acquérez au feu des creusets la pureté du diamant, car cette complète communication ne s'obtient que par le repos absolu, par l'apaisement de toutes les tempêtes. Oui, la prière, véritable aspiration de l'âme entièrement séparée du corps, emporte toutes les forces et les applique à la constante et persévérante union du Visible et de l'Invisible. En possédant la faculté de prier sans lassitude, avec amour, avec force, avec certitude, avec intelligence, votre nature spiritualisée est bientôt investie de la puissance : comme un vent impétueux, comme la foudre, elle traverse tout, et participe au pouvoir de Dieu ; vous avez l'agilité de l'esprit ; en un instant vous vous rendez présent dans toutes les régions, vous êtes transporté comme la Parole même d'un bout du monde à l'autre. Il est une harmonie, et vous y participez; il est une lumière, et vous la voyez; il est une mélodie, et son accord est en vous. En cet état, vous sentirez votre intelligence se développer, grandir, et sa vue atteindre à des distances prodigieuses; il n'est en effet ni temps, ni lieu pour l'esprit; l'espace et la durée sont des proportions créées pour la matière ; l'esprit et la matière n'ont rien de commun. Quoique ces choses s'opèrent dans le calme et le silence, sans agitation, sans mouvement extérieur, néanmoins tout est en action dans la Prière, mais action vive, dépouillée de toute substantialité et réduite à être comme le mouvement des Mondes une force invisible et pure. Elle descend partout comme la lumière et donne la vie aux âmes qui se trouvent sous ses rayons comme la Nature est sous le soleil ; elle ressuscite partout la vertu, purifie et sanctifie tous les actes, peuple la solitude, donne un avant-goût des délices éternelles. Une fois que vous avez éprouvé les délices de l'ivresse divine engendrée par vos travaux intérieurs, alors tout est dit ! une fois que vous tenez le sistre sur lequel on chante Dieu, vous ne le quittez plus. De là vient la solitude où vivent les Esprits Angéliques et leur dédain de ce qui fait les joies humaines. Je vous le dis, ils sont retranchés du nombre de ceux qui doivent mourir ; s'ils entendent leurs langages, ils ne comprennent plus leurs idées, ils s'étonnent de leurs mouvements, de ce que l'on nomme politique, lois matérielles, et sociétés ; pour eux plus de mystère ; il n'y a plus que des vérités. Ceux qui sont arrivés au point où leurs yeux découvrent la Porte Sainte, et qui, sans jeter un seul regard en arrière, sans exprimer un seul regret, contemplent les mondes en en pénétrant les destinées, ceux-là se taisent, attendent et souffrent leurs dernières luttes. La plus difficile est la dernière. La vertu suprême est la résignation. Être en exil et ne pas se plaindre, n'avoir plus goût aux choses d'ici-bas et sourire, être à Dieu et rester parmi les hommes. Vous entendez bien la Voix qui vous crie : — Marche ! marche ! Souvent en de célestes visions, des anges descendent et vous enveloppent de leurs chants ! il faut, sans pleurs ni murmures, les voir revolant à la ruche ; se plaindre, ce serait déchoir. La résignation est le fruit qui mûrit à la porte du ciel.

Combien est puissant et beau le sourire calme et le front pur de la créature résignée ! Radieuse est la lueur dont son front est paré ! Qui vit dans son air, devient meilleur ! son regard pénètre, attendrit ; plus éloquente par son silence que le prophète ne l'est par sa parole, elle triomphe par sa seule présence. Elle dresse l'oreille comme le chien fidèle qui attend le maître. Plus forte que l'amour, plus vive que l'espérance, plus grande que la foi, elle est l'adorable fille qui, couchée sur la terre, y garde un moment la palme conquise en laissant une empreinte de ses pieds blancs et purs ; et quand elle n'est plus, les hommes accourent en foule et disent : — « Voyez ! » Dieu l'y maintient comme une figure aux pieds de laquelle rampent les Formes et les Espèces de l'Animalité pour reconnaître leur chemin. Elle secoue par moments la lumière dont ses cheveux sont chargés et l'on voit, elle parle et l'on entend, et tous se disent : — Miracle ! Souvent elle triomphe au nom de Dieu ; les hommes épouvantés la renient, et la mettent à mort ; elle dépose son glaive et sourit au bûcher après avoir sauvé les peuples. Combien d'anges pardonnés sont passés du martyre au ciel ! Sinaï, Golgotha, ne sont pas ici ou là ; l'ange est crucifié dans tous les lieux, dans toutes les sphères; les soupirs arrivent à Dieu de toutes parts ; la terre où nous sommes est un des épis de la moisson ; l'humanité est une des espèces dans le champ immense où se cultivent les fleurs du ciel ; partout Dieu est semblable à lui-même, et partout en priant il est facile d'arriver à lui.

À ces paroles, tombées comme des lèvres d'une autre Agar dans le désert, mais qui, arrivées à l'âme, la remuaient comme des flèches lancées par le Verbe enflammé d'Isaïe, cet être se tut soudain pour rassembler ses dernières forces. Ni Wilfrid, ni Minna n'osèrent parler. Tout à coup, il se dressa pour mourir.

— Âme de toutes choses, ô mon Dieu, toi que j'aime pour toi-même ! toi, Juge et Père, sonde une ardeur qui n'a pour mesure que ton infinie bonté ! Donne-moi ton essence et tes facultés pour que je sois mieux à toi ! Prends-moi pour que je ne sois plus moi-même. Si je ne suis pas assez pur, replonge-moi dans la fournaise ! Si je suis taillé en faux, fais de moi quelque Soc nourricier ou l'Épée victorieuse ! Accorde-moi quelque martyre éclatant où je puisse proclamer ta parole. Rejeté, je bénirai ta justice. Si l'excès d'amour obtient en un moment ce qui se refuse à de durs, à de patients travaux, enlève-moi sur ton char de feu ! Que tu m'octroies le triomphe ou de nouvelles douleurs, sois béni ! Mais souffrir pour toi, n'est-ce pas un triomphe aussi ? Prends, saisis, arrache, emporte-moi ! Si tu le veux, rejette-moi ! tu es l'adoré qui ne saurait mal faire.

— Ah ! cria-t-il après une pause, les liens se brisent !

« Esprits purs, troupeau sacré, sortez des abî-
« mes, volez sur la surface des ondes lumineuses !
« L'heure a sonné, venez, rassemblez-vous ! Chan-
« tons aux portes du Sanctuaire pour en dissiper
« les dernières nuées. Unissons nos voix pour saluer
« l'aurore du Jour Éternel. Voici l'aube de la Vraie
« Lumière ! Pourquoi ne puis-je emmener mes amis ?
« Adieu, pauvre terre ! adieu ! »

---

## L'ASSOMPTION.

Ces derniers chants ne furent exprimés ni par la parole, ni par le regard, ni par le geste, ni par aucun des signes dont se servent les hommes pour se communiquer leurs pensées; mais en la manière dont l'âme se parle à elle-même, car à l'instant où Séraphîta se dévoilait dans sa vraie nature, ses idées n'étaient plus esclaves des mots humains. La violence de sa dernière prière avait brisé les liens. Comme une blanche colombe, son âme demeura pendant un moment posée sur ce corps dont les substances épuisées allaient s'anéantir. L'aspiration de l'Ame vers le ciel fut si contagieuse, que Wilfrid et Minna ne s'aperçurent pas de la Mort en voyant les radieuses étincelles de la Vie. Ils étaient tombés à genoux quand *il* s'était dressé vers son orient, et partageaient son extase; la crainte du Seigneur, qui crée l'homme une seconde fois et le lave de son limon, avait dévoré leurs cœurs; leurs yeux se voilèrent aux choses de la terre, et la Foi les ouvrit aux clartés du ciel. Quoique saisis par le tremblement de Dieu, comme le furent quelques-uns de ces Voyants nommés Prophètes parmi les hommes, ils y restèrent comme eux en se trouvant dans le rayon où brillait la gloire de l'Esprit. Le voile de chair qui le leur avait caché jusqu'alors, s'évaporait insensiblement et leur en laissait voir la divine substance. Ils étaient dans le crépuscule de l'Aurore Naissante dont les faibles lueurs les préparait à voir la Vraie Lumière, à entendre la Parole Vive, sans en mourir. En cet état, tous deux commencèrent à concevoir les différences incommensurables qui séparent les choses de la Terre, des choses du Ciel. La Vie, sur le bord de laquelle ils se tenaient serrés l'un contre l'autre, tremblants et illuminés comme deux petits enfants se tiennent sous un abri devant un incendie, cette Vie n'offrait aucune prise aux sens. Les idées dont ils se servirent pour se dire leur vision, furent aux choses entrevues ce que les apparents de l'homme peuvent être à son âme, la matérielle enveloppe d'une essence divine. L'Esprit était au-dessus d'eux, il embaumait sans odeur, il était mélodieux sans le secours des sons, car, là où ils étaient, il ne se rencontrait ni surfaces, ni angles, ni air. Ils n'osaient plus ni l'interroger, ni le contempler, et se trouvaient dans son ombre comme on se trouve sous les ardents rayons du soleil des tropiques, sans qu'on se hasarde à lever les yeux, de peur de perdre la vue. Ils se savaient près de lui, sans pouvoir s'expliquer par quels moyens ils étaient assis comme en rêve sur la frontière du Visible et de l'Invisible, ni comment ils ne voyaient plus le Visible, et comment ils apercevaient l'Invisible. Ils se disaient : — « S'il nous touche, nous allons mourir! » Mais l'Esprit était dans l'infini, et ils ignoraient que ni le temps ni l'espace n'existent plus dans l'infini, qu'ils étaient séparés de lui par des abîmes, quoique en apparence près de lui; mais leurs âmes n'étant pas propres à recevoir en entier la connaissance des facultés de cette Vie, ils n'en eurent que des perceptions confuses, appropriées à leur faiblesse; autrement, quand la PAROLE VIVE dont ils n'entendirent que les sons éloignés vint à retentir et dont le sens entra dans leur âme comme la vie s'unit aux corps, un seul accent de cette Parole les aurait absorbés comme un tourbillon de feu s'empare d'une légère paille. Ils ne virent donc que ce que leur nature, soutenue par la force de l'Esprit, leur permit de voir; ils n'entendirent que ce qu'ils pouvaient entendre; encore, malgré ces tempéraments, frissonnèrent-ils quand éclata la VOIX de l'âme souffrante, le chant de l'Esprit qui attendait la vie et l'implorait par un cri dont ils furent glacés jusque dans la moëlle de leurs os. L'Esprit frappait à la PORTE SAINTE.

— Que veux-tu? répondit un Chœur dont l'interrogatoire retentit dans les mondes.

— Aller à Dieu.

— As-tu vaincu?

— J'ai vaincu la chair par l'abstinence, j'ai pleuré mon fiel, j'ai vaincu la fausse parole par le silence, j'ai vaincu la fausse science par l'humilité, j'ai vaincu l'orgueil par la charité, j'ai vaincu la terre par l'amour, j'ai payé mon tribut par la souffrance, je me suis purifié en brûlant dans la foi, j'ai souhaité la vie par la prière; j'attends en adorant, et suis résigné.

— Tu n'entreras pas!

— Que Dieu soit béni! répondit l'Esprit.

Ses pleurs coulèrent et tombèrent en rosée sur les deux témoins agenouillés, qui frémirent devant la justice de Dieu.

Tout à coup sonnèrent les trompettes de la Victoire remportée par l'ANGE dans cette dernière épreuve; les retentissements arrivèrent aux espaces comme un son dans l'écho, les remplirent et firent trembler l'univers, que Wilfrid et Minna sentirent être petit sous leurs pieds. Ils tressaillirent, agités d'une angoisse causée par l'appréhension du mystère qui devait s'accomplir. Il se fit en effet un grand mouvement, comme si les légions éternelles se mettaient en marche et se disposaient en spirale; les mondes tourbillonnaient, semblables à des nuages emportés par un vent furieux; ce fut rapide. Soudain les voiles se déchirèrent, ils virent dans le haut comme un astre incomparablement plus brillant que ne l'est le plus lumineux des astres matériels, qui se détacha, qui tomba comme la foudre en scintillant toujours comme l'éclair, et dont le passage faisait pâlir ce qu'ils avaient pris jusqu'alors pour la Lumière. C'était le Messager chargé d'annoncer la bonne nouvelle, et dont le casque avait pour panache une flamme de vie. Il laissait derrière lui des sillons, aussitôt comblés par les flots des lueurs particulières qu'il traversait. Il avait une palme et une épée, il toucha l'Esprit de sa palme, aussitôt l'Esprit se transfigura, ses ailes blanches se déployèrent sans bruit. La communication de la Lumière qui changeait l'Esprit en Séraphin, le revêtement de sa forme glorieuse, son armure céleste jetèrent de tels rayonnements, que les deux Voyants en furent foudroyés et, comme les trois apôtres aux yeux desquels Jésus se montra, Wilfrid et Minna ressentirent le poids de leurs corps qui s'opposait à une intuition complète et sans nuages de La Parole et de La Vraie Vie. Ils comprirent la nudité de leurs âmes et purent en mesurer le peu de clarté par la comparaison qu'ils en firent avec l'auréole du Séraphin, dans laquelle ils se trouvaient comme une tache dont ils avaient honte, et furent saisis d'un ardent désir de se replonger dans la fange de l'univers, pour y souffrir les épreuves, afin de pouvoir un jour proférer victorieusement à La Porte Sainte les paroles dites par le radieux Séraphin. Cet ange s'agenouilla devant le SANCTUAIRE qu'il pouvait enfin contempler face à face, et dit : — Permettez-leur de voir plus avant, ils aimeront le Seigneur et proclameront sa parole.

A cette prière, un voile tomba. Soit que la force inconnue qui pesait sur les deux Voyants eût momentanément anéanti leurs formes corporelles, soit qu'elle eût fait surgir leur esprit au dehors, ils sentirent en eux comme un partage du pur et de l'impur. Les pleurs du Séraphin s'élevèrent autour d'eux sous la forme d'une vapeur qui leur cacha les mondes inférieurs, les enveloppa, les porta, leur communiqua l'oubli des significations terrestres, et leur prêta la puissance de comprendre le sens des choses divines. La Vraie Lumière parut, elle éclaira les créations qui leur semblèrent arides, quand ils virent la source où les mondes Terrestres, Spirituels et Divins puisent le mouvement. Chaque monde formait un centre où tendaient tous les points de sa sphère; ces mondes étaient eux-mêmes des points qui tendaient au centre de leur espèce; chaque espèce avait son centre vers de grandes régions célestes qui communiquaient avec l'intarissable et flamboyant moteur *de tout ce qui est.* Ainsi, depuis le plus grand jusqu'au plus petit des mondes, et depuis le plus petit des mondes jusqu'à la plus petite portion des êtres dont il se composait, tout était individuel, et néanmoins tout était un. Quel était le dessein de cet être fixe dans son essence et dans ses facultés, qui les transmettait sans les perdre, qui les manifestait hors de Lui sans les séparer de Lui, qui rendait hors de Lui toutes ces créations fixes dans leur essence, et muables dans leurs formes? Les deux convives appelés à cette fête ne pouvaient que voir l'ordre et la disposition des êtres, en admirer la fin immédiate; les anges seuls allaient au delà, connaissaient les moyens et comprenaient la fin. Mais ce que les deux élus purent contempler, ce dont ils rapportèrent un témoignage qui éclaira leurs âmes pour toujours, fut la certitude de l'action des Mondes et des Êtres, la conscience de l'effort avec lequel ils tendent au résultat. Ils entendirent les diverses parties de l'Infini formant une mélodie vivante; et, à chaque temps où l'accord se faisait sentir comme une immense respiration, les Mondes, entraînés par ce mouvement unanime, s'inclinaient vers l'Être immense qui, de son centre impénétrable, faisait tout sortir et ramenait tout à lui. Cette incessante alternative de voix et de silence semblait être la mesure de l'hymne saint qui retentissait et se prolongeait dans les siècles des siècles. Wilfrid et Minna comprirent alors quelques-unes des mystérieuses paroles de Celui qui sur la terre leur était apparu à chacun d'eux sous la forme qui le leur rendait compréhensible, à l'un Séraphîtüs, à l'autre Séraphîta, quand ils virent que là tout était homogène. La lumière enfantait la mélodie, la mélodie enfantait la lumière, les couleurs étaient lumière et mélodie, le mouvement était un Nombre doué de la parole; enfin, tout y était à la fois sonore, diaphane, mobile; en sorte que, chaque chose se pénétrant l'une par l'autre, l'étendue était sans obstacle et pouvait être parcourue par les Anges dans la profondeur de l'Infini. Ils reconnurent la puérilité des sciences humaines dont il leur avait été parlé. Ce fut pour eux une vue sans ligne d'horizon, un abîme dans lequel un dévorant désir les forçait à se plonger; mais attachés à leur misérable corps, ils avaient le désir sans avoir la puissance.

Le Séraphin replia légèrement ses ailes pour prendre son vol, et ne se tourna plus vers eux; ils n'avaient plus rien de commun ensemble, il s'élança; l'immense envergure de son scintillant plumage couvrit les deux Voyants comme d'une ombre bienfaisante qui leur permit de lever les yeux et de le voir emporté dans sa gloire, accompagné du joyeux archange. Il monta comme un soleil radieux qui sort du sein des ondes, mais, plus majestueux que l'astre et promis à de plus belles destinées, il ne devait pas être enchaîné comme les créations inférieures dans une vie circulaire; il suivait la ligne de l'infini, et tendait sans déviation vers le centre unique pour s'y plonger dans la vie éternelle, pour y recevoir dans ses facultés et dans son essence le pouvoir de jouir par l'amour, et le don de comprendre par la sagesse. Le spectacle qui se dévoila soudain aux yeux des deux Voyants les écrasa sous son immensité, car ils se sentaient comme des points dont la petitesse ne pouvait se comparer qu'à la moindre fraction que l'infini de la divisibilité permette à l'homme de concevoir, mise en présence de l'infini des Nombres que Dieu seul peut envisager comme il s'envisage lui-même. Quel abaissement et quelle grandeur en ces deux points que le premier désir du Séraphin plaçait comme deux anneaux, la Force et l'Amour, pour unir l'immensité des univers inférieurs à l'immensité des univers supérieurs ! Ils comprirent les invisibles liens par lesquels les mondes matériels se rattachaient aux mondes spirituels. En se rappelant les sublimes efforts des plus beaux génies humains, ils trouvèrent le principe des mélodies en entendant les chants du ciel qui donnaient les sensations des couleurs, des parfums et de la pensée ; ils rappelaient les innombrables détails de toutes les créations, comme un chant de la terre ranime d'infirmes souvenirs d'amour. Arrivés par une exaltation inouïe de leurs facultés à un lieu sans nom dans le langage, ils purent jeter pendant un moment les yeux sur le Monde Divin. Là était la fête. Des myriades d'anges accoururent tous du même vol, sans confusion, tous pareils, tous dissemblables, simples comme la rose des champs, immenses comme les mondes. Wilfrid et Minna ne les virent ni arriver ni s'enfuir ; ils ensemencèrent soudain l'infini de leur présence, comme les étoiles brillent dans l'indiscernable éther; le scintillement de leurs diadèmes réunis s'alluma dans les espaces, comme les feux du ciel au moment où le jour paraît dans nos montagnes. De leurs chevelures sortaient des ondes de lumière, et leurs mouvements excitaient des frémissements onduleux semblables aux flots d'une mer phosphorescente. Les deux Voyants aperçurent le Séraphin tout obscur au milieu des légions immortelles dont les ailes étaient comme l'immense panache des forêts agitées par une brise. Aussitôt, comme si toutes les flèches d'un carquois s'élançaient ensemble, les Esprits chassèrent d'un souffle les vestiges de son ancienne forme ; à mesure que montait le Séraphin, il devenait plus pur ; bientôt, il ne leur sembla qu'un léger dessin de ce qu'ils avaient vu quand il s'était transfiguré, des lignes de feu sans ombre. Il montait, recevait de cercle en cercle un don nouveau ; puis le signe de son élection se transmettait à la sphère supérieure où il montait toujours purifié. Aucune des voix ne se taisait, l'hymne se propageait dans tous ses modes.

« Salut à qui monte vivant ! Viens, fleur des
« Mondes ! Diamant sorti du feu des douleurs !
« perle sans tache, désir sans chair, lien nouveau
« de la terre et du ciel, sois lumière ! esprit vain-
« queur, Reine du monde, vole à ta couronne !
« Triomphateur de la terre, prends ton diadème !
« Sois à nous ! »

Les vertus de l'Ange reparaissaient dans leur beauté. Son premier désir du ciel reparut gracieux comme une verdissante enfance ; comme autant de constellations, ses actions le décorèrent de leur éclat : les actes de sa foi brillèrent comme l'Hyacinthe du ciel couleur du feu sidéral : la Charité lui jeta ses perles orientales, belles larmes recueillies ; l'Amour divin l'entoura de ses roses ; la Résignation pieuse lui enleva par sa blancheur tout vestige terrestre. Aux yeux de Wilfrid et de Minna, bientôt il ne fut plus qu'un point de flamme qui s'avivait toujours et dont il était impossible de remarquer le mouvement soutenu par la mélodieuse acclamation qui célébrait sa venue au ciel, et dont les accents firent pleurer les deux bannis.

Tout à coup un silence de mort s'étendit comme un voile sombre de la première à la dernière sphère, et plongea Wilfrid et Minna dans une indicible attente. En ce moment le Séraphin se perdait au sein du Sanctuaire où il reçut le don de vie éternelle. Il se fit un mouvement d'adoration profonde qui remplit les deux Voyants d'une extase mêlée d'effroi. Ils sentirent que tout se prosternait dans les sphères divines, dans les sphères spirituelles, et dans les mondes de ténèbres. Les anges fléchissaient le genou pour célébrer la gloire ; les esprits fléchissaient le genou pour attester leur impatience ; on fléchissait le genou dans les abîmes en frémissant d'épouvante. Un grand cri de joie jaillit comme jaillirait une source arrêtée qui recommence ses milliers de gerbes florissantes où se joue le soleil en parsemant de diamants et de perles les gouttes lumineuses, à l'instant où le Séraphin reparut flamboyant et cria :
— ÉTERNEL, ÉTERNEL, ÉTERNEL !

Les univers l'entendirent et le reconnurent, il les pénétra comme Dieu les pénètre. L'ange prit possession de l'infini. Les Sept mondes divins s'émurent à sa voix et lui répondirent. En ce moment il se fit un grand mouvement comme si des astres entiers purifiés s'élevaient en éblouissantes clartés devenues éternelles. Peut-être le Séraphin avait-il reçu pour première mission d'appeler à Dieu les créations pénétrées par la Parole ? Mais déjà l'ALLELUIA sublime retentissait dans l'entendement de Wilfrid et de Minna, comme les dernières ondulations d'une musique finie ; déjà les lueurs célestes s'abolissaient comme les teintes d'un soleil qui se couche dans ses langes de pourpre et d'or. L'Impur et la Mort ressaisissaient leur proie. En rentrant dans les liens de la chair dont leur esprit avait momentanément été dégagé par un sublime sommeil, les deux mortels se sentaient comme au matin d'une nuit remplie par de brillants rêves dont le souvenir voltige en l'âme, mais dont le corps n'a plus conscience, et que le langage humain ne saurait exprimer. La nuit profonde, dans les limbes de laquelle ils roulaient, était le soleil des mondes visibles.

— Descendons là-bas, dit Wilfrid à Minna.
— Faisons comme il a dit, répondit-elle. Après avoir vu les mondes en marche vers Dieu, nous connaissons le bon sentier. Nos diadèmes d'étoiles sont là-haut.

Ils roulèrent dans les abîmes, rentrèrent dans la poussière des mondes inférieurs, virent tout à coup la terre comme un lieu souterrain dont le spectacle leur fut éclairé par la lumière qu'ils rapportaient en leur âme, et qui les environnait encore d'un nuage où se répétaient vaguement les harmonies du ciel en se dissipant. Ce spectacle était celui dont les yeux intérieurs des Prophètes avaient été frappés jadis. Ministres des religions diverses toutes prétendues vraies, Rois tous consacrés par la Force et par la Terreur, Guerriers et Grands se partageant mutuellement la Terre, Savants et Riches au-dessus d'une foule bruyante et souffrante qu'ils broyaient bruyamment sous leurs pieds ; tous étaient accompagnés de leurs serviteurs et de leurs femmes, tous étaient vêtus de robes d'or, d'argent, d'azur, couverts de perles, de pierreries arrachées aux entrailles de la Terre, dérobées au fond des Mers, et pour lesquelles l'humanité s'était dès longtemps employée, en suant et blasphémant. Mais ces richesses et ces splendeurs construites de sang furent comme de vieux haillons aux yeux des deux Proscrits.

— Que faites-vous ainsi rangés et immobiles ? leur cria Wilfrid.

Ils ne répondirent pas.

— Que faites-vous ainsi rangés et immobiles ?

Ils ne répondirent pas.

Wilfrid leur imposa les mains en leur criant : — Que faites-vous ainsi rangés et immobiles ?

Par un mouvement unanime, tous entr'ouvrirent leurs robes et laissèrent voir des corps desséchés, rongés par des vers, corrompus, pulvérisés, travaillés par d'horribles maladies.

— Vous conduisez les nations à la mort, leur dit Wilfrid. Vous avez adultéré la terre, dénaturé la parole, prostitué la justice. Après avoir mangé l'herbe des pâturages, vous tuez maintenant les brebis. Vous croyez-vous justifiés en montrant vos plaies ? Je vais avertir ceux de mes frères qui peuvent encore entendre la Voix, afin qu'ils puissent aller s'abreuver aux sources que vous avez cachées.

— Réservons nos forces pour prier, lui dit Minna, tu n'as la mission ni des Prophètes, ni du Réparateur, ni du Messager ; nous ne sommes encore que sur les confins de la première sphère ; essayons de franchir les espaces sur les ailes de la prière.

— Tu seras tout mon amour !
— Tu seras toute ma force !
— Nous avons entrevu les Hauts Mystères, nous sommes l'un pour l'autre le seul être ici-bas avec lequel la joie et la tristesse soient compréhensibles. Prions donc ! nous connaissons le chemin, marchons !

— Donne-moi la main, dit-elle ; si nous allons ensemble, la voie me sera moins rude et moins longue.

— Avec toi seulement, répondit l'homme, je pourrai traverser la grande solitude, sans me permettre une plainte.

— Et nous irons ensemble à Dieu, dit-elle.

Les nuées vinrent et formèrent un dais sombre. Tout à coup, les deux amants se trouvèrent agenouillés devant un corps que le vieux David défendait contre la curiosité de tous, et qu'il voulut ensevelir lui-même. Au dehors, éclatait dans sa magnificence le premier été du dix-neuvième siècle. Les deux amants crurent entendre une voix dans les rayons du soleil, ils respirèrent un esprit céleste dans les fleurs nouvelles, et se dirent en se tenant par la main : — L'immense mer qui reluit là-bas est une image de ce que nous avons vu là-haut.

— Où allez-vous ? leur demanda M. Becker.
— Nous voulons aller à Dieu, dirent-ils, venez avec nous, mon père !

Décembre 1833. — Novembre 1835.

# LE PÈRE GORIOT.

# LE PÈRE GORIOT.

## I.

### UNE PENSION BOURGEOISE.

Madame Vauquer, née de Conflans, est une vieille femme qui tient depuis quarante ans, à Paris, une pension bourgeoise établie rue Neuve-Sainte-Geneviève, entre le quartier latin et le faubourg Saint-Marceau. Cette pension, connue sous le nom de la Maison-Vauquer, admet également des hommes et des femmes, des jeunes gens et des vieillards, sans que jamais la médisance ait attaqué les mœurs intérieures de ce respectable établissement. Mais aussi jamais, depuis trente ans, ne s'y est-il vu de jeune personne; et, pour qu'un jeune homme y demeure, faut-il que sa famille lui fasse une bien maigre pension. Néanmoins, en 1819, époque à laquelle ce drame commence, il s'y trouvait une pauvre jeune fille. En quelque discrédit que soit tombé le mot *drame* par la manière abusive et tortionnaire dont il a été prodigué dans ces temps de douloureuse littérature, il est nécessaire de l'employer ici, non que cette histoire soit dramatique dans le sens vrai du mot. Il serait difficile de trouver matière à duel, à poison, à flots de sang, à passions adultères sous les paisibles toits de la Maison-Vauquer; mais, l'œuvre accomplie, peut-être aura-t-on versé quelques larmes *intrà muros* et *extrà*; car, tout en demi-teintes, les poésies de cette scène, empruntée à la vie parisienne, ne peuvent être parfaitement comprises qu'entre les buttes de Montmartre et les hauteurs de Montrouge, dans cette illustre vallée de plâtras incessamment prêts à tomber, et de ruisseaux noirs de boue, pleine de souffrances, pleine de joie, et si dramatiquement agitée qu'il faut je ne sais quoi d'exorbitant pour y produire une sensation de quelque durée. Cependant il s'y rencontre çà et là des douleurs que l'agglomération des vices et des vertus rend si grandes, si solennelles, qu'à leur aspect les égoïsmes, les intérêts s'arrêtent et s'apitoient; puis, l'impression qu'ils en reçoivent est comme un bénéfice social, un fruit savoureux promptement dévoré. Le char de la civilisation, semblable à celui de l'idole de Jaggernat, à peine retardé par un cœur moins facile à broyer que les autres, et qui enraye sa roue, l'a brisé bientôt, et continue sa marche glorieuse. Ainsi ferez-vous, vous qui tenez ce livre d'une main blanche, et vous enfoncez dans un moelleux fauteuil en vous disant : — Peut-être ceci va-t-il m'amuser ? Après avoir lu les secrètes infortunes du père Goriot, vous dînerez avec appétit en mettant votre insensibilité sur le compte de l'auteur, en le taxant d'exagération, en l'accusant de poésie. Eh bien, sachez-le! Ce drame n'est ni une fiction, ni un roman; *all is true :* il est si véritable que chacun pourra en reconnaître les éléments chez soi, dans son cœur peut-être!

La maison où s'exploite la pension bourgeoise

appartient à madame Vauquer, et se trouve située dans le bas de la rue Neuve-Sainte-Geneviève, à l'endroit où le terrain s'abaisse vers la rue des Bourguignons par une pente si brusque et si rude que les chevaux la montent ou la descendent rarement.

Cette circonstance est favorable au silence qui règne dans ces rues toutes serrées entre le dôme du Val-de-Grâce et le dôme du Panthéon, deux monuments qui changent les conditions de l'atmosphère, en y jetant des tons jaunes, en assombrissant tout par les teintes sévères que projettent leurs coupoles. Là les pavés sont secs, les ruisseaux n'ont ni boue ni eau, l'herbe croît le long des murs. L'homme le plus insouciant y est à la gêne; les passants y sont tristes; le bruit d'une voiture y devient un événement; les maisons y sont mornes; les murailles y sentent la prison. Il ne se trouve là que des pensions bourgeoises ou des institutions; de la misère ou de l'ennui, de la vieillesse qui meurt, de la joyeuse jeunesse emprisonnée, contrainte à travailler. Nul quartier de Paris n'est plus horrible, ni, disons-le, plus inconnu. La rue Neuve-Sainte-Geneviève surtout est comme un cadre de bronze, le seul qui convienne à ce récit auquel on ne saurait trop préparer l'intelligence par des couleurs brunes, par des idées graves; ainsi que, de marche en marche, le jour diminue et le chant du conducteur s'attriste, alors que le voyageur descend aux Catacombes. Comparaison vraie! Qui décidera de ce qui est plus horrible à voir, ou des cœurs desséchés, ou des crânes vides?

La façade de la Maison-Vauquer donne sur un jardinet, en sorte qu'elle tombe à angle droit sur la rue Neuve-Sainte-Geneviève, où elle se montre coupée dans sa profondeur. Le long de cette façade, entre la maison et le jardinet, règne un cailloutis en cuvette, large d'une toise, devant lequel est une allée sablée, bordée de géraniums, de lauriers-roses et de grenadiers plantés dans de grands vases en faïence bleue et blanche. On entre dans cette allée par une porte bâtarde, surmontée d'un écriteau sur lequel est écrit : Maison-Vauquer, et dessous : *Pension bourgeoise des deux sexes et autres*. Pendant le jour, une porte à claire-voie, munie d'une sonnette criarde, laisse apercevoir au bout du petit pavé, sur le mur opposé à celui de la rue, une arcade peinte en marbre vert par un artiste du quartier. Sous le renfoncement qui simule cette peinture, s'élève une statue représentant l'Amour. A voir le vernis écaillé qui le couvre, les amateurs de symboles y découvriraient peut-être un mythe de l'amour parisien qu'on guérit à quelques pas de là. Sous le socle, cette inscription à demi effacée rappelle le temps auquel remonte cet ornement par l'enthousiasme dont il témoigne pour Voltaire, rentré dans Paris en 1777 :

> Qui que tu sois, voici ton maître ;
> Il l'est, le fut, ou le doit être.

A la nuit tombante, la porte à claire-voie est remplacée par une porte pleine.

Le jardinet, aussi large que la façade est longue, se trouve encaissé par le mur de la rue et par le mur mitoyen de la maison voisine, le long de laquelle pend un manteau de lierre qui la cache entièrement et attire les yeux des passants par un effet assez pittoresque dans Paris. Chacun de ces murs est tapissé d'espaliers et de vignes dont les fructifications grêles et poudreuses sont l'objet des inquiétudes annuelles de madame Vauquer et de ses conversations avec ses pensionnaires. Le long de chaque muraille, règne une étroite allée d'environ soixante-douze pieds, qui mène à un couvert de tilleuls, mot que madame Vauquer, quoique née de Conflans, prononce obstinément *tieulles*, malgré les observations grammaticales de ses hôtes. Entre les deux allées latérales est un carré d'artichauts flanqué d'arbres en quenouille, bordé d'oseille, de laitues et de persil. Sous le couvert de tilleuls est plantée une table ronde peinte en vert, et entourée de sièges. Là, durant les jours caniculaires, les convives assez riches pour se permettre du café viennent le savourer par une chaleur capable de faire éclore des œufs.

La façade, élevée de trois étages et surmontée de mansardes, est bâtie en moellons et badigeonnée avec cette couleur jaune qui donne un caractère ignoble à presque toutes les maisons de Paris. Les cinq croisées percées à chaque étage ont de petits carreaux, et sont garnies de jalousies dont aucune n'est relevée de la même manière, en sorte que toutes jurent entre elles. La profondeur de cette maison comporte deux croisées qui, au rez-de-chaussée, ont pour ornement des barreaux en fer et grillagés. Derrière le bâtiment, est une cour large d'environ vingt pieds, où vivent en bonne intelligence des cochons, des poules et des lapins. Au fond, s'élève un hangar à serrer le bois. Entre ce hangar et la fenêtre de la cuisine, se suspend le garde-manger, au-dessous duquel tombent les eaux grasses de l'évier. Cette cour a sur la rue Neuve-Sainte-Geneviève une porte étroite par où la cuisinière chasse les ordures de la maison en nettoyant cette sentine à grand renfort d'eau, sous peine de pestilence.

Naturellement destiné à l'exploitation de la pension bourgeoise, le rez-de-chaussée se compose d'une première pièce éclairée par les deux croisées de la rue, et où l'on entre par une porte-fenêtre. Ce salon communique à une salle à manger qui est séparée de la cuisine par la cage d'un escalier dont les marches sont en bois et en carreaux mis en couleur et frottés. Rien n'est plus triste à voir que ce salon meublé de fauteuils et de chaises en étoffe de crin à raies alternativement mates et luisantes. Au milieu se trouve une table ronde à dessus de marbre Sainte-Anne, décorée de ce cabaret en porcelaine blanche ornée de filets d'or effacés à demi, que l'on rencontre partout aujourd'hui. Cette pièce, assez mal planchéiée, est boisée à hauteur d'appui. Le surplus des parois est tendu d'un papier vernissé représentant les principales aventures de Télémaque; les classiques personnages en sont coloriés, et le panneau d'entre les croisées grillagées offre aux pensionnaires le festin donné au fils d'Ulysse par Calypso. Depuis quarante ans cette scène excite les plaisanteries des jeunes pensionnaires, qui se croient supérieurs à leur position en se moquant du dîner auquel la misère les condamne. La cheminée de pierre a un foyer dont la propreté semble attester qu'il ne s'y fait du feu que dans les grandes occasions. Deux vases de fleurs encagés accompagnent une pendule en marbre blanc et du plus mauvais goût. Cette première pièce exhale une odeur sans nom dans la langue, qu'il faut appeler *l'odeur de pension*. Elle sent le renfermé, le moisi, le rance; elle donne froid, elle est humide au nez, elle pénètre les vêtements; elle a le goût d'une salle où l'on a dîné; elle pue le service, l'office, l'hospice. Peut-être pourrait-elle se décrire, si l'on inventait un procédé pour évaluer les quantités élémentaires et nauséabondes qu'y jettent les atmosphères catarrhales et *sui generis* de chaque pensionnaire, jeune ou vieux. Eh bien! malgré ces plates horreurs, si vous le compariez à la salle à manger qui lui est contiguë, vous trouveriez ce salon élégant et parfumé comme un boudoir.

Cette salle, entièrement boisée, fut jadis peinte en une couleur, indistincte aujourd'hui, qui forme un fond sur lequel la crasse a imprimé ses couches de manière à y dessiner des figures bizarres. Elle est plaquée de buffets gluants sur lesquels sont des carafes échancrées, ternies, des ronds de moiré métallique, des piles d'assiettes en porcelaine épaisse, à bords bleus, fabriquée à Tournai. Dans un angle est placée une boîte à cases numérotées, qui sert à garder les serviettes ou tachées ou vineuses de chaque pensionnaire. Il s'y rencontre de ces meubles indestructibles, proscrits partout, mais placés là comme le sont les débris de la civilisation aux Incurables. Vous y verriez un baromètre à capucin qui sort quand il pleut; des gravures exécrables qui ôtent l'appétit, toutes encadrées en bois noir verni à filets dorés; un cartel en écaille incrustée de cuivre; un poêle vert; des quinquets d'Argand où la poussière se combine avec l'huile; une longue table couverte en toile cirée assez grasse pour qu'un facétieux externe y écrive son nom en se servant de son doigt comme de style; des chaises estropiées; de petits paillassons piteux en sparterie qui se déroule toujours sans se perdre jamais; puis, des chaufferettes misérables, à trous cassés, à charnières défaites, dont le bois est charbonné. Pour estimer combien ce mobilier est vieux, crevassé, pourri, tremblant, rongé, manchot, borgne, invalide, expirant, il faudrait en faire une description qui retarderait trop l'intérêt de cette histoire, et que les gens pressés ne pardonneraient pas. Le carreau rouge est plein de vallées produites par le frottement ou par les mises en couleur. Enfin, là règne la misère froide et sans poésie; une misère économe, concentrée, râpée, qui n'a pas de fange, mais des taches, qui n'a ni trous ni haillons, mais de la putridité barbue.

Cette pièce est dans tout son lustre au moment où, vers sept heures du matin, le chat de madame Vauquer précède sa maîtresse, saute sur les buffets, y flaire le lait que contiennent plusieurs jattes couvertes d'assiettes, et fait entendre son *rourou* matinal. Bientôt, la veuve se montre attifée de son bonnet de tulle sous lequel pend un tour de faux cheveux mal mis, et marche en traînassant ses pantoufles grimacées; alors, ce spectacle est complet. Sa face vieillotte, grassouillette, du milieu de laquelle sort un nez à bec de perroquet, ses petites mains potelées, sa personne dodue comme un rat d'église, son corsage trop plein et qui flotte, sont en harmonie avec cette salle où suinte le malheur, où s'est blottie la spéculation, et dont madame Vauquer respire l'air chaudement fétide, sans en être écœurée. Sa figure, fraîche comme une première gelée d'automne; ses yeux ridés dont l'expression passe du sourire prescrit aux danseuses, à l'amer renfrognement de l'escompteur; enfin, toute sa personne explique la pension, comme la pension implique sa personne. Le bagne ne va pas sans l'argousin, vous n'imagineriez pas l'un sans l'autre. L'embonpoint blafard de cette petite femme est le produit de cette vie, comme le typhus est la conséquence des exhalaisons d'un hôpital. Son jupon de laine tricotée, qui dépasse sa première jupe faite avec une vieille robe, et dont la ouate s'échappe par les fentes de l'étoffe lézardée, résume le salon, la salle à manger, le jardinet, annonce la cuisine et fait pressentir les pensionnaires.

Âgée d'environ cinquante ans, madame Vauquer ressemble à toutes *les femmes qui ont eu des malheurs*. Elle a l'œil vitreux, l'air innocent d'une entremetteuse qui va se gendarmer pour se faire payer plus cher, du reste prête à tout pour adoucir son sort, à livrer Georges ou Pichegru, si Georges et Pichegru étaient encore à livrer. Néanmoins elle est *bonne femme au fond*, disent les pensionnaires, qui, l'entendant tousser et geindre comme eux, la croient sans fortune. Qu'avait été monsieur Vauquer? Elle ne s'expliquait jamais sur le défunt. Comment avait-il perdu sa fortune? — Dans les malheurs, répondait-elle. Il s'était mal conduit envers elle, ne lui avait laissé que les yeux pour pleurer, cette maison pour vivre, et le droit de ne compatir à aucune infortune, parce que, disait-elle, *elle avait souffert tout ce qu'il est possible de souffrir*.

En entendant trottiner sa maîtresse, la grosse Sylvie, la cuisinière, s'empressait de servir le déjeuner des pensionnaires internes. Généralement les pensionnaires externes ne s'abonnaient qu'au dîner, qui coûtait trente-sept francs par mois.

A l'époque où cette histoire commence, les internes étaient au nombre de sept. Le premier étage contenait les deux meilleurs appartements de la maison : madame Vauquer habitait le moins considérable; l'autre, appartenait à madame Couture, veuve d'un commissaire-ordonnateur de la république française. Elle avait avec elle une très-jeune personne nommée Victorine Taillefer, à qui elle servait de mère. La pension de ces deux dames montait à deux mille deux cents francs. Les deux appartements du second étaient occupés, l'un par un vieillard nommé Poiret ; l'autre par un monsieur âgé d'environ quarante ans, qui portait une perruque noire, se teignait les favoris, se disait ancien négociant, et s'appelait monsieur Vautrin. Le troisième étage se composait de quatre chambres, dont deux étaient louées, l'une par une vieille fille nommée mademoiselle Michonneau; l'autre par un ancien fabricant de vermicelles, de pâtes d'Italie et d'amidon, qui se laissait nommer *le père Goriot*. Les deux autres chambres étaient destinées aux oiseaux de passage, à ces infortunés étudiants qui, comme monsieur Goriot et mademoiselle Michonneau, ne pouvaient mettre que soixante-dix francs par mois à leur nourriture et à leur logement. Madame Vauquer souhaitait peu leur présence, et ne les prenait que quand elle ne trouvait pas mieux : ils mangeaient trop de pain.

En ce moment, l'une de ces deux chambres appartenait à un jeune homme venu des environs d'Angoulême à Paris pour faire son droit, et dont la nombreuse famille se soumettait aux plus dures privations afin de lui envoyer douze cents francs par an. Eugène de Rastignac, ainsi se nommait-il, était un de ces jeunes gens façonnés au travail par le malheur, qui comprennent dès leur jeune âge les espérances que leurs parents placent en eux, et qui se préparent une belle destinée en calculant déjà la portée de leurs études, et en les adaptant par avance au mouvement futur de la société, pour être les premiers à la pressurer. Sans ses observations curieuses et l'adresse avec laquelle il sut se produire dans les salons de Paris, ce récit n'eût pas été coloré des tons vrais qu'il devra sans doute à son esprit sagace et à son désir de pénétrer les mystères d'une situation épouvantable, aussi soigneusement cachée par ceux qui l'avaient créée, que par celui qui la subissait.

Au-dessus de ce troisième étage régnaient un grenier à étendre le linge et deux mansardes où couchaient un garçon de peine nommé Christophe, et la grosse Sylvie, la cuisinière.

Outre les sept pensionnaires internes, madame Vauquer avait, bon an, mal an, huit étudiants en droit ou en médecine, et deux ou trois habitués qui demeuraient dans le quartier, tous abonnés pour le dîner seulement. Ainsi, la salle contenait à dîner dix-huit personnes, et pouvait en admettre une vingtaine. Le matin, il ne s'y trouvait que les sept locataires dont la réunion offrait pendant le déjeuner l'aspect d'un repas de famille. Chacun descendait en pantoufles, et se permettait des observations confidentielles sur la mise, sur l'air des externes et sur les événements de la soirée précédente, en s'exprimant avec la confiance de l'intimité. Ces sept pensionnaires étaient les enfants gâtés de madame Vauquer qui leur mesurait avec une précision d'astronome les soins et les égards d'après le chiffre de leurs pensions. Une même considération affectait ces êtres rassemblés par le hasard. Les deux locataires du second ne payaient que cent francs par mois. Ce bon marché, qui ne se rencontre que dans le faubourg Saint-Marcel, entre la Bourbe et la Salpêtrière, et auquel madame Couture faisait seule exception, annonce que ces pensionnaires devaient être tous sous le poids de malheurs plus ou moins aigus, plus ou moins apparents. Aussi le spectacle désolant que présentait l'intérieur de cette maison se répétait-il dans le costume de ses habitués, également délabrés. Les uns portaient des redingotes dont la couleur était devenue problématique, des chaussures comme il s'en jette au coin des bornes dans les quartiers élégants, du linge élimé, des vêtements qui n'avaient plus que l'âme. Les autres avaient des robes passées, reteintes, déteintes, de vieilles dentelles raccommodées, des gants glacés par l'usage, des collerettes toujours rousses, et des fichus éraillés. Mais presque tous montraient des corps solidement charpentés, des constitutions qui avaient résisté aux tempêtes de la vie. C'étaient des faces froides, dures, effacées comme celles des écus démonétisés ; des bouches flétries, mais armées de dents avides ; enfin, c'étaient des drames ambulants, non pas de ces drames joués à la lueur des rampes, entre des toiles peintes ; mais des drames vivants et muets, des drames glacés qui remuaient chaudement le cœur, des drames continus.

La vieille demoiselle Michonneau gardait sur ses yeux fatigués un crasseux abat-jour en taffetas vert cerclé par du fil d'archal qui aurait effarouché l'ange de la Pitié. Son châle, à franges maigres et pleurardes, semblait couvrir un squelette, tant les formes qu'il cachait étaient anguleuses. Quel acide avait dépouillé cette créature de ses formes féminines ? car il était facile de voir qu'elle avait été jolie et bien faite ; était-ce le vice, le chagrin, la stupidité ? avait-elle trop aimé ? avait-elle été marchande à la toilette, ou seulement courtisane ? Expiait-elle les triomphes d'une jeunesse insolente, au-devant de laquelle s'étaient rués les plaisirs, par une vieillesse que fuyaient les passants ? Son regard blanc donnait froid ; sa figure rabougrie menaçait. Elle avait la voix clairette d'une cigale criant dans son buisson aux approches de l'hiver. Elle disait avoir pris soin d'un vieux monsieur affecté d'un catarrhe à la vessie, abandonné par ses enfants qui le croyaient sans ressources. Ce vieillard lui avait laissé quinze cents francs de rentes viagères, périodiquement disputées par les héritiers, aux calomnies desquels elle se trouvait en butte. Quoique le jeu des passions eût ravagé sa figure, il s'y trouvait encore certains vestiges d'une blancheur et d'une finesse dans le tissu qui permettaient de supposer que le corps avait conservé quelques restes de beauté.

M. Poiret était une espèce de mécanique. En l'apercevant s'étendre comme une ombre grise le long d'une allée au Jardin-des-Plantes, la tête couverte d'une vieille casquette flasque, tenant à peine sa canne à pomme d'ivoire jauni dans sa main, laissant flotter les pans flétris de sa redingote qui cachait mal une culotte presque vide, et des jambes en bas bleus qui flageolaient comme celles d'un homme ivre, montrant son gilet blanc sale, et son jabot de grosse mousseline recroquevillée qui s'unissait imparfaitement à sa cravate cordée autour de son cou de dindon, bien des gens se demandaient si cette ombre chinoise appartenait à la race audacieuse des fils de Japhet qui voltigent sur le boulevard Italien. Quel travail avait pu le ratatiner ainsi ? quelle passion avait bistré sa face bulbeuse, qui, dessinée en caricature, aurait paru hors du vrai ? Ce qu'il avait été ? mais peut-être avait-il été employé au ministère de la justice, dans le bureau où les exécuteurs des hautes œuvres envoient leurs mémoires de frais, le compte des fournitures de voiles noirs pour les parricides, de son pour les paniers, de ficelles pour les couteaux. Peut-être avait-il été receveur à la porte d'un abattoir, ou sous-inspecteur de la salubrité. Enfin, cet homme semblait avoir été l'un des ânes de notre grand moulin social ; l'un de ces Ratons parisiens que ne connaissent même pas leurs Bertrands. C'était un pivot sur lequel avaient tourné les infortunes ou les saletés publiques, un de ces hommes dont nous disons, en les voyant : — *Il en faut pourtant comme ça.*

Le beau Paris ignore ces figures blêmes de souffrances, ou morales, ou physiques. Mais Paris est un véritable océan. Jetez-y la sonde : vous n'en connaîtrez jamais la profondeur. Parcourez-le, décrivez-le : quelque soin que vous mettiez à le parcourir, à le décrire ; quelque nombreux et intéressés que soient les explorateurs de cette mer, il s'y rencontrera toujours un lieu vierge, un antre inconnu, des fleurs, des perles, des monstres, quelque chose d'inouï, mais d'oublié par les plongeurs littéraires. La Maison-Vauquer est une de ces monstruosités curieuses.

Deux figures y formaient un contraste frappant avec la masse des pensionnaires et des habitués. Quoique mademoiselle Victorine Taillefer eût une blancheur maladive semblable à celle des jeunes filles attaquées de chlorose, et qu'elle se rattachât à la souffrance générale qui faisait le fond de ce tableau, par une tristesse habituelle, par une contenance gênée, par un air pauvre et grêle, néanmoins, son visage n'était pas vieux ; ses mouvements et sa voix étaient agiles. Enfin c'était un jeune malheur, un arbuste aux feuilles flavescentes, fraîchement planté dans un terrain contraire. Sa physionomie roussâtre, ses cheveux d'un blond fauve, sa taille trop mince ne manquaient pas de grâce. Ses yeux mélangés de noir étaient pleins de douceur et de résignation chrétienne. Ses vêtements, simples, peu coûteux, couvraient des formes jeunes. Elle était jolie par juxtaposition. Heureuse, elle eût été ravissante. Le bonheur est la poésie des femmes, comme la toilette en est le fard. Si la joie d'un bal eût reflété ses teintes rosées sur ce visage pâle, si les douceurs d'une vie élégante eussent rempli, eussent vermillonné ses joues déjà légèrement creusées, si l'amour eût ranimé ses yeux tristes, elle aurait pu lutter avec les plus belles jeunes filles. Il lui manquait ce qui crée une seconde fois la femme : les chiffons et les billets doux. Son histoire eût fourni le sujet d'un livre. Son père croyait avoir des raisons pour ne pas la reconnaître, refusait de la garder près de lui, ne lui accordait que six cents francs par an, et avait dénaturé sa fortune, afin de pouvoir la transmettre en entier à son fils. Parente éloignée de la mère de Victorine, qui jadis était venue mourir de désespoir chez elle, madame Couture prenait soin de l'orpheline comme si c'eût été son enfant. Malheureusement, la veuve du commissaire-ordonnateur des armées de la république, ne possédant rien au monde qu'une pension et son douaire, devait laisser un jour cette pauvre fille, sans expérience et sans ressources, à la merci du monde. Elle menait Victorine à la messe tous les dimanches, à confesse tous les quinze jours; elle en faisait à tout hasard une fille pieuse. Elle avait raison. Les sentiments religieux offraient un avenir à cette enfant désavouée, qui aimait son père, qui tous les ans s'acheminait chez lui pour y apporter le pardon de sa mère, et qui, tous les ans, trouvait inexorable la porte de la maison paternelle. Son frère, son unique médiateur, n'était pas venu la voir une seule fois en quatre ans, et ne lui envoyait aucun secours. Elle suppliait Dieu de dessiller les yeux de son père, d'attendrir le cœur de son frère; elle priait pour eux sans les accuser. Madame Couture et madame Vauquer ne trouvaient pas assez de mots dans le dictionnaire des injures pour qualifier cette conduite barbare; et quand elles maudissaient ce millionnaire infâme, Victorine faisait entendre de douces paroles, semblables au chant du ramier blessé, dont le cri de douleur exprime encore l'amour.

Eugène de Rastignac avait un visage tout méridional, le teint blanc, des cheveux noirs, des yeux bleus. Sa tournure, ses manières, sa pose habituelle, dénotaient le fils d'une famille noble, où l'éducation première ne comportait que des traditions de bon goût. S'il était ménager de ses habits, si les jours ordinaires il achevait d'user les vêtements de l'an passé, néanmoins, il pouvait sortir quelquefois mis comme l'est un jeune homme élégant. Habituellement il portait une vieille redingote, un mauvais gilet, la méchante cravate noire, flétrie, mal nouée de l'étudiant, un pantalon à l'avenant et des bottes ressemelées.

Entre ces deux personnages et les autres, M. Vautrin, l'homme de quarante ans, à favoris peints, servait de transition. Il était un de ces gens dont le peuple dit : — Voilà un fameux gaillard! il avait les épaules larges, le buste bien développé, les muscles apparents, des mains épaisses, carrées et fortement marquées aux phalanges par des bouquets de poils touffus et d'un roux ardent. Sa figure, rayée par des rides prématurées, avait un caractère de dureté que démentaient ses manières souples et liantes. Sa voix de basse-taille, en harmonie avec sa grosse gaieté, ne déplaisait point. Il était obligeant et rieur. Si quelque serrure allait mal, il l'avait bientôt démontée, rafistolée, huilée, remontée, en disant : — Ça me connaît. Il connaissait tout d'ailleurs : les vaisseaux, la mer, la France, l'étranger, les affaires, les hommes, les événements, les lois, les hôtels et les prisons. Si quelqu'un se plaignait par trop, il lui offrait aussitôt de lui rendre service. Il avait prêté plusieurs fois de l'argent à madame Vauquer et à quelques pensionnaires; mais ses obligés seraient morts plutôt que de ne pas le lui rendre, tant, malgré son air bon homme, il imprimait de crainte par un certain regard profond qui semblait plein de résolution. A la manière dont il lançait un jet de salive, il annonçait un sang-froid imperturbable qui ne devait pas le faire reculer devant un crime pour sortir d'une position équivoque. Son œil était un juge sévère qui semblait aller au fond de toutes les questions, de toutes les consciences, de tous les sentiments. Ses mœurs consistaient à sortir après le déjeuner, à revenir pour dîner, à décamper pour toute la soirée, et à rentrer vers minuit, à l'aide d'un passe-partout que lui avait confié madame Vauquer. Lui seul jouissait de cette faveur. Mais aussi était-il au mieux avec la veuve, qu'il appelait *maman* en la saisissant par la taille, flatterie peu comprise, attendu que la bonne femme croyait que c'était encore chose facile, tandis que Vautrin seul avait les bras assez longs pour presser cette pesante circonférence. Un trait de son caractère était de payer généreusement vingt francs par mois pour le *gloria* qu'il prenait au dessert. Des gens moins superficiels que ne l'étaient ces jeunes gens emportés par les tourbillons de la vie parisienne, ou des vieillards indifférents à ce qui ne les touchait pas directement, ne se seraient pas arrêtés à l'impression douteuse que leur causait Vautrin. Il savait ou devinait les affaires de ceux qui l'entouraient, tandis que nul ne pouvait pénétrer ni ses pensées, ni ses occupations. Néanmoins, quoiqu'il eût jeté son apparente bonhomie, sa constante complaisance et sa gaieté comme une barrière entre les autres et lui, souvent il laissait percer malgré lui l'épouvantable profondeur de son caractère. Souvent une boutade digne de Juvénal, et par laquelle il semblait se complaire à bafouer les lois, à fouetter la haute société, à la convaincre d'inconséquence avec elle-même, devait faire supposer qu'il gardait rancune à l'état social, et qu'il y avait, au fond de sa vie, un mystère soigneusement enfoui.

Attirée, peut-être à son insu, par la force de l'un ou par l'avenir de l'autre, mademoiselle Taillefer partageait ses regards furtifs, ses pensées secrètes entre ce quadragénaire et le jeune étudiant; mais aucun d'eux ne paraissait songer à elle, quoique d'un jour à l'autre le hasard pût changer sa position et la rendre un riche parti.

D'ailleurs, aucune de ces personnes ne se donnait la peine de vérifier si les malheurs allégués par l'une d'elles étaient faux ou véritables. Elles avaient toutes les unes pour les autres une indifférence mêlée de défiance qui résultait de leurs situations respectives. Elles se savaient impuissantes à soulager leurs peines, et avaient, en se les contant, épuisé la coupe des condoléances. Semblables à de vieux époux, elles n'avaient plus rien à se dire ; il ne restait donc entre elles que les rapports d'une vie mécanique, le jeu des rouages sans huile. Toutes devaient passer droit dans la rue devant un aveugle, écouter sans émotion le récit d'une infortune, et voir, dans une mort, la solution d'un problème de misère qui les rendait froides à la plus terrible agonie. La plus heureuse de ces âmes désolées était madame Vauquer, qui trônait dans cet hospice libre. Pour elle seule, ce petit jardin que le silence et le froid, e sec et l'humide faisaient vaste comme un steppe; pour elle seule, cette maison jaune et morne, qui sentait le vert-de-gris du comptoir, avait des charmes. Ces cabanons lui appartenaient ; elle nourrissait ces forçats acquis à des peines perpétuelles; elle exerçait sur eux une autorité respectée. Où ces pauvres êtres auraient-ils trouvé dans Paris, au prix où elle les donnait, des aliments sains, suffisants, et un appartement qu'ils étaient maîtres de rendre, sinon élégant ou commode, au moins propre et salubre? Se fût-elle permis une injustice criante, la victime l'aurait supportée sans se plaindre.

Une réunion semblable devait offrir et offrait en petit les éléments d'une société complète. Donc, parmi les dix-huit convives, il se rencontrait, comme dans les colléges, comme dans le monde, une pauvre créature rebutée, un souffre-douleur sur qui pleuvaient les plaisanteries. Cette figure devint, pour Eugène de Rastignac à son retour, la plus saillante de toutes celles au milieu desquelles il était condamné à vivre encore pendant deux ans. Ce patiras était l'ancien vermicellier, le père Goriot, sur la tête duquel un peintre aurait, comme l'historien, fait tomber toute la lumière du tableau. Par quel hasard ce mépris à demi haineux, cette persécution mélangée de pitié, cet irrespect du malheur avaient-ils frappé le plus ancien pensionnaire? Avait-il donné lieu par quelques-uns de ces ridicules ou de ces bizarreries que l'on pardonne moins qu'on ne pardonne des vices? Ces questions tiennent de près à bien des injustices sociales. Peut-être est-il dans la nature humaine de tout faire supporter à qui souffre par humilité vraie, par faiblesse ou par indifférence. N'aimons-nous pas tous à faire preuve de notre force, aux dépens de quelqu'un ou de quelque chose? L'être le plus débile, le gamin sonne à toutes les portes quand il fait froid, ou se hisse pour écrire son nom sur un monument vierge.

Le père Goriot, vieillard de soixante-neuf ans environ, s'était retiré chez madame Vauquer, en 1814, après avoir quitté les affaires. Il y avait d'abord pris l'appartement occupé par madame Couture, et payé seize cents francs de pension, en homme pour qui cinq louis de plus ou de moins étaient une bagatelle. Madame Vauquer avait renouvelé le mobilier des trois chambres dont se composait l'appartement, moyennant une indemnité préalable qui paya, dit-on, la valeur d'un méchant ameublement composé de rideaux en calicot jaune, de fauteuils vernis couverts en velours d'Utrecht, de quelques peintures à la colle, et de papiers que refusaient les cabarets de la banlieue. Peut-être l'insouciante générosité que mit à se laisser attraper le père Goriot, qui, à cette époque, était respectueusement nommé Monsieur Goriot, le fit-elle considérer comme un imbécile qui ne connaissait rien aux affaires. M. Goriot vint muni d'une garde-robe bien fournie, le trousseau magnifique du négociant qui ne se refuse rien en se retirant du commerce. Madame Vauquer avait admiré dix-huit chemises de demi-hollande, dont la finesse était d'autant plus remarquable que le vermicellier portait sur son jabot dormant deux épingles unies par une chaînette, et dont chacune était montée d'un gros diamant. Il était habituellement vêtu d'un habit bleu-barbeau, de drap fin, et prenait chaque jour un gilet piqué blanc, sous lequel fluctuait son ventre proéminent qui faisait rebondir une lourde chaîne d'or, garnie de breloques. Sa tabatière, également en or, contenait un médaillon plein de cheveux, qui le rendaient en apparence coupable de quelques bonnes fortunes. Quand son hôtesse l'accusa d'être un *galantin*, il laissa errer sur ses lèvres le gai sourire du bourgeois dont on flatte le *dada*. Ses *ormoires* (il prononçait ce mot à la manière du menu peuple) furent remplies par la nombreuse argenterie de son ménage. Les yeux de la veuve s'allumèrent quand elle l'aida complaisamment à déballer et à ranger les louches, les cuillers à ragoût, les couverts, les huiliers, les saucières, plusieurs plats, des déjeuners en vermeil, enfin des pièces plus ou moins belles, pesant un certain nombre de marcs, et dont il ne voulait pas se défaire, parce que c'étaient des cadeaux qui lui rappelaient les solennités de sa vie domestique.

— Ceci, dit-il à madame Vauquer en serrant un plat et une petite écuelle dont le couvercle représentait deux tourterelles qui se becquetaient, est le premier présent que m'a fait ma femme, le jour de notre anniversaire. Pauvre bonne! elle y avait consacré ses économies de demoiselle. Voyez-vous, madame, j'aimerais mieux gratter la terre avec mes ongles que de me séparer de cela. Dieu merci, je pourrai prendre dans cette écuelle mon chocolat tous les matins, durant le reste de mes jours. Je ne suis pas à plaindre, j'ai sur la planche du pain cuit pour longtemps.

Enfin, madame Vauquer avait bien vu, de son œil de pie, quelques inscriptions sur le grand-livre, qui, vaguement additionnées, pouvaient faire à M. Goriot un revenu d'environ huit à dix mille francs. Dès ce jour, madame Vauquer née de Conflans, qui avait alors quarante-huit ans effectifs et n'en acceptait que trente-neuf, eut des idées. Quoique le larmier des yeux de M. Goriot fut retourné, gonflé, pendant, ce qui l'obligeait à les essuyer assez fréquemment, elle lui trouva l'air agréable et *comme il faut*. D'ailleurs son mollet charnu, saillant, pronostiquait, autant que son long nez carré, des qualités morales auxquelles paraissait tenir la veuve, et que confirmait la face lunaire et naïvement niaise du bonhomme. Ce devait être une bête solidement bâtie, capable de dépenser tout son esprit en sentiment. Ses cheveux en ailes de pigeon, que le coiffeur de l'École-Polytechnique vint lui poudrer tous les matins, dessinaient cinq pointes sur son front bas et décoraient bien sa figure. Quoiqu'un peu rustaud, il était si bien tiré à quatre épingles, il prenait si richement son tabac, il le humait en homme si sûr de toujours avoir sa tabatière pleine de macouba, que le jour où M. Goriot s'installa chez elle, madame Vauquer se coucha le soir, en rôtissant, comme une perdrix dans sa barde, au feu du désir qui la saisit de quitter le suaire du Vauquer, pour renaître en Goriot. Se marier, vendre sa pension, donner le bras à cette fine fleur de bourgeoisie, devenir une dame notable dans le quartier, y quêter pour les indigents, faire de petites parties, le dimanche, à Choisy, Soisy, Gentilly; aller au spectacle à sa guise, en loge, sans attendre les billets d'auteur que lui donnaient quelques-uns de ses pensionnaires, au mois de juillet; elle rêva tout l'Eldorado des petits ménages parisiens. Elle n'avait avoué à personne qu'elle possédait quarante mille francs, amassés sou à sou. Certes elle se croyait, sous le rapport de la fortune, un parti sortable.

Quant au reste, je vaux bien le bonhomme! se dit-elle en se retournant dans son lit, comme pour s'attester à elle-même des charmes que la grosse Sylvie trouvait chaque matin moulés en creux.

Dès ce jour, pendant environ trois mois, la veuve Vauquer profita du coiffeur de M. Goriot, et fit quelques frais de toilette, excusés par la nécessité de donner à sa maison un certain décorum en harmonie avec les personnes honorables qui la fréquentaient. Elle s'intrigua beaucoup pour changer le personnel de ses pensionnaires, en affichant la prétention de n'accepter désormais que les *gens les plus distingués sous tous les rapports*. Un étranger se présentait-il, elle lui vantait la préférence que M. Goriot, un des négociants les plus notables et les plus respectables de Paris, lui avait accordée. Elle distribua des prospectus en tête desquels se lisait : MAISON-VAUQUER.

— C'était, y disait-elle, une des plus anciennes et des plus estimées pensions bourgeoises du pays latin. Il y existait une vue des plus agréables sur la vallée des Gobelins (on l'apercevait du troisième étage), et un *joli* jardin, au bout duquel s'étendait une ALLÉE de tilleuls. Elle y parlait du bon air, de la solitude.

Ce prospectus lui amena madame la comtesse de l'Ambermesnil, femme de trente-six ans, qui attendait la fin de la liquidation et le règlement d'une pension qui lui était due, en qualité de veuve de général mort sur *les* champs de bataille. Madame Vauquer soigna sa table, fit du feu dans le salon pendant près de six mois, et tint si bien les promesses de son prospectus, *qu'elle y mit du sien*. Aussi la comtesse disait-elle à madame Vauquer, en l'appelant *sa chère amie*, qu'elle lui procurerait la baronne de Vaumerland et la veuve du colonel Picquoiseaud, deux de ses amies, qui achevaient au Marais leur terme dans une pension plus coûteuse que ne l'était la Maison-Vauquer. Ces dames seraient d'ailleurs à leur aise quand les bureaux de la guerre auraient fini leur travail.

— Mais, disaient-elles, les bureaux ne terminent rien.

Les deux veuves montaient ensemble, après le dîner, dans la chambre de madame Vauquer, et y faisaient de petites causettes en buvant du cassis et mangeant des friandises réservées. La comtesse approuva beaucoup les vues de son hôtesse sur M. Goriot; vues excellentes, qu'elle avait d'ailleurs devinées dès le premier jour. Elle le trouvait un homme parfait.

— Ah! ma chère dame, un homme sain comme mon œil, lui disait la veuve, un homme bien conservé, et qui peut donner encore bien de l'agrément à une femme.

La comtesse fit généreusement des observations à madame Vauquer sur sa mise, laquelle n'était pas en harmonie avec ses prétentions. — Il faut vous mettre sur le pied de guerre, lui dit-elle.

Après bien des calculs, les deux veuves allèrent ensemble au Palais-Royal, où elles achetèrent, aux galeries de bois, un chapeau à plumes et un bonnet; puis la comtesse entraîna son amie au magasin de *la petite Jeannette*, où elles choisirent une robe et une écharpe. Quand ces munitions furent employées, et que la veuve fut *sous les armes*, elle ressembla parfaitement à l'enseigne du *Bœuf à la mode*; mais elle se trouva si changée à son avantage, que l'hôtesse, quoique peu *donnante*, se crut néanmoins l'obligée de la comtesse, et la pria d'accepter un chapeau de vingt francs. Elle comptait, à la vérité, lui demander le service de sonder M. Goriot et de la faire valoir auprès de lui. Madame de l'Ambermesnil se prêta fort amicalement à ce manège. Elle cerna le vieux vermicellier, avec lequel elle réussit à avoir une conférence. Mais après l'avoir trouvé pudibond, pour ne pas dire réfractaire aux tentatives que lui suggéra son désir particulier de le séduire pour son propre compte, elle sortit révoltée de sa grossièreté.

— Mon ange, dit-elle à sa chère amie, vous ne tirerez rien de cet homme-là! Il est ridiculement défiant; c'est un grippe-sou, une bête, un sot, un *mastok* qui ne vous causera que du désagrément.

Il y eut entre M. Goriot et madame de l'Ambermesnil des choses telles que la comtesse ne voulut même plus se trouver avec lui. Le lendemain, elle partit en oubliant de payer cinq mois de pension, et en laissant une défroque prisée cinq francs. Quelque âpreté que madame Vauquer mit à ses recherches, elle ne put obtenir aucun renseignement dans Paris sur la comtesse de l'Ambermesnil. Elle parlait souvent de cette déplorable affaire, en se plaignant de son trop de confiance, quoiqu'elle fût plus méfiante que ne l'est une chatte; mais elle ressemblait à beaucoup de personnes qui se défient de leurs proches et se livrent au premier venu. Fait moral, bizarre, mais vrai, dont la racine est facile à trouver dans le cœur humain. Peut-être certaines gens n'ont-ils plus rien à gagner auprès des personnes avec lesquelles ils vivent? Après leur avoir montré le vide de leur âme, ils se sentent secrètement jugés par elles avec une sévérité méritée; mais éprouvant un invincible besoin de flatteries qui leur manquent, ou dévorés par l'envie de paraître posséder les qualités qu'ils n'ont pas, ils espèrent surprendre l'estime ou les affections de ceux qui leur sont étrangers, au risque de déchoir un jour. Enfin il est des cœurs mercenaires qui ne font aucun bien à leurs amis ou à leurs proches, parce qu'ils le doivent; tandis qu'en rendant service à des étrangers, ils en recueillent des gains d'amour-propre. Plus le cercle de leurs affections est près d'eux, moins ils aiment; plus il s'étend, plus serviables ils sont. Madame Vauquer tenait sans doute de ces deux natures, essentiellement mesquines, fausses, exécrables.

— Si j'avais été ici, lui disait alors M. Vautrin, ce malheur ne vous serait pas arrivé! Je vous aurais joliment dévisagé cette farceuse-là. Je connais leurs allures et toutes leurs *frimousses*.

Madame Vauquer avait, comme tous les esprits rétrécis, l'habitude de ne pas sortir du cercle des événements, et de n'en pas juger les causes. Elle aimait à s'en prendre à autrui de ses propres fautes.

Quand cette perte eut lieu, elle considéra l'honnête vermicellier comme le principe de son infortune, et commença dès lors, disait-elle, à *se dégriser sur son compte*. Lorsqu'elle eut reconnu l'inutilité de ses agaceries et de ses frais de représentation, elle ne tarda pas à en deviner la raison; elle s'aperçut alors que son pensionnaire avait déjà, selon son expression, *ses allures*. Enfin il lui fut prouvé que son espoir, si mignonnement caressé, reposait sur une base chimérique, et qu'elle ne tirerait jamais rien de cet homme-là, suivant le mot énergique de la comtesse, qui paraissait être une connaisseuse. Alors elle alla nécessairement plus loin en aversion qu'elle n'avait été dans son amitié, parce que sa haine ne fut pas en raison de son amour, mais de ses espérances trompées. Si le cœur humain trouve des repos en montant les hauteurs de l'affection, il s'arrête rarement sur la pente rapide de ses sentiments haineux. Mais M. Goriot était son pensionnaire! elle fut donc obligée de réprimer les explosions de son amour-propre blessé, d'enterrer les soupirs que lui causa cette déception, et de dévorer ses désirs de vengeance, comme un moine vexé par son prieur. Les petits esprits satisfont leurs sentiments, bons ou mauvais, par des petitesses incessantes, et la veuve employa donc sa malice de femme à inventer de sourdes persécutions contre sa victime. Elle commença par retrancher les superfluités introduites dans sa pension.

— Plus de cornichons! plus d'anchois! ce sont duperies! dit-elle à Sylvie, le matin où elle rentra dans son ancien programme.

Mais M. Goriot était un homme frugal, chez qui la parcimonie nécessaire aux gens qui font eux-mêmes leur fortune était dégénérée en habitude. La soupe, le bœuf, un plat de légumes, avaient été, devaient toujours être son dîner de prédilection. Il fut donc bien difficile à madame Vauquer de tourmenter son pensionnaire, dont elle ne pouvait en rien froisser les goûts. Désespérée de rencontrer un homme inattaquable, elle se mit à le déconsidérer, et fit ainsi partager son aversion pour M. Goriot par ses pensionnaires, qui, par amusement, servirent ses vengeances.

Vers la fin de la première année, la veuve en était venue à un tel degré de méfiance, qu'elle se demandait pourquoi ce négociant riche de sept à huit mille livres de rente, qui possédait une argenterie superbe, et des bijoux aussi beaux que ceux d'une fille entretenue, demeurait chez elle, en lui payant une pension si modique relativement à sa fortune. Pendant la plus grande partie de cette première année, M. Goriot avait souvent dîné dehors une ou deux fois par semaine; puis, insensiblement il en était arrivé à ne plus dîner en ville que deux fois par mois. Les petites parties fines de M. Goriot convenaient trop bien aux intérêts de madame Vauquer pour qu'elle ne fût pas mécontente de l'exactitude progressive avec laquelle son pensionnaire prenait ses repas chez elle. Ces changements furent attribués autant à une lente diminution de fortune qu'au désir de contrarier son hôtesse ; car, une des plus détestables habitudes de ces esprits lilliputiens est de supposer leurs petitesses aux autres. Malheureusement, à la fin de la deuxième année, M. Goriot justifia les bavardages dont il était l'objet, en demandant à madame Vauquer de passer au second étage, et de réduire sa pension à douze cents francs. Il eut besoin d'une si stricte économie, qu'il ne fit plus de feu chez lui pendant l'hiver. La veuve Vauquer voulut être payée d'avance, à quoi consentit M. Goriot, que dès lors elle nomma *le père Goriot.*

Ce fut à qui devinerait les causes de cette décadence. Exploration difficile ! Comme l'avait dit la fausse comtesse, le père Goriot était un sournois, un taciturne. Or, suivant la logique des gens à tête vide, indiscrets parce qu'ils n'ont que des riens à dire, ceux qui ne parlent pas de leurs affaires, en doivent faire de fort mauvaises. Ce négociant si distingué devint un fripon ; ce galantin fut un vieux drôle. Tantôt, selon M. Vautrin, qui vint vers cette époque habiter la Maison-Vauquer, le père Goriot était un homme qui allait à la Bourse et qui, suivant une expression assez énergique de la langue financière, *carottait* sur les rentes après s'y être ruiné. Tantôt c'était un de ces petits joueurs qui vont hasarder et gagner tous les soirs dix francs au jeu. Tantôt on en faisait un espion attaché à la haute police ; mais M. Vautrin prétendait qu'il n'était pas assez rusé *pour en être.* Le père Goriot était encore un avare qui prêtait à la petite semaine ; un homme qui nourrissait des numéros à la loterie ; enfin, on en faisait tout ce que le vice, la honte, l'impuissance engendrent de plus mystérieux. Seulement, quelque ignobles que fussent sa conduite ou ses vices, l'aversion qu'il inspirait n'allait pas jusqu'à le faire bannir : il payait sa pension. Puis il était utile, chacun essuyait sur lui sa bonne ou sa mauvaise humeur par des plaisanteries ou des bourrades.

L'opinion qui paraissait la plus probable, et qui fut généralement adoptée, était celle de madame Vauquer. A l'entendre, cet homme si bien conservé, sain comme son œil, et avec lequel on pouvait avoir encore beaucoup d'agrément, était un libertin qui avait des goûts étranges. Voici sur quels faits la veuve Vauquer appuyait ses calomnies. Quelques mois après le départ de cette désastreuse comtesse qui avait su vivre pendant cinq mois à ses dépens, un matin, avant de se lever, elle entendit dans son escalier le froufrou d'une robe de soie et le pas mignon d'une femme jeune et légère qui filait chez M. Goriot, dont la porte s'était intelligemment ouverte. Aussitôt la grosse Sylvie vint dire à sa maîtresse qu'une fille, trop jolie pour être honnête, *mise comme une divinité,* chaussée en brodequins de prunelle qui n'étaient pas crottés, s'était glissée, comme une anguille, de la rue jusqu'à sa cuisine, et lui avait demandé l'appartement de M. Goriot. Madame Vauquer et sa cuisinière se mirent aux écoutes, et surprirent plusieurs mots tendrement prononcés pendant la visite, qui dura quelque temps. Quand M. Goriot reconduisit *sa dame,* la grosse Sylvie prit aussitôt son panier, et feignit d'aller au marché, pour suivre le couple amoureux.

— Madame, dit-elle à sa maîtresse en revenant, il faut que M. Goriot soit diantrement riche tout de même, pour les mettre sur ce pied-là. Figurez-vous qu'il y avait au coin de l'Estrapade un superbe équipage dans lequel *elle* est montée.

Pendant le dîner, madame Vauquer alla tirer un rideau, pour empêcher que M. Goriot ne fût incommodé par le soleil, dont un rayon lui tombait sur les yeux. C'était, disait-elle, *un coup monté.*

— Vous êtes aimé des belles, monsieur Goriot ; le soleil vous cherche, dit-elle en faisant allusion à la visite qu'il avait reçue. Peste ! vous avez bon goût, elle était bien jolie.

— C'était ma fille, dit-il avec une sorte d'orgueil, dans lequel les pensionnaires voulurent voir la fatuité d'un vieillard qui garde les apparences.

Un mois après cette visite, M. Goriot en reçut une autre. Sa fille, qui, la première fois, était venue habillée en matin, vint après le dîner ; et les pensionnaires, occupés à causer dans le salon, purent voir en elle une jolie blonde, mince de taille, gracieuse, et beaucoup trop distinguée pour être la fille d'un Goriot.

— Et de deux ! dit la grosse Sylvie qui ne la reconnut pas.

Quelques jours après, une autre fille grande et bien faite, brune à cheveux noirs et à l'œil vif, demanda M. Goriot.

— Et de trois, dit Sylvie.

Cette seconde fille, qui, la première fois, était également venue voir son père le matin, vint, quelques jours après, le soir, en toilette de bal et en voiture.

— Et de quatre, dirent madame Vauquer et la grosse Sylvie, qui ne reconnurent dans cette grande dame aucun vestige de la fille simplement mise le matin.

M. Goriot payait encore quinze cents francs de pension. Madame Vauquer trouva tout naturel qu'un homme riche eût quatre ou cinq maîtresses, et le trouva même fort adroit de les faire passer pour ses filles. Elle ne se formalisa point de ce qu'il les mandait dans la Maison-Vauquer. Seulement, comme ces visites lui expliquaient l'indifférence de son pensionnaire à son égard, elle se permit, au commencement de la deuxième année, de l'appeler *vieux matou*. Puis un jour, quand son pensionnaire tomba dans les douze cents francs, elle lui demanda fort insolemment ce qu'il comptait faire de sa maison, en voyant descendre une de ces dames. Le père Goriot lui répondit que cette dame était sa fille aînée.

— Vous en avez donc trente-six, des filles? dit aigrement madame Vauquer.

— Je n'en ai que deux, répliqua le pensionnaire avec la douceur d'un homme ruiné qui commence à prendre toutes les docilités de la misère.

Vers la fin de la troisième année, le père Goriot réduisit encore ses dépenses, en montant au troisième étage et en se mettant à soixante-dix francs de pension par mois. Il se passa de tabac, congédia son perruquier et ne mit plus de poudre. Quand le père Goriot parut pour la première fois sans être poudré, son hôtesse laissa échapper une exclamation de surprise en apercevant la couleur de ses cheveux, qui étaient d'un gris sale et verdâtre. Sa physionomie, que des chagrins secrets avaient insensiblement rendue plus triste de jour en jour, semblait la plus désolée de toutes celles qui garnissaient la table. Alors il n'y eut plus aucun doute. Le père Goriot était un vieux libertin, dont les yeux n'avaient été préservés de la maligne influence des remèdes nécessités par ses maladies que par l'habileté d'un médecin; la couleur dégoûtante de ses cheveux provenait de ses excès et des drogues qu'il avait prises pour les continuer. L'état physique et moral du bonhomme donnait raison à ces radotages. Quand son beau trousseau fut usé, il acheta du calicot à quatorze sous l'aune pour le remplacer. Ses diamants, sa tabatière d'or, sa chaîne, ses bijoux avaient disparu un à un. Il avait quitté l'habit bleu-barbeau, tout son costume cossu, pour porter, hiver comme été, une redingote de drap marron grossier, un gilet en poil de chèvre, et un pantalon gris en cuir de laine. Il devint progressivement maigre, ses mollets tombèrent, sa figure, bouffie par le contentement d'un bonheur bourgeois, se rida démesurément, son front se plissa, sa mâchoire se dessina. Durant la quatrième année de son établissement rue Neuve-Sainte-Geneviève, il ne se ressemblait plus. Le bon vermicellier de soixante-deux ans, qui ne paraissait pas en avoir quarante, le bourgeois gros et gras, frais de bêtise, dont la tenue égrillarde réjouissait les passants, qui avait quelque chose de vert dans le sourire, semblait être un septuagénaire hébété, vacillant, blafard. Ses yeux bleus si vivaces prirent des teintes ternes et gris de fer; ils avaient pâli, ne larmoyaient plus, et leur bordure rouge semblait pleurer du sang. Aux uns, il faisait horreur; aux autres, il faisait pitié. De jeunes étudiants en médecine, ayant remarqué l'abaissement de sa lèvre inférieure et mesuré le sommet de son angle facial, le déclarèrent atteint de crétinisme, après l'avoir longtemps houspillé sans en rien tirer.

Un soir, après le dîner, madame Vauquer lui ayant dit en manière de raillerie : — Hé bien! elles ne viennent donc plus vous voir, vos filles? en mettant en doute sa paternité; le père Goriot tressaillit comme si son hôtesse l'eût piqué avec un fer.

— Elles viennent quelquefois, dit-il d'une voix émue.

— Ha, ha, vous les voyez encore quelquefois! s'écrièrent les étudiants; bravo, père Goriot!

Il n'entendit pas les plaisanteries dont sa réponse fut le sujet; il était retombé dans un état méditatif que ceux qui l'observaient superficiellement prenaient pour un engourdissement sénile dû à son défaut d'intelligence. S'ils l'avaient bien connu, peut-être auraient-ils été vivement intéressés par le problème que présentait sa situation physique et morale. Mais rien n'était plus difficile. D'abord, quoiqu'il fût aisé de savoir si M. Goriot avait réellement été vermicellier, et quel était le chiffre de sa fortune, les vieilles gens dont la curiosité s'éveilla sur son compte ne sortaient pas du quartier et vivaient dans la pension comme des huîtres sur un rocher. Quant aux autres personnes, l'entraînement particulier de la vie parisienne leur faisait oublier, en sortant de la rue Neuve-Sainte-Geneviève, le pauvre vieillard dont ils se moquaient. Pour ces esprits étroits, comme pour ces jeunes gens insouciants, la sèche et froide misère du père Goriot, sa stupide attitude, étaient incompatibles avec une fortune et une capacité quelconques. Quant aux femmes qu'il nommait ses filles, chacun partageait l'opinion de madame Vauquer, qui disait, avec la logique sévère que l'habitude de tout supposer donne aux vieilles femmes occupées à bavarder pendant leurs soirées : Si le père Goriot avait des filles aussi riches que paraissaient l'être toutes les dames qui sont venues le voir, il ne serait pas dans ma maison, au troisième, à soixante-dix francs par mois, et n'irait pas vêtu comme un pauvre.

Rien ne pouvait démentir ces inductions. Aussi, vers la fin du mois de novembre 1819, époque à laquelle éclata ce drame, chacun dans la pension avait-il des idées bien arrêtées sur le pauvre vieillard. Il n'avait jamais eu ni fille ni femme; l'abus des plaisirs en faisait un colimaçon, un mollusque anthropomorphe à classer dans les gastéropodes, disait un employé au Muséum, un des habitués à cachets. M. Poiret était un aigle, un gentleman auprès de Goriot ; M. Poiret parlait, raisonnait, répondait ; il ne disait rien, à la vérité, en parlant, raisonnant ou répondant ; il avait l'habitude de répéter en d'autres termes ce que les autres disaient ; mais il contribuait à la conversation ; il était vivant, il paraissait sensible ; tandis que le père Goriot, disait encore l'employé au Muséum, était à zéro de Réaumur.

Eugène de Rastignac était revenu dans une disposition d'esprit que doivent avoir connu les jeunes gens supérieurs, ou ceux auxquels une position difficile communique momentanément les qualités des hommes d'élite. Pendant sa première année de séjour à Paris, le peu de travail que veulent les premiers grades à prendre dans la faculté l'avait laissé libre de goûter les délices visibles du Paris matériel. Un étudiant n'a pas trop de temps s'il veut connaître le répertoire de chaque théâtre, étudier les issues du labyrinthe parisien, savoir les usages, la langue, et prendre l'habitude des plaisirs particuliers de la capitale ; fouiller les bons et les mauvais endroits ; suivre les cours qui amusent ; inventorier les richesses des musées. Alors un étudiant se passionne toujours pour des niaiseries qui lui paraissent grandioses ; il a son grand homme, un professeur du collége de France, payé pour se tenir à la hauteur de son auditoire ; alors il rehausse sa cravate et se pose pour la femme des premières galeries de l'Opéra-Comique. Dans ces initiations successives, il se dépouille de son aubier, il agrandit l'horizon de sa vie, et finit par concevoir la superposition des couches humaines dont se compose la société. S'il a commencé par admirer les voitures qui descendent des Champs-Élysées par un beau soleil, il arrive bientôt à les envier.

Eugène avait subi cet apprentissage à son insu, quand il partit en vacances, après avoir été reçu bachelier ès-lettres et bachelier en droit. Ses illusions d'enfance, ses idées de province, avaient disparu. Son intelligence modifiée, agrandie, son ambition exaltée, lui firent alors voir juste au milieu du manoir paternel, au sein de la famille. Son père, sa mère, ses deux frères en bas âge, ses deux sœurs, et une tante dont la fortune consistait en pensions, vivaient sur la petite terre de Rastignac, un domaine dont le produit net allait à trois mille francs, mais dont le revenu avait l'incertitude qui attend les produits tout industriels de la vigne, et dont il fallait néanmoins extraire chaque année douze cents francs pour lui. L'aspect de cette constante détresse, qui lui était généreusement cachée, la comparaison qu'il fut forcé d'établir entre ses sœurs, qui lui semblaient si belles dans son enfance, et les femmes de Paris qui lui avaient réalisé le type d'une beauté rêvée ; l'avenir incertain de cette nombreuse famille qui reposait sur lui ; la parcimonieuse attention avec laquelle il vit serrer les plus minces productions ; la boisson faite avec les marcs du pressoir ; enfin, une foule de circonstances inutiles à consigner ici, décuplèrent son désir de parvenir, lui donnèrent la soif des distinctions ; et, comme il arrive aux âmes grandes, il voulut d'abord ne les devoir qu'à son mérite. Néanmoins, son esprit était éminemment méridional. Ses déterminations devaient donc être variablement soumises à cette incertitude dans les moyens d'exécution qui saisit les jeunes gens quand ils se trouvent en pleine mer, sans savoir de quel côté diriger leurs forces, ni sous quel angle enfler leurs voiles. Si d'abord il voulut se jeter à corps perdu dans le travail, séduit bientôt par la nécessité de se créer des relations, il remarqua combien les femmes sont influentes dans la vie sociale, et voulut se lancer dans le monde, afin d'y conquérir des protectrices. Devaient-elles manquer à un jeune homme ardent et spirituel, dont l'esprit et l'ardeur étaient rehaussés par une tournure élégante et par une sorte de beauté nerveuse à laquelle les femmes se laissent prendre volontiers ? Ces idées l'assaillirent au milieu des champs, pendant des promenades que jadis il faisait gaiement avec ses sœurs, qui le trouvèrent bien changé. Sa tante, madame de Marcillac, autrefois présentée à la cour, y avait connu les sommités aristocratiques. Tout à coup le jeune ambitieux reconnut dans les souvenirs dont sa tante l'avait si souvent bercé les éléments de plusieurs conquêtes sociales au moins aussi importantes que celles qu'il entreprenait à l'école de droit. Il questionna sur les liens de parenté qui pouvaient encore se renouer. La vieille dame, après avoir secoué les branches de l'arbre généalogique, estima que de toutes les personnes qui pouvaient servir son neveu, parmi la gent égoïste des parents riches, madame la vicomtesse de Beauséant serait la moins récalcitrante. Elle écrivit à cette jeune femme une lettre dans l'ancien style, et la remit à Eugène en lui disant que, s'il réussissait auprès de la vicomtesse, elle lui ferait retrouver ses autres parents. Quelques jours après son arrivée, Rastignac envoya la lettre de sa tante à madame de Beauséant, qui lui répondit par une invitation de bal pour le lendemain.

Telle était la situation générale de la pension bourgeoise vers la fin du mois de novembre 1819.

Le 2 décembre, Eugène, parti le matin pour le bal de madame de Beauséant, rentra vers minuit. Afin de regagner le temps perdu, le courageux étudiant s'était promis, en dansant, de travailler jusqu'au matin. Il allait passer la nuit pour la première fois au milieu de ce silencieux quartier ; car il s'était mis sous le charme d'une fausse énergie en voyant les splendeurs du monde. Il n'avait pas dîné chez madame Vauquer. Ses voisins purent donc croire qu'il ne reviendrait du bal que le lendemain matin au petit jour, comme il était quelquefois rentré des fêtes du Prado ou des bals de l'Odéon, en crottant ses bas de soie et gauchissant ses escarpins. Avant de mettre les verrous à la porte, Christophe l'avait ouverte pour regarder dans la rue. Rastignac, s'étant présenté en ce moment, put monter dans sa chambre sans faire de bruit, suivi de Christophe, qui en faisait beaucoup. Eugène se déshabilla, se mit en pantoufles, prit une méchante redingote, alluma son feu de mottes, et se prépara lestement au travail, en sorte que Christophe couvrit encore par le tapage de ses gros souliers les apprêts peu bruyants du jeune homme.

Eugène resta pensif pendant quelques moments avant de lire ses livres de droit. Il venait de reconnaître en madame la vicomtesse de Beauséant l'une des femmes les plus à la mode à Paris, et dont la maison passait pour être la plus agréable du faubourg Saint-Germain. Elle était d'ailleurs, et par son nom et par sa fortune, l'une des sommités les plus imposantes du monde aristocratique. Grâce à sa tante de Marcillac, lui, pauvre étudiant, avait été bien reçu dans cette maison, sans connaître l'étendue de cette faveur. Être admis dans ces salons dorés, c'était un brevet de haute noblesse, c'était conquérir le droit d'aller partout. Ébloui par cette brillante assemblée, ayant à peine échangé quelques paroles avec la vicomtesse, Eugène s'était contenté de distinguer parmi la foule des déités parisiennes, dans ce raout, une de ces femmes que doit adorer tout d'abord un jeune homme. La comtesse Anastasie de Restaud, grande et bien faite, passait pour avoir l'une des plus jolies tailles de Paris. Figurez-vous de grands yeux noirs, une main magnifique, un pied bien découpé, du feu dans les mouvements, une femme que le marquis de Ronquerolles nommait un cheval de pur sang. Cette finesse de nerfs ne lui ôtait aucun avantage; elle avait les formes pleines et rondes, sans qu'elle pût être accusée de trop d'embonpoint. *Cheval de pur sang, femme de race*, ces locutions commençaient à remplacer les anges du ciel, les figures ossianiques, toute l'ancienne mythologie amoureuse repoussée par le dandysme. Mais, pour Rastignac, madame Anastasie de Restaud fut la femme désirable. Il avait pu conquérir une place dans la liste des cavaliers écrite sur l'éventail, et avait pu lui parler pendant la première contredanse.

— Où vous rencontrer désormais, madame? lui avait-il dit brusquement avec cette force de passion qui plaît tant aux femmes.

— Mais, dit-elle, au bois, aux Bouffons, chez moi, partout.

Et l'aventureux méridional s'était empressé de se lier avec cette délicieuse comtesse, autant qu'un jeune homme peut se lier pendant une contredanse. En se disant cousin de madame de Beauséant, il fut invité aux fêtes de cette personne qu'il prit pour une grande dame, et il eut entrée chez elle. Au dernier sourire qu'elle lui jeta, Rastignac crut sa visite nécessaire. Il avait eu le bonheur de rencontrer un homme qui ne s'était pas moqué de son ignorance, défaut mortel au milieu des illustres impertinents de l'époque, les Maulincourt, les Ronquerolles, les Maxime, les de Trailles, les de Marsay, les Adjuda-Pinto, les Vandenesse, qui étaient là dans la gloire de leurs fatuités et mêlés aux femmes les plus élégantes, lady Brandon, la duchesse de Langeais, la comtesse de Kergarouët, madame de Serizy, la marquise d'Aiglemont, madame Firmiani, la marquise de Listomère et l'inexplicable comtesse Fœdora. Heureusement donc, le naïf étudiant tomba sur le marquis de Montriveau, l'amant de la duchesse de Langeais, un général simple comme un enfant, qui lui apprit que la comtesse de Restaud demeurait rue du Helder.

Être jeune, avoir soif du monde, avoir faim d'une femme, et voir s'ouvrir pour soi deux maisons! mettre le pied au faubourg Saint-Germain, chez la vicomtesse de Beauséant; le genou dans la Chaussée d'Antin, chez la comtesse de Restaud! plonger d'un regard dans les salons de Paris en enfilade, et se croire assez joli garçon pour y trouver aide et protection dans un cœur de femme; se sentir assez ambitieux pour donner un superbe coup de pied à la corde roide sur laquelle il faut marcher avec l'assurance du sauteur qui ne tombera pas, et avoir trouvé dans une charmante femme le meilleur des balanciers! Avec ces pensées et devant cette femme qui se dressait sublime auprès d'un feu de mottes, entre le code et la misère, qui n'aurait, comme Eugène, sondé l'avenir par une méditation, qui ne l'aurait meublé de succès? Sa pensée vagabonde escomptait si drûment ses joies futures, qu'il se croyait auprès de madame de Restaud; quand un soupir, semblable à un *han* de saint Joseph, troubla le silence de la nuit, et retentit au cœur du jeune homme, de manière à le lui faire prendre pour le râle d'un moribond. Il ouvrit doucement sa porte, et quand il fut dans le corridor, il y aperçut une ligne de lumière tracée au bas de la porte du père Goriot. Eugène craignit que son voisin ne se trouvât indisposé; il approcha son œil de la serrure, regarda dans la chambre, et vit le vieillard occupé de travaux qui lui parurent trop criminels pour qu'il ne crût pas rendre service à la société en examinant bien ce que machinait nuitamment le soi-disant vermicellier. Le père Goriot, qui sans doute avait attaché sur la barre d'une table renversée un plat et une espèce de soupière en vermeil, tournait autour de ces objets richement sculptés une espèce de câble, en les serrant avec une si grande force, qu'il les tordait, vraisemblablement pour les convertir en lingots.

— Peste, quel homme! se dit Rastignac en voyant les bras nerveux du vieillard qui, sans bruit, pétrissait l'argent doré comme une pâte, à l'aide de cette corde.

— Mais serait-ce donc un voleur ou un receleur qui, pour se livrer plus sûrement à son commerce, affecterait la bêtise, l'impuissance, et vivrait en mendiant? se dit Eugène en se relevant un moment.

L'étudiant appliqua de nouveau son œil à la serrure. Le père Goriot avait déroulé son câble; il prit la masse d'argent, la mit sur la table après y avoir étendu sa couverture, et l'y roula pour l'arrondir en barre; opération dont il s'acquitta avec une facilité merveilleuse.

— Il serait donc aussi fort que l'était Auguste, le roi de Pologne? se dit Eugène quand la barre ronde fut à peu près façonnée.

Le père Goriot regarda son ouvrage d'un air triste, des larmes sortirent de ses yeux; puis il souffla le rat de cave à la lueur duquel il avait tordu ce vermeil, et Eugène l'entendit se coucher en poussant un soupir.

— Il est fou! pensa l'étudiant.

— Pauvre enfant! dit à haute voix le père Goriot.

A cette parole, Rastignac jugea prudent de garder le silence sur cet événement, et de ne pas inconsidérément condamner son voisin. Il allait rentrer quand il distingua soudain un bruit assez difficile à exprimer, et qui devait être produit par des hommes en chaussons de lisière montant l'escalier. Eugène prêta l'oreille, et reconnut en effet le son alternatif de la respiration de deux hommes. Puis, sans avoir entendu ni le cri de la porte, ni le pas des hommes, il vit tout à coup une faible lueur au second étage, chez M. Vautrin.

— Voilà bien des mystères dans une pension bourgeoise! se dit-il.

Il descendit quelques marches, se mit à écouter, et le son de l'or frappa son oreille. Bientôt la lumière fut éteinte, les deux respirations se firent entendre derechef, sans que la porte eût crié; puis, à mesure que les deux hommes descendirent, le bruit alla s'affaiblissant.

— Qui va là? cria madame Vauquer, en ouvrant la fenêtre de sa chambre.

— C'est moi qui rentre, maman Vauquer, dit M. Vautrin de sa grosse voix.

— C'est singulier! Christophe avait mis les verrous, se dit Eugène en rentrant dans sa chambre. Il faut veiller, pour bien savoir ce qui se passe autour de soi, dans Paris.

Détourné par ces petits événements de sa méditation ambitieusement amoureuse, il se mit au travail; mais, distrait par les soupçons qui lui venaient sur le compte du père Goriot, plus distrait encore par la figure de madame de Restaud qui de moment en moment se posait devant lui, comme la messagère d'une brillante destinée, il finit par se coucher et dormit à poings fermés. Sur dix nuits promises au travail par les jeunes gens, ils en donnent sept au sommeil. Il faut avoir plus de vingt ans pour veiller.

Le lendemain matin, régnait à Paris un de ces épais brouillards qui l'enveloppent et l'embrument si bien, que les gens les plus exacts sont trompés sur le temps. Les rendez-vous d'affaires se manquent. Chacun se croit à huit heures, quand midi s'approche. Il était neuf heures et demie, madame Vauquer n'avait pas encore bougé de son lit. Christophe et la grosse Sylvie, attardés aussi, prenaient tranquillement leur café, préparé avec les couches supérieures du lait destiné aux pensionnaires, et que Sylvie faisait longtemps bouillir, afin que madame Vauquer ne s'aperçût pas de cette dîme illégalement levée.

— Sylvie, dit Christophe en mouillant sa première rôtie, M. Vautrin, qu'est un bon homme tout de même, a encore vu un monsieur cette nuit. Si madame s'en inquiétait, ne faudrait rien lui dire.

— T'a-t-il donné quelque chose?

— Il m'a donné cent sous pour son mois, une manière de me dire: *Tais-toi*.

— Sauve lui et madame Couture, qui ne sont pas regardants, les autres voudraient nous retirer de la main gauche ce qu'ils nous donnent de la main droite, au jour de l'an, dit Sylvie.

— Encore qu'est-ce qu'ils donnent? fit Christophe, une méchante pièce et de cent sous. Voilà depuis deux ans le père Goriot qui fait ses souliers lui-même. Ce *grigou* de Poiret se passe de cirage; il le boirait plutôt. Quant au gringalet d'étudiant, il me donne quarante sous; ça ne paye pas mes brosses, et il vend ses vieux habits par-dessus le marché. Qué baraque!

— Bah! fit Sylvie en buvant de petites gorgées de café, nos places sont encore les meilleures du quartier; on y vit bien. Mais à propos du gros M. Vautrin, Christophe, vous a-t-on dit quelque chose?

— Oui. J'ai rencontré, il y a quelques jours, un monsieur dans la rue qui m'a dit: — N'est-ce pas chez vous que demeure un gros monsieur qui a des favoris qu'il teint? Moi j'ai dit: — Non, monsieur, il ne les teint pas. Un homme gai comme lui! il n'en a pas le temps. Je l'ai dit à M. Vautrin, qui m'a répondu: — Tu as bien fait mon garçon! réponds toujours comme ça. Rien n'est plus désagréable que le laisser connaître nos infirmités, ça peut faire manquer des mariages.

— Hé bien ! à moi, au marché, l'on a voulu m'englauder aussi pour me faire dire si je lui voyais passer sa chemise, ste farce ! — Tiens ! dit-elle en s'interrompant, voilà dix heures quart moins qui sonnent au Val-de-Grâce, et personne ne bouge.

— Ah bah ! ils sont tous sortis. Madame Couture et sa jeune personne ont été manger le bon Dieu à Saint-Étienne dès huit heures. Le père Goriot est sorti avec un paquet. L'étudiant ne reviendra qu'après son cours, à dix heures. Je les ai vus s'en aller en faisant mes escaliers, que le père Goriot m'a donné un coup avec ce qu'il portait qu'était dur comme fer. Qué qui fait donc, ce bonhomme-là ? les autres le font aller comme une toupie ; mais c'est un brave homme tout de même, et qui vaut mieux qu'eux tous. Il ne donne pas grand'chose, mais les dames chez lesquelles il m'envoie quelquefois allongent de fameux pourboires, et sont joliment ficelées.

— Celles qu'il appelle ses filles, hein ? elles sont une douzaine.

— Je n'ai jamais été que chez deux, ce sont les mêmes qui sont venues ici.

— Voilà madame qui se remue, elle va faire son sabbat, faut que j'y aille. Vous veillerez au lait, Christophe, rapport au chat.

Sylvie monta chez sa maîtresse.

— Comment, Sylvie, voilà dix heures quart moins, vous m'avez laissée dormir comme une marmotte ! jamais pareille chose n'est arrivée.

— C'est le brouillard, qu'est à couper au couteau.

— Mais le déjeuner ?

— Bah ! vos pensionnaires avaient bien le diable au corps ; ils ont tous décanillé dès le patron-jacquette....

— Parle donc bien, Sylvie, reprit madame Vauquer, on dit le patron-minette.

— Ha ! madame, je dirai comme vous voudrez. Tant il y a que vous pouvez déjeuner à dix heures. La Michonnette et le Poireau n'ont pas bougé. Il n'y a qu'eux qui soient à la maison, et ils dorment comme des souches qui sont.

— Mais, Sylvie, tu les mets tous les deux ensemble, comme si...

— Comme si quoi ? reprit Sylvie en laissant échapper un gros rire bête, les deux font la paire !

— C'est singulier, Sylvie, comment M. Vautrin est-il donc rentré cette nuit après que Christophe a eu mis les verrous ?

— Bien au contraire, madame. Il a entendu M. Vautrin, et est descendu pour lui ouvrir la porte ; voilà ce que vous avez cru...

— Donne-moi ma camisole, et va vite voir au déjeuner. Arrange le reste du mouton avec des pommes de terre, et donne des poires cuites, de celles qui coûtent deux liards la pièce.

Quelques instants après, madame Vauquer descendit au moment où son chat venait de renverser d'un coup de patte l'assiette qui couvrait un bol de lait, et le lappait en toute hâte.

— Mistigris ! s'écria-t-elle.

Le chat se sauva, puis revint se frotter à ses jambes.

— Oui, oui, fais ton capon ! vieux lâche ! lui dit-elle. — Sylvie ! Sylvie !

— Hé bien ! quoi, madame ?

— Voyez donc ce qu'a bu le chat.

— C'est la faute de cet animal de Christophe, à qui j'avais dit de mettre le couvert. Où est-il passé ? Ne vous inquiétez pas, madame, ce sera le café du père Goriot ; je mettrai de l'eau dedans, il ne s'en apercevra pas. Il ne fait attention à rien, pas même à ce qu'il mange.

— Où donc est-il allé, ce Chinois-là ? dit madame Vauquer en plaçant les assiettes.

— Est-ce qu'on sait ? Il fait des trafics des cinq cents diables.

— J'ai trop dormi, dit madame Vauquer.

— Mais aussi, madame est fraîche comme une rose....

En ce moment, la sonnette se fit entendre, et M. Vautrin entra dans le salon en chantant de sa grosse voix :

J'ai longtemps parcouru le monde,
Et l'on m'a vu de toute part...

— Oh ! oh ! bonjour, maman Vauquer, dit-il en apercevant l'hôtesse qu'il prit très-galamment dans ses bras.

— Allons, finissez donc.

— Dites *impertinent !* reprit-il. Allons, dites-le ! voulez-vous le dire ! Tenez, je vais mettre le couvert avec vous. *Courtisant la brune et la blonde, aimer, soupirer...* Je viens de voir quelque chose de singulier... *au hasard.*

— Quoi ? dit la veuve.

— Le père Goriot était à huit heures et demie rue Dauphine, chez l'orfèvre qui achète de vieux couverts, des galons. Il lui a vendu pour une bonne somme de vermeil, un ustensile de ménage assez joliment tortillé pour un homme qui n'est pas de la manique.

— Bah ! vraiment ?

— Oui. Moi, qui revenais ici après avoir conduit un de mes amis qui s'en va dans l'étranger par les Messageries royales, j'ai attendu le père Goriot pour voir, histoire de rire. Il a remonté dans ce quartier-ci, rue des Grès, où il est entré dans la maison d'un usurier connu, nommé le papa Gobseck, un fier drôle! un homme capable de faire des dominos avec les os de son père! un Juif, un Arabe, un Grec, un Bohémien, un homme qu'on serait bien embarrassé de dévaliser; il met ses écus à la banque...

— Qu'est-ce que fait donc ce père Goriot?

— Il ne fait rien, dit Vautrin, il défait. C'est un imbécile assez bête pour se ruiner à aimer des filles....

— Le voilà! dit Sylvie.

— Christophe! cria le père Goriot, monte avec moi.

Christophe suivit le père Goriot, et redescendit bientôt.

— Où vas-tu? dit madame Vauquer.

— Faire une commission pour M. Goriot.

— Qu'est-ce que c'est que ça? dit M. Vautrin en arrachant une lettre des mains de Christophe.

Il lut : *A Madame la comtesse Anastasie de Restaud.*

— Et tu vas? reprit-il en tendant la lettre à Christophe.

— Rue du Helder. J'ai ordre de ne remettre ceci qu'à madame la comtesse.

— Qu'est-ce qu'il y a là-dedans? dit M. Vautrin en mettant la lettre au jour; un billet de banque? non.

Il entr'ouvrit l'enveloppe.

— Un billet acquitté! s'écria-t-il. Fourche! il est galant, le vieux roquentin.

— Va, vieux Lascar, dit-il en coiffant de sa large main Christophe qu'il fit tourner sur lui-même comme un dé, tu auras un bon pourboire.

Le couvert était mis. Sylvie faisait bouillir le lait. Madame Vauquer allumait le poêle, aidée par M. Vautrin, qui fredonnait toujours : *J'ai longtemps parcouru le monde, et l'on m'a vu de toute part.* Quand tout fut prêt, madame Couture et mademoiselle Taillefer rentrèrent.

— D'où venez-vous donc si matin, ma belle dame? dit madame Vauquer à madame Couture.

— Nous venons de faire nos dévotions à Saint-Étienne-du-Mont. Ne devons-nous pas aller aujourd'hui chez M. Taillefer?

— Pauvre petite! elle tremble comme la feuille, reprit madame Couture en s'asseyant devant le poêle, à la bouche duquel elle présenta ses souliers qui fumèrent.

— Chauffez-vous donc, Victorine, dit madame Vauquer.

— C'est bien, ça, mademoiselle, de prier le bon Dieu d'attendrir le cœur de votre père, dit Vautrin en avançant une chaise à l'orpheline; mais ça ne suffit pas! Il vous faudrait un ami qui se chargeât de dire son fait à ce marsouin-là! un sauvage qui a, dit-on, trois millions, et qui ne vous donne pas de dot. On a besoin de dot dans ce temps-ci.

— Pauvre enfant! dit madame Vauquer. Allez, mon chou, votre monstre de père attire le malheur à plaisir sur lui.

A ces mots, les yeux de Victorine se mouillèrent de larmes, et la veuve s'arrêta, sur un signe que lui fit madame Couture.

— Si nous pouvions seulement le voir, si je pouvais lui parler, lui remettre la dernière lettre de sa femme, reprit la veuve du commissaire ordonnateur... Je n'ai jamais osé la risquer par la poste, il connaît mon écriture.

— *O femmes innocentes, malheureuses et persécutées!* s'écria M. Vautrin, voilà donc où vous en êtes! D'ici à quelques jours, je me mêlerai de vos affaires, et tout ira bien.

— Oh! monsieur! dit Victorine en jetant un regard à la fois humide et brûlant à M. Vautrin, qui ne s'en émut pas, si vous saviez un moyen d'arriver à mon père, dites-lui bien que son affection et l'honneur de ma mère me sont plus précieux que toutes les richesses du monde! Si vous obteniez quelque adoucissement à sa rigueur, je prierais Dieu pour vous. Soyez sûr d'une reconnaissance...

— *J'ai longtemps parcouru le monde,* chanta Vautrin.

En ce moment, M. Goriot, mademoiselle Michonneau, M. Poiret, descendirent, attirés peut-être par l'odeur du roux que faisait Sylvie pour accommoder les restes du mouton. A l'instant où les sept convives s'attablèrent en se souhaitant le bonjour, dix heures sonnèrent, et l'on entendit dans la rue le pas de l'étudiant.

— Ah bien! monsieur Eugène, dit Sylvie, aujourd'hui vous allez déjeuner avec tout le monde.

L'étudiant salua les pensionnaires, et s'assit auprès du père Goriot.

— Il vient de m'arriver une singulière aventure, dit-il en se servant abondamment du mouton, et se coupant un morceau de pain que madame Vauquer mesurait toujours de l'œil.

— Une aventure! dit M. Poiret.

— Hé bien! pourquoi vous en étonneriez-vous, vieux chapeau? dit Vautrin à Poiret. Monsieur est bien fait pour en avoir.

Mademoiselle Taillefer coula timidement un regard sur le jeune étudiant.

— Dites-nous votre aventure, demanda madame Vauquer.

— Hier, j'étais au bal chez madame la vicomtesse de Beauséant, une des femmes les plus à la mode de Paris, une cousine à moi, qui possède une

maison magnifique, des appartements habillés de soie; enfin, une fête superbe où je me suis amusé comme un roi...
— Telet, dit Vautrin en l'interrompant net.
— Monsieur, reprit vivement Eugène, que voulez-vous dire?
— Je dis *telet*, parce que les roitelets s'amusent beaucoup plus que les rois !
— C'est vrai; j'aimerais mieux être ce petit oiseau sans souci que roi, parce que,... fit Poiret l'idemiste.
— Enfin, reprit l'étudiant en lui coupant la parole, je danse avec une des plus belles femmes du bal, une comtesse ravissante, la plus délicieuse créature que j'aie jamais vue. Elle était coiffée avec des fleurs de pêcher; elle avait au côté le plus beau bouquet de fleurs, des fleurs naturelles qui embaumaient. Bah ! il faudrait que vous l'eussiez vue ; il est impossible de peindre une femme animée par la danse... Eh bien ! ce matin j'ai rencontré cette divine comtesse, cette femme, sur les neuf heures, à pied, rue des Grès. Oh ! le cœur m'a battu ! Je me figurais...
— Qu'elle venait ici, dit Vautrin en jetant un regard profond à l'étudiant. Bah ! elle allait sans doute chez le papa Gobseck, un usurier, parce que, voyez-vous, si jamais vous fouillez des cœurs de femmes à Paris, vous y trouverez l'usurier avant l'amant. Votre comtesse se nomme Anastasie de Restaud, et demeure rue du Helder.
A ce nom, l'étudiant regarda fixement Vautrin. Le père Goriot leva brusquement la tête, et jeta sur les deux interlocuteurs un regard lumineux, plein d'inquiétude, qui surprit les pensionnaires.
— Christophe arrivera trop tard. Elle y aura donc été ! s'écria douloureusement M. Goriot.
— J'ai deviné, dit M. Vautrin en se penchant à l'oreille de madame Vauquer.
M. Goriot mangeait machinalement, sans savoir ce qu'il mangeait ; et jamais il n'avait semblé plus stupide ni plus absorbé qu'il l'était en ce moment.
— Qui diable, monsieur Vautrin, a pu vous dire son nom ? demanda Eugène.
— Ah ! ah ! voilà ! répondit Vautrin. M. Goriot le savait bien, lui ! pourquoi ne le saurais-je pas ?
— M. Goriot ! s'écria l'étudiant.
— Quoi ! dit le pauvre vieillard. Elle était donc bien belle hier ?
— Qui ?
— Madame de Restaud !
— Voyez-vous, le vieux grigou, dit madame Vauquer à Vautrin, comme ses yeux s'allument !
— Il l'entretiendrait donc? dit à voix basse mademoiselle Michonneau à l'étudiant.
— Oh ! oui, elle était furieusement belle, reprit Eugène que M. Goriot regardait avidement. Si madame de Beauséant n'avait pas été là, ma comtesse eût été la reine du bal. Les jeunes gens n'avaient d'yeux que pour elle. J'étais le douzième inscrit sur sa liste. Elle dansait toutes les contredanses. Les autres femmes enrageaient. Si une créature a été heureuse hier, c'était bien elle. On a bien raison de dire qu'il n'y a rien de plus beau qu'une frégate à la voile, un cheval au galop et une femme qui danse.
— Hier, en haut de la roue, chez une duchesse, dit Vautrin; ce matin, en bas, chez un escompteur. Voilà les Parisiennes ! Si leurs maris ne peuvent pas entretenir leur luxe effréné, elles se vendent; si elles ne savent pas se bien vendre, elles éventreraient leurs mères, pour y chercher de quoi briller ; enfin elles font les cent mille coups ! Connu, connu !
Le visage du père Goriot, qui s'était allumé comme le soleil d'un beau jour en entendant l'étudiant, devint sombre à cette cruelle observation de Vautrin.
— Hé bien ! dit madame Vauquer, où donc est votre aventure? Lui avez-vous parlé? lui avez-vous demandé si elle venait apprendre le droit?
— Elle ne m'a pas vu, dit Eugène. Mais rencontrer une des plus jolies femmes de Paris rue des Grès, à neuf heures, une femme qui a dû rentrer du bal à deux heures du matin, n'est-ce pas singulier? Il n'y a que Paris pour ces aventures-là !
— Bah ! il y en a de bien plus drôles ! s'écria Vautrin.
Mademoiselle Taillefer avait à peine écouté, tant elle était préoccupée par la tentative qu'elle allait faire. Madame Couture lui fit signe de se lever pour venir s'habiller ; et quand les deux dames sortirent, le père Goriot les imita.
— Hé bien ! l'avez-vous vu ? dit madame Vauquer à M. Vautrin et à ses autres pensionnaires. Il est clair qu'il s'est ruiné pour cette femme-là !
— Jamais on ne me fera croire, s'écria l'étudiant, que la belle comtesse de Restaud appartienne au père Goriot.
— Mais, lui dit Vautrin en l'interrompant, nous ne tenons pas à vous le faire croire. Vous êtes encore trop jeune pour bien connaître Paris ! Vous saurez plus tard qu'il s'y rencontre ce que nous nommons *des hommes à passions*...
A ces mots, mademoiselle Michonneau regarda M. Vautrin d'un air intelligent. Vous eussiez dit un cheval de régiment entendant le son de la trompette.
— Ah ah ! fit Vautrin en s'interrompant pour lui jeter un regard profond, est-ce que nous avons eu nos petites passions, nous ?
Elle baissa les yeux comme une religieuse qui voit des statues.

— Hé bien ! reprit-il, ces gens-là chaussent une idée et n'en démordent pas. Ils n'ont soif que d'une certaine eau prise à certaine fontaine, et souvent croupie ; mais, pour en boire, ils vendraient leurs femmes, leurs enfants ; ils vendraient leur âme au diable. Pour les uns, cette fontaine est le jeu, la bourse, une collection de tableaux ou d'insectes, la musique ; pour d'autres, c'est une femme qui sait leur cuisiner des friandises. A ceux-là, vous leur offririez toutes les femmes de la terre, ils s'en moquent, ils ne veulent que de celle qui satisfait leur passion. Souvent cette femme ne les aime pas du tout, vous la rudoie, leur vend fort cher des bribes de satisfaction ; hé bien ! mes farceurs ne se lassent pas, et mettraient leur dernière couverture au mont-de-piété pour lui apporter leur dernier écu. Le père Goriot est un de ces gens-là. La comtesse l'exploite parce qu'il est discret, et voilà le beau monde ! Le pauvre bonhomme ne pense qu'à elle. Hors de sa passion, vous le voyez, c'est une bête brute ! Mettez-le sur ce chapitre-là, son visage étincelle comme un diamant. Il n'est pas difficile de deviner ce secret-là. Il a porté ce matin du vermeil à la fonte, et je l'ai vu entrer chez le papa Gobseck, rue des Grès. Suivez bien ! En revenant, il a envoyé chez la comtesse de Restaud ce niais de Christophe qui nous a montré l'adresse de la lettre dans laquelle était un billet acquitté. Il est clair que si la comtesse allait aussi chez le vieil escompteur, il y avait urgence. Alors le père Goriot a galamment financé pour elle. Il ne faut pas coudre deux idées pour voir clair là-dedans ; cela vous prouve, mon jeune étudiant, que, pendant que votre comtesse riait, dansait, faisait ses singeries, balançait ses fleurs de pêcher, et pinçait sa robe, elle était dans ses petits souliers, comme on dit, en pensant à ses lettres de change protestées, ou à celles de son amant.

— Vous me donnez une furieuse envie de savoir la vérité. J'irai demain chez madame de Restaud, s'écria Eugène.

— Oui, dit M. Poiret, il faut aller demain chez madame de Restaud.

— Vous y trouverez peut-être le bonhomme Goriot, qui viendra toucher le montant de ses galanteries.

— Mais, dit Eugène avec un air de dégoût, votre Paris est donc un bourbier !

— Et un drôle de bourbier, reprit Vautrin. Ceux qui s'y crottent en voiture sont d'honnêtes gens, ceux qui s'y crottent à pied sont des fripons. Ayez le malheur d'y décrocher n'importe quoi, vous êtes montré sur la place du Palais de Justice comme une curiosité. Volez un million, vous êtes marqué dans les salons comme une vertu. Vous payez trente millions à la gendarmerie et la justice pour maintenir cette morale-là. Joli !

— Comment ! s'écria madame Vauquer, le père Goriot aurait fondu son déjeuner de vermeil ?

— N'y avait-il pas deux tourterelles sur le couvercle ? dit Eugène.

— C'est bien cela.

— Il y tenait donc beaucoup ? il a pleuré quand il a eu pétri l'écuelle et le plat. Je l'ai vu par hasard.

— Il y tenait comme à sa vie, répondit la veuve.

— Voyez-vous le bonhomme, combien il est passionné ! s'écria Vautrin. Cette femme-là sait lui chatouiller l'âme.

L'étudiant remonta chez lui ; Vautrin sortit ; puis, quelques instants après, madame Couture et Victorine montèrent dans un fiacre que Sylvie avait été leur chercher. M. Poiret offrit son bras à mademoiselle Michonneau, et tous deux allèrent se promener au Jardin des Plantes pendant les deux belles heures de la journée.

— Eh bien ! les voilà donc quasiment mariés, dit la grosse Sylvie. Ils sortent ensemble aujourd'hui pour la première fois. Ils sont tous deux si secs que, s'ils se cognent, ils feront feu comme un briquet.

— Gare au châle de mademoiselle Michonneau, dit en riant madame Vauquer, il prendra comme de l'amadou.

A quatre heures du soir, quand M. Goriot rentra, il vit, à la lueur de deux lampes fumeuses, Victorine dont les yeux étaient rouges. Madame Vauquer écoutait le récit de la visite infructueuse faite à M. Taillefer pendant la matinée. Ennuyé de recevoir sa fille et cette vieille femme, M. Taillefer les avait laissées parvenir jusqu'à lui pour s'expliquer avec elles.

— Ma chère dame, disait madame Couture à madame Vauquer, figurez-vous qu'il n'a pas même fait asseoir Victorine, qu'est restée constamment debout. A moi, il m'a dit, sans se mettre en colère, tout froidement, de nous épargner la peine de venir chez lui ; que mademoiselle, sans dire sa fille, se nuisait dans son esprit en l'importunant (une fois par an, le monstre !) ; que la mère de Victorine étant sans fortune, elle n'avait rien à prétendre ; enfin les choses les plus dures qui ont fait fondre en larmes cette pauvre petite. Alors elle s'est jetée à ses pieds, et lui a dit avec courage qu'elle n'insistait autant que pour sa mère, qu'elle obéirait à ses volontés sans murmure ; mais qu'elle le suppliait de lire le testament de la pauvre défunte. Pour lors, elle a pris la lettre et la lui a présentée en disant les plus belles choses du monde et les mieux senties. Je ne sais pas où elle a été les prendre ; c'était Dieu qui les lui dictait, car la pauvre enfant ait si bien inspirée qu'en l'entendant, moi, je eurais comme une bête. Savez-vous ce que faisait tte horreur d'homme? il se coupait les ongles. ifin il a pris cette lettre que la pauvre madame iillefer avait trempée de larmes, et l'a jetée sur cheminée en disant : — C'est bon ! Puis, il a ulu relever sa fille, qui lui a baisé les mains ; ais il les a retirées. Est-ce pas une scélératesse, ça? ur lors, son grand dadais de fils est entré, sans luer sa sœur.

— Ce sont donc des monstres ! dit le père Goriot.

— Et puis, dit madame Couture sans faire atten- n à l'exclamation du bonhomme, le père et le s s'en sont allés en me saluant et me priant de s excuser; qu'ils avaient des affaires pressantes, oilà notre visite. Au moins il a vu sa fille. Je ne is pas comment il peut la renier, car elle lui res- mble comme deux gouttes d'eau.

Les pensionnaires, internes et externes, arrivè- nt les uns après les autres, en se souhaitant mu- ellement le bonjour, et se disant de ces riens qui nstituent, chez certaines classes parisiennes, un prit drôlatique, dans lequel la bêtise entre comme ément principal, et dont le mérite consiste par- :ulièrement dans le geste et dans la prononciation. tte espèce d'argot varie continuellement; car la aisanterie qui en est le principe n'a jamais un ois d'existence. Un événement politique, un pro- s en cour d'assises, une chanson de rue, les far- s d'un acteur, tout sert à entretenir ce jeu d'esprit i consiste surtout à prendre les idées et les mots mme des volants, et à se les renvoyer sur des ra- iettes. La récente invention du Diorama qui por- it l'illusion de l'optique à un plus haut degré que s Panoramas, avait amené dans quelques ateliers peinture la plaisanterie de parler en *rama*, espèce charge qu'un jeune peintre habitué de la pen- on Vauquer y avait inoculée.

— Hé bien ! *monsieurre* Poirette, dit l'employé 1 Muséum, comment va cette petite *santérama ?* uis, sans attendre sa réponse, — Mesdames, us avez du chagrin? dit-il à madame Couture et Victorine.

— Allons-nous *dinaire ?* s'écria Horace Bianchon, a étudiant en médecine assez lié avec Rastignac, a petite estomac est descendue *usque ad talones.*

— Il fait un fameux *froitorama !* dit M. Vautrin. érangez-vous donc, père Goriot; votre pied prend ute la gueule du poêle.

— Illustre monsieur Vautrin, dit Bianchon, ourquoi dites-vous *froitorama ?* il y a une faute, est *froidorama.*

— Non, dit l'employé du Muséum, c'est *froito- ıma*, par la règle : j'ai froid aux pieds.

— Ha ! ha !

— Voici son Excellence le marquis de Rastignac, docteur en droit-travers, s'écria Bianchon en sai- sissant Eugène par le cou et le serrant de manière à l'étouffer. Ohé, les autres, ohé!

Mademoiselle Michonneau entra doucement, sa- lua les convives sans rien dire, et s'alla placer près des trois femmes.

— Elle me fait toujours grelotter, cette vieille chauve-souris! dit à voix basse Bianchon à M. Vau- trin en montrant mademoiselle Michonneau; moi qui étudie le système de Gall, je lui trouve les bos- ses de Judas...

— Monsieur l'a connu? dit Vautrin.

— Qui ne l'a pas rencontré? répondit Bianchon. Ma parole d'honneur, cette vieille fille blanche me fait l'effet de ces longs vers qui finissent par ronger une poutre.

— Voilà ce que c'est, jeune homme, dit le qua- dragénaire en peignant ses favoris; *et rose, elle a vécu ce que vivent les roses.*

— Ha, ha! voici une fameuse *soupeaurama*, dit M. Poiret en voyant Christophe qui entrait en te- nant respectueusement le potage.

— Pardonnez-moi, monsieur, dit madame Vau- quer, c'est une soupe aux choux.

Tous les jeunes gens éclatèrent de rire.

— Enfoncé, Poiret !

— Poirrrrette, enfoncé !

— Marquez deux points à maman Vauquer, dit Vautrin.

— C'était, dit Bianchon, un brouillard fréné- tique et sans exemple, un brouillard lugubre, mé- lancolique, vert, poussif, un brouillard Goriot.

— Goriorama ! dit le peintre, parce qu'on n'y voyait goutte.

— Hé, milord Goriot, il être questionne de vos !

Assis au bas bout de la table, près de la porte par laquelle on servait, le père Goriot leva la tête en flairant un morceau de pain qu'il avait sous sa ser- viette, par une vieille habitude commerciale qui reparaissait quelquefois.

— Hé bien ! lui cria aigrement madame Vauquer d'une voix qui domina le bruit des cuillers, des assiettes et des voix, est-ce que vous ne trouvez pas le pain bon?

— Au contraire, madame, répondit-il ; il est fait avec de la farine de Haute-Brie, première qualité.

— A quoi voyez-vous cela? lui dit Eugène.

— A la blancheur, au goût.

— Au goût du nez, puisque vous le sentez, dit madame Vauquer; vous êtes si économe que vous finirez par trouver le moyen de vous nourrir en humant l'air de la cuisine.

— Prenez alors un brevet d'invention ! cria l'em- ployé au Muséum, vous ferez une belle fortune.

— Laissez donc, il fait ça pour nous persuader qu'il a été vermicellier.

— Votre nez est donc une cornue? demanda encore l'employé au Muséum.

— Cor quoi? fit Bianchon.
— Cor-nouille.
— Cor-nemuse.
— Cor-naline.
— Cor-niche.
— Cor-nichon.
— Cor-beau.
— Cor-nac.
— Cor-norama.

Ces huit réponses partirent de tous les côtés de la salle avec la rapidité d'un feu de file, et prêtèrent d'autant plus à rire, que le pauvre père Goriot regardait les convives d'un air niais comme un homme qui aurait tâché de comprendre une langue étrangère.

— Cor? dit-il à Vautrin qui se trouvait près de lui.

— Cor aux pieds, mon vieux, dit Vautrin en enfonçant le chapeau du père Goriot par une tape qu'il lui appliqua sur la tête, et qui le lui fit descendre jusque sur les yeux.

Le pauvre vieillard, stupéfait de cette brusque attaque, resta pendant un moment immobile. Christophe emporta l'assiette du bonhomme, croyant qu'il avait fini sa soupe; en sorte que quand M. Goriot, après avoir relevé son chapeau, prit sa cuiller, il frappa sur la table. Tous les convives éclatèrent de rire.

— Monsieur, dit le vieillard, vous êtes un mauvais plaisant, et si vous vous permettez encore de me donner de pareils renfoncements...

— Hé bien! quoi, papa? dit Vautrin en l'interrompant.

— Hé bien! vous payerez cela bien cher quelque jour...

— En enfer, pas vrai? dit le peintre, dans ce petit coin noir où l'on met les enfants méchants.

— Eh bien! mademoiselle, dit Vautrin, à Victorine, vous ne mangez pas. Le papa s'est donc montré récalcitrant?

— Une horreur! dit madame Couture.

— Il faut le mettre à la raison, dit Vautrin.

— Mais, dit Bianchon, qui se trouvait assez près de Rastignac, mademoiselle pourrait intenter un procès sur la question des aliments, puisqu'elle ne mange pas. — Hé, hé, voyez donc comme le père Goriot examine mademoiselle Victorine.

En effet, le vieillard oubliait de manger pour contempler la pauvre jeune fille, dans les traits de laquelle éclatait une douleur vraie, la douleur de l'enfant méconnu qui aime son père.

— Mon cher, lui dit Eugène à voix basse, nous nous sommes trompés sur le père Goriot. Ce n'est ni un imbécile, ni un homme sans nerf. Applique-lui ton système de Gall, et dis-moi ce que tu en penseras. Je lui ai vu cette nuit tordre un plat de vermeil, comme si c'eût été de la cire, et dans ce moment l'air de son visage trahit des sentiments extraordinaires. Sa vie me paraît être trop mystérieuse pour ne pas valoir la peine d'être étudiée.

— Oui, Bianchon, tu as beau rire, je ne plaisante pas...

— Cet homme est un fait médical, dit Bianchon, d'accord. S'il veut, je le dissèque.

— Non, tâte-lui la tête.

— Hé bien, oui.

---

## II.

### LES DEUX VISITES.

Le lendemain, Rastignac s'habilla fort élégamment, et s'en alla, vers trois heures de l'après-midi chez madame de Restaud, en se livrant pendant la route à ces espérances étourdiment folles qui font la vie des jeunes gens si belle d'émotions. Alors ils ne calculent ni les obstacles ni les dangers; ils ne voient en tout que le succès; ils se poétisent leur existence par le seul jeu de leur imagination, et se rendent malheureux ou tristes par le renversement des projets qui ne vivaient encore que dans leurs désirs effrénés. S'ils n'étaient pas ignorants et timides, le monde social serait impossible. Eugène marchait précautionneusement pour ne se point crotter, mais il marchait en pensant à ce qu'il dirait à madame de Restaud; il s'approvisionnait d'esprit, il inventait les reparties d'une conversation imaginaire, il préparait ses mots fins, ses phrases à la Talleyrand, en supposant de petites circonstances favorables à la déclaration sur laquelle il fondait son avenir. Il se crotta, l'étudiant! Il fut forcé de faire cirer ses bottes et brosser son pantalon au Palais-Royal.

— Si j'étais riche, se dit-il en changeant une pièce de trente sous qu'il avait prise *en cas de malheur*, j'aurais été en voiture, j'aurais pu penser à mon aise.

Enfin il arriva rue du Helder, demanda la comtesse de Restaud; et, avec la rage froide d'un homme sûr de triompher un jour, il reçut le coup d'œil méprisant des gens qui l'avaient vu traverser la cour à pied, sans avoir entendu le bruit d'une voiture à la porte. Ce coup d'œil lui fut d'autant plus sensible qu'il avait déjà compris son infériorité en entrant dans cette cour, où piaffait un beau cheval richement attelé à l'un de ces cabriolets pimpants qui affichent le luxe d'une existence dissipatrice, et sous-entendent l'habitude de toutes les félicités parisiennes. Il se mit, à lui tout seul, de mauvaise humeur. Les tiroirs ouverts dans son cerveau, et qu'il allait trouver pleins d'esprit, se fermèrent ; il devint stupide. En attendant la réponse de la comtesse, à laquelle un valet de chambre allait porter le nom du visiteur, Eugène se posa sur un seul pied devant une croisée de l'antichambre, s'appuya le coude sur une espagnolette, et regarda machinalement dans la cour. Il trouvait le temps long, et il s'en serait allé s'il n'avait pas été doué de cette ténacité méridionale qui enfante des prodiges quand elle va en ligne droite.

— Monsieur, dit le valet de chambre, madame est dans son boudoir et fort occupée, elle ne m'a pas répondu, mais si monsieur veut passer au salon, il y a déjà quelqu'un.

Tout en admirant l'épouvantable pouvoir de ces gens qui, d'un seul mot, accusaient ou jugeaient leurs maîtres, Rastignac ouvrit délibérément la porte par laquelle était sorti le valet de chambre, afin sans doute de faire croire à ces insolents valets qu'il connaissait les êtres de la maison. Il déboucha fort étourdiment dans une pièce où se trouvaient les lampes, des buffets, un appareil à chauffer des serviettes pour le bain, et qui menait à la fois dans un corridor obscur et dans un escalier dérobé. Les rires étouffés qui se firent entendre dans l'antichambre, mirent le comble à la confusion, à la rage de l'étudiant.

— Monsieur, lui dit le valet de chambre avec ce faux respect qui semble être une raillerie de plus, monsieur, le salon est par ici.

Eugène revint sur ses pas avec une telle précipitation, qu'il se heurta contre une baignoire, mais il retint assez heureusement son chapeau pour l'empêcher de tomber dans le bain. En ce moment, une porte s'étant ouverte au fond du long corridor qu'éclairait une petite lampe, Rastignac y entendit à la fois la voix de madame de Restaud, celle du père Goriot et le bruit d'un baiser. Il rentra dans la salle à manger, la traversa, suivit le valet de chambre, et rentra dans un premier salon où il resta posé devant la fenêtre, en s'apercevant qu'elle avait vue sur la cour. Il voulait voir si ce père Goriot était bien réellement son père Goriot. Le cœur lui battait étrangement, il se souvenait des épouvantables réflexions de Vautrin. Le valet de chambre attendait Eugène à la porte du second salon, mais il en sortit tout à coup un élégant jeune homme, qui dit impatiemment : — Je m'en vais, Maurice.

Vous direz à la comtesse que je l'ai attendue plus d'une demi-heure.

Puis, cet impertinent, qui, sans doute, avait droit de l'être, chanteronna quelque roulade italienne, en se dirigeant vers la fenêtre où stationnait Eugène, autant pour voir la figure de l'étudiant que pour regarder dans la cour.

— Mais monsieur le comte ferait mieux d'attendre encore un instant ; madame a fini, dit Maurice en retournant à l'antichambre.

En ce moment, le père Goriot débouchait près de la porte cochère par la sortie du petit escalier. Le bonhomme tirait son parapluie et se disposait à le déployer, sans faire attention que la grande porte était ouverte pour donner passage à un jeune homme décoré qui conduisait un tilbury. Le père Goriot n'eut que le temps de se jeter en arrière pour n'être pas écrasé. Le taffetas du parapluie avait effrayé le cheval, qui fit un léger écart en se précipitant vers le perron. Ce jeune homme détourna la tête d'un air colère, regarda le père Goriot, et lui fit, avant qu'il ne sortît, un salut qui peignait la considération forcée que l'on accorde aux usuriers dont on a besoin, ou ce respect nécessaire exigé par un homme taré, mais dont on rougit plus tard. Le père Goriot répondit par un petit salut amical, plein de bonhomie. Ces événements se passèrent avec la rapidité de l'éclair. Trop attentif pour s'apercevoir qu'il n'était pas seul, Eugène entendit tout à coup la voix de la comtesse.

— Ah ! Maxime, vous vous en alliez ? dit-elle avec un ton de reproche où se mêlait un peu de dépit.

La comtesse n'avait pas fait attention à l'entrée du tilbury. Rastignac se retourna brusquement et vit la comtesse coquettement vêtue d'un peignoir en cachemire blanc, à nœuds roses, coiffée négligemment, comme le sont les femmes de Paris au matin. Elle embaumait. Elle avait sans doute pris un bain, et sa beauté, pour ainsi dire, assouplie, en semblait plus voluptueuse. Ses yeux étaient humides. L'œil des jeunes gens sait tout voir ; leurs atomes s'unissent aux rayonnements de la femme comme une plante aspire dans l'air des substances qui lui sont propres. Eugène sentit donc la fraîcheur épanouie des mains de cette femme sans avoir besoin d'y toucher. Il voyait, à travers le cachemire, les teintes rosées du corsage que le peignoir, légèrement entr'ouvert, laissait parfois à nu, et sur lequel son regard s'étalait par les flexuosités. Les ressources du busc étaient inutiles à la comtesse ; la ceinture marquait seule sa taille flexible ; son col invitait à l'amour ; ses pieds étaient jolis dans ses pantoufles. Quand Maxime prit cette main pour la baiser, alors Eugène aperçut Maxime, et la comtesse aperçut Eugène.

— Ah ! c'est vous, monsieur de Rastignac ! s'écria-t-elle, je suis bien aise de vous voir...

Elle disait cette phrase menteuse d'un air auquel savent obéir les gens d'esprit. D'ailleurs, Maxime regardait alternativement Eugène et la comtesse d'une manière assez significative pour faire décamper l'intrus.

— Ah çà, ma chère, j'espère que tu vas me mettre ce petit drôle à la porte ! — Cette phrase était une traduction claire et intelligible des regards du jeune homme impertinemment fier que la comtesse Anastasie avait nommé Maxime, et dont elle consultait le visage de cette intention soumise qui dit tous les secrets d'une femme sans qu'elle s'en doute.

Rastignac se sentit une haine violente pour ce jeune homme. D'abord les beaux cheveux blonds et bien frisés de Maxime lui apprirent combien les siens étaient horribles ; puis Maxime avait des bottes fines et propres, tandis que les siennes, malgré le soin qu'il avait pris en marchant, s'étaient empreintes d'une légère teinte de boue ; enfin Maxime portait une redingote qui lui serrait élégamment la taille et le faisait ressembler à une jolie femme, tandis que lui, lui Eugène, avait, à deux heures et demie, un habit noir ! Le spirituel enfant de la Charente sentit toute la supériorité que la mise donnait à ce dandy, mince et grand, à l'œil clair, au teint pâle, un de ces hommes capables de ruiner des orphelins. Madame de Restaud, sans attendre la réponse d'Eugène, se sauva, comme à tire-d'ailes, dans l'autre salon, en laissant flotter les pans de son peignoir, qui se roulaient et se déroulaient de manière à lui donner l'apparence d'un beau papillon. Maxime la suivit. Eugène, furieux, suivit Maxime et la comtesse. Ces trois personnages se trouvèrent donc en présence à la hauteur de la cheminée, au milieu du grand salon. L'étudiant savait bien qu'il allait gêner cet odieux Maxime ; mais, au risque de déplaire à madame de Restaud, il voulut gêner le dandy. Tout à coup, en se souvenant d'avoir vu ce jeune homme au bal de madame de Beauséant, il devina ce qu'était Maxime pour madame de Restaud ; et, avec cette audace juvénile qui fait commettre de grandes sottises ou obtenir de grands succès, il se dit : — Voilà mon rival ; je veux triompher de lui. L'imprudent ! il ignorait que le comte Maxime de Trailles se laissait insulter, tirait le premier, et tuait son homme. Eugène était un adroit chasseur, mais il n'avait pas encore abattu vingt poupées sur vingt-deux dans un tir.

Le jeune comte se jeta dans une bergère au coin du feu, prit les pincettes, et fouilla le foyer par un mouvement si violent, si grimaud, que le beau visage d'Anastasie se chagrina soudain. La jeune femme se tourna vers Eugène, et lui lança un de ces regards froidement interrogatifs qui disent si bien : — Pourquoi ne vous en allez-vous pas ? que les gens bien élevés savent aussitôt faire de ces phrases qu'il faudrait appeler des phrases de sortie.

Eugène, lui, prit un air agréable, et dit :

— Madame, j'avais hâte de vous voir pour...

Il s'arrêta tout court. Une porte s'ouvrit. Le monsieur qui conduisait le tilbury se montra soudain, sans chapeau, ne salua que la comtesse, regarda soucieusement Eugène, et tendit la main à Maxime, en lui disant « — Bonjour » avec une expression fraternelle qui surprit singulièrement Eugène ; car les jeunes gens de province ignorent combien est douce la vie à trois.

— Monsieur de Restaud ! dit la comtesse à l'étudiant, en lui montrant son mari.

Eugène s'inclina profondément.

— Monsieur, dit-elle en continuant et en présentant Eugène au comte de Restaud, est M. Eugène de Rastignac, parent de madame la vicomtesse de Beauséant par les Marcillac, et que j'ai eu le plaisir de rencontrer à son dernier bal.

*Parent de madame la vicomtesse de Beauséant par les Marcillac !* Ces mots, que la comtesse prononça presque emphatiquement, par suite de l'espèce d'orgueil qu'éprouve une maîtresse de maison à prouver qu'elle n'a chez elle que des gens de distinction, furent d'un effet magique. Le comte quitta son air froidement cérémonieux, et prit les mains de l'étudiant.

— Enchanté, monsieur ! dit-il, de pouvoir faire votre connaissance...

Le comte Maxime de Trailles lui-même jeta sur Eugène un regard inquiet, et quitta tout à coup son air impertinent. Ce coup de baguette, dû à la puissante intervention d'un nom, ouvrit trente cases dans le cerveau du méridional, et lui rendit l'esprit qu'il avait préparé. Ce fut une lumière qui lui fit voir clair dans l'atmosphère de la haute société parisienne, encore ténébreuse pour lui. La Maison-Vauquer, le père Goriot étaient alors bien loin de sa pensée.

— Je croyais les Marcillac éteints ? dit le comte de Restaud à Eugène.

— Oui, monsieur, répondit-il. Mais mon grand-oncle, le baron de Rastignac, a épousé l'héritière de la famille de Marcillac. Il n'a eu qu'une fille, qui a épousé le maréchal de Clarimbault, aïeul maternel de madame de Beauséant. Nous sommes la branche cadette, branche d'autant plus pauvre, que mon grand-oncle, vice-amiral, a tout perdu au service du roi. Le gouvernement révolutionnaire n'a pas voulu admettre nos créances dans la liquidation qu'il a faite de la compagnie des Indes.

— Monsieur votre grand-oncle ne commandait-il pas *le Vengeur* avant 1789 ?

— Précisément.

— Alors, il a connu mon grand-père, qui commandait *le Warwick*.

Maxime haussa légèrement les épaules en regardant madame de Restaud, et eut l'air de lui dire : — S'il se met à causer marine avec celui-là, nous sommes perdus !

Anastasie comprit le regard de M. de Trailles. Avec cette admirable puissance que possèdent les femmes, elle se mit à sourire en disant : — Venez, Maxime. J'ai quelque chose à vous demander. Messieurs, nous vous laisserons naviguer de conserve sur *le Warwick* et sur *le Vengeur*.

Elle se leva, fit un signe plein de traîtrise railleuse à Maxime, qui prit avec elle la route du boudoir. A peine ce couple *morganatique*, jolie expression allemande qui n'a pas son équivalent en français, avait-il atteint la porte, que le comte interrompit sa conversation avec Eugène.

— Anastasie ! restez donc, ma chère, s'écria-t-il avec humeur. Vous savez bien que...

— Je reviens, je reviens, dit-elle en l'interrompant. Il ne me faut qu'un moment pour dire à Maxime ce dont je veux le charger...

En effet, elle revint promptement. Comme toutes les femmes qui, forcées d'observer le caractère de leurs maris, pour pouvoir se conduire à leur fantaisie, savent reconnaître jusqu'où elles peuvent aller afin de ne pas perdre une confiance précieuse, et qui alors ne les choquent jamais dans les petites choses de la vie, la comtesse avait vu, d'après les inflexions de la voix du comte, qu'il n'y aurait aucune sécurité à rester dans le boudoir. Ces contretemps étaient dus à Eugène. Aussi la comtesse le montra-t-elle d'un air et par un geste pleins de dépit à M. de Trailles, qui dit fort épigrammatiquement à M. de Restaud, à sa femme et à Eugène : Écoutez, vous êtes en affaires, je ne veux pas vous gêner, adieu.

Il se sauva.

— Reste donc, Maxime ! cria le comte.

— Venez dîner, dit la comtesse qui, laissant encore une fois Eugène et le comte, suivit Maxime dans le premier salon, où ils restèrent assez de temps ensemble pour croire que M. de Restaud congédierait Eugène.

Rastignac les entendait tour à tour éclater de rire, causer, se taire. Alors le malicieux étudiant faisait de l'esprit avec M. de Restaud, le flattait ou l'embarquait dans des discussions, afin de revoir la comtesse, et de savoir quelles étaient ses relations avec le père Goriot. Cette femme, évidemment aimée de Maxime, cette femme, maîtresse de son mari, liée secrètement au vieux vermicellier, lui semblait tout un mystère. Il voulait pénétrer ce mystère, espérant ainsi pouvoir régner en souverain sur cette femme si séduisante, si éminemment parisienne.

— Anastasie ! dit le comte en appelant de nouveau sa femme.

— Allons, mon pauvre Maxime, dit-elle au jeune homme, il faut se résigner. A ce soir...

— J'espère, *Nasie*, lui dit-il à l'oreille, que vous consignerez ce petit jeune homme dont les yeux s'allumaient comme des charbons quand votre peignoir s'entr'ouvrait ; il vous ferait des déclarations, vous compromettrait, et vous me forceriez à le tuer.

— Êtes-vous fou, Maxime ? dit-elle. Ces petits étudiants ne sont-ils pas au contraire d'excellents paratonnerres ? Je le ferai, certes, prendre en grippe à Restaud.

Maxime éclata de rire, et sortit suivi de la comtesse, qui se mit à la fenêtre pour le voir monter en voiture, faire piaffer son cheval, et agiter son fouet. Elle ne revint que quand la grande porte fut fermée.

— Dites donc, lui cria le comte quand elle rentra, ma chère, la terre où demeure la famille de monsieur n'est pas loin de Verteuil, sur la Charente. Le grand-oncle de monsieur et mon grand-père se connaissent.

— Enchantée d'être en pays de connaissance, dit la comtesse distraite.

— Plus que vous ne le croyez, dit à voix basse Eugène.

— Comment ? dit-elle vivement.

— Mais, reprit l'étudiant, je viens de voir sortir de chez vous un monsieur avec lequel je suis porte à porte dans la même pension, *le père Goriot*.

A ce nom, enjolivé du mot *père*, le comte, qui tisonnait, jeta les pincettes dans le feu, comme si elles lui eussent brûlé les mains, et se leva.

— Monsieur, vous auriez pu dire monsieur Goriot ! s'écria-t-il.

La comtesse pâlit d'abord en voyant l'impatience de son mari, puis elle rougit, et fut évidemment embarrassée, car elle répondit d'une voix qu'elle voulut rendre naturelle, et d'un air faussement dégagé : — Il est impossible de connaître quelqu'un que nous aimions mieux.

Elle s'interrompit, regarda son piano, comme s'il se réveillait en elle une fantaisie, et dit : — Aimez-vous la musique, monsieur ?

— Beaucoup, répondit Eugène, devenu rouge, et hébété par l'idée confuse qu'il eut d'avoir commis quelque lourde sottise.

— Chantez-vous ? s'écria-t-elle en allant à son piano, dont elle attaqua vivement toutes les touches, en les remuant depuis l'*ut* d'en bas jusqu'au *fa* d'en haut. Rrrrrrrah !

40*

— Non, madame.

Le comte de Restaud se promenait de long en large.

— C'est dommage, vous vous êtes privé d'un grand moyen de succès. — *Ca-a-ro, ca-a-ro, ca-a-a-a-ro, non du-bi-ta-re,* chanta la comtesse.

En prononçant le nom du père Goriot, Eugène avait donné un coup de baguette magique, mais dont l'effet était l'inverse de celui qu'avaient frappé ces mots : *parent de madame de Beauséant.* Il se trouvait dans la situation d'un homme introduit par faveur chez un amateur de curiosités, et qui, touchant, par mégarde, quelque jolie armoire pleine de figures sculptées, fait tomber trois ou quatre têtes mal collées. Il aurait voulu se jeter dans un gouffre. Le visage de madame de Restaud était sec, froid, et ses yeux, devenus indifférents, fuyaient ceux du malencontreux étudiant.

— Madame, dit-il, vous avez à causer avec monsieur de Restaud, veuillez agréer mes hommages, et me permettre...

— Toutes les fois que vous viendrez, dit précipitamment la comtesse en arrêtant Eugène par un geste, vous êtes sûr de nous faire, à monsieur de Restaud comme à moi, le plus vif plaisir.

Eugène salua profondément le couple, et sortit suivi de M. de Restaud, qui, malgré ses instances, l'accompagna jusque dans l'antichambre.

— Toutes les fois que ce monsieur se présentera, dit le comte à Maurice, ni madame ni moi, nous n'y serons.

Quand Eugène mit le pied sur le perron, il s'aperçut qu'il pleuvait.

— Allons, se dit-il, je suis venu faire une gaucherie dont j'ignore la cause et la portée, je gâterai par-dessus le marché mon habit et mon chapeau. Je devrais rester dans mon coin à piocher le droit, ne penser qu'à devenir un rude magistrat. Puis-je aller dans le monde quand il faut, pour y manœuvrer convenablement, un tas de cabriolets, de bottes cirées, d'agrès indispensables, des chaînes d'or, des gants de soie dès le matin, des gants jaunes le soir? Vieux drôle de père Goriot, va!

Quand il se trouva sous la porte de la rue, le cocher d'une voiture de louage, qui venait sans doute de remiser deux nouveaux mariés, et qui ne demandait pas mieux que de voler à son bourgeois quelques courses de contrebande, fit à Eugène un signe, en le voyant sans parapluie, en habit noir, gilet blanc, gants jaunes et bottes cirées. Eugène était sous l'empire d'une de ces rages sourdes qui poussent un jeune homme à s'enfoncer de plus en plus dans l'abîme où il est entré, comme s'il espérait y trouver une heureuse issue. Il consentit par un mouvement de tête à la demande du cocher. Puis, sans avoir plus de vingt-deux sous dans sa poche, il monta dans la voiture, où quelques grains de fleurs d'oranger, et des brins de cannetille attestaient le passage des mariés.

— Où monsieur va-t-il? demanda le cocher, qui n'avait déjà plus ses gants blancs.

— Parbleu, se dit Eugène, puisque je m'enfonce, il faut au moins que cela me serve à quelque chose!

— Allez à l'hôtel de Beauséant, ajouta-t-il à haute voix.

— Lequel? dit le cocher.

Mot sublime qui confondit Eugène. Cet élégant inédit ne savait pas qu'il y avait deux hôtels de Beauséant! Il ne connaissait pas combien il était riche en parents qui ne se souciaient pas de lui.

— Le vicomte de Beauséant, rue...

— De Grenelle, dit le cocher en hochant la tête et l'interrompant. — C'est que, voyez-vous, il y a encore l'hôtel de M. le marquis de Beauséant, rue Saint-Dominique, ajouta-t-il en relevant le marchepied.

— Je le sais bien! répondit Eugène d'un air sec.

— Tout le monde aujourd'hui se moque donc de moi? dit-il en jetant son chapeau sur les coussins de devant. Voilà une escapade qui va me coûter la rançon d'un roi. Mais au moins je vais faire ma visite à ma soi-disant cousine d'une manière solidement aristocratique. Le père Goriot me coûte déjà au moins dix francs, le vieux scélérat! Ma foi, je vais raconter mon aventure à madame de Beauséant, peut-être la ferai-je rire. Elle saura sans doute le mystère des liaisons criminelles de ce vieux rat sans queue et de cette belle femme. Il vaut mieux plaire à ma cousine que de me cogner contre cette femme immorale, qui me fait l'effet d'être bien coûteuse. Si le nom de la belle vicomtesse est si puissant, de quel poids doit donc être sa personne? Adressons-nous en haut. Quand on s'attaque à quelque chose dans le ciel, il faut viser Dieu!

Ces paroles sont la formule brève des mille et une pensées entre lesquelles il flottait. Il reprit un peu de calme et d'assurance en voyant tomber la pluie. Il se dit que s'il allait dissiper deux des précieuses pièces de cent sous qui lui restaient, elles seraient heureusement employées à la conservation de son habit, de ses bottes et de son chapeau. Il n'entendit pas sans un mouvement d'hilarité son cocher criant:

— *La porte, s'il vous plaît!* Un Suisse rouge et doré fit grogner sur ses gonds la porte de l'hôtel, et Rastignac vit avec une douce satisfaction sa voiture passer sous le porche, tourner dans la cour, et s'arrêter sous la tente qui abritait le perron de la vicomtesse. Le cocher à grosse houppelande bleue bordée de rouge vint déplier le marchepied. En descendant de sa voiture, Eugène entendit des rires étouffés qui partaient sous le péristyle. Trois ou quatre valets avaient déjà plaisanté sur cet équipage de mariés. Leur rire éclaira l'étudiant au moment où il compara cette voiture à l'un des plus élégants coupés de Paris, attelé de deux chevaux fringants qui avaient des roses à l'oreille, qui mordaient leur frein, et qu'un cocher poudré, bien cravaté, tenait en bride comme s'ils eussent voulu s'échapper. A la Chaussée-d'Antin, madame de Restaud avait dans sa cour le fin cabriolet de l'homme de vingt-six ans; au faubourg Saint-Germain, attendait le luxe du grand seigneur, un équipage que trente mille francs n'auraient pas payé.

— Qui donc est là? se dit Eugène, en comprenant un peu tardivement qu'il devait se rencontrer à Paris bien peu de femmes qui ne fussent occupées, et que la conquête d'une de ces reines coûtait plus que du sang. Diantre! ma cousine aura sans doute aussi son Maxime.

Il monta le perron la mort dans l'âme. A son aspect, la porte vitrée s'ouvrit, et il trouva les valets sérieux comme des ânes qu'on étrille. La fête à laquelle il avait assisté s'était donnée dans les grands appartements de réception situés au rez-de-chaussée de l'hôtel de Beauséant. N'ayant pas eu le temps, entre l'invitation et le bal, de faire une visite à sa cousine, il n'avait donc pas encore pénétré dans les appartements de madame de Beauséant, en sorte qu'il allait voir pour la première fois les merveilles de cette élégance personnelle qui trahit l'âme et les mœurs d'une femme de distinction. Étude d'autant plus curieuse que le salon de madame de Restaud lui fournissait un terme de comparaison. A quatre heures et demie la vicomtesse était visible. Eugène, qui ne savait rien des diverses étiquettes parisiennes, fut conduit par un grand escalier plein de fleurs, blanc de ton, à rampe dorée, à tapis rouge, chez madame de Beauséant dont il ignorait la biographie verbale, une de ces changeantes histoires qui se content tous les soirs d'oreille à oreille dans les salons de Paris.

La vicomtesse était liée depuis trois ans avec un des plus célèbres et des plus riches seigneurs portugais, le marquis d'Ajuda-Pinto. C'était une de ces liaisons innocentes qui ont tant d'attraits pour les personnes ainsi liées, qu'elles ne peuvent supporter personne en tiers. Aussi M. le vicomte de Beauséant avait-il donné lui-même l'exemple au public en respectant, bon gré mal gré, cette union morganatique. Les personnes qui, dans les premiers jours de cette amitié, vinrent voir la vicomtesse à quatre heures, y trouvaient M. d'Ajuda-Pinto. Madame de Beauséant, incapable de fermer sa porte, ce qui eût été fort inconvenant, recevait si froidement les gens, et contemplait si studieusement sa corniche, que chacun comprenait combien il était gênant. Quand on sut dans Paris qu'on gênait beaucoup madame de Beauséant en venant la voir entre quatre heures et le dîner, elle se trouva dans la solitude la plus complète. Elle allait aux Bouffons ou à l'Opéra en compagnie de M. de Beauséant et de M. d'Ajuda-Pinto; mais, en homme qui savait vivre, M. de Beauséant quittait toujours sa femme et le Portugais après les y avoir installés. M. d'Ajuda devait se marier. Il épousait une demoiselle de Rochegude-Charost. Dans toute la haute société, une seule personne ignorait encore ce mariage; cette personne était madame de Beauséant. Quelques-unes de ses amies lui en avaient bien parlé vaguement; elle en avait ri, croyant que ses amies voulaient troubler un bonheur dont elles étaient jalouses. Cependant les bans allaient se publier. Le beau Portugais, venu pour notifier ce mariage à la vicomtesse, n'avait pas encore osé dire un traître mot. Pourquoi? rien sans doute n'est plus difficile que de notifier à une femme un semblable *ultimatum*. Certains hommes se trouvent plus à l'aise, sur le terrain, devant un homme qui leur menace le cœur avec une épée, que devant une femme qui, après avoir *robinetté* ses élégies durant deux heures, fait la morte et demande des sels. En ce moment donc, M. d'Ajuda-Pinto était sur les épines, et voulait sortir, en se disant que madame de Beauséant apprendrait cette nouvelle, lui écrirait, et qu'il serait plus commode de traiter ce galant assassinat par correspondance que de vive voix. Quand le valet de chambre de la vicomtesse annonça M. Eugène de Rastignac, il fit tressaillir de joie M. d'Ajuda-Pinto. Or sachez-le bien, une femme aimante est mille fois plus ingénieuse à se créer des doutes, qu'elle n'est habile à varier le plaisir; et quand elle est sur le point d'être quittée, elle devine plus rapidement le sens d'un geste, que le coursier de Virgile ne flaire les lointains corpuscules qui lui annoncent l'amour. Aussi comptez que madame de Beauséant surprit ce tressaillement involontaire, léger, mais naïvement épouvantable.

Eugène ignorait qu'on ne doit jamais se présenter chez qui que ce soit à Paris sans s'être fait conter par les amis de la maison l'histoire du mari, celle de la femme ou des enfants, afin de n'y commettre aucune de ces balourdises dont les Irlandais disent à celui qui se les permet : — *Vous avez fait un taureau!* mais dont on dit plus pittoresquement en Pologne : — *Attelez cinq bœufs à votre char!* sans doute pour vous tirer du mauvais pas où vous vous embourbez. Si ces malheurs de la conversation n'ont encore aucun nom en France, on les y suppose sans doute impossibles, par suite de l'énorme publicité qu'y obtiennent les médisances. Après avoir fait son *taureau* chez madame de Restaud, qui ne lui avait pas même laissé le temps d'atteler cinq bœufs à son char, Eugène seul était capable de recommencer son métier de bouvier, en se présentant chez madame de Beauséant. Mais s'il avait horriblement gêné madame de Restaud et M. de Trailles, il tirait d'embarras M. d'Ajuda.

— Adieu, dit le Portugais en s'empressant de gagner la porte, quand Eugène entra dans un petit salon coquet, gris et rose, où le luxe semblait n'être que de l'élégance.

— Mais ce soir, dit madame de Beauséant en retournant la tête et jetant un regard au marquis, n'allons-nous pas aux Bouffons?

— Je ne le puis, dit-il en prenant le bouton de la porte.

Madame de Beauséant se leva, le rappela près d'elle, sans faire la moindre attention à Eugène, qui, debout, étourdi par les scintillements d'une richesse merveilleuse, croyait à la réalité des contes arabes, et ne savait où se fourrer en se trouvant en présence de cette femme sans être remarqué par elle. La vicomtesse avait levé l'index de sa main droite, et par un joli mouvement désignait au marquis une place devant elle. Il y eut dans ce geste une telle puissance de colère, et un si violent despotisme de passion, que le marquis laissa le bouton de la porte et vint. Eugène le regarda non sans envie.

— Voilà, se dit-il, l'homme au coupé! Mais il faut donc avoir des chevaux fringants, des livrées et de l'or à flots pour obtenir le regard d'une femme de Paris!

Le démon du luxe le mordit au cœur, la fièvre du gain le prit, la soif de l'or lui sécha la gorge. Il avait cent trente francs pour son trimestre. Son père, sa mère, ses frères, ses sœurs, sa tante, ne dépensaient pas deux cents francs par mois, à eux tous! Cette rapide comparaison entre sa situation présente et le but auquel il fallait parvenir, contribuèrent à le stupéfier.

— Pourquoi, dit la vicomtesse en riant, ne *pouvez-vous pas* venir aux Italiens?

— Des affaires! Je dîne chez l'ambassadeur d'Angleterre.

— Vous les quitterez.

Quand un homme trompe, il est invinciblement forcé d'entasser mensonges sur mensonges. Alors M. d'Ajuda dit en riant : — Vous l'exigez?

— Oui! certes.

— Oh! voilà ce que je voulais me faire dire, répondit-il en jetant un de ces fins regards qui auraient rassuré toute autre femme.

Il prit la main de la vicomtesse, la baisa, partit.

Eugène passa la main dans ses cheveux, et se tortilla pour saluer en croyant que madame de Beauséant allait penser à lui. Tout à coup elle s'élance, se précipite dans la galerie, accourt à la fenêtre, et regarde avec un horrible pouvoir de lucidité M. d'Ajuda, pendant qu'il montait en voiture; elle prête l'oreille à l'ordre et entend le chasseur répéter au cocher : — Chez M. de Rochegude. Ces mots et la manière dont M. d'Ajuda se plongea dans sa voiture furent l'éclair et la foudre pour cette femme, qui revint en contenant d'affreux tressaillements et de mortelles appréhensions.

Les plus horribles catastrophes ne sont que cela dans le grand monde.

La vicomtesse rentra dans sa chambre à coucher, se mit à sa table, et prit un joli papier.

*Du moment*, écrivait-elle, *où vous dînez chez M. de Rochegude, et non à l'ambassade anglaise, vous me devez une explication, je vous attends.*

Après avoir redressé quelques lettres défigurées par le tremblement convulsif de sa main, elle mit un C qui voulait dire Claire de Bourgogne, et sonna.

— Jacques, dit-elle à son valet de chambre qui vint aussitôt, vous irez à sept heures et demie chez M. de Rochegude; vous y demanderez M. d'Ajuda. Si monsieur le marquis y est, vous lui ferez parvenir ce billet sans demander de réponse; s'il n'y est pas, vous reviendrez et me rapporterez ma lettre.

— Madame la vicomtesse a quelqu'un dans son petit salon.

— Ah! c'est vrai, dit-elle en poussant la porte.

Eugène commençait à se trouver très-mal à l'aise; il aperçut enfin la vicomtesse, qui lui dit d'un ton de voix dont l'émotion lui remua les fibres du cœur : — Pardon, monsieur, j'avais un mot à écrire, je suis maintenant toute à vous...

Elle ne savait ce qu'elle disait; voici ce qu'elle pensait : — Ha! il veut épouser mademoiselle de Rochegude. Mais est-il donc libre? Ce soir ce mariage sera brisé, ou je... je... mais il n'en sera plus question demain.

— Ma cousine..., répondit Eugène.

— Hein! fit la vicomtesse en lui jetant un regard dont l'impertinence glaça l'étudiant.

Eugène comprit ce hein. Depuis trois heures il avait appris tant de choses, qu'il s'était mis sur le qui-vive!

— Madame, reprit-il en rougissant.

Il hésita, puis il reprit : — Pardonnez-moi. J'ai besoin de tant de protection qu'un petit bout de parenté n'aurait rien gâté.

Madame de Beauséant sourit, mais tristement; elle sentait déjà le malheur qui grondait dans son atmosphère.

— Si vous connaissiez la situation dans laquelle se trouve ma famille, dit-il en continuant, vous aimeriez à jouer le rôle d'une de ces fées fabuleuses qui se plaisaient à dissiper les obstacles autour de leurs filleuls.

— Hé bien, mon cousin, dit-elle en riant, à quoi puis-je vous être bonne?

— Mais, le sais-je? vous appartenir, car un lien de parenté qui se perd dans l'ombre est déjà toute une fortune. Vous m'avez troublé, je ne sais plus ce que je venais vous dire. Vous êtes la seule personne que je connaisse à Paris. Ah! je voulais vous consulter, en vous demandant de m'accepter comme un pauvre enfant qui désire se coudre à votre jupe et qui saurait mourir pour vous.

— Vous tueriez quelqu'un pour moi...

— J'en tuerais deux! fit Eugène.

— Enfant! Oui, vous êtes un enfant! dit-elle en réprimant quelques larmes. Vous aimeriez sincèrement, vous!

— Oh! fit-il en hochant la tête.

La vicomtesse s'intéressa vivement à l'étudiant pour une réponse d'ambitieux. Le méridional en était à son premier calcul. Entre le boudoir bleu de madame de Restaud et le salon rose de madame de Beauséant, il avait fait trois années de ce *Droit parisien* dont on ne parle pas, quoiqu'il constitue une haute jurisprudence sociale qui, bien apprise, bien pratiquée, mène à tout.

— Ah! j'y suis, fit Eugène. J'avais remarqué madame de Restaud à votre bal. Je suis allé ce matin chez elle.

— Vous avez dû bien la gêner, dit en souriant madame de Beauséant.

— Eh oui! Je suis un ignorant qui mettra contre lui tout le monde, si vous me refusez votre secours. Je crois qu'il est fort difficile de rencontrer à Paris une femme jeune, belle, riche, élégante, qui soit inoccupée, et il m'en faut une qui m'apprenne ce que vous seules savez bien expliquer : la vie. Je trouverai partout un monsieur de Trailles. Je venais donc à vous pour vous demander le mot d'une énigme, et vous prier de me dire de quelle nature est la sottise que j'y ai faite. J'ai parlé d'un père....

— Madame la duchesse de Langeais, dit Jacques en coupant la parole à l'étudiant, qui fit le geste d'un homme violemment contrarié.

— Si vous voulez réussir, dit la vicomtesse à voix basse, d'abord ne soyez pas aussi démonstratif.

— Hé bonjour, ma chère, reprit-elle en se levant et allant au-devant de la duchesse dont elle pressa les mains avec l'effusion caressante qu'elle aurait pu montrer pour une sœur, et à laquelle la duchesse répondit par les plus jolies câlineries.

— Voilà deux bonnes amies, se dit Rastignac; j'aurai dès lors deux protectrices, car ces deux femmes doivent avoir les mêmes affections; celle-ci s'intéressera pour moi.

— A quelle heureuse pensée dois-je le bonheur de vous voir, ma chère Antoinette? dit madame de Beauséant.

— Mais j'ai vu M. d'Ajuda-Pinto entrer chez M. de Rochegude, et j'ai pensé qu'alors vous étiez seule.

Madame de Beauséant ne se pinça point les lèvres, elle ne rougit pas, son regard resta le même, et son front parut s'éclaircir pendant que la duchesse prononçait ces fatales paroles...

— Si j'avais su que vous fussiez occupée..., ajouta la duchesse en se tournant vers Eugène.

— Monsieur est M. Eugène de Rastignac, un de mes cousins, dit la vicomtesse. Avez-vous des nouvelles de M. de Montriveau? fit-elle. Serisy m'a dit hier qu'on ne le voyait plus; l'avez-vous eu chez vous aujourd'hui?

La duchesse, qui passait pour être abandonnée par M. de Montriveau dont elle était éperdument éprise, sentit au cœur la pointe de cette question, et rougit en répondant : — Il était hier à l'Élysée.

— De service, dit madame de Beauséant.

— Clara, vous savez sans doute, reprit la duchesse en jetant des flots de malignité par ses regards, que demain les bans de monsieur d'Ajuda-Pinto et de mademoiselle de Rochegude se publient?

Ce coup était trop violent, la vicomtesse pâlit, et répondit en riant : — Ce sont de ces bruits dont s'amusent les sots. Pourquoi M. d'Ajuda porterait-il chez les Rochegude un des plus beaux noms du Portugal? Les Rochegude sont de la plus petite noblesse de province.

— Mais Berthe réunira, dit-on, deux cent mille livres de rente.

— M. d'Ajuda est trop riche pour faire de ces calculs.

— Mais, ma chère, mademoiselle de Rochegude est charmante.

— Ah!

— Enfin, il y dîne aujourd'hui, et les conditions sont arrêtées... Vous m'étonnez étrangement d'être si peu instruite...

— Quelle sottise avez-vous donc faite, monsieur? dit madame de Beauséant. Ce pauvre enfant est si nouvellement jeté dans le monde, qu'il ne comprend rien, ma chère Antoinette, à ce que nous disons. Soyez bonne pour lui; remettons à causer de cela demain. Demain, voyez-vous, tout sera sans doute officiel, et vous serez officieuse à coup sûr.

Ici la duchesse tourna sur Eugène un de ces regards impertinents qui enveloppent un homme des pieds à la tête, l'aplatissent, et le mettent à l'état de zéro.

— Madame, j'ai sans doute sans le savoir, plongé un poignard dans le cœur de madame de Restaud;

sans le savoir, voilà ma faute, dit l'étudiant que son génie avait assez bien servi, et qui avait découvert les mordantes épigrammes cachées sous les phrases affectueuses de ces deux femmes. Vous continuez à voir et vous craignez peut-être les gens qui sont dans le secret du mal qu'ils vous font, tandis que celui qui l'ignore est regardé comme un sot, un maladroit qui ne sait profiter de rien ; on le méprise.

Madame de Beauséant jeta sur l'étudiant un de ces regards fondants, où les grandes âmes savent mettre tout à la fois de la reconnaissance et de la dignité. Ce regard fut comme un baume qui calma la plaie que venait de faire au cœur de l'étudiant le coup d'œil d'huissier-priseur par lequel la duchesse l'avait évalué.

— Figurez-vous que je venais, dit Eugène en continuant, de capter la bienveillance du comte de Restaud ; car, dit-il en se tournant vers la duchesse d'un air à la fois humble et malicieux, il faut vous dire, madame, que je ne suis encore qu'un pauvre diable d'étudiant, bien seul, bien pauvre...

— Ne dites pas cela, monsieur de Rastignac ; nous autres femmes, nous ne voulons jamais de ce dont personne ne veut.

— Bah ! fit Eugène, je n'ai que vingt-deux ans, il faut savoir supporter les malheurs de son âge. D'ailleurs, je suis à confesse ; et il est impossible de se mettre à genoux dans un plus joli confessionnal : on y fait les péchés dont on s'accuse dans l'autre.

La duchesse prit un air froid à ce discours anti-religieux, dont elle proscrivit le mauvais goût, en disant à la vicomtesse : — Monsieur arrive...

Madame de Beauséant se prit à rire franchement et de son cousin et de la duchesse. — Il arrive, ma chère, et cherche une institutrice qui lui enseigne le bon goût.

— Madame la duchesse, reprit Eugène, n'est-il pas naturel de vouloir s'initier aux secrets de ce qui nous charme ? (Allons, se dit-il, je suis sûr que je leur fais des phrases de coiffeur.)

— Mais madame de Restaud est, je crois, l'écolière de M. de Trailles, dit la duchesse.

— Je n'en savais rien, madame, reprit l'étudiant. Aussi me suis-je étourdiment jeté entre eux. Enfin, je m'étais assez bien entendu avec le mari ; je me voyais souffert, pour un temps, par la femme, lorsque je me suis avisé de leur dire que je connaissais un homme que je venais de voir sortir par un escalier dérobé, et qui avait au fond d'un couloir embrassé la comtesse.

— Qui est-ce ? dirent les deux femmes.

— Un vieillard qui vit à raison de trois louis par mois, au fond du faubourg Saint-Marceau, comme moi, pauvre étudiant, un véritable pauvre dont tout le monde se moque, et que nous appelons *le père Goriot*.

— Mais, enfant que vous êtes ! s'écria la vicomtesse, la comtesse de Restaud est une demoiselle Goriot.

— La fille d'un vermicellier, reprit la duchesse, une petite femme qui s'est fait présenter le même jour qu'une fille de fournisseur. Ne vous en souvenez-vous pas, Clara ? Le roi s'est mis à rire, et a dit en latin un bon mot sur la farine. Des gens... ? comment donc ? des gens...

— *Ejusdem farinæ*, dit Eugène.

— C'est cela, dit la duchesse.

— Ah ! c'est son père ! reprit l'étudiant en faisant un geste d'horreur.

— Mais oui ! ce bonhomme avait deux filles dont il est quasi fou, quoique l'une et l'autre l'aient renié.

— La seconde n'est-elle pas, dit la vicomtesse en regardant la duchesse, mariée à un banquier dont le nom est allemand, un baron de Nucingen ? Ne se nomme-t-elle pas Delphine ? une blonde qui a une loge de côté à l'Opéra, qui vient aux Bouffons, et rit très-haut pour se faire remarquer ?

La duchesse sourit en disant : — Mais, ma chère, je vous admire. Pourquoi vous occupez-vous donc tant de ces gens-là ? Il a fallu être amoureux fou, comme l'était Restaud, pour s'être enfariné de mademoiselle Anastasie. Oh ! il n'en sera pas le bon marchand ; M. de Trailles la perdra.

— Son père ! répétait Eugène.

— Eh bien ! oui, son père, leur père, le père ! Un père, reprit la vicomtesse, un bon père, qui leur a donné, dit-on, à chacune cinq ou six cent mille francs pour faire leur bonheur en les mariant bien, et qui ne s'était réservé que huit à dix mille livres de rente pour lui, croyant que ses filles resteraient ses filles, qu'il s'était créé chez elles deux existences, deux maisons où il serait adoré, choyé. En deux ans, ses gendres l'ont banni de leur société comme le dernier des misérables...

Quelques larmes roulèrent dans les yeux d'Eugène, récemment rafraîchi par les pures et saintes émotions de la famille, encore sous le charme des croyances jeunes, et qui n'en était qu'à sa première journée sur le champ de bataille de la civilisation parisienne. Les émotions véritables sont si communicatives que pendant un moment ces trois personnes se regardèrent en silence.

— Hé ! mon Dieu, dit madame de Langeais, oui, cela semble bien horrible, et nous voyons cependant cela tous les jours. N'y a-t-il pas une cause à cela ? Dites-moi, ma chère, avez-vous pensé jamais à ce qu'est un gendre ? Un gendre est un homme pour qui nous élèverons, vous ou moi, une chère petite créature à laquelle nous tiendrons par mille liens, qui sera pendant dix-sept ans la joie de la famille, qui en est l'âme blanche, dirait Lamartine, et qui en deviendra la peste. Quand cet homme, nous l'aura prise, il commencera par saisir son amour comme une hache, afin de couper dans le cœur et au vif de cet ange tous les sentiments par lesquels elle s'attachait à sa famille. Hier, notre fille était tout pour nous, nous étions tout pour elle; le lendemain elle se fait notre ennemie. Ne voyons-nous pas cette tragédie s'accomplir tous les jours? Ici, la belle-fille est de la dernière impertinence avec son beau-père, qui a tout sacrifié pour son fils. Plus loin, un gendre met sa belle-mère à la porte. J'entends demander ce qu'il y a de dramatique aujourd'hui dans la société; mais le drame du gendre est effrayant, sans compter nos mariages, qui sont devenus de fort sottes choses. Je me rends parfaitement compte de ce qui est arrivé à ce vieux vermicellier. Je crois me rappeler que ce Foriot...

— Goriot, madame.

— Oui, ce Moriot a été président de sa section pendant la révolution; il a été dans le secret de la fameuse disette, et a commencé sa fortune par vendre dans ce temps-là des farines dix fois plus qu'elles ne lui coûtaient. Il en a eu tant qu'il en a voulu. L'intendant de ma grand'mère lui en a vendu pour des sommes immenses. Ce Goriot partageait sans doute, comme tous ces gens-là, avec le comité de salut public. Je me souviens que l'intendant disait à ma grand'mère qu'elle pouvait rester en toute sûreté à Grandvilliers; que ses blés étaient une excellente carte civique. Eh bien! ce Loriot, qui vendait du blé aux coupeurs de têtes, n'a eu qu'une passion : il adore, dit-on, ses filles. Il a juché l'aînée dans la maison de Restaud, et greffé l'autre sur le baron de Nucingen, un riche banquier qui fait le royaliste. Vous comprenez bien que sous l'empire les deux gendres ne se sont pas trop formalisés d'avoir ce vieux Quatre-vingt-treize chez eux : ça pouvait encore aller avec Bonaparte. Mais quand les Bourbons sont revenus, le bonhomme a gêné Restaud, et plus encore le banquier. Les filles l'aimaient peut-être toujours; elles ont voulu ménager la chèvre et le chou, le père et le mari; elles ont reçu le Foriot quand elles n'avaient personne; elles ont imaginé des prétextes de tendresse. — Papa, venez, nous serons mieux, parce que nous serons seuls! etc. Moi, ma chère, je crois que les sentiments vrais ont des yeux et une intelligence; et alors le cœur de ce pauvre Quatre-vingt-treize a saigné. Il a vu que ses filles avaient honte de lui; que si ses filles aimaient leurs maris, il nuisait à ses gendres; qu'il fallait se sacrifier. Il s'est sacrifié, parce qu'il était père; il s'est banni de lui-même. Puis, en voyant ses filles contentes, il a compris qu'il avait bien fait. Le père et les enfants ont été complices de ce petit crime. Nous voyons cela partout. Ce père Moriot n'aurait-il pas été une tache de cambouis dans le salon de ses filles? il y aurait été gêné, il se serait ennuyé. Ce qui arrive à ce père peut arriver à la plus jolie femme avec l'homme qu'elle aimera le mieux. Si elle l'ennuie de son amour, il s'en va, il fait des lâchetés pour la fuir. Tous les sentiments en sont là. Notre cœur est un trésor : videz-le d'un coup, vous êtes ruinés. Nous ne pardonnons pas plus à un sentiment de s'être montré tout entier, qu'à un homme de ne pas avoir un sou à lui. Ce père avait tout donné, ses entrailles, son amour, pendant vingt ans; sa fortune en un jour. Le citron bien pressé, ses filles en ont laissé le zeste au coin des rues.

— Le monde est infâme! dit la vicomtesse en effilant son châle et sans lever les yeux.

— Infâme! non, reprit la duchesse. Il va son train, voilà tout. Si je vous en parle ainsi, c'est pour vous montrer que je ne suis pas dupe du monde. Je pense comme vous, dit-elle en pressant la main de la vicomtesse : le monde est un bourbier, tenons-nous sur les hauteurs.

Elle se leva, embrassa madame de Beauséant au front en lui disant : — Vous êtes bien belle en ce moment, ma chère. Vous avez les plus jolies couleurs que j'aie vues jamais.

Puis elle sortit après avoir légèrement incliné la tête en regardant le cousin.

— Le père Goriot est sublime! dit Eugène en se souvenant de l'avoir vu tordant son vermeil la nuit.

Madame de Beauséant n'entendit pas, elle était pensive. Quelques moments de silence s'écoulèrent, et le pauvre étudiant, pris par une sorte de stupeur honteuse, n'osait ni s'en aller, ni rester, ni parler.

— Le monde est infâme et méchant, dit enfin la vicomtesse. Aussitôt qu'un malheur nous arrive, il y a toujours un ami prêt à venir nous fouiller le cœur avec un poignard en nous en faisant admirer le manche. Déjà le sarcasme, déjà les railleries! Ha! je me défendrai.

Elle releva la tête comme une grande dame qu'elle était, et des éclairs sortirent de ses yeux fiers.

— Ah! fit-elle en voyant Eugène, vous êtes là!

— Encore! dit-il piteusement.

— Eh bien! monsieur de Rastignac, traitez ce monde comme il mérite de l'être. Vous voulez parvenir : eh bien! je vous aiderai. Vous sonderez combien est profonde la corruption féminine, vous toiserez la largeur de leur misérable vanité d'homme. Quoique j'aie bien lu dans ce livre du monde, il y avait des pages qui cependant m'étaient inconnues. Maintenant je sais tout. Plus froidement vous calculerez, plus avant vous irez. Frappez sans pitié, vous serez craint. N'acceptez les hommes et les femmes que comme des chevaux de poste que vous laisserez crever à chaque relais ; ainsi, vous arriverez au faîte de vos désirs. Voyez-vous, vous ne seriez rien ici si vous n'avez une femme qui s'intéresse à vous. Il vous la faut jeune, riche, élégante. Ha ! si vous avez un sentiment vrai, cachez-le comme un trésor, ne le laissez jamais soupçonner. Vous seriez perdu. Vous ne seriez plus le bourreau, vous deviendriez la victime. Si jamais vous aimiez, gardez bien votre secret ! ne le livrez pas avant d'avoir bien su à qui vous ouvrirez votre cœur. Pour préserver par avance cet amour qui n'existe pas encore, apprenez à vous défier de ce monde-ci. Écoutez-moi, Miguel...

Elle se trompait naïvement de nom sans s'en apercevoir.

..... Il existe quelque chose de plus épouvantable que ne l'est l'abandon du père par ses deux filles, qui le voudraient mort. C'est la rivalité des deux sœurs entre elles. M. de Restaud a de la naissance ; sa femme a été adoptée, elle a été présentée. Mais sa sœur, sa riche sœur, la belle madame Delphine de Nucingen, femme d'un homme d'argent, meurt de chagrin, la jalousie la dévore, elle est à cent lieues de sa sœur. Sa sœur n'est plus sa sœur. Elles se renient entre elles comme elles renient leur père. Aussi, madame de Nucingen lapperait-elle toute la boue qu'il y a entre la rue Saint-Lazare et la rue de Grenelle pour entrer dans mon salon. Elle a cru que M. de Marsay la ferait arriver à son but : et elle s'est faite l'esclave de M. de Marsay, elle assomme M. de Marsay ; et M. de Marsay s'en soucie fort peu. Si vous me la présentez, vous serez son Benjamin, elle vous adorera ! Aimez-la si vous pouvez, après ! Sinon, servez-vous-en ! Je la verrai une ou deux fois, en grande soirée, quand il y aura cohue ; mais je ne la recevrai point le matin. Je la saluerai, cela suffira. Vous vous êtes fermé les portes de la comtesse pour avoir prononcé le nom du père Goriot. Oui, mon cher, vous iriez vingt fois chez madame Restaud, vingt fois vous la trouveriez absente. Vous avez été consigné. Hé bien ! que le père Goriot vous introduise près de madame Delphine de Nucingen. La belle madame de Nucingen sera pour vous une enseigne. Soyez l'homme qu'elle distingue, les femmes raffoleront de vous. Ses rivales, ses amies, ses meilleures amies voudront vous enlever à elle. Il y a des femmes qui aiment l'homme déjà choisi par une autre, comme il y a de pauvres bourgeoises qui, en prenant nos chapeaux, espèrent avoir nos manières. Vous aurez des succès, et, à Paris, le succès est tout. C'est la clef du pouvoir. Si les femmes vous trouvent de l'esprit, du talent, les hommes le croiront pendant deux ans ; vous pourrez tout vouloir, vous aurez le pied partout. Vous saurez alors ce qu'est le monde : une réunion de dupes et de fripons. Ne soyez ni parmi les uns ni parmi les autres. Je vous donne mon nom comme un fil d'Ariane pour entrer dans ce labyrinthe.

— Ne le compromettez pas, dit-elle en recourbant son cou et jetant un regard de reine à l'étudiant ; rendez-le-moi blanc ! Allez, laissez-moi. Nous autres femmes, nous avons quelquefois des batailles à livrer.

— S'il vous fallait un homme de bonne volonté pour aller mettre le feu à une mine..., dit Eugène en l'interrompant.

— Eh bien ?

Il se frappa le cœur, sourit au sourire de sa cousine, et sortit. Il était cinq heures. Eugène avait faim, il craignit de ne pas arriver à temps pour l'heure du dîner ; et cette crainte lui fit sentir le bonheur d'être rapidement emporté dans Paris. Ce plaisir purement machinal le laissa tout entier aux pensées qui l'assaillaient. Lorsqu'un jeune homme de son âge est atteint par le mépris, il s'emporte, il enrage, il menace du poing la société tout entière, il veut se venger, il doute même. Et Rastignac était en ce moment accablé par ces mots : — *Vous vous êtes fermé la porte de la comtesse.*

— J'irai ! se disait-il, et si madame de Beauséant a raison, si je suis consigné,... je... je... Madame de Restaud me trouvera dans tous les salons où elle va. J'apprendrai à faire des armes, à tirer le pistolet, je lui tuerai son Maxime.

— Et de l'argent, lui criait sa conscience ? Où donc en prendras-tu ? Tout à coup la richesse étalée chez la comtesse de Restaud brilla devant ses yeux. Il avait vu là le luxe dont une *demoiselle Goriot* devait être amoureuse, des dorures, des objets de prix en évidence, le luxe inintelligent du parvenu, le gaspillage de la femme entretenue. Cette fascinante image fut soudainement écrasée par la grandiose de l'hôtel de Beauséant. Son imagination, transportée dans les hautes régions de la société parisienne, lui inspira mille pensées mauvaises au cœur, en lui élargissant la tête et la conscience. Il vit le monde comme il est ; les lois et la morale impuissantes chez les riches. Il vit dans la fortune l'*ultima ratio mundi*.

— Vautrin a raison : la fortune est la vertu ! se dit-il.

Arrivé rue Neuve-Sainte-Geneviève, il monta rapidement chez lui, descendit pour donner dix francs au cocher, et vint dans cette salle à manger nauséabonde, où il aperçut, comme des animaux à un râtelier, les dix-huit convives en train de se repaître. Le spectacle de ces misères et l'aspect de cette salle lui furent horribles. La transition était trop brusque, le contraste trop complet, pour ne pas développer outre mesure chez lui le sentiment de l'ambition. D'un côté, les fraîches et charmantes images de la nature sociale la plus élégante, des figures jeunes, vives, encadrées par les merveilles de l'art et du luxe, des têtes passionnées pleines de poésie; de l'autre, de sinistres tableaux bordés de fange, et des faces où les passions avaient laissé leurs cordes et leur mécanisme. Les enseignements que la colère d'une femme abandonnée avait arrachés à madame de Beauséant, ses offres captieuses revinrent dans sa mémoire; et la misère les commenta. Rastignac résolut d'ouvrir deux lignes parallèles pour arriver à la fortune, de s'appuyer sur la science et sur l'amour, d'être un savant docteur et un homme à la mode. Il était encore bien enfant.

— Vous êtes bien sombre, monsieur le marquis, lui dit Vautrin, qui lui jeta de ces regards par lesquels cet homme semblait s'initier aux secrets les plus cachés du cœur.

— Je ne suis pas disposé à souffrir les plaisanteries de ceux qui m'appellent monsieur le marquis, répondit-il. Ici, avant d'être marquis, il faut avoir cent mille livres de rentes.

Vautrin regarda Rastignac d'un air paternel et méprisant, comme s'il eût dit : — Marmot ! dont je ne ferais qu'une bouchée ! Puis il répondit : — Vous êtes de mauvaise humeur, parce que vous n'avez peut-être pas réussi auprès de la belle comtesse de Restaud !

— Elle m'a fermé sa porte, dit Eugène, pour lui avoir dit que son père mangeait à notre table.

Tous les convives s'entre-regardèrent. Le père Goriot baissa les yeux, et se retourna pour les essuyer.

— Vous m'avez jeté du tabac dans l'œil, dit-il à son voisin.

— Qui vexera le père Goriot s'attaquera désormais à moi, répondit Eugène en regardant le voisin de l'ancien vermicellier; il vaut mieux que nous tous. — Je ne parle pas des dames, dit-il en se retournant vers mademoiselle Taillefer.

Cette phrase fut un dénoûment. Eugène l'avait prononcée d'un air qui imposa silence aux convives.

Vautrin seul lui dit en goguenardant : — Pour prendre le père Goriot à votre compte, et vous établir son éditeur responsable, il faut savoir bien tenir une épée et bien tirer le pistolet.

— Ainsi ferai-je, dit Eugène.

— Vous êtes donc entré en campagne aujourd'hui ?

— Peut-être, répondit Rastignac. Mais je ne dois compte de mes affaires à personne, attendu que je ne cherche pas à deviner celles que les autres font la nuit.

Vautrin regarda Rastignac de travers.

— Mon petit, quand on ne veut pas être dupe des marionnettes, il faut entrer tout à fait dans la baraque, et ne pas se contenter de regarder par les trous de la tapisserie. Assez causé, ajouta-t-il en voyant Eugène prêt à se gendarmer. Nous aurons ensemble un petit bout de conversation quand vous le voudrez.

Le dîner devint sombre et froid. Le père Goriot, absorbé par la profonde douleur que lui avait causée la phrase de l'étudiant, ne comprit pas que les dispositions des esprits étaient changées à son égard, et qu'un jeune homme capable de faire taire les persécutions dont il souffrait, avait pris sa défense.

— Monsieur Goriot, dit madame Vauquer à voix basse, serait donc père d'une comtesse, à cette heure ?

— Et d'une baronne, lui répliqua Rastignac.

— Il n'a que ça à faire, dit Bianchon à Rastignac; je lui ai pris la tête, il n'y a qu'une bosse, celle de la paternité, ce sera un père *éternel*.

Eugène était sérieux : il se demandait où et comment il se procurerait de l'argent; car il voulait profiter des conseils de madame de Beauséant. Il devint soucieux devant les savanes du monde qui se déroulaient à la fois vides et pleines à ses yeux. Chacun le laissa seul dans la salle à manger quand le dîner fut fini.

— Vous avez donc vu ma fille? lui dit M. Goriot d'une voix émue.

Eugène, réveillé de sa méditation par le bonhomme, lui prit la main, et le contemplant avec une sorte d'attendrissement : — Vous êtes un brave et digne homme, répondit-il; nous causerons de vos filles plus tard.

Il se leva sans vouloir écouter le père Goriot, et se retira dans sa chambre, où il écrivit à sa mère la lettre suivante.

« Ma chère mère, vois si tu n'as pas une troisième mamelle à t'ouvrir pour moi. Je suis dans une situation à faire promptement fortune. J'ai besoin de douze cents francs, et il me les faut à tout prix. Ne dis rien de cela à mon père, il s'y opposerait peut-être, et si je n'avais pas cet argent je serais en proie à un désespoir qui me conduirait à me brûler la cervelle. Je t'expliquerai tout aussitôt que je te verrai, car il me faudrait écrire des volumes pour te faire comprendre la situation dans laquelle je suis. Je n'ai pas joué, ma bonne mère, je ne dois rien ; mais il faut me trouver cette somme, si tu tiens à me conserver la vie que tu m'as donnée. Enfin, je vais chez la vicomtesse de Beauséant, qui m'a pris sous sa protection. Je dois aller dans le monde, et n'ai pas un sou pour avoir des gants propres. Je saurai ne manger que du pain, ne boire que de l'eau; je jeûnerai au besoin : mais je ne puis me passer des outils avec lesquels on pioche la vigne dans ce pays-ci. Il s'agit pour moi de faire mon chemin ou de rester dans la boue. Je sais toutes les espérances que vous avez mises en moi, et je veux les réaliser promptement. Ma bonne mère, vends quelques-uns de tes anciens bijoux, je te les remplacerai bientôt. Je connais assez la situation de notre famille pour savoir apprécier de tels sacrifices, et tu dois croire que je ne te demande pas de les faire en vain ; je serais un monstre. Ne vois dans ma prière que le cri d'une impérieuse nécessité. Notre avenir est tout entier dans ce subside, avec lequel je dois ouvrir la campagne. Oui, cette vie de Paris est un combat perpétuel! Enfin, si pour compléter la somme, il n'y a pas d'autre ressource que de vendre les dentelles de ma tante, dis-lui que je lui en enverrai bientôt de plus belles. Etc. »

Il écrivit à chacune de ses sœurs pour leur demander leurs économies. Afin de les leur arracher sans qu'elles parlassent en famille du sacrifice qu'elles ne manqueraient pas de lui faire avec bonheur, il intéressa leur probité, leur délicatesse en attaquant les cordes de l'honneur, qui sont si bien tendues et qui résonnent si fort dans de jeunes cœurs. Quand il eut écrit ces lettres, il éprouva néanmoins une trépidation involontaire : il palpitait, il tressaillait ; car ce jeune ambitieux connaissait la noblesse immaculée de ces âmes ensevelies dans la solitude, il savait quelles peines il causerait à ses deux sœurs, et aussi quelles seraient leurs joies. Avec quel plaisir elles causeraient ensemble au fond du clos de ce frère bien-aimé! Sa conscience se dressa lumineuse, et les lui montra comptant en secret leur petit trésor ; il les vit déployant le génie malicieux des jeunes filles pour lui envoyer *incognito* cet argent, essayant une première tromperie pour être sublimes!

— Le cœur d'une sœur est un diamant de pureté, un abîme de tendresse, se dit-il. Il avait honte d'avoir écrit. Combien seraient puissants leurs vœux! Combien pur serait l'élan de leurs âmes vers le ciel! Avec quelles voluptés ne se sacrifieraient-elles pas! De quelle douleur serait atteinte sa mère, si elle ne pouvait pas envoyer toute la somme! Et ces beaux sentiments, ces effroyables sacrifices allaient lui servir d'échelon pour arriver à Delphine de Nucingen! Quelques larmes, derniers grains d'encens jetés sur l'autel sacré de la famille, lui sortirent des yeux. Il se promena dans une agitation pleine de désespoir.

Le père Goriot, le voyant par sa porte qui était restée entrebâillée, entra, et lui dit : — Qu'avez-vous, monsieur ?

— Ha, mon bon voisin, je suis encore fils et frère comme vous êtes père. Vous avez raison de trembler pour la comtesse Anastasie, elle est à un monsieur Maxime de Trailles qui la perdra.

Le père Goriot se retira en balbutiant quelques paroles dont Eugène ne saisit pas le sens.

Le lendemain, Rastignac alla jeter ses lettres à la poste ; il hésita jusqu'au dernier moment, mais il les lança dans la boîte en se disant : « Je réussirai ! » le mot du joueur, du grand capitaine, mot fataliste qui perd plus d'hommes qu'il n'en sauve.

Quelques jours après, Eugène alla chez madame de Restaud et ne fut pas reçu. Trois fois il y retourna, trois fois encore il trouva la porte close, quoiqu'il se présentât à des heures où le comte Maxime de Trailles n'y était pas. La vicomtesse avait eu raison.

L'étudiant n'étudia plus. Il allait aux cours pour y répondre à l'appel, et quand il avait attesté sa présence, il décampait aussitôt. Il s'était fait le raisonnement que se font la plupart des étudiants : il réservait ses études pour le moment où il s'agirait de passer ses examens ; il avait résolu d'entasser ses inscriptions de seconde et troisième années, puis d'apprendre le Droit sérieusement et d'un seul coup au dernier moment. Il avait ainsi quinze mois de loisir pour naviguer sur l'océan de Paris, et y faire la traite des dames, ou y pêcher la fortune.

Pendant cette semaine, il vit deux fois madame de Beauséant, chez laquelle il n'allait qu'au moment où sortait la voiture de M. d'Ajuda. Pour quelques jours encore, cette illustre femme, la plus poétique figure du faubourg Saint-Germain, resta victorieuse, et fit suspendre le mariage de mademoiselle de Rochegude avec le marquis d'Ajuda-Pinto. Mais ces derniers jours, que la crainte de perdre son bonheur rendit les plus ardents de tous, devaient précipiter la catastrophe. M. d'Ajuda, de concert avec les Rochegude, avait regardé cette brouille et ce raccommodement comme une circonstance heureuse. Ils espéraient que madame de Beauséant s'accoutumerait à l'idée de ce mariage, et finirait par sacrifier ses matinées à un avenir prévu dans la vie des hommes. Malgré les plus saintes promesses renouvelées chaque jour, M. d'Ajuda jouait donc la comédie, et la vicomtesse aimait à être trompée.

— Au lieu de sauter noblement par la fenêtre, elle se laissait rouler dans les escaliers, disait la duchesse de Langeais, sa meilleure amie.

Néanmoins, ces dernières lueurs brillèrent assez longtemps pour que la vicomtesse restât à Paris et y servit son jeune parent, auquel elle portait une sorte d'affection superstitieuse. Eugène s'était montré pour elle plein de dévouement et de sensibilité dans une circonstance où les femmes ne voient de

Dans le désir de parfaitement bien connaître son échiquier avant de tenter l'abordage de la maison Nucingen, Rastignac voulut se mettre au fait de la vie antérieure du père Goriot, et recueillit des renseignements certains qui peuvent se réduire à ceci :

Jean-Joachim Goriot était, avant la révolution, un simple ouvrier vermicellier, habile, économe et assez entreprenant pour avoir acheté le fonds de son maître, que le hasard rendit victime du premier soulèvement de 1789. Il s'était établi rue de la Jussienne, près de la Halle aux Blés, et avait eu le gros bon sens d'accepter la présidence de sa section, afin de faire protéger son commerce par les personnages les plus influents de cette dangereuse époque. Cette sagesse avait été l'origine de sa fortune, qui commença dans la disette, fausse ou vraie, par suite de laquelle les grains acquirent un prix énorme à Paris. Le peuple se tuait à la porte des boulangers, tandis que certaines personnes allaient chercher sans émeute des pâtes d'Italie chez les épiciers. Pendant cette année, le citoyen Goriot amassa les capitaux qui plus tard lui servirent à faire son commerce avec toute la supériorité que donne une grande masse d'argent. Il lui arriva ce qui arrive à tous les hommes qui n'ont qu'une capacité relative. Sa médiocrité le sauva. D'ailleurs, sa fortune n'étant connue qu'au moment où il n'y avait plus de danger à être riche, il n'excita l'envie de personne. Le commerce de grains semblait avoir absorbé toute son intelligence. S'agissait-il de blés, de farines, de grenailles, d'en reconnaître les qualités, les provenances, de veiller à leur conservation, de prévoir les cours, de prophétiser l'abondance ou la pénurie des récoltes, de se procurer les céréales à bon marché, de s'approvisionner en Sicile, en Ukraine, M. Goriot n'avait pas son second. A lui voir conduire ses affaires, expliquer les lois sur l'exportation, sur l'importation des grains, en étudier l'esprit, en saisir les défauts, un homme l'eût jugé capable d'être un bon ministre d'État. Il était patient, actif, énergique, constant, rapide dans ses expéditions, il avait un coup d'œil d'aigle ; il devançait tout, il prévoyait tout, il savait tout, il cachait tout ! diplomate pour concevoir, soldat pour marcher. Sorti de sa spécialité, de sa simple et obscure boutique sur le pas de laquelle il demeurait pendant ses heures d'oisiveté, l'épaule appuyée contre le montant de la porte, il redevenait l'ouvrier stupide et grossier, l'homme incapable de comprendre un raisonnement, insensible à tous les plaisirs de l'esprit, l'homme qui s'endormait au spectacle, un de ces calibans parisiens qui ne sont forts qu'en bêtise. Ces natures se ressemblent presque toutes ; à presque toutes vous trouveriez un sentiment sublime au cœur. Deux sentiments exclusifs avaient rempli le cœur du vermicellier, en avaient absorbé l'humide, comme le commerce des grains avait employé toute son intelligence. Sa femme, la fille unique d'un riche fermier de la Brie, avait été pour lui l'objet d'une admiration religieuse, d'un amour sans bornes. Goriot avait admiré en elle une nature frêle et forte, sensible et jolie, qui contrastait si vigoureusement avec la sienne. Or, s'il est un sentiment inné dans le cœur de l'homme, c'est l'orgueil de la protection exercée à tout moment en faveur d'un être faible ; joignez-y l'amour, cette reconnaissance vive de toutes les âmes franches pour les principes de leurs plaisirs, et vous comprendrez une foule de bizarreries morales. Après sept ans de bonheur sans nuages, M. Goriot avait, malheureusement pour lui, perdu sa femme ; car elle commençait à prendre de l'empire sur lui, en dehors de la sphère des sentiments. Peut-être eût-elle cultivé cette nature inerte, peut-être y eût-elle jeté l'intelligence des choses du monde et de la vie. Dans cette situation, le sentiment de la paternité s'était développé chez M. Goriot jusqu'à la déraison. Il avait reporté ses affections, trompées par la mort, sur ses deux filles, qui, d'abord, satisfaisaient pleinement tous ses sentiments. Quelque brillantes que fussent les propositions qui lui furent faites par des négociants ou des fermiers jaloux de lui donner leurs filles, il voulut rester veuf. Son beau-père, le seul homme pour lequel il avait eu du penchant, prétendait savoir pertinemment que Goriot avait juré de ne pas faire d'infidélité à sa femme, quoique morte. Les gens de la halle, incapables de comprendre cette sublime folie, en plaisantèrent, et donnèrent à Goriot quelque grotesque sobriquet. Le premier d'entre eux qui, en buvant le vin du marché, s'avisa de le prononcer, reçut du vermicellier un coup de poing sur l'épaule qui l'envoya, la tête la première, sur une borne de la rue Oblin. Le dévouement irréfléchi, l'amour ombrageux et délicat que portait Goriot à ses filles était si connu, qu'un jour un de ses concurrents, voulant le faire partir du marché pour rester maître du cours, lui dit que Delphine venait d'être renversée par un cabriolet. Le vermicellier, pâle et blême, quitta aussitôt la halle. Il fut malade pendant plusieurs jours par suite de la réaction des sentiments les plus contraires auxquels le livra cette fausse alarme. S'il n'appliqua pas sa tape meurtrière sur l'épaule de cet homme, il le chassa de la halle en le forçant, dans une circonstance critique, à faire faillite. L'éducation de ses deux filles fut naturellement déraisonnable. Riche de plus de soixante mille livres de rente, et ne dépensant pas douze cents francs pour lui, le bonheur de M. Goriot était de satisfaire les fantaisies de ses filles. Les plus excellents maîtres furent chargés de les douer des talents qui signalent une bonne éducation. Elles eurent une demoiselle de compagnie, et heureusement pour elles ce fut une femme d'esprit et de goût. Elles allaient à cheval, elles avaient voiture, elles vivaient comme auraient vécu les maîtresses d'un vieux seigneur. Il leur suffisait d'exprimer les plus coûteux désirs pour voir leur père s'empresser de les combler; il ne demandait en retour de ses offrandes qu'une caresse. Il les mettait au rang des anges, et nécessairement au-dessus de lui, le pauvre homme! Il aimait jusqu'au mal qu'elles lui faisaient. Quand elles furent en âge d'être mariées, elles purent choisir leurs maris suivant leurs goûts, car chacune d'elles devait avoir en dot la moitié de la fortune de leur père. Anastasie, courtisée pour sa beauté par le comte de Restaud, avait des penchants aristocratiques qui la portèrent à quitter la maison paternelle pour s'élancer dans les hautes sphères sociales. Delphine, qui aimait l'argent, épousa M. de Nucingen, banquier d'origine allemande, et baron du Saint-Empire. M. Goriot resta, lui, vermicellier. Ses filles et ses gendres se choquèrent bientôt de lui voir continuer ce commerce, quoique ce fût toute sa vie. Après avoir subi pendant deux ans leurs instances, il consentit à se retirer avec le produit de son fonds et les bénéfices qu'il avait faits pendant ces deux dernières années, capital que madame Vauquer, chez laquelle il était venu s'établir, avait estimé rapporter de huit à dix mille livres de rente. Il s'était jeté dans cette pension par suite du désespoir qui l'avait saisi en voyant ses deux filles obligées par leurs maris de refuser non-seulement de le prendre chez elles, mais encore de l'y recevoir ostensiblement.

Ces renseignements étaient tout ce que savait M. Muret sur le compte du père Goriot, dont il avait acheté le fonds. Les suppositions que Rastignac avait entendu faire par la duchesse de Langeais se trouvaient ainsi confirmées.

Ici se termine l'exposition de cette obscure, mais effroyable tragédie parisienne.

## III.

#### L'ENTRÉE DANS LE MONDE.

Vers la fin de cette première semaine du mois de décembre, Rastignac reçut deux lettres, l'une de sa mère, l'autre de sa sœur aînée. Ces écritures si connues le firent à la fois palpiter d'aise et trembler de terreur. Ces deux frêles papiers contenaient un arrêt de vie ou de mort sur ses espérances. S'il concevait quelque terreur en se rappelant la détresse de ses parents, il avait trop bien éprouvé leur prédilection pour ne pas craindre d'avoir aspiré leurs dernières gouttes de sang.

La lettre de sa mère était ainsi conçue:

« Mon cher enfant, je t'envoie ce que tu m'as demandé. Fais un bon emploi de cet argent, car je ne pourrais, quand il s'agirait de te sauver la vie, trouver une seconde fois une somme aussi considérable sans que ton père en fût instruit, ce qui troublerait l'harmonie de notre ménage; et, d'ailleurs, pour nous la procurer, nous serions obligés de donner des garanties sur notre terre. Il m'est impossible de juger le mérite de projets que je ne connais pas; mais de quelle nature sont-ils donc pour te faire craindre de me les confier? Cette explication ne demandait pas des volumes; il ne nous faut qu'un mot, à nous autres mères, et ce mot m'aurait évité les angoisses de l'incertitude. Je ne saurais te cacher l'impression douloureuse que m'a causée ta lettre. Mon cher fils, quel est donc le sentiment qui t'a contraint à jeter un tel effroi dans mon cœur? tu as dû bien souffrir en m'écrivant, car j'ai bien souffert en te lisant. Dans quelle carrière t'engages-tu donc? Ta vie, ton bonheur seraient attachés à paraître ce que tu n'es pas, à voir un monde où tu ne saurais aller sans faire des dépenses d'argent que tu ne peux soutenir, sans perdre un temps précieux pour tes études? Mon bon Eugène, crois-en le cœur de ta mère, les voies tortueuses ne mènent à rien de grand. La patience et la résignation doivent être les vertus des jeunes gens qui sont dans ta position. Je ne te gronde pas, je ne voudrais communiquer à notre offrande aucune amertume. Mes paroles sont celles d'une mère aussi prévoyante que confiante. Si tu sais quelles sont tes obligations, je sais, moi, combien ton cœur est pur, combien tes intentions sont excellentes. Aussi puis-je te dire sans crainte: Va, mon bien-aimé, marche! Je tremble parce que je suis mère, mais chacun de tes pas sera tendrement accompagné de nos vœux et de nos bénédictions. Sois prudent, cher enfant; tu dois être sage comme un homme; car les destinées de cinq personnes qui te sont chères reposent sur ta tête; toutes nos fortunes sont en toi, comme ton bonheur est le nôtre. Nous prions tous Dieu de te seconder dans tes entreprises. Ta tante Marcillac a été, dans cette circonstance, d'une bonté inouïe; elle allait jusqu'à concevoir ce que tu me dis de tes gants. Mais elle a un faible pour l'aîné, disait-elle gaiement. Mon Eugène, aime-la bien! Je ne te dirai ce qu'elle a ait pour toi que quand tu auras réussi ; autrement, son argent te brûlerait les doigts. Vous ne savez pas, enfants, ce que c'est que de sacrifier des souvenirs ! mais que ne vous sacrifierait-on pas ? Elle me charge de te dire qu'elle te baise au front, et voudrait te communiquer par ce baiser la force d'être souvent heureux. Cette bonne et excellente femme t'aurait écrit si elle n'avait pas la goutte aux doigts. Ton père va bien. La récolte de 1819 passe nos espérances. Adieu, cher enfant. Je ne dirai rien de tes sœurs, Laure t'écrit. Je lui laisse le plaisir de babiller sur les petits événements de famille. Fasse le ciel que tu réussisses ! Oh ! oui, réussis, mon Eugène, car tu m'as fait connaître une douleur trop vive pour que je puisse la supporter une seconde fois. J'ai su ce que c'était que d'être pauvre, en désirant la fortune pour la donner à son enfant. Allons, adieu. Ne nous laisse pas sans nouvelles, et prends ici le baiser que ta mère t'envoie. »

Quand Eugène eut achevé cette lettre, il était en pleurs, il pensait au père Goriot tordant son vermeil et le vendant pour aller payer la lettre de change de sa fille.

— Ta mère a tordu ses bijoux ! ta tante a pleuré sans doute en vendant quelques-unes de ses reliques ! De quel droit maudirais-tu Anastasie ? tu viens d'imiter pour l'égoïsme de ton avenir ce qu'elle a fait pour son amant ! Qui, d'elle ou de toi, vaut mieux ?

L'étudiant se sentit les entrailles rongées par une sensation de chaleur intolérable. Il voulait renoncer au monde, il voulait ne pas prendre cet argent. Il éprouva ces nobles et beaux remords secrets dont les hommes ne savent pas apprécier le mérite, quand ils jugent leurs semblables, et qui font souvent absoudre par les anges du ciel, le criminel condamné par les juristes de la terre.

Rastignac ouvrit la lettre de sa sœur, dont les expressions innocemment gracieuses lui rafraîchirent le cœur.

« Ta lettre est venue bien à propos, cher frère. Agathe et moi nous voulions employer notre argent de tant de manières différentes, que nous ne savions plus à quel achat nous résoudre. Tu as fait comme le domestique du roi d'Espagne quand il a renversé les montres de son maître, tu nous a mises d'accord. Vraiment, nous étions constamment en querelle pour celui de nos désirs auquel nous donnerions la préférence, et nous n'avions pas deviné, mon bon Eugène, l'emploi qui comprenait tous nos désirs. Agathe a sauté de joie. Enfin, nous avons été comme deux folles pendant toute la journée, *à telles enseignes* (style de tante) que ma mère nous disait de son air sévère : — Mais qu'avez-vous donc, mesdemoiselles ? Si nous avions été grondées un brin, nous en aurions été, je crois, plus contentes. Une femme doit trouver bien du plaisir à souffrir pour celui qu'elle aime ! Moi seule étais rêveuse et chagrine au milieu de ma joie. Je ferai sans doute une mauvaise femme, je suis trop dépensière. Je m'étais acheté deux ceintures, un joli poinçon pour percer les œillets de nos corsets, des niaiseries ! en sorte que j'avais moins d'argent que cette grosse Agathe, qui est économe, et entasse ses écus comme une pie. Elle avait deux cents francs ; et moi, mon pauvre ami, je n'ai que cinquante écus. Je suis bien punie, je voudrais jeter ma ceinture dans le puits ; il me sera toujours pénible de la porter. Je t'ai volé. Agathe a été charmante. Elle m'a dit : — Envoyons les trois cent cinquante francs, à nous deux ! Mais je n'ai pas tenu à te raconter les choses comme elles se sont passées. Sais-tu comment nous avons fait pour obéir à tes commandements ? Nous avons pris notre glorieux argent, nous avons été nous promener toutes deux, et quand une fois nous avons eu gagné la grande route, nous avons été bien vite à Ruffec, où nous avons tout bonnement donné la somme à M. Grimbert qui tient le bureau des Messageries royales. Nous étions légères comme des hirondelles en revenant. — Est-ce que le bonheur nous allégirait ? me demandait Agathe. Nous nous sommes dit mille choses que je ne vous répéterai pas, monsieur le Parisien, il était trop question de vous. Oh ! cher frère, nous t'aimons bien, voilà tout en deux mots. Quant au secret, selon ma tante, de petites masques comme nous sont capables de tout, même de se taire. Ma mère a été mystérieusement à Angoulême avec ma tante, et toutes deux ont gardé le silence sur la haute politique de leur voyage, qui n'a pas eu lieu sans de longues conférences dont nous avons été bannies, et M. le baron aussi. De grandes conjectures occupent les esprits dans l'État de Rastignac. La robe de mousseline semée de fleurs à jour que brodent les infantes pour sa majesté la reine avance dans le plus profond secret. Il n'y a plus que deux lés à faire. Il a été décidé qu'on ne ferait pas de mur du côté de Verteuil, il y aura une haie. Le menu peuple y perdra des fruits, des espaliers, mais on y gagnera une belle vue pour les étrangers. Si l'héritier présomptif avait besoin de mouchoirs, il est prévenu que la douairière de Marcillac, en fouillant dans ses trésors et ses malles, désignées sous le nom de Pompéia et d'Herculanum, a découvert une pièce de belle toile de Hollande, qu'elle ne se connaissait pas. Les princesses Agathe et Laure mettent à ses ordres leur fil, leur aiguille, et des mains toujours un peu trop rouges. Les deux jeunes princes don Henri et don Gabriel ont conservé la funeste habitude de se gorger de raisiné, de faire enrager leurs sœurs, de ne vouloir rien apprendre, de s'amuser à dénicher des oiseaux, de tapager, et de couper, malgré les lois de l'État, des osiers pour s'en faire des badines. Le nonce du pape, vulgairement appelé monsieur le curé, menace de les excommunier s'ils continuent à laisser les canons de la grammaire pour les canons du sureau belliqueux. Adieu, cher frère, jamais lettre n'a porté tant de vœux faits pour ton bonheur, ni tant d'amour satisfait. Tu auras donc bien des choses à nous dire, quand tu viendras ! Tu me diras tout à moi, je suis l'aînée. Ma tante nous a laissé soupçonner que tu avais des succès dans le monde.

L'on parle d'une dame et l'on se tait du reste.

Avec nous s'entend ! Dis donc, Eugène, si tu voulais, nous pourrions nous passer de mouchoirs et nous te ferions des chemises, Réponds-moi vite à ce sujet. S'il te fallait promptement de belles chemises bien cousues, nous serions obligées de nous y mettre tout de suite, et s'il y avait à Paris des façons que nous ne connussions pas, tu nous enverrais un modèle, surtout pour les poignets. Allons ! adieu, je t'embrasse au front du côté gauche, sur la tempe qui m'appartient exclusivement. Je laisse l'autre feuillet pour Agathe, qui m'a promis de ne rien lire de ce que je te dis ; mais pour en être plus sûre, je resterai près d'elle pendant qu'elle l'écrira. Ta sœur qui t'aime.

« LAURE DE RASTIGNAC. »

— Oh ! oui, se dit Eugène, oui, la fortune à tout prix ! Des trésors ne payeraient pas ce dévouement. Je voudrais leur apporter tous les bonheurs ensemble. — Quinze cent cinquante francs ! se dit-il après une pause. Il faut que chaque pièce porte coup ! Laure a raison. Nom d'une femme ! je n'ai que des chemises de grosse toile. Pour le bonheur d'un autre, une jeune fille devient rusée autant qu'un voleur. Innocente pour elle, et prévoyante pour moi ! Elle est comme l'ange du ciel qui pardonne les fautes de la terre sans les comprendre.

Le monde était à lui ! Déjà son tailleur avait été convoqué, sondé, conquis. En voyant M. de Trailles, Rastignac avait compris l'influence qu'exercent les tailleurs sur la vie des jeunes gens. Hélas ! il n'existe pas de moyenne entre ces deux termes : un tailleur est, ou un ennemi mortel, ou un ami donné par la facture. Or, Eugène rencontra dans le sien un homme qui avait compris la paternité de son commerce, et qui se considérait comme un trait d'union entre le présent et l'avenir des jeunes gens ! Aussi, Rastignac reconnaissant a-t-il fait la fortune de cet homme par un de ces mots auxquels il excella plus tard.

— Je lui connais, se disait-il, deux habits qui ont fait faire deux mariages de vingt mille livres de rentes.

Quinze cents francs et des habits à discrétion ! En ce moment le pauvre Méridional ne douta plus de rien, et descendit au déjeuner avec cet air indéfinissable que donne à un jeune homme la possession d'une somme quelconque. À l'instant où l'argent se glisse dans la poche d'un étudiant, il se dresse en lui-même une colonne fantastique sur laquelle il s'appuie. Il marche mieux qu'auparavant ; il sent un point d'appui pour son levier ; il a le regard plein, direct, il a les mouvements agiles : la veille, humble et timide, il aurait reçu des coups ; le lendemain, il en donnerait à un premier ministre. Il se passe en lui des phénomènes inouïs ; il veut tout et peut tout ; il désire à tort et à travers ; il est gai, il est généreux, il est expansif. Enfin, l'oiseau naguère sans ailes a retrouvé son envergure. L'étudiant sans argent happe un brin de plaisir, comme un chien qui dérobe un os à travers mille périls ; il le casse, en suce la moelle, et court encore : mais le jeune homme qui fait mouvoir dans son gousset quelques fugitives pièces d'or, déguste ses jouissances, il les détaille, il s'y complaît ; il se balance dans le ciel, il ne sait plus ce que signifie le mot *misère*. Paris lui appartient tout entier ! Age où tout est luisant, où tout scintille et flambe ! âge de force joyeuse dont personne ne profite, ni l'homme, ni la femme ! âge des dettes et des vives craintes qui décuplent tous les plaisirs ! Qui n'a pas pratiqué la rive gauche de la Seine, entre la rue Saint-Jacques et la rue des Saints-Pères, ne connaît rien à la vie humaine !

— Ah ! si les femmes de Paris savaient ! se disait Rastignac, en dévorant les poires cuites à un liard pièce, servies par madame Vauquer, elles viendraient se faire aimer ici.

En ce moment un facteur des messageries royales se présenta dans la salle à manger, après avoir fait sonner la porte à claire-voie. Il demanda M. Eugène de Rastignac, auquel il tendit deux sacs à prendre, et un registre à émarger. Rastignac fut alors sanglé comme d'un coup de fouet par le regard profond que lui lança Vautrin.

— Vous aurez de quoi payer des leçons d'armes et des séances au tir, lui dit cet homme.

— Les galions sont arrivés, lui dit madame Vauquer en regardant les sacs.

Mademoiselle Michonneau craignait de jeter les yeux sur l'argent, de peur de montrer sa convoitise.

— Vous avez une bonne mère, dit madame Couture.

— Monsieur a une bonne mère, répéta Poiret.

— Oui, la maman s'est saignée, dit Vautrin. Vous pourrez maintenant faire vos farces, aller dans le monde, y pêcher des dots, et danser avec des comtesses qui ont des fleurs de pêcher sur la tête. Mais croyez-moi, jeune homme, fréquentez le tir.

Et il fit le geste d'un homme qui vise son adversaire. Rastignac voulut donner pour boire au facteur, et ne trouva rien dans sa poche; Vautrin fouilla dans la sienne, et jeta vingt sous à l'homme.

— Vous avez bon crédit, reprit-il en regardant l'étudiant.

Rastignac fut forcé de le remercier, quoique depuis les mots aigrement échangés, le jour où il était revenu de chez madame de Beauséant, cet homme qui fût insupportable. Pendant ces huit jours, Eugène et Vautrin étaient restés silencieusement en présence, et s'observaient l'un l'autre. L'étudiant se demandait vainement pourquoi. Sans doute les idées se projettent en raison directe de la force avec laquelle elles se conçoivent, et vont frapper là où le cerveau les envoie, par une loi mathématique comparable à celle qui dirige les bombes au sortir du mortier. Divers en sont les effets. S'il est des natures impressibles où les idées se logent et qu'elles ravagent, il est aussi des natures vigoureusement munies, des crânes à remparts d'airain sur lesquels les volontés des autres s'aplatissent et tombent comme les balles devant une muraille; puis il est encore des natures flasques et cotonneuses où les idées d'autrui viennent mourir comme les boulets s'amortissent dans la terre molle des redoutes. Rastignac avait une de ces têtes pleines de poudre qui sautent à la moindre étincelle. Il était trop vivacement jeune pour ne pas être accessible à cette projection des idées, à cette contagion des sentiments dont nous observons à notre insu de si bizarres phénomènes. Sa vue morale avait la portée lucide de ses yeux de lynx. Chacun de ses doubles sens avait cette longueur mystérieuse, cette flexibilité d'aller et de retour qui nous émerveille chez les gens supérieurs, ces bretteurs si habiles à saisir le défaut de toutes les cuirasses. Depuis huit jours il s'est d'ailleurs développé chez Eugène autant de qualités que de défauts. Ses défauts, le monde et l'accomplissement de ses croissants désirs les lui avaient demandés. Parmi ses qualités, se trouvait cette vivacité méridionale qui fait marcher droit à la difficulté pour la résoudre, et qui ne permet pas à un homme d'outre-Loire, de rester dans une incertitude quelconque, qualité que les gens du nord nomment un défaut, car, pour eux, si ce fut l'origine de la fortune de Murat, ce fut aussi la cause de sa mort. Il faudrait conclure de là que quand un méridional sait unir la fourbe du nord à l'audace d'outre-Loire, il est complet et devient roi de Suède. Rastignac ne pouvait donc pas demeurer longtemps sous le feu des batteries de Vautrin, sans savoir si cet homme était son ami ou son ennemi.

De moments en moments il lui semblait que ce singulier personnage pénétrait ses passions et lisait dans son cœur, tandis que, chez lui, tout était si bien clos, qu'il semblait avoir la profondeur immobile d'un sphinx qui sait tout et ne dit rien. En se sentant le gousset plein, Eugène se mutina.

— Faites-moi le plaisir d'attendre, dit-il à Vautrin qui se levait pour sortir après avoir savouré les dernières gorgées de son café.

— Pourquoi? répondit le quadragénaire en mettant son chapeau à larges bords et prenant une canne en fer avec laquelle il faisait souvent des moulinets en homme qui n'aurait pas craint d'être assailli par quatre voleurs.

— Je vais vous rendre, reprit Rastignac qui défit promptement un sac, et compta cent quarante francs à madame Vauquer.

Les bons comptes font les bons amis, dit-il à la veuve; nous sommes quittes jusqu'à la Saint-Sylvestre. Changez-moi ces cent sous.

— Les bons amis font les bons comptes, répéta Poiret en regardant Vautrin.

— Voici vingt sous, dit Rastignac en tendant une pièce à ce sphinx en perruque.

— On dirait que vous avez peur de me devoir quelque chose! s'écria Vautrin en plongeant son regard divinateur dans l'âme du jeune homme, auquel il jeta l'un de ces sourires goguenards et diogéniques dont Eugène avait été sur le point de se fâcher cent fois.

— Mais, oui, répondit l'étudiant qui tenait ses deux sacs à la main et s'était levé pour monter chez lui.

Vautrin sortait par la porte qui donnait dans le salon, l'étudiant se disposait à s'en aller par celle qui menait sur le carré de l'escalier.

— Savez-vous, monsieur le marquis de Rastignacorama, que ce que vous me dites n'est pas exactement poli! fit Vautrin en fouettant la porte du salon et venant à l'étudiant qui le regarda froidement.

Rastignac ferma la porte de la salle à manger, en emmenant avec lui Vautrin au bas de l'escalier, dans le carré qui séparait la salle à manger de la cuisine, et où se trouvait une porte pleine donnant sur le jardin, mais surmontée d'un long carreau garni de barreaux en fer. Là, l'étudiant dit devant Sylvie qui déboucha de sa cuisine : — *Monsieur* Vautrin, je ne suis pas marquis, et je ne m'appelle pas Rastignacorama.

— Ils vont se battre! dit mademoiselle Michonneau d'un air indifférent.

— Se battre! fit Poiret.

— Que non, répondit madame Vauquer en caressant sa pile d'écus.

— Mais les voilà qui vont sous les tilleuls! cria mademoiselle Victorine, en se levant pour regarder dans le jardin. Ce pauvre jeune homme a pourtant raison.

— Remontons, ma chère petite, dit madame Couture, ces affaires-là ne nous regardent pas.

Quand madame Couture et Victorine se levèrent, elles rencontrèrent, à la porte, la grosse Sylvie qui leur barra le passage.

— Quoi qui n'y a donc? dit-elle, M. Vautrin a dit à M. Eugène : — Expliquons-nous! Puis il l'a pris par le bras, et les voilà qui marchent dans nos artichauts.

En ce moment Vautrin parut.

— Maman Vauquer! dit-il en souriant, ne vous effrayez de rien, je vais essayer mes pistolets sous les tilleuls.

— Oh! monsieur, dit Victorine en joignant les mains, pourquoi voulez-vous tuer M. Eugène?

Vautrin fit deux pas en arrière et contempla Victorine.

— Autre histoire! s'écria-t-il d'une voix railleuse qui fit rougir la pauvre fille.

Il est bien gentil, n'est-ce pas, ce jeune homme-là? reprit-il. Vous me donnez une idée, je ferai votre bonheur à tous deux, ma belle enfant!

Madame Couture avait pris sa pupille par le bras et l'avait entraînée en lui disant à l'oreille : — Mais, Victorine, vous êtes inconcevable ce matin!

— Je ne veux pas qu'on tire des coups de pistolet chez moi, dit madame Vauquer. N'allez-vous pas effrayer le voisinage et amener la police, à c'te heure!

— Allons, du calme, maman Vauquer, répondit Vautrin. La la, tout beau, nous irons au tir.

Il rejoignit Rastignac qu'il prit familièrement par le bras.

— Quand je vous aurais prouvé qu'à trente-cinq pas, je mets cinq fois de suite ma balle dans un as de pique, lui dit-il, cela ne vous ôterait pas votre courage. Vous m'avez l'air d'être un peu rageur, et vous vous feriez tuer comme un imbécile.

— Vous reculez! dit Eugène.

— Ne m'échauffez pas la bile, répondit Vautrin. Il ne fait pas froid ce matin. Venez nous asseoir là-bas, dit-il en montrant les siéges peints en vert. Là, personne ne nous entendra. J'ai à causer avec vous. Vous êtes un bon petit jeune homme auquel je ne veux pas de mal. Je vous aime, foi de Tromp... (mille tonnerres!) foi de Vautrin. Pourquoi vous aimé-je? je vous le dirai. En attendant, je vous connais comme si je vous avais fait, et je vais vous le prouver.

Mettez vos sacs là, reprit-il en lui montrant la table ronde.

Rastignac posa son argent sur la table et s'assit, en proie à une curiosité que développa chez lui au plus haut degré le changement soudain opéré dans les manières de cet homme, qui, après avoir parlé de le tuer, se posait comme son protecteur.

— Vous voudriez bien savoir qui je suis, ce que j'ai fait, ce que je fais? reprit Vautrin. Vous êtes trop curieux, mon petit. Allons, du calme. Vous allez en entendre bien d'autres! Vous me répondrez après. Écoutez-moi d'abord. J'ai eu des malheurs. Voilà ma vie antérieure en trois mots. Ce que je suis? Vautrin. Ce que je fais? ce qu'il me plaît. Cela dit, passons. Voulez-vous connaître mon caractère? Je suis bon avec ceux qui me font du bien ou dont le cœur parle au mien : à ceux-là tout est permis, ils peuvent me donner des coups de pied dans les os des jambes sans que je leur dise : *Tu me fais mal!* Mais, nom d'une pipe, je suis méchant comme le diable avec ceux qui me tracassent, ou qui ne me reviennent pas. Et il est bon de vous apprendre que je me soucie de tuer un homme comme de ça! dit-il en lançant un jet de salive, seulement je m'efforce de le tuer proprement, quand il le faut absolument. Je suis ce que vous appelez un artiste. J'ai lu les Mémoires de Benvenuto Cellini, tel que vous me voyez, et en italien encore! Or j'ai appris de cet homme-là, qui était un fier luron, à imiter la Providence qui nous tue à tort et à travers. N'est-ce pas d'ailleurs une belle partie à jouer que d'être seul contre tous les hommes, et d'avoir la chance? J'ai bien réfléchi à la constitution actuelle de votre désordre social. Or, mon petit, le duel est un jeu d'enfant, une sottise. Quand de deux hommes vivants l'un doit disparaître, il n'y a qu'un imbécile qui puisse s'en remettre au hasard. Le duel! croix ou pile : voilà! Je mets cinq balles de suite dans un as de pique, en renfonçant chaque nouvelle balle sur l'autre, et à trente-cinq pas encore! Quand on est doué de ce petit talent-là, l'on peut se croire sûr d'abattre son homme. Eh bien! j'ai tiré sur un homme à vingt-cinq pas, et je l'ai manqué. Le drôle n'avait jamais manié de sa vie un pistolet. Tenez! dit cet homme extraordinaire en défaisant son gilet et montrant sa poitrine velue comme le dos d'un ours, mais garnie d'un crin fauve qui causait une sorte de dégoût mêlé d'effroi. — Ce blanc-bec m'a roussi le poil, ajouta-t-il en mettant le doigt de Rastignac sur un trou qu'il avait au sein. Mais dans ce temps-là j'étais un enfant, j'avais votre âge, vingt et un ans. Je croyais encore à quelque chose, à l'amour d'une femme, un tas de bêtises dans lesquelles vous allez vous embarbouiller. Nous nous serions battus, pas vrai? Vous auriez pu me tuer. Supposez que je sois en terre. Où en seriez-vous? Il faudrait décamper, aller en *Suisse*, manger l'argent du papa, qui n'en a guère. Je vais vous éclairer, moi, la position dans laquelle vous êtes; et je vais le faire avec la supériorité d'un homme qui, après avoir examiné les choses d'ici-bas, a vu qu'il n'y avait que deux partis à prendre, ou une stupide obéissance ou la révolte. Je n'obéis à rien. Est-ce clair? Savez-vous ce qu'il vous faut, à vous, au train dont vous allez? un million! et promptement, sans quoi, avec notre petite tête, nous pourrions aller flâner dans les filets de Saint-Cloud, pour voir s'il y a un Être suprême. Ce million, je vais vous le donner.

Il fit une pause en regardant Eugène.

— Ah! ah! vous faites meilleure mine à votre petit papa Vautrin! En entendant ce mot-là, vous êtes comme une jeune fille à qui l'on dit : — A ce soir! et qui se toilette en se pourléchant comme un chat qui boit du lait. A la bonne heure! Allons donc. A nous deux! Voici votre compte, jeune homme! Nous avons, là-bas, papa, maman, grand'tante, et deux sœurs (dix-huit ans et seize ans), deux frères (neuf et huit ans), voilà le contrôle de l'équipage. La tante élève vos sœurs; le curé vient apprendre le latin aux deux frères; l'on mange plus de bouillie de marrons que de pain blanc; le papa ménage ses culottes; maman se donne à peine une robe d'hiver et une robe d'été; les sœurs font comme elles peuvent. Je sais tout, j'ai été dans le Midi. Les choses sont comme cela chez vous, parce que on vous envoie douze cents francs par an, et que votre terrine rapporte à peine trois mille francs. Nous avons une cuisinière et un domestique; car il faut garder le décorum, papa est baron. Quant à nous, nous avons de l'ambition, et nous avons des Beauséant pour alliés, et nous allons à pied; nous voulons la fortune, et nous n'avons pas le sou; nous mangeons les *ratouilles* de maman Vauquer, et nous aimons les beaux dîners du faubourg Saint-Germain; nous couchons sur un grabat, et nous voulons un hôtel. Je ne blâme pas vos vouloirs. Avoir de l'ambition, mon petit cœur, ce n'est pas donné à tout le monde! Demandez aux femmes quels hommes elles recherchent? les ambitieux! Les ambitieux ont les reins plus forts, le sang plus riche en fer, le cœur plus chaud que ceux des autres hommes. Et la femme se trouve si heureuse et si belle aux heures où elle est forte, qu'elle préfère à tous les hommes celui dont la force est énorme, fût-elle en danger d'être brisée par lui. Je fais l'inventaire de vos désirs afin de vous poser la question. Cette question, la voici. Nous avons une faim de loup, nos quenottes sont incisives, comment nous y prendrons-nous pour approvisionner la marmite? Nous avons d'abord le Code à manger, ce n'est pas amusant, et ça n'apprend rien, mais il le faut. Soit. Nous nous faisons avocat pour devenir président d'une cour d'assises, envoyer les pauvres diables qui valent mieux que nous, avec T F sur l'épaule, afin de prouver aux riches qu'ils peuvent dormir tranquilles. Ce n'est pas drôle, et puis c'est long. D'abord, deux années à droguer dans Paris, à regarder sans y toucher les *nanans* dont nous sommes friands. C'est fatigant de désirer toujours sans jamais se satisfaire. Si vous étiez pâle et de la nature des mollusques, vous n'auriez rien à craindre. Mais nous avons le sang fiévreux des lions et un appétit à faire vingt sottises par jour; vous succomberez donc à ce supplice, le plus horrible que nous ayons aperçu dans l'enfer du bon Dieu. Admettons que vous soyez sage, que vous buviez du lait, il faudra, généreux comme vous l'êtes, commencer par devenir, après bien des ennuis et des privations à faire enrager un chien, le substitut de quelque drôle, dans un trou de ville, où le gouvernement vous jettera mille francs d'appointements, comme on jette une soupe à un dogue de boucher. Aboie après les voleurs, plaide pour la veuve et l'orphelin! bien obligé. Si vous n'avez pas de protections, vous pourrirez dans votre tribunal de province, et vers trente ans, vous serez juge à douze cents francs par an, si vous n'avez pas jeté la robe aux orties. Quand vous aurez atteint la quarantaine, vous épouserez quelque fille de meunier, riche d'environ six mille livres de rentes. Merci. Ayez des protections, vous serez procureur du roi à trente ans, avec mille écus d'appointements. Si vous faites quelques-unes de ces petites bassesses politiques, comme de lire sur un bulletin Villèle au lieu de Manuel (ça rime, ça met la conscience en repos), vous serez, à quarante ans, procureur-général et pourrez devenir député. Remarquez, mon cher enfant, que nous aurons fait des accrocs à notre petite conscience, que nous aurons eu vingt ans d'ennuis, de misères secrètes, et que nos sœurs auront coiffé sainte Catherine. J'ai l'honneur de vous faire observer de plus qu'il n'y a que vingt procureurs-généraux en France, et que vous êtes vingt mille aspirants au grade, parmi lesquels il se rencontre des farceurs qui vendraient leur famille pour monter d'un cran! Si le métier vous dégoûte, voyons autre chose. Le baron de Rastignac veut être avocat? Oh! joli. Il faut pâtir pendant dix ans, dépenser mille francs par mois, avoir une bibliothèque, un cabinet, aller dans le monde, baiser la robe d'un avoué pour avoir des causes. Si ce métier vous menait à bien, je ne dirais pas non, mais trouvez-moi dans Paris cinq avocats qui, à cinquante ans, gagnent plus de cinquante mille francs par an! Bah! plutôt que de m'amoindrir ainsi l'âme, j'aimerais mieux me faire corsaire. D'ailleurs, où prendre des écus? Tout ça n'est pas gai! Nous avons une ressource dans la dot d'une femme. Voulez-vous vous marier? Ce sera vous mettre une pierre au cou. Mais si vous vous mariez pour de l'argent, que deviennent nos sentiments d'honneur, notre noblesse? Ce ne serait rien que se coucher comme un serpent devant une femme, lécher les pieds de la mère, faire des bassesses à dégoûter une truie, pouah! Si vous trouviez au moins le bonheur! mais vous serez malheureux comme les pierres d'égout avec une femme que vous aurez épousée ainsi. Vaut encore mieux guerroyer avec les hommes, que de lutter avec sa femme. Voilà votre vie, jeune homme! choisissez! Vous avez déjà choisi! Vous avez été chez notre cousin de Beauséant, et vous y avez flairé le luxe. Vous avez été chez madame de Restaud, la fille du père Goriot et vous avez flairé la Parisienne. Ce jour-là, vous êtes revenu avec un mot écrit sur votre front et que j'ai bien su lire : *Parvenir!* Parvenir à tout prix! Bravo! ai-je dit, voilà un gaillard qui me va. Il vous a fallu de l'argent! Où en prendre? Vous avez saigné vos sœurs! Tous les frères *flouent* leurs sœurs. Vos quinze cents francs arrachés, Dieu sait comme, dans un pays où l'on trouve plus de truffes que de pièces de cent sous, vont filer comme des soldats à la maraude. Après, que ferez-vous? Vous travaillerez. Le travail, compris comme vous le comprenez en ce moment, donne, dans les vieux jours, un appartement chez maman Vauquer à des gars de la force de Poiret. Une rapide fortune est le problème que se proposent de résoudre en ce moment cinquante mille jeunes gens qui se trouvent tous dans votre position. Vous êtes une unité de ce nombre-là. Jugez des efforts que vous avez à faire et de l'acharnement du combat. Il faut vous manger les uns les autres comme des araignées dans un pot, car il n'y a pas cinquante mille bonnes places. Savez-vous comment l'on fait son chemin ici? Par l'éclat du génie ou par la corruption. Il faut entrer dans cette masse d'hommes comme un boulet de canon, ou s'y glisser comme une peste. L'honnêteté ne sert à rien. L'on plie sous le pouvoir du génie, on le hait, on tâche de le calomnier, parce qu'il prend sans partager; mais on plie s'il persiste. Ici, on l'adore à genoux, ou on l'enterre sous la boue. La corruption est en force, parce que le talent est rare; la corruption étant l'arme de la médiocrité qui abonde, vous en sentirez partout la pointe. Vous verrez des femmes dont les maris ont six mille francs d'appointements pour tout potage, et qui dépensent plus de six mille francs à leur toilette; vous verrez des employés à douze cents francs acheter des terres; des femmes se prostituer pour aller dans la voiture du fils d'un pair de France, qui peut courir à Longchamps sur la chaussée du milieu; vous avez vu le pauvre bêta de père Goriot obligé de payer la lettre de change endossée par sa fille, dont le mari a cinquante mille livres de rentes. Je vous défie de faire deux pas dans Paris sans rencontrer des manigances infernales; et je parierais ma tête contre un pied de salade que vous donnerez dans un guêpier chez la première femme qui vous plaira, fût-elle riche, belle et jeune. Toutes sont bricolées par les lois, en guerre avec leurs maris à propos de tout. Je n'en finirais pas s'il fallait vous expliquer ces trafics qui se font pour des amants, pour des chiffons, pour les enfants, pour le ménage ou pour la vanité, rarement par vertu, soyez-en sûr. Aussi l'honnête homme est-il l'ennemi commun. Mais que croyez-vous que soit l'honnête homme? A Paris, l'honnête homme est celui qui se tait, et qui refuse de partager. Je ne vous parle pas de ces pauvres ilotes qui partout font la besogne sans être jamais récompensés de leurs travaux, et que je nomme la sainte confrérie des savates du bon Dieu. Certes, là est la vertu dans toute la fleur de sa bêtise, mais là est la misère. Je vois d'ici la grimace de ces braves gens si Dieu nous fait la mauvaise plaisanterie de s'absenter au jugement dernier. Si donc vous voulez promptement la fortune, il faut être déjà riche ou le paraître. Pour s'enrichir, il s'agit ici de jouer de grands coups, autrement, on carotte, et, votre serviteur! Si, dans les cent professions que vous pouvez embrasser, il se rencontre dix hommes qui y gagnent, à l'âge de quarante ans, cinquante mille francs par an, le public les appelle des voleurs. Tirez vos conclusions! Voilà la vie telle qu'elle est! ça n'est pas plus beau que la cuisine, ça pue tout autant, et il faut se salir les mains, si l'on veut fricoter. Sachez seulement vous bien débarbouiller; voilà toute la morale de votre époque. Si je vous parle ainsi du monde, il m'en a donné le droit : je le connais. Croyez-vous que je le blâme? du tout. Il a toujours été ainsi. Les moralistes ne le changeront jamais. L'homme est imparfait. Il est parfois plus ou moins hypocrite, et alors les niais disent qu'il a ou n'a pas de mœurs. Je n'accuse pas les riches en faveur du peuple : l'homme est le même en haut, en bas, au milieu. Il se rencontre par chaque million de ce haut bétail dix lurons qui se mettent au-dessus de tout, même des lois. J'en suis. Vous, si vous êtes un homme supérieur, allez en droite ligne et la tête haute; mais il faudra lutter contre l'envie, la calomnie, la médiocrité, contre tout le monde. Napoléon a rencontré un ministre de la guerre qui s'appelait Aubry, et qui a failli l'envoyer aux colonies. Tâtez-vous! Voyez si vous pourrez vous lever tous les matins avec plus de volonté que vous n'en aviez la veille. Dans ces conjonctures, je vais vous faire une proposition que personne ne refuserait. Écoutez bien. Moi, voyez-vous, j'ai une idée. Mon idée est d'aller vivre de la vie patriarcale au milieu d'un grand domaine, cent mille arpents, par exemple, aux États-Unis dans le sud. Je veux m'y faire planteur, avoir des esclaves, gagner quelques bons petits millions à vendre mes bœufs, mon tabac, mes bois, en vivant comme un souverain, en faisant mes volontés, en menant une vie qu'on ne conçoit pas ici, où l'on se tapit dans des terriers de plâtre. Je suis un grand poëte : mes poésies, je ne les écris pas ; ce sont des actions et des sentiments. Je possède en ce moment cinquante mille francs, qui me donneraient à peine quarante nègres. J'ai besoin de deux cent mille francs, parce que je veux deux cents nègres, afin de satisfaire mon goût pour la vie patriarcale. Des nègres, voyez-vous, ce sont des enfants tout venus, dont on fait ce qu'on veut, sans qu'un curieux de procureur du roi vous en demande compte. Avec ce capital noir, en dix ans j'aurai trois ou quatre millions. Si je réussis, personne ne me demandera : — Qui es-tu ? Je serai M. Quatre-Millions, citoyen des États-Unis. J'aurai cinquante ans, je ne serai pas encore pourri; je m'amuserai à ma façon. En deux mots, si je vous procure une dot d'un million, me donnerez-vous deux cent mille francs ? Vingt pour cent de commission, hein ! est-ce trop cher ? Vous vous ferez aimer de votre petite femme. Une fois marié, vous manifesterez des inquiétudes, des remords, vous ferez le triste pendant quinze jours. Une nuit, après quelques singeries, vous déclarerez, entre deux baisers, deux cent mille francs de dettes à votre femme, en lui disant : Mon amour ! Ce vaudeville est joué tous les jours par les jeunes gens les plus distingués. Une jeune femme ne refuse pas sa bourse à celui qui lui a pris le cœur. Croyez-vous que vous y perdrez ? Non. Vous trouverez le moyen de regagner vos deux cent mille francs dans une affaire. Avec votre argent et votre esprit vous amasserez une fortune aussi considérable que vous pourrez la souhaiter. *Ergo* vous aurez fait, en six mois de temps, votre bonheur, celui d'une femme aimable et celui de votre papa Vautrin ; sans compter celui de votre famille, qui souffle dans ses doigts, l'hiver, faute de bois. Ne vous étonnez ni de ce que je vous propose, ni de ce que je vous demande ! Sur soixante beaux mariages qui ont lieu dans Paris, il y en a quarante-sept qui donnent matière à des marchés semblables. La chambre des notaires a forcé monsieur...

— Que faut-il que je fasse ? dit avidement Rastignac en interrompant Vautrin.

— Presque rien, répondit cet homme en laissant échapper un mouvement de joie semblable à la sourde expression d'un pêcheur qui sent un poisson au bout de sa ligne. Écoutez-moi bien ! Le cœur d'une pauvre fille malheureuse et misérable est l'éponge la plus avide à se remplir d'amour, une éponge sèche qui se dilate aussitôt qu'il y tombe une goutte de sentiment. Faire la cour à une jeune personne qui se rencontre dans des conditions de solitude, de désespoir et de pauvreté, sans qu'elle se doute de sa fortune à venir ! Dame, c'est quinte et quatorze en main, c'est connaître les numéros à la loterie, c'est jouer sur les rentes en sachant les nouvelles. Vous construisez sur pilotis un amour indestructible. Viennent des millions à cette jeune fille, elle vous les jettera aux pieds, comme si c'étaient des cailloux. — Prends, mon bien-aimé ! Prends, Adolphe, Alfred ! Prends, Eugène ! dira-t-elle, si Adolphe, Alfred ou Eugène ont eu le bon esprit de se sacrifier pour elle. Ce que j'entends par des sacrifices, c'est vendre un vieil habit afin d'aller au Cadran-Bleu manger ensemble des croûtes aux champignons, et de là, le soir, à l'Ambigu-Comique ; c'est mettre sa montre au Mont-de-piété pour lui donner un châle. Je ne vous parle pas du gribouillage de l'amour ni de fariboles auxquelles tiennent tant les femmes, comme, par exemple, de répandre des gouttes d'eau sur le papier à lettre en manière de larmes quand on est loin d'elles ; vous m'avez l'air de parfaitement connaître l'argot du cœur. Paris, voyez-vous, est comme une forêt du Nouveau-Monde, où s'agitent vingt espèces de peuplades sauvages, les Illinois, les Hurons qui vivent de la chasse, et vous êtes un chasseur de millions. Pour les prendre, vous usez de piéges, de pipeaux, d'appeaux. Il y a plusieurs manières de chasser. Les uns chassent à la dot, les autres chassent à la liquidation ; ceux-ci pêchent des consciences, ceux-là vendent leurs abonnés pieds et poings liés. Celui qui revient avec sa gibecière bien garnie est salué, fêté, reçu dans la bonne société ; car vous avez affaire à la ville la plus complaisante qui soit dans le monde. Si les fières aristocraties de toutes les capitales de l'Europe refusent d'admettre dans leurs rangs un millionnaire infâme, Paris lui tend les bras, court à ses fêtes, mange ses dîners, et trinque avec son infamie.

— Mais où trouver une fille ? dit Eugène.

— Elle est à vous, devant vous !

— Mademoiselle Victorine ?

— Juste !

— Hé, comment !

— Elle vous aime déjà, votre petite baronne de Rastignac.

— Elle n'a pas un sou ! reprit Eugène étonné.

— Ha ! nous y voilà. Encore deux mots, dit Vautrin, et tout s'éclaircira. Le père Taillefer est un vieux coquin qui passe pour avoir assassiné l'un de ses amis pendant la révolution. C'est un de mes gaillards qui ont de l'indépendance dans les opinions. Il est banquier, principal associé de la maison Frédéric Taillefer et compagnie. Il a un fils unique, auquel il veut laisser son bien, au détriment de Victorine. Moi, je n'aime pas ces injustices-là. Je suis comme Don Quichotte, j'aime à prendre la défense du faible contre le fort. Si la volonté de Dieu était de lui retirer son fils, Taillefer reprendrait sa fille, car il voudrait un héritier quelconque, c'est dans la nature; et il ne peut plus avoir d'enfants, je le sais. Victorine est douce, elle est gentille, elle aura entortillé son père, et le fera tourner comme une toupie d'Allemagne avec le fouet du sentiment! Elle sera trop sensible à votre amour pour vous oublier, et vous l'épouserez. Moi je me charge du rôle de la Providence. Je ferai vouloir le bon Dieu. J'ai un ami pour qui je me suis dévoué, un colonel de l'armée de la Loire qui vient d'être employé dans la garde royale. Il écoute mes avis, et s'est fait ultra-royaliste, parce que ce n'est pas un de ces imbéciles qui tiennent à leurs opinions. Si j'ai encore un conseil à vous donner, mon ange, c'est de ne pas plus tenir à vos opinions qu'à vos paroles. Quand on vous les demandera, vendez-les. Un homme qui se vante de ne jamais changer d'opinion est un homme qui se charge d'aller toujours en ligne droite, un niais qui croit à l'infaillibilité. Il n'y a pas de principes, il n'y a que des événements; il n'y a pas de lois, il n'y a que des circonstances; et l'homme supérieur les épouse pour les conduire. S'il y avait des principes et des lois fixes, les peuples n'en changeraient pas comme nous changeons de chemise. L'homme n'est pas tenu d'être plus sage que toute une nation. L'homme qui a rendu le moins de services à la France est un fétiche vénéré pour avoir toujours vu en rouge, il est au plus bon à mettre au Conservatoire, parmi les machines, en l'étiquetant La Fayette; tandis que le prince auquel chacun lance sa pierre, et qui méprise assez l'humanité pour lui cracher au visage autant de serments qu'elle en demande, a empêché le partage de la France, au congrès de Vienne: on lui doit des couronnes, on lui jette de la boue. Oh! je connais les affaires, moi! J'ai les secrets de bien des hommes! Suffit. J'aurai une opinion inébranlable le jour où j'aurai rencontré trois boules d'accord sur l'emploi d'un principe, et j'attendrai longtemps, car on ne trouve pas dans les tribunaux trois juges qui aient le même avis sur un article de loi. Je reviens à mon homme. Il remettrait Jésus-Christ en croix, si je le lui disais. Sur un seul mot du papa Vautrin, il cherchera querelle à ce drôle qui n'envoie pas seulement cent sous à sa pauvre sœur, et...,

Ici Vautrin se leva, se mit en garde, et fit le mouvement d'un maître d'armes qui se fend.

— Et, à l'ombre! ajouta-t-il.

— Quelle horreur! dit Eugène. Vous voulez plaisanter, monsieur Vautrin.

— La la la, du calme, reprit cet homme; ne faites pas l'enfant! Cependant, si cela peut vous amuser, courroucez-vous, emportez-vous! Dites que je suis un infâme, un coquin, un bandit, mais ne m'appelez ni escroc, ni espion! Allez, dites, lâchez votre bordée! Je vous pardonne, c'est si naturel à votre âge! J'ai été comme ça, moi! Seulement, réfléchissez. Vous ferez pis quelque jour. Vous irez coqueter chez quelque jolie femme, vous en recevrez de l'argent. Vous y avez pensé! dit Vautrin, car comment réussirez-vous, si vous n'escomptez pas votre amour? La vertu, mon cher étudiant, ne se scinde pas: elle est ou n'est pas. On nous parle de faire pénitence de nos fautes: encore un joli système! Séduire une femme pour arriver à vous poser sur tel bâton de l'échelle sociale, jeter la zizanie entre les enfants d'une famille, enfin toutes les infamies qui se pratiquent sous le manteau d'une cheminée ou autrement dans un but de plaisir ou d'intérêt personnel, croyez-vous que ce soient des actes de foi, d'espérance et de charité? Pourquoi deux mois de prison au dandy qui dans une nuit ôte à un enfant la moitié de sa fortune, et pourquoi le bagne au pauvre diable qui vole une poule avec les circonstances aggravantes? L'homme en gants et à paroles jaunes a commis des assassinats où l'on ne verse pas de sang, mais où l'on en donne. Entre ce que je vous propose et ce que vous ferez un jour, il n'y a que le sang de moins. Vous croyez à quelque chose de fixe dans ce monde-là! Méprisez donc les hommes, et voyez les mailles par où l'on peut passer à travers le réseau du Code. Le secret des grandes fortunes sans cause apparente est un crime oublié, parce qu'il a été proprement fait.

— Silence, monsieur, je ne veux pas en entendre davantage; vous me feriez douter de moi-même. En ce moment, le sentiment est toute ma science.

— A votre aise, bel enfant. Je vous croyais plus fort, fit Vautrin; je ne vous dirai plus rien... Un dernier mot cependant!

Il regarda fixement l'étudiant.

— Vous avez mon secret, lui dit-il.

— Un jeune homme qui vous refuse, saura bien l'oublier.

— Vous avez bien dit cela! Un autre, voyez-vous, sera moins scrupuleux. Souvenez-vous de ce que je veux faire pour vous. Je vous donne quinze jours. C'est à prendre ou à laisser.

— Quelle tête de fer a donc cet homme! se dit

Rastignac en voyant Vautrin s'en aller tranquillement, sa canne sous le bras. Il m'a dit crûment ce que madame de Beauséant me disait, en y mettant des formes. Il me déchirait le cœur avec des griffes d'acier. Pourquoi veux-je aller chez madame de Nucingen? En deux mots, ce brigand m'a plus dit de choses sur la vertu que ne m'en ont dit les hommes et les livres. Il est deux natures de crimes: ceux où l'on verse du sang, et ceux où l'on en donne. Si la vertu ne souffre pas de capitulation, j'ai donc volé mes sœurs! dit-il en jetant le sac sur la table.

Il s'assit, et resta là plongé dans une étourdissante méditation.

— Être fidèle à la vertu, martyre sublime! Bah! tout le monde croit à la vertu; mais qui est vertueux? Les peuples ont la liberté pour idole; mais où est sur la terre un peuple libre? Ma jeunesse est encore bleue comme un ciel sans nuage! vouloir être grand ou riche, n'est-ce pas se résoudre à mentir, plier, ramper, se redresser, flatter, dissimuler? N'est-ce pas consentir à se faire le valet de ceux qui ont menti, plié, rampé? car, avant d'être leur complice, il faut les servir. Eh bien, non! Je veux travailler noblement, saintement; je veux travailler jour et nuit, ne devoir ma fortune qu'à mon labeur. Ce sera la plus lente des fortunes, mais chaque jour ma tête reposera sur mon oreiller sans une pensée mauvaise. Qu'y a-t-il de plus beau que de contempler sa vie et de la trouver pure comme un lis? Moi et la vie, nous sommes comme un jeune homme et sa fiancée. Vautrin m'a fait voir ce qui arrive après dix ans de mariage. Diable, ma tête se perd! Je ne veux penser à rien, le cœur est un bon guide!

Eugène fut tiré de sa rêverie par la voix de la grosse Sylvie, qui lui annonça son tailleur, devant lequel il se présenta, tenant à la main ses deux sacs d'argent, et il ne fut pas fâché de cette circonstance. Quand il eut essayé ses habits du soir, il remit sa nouvelle toilette de matin, qui le métamorphosait complétement.

— Je vaux bien M. de Trailles, se dit-il. Enfin j'ai l'air d'un gentilhomme!

— Monsieur, dit le père Goriot en entrant chez Eugène, vous m'avez demandé si je connaissais les maisons où va madame de Nucingen?

— Oui!

— Eh bien, elle va lundi prochain au bal du maréchal duc de Carigliano. Si vous pouvez y être, vous me direz si mes deux filles se sont bien amusées, comment elles seront mises, enfin tout.

— Comment avez-vous su cela, mon bon père Goriot? dit Eugène en le faisant asseoir à son feu.

— Sa femme de chambre me l'a dit. Je sais tout ce qu'elles font par Joséphine et par Constance, reprit-il d'un air joyeux.

Le vieillard ressemblait à un amant encore assez jeune pour être heureux d'un stratagème qui le met en communication avec sa maîtresse sans qu'elle puisse s'en douter.

— Vous les verrez, vous! dit-il en exprimant avec naïveté une douloureuse envie.

— Je ne sais pas, répondit Eugène. Je vais aller chez madame de Beauséant lui demander si elle peut me présenter à la maréchale.

Eugène pensait avec une sorte de joie intérieure à se montrer chez la vicomtesse mis comme il le serait désormais. Ce que les moralistes nomment les abîmes du cœur humain sont uniquement les décevantes pensées, les involontaires mouvements de l'intérêt personnel. Ces péripéties, le sujet de tant de déclamations, ces retours soudains, sont des calculs faits au profit de nos jouissances. En se voyant bien mis, bien ganté, bien botté, Rastignac oublia sa vertueuse résolution. La jeunesse n'ose pas se regarder au miroir de la conscience quand elle verse du côté de l'injuste; tandis que l'âge mûr s'est vu : là gît toute la différence entre ces deux phases de la vie.

Depuis quelques jours, les deux voisins, Eugène et le père Goriot, étaient devenus bons amis. Leur secrète amitié tenait aux raisons psychologiques qui avaient engendré des sentiments contraires entre Vautrin et l'étudiant. Le hardi philosophe qui voudra constater les effets de nos sentiments dans le monde physique, trouvera sans doute plus d'une preuve de leur affective matérialité dans les rapports qu'ils créent entre nous et les animaux. Quel physiognomoniste est plus prompt à deviner un caractère qu'un chien l'est à savoir si un inconnu l'aime ou ne l'aime pas? Les *atomes crochus*, expression proverbiale dont chacun se sert, sont un de ces faits qui restent dans les langages pour démentir les niaiseries philosophiques dont s'occupent ceux qui aiment à vanner les épluchures des mots primitifs. On se sent aimé. Le sentiment s'empreint en toutes choses, et traverse les espaces. Une lettre est une âme; elle est un si fidèle écho de la voix qui parle, que les esprits délicats la comptent parmi les plus riches trésors de l'amour. Or, le père Goriot, que son sentiment irréfléchi élevait jusqu'au sublime de la nature canine, avait flairé la compassion, l'admirative bonté, les sympathies juvéniles qui s'étaient émues pour lui dans le cœur de l'étudiant. Cependant cette union naissante n'avait encore amené aucune confidence. Si Eugène avait manifesté le désir de voir madame de Nucingen, ce n'était pas qu'il comptât sur le vieillard pour être introduit par lui chez elle, mais il espérait qu'une indiscrétion pourrait le bien servir. Le père Goriot ne lui avait parlé de ses filles qu'à propos de ce qu'il s'était permis d'en dire publiquement le jour de ses deux visites.

Mon cher monsieur, lui avait-il dit le lendemain, comment avez-vous pu croire que madame de Restaud vous en ait voulu d'avoir prononcé mon nom ? Mes deux filles m'aiment bien. Je suis un heureux père. Seulement, mes deux gendres se sont mal conduits envers moi. Je n'ai pas voulu faire souffrir ces chères créatures de mes dissensions avec leurs maris, et j'ai préféré les voir en secret. Ce mystère me donne mille jouissances que ne connaissent pas les autres pères qui peuvent voir leurs filles quand ils veulent. Moi, je ne veux pas, comprenez-vous ? Alors, je vais, quand il fait beau, dans les Champs-Élysées, après avoir demandé aux femmes de chambre si mes filles sortent. Je les attends au passage ; le cœur me bat quand les voitures arrivent ; je les admire dans leur toilette; elles me jettent en passant un petit rire qui me dore la nature comme s'il y tombait un rayon de quelque beau soleil. Et je reste, elles doivent revenir. Je les vois encore ! l'air leur a fait du bien ; elles sont roses. J'entends dire autour de moi : — Voilà une belle femme ! Ça me réjouit le cœur. N'est-ce pas mon sang ? J'aime les chevaux qui les traînent, et je voudrais être le petit chien qu'elles ont sur leurs genoux. Je vis de leurs plaisirs. Chacun a sa façon d'aimer ; et la mienne ne fait pourtant de mal à personne, pourquoi le monde s'occupe-t-il de moi ? Je suis heureux à ma manière. Est-ce contre les lois que j'aille les voir, le soir, au moment où elles sortent de leurs maisons pour se rendre au bal ? Quel chagrin pour moi si j'arrive trop tard, et qu'on me dise : Madame est sortie ! Un soir, j'ai attendu jusqu'à trois heures du matin pour voir Anastasie que je n'ai pas vue depuis deux jours. J'ai manqué crever d'aise ! Je vous en prie, ne parlez de moi pour dire combien mes filles sont bonnes. Elles veulent me combler de toutes sortes de cadeaux, je les en empêche, je leur dis : — Gardez donc votre argent ! Que voulez-vous que j'en fasse ? il ne me faut rien. En effet, mon cher monsieur, que suis-je ? un méchant cadavre dont l'âme est partout où sont mes filles.

Quand vous aurez vu madame de Nucingen, vous me direz celle des deux que vous préférez, dit le bonhomme après un moment de silence, en voyant Eugène qui se disposait à partir pour aller se promener aux Tuileries, en attendant l'heure de se présenter chez madame de Beauséant.

Cette promenade fut fatale à l'étudiant. Quelques femmes le remarquèrent. Il était si beau, si jeune, et d'une élégance de si bon goût ! En se voyant l'objet d'une attention presque admirative, il ne pensa plus à ses sœurs ni à sa tante dépouillée, ni à ses vertueuses répugnances. Enfin il avait vu passer au-dessus de sa tête ce démon qu'il est si facile de prendre pour un ange, ce Satan aux ailes diaprées, qui sème des rubis, qui jette ses flèches d'or au front des palais, empourpre les femmes, revêt d'un sot éclat les trônes, si simples dans leur origine ; il avait écouté le dieu de cette vanité crépitante dont nous prenons le clinquant pour un symbole de puissance. La parole de Vautrin, quelque cynique qu'elle fût, s'était logée dans son cœur, comme dans le souvenir d'une vierge se grave le profil ignoble d'une vieille marchande à la toilette, qui lui a dit : — Or et amour, à flots !

Après avoir indolemment flâné, vers cinq heures, Eugène se présenta chez madame de Beauséant, et y reçut un de ces coups terribles contre lesquels les cœurs jeunes sont sans armes. Il avait jusqu'alors trouvé la vicomtesse pleine de cette aménité polie, de cette grâce mellifue donnée par l'éducation aristocratique, et qui n'est complète que si elle vient du cœur. Quand il entra, madame de Beauséant fit un geste sec, et lui dit d'une voix brève : — Monsieur de Rastignac, il m'est impossible de vous voir, en ce moment du moins ! je suis en affaire...

Pour un observateur, et Rastignac l'était devenu promptement, cette phrase, le geste, le regard, l'inflexion de voix étaient l'histoire du caractère et des habitudes de la caste. Il aperçut la main de fer sous le gant de velours ; la personnalité, l'égoïsme, sous les manières ; le bois, sous le vernis. Il entendit enfin le MOI LE ROI qui commence sous les panaches du trône, et finit sous le cimier du dernier gentilhomme. Eugène s'était trop facilement abandonné sur sa parole à croire aux noblesses de la femme. Puis, comme tous les malheureux, il avait signé de bonne foi le pacte délicieux qui doit lier le bienfaiteur à l'obligé, et dont le premier article consacre entre les grands cœurs une complète égalité. La bienfaisance est une passion céleste aussi incomprise, aussi rare que l'est le véritable amour. L'un et l'autre est la prodigalité des belles âmes. Eugène voulait arriver au bal de la duchesse de Carigliano, il dévora cette bourrasque.

— Madame, dit-il d'une voix émue, s'il ne s'agissait pas d'une chose importante, je ne serais pas venu vous importuner ; soyez assez gracieuse pour me permettre de vous voir plus tard, j'attendrai.

— Eh bien ! venez dîner avec moi, dit-elle un peu confuse de la dureté qu'elle avait mise dans ses paroles ; car cette femme était vraiment aussi bonne que grande.

Quoique touché de ce retour soudain, Eugène se dit en s'en allant : — Rampe ! supporte tout ! Que doivent être les autres, si, dans un moment, la meilleure des femmes efface les promesses de son amitié, te laisse là comme un vieux soulier? Chacun pour soi, donc! Il est vrai que sa maison n'est pas une boutique, et que j'ai tort d'avoir besoin d'elle. Il faut, comme dit Vautrin, se faire boulet de canon.

Les amères réflexions de l'étudiant furent bientôt dissipées par le plaisir qu'il se promettait en dînant chez la vicomtesse. Ainsi, par une sorte de fatalité, les moindres événements de sa vie conspiraient à le pousser dans la carrière où, suivant les observations du terrible sphinx de la maison Vauquer, il fallait, comme sur un champ de bataille, tuer pour ne pas être tué, tromper pour ne pas être trompé ; où il fallait déposer à la barrière sa conscience, son cœur, mettre un masque, se jouer sans pitié les hommes, et, comme à Lacédémone, saisir sa fortune sans être vu, pour mériter la couronne. Quand il revint chez la vicomtesse, il la trouva pleine de cette bonté gracieuse qu'elle lui avait toujours témoignée. Tous deux allèrent dans une salle à manger où le vicomte attendait sa femme, et où resplendissait ce luxe de table qui, sous la restauration, fut poussé, comme chacun le sait, au plus haut degré. M. de Beauséant, semblable à beaucoup de gens blasés, n'avait plus guère d'autres plaisirs que ceux de la bonne chère ; il était, en fait de gourmandise, de l'école de Louis XVIII et du duc d'Escars. Sa table offrait donc un double luxe, celui du contenant et celui du contenu. Jamais semblable spectacle n'avait frappé les yeux d'Eugène qui dînait pour la première fois dans une de ces maisons où les grandeurs sociales sont héréditaires. La mode venait de supprimer les soupers qui terminaient autrefois les bals de l'Empire, où les militaires avaient besoin de prendre des forces pour se préparer à tous les combats qui les attendaient au dedans comme au dehors. Eugène n'avait encore assisté qu'à des bals. L'aplomb qui le distingua plus tard si éminemment, et qu'il commençait à prendre, l'empêcha de s'ébahir niaisement. Mais en voyant cette argenterie sculptée, et les mille recherches d'une table somptueuse, en admirant pour la première fois un service fait sans bruit, il était difficile à un homme d'ardente imagination de ne pas préférer cette vie constamment élégante, à la vie de privations qu'il voulait embrasser le matin. Sa pensée l'ayant rejeté pendant un moment dans sa pension bourgeoise, il en eut une si profonde horreur, qu'il se jura de la quitter au mois de janvier, autant pour se mettre dans une maison propre que pour fuir Vautrin dont il sentait la large main sur son épaule. Si l'on vient à songer aux mille formes que prend la corruption à Paris, parlante ou muette, un homme de bon sens se demande par quelle aberration l'État y met des écoles, y assemble des jeunes gens? comment les jolies femmes y sont respectées? comment l'or étalé par les changeurs ne s'envole pas magiquement de leurs sébiles? Mais si l'on vient à songer qu'il est peu d'exemples de crimes, voire même de délits commis par les jeunes gens, de quel respect ne doit-on pas être pris pour ces patients Tantales qui se combattent eux-mêmes, et sont presque toujours victorieux! S'il était bien peint dans sa lutte avec Paris, le pauvre étudiant fournirait un des sujets les plus dramatiques de notre civilisation moderne. Madame de Beauséant regardait vainement Eugène pour le convier à parler ; il ne voulut rien dire en présence du vicomte.

— Me menez-vous ce soir aux Italiens? demanda la vicomtesse à son mari.

— Vous ne pouvez douter du plaisir que j'aurais à vous obéir, répondit-il avec une galanterie moqueuse dont l'étudiant fut la dupe; mais je dois aller rejoindre quelqu'un aux Variétés.

— Sa maîtresse! se dit-elle.

— Vous n'avez donc pas d'Ajuda ce soir? demanda M. de Beauséant.

— Non, répondit-elle avec humeur.

— Eh bien! s'il vous faut absolument un bras, prenez celui de M. de Rastignac.

La vicomtesse regarda Eugène en souriant.

— Ce sera bien compromettant pour vous, dit-elle.

— *Le Français aime le péril, parce qu'il y trouve la gloire*, a dit M. de Châteaubriand, répondit Rastignac en s'inclinant.

Quelques moments après, il fut emporté près de madame de Beauséant, dans un coupé rapide, au théâtre à la mode, et crut à quelque féerie lorsqu'il entra dans une loge de face, et qu'il se vit le but de toutes les lorgnettes concurremment avec la vicomtesse dont la toilette était délicieuse. Il marchait d'enchantements en enchantements.

— Vous aviez à me parler, lui dit madame de Beauséant. Tenez, voici madame de Nucingen à trois loges de la nôtre. Sa sœur et M. de Trailles sont de l'autre côté.

En disant ces mots, la vicomtesse regardait la loge où devait être mademoiselle de Rochegude, et n'y voyant pas monsieur d'Ajuda, sa figure prit un éclat extraordinaire.

— Elle est charmante, dit Eugène après avoir regardé madame de Nucingen.

— Elle a les cils blancs.

— Oui, mais quelle jolie taille mince!

— Elle a de grosses mains.

— Les beaux yeux!

— Elle a le visage long.

— Mais la forme longue a de la distinction.

— Cela est heureux pour elle qu'il y en ait là.

Voyez comment elle prend et quitte son lorgnon ! Le Goriot perce dans tous ses mouvements, dit la comtesse au grand étonnement d'Eugène.

En effet, madame de Beauséant lorgnait la salle et semblait ne pas faire attention à madame de Nucingen, dont elle ne perdait cependant pas un geste. L'assemblée était exquisement belle. Delphine de Nucingen ne fut pas peu flattée d'occuper exclusivement le jeune, le beau, l'élégant cousin de madame de Beauséant qui ne regarda qu'elle.

— Si vous continuez à la couvrir de vos regards, vous allez faire scandale, M. de Rastignac. Vous ne réussirez à rien, si vous vous jetez ainsi à la tête des gens.

— Ma chère cousine, dit Eugène, vous m'avez déjà bien protégé ; si vous voulez achever votre ouvrage, je ne vous demande plus que de me rendre un service qui vous donnera peu de peine et me fera grand bien. Me voilà pris.

— Déjà ?
— Oui.
— Et de cette femme ?

— Mes prétentions seraient-elles donc écoutées ailleurs ? dit-il en lançant un regard pénétrant à sa cousine. Madame la duchesse de Carigliano est attachée à madame la duchesse de Berry, reprit-il ; vous devez la voir ; ayez la bonté de me présenter chez elle et de m'amener au bal qu'elle donne lundi. J'y rencontrerai madame de Nucingen, et je livrerai ma première escarmouche.

— Volontiers ! dit-elle. Si vous vous sentez déjà du goût pour elle, vos affaires de cœur vont très-bien. Voici M. de Marsay dans la loge de la princesse Galathionne. Madame de Nucingen est au supplice, elle se dépite. Il n'y a pas de meilleur moment pour aborder une femme, surtout une femme de banquier. Ces dames de la Chaussée-d'Antin aiment toutes la vengeance.

— Que feriez-vous donc, vous, en pareil cas ?
— Moi ! je souffrirais en silence.

En ce moment M. d'Ajuda se présenta dans la loge de madame de Beauséant.

— J'ai mal fait mes affaires afin de venir vous retrouver, dit-il, et je vous en instruis pour que ce ne soit pas un sacrifice.

Les rayonnements du visage de la vicomtesse apprirent à Eugène à reconnaître les expressions d'un véritable amour, et à ne pas les confondre avec les simagrées de la coquetterie parisienne. Il admira sa cousine, devint muet et céda sa place à M. d'Ajuda, en soupirant.

— Quelle noble, quelle sublime créature est une femme qui aime ainsi ! se dit-il. Et cet homme la trahirait pour une poupée ! Comment peut-on la trahir ?

Il se sentit au cœur une rage d'enfant. Il aurait voulu se rouler aux pieds de madame de Beauséant ; il souhaitait le pouvoir des démons afin de l'emporter dans son cœur, comme un aigle enlève de la plaine dans son aire une jeune chèvre blanche qui tette encore. Il était humilié d'être, dans ce grand Musée de la beauté, sans son tableau, sans une maîtresse à lui.

— Avoir une maîtresse est une position quasi-royale ! se disait-il, c'est le signe de la puissance.

Il regarda madame de Nucingen, comme un homme insulté regarde son adversaire. La vicomtesse se retourna vers lui pour lui adresser sur sa discrétion mille remerciments dans un clignement d'yeux. Le premier acte était fini.

— Vous connaissez assez madame de Nucingen pour lui présenter M. de Rastignac ? dit-elle à M. d'Ajuda.

— Mais elle sera charmée de voir monsieur, dit le marquis.

Le beau Portugais se leva, prit le bras de l'étudiant, qui en un clin d'œil se trouva chez madame de Nucingen.

— Madame la baronne, dit M. d'Ajuda, j'ai l'honneur de vous présenter M. de Rastignac, le cousin de la vicomtesse de Beauséant. Vous faites une si vive impression sur lui, que j'ai voulu compléter son bonheur en le rapprochant de son idole.

Ces mots furent dits avec un certain accent de raillerie qui en faisait passer la pensée un peu brutale, mais qui, bien sauvée, ne déplaît jamais à une femme. Madame de Nucingen sourit, et offrit à Eugène la place de son mari, qui venait de sortir.

— Je n'ose pas vous proposer de rester près de moi, monsieur, lui dit-elle ; quand on a le bonheur d'être auprès de madame de Beauséant, on y reste.

— Mais, lui dit à voix basse Eugène, il me semble, madame, que si je veux plaire à ma cousine, je demeurerai près de vous. Avant l'arrivée de M. le marquis, nous parlions de vous et de la distinction de toute votre personne, dit-il à haute voix.

M. d'Ajuda se retira.

— Vraiment, monsieur, dit la baronne, vous allez me rester ? Nous ferons donc connaissance ; car madame de Restaud m'avait déjà donné le plus vif désir de vous voir.

— Elle est donc bien fausse ! elle m'a fait consigner à sa porte.

— Comment !

— Madame, j'aurai la conscience de vous en dire la raison ; mais je réclame toute votre indulgence en vous confiant un pareil secret. Je suis le voisin de monsieur votre père ; et j'ai eu l'imprudence, gnorant que madame de Restaud fût sa fille, d'en parler fort innocemment. J'ai fâché madame votre sœur et son mari. Vous ne sauriez croire combien madame la duchesse de Langeais et ma cousine ont trouvé cette apostasie filiale de mauvais goût. Je leur ai raconté la scène, elles en ont ri comme des folles. Ce fut alors qu'en faisant un parallèle entre vous et votre sœur, madame de Beauséant me parla de vous en de fort bons termes, et me dit combien vous étiez excellente pour mon voisin, M. Goriot. Comment, en effet, ne l'aimeriez-vous pas? Il vous adore si passionnément, que j'en suis jaloux déjà. Nous avons parlé de vous ce matin pendant deux heures. Puis, tout plein de ce que votre père m'a raconté, ce soir, en dînant avec ma cousine, je lui disais que vous ne pouviez pas être aussi belle que vous étiez aimante. Voulant sans doute favoriser une si chaude admiration, madame de Beauséant m'a amené ici, en me disant avec sa grâce habituelle que je vous y verrais.

— Comment, monsieur, dit la femme du banquier, je vous dois déjà de la reconnaissance? Encore un peu, nous allons être de vieux amis.

— Quoique l'amitié doive être près de vous un sentiment peu vulgaire, dit Rastignac, je ne veux jamais être votre ami.

Ces sottises stéréotypées à l'usage des débutants paraissent toujours charmantes aux femmes, et ne sont pauvres que lues à froid. Le geste, l'accent, le regard d'un jeune homme, leur donnent d'incalculables valeurs. Madame de Nucingen trouva Rastignac charmant. Puis, comme toutes les femmes, ne pouvant rien dire à des questions aussi drûment posées que l'étaient celles de l'étudiant, elle répondit à autre chose.

— Oui, ma sœur se fait tort par la manière dont elle se conduit avec ce pauvre père, qui vraiment a été pour nous un dieu. Il a fallu que M. de Nucingen m'ordonnât positivement de ne voir mon père que le matin, pour que je cédasse sur ce point. Mais j'en ai longtemps été bien malheureuse. Je pleurais. Ces violences, venues après les brutalités du mariage, ont été l'une des raisons qui troublèrent le plus mon ménage. Je suis certes la femme de Paris la plus heureuse aux yeux du monde, la plus malheureuse en réalité. Vous allez me trouver folle de vous parler ainsi. Mais vous connaissez mon père; à ce titre, vous ne pouvez pas m'être étranger.

— Vous n'aurez jamais rencontré personne, lui dit Eugène, qui soit animé d'un plus vif désir de vous appartenir. Que cherchez-vous toutes? le bonheur, reprit-il d'une voix qui allait à l'âme. Hé bien! si, pour une femme, le bonheur est d'être aimée, adorée, d'avoir un ami à qui elle puisse confier ses désirs, ses fantaisies, ses chagrins, ses joies; se montrer dans la nudité de son âme, avec ses jolis défauts et ses belles qualités, sans craindre d'être trahie; croyez-moi, le cœur dévoué, toujours ardent, ne peut se rencontrer que chez un homme jeune, plein d'illusions, qui peut mourir sur un seul de vos signes, qui ne sait rien encore du monde et n'en veut rien savoir, parce que vous devenez le monde pour lui. Moi, voyez-vous, vous allez rire de ma naïveté, j'arrive du fond d'une province, neuf à tout, n'ayant connu que de belles âmes, et je comptais rester sans amour. Il m'est arrivé de voir ma cousine, qui m'a mis trop près de son cœur; elle m'a fait deviner les mille trésors de la passion; et je suis comme Chérubin, l'amant de toutes les femmes, en attendant que je puisse me dévouer à quelqu'une d'entre elles. En vous voyant, quand je suis entré, je me suis senti porté vers vous comme par un courant électrique. J'avais déjà tant pensé à vous! Mais je ne vous avais pas rêvée aussi belle que vous l'êtes en réalité. Madame de Beauséant m'a ordonné de ne pas vous tant regarder. Elle ne sait pas ce qu'il y a d'attrayant à voir vos jolies lèvres rouges, votre teint blanc, vos yeux si doux. Moi aussi, je vous dis des folies, mais laissez-les-moi dire.

Rien ne plaît plus aux femmes que de s'entendre débiter ces douces paroles. La plus sévère dévote les écoute, même quand elle ne doit pas y répondre. Après avoir ainsi commencé, Rastignac défila son chapelet d'une voix coquettement sourde; et madame de Nucingen encourageait Eugène par des sourires, en regardant de temps en temps M. de Marsay, qui ne quittait pas la loge de la princesse Galathionne. Rastignac resta près de madame de Nucingen jusqu'au moment où son mari vint la chercher pour l'emmener.

— Madame, lui dit Eugène, j'aurai le plaisir de vous aller voir avant le bal de la duchesse de Carigliano.

— Buisque matame fous encache, dit le baron, épais Alsacien dont la figure ronde annonçait une dangereuse finesse, fous êtes sir d'êdre pien reçu.

— Mes affaires sont en bon train, car elle ne s'est pas bien effarouchée en m'entendant lui dire : — M'aimerez-vous bien? Le mors est mis à ma bête, sautons dessus et gouvernons-la! se dit Eugène en allant saluer madame de Beauséant, qui se levait et se retirait avec M. d'Ajuda. Le pauvre étudiant ne savait pas que la baronne était distraite, et attendait de M. de Marsay une de ces lettres décisives qui déchirent l'âme. Tout heureux de son faux succès, Eugène accompagna la vicomtesse jusqu'au péristyle, où chacun attend sa voiture.

— Votre cousin ne se ressemble plus à lui-même, dit le Portugais en riant à la vicomtesse, quand Eugène les eut quittés. Il va faire sauter la banque.

Il est souple comme une anguille, et je crois qu'il ira loin. Vous seule avez pu lui trier sur le volet une femme au moment où il faut la consoler.

— Mais, dit madame de Beauséant, il faut savoir si elle aime encore celui qui l'abandonne.

L'étudiant revint à pied du Théâtre-Italien à la rue Neuve-Sainte-Geneviève, en faisant les plus doux projets. Il avait bien remarqué l'attention avec laquelle madame de Restaud l'avait examiné, soit dans la loge de la vicomtesse, soit dans celle de madame de Nucingen, et il présuma que la porte de la comtesse ne lui serait plus fermée. Ainsi déjà quatre relations majeures ( car il comptait bien plaire à la maréchale) allaient lui être acquises au cœur de la haute société parisienne. Or, sans trop s'expliquer les moyens, il devinait par avance que, dans le jeu compliqué des intérêts de ce monde, il devait s'accrocher à un rouage et se trouver en haut de la machine, dont il se sentait la force d'enrayer la roue.

— Si madame de Nucingen s'intéresse à moi, je lui apprendrai à gouverner son mari. Ce mari fait des affaires d'or, il pourra m'aider à ramasser tout d'un coup une fortune.

Il ne se disait pas cela crûment, il n'était pas encore assez politique pour chiffrer une situation, l'apprécier et la calculer ; mais ces idées flottaient à l'horizon sous la forme de légers nuages ; et quoiqu'elles n'eussent pas l'âpreté de celles de Vautrin, si elles avaient été soumises au creuset de la conscience, elles n'auraient rien donné de bien pur. Les hommes arrivent, par une suite de transactions de ce genre, à cette morale relâchée que professe l'époque actuelle, où se rencontrent plus rarement que dans aucun temps ces hommes rectangulaires, à formes droites, ces belles volontés, qui ne se plient jamais au mal, à qui la moindre déviation de la ligne droite semble être un crime, magnifiques images de la probité qui nous ont valu deux chefs-d'œuvre, Alceste de Molière, et récemment Jenny Deans et son père dans l'œuvre de Walter Scott. Peut-être la page opposée, la peinture des sinuosités dans lesquelles un homme du monde, un ambitieux fait rouler sa conscience, en essayant de côtoyer le mal, afin d'arriver à son but en gardant les apparences, ne serait-elle ni moins belle, ni moins dramatique.

En arrivant à sa pension, Rastignac s'était épris de madame de Nucingen; elle lui avait paru svelte, fine comme une hirondelle. L'enivrante douceur de ses yeux, le tissu délicat et soyeux de sa peau, sous laquelle il avait cru voir couler le sang, le son enchanteur de sa voix, ses cheveux blonds, il se rappelait tout ; et peut-être la marche, en mettant son sang en mouvement, aidait-elle à cette fascination.

L'étudiant frappa rudement à la porte du père Goriot.

— Mon voisin, dit-il, j'ai vu madame Delphine.

— Où?

— Aux Italiens.

— S'amuse-t-elle bien? Entrez donc.

Et le bonhomme, qui s'était levé en chemise, ouvrit sa porte et se recoucha promptement.

— Parlez-moi donc d'elle ! demanda-t-il.

Eugène, qui se trouvait pour la première fois chez le père Goriot, ne fut pas maître d'un mouvement de stupéfaction en voyant le bouge où vivait le père, après avoir admiré la toilette de la fille. La fenêtre était sans rideaux ; le papier de tenture, collé sur les murailles, s'en détachait en plusieurs endroits par l'effet de l'humidité, et se recroquevillait en laissant apercevoir le plâtre jauni par la fumée. Le bonhomme gisait sur un mauvais lit et n'avait qu'une maigre couverture et un couvre-pied ouaté, fait avec les bons morceaux des vieilles robes de madame Vauquer. Le carreau était humide et plein de poussière. En face de la croisée se voyait une de ces vieilles commodes en bois de rose à ventre renflé, qui ont des mains en cuivre tordu en façon de sarments décorés de feuilles ou de fleurs ; un vieux meuble à tablette de bois sur lequel était un pot à eau dans sa cuvette et tous les ustensiles nécessaires pour se faire la barbe. Dans un coin, les souliers ; à la tête du lit, une table de nuit sans porte et sans marbre ; au coin de la cheminée, où il n'y avait pas trace de feu, se trouvait la table carrée, en bois de noyer, dont la barre avait servi au père Goriot à dénaturer son écuelle en vermeil. Un méchant secrétaire sur lequel était le chapeau du bonhomme ; un fauteuil foncé de paille et deux chaises, complétaient ce mobilier misérable. La flèche du lit, attachée au plancher par une loque, soutenait une mauvaise bande d'étoffe à carreaux rouges et blancs. Le pauvre commissionnaire était certes moins mal meublé, dans son grenier, que ne l'était le père Goriot chez madame Vauquer. L'aspect de cette chambre donnait froid, serrait le cœur ; elle ressemblait au plus triste logement d'une prison. Heureusement M. Goriot ne vit pas l'expression qui se peignit sur la physionomie d'Eugène quand celui-ci posa sa chandelle sur la table de nuit. Le bonhomme se tourna de son côté en restant couvert jusqu'au menton.

— Hé bien! qui aimez-vous mieux de madame de Restaud ou de madame de Nucingen?

— Je préfère madame Delphine, répondit l'étudiant, parce qu'elle vous aime mieux.

A cette parole chaudement dite, le bonhomme sortit son bras du lit et serra la main d'Eugène.

— Merci, merci, répondit le vieillard ému. Que vous a-t-elle donc dit de moi?

L'étudiant répéta les paroles de la baronne en les embellissant, et le vieillard l'écouta comme s'il eût entendu la parole de Dieu.

— Chère enfant ! oui, oui, elle m'aime bien. Mais ne la croyez pas dans ce qu'elle vous a dit d'Anastasie. Les deux sœurs se jalousent, voyez-vous ! c'est encore une preuve de leur tendresse. Madame de Restaud m'aime bien aussi. Je le sais. Un père est avec ses enfants comme Dieu est avec nous, il va jusqu'au fond des cœurs, et juge les intentions. Elles sont toutes deux aussi aimantes. Oh ! si j'avais eu de bons gendres, j'aurais été trop heureux. Il n'est sans doute pas de bonheur complet ici-bas. Si j'avais vécu chez elles, mais rien que d'entendre leurs voix, de les savoir là, de les voir aller, sortir, comme quand je les avais chez moi, ça m'eût fait cabrioler le cœur. Étaient-elles bien mises ?

— Oui, dit Eugène. Mais, monsieur Goriot, comment, en ayant des filles aussi richement établies que le sont les vôtres, pouvez-vous demeurer dans un taudis pareil ?

— Ma foi, dit-il d'un air en apparence insouciant, à quoi cela me servirait-il d'être mieux ? Je ne puis guère vous expliquer ces choses-là, je ne sais pas dire deux paroles de suite comme il faut. Tout est là, ajouta-t-il, en se frappant le cœur. Ma vie, à moi, est dans mes deux filles. Si elles s'amusent, si elles sont heureuses, bravement mises, si elles marchent sur des tapis, qu'importe de quel drap je sois vêtu, et l'endroit où je me couche ? Je n'ai point froid si elles ont chaud, je ne m'ennuie jamais si elles rient. Je n'ai de chagrins que les leurs. Quand vous serez père, que vous vous direz, en voyant gazouiller vos enfants : — C'est sorti de moi ! que vous sentirez ces petites créatures tenir à chaque goutte de votre sang, dont elles ont été la fine fleur, car c'est ça ! vous vous croirez attaché à leur peau, vous croirez être agité vous-même par leur marche. Leur voix me répond partout ; un regard d'elles, quand il est triste, me fige le sang. Un jour, vous saurez que l'on est bien plus heureux de leur bonheur que du sien propre. Je ne peux pas vous expliquer ça, ce sont des mouvements intérieurs qui répandent l'aise partout. Enfin, je vis trois fois. Voulez-vous que je vous dise une drôle de chose ? Eh bien ! quand j'ai été père, j'ai compris Dieu. Il est tout entier partout, puisque la création est sortie de lui. Monsieur ! je suis ainsi avec mes filles. Seulement j'aime mieux mes filles que Dieu n'aime le monde, parce que le monde n'est pas si beau que Dieu, et que mes filles sont plus belles que moi. Elles me tiennent si bien à l'âme, que j'avais idée que vous les verriez ce soir. Mon Dieu ! un homme qui rendrait ma petite Delphine aussi heureuse qu'une femme l'est quand elle est, là, bien aimée, mais je lui cirerais ses bottes, je lui ferais ses commissions. J'ai su par sa femme de chambre que ce petit M. de Marsay est un mauvais chien. Il m'a pris des envies de lui tordre le cou. Ne pas adorer un bijou de femme ! une voix de rossignol ! faite comme un modèle ! Où a-t-elle eu les yeux d'épouser cette grosse souche d'Alsacien ? Il leur fallait à toutes deux de jolis jeunes gens bien aimables. Enfin, elles ont fait à leur fantaisie.

Le père Goriot était sublime. Jamais Eugène ne l'avait pu voir illuminé par les feux de sa passion paternelle. Une chose digne de remarque est la puissance d'infusion que possèdent les sentiments. Quelque grossière que soit une créature, dès qu'elle exprime une affection forte et vraie, elle exhale un fluide particulier qui modifie la physionomie, anime le geste, colore la voix ; et l'être le plus stupide arrive, sous l'effort de la passion, à la plus haute éloquence dans l'idée, si ce n'est dans le langage. Il se meut dans une sphère lumineuse. Il y avait en ce moment dans la voix, dans le geste de ce bonhomme, la puissance communicative qui signale le grand acteur. Mais nos beaux sentiments ne sont-ils pas les poésies de la volonté ?

— Eh bien ! vous ne serez peut-être pas fâché d'apprendre, lui dit Eugène, qu'elle va rompre sans doute avec M. de Marsay. Ce beau-fils l'a quittée pour s'attacher à la princesse Galathionne. Quant à moi, ce soir, je suis tombé amoureux de madame Delphine.

— Bah ! dit le père Goriot.

— Oui. Je ne lui ai pas déplu. Nous avons parlé amour pendant une heure, et je dois aller la voir après-demain, samedi.

— Oh, que je vous aimerais, mon cher monsieur, si vous lui plaisiez ! Vous êtes bon, vous ne la tourmenteriez point. Si vous la trahissiez, je vous couperais le cou, d'abord. Une femme n'a pas deux amours, voyez-vous ! Mon Dieu ! mais je dis des bêtises, monsieur Eugène. Il fait froid ici pour vous. Mon Dieu ! vous l'avez donc entendue ? que vous a-t-elle dit pour moi ?

— Rien, se dit en lui-même Eugène. — Elle m'a dit, répondit-il à haute voix, qu'elle vous envoyait un bon baiser de fille.

— Adieu, mon voisin, dormez bien, faites de beaux rêves, les miens sont tout faits avec ce mot-là. Que Dieu vous protège dans tous vos désirs ! Vous avez été pour moi ce soir comme un bon ange ; vous me rapportez l'air de ma fille !

— Le pauvre homme ! se dit Eugène en se couchant ; il y a de quoi toucher des cœurs de marbre. Sa fille n'a pas plus pensé à lui qu'au Grand Turc.

Depuis cette conversation, le père Goriot vit dans son voisin un confident inespéré, un ami. Il s'était établi entre eux les seuls rapports par lesquels ce vieillard pouvait s'attacher à un autre homme. Les passions ne font jamais de faux calculs. Le père Goriot se voyait un peu plus près de sa fille Delphine, il s'en voyait mieux reçu, si Eugène devenait cher à la baronne. D'ailleurs il lui avait confié l'une de ses douleurs. Madame de Nucingen, à laquelle mille fois par jour il souhaitait le bonheur, n'avait pas connu les douceurs de l'amour. Certes, Eugène était, pour se servir de son expression, un des jeunes gens les plus gentils qu'il eût jamais vus. et semblait pressentir qu'il lui donnerait tous les plaisirs dont elle avait été privée. Le bonhomme se prit donc pour son voisin d'une amitié qui alla croissant, et sans laquelle il eût été sans doute impossible de connaître le dénoûment de cette histoire.

Le lendemain matin, au déjeuner, l'affection avec laquelle le père Goriot regardait Eugène, près duquel il se plaça, les quelques paroles qu'il lui dit, et le changement de sa physionomie, ordinairement semblable à un masque de plâtre, surprirent les pensionnaires. Vautrin, qui revoyait l'étudiant pour la première fois depuis leur conférence, semblait vouloir lire dans son âme. En se souvenant du projet de cet homme, Eugène, qui avant de s'endormir, avait, pendant la nuit, mesuré le vaste champ qui s'ouvrait à ses regards, pensa nécessairement à la dot de mademoiselle Taillefer, et ne put s'empêcher de regarder Victorine comme le plus vertueux jeune homme regarde une héritière. Par hasard, leurs yeux se rencontrèrent. La pauvre fille ne manqua pas de trouver Eugène charmant dans sa nouvelle tenue. Le coup d'œil qu'ils échangèrent fut assez significatif pour que Rastignac ne doutât pas d'être pour elle l'objet de ces confus désirs dont toutes les jeunes filles sont atteintes, et qu'elles rattachent au premier être un peu séduisant qui s'offre à leurs regards. Une voix lui criait : — Huit cent mille francs ! Mais tout à coup il se rejeta dans ses souvenirs de la veille, et pensa que sa passion de commande pour madame de Nucingen était l'antidote de ses mauvaises pensées involontaires.

— L'on donnait hier aux Italiens *le Barbier de Séville* de Rossini. Je n'avais jamais entendu de si délicieuse musique, dit-il. Mon Dieu ! est-on heureux d'avoir une loge aux Italiens !

Le père Goriot saisit cette parole au vol comme un chien saisit un mouvement de son maître.

— Vous êtes comme des coqs en pâte, dit madame Vauquer, vous autres hommes, vous faites tout ce qui vous plaît !

— Comment êtes-vous revenu ? demanda Vautrin.

— A pied, répondit Eugène.

— Moi, reprit le tentateur, je n'aimerais pas de demi-plaisirs; je voudrais aller là dans ma voiture, dans ma loge, et revenir bien commodément. Tout ou rien ! voilà ma devise.

— Et qui est bonne ! reprit madame Vauquer.

— Vous irez peut-être voir madame de Nucingen, dit Eugène à voix basse à M. Goriot. Elle vous recevra, certes, à bras ouverts, elle voudra savoir de vous mille petits détails sur moi. J'ai su qu'elle ferait tout au monde pour être reçue chez ma cousine, madame la vicomtesse de Beauséant. N'oubliez pas de lui dire que je l'aime trop pour ne pas penser à lui procurer cette satisfaction.

Et il s'en alla promptement à l'école de droit. Il voulait rester le moins de temps possible dans cette odieuse maison. Il flâna pendant presque toute la journée, en proie à cette fièvre de tête qu'ont connue les jeunes gens affectés de trop vives espérances. Les raisonnements de Vautrin le faisaient réfléchir à la vie sociale, au moment où il rencontra son ami Bianchon dans le jardin du Luxembourg.

— Où as-tu pris cet air grave ? lui dit l'étudiant en médecine en lui prenant le bras pour se promener devant le palais.

— Je suis tourmenté par de mauvaises idées.

— En quel genre ? Ça se guérit, les idées.

— Comment ?

— En y succombant.

— Tu ris sans savoir ce dont il s'agit. As-tu lu Rousseau ?

— Oui.

— Te souviens-tu de ce passage où il demande à son lecteur ce qu'il ferait au cas où il pourrait s'enrichir, en tuant par sa seule volonté un vieux mandarin de la Chine sans bouger de Paris ?

— Oui.

— Hé bien !

— Bah ! J'en suis à mon trente-troisième mandarin.

— Ne plaisante pas. Allons, s'il t'était prouvé que la chose est possible et qu'il te suffît d'un signe de tête, le ferais-tu ?

— Est-il bien vieux, le mandarin ? Mais, bah ! jeune ou vieux, paralytique ou bien portant, ma foi... Diantre ! Eh bien ! non !

— Tu es un brave garçon, Bianchon ! Mais si tu aimais une femme à te mettre pour elle l'âme à l'envers, et qu'il lui fallût de l'argent, beaucoup d'argent pour sa toilette, pour sa voiture, pour toutes ses fantaisies enfin ?

— Mais tu m'ôtes la raison, et tu veux que je raisonne.

— Hé bien ! Bianchon, je suis fou, guéris-moi. J'ai deux sœurs, qui sont des anges de beauté, de candeur, et je veux qu'elles soient heureuses. Où prendre deux cent mille francs pour leur dot d'ici à cinq ans ? Il est, vois-tu, des circonstances dans la vie où il faut jouer gros jeu et ne pas user son bonheur à gagner des sous.

— Mais tu poses la question qui se trouve à l'entrée de la vie pour tout le monde, et tu veux couper le nœud gordien avec l'épée. Pour agir ainsi, mon cher, il faut être Alexandre, sinon l'on va au bagne. Moi, je suis heureux de la petite existence que je me créerai en province, où je succéderai tout bêtement à mon père. Les affections de l'homme se satisfont dans le plus petit cercle aussi pleinement que dans une immense circonférence. Napoléon ne dînait pas deux fois, et ne pouvait pas avoir plus de maîtresses qu'en prend un étudiant en médecine, quand il est interne aux Capucins. Notre bonheur, mon cher, se tiendra toujours entre la plante de nos pieds et notre occiput ; et, qu'il coûte un million par an ou cent louis, la perception intrinsèque en est la même au dedans de nous. Je conclus à la vie du Chinois.

— Merci, tu m'as fait du bien, Bianchon ! nous serons toujours amis.

— Dis donc, reprit l'étudiant en médecine, en sortant du cours de M. Cuvier au Jardin-des-Plantes, je viens d'apercevoir la Michonneau et le Poiret causant sur un banc avec un monsieur que j'ai vu dans les troubles de l'année dernière aux environs de la Chambre des Députés, et qui m'a fait l'effet d'être un homme de la police déguisé en honnête bourgeois vivant de ses rentes. Étudions ce couple-là ! je te dirai pourquoi. Adieu, je vais répondre à mon appel de quatre heures.

Quand Eugène revint à la pension, il trouva le père Goriot qui l'attendait.

— Tenez, dit le bonhomme, voilà une lettre pour elle. Hein, la jolie écriture !

Eugène décacheta la lettre et lut :

« Monsieur, mon père m'a dit que vous aimiez la musique italienne. Je serais heureuse si vous vouliez me faire le plaisir d'accepter une place dans ma loge. Nous aurons samedi la Fodor et Pellegrini ; je suis sûre alors que vous ne me refuserez pas. M. de Nucingen se joint à moi pour vous prier de venir dîner avec nous sans cérémonie. Si vous acceptez, vous le rendrez bien content de n'avoir pas à s'acquitter de sa corvée conjugale en m'accompagnant. Ne me répondez pas, venez, et agréez mes compliments.

« D. de N. »

— Montrez-la-moi, dit le bonhomme à Eugène, quand il eut lu la lettre. Vous irez, n'est-ce pas ? ajouta-t-il après avoir flairé le papier. Cela sent-il bon ! Ses doigts ont frôlé ça pourtant !

— Une femme ne se jette pas ainsi à la tête d'un homme ! se disait l'étudiant. Elle veut se servir de moi pour ramener M. de Marsay. Il n'y a que le dépit qui fasse faire de ces choses-là.

— Hé bien ! dit le père Goriot, à quoi pensez-vous donc ?

Eugène ne connaissait pas le délire de vanité dont certaines femmes étaient saisies en ce moment, et ne savait pas que, pour s'ouvrir une porte dans le faubourg Saint-Germain, la femme d'un banquier était capable de tous les sacrifices. A cette époque, la mode commençait à mettre au-dessus de toutes les femmes celles qui étaient admises dans la société du faubourg Saint-Germain, dites les dames du Petit-Château, parmi lesquelles madame de Beauséant et son amie la duchesse de Langeais tenaient le premier rang. Rastignac seul ignorait la fureur dont étaient saisies les femmes de la Chaussée-d'Antin, pour entrer dans le cercle supérieur où brillaient les constellations de leur sexe. Mais sa défiance le servit bien ; elle lui donna de la froideur, et le triste pouvoir de poser des conditions au lieu d'en recevoir.

— Oui, j'irai, répondit-il.

Ainsi la curiosité le menait chez madame de Nucingen, tandis que, si elle l'eût dédaigné, peut-être y aurait-il été conduit par la passion. Néanmoins il n'attendit pas le lendemain et l'heure de partir sans une sorte d'impatience. Pour un jeune homme, il existe dans sa première intrigue autant de charmes peut-être qu'il s'en rencontre dans un premier amour. La certitude de réussir engendre mille félicités que les hommes n'avouent pas, et qui font tout le charme de certaines femmes. Le désir ne naît pas moins de la difficulté que de la facilité des triomphes. Toutes les passions des hommes sont bien certainement excitées ou entretenues par l'une ou l'autre de ces deux causes, qui divisent l'empire amoureux. Peut-être cette division est-elle une conséquence de la grande question des tempéraments, qui domine, quoi qu'on en dise, la société. Si les mélancoliques ont besoin du tonique des coquetteries, peut-être les gens nerveux ou sanguins décampent-ils si la résistance dure trop. En d'autres termes, l'élégie est aussi essentiellement lymphatique que le dithyrambe est bilieux. En faisant sa toilette, Eugène savoura tous ces petits bonheurs dont n'osent parler les jeunes gens, de peur de se faire moquer d'eux, mais qui chatouillent l'amour-propre. Il arrangeait ses cheveux en pensant que le regard d'une jolie femme se coulerait sous leurs boucles noires. Il se permit des singeries enfantines autant qu'en aurait fait une jeune fille en s'habillant pour le bal. Il regarda complaisamment sa taille mince, en dépliant son habit.

— Il est certain, se dit-il, qu'on en peut trouver de plus mal tournés !

Puis il descendit au moment où tous les habitués de la pension étaient à table, et reçut gaiement le hourra de sottises que sa tenue élégante excita ; car un trait des mœurs particulières aux pensions bourgeoises est l'ébahissement qu'y cause une toilette soignée. Personne n'y met un habit neuf, sans que chacun dise son mot.

— Kt, kt, kt, kt, fit Bianchon en faisant claquer sa langue contre son palais, comme pour exciter un cheval.

— Tournure de duc et pair ! dit madame Vauquer.

— Monsieur va en conquête ? fit observer mademoiselle Michonneau.

— Kocquériko ! cria le peintre.

— Mes compliments à madame votre épouse, dit l'employé au Muséum.

— Monsieur a une épouse ? demanda Poiret.

— Une épouse à compartiments, qui va sur l'eau, garantie bon teint, dans les prix de vingt-cinq à quarante, dessins à carreaux du dernier goût, susceptible de se laver, d'un joli porter, moitié fil, moitié coton, moitié laine, guérissant le mal de dents, et autres maladies approuvées par l'Académie royale de médecine ! excellente d'ailleurs pour les enfants ! meilleure encore contre les maux de tête, les plénitudes et autres maladies de l'œsophage, des yeux et des oreilles ! cria Vautrin avec la volubilité comique et l'accentuation d'un opérateur. Mais combien cette merveille, me direz-vous, messieurs ? deux sous ? Non. Rien du tout. C'est un reste des fournitures faites au grand Mogol, et que tous les souverains de l'Europe, y compris le grrrrrand-duc de Bade, ont voulu voir ! Entrez droit devant vous ! et passez au petit bureau. Allez, la musique ! Broooun, là, là, trin ! là, là, boum, boum ! Monsieur de la clarinette, tu joues faux, reprit-il d'une voix enrouée, je te donnerai sur les doigts !

— Mon Dieu ! que cet homme-là est agréable ! dit madame Vauquer à madame Couture ; je ne m'ennuierais jamais avec lui.

Au milieu des rires et des plaisanteries dont ce discours comiquement débité fut le signal, Eugène put saisir le regard furtif de mademoiselle Taillefer, qui se pencha sur madame Couture à l'oreille de laquelle elle dit quelques mots.

— Voilà le cabriolet, dit Sylvie.

— Où dîne-t-il donc ? demanda Bianchon.

— Chez madame la baronne de Nucingen.

— La fille de M. Goriot ! répondit l'étudiant.

A ce nom, les regards se portèrent sur l'ancien vermicellier, qui contemplait Eugène avec une sorte d'envie. Rastignac arriva rue Saint-Lazare, dans une de ces maisons légères, à colonnes minces, à portiques mesquins, qui constituent *le joli* à Paris, une véritable maison de banquier, pleine de recherches coûteuses, des stucs, des paliers d'escalier en mosaïque de marbre. Il trouva madame de Nucingen dans un petit salon à peintures italiennes, dont le décor ressemblait à celui des cafés. La baronne était triste. Les efforts qu'elle fit pour cacher son chagrin intéressèrent d'autant plus vivement Eugène qu'il n'y avait rien de joué. Il croyait rendre une femme joyeuse par sa présence, et la trouvait au désespoir. Ce désappointement piqua son amour-propre.

— J'ai bien peu de droits à votre confiance, madame, dit-il après l'avoir lutinée sur sa préoccupation ; mais si je vous gênais, je compte sur votre bonne foi, vous me le diriez franchement.

— Restez, dit-elle, je serais seule si vous vous en alliez. M. de Nucingen dîne en ville, et je ne voudrais pas être seule, j'ai besoin de distraction.

— Mais qu'avez-vous ?

— Vous seriez la dernière personne à qui je le dirais ! s'écria-t-elle.

— Je veux le savoir, car je dois alors être pour quelque chose dans ce secret.

— Peut-être ! Mais non, reprit-elle, ce sont des querelles de ménage qui doivent être ensevelies au fond du cœur : je vous le disais avant-hier, je ne suis pas heureuse. Les chaînes d'or sont les plus pesantes.

Quand une femme dit à un jeune homme qu'elle est malheureuse, si ce jeune homme est spirituel, bien mis, s'il a quinze cents francs d'oisiveté dans sa poche, il doit penser ce que se disait Eugène, et devient fat.

— Que pouvez-vous désirer ? répondit-il. Vous êtes belle, jeune, aimée, riche.

Elle fit un sinistre mouvement de tête.

— Ne parlons pas de moi, dit-elle. Nous dînerons ensemble, tête à tête ; nous irons entendre la plus délicieuse musique. Suis-je à votre goût ? reprit-elle en se levant et montrant sa robe en cachemire blanc, à dessins perses de la plus riche élégance.

— Je voudrais que vous fussiez toute à moi, dit Eugène. Vous êtes charmante.

— Vous auriez une triste propriété, dit-elle en souriant avec amertume. Rien ici ne vous annonce le malheur, et cependant, malgré ces apparences, je suis au désespoir. Mes chagrins m'ôtent le sommeil, je deviendrai laide.

— Oh ! ça est l'impossible, dit l'étudiant. Mais je suis curieux de connaître ces peines qu'un amour dévoué n'effacerait pas !

— Ah ! si je vous les confiais, vous me fuiriez, dit-elle, parce que vous ne m'aimez encore que par une galanterie qui est de coutume chez vous : et si vous m'aimiez bien, vous tomberiez dans un désespoir affreux. Vous voyez que je dois me taire. De grâce, reprit-elle, parlons d'autre chose. Venez voir mes appartements.

— Non, restons ici, répondit Eugène en s'asseyant sur une causeuse devant le feu près de madame de Nucingen, dont il prit la main avec assurance.

Elle la laissa prendre et l'appuya même sur celle du jeune homme par un de ces mouvements de force concentrée qui trahissent de profondes émotions.

— Écoutez, lui dit Rastignac, si vous avez des chagrins, vous me les devez. Je veux vous prouver que je vous aime, pour vous. Ou vous parlerez et me confierez vos peines afin que je puisse les dissiper, fallût-il tuer six hommes, ou je sortirai pour ne plus revenir.

— Eh bien! s'écria-t-elle, saisie par une pensée de désespoir qui la fit se frapper le front, je vais vous mettre à l'instant même à l'épreuve. Oui, se dit-elle, il n'est plus que ce moyen.

Elle sonna.

— La voiture de monsieur est-elle attelée? dit elle à son valet de chambre.

— Oui, madame.

— Je la prends. Vous lui donnerez la mienne et mes chevaux. Vous ne servirez à dîner qu'à sept heures.

Allons, venez, dit-elle à Eugène, qui crut rêver en se trouvant dans le coupé de M. de Nucingen, côté de cette femme.

— Au Palais-Royal, dit-elle, près du Théâtre-Français.

En route, elle parut agitée, et refusa de répondre aux mille interrogations d'Eugène, qui ne savait que penser d'une résistance muette, compacte, obtuse.

— En un moment elle m'échappe, se disait-il. Quand la voiture s'arrêta, la baronne regarda l'étudiant d'un air qui imposa silence à ses folles paroles, car il s'était emporté.

— Vous m'aimez bien? dit-elle.

— Oui, répondit-il en cachant l'inquiétude dont fut soudainement saisi.

— Vous ne penserez rien de mal sur moi, quoi que je puisse vous demander?

— Non.

— Êtes-vous disposé à m'obéir?

— Aveuglément.

— Avez-vous été au jeu? dit-elle d'une voix tremblante.

— Jamais.

— Ah! je respire. Vous aurez du bonheur. Voici ma bourse, dit-elle. Prenez donc! il y a cent francs, c'est tout ce que possède cette femme si heureuse!

Montez dans une maison de jeu! Je ne sais où elles sont; mais je sais qu'il y en a au Palais-Royal. Risquez les cent francs à un jeu qu'on nomme la roulette, et perdez tout, ou rapportez-moi six mille francs. Alors je vous dirai mes chagrins.

— Je veux bien que le diable m'emporte si je comprends quelque chose à ce que je vais faire; mais je vais vous obéir, dit-il avec une joie causée par cette pensée : — Elle se compromet avec moi, elle n'aura rien à me refuser.

Eugène prend la jolie bourse, court au TRENTE-SIX, après s'être fait indiquer par un marchand d'habits la plus prochaine maison de jeu. Il y monte, se laisse prendre son chapeau; mais il entre et demande ce que c'est que la roulette. A l'étonnement des habitués, le garçon de salle le mène devant une longue table. Eugène, suivi de tous les spectateurs, demande sans vergogne où il faut mettre l'enjeu.

— Si vous placez un louis sur un seul de ces trente-six numéros, et qu'il sorte, vous aurez trente-six louis, lui dit un vieillard respectable à cheveux blancs.

Eugène jeta les cent francs sur le chiffre de son âge, vingt et un. Un cri d'étonnement part sans qu'il ait eu le temps de se reconnaître. Il avait gagné sans le savoir.

— Retirez donc votre argent, lui dit le vieux monsieur; l'on ne gagne pas deux fois dans ce système-là.

Eugène prend un râteau que lui tend le vieux monsieur, et tire à lui les trois mille six cents francs; mais, toujours sans le savoir, il les place sur la rouge. La galerie le regarde avec envie, en croyant qu'il continue à jouer. La roue tourne, il gagne encore, et le banquier lui jette encore trois mille six cents francs.

— Vous avez sept mille deux cents francs à vous, lui dit à l'oreille le vieux monsieur. Si vous m'en croyez, vous vous en irez : la rouge a passé huit fois. Si vous êtes charitable, vous reconnaîtrez ce bon avis en soulageant la misère d'un ancien préfet de Napoléon, qui se trouve dans le dernier besoin.

Rastignac, étourdi, se laisse prendre dix louis par l'homme à cheveux blancs, et descend avec les sept mille francs, ne comprenant encore rien au jeu, mais stupéfié de son bonheur.

— Ah ça! où me mènerez-vous maintenant? dit-il en montrant les sept mille francs à madame de Nucingen, quand la portière fut refermée.

Delphine le serra par une étreinte folle et l'embrassa vivement, mais sans passion.

— Vous m'avez sauvée! Et des larmes de joie coulèrent en abondance sur ses joues. Je vais tout vous dire, mon ami; car vous serez mon ami, n'est-ce pas? Vous me voyez riche, opulente; rien ne me manque. Eh bien! sachez que M. de Nucingen ne me laisse pas disposer d'un sou. Il paye toute la maison, mes voitures, mes loges; il m'alloue pour ma toilette une somme insuffisante; il me réduit à une misère secrète par calcul. Je suis trop fière pour l'implorer. Je serais la dernière des créatures si j'achetais son argent au prix où il veut me le vendre. Comment, moi, séparée de biens, riche de sept cent mille francs, me suis-je laissé dépouiller? Par fierté, par indignation. Nous sommes si jeunes, si naïves, quand nous commençons la vie conjugale!

La parole par laquelle il fallait demander de l'argent à mon mari me déchirait la bouche; je n'osais jamais, je mangeais l'argent de mes économies et celui que me donnait mon pauvre père; puis je me suis endettée. Le mariage était pour moi la plus horrible des déceptions. Je ne puis pas vous en parler. Qu'il vous suffise de savoir que je me jetterais par la fenêtre s'il fallait vivre avec M. de Nucingen autrement qu'en ayant chacun notre appartement séparé. Quand il a fallu lui déclarer mes dettes de jeune femme, des bijoux, des fantaisies (mon pauvre père nous avait accoutumées à ne nous rien refuser), j'ai souffert le martyre; mais enfin j'ai trouvé le courage de les dire. N'avais-je pas une fortune à moi? M. de Nucingen s'est emporté; il m'a dit que je le ruinerais, des horreurs! J'aurais voulu être à cent pieds sous terre. Comme il avait pris ma dot, il a payé; mais en stipulant désormais pour mes dépenses personnelles une pension à laquelle je me suis résignée, afin d'avoir la paix. Depuis, j'ai voulu répondre à l'amour-propre de quelqu'un que vous connaissez, dit-elle. Si j'ai été trompée par lui, je serais mal venue à ne pas rendre justice à la noblesse de son caractère. Mais enfin il m'a quittée indignement! On ne devrait jamais abandonner une femme à laquelle on a jeté, dans un jour de détresse, un tas d'or... On doit l'aimer toujours. Vous, belle âme de vingt et un ans, vous jeune et pur, vous me demanderez comment une femme peut accepter l'or d'un homme? Mon Dieu! n'est-il pas naturel de tout partager avec l'être auquel nous devons notre bonheur? Quand on s'est tout donné, qui pourrait s'inquiéter d'une parcelle de ce tout? L'argent ne devient quelque chose qu'au moment où le sentiment n'est plus. N'est-on pas lié pour la vie? car qui de nous prévoit une séparation en se croyant bien aimée? Vous nous jurez un amour éternel; alors comment avoir des intérêts distincts? Vous ne savez pas ce que j'ai souffert aujourd'hui, lorsque M. de Nucingen m'a positivement refusé de me donner six mille francs, lui qui les donne tous les mois à sa maîtresse, une fille de l'Opéra! Je voulais me tuer. Les idées les plus folles me passaient par la tête. Il y a eu des moments où j'enviais le sort d'une servante, de ma femme de chambre. Aller trouver mon père! folie! Anastasie et moi nous l'avons égorgé, le pauvre père! Il se serait vendu s'il pouvait valoir six mille francs. J'aurais été le désespérer en vain. Vous m'avez sauvé de la honte et de la mort, j'étais ivre de douleur. Ah! monsieur, je vous devais cette explication, car j'ai été bien déraisonnablement folle avec vous! Quand vous m'avez quittée, et que je vous ai eu perdu de vue, je voulais m'enfuir à pied... Où? je ne sais. Voilà la vie de la moitié des femmes de Paris : un luxe extérieur, des soucis cruels dans l'âme. Je connais de pauvres créatures encore plus malheureuses que je ne le suis. Il y a pourtant des femmes obligées de faire faire de faux mémoires par leurs fournisseurs. D'autres sont forcées de voler leurs maris : les uns croient que des cachemires de cent louis se donnent pour cinq cents francs, les autres qu'un cachemire de cinq cents francs vaut cent louis. Il se rencontre de pauvres femmes qui font jeûner leurs enfants, et grapillent pour avoir une robe. Moi, je suis pure de ces odieuses tromperies; voici ma dernière angoisse. Si quelques femmes se vendent à leurs maris pour les gouverner, moi, je suis libre au moins! Je pourrais me faire couvrir d'or par M. de Nucingen, et je préfère pleurer sur le cœur d'un homme que je puisse estimer. Ah! ce soir, M. de Marsay n'aura pas le droit de me regarder comme une femme qu'il a payée.

Elle se mit le visage dans ses mains, pour ne pas montrer ses pleurs à Eugène, qui lui dégagea la figure pour la contempler, car elle était sublime ainsi.

— Mêler l'argent aux sentiments, n'est-ce pas horrible? Vous ne pourrez pas m'aimer.

Ce mélange des bons sentiments qui rendent les femmes si grandes, et des fautes que la constitution actuelle de la société les force à commettre, bouleversait Eugène, qui disait des paroles douces et consolantes en admirant cette belle femme, si naïvement imprudente dans son cri de douleur.

— Vous ne vous armerez pas de ceci contre moi? dit-elle; promettez-le-moi.

— Ah! madame, dit-il, j'en suis incapable!

Elle lui prit la main et la mit sur son cœur par un mouvement plein de reconnaissance et de gentillesse.

— Grâce à vous, me voilà redevenue libre et joyeuse. Je vivais pressée par une main de fer! Je veux maintenant vivre simplement, ne rien dépenser. Vous me trouverez bien comme je serai, mon ami, n'est-ce pas? Gardez ceci, dit-elle en ne prenant que six billets de banque. En conscience, je vous dois mille écus, cent louis, car je me suis considérée comme étant de moitié avec vous.

Eugène se défendit comme une vierge ; mais la baronne lui ayant dit : Je vous regarde comme mon ennemi si vous n'êtes pas mon complice, il prit l'argent en disant : — Ce sera une mise de fonds en cas de malheur.

— Voilà le mot que je redoutais ! s'écria-t-elle en pâlissant. Si vous voulez que je sois quelque chose pour vous, jurez-moi, dit-elle, de ne jamais retourner au jeu ! Mon Dieu, moi, vous corrompre ! j'en mourrais de douleur.

Ils étaient arrivés. Le contraste de cette misère et de cette opulence étourdissait l'étudiant, dans les oreilles duquel les sinistres paroles de Vautrin vinrent retentir.

— Mettez-vous là, dit la baronne en entrant dans sa chambre et montrant une causeuse auprès du feu ; je vais écrire une lettre bien difficile ! Conseillez-moi.

— N'écrivez pas, lui dit Eugène ; enveloppez les billets, mettez l'adresse, et envoyez-les par votre femme de chambre.

— Mais vous êtes un amour d'homme, dit-elle. Ah ! voilà, monsieur, ce que c'est que d'avoir été bien élevé ! Ceci est du Beauséant tout pur, dit-elle en souriant.

— Elle est charmante! se dit Eugène qui s'éprenait de plus en plus. Il regarda cette chambre où respirait la voluptueuse élégance d'une riche courtisane.

— Cela vous plaît-il ? dit-elle en sonnant sa femme de chambre.

Thérèse, portez cela vous-même à monsieur de Marsay, et remettez-le à lui-même. Si vous ne le trouvez pas, vous me rapporterez la lettre.

Thérèse ne partit pas sans avoir jeté un malicieux coup d'œil sur Eugène. Le dîner était servi. Rastignac donna le bras à madame de Nucingen, qui le mena dans une salle à manger délicieuse, où il retrouva le luxe de table qu'il avait admiré chez sa cousine.

— Tous les jours d'Italiens, dit-elle, vous viendrez dîner avec moi, et vous m'accompagnerez.

— Je m'accoutumerais à cette douce vie, si elle devait durer : mais je suis un pauvre étudiant qui a ma fortune à faire.

— Elle se fera, dit-elle en riant. Vous voyez, tout s'arrange, je ne m'attendais pas à être si heureuse.

Il est dans la nature des femmes de prouver l'impossible par le possible, de détruire les faits par des ressentiments.

Quand madame de Nucingen et Rastignac entrèrent dans leur loge aux Bouffons, elle eut un air de contentement qui la rendait si belle, que chacun se permit de ces petites calomnies contre lesquelles les femmes sont sans défense, et qui font souvent croire à des désordres inventés à plaisir.

Quand on connaît Paris, on ne croit à rien de ce qui s'y dit, et l'on ne dit rien de ce qui s'y fait. Eugène prit la main de la baronne, et tous deux se parlèrent par des pressions plus ou moins vives, en se communiquant les sensations que leur donnait la musique. Pour eux cette soirée fut enivrante. Ils sortirent ensemble, et madame de Nucingen voulut reconduire Eugène jusqu'au Pont-Neuf, en lui disputant, pendant toute la route, un des baisers qu'elle lui avait si chaleureusement prodigués au Palais-Royal. Eugène lui reprocha cette inconséquence.

— Tantôt, répondit-elle, c'était de la reconnaissance pour un dévouement inespéré ; maintenant ce serait une promesse.

— Et vous ne voulez m'en faire aucune, ingrate !

Il se fâcha. Mais, en faisant un de ces gestes d'impatience qui ravissent un amant, elle lui donna sa main à baiser, qu'il prit avec une mauvaise grâce dont elle fut enchantée.

— A lundi, au bal ! dit-elle.

En s'en allant à pied, par un beau clair de lune, Eugène tomba dans de sérieuses réflexions. Il était à la fois heureux et mécontent : heureux d'une aventure dont le dénoûment probable lui donnait une des plus jolies et des plus élégantes femmes de Paris, objet de ses désirs ; mécontent de voir ses projets de fortune renversés ; et ce fut alors qu'il éprouva la réalité des pensées indécises auxquelles il s'était livré l'avant-veille. L'insuccès nous accuse toujours la puissance de nos prétentions. Plus Eugène jouissait de la vie parisienne, moins il voulait demeurer obscur et pauvre. Il chiffonnait son billet de mille francs dans sa poche, en se faisant mille raisonnements captieux pour se l'approprier. Enfin, il arriva rue Neuve-Sainte-Geneviève, et quand il fut en haut de l'escalier, il y vit de la lumière. Le père Goriot avait laissé sa porte ouverte et sa chandelle allumée, afin que l'étudiant n'oubliât pas de *lui raconter sa fille,* suivant son expression. Eugène ne lui cacha rien.

— Mais, s'écria le père Goriot dans un violent désespoir de jalousie, elles me croient ruiné ; j'ai encore treize cents livres de rentes ! Mon Dieu ! la pauvre petite, que ne venait-elle ici ! j'aurais vendu mes rentes, nous aurions pris sur le capital, et avec le reste, je me serais fait du viager. Pourquoi n'êtes-vous pas venu me dire ça, mon brave voisin ? Comment avez-vous eu le cœur d'aller risquer au jeu ses pauvres petits cent francs ! c'est à fendre l'âme. Voilà ce que c'est que des gendres ! Oh ! si je les tenais, je leur serrerais le cou ! Mon Dieu ! pleurer ! Elle a pleuré !

— La tête sur mon gilet, dit Eugène.

— Oh ! donnez-le-moi, dit le père Goriot. Comment ! il y a eu là des larmes de ma fille, de ma

42*

chère Delphine, qui ne pleurait jamais étant petite! Oh! je vous en achèterai un autre, ne le portez plus, laissez-le-moi. Mais elle est séparée de biens. Ah! je vais aller trouver M. Derville, un avoué, dès demain. Je vais faire exiger le placement de sa fortune. Je connais les lois; je suis un vieux loup, je dois retrouver mes dents.

— Tenez, père, voici mille francs qu'elle a voulu me donner sur notre gain. Gardez-les-lui, dans le gilet.

M. Goriot regarda Eugène, lui tendit la main pour prendre la sienne, sur laquelle il laissa tomber une larme.

— Vous réussirez dans la vie, lui dit le vieillard. Dieu est juste, voyez-vous! Je me connais en probité, moi! Je puis vous assurer qu'il y a bien peu d'hommes qui vous ressemblent. Vous voulez donc être aussi mon cher enfant? Allez, dormez. Vous pouvez dormir, vous n'êtes pas encore père... Elle a pleuré, j'apprends ça, moi, qui étais là tranquillement à manger comme un imbécile pendant qu'elle souffrait; moi, moi qui vendrais le Père, le Fils et le Saint-Esprit, pour leur éviter une larme à toutes deux!

— Par ma foi, se dit Eugène en se couchant, je crois que je serai honnête homme toute ma vie. Il y a du plaisir à suivre les inspirations de sa conscience.

Il n'y a peut-être que ceux qui croient en Dieu qui font le bien en secret, et Eugène croyait en Dieu.

## V.

### TROMPE-LA-MORT.

Le lendemain, à l'heure du bal, Rastignac alla chez madame de Beauséant, qui l'emmena pour le présenter à la duchesse de Garigliano. Il reçut le plus gracieux accueil de la maréchale, chez laquelle il retrouva madame de Nucingen. Delphine s'était parée avec l'intention de plaire à tous pour mieux plaire à Eugène, dont elle attendait impatiemment le coup d'œil, en croyant cacher son impatience. Pour qui sait deviner les émotions d'une femme, ce moment est plein de délices. Qui ne s'est souvent plu à faire attendre son opinion, à déguiser coquettement son plaisir, à chercher des aveux dans l'inquiétude que l'on cause, à jouir des craintes qu'on dissipera par un sourire? Pendant cette fête, l'étudiant mesura tout à coup la portée de sa position, et comprit qu'il avait un état dans le monde en étant le cousin avoué de madame de Beauséant.

La conquête de madame la baronne de Nucingen, qu'on lui donnait déjà, le mettait si bien en relief, que tous les jeunes gens lui jetaient des regards d'envie; et, en en surprenant quelques-uns, il goûta les premiers plaisirs de la fatuité. Puis, en passant d'un salon dans un autre, en traversant les groupes, il entendit vanter son bonheur. Les femmes lui prédisaient toutes des succès. Delphine, craignant de le perdre, lui promit de ne pas lui refuser le soir le baiser qu'elle s'était tant défendue d'accorder l'avant-veille. A ce bal, Rastignac reçut plusieurs engagements. Il fut présenté par sa cousine à quelques femmes, qui toutes avaient des prétentions à l'élégance, et dont les maisons passaient pour être agréables. Enfin, il se vit lancé dans le plus grand et le plus beau monde de Paris. Cette soirée eut donc pour lui les charmes d'un brillant début, et il devait s'en souvenir jusque dans ses vieux jours, comme une jeune fille se souvient du bal où elle a eu des triomphes.

Le lendemain, quand, en déjeunant, il raconta ses succès au père Goriot devant les pensionnaires, Vautrin se prit à sourire d'une façon diabolique.

— Et vous croyez, s'écria ce féroce logicien, qu'un jeune homme à la mode peut demeurer rue Neuve-Sainte-Geneviève, dans la Maison-Vauquer, pension infiniment respectable sous tous les rapports, certainement, mais qui n'est rien moins que fashionable! Elle est cossue, elle est belle de son abondance, elle est fière d'être le manoir momentané d'un Rastignac, mais enfin elle est rue Neuve-Sainte-Geneviève, et ignore le luxe, parce qu'elle est purement *patriarcalorama*.— Mon jeune ami, reprit Vautrin d'un air paternellement railleur, si vous voulez faire figure à Paris, il vous faut trois chevaux et un tilbury pour le matin, un coupé pour le soir, en tout neuf mille francs pour le véhicule. Vous seriez indigne de votre destinée si vous ne dépensiez trois mille francs chez votre tailleur, six cents francs chez le parfumeur, cent écus chez le bottier, cent écus chez le chapelier. Quant à votre blanchisseuse, elle vous coûtera mille francs. Les jeunes gens à la mode ne peuvent pas se dispenser d'être très-forts sur l'article du linge; c'est ce qu'on examine le plus souvent en eux. L'amour et l'église veulent de belles nappes sur leurs autels. Nous sommes à quatorze mille. Je ne vous parle pas de ce que vous perdrez au jeu, en paris, en présents; il est impossible de ne pas compter pour deux mille francs l'argent de poche. J'ai mené cette vie-là, j'en connais les débours! Ajoutez à ces nécessités premières trois cents louis pour la pâtée, mille francs pour la niche. Allez, mon enfant, nous en avons pour nos petits vingt-cinq mille par an dans les flancs, ou nous tombons dans la crotte, nous nous faisons moquer de nous, nous sommes destitués de notre avenir, de nos succès, de nos maîtresses! J'oublie le valet de chambre et le groom! Est-ce Christophe qui portera vos billets doux? Les écrirez-vous sur le papier dont vous vous servez? Ce serait vous suicider. — Croyez-en un vieillard plein d'expérience! reprit-il en faisant un *rinforzando* dans sa voix de basse. Ou déportez-vous dans une vertueuse mansarde, et mariez-vous-y avec le travail, ou prenez une autre voie.

Et Vautrin cligna de l'œil en guignant mademoiselle Taillefer de manière à rappeler et résumer dans ce regard les raisonnements séducteurs qu'il avait semés au cœur de l'étudiant pour le corrompre.

Plusieurs jours se passèrent pendant lesquels Rastignac mena la vie la plus dissipée. Il dînait presque tous les jours avec madame de Nucingen qu'il accompagnait dans le monde. Il rentrait à trois ou quatre heures du matin, se levait à midi pour faire sa toilette, allait se promener au bois avec Delphine, quand il faisait beau, prodiguant ainsi son temps sans en savoir le prix, et aspirant tous les enseignements, toutes les séductions du luxe avec l'ardeur dont est saisi l'impatient calice d'un dattier femelle, pour les fécondantes poussières de son hyménée. Il jouait gros jeu, perdait ou gagnait beaucoup, et finit par s'habituer à la vie exorbitante des jeunes gens de Paris. Sur ses premiers gains, il avait renvoyé quinze cents francs à sa mère et à ses sœurs, en accompagnant sa restitution de jolis présents. Quoiqu'il eût annoncé vouloir quitter la Maison-Vauquer, il y était encore dans les derniers jours du mois de janvier, et ne savait comment en sortir. Les jeunes gens sont soumis presque tous à une loi en apparence inexplicable, mais dont la raison vient de leur jeunesse même, et de l'espèce de furie avec laquelle ils se ruent au plaisir. Riches ou pauvres, ils n'ont jamais d'argent pour les nécessités de la vie, tandis qu'ils en trouvent toujours pour leurs caprices. Prodigues de tout ce qui s'obtient à crédit, ils sont avares de tout ce qui se paye à l'instant même, et semblent se venger de ce qu'ils n'ont pas, en dissipant tout ce qu'ils peuvent avoir. Ainsi, pour nettement poser la question, un étudiant prend bien plus soin de son chapeau que de son habit. L'énormité du gain rend le tailleur essentiellement créditeur, tandis que la modicité de la somme due fait du chapelier un des êtres les plus intraitables parmi ceux avec lesquels il est forcé de parlementer. Si le jeune homme assis au balcon d'un théâtre offre à la lorgnette des jolies femmes d'étourdissants gilets, il est douteux qu'il ait des chaussettes; car le bonnetier est encore un des chançons de sa bourse. Rastignac en était là. Toujours vide pour madame Vauquer, toujours pleine pour les exigences de la vanité, sa bourse avait des revers et des succès lunatiques en désaccord avec les payements les plus naturels. Afin de quitter la pension puante, ignoble, où s'humiliaient périodiquement ses prétentions, ne fallait-il pas payer un mois à son hôtesse, et acheter des meubles pour son appartement de dandy? C'était toujours la chose impossible. Si, pour se procurer l'argent nécessaire à son jeu, Rastignac savait acheter chez son bijoutier des montres et des chaînes d'or chèrement payées sur ses gains, et qu'il portait au Mont-de-piété, ce sombre et discret ami de la jeunesse, il se trouvait sans invention comme sans audace quand il s'agissait de payer sa nourriture, son logement, ou d'acheter les outils indispensables à l'exploitation de la vie élégante. Une nécessité vulgaire, des dettes contractées pour des besoins satisfaits, ne l'inspiraient plus. Comme la plupart de ceux qui ont connu cette vie de hasard, il attendait au dernier moment pour solder des créances sacrées aux yeux des bourgeois, comme faisait Mirabeau, qui ne payait son pain que quand il se présentait sous la forme dragonante d'une lettre de change. Vers cette époque, Rastignac avait perdu son argent, et s'était endetté. L'étudiant commençait à comprendre qu'il lui serait impossible de continuer cette existence sans avoir des ressources fixes. Mais tout en gémissant sous les piquantes atteintes de sa situation précaire, il se sentait incapable de renoncer aux jouissances excessives de cette vie, et voulait la continuer à tout prix. Les hasards sur lesquels il avait compté pour sa fortune devenaient chimériques, et les obstacles réels grandissaient. En s'initiant aux secrets domestiques de M. et de madame de Nucingen, il s'était aperçu que, pour convertir l'amour en instrument de fortune, il fallait avoir bu toute honte, et renoncer aux nobles idées qui sont l'absolution des fautes de la jeunesse. Cette vie extérieurement splendide, mais rongée par tous les *ténia* du remords, et dont les fugitifs plaisirs étaient chèrement expiés par de persistantes angoisses, il l'avait épousée; il s'y roulait en se faisant, comme le Distrait de la Bruyère, un lit dans la fange du fossé; mais, comme le Distrait, il ne souillait encore que son vêtement.

— Nous avons donc tué le mandarin? lui dit un jour Bianchon en sortant de table.

— Pas encore, répondit-il, mais il râle.

L'étudiant en médecine prit ce mot pour une plaisanterie, et ce n'en était pas une. Eugène qui, pour la première fois depuis longtemps, avait dîné à la pension, s'était montré pensif pendant le repas. Au lieu de sortir au dessert, il resta dans la salle à manger assis auprès de mademoiselle Taillefer, à laquelle il jeta de temps en temps des regards expressifs. Quelques pensionnaires étaient encore attablés et mangeaient des noix, d'autres se promenaient en continuant les discussions commencées. Ainsi que presque tous les soirs chacun s'en allait à sa fantaisie, suivant le degré d'intérêt qu'il prenait à la conversation, ou selon le plus ou le moins de pesanteur que lui causait sa digestion. En hiver il était rare que la salle à manger fût entièrement évacuée avant huit heures, moment où les quatre femmes demeuraient seules et se vengeaient du silence que leur sexe leur imposait au milieu de cette réunion masculine. Frappé de la préoccupation à laquelle Eugène était en proie, Vautrin resta dans la salle à manger, quoiqu'il eût paru d'abord empressé de sortir, et se tint constamment de manière à n'être pas vu d'Eugène, qui dut le croire parti.

Puis, au lieu d'accompagner ceux des pensionnaires qui s'en allèrent les derniers, il stationna sournoisement dans le salon. Il avait lu dans l'âme de l'étudiant et pressentait un symptôme décisif.

Rastignac se trouvait en effet dans une situation perplexe que beaucoup de jeunes gens ont dû connaître. Aimante ou coquette, madame de Nucingen avait fait passer Rastignac par toutes les angoisses d'une passion véritable, en déployant pour lui les ressources de la diplomatie féminine en usage à Paris. Après s'être compromise aux yeux du public pour fixer près d'elle le cousin de madame de Beauséant, elle hésitait à lui donner réellement les droits dont il paraissait jouir. Depuis un mois elle irritait si bien les sens d'Eugène, qu'elle avait fini par attaquer le cœur. Si, dans les premiers moments de sa liaison, l'étudiant s'était cru le maître, madame de Nucingen était devenue la plus forte, à l'aide de ce manège qui mettait en mouvement chez Eugène tous les sentiments, bons ou mauvais, des deux ou trois hommes qui sont dans un jeune homme de Paris. Était-ce en elle un calcul? Non. Les femmes sont toujours vraies, même au milieu de leurs plus grandes faussetés, parce qu'elles cèdent à quelque sentiment naturel. Peut-être Delphine, après avoir laissé prendre tout à coup tant d'empire sur elle par ce jeune homme, et lui avoir montré trop d'affection, obéissait-elle à un sentiment de dignité qui la faisait, ou revenir sur ses concessions, ou se plaire à les suspendre. Il est si naturel à une Parisienne, au moment même où la passion l'entraîne, d'hésiter dans sa chute, d'éprouver le cœur de celui auquel elle va livrer son avenir! Toutes les espérances de madame de Nucingen avaient été trahies une première fois, et sa fidélité pour un jeune égoïste venait d'être méconnue. Elle pouvait être défiante à bon droit. Peut-être avait-elle aperçu dans les manières d'Eugène, que son rapide succès avait rendu fat, une sorte de mésestime causée par les bizarreries de leur situation. Elle désirait sans doute paraître imposante à un homme de cet âge, et se trouver grande devant lui, après avoir été si longtemps petite devant celui dont elle était abandonnée. Elle ne voulait pas qu'Eugène la crût une facile conquête, précisément parce qu'il savait qu'elle avait appartenu à M. de Marsay. Enfin, après avoir subi le dégradant plaisir d'un véritable monstre, un libertin jeune, elle éprouvait tant de douceur à se promener dans les régions fleuries de l'amour, que c'était sans doute un charme pour elle d'en admirer tous les aspects, d'en écouter longtemps les frémissements, et de se laisser longtemps caresser par de chastes brises. Le véritable amour payait pour le mauvais. Ce contre-sens sera malheureusement fréquent tant que les hommes ne sauront pas combien de fleurs fauchent dans l'âme d'une jeune femme les premiers coups de la tromperie. Quelles que fussent ses raisons, Delphine se jouait de Rastignac, et se plaisait à s'en jouer, sans doute parce qu'elle se savait aimée et sûre de faire cesser les chagrins de son amant, suivant son royal bon plaisir de femme. Eugène, par respect de lui-même, ne voulait pas que son premier combat se terminât par une défaite, et persistait dans sa poursuite, comme un chasseur qui veut absolument tuer une perdrix à sa première fête de Saint-Hubert. Ses anxiétés, son amour-propre offensé, ses désespoirs, faux ou véritables, l'attachaient de plus en plus à cette femme. Tout Paris lui donnait madame de Nucingen, auprès de laquelle il n'était pas plus avancé que le second jour où il l'avait vue. Ignorant encore que la coquetterie d'une femme offre quelquefois plus de bénéfices que son amour ne donne de plaisir, il tombait dans de sottes rages. Si la saison pendant laquelle une femme se dispute à l'amour offrait à Rastignac le butin de ses primeurs, elles lui devenaient aussi coûteuses qu'elles étaient vertes, aigrelettes et délicieuses à savourer. Parfois, en se voyant sans un sou, sans avenir, il pensait, malgré la voix de sa conscience, aux chances de fortune dont Vautrin lui avait démontré la possibilité dans un mariage avec mademoiselle Taillefer. Or, il se trouvait alors dans un moment où sa misère parlait si haut, qu'il céda presque involontairement aux artifices du terrible sphinx par les regards duquel il était souvent fasciné.

Au moment où Poiret et mademoiselle Michonneau remontèrent chez eux, Rastignac, se croyant seul entre madame Vauquer et madame Couture, qui se tricotait des manches de laine en sommeillant auprès du poêle, regarda mademoiselle Taillefer d'une manière assez tendre pour lui faire baisser les yeux.

— Auriez-vous des chagrins, monsieur Eugène? lui dit Victorine, après un moment de silence.

— Quel homme n'a pas ses chagrins? répondit Rastignac. Si nous étions sûrs, nous autres jeunes gens, d'être bien aimés, avec un dévouement qui nous récompensât des sacrifices que nous sommes toujours disposés à faire, nous n'aurions peut-être jamais de chagrins.

Mademoiselle Taillefer lui jeta, pour toute réponse, un regard qui n'était pas équivoque.

— Vous, mademoiselle, vous vous croyez sûre de votre cœur aujourd'hui, mais répondriez-vous de ne jamais changer?

Un sourire vint errer sur les lèvres de la pauvre fille comme un rayon jailli de son âme, et fit si bien reluire sa figure, qu'Eugène fut effrayé d'avoir provoqué une aussi vive explosion de sentiment.

— Quoi! si demain vous étiez riche et heureuse, à une immense fortune vous tombait des nues, vous aimeriez encore le jeune homme pauvre qui vous aurait plu durant vos jours de détresse!

Elle fit un joli signe de tête.

— Un jeune homme bien malheureux?

Nouveau signe.

— Quelles bêtises dites-vous donc là? s'écria madame Vauquer.

— Laissez-nous, répondit Eugène; nous nous entendons.

— Il y aurait donc alors promesse de mariage entre M. le baron Eugène de Rastignac et mademoiselle Victorine Taillefer? dit Vautrin de sa grosse voix en se montrant tout à coup à la porte de la salle à manger.

— Ah, vous m'avez fait peur! dirent à la fois madame Couture et madame Vauquer.

— Je pourrais plus mal choisir, répondit en riant Eugène, à qui la voix de Vautrin causa la plus cruelle émotion qu'il eût jamais ressentie.

— Pas de mauvaises plaisanteries, messieurs! dit madame Couture. Ma fille, remontons chez nous.

Madame Vauquer ayant suivi ses deux pensionnaires, afin d'économiser sa chandelle et son feu en passant la soirée chez elles, Eugène se trouva seul et face à face avec Vautrin.

— Je savais bien que vous y arriveriez! lui dit cet homme en gardant un imperturbable sang-froid. Mais écoutez! j'ai de la délicatesse tout comme un autre, moi! Ne vous décidez pas dans ce moment, vous n'êtes pas dans votre assiette ordinaire. Vous avez des dettes. Je ne veux pas que ce soit la passion, le désespoir, mais la raison qui vous détermine à venir à moi! Peut-être vous faut-il quelque millier d'écus? Tenez, les voulez-vous?

Ce démon prit dans sa poche un portefeuille, et en tira trois billets de banque qu'il fit papilloter aux yeux de l'étudiant. Eugène était dans la plus cruelle des situations. Il devait à M. d'Ajuda et à M. de Trailles cent louis perdus sur parole; et ne les ayant pas, il n'osait aller passer la soirée chez madame de Restaud où il était attendu. C'était une de ces soirées sans cérémonie où l'on mange des petits gâteaux, où l'on boit du thé, mais où l'on peut perdre dix mille francs au whist.

— Monsieur, lui dit Eugène en cachant avec peine un tremblement convulsif, après ce que vous m'avez confié, vous devez comprendre qu'il m'est impossible de vous avoir des obligations...

— Eh bien! vous m'auriez fait de la peine de parler autrement! reprit le tentateur. Vous êtes un beau jeune homme, délicat, fier comme un lion et doux comme une jeune fille. Vous seriez une belle proie pour le diable. J'aime cette qualité de jeunes gens. Encore deux ou trois réflexions de haute politique, et vous verrez le monde comme il est. En y jouant quelques petites scènes de vertu, l'homme supérieur y satisfait toutes ses fantaisies, aux grands applaudissements des niais du parterre. Avant peu de jours vous serez à nous. Ha! si vous vouliez devenir mon élève, je vous ferais arriver à tout. Vous ne formeriez pas un désir qui ne fût à l'instant comblé, quoi que vous pussiez souhaiter: honneurs, fortune, femmes. On vous réduirait toute la civilisation en ambroisie. Vous seriez notre enfant gâté, notre Benjamin, nous nous exterminerions tous pour vous avec plaisir! Tout ce qui vous ferait obstacle serait aplati. Si vous conservez des scrupules, vous me prenez donc pour un scélérat? Hé bien! un homme qui avait autant de probité que vous croyez en avoir encore, M. de Turenne, faisait, sans se croire compromis, de petites affaires avec des brigands. Vous ne voulez pas être mon obligé, hein? — Qu'à cela ne tienne! reprit Vautrin en laissant échapper un sourire. Prenez ces chiffons, et mettez-moi là-dessus, dit-il en tirant un timbre, là, en travers, *Accepté pour la somme de trois mille cinq cents francs payable à un an.* Et datez! L'intérêt est assez fort pour vous ôter tout scrupule; vous pouvez m'appeler juif, et vous regarder comme quitte de toute reconnaissance. Je vous permets de me mépriser encore aujourd'hui, sûr que plus tard vous m'aimerez. Vous trouverez en moi de ces immenses abîmes, de ces vastes sentiments concentrés que les niais appellent des vices, mais vous ne me trouverez jamais ni lâche ni ingrat. Enfin, je ne suis ni un pion, ni un fou, mais une tour, mon petit!

— Quel homme êtes-vous donc? s'écria Eugène. Vous avez été créé pour me tourmenter!

— Mais non, je suis un bonhomme qui veut se

crotter pour que vous soyez à l'abri de la boue pour le reste de vos jours. Vous vous demandez pourquoi ce dénoûment? Hé bien! je vous le dirai tout doucement quelque jour dans le tuyau de l'oreille. Je vous ai d'abord surpris en vous montrant le carillon de l'ordre social, et le jeu de la machine! Bah! votre premier effroi se passera comme celui du conscrit sur le champ de bataille, et vous vous accoutumerez à l'idée de considérer les hommes comme des soldats destinés à périr pour le service de ceux qui se sacrent rois eux-mêmes. Les temps sont bien changés. Autrefois on disait à un brave : Voilà cent écus, tue-moi monsieur un tel. Et l'on soupait tranquillement après avoir mis un homme à l'ombre pour un oui, pour un non. Aujourd'hui je vous propose de vous donner une belle fortune contre un signe de tête qui ne vous compromet en rien, et vous hésitez! Le siècle est mou!

Eugène signa la traite, et l'échangea contre des billets de banque.

— Hé bien! voyons, parlons raison, reprit Vautrin. Je veux partir d'ici à quelques mois pour l'Amérique, aller planter mon tabac. Je vous enverrai les cigares de l'amitié. Si je deviens riche, je vous aiderai. Si je n'ai pas d'enfants (cas probable ; je ne suis pas curieux de me replanter ici par bouture), hé bien! je vous léguerai ma fortune. Est-ce être l'ami d'un homme? Mais je vous aime, moi! J'ai la passion de me dévouer pour un autre. Je l'ai déjà fait! Voyez-vous, mon petit, je vis dans une sphère plus élevée que celle des autres hommes. Je considère les actions comme des moyens, et ne vois que le but. Qu'est-ce qu'un homme pour moi? — Ça! fit-il, en faisant claquer l'ongle de son pouce sous une de ses dents. Un homme est tout ou rien. Il est moins que rien quand il se nomme Poiret ; on peut l'écraser comme une punaise ; il est plat et il pue. Mais un homme est un dieu quand il vous ressemble : ce n'est plus une machine couverte en peau, mais un théâtre où s'émeuvent les plus beaux sentiments ; et je ne vis que par les sentiments. Un sentiment! n'est-ce pas le monde dans une pensée? Voyez le père Goriot? Ses deux filles sont pour lui tout l'univers, elles sont le fil avec lequel il se dirige dans la création. Hé bien! pour moi qui ai bien creusé la vie, il n'existe qu'un seul sentiment réel, une amitié d'homme à homme. Pierre et Jaffier, voilà ma passion. Je sais *Venise sauvée* par cœur. Avez-vous vu beaucoup de gens assez poilus pour, quand un camarade dit : «Allons enterrer un corps!» y aller sans souffler mot ni l'ennuyer de morale? J'ai fait ça, moi! Je ne parlerais pas ainsi à tout le monde. Mais vous, vous êtes un homme supérieur, on peut tout vous dire, vous savez tout comprendre. Vous ne patrouillerez pas longtemps dans les marécages où vivent les crapoussins qui nous entourent ici. Eh bien! voilà qui est dit. Vous épouserez. Poussons chacun nos pointes! La mienne est en fer et ne mollit jamais... hé, hé.

Vautrin s'en alla sans vouloir entendre la réponse négative de l'étudiant, afin de le mettre à son aise. Il semblait connaître le secret de ces petites résistances, de ces combats dont les hommes se parent devant eux-mêmes, et qui leur servent à se justifier leurs actions blâmables.

— Qu'il fasse comme il voudra, je n'épouserai certes pas mademoiselle Taillefer, se dit Eugène.

Après avoir subi le malaise d'une fièvre intérieure que lui causa l'idée d'un pacte fait avec cet homme dont il avait horreur, mais qui grandissait à ses yeux par le cynisme même de ses idées et par l'audace avec laquelle il étreignait la société, Rastignac s'habilla, demanda une voiture, et vint chez madame de Restaud. Depuis quelques jours, cette femme avait redoublé de soins pour un jeune homme dont chaque pas était un progrès au cœur du grand monde, et dont l'influence paraissait devoir être un jour redoutable. Il paya M. de Trailles et M. d'Ajuda, joua au whist une partie de la nuit, et regagna ce qu'il avait perdu. Superstitieux comme le sont la plupart des hommes dont le chemin est à faire, et qui sont plus ou moins fatalistes, il voulut voir dans son bonheur une récompense du ciel pour sa persévérance à rester dans le bon chemin. Le lendemain matin, il s'empressa de demander à Vautrin s'il avait encore sa lettre de change ; et sur une réponse affirmative, il lui rendit les trois mille francs, en manifestant un plaisir assez naturel.

— Tout va bien! lui dit Vautrin.

— Mais je ne suis pas votre complice, dit Eugène.

— Je sais, je sais, répondit Vautrin en l'interrompant. Vous faites encore des enfantillages. Vous vous arrêtez aux bagatelles de la porte.

Deux jours après, M. Poiret et mademoiselle Michonneau se trouvaient assis sur un banc, au soleil, dans une allée solitaire du Jardin des Plantes, et causaient avec le monsieur qui paraissait à bon droit suspect à l'étudiant en médecine.

— Mademoiselle, disait M. Gondureau, je ne vois pas d'où naissent vos scrupules. Son Excellence monseigneur le ministre de la police générale du royaume...

— Ha! Son Excellence monseigneur le ministre de la police générale du royaume... répéta Poiret.

— Oui, Son Excellence s'occupe de cette affaire, dit Gondureau.

A qui ne paraîtra-t-il pas invraisemblable que M. Poiret, ancien employé, sans doute homme de vertus bourgeoises, quoique dénué d'idées, continuât d'écouter le prétendu rentier de la rue de Buffon, au moment où il prononçait le mot de police et laissait ainsi voir la physionomie d'un agent de la rue de Jérusalem à travers son masque d'honnête homme? Cependant rien n'était plus naturel. Chacun comprendra mieux l'espèce particulière à laquelle appartenait M. Poiret, dans la grande famille des niais, après une remarque déjà faite par certains observateurs, mais qui jusqu'à présent n'a pas été publiée. Il est une nation plumigère, serrée au budget entre le premier degré de latitude qui comporte les traitements de douze cents francs, espèce de Groënland administratif, et le troisième degré où commencent les traitements un peu plus chauds de trois à six mille francs, région tempérée, où s'acclimate la gratification, où elle fleurit malgré les difficultés de la culture. Un des traits caractéristiques qui trahit le mieux l'infirme étroitesse de cette gent subalterne, est une sorte de respect involontaire, machinal, instinctif, pour ce grand lama de tout ministère, connu de l'employé par une signature illisible et sous le nom de Son Excellence Monseigneur le Ministre, cinq mots qui équivalent à l'*Il Bondo Cani* du *Calife de Bagdad*, et qui, aux yeux de ce peuple aplati, représente un pouvoir sacré, sans appel. Comme le pape pour les chrétiens, monseigneur est administrativement infaillible aux yeux de l'employé; l'éclat qu'il jette se communique à ses actes, à ses paroles, à celles dites en son nom; il couvre tout de sa broderie, et légalise les actions qu'il ordonne, car son nom d'Excellence, qui atteste la pureté de ses intentions et la sainteté de ses vouloirs, sert de passeport aux idées les moins admissibles. Ce que ces pauvres gens ne feraient pas dans leur intérêt, ils s'empressent de l'accomplir dès que le mot *Son Excellence* est prononcé. Les bureaux ont leur obéissance passive, comme l'armée a la sienne. Système qui étouffe la conscience, annihile un homme, et finit, avec le temps, par l'adapter comme une vis ou un écrou à la machine gouvernementale. Aussi M. Gondureau, qui paraissait se connaître en hommes, distingua-t-il promptement en Poiret un de ces niais bureaucratiques, et fit-il sortir le *Deus ex machinâ*, le mot talismanique de Son Excellence, au moment où il le fallait, en démasquant ses batteries, éblouir le Poiret qui lui semblait le mâle de la Michonneau, la Michonneau qui lui semblait la femelle du Poiret.

— Du moment où Son Excellence elle-même, Son Excellence monseigneur le... Ah! c'est très-différent, dit Poiret.

— Vous entendez monsieur, dans le jugement duquel vous paraissez avoir confiance? reprit le faux rentier en s'adressant à mademoiselle Michonneau.

Eh bien! Son Excellence a maintenant la certitude la plus complète que le prétendu Vautrin, logé dans la Maison-Vauquer, est un forçat évadé du bagne de Toulon, où il est connu sous le nom de *Trompe-la-Mort*.

— Ah! Trompe-la-Mort, dit Poiret; il est bien heureux, s'il a mérité ce nom-là.

— Mais oui, reprit l'agent; ce sobriquet est dû au bonheur qu'il a eu de ne jamais perdre la vie dans les entreprises extrêmement audacieuses qu'il a exécutées. Cet homme est dangereux, voyez-vous! Il a des qualités qui le rendent extraordinaire. Sa condamnation est même une chose qui lui a fait dans sa partie un honneur infini...

— C'est donc un homme d'honneur? demanda Poiret.

— A sa manière. Il a consenti à prendre sur son compte le crime d'un autre, un faux commis par un jeune homme qu'il aimait beaucoup, un jeune Italien assez joueur, entré depuis au service militaire, où il s'est d'ailleurs parfaitement comporté.

— Mais si Son Excellence le ministre de la police est sûr que M. Vautrin soit Trompe-la-Mort, pourquoi donc aurait-il besoin de moi? dit mademoiselle Michonneau.

— Ah! oui, dit Poiret, si en effet le ministre, comme vous nous avez fait l'honneur de nous le dire, a une certitude quelconque...

— Certitude n'est pas le mot; seulement on se doute. Vous allez comprendre la question. Jacques Collin, surnommé Trompe-la-Mort, a toute la confiance des trois bagnes qui l'ont choisi pour être leur agent et leur banquier. Il gagne beaucoup à s'occuper de ce genre d'affaires, qui nécessairement veut un homme de marque.

— Ah! ah! comprenez-vous le calembour, mademoiselle? dit Poiret. Monsieur l'appelle un homme de *marque*, parce qu'il a été marqué.

— Le faux Vautrin, dit l'agent en continuant, reçoit les capitaux de messieurs les forçats, les place, les leur conserve, et les tient à la disposition de ceux qui s'évadent, ou de leurs familles, quand ils en disposent par testament, ou de leurs maîtresses, quand ils tirent sur lui pour elles.

— De leurs maîtresses! Vous voulez dire de leurs femmes, fit observer Poiret.

— Non, monsieur. Le forçat n'a généralement que des épouses illégitimes, que nous nommons des concubines.

— Ils vivent donc tous en état de concubinage?
— Conséquemment.

— Eh bien! dit Poiret, voilà des horreurs que Son Excellence ne devrait pas tolérer. Puisque vous avez l'honneur de la voir, c'est à vous, qui me paraissez avoir des idées philanthropiques, de l'éclairer sur la conduite immorale de ces gens, qui donnent un très-mauvais exemple au reste de la société.

— Mais, monsieur, le gouvernement ne les met pas là pour offrir le modèle de toutes les vertus.

— C'est juste. Cependant, monsieur, permettez...

— Mais laissez donc dire monsieur, mon cher mignon! dit mademoiselle Michonneau.

— Vous comprenez, mademoiselle, reprit M. Gondureau, le gouvernement peut avoir un grand intérêt à mettre la main sur une caisse illicite, que l'on dit monter à un total assez majeur. Trompe-la-Mort encaisse des valeurs considérables en recélant non-seulement les sommes possédées par quelques-uns de ses camarades, mais encore celles qui proviennent de la société des Dix mille...

— Dix mille voleurs! s'écria Poiret effrayé.

— Non, la société des Dix mille est une association de hauts voleurs, de gens qui travaillent en grand, et ne se mêlent pas d'une affaire où il n'y a pas dix mille francs à gagner. Cette société se compose de tout ce qu'il y a de plus distingué parmi ceux de nos hommes qui vont droit en cour d'assises. Ils connaissent le code, et ne risquent jamais de se faire appliquer la peine de mort quand ils sont pincés. Collin est leur homme de confiance, leur conseil. A l'aide de ses immenses ressources, cet homme a su se créer une police à lui, des relations fort étendues qu'il enveloppe d'un mystère impénétrable. Quoique depuis un an nous l'ayons entouré d'espions, nous n'avons pas encore pu voir dans son jeu. Sa caisse et ses talents servent donc constamment à solder le vice, à faire les fonds au crime et entretiennent sur pied une armée de mauvais sujets qui sont dans un perpétuel état de guerre avec la société. Saisir Trompe-la-Mort et s'emparer de sa banque ce sera couper le mal dans sa racine. Aussi cette expédition est-elle devenue une affaire d'État et de haute politique, susceptible d'honorer ceux qui coopéreront à sa réussite. Vous-même, monsieur, pourriez être de nouveau employé dans l'administration, devenir secrétaire d'un commissaire de police, fonctions qui ne vous empêcheraient point de toucher votre pension de retraite.

— Mais pourquoi, dit mademoiselle Michonneau, Trompe-la-Mort ne s'en va-t-il pas avec la caisse?

— Oh! fit l'agent, partout où il irait, il serait suivi d'un homme chargé de le tuer. Puis une caisse ne s'enlève pas aussi facilement qu'on enlève une demoiselle de bonne maison. D'ailleurs, Collin est un gaillard incapable de faire un trait semblable. Il se croirait déshonoré.

— Monsieur, dit Poiret, vous avez raison, il serait tout à fait déshonoré.

— Tout cela ne nous dit pas pourquoi vous ne venez pas tout bonnement vous emparer de lui? demanda mademoiselle Michonneau.

— Eh bien, mademoiselle, je réponds! — Mais, lui dit-il à l'oreille, empêchez votre monsieur de m'interrompre, ou nous n'en aurons jamais fini. Il doit avoir beaucoup de fortune pour se faire écouter, ce vieux-là. Trompe-la-Mort, en venant ici, a chaussé la peau d'un honnête homme; il s'est fait bon bourgeois de Paris, il s'est logé dans une pension sans apparence; il est fin, allez! on ne le prendra jamais sans vert. Donc M. Vautrin est un homme considéré, qui fait des affaires considérables.

— Naturellement, se dit Poiret à lui-même.

— Le ministre, si l'on se trompait en arrêtant M. Vautrin, ne veut pas se mettre à dos le commerce de Paris, ni l'opinion publique. M. le préfet de police branle dans le manche, il a des ennemis. S'il y avait erreur, ceux qui veulent sa place profiteraient des clabaudages et des criailleries libérales pour le faire sauter. Il s'agit ici de procéder comme dans l'affaire de Cogniard, le faux comte de Sainte-Hélène : si ça avait été un vrai comte de Sainte-Hélène, nous n'étions pas propres. Aussi faut-il vérifier! Nous avions fait vérifier Cogniard par une femme.

— Oui, mais c'était une jolie femme, dit vivement mademoiselle Michonneau.

— Trompe-la-Mort ne se laisserait pas aborder par une femme, dit l'agent, il n'aime pas les femmes.

— Mais je ne vois pas alors à quoi je suis bonne pour une semblable vérification, une supposition que je consentirais à la faire pour deux mille francs.

— Rien de plus facile, dit l'inconnu. Je vous remettrai un flacon contenant une dose de liqueur préparée pour donner un coup de sang qui n'a pas le moindre danger, et simule une apoplexie. Cette drogue peut se mêler également au vin et au café. Sur-le-champ vous transportez votre homme sur un lit, et vous le déshabillez afin de savoir s'il ne se meurt pas. Au moment où vous serez seule, vous lui donnerez une claque sur l'épaule, paf! et vous verrez reparaître les lettres.

— Mais c'est rien du tout, ça, dit Poiret.

— Hé bien! consentez-vous? dit M. Gondureau à la vieille fille.

— Mais, mon cher monsieur, dit mademoiselle Michonneau, au cas où il n'y aurait point de lettres, aurais-je les deux mille francs?

— Non.

— Quelle sera donc l'indemnité?

— Cinq cents francs.

— Faire une chose pareille pour si peu! Le mal est le même dans la conscience, et j'ai ma conscience à calmer, monsieur.

— Je vous affirme, dit Poiret, que mademoiselle

a beaucoup de conscience, outre que c'est une très-aimable personne et bien entendue.

— Hé bien! reprit mademoiselle Michonneau, donnez-moi trois mille francs si c'est Trompe-la-Mort, et rien si c'est un bourgeois.

— Ça va, dit Gondureau, mais à condition que l'affaire sera faite demain.

— Pas encore, mon cher monsieur; j'ai besoin de consulter mon confesseur.

— Finaude! dit l'agent en se levant. A demain alors! Et si vous étiez pressée de me parler, venez petite rue Sainte-Anne, au bout de la cour de la Sainte-Chapelle. Il n'y a qu'une porte sous la voûte. Demandez M. Gondureau.

Bianchon, qui revenait du cours de M. Cuvier, eut l'oreille frappée du mot assez original de *Trompe-la-Mort*, et entendit le *ça va* du célèbre chef de la police de sûreté.

— Pourquoi n'en finissez-vous pas? ce serait trois cents francs de rente viagère, dit Poiret à mademoiselle Michonneau.

— Pourquoi? dit-elle. Mais il faut y réfléchir. Si M. Vautrin était Trompe-la-Mort, peut-être y aurait-il plus d'avantage à s'arranger avec lui. Cependant lui demander de l'argent, ce serait le prévenir, et il serait homme à décamper *gratis*. Ce serait un *pouf* abominable.

— Quand il serait prévenu, reprit Poiret, ce monsieur ne nous a-t-il pas dit qu'il était surveillé? Mais vous, vous perdriez tout.

— D'ailleurs, pensa mademoiselle Michonneau, je ne l'aime point, cet homme! Il ne sait que me dire des choses désagréables.

— Mais, reprit Poiret, vous feriez mieux; car, ainsi que l'a dit ce monsieur, qui me paraît fort bien, outre qu'il est très-proprement couvert, c'est un acte d'obéissance aux lois que de débarrasser la société d'un criminel, quelque vertueux qu'il puisse être. Qui a bu boira. S'il lui prenait fantaisie de nous assassiner tous? Mais, que diable, nous serions coupables de ces assassinats, sans compter que nous en serions les premières victimes.

La préoccupation de mademoiselle Michonneau ne lui permettait pas d'écouter les phrases tombant une à une de la bouche de Poiret, comme les gouttes d'eau qui suintent à travers le robinet d'une fontaine mal fermée. Quand une fois ce vieillard avait commencé la série de ses phrases, et que mademoiselle Michonneau ne l'arrêtait pas, il parlait toujours, à l'instar d'une mécanique montée. Après avoir entamé un premier sujet, il était conduit par ses parenthèses à en traiter de tout opposés, sans avoir rien conclu. En arrivant à la Maison-Vauquer, il s'était faufilé dans une suite de passages et de citations transitoires qui l'avaient amené à raconter sa déposition dans l'affaire de M. Ragoulleau et de la dame Morin, où il avait comparu en qualité de témoin à décharge. En entrant, sa compagne ne manqua pas d'apercevoir Eugène de Rastignac engagé avec mademoiselle Taillefer dans une intime causerie, dont l'intérêt était si palpitant que le couple ne fit aucune attention au passage des deux vieux pensionnaires quand ils traversèrent la salle à manger.

— Ça devait finir par là, dit mademoiselle Michonneau à M. Poiret. Ils se faisaient des yeux à s'arracher l'âme, depuis huit jours.

— Oui, répondit-il. Aussi fut-elle condamnée.

— Qui?

— Madame Morin.

— Je vous parle de mademoiselle Victorine, dit mademoiselle Michonneau en entrant, sans y faire attention, dans la chambre de M. Poiret, et vous me répondez par madame Morin. Qu'est-ce que c'est que cette femme-là?

— De quoi serait donc coupable mademoiselle Victorine? demanda Poiret.

— Elle est coupable d'aimer M. Eugène de Rastignac, et va de l'avant sans savoir où ça la mènera, pauvre innocente! Toutes les blondes sont comme ça. La moindre frime les met aux genoux d'un homme.

Eugène avait été, pendant la matinée, réduit au désespoir par madame de Nucingen. Dans son for intérieur, il s'était abandonné complétement à Vautrin, sans vouloir sonder ni les motifs de l'amitié que lui portait cet homme extraordinaire, ni l'avenir d'une semblable union. Il fallait un miracle pour le tirer de l'abîme où il avait déjà mis le pied depuis une heure, en échangeant avec mademoiselle Taillefer les plus douces promesses. Victorine croyait entendre la voix d'un ange; les cieux s'ouvraient pour elle; la Maison-Vauquer se parait des teintes fantastiques que les décorateurs donnent aux palais de théâtre : elle aimait, elle était aimée; elle le croyait du moins! Et quelle femme ne l'aurait cru comme elle en voyant Rastignac, en l'écoutant durant cette heure dérobée à tous les argus de la maison? En se débattant contre sa conscience, en sachant qu'il faisait mal et voulant faire mal, en se disant qu'il rachèterait ce péché véniel par le bonheur d'une femme, il s'était embelli de son désespoir, et resplendissait de tous les feux de l'enfer qu'il avait au cœur. Heureusement pour lui, le miracle eut lieu. Vautrin entra joyeusement, et lut dans l'âme des jeunes gens qu'il avait mariés par les combinaisons de son infernal génie, mais dont il troubla soudain la joie en chantant de sa grosse voix railleuse :

> Ma Fauchette est charmante
> Dans sa simplicité...

Victorine se sauva emportant autant de bonheur qu'elle avait eu jusqu'alors de malheur dans sa vie. Pauvre fille! un serrement de mains, sa joue effleurée par les cheveux de Rastignac, une parole dite si près de son oreille qu'elle avait senti la chaleur des lèvres de l'étudiant, la pression de sa taille par un bras tremblant, un baiser pris sur son cou, furent les accordailles de sa passion, que le voisinage de la grosse Sylvie, menaçant d'entrer dans cette radieuse salle à manger, rendit plus ardentes, plus vives, plus engageantes que les plus beaux témoignages de dévouement racontés dans les plus célèbres histoires d'amour. Ces *menus suffrages,* suivant une jolie expression de nos ancêtres, paraissaient être des crimes à une pieuse jeune fille confessée tous les quinze jours. En cette heure, elle avait prodigué plus de trésors d'âme que, plus tard, riche et heureuse, elle n'en aurait donné en se livrant tout entière.

— L'affaire est faite! dit Vautrin à Eugène. Nos deux dandies se sont piochés. Tout s'est passé convenablement. Affaire d'opinion. Notre pigeon a insulté mon faucon. A demain, dans la redoute de Clignancourt, à huit heures et demie; mademoiselle Taillefer héritera de l'amour et de la fortune de son père, pendant qu'elle sera là tranquillement à tremper ses mouillettes de pain beurré dans son café. N'est-ce pas drôle à se dire? Ce petit Taillefer est très-fort à l'épée; il est confiant comme un brelan carré; mais il sera saigné par un coup que j'ai inventé, une manière de relever l'épée et de vous piquer le front. Je vous montrerai cette botte-là, car elle est furieusement utile.

Rastignac écoutait d'un air stupide, et ne pouvait rien répondre. En ce moment, le père Goriot, Bianchon et quelques autres pensionnaires arrivèrent.

— Voilà comme je vous voulais, lui dit Vautrin. Vous savez ce que vous faites. Bien, mon petit aiglon! vous gouvernerez les hommes; vous êtes fort, carré, poilu. Vous avez mon estime.

Il voulut lui prendre la main. Rastignac retira vivement la sienne, et tomba sur une chaise en pâlissant; il croyait voir une mare de sang devant lui.

— Ah! nous avons encore quelques petits langes tachés de vertu! dit Vautrin à voix basse. Papa d'Oliban a trois millions; je sais sa fortune : elle vous rendra blanc comme une robe de mariée, et à vos propres yeux!

Rastignac n'hésita plus. Il résolut d'aller prévenir pendant la soirée MM. Taillefer père et fils. En ce moment, Vautrin l'ayant quitté, le père Goriot lui dit à l'oreille : — Vous êtes triste, mon enfant! je vais vous égayer, moi. Venez!

Et le vieux vermicellier allumait son rat-de-cave à l'une des lampes. Eugène le suivit tout ému de curiosité.

— Entrons chez vous, dit le bonhomme qui avait demandé la clef de l'étudiant à Sylvie. Vous avez cru ce matin qu'elle ne vous aimait pas, hein! reprit-il. Elle vous a renvoyé de force, et vous vous en êtes allé fâché, désespéré. Nigaudinos! elle m'attendait! Comprenez-vous? Nous devions aller achever d'arranger un bijou d'appartement dans lequel vous irez demeurer d'ici à trois jours. Ne me vendez pas. Elle veut vous faire une surprise; mais je ne tiens pas à vous cacher plus longtemps le secret. Vous serez rue d'Artois, à deux pas de la rue Saint-Lazare. Vous y serez comme un prince; nous vous avons eu des meubles comme pour une épousée! car nous avons fait bien des choses depuis un mois, en ne vous en disant rien. Mon avoué s'est mis en campagne, et ma fille aura ses trente-six mille francs par an! l'intérêt de sa dot. Et je vais faire exiger le placement de ses huit cent mille francs en bons biens au soleil.

Eugène était muet et se promenait, les bras croisés, de long en long, dans sa pauvre chambre en désordre. Le père Goriot saisit un moment où l'étudiant lui tournait le dos, et mit sur la cheminée une boîte en maroquin rouge, sur laquelle étaient imprimées en or les armes de Rastignac.

— Mon cher enfant, disait le pauvre bonhomme, je me suis mis dans tout cela jusqu'au cou. Mais, voyez-vous, il y avait à moi bien de l'égoïsme! je suis intéressé dans votre changement de quartier. Vous ne me refuserez pas, hein! si je vous demande quelque chose?

— Que voulez-vous?

— Hé bien! au-dessus de votre appartement, au cinquième, il y a une chambre qui en dépend; j'y demeurerai, pas vrai? Je me fais vieux, je suis trop loin de mes filles; je ne vous gênerai pas; seulement, je serai là. Vous me parlerez d'elle tous les soirs. Ça ne vous contrariera pas, dites? Quand vous rentrerez, que je serai dans mon lit, je vous entendrai, je me dirai : — Il vient de voir ma petite Delphine. Il l'a menée au bal, elle est heureuse par lui. Si j'étais malade, ça me mettrait du baume dans le cœur de vous écouter revenir, vous remuer, aller. Il y aura tant de ma fille en vous! Je n'aurai qu'un pas à faire pour être aux Champs-Élysées où elles passent tous les jours, je les verrai toujours, tandis que quelquefois j'arrive trop tard. Et puis, elle viendra chez vous peut-être! Alors je l'entendrai, je la verrai dans sa douillette du matin, trotter, aller gentiment comme une petite chatte. Elle est redevenue, depuis un mois, ce qu'elle était, jeune fille, gaie, pimpante! Son âme est en convalescence, elle vous doit le bonheur. Oh! je ferais pour vous l'impossible. Elle me disait tout à l'heure en revenant : « — Papa, je suis bien heureuse ! » Quand elles me disent cérémonieusement : *Mon père !* elles me glacent ; mais quand elles m'appellent *papa !* il me semble encore les voir petites ; elles me rendent tous mes souvenirs. Je suis mieux leur père ; je crois qu'elles ne sont encore à personne !

Le bonhomme s'essuya les yeux, il pleurait.

— Il y a longtemps que je n'avais entendu cette phrase, longtemps qu'elle ne m'avait donné le bras ! Oh oui, voilà bien dix ans que je n'ai marché côte à côte avec une de mes filles ! Est-ce bon de se frotter à sa robe, de se mettre à son pas, de partager sa chaleur ! Enfin, j'ai mené Delphine, ce matin, partout ! J'entrais avec elle dans les boutiques ! Et je l'ai reconduite chez elle ! Oh ! gardez-moi près de vous ! Quelquefois vous aurez besoin de quelqu'un pour vous rendre service, je serai là. Oh ! si cette grosse souche d'Alsacien mourait, si sa goutte avait l'esprit de remonter dans l'estomac ! Ma pauvre fille serait-elle heureuse ! Vous seriez mon gendre ! vous seriez ostensiblement son mari ! Bah ! elle est si malheureuse de ne rien connaître aux plaisirs de ce monde, que je l'absous de tout ! Le bon Dieu doit être du côté des pères qui aiment bien ! Elle vous aime trop ! dit-il en hochant la tête après une pause. En allant, elle causait de vous avec moi : « — N'est-ce pas, mon père, il est bien ? Il a bon cœur ! Parle-t-il de moi ? » Bah, elle m'en a dit depuis la rue d'Artois jusqu'au passage des Panoramas, des volumes, quoi ! Elle m'a enfin versé son cœur dans le mien. Pendant toute cette matinée, je n'étais plus vieux, je ne pesais pas une once ! Je lui ai dit que vous m'aviez remis le billet de mille francs ! Oh ! la chérie, elle en a été émue aux larmes. Qu'avez-vous donc là sur votre cheminée ? dit enfin le père Goriot qui se mourait d'impatience en voyant Rastignac immobile.

Eugène, tout abasourdi, regardait son voisin d'un air hébété. Ce duel, annoncé par Vautrin pour le lendemain, contrastait si violemment avec la réalisation de ses plus chères espérances, qu'il éprouvait toutes les sensations du cauchemar. Il se tourna vers la cheminée, y aperçut la petite boîte carrée, l'ouvrit, et trouva dedans un papier qui couvrait une délicieuse montre de Bréguet. Sur ce papier étaient écrits ces mots :

« Je veux que vous pensiez à moi à toute heure, parce que...

« DELPHINE. »

Ce dernier mot faisait sans doute allusion à quelque scène qui avait eu lieu entre eux, car Eugène en fut attendri. Ses armes étaient intérieurement émaillées dans l'or de la boîte. Ce bijou si longtemps envié, la chaîne, la clef, la façon, les dessins répondaient à tous ses vœux. Le père Goriot était radieux. Il avait sans doute promis à sa fille de lui rapporter les moindres effets de la surprise que causerait son présent à Eugène, car il était en tiers dans ces jeunes émotions, et ne paraissait pas le moins heureux. Il aimait déjà Rastignac et pour sa fille et pour lui-même.

— Vous irez la voir ce soir, elle vous attend. La grosse souche d'Alsacien soupe chez sa danseuse. Ah ! ah ! il a été bien sot quand mon avoué lui a dit son fait. Ne prétend-il pas aimer ma fille à l'adoration ? Qu'il y touche, et je le tue ! L'idée de savoir ma Delphine à... (il soupira) me ferait commettre un crime ; mais ce ne serait pas un homicide, c'est une tête de veau sur un corps de porc ! Vous me prendrez avec vous, n'est-ce pas ?

— Oui, mon bon père Goriot, vous savez bien que je vous aime...

— Je le vois ; vous n'avez pas honte de moi, vous ! Laissez-moi vous embrasser.

Et il serra l'étudiant dans ses bras.

— Vous la rendrez bien heureuse, promettez-le-moi. Vous irez ce soir, n'est-ce pas ?

— Oh oui ! Je dois sortir pour des affaires qu'il est impossible de remettre.

— Puis-je vous être bon à quelque chose ?

— Ma foi, oui ! Tenez, pendant que j'irai chez madame de Nucingen, allez chez M. Taillefer le père, lui dire de me donner une heure dans la soirée, pour lui parler d'une affaire de la dernière importance.

— Serait-ce donc vrai, jeune homme ? dit le père Goriot en changeant de visage. Feriez-vous la cour à sa fille, comme le disent ces imbéciles d'en bas ? Tonnerre de Dieu ! vous ne savez pas ce que c'est qu'une tape à la Goriot. Et si vous *nous* trompiez, ce serait l'affaire d'un coup de poing. Oh ! ce n'est pas possible !

— Je vous jure que je n'aime qu'une femme au monde ! dit l'étudiant, je ne le sais que depuis un moment !

— Ah ! quel bonheur ! fit le père Goriot.

— Mais, reprit l'étudiant, le fils de M. Taillefer se bat demain, et j'ai entendu dire qu'il sera tué.

— Qu'est-ce que cela vous fait ? dit Goriot.

— Mais il faut lui dire d'empêcher son fils de se rendre... s'écria Eugène.

En ce moment, il fut interrompu par la voix de Vautrin, qui se fit entendre sur le pas de sa porte, où il chantait :

O Richard, ô mon roi !
L'univers t'abandonne.

Broum! broum! broum! broum! broum!

> J'ai longtemps parcouru le monde,
> Et l'on m'a vu...

Tra la, la, la, la.

— Messieurs, cria Christophe, la soupe vous attend, et tout le monde est à table.

— Tiens, dit Vautrin, viens prendre une bouteille de mon vin de Bordeaux.

— La trouvez-vous jolie, la montre? dit le père Goriot. Elle a bon goût, hein?

Vautrin, le père Goriot et Rastignac descendirent ensemble et se trouvèrent, par suite de leur retard, placés à côté les uns des autres à table. Eugène marqua la plus grande froideur à Vautrin pendant le dîner, quoique jamais cet homme, si aimable aux yeux de madame Vauquer, n'eût déployé autant d'esprit. Il fut pétillant de saillies, et sut mettre en train tous les convives. Cette assurance, ce sang-froid, consternaient Eugène.

— Sur quelle herbe avez-vous donc marché aujourd'hui? lui dit madame Vauquer; vous êtes gai comme un pinson.

— Je suis toujours gai quand j'ai fait de bonnes affaires.

— Des affaires? dit Eugène.

— Hé bien, oui. J'ai livré une partie de marchandises qui me vaudra de bons droits de commission. — Mademoiselle Michonneau, dit-il en s'apercevant que la vieille fille l'examinait, ai-je dans la figure un trait qui vous déplaise, que vous me faites l'*œil américain?* Faut le dire! je le changerai pour vous être agréable.

Poiret, nous ne nous fâcherons pas pour ça, hein? dit-il en guignant le vieil employé.

— Sac à papier! vous devriez poser pour un Hercule-Farceur! dit le jeune peintre à Vautrin.

— Ma foi, ça va! si mademoiselle Michonneau veut poser en Vénus du Père-Lachaise, répondit Vautrin.

— Et Poiret? dit Bianchon.

— Oh! Poiret posera en Poiret. Ce sera le dieu des jardins! s'écria Vautrin. Il dérive de poire.

— Molle! reprit Bianchon. Alors vous seriez entre la poire et le fromage.

— Tout ça, c'est des bêtises, dit madame Vauquer, et vous feriez mieux de nous donner de votre vin de Bordeaux dont j'aperçois une bouteille qui montre son nez! Ça nous entretiendrait en joie, outre que c'est bon à l'*estomaque.*

— Messieurs, dit Vautrin, madame la présidente nous rappelle à l'ordre. Madame Couture et mademoiselle Victorine ne se formaliseront pas de vos discours badins; mais respectez l'innocence du père Goriot. Je vous propose une petite bouteillorama de vin de Bordeaux, que le nom de Laffitte rend doublement illustre, soit dit sans allusion politique. Allons, Chinois! dit-il en regardant Christophe qui ne bougea pas. Ici, Christophe! comment, tu n'entends pas ton nom? Chinois, amène les liquides!

— Voilà, monsieur, dit Christophe en lui présentant la bouteille.

Après avoir rempli le verre d'Eugène et celui du père Goriot, il s'en versa lentement quelques gouttes qu'il dégusta, pendant que ses deux voisins buvaient, et tout à coup fit une grimace.

— Diable! diable! il sent le bouchon! Prends cela pour toi, Christophe, et va nous en chercher à droite, tu sais? Nous sommes seize, descends huit bouteilles.

— Puisque vous vous fendez, dit le peintre, je paie un cent de marrons.

— Ho! ho!

— Booououh!

— Prrrr!

Chacun poussa des exclamations qui partirent comme les fusées d'une girandole.

— Allons, maman Vauquer, deux de Champagne, lui cria Vautrin.

— Quien, c'est cela! Pourquoi pas demander la maison? Deux de Champagne! mais ça coûte douze francs! Je ne les gagne pas, non! Mais si monsieur Eugène veut les payer, j'offre du cassis.

— V'là son cassis qui purge comme de la manne! dit l'étudiant en médecine à voix basse.

— Veux-tu te taire, Bianchon, s'écria Rastignac; je ne peux pas entendre parler de manne sans que le cœur... Oui, va pour le vin de Champagne, je le paye, ajouta l'étudiant.

— Sylvie, dit madame Vauquer, donnez les biscuits et les petits gâteaux.

— Vos petits gâteaux sont trop grands, dit Vautrin; ils ont de la barbe. Mais quant aux biscuits, aboulez!

En un moment le vin de Bordeaux circula, les convives s'animèrent, la gaieté redoubla. Ce furent des rires féroces, au milieu desquels éclatèrent quelques imitations des diverses voix d'animaux. L'employé au Muséum s'étant avisé de reproduire un cri de Paris qui avait de l'analogie avec le miaulement du chat amoureux, aussitôt huit voix beuglèrent simultanément les phrases suivantes:

— A repasser les couteaux!

— Mo-ron pour les p'tits oi-seaux!

— Voilà le plaisir, mesdames, voilà le plaisir!

— A raccommoder la faïence!

— A la barque, à la barque!

— Battez vos femmes, vos habits!

— Vieux habits, vieux galons, vieux chapeaux à vendre!

— A la cerise, à la douce !

La palme fut à Bianchon, pour l'accent nasillard avec lequel il cria : — Marchand de parapluies !

En quelques instants ce fut un tapage à casser la tête, une conversation pleine de coq-à-l'âne, un véritable opéra que Vautrin conduisait comme un chef d'orchestre, en surveillant Eugène et le père Goriot, qui semblaient ivres déjà. Le dos appuyé sur leur chaise, tous deux contemplaient ce désordre inaccoutumé d'un air grave, en buvant peu ; car tous deux étaient préoccupés de ce qu'ils avaient à faire pendant la soirée, et néanmoins ils se sentaient incapables de se lever. Vautrin, qui suivait les changements de leur physionomie en leur lançant des regards de côté, saisit le moment où leurs yeux vacillèrent et parurent vouloir se fermer, pour se pencher à l'oreille de Rastignac.

— Mon petit gars, nous ne sommes pas assez rusé pour lutter avec notre papa Vautrin ! Et il vous aime trop pour vous laisser faire des sottises. Quand j'ai résolu quelque chose, le bon Dieu seul est assez fort pour me barrer le passage. Ah ! nous voulions aller prévenir le père Taillefer, commettre des fautes d'écolier ! Le four est chaud, la farine est pétrie, le pain est sur la pelle, demain nous en ferons sauter les miettes par-dessus notre tête en y mordant ; et nous empêcherions d'enfourner ! Non, non, tout cuira ! Si nous avons quelques petits remords, la digestion les emportera. Pendant que nous dormirons notre petit somme, le colonel Franchessini vous ouvrira la succession de M. Victurnien Taillefer avec la pointe de son épée ; et Victorine, héritant de son frère, aura quinze petits mille francs de rente. J'ai déjà pris des renseignements, et sais que la succession de la mère monte à plus de trois cent mille...

Eugène entendait ces paroles sans pouvoir y répondre. Il sentait sa langue collée à son palais, et se trouvait en proie à une somnolence invincible. Il ne voyait déjà plus la table et les figures des convives qu'à travers un brouillard lumineux. Bientôt le bruit s'apaisa, les pensionnaires s'en allèrent un à un. Puis, quand il ne resta plus que madame Vauquer, madame Couture, mademoiselle Victorine, Vautrin et le père Goriot, Rastignac aperçut, comme s'il eût rêvé, madame Vauquer occupée à prendre les bouteilles pour en vider les restes de manière à en faire des bouteilles pleines.

— Ha ! sont-ils fous ! sont-ils jeunes ! disait la veuve.

Ce fut la dernière phrase que put comprendre Eugène.

— Il n'y a que M. Vautrin pour faire de ces farces-là, dit Sylvie. Allons, voilà Christophe qui ronfle comme une toupie.

— Adieu, maman, dit M. Vautrin. Je vais au boulevard admirer M. Marty dans le *Mont Sauvage*, une grande pièce tirée du *Solitaire*. Si vous voulez, je vous y mène ainsi que ces dames !

— Je vous remercie, dit madame Couture.

— Comment, ma voisine, s'écria madame Vauquer, vous refusez de voir une pièce prise dans le *Solitaire*, un ouvrage fait par Atala, et que nous aimions tant à lire, qu'est si joli que nous pleurions comme des Madeleines d'Élodie sous les *tieulles* cet été dernier ; enfin un ouvrage moral qui peut être susceptible d'instruire votre demoiselle !

— Il nous est défendu d'aller à la comédie, répondit Victorine.

— Allons, les voilà partis, ceux-là ! dit Vautrin en remuant d'une manière comique la tête du père Goriot et celle d'Eugène.

En plaçant la tête de l'étudiant sur la chaise, pour qu'il pût dormir commodément, il le baisa chaleureusement au front, en chantant :

Dormez, donc, mes chères amours !
Pour vous je veillerai toujours.

— J'ai peur qu'il ne soit malade, dit Victorine.

— Restez à le soigner alors, reprit Vautrin. C'est, lui souffla-t-il à l'oreille, votre devoir de femme soumise. Il vous adore, ce jeune homme, et vous serez sa petite femme, je vous le prédis. — Enfin, dit-il à haute voix, ils *furent considérés dans tout le pays, vécurent heureux, et eurent beaucoup d'enfants !* Voilà comment finissent tous les romans d'amour.

Allons, maman, dit-il en se tournant vers madame Vauquer qu'il étreignit, mettez le chapeau, la belle robe à fleurs, l'écharpe de la comtesse. Je vais vous aller chercher un fiacre, moi-même.

Et il partit en chantant :

Soleil, soleil, divin soleil,
Toi qui fais mûrir les citrouilles.

— Mon Dieu ! dites donc, madame Couture, cet homme-là me ferait vivre heureuse sur les toits. — Allons, dit-elle en se tournant vers le vermicellier, voilà Goriot parti ! Ce vieux cancre-là n'a jamais eu l'idée de me mener nune part, lui ! Mais il va tomber par terre, mon Dieu ! C'est-y indécent à un homme d'âge de perdre la raison ! Vous me direz qu'on ne perd point ce qu'on n'a pas. Sylvie, montez-le donc chez lui.

Sylvie prit le bonhomme par-dessous le bras, le fit marcher, et le jeta tout habillé comme un paquet au travers de son lit.

— Pauvre jeune homme ! disait madame Couture

en écartant les cheveux d'Eugène qui lui tombaient dans les yeux; il est comme une jeune fille, il ne sait pas ce que c'est qu'un excès.

— Ah! je peux bien dire que depuis trente et un ans que je tiens ma pension, dit madame Vauquer, il m'est passé bien des jeunes gens par les mains, comme on dit; je n'en ai jamais vu d'aussi gentil, d'aussi distingué que M. Eugène. Est-il beau, quand il dort! Prenez-lui donc la tête sur votre épaule, madame Couture. Bah! il tombe sur celle de mademoiselle Victorine. Il y a un dieu pour les enfants. Encore un peu, il se fendait la tête sur la pomme de la chaise. A eux deux ils feraient un bien joli couple.

— Ma voisine, taisez-vous donc! s'écria madame Couture; vous dites des choses...

— Bah! fit madame Vauquer, il n'entend pas. Allons, Sylvie, viens m'habiller. Je vais mettre mon grand corset.

— Ah bien! votre grand corset, après avoir dîné, madame? dit Sylvie. Non, cherchez quelqu'un pour vous serrer, ce ne sera pas moi qui serai votre assassin. Vous commettriez là une imprudence à vous coûter la vie.

— Ça m'est égal, il faut faire honneur à M. Vautrin.

— Vous aimez donc bien vos héritiers?

— Allons, Sylvie, pas de raisons! dit la veuve en s'en allant.

— A son âge! dit la cuisinière en montrant sa maîtresse à Victorine.

Madame Couture et sa pupille, sur l'épaule de laquelle dormait Eugène, restèrent seules dans la salle à manger. Les ronflements de Christophe retentissaient dans la maison silencieuse, et faisaient ressortir le paisible sommeil d'Eugène, qui dormait aussi gracieusement qu'un enfant. Heureuse de pouvoir se permettre un de ces actes de charité par lesquels s'épanchent tous les sentiments de la femme, et qui lui faisait sans crime sentir le cœur du jeune homme battre sur le sien, Victorine avait dans la physionomie quelque chose de maternellement protecteur qui la rendait fière. A travers les mille pensées qui s'élevaient dans son cœur, perçait un tumultueux mouvement de volupté qu'excitait l'échange d'une jeune et pure chaleur.

— Pauvre chère fille! dit madame Couture en lui pressant la main.

La vieille dame admirait cette candide et souffrante figure sur laquelle était descendue l'auréole du bonheur. Victorine ressemblait à l'une de ces naïves peintures du moyen âge dans lesquelles tous les accessoires sont négligés par l'artiste, qui a réservé la magie d'un pinceau calme et fier pour la figure jaune de ton, mais où le ciel semble se refléter avec ses teintes d'or.

— Il n'a pourtant pas bu plus de deux verres, maman! dit Victorine en passant ses doigts dans la chevelure d'Eugène.

— Mais si c'était un débauché, ma fille, il aurait porté le vin comme tous ces autres! Son ivresse fait son éloge.

Le bruit d'une voiture retentit dans la rue.

— Maman, dit la jeune fille, voici M. Vautrin! Prenez donc monsieur Eugène. Je ne voudrais pas être vue ainsi par cet homme: il a des expressions qui salissent l'âme, et des regards qui gênent une femme, comme si on lui enlevait sa robe.

— Non, dit madame Couture; tu te trompes! M. Vautrin est un brave homme, un peu dans le genre de défunt M. Couture, brusque, mais bon, un bourru bienfaisant.

En ce moment, Vautrin entra tout doucement, et regarda le tableau formé par ces deux enfants que la lueur de la lampe semblait caresser.

— Hé bien! dit-il en se croisant les bras, voilà de ces scènes qui auraient inspiré de belles pages à ce bon M. Bernardin de Saint-Pierre, l'auteur de Paul et Virginie. La jeunesse est bien belle, madame Couture! Pauvre enfant, dors! dit-il en contemplant Eugène, le bien vient quelquefois en dormant! — Madame, reprit-il en s'adressant à la veuve, ce qui m'attache à ce jeune homme, ce qui m'émeut, c'est de savoir la beauté de son âme en harmonie avec celle de sa figure. Voyez, n'est-ce pas un chérubin posé sur l'épaule d'un ange? Il est digne d'être aimé, celui-là! Si j'étais femme, je voudrais mourir (non, pas si bête!) vivre pour lui. — En les admirant ainsi, madame, dit-il à voix basse et se penchant à l'oreille de la veuve, je ne puis m'empêcher de penser que Dieu les a créés pour être l'un à l'autre. — La Providence a des voies bien cachées! elle sonde les reins et les cœurs! s'écria-t-il à haute voix. En vous voyant unis, mes enfants, unis par une même pureté, par tous les beaux sentiments humains, je me dis qu'il est impossible que vous soyez jamais séparés dans l'avenir. Dieu est juste! — Mais, dit-il à la jeune fille, il me semble avoir vu chez vous des lignes de prospérité! Donnez-moi votre main, mademoiselle Victorine! Je me connais en chiromancie, j'ai dit souvent la bonne aventure. Allons, n'ayez pas peur. Oh! qu'aperçois-je? Foi d'honnête homme, vous serez avant peu l'une des plus riches héritières de Paris; vous comblerez de bonheur celui qui vous aime; votre père vous appelle auprès de lui; vous vous mariez avec un homme titré, jeune, beau, qui vous adore.

En ce moment, les pas lourds de la coquette veuve qui descendait, interrompirent les prophéties de Vautrin.

— Voilà maman Vauquer belle comme un astre,

ficelée comme une carotte. — N'étouffons-nous pas un petit brin? lui dit-il en mettant sa main sur le haut du busc; les avant-cœur sont bien pressés, maman. Si nous pleurons, il y aura explosion; mais je ramasserai les débris avec un soin d'antiquaire...

— Il connaît le langage de la galanterie française, hein, celui-là! dit la veuve en se penchant à l'oreille de madame Couture.

— Adieu, enfants! reprit Vautrin en se tournant vers Eugène et Victorine. Je vous bénis, leur dit-il en leur imposant ses mains au-dessus de leurs têtes. Croyez-moi, mademoiselle, c'est quelque chose que les vœux d'un honnête homme! ils doivent porter bonheur, Dieu les écoute.

— Adieu, ma chère amie! dit madame Vauquer à sa pensionnaire. Croyez-vous, ajouta-t-elle à voix basse, que M. Vautrin ait des intentions relatives à ma personne?

— Heu! heu!

— Ah, ma chère mère! dit Victorine en soupirant et en regardant ses mains, quand les deux femmes furent seules, si ce bon M. Vautrin disait vrai!

— Mais il ne faut qu'une chose pour cela, répondit la vieille dame, seulement que ton monstre de frère tombe de cheval!

— Ah, maman!

— Mon Dieu! peut-être est-ce un péché que de souhaiter du mal à son ennemi! reprit la veuve. Eh bien, j'en ferai pénitence! En vérité, je porterai de bon cœur des fleurs sur sa tombe. Mauvais cœur! il n'a pas le courage de parler pour sa mère dont il garde à ton détriment l'héritage par des micmacs. Ma cousine avait une belle fortune! Pour ton malheur, il n'a jamais été question de son apport dans le contrat.

— Mon bonheur me serait souvent pénible à porter s'il coûtait la vie à quelqu'un, dit Victorine. Et s'il fallait, pour être heureuse, que mon frère disparût, j'aimerais mieux toujours être ici.

— Mon Dieu! comme dit M. Vautrin, qui, tu le vois, est plein de religion, reprit madame Couture; j'ai eu du plaisir à savoir qu'il n'est pas un incrédule comme les autres, qui parlent de Dieu avec moins de respect que n'en a le diable! Hé bien, qui peut savoir par quelles voies il plaît à la Providence de nous conduire?

Aidées par Sylvie, les deux femmes finirent par transporter Eugène dans sa chambre, le couchèrent sur son lit, et la cuisinière lui défit ses habits pour le mettre à l'aise. Avant de partir, quand sa protectrice eut le dos tourné, Victorine mit un baiser sur le front d'Eugène avec tout le bonheur que devait lui causer ce criminel larcin. Elle regarda sa chambre, ramassa, pour ainsi dire, dans une seule pensée les mille félicités de cette journée, en fit un tableau qu'elle contempla longtemps, et s'endormit la plus heureuse créature de Paris.

Le festoiement à la faveur duquel Vautrin avait fait boire à Eugène et au père Goriot du vin narcotisé, décida la perte de cet homme. Bianchon, à moitié gris, oublia de questionner mademoiselle Michonneau sur Trompe-la-Mort; et, s'il avait prononcé ce nom, il aurait, certes, éveillé la prudence de Vautrin, ou, pour lui rendre son vrai nom, de Jacques Collin, l'une des célébrités du bagne. Puis, le sobriquet de Vénus du Père-Lachaise décida mademoiselle Michonneau à livrer le forçat au moment où, confiante en la générosité de Collin, elle calculait s'il ne valait pas mieux le prévenir et le faire évader pendant la nuit. Elle venait de sortir, accompagnée de Poiret, pour aller trouver le fameux chef de la police de sûreté, petite rue Sainte-Anne, croyant encore avoir affaire à un employé supérieur nommé Gondureau. Le directeur de la police judiciaire la reçut avec grâce. Puis, après une conversation où tout fut précisé, mademoiselle Michonneau demanda la potion à l'aide de laquelle elle devait opérer la vérification de la marque. Au geste de contentement que fit le grand homme de la petite rue Sainte-Anne en cherchant une fiole dans un tiroir de son bureau, mademoiselle Michonneau devina qu'il y avait dans cette capture quelque chose de plus important que l'arrestation d'un simple forçat. A force de se creuser la cervelle, elle soupçonna que la police espérait, d'après quelques révélations faites par les traîtres du bagne, arriver à temps pour mettre la main sur des valeurs considérables. Quand elle eut exprimé ses conjectures à ce renard, il se mit à sourire, et voulut détourner les soupçons de la vieille fille.

— Vous vous trompez, répondit-il. Collin est la *sorbonne* la plus dangereuse qui jamais se soit trouvée du côté des voleurs. Voilà tout. Les coquins le savent bien; il est leur drapeau, leur soutien, leur Bonaparte enfin; ils l'aiment tous. Ce drôle ne nous laissera jamais sa *tronche* en place de Grève [1]. Il nous joue. Quand nous rencontrons de ces hommes en façon de barres d'acier trempées à l'anglaise, nous avons la ressource de les tuer, si, pendant leur arrestation, ils s'avisent de faire la moindre

---

[1] *Sorbonne* et *tronche* sont deux énergiques expressions du langage des voleurs, qui, les premiers, ont senti la nécessité de considérer la tête humaine sous deux aspects: la *sorbonne* est la tête de l'homme vivant, son conseil, sa pensée; la *tronche* est un mot de mépris destiné à exprimer combien la tête devient peu de chose quand elle est coupée.

résistance. Nous comptons sur quelques voies de fait pour tuer Collin demain matin. On évite ainsi le procès, les frais de garde, la nourriture, et ça débarrasse la société. Les procédures, les assignations aux témoins, leurs indemnités, l'exécution, tout ce qui doit légalement nous défaire de ces garnements-là, coûte au delà des mille écus que vous aurez. Il y a économie de temps. En donnant un bon coup de baïonnette dans la panse de Trompe-la-Mort, nous empêcherons une centaine de crimes, et nous éviterons la corruption de cinquante mauvais sujets qui se tiendront bien sagement aux environs de la Correctionnelle. Voilà de la police bien faite. Selon les philanthropes qui écrivent, se conduire ainsi, c'est prévenir les crimes.

— Mais c'est servir son pays ! dit Poiret.

— Ha bien ! répliqua le chef, vous dites des choses sensées ce soir, vous ! Oui, certes, nous servons le pays ! Aussi le monde est-il bien injuste à notre égard ! Nous rendons à la société de bien grands services ignorés ! Enfin, il est d'un homme supérieur de se mettre au-dessus des préjugés, et d'un chrétien d'adopter les malheurs que le bien entraîne après lui, quand il n'est pas fait selon les idées reçues. Paris est Paris, voyez-vous ! Ce mot explique ma vie. J'ai l'honneur de vous saluer, mademoiselle. Je serai avec mes gens au Jardin du roi, demain ; envoyez Christophe rue de Buffon, chez M. Gondureau, dans la maison où j'étais. Monsieur, je suis votre serviteur. S'il vous était jamais pris quelque chose, usez de moi pour vous le faire retrouver, je suis à votre service.

— Eh bien ! dit Poiret à mademoiselle Michonneau, il se rencontre des imbéciles que ce mot de police met sens dessus dessous. Ce monsieur est très-aimable, et ce qu'il vous demande est simple comme bonjour.

Le lendemain devait prendre place parmi les jours les plus extraordinaires de l'histoire de la Maison-Vauquer. Jusqu'alors l'événement le plus saillant de cette vie paisible avait été l'apparition météorique de la fausse comtesse de l'Ambermesnil. Mais tout allait pâlir devant les péripéties de cette grande journée, dont il serait éternellement question dans les conversations de madame Vauquer. D'abord M. Goriot et Eugène de Rastignac dormirent jusqu'à onze heures. Madame Vauquer, rentrée à minuit de la Gaieté, resta jusqu'à dix heures et demie au lit. Le long sommeil de Christophe, qui avait achevé le vin offert par Vautrin, causa des retards dans le service de la maison. Poiret et mademoiselle Michonneau ne se plaignirent pas de ce que le déjeuner se reculât. Quant à Victorine et à madame Couture, elles dormirent la grasse matinée. Vautrin sortit avant huit heures, et revint au moment même où le déjeuner fut servi. Personne ne réclama donc, lorsque, vers onze heures un quart, Sylvie et Christophe allèrent frapper à toutes les portes, en disant que le déjeuner attendait. Pendant que Sylvie et le domestique s'absentèrent, mademoiselle Michonneau, descendant la première, versa la liqueur dans le gobelet d'argent appartenant à Vautrin, et qui chauffait au bain-marie, parmi tous les autres. La vieille fille avait compté sur cette particularité de la pension pour faire son coup. Ce ne fut pas sans quelques difficultés que les sept pensionnaires se trouvèrent réunis. Au moment où Eugène, qui se détirait les bras, descendait le dernier de tous, un commissionnaire lui remit une lettre de madame de Nucingen. Cette lettre était ainsi conçue.

« Je n'ai ni fausse vanité ni colère avec vous, mon ami. Je vous ai attendu jusqu'à deux heures après minuit. Attendre un être que l'on aime ! Qui a connu ce supplice, ne l'impose à personne ! Je vois bien que vous aimez pour la première fois. Qu'est-il donc arrivé ? L'inquiétude m'a prise. Si je n'avais craint de livrer les secrets de mon cœur, j'aurais été savoir ce qui vous advenait d'heureux ou de malheureux ! Mais sortir à cette heure, soit à pied, soit en voiture, n'était-ce pas se perdre ? J'ai senti le malheur d'être femme ! Rassurez-moi, expliquez-moi pourquoi vous n'êtes pas venu, après ce que vous a dit mon père. Je me fâcherai, mais je vous pardonnerai. Êtes-vous malade ? Pourquoi se loger si loin ? Un mot, de grâce. A bientôt, n'est-ce pas ? Un mot me suffira si vous êtes occupé. Dites : — J'accours, ou je souffre ! — Mais si vous étiez mal portant, mon père serait venu me le dire ! Qu'est-il donc arrivé ?... »

— Oui, qu'est-il arrivé ? s'écria Eugène qui se précipita dans la salle à manger en froissant la lettre sans l'achever. Quelle heure est-il ?

— Onze heures et demie, dit Vautrin en sucrant son café.

Puis le forçat évadé jeta sur Eugène le regard froidement fascinateur que certains hommes éminemment magnétiques ont le don de lancer, et qui, dit-on, calme les fous furieux dans les maisons d'aliénés. Eugène trembla de tous ses membres. Le bruit d'un fiacre se fit entendre dans la rue, et un domestique à la livrée de M. Taillefer, et que reconnut sur-le-champ madame Couture, entra précipitamment d'un air effaré.

— Mademoiselle, s'écria-t-il, monsieur votre père vous demande. Un grand malheur est arrivé. M. Victurnien s'est battu en duel, il a reçu un coup d'épée dans le front, les médecins désespèrent de le sauver. Vous aurez à peine le temps de lui dire adieu, il n'a plus sa connaissance.

— Pauvre jeune homme! s'écria Vautrin. Comment se querelle-t-on quand on a trente bonnes mille livres de rente? Décidément la jeunesse ne sait pas se conduire.

— Monsieur! lui cria Eugène.

— Hé bien! quoi? grand enfant! dit Vautrin en achevant de boire son café tranquillement, opération que mademoiselle Michonneau suivait de l'œil avec trop d'attention pour s'émouvoir de l'événement extraordinaire qui stupéfiait tout le monde. N'y a-t-il pas des duels tous les matins à Paris?

— Je vais avec vous, Victorine, disait madame Couture.

Et ces deux femmes s'envolèrent sans châle et sans chapeau. Avant de s'en aller, Victorine, les yeux en pleurs, jeta sur Eugène un regard qui lui disait : — Je ne croyais pas que notre bonheur dût me causer des larmes!

— Bah! vous êtes donc prophète, monsieur Vautrin? dit madame Vauquer.

— Je suis tout, dit Collin.

— C'est-y singulier! reprit madame Vauquer en enfilant une suite de phrases insignifiantes sur cet événement. La mort nous prend sans nous consulter. Les jeunes gens s'en vont souvent avant les vieux. Nous sommes heureuses, nous autres femmes, de n'être pas sujettes au duel; mais nous avons d'autres maladies que n'ont pas les hommes. Nous faisons les enfants, et le mal de mère dure longtemps! Quel quine pour Victorine! car son père va être forcé de l'adopter.

— Voilà! dit Vautrin en regardant Eugène; hier elle était sans un sou, ce matin elle est riche de plusieurs millions.

— Dites donc, M. Eugène! s'écria madame Vauquer, vous avez mis la main au bon endroit.

A cette interpellation, le père Goriot regarda l'étudiant et lui vit à la main la lettre chiffonnée.

— Vous ne l'avez pas achevée! Qu'est-ce que cela peut dire? Seriez-vous comme les autres? lui demanda-t-il.

— Madame, dit Eugène, en s'adressant à madame Vauquer avec un sentiment d'horreur et de dégoût qui surprit les assistants, je n'épouserai jamais mademoiselle Victorine.

Le père Goriot saisit la main de l'étudiant et la serra. Il aurait voulu la baiser.

— Oh, oh! fit Vautrin. Les Italiens ont un bon mot : *Col tempo!*

— J'attends la réponse, dit à Rastignac le commissionnaire de madame de Nucingen.

— Dites que j'irai.

L'homme s'en alla. Eugène était dans un violent état d'irritation qui ne lui permettait pas d'être prudent.

— Que faire? disait-il à haute voix en se parlant à lui-même. Point de preuves!

Vautrin se mit à sourire. En ce moment, la potion, absorbée par l'estomac, commençait à opérer. Néanmoins, le forçat était si robuste qu'il se leva, regarda Rastignac, lui dit d'une voix creuse :

— Jeune homme, le bien nous vient en dormant.

Et il tomba roide mort.

— Il y a donc une justice divine! dit Eugène.

— Hé bien! qu'est-ce qui lui prend donc, à ce pauvre cher M. Vautrin?

— Une apoplexie! cria mademoiselle Michonneau.

— Sylvie, allons, ma fille, va quérir le médecin, dit la veuve. Ah! monsieur Rastignac, courez donc vite chez M. Bianchon, car Sylvie peut ne pas rencontrer M. Grimpel.

Rastignac, heureux d'avoir un prétexte de quitter cette épouvantable caverne, s'enfuit en courant.

— Christophe, allons, trotte chez l'apothicaire demander quelque chose pour l'apoplexie.

Christophe sortit.

— Mais, père Goriot, aidez-nous donc à le transporter là-haut, chez lui.

Vautrin fut saisi, manœuvré à travers l'escalier, et mis sur son lit.

— Je ne vous suis bon à rien, je vais voir ma fille, dit M. Goriot.

— Vieil égoïste! s'écria madame Vauquer; va, je te souhaite de mourir comme un chien!

— Allez donc voir si vous avez de l'éther, dit à madame Vauquer mademoiselle Michonneau, qui, aidée par Poiret, avait défait les habits de Vautrin.

Madame Vauquer descendit chez elle et laissa mademoiselle Michonneau maîtresse du champ de bataille.

— Allons, ôtez-lui donc sa chemise et retournez-le vite! Soyez donc bon à quelque chose en m'évitant de voir des nudités, dit-elle à Poiret. Vous restez là comme Baba.

Vautrin retourné, mademoiselle Michonneau appliqua sur l'épaule du malade une forte claque, et les deux fatales lettres reparurent en blanc au milieu de la place rouge.

— Tiens, vous avez bien lestement gagné votre gratification de trois mille francs! s'écria Poiret en tenant Vautrin debout pendant que mademoiselle Michonneau lui remettait sa chemise. — Ouf! il est lourd, reprit-il en le couchant.

— Taisez-vous. S'il y avait une caisse! dit vivement la vieille fille dont les yeux semblaient percer les murs, tant elle examinait avec avidité les moindres meubles de la chambre. — Si l'on pouvait ouvrir ce secrétaire, sous un prétexte quelconque! reprit-elle.

— Ce serait peut-être mal, répondit Poiret.

— Non, l'argent volé ayant été celui de tout le monde, n'est plus à personne. Mais le temps nous manque! répondit-elle. J'entends la Vauquer.

— Voilà de l'éther, dit madame Vauquer. Par exemple, c'est aujourd'hui la journée aux aventures. Dieu! cet homme-là ne peut pas être malade, il est blanc comme un poulet.

— Comme un poulet! répéta Poiret.

— Son cœur bat régulièrement, dit la veuve en lui posant la main sur le cœur.

— Régulièrement? dit Poiret étonné.

— Il est très-bien.

— Vous trouvez? demanda Poiret.

— Dame, il a l'air de dormir. Sylvie est allée chercher un médecin. Dites donc, mademoiselle Michonneau, il renifle à l'éther. Bah! c'est un *se-passe* (un spasme). Son pouls est bon. Il est fort comme un Turc. Voyez donc, mademoiselle, quelle palatine il a sur l'estomac? Il vivra cent ans, cet homme-là! Sa perruque tient bien tout de même. Tiens, elle est collée! Il a de faux cheveux rapport à ce qu'il est rouge. On dit qu'ils sont tout bons ou tout mauvais, les rouges! Il serait donc bon, lui?

— Bon à pendre, dit Poiret.

— Vous voulez dire au cou d'une jolie femme, s'écria vivement mademoiselle Michonneau. Allez-vous-en donc, monsieur Poiret! Ça nous regarde, nous autres, de vous soigner quand vous êtes malades. D'ailleurs, pour ce à quoi vous êtes bon, vous pouvez bien vous promener, ajouta-t-elle. Madame Vauquer et moi nous garderons bien ce cher monsieur Vautrin.

Poiret s'en alla docilement et sans murmurer, comme un chien à qui son maître donne un coup de pied.

Rastignac était sorti pour marcher, pour prendre l'air; il étouffait. Ce crime commis à heure fixe, il avait voulu l'empêcher la veille. Qu'était-il arrivé? Que devait-il faire? Il tremblait d'en être le complice. Le sang-froid de Vautrin l'épouvantait encore.

— Si cependant Vautrin mourait sans parler! se disait Rastignac.

Il allait à travers les allées du Luxembourg, comme s'il eût été traqué par une meute de chiens, et il lui semblait en entendre les aboiements.

— Eh bien! lui cria Bianchon, as-tu lu LE PILOTE?

LE PILOTE était une feuille radicale dirigée par M. Tissot, et qui donnait pour la province, quelques heures après les journaux du matin, une édition où se trouvaient les nouvelles du jour, qui alors avaient, dans les départements, vingt-quatre heures d'avance sur les autres feuilles.

— Il s'y trouve une fameuse histoire, dit l'interne de l'hôpital Cochin. Le fils Taillefer s'est battu en duel avec le colonel Franchessini de la vieille garde, qui lui a mis deux pouces de fer dans le front. Voilà la petite Victorine un des plus riches partis de Paris. Hein, si l'on avait su cela! Quel trente et quarante que la mort! Est-il vrai que Victorine te regardait d'un bon œil, toi?

— Tais-toi, Bianchon, je ne l'épouserai jamais. J'aime une délicieuse femme, j'en suis aimé, je...

— Tu dis cela comme si tu te battais les flancs pour ne pas être infidèle. Montre-moi donc une femme qui vaille le sacrifice de la fortune de M. Taillefer.

— Tous les démons sont donc après moi? s'écria Rastignac.

— Après qui donc en as-tu? Es-tu fou? Donne-moi donc la main, dit Bianchon, que je te tâte le pouls. Tu as, sapristie, la fièvre.

— Va donc chez la mère Vauquer, lui dit Eugène; ce scélérat de Vautrin vient de tomber comme mort!

— Ah! dit Bianchon qui laissa Rastignac seul, tu me confirmes des soupçons que je veux aller vérifier.

La longue promenade de l'étudiant en droit fut solennelle. Il fit en quelque sorte le tour de sa conscience. S'il flotta, s'il s'examina, s'il hésita, du moins sa probité sortit de cette âpre et terrible discussion, éprouvée comme une barre de fer qui résiste à tous les essais. Il se souvint des confidences que le père Goriot lui avait faites la veille; il se rappela l'appartement choisi pour lui, près de Delphine, rue d'Artois. Il reprit sa lettre, la relut, la baisa.

— Un tel amour est mon ancre de salut! se dit-il. Ce pauvre vieillard a bien souffert par le cœur. Il ne dit rien de ses chagrins, mais qui ne les devinerait pas? Eh bien! j'aurai soin de lui comme d'un père, je lui donnerai mille jouissances. Si elle m'aime, elle viendra souvent chez moi passer la journée près de lui. Cette grande comtesse de Restaud est une infâme, elle ferait un portier de son père. Chère Delphine! elle est meilleure pour le bonhomme, elle est digne d'être aimée. Ah! ce soir je serai donc heureux!

Il tira la montre, l'admira.

— Tout m'a réussi! Quand on s'aime bien pour toujours, l'on peut s'aider; je puis recevoir cela. D'ailleurs je parviendrai, certes! et pourrai tout rendre au centuple. Il n'y a dans cette liaison ni crime, ni rien qui puisse faire froncer le sourcil à la vertu la plus sévère. Combien d'honnêtes gens contractent des unions semblables! Nous ne trompons personne, et ce qui nous avilit, c'est le mensonge. Mentir, n'est-ce pas abdiquer? Elle s'est depuis longtemps séparée de son mari. D'ailleurs, je lui dirai, moi, à cet Alsacien, de me céder une femme qu'il lui est impossible de rendre heureuse.

Le combat de Rastignac dura longtemps. Quoique

la victoire dût rester aux vertus de la jeunesse, il fut néanmoins ramené par une invincible curiosité, sur les quatre heures et demie, à la nuit tombante, vers la maison Vauquer qu'il se jurait à lui-même de quitter pour toujours. Il voulait savoir si Vautrin était mort. Après avoir eu l'idée de lui administrer un vomitif, Bianchon avait fait porter à son hôpital les matières rendues par Vautrin, afin de les analyser chimiquement ; car, en voyant l'insistance que mit mademoiselle Michonneau à vouloir les faire jeter, ses doutes se fortifièrent. Vautrin fut d'ailleurs trop promptement rétabli pour que Bianchon ne soupçonnât pas quelque complot contre le joyeux bouten-train de la pension. A l'heure où rentra Rastignac, Vautrin se trouvait donc debout près du poêle dans la salle à manger. Attirés plutôt que de coutume par la nouvelle du duel de M. Taillefer le fils, les pensionnaires, curieux de connaître les détails de l'affaire et l'influence qu'elle avait eue sur la destinée de Victorine, étaient réunis, moins le père Goriot, et devisaient de cette aventure. Quand Eugène entra, ses yeux rencontrèrent ceux de l'imperturbable Vautrin, dont le regard pénétra si avant dans son cœur, et y remua si fortement quelques cordes mauvaises, qu'il en frissonna.

— Hé bien ! cher enfant, lui dit le forçat évadé, la Camuse aura longtemps tort avec moi. J'ai, selon ces dames, soutenu victorieusement un coup de sang qui aurait dû tuer un bœuf.

— Ha ! vous pouvez bien dire un taureau, s'écria la veuve Vauquer.

— Seriez-vous donc fâché de me voir en vie ? dit Vautrin à l'oreille de Rastignac, dont il crut deviner les pensées. Ce serait d'un homme diantrement fort !

— Ha, ma foi ! dit Bianchon, mademoiselle Michonneau parlait avant-hier d'un monsieur surnommé *Trompe-la-Mort;* ce nom-là vous irait bien.

Ce mot produisit sur Vautrin l'effet de la foudre. Il pâlit et chancela. Son regard magnétique tomba comme un rayon de soleil sur mademoiselle Michonneau, à laquelle il cassa les jarrets. La vieille fille se laissa couler sur une chaise. Poiret s'avança vivement entre elle et Vautrin, comprenant qu'elle était en danger, tant la figure du forçat devint férocement significative en déposant le masque bénin sous lequel se cachait sa vraie nature. Sans rien comprendre encore à ce drame, tous les pensionnaires restèrent ébahis. En ce moment, l'on entendit le pas de plusieurs hommes, et le bruit de quelques fusils que des soldats firent sonner sur le pavé de la rue. Au moment où Collin cherchait machinalement une issue, en regardant les fenêtres et les murs, quatre hommes se montrèrent à la porte du salon. Le premier était le chef de la police de sûreté, les trois autres étaient des officiers de paix.

— Au nom de la loi, du roi ! dit un des officiers, dont le discours fut couvert par un murmure d'étonnement.

Bientôt le silence régna dans la salle à manger, et les pensionnaires se séparèrent pour livrer passage à trois de ces hommes, qui tous avaient la main dans leur poche de côté et y tenaient un pistolet armé. Deux gendarmes, qui suivaient les agents, occupèrent la porte du salon, et deux autres se montrèrent à celle qui sortait par l'escalier. Le pas et les fusils de plusieurs soldats retentirent sur le pavé caillouteux qui longeait la façade. Tout espoir de fuite fut donc interdit à Trompe-la-Mort, sur qui tous les regards s'attachèrent irrésistiblement. Le chef alla droit à lui, commença par lui donner sur la tête une tape si violemment appliquée qu'il fit sauter la perruque et rendit à la tête de Collin toute son horreur. Accompagnées des cheveux rouge-brique et courts qui leur donnaient un épouvantable caractère de force mêlée de ruse, cette tête et cette face, en harmonie avec le buste, furent intelligemment illuminées comme si les feux de l'enfer les eussent éclairées. Chacun comprit tout Vautrin, son passé, son présent, son avenir, ses doctrines implacables, la religion de son bon plaisir, la royauté que lui donnait le cynisme de ses pensées, de ses actes, et la force d'une organisation faite à tout. Le sang lui monta au visage, et ses yeux brillèrent comme ceux d'un chat sauvage. Il bondit sur lui-même par un mouvement empreint d'une si féroce énergie, il rugit si bien qu'il arracha des cris de terreur à tous les pensionnaires. A ce geste de lion, et s'appuyant de la clameur générale, les agents tirèrent leurs pistolets. Collin comprit son danger en voyant briller le chien de chaque arme, et donna tout à coup la preuve de la plus haute puissance humaine. Horrible et majestueux spectacle ! sa physionomie présenta un phénomène qui ne peut être comparé qu'à celui de la chaudière pleine de cette vapeur fumeuse qui soulèverait des montagnes, et que dissout en un clin d'œil une goutte d'eau froide. La goutte d'eau qui froidit sa rage fut une réflexion rapide comme un éclair. Il se mit à sourire et regarda sa perruque.

— Tu n'es pas dans tes jours de politesse, dit-il au chef de la police de sûreté.

Il tendit ses mains aux gendarmes en les appelant par un signe de tête.

— Messieurs les gendarmes, mettez-moi les menottes ou les poucettes. Je prends à témoin les personnes présentes que je ne résiste pas !

Un murmure admiratif, arraché par la promptitude avec laquelle la lave et le feu sortirent et rentrèrent dans ce volcan humain, retentit dans la salle.

— Ça te la coupe, monsieur l'enfonceur, reprit

le forçat en regardant le célèbre directeur de la police judiciaire.

— Allons, qu'on se déshabille, lui dit l'homme de la petite rue Sainte-Anne d'un air plein de mépris.

— Pourquoi? dit Collin; il y a des dames : je ne nie rien, et je me rends.

Il fit une pause, et regarda l'assemblée comme un orateur qui va dire des choses surprenantes.

— Écrivez, papa Lachapelle, dit-il en s'adressant à un petit vieillard en cheveux blancs, qui s'était assis au bout de la table après avoir tiré d'un portefeuille le procès-verbal de l'arrestation. Je reconnais être Jacques Collin, dit Trompe-la-Mort, condamné à vingt ans de fers, et je viens de prouver que je n'ai pas volé mon surnom. — Si j'avais seulement levé la main, dit-il aux pensionnaires, ces trois mouchards-là répandaient tout *mon raisiné* sur le *trimar* domestique de maman Vauquer. Ces drôles se mêlent de combiner des guets-apens!

Madame Vauquer se trouva mal en entendant ces mots.

— Mon Dieu! c'est à en faire une maladie; moi qui étais hier à la Gaieté avec lui! dit-elle à Sylvie.

— De la philosophie, maman! reprit Collin. Est-ce un malheur d'avoir été dans ma loge hier, à la Gaieté? s'écria-t-il. Êtes-vous meilleure que nous? Nous avons moins d'infamie sur l'épaule que vous n'en avez dans le cœur, membres flasques d'une société gangrenée! Le meilleur d'entre vous ne me résistait pas!

Ses yeux s'arrêtèrent sur Rastignac, auquel il adressa un sourire gracieux qui contrastait singulièrement avec la rude expression de sa figure.

— Notre petit marché va toujours, mon ange! En cas d'acceptation, toutefois! Vous savez!

Il chanta :

Ma Fanchette est charmante
Dans sa simplicité.

Ne soyez pas embarrassé, reprit-il; je sais faire mes recouvrements. L'on me craint trop pour me *flouer*, moi!

Le bagne avec ses mœurs et son langage, avec ses brusques transitions du plaisant à l'horrible, son épouvantable grandeur, sa familiarité, sa bassesse, fut tout à coup représenté dans cette interpellation, et par cet homme, qui ne fut plus un homme, mais le type de toute une nation dégénérée, d'un peuple sauvage et logique, brutal et souple. En un moment Collin devint un poëme infernal, où se peignirent tous les sentiments humains, moins un seul, celui du repentir. Son regard était celui de l'archange déchu qui veut toujours la guerre. Rastignac baissa les yeux en acceptant ce cousinage criminel comme une expiation de ses mauvaises pensées.

— Qui m'a trahi? dit Collin en promenant son terrible regard sur l'assemblée. Et l'arrêtant sur mademoiselle Michonneau : — C'est toi, lui dit-il, vieille cagnotte! tu m'as donné un coup de sang pour me faire saigner! En disant deux mots, je pourrais te faire scier le cou dans huit jours. Je te pardonne, je suis chrétien! D'ailleurs, ce n'est pas toi qui m'as vendu. Mais qui?

— Ah! ah! vous fouillez là-haut! s'écria-t-il en entendant les officiers de la police judiciaire qui ouvraient ses armoires et s'emparaient de ses effets. Dénichés les oiseaux, envolés d'hier! Et vous ne saurez rien : mes livres de commerce sont là, dit-il en se frappant le front. Je sais qui m'a vendu maintenant. Ce ne peut être que ce gredin de Fil-de-Soie! — Pas vrai, père l'empoigneur? dit-il au chef de police. Ça s'accorde trop bien avec le séjour de nos billets de banque là-haut. Plus rien, mes petits mouchards! Quant à Fil-de-Soie, il sera *terré* sous quinze jours, lors même que vous le feriez garder par toute votre gendarmerie. — Que lui avez-vous donné, à cette Michonnette? dit-il aux gens de la police; quelque millier d'écus? Je valais mieux que ça, Ninon cariée! Pompadour en loques! Vénus du Père-Lachaise! Si tu m'avais prévenu, tu aurais eu six mille francs. Ah! tu ne t'en doutais pas, vieille vendeuse de chair! J'aurais eu la préférence. Oui, je les aurais donnés pour éviter un voyage qui me contrarie et me fait perdre de l'argent, disait-il pendant qu'on lui mettait les menottes. Ces gens-là vont se faire un plaisir de me traîner un temps infini pour m'*otolondrer*. S'ils m'envoyaient tout de suite au bagne, je serais bientôt rendu à mes occupations, malgré nos petits badauds du Quai des orfèvres. Là-bas, ils vont tous se mettre l'âme à l'envers pour faire évader leur général, ce bon Trompe-la-Mort! — Y a-t-il un de vous qui soit, comme moi, riche de plus de six cents amis prêts à tout faire pour vous? demanda-t-il aux pensionnaires avec fierté. Mais il y a du bon là, dit-il en se frappant le cœur; je n'ai jamais trahi personne! — Tiens, cagnotte, vois-les, dit-il en s'adressant à la vieille fille : ils me regardent avec terreur, et toi, tu leur soulèves le cœur de dégoût. Ramasse ton butin.

Il fit une pause en contemplant les pensionnaires.

— Êtes-vous bêtes, vous autres! n'avez-vous jamais vu de forçat? Un forçat de la trempe de Collin, ici présent, est un homme moins lâche que les autres, et qui proteste contre les profondes déceptions du contrat social, comme dit Jean-Jacques, dont je me glorifie d'être l'élève. Enfin, je suis seul contre le gouvernement avec un tas de tribunaux, de gendarmes, de budgets, et je les roule.

— Diantre! dit le peintre, il est fameusement beau à dessiner!

— Dis-moi, menin de monseigneur le bourreau, gouverneur de la VEUVE (nom plein de terrible poésie que les forçats donnent à la guillotine), ajouta-t-il en se retournant vers le chef de la police de sûreté, sois bon enfant, dis-moi si c'est Fil-de-Soie qui m'a vendu? Je ne voudrais pas qu'il payât pour un autre; ce ne serait pas juste.

En ce moment, les agents qui avaient tout ouvert et tout inventorié chez lui rentrèrent et parlèrent à voix basse au chef de l'expédition. Le procès-verbal était fini.

— Messieurs, dit Collin en s'adressant aux pensionnaires, ils vont m'emmener. Vous avez été tous très-aimables pour moi, pendant mon séjour ici; j'en aurai de la reconnaissance. Recevez mes adieux. Vous me permettrez de vous envoyer des figues de Provence.

Il fit quelques pas, et se retourna pour regarder Rastignac.

— Adieu, Eugène, dit-il d'une voix douce et triste qui contrastait singulièrement avec le ton brusque de ses discours. Si tu étais gêné, je t'ai laissé un ami dévoué.

Malgré les menottes, il put se mettre en garde, fit un appel de maître d'armes, cria: — Une, deux! et se fendit.

— En cas de malheur, adresse-toi là! Homme et argent, tu peux disposer de tout!

Ce singulier personnage mit assez de bouffonneries dans ces dernières paroles pour qu'elles ne pussent être comprises que de Rastignac et de lui. Quand la maison fut évacuée par les gendarmes, par les soldats et les agents de la police, Sylvie, qui frottait de vinaigre les tempes de sa maîtresse, regarda les pensionnaires étonnés.

— Eh bien! dit-elle, c'était un bon homme tout de même!

Cette phrase rompit le charme que produisaient sur chacun l'affluence et la diversité des sentiments excités par cette scène. En ce moment, les pensionnaires, après s'être examinés entre eux, virent tous à la fois mademoiselle Michonneau grêle, sèche et froide autant qu'une momie, tapie près du poêle, les yeux baissés, comme si elle eût craint que l'ombre de son abat-jour ne fût pas assez forte pour cacher l'expression de ses regards; et cette figure, qui leur était antipathique depuis si longtemps, fut tout à coup expliquée. Un murmure qui, par sa parfaite unité de son, trahissait un dégoût unanime, retentit sourdement. Mademoiselle Michonneau l'entendit et resta. Bianchon, le premier, se pencha vers son voisin.

— Je décampe si cette fille doit continuer à dîner avec nous, dit-il à demi-voix.

En un clin d'œil chacun, moins Poiret, approuva la proposition de l'étudiant en médecine, qui, fort de l'adhésion générale, s'avança vers le vieux pensionnaire.

— Vous, qui êtes lié particulièrement avec mademoiselle Michonneau, lui dit-il, parlez-lui, faites-lui comprendre qu'elle doit s'en aller à l'instant même.

— A l'instant même! répéta Poiret étonné.

Puis il vint auprès de la vieille fille, et lui dit quelques mots à l'oreille.

— Mais mon terme est payé, je suis ici pour mon argent comme tout le monde, dit-elle en lançant un regard de vipère sur les pensionnaires.

— Qu'à cela ne tienne, nous nous cotiserons pour vous rendre! dit Rastignac.

— Monsieur soutient Collin? répondit-elle en jetant sur l'étudiant un regard venimeux et interrogateur. Il n'est pas difficile de savoir pourquoi.

A ce mot, Eugène bondit comme pour se ruer sur la vieille fille et l'étrangler. Ce regard, dont il comprit les perfidies, venait de jeter une horrible lumière dans son âme.

— Laissez-la donc! s'écrièrent les pensionnaires.

Rastignac se croisa les bras et resta muet.

— Finissons-en avec mademoiselle Judas, dit le peintre en s'adressant à madame Vauquer. Madame, si vous ne mettez pas à la porte la Michonneau, nous quittons tous votre baraque, et nous dirons partout qu'il ne s'y trouvait que des espions et des forçats. Dans le cas contraire, nous nous tairons tous sur cet événement, qui, au bout du compte, pourrait arriver dans les meilleures sociétés, jusqu'à ce qu'on marque les galériens au front et qu'on leur défende de se déguiser en bourgeois de Paris, et de se faire aussi bêtement farceurs qu'ils le sont tous.

A ce discours, madame Vauquer retrouva miraculeusement la santé, se redressa, se croisa les bras, ouvrit les yeux clairs et sans apparence de larmes.

— Mais, mon cher monsieur, vous voulez donc la ruine de ma maison? Voilà M. Vautrin... — Oh, mon Dieu! se dit-elle en s'interrompant elle-même, je ne puis pas m'empêcher de l'appeler par son nom d'honnête homme! — Voilà, reprit-elle, un appartement vide, et vous voulez que j'en aie deux de plus à louer dans une saison où tout le monde est casé!

— Messieurs, prenons nos chapeaux, et allons dîner place Sorbonne, chez Flicoteaux, dit Bianchon.

Madame Vauquer calcula d'un seul coup d'œil le parti le plus avantageux, et roula jusqu'à mademoiselle Michonneau.

— Allons, ma chère petite belle, vous ne voulez pas la mort de mon établissement, hein? Vous voyez à quelle extrémité me réduisent ces messieurs; remontez dans votre chambre pour ce soir.

— Du tout, du tout! crièrent les pensionnaires; nous voulons qu'elle sorte à l'instant.

— Mais elle n'a pas dîné, cette pauvre demoiselle, dit Poiret d'un ton piteux.

— Elle ira dîner où elle voudra! crièrent plusieurs voix.

— A la porte, la moucharde!

— A la porte, les mouchards!

— Messieurs, s'écria Poiret, qui s'éleva tout à coup à la hauteur du courage que l'amour prête aux béliers, respectez une personne du sexe.

— Les mouchards ne sont d'aucun sexe, dit le peintre.

— Fameux sexorama!

— A la porte!

— Messieurs, ceci est indécent! Quand on renvoie les gens, on doit y mettre des formes! Nous avons payé! nous restons, dit Poiret en se couvrant de sa casquette et se plaçant sur une chaise à côté de mademoiselle Michonneau, que prêchait madame Vauquer.

— Méchant, lui dit le peintre d'un air comique, petit méchant, va!

— Allons, si vous ne vous en allez pas, nous nous en allons, nous autres, dit Bianchon.

Et les pensionnaires firent en masse un mouvement vers le salon.

— Mademoiselle, que voulez-vous donc? s'écria madame Vauquer, je suis ruinée! Vous ne pouvez pas rester; ils vont en venir à des actes de violence contre vous.

Mademoiselle Michonneau se leva.

— Elle s'en ira!

— Elle ne s'en ira pas!

— Elle s'en ira!

— Elle ne s'en ira pas!

Ces mots dits alternativement, et l'hostilité des propos qui commençaient à se tenir sur elle, contraignirent mademoiselle Michonneau à partir, après quelques stipulations faites à voix basse avec l'hôtesse.

— Je vais chez madame Buneaud, dit-elle d'un air menaçant.

— Allez où vous voudrez, mademoiselle, dit madame Vauquer, qui vit une cruelle injure dans le choix qu'elle faisait d'une maison avec laquelle elle rivalisait, et qui lui était conséquemment odieuse. Allez chez la Buneaud; vous aurez du vin à faire danser les chèvres, et des plats achetés chez les regrattiers.

Les pensionnaires se mirent sur deux files dans le plus grand silence. Poiret regarda si tendrement mademoiselle Michonneau, il se montra si naïvement indécis, sans savoir s'il devait la suivre ou rester, que les pensionnaires, heureux du départ de mademoiselle Michonneau, se mirent à rire en se regardant.

— Xi, xi, xi, Poiret, lui cria le peintre. Allons, houp-là, haoup!

L'employé au Muséum se mit à chanter comiquement ce début d'une romance connue:

Partant pour la Syrie,
Le jeune et beau Dunois.

— Allez donc, vous en mourez d'envie: *Trahit sua quemque voluptas*, dit Bianchon.

— Chacun suit sa particulière, traduction libre de Virgile, dit un répétiteur.

Mademoiselle Michonneau ayant fait le geste de prendre le bras de Poiret en le regardant, il ne put résister à cet appel, et vint donner son appui à la vieille fille. Des applaudissements éclatèrent, et il y eut une explosion de rires.

— Bravo, Poiret!

— Ce vieux Poiret!

— Apollon-Poiret!

— Mars-Poiret.

— Courageux Poiret!

En ce moment, un commissionnaire entra, remit une lettre à madame Vauquer, qui se laissa couler sur sa chaise après l'avoir lue.

— Mais il n'y a plus qu'à brûler ma maison! le tonnerre y tombe! Le fils Taillefer est mort à trois heures! Je suis bien punie d'avoir souhaité du bien à ces dames au détriment de ce pauvre jeune homme. Madame Couture et Victorine me redemandent leurs effets, et vont demeurer chez son père! M. Taillefer permet à sa fille de garder la veuve Couture comme demoiselle de compagnie! Quatre appartements vacants! cinq pensionnaires de moins!

Elle s'assit et parut près de pleurer.

— Le malheur est entré chez moi, s'écria-t-elle.

Le roulement d'une voiture qui s'arrêtait retentit tout à coup dans la rue.

— Encore quelque chape-chute! dit Sylvie.

M. Goriot montra soudain une physionomie brillante et colorée de bonheur, qui pouvait faire croire à sa régénération.

— Goriot en fiacre! dirent les pensionnaires, la fin du monde arrive.

Le bonhomme alla droit à Eugène, qui restait pensif dans un coin, et le prit par le bras.

— Venez! lui dit-il d'un air joyeux.

— Vous ne savez donc pas ce qui se passe? lui

dit Eugène. M. Vautrin était un forçat que l'on vient d'arrêter, et le fils Taillefer est mort.

— Hé bien! qu'est-ce que ça nous fait? répondit le père Goriot. Je dîne avec ma fille chez vous! entendez-vous? Elle vous attend, venez!

Et il tira si violemment Rastignac par le bras, qu'il le fit marcher de force, et parut l'enlever comme si c'eût été sa maîtresse.

— Dînons! cria le peintre.

En un moment chacun eut pris une chaise et s'attabla.

— Par exemple, dit la grosse Sylvie, tout est malheur aujourd'hui; mon haricot de mouton s'est attaché. Bah, vous le mangerez brûlé, tant pire!

Madame Vauquer n'eut pas le courage de dire un mot en ne voyant que dix personnes, au lieu de dix-huit, autour de sa table. Chacun tenta de la consoler et de l'égayer. Si d'abord les externes s'entretinrent de Vautrin et des événements de la journée, ils obéirent bientôt à l'allure serpentine de leur conversation, et se mirent à parler des duels, du bagne, de la justice, des lois à refaire, des prisons; puis ils se trouvèrent à mille lieues de Jacques Collin, de Victorine et de son frère. Quoiqu'ils ne fussent que dix, ils crièrent comme vingt, et semblaient en être plus nombreux qu'à l'ordinaire; ce fut toute la différence qu'il y eut entre ce dîner et celui de la veille. L'insouciance habituelle de ce monde égoïste qui, le lendemain, devait avoir dans les événements quotidiens de Paris une autre proie à dévorer, reprit le dessus, et madame Vauquer elle-même se laissa calmer par l'espérance, qui emprunta la voix de la grosse Sylvie.

Cette journée devait être jusqu'au soir une fantasmagorie pour Eugène, qui, malgré la force de son caractère et la bonté de sa tête, ne savait comment classer ses idées, quand il se trouva dans le fiacre à côté du père Goriot, dont les discours trahissaient une joie inaccoutumée, et retentissaient à son oreille, après tant d'émotions, comme les paroles que nous entendons en rêve.

— C'est fini de ce matin. Nous dînons tous les trois ensemble; ensemble! comprenez-vous? Voici quatre ans que je n'ai dîné avec ma Delphine, ma petite Delphine! Je vais l'avoir à moi pendant toute une soirée. Nous sommes chez vous depuis ce matin. J'ai travaillé comme un manœuvre, habit bas. J'aidais à porter les meubles. Ha! ha! vous ne savez pas comme elle est gentille à table; elle s'occupera de moi: « — Tenez, papa, mangez donc de cela, c'est bon! » Et alors je ne peux pas manger. Oh! y a-t-il longtemps que je n'ai été tranquille avec elle, comme nous allons l'être!

— Mais, lui dit Eugène, aujourd'hui le monde est donc renversé?

— Renversé! dit le père Goriot. Mais à aucune époque le monde n'a si bien été. Je ne vois que des figures gaies dans les rues, des gens qui se donnent des poignées de main et qui s'embrassent, des gens heureux comme s'ils allaient tous dîner chez leurs filles, y *gobichonner* un bon petit dîner qu'elle a commandé devant moi au chef du Café anglais. Mais, bah! près d'elle le chicotin serait doux comme miel.

— Je crois revenir à la vie, se dit Eugène.

— Mais marchez donc, cocher, cria le père Goriot en ouvrant la glace de devant. Allez donc plus vite! Je vous donnerai cent sous pour boire, si vous me menez en dix minutes là où vous savez.

En entendant cette promesse, le cocher traversa Paris avec la rapidité de l'éclair.

— Il ne va pas, ce cocher! disait le père Goriot.

— Mais où me conduisez-vous donc? lui demanda Rastignac.

— Chez vous! dit le père Goriot.

La voiture s'arrêta rue d'Artois. Le bonhomme descendit le premier et jeta dix francs au cocher, avec la prodigalité d'un homme veuf qui, dans le paroxysme de son plaisir, ne prend garde à rien.

— Allons, montons, dit-il à Rastignac en lui faisant traverser une cour et le conduisant à la porte d'un appartement situé au troisième étage, sur le derrière d'une maison neuve et de belle apparence.

Le père Goriot n'eut pas besoin de sonner. Thérèse, la femme de chambre de madame de Nucingen, ouvrit; et Eugène se vit dans un délicieux appartement de garçon, composé d'une antichambre, d'un petit salon, d'une chambre à coucher et d'un cabinet ayant vue sur un jardin. Dans le petit salon, dont l'ameublement et le décor pouvaient soutenir la comparaison avec ce qu'il avait vu de plus joli, de plus gracieux, il aperçut, à la lumière des bougies, Delphine qui se leva d'une causeuse, au coin du feu, mit son écran sur la cheminée, et lui dit, avec une intonation de voix chargée de tendresse: — Il a donc fallu aller vous chercher, monsieur qui ne comprenez rien?

Thérèse s'en alla. L'étudiant prit Delphine dans ses bras, la serra vivement et pleura de joie. Ce dernier contraste entre ce qu'il voyait et ce qu'il venait de voir, dans un jour où tant d'irritations avaient fatigué son cœur et sa tête, détermina chez Rastignac un accès de sensibilité nerveuse.

— Je savais bien, moi, qu'il l'aimait! dit tout bas le père Goriot à sa fille, pendant qu'Eugène abattu gisait sur la causeuse, sans pouvoir prononcer une parole, et sans se rendre compte encore de la manière dont ce dernier coup de baguette avait été frappé.

— Mais venez donc voir, lui dit madame de Nucingen, en le prenant par la main et l'emmenant dans une chambre dont les tapis, les meubles et les moindres détails lui rappelèrent, en de plus petites proportions, celle de Delphine.

— Il y manque le lit ! dit Rastignac.

— Oui, monsieur, dit-elle en rougissant et lui serrant la main.

Eugène la regarda, et comprit, jeune encore, tout ce qu'il y avait de pudeur vraie dans un cœur de femme aimante.

— Vous êtes une de ces créatures que l'on doit adorer toujours, lui dit-elle à l'oreille. Oui, j'ose vous le dire, puisque nous nous comprenons si bien : plus vif et sincère est l'amour, plus il doit être voilé, mystérieux. Ne donnons notre secret à personne.

— Oh ! je ne serai pas quelqu'un moi ! dit le père Goriot en grognant.

— Vous savez bien que vous êtes *nous*, vous...

— Ah, voilà ce que je voulais ! Vous ne ferez pas attention à moi, n'est-ce pas ? J'irai, je viendrai comme un bon esprit qui est partout et qu'on sait être là, sans le voir. Hé bien, Delphinette, Ninette, Dedel ! n'ai-je pas eu raison de te dire : — « Il y a un joli appartement rue d'Artois, meublons-le pour lui. » Tu ne voulais pas. Ah ! ah ! c'est moi qui suis l'auteur de ta joie, comme je suis l'auteur de tes jours. Les pères doivent toujours donner pour être heureux ; donner toujours, c'est ce qui fait qu'on est père.

— Comment ? dit Eugène.

— Oui, elle ne voulait pas, elle avait peur qu'on ne dît des bêtises, comme si le monde valait le bonheur ! Mais toutes les femmes rêvent de faire ce qu'elle fait...

Le père Goriot parlait tout seul, madame de Nucingen avait emmené Rastignac dans le cabinet où le bruit d'un baiser retentit, quelque légèrement qu'il fût pris. Cette pièce était en rapport avec l'élégance de l'appartement, dans lequel rien d'ailleurs ne manquait.

— A-t-on bien deviné vos vœux ? dit-elle en revenant dans le salon pour se mettre à table.

— Oui, dit-il, trop bien ! Hélas ! ce luxe si complet, ces beaux rêves réalisés, toutes les poésies d'une vie jeune, élégante, je les sens trop pour ne pas les mériter; mais je ne puis les accepter de vous, et je suis trop pauvre encore pour...

— Ah ! ah ! vous me résistez déjà, dit-elle d'un petit air d'autorité railleuse, en faisant une de ces jolies moues que font les femmes quand elles veulent se moquer de quelque scrupule pour le mieux dissiper.

Eugène s'était trop solennellement interrogé pendant cette journée, et l'arrestation de Vautrin, en lui montrant la profondeur de l'abîme dans lequel il avait failli rouler, venait de trop bien corroborer ses sentiments nobles et sa délicatesse, pour qu'il cédât à cette caressante réfutation de ses idées généreuses. Une profonde tristesse s'empara de lui.

— Comment, dit madame de Nucingen, vous refuseriez ! Savez-vous ce que signifie un refus semblable ? Vous doutez de l'avenir, vous n'osez pas vous lier à moi ! Vous avez donc peur de trahir mon affection ! Si vous m'aimez, si je... vous aime, pourquoi reculez-vous devant d'aussi minces obligations ? Si vous connaissiez le plaisir que j'ai eu à m'occuper de tout ce ménage de garçon, vous n'hésiteriez pas, et vous me demanderiez pardon. J'avais de l'argent à vous, je l'ai bien employé, voilà tout ! Vous croyez être grand, et vous êtes petit. Vous demandez bien plus... (Ah ! dit-elle en saisissant un regard de passion chez Eugène) et vous faites des façons pour des niaiseries. Si vous ne m'aimez point, oh ! oui, n'acceptez pas. Mon sort est dans un mot. Parlez !

Mais, mon père, dites-lui donc quelques bonnes raisons, ajouta-t-elle en se tournant vers son père après une pause. Croit-il que je ne sois pas moins chatouilleuse que lui sur notre honneur ?

Le père Goriot avait le sourire fixe d'un thériakis en voyant, en écoutant cette jolie querelle.

— Enfant ! vous êtes à l'entrée de la vie, reprit-elle en saisissant la main d'Eugène, vous trouvez une barrière insurmontable pour beaucoup de gens, une main de femme vous l'ouvre, et vous reculez ! Mais vous réussirez, vous ferez une brillante fortune, le succès est écrit sur votre beau front ! Ne pourrez-vous pas alors me rendre ce que je vous prête aujourd'hui ? Autrefois les dames ne donnaient-elles pas à leurs chevaliers des armures, des épées, des casques, des cottes de mailles, des chevaux, afin qu'ils pussent aller combattre en leur nom dans les tournois ? Eh bien ! Eugène, les choses que je vous offre sont les armes de l'époque, ce sont des outils nécessaires à qui veut être quelque chose. Il est joli le grenier où vous êtes, s'il ressemble à la chambre de papa ? Voyons, nous ne dînerons donc pas ? Voulez-vous m'attrister ? Répondez donc ! dit-elle en lui secouant la main.

Eugène restait immobile.

— Mon Dieu, papa, décidez-le donc, ou je sors et ne le revois jamais.

— Je vais vous décider, dit le père Goriot en sortant de son extase. Mon cher monsieur Eugène, vous allez emprunter de l'argent à des juifs, n'est-ce pas ?

— Il le faut bien, dit-il.

— Bon, je vous tiens, reprit le bonhomme en tirant un mauvais portefeuille en cuir tout usé. Je ne suis fait juif, j'ai payé toutes les factures, les voici ! Vous ne devez pas un centime pour tout ce qui se trouve ici. Ça ne fait pas une grosse somme, tout au plus cinq mille francs ! Je vous les prête, moi ! Vous ne me refuserez pas ; je ne suis pas une femme. Vous m'en ferez une reconnaissance sur un chiffon de papier, et vous me les rendrez plus tard.

Quelques pleurs roulèrent à la fois dans les yeux d'Eugène et de Delphine, qui se regardèrent avec surprise. Rastignac tendit la main au bonhomme et la lui serra.

— Eh bien, quoi ! n'êtes-vous pas mes enfants ? dit Goriot.

— Mais, mon pauvre père, dit madame de Nucingen, comment avez-vous donc fait ?

— Ha ! nous y voilà, répondit-il. Quand je t'ai eu décidée à le mettre près de toi, que je t'ai vue acheter des choses comme pour une mariée, je me suis dit : « Elle va se trouver dans l'embarras ! » L'avoué prétend que le procès à intenter à ton mari, pour lui faire rendre ta fortune, durera plus de six mois. Alors j'ai vendu mes treize cent cinquante livres de rente perpétuelle, je me suis fait, avec quinze mille francs, douze cents francs de rentes viagères bien hypothéquées, et j'ai payé vos marchands avec le reste du capital, mes enfants. Moi, j'ai là-haut une chambre de cinquante écus par an, je peux vivre comme un prince avec quarante sous par jour, et j'aurai encore du reste. Je n'use rien, il ne me faut presque pas d'habits. Voilà quinze jours que je ris dans ma barbe, en me disant : — Vont-ils être heureux ! » Eh bien ! n'êtes-vous pas heureux ?

— Oh, papa, papa ! dit madame de Nucingen en sautant sur son père, qui la reçut sur ses genoux. Elle le couvrit de baisers, lui caressa les joues avec ses cheveux blonds, et versa des pleurs sur ce vieux visage, épanoui, brillant.

— Cher père, vous êtes un père ! Non, il n'existe pas deux pères comme vous sous le ciel. Eugène vous aimait bien déjà, que sera-ce maintenant ?

— Mais, mes enfants, dit le père Goriot qui depuis dix ans n'avait pas senti le cœur de sa fille battre sur le sien, mais Delphinette, tu veux donc me faire mourir de joie ! Mon pauvre cœur se brise. Allez, monsieur Eugène, nous sommes déjà quittes !

Et le vieillard serrait sa fille par une étreinte si sauvage, si délirante, qu'elle dit : — Ah ! tu me fais mal.

— Je t'ai fait mal ! dit-il en pâlissant.

Il la regarda d'un air surhumain de douleur ; car pour bien peindre la physionomie de ce Christ de la paternité, il faudrait aller chercher des comparaisons dans les images que les princes de la palette ont inventées pour peindre la passion soufferte au bénéfice des mondes par le Sauveur des hommes. Le père Goriot baisa bien doucement la ceinture que ses doigts avaient trop pressée.

— Non, non ; je ne t'ai pas fait mal ? reprit-il en la questionnant par un sourire ; c'est toi qui m'as fait mal avec ton cri. — Ça coûte plus cher, dit-il à l'oreille de sa fille en la lui baisant avec précaution, mais faut l'attraper, sans quoi il se fâcherait.

Eugène était pétrifié par l'inépuisable dévouement de cet homme, et le contemplait en exprimant cette naïve admiration qui, au jeune âge, est de la foi.

— Je serai digne de tout cela, s'écria-t-il.

— O mon Eugène, c'est beau ce que vous venez de dire là.

Et madame de Nucingen baisa l'étudiant au front.

— Il a refusé pour toi mademoiselle Taillefer et ses millions, dit le père Goriot ; car elle vous aimait la petite ! et son frère mort, la voilà riche comme Nessus.

— Oh ! pourquoi le dire ? s'écria Rastignac.

— Eugène, lui dit Delphine à l'oreille, maintenant j'ai un regret pour ce soir. Ah ! je vous aimerai bien, moi, et toujours.

— Voilà la plus belle journée que j'aie eue depuis vos mariages, s'écria le père Goriot. Le bon Dieu peut me faire souffrir tant qu'il lui plaira ; pourvu que ce ne soit pas par vous, je me dirai : — En février de cette année, j'ai été pendant un moment plus heureux que les hommes ne peuvent l'être pendant toute leur vie. Regarde-moi, Fifine ! dit-il à sa fille. Elle est bien belle, n'est-ce pas ? Dites-moi donc, avez-vous rencontré beaucoup de femmes qui aient ses jolies couleurs et sa petite fossette ? Non, pas vrai ? Eh bien, c'est moi qui ai fait cet amour de femme ! et désormais, en se rendant heureuse par vous, elle deviendra mille fois mieux. Je puis aller en enfer, mon voisin, dit-il ; s'il vous faut ma part de paradis, je vous la donne. Mangeons, mangeons ! reprit-il en ne sachant plus ce qu'il disait, ici tout est à nous.

— Ce pauvre père !

— Si tu savais, mon enfant, dit-il en se levant et allant à elle, lui prenant la tête et la baisant au milieu de ses nattes de cheveux, combien tu peux me rendre heureux à bon marché ! Viens me voir quelquefois, je serai là-haut, tu n'auras qu'un pas à faire. Promets-le-moi, dis !

— Oui, cher père.

— Dis encore.

— Oui, mon bon père.

— Tais-toi ; je te le ferais dire cent fois, si je m'écoutais. Dînons.

La soirée tout entière fut employée en enfantillages, et le père Goriot ne se montra pas le moins fou des trois. Il se couchait aux pieds de sa fille pour les baiser; il la regardait longtemps dans les yeux, il frottait sa tête contre sa robe; enfin, il faisait des folies comme en aurait fait l'amant le plus jeune et le plus tendre.

— Voyez-vous, dit Delphine à Eugène, quand mon père est avec nous, il faut être tout à lui. Ce sera pourtant bien gênant quelquefois.

Eugène, qui s'était senti déjà plusieurs fois des mouvements de jalousie, ne pouvait pas blâmer ce mot, qui renfermait le principe de toutes les ingratitudes.

— Et quand l'appartement sera-t-il fini? dit Eugène en regardant autour de la chambre. Il faudra donc nous quitter ce soir?

— Oui; mais demain vous viendrez dîner avec moi, dit-elle d'un air fin. Demain est un jour d'Italiens.

— J'irai au parterre, moi! dit le père Goriot.

Il était minuit; la voiture de madame de Nucingen attendait, le père Goriot et l'étudiant retournèrent à la Maison-Vauquer en s'entretenant de Delphine avec un croissant enthousiasme qui produisit un curieux combat d'expressions entre ces deux violentes passions. Eugène ne pouvait pas se dissimuler que l'amour du père, qu'aucun intérêt personnel n'entachait, écrasait le sien par sa persistance et son étendue. L'idole était toujours pure et belle pour le père, et son adoration s'accroissait de tout le passé comme de l'avenir. Ils trouvèrent madame Vauquer seule, au coin de son poêle, entre Sylvie et Christophe. La vieille hôtesse était là comme Marius sur les ruines de Carthage. Elle attendait les deux seuls pensionnaires qui lui restassent, en se désolant avec Sylvie. Quoique lord Byron ait prêté d'assez belles lamentations au Tasse, elles sont bien loin de la profonde vérité de celles qui échappaient à madame Vauquer.

— Il n'y aura donc que trois tasses de café à faire demain matin, Sylvie! Hein! ma maison déserte, n'est-ce pas à fendre le cœur? Qu'est-ce que la vie sans mes pensionnaires? Rien du tout. Voilà ma maison démeublée de ses hommes! La vie est dans les meubles. Qu'ai-je fait au ciel pour m'être attiré tous ces désastres? Nos provisions de haricots, de pommes de terre, sont faites pour vingt personnes. La police chez moi! Nous allons donc ne manger que des pommes de terre! Je renverrai donc Christophe!

Le Savoyard, qui dormait, se réveilla soudain et dit : — Madame!

— Pauvre garçon! c'est comme un dogue, dit Sylvie.

— Une saison morte! chacun s'est casé! D'où me tombera-t-il des pensionnaires? J'en perdrai la tête!

Et cette sibylle de Michonneau qui m'enlève Poiret! Qu'est-ce qu'elle lui faisait donc pour s'être attaché cet homme-là, qui la suit comme un toutou?

— Ah! dame, fit Sylvie en hochant la tête, ces vieilles filles, ça connaît les rubriques.

— Ce pauvre M. Vautrin dont ils ont fait un forçat! reprit la veuve. Eh bien! Sylvie, c'est plus fort que moi, je ne le crois pas encore! Un homme gai comme ça, qui prenait du gloria pour quinze francs par mois, et qui payait rubis sur ongle.

— Et qui était généreux! dit Christophe.

— Il y a erreur, dit Sylvie.

— Mais, non : il a avoué lui-même, reprit madame Vauquer. Et dire que toutes ces choses-là sont arrivées chez moi, dans un quartier où il ne passe pas un chat! Foi d'honnête femme, je rêve. Car vois-tu, Sylvie, nous avons vu Louis XVI avoir son accident, nous avons vu tomber l'Empereur, nous l'avons vu revenir et retomber; tout cela c'était dans l'ordre des choses possibles, tandis qu'il n'y a point de chances contre des pensions bourgeoises. On peut se passer de roi, mais il faut toujours qu'on mange; et quand une honnête femme, née de Conflans, donne à dîner avec toutes bonnes choses, mais à moins que la fin du monde n'arrive... Mais c'est ça, c'est la fin du monde!

— Et penser que mademoiselle Michonneau, qui vous fait tout ce tort, va recevoir, à ce qu'on dit, mille écus de rentes! s'écria Sylvie.

— Ne m'en parlez pas, ce n'est qu'une scélérate! dit madame Vauquer. Elle va chez la Buneaud, pardessus le marché! Mais elle est capable de tout, elle a dû faire des horreurs, elle a tué, volé dans son temps. Elle devait aller au bagne à la place de ce pauvre cher homme...

En ce moment, Eugène et le père Goriot sonnèrent.

— Ah! voilà mes deux fidèles, dit la veuve en soupirant.

Les deux fidèles, qui n'avaient qu'un fort léger souvenir des désastres de la pension bourgeoise, annoncèrent sans cérémonie à leur hôtesse qu'ils s'en allaient demeurer à la Chaussée-d'Antin.

— Ah! Sylvie, dit la veuve, voilà mon dernier atout. Vous m'avez donné le coup de la mort, messieurs! ça m'a frappée dans l'estomac. J'ai une barre là. Voilà une journée qui me met dix ans de plus sur la tête. Je deviendrai folle, ma parole d'honneur. Que faire des haricots? Ah bien! si je suis seule ici, tu t'en iras demain, Christophe. Adieu, messieurs; bonne nuit.

— Qu'a-t-elle donc? demanda Eugène à Sylvie.

— Dame! voilà tout le monde parti par suite des affaires. Ça lui a troublé la tête. Allons, je l'entends qui pleure. Ça lui fera du bien de *chigner*. Voilà la première fois qu'elle se vide les yeux depuis que je suis à son service.

Le lendemain, madame Vauquer s'était, suivant son expression, *raisonnée*. Si elle parut affligée comme une femme qui avait perdu tous ses pensionnaires, et dont la vie était bouleversée, elle avait toute sa tête, et montra ce qu'était la vraie douleur, une douleur profonde, la douleur causée par l'intérêt froissé, par les habitudes rompues. Certes, le regard qu'un amant jette sur les lieux habités par sa maîtresse, en les quittant, n'est pas plus triste que le fut celui de madame Vauquer sur sa table vide. Eugène la consola en lui disant que Bianchon, dont l'internat finissait dans quelques jours, viendrait sans doute le remplacer; que l'employé du Muséum avait souvent manifesté le désir d'avoir l'appartement de madame Couture, et que dans peu de jours elle aurait remonté son personnel.

— Dieu vous entende! mon cher monsieur, mais malheur est ici. Avant dix jours, la mort y viendra, vous verrez, lui dit-elle en jetant un regard lugubre sur la salle à manger. Qui prendra-t-elle?

— Il fait bon déménager, dit tout bas Eugène à père Goriot.

— Madame, dit Sylvie en accourant effarée, voici trois jours que je n'ai vu Mistigris.

— Ha bien! si mon chat est mort, s'il nous a quittés, je...

La pauvre veuve n'acheva pas. Elle joignit les mains, et se renversa sur le dos de son fauteuil, accablée par ce terrible pronostic.

## VI.

### LES DEUX FILLES.

Vers midi, heure à laquelle les facteurs arrivaient dans le quartier du Panthéon, Eugène reçut une lettre élégamment enveloppée, cachetée aux armes Beauséant. Elle contenait une invitation adressée à et madame de Nucingen pour le grand bal annoncé depuis un mois, et qui devait avoir lieu chez la vicomtesse. A cette invitation était joint un petit mot pour Eugène.

J'ai pensé, monsieur, que vous vous chargerez avec plaisir d'être l'interprète de mes sentiments près de madame de Nucingen. Je vous envoie l'invitation que vous m'avez demandée, et serai charmée de faire la connaissance de la sœur de madame de Restaud. Amenez-moi donc cette jolie personne, et faites en sorte qu'elle ne prenne pas toute votre affection; vous m'en devez beaucoup en retour de celle que je vous porte. »

« Vicomtesse de BEAUSÉANT. »

— Mais, dit Eugène en relisant ce billet, madame de Beauséant me dit assez clairement qu'elle ne veut pas de M. de Nucingen.

Il alla promptement chez Delphine, heureux d'avoir à lui procurer une joie dont il recevrait sans doute le prix. Madame de Nucingen était au bain. Rastignac attendit dans le boudoir, en butte aux impatiences naturelles à un jeune homme ardent et pressé de prendre possession d'une maîtresse, l'objet de deux ans de désirs. Ce sont des émotions qui ne se rencontrent pas deux fois dans la vie des jeunes gens. La première femme réellement femme à laquelle s'attache un homme, c'est-à-dire celle qui se présente à lui dans la splendeur des accompagnements que veut la société parisienne, celle-là n'a jamais de rivale. L'amour à Paris ne ressemble en rien aux autres amours. Ni les hommes ni les femmes n'y sont dupes des montres pavoisées de lieux communs que chacun étale par décence sur ses affections soi-disant désintéressées. En ce pays, une femme ne doit pas satisfaire seulement le cœur et les sens, elle sait parfaitement qu'elle a de plus grandes obligations à remplir envers les mille vanités dont se compose la vie. Là surtout, l'amour est essentiellement vantard, effronté, gaspilleur, charlatan et fastueux. Si toutes les femmes de la cour de Louis XIV ont envié à mademoiselle de La Vallière l'entraînement de passion qui fit oublier à ce grand prince que ses manchettes coûtaient chacune mille écus, quand il les déchira pour faciliter au duc de Vermandois son entrée sur la scène du monde, que peut-on demander au reste de l'humanité? Soyez jeunes, riches et titrés, soyez mieux encore si vous pouvez; plus vous apporterez de grains d'encens à brûler devant l'idole, plus elle vous sera favorable, si toutefois vous avez une idole. L'amour est une religion, et son culte doit coûter plus cher que celui de toutes les autres religions; il passe promptement, et passe en gamin qui tient à marquer son passage par des dévastations. Le luxe du sentiment est la poésie des greniers; sans cette richesse, qu'y deviendrait l'amour? S'il est des exceptions à ces lois draconiennes du code parisien, elles se rencontrent dans la solitude, chez les âmes qui ne se sont point laissé entraîner par les doctrines sociales, qui vivent près de quelque source aux eaux claires, fugitives, mais incessantes; qui, fidèles à leurs ombrages verts, heureuses d'écouter le langage de l'infini, écrit pour elles en toute chose, et qu'elles retrouvent en elles-mêmes, attendent patiemment leurs ailes en plaignant ceux de la terre.

Mais Rastignac, semblable à la plupart des jeunes gens qui, par avance, ont goûté les grandeurs, voulait se présenter tout armé dans la lice du monde; il en avait épousé la fièvre, et se sentait peut-être la force de le dominer, mais sans connaître ni les moyens ni le but de cette ambition. A défaut d'un amour pur et sacré qui remplit la vie, cette soif du pouvoir peut devenir une belle chose : il suffit de dépouiller tout intérêt personnel et de se proposer la grandeur d'un pays pour objet. Mais l'étudiant n'était pas encore arrivé au point d'où l'homme peut contempler le cours de la vie et la juger. Jusqu'alors il n'avait même pas complétement secoué le charme des fraîches et suaves idées qui enveloppent comme d'une frondaison la jeunesse des enfants élevés en province. Il avait continuellement hésité à franchir le Rubicon parisien. Malgré ses ardentes curiosités, il avait toujours conservé quelques arrière-pensées de la vie heureuse que mène le vrai gentilhomme dans son château. Néanmoins ses derniers scrupules avaient disparu la veille, quand il s'était vu dans son appartement. En jouissant des avantages matériels de la fortune, comme il jouissait depuis quelque temps des avantages moraux que donne la naissance, il avait dépouillé sa peau d'homme de province, et s'était doucement établi dans une position d'où il découvrait un bel avenir. Aussi, en attendant Delphine, mollement assis dans ce joli boudoir qui devenait un peu le sien, se voyait-il si loin du Rastignac venu l'année dernière à Paris, qu'en le lorgnant par un effet d'optique morale, il se demandait s'il se ressemblait en ce moment à lui-même.

— Madame est dans sa chambre, vint lui dire Thérèse qui le fit tressaillir.

Il trouva Delphine étendue sur sa causeuse, au coin du feu, fraîche, reposée. A la voir ainsi étalée en ces flots de mousseline, il était impossible de ne pas la comparer à ces belles plantes de l'Inde dont le fruit vient dans la fleur.

— Hé bien, nous voilà! dit-elle avec émotion.

— Devinez ce que je vous apporte, dit Eugène en s'asseyant près d'elle et lui prenant le bras pour lui baiser la main.

Madame de Nucingen fit un mouvement de joie en lisant l'invitation. Elle tourna sur Eugène ses yeux mouillés, et lui jeta ses bras au cou pour l'attirer à elle dans un délire de satisfaction vaniteuse.

— Et c'est vous! (toi! lui dit-elle à l'oreille, mais Thérèse est dans mon cabinet de toilette, soyons prudents!) vous à qui je dois ce bonheur! Oui, j'ose appeler cela un bonheur. Obtenu par vous, n'est-ce pas plus qu'un triomphe d'amour-propre? Personne ne m'a voulu présenter dans ce monde. Vous me trouvez peut-être en ce moment petite, frivole, légère comme une Parisienne; mais pensez, mon ami, que je suis prête à tout vous sacrifier, et que si je souhaite plus ardemment que jamais d'aller dans le faubourg Saint-Germain, c'est que vous y êtes.

— Ne pensez-vous pas, dit Eugène, que madame de Beauséant a l'air de nous dire qu'elle ne compte pas voir M. de Nucingen à son bal?

— Mais oui, dit la baronne en rendant la lettre à Eugène. Ces femmes-là ont le génie de l'impertinence. Mais n'importe, j'irai. Ma sœur doit s'y trouver, je sais qu'elle prépare une toilette délicieuse. — Eugène, reprit-elle à voix basse, elle y va pour dissiper d'affreux soupçons. Vous ne savez pas les bruits qui courent sur elle? M. de Nucingen est venu me dire ce matin qu'on en parlait hier au Cercle sans se gêner. A quoi tient, mon Dieu! l'honneur des femmes et des familles? Je me suis sentie attaquée, blessée dans ma pauvre sœur. Selon certaines personnes, M. de Trailles aurait souscrit des lettres de change montant à cent mille francs, presque toutes échues, et pour lesquelles il allait être poursuivi. Dans cette extrémité, ma sœur aurait vendu ses diamants à un juif, ces beaux diamants que vous avez pu voir et qui viennent de madame de Restaud la mère. Enfin, depuis deux jours il n'est question que de cela. Je conçois alors qu'Anastasie se fasse faire une robe lamée, et veuille attirer sur elle tous les regards chez madame de Beauséant, en y paraissant dans tout son éclat et avec ses diamants. Mais je ne veux pas être au-dessous d'elle. Elle a toujours cherché à m'écraser, elle n'a jamais été bonne pour moi qui lui rendais tant de services, qui avais toujours de l'argent pour elle quand elle n'en avait pas! Mais laissons le monde! Aujourd'hui, je veux être tout heureuse!

Rastignac était encore à une heure du matin chez madame de Nucingen qui, en lui prodiguant l'adieu des amants, cet adieu plein des joies à venir, lui dit avec une expression de mélancolie : — Je suis si peureuse, si superstitieuse, donnez à mes pressentiments le nom qu'il vous plaira, que je tremble de payer mon bonheur par quelque affreuse catastrophe....

— Enfant! dit Eugène.

— Ah! c'est moi qui suis l'enfant, ce soir, dit-elle en riant.

Eugène revint à la Maison-Vauquer, avec la certitude de la quitter le lendemain; et il s'abandonna pendant la route à ces jolis rêves que font tous les jeunes gens quand ils ont encore sur les lèvres le goût du bonheur.

— Hé bien? lui dit le père Goriot quand Rastignac passa devant sa porte.

— Hé bien ! répondit Eugène, je vous dirai tout demain.

— Tout, n'est-ce pas? cria le bonhomme. Couchez-vous ! Nous allons commencer demain notre vie heureuse.

Le lendemain, M. Goriot et Rastignac n'attendaient plus que le bon vouloir d'un commissionnaire pour partir de la pension bourgeoise; quand, vers midi, le bruit d'un équipage qui s'arrêtait précisément à la porte de la Maison-Vauquer retentit dans la rue Neuve-Sainte-Geneviève. Madame de Nucingen descendit de sa voiture, demanda si son père était encore à la pension. Sur la réponse affirmative de Sylvie, elle monta lestement l'escalier. Eugène se trouvait chez lui, sans que son voisin le sût. Il avait, en déjeunant, prié le père Goriot d'emporter ses effets, en lui disant qu'ils se retrouveraient à quatre heures rue d'Artois. Mais pendant que le bonhomme avait été chercher des porteurs, Eugène ayant promptement répondu à l'appel de l'École, était revenu sans que personne l'eût aperçu, pour compter avec madame Vauquer, ne voulant pas laisser cette charge à M. Goriot, qui, dans son fanatisme, aurait sans doute payé pour lui. L'hôtesse était sortie. Eugène remonta chez lui pour voir s'il n'y oublierait rien, et s'applaudit d'avoir eu cette pensée en voyant dans le tiroir de sa table l'acceptation en blanc, souscrite à Vautrin, qu'il avait insoucieusement jetée là le jour où il l'avait acquittée. N'ayant pas de feu, il allait la déchirer en petits morceaux, quand en reconnaissant la voix de Delphine, il ne voulut faire aucun bruit, et s'arrêta pour l'entendre, en pensant qu'elle ne devait avoir aucun secret pour lui. Puis, dès les premiers mots, il trouva la conversation entre le père et la fille trop intéressante pour ne pas l'écouter.

— Ha, mon père! dit-elle, plaise au ciel que vous ayez eu l'idée de demander compte de ma fortune assez à temps pour que je ne sois pas ruinée. Puis-je parler?

— Oui, la maison est vide, dit le père Goriot d'une voix altérée.

— Qu'avez-vous donc, mon père? reprit madame de Nucingen.

— Tu viens, répondit le vieillard, de me donner un coup de hache sur la tête. Dieu te pardonne, mon enfant! Tu ne sais pas combien je t'aime! si tu l'avais su, tu ne m'aurais pas dit brusquement de semblables choses! surtout si rien n'est désespéré. Qu'est-il donc arrivé de si pressant pour que tu sois venue me chercher ici quand, dans quelques instants, nous allions être rue d'Artois?

— Hé! mon père, est-on maître de son premier mouvement dans une catastrophe? Je suis folle! Votre avoué nous a fait découvrir un peu plus tôt le malheur qui sans doute éclatera plus tard. Votre vieille expérience commerciale va nous devenir nécessaire, et je suis accourue vous chercher comme on s'accroche à une branche quand on se noie. Lorsque M. Derville a vu M. de Nucingen lui opposer mille chicanes, il l'a menacé d'un procès, en lui disant que l'autorisation du président du tribunal serait promptement obtenue. Alors, M. de Nucingen est venu ce matin chez moi, pour me demander si je voulais sa ruine et la mienne. Je lui ai répondu que je ne me connaissais à rien de tout cela, que j'avais une fortune, que je devais être en possession de ma fortune, et que tout ce qui avait rapport à ce démêlé regardait mon avoué, parce que j'étais de la dernière ignorance, et dans l'impossibilité de rien entendre à ce sujet. N'était-ce pas ce que vous m'aviez recommandé de dire?

— Bien, répondit le père Goriot.

— Alors, reprit Delphine, il m'a mis au fait de ses affaires. Il a jeté tous ses capitaux et les miens dans des entreprises à peine commencées et pour lesquelles il a fallu mettre de grandes sommes en dehors. Si je le forçais à me représenter ma dot, il serait obligé de déposer son bilan; tandis que si je veux attendre un an, il s'engage sur l'honneur à me rendre une fortune double ou triple de la mienne, en plaçant mes capitaux dans des opérations territoriales, à la fin desquelles je serai maîtresse de tous les biens. Mon cher père, il était sincère, il m'a effrayée. Il m'a demandé pardon de sa conduite, il m'a rendu ma liberté, m'a permis de me conduire à ma guise, à la condition de le laisser entièrement maître de gérer les affaires sous mon nom. Il m'a promis, pour me prouver sa bonne foi, d'appeler M. Derville toutes les fois que je le voudrais pour juger si les actes en vertu desquels il m'instituerait propriétaire seraient convenablement rédigés. Enfin il s'est remis entre mes mains, pieds et poings liés. Il demande encore pendant deux ans la conduite de la maison, et m'a suppliée de ne rien dépenser pour moi de plus qu'il ne m'accorde. Il m'a prouvé que tout ce qu'il pouvait faire était de conserver les apparences, qu'il avait renvoyé sa danseuse, et qu'il allait être contraint à la plus stricte, mais à la plus sourde économie, afin d'atteindre au terme de ses spéculations sans altérer son crédit. Je l'ai malmené, j'ai tout mis en doute, afin de le pousser à bout et d'en apprendre davantage. Alors il m'a montré ses livres, enfin il a pleuré. Je n'ai jamais vu d'homme en pareil état. Il avait perdu la tête, il parlait de se tuer, il délirait. Il m'a fait pitié.

— Et tu crois à tout! s'écria le père Goriot. C'est un comédien! J'ai rencontré des Allemands en affaires, ces gens-là sont presque tous de bonne foi, pleins de candeur; mais quand sous leur air de franchise et de bonhomie ils se mettent à être malins et charlatans, ils le sont alors plus que les autres. Ton mari t'abuse. Il se sent serré de près, il fait le mort; il veut rester plus maître sous ton nom qu'il ne l'est sous le sien. Il va profiter de cette circonstance pour se mettre à l'abri des chances de son commerce. Il est aussi fin que perfide, c'est un mauvais gars. Non, non, je ne m'en irai pas au Père-Lachaise en laissant mes filles dénuées de tout. Je me connais encore un peu aux affaires. Il a, dit-il, engagé ses fonds dans des entreprises. Hé bien! ses intérêts sont représentés par des valeurs, par des reconnaissances, par des traités? qu'il les montre, et liquide avec toi. Nous choisirons les meilleures spéculations, nous en courrons les chances, et nous aurons les titres récognitifs en notre nom de *Delphine Goriot, épouse séparée, quant aux biens, du baron de Nucingen*. Mais nous prend-il pour des imbéciles, celui-là? Croit-il que je puisse supporter pendant deux jours l'idée de te laisser sans fortune, sans pain? je ne le supporterais pas un jour, pas une nuit, pas deux heures! Si cette idée était vraie, je n'y survivrais pas. Hé quoi! j'aurai travaillé pendant quarante ans de ma vie, j'aurai porté des sacs sur mon dos, j'aurai sué des averses, je me serai privé pendant toute ma vie pour vous, mes anges, qui me rendiez tout travail, tout fardeau léger; et aujourd'hui, ma fortune, ma vie s'en irait en fumée! Ceci me ferait mourir enragé. Par tout ce qu'il y a de plus sacré sur terre et au ciel, nous allons tirer ça au clair, vérifier les livres, la caisse, les entreprises! Je ne dors pas, je ne me couche pas, je ne mange pas, qu'il ne me soit prouvé que ta fortune est là tout entière. Dieu merci, tu es séparée de biens, tu auras maître Derville pour avoué, un honnête homme heureusement. Jour de Dieu! tu garderas ton bon petit million, tes cinquante mille livres de rente jusqu'à la fin de tes jours, ou je fais un tapage dans Paris, ha! ha! Mais je m'adresserais aux chambres, si les tribunaux nous victimaient. Te savoir tranquille et heureuse du côté de l'argent, mais cette pensée allégeait tous mes maux et calmait mes chagrins. L'argent, c'est la vie. Monnaie fait tout!—Que nous chante-t-il donc, cette grosse souche d'Alsacien? Delphine, ne fais pas une concession d'un quart de liard à cette grosse bête qui t'a mise à la chaîne et t'a rendue malheureuse. S'il a besoin de toi, nous le tricoterons ferme, et nous le ferons marcher droit! Mon Dieu! j'ai la tête en feu! j'ai dans le crâne quelque chose qui me brûle. Ma Delphine sur la paille! Oh! ma Fifine, toi! Sapristie! où sont mes gants? Allons, partons, je veux aller tout voir, les livres, les affaires, la caisse, la correspondance, à l'instant! Je ne serai calme que quand il me sera prouvé que ta fortune ne court plus de risques, et que je la verrai de mes yeux.

— Mon cher père! allez-y prudemment. Si vous mettiez la moindre velléité de vengeance en cette affaire, et si vous montriez des intentions trop hostiles, je serais perdue. Il vous connaît, il a trouvé tout naturel que, sous votre inspiration, je m'inquiétasse de ma fortune; mais, je vous le jure, il la tient en ses mains et a voulu la tenir. Il est homme à s'enfuir avec tous les capitaux, et à nous laisser là, le scélérat! Il sait bien que je ne déshonorerai pas moi-même le nom que je porte en le poursuivant. Il est à la fois fort et faible. J'ai tout examiné. Si nous le poussons à bout, je suis ruinée.

— Mais c'est donc un fripon?

— Hé bien! oui, mon père, dit-elle en se jetant sur une chaise en pleurant. Je ne voulais pas vous l'avouer, pour vous épargner le chagrin de m'avoir mariée à un homme de cette espèce-là! Mœurs secrètes et conscience, l'âme et le corps, tout en lui s'accorde! c'est effroyable, je le hais et le méprise. Oui, je ne puis plus estimer M. de Nucingen après tout ce qu'il m'a dit. Un homme capable de se jeter dans les combinaisons commerciales dont il m'a parlé, n'a pas la moindre délicatesse, et mes craintes viennent de ce que j'ai lu parfaitement dans son âme. Il m'a nettement proposé, lui, mon mari, la liberté; vous savez ce que cela signifie? si je voulais être, en cas de malheur, un instrument entre ses mains; enfin si je voulais lui servir de prête-nom.

— Mais les lois sont là! Mais il y a une place de Grève pour les gendres de cette espèce-là! s'écria le père Goriot; mais je le guillotinerais moi-même, s'il n'y avait pas de bourreau.

— Non, mon père! il n'y a pas de lois contre lui. Écoutez en deux mots son langage, dégagé des circonlocutions dont il l'enveloppait : « — Ou tout est perdu, vous n'avez pas un liard, car je ne saurais choisir pour complice une autre personne que vous; ou vous me laisserez conduire à bien mes entreprises. » Est-ce clair? Il tient encore à moi. Ma probité de femme le rassure; il sait que je lui laisserai sa fortune, et me contenterai de la mienne. C'est une association improbe et voleuse à laquelle je dois consentir sous peine d'être ruinée. Il m'achète ma conscience et la paix en me laissant être à mon aise la femme d'Eugène. « — Je te permets de commettre des fautes; laisse-moi faire des crimes en ruinant de pauvres gens! » Ce langage est-il encore assez clair? Savez-vous ce qu'il nomme faire des opérations? Il achète des terrains nus et sans nom. Puis il y fait bâtir des maisons par des hommes de paille. Ces hommes concluent les marchés pour les bâtisses avec les entrepreneurs qu'ils payent en effets à longs termes ; puis, ils consentent, moyennant une légère somme, à donner quittance à M. de Nucingen, qui alors est le possesseur des maisons, tandis que ces hommes s'acquittent avec es entrepreneurs dupés en faisant faillite. Le nom de la maison de Nucingen et C⁰ a servi à éblouir les pauvres constructeurs. J'ai compris cela. J'ai compris aussi que pour prouver, en cas de besoin, le payement de sommes énormes, M. de Nucingen a envoyé des valeurs considérables à Amsterdam, à Londres, à Naples, à Vienne. Comment les saisirions-nous ?

Eugène entendit le son lourd des genoux du père Goriot, qui tomba sans doute sur le carreau de sa chambre.

— Mon Dieu ! que t'ai-je fait ? Ma fille livrée à ce misérable ! Il exigera tout d'elle, s'il le veut. Pardon, ma fille ! cria le vieillard.

— Oui, si je suis dans un abîme, il y a peut-être de votre faute ! dit Delphine. Nous avons si peu de raison quand nous nous marions ! Connaissons-nous le monde, les affaires, les hommes, les mœurs ? Les pères devraient penser pour nous. Cher père ! je ne vous reproche rien ! pardonnez-moi ce mot ! En ceci, la faute est toute à moi ! Non, ne pleurez point, papa ! dit-elle en baisant le front de son père.

— Ne pleure pas non plus, ma petite Delphine ! Donne tes yeux, que je les essuie en les baisant. Va ! je vais retrouver ma caboche, et débrouiller l'écheveau mêlé par ton mari !

— Non, laissez-moi faire, je saurai le manœuvrer. Il m'aime, hé bien, je me servirai de mon empire sur lui pour l'amener à me placer promptement quelques capitaux en propriétés. Peut-être lui ferai-je racheter sous mon nom Nucingen, en Alsace ; il y tient. Seulement venez demain pour examiner ses livres, ses affaires. M. Derville ne sait rien de ce qui est commercial. Non, ne venez pas demain. Je ne veux pas me tourner le sang. Le bal de madame de Beauséant a lieu après-demain, je veux me soigner pour y être belle, reposée, et faire honneur à mon cher Eugène ! Allons donc voir sa chambre.

En ce moment, une voiture s'arrêta dans la rue Neuve-Sainte-Geneviève, et l'on entendit dans l'escalier la voix de madame de Restaud qui disait à Sylvie : — Mon père y est-il ?

Cette circonstance sauva heureusement Eugène, qui méditait déjà de se jeter sur son lit et de feindre d'y dormir.

— Ah ! mon père, vous a-t-on parlé d'Anastasie ? dit Delphine en reconnaissant la voix de sa sœur. Il paraîtrait qu'il lui arrive aussi de singulières choses dans son ménage !

— Quoi donc ? dit le père Goriot, ce serait donc la fin ! Ma pauvre tête ne tiendra pas à un double malheur.

— Bonjour, mon père, dit la comtesse en entrant. Ah ! te voilà, Delphine !

Madame de Restaud parut embarrassée de rencontrer sa sœur.

— Bonjour, Nasie ! dit la baronne : trouves-tu donc ma présence extraordinaire ? Je vois mon père tous les jours, moi.

— Depuis quand ?

— Si tu venais, tu le saurais.

— Ne me taquine pas, Delphine, dit la comtesse d'une voix lamentable ; je suis bien malheureuse ! Je suis perdue, mon pauvre père ! Oh ! bien perdue, cette fois !

— Qu'as-tu, Nasie ? cria le père Goriot. Dis-nous tout, mon enfant. Elle pâlit. Delphine, allons, secours-la donc ! sois bonne pour elle, je t'aimerai encore mieux, si je peux, toi !

— Ma pauvre Nasie ! dit madame de Nucingen en asseyant sa sœur, parle ! Tu vois en nous les deux seules personnes qui t'aimeront toujours assez pour te pardonner tout. Vois-tu, les affections de famille sont les plus sûres.

Elle lui fit respirer des sels, et la comtesse revint à elle.

— J'en mourrai ! dit le père Goriot. Voyons, reprit-il en remuant son feu de mottes, approchez-vous là toutes les deux. J'ai froid. Qu'as-tu, Nasie ? dis vite, tu me tues...

— Hé bien ! dit la pauvre femme, mon mari sait tout. Figurez-vous, mon père, il y a quelque temps, vous souvenez-vous de cette lettre de change de Maxime ? Hé bien ! ce n'était pas la première. J'en avais déjà payé beaucoup. Vers le commencement de janvier, M. de Trailles me paraissait bien chagrin : il ne me disait rien ; mais il est si facile de lire dans le cœur des gens qu'on aime, un rien suffit : puis il y a des pressentiments. Enfin, il était plus aimant, plus tendre que je ne l'avais jamais vu ; j'étais toujours plus heureuse. Pauvre Maxime ! dans sa pensée, il me faisait ses adieux, m'a-t-il dit, il voulait se brûler la cervelle. Enfin, je l'ai tant tourmenté, tant supplié, je suis restée deux heures à ses genoux. Il m'a dit qu'il devait cent mille francs ! Oh ! papa, cent mille francs ! je suis devenue folle. Vous ne les aviez pas, j'avais tout dévoré...

— Non, dit le père Goriot, je ne les aurais pas pu faire, à moins d'aller les voler. Mais j'y aurais été, Nasie ! J'irai !

A ce mot, lugubrement jeté comme un son du râle d'un mourant, et qui accusait l'agonie du sentiment paternel réduit à l'impuissance, les deux sœurs firent une pause. Quel égoïsme serait resté froid à ce cri de désespoir qui, semblable à une pierre lancée dans un gouffre, en révélait la profondeur !

— Je les ai trouvés, en disposant de ce qui ne m'appartenait pas, mon père, dit la comtesse en fondant en larmes.

Delphine fut émue et pleura en mettant la tête sur le cou de sa sœur.

— Tout est donc vrai? lui dit-elle.

Anastasie baissa la tête. Madame de Nucingen la saisit à plein corps, la baisa tendrement, et l'appuyant sur son cœur :

— Ici, tu seras toujours aimée sans être jugée, lui dit-elle.

— Mes anges! dit Goriot d'une voix faible, pourquoi votre union est-elle due au malheur!

— Pour sauver la vie de Maxime, enfin tout mon bonheur, reprit la comtesse encouragée par ces témoignages d'une tendresse chaude et palpitante, j'ai porté chez cet usurier que vous connaissez, un homme fabriqué par l'enfer, que rien ne peut attendrir, ce M. Gobseck, les diamants de famille auxquels tient tant M. de Restaud, les siens, les miens, tout, je les ai vendus! Vendus! comprenez-vous? Il a été sauvé! Mais, moi, je suis morte; M. de Restaud l'a su.

— Par qui? comment? Que je le tue! cria le père Goriot.

— Hier, il m'a fait appeler dans sa chambre. J'y suis allée. — « Anastasie, m'a-t-il dit d'une voix... (oh! sa voix a suffi, j'ai tout deviné) où sont vos diamants? » — Chez moi. — « Non, m'a-t-il dit en me regardant, ils sont là, sur ma commode. » Et il m'a montré l'écrin qu'il avait couvert de son mouchoir. — « Vous savez d'où ils viennent? » m'a-t-il dit. Je suis tombée à ses genoux, j'ai pleuré, je lui ai demandé de quelle mort il voulait me voir mourir.

— Tu as dit cela! s'écria Goriot. Par le sacré nom de Dieu, celui qui vous fera mal à l'une ou à l'autre, tant que je serai vivant, peut être sûr que je le brûlerai à petit feu! Oui, je le déchiquèterai comme...

Le père Goriot se tut, les mots expiraient dans sa gorge.

— Enfin, ma chère, il m'a demandé quelque chose de plus difficile à faire que mourir. Le ciel préserve toute femme d'entendre ce que j'ai entendu!

— J'assassinerai cet homme, dit le père Goriot tranquillement. Mais il n'a qu'une vie, et il m'en doit deux. Enfin, quoi? reprit-il en regardant Anastasie.

— Hé bien, dit la comtesse en continuant, après une pause il m'a regardée : « — Anastasie, m'a-t-il dit, j'ensevelis tout dans le silence : nous resterons ensemble, parce que nous avons des enfants. Je ne tuerai pas M. de Trailles, parce qu'en duel je pourrais le manquer, et que, pour m'en défaire autrement, je pourrais me heurter contre la justice humaine. Le tuer dans vos bras, ce serait déshonorer les enfants. Mais pour ne voir périr ni vos enfants, ni leur père, ni moi, je vous impose deux conditions. Répondez : Ai-je un enfant à moi? » J'ai dit oui. — « Lequel? » a-t-il demandé. — Ernest, l'aîné. — « Bien, a-t-il dit. Maintenant, jurez-moi de m'obéir désormais sur un seul point. » J'ai juré. — « Vous signerez la vente de vos biens, quand je vous le demanderai. »

— Ne signe pas, cria le père Goriot! Ne signe jamais cela. Ah! ah! M. de Restaud, vous ne savez pas ce que c'est que de rendre une femme heureuse, elle va chercher le bonheur là où il est, et vous la punissez de votre niaise impuissance! Je suis là, moi! halte-là! il me trouvera dans sa route. Nasie, sois en repos. Ah, il tient à son héritier! bon, bon. Je lui empoignerai son fils, qui, sacré tonnerre! est mon petit-fils. Je puis bien le voir, ce marmot! Je le mets dans mon village, j'en aurai soin, sois bien tranquille. Alors je le ferai capituler, ce monstre-là! en lui disant : — A nous deux! Si tu veux avoir ton fils, rends à ma fille son bien, et laisse-la se conduire à sa guise.

— Mon père!

— Oui, ton père! Ah! je suis un vrai père! Que ce drôle de grand seigneur ne maltraite pas mes filles! Tonnerre! je ne sais pas ce que j'ai dans les veines. J'y ai le sang d'un tigre, je voudrais dévorer ces deux hommes. O mes enfants! voilà donc votre vie! Mais c'est ma mort. Que deviendrez-vous donc quand je ne serai plus là? Les pères devraient vivre autant que leurs enfants. Mon Dieu! comme ton monde est mal arrangé! Et tu as un fils cependant, à ce qu'on nous dit! Tu devrais nous empêcher de souffrir dans nos enfants. Mes chers anges, quoi! ce n'est qu'à vos douleurs que je dois votre présence! Vous ne me faites connaître que vos larmes. Hé bien! oui, vous m'aimez, je le vois! Venez, venez vous plaindre ici : mon cœur est grand, il peut tout recevoir. Oui, vous aurez beau le percer, les lambeaux feront encore des cœurs de père! Je voudrais prendre vos peines, souffrir pour vous. Ah! quand vous étiez petites, vous étiez heureuses...

— Nous n'avons eu que ce temps-là de bon! dit Delphine. Où sont les moments où nous dégringolions du haut des sacs dans le grand grenier!

— Mon père! ce n'est pas tout, dit Anastasie à l'oreille de M. Goriot, qui fit un bond. Les diamants n'ont pas été vendus cent mille francs. Maxime est poursuivi. Nous n'avons plus que douze mille francs à payer. Il m'a promis d'être sage, de ne plus jouer. Il ne me reste au monde que son amour, et je l'ai payé trop cher pour ne pas mourir s'il m'échappait. Je lui ai sacrifié fortune, honneur, repos, enfants. Oh! faites qu'au moins Maxime soit libre, honoré; qu'il puisse demeurer dans le monde où il saura se faire une position. Maintenant, il ne me doit pas que le bonheur, nous avons des enfants qui seraient sans fortune. Tout sera perdu s'il est mis à Sainte-Pélagie.

— Je ne les ai pas, Nasie. Plus, plus rien! plus rien! C'est la fin du monde! Oh, le monde va crouler, c'est sûr; allez-vous-en, sauvez-vous avant! Ha! j'ai encore mes boucles d'argent, six couverts, les premiers que j'ai eus dans ma vie! Enfin, je n'ai plus que douze cents francs de rentes viagères...

— Qu'avez-vous donc fait de vos rentes perpétuelles?

— Je les ai vendues, et me réservant ce petit bout de revenu pour mes besoins. Il me fallait douze mille francs pour arranger un appartement à Fifine.

— Chez toi, Delphine? dit madame de Restaud à sa sœur.

— Oh! qu'est-ce que cela fait, reprit le père Goriot, puisque les douze mille francs sont employés?

— Je devine! dit la comtesse. Pour M. de Rastignac! Ha! ma pauvre Delphine, arrête-toi! Vois où j'en suis!

— Ma chère, M. de Rastignac est un jeune homme incapable de ruiner sa maîtresse.

— Merci, Delphine! Dans la crise où je me trouve, j'attendais mieux de toi; mais tu ne m'as jamais aimée.

— Si, elle t'aime, Nasie! cria le père Goriot, elle me le disait tout à l'heure. Nous parlions de toi, elle me soutenait que tu étais belle et qu'elle n'était que jolie, elle!

— Elle! répéta la comtesse. Elle est d'un beau froid.

— Quand cela serait, dit Delphine en rougissant, comment t'es-tu comportée envers moi? Tu m'as reniée, tu m'as fait fermer les portes de toutes les maisons où je souhaitais aller; enfin, tu n'as jamais manqué la moindre occasion de me causer de la peine! Et moi, suis-je venue, comme toi, soutirer à ce pauvre père, mille francs à mille francs, sa fortune, et le réduire dans l'état où il est? Voilà ton ouvrage, ma sœur! Moi, j'ai vu mon père tant que j'ai pu, je ne l'ai pas mis à la porte, et ne suis pas venue lui lécher les mains quand j'avais besoin de lui. Je ne savais seulement pas qu'il eût employé ses douze mille francs pour moi. J'ai de l'ordre, moi! tu le sais. D'ailleurs, quand papa m'a fait des cadeaux, je ne les ai jamais quêtés.

— Tu étais plus heureuse que moi! M. de Marsay était riche, tu en sais quelque chose. Tu as toujours été vilaine comme l'or, intéressée. Adieu, je n'ai ni sœur, ni...

— Tais-toi, Nasie! cria le père Goriot.

— Il n'y a qu'une sœur comme toi qui puisse répéter ce que le monde ne croit plus! Tu es un monstre! lui dit Delphine.

— Mes enfants, taisez-vous, ou je me tue devant vous.

— Va, Nasie, je te pardonne! dit madame de Nucingen en continuant, tu es malheureuse. Mais je suis meilleure que tu ne l'es. Me dire cela au moment où je me sentais capable de tout pour te secourir, même d'entrer dans la chambre de mon mari, ce que je ne ferais ni pour moi, ni pour... ceci est digne de tout ce que tu as commis de mal contre moi depuis neuf ans.

— Mes enfants, mes enfants, embrassez-vous! dit le père. Vous êtes deux anges.

— Non, laissez-moi, cria la comtesse, que M. Goriot avait prise par le bras et qui secoua l'embrassement de son père. Elle a moins de pitié pour moi que n'en aurait mon mari. Ne dirait-on pas qu'elle est l'image de toutes les vertus?

— J'aime encore mieux passer pour devoir de l'argent à M. de Marsay que d'avouer que M. de Trailles me coûte plus de deux cent mille francs, répondit madame de Nucingen.

— Delphine! cria la comtesse en faisant un pas vers elle.

— Je te dis la vérité, quand tu me calomnies, répliqua froidement la baronne.

— Delphine, tu es une...

Le père Goriot s'élança, retint la comtesse et l'empêcha de parler en lui couvrant la bouche avec sa main.

— Mon Dieu! mon père, à quoi donc avez-vous touché ce matin? lui dit Anastasie.

— Hé bien, oui, j'ai tort, dit le pauvre père en s'essuyant les mains à son pantalon. Mais je ne savais pas que vous viendriez, et je déménage.

Il était heureux de s'être attiré un reproche qui détournait sur lui la colère de sa fille.

— Ha! reprit-il en s'asseyant, vous m'avez fendu le cœur. Je me meurs, mes enfants! Le crâne me cuit intérieurement, comme s'il y avait du feu. Soyez donc gentilles, aimez-vous bien! Vous me feriez mourir. Delphine, Nasie, allons, vous aviez raison, vous aviez tort toutes les deux. Voyons, Dedel? reprit-il en tournant sur la baronne des yeux pleins de larmes, il lui faut douze mille francs, cherchons-les. Ne vous regardez pas comme ça.

Il se mit à genoux devant Delphine.

— Demande-lui pardon pour me faire plaisir! lui dit-il à l'oreille; elle est la plus malheureuse, voyons!

— Ma pauvre Nasie, dit Delphine épouvantée de la sauvage et folle expression que la douleur impri-

44*

mait sur le visage de son père, j'ai eu tort, embrasse-moi...

— Ah! vous me mettez du baume sur le cœur! cria le père Goriot. Mais où trouver douze mille francs? Si je me proposais comme remplaçant?...

— Ah, mon père! dirent les deux filles en l'entourant, non, non.

— Dieu vous récompensera de cette pensée, car notre vie n'y suffirait point! N'est-ce pas, Nasie? reprit Delphine.

— Et puis, pauvre père, ce serait une goutte d'eau, fit observer la comtesse.

— Mais on ne peut donc rien faire de son sang! cria le vieillard désespéré. Je me voue à celui qui te sauvera, Nasie! je tuerai un homme pour lui. Je ferai comme Vautrin, j'irai au bagne! je...

Il s'arrêta comme s'il eût été foudroyé.

— Plus rien! dit-il en s'arrachant les cheveux. Si je savais où aller pour voler, mais il est encore difficile de trouver un vol à faire. Et puis il faudrait du monde et du temps pour prendre la Banque! Allons, il faut mourir, je n'ai plus qu'à mourir. Oui, je ne suis plus bon à rien, je ne suis plus père! non. Elle me demande, elle a besoin! et moi, misérable, je n'ai rien! Ah! tu t'es fait des rentes viagères, vieux scélérat! et tu avais des filles! Mais tu ne les aimes donc pas! Crève, crève comme un chien que tu es! Oui, je suis au-dessous d'un chien, un chien ne se conduirait pas ainsi! Oh! ma tête, elle bout!

— Mais, papa! crièrent les deux jeunes femmes qui l'entouraient pour l'empêcher de se frapper la tête contre les murs, soyez donc raisonnable.

Il sanglotait. Eugène épouvanté prit la lettre de change souscrite à Vautrin, et dont le timbre comportait une plus forte somme; puis après en avoir corrigé le chiffre, en en faisant une lettre de change régulière de douze mille francs à l'ordre de M. Goriot, il entra.

— Voici tout votre argent, madame, dit-il en présentant le papier. Je dormais, votre conversation m'a réveillé; j'ai pu savoir ainsi ce que je devais à M. Goriot. En voici le titre que vous pouvez négocier, je l'acquitterai fidèlement.

La comtesse immobile tenait le papier.

— Delphine, dit-elle, pâle et tremblante de colère, de fureur, de rage, je te pardonnais tout, Dieu m'en est témoin; mais ceci! Comment, monsieur était là! tu le savais! tu as eu la petitesse de te venger en me laissant lui livrer mes secrets, ma vie, celle de mes enfants, ma honte, mon bonheur! Va, tu ne m'es plus de rien, je te hais, je te ferai tout le mal possible, je...

La colère lui coupa la parole, et son gosier se sécha.

— Mais c'est mon fils, notre enfant, ton frère, ton sauveur! criait le père Goriot. Embrasse-le donc, Nasie! Tiens, moi, je l'embrasse, reprit-il en serrant Eugène avec une sorte de fureur. Oh! mon enfant, je serai plus qu'un père pour toi, je veux être une famille. Je voudrais être Dieu, je te jetterais l'univers aux pieds. Mais baise-le donc, Nasie! ce n'est pas un homme, mais un ange, un vrai ange!

— Laissez-la, mon père! elle est folle en ce moment, dit Delphine.

— Folle! folle! Et toi, qu'es-tu? demanda madame de Restaud.

— Mes enfants, je meurs si vous continuez! cria le vieillard en tombant sur son lit, comme frappé par une balle.

Elles me tuent! dit-il.

La comtesse regarda Eugène, qui restait immobile, abasourdi par la violence de cette scène.

— Monsieur..., lui dit-elle en l'interrogeant du geste, de la voix et du regard, sans faire attention à son père dont Delphine défaisait le gilet.

— Madame, je payerai, et je me tairai, répondit-il sans attendre la question.

— Tu as tué notre père, Nasie! dit Delphine en montrant à sa sœur le vieillard évanoui.

La comtesse se sauva.

— Je lui pardonne bien, dit le bonhomme en ouvrant les yeux; sa situation est épouvantable, et tournerait une meilleure tête.

— Console Nasie, sois douce pour elle, promets-le à ton pauvre père qui se meurt, demanda-t-il à Delphine en lui pressant la main.

— Mais qu'avez-vous? dit-elle effrayée.

— Rien, rien, répondit le père, ça se passera. J'ai quelque chose qui me presse le front, une migraine! Pauvre Nasie, quel avenir!

En ce moment la comtesse rentra, se jeta aux genoux de son père.

— Pardon! cria-t-elle.

— Allons, dit le père Goriot, tu me fais encore plus de mal, maintenant.

— Monsieur, dit la comtesse à Rastignac, les yeux baignés de larmes, la douleur m'a rendue injuste. Vous serez un frère pour moi, reprit-elle en lui tendant la main.

— Nasie, lui dit Delphine en la serrant, ma petite Nasie, oublions tout.

— Non, dit-elle, je m'en souviendrai, moi!

— Les anges! s'écria le père Goriot, vous m'enlevez le rideau que j'avais sur les yeux, votre voix me ranime. Embrassez-vous donc encore.

— Hé bien, Nasie, cette lettre de change te sauvera-t-elle?

— Je l'espère. Dites donc, papa, voulez-vous y mettre votre signature?

— Tiens, c'est vrai! J'étais bête, moi, d'oublier ça! Mais je me suis trouvé mal, Nasie! Ne m'en veux pas. Envoie-moi dire que tu es hors de peine. Non, j'irai. Mais non, je n'irai pas, je ne puis plus voir ton mari, je le tuerais net. Quant à dénaturer ses biens, je serai là. Va, va vite, mon enfant, et fais que M. Maxime devienne sage.

Eugène était stupéfait.

— Cette pauvre Anastasie a toujours été si violente! dit madame de Nucingen; mais elle a bon cœur.

— Elle est revenue pour l'endos! dit Eugène à l'oreille de Delphine.

— Vous croyez?

— Je voudrais ne pas le croire! Méfiez-vous d'elle, répondit-il en levant les yeux comme pour confier à Dieu des pensées qu'il n'osait exprimer.

— Oui, elle a toujours été un peu comédienne, et mon pauvre père se laisse prendre à ses mines.

— Comment allez-vous, mon père Goriot? demanda Rastignac au vieillard.

— J'ai envie de dormir, répondit-il.

Eugène aida M. Goriot à se coucher. Puis, quand le bonhomme se fut endormi en tenant la main de Delphine, sa fille se retira.

— Ce soir aux Italiens! dit-elle à Eugène, et tu me diras comment il va. Demain, vous déménagerez, monsieur. Voyons votre chambre! Oh! quelle horreur! dit-elle en y entrant. Mais vous étiez là plus mal que n'est mon père. Eugène, tu t'es bien conduit. Je vous aimerais davantage si c'était possible; mais, mon enfant, si vous voulez faire fortune, il ne faut pas jeter comme ça des douze mille francs par les fenêtres. M. de Trailles est joueur. Ma sœur ne veut pas voir ça... Il aurait été chercher ses douze mille francs là où il sait perdre ou gagner des monts d'or.

Un gémissement les fit revenir chez M. Goriot, qu'ils trouvèrent en apparence endormi; mais quand les deux amants approchèrent, ils entendirent ces mots:

— Elles ne sont pas heureuses!

Qu'il dormît ou qu'il veillât, l'accent de cette phrase frappa si vivement le cœur de la fille, qu'elle s'approcha du grabat sur lequel gisait son père, et le baisa au front. Il ouvrit les yeux en disant: — C'est Delphine?

— Hé bien, comment vas-tu?

— Bien, dit-il. Ne sois pas inquiète, je vais sortir. Allez, allez, mes enfants, soyez heureux.

Eugène accompagna Delphine jusque chez elle; mais, inquiet de l'état dans lequel il avait laissé M. Goriot, il refusa de dîner avec elle, et revint à la Maison-Vauquer. Il y trouva le père Goriot debout et prêt à s'attabler. Bianchon s'était mis de manière à bien examiner la figure du vermicellier. Quand il lui vit prendre son pain et le sentir pour juger de la farine avec laquelle il était fait, l'étudiant, ayant observé dans ce mouvement une absence totale de ce que l'on pourrait nommer la conscience de l'acte, fit un geste sinistre.

— Viens donc près de moi, monsieur l'interne à Cochin! dit Eugène.

Bianchon s'y transporta d'autant plus volontiers qu'il allait être près du vieux pensionnaire.

— Qu'a-t-il? demanda Rastignac.

— A moins que je ne me trompe, il est flambé! Il a dû se passer quelque chose d'extraordinaire en lui, car il me semble être sous le poids d'une apoplexie séreuse imminente. Quoique le bas de la figure soit assez calme, les traits supérieurs du visage se tirent vers le front, malgré lui, vois! Puis, les yeux sont dans l'état particulier qui dénote l'invasion du sérum dans le cerveau. Ne dirait-on pas qu'ils sont pleins d'une poussière fine? Demain matin j'en saurai davantage.

— Y aurait-il quelque remède?

— Aucun. Peut-être pourra-t-on retarder sa mort si l'on trouve les moyens de déterminer une réaction vers les extrémités, vers les jambes; mais si demain soir les symptômes ne cessent pas, le pauvre bonhomme est perdu. Sais-tu par quel événement la maladie a été causée? car il a dû recevoir quelque coup violent sous lequel son moral aura succombé.

— Oui, dit Rastignac en se rappelant que les deux filles avaient battu sans relâche sur le cœur de leur père.

Au moins, se disait Eugène, Delphine aime son père, elle!

Le soir, aux Italiens, Rastignac prit quelques précautions afin de ne pas trop alarmer madame de Nucingen.

— N'ayez pas d'inquiétude, répondit-elle aux premiers mots que lui dit Eugène, mon père est fort. Seulement, ce matin, nous l'avons un peu secoué. Nos fortunes sont en question! Songez-vous à l'étendue de ce malheur? Je ne vivrais pas si votre affection ne me rendait pas insensible à ce que j'aurais regardé naguère comme des angoisses mortelles. Il n'est aujourd'hui qu'une seule crainte, un seul malheur pour moi, c'est de perdre l'amour qui m'a fait sentir le plaisir de vivre. En dehors de ce sentiment, tout m'est indifférent, je n'aime plus rien au monde. Vous êtes tout pour moi. Si je sens le bonheur d'être riche, c'est pour mieux vous plaire. Je suis, à ma honte, plus amante que je ne suis fille. Pourquoi? je ne sais. Toute ma vie est en vous. Mon père m'a donné un cœur, mais vous l'avez fait battre. Le monde entier peut me blâmer, que m'importe, si vous, qui n'avez pas le droit de m'en vouloir, m'acquittez des crimes auxquels me condamne un sentiment irrésistible! Me croyez-vous une fille dénaturée? oh, non! il est impossible de ne pas aimer un père aussi bon que l'est le nôtre. Pouvais-je empêcher qu'il ne vît enfin les suites naturelles de nos déplorables mariages? Pourquoi ne les a-t-il pas empêchés? N'était-ce pas à lui de réfléchir pour nous? Aujourd'hui, je le sais, il souffre autant que nous; mais que pouvions-nous y faire? Le consoler! nous ne le consolerions de rien. Notre résignation lui ferait plus de douleur que nos reproches ou nos plaintes ne lui causeraient de mal. Il est des situations dans la vie où tout est amertume.

Eugène resta muet, saisi de tendresse par l'expression naïve d'un sentiment vrai. Si les Parisiennes sont souvent fausses, ivres de vanité, personnelles, coquettes, froides, il est sûr que quand elles aiment réellement, elles sacrifient plus de sentiments que les autres femmes à leurs passions; elles se grandissent de toutes leurs petitesses, et deviennent sublimes. Puis Eugène était frappé de l'esprit profond et judicieux que la femme déploie pour juger les sentiments les plus naturels, quand une affection privilégiée l'en sépare et la met à distance. Madame de Nucingen se choqua du silence que gardait Eugène.

— A quoi pensez-vous donc? lui demanda-t-elle.

— J'écoute encore ce que vous m'avez dit. J'ai cru jusqu'ici vous aimer plus que vous ne m'aimiez.

Elle sourit et s'arma contre le plaisir qu'elle éprouva, pour laisser la conversation dans les bornes imposées par les convenances. Elle n'avait jamais entendu les expressions vibrantes d'un amour jeune et sincère; et, quelques mots de plus, elle ne se serait plus contenue.

— Eugène, dit-elle en changeant de conversation, vous ne savez donc pas ce qui se passe? Tout Paris sera demain chez madame de Beauséant. Les Rochegude et M. d'Ajuda se sont entendus pour ne rien ébruiter; mais le roi signe demain le contrat de mariage, et votre pauvre cousine ne sait rien encore. Elle ne pourra pas se dispenser de recevoir, et M. d'Ajuda ne sera pas à son bal. On ne s'entretient que de cette aventure.

— Et le monde se rit d'une infamie! et il y trempe! Vous ne savez donc pas que madame de Beauséant en mourra?

— Non, dit Delphine en souriant, vous ne connaissez pas ces sortes de femmes-là. Mais tout Paris viendra chez elle, et j'y serai! Je vous dois ce bonheur-là pourtant.

— Mais, dit Rastignac, n'est-ce pas un de ces bruits absurdes comme on en fait tant courir à Paris?

— Nous saurons la vérité demain.

Eugène ne rentra pas à la Maison-Vauquer. Il ne put se résoudre à ne pas jouir de son nouvel appartement. Si, la veille, il avait été forcé de quitter Delphine à une heure après minuit, ce fut Delphine qui le quitta vers deux heures pour retourner chez elle. Il dormit le lendemain assez tard, attendit vers midi madame de Nucingen, qui vint déjeuner avec lui. Les jeunes gens sont si avides de ces jolis bonheurs, qu'il avait presque oublié le père Goriot. Ce fut une longue fête pour lui que de s'habituer à chacune des élégantes choses qui lui appartenaient. Madame de Nucingen était là, donnant à tout un nouveau prix. Cependant, vers quatre heures, les deux amants pensèrent au père Goriot en songeant au bonheur qu'il se promettait à venir demeurer dans cette maison. Eugène fit observer qu'il était nécessaire d'y transporter promptement le bonhomme, s'il devait être malade, et quitta Delphine pour courir à la Maison-Vauquer. Ni le père Goriot, ni Bianchon n'étaient à table.

— Hé bien! lui dit le peintre, le père Goriot est clopé. Bianchon est là-haut près de lui. Le bonhomme a vu l'une de ses filles, la comtesse de Restaurama. Puis il a voulu sortir, et sa maladie a empiré. La société va être privée d'un de ses plus beaux ornements.

Rastignac s'élança vers l'escalier.

— Hé, monsieur Eugène!

— Monsieur Eugène! madame vous appelle, cria Sylvie.

— Monsieur, lui dit la veuve, monsieur Goriot et vous, vous deviez sortir le quinze de février. Voici trois jours que le quinze est passé, nous sommes au dix-huit, il faudra me payer un mois pour vous et pour lui; mais, si vous voulez garantir M. Goriot, votre parole me suffira.

— Pourquoi? n'avez-vous pas confiance?

— Confiance! Si le bonhomme n'avait plus sa tête et mourait, ses filles ne me donneraient pas un liard, et toute sa défroque ne vaut pas dix francs. Il a emporté ce matin ses derniers couverts, je ne sais pourquoi. Il s'était mis en jeune homme. Dieu me pardonne, je crois qu'il avait du rouge, il m'a paru rajeuni.

— Je réponds de tout, dit Eugène en frissonnant d'horreur, et appréhendant une catastrophe.

Il monta chez le père Goriot. Le vieillard gisait sur son lit, et Bianchon était auprès de lui.

— Bonjour, père, lui dit Eugène.

Le bonhomme lui sourit doucement, et répondit en tournant vers lui des yeux glauques:

— Comment va-t-elle?

— Bien. Et vous?

— Pas mal.

— Ne le fatigue pas, dit Bianchon en entraînant Eugène dans un coin de la chambre.

— Hé bien? lui dit Rastignac.

— Il ne peut être sauvé que par un miracle! La congestion séreuse a eu lieu; il a les sinapismes; heureusement il les sent, ils agissent.

— Peut-on le transporter?

— Impossible. Il faut le laisser là, lui éviter tout mouvement physique et toute émotion...

— Mon bon Bianchon, dit Eugène, nous le soignerons à nous deux.

— J'ai déjà fait venir le médecin en chef de mon hôpital.

— Hé bien?

— Il prononcera demain soir. Il m'a promis de venir après sa journée. Malheureusement ce fichu bonhomme a commis ce matin une imprudence sur laquelle il ne veut pas s'expliquer. Il est entêté comme une mule. Quand je lui parle, il fait semblant de ne pas entendre, et dort pour ne pas me répondre; ou bien, s'il a les yeux ouverts, il se met à geindre. Il est sorti vers le matin, il a été à pied dans Paris, on ne sait où. Il a emporté tout ce qu'il possédait de vaillant; il a été faire quelque sacré trafic pour lequel il a outre-passé ses forces! Une de ses filles est venue.

— La comtesse? dit Eugène. Une grande brune, l'œil vif et bien coupé, joli pied, taille souple?

— Oui.

— Laisse-moi seul un moment avec lui, dit Rastignac. Je vais le confesser, il me dira tout, à moi.

— Je vais aller dîner pendant ce temps-là. Seulement tâche de ne pas trop l'agiter; nous avons encore quelque espoir.

— Sois tranquille.

— Elles s'amuseront bien demain! dit le père Goriot à Eugène quand ils furent seuls. Elles vont à un grand bal!

— Qu'avez-vous donc fait ce matin, papa, pour être si souffrant ce soir qu'il vous faille rester au lit?

— Rien.

— Anastasie est venue? demanda Rastignac.

— Oui, répondit le père Goriot.

— Hé bien! ne me cachez rien. Que vous a-t-elle encore demandé?

— Ah! reprit-il en rassemblant ses forces pour parler, elle était bien malheureuse, allez, mon enfant! Nasie n'a pas un sou depuis l'affaire des diamants. Elle avait commandé, pour ce bal, une robe lamée qui doit lui aller comme un bijou. Sa couturière, une infâme, n'a pas voulu lui faire crédit, et sa femme de chambre a payé mille francs en à-compte sur la toilette. Pauvre Nasie, en être venue là! Ça m'a déchiré le cœur. Mais la femme de chambre, voyant M. de Restaud retirer toute sa confiance à Nasie, a eu peur de perdre son argent, et s'entend avec la couturière pour ne livrer la robe que si les mille francs sont rendus. Le bal est demain, la robe est prête, Nasie est au désespoir. Elle a voulu m'emprunter mes couverts pour les engager. Son mari veut qu'elle aille à ce bal pour montrer à tout Paris les diamants qu'on prétend vendus par elle. Peut-elle dire à ce monstre : — « Je dois mille francs, payez-les? » Non. J'ai compris ça, moi! Sa sœur Delphine ira là dans une toilette superbe : Anastasie ne doit pas être au-dessous de sa cadette. Et puis elle est si noyée de larmes, ma pauvre fille! J'ai été si humilié de n'avoir pas eu douze mille francs hier, que j'aurais donné le reste de ma misérable vie pour racheter ce tort-là. Voyez-vous, j'avais eu la force de tout supporter; mais mon dernier manque d'argent m'a crevé le cœur. Oh! oh! je n'en ai fait ni un ni deux! je me suis rafistolé, requinqué, j'ai vendu pour six cents francs de couverts et de boucles, puis j'ai engagé, pour un an, mon titre de rente viagère contre quatre cents francs une fois payés, au papa Gobseck. Bah! je mangerai du pain! ça me suffisait quand j'étais jeune, ça peut aller. Au moins elle aura une belle soirée, ma Nasie. Elle sera pimpante; j'ai le billet de mille francs là sous mon chevet. Ça me réchauffe d'avoir là sous la tête ce qui va faire plaisir à la pauvre Nasie. Elle pourra mettre sa mauvaise Victoire à la porte. A-t-on vu cela? des domestiques ne pas avoir confiance en leurs maîtres! Demain je serai bien, Nasie vient à dix heures. Je ne veux pas qu'elles me croient malade : elles n'iraient point au bal, elles me soigneraient. Nasie m'embrassera demain comme son enfant, ses caresses me guériront. Enfin, n'aurais-je pas dépensé mille francs chez l'apothicaire? j'aime mieux les donner à mon Guérit-Tout, à ma Nasie! Je la consolerai dans sa misère, moi! Ça m'acquitte du tort de m'être fait de viager. Elle est au fond de l'abîme, et moi je ne suis plus assez fort pour l'en tirer. Oh! je vais me remettre au commerce. J'irai à Odessa pour y acheter du grain. Les blés valent là trois fois moins que les nôtres ne coûtent. Si l'introduction des céréales est défendue en nature, les braves gens qui font les lois n'ont pas songé à prohiber les fabrications dont les blés sont le principe. Hé, hé!... J'ai trouvé cela, moi, ce matin! Il y a de beaux coups à faire dans les amidons.

— Il est fou, se dit Eugène en regardant le vieillard. Allons, restez en repos, ne parlez pas.

Eugène descendit pour dîner quand Bianchon remonta. Puis tous deux passèrent la nuit à garder le malade à tour de rôle, en s'occupant, l'un à lire ses livres de médecine, l'autre à écrire à sa mère et à ses sœurs.

Le lendemain, les symptômes qui se déclarèrent

chez le malade furent, suivant Bianchon, d'un favorable augure; mais ils exigèrent des soins continuels dont les deux étudiants étaient seuls capables, et dans le récit desquels il est impossible de compromettre la pudibonde phraséologie de l'époque. Les sangsues mises sur le corps appauvri du bonhomme furent accompagnées de cataplasmes, de bains de pieds, de manœuvres médicales pour lesquelles il fallait d'ailleurs la force et le dévouement des deux jeunes gens. Madame de Restaud ne vint pas, elle envoya chercher sa somme par un commissionnaire.

— Je croyais qu'elle serait venue elle-même. Mais ce n'est pas un mal, elle se serait inquiétée, dit le père en paraissant heureux de cette circonstance.

A sept heures du soir, Thérèse vint apporter une lettre de Delphine.

« Que faites-vous donc, mon ami? A peine aimée, serais-je déjà négligée? Vous m'avez montré, dans ces confidences versées de cœur à cœur, une trop belle âme pour n'être pas de ceux qui restent toujours fidèles en voyant combien les sentiments ont de nuances. Comme vous l'avez dit en écoutant la prière de Mosè : « Aux uns, c'est une même note; aux autres, c'est l'infini de la musique! » Songez que je vous attends ce soir pour aller au bal de madame de Beauséant. Décidément le contrat de M. d'Ajuda s'est signé ce matin à la cour, et la pauvre vicomtesse ne l'a su qu'à deux heures. Tout Paris va se porter chez elle, comme le peuple encombre la Grève quand il doit y avoir une exécution. N'est-ce pas horrible d'aller voir si cette femme cachera sa douleur, si elle saura bien mourir! Je n'irais certes pas, mon ami, si j'avais été déjà chez elle; mais elle ne recevra plus sans doute, et tous les efforts que j'ai faits seraient superflus. Ma situation est bien différente de celle des autres. D'ailleurs, j'y vais pour vous aussi. Je vous attends. Si vous n'étiez pas près de moi dans deux heures, je ne sais si je vous pardonnerais cette félonie. »

Rastignac prit une plume et répondit ainsi :

« J'attends un médecin pour savoir si votre père doit vivre encore. Il est mourant! J'irai vous porter l'arrêt, et j'ai peur que ce ne soit un arrêt de mort. Vous verrez si vous pouvez aller au bal. Mille tendresses. »

Le médecin vint à huit heures et demie, et, sans donner un avis favorable, il ne pensa pas que la mort dût être imminente. Il annonça des mieux et des rechutes alternatives d'où dépendraient la vie et la raison du bonhomme.

— Il vaudrait mieux qu'il mourût promptement, fut le dernier mot du docteur.

Eugène confia le père Goriot aux soins de Bianchon, et partit pour aller porter à madame de Nucingen les tristes nouvelles qui, dans son esprit, encore imbu des devoirs de famille, devaient suspendre toute joie.

— Dites-lui qu'elle s'amuse tout de même, lui cria le père Goriot qui paraissait assoupi, mais qui se dressa sur son séant au moment où Rastignac sortit.

Le jeune homme se présenta navré de douleur à Delphine, et la trouva coiffée, chaussée, n'ayant plus que sa robe de bal à mettre. Mais, semblables aux coups de pinceau par lesquels les peintres achèvent leurs tableaux, les derniers apprêts voulaient plus de temps que n'en demandait le fond même de la toile.

— Hé quoi, vous n'êtes pas habillé? dit-elle.

— Mais, madame, votre père...

— Encore mon père! s'écria-t-elle en l'interrompant; mais vous ne m'apprendrez pas ce que je dois à mon père. Je connais mon père depuis longtemps! Pas un mot, Eugène. Je ne vous écouterai que quand vous aurez fait votre toilette. Thérèse a tout préparé chez vous; ma voiture est prête, prenez-la, revenez. Nous causerons de mon père en allant au bal. Il faut partir de bonne heure; car si nous sommes pris dans la file des voitures, nous serons bien heureux de faire notre entrée à onze heures...

— Madame...

— Allez! pas un mot.

Elle courut dans son boudoir pour y prendre un collier.

— Mais, allez donc, monsieur Eugène! vous fâcherez madame, dit Thérèse en poussant le jeune homme épouvanté de cet élégant parricide.

Il alla s'habiller en faisant les plus tristes, les plus décourageantes réflexions. Il voyait le monde comme un océan de boue dans lequel un homme se plongeait jusqu'au cou s'il y trempait le pied.

— Il ne s'y commet que des crimes mesquins! se dit-il. Vautrin est plus grand.

Il avait vu les trois grandes expressions de la société : l'Obéissance, la Lutte et la Révolte; la Famille, le Monde et Vautrin. Et il n'osait prendre parti. L'Obéissance était ennuyeuse, la Révolte impossible, et la Lutte incertaine. Sa pensée le reporta au sein de sa famille. Il se souvint des pures émotions de cette vie calme; il se rappela les jours passés au milieu des êtres dont il était chéri, et qui, en se conformant aux lois naturelles du foyer domestique, y trouvaient un bonheur plein, continu, sans angoisses. Malgré ses bonnes pensées, il ne se sentit pas le courage de venir confesser la foi des âmes pures à Delphine, en lui ordonnant la Vertu au nom de l'Amour. Déjà son éducation commencée avait porté ses fruits. Il aimait égoïstement éjà. Son tact lui avait permis de reconnaître la ature du cœur de Delphine. Il pressentait qu'elle tait capable de marcher sur le corps de son père our aller au bal, et il n'avait ni la force de jouer ₂ rôle d'un raisonneur, ni le courage de lui délaire, ni la vertu de la quitter.

Elle ne me pardonnerait jamais d'avoir eu raison ontre elle dans cette circonstance, se dit-il.

Puis il commenta les paroles des médecins, il se lut à penser que le père Goriot n'était pas aussi angereusement malade qu'il le croyait; enfin, il ıtassa des raisonnements assassins pour justifier elphine. Elle ne connaissait pas l'état dans lequel ait son père. Le bonhomme lui-même la renverıit au bal, si elle l'allait voir. Souvent la loi soale, implacable dans sa formule, condamne là où crime apparent est excusé par les innombrables odifications qu'introduisent au sein des familles la fférence des caractères, la diversité des intérêts des situations. Eugène voulait se tromper luiême ; il était prêt à faire à sa maîtresse le sacrifice ₂ sa conscience, car depuis deux jours tout était langé dans sa vie. La Femme y avait jeté ses dés·dres, elle avait fait pâlir la Famille, elle avait ut confisqué à son profit. Rastignac et Delphine taient rencontrés dans les conditions voulues pour rouver l'un par l'autre les plus vives jouissances. ur passion bien préparée avait grandi par ce qui e le désir. En possédant cette femme, Eugène s'arçut que jusqu'alors il ne l'avait que désirée. Il ne ima qu'au lendemain du bonheur, car l'amour n'est ut-être que la reconnaissance du plaisir. Infâme sublime, il adorait cette femme pour toutes les luptés qu'il lui avait apportées en dot, et pour utes celles qu'il en avait reçues; de même que lphine aimait Rastignac autant que Tantale auit aimé l'ange qui serait venu satisfaire sa faim, étancher la soif de son gosier desséché.

— Hé bien! comment va mon père? lui dit mame de Nucingen quand il fut de retour et en cosme de bal.

— Extrêmement mal, répondit-il ; et si vous vou₂ me donner une preuve de votre affection, nous urrons le voir.

— Hé bien, oui, dit-elle; mais après le bal. on bon Eugène, sois gentil ! Ne me fais pas de mole, viens !

Ils partirent. Eugène resta silencieux pendant une rtie du chemin.

— Qu'avez-vous donc? dit-elle.

— J'entends le râle de votre père, répondit-il avec xcent de la fâcherie.

Et il se mit à raconter avec la chaleureuse éloıence du jeune âge la féroce action à laquelle mame de Restaud avait été poussée par la vanité, la crise mortelle que le dernier dévouement du père avait déterminée, et ce que coûterait la robe lamée d'Anastasie. Delphine pleurait.

— Je vais être laide, pensa-t-elle.

Ses larmes se séchèrent.

— J'irai garder mon père ; je ne quitterai pas son chevet, reprit-elle.

— Ha! te voilà comme je te voulais, s'écria Rastignac.

Les lanternes de cinq cents voitures éclairaient les abords de l'hôtel de Beauséant. De chaque côté de la porte illuminée piaffait un gendarme. Le grand monde affluait si abondamment, et chacun mettait tant d'empressement à voir une femme grande au moment de sa chute, que les appartements, situés au rez-de-chaussée de l'hôtel, étaient déjà pleins quand madame de Nucingen et Rastignac s'y présentèrent. Depuis le moment où toute la cour se rua chez la grande Mademoiselle à qui Louis XIV arrachait son amant, nul désastre de cœur ne fut plus éclatant que ne l'était celui de madame de Beauséant. En cette circonstance, la dernière fille de la quasi-royale maison de Bourgogne se montra supérieure à son mal, et domina jusqu'à son dernier moment le monde dont elle n'avait accepté les vanités que pour les faire servir au triomphe de sa passion. Les plus belles femmes de Paris encombraient ses salons de fleurs et de toilettes gracieuses. Les hommes les plus distingués de la cour, les ambassadeurs, les ministres, les illustrations de tout genre, chamarrés de croix, de plaques, de cordons multicolores, se pressaient autour de la vicomtesse. L'orchestre faisait résonner les motifs de sa musique dans les lambris dorés de ce palais, désert pour elle. Madame de Beauséant se tenait debout dans son premier salon pour recevoir ses prétendus amis. Elle était vêtue de blanc, et n'avait aucun ornement dans ses cheveux, simplement nattés. Elle semblait calme, et n'affichait ni douleur, ni fierté, ni fausse joie. Personne ne pouvait lire dans son âme. C'était une Niobé de marbre. Son sourire à ses intimes amis fut parfois railleur ; mais elle parut à tous semblable à elle-même, et se montra si bien ce qu'elle était quand le bonheur la parait de ses rayons, que les plus insensibles l'admirèrent comme les jeunes Romaines applaudissaient le gladiateur qui savait sourire en expirant. Le monde semblait s'être paré pour faire ses adieux à l'une de ses souveraines.

— Je tremblais que vous ne vinssiez pas, dit-elle à Rastignac.

— Madame, répondit-il d'une voix émue en prenant ce mot pour un reproche, je suis venu pour rester le dernier.

— Bien, dit-elle en lui pressant la main ; vous êtes le seul ici peut-être auquel je puisse me fier.

Mon ami, aimez une femme que vous puissiez aimer toujours. N'en abandonnez aucune.

Elle prit le bras de Rastignac et le mena sur un canapé, dans le salon où l'on jouait.

— Allez, lui dit-elle, chez M. d'Ajuda. Jacques, mon valet de chambre, vous y conduira et vous remettra une lettre pour lui. Je lui demande ma correspondance. Il vous la remettra tout entière, j'aime à le croire. Si vous avez mes lettres, montez dans ma chambre. On me préviendra.

Elle se leva pour aller au-devant de la duchesse de Langeais, sa meilleure amie, qui venait aussi. Rastignac partit, fit demander M. d'Ajuda chez M. de Rochegude, où il devait passer la soirée, et où il le trouva. Le marquis l'emmena chez lui, remit une boîte à l'étudiant, et lui dit : — Elles y sont toutes.

Il parut vouloir parler à Eugène, soit pour le questionner sur les événements du bal et sur la vicomtesse, soit pour lui avouer que déjà peut-être il était au désespoir de son mariage, comme il le fut plus tard ; mais un éclair d'orgueil brilla dans ses yeux, et il eut le déplorable courage de garder le secret sur ses plus nobles sentiments.

— Ne lui dites rien de moi, mon cher Eugène.

Il pressa la main de Rastignac par un mouvement affectueusement triste, et lui fit signe de partir. Eugène revint à l'hôtel de Beauséant, et fut introduit dans la chambre de la vicomtesse, où il vit les apprêts d'un départ. Il s'assit auprès du feu, regarda la cassette en cèdre, et tomba dans une profonde mélancolie. Pour lui, madame de Beauséant avait les proportions des déesses de l'Iliade.

— Ha! mon ami ! dit la vicomtesse en entrant et appuyant sa main sur l'épaule de Rastignac.

Il aperçut sa cousine en pleurs, les yeux levés, la main pendante. Elle prit tout à coup la boîte, la plaça dans le feu et la vit brûler.

— Ils dansent! ils sont venus tous bien exactement, tandis que la mort viendra tard.

Chut ! mon ami, dit-elle en mettant un doigt sur la bouche de Rastignac, prêt à parler. Je ne verrai plus jamais ni Paris ni le monde. A cinq heures du matin, je vais partir pour aller m'ensevelir au fond de la Normandie. Depuis trois heures après midi, j'ai été obligée de faire mes préparatifs, signer des actes, voir à des affaires ; je ne pouvais envoyer personne chez…

Elle s'arrêta.

— Il était sûr qu'on le trouverait chez…

Elle s'arrêta encore accablée de douleur. En ces moments tout est souffrance, et certains mots sont impossibles à prononcer.

— Enfin, reprit-elle, je comptais sur vous ce soir pour ce dernier service. Je voudrais vous donner un gage de mon amitié. Je penserai souvent à vous, qui m'avez paru bon et noble, jeune et candide au milieu de ce monde où ces qualités sont si rares. Je souhaite que vous songiez quelquefois à moi. Tenez, dit-elle en jetant les yeux autour d'elle, voici le coffre où je mettais mes gants. Toutes les fois que j'en ai pris avant d'aller au bal ou au spectacle, je me sentais belle, parce que j'étais heureuse, et je n'y touchais que pour y laisser quelque pensée gracieuse : il y a beaucoup de moi là-dedans, il y a toute une madame de Beauséant qui n'est plus. Acceptez-le. J'aurai soin qu'on le porte chez vous, rue d'Artois. Madame de Nucingen est fort bien ce soir, aimez-la bien. Si nous ne nous voyons plus, mon ami, soyez sûr que je ferai des vœux pour vous, qui avez été bon pour moi. Descendons, je ne veux pas leur laisser croire que je pleure. J'ai l'éternité devant moi, j'y serai seule, et personne ne m'y demandera compte de mes larmes. Encore un regard à cette chambre.

Elle s'arrêta ; puis, après s'être un moment caché les yeux avec sa main, elle se les essuya, les baigna d'eau fraîche, et prit le bras de l'étudiant.

— Marchons ! dit-elle.

Rastignac n'avait par encore senti d'émotion aussi violente que le fut le contact de cette douleur si noblement contenue.

En entrant dans le bal, Eugène en fit le tour avec madame de Beauséant, dernière et délicate attention de cette gracieuse femme. En entrant dans la galerie où l'on dansait, Rastignac fut surpris de rencontrer un de ces couples que la réunion de toutes les beautés humaines rend sublimes à voir. Jamais il n'avait eu l'occasion d'admirer de telles perfections. Pour tout exprimer en un mot, l'homme était un Antinoüs vivant, et ses manières ne détruisaient pas le charme qu'on éprouvait à le regarder. La femme était une fée ; enchantait la vue, elle fascinait l'âme, irritait les sens les plus froids. La toilette s'harmonisait chez l'un et chez l'autre avec la beauté. Tout le monde les contemplait avec plaisir et enviait le bonheur qui éclatait dans l'accord de leurs yeux et de leurs mouvements.

— Mon Dieu, qui est cette femme? dit Rastignac.

— Oh ! la plus incontestablement belle, répondit la vicomtesse. C'est lady Brandon ; elle est aussi célèbre par son bonheur que par sa beauté. Elle a tout sacrifié à ce jeune homme. Ils ont, dit-on, des enfants. Mais le malheur plane toujours sur eux. On dit que lord Brandon a juré de tirer une effroyable vengeance de sa femme et de cet amant. Ils sont heureux, mais ils tremblent sans cesse.

— Et lui?

— Comment! vous ne connaissez pas le beau colonel Franchessini ?

— Celui qui s'est battu...

— Il y a trois jours, oui. Il avait été provoqué par le fils d'un banquier : il ne voulait que le blesser, mais il l'a tué.

— Oh !

— Qu'avez-vous donc ? vous frissonnez, dit la vicomtesse.

— Je n'ai rien, répondit Rastignac.

Une sueur froide lui coulait dans le dos. Vautrin lui apparaissait avec sa figure de bronze. Le héros du bagne donnant la main au héros du bal changeait pour lui l'aspect de la société. Bientôt il aperçut les deux sœurs, madame de Restaud et madame de Nucingen. La comtesse était magnifique avec tous les diamants étalés, qui, pour elle, étaient brûlants sans doute : elle les portait pour la dernière fois. Quelque puissants que fussent son orgueil et son amour, elle ne soutenait pas bien les regards de son mari. Ce spectacle n'était pas de nature à rendre les pensées de Rastignac moins tristes. S'il avait revu Vautrin dans le colonel italien, il revit alors, sous les diamants des deux sœurs, le grabat sur lequel gisait le père Goriot. Son attitude mélancolique ayant trompé la vicomtesse, elle lui retira son bras.

— Allez ! je ne veux pas vous coûter un plaisir, dit-elle.

Eugène fut bientôt réclamé par Delphine, heureuse de l'effet qu'elle produisait, et jalouse de mettre aux pieds de l'étudiant les hommages qu'elle recueillait dans ce monde où elle espérait être adoptée.

— Comment trouvez-vous Nasie ? lui dit-elle.

— Elle a, dit Rastignac, escompté jusqu'à la mort de son père !

Vers quatre heures du matin, la foule des salons commençait à s'éclaircir. Bientôt la musique ne se fit plus entendre. La duchesse de Langeais et Rastignac se trouvèrent seuls dans le grand salon. La vicomtesse, croyant n'y rencontrer que l'étudiant, vint, après avoir dit adieu à M. de Beauséant qui alla coucher, en lui répétant : — Vous avez tort, ma chère, d'aller vous enfermer à votre âge ! Restez donc avec nous.

En voyant la duchesse, madame de Beauséant ne put retenir une exclamation.

— Je vous ai devinée, Clara, dit madame de Langeais ; vous partez pour ne plus revenir ; mais vous ne partirez pas sans m'avoir entendue et sans que nous nous soyons comprises.

Elle prit son amie par le bras, l'emmena dans le salon voisin, et là, la regardant avec des larmes dans les yeux, elle la serra dans ses bras et la baisa sur les joues.

— Je ne veux pas vous quitter froidement, ma chère ; ce serait un remords trop lourd. Vous pouvez compter sur moi comme sur vous-même. Vous avez été grande ce soir ; je me suis sentie digne de vous, et veux vous le prouver. J'ai eu des torts envers vous, je n'ai pas toujours été bien : pardonnez-moi, ma chère ; je désavoue tout ce qui a pu vous blesser ; je voudrais reprendre mes paroles. Une même douleur a réuni nos âmes, et je ne sais qui de nous sera la plus malheureuse. M. de Montriveau n'était pas ici ce soir, comprenez-vous ? Qui vous a vue pendant ce bal, Clara, ne vous oubliera jamais ! Moi, je tente un dernier effort. Si j'échoue, j'irai dans un couvent ! Où allez-vous, vous ?

— En Normandie, à Courcelles, aimer, prier jusqu'au jour où Dieu me retirera de ce monde.

Venez, monsieur de Rastignac, dit la vicomtesse d'une voix émue, en pensant que ce jeune homme attendait.

L'étudiant plia le genou, reprit la main de sa cousine et la baisa.

— Antoinette, adieu ! soyez heureuse. Quant à vous, vous l'êtes, vous êtes jeune ! vous pouvez croire à quelque chose, dit-elle à l'étudiant. A mon départ de ce monde, j'aurai eu, comme les mourants, de religieuses, de sincères émotions autour de moi !

Rastignac s'en alla vers cinq heures, après avoir vu madame de Beauséant monter dans sa berline de voyage, après avoir reçu son dernier adieu mouillé de larmes qui prouvaient que les personnes les plus élevées ne sont pas mises hors de la loi du cœur et ne vivent pas sans chagrins, comme quelques courtisans du peuple voudraient le faire croire. Eugène revint à pied vers la Maison-Vauquer, par un temps humide et froid. Son éducation s'achevait.

— Nous ne sauverons pas le pauvre père Goriot, lui dit Bianchon quand Rastignac entra chez son voisin.

— Mon ami, lui dit Eugène après avoir regardé le vieillard endormi, va, poursuis la destinée modeste à laquelle tu bornes tes désirs. Moi, je suis en enfer, et il faut que j'y reste. Quelque mal que l'on te dise du monde, crois-le ! il n'y a pas de Juvénal qui puisse en peindre l'horreur couverte d'or et de pierreries.

## VII.

### LA MORT DU PÈRE.

Le lendemain, Rastignac fut éveillé sur les deux heures après midi par Bianchon qui, forcé de sortir, le pria de garder le père Goriot, dont l'état avait fort empiré pendant la matinée.

— Le bonhomme n'a pas deux jours, n'a peut-être

que six heures à vivre, dit l'élève en médecine, et cependant nous ne pouvons pas cesser de combattre le mal. Il va falloir lui donner des soins coûteux. Nous serons bien ses gardes-malade; mais je n'ai pas le sou, moi. J'ai retourné ses poches, fouillé ses armoires : zéro au quotient ! Je l'ai questionné dans un moment où il avait sa tête, il m'a dit ne pas avoir un liard à lui. Qu'as-tu, toi?

— Il me reste vingt francs, répondit Rastignac; mais j'irai les jouer, je gagnerai.

— Si tu perds?

— Je demanderai de l'argent à ses gendres et à ses filles.

— Et s'ils ne t'en donnent pas? reprit Bianchon. Le plus pressé dans ce moment n'est pas de trouver de l'argent : il faut envelopper le bonhomme d'un sinapisme bouillant, depuis les pieds jusqu'à la moitié des cuisses. S'il crie, il y aura de la ressource. Tu sais comment cela s'arrange? D'ailleurs, Christophe t'aidera. Moi, je passerai chez l'apothicaire répondre de tous les médicaments que nous y prendrons. Il est malheureux que le pauvre homme n'ait pas été transportable à notre hospice, il y aurait été mieux. Allons, viens que je t'installe, et ne le quitte pas que je ne sois revenu.

Les deux jeunes gens entrèrent dans la chambre où gisait le vieillard. Eugène fut effrayé du changement de cette face, convulsée, blanche et profondément débile.

— Hé bien, papa! lui dit-il en se penchant sur le grabat.

M. Goriot leva sur Eugène des yeux ternes et le regarda fort attentivement sans le reconnaître. L'étudiant ne soutint pas ce spectacle, des larmes humectèrent ses yeux.

— Bianchon, ne faudrait-il pas des rideaux aux fenêtres?

— Non. Les circonstances atmosphériques ne l'affectent plus. Ce serait trop heureux s'il avait chaud ou froid. Néanmoins, il nous faut du feu pour faire les tisanes et préparer bien des choses. Je t'enverrai des falourdes qui nous serviront jusqu'à ce que nous ayons du bois. Hier et cette nuit, j'ai brûlé le tien et toutes les mottes du pauvre homme. Il faisait humide, l'eau dégouttait des murs. A peine ai-je pu sécher la chambre. Christophe l'a balayée, c'est vraiment une écurie. J'y ai brûlé du genièvre, ça puait trop.

— Mon Dieu! dit Rastignac, mais ses filles!

— Tiens, s'il demande à boire, tu lui donneras de ceci, dit l'interne en montrant à Rastignac un grand pot blanc. — Si tu l'entends se plaindre et que le ventre soit chaud et dur, tu te feras aider par Christophe pour lui administrer... tu sais. S'il y avait par hasard une grande exaltation, s'il parlait beaucoup, s'il avait enfin un petit brin de démence, laisse-le aller. Ce ne serait pas un mauvais signe. Mais envoie Christophe à l'hospice Cochin. Notre médecin, mon camarade ou moi, nous viendrions lui appliquer des moxas. Nous avons fait ce matin, pendant que tu dormais, une grande consultation avec un élève du docteur Gall, avec un médecin en chef de l'Hôtel-Dieu, et le nôtre. Ces messieurs ont cru reconnaître de curieux symptômes, et nous allons suivre les progrès de la maladie, afin de nous éclairer sur plusieurs points scientifiques assez importants. Un de ces messieurs prétend que la pression du sérum, si elle portait plus sur un organe que sur un autre, pourrait développer des faits particuliers. Écoute-le donc bien, au cas où il parlerait, afin de constater à quel genre d'idées appartiendraient ses discours : si ce sont des effets de mémoire, de pénétration, de jugement; s'il s'occupe de matérialités, ou de sentiments; s'il calcule, s'il revient sur le passé; enfin sois en état de nous faire un rapport exact. Il est possible que l'invasion ait lieu en bloc, et alors il mourra imbécile comme il l'est en ce moment. Tout est bien bizarre dans ces sortes de maladies! Si la bombe crevait par ici, dit Bianchon en montrant l'occiput du malade, il y a des exemples de phénomènes singuliers : le cerveau recouvre quelques-unes de ses facultés, et la mort est plus lente à se déclarer. Les sérosités peuvent se détourner du cerveau, prendre des routes dont on ne connaît le cours que par l'autopsie. Il y a aux Incurables un vieillard hébété chez qui l'épanchement a suivi la colonne vertébrale; il souffre horriblement, mais il vit.

— Se sont-elles bien amusées? dit le père Goriot, qui reconnut Eugène.

— Oh! il ne pense qu'à ses filles, dit Bianchon. Il m'a dit plus de cent fois cette nuit : — Elles dansent! Elle a sa robe! Il les appelait par leurs noms. Il me faisait pleurer, diable m'emporte, avec ses intonations. — Delphine! ma petite Delphine! Nasie! Ma parole d'honneur, dit l'élève en médecine, c'était à fondre en larmes.

— Delphine! dit le vieillard, elle est là, n'est-ce pas? Je le savais bien.

Et ses yeux recouvrèrent une activité folle pour regarder les murs et la porte.

— Je descends dire à Sylvie de préparer les sinapismes, cria Bianchon; le moment est favorable.

Rastignac resta seul près du vieillard, assis au pied du lit, les yeux fixes sur cette tête effrayante et douloureuse à voir.

— Madame de Beauséant s'enfuit, celui-ci se meurt, dit-il. Les belles âmes ne peuvent pas rester longtemps en ce monde. Comment les grands seniments s'allieraient-ils, en effet, à une société mesquine, petite, superficielle ?

Les images de la fête à laquelle il avait assisté se représentèrent à son souvenir et contrastèrent avec le spectacle de ce lit de mort. Bianchon reparut soudain.

— Dis donc, Eugène, je viens de voir notre médecin en chef, et je suis revenu toujours courant. S'il se manifeste des symptômes de raison, s'il parle, couche-le sur un long sinapisme, de manière à l'envelopper de moutarde depuis la nuque jusqu'à la chute des reins, et fais-nous appeler.

— Cher Bianchon ! dit Eugène.

— Oh ! il s'agit d'un fait scientifique, reprit l'élève en médecine avec toute l'ardeur d'un néophyte.

— Allons, dit Eugène, je serai donc le seul à soigner ce pauvre vieillard par affection !

— Si tu m'avais vu ce matin, tu ne dirais pas cela, reprit Bianchon sans s'offenser du propos. Les médecins qui ont exercé ne voient que la maladie : moi, je vois encore le malade, mon cher garçon.

Et il s'en alla, laissant Eugène seul avec le vieillard, et dans l'appréhension d'une crise qui ne tarda pas à se déclarer.

— Ah ! c'est vous, mon cher enfant, dit le père Goriot en reconnaissant Eugène.

— Allez-vous mieux ? demanda l'étudiant en lui prenant la main.

— Oui, j'avais la tête serrée comme dans un étau, mais elle se dégage. Avez-vous vu mes filles ? Elles vont venir bientôt, elles accourront aussitôt qu'elles me sauront malade; elles m'ont tant soigné rue de la Jussienne ! Mon Dieu ! je voudrais que ma chambre fût propre pour les recevoir. Il y a un jeune homme qui m'a brûlé toutes mes mottes.

— J'entends Christophe, lui dit Eugène, il vous monte du bois que ce jeune homme vous envoie.

— Bon ! mais comment payer le bois ? je n'ai pas un sou, mon enfant ! J'ai tout donné, tout ! je suis à la charité. La robe lamée était-elle belle au moins ? (Ah ! je souffre !) Merci, Christophe ! Dieu vous récompensera, mon garçon ; moi, je n'ai plus rien... (Ha ! ha ! ha !)

— Je te payerai bien, toi et Sylvie ! dit Eugène à l'oreille du garçon.

— Mes filles vous ont dit qu'elles allaient venir, n'est-ce pas, Christophe ? Vas-y encore, je te donnerai cent sous. Dis-leur que je ne me sens pas bien, que je voudrais les embrasser, les voir encore une fois avant de mourir. Dis-leur cela, mais sans trop les effrayer.

Christophe partit sur un signe de Rastignac.

— Elles vont venir, reprit le vieillard. Je les connais. Cette bonne Delphine, si je meurs, quel chagrin je lui causerai ! Nasie aussi. Je voudrais ne pas mourir, pour ne pas les faire pleurer. Mourir ! mon bon Eugène, c'est ne plus les voir. Là où l'on s'en va, je m'ennuierai bien. Pour un père, l'enfer, c'est d'être sans enfants, et j'ai déjà fait mon apprentissage depuis qu'elles se sont mariées. Mon paradis était rue de la Jussienne ! Dites donc, si je vais en paradis, je pourrai revenir sur terre en esprit autour d'elles ? J'ai entendu dire de ces choses-là. Sont-elles vraies ? (Ah ! je souffre comme un damné.) Je crois les voir en ce moment telles qu'elles étaient rue de la Jussienne. Elles descendaient le matin. Bonjour, papa ! Je les prenais sur mes genoux, je leur faisais mille agaceries, des niches ; elles me caressaient gentiment. Nous déjeunions tous les matins ensemble, nous dînions, enfin j'étais père, je jouissais de mes enfants. (Heun ! heun !) Quand elles étaient rue de la Jussienne, elles ne raisonnaient pas, elles ne savaient rien du monde, elles m'aimaient bien ! (Heun ! heun !) Mon Dieu ! pourquoi ne sont-elles pas restées toujours petites ? (Oh ! je souffre, la tête me tire.) Ah ! ah ! pardon, mes enfants ! je souffre horriblement, et il faut que ce soit de la vraie douleur, vous m'avez rendu bien dur au mal. (Ha ! ha ! ha ! c'est à crier.) Mon Dieu ! si j'avais seulement leurs mains dans les miennes, je ne sentirais point mon mal. Croyez-vous qu'elles viennent ? (Ha ! ha !) Christophe est si bête. J'aurais dû y aller moi-même. Il va les voir, lui. (Ha ! ha !) Mais vous avez été hier au bal. Dites-moi donc comment elles étaient ? Elles ne savaient rien de ma maladie, n'est-ce pas ? Elles n'auraient pas dansé, pauvres petites ! Oh ! je ne veux plus être malade. Elles ont encore trop besoin de moi. Leurs fortunes sont compromises. Et à quels maris sont-elles livrées ! Guérissez-moi ! guérissez-moi ! (Oh ! que je souffre ! Ah ! ah ! ah !) Voyez-vous, il faut me guérir, parce qu'il faut de l'argent, et je sais où aller en gagner. J'irai faire de l'amidon en aiguilles à Odessa. Je suis un malin, je gagnerai des millions. (Oh ! je souffre trop !)

M. Goriot garda le silence pendant un moment, en paraissant faire tous ses efforts pour rassembler ses forces afin de supporter la douleur...

— Si elles étaient là, je ne me plaindrais pas, dit-il. Pourquoi donc me plaindre ?

Un léger assoupissement survint et dura longtemps. Christophe revint. Rastignac, qui croyait le père Goriot endormi, laissa le garçon lui rendre compte à haute voix de sa mission.

— Monsieur, dit-il, je suis d'abord allé chez madame la comtesse, à laquelle il m'a été impossible de parler ; elle était dans de grandes affaires avec son mari. Comme j'insistais, M. de Restaud est venu lui-même, et m'a dit ça : — M. Goriot se meurt ! hé bien, c'est ce qu'il a de mieux à faire ! j'ai besoin de madame de Restaud pour terminer des affaires importantes, elle ira quand tout sera fini. Il avait l'air en colère ce monsieur-là. J'allais sortir, lorsque madame est entrée dans l'antichambre par une porte que je ne voyais pas, et m'a dit : — Christophe, dis à mon père que je suis en discussion avec mon mari, je ne puis pas le quitter ; il s'agit de la vie ou de la mort de mes enfants ; mais aussitôt que tout sera fini, j'irai... Quant à madame la baronne, autre histoire ! Je ne l'ai point vue, et je n'ai pas pu lui parler. — Ha ! me dit la femme de chambre, madame est rentrée du bal à cinq heures un quart, elle dort ; si je l'éveille avant midi, elle me grondera. Je lui dirai que son père va plus mal quand elle me sonnera. Pour une mauvaise nouvelle, il est toujours temps de la lui dire. J'ai eu beau prier !... Ah ouin ! j'ai demandé à parler à monsieur le baron, il était sorti.

— Aucune de ses filles ne viendrait ! s'écria Rastignac. Je vais écrire à toutes deux.

Christophe se retira.

— Aucune ! répondit le vieillard en se dressant sur son séant. Elles ont des affaires, elles dorment, elles ne viendront pas ! (Heun ! heun !) Je le savais. (Heun ! heun ! heun !) Il faut mourir pour savoir ce que c'est que des enfants ! Ah ! mon ami, ne vous mariez pas, n'ayez pas d'enfants ! Vous leur donnez la vie, ils vous donnent la mort. Vous les faites entrer dans le monde, ils vous en chassent. (Heun ! heun ! heun ! heun... !) Non, elles ne viendront pas ! Je sais cela depuis dix ans. Je me le disais quelquefois, mais je n'osais pas y croire.

Une larme roula dans chacun de ses yeux, sur la bordure rouge, sans en tomber.

— Ha ! si j'étais riche, si j'avais gardé ma fortune, si je ne la leur avais pas donnée, elles seraient là, elles me lècheraient les joues de leurs baisers ! je demeurerais dans un hôtel, j'aurais de belles chambres, des domestiques, du feu à moi ; et elles seraient tout en larmes, avec leurs maris, leurs enfants. J'aurais tout cela. (Heun ! heun !) Mais rien ! L'argent donne tout, même des filles. Oh, mon argent ! où est-il ? Si j'avais des trésors à laisser, elles me panseraient, elles me soigneraient ; je les entendrais, je les verrais. Ah ! mon cher enfant, mon seul enfant, j'aime mieux mon abandon et ma misère ! Au moins quand un malheureux est aimé, il est bien sûr qu'on l'aime. (Heun ! heun ! heun !) Non, je voudrais être riche, je les verrais. Ma foi, (Heun !) qui sait ? Elles ont toutes les deux des cœurs de roche. J'avais trop d'amour pour elles pour qu'elles en eussent pour moi ! (Heun ! heun !) Un père doit être toujours riche, il doit tenir ses enfants en bride comme des chevaux sournois. Et j'étais à genoux devant elles. (Je meurs, hâan !) Les misérables ! elles couronnent dignement leur conduite envers moi depuis dix ans. (Heun ! heun !) Si vous saviez comme elles étaient aux petits soins pour moi dans les premiers temps de leur mariage ! (Oh ! je souffre un cruel martyre de cœur et de corps ! Heun ! heun !) Je venais de leur donner à chacune près de huit cent mille francs ; elles ne pouvaient pas, ni leurs maris non plus, être rudes avec moi. L'on me recevait : « — Mon bon père, par-ci, mon cher père, par-là. » Mon couvert était toujours mis chez elles. Enfin je dînais avec leurs maris qui me traitaient avec considération. (Heun ! heun !) J'avais l'air d'avoir encore quelque chose. Pourquoi ça ? je n'avais rien dit de mes affaires. (Heun ! heun !) Un homme qui donne huit cent mille francs à ses filles était un homme à soigner. (Heun ! heun !) Et l'on était aux petits soins, mais c'était pour mon argent ! Le monde n'est pas beau. J'ai vu cela, moi ! L'on me menait en voiture au spectacle, et je restais comme je voulais aux soirées. Enfin elles se disaient mes filles, et elles m'avouaient pour leur père. J'ai encore ma finesse, allez, et rien ne m'est échappé. (Heun ! heun !) Tout a été à son adresse et m'a percé le cœur. Je voyais bien que c'étaient des frimes ; mais le mal était sans remède ! (Hâan ! ha ! aye ! heun !) Je n'étais pas chez elles aussi à l'aise qu'à la table d'en-bas. Je ne savais rien dire. Aussi quand quelques-uns de ces gens du monde demandaient à l'oreille de mes gendres : — Qui est-ce que ce monsieur-là ? — C'est le père aux écus, il est riche. (Heun !) — Ah, diable ! disait-on, et l'on me regardait avec le respect dû aux écus. Mais si je les gênais quelquefois un peu, je rachetais bien mes défauts ! D'ailleurs, qui donc est parfait ? (Heun, je souffre bien ! ma tête est une plaie.) Je souffre en ce moment ce qu'il faut souffrir pour mourir, mon cher monsieur Eugène. Eh bien ! ce n'est rien en comparaison de la douleur que m'a causée le premier regard par lequel Anastasie m'a fait comprendre que je venais de dire une bêtise dont elle était humiliée ! son regard m'a ouvert toutes les veines. J'aurais voulu tout savoir, mais ce que j'ai bien su, c'est que j'étais de trop sur terre. (Heun !) Le lendemain je suis allé chez Delphine pour me consoler, et voilà que j'y fais une bêtise qui me l'a mise en colère. J'en suis devenu comme fou. J'ai été huit jours ne sachant plus ce que je devais faire. Je n'ai pas osé les aller voir, de peur de leurs reproches. Et me voilà à la porte de mes filles. (Heun ! heun ! heun !) Oh, mon Dieu ! puisque tu connais les misères, les souffrances que j'ai endurées, puisque tu as compté les coups de poignard que j'ai reçus, dans ce temps qui m'a vieilli, changé, ué, blanchi (Heun ! heun !), pourquoi me fais-tu donc souffrir aujourd'hui ? (Heun ! heun ! heun !) J'ai bien expié le péché de les trop aimer. Elles se sont bien vengées de mon affection, elles m'ont tenaillé comme des bourreaux. (Heun ! aye ! oh, je meurs !) Eh bien, les pères sont si bêtes ! je les aimais tant, que j'y suis retourné comme un joueur au jeu ; car mes filles, c'était mon vice à moi ! s'étaient (Heun ! heun ! hâan !) c'étaient mes (Han !) maîtresses ! (Hâan !) enfin tout, c'était tout ! Elles avaient toutes les deux besoin de quelque chose, de parures ; les femmes de chambre me l'ont dit, Heun !) et je les ai données pour être bien reçu ! Mais elles m'ont fait tout de même quelques petites leçons sur ma manière d'être dans le monde. Oh ! elles n'ont pas attendu le lendemain ! Elles commençaient à rougir de moi. Voilà ce que c'est que de bien élever ses enfants ! A mon âge je ne pouvais pourtant aller à l'école. (Je souffre horriblement, mon Dieu ! les médecins ! les médecins ! Si l'on m'ouvrait la tête, je souffrirais moins.) Mes filles, mes filles, Anastasie, Delphine ! je veux les voir. Envoyez-les chercher par la gendarmerie ; de force ! La justice est pour moi, tout est pour moi, la nature, Heun ! hâan ! hâan !) le code civil. Je proteste ! La patrie périra si les pères sont foulés aux pieds. Cela est clair. La société, le monde roulent sur la paternité, tout croule si les enfants n'aiment pas leurs pères (Heun ! heun !). Oh ! les voir, les entendre, n'importe ce qu'elles me diront, pourvu que j'entende leur voix ! ça calmera mes douleurs ! Delphine, surtout. Mais dites-leur, quand elles seront là, de ne pas me regarder froidement, comme elles font. Ha ! mon bon ami, monsieur Eugène, vous ne savez pas ce que c'est que de trouver l'or du regard changé tout à coup en plomb. Depuis le jour où leurs yeux n'ont plus rayonné sur moi, j'ai toujours été en hiver ici ! (Heun ! heun !) je n'ai plus eu que les chagrins à dévorer ! Et je les ai dévorés ! J'ai vécu pour être humilié, insulté. Je les aime tant, que j'avalais tous les affronts par lesquels elles me vendaient une pauvre petite jouissance honteuse. Un père se cacher pour voir ses filles ! Je leur ai donné ma vie, elles ne me donneront pas une heure aujourd'hui ! J'ai soif, j'ai faim, le cœur me brûle, elles ne viendront pas rafraîchir mon agonie, car je meurs, je le sens... (Heun ! heun ! heun !) Mais elles ne savent donc pas ce que c'est que de marcher sur le cadavre de son père ! Il y a un Dieu dans les cieux ; il nous venge malgré nous, nous autres pères... Oh ! elles viendront ! Venez, mes chéries, venez encore me baiser, un dernier baiser, le viatique de votre père qui priera Dieu pour vous, qui lui dira que vous avez été de bonnes filles, qui plaidera pour vous ! Après tout, vous êtes innocentes !

Elles sont innocentes, mon ami ! Dites-le bien à tout le monde, qu'on ne les inquiète pas à mon sujet ! (Heun !) Tout est de ma faute, je les ai habituées à me fouler aux pieds. J'aimais cela, moi. Ça ne regarde personne, ni la justice humaine, ni la justice divine. Dieu serait injuste s'il les condamnait à cause de moi. Je n'ai pas su me conduire, j'ai fait la bêtise d'abdiquer mes droits. Je me serais avili pour elles ! (Heun !) Que voulez-vous ? le plus beau naturel, les meilleures âmes auraient succombé à la corruption de cette facilité paternelle. (Heun ! hâan ! ah !) Je suis un misérable ! je suis justement puni. Moi seul j'ai causé les désordres de mes filles ! je les ai gâtées. Elles voulaient autrefois du bonbon ! Je leur ai toujours permis de satisfaire leurs fantaisies de jeunes filles. A quinze ans, elles avaient voiture ! Rien ne leur a résisté. Moi seul je suis coupable... mais coupable par amour. Leur voix m'ouvrait le cœur !... (Heun ! heun ! heun !) Je les entends, elles viennent. Eh, oui ! elles viendront. La loi veut qu'on vienne voir mourir son père, la loi est pour moi. Puis... ça ne coûtera qu'une course. (Hâan ! hâan !) Je la (Heun !) payerai ! Écrivez-leur que j'ai des millions à leur laisser ! Parole d'honneur. (Hâan ! hâan ! hâan !) J'irai faire des pâtes d'Italie à Odessa. Je connais la manière ! Il y a, dans mon projet, des millions à gagner. Personne n'y a pensé. Ça ne se gâtera point dans le transport, comme le blé ou comme la farine. Hé, hé, l'amidon ! il y aura là, des millions ! Vous ne mentirez pas ! Dites-leur des millions, et quand même elles viendraient par avarice, j'aime mieux être trompé, je les verrai... Je veux mes filles ! je les ai faites ! elles sont à moi ! dit-il, en se dressant sur son séant, en montrant à Eugène une tête dont les cheveux blancs étaient épars, et qui menaçait par tout ce qui pouvait exprimer la menace.

— Allons, lui dit Eugène, recouchez-vous, mon bon père Goriot, je vais leur écrire ; et aussitôt que Bianchon sera de retour, j'irai si elles ne viennent pas.

— Si elles ne viennent pas ! répéta le vieillard en sanglotant. Mais je serai mort, mort dans un accès de rage, de rage ! La rage me gagne (Hâan ! heun ! heun ! Hâan !) En ce moment, je vois ma vie entière. Je suis dupe ! elles ne m'aiment pas, elles ne m'ont jamais aimé ! cela est clair. Si elles ne sont pas venues, elles ne viendront pas ! (Hâan !) Plus elles auront tardé, moins elles se décideront à me faire cette joie. Je les connais. (Heun ! heun ! heun !) Elles n'ont jamais rien su deviner de mes chagrins, de mes douleurs, de mes besoins, elles ne devineront pas plus ma mort ! elles ne sont seulement pas dans le secret de ma tendresse. Oui, je le vois, pour elles l'habitude de m'ouvrir les entrailles a ôté du prix à tout ce que je faisais. Elles auraient demandé à me crever les yeux, je leur aurais dit : — « Crevez-les! » Je suis trop bête. (Hâan! heun! heun!) Elles croient que tous les pères sont comme le leur. Il faut toujours se faire valoir. (Heun! heun!) Leurs enfants me vengeront! Mais c'est dans leur intérêt de venir ici. Prévenez-les donc qu'elles compromettent leur agonie. (Heun! hâan! heun!) Elles commettent tous les crimes en un seul. Mais allez donc, dites-leur donc que ne pas venir c'est un parricide! elles en ont assez commis sans ajouter celui-là. Criez donc comme moi : — « Hé, Nasie! hé, Delphine! venez à votre père qui a été si bon pour vous et qui souffre! » Rien, personne! Mourrai-je donc comme un chien? Voilà ma récompense! l'abandon. (Heun! heun! heun!) Ce sont des infâmes, des scélérates; je les abomine, je les maudis, je me relèverai, la nuit, de mon cercueil pour les remaudire; car enfin, mes amis, ai-je tort? Elles se conduisent bien mal! hein? (Hâan! hâan! heun! ma tête se brise! Qu'est-ce que je dis? Hâan! heun! hâan!) Hein, hein? ne m'avez-vous pas averti que Delphine est là? C'est la meilleure des deux. Vous êtes mon fils, Eugène, vous! Aimez-la, soyez un père pour elle. L'autre est bien malheureuse. Et leurs fortunes! Ah, mon Dieu! (Hâan! hâan!) J'expire, je souffre un peu trop! Coupez-moi la tête, laissez-moi seulement le cœur. (Hâan! hâan! heun! heun! heuâ...!)

— Christophe, allez chercher Bianchon! cria Eugène épouvanté du caractère que prenaient les plaintes et les cris du vieillard, et ramenez-moi un cabriolet.

Je vais aller chercher vos filles, mon bon père Goriot, je vous les ramènerai.

— De force! de force! Demandez la garde, la ligne, tout! dit-il en jetant à Eugène un dernier regard où brilla la raison. Dites au gouvernement, au procureur du roi qu'on me les amène, je le veux!

— Mais vous les avez maudites.

— Qui est-ce qui a dit cela? répondit le vieillard stupéfait. Vous savez bien que je les aime (Heuâ! heun! hâan!) je les ado.... (Hâan!) re! (Heuâ!) Je suis guéri, si je les vois... Allez, mon bon voisin, mon cher enfant, allez, vous êtes bon, vous; je voudrais vous remercier, mais je n'ai rien à vous donner que les bénédictions d'un mourant. Ah! je voudrais au moins voir Delphine pour lui dire de m'acquitter envers vous. (Hâan! hâan!) Si l'autre ne peut pas, amenez-moi celle-là. Dites-lui que vous ne l'aimerez plus, si elle ne veut pas venir. Elle vous aime tant qu'elle viendra. A boire! les entrailles me brûlent! Mettez-moi quelque chose sur la tête. La main de mes filles, ça me sauverait, je le sens... Mon Dieu! qui refera leurs fortunes si je m'en vais? Je veux aller à Odessa pour elles, (heun! heun! heun! hâan! hâan!) à Odessa, y faire des pâtes.

— Buvez ceci, dit Eugène en soulevant le moribond et le prenant dans son bras gauche tandis que de l'autre il tenait une tasse pleine de tisane.

— Vous devez aimer votre père et votre mère, vous! dit le vieillard en serrant de ses mains défaillantes la main d'Eugène. Comprenez-vous que je vais mourir sans les voir, mes filles! Avoir soif toujours, et ne jamais boire, voilà comment j'ai vécu depuis dix ans... Mes deux gendres ont tué mes filles. Oui, je n'ai plus eu de filles, (Heun! heun! hâan! heuâh!) après qu'elles ont été mariées. Pères, dites aux Chambres de faire une loi sur le mariage! Enfin, ne mariez pas vos filles si vous les aimez. Le gendre est un scélérat qui gâte tout chez une fille, il souille tout! (Heun!) Plus de mariage! (Heuâ! heuâ! ah!) C'est ce qui nous enlève nos filles, et nous ne les avons plus quand nous mourons. Faites une loi sur la mort des pères. (Heun! hâan!) C'est épouvantable, ceci! Vengeance! Ce sont mes gendres (Hâan!) qui les empêchent de venir. Tuez-les! A mort le Restaud, à mort l'Alsacien, mes assassins! La mort ou mes filles! (Hâan! heun!) Ah! c'est fini, je meurs sans elles! Elles! Nasie, Fifine, allons, venez donc! Votre papa sort...

— Mon bon père Goriot, calmez-vous, voyons, restez tranquille, ne vous agitez pas, ne pensez pas.

— Ne pas les voir, voilà l'agonie!

— Vous allez les voir.

— Vrai? cria le vieillard égaré. — Oh! les voir! je vais les voir, entendre leur voix. Je mourrais heureux. Eh bien, oui, je ne demande plus à vivre, je n'y tenais plus, mes peines allaient croissant. (Heuâ!) Mais les voir, toucher leurs robes, c'est bien peu; mais que je sente quelque chose d'elles! (Heuâ! heuâ! heuâ!) Faites-moi prendre les cheveux, cheveux, eveux, (Heuâ!) veux...

Il tomba la tête sur l'oreiller comme s'il recevait un coup de massue. Ses mains s'agitèrent sur la couverture comme pour prendre les cheveux de ses filles.

— Je les bénis, dit-il en faisant un effort, bénis, (Heuah!) bénis, énis, nis.

Il s'affaissa tout à coup. En ce moment Bianchon entra.

— J'ai rencontré Christophe, dit-il; il va t'amener une voiture.

Puis il regarda le malade, lui souleva de force les paupières, et les deux étudiants lui virent un œil sans chaleur et terne.

— Il n'en reviendra pas, dit Bianchon, je ne crois pas.

Il prit le pouls, le tâta, mit la main sur le cœur du bonhomme :

— La machine va toujours; mais, dans sa position, c'est un malheur, il vaudrait mieux qu'il mourût!

— Ma foi, oui, dit Rastignac.

— Qu'as-tu donc? tu es pâle comme la mort.

— Mon ami, je viens d'entendre des cris et des plaintes. Il y a un Dieu! Oh oui! il y a un Dieu, et il nous a fait un monde meilleur, ou notre terre est un non-sens. Si ce n'avait pas été si tragique, je fondrais en larmes, mais j'ai le cœur et l'estomac horriblement serrés.

— Dis donc, il va falloir bien des choses; où prendre de l'argent?

Rastignac tira sa montre.

— Tiens, mets-la vite en gage. Je ne veux pas m'arrêter en route, car j'ai peur de perdre une minute, et j'attends Christophe! Je n'ai pas un liard, il faudra payer mon cocher au retour.

Rastignac se précipita dans l'escalier, et partit pour aller rue du Helder, chez madame de Restaud. Pendant le chemin, son imagination, frappée de l'horrible spectacle dont il avait été le témoin, échauffa son indignation. Quand il arriva dans l'antichambre et qu'il y demanda madame de Restaud, on lui répondit qu'elle n'était pas visible.

— Mais, dit-il au valet de chambre, je viens de la part de son père qui se meurt.

— Monsieur, nous avons de M. le comte les ordres les plus sévères...

— Si M. de Restaud y est, dites-lui dans quelles circonstances se trouve son beau-père et prévenez-le qu'il faut que je lui parle, à l'instant même.

Eugène attendit pendant longtemps.

— Il se meurt peut-être en ce moment! pensait-il.

Le valet de chambre l'introduisit dans le premier salon, où M. de Restaud reçut l'étudiant debout, sans le faire asseoir, devant une cheminée où il n'y avait pas de feu.

— Monsieur le comte, lui dit Rastignac, monsieur votre beau-père expire en ce moment dans un bouge infâme, sans un liard pour avoir du bois; il est exactement à la mort et demande à voir sa fille...

— Monsieur, lui répondit avec froideur M. de Restaud, vous avez pu vous apercevoir que j'ai fort peu de tendresse pour M. Goriot. Il a compromis son caractère avec madame de Restaud, il a fait le malheur de ma vie, je vois en lui l'ennemi de mon repos. Qu'il meure, qu'il vive, tout m'est parfaitement indifférent. Voilà quels sont mes sentiments à son égard. Le monde pourra me blâmer, je méprise l'opinion. J'ai maintenant des choses plus importantes à accomplir qu'à m'occuper de ce que penseront de moi des sots ou des indifférents. Quant à madame de Restaud, elle est hors d'état de sortir. D'ailleurs, je ne veux pas qu'elle quitte sa maison. Dites à son père qu'aussitôt qu'elle aura rempli ses devoirs envers moi, envers mon enfant, elle ira le voir. Si elle aime son père, elle peut être libre dans quelques instants...

— Monsieur le comte, il ne m'appartient pas de juger de votre conduite, vous êtes le maître de votre femme; mais je puis compter sur votre loyauté? eh bien! promettez-moi seulement de lui dire que son père n'a pas un jour à vivre, et l'a déjà maudite en ne la voyant pas à son chevet!

— Dites-le-lui vous-même, répondit M. de Restaud, frappé des sentiments d'indignation que trahissait l'accent d'Eugène.

Rastignac entra, conduit par M. de Restaud, dans le salon, où se tenait habituellement la comtesse; il la vit noyée de larmes, et plongée dans une bergère comme une femme qui voulait mourir. Elle lui fit pitié. Avant de regarder Rastignac, elle jeta sur son mari de craintifs regards qui annonçaient une prostration complète de ses forces, écrasées par une tyrannie et morale et physique. Le comte hocha la tête, elle se crut encouragée à parler.

— Monsieur, j'ai tout entendu. Dites à mon père que, s'il connaissait la situation dans laquelle je suis, il me pardonnerait.

Je ne comptais pas sur ce supplice, il est au-dessus de mes forces, monsieur, mais je résisterai jusqu'au bout, dit-elle à son mari. Je suis mère!

Dites à mon père que je suis irréprochable envers lui, malgré les apparences, cria-t-elle avec désespoir à l'étudiant.

Eugène salua les deux époux, en devinant l'horrible crise dans laquelle était la femme, et se retira stupéfait. Le ton de M. de Restaud lui avait démontré l'inutilité de sa démarche, et il comprit qu'Anastasie n'était plus libre. Il courut chez madame de Nucingen, et la trouva dans son lit.

— Je suis souffrante, mon pauvre ami, lui dit-elle. J'ai pris froid en sortant du bal, j'ai peur d'avoir une fluxion de poitrine, j'attends le médecin...

— Eussiez-vous la mort sur les lèvres, lui dit Eugène en l'interrompant, il faut vous traîner auprès de votre père. Il vous appelle; et, si vous pouviez entendre le plus léger de ses cris, vous ne vous sentiriez point malade.

— Eugène, mon père n'est peut-être pas aussi malade que vous le dites; mais je serais au désespoir d'avoir le moindre tort à vos yeux, et je me conduirai comme vous le voudrez. Lui, je le sais, il mourrait de chagrin si ma maladie devenait mortelle par suite de cette sortie! Eh bien! j'irai, dès que mon médecin sera venu. Ah! pourquoi n'avez-vous plus votre montre? dit-elle en ne voyant pas la chaîne.

Eugène rougit.

— Eugène! Eugène, si vous l'aviez déjà... Oh! ce serait bien mal!

L'étudiant se pencha sur le lit de Delphine, et lui dit à l'oreille : — Vous le voulez savoir? hé bien, sachez-le ! Votre père n'a pas de quoi s'acheter le linceul dans lequel on le mettra ce soir. Votre montre est en gage, je n'avais plus rien.

Delphine sauta tout à coup hors de son lit, courut à son secrétaire, y prit sa bourse, la tendit à Rastignac. Elle sonna et s'écria : — J'y vais, j'y vais, Eugène; laissez-moi m'habiller... je serais un monstre!... Allez, j'arriverai avant vous!

Thérèse, s'écria-t-elle à sa femme de chambre, dites à M. de Nucingen de monter me parler à l'instant même, et qu'il quitte tout.

Eugène, heureux de pouvoir annoncer au moribond la présence d'une de ses filles, arriva presque joyeux rue Neuve-Sainte-Geneviève. Il fouilla dans la bourse pour pouvoir payer immédiatement son cocher. La bourse de cette jeune femme, si riche, si élégante, contenait soixante-dix francs ! Parvenu en haut de l'escalier, il entendit ce hâan! ce heuâ continuel que criait le père Goriot. Il le trouva maintenu par Bianchon, et opéré par le chirurgien de l'hôpital, sous les yeux du médecin. On lui brûlait le dos avec des moxas, dernier remède de la science, remède inutile.

— Les sentez-vous? demandait le médecin.

Le père Goriot, ayant entrevu l'étudiant, répondit : — Elles viennent, n'est-ce pas ?

— Il peut s'en tirer, dit le chirurgien, il parle.

— Oui, Delphine! répondit Eugène, elle me suit.

— Allons! dit Bianchon, il parlait de ses filles, après lesquelles il crie comme un homme sur le pal crie, dit-on, après l'eau...

— Cessez, dit le médecin au chirurgien, il n'y a plus rien à faire, on ne le sauvera pas.

Bianchon et le chirurgien replacèrent le mourant à plat sur son grabat infect.

— Il faudrait cependant le changer, dit le médecin. Quoiqu'il n'y ait aucun espoir, il faut respecter en lui la nature humaine. Je reviendrai, Bianchon, dit-il à l'étudiant. S'il se plaignait encore, mettez-lui de l'opium sur le diaphragme.

Le chirurgien et le médecin s'en allèrent.

— Allons, Eugène, du courage, mon fils ! dit Bianchon à Rastignac quand ils furent seuls, il s'agit de lui mettre une chemise blanche et de changer son lit. Va dire à Sylvie de monter des draps et de venir nous aider.

Eugène descendit, et trouva madame Vauquer occupée à mettre le couvert avec Sylvie. Aux premiers mots que lui dit Rastignac, la veuve vint à lui, en prenant l'air aigrement doucereux d'une marchande soupçonneuse qui ne voudrait ni perdre son argent, ni fâcher le consommateur.

— Mon cher monsieur Eugène, répondit-elle, vous savez tout comme moi que le père Goriot n'a plus le sou. Donner des draps à un homme en train de tortiller de l'œil, c'est les perdre, d'autant qu'il faudra bien en sacrifier un pour le linceul. Ainsi, vous me devez déjà cent quarante-quatre francs, mettez quarante francs de draps, et quelques autres petites choses, la chandelle que Sylvie vous donnera, tout cela fait au moins deux cents francs, qu'une pauvre veuve comme moi n'est pas en état de perdre. Dame! soyez juste, monsieur Eugène, j'ai bien assez perdu depuis cinq jours que le guignon s'est logé chez moi. J'aurais donné dix écus pour que ce bonhomme-là fût parti ces jours-ci, comme vous le disiez. Ça frappe mes pensionnaires. Pour un rien, je le ferais porter à l'hôpital. Enfin, mettez-vous à ma place. Mon établissement avant tout! c'est ma vie, à moi.

Eugène remonta rapidement chez M. Goriot.

— Bianchon, l'argent de la montre?

— Il est là sur la table, il en reste six cent soixante et quelques francs. J'ai payé sur ce qu'on m'a donné tout ce que nous devions. La reconnaissance du Mont-de-piété est sous l'argent.

— Tenez, madame, dit Rastignac après avoir dégringolé l'escalier avec horreur, soldez nos comptes! M. Goriot n'a pas longtemps à rester chez vous, et moi...

— Oui, il en sortira les pieds en avant, pauvre bonhomme, dit-elle en comptant deux cents francs, d'un air moitié gai, moitié mélancolique.

— Finissons! dit Rastignac.

— Sylvie, donnez les draps, et allez aider ces messieurs, là-haut.

— Vous n'oublierez pas Sylvie, dit madame Vauquer à l'oreille d'Eugène, voilà deux nuits qu'elle veille.

Dès qu'Eugène eut le dos tourné, la vieille courut à sa cuisinière.

— Prends les draps retournés, numéro sept. Par Dieu, c'est toujours assez bon pour un mort! lui dit-elle à l'oreille.

Eugène, qui avait déjà monté quelques marches de l'escalier, n'entendit pas les paroles calculatrices de la vieille hôtesse.

— Allons, lui dit Bianchon, passons-lui sa chemise! Tiens-le droit !

Eugène se mit à la tête, et soutint le moribond auquel Bianchon enleva sa chemise, et le bonhomme fit un geste comme pour garder quelque chose sur sa poitrine, et poussa des cris plaintifs et inarticulés, à la manière des animaux qui ont une grande douleur à exprimer.

— Oh! oh! dit Bianchon, il veut une petite chaîne de cheveux et un médaillon que nous lui avons ôtés tout à l'heure pour lui poser ses moxas. Pauvre homme! il faut la lui remettre. Elle est sur la cheminée.

Eugène alla prendre une chaîne tressée avec des cheveux blonds cendrés, sans doute ceux de madame Goriot. Il lut d'un côté du médaillon : Anastasie; et de l'autre : Delphine. Image de son cœur, qui reposait toujours sur son cœur. Les boucles contenues étaient d'une telle finesse qu'elles devaient avoir été prises pendant la première enfance des deux filles. Lorsque le médaillon toucha sa poitrine, le vieillard fit un *han* prolongé qui annonçait une satisfaction effrayante à voir. C'était un des derniers retentissements de sa sensibilité, qui semblait se retirer au centre inconnu d'où partent et où s'adressent nos sympathies. Son visage convulsé prit une expression de joie maladive. Les deux étudiants, frappés de ce terrible éclat d'une force de sentiment qui survivait à la pensée, laissèrent tomber chacun des larmes chaudes sur le moribond qui jeta un cri de plaisir aigu.

— Asie! — Fine! dit-il.

— Il vit encore, dit Bianchon.

— A quoi ça lui sert-il? dit Sylvie.

— A souffrir! répondit Rastignac.

Après avoir fait à son camarade un signe pour lui dire de l'imiter, Bianchon s'agenouilla pour passer ses bras sous les jarrets du malade, pendant que Rastignac en faisait autant de l'autre côté du lit afin de passer les mains sous le dos; Sylvie était là, prête à retirer les draps quand le moribond serait soulevé, afin de les remplacer par ceux qu'elle apportait. Trompé sans doute par les larmes, M. Goriot usa ses dernières forces pour étendre les mains, rencontra de chaque côté de son lit les têtes des étudiants, les saisit violemment par les cheveux, et l'on entendit faiblement :

— Ah! mes anges.

Deux mots, deux murmures accentués par l'âme qui s'envola sur cette parole.

— Pauvre cher homme! dit Sylvie attendrie de cette exclamation où se peignit un sentiment suprême que le plus horrible, le plus involontaire des mensonges exaltait une dernière fois. Le dernier soupir de ce père devait être un soupir de joie; ce fut l'expression de toute sa vie, il se trompait encore!

Le père Goriot fut pieusement replacé sur son grabat. A compter de ce moment, sa physionomie garda la douloureuse empreinte du combat qui se livrait entre la mort et la vie dans une machine qui n'avait plus cette espèce de conscience cérébrale d'où résulte le sentiment du plaisir et de la douleur pour l'être humain. Ce n'était plus qu'une question de temps pour la destruction.

— Il va rester ainsi quelques heures, et mourra sans que l'on s'en aperçoive; il ne râlera même pas. Le cerveau doit être complétement envahi.

En ce moment on entendit dans l'escalier un pas de jeune femme haletante.

— Elle arrive trop tard! dit Rastignac.

Ce n'était pas Delphine, c'était Thérèse, sa femme de chambre.

— Monsieur Eugène, dit-elle, il s'est élevé une scène violente entre monsieur et madame, à propos de l'argent que cette pauvre madame demandait pour son père. Elle s'est évanouie, le médecin est venu, il a fallu la saigner, elle criait : — Mon père se meurt, je veux voir papa! Enfin, des cris à fendre l'âme...

— Assez, Thérèse. Elle viendrait que maintenant ce serait superflu, M. Goriot n'a plus de connaissance.

— Pauvre cher monsieur, est-il mal comme ça! dit Thérèse.

— Vous n'avez plus besoin de moi, faut que j'aille à mon dîner, il est quatre heures et demie, dit Sylvie qui faillit se heurter sur le haut de l'escalier avec madame de Restaud.

Ce fut une apparition grave et terrible que celle de la comtesse. Elle regarda le lit de mort, mal éclairé par une seule chandelle, et versa des pleurs en apercevant le masque de son père où palpitaient encore les derniers tressaillements de la vie. Bianchon se retira par discrétion.

— Je ne me suis pas échappée assez tôt! dit la comtesse à Rastignac.

L'étudiant fit un signe de tête affirmatif plein de tristesse. Madame de Restaud prit la main de son père, et la baisa.

— Pardonnez-moi, mon père! Vous disiez que ma voix vous rappellerait de la tombe; hé bien! revenez un moment à la vie pour bénir votre fille repentante! Entendez-moi! Ceci est affreux! Votre bénédiction est la seule que je puisse recevoir ici-bas désormais. Tout le monde me hait! Vous seul m'aimez! Mes enfants eux-mêmes me haïront! emmenez-moi avec vous, je vous aimerai, je vous soignerai!... Il n'entend plus! je suis folle!

Elle tomba sur ses genoux, et contempla ce débris avec une expression de délire.

— Rien ne manque à mon malheur! dit-elle en regardant Eugène. M. de Trailles est parti pour les Indes en laissant ici des dettes énormes, et j'ai su qu'il me trompait! Mon mari ne me pardonnera jamais, et je l'ai laissé le maître de ma fortune. J'ai perdu toutes mes illusions. Hélas! pour qui ai-je trahi le seul cœur (elle montra son père) où j'étais adorée! Je l'ai méconnu, je l'ai repoussé, je lui ai fait mille maux! infâme!

— Il le savait, dit Rastignac.

En ce moment, le père Goriot ouvrit les yeux, mais par l'effet d'une convulsion. Le geste qui révélait l'espoir de la comtesse ne fut pas moins horrible à voir que l'œil du mourant.

— M'entendrait-il? cria la comtesse. Non! se dit-elle en s'asseyant auprès du lit.

Madame de Restaud ayant manifesté le désir de garder son père, Eugène descendit pour prendre un peu de nourriture. Les pensionnaires étaient déjà réunis.

— Hé bien! lui dit le peintre, il paraît que nous allons avoir un petit mortorama, là-haut?

— Charles, lui dit Eugène, il me semble que vous devriez plaisanter sur quelque sujet moins lugubre.

— Nous ne pourrons donc plus rire ici? reprit le peintre. Qu'est-ce que cela fait, puisque Bianchon dit que le bonhomme n'a plus sa connaissance?

— Hé bien! reprit l'employé du Muséum, il sera mort comme il a vécu.

— Mon père est mort! cria la comtesse.

A ce cri terrible, Sylvie, Rastignac et Bianchon montèrent, et trouvèrent madame de Restaud évanouie. Après l'avoir fait revenir à elle, ils la transportèrent dans le fiacre qui l'attendait. Eugène la confia aux soins de Thérèse, lui ordonnant de la conduire chez madame de Nucingen.

— Oh! il est bien mort! dit Bianchon en descendant.

— Allons, messieurs, à table! dit madame Vauquer, la soupe va se refroidir.

Les deux étudiants se mirent à côté l'un de l'autre.

— Que faut-il faire maintenant? dit Eugène à Bianchon.

— Mais, je lui ai fermé les yeux, et je l'ai convenablement disposé. Quand le médecin de la mairie aura constaté le décès que nous irons déclarer, on le coudra dans un linceul, et on l'enterrera. Que veux-tu qu'il devienne?

— Il ne flairera plus son pain comme ça! dit un pensionnaire en imitant la grimace du bonhomme.

— Saprebleu, messieurs, dit le répétiteur, laissez donc le père Goriot, et ne nous en faites plus manger. On l'a mis à toute sauce depuis une heure. Sapristie, un des priviléges de la bonne ville de Paris, c'est qu'on peut y naître, y vivre, y mourir sans que personne fasse attention à vous. Profitons des avantages de la civilisation. Il y a trois cents morts aujourd'hui, voulez-vous nous apitoyer sur les hécatombes parisiennes? Que le père Goriot soit crevé, tant mieux pour lui! Si vous l'adorez, allez le garder, et laissez-nous manger tranquillement, nous autres.

— Oh, oui! dit la veuve, tant mieux pour lui qu'il soit mort! car il paraît que le pauvre homme avait bien du désagrément, sa vie durant.

Ce fut toute l'oraison funèbre d'un être qui, pour Eugène, représentait toute la paternité. Les quinze pensionnaires se mirent à causer comme à l'ordinaire. Lorsque Eugène et Bianchon eurent mangé, le bruit des fourchettes et des cuillers, les rires de la conversation, les diverses expressions de ces figures gloutonnes et indifférentes, leur insouciance, tout les glaça d'horreur. Ils sortirent pour aller chercher un prêtre qui veillât et priât pendant la nuit près du mort. Il leur fallut mesurer les derniers devoirs à rendre au bonhomme sur le peu d'argent dont ils pouvaient disposer. Vers neuf heures du soir, le corps fut placé sur un fond sanglé, entre deux chandelles, dans cette chambre nue, et un prêtre vint s'asseoir près de lui. Avant de se coucher, Rastignac ayant demandé des renseignements à l'ecclésiastique sur le prix du service à faire et sur celui des convois, écrivit un mot à M. de Nucingen et à M. de Restaud en les priant d'envoyer leurs gens d'affaires afin de pourvoir à tous les frais de l'enterrement. Il leur dépêcha Christophe, puis il se coucha et s'endormit accablé de fatigue.

Le lendemain matin, Bianchon et Rastignac furent obligés d'aller déclarer eux-mêmes le décès, qui vers midi fut constaté. Deux heures après, aucun des deux gendres n'avait envoyé d'argent, personne ne s'était présenté en leur nom, et Rastignac avait été forcé déjà de payer les frais du prêtre. Sylvie ayant demandé dix francs pour ensevelir le bonhomme et le coudre dans un linceul, Eugène et Bianchon calculèrent que si les parents du mort ne voulaient se mêler de rien, ils auraient à peine de quoi pourvoir aux frais. L'étudiant en médecine se chargea donc de mettre lui-même le cadavre dans une bière de pauvre qu'il fit apporter de son hôpital où il l'eut à meilleur marché.

— Fais une farce à ces drôles-là, dit-il à Eugène. Va acheter un terrain, pour cinq ans, au Père-Lachaise, et commande un service de quatrième classe à l'église et aux pompes funèbres. Si les gendres et les filles se refusent à te rembourser, tu feras graver sur la tombe: Ci gît M. Goriot, père de la comtesse de Restaud et de la baronne de Nucingen, enterré aux frais de deux étudiants.

Eugène ne suivit le conseil de son ami qu'après avoir été infructueusement chez M. et madame de Nucingen et chez M. et madame de Restaud. Il n'alla pas plus loin que la porte. Chacun des concierges avait des ordres sévères.

— Monsieur et madame, dirent-ils, ne reçoivent personne; leur père est mort, et ils sont plongés dans la plus vive douleur.

Eugène avait assez l'expérience du monde parisien pour savoir qu'il ne devait pas insister. Son cœur se serra étrangement quand il se vit dans l'impossibilité de parvenir jusqu'à Delphine.

*Vendez une parure*, lui écrivit-il chez le concierge, *et que votre père soit décemment conduit à sa dernière demeure.*

Il cacheta ce mot, et pria le concierge de le remettre à Thérèse, pour sa maîtresse. Le concierge le remit à M. de Nucingen.

A trois heures, Eugène, qui avait fait toutes ses dispositions, revint à la pension bourgeoise. Il ne put retenir une larme quand il aperçut à cette porte bâtarde, la bière à peine couverte d'un drap noir, posée sur deux chaises dans cette rue déserte. Il y avait un plat de cuivre argenté, plein d'eau bénite, dans lequel trempait un mauvais goupillon auquel personne n'avait encore touché. La porte n'était pas même tendue de noir. C'était la mort des pauvres, qui n'a ni faste, ni suivants, ni amis, ni parents. Bianchon, obligé d'être à son hôpital, avait écrit un mot à Rastignac pour lui rendre compte de ce qu'il avait fait avec l'église. L'interne lui mandait qu'une messe était hors de prix, qu'il fallait se contenter du service moins coûteux des vêpres, et qu'il avait envoyé Christophe avec un mot aux pompes funèbres. Au moment où Eugène achevait de lire le griffonnage de Bianchon, il vit entre les mains de madame Vauquer le médaillon à cercle d'or où étaient les cheveux des deux filles.

— Comment avez-vous osé prendre ça ? lui dit-il.

— Pardi ! fallait-il l'enterrer avec ? répondit Sylvie ; c'est en or.

— Certes ! reprit Eugène avec indignation, qu'il emporte au moins avec lui la seule chose qui puisse représenter ses deux filles.

Et quand le corbillard vint, Eugène fit remonter la bière, la décloua, et plaça religieusement sur la poitrine du bonhomme une image qui se rapportait à un temps où Delphine et Anastasie étaient jeunes, vierges, pures, et *ne raisonnaient pas*, comme il l'avait dit dans ses cris d'agonisant.

Rastignac et Christophe accompagnèrent seuls, avec deux croque-morts, le char qui menait le pauvre homme à Saint-Étienne-du-Mont, église peu distante de la rue Neuve-Sainte-Geneviève. Arrivé là, le corps fut présenté à une petite chapelle basse et sombre, autour de laquelle l'étudiant chercha vainement les deux filles du père Goriot, ou leurs maris. Il fut seul avec Christophe qui se croyait obligé de rendre les derniers devoirs à un homme qui lui avait fait gagner quelques bons pourboires. En attendant les deux prêtres, l'enfant de chœur et le bedeau, Rastignac serra la main de Christophe, sans pouvoir prononcer une parole.

— Oui, monsieur Eugène, dit Christophe, c'était un brave et honnête homme, qui n'a jamais dit une parole plus haute que l'autre, qui ne nuisait à personne et n'a jamais fait de mal.

Les deux prêtres, l'enfant de chœur et le bedeau vinrent et donnèrent tout ce qu'on peut avoir pour soixante-dix francs, dans une époque où la religion n'est pas assez riche pour prier gratis. Les gens du clergé chantèrent un psaume, le Libera, le De profundis. Le service dura vingt minutes. Il n'y avait qu'une seule voiture de deuil pour un prêtre et un enfant de chœur, qui consentirent à recevoir avec eux Eugène et Christophe.

— Il n'y a point de suite, dit le prêtre, nous pourrons aller vite, afin de ne pas nous attarder ; il est cinq heures et demie.

Cependant, au moment où le corps fut placé dans le corbillard, deux voitures armoriées, mais vides, celles de M. de Restaud et de M. de Nucingen, se présentèrent et suivirent le convoi jusqu'au Père-Lachaise.

A six heures le corps du père Goriot fut descendu dans sa fosse, autour de laquelle étaient des gens de ses filles qui disparurent avec le clergé aussitôt que fut dite la courte prière due au bonhomme pour l'argent de l'étudiant. Quand les deux fossoyeurs eurent jeté quelques pelletées de terre sur la bière pour le cacher, ils se relevèrent, et l'un d'eux s'adressant à Rastignac lui demanda leur pourboire. Eugène se fouilla, il n'avait plus rien, et fut forcé d'emprunter vingt sous à Christophe. Ce fait, si léger en lui-même, détermina chez Rastignac un accès d'horrible tristesse. Le jour tombait, il n'y avait plus qu'un crépuscule qui agaçait les nerfs ; il regarda la tombe et y ensevelit sa dernière larme de jeune homme, cette larme arrachée par les saintes émotions d'un cœur pur, une de ces larmes qui, de la terre où elles tombent, rejaillissent jusque dans les cieux. Il se croisa les bras et contempla les nuages. Christophe s'en alla. Bientôt Rastignac resta seul. Il fit quelques pas vers le haut du cimetière, et vit Paris tortueusement couché le long des deux rives de la Seine où commençaient à briller les lumières. Ses yeux s'attachèrent presque avidement entre la colonne de la place Vendôme et le dôme des Invalides, là où vivait ce beau monde dans lequel il avait voulu pénétrer ! Il lança sur cette ruche bourdonnante un regard qui semblait par avance en pomper le miel, et dit ce mot suprême :

— A nous deux maintenant !

Puis il revint à pied rue d'Artois, et alla dîner chez madame de Nucingen.

FIN DU TROISIÈME VOLUME.

# TABLE

## DES MATIÈRES CONTENUES DANS CE VOLUME.

| | |
|---|---|
| Prologue. | 1 |
| Clotilde de Lusignan. | 3 |
| Le Centenaire. | 147 |

### SCÈNES DE LA VIE PARISIENNE.

| | |
|---|---|
| Les Marana. | 257 |
| Préface de l'histoire des Treize. | 283 |
| HISTOIRE DES TREIZE. Premièr épisode. | 287 |
| — Ne touchez pas la Hache. 2ᵉ épisode. | 337 |
| — La Fille aux yeux d'Or. 3ᵉ épis. | 393 |
| Sarrasine. | 425 |
| Madame Firmiani. | 441 |
| La Comtesse à deux Maris. | 451 |

### LE LIVRE MYSTIQUE.

| | |
|---|---|
| Préface. | 485 |
| LOUIS LAMBERT. | 489 |
| LES PROSCRITS. | 533 |
| SÉRAPHITA. | 547 |

| | |
|---|---|
| LE PÈRE GORIOT. | 605 |

# COLLECTION DES GRANDS ÉCRIVAINS

DU

## DIX-NEUVIÈME SIÈCLE.

FORMAT GRAND IN-8° A DEUX COLONNES, PAPIER VÉLIN, CARACTÈRES NEUFS.

---

OEUVRES COMPLÈTES

DE

## VICTOR HUGO.

DEUX VOLUMES,

Ornés du portrait de l'auteur gravé sur acier et de 2 vignettes sur bois dessinées par Madou.

Édition conforme à celle des Œuvres de Lamartine en un volume in-8o.

OEUVRES COMPLÈTES

DE

## GEORGE SAND.

TROIS VOLUMES.

## HISTOIRE DE NAPOLÉON,

Par De Norvins.

HUITIÈME ÉDITION. UN VOLUME.

## HISTOIRE DE FRANCE,

DEPUIS LE 18 BRUMAIRE JUSQU'EN 1812,

PAR BIGNON.

TROIS VOLUMES.

---

OEUVRES COMPLÈTES

DE

## D'ALEXANDRE DUMAS.

DIX VOLUMES ;

Ornés de dix belles gravures sur bois dessinées par Madou.

## HISTOIRE DES GIRONDINS,

PAR

## LAMARTINE.

UN VOLUME.

COURS

DE

## LITTÉRATURE FRANÇAISE,

Par M. Villemain,

DE L'ACADÉMIE FRANÇAISE,

PROFESSEUR DE LITTÉRATURE ET D'ÉLOQUENCE A LA FACULTÉ DES LETTRES DE PARIS,

PAIR DE FRANCE, MINISTRE DE L'INSTRUCTION PUBLIQUE.

**NOUVELLE ÉDITION,**

Augmentée d'un Essai sur la vie et les écrits de l'auteur,

Par M. Sainte-Beuve,

Et d'une Étude sur le Cours de littérature,

Par M. Sylvestre de Sacy.

OEUVRES

DE

## MICHELET,

MEMBRE DE L'INSTITUT,

PROFESSEUR D'HISTOIRE AU COLLÉGE ROYAL DE FRANCE,

CHEF DE LA SECTION HISTORIQUE AUX ARCHIVES DU ROYAUME.

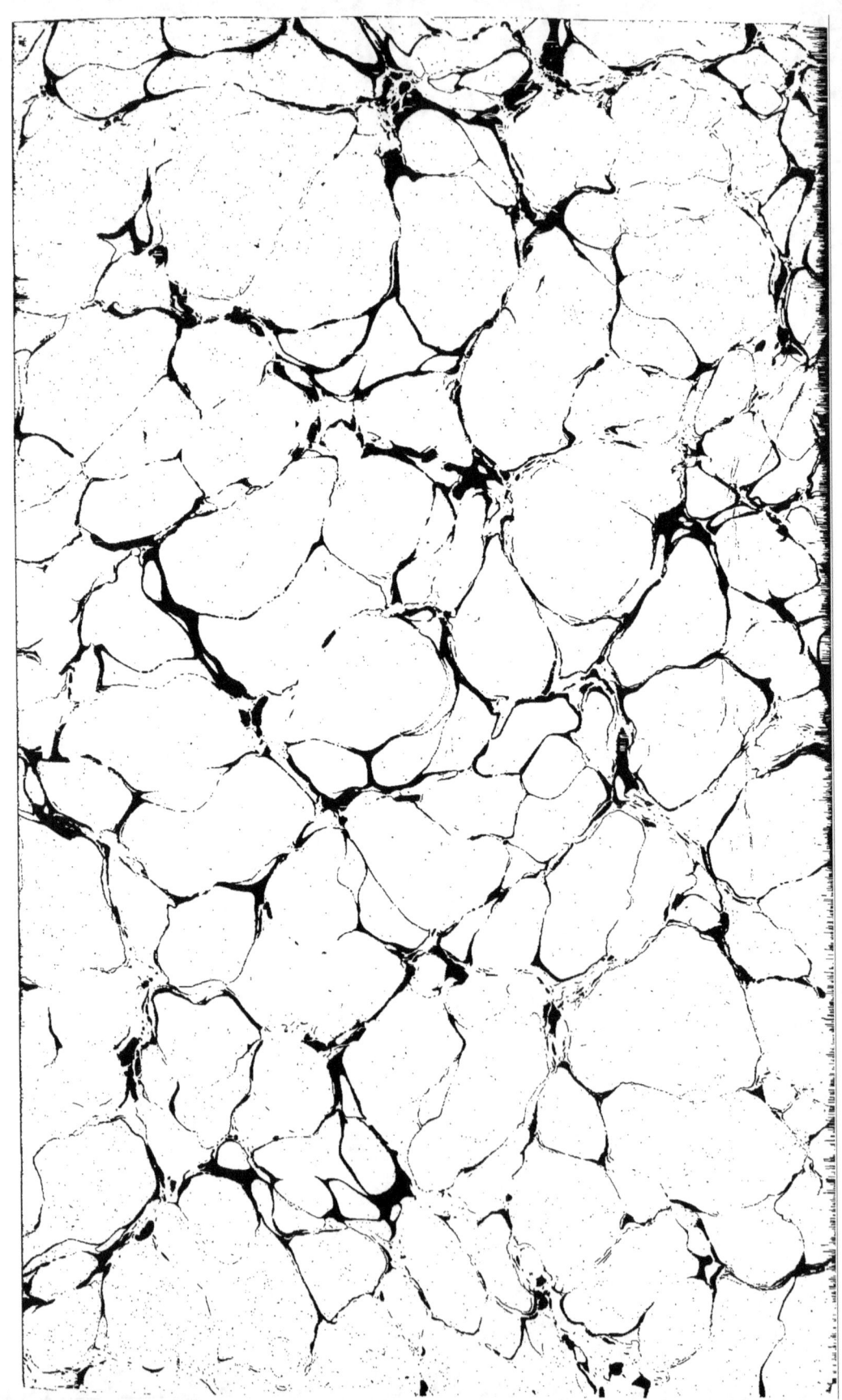

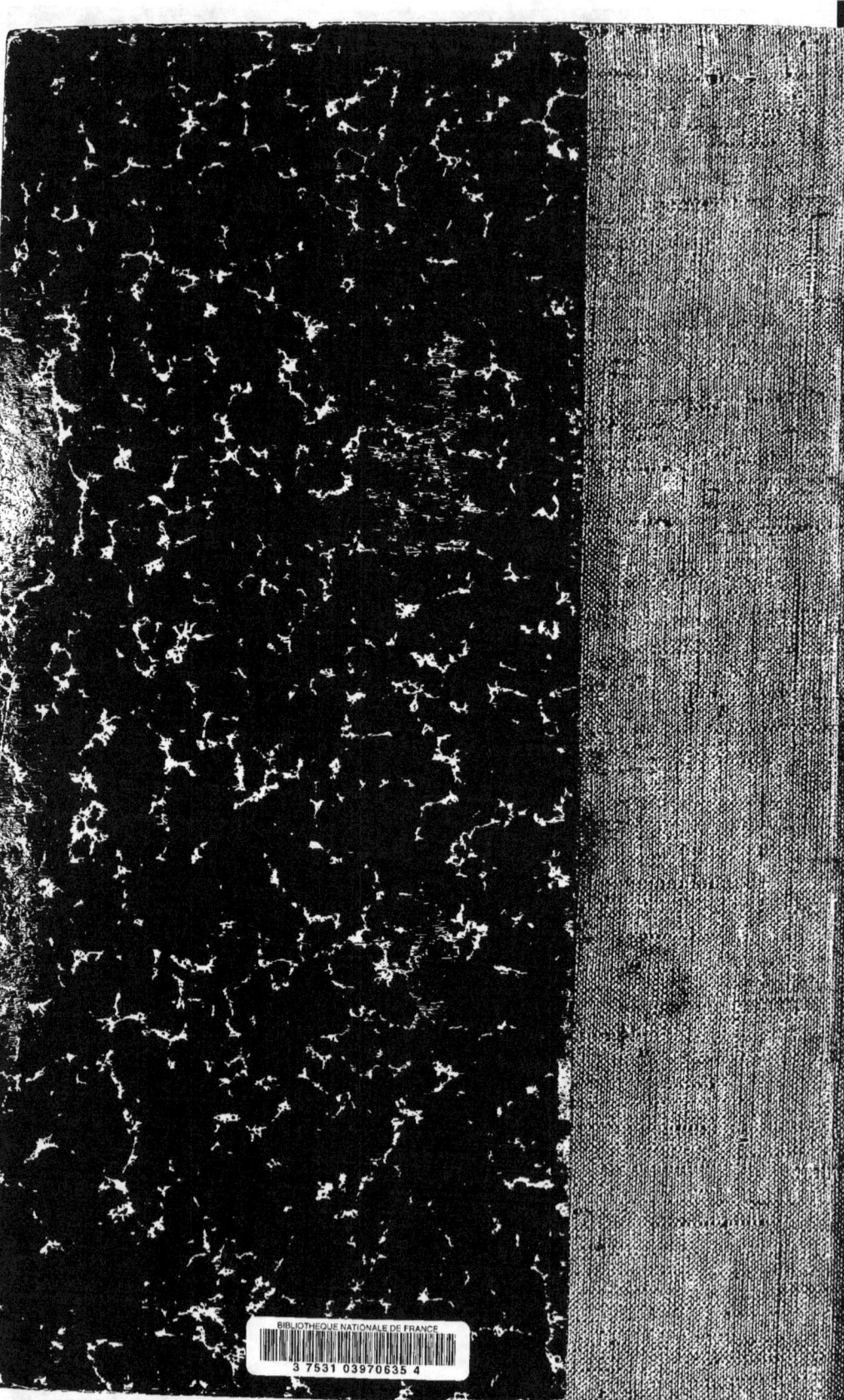

www.ingramcontent.com/pod-product-compliance
Lightning Source LLC
Chambersburg PA
CBHW071702300426
44115CB00010B/1289